Analytical Key
to the Old Testament

Analytical Key
to the Old Testament

John Joseph Owens

Volume 1

Genesis–Joshua

BAKER BOOK HOUSE
Grand Rapids, Michigan 49516

Copyright © 1989 by Baker Books
a division of Baker Book House Company
P.O. Box 6287, Grand Rapids, MI 49516-6287

Sixth printing, August 1999

Printed in the United States of America

Library of Congress Cataloging-in-Publication Data
(Revised for vol. 1)

Owens, John Joseph, 1918–
     Analytical Key to the Old Testament.

     English and Hebrew.
     "The English bible text in this publication is adapted
from the RSV Bible"—T.p. verso.
     Contents: v. 1. Genesis–Joshua—v. 4. Isaiah–Malachi.
     1. Bible. O.T.—Study. 2. Hebrew language—Inflection.
I. Bible. O.T. Hebrew. 1989. II. Bible. O.T. English. Owens.
1989. III. Title.
PJ4731.B53094   1989   221.4'4   89-437
     ISBN 0-8010-6714-6 (v. 1)

For information about academic books, resources for
Christian leaders, and all new releases available from
Baker Book House, visit our web site:
                    http://www.bakerbooks.com/

To

Mary Frances

my wife and best friend
whose consistent Christian life and love
have guided, inspired, and sustained me

Contents

Preface   ix
Abbreviations   xi

Genesis   1
Exodus   237
Leviticus   429
Numbers   563
Deuteronomy   749
Joshua   911

Preface

Translation is the art of transferring the thoughts expressed in one language and culture to the syntax, style, and words of a different language and culture. Much more is involved than the simple replacement of one Hebrew word with an English word. Even though there are many excellent translations, the original text and/or a translation must be interpreted for an understanding of the form, style, nuance, and context of the author. This analytical key seeks to provide the basic elements necessary for valid interpretation. Since it is very difficult to transfer one linguistic, sociological, religious context into a completely different milieu, it is imperative to examine the specific "building blocks" of the original writing in order to establish distinct boundaries of meaning.

This key is intended to assist the person who knows some Hebrew but has not retained interpretive or grammatical discernment. The user of this volume must supplement this information with his/her own interpretive skill. For instance, the use of a Hiph'il form when a Qal form is available is an important nuance. Since there are no such things as absolute synonyms, one must be alert to the specific grammatical structures utilized in the text.

It is the task of students, pastors, and theologians to interpret the biblical text for untrained readers. From a translation, one cannot be positive that the innuendos of the Hebrew text are properly understood. The interpreter should be alert to such things as the verbal structures, the presence or absence of the definite article, the construct relationships as distinguished from the adjectival construction, and the waw conjunctives and/or consecutives.

Since the conjunction as prefixed to an imperfect may take two different written forms, this phenomenon is regularly noted (the simple conjunction is noted as "conj." and the more complex form as "consec.").

Scholars disagree about the conjunction prefixed to a perfect. In earlier times, some interpreters reasoned that if the imperfect had two forms of a conjunction, it is only logical that the perfect could have two forms. However, the biblical text uses only one form for the conjunction. Therefore, this volume identifies the conjunction + perfect as "conj." It is the task of the interpreter to ascertain the syntax and meaning of these grammatical facts.

This key seeks to provide complete grammatical and lexicographical information for each word of the entire canon. Each form has been identified. The presence of definite articles, prepositions, and conjunctions is noted. Nouns are clearly explained as to

ix

ticles, prepositions, and conjunctions is noted. Nouns are clearly explained as to usage and relationship. Each grammatical explanation provides the reader with information that must be used in defining the various shades of meaning.

Accuracy has been attempted throughout in such forms as construct relationships. Any noun with a pronominal suffix forms a construct relationship. A pronominal suffix with a verb forms a verb/direct object construction. No special note is taken of these.

The use of nouns/substantives/adjectives with the construct usage is indicated. Also, the definite article has been indicated only when it is grammatically present. Many translators have inserted or omitted articles due to linguistic considerations. Since it is the biblical text which is the object of interpretation, it is important to know what the original writers used or did not use.

This volume provides for each word the page number of the standard Hebrew-English dictionary (Francis Brown, S. R. Driver, and Charles A. Briggs, *A Hebrew and English*

Lexicon of the Old Testament [Oxford: Clarendon, 1975]) on which that word's explanation begins.

This volume follows the Hebrew text chapter/verse by chapter/verse. Upon finding the desired chapter/verse, the reader can locate the term desired by following the Hebrew text at the left of the column.

The Hebrew text is the best complete Ben Asher text available (K. Ellinger and W. Rudolph, eds., *Biblia Hebraica Stuttgartensia* [Stuttgart: Württembergische Bibelanstalt, 1977]). When there has been an insoluble difficulty in the text, a variant reading may be provided from better translations or grammars.

If the student has difficulty in following the biblical Hebrew text, he/she can identify the desired form from the English translation provided at the conclusion of each entry. Generally, the English translation will follow the Revised Standard Version. However, at times there will be a more literal translation to assist in identifying the elements of the Hebrew text.

Sample Entry

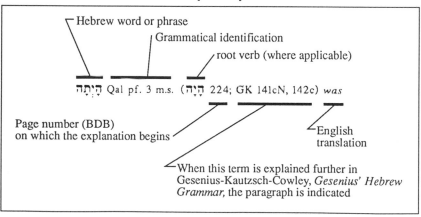

Hebrew word or phrase
Grammatical identification
root verb (where applicable)

הָיְתָה Qal pf. 3 m.s. (הָיָה 224; GK 141cN, 142c) *was*

Page number (BDB)
on which the explanation begins

English translation

When this term is explained further in Gesenius-Kautzsch-Cowley, *Gesenius' Hebrew Grammar,* the paragraph is indicated

Abbreviations

abs.	absolute	Heb.	Hebrew	poss.	possible
abstr.	abstract	Hi.	Hiph'il	pr.	proper, pronoun
acc.	accusative	Hith.	Hithpa'el	prb.	probable
act.	active	Ho.	Hoph'al	prep.	preposition
adj.	adjective	hypoth.	hypothetical	pron.	pronoun
adv.	adverb			ptc.	participle
advers.	adversative	impf.	imperfect	Pu.	Pu'al
apoc.	apocopated	impv.	imperative		
art.	article	indecl.	indeclinable	Q	Qere
		indef.	indefinite		
BH	Biblia Hebraica	inf.	infinitive	rd.	read(s)
BHK	Biblia Hebraica Kittel	infra	below	redupl.	reduplicated
		intens.	intensive	rel.	relative
c.	common	interj.	interjection	Rob.	Robinson
card.	cardinal	interr.	interrogative	RSV	Revised Standard Version
cf.	compare				
coh.	cohortative	juss.	jussive		
coll.	collective			s.	singular
cond.	conditional	K	Kethiv	Sam.Pent.	Samaritan Pentateuch
conj.	conjunctive			segh.	segholate
consec.	consecutive	lit.	literal	sf.	suffix
crpt.	corrupt	loc.	locale	subst.	substantive
cstr.	construct	LXX	Septuagint	supra	above
				Syr.	Syriac
def.	definite, defective	m.	masculine		
defect.	defective	mlt.	many	T.	Targum
dei.	deity	mng.	meaning	temp.	temporal
del.	delete	ms(s).	manuscript(s)	tr.	transposed
demons.	demonstrative			txt.	text or textual
dir.	direct	n.	noun		
du.	dual	neg.	negative	V	Vulgate
dub.	dubious	Ni.	Niph'al	v.	vide or see
		num.	numeral	vol.	voluntative
encl.	enclitic			Vul.	Vulgate
epen.	epenthetic	obj.	object		
exclam.	exclamatory	ord.	ordinal	>	omits
				<	adds
f.	feminine	p.	plural	+	adds
fig.	figurative	part.	particle	Θ	Theodotion
		pass.	passive	Σ	Symmachus
gen.	genitive, generic, gentilic	paus.	pausal		
		pers.	personal		
gent.	gentilic	pf.	perfect		
Ges.	Gesenius	Pi.	Pi'el		
Gk.	Greek	pleon.	(full) pleonastic		
GK	Gesenius-Kautzsch				

Genesis

1:1

בְּרֵאשִׁית prep.-n.f.s. cstr. (912; GK 5n,21b,142g) *In beginning*

בָּרָא Qal pf. 3 m.s. (135) *created*

אֱלֹהִים n.m.p. (43; GK 125f,145h) *God*

אֵת הַשָּׁמַיִם dir.obj.-def.art.-n.m. du. (1029; GK 117i) *the heavens*

וְאֵת הָאָרֶץ conj.-dir.obj.-def.art.-n.f.s. (75) *and the earth*

1:2

וְהָאָרֶץ conj.-def.art.-n.f.s. (75) *the earth*

הָיְתָה Qal pf. 3 f.s. (הָיָה 224; GK 141cN,142c) *was*

תֹהוּ n.m.s. (1062) *without form*

וָבֹהוּ conj.-n.m.s. (96) *and void*

וְחֹשֶׁךְ conj.-n.m.s. (365) *and darkness*

עַל־פְּנֵי prep.-n.m.p. cstr. (815) *upon the face of*

תְהוֹם n.f.s. (1062) *the deep*

וְרוּחַ conj.-n.f.s. cstr. (924) *and the spirit of*

אֱלֹהִים n.m.p. (43) *God*

מְרַחֶפֶת Pi. ptc. f.s. (רָחַף 934) *was moving*

עַל־פְּנֵי v.supra *over the face of*

הַמָּיִם def.art.-n.m.p. (565) *the waters*

1:3

וַיֹּאמֶר consec.-Qal impf. 3 m.s. (55) *and ... said*

אֱלֹהִים n.m.p. (43; GK 145h) *God*

יְהִי Qal impf. 3 m.s. apoc.vol. (הָיָה 224; GK 109b) *let there be*

אוֹר n.m.s. (21) *light*

וַיְהִי־ consec.-Qal impf. 3 m.s. (הָיָה 224) *and there was*

אוֹר v.supra *light*

1:4

וַיַּרְא consec.-Qal impf. 3 m.s. (רָאָה 906; GK 117h) *and ... saw*

אֱלֹהִים n.m.p. (43) *God*

אֶת־הָאוֹר dir.obj.-def.art.-n.m.s. (21) *the light*

כִּי־טוֹב conj.-Qal pf. 3 m.s. or adj. m.s. (טוֹב 373) *that ... was good*

וַיַּבְדֵּל consec.-Hi. impf. 3 m.s. (95; GK 53n) *and ... separated*

אֱלֹהִים n.m.p. (43) *God*

בֵּין הָאוֹר prep. (107)-def.art.-n.m.s. (21) *(between) the light*

וּבֵין הַחֹשֶׁךְ conj.-prep.-def.art.-n.m.s. (365) *from the darkness*

1:5

וַיִּקְרָא consec.-Qal impf. 3 m.s. (894) *called*

1

אֱלֹהִים n.m.p. (43) *God*

לָאוֹר prep.-def.art.-n.m.s. (21) *the light*

יוֹם n.m.s. (398) *Day*

וְלַחֹשֶׁךְ conj.-prep.-def.art.-n.m.s. (365) *and the darkness*

קָרָא Qal pf. 3 m.s. (894; GK 29e,111c) *he called*

לָיְלָה n.m.s. paus. (538) *night*

וַיְהִי־עֶרֶב consec.-Qal impf. 3 m.s. (הָיָה 224) -n.m.s. (787) *and there was evening*

וַיְהִי־בֹקֶר v.supra-n.m.s. (133) *and there was morning*

יוֹם n.m.s. (398) *day*

אֶחָד adj. num. m.s. (25; GK 98a) *one*

1:6

וַיֹּאמֶר consec.-Qal impf. 3 m.s. (55) *and ... said*

אֱלֹהִים n.m.p. (43) *God*

יְהִי Qal impf. 3 m.s. vol. (הָיָה 224; GK 116r) *let there be*

רָקִיעַ n.m.s. (956) *a firmament*

בְּתוֹךְ prep.-n.m.s. cstr. (1063) *in the midst of*

הַמָּיִם def.art.-n.m.p. (565) *the waters*

וִיהִי conj.-Qal impf. 3 m.s. vol. (הָיָה 224) *and let it*

מַבְדִּיל Hi. ptc. (95) *separate*

בֵּין מַיִם prep.-n.m.p. (565) *the waters*

לָמָיִם prep.-n.m.p. (565; GK 102h) *from waters*

1:7

וַיַּעַשׂ consec.-Qal impf. 3 m.s. (עָשָׂה I 793) *and ... made*

אֱלֹהִים n.m.p. (43) *God*

אֶת־הָרָקִיעַ dir.obj.-def.art.-n.m.s. (956) *the firmament*

וַיַּבְדֵּל consec.-Hi. impf. 3 m.s. (95) *and separated*

בֵּין הַמַּיִם prep.-def.art.-n.m.p. (565) *the waters*

אֲשֶׁר מִתַּחַת rel. (81; GK 138b)-prep.-adv.accus. (1065) *which were under*

לָרָקִיעַ prep.-def.art.-n.m.s. (956) *the firmament*

וּבֵין הַמַּיִם conj.-prep.-def.art.-n.m.p. (565) *from the waters*

אֲשֶׁר מֵעַל rel. (81)-prep.-prep. *which were above*

לָרָקִיעַ prep.-def.art.-n.m.s. (956) *the firmament*

וַיְהִי־כֵן consec.-Qal impf. 3 m.s. (הָיָה 224; GK 16b,21b)-adv. (485) *and it was so*

1:8

וַיִּקְרָא consec.-Qal impf. 3 m.s. (894) *and ... called*

אֱלֹהִים n.m.p. (43) *God*

לָרָקִיעַ prep.-def.art.-n.m.s. (956) *the firmament*

שָׁמָיִם n.m. du. paus. (1029) *Heaven*

וַיְהִי־ consec.-Qal impf. 3 m.s. (הָיָה 224) *and there was*

עֶרֶב n.m.s. (787) *evening*

וַיְהִי־בֹקֶר v.supra-n.m.s. (133) *and there was morning*

יוֹם n.m.s. (398) *day*

שֵׁנִי adj. m. num.ord. (1041; GK 126w) *a second*

1:9

וַיֹּאמֶר consec.-Qal impf. 3 m.s. (55) *and ... said*

אֱלֹהִים n.m.p. (43) *God*

יִקָּווּ Ni. impf. 3 m.p. (קָוָה II 876) *let ... be gathered together*

הַמַּיִם def.art.-n.m.p. (565) *the waters*

מִתַּחַת prep.-prep. *under*

הַשָּׁמַיִם def.art.-n.m. du. (1029) *the heavens*

אֶל־מָקוֹם prep.-n.m.s. (879) *into ... place*

אֶחָד adj. num. m.s. (25) *one*

וְתֵרָאֶה conj.-Ni. impf. 3 f.s. (apoc.-vol.he) (רָאָה 906; GK 75t,107n,109aN) *and let appear*

הַיַּבָּשָׁה def.art.-n.f.s. (387) *the dry land*

וַיְהִי־כֵן cf.1:7 *and it was so*

1:10

וַיִּקְרָא consec.-Qal impf. 3 m.s. (894) *called*

אֱלֹהִים n.m.p. (43) *God*

לַיַּבָּשָׁה prep.-def.art.-n.f.s. (387) *the dry land*

אֶרֶץ n.f.s. (75) *Earth*

וּלְמִקְוֵה conj.-prep.-n.m.s. cstr. (II 876) *and ... that were gathered together*

הַמַּיִם def.art.-n.m.p. (565) *the waters*

קָרָא Qal pf. 3 m.s. (894) *he called*

יַמִּים n.m.p. (410) *Seas*

וַיַּרְא consec.-Qal impf. 3 m.s. (רָאָה 906) *and ... saw*

אֱלֹהִים n.m.p. (43) *God*

כִּי־טוֹב conj.-Qal pf. 3 m.s. or adj. m.s. (373) *that it was good*

1:11

וַיֹּאמֶר consec.-Qal impf. 3 m.s. (55) *and ... said*

אֱלֹהִים n.m.p. (43) *God*

תַּדְשֵׁא Hi. impf. 3 f.s. vol. (דָּשָׁא 205; GK 16h,117r) *let ... put forth*

הָאָרֶץ def.art.-n.f.s. (75) *the earth*

דֶּשֶׁא n.m.s. (206) *vegetation*

עֵשֶׂב n.m.s. (793) *plants*

מַזְרִיעַ זֶרַע Hi. ptc. (281)-n.m.s. (282) *yielding seed*

עֵץ פְּרִי n.m.s. (781)-n.m.s. (826) *fruit trees*

עֹשֶׂה Qal act.ptc. (I 793; GK 20f) *bearing*

פְּרִי n.m.s. (826) *fruit*

לְמִינוֹ prep.-n.m.s.-3 m.s. sf. (568) *each according to its kind*

אֲשֶׁר rel. (81) *in which*

זַרְעוֹ־בוֹ n.m.s.-3 m.s. sf. (282)-prep.-3 m.s. sf. *is their seed*

עַל־הָאָרֶץ prep.-def.art.-n.f.s. (75) *upon the earth*

וַיְהִי־כֵן cf.1:7,9 *and it was so*

1:12

וַתּוֹצֵא consec.-Hi. impf. 3 f.s. (יָצָא 422) *brought forth*

הָאָרֶץ def.art.-n.f.s. (75) *the earth*

דֶּשֶׁא n.m.s. (206) *vegetation*

עֵשֶׂב n.m.s. (793) *plants*

מַזְרִיעַ זֶרַע Hi. ptc. (281)-n.m.s. (282) *yielding seed*

לְמִינֵהוּ prep.-n.m.s.-3 m.s. sf. (568; GK 91d) *according to their own kinds*

וְעֵץ conj.-n.m.s. (781) *and trees*

עֹשֶׂה פְּרִי Qal act.ptc. (I 793; GK 20f)-n.m.s. (826) *bearing fruit*

אֲשֶׁר rel. (81) *which*

זַרְעוֹ־בוֹ n.m.s.-3 m.s. sf. (282)-prep.-3 m.s. sf. *in ... is their seed*

לְמִינֵהוּ v.supra *each according to its kind*

וַיַּרְא consec.-Qal impf. 3 m.s. (רָאָה 906) *and ... saw*

אֱלֹהִים n.m.p. (43) *God*

כִּי־טוֹב cf.1:10 *that it was good*

1:13

וַיְהִי־עֶרֶב cf.1:5,8 consec.-Qal impf. 3 m.s. (הָיָה 224)-n.m.s. (787) *and there was evening*

וַיְהִי־בֹקֶר cf.1:5,8 consec.-Qal impf. 3 m.s. (הָיָה 224)-n.m.s. (133) *and there was morning*

יוֹם n.m.s. (398) *a day*

שְׁלִישִׁי adj. m.s. num.ord. (1026) *third*

1:14

וַיֹּאמֶר consec.-Qal impf. 3 m.s. (55) *and ... said*

אֱלֹהִים n.m.p. (43) *God*

יְהִי Qal impf. 3 m.s. vol. (הָיָה 224; GK 145o) *let there be*

מְאֹרֹת n.m.p. (22) *lights*

בִּרְקִיעַ prep.-n.m.s. cstr. (956) *in the firmament of*

הַשָּׁמַיִם def.art.-n.m. du. (1029) *the heavens*

לְהַבְדִּיל prep.-Hi. inf.cstr. (95) *to separate*

בֵּין הַיּוֹם prep.-def.art.-n.m.s. (398) *the day*

וּבֵין הַלַּיְלָה conj.-prep.-def.art.-n.m.s. (538) *from the night*

וְהָיוּ conj.-Qal pf. 3 c.p. (הָיָה 224; GK 112q,145s) *and let them be*

לְאֹתֹת prep.-n.m.p. (16) *for signs*

וּלְמוֹעֲדִים conj.-prep.-n.m.p. (417) *and for seasons*

וּלְיָמִים conj.-prep.-n.m.p. (398) *and for days*

וְשָׁנִים conj.-n.f.p. (1040) *and years*

1:15

וְהָיוּ conj.-Qal pf. 3 c.p. (הָיָה 224) *and let them be*

לִמְאוֹרֹת prep.-n.m.p. (22) *lights*

בִּרְקִיעַ prep.-n.m.s. cstr. (956) *in the firmament of*

הַשָּׁמַיִם def.art.-n.m. du. (1029) *the heavens*

לְהָאִיר prep.-Hi. inf.cstr. (אוֹר 21) *to give light*

עַל־הָאָרֶץ prep.-def.art.-n.f.s. (75) *upon the earth*

וַיְהִי־כֵן cf.1:9,11 consec.-Qal impf. 3 m.s. (הָיָה 224)-adv. (485) *and it was so*

1:16

וַיַּעַשׂ consec.-Qal impf. 3 m.s. (עָשָׂה I 793) *and ... made*

אֱלֹהִים n.m.p. (43) *God*

אֶת־שְׁנֵי dir.obj.-n.m.p. cstr. (1040) *the two*

הַמְּאֹרֹת def.art.-n.m.p. (22) *lights*

הַגְּדֹלִים def.art.-adj. m.p. (152; GK 133f) *great*

אֶת־הַמָּאוֹר dir.obj.-def.art.-n.m.s. (22) *the light*

הַגָּדֹל def.art.-adj. m.s. (152) *greater*

לְמֶמְשֶׁלֶת prep.-n.f.s. cstr. (606) *to rule*

הַיּוֹם def.art.-n.m.s. (398) *the day*

וְאֶת־הַמָּאוֹר conj.-dir.obj.-def.art.-n.m.s. (22) *and the ... light*

הַקָּטֹן def.art.-adj. m.s. (882) *lesser*

לְמֶמְשֶׁלֶת v.supra *to rule*

הַלַּיְלָה def.art.-n.m.s. (538) *the night*

וְאֵת הַכּוֹכָבִים conj.-dir.obj.-def.art.-n.m.p. (456) *the stars also*

1:17

וַיִּתֵּן אֹתָם consec.-Qal impf. 3 m.s. (נָתַן 678)-dir.obj.-3 m.p. sf. *and ... set them*

אֱלֹהִים n.m.p. (43) *God*

בִּרְקִיעַ prep.-n.m.s. cstr. (956) *in the firmament of*

הַשָּׁמַיִם def.art.-n.m. du. paus. (1029) *the heavens*

לְהָאִיר prep.-Hi. inf.cstr. (אוֹר 21) *to give light*

עַל־הָאָרֶץ prep.-def.art.-n.f.s. (75) *upon the earth*

1:18

וְלִמְשֹׁל conj.-prep.-Qal inf.cstr. (מָשַׁל 605) *to rule*

בַּיּוֹם prep.-def.art.-n.m.s. (398) *over the day*

וּבַלַּיְלָה conj.-prep.-def.art.-n.m.s. (538) *and over the night*

וּלֲהַבְדִּיל conj.-prep.-Hi. inf.cstr. (95) *and to separate*

בֵּין הָאוֹר prep.-def.art.-n.m.s. (21) *the light*

וּבֵין הַחֹשֶׁךְ conj.-prep.-def.art.-n.m.s. (365) *from the darkness*

וַיַּרְא אֱלֹהִים consec.-Qal impf. 3 m.s. (רָאָה 906)-n.m.p. (43) *and God saw*

כִּי־טוֹב cf.1:10,12 conj.-Qal pf. 3 m.s. or adj. m.s. (373) *that it was good*

1:19

וַיְהִי־עֶרֶב cf.1:5,8,13 consec.-Qal impf. 3 m.s. (הָיָה 224)-n.m.s. (787) *and there was evening*

וַיְהִי־בֹקֶר v.supra-n.m.s. (133) *and there was morning*

יוֹם n.m.s. (398) *a day*

רְבִיעִי adj. m.s. num.ord. (917) *fourth*

1:20

וַיֹּאמֶר consec.-Qal impf. 3 m.s. (55) *and ... said*

אֱלֹהִים n.m.p. (43) *God*

יִשְׁרְצוּ Qal impf. 3 m.p. vol. (1056; GK 117z) *let ... bring forth*

הַמַּיִם def.art.-n.m.p. (565) *the waters*

שֶׁרֶץ n.m.s. (1056; GK 15m) (cstr.?) *swarms of*

נֶפֶשׁ חַיָּה n.f.s. (659)-adj. f.s. (311) *living creatures*

וְעוֹף conj.-n.m.s. (733) *and birds*

יְעוֹפֵף Polel impf. 3 m.s. (עוּף 733) *let fly*

עַל־הָאָרֶץ prep.-def.art.-n.f.s. (75) *above the earth*

עַל־פְּנֵי prep.-n.m.p. cstr. (815) *across*

רְקִיעַ n.m.s. cstr. (956) *the firmament of*

הַשָּׁמָיִם def.art.-n.m. du. paus. (1029) *the heavens*

1:21

וַיִּבְרָא consec.-Qal impf. 3 m.s. (בָּרָא 135) *so ... created*

אֱלֹהִים n.m.p. (43) *God*

אֶת־הַתַּנִּינִם dir.obj.-def.art.-n.m.p. (1072) *the sea monsters*

הַגְּדֹלִים def.art.-adj. m.p. (152) *great*

וְאֵת כָּל־ conj.-dir.obj.-n.m.s. cstr. (481) *and every*

נֶפֶשׁ n.f.s. cstr. (659) *creature*

הַחַיָּה def.art.-n.f.s. (312) *living*

הָרֹמֶשֶׂת def.art.-Qal act.ptc. f.s. (רָמַשׂ 942) *that moves*

אֲשֶׁר שָׁרְצוּ rel. (81)-Qal pf. 3 c.p. (1056; GK 117z) *with which ... swarm*

הַמַּיִם def.art.-n.m.p. (565) *the waters*

לְמִינֵהֶם prep.-n.m.s.-3 m.p. sf. (568; GK 91c,k) *according to their kinds*

וְאֵת כָּל־ conj.-dir.obj.-n.m.s. cstr. (481; GK 117c) *and every*

עוֹף כָּנָף n.m.s. cstr. (753; GK 126x)-n.f.s. (489) *winged bird*

לְמִינֵהוּ prep.-n.m.s.-3 m.s. sf. (568) *according to its kind*

וַיַּרְא אֱלֹהִים cf.1:18 consec.-God impf. 3 m.s. (רָאָה 906)-n.m.p. (43) *and God saw*

כִּי־טוֹב conj.-Qal pf. 3 m.s. or adj. m.s. (373) *that it was good*

1:22

וַיְבָרֶךְ consec.-Pi. impf. 3 m.s. (בָּרַךְ 138; GK 64g) *and ... blessed*

אֹתָם dir.obj.-3 m.p. sf. *them*

אֱלֹהִים n.m.p. (43) *God*

לֵאמֹר prep.-Qal inf.cstr. (55) *saying*

פְּרוּ Qal impv. 2 m.p. (פָּרָה 826) *be fruitful*

וּרְבוּ conj.-Qal impv. 2 m.p. (רָבָה I 915) *and multiply*

וּמִלְאוּ conj.-Qal impv. 2 m.p. (מָלֵא 569) *and fill*

אֶת־הַמַּיִם dir.obj.-def.art.-n.m.p. (565) *the waters*

בַּיַּמִּים prep.-def.art.-n.m.p. (410) *in the seas*

וְהָעוֹף conj.-def.art.-n.m.s. (733) *and birds*

יִרֶב Qal impf. 3 m.s. vol. (רָבָה I 915) *let ... multiply*

בָּאָרֶץ prep.-def.art.-n.f.s. (75) *on the earth*

1:23

וַיְהִי־עֶרֶב cf.1:5,8,13,19 consec.-Qal impf. 3 m.s. (הָיָה 224)-n.m.s. (787) *and there was evening*

וַיְהִי־בֹקֶר consec.-Qal impf. 3 m.s. (הָיָה 224)-n.m.s. (133) *and there was morning*

יוֹם n.m.s. (398) *a day*

חֲמִישִׁי adj. m.s. num.ord. (332) *fifth*

1:24

וַיֹּאמֶר consec.-Qal impf. 3 m.s. (55) *and ... said*

אֱלֹהִים n.m.p. (43) *God*

תּוֹצֵא Hi. impf. 3 f.s. vol. (יָצָא 422) *let ... bring forth*

הָאָרֶץ def.art.-n.f.s. (75) *the earth*

נֶפֶשׁ חַיָּה n.f.s. (659)-adj. f.s. (311) *living creatures*

לְמִינָהּ prep.-n.m.s.-3 f.s. sf. (568) *according to their kinds*

בְּהֵמָה n.f.s. (96) *cattle*

וָרֶמֶשׂ conj.-n.m.s. coll. (943) *and creeping things*

וְחַיְתוֹ־אֶרֶץ conj.-n.f.s. cstr. with old case ending (312; GK 90o)-n.f.s. (75) *beasts of the earth*

לְמִינָהּ v.supra *according to their kinds*

וַיְהִי־כֵן consec.-Qal impf. 3 m.s. (הָיָה 224)-adv. (485) cf.1:9,11,15 *and it was so*

1:25

וַיַּעַשׂ consec.-Qal impf. 3 m.s. (עָשָׂה I 793) *and ... made*

אֱלֹהִים n.m.p. (43) *God*

אֶת־חַיַּת dir.obj.-n.f.s. cstr. (312) *the beasts of*

הָאָרֶץ def.art.-n.f.s. (75) *the earth*

לְמִינָהּ prep.-n.m.s.-3 f.s. sf. (568) *according to their kinds*

וְאֶת־הַבְּהֵמָה conj.-dir.obj.-def.art.-n.f.s. (96) *and the cattle*

לְמִינָהּ v.supra *according to their kinds*

וְאֵת כָּל־ conj.-dir.obj.-n.m.s. cstr. (481) *and everything*

רֶמֶשׂ n.m.s. cstr. (943) *that creeps*

הָאֲדָמָה def.art.-n.f.s. (9) *upon the ground*

לְמִינֵהוּ prep.-n.m.s.-3 m.s. sf. (568) *according to its kind*

וַיַּרְא cf.1:18,21 consec.-Qal impf. 3 m.s. (רָאָה 906) *and ... saw*

אֱלֹהִים n.m.p. (43) *God*

כִּי־טוֹב conj.-Qal pf. 3 m.s. or adj. m.s. (373) *that it was good*

1:26

וַיֹּאמֶר consec.-Qal impf. 3 m.s. (55) *then ... said*

אֱלֹהִים n.m.p. (43; GK 124gN) *God*

נַעֲשֶׂה Qal impf. 1 c.p.-vol.he (עָשָׂה I 793; GK 75,1) *let us make*

אָדָם n.m.s. (9) *man*

בְּצַלְמֵנוּ prep.-n.m.s.-1 c.p. sf. (853; GK 119h) *in our image*

כִּדְמוּתֵנוּ prep.-n.f.s.-1 c.p. sf. (198) *after our likeness*

וְיִרְדּוּ conj.-Qal impf. 3 m.p. vol. (רָדָה I 921) *and let them have dominion*

בִּדְגַת prep.-n.f.s. cstr. (185; GK 122s) *over the fish of*

הַיָּם def.art.-n.m.s. (410) *the sea*

וּבְעוֹף conj.-prep.-n.m.s. cstr. (733) *and over the birds of*

הַשָּׁמַיִם def.art.-n.m. du. (1029) *the air*

וּבַבְּהֵמָה conj.-prep.-def.art.-n.f.s. (96) *and over the cattle*

וּבְכָל־הָאָרֶץ conj.-prep.-n.m.s. cstr. (481)-def.art.-n.f.s. (75) *and over all the earth*

וּבְכָל־ conj.-prep.-n.m.s. cstr. (481) *and over every*

הָרֶמֶשׂ def.art.-n.m.s. (943) *creeping thing*

הָרֹמֵשׂ def.art.-Qal act.ptc. (רָמַשׂ 942) *that creeps*

עַל־הָאָרֶץ prep.-def.art.-n.f.s. (75) *upon the earth*

1:27

וַיִּבְרָא consec.-Qal impf. 3 m.s. (135) *so ... created*

אֱלֹהִים n.m.p. (43) *God*

אֶת־הָאָדָם dir.obj.-def.art.-n.m.s. (9) *man*

בְּצַלְמוֹ prep.-n.m.s.-3 m.s. sf. (853; GK 119h) *in his own image*

בְּצֶלֶם prep.-n.m.s. cstr. (853) *in the image of*

אֱלֹהִים n.m.p. (43) *God*

בָּרָא אֹתוֹ Qal pf. 3 m.s. (135)-dir.obj.-3 m.s. sf. *he created him*

זָכָר n.m.s. (271) *male*

וּנְקֵבָה conj.-n.f.s. (666) *and female*

בָּרָא אֹתָם Qal pf. 3 m.s. (135)-dir.obj.-3 m.p. sf. (GK 117kk,122g) *he created them*

1:28

וַיְבָרֶךְ consec.-Pi. impf. 3 m.s. (בָּרַךְ 138) *and ... blessed*

אֹתָם dir.obj.-3 m.p. sf. *them*

אֱלֹהִים n.m.p. (43) *God*

וַיֹּאמֶר לָהֶם consec.-Qal impf. 3 m.s. (55)-prep.-3 m.p. sf. *and ... said to them*

אֱלֹהִים v.supra *God*

פְּרוּ cf.1:22 Qal impv. 2 m.p. (פָּרָה 826) *be fruitful*

וּרְבוּ conj.-Qal impv. 2 m.p. (רָבָה I 915) *and multiply*

וּמִלְאוּ conj.-Qal impv. 2 m.p. (מָלֵא 569) *and fill*

אֶת־הָאָרֶץ dir.obj.-def.art.-n.f.s. (75) *the earth*

וְכִבְשֻׁהָ conj.-Qal impv. 2 m.p.-3 f.s. sf. (כָּבַשׁ 461; GK 110c) *and subdue it*

וּרְדוּ conj.-Qal impv. 2 m.p. (רָדָה 921) *and have dominion*

בִּדְגַת prep.-n.f.s. cstr. (185) *over the fish of*

הַיָּם def.art.-n.m.s. (410) *the sea*

וּבְעוֹף conj.-prep.-n.m.s. cstr. (733) *and over the birds of*

הַשָּׁמַיִם def.art.-n.m. du. (1029) *the air*

וּבְכָל־חַיָּה conj.-prep.-n.m.s. cstr. (481)-n.f.s. (312) *and over every living thing*

הָרֹמֶשֶׂת def.art.-Qal act.ptc. f.s. (רָמַשׂ 942) *that moves*

עַל־הָאָרֶץ prep.-def.art.-n.f.s. (75) *upon the earth*

1:29

וַיֹּאמֶר consec.-Qal impf. 3 m.s. (55) *and ... said*

אֱלֹהִים n.m.p. (43) *God*

הִנֵּה demons.part. (243) *behold*

נָתַתִּי לָכֶם Qal pf. 1 c.s. (נָתַן 678; GK 106m)-prep.-2 m.p. sf. *I have given you*

אֶת־כָּל־עֵשֶׂב dir.obj.-n.m.s. cstr. (481; GK 16a)-n.m.s. (793) *every plant*

זֹרֵעַ זֶרַע Qal act.ptc. (281)-n.m.s. (282) *yielding seed*

אֲשֶׁר עַל־פְּנֵי rel. (81)-prep.-n.m.p. cstr. (815) *which is upon the face of*

כָּל־הָאָרֶץ n.m.s. cstr. (481)-def.art.-n.f.s. (75) *all the earth*

וְאֶת־כָּל־הָעֵץ conj.-dir.obj.-n.m.s. cstr. (481)-def.art.-n.m.s. (781) *and every tree*

אֲשֶׁר־בּוֹ rel. (81)-prep.-3 m.s. sf. (GK 141n) *with ... in its*

פְּרִי־עֵץ n.m.s. cstr. (826)-n.m.s. (781) *fruit*

זֹרֵעַ זָרַע Qal act.ptc. (281)-n.m.s. paus. (282) *seed*

לָכֶם prep.-2 m.p. sf. *you*

יִהְיֶה Qal impf. 3 m.s. (הָיָה 224) *shall have them*

לְאָכְלָה prep.-n.f.s. (38) *for food*

1:30

וּלְכָל־חַיַּת conj.-prep.-n.m.s. cstr. (481)-n.f.s. cstr. (312) *and to every beast of*

הָאָרֶץ def.art.-n.f.s. (75) *the earth*

וּלְכָל־עוֹף v.supra-n.m.s. cstr. (733) *and to every bird of*

הַשָּׁמַיִם def.art.-n.m. du. (1029) *the air*

וּלְכֹל רוֹמֵשׂ conj.-prep.-n.m.s. cstr. (481)-Qal act.ptc. (942) *and to everything that creeps*

עַל־הָאָרֶץ prep.-def.art.-n.f.s. (75) *on the earth*

אֲשֶׁר־בּוֹ rel. (81)-prep.-3 m.s. sf. *everything that has*

נֶפֶשׁ חַיָּה n.f.s. cstr. (659)-n.f.s. (312) *the breath of life*

אֶת־כָּל־יֶרֶק dir.obj.-n.m.s. cstr. (481)-n.m.s. cstr. (438) *every green*

עֵשֶׂב n.m.s. (793) *plant*

לְאָכְלָה prep.-n.f.s. (38) *for food*

וַיְהִי־כֵן consec.-Qal impf. 3 m.s. (הָיָה 224)-adv. (485) *and it was so*

1:31

וַיַּרְא consec.-Qal impf. 3 m.s. (רָאָה 906) *and ... saw*

אֱלֹהִים n.m.p. (43) *God*

אֶת־כָּל־אֲשֶׁר dir.obj.-n.m.s. cstr. (481)-rel. (81) *everything that*

עָשָׂה Qal pf. 3 m.s. (I 793) *he had made*

וְהִנֵּה־ conj.-demons.part. (243) *and behold*

טוֹב מְאֹד adj. m.s. (373; GK 131q)-adv. (547) *it was very good*

וַיְהִי־עֶרֶב cf.1:23 consec.-Qal impf. 3 m.s. (הָיָה 224)-n.m.s. (787) *and there was evening*

וַיְהִי־בֹקֶר consec.-Qal impf. 3 m.s. (הָיָה 224)-n.m.s. (133) *and there was morning*

יוֹם n.m.s. (393) *a day*

הַשִּׁשִּׁי def.art.-adj. m.s. num.ord. (995; GK 126w) *sixth*

2:1

וַיְכֻלּוּ consec.-Pu. impf. 3 m.p. (כָּלָה 477; GK 111k) *thus ... were finished*

הַשָּׁמַיִם def.art.-n.m. du. (1029) *the heavens*

וְהָאָרֶץ conj.-def.art.-n.f.s. (75) *and the earth*

וְכָל־צְבָאָם conj.-n.m.s. cstr. (481)-n.m.s.-3 m.p. sf. (838) *and all the host of them*

2:2

וַיְכַל consec.-Pi. impf. 3 m.s. (כָּלָה 477) *and ... finished*

אֱלֹהִים n.m.p. (43) *God*

בַּיּוֹם prep.-def.art.-n.m.s. (398) *on the day*

הַשְּׁבִיעִי def.art.-adj. m.s. num.ord. (988) *seventh*

מְלַאכְתּוֹ n.f.s.-3 m.s. sf. (521) *his work*

אֲשֶׁר עָשָׂה rel. (81)-Qal pf. 3 m.s. (I 793) *which he had done*

וַיִּשְׁבֹּת consec.-Qal impf. 3 m.s. (שָׁבַת 991) *and he rested*

בַּיּוֹם הַשְּׁבִיעִי v.supra-v.supra *on the seventh day*

מִכָּל־ prep.-n.m.s. cstr. (481) *from all*

מְלַאכְתּוֹ v.supra *his work*

אֲשֶׁר עָשָׂה v.supra-v.supra (GK 106f,138a) *which he had done*

2:3

וַיְבָרֶךְ consec.-Pi. impf. 3 m.s. (בָּרַךְ 138) *so ... blessed*

אֱלֹהִים n.m.p. (43) *God*

אֶת־יוֹם dir.obj.-n.m.s. cstr. (398; GK 126w) *the day*

הַשְּׁבִיעִי def.art.-n.m.s. num.ord. (988) *seventh*

וַיְקַדֵּשׁ אֹתוֹ consec.-Pi. impf. 3 m.s. (872) -dir.obj.-3 m.s. sf. *and hallowed it*

כִּי בוֹ conj.-prep.-3 m.s. sf. *because on it*

שָׁבַת Qal pf. 3 m.s. (991) *(he) rested*

מִכָּל־מְלַאכְתּוֹ prep.-n.m.s. cstr. (481)-n.m.s.-3 m.s. sf. (521) *from all his work*

אֲשֶׁר־בָּרָא rel. (81)-Qal pf. 3 m.s. (135) *which ... had created*

אֱלֹהִים n.m.p. (43) *God*

לַעֲשׂוֹת prep.-Qal inf.cstr. (עָשָׂה I 793; GK 114o) *for making*

2:4

אֵלֶּה demons.adj. c.p. (41) *these are*

תוֹלְדוֹת n.f.p. cstr. (410; GK 20f) *the generations of*

הַשָּׁמַיִם def.art.-n.m. du. (1029) *the heavens*

וְהָאָרֶץ conj.-def.art.-n.f.s. (75) *and the earth*

בְּהִבָּרְאָם prep.-Ni. inf.cstr.-3 m.p. sf. (בָּרָא 135; GK 5n,114q) *when they were created*

בְּיוֹם prep.-n.m.s. cstr. (398) *in the day that*

עֲשׂוֹת Qal inf.cstr. (עָשָׂה I 793) *made*

יהוה אֱלֹהִים pr.n. (217)-n.m.p. (43) *Yahweh God*

אֶרֶץ n.f.s. (75) *the earth*

וְשָׁמָיִם conj.-n.m. du. paus. (1029) *and the heavens*

2:5

וְכֹל שִׂיחַ conj.-n.m.s. cstr. (481)-n.m.s. cstr. (II 967) *and (every) ... plant of*

הַשָּׂדֶה def.art.-n.m.s. (961) *the field*

טֶרֶם יִהְיֶה adv. (382; GK 152n)-Qal impf. 3 m.s. (הָיָה 224) *was (not) yet*

בָאָרֶץ prep.-def.art.-n.f.s. (75) *in the earth*

וְכָל־עֵשֶׂב conj.-n.m.s. cstr. (481)-n.m.s. cstr. (793) *and no herb of*

הַשָּׂדֶה v.supra *the field*

טֶרֶם יִצְמָח v.supra-Qal impf. 3 m.s. (צָמַח 855; GK 107c) *had yet sprung up*

כִּי לֹא הִמְטִיר conj.-neg.-Hi. pf. 3 m.s. (מָטַר 565; GK 106f) *for ... had not caused it to rain*

יהוה אֱלֹהִים pr.n. (217)-n.m.p. (43) *Yahweh God*

עַל־הָאָרֶץ prep.-def.art.-n.f.s. (75) *upon the earth*

וְאָדָם conj.-n.m.s. (9) *and man*

אַיִן subst. (II 34; GK 142a,152k) *there was no*

לַעֲבֹד prep.-Qal inf.cstr. (עָבַד 712) *to till*

אֶת־הָאֲדָמָה dir.obj.-def.art.-n.f.s. (9) *the land (ground)*

2:6

וְאֵד conj.-n.m.s. (15) *but a mist*

יַעֲלֶה Qal impf. 3 m.s. (עָלָה 748; GK 107b,d) *went up*

מִן־הָאָרֶץ prep.-def.art.-n.f.s. (75) *from the earth*

וְהִשְׁקָה conj.-Hi. pf. 3 m.s. (שָׁקָה 1052; GK 112e,142b) *and watered*

אֶת־כָּל־פְּנֵי dir.obj.-n.m.s. cstr. (481)-n.m.p. cstr. (815) *the whole face of*

הָאֲדָמָה def.art.-n.f.s. (9) *the ground*

2:7

וַיִּיצֶר consec.-Qal impf. 3 m.s. (יָצַר 427; GK 70a) *then ... formed*

יהוה אֱלֹהִים pr.n. (217)-n.m.p. (43) *Yahweh God*

אֶת־הָאָדָם dir.obj.-def.art.-n.m.s. (9) *man*

עָפָר n.m.s. (779; GK 117hh) *of dust*

מִן־הָאֲדָמָה prep.-def.art.-n.f.s. (9) *from the ground*

וַיִּפַּח consec.-Qal impf. 3 m.s. (נָפַח 655) *and breathed*

בְּאַפָּיו prep.-n.m.p.-3 m.s. sf. (I 60) *into his nostrils*

נִשְׁמַת חַיִּים n.f.s. cstr. (675)-n.m.p. (311) *the breath of life*

וַיְהִי consec.-Qal impf. 3 m.s. (הָיָה 224) *and ... became*

הָאָדָם def.art.-n.m.s. (9) *man*

לְנֶפֶשׁ חַיָּה prep.-n.f.s. (659)-adj. f.s. (311) *a living being*

2:8

וַיִּטַּע consec.-Qal impf. 3 m.s. (נָטַע 642) *and ... planted*

יהוה אֱלֹהִים pr.n. (217)-n.m.p. (43) *Yahweh God*

גַּן־בְּעֵדֶן n.m.s. (171)-prep.-pr.n. (727) *a garden in Eden*

מִקֶּדֶם prep.-n.m.s. (869) *in the east*

וַיָּשֶׂם consec.-Qal impf. 3 m.s. (שׂוּם I 962) *and he put*

שָׁם adv. (1027) *there*

אֶת־הָאָדָם dir.obj.-def.art.-n.m.s. (9) *the man*

אֲשֶׁר יָצָר rel. (81)-Qal pf. 3 m.s. paus. (יָצַר 427) *whom he had formed*

2:9

וַיַּצְמַח consec.-Hi. impf. 3 m.s. (צָמַח 855) *and ... made to grow*

יהוה אֱלֹהִים pr.n. (217)-n.m.p. (43) *Yahweh God*

מִן־הָאֲדָמָה prep.-def.art.-n.f.s. (9) *out of the ground*

7

כָּל־עֵץ n.m.s. cstr. (481; GK 127b) *every tree*

נֶחְמָד Ni. ptc. (חָמַד 326) *that is pleasant*

לְמַרְאֶה prep.-n.m.s. (909) *to the sight*

וְטוֹב conj.-adj. m.s. (373) *and good*

לְמַאֲכָל prep.-n.m.s. (38; GK 115d) *for food*

וְעֵץ הַחַיִּים conj.-n.m.s. cstr. (781)-def.art.-n.m.p. (311) *the tree of life*

בְּתוֹךְ הַגָּן prep.-n.m.s. cstr. (1063)-def.art.-n.m.s. (171) *in the midst of the garden*

וְעֵץ הַדַּעַת conj.-n.m.s. cstr. (781)-def.art.-n.f.s. (395) *and the tree of the knowledge*

טוֹב וָרָע adj. m.s. (373)-conj.-adj. m.s. (948) *good and evil*

2:10

וְנָהָר conj.-n.m.s. (625; GK 141a) *a river*

יֹצֵא Qal act.ptc. (יָצָא 422; GK 107d) *flowed out*

מֵעֵדֶן prep.-pr.n. (III 727) *out of Eden*

לְהַשְׁקוֹת prep.-Hi. inf.cstr. (שָׁקָה 1052) *to water*

אֶת־הַגָּן dir.obj.-def.art.-n.m.s. (171) *the garden*

וּמִשָּׁם conj.-prep.-adv. (1027) *and there*

יִפָּרֵד Ni. impf. 3 m.s. (פָּרַד 825; GK 107d) *it divided*

וְהָיָה conj.-Qal pf. 3 m.s. (224; GK 112e) *and became*

לְאַרְבָּעָה prep.-adj. f.s. (916) *four*

רָאשִׁים n.m.p. (910) *rivers*

2:11

שֵׁם הָאֶחָד n.m.s. cstr. (1027)-def.art.-adj. m.s. (25; GK 98a,134k) *the name of the first*

פִּישׁוֹן pr.n. (810) *Pishon*

הוּא pers.pr. 3 m.s. (214) *it is*

הַסֹּבֵב def.art.-Qal act.ptc. (סָבַב 685; GK 126k) *the one which flows around*

אֵת כָּל־אֶרֶץ dir.obj.-n.m.s. cstr. (481)-n.f.s. cstr. (75) *the whole land of*

הַחֲוִילָה def.art.-pr.n. (296) *Havilah*

אֲשֶׁר־שָׁם rel. (81)-adv. (1027; GK 141n) *where there is*

הַזָּהָב def.art.-n.m.s. (262; GK 117q) *gold*

2:12

וּזֲהַב conj.-n.m.s. cstr. (262; GK 10g) *and the gold of*

הָאָרֶץ הַהִוא def.art.-n.f.s. (75)-def.art.-demons. adj. f.s. (214) *that land*

טוֹב adj. m.s. (373; GK 141b) *is good*

שָׁם adv. (1027) *are there*

הַבְּדֹלַח def.art.-n.m.s. (95) *bdellium*

וְאֶבֶן הַשֹּׁהַם conj.-n.f.s. cstr. (6)-def.art.-n.m.s. (995) *and onyx stone*

2:13

וְשֵׁם־ conj.-n.m.s. (1027; GK 25oN) *the name of*

הַנָּהָר הַשֵּׁנִי def.art.-n.m.s. (625)-def.art.-adj. num.ord. (1041) *the second river*

גִּיחוֹן pr.n. (161) *Gihon*

הוּא cf.1:11 pers.pr. (214) *it is*

הַסּוֹבֵב def.art.-Qal act.ptc. (סָבַב 685) *the one which flows around*

אֵת כָּל־אֶרֶץ dir.obj.-n.m.s. cstr. (481)-n.f.s. cstr. (75) *the whole land of*

כּוּשׁ pr.n. (468) *Cush*

2:14

וְשֵׁם conj.-n.m.s. cstr. (1027) *and the name of*

הַנָּהָר הַשְּׁלִישִׁי def.art.-n.m.s. (625)-def.art.-adj. num.ord. (1026) *the third river*

חִדֶּקֶל pr.n. (293) *Hiddekel*

הוּא pers.pr. 3 m.s. (214) *which*

הַהֹלֵךְ def.art.-Qal act.ptc. (229) *flows*

קִדְמַת אַשּׁוּר n.f.s. cstr. (870; GK 118g)-pr.n. (78) *east of Assyria*

וְהַנָּהָר conj.-def.art.-n.m.s. (625) *and the river*

הָרְבִיעִי def.art.-adj. num.ord. (917) *fourth*

הוּא פְרָת pers.pr. 3 m.s. (214)-pr.n. (832) *is the Euphrates*

2:15

וַיִּקַּח consec.-Qal impf. 3 m.s. (לָקַח 542) *took*

יהוה אֱלֹהִים pr.n. (217)-n.m.p. (43) *Yahweh God*

אֶת־הָאָדָם dir.obj.-def.art.-n.m.s. (9) *the man*

וַיַּנִּחֵהוּ consec.-Hi. impf. 3 m.s.-3 m.s. sf. (נוּחַ 628) *and put him*

בְּגַן־עֵדֶן prep.-n.f.s. cstr. (171; GK 122,l)-pr.n. (727) *in the garden of Eden*

לְעָבְדָהּ prep.-Qal inf.cstr.-3 f.s. sf. (עָבַד 712) *to till it*

וּלְשָׁמְרָהּ conj.-prep.-Qal inf.cstr.-3 f.s. sf. (1036) *and keep it*

2:16

וַיְצַו consec.-Pi. impf. 3 m.s. (צָוָה 845) *and ... commanded*

יהוה אֱלֹהִים pr.n. (217)-n.m.p. (43) *Yahweh God*

עַל־הָאָדָם prep.-def.art.-n.m.s. (9) *the man*

לֵאמֹר prep.-Qal inf.cstr. (55) *saying*

מִכֹּל prep.-n.m.s. cstr. (481) *of every*

עֵץ־הַגָּן n.m.s. cstr. (781; GK 26oN)-def.art.-n.m.s. (171) *tree of the garden*

אָכֹל תֹּאכֵל Qal inf.abs.-Qal impf. 2 m.s. (אָכַל 37; GK 113p) *you may freely eat*

2:17

וּמֵעֵץ conj.-prep.-n.m.s. cstr. (781) *but of the tree of*

הַדַּעַת def.art.-n.f.s. (395) *the knowledge*

טוֹב וָרָע adj. m.s. (373)-conj.-adj. m.s. (948) *good and evil*

לֹא תֹאכַל neg.-Qal impf. 2 m.s. (37) *you shall not eat*

מִמֶּנּוּ prep.-3 m.s. sf. (GK 135cN,143c) *(from it)*

כִּי בְּיוֹם conj.-prep.-n.m.s. cstr. (398) *for in the day that*

אֲכָלְךָ Qal inf.cstr.-2 m.s. sf. (אכל 37; GK 61d,114b) *you eat*

מִמֶּנּוּ v.supra *of it*

מוֹת תָּמוּת Qal inf.abs.-Qal impf. 2 m.s. (מות 559; GK 113n) *you shall die*

2:18

וַיֹּאמֶר consec.-Qal impf. 3 m.s. (55) *then ... said*

יהוה אֱלֹהִים pr.n. (217)-n.m.p. (43) *Yahweh God*

לֹא־טוֹב neg.-adj. m.s. (373) *it is not good*

הֱיוֹת Qal inf.cstr. (היה 224; GK 114a) *should be*

הָאָדָם def.art.-n.m.s. (9) *the man*

לְבַדּוֹ prep.-n.m.s.-3 m.s. sf. (II 94) *alone*

אֶעֱשֶׂה־לּוֹ Qal impf. 1 c.s. (עשה I 793; GK 75,1-coh.he)-prep.-3 m.s. sf. *I will make him*

עֵזֶר n.m.s. (I 740) *a helper*

כְּנֶגְדּוֹ prep.-prep.-3 m.s. sf. (617) *fit for him*

2:19

וַיִּצֶר consec.-Qal impf. 3 m.s. (יצר 427; GK 70a) *so ... formed*

יהוה אֱלֹהִים pr.n. (217)-n.m.p. (43) *Yahweh God*

מִן־הָאֲדָמָה prep.-def.art.-n.f.s. (9) *out of the ground*

כָּל־חַיַּת n.m.s. cstr. (481)-n.f.s. cstr. (312) *every beast of*

הַשָּׂדֶה def.art.-n.m.s. (961) *the field*

וְאֵת כָּל־עוֹף conj.-dir.obj.-n.m.s. cstr. (481)-n.m.s. cstr. (733) *and every bird of*

הַשָּׁמַיִם def.art.-n.m. du. (1029) *the air*

וַיָּבֵא consec.-Hi. impf. 3 m.s. (בוא 97) *and brought them*

אֶל־הָאָדָם prep.-def.art.-n.m.s. (9) *to the man*

לִרְאוֹת prep.-Qal inf.cstr. (ראה 906) *to see*

מַה־יִּקְרָא־לוֹ interr. (552)-Qal impf. 3 m.s. (קרא 894; GK 107k)-prep.-3 m.s. sf. (GK 145m) *what he would call them*

וְכֹל אֲשֶׁר conj.-n.m.s. cstr. (481)-rel. (81) *and whatever*

יִקְרָא־לוֹ v.supra (GK 131nN,145m) *called*

הָאָדָם def.art.-n.m.s. (9) *the man*

2:20

וַיִּקְרָא consec.-Qal impf. 3 m.s. (קרא 894) *gave*

הָאָדָם def.art.-n.m.s. (9) *the man*

שֵׁמוֹת n.m.p. (1027) *names*

לְכָל־הַבְּהֵמָה prep.-n.m.s. cstr. (481)-def.art.-n.f.s. (96) *to all cattle*

וּלְעוֹף הַשָּׁמַיִם conj.-prep.-n.m.s. cstr. (733)-def.art.-n.m. du. (1029) *and to the birds of the air*

וּלְכֹל conj.-prep.-n.m.s. cstr. (481) *and to every*

חַיַּת הַשָּׂדֶה n.f.s. cstr. (312)-def.art.-n.m.s. (961) *beast of the field*

וּלְאָדָם conj.-prep.-n.m.s. (9) *but for the man*

לֹא־מָצָא neg.-Qal pf. 3 m.s. (מצא 592) *there was not found*

עֵזֶר n.m.s. (I 740) *a helper*

כְּנֶגְדּוֹ prep.-prep.-3 m.s. sf. (617) *fit for him*

2:21

וַיַּפֵּל consec.-Hi. impf. 3 m.s. (נפל 656) *so ... caused to fall*

יהוה אֱלֹהִים pr.n. (217)-n.m.p. (43) *Yahweh God*

תַּרְדֵּמָה n.f.s. (922) *a deep sleep*

עַל־הָאָדָם prep.-def.art.-n.m.s. (9) *upon the man*

וַיִּישָׁן consec.-Qal impf. 3 m.s. (ישן 445) *and while he slept*

וַיִּקַּח consec.-Qal impf. 3 m.s. (לקח 542) *took*

אַחַת adj. f.s. (25) *one*

מִצַּלְעֹתָיו prep.-n.f.p.-3 m.s. sf. (854) *of his ribs*

וַיִּסְגֹּר consec.-Qal impf. 3 m.s. (סגר 688) *and closed up*

בָּשָׂר n.m.s. (142) *with flesh*

תַּחְתֶּנָּה prep.-3 f.s. sf. (1065; GK 103d) *its place*

2:22

וַיִּבֶן consec.-Qal impf. 3 m.s. (בנה 124) *made*

יהוה אֱלֹהִים pr.n. (217)-n.m.p. (43) *Yahweh God*

אֶת־הַצֵּלָע dir.obj.-def.art.-n.f.s. (854) *the rib*

אֲשֶׁר־לָקַח rel. (81)-Qal impf. 3 m.s. (542) *which he had taken*

מִן־הָאָדָם prep.-def.art.-n.m.s. (9) *from the man*

לְאִשָּׁה prep.-n.f.s. (61) *into a woman*

וַיְבִאֶהָ consec.-Hi. impf. 3 m.s.-3 f.s. sf. (בוא 97) *and brought her*

אֶל־הָאָדָם prep.-def.art.-n.m.s. (9) *to the man*

2:23

וַיֹּאמֶר consec.-Qal impf. 3 m.s. (55) *then ... said*

נֶפֶשׁ חַיָּה n.f.s. (659)-adj. f.s. (311) *living creature*

הוּא שְׁמוֹ demons.adj. m.s. (214)-n.m.s.-3 m.s. sf. (1027) *that was its name*

9

הָאָדָם def.art.-n.m.s. (9) *the man*

זֹאת demons.adj. f.s. (260; GK 141a) *this*

הַפַּעַם def.art.-n.f.s. (821; GK 126b) *at last*

עֶצֶם n.f.s. (782) *bone*

מֵעֲצָמַי prep.-n.f.p.-1 c.s. sf. (782) *of my bones*

וּבָשָׂר conj.-n.m.s. (142) *and flesh*

מִבְּשָׂרִי prep.-n.m.s.-1 c.s. sf. (142) *of my flesh*

לְזֹאת prep.-v.supra (GK 102g,125i) *she (to this)*

יִקָּרֵא Ni. impf. 3 m.s. (894) *shall be called*

אִשָּׁה n.f.s. (61) *a woman*

כִּי conj. *because*

מֵאִישׁ prep.-n.m.s. (35) *out of man*

לֻקְחָה־ Pu. pf. 3 f.s. (לקח 542; GK 10h,20c,52d) *was taken*

זֹאת v.supra *she (this)*

2:24

עַל־כֵּן prep.-adv. (485) *therefore*

יַעֲזָב־ Qal impf. 3 m.s. (עזב I 736; GK 107g) *leaves*

אִישׁ n.m.s. (35) *a man*

אֶת־אָבִיו dir.obj.-n.m.s.-3 m.s. sf. (3) *his father*

וְאֶת־אִמּוֹ conj.-dir.obj.-n.f.s.-3 m.s. sf. (51) *and his mother*

וְדָבַק conj.-Qal pf. 3 m.s. (179; GK 112m) *and cleaves*

בְּאִשְׁתּוֹ prep.-n.f.s.-3 m.s. sf. (61) *to his wife*

וְהָיוּ conj.-Qal pf. 3 c.p. (היה 224) *and they become*

לְבָשָׂר prep.-n.m.s. (142) *flesh*

אֶחָד num.adj. m.s. (25) *one*

2:25

וַיִּהְיוּ consec.-Qal impf. 3 m.p. (היה 224; GK 107b,111d) *and were*

שְׁנֵיהֶם num. m.p.-3 m.p. sf. (1040; GK 134d) *both (of them)*

עֲרוּמִּים adj. m.p. (736; GK 9o,85t,93pp) *naked*

הָאָדָם def.art.-n.m.s. (9) *the man*

וְאִשְׁתּוֹ conj.-n.f.s.-3 m.s. sf. (61) *and his wife*

וְלֹא יִתְבֹּשָׁשׁוּ conj.-neg.-Hithpolel impf. 3 m.p. (בושׁ 101; GK 72m) *and were not ashamed*

3:1

וְהַנָּחָשׁ conj.-def.art.-n.m.s. (638; GK 142c) *now the serpent*

הָיָה Qal pf. 3 m.s. (224; GK 111a) *was*

עָרוּם adj. m.s. (791) *(more) subtle*

מִכֹּל prep.-n.m.s. cstr. (481; GK 119w) *than any*

חַיַּת n.f.s. cstr. (חיה I 312) *other creature (of)*

הַשָּׂדֶה def.art.-n.m.s. (961) *(the field) wild*

אֲשֶׁר עָשָׂה rel. (81)-Qal pf. 3 m.s. (I 793) *that had made*

יְהוָה אֱלֹהִים pr.n. (217)-n.m.p. (43) *Yahweh God*

וַיֹּאמֶר consec.-Qal impf. 3 m.s. (55) *he said*

אֶל־הָאִשָּׁה prep.-def.art.-n.f.s. (61) *to the woman*

אַף כִּי־אָמַר conj. (64)-conj.-Qal pf. 3 m.s. (55) *(indeed) did ... say*

אֱלֹהִים n.m.p. (43) *God*

לֹא תֹאכְלוּ neg. (GK 152b)-Qal impf. 3 m.p. (37 אכל) *you shall not eat*

מִכֹּל עֵץ prep.-n.m.s. cstr. (481)-n.m.s. (781) *of any tree of*

הַגָּן def.art.-n.m.s. (171) *the garden*

3:2

וַתֹּאמֶר consec.-Qal impf. 3 f.s. (55) *and ... said*

הָאִשָּׁה def.art.-n.f.s. (61) *the woman*

אֶל־הַנָּחָשׁ prep.-def.art.-n.m.s. (638) *to the serpent*

מִפְּרִי prep.-n.m.s. cstr. (826) *of the fruit of*

עֵץ־הַגָּן n.m.s. cstr. (781)-def.art.-n.m.s. (171) *any tree of the garden*

נֹאכֵל Qal impf. 1 c.p. (אכל 37; GK 107s) *we may eat*

3:3

וּמִפְּרִי conj.-prep.-n.m.s. cstr. (826) *but ... of the fruit of*

הָעֵץ def.art.-n.m.s. (781) *the tree*

אֲשֶׁר rel. (81) *which is*

בְּתוֹךְ־הַגָּן prep.-subst. m.s. cstr. (1063)-def.art.-n.m.s. paus. (171) *in the midst of the garden*

אָמַר Qal pf. 3 m.s. (55) *said*

אֱלֹהִים n.m.p. (43) *God*

לֹא תֹאכְלוּ neg.-Qal impf. 2 m.p. (37) *you shall not eat*

מִמֶּנּוּ prep.-3 m.s. sf. (577) *(from it)*

וְלֹא תִגְּעוּ conj.-neg.-Qal impf. 2 m.p. (נגע 619) *neither shall you touch*

בּוֹ prep.-3 m.s. sf. *it*

פֶּן־תְּמֻתוּן conj. (814)-Qal impf. 2 m.p. (מות 559; GK 72u) *lest you die*

3:4

וַיֹּאמֶר consec.-Qal impf. 3 m.s. (55) *but ... said*

הַנָּחָשׁ def.art.-n.m.s. (638) *the serpent*

אֶל־הָאִשָּׁה prep.-def.art.-n.f.s. (61) *to the woman*

לֹא־מוֹת neg. (GK 113v)-Qal inf.abs. (מות 559) *not (dying)*

תְּמֻתוּן Qal impf. 2 m.p. (מות 559; GK 72u) *you will ... die*

3:5

כִּי יֹדֵעַ conj.-Qal act.ptc. (יָדַע 393) *for ... knows*

אֱלֹהִים n.m.p. (43) *God*

כִּי בְּיוֹם conj.-prep.-n.m.s. cstr. (398) *that when (in the day of)*

אֲכָלְכֶם Qal inf.cstr.-2 m.p. sf. (אָכַל 37; GK 61d,112oo) *you eat*

מִמֶּנּוּ prep.-3 m.s. sf. (577) *of it*

וְנִפְקְחוּ conj.-Ni. pf. 3 c.p. (פָּקַח 824) *will be opened*

עֵינֵיכֶם n.f. du.-2 m.p. sf. (744) *your eyes*

וִהְיִיתֶם conj.-Qal pf. 2 m.p. (הָיָה 224) *and you will be*

כֵּאלֹהִים prep.-n.m.p. (43) *like God*

יֹדְעֵי Qal act.ptc. m.p. cstr. (יָדַע 393; GK 116n) *knowing (knowers of)*

טוֹב וָרָע n.m.s. (373)-conj.-n.m.s. (948) *good and evil*

3:6

וַתֵּרֶא consec.-Qal impf. 3 f.s. (רָאָה 906) *so when ... saw*

הָאִשָּׁה def.art.-n.f.s. (61) *the woman*

כִּי טוֹב conj.-adj. m.s. as pred. (373) *that ... was good*

הָעֵץ def.art.-n.m.s. (781) *the tree*

לְמַאֲכָל prep.-n.m.s. (38) *for food*

וְכִי conj.-conj. *and that*

תַאֲוָה־הוּא n.f.s. (16)-demons.pr. m.s. (214) *it was a delight*

לָעֵינַיִם prep.-def.art.-n.f. du. (744; GK 35g) *to the eyes*

וְנֶחְמָד conj.-Ni. ptc. (חָמַד 326; GK 116e) *and that ... was to be desired*

הָעֵץ v.supra *the tree*

לְהַשְׂכִּיל prep.-Hi. inf.cstr. (שָׂכַל 968) *to make one wise*

וַתִּקַּח consec.-Qal impf. 3 f.s. (לָקַח 542) *she took*

מִפִּרְיוֹ prep.-n.m.s.-3 m.s. sf. (826) *of its fruit*

וַתֹּאכַל consec.-Qal impf. 3 f.s. (37) *and ate*

וַתִּתֵּן consec.-Qal impf. 3 f.s. (נָתַן 678) *and she ... gave*

גַּם־לְאִישָׁהּ adv. (168)-prep.-n.m.s.-3 f.s. sf. (35) *also to her husband*

עִמָּהּ prep.-3 f.s. sf. (GK 131t) *(with her)*

וַיֹּאכַל consec.-Qal impf. 3 m.s. (37) *and he ate*

3:7

וַתִּפָּקַחְנָה consec.-Ni. impf. 3 f.p. (פָּקַח 824) *then were opened*

3:8 (right column)

עֵינֵי שְׁנֵיהֶם n.f. du. cstr. (744)-n.m.p.-3 m.p. sf. (1040) *the eyes of both*

וַיֵּדְעוּ consec.-Qal impf. 3 m.p. (יָדַע 393) *and they knew*

כִּי עֵירֻמִּם conj.-adj. m.p. (73, 5; GK 85t,93pp) *that ... were naked*

הֵם pers.pr. 3 m.p. (241) *they*

וַיִּתְפְּרוּ consec.-Qal impf. 3 m.p. (תָּפַר 1074) *and they sewed together*

עֲלֵה תְאֵנָה n.m.s. cstr. (750)-n.f.s. (1061) *fig leaves*

וַיַּעֲשׂוּ consec.-Qal impf. 3 m.p. (עָשָׂה I 793) *and they made*

לָהֶם prep.-3 m.p. sf. *themselves*

חֲגֹרֹת n.f.p. (292) *aprons*

3:8

וַיִּשְׁמְעוּ consec.-Qal impf. 3 m.p. (שָׁמַע 1033) *and they heard*

אֶת־קוֹל dir.obj.-n.m.s. cstr. (876) *the sound of*

יהוה אֱלֹהִים pr.n. (217)-n.m.p. (43) *Yahweh God*

מִתְהַלֵּךְ Hith. ptc. (הָלַךְ 229; GK 118p) *walking*

בַּגָּן prep.-def.art.-n.m.s. (171) *in the garden*

לְרוּחַ הַיּוֹם prep.-n.f.s. cstr. (924)-def.art.-n.m.s. (398) *in the cool of the day*

וַיִּתְחַבֵּא consec.-Hith. impf. 3 m.s. (חָבָא 285; GK 146f) *and ... hid themselves*

הָאָדָם def.art.-n.m.s. (9) *the man*

וְאִשְׁתּוֹ conj.-n.f.s.-3 m.s. sf. (61) *and his wife*

מִפְּנֵי prep.-n.m.p. cstr. (815) *from the presence of*

יהוה אֱלֹהִים v.supra-v.supra *Yahweh God*

בְּתוֹךְ cf.3:3 prep.-subst. m.s. cstr. (1063) *among*

עֵץ הַגָּן n.m.s. cstr. (781)-def.art.-n.m.s. paus. (171) *the trees of the garden*

3:9

וַיִּקְרָא consec.-Qal impf. 3 m.s. (894) *but ... called*

יהוה אֱלֹהִים pr.n. (217)-n.m.p. (43) *Yahweh God*

אֶל־הָאָדָם prep.-def.art.-n.m.s. (9) *to the man*

וַיֹּאמֶר לוֹ consec.-Qal impf. 3 m.s. (55)-prep.-3 m.s. sf. *and said to him*

אַיֶּכָּה interr.adv.-2 m.s. sf. (32) *where are you?*

3:10

וַיֹּאמֶר consec.-Qal impf. 3 m.s. (55) *and he said*

אֶת־קֹלְךָ dir.obj.-n.m.s.-2 m.s. sf. (876; GK 142f) *the sound of thee*

שָׁמַעְתִּי Qal pf. 1 c.s. (שָׁמַע 1033) *I heard*

בַּגָּן prep.-def.art.-n.m.s. paus. (171) *in the garden*

וָאִירָא consec.-Qal impf. 1 c.s. (יָרֵא 431) *and I was afraid*

כִּי־עֵירֹם caus.conj.-adj. m.s. (735) *because ... (was) naked*

אָנֹכִי pers.pr. 1 c.s. (58) *I*

וָאֵחָבֵא consec.-Ni. impf. 1 c.s. (חָבָא 285) *and I hid myself*

3:11

וַיֹּאמֶר consec.-Qal impf. 3 m.s. (55) *he said*

מִי interr.pr. (566) *who*

הִגִּיד לְךָ Hi. pf. 3 m.s. (נגד 616)-prep.-2 m.s. sf. *told you*

כִּי עֵירֹם conj.-adj. m.s. (735) *that naked*

אַתָּה pers.pr. 2 m.s. paus. (61) *you (were)*

הֲמִן־הָעֵץ interr.part.-prep.-def.art.-n.m.s. (781) *of the tree?*

אֲשֶׁר rel. (81) *of which*

צִוִּיתִיךָ Pi. pf. 1 c.s.-2 m.s. sf. (צָוָה 845) *I commanded you*

לְבִלְתִּי prep.-neg. (116; GK 114s) *not*

אֲכָל־מִמֶּנּוּ Qal inf.cstr. (אָכַל 37)-prep.-3 m.s. sf. *to eat (from it)*

אָכָלְתָּ Qal pf. 2 m.s. paus. (37; GK 150e) *have you eaten*

3:12

וַיֹּאמֶר consec.-Qal impf. 3 m.s. (55) *(and) ... said*

הָאָדָם def.art.-n.m.s. (9) *the man*

הָאִשָּׁה def.art.-n.f.s. (61) *the woman*

אֲשֶׁר rel. (81) *whom*

נָתַתָּה Qal pf. 2 m.s. (נָתַן 678; GK 44g) *thou gavest*

עִמָּדִי prep.-1 c.s. sf. (767) *(to be) with me*

הִוא pers.pr. 3 f.s. (214; GK 135c) *she*

נָתְנָה־לִי Qal pf. 3 f.s. (נָתַן 678)-prep.-1 c.s. sf. *gave me*

מִן־הָעֵץ prep.-def.art.-n.m.s. (781) *of the tree*

וָאֹכֵל consec.-Qal impf. 1 c.s. (אָכַל 37; GK 68e) *and I ate*

3:13

וַיֹּאמֶר consec.-Qal impf. 3 m.s. (55) *then ... said*

יהוה אֱלֹהִים pr.n. (217)-n.m.p. (43) *Yahweh God*

לָאִשָּׁה prep.-def.art.-n.f.s. (61) *to the woman*

מַה־זֹּאת interr.pr. (552; GK 148b)-demons.adj. f.s. (260; GK 136c) *what is this*

עָשִׂית Qal pf. 2 f.s. (עָשָׂה I 793) *that you have done?*

וַתֹּאמֶר consec.-Qal impf. 3 f.s. (55) *(and) ... said*

הָאִשָּׁה def.art.-n.f.s. (61) *the woman*

הַנָּחָשׁ def.art.-n.m.s. (638; GK 142a) *the serpent*

הִשִּׁיאַנִי Hi. pf. 3 m.s.-1 c.s. sf. (נָשָׁא II 674) *beguiled me*

וָאֹכֵל consec.-Qal impf. 1 c.s. (אָכַל 37) *and I ate*

3:14

וַיֹּאמֶר consec.-Qal impf. 3 m.s. (55) *(and) ... said*

יהוה אֱלֹהִים pr.n. (217)-n.m.p. (43) *Yahweh God*

אֶל־הַנָּחָשׁ prep.-def.art.-n.m.s. (638) *to the serpent*

כִּי עָשִׂיתָ caus.conj.-Qal pf. 2 m.s. (עָשָׂה I 793) *because you have done*

זֹּאת demons.adj. f.s. (260) *this*

אָרוּר Qal pass.ptc. (אָרַר 76; GK 116rN) *cursed*

אַתָּה pers.pr. 2 m.s. (61) *are you*

מִכָּל־הַבְּהֵמָה prep. (GK 119w)-n.m.s. cstr. (481)-def.art.-n.f.s. (96) *above all cattle*

וּמִכֹּל חַיַּת conj.-prep.-n.m.s. cstr. (481)-n.f.s. cstr. (312) *and above all animals of*

הַשָּׂדֶה def.art.-n.m.s. (961) *wild (lit. the field)*

עַל־גְּחֹנְךָ prep.-n.m.s.-2 m.s. sf. (161; GK 142f) *upon your belly*

תֵלֵךְ Qal impf. 2 m.s. (הָלַךְ 229) *you shall go*

וְעָפָר conj.-n.m.s. (779; GK 142f) *and dust*

תֹּאכַל Qal impf. 2 m.s. (אָכַל 37) *you shall eat*

כָּל־יְמֵי n.m.s. cstr. (481)-n.m.p. cstr. (398; GK 118k) *all the days of*

חַיֶּיךָ n.m.p.-2 m.s. sf. (311) *your life*

3:15

וְאֵיבָה conj.-n.f.s. (33) *(and) enmity*

אָשִׁית Qal impf. 1 c.s. (שִׁית 1011) *I will put*

בֵּינְךָ prep.-2 m.s. sf. *between you*

וּבֵין conj.-prep. *and (between)*

הָאִשָּׁה def.art.-n.f.s. (61) *the woman*

וּבֵין v.supra *and between*

זַרְעֲךָ n.m.s.-2 m.s. sf. (282) *your seed*

וּבֵין v.supra *and (between)*

זַרְעָהּ n.m.s.-3 f.s. sf. (282) *her seed*

הוּא pers.pr. 3 m.s. (214) *he*

יְשׁוּפְךָ Qal impf. 3 m.s.-2 m.s. sf. (שׁוּף 1003) *shall bruise thee*

רֹאשׁ n.m.s. (910; GK 117,ll) *head*

וְאַתָּה conj.-pers.pr. 2 m.s. (61) *and you*

תְּשׁוּפֶנּוּ Qal impf. 2 m.s.-3 m.s. sf. (שׁוּף 1003) *shall bruise him*

עָקֵב n.m.s. (784; GK 117,ll) *heel*

3:16

אֶל־הָאִשָּׁה prep.-def.art.-n.f.s. (61) *to the woman*

אָמַר Qal pf. 3 m.s. (55) *he said*

הַרְבָּה אַרְבֶּה Hi. inf.abs. (רָבָה 915)-Hi. impf. 1 c.s. (רָבָה 915) *I will greatly multiply*

עִצְּבוֹנֵךְ n.m.s.-2 f.s. sf. (781) *your pain*

וְהֵרֹנֵךְ conj. (GK 154aN)-n.m.s-2 f.s. sf. (248) *and your conception*

בְּעֶצֶב prep.-n.m.s. (780) *in pain*

תֵּלְדִי Qal impf. 2 f.s. (יָלַד 408) *you shall bring forth*

בָּנִים n.m.p. (119) *children*

וְאֶל־אִישֵׁךְ conj.-prep.-n.m.s.-2 f.s. sf. (35) *yet ... for your husband*

תְּשׁוּקָתֵךְ n.f.s.-2 f.s. sf. (1003) *your desire*

וְהוּא conj.-pers.pr. 3 m.s. (214) *and he*

יִמְשָׁל־בָּךְ Qal impf. 3 m.s. (מָשַׁל 605)-prep.-2 f.s. sf. *shall rule over you*

3:17

וּלְאָדָם conj.-prep.-n.m.s. (9) *and to Adam*

אָמַר Qal pf. 3 m.s. (55) *he said*

כִּי שָׁמַעְתָּ conj.-Qal pf. 2 m.s. (1033) *because you have listened*

לְקוֹל prep.-n.m.s. cstr. (876) *to the voice of*

אִשְׁתֶּךָ n.f.s.-2 m.s. sf. (61) *your wife*

וַתֹּאכַל consec.-Qal impf. 2 m.s. (37) *and have eaten*

מִן־הָעֵץ prep.-def.art.-n.m.s. (781) *of the tree*

אֲשֶׁר צִוִּיתִיךָ rel. (81)-Pi. pf. 1 c.s.-2 m.s. sf. (845) *of which I commanded you*

לֵאמֹר prep.-Qal inf.cstr. (55) *(saying)*

לֹא תֹאכַל neg.-Qal impf. 2 m.s. (אָכַל 37) *you shall not eat*

מִמֶּנּוּ prep.-3 m.s. sf. *of it*

אֲרוּרָה Qal pass.ptc. f.s. (אָרַר 76) *cursed is*

הָאֲדָמָה def.art.-n.f.s. (9) *the ground*

בַּעֲבוּרֶךָ prep.-prep. (II 721)-2 m.s. sf. *because of you*

בְּעִצָּבוֹן prep.-n.m.s. (781) *in toil*

תֹּאכֲלֶנָּה Qal impf. 2 m.s.-3 f.s. sf. (אָכַל 37; GK 10g) *you shall eat of it*

כֹּל יְמֵי n.m.s. cstr. (481)-n.m.p. cstr. (398) *all the days of*

חַיֶּיךָ n.m.p.-2 m.s. sf. (311) *your life*

3:18

וְקוֹץ conj.-n.m.s. (881; GK 142f) *thorns*

וְדַרְדַּר conj.-n.m. coll. (205) *and thistles*

תַּצְמִיחַ Hi. impf. 3 f.s. (צָמַח 855) *it shall bring forth*

לָךְ prep.-2 m.s. sf. paus. *to you*

וְאָכַלְתָּ conj.-Qal pf. 2 m.s. (37) *and you shall eat*

אֶת־עֵשֶׂב dir.obj.-n.m.s. cstr. (793) *the plants of*

הַשָּׂדֶה def.art.-n.m.s. (961) *the field*

3:19

בְּזֵעַת prep.-n.f.s. cstr. (402; GK 95e) *in the sweat of*

אַפֶּיךָ n.m.p.-2 m.s. sf. (60) *your face*

תֹּאכַל Qal impf. 2 m.s. (37; GK 29e) *you shall eat*

לֶחֶם n.m.s. (536) *bread*

עַד שׁוּבְךָ adv.-Qal inf.cstr.-2 m.s. sf. (שׁוּב 996) *till you return*

אֶל־הָאֲדָמָה prep.-def.art.-n.f.s. (9) *to the ground*

כִּי מִמֶּנָּה conj.-prep.-3 f.s. sf. (577) *for out of it*

לֻקָּחְתָּ Pu. pf. 2 m.s. (לָקַח 542) *you were taken*

כִּי־עָפָר conj.-n.m.s. (779; GK 141,l) *(for) dust*

אַתָּה pers.pr. 2 m.s. (61) *you are*

וְאֶל־עָפָר conj.-prep.-n.m.s. (779) *and to dust*

תָּשׁוּב Qal impf. 2 m.s. (שׁוּב 996) *you shall return*

3:20

וַיִּקְרָא consec.-Qal impf. 3 m.s. (894) *called*

הָאָדָם def.art.-n.m.s. (9) *the man*

שֵׁם אִשְׁתּוֹ n.m.s. cstr. (1027)-n.f.s.-3 m.s. sf. (61) *his wife's name*

חַוָּה pr.n. f. (295) *Eve (life)*

כִּי הוּא conj.-pers.pr. 3 f.s. (214) *because she*

הָיְתָה Qal pf. 3 f.s. (הָיָה 224) *was*

אֵם n.f.s. cstr. (51) *the mother of*

כָּל־חָי n.m.s. cstr. (481)-adj. m.s. (311) *all living*

3:21

וַיַּעַשׂ consec.-Qal impf. 3 m.s. (עָשָׂה I 793) *and ... made*

יהוה אֱלֹהִים pr.n. (217)-n.m.p. (43) *Yahweh God*

לְאָדָם prep.-n.m.s. (9) *for Adam*

וּלְאִשְׁתּוֹ conj.-prep.-n.f.s.-3 m.s. sf. (61) *and for his wife*

כָּתְנוֹת n.f.p. cstr. (509; GK 128o) *garments of*

עוֹר n.m.s. (736) *skins*

וַיַּלְבִּשֵׁם consec.-Hi. impf. 3 m.s.-3 m.p. sf. (לָבַשׁ 527; GK 60g) *and clothed them*

3:22

וַיֹּאמֶר consec.-Qal impf. 3 m.s. (55) *then ... said*

יהוה אֱלֹהִים pr.n. (217)-n.m.p. (43) *Yahweh God*

הֵן demons.adv. (243) *behold*

הָאָדָם def.art.-n.m.s. (9) *the man*

הָיָה Qal pf. 3 m.s. (224) *has become*

כְּאַחַד prep.-adj. num. cstr. (25; GK 96) *like one of*

מִמֶּנּוּ prep.-1 c.p. sf. or 3 m.s. sf. (GK 124gN,130a) *us (them)*

13

לָדַעַת prep.-Qal inf.cstr. (יָדַע 393; GK 114o) *knowing*

טוֹב וָרָע adj. m.s. (3783)-conj.-adj. (948) *good and evil*

וְעַתָּה conj.-adv. *and now*

פֶּן־יִשְׁלַח conj. (814; GK 107q,112p,152w)-Qal impf. 3 m.s. (שָׁלַח 1018) *lest he put forth*

יָדוֹ n.f.s.-3 m.s. sf. (388) *his hand*

וְלָקַח conj.-Qal pf. 3 m.s. (342) *and take*

גַּם מֵעֵץ adv. (168)-prep.-n.m.s. cstr. (781) *also of the tree of*

הַחַיִּים def.art.-n.m.p. (311) *life*

וְאָכַל conj.-Qal pf. 3 m.s. (37) *and eat*

וָחַי conj.-Qal pf. 3 m.s. (חָיָה 310; GK 76i) *and live*

לְעֹלָם prep.-n.m.s. (761) *for ever*

3:23

וַיְשַׁלְּחֵהוּ consec.-Pi. impf. 3 m.s.-3 m.s. sf. (שָׁלַח 1018) *therefore ... sent him forth*

יהוה אֱלֹהִים pr.n. (217)-n.m.p. (43) *Yahweh God*

מִגַּן־ prep.-n.m.s. cstr. (171) *from the garden of*

עֵדֶן pr.n. (727) or n.m.s. (726) *Eden (or delight)*

לַעֲבֹד prep.-Qal inf.cstr. (712) *to till*

אֶת־הָאֲדָמָה dir.obj.-def.art.-n.f.s. (9) *the ground*

אֲשֶׁר לֻקַּח rel. (81)-Pu. pf. 3 m.s. (לָקַח 542) *which he was taken*

מִשָּׁם prep.-adv. (1027) *from there*

3:24

וַיְגָרֶשׁ consec.-Pi. impf. 3 m.s. (גָּרַשׁ 176) *he drove out*

אֶת־הָאָדָם dir.obj.-def.art.-n.m.s. (9) *the man*

וַיַּשְׁכֵּן consec.-Hi. impf. 3 m.s. (שָׁכַן 1014) *and ... he placed*

מִקֶּדֶם prep.-n.m.s. (869) *at the east*

לְגַן־ prep.-n.m.s. cstr. (171) *of the garden of*

עֵדֶן v.supra *Eden*

אֶת־הַכְּרֻבִים dir.obj.-def.art.-n.m.p. (500) *the cherubim*

וְאֵת לַהַט conj.-dir.obj.-n.m.s. cstr. (529) *and the flame of*

הַחֶרֶב def.art.-n.f.s. (352) *the sword*

הַמִּתְהַפֶּכֶת def.art.-Hith. ptc. f.s. (הָפַךְ 245) *which turned every way*

לִשְׁמֹר prep.-Qal inf.cstr. (1036) *to guard*

אֶת־דֶּרֶךְ dir.obj.-n.m.s. cstr. (202; GK 128h) *the way to*

עֵץ n.m.s. cstr. (781) *the tree of*

הַחַיִּים def.art.-n.m.p. (311) *life*

4:1

וְהָאָדָם conj.-def.art.-n.m.s. (9) *now Adam*

יָדַע Qal pf. 3 m.s. (393) *knew*

אֶת־חַוָּה dir.obj.-pr.n. (I 295) *Eve*

אִשְׁתּוֹ n.f.s.-3 m.s. sf. (61) *his wife*

וַתַּהַר consec.-Qal impf. 3 f.s. (הָרָה I 247) *and she conceived*

וַתֵּלֶד consec.-Qal impf. 3 f.s. (יָלַד 408) *and bore*

אֶת־קַיִן dir.obj.-pr.n. (III 884) *Cain*

וַתֹּאמֶר consec.-Qal impf. 3 f.s. (44) *saying*

קָנִיתִי Qal pf. 1 c.s. (קָנָה 888) *I have gotten*

אִישׁ n.m.s. (35) *a man*

אֶת־יהוה prep. (85)-pr.n. (217) *with the help of Yahweh*

4:2

וַתֹּסֶף consec.-Hi. impf. 3 f.s. (יָסַף 414) *and again she*

לָלֶדֶת prep.-Qal inf.cstr. (יָלַד 408) *bore*

אֶת־אָחִיו dir.obj.-n.m.s.-3 m.s. sf. (26) *his brother*

אֶת־הֶבֶל dir.obj. (GK 131h)-pr.n. paus. (II 211) *Abel*

וַיְהִי־הֶבֶל consec.-Qal impf. 3 m.s. (הָיָה 224)-pr.n. (II 211) *now Abel was*

רֹעֵה Qal act.ptc. m.s. cstr. (רָעָה I 944) *a keeper of*

צֹאן n.f.s. (838) *sheep*

וְקַיִן conj. (GK 142d)-pr.n. (III 884) *and Cain*

הָיָה Qal pf. 3 m.s. (224) *was*

עֹבֵד Qal act.ptc. m.s. cstr. (עָבַד 712) *a tiller of*

אֲדָמָה n.f.s. (9) *the ground*

4:3

וַיְהִי consec.-Qal impf. 3 m.s. (הָיָה 224) *(and it was)*

מִקֵּץ יָמִים prep.-n.m.s. cstr. (893)-n.m.p. (398) *in the course of time*

וַיָּבֵא קַיִן consec.-Hi. impf. 3 m.s. (בּוֹא 97)-pr.n. (884) *Cain brought*

מִפְּרִי prep.-n.m.s. cstr. (826) *of the fruit of*

הָאֲדָמָה def.art.-n.f.s. (9) *the ground*

מִנְחָה n.f.s. (585) *an offering*

לַיהוה prep.-pr.n. (217) *to Yahweh*

4:4

וְהֶבֶל הֵבִיא conj.-pr.n. (II 211)-Hi. pf. 3 m.s. (בּוֹא 97; GK 106d) *and Abel brought*

גַם־הוּא adv. (168)-pers.pr. 3 m.s. (214) *(also he)*

מִבְּכֹרוֹת prep.-n.f.p. cstr. (114) *of the firstlings of*

צֹאנוֹ n.f.s.-3 m.s. sf. (838) *his flock*

וּמֵחֶלְבֵהֶן conj.-prep.-n.m.s.-3 f.p. sf. (316; GK 91c,154a) *and of their fat portions*

וַיִּשַׁע יהוה consec.-Qal impf. 3 m.s. (שָׁעָה 1043)-pr.n. (217) *and Yahweh had regard*

אֶל-הֶבֶל prep.-pr.n. (II 211) *for Abel*

וְאֶל-מִנְחָתוֹ conj.-prep.-n.f.s.-3 m.s. sf. (585) *and his offering*

4:5

וְאֶל-קַיִן conj.-prep.-pr.n. (III 884) *but for Cain*

וְאֶל-מִנְחָתוֹ conj.-prep.-n.f.s.-3 m.s. sf. (585) *and his offering*

לֹא שָׁעָה neg.-Qal pf. 3 m.s. (1043) *he had no regard*

וַיִּחַר consec.-Qal impf. 3 m.s. (חָרָה 354) *so was angry*

לְקַיִן prep.-pr.n. (III 884) *Cain*

מְאֹד adv. (547) *very*

וַיִּפְּלוּ consec.-Qal impf. 3 m.p. (נָפַל 656) *and ... fell*

פָּנָיו n.m.p.-3 m.s. sf. (815) *his countenance*

4:6

וַיֹּאמֶר יהוה consec.-Qal impf. 3 m.s. (55)-pr.n. (217) *Yahweh said*

אֶל-קָיִן prep.-pr.n. paus. (III 884) *to Cain*

לָמָּה interr. (552) *why*

חָרָה לָךְ Qal pf. 3 m.s. (354; GK 144b)-prep.-2 m.s. sf. paus. (GK 20f) *are you angry*

וְלָמָּה conj.-interr. (552) *and why*

נָפְלוּ Qal pf. 3 c.p. (656) *has fallen*

פָנֶיךָ n.m.p.-2 m.s. sf. (815) *your countenance*

4:7

הֲלוֹא interr.part.-neg. *not?*

אִם-תֵּיטִיב hypoth.part. (49)-Qal impf. 2 m.s. (405 יָטַב) *if you do well*

שְׂאֵת Qal inf.cstr. (נָשָׂא 669) *will you ... be accepted*

וְאִם conj.-hypoth.part. (49) *and if*

לֹא תֵיטִיב neg.-Qal impf. 2 m.s. (יָטַב 405) *you do not do well*

לַפֶּתַח prep.-def.art.-n.m.s. (835) *at the door*

חַטָּאת n.f.s. (308) *sin*

רֹבֵץ Qal act.ptc. (918; GK 145u) *is couching*

וְאֵלֶיךָ conj.-prep.-2 m.s. sf. *(and) unto you*

תְּשׁוּקָתוֹ n.f.s.-3 m.s. sf. (1003) *its desire is*

וְאַתָּה conj.-pers.pr. 2 m.s. (61) *but you*

תִּמְשָׁל-בּוֹ Qal impf. 2 m.s. (מָשַׁל 605)-prep.-3 m.s. sf. *must master it*

4:8

וַיֹּאמֶר קַיִן consec.-Qal impf. 3 m.s. (55)-pr.n. (III 884) *Cain said*

אֶל-הֶבֶל prep.-pr.n. (II 211) *to Abel*

אָחִיו n.m.s.-3 m.s. sf. (26) *his brother*

וַיְהִי consec.-Qal impf. 3 m.s. (הָיָה 224) *and*

בִּהְיוֹתָם prep.-Qal inf.cstr.-3 m.p. sf. (הָיָה 224) *when they were*

בַּשָּׂדֶה prep.-def.art.-n.m.s. (961) *in the field*

וַיָּקָם קַיִן consec.-Qal impf. 3 m.s. (קוּם 877)-pr.n. (III 884) *Cain rose up*

אֶל-הֶבֶל prep.-pr.n. (II 211) *against Abel*

אָחִיו v.supra *his brother*

וַיַּהַרְגֵהוּ consec.-Qal impf. 3 m.s.-3 m.s. sf. (הָרַג 246) *and killed him*

4:9

וַיֹּאמֶר יהוה consec.-Qal impf. 3 m.s. (55)-pr.n. (217) *then Yahweh said*

אֶל-קַיִן prep.-pr.n. (III 884) *to Cain*

אֵי הֶבֶל interr.adv. (32)-pr.n. (II 211) *where is Abel*

אָחִיךָ n.m.s.-2 m.s. sf. (26) *your brother*

וַיֹּאמֶר consec.-Qal impf. 3 m.s. (55) *he said*

לֹא יָדַעְתִּי neg.-Qal pf. 1 c.s. (יָדַע 393; GK 106g) *I do not know*

הֲשֹׁמֵר interr.part.-Qal act.ptc. cstr. (שָׁמַר 1036; GK 150d) *a keeper of?*

אָחִי n.m.s.-1 c.s. sf. (26) *my brother*

אָנֹכִי pers.pr. 1 c.s. (58) *am I?*

4:10

וַיֹּאמֶר consec.-Qal impf. 3 m.s. (55) *and (he) said*

מֶה עָשִׂיתָ interr. (552; GK 148b)-Qal pf. 2 m.s. (I 793 עָשָׂה) *what have you done?*

קוֹל n.m.s. cstr. (876; GK 146b) *the voice of*

דְּמֵי אָחִיךָ n.m.p. cstr. (196)-n.m.s.-2 m.s. sf. (26) *your brother's blood*

צֹעֲקִים Qal act.ptc. m.p. (צָעַק 858) *is crying*

אֵלַי prep.-1 c.s. sf. *to me*

מִן-הָאֲדָמָה prep.-def.art.-n.f.s. (9) *from the ground*

4:11

וְעַתָּה conj.-adv. (773) *and now*

אָרוּר אַתָּה Qal pass.ptc. (אָרַר 76)-pers.pr. 2 m.s. (61) *you are cursed*

מִן-הָאֲדָמָה prep.-def.art.-n.f.s. (9) *from the ground*

אֲשֶׁר פָּצְתָה rel. (81)-Qal pf. 3 f.s. (פָּצָה 822) *which has opened*

אֶת־פִּיהָ dir.obj.-n.m.s.-3 f.s. sf. (804) *its mouth*

לָקַחַת prep.-Qal inf.cstr. (לָקַח 542) *to receive*

אֶת־דְּמֵי dir.obj.-n.m.p. cstr. (196) *the blood of*

אָחִיךָ n.m.s.-2 m.s. sf. (26) *your brother*

מִיָּדֶךָ prep.-n.f.p.-2 m.s. sf. (388) *from your hand*

4:12

כִּי תַעֲבֹד conj.-Qal impf. 2 m.s. (עָבַד 712; GK 164d) *when you till*

אֶת־הָאֲדָמָה dir.obj.-def.art.-n.f.s. (9) *the ground*

לֹא־תֹסֵף neg.-Hi. impf. 2 m.s. (יָסַף 414; GK 109d) *it shall no longer*

תֵּת־כֹּחָהּ Qal inf.cstr. (נָתַן 678; GK 114m)-n.m.s. -3 f.s. sf. (470) *yield its strength*

לָךְ prep.-2 m.s. sf. paus. *to you*

נָע וָנָד Qal act.ptc. (נוע 631)-conj.-Qal act.ptc. (נוד 626) *a fugitive and a wanderer*

תִּהְיֶה Qal impf. 2 m.s. (הָיָה 224) *you shall be*

בָאָרֶץ prep.-def.art.-n.f.s. (75) *on the earth*

4:13

וַיֹּאמֶר קַיִן consec.-Qal impf. 3 m.s. (55)-pr.n. (III 884) *Cain said*

אֶל־יְהוָה prep.-pr.n. (217) *to Yahweh*

גָּדוֹל adj. m.s. (152; GK 141m) *is greater*

עֲוֹנִי n.m.s.-1 c.s. sf. (730) *my punishment*

מִנְּשֹׂא prep.-Qal inf.cstr. (נָשָׂא 669; GK 76b,133c) *than I can bear*

4:14

הֵן interj. (243) *behold*

גֵּרַשְׁתָּ Pi. pf. 2 m.s. (גָּרַשׁ 176) *thou hast driven*

אֹתִי dir.obj.-1 c.s. sf. *me*

הַיּוֹם def.art.-n.m.s. (398) *this day*

מֵעַל פְּנֵי prep.-prep.-n.m.p. cstr. (815) *away from*

הָאֲדָמָה def.art.-n.f.s. (9) *the ground*

וּמִפָּנֶיךָ conj.-prep.-n.m.p.-2 m.s. sf. (815) *and from thy face*

אֶסָּתֵר Ni. impf. 1 c.s. (סָתַר 711) *I shall be hidden*

וְהָיִיתִי conj.-Qal pf. 1 c.s. (הָיָה 224; GK 112p) *and I shall be*

נָע וָנָד Qal act.ptc. (נוע 631)-conj.-Qal act.ptc. (נוד 626) *a fugitive and a wanderer*

בָאָרֶץ prep.-def.art.-n.f.s. (75) *on the earth*

וְהָיָה conj.-Qal pf. 3 m.s. (224) *and*

כָל־מֹצְאִי n.m.s. cstr. (481)-Qal act.ptc.-1 c.s. sf. (592 מָצָא; GK 116g) *whoever finds me*

יַהַרְגֵנִי Qal impf. 3 m.s.-1 c.s. sf. (הָרַג 246) *will slay me*

4:15

וַיֹּאמֶר לוֹ consec.-Qal impf. 3 m.s. (55)-prep.-3 m.s. sf. *then said to him*

יְהוָה pr.n. (217) *Yahweh*

לָכֵן prep.-adv. (485) (rd.prb. לֹא כֵן) *not so*

כָּל־הֹרֵג n.m.s. cstr. (481)-Qal act.ptc. (246) *if any one slays*

קַיִן pr.n. (III 884) *Cain*

שִׁבְעָתַיִם n.f. du. (988; GK 97h,134r) *sevenfold*

יֻקָּם Ho. impf. 3 m.s. (נָקַם 667) *(vengeance) shall be taken*

וַיָּשֶׂם יְהוָה consec.-Qal impf. 3 m.s. (שִׂים 962)-pr.n. (217) *and Yahweh put*

לְקַיִן prep.-pr.n. (III 884) *on Cain*

אוֹת n.m.s. (16) *a mark*

לְבִלְתִּי prep.-neg.part. (116) *lest*

הַכּוֹת־אֹתוֹ Hi. inf.cstr. (נָכָה 645; GK 114s)-dir. obj.-3 m.s. sf. (GK 115k,117e) *should kill him*

כָּל־מֹצְאוֹ n.m.s. cstr. (481)-Qal act.ptc.-3 m.s. sf. (מָצָא 592; GK 116w) *any who came upon him*

4:16

וַיֵּצֵא קַיִן consec.-Qal impf. 3 m.s. (יָצָא 422) -pr.n. (III 884) *then Cain went away*

מִלִּפְנֵי prep.-prep.-n.m.p. cstr. (815) *from the presence of*

יְהוָה pr.n. (217) *Yahweh*

וַיֵּשֶׁב consec.-Qal impf. 3 m.s. (יָשַׁב 442) *and dwelt*

בְּאֶרֶץ־נוֹד prep. (GK 118g)-n.f.s. cstr. (75)-pr.n. (II 627) *in the land of Nod*

קִדְמַת־עֵדֶן n.f.s. cstr. (870)-pr.n. (III 727) *east of Eden*

4:17

וַיֵּדַע קַיִן consec.-Qal impf. 3 m.s. (יָדַע 393) -pr.n. (III 884) *Cain knew*

אֶת־אִשְׁתּוֹ dir.obj.-n.f.s.-3 m.s. sf. (61) *his wife*

וַתַּהַר consec.-Qal impf. 3 f.s. (הָרָה 247) *and she conceived*

וַתֵּלֶד consec.-Qal impf. 3 f.s. (יָלַד 408) *and bore*

אֶת־חֲנוֹךְ dir.obj.-pr.n. (335) *Enoch*

וַיְהִי בֹנֶה consec.-Qal impf. 3 m.s. (הָיָה 224) -Qal act.ptc. (124) *and he built*

עִיר n.f.s. (746) *a city*

וַיִּקְרָא consec.-Qal impf. 3 m.s. (894; GK 29e) *and called*

שֵׁם הָעִיר n.m.s. cstr. (1027)-def.art.-n.f.s. (746) *the name of the city*

כְּשֵׁם בְּנוֹ prep.-n.m.s. cstr. (1027)-n.m.s.-3 m.s. sf. (119) *after the name of his son*

חֲנוֹךְ pr.n. (335) *Enoch*

4:18

וַיִּוָּלֵד consec.-Ni. impf. 3 m.s. יָלַד 408; GK 121b) *was born*

לַחֲנוֹךְ prep.-pr.n. (335) *to Enoch*

אֶת־עִירָד dir.obj.-pr.n. (747) *Irad*

וְעִירָד conj.-pr.n. (747) *and Irad*

יָלַד Qal pf. 3 m.s. (408) *was the father of*

אֶת־מְחוּיָאֵל dir.obj.-pr.n. (562) *Mehujael*

וּמְחִיָּיאֵל conj.-pr.n. (562) *and Mehujael*

יָלַד v.supra *the father of*

אֶת־מְתוּשָׁאֵל dir.obj.-pr.n. (607) *Methushael*

וּמְתוּשָׁאֵל conj.-v.supra *and Methushael*

יָלַד v.supra *the father of*

אֶת־לָמֶךְ dir.obj.-pr.n. (541) *Lamech*

4:19

וַיִּקַּח־לוֹ consec.-Qal impf. 3 m.s. לָקַח 542)-prep.-3 m.s. sf. *and ... took*

לֶמֶךְ pr.n. (541) *Lamech*

שְׁתֵּי נָשִׁים n.f.p. cstr. (1040)-n.f.p. (61) *two wives*

שֵׁם הָאַחַת n.m.s. cstr. (1027)-def.art.-adj. f.s. (25) *the name of the one*

עָדָה pr.n. (725) *Adah*

וְשֵׁם הַשֵּׁנִית conj.-v.supra-def.art.-adj. f.s. num.ord. (1041) *and the name of the other*

צִלָּה pr.n. (853) *Zillah*

4:20

וַתֵּלֶד consec.-Qal impf. 3 f.s. (יָלַד 408) *bore*

עָדָה pr.n. (725) *Adah*

אֶת־יָבָל dir.obj.-pr.n. (II 385) *Jabal*

הוּא הָיָה pers.pr. 3 m.s. (214)-Qal pf. 3 m.s. (224) *he was*

אֲבִי יֹשֵׁב n.m.s. cstr. (3)-Qal act.ptc. 442) *the father of those who dwell*

אֹהֶל n.m.s. (13; GK 117bb) *in tents*

וּמִקְנֶה conj.-n.m.s. (889) *and have cattle*

4:21

וְשֵׁם אָחִיו conj.-n.m.s. cstr. (1027)-n.m.s.-3 m.s. sf. (26) *his brother's name*

יוּבָל pr.n. (II 385) *Jubal*

הוּא הָיָה cf.4:20 pers.pr. 3 m.s. (214)-Qal pf. 3 m.s. (224) *he was*

אֲבִי n.m.s. cstr. (3) *the father of*

כָּל־תֹּפֵשׂ n.m.s. cstr. (481)-Qal act.ptc. (תָּפַשׂ 1074) *all those who play*

כִּנּוֹר n.m.s. (490) *lyre*

וְעוּגָב conj.-n.m.s. (721) *and pipe*

4:22

וְצִלָּה conj.-pr.n. (853) *and Zillah*

גַם־הִוא adv. (168)-pers.pr. 3 f.s. (214) *(she)*

יָלְדָה Qal pf. 3 f.s. יָלַד 408) *bore*

אֶת־תּוּבַל קַיִן dir.obj.-pr.n. (1063) *Tubal-cain*

לֹטֵשׁ Qal act.ptc. cstr. (538) *he was the forger of*

כָּל־חֹרֵשׁ n.m.s. cstr. (481; GK 127b)-Qal act.ptc. cstr. חָרַשׁ 360) *all instruments of*

נְחֹשֶׁת n.m.s. (638) *bronze*

וּבַרְזֶל conj.-n.m.s. (137) *and iron*

וַאֲחוֹת conj.-n.f.s. cstr. (27) *and the sister of*

תּוּבַל קַיִן pr.n. (1063) *Tubal-cain*

נַעֲמָה pr.n. (I 653) *Naamah*

4:23

וַיֹּאמֶר לֶמֶךְ consec.-Qal impf. 3 m.s. (55)-pr.n. (541) *Lamech said*

לְנָשָׁיו prep.-n.f.p.-3 m.s. sf. (61) *to his wives*

עָדָה וְצִלָּה pr.n. (725)-conj.-pr.n. (853) *Adah and Zillah*

שְׁמַעַן Qal impv. 2 f.p. שָׁמַע 1033; GK 46f) *hear*

קוֹלִי n.m.s.-1 c.s. sf. (876) *my voice*

נְשֵׁי לֶמֶךְ n.f.p. cstr. (61)-pr.n. (541) *you wives of Lamech*

הַאְזֵנָּה Hi. impv. 2 f.p. אָזַן 24; GK 44o) *hearken*

אִמְרָתִי n.f.s.-1 c.s. sf. (57) *to what I say*

כִּי אִישׁ conj.-n.m.s. (35) *a man*

הָרַגְתִּי Qal pf. 1 c.s. הָרַג 246) *I have slain*

לְפִצְעִי prep.-n.m.s.-1 c.s. sf. (822) *for wounding me*

וְיֶלֶד conj.-n.m.s. (409) *a young man*

לְחַבֻּרָתִי prep.-n.f.s.-1 c.s. sf. (289) *for striking me*

4:24

כִּי שִׁבְעָתַיִם conj. (GK 159bb)-n.f. du. (988) *if ... sevenfold*

יֻקַּם־קָיִן Ho. impf. 3 m.s. נָקַם 668; GK 29g) -pr.n. (884; 1063) *Cain is avenged*

וְלֶמֶךְ conj. (GK 159dd)-pr.n. (541) *truly Lamech*

שִׁבְעִים n.m.p. (988) *seventy*

וְשִׁבְעָה conj.-n.f.s. (987; GK 97h,134r) *sevenfold*

4:25

וַיֵּדַע אָדָם consec.-Qal impf. 3 m.s. (יָדַע 393) -n.m.s. (9) *and Adam knew*

17

עוֹד אֶת־אִשְׁתּוֹ adv. (728)–dir.obj.–n.f.s.–3 m.s. sf. (61) *his wife again*

וַתֵּלֶד consec.-Qal impf. 3 f.s. (יָלַד 408) *and she bore*

בֵּן n.m.s. (119) *a son*

וַתִּקְרָא consec.-Qal impf. 3 f.s. (894) *and called*

אֶת־שְׁמוֹ dir.obj.-n.m.s.-3 m.s. sf. (1027) *his name*

שֵׁת pr.n. (I 1011) *Seth*

כִּי שָׁת־לִי conj. (GK 157b)–Qal pf. 3 m.s. (שִׁית 1011; GK 9u,16f,26oN)–prep.–1 c.s. sf. *has appointed for me*

אֱלֹהִים n.m.p. (43) *God*

זֶרַע אַחֵר n.m.s. (282)–adj. m.s. (29) *another child*

תַּחַת הֶבֶל prep. (1065)–pr.n. (II 211) *instead of Abel*

כִּי הֲרָגוֹ conj.–Qal pf. 3 m.s.–3 m.s. sf. (246) *for ... slew him*

קָיִן pr.n. paus. (III 884) *Cain*

4:26

וּלְשֵׁת conj.-prep.-pr.n. (I 1011) *to Seth*

גַּם־הוּא adv. (168)–pers.pr. 3 m.s. (214; GK 135h) *also*

יֻלַּד־בֵּן Pu. pf. 3 m.s. (יָלַד 408)–n.m.s. (119) *a son was born*

וַיִּקְרָא consec.-Qal impf. 3 m.s. (894) *and he called*

אֶת־שְׁמוֹ dir.obj.-n.m.s.-3 m.s. sf. (1027) *his name*

אֱנוֹשׁ pr.n. (60) *Enosh*

אָז adv. (23) *at that time*

הוּחַל Ho. pf. 3 m.s. (חָלַל 320; GK 107c,144k) *began (men)*

לִקְרֹא prep.-Qal inf.cstr. (894) *to call*

בְּשֵׁם יהוה prep.-n.m.s. cstr. (1027)-pr.n. (217) *upon the name of Yahweh*

5:1

זֶה סֵפֶר demons.adj. m.s. (260)–n.m.s. cstr. (760) *this is the book of*

תּוֹלְדֹת n.f.p. cstr. (410) *the generations of*

אָדָם n.m.s. (9; GK 125f) *Adam*

בְּיוֹם prep. (GK 119h)–n.m.s. cstr. (398) *when*

בְּרֹא אֱלֹהִים Qal inf.cstr. (בָּרָא 135; GK 115i)–n.m.p. (43) *God created*

אָדָם v.supra *man*

בִּדְמוּת prep.-n.f.s. cstr. (198) *in the likeness of*

אֱלֹהִים n.m.p. (43) *God*

עָשָׂה אֹתוֹ Qal pf. 3 m.s. (I 793)–dir.obj.–3 m.s. sf. *he made him*

5:2

זָכָר n.m.s. (271) *male*

וּנְקֵבָה conj.-n.f.s. (666) *and female*

בְּרָאָם Qal pf. 3 m.s.-3 m.p. sf. (בָּרָא 135) *he created them*

וַיְבָרֶךְ consec.-Pi. impf. 3 m.s. (בָּרַךְ 138) *and he blessed*

אֹתָם dir.obj.-3 m.p. sf. *them*

וַיִּקְרָא consec.-Qal impf. 3 m.s. (894) *and (called)*

אֶת־שְׁמָם dir.obj.-n.m.s.-3 m.p. sf. (1027) *named them*

אָדָם n.m.s. (9) *man*

בְּיוֹם prep.-n.m.s. cstr. (398) *when*

הִבָּרְאָם Ni. inf.cstr.-3 m.p. sf. (בָּרָא 135) *they were created*

5:3

וַיְחִי consec.-Qal impf. 3 m.s. (חָיָה 310) *when ... had lived*

אָדָם n.m.s. (9) *Adam*

שְׁלֹשִׁים n.indecl. (1026) *thirty*

וּמְאַת שָׁנָה conj.-n.f.s. cstr. (547)-n.f.s. (1040; GK 134d) *a hundred years*

וַיּוֹלֶד consec.-Hi. impf. 3 m.s. (יָלַד 408) *he became the father of a son*

בִּדְמוּתוֹ prep.-n.f.s.-3 m.s. sf. (198) *in his own likeness*

כְּצַלְמוֹ prep.-n.m.s.-3 m.s. sf. (853) *after his image*

וַיִּקְרָא consec.-Qal impf. 3 m.s. sf. (894) *and (called)*

אֶת־שְׁמוֹ dir.obj.-n.m.s.-3 m.s. sf. (1027) *named him*

שֵׁת pr.n. (1011) *Seth*

5:4

וַיִּהְיוּ consec.-Qal impf. 3 m.p. (הָיָה 224) *and were*

יְמֵי־אָדָם n.m.p. cstr. (398)–n.m.s. (9) *the days of Adam*

אַחֲרֵי הוֹלִידוֹ subst. p. cstr. as prep. (30)–Hi. inf.cstr.-3 m.s. sf. (יָלַד 408) *after he became the father of*

אֶת־שֵׁת dir.obj.-pr.n. (1011) *Seth*

שְׁמֹנֶה מֵאֹת n.m.s. (1032)–n.f.p. (547) *eight hundred*

שָׁנָה n.f.s. (1040) *years*

וַיּוֹלֶד consec.-Hi.impf. 3 m.s. (יָלַד 408) *and he had other*

בָּנִים n.m.p. (119) *sons*

וּבָנוֹת conj.-n.f.p. (123) *and daughters*

5:5

וַיִּהְיוּ consec.-Qal impf. 3 m.p. (הָיָה 224) *thus ... were*

כָּל־יְמֵי אָדָם n.m.s. cstr. (481; GK 146c)-n.m. cstr. (398)-n.m.s. (9) *all the days that Adam*

אֲשֶׁר־חַי rel. (81)-Qal pf. 3 m.s. (310) *lived*

תְּשַׁע מֵאוֹת שָׁנָה n.m.s. (1077)-n.f.p. (547)-n.f.s. (1040) *nine hundred (years)*

וּשְׁלֹשִׁים שָׁנָה conj.-indecl.p. (1026)-v.supra *and thirty years*

וַיָּמֹת consec.-Qal impf. 3 m.s. (מוּת 559) *and he died*

5:6

וַיְחִי־ consec.-Qal impf. 3 m.s. (הָיָה 310) *when ... had lived*

שֵׁת pr.n. (1011) *Seth*

חָמֵשׁ שָׁנִים n.m.s. (331)-n.f.p. (1040) *five years*

וּמְאַת שָׁנָה conj.-n.f.s. cstr. (547)-n.f.s. (1040) *(and) a hundred years*

וַיּוֹלֶד consec.-Hi. impf. 3 m.s. (יָלַד 408) *he became the father of*

אֶת־אֱנוֹשׁ dir.obj.-pr.n. (60) *Enosh*

5:7

וַיְחִי־שֵׁת consec.-Qal impf. 3 m.s. (הָיָה 310) -pr.n. (1011) *Seth lived*

אַחֲרֵי הוֹלִידוֹ prep. (29)-Hi. inf.cstr.-3 m.s. sf. (יָלַד 408) *after the birth of*

אֶת־אֱנוֹשׁ dir.obj.-pr.n. (60) *Enosh*

שֶׁבַע שָׁנִים n.m.s. (988)-n.f.p. (1040) *seven years*

וּשְׁמֹנֶה מֵאוֹת conj.-n.m.s. (1032)-n.f.p. (547) *(and) eight hundred*

שָׁנָה n.f.s. (1040) *years*

וַיּוֹלֶד consec.-Hi. impf. 3 m.s. (יָלַד 408) *and had other*

בָּנִים n.m.p. (119) *sons*

וּבָנוֹת conj.-n.f.p. (I 123) *and daughters*

5:8

וַיִּהְיוּ consec.-Qal impf. 3 m.p. (הָיָה 224) *thus ... were*

כָּל־יְמֵי־שֵׁת n.m.s. cstr. (481)-n.m.p. cstr. (398) -pr.n. (1011) *all the days of Seth*

שְׁתֵּים עֶשְׂרֵה n.m.s. (1040)-n.f.s. (797) *twelve*

שָׁנָה n.f.s. (1040) *(years)*

וּתְשַׁע מֵאוֹת conj.-n.m.s. (1077)-n.f.p. (547) *nine hundred*

שָׁנָה n.f.s. (1040) *years*

וַיָּמֹת consec.-Qal impf. 3 m.s. (מוּת 559) *and he died*

5:9

וַיְחִי consec.-Qal impf. 3 m.s. (חָיָה 310) *when ... had lived*

אֱנוֹשׁ pr.n. (60) *Enosh*

תִּשְׁעִים n. indecl. (1077) *ninety*

שָׁנָה n.f.s. (1040) *years*

וַיּוֹלֶד consec.-Hi. impf. 3 m.s. (408) *he became the father of*

אֶת־קֵינָן dir.obj.-pr.n. (884) *Kenan*

5:10

וַיְחִי אֱנוֹשׁ consec.-Qal impf. 3 m.s. (310)-pr.n. (60) *Enosh lived*

אַחֲרֵי הוֹלִידוֹ prep.-Hi. inf.cstr. (408)-3 m.s. sf. *after the birth of*

אֶת־קֵינָן dir.obj.-pr.n. (884) *Kenan*

חֲמֵשׁ עֶשְׂרֵה n.m.s. (331)-n.f.s. (797) *fifteen*

שָׁנָה n.f.s. (1040) *(years)*

וּשְׁמֹנֶה מֵאוֹת conj.-n.m.s. (1032)-n.f.p. (547) *eight hundred*

שָׁנָה v.supra *years*

וַיּוֹלֶד consec.-Hi. impf. 3 m.s. (יָלַד 408) *and had other*

בָּנִים n.m.p. (119) *sons*

וּבָנוֹת conj.-n.f.p. (I 123) *and daughters*

5:11

וַיִּהְיוּ consec.-Qal impf. 3 m.p. (הָיָה 224) *thus ... were*

כָּל־יְמֵי n.m.s. cstr. (481)-n.m.p. cstr. (398) *all the days of*

אֱנוֹשׁ pr.n. (60) *Enosh*

חָמֵשׁ שָׁנִים n.m.s. (331)-n.f.p. (1040) *five (years)*

וּתְשַׁע מֵאוֹת conj.-n.m.s. (1077)-n.f.p. (547) *nine hundred*

שָׁנָה n.f.s. (1040) *years*

וַיָּמֹת consec.-Qal impf. 3 m.s. (מוּת 559) *and he died*

5:12

וַיְחִי consec.-Qal impf. 3 m.s. (חָיָה 310) *when ... had lived*

קֵינָן pr.n. (884) *Kenan*

שִׁבְעִים num. p. (988) *seventy*

שָׁנָה n.f.s. (1040) *years*

וַיּוֹלֶד consec.-Hi. impf. 3 m.s. (יָלַד 408) *he became the father of*

אֶת־מַהֲלַלְאֵל dir.obj.-pr.n. (239) *Mahalalel*

5:13

וַיְחִי consec.-Qal impf. 3 m.s. (חָיָה 310) *lived*

קֵינָן pr.n. (884) *Kenan*

אַחֲרֵי הוֹלִידוֹ prep.-Hi. inf.cstr.-3 m.s. sf. (יָלַד 408) *after the birth of*

אֶת־מַהֲלַלְאֵל pr.n. (239) *Mahalalel*

אַרְבָּעִים num. p. (917) *forty*

שָׁנָה n.f.s. (1040) *years*

וּשְׁמֹנֶה conj.-n.m.s. (1032) *eight*

מֵאוֹת שָׁנָה n.f.p. (547)-n.f.s. (1040) *hundred years*

וַיּוֹלֶד consec.-Hi. impf. 3 m.s. (יָלַד 408) *and had other*

בָּנִים n.m.p. (119) *sons*

וּבָנוֹת conj.-n.f.p. (I 123) *and daughters*

5:14

וַיִּהְיוּ consec.-Qal impf. 3 m.p. (הָיָה 224) *thus ... were*

כָּל־יְמֵי n.m.s. cstr. (481)-n.m.p. cstr. (398) *all the days of*

קֵינָן pr.n. (884) *Kenan*

עֶשֶׂר שָׁנִים n.m.s. (796)-n.f.p. (1040) *ten (years)*

וּתְשַׁע מֵאוֹת conj.-n.m.s. (1077)-n.f.p. (547) *nine hundred*

שָׁנָה n.f.s. (1040) *years*

וַיָּמֹת consec.-Qal impf. 3 m.s. (מוּת 559) *and he died*

5:15

וַיְחִי consec.-Qal impf. 3 m.s. (חָיָה 310) *when ... had lived*

מַהֲלַלְאֵל pr.n. (239) *Mahalalel*

חָמֵשׁ שָׁנִים n.m.s. (331)-n.f.p. (1040) *five (years)*

וְשִׁשִּׁים conj.-num. p. (995) *(and) sixty*

שָׁנָה n.f.s. (1040) *years*

וַיּוֹלֶד consec.-Hi. impf. 3 m.s. (יָלַד 408) *and he became the father of*

אֶת־יָרֶד dir.obj.-pr.n. (434) *Jared*

5:16

וַיְחִי consec.-Qal impf. 3 m.s. (חָיָה 310) *lived*

מַהֲלַלְאֵל pr.n. (239) *Mahalalel*

אַחֲרֵי הוֹלִידוֹ prep.-Hi. inf.cstr.-3 m.s. sf. (יָלַד 408) *after the birth of*

אֶת־יָרֶד dir.obj.-pr.n. (434) *Jared*

שְׁלֹשִׁים שָׁנָה num. p. (1026)-n.f.s. (1040) *thirty (years)*

וּשְׁמֹנֶה מֵאוֹת conj.-n.m.s. (1032)-n.f.p. (547) *eight hundred*

שָׁנָה n.f.s. (1040) *years*

וַיּוֹלֶד consec.-Hi. impf. 3 m.s. (יָלַד 408) *and had other*

בָּנִים n.m.p. (119) *sons*

וּבָנוֹת conj.-n.f.p. (123) *and daughters*

5:17

וַיִּהְיוּ consec.-Qal impf. 3 m.p. (הָיָה 224) *thus ... were*

כָּל־יְמֵי n.m.s. cstr. (481)-n.m.p. cstr. (398) *all the days of*

מַהֲלַלְאֵל pr.n. (239) *Mahalalel*

חָמֵשׁ n.m.s. (331) *five*

וְתִשְׁעִים שָׁנָה conj.-num. p. (1077)-n.f.s. (1040) *(and) ninety years*

וּשְׁמֹנֶה מֵאוֹת conj.-n.m.s. (1032)-n.f.p. (547) *and eight hundred*

שָׁנָה n.f.s. (1040) *years*

וַיָּמֹת consec.-Qal impf. 3 m.s. (מוּת 559) *and he died*

5:18

וַיְחִי־ consec.-Qal impf. 3 m.s. (חָיָה 310) *when ... had lived*

יֶרֶד pr.n. (434) *Jared*

שְׁתַּיִם n.f. du. (1040) *two*

וְשִׁשִּׁים שָׁנָה conj.-num. p. (995)-n.f.s. (1040) *(and) sixty years*

וּמְאַת שָׁנָה conj.-n.f.s. cstr. (547)-n.f.s. (1040) *(and) a hundred years*

וַיּוֹלֶד consec.-Hi. impf. 3 m.s. (יָלַד 408) *he became the father of*

אֶת־חֲנוֹךְ dir.obj.-pr.n. (335) *Enoch*

5:19

וַיְחִי־יֶרֶד consec.-Qal impf. 3 m.s. (310)-pr.n. (434) *Jared lived*

אַחֲרֵי הוֹלִידוֹ prep.-Hi. inf.cstr.-3 m.s. sf. (יָלַד 408) *after the birth of*

אֶת־חֲנוֹךְ dir.obj.-pr.n. (335) *Enoch*

שְׁמֹנֶה מֵאוֹת n.m.s. (1032)-n.f.p. (547) *eight hundred*

שָׁנָה n.f.s. (1040) *years*

וַיּוֹלֶד consec.-Hi. impf. 3 m.s. (יָלַד 408) *and had other*

בָּנִים n.m.p. (119) *sons*

וּבָנוֹת conj.-n.f.p. (I 123) *and daughters*

5:20

וַיִּהְיוּ consec.-Qal impf. 3 m.p. (הָיָה 224) *thus ... were*

כָּל־יְמֵי־ n.m.s. cstr. (481)-n.m.p. cstr. (398) *all the days of*

יֶרֶד pr.n. (434) *Jared*

שְׁתַּיִם וְשִׁשִּׁים n.f. du. (1040; GK 134h)-conj.-n.m.p. (995) *sixty-two*

20

שָׁנָה n.f.s. (1040) *(years)*

וּתְשַׁע מֵאוֹת conj.-n.m.s. (1077)-n.f.p. (547) *nine hundred*

שָׁנָה n.f.s. (1040) *years*

וַיָּמֹת consec.-Qal impf. 3 m.s. (מות 559) *and he died*

5:21

וַיְחִי חֲנוֹךְ consec.-Qal impf. 3 m.s. (310)-pr.n. (335) *when Enoch had lived*

חָמֵשׁ וְשִׁשִּׁים n.m.s. (331)-conj.-n.m.p. (995) *sixty-five*

שָׁנָה n.f.s. (1040) *years*

וַיּוֹלֶד consec.-Hi. impf. 3 m.s. (ילד 408) *he became the father of*

אֶת־מְתוּשָׁלַח dir.obj.-pr.n. paus. (607) *Methuselah*

5:22

וַיִּתְהַלֵּךְ consec.-Hith. impf. 3 m.s. (הלך 229) *walked*

חֲנוֹךְ pr.n. (335) *Enoch*

אֶת־הָאֱלֹהִים prep.-def.art.-n.m.p. (43) *with God*

אַחֲרֵי הוֹלִידוֹ prep.-Hi. inf.cstr.-3 m.s. sf. (ילד 408) *after the birth of*

אֶת־מְתוּשָׁלַח dir.obj.-pr.n. (607) *Methuselah*

שְׁלֹשׁ מֵאוֹת n.m.s. (1025)-n.f.p. (547) *three hundred*

שָׁנָה n.f.s. (1040) *years*

וַיּוֹלֶד consec.-Hi. impf. 3 m.s. (ילד 408) *and had other*

בָּנִים n.m.p. (119) *sons*

וּבָנוֹת conj.-n.f.p. (I 123) *and daughters*

5:23

וַיְהִי consec.-Qal impf. 3 m.s. (היה 224; GK 145q) *thus ... were*

כָּל־יְמֵי n.m.s. cstr. (481; GK 146c)-n.m.p. cstr. (398) *all the days of*

חֲנוֹךְ pr.n. (335) *Enoch*

חָמֵשׁ וְשִׁשִּׁים n.m.s. (331)-conj.-n.m.p. (995) *sixty-five*

שָׁנָה n.f.s. (1040) *(years)*

וּשְׁלֹשׁ מֵאוֹת conj.-n.m.s. (1025)-n.f.p. (547) *three hundred*

שָׁנָה n.f.s. (1040) *years*

5:24

וַיִּתְהַלֵּךְ consec.-Hith. impf. 3 m.s. (הלך 229) *walked*

חֲנוֹךְ pr.n. (335) *Enoch*

אֶת־הָאֱלֹהִים prep. (II 85)-def.art.-n.m.p. (43) *with God*

וְאֵינֶנּוּ conj.-subst. (II 34; GK 152m)-3 m.s. sf. *and he was not*

כִּי־לָקַח אֹתוֹ conj.-Qal pf. 3 m.s. (542)-dir.obj.-3 m.s. sf. *for ... took him*

אֱלֹהִים n.m.p. (43) *God*

5:25

וַיְחִי consec.-Qal impf. 3 m.s. (חיה 310) *when ... had lived*

מְתוּשֶׁלַח pr.n. (607) *Methuselah*

שֶׁבַע n.m.s. (988) *seven*

וּשְׁמֹנִים conj.-n.m.p. (1033) *(and) eighty*

שָׁנָה n.f.s. (1040) *(years)*

וּמְאַת conj.-n.f.s. cstr. (547) *hundred*

שָׁנָה v.supra *years*

וַיּוֹלֶד consec.-Hi. impf. 3 m.s. (ילד 408) *he became the father of*

אֶת־לָמֶךְ dir.obj.-pr.n. paus. (541) *Lamech*

5:26

וַיְחִי consec.-Qal impf. 3 m.s. (חיה 310) *lived*

מְתוּשֶׁלַח pr.n. (607) *Methuselah*

אַחֲרֵי הוֹלִידוֹ prep.-Hi. inf.cstr.-3 m.s. sf. (408) *after the birth of*

אֶת־לָמֶךְ dir.obj.-pr.n. (541) *Lamech*

שְׁתַּיִם n.f. du. (1040) *two*

וּשְׁמוֹנִים conj.-n.m.p. (1033) *eighty*

שָׁנָה n.f.s. (1040) *(years)*

וּשְׁבַע מֵאוֹת conj.-n.m.s. (988)-n.f.p. (547) *seven hundred*

שָׁנָה n.f.s. (1040) *years*

וַיּוֹלֶד consec.-Hi. impf. 3 m.s. (ילד 408) *and had other*

בָּנִים n.m.p. (119) *sons*

וּבָנוֹת conj.-n.f.p. (I 123) *and daughters*

5:27

וַיִּהְיוּ consec.-Qal impf. 3 m.p. (היה 224) *thus ... were*

כָּל־יְמֵי n.m.s. cstr. (481)-n.m.p. cstr. (398) *all the days of*

מְתוּשֶׁלַח pr.n. (607) *Methuselah*

תֵּשַׁע וְשִׁשִּׁים n.m.s. (1077)-conj.-num. p. (995) *sixty-nine*

שָׁנָה n.f.s. (1040) *(years)*

וּתְשַׁע מֵאוֹת conj.-n.m.s. (1077)-n.f.p. (547) *nine hundred*

שָׁנָה n.f.s. (1040) *years*

וַיָּמֹת consec.-Qal impf. 3 m.s. (מות 559) *and he died*

21

5:28

וַיְחִי־ consec.-Qal impf. 3 m.s. (310) *when ... had lived*

לֶמֶךְ pr.n. (541) *Lamech*

שְׁתַּיִם וּשְׁמֹנִים n.f. du. (1040)-conj.-n.p. (1033) *eighty-two*

שָׁנָה n.f.s. (1040) *(years)*

וּמְאַת שָׁנָה conj.-n.f.s. cstr. (547)-n.f.s. (1040) *and a hundred years*

וַיּוֹלֶד consec.-Hi. impf. 3 m.s. (יָלַד 408) *he became the father of*

בֵּן n.m.s. (119) *a son*

5:29

וַיִּקְרָא consec.-Qal impf. 3 m.s. (894) *and called*

אֶת־שְׁמוֹ dir.obj.-n.m.s.-3 m.s. sf. (1027) *his name*

נֹחַ pr.n. (629) *Noah*

לֵאמֹר prep.-Qal inf.cstr. (55) *saying*

זֶה demons.adj. m.s. (260) *this one*

יְנַחֲמֵנוּ Pi. impf. 3 m.s.-1 c.p. sf. (נָחַם 636) *shall bring us relief*

מִמַּעֲשֵׂנוּ prep.-n.m.p.-1 c.p. sf. (795) *from our work*

וּמֵעִצְּבוֹן conj.-prep.-n.m.s. cstr. (781) *and from the toil of*

יָדֵינוּ n.f.p.-1 c.p. sf. (388) *our hands*

מִן־הָאֲדָמָה prep.-def.art.-n.f.s. (9) *out of the ground*

אֲשֶׁר אֵרְרָהּ rel. (81)-Pi. pf. 3 m.s.-3 f.s. sf. (76) *which ... has cursed*

יהוה pr.n. (217) *Yahweh*

5:30

וַיְחִי־לֶמֶךְ consec.-Qal impf. 3 m.s. (חָיָה 310)-pr.n. (541) *Lamech lived*

אַחֲרֵי הוֹלִידוֹ prep.-Hi. inf.cstr.-3 m.s. sf. (יָלַד 408) *after the birth of*

אֶת־נֹחַ dir.obj.-pr.n. (629) *Noah*

חָמֵשׁ n.m.s. (331) *five*

וְתִשְׁעִים שָׁנָה conj.-n.m.p. (1077)-n.f.s. (1040) *ninety (years)*

וַחֲמֵשׁ מֵאֹת conj.-n.m.s. cstr. (331)-n.f.p. (547) *five hundred*

שָׁנָה n.f.s. (1040) *years*

וַיּוֹלֶד consec.-Hi. impf. 3 m.s. (יָלַד 408) *and had other*

בָּנִים n.m.p. (119) *sons*

וּבָנוֹת conj.-n.f.p. (I 123) *and daughters*

5:31

וַיְהִי consec.-Qal impf. 3 m.s. (הָיָה 224) *thus ... were*

כָּל־יְמֵי־ n.m.s. cstr. (481)-n.m.p. cstr. (398) *all the days of*

לֶמֶךְ pr.n. (541) *Lamech*

שֶׁבַע n.m.s. (987) *seven*

וְשִׁבְעִים שָׁנָה conj.-n.m.p. (988)-n.f.s. (1040) *(and) seventy (years)*

וּשְׁבַע מֵאוֹת conj.-n.m.s. cstr. (987)-n.f.p. (547) *(and) seven hundred*

שָׁנָה n.f.s. (1040) *years*

וַיָּמֹת consec.-Qal impf. 3 m.s. (מוּת 559) *and he died*

5:32

וַיְהִי־נֹחַ consec.-Qal impf. 3 m.s. (224)-pr.n. (629) *after Noah was*

בֶּן־חֲמֵשׁ n.m.s. cstr. (119)-n.m.s. cstr. (331) *five*

מֵאוֹת שָׁנָה n.f.p. (547)-n.f.s. (1040) *hundred years old*

וַיּוֹלֶד consec.-Hi. impf. 3 m.s. (יָלַד 408) *became the father of*

נֹחַ pr.n. (629) *Noah*

אֶת־שֵׁם dir.obj.-pr.n. (1028) *Shem*

אֶת־חָם dir.obj.-pr.n. (325) *Ham*

וְאֶת־יָפֶת conj.-dir.obj.-pr.n. (834) *and Japheth*

6:1

וַיְהִי consec.-Qal impf. 3 m.s. (הָיָה 224) *and*

כִּי־הֵחֵל conj.-Hi. pf. 3 m.s. (חָלַל 320; GK 164d) *when began*

הָאָדָם def.art.-n.m.s. (9) *men*

לָרֹב prep.-Qal inf.cstr. (רָבַב 912) *to multiply*

עַל־פְּנֵי prep.-n.m.p. cstr. (815) *on the face of*

הָאֲדָמָה def.art.-n.f.s. (9) *the ground*

וּבָנוֹת conj.-n.f.p. (123) *and daughters*

יֻלְּדוּ לָהֶם Pu. pf. 3 c.p. (יָלַד 408)-prep.-3 m.p. sf. *were born to them*

6:2

וַיִּרְאוּ consec.-Qal impf. 3 m.p. (רָאָה 906) *saw*

בְּנֵי־הָאֱלֹהִים n.m.p. cstr. (119; GK 128v)-def.art.-n.m.p. (43) *the sons of God*

אֶת־בְּנוֹת dir.obj.-n.f.p. cstr. (123) *the daughters of*

הָאָדָם def.art.-n.m.s. (9) *men*

כִּי טֹבֹת conj.-adj. f.p. (373; GK 117h) *were fair*

הֵנָּה pers.pr. 3 f.p. (241) *(they)*

וַיִּקְחוּ לָהֶם consec.-Qal impf. 3 m.p. (לָקַח 542)-prep.-3 m.p. sf. *and they took*

נָשִׁים n.f.p. (61) *to wife*

מִבֹּל אֲשֶׁר prep. (GK 119wN)-n.m.s. (481)-rel. (81) *such of them as*

בָּחֲרוּ Qal pf. 3 c.p. paus. (בָּחַר 103) *they chose*

6:3

וַיֹּאמֶר יהוה consec.-Qal impf. 3 m.s. (55)-pr.n. (217) *then Yahweh said*

לֹא־יָדוֹן neg.-Qal impf. 3 m.s. (דִּין 192 v.note; GK 72r) *shall not abide (judge)*

רוּחִי n.f.s.-1 c.s. sf. (924) *my spirit*

בָּאָדָם prep.-def.art.-n.m.s. (9) *in man*

לְעֹלָם prep.-n.m.s. (761) *for ever*

בְּשַׁגַּם prep.-rel. (81)-adv. (GK 67p) *(in which also)*

הוּא בָשָׂר pers.pr. 3 m.s. (214)-n.m.s. (142) *he is flesh*

וְהָיוּ יָמָיו conj.-Qal pf. 3 c.p. (הָיָה 224)-n.m.p.-3 m.s. sf. (398) *but his days shall be*

מֵאָה וְעֶשְׂרִים n.f.s. (547)-conj.-n.m.p. (797) *a hundred and twenty*

שָׁנָה n.f.s. (1040) *years*

6:4

הַנְּפִלִים def.art.-n.m.p. (658) *the Nephilim (fallen ones)*

הָיוּ Qal pf. 3 c.p. (הָיָה 224) *were*

בָאָרֶץ prep.-def.art.-n.f.s. (75) *on the earth*

בַּיָּמִים הָהֵם prep.-def.art.-n.m.p. (398)-def.art.-demons.adj. m.p. (241) *in those days*

וְגַם conj.-adv. (168) *and also*

אַחֲרֵי־כֵן prep.-adv. (485) *afterward*

אֲשֶׁר יָבֹאוּ rel. (81)-Qal impf. 3 m.p. (בּוֹא 97; GK 107e) *when ... came*

בְּנֵי הָאֱלֹהִים n.m.p. cstr. (119; GK 128v)-def.art.-n.m.p. (43) *the sons of God*

אֶל־בְּנוֹת הָאָדָם prep.-n.f.p. cstr. (123)-def.art.-n.m.s. (9) *in to the daughters of men*

וְיָלְדוּ conj.-Qal pf. 3 c.p. (יָלַד 408; GK 112e) *and bore*

לָהֶם prep.-3 m.p. sf. *to them*

הֵמָּה demons.adj. m.p. (241) *these were*

הַגִּבֹּרִים def.art.-n.m.p. (150) *mighty men*

אֲשֶׁר מֵעוֹלָם rel. (81)-prep.-n.m.s. (761) *that were of old*

אַנְשֵׁי n.m.p. cstr. (60; GK 128t) *the men of*

הַשֵּׁם def.art.-n.m.s. (1027) *renown*

6:5

וַיַּרְא יהוה consec.-Qal impf. 3 m.s. (רָאָה 906)-pr.n. (217) *Yahweh saw*

כִּי רַבָּה conj. (GK 157b)-adj. f.s. (912) *was great*

רָעַת הָאָדָם n.f.s. cstr. (948)-def.art.-n.m.s. (9) *the wickedness of man*

בָּאָרֶץ prep.-def.art.-n.f.s. (75) *in the earth*

וְכָל־יֵצֶר conj.-n.m.s. cstr. (481)-n.m.s. cstr. (428) *and that every imagination of*

מַחְשְׁבֹת n.f.p. cstr. (364) *the thoughts of*

לִבּוֹ n.m.s.-3 m.s. sf. (523) *his heart*

רַק רַע adv. (956)-adj. m.s. (948) *only evil*

כָּל־הַיּוֹם n.m.s. cstr. (481)-def.art.-n.m.s. (398) *continually*

6:6

וַיִּנָּחֶם יהוה consec.-Ni.impf. 3 m.s. (נָחַם 636)-pr.n. (217) *and Yahweh was sorry*

כִּי־עָשָׂה conj.-Qal pf. 3 m.s. (793) *that he had made*

אֶת־הָאָדָם dir.obj.-def.art.-n.m.s. (9) *man*

בָּאָרֶץ prep.-def.art.-n.f.s. (75) *on the earth*

וַיִּתְעַצֵּב consec.-Hith. impf. 3 m.s. (עָצַב 780) *and it grieved him*

אֶל־לִבּוֹ prep.-n.m.s.-3 m.s. sf. (523) *to his heart*

6:7

וַיֹּאמֶר יהוה consec.-Qal impf. 3 m.s. (55)-pr.n. (217) *so Yahweh said*

אֶמְחֶה Qal impf. 1 c.s. (מָחָה 562) *I will blot out*

אֶת־הָאָדָם v.supra *man*

אֲשֶׁר־בָּרָאתִי rel. (81)-Qal pf. 1 c.s. (בָּרָא 135) *whom I have created*

מֵעַל פְּנֵי prep.-prep.-n.m.p. cstr. (815) *from the face of*

הָאֲדָמָה def.art.-n.f.s. (9) *the ground*

מֵאָדָם prep.-n.m.s. (9) *man*

עַד־בְּהֵמָה prep. (III 723)-n.f.s. (96) *and beast*

עַד־רֶמֶשׂ prep.-n.m.s. (943) *and creeping things*

וְעַד־עוֹף conj.-prep.-n.m.s. cstr. (733) *and birds of*

הַשָּׁמָיִם def.art.-n.m. du. paus. (1029) *the air*

כִּי נִחַמְתִּי conj.-Ni. pf. 1 c.s. (נָחַם 636) *for I am sorry*

כִּי עֲשִׂיתִם conj.-Qal pf. 1 c.s.-3 m.p. sf. (עָשָׂה I 793) *that I have made them*

6:8

וְנֹחַ conj.-pr.n. (629) *but Noah*

מָצָא חֵן Qal pf. 3 m.s. (592; GK 142b)-n.m.s. (336) *found favor*

בְּעֵינֵי יהוה prep.-n.f. du. cstr. (744)-pr.n. (217) *in the eyes of Yahweh*

6:9

אֵלֶּה demons.adj. m.p. (41) *these are*

23

תּוֹלְדֹת n.f.p. cstr. (410) *the generations of*

נֹחַ pr.n. (629) *Noah*

נֹחַ v.supra *Noah was*

אִישׁ צַדִּיק n.m.s. (35)-adj. m.s. (843) *a righteous man*

תָּמִים n.m.p. (1070) *blameless*

הָיָה Qal pf. 3 m.s. (224) *was*

בְּדֹרֹתָיו prep.-n.m.p.-3 m.s. sf. (189) *in his generation*

אֶת־הָאֱלֹהִים prep. (II 85)-def.art.-n.m.p. (43) *with God*

הִתְהַלֶּךְ־ Hith. pf. 3 m.s. (הָלַךְ 229; GK 16b) *walked*

נֹחַ v.supra *Noah*

6:10

וַיּוֹלֶד נֹחַ consec.-Hi. impf. 3 m.s. (יָלַד 408)-pr.n. (629) *and Noah had*

שְׁלֹשָׁה בָנִים n.f.s. (1025)-n.m.p. (119) *three sons*

אֶת־שֵׁם dir.obj.-pr.n. (1028) *Shem*

אֶת־חָם dir.obj.-pr.n. (325) *Ham*

וְאֶת־יָפֶת conj.-dir.obj.-pr.n. paus. (834) *and Japheth*

6:11

וַתִּשָּׁחֵת consec.-Ni. impf. 3 f.s. (שָׁחַת 1007) *now ... was corrupt*

הָאָרֶץ def.art.-n.f.s. (75) *the earth*

לִפְנֵי prep.-n.m.p. cstr. (815) *in the sight of*

הָאֱלֹהִים def.art.-n.m.p. (43) *God*

וַתִּמָּלֵא consec.-Ni. impf. 3 f.s. (מָלֵא 569; GK 117z) *and ... was filled*

הָאָרֶץ def.art.-n.f.s. (75) *the earth*

חָמָס n.m.s. (329) *with violence*

6:12

וַיַּרְא אֱלֹהִים consec.-Qal impf. 3 m.s. (רָאָה 906)-n.m.p. (43) *and God saw*

אֶת־הָאָרֶץ dir.obj.-def.art.-n.f.s. (75) *the earth*

וְהִנֵּה conj.-demons.part. (243) *and behold*

נִשְׁחָתָה Ni. pf. 3 f.s. (שָׁחַת 1007) *it was corrupt*

כִּי־הִשְׁחִית conj.-Hi. pf. 3 m.s. (שָׁחַת 1007) *for ... had corrupted*

כָּל־בָּשָׂר n.m.s. cstr. (481)-n.m.s. (142) *all flesh*

אֶת־דַּרְכּוֹ dir.obj.-n.m.s.-3 m.s. sf. (202) *their way*

עַל־הָאָרֶץ prep.-def.art.-n.f.s. (75) *upon the earth*

6:13

וַיֹּאמֶר אֱלֹהִים consec.-Qal impf. 3 m.s. (55) -n.m.p. (43) *and God said*

לְנֹחַ prep.-pr.n. (629) *to Noah*

קֵץ n.m.s. cstr. (893) *an end of*

כָּל־בָּשָׂר n.m.s. cstr. (481)-n.m.s. (142) *all flesh*

בָּא Qal act.ptc. (בּוֹא 97) *to make (coming)*

לְפָנַי prep.-n.m.p.-1 c.s. sf. (815) *I have determined (before me)*

כִּי־מָלְאָה conj.-Qal pf. 3 f.s. (מָלֵא 569; GK 117z) *for ... is filled*

הָאָרֶץ def.art.-n.f.s. (75) *the earth*

חָמָס n.m.s. (329) *with violence*

מִפְּנֵיהֶם prep.-n.m.p.-3 m.p. sf. (815) *through them*

וְהִנְנִי conj.-demons.part.-1 c.s. sf. (243) *behold, I*

מַשְׁחִיתָם Hi. ptc. (שָׁחַת 1007)-3 m.p. sf. *will destroy them*

אֶת־הָאָרֶץ prep. (II 85)-def.art.-n.f.s. (75) *with the earth*

6:14

עֲשֵׂה Qal impv. 2 m.s. (עָשָׂה I 793) *make*

לְךָ prep.-2 m.s. sf. *yourself*

תֵּבַת n.f.s. cstr. (1061) *an ark of*

עֲצֵי־גֹפֶר n.m.p. cstr. (781)-n.m.s. (172) *gopher wood*

קִנִּים n.m.p. (890; GK 117ii) *rooms*

תַּעֲשֶׂה Qal impf. 2 m.s. (עָשָׂה I 793) *make*

אֶת־הַתֵּבָה dir.obj.-def.art.-n.f.s. (1061) *in the ark*

וְכָפַרְתָּ conj.-Qal pf. 2 m.s. (כָּפַר 497; GK 112r) *and cover*

אֹתָהּ dir.obj.-3 f.s. sf. *it*

מִבַּיִת prep.-n.m.s. (110,(8)) as adv. *inside*

וּמִחוּץ conj.-prep.-n.m.s. (299) *and out*

בַּכֹּפֶר prep.-def.art.-n.m.s. (II 498; GK 126n) *with pitch*

6:15

וְזֶה conj.-demons.adj. m.s. (260) *this is*

אֲשֶׁר rel. (81) *how*

תַּעֲשֶׂה Qal impf. 2 m.s. (עָשָׂה I 793) *you are to make*

אֹתָהּ dir.obj.-3 f.s. sf. *it*

שְׁלֹשׁ מֵאוֹת n.m.s. cstr. (1025)-n.f.p. (547) *three hundred*

אַמָּה n.f.s. (52) *cubits*

אֹרֶךְ הַתֵּבָה n.m.s. cstr. (73)-def.art.-n.f.s. (1061) *the length of the ark*

חֲמִשִּׁים num. p. (332) *fifty*

אַמָּה v.supra *cubits*

רָחְבָּהּ n.m.s.-3 f.s. sf. (931) *its breadth*

וּשְׁלֹשִׁים conj.-num. p. (1026) *and thirty*

אַמָּה v.supra *cubits*

קוֹמָתָהּ n.f.s.-3 f.s. sf. (879) *its height*

6:16

צֹהַר n.f.s. (II 844) *a roof*

תַּעֲשֶׂה Qal impf. 2 m.s. (עָשָׂה I 793; GK 117ii) *make*

לַתֵּבָה prep.-def.art.-n.f.s. (1061) *for the ark*

וְאֶל־אַמָּה conj.-prep.-n.f.s. (52) *and to a cubit*

תְּכַלֶּנָּה Pi. impf. 2 m.s.-3 f.s. sf. (כָּלָה 477) *finish it*

מִלְמַעְלָה prep.-prep.-subst. loc.he (751) *above*

וּפֶתַח הַתֵּבָה conj.-n.m.s. cstr. (835)-def.art.-n.f.s. (1061) *and the door of the ark*

בְּצִדָּהּ prep.-n.m.s.-3 f.s. sf. (841) *in its side*

תָּשִׂים Qal impf. 2 m.s. (שִׂים 962) *set*

תַּחְתִּיִּם adj. m.p. (1066) *with lower*

שְׁנִיִּם adj. num. m.p. (1041) *second*

וּשְׁלִשִׁים conj.-adj. m.p. (1026) *and third decks*

תַּעֲשֶׂהָ Qal impf. 2 m.s.-3 f.s. sf. (עָשָׂה I 793) *(you shall make it)*

6:17

וַאֲנִי conj.-pers.pr. 1 c.s. (58; GK 158a) *I*

הִנְנִי demons.part.-1 c.s. sf. (243) *behold*

מֵבִיא Hi. ptc. (בּוֹא 97; GK 116p) *will bring*

אֶת־הַמַּבּוּל dir.obj.-def.art.-n.m.s. (550) *a flood of*

מַיִם n.m.p. (565; GK 131kN) *waters*

עַל־הָאָרֶץ prep.-def.art.-n.f.s. (75) *upon the earth*

לְשַׁחֵת prep.-Pi. inf.cstr. (שָׁחַת 1007) *to destroy*

כָּל־בָּשָׂר n.m.s. cstr. (481)-n.m.s. (142) *all flesh*

אֲשֶׁר־בּוֹ rel. (81)-prep.-3 m.s. sf. *in which*

רוּחַ חַיִּים n.f.s. cstr. (924)-n.m.p. (311) *is the breath of life*

מִתַּחַת הַשָּׁמָיִם prep.-prep.-def.art.-n.m. du. (1029) *from under heaven*

כֹּל n.m.s. (481) *everything*

אֲשֶׁר־בָּאָרֶץ rel.-prep.-def.art.-n.f.s. (75) *that is on the earth*

יִגְוָע Qal impf. 3 m.s. (גָּוַע 157) *shall die*

6:18

וַהֲקִמֹתִי conj.-Hi. pf. 1 c.s. (קוּם 877; GK 72w,112t) *but I will establish*

אֶת־בְּרִיתִי dir.obj.-n.f.s.-1 c.s. sf. (136) *my covenant*

אִתָּךְ prep. (II 85)-2 m.s. sf. paus. *with you*

וּבָאתָ conj.-Qal pf. 2 m.s. (בּוֹא 97; GK 49,l) *and you shall come*

אֶל־הַתֵּבָה prep.-def.art.-n.f.s. (1061) *into the ark*

אַתָּה pers.pr. 2 m.s. (61) *you*

וּבָנֶיךָ conj.-n.m.p.-2 m.s. sf. (119) *your sons*

וְאִשְׁתְּךָ conj.-n.f.s.-2 m.s. sf. (61) *your wife*

וּנְשֵׁי־בָנֶיךָ conj.-n.f.p. cstr. (60)-n.m.p.-2 m.s. sf. (119) *and your sons' wives*

אִתָּךְ prep.-2 m.s. sf. paus. (II 85) *with you*

6:19

וּמִכָּל־הַחַי conj.-prep.-n.m.s. cstr. (481)-def.art.-n.m.s. (311; GK 35f) *and of every living thing*

מִכָּל־בָּשָׂר prep.-n.m.s. cstr. (481)-n.m.s. (142) *of all flesh*

שְׁנַיִם n.m. du. (1040) *two*

מִכֹּל prep.-n.m.s. (481) *of every sort*

תָּבִיא Hi. impf. 2 m.s. (בּוֹא 97) *you shall bring*

אֶל־הַתֵּבָה prep.-def.art.-n.f.s. (1061) *into the ark*

לְהַחֲיֹת prep.-Hi. inf.cstr. (חָיָה 310) *to keep them alive*

אִתָּךְ prep. (II 85)-2 m.s. sf. paus. *with you*

זָכָר n.m.s. (271) *male*

וּנְקֵבָה conj.-n.f.s. (666) *and female*

יִהְיוּ Qal impf. 3 m.p. (הָיָה 224) *they shall be*

6:20

מֵהָעוֹף prep.-def.art.-n.m.s. (733) *of the birds*

לְמִינֵהוּ prep.-n.m.s.-3 m.s. sf. (568) *according to their kinds*

וּמִן־הַבְּהֵמָה conj.-prep.-def.art.-n.f.s. (96) *and of the animals*

לְמִינָהּ prep.-n.m.s.-3 f.s. sf. (568) *according to their kinds*

מִכֹּל prep.-n.m.s. cstr. (481) *of every*

רֶמֶשׂ n.m.s. cstr. (943) *creeping thing of*

הָאֲדָמָה def.art.-n.f.s. (9) *the ground*

לְמִינֵהוּ v.supra *according to their kinds*

שְׁנַיִם n.m. du. (1040) *two*

מִכֹּל prep.-n.m.s. (481) *of every sort*

יָבֹאוּ Qal impf. 3 m.p. (בּוֹא 97) *shall come*

אֵלֶיךָ prep.-2 m.s. sf. *to you*

לְהַחֲיוֹת prep.-Hi. inf.cstr. (חָיָה 310) *to keep them alive*

6:21

וְאַתָּה conj.-pers.pr. 2 m.s. (61) *also*

קַח־לְךָ Qal impv. 2 m.s. (לָקַח 542)-prep.-2 m.s. sf. *take with you*

מִכָּל־ prep.-n.m.s. cstr. (481) *every sort of*

מַאֲכָל n.m.s. (38) *food*

אֲשֶׁר יֵאָכֵל rel. (81)-Ni. impf. 3 m.s. (אָכַל 37; GK 107g) *that is eaten*

וְאָסַפְתָּ conj.-Qal pf. 2 m.s. (אָסַף 62) *and store it up*

אֵלֶיךָ prep.-2 m.s. sf. *(for yourself)*

וְהָיָה conj.-Qal pf. 3 m.s. (224) *and it shall serve*

25

וְלָהֶם לְךָ prep.-2 m.s. sf.-conj.-prep.-3 m.p. sf. *for you and for them*

לְאָכְלָה prep.-n.f.s. (38) *as food*

6:22

וַיַּעַשׂ consec.-Qal impf. 3 m.s. (עָשָׂה I 793) *did*

נֹחַ pr.n. (629) *Noah*

כְּכֹל אֲשֶׁר prep.-n.m.s. (481)-rel. (81) *all that*

צִוָּה Pi. pf. 3 m.s. (845) *commanded*

אֹתוֹ dir.obj.-3 m.s. sf. *him*

אֱלֹהִים n.m.p. (43) *God*

כֵּן עָשָׂה adv. (485)-Qal pf. 3 m.s. (עָשָׂה I 793) *he did*

7:1

וַיֹּאמֶר consec.-Qal impf. 3 m.s. (55) *then ... said*

יהוה pr.n. (217) *Yahweh*

לְנֹחַ prep.-pr.n. (629) *to Noah*

בֹּא Qal impv. 2 m.s. (בּוֹא 97) *go*

אַתָּה pers.pr. 2 m.s. (61) *you*

וְכָל־בֵּיתְךָ conj.-n.m.s. cstr. (481)-n.m.s.-2 m.s. sf. (108) *and all your household*

אֶל־הַתֵּבָה prep.-def.art.-n.f.s. (1061) *into the ark*

כִּי־אֹתְךָ conj.-dir.obj.-2 m.s. sf. (GK 117e) *that you*

רָאִיתִי Qal pf. 1 c.s. (רָאָה 906) *I have seen*

צַדִּיק adj. m.s. (843; GK 117h) *are righteous*

לְפָנַי prep.-n.m.p.-1 c.s. sf. (815) *before me*

בַּדּוֹר הַזֶּה prep.-def.art.-n.m.s. (189)-def.art. -demons.adj. m.s. (260) *in this generation*

7:2

מִכֹּל prep.-n.m.s. cstr. (481) *of all*

הַבְּהֵמָה def.art.-n.f.s. (96) *animals*

הַטְּהוֹרָה def.art.-adj. f.s. (373) *clean*

תִּקַּח־לְךָ Qal impf. 2 m.s. (לָקַח 542)-prep.-2 m.s. sf. *take with you*

שִׁבְעָה שִׁבְעָה n.f.s. (987)-n.f.s. (987) *seven pairs*

אִישׁ n.m.s. (35) *the male*

וְאִשְׁתּוֹ conj.-n.f.s.-3 m.s. sf. (61) *and his mate*

וּמִן־הַבְּהֵמָה conj.-prep.-def.art.-n.f.s. (96) *of the animals*

אֲשֶׁר rel. (81) *that*

לֹא טְהֹרָה הִוא neg.-adj. f.s. (373)-pers.pr. 3 f.s. (214; GK 138b) *are not clean*

שְׁנַיִם n.m. du. (1040) *a pair*

אִישׁ וְאִשְׁתּוֹ v.supra-v.supra *the male and his mate*

7:3

גַּם מֵעוֹף adv. (168)-prep.-n.m.s. cstr. (733) *and of the birds of*

הַשָּׁמַיִם def.art.-n.m. du. (1029) *the air*

שִׁבְעָה שִׁבְעָה n.f.s. (987)-n.f.s. (987) *seven pairs*

זָכָר n.m.s. (271) *the male*

וּנְקֵבָה conj.-n.f.s. (666) *and female*

לְחַיּוֹת prep.-Pi. inf.cstr. (חָיָה 310) *to keep alive*

זֶרַע n.m.s. (282) *their kind (seed)*

עַל־פְּנֵי prep.-n.m.p. cstr. (815) *upon the face of*

כָל־הָאָרֶץ n.m.s. cstr. (481)-def.art.-n.f.s. (75) *all the earth*

7:4

כִּי לְיָמִים conj.-prep.-n.m.p. (398) *for in days*

עוֹד שִׁבְעָה adv. (728)-n.f.s. (987) *yet seven*

אָנֹכִי pers.pr. 1 c.s. (58; GK 141a,f) *I*

מַמְטִיר Hi. ptc. (מָטַר 565; GK 6p) *will send rain*

עַל־הָאָרֶץ prep.-def.art.-n.f.s. (75) *upon the earth*

אַרְבָּעִים יוֹם num. p. (917)-n.m.s. (398; GK 118k) *forty days*

וְאַרְבָּעִים conj.-v.supra *and forty*

לַיְלָה n.m.s. (538) *nights*

וּמָחִיתִי conj.-Qal pf. 1 c.s. (מָחָה 562; GK 112t) *and I will blot out*

אֶת־כָּל־ dir.obj.-n.m.s. cstr. (481) *every*

הַיְקוּם def.art.-n.m.s. (879) *living thing*

אֲשֶׁר עָשִׂיתִי rel.-Qal pf. 1 c.s. (עָשָׂה 793) *that I have made*

מֵעַל פְּנֵי prep.-prep.-n.m.p. cstr. (815) *from the face of*

הָאֲדָמָה def.art.-n.f.s. (9) *the ground*

7:5

וַיַּעַשׂ נֹחַ consec.-Qal impf. 3 m.s. (עָשָׂה 793) -pr.n. (629) *and Noah did*

כְּכֹל prep.-n.m.s. (481; GK 117b) *all*

אֲשֶׁר־צִוָּהוּ rel. (81)-Pi. pf. 3 m.s.-3 m.s. sf. (צָוָה 845) *had commanded him*

יהוה pr.n. (217) *Yahweh*

7:6

וְנֹחַ conj.-pr.n. (629) *Noah*

בֶּן־ n.m.s. cstr. (119) *(son of)*

שֵׁשׁ מֵאוֹת n.m.s. (995)-n.f.p. (547) *six hundred*

שָׁנָה n.f.s. (1040) *years*

וְהַמַּבּוּל conj. (GK 164a)-def.art.-n.m.s. (550) *when the flood*

הָיָה Qal pf. 3 m.s. (224) *came upon*

מַיִם n.m.p. (565) *waters*

עַל־הָאָרֶץ prep.-def.art.-n.f.s. (75) *upon the earth*

7:7

וַיָּבֹא נֹחַ consec.-Qal impf. 3 m.s. (בּוֹא 97)-pr.n. (629) *and Noah went*

וּבָנָיו conj.-n.m.p.-3 m.s. sf. (119; GK 146f) *and his sons*

וְאִשְׁתּוֹ conj.-n.f.s.-3 m.s. sf. (61) *his wife*

וּנְשֵׁי־בָנָיו conj.-n.f.p. cstr. (61)-v.supra *and his sons' wives*

אִתּוֹ prep. (II 85)-3 m.s. sf. *with him*

אֶל־הַתֵּבָה prep.-def.art.-n.f.s. (1061) *into the ark*

מִפְּנֵי prep.-n.m.p. cstr. (815) *to escape (from before)*

מֵי הַמַּבּוּל n.m.p. cstr. (565)-def.art.-n.m.s. (550) *the waters of the flood*

7:8

מִן־הַבְּהֵמָה prep.-def.art.-n.f.s. (96) *of animals*

הַטְּהוֹרָה def.art.-adj. f.s. (373) *clean*

וּמִן־הַבְּהֵמָה conj.-prep.-def.art.-n.f.s. (96) *and of animals*

אֲשֶׁר אֵינֶנָּה rel. (81)-subst.-3 f.s. sf. (34) *that are not*

טְהֹרָה v.supra *clean*

וּמִן־הָעוֹף conj.-prep.-def.art.-n.m.s. (773) *and of birds*

וְכֹל conj.-n.m.s. (481) *and of everything*

אֲשֶׁר־רֹמֵשׂ rel. (81)-Qal act.ptc. (רמשׂ 942) *that creeps*

עַל־הָאֲדָמָה prep.-def.art.-n.f.s. (9) *on the ground*

7:9

שְׁנַיִם שְׁנַיִם n.m. du. (1040)-n.m. du. (1040; GK 134q) *two and two*

בָּאוּ Qal pf. 3 c.p. (בּוֹא 97) *went*

אֶל־נֹחַ prep.-pr.n. (629) *with Noah*

אֶל־הַתֵּבָה prep.-def.art.-n.f.s. (1061) *into the ark*

זָכָר n.m.s. (271) *male*

וּנְקֵבָה conj.-n.f.s. (666) *and female*

כַּאֲשֶׁר prep.-rel. (81) *as*

צִוָּה Pi. pf. 3 m.s. (צוה 845) *commanded*

אֱלֹהִים n.m.p. (43) *God*

אֶת־נֹחַ dir.obj.-pr.n. (629) *Noah*

7:10

וַיְהִי consec.-Qal impf. 3 m.s. (היה 224) *and (it proceeded to be)*

לְשִׁבְעַת prep.-n.f.s. cstr. (987) *after seven*

הַיָּמִים def.art.-n.m.p. (398) *days*

וּמֵי conj.-n.m.p. cstr. (565) *the waters of*

הַמַּבּוּל def.art.-n.m.s. (550) *the flood*

הָיוּ Qal pf. 3 c.p. (היה 224) *came*

7:11

בִּשְׁנַת prep.-n.f.s. cstr. (1040) *in the year (of)*

שֵׁשׁ־מֵאוֹת n.m.s. (995)-n.f.p. (547) *six hundred*

שָׁנָה n.f.s. (1040; GK 134o) *year*

לְחַיֵּי־נֹחַ prep. (GK 129f)-n.m.p. cstr. (311)-pr.n. (629) *Noah's life*

בַּחֹדֶשׁ prep.-def.art.-n.m.s. (294) *in the month*

הַשֵּׁנִי def.art.-adj. m.s. (1041) *second*

בְּשִׁבְעָה־עָשָׂר prep.-n.f.s. (987)-n.m.s. (797) *on the seventeenth*

יוֹם לַחֹדֶשׁ n.m.s. (398)-prep. (GK 129f)-def.art.-v.supra *day of the month*

בַּיּוֹם הַזֶּה prep.-def.art.-n.m.s. (398)-def.art.-demons.adj. m.s. (260) *on that day*

נִבְקְעוּ Ni. pf. 3 c.p. (בקע 131) *burst forth*

כָּל־מַעְיְנֹת n.m.s. cstr. (481)-n.m.p. cstr. (745) *all the fountains of*

תְּהוֹם רַבָּה n.f.s. (1062)-adj. f.s. (912; GK 126y) *the great deep*

וַאֲרֻבֹּת conj.-n.f.p. cstr. (70) *and the windows of*

הַשָּׁמַיִם def.art.-n.m. du. (1029) *the heavens*

נִפְתָּחוּ Ni. pf. 3 c.p. paus. (פתח 834) *were opened*

7:12

וַיְהִי consec.-Qal impf. 3 m.s. (היה 224) *and ... fell*

הַגֶּשֶׁם def.art.-n.m.s. (177) *rain*

עַל־הָאָרֶץ prep.-def.art.-n.f.s. (75) *upon the earth*

אַרְבָּעִים num. p. (917) *forty*

יוֹם n.m.s. (398) *days*

וְאַרְבָּעִים conj.-v.supra *and forty*

לָיְלָה n.m.s. (538) *nights*

7:13

בְּעֶצֶם prep.-n.f.s. cstr. (782; GK 139g) *very same*

הַיּוֹם הַזֶּה def.art.-n.m.s. (398)-def.art.-demons.adj. m.s. (260) *on the day*

בָּא Qal pf. 3 m.s. (בּוֹא 97) *entered*

נֹחַ pr.n. (629) *Noah*

וְשֵׁם־וְחָם conj.-pr.n. (II 1028)-pr.n. (I 325) *Shem and Ham*

וָיֶפֶת conj. (GK 104g)-pr.n. (834) *and Japheth*

בְּנֵי־נֹחַ n.m.p. cstr. (119)-pr.n. (629) *sons (of Noah)*

וְאֵשֶׁת נֹחַ conj.-n.f.s. cstr. (61)-pr.n. (629) *and Noah's wife*

27

וּשְׁלֹשֶׁת conj.-n.f.s. cstr. (1025; GK 97c) *and the three*

נְשֵׁי־בָנָיו n.f.p. cstr. (61)-n.m.p.-3 m.s. sf. (119) *wives of his sons*

אִתָּם prep. (II 85)-3 m.p. sf. *with them*

אֶל־הַתֵּבָה prep.-def.art.-n.f.s. (1061) *the ark*

7:14

הֵמָּה pers.pr. 3 m.p. (241) *they*

וְכָל־ conj.-n.m.s. cstr. (481) *and every*

הַחַיָּה def.art.-n.f.s. (312) *beast*

לְמִינָהּ prep.-n.m.s.-3 f.s. sf. (568) *according to its kind*

וְכָל־הַבְּהֵמָה conj.-n.m.s. cstr. (481)-def.art.-n.f.s. (96) *and all the cattle*

לְמִינָהּ v.supra *according to their kinds*

וְכָל־הָרֶמֶשׂ conj.-n.m.s. cstr. (481)-def.art.-n.m.s. (943) *and every creeping thing*

הָרֹמֵשׂ def.art.-Qal act.ptc. (רמשׂ 942) *that creeps*

עַל־הָאָרֶץ prep.-def.art.-n.f.s. (75) *on the earth*

לְמִינֵהוּ prep.-n.m.s.-3 m.s. sf. (568) *according to its kind*

וְכָל־הָעוֹף conj.-n.m.s. cstr. (481)-def.art.-n.m.s. (733) *and every bird*

לְמִינֵהוּ v.supra *according to its kind*

כֹּל צִפּוֹר n.m.s. cstr. (481)-n.f.s. (861) *every bird*

כָּל־כָּנָף n.m.s. cstr. (481)-n.f.s. (489) *of every sort*

7:15

וַיָּבֹאוּ consec.-Qal impf. 3 m.p. (בוא 97) *they went*

אֶל־נֹחַ prep.-pr.n. (629) *with Noah*

אֶל־הַתֵּבָה prep.-def.art.-n.f.s. (1061) *into the ark*

שְׁנַיִם שְׁנַיִם n.m. du. (1040)-v.supra *two and two*

מִכָּל־הַבָּשָׂר prep.-n.m.s. cstr. (481; GK 127c) -def.art.-n.m.s. (142) *of all flesh*

אֲשֶׁר־בּוֹ rel. (81)-prep.-3 m.s. sf. *in which*

רוּחַ חַיִּים n.f.s. cstr. (924)-n.m.p. (311) *the breath of life*

7:16

וְהַבָּאִים conj.-def.art.-Qal act.ptc. m.p. (בוא 97) *and they that entered*

זָכָר n.m.s. (271) *male*

וּנְקֵבָה conj.-n.f.s. (666) *and female*

מִכָּל־בָּשָׂר prep.-n.m.s. cstr. (481)-n.m.s. (142) *of all flesh*

בָּאוּ Qal pf. 3 c.p. (בוא 97) *went in*

כַּאֲשֶׁר prep.-rel. (81) *as*

צִוָּה אֹתוֹ Pi. pf. 3 m.s. (צוה 845)-dir.obj.-3 m.s. sf. *had commanded him*

אֱלֹהִים n.m.p. (43) *God*

וַיִּסְגֹּר consec.-Qal impf. 3 m.s. (סגר 688) *and ... shut in*

יְהוָה pr.n. (217) *Yahweh*

בַּעֲדוֹ prep. (126)-3 m.s. sf. *him*

7:17

וַיְהִי consec.-Qal impf. 3 m.s. (היה 224) *continued*

הַמַּבּוּל def.art.-n.m.s. (550) *the flood*

אַרְבָּעִים num. p. (917) *forty*

יוֹם n.m.s. (398) *days*

עַל־הָאָרֶץ prep.-def.art.-n.f.s. (75) *upon the earth*

וַיִּרְבּוּ consec.-Qal impf. 3 m.p. (רבה 915) *and ... increased*

הַמַּיִם def.art.-n.m.p. (565) *the waters*

וַיִּשְׂאוּ consec.-Qal impf. 3 m.p. (נשׂא 669) *and bore up*

אֶת־הַתֵּבָה dir.obj.-def.art.-n.f.s. (1061) *the ark*

וַתָּרָם consec.-Qal impf. 3 f.s. (רום 926) *and it rose high*

מֵעַל הָאָרֶץ prep.-prep.-def.art.-n.f.s. (75) *above the earth*

7:18

וַיִּגְבְּרוּ consec.-Qal impf. 3 m.p. (גבר 149) *prevailed*

הַמַּיִם def.art.-n.m.p. (565) *the waters*

וַיִּרְבּוּ consec.-Qal impf. 3 m.p. (רבה 915) *and increased*

מְאֹד adv. (547) *greatly*

עַל־הָאָרֶץ prep.-def.art.-n.f.s. (75) *upon the earth*

וַתֵּלֶךְ consec.-Qal impf. 3 f.s. (הלך 229) *and ... floated*

הַתֵּבָה def.art.-n.f.s. (1061) *the ark*

עַל־פְּנֵי prep.-n.m.p. cstr. (815) *on the face of*

הַמַּיִם def.art.-n.m.p. (565) *the waters*

7:19

וְהַמַּיִם conj.-def.art.-n.m.p. (565) *and the waters*

גָּבְרוּ Qal pf. 3 c.p. (גבר 149; GK 106d) *prevailed*

מְאֹד מְאֹד adv. (547; GK 133k)-v.supra *so mightily*

עַל־הָאָרֶץ prep.-def.art.-n.f.s. (75) *upon the earth*

וַיְכֻסּוּ consec.-Pu. impf. 3 m.p. (כסה 491) *that ... were covered*

28

כָּל־הֶהָרִים n.m.s. cstr. (481)-def.art.-n.m.p. (249) *all the mountains*

הַגְּבֹהִים def.art.-adj. m.p. (147) *high*

אֲשֶׁר־תַּחַת rel. (81)-prep. (1065) *under*

כָּל־הַשָּׁמָיִם n.m.s. cstr. (481)-def.art.-n.m. du. paus. (1029) *the whole heaven*

7:20

חֲמֵשׁ עֶשְׂרֵה n.m.s. (331)-n.f.s. (797) *fifteen*

אַמָּה n.f.s. (52) *cubits*

מִלְמַעְלָה prep.-prep.-adv.-loc.he (751; GK 118h) *deep*

גָּבְרוּ Qal pf. 3 c.p. (גבר 149) *prevailed*

הַמָּיִם def.art.-n.m.p. (565) *the waters*

וַיְכֻסּוּ consec.-Pu. impf. 3 m.p. (כסה 491) *above (and were covered)*

הֶהָרִים def.art.-n.m.p. (249) *the mountains*

7:21

וַיִּגְוַע consec.-Qal impf. 3 m.s. (גוע 157) *died*

כָּל־בָּשָׂר n.m.s. cstr. (481)-n.m.s. (142) *all flesh*

הָרֹמֵשׂ def.art.-Qal act.ptc. (רמשׂ 942) *that moved*

עַל־הָאָרֶץ prep.-def.art.-n.f.s. (75) *upon the earth*

בָּעוֹף prep. (GK 119i)-def.art.-n.m.s. (733) *birds*

וּבַבְּהֵמָה conj.-prep.-def.art.-n.f.s. (96) *cattle*

וּבַחַיָּה conj.-prep.-def.art.-n.f.s. (312) *beasts*

וּבְכָל־הַשֶּׁרֶץ conj.-prep.-n.m.s. cstr. (481)-def.art.-n.m.s. (1056) *swarming creatures*

הַשֹּׁרֵץ def.art.-Qal act.ptc. (שׁרץ 1056) *that swarm*

עַל־הָאָרֶץ prep.-def.art.-n.f.s. (75) *upon the earth*

וְכֹל הָאָדָם conj.-n.m.s. cstr. (481)-def.art.-n.m.s. (9) *and every man*

7:22

כֹּל n.m.s. (481) *everything*

אֲשֶׁר rel. (81) *(which)*

נִשְׁמַת־רוּחַ n.f.s. cstr. (675)-n.f.s. cstr. (924) *the breath of*

חַיִּים n.m.p. (313) *life*

בְּאַפָּיו prep.-n.m. du.-3 m.s. sf. (60) *in whose nostrils*

מִכֹּל אֲשֶׁר prep. (119wN)-n.m.s. (481)-rel. (81) *(of all which)*

בֶּחָרָבָה prep.-def.art.-n.f.s. (351) *the dry land*

מֵתוּ Qal pf. 3 c.p. (מות 559) *died*

7:23

וַיִּמַח consec.-Qal impf. 3 m.s. (מחה 562; GK 75o) *he blotted out*

אֶת־כָּל־ dir.obj.-n.m.s. cstr. (481) *every*

הַיְקוּם def.art.-n.m.s. (879) *living thing*

אֲשֶׁר עַל־פְּנֵי rel. (81)-prep.-n.m.p. cstr. (815) *that was upon the face of*

הָאֲדָמָה def.art.-n.f.s. (9) *the ground*

מֵאָדָם prep.-n.m.s. (9) *man*

עַד־בְּהֵמָה prep.-n.f.s. (96) *and animals*

עַד־רֶמֶשׂ prep.-n.m.s. (943) *and creeping things*

וְעַד־עוֹף conj.-prep.-n.m.s. cstr. (733) *and birds of*

הַשָּׁמַיִם def.art.-n.m. du. (1029) *the air*

וַיִּמָּחוּ consec.-Hi. impf. 3 m.p. (מחה 562) *they were blotted out*

מִן־הָאָרֶץ prep.-def.art.-n.f.s. (75) *from the earth*

וַיִּשָּׁאֶר consec.-Ni. impf. 3 m.s. (שׁאר 983; GK 51n) *was left*

אַךְ־נֹחַ adv. (36)-pr.n. (629) *only Noah*

וַאֲשֶׁר conj.-rel. (81) *and those that were*

אִתּוֹ prep. (II 85)-3 m.s. sf. *with him*

בַּתֵּבָה prep.-def.art.-n.f.s. (1061) *in the ark*

7:24

וַיִּגְבְּרוּ consec.-Qal impf. 3 m.p. (גבר 149) *and ... prevailed*

הַמַּיִם def.art.-n.m.p. (565) *the waters*

עַל־הָאָרֶץ prep.-def.art.-n.f.s. (75) *upon the earth*

חֲמִשִּׁים num. p. (332) *fifty*

וּמְאַת conj.-n.f.s. cstr. (547) *a hundred*

יוֹם n.m.s. (398) *days*

8:1

וַיִּזְכֹּר consec.-Qal impf. 3 m.s. (זכר 269) *but ... remembered*

אֱלֹהִים n.m.p. (43) *God*

אֶת־נֹחַ dir.obj.-pr.n. (629) *Noah*

וְאֵת כָּל־הַחַיָּה conj.-dir.obj.-n.m.s. cstr. (481)-def.art.-n.f.s. (312) *and all the beasts*

וְאֶת־כָּל־הַבְּהֵמָה conj.-dir.obj.-v.supra-def.art.-n.f.s. (96) *and all the cattle*

אֲשֶׁר אִתּוֹ prep. (II 85)-3 m.s. sf. *that were with him*

בַּתֵּבָה prep.-def.art.-n.f.s. (1061) *in the ark*

וַיַּעֲבֵר consec.-Hi. impf. 3 m.s. (עבר 716) *and ... made ... blow over*

אֱלֹהִים n.m.p. (43) *God*

רוּחַ n.f.s. (924) *a wind*

עַל־הָאָרֶץ prep.-def.art.-n.f.s. (75) *over the earth*

וַיָּשֹׁכּוּ consec.-Qal impf. 3 m.p.(שָׁכַךְ 1013) *and ... subsided*

הַמָּיִם def.art.-n.m.p. (565) *the waters*

8:2

וַיִּסָּכְרוּ consec.-Ni. impf. 3 m.p. (סָכַר 698) *and ... were closed*

מַעְיְנֹת תְּהוֹם n.m.p. cstr. (745)-n.f.s. (1062) *the fountains of the deep*

וַאֲרֻבֹּת הַשָּׁמַיִם conj.-n.f.p. cstr. (70)-def.art. -n.m. du. (1029) *and the windows of the heavens*

וַיִּכָּלֵא consec.-Ni. impf. 3 m.s. (כָּלָא 476) *was restrained*

הַגֶּשֶׁם def.art.-n.m.s. (177) *the rain*

מִן־הַשָּׁמָיִם prep.-v.supra *from the heavens*

8:3

וַיָּשֻׁבוּ consec.-Qal impf. 3 m.p. (שׁוּב 996) *and ... receded*

הַמַּיִם def.art.-n.m.p. (565) *the waters*

מֵעַל הָאָרֶץ prep.-prep.-def.art.-n.f.s. (75) *from the earth*

הָלוֹךְ וָשׁוֹב Qal inf.abs. (הָלַךְ 229; GK 113u) -conj.-Qal inf.abs. (שׁוּב 996) *continually*

וַיַּחְסְרוּ consec.-Qal impf. 3 m.p. (חָסֵר 341; GK 63f) *had abated*

הַמַּיִם def.art.-n.m.p. (565) *the waters*

מִקְצֵה prep.-n.m.s. cstr. (892) *at the end of*

חֲמִשִּׁים num. p. (332) *fifty*

וּמְאַת conj.-n.f.s. cstr. (547) *a hundred*

יוֹם n.m.s. (398) *days*

8:4

וַתָּנַח consec.-Qal impf. 3 f.s. (נוּחַ 628) *came to rest*

הַתֵּבָה def.art.-n.f.s. (1061) *the ark*

בַּחֹדֶשׁ prep.-def.art.-n.m.s. (294) *in the month*

הַשְּׁבִיעִי def.art.-adj. num. m.s. (988) *seventh*

בְּשִׁבְעָה־עָשָׂר prep.-n.f.s. (987)-n.m.s. (797) *on the seventeenth*

יוֹם n.m.s. (398) *day*

לַחֹדֶשׁ prep.-def.art.-n.m.s. (294) *of the month*

עַל הָרֵי prep.-n.m.p. cstr. (249; GK 124o) *upon the mountains of*

אֲרָרָט pr.n. (76) *Ararat*

8:5

וְהַמַּיִם conj.-def.art.-n.m.p. (565) *and the waters*

הָיוּ הָלוֹךְ Qal pf. 3 c.p. (הָיָה 224)-Qal inf.abs. (הָלַךְ 229) *continued*

וְחָסוֹר conj.-Qal inf.abs. (חָסֵר 341) *to abate*

עַד הַחֹדֶשׁ prep.-def.art.-n.m.s. (294) *until the month*

הָעֲשִׂירִי def.art.-adj. num. m.s. (798) *tenth*

בָּעֲשִׂירִי prep.-def.art.-adj. num. m.s. (798) *in the tenth month*

בְּאֶחָד prep.-n.m.s. (25; GK 129f,134p) *on the first day*

לַחֹדֶשׁ prep.-def.art.-n.m.s. (294) *of the month*

נִרְאוּ Ni. pf. 3 c.p. (רָאָה 906) *were seen*

רָאשֵׁי הֶהָרִים n.m.p. cstr. (910)-def.art.-n.m.p. (249) *the tops of the mountains*

8:6

וַיְהִי consec.-Qal impf. 3 m.s. (הָיָה 224) *(and it proceeded to be)*

מִקֵּץ prep.-n.m.s. cstr. (893) *at the end of*

אַרְבָּעִים num. p. (917) *forty*

יוֹם n.m.s. (398) *days*

וַיִּפְתַּח consec.-Qal impf. 3 m.s. (פָּתַח 834) *opened*

נֹחַ pr.n. (629) *Noah*

אֶת־חַלּוֹן dir.obj.-n.m.s. cstr. (319) *the window of*

הַתֵּבָה def.art.-n.f.s. (1061) *the ark*

אֲשֶׁר עָשָׂה rel. (81)-Qal pf. 3 m.s. (793) *which he had made*

8:7

וַיְשַׁלַּח consec.-Pi. impf. 3 m.s. (שָׁלַח 1018) *and sent forth*

אֶת־הָעֹרֵב dir.obj.-def.art.-n.m.s. (788; GK 126t) *a raven*

וַיֵּצֵא consec.-Qal impf. 3 m.s. (יָצָא 422) *and it went*

יָצוֹא וָשׁוֹב Qal inf.abs. (יָצָא 422; GK 113s)-conj. -Qal inf.abs. (שׁוּב 996) *to and fro*

עַד־יְבֹשֶׁת prep.-Qal inf.cstr. (יָבֵשׁ 386; GK 70aN) *until ... were dried up*

הַמַּיִם def.art.-n.m.p. (565; GK 126r) *the waters*

מֵעַל הָאָרֶץ prep.-prep.-def.art.-n.f.s. (75) *from the earth*

8:8

וַיְשַׁלַּח consec.-Pi. impf. 3 m.s. (שָׁלַח 1018) *then he sent forth*

אֶת־הַיּוֹנָה dir.obj.-def.art.-n.f.s. (401; GK 126t) *a dove*

מֵאִתּוֹ prep.-prep. (II 85)-3 m.s. sf. *from him*

לִרְאוֹת prep.-Qal inf.cstr. (רָאָה 906) *to see*

הֲקַלּוּ interr. (GK 150i)-Qal pf. 3 c.p. (קָלַל 886) *if ... had subsided*

הַמַּיִם def.art.-n.m.p. (565) *the waters*

30

מֵעַל פְּנֵי prep.-prep.-n.m.p. cstr. (815) *from the face of*

הָאֲדָמָה def.art.-n.f.s. (9) *the ground*

8:9

וְלֹא־מָצְאָה conj.-neg.-Qal pf. 3 f.s. (מָצָא 592) *but ... found no*

הַיּוֹנָה def.art.-n.f.s. (401) *the dove*

מָנוֹחַ n.m.s. (629) *place*

לְכַף־רַגְלָהּ prep.-n.f.s. cstr. (496)-n.f.s.-3 f.s. sf. (919) *to set her foot*

וַתָּשָׁב consec.-Qal impf. 3 f.s. (שׁוּב 996) *and she returned*

אֵלָיו prep.-3 m.s. sf. (GK 135i) *to him*

אֶל־הַתֵּבָה prep.-def.art.-n.f.s. (1061) *to the ark*

כִּי־מַיִם conj.-n.m.p. (565) *for the waters were still*

עַל־פְּנֵי prep.-n.m.p. cstr. (815) *on the face of*

כָל־הָאָרֶץ n.m.s. cstr. (481)-def.art.-n.f.s. (75) *the whole earth*

וַיִּשְׁלַח consec.-Qal impf. 3 m.s. (שׁלח 1018) *so he put forth*

יָדוֹ n.f.s.-3 m.s. sf. (388) *his hand*

וַיִּקָּחֶהָ consec.-Qal impf. 3 m.s.-3 f.s. sf. (לקח 542) *and took her*

וַיָּבֵא consec.-Hi. impf. 3 m.s. (בוא 97) *and brought*

אֹתָהּ אֵלָיו dir.obj.-3 f.s. sf.-prep.-3 m.s. sf. *her with him*

אֶל־הַתֵּבָה prep.-def.art.-n.f.s. (1061) *into the ark*

8:10

וַיָּחֶל consec.-Qal impf. 3 m.s. (חול 296; rd. prb. וַיִּיָּחֶל 403) *he waited (he writhed)*

עוֹד שִׁבְעַת adv.-n.f.s. cstr. (987) *(yet) seven*

יָמִים n.m.p. (398) *days*

אֲחֵרִים adj. m.p. (29) *other*

וַיֹּסֶף שַׁלַּח consec.-Hi. impf. 3 m.s. (סף 414)-Pi. inf.cstr. (שׁלח 1018) *and again he sent forth*

אֶת־הַיּוֹנָה dir.obj.-def.art.-n.f.s. (401) *the dove*

מִן־הַתֵּבָה prep.-def.art.-n.f.s. (1061) *out of the ark*

8:11

וַתָּבֹא consec.-Qal impf. 3 m.s. (בוא 97) *and ... came back*

אֵלָיו prep.-3 m.s. sf. *to him*

הַיּוֹנָה def.art.-n.f.s. (401) *the dove*

לְעֵת עֶרֶב prep.-n.f.s. cstr. (773)-n.m.s. (787) *in the evening*

וְהִנֵּה conj.-demons.part. (243) *and lo*

עֲלֵה־זַיִת n.m.s. cstr. (750)-n.m.s. (268) *olive leaf*

טָרָף adj. m.s. (383) *freshly plucked*

בְּפִיהָ prep.-n.m.s.-3 f.s. sf. (804) *in her mouth*

וַיֵּדַע נֹחַ consec.-Qal impf. 3 m.s. (ידע 393)-pr.n. (629) *so Noah knew*

כִּי־קַלּוּ conj.-Qal pf. 3 c.p. (קלל 886) *that ... had subsided*

הַמַּיִם def.art.-n.m.p. (565) *the waters*

מֵעַל הָאָרֶץ prep.-prep.-def.art.-n.f.s. (75) *from the earth*

8:12

וַיִּיָּחֶל consec.-Ni. impf. 3 m.s. (יחל 403; GK 69t) *then he waited*

עוֹד adv. (728) *(yet)*

שִׁבְעַת יָמִים n.f.s. cstr. (987)-n.m.p. (398) *seven days*

אֲחֵרִים adj. m.p. (29) *other*

וַיְשַׁלַּח consec.-Pi. impf. 3 m.s. (שׁלח 1018) *and sent forth*

אֶת־הַיּוֹנָה dir.obj.-def.art.-n.f.s. (401) *the dove*

וְלֹא־יָסְפָה שׁוּב־ conj.-neg.-Qal pf. 3 f.s. (יסף 414)-Qal inf.cstr. (שׁוּב 996) *and she did not return*

אֵלָיו עוֹד prep.-3 m.s. sf.-adv. (728) *to him any more*

8:13

וַיְהִי consec.-Qal impf. 3 m.s. (היה 224; GK 15,l) *(and it proceeded to be)*

בְּאַחַת prep.-adj. num. f.s. (25) *in the first*

וְשֵׁשׁ־מֵאוֹת conj.-n.m.s. (995)-n.f.p. (547) *six hundred*

שָׁנָה n.f.s. (1040) *year*

בָּרִאשׁוֹן prep.-def.art.-adj. m.s. (911) *in the first month*

בְּאֶחָד prep.-adj. num. m.s. (25) *the first day*

לַחֹדֶשׁ prep.-def.art.-n.m.s. (294) *of the month*

חָרְבוּ Qal pf. 3 c.p. (חרב 351) *were dried*

הַמַּיִם def.art.-n.m.p. (565) *the waters*

מֵעַל הָאָרֶץ prep.-prep.-def.art.-n.f.s. (75) *from off the earth*

וַיָּסַר consec.-Qal impf. 3 m.s. (סור 693; GK 72t,aa) *and ... removed*

נֹחַ pr.n. (629) *Noah*

אֶת־מִכְסֵה dir.obj.-n.m.s. cstr. (492) *the covering of*

הַתֵּבָה def.art.-n.f.s. (1061) *the ark*

וַיַּרְא consec.-Qal impf. 3 m.s. (ראה 906) *and looked*

וְהִנֵּה conj.-demons.part. (243) *and behold*

חָרְבוּ Qal pf. 3 c.p. (חרב 351) *was dry*

31

פְּנֵי הָאֲדָמָה n.m.p. cstr. (815)-def.art.-n.f.s. (9) *the face of the ground*

8:14

וּבַחֹדֶשׁ conj.-prep.-def.art.-n.m.s. (294) *in the month*

הַשֵּׁנִי def.art.-adj. m.s. (1041) *second*

בְּשִׁבְעָה prep.-n.f.s. (987) *on the seven*

וְעֶשְׂרִים conj.-num. m.p. (797) *and twenty*

יוֹם לַחֹדֶשׁ n.m.s. (398)-prep. (GK 129f)-def.art.-n.m.s. (294) *day of the month*

יָבְשָׁה Qal pf. 3 f.s. (יָבֵשׁ 386) *was dry*

הָאָרֶץ def.art.-n.f.s. (75) *the earth*

8:15

וַיְדַבֵּר consec.-Pi. impf. 3 m.s. (דָּבַר 180) *then ... said*

אֱלֹהִים n.m.p. (43) *God*

אֶל־נֹחַ prep.-pr.n. (629) *to Noah*

לֵאמֹר prep.-Qal inf.cstr. (אָמַר 55) *(saying)*

8:16

צֵא Qal impv. 2 m.s. (יָצָא 422) *go forth*

מִן־הַתֵּבָה prep.-def.art.-n.f.s. (1061) *from the ark*

אַתָּה pers.pr. 2 m.s. (61) *you*

וְאִשְׁתְּךָ conj.-n.f.s.-2 m.s. sf. (61) *and your wife*

וּבָנֶיךָ conj.-n.m.p.-2 m.s. sf. (119) *and your sons*

וּנְשֵׁי־בָנֶיךָ conj.-n.f.p. cstr. (61)-v.supra *and your sons' wives*

אִתָּךְ prep. (II 85)-2 m.s. sf. paus. *with you*

8:17

כָּל־הַחַיָּה n.m.s. cstr. (481)-def.art.-n.f.s. (312) *every living thing*

אֲשֶׁר־אִתְּךָ rel. (81)-prep. (II 85)-2 m.s. sf. *that is with you*

מִכָּל־בָּשָׂר prep.-n.m.s. cstr. (481)-n.m.s. (142) *of all flesh*

בָּעוֹף prep. (GK 119i)-def.art.-n.m.s. (733) *birds*

וּבַבְּהֵמָה conj.-prep.-def.art.-n.f.s. (96) *and animals*

וּבְכָל־הָרֶמֶשׂ conj.-prep.-n.m.s. cstr. (481)-def.art.-n.m.s. (943) *and every creeping thing*

הָרֹמֵשׂ def.art.-Qal act.ptc. (רָמַשׂ 942) *that creeps*

עַל־הָאָרֶץ prep.-def.art.-n.f.s. (75) *on the earth*

הַוְצֵא Hi. impv. 2 m.s. (יָצָא 422; GK 69v,70b) *bring forth*

אִתָּךְ prep. (II 85)-2 m.s. sf. *with you*

וְשָׁרְצוּ conj.-Qal pf. 3 c.p. (שָׁרַץ 1056) *that they may breed abundantly*

בָּאָרֶץ prep.-def.art.-n.f.s. (75) *on the earth*

וּפָרוּ conj.-Qal pf. 3 c.p. (פָּרָה 826) *and be fruitful*

וְרָבוּ conj.-Qal pf. 3 c.p. (רָבָה 915) *and multiply*

עַל־הָאָרֶץ prep.-def.art.-n.f.s. (75) *upon the earth*

8:18

וַיֵּצֵא־נֹחַ consec.-Qal impf. 3 m.s. (יָצָא 422; GK 15g,146f)-pr.n. (629) *so Noah went forth*

וּבָנָיו conj.-n.m.p.-3 m.s. sf. (119) *and his sons*

וְאִשְׁתּוֹ conj.-n.f.s.-3 m.s. sf. (61) *and his wife*

וּנְשֵׁי־בָנָיו conj.-n.f.p. cstr. (61)-n.m.p.-3 m.s. sf. (119) *and his sons' wives*

אִתּוֹ prep. (II 85)-3 m.s. sf. *with him*

8:19

כָּל־הַחַיָּה n.m.s. cstr. (481)-def.art.-n.f.s. (312) *and every beast*

כָּל־הָרֶמֶשׂ v.supra-def.art.-n.m.s. (943) *every creeping thing*

וְכָל־הָעוֹף conj.-v.supra-def.art.-n.m.s. (733) *and every bird*

כֹּל רוֹמֵשׂ n.m.s. (481)-Qal act.ptc. (רָמַשׂ 942) *everything that moves*

עַל־הָאָרֶץ prep.-def.art.-n.f.s. (75) *upon the earth*

לְמִשְׁפְּחֹתֵיהֶם prep.-n.f.p.-3 m.p. sf. (1046) *by families*

יָצְאוּ Qal pf. 3 c.p. (יָצָא 422) *went forth*

מִן־הַתֵּבָה prep.-def.art.-n.f.s. (1061) *out of the ark*

8:20

וַיִּבֶן נֹחַ consec.-Qal impf. 3 m.s. (בָּנָה 124)-pr.n. (629) *then Noah built*

מִזְבֵּחַ n.m.s. (258) *an altar*

לַיהוה prep.-pr.n. (217) *to Yahweh*

וַיִּקַּח consec.-Qal impf. 3 m.s. (לָקַח 542) *and took*

מִכֹּל prep.-n.m.s. cstr. (481) *of every*

הַבְּהֵמָה def.art.-n.f.s. (96) *animal*

הַטְּהוֹרָה def.art.-adj. f.s. (373) *clean*

וּמִכֹּל conj.-prep.-v.supra *and of every*

הָעוֹף הַטָּהוֹר def.art.-n.m.s. (733)-def.art.-adj. m.s. (373) *clean bird*

וַיַּעַל consec.-Hi. impf. 3 m.s. (עָלָה 748) *and offered*

עֹלֹת n.f.p. (750) *burnt offerings*

בַּמִּזְבֵּחַ prep.-def.art.-n.m.s. (258) *on the altar*

8:21

וַיָּ֫רַח consec.-Hi. (?) impf. 3 m.s. (רִיחַ 926; GK 72aa) *and when … smelled*

יהוה pr.n. (217) *Yahweh*

אֶת־רֵ֫יחַ dir.obj.-n.m.s. cstr. (926) *the odor*

הַנִּיחֹחַ def.art.-n.m.s. (629) *pleasing*

וַיֹּ֫אמֶר יהוה consec.-Qal impf. 3 m.s. (55)-pr.n. (217) *Yahweh said*

אֶל־לִבּוֹ prep.-n.m.s.-3 m.s. sf. (523) *in his heart*

לֹא־אֹסִף neg.-Hi. impf. 1 c.s. (יָסַף 414) *I will never again*

לְקַלֵּל prep.-Pi. inf.cstr. (קָלַל 886) *curse*

ע֫וֹד adv. (728) *again*

אֶת־הָאֲדָמָה dir.obj.-def.art.-n.f.s. (9) *the ground*

בַּעֲבוּר prep.-prep. (721) *because of*

הָאָדָם def.art.-n.m.s. (9) *man*

כִּי יֵ֫צֶר conj.-n.m.s. cstr. (428) *the imagination of*

לֵב הָאָדָם n.m.s. cstr. (523)-def.art.-n.m.s. (9) *man's heart*

רַע n.m.s. (948) *is evil*

מִנְּעֻרָיו prep.-n.m.p.-3 m.s. sf. (654) *from his youth*

וְלֹא־אֹסִף conj.-v.supra *neither will I*

ע֫וֹד v.supra *ever again*

לְהַכּוֹת prep.-Hi.inf.cstr. (נָכָה 645) *destroy*

אֶת־כָּל־ dir.obj.-n.m.s. cstr. (481) *every*

חַי n.m.s. (311) *living creature*

כַּאֲשֶׁר prep.-rel. (81) *as*

עָשִׂ֫יתִי Qal pf. 1 c.s. (עָשָׂה 793) *I have done*

8:22

עֹד adv. (728) *while*

כָּל־יְמֵי n.m.s. cstr. (481)-n.m.p. cstr. (398) *remains (all the days)*

הָאָ֫רֶץ def.art.-n.f.s. (75) *the earth*

זֶ֫רַע n.m.s. (282) *seedtime*

וְקָצִיר conj.-n.m.s. (894) *and harvest*

וְקֹר conj.-n.m.s. (903) *cold*

וָחֹם conj.-n.m.s. (328) *and heat*

וְקַ֫יִץ conj.-n.m.s. (884) *summer*

וָחֹ֫רֶף conj.-n.m.s. (358) *and winter*

וְיוֹם conj.-n.m.s. (398) *day*

וָלַ֫יְלָה conj. (GK 104g)-n.m.s. (538) *and night*

לֹא יִשְׁבֹּ֫תוּ neg.-Qal impf. 3 m.p. (991; GK 146d) *shall not cease*

9:1

וַיְבָ֫רֶךְ consec.-Pi. impf. 3 m.s. (בָּרַךְ 138) *and … blessed*

אֱלֹהִים n.m.p. (43) *God*

אֶת־נֹחַ dir.obj.-pr.n. (629) *Noah*

וְאֶת־בָּנָיו conj.-dir.obj.-n.m.p.-3 m.s. sf. (119) *and his sons*

וַיֹּ֫אמֶר consec.-Qal impf. 3 m.s. (55) *and said*

לָהֶם prep.-3 m.p. sf. *to them*

פְּרוּ Qal impv. 2 m.p. (פָּרָה 826) *be fruitful*

וּרְבוּ conj.-Qal impv. 2 m.p. (רָבָה 915) *and multiply*

וּמִלְאוּ conj.-Qal impv. 2 m.p. (מָלֵא 569) *and fill*

אֶת־הָאָ֫רֶץ dir.obj.-def.art.-n.f.s. (75) *the earth*

9:2

וּמוֹרַאֲכֶם conj.-n.m.s.-2 m.p. sf. (432) *the fear of you*

וְחִתְּכֶם conj.-n.m.s.-2 m.p. sf. (369; GK 135m) *and the dread of you*

יִהְיֶה Qal impf. 3 m.s. (הָיָה 224) *shall be*

עַל כָּל־ prep.-n.m.s. cstr. (481) *upon every*

חַיַּת הָאָ֫רֶץ n.f.s. cstr. (312)-def.art.-n.f.s. (75) *beast of the earth*

וְעַל כָּל־ conj.-v.supra *and upon every*

ע֫וֹף הַשָּׁמַ֫יִם n.m.s. cstr. (733)-def.art.-n.m. du. paus. (1029) *bird of the air*

בְּכֹל אֲשֶׁר prep.-n.m.s. cstr. (481)-rel. (81) *upon everything that*

תִּרְמֹשׂ Qal impf. 3 f.s. (רָמַשׂ 942) *creeps*

הָאֲדָמָה def.art.-n.f.s. (9) *on the ground*

וּבְכָל־ conj.-n.m.s. cstr. (481) *and all*

דְּגֵי הַיָּם n.m.p. cstr. (185)-def.art.-n.m.s. (410) *the fish of the sea*

בְּיֶדְכֶם prep.-n.f.s.-2 m.p. sf. (388) *into your hand*

נִתָּ֫נוּ Ni. pf. 3 c.p. paus. (נָתַן 678) *they are delivered*

9:3

כָּל־רֶ֫מֶשׂ n.m.s. cstr. (481)-n.m.s. (943) *every moving thing*

אֲשֶׁר הוּא־חַי rel. (81)-demons.pr. m.s. (214)-adj. m.s. (311; GK 138b) *that lives*

לָכֶם prep.-2 m.p. sf. *for you*

יִהְיֶה Qal impf. 3 m.s. (הָיָה 224) *shall be*

לְאָכְלָה prep.-n.f.s. (38) *food*

כְּיֶ֫רֶק עֵ֫שֶׂב prep.-n.m.s. (438)-n.m.s. (793) *the green plants*

נָתַ֫תִּי Qal pf. 1 c.s. (נָתַן 6678) *as I gave*

לָכֶם prep.-2 m.p. sf. *you*

אֶת־כֹּל dir.obj.-n.m.s. (481; GK 117c) *everything*

9:4

אַךְ adv. (36) *only*

בָּשָׂר n.m.s. (142) *flesh*

בְּנַפְשׁוֹ prep.-n.f.s.-3 m.s. sf. (659; GK 119n,131k) *with its life*

דָּמוֹ n.m.s.-3 m.s. sf. (196) *its blood*

לֹא תֹאכֵלוּ neg.-Qal impf. 2 m.p. (אָכַל 37) *you shall not eat*

9:5

וְאַךְ conj.-adv. (36) *for surely*

אֶת־דִּמְכֶם dir.obj.-n.m.s.-2 m.p. sf. (196) *your ... blood*

לְנַפְשֹׁתֵיכֶם prep.-n.f.p.-2 m.p. sf. (659) *life*

אֶדְרֹשׁ Qal impf. 1 c.s. (דָּרַשׁ 205) *I will require a reckoning*

מִיַּד prep.-n.f.s. cstr. (388) *of (the hand of)*

כָּל־חַיָּה n.m.s. cstr. (481)-n.f.s. (312) *every beast*

אֶדְרְשֶׁנּוּ Qal impf. 1 c.s.-3 m.s. sf. (דָּרַשׁ 205) *I will require it*

וּמִיַּד conj.-v.supra *and of*

הָאָדָם def.art.-n.m.s. (9) *man*

מִיַּד אִישׁ אָחִיו v.supra-n.m.s. (35)-n.m.s.-3 m.s. sf. (26; GK 139c) *of every man's brother*

אֶדְרֹשׁ Qal impf. 1 c.s. (דָּרַשׁ 205) *I will require*

אֶת־נֶפֶשׁ dir.obj.-n.f.s. cstr. (659) *the life of*

הָאָדָם def.art.-n.m.s. (9) *man*

9:6

שֹׁפֵךְ Qal act.ptc. (שָׁפַךְ 1049; GK 116w) *whoever sheds*

דַּם הָאָדָם n.m.s. cstr. (196)-def.art.-n.m.s. (9) *the blood of man*

בָּאָדָם prep.-def.art.-n.m.s. (9; GK 121f) *by man*

דָּמוֹ n.m.s.-3 m.s. sf. (196) *his blood*

יִשָּׁפֵךְ Ni. impf. 3 m.s. (שָׁפַךְ 1049; GK 143b) *shall be shed*

כִּי בְּצֶלֶם conj.-prep.-n.m.s. cstr. (853) *for in the image of*

אֱלֹהִים n.m.p. (43) *God*

עָשָׂה Qal pf. 3 m.s. (793) *made*

אֶת־הָאָדָם dir.obj.-def.art.-n.m.s. (9) *man*

9:7

וְאַתֶּם conj.-pers.pr. 2 m.p. (61) *and you*

פְּרוּ Qal impv. 2 m.p. (פָּרָה 826) *be fruitful*

וּרְבוּ conj.-Qal impv. 2 m.p. (רָבָה 915) *and multiply*

שִׁרְצוּ Qal impv. 2 m.p. (שָׁרַץ 1056) *bring forth abundantly*

בָאָרֶץ prep.-def.art.-n.f.s. (75) *on the earth*

וּרְבוּ־ conj.-Qal impv. 2 m.p. (רָבָה 915) *and multiply*

בָהּ prep.-3 f.s. sf. *in it*

9:8

וַיֹּאמֶר consec.-Qal impf. 3 m.s. (אָמַר 55) *then ... said*

אֱלֹהִים n.m.p. (43) *God*

אֶל־נֹחַ prep.-pr.n. (629) *to Noah*

וְאֶל־בָּנָיו conj.-prep.-n.m.p.-3 m.s. sf. (119) *and to his sons*

אִתּוֹ prep. (II 85)-3 m.s. sf. *with him*

לֵאמֹר prep.-Qal inf.cstr. (אָמַר 55) *(saying)*

9:9

וַאֲנִי הִנְנִי conj.-pers.pr. 1 c.s. (58; GK 143a)-interj.-1 c.s. sf. (243) *behold, I*

מֵקִים Hi. ptc. m.s. (קוּם 877) *establish*

אֶת־בְּרִיתִי dir.obj.-n.f.s.-1 c.s. sf. (136) *my covenant*

אִתְּכֶם prep.-2 m.p. sf. (II 85) *with you*

וְאֶת־זַרְעֲכֶם conj.-prep.-n.m.s.-2 m.p. sf. (282) *and your descendants*

אַחֲרֵיכֶם prep.-2 m.p. sf. (29) *after you*

9:10

וְאֵת כָּל־ conj.-prep. (II 85)-n.m.s. cstr. (481) *and with every*

נֶפֶשׁ הַחַיָּה n.f.s. cstr. (659)-def.art.-n.f.s. (312) *living creature*

אֲשֶׁר אִתְּכֶם rel. (81)-prep.-2 m.p. sf. (II 85) *that is with you*

בָּעוֹף prep. (GK 119i)-def.art.-n.m.s. (733) *the birds*

בַּבְּהֵמָה prep.-def.art.-n.f.s. (96) *the cattle*

וּבְכָל־ conj.-prep.-n.m.s. cstr. (481) *and every*

חַיַּת הָאָרֶץ n.f.s. cstr. (312)-def.art.-n.f.s. (75) *beast of the earth*

אִתְּכֶם prep.-2 m.p. sf. (II 85) *with you*

מִכֹּל prep.-n.m.s. cstr. (481) *as many as*

יֹצְאֵי Qal act.ptc. m.p. cstr. (יָצָא 422; GK 116h) *came out of*

הַתֵּבָה def.art.-n.f.s. (1061) *the ark*

לְכֹל prep.-v.supra (GK 143e) *(to every)*

חַיַּת הָאָרֶץ v.supra-v.supra *(beast of the earth)*

9:11

וַהֲקִמֹתִי conj.-Hi. pf. 1 c.s. (קוּם 877) *I establish*

אֶת־בְּרִיתִי dir.obj.-n.f.s.-1 c.s. sf. (136) *my covenant*

אִתְּכֶם prep.-2 m.p. sf. (II 85) *with you*

וְלֹא־יִכָּרֵת conj.-neg. (GK 152b)-Ni. impf. 3 m.s. (כָּרַת 503; GK 121f) *that never ... shall be cut off*

כָּל־בָּשָׂר n.m.s. cstr. (481)-n.m.s. (142) *all flesh*

עוֹד adv. (728) *again*

מִמֵּי prep.-n.m.p. cstr. (565) *by the waters of*

הַמַּבּוּל def.art.-n.m.s. (550) *a flood*

וְלֹא־יִהְיֶה conj.-neg.-Qal impf. 3 m.s. (הָיָה 224) *and never shall there be*

עוֹד adv. (728) *again*

מַבּוּל n.m.s. (550) *a flood*

לְשַׁחֵת prep.-Pi. inf.cstr. (1007) *to destroy*

הָאָרֶץ def.art.-n.f.s. (75) *the earth*

9:12

וַיֹּאמֶר consec.-Qal impf. 3 m.s. (אָמַר 55) *and ... said*

אֱלֹהִים n.m.p. (43) *God*

זֹאת demons.adj. f.s. (260) *this is*

אוֹת־ n.m.s. cstr. (16) *the sign of*

הַבְּרִית def.art.-n.f.s. (136) *the covenant*

אֲשֶׁר־אֲנִי נֹתֵן rel. (81)-pers.pr. 1 c.s. (58)-Qal act.ptc. (נָתַן 678) *which I make*

בֵּינִי prep.-1 c.s. sf. (107) *between me*

וּבֵינֵיכֶם conj.-prep. (107)-2 m.p. sf. *and you*

וּבֵין כָּל־ conj.-v.supra-n.m.s. cstr. (481) *and every*

נֶפֶשׁ חַיָּה n.f.s. (659)-adj. f.s. (311) *living creature*

אֲשֶׁר אִתְּכֶם rel. (81)-prep. (II 85)-2 m.p. sf. *that is with you*

לְדֹרֹת עוֹלָם prep.-n.m.p. cstr. (189)-n.m.s. (761) *for all future generations*

9:13

אֶת־קַשְׁתִּי dir.obj.-n.f.s.-1 c.s. sf. (905) *my bow*

נָתַתִּי Qal pf. 3 m.s. (נָתַן 678) *I set*

בֶּעָנָן prep.-def.art.-n.m.s. (777) *in the cloud*

וְהָיְתָה conj.-Qal pf. 3 f.s. (הָיָה 224) *and it shall be*

לְאוֹת prep.-n.m.s. cstr. (16) *a sign of*

בְּרִית n.f.s. (136) *a covenant*

בֵּינִי prep.-1 c.s. sf. (107) *between me*

וּבֵין הָאָרֶץ conj.-v.supra-def.art.-n.f.s. (75) *and the earth*

9:14

וְהָיָה conj.-Qal pf. 3 m.s. (224; GK 112y) *(and it shall be)*

בְּעַנְנִי עָנָן prep.-Pi. inf.cstr.-1 c.s. sf. (עָנַן 778) -n.m.s. (777; GK 117r) *when I bring clouds*

עַל־הָאָרֶץ prep.-def.art.-n.f.s. (75) *over the earth*

וְנִרְאֲתָה conj.-Ni. pf. 3 f.s. (רָאָה 906; GK 52d) *and ... is seen*

הַקֶּשֶׁת def.art.-n.f.s. (905) *the bow*

בֶּעָנָן prep.-def.art.-n.m.s. (777) *in the clouds*

9:15

וְזָכַרְתִּי conj.-Qal pf. 1 c.s. (זָכַר 269; GK 159g) *I will remember*

אֶת־בְּרִיתִי dir.obj.-n.f.s.-1 c.s. sf. (136) *my covenant*

אֲשֶׁר בֵּינִי rel. (81)-prep.-1 c.s. sf. (107) *which is between me*

וּבֵינֵיכֶם conj.-prep.-2 m.p. sf. (107) *and you*

וּבֵין כָּל־ conj. (GK 131t)-prep. (107)-n.m.s. cstr. (481) *and every*

נֶפֶשׁ חַיָּה n.f.s. (659)-adj. f.s. (311) *living creature*

בְּכָל־בָּשָׂר prep.-n.m.s. cstr. (481)-n.m.s. (142) *of all flesh*

וְלֹא־יִהְיֶה conj.-neg.-Qal impf. 3 m.s. (224) *shall never become*

עוֹד adv. (728) *again*

הַמַּיִם def.art.-n.m.p. (565) *the waters*

לְמַבּוּל prep.-n.m.s. (55) *a flood*

לְשַׁחֵת prep.-Pi. inf.cstr. (שָׁחַת 1007) *to destroy*

כָּל־בָּשָׂר n.m.s. cstr. (481)-n.m.s. (142) *all flesh*

9:16

וְהָיְתָה conj.-Qal pf. 3 f.s. (הָיָה 224) *when ... is*

הַקֶּשֶׁת def.art.-n.f.s. (905) *the bow*

בֶּעָנָן prep.-def.art.-n.m.s. (777) *in the clouds*

וּרְאִיתִיהָ conj.-Qal pf. 1 c.s.-3 f.s. sf. (רָאָה 906) *I will look upon it*

לִזְכֹּר prep.-Qal inf.cstr. (זָכַר 269) *and remember*

בְּרִית עוֹלָם n.f.s. (136)-n.m.s. (761) *the everlasting covenant*

בֵּין אֱלֹהִים prep. (107)-n.m.p. (43) *between God*

וּבֵין כָּל־ conj.-v.supra-n.m.s. cstr. (481) *and every*

נֶפֶשׁ חַיָּה n.f.s. (659)-adj. f.s. (311) *living creature*

בְּכָל־בָּשָׂר prep.-v.supra-n.m.s. (142) *of all flesh*

אֲשֶׁר עַל־הָאָרֶץ rel. (81)-prep.-def.art.-n.f.s. (75) *that is upon the earth*

9:17

וַיֹּאמֶר consec.-Qal impf. 3 m.s. (אָמַר 55) *said*

אֱלֹהִים n.m.p. (43) *God*

אֶל־נֹחַ prep.-pr.n. (629) *to Noah*

זֹאת demons.adj. f.s. (260) *this is*

אוֹת־הַבְּרִית n.m.s. cstr. (16)-def.art.-n.f.s. (136) *the sign of the covenant*

אֲשֶׁר הֲקִמֹתִי rel. (81)-Hi. pf. 1 c.s. (קוּם 877) *which I have established*

בֵּינִי prep.-1 c.s. sf. (107) *between me*

וּבֵין כָּל־ conj.-v.supra-n.m.s. cstr. (481) *and all*

בָּשָׂר אֲשֶׁר n.m.s. (142)-rel. (81) *flesh that*

35

עַל־הָאָרֶץ prep.-def.art.-n.f.s. (75) *is upon the earth*

9:18

וַיִּהְיוּ consec.-Qal impf. 3 m.p. (הָיָה 224) *were*

בְּנֵי־נֹחַ n.m.p. cstr. (119)-pr.n. (629) *sons of Noah*

הַיֹּצְאִים def.art.-Qal act.ptc. m.p. (יָצָא 422) *who went forth*

מִן־הַתֵּבָה prep.-def.art.-n.f.s. (1061) *from the ark*

שֵׁם pr.n. (II 1028) *Shem*

וְחָם conj.-pr.n. (325) *Ham*

וָיָפֶת conj.-pr.n. paus. (834) *and Japheth*

וְחָם v.supra *Ham*

הוּא pers.pr. 3 m.s. (214) *(he) was*

אֲבִי n.m.s. cstr. (3) *the father of*

כְּנָעַן pr.n. (488) *Canaan*

9:19

שְׁלֹשָׁה num. f.s. (1025; GK 134k) *three*

אֵלֶּה demons.adj. m.p. (41) *these*

בְּנֵי־נֹחַ n.m.p. cstr. (119)-pr.n. (629) *the sons of Noah*

וּמֵאֵלֶּה conj.-prep.-v.supra *and from these*

נָפְצָה Qal pf. 3 f.s. (נָפַץ II 659; GK 67dd) *was peopled (were scattered)*

כָל־הָאָרֶץ n.m.s. cstr. (481)-def.art.-n.f.s. (75) *the whole earth*

9:20

וַיָּחֶל נֹחַ consec.-Hi. impf. 3 m.s. (III 320; GK 120b)-pr.n. (629) *Noah was the first (tiller)*

אִישׁ הָאֲדָמָה n.m.s. cstr. (35)-def.art.-n.f.s. (9) *(man) of the soil*

וַיִּטַּע consec.-Qal impf. 3 m.s. (נָטַע 642) *he planted*

כָּרֶם n.m.s. paus. (501) *a vineyard*

9:21

וַיֵּשְׁתְּ consec.-Qal impf. 3 m.s. (שָׁתָה 1059) *and he drank*

מִן־הַיַּיִן prep.-def.art.-n.m.s. (406) *of the wine*

וַיִּשְׁכָּר consec.-Qal impf. 3 m.s. (שָׁכַר I 1016) *and became drunk*

וַיִּתְגַּל consec.-Hith. impf. 3 m.s. (גָּלָה 162; GK 75bb) *and lay uncovered*

בְּתוֹךְ prep.-n.m.s. cstr. (1063) *in*

אָהֳלֹה n.m.s.-3 m.s. sf. (13; GK 91e) *his tent*

9:22

וַיַּרְא חָם consec.-Qal impf. 3 m.s. (רָאָה 906) -pr.n. (325) *and Ham saw*

אֲבִי כְנָעַן n.m.s. cstr. (3)-pr.n. (488) *the father of Canaan*

אֵת עֶרְוַת אָבִיו dir.obj.-n.f.s. cstr. (788)-n.m.s.-3 m.s. sf. (3) *the nakedness of his father*

וַיַּגֵּד consec.-Hi. impf. 3 m.s. (נָגַד 616; GK 117f) *and told*

לִשְׁנֵי־אֶחָיו prep.-num. m.p. cstr. (1040)-n.m.s.-3 m.s. sf. (26) *his two brothers*

בַּחוּץ prep.-def.art.-n.m.s. (299) *outside*

9:23

וַיִּקַּח consec.-Qal impf. 3 m.s. (לָקַח 542; GK 146f) *then ... took*

שֵׁם וָיֶפֶת pr.n. (II 1028)-conj.-pr.n. (834) *Shem and Japheth*

אֶת־הַשִּׂמְלָה dir.obj.-def.art.-n.f.s. (971) *a garment*

וַיָּשִׂימוּ consec.-Qal impf. 3 m.p. (שִׂים I 962; GK 117f) *laid it*

עַל־שְׁכֶם שְׁנֵיהֶם prep.-n.m.s. cstr. (I 1014)-num. m.p.-3 m.p. sf. (1040) *upon both their shoulders*

וַיֵּלְכוּ consec.-Qal impf. 3 m.p. (הָלַךְ 229) *and walked*

אֲחֹרַנִּית adv. (30) *backward*

וַיְכַסּוּ consec.-Pi. impf. 3 m.p. (כָּסָה 491) *and covered*

אֵת עֶרְוַת dir.obj.-n.f.s. cstr. (788) *the nakedness of*

אֲבִיהֶם n.m.s.-3 m.p. sf. (3) *their father*

וּפְנֵיהֶם conj.-n.m.p.-3 m.p. sf. (815) *and their faces*

אֲחֹרַנִּית v.supra (GK 141e) *were turned away (backward)*

וְעֶרְוַת conj.-v.supra *and ... nakedness of*

אֲבִיהֶם v.supra *their father*

לֹא רָאוּ neg.-Qal pf. 3 c.p. (רָאָה 906) *they did not see*

9:24

וַיִּיקֶץ נֹחַ consec.-Qal impf. 3 m.s. (יָקַץ 429; GK 70a)-pr.n. (629) *when Noah awoke*

מִיֵּינוֹ prep.-n.m.s.-3 m.s. sf. (406) *from his wine*

וַיֵּדַע consec.-Qal impf. 3 m.s. (יָדַע 393) *and knew*

אֵת אֲשֶׁר־ dir.obj.-rel. (81) *what*

עָשָׂה־לוֹ Qal pf. 3 m.s. (793)-prep.-3 m.s. sf. *had done to him*

בְּנוֹ n.m.s.-3 m.s. sf. (119) *his son*

הַקָּטֹן def.art.-adj. m.s. (88; GK 133g) *younger*

9:25

וַיֹּאמֶר consec.-Qal impf. 3 m.s. (55) *he said*

אָרוּר Qal pass.ptc. (76) *cursed*

כְּנָעַן pr.n. (488) *Canaan*

עֶבֶד עֲבָדִים n.m.s. cstr. (712)-n.m.p. (712; GK 133i) *a slave of slaves*

יִהְיֶה Qal impf. 3 m.s. (הָיָה 224) *shall he be*

לְאֶחָיו prep.-n.m.p.-3 m.s. sf. (26) *to his brothers*

9:26

וַיֹּאמֶר consec.-Qal impf. 3 m.s. (55) *he also said*

בָּרוּךְ Qal pass.ptc. (138; GK 116rN) *blessed*

יהוה pr.n. (217) *Yahweh*

אֱלֹהֵי שֵׁם n.m.p. cstr. (43)-pr.n. (II 1028) *my God be Shem (the God of Shem)*

וִיהִי conj.-Qal impf. 3 m.s. juss. (הָיָה 224) *and let be*

כְּנַעַן pr.n. (488) *Canaan*

עֶבֶד לָמוֹ n.m.s. (712)-prep.-3 m.p. sf. (GK 103fN) *his slave*

9:27

יַפְתְּ Hi. impf. 3 m.s. juss. (פָּתָה 834; GK 75gg) *enlarge*

אֱלֹהִים n.m.p. (43) *God*

לְיֶפֶת prep.-pr.n. (834) *Japheth*

וְיִשְׁכֹּן conj.-Qal impf. 3 m.s. (שָׁכַן 1014) *and let him dwell*

בְּאָהֳלֵי־שֵׁם prep.-n.m.p. cstr. (13)-pr.n. (II 1028) *in the tents of Shem*

וִיהִי conj.-Qal impf. 3 m.s. juss. (הָיָה 224) *and let be*

כְּנַעַן pr.n. (488) *Canaan*

עֶבֶד לָמוֹ n.m.s. (712)-prep.-3 m.p. sf. (GK 103fN) *his slave*

9:28

וַיְחִי־נֹחַ consec.-Qal impf. 3 m.s. (310)-pr.n. (629) *Noah lived*

אַחַר prep. (29) *after*

הַמַּבּוּל def.art.-n.m.s. (55) *the flood*

שְׁלֹשׁ מֵאוֹת num. (1025)-n.f.p. (547) *three hundred*

שָׁנָה n.f.s. (1040) *(years)*

וַחֲמִשִּׁים conj.-num. p. (332) *and fifty*

שָׁנָה v.supra *years*

9:29

וַיִּהְיוּ consec.-Qal impf. 3 m.p. (הָיָה 224) *were*

כָּל־יְמֵי־נֹחַ n.m.s. cstr. (481)-n.m.p. cstr. (398)-pr.n. (629) *all the days of Noah*

תְּשַׁע מֵאוֹת num. (1077)-n.f.p. (547) *nine hundred*

שָׁנָה n.f.s. (1040) *(year)*

וַחֲמִשִּׁים conj.-num. p. (332) *and fifty*

שָׁנָה n.f.s. (1040) *years*

וַיָּמֹת consec.-Qal impf. 3 m.s. (מוּת 559) *and he died*

10:1

וְאֵלֶּה conj.-demons.adj. c.p. (41) *these*

תּוֹלְדֹת n.m.p. cstr. (410) *the generations of*

בְּנֵי־נֹחַ n.m.p. cstr. (119)-pr.n. (629) *the sons of Noah*

שֵׁם חָם pr.n. (II 1028)-pr.n. (325) *Shem, Ham*

וָיָפֶת conj.-pr.n. (834) *and Japheth*

וַיִּוָּלְדוּ consec.-Ni. impf. 3 m.p. (יָלַד 408) *were born*

לָהֶם prep.-3 m.p. sf. *to them*

בָּנִים n.m.p. (119) *sons*

אַחַר הַמַּבּוּל prep. (29)-def.art.-n.m.s. (550) *after the flood*

10:2

בְּנֵי יֶפֶת n.m.p. cstr. (119)-pr.n. (834) *the sons of Japheth*

גֹּמֶר וּמָגוֹג pr.n. (170)-conj.-pr.n. (156) *Gomer, Magog*

וּמָדַי וְיָוָן conj.-pr.n. (552)-conj.-pr.n. (402) *Madai, Javan*

וְתֻבַל וּמֶשֶׁךְ conj.-pr.n. (1063)-conj.-pr.n. (604) *Tubal, Meshech*

וְתִירָס conj.-pr.n. (1066) *and Tiras*

10:3

וּבְנֵי גֹּמֶר conj.-n.m.p. cstr. (119)-pr.n. (170) *the sons of Gomer*

אַשְׁכְּנַז וְרִיפַת pr.n. (79)-conj.-pr.n. (937) *Ashkenaz, Riphath*

וְתֹגַרְמָה conj.-pr.n. (1062) *and Togarmah*

10:4

וּבְנֵי יָוָן conj.-n.m.p. cstr. (119)-pr.n. (402) *the sons of Javan*

אֱלִישָׁה pr.n. (47) *Elishah*

וְתַרְשִׁישׁ conj.-pr.n. (II 1076) *Tarshish*

כִּתִּים pr.n. (508) *Kittim*

וְדֹדָנִים conj.-pr.n. (187) *Dodanim*

10:5

מֵאֵלֶּה prep.-demons.adj. c.p. (41) *from these*

37

נִפְרְדוּ Ni. pf. 3 c.p. (825) *spread*

אִיֵּי הַגּוֹיִם n.m.p. cstr. (15)-def.art.-n.m.p. (156) *the coastland peoples*

בְּאַרְצֹתָם prep.-n.f.p.-3 m.p. sf. (75) *in their lands*

אִישׁ לִלְשֹׁנוֹ n.m.s. (35; GK 139b)-prep.-n.m.s.-3 m.s. sf. (546) *each with his own language*

לְמִשְׁפְּחֹתָם prep.-n.f.p.-3 m.p. sf. (1046) *by their families*

בְּגוֹיֵהֶם prep.-n.m.p.-3 m.p. sf. (156) *in their nations*

10:6

וּבְנֵי חָם conj.-n.m.p. cstr. (119)-pr.n. (325) *the sons of Ham*

כּוּשׁ pr.n. (468) *Cush*

וּמִצְרַיִם conj.-pr.n. (595) *Egypt*

וּפוּט conj.-pr.n. (806) *Put (Libya)*

וּכְנָעַן conj.-pr.n. (488) *and Canaan*

10:7

וּבְנֵי כוּשׁ conj.-n.m.p. cstr. (119)-pr.n. (468) *the sons of Cush*

סְבָא pr.n. (685) *Seba*

וַחֲוִילָה conj.-pr.n. (296) *Havilah*

וְסַבְתָּה conj.-pr.n. (688) *Sabtah*

וְרַעְמָה conj.-pr.n. (947) *Raamah*

וְסַבְתְּכָא conj.-pr.n. (688) *Sabteca*

וּבְנֵי רַעְמָה conj.-n.m.p. cstr. (119)-pr.n. (947) *the sons of Raamah*

שְׁבָא pr.n. (985) *Sheba*

וּדְדָן conj.-pr.n. (186) *and Dedan*

10:8

וְכוּשׁ conj.-pr.n. (468) *Cush*

יָלַד Qal pf. 3 m.s. (408) *became the father of*

אֶת־נִמְרֹד dir.obj.-pr.n. (650) *Nimrod*

הוּא pers.pr. 3 m.s. (214) *he*

הֵחֵל Hi. pf. 3 m.s. (חָלַל III 320) *was the first*

לִהְיוֹת prep.-Qal inf.cstr. (הָיָה 224) *to be*

גִּבֹּר n.m.s. (150) *a mighty man*

בָּאָרֶץ prep.-def.art.-n.f.s. (75) *on the earth*

10:9

הוּא־הָיָה pers.pr. 3 m.s. (214)-Qal pf. 3 m.s. (224) *he was*

גִּבֹּר צַיִד adj. m.s. cstr. (150)-n.m.s. (844) *a mighty hunter*

לִפְנֵי prep.-n.m.p. cstr. (815) *before*

יְהוָה pr.n. (217) *Yahweh*

עַל־כֵּן prep.-adv. (487) *therefore*

יֵאָמַר Ni. impf. 3 m.s. (55; GK 107g) *it is said*

כְּנִמְרֹד prep.-pr.n. (650) *like Nimrod*

גִּבּוֹר צַיִד v.supra-v.supra *a mighty hunter*

לִפְנֵי יְהוָה v.supra-v.supra *before Yahweh*

10:10

וַתְּהִי consec.-Qal impf. 3 f.s. (הָיָה 224) *was*

רֵאשִׁית n.f.s. cstr. (912) *the beginning of*

מַמְלַכְתּוֹ n.f.s.-3 m.s. sf. (575) *his kingdom*

בָּבֶל pr.n. (93) *Babel*

וְאֶרֶךְ conj.-pr.n. (74) *Erech*

וְאַכַּד conj.-pr.n. (37) *and Accad*

וְכַלְנֵה conj.-pr.n. (484) *and Calneh (RSV-all of them)*

בְּאֶרֶץ prep.-n.f.s. cstr. (75) *in the land of*

שִׁנְעָר pr.n. (1042) *Shinar*

10:11

מִן־הָאָרֶץ הַהִוא prep.-def.art.-n.f.s. (75)-def.art.-demons.adj. f.s. (214) *from that land*

יָצָא Qal pf. 3 m.s. (422) *he went*

אַשּׁוּר pr.n. (78; GK 118f) *into Assyria*

וַיִּבֶן consec.-Qal impf. 3 m.s. (בָּנָה 124) *and built*

אֶת־נִינְוֵה dir.obj.-pr.n. (644) *Nineveh*

וְאֶת־רְחֹבֹת עִיר conj.-dir.obj.-pr.n. (932) *Rehoboth-Ir*

וְאֶת־כָּלַח conj.-dir.obj.-pr.n. paus. (II 480) *Calah*

10:12

וְאֶת־רֶסֶן conj.-dir.obj.-pr.n. (II 944) *and Resen*

בֵּין נִינְוֵה prep.-pr.n. (644) *between Nineveh*

וּבֵין כָּלַח conj.-prep.-pr.n. (II 480) *and Calah*

הוא demons.adj. f.s. (214) *that is*

הָעִיר הַגְּדֹלָה def.art.-n.f.s. (746)-def.art.-adj. f.s. (152) *the great city*

10:13

וּמִצְרַיִם conj.-pr.n. (595) *Egypt*

יָלַד Qal pf. 3 m.s. (408) *became the father of*

אֶת־לוּדִים dir.obj.-pr.n. (530) *Ludim*

וְאֶת־עֲנָמִים conj.-dir.obj.-pr.n. (777) *Anamim*

וְאֶת־לְהָבִים conj.-dir.obj.-pr.n. (529) *Lehabim*

וְאֶת־נַפְתֻּחִים conj.-dir.obj.-pr.n. (661) *Naphtuhim*

10:14

וְאֶת־פַּתְרֻסִים conj.-dir.obj.-pr.n. (837) *Pathrusim*

וְאֶת־כַּסְלֻחִים conj.-dir.obj.-pr.n. (493) *Casluhim*

אֲשֶׁר יָצְאוּ rel. (81)-Qal pf. 3 c.p. (יָצָא 422) *whence came*

מִשָּׁם prep.-adv. (1027) *(from there)*

פְּלִשְׁתִּים pr.n. (814) *the Philistines*

וְאֶת־כַּפְתֹּרִים conj.-dir.obj.-pr.n. (499) *and Caphtorim*

10:15

וּכְנַעַן conj.-pr.n. (488) *Canaan*

יָלַד Qal pf. 3 m.s. (408) *became the father of*

אֶת־צִידֹן dir.obj.-pr.n. (850) *Sidon*

בְּכֹרוֹ n.m.s.-3 m.s. sf. (114) *his firstborn*

וְאֶת־חֵת conj.-dir.obj.-pr.n. (366) *and Heth*

10:16

וְאֶת־הַיְבוּסִי conj.-dir.obj.-def.art.-pr.n. (101) *and the Jebusites*

וְאֶת־הָאֱמֹרִי conj.-dir.obj.-def.art.-pr.n. (57) *the Amorites*

וְאֶת־הַגִּרְגָּשִׁי conj.-dir.obj.-def.art.-pr.n. (173) *the Girgashites*

10:17

וְאֶת־הַחִוִּי conj.-dir.obj.-def.art.-pr.n. (295) *the Hivites*

וְאֶת־הַעַרְקִי conj.-dir.obj.-def.art.-pr.n. (792; GK 35g) *the Arkites*

וְאֶת־הַסִּינִי conj.-dir.obj.-def.art.-pr.n. (696) *the Sinites*

10:18

וְאֶת־הָאַרְוָדִי conj.-dir.obj.-def.art.-pr.n. (71) *the Arvadites*

וְאֶת־הַצְּמָרִי conj.-dir.obj.-def.art.-pr.n. (856) *the Zemarites*

וְאֶת־הַחֲמָתִי conj.-dir.obj.-def.art.-pr.n. (333) *and the Hamathites*

וְאַחַר conj.-adv. (29) *afterward*

נָפֹצוּ Ni. pf. 3 c.p. (פוץ 806) *spread abroad*

מִשְׁפְּחוֹת n.f.p. cstr. (1046) *the families of*

הַכְּנַעֲנִי def.art.-pr.n. (489) *the Canaanites*

10:19

וַיְהִי consec.-Qal impf. 3 m.s. (הָיָה 224) *and ... extended*

גְּבוּל הַכְּנַעֲנִי n.m.s. cstr. (147)-def.art.-pr.n. (489) *the territory of the Canaanites*

מִצִּידֹן prep.-pr.n. (850) *from Sidon*

בֹּאֲכָה Qal inf.cstr.-2 m.s. sf. (בוא 97; GK 91d,144h) *in the direction of (your going)*

גְּרָרָה pr.n.-dir.he (176) *Gerar*

עַד־עַזָּה prep.-pr.n. (738) *as far as Gaza*

בֹּאֲכָה v.supra *and in the direction of*

סְדֹמָה pr.n.-dir.he (690) *Sodom*

וַעֲמֹרָה conj.-pr.n. (771) *Gomorrah*

וְאַדְמָה conj.-pr.n. (10) *Admah*

וּצְבֹיִם conj.-pr.n. (840) *and Zeboiim*

עַד־לָשַׁע prep.-pr.n. paus. (546) *as far as Lasha*

10:20

אֵלֶּה demons.adj. c.p. (41) *these are*

בְּנֵי־חָם n.m.p. cstr. (119)-pr.n. (325) *the sons of Ham*

לְמִשְׁפְּחֹתָם prep.-n.f.p.-3 m.p. sf. (1046) *by their families*

לִלְשֹׁנֹתָם prep.-n.f.p.-3 m.p. sf. (546) *their languages*

בְּאַרְצֹתָם prep.-n.f.p.-3 m.p. sf. (75) *their lands*

בְּגוֹיֵהֶם prep.-n.m.p.-3 m.p. sf. (156) *their nations*

10:21

וּלְשֵׁם conj.-prep.-pr.n. (II 1028) *to Shem also*

יֻלַּד Pu. pf. 3 m.s. (יָלַד 408) *children were born*

גַּם־הוּא adv. (168)-pers.pr. 3 m.s. (214; GK 135h) *(he also was)*

אֲבִי n.m.s. cstr. (3) *the father of*

כָּל־בְּנֵי־עֵבֶר n.m.s. cstr. (481)-n.m.p. cstr. (119)-pr.n. (II 720) *all the children of Eber*

אֲחִי יֶפֶת n.m.s. cstr. (26)-pr.n. (834) *the ... brother of Japheth*

הַגָּדוֹל def.art.-adj. m.s. (152) *elder*

10:22

בְּנֵי שֵׁם n.m.p. cstr. (119)-pr.n. (II 1028) *the sons of Shem*

עֵילָם pr.n. (743) *Elam*

וְאַשּׁוּר conj.-pr.n. (78) *Asshur*

וְאַרְפַּכְשַׁד conj.-pr.n. (75) *Arpachshad*

וְלוּד conj.-pr.n. (530) *Lud*

וַאֲרָם conj.-pr.n. (74) *and Aram*

10:23

וּבְנֵי אֲרָם conj.-n.m.p. cstr. (119)-pr.n. (74) *the sons of Aram*

עוּץ pr.n. (734) *Uz*

וְחוּל conj.-pr.n. (299) *Hul*

וְגֶתֶר conj.-pr.n. (178) *Gether*

וָמַשׁ conj.-pr.n. (602) *and Mash*

10:24

וְאַרְפַּכְשַׁד conj.-pr.n. (75) *Arpachshad*

יָלַד Qal pf. 3 m.s. (408) *became the father of*

אֶת־שָׁלַח dir.obj.-pr.n. paus. (II 1019) *Shelah*

וְשֶׁלַח conj.-pr.n. (II 1019) *and Shelah*

יָלַד v.supra *became the father of*

אֶת־עֵבֶר dir.obj.-pr.n. (II 720) *Eber*

10:25

וּלְעֵבֶר conj.-prep.-pr.n. (II 720) *to Eber*

יֻלַּד Pu. pf. 3 m.s. (יָלַד 408) *were born*

שְׁנֵי בָנִים n.m.p. cstr. (1040)-n.m.p. (119) *two sons*

39

שֵׁם הָאֶחָד n.m.s. cstr. (1027)-def.art.-n.m.s. (25) *the name of the one was*

פֶּלֶג pr.n. (II 811) *Peleg*

כִּי בְיָמָיו conj.-prep.-n.m.p.-3 m.s. sf. (398) *for in his days*

נִפְלְגָה Ni. pf. 3 f.s. (פָּלַג 811) *was divided*

הָאָרֶץ def.art.-n.f.s. (75) *the earth*

וְשֵׁם אָחִיו conj.-n.m.s. cstr. (1027)-n.m.s.-3 m.s. sf. (26) *and his brother's name*

יָקְטָן pr.n. (429) *Joktan*

10:26

וְיָקְטָן conj.-pr.n. (429) *Joktan*

יָלַד Qal pf. 3 m.s. (408) *became the father of*

אֶת־אַלְמוֹדָד dir.obj.-pr.n. (38; GK 35m) *Almodad*

וְאֶת־שָׁלֶף conj.-dir.obj.-pr.n. paus. (1025) *Sheleph*

וְאֶת־חֲצַרְמָוֶת conj.-dir.obj.-pr.n. (348) *Hazarmaveth*

וְאֶת־יָרַח conj.-dir.obj.-pr.n. (II 437) *Jerah*

10:27

וְאֶת־הֲדוֹרָם conj.-dir.obj.-pr.n. (213) *Hadoram*

וְאֶת־אוּזָל conj.-dir.obj.-pr.n. (23) *Uzal*

וְאֶת־דִּקְלָה conj.-dir.obj.-pr.n. (200) *Diklah*

10:28

וְאֶת־עוֹבָל conj.-dir.obj.-pr.n. (716) *Obal*

וְאֶת־אֲבִימָאֵל conj.-dir.obj.-pr.n. (4) *Abimael*

וְאֶת־שְׁבָא conj.-dir.obj.-pr.n. (985) *Sheba*

10:29

וְאֶת־אוֹפִר conj.-dir.obj.-pr.n. (20) *Ophir*

וְאֶת־חֲוִילָה conj.-dir.obj.-pr.n. (296) *Havilah*

וְאֶת־יוֹבָב conj.-dir.obj.-pr.n. (384) *and Jobab*

כָּל־אֵלֶּה n.m.s. cstr. (481)-demons.adj. c.p. (41) *all these were*

בְּנֵי יָקְטָן n.m.p. cstr. (119)-pr.n. (429) *the sons of Joktan*

10:30

וַיְהִי consec.-Qal impf. 3 m.s. (הָיָה 224) *extended*

מוֹשָׁבָם n.m.s.-3 m.p. sf. (444) *the territory in which they lived*

מִמֵּשָׁא prep.-pr.n. (602) *from Mesha*

בֹּאֲכָה Qal inf.cstr.-2 m.s. sf. (בּוֹא 97; GK 144h) *in the direction of*

סְפָרָה pr.n.-dir.he (II 708) *Sephar*

הַר הַקֶּדֶם n.m.s. cstr. (249)-def.art.-n.m.s. (869) *to the hill country of the east*

10:31

אֵלֶּה demons.adj. c.p. (41) *these are*

בְּנֵי־שֵׁם n.m.p. cstr. (119)-pr.n. (II 1028) *the sons of Shem*

לְמִשְׁפְּחֹתָם prep.-n.f.p.-3 m.p. sf. (1046) *by their families*

לִלְשֹׁנֹתָם prep.-n.f.p.-3 m.p. sf. (546) *their languages*

בְּאַרְצֹתָם prep.-n.f.p.-3 m.p. sf. (75) *their lands*

לְגוֹיֵהֶם prep.-n.m.p.-3 m.p. sf. (156) *and their nations*

10:32

אֵלֶּה demons.adj. c.p. (41) *these are*

מִשְׁפְּחֹת n.f.p. cstr. (1046) *the families of*

בְּנֵי־נֹחַ n.m.p. cstr. (119)-pr.n. (629) *the sons of Noah*

לְתוֹלְדֹתָם prep.-n.f.p.-3 m.p. sf. (410) *according to their genealogies*

בְּגוֹיֵהֶם prep.-n.m.p.-3 m.p. sf. (156) *in their nations*

וּמֵאֵלֶּה conj.-prep.-demons.adj. c.p. (41) *and from these*

נִפְרְדוּ Ni. pf. 3 c.p. (פָּרַד 825) *spread abroad*

הַגּוֹיִם def.art.-n.m.p. (156) *the nations*

בָּאָרֶץ prep.-def.art.-n.f.s. (75) *on the earth*

אַחַר הַמַּבּוּל prep. (29)-def.art.-n.m.s. (550) *after the flood*

11:1

וַיְהִי consec.-Qal impf. 3 m.s. (הָיָה 224; GK 141d) *now ... had*

כָל־הָאָרֶץ n.m.s. cstr. (481)-def.art.-n.f.s. (75) *the whole earth*

שָׂפָה אֶחָת n.f.s. (973)-adj. f.s. (25) *one language*

וּדְבָרִים conj.-n.m.p. (182) *and words*

אֲחָדִים adj. m.p. (25) *few*

11:2

וַיְהִי consec.-Qal impf. 3 m.s. (הָיָה 224) *and*

בְּנָסְעָם prep.-Qal inf.cstr.-3 m.p. sf. (נָסַע 652) *as men migrated*

מִקֶּדֶם prep.-n.m.s. (869) *in east*

וַיִּמְצְאוּ consec.-Qal impf. 3 m.p. (מָצָא 592) *they found*

בִּקְעָה n.f.s. (132) *a plain*

בְּאֶרֶץ prep.-n.f.s. cstr. (75) *in the land of*

שִׁנְעָר pr.n. (1042) *Shinar*

וַיֵּשְׁבוּ consec.-Qal impf. 3 m.p. (יָשַׁב 442) *and settled*

שָׁם adv. (1027) *there*

11:3

וַיֹּאמְרוּ consec.-Qal impf. 3 m.p. (אמר 55) *and they said*

אִישׁ n.m.s. (35) *one*

אֶל־רֵעֵהוּ prep.-n.m.s.-3 m.s. sf. (945) *to another (his friend)*

הָבָה Qal impv. 2 m.s. (יהב 396; GK 69o) *come*

נִלְבְּנָה Qal impf. 1 c.p.-coh.he (לבן 527) *let us make bricks*

לְבֵנִים n.f.p. (527; GK 117a) *bricks*

וְנִשְׂרְפָה conj.-Qal impf. 1 c.p.-coh.he (שׂרף 976) *and burn them*

לִשְׂרֵפָה prep.-n.f.s. (977; GK 117r) *thoroughly*

וַתְּהִי לָהֶם consec.-Qal impf. 3 f.s. (היה 224) -prep.-3 m.p. sf. *and they had*

הַלְּבֵנָה def.art.-n.f.s. (527) *brick*

לְאָבֶן prep.-n.f.s. paus. (6) *for stone*

וְהַחֵמָר conj.-def.art.-n.m.s. (330) *and bitumen*

הָיָה Qal pf. 3 m.s. *was*

לָהֶם prep.-3 m.p. sf. *(to them)*

לַחֹמֶר prep.-def.art.-n.m.s. (I 330) *for mortar*

11:4

וַיֹּאמְרוּ consec.-Qal impf. 3 m.p. (55) *then they said*

הָבָה Qal impv. 2 m.s. (יהב 396; GK 69o) *come*

נִבְנֶה־לָּנוּ Qal impf. 1 c.p. (בנה 124)-prep.-1 c.p. sf. *let us build ourselves*

עִיר n.f.s. (746) *a city*

וּמִגְדָּל conj.-n.m.s. (153) *and a tower*

וְרֹאשׁוֹ conj.-n.m.s.-3 m.s. sf. (910) *with its top*

בַּשָּׁמַיִם prep.-def.art.-n.m. du. (1029) *in the heavens*

וְנַעֲשֶׂה־לָּנוּ conj.-Qal impf. 1 c.p.-prep.-1 c.p. sf. (עשה I 793) *and let us make ... for ourselves*

שֵׁם n.m.s. (1027) *a name*

פֶּן־נָפוּץ conj.- (814; GK 107q,152w)-Qal impf. 1 c.p. (פוץ 806) *lest we be scattered abroad*

עַל־פְּנֵי prep.-n.m.p. cstr. (815) *upon the face of*

כָל־הָאָרֶץ n.m.s. cstr. (481)-def.art.-n.f.s. (75) *the whole earth*

11:5

וַיֵּרֶד יהוה consec.-Qal impf. 3 m.s. (ירד 432) -pr.n. (217) *and Yahweh came down*

לִרְאֹת prep.-Qal inf.cstr. (ראה 906; GK 114g) *to see*

אֶת־הָעִיר dir.obj.-def.art.-n.f.s. (746) *the city*

וְאֶת־הַמִּגְדָּל conj.-dir.obj.-def.art.-n.m.s. (153) *and the tower*

אֲשֶׁר בָּנוּ rel. (81)-Qal pf. 3 c.p. (בנה 124) *which ... had built*

בְּנֵי הָאָדָם n.m.p. cstr. (119)-def.art.-n.m.s. (9) *the sons of men*

11:6

וַיֹּאמֶר יהוה consec.-Qal impf. 3 m.s. (אמר 55)-pr.n. (217) *and Yahweh said*

הֵן demons.part. (243; GK 147b) *behold*

עַם אֶחָד n.m.s. (I 766)-adj. m.s. (25) *they are one people*

וְשָׂפָה אַחַת conj.-n.f.s. (973)-adj. f.s. (25) *and ... one language*

לְכֻלָּם prep.-n.m.s.-3 m.p. sf. (481) *they have all*

וְזֶה הַחִלָּם conj.-demons.adj. m.s. (260)-Hi. inf.cstr.-3 m.p. sf. (III 320; GK 67w) *and this is only the beginning*

לַעֲשׂוֹת prep.-Qal inf.cstr. (עשה 793) *of what they will do*

וְעַתָּה conj.-adv. (773) *and ... now*

לֹא־יִבָּצֵר neg.-Ni. impf. 3 m.s. (בצר 130) *will be impossible*

מֵהֶם prep.-3 m.p. sf. (GK 133d) *for them*

כֹּל אֲשֶׁר n.m.s. (481)-rel. (81) *nothing that*

יָזְמוּ Qal impf. 3 m.p. (זמם 273; GK 67dd) *they propose*

לַעֲשׂוֹת prep.-Qal inf.cstr. (עשה 793) *to do*

11:7

הָבָה Qal impv. 2 m.s. (יהב 396) *come*

נֵרְדָה Qal impf. 1 c.p.-coh.he (ירד 432; GK 124gN) *let us go down*

וְנָבְלָה conj.-Qal impf. 1 c.p.-coh.he (בלל I 117; GK 67dd) *and confuse*

שָׁם adv. (1027) *there*

שְׂפָתָם n.f.s.-3 m.p. sf. (973) *their language*

אֲשֶׁר rel. (81) *that*

לֹא יִשְׁמְעוּ neg. (GK 165b)-Qal impf. 3 m.p. (שמע 1033; GK 107q) *they may not understand*

אִישׁ n.m.s. (35) *one*

שְׂפַת רֵעֵהוּ n.f.s. cstr. (973)-n.m.s.-3 m.s. sf. (945) *another's speech*

11:8

וַיָּפֶץ יהוה consec.-Hi. impf. 3 m.s. (פוץ 806) -pr.n. *so Yahweh scattered abroad*

אֹתָם dir.obj.-3 m.p. sf. *them*

מִשָּׁם prep.-adv. (1027) *from there*

עַל־פְּנֵי prep.-n.m.p. cstr. (815) *over the face of*

כָל־הָאָרֶץ n.m.s. cstr. (481)-def.art.-n.f.s. (75) *all the earth*

וַיַּחְדְּלוּ consec.-Qal impf. 3 m.p. (חָדַל 292; GK 63f) *and they left off*

לִבְנֹת prep.-Qal inf.cstr. (בָּנָה 124) *building*

הָעִיר def.art.-n.f.s. (746) *the city*

11:9

עַל־כֵּן prep.-adv. (485) *therefore*

קָרָא Qal pf. 3 m.s. (894; GK 144d) *was called*

שְׁמָהּ n.m.s.-3 f.s. sf. (1027) *its name*

בָּבֶל pr.n. (93) *Babel*

כִּי־שָׁם conj.-adv. (1027) *because there*

בָּלַל יהוה Qal pf. 3 m.s. (בָּלַל 117)-pr.n. (217) *Yahweh confused*

שְׂפַת n.f.s. cstr. (973) *the language of*

כָּל־הָאָרֶץ n.m.s. cstr. (481)-def.art.-n.f.s. (75) *all the earth*

וּמִשָּׁם conj.-prep.-adv. (1027) *and from there*

הֱפִיצָם יהוה Hi. pf. 3 m.s.-3 m.p. sf. (פּוּץ 806)-pr.n. (217) *Yahweh scattered them abroad*

עַל־פְּנֵי prep.-n.m.p. cstr. (815) *over the face of*

כָּל־הָאָרֶץ v.supra *all the earth*

11:10

אֵלֶּה demons.adj. c.p. (41) *these are*

תּוֹלְדֹת n.f.p. cstr. (410) *the descendants of*

שֵׁם pr.n. (II 1028) *Shem*

שֵׁם v.supra (GK 118i) *when Shem was*

בֶּן־מְאַת n.m.s. cstr. (119)-n.f.s. cstr. (547) *a hundred*

שָׁנָה n.f.s. (1040) *years old*

וַיּוֹלֶד consec.-Hi. impf. 3 m.s. (יָלַד 408) *he became the father of*

אֶת־אַרְפַּכְשָׁד dir.obj.-pr.n. (75) *Arpachshad*

שְׁנָתַיִם n.f. du. (1040) *two years*

אַחַר הַמַּבּוּל prep. (29)-def.art.-n.m.s. (550) *after the flood*

11:11

וַיְחִי־שֵׁם consec.-Qal impf. 3 m.s. (חָיָה 310)-pr.n. (II 1028) *and Shem lived*

אַחֲרֵי הוֹלִידוֹ prep.-Hi. inf.cstr.-3 m.s. sf. (יָלַד 408) *after the birth of*

אֶת־אַרְפַּכְשָׁד dir.obj.-pr.n. (75) *Arpachshad*

חֲמֵשׁ מֵאוֹת num. (331)-n.f.p. (547) *five hundred*

שָׁנָה n.f.s. (1040) *years*

וַיּוֹלֶד consec.-Hi. impf. 3 m.s. (יָלַד 408) *and had other*

בָּנִים וּבָנוֹת n.m.p. (119)-conj.-n.f.p. (123) *sons and daughters*

11:12

וְאַרְפַּכְשָׁד conj.-pr.n. (75) *when Arpachshad*

חַי adj. m.s. (or Qal pf. 3 m.s. חָיָה 310) (311) *had lived*

חָמֵשׁ num. (331) *five*

וּשְׁלֹשִׁים conj.-num. p. (1026) *and thirty*

שָׁנָה n.f.s. (1040) *years*

וַיּוֹלֶד consec.-Hi. impf. 3 m.s. (יָלַד 408) *he became the father of*

אֶת־שָׁלַח dir.obj.-pr.n. paus. (II 1019) *Shelah*

11:13

וַיְחִי consec.-Qal impf. 3 m.s. (חָיָה 310) *and ... lived*

אַרְפַּכְשַׁד pr.n. (75) *Arpachshad*

אַחֲרֵי הוֹלִידוֹ prep. (29)-Hi. inf.cstr.-3 m.s. sf. (יָלַד 408) *after the birth of*

אֶת־שָׁלַח dir.obj.-pr.n. (II 1019) *Shelah*

שָׁלֹשׁ שָׁנִים num. (1025)-n.f.p. (1040) *three years*

וְאַרְבַּע מֵאוֹת conj.-num. (916)-n.f.p. (547) *four hundred*

שָׁנָה n.f.s. (1040) *(years)*

וַיּוֹלֶד consec.-Hi. impf. 3 m.s. (יָלַד 408) *and had other*

בָּנִים וּבָנוֹת n.m.p. (119)-conj.-n.f.p. (123) *sons and daughters*

11:14

וְשֶׁלַח חַי conj.-pr.n. (1019)-adj. m.s. (311; or Qal pf. 3 m.s.) *when Shelah had lived*

שְׁלֹשִׁים num. p. (1026) *thirty*

שָׁנָה n.f.s. (1040) *years*

וַיּוֹלֶד consec.-Hi. impf. 3 m.s. (יָלַד 408) *he became the father of*

אֶת־עֵבֶר dir.obj.-pr.n. (720) *Eber*

11:15

וַיְחִי־שֶׁלַח consec.-Qal impf. 3 m.s. (310)-pr.n. (II 1019) *and Shelah lived*

אַחֲרֵי הוֹלִידוֹ prep.-Hi. inf.cstr.-3 m.s. sf. (יָלַד 408) *after the birth of*

אֶת־עֵבֶר dir.obj.-pr.n. (720) *Eber*

שָׁלֹשׁ שָׁנִים num. (1025)-n.f.p. (1040) *three (years)*

וְאַרְבַּע מֵאוֹת conj.-num. (916)-n.f.p. (547) *four hundred*

שָׁנָה n.f.s. (1040) *years*

וַיּוֹלֶד consec.-Hi. impf. 3 m.s. (יָלַד 408) *and had other*

בָּנִים וּבָנוֹת n.m.p. (119)-conj.-n.f.p. (123) *sons and daughters*

11:16

וַיְחִי־עֵבֶר consec.-Qal impf. 3 m.s. (חָיָה 310)
-pr.n. (720) *when Eber had lived*

אַרְבַּע num. (916) *four*

וּשְׁלֹשִׁים conj.-num. p. (1026) *and thirty*

שָׁנָה n.f.s. (1040) *years*

וַיּוֹלֶד consec.-Hi. impf. 3 m.s. (יָלַד 408) *he became the father of*

אֶת־פָּלֶג dir.obj.-pr.n. paus. (II 811) *Peleg*

11:17

וַיְחִי־עֵבֶר consec.-Qal impf. 3 m.s. (310)-pr.n. (720) *and Eber lived*

אַחֲרֵי הוֹלִידוֹ prep.-Hi. inf.cstr.-3 m.s. sf. (יָלַד 408) *after the birth of*

אֶת־פָּלֶג dir.obj.-pr.n. (II 811) *Peleg*

שְׁלֹשִׁים שָׁנָה num. p. (1026)-n.f.s. (1040) *thirty (years)*

וְאַרְבַּע מֵאוֹת conj.-num. (916)-n.f.p. (547) *and four hundred*

שָׁנָה n.f.s. (1040) *years*

וַיּוֹלֶד consec.-Hi. impf. 3 m.s. (יָלַד 408) *and had other*

בָּנִים וּבָנוֹת n.m.p. (119)-conj.-n.f.p. (123) *sons and daughters*

11:18

וַיְחִי־פֶלֶג consec.-Qal impf. 3 m.s. (חָיָה 310)
-pr.n. (II 811) *when Peleg had lived*

שְׁלֹשִׁים שָׁנָה num. p. (1026)-n.f.s. (1040) *thirty years*

וַיּוֹלֶד consec.-Hi. impf. 3 m.s. (יָלַד 408) *he became the father of*

אֶת־רְעוּ dir.obj.-pr.n. (946) *Reu*

11:19

וַיְחִי־פֶלֶג consec.-Qal impf. 3 m.s. (310)-pr.n. (II 811) *and Peleg lived*

אַחֲרֵי הוֹלִידוֹ prep.-Hi. inf.cstr.-3 m.s. sf. (יָלַד 408) *after the birth of*

אֶת־רְעוּ dir.obj.-pr.n. (946) *Reu*

תֵּשַׁע שָׁנִים num. (1077)-n.f.p. (1040) *nine (years)*

וּמָאתַיִם שָׁנָה conj.-n.f. du. (547)-n.f.s. (1040) *two hundred years*

וַיּוֹלֶד consec.-Hi. impf. 3 m.s. (יָלַד 408) *and had other*

בָּנִים וּבָנוֹת n.m.p. (119)-conj.-n.f.p. (123) *sons and daughters*

11:20

וַיְחִי רְעוּ consec.-Qal impf. 3 m.s. (310)-pr.n. (946) *when Reu had lived*

שְׁתַּיִם n.f. du. (1040) *two*

וּשְׁלֹשִׁים conj.-num. p. (1026) *thirty*

שָׁנָה n.f.s. (1040) *years*

וַיּוֹלֶד consec.-Hi. impf. 3 m.s. (יָלַד 408) *he became the father of*

אֶת־שְׂרוּג dir.obj.-pr.n. (974) *Serug*

11:21

וַיְחִי רְעוּ consec.-Qal impf. 3 m.s. (חָיָה 310)
-pr.n. (946) *and Reu lived*

אַחֲרֵי הוֹלִידוֹ prep.-Hi. inf.cstr.-3 m.s. sf. (יָלַד 408) *after the birth of*

אֶת־שְׂרוּג dir.obj.-pr.n. (974) *Serug*

שֶׁבַע שָׁנִים num. (987)-n.f.p. (1040) *seven (years)*

וּמָאתַיִם שָׁנָה conj.-n.f. du. (547)-n.f.s. (1040) *and two hundred years*

וַיּוֹלֶד consec.-Hi. impf. 3 m.s. (יָלַד 408) *and had other*

בָּנִים וּבָנוֹת n.m.p. (119)-conj.-n.f.p. (123) *sons and daughters*

11:22

וַיְחִי שְׂרוּג consec.-Qal impf. 3 m.s. (310)-pr.n. (974) *when Serug had lived*

שְׁלֹשִׁים שָׁנָה num. p. (1026)-n.f.s. (1040) *thirty years*

וַיּוֹלֶד consec.-Hi. impf. 3 m.s. (יָלַד 408) *he became the father of*

אֶת־נָחוֹר dir.obj.-pr.n. (637) *Nahor*

11:23

וַיְחִי שְׂרוּג consec.-Qal impf. 3 m.s. (310)-pr.n. (974) *and Serug lived*

אַחֲרֵי הוֹלִידוֹ prep.-Hi. inf.cstr.-3 m.s. sf. (יָלַד 408) *after the birth of*

אֶת־נָחוֹר dir.obj.-pr.n. (637) *Nahor*

מָאתַיִם n.f. du. (547) *two hundred*

שָׁנָה n.f.s. (1040) *years*

וַיּוֹלֶד consec.-Hi. impf. 3 m.s. (יָלַד 408) *and had other*

בָּנִים וּבָנוֹת n.m.p. (119)-conj.-n.f.p. (123) *sons and daughters*

11:24

וַיְחִי נָחוֹר consec.-Qal impf. 3 m.s. (חָיָה 310)-pr.n. (637) *when Nahor had lived*

תֵּשַׁע num. (1077) *nine*

וְעֶשְׂרִים conj.-num. p. (797) *and twenty*

שָׁנָה n.f.s. (1040) *years*

וַיּוֹלֶד consec.-Hi. impf. 3 m.s. (יָלַד 408) *he became the father of*

אֶת־תֶּרַח dir.obj.-pr.n. paus. (1076) *Terah*

11:25

וַיְחִי נָחוֹר consec.-Qal impf. 3 m.s. (310)-pr.n. (637) *and Nahor lived*

אַחֲרֵי הוֹלִידוֹ prep.-Hi. inf.cstr.-3 m.s. sf. (יָלַד 408) *after the birth of*

אֶת־תֶּרַח dir.obj.-pr.n. (1076) *Terah*

תֵּשַׁע־עֶשְׂרֵה num. (1077)-num. (797) *nineteen*

שָׁנָה n.f.s. (1040) *(years)*

וּמְאַת שָׁנָה conj.-n.f.s. cstr. (547)-n.f.s. (1040) *and a hundred years*

וַיּוֹלֶד consec.-Hi. impf. 3 m.s. (יָלַד 408) *and had other*

בָּנִים וּבָנוֹת n.m.p. (119)-conj.-n.f.p. (123) *sons and daughters*

11:26

וַיְחִי־תֶרַח consec.-Qal impf. 3 m.s. (310)-pr.n. (1076) *when Terah had lived*

שִׁבְעִים שָׁנָה num. p. (988)-n.f.s. (1040) *seventy years*

וַיּוֹלֶד consec.-Hi. impf. 3 m.s. (408) *he became the father of*

אֶת־אַבְרָם dir.obj.-pr.n. (4) *Abram*

אֶת־נָחוֹר dir.obj.-pr.n. (637) *Nahor*

וְאֶת־הָרָן conj.-dir.obj.-pr.n. (248) *and Haran*

11:27

וְאֵלֶּה conj.-demons. c.p. (41) *now these*

תּוֹלְדֹת n.f.p. cstr. (410) *are the descendants of*

תֶּרַח pr.n. (1076) *Terah*

תֶּרַח הוֹלִיד pr.n. (1076)-Hi. pf. 3 m.s. (יָלַד 408) *Terah was the father of*

אֶת־אַבְרָם dir.obj.-pr.n. (4) *Abram*

אֶת־נָחוֹר dir.obj.-pr.n. (637) *Nahor*

וְאֶת־הָרָן conj.-dir.obj.-pr.n. (248) *and Haran*

וְהָרָן הוֹלִיד conj.-pr.n. (248)-Hi. pf. 3 m.s. (יָלַד 408) *and Haran was the father of*

אֶת־לוֹט dir.obj.-pr.n. (II 532) *Lot*

11:28

וַיָּמָת הָרָן consec.-Qal impf. 3 m.s. (מוּת 559)-pr.n. (248) *Haran died*

עַל־פְּנֵי prep.-n.m.p. cstr. (815) *before*

תֶּרַח אָבִיו pr.n. (1076)-n.m.s.-3 m.s. sf. (3) *his father Terah*

בְּאֶרֶץ prep.-n.f.s. cstr. (75) *in the land of*

מוֹלַדְתּוֹ n.f.s.-3 m.s. sf. (409) *his birth*

בְּאוּר כַּשְׂדִּים prep.-pr.n. (22; GK 125h)-pr.n. (505) *in Ur of the Chaldeans*

11:29

וַיִּקַּח consec.-Qal impf. 3 m.s. (לָקַח 542; GK 146f) *and ... took*

אַבְרָם וְנָחוֹר pr.n. (4)-conj.-pr.n. (637) *Abram and Nahor*

לָהֶם נָשִׁים prep.-3 m.p. sf.-n.f.p. (61) *wives (to themselves)*

שֵׁם אֵשֶׁת n.m.s. cstr. (1027)-n.f.s. cstr. (61) *the name of the wife of*

אַבְרָם pr.n. (4) *Abram*

שָׂרָי pr.n. (979) *Sarai*

וְשֵׁם אֵשֶׁת conj.-v.supra *and the name of the wife of*

נָחוֹר v.supra Nahor

מִלְכָּה pr.n. (574) *was Milcah*

בַּת־הָרָן n.f.s. cstr. (123)-pr.n. (248) *the daughter of Haran*

אֲבִי־מִלְכָּה n.m.s. cstr. (3)-pr.n. (574) *the father of Milcah*

וַאֲבִי יִסְכָּה conj.-n.m.s. cstr. (3)-pr.n. (414) *and Iscah*

11:30

וַתְּהִי שָׂרַי consec.-Qal impf. 3 f.s. (הָיָה 224)-pr.n. (979) *now Sarai was*

עֲקָרָה adj. f.s. (785) *barren*

אֵין לָהּ neg. cstr. (II 34)-prep.-3 f.s. sf. (GK 152o) *she had no*

וָלָד n.m.s. paus. (rd.prb. יֶלֶד 409) *child*

11:31

וַיִּקַּח תֶּרַח consec.-Qal impf. 3 m.s. (542)-pr.n. (1076) *Terah took*

אֶת־אַבְרָם dir.obj.-pr.n. (4) *Abram*

בְּנוֹ n.m.s.-3 m.s. sf. (119) *his son*

וְאֶת־לוֹט conj.-dir.obj.-pr.n. (II 532) *and Lot*

בֶּן־הָרָן n.m.s. cstr. (119)-pr.n. (248) *the son of Haran*

בֶּן־בְּנוֹ n.m.s. cstr. (119)-n.m.s.-3 m.s. sf. (119) *his grandson*

וְאֵת שָׂרַי conj.-dir.obj.-pr.n. (979) *and Sarai*

כַּלָּתוֹ n.f.s.-3 m.s. sf. (483) *his daughter-in-law*

אֵשֶׁת אַבְרָם n.f.s. cstr. (61)-pr.n. (4) *wife of Abram*

בְּנוֹ n.m.s.-3 m.s. sf. (119) *his son*

וַיֵּצְאוּ consec.-Qal impf. 3 m.p. (יָצָא 422) *and they went forth*

אִתָּם prep.-3 m.p. sf. *together*

מֵאוּר כַּשְׂדִּים prep.-pr.n. (22)-pr.n. (505) *from Ur of the Chaldeans*

לָלֶכֶת prep.-Qal inf.cstr. (הָלַךְ 229) *to go*

אַרְצָה n.f.s.-dir.he (75; GK 20f) *into the (toward) the land of*

כְּנַעַן pr.n. (488) *Canaan*

וַיָּבֹאוּ consec.-Qal impf. 3 m.p. (בּוֹא 97) *but when they came*

עַד־חָרָן prep.-pr.n. (357) *to Haran*

וַיֵּשְׁבוּ consec.-Qal impf. 3 m.p. (יָשַׁב 442) *they settled*

שָׁם adv. (1027) *there*

11:32

וַיִּהְיוּ consec.-Qal impf. 3 m.p. (הָיָה 224) *were*

יְמֵי־תֶרַח n.m.p. cstr. (398)-pr.n. (1076) *the days of Terah*

חָמֵשׁ שָׁנִים num. (331)-n.f.p. (1040) *five (years)*

וּמָאתַיִם שָׁנָה conj.-n.f. du. (547)-n.f.s. (1040) *and two hundred years*

וַיָּמָת תֶּרַח consec.-Qal impf. 3 m.s. (559)-pr.n. (1076) *and Terah died*

בְּחָרָן prep.-pr.n. (357) *in Haran*

12:1

וַיֹּאמֶר יהוה consec.-Qal impf. 3 m.s. (55)-pr.n. (217) *now Yahweh said*

אֶל־אַבְרָם prep.-pr.n. (4) *to Abram*

לֶךְ־לְךָ Qal impv. 2 m.s. (הָלַךְ 229; GK 119s)-prep.-2 m.s. sf. *go*

מֵאַרְצְךָ prep.-n.f.s.-2 m.s. sf. (75) *from your country*

וּמִמּוֹלַדְתְּךָ conj.-prep.-n.f.s.-2 m.s. sf. (409) *and your kindred*

וּמִבֵּית אָבִיךָ conj.-prep.-n.m.s. cstr. (108)-n.m.s.-2 m.s. sf. (3) *and your father's house*

אֶל־הָאָרֶץ prep.-def.art.-n.f.s. (75) *to the land*

אֲשֶׁר אַרְאֶךָּ rel. (81)-Hi. impf. 1 c.s.-2 m.s. sf. (906 רָאָה; GK 121c) *that I will show you*

12:2

וְאֶעֶשְׂךָ conj.-Qal impf. 3 m.s.-2 m.s. sf. (793) *and I will make of you*

לְגוֹי גָּדוֹל prep.-n.m.s. (156)-adj. m.s. (152) *a great nation*

וַאֲבָרֶכְךָ conj.-Pi. impf. 1 c.s.-2 m.s. sf. (138) *and I will bless you*

וַאֲגַדְּלָה conj.-Pi. impf. 1 c.s.-coh.he (152) *and make great*

שְׁמֶךָ n.m.s.-2 m.s. sf. (1027) *your name*

וֶהְיֵה conj.-Qal impv. 2 m.s. (הָיָה 224; GK 63q,110i) *so that you will be*

בְּרָכָה n.f.s. (139; GK 141d) *a blessing*

12:3

וַאֲבָרֲכָה conj.-Pi. impf. 1 c.s.-coh.he (בָּרַךְ 138) *I will bless*

מְבָרְכֶיךָ Pi. ptc. m.p.-2 m.s. sf. (בָּרַךְ 138; GK 116g) *those who bless you*

וּמְקַלֶּלְךָ conj.-Pi. ptc.-2 m.s. sf. (קָלַל 886) *and him who curses you*

אָאֹר Qal impf. 1 c.s. (אָרַר 76) *I will curse*

וְנִבְרְכוּ בְךָ conj.-Ni. pf. 3 c.p. (בָּרַךְ 138)-prep.-2 m.s. sf. *and by you … will bless themselves*

כֹּל מִשְׁפְּחֹת n.m.s. cstr. (481)-n.f.p. cstr. (1046) *all the families of*

הָאֲדָמָה def.art.-n.f.s. (9) *the earth*

12:4

וַיֵּלֶךְ אַבְרָם consec.-Qal impf. 3 m.s. (הָלַךְ 229)-pr.n. (4) *so Abram went*

כַּאֲשֶׁר prep.-rel. (81) *as*

דִּבֶּר אֵלָיו Pi. pf. 3 m.s. (בָּבַר 180)-prep.-3 m.s. sf. *had told him*

יהוה pr.n. (217) *Yahweh*

וַיֵּלֶךְ v.supra-v.supra *and … went*

אִתּוֹ לוֹט prep.-3 m.s. sf. (II 85)-pr.n. (532) *Lot … with him*

וְאַבְרָם conj.-pr.n. (4) *Abram*

בֶּן־חָמֵשׁ n.m.s. cstr. (119)-num. (331; GK 133h) *was five*

שָׁנִים n.f.p. (1040) *(years)*

וְשִׁבְעִים conj.-num. p. (988) *and seventy*

שָׁנָה n.f.s. (1040) *years*

בְּצֵאתוֹ prep.-Qal inf.cstr.-3 m.s. sf. (יָצָא 422) *when he departed*

מֵחָרָן prep.-pr.n. (357) *from Haran*

12:5

וַיִּקַּח אַבְרָם consec.-Qal impf. 3 m.s. (לָקַח 542)-pr.n. (4) *and Abram took*

אֶת־שָׂרַי dir.obj.-pr.n. (979) *Sarai*

אִשְׁתּוֹ n.f.s.-3 m.s. sf. (61) *his wife*

וְאֶת־לוֹט conj.-dir.obj.-pr.n. (II 532) *and Lot*

בֶּן־אָחִיו n.m.s. cstr. (119)-n.m.s.-3 m.s. sf. (26) *his brother's son*

וְאֶת־כָּל conj.-dir.obj.-n.m.s. cstr. (481) *and all*

רְכוּשָׁם n.m.s.-3 m.p. sf. (940) *their possessions*

אֲשֶׁר רָכָשׁוּ rel. (81)-Qal pf. 3 c.p. paus. (940) *which they had gathered*

וְאֶת־הַנֶּפֶשׁ conj.-dir.obj.-def.art.-n.f.s. (659) *and the persons*

אֲשֶׁר־עָשׂוּ rel. (81)-Qal pf. 3 c.p. (עָשָׂה 793) *that they had gotten*

45

בְּחָרָן prep.-pr.n. (357) *in Haran*

וַיֵּצְאוּ consec.-Qal impf. 3 m.p. (יָצָא 422) *and they set forth*

לָלֶכֶת prep.-Qal inf.cstr. (הָלַךְ 229) *to go*

אַרְצָה n.f.s. cstr.-dir.he (75) *to the land of*

כְּנַעַן pr.n. (488) *Canaan*

וַיָּבֹאוּ consec.-Qal impf. 3 m.p. (בּוֹא 97) *when they had come*

אַרְצָה v.supra *to the land of*

כְּנַעַן pr.n. paus. (488) *Canaan*

12:6

וַיַּעֲבֹר אַבְרָם consec.-Qal impf. 3 m.s. (עָבַר 716)-pr.n. (4) *Abram passed through*

בָּאָרֶץ prep.-def.art.-n.f.s. (75) *through the land*

עַד מְקוֹם prep.-n.m.s. cstr. (879) *to the place at*

שְׁכֶם pr.n. (1014) *Shechem*

עַד אֵלוֹן prep.-n.f.s. cstr. (18) *to the oak of*

מוֹרֶה n.m.s. (435) *Moreh (teacher)*

וְהַכְּנַעֲנִי conj.-def.art.-pr.n. (489) *the Canaanites*

אָז adv. (23) *at that time*

בָּאָרֶץ prep.-def.art.-n.f.s. (75) *in the land*

12:7

וַיֵּרָא יהוה consec.-Ni. impf. 3 m.s. (רָאָה 906)-pr.n. (217) *then Yahweh appeared*

אֶל־אַבְרָם prep.-pr.n. (4) *to Abram*

וַיֹּאמֶר consec.-Qal impf. 3 m.s. (55) *and said*

לְזַרְעֲךָ prep.-n.m.s.-2 m.s. sf. (282) *to your descendants*

אֶתֵּן Qal impf. 1 c.s. (נָתַן 678) *I will give*

אֶת־הָאָרֶץ הַזֹּאת dir.obj.-def.art.-n.f.s. (75)-def.art.-demons.adj. f.s. (260) *this land*

וַיִּבֶן שָׁם consec.-Qal impf. 3 m.s. (בָּנָה 124)-adv. (1027) *so he built there*

מִזְבֵּחַ n.m.s. (258) *an altar*

לַיהוה prep.-pr.n. (217) *to Yahweh*

הַנִּרְאֶה def.art.-Ni. ptc. (רָאָה 906; GK 116o) *who had appeared*

אֵלָיו prep.-3 m.s. sf. *to him*

12:8

וַיַּעְתֵּק consec.-Hi. impf. 3 m.s. (עָתַק 801) *he removed*

מִשָּׁם prep.-adv. (1027) *thence*

הָהָרָה def.art.-n.m.s.-dir.he (249) *to the mountain*

מִקֶּדֶם prep.-n.m.s. (869) *on the east*

לְבֵית־אֵל prep.-pr.n. (110) *of Bethel*

וַיֵּט consec.-Qal impf. 3 m.s. (נָטָה 639) *and pitched*

אָהֳלֹה n.m.s.-3 m.s. sf. (13; GK 91e) *his tent*

בֵּית־אֵל pr.n. (110; GK 156c) *Bethel*

מִיָּם prep.-n.m.s. (410) *on the west*

וְהָעַי conj.-def.art.-pr.n. (743) *and Ai*

מִקֶּדֶם v.supra *on the east*

וַיִּבֶן־שָׁם consec.-Qal impf. 3 m.s. (בָּנָה 124)-adv. (1027) *and there he built*

מִזְבֵּחַ n.m.s. (258) *an altar*

לַיהוה prep.-pr.n. (217) *to Yahweh*

וַיִּקְרָא consec.-Qal impf. 3 m.s. (קָרָא 894) *and called*

בְּשֵׁם יהוה prep.-n.m.s. cstr. (1027)-pr.n. (217) *on the name of Yahweh*

12:9

וַיִּסַּע אַבְרָם consec.-Qal impf. 3 m.s. (נָסַע 652)-pr.n. (4) *and Abram journeyed on*

הָלוֹךְ Qal inf.abs. (הָלַךְ 229; GK 113u) *going*

וְנָסוֹעַ conj.-Qal inf.abs. (נָסַע 652) *still (and journeying)*

הַנֶּגְבָּה def.art.-pr.n.-dir.he (616) *toward the Negeb*

12:10

וַיְהִי consec.-Qal impf. 3 m.s. (הָיָה 224) *now there was*

רָעָב n.m.s. (944) *a famine*

בָּאָרֶץ prep.-def.art.-n.f.s. (75) *in the land*

וַיֵּרֶד consec.-Qal impf. 3 m.s. (יָרַד 432) *so ... went down*

אַבְרָם pr.n. (4) *Abram*

מִצְרַיְמָה pr.n.-dir.he (595) *to Egypt*

לָגוּר prep.-Qal inf.cstr. (גּוּר 157) *to sojourn*

שָׁם adv. (1027) *there*

כִּי־כָבֵד conj.-Qal pf. 3 m.s. (כָּבֵד 457) *for ... was severe*

הָרָעָב def.art.-n.m.s. (944) *the famine*

בָּאָרֶץ v.supra *in the land*

12:11

וַיְהִי כַּאֲשֶׁר consec.-Qal impf. 3 m.s. (הָיָה 224)-prep. (GK 111g)-rel. (81) *when he was*

הִקְרִיב Hi. pf. 3 m.s. (קָרַב 897) *about*

לָבוֹא prep.-Qal inf.cstr. (בּוֹא 97; GK 114m) *to enter*

מִצְרָיְמָה pr.n.-dir.he (595) *Egypt*

וַיֹּאמֶר consec.-Qal impf. 3 m.s. (55) *he said*

אֶל־שָׂרַי prep.-pr.n. (979) *to Sarai*

אִשְׁתּוֹ n.f.s.-3 m.s. sf. (61) *his wife*

הִנֵּה־נָא demons.part. (243)-part.of entreaty *(behold, please)*

יָדַעְתִּי Qal pf. 1 c.s. (393) *I know*

כִּי אִשָּׁה conj.-n.f.s. (61) *that ... a woman*

יְפַת־מַרְאֶה n.f.s. cstr. (421)-n.m.s. (909) *beautiful to behold*

אָתְּ pers.pr. 2 f.s. paus. (61) *you are*

12:12

וְהָיָה conj.-Qal pf. 3 m.s. (224; GK 112y) *and*

כִּי־יִרְאוּ conj.-Qal impf. 3 m.p. (רָאָה 906; GK 112hh,164d) *when ... see*

אֹתָךְ dir.obj.-2 f.s. sf. *you*

הַמִּצְרִים n.f.s.-pr.n. (595) *the Egyptians*

וְאָמְרוּ conj.-Qal pf. 3 c.p. (אָמַר 55; GK 112c) *they will say*

אִשְׁתּוֹ זֹאת n.f.s.-3 m.s. sf. (61)-demons.adj. f.s. (260) *this is his wife*

וְהָרְגוּ conj.-Qal pf. 3 c.p. (הָרַג 246) *then they will kill*

אֹתִי dir.obj.-1 c.s. sf. *me*

וְאֹתָךְ conj.-dir.obj.-2 f.s. sf. *but you*

יְחַיּוּ Pi. impf. 3 m.p. (חָיָה 310) *they will let live*

12:13

אִמְרִי־נָא Qal impv. 2 f.s. (אָמַר 55)-part.of entreaty (GK 110d) *say*

אֲחֹתִי n.f.s.-1 c.s. sf. (27; GK 141,l;157a) *my sister*

אָתְּ pers.pr. 2 f.s. paus. (61) *you are*

לְמַעַן prep.-prep. (775; GK 165b) *that*

יִיטַב־לִי Qal impf. 3 m.s. (יָטַב 405)-prep.-1 c.s. sf. *it may be well with me*

בַּעֲבוּרֵךְ prep.-prep. (721)-2 f.s. sf. *because of you*

וְחָיְתָה conj.-Qal pf. 3 f.s. (חָיָה 310; GK 112p) *that ... may be spared*

נַפְשִׁי n.f.s.-1 c.s. sf. (659) *my life*

בִּגְלָלֵךְ prep.-n.m.s.-2 f.s. sf. (164) *your account*

12:14

וַיְהִי consec.-Qal impf. 3 m.s. (הָיָה 224) *and*

כְּבוֹא אַבְרָם prep.-Qal inf.cstr. (בּוֹא 97; GK 111g,118u)-pr.n. (4) *when Abram entered*

מִצְרָיְמָה pr.n.-dir.he (595) *Egypt*

וַיִּרְאוּ consec.-Qal impf. 3 m.p. (רָאָה 906) *saw*

הַמִּצְרִים def.art.-pr.n. (596) *the Egyptians*

אֶת־הָאִשָּׁה dir.obj.-def.art.-n.f.s. (61) *the woman*

כִּי־יָפָה conj.-adj. f.s. (421; GK 117h) *that ... beautiful*

הִוא מְאֹד pers.pr. 3 f.s. (214)-adv. (547) *(she) very*

12:15

וַיִּרְאוּ consec.-Qal impf. 3 m.p. (רָאָה 906) *when ... saw*

אֹתָהּ dir.obj.-3 f.s. sf. *her*

שָׂרֵי פַרְעֹה n.m.p. cstr. (978)-pr.n. (829) *the princes of Pharaoh*

וַיְהַלְלוּ consec.-Pi. impf. 3 m.p. (הָלַל II 237) *they praised*

אֹתָהּ v.supra *her*

אֶל־פַּרְעֹה prep.-pr.n. (829) *to Pharaoh*

וַתֻּקַּח consec.-Ho. impf. 3 f.s. (לָקַח 542) *was taken*

הָאִשָּׁה def.art.-n.f.s. (61) *the woman*

בֵּית פַּרְעֹה n.m.s. cstr. (108; GK 118f)-pr.n. (829) *into Pharaoh's house*

12:16

וּלְאַבְרָם conj.-prep.-pr.n. (4) *and ... with Abram*

הֵיטִיב Hi. pf. 3 m.s. (יָטַב 405) *he dealt well*

בַּעֲבוּרָהּ prep.-prep. (721)-3 f.s. sf. *for her sake*

וַיְהִי־לוֹ consec.-Qal impf. 3 m.s. (הָיָה 224; GK 145o)-prep.-3 m.s. sf. *and he had*

צֹאן־וּבָקָר n.f.s. (838)-conj.-n.m.s. (133) *sheep, oxen*

וַחֲמֹרִים conj.-n.m.p. (331) *he-asses*

וַעֲבָדִים conj.-n.m.p. (712) *menservants*

וּשְׁפָחֹת conj.-n.f.p. (1046) *maidservants*

וַאֲתֹנֹת conj.-n.f.p. (87) *she-asses*

וּגְמַלִּים conj.-n.m.p. (168) *and camels*

12:17

וַיְנַגַּע יְהוָה consec.-Pi. impf. 3 m.s. (נָגַע 619)-pr.n. (217) *but Yahweh afflicted*

אֶת־פַּרְעֹה dir.obj.-pr.n. (829) *Pharaoh*

נְגָעִים גְּדֹלִים n.m.p. (619)-adj. m.p. (152) *with great plagues*

וְאֶת־בֵּיתוֹ conj.-dir.obj.-n.m.s.-3 m.s. sf. (108; GK 117q) *and his house*

עַל־דְּבַר prep.-n.m.s. cstr. (182) *because of*

שָׂרָי pr.n. (979) *Sarai*

אֵשֶׁת אַבְרָם n.f.s. cstr. (61)-pr.n. (4) *Abram's wife*

12:18

וַיִּקְרָא consec.-Qal impf. 3 m.s. (קָרָא 894) *so ... called*

פַּרְעֹה pr.n. (829) *Pharaoh*

לְאַבְרָם prep.-pr.n. (4) *Abram*

וַיֹּאמֶר consec.-Qal impf. 3 m.s. (55) *and said*

מַה־זֹּאת interr. (552)-demons.adj. f.s. (260) *what is this*

עָשִׂיתָ לִי Qal pf. 2 m.s. (עָשָׂה 793)-prep.-1 c.s. sf. *you have done to me*

לָמָּה prep.-interr. (552) *why*

לֹא־הִגַּדְתָּ לִּי neg.-Hi. pf. 2 m.s. (נָגַד 616)-prep.-1 c.s. sf. *did you not tell me*

כִּי אִשְׁתְּךָ conj.-n.f.s.-2 m.s. sf. (61) *that your wife*

הִוא pers.pr. 3 f.s. (214) *she was*

12:19

לָמָה prep.-interr. (552) *why*

אָמַרְתָּ Qal pf. 2 m.s. (55) *did you say*

אֲחֹתִי n.f.s.-1 c.s. sf. (27) *my sister*

הִוא pers.pr. 3 f.s. (214) *she*

וָאֶקַּח consec.-Qal impf. 1 c.s. (לָקַח 542; GK 111m) *so that I took*

אֹתָהּ לִי dir.obj.—3 f.s. sf.-prep.-1 c.s. sf. *her (to me)*

לְאִשָּׁה prep.-n.f.s. (61) *for my wife*

וְעַתָּה conj.-adv. (773) *now then*

הִנֵּה demons.part. (243; GK 147b) *here is*

אִשְׁתְּךָ n.f.s.-2 m.s. sf. (61) *your wife*

קַח Qal impv. 2 m.s. (לָקַח 542; GK 117f) *take her*

וָלֵךְ conj.-Qal impv. 2 m.s. (הָלַךְ 229) *and be gone*

12:20

וַיְצַו consec.-Pi. impf. 3 m.s. (צָוָה 845) *and gave orders*

עָלָיו prep.-3 m.s. sf. *concerning him*

פַּרְעֹה pr.n. (829) *Pharaoh*

אֲנָשִׁים n.m.p. (35) *men*

וַיְשַׁלְּחוּ consec.-Pi. impf. 3 m.p. (1018) *and they set ... on the way*

אֹתוֹ dir.obj.-3 m.s. sf. *him*

וְאֶת־אִשְׁתּוֹ conj.-dir.obj.-n.f.s.-3 m.s. sf. (61) *with his wife*

וְאֶת־כָּל־ conj.-dir.obj.-n.m.s. cstr. (481) *and all*

אֲשֶׁר־לוֹ rel. (81)-prep.-3 m.s. sf. *that he had*

13:1

וַיַּעַל consec.-Qal impf. 3 m.s. (עָלָה 748) *so went up*

אַבְרָם pr.n. (4) *Abram*

מִמִּצְרַיִם prep.-pr.n. (595) *from Egypt*

הוּא pers.pr. 3 m.s. (214) *he*

וְאִשְׁתּוֹ conj.-n.f.s.-3 m.s. sf. (61) *and his wife*

וְכָל־אֲשֶׁר־לוֹ conj.-n.m.s. cstr. (481)-rel. (81)-prep.-3 m.s. sf. *and all that he had*

וְלוֹט conj.-pr.n. (532) *and Lot*

עִמּוֹ prep.-3 m.s. sf. *with him*

הַנֶּגְבָּה def.art.-n.m.s.-dir.he (616) *into the Negeb*

13:2

וְאַבְרָם conj.-pr.n. (4) *now Abram*

כָּבֵד מְאֹד adj. m.s. (458)-adv. (547) *was very rich*

בַּמִּקְנֶה prep.-def.art.-n.m.s. (889) *in (the) cattle*

בַּכֶּסֶף prep.-def.art.-n.m.s. (494) *in (the) silver*

וּבַזָּהָב conj.-prep.-def.art.-n.m.s. (262) *and in (the) gold*

13:3

וַיֵּלֶךְ consec.-Qal impf. 3 m.s. (הָלַךְ 229) *and he went*

לְמַסָּעָיו prep.-n.m.p.-3 m.s. sf. (652) *according to his journeyings*

מִנֶּגֶב prep.-n.m.s. (616; GK 154aN) *from the Negeb*

וְעַד־בֵּית־אֵל conj.-prep.-pr.n. (110) *as far as Bethel*

עַד־הַמָּקוֹם prep.-def.art.-n.m.s. (879) *to the place*

אֲשֶׁר־הָיָה rel. (81; GK 138c)-Qal pf. 3 m.s. (224) *where ... had been*

שָׁם adv. (1027) *(there)*

אָהֳלֹה n.m.s.-3 m.s. sf. (13) *his tent*

בַּתְּחִלָּה prep.-def.art.-n.f.s. (321) *at the beginning*

בֵּין בֵּית־אֵל prep. (107)-pr.n. (110) *between Bethel*

וּבֵין הָעָי conj.-prep. (107)-def.art.-pr.n. (743) *and Ai*

13:4

אֶל־מְקוֹם prep.-n.m.s. cstr. (879) *to the place of*

הַמִּזְבֵּחַ def.art.-n.m.s. (258) *the altar*

אֲשֶׁר־עָשָׂה rel. (81)-Qal pf. 3 m.s. (793) *which he had made*

שָׁם adv. (1027) *there*

בָּרִאשֹׁנָה prep.-def.art.-adj. f.s. (911) *at the first*

וַיִּקְרָא consec.-Qal impf. 3 m.s. (894) *and called*

שָׁם adv. (1027) *there*

אַבְרָם pr.n. (4) *Abram*

בְּשֵׁם יהוה prep.-n.m.s. cstr. (1027)-pr.n. (217) *on the name of Yahweh*

13:5

וְגַם־ conj.-adv. (168) *and also*

לְלוֹט prep.-pr.n. (532) *(to) Lot*

הַהֹלֵךְ def.art.-Qal act.ptc. (229) *who went*

אֶת־אַבְרָם prep. (II 85)-pr.n. (4) *with Abram*

הָיָה Qal pf. 3 m.s. (224; GK 145o) *(was) had*

צֹאן n.f.s. (838) *flocks*

וּבָקָר conj.-n.m.s. (133) *and herds*

וְאֹהָלִים conj.-n.m.p. (13) *and tents*

13:6

וְלֹא־נָשָׂא conj.-neg.-Qal pf. 3 m.s. (669) *so that ... could not support*

אֹתָם dir.obj.-3 m.p. sf. *them*

הָאָרֶץ def.art.-n.f.s. (75) *the land*

לָשֶׁבֶת prep.-Qal inf.cstr. (יָשַׁב 442) *dwelling*

יַחְדָּו adv. (403) *together*

כִּי־הָיָה conj.-Qal pf. 3 m.s. (224) *for were*

רְכוּשָׁם n.m.s.-3 m.p. sf. (940) *their possessions*

רָב adj. m.s. (I 912) *great*

וְלֹא יָכְלוּ conj.-neg.-Qal pf. 3 c.p. (407) *that they could not*

לָשֶׁבֶת v.supra *dwell*

יַחְדָּו v.supra *together*

13:7

וַיְהִי־רִיב consec.-Qal impf. 3 m.s. (הָיָה 224) -n.m.s. (936) *and there was strife*

בֵּין רֹעֵי prep. (107)-Qal act.ptc. m.p. cstr. (רָעָה I 944) *between the herdsmen of*

מִקְנֵה־ n.m.s. cstr. (889) *the cattle of*

אַבְרָם pr.n. (4) *Abram*

וּבֵין רֹעֵי conj.-prep. (107)-v.supra *and (between) the herdsmen of*

מִקְנֵה־ v.supra *the cattle of*

לוֹט pr.n. (532) *Lot*

וְהַכְּנַעֲנִי conj.-def.art.-pr.n. (489; GK 126m) *(and) the Canaanites*

וְהַפְּרִזִּי conj.-def.art.-pr.n. (827) *and the Perizzites*

אָז adv. (23) *at that time*

יֹשֵׁב Qal act.ptc. (יָשַׁב 442) *dwelt*

בָּאָרֶץ prep.-def.art.-n.f.s. (75) *in the land*

13:8

וַיֹּאמֶר consec.-Qal impf. 3 m.s. (55) *then said*

אַבְרָם pr.n. (4) *Abram*

אֶל־לוֹט prep.-pr.n. (532) *to Lot*

אַל־נָא תְהִי neg.-part.of entreaty (609)-Qal impf. 3 f.s. (הָיָה 224) *let there be no*

מְרִיבָה n.f.s. (937) *strife*

בֵּינִי prep.-1 c.s. sf. (107) *between me*

וּבֵינֶיךָ conj.-prep.-2 m.s. sf. (107) *and (between) you*

וּבֵין רֹעַי conj.-prep. (107)-Qal act.ptc. m.p.-1 c.s. sf. (רָעָה I 944) *and between my herdsmen*

וּבֵין רֹעֶיךָ conj.-prep. (107)-Qal act.ptc. m.p.-2 m.s. sf. (רָעָה I 944) *and (between) your herdsmen*

כִּי־אֲנָשִׁים conj.-n.m.p. (35) *for men*

אַחִים n.m.p. (26; GK 131b) *brothers*

אֲנַחְנוּ pers.pr. 1 c.p. (59) *we are*

13:9

הֲלֹא interr.-neg. *is not?*

כָל־הָאָרֶץ n.m.s. cstr. (481)-def.art.-n.f.s. (75) *the whole land*

לְפָנֶיךָ prep.-n.m.p.-2 m.s. sf. (815) *before you*

הִפָּרֶד Ni. impv. 2 m.s. (פָּרַד 825; GK 51n) *separate yourself*

נָא part.of entreaty (609) *(I pray thee)*

מֵעָלָי prep.-prep.-1 c.s. sf. *from me*

אִם־הַשְּׂמֹאל hypoth.part. (49)-def.art.-n.m.s. (969; GK 56,159dd) *if the left hand*

וְאֵימִנָה conj.-Hi. impf. 1 c.s.-coh.he (יָמַן 412) *then I will go to the right*

וְאִם־ conj.-hypoth.part. (49) *or if*

הַיָּמִין def.art.-n.f.s. (411) *the right hand*

וְאַשְׂמְאִילָה conj.-Hi. impf. 1 c.s.-coh. he (שְׂמֹאל 970) *then I will go to the left*

13:10

וַיִּשָּׂא־לוֹט consec.-Qal impf. 3 m.s. (נָשָׂא 669)-pr.n. (532) *and Lot lifted up*

אֶת־עֵינָיו dir.obj.-n.f. du.-3 m.s. sf. (744) *his eyes*

וַיַּרְא consec.-Qal impf. 3 m.s. (רָאָה 906) *and saw*

אֶת־כָּל־כִּכַּר dir.obj.-n.m.s. cstr. (481)-n.f.s. cstr. (503) *all of the round (oval) of*

הַיַּרְדֵּן def.art.-pr.n. (434) *the Jordan*

כִּי כֻלָּהּ conj.-n.m.s.-3 f.s. sf. (481) *that everywhere (all of it)*

מַשְׁקֶה n.m.s. (II 1052) *well watered*

לִפְנֵי prep.-n.m.p. cstr. (815) *before*

שַׁחֵת Pi. inf.cstr. (שָׁחַת 1007) *destroyed*

יהוה pr.n. (217) *Yahweh*

אֶת־סְדֹם dir.obj.-pr.n. (690) *Sodom*

וְאֶת־עֲמֹרָה conj.-dir.obj.-pr.n. (771) *and Gomorrah*

כְּגַן־יהוה prep.-n.m.s. cstr. (171)-pr.n. (217) *like the garden of Yahweh*

כְּאֶרֶץ מִצְרַיִם prep.-n.f.s. cstr. (75)-pr.n. (595) *like the land of Egypt*

בֹּאֲכָה Qal inf.cstr.-2 m.s. sf. (בּוֹא 97; GK 144h) *in the direction of* (lit. *your coming*)

צֹעַר pr.n. (858) *Zoar*

13:11

וַיִּבְחַר־לוֹ consec.-Qal impf. 3 m.s. (בָּחַר 103) -prep.-3 m.s. sf. *so ... chose for himself*

לוֹט pr.n. (532) *Lot*

אֵת כָּל־כִּכַּר dir.obj.-n.m.s. cstr. (481)-n.f.s. cstr. (503) *all the valley of*

הַיַּרְדֵּן def.art.-pr.n. (434) *the Jordan*

וַיִּסַּע consec.-Qal impf. 3 m.s. (נָסַע 652) *and journeyed*

49

לוֹט pr.n. (532) *Lot*

מִקֶּדֶם prep.-n.m.s. (869) *east*

וַיִּפָּרְדוּ consec.-Ni. impf. 3 m.p. (פָּרַד I 825) *thus they separated*

אִישׁ n.m.s. (35) *each*

מֵעַל אָחִיו prep.-prep.-n.m.s.-3 m.s. sf. (26; GK 139e) *from other (his brother)*

13:12

אַבְרָם pr.n. (4) *Abram*

יָשַׁב Qal pf. 3 m.s. (442; GK 142c) *dwelt*

בְּאֶרֶץ prep.-n.f.s. cstr. (75) *in the land of*

כְּנָעַן pr.n. paus. (488) *Canaan*

וְלוֹט conj.-pr.n. (532) *while Lot*

יָשַׁב v.supra *dwelt*

בְּעָרֵי prep.-n.f.p. cstr. (746) *among the cities of*

הַכִּכָּר def.art.-n.f.s. (503) *the valley*

וַיֶּאֱהַל consec. Qal impf. 3 m.s. (אָהַל 14) *and moved his tent*

עַד־סְדֹם prep.-pr.n. (690) *as far as Sodom*

13:13

וְאַנְשֵׁי conj.-n.m.p. cstr. (35; GK 140a) *now the men of*

סְדֹם pr.n. (690) *Sodom*

רָעִים adj. m.p. (948) *were evil*

וְחַטָּאִים conj.-adj. m.p. (308) *and sinners*

לַיהוָה prep.-pr.n. (217) *against Yahweh*

מְאֹד adv. (547) *great (exceedingly)*

13:14

וַיהוָה conj.-pr.n. (217) *(and) Yahweh*

אָמַר Qal pf. 3 m.s. (55) *said*

אֶל־אַבְרָם prep.-pr.n. (4) *to Abram*

אַחֲרֵי prep. cstr. (29) *after*

הִפָּרֶד־ Ni. inf.cstr. (פָּרַד 825) *had separated*

לוֹט pr.n. (532) *Lot*

מֵעִמּוֹ prep.-prep.-3 m.s. sf. *from him*

שָׂא Qal impv. 2 m.s. (נָשָׂא 669) *lift up*

נָא part.of entreaty (609) *(I pray)*

עֵינֶיךָ n.f. du.-2 m.s. sf. (I 744) *your eyes*

וּרְאֵה conj.-Qal impv. 2 m.s. (רָאָה 906) *and look*

מִן־הַמָּקוֹם prep.-def.art.-n.m.s. (879) *from the place*

אֲשֶׁר־אַתָּה rel. (81)-pers.pr. 2 m.s. (61) *which you are*

שָׁם adv. (1027) *there*

צָפֹנָה n.f.s.-dir.he (860) *northward*

וָנֶגְבָּה conj. (GK 104g)-n.m.s.-dir.he (616) *and southward*

וָקֵדְמָה conj.-adv.-dir.he (870) *and eastward*

וָיָמָּה conj.-n.m.s.dir.he (410) *and westward*

13:15

כִּי אֶת־כָּל־ conj.-dir.obj. (GK 142g,143c)-n.m.s. cstr. (481) *for all*

הָאָרֶץ def.art.-n.f.s. (75) *the land*

אֲשֶׁר־אַתָּה rel. (81)-pers.pr. 2 m.s. (61) *which you*

רֹאֶה Qal act.ptc. (רָאָה 906) *see*

לְךָ prep.-2 m.s. sf. *to you*

אֶתְּנֶנָּה Qal impf. 1 c.s.-3 f.s. sf. (נָתַן 678) *I will give (it)*

וּלְזַרְעֲךָ conj.-prep.-n.m.s.-2 m.s. sf. (282) *and to your descendants*

עַד־עוֹלָם prep.-n.m.s. (761) *for ever*

13:16

וְשַׂמְתִּי conj.-Qal pf. 1 c.s. (שׂוּם I 962) *I will make*

אֶת־זַרְעֲךָ dir.obj.-n.m.s.-2 m.s. sf. (282) *your descendants*

כַּעֲפַר prep.-n.m.s. cstr. (779) *as the dust of*

הָאָרֶץ def.art.-n.f.s. (75) *the earth*

אֲשֶׁר אִם־ rel. (81; GK 166)-hypoth.part. (49) *so that if*

יוּכַל Qal impf. 3 m.s. (יָכֹל 407) *can (is able to)*

אִישׁ n.m.s. (35) *one*

לִמְנוֹת prep.-Qal inf.cstr. (מָנָה 584) *count*

אֶת־עֲפַר dir.obj.-v.supra *the dust of*

הָאָרֶץ v.supra *the earth*

גַּם־ adv. (168) *also*

זַרְעֲךָ n.m.s.-2 m.s. sf. (282) *your descendants*

יִמָּנֶה Ni. impf. 3 m.s. (מָנָה 584) *can be counted*

13:17

קוּם Qal impv. 2 m.s. (קוּם 877) *arise*

הִתְהַלֵּךְ Hith. impv. 2 m.s. (הָלַךְ 229; GK 120g) *walk*

בָּאָרֶץ prep.-def.art.-n.f.s. (75) *in the land*

לְאָרְכָּהּ prep.-n.m.s.-3 f.s. sf. (73) *through its length*

וּלְרָחְבָּהּ conj.-prep.-n.m.s.-3 f.s. sf. (931) *and through its breadth*

כִּי לְךָ conj.-prep.-2 m.s. sf. *for to you*

אֶתְּנֶנָּה Qal impf. 1 c.s.-3 f.s. sf. (נָתַן 678) *I will give it*

13:18

וַיֶּאֱהַל consec.-Qal impf. 3 m.s. (14) *so moved his tent*

אַבְרָם pr.n. (4) *Abram*

וַיָּבֹא consec.-Qal impf. 3 m.s. (בּוֹא 97) *and came*

וַיֵּשֶׁב consec.-Qal impf. 3 m.s. (יָשַׁב 442) *and dwelt*

בְּאֵלֹנֵי prep.-n.f.p. cstr. (18) *by the oaks of*

מַמְרֵא pr.n. (577) *Mamre*

אֲשֶׁר rel. (81) *which*

בְּחֶבְרוֹן prep.-pr.n. (289) *at Hebron*

וַיִּבֶן־ consec.-Qal impf. 3 m.s. (בָּנָה 124) *and he built*

שָׁם adv. (1027) *there*

מִזְבֵּחַ n.m.s. (258) *an altar*

לַיהוָה prep.-pr.n. (217) *to Yahweh*

14:1

וַיְהִי consec.-Qal impf. 3 m.s. (הָיָה 224) *(then it proceeded to be)*

בִּימֵי prep.-n.m.p. cstr. (398) *in the days of*

אַמְרָפֶל pr.n. (57) *Amraphel*

מֶלֶךְ־ n.m.s. cstr. (I 572) *king of*

שִׁנְעָר pr.n. (1042) *Shinar*

אַרְיוֹךְ pr.n. (73) *Arioch*

מֶלֶךְ v.supra *king of*

אֶלָּסָר pr.n. (48) *Ellasar*

כְּדָרְלָעֹמֶר pr.n. (462) *Chedorlaomer*

מֶלֶךְ v.supra *king of*

עֵילָם pr.n. (I 743) *Elam*

וְתִדְעָל conj.-pr.n. (1062) *and Tidal*

מֶלֶךְ v.supra *king of*

גּוֹיִם pr.n. (157) *Goiim*

14:2

עָשׂוּ Qal pf. 3 c.p. (עָשָׂה I 793) *made*

מִלְחָמָה n.f.p. (536) *war*

אֶת־בֶּרַע prep. (II 85)-pr.n. (140) *with Bera*

מֶלֶךְ n.m.s. cstr. (I 572) *king of*

סְדֹם pr.n. (690) *Sodom*

וְאֶת־בִּרְשַׁע conj.-prep. (II 85)-pr.n. (141) *and Birsha*

מֶלֶךְ v.supra *king of*

עֲמֹרָה pr.n. (771) *Gomorrah*

שִׁנְאָב pr.n. (1039) *Shinab*

מֶלֶךְ v.supra *king of*

אַדְמָה pr.n. (10) *Admah*

וְשֶׁמְאֵבֶר conj.-pr.n. (1028) *(and) Shemeber*

מֶלֶךְ v.supra *king of*

צְבֹיִים pr.n. (840) *Zeboiim*

וּמֶלֶךְ conj.-v.supra *and the king of*

בֶּלַע pr.n. (III 118) *Bela*

הִיא־ demons.adj. f.s. (214) *that is*

צֹעַר pr.n. (858) *Zoar*

14:3

כָּל־אֵלֶּה n.m.s. cstr. (481)-demons.adj. c.p. (41) *all these*

חָבְרוּ Qal pf. 3 c.p. (287) *joined forces*

אֶל־עֵמֶק prep.-n.m.s. cstr. (770) *in the Valley of*

הַשִּׂדִּים def.art.-pr.n. (961) *Siddim*

הוּא demons.adj. m.s. (214) *that is*

יָם הַמֶּלַח n.m.s. cstr. (410)-def.art.-n.m.s. (571) *the Salt Sea*

14:4

שְׁתֵּים n.f. du. (1040) *two*

עֶשְׂרֵה num. m.s. (797) *ten*

שָׁנָה n.f.s. (1040) *years*

עָבְדוּ Qal pf. 3 c.p. (712) *they had served*

אֶת־כְּדָרְלָעֹמֶר dir.obj.-pr.n. (462) *Chedorlaomer*

וּשְׁלֹשׁ־ conj.-n.m.s. cstr. (1025; GK 97d,118i, 134o) *in the three*

עֶשְׂרֵה v.supra *ten*

שָׁנָה v.supra *years*

מָרָדוּ Qal pf. 3 c.p. paus. (597) *they rebelled*

14:5

וּבְאַרְבַּע conj.-prep.-num. m.s. (916; GK 134o) *(and) in the four-*

עֶשְׂרֵה num. m.s. (797) *teenth*

שָׁנָה n.f.s. *year*

בָּא Qal pf. 3 m.s. (בּוֹא 97) *came*

כְּדָרְלָעֹמֶר pr.n. (462) *Chedorlaomer*

וְהַמְּלָכִים conj.-def.art.-n.m.p. (I 572) *and the kings*

אֲשֶׁר אִתּוֹ rel. (81)-prep. (II 85)-3 m.s. sf. *who were with him*

וַיַּכּוּ consec.-Hi. impf. 3 m.p. (נָכָה 645) *and subdued*

אֶת־רְפָאִים dir.obj.-pr.n. (952) *the Rephaim*

בְּעַשְׁתְּרֹת קַרְנַיִם prep.-pr.n. (III 800) *in Ashteroth-karnaim*

וְאֶת־הַזּוּזִים conj.-dir.obj.-def.art.-pr.n. (265) *(and) the Zuzim*

בְּהָם prep.-pr.n. (241) *in Ham*

וְאֵת הָאֵימִים conj.-dir.obj.-def.art.-pr.n. (34) *(and) the Emim*

בְּשָׁוֵה קִרְיָתָיִם prep.-pr.n. paus. (1001; 900) *in Shaveh-kiriathaim*

14:6

וְאֶת־הַחֹרִי conj.-dir.obj.-def.art.-pr.n. (II 360) *and the Horites*

בְּהַרְרָם prep.-n.m.s.-3 m.p. sf. (249; GK 93aa) *in their Mount*

שֵׂעִיר pr.n. (973; GK 131f) *Seir*

עַד אֵיל פָּארָן prep.-pr.n. (18) *as far as El-paran*

אֲשֶׁר עַל־ rel. (81)-prep. *which is on the border of*

51

הַמִּדְבָּר def.art.-n.m.s. (184) *the wilderness*

14:7

וַיָּשֻׁבוּ consec.-Qal impf. 3 m.p. (שוב 996) *then they turned back*

וַיָּבֹאוּ consec.-Qal impf. 3 m.p. (בוא 97) *and came*

אֶל־עֵין מִשְׁפָּט prep.-pr.n. (745) *to En-mishpat*

הִוא demons.adj. f.s. (214) *that is*

קָדֵשׁ pr.n. (II 873) *Kadesh*

וַיַּכּוּ consec.-Hi. impf. 3 m.p. (נכה 645) *and subdued*

אֶת־כָּל־ dir.obj.-n.m.s. cstr. (481) *all*

שְׂדֵה n.m.s. cstr. (961) *the country of*

הָעֲמָלֵקִי def.art.-pr.n. (766) *the Amalekites*

וְגַם conj.-adv. (168) *and also*

אֶת־הָאֱמֹרִי dir.obj.-def.art.-pr.n. (57) *the Amorites*

הַיֹּשֵׁב def.art.-Qal act.ptc. (442) *who dwelt*

בְּחַצְצֹן תָּמָר prep.-pr.n. (346) *in Hazazon-tamar*

14:8

וַיֵּצֵא consec.-Qal impf. 3 m.s. (יצא 422) *then went out*

מֶלֶךְ־ n.m.s. cstr. (I 572) *the king of*

סְדֹם pr.n. (690) *Sodom*

וּמֶלֶךְ conj.-v.supra *and the king of*

עֲמֹרָה pr.n. (171) *Gomorrah*

וּמֶלֶךְ v.supra-v.supra *and the king of*

אַדְמָה pr.n. (10) *Admah*

וּמֶלֶךְ v.supra-v.supra *and the king of*

צְבֹיִים pr.n. (840) *Zeboiim*

וּמֶלֶךְ v.supra-v.supra *and the king of*

בֶּלַע pr.n. (III 118) *Bela*

הִוא־ demons.adj. f.s. (214) *that is*

צֹעַר pr.n. (858) *Zoar*

וַיַּעַרְכוּ consec.-Qal impf. 3 m.p. (789) *and they joined*

אִתָּם prep.-3 m.p. sf. (II 85) *(with them)*

מִלְחָמָה n.f.s. (536) *battle*

בְּעֵמֶק prep.-n.m.s. cstr. (770) *in the valley of*

הַשִּׂדִּים def.art.-pr.n. (961) *Siddim*

14:9

אֵת כְּדָרְלָעֹמֶר prep. (II 85)-pr.n. (462) *with Chedorlaomer*

מֶלֶךְ n.m.s. cstr. (I 572) *king of*

עֵילָם pr.n. (I 743) *Elam*

וְתִדְעָל conj.-pr.n. (1062) *(and) Tidal*

מֶלֶךְ v.supra *king of*

גּוֹיִם pr.n. (157) *Goiim*

וְאַמְרָפֶל conj.-pr.n. (57) *(and) Amraphel*

מֶלֶךְ v.supra *king of*

שִׁנְעָר pr.n. (1042) *Shinar*

וְאַרְיוֹךְ conj.-pr.n. (73) *and Arioch*

מֶלֶךְ v.supra *king of*

אֶלָּסָר pr.n. (48) *Ellasar*

אַרְבָּעָה num. f.s. (916; GK 134k) *four*

מְלָכִים n.m.p. (I 572) *kings*

אֶת־הַחֲמִשָּׁה prep. (II 85)-def.art.-num. f.s. (331) *against five*

14:10

וְעֵמֶק conj.-n.m.s. cstr. (770) *now the Valley of*

הַשִּׂדִּים def.art.-pr.n. (961) *Siddim*

בֶּאֱרֹת n.f.p. (91) *pits*

בֶּאֱרֹת n.f.p. cstr. (91; GK 123e,130e) *pits of*

חֵמָר n.m.s. (330) *bitumen*

וַיָּנֻסוּ consec.-Qal impf. 3 m.p. (נוס 630) *and as ... fled*

מֶלֶךְ־ n.m.s. cstr. (I 572) *the kings of*

סְדֹם pr.n. (690) *Sodom*

וַעֲמֹרָה conj.-pr.n. (771) *and Gomorrah*

וַיִּפְּלוּ־ consec.-Qal impf. 3 m.p. (נפל 656) *and some fell*

שָׁמָּה adv.-dir.he (1027) *into them* (lit. *there*)

וְהַנִּשְׁאָרִים conj.-def.art.-Ni. ptc. m.p. (שאר 983) *and the rest*

הֶרָה n.m.s.-dir.he (249; GK 27q,90c,i,93aa) *to the mountain*

נָסוּ Qal pf. 3 c.p. paus. (נוס 630) *fled*

14:11

וַיִּקְחוּ consec.-Qal impf. 3 m.p. (לקח 542) *so ... took*

אֶת־כָּל־ dir.obj.-n.m.s. cstr. (481) *all*

רְכֻשׁ n.m.s. cstr. (940) *the goods of*

סְדֹם pr.n. (690) *Sodom*

וַעֲמֹרָה conj.-pr.n. (771) *and Gomorrah*

וְאֶת־כָּל־ conj.-dir.obj.-n.m.s. cstr. (481) *and all*

אָכְלָם n.m.s.-3 m.p. sf. (38) *their provisions*

וַיֵּלֵכוּ consec.-Qal impf. 3 m.p. paus. (הלך 229) *and went their way*

14:12

וַיִּקְחוּ consec.-Qal impf. 3 m.p. (לקח 542) *they also took*

אֶת־לוֹט dir.obj.-pr.n. (532) *Lot*

וְאֶת־רְכֻשׁוֹ conj.-dir.obj.-n.m.s.-3 m.s. sf. (940) *and his goods*

בֶּן־אֲחִי n.m.s. cstr. (119)-n.m.s. cstr. (26) *the son of the brother of*

אַבְרָם pr.n. (4) *Abram*

וַיֵּלְכוּ consec.-Qal impf. 3 m.p. paus. (הָלַךְ 229) *and departed*

וְהוּא conj.-pers.pr. 3 m.s. (214) *(and) who*

יֹשֵׁב Qal act.ptc. (442) *dwelt*

בִּסְדֹם prep.-pr.n. (690) *Sodom*

14:13

וַיָּבֹא consec.-Qal impf. 3 m.s. (בּוֹא 97) *then came*

הַפָּלִיט def.art.-n.m.s. (812; GK 126r) *one who had escaped*

וַיַּגֵּד consec.-Hi. impf. 3 m.s. (נגד 616) *and told*

לְאַבְרָם prep.-pr.n. (4) *Abram*

הָעִבְרִי def.art.-pr.n. (I 720; GK 2b) *the Hebrew*

וְהוּא conj.-pers.pr. 3 m.s. (214) *who*

שֹׁכֵן Qal act.ptc. (1014) *was living*

בְּאֵלֹנֵי prep.-n.m.p. cstr. (47) *by the oaks of*

מַמְרֵא pr.n. (577) *Mamre*

הָאֱמֹרִי def.art.-pr.n. (57) *the Amorite*

אֲחִי n.m.s. cstr. (26) *brother of*

אֶשְׁכֹּל pr.n. (79) *Eshcol*

וַאֲחִי conj.-n.m.s. cstr. (26) *and (the brother) of*

עָנֵר pr.n. (778) *Aner*

וְהֵם conj.-pers.pr. 3 m.p. (241) *these were*

בַּעֲלֵי n.m.p. cstr. (127; GK 128u) *possessors of*

בְרִית־ n.f.s. cstr. (136) *the covenant of*

אַבְרָם pr.n. (4) *Abram (allies of Abram)*

14:14

וַיִּשְׁמַע consec.-Qal impf. 3 m.s. (1033) *when ... heard*

אַבְרָם pr.n. (4) *Abram*

כִּי נִשְׁבָּה conj.-Ni. pf. 3 m.s. (שׁבה 985) *that ... had been taken captive*

אָחִיו n.m.s.-3 m.s. sf. (26) *his (brother) kinsman*

וַיָּרֶק consec.-Hi. impf. 3 m.s. (ריק 937)(lit. *he emptied out*) some rd.with LXX *mustered* or *he led forth*

אֶת־חֲנִיכָיו dir.obj.-adj. m.p.-3 m.s. sf. (335) *his trained men*

יְלִידֵי adj. m.p. cstr. (409) *born in*

בֵיתוֹ n.m.s.-3 m.s. sf. (108) *his house*

שְׁמֹנָה num. f.s. (1032) *eight*

עָשָׂר num. m.s. (797) *ten*

וּשְׁלֹשׁ conj.-num. m.s. cstr. (1025) *and three*

מֵאוֹת n.f.p. (547) *hundred men*

וַיִּרְדֹּף consec.-Qal impf. 3 m.s. (922) *and went in pursuit*

עַד־דָּן prep.-pr.n. (192) *as far as Dan*

14:15

וַיֵּחָלֵק consec.-Ni. impf. 3 m.s. (323) *and he divided*

עֲלֵיהֶם prep.-3 m.p. sf. *against them*

לַיְלָה n.m.s. (538) *by night*

הוּא pers.pr. 3 m.s. (214) *he*

וַעֲבָדָיו conj.-n.m.p.-3 m.s. sf. (713) *and his servants*

וַיַּכֵּם consec.-Hi. impf. 3 m.s.-3 m.p. sf. (נכה 645) *and routed them*

וַיִּרְדְּפֵם consec.-Qal impf. 3 m.s.-3 m.p. sf. (922) *and pursued them*

עַד־חוֹבָה prep.-pr.n. (295) *to Hobah*

אֲשֶׁר מִשְּׂמֹאל rel. (81)-prep.-n.m.s. (969) *(which is) north*

לְדַמָּשֶׂק prep.-pr.n. paus. (199) *of Damascus*

14:16

וַיָּשֶׁב consec.-Hi. impf. 3 m.s. (שׁוּב 996) *then he brought back*

אֶת־כָּל־ dir.obj.-n.m.s. cstr. (481) *all*

הָרְכֻשׁ def.art.-n.m.s. (940) *the goods*

וְגַם conj.-adv. (168) *and also*

אֶת־לוֹט dir.obj.-pr.n. (532) *Lot*

אָחִיו n.m.s.-3 m.s. sf. (26) *his kinsman*

וּרְכֻשׁוֹ conj.-n.m.s.-3 m.s. sf. (940) *with his goods*

הֵשִׁיב Hi. pf. 3 m.s. (שׁוּב 996) *brought back*

וְגַם v.supra *and also*

אֶת־הַנָּשִׁים dir.obj.-def.art.-n.f.p. (61) *the women*

וְאֶת־הָעָם conj.-dir.obj.-def.art.-n.m.s. (I 766) *and the people*

14:17

וַיֵּצֵא־ consec.-Qal impf. 3 m.s. (יצא 422) *went out*

מֶלֶךְ n.m.s. cstr. (I 572) *the king of*

סְדֹם pr.n. (690) *Sodom*

לִקְרָאתוֹ prep.-Qal inf.cstr.-3 m.s. sf. (894) *to meet him*

אַחֲרֵי prep. cstr. (29) *after*

שׁוּבוֹ Qal inf.cstr.-3 m.s. sf. (996; GK 115a) *his return*

מֵהַכּוֹת prep.-Hi. inf.cstr. (נכה 645) *from the defeat*

אֶת־כְּדָר־לָעֹמֶר dir.obj.-pr.n. (462) *of Chedor-laomer*

וְאֶת־הַמְּלָכִים conj.-dir.obj.-def.art.-n.m.p. (I 572) *and the kings*

אֲשֶׁר אִתּוֹ rel. (81)-prep.-3 m.s. sf. (II 85) *who were with him*

אֶל־עֵמֶק prep.-n.m.s. cstr. (770) *at the Valley of*

53

שָׁוֵה pr.n. (II 1001) *Shaveh*
הוּא demons.adj. m.s. (214) *that is*
עֵמֶק n.m.s. cstr. (770) *the Valley of*
הַמֶּלֶךְ def.art.-n.m.s. (I 572) *the King*

14:18

וּמַלְכִּי־צֶדֶק conj.-pr.n. (575) *and Melchizedek*
מֶלֶךְ n.m.s. cstr. (I 572) *king of*
שָׁלֵם pr.n. (II 1024) *Salem*
הוֹצִיא Hi. pf. 3 m.s. (יָצָא 422) *brought out*
לֶחֶם n.m.s. (536) *bread*
וָיַיִן conj.-n.m.s. paus. (406) *and wine*
וְהוּא conj.-pers.pr. 3 m.s. (214) *(and) he was*
כֹהֵן n.m.s. (463) *priest*
לְאֵל prep. (GK 129c)-n.m.s. (42) *of God*
עֶלְיוֹן n.m.s. (II 751) *Most High*

14·19

וַיְבָרְכֵהוּ consec.-Pi. impf. 3 m.s.-3 m.s. sf. (בָּרַךְ 138) *and he blessed him*
וַיֹּאמַר conj.-Qal impf. 3 m.s. (55) *and said*
בָּרוּךְ Qal pass.ptc. (138; GK 121f) *blessed be*
אַבְרָם pr.n. (4) *Abram*
לְאֵל prep.-n.m.s. (42) *by God*
עֶלְיוֹן n.m.s. (II 751) *Most High*
קֹנֵה Qal act.ptc. cstr. (888) *maker of*
שָׁמַיִם n.m. du. (1029) *heaven*
וָאָרֶץ conj.-n.f.s. paus. (75; GK 128a) *and earth*

14:20

וּבָרוּךְ conj.-Qal pass.ptc. (138) *and blessed be*
אֵל n.m.s. (42) *God*
עֶלְיוֹן n.m.s. (II 751) *Most High*
אֲשֶׁר־מִגֵּן rel. (81)-Pi. pf. 3 m.s. (171) *who has delivered*
צָרֶיךָ n.m.p.-2 m.s. sf. (III 865) *your enemies*
בְּיָדֶךָ prep.-n.f.s.-2 m.s. sf. paus. (388) *into your hand*
וַיִּתֶּן־ consec.-Qal impf. 3 m.s. (נָתַן 678) *and he gave*
לוֹ prep.-3 m.s. sf. *to him*
מַעֲשֵׂר n.m.s. (798) *a tenth*
מִכֹּל prep.-n.m.s. (481) *of everything*

14:21

וַיֹּאמֶר consec.-Qal impf. 3 m.s. (55) *and ... said*
מֶלֶךְ־ n.m.s. cstr. (I 572) *the king of*
סְדֹם pr.n. (690) *Sodom*
אֶל־אַבְרָם prep.-pr.n. (4) *to Abram*
תֶּן־לִי Qal impv. 2 m.s. (נָתַן 678)-prep.-1 c.s. sf. *give me*
הַנֶּפֶשׁ def.art.-n.f.s. (659) *the persons*

וְהָרְכֻשׁ conj.-def.art.-n.m.s. (940) *but the goods*
קַח־לָךְ Qal impv. 2 m.s. (לָקַח 542)-prep.-2 m.s. sf. paus. *take for yourself*

14:22

וַיֹּאמֶר consec.-Qal impf. 3 m.s. (55) *but ... said*
אַבְרָם pr.n. (4) *Abram*
אֶל־מֶלֶךְ prep.-n.m.s. cstr. (I 572) *to the king of*
סְדֹם pr.n. (690) *Sodom*
הֲרִימֹתִי Hi. pf. 1 c.s. (רום 926; GK 106i) *I have lifted*
יָדִי n.f.s.-1 c.s. sf. (388) *my hand (I have sworn)*
אֶל־יהוה prep.-pr.n. (217) *to Yahweh*
אֵל n.m.s. (42) *God*
עֶלְיוֹן n.m.s. (II 751) *Most High*
קֹנֵה Qal act.ptc. cstr. (888) *maker of*
שָׁמַיִם n.m. du. (1029) *heaven*
וָאָרֶץ conj.-n.f.s. paus. (75) *and earth*

14:23

אִם־מִחוּט hypoth.part. (49)-prep.-n.m.s. (296; GK 102b) *that a thread*
וְעַד שְׂרוֹךְ־ conj.-prep.-n.m.s. cstr. ()976) *or a thong of*
נַעַל n.f.s. (653) *a sandal*
וְאִם־אֶקַּח conj. (GK 154aN)-hypoth.part. (49; GK 149c)-Qal impf. 1 c.s. (לָקַח 542; GK 109g) *I would not take*
מִכָּל־ prep.-n.m.s. cstr. (481) *anything*
אֲשֶׁר־לָךְ rel. (81)-prep.-2 m.s. sf. paus. *that is yours*
וְלֹא תֹאמַר conj.-neg.-Qal impf. 2 m.s. (55) *lest you should say*
אֲנִי pers.pr. 1 c.s. (58; GK 135a) *I*
הֶעֱשַׁרְתִּי Hi. pf. 1 c.s. (עָשַׁר 799) *have made rich*
אֶת־אַבְרָם dir.obj.-pr.n. (4) *Abram*

14:24

בִּלְעָדַי part.of deprecation-1 c.s. sf. (116)(lit. *apart from me*) *I will take nothing*
רַק adv. (956) *only*
אֲשֶׁר אָכְלוּ rel. (81)-Qal pf. 3 c.p. (37) *but what ... have eaten*
הַנְּעָרִים def.art.-n.m.p. (654) *the young men*
וְחֵלֶק conj.-n.m.s. cstr. (324) *and the share of*
הָאֲנָשִׁים def.art.-n.m.p. (35) *the men*
אֲשֶׁר הָלְכוּ rel. (81)-Qal pf. 3 m.p. (הָלַךְ 229) *who went*
אִתִּי prep.-1 c.s. sf. (II 85) *with me*
עָנֵר pr.n. (778) *Aner*
אֶשְׁכֹּל pr.n. (79) *Eshcol*
וּמַמְרֵא conj.-pr.n. (577) *and Mamre*

הֵם יִקְחוּ pers.pr 3 m.p. (241; GK 135c)-Qal impf. 3 m.p. (לָקַח 542) *let (them) take*

חֶלְקָם n.m.s.-3 m.p. sf. (324) *their share*

15:1

אַחַר prep. (29) *after*

הַדְּבָרִים def.art.-n.m.p. (182) *... things*

הָאֵלֶּה def.art.-demons.adj. c.p. (41) *these*

הָיָה Qal pf. 3 m.s. (224) *came*

דְּבַר־יהוה n.m.s. cstr. (182)-pr.n. (217) *the word of Yahweh*

אֶל־אַבְרָם prep.-pr.n. (4) *to Abram*

בַּמַּחֲזֶה prep.-def.art.-n.m.s. (303; GK 126r) *in the vision*

לֵאמֹר prep.-Qal inf.cstr. (55) *(saying)*

אַל־תִּירָא neg.-Qal impf. 2 m.s. (יָרֵא 431) *fear not*

אַבְרָם pr.n. (4) *Abram*

אָנֹכִי מָגֵן pers.pr. 1 c.s. (59)-n.m.s. (171) *I am ... shield*

לָךְ prep.-2 m.s. sf. paus. *your*

שְׂכָרְךָ n.m.s.-2 m.s. sf. (I 969) *your reward*

הַרְבֵּה Hi. inf.abs. as adj. (רָבָה I 915) *great*

מְאֹד adv. (547; GK 131q) *very*

15:2

וַיֹּאמֶר consec.-Qal impf. 3 m.s. (55) *but said*

אַבְרָם pr.n. (4) *Abram*

אֲדֹנָי n.m.p.-1 c.s. sf. (10) *O Lord*

יהוה pr.n. (217) *Yahweh*

מַה־תִּתֶּן־לִי interr. (552-Qal impf. 2 m.s. (נָתַן 678)-prep.-1 c.s. sf. *what wilt thou give me*

וְאָנֹכִי conj.-pers.pr. 1 c.s. (59; GK 141e) *for I*

הוֹלֵךְ Qal act.ptc. (הָלַךְ 229; GK 116n) *continue*

עֲרִירִי adj. m.s. (792; GK 118n) *childless*

וּבֶן־ conj.-n.m.s. cstr. (119; GK 128v) *and the son of*

מֶשֶׁק n.m.s. cstr. (606) *acquisition (heir) of*

בֵּיתִי n.m.s.-1 c.s. sf. (108) *my house*

הוּא pers.pr. 3 m.s. (214) *(he is)*

דַּמֶּשֶׂק pr.n. (199) *Damascus*

אֱלִיעֶזֶר pr.n. (45) *Eliezer*

15:3

וַיֹּאמֶר consec.-Qal impf. 3 m.s. (55) *and said*

אַבְרָם pr.n. (4) *Abram*

הֵן demons.part. (243) *behold*

לִי prep.-1 c.s. sf. *(to) me*

לֹא נָתַתָּה neg.-Qal pf. 2 m.s. (נָתַן 678) *thou hast given no*

זָרַע n.m.s. paus. (282) *offspring*

וְהִנֵּה conj.-demons.part. (243) *(and behold)*

בֶּן־בֵּיתִי n.m.s. cstr. (119)-n.m.s.-1 c.s. sf. (108) *a slave born in my house* (lit. *a son of my house*)

יוֹרֵשׁ Qal act.ptc. (יָרַשׁ 439) *will be ... heir* (lit. *is taking possession of*)

אֹתִי dir.obj.-1 c.s. sf. *my*

15:4

וְהִנֵּה conj.-demons.part. (243) *and behold*

דְּבַר־יהוה n.m.s. cstr. (182)-pr.n. (217) *the word of Yahweh*

אֵלָיו prep.-3 m.s. sf. *to him*

לֵאמֹר prep.-Qal inf.cstr. (55) *(saying)*

לֹא יִירָשְׁךָ neg.-Qal impf. 3 m.s.-2 m.s. sf. (יָרַשׁ 439) *shall not be your heir*

זֶה demons.adj. m.s. (260) *this man*

כִּי־אִם conj.-part. (474) *(rather)*

אֲשֶׁר יֵצֵא rel. (81)-Qal impf. 3 m.s. (יָצָא 422) *(that which goes out)*

מִמֵּעֶיךָ prep.-n.m.p.-2 m.s. sf. (588) *(of your inward parts) your own son*

הוּא pers.pr. 3 m.s. (214) *(he)*

יִירָשֶׁךָ Qal impf. 3 m.s.-2 m.s. sf. paus. (יָרַשׁ 439) *shall be your heir*

15:5

וַיּוֹצֵא consec.-Hi. impf. 3 m.s. (יָצָא 422) *and he brought*

אֹתוֹ dir.obj.-3 m.s. sf. *him*

הַחוּצָה def.art.-n.m.s.-dir.he (299) *outside*

וַיֹּאמֶר consec.-Qal impf. 3 m.s. (55) *and said*

הַבֶּט־נָא Hi. impv. 2 m.s. (נָבַט 613)-part.of entreaty (609) *look*

הַשָּׁמַיְמָה def.art.-n.m. du.-dir.he (1029) *toward heaven*

וּסְפֹר conj.-Qal impv. 2 m.s. (707) *and number*

הַכּוֹכָבִים def.art.-n.m.p. (456) *the stars*

אִם־תּוּכַל hypoth.part. (49; GK 150i)-Qal impf. 2 m.s. (יָכֹל 407) *if you are able*

לִסְפֹּר prep.-Qal inf.cstr. (707) *to number*

אֹתָם dir.obj.-3 m.p. sf. *them*

וַיֹּאמֶר לוֹ consec.-Qal impf. 3 m.s. (55)-prep.-3 m.s. sf. *then he said to him*

כֹּה adv. (462) *so*

יִהְיֶה Qal impf. 3 m.s. (224) *shall be*

זַרְעֶךָ n.m.s.-2 m.s. sf. paus. (282) *your descendants*

15:6

וְהֶאֱמִן conj.-Hi. pf. 3 m.s. (אָמַן 52; GK 112ss) *and he believed*

בַּיהוה prep.-pr.n. (217) *Yahweh*

55

וַיַּחְשְׁבֶהָ consec.-Qal impf. 3 m.s.-3 f.s. sf. (חָשַׁב 362; GK 122q,135q) *and he reckoned it*

לוֹ prep.-3 m.s. sf. *to him*

צְדָקָה n.f.s. (842) *as righteousness*

15:7

וַיֹּאמֶר consec.-Qal impf. 3 m.s. (55) *and he said*

אֵלָיו prep.-3 m.s. sf. *to him*

אֲנִי יְהוָה pers.pr. 1 c.s. (58)-pr.n. (217) *I am Yahweh*

אֲשֶׁר rel. (81; GK 138d) *who*

הוֹצֵאתִיךָ Hi. pf. 1 c.s.-2 m.s. sf. (יָצָא 422) *brought you*

מֵאוּר prep.-pr.n. (III 22) *from Ur*

כַּשְׂדִּים pr.n. (505) *the Chaldeans*

לָתֶת לְךָ prep.-Qal inf.cstr. (נָתַן 678)-prep.-2 m.s. sf. (GK 29f,66i) *to give you*

אֶת־הָאָרֶץ dir.obj.-def.art.-n.f.s. (75) *land*

הַזֹּאת def.art.-demons.adj. f.s. (260) *this*

לְרִשְׁתָּהּ prep.-Qal inf.cstr.-3 f.s. sf. (יָרֵשׁ 439) *to possess (it)*

15:8

וַיֹּאמַר consec.-Qal impf. 3 m.s. (55) *but he said*

אֲדֹנָי n.m.p.-1 c.s. sf. (10) *O Lord*

יְהוִה pr.n. (217) *Yahweh*

בַּמָּה prep.-def.art.-interr. (552) *how*

אֵדַע Qal impf. 1 c.s. (יָדַע 393) *am I to know*

כִּי אִירָשֶׁנָּה conj.-Qal impf. 1 c.s.-3 f.s. sf. (יָרֵשׁ 439) *that I shall possess it*

15:9

וַיֹּאמֶר consec.-Qal impf. 3 m.s. (55) *(and) he said*

אֵלָיו prep.-3 m.s. sf. *to him*

קְחָה לִי Qal impv. 2 m.s.-coh.he (542)-prep.-1 c.s. sf. *bring me*

עֶגְלָה n.f.s. (I 722) *a heifer*

מְשֻׁלֶּשֶׁת Pu. ptc. f.s. (שָׁלֵשׁ I 1026) *three years old*

וְעֵז conj.-n.f.s. (777) *and a she-goat*

מְשֻׁלֶּשֶׁת v.supra *three years old*

וְאַיִל conj.-n.m.s. (I 17) *and a ram*

מְשֻׁלָּשׁ Pu. ptc. m.s. paus. (שָׁלֵשׁ I 1026) *three years old*

וְתֹר conj.-n.f.s. (II 1076) *and a turtledove*

וְגוֹזָל conj.-n.m.s. (160) *and a young pigeon*

15:10

וַיִּקַּח־לוֹ consec.-Qal impf. 3 m.s. (לָקַח 542) -prep.-3 m.s. sf. *and he brought him*

אֶת־כָּל־אֵלֶּה dir.obj.-n.m.s. cstr. (481)-demons.adj. c.p. (41) *all these*

וַיְבַתֵּר consec.-Pi. impf. 3 m.s. (בָּתַר 144) *cut in two*

אֹתָם dir.obj.-3 m.p. sf. *them*

בַּתָּוֶךְ prep.-def.art.-n.m.s. (1063) *(in the middle)*

וַיִּתֵּן consec.-Qal impf. 3 m.s. (נָתַן 678) *and laid*

אִישׁ־בִּתְרוֹ n.m.s. (35; GK 139b,c)-n.m.s.-3 m.s. sf. (144) *each half* (lit. *each his piece*)

לִקְרַאת prep.-Qal inf.cstr. (קָרָא II 896) *over against (to meet)*

רֵעֵהוּ n.m.s.-3 m.s. sf. (II 945) *the other* (lit. *his companion*)

וְאֶת־הַצִּפֹּר conj.-dir.obj.-def.art.-n.f.s. (I 861) *but the birds*

לֹא בָתָר neg.-Qal pf. 3 m.s. paus. (144) *he did not cut in two*

15:11

וַיֵּרֶד consec.-Qal impf. 3 m.s. (יָרַד 432) *and when ... came down*

הָעַיִט def.art.-n.m.s. (743; GK 126r) *birds of prey*

עַל־הַפְּגָרִים prep.-def.art.-n.m.p. (803) *upon the carcasses*

וַיַּשֵּׁב consec.-Hi. impf. 3 m.s. (נָשַׁב 674) *drove away*

אֹתָם dir.obj.-3 m.p. sf. *them*

אַבְרָם pr.n. (4) *Abram*

15:12

וַיְהִי consec.-Qal impf. 3 m.s. (הָיָה 224) *as was*

הַשֶּׁמֶשׁ def.art.-n.m.s. (1039) *the sun*

לָבוֹא prep.-Qal inf.cstr. (בּוֹא 97; GK 114i) *going down*

וְתַרְדֵּמָה conj.-n.f.s. (922) *(and) a deep sleep*

נָפְלָה Qal pf. 3 f.s. (נָפַל 656) *fell*

עַל־אַבְרָם prep.-pr.n. (4) *on Abram*

וְהִנֵּה conj.-demons.part. (243) *and lo*

אֵימָה n.f.s. (33) *a dread*

חֲשֵׁכָה n.f.s. (365) *darkness*

גְדֹלָה adj. f.s. (152) *great*

נֹפֶלֶת Qal act.ptc. f.s. (נָפַל 656) *fell*

עָלָיו prep.-3 m.s. sf. *upon him*

15:13

וַיֹּאמֶר consec.-Qal impf. 3 m.s. (55) *then he said*

לְאַבְרָם prep.-pr.n. (4) *to Abram*

יָדֹעַ Qal inf.abs. (393; GK 113o) *of a surety*

תֵּדַע Qal impf. 2 m.s. (יָדַע 393) *know*

כִּי־גֵר conj.-n.m.s. (158) *that sojourners*

יִהְיֶה Qal impf. 3 m.s. (הָיָה 224) *will be*

זַרְעֲךָ n.m.s.-2 m.s. sf. (282) *your descendants*

בְּאֶרֶץ prep.-n.f.s. (75) *in a land*

לֹא לָהֶם neg.-prep.-3 m.p. sf. (GK 155e) *that is not theirs*

וַעֲבָדוּם conj.-Qal pf. 3 c.p.-3 m.p. sf. (עָבַד 712; GK 135p) *and will be slaves there* (lit. *and they will serve them*)

וְעִנּוּ אֹתָם conj.-Pi. pf. 3 c.p. (עָנָה III 776)-dir. obj.-3 m.p. sf. *and they will be oppressed*

אַרְבַּע num. m.s. (916) *four*

מֵאוֹת n.f.p. (547) *hundred*

שָׁנָה n.f.s. (1040) *years*

15:14

וְגַם conj.-adv. (168) *but (also)*

אֶת־הַגּוֹי dir.obj.-def.art.-n.m.s. (156) *on the nation*

אֲשֶׁר rel. (81) *which*

יַעֲבֹדוּ Qal impf. 3 m.p. (עָבַד 712) *they serve*

דָּן אָנֹכִי Qal act.ptc. (דִּין 192)-pers.pr. 1 c.s. (58) *I will bring judgment*

וְאַחֲרֵי־כֵן conj.-prep. cstr. (29)-adv. (485) *and afterward*

יֵצְאוּ Qal impf. 3 m.p. (יָצָא 422) *they shall come out*

בִּרְכֻשׁ prep.-n.m.s. (940; GK 119n) *with ... possessions*

גָּדוֹל adj. m.s. (152) *great*

15:15

וְאַתָּה conj.-pers.pr. 2 m.s. (61; GK 135a) *as for yourself*

תָּבוֹא Qal impf. 2 m.s. (בּוֹא 97) *you shall go*

אֶל־אֲבֹתֶיךָ prep.-n.m.p.-2 m.s. sf. (3) *to your fathers*

בְּשָׁלוֹם prep.-n.m.s. (1022) *in peace*

תִּקָּבֵר Ni. impf. 2 m.s. (קָבַר 868) *you shall be buried*

בְּשֵׂיבָה prep.-n.f.s. (966) *in a ... old age*

טוֹבָה adj. f.s. (373) *good*

15:16

וְדוֹר conj.-n.m.s. (189) *and in the ... generation*

רְבִיעִי num. adj. m.s. (917) *fourth*

יָשׁוּבוּ Qal impf. 3 m.s. (שׁוּב 996) *they shall come back*

הֵנָּה adv. (I 244) *here*

כִּי לֹא־שָׁלֵם conj.-neg.-adj. m.s. (I 1023; GK 118q) *for is not complete*

עֲוֹן n.m.s. cstr. (730) *the iniquity of*

הָאֱמֹרִי def.art.-pr.n. (57) *the Amorites*

עַד־הֵנָּה prep.-adv. (I 244) *yet (until here)*

15:17

וַיְהִי consec.-Qal impf. 3 m.s. (הָיָה 224) *when (it was)*

הַשֶּׁמֶשׁ def.art.-n.f.s. (1039) *the sun*

בָּאָה Qal pf. 3 f.s. (בּוֹא 97) *had gone down*

וַעֲלָטָה conj.-n.f.s. (759) *and dark*

הָיָה Qal pf. 3 m.s. (224) *it was*

וְהִנֵּה conj.-demons.part. (243) *and behold*

תַנּוּר n.m.s. (1072) *a fire pot*

עָשָׁן n.m.s. (I 798) *smoking*

וְלַפִּיד conj.-n.m.s. (542) *and a torch*

אֵשׁ n.f.s. (77) *flaming*

אֲשֶׁר עָבַר rel. (81)-Qal pf. 3 m.s. (716) *(which) passed*

בֵּין הַגְּזָרִים prep.-def.art.-n.m.p. (I 160) *between ... pieces*

הָאֵלֶּה def.art.-demons.adj. c.p. (41) *these*

15:18

בַּיּוֹם הַהוּא prep.-def.art.-n.m.s. (398)-def.art.-demons.adj. m.s. (214; GK 136b) *on that day*

כָּרַת Qal pf. 3 m.s. (503) *made (cut)*

יהוה pr.n. (217) *Yahweh*

אֶת־אַבְרָם prep. (II 85)-pr.n. (4) *with Abram*

בְּרִית n.f.s. (136) *a covenant*

לֵאמֹר prep.-Qal inf.cstr. (55) *saying*

לְזַרְעֲךָ prep.-n.m.s.-2 m.s. sf. (282) *to your descendants*

נָתַתִּי Qal pf. 1 c.s. (נָתַן 678; GK 106m) *I give*

אֶת־הָאָרֶץ dir.obj.-def.art.-n.f.s. (75) *land*

הַזֹּאת def.art.-demons.adj. f.s. (260) *this*

מִנְּהַר prep.-n.m.s. cstr. (625) *from the river of*

מִצְרַיִם pr.n. (595) *Egypt*

עַד־הַנָּהָר prep.-def.art.-n.m.s. (625) *to the ... river*

הַגָּדֹל def.art.-adj. m.s. (152) *great*

נְהַר־פְּרָת n.m.s. cstr. (625)-pr.n. (832) *the river Euphrates*

15:19

אֶת־הַקֵּינִי dir.obj.-def.art.-adj. gent. (884) *the Kenites*

וְאֶת־הַקְּנִזִּי conj.-dir.obj.-def.art.-adj. gent. (889) *(and) the Kenizzites*

וְאֵת הַקַּדְמֹנִי conj.-dir.obj.-def.art.-adj. gent. (II 870) *(and) the Kadmonites*

15:20

וְאֶת־הַחִתִּי conj.-dir.obj.-def.art.-adj. gent. (366) *(and) the Hittites*

וְאֶת־הַפְּרִזִּי conj.-dir.obj.-def.art.-adj. gent. (827) *(and) the Perizzites*

וְאֶת־הָרְפָאִים conj.-dir.obj.-def.art.-adj. gent. (952) *(and) the Rephaim*

15:21

וְאֶת־הָאֱמֹרִי conj.-dir.obj.-def.art.-pr.n. (57) *(and) the Amorites*

וְאֶת־הַכְּנַעֲנִי conj.-dir.obj.-def.art.-adj. gent. (489) *(and) the Canaanites*

וְאֶת־הַגִּרְגָּשִׁי conj.-dir.obj.-def.art.-adj. gent. (173) *(and) the Girgashites*

וְאֶת־הַיְבוּסִי conj.-dir.obj.-def.art.-adj. gent. (101) *and the Jebusites*

16:1

וְשָׂרַי conj.-pr.n. (979) *now Sarai*

אֵשֶׁת n.f.s. cstr. (61) *the wife of*

אַבְרָם pr.n. (4) *Abram*

לֹא יָלְדָה neg.-Qal pf. 3 f.s. (יָלַד 408; GK 142b) *bore ... no children*

לוֹ prep.-3 m.s. sf. *him*

וְלָהּ conj.-prep.-3 f.s. sf. *she had*

שִׁפְחָה n.f.s. (1046) *a maid*

מִצְרִית adj. gent. f.s. (596) *Egyptian*

וּשְׁמָהּ conj.-n.m.s.-3 f.s. sf. (1027; GK 156b) *and her name was*

הָגָר pr.n. (212) *Hagar*

16:2

וַתֹּאמֶר consec.-Qal impf. 3 f.s. (55) *and said*

שָׂרַי pr.n. (979) *Sarai*

אֶל־אַבְרָם prep.-pr.n. (4) *to Abram*

הִנֵּה־נָא demons.part. (243)-part.of entreaty (609) *behold now*

עֲצָרַנִי Qal pf. 3 m.s.-1 c.s. sf. (עָצַר 783) *has prevented me*

יהוה pr.n. (217) *Yahweh*

מִלֶּדֶת prep. (GK 119x)-Qal inf.cstr. (יָלַד 408) *from bearing children*

בֹּא־נָא Qal impv. 2 m.s. (בּוֹא 97)-part.of entreaty (609) *go in*

אֶל־שִׁפְחָתִי prep.-n.f.s.-1 c.s. sf. (1046) *to my maid*

אוּלַי adv. (II 19) *it may be that*

אִבָּנֶה Ni. impf. 1 c.s. (בָּנָה 124; GK 51g,p) *I shall obtain children* (lit. *I shall be built up*)

מִמֶּנָּה prep.-3 f.s. sf. *by her*

וַיִּשְׁמַע consec.-Qal impf. 3 m.s. (שָׁמַע 1033) *and hearkened*

אַבְרָם pr.n. (4) *Abram*

לְקוֹל prep.-n.m.s. cstr. (876) *to the voice of*

שָׂרָי pr.n. paus. (979) *Sarai*

16:3

וַתִּקַּח consec.-Qal impf. 3 f.s. (לָקַח 542) *so ... took*

שָׂרַי pr.n. (979) *Sarai*

אֵשֶׁת n.f.s. cstr. (61) *the wife of*

אַבְרָם pr.n. (4) *Abram*

אֶת־הָגָר dir.obj.-pr.n. (212) *Hagar*

הַמִּצְרִית def.art.-adj. gent. f.s. (596) *the Egyptian*

שִׁפְחָתָהּ n.f.s.-3 f.s. sf. (1046) *her maid*

מִקֵּץ prep.-n.m.s. cstr. (893) *after (at the end of)*

עֶשֶׂר num. m.s. (796) *ten*

שָׁנִים n.f.p. (1040) *years*

לְשֶׁבֶת prep.-Qal inf.cstr. (יָשַׁב 442; GK 102f) *had dwelt*

אַבְרָם pr.n. (4) *Abram*

בְּאֶרֶץ prep.-n.f.s. cstr. (75) *in the land of*

כְּנָעַן pr.n. paus. (I 488) *Canaan*

וַתִּתֵּן consec.-Qal impf. 3 f.s. (נָתַן 678) *and gave*

אֹתָהּ dir.obj.-3 f.s. sf. *her*

לְאַבְרָם prep.-pr.n. (4) *Abram*

אִישָׁהּ n.m.s.-3 f.s. sf. (35) *her husband*

לוֹ prep.-3 m.s. sf. *(to him)*

לְאִשָּׁה prep.-n.f.s. (61) *as a wife*

16:4

וַיָּבֹא consec.-Qal impf. 3 m.s. (בּוֹא 97) *and he went in*

אֶל־הָגָר prep.-pr.n. (212) *to Hagar*

וַתַּהַר consec.-Qal impf. 3 f.s. (הָרָה I 247) *and she conceived*

וַתֵּרֶא consec.-Qal impf. 3 f.s. (רָאָה 906) *and when she saw*

כִּי הָרָתָה conj.-Qal pf. 3 f.s. (הָרָה I 247) *that she had conceived*

וַתֵּקַל consec.-Qal impf. 3 f.s. (קָלַל 886; GK 67p) *with contempt* (lit. *be trifling*)

גְּבִרְתָּהּ n.f.s.-3 f.s. sf. (150) *her mistress*

בְּעֵינֶיהָ prep.-n.f. du.-3 f.s. sf. (I 744) *she looked (with her eyes)*

16:5

וַתֹּאמֶר consec.-Qal impf. 3 f.s. (55) *and said*

שָׂרַי pr.n. (979) *Sarai*

אֶל־אַבְרָם prep.-pr.n. (4) *to Abram*

חֲמָסִי n.m.s.-1 c.s. sf. (329; GK 135m) *the wrong done to me*

עָלֶיךָ prep.-2 m.s. sf. *be upon you*

אָנֹכִי נָתַתִּי pers.pr. 1 c.s. (59; GK 135a)-Qal pf. 1 c.s. (נָתַן 678) *I gave*

שִׁפְחָתִי n.f.s.-1 c.s. sf. (1046) *my maid*

בְּחֵיקֶךָ prep.-n.m.s.-2 m.s. sf. (300) *to your embrace*

58

וַתֵּ֫רֶא consec.-Qal impf. 3 f.s. (רָאָה 906) *and when she saw*

כִּֽי־הָרָ֫תָה conj.-Qal pf. 3 f.s. (הָרָה I 247) *that she had conceived*

וָאֵקַל consec.-Qal impf. 1 c.s. (קָלַל 886) *me with contempt (I was slight)*

בְּעֵינֶ֫יהָ prep.-n.f. du.-3 f.s. sf. (I 744) *she looked (in her eyes)*

יִשְׁפֹּט Qal impf. 3 m.s. (1047) *may ... judge*

יהוה pr.n. (217) *Yahweh*

בֵּינִי וּבֵינֶ֫יךָ prep.-1 c.s. sf.-conj.-prep.-2 m.s. sf. (GK 103o) *between you and me*

16:6

וַיֹּ֫אמֶר consec.-Qal impf. 3 m.s. (55) *but said*

אַבְרָם pr.n. (4) *Abram*

אֶל־שָׂרַי prep.-pr.n. (979) *to Sarai*

הִנֵּה demons.part. (243) *behold*

שִׁפְחָתֵךְ n.f.s.-2 f.s. sf. (1046) *your maid*

בְּיָדֵךְ prep.-n.f.s.-2 f.s. sf. (388) *in your power*

עֲשִׂי־לָהּ Qal impv. 2 f.s. (עָשָׂה I 793)-prep.-3 f.s. sf. *do to her*

הַטּוֹב בְּעֵינָ֫יִךְ def.art.-n.m.s. (373)-prep.-n.f. du.-2 f.s. sf. (I 744) *as you please* (lit. *the good in your eyes*)

וַתְּעַנֶּ֫הָ consec.-Pi. impf. 3 f.s.-3 f.s. sf. (עָנָה III 776) *then dealt harshly with her*

שָׂרַי pr.n. (979) *Sarai*

וַתִּבְרַח consec.-Qal impf. 3 f.s. (בָּרַח 137) *and she fled*

מִפָּנֶ֫יהָ prep.-n.m.p.-3 f.s. sf. (815) *from her*

16:7

וַֽיִּמְצָאָהּ consec.-Qal impf. 3 m.s.-3 f.s. sf. (מָצָא 592; GK 60d) *found her*

מַלְאַךְ n.m.s. cstr. (521) *the angel of*

יהוה pr.n. (217) *Yahweh*

עַל־עֵין prep.-n.f.s. cstr. (II 745; GK 127e) *by the spring of*

הַמַּ֫יִם def.art.-n.m.p. (565) *water*

בַּמִּדְבָּר prep.-def.art.-n.m.s. paus. (184) *in the wilderness*

עַל־הָעַ֫יִן prep.-def.art.-n.f.s. (II 745) *the spring*

בְּדֶ֫רֶךְ prep.-n.m.s. cstr. (202) *on the way to*

שׁוּר pr.n. (III 1004) *Shur*

16:8

וַיֹּאמַר consec.-Qal impf. 3 m.s. (55) *and he said*

הָגָר pr.n. (212) *Hagar*

שִׁפְחַת n.f.s. cstr. (1046) *maid of*

שָׂרַי pr.n. (979) *Sarai*

אֵֽי־מִזֶּה interr. (32)-prep.-demons.adj. m.s. (260) *where ... from*

בָאת Qal pf. 2 f.s. (בּוֹא 97; GK 10k,76g,107h) *have you come*

וְאָ֫נָה conj.-adv.-loc.he (33) *and where*

תֵּלֵ֑כִי Qal impf. 2 f.s. (הָלַךְ 229) *are you going*

וַתֹּ֫אמֶר consec.-Qal impf. 3 f.s. (55) *she said*

מִפְּנֵי שָׂרַי prep.-n.m.p. cstr. (815)-pr.n. (979) *from Sarai*

גְּבִרְתִּי n.f.s.-1 c.s. sf. (150) *my mistress*

אָנֹכִי pers.pr. 1 c.s. (59) *I am*

בֹּרַ֫חַת Qal act.ptc. f.s. (בָּרַח 137; GK 116n) *fleeing*

16:9

וַיֹּ֫אמֶר consec.-Qal impf. 3 m.s. (55) *(and) said*

לָהּ prep.-3 f.s. sf. *to her*

מַלְאַךְ n.m.s. cstr. (521) *the angel of*

יהוה pr.n. (217) *Yahweh*

שׁ֫וּבִי Qal impv. 2 f.s. (שׁוּב 996) *return*

אֶל־גְּבִרְתֵּךְ prep.-n.f.s.-2 f.s. sf. (150) *to your mistress*

וְהִתְעַנִּי conj.-Hith. impv. 2 f.s. (עָנָה III 776) *and submit (yourself)*

תַּ֫חַת יָדֶ֫יהָ prep. (1065)-n.f. du.-3 f.s. sf. (388) *to her* (lit. *under her hands*)

16:10

וַיֹּ֫אמֶר consec.-Qal impf. 3 m.s. (55) *also said*

לָהּ prep.-3 f.s. sf. *to her*

מַלְאַךְ n.m.s. cstr. (521) *the angel of*

יהוה pr.n. (217) *Yahweh*

הַרְבָּה Hi. inf.abs. (רָבָה I 915; GK 75ff) *so greatly*

אַרְבֶּה Hi. impf. 1 c.s. (רָבָה I 915) *I will multiply*

אֶת־זַרְעֵךְ dir.obj.-n.m.s.-2 f.s. sf. (282) *your descendants*

וְלֹא יִסָּפֵר conj.-neg.-Ni. impf. 3 m.s. (707; GK 166a) *that they cannot be numbered*

מֵרֹב prep.-n.m.s. (913) *for multitude*

16:11

וַיֹּ֫אמֶר לָהּ consec.-Qal impf. 3 m.s. (55)-prep.-3 f.s. sf. *and ... said to her*

מַלְאַךְ n.m.s. cstr. (521) *the angel of*

יהוה pr.n. (217) *Yahweh*

הִנָּךְ demons.part.-2 f.s. sf. (243) *behold you*

הָרָה adj. f.s. (II 248; GK 116n) *are with child*

וְיֹלַדְתְּ conj.-Qal act.ptc. f.s. (יָלַד 408; GK 80d,94f) *and shall bear*

בֵּן n.m.s. (119) *a son*

59

וְקָרָאת conj.-Qal pf. 3 f.s. (or 2 f.s.)(קרא 894; GK 74g) *you shall call*

שְׁמוֹ n.m.s.-3 m.s. sf. (1027) *his name*

יִשְׁמָעֵאל pr.n. (1035) *Ishmael*

כִּי־שָׁמַע conj.-Qal pf. 3 m.s. (1033) *because has given heed*

יהוה pr.n. (217) *Yahweh*

אֶל־עָנְיֵךְ prep.-n.m.s.-2 f.s. sf. (777) *to your affliction*

16:12

וְהוּא יִהְיֶה conj.-pers.pr. 3 m.s. (214)-Qal impf. 3 m.s. (224) *he shall be*

פֶּרֶא n.m.s. cstr. (825; GK 128,l) *a wild ass of*

אָדָם n.m.s. (9) *a man*

יָדוֹ בַכֹּל n.f.s. (GK 156b)-3 m.s. sf. (388)-prep.-def.art.-n.m.s. (481) *his hand against every man*

וְיַד כֹּל בּוֹ conj.-n.f.s. cstr. (388)-n.m.s. (481; GK 127c)-prep.-3 m.s. sf. *and every man's hand against him*

וְעַל־פְּנֵי conj.-prep.-n.m.p. cstr. (815) *and over against*

כָל־אֶחָיו n.m.s. cstr. (481)-n.m.p.-3 m.s. sf. (26) *all his kinsmen*

יִשְׁכֹּן Qal impf. 3 m.s. (שׁכן 1014) *he shall dwell*

16:13

וַתִּקְרָא consec.-Qal impf. 3 f.s. (קרא 894) *so she called*

שֵׁם־יהוה n.m.s. cstr. (1027)-pr.n. (217) *the name of Yahweh*

הַדֹּבֵר def.art.-Qal act.ptc. (180) *who spoke*

אֵלֶיהָ prep.-3 f.s. sf. *to her*

אַתָּה אֵל pers.pr 2 m.s. (61)-n.m.s. (42) *thou art a God*

רֳאִי n.m.s. (909) *of seeing*

כִּי אָמְרָה conj.-Qal pf. 3 f.s. (55) *for she said*

הֲגַם הֲלֹם interr.-adv. (168)-adv. (240) lit. *have I even here*; prb. הֲגַם אֱלֹהִים רָאִיתִי וָאֶחִי *and thus have I really seen God and remained alive*

רָאִיתִי Qal pf. 1 c.s. (906) *have I seen*

אַחֲרֵי רֹאִי prep. cstr. (29)-Qal act.ptc.-1 c.s. sf. (906) *after him who sees me*

16:14

עַל־כֵּן prep.-adv. (485) *therefore*

קָרָא Qal pf. 3 m.s. (894) *was called*

לַבְּאֵר prep.-def.art.-n.m.s. (91) *the well*

בְּאֵר לַחַי רֹאִי pr.n. (91) *Beer-lahairoi*

הִנֵּה demons.part. (243) *it lies (behold)*

בֵּין־קָדֵשׁ prep. (107)-pr.n. (II 873) *between Kadesh*

וּבֵין בָּרֶד conj.-prep. (107)-pr.n. (136) *and (between) Bered*

16:15

וַתֵּלֶד consec.-Qal impf. 3 f.s. (ילד 408) *and ... bore*

הָגָר pr.n. (212) *Hagar*

לְאַבְרָם prep.-pr.n. (4) *Abram*

בֵּן n.m.s. (119) *a son*

וַיִּקְרָא consec.-Qal impf. 3 m.s. (894) *and ... called*

אַבְרָם pr.n. (4) *Abram*

שֶׁם־בְּנוֹ n.m.s. cstr. (1027)-n.m.s.-3 m.s. sf. (119) *the name of his son*

אֲשֶׁר־יָלְדָה rel. (81)-Qal pf. 3 f.s. (ילד 408) *whom ... bore*

הָגָר pr.n. (212) *Hagar*

יִשְׁמָעֵאל pr.n (1035) *Ishmael*

16:16

וְאַבְרָם conj.-pr.n. (4) *Abram*

בֶּן־שְׁמֹנִים n.m.s. cstr. (119)-num. p. (1033) *eighty ... old* (lit. *son of eighty*)

שָׁנָה n.f.s. (1040) *years*

וְשֵׁשׁ conj.-num. m.s. (995) *and six*

שָׁנִים n.f.p. (1040) *years*

בְּלֶדֶת prep.-Qal inf.cstr. (ילד 408; GK 115f) *when ... bore*

הָגָר pr.n. (212) *Hagar*

אֶת־יִשְׁמָעֵאל dir.obj.-pr.n. (1035) *Ishmael*

לְאַבְרָם prep.-pr.n. (4) *to Abram*

17:1

וַיְהִי consec.-Qal impf. 3 m.s. (היה 224) *when ... was*

אַבְרָם pr.n. (4) *Abram*

בֶּן־תִּשְׁעִים n.m.s. cstr. (119)-num. p. (1077) *ninety*

שָׁנָה n.f.s. (1040) *years*

וְתֵשַׁע conj.-num. m.s. (1077) *and nine*

שָׁנִים n.f.p. (1040) *years*

וַיֵּרָא consec.-Ni. impf. 3 m.s. (ראה 906) *appeared*

יהוה pr.n. (217) *Yahweh*

אֶל־אַבְרָם prep.-pr.n. (4) *to Abram*

וַיֹּאמֶר consec.-Qal impf. 3 m.s. (55) *and said*

אֵלָיו prep.-3 m.s. sf. *to him*

אֲנִי pers.pr. 1 c.s. (58) *I am*

אֵל שַׁדַּי n.m.s. (42)-pr.n. (994) *God Almighty (El Shaddai)*

הִתְהַלֵּךְ Hith. impv. 2 m.s. (229) *walk*

לְפָנַי prep.-n.m.p.-1 c.s. sf. (815) *before me*

וְהָיָה conj.-Qal impv. 2 m.s. (224; GK 110f) *and be*

תָמִים adj. m.s. (1071) *blameless*

17:2

וְאֶתְּנָה consec.-Qal impf. 1 c.s.-coh.he (נָתַן 678) *and I will make*

בְּרִיתִי n.f.s.-1 c.s. sf. (136) *my covenant*

בֵּינִי prep.-1 c.s. sf. (107) *between me*

וּבֵינֶךָ conj.-prep.-2 m.s. sf. paus. (107) *and (between) you*

וְאַרְבֶּה conj.-Hi. impf. 1 c.s. (רָבָה I 915) *and will multiply*

אוֹתְךָ dir.obj.-2 m.s. sf. *you*

בִּמְאֹד מְאֹד prep.-adv. (547)-adv. (547) *exceedingly*

17:3

וַיִּפֹּל consec.-Qal impf. 3 m.s. (נָפַל 656) *then ... fell*

אַבְרָם pr.n. (4) *Abram*

עַל־פָּנָיו prep.-n.m.p.-3 m.s. sf. (815) *on his face*

וַיְדַבֵּר consec.-Pi. impf. 3 m.s. (180) *and ... said*

אִתּוֹ prep.-3 m.s. sf. (II 85) *to him*

אֱלֹהִים n.m.p. (43) *God*

לֵאמֹר prep.-Qal inf.cstr. (55) *(saying)*

17:4

אֲנִי pers.pr. 1 c.s. (58; GK 143a) *I*

הִנֵּה demons.part. (243) *behold*

בְרִיתִי n.f.s.-1 c.s. sf. (136) *my covenant*

אִתָּךְ prep.-2 m.s. sf. paus. (II 85) *with you*

וְהָיִיתָ conj.-Qal pf. 2 m.s. (הָיָה 224) *and you shall be*

לְאַב prep.-n.m.s. cstr. (3) *father of*

הֲמוֹן n.m.s. cstr. (242) *a multitude of*

גּוֹיִם n.m.p. (156) *nations*

17:5

וְלֹא־יִקָּרֵא conj. (GK 163a)-neg.-Ni. impf. 3 m.s. (קָרָא 894; GK 121b) *no ... shall be called*

עוֹד adv. (728) *longer*

אֶת־שִׁמְךָ dir.obj.-n.m.s.-2 m.s. sf. (1027) *your name*

אַבְרָם pr.n. (4) *Abram*

וְהָיָה conj.-Qal pf. 3 m. (224) *but shall be*

שְׁמֶךָ v.supra *your name*

אַבְרָהָם pr.n. (4) *Abraham*

כִּי־אַב conj.-n.m.s. cstr. (3) *for a father of*

הֲמוֹן n.m.s. cstr. (242) *a multitude of*

גּוֹיִם n.m.p. (156) *nations*

נְתַתִּיךָ Qal pf. 1 c.s.-2 m.s. sf. (נָתַן 678; GK 117ii) *I have made you*

17:6

וְהִפְרֵתִי conj.-Hi. pf. 1 c.s. (פָּרָה 826) *I will make fruitful*

אֹתְךָ dir.obj.-2 m.s. sf. *you*

בִּמְאֹד prep.-adv. (547) *exceedingly*

מְאֹד v.supra *exceedingly*

וּנְתַתִּיךָ conj.-Qal pf. 1 c.s.-2 m.s. sf. (נָתַן 678) *and I will make of you*

לְגוֹיִם prep.-n.m.p. (156) *nations*

וּמְלָכִים conj.-n.m.p. (I 572) *and kings*

מִמְּךָ prep.-2 m.s. sf. *from you*

יֵצֵאוּ Qal impf. 3 m.p. paus. (יָצָא 422) *shall come forth*

17:7

וַהֲקִמֹתִי conj.-Hi. pf. 1 c.s. (קוּם 877) *and I will establish*

אֶת־בְּרִיתִי dir.obj.-n.f.s.-1 c.s. sf. (136) *my covenant*

בֵּינִי וּבֵינֶךָ prep.-1 c.s. sf. (107)-conj.-prep.-2 m.s. sf. (107) *between me and you*

וּבֵין זַרְעֲךָ conj.-prep. (107)-n.m.s.-2 m.s. sf. (282) *and (between) your descendants*

אַחֲרֶיךָ prep.-2 m.s. sf. (29) *after you*

לְדֹרֹתָם prep.-n.m.p.-3 m.p. sf. (189) *through their generations*

לִבְרִית עוֹלָם prep.-n.f.s. cstr. (136)-n.m.s. (761) *for an everlasting covenant*

לִהְיוֹת prep.-Qal inf.cstr. (הָיָה 224) *to be*

לְךָ prep.-2 m.s. sf. *to you*

לֵאלֹהִים prep.-n.m.p. (43) *God*

וּלְזַרְעֲךָ conj.-prep.-n.m.s.-2 m.s. sf. (282) *and to your descendants*

אַחֲרֶיךָ prep.-2 m.s. sf. (29) *after you*

17:8

וְנָתַתִּי conj.-Qal pf. 1 c.s. (נָתַן 678) *and I will give*

לְךָ prep.-2 m.s. sf. *to you*

וּלְזַרְעֲךָ conj.-prep.-n.m.s.-2 m.s. sf. (282) *and to your descendants*

אַחֲרֶיךָ prep.-2 m.s. sf. (29) *after you*

אֵת אֶרֶץ dir.obj.-n.f.s. cstr. (75) *the land of*

מְגֻרֶיךָ n.m.p.-2 m.s. sf. (158) *your sojournings*

אֵת כָּל־ dir.obj.-n.m.s. cstr. (481) *all*

אֶרֶץ כְּנַעַן n.f.s. cstr. (75)-pr.n. (488) *the land of Canaan*

לַאֲחֻזַּת prep.-n.f.s. cstr. (28; GK 128p) *for possession*

עוֹלָם n.m.s. (761) *everlasting*

וְהָיִיתִי conj.-Qal pf. 1 c.s. (הָיָה 224) *and I will be*

לָהֶם prep.-3 m.p. sf. *their*

לֵאלֹהִים prep.-n.m.p. (43) *God*

17:9

וַיֹּאמֶר consec.-Qal impf. 3 m.s. (55) *and ... said*

אֱלֹהִים n.m.p. (43) *God*

אֶל־אַבְרָהָם prep.-pr.n. (4) *to Abraham*

וְאַתָּה conj.-pers.pr. 2 m.s. (61; GK 142fN) *as for you*

אֶת־בְּרִיתִי dir.obj.-n.f.s.-1 c.s. sf. (136) *my covenant*

תִשְׁמֹר Qal impf. 2 m.s. (1036) *you shall keep*

אַתָּה v.supra *you*

וְזַרְעֲךָ conj.-n.m.s.-2 m.s. sf. (282) *and your descendants*

אַחֲרֶיךָ prep.-2 m.s. sf. (29) *after you*

לְדֹרֹתָם prep.-n.m.p.-3 m.p. sf. (189) *throughout their generations*

17:10

זֹאת demons.adj. f.s. (260) *this is*

בְּרִיתִי n.f.s.-1 c.s. sf. (136) *my covenant*

אֲשֶׁר תִּשְׁמְרוּ rel. (81)-Qal impf. 2 m.p. (1036) *which you shall keep*

בֵּינִי prep.-1 c.s. sf. (107) *between me*

וּבֵינֵיכֶם conj.-prep.-2 m.p. sf. (107) *and you*

וּבֵין זַרְעֲךָ conj.-prep. (107)-n.m.s.-2 m.s. sf. (282) *and your descendants*

אַחֲרֶיךָ prep.-2 m.s. sf. (29) *after you*

הִמּוֹל Ni. inf.abs. (מול II 557; GK 113gg) *shall be circumcised*

לָכֶם prep.-2 m.p. sf. *among you*

כָּל־זָכָר n.m.s. cstr. (481)-n.m.s. (271) *every male*

17:11

וּנְמַלְתֶּם conj.-Ni. pf. 2 m.p. (מול II 557; GK 112aa,121d) *you shall be circumcised*

אֵת בְּשַׂר dir.obj.-n.m.s. cstr. (142) *in the flesh of*

עָרְלַתְכֶם n.f.s.-2 m.p. sf. (790) *your foreskins*

וְהָיָה conj.-Qal pf. 3 m.s. (224; GK 144b) *and it shall be*

לְאוֹת prep.-n.m.s. cstr. (16) *a sign of*

בְּרִית n.f.s. (136) *a covenant*

בֵּינִי prep.-1 c.s. sf. (107) *between me*

וּבֵינֵיכֶם conj.-prep.-2 m.p. sf. (107) *and you*

17:12

וּבֶן־שְׁמֹנַת conj.-n.m.s. cstr. (119)-num. f.s. cstr. (1032) *he that is eight*

יָמִים n.m.p. (398) *days old*

יִמּוֹל Ni. impf. 3 m.s. (מול II 557) *shall be circumcised*

לָכֶם prep.-2 m.p. sf. *among you*

כָּל־זָכָר n.m.s. cstr. (481)-n.m.s. (271) *every male*

לְדֹרֹתֵיכֶם prep.-n.m.p.-2 m.p. sf. (189) *throughout your generations*

יְלִיד בָּיִת adj. m.s. cstr. (409)-n.m.s. paus. (108) *whether born in house*

וּמִקְנַת־כֶּסֶף conj.-n.f.s. cstr. (889)-n.m.s. (494) *or bought with money*

מִכֹּל prep.-n.m.s. cstr. (481) *from any*

בֶּן־נֵכָר n.m.s. cstr. (119)-n.m.s. (648) *foreigner*

אֲשֶׁר לֹא rel. (81)-neg. *who is not*

מִזַּרְעֲךָ prep.-n.m.s.-2 m.s. sf. (282) *of your offspring*

הוּא pers.pr. 3 m.s. (214) *(he)*

17:13

הִמּוֹל Ni. inf.abs. (מול II 557) *circumcised*

יִמּוֹל Ni. impf. 3 m.s. (מול II 557) *shall be circumcised*

יְלִיד בֵּיתְךָ adj. m.s. cstr. (409)-n.m.s.-2 m.s. sf. (108) *he that is born in your house*

וּמִקְנַת conj.-n.f.s. cstr. (889) *and he that is bought with*

כַּסְפֶּךָ n.m.s.-2 m.s. sf. (494) *your money*

וְהָיְתָה conj.-Qal pf. 3 f.s. (הָיָה 224) *so shall be*

בְּרִיתִי n.f.s.-1 c.s. sf. (136) *my covenant*

בִּבְשַׂרְכֶם prep.-n.m.s.-2 m.p. sf. (142) *in your flesh*

לִבְרִית prep.-n.f.s. cstr. (136) *a covenant*

עוֹלָם n.m.s. (761) *everlasting*

17:14

וְעָרֵל זָכָר conj.-adj. m.s. (790)-n.m.s. (271) *any uncircumcised male*

אֲשֶׁר לֹא־יִמּוֹל rel. (81)-neg.-Ni. impf. 3 m.s. (מול II 557) *who is not circumcised*

אֶת־בְּשַׂר dir.obj.-n.m.s. cstr. (142) *in the flesh of*

עָרְלָתוֹ n.f.s.-3 m.s. sf. (790) *his foreskin*

וְנִכְרְתָה conj.-Ni. pf. 3 f.s. (כָּרַת 503; GK 112mm) *shall be cut off*

הַנֶּפֶשׁ הַהִוא def.art.-n.f.s. (659)-def.art.-demons. adj. f.s. (214; GK 158a,167bN) *(that person)*

מֵעַמֶּיהָ prep.-n.m.p.-3 f.s. sf. (I 766) *from his people*

אֶת־בְּרִיתִי dir.obj.-n.f.s.-1 c.s. sf. (136) *my covenant*

הֵפַר Hi. pf. 3 m.s. (פרר I 830; GK 29q,67v) *he has broken*

17:15

וַיֹּאמֶר consec.-Qal impf. 3 m.s. (55) *and ... said*

אֱלֹהִים n.m.p. (43) *God*

אֶל־אַבְרָהָם prep.-pr.n. (4) *to Abraham*

שָׂרַי pr.n. (979) *Sarai*

אִשְׁתְּךָ n.f.s.-2 m.s. sf. (61; GK 143b) *your wife*

לֹא־תִקְרָא neg.-Qal impf. 2 m.s. (894) *you shall not call*

אֶת־שְׁמָהּ dir.obj.-n.m.s.-3 f.s. sf. (1027) *her name*

שָׂרָי pr.n. paus. (979) *Sarai*

כִּי שָׂרָה conj.-pr.n. (979) *but Sarah*

שְׁמָהּ n.m.s.-3 f.s. sf. (1027) *shall be her name*

17:16

וּבֵרַכְתִּי conj.-Pi. pf. 1 c.s. (ברך 138) *I will bless*

אֹתָהּ dir.obj.-3 f.s. sf. *her*

וְגַם conj.-adv. (168) *and moreover*

נָתַתִּי Qal pf. 1 c.s. (נתן 678) *I will give*

מִמֶּנָּה prep.-3 f.s. sf. *by her*

לְךָ prep.-2 m.s. sf. *to you*

בֵּן n.m.s. (119) *a son*

וּבֵרַכְתִּיהָ conj.-Pi. pf. 1 c.s.-3 f.s. sf. (ברך 138) *I will bless her*

וְהָיְתָה conj.-Qal pf. 3 f.s. (היה 224) *(and she shall be)*

לְגוֹיִם prep.-n.m.p. (156) *nations*

מַלְכֵי n.m.p. cstr. (I 572) *kings of*

עַמִּים n.m.p. (I 766) *peoples*

מִמֶּנָּה v.supra *from her*

יִהְיוּ Qal impf. 3 m.p. (היה 224) *shall come*

17:17

וַיִּפֹּל consec.-Qal impf. 3 m.s. (נפל 656) *then ... fell*

אַבְרָהָם pr.n. (4) *Abraham*

עַל־פָּנָיו prep.-n.m.p.-3 m.s. sf. (815) *on his face*

וַיִּצְחָק consec.-Qal impf. 3 m.s. (צחק 850) *and laughed*

וַיֹּאמֶר consec.-Qal impf. 3 m.s. (55) *and said*

בְּלִבּוֹ prep.-n.m.s.-3 m.s. sf. (524) *to himself*

הַלְּבֶן interr. (GK 150g)-prep.-n.m.s. cstr. (119; GK 96,100,l) *(to a son of)*

מֵאָה־שָׁנָה n.f.s. (547)-n.f.s. (1040; GK 134d) *a hundred years*

יִוָּלֵד Ni. impf. 3 m.s. (ילד 408; GK 107t) *shall a child be born*

וְאִם־ conj.-hypoth.part. (49; GK 167bN) *(and)*

שָׂרָה pr.n. (979) *Sarah*

הֲבַת־ interr.-n.f.s. cstr. (I 123) *(a daughter of)*

תִּשְׁעִים num. p. (1077) *ninety*

שָׁנָה n.f.s. (1040) *years*

תֵּלֵד Qal impf. 3 f.s. (ילד 408) *bear a child*

17:18

וַיֹּאמֶר consec.-Qal impf. 3 m.s. (55) *and ... said*

אַבְרָהָם pr.n. (4) *Abraham*

אֶל־הָאֱלֹהִים prep.-def.art.-n.m.p. (43) *to God*

לוּ conj. (530) *Oh that*

יִשְׁמָעֵאל pr.n. (1035) *Ishmael*

יִחְיֶה Qal impf. 3 m.s. (חיה 310) *might live*

לְפָנֶיךָ prep.-n.m.p.-2 m.s. sf. (815) *in thy sight*

17:19

וַיֹּאמֶר consec.-Qal impf. 3 m.s. (55) *and ... said*

אֱלֹהִים n.m.p. (43) *God*

אֲבָל adv. (6) *No*

שָׂרָה pr.n. (979) *Sarah*

אִשְׁתְּךָ n.f.s.-2 m.s. sf. (61) *your wife*

יֹלֶדֶת Qal act.ptc. f.s. (ילד 408) *shall bear*

לְךָ בֵּן prep.-2 m.s. sf.-n.m.s. (119) *you a son*

וְקָרָאתָ conj.-Qal pf. 2 m.s. (894; GK 49,l) *and you shall call*

אֶת־שְׁמוֹ dir.obj.-n.m.s.-3 m.s. sf. (1027) *his name*

יִצְחָק pr.n. paus. (850) *Isaac*

וַהֲקִמֹתִי conj.-Hi. pf. 1 c.s. (קום 877) *and I will establish*

אֶת־בְּרִיתִי dir.obj.-n.f.s.-1 c.s. sf. (136) *my covenant*

אִתּוֹ prep. (II 85)-3 m.s. sf. *with him*

לִבְרִית prep.-n.f.s. cstr. (136) *as a covenant (of)*

עוֹלָם n.m.s. (761) *everlasting*

לְזַרְעוֹ prep.-n.m.s.-3 m.s. sf. (282) *for his descendants*

אַחֲרָיו prep.-3 m.s. sf. (29) *after him*

17:20

וּלְיִשְׁמָעֵאל conj.-prep.-pr.n. (1035) *as for Ishmael*

שְׁמַעְתִּיךָ Qal pf. 1 c.s.-2 m.s. sf. (שמע 1033) *I have heard you*

הִנֵּה demons.part. (243) *behold*

בֵּרַכְתִּי Pi. pf. 1 c.s. (ברך 138; GK 106m) *I will bless*

אֹתוֹ dir.obj.-3 m.s. sf. *him*

וְהִפְרֵיתִי conj.-Hi. pf. 1 c.s. (פרה 826; GK 106m,112s) *and make fruitful*

אֹתוֹ dir.obj.-3 m.s. sf. *him*

63

וְהִרְבֵּיתִי conj.-Hi. pf. 1 c.s. (רָבָה I 915; GK 112s) *and will multiply*

אֹתוֹ v.supra *him*

בִּמְאֹד prep.-adv. (547) *exceedingly*

מְאֹד v.supra *exceedingly*

שְׁנֵים־עָשָׂר num. m.s. (1040)-n.m.s. (797) *twelve*

נְשִׂיאִם n.m.p. (672) *princes*

יוֹלִיד Hi. impf. 3 m.s. (יָלַד 408) *he shall be the father of*

וּנְתַתִּיו conj.-Qal pf. 1 c.s.-3 m.s. sf. (נָתַן 678) *and I will make him*

לְגוֹי גָּדוֹל prep.-n.m.s. (156)-adj. m.s. (152) *a great nation*

17:21

וְאֶת־בְּרִיתִי conj. (GK 154a)-dir.obj.-n.f.s.-1 c.s. sf. (136) *but my covenant*

אָקִים Hi. impf 1 c.s. (קוּם 877) *I will establish*

אֶת־יִצְחָק dir.obj.-pr.n. (850) *with Isaac*

אֲשֶׁר תֵּלֵד rel. (81)-Qal impf. 3 f.s. (יָלַד 408) *whom ... shall bear*

לְךָ prep.-2 m.s. sf. *to you*

שָׂרָה pr.n. (979) *Sarah*

לַמּוֹעֵד הַזֶּה prep.-def.art.-n.m.s. (417)-def.art.-demons.adj. m.s. (260) *at this season*

בַּשָּׁנָה prep.-def.art.-n.f.s. (1040) *(in the) year*

הָאַחֶרֶת def.art.-adj. f.s. (29) *next*

17:22

וַיְכַל consec.-Pi. impf. 3 m.s. (כָּלָה 477) *when he had finished*

לְדַבֵּר prep.-Pi. inf.cstr. (180) *talking*

אִתּוֹ prep.-3 m.s. sf. (II 85) *with him*

וַיַּעַל consec.-Qal impf. 3 m.s. (עָלָה 748) *went up*

אֱלֹהִים n.m.p. (43) *God*

מֵעַל אַבְרָהָם prep.-prep.-pr.n. (4) *from Abraham*

17:23

וַיִּקַּח consec.-Qal impf. 3 m.s. (לָקַח 542) *then ... took*

אַבְרָהָם pr.n. (4) *Abraham*

אֶת־יִשְׁמָעֵאל dir.obj.-pr.n. (1035) *Ishmael*

בְּנוֹ n.m.s.-3 m.s. sf. (119) *his son*

וְאֵת כָּל־ conj.-dir.obj.-n.m.s. cstr. (481) *and all*

יְלִידֵי adj. m.p. cstr. (409) *born in*

בֵיתוֹ n.m.s.-3 m.s. sf. (108) *his house*

וְאֵת כָּל־ conj.-dir.obj.-n.m.s. cstr. (481) *or (all)*

מִקְנַת n.f.s. cstr. (889) *bought with*

כַּסְפּוֹ n.m.s.-3 m.s. sf. (494) *his money*

כָּל־זָכָר n.m.s. (481)-n.m.s. (271) *every male*

בְּאַנְשֵׁי prep.-n.m.p. cstr. (35) *among the men of*

בֵּית אַבְרָהָם n.m.s. cstr. (108)-pr.n. (4) *Abraham's house*

וַיָּמָל consec.-Qal impf. 3 m.s. (מוּל II 557) *and he circumcised*

אֶת־בְּשַׂר dir.obj.-n.m.s. cstr. (142) *the flesh of*

עָרְלָתָם n.f.s.-3 m.p. sf. (790) *their foreskins*

בְּעֶצֶם prep.-n.f.s. cstr. (782) *(in) very (selfsame)*

הַיּוֹם הַזֶּה def.art.-n.m.s. (398)-def.art.-demons.adj. m.s. (260) *that day*

כַּאֲשֶׁר prep.-rel. (81) *as*

דִּבֶּר Pi. pf. 3 m.s. (180) *had said*

אִתּוֹ prep.-3 m.s. sf. (II 85) *to him*

אֱלֹהִים n.m.p. (43) *God*

17:24

וְאַבְרָהָם conj.-pr.n. (4) *Abraham*

בֶּן־תִּשְׁעִים n.m.s. cstr. (119)-num. p. (1077) *was ninety*

וָתֵשַׁע conj.-num. s. (1077) *and nine*

שָׁנָה n.f.s. (1040) *years*

בְּהִמֹּלוֹ prep.-Ni. inf.cstr.-3 m.s. sf. (מוּל II 557) *when he was circumcised*

בְּשַׂר n.m.s. cstr. (142) *in the flesh of*

עָרְלָתוֹ n.f.s.-3 m.s. sf. (790) *his foreskin*

17:25

וְיִשְׁמָעֵאל conj.-pr.n. (1035) *and Ishmael*

בְּנוֹ n.m.s.-3 m.s. sf. (119) *his son*

בֶּן־שָׁלֹשׁ n.m.s. cstr. (119)-num. m.s. (1025) *was three*

עֶשְׂרֵה num. f.s. (797) *ten*

שָׁנָה n.f.s. (1040) *years old*

בְּהִמֹּלוֹ prep.-Ni. inf.cstr.-3 m.s. sf. (מוּל II 557) *when he was circumcised*

אֵת בְּשַׂר dir.obj.-n.m.s. cstr. (142) *in the flesh of*

עָרְלָתוֹ n.f.s.-3 m.s. sf. (790) *his foreskin*

17:26

בְּעֶצֶם prep.-n.f.s. cstr. (782) *very*

הַיּוֹם הַזֶּה def.art.-n.m.s. (398)-def.art.-demons.adj. m.s. (260) *that day*

נִמּוֹל Ni. ptc. (מוּל II 557; GK 72ee) *were circumcised*

אַבְרָהָם pr.n. (4) *Abraham*

וְיִשְׁמָעֵאל conj.-pr.n. (1035) *and Ishmael*

בְּנוֹ n.m.s.-3 m.s. sf. (119) *his son*

17:27

וְכָל־אַנְשֵׁי conj.-n.m.s. cstr. (481)-n.m.p. cstr. (35) *and all the men of*

בֵיתוֹ n.m.s.-3 m.s. sf. (108) *his house*

64

יְלִיד בַּיִת adj. m.s. cstr. (409)-n.m.s. paus. (108) *those born in the house*

וּמִקְנַת־ conj.-n.f.s. cstr. (889) *and those bought with*

כֶּסֶף n.m.s. (494) *money*

מֵאֵת prep.-prep. (II 85) *from*

בֶּן־נֵכָר n.m.s. cstr. (119)-n.m.s. paus. (648) *a foreigner*

נִמֹּלוּ Ni. pf. 3 c.p. (מוּל II 557; GK 72ee) *were circumcised*

אִתּוֹ prep.-3 m.s. sf. (II 85) *with him*

18:1

וַיֵּרָא consec.-Ni. impf. 3 m.s. (רָאָה 906) *and ... appeared*

אֵלָיו prep.-3 m.s. sf. *to him*

יהוה pr.n. (217) *Yahweh*

בְּאֵלֹנֵי prep.-n.f.p. cstr. (18) *by the oaks of*

מַמְרֵא pr.n. (577) *Mamre*

וְהוּא יֹשֵׁב conj.-pers.pr. 3 m.s. (214)-Qal act.ptc. (442; GK 116o,141e) *as he sat*

פֶּתַח־הָאֹהֶל n.m.s. cstr. (835; GK 118g)-def.art. -n.m.s. (13) *at the door of his tent*

כְּחֹם הַיּוֹם prep.-n.m.s. cstr. (328)-def.art.-n.m.s. (398) *in the heat of the day*

18:2

וַיִּשָּׂא consec.-Qal impf. 3 m.s. (נָשָׂא 669) *he lifted up*

עֵינָיו n.f.p.-3 m.s. sf. (744) *his eyes*

וַיַּרְא consec.-Qal impf. 3 m.s. (רָאָה 906) *and looked*

וְהִנֵּה conj.-demons.part. (243) *and behold*

שְׁלֹשָׁה num. f.s. (1025) *three*

אֲנָשִׁים n.m.p. (35) *men*

נִצָּבִים Ni. ptc. m.p. (נָצַב 662) *stood*

עָלָיו prep.-3 m.s. sf. *in front of him*

וַיַּרְא v.supra *when he saw them*

וַיָּרָץ consec.-Qal impf. 3 m.s. (רוּץ 930) *he ran*

לִקְרָאתָם prep.-Qal inf.cstr.-3 m.p. sf. (896) *to meet them*

מִפֶּתַח prep.-n.m.s. cstr. (835) *from the door of*

הָאֹהֶל def.art.-n.m.s. (13) *the tent*

וַיִּשְׁתַּחוּ consec.-Hithpalel impf. 3 m.s. (שָׁתָה 1005) *and bowed himself*

אָרְצָה n.f.s.-dir.he (75) *to the earth*

18:3

וַיֹּאמַר consec.-Qal impf. 3 m.s. (55) *and said*

אֲדֹנָי n.m.p.-1 c.s. sf. (10) *my lord*

אִם־נָא hypoth.part. (49)-part.of entreaty (609) *if*

מָצָאתִי Qal pf. 1 c.s. (מָצָא 592) *I have found*

חֵן n.m.s. (336) *favor*

בְּעֵינֶיךָ prep.-n.f. du.-2 m.s. sf. (744) *in your sight*

אַל־נָא neg.-part.of entreaty (609) *do not*

תַעֲבֹר Qal impf. 2 m.s. (716) *pass*

מֵעַל prep.-prep. *by*

עַבְדֶּךָ n.m.s.-2 m.s. sf. paus. (713) *your servant*

18:4

יֻקַּח־ Ho. impf. 3 m.s. (לָקַח 542) *be brought*

נָא part.of entreaty (609) *let*

מְעַט־ subst.cstr. (589) *a little*

מַיִם n.m.p. (565) *water*

וְרַחֲצוּ conj.-Qal impv. 2 m.p. (934) *and wash*

רַגְלֵיכֶם n.f. du.-2 m.p. sf. (919) *your feet*

וְהִשָּׁעֲנוּ conj.-Ni. impv. 2 m.p. (שָׁעַן 1043) *and rest yourselves*

תַּחַת הָעֵץ prep. (1065)-def.art.-n.m.s. (781) *under the tree*

18:5

וְאֶקְחָה conj.-Qal impf. 1 c.s.-vol. he (לָקַח 542) *while I fetch*

פַת־לֶחֶם n.f.s. cstr. (837)-n.m.s. (536) *a morsel of bread*

וְסַעֲדוּ conj.-Qal impv. 2 m.p. (703) *and refresh yourselves (and sustain)*

לִבְּכֶם n.m.s.-2 m.p. sf. (524) *(your heart)*

אַחַר prep. (29) *after that*

תַּעֲבֹרוּ Qal impf. 2 m.p. (716) *you may pass on*

כִּי־עַל־כֵּן conj.-prep.-adv. (485; GK 158bN) *since*

עֲבַרְתֶּם Qal pf. 2 m.p. (עָבַר 716) *you have come*

עַל־עַבְדְּכֶם prep.-n.m.s.-2 m.p. sf. (713) *to your servant*

וַיֹּאמְרוּ conj.-Qal impf. 3 m.p. (55) *so they said*

כֵּן adv. (485) *(thus)*

תַּעֲשֶׂה Qal impf. 2 m.s. (עָשָׂה I 793) *do*

כַּאֲשֶׁר prep.-rel. (81) *as*

דִּבַּרְתָּ Pi. pf. 2 m.s. (180) *you have said*

18:6

וַיְמַהֵר consec.-Pi. impf. 3 m.s. (מָהַר I 554) *and ... hastened*

אַבְרָהָם pr.n. (4) *Abraham*

הָאֹהֱלָה def.art.-n.m.s.-dir.he (13; GK 90c,i) *into the tent*

אֶל־שָׂרָה prep.-pr.n. (979) *to Sarah*

וַיֹּאמֶר consec.-Qal impf. 3 m. (55) *and said*

מַהֲרִי Pi. impv. 2 f.s. (מָהַר I 554) *make ready quickly*

שְׁלֹשׁ num. m.s. cstr. (1025) *three*

סְאִים n.f.p. (684; GK 131d) *measures*

קֶמַח סֹלֶת n.m.s. (887)-n.f.s. (701) *fine meal*

לוּשִׁי Qal impv. 2 f.s. (לוּשׁ 534) *knead it*

וַעֲשִׂי conj.-Qal impv. 2 f.s. (עָשָׂה I 793) *and make*

עֻגוֹת n.f.p. (728) *cakes*

18:7

וְאֶל־הַבָּקָר conj.-prep.-def.art.-n.m.s. (133) *and to the herd*

רָץ Qal pf. 3 m.s. (רוּץ 930) *ran*

אַבְרָהָם pr.n. (4) *Abraham*

וַיִּקַּח consec.-Qal impf. 3 m.s. (לָקַח 542) *and took*

בֶּן־בָּקָר n.m.s. cstr. (119)-n.m.s. (133) *a calf (a son of a herd)*

רַךְ וָטוֹב adj. m.s. (940)-conj.-adj. m.s. (II 373) *tender and good*

וַיִּתֵּן consec.-Qal impf. 3 m.s. (נָתַן 678; GK 117f) *and gave*

אֶל־הַנַּעַר prep.-def.art.-n.m.s. (654; GK 126r) *to the servant*

וַיְמַהֵר consec.-Pi. impf. 3 m.s. (מָהַר I 554) *who hastened*

לַעֲשׂוֹת prep.-Qal inf.cstr. (עָשָׂה I 793) *to prepare*

אֹתוֹ dir.obj.-3 m.s. sf. *it*

18:8

וַיִּקַּח consec.-Qal impf. 3 m.s. (לָקַח 542) *then he took*

חֶמְאָה n.f.s. (326) *curds*

וְחָלָב conj.-n.m.s. (316) *and milk*

וּבֶן־הַבָּקָר conj.-n.m.s. cstr. (119)-def.art.-n.m.s. (133) *and the calf*

אֲשֶׁר עָשָׂה rel. (81)-Qal pf. 3 m.s. (I 793) *which he had prepared*

וַיִּתֵּן consec.-Qal impf. 3 m.s. (נָתַן 678) *and set*

לִפְנֵיהֶם prep.-n.m.p.-3 m.p. sf. (815) *before them*

וְהוּא־עֹמֵד conj.-pers.pr. 3 m.s. (214)-Qal act.ptc. (763; GK 116o) *and he stood*

עֲלֵיהֶם prep.-3 m.p. sf. *by them*

תַּחַת הָעֵץ prep. (1065)-def.art.-n.m.s. (781) *under the tree*

וַיֹּאכֵלוּ consec.-Qal impf. 3 m.p. (אָכַל 37) *while they ate*

18:9

וַיֹּאמְרוּ consec.-Qal impf. 3 m.p. (55) *they said*

אֵלָיו prep.-3 m.s. sf. *to him*

אַיֵּה שָׂרָה adv. (32)-pr.n. (979) *where is Sarah*

אִשְׁתֶּךָ n.f.s.-2 m.s. sf. (61) *your wife*

וַיֹּאמֶר consec.-Qal impf. 3 m.s. (55) *and he said*

הִנֵּה demons.part. (243; GK 147b) *she is (behold)*

בָאֹהֶל prep.-def.art.-n.m.s. (13) *in the tent*

18:10

וַיֹּאמֶר consec.-Qal impf. 3 m.s. (55) *he said*

שׁוֹב אָשׁוּב Qal inf.abs. (996)-Qal impf. 1 c.s. (996) *I will surely return*

אֵלֶיךָ prep.-2 m.s. sf. *to you*

כָּעֵת חַיָּה prep.-def.art.-n.f.s. (773)-adj. f.s. (I 311; GK 118u) *in the spring (lit. at the time (when it is) reviving)*

וְהִנֵּה־ conj.-demons.part. (243) *and (behold)*

בֵן n.m.s. (119) *a son*

לְשָׂרָה prep.-pr.n. (979) *Sarah shall have*

אִשְׁתֶּךָ n.f.s.-2 m.s. sf. (61) *your wife*

וְשָׂרָה conj.-pr.n. (979) *and Sarah*

שֹׁמַעַת Qal act.ptc. f.s. cstr. (1033) *was listening at*

פֶּתַח n.m.s. cstr. (835; GK 118g) *the door of*

הָאֹהֶל def.art.-n.m.s. (13) *the tent*

וְהוּא אַחֲרָיו conj.-pers.pr. 3 m.s. (214)-prep.-3 m.s. sf. (29) *(and it was) behind him*

18:11

וְאַבְרָהָם conj.-pr.n. (4) *now Abraham*

וְשָׂרָה conj.-pr.n. (979) *and Sarah*

זְקֵנִים adj. m.p. (278; GK 146d) *were old*

בָּאִים Qal act.ptc. m.p. (בּוֹא 97; GK 116d) *advanced*

בַּיָּמִים prep.-def.art.-n.m.p. (398) *in age (in the days)*

חָדַל Qal pf. 3 m.s. (292) *it had ceased*

לִהְיוֹת prep.-Qal inf.cstr. (הָיָה 224) *to be*

לְשָׂרָה prep.-pr.n. (979) *with Sarah*

אֹרַח n.m.s. (73) *after the manner*

כַּנָּשִׁים prep.-def.art.-n.f.p. (61) *of (the) women*

18:12

וַתִּצְחַק consec.-Qal impf. 3 f.s. (850) *so laughed*

שָׂרָה pr.n. (979) *Sarah*

בְּקִרְבָּהּ prep.-n.m.s.-3 f.s. sf. (899; GK 139f) *to herself*

לֵאמֹר prep.-Qal inf.cstr. (55) *saying*

אַחֲרֵי בְלֹתִי prep. (29)-Qal inf.cstr.-1 c.s. sf. (115 בָּלָה) *after I have grown old*

הָיְתָה־לִּי Qal pf. 3 f.s. (הָיָה 224; GK 106n,150a)-prep.-1 c.s. sf. *shall I have*

עֶדְנָה n.f.s. (726) *pleasure*

וַאדֹנִי conj.-n.m.s.-1 c.s. sf. (10) *and my husband*

זָקֵן Qal pf. 3 m.s. or adj. (278; GK 141e) *is old*

18:13

וַיֹּאמֶר consec.-Qal impf. 3 m.s. (55) *said*

יְהוָה pr.n. (217) *Yahweh*

אֶל־אַבְרָהָם prep.-pr.n. (4) *to Abraham*

לָמָּה זֶּה prep.-interr. (552)-demons.adj. m.s. (260; GK 136c) *why (this)*

צָחֲקָה Qal pf. 3 f.s. (צחק 850) *did laugh*

שָׂרָה pr.n. (979) *Sarah*

לֵאמֹר prep.-Qal inf.cstr. (55) *and say*

הַאַף אָמְנָם interr.-conj. (II 64)-adv. (53) *indeed?*

אֵלֵד Qal impf. 1 c.s. (ילד 408) *shall I bear a child*

וַאֲנִי conj.-pers.pr. 1 c.s. (58) *now that I*

זָקַנְתִּי Qal pf. 1 c.s. (זקן 278; GK 106g) *am old*

18:14

הֲיִפָּלֵא interr.-Ni. impf. 3 m.s. (פלא 810; GK 133c) *is too hard?*

מֵיהוָה prep.-pr.n. (217) *for Yahweh*

דָּבָר n.m.s. (182; GK 139d) *anything*

לַמּוֹעֵד prep.-def.art.-n.m.s. (417) *at the appointed time*

אָשׁוּב Qal impf. 1 c.s. (שוב 996) *I will return*

אֵלֶיךָ prep.-2 m.s. sf. *to you*

כָּעֵת חַיָּה prep.-def.art.-n.f.s. (773)-adj. f.s. (I 311; v.18:10) *in the spring*

וּלְשָׂרָה conj.-prep.-pr.n. (979; GK 141m) *and Sarah shall have*

בֵן n.m.s. (119) *a son*

18:15

וַתְּכַחֵשׁ consec.-Pi. impf. 3 f.s. (471) *but ... denied*

שָׂרָה pr.n. (979) *Sarah*

לֵאמֹר prep.-Qal inf.cstr. (55) *saying*

לֹא צָחַקְתִּי neg.-Qal impf. 1 c.s. (850; GK 106b) *I did not laugh*

כִּי יָרֵאָה conj. (163a)-Qal pf. 3 f.s. paus. (ירא 431) *for she was afraid*

וַיֹּאמֶר consec.-Qal impf. 3 m.s. (55) *he said*

לֹא כִּי neg.-conj. *No, but*

צָחָקְתְּ Qal pf. 2 f.s. paus. (צחק 850) *you did laugh*

18:16

וַיָּקֻמוּ consec.-Qal impf. 3 m.p. (קום 877) *then ... set out*

מִשָּׁם prep.-adv. (1027) *from there*

הָאֲנָשִׁים def.art.-n.m.p. (35) *the men*

וַיַּשְׁקִפוּ consec.-Hi. impf. 3 m.p. (שקף I 1054) *and they looked*

עַל־פְּנֵי סְדֹם prep.-n.m.p. cstr. (815)-pr.n. (690) *toward Sodom*

וְאַבְרָהָם conj.-pr.n. (4) *and Abraham*

הֹלֵךְ Qal act.ptc. (הלך 229; GK 116o,141e) *went*

עִמָּם prep.-3 m.p. sf. *with them*

לְשַׁלְּחָם prep.-Pi. inf.cstr.-3 m.p. sf. (שלח 1018) *to set them on their way*

18:17

וַיהוָה conj.-pr.n. (217) *Yahweh*

אָמָר Qal pf. 3 m.s. paus. (55) *said*

הַמְכַסֶּה אֲנִי interr. (GK 100,l)-Pi. ptc. (כסה 491)-pers.pr. 1 c.s. (58) *shall I hide*

מֵאַבְרָהָם prep.-pr.n. (4) *from Abraham*

אֲשֶׁר אֲנִי rel. (81)-pers.pr. 1 c.s. (58) *what I*

עֹשֶׂה Qal act.ptc. (I 793) *am about to do*

18:18

וְאַבְרָהָם conj.-pr.n. (4; GK 142d) *seeing that Abraham*

הָיוֹ יִהְיֶה Qal inf.abs. (היה 224; GK 75n)-Qal impf. 3 m.s. (224) *shall become*

לְגוֹי גָּדוֹל prep.-n.m.s. (156)-adj. m.s. (152) *a great nation*

וְעָצוּם conj.-adj. m.s. (783) *and mighty*

וְנִבְרְכוּ conj.-Ni. pf. 3 c.p. (ברך 138) *and shall bless themselves*

בוֹ prep.-3 m.s. sf. *by him*

כֹּל גּוֹיֵי n.m.s. cstr. (481)-n.m.p. cstr. (156) *all the nations of*

הָאָרֶץ def.art.-n.f.s. (75) *the earth*

18:19

כִּי יְדַעְתִּיו conj.-Qal pf. 1 c.s.-3 m.s. sf. (393) *for I have chosen him* (lit. *I have known him*)

לְמַעַן אֲשֶׁר prep.-conj. (775; GK 165c)-rel. (81) *that*

יְצַוֶּה Pi. impf. 3 m.s. (צוה 845) *he may charge*

אֶת־בָּנָיו dir.obj.-n.m.p.-3 m.s. sf. (119) *his children*

וְאֶת־בֵּיתוֹ conj.-dir.obj.-n.m.s.-3 m.s. sf. (108) *and his household*

אַחֲרָיו prep.-3 m.s. sf. (29) *after him*

וְשָׁמְרוּ conj.-Qal pf. 3 c.p. (שמר 1036) *to keep*

דֶּרֶךְ יהוה n.m.s. cstr. (202)-pr.n. (217) *the way of Yahweh*

לַעֲשׂוֹת prep.-Qal inf.cstr. (עשה I 793; GK 114o) *by doing*

צְדָקָה n.f.s. (842) *righteousness*

וּמִשְׁפָּט conj.-n.m.s. (1048) *and justice*

לְמַעַן v.supra *so that*

הָבִיא Hi. inf.cstr. (בוא 97) *may bring*

יהוה pr.n. (217) *Yahweh*

עַל־אַבְרָהָם prep.-pr.n. (4) *to Abraham*

אֵת אֲשֶׁר־ dir.obj.-rel. (81) *what*

דִּבֶּר Pi. pf. 3 m.s. (180) *he has promised*

עָלָיו prep.-3 m.s. sf. *him*

18:20

וַיֹּאמֶר consec.-Qal impf. 3 m.s. (55) *then ... said*

יְהוָה pr.n. (217) *Yahweh*

זַעֲקַת n.f.s. cstr. (277; GK 128h) *the outcry against*

סְדֹם pr.n. (690) *Sodom*

וַעֲמֹרָה conj.-pr.n. (771) *and Gomorrah*

כִּי־רָבָּה conj. (GK 148d,159ee)-Qal pf. 3 f.s. paus. (רבב I 912) *is great*

וְחַטָּאתָם conj.-n.f.s.-3 m.p. sf. (308) *and their sin*

כִּי כָבְדָה conj.-Qal pf. 3 f.s. (כבד 457) *is grave*

מְאֹד adv. (547) *very*

18:21

אֵרְדָה־נָּא Qal impf. 1 c.s.-vol.he (ירד 432) -part.of entreaty (609) *I will go down*

וְאֶרְאֶה conj.-Qal impf. 1 c.s. (ראה 906) *to see*

הַכְּצַעֲקָתָהּ interr. (GK 100,l)-prep.-n.f.s.-3 f.s. sf. (858) *whether according to the outcry*

הַבָּאָה def.art.-Qal act.ptc. f.s. (בוא 97) *which has come*

אֵלַי prep.-1 c.s. sf. (GK 135m) *to me*

עָשׂוּ Qal pf. 3 c.p. (עשה I 793; GK 138k) *they have done*

כָּלָה n.f.s. as adv. (478) *altogether*

וְאִם־לֹא conj.-hypoth.part. (49)-neg. *and if not*

אֵדָעָה Qal impf. 1 c.s.-vol.he (ידע 393; GK 108b) *I will know*

18:22

וַיִּפְנוּ consec.-Qal impf. 3 m.p. (פנה 815) *so ... turned*

מִשָּׁם prep.-adv. (1027) *from there*

הָאֲנָשִׁים def.art.-n.m.p. (35) *the men*

וַיֵּלְכוּ consec.-Qal impf. 3 m.p. (הלך 229) *and went*

סְדֹמָה pr.n.-dir.he (690) *toward Sodom*

וְאַבְרָהָם conj.-pr.n. (4) *Abraham*

עוֹדֶנּוּ adv.-3 m.s. sf. (728) *still*

עֹמֵד Qal act.ptc. (763; GK 116o,141e) *stood*

לִפְנֵי prep.-n.m.p. cstr. (815) *before*

יְהוָה pr.n. (217) *Yahweh*

18:23

וַיִּגַּשׁ consec.-Qal impf. 3 m.s. (נגשׁ 620) *then ... drew near*

אַבְרָהָם pr.n. (4) *Abraham*

וַיֹּאמַר consec.-Qal impf. 3 m.s. (55) *and said*

הַאַף interr.-conj. (II 64) *indeed?*

תִּסְפֶּה Qal impf. 2 m.s. (ספה 705) *wilt thou destroy*

צַדִּיק adj. m.s. (843) *the righteous*

עִם־רָשָׁע prep.-adj. m.s. (957) *with the wicked*

18:24

אוּלַי יֵשׁ adv. (II 19)-subst. (441) *suppose there are*

חֲמִשִּׁים num. p. (332) *fifty*

צַדִּיקִם adj. m.p. (843) *righteous*

בְּתוֹךְ הָעִיר prep.-subst.cstr. (1063)-def.art.-n.f.s. (746) *within the city*

הַאַף interr.-conj. (II 64) *then?*

תִּסְפֶּה Qal impf. 2 m.s. (ספה 705) *wilt thou destroy*

וְלֹא־תִשָּׂא conj.-neg.-Qal impf. 2 m.s. (נשׂא 669; GK 117g) *and not spare*

לַמָּקוֹם prep.-def.art.-n.m.s. (879; GK 122,l) *the place*

לְמַעַן prep.-conj. (775) *for (the sake of)*

חֲמִשִּׁים v.supra *the fifty*

הַצַּדִּיקִם def.art.-adj. m.p. (843) *righteous*

אֲשֶׁר בְּקִרְבָּהּ rel. (81)-prep.-n.m.s.-3 f.s. sf. (899) *who are in it*

18:25

חָלִלָה subst.-loc.he (321) *far be it*

לְּךָ prep.-2 m.s. sf. *from thee*

מֵעֲשֹׂת prep.-Qal inf.cstr. (עשׂה I 793) *to do*

כַּדָּבָר הַזֶּה prep.-def.art.-n.m.s. (182)-def.art.-demons.adj. m.s. (260) *such a thing* (lit. *according to this word*)

לְהָמִית prep.-Hi. inf.cstr. (מות 559; GK 115b) *to slay*

צַדִּיק num. m.s. (843) *the righteous*

עִם־רָשָׁע prep.-adj. m.s. (957) *with the wicked*

וְהָיָה conj.-Qal pf. 3 m.s. (224; GK 112v) *so that ... fare*

כַּצַּדִּיק prep. (GK 161c)-def.art.-adj. m.s. (843) *(as) the righteous*

כָּרָשָׁע prep.-def.art.-adj. m.s. (957) *as the wicked*

חָלִלָה v.supra *far be that*

לָּךְ prep.-2 m.s. sf. paus. *from thee*

הֲשֹׁפֵט interr.-Qal act.ptc. cstr. (1047) *shall the judge of*

כָּל־הָאָרֶץ n.m.s. cstr. (481)-def.art.-n.f.s. (75) *all the earth*

לֹא יַעֲשֶׂה neg.-Qal impf. 3 m.s. (עשׂה I 793) *shall not do*

מִשְׁפָּט n.m.s. (1048) *right*

18:26

וַיֹּאמֶר consec.-Qal impf. 3 m.s. (55) *and ... said*

יהוה pr.n. (217) *Yahweh*

אִם־אֶמְצָא hypoth.part. (49; GK 141e)-Qal impf. 1 c.s. (592) *if I find*

בִסְדֹם prep.-pr.n. (690) *at Sodom*

חֲמִשִּׁים num. p. (332) *fifty*

צַדִּיקִם adj. m.p. (843) *righteous*

בְּתוֹךְ הָעִיר prep.-subst. cstr. (1063)-def.art.-n.f.s. (746) *in the city*

וְנָשָׂאתִי conj.-Qal pf. 1 c.s. (נשׂא 669; GK 112ff) *I will spare*

לְכָל־הַמָּקוֹם prep.-n.m.s. cstr. (481)-def.art.-n.m.s. (879) *the whole place*

בַּעֲבוּרָם prep.-prep.-3 m.p. sf. (721) *for their sake*

18:27

וַיַּעַן consec.-Qal impf. 3 m.s. (ענה I 772) *answered*

אַבְרָהָם pr.n. (4) *Abraham*

וַיֹּאמַר consec.-Qal impf. 3 m.s. (55) *(and said)*

הִנֵּה־נָא demons.part. (243)-part.of entreaty (609) *behold*

הוֹאַלְתִּי Hi. pf. 1 c.s. (יאל II 383) *I have taken upon myself*

לְדַבֵּר prep.-Pi. inf.cstr. (180) *to speak*

אֶל־אֲדֹנָי prep.-n.m.p.-1 c.s. sf. (10) *to the Lord*

וְאָנֹכִי conj.-pers.pr. 1 c.s. (59) *I who am but*

עָפָר n.m.s. (779) *dust*

וָאֵפֶר conj.-n.m.s. (68) *and ashes*

18:28

אוּלַי adv. (II 19) *suppose*

יַחְסְרוּן Qal impf. 3 m.p. (341; GK 47m,117aa) *are lacking*

חֲמִשִּׁים num. p. (332) *fifty*

הַצַּדִּיקִם def.art.-adj. m.p. (843) *the righteous*

חֲמִשָּׁה num. f.s. (331; GK 134,l) *five*

הֲתַשְׁחִית interr.-Hi. impf. 2 m.s. (שׁחת 1007) *wilt thou destroy*

בַּחֲמִשָּׁה prep. (GK 119p)-def.art.-num. f.s. (331) *for lack of five*

אֶת־כָּל־הָעִיר dir.obj.-n.m.s. cstr. (481)-def.art.-n.f.s. (746) *the whole city*

וַיֹּאמֶר consec.-Qal impf. 3 m.s. (55) *and he said*

לֹא אַשְׁחִית neg.-Hi. impf. 1 c.s. (שׁחת 1007) *I will not destroy*

אִם־אֶמְצָא hypoth.part. (49; GK 159nN,r)-Qal impf. 1 c.s. (592) *if I find*

שָׁם adv. (1027) *there*

אַרְבָּעִים num. p. (917) *forty*

וַחֲמִשָּׁה conj.-num. f.s. (331) *and five*

18:29

וַיֹּסֶף עוֹד consec.-Hi. impf. 3 m.s. (יסף 414)-adv. (728) *and he added again*

לְדַבֵּר prep.-Pi. inf.cstr. (180) *to speak*

אֵלָיו prep.-3 m.s. sf. *to him*

וַיֹּאמֶר consec.-Qal impf. 3 m.s. (55) *and said*

אוּלַי adv. (II 19) *suppose*

יִמָּצְאוּן Ni. impf. 3 m.p. (מצא 592; GK 47m) *are found*

שָׁם adv. (1027) *there*

אַרְבָּעִים num. p. (917) *forty*

וַיֹּאמֶר consec.-Qal impf. 3 m.s. (55) *he answered*

לֹא אֶעֱשֶׂה neg.-Qal impf. 1 c.s. (עשׂה I 793) *I will not do it*

בַּעֲבוּר prep.-prep. (721) *for the sake of*

הָאַרְבָּעִים def.art.-num. p. (917; GK 134k) *forty*

18:30

וַיֹּאמֶר consec.-Qal impf. 3 m.s. (55) *then he said*

אַל־נָא יִחַר neg.-part.of entreaty (609)-Qal impf. 3 m.s. (חרה 354) *Oh let not ... be angry*

לַאדֹנָי prep.-n.m.p.-1 c.s. sf. (10) *the Lord*

וַאֲדַבֵּרָה conj.-Pi. impf. 1 c.s.-coh.he (180) *and I will speak*

אוּלַי adv. (II 19) *suppose*

יִמָּצְאוּן Ni. impf. 3 m.p. (מצא 592; GK 47m) *are found*

שָׁם adv. (1027) *there*

שְׁלֹשִׁים num. p. (1026) *thirty*

וַיֹּאמֶר consec.-Qal impf. 3 m.s. (55) *he answered*

לֹא אֶעֱשֶׂה neg.-Qal impf. 1 c.s. (עשׂה I 793) *I will not do it*

אִם־אֶמְצָא hypoth.part. (49; GK 159nN,r)-Qal impf. 1 c.s. (592) *if I find*

שָׁם adv. (1027) *there*

שְׁלֹשִׁים v.supra *thirty*

18:31

וַיֹּאמֶר consec.-Qal impf. 3 m.s. (55) *he said*

הִנֵּה־נָא demons.part. (243)-part.of entreaty (609) *behold*

הוֹאַלְתִּי Hi. pf. 1 c.s. (יאל 383) *I have taken upon myself*

לְדַבֵּר prep.-Pi. inf.cstr. (180) *to speak*

אֶל־אֲדֹנָי prep.-n.m.p.-1 c.s. sf. (10) *to the Lord*

אוּלַי adv. (II 19) *suppose*

יִמָּצְאוּן Ni. impf. 3 m.p. (מָצָא 592; GK 47m) *are found*

שָׁם adv. (1027) *there*

עֶשְׂרִים num. p. (797) *twenty*

וַיֹּאמֶר consec.-Qal impf. 3 m.s. (55) *he answered*

לֹא אַשְׁחִית neg.-Hi. impf. 1 c.s. (שָׁחַת 1007) *I will not destroy it*

בַּעֲבוּר prep.-prep. (721) *for the sake of*

הָעֶשְׂרִים def.art.-num. p. (797; GK 134k) *twenty*

18:32

וַיֹּאמֶר consec.-Qal impf. 3 m.s. (55) *then he said*

אַל־נָא יִחַר neg.-part.of entreaty (609)-Qal impf. 3 m.s. (חָרָה 354) *Oh let not be angry*

לַאדֹנָי prep.-n.m.p.-1 c.s. sf. (10) *the Lord*

וַאֲדַבְּרָה conj.-Pi. impf. 1 c.s.-vol.he (100) *and I will speak again*

אַךְ־הַפַּעַם adv. (36)-def.art.-n.f.s. (821) *but this once*

אוּלַי adv. (19) *suppose*

יִמָּצְאוּן Ni. impf. 3 m.p. (מָצָא 592; GK 47m) *are found*

שָׁם adv. (1027) *there*

עֲשָׂרָה num. f.s. (796) *ten*

וַיֹּאמֶר consec.-Qal impf. 3 m.s. (55) *he answered*

לֹא אַשְׁחִית neg.-Hi. impf. 1 c.s. (1007) *I will not destroy it*

בַּעֲבוּר prep.-prep. (721) *for the sake of*

הָעֲשָׂרָה def.art.-num. f.s. (796; GK 134k) *ten*

18:33

וַיֵּלֶךְ consec.-Qal impf. 3 m.s. (הָלַךְ 229) *and ... went*

יהוה pr.n. (217) *Yahweh*

כַּאֲשֶׁר prep.-rel. (81) *when*

כִּלָּה Pi. pf. 3 m.s. (כָּלָה 477) *he had finished*

לְדַבֵּר prep.-Pi. inf.cstr. (180) *speaking*

אֶל־אַבְרָהָם prep.-pr.n. (4) *to Abraham*

וְאַבְרָהָם conj.-pr.n. (4) *and Abraham*

שָׁב Qal pf. 3 m.s. (שׁוּב 996) *returned*

לִמְקֹמוֹ prep.-n.m.s.-3 m.s. sf. (879) *to his place*

19:1

וַיָּבֹאוּ consec.-Qal impf. 3 m.p. (בּוֹא 97) *came*

שְׁנֵי הַמַּלְאָכִים num. m.p. cstr. (1040)-def.art.-n.m.p. (521) *the two angels*

סְדֹמָה pr.n.-dir.he (690) *to Sodom*

בָּעֶרֶב prep.-def.art.-n.m.s. (787) *in the evening*

וְלוֹט conj.-pr.n. (532) *and Lot*

יֹשֵׁב Qal act.ptc. (442; GK 116o,141e,f) *was sitting*

בְּשַׁעַר־סְדֹם prep.-n.m.s. cstr. (1044)-pr.n. (690) *in the gate of Sodom*

וַיַּרְא־ consec.-Qal impf. 3 m.s. (רָאָה 906) *when ... saw them*

לוֹט pr.n. (532) *Lot*

וַיָּקָם consec.-Qal impf. 3 m.s. (קוּם 877) *he rose*

לִקְרָאתָם prep.-Qal inf.cstr.-3 m.p. sf. (II 896) *to meet them*

וַיִּשְׁתַּחוּ consec.-Hithpalel impf. 3 m.s. (שָׁחָה 1005) *and bowed himself*

אַפַּיִם n.m. du. (I 60) *with his face*

אָרְצָה n.f.s.-dir.he (75; GK 156c) *to the earth*

19:2

וַיֹּאמֶר consec.-Qal impf. 3 m.s. (55) *and said*

הִנֶּה־נָּא demons.part. (243)-part.of entreaty (609; GK 20d) *I pray you*

אֲדֹנַי n.m.p.-1 c.s. sf. (10; GK 17e,135q) *my lords*

סוּרוּ Qal impv. 2 m.p. (693) *turn aside*

נָא part.of entreaty (609) *I pray you*

אֶל־בֵּית prep.-n.m.s. cstr. (108) *to the house of*

עַבְדְּכֶם n.m.s.-2 m.p. sf. (713) *your servant*

וְלִינוּ conj.-Qal impv. 2 m.p. (לִין 533) *and spend the night*

וְרַחֲצוּ conj.-Qal impv. 2 m.p. (934) *and wash*

רַגְלֵיכֶם n.f. du.-2 m.p. sf. (919) *your feet*

וְהִשְׁכַּמְתֶּם conj.-Hi. pf. 2 m.p. (שָׁכַם 1014) *then you may rise up early*

וַהֲלַכְתֶּם conj.-Qal pf. 2 m.p. (הָלַךְ 229) *and go*

לְדַרְכְּכֶם prep.-n.m.s.-2 m.p. sf. (202) *on your way*

וַיֹּאמְרוּ consec.-Qal impf. 3 m.p. (55) *they said*

לֹא neg. (GK 20g,150n,152c) *No*

כִּי בָרְחוֹב conj.-prep.-def.art.-n.f.s. (932; GK 142g) *in the street*

נָלִין Qal impf. 1 c.p. (לִין 533) *we will spend the night*

19:3

וַיִּפְצַר־בָּם consec.-Qal impf. 3 m.s. (823)-prep.-3 m.p. sf. *but he urged them*

מְאֹד adv. (547) *strongly*

וַיָּסֻרוּ consec.-Qal impf. 3 m.p. (סוּר 693) *so they turned aside*

אֵלָיו prep.-3 m.s. sf. *to him*

וַיָּבֹאוּ consec.-Qal impf. 3 m.p. (בּוֹא 97) *and entered*

אֶל־בֵּיתוֹ prep.-n.m.s.-3 m.s. sf. (108) *his house*

וַיַּעַשׂ consec.-Qal impf. 3 m.s. (עָשָׂה I 793) *and he made*

לָהֶם prep.-3 m.p. sf. *them*

מִשְׁתֶּה n.m.s. (1059) *a feast*

וּמַצּוֹת conj.-n.f.p. (595) *and unleavened bread*

אָפָה Qal pf. 3 m.s. (66) *baked*

וַיֹּאכֵלוּ consec.-Qal impf. 3 m.p. paus. (37) *and they ate*

19:4

טֶרֶם adv. (382; GK 152r,164c) *before*

יִשְׁכָּבוּ Qal impf. 3 m.p. paus. (1011; GK 15,1;107c) *they lay down*

וְאַנְשֵׁי conj.-n.m.p. cstr. (35) *the men of*

הָעִיר def.art.-n.f.s. (746) *the city*

אַנְשֵׁי סְדֹם n.m.p. cstr. (35)-pr.n. (690) *the men of Sodom*

נָסַבּוּ Ni. pf. 3 c.p. (סבב 685) *surrounded*

עַל־הַבַּיִת prep.-def.art.-n.m.s. (108) *the house*

מִנַּעַר prep.-n.m.s. (654) *both young*

וְעַד־זָקֵן conj. (GK 154aN)-prep.-n.m.s. (278) *and old*

כָּל־הָעָם n.m.s. cstr. (481)-def.art.-n.m.s. (I 766) *all of the people*

מִקָּצֶה prep.-n.m.s. (892) *to the last man*

19:5

וַיִּקְרְאוּ consec.-Qal impf. 3 m.p. (894) *and they called*

אֶל־לוֹט prep.-pr.n. (532) *to Lot*

וַיֹּאמְרוּ לוֹ consec.-Qal impf. 3 m.p. (55; GK 29f)-prep.-3 m.s. sf. *(and said to him)*

אַיֵּה interr.adv. (32) *where are*

הָאֲנָשִׁים def.art.-n.m.p. (35) *the men*

אֲשֶׁר־בָּאוּ rel. (81)-Qal pf. 3 c.p. (בוא 97) *who came*

אֵלֶיךָ prep.-2 m.s. sf. *to you*

הַלָּיְלָה def.art.-n.m.s. (538) *tonight*

הוֹצִיאֵם Hi. impv. 2 m.s.-3 m.p. sf. (יצא 422) *bring them out*

אֵלֵינוּ prep.-1 c.p. sf. *to us*

וְנֵדְעָה conj.-Qal impf. 1 c.p.-coh.he (ידע 393) *that we may know*

אֹתָם dir.obj.-3 m.p. sf. *them*

19:6

וַיֵּצֵא consec.-Qal impf. 3 m.s. (יצא 422) *went out*

אֲלֵהֶם prep.-3 m.p. sf. *to them*

לוֹט pr.n. (532) *Lot*

הַפֶּתְחָה def.art.-n.m.s.-dir.he (835; GK 93i) *of the door*

וְהַדֶּלֶת conj.-def.art.-n.f.s. (195) *(and) the door*

סָגַר Qal pf. 3 m.s. (688) *(he) shut*

אַחֲרָיו prep.-3 m.s. sf. (29) *after him*

19:7

וַיֹּאמַר consec.-Qal impf. 3 m.s. (55) *and said*

אַל־נָא neg.-part.of entreaty (609) *I beg you, not*

אֶחַי n.m.p.-1 c.s. sf. (26) *my brothers*

תָּרֵעוּ Hi. impf. 2 m.p. (רעע 949) *do not act so wickedly*

19:8

הִנֵּה־נָא demons.part. (243)-part.of entreaty (609) *behold*

לִי prep.-1 c.s. sf. *I have*

שְׁתֵּי בָנוֹת num. cstr. (1040)-n.f.p. (I 123) *two daughters*

אֲשֶׁר לֹא־יָדְעוּ rel. (81)-neg.-Qal pf. 3 c.p. (393) *who have not known*

אִישׁ n.m.s. (35) *man*

אוֹצִיאָה־נָּא Hi. impf. 1 c.s.-coh.he (יצא 422) -part.of entreaty (609) *let me bring out*

אֶתְהֶן dir.obj.-3 f.p. (GK 103b) *them*

אֲלֵיכֶם prep.-2 m.p. sf. *to you*

וַעֲשׂוּ conj.-Qal impv. 2 m.p. (עשה I 793) *and do*

לָהֶן prep.-3 f.p. sf. *to them*

כַּטּוֹב prep.-def.art.-adj. m.s. (II 373) *according to the good*

בְּעֵינֵיכֶם prep.-n.f. du.-2 m.p. sf. (744) *in your eyes*

רַק adv. (956) *only*

לָאֲנָשִׁים prep.-def.art.-n.m.p. (35) *to the men*

הָאֵל def.art.-demons.adj. c.p. (rd. הָאֵלֶּה 41; GK 34b) *these*

אַל־תַּעֲשׂוּ דָבָר neg.-Qal impf. 2 m.p. (עשה I 793)-n.m.s. (182; GK 139d) *do nothing*

כִּי־עַל־כֵּן conj.-prep.-adv. (475) *for*

בָּאוּ Qal pf. 3 c.p. (בוא 97) *they have come*

בְּצֵל קֹרָתִי prep.-n.m.s. cstr. (853)-n.f.s.-1 c.s. sf. (900) *under the shelter of my roof*

19:9

וַיֹּאמְרוּ consec.-Qal impf. 3 m.p. (55) *but they said*

גֶּשׁ־הָלְאָה Qal impv. 2 m.s. (נגשׁ 620; GK 66c)-adv. (229) *stand back*

וַיֹּאמְרוּ consec.-Qal impf. 3 m.p. (55) *and they said*

הָאֶחָד def.art.-adj. m.s. (25) *this fellow (the one)*

בָּא־לָגוּר Qal pf. 3 m.s. (בוא 97)-prep.-Qal inf.cstr. (157) *came to sojourn*

וַיִּשְׁפֹּט שָׁפוֹט consec.-Qal impf. 3 m.s. (1047) -Qal inf.abs. (1047; GK 113r) *and he would play the judge*

עַתָּה adv. (773) *now*

נָרַע Hi. impf. 1 c.p. (רעע 949) *we will deal worse*

לְךָ מֵהֶם prep.-2 m.s. sf.-prep.-3 m.p. sf. *with you than with them*

וַיִּפְצְרוּ consec.-Qal impf. 3 m.p. (823) *then they pressed*

בָאִישׁ prep.-def.art.-n.m.s. (35) *against the man*

בְּלוֹט prep.-pr.n. (532) *Lot*

מְאֹד adv. (547) *hard*

וַיִּגְּשׁוּ consec.-Qal impf. 3 m.p. (נגשׁ 620) *and drew near*

לִשְׁבֹּר prep.-Qal inf.cstr. (990) *to break*

הַדָּלֶת def.art.-n.f.s. paus. (195) *the door*

19:10

וַיִּשְׁלְחוּ consec.-Qal impf. 3 m.p. (1018) *but ... put forth*

הָאֲנָשִׁים def.art.-n.m.p. (35) *the men*

אֶת־יָדָם dir.obj.-n.f.s.-3 m.p. sf. (388) *their hands*

וַיָּבִיאוּ consec.-Hi. impf. 3 m.p. (בוא 97) *and brought*

אֶת־לוֹט dir.obj.-pr.n. (532) *Lot*

אֲלֵיהֶם prep.-3 m.p. sf. *to them*

הַבָּיְתָה def.art.-n.m.s.-dir.he (108) *into the house*

וְאֶת־הַדֶּלֶת conj.-dir.obj.-def.art.-n.f.s. (195) *and the door*

סָגָרוּ Qal pf. 3 c.p. paus. (688) *(they) shut*

19:11

וְאֶת־הָאֲנָשִׁים conj.-dir.obj.-def.art.-n.m.p. (35) *and the men*

אֲשֶׁר־פֶּתַח rel. (81)-n.m.s. cstr. (835) *who (were at) the door of*

הַבַּיִת def.art.-n.m.s. (108) *the house*

הִכּוּ Hi. pf. 3 c.p. (נכה 645) *they struck*

בַּסַּנְוֵרִים prep.-def.art.-n.m.p. (703; GK 126n) *with blindness*

מִקָּטֹן prep.-adj. m.s. (882) *both small*

וְעַד־גָּדוֹל conj.-prep.-adj. m.s. (152) *and great*

וַיִּלְאוּ consec.-Qal impf. 3 m.p. (לאה 521) *so that they wearied themselves*

לִמְצֹא prep.-Qal inf.cstr. (592) *groping for*

הַפָּתַח def.art.-n.m.s. paus. (835) *the door*

19:12

וַיֹּאמְרוּ consec.-Qal impf. 3 m.p. (55) *then said*

הָאֲנָשִׁים def.art.-n.m.p. (35) *the men*

אֶל־לוֹט prep.-pr.n. (532) *to Lot*

עֹד מִי־לְךָ adv. (728)-interr. (566)-prep.-2 m.s. sf. *have you any one else*

פֹה adv. (805) *here*

חָתָן n.m.s. (368) *sons-in-law*

וּבָנֶיךָ conj.-n.m.p.-2 m.s. sf. (119) *(and your) sons*

וּבְנֹתֶיךָ conj.-n.f.p.-2 m.s. sf. (I 123) *(and your) daughters*

וְכֹל אֲשֶׁר־לְךָ conj.-n.m.s. (481)-rel. (81)-prep.-2 m.s. sf. *or any one you have*

בָּעִיר prep.-def.art.-n.f.s. (746) *in the city*

הוֹצֵא Hi. impv. 2 m.s. (יצא 422) *bring out*

מִן־הַמָּקוֹם prep.-def.art.-n.m.s. (879) *out of the place*

19:13

כִּי־מַשְׁחִתִים conj.-Hi. ptc. m.p. (שׁחת 1007) *for ... about to destroy*

אֲנַחְנוּ pers.pr. 1 c.p. (59) *we are*

אֶת־הַמָּקוֹם הַזֶּה dir.obj.-def.art.-n.m.s. (879) -def.art.-demons.adj. m.s. (260) *this place*

כִּי־גָדְלָה conj.-Qal pf. 3 f.s. (152) *because has become great*

צַעֲקָתָם n.f.s.-3 m.p. sf. (858) *their outcry*

אֶת־פְּנֵי dir.obj.-n.m.p. cstr. (815) *before*

יהוה pr.n. (217) *Yahweh*

וַיְשַׁלְּחֵנוּ consec.-Pi. impf. 3 m.s. (1018)-1 c.p. sf. *and has sent us*

יהוה pr.n. (217) *Yahweh*

לְשַׁחֲתָה prep.-Pi. inf.cstr.-3 f.s. sf. (1007) *to destroy it*

19:14

וַיֵּצֵא consec.-Qal impf. 3 m.s. (יצא 422) *so went out*

לוֹט pr.n. (532) *Lot*

וַיְדַבֵּר consec.-Pi. impf. 3 m.s. (180) *and said*

אֶל־חֲתָנָיו prep.-n.m.p.-3 m.s. sf. (368) *to his sons-in-law*

לֹקְחֵי Qal act.ptc. m.p. cstr. (542; GK 116d) *who were to marry*

בְנֹתָיו n.f.p.-3 m.s. sf. (I 123) *his daughters*

וַיֹּאמֶר consec.-Qal impf. 3 m.s. (55) *(and said)*

קוּמוּ Qal impv. 2 m.p. (קום 877) *up*

צְאוּ Qal impv. 2 m.p. (יצא 422; GK 20g) *get out*

מִן־הַמָּקוֹם הַזֶּה prep.-def.art.-n.m.s. (879)-def. art.-demons.adj. m.s. (260) *(from) this place*

כִּי־מַשְׁחִית conj.-Hi. ptc. (1007) *for ... is about to destroy*

יהוה pr.n. (217) *Yahweh*

אֶת־הָעִיר dir.obj.-def.art.-n.f.s. (746) *the city*

וַיְהִי consec.-Qal impf. 3 m.s. (הָיָה 224) *but he seemed to be*

כִּמְצַחֵק prep.-Pi. ptc. (850) *jesting*

בְּעֵינֵי prep.-n.f. du. cstr. (744) *to (in the eyes of)*

חֲתָנָיו n.m.p.-3 m.s. sf. (368) *his sons-in-law*

19:15

וּכְמוֹ conj.-conj. (455) *and when*

הַשַּׁחַר def.art.-n.m.s. (1007) *morning*

עָלָה Qal pf. 3 m.s. (748) *dawned*

וַיָּאִיצוּ consec.-Hi. impf. 3 m.p. (אוץ 21) *urged*

הַמַּלְאָכִים def.art.-n.m.p. (521) *the angels*

בְּלוֹט prep.-pr.n. (532) *Lot*

לֵאמֹר prep.-Qal inf.cstr. (55) *saying*

קוּם Qal impv. 2 m.s. (877) *arise*

קַח Qal impv. 2 m.s. (לָקַח 542) *take*

אֶת־אִשְׁתְּךָ dir.obj.-n.f.s.-2 m.s. sf. (61) *your wife*

וְאֶת־שְׁתֵּי conj.-dir.obj.-num. cstr. (1040) *and ... two*

בְנֹתֶיךָ n.f.p.-2 m.s. sf. (I 123) *your daughters*

הַנִּמְצָאֹת def.art.-Ni. ptc. f.p. (מָצָא 592) *who are here*

פֶּן־תִּסָּפֶה conj. (814; GK 152w)-Ni. impf. 2 m.s. (סָפָה 705) *lest you be consumed*

בַּעֲוֹן prep.-n.m.s. cstr. (730) *in the punishment of*

הָעִיר def.art.-n.f.s. (746) *the city*

19:16

וַיִּתְמַהְמָהּ consec.-Hithpalel impf. 3 m.s. (מָהַהּ 554; GK 55g) *but he lingered*

וַיַּחֲזִקוּ consec.-Hi. impf. 3 m.p. (חָזַק 304) *so seized*

הָאֲנָשִׁים def.art.-n.m.p. (35) *the men*

בְּיָדוֹ prep.-n.f.s.-3 m.s. sf. (388) *by the hand of him*

וּבְיַד־אִשְׁתּוֹ conj.-prep.-n.f.s. cstr. (388)-n.f.s.-3 m.s. sf. (61) *and his wife*

וּבְיַד שְׁתֵּי v.supra num. cstr. (1040) *and two*

בְנֹתָיו n.f.p.-3 m.s. sf. (I 123) *his daughters*

בְּחֶמְלַת prep.-n.f.s. cstr. (328; GK 45d,115f) *being merciful*

יהוה pr.n. (217) *Yahweh*

עָלָיו prep.-3 m.s. sf. *to him*

וַיֹּצִאֻהוּ consec.-Hi. impf. 3 m.p.-3 m.s. sf. (יָצָא 422) *and they brought him forth*

וַיַּנִּחֻהוּ consec.-Hi. impf. 3 m.p.-3 m.s. sf. (נוּחַ 628) *and set him*

מִחוּץ prep.-n.m.s. (299) *outside*

לָעִיר prep.-def.art.-n.f.s. (746) *the city*

19:17

וַיְהִי consec.-Qal impf. 3 m.s. (הָיָה 224) *and it was*

כְהוֹצִיאָם prep.-Hi. inf.cstr.-3 m.p. sf. (יָצָא 422) *when they had brought*

אֹתָם dir.obj.-3 m.p. sf. *them*

הַחוּצָה def.art.-n.m.s.-dir.he (299) *forth*

וַיֹּאמֶר consec.-Qal impf. 3 m.s. (55) *they* (lit. *he*) *said*

הִמָּלֵט Ni. impv. 2 m.s. (מָלַט 572) *flee*

עַל־נַפְשֶׁךָ prep.-n.f.s.-2 m.s. sf. (659) *for your life*

אַל־תַּבִּיט neg.-Hi. impf. 2 m.s. (נָבַט 613; GK 107p) *do not look*

אַחֲרֶיךָ prep.-2 m.s. sf. (29) *back (after you)*

וְאַל־תַּעֲמֹד conj.-neg.-Qal impf. 2 m.s. (763) *or stop*

בְּכָל־הַכִּכָּר prep.-n.m.s. cstr. (481)-def.art.-n.f.s. (503) *anywhere in the valley*

הָהָרָה def.art.-n.m.s.-dir.he (249) *to the hills*

הִמָּלֵט v.supra *flee*

פֶּן־תִּסָּפֶה conj. (814)-Ni. impf. 2 m.s. (סָפָה 705) *lest you be consumed*

19:18

וַיֹּאמֶר consec.-Qal impf. 3 m.s. (55) *and said*

לוֹט pr.n. (532) *Lot*

אֲלֵהֶם prep.-3 m.p. sf. *to them*

אַל־נָא neg.-part.of entreaty (609; GK 152g) *Oh no*

אֲדֹנָי n.m.p.-1 c.s. sf. (10) *my lords*

19:19

הִנֵּה־נָא demons.part. (243)-part.of entreaty (609) *behold*

מָצָא Qal pf. 3 m.s. (592) *has found*

עַבְדְּךָ n.m.s.-2 m.s. sf. (713) *your servant*

חֵן n.m.s. (336) *favor*

בְּעֵינֶיךָ prep.-n.f. du.-2 m.s. sf. (744) *in your sight*

וַתַּגְדֵּל consec.-Hi. impf. 2 m.s. (152) *and you have shown great*

חַסְדְּךָ n.m.s.-2 m.s. sf. (338) *your kindness*

אֲשֶׁר עָשִׂיתָ rel. (81)-Qal pf. 2 m.s. (עָשָׂה I 793) *(which you performed)*

עִמָּדִי prep.-1 c.s. sf. (767) *(with) me*

לְהַחֲיוֹת prep.-Hi. inf.cstr. (310) *in saving*

אֶת־נַפְשִׁי dir.obj.-n.f.s.-1 c.s. sf. (659) *my life*

וְאָנֹכִי conj. (GK 154a)-pers.pr. 1 c.s. (58) *but I*

לֹא אוּכַל neg.-Qal impf. 1 c.s. (יָכֹל 407; GK 107f) *I cannot*

לְהִמָּלֵט prep.-Ni. inf.cstr. (מָלַט 572) *flee*

הָהָרָה def.art.-n.m.s.-dir.he (249) *to the hills*

פֶּן־תִּדְבָּקַנִי conj.- (814; GK 152w)-Qal impf. 3 f.s.-1 c.s. sf. (179; GK 60d) *lest ... overtake me*

הָרָעָה def.art.-n.f.s. (948) *the disaster*

וָמַתִּי conj.-Qal pf. 1 c.s. (מוּת 559; GK 72n) *and I die*

19:20

הִנֵּה־נָא demons.part. (243)-part.of entreaty (609) *behold*

הָעִיר הַזֹּאת def.art.-n.f.s. (746)-def.art.-demons.adj. f.s. (260) *yonder city*

קְרֹבָה adj. f.s. (898) *is near enough*

לָנוּם prep.-Qal inf.cstr. (630) *to flee*

שָׁמָּה adv.-dir.he (1027) *to (there)*

וְהִיא conj.-pers.pr. 3 f.s. (214) *and it*

מִצְעָר n.m.s. (I 859) *a little one*

אִמָּלְטָה נָא Ni. impf. 1 c.s.-coh.he (572; GK 109f)-part.of entreaty (609) *let me escape*

שָׁמָּה v.supra *there*

הֲלֹא מִצְעָר interr.-neg.-v.supra *not a little one?*

הִוא pers.pr. 3 f.s. (214) *it*

וּתְחִי conj.-Qal impf. 3 f.s. apoc. (חָיָה 310) *and will be saved*

נַפְשִׁי n.f.s.-1 c.s. sf. (659) *my life*

19:21

וַיֹּאמֶר consec.-Qal impf. 3 m.s. (55) *he said*

אֵלָיו prep.-3 m.s. sf. *to him*

הִנֵּה demons.part. (243) *behold*

נָשָׂאתִי Qal pf. 1 c.s. (669) *I grant*

פָנֶיךָ n.m.p.-2 m.s. sf. (815) *you*

גַּם adv. (168) *also*

לַדָּבָר הַזֶּה prep.-def.art.-n.m.s. (182)-def.art.-demons.adj. m.s. (260) *this favor*

לְבִלְתִּי הָפְכִּי prep.-neg. (116)-Qal inf.cstr.-1 c.s. sf. (הָפַךְ 245; GK 61a) *that I will not overthrow*

אֶת־הָעִיר dir.obj.-def.art.-n.f.s. (746) *the city*

אֲשֶׁר דִּבַּרְתָּ rel. (81)-Pi. pf. 2 m.s. (180) *of which you have spoken*

19:22

מַהֵר Pi. impv. 2 m.s. (I 554; GK 120g) *make haste*

הִמָּלֵט Ni. impv. 2 m.s. (מָלַט 572) *escape*

שָׁמָּה adv.-dir.he (1027) *there*

כִּי לֹא אוּכַל conj.-neg.-Qal impf. 1 c.s. (יָכֹל 407) *for I can not*

לַעֲשׂוֹת prep.-Qal inf.cstr. (עָשָׂה I 793) *do*

דָּבָר n.m.s. (182) *a thing*

עַד־בֹּאֲךָ prep.-Qal inf.cstr.-2 m.s. sf. (בּוֹא 97) *till you arrive*

שָׁמָּה v.supra *there*

עַל־כֵּן prep.-adv. (485) *therefore*

קָרָא Qal pf. 3 m.s. (894) *was called*

שֵׁם־הָעִיר n.m.s. cstr. (1027)-def.art.-n.f.s. (746) *the name of the city*

צוֹעַר pr.n. (858) *Zoar*

19:23

הַשֶּׁמֶשׁ def.art.-n.m.s. (1039) *the sun*

יָצָא Qal pf. 3 m.s. (422) *had risen*

עַל־הָאָרֶץ prep.-def.art.-n.f.s. (75) *on the earth*

וְלוֹט conj.-pr.n. (532) *when Lot*

בָּא Qal pf. 3 m.s. (בּוֹא 97; GK 164b) *came*

צֹעֲרָה pr.n.-dir.he (858) *to Zoar*

19:24

וַיהוה conj.-pr.n. (217) *then Yahweh*

הִמְטִיר Hi. pf. 3 m.s. (565) *rained*

עַל־סְדֹם prep.-pr.n. (690) *on Sodom*

וְעַל־עֲמֹרָה conj.-prep.-pr.n. (771) *and Gomorrah*

גָּפְרִית n.f.s. (172) *brimstone*

וָאֵשׁ conj.-n.f.s. (77) *and fire*

מֵאֵת יהוה prep.-prep. (II 85)-pr.n. (217) *from Yahweh*

מִן־הַשָּׁמָיִם prep.-def.art.-n.m. du. paus. (1029) *out of heaven*

19:25

וַיַּהֲפֹךְ consec.-Qal impf. 3 m.s. (הָפַךְ 245) *and he overthrew*

אֶת־הֶעָרִים הָאֵל dir.obj.-def.art.-n.f.p. (746)-def.art.-demons.adj. c.p. (41) *those cities*

וְאֵת כָּל־הַכִּכָּר conj.-dir.obj.-n.m.s. cstr. (481)-def.art.-n.f.s. (503) *and all the valley*

וְאֵת כָּל־יֹשְׁבֵי conj.-dir.obj.-n.m.s. cstr. (481)-Qal act.ptc. m.p. cstr. (442) *and all the inhabitants of*

הֶעָרִים def.art.-n.f.p. (746) *the cities*

וְצֶמַח conj.-n.m.s. cstr. (855) *and what grew (growth of) on*

הָאֲדָמָה def.art.-n.f.s. (9) *the ground*

19:26

וַתַּבֵּט consec.-Hi. impf. 3 f.s. (נָבַט 613) *but ... looked*

אִשְׁתּוֹ n.f.s.-3 m.s. sf. (61) *his wife*

מֵאַחֲרָיו prep.-prep.-3 m.s. sf. (29) *behind him*

וַתְּהִי consec.-Qal impf. 3 f.s. (hyh 224) *and she became*

נְצִיב מֶלַח n.m.s. cstr. (I 662)-n.m.s. (571) *a pillar of salt*

19:27

וַיַּשְׁכֵּם consec.-Hi. impf. 3 m.s. (שָׁכַם 1014) *and went early*

אַבְרָהָם pr.n. (4) *Abraham*

בַּבֹּקֶר prep.-def.art.-n.m.s. (133) *in the morning*

אֶל־הַמָּקוֹם prep.-def.art.-n.m.s. (879) *to the place*

אֲשֶׁר־עָמַד rel. (81)-Qal pf. 3 m.s. (763) *where he had stood*

שָׁם adv. (1027) *(there)*

אֶת־פְּנֵי יְהוָה dir.obj.-n.m.p. cstr. (815)-pr.n. (217) *before Yahweh*

19:28

וַיַּשְׁקֵף consec.-Hi. impf. 3 m.s. (שָׁקַף I 1054) *and he looked down*

עַל־פְּנֵי סְדֹם prep.-n.m.p. cstr. (815)-pr.n. (690) *toward Sodom*

וַעֲמֹרָה conj.-pr.n. (771) *and Gomorrah*

וְעַל־כָּל־פְּנֵי conj.-prep.-n.m.s. cstr. (481)-n.m.p. cstr. (815) *and toward all (the face of)*

אֶרֶץ n.f.s. cstr. (75) *the land of*

הַכִּכָּר def.art.-n.f.s. (503; GK 126o) *the valley*

וַיַּרְא consec.-Qal impf. 3 m.s. (רָאָה 906) *and beheld*

וְהִנֵּה conj.-demons.part. (243) *and lo*

עָלָה Qal pf. 3 m.s. (748) *went up*

קִיטֹר הָאָרֶץ n.m.s. cstr. (882)-def.art.-n.f.s. (75) *the smoke of the land*

כְּקִיטֹר הַכִּבְשָׁן prep.-n.m.s. cstr. (882)-def.art.-n.m.s. (461; GK 126o) *like the smoke of the furnace*

19:29

וַיְהִי consec.-Qal impf. 3 m.s. (הָיָה 224) *so it was that*

בְּשַׁחֵת prep.-Pi. inf.cstr. (שָׁחַת 1007; GK 115a) *when destroyed*

אֱלֹהִים n.m.p. (43) *God*

אֶת־עָרֵי dir.obj.-n.f.p. cstr. (746; GK 124o) *the cities of*

הַכִּכָּר def.art.-n.f.s. (503) *the valley*

וַיִּזְכֹּר consec.-Qal impf. 3 m.s. (זָכַר 269) *(and) remembered*

אֱלֹהִים n.m.p. (43) *God*

אֶת־אַבְרָהָם dir.obj.-pr.n. (4) *Abraham*

וַיְשַׁלַּח consec.-Pi. impf. 3 m.s. (שָׁלַח 1018) *and sent*

אֶת־לוֹט dir.obj.-pr.n. (532) *Lot*

מִתּוֹךְ prep.-n.m.s. cstr. (1063) *out of the midst of*

הַהֲפֵכָה def.art.-n.f.s. (246) *the overthrow*

בַּהֲפֹךְ prep.-Qal inf.cstr. (הָפַךְ 245; GK 115a) *when he overthrew*

אֶת־הֶעָרִים dir.obj.-def.art.-n.f.p. (746) *the cities*

אֲשֶׁר־יָשַׁב rel. (81)-Qal pf. 3 m.s. (442) *which ... dwelt*

בָּהֵן prep.-3 f.p. sf. *in them*

לוֹט pr.n. (532) *Lot*

19:30

וַיַּעַל consec.-Qal impf. 3 m.s. (עָלָה 748) *now went up*

לוֹט pr.n. (532) *Lot*

מִצּוֹעַר prep.-pr.n. (858) *out of Zoar*

וַיֵּשֶׁב consec.-Qal impf. 3 m.s. (יָשַׁב 442) *so he dwelt*

בָּהָר prep.-def.art.-n.m.s. (249) *in the hills*

וּשְׁתֵּי conj.-num. cstr. (104) *and two*

בְנֹתָיו n.f.p.-3 m.s. sf. (I 123) *his daughters*

עִמּוֹ prep.-3 m.s. sf. *with him*

כִּי יָרֵא conj.-Qal pf. 3 m.s. (431) *for he was afraid*

לָשֶׁבֶת prep.-Qal inf.cstr. (יָשַׁב 442) *to dwell*

בְּצוֹעַר prep.-pr.n. (858) *in Zoar*

וַיֵּשֶׁב consec.-Qal impf. 3 m.s. (יָשַׁב 442) *so he dwelt*

בַּמְּעָרָה prep.-def.art.-n.f.s. (792; GK 126r) *in a cave*

הוּא pers.pr. 3 m.s. (214) *he*

וּשְׁתֵּי v.supra *and two*

בְנֹתָיו v.supra *his daughters*

19:31

וַתֹּאמֶר consec.-Qal impf. 3 f.s. (55) *and said*

הַבְּכִירָה def.art.-n.f.s. (114) *the first-born*

אֶל־הַצְּעִירָה prep.-def.art.-adj. f.s. (I 859; GK 133f) *to the younger*

אָבִינוּ n.m.s.-1 c.p. sf. (3) *our father*

זָקֵן Qal pf. 3 m.s. (278) *is old*

וְאִישׁ conj.-n.m.s. (35) *and a man*

אֵין subst. cstr. (II 34; GK 152o) *there is not*

בָּאָרֶץ prep.-def.art.-n.f.s. (75) *on earth*

לָבוֹא prep.-Qal inf.cstr. (97) *to come in*

עָלֵינוּ prep.-1 c.p. sf. *to us*

כְּדֶרֶךְ prep.-n.m.s. cstr. (202) *after the manner of*

כָּל־הָאָרֶץ n.m.s. cstr. (481)-def.art.-n.f.s. (75) *all the earth*

19:32

לְכָה Qal impv. 2 m.s.-vol. he (הָלַךְ 229; GK 69x) *come*

נַשְׁקֶה Hi. impf. 1 c.p. (1052; GK 117cc) *let us make ... drink*

אֶת־אָבִינוּ dir.obj.-n.m.s.-1 c.p. sf. (3) *our father*

יַיִן n.m.s. (406) *wine*

וְנִשְׁכְּבָה conj.-Qal impf. 1 c.p.-coh.he (1011) *and we will lie*

עִמּוֹ prep.-3 m.s. sf. *with him*

וּנְחַיֶּה conj.-Pi. impf. 1 c.p. (חָיָה 310) *that we may preserve*

מֵאָבִינוּ prep.-n.m.s.-1 c.p. sf. (3) *through our father*

זָרַע n.m.s. paus. (282) *offspring*

19:33

וַתַּשְׁקֶיןָ consec.-Hi. impf. 3 f.p. (שָׁקָה 1052; GK 47,l) *so they made ... drink*

אֶת־אֲבִיהֶן dir.obj.-n.m.s.-3 f.p. sf. (3) *their father*

יַיִן n.m.s. (406) *wine*

בַּלַּיְלָה prep.-def.art.-n.m.s. (538) *in the night*

הוּא demons.adj. m.s. (214; GK 126y) *that*

וַתָּבֹא consec.-Qal impf. 3 f.s. (בּוֹא 97) *and went in*

הַבְּכִירָה def.art.-n.f.s. (114) *the first-born*

וַתִּשְׁכַּב consec.-Qal impf. 3 f.s. (שָׁכַב 1011) *and lay*

אֶת־אָבִיהָ prep. (II 85)-n.m.s.-3 f.s. sf. (3) *with her father*

וְלֹא־יָדַע conj.-neg.-Qal pf. 3 m.s. (393) *he did not know*

בְּשִׁכְבָהּ prep.-Qal inf.cstr.-3 f.s. sf. (שָׁכַב 1011; GK 61c,93s) *when she lay down*

וּבְקוּמָהּ conj.-prep.-Qal inf.cstr.-3 f.s. sf. (קוּם 877) *or when she arose*

19:34

וַיְהִי consec.-Qal impf. 3 m.s. (הָיָה 224) *and (it was)*

מִמָּחֳרָת prep.-n.f.s. (564) *on the next day*

וַתֹּאמֶר consec.-Qal impf. 3 f.s. (55) *said*

הַבְּכִירָה def.art.-n.f.s. (114) *the first-born*

אֶל־הַצְּעִירָה prep.-def.art.-adj. f.s. (I 859) *to the younger*

הֵן interj. (243) *behold*

שָׁכַבְתִּי Qal pf. 1 c.s. (שָׁכַב 1011) *I lay*

אֶמֶשׁ adv. (57) *(yesterday) last night*

אֶת־אָבִי prep. (II 85)-n.m.s.-1 c.s. sf. (3) *with my father*

נַשְׁקֶנּוּ Hi. impf. 1 c.p.-3 m.s. sf. (שָׁקָה 1052) *let us make him drink*

יַיִן n.m.s. (406) *wine*

גַּם־הַלַּיְלָה adv. (168)-def.art.-n.m.s. (538; GK 126b) *also tonight*

וּבֹאִי conj.-Qal impv. 2 f.s. (בּוֹא 97) *then you go in*

שִׁכְבִי Qal impv. 2 f.s. (שָׁכַב 1011) *and lie*

עִמּוֹ prep.-3 m.s. sf. *with him*

וּנְחַיֶּה conj.-Pi. impf. 1 c.p. (חָיָה 310) *that we may preserve*

מֵאָבִינוּ prep.-n.m.s.-1 c.p. sf. (3) *through our father*

זָרַע n.m.s. paus. (282) *offspring*

19:35

וַתַּשְׁקֶיןָ consec.-Hi. impf. 3 f.p. (שָׁקָה 1052; GK 47,l) *so they made ... drink*

גַּם adv. (168) *also*

בַּלַּיְלָה הַהוּא prep.-def.art.-n.m.s. (538)-def.art.-demons.adj. m.s. (214) *that night*

אֶת־אֲבִיהֶן dir.obj.-n.m.s.-3 f.p. sf. (3) *their father*

יַיִן n.m.s. paus. (406) *wine*

וַתָּקָם consec.-Qal impf. 3 f.s. (קוּם 877) *and arose*

הַצְּעִירָה def.art.-adj. f.s. (859) *the younger*

וַתִּשְׁכַּב consec.-Qal impf. 3 f.s. (שָׁכַב 1011) *and lay*

עִמּוֹ prep.-3 m.s. sf. *with him*

וְלֹא־יָדַע conj.-neg.-Qal pf. 3 m.s. (393) *and he did not know*

בְּשִׁכְבָהּ prep.-Qal inf.cstr.-3 f.s. sf. (שָׁכַב 1011; GK 61c,93s) *when she lay down*

וּבְקֻמָהּ conj.-prep.-Qal inf.cstr.-3 f.s. sf. (קוּם 877) *or when she arose*

19:36

וַתַּהֲרֶיןָ consec.-Qal impf. 3 f.p. (הָרָה 247) *thus ... were with child*

שְׁתֵּי num. cstr. (1040) *both (of)*

בְּנוֹת־ n.f.p. cstr. (I 123) *daughters of*

לוֹט pr.n. (532) *Lot*

מֵאֲבִיהֶן prep.-n.m.s.-3 f.p. sf. (3) *by their father*

19:37

וַתֵּלֶד consec.-Qal impf. 3 f.s. (יָלַד 408) *bore*

הַבְּכִירָה def.art.-n.f.s. (114) *the first-born*

בֵּן n.m.s. (119) *a son*

וַתִּקְרָא consec.-Qal impf. 3 f.s. (894) *and called*

שְׁמוֹ n.m.s.-3 m.s. sf. (1027) *his name*

מוֹאָב pr.n. (555) *Moab*

הוּא pers.pr. 3 m.s. (214) *he is*

אֲבִי־מוֹאָב n.m.s. cstr. (3)-pr.n. (555) *the father of the Moabites*

עַד־הַיּוֹם prep.-def.art.-n.m.s. (398) *to this day*

19:38

וְהַצְּעִירָה conj.-def.art.-adj. f.s. (859) *the younger*

גַם־הִוא adv. (168)-pers.pr. 3 f.s. (214) *also (she)*

יָלְדָה Qal pf. 3 f.s. (יָלַד 408) *bore*

בֵּן n.m.s. (119) *a son*

וַתִּקְרָא consec.-Qal impf. 3 f.s. (קָרָא 894) *and called*

שְׁמוֹ n.m.s.-3 m.s. sf. (1027) *his name*

בֶּן־עַמִּי pr.n. (122) *Ben-ammi (son of my people)*

הוּא pers.pr. 3 m.s. (214) *he is*

אֲבִי n.m.s. cstr. (3) *the father of*

בְּנֵי־עַמּוֹן n.m.p. cstr. (119)-pr.n. (769) *the Ammonites*

עַד־הַיּוֹם prep.-def.art.-n.m.s. (398) *to this day*

20:1

וַיִּסַּע consec.-Qal impf. 3 m.s. (נָסַע 652) *journeyed*

מִשָּׁם prep.-adv. (1027) *from there*

אַבְרָהָם pr.n. (4) *Abraham*

אַרְצָה n.f.s.-dir.he (75; GK 90c) *toward the territory*

הַנֶּגֶב def.art.-n.m.s. (616) *the Negeb*

וַיֵּשֶׁב consec.-Qal impf. 3 m.s, (יָשַׁב 442) *and dwelt*

בֵּין־קָדֵשׁ prep. (107)-pr.n. (II 873) *between Kadesh*

וּבֵין שׁוּר conj.-prep. (107)-pr.n. (III 1004) *and Shur*

וַיָּגָר consec.-Qal impf. 3 m.s. (גּוּר 157) *and he sojourned*

בִּגְרָר prep.-pr.n. (176) *in Gerar*

20:2

וַיֹּאמֶר consec.-Qal impf. 3 m.s. (55) *and said*

אַבְרָהָם pr.n. (4) *Abraham*

אֶל־שָׂרָה prep.-pr.n. (979) *of Sarah*

אִשְׁתּוֹ n.f.s.-3 m.s. sf. (61) *his wife*

אֲחֹתִי n.f.s.-1 c.s. sf. (27) *my sister*

הִוא pers.pr. 3 f.s. (214) *she is*

וַיִּשְׁלַח consec.-Qal impf. 3 m.s. (שָׁלַח 1018) *and sent*

אֲבִימֶלֶךְ pr.n. (4) *Abimelech*

מֶלֶךְ n.m.s. cstr. (I 572) *king of*

גְּרָר pr.n. (176) *Gerar*

וַיִּקַּח consec.-Qal impf. 3 m.s. (לָקַח 542) *and took*

אֶת־שָׂרָה dir.obj.-pr.n. (979) *Sarah*

20:3

וַיָּבֹא consec.-Qal impf. 3 m.s. (בּוֹא 97) *but came*

אֱלֹהִים n.m.p. (43) *God*

אֶל־אֲבִימֶלֶךְ prep.-pr.n. (4) *to Abimelech*

בַּחֲלוֹם prep.-n.m.s. (321) *in a dream*

הַלָּיְלָה def.art.-n.m.s. paus. (538) *by night*

וַיֹּאמֶר לוֹ consec.-Qal impf. 3 m.s. (55)-prep.-3 m.s. sf. *and said to him*

הִנְּךָ מֵת demons.part.-2 m.s. sf. (243)-Qal act.ptc. m.s. (מוּת 559) *behold, you are a dead man*

עַל־הָאִשָּׁה prep.-def.art.-n.f.s. (61) *because of the woman*

אֲשֶׁר־לָקַחְתָּ rel. (81)-Qal pf. 2 m.s. (542) *whom you have taken*

וְהִוא conj.-pers.pr. 3 f.s. (214) *for she*

בְּעֻלַת בָּעַל Qal pass.ptc. f.s. cstr. (127)-n.m.s. paus. (I 127) *a man's wife*

20:4

וַאֲבִימֶלֶךְ conj.-pr.n. (4) *now Abimelech*

לֹא קָרַב אֵלֶיהָ neg.-Qal pf. 3 m.s. (897)-prep.-3 f.s. sf. *had not approached her*

וַיֹּאמַר consec.-Qal impf. 3 m.s. (55) *so he said*

אֲדֹנָי n.m.p.-1 c.s. sf. (10) *Lord*

הֲגוֹי גַּם־צַדִּיק interr.-n.m.s. (156)-adv. (168)-adj. m.s. (843) *an innocent people?*

תַּהֲרֹג Qal impf. 2 m.s. (הָרַג 246) *wilt thou slay*

20:5

הֲלֹא הוּא interr.-neg.-pers.pr. 3 m.s. (214) *did he not himself*

אָמַר־לִי Qal pf. 3 m.s. (55)-prep.-1 c.s. sf. *say to me*

אֲחֹתִי n.f.s.-1 c.s. sf. (27) *my sister*

הִוא pers.pr. 3 f.s. (214) *she is*

וְהִיא־גַם־הִוא conj.-pers.pr. 3 f.s. (214)-adv. (168)-pers.pr. 3 f.s. (214; GK 32,l) *and she herself*

אָמְרָה Qal pf. 3 f.s. (55) *said*

אָחִי הוּא n.m.s.-1 c.s. sf. (26)-pers.pr. 3 m.s. (214) *he is my brother*

בְּתָם־לְבָבִי prep.-n.m.s. cstr. (1070)-n.m.s.-1 c.s. sf. (523) *in the integrity of my heart*

וּבְנִקְיֹן כַּפַּי conj.-prep.-n.m.s. cstr. (667)-n.f.p.-1 c.s. sf. (496) *and the innocence of my hands*

עָשִׂיתִי Qal pf. 1 c.s. (עָשָׂה I 793) *I have done*

זֹאת demons.adj. f.s. (260) *this*

20:6

וַיֹּאמֶר consec.-Qal impf. 3 m.s. (55) *then said*

אֵלָיו prep.-3 m.s. sf. *to him*

הָאֱלֹהִים def.art.-n.m.p. (43) *God*

בַּחֲלֹם prep.-def.art.-n.m.s. (321) *in the dream*

גַּם אָנֹכִי adv. (168)-pers.pr. 1 c.s. (59) *Yes, I*

יָדַעְתִּי Qal pf. 1 c.s. (393) *know*

כִּי בְתָם־ conj.-prep.-n.m.s. cstr. (1070) *that in the integrity of*

לְבָבְךָ n.m.s.-2 m.s. sf. (523) *your heart*

עָשִׂיתָ Qal pf. 2 m.s. (עשׂה I 793) *you have done*

זֹאת demons.adj. f.s. (260) *this*

וָאֶחְשֹׂךְ consec.-Qal impf. 1 c.s. (חשׂך 362) *and I kept*

גַּם־אָנֹכִי adv. (168)-pers.pr. 1 c.s. (59) *it was I*

אוֹתְךָ dir.obj.-2 m.s. sf. *you*

מֵחֲטוֹ־לִי prep.-Qal inf.cstr. (חטא 306; GK 75qq)-prep.-1 c.s. sf. *from sinning against me*

עַל־כֵּן prep.-adv. (485) *therefore*

לֹא־נְתַתִּיךָ neg.-Qal pf. 1 c.s.-2 m.s. sf. (נתן 678; GK 114m) *I did not let you*

לִנְגֹּעַ prep.-Qal inf.cstr. (619; GK 66b,157bN) *touch*

אֵלֶיהָ prep.-3 f.s. sf. *her*

20:7

וְעַתָּה conj.-adv. (773) *now then*

הָשֵׁב Hi. impv. 2 m.s. (שׁוב 996) *restore*

אֵשֶׁת־הָאִישׁ n.f.s. cstr. (61)-def.art.-n.m.s. (35) *the man's wife*

כִּי־נָבִיא conj.-n.m.s. (611) *for a prophet*

הוּא pers.pr. 3 m.s. (214) *he is*

וְיִתְפַּלֵּל conj.-Hith. impf. 3 m.s. (פלל 813) *and he will pray*

בַּעַדְךָ prep.-2 m.s. sf. (126) *for you*

וֶחְיֵה conj.-Qal impv. 2 m.s. (חיה 310; GK 63q,110i) *and you shall live*

וְאִם־אֵינְךָ conj.-hypoth.part. (49)-subst.-2 m.s. sf. (II 34) *but if you do not ... her*

מֵשִׁיב Hi. ptc. (שׁוב 996) *restore*

דַּע Qal impv. 2 m.s. (ידע 393) *know*

כִּי־מוֹת תָּמוּת conj.-Qal inf.abs. (מות 559)-Qal impf. 2 m.s. (559) *that you shall surely die*

אַתָּה pers.pr. 2 m.s. (61) *you*

וְכָל־אֲשֶׁר־לָךְ conj.-n.m.s. cstr. (481)-rel. (81)-prep.-2 m.s. sf. paus. *and all that are yours*

20:8

וַיַּשְׁכֵּם consec.-Hi. impf. 3 m.s. (שׁכם 1014) *so rose early*

אֲבִימֶלֶךְ pr.n. (4) *Abimelech*

בַּבֹּקֶר prep.-def.art.-n.m.s. (133) *in the morning*

וַיִּקְרָא consec.-Qal impf. 3 m.s. (קרא 894) *and called*

לְכָל־עֲבָדָיו prep.-n.m.s. cstr. (481)-n.m.p.-3 m.s. sf. (713) *all his servants*

וַיְדַבֵּר consec.-Pi. impf. 3 m.s. (180) *and told*

אֶת־כָּל־ dir.obj.-n.m.s. cstr. (481) *all*

הַדְּבָרִים הָאֵלֶּה def.art.-n.m.s. (182)-def.art.-demons.adj. c.p. (41) *these things*

בְּאָזְנֵיהֶם prep.-n.f.p.-3 m.p. sf. (23) *them (lit. in their ears)*

וַיִּירְאוּ consec.-Qal impf. 3 m.p. (ירא 431) *and were afraid*

הָאֲנָשִׁים def.art.-n.m.p. (35) *the men*

מְאֹד adv. (547) *very much*

20:9

וַיִּקְרָא consec.-Qal impf. 3 m.s. (894) *then ... called*

אֲבִימֶלֶךְ pr.n. (4) *Abimelech*

לְאַבְרָהָם prep.-pr.n. (4) *Abraham*

וַיֹּאמֶר לוֹ consec.-Qal impf. 3 m.s. (55)-prep.-3 m.s. sf. *and said to him*

מֶה־עָשִׂיתָ interr. (552)-Qal pf. 2 m.s. (עשׂה I 793) *what have you done*

לָּנוּ prep.-1 c.p. sf. *to us*

וּמֶה־חָטָאתִי conj.-interr. (552)-Qal pf. 1 c.s. (306 חטא) *and how have I sinned*

לָךְ prep.-2 m.s. sf. paus. *against you*

כִּי־הֵבֵאתָ conj.-Hi. pf. 2 m.s. (בוא 97) *that you have brought*

עָלַי prep.-1 c.s. sf. *on me*

וְעַל־מַמְלַכְתִּי conj.-prep.-n.f.s.-1 c.s. sf. (575) *and my kingdom*

חֲטָאָה גְדֹלָה n.f.s. (308)-adj. f.s. (152) *a great sin*

מַעֲשִׂים n.m.p. (795) *things*

אֲשֶׁר לֹא־יֵעָשׂוּ rel. (81)-neg.-Ni. impf. 3 m.p. (עשׂה I 793; GK 107w) *that ought not to be done*

עָשִׂיתָ Qal pf. 2 m.s. (עשׂה I 793) *you have done*

עִמָּדִי prep.-1 c.s. sf. (767) *to me*

20:10

וַיֹּאמֶר consec.-Qal impf. 3 m.s. (55) *and ... said*

אֲבִימֶלֶךְ pr.n. (4) *Abimelech*

אֶל־אַבְרָהָם prep.-pr.n. (4) *to Abraham*

מָה רָאִיתָ interr. (552)-Qal pf. 2 m.s. (ראה 906) *what were you thinking of*

כִּי עָשִׂיתָ conj.-Qal pf. 2 m.s. (עשׂה I 793; GK 107v,166b) *that you did*

אֶת־הַדָּבָר הַזֶּה dir.obj.-def.art.-n.m.s. (182)-def.art.-demons.adj. m.s. (260) *this thing*

20:11

וַיֹּאמֶר consec.-Qal impf. 3 m.s. (55) *(and) said*

אַבְרָהָם pr.n. (4) *Abraham*

כִּי אָמַרְתִּי conj.-Qal pf. 1 c.s. (55) *because I thought (said)*

רַק adv. (956; GK 153) *at all*

אֵין־יִרְאַת subst.cstr. (II 34)-n.f.s. cstr. (432) *there is no fear of*

אֱלֹהִים n.m.p. (43) *God*

בַּמָּקוֹם הַזֶּה prep.-def.art.-n.m.s. (879)-def.art. -demons.adj. m.s. (260) *in this place*

וַהֲרָגוּנִי conj.-Qal pf. 3 c.p.-1 c.s. sf. (הָרַג 246; GK 112x) *and they will kill me*

עַל־דְּבַר prep.-n.m.s. cstr. (182) *because of*

אִשְׁתִּי n.f.s.-1 c.s. sf. (61) *my wife*

20:12

וְגַם־אָמְנָה conj.-adv. (168)-adv. (53) *and besides indeed*

אֲחֹתִי n.f.s.-1 c.s. sf. (27) *my sister*

בַת־אָבִי n.f.s. cstr. (I 123)-n.m.s.-1 c.s. sf. (3) *the daughter of my father*

הִוא pers.pr. 3 f.s. (214) *she is*

אַךְ לֹא adv. (36)-neg. (GK 152d) *but not*

בַת־אִמִּי n.f.s. cstr. (I 123)-n.f.s.-1 c.s. sf. (51) *the daughter of my mother*

וַתְּהִי־לִי consec.-Qal impf. 3 f.s. (הָיָה 224) -prep.-1 c.s. sf. *and she became my*

לְאִשָּׁה prep.-n.f.s. (61) *wife*

20:13

וַיְהִי consec.-Qal impf. 3 m.s. (הָיָה 224) *and (it was)*

כַּאֲשֶׁר הִתְעוּ prep.-rel. (81)-Hi. pf. 3 c.p. (תָּעָה 1073) *when ... caused to wander*

אֹתִי dir.obj.-1 c.s. sf. *me*

אֱלֹהִים n.m.p. (43; GK 124hN,145i) *God*

מִבֵּית אָבִי prep.-n.m.s. cstr. (108)-n.m.s.-1 c.s. sf. (3) *from my father's house*

וָאֹמַר consec.-Qal impf. 1 c.s. (אָמַר 55) *I said*

לָהּ prep.-3 f.s. sf. *to her*

זֶה demons.adj. m.s. (260) *this is*

חַסְדֵּךְ n.m.s.-2 f.s. sf. (338) *(thy) kindness*

אֲשֶׁר תַּעֲשִׂי rel. (81)-Qal impf. 2 f.s. (עָשָׂה I 793) *you must do*

עִמָּדִי prep.-1 c.s. sf. (767) *me*

אֶל כָּל־הַמָּקוֹם prep.-n.m.s. cstr. (481)-def.art. -n.m.s. (879; GK 127e) *at every place*

אֲשֶׁר נָבוֹא rel. (81)-Qal impf. 1 c.p. (בּוֹא 97) *to which we come*

שָׁמָּה adv.-dir.he (1027) *(thither)*

אִמְרִי־לִי Qal impv. 2 f.s. (55; GK 141f,167b) -prep.-1 c.s. sf. (GK 119u) *say of me*

אָחִי הוּא n.m.s.-1 c.s. sf. (26)-pers.pr. 3 m.s. (214) *he is my brother*

20:14

וַיִּקַּח consec.-Qal impf. 3 m.s. (לָקַח 542) *then ... took*

אֲבִימֶלֶךְ pr.n. (4) *Abimelech*

צֹאן n.f.s. (838) *sheep*

וּבָקָר conj.-n.m.s. (133) *and oxen*

וַעֲבָדִים conj.-n.m.p. (713) *and (male) slaves*

וּשְׁפָחֹת conj.-n.f.p. (1046) *and female slaves*

וַיִּתֵּן consec.-Qal impf. 3 m.s. (נָתַן 678) *and gave*

לְאַבְרָהָם prep.-pr.n. (4) *to Abraham*

וַיָּשֶׁב consec.-Hi. impf. 3 m.s. (שׁוּב 996) *and restored*

לוֹ prep.-3 m.s. sf. *to him*

אֵת שָׂרָה dir.obj.-pr.n. (979) *Sarah*

אִשְׁתּוֹ n.f.s.-3 m.s. sf. (61) *his wife*

20:15

וַיֹּאמֶר consec.-Qal impf. 3 m.s. (55) *and ... said*

אֲבִימֶלֶךְ pr.n. (4) *Abimelech*

הִנֵּה demons.part. (243) *behold*

אַרְצִי n.f.s.-1 c.s. sf. (75) *my land*

לְפָנֶיךָ prep.-n.m.p.-2 m.s. sf. (815) *before you*

בַּטּוֹב בְּעֵינֶיךָ prep.-def.art.-n.m.s. (373)-prep.-n.f. du.-2 m.s. sf. (744) *where it pleases you* (lit. *in the good in your eyes*)

שֵׁב Qal impv. 2 m.s. (יָשַׁב 442) *dwell*

20:16

וּלְשָׂרָה conj.-prep.-pr.n. (979) *to Sarah*

אָמַר Qal pf. 3 m.s. (55) *he said*

הִנֵּה נָתַתִּי demons.part. (243)-Qal pf. 1 c.s. (נָתַן 678) *behold I have given*

אֶלֶף כֶּסֶף n.m.s. cstr. (48)-n.m.s. (494; GK 134n) *a thousand pieces of silver*

לְאָחִיךְ prep.-n.m.s.-2 f.s. sf. (26) *(to) your brother*

הִנֵּה הוּא־לָךְ demons.part. (243)-pers.pr. 3 m.s. (214)-prep.-2 f.s. sf. *(behold) it is your*

כְּסוּת עֵינַיִם n.f.s. cstr. (492)-n.f. du. (744) *vindication in the eyes of* (lit. *covering of eyes*)

לְכֹל אֲשֶׁר prep.-n.m.s. (481)-rel. (81) *of all who*

אִתָּךְ prep.-2 f.s. sf. (II 85) *with you*

וְאֵת כֹּל conj.-prep. (II 85)-n.m.s. (481) *and before every one*

וְנֹכָחַת conj.-Ni. ptc. f.s. (יָכַח 406; GK 116s) *(and) you are righted*

79

20:17

וַיִּתְפַּלֵּל consec.-Hith. impf. 3 m.s. (פָלַל 813) *then ... prayed*

אַבְרָהָם pr.n. (4) *Abraham*

אֶל־הָאֱלֹהִים prep.-def.art.-n.m.p. (43) *to God*

וַיִּרְפָּא consec.-Qal impf. 3 m.s. (רָפָא 950) *and ... healed*

אֱלֹהִים n.m.p. (43) *God*

אֶת־אֲבִימֶלֶךְ dir.obj.-pr.n. (4) *Abimelech*

וְאֶת־אִשְׁתּוֹ conj.-dir.obj.-n.f.s.-3 m.s. sf. (61) *and his wife*

וְאַמְהֹתָיו conj.-n.f.p.-3 m.s. sf. (51) *and (his) female slaves*

וַיֵּלֵדוּ consec.-Qal impf. 3 m.p. paus. (יָלַד 408; GK 145u) *so that they bore children*

20:18

כִּי־עָצֹר עָצַר conj.-Qal inf.abs. (783; GK 113n) -Qal pf. 3 m.s. (עָצַר 783; GK 106f) *for ... had closed*

יהוה pr.n. (217) *Yahweh*

בְּעַד כָּל־ prep. cstr. (126)-n.m.s. cstr. (481) *all*

רֶחֶם n.m.s. (933) *wombs*

לְבֵית prep.-n.m.s. cstr. (108) *of the house of*

אֲבִימֶלֶךְ pr.n. (4) *Abimelech*

עַל־דְּבַר שָׂרָה prep.-n.m.s. cstr. (182)-pr.n. (979) *because of (the matter of) Sarah*

אֵשֶׁת אַבְרָהָם n.f.s. cstr. (61)-pr.n. (4) *Abraham's wife*

21:1

וַיהוה conj.-pr.n. (217) *(and) Yahweh*

פָּקַד Qal pf. 3 m.s. (823) *visited*

אֶת־שָׂרָה dir.obj.-pr.n. (979) *Sarah*

כַּאֲשֶׁר אָמָר prep.-rel. (81)-Qal pf. 3 m.s. paus. (55) *as he had said*

וַיַּעַשׂ consec.-Qal impf. 3 m.s. (עָשָׂה I 793) *and ... did*

יהוה pr.n. (217) *Yahweh*

לְשָׂרָה prep.-pr.n. (979) *to Sarah*

כַּאֲשֶׁר דִּבֶּר v.supra-Pi. pf. 3 m.s. (180) *as he had promised*

21:2

תַּהַר Qal impf. 3 f.s. (הָרָה 247) *and conceived*

וַתֵּלֶד consec.-Qal impf. 3 f.s. (יָלַד 408) *and bore*

שָׂרָה pr.n. (979) *Sarah*

לְאַבְרָהָם prep.-pr.n. (4) *Abraham*

בֵּן n.m.s. (119) *a son*

לִזְקֻנָיו prep.-adj. m.p.-3 m.s. sf. (278) *in his old age*

למועד prep.-def.art.-n.m.s. (417) *at the time*

אֲשֶׁר־דִּבֶּר rel. (81)-Pi. pf. 3 m.s. (180) *of which had spoken*

אֹתוֹ אֱלֹהִים dir.obj.-3 m.s. sf.-n.m.p. (43) *to him God*

21:3

וַיִּקְרָא consec.-Qal impf. 3 m.s. (894) *(and) called*

אַבְרָהָם pr.n. (4) *Abraham*

אֶת־שֶׁם־בְּנוֹ dir.obj.-n.m.s. cstr. (1027)-n.m.s.-3 m.s. sf. (119) *the name of his son*

הַנּוֹלַד־לוֹ def.art.-Ni. ptc. (יָלַד 408; GK 138k) -prep.-3 m.s. sf. *who was born to him*

אֲשֶׁר־יָלְדָה־לּוֹ rel. (81)-Qal pf. 3 f.s. (יָלַד 408) -prep.-3 m.s. sf. *whom bore him*

שָׂרָה pr.n. (979) *Sarah*

יִצְחָק pr.n. (850) *Isaac*

21:4

וַיָּמָל consec.-Qal impf. 3 m.s. (מוּל II 557) *and circumcised*

אַבְרָהָם pr.n. (4) *Abraham*

אֶת־יִצְחָק dir.obj.-pr.n. (850) *Isaac*

בְּנוֹ n.m.s.-3 m.s. sf. (119) *his son*

בֶּן־שְׁמֹנַת יָמִים n.m.s. cstr. (119)-num. f.s. cstr. (1032)-n.m.p. (398) *when he was eight days old (lit. son of eight days)*

כַּאֲשֶׁר צִוָּה prep.-rel. (81)-Pi. pf. 3 m.s. (צָוָה 845) *as had commanded*

אֹתוֹ אֱלֹהִים dir.obj.-3 m.s. sf.-n.m.p. (43) *him God*

21:5

וְאַבְרָהָם conj.-pr.n. (4) *(and) Abraham*

בֶּן־מְאַת שָׁנָה n.m.s. cstr. (119; GK 128v)-n.f.s. cstr. (547)-n.f.s. (1040) *was a hundred years old*

בְּהִוָּלֶד לוֹ prep.-Ni. inf.cstr. (יָלַד 408; GK 121b) -prep.-3 m.s. sf. *when was born to him*

אֶת יִצְחָק בְּנוֹ dir.obj.-pr.n. (850)-n.m.s.-3 m.s. sf. (119) *Isaac his son*

21:6

וַתֹּאמֶר שָׂרָה consec.-Qal impf. 3 f.s. (55)-pr.n. (979) *and Sarah said*

צְחֹק עָשָׂה n.m.s. (850; GK 114c)-Qal pf. 3 m.s. (I 793) *laughter ... has made*

לִי אֱלֹהִים prep.-1 c.s. sf.-n.m.p. (43) *for me ... God*

כָּל־הַשֹּׁמֵעַ n.m.s. cstr. (481)-def.art.-Qal act.ptc. (1033) *every one who hears*

יִצְחַק־לִי Qal impf. 3 m.s. (850; GK 10g,64h)-prep.-1 c.s. sf. *will laugh over me*

21:7

וַתֹּאמֶר consec.-Qal impf. 3 f.s. (55) *and she said*

מִי מִלֵּל interr. (566)-Pi. pf. 3 m.s. (מָלַל I 576; GK 106p,151a) *who would have said*

לְאַבְרָהָם prep.-pr.n. (4) *to Abraham*

הֵינִיקָה Hi. pf. 3 f.s. (יָנַק 413; GK 142f) *would suckle*

בָנִים שָׂרָה n.m.p. (119; GK 124o)-pr.n. (979) *children ... Sarah*

כִּי־יָלַדְתִּי בֵן conj.-Qal pf. 1 c.s. (יָלַד 408)-n.m.s. (119) *yet I have borne a son*

לִזְקֻנָיו prep.-adj. m.p.-3 m.s. sf. (278) *in his old age*

21:8

וַיִּגְדַּל consec.-Qal impf. 3 m.s. (גָּדֵל 152; GK 51m) *and ... grew*

הַיֶּלֶד def.art.-n.m.s. (409) *the child*

וַיִּגָּמַל consec.-Ni. impf. 3 m.s. paus. (גָּמַל 168; GK 121b) *and was weaned*

וַיַּעַשׂ consec.-Qal impf. 3 m.s. (עָשָׂה I 793) *and made*

אַבְרָהָם pr.n. (4) *Abraham*

מִשְׁתֶּה גָדוֹל n.m.s. (1059)-adj. m.s. (152) *a great feast*

בְּיוֹם הִגָּמֵל prep.-n.m.s. cstr. (398)-Ni. inf.cstr. (168) *on the day that ... was weaned*

אֶת־יִצְחָק dir.obj.-pr.n. (850) *Isaac*

21:9

וַתֵּרֶא consec.-Qal impf. 3 f.s. (רָאָה 906) *but ... saw*

שָׂרָה pr.n. (979) *Sarah*

אֶת־בֶּן־הָגָר dir.obj.-n.m.s. cstr. (119)-pr.n. (212) *the son of Hagar*

הַמִּצְרִית def.art.-adj. gent. f.s. (596) *the Egyptian*

אֲשֶׁר־יָלְדָה rel. (81)-Qal pf. 3 f.s. (יָלַד 408) *whom she had borne*

לְאַבְרָהָם prep.-pr.n. (4) *to Abraham*

מְצַחֵק Pi. ptc. (850; GK 52n) (lit. *playing*) LXX rd. *with her son Isaac*

21:10

וַתֹּאמֶר consec.-Qal impf. 3 f.s. (55) *so she said*

לְאַבְרָהָם prep.-pr.n. (4) *to Abraham*

גָּרֵשׁ Pi. impv. 2 m.s. (גָּרַשׁ 176) *cast out*

הָאָמָה הַזֹּאת def.art.-n.f.s. (51)-def.art.-demons.adj. f.s. (260) *this slave woman*

וְאֶת־בְּנָהּ conj.-dir.obj.-n.m.s.-3 f.s. sf. (119) *with her son*

כִּי לֹא יִירַשׁ conj.-neg.-Qal impf. 3 m.s. (יָרַשׁ 439) *for ... shall not be heir*

בֶּן־הָאָמָה הַזֹּאת n.m.s. cstr. (119)-def.art.-n.f.s. (51)-def.art.-demons.adj. f.s. (260) *the son of this slave woman*

עִם־בְּנִי prep.-n.m.s.-1 c.s. sf. (119) *with my son*

עִם־יִצְחָק prep.-pr.n. paus. (850) *(with) Isaac*

21:11

וַיֵּרַע consec.-Qal impf. 3 m.s. (רָעַע 949; GK 67p) *and ... was displeasing*

הַדָּבָר def.art.-n.m.s. (182) *the thing*

מְאֹד adv. (547) *very*

בְּעֵינֵי אַבְרָהָם prep.-n.f. du. cstr. (744)-pr.n. (4) *to* (lit. *in the eyes of*) *Abraham*

עַל אוֹדֹת בְּנוֹ prep.-n.f.p. cstr. (15)-n.m.s.-3 m.s. sf. (119) *on account of his son*

21:12

וַיֹּאמֶר consec.-Qal impf. 3 m.s. (55) *but ... said*

אֱלֹהִים n.m.p. (43) *God*

אֶל־אַבְרָהָם prep.-pr.n. (4) *to Abraham*

אַל־יֵרַע neg.-Qal impf. 3 m.s. (רָעַע I 949) *be not displeased*

בְּעֵינֶיךָ prep.-n.f. du.-2 m.s. sf. (744) (*in your eyes*)

עַל־הַנַּעַר prep.-def.art.-n.m.s. (654) *because of the lad*

וְעַל־אֲמָתֶךָ conj.-prep.-n.f.s.-2 m.s. sf. (51) *and because of your slave woman*

כֹּל אֲשֶׁר n.m.s. (481)-rel. (81) *whatever*

תֹּאמַר אֵלֶיךָ Qal impf. 3 f.s. (55)-prep.-2 m.s. sf. *says to you*

שָׂרָה pr.n. (979) *Sarah*

שְׁמַע בְּקֹלָהּ Qal impv. 2 m.s. (1033)-prep.-n.m.s.-3 f.s. sf. (876) *do as she tells you* (lit. *hearken to her voice*)

כִּי בְיִצְחָק conj.-prep.-pr.n. (850) *for through Isaac*

יִקָּרֵא Ni. impf. 3 m.s. (קָרָא 894) *shall be named*

לְךָ prep.-2 m.s. sf. *your*

זָרַע n.m.s. paus. (282) *descendants*

21:13

וְגַם conj.-adv. (168) *and also*

אֶת־בֶּן־הָאָמָה dir.obj.-n.m.s. cstr. (119)-def.art.-n.f.s. (51) *of the son of the slave woman*

לְגוֹי prep.-n.m.s. (156) *a nation*

אֲשִׂימֶנּוּ Qal impf. 1 c.s.-3 m.s. sf. (שִׂים 962; GK 143c) *I will make (him)*

כִּי זַרְעֶךָ conj.-n.m.s.-2 m.s. sf. (282) *because ... your offspring*

הוּא pers.pr. 3 m.s. (214) *he is*

21:14

וַיַּשְׁכֵּם consec.-Hi. impf. 3 m.s. (שָׁכַם 1014) *so rose early*

אַבְרָהָם pr.n. (4) *Abraham*

בַּבֹּקֶר prep.-def.art.-n.m.s. (133) *in the morning*

וַיִּקַּח־ consec.-Qal impf. 3 m.s. (לָקַח 542) *and took*

לֶחֶם n.m.s. (536) *bread*

וְחֵמַת מַיִם conj.-n.m.s. cstr. (332; GK 128q) -n.m.p. (565) *and a skin of water*

וַיִּתֵּן consec.-Qal impf. 3 m.s. (נָתַן 678) *and gave*

אֶל־הָגָר prep.-pr.n. (212) *to Hagar*

שָׂם Qal act.ptc. (שׂוּם I 962) *putting*

עַל־שִׁכְמָהּ prep.-n.m.s.-3 f.s. sf. (I 1014; GK 156dN) *on her shoulder*

וְאֶת־הַיֶּלֶד conj.-dir.obj.-def.art.-n.m.s. (409) *along with the child*

וַיְשַׁלְּחֶהָ consec.-Pi. impf. 3 m.s.-3 f.s. sf. (שָׁלַח 1018) *and sent her away*

וַתֵּלֶךְ consec.-Qal impf. 3 f.s. (הָלַךְ 229) *and she departed*

וַתֵּתַע consec.-Qal impf. 3 f.s. (תָּעָה 1073) *and wandered*

בְּמִדְבַּר prep.-n.m.s. cstr. (184) *in the wilderness of*

בְּאֵר שָׁבַע pr.n. paus. (92) *Beer-sheba*

21:15

וַיִּכְלוּ consec.-Qal impf. 3 m.p. (כָּלָה 477) *when was gone*

הַמַּיִם def.art.-n.m.p. (565) *the water*

מִן־הַחֵמֶת prep.-def.art.-n.m.s. (332; GK 95,l) *in the skin*

וַתַּשְׁלֵךְ consec.-Hi. impf. 3 f.s. (שָׁלַךְ 1020) *she cast*

אֶת־הַיֶּלֶד dir.obj.-def.art.-n.m.s. (409) *the child*

תַּחַת אַחַד prep. (1065)-num. s. cstr. (25) *under one of*

הַשִּׂיחִם def.art.-n.m.p. (967) *the bushes*

21:16

וַתֵּלֶךְ consec.-Qal impf. 3 f.s. (הָלַךְ 229) *then she went*

וַתֵּשֶׁב לָהּ consec.-Qal impf. 3 f.s. (יָשַׁב 442) -prep.-3 f.s. sf. (GK 119s) *and sat down*

מִנֶּגֶד prep.-subst. (617) *over against him*

הַרְחֵק Hi. inf.abs. (רָחַק 934; GK 113h) *a good way off*

כִּמְטַחֲוֵי prep.-Pilpel ptc. m.p. cstr. (טָחָה 377; GK 75kk) (lit. *like shooters of*) *about the distance of*

קֶשֶׁת n.f.s. (905) *a bowshot*

כִּי אָמְרָה conj.-Qal pf. 3 f.s. (55) *for she said*

אַל־אֶרְאֶה neg.-Qal impf. 1 c.s. (רָאָה 906; GK 108b) *let me not look*

בְּמוֹת הַיֶּלֶד prep. (GK 119k)-n.m.s. cstr. (560) -def.art.-n.m.s. paus. (409) *upon the death of the child*

וַתֵּשֶׁב consec.-Qal impf. 3 f.s. (יָשַׁב 442) *and as she sat*

מִנֶּגֶד v.supra *over against him*

וַתִּשָּׂא consec.-Qal impf. 3 f.s. (נָשָׂא 669) *she lifted up*

אֶת־קֹלָהּ dir.obj.-n.m.s.-3 f.s. sf. (876) *her voice*

וַתֵּבְךְּ consec.-Qal impf. 3 f.s. (בָּכָה 113) *and (she) wept*

21:17

וַיִּשְׁמַע consec.-Qal impf. 3 m.s. (שָׁמַע 1033) *and ... heard*

אֱלֹהִים n.m.p. (43) *God*

אֶת־קוֹל dir.obj.-n.m.s. cstr. (876) *the voice of*

הַנַּעַר def.art.-n.m.s. (654) *the lad*

וַיִּקְרָא consec.-Qal impf. 3 m.s. (894) *and called*

מַלְאַךְ אֱלֹהִים n.m.s. cstr. (521)-n.m.p. (43) *the angel of God*

אֶל־הָגָר prep.-pr.n. (212) *to Hagar*

מִן־הַשָּׁמַיִם prep.-def.art.-n.m. du. (1029) *from heaven*

וַיֹּאמֶר לָהּ consec.-Qal impf. 3 m.s. (55)-prep.-3 f.s. sf. *and said to her*

מַה־לָּךְ interr. (552)-prep.-2 f.s. sf. *what* (lit. *to you*) *troubles you*

הָגָר pr.n. (212) *Hagar*

אַל־תִּירְאִי neg.-Qal impf. 2 f.s. (יָרֵא 431) *fear not*

כִּי־שָׁמַע conj.-Qal pf. 3 m.s. (1033) *for ... has heard*

אֱלֹהִים n.m.p. (43) *God*

אֶל־קוֹל prep.-n.m.s. cstr. (876) *the voice of*

הַנַּעַר def.art.-n.m.s. (654) *the lad*

בַּאֲשֶׁר הוּא־שָׁם prep.-rel. (81; GK 138e)-pers.pr. 3 m.s. (214)-adv. (1027) *where he is*

21:18

קוּמִי Qal impv. 2 f.s. (קוּם 877) *arise*

שְׂאִי Qal impv. 2 f.s. (נָשָׂא 669) *lift up*

אֶת־הַנַּעַר dir.obj.-def.art.-n.m.s. (654) *the lad*

וְהַחֲזִיקִי conj.-Hi. impv. 2 f.s. (חָזַק 304) *and hold fast*

82

אֶת־יָדֶךָ prep. (II 85)-n.f.s.-2 f.s. sf. (388) *with your hand*

בּוֹ prep.-3 m.s. sf. *him*

כִּי־לְגוֹי גָּדוֹל conj.-prep.-n.m.s. (156)-adj. m.s. (152) *for a great nation*

אֲשִׂימֶנּוּ Qal impf. 1 c.s.-3 m.s. sf. (שִׂים 962) *I will make him*

21:19

וַיִּפְקַח consec.-Qal impf. 3 m.s. (824) *then ... opened*

אֱלֹהִים n.m.p. (43) *God*

אֶת־עֵינֶיהָ dir.obj.-n.f. du.-3 f.s. sf. (744) *her eyes*

וַתֵּרֶא consec.-Qal impf. 3 f.s. (רָאָה 906) *and she saw*

בְּאֵר מָיִם n.f.s. cstr. (91)-n.m.p. paus. (565) *a well of water*

וַתֵּלֶךְ consec.-Qal impf. 3 f.s. (הָלַךְ 229) *and she went*

וַתְּמַלֵּא consec.-Pi. impf. 3 f.s. (מָלֵא 569; GK 117cc) *and filled*

אֶת־הַחֵמֶת dir.obj.-def.art.-n.m.s. (332) *the skin*

מַיִם n.m.p. (565) *with water*

וַתַּשְׁקְ consec.-Hi. impf. 3 f.s. (שָׁקָה 1052) *and gave a drink*

אֶת־הַנָּעַר dir.obj.-def.art.-n.m.s. paus. (654) *the lad*

21:20

וַיְהִי consec.-Qal impf. 3 m.s. (הָיָה 224) *and ... was*

אֱלֹהִים n.m.p. (43) *God*

אֶת־הַנַּעַר prep. (II 85)-def.art.-n.m.s. (654) *with the lad*

וַיִּגְדָּל consec.-Qal impf. 3 m.s. paus. (גָּדַל 152) *and he grew up*

וַיֵּשֶׁב consec.-Qal impf. 3 m.s. (יָשַׁב 442) *(and) he lived*

בַּמִּדְבָּר prep.-def.art.-n.m.s. (184) *in the wilderness*

וַיְהִי v.supra *and became*

רֹבֶה Qal act.ptc. (רָבָה II 916) *an expert with*

קַשָּׁת n.m.s. paus. (906; GK 131b) *the bow* (lit. *growing up, a bow*)

21:21

וַיֵּשֶׁב consec.-Qal impf. 3 m.s. (יָשַׁב 442) *he lived*

בְּמִדְבַּר prep.-n.m.s. cstr. (184) *in the wilderness of*

פָּארָן pr.n. paus. (803) *Paran*

וַתִּקַּח־לוֹ consec.-Qal impf. 3 f.s. (לָקַח 542)-prep.-3 m.s. sf. *and ... took for him*

אִמּוֹ n.f.s.-3 m.s. sf. (51) *his mother*

אִשָּׁה n.f.s. (61) *a wife*

מֵאֶרֶץ prep.-n.f.s. cstr. (75) *from the land of*

מִצְרָיִם pr.n. paus. (595) *Egypt*

21:22

וַיְהִי consec.-Qal impf. 3 m.s. (הָיָה 224) *(and it was)*

בָּעֵת הַהִוא prep.-def.art.-n.f.s. (773)-def.art.-demons.adj. f.s. (214) *at that time*

וַיֹּאמֶר consec.-Qal impf. 3 m.s. (55) *said*

אֲבִימֶלֶךְ pr.n. (4) *Abimelech*

וּפִיכֹל conj.-pr.n. (810) *and Phicol*

שַׂר־ n.m.s. cstr. (978) *the commander of*

צְבָאוֹ n.m.s.-3 m.s. sf. (838) *his army*

אֶל־אַבְרָהָם prep.-pr.n. (4) *to Abraham*

לֵאמֹר prep.-Qal inf.cstr. (55) *(saying)*

אֱלֹהִים עִמְּךָ n.m.p. (43)-prep.-2 m.s. sf. *God is with you*

בְּכֹל אֲשֶׁר־ prep.-n.m.s. (481)-rel. (81) *in all that*

אַתָּה עֹשֶׂה pers.pr. 2 m.s. (61)-Qal act.ptc. (I 793) *you do*

21:23

וְעַתָּה conj.-adv. (773) *now therefore*

הִשָּׁבְעָה לִּי Ni. impv. 2 m.s.-coh.he (שָׁבַע 989; GK 51o)-prep.-1 c.s. sf. (GK 20f) *swear to me*

בֵאלֹהִים prep.-n.m.p. (43) *by God*

הֵנָּה adv. (I 244) *here*

אִם־תִּשְׁקֹר interr.part. (49)-Qal impf. 2 m.s. (שָׁקַר 1055) *that you will not deal falsely*

לִי prep.-1 c.s. sf. *with me*

וּלְנִינִי conj.-prep.-n.m.s.-1 c.s. sf. (630) *or with my offspring*

וּלְנֶכְדִּי conj.-prep.-n.m.s.-1 c.s. sf. (645) *or with my posterity*

כַּחֶסֶד prep.-def.art.-n.m.s. (338) *but as ... loyally*

אֲשֶׁר־עָשִׂיתִי rel. (81)-Qal pf. 1 c.s. (עָשָׂה I 793) *I have dealt*

עִמְּךָ prep.-2 m.s. sf. *with you*

תַּעֲשֶׂה Qal impf. 2 m.s. (I 793) *you will deal*

עִמָּדִי prep.-1 c.s. sf. (767) *with me*

וְעִם־הָאָרֶץ conj.-prep.-def.art.-n.f.s. (75) *and with the land*

אֲשֶׁר־גַּרְתָּה rel. (81)-Qal pf. 2 m.s. (גּוּר 157) *where you have sojourned*

בָּהּ prep.-3 f.s. sf. *(in it)*

21:24

וַיֹּאמֶר consec.-Qal impf. 3 m.s. (55) *and said*

אַבְרָהָם pr.n. (4) *Abraham*

אָנֹכִי אִשָּׁבֵעַ pers.pr. 1 c.s. (59; GK 135a)-Ni. impf. 1 c.s. (שׁבע 989; GK 51p) *I will swear*

21:25

וַהוֹכִחַ consec.-Hi. pf. 3 m.s. (יכח 406; GK 112rr) *when ... complained to*

אַבְרָהָם pr.n. (4) *Abraham*

אֶת־אֲבִימֶלֶךְ dir.obj.-pr.n. (4) *Abimelech*

עַל־אֹדוֹת prep.-n.f.p. cstr. (15) *about*

בְּאֵר הַמַּיִם n.f.s. cstr. (91)-def.art.-n.m.p. (565) *a well of water*

אֲשֶׁר גָּזְלוּ rel. (81)-Qal pf. 3 c.p. (גזל 159) *which ... had seized*

עַבְדֵי n.m.p. cstr. (713) *the servants of*

אֲבִימֶלֶךְ pr.n. (4) *Abimelech*

21:26

וַיֹּאמֶר consec.-Qal impf. 3 m.s. (55) *said*

אֲבִימֶלֶךְ pr.n. (4) *Abimelech*

לֹא יָדַעְתִּי neg.-Qal pf. 1 c.s. (ידע 393) *I do not know*

מִי עָשָׂה interr. (566)-Qal pf. 3 m.s. (I 793) *who has done*

אֶת־הַדָּבָר הַזֶּה dir.obj.-def.art.-n.m.s. (182)-def.art.-demons.adj. m.s. (260) *this thing*

וְגַם־אַתָּה conj.-adv. (168; GK 162b)-pers.pr. 2 m.s. (61) *(and also) you*

לֹא הִגַּדְתָּ neg.-Hi. pf. 2 m.s. (נגד 616) *did not tell*

לִי prep.-1 c.s. sf. *me*

וְגַם אָנֹכִי v.supra (GK 162b)-pers.pr. 1 c.s. (59) *and (also) I*

לֹא שָׁמַעְתִּי neg.-Qal pf. 1 c.s. (שׁמע 1033) *have not heard*

בִּלְתִּי הַיּוֹם adv. cstr. (116; GK 90.3)-def.art.-n.m.s. (398) *until today*

21:27

וַיִּקַּח consec.-Qal impf. 3 m.s. (לקח 542) *so ... took*

אַבְרָהָם pr.n. (4) *Abraham*

צֹאן n.f.s. (838) *sheep*

וּבָקָר conj.-n.m.s. (133) *and oxen*

וַיִּתֵּן consec.-Qal impf. 3 m.s. (נתן 678) *and gave*

לַאֲבִימֶלֶךְ prep.-pr.n. (4) *to Abimelech*

וַיִּכְרְתוּ consec.-Qal impf. 3 m.p. (כרת 503) *and ... made (cut)*

שְׁנֵיהֶם num. m.p.-3 m.p. sf. (1040) *the two men*

בְּרִית n.f.s. (136) *a covenant*

21:28

וַיַּצֵּב consec.-Hi. impf. 3 m.s. (נצב 662) *set apart*

אַבְרָהָם pr.n. (4) *Abraham*

אֶת־שֶׁבַע dir.obj.-num. (989) *seven*

כְּבָשֹׂת n.f.p. cstr. (461; GK 127e) *ewe lambs of*

הַצֹּאן def.art.-n.f.s. (838) *the flock*

לְבַדְּהֶן prep.-n.m.s.-3 f.p. sf. (94; GK 91c) *apart*

21:29

וַיֹּאמֶר consec.-Qal impf. 3 m.s. (55) *and ... said*

אֲבִימֶלֶךְ pr.n. (4) *Abimelech*

אֶל־אַבְרָהָם prep.-pr.n. (4) *to Abraham*

מָה הֵנָּה interr. (552)-demons.adj. f.p. (241) *what is the meaning of*

שֶׁבַע num. (988) *seven*

כְּבָשֹׂת n.f.p. (461; GK 126x) *ewe lambs* (הַכְּבָשׂוֹת Sam.Pent. rd.)

הָאֵלֶּה def.art.-demons.adj. c.p. (41) *these*

אֲשֶׁר הִצַּבְתָּ rel. (81)-Hi. pf. 2 m.s. (נצב 662) *which you have set*

לְבַדָּנָה prep.-n.m.s.-3 f.p. sf. (94; GK 91f) *apart*

21:30

וַיֹּאמֶר consec.-Qal impf. 3 m.s. (55) *he said*

כִּי אֶת־שֶׁבַע conj.-dir.obj.-num. (988) *seven*

כְּבָשֹׂת n.f.p. (461; GK 117d) *ewe lambs*

תִּקַּח Qal impf. 2 m.s. (לקח 542) *you will take*

מִיָּדִי prep.-n.f.s.-1 c.s. sf. (388) *from my hand*

בַּעֲבוּר prep.-conj. (II 721) *that*

תִּהְיֶה־לִּי Qal impf. 2 m.s. (היה 224)-prep.-1 c.s. sf. *you may be for me*

לְעֵדָה prep.-n.f.s. (I 729) *a witness*

כִּי חָפַרְתִּי conj. (GK 157b)-Qal pf. 1 c.s. (חפר 393) *that I dug*

אֶת־הַבְּאֵר הַזֹּאת dir.obj.-def.art.-n.f.s. (91)-def.art.-demons.adj. f.s. (260) *this well*

21:31

עַל־כֵּן prep.-adv. (485) *therefore*

קָרָא Qal pf. 3 m.s. (894) *he called*

לַמָּקוֹם הַהוּא prep.-def.art.-n.m.s. (879)-def.art.-demons.adj. m.s. (214) *that place*

בְּאֵר שֶׁבַע pr.n. paus. (92) *Beer-sheba*

כִּי שָׁם conj.-adv. (1027) *because there*

נִשְׁבְּעוּ Ni. pf. 3 c.p. (שׁבע 989) *swore an oath*

שְׁנֵיהֶם num. m.p.-3 m.p. sf. (1040) *both of them*

21:32

וַיִּכְרְתוּ consec.-Qal impf. 3 m.p. (כרת 503) *so they made (cut)*

בְּרִית n.f.s. (136) *a covenant*

בְּבְאֵר שֶׁבַע prep.-pr.n. paus. (92) *at Beer-sheba*

וַיָּקָם consec.-Qal impf. 3 m.s. (קוּם 877) *then ... rose up*

אֲבִימֶלֶךְ pr.n. (4) *Abimelech*

וּפִיכֹל conj.-pr.n. (810) *and Phicol*

שַׂר־ n.m.s. cstr. (978) *the commander of*

צְבָאוֹ n.m.s.-3 m.s. sf. (838) *his army*

וַיָּשֻׁבוּ consec.-Qal impf. 3 m.p. (שׁוּב 996; GK 146h) *and returned*

אֶל־אֶרֶץ prep.-n.f.s. cstr. (75) *to the land of*

פְּלִשְׁתִּים pr.n. p. (814) *the Philistines*

21:33

וַיִּטַּע consec.-Qal impf. 3 m.s. (נָטַע 642) *planted*

אֵשֶׁל n.m.s. (79) *a tamarisk tree*

בִּבְאֵר שָׁבַע prep.-pr.n. paus. (92) *in Beer-sheba*

וַיִּקְרָא־ consec.-Qal impf. 3 m.s. (894) *and called*

שָׁם adv. (1027) *there*

בְּשֵׁם prep.-n.m.s. cstr. (1027) *on the name of*

יְהוָה pr.n. (217) *Yahweh*

אֵל עוֹלָם n.m.s. (42)-n.m.s. (761) *the Everlasting God*

21:34

וַיָּגָר consec.-Qal impf. 3 m.s. (גּוּר 157) *and ... sojourned*

אַבְרָהָם pr.n. (4) *Abraham*

בְּאֶרֶץ prep.-n.f.s. cstr. (75) *in the land of*

פְּלִשְׁתִּים pr.n. p. (814) *the Philistines*

יָמִים רַבִּים n.m.p. (398)-adj. m.p. (I 912) *many days*

22:1

וַיְהִי consec.-Qal impf. 3 m.s. (הָיָה 224; GK 111g) *(and it was)*

אַחַר prep. (29) *after*

הַדְּבָרִים הָאֵלֶּה def.art.-n.m.p. (182)-def.art. -demons.adj. c.p. (41) *these things*

וְהָאֱלֹהִים conj.-def.art.-n.m.p. (43) *God*

נִסָּה Pi. pf. 3 m.s. (נָסָה 650) *tested*

אֶת־אַבְרָהָם dir.obj.-pr.n. paus. (4) *Abraham*

וַיֹּאמֶר אֵלָיו consec.-Qal impf. 3 m.s. (55)-prep.-3 m.s. sf. *and said to him*

אַבְרָהָם pr.n. (4) *Abraham*

וַיֹּאמֶר v.supra *and he said*

הִנֵּנִי demons.part.-1 c.s. sf. (243) *here am I*

22:2

וַיֹּאמֶר consec.-Qal impf. 3 m.s. (55) *he said*

קַח־נָא Qal impv. 2 m.s. (לָקַח 542)-part.of entreaty (609) *take*

אֶת־בִּנְךָ dir.obj.-n.m.s.-2 m.s. sf. (119) *your son*

אֶת־יְחִידְךָ dir.obj.-subst. m.s.-2 m.s. sf. (402) *your only son*

אֲשֶׁר־אָהַבְתָּ rel. (81)-Qal pf. 2 m.s. (אָהַב 12) *whom you love*

אֶת־יִצְחָק dir.obj.-pr.n. (850) *Isaac*

וְלֶךְ־לְךָ conj.-Qal impv. 2 m.s. (הָלַךְ 229) -prep.-2 m.s. sf. (GK 119s) *and go*

אֶל־אֶרֶץ prep.-n.f.s. cstr. (75) *to the land of*

הַמֹּרִיָּה def.art.-pr.n. (599) *Moriah*

וְהַעֲלֵהוּ conj.-Hi. impv. 2 m.s.-3 m.s. sf. (עָלָה 748) *and offer him*

שָׁם adv. (1027) *there*

לְעֹלָה prep.-n.f.s. (750) *as a burnt offering*

עַל אַחַד prep.-adj.num. cstr. (25) *upon one of*

הֶהָרִים def.art.-n.m.p. (249) *the mountains*

אֲשֶׁר אֹמַר rel. (81)-Qal impf. 1 c.s. (אָמַר 55) *of which I shall tell*

אֵלֶיךָ prep.-2 m.s. sf. *you*

22:3

וַיַּשְׁכֵּם consec.-Hi. impf. 3 m.s. (שָׁכַם 1014) *so rose early*

אַבְרָהָם pr.n. (4) *Abraham*

בַּבֹּקֶר prep.-def.art.-n.m.s. (133) *in the morning*

וַיַּחֲבֹשׁ consec.-Qal impf. 3 m.s. (חָבַשׁ 289) *(and) saddled*

אֶת־חֲמֹרוֹ dir.obj.-n.m.s.-3 m.s. sf. (331) *his ass*

וַיִּקַּח consec.-Qal impf. 3 m.s. (לָקַח 542) *and took*

אֶת־שְׁנֵי dir.obj.-num. m.p. cstr. (1040) *two of*

נְעָרָיו n.m.p.-3 m.s. sf. (654) *his young men*

אִתּוֹ prep.-3 m.s. sf. (II 85; GK 135i) *with him*

וְאֵת יִצְחָק conj.-dir.obj.-pr.n. (850) *and Isaac*

בְּנוֹ n.m.s.-3 m.s. sf. (119) *his son*

וַיְבַקַּע consec.-Pi. impf. 3 m.s. (בָּקַע 131) *and he cut*

עֲצֵי עֹלָה n.m.p. cstr. (781)-n.f.s. (750) *the wood for the burnt offering*

וַיָּקָם consec.-Qal impf. 3 m.s. (קוּם 877) *and arose*

וַיֵּלֶךְ consec.-Qal impf. 3 m.s. (הָלַךְ 229) *and went*

אֶל־הַמָּקוֹם prep.-def.art.-n.m.s. (879) *to the place*

אֲשֶׁר־אָמַר־לוֹ rel. (81)-Qal pf. 3 m.s. (55)-prep.-3 m.s. sf. *of which had told him*

הָאֱלֹהִים def.art.-n.m.p. (43) *God*

22:4

בַּיּוֹם הַשְּׁלִישִׁי prep.-def.art.-n.m.s. (398)-def.art. -adj. num. (1026) *on the third day*

וַיִּשָּׂא consec. (GK 111b)–Qal impf. 3 m.s. (נָשָׂא 669) *lifted up*

אַבְרָהָם pr.n. (4) *Abraham*

אֶת־עֵינָיו dir.obj.-n.f. du.-3 m.s. sf. (744) *his eyes*

וַיַּרְא consec.-Qal impf. 3 m.s. (רָאָה 906) *and saw*

אֶת־הַמָּקוֹם dir.obj.-def.art.-n.m.s. (879) *the place*

מֵרָחֹק prep.-n.m.s. (935) *afar off*

22:5

וַיֹּאמֶר consec.-Qal impf. 3 m.s. (55) *then said*

אַבְרָהָם pr.n. (4) *Abraham*

אֶל־נְעָרָיו prep.-n.m.p.-3 m.s. sf. (654) *to his young men*

שְׁבוּ־לָכֶם Qal impv. 2 m.p. (יָשַׁב 442)-prep.-2 m.p. sf. (GK 119s) *stay*

פֹּה adv. (805) *here*

עִם־הַחֲמוֹר prep.-def.art.-n.m.s. (331) *with the ass*

וַאֲנִי וְהַנַּעַר conj.-pers.pr. 1 c.s. (58)-conj.-def.art.-n.m.s. (654) *I and the lad*

נֵלְכָה Qal impf. 1 c.p.-coh.he (הָלַךְ 229) *will go*

עַד־כֹּה prep.-demons.adv. (462) *yonder*

וְנִשְׁתַּחֲוֶה conj.-Hithpalel impf. 1 c.p. (שָׁחָה 1005) *and worship*

וְנָשׁוּבָה conj.-Qal impf. 1 c.p.-coh.he (שׁוּב 996) *and come again*

אֲלֵיכֶם prep.-2 m.p. sf. *to you*

22:6

וַיִּקַּח consec.-Qal impf. 3 m.s. (לָקַח 542) *and ... took*

אַבְרָהָם pr.n. (4) *Abraham*

אֶת־עֲצֵי הָעֹלָה dir.obj.-n.m.p. cstr. (781)-def.art.-n.f.s. (750) *the wood of the burnt offering*

וַיָּשֶׂם consec.-Qal impf. 3 m.s. (שִׂים 962) *and laid it*

עַל־יִצְחָק בְּנוֹ prep.-pr.n. (850)-n.m.s.-3 m.s. sf. (119) *on Isaac his son*

וַיִּקַּח v.supra *and he took*

בְּיָדוֹ prep.-n.f.s.-3 m.s. sf. (388) *in his hand*

אֶת־הָאֵשׁ dir.obj.-def.art.-n.f.s. (77) *the fire*

וְאֶת־הַמַּאֲכֶלֶת conj.-dir.obj.-def.art.-n.f.s. (38) *and the knife*

וַיֵּלְכוּ consec.-Qal impf. 3 m.p. (הָלַךְ 229) *so they went*

שְׁנֵיהֶם num. m.p.-3 m.p. sf. (1040) *both of them*

יַחְדָּו adv. (403) *together*

22:7

וַיֹּאמֶר יִצְחָק consec.-Qal impf. 3 m.s. (55)-pr.n. (850) *and Isaac said*

אֶל־אַבְרָהָם prep.-pr.n. (4) *to Abraham*

אָבִיו n.m.s.-3 m.s. sf. (3) *his father*

וַיֹּאמֶר v.supra *and he said*

אָבִי n.m.s.-1 c.s. sf. (3) *My father*

וַיֹּאמֶר v.supra *and he said*

הִנֶּנִּי בְנִי demons.part.-1 c.s. sf. (243)-n.m.s.-1 c.s. sf. (119) *here am I, my son*

וַיֹּאמֶר v.supra *he said*

הִנֵּה הָאֵשׁ demons.part. (243)-def.art.-n.f.s. (77; GK 147b) *behold, the fire*

וְהָעֵצִים conj.-def.art.-n.m.p. (781) *and the wood*

וְאַיֵּה conj.-interr.adv. (32) *but where*

הַשֶּׂה def.art.-n.m.s. (961) *the lamb*

לְעֹלָה prep.-n.f.s. (750) *for a burnt offering*

22:8

וַיֹּאמֶר אַבְרָהָם consec.-Qal impf. 3 m.s. (55)-pr.n. (4) *Abraham said*

אֱלֹהִים n.m.p. (43) *God*

יִרְאֶה־לּוֹ Qal impf. 3 m.s. (רָאָה 906)-prep.-3 m.s. sf. *will provide himself*

הַשֶּׂה def.art.-n.m.s. (961) *the lamb*

לְעֹלָה prep.-n.f.s. (750) *for a burnt offering*

בְּנִי n.m.s.-1 c.s. sf. (119) *my son*

וַיֵּלְכוּ consec.-Qal impf. 3 m.p. (הָלַךְ 229) *so they went*

שְׁנֵיהֶם num. m.p.-3 m.p. sf. (1040) *both of them*

יַחְדָּו adv. (403) *together*

22:9

וַיָּבֹאוּ consec.-Qal impf. 3 m.p. (בּוֹא 97) *when they came*

אֶל־הַמָּקוֹם prep.-def.art.-n.m.s. (879) *to the place*

אֲשֶׁר אָמַר־לוֹ rel. (81)-Qal pf. 3 m.s. (55)-prep.-3 m.s. sf. *of which ...had told them*

הָאֱלֹהִים def.art.-n.m.p. (43) *God*

וַיִּבֶן שָׁם consec.-Qal impf. 3 m.s. (בָּנָה 124)-adv. (1027) *built there*

אַבְרָהָם pr.n. (4) *Abraham*

אֶת־הַמִּזְבֵּחַ dir.obj.-def.art.-n.m.s. (258) *an altar*

וַיַּעֲרֹךְ consec.-Qal impf. 3 m.s. (עָרַךְ 789) *and laid in order*

אֶת־הָעֵצִים dir.obj.-def.art.-n.m.p. (781) *the wood*

וַיַּעֲקֹד consec.-Qal impf. 3 m.s. (עָקַד I 785) *and bound*

אֶת־יִצְחָק בְּנוֹ dir.obj.-pr.n. (850)-n.m.s.-3 m.s. sf. (119) *Isaac his son*

וַיָּשֶׂם אֹתוֹ consec.-Qal impf. 3 m.s. (שִׂים 962)-dir.obj.-3 m.s. sf. *and laid him*

עַל־הַמִּזְבֵּחַ prep.-def.art.-n.m.s. (258) *on the altar*

מִמַּעַל לָעֵצִים prep.-prep. (758)-prep.-def.art.-n.m.p. (781) *upon the wood*

22:10

וַיִּשְׁלַח consec.-Qal impf. 3 m.s. (שָׁלַח 1018) *then ... put forth*

אַבְרָהָם pr.n. (4) *Abraham*

אֶת־יָדוֹ dir.obj.-n.f.s.-3 m.s. sf. (388) *his hand*

וַיִּקַּח consec.-Qal impf. 3 m.s. (לָקַח 542) *and took*

אֶת־הַמַּאֲכֶלֶת dir.obj.-def.art.-n.f.s. (38) *the knife*

לִשְׁחֹט prep.-Qal inf.cstr. (1006) *to slay*

אֶת־בְּנוֹ dir.obj.-n.m.s.-3 m.s. sf. (119) *his son*

22:11

וַיִּקְרָא consec.-Qal impf. 3 m.s. (894) *but ... called*

אֵלָיו prep.-3 m.s. sf. *to him*

מַלְאַךְ יהוה n.m.s. cstr. (521)-pr.n. (217) *the angel of Yahweh*

מִן־הַשָּׁמַיִם prep.-def.art.-n.m. du. (1029) *from heaven*

וַיֹּאמֶר consec.-Qal impf. 3 m.s. (55) *and said*

אַבְרָהָם אַבְרָהָם pr.n. (4)-v.supra *Abraham, Abraham*

וַיֹּאמֶר v.supra *and he said*

הִנֵּנִי interj.-1 c.s. sf. paus. (243) *here am I*

22:12

וַיֹּאמֶר consec.-Qal impf. 3 m.s. (55) *he said*

אַל־תִּשְׁלַח neg.-Qal impf. 2 m.s. (שָׁלַח 1018) *do not lay*

יָדְךָ n.f.s.-2 m.s. sf. (388) *your hand*

אֶל־הַנַּעַר prep.-def.art.-n.m.s. (654) *on the lad*

וְאַל־תַּעַשׂ conj.-neg.-Qal impf. 2 m.s. apoc. (I 793 עָשָׂה) *or do*

לוֹ מְאוּמָה prep.-3 m.s. sf.-pron.indef. (548) *to him anything*

כִּי עַתָּה conj.-adv. (773) *for now*

יָדַעְתִּי Qal pf. 1 c.s. (יָדַע 393) *I know*

כִּי־יְרֵא אֱלֹהִים conj.-Qal act.ptc. m.s. cstr. (431; GK 116g)-n.m.p. (43) *that ... fear God*

אַתָּה pers.pr. 2 m.s. (61; GK 158a) *you*

וְלֹא חָשַׂכְתָּ conj.-neg.-Qal pf. 2 m.s. (חָשַׂךְ 362) *you have not withheld*

אֶת־בִּנְךָ hn.m.s.-2 m.s. sf. (119) *your son*

אֶת־יְחִידְךָ dir.obj.-adj. m.s.-2 m.s. sf. (402) *your only son*

מִמֶּנִּי prep.-1 c.s. sf. *from me*

22:13

וַיִּשָּׂא consec.-Qal impf. 3 m.s. (נָשָׂא 669) *and lifted up*

אַבְרָהָם pr.n. (4) *Abraham*

אֶת־עֵינָיו dir.obj.-n.f. du.-3 m.s. sf. (744) *his eyes*

וַיַּרְא consec.-Qal impf. 3 m.s. (רָאָה 906) *and looked*

וְהִנֵּה־אַיִל conj.-demons.part. (243)-n.m.s. (I 17) *and behold a ram*

אַחַר adv. (29) *behind him*

נֶאֱחַז Ni. ptc. (אָחַז 28) *caught*

בַּסְּבַךְ prep.-def.art.-n.m.s. (687) *in a thicket*

בְּקַרְנָיו prep.-n.f. du.-3 m.s. sf. (901) *by his horns*

וַיֵּלֶךְ consec.-Qal impf. 3 m.s. (הָלַךְ 229) *and ... went*

אַבְרָהָם pr.n. (4) *Abraham*

וַיִּקַּח consec.-Qal impf. 3 m.s. (לָקַח 542) *and took*

אֶת־הָאַיִל dir.obj.-def.art.-n.m.s. (I 17) *the ram*

וַיַּעֲלֵהוּ consec.-Hi. impf. 3 m.s.-3 m.s. sf. (עָלָה 748) *and offered it up*

לְעֹלָה prep.-n.f.s. (750) *as a burnt offering*

תַּחַת בְּנוֹ prep. (1065)-n.m.s.-3 m.s. sf. (119) *instead of his son*

22:14

וַיִּקְרָא consec.-Qal impf. 3 m.s. (894) *so called*

אַבְרָהָם pr.n. (4) *Abraham*

שֵׁם־ n.m.s. cstr. (1027; GK 130dN) *the name of*

הַמָּקוֹם הַהוּא def.art.-n.m.s. (879)-def.art.-demons.adj. m.s. (214) *that place*

יהוה יִרְאֶה pr.n. (217)-Qal impf. 3 m.s. (906) *Yahweh will provide (will see)*

אֲשֶׁר יֵאָמֵר rel. (81)-Ni. impf. 3 m.s. (55) *as it is said*

הַיּוֹם def.art.-n.m.s. (398) *to this day*

בְּהַר יהוה prep.-n.m.s. cstr. (249)-pr.n. (217) *on the mount of Yahweh*

יֵרָאֶה Ni. impf. 3 m.s. (906) *it shall be provided (seen)*

22:15

וַיִּקְרָא consec.-Qal impf. 3 m.s. (894) *and ... called*

מַלְאַךְ יהוה n.m.s. cstr. (521)-pr.n. (217) *the angel of Yahweh*

אֶל־אַבְרָהָם prep.-pr.n. (4) *to Abraham*

שֵׁנִית adj. f.s. (1041) *a second time*

מִן־הַשָּׁמָיִם prep.-def.art.-n.m. du. paus. (1029) *from heaven*

22:16

וַיֹּאמֶר consec.-Qal impf. 3 m.s. (55) *and said*

בִּי נִשְׁבַּעְתִּי prep.-1 c.s. sf.-Ni. pf. 1 c.s. (שָׁבַע 989) *by myself I have sworn*

נְאֻם־יְהוָה n.m.s. cstr. (610)-pr.n. (217) *says Yahweh*

כִּי יַעַן אֲשֶׁר conj. (GK 149a)-conj. (774)-rel. (81) *because*

עָשִׂיתָ Qal pf. 2 m.s. (עָשָׂה I 793) *you have done*

אֶת־הַדָּבָר הַזֶּה dir.obj.-def.art.-n.m.s. (182) -def.art.-demons.adj. m.s. (260) *this*

וְלֹא חָשַׂכְתָּ conj.-neg.-Qal pf. 2 m.s. (חָשַׂךְ 362) *and have not withheld*

אֶת־בִּנְךָ dir.obj.-n.m.s.-2 m.s. sf. (119) *your son*

אֶת־יְחִידְךָ dir.obj.-adj. m.s.-2 m.s. sf. (402) *your only son*

22:17

כִּי־בָרֵךְ conj.-Pi. inf.abs. (בָרַךְ 138) *indeed*

אֲבָרֶכְךָ Pi. impf. 1 c.s.-2 m.s. sf. (בָרַךְ 138) *I will bless you*

וְהַרְבָּה אַרְבֶּה conj.-Hi. inf.abs. (רָבָה I 915; GK 75ff)-Hi. impf. 1 c.s. (I 915) *and I will multiply*

אֶת־זַרְעֲךָ dir.obj.-n.m.s.-2 m.s. sf. (282) *your descendants*

כְּכוֹכְבֵי prep.-n.m.p. cstr. (456) *as the stars of*

הַשָּׁמַיִם def.art.-n.m. du. (1029) *the heaven*

וְכַחוֹל conj.-prep.-def.art.-n.m.s. (297) *and as the sand*

אֲשֶׁר עַל־שְׂפַת rel. (81)-prep.-n.f.s. cstr. (973) *which is on the shore of*

הַיָּם def.art.-n.m.s. (410) *the sea*

וְיִרַשׁ conj.-Qal impf. 3 m.s. (יָרַשׁ 439) *and ... shall possess*

זַרְעֲךָ n.m.s.-2 m.s. sf. (282) *your descendants*

אֵת שַׁעַר dir.obj.-n.m.s. cstr. (1044) *the gate of*

אֹיְבָיו Qal act.ptc. m.p.-3 m.s. sf. (אָיַב 33) *their enemies*

22:18

וְהִתְבָּרֲכוּ conj.-Hith. pf. 3 c.p. (בָרַךְ 138) *and shall bless themselves*

בְזַרְעֲךָ prep.-n.m.s.-2 m.s. sf. (282) *by your descendants*

כֹּל גּוֹיֵי n.m.s. cstr. (481)-n.m.p. cstr. (156) *all the nations of*

הָאָרֶץ def.art.-n.f.s. (75) *the earth*

עֵקֶב אֲשֶׁר adv.acc. (784)-rel. (81) *because*

שָׁמַעְתָּ Qal pf. 2 m.s. (שָׁמַע 1033) *you have obeyed*

בְּקֹלִי prep.-n.m.s.-1 c.s. sf. (876) *my voice*

22:19

וַיָּשָׁב consec.-Qal impf. 3 m.s. (שׁוּב 996) *so returned*

אַבְרָהָם pr.n. (4) *Abraham*

אֶל־נְעָרָיו prep.-n.m.p.-3 m.s. sf. (654) *to his young men*

וַיָּקֻמוּ consec.-Qal impf. 3 m.p. (קוּם 877) *and they arose*

וַיֵּלְכוּ consec.-Qal impf. 3 m.p. (הָלַךְ 229) *and went*

יַחְדָּו adv. (403) *together*

אֶל־בְּאֵר שָׁבַע prep.-pr.n. paus. (92) *to Beer-sheba*

וַיֵּשֶׁב consec.-Qal impf. 3 m.s. (יָשַׁב 442) *and dwelt*

אַבְרָהָם pr.n. (4) *Abraham*

בִּבְאֵר שָׁבַע prep.-pr.n. paus. (92) *at Beer-sheba*

22:20

וַיְהִי consec.-Qal impf. 3 m.s. (הָיָה 224) *(and it was) now*

אַחֲרֵי prep.cstr. (29) *after*

הַדְּבָרִים הָאֵלֶּה def.art.-n.m.p. (182)-def.art. -demons.adj. c.p. (41) *these things*

וַיֻּגַּד consec.-Ho. impf. 3 m.s. (נָגַד 616) *it was told*

לְאַבְרָהָם prep.-pr.n. (4) *Abraham*

לֵאמֹר prep.-Qal inf.cstr. (55) *(saying)*

הִנֵּה demons.part. (243) *behold*

יָלְדָה Qal pf. 3 f.s. (יָלַד 408) *has borne*

מִלְכָּה pr.n. (574) *Milcah*

גַּם־הִוא adv. (168)-pers.pr. 3 f.s. (214) *also she*

בָּנִים n.m.p. (119) *children*

לְנָחוֹר prep.-pr.n. (637) *to Nahor*

אָחִיךָ n.m.s.-2 m.s. sf. (26) *your brother*

22:21

אֶת־עוּץ dir.obj.-pr.n. (734) *Uz*

בְּכֹרוֹ n.m.s.-3 m.s. sf. (114) *his first-born*

וְאֶת־בּוּז conj.-dir.obj.-pr.n. (100) *Buz*

אָחִיו n.m.s.-3 m.s. sf. (26) *his brother*

וְאֶת־קְמוּאֵל conj.-dir.obj.-pr.n. (887) *Kemuel*

אֲבִי אֲרָם n.m.s. cstr. (3)-pr.n. (74) *the father of Aram*

22:22

וְאֶת־כֶּשֶׂד conj.-dir.obj.-pr.n. (505) *Chesed*

וְאֶת־חֲזוֹ conj.-dir.obj.-pr.n. (303) *Hazo*

וְאֶת־פִּלְדָּשׁ conj.-dir.obj.-pr.n. (811) *Pildash*

וְאֶת־יִדְלָף conj.-dir.obj.-pr.n. (393) *Jidlaph*

וְאֵת בְּתוּאֵל conj.-dir.obj.-pr.n. (I 143) *and Bethuel*

22:23

וּבְתוּאֵל conj.-pr.n. (I 143) *and Bethuel*

יָלַד Qal pf. 3 m.s. (408) *became the father of*

אֶת־רִבְקָה dir.obj.-pr.n. (918) *Rebekah*

שְׁמֹנָה אֵלֶּה num. (1032)-demons.adj. c.p. (41; GK 134h) *these eight*

יָלְדָה Qal pf. 3 f.s. יָלַד (408) *bore*

מִלְכָּה pr.n. (574) *Milcah*

לְנָחוֹר prep.-pr.n. (637) *to Nahor*

אֲחִי אַבְרָהָם n.m.s. cstr. (26)-pr.n. (4) *Abraham's brother*

22:24

וּפִילַגְשׁוֹ conj.-n.f.s.-3 m.s. sf. (811; GK 147e) *moreover, his concubine*

וּשְׁמָהּ conj.-n.m.s.-3 f.s. sf. (1027) *whose name*

רְאוּמָה pr.n. (910) *was Reumah*

וַתֵּלֶד consec.-Qal impf. 3 f.s. (יָלַד 408; GK 111h) *bore*

גַּם־הִוא adv. (168)-pers.pr. 3 f.s. (214) *(also she)*

אֶת־טֶבַח dir.obj.-pr.n. (II 370) *Tebah*

וְאֶת־גַּחַם conj.-dir.obj.-pr.n. (161) *Gaham*

וְאֶת־תַּחַשׁ conj.-dir.obj.-pr.n. (1065) *Tahash*

וְאֶת־מַעֲכָה conj.-dir.obj.-pr.n. (590) *and Maacah*

23:1

וַיִּהְיוּ חַיֵּי שָׂרָה consec.-Qal impf. 3 m.p. (הָיָה 224)-n.m.p. cstr. (313)-pr.n. (979) *Sarah lived* (lit. *and the life of Sarah was*)

מֵאָה שָׁנָה n.f.s. (547)-n.f.s. (1040; GK 134d) *a hundred years*

וְעֶשְׂרִים שָׁנָה conj.-num. p. (797; GK 134h)-n.f.s. (1040) *and twenty years*

וְשֶׁבַע שָׁנִים conj.-num. (988)-n.f.p. (1040) *and seven years*

שְׁנֵי חַיֵּי שָׂרָה n.f.p. cstr. (1040)-n.m.p. cstr. (313)-pr.n. (979) *the years of the life of Sarah*

23:2

וַתָּמָת consec.-Qal impf. 3 f.s. (מוּת 559) *and died*

שָׂרָה pr.n. (979) *Sarah*

בְּקִרְיַת אַרְבַּע prep.-pr.n. (900) *at Kiriath-arba*

הִוא חֶבְרוֹן demons.adj. f.s. (214)-pr.n. (I 289) *that is, Hebron*

בְּאֶרֶץ כְּנָעַן prep.-n.f.s. cstr. (75)-pr.n. paus. (488) *in the land of Canaan*

וַיָּבֹא consec.-Qal impf. 3 m.s. (בּוֹא 97) *and went*

אַבְרָהָם pr.n. (4) *Abraham*

לִסְפֹּד prep.-Qal inf.cstr. (סָפַד 704) *to mourn*

לְשָׂרָה prep.-pr.n. (979) *for Sarah*

וְלִבְכֹּתָהּ conj.-prep.-Qal inf.cstr.-3 f.s. sf. (בָּכָה 113) *and to weep for her*

23:3

וַיָּקָם consec.-Qal impf. 3 m.s. (קוּם 877) *and rose up*

אַבְרָהָם pr.n. (4) *Abraham*

מֵעַל פְּנֵי prep.-prep.-n.m.p. cstr. (815) *from before*

מֵתוֹ Qal act.ptc.-3 m.s. sf. (מוּת 559; GK 122f) *his dead*

וַיְדַבֵּר consec.-Pi. impf. 3 m.s. (180) *and said*

אֶל־בְּנֵי־חֵת prep.-n.m.p. cstr. (119)-pr.n. (366) *to the Hittites*

לֵאמֹר prep.-Qal inf.cstr. (55) *(saying)*

23:4

גֵּר־ n.m.s. (158) *a stranger*

וְתוֹשָׁב conj.-n.m.s. (444) *and a sojourner*

אָנֹכִי עִמָּכֶם pers.pr. 1 c.s. (59)-prep.-2 m.p. sf. *I am among you*

תְּנוּ לִי Qal impv. 2 m.p. (נָתַן 678)-prep.-1 c.s. sf. *give me*

אֲחֻזַּת־קֶבֶר n.f.s. cstr. (28; GK 128m)-n.m.s. (868) *property for a burying place*

עִמָּכֶם prep.-2 m.p. sf. *among you*

וְאֶקְבְּרָה conj.-Qal impf. 1 c.s.-coh.he (קָבַר 868; GK 52f) *that I may bury*

מֵתִי Qal act.ptc.-1 c.s. sf. (559) *my dead*

מִלְּפָנָי prep.-prep.-n.m.p.-1 c.s. sf. paus. (815) *out of my sight*

23:5

וַיַּעֲנוּ consec.-Qal impf. 3 m.p. (עָנָה I 772) *answered*

בְנֵי־חֵת n.m.p. cstr. (119)-pr.n. (366) *the Hittites*

אֶת־אַבְרָהָם dir.obj.-pr.n. (4) *Abraham*

לֵאמֹר לוֹ prep.-Qal inf.cstr. (55)-prep.-3 m.s. sf. (GK 110e) *(saying to him)*

23:6

שְׁמָעֵנוּ Qal impv. 2 m.s.-1 c.p. sf. (שָׁמַע 1033) *hear us*

אֲדֹנִי n.m.s.-1 c.s. sf. (10) *my lord*

נְשִׂיא אֱלֹהִים n.m.s. cstr. (672)-n.m.p. (43) *a mighty prince (a prince of God)*

אַתָּה pers.pr. 2 m.s. (61; GK 142fN) *you are*

בְּתוֹכֵנוּ prep.-n.m.s.-1 c.p. sf. (1063) *among us*

בְּמִבְחַר prep.-n.m.s. cstr. (104; GK 128r) *in the choicest of*

קְבָרֵינוּ n.m.p.-1 c.p. sf. (868) *our sepulchres*

קְבֹר Qal impv. 2 m.s. (868) *bury*

אֶת־מֵתֶךָ dir.obj.-Qal act.ptc.-2 m.s. sf. (מות 559) *your dead*

אִישׁ מִמֶּנּוּ n.m.s. (35; GK 152b)-prep.-1 c.p. sf. *none of us*

אֶת־קִבְרוֹ dir.obj.-n.m.s.-3 m.s. sf. (868) *his sepulchre*

לֹא־יִכְלֶה neg.-Qal impf. 3 m.s. (כָּלָה 476; GK 75qq) *will withhold*

מִמְּךָ prep.-2 m.s. sf. *from you*

מִקְּבֹר prep.-Qal inf.cstr. (868; GK 119x) *from burying*

מֵתֶךָ v.supra *your dead*

23:7

וַיָּקָם consec.-Qal impf. 3 m.s. (קום 877) *rose*

אַבְרָהָם pr.n. (4) *Abraham*

וַיִּשְׁתַּחוּ consec.-Hithpalel impf. 3 m.s. (שָׁחָה 1005) *and bowed*

לְעַם־הָאָרֶץ prep.-n.m.s. cstr. (I 766)-def.art. -n.f.s. (75) *to the people of the land*

לִבְנֵי־חֵת prep.-n.m.p. cstr. (119)-pr.n. (366) *to the Hittites*

23:8

וַיְדַבֵּר consec.-Pi. impf. 3 m.s. (180) *and he said*

אִתָּם prep.-3 m.p. sf. (II 85) *to them*

לֵאמֹר prep.-Qal inf.cstr. (55) *(saying)*

אִם־יֵשׁ hypoth.part. (49)-subst. (441) *if*

אֶת־נַפְשְׁכֶם prep. (II 85)-n.f.s.-2 m.p. sf. (659) *you are willing*

לִקְבֹּר prep.-Qal inf.cstr. (868) *that I should bury*

אֶת־מֵתִי Qal act.ptc.-1 c.s. sf. (מות 559) *my dead*

מִלְּפָנַי prep.-prep.-n.m.p.-1 c.s. sf. (815) *out of my sight*

שְׁמָעוּנִי Qal impv. 2 m.p.-1 c.s. sf. (שָׁמַע 1033; GK 61g) *hear me*

וּפִגְעוּ־לִי conj.-Qal impv. 2 m.p. (פָּגַע 803) -prep.-1 c.s. sf. *and entreat for me*

בְּעֶפְרוֹן prep.-pr.n. (780) *Ephron*

בֶּן־צֹחַר n.m.s. cstr. (119)-pr.n. (950) *the son of Zohar*

23:9

וְיִתֶּן־לִי consec.-Qal impf. 3 m.s. (נָתַן 678) -prep.-1 c.s. sf. *that he may give me*

אֶת־מְעָרַת dir.obj.-n.f.s. cstr. (792) *the cave of*

הַמַּכְפֵּלָה def.art.-pr.n. (495) *Machpelah*

אֲשֶׁר־לוֹ rel.-prep.-3 m.s. sf. *which he owns*

אֲשֶׁר בִּקְצֵה rel.-prep.-n.m.s. cstr. (892) *it is at the end of*

שָׂדֵהוּ n.m.s.-3 m.s. sf. (961) *his field*

בְּכֶסֶף מָלֵא prep. (GK 119p)-n.m.s. (494)-adj. m.s. (570) *for the full price*

יִתְּנֶנָּה Qal impf. 3 m.s.-3 f.s. sf. (נָתַן 678) *let him give it*

לִי prep.-1 c.s. sf. *to me*

בְּתוֹכְכֶם prep.-n.m.s.-2 m.p. sf. (1063) *in your presence*

לַאֲחֻזַּת־קָבֶר prep.-n.f.s. cstr. (28)-n.m.s. paus. (868) *as a possession for a burying place*

23:10

וְעֶפְרוֹן conj.-pr.n. (780) *now Ephron*

יֹשֵׁב Qal act.ptc. (יָשַׁב 442; GK 141b) *was sitting*

בְּתוֹךְ prep.-n.m.s. cstr. (1063) *among*

בְּנֵי־חֵת n.m.p. cstr. (119)-pr.n. (366) *the Hittites*

וַיַּעַן consec.-Qal impf. 3 m.s. (עָנָה I 772) *and answered*

עֶפְרוֹן pr.n. (780) *Ephron*

הַחִתִּי def.art.-n. gent. (366) *the Hittite*

אֶת־אַבְרָהָם dir.obj.-pr.n. (4) *Abraham*

בְּאָזְנֵי prep.-n.f.p. cstr. (23) *in the hearing of*

בְּנֵי־חֵת n.m.p. cstr. (119)-pr.n. (366) *the Hittites*

לְכֹל בָּאֵי prep.-n.m.s. cstr. (481; GK 143e)-Qal act.ptc. m.p. cstr. (בוא 97; GK 116h) *of all who went in at*

שַׁעַר־עִירוֹ n.m.s. cstr. (1044)-n.f.s. (746)-3 m.s. sf. *the gate of his city*

לֵאמֹר prep.-Qal inf.cstr. (55) *(saying)*

23:11

לֹא־אֲדֹנִי neg. (GK 152c)-n.m.s.-1 c.s. sf. (10) *no, my lord*

שְׁמָעֵנִי Qal impv. 2 m.s.-1 c.s. sf. (שָׁמַע 1033) *hear me*

הַשָּׂדֶה def.art.-n.m.s. (961) *the field*

נָתַתִּי לָךְ Qal pf. 1 c.s. (נָתַן 678; GK 106m)-prep. -2 m.s. sf. paus. *I give you*

וְהַמְּעָרָה conj.-def.art.-n.f.s. (792) *and the cave*

אֲשֶׁר־בּוֹ rel. (81)-prep.-3 m.s. sf. *that is in it*

לְךָ נְתַתִּיהָ prep.-2 m.s. sf.-Qal pf. 1 c.s.-3 f.s. sf. (נָתַן 678) *I give you*

לְעֵינֵי prep.-n.f. du. cstr. (744) *in the presence of*

בְּנֵי־עַמִּי n.m.p. cstr. (119)-n.m.s.-1 c.s. sf. (I 766) *the sons of my people*

נְתַתִּיהָ v.supra *I give it*

לָךְ prep.-2 m.s. sf. paus. *to you*

קְבֹר מֵתֶךָ Qal impv. 2 m.s. (868)-Qal act.ptc.-2 m.s. sf. (559) *bury your dead*

23:12

וַיִּשְׁתַּחוּ consec.-Hithpalel impf. 3 m.s. (1005) *then bowed down*

אַבְרָהָם pr.n. (4) *Abraham*

לִפְנֵי prep.-n.m.p. cstr. (815) *before*

עַם הָאָרֶץ n.m.s. cstr. (I 766)-def.art.-n.f.s. (75) *the people of the land*

23:13

וַיְדַבֵּר consec.-Pi. impf. 3 m.s. (180) *and he said*

אֶל־עֶפְרוֹן prep.-pr.n. (780) *to Ephron*

בְּאָזְנֵי prep.-n.f. du. cstr. (23) *in the hearing of*

עַם־הָאָרֶץ n.m.s. cstr. (I 766)-def.art.-n.f.s. (75) *the people of the land*

לֵאמֹר prep.-Qal inf.cstr. (55) *(saying)*

אַךְ אִם־אַתָּה adv. (36)-hypoth.part. (49)-pers.pr. 2 m.s. (61) *but if you*

לוּ conj. (530; GK 110e) (lit. *O that*; but some rd. c. LXX לִי *to me*) *will*

שְׁמָעֵנִי Qal impv. 2 m.s.-1 c.s. sf. (1033) *hear me*

נָתַתִּי Qal pf. 1 c.s. (נתן 678) *I will give*

כֶּסֶף הַשָּׂדֶה n.m.s. cstr. (494)-def.art.-n.m.s. (961) *the price of the field*

קַח Qal impv. 2 m.s. (לקח 542) *accept*

מִמֶּנִּי prep.-1 c.s. sf. *from me*

וְאֶקְבְּרָה conj.-Qal impf. 1 c.s.-coh.he (קבר 868) *that I may bury*

אֶת־מֵתִי dir.obj.-Qal act.ptc.-1 c.s. sf. (מות 559) *my dead*

שָׁמָּה adv.-loc.he (1027) *there*

23:14

וַיַּעַן consec.-Qal impf. 3 m.s. (ענה I 772) *answered*

עֶפְרוֹן pr.n. (780) *Ephron*

אֶת־אַבְרָהָם dir.obj.-pr.n. (4) *Abraham*

לֵאמֹר לוֹ prep.-Qal inf.cstr. (55)-prep.-3 m.s. sf. (GK 110e) *(saying to him)*

23:15

אֲדֹנִי n.m.s.-1 c.s. sf. (10) *my lord*

שְׁמָעֵנִי Qal impv. 2 m.s.-1 c.s. sf. (שמע 1033) *listen to me*

אֶרֶץ n.f.s. (75) *a piece of land*

אַרְבַּע מֵאֹת num. (916)-n.f.p. cstr. (547) *four hundred*

שֶׁקֶל־ n.m.s. cstr. (1053) *shekels of*

כֶּסֶף n.m.s. (494) *silver*

בֵּינִי וּבֵינְךָ prep.-1 c.s. sf. (107)-conj.-prep.-2 m.s. sf. (107) *between me and you*

מַה־הִוא interr. (552)-demons.adj. f.s. (214) *what is that*

וְאֶת־מֵתְךָ conj.-dir.obj.-Qal act.ptc.-2 m.s. sf. (559) *your dead*

קְבֹר Qal impv. 2 m.s. (868) *bury*

23:16

וַיִּשְׁמַע consec.-Qal impf. 3 m.s. (שמע 1033) *agreed*

אַבְרָהָם pr.n. (4) *Abraham*

אֶל־עֶפְרוֹן prep.-pr.n. (780) *with Ephron*

וַיִּשְׁקֹל consec.-Qal impf. 3 m.s. (שקל 1053) *and weighed out*

אַבְרָהָם pr.n. (4) *Abraham*

לְעֶפְרֹן prep.-pr.n. (780) *for Ephron*

אֶת־הַכֶּסֶף dir.obj.-def.art.-n.m.s. (494) *the silver*

אֲשֶׁר דִּבֶּר rel. (81)-Pi. pf. 3 m.s. (180) *which he had named*

בְּאָזְנֵי prep.-n.f. du. cstr. (23) *in the hearing of*

בְּנֵי־חֵת n.m.p. cstr. (119)-pr.n. (366) *the Hittites*

אַרְבַּע מֵאוֹת num. (916)-n.f.p. cstr. (547) *four hundred*

שֶׁקֶל כֶּסֶף n.m.s. cstr. (1053)-n.m.s. (494) *shekels of silver*

עֹבֵר לַסֹּחֵר Qal act.ptc. (716)-prep.-def.art.-Qal act.ptc. (695) *according to the weights current among the merchants*

23:17

וַיָּקָם consec.-Qal impf. 3 m.s. (קום 877) *so was made over*

שְׂדֵה עֶפְרוֹן n.m.s. cstr. (961)-pr.n. (780) *the field of Ephron*

אֲשֶׁר בַּמַּכְפֵּלָה rel. (81)-prep.-def.art.-pr.n. (495) *in Machpelah*

אֲשֶׁר לִפְנֵי מַמְרֵא rel. (81)-prep.-n.m.p. cstr. (815)-pr.n. (577) *which was to the east of Mamre*

הַשָּׂדֶה def.art.-n.m.s. (961) *the field*

וְהַמְּעָרָה conj.-def.art.-n.f.s. (792) *with the cave*

אֲשֶׁר־בּוֹ rel. (81)-prep.-3 m.s. sf. *which was in it*

וְכָל־הָעֵץ conj.-n.m.s. cstr. (481)-def.art.-n.m.s. (781) *and all the trees*

אֲשֶׁר בַּשָּׂדֶה rel. (81)-prep.-def.art.-n.m.s. (961) *that were in the field*

אֲשֶׁר בְּכָל־ v.supra-prep.-n.m.s. cstr. (481) *through the whole*

גְּבֻלוֹ סָבִיב n.m.s.-3 m.s. sf. (147)-adv.acc. (686) *its area (round about)*

23:18

לְאַבְרָהָם prep.-pr.n. (4) *to Abraham*

לְמִקְנָה prep.-n.f.s. (889) *as a possession*

לְעֵינֵי prep.-n.f. du. cstr. (744) *in the presence of*

בְּנֵי־חֵת n.m.p. cstr. (119)-pr.n. (366) *the Hittites*

בְּכֹל בָּאֵי prep.-n.m.s. cstr. (481)-Qal act.ptc. m.p. cstr. (בּוֹא 97; GK 116h) *before all who went in at*

שַׁעַר־עִירוֹ n.m.s. cstr. (1044)-n.f.s.-3 m.s. sf. (746) *the gate of his city*

23:19

וְאַחֲרֵי־כֵן conj.-prep.cstr. (29)-adv. (485) *after this*

קָבַר Qal pf. 3 m.s. (868) *buried*

אַבְרָהָם pr.n. (4) *Abraham*

אֶת־שָׂרָה dir.obj.-pr.n. (979) *Sarah*

אִשְׁתּוֹ n.f.s.-3 m.s. sf. (61) *his wife*

אֶל־מְעָרַת prep.-n.f.s. cstr. (792) *in the cave of*

שְׂדֵה n.m.s. cstr. (961) *the field of*

הַמַּכְפֵּלָה def.art.-pr.n. (495) *Machpelah*

עַל־פְּנֵי מַמְרֵא prep.-n.m.p. cstr. (815)-pr.n. (577) *east of Mamre*

הִוא חֶבְרוֹן demons.adj. f.s. (214)-pr.n. (I 289) *that is, Hebron*

בְּאֶרֶץ כְּנָעַן prep.-n.f.s. cstr. (75)-pr.n. paus. (488) *in the land of Canaan*

23:20

וַיָּקָם consec.-Qal impf. 3 m.s. (קוּם 877; GK 111k) *were made over*

הַשָּׂדֶה def.art.-n.m.s. (961) *the field*

וְהַמְּעָרָה conj.-def.art.-n.f.s. (792) *and the cave*

אֲשֶׁר־בּוֹ rel. (81)-prep.-3 m.s. sf. *that is in it*

לְאַבְרָהָם prep.-pr.n. (4) *to Abraham*

לַאֲחֻזַּת־קֶבֶר prep.-n.f.s. cstr. (28)-n.m.s. paus. (868) *as a possession for a burying place*

מֵאֵת בְּנֵי־חֵת prep.-prep. (II 85)-n.m.p. cstr. (119)-pr.n. (366) *by the Hittites*

24:1

וְאַבְרָהָם conj.-pr.n. (4) *now Abraham*

זָקֵן Qal pf. 3 m.s. (278) *was old*

בָּא בַּיָּמִים Qal pf. 3 m.s. (בּוֹא 97)-prep.-def.art.-n.m.p. (398) *well advanced in years*

וַיהוָה conj.-pr.n. (217) *and Yahweh*

בֵּרַךְ Pi. pf. 3 m.s. (בָּרַךְ 138) *had blessed*

אֶת־אַבְרָהָם dir.obj.-pr.n. (4) *Abraham*

בַּכֹּל prep.-def.art.-n.m.s. (481) *in all things*

24:2

וַיֹּאמֶר consec.-Qal impf. 3 m.s. (55) *and said*

אַבְרָהָם pr.n. (4) *Abraham*

אֶל־עַבְדּוֹ prep.-n.m.s.-3 m.s. sf. (713) *to his servant*

זְקַן בֵּיתוֹ adj. m.s. cstr. (278)-n.m.s.-3 m.s. sf. (108) *the oldest of his house*

הַמֹּשֵׁל בְּכָל־ def.art.-Qal act.ptc. (605)-prep.-n.m.s. (481) *who had charge of all*

אֲשֶׁר־לוֹ rel. (81)-prep.-3 m.s. sf. *that he had*

שִׂים־נָא Qal impv. 2 m.s. (שִׂים 962)-part.of entreaty (609) *put*

יָדְךָ n.f.s.-2 m.s. sf. (388) *your hand*

תַּחַת יְרֵכִי prep. (1065)-n.f.s.-1 c.s. sf. (437) *under my thigh*

24:3

וְאַשְׁבִּיעֲךָ conj.-Hi. impf. 1 c.s.-2 m.s. sf. (שָׁבַע 989) *and I will make you swear*

בַּיהוָה prep.-pr.n. (217) *by Yahweh*

אֱלֹהֵי הַשָּׁמַיִם n.m.p. cstr. (43; GK 128a)-def.art.-n.m. du. (1029) *the God of heaven*

וֵאלֹהֵי הָאָרֶץ conj.-n.m.p. cstr. (43)-def.art.-n.f.s. (75) *and (God) of the earth*

אֲשֶׁר לֹא־תִקַּח rel. (81)-neg. (GK 165b)-Qal impf. 2 m.s. (לָקַח 542) *that you will not take*

אִשָּׁה לִבְנִי n.f.s. (61)-prep.-n.m.s.-1 c.s. sf. (119) *a wife for my son*

מִבְּנוֹת prep.-n.f.p. cstr. (I 123) *from the daughters of*

הַכְּנַעֲנִי def.art.-pr.n. gent. (489) *the Canaanites*

אֲשֶׁר אָנֹכִי rel. (81)-pers.pr. 1 c.s. (59) *among whom I*

יוֹשֵׁב Qal act.ptc. (יָשַׁב 442) *dwell*

בְּקִרְבּוֹ prep.-n.m.s.-3 m.s. sf. (899) *(in their midst)*

24:4

כִּי אֶל־אַרְצִי conj.-prep.-n.f.s.-1 c.s. sf. (75) *but to my country*

וְאֶל־מוֹלַדְתִּי conj.-prep.-n.f.s.-1 c.s. sf. (409) *and to my kindred*

תֵּלֵךְ Qal impf. 2 m.s. (הָלַךְ 229) *you will go*

וְלָקַחְתָּ consec.-Qal pf. 2 m.s. (לָקַח 542) *and take*

אִשָּׁה לִבְנִי n.f.s. (61)-prep.-n.m.s.-1 c.s. sf. (119) *a wife for my son*

לְיִצְחָק prep.-pr.n. (850) *(for) Isaac*

24:5

וַיֹּאמֶר consec.-Qal impf. 3 m.s. (55) *said*

אֵלָיו prep.-3 m.s. sf. *to him*

הָעֶבֶד def.art.-n.m.s. (713) *the servant*

אוּלַי adv. (19) *perhaps*

לֹא־תֹאבֶה neg.-Qal impf. 3 f.s. (אבה 2) *may not be willing*

הָאִשָּׁה def.art.-n.f.s. (61) *the woman*

לָלֶכֶת prep.-Qal inf.cstr. (הלך 229) *to follow*

אַחֲרַי prep.-1 c.s. sf. (29) *(after) me*

אֶל־הָאָרֶץ הַזֹּאת prep.-def.art.-n.f.s. (75)-def.art.-demons.adj. f.s. (260) *to this land*

הֶהָשֵׁב אָשִׁיב interr.part.-Hi. inf.abs. (שוב 996; GK 100n,113q)-Hi. impf. 1 c.s. (שוב 996) *must I then take back*

אֶת־בִּנְךָ dir.obj.-n.m.s.-2 m.s. sf. (119) *your son*

אֶל־הָאָרֶץ prep.-def.art.-n.f.s. (75) *to the land*

אֲשֶׁר־יָצָאתָ rel. (81)-Qal pf. 2 m.s. (יצא 422) *which you came*

מִשָּׁם prep.-adv. (1027) *from (there)*

24:6

וַיֹּאמֶר אֵלָיו consec.-Qal impf. 3 m.s. (55)-prep.-3 m.s. sf. *said to him*

אַבְרָהָם pr.n. (4) *Abraham*

הִשָּׁמֶר לְךָ Ni. impv. 2 m.s. (שמר 1036; GK 51n,152w)-prep.-2 m.s. sf. *see to it*

פֶּן־תָּשִׁיב conj. (814)-Hi. impf. 2 m.s. (שוב 996) *that you do not take*

אֶת־בְּנִי dir.obj.-n.m.s.-1 c.s. sf. (119) *my son*

שָׁמָּה adv.-dir.he (1027) *back there*

24:7

יהוה pr.n. (217) *Yahweh*

אֱלֹהֵי הַשָּׁמַיִם n.m.p. cstr. (43)-def.art.-n.m. du. (1029) *the God of heaven*

אֲשֶׁר לְקָחַנִי rel. (81; GK 138a)-Qal pf. 3 m.s.-1 c.s. sf. (לקח 542) *who took me*

מִבֵּית אָבִי prep.-n.m.s. cstr. (108)-n.m.s.-1 c.s. sf. (3) *from my father's house*

וּמֵאֶרֶץ conj.-prep.-n.f.s. cstr. (75) *and from the land of*

מוֹלַדְתִּי n.f.s.-1 c.s. sf. (409) *my birth*

וַאֲשֶׁר דִּבֶּר־לִי conj.-rel. (81)-Pi. pf. 3 m.s. (180)-prep.-1 c.s. sf. *and who spoke to me*

וַאֲשֶׁר נִשְׁבַּע־לִי conj.-rel. (81)-Ni. pf. 3 m.s. (989 שבע)-prep.-1 c.s. sf. *and swore to me*

לֵאמֹר prep.-Qal inf.cstr. (55) *(saying)*

לְזַרְעֲךָ prep.-n.m.s.-2 m.s. sf. (282) *to your descendants*

אֶתֵּן Qal impf. 1 c.s. (נתן 678) *I will give*

אֶת־הָאָרֶץ הַזֹּאת dir.obj.-def.art.-n.f.s. (75)-def.art.-demons.adj. f.s. (260) *this land*

הוּא יִשְׁלַח pers.pr. 3 m.s. (214)-Qal impf. 3 m.s. (שלח 1018) *he will send*

מַלְאָכוֹ n.m.s.-3 m.s. sf. (521) *his angel*

לְפָנֶיךָ prep.-n.m.p.-2 m.s. sf. (815) *before you*

וְלָקַחְתָּ conj.-Qal pf. 2 m.s. (לקח 542) *and you shall take*

אִשָּׁה לִבְנִי n.f.s. (61)-prep.-n.m.s.-1 c.s. sf. (119) *a wife for my son*

מִשָּׁם prep.-adv. (1027) *from there*

24:8

וְאִם־לֹא תֹאבֶה conj.-hypoth.part. (49)-neg.-Qal impf. 3 f.s. (אבה 2) *but if is not willing*

הָאִשָּׁה def.art.-n.f.s. (61) *the woman*

לָלֶכֶת אַחֲרֶיךָ prep.-Qal inf.cstr. (הלך 229)-prep.-2 m.s. sf. (29) *to follow you*

וְנִקִּיתָ conj.-Ni. pf. 2 m.s. (נקה 667; GK 75x) *then you will be free*

מִשְּׁבֻעָתִי prep.-n.f.s.-1 c.s. sf. (989; GK 126y) *from ... oath of mine*

זֹאת demons.adj. f.s. (260) *this*

רַק אֶת־בְּנִי adv. (956)-prep.-n.m.s.-1 c.s. sf. (119) *only my son*

לֹא תָשֵׁב neg.-Hi. impf. 2 m.s. (שוב 996; GK 109d) *you must not take back*

שָׁמָּה adv.-dir.he (1027) *there*

24:9

וַיָּשֶׂם consec.-Qal impf. 3 m.s. (שים 962) *so ... put*

הָעֶבֶד def.art.-n.m.s. (713) *the servant*

אֶת־יָדוֹ dir.obj.-n.f.s.-3 m.s. sf. (388) *his hand*

תַּחַת יֶרֶךְ prep. (1065)-n.f.s. cstr. (437) *under the thigh of*

אַבְרָהָם pr.n. (4) *Abraham*

אֲדֹנָיו n.m.p.-3 m.s. sf. (10) *his master*

וַיִּשָּׁבַע לוֹ consec.-Ni. impf. 3 m.s. (שבע 989; GK 16h)-prep.-3 m.s. sf. *and swore to him*

עַל־הַדָּבָר הַזֶּה prep.-def.art.-n.m.s. (182)-def.art.-demons.adj. m.s. (260) *concerning this matter*

24:10

וַיִּקַּח consec.-Qal impf. 3 m.s. (לקח 542) *then took*

הָעֶבֶד def.art.-n.m.s. (713) *the servant*

עֲשָׂרָה גְמַלִּים num. f.s. (796)-n.m.p. (168) *ten camels*

מִגְּמַלֵּי אֲדֹנָיו prep.-n.m.p. cstr. (168)-n.m.p.-3 m.s. sf. (10) *of his master's camels*

וַיֵּלֶךְ consec.-Qal impf. 3 m.s. (הלך 229) *and departed*

וְכָל־טוּב conj.-n.m.s. cstr. (481)-n.m.s. cstr. (375) *taking all sorts of choice gifts from*

אֲדֹנָיו v.supra *his master*

בְּיָדוֹ prep.-n.f.s.-3 m.s. sf. (388) *(in his hand)*

וַיָּקָם consec.-Qal impf. 3 m.s. (קום 877) *and he arose*

וַיֵּלֶךְ v.supra *and went*

אֶל־אֲרַם נַהֲרַיִם prep.-pr.n. (74)-n.m. du. (625) *to Mesopotamia (lit. to Aram of the two rivers)*

אֶל־עִיר נָחוֹר prep.-n.f.s. cstr. (746)-pr.n. (637) *to the city of Nahor*

24:11

וַיַּבְרֵךְ consec.-Hi. impf. 3 m.s. (ברך 138) *and he made ... kneel down*

הַגְּמַלִּים def.art.-n.m.p. (168) *the camels*

מִחוּץ לָעִיר prep.-n.m.s. (299)-def.art.-n.f.s. (746) *outside the city*

אֶל־בְּאֵר הַמָּיִם prep.-n.f.s. cstr. (91)-def.art. -n.m.p. paus. (565) *by the well of water*

לְעֵת עֶרֶב prep.-n.f.s. cstr. (773)-n.m.s. (787) *at the time of evening*

לְעֵת צֵאת prep.-n.f.s. cstr. (773)-Qal inf.cstr. (יצא 422) *the time when ... go out*

הַשֹּׁאֲבֹת def.art.-Qal act.ptc. f.p. (שאב 980) *women to draw water*

24:12

וַיֹּאמַר consec.-Qal impf. 3 m.s. (55) *and he said*

יהוה pr.n. (217) *O Yahweh*

אֱלֹהֵי אֲדֹנִי n.m.p. cstr. (43)-n.m.s.-1 c.s. sf. (10) *God of my master*

אַבְרָהָם pr.n. (4) *Abraham*

הַקְרֵה־נָא Hi. impv. 2 m.s. (קרה 899)-part.of entreaty (609) *grant success I pray thee*

לְפָנַי prep.-n.m.p.-1 c.s. sf. (815) *me*

הַיּוֹם def.art.-n.m.s. (398) *today*

וַעֲשֵׂה־חֶסֶד conj.-Qal impv. 2 m.s. (I 793)-n.m.s. (338) *and show steadfast love*

עִם אֲדֹנִי prep.-v.supra *to my master*

אַבְרָהָם pr.n. (4) *Abraham*

24:13

הִנֵּה אָנֹכִי demons.part. (243)-pers.pr. 1 c.s. (59) *behold, I*

נִצָּב Ni. ptc. (נצב 662) *am standing*

עַל־עֵין הַמָּיִם prep.-n.f.s. cstr. (744)-def.art. -n.m.p. (565) *by the spring of water*

וּבְנוֹת אַנְשֵׁי conj.-n.f.p. cstr. (I 123)-n.m.p. cstr. (35) *and the daughters of the men of*

הָעִיר def.art.-n.f.s. (746) *the city*

יֹצְאֹת Qal act.ptc. f.p. (יצא 422) *are coming out*

לִשְׁאֹב מָיִם prep.-Qal inf.cstr. (שאב 980)-n.m.p. paus. (565) *to draw water*

24:14

וְהָיָה conj.-Qal pf. 3 m.s. (224; GK 167c) *(and it shall be)*

הַנַּעַר def.art.-n.f.s. (655) *the maiden*

אֲשֶׁר אֹמַר rel. (81)-Qal impf. 1 c.s. (55) *to whom I shall say*

אֵלֶיהָ prep.-3 f.s. sf. *(to her)*

הַטִּי־נָא Hi. impv. 2 f.s. (נטה 639)-part.of entreaty (609; GK 112bb) *pray, let down*

כַדֵּךְ n.f.s.-2 f.s. sf. (461) *your jar*

וְאֶשְׁתֶּה conj.-Qal impf. 1 c.s. (שתה 1059) *that I may drink*

וְאָמְרָה conj.-Qal pf. 3 f.s. (55) *and she shall say*

שְׁתֵה Qal impv. 2 m.s. (שתה 1059) *drink*

וְגַם־גְּמַלֶּיךָ conj.-adv. (168)-n.m.p.-2 m.s. sf. (168) *and also your camels*

אַשְׁקֶה Hi. impf. 1 c.s. (שקה 1052) *I will water*

אֹתָהּ dir.obj.-3 f.s. sf. *let her be the one*

הֹכַחְתָּ Hi. pf. 2 m.s. (יכח 406) *thou hast appointed*

לְעַבְדְּךָ prep.-n.m.s.-2 m.s. sf. (713) *for thy servant*

לְיִצְחָק prep.-pr.n. (850) *Isaac*

וּבָהּ conj.-prep.-3 f.s. sf. (GK 135p) *by this*

אֵדַע Qal impf. 1 c.s. (ידע 393) *I shall know*

כִּי־עָשִׂיתָ חֶסֶד conj.-Qal pf. 2 m.s. (I 793)-n.m.s. (338) *that thou hast shown steadfast love*

עִם־אֲדֹנִי prep.-n.m.s.-1 c.s. sf. (10) *to my master*

24:15

וַיְהִי־הוּא conj.-Qal impf. 3 m.s. (היה 224)-pers.pr. 3 m.s. (214) *(and it proceeded to be)*

טֶרֶם כִּלָּה adv. (382; GK 152n)-Pi. pf. 3 m.s. (כלה 477; GK 106f,107c) *before he had done*

לְדַבֵּר prep.-Pi. inf.cstr. (180) *speaking*

וְהִנֵּה conj.-demons.part. (243) *behold*

רִבְקָה pr.n. (918) *Rebekah*

יֹצֵאת Qal act.ptc. f.s. (יצא 422) *came out*

אֲשֶׁר יֻלְּדָה rel. (81)-Pu. pf. 3 f.s. (ילד 408) *who was born*

לִבְתוּאֵל prep.-pr.n. (I 143) *to Bethuel*

בֶּן־מִלְכָּה n.m.s. cstr. (119)-pr.n. (574) *the son of Milcah*

אֵשֶׁת נָחוֹר n.f.s. cstr. (61)-pr.n. (637) *the wife of Nahor*

אֲחִי אַבְרָהָם n.m.s. cstr. (26)-pr.n. (4) *Abraham's brother*

וְכַדָּהּ conj.-n.f.s.-3 f.s. sf. (461) *with her water jar*

עַל־שִׁכְמָהּ prep.-n.m.s.-2 f.s. sf. (I 1014) *upon her shoulder*

24:16

וְהַנַּעֲרָ conj.-def.art.-n.f.s. (655) *the maiden*

טֹבַת מַרְאֶה adj. f.s. cstr. (II 373)-n.m.s. (909) *was fair to look upon*

מְאֹד adv. (547) *very*

בְּתוּלָה n.f.s. (143) *a virgin*

וְאִישׁ לֹא יְדָעָהּ conj.-n.m.s. (35)-neg.-Qal pf. 3 m.s.-3 f.s. sf. (393) *whom no man had known*

וַתֵּרֶד consec.-Qal impf. 3 f.s. (יָרַד 432) *she went down*

הָעַיְנָה def.art.-n.f.s.-dir.he (744) *to the spring*

וַתְּמַלֵּא consec.-Pi. impf. 3 f.s. (569) *and filled*

כַּדָּהּ n.f.s.-3 f.s. sf. (461) *her jar*

וַתָּעַל consec.-Qal impf. 3 f.s. paus. (עָלָה 748) *and came up*

24:17

וַיָּרָץ consec.-Qal impf. 3 m.s. (רוּץ 930) *then ... ran*

הָעֶבֶד def.art.-n.m.s. (713) *the servant*

לִקְרָאתָהּ prep.-Qal inf.cstr.-3 f.s. sf. (קָרָא II 896) *to meet her*

וַיֹּאמֶר consec.-Qal impf. 3 m.s. (55) *and said*

הַגְמִיאִינִי נָא Hi. impv. 2 f.s.-1 c.s. sf. (167)-part.of entreaty (609) *pray give me to drink*

מְעַט־מַיִם subst.cstr. (589)-n.m.p. (565) *a little water*

מִכַּדֵּךְ prep.-n.f.s.-2 f.s. sf. (461) *from your jar*

24:18

וַתֹּאמֶר consec.-Qal impf. 3 f.s. (55) *she said*

שְׁתֵה אֲדֹנִי Qal impv. 2 m.s. (1059)-n.m.s.-1 c.s. sf. (10) *drink, my lord*

וַתְּמַהֵר consec.-Pi. impf. 3 f.s. (מָהַר 554; GK 120d) *and quickly* (lit. *she hastened*)

וַתֹּרֶד consec.-Hi. impf. 3 f.s. (יָרַד 432) *she let down*

כַּדָּהּ n.f.s.-3 f.s. sf. (461) *her jar*

עַל־יָדָהּ prep.-n.f.s.-3 f.s. sf. (388) *upon her hand*

וַתַּשְׁקֵהוּ consec.-Hi. impf. 3 f.s.-3 m.s. sf. (שָׁקָה 1052) *and gave him a drink*

24:19

וַתְּכַל consec.-Pi. impf. 3 f.s. (כָּלָה 477; GK 164b) *when she had finished*

לְהַשְׁקֹתוֹ prep.-Hi. inf.cstr.-3 m.s. sf. (שָׁקָה 1052) *giving him a drink*

וַתֹּאמֶר consec.-Qal impf. 3 f.s. (55) *she said*

גַּם לִגְמַלֶּיךָ adv. (168)-prep.-n.m.p.-2 m.s. sf. (168) *also for your camels*

אֶשְׁאָב Qal impf. 1 c.s. (שָׁאַב 980) *I will draw*

עַד אִם־כִּלּוּ prep. (III 723)-conj. (49; GK 106o)-Pi. pf. 3 c.p. (כָּלָה 477) *until they had done*

לִשְׁתֹּת prep.-Qal inf.cstr. (שָׁתָה 1059) *drinking*

24:20

וַתְּמַהֵר consec.-Pi. impf. 3 f.s. (מָהַר I 554; GK 120d) *so she quickly*

וַתְּעַר consec.-Pi. impf. 3 f.s. (עָרָה 788; GK 75bb) *emptied*

כַּדָּהּ n.f.s.-3 f.s. sf. (461) *her jar*

אֶל־הַשֹּׁקֶת prep.-def.art.-n.f.s. (1052) *into the trough*

וַתָּרָץ consec.-Qal impf. 3 f.s. (רוּץ 930) *and ran*

עוֹד אֶל־הַבְּאֵר adv. (728)-prep.-def.art.-n.f.s. (91) *again to the well*

לִשְׁאֹב prep.-Qal inf.cstr. (980) *to draw*

וַתִּשְׁאַב consec.-Qal impf. 3 f.s. (980) *and she drew*

לְכָל־גְּמַלָּיו prep.-n.m.s. cstr. (481)-n.m.p.-3 m.s. sf. (168) *for all his camels*

24:21

וְהָאִישׁ conj.-def.art.-n.m.s. (35) *the men*

מִשְׁתָּאֵה Hithpa'el ptc. (שָׁאָה 981; v. שָׁעָה) *gazed*

לָהּ prep.-3 f.s. sf. (GK 130a) *at her*

מַחֲרִישׁ Hi. ptc. (חָרַשׁ II 361) *in silence*

לָדַעַת prep.-Qal inf.cstr. (יָדַע 393) *to learn*

הַהִצְלִיחַ interr. (GK 150i)-Hi. pf. 3 m.s. (II 852) *whether ...had prospered*

יהוה pr.n. (217) *Yahweh*

דַּרְכּוֹ n.m.s.-3 m.s. sf. (202) *his journey*

אִם־לֹא conj. (49)-neg. *or not*

24:22

וַיְהִי consec.-Qal impf. 3 m.s. (הָיָה 224) *(and it proceeded to be)*

כַּאֲשֶׁר כִּלּוּ prep.-rel. (81)-Pi. pf. 3 c.p. (כָּלָה 477) *when ... had done*

הַגְּמַלִּים def.art.-n.m.p. (168) *the camels*

לִשְׁתּוֹת prep.-Qal inf.cstr. (שָׁתָה 1059) *drinking*

וַיִּקַּח consec.-Qal impf. 3 m.s. (לָקַח 542) *took*

הָאִישׁ def.art.-n.m.s. (35) *the man*

נֶזֶם זָהָב n.m.s. (633)-n.m.s. (262) *a gold ring*

בֶּקַע מִשְׁקָלוֹ n.m.s. cstr. (132)-n.m.s.-3 m.s. sf. (1054) *a half shekel*

וּשְׁנֵי conj.-num. m.p. cstr. (1040) *and two*

צְמִידִים n.m.p. (I 855) *bracelets*

עַל־יָדֶיהָ prep.-n.f. du.-3 f.s. sf. (388) *for her arms*

עֲשָׂרָה זָהָב num. f.s. (796; GK 134n,156b)-n.m.s. (262) *ten gold*

מִשְׁקָלָם n.m.s.-3 m.p. sf. (1054) *weighing ... shekels*

24:23

וַיֹּאמֶר consec.-Qal impf. 3 m.s. (55) *and said*

בַּת־מִי n.f.s. cstr. (I 123)-interr. (566; GK 37a,137b) *whose daughter*

אַתְּ pers.pr. 2 f.s. (61) *you are*

הַגִּידִי Hi. impv. 2 f.s. (נגד 616) *tell*

נָא לִי part.of entreaty (609)-prep.-1 c.s. sf. *me*

הֲיֵשׁ בֵּית־אָבִיךְ interr.-subst. (441)-n.m.s. cstr. (108)-n.m.s.-2 f.s. sf. (3; GK 118g) *is there in your father's house*

מָקוֹם n.m.s. (879) *room*

לָנוּ לָלִין prep.-1 c.p. sf.-prep.-Qal inf.cstr. (לון I 533) *for us to lodge in*

24:24

וַתֹּאמֶר consec.-Qal impf. 3 f.s. (55) *she said*

אֵלָיו prep.-3 m.s. sf. *to him*

בַּת־בְּתוּאֵל n.f.s. cstr. (I 123)-pr.n. (I 143) *the daughter of Bethuel*

אָנֹכִי pers.pr. 1 c.s. (59) *I am*

בֶּן־מִלְכָּה n.m.s. cstr. (119)-pr.n. (574) *the son of Milcah*

אֲשֶׁר יָלְדָה rel. (81)-Qal pf. 3 f.s. (ילד 408) *whom she bore*

לְנָחוֹר prep.-pr.n. (637) *to Nahor*

24:25

וַתֹּאמֶר אֵלָיו consec.-Qal impf. 3 f.s. (55)-prep.-3 m.s. sf. *she added* (lit. *said to him*)

גַּם־תֶּבֶן adv. (168; GK 154aN)-n.m.s. (1061) *both straw*

גַּם־מִסְפּוֹא v.supra-n.m.s. (704) *and provender*

רַב עִמָּנוּ adj. m.s. (I 912)-prep.-1 c.p. sf. *enough with us*

גַּם־מָקוֹם v.supra-n.m.s. (879) *and room*

לָלוּן prep.-Qal inf.cstr. (I 533) *to lodge in*

24:26

וַיִּקֹּד הָאִישׁ consec.-Qal impf. 3 m.s. (קדד I 869; GK 67g)-def.art.-n.m.s. (35) *the man bowed his head*

וַיִּשְׁתַּחוּ consec.-Hithpalel impf. 3 m.s. (שחה 1005) *and worshiped*

לַיהוה prep.-pr.n. (217) *Yahweh*

24:27

וַיֹּאמֶר consec.-Qal impf. 3 m.s. (55) *and said*

בָּרוּךְ יְהוה Qal pass.ptc. (138)-pr.n. (217) *Blessed be Yahweh*

אֱלֹהֵי אֲדֹנִי n.m.p. cstr. (43)-n.m.s.-1 c.s. sf. (10) *the God of my master*

אַבְרָהָם pr.n. (4) *Abraham*

אֲשֶׁר לֹא־עָזַב rel. (81)-neg.-Qal pf. 3 m.s. (I 736) *who has not forsaken*

חַסְדּוֹ n.m.s.-3 m.s. sf. (338) *his steadfast love*

וַאֲמִתּוֹ conj.-n.f.s.-3 m.s. sf. (54) *and his faithfulness*

מֵעִם אֲדֹנִי prep.-prep.-n.m.s.-1 c.s. sf. (10) *toward my master*

אָנֹכִי pers.pr. 1 c.s. (59; GK 135e,143b) *as for me*

בַּדֶּרֶךְ prep.-def.art.-n.m.s. (202) *in the way*

נָחַנִי Qal pf. 3 m.s.-1 c.s. sf. (נחה 634; GK 75,11) *has led me*

יְהוה pr.n. (217) *Yahweh*

בֵּית אֲחֵי n.m.s. cstr. (108)-n.m.p. cstr. (26) *to the house of the kinsmen of*

אֲדֹנִי v.supra *my master*

24:28

וַתָּרָץ consec.-Qal impf. 3 f.s. (רוץ 930) *then ran*

הַנַּעֲרָ def.art.-n.f.s. (655) *the maiden*

וַתַּגֵּד consec.-Hi. impf. 3 f.s. (נגד 616) *and told*

לְבֵית אִמָּהּ prep.-n.m.s. cstr. (108)-n.f.s.-3 f.s. sf. (51) *her mother's household*

כַּדְּבָרִים הָאֵלֶּה prep.-def.art.-n.m.p. (182)-def.art.-demons.adj. c.p. (41) *about these things*

24:29

וּלְרִבְקָה conj.-prep.-pr.n. (918) *Rebekah had*

אָח n.m.s. (26) *a brother*

וּשְׁמוֹ conj.-n.m.s.-3 m.s. sf. (1027; GK 156b) *whose name was*

לָבָן pr.n. (II 526) *Laban*

וַיָּרָץ consec.-Qal impf. 3 m.s. (רוץ 930) *and ran*

לָבָן v.supra *Laban*

אֶל־הָאִישׁ prep.-def.art.-n.m.s. (35) *to the man*

הַחוּצָה def.art.-n.m.s.-loc.he (299) *out*

אֶל־הָעָיִן prep.-def.art.-n.f.s. paus. (II 745) *to the spring*

24:30

וַיְהִי consec.-Qal impf. 3 m.s. (היה 224) *(and it proceeded to be)*

כִּרְאֹת prep.-Qal inf.cstr. (ראה 906; GK 115eN) *when he saw*

96

אֶת־הַנֶּזֶם dir.obj.-def.art.-n.m.s. (633) *the ring*

וְאֶת־הַצְּמִדִים conj.-dir.obj.-def.art.-n.m.p. (I 855) *and the bracelets*

עַל־יְדֵי אֲחֹתוֹ prep.-n.f. du. cstr. (388)-n.f.s.-3 m.s. sf. (27) *on his sister's arms*

וּכְשָׁמְעוֹ conj.-prep.-Qal inf.cstr.-3 m.s. sf. (1033) *and when he heard*

אֶת־דִּבְרֵי רִבְקָה dir.obj.-n.m.p. cstr. (182)-pr.n. (918) *the words of Rebekah*

אֲחֹתוֹ v.supra *his sister*

לֵאמֹר prep.-Qal inf.cstr. (55) *(saying)*

כֹּה־דִבֶּר אֵלַי adv. (462)-Pi. pf. 3 m.s. (180) -prep.-1 c.s. sf. *thus spoke to me*

הָאִישׁ def.art.-n.m.s. (35) *the man*

וָאָבֹא consec.-Qal impf. 3 m.s. (בּוֹא 97) *he went*

אֶל־הָאִישׁ prep.-def.art.-n.m.s. (35) *to the man*

וְהִנֵּה conj.-demons.part. (243) *and behold*

עֹמֵד Qal act.ptc. (763; GK 116s) *he was standing*

עַל־הַגְּמַלִּים prep.-def.art.-n.m.p. (168) *by the camels*

עַל־הָעָיִן prep.-def.art.-n.f.s. paus. (II 745) *at the spring*

24:31

וַיֹּאמֶר consec.-Qal impf. 3 m.s. (55) *he said*

בּוֹא Qal impv. 2 m.s. (97) *come in*

בְּרוּךְ יהוה Qal pass.ptc. m.s. cstr. (138; GK 116,1)-pr.n. (217) *O blessed of Yahweh*

לָמָּה תַעֲמֹד prep.-interr. (552)-Qal impf. 2 m.s. (763) *why do you stand*

בַּחוּץ prep.-def.art.-n.m.s. (299) *outside*

וְאָנֹכִי פִּנִּיתִי conj.-pers.pr. 1 c.s. (59)-Pi. pf. 1 c.s. (פָּנָה 815) *for I have prepared*

הַבַּיִת def.art.-n.m.s. (108) *the house*

וּמָקוֹם conj.-n.m.s. (879) *and a place*

לַגְּמַלִּים prep.-def.art.-n.m.p. (168) *for the camels*

24:32

וַיָּבֹא consec.-Qal impf. 3 m.s. (בּוֹא 97) *so came*

הָאִישׁ def.art.-n.m.s. (35) *the man*

הַבַּיְתָה def.art.-n.m.s.-dir.he (108) *into the house*

וַיְפַתַּח consec.-Pi. impf. 3 m.s. (פָּתַח I 834) *and ungirded*

הַגְּמַלִּים def.art.-n.m.p. (168) *the camels*

וַיִּתֵּן consec.-Qal impf. 3 m.s. (נָתַן 678) *and gave*

תֶּבֶן וּמִסְפּוֹא n.m.s. (1061)-conj.-n.m.s. (704) *straw and provender*

לַגְּמַלִּים prep.-def.art.-n.m.p. (168) *for the camels*

וּמַיִם conj.-n.m.p. (565) *and water*

לִרְחֹץ רַגְלָיו prep.-Qal inf.cstr. (934)-n.f. du.-3 m.s. sf. (919) *to wash his feet*

וְרַגְלֵי הָאֲנָשִׁים conj.-n.f. du. cstr. (919)-def.art. -n.m.p. (35) *and the feet of the men*

אֲשֶׁר אִתּוֹ rel.-prep.-3 m.s. sf. (II 85) *who were with him*

24:33

וַיִּישֶׂם consec.-Ho. impf. 3 m.s. (שׂוּם 962; GK 73f) *then was set*

לְפָנָיו prep.-n.m.p.-3 m.s. sf. (815) *before him*

לֶאֱכֹל prep.-Qal inf.cstr. (37) *to eat*

וַיֹּאמֶר consec.-Qal impf. 3 m.s. (55) *but he said*

לֹא אֹכַל neg.-Qal impf. 1 c.s. (אָכַל 37) *I will not eat*

עַד אִם־דִּבַּרְתִּי prep.-conj. (49)-Pi. pf. 1 c.s. (180) *until I have told*

דְּבָרָי n.m.p.-1 c.s. sf. (182) *my errand*

וַיֹּאמֶר consec.-Qal impf. 3 m.s. (55) *he said*

דַּבֵּר Pi. impv. 2 m.s. (180) *speak on*

24:34

וַיֹּאמַר consec.-Qal impf. 3 m.s. (55) *so he said*

עֶבֶד אַבְרָהָם n.m.s. cstr. (713)-pr.n. (4) *Abraham's servant*

אָנֹכִי pers.pr. 1 c.s. (59) *I am*

24:35

וַיהוה בֵּרַךְ conj.-pr.n. (217)-Pi. pf. 3 m.s. (בָּרַךְ 138) *Yahweh has blessed*

אֶת־אֲדֹנִי dir.obj.-n.m.s.-1 c.s. sf. (10) *my master*

מְאֹד adv. (547) *greatly*

וַיִּגְדָּל consec.-Qal impf. 3 m.s. (152) *and he has become great*

וַיִּתֶּן־לוֹ consec.-Qal impf. 3 m.s. (נָתַן 678)-prep. -3 m.s. sf. *he has given him*

צֹאן וּבָקָר n.f.s. (838)-conj.-n.m.s. (133) *flocks and herds*

וְכֶסֶף וְזָהָב conj.-n.m.s. (494)-conj.-n.m.s. (262) *silver and gold*

וַעֲבָדִם וּשְׁפָחֹת conj.-n.m.p. (713)-conj.-n.f.p. (1046) *menservants and maidservants*

וּגְמַלִּים וַחֲמֹרִים conj.-n.m.p. (168)-conj.-n.m.p. (331) *camels and asses*

24:36

וַתֵּלֶד consec.-Qal impf. 3 f.s. (יָלַד 408) *and ... bore*

שָׂרָה pr.n. (979) *Sarah*

אֵשֶׁת אֲדֹנִי n.f.s. cstr. (61)-n.m.s.-1 c.s. sf. (10) *my master's wife*

בֵּן לַאדֹנִי n.m.s. (119)-prep.-n.m.s.-1 c.s. sf. (10) *a son to my master*

אַחֲרֵי זִקְנָתָהּ prep. cstr. (29)-n.f.s.-3 f.s. sf. (279) *when she was old*

וַיִּתֶּן־לוֹ consec.-Qal impf. 3 m.s. (נָתַן 678)-prep. -3 m.s. sf. *and to him he has given*

אֶת־כָּל־אֲשֶׁר־לוֹ dir.obj.-n.m.s. (481)-rel.-prep.-3 m.s. sf. *all that he has*

24:37

וַיַּשְׁבִּעֵנִי consec.-Hi. impf. 3 m.s.-1 c.s. sf. (989) *made me swear*

אֲדֹנִי n.m.s.-1 c.s. sf. (10) *my master*

לֵאמֹר prep.-Qal inf.cstr. (55) *saying*

לֹא־תִקַּח neg.-Qal impf. 2 m.s. (לָקַח 542) *you shall not take*

אִשָּׁה n.f.s. (61) *a wife*

לִבְנִי prep.-n.m.s.-1 c.s. sf. (119) *for my son*

מִבְּנוֹת הַכְּנַעֲנִי prep.-n.f.p. cstr. (I 123)-def.art. -n, gent. (489) *from the daughters of the Canaanites*

אֲשֶׁר אָנֹכִי יֹשֵׁב rel.-pers.pr. 1 c.s. (59)-Qal act.ptc. (יָשַׁב 442) *which I am dwelling*

בְּאַרְצוֹ prep.-n.f.s.-3 m.s. sf. (75) *in his land*

24:38

אִם־לֹא hypoth.part. (49; GK 149c)-neg. *but*

אֶל־בֵּית־אָבִי prep.-n.m.s. cstr. (108)-n.m.s.-1 c.s. sf. (3) *to my father's house*

תֵּלֵךְ Qal impf. 2 m.s. (הָלַךְ 229) *you shall go*

וְאֶל־מִשְׁפַּחְתִּי conj.-prep.-n.f.s.-1 c.s. sf. (1046) *and to my kindred*

וְלָקַחְתָּ אִשָּׁה conj.-Qal pf. 2 m.s. (542)-n.f.s. (61) *and take a wife*

לִבְנִי prep.-n.m.s.-1 c.s. sf. (119) *for my son*

24:39

וָאֹמַר אֶל־אֲדֹנִי consec.-Qal impf. 1 c.s. (55)-prep.-n.m.s.-1 c.s. sf. (10) *I said to my master*

אֻלַי adv. (II 19) *perhaps*

לֹא־תֵלֵךְ neg.-Qal impf. 3 f.s. (הָלַךְ 229) *will not follow*

הָאִשָּׁה def.art.-n.f.s. (61) *the woman*

אַחֲרָי prep.-1 c.s. sf. (29) *(after) me*

24:40

וַיֹּאמֶר אֵלָי consec.-Qal impf. 3 m.s. (55)-prep.-1 c.s. sf. paus. *but he said to me*

יְהוָה pr.n. (217) *Yahweh*

אֲשֶׁר־הִתְהַלַּכְתִּי לְפָנָיו rel.-Hith. pf. 1 c.s. (229) -prep.-n.m.p.-3 m.s. sf. (815) *before whom I walk*

יִשְׁלַח Qal impf. 3 m. (1018) *will send*

מַלְאָכוֹ n.m.s.-3 m.s. sf. (521) *his angel*

אִתָּךְ prep.-2 m.s. sf. *with you*

וְהִצְלִיחַ conj.-Hi. pf. 3 m.s. (צָלַח II 852) *and prosper*

דַּרְכֶּךָ n.m.s.-2 m.s. sf. (202) *your way*

וְלָקַחְתָּ conj.-Qal pf. 2 m.s. (542) *and you shall take*

אִשָּׁה n.f.s. (61) *a wife*

לִבְנִי prep.-n.m.s.-1 c.s. sf. (119) *for my son*

מִמִּשְׁפַּחְתִּי prep.-n.f.s.-1 c.s. sf. (1046) *from my kindred*

וּמִבֵּית אָבִי conj.-prep.-n.m.s. cstr. (108)-n.m.s.-1 c.s. sf. (3) *and from my father's house*

24:41

אָז תִּנָּקֶה adv. (23)-Ni. impf. 2 m.s. (נָקָה 667) *then you will be free*

מֵאָלָתִי prep.-n.f.s.-1 c.s. sf. (46; GK 95n) *from my oath*

כִּי תָבוֹא conj.-Qal impf. 2 m.s. (בּוֹא 97; GK 164d) *when you come*

אֶל־מִשְׁפַּחְתִּי prep.-n.f.s.-1 c.s. sf. (1046) *to my kindred*

וְאִם־לֹא יִתְּנוּ conj.-hypoth.part. (49)-neg.-Qal impf. 3 m.p. (נָתַן 678; GK 117f) *and if they will not give*

לָךְ prep.-2 m.s. sf. paus. *to you*

וְהָיִיתָ conj.-Qal pf. 2 m.s. (הָיָה 224) *you will be*

נָקִי מֵאָלָתִי adj. (667)-prep.-n.f.s.-1 c.s. sf. (46) *free from my oath*

24:42

וָאָבֹא consec.-Qal impf. 1 c.s. (בּוֹא 97; GK 167c) *I came*

הַיּוֹם def.art.-n.m.s. (398) *today*

אֶל־הָעָיִן prep.-def.art.-n.f.s. paus. (II 745) *to the spring*

וָאֹמַר consec.-Qal impf. 1 c.s. (אָמַר 55) *and said*

יְהוָה pr.n. (217) *Yahweh*

אֱלֹהֵי אֲדֹנִי n.m.p. cstr. (43)-n.m.s.-1 c.s. sf. (10) *the God of my master*

אַבְרָהָם pr.n. (4) *Abraham*

אִם־יֶשְׁךָ־נָּא hypoth.part. (49)-subst.-2 m.s. sf. (441)-part.of entreaty (609; GK 159v) *if now thou wilt*

מַצְלִיחַ Hi. ptc. (צָלַח II 852) *prosper*

דַּרְכִּי n.m.s.-1 c.s. sf. (202) *my way*

אֲשֶׁר אָנֹכִי הֹלֵךְ rel. (81)-pers.pr. 1 c.s. (59)-Qal act.ptc. (229) *which I go*

עָלֶיהָ prep.-3 f.s. sf. *(in it)*

24:43

הִנֵּה אָנֹכִי demons.part. (243)-pers.pr. 1 c.s. (59) *behold I*

נִצָּב Ni. ptc. (נצב 662) *am standing*

עַל־עֵין הַמָּיִם prep.-n.f.s. cstr. (II 745)-def.art. -n.m.p. paus. (565) *by the spring of water*

וְהָיָה conj.-Qal pf. 3 m.s. (224) *(and it shall be)*

הָעַלְמָה def.art.-n.f.s. (761) *the young woman*

הַיֹּצֵאת def.art.-Qal act.ptc. f.s. (יצא 422; GK 112t) *who comes out*

לִשְׁאֹב prep.-Qal inf.cstr. (980) *to draw*

וְאָמַרְתִּי conj.-Qal pf. 1 c.s. (55) *I shall say*

אֵלֶיהָ prep.-3 f.s. sf. *to her*

הַשְׁקִינִי נָא Hi. impv. 2 f.s.-1 c.s. sf. (שקה 1052) -part.of entreaty (609) *pray give me to drink*

מְעַט־מַיִם subst. cstr. (589)-n.m.p. (565) *a little water*

מִכַּדֵּךְ prep.-n.f.s.-2 f.s. sf. (461) *from your jar*

24:44

וְאָמְרָה conj.-Qal pf. 3 f.s. (55) *and who will say*

אֵלַי prep.-1 c.s. sf. *to me*

גַּם־אַתָּה adv. (168; GK 154aN,162b)-pers.pr. 2 m.s. (61) *also you*

שְׁתֵה Qal impv. 2 m.s. (שתה 1059) *drink*

וְגַם לִגְמַלֶּיךָ conj.-adv. (168)-prep.-n.m.p.-2 m.s. sf. (168) *and for your camels also*

אֶשְׁאָב Qal impf. 1 c.s. (שאב 980) *I will draw*

הִוא הָאִשָּׁה pers.pr. 3 f.s. (214)-def.art.-n.f.s. (61) *let her be the woman*

אֲשֶׁר־הֹכִיחַ rel. (81)-Hi. pf. 3 m.s. (יכח 406) *whom has appointed*

יְהוָה pr.n. (217) *Yahweh*

לְבֶן־אֲדֹנִי prep.-n.m.s. cstr. (119)-n.m.s.-1 c.s. sf. (10) *for my master's son*

24:45

אֲנִי טֶרֶם אֲכַלֶּה pers.pr. 1 c.s. (58; GK 135a)-adv. (382)-Pi. impf. 1 c.s. (כלה 477) *before I had done*

לְדַבֵּר prep.-Pi. inf.cstr. (180) *speaking*

אֶל־לִבִּי prep.-n.m.s.-1 c.s. sf. (524) *in my heart*

וְהִנֵּה רִבְקָה conj.-demons.part. (243)-pr.n. (918) *behold Rebekah*

יֹצֵאת Qal act.ptc. f.s. (יצא 422) *came out*

וְכַדָּהּ conj.-n.f.s.-3 f.,s. sf. (461) *with her jar*

עַל־שִׁכְמָהּ prep.-n.m.s.-3 f.s. sf. (1014) *on her shoulder*

וַתֵּרֶד consec.-Qal impf. 3 f.s. (ירד 432) *and she went down*

הָעַיְנָה def.art.-n.f.s.-dir.he (II 745) *to the spring*

24:46

וַתְּמַהֵר consec.-Pi. impf. 3 f.s. (מהר I 554) *and she quickly*

וַתּוֹרֶד consec.-Hi. impf. 3 f.s. (ירד 432) *let down*

כַּדָּהּ n.f.s.-3 f.s. sf. (461) *her jar*

מֵעָלֶיהָ prep.-prep.-3 f.s. sf. *from upon her*

וַתֹּאמֶר consec.-Qal impf. 3 f.s. (55) *and said*

שְׁתֵה Qal impv. 2 m s. (שתה 1059) *drink*

וְגַם־גְּמַלֶּיךָ conj.-adv. (168)-n.m.p.-2 m.s. sf. (168) *and also your camels*

אַשְׁקֶה Hi. impf. 1 c.s. (שקה 1052) *I will give drink*

וָאֵשְׁתְּ consec.-Qal impf. 1 c.s. (שתה 1059) *so I drank*

וְגַם הַגְּמַלִּים conj.-adv. (168)-def.art.-n.m.p. (168) *and the camels also*

הִשְׁקָתָה Hi. pf. 3 f.s. (שקה 1052) *she gave drink*

24:47

וָאֶשְׁאַל consec.-Qal impf. 1 c.s. (שאל 981) *then I asked*

אֹתָהּ dir.obj.-3 f.s. sf. *her*

וָאֹמַר consec.-Qal impf. 1 c.s. (אמר 55) *(and I said)*

בַּת־מִי אַתְּ n.f.s. cstr. (I 123)-interr. (566)-pers. pr. 2 f.s. (61) *whose daughter are you?*

וַתֹּאמֶר consec.-Qal impf. 3 f.s. (55) *she said*

בַּת־בְּתוּאֵל n.f.s. cstr. (I 123)-pr.n. (143) *the daughter of Bethuel*

בֶּן־נָחוֹר n.m.s. cstr. (119)-pr.n. (637) *Nahor's son*

אֲשֶׁר יָלְדָה־לּוֹ rel. (81)-Qal pf. 3 f.s. (408)-prep. -3 m.s. sf. *whom ... bore to him*

מִלְכָּה pr.n. (574) *Milcah*

וָאָשִׂם consec.-Hi. impf. 1 c.s. (שים 962) *so I put*

הַנֶּזֶם def.art.-n.m.s. (633) *the ring*

עַל־אַפָּהּ prep.-n.m.s.-3 f.s. sf. (I 60) *on her nose*

וְהַצְּמִידִים conj.-def.art.-n.m.p. (I 855) *and the bracelets*

עַל־יָדֶיהָ prep.-n.f. du.-3 f.s. sf. (388) *on her arms*

24:48

וָאֶקֹּד consec.-Qal impf. 1 c.s. (קדד I 869) *then I bowed my head*

וָאֶשְׁתַּחֲוֶה consec.-Hithpalel impf. 1 c.s. (שׁחה 1005; GK 75t) *and worshiped*

לַיהוה prep.-pr.n. (217) *Yahweh*

וָאֲבָרֵךְ consec.-Pi. impf. 1 c.s. (ברך 138) *and blessed*

אֶת־יהוה dir.obj.-pr.n. (217) *Yahweh*

אֱלֹהֵי אֲדֹנִי n.m.p. cstr. (43)-n.m.s.-1 c.s. sf. (10) *the God of my master*

אַבְרָהָם pr.n. (4) *Abraham*

אֲשֶׁר הִנְחַנִי rel. (81)-Hi. pf. 3 m.s.-1 c.s. sf. (נחה 634) *who had led me*

בְּדֶרֶךְ אֱמֶת prep.-n.m.s. cstr. (202)-n.f.s. (54) *by the right way*

לָקַחַת prep.-Qal inf.cstr. (לקח 542) *to take*

אֶת־בַּת־אֲחִי אֲדֹנִי dir.obj.-n.f.s. cstr. (I 123)-n.m.s. cstr. (26)-n.m.s.-1 c.s. sf. (10) *the daughter of my master's kinsman*

לִבְנוֹ prep.-n.m.s.-3 m.s. sf. (119) *for his son*

24:49

וְעַתָּה conj.-adv. (773) *now then*

אִם־יֶשְׁכֶם עֹשִׂים hypoth.part. (49)-subst.-2 m.p. sf. (441)-Qal act.ptc. m.p. (עשה I 793; GK 159v) *if you will deal*

חֶסֶד n.m.s. (338) *loyally*

וֶאֱמֶת conj.-n.f.s. (54) *and truly*

אֶת־אֲדֹנִי prep. (II 85)-n.m.s.-1 c.s. sf. (10) *with my master*

הַגִּידוּ לִי Hi. impv. 2 m.p. (נגד 616)-prep.-1 c.s. sf. *tell me*

וְאִם־לֹא conj.-hypoth.part. (49)-neg. *and if not*

הַגִּידוּ לִי v.supra *tell me*

וְאֶפְנֶה conj.-Qal impf. 1 c.s. (פנה 815) *that I may turn*

עַל־יָמִין prep.-n.f.s. (411) *to the right hand*

אוֹ עַל־שְׂמֹאל conj. (14)-prep.-n.m.s. (969) *or to the left*

24:50

וַיַּעַן לָבָן consec.-Qal impf. 3 m.s. (ענה I 772)-pr.n. (II 526) *then Laban answered*

וּבְתוּאֵל conj.-pr.n. (143) *and Bethuel*

וַיֹּאמְרוּ consec.-Qal impf. 3 m.p. (55) *(and said)*

מֵיהוה prep.-pr.n. (217) *from Yahweh*

יָצָא Qal pf. 3 m.s. (422) *comes*

הַדָּבָר def.art.-n.m.s. (182) *the thing*

לֹא נוּכַל neg.-Qal impf. 1 c.p. (יכל 407) *we cannot*

דַּבֵּר Pi. inf.cstr. (180) *speak*

אֵלֶיךָ prep.-2 m.s. sf. *to you*

רַע אוֹ־טוֹב adj. (I 948)-conj. (14)-adj. (II 373) *bad or good*

24:51

הִנֵּה־רִבְקָה demons.part. (243)-pr.n. (918) *behold, Rebekah*

לְפָנֶיךָ prep.-n.m.p.-2 m.s. sf. (815) *is before you*

קַח וָלֵךְ Qal impv. 2 m.s. (לקח 542; GK 117f)-conj.-Qal impv. 2 m.s. (הלך 229) *take and go*

וּתְהִי אִשָּׁה conj.-Qal impf. 3 f.s. apoc. (היה 224; GK 109f)-n.f.s. (61) *and let her be the wife*

לְבֶן־אֲדֹנֶיךָ prep.-n.m.s. cstr. (119)-n.m.p.-2 m.s. sf. (10) *of your master's son*

כַּאֲשֶׁר דִּבֶּר prep.-rel.-Pi. pf. 3 m.s. (180) *as has spoken*

יהוה pr.n. (217) *Yahweh*

24:52

וַיְהִי כַּאֲשֶׁר שָׁמַע conj.-Qal impf. 3 m.s. (היה 224)-prep.-rel. (81)-Qal pf. 3 m.s. (1033) *when ... heard*

עֶבֶד אַבְרָהָם n.m.s. cstr. (713)-pr.n. (4) *Abraham's servant*

אֶת־דִּבְרֵיהֶם dir.obj.-n.m.p.-3 m.p. sf. (182) *their words*

וַיִּשְׁתַּחוּ consec.-Hithpalel impf. 3 m.s. (שׁחה 1005) *he bowed himself*

אַרְצָה n.f.s.-dir.he (75) *to the earth*

לַיהוה prep.-pr.n. (217) *before Yahweh*

24:53

וַיּוֹצֵא הָעֶבֶד consec.-Hi. impf. 3 m.s. (יצא 422)-def.art.-n.m.s. (713) *and the servant brought forth*

כְּלֵי־כֶסֶף n.m.p. cstr. (479)-n.m.s. (494) *jewelry of silver*

וּכְלֵי זָהָב conj.-v.supra-n.m.s. (262) *and of gold*

וּבְגָדִים conj.-n.m.p. (93) *and raiment*

וַיִּתֵּן לְרִבְקָה consec.-Qal impf. 3 m.s. (נתן 678)-prep.-pr.n. (918) *and gave to Rebekah*

וּמִגְדָּנֹת conj.-n.f.p. (550) *also costly ornaments*

נָתַן לְאָחִיהָ Qal pf. 3 m.s. (678)-prep.-n.m.s.-3 f.s. sf. (26) *he gave to her brother*

וּלְאִמָּהּ conj.-prep.-n.f.s.-3 f.s. sf. (51) *and to her mother*

24:54

וַיֹּאכְלוּ consec.-Qal impf. 3 m.p. (37) *and ... ate*

וַיִּשְׁתּוּ consec.-Qal impf. 3 m.p. (שׁתה 1059) *and drank*

הוּא וְהָאֲנָשִׁים pers.pr. 3 m.s. (214)-conj.-def.art.
-n.m.p. (35) *he and the man*

אֲשֶׁר־עִמּוֹ rel. (81)-prep.-3 m.s. sf. *who were with him*

וַיָּלִינוּ consec.-Qal impf. 3 m.p. (לון I 533) *and they spent the night*

וַיָּקוּמוּ consec.-Qal impf. 3 m.p. (קום 877) *when they arose*

בַבֹּקֶר prep.-def.art.-n.m.s. (133) *in the morning*

וַיֹּאמֶר consec.-Qal impf. 3 m.s. (55) *he said*

שַׁלְּחֻנִי Pi. impv. 2 m.p.-1 c.s. sf. (שׁלח 1018) *send me back*

לַאדֹנִי prep.-n.m.s.-1 c.s. sf. (10) *to my master*

24:55

וַיֹּאמֶר consec.-Qal impf. 3 m.s. (55; GK 146f) *said*

אָחִיהָ וְאִמָּהּ n.m.s.-3 f.s. sf. (26)-conj.-n.f.s.-3 f.s. sf. (51) *her brother and her mother*

תֵּשֵׁב הַנַּעֲרָ Qal impf. 3 f.s. (ישׁב 442)-def.art.-n.f.s. (655) *let the maiden remain*

אִתָּנוּ prep.-1 c.p. sf. (II 85) *with us*

יָמִים אוֹ עָשׂוֹר n.m.p. (398; GK 139h)-conj. (14)-num. s. (797) *a while, at least ten days*

אַחַר תֵּלֵךְ adv. (29)-Qal impf. 3 f.s. (הלך 229) *after that she may go*

24:56

וַיֹּאמֶר אֲלֵהֶם consec.-Qal impf. 3 m.s. (55) -prep.-3 m.p. sf. *but he said to them*

אַל־תְּאַחֲרוּ אֹתִי neg.-Pi. impf. 2 m.p. (אחר 29)-dir.obj.-1 c.s. sf. *do not delay me*

וַיהוָה conj.-pr.n. (217; GK 142d) *since Yahweh*

הִצְלִיחַ דַּרְכִּי Hi. pf. 3 m.s. (צלח II 852)-n.m.s.-1 c.s. sf. (202) *has prospered my way*

שַׁלְּחוּנִי Pi. impv. 2 m.p.-1 c.s. sf. (שׁלח 1018) *let me go*

וְאֵלְכָה conj.-Qal impf. 1 c.s.-coh.he (הלך 229) *that I may go*

לַאדֹנִי prep.-n.m.s.-1 c.s. sf. (10) *to my master*

24:57

וַיֹּאמְרוּ consec.-Qal impf. 3 m.p. (55) *they said*

נִקְרָא לַנַּעֲרָ Qal impf. 1 c.p. (895)-prep.-def.art. -n.f.s. (655) *we will call the maiden*

וְנִשְׁאֲלָה אֶת־פִּיהָ conj.-Qal impf. 1 c.p.-coh.he (981 שׁאל)-dir.obj.-n.m.s.-3 f.s. sf. (804) *and ask her*

24:58

וַיִּקְרְאוּ consec.-Qal impf. 3 m.p. (894) *and they called*

לְרִבְקָה prep.-pr.n. (918) *Rebekah*

וַיֹּאמְרוּ אֵלֶיהָ consec.-Qal impf. 3 m.p. (55) -prep.-3 f.s. sf. *and said to her*

הֲתֵלְכִי עִם־הָאִישׁ interr.-Qal impf. 2 f.s. (הלך 229)-prep.-def.art.-n.m.s. (35) *will you go with ... man?*

הַזֶּה def.art.-demons.adj. m.s. (260) *this*

וַתֹּאמֶר אֵלֵךְ consec.-Qal impf. 3 f.s. (55)-Qal impf. 1 c.s. (הלך 229; GK 150n) *she said I will go*

24:59

וַיְשַׁלְּחוּ consec.-Pi. impf. 3 m.p. (שׁלח 1018) *so they sent away*

אֶת־רִבְקָה dir.obj.-pr.n. (918) *Rebekah*

אֲחֹתָם n.f.s.-3 m.p. sf. (27) *their sister*

וְאֶת־מֵנִקְתָּהּ conj.-dir.obj.-Hi. ptc. f.s.-3 f.s. sf. (413 ינק) *and her nurse*

וְאֶת־עֶבֶד אַבְרָהָם conj.-dir.obj.-n.m.s. cstr. (713) -pr.n. (4) *and Abraham's servant*

וְאֶת־אֲנָשָׁיו conj.-dir.obj.-n.m.p.-3 m.s. sf. (35) *and his men*

24:60

וַיְבָרֲכוּ consec.-Pi. impf. 3 m.p. (ברך 138) *and they blessed*

אֶת־רִבְקָה dir.obj.-pr.n. (918) *Rebekah*

וַיֹּאמְרוּ לָהּ consec.-Qal impf. 3 m.p. (55)-prep.-3 f.s. sf. *and said to her*

אֲחֹתֵנוּ n.f.s.-1 c.p. sf. (27) *our sister*

אַתְּ הֲיִי pers.pr. 2 f.s. (61)-Qal impv. 2 f.s. (היה 224; GK 63q) *be thou*

לְאַלְפֵי רְבָבָה prep.-n.m.p. cstr. (48)-n.f.s. (914; GK 97g,134g) *of thousands of ten thousands*

וְיִירַשׁ conj.-Qal impf. 3 m.s. (ירשׁ 439) *and may possess*

זַרְעֵךְ n.m.s.-2 f.s. sf. (282) *your descendants*

אֵת שַׁעַר שֹׂנְאָיו dir.obj.-n.m.s. cstr. (1044)-Qal act.ptc. m.p.-3 m.s. sf. (שׂנא 971) *the gate of those who hate them*

24:61

וַתָּקָם consec.-Qal impf. 3 f.s. (קום 877; GK 146g) *then arose*

רִבְקָה pr.n. (918) *Rebekah*

וְנַעֲרֹתֶיהָ conj.-n.f.p.-3 f.s. sf. (655) *and her maids*

וַתִּרְכַּבְנָה consec.-Qal impf. 3 f.p. (רכב 938; GK 146h) *and rode*

עַל־הַגְּמַלִּים prep.-def.art.-n.m.p. (168) *upon the camels*

וַתֵּלַכְנָה אַחֲרֵי consec.-Qal impf. 3 f.p. (הָלַךְ 229)-prep. cstr. (29) *and followed*

הָאִישׁ def.art.-n.m.s. (35) *the man*

וַיִּקַּח הָעֶבֶד consec.-Qal impf. 3 m.s. (לָקַח 542)-def.art.-n.m.s. (713) *thus the servant took*

אֶת־רִבְקָה dir.obj.-pr.n. (918) *Rebekah*

וַיֵּלַךְ consec.-Qal impf. 3 m.s.(הָלַךְ 229) *and went his way*

24:62

וְיִצְחָק conj.-pr.n. (850) *now Isaac*

בָּא Qal pf. 3 m.s. (בּוֹא 97) *had come*

מִבּוֹא בְּאֵר לַחַי רֹאִי prep.-Qal inf.cstr.(97)-pr.n. (91) *from (coming to) Beer-la-hai-roi*

וְהוּא יוֹשֵׁב conj.-pers.pr. 3 m.s. (214)-Qal act.ptc. (יָשַׁב 442) *and was dwelling*

בְּאֶרֶץ הַנֶּגֶב prep.-n.f.s. cstr. (75)-def.art.-n.m.s. (616) *in the Negeb*

24:63

וַיֵּצֵא יִצְחָק consec.-Qal impf. 3 m.s. (יָצָא 422)-pr.n. (850) *and Isaac went out*

לָשׂוּחַ prep.-Qal inf.cstr. (שׂוּחַ 962; most rd. from שׁוּט I 1001) *to meditate*

בַּשָּׂדֶה prep.-def.art.-n.m.s. (961) *in the field*

לִפְנוֹת עָרֶב prep.-Qal inf.cstr. (פָּנָה 815)-n.m.s. paus. (787; GK 114fN) *in the evening*

וַיִּשָּׂא consec.-Qal impf. 3 m.s. (נָשָׂא 669) *and he lifted up*

עֵינָיו n.f. du.-3 m.s. sf. (744) *his eyes*

וַיַּרְא consec.-Qal impf. 3 m.s. (רָאָה 906) *and looked*

וְהִנֵּה conj.-demons.part. (243) *and behold*

גְמַלִּים בָּאִים n.m.p. (168)-Qal act.ptc. m.p. (בּוֹא 97) *there were camels coming*

24:64

וַתִּשָּׂא רִבְקָה consec.-Qal impf. 3 f.s. (נָשָׂא 669)-pr.n. (918) *and Rebekah lifted up*

אֶת־עֵינֶיהָ dir.obj.-n.f. du.-3 f.s. sf. (744) *her eyes*

וַתֵּרֶא אֶת־יִצְחָק consec.-Qal impf. 3 f.s. (רָאָה 906)-dir.obj.-pr.n. (850) *and when she saw Isaac*

וַתִּפֹּל consec.-Qal impf. 3 f.s. (נָפַל 656) *she alighted*

מֵעַל הַגָּמָל prep.-prep.-def.art.-n.m.s. paus. (168) *from the camel*

24:65

וַתֹּאמֶר consec.-Qal impf. 3 f.s. (55) *and said*

אֶל־הָעֶבֶד prep.-def.art.-n.m.s. (713) *to the servant*

מִי־הָאִישׁ interr. (566)-def.art.-n.m.s. (35) *who is the man*

הַלָּזֶה def.art.-demons.adj. m.s. (229; GK 34f) *yonder* (lit. *this*)

הַהֹלֵךְ def.art.-Qal act.ptc. (הָלַךְ 229) *walking*

בַּשָּׂדֶה prep.-def.art.-n.m.s. (961) *in the field*

לִקְרָאתֵנוּ prep.-Qal inf.cstr.-1 c.p. sf. (II 896) *to meet us*

וַיֹּאמֶר הָעֶבֶד consec.-Qal impf. 3 m.s. (55)-def.art.-n.m.s. (713) *the servant said*

הוּא אֲדֹנִי pers.pr. 1 c.s. (214)-n.m.s.-1 c.s. sf. (10) *he is my master*

וַתִּקַּח consec.-Qal impf. 3 f.s. (לָקַח 542) *so she took*

הַצָּעִיף def.art.-n.m.s. (858) *her veil*

וַתִּתְכָּס consec.-Hith. impf. 3 f.s. (כָּסָה 491) *and covered herself*

24:66

וַיְסַפֵּר הָעֶבֶד consec.-Pi. impf. 3 m.s. (סָפַר 707)-def.art.-n.m.s. (713) *and the servant told*

לְיִצְחָק prep.-pr.n. (850) *Isaac*

אֵת כָּל־הַדְּבָרִים dir.obj.-n.m.s. cstr. (481)-def.art.-n.m.p. (182) *all the things*

אֲשֶׁר עָשָׂה rel. (81)-Qal pf. 3 m.s. (I 793) *that he had done*

24:67

וַיְבִאֶהָ יִצְחָק consec.-Hi. impf. 3 m.s.-3 f.s. sf. (בּוֹא 97)-pr.n. (850) *then Isaac brought her*

הָאֹהֱלָה def.art.-n.m.s.-dir.he (13) *into the tent*

שָׂרָה אִמּוֹ pr.n. (979)-n.f.s.-3 f.s. sf. (51; GK 127f) *(Sarah his mother)*

וַיִּקַּח אֶת־רִבְקָה consec.-Qal impf. 3 m.s. (לָקַח 542)-dir.obj.-pr.n. (918) *and took Rebekah*

וַתְּהִי־ consec.-Qal impf. 3 f.s. (הָיָה 224) *and she became*

לוֹ לְאִשָּׁה prep.-3 m.s. sf.-prep.-n.f.s. (61) *his wife*

וַיֶּאֱהָבֶהָ consec.-Qal impf. 3 m.s.-3 f.s. sf. (אָהַב 12) *and he loved her*

וַיִּנָּחֵם יִצְחָק consec.-Ni. impf. 3 m.s. (נָחַם 636)-pr.n. (850) *so Isaac was comforted*

אַחֲרֵי אִמּוֹ prep. cstr. (29)-n.f.s.-3 m.s. sf. (51) *after his mother*

25:1

וַיֹּסֶף אַבְרָהָם consec.-Hi. impf. 3 m.s. (יָסַף 414; GK 120d)-pr.n. (4) *Abraham ... another* (lit. *added*)

וַיִּקַּח consec.-Qal impf. 3 m.s. (לָקַח 542) *took*

אִשָּׁה n.f.s. (61) *wife*

וּשְׁמָהּ conj.-n.m.s.-3 f.s. sf. (1027) *whose name*

קְטוּרָה pr.n. (882) *Keturah*

25:2

וַתֵּלֶד לוֹ consec.-Qal impf. 3 f.s. (יָלַד 408)
-prep.-3 m.s. sf. *she bore him*

אֶת־זִמְרָן dir.obj.-pr.n. (275) *Zimran*

וְאֶת־יָקְשָׁן conj.-dir.obj.-pr.n. (430) *Jokshan*

וְאֶת־מְדָן conj.-dir.obj.-pr.n. (193) *Medan*

וְאֶת־מִדְיָן conj.-dir.obj.-pr.n. (193) *Midian*

וְאֶת־יִשְׁבָּק conj.-dir.obj.-pr.n. (990) *Ishbak*

וְאֶת־שׁוּחַ conj.-dir.obj.-pr.n. (1001) *and Shuah*

25:3

וְיָקְשָׁן conj.-pr.n. (430) *and Jokshan*

יָלַד Qal pf. 3 m.s. (408) *was the father of*

אֶת־שְׁבָא dir.obj.-pr.n. (985) *Sheba*

וְאֶת־דְּדָן conj.-dir.obj.-pr.n. (186) *and Dedan*

וּבְנֵי דְדָן conj.-n.m.p. cstr. (119)-pr.n. (186) *the
sons of Dedan*

הָיוּ Qal pf. 3 c.p. (הָיָה 224) *were*

אַשּׁוּרִם pr.n. (78) *Asshurim*

וּלְטוּשִׁם conj.-pr.n. (538) *Letushim*

וּלְאֻמִּים conj.-pr.n. (522) *and Leummim*

25:4

וּבְנֵי מִדְיָן conj.-n.m.p. cstr. (119)-pr.n. (193) *the
sons of Midian*

עֵיפָה pr.n. (II 734) *Ephah*

וָעֵפֶר conj.-pr.n. (780) *Epher*

וַחֲנֹךְ conj.-pr.n. (335) *Hanoch*

וַאֲבִידָע conj.-pr.n. (4) *Abida*

וְאֶלְדָּעָה conj.-pr.n. (44) *and Eldaah*

כָּל־אֵלֶּה n.m.s. cstr. (481)-demons.adj. c.p. (41) *all
these were*

בְּנֵי קְטוּרָה n.m.p. cstr. (119)-pr.n. (882) *the
children of Keturah*

25:5

וַיִּתֵּן אַבְרָהָם consec.-Qal impf. 3 m.s. (נָתַן
678)-pr.n. (4) *Abraham gave*

אֶת־כָּל־אֲשֶׁר־לוֹ dir.obj.-n.m.s. (481)-rel.-prep.-3
m.s. sf. (GK 16a) *all he had*

לְיִצְחָק prep.-pr.n. (850) *to Isaac*

25:6

וְלִבְנֵי הַפִּילַגְשִׁים conj.-prep.-n.m.p. cstr. (119)
-def.art.-n.f.p. (811) *but to the sons of his
concubines*

אֲשֶׁר לְאַבְרָהָם rel. (81)-prep.-pr.n. (4) *(which to
Abraham)*

נָתַן אַבְרָהָם Qal pf. 3 m.s. (678)-pr.n. (4)
Abraham gave

מַתָּנֹת n.f.p. (682) *gifts*

וַיְשַׁלְּחֵם consec.-Pi. impf. 3 m.s.-3 m.p. sf. (שָׁלַח
1018) *he sent them away*

מֵעַל יִצְחָק prep.-prep.-pr.n. (850) *from Isaac*

בְּנוֹ n.m.s.-3 m.s. sf. (119) *his son*

בְּעוֹדֶנּוּ חַי prep.-adv. (728)-3 m.s. sf.-adj. m.s. (I
311) *while he was still living*

קֵדְמָה adv.-loc.he (870) *eastward*

אֶל־אֶרֶץ קֶדֶם prep.-n.f.s. cstr. (75)-n.m.s. (869) *to
the east country*

25:7

וְאֵלֶּה יְמֵי conj.-demons.adj. c.p. (41)-n.m.p. cstr.
(398) *these are the days of*

שְׁנֵי־חַיֵּי n.f.s. cstr. (1040)-adj. m.p. cstr. (I 311)
the years of the life of

אַבְרָהָם pr.n. (4) *Abraham*

אֲשֶׁר־חָי rel. (81)-adj. m.s. paus. (I 311) *(which he
lived)*

מְאַת שָׁנָה n.f.s. cstr. (547)-n.f.s. (1040) *a
hundred years*

וְשִׁבְעִים שָׁנָה conj.-num. p. (988)-v.supra *and
seventy years*

וְחָמֵשׁ שָׁנִים conj.-num. (331)-n.f.p. (1040) *and
five years*

25:8

וַיִּגְוַע consec.-Qal impf. 3 m.s. (157) *he breathed
his last*

וַיָּמָת אַבְרָהָם consec.-Qal impf. 3 m.s. (מוּת
559)-pr.n. (4) *and Abraham died*

בְּשֵׂיבָה טוֹבָה prep.-n.f.s. (969)-adj. f.s. (II 373)
in a good old age

זָקֵן וְשָׂבֵעַ adj. m.s. (278)-conj.-adj. m.s. (960) *an
old man and full of years*

וַיֵּאָסֶף consec.-Ni. impf. 3 m.s. (אָסַף 62) *and
was gathered*

אֶל־עַמָּיו prep.-n.m.p.-3 m.s. sf. (I 766) *to his
people*

25:9

וַיִּקְבְּרוּ אֹתוֹ consec.-Qal impf. 3 m.p. (868)
-dir.obj.-3 m.s. sf. *buried him*

יִצְחָק pr.n. (850) *Isaac*

וְיִשְׁמָעֵאל conj.-pr.n. (1035) *and Ishmael*

בָּנָיו n.m.p.-3 m.s. sf. (119) *his sons*

אֶל־מְעָרַת הַמַּכְפֵּלָה prep.-n.f.s. cstr. (792)-def.
art.-pr.n. (495) *in the cave of Machpelah*

אֶל־שְׂדֵה עֶפְרֹן prep.-n.m.s. cstr. (961)-pr.n. (780) *in the field of Ephron*

בֶּן־צֹחַר n.m.s. cstr. (119)-pr.n. (850) *the son of Zohar*

הַחִתִּי def.art.-pr.n. gent. (366) *the Hittite*

אֲשֶׁר עַל־פְּנֵי מַמְרֵא rel. (81)-prep.-n.m.p. cstr. (815)-pr.n. (577) *east of Mamre*

25:10

הַשָּׂדֶה def.art.-n.m.s. (961) *the field*

אֲשֶׁר־קָנָה אַבְרָהָם rel. (81)-Qal pf. 3 m.s. (888)-pr.n. (4) *which Abraham purchased*

מֵאֵת בְּנֵי־חֵת prep.-prep. (II 85)-n.m.p. cstr. (119)-pr.n. (366) *from the Hittites*

שָׁמָּה קֻבַּר אַבְרָהָם adv.-loc.he (1027)-Pu. pf. 3 m.s. (868)-pr.n. (4) *there Abraham was buried*

וְשָׂרָה אִשְׁתּוֹ conj. pr.n. (979)-n f s.-3 m.s. sf. (61) *with Sarah his wife*

25:11

וַיְהִי consec.-Qal impf. 3 m.s. (הָיָה 224) *(and it was)*

אַחֲרֵי מוֹת אַבְרָהָם prep. cstr. (29)-n.m.s. cstr. (560)-pr.n. (4) *after the death of Abraham*

וַיְבָרֶךְ אֱלֹהִים consec.-Pi. impf. 3 m.s. (בָּרַךְ 138)-n.m.p. (43) *God blessed*

אֶת־יִצְחָק dir.obj.-pr.n. (850) *Isaac*

בְּנוֹ n.m.s.-3 m.s. sf. (119) *his son*

וַיֵּשֶׁב יִצְחָק consec.-Qal impf. 3 m.s. (יָשַׁב 442)-pr.n. (850) *and Isaac dwelt*

עִם־בְּאֵר לַחַי רֹאִי prep.-pr.n. (91) *at Beerlahairoi*

25:12

וְאֵלֶּה conj.-demons.adj. c.p. (41) *these are*

תֹּלְדֹת n.f.p. cstr. (410) *the descendants of*

יִשְׁמָעֵאל pr.n. (1035) *Ishmael*

בֶּן־אַבְרָהָם n.m.s. cstr. (119)-pr.n. (4) *Abraham's son*

אֲשֶׁר יָלְדָה הָגָר rel. (81)-Qal pf. 3 f.s. (יָלַד 408)-pr.n. (212) *whom Hagar bore*

הַמִּצְרִית def.art.-adj. f.s. gent. (596) *the Egyptian*

שִׁפְחַת שָׂרָה n.f.s. cstr. (1046)-pr.n. (979) *Sarah's maid*

לְאַבְרָהָם prep.-pr.n. (4) *to Abraham*

25:13

וְאֵלֶּה conj.-demons.adj. c.p. (41) *these are*

שְׁמוֹת בְּנֵי n.m.p. cstr. (1027)-n.m.p. cstr. (119) *the names of the sons of*

יִשְׁמָעֵאל pr.n. (1035) *Ishmael*

בִּשְׁמֹתָם prep.-n.m.p.-3 m.p. sf. (1027) *named*

לְתוֹלְדֹתָם prep.-adj. f.p.-3 m.p. sf. (410) *in the order of their birth*

בְּכֹר n.m.s. cstr. (114) *the first-born of*

יִשְׁמָעֵאל pr.n. (1035) *Ishmael*

נְבָיֹת pr.n. (614) *Nebaioth*

וְקֵדָר conj.-pr.n. (871) *and Kedar*

וְאַדְבְּאֵל conj.-pr.n. (9) *Adbeel*

וּמִבְשָׂם conj.-pr.n. (142) *Mibsam*

25:14

וּמִשְׁמָע conj.-pr.n. (1036) *Mishma*

וְדוּמָה conj.-pr.n. (189) *Dumah*

וּמַשָּׂא conj.-pr.n. (I 601) *Massa*

25:15

חֲדַד pr.n. (292) *Hadad*

וְתֵימָא conj. pr.n. (1066) *Tema*

יְטוּר pr.n. (377) *Jetur*

נָפִישׁ pr.n. (661) *Naphish*

וָקֵדְמָה conj.-pr.n. (II 870) *and Kedemah*

25:16

אֵלֶּה הֵם demons.adj. c.p. (41; GK 136d)-pers.pr. 3 m.p. (241) *these are (they)*

בְּנֵי n.m.p. cstr. (119) *the sons of*

יִשְׁמָעֵאל pr.n. (1035) *Ishmael*

וְאֵלֶּה conj.-v.supra *and these are*

שְׁמֹתָם n.m.p.-3 m.p. sf. (1027) *their names*

בְּחַצְרֵיהֶם prep.-n.m.p.-3 m.p. sf. (II 347) *by their villages*

וּבְטִירֹתָם conj.-prep.-n.f.p.-3 m.p. sf. (377) *and by their encampments*

שְׁנֵים־עָשָׂר num. s. (1040)-n.m.s. (797) *twelve*

נְשִׂיאִם n.m.p. (672) *princes*

לְאֻמֹּתָם prep.-n.f.p.-3 m.p. sf. (52) *according to their tribes*

25:17

וְאֵלֶּה conj.-demons.adj. c.p. (41) *these are*

שְׁנֵי חַיֵּי n.f.p. cstr. (1040)-adj. m.p. cstr. (311) *the years of the life of*

יִשְׁמָעֵאל pr.n. (1035) *Ishmael*

מְאַת שָׁנָה n.f.s. cstr. (547)-n.f.s. (1040) *a hundred years*

וּשְׁלֹשִׁים שָׁנָה conj.-num. p. (1026)-n.f.s. (1040) *and thirty years*

וְשֶׁבַע שָׁנִים conj.-num. (988)-n.f.p. (1040) *and seven years*

וַיִּגְוַע consec.-Qal impf. 3 m.s. (גָּוַע 157) *he breathed his last*

וַיָּ֫מָת consec.-Qal impf. 3 m.s. (מות 559) *and died*

וַיֵּאָ֫סֶף consec.-Ni. impf. 3 m.s. (אסף 62) *and was gathered*

אֶל־עַמָּיו prep.-n.m.p.-3 m.s. sf. (I 766) *to his kindred*

25:18

וַיִּשְׁכְּנוּ consec.-Qal impf. 3 m.p. (שׁכן 1014) *they dwelt*

מֵחֲוִילָה prep.-pr.n. (296) *from Havilah*

עַד־שׁוּר prep.-pr.n. (III 1004) *to Shur*

אֲשֶׁר עַל־פְּנֵי rel. (81)-prep.-n.m.p. cstr. (815) *which is opposite*

מִצְרַיִם pr.n. (595) *Egypt*

בֹּאֲכָה Qal inf.cstr.-2 m.s. sf. (בוא 97) *in the direction of* (lit. *your going*)

אַשּׁ֫וּרָה pr.n.-dir.he (78) *Assyria*

עַל־פְּנֵי v.supra *over against*

כָל־אֶחָיו n.m.s. cstr. (481)-n.m.p.-3 m.s. sf. (26) *all his people*

נָפָל Qal pf. 3 m.s. paus. (656) *he settled* (lit. *he fell*)

25:19

וְאֵלֶּה conj.-demons.adj. c.p. (41) *these are*

תּוֹלְדֹת n.f.p. cstr. (410) *the descendants of*

יִצְחָק pr.n. (850) *Isaac*

בֶּן־אַבְרָהָם n.m.s. cstr. (119)-pr.n. (4) *Abraham's son*

אַבְרָהָם pr.n. (4) *Abraham*

הוֹלִיד Hi. pf. 3 m.s. (ילד 408) *was the father of*

אֶת־יִצְחָק dir.obj.-pr.n. (850) *Isaac*

25:20

וַיְהִי יִצְחָק consec.-Qal impf. 3 m.s. (היה 224)-pr.n. (850) *and Isaac was*

בֶּן־אַרְבָּעִים n.m.s. cstr. (119)-num. p. (917) *forty ... old*

שָׁנָה n.f.s. (1040) *years*

בְּקַחְתּוֹ prep.-Qal inf.cstr.-3 m.s. sf. (לקח 542) *when he took*

אֶת־רִבְקָה dir.obj.-pr.n. (918) *Rebekah*

בַּת־בְּתוּאֵל n.f.s. cstr. (I 123)-pr.n. (143) *the daughter of Bethuel*

הָאֲרַמִּי def.art.-pr.n. gent. (74) *the Aramean*

מִפַּדַּן אֲרָם prep.-pr.n. (804)-pr.n. (74) *of Paddan-aram*

אֲחוֹת לָבָן n.f.s. cstr. (27)-pr.n. (II 526) *the sister of Laban*

הָאֲרַמִּי v.supra *the Aramean*

25:21

וַיֶּעְתַּר יִצְחָק consec.-Qal impf. 3 m.s. (עתר I 801)-pr.n. (850) *and Isaac prayed*

לַיהוה prep.-pr.n. (217) *to Yahweh*

לְנֹכַח אִשְׁתּוֹ prep.-subst. (647)-n.f.s.-3 m.s. sf. (61) *for (on behalf of) his wife*

כִּי עֲקָרָה הִוא conj.-adj. f.s. (785)-pers.pr. 3 f.s. (214) *because she was barren*

וַיֵּעָ֫תֶר לוֹ consec.-Ni. impf. 3 m.s. (עתר I 801; GK 51n)-prep.-3 m.s. sf. (GK 121f) *and ... granted his prayer*

יהוה pr.n. (217) *Yahweh*

וַתַּ֫הַר consec.-Qal impf. 3 f.s. (הרה I 247) *and ... conceived*

רִבְקָה pr.n. (918) *Rebekah*

אִשְׁתּוֹ n.f.s.-3 m.s. sf. (61) *his wife*

25:22

וַיִּתְרֹצֲצוּ consec.-Hithpo'el impf. 3 m.s. (רצץ 954) *struggled together*

הַבָּנִים def.art.-n.m.p. (119) *the children*

בְּקִרְבָּהּ prep.-n.m.s.-3 f.s. sf. (899) *within her*

וַתֹּ֫אמֶר consec.-Qal impf. 3 f.s. (55) *and she said*

אִם־כֵּן hypoth.part. (49)-adv. (485) *if it is thus*

לָמָּה זֶּה אָנֹכִי prep.-interr. (552)-demons.adj. m.s. (260)-pers.pr. 1 c.s. (59) *why do I live?*

וַתֵּ֫לֶךְ consec.-Qal impf. 3 f.s. (הלך 229) *so she went*

לִדְרֹשׁ prep.-Qal inf.cstr. (205) *to inquire of*

אֶת־יהוה dir.obj.-pr.n. (217) *Yahweh*

25:23

וַיֹּ֫אמֶר יהוה consec.-Qal impf. 3 m.s. (55)-pr.n. (217) *and Yahweh said*

לָהּ prep.-3 f.s. sf. *to her*

שְׁנֵי גוֹיִם num. m. cstr. (1040)-n.m.p. (156) *two nations*

בְּבִטְנֵךְ prep.-n.f.s.-2 f.s. sf. (105) *in your womb*

וּשְׁנֵי לְאֻמִּים conj. (GK 119ff)-v.supra-n.m.p. (522) *and two peoples*

מִמֵּעַ֫יִךְ prep.-n.m.p.-2 f.s. sf. (588) *born of you*

יִפָּרֵדוּ Ni. impf. 3 m.p. (פרד 825) *shall be divided*

וּלְאֹם מִלְאֹם conj.-n.m.s. (522)-prep.-n.m.s. (522) *and the one ... than the other*

יֶאֱמָץ Qal impf. 3 m.s. (אמץ 54) *shall be stronger*

וְרַב conj.-adj. m.s. (I 912) *the elder*

יַעֲבֹד Qal impf. 3 m.s. (עבד 712) *shall serve*

צָעִיר adj. m.s. (I 859) *the younger*

25:24

וַיִּמְלְאוּ consec.-Qal impf. 3 m.p. (569) *when were fulfilled*

יָמֶיהָ n.m.p.-3 f.s. sf. (398) *her days*

לָלֶדֶת prep.-Qal inf.cstr. (יָלַד 408) *to be delivered*

וְהִנֵּה conj.-demons.part. (243) *behold*

תוֹמִם n.m.p. (תּוֹאָם 1060; GK 23f) *twins*

בְּבִטְנָהּ prep.-n.f.s.-3 f.s. sf. (105) *in her womb*

25:25

וַיֵּצֵא consec.-Qal impf. 3 m.s. (יָצָא 422) *came forth*

הָרִאשׁוֹן def.art.-adj. m.s. (911) *the first*

אַדְמוֹנִי adj. m.s. (10) *red*

כֻּלּוֹ n.m.s.-3 m.s. sf. (481) *all his body*

כְּאַדֶּרֶת שֵׂעָר prep.-n.f.s. cstr. (12)-n.m.s. (972) *like a hairy mantle*

וַיִּקְרְאוּ consec.-Qal impf. 3 m.p. (894) *so they called*

שְׁמוֹ n.m.s.-3 m.s. sf. (1027) *his name*

עֵשָׂו pr.n. (796) *Esau*

25:26

וְאַחֲרֵי־כֵן conj.-prep. (29)-adv. (485) *afterward*

יָצָא Qal pf. 3 m.s. (422) *came forth*

אָחִיו n.m.s.-3 m.s. sf. (26) *his brother*

וְיָדוֹ conj.-n.f.s.-3 m.s. sf. (388) *and his hand*

אֹחֶזֶת Qal act.ptc. f.s. (אָחַז 28) *had taken hold*

בַּעֲקֵב עֵשָׂו prep.-n.m.s. cstr. (I 784)-pr.n. (796) *of Esau's heel*

וַיִּקְרָא consec.-Qal impf. 3 m.s. (894) *so was called*

שְׁמוֹ n.m.s.-3 m.s. sf. (1027) *his name*

יַעֲקֹב pr.n. (784) *Jacob*

וְיִצְחָק conj.-pr.n. (850) *Isaac was*

בֶּן־שִׁשִּׁים שָׁנָה n.m.s. cstr. (119)-num. p. (995)-n.f.s. (1040) *sixty years old*

בְּלֶדֶת אֹתָם prep.-Qal inf.cstr. (יָלַד 408; GK 115a,c,eN)-dir.obj.-3 m.p. sf. *when she bore them*

25:27

וַיִּגְדְּלוּ consec.-Qal impf. 3 m.p. (גָּדַל 152) *when ... grew up*

הַנְּעָרִים def.art.-n.m.p. (654) *the boys*

וַיְהִי עֵשָׂו consec.-Qal impf. 3 m.s. (הָיָה 224)-pr.n. (796) *Esau was*

אִישׁ יֹדֵעַ צַיִד n.m.s. (35)-Qal act.ptc. (393)-n.m.s. (844) *a skilful hunter*

אִישׁ שָׂדֶה n.m.s. cstr. (35)-n.m.s. (961) *a man of the field*

וְיַעֲקֹב conj.-pr.n. (784) *while Jacob*

אִישׁ תָּם n.m.s. cstr. (35)-adj. m.s. (1070) *a quiet man*

יֹשֵׁב אֹהָלִים Qal act.ptc. (יָשַׁב 442)-n.m.p. (13) *dwelling in tents*

25:28

וַיֶּאֱהַב יִצְחָק consec.-Qal impf. 3 m.s. (אָהַב 12)-pr.n. (850) *Isaac loved*

אֶת־עֵשָׂו dir.obj.-pr.n. (796) *Esau*

כִּי־צַיִד בְּפִיו conj.-n.m.s. (I 844)-prep.-n.m.s.-3 m.s. sf. (804) *because he ate of his game*

וְרִבְקָה conj.-pr.n. (918) *but Rebekah*

אֹהֶבֶת Qal act.ptc. f.s. (אָהַב 12) *loved*

אֶת־יַעֲקֹב dir.obj.-pr.n. (784) *Jacob*

25:29

וַיָּזֶד יַעֲקֹב consec.-Hi. impf. 3 m.s. (זִיד 267)-pr.n. (784) *once when Jacob was boiling*

נָזִיד n.m.s. (268) *pottage*

וַיָּבֹא עֵשָׂו consec.-Qal impf. 3 m.s. (בּוֹא 97)-pr.n. (796) *Esau came in*

מִן־הַשָּׂדֶה prep.-def.art.-n.m.s. (961) *from the field*

וְהוּא עָיֵף conj.-pers.pr. 3 m.s. (214)-adj. m.s. (746) *and he was famished*

25:30

וַיֹּאמֶר עֵשָׂו consec.-Qal impf. 3 m.s. (55)-pr.n. (796) *and Esau said*

אֶל־יַעֲקֹב prep.-pr.n. (784) *to Jacob*

הַלְעִיטֵנִי נָא Hi. impv. 2 m.s.-1 c.s. sf. (לָעַט 542)-part.of entreaty (609) *let me eat*

מִן־הָאָדֹם prep.-def.art.-adj. m.s. (10) *some of that red pottage*

הָאָדֹם הַזֶּה def.art.-adj. m.s. (19)-def.art.-demons.adj. m.s. (260) *that red pottage*

כִּי עָיֵף אָנֹכִי conj.-adj. (746)-pers.pr. 1 c.s. (59) *for I am famished*

עַל־כֵּן קָרָא prep.-adv. (485)-Qal pf. 3 m.s. (894) *therefore ... was called*

שְׁמוֹ אֱדוֹם n.m.s.-3 m.s. sf. (1027)-pr.n. (10) *his name ... Edom*

25:31

וַיֹּאמֶר יַעֲקֹב consec.-Qal impf. 3 m.s. (55)-pr.n. (784) *Jacob said*

מִכְרָה כַיּוֹם Qal impv. 2 m.s.-coh.he (מָכַר 569; GK 48i)-prep.-def.art.-n.m.s. (398; GK 35n) *sell first (as the day)*

אֶת־בְּכֹרָתְךָ לִי dir.obj.-n.f.s.-2 m.s. sf. (114)-prep. -1 c.s. sf. *your birthright (to) me*

25:32

וַיֹּאמֶר עֵשָׂו consec.-Qal impf. 3 m.s. (55)-pr.n. (796) *Esau said*

הִנֵּה אָנֹכִי demons.part. (243)-pers.pr. 1 c.s. (59) *behold I*

הוֹלֵךְ לָמוּת Qal act.ptc. (הָלַךְ 229)-prep.-Qal inf.cstr. (559) *am about to die*

וְלָמָּה־זֶּה לִי conj.-prep.-interr. (552)-demons.adj. m.s. (260)-prep.-1 c.s. sf. *of what use is ... to me*

בְּכֹרָה n.f.s. (114) *a birthright*

25:33

וַיֹּאמֶר יַעֲקֹב consec.-Qal impf. 3 m.s. (55)-pr.n. (784) *Jacob said*

הִשָּׁבְעָה לִי Ni. impv. 2 m.s.-vol.he (שָׁבַע 989) -prep.-1 c.s. sf. *swear to me*

כַּיּוֹם prep.-def.art.-n.m.s. (398) *first*

וַיִּשָּׁבַע לוֹ consec.-Ni. impf. 3 m.s. (989)-prep.-3 m.s. sf. *so he swore to him*

וַיִּמְכֹּר consec.-Qal impf. 3 m.s. (569) *and sold*

אֶת־בְּכֹרָתוֹ dir.obj.-n.f.s.-3 m.s. sf. (114) *his birthright*

לְיַעֲקֹב prep.-pr.n. (784) *to Jacob*

25:34

וְיַעֲקֹב נָתַן conj.-pr.n. (784)-Qal pf. 3 m.s. (678) *then Jacob gave*

לְעֵשָׂו prep.-pr.n. (796) *Esau*

לֶחֶם n.m.s. (536) *bread*

וּנְזִיד עֲדָשִׁים conj.-n.m.s. cstr. (268)-n.f.p. (727) *and pottage of lentils*

וַיֹּאכַל וַיֵּשְׁתְּ consec.-Qal impf. 3 m.s. (37) -consec.-Qal impf. 3 m.s. (שָׁתָה 1059) *he ate and drank*

וַיָּקָם וַיֵּלַךְ consec.-Qal impf. 3 m.s. (קוּם 877) -consec.-Qal impf. 3 m.s. paus. (הָלַךְ 229) *and rose and went his way*

וַיִּבֶז עֵשָׂו consec.-Qal impf. 3 m.s. (בָּזָה 102; GK 75o)-pr.n. (796) *thus Esau despised*

אֶת־בְּכֹרָה dir.obj.-def.art.-n.f.s. (114) *his birthright*

26:1

וַיְהִי רָעָב consec.-Qal impf. 3 m.s. (הָיָה 224) -n.m.s. (944) *now there was a famine*

בָּאָרֶץ prep.-def.art.-n.f.s. (75) *in the land*

מִלְּבַד הָרָעָב prep.-prep.-n.m.s. (94)-def.art. -n.m.s. (944) *beside the ... famine*

הָרִאשׁוֹן def.art.-adj. m.s. (911) *the former*

אֲשֶׁר הָיָה rel. (81)-Qal pf. 3 m.s. (224) *that was*

בִּימֵי אַבְרָהָם prep.-n.m.p. cstr. (398)-pr.n. (4) *in the days of Abraham*

וַיֵּלֶךְ יִצְחָק consec.-Qal impf. 3 m.s. (הָלַךְ 229) -pr.n. (850) *and Isaac went*

אֶל־אֲבִימֶלֶךְ prep.-pr.n. (4) *to Abimelech*

מֶלֶךְ־פְּלִשְׁתִּים n.m.s. cstr. (I 572)-pr.n. (814) *king of the Philistines*

גְּרָרָה pr.n.-dir.he (176) *to Gerar*

26:2

וַיֵּרָא אֵלָיו consec.-Ni. impv. 3 m.s. (רָאָה 906) -prep.-3 m.s. sf. *and ... appeared to him*

יהוה pr.n. (217) *Yahweh*

וַיֹּאמֶר consec.-Qal impf. 3 m.s. (55) *and said*

אַל־תֵּרֵד neg.-Qal impf. 2 m.s. (יָרַד 432) *do not go down*

מִצְרַיְמָה pr.n.-dir.he (595) *to Egypt*

שְׁכֹן בָּאָרֶץ Qal impv. 2 m.s. (שָׁכַן 1014)-prep. -def.art.-n.f.s. (75) *dwell in the land*

אֲשֶׁר אֹמַר rel. (81)-Qal impf. 1 c.s. (אָמַר 55) *of which I shall tell*

אֵלֶיךָ prep.-2 m.s. sf. *you*

26:3

גּוּר Qal impv. 2 m.s. (גּוּר 157) *sojourn*

בָּאָרֶץ הַזֹּאת prep.-def.art.-n.f.s. (75)-dir.obj. -demons.adj. f.s. (260) *in this land*

וְאֶהְיֶה עִמְּךָ conj.-Qal impf. 1 c.s. (הָיָה 224) -prep.-2 m.s. sf. *and I will be with you*

וַאֲבָרְכֶךָ conj.-Pi. impf. 1 c.s.-2 m.s. sf. (בָּרַךְ 138) *and will bless you*

כִּי־לְךָ conj.-prep.-2 m.s. sf. *for to you*

וּלְזַרְעֲךָ conj.-prep.-n.m.s.-2 m.s. sf. (282) *and to your descendants*

אֶתֵּן Qal impf. 1 c.s. (נָתַן 678) *I will give*

אֶת־כָּל־הָאֲרָצֹת dir.obj.-n.m.s. cstr. (481)-def.art. -n.f.p. (75) *all ... lands*

הָאֵל def.art.-demons.adj. c.p. (41) *these* (rd. הָאֵל)

וַהֲקִמֹתִי conj.-Hi. pf. 1 c.s. (קוּם 877) *and I will fulfil*

אֶת־הַשְּׁבֻעָה dir.obj.-def.art.-n.f.s. (989) *the oath*

אֲשֶׁר נִשְׁבַּעְתִּי rel. (81)-Ni. pf. 1 c.s. (שָׁבַע 989) *which I swore*

לְאַבְרָהָם prep.-pr.n. (4) *to Abraham*

אָבִיךָ n.m.s.-2 m.s. sf. (3) *your father*

26:4

וְהִרְבֵּיתִי conj.-Hi. pf. 1 c.s. (רָבָה I 915) *I will multiply*

107

אֶת־זַרְעֲךָ dir.obj.-n.m.s.-2 m.s. sf. (282) *your descendants*

כְּכוֹכְבֵי prep.-n.m.p. cstr. (456) *as the stars of*

הַשָּׁמַיִם def.art.-n.m.p. (1029) *heaven*

וְנָתַתִּי conj.-Qal pf. 1 c.s. (נָתַן 678) *and will give*

לְזַרְעֲךָ prep.-n.m.s.-2 m.s. sf. (282) *to your descendants*

אֵת כָּל־הָאֲרָצֹת dir.obj.-n.m.s. cstr. (481)-def.art. -n.f.p. (75) *all ... lands*

הָאֵל def.art.-demons.adj. c.p. (41) *these* (rd. הָאֵל)

וְהִתְבָּרֲכוּ conj.-Hith. pf. 3 c.p. (בָּרַךְ 138) *and shall bless themselves*

בְּזַרְעֲךָ prep.-n.m.s.-2 m.s. sf. (282) *by your descendants*

כֹּל גּוֹיֵי n.m.s. cstr. (481)-n.m.p. cstr. (156) *all the nations of*

הָאָרֶץ def.art.-n.f.s. (75) *the earth*

26:5

עֵקֶב אֲשֶׁר־שָׁמַע adv. (784)-rel. (81)-Qal pf. 3 m.s. (שָׁמַע 1033) *because ... obeyed*

אַבְרָהָם pr.n. (4) *Abraham*

בְּקֹלִי prep.-n.m.s.-1 c.s. sf. (876) *my voice*

וַיִּשְׁמֹר consec.-Qal impf. 3 m.s. (שָׁמַר 1036) *and kept*

מִשְׁמַרְתִּי n.f.s.-1 c.s. sf. (1038) *my charge*

מִצְוֹתַי n.f.p.-1 c.s. sf. (846) *my commandments*

חֻקּוֹתַי n.f.p.-1 c.s. sf. (349) *my statutes*

וְתוֹרֹתָי conj.-n.f.p.-1 c.s. sf. paus. (435) *and my laws*

26:6

וַיֵּשֶׁב יִצְחָק consec.-Qal impf. 3 m.s. (יָשַׁב 442)-pr.n. (850) *so Isaac dwelt*

בִּגְרָר prep.-pr.n. (176) *in Gerar*

26:7

וַיִּשְׁאֲלוּ consec.-Qal impf. 3 m.p. (שָׁאַל 981) *when ... asked*

אַנְשֵׁי הַמָּקוֹם n.m.p. cstr. (35)-def.art.-n.m.s. (879) *the men of the place*

לְאִשְׁתּוֹ prep.-n.f.s.-3 m.s. sf. (61) *about his wife*

וַיֹּאמֶר consec.-Qal impf. 3 m.s. (55; GK 144pN) *he said*

אֲחֹתִי הִוא n.f.s.-1 c.s. sf. (27)-pers.pr. 3 f.s. (214; GK 147aN) *she is my sister*

כִּי יָרֵא conj.-Qal pf. 3 m.s. (יָרֵא 431) *for he feared*

לֵאמֹר prep.-Qal inf.cstr. (55) *to say*

אִשְׁתִּי n.f.s.-1 c.s. sf. (61) *my wife*

פֶּן־יַהַרְגֻנִי conj. (814)-Qal impf. 3 m.p.-1 c.s. sf. (246) (הָרַג) *lest ... should kill me*

אַנְשֵׁי הַמָּקוֹם v.supra *the men of the place*

עַל־רִבְקָה prep.-pr.n. (918) *for the sake of Rebekah*

כִּי־טוֹבַת מַרְאֶה conj.-adj. f.s. cstr. (II 373)-n.m.s. (909) *because fair to look upon*

הִיא pers.pr. 3 f.s. (214) *she was*

26:8

וַיְהִי consec.-Qal impf. 3 m.s. (הָיָה 224) *(and it was)*

כִּי אָרְכוּ־לוֹ conj.-Qal pf. 3 c.p. (אָרַךְ 73)-prep.-3 m.s.sf. *when were long to him*

שָׁם הַיָּמִים adv. (1027)-def.art.-n.m.p. (398) *there the days*

וַיַּשְׁקֵף consec.-Hi. impf. 3 m.s. (שָׁקַף 1054) *looked*

אֲבִימֶלֶךְ pr.n. (4) *Abimelech*

מֶלֶךְ פְּלִשְׁתִּים n.m.s. cstr. (I 572)-pr.n. p. (814) *king of the Philistines*

בְּעַד הַחַלּוֹן prep. cstr. (126)-def.art.-n.m.s. (319) *out of a window*

וַיַּרְא consec.-Qal impf. 3 m.s. (רָאָה 906) *and saw*

וְהִנֵּה יִצְחָק conj.-demons.part. (243)-pr.n. (850) *(and behold) Isaac*

מְצַחֵק Pi. ptc. (צָחַק 850) *fondling*

אֵת רִבְקָה dir.obj.-pr.n. (918) *Rebekah*

אִשְׁתּוֹ n.f.s.-3 m.s. sf. (61) *his wife*

26:9

וַיִּקְרָא consec.-Qal impf. 3 m.s. (894) *so ... called*

אֲבִימֶלֶךְ pr.n. (4) *Abimelech*

לְיִצְחָק prep.-pr.n. (850) *Isaac*

וַיֹּאמֶר consec.-Qal impf. 3 m.s. (55) *and said*

אַךְ הִנֵּה adv. (36)-demons.part. (243) *behold*

אִשְׁתְּךָ הִוא n.f.s.-2 m.s. sf. (61)-pers.pr. 3 f.s. (214) *she is your wife*

וְאֵיךְ אָמַרְתָּ conj.-adv. (32; GK 148b)-Qal pf. 2 m.s. (55) *how then could you say*

אֲחֹתִי הִוא n.f.s.-1 c.s. sf. (27)-pers.pr. 3 f.s. (214) *she is my sister*

וַיֹּאמֶר אֵלָיו consec.-Qal impf. 3 m.s. (55)-prep.-3 m.s. sf. *said to him*

יִצְחָק pr.n. (850) *Isaac*

כִּי אָמַרְתִּי conj. (GK 157b)-Qal pf. 1 c.s. (55) *because I thought*

פֶּן־אָמוּת conj. (814; GK 152w)-Qal impf. 1 c.s. (559) (מוּת) *lest I die*

עָלֶיהָ prep.-3 f.s. sf. *because of her*

26:10

וַיֹּאמֶר consec.-Qal impf. 3 m.s. (55) *said*

אֲבִימֶלֶךְ pr.n. (4) *Abimelech*

מַה־זֹּאת interr. (552)-demons.adj. f.s. (260) *what is this*

עָשִׂיתָ לָּנוּ Qal pf. 2 m.s. (עָשָׂה I 793)-prep.-1 c.p. sf. *you have done to us*

כִּמְעַט prep.-subst. (589; GK 106p) *easily*

שָׁכַב Qal pf. 3 m.s. (1011) *could have lain*

אַחַד הָעָם adj. m.s. cstr. (25)-def.art.-n.m.s. (I 766) *one of the people*

אֶת־אִשְׁתְּךָ prep. (II 85)-n.f.s.-2 m.s. sf. (61) *with your wife*

וְהֵבֵאתָ conj.-Hi. pf. 2 m.s. (בּוֹא 97; GK 49,1) *and you would have brought*

עָלֵינוּ אָשָׁם prep.-1 c.p. sf.-n.m.s. (79) *upon us guilt*

26:11

וַיְצַו consec.-Pi. impf. 3 m.s. (צָוָה 845) *so ... warned*

אֲבִימֶלֶךְ pr.n. (4) *Abimelech*

אֶת־כָּל־הָעָם dir.obj.-n.m.s. cstr. (481)-def.art.-n.m.s. (I 766) *all the people*

לֵאמֹר prep.-Qal inf.cstr. (55) *saying*

הַנֹּגֵעַ def.art.-Qal act.ptc. (נָגַע 619) *whoever touches*

בָּאִישׁ הַזֶּה prep.-def.art.-n.m.s. (35)-def.art.-demons.adj. m.s. (260) *this man*

וּבְאִשְׁתּוֹ conj.-prep.-n.f.s.-3 m.s. sf. (61) *or his wife*

מוֹת יוּמָת Qal inf.abs. (559)-Ho. impf. 3 m.s. paus. (מוּת 559) *shall be put to death*

26:12

וַיִּזְרַע יִצְחָק consec.-Qal impf. 3 m.s. (זָרַע 281)-pr.n. (850) *and Isaac sowed*

בָּאָרֶץ הַהִוא prep.-def.art.-n.f.s. (75)-def.art.-demons.adj. f.s. (214) *in that land*

וַיִּמְצָא consec.-Qal impf. 3 m.s. (מָצָא 592) *and reaped*

בַּשָּׁנָה הַהִוא prep.-def.art.-n.f.s. (1040)-def.art.-demons.adj. f.s. (214) *in the same year*

מֵאָה שְׁעָרִים n.f.s. (547)-n.m.p. (II 1045) *a hundredfold*

וַיְבָרְכֵהוּ consec.-Pi. impf. 3 m.s.-3 m.s. sf. (בָּרַךְ 138) *blessed him*

יהוה pr.n. (217) *Yahweh*

26:13

וַיִּגְדַּל consec.-Qal impf. 3 m.s. (גָּדַל 152) *and ... became rich*

הָאִישׁ def.art.-n.m.s. (35) *the man*

וַיֵּלֶךְ הָלוֹךְ consec.-Qal impf. 3 m.s. (הָלַךְ 229)-Qal inf.abs. (229; GK 113u) *and gained more and more*

וְגָדֵל conj.-adj. verbal (152) *(becoming great)*

עַד כִּי־גָדַל מְאֹד prep.-conj.-Qal pf. 3 m.s. (152; GK 164f)-adv. (547) *until he became very wealthy*

26:14

וַיְהִי־לוֹ consec.-Qal impf. 3 m.s. (הָיָה 224)-prep.-3 m.s. sf. *he had*

מִקְנֵה־צֹאן n.m.s. cstr. (889)-n.f.s. (838) *possessions of flocks*

וּמִקְנֵה בָקָר conj.-v.supra-n.m.s. (133) *and (possessions of) herds*

וַעֲבֻדָּה רַבָּה conj.-n.f.s. (715)-adj. f.s. (I 912) *and a great household*

וַיְקַנְאוּ consec.-Pi. impf. 3 m.p. (קָנָא 888) *so that ... envied*

אֹתוֹ dir.obj.-3 m.s. sf. *him*

פְּלִשְׁתִּים pr.n. p. (814) *the Philistines*

26:15

וְכָל־הַבְּאֵרֹת conj.-n.m.s. cstr. (481)-def.art.-n.f.p. (91) *and all the wells*

אֲשֶׁר חָפְרוּ rel. (81)-Qal pf. 3 c.p. (חָפַר I 343) *which had dug*

עַבְדֵי אָבִיו n.m.p. cstr. (713)-n.m.s.-3 m.s. sf. (3) *his father's servants*

בִּימֵי אַבְרָהָם prep.-n.m.p. cstr. (398)-pr.n. (4) *in the days of Abraham*

אָבִיו n.m.s.-3 m.s. sf. (3) *his father*

סִתְּמוּם Pi. pf. 3 c.p.-3 m.p. sf. (סָתַם 711) *had stopped (them)*

פְּלִשְׁתִּים pr.n. p. (814) *the Philistines*

וַיְמַלְאוּם consec.-Pi. impf. 3 m.p.-3 m.p. sf. (מָלֵא 569; GK 60h,135o) *and filled (them)*

עָפָר n.m.s. (779) *with earth*

26:16

וַיֹּאמֶר consec.-Qal impf. 3 m.s. (55) *and ... said*

אֲבִימֶלֶךְ pr.n. (4) *Abimelech*

אֶל־יִצְחָק prep.-pr.n. (850) *to Isaac*

לֵךְ Qal impv. 2 m.s. (הָלַךְ 229) *go*

מֵעִמָּנוּ prep.-prep.-1 c.p. sf. *away from us*

כִּי־עָצַמְתָּ conj.-Qal pf. 2 m.s. (עָצַם I 782) *for you are mightier*

מִמֶּנּוּ מְאֹד prep. (GK 133c)-1 c.p. sf.-adv. (547) *than we ... much*

26:17

וַיֵּלֶךְ consec.-Qal impf. 3 m.s. (הָלַךְ 229) *so departed*

מִשָּׁם prep.-adv. (1027) *from there*

יִצְחָק pr.n. (850) *Isaac*

וַיִּחַן consec.-Qal impf. 3 m.s. (חָנָה 333) *and encamped*

בְּנַחַל־גְּרָר prep.-n.m.s. cstr. (636)-pr.n. (176) *in the valley of Gerar*

וַיֵּשֶׁב שָׁם consec.-Qal impf. 3 m.s. (יָשַׁב 442) -adv. (1027) *and dwelt there*

26:18

וַיָּשָׁב יִצְחָק consec.-Qal impf. 3 m.s. (שׁוּב 996) -pr.n. (850) *and Isaac again (returned)*

וַיַּחְפֹּר consec.-Qal impf. 3 m.s. (חָפַר I 343; GK 120d) *dug*

אֶת־בְּאֵרֹת הַמַּיִם dir.obj.-n.f.p. cstr. (91)-def.art. -n.m.p. (565) *the wells of water*

אֲשֶׁר חָפְרוּ rel. (81)-Qal pf. 3 c.p. (I 343) *which had been dug*

בִּימֵי אַבְרָהָם prep.-n.m.p. cstr. (398)-pr.n. (4) *in the days of Abraham*

אָבִיו n.m.s.-3 m.s. sf. (3) *his father*

וַיְסַתְּמוּם consec.-Pi. impf. 3 m.p.-3 m.p. sf. (711 סָתַם; GK 60h,111q) *for ... had stopped them*

פְּלִשְׁתִּים pr.n. p. (814) *the Philistines*

אַחֲרֵי מוֹת prep. cstr. (29)-n.m.s. cstr. (560) *after the death of*

אַבְרָהָם pr.n. (4) *Abraham*

וַיִּקְרָא לָהֶן consec.-Qal impf. 3 m.s. (894)-prep.-3 f.p. sf. *and he gave them*

שֵׁמוֹת n.m.p. (1027) *names*

כַּשֵּׁמֹת prep.-def.art.-n.m.p. (1027) *(according to the names)*

אֲשֶׁר־קָרָא rel. (81)-Qal pf. 3 m.s. (894) *which had given*

לָהֶן אָבִיו prep.-3 f.p. sf.-n.m.s.-3 m.s. sf. (3) *them his father*

26:19

וַיַּחְפְּרוּ consec.-Qal impf. 3 m.p. (חָפַר I 343) *but when ... dug*

עַבְדֵי־יִצְחָק n.m.p. cstr. (713)-pr.n. (850) *Isaac's servants*

בַּנָּחַל prep.-def.art.-n.m.s. paus. (636) *in the valley*

וַיִּמְצְאוּ־שָׁם consec.-Qal impf. 3 m.p. (592)-adv. (1027) *and found there*

בְּאֵר מַיִם חַיִּים n.f.s. cstr. (91)-n.m.p. (565)-adj. m.p. (I 311) *a well of springing water*

26:20

וַיָּרִיבוּ consec.-Qal impf. 3 m.p. (רִיב 936) *and quarreled*

רֹעֵי גְרָר Qal act.ptc. m.p. cstr. (רָעָה I 944)-pr.n. (176) *the herdsmen of Gerar*

עִם־רֹעֵי יִצְחָק prep.-v.supra-pr.n. (850) *with Isaac's herdsmen*

לֵאמֹר prep.-Qal inf.cstr. (55) *saying*

לָנוּ הַמָּיִם prep.-1 c.p. sf.-def.art.-n.m.p. paus. (565) *the water is ours*

וַיִּקְרָא consec.-Qal impf. 3 m.s. (894) *so he called*

שֵׁם־הַבְּאֵר n.m.s. cstr. (1027)-def.art.-n.f.s. (91) *the name of the well*

עֵשֶׂק pr.n. (796) *Esek*

כִּי הִתְעַשְּׂקוּ עִמּוֹ conj.-Hith. pf. 3 c.p. (796)-prep.-3 m.s. sf. *because they contended with him*

26:21

וַיַּחְפְּרוּ consec.-Qal impf. 3 m.p. (I 343) *then they dug*

בְּאֵר אַחֶרֶת n.f.s. (91)-adj. f.s. (I 29) *another well*

וַיָּרִיבוּ consec.-Qal impf. 3 m.p. (רִיב 936) *and they quarreled*

גַּם־עָלֶיהָ adv. (168)-prep.-3 f.s. sf. *over that also*

וַיִּקְרָא שְׁמָהּ consec.-Qal impf. 3 m.s. (894)-n.m.s. -3 f.s. sf. (1027) *so he called its name*

שִׂטְנָה pr.n. (II 966) *Sitnah*

26:22

וַיַּעְתֵּק consec.-Hi. impf. 3 m.s. (עָתַק 801) *and he moved*

מִשָּׁם prep.-adv. (1027) *from there*

וַיַּחְפֹּר consec.-Qal impf. 3 m.s. (I 343) *and dug*

בְּאֵר אַחֶרֶת n.f.s. (91)-adj. f.s. (I 29) *another well*

וְלֹא רָבוּ conj.-neg.-Qal pf. 3 c.p. (רִיב 936) *and they did not quarrel*

עָלֶיהָ prep.-3 f.s. sf. *over that*

וַיִּקְרָא consec.-Qal impf. 3 m.s. (894) *so he called*

שְׁמָהּ n.m.s.-3 f.s. sf. (1027) *its name*

רְחֹבוֹת pr.n. (932) *Rehoboth*

וַיֹּאמֶר consec.-Qal impf. 3 m.s. (55) *saying*

כִּי־עַתָּה conj.-adv. (773) *for now*

הִרְחִיב יהוה Hi. pf. 3 m.s. (931)-pr.n. (217) *Yahweh has made room*

לָנוּ prep.-1 c.p. sf. *for us*

וּפָרִינוּ conj.-Qal pf. 1 c.p. (פָרָה 826) *and we shall be fruitful*

בָאָרֶץ prep.-def.art.-n.f.s. (75) *in the land*

26:23

וַיַּעַל consec.-Qal impf. 3 m.s. (עָלָה 748) *he went up*

מִשָּׁם prep.-adv. (1027) *from there*

בְּאֵר שֶׁבַע pr.n. (92; GK 118f) *to Beersheba*

26:24

וַיֵּרָא אֵלָיו consec.-Ni. impf. 3 m.s. (רָאָה 906) -prep.-3 m.s. sf. *and ... appeared to him*

יהוה pr.n. (217) *Yahweh*

בַּלַּיְלָה הַהוּא prep.-def.art.-n.m.s. (538)-def.art. -demons.adj. m.s. (214) *the same night*

וַיֹּאמֶר consec.-Qal impf. 3 m.s. (55) *and said*

אָנֹכִי pers.pr. 1 c.s. (59) *I am*

אֱלֹהֵי אַבְרָהָם n.m.p. cstr. (43)-pr.n. (4) *the God of Abraham*

אָבִיךָ n.m.s.-2 m.s. sf. (3) *your father*

אַל־תִּירָא neg.-Qal impf. 2 m.s. (יָרֵא 431) *fear not*

כִּי־אִתְּךָ conj.-prep.-2 m.s. sf. (II 85) *for with you*

אָנֹכִי v.supra *I am*

וּבֵרַכְתִּיךָ conj.-Pi. pf. 1 c.s.-2 m.s. sf. (בָּרַךְ 138) *and will bless you*

וְהִרְבֵּיתִי conj.-Hi. pf. 1 c.s. (רָבָה I 915) *and multiply*

אֶת־זַרְעֲךָ dir.obj.-n.m.s.-2 m.s. sf. (282) *your descendants*

בַּעֲבוּר prep.-prep. (721) *for the sake of*

אַבְרָהָם pr.n. (4) *Abraham*

עַבְדִּי n.m.s.-1 c.s. sf. (713) *my servant*

26:25

וַיִּבֶן שָׁם consec.-Qal impf. 3 m.s. (בָּנָה 124)-adv. (1027) *so he built there*

מִזְבֵּחַ n.m.s. (258) *an altar*

וַיִּקְרָא consec.-Qal impf. 3 m.s. (894) *and called*

בְּשֵׁם יהוה prep.-n.m.s. cstr. (1027)-pr.n. (217) *upon the name of Yahweh*

וַיֵּט־שָׁם consec.-Qal impf. 3 m.s. (נָטָה 639; GK 76c)-adv. (1027) *and pitched there*

אָהֳלוֹ n.m.s.-3 m.s. sf. (13) *his tent*

וַיִּכְרוּ־שָׁם consec.-Qal impf. 3 m.p. (כָּרָה I 500)-adv. (1027) *and there dug*

עַבְדֵי־יִצְחָק n.m.p. cstr. (713)-pr.n. (850) *Isaac's servants*

בְּאֵר n.f.s. (91) *a well*

26:26

וַאֲבִימֶלֶךְ conj.-pr.n. (4) *then Abimelech*

הָלַךְ אֵלָיו Qal pf. 3 m.s. (229)-prep.-3 m.s. sf. *went to him*

מִגְּרָר prep.-pr.n. (176) *from Gerar*

וַאֲחֻזַּת conj.-pr.n. (28) *with Ahuzzath*

מֵרֵעֵהוּ prep.-n.m.s.-3 m.s. sf. (945) *his adviser*

וּפִיכֹל conj.-pr.n. (810) *and Phicol*

שַׂר־צְבָאוֹ n.m.s. cstr. (978)-n.m.s.-3 m.s. sf. (838) *the commander of his army*

26:27

וַיֹּאמֶר consec.-Qal impf. 3 m.s. (55) *said*

אֲלֵהֶם prep.-3 m.p. sf. *to them*

יִצְחָק pr.n. (850) *Isaac*

מַדּוּעַ בָּאתֶם adv. (396)-Qal pf. 2 m.p. (בּוֹא 97) *why have you come*

אֵלָי prep.-1 c.s. sf. paus. *to me*

וְאַתֶּם שְׂנֵאתֶם conj.-pers.pr. 2 m.p. (61)-Qal pf. 2 m.p. (שָׂנֵא 971) *seeing that you hate*

אֹתִי dir.obj.-1 c.s. sf. *me*

וַתְּשַׁלְּחוּנִי consec.-Pi. impf. 2 m.p.-1 c.s. sf. (שָׁלַח 1018) *and have sent me away*

מֵאִתְּכֶם prep.-prep. (II 85)-2 m.p. sf. *from you*

26:28

וַיֹּאמְרוּ consec.-Qal impf. 3 m.p. (55) *they said*

רָאוֹ רָאִינוּ Qal inf.abs. (רָאָה 906; GK 75n)-Qal pf. 1 c.p. (רָאָה 906) *we see plainly*

כִּי־הָיָה יהוה conj.-Qal pf. 3 m.s. (224)-pr.n. (217) *that Yahweh is*

עִמָּךְ prep.-2 m.s. sf. paus. *with you*

וַנֹּאמֶר consec.-Qal impf. 1 c.p. (אָמַר 55) *so we say*

תְּהִי נָא Qal impf. 3 f.s. apoc. (הָיָה 224)-part.of entreaty (609) *let there be*

אָלָה n.f.s. (46) *an oath*

בֵּינוֹתֵינוּ בֵּינֵינוּ prep.-1 c.p. sf. (107; GK 103pN) -prep.-1 c.p. sf. (107) *between us*

וּבֵינֶךָ conj.-prep.-2 m.s. sf. (107) *and you*

וְנִכְרְתָה conj.-Qal impf. 1 c.p.-vol.he (כָּרַת 503) *and let us make*

בְרִית עִמָּךְ n.f.s. (136)-prep.-2 m.s. sf. paus. *a covenant with you*

26:29

אִם־תַּעֲשֵׂה hypoth.part. (49)-Qal impf. 2 m.s. (עָשָׂה I 793; GK 75hh) *that you will do*

עִמָּנוּ רָעָה prep.-1 c.p. sf.-n.f.s. (948) *us no harm*

כַּאֲשֶׁר לֹא נְגַעֲנוּךָ prep.-rel. (81)-neg.-Qal pf. 1 c.p.-2 m.s. sf. (נָגַע 619) *just as we have not touched you*

וְכַאֲשֶׁר עָשִׂינוּ conj.-prep.-rel. (81)-Qal pf. 1 c.p. (עָשָׂה I 793) *and have done*

עִמְּךָ רַק־טוֹב prep.-2 m.s. sf.-adv. (956)-adj. m.s. (II 373) *to you nothing but good*

וַגְּשִׁלַּחֲךָ consec.-Pi. impf. 1 c.p.-2 m.s. sf. (שָׁלַח
1018; GK 65h) *and have sent you away*

בְּשָׁלוֹם prep.-n.m.s. (1022) *in peace*

אַתָּה עַתָּה pers.pr. 2 m.s. (61)-rd. עַתָּה adv.
(773) *you are now*

בְּרוּךְ יְהוָה Qal pass.ptc. m.s. cstr. (138)-pr.n. (217)
the blessed of Yahweh

26:30

וַיַּעַשׂ לָהֶם consec.-Qal impf. 3 m.s. (עָשָׂה I
793)-prep.-3 m.p. sf. *so he made them*

מִשְׁתֶּה n.m.s. (1059) *a feast*

וַיֹּאכְלוּ consec.-Qal impf. 3 m.p. (37) *and they
ate*

וַיִּשְׁתּוּ consec.-Qal impf. 3 m.p. (שָׁתָה 1059) *and
drink*

26:31

וַיַּשְׁכִּימוּ consec.-Hi. impf. 3 m.p. (שָׁכַם 1014)
they rose early

בַּבֹּקֶר prep.-def.art.-n.m.s. (133) *in the morning*

וַיִּשָּׁבְעוּ consec.-Ni. impf. 3 m.p. (שָׁבַע 989) *and
took oath*

אִישׁ לְאָחִיו n.m.s. (35)-prep.-n.m.s.-3 m.s. sf. (26)
with one another

וַיְשַׁלְּחֵם consec.-Pi. impf. 3 m.s.-3 m.p. sf. (שָׁלַח
1018) *and set them on their way*

יִצְחָק pr.n. (850) *Isaac*

וַיֵּלְכוּ consec.-Qal impf. 3 m.p. (הָלַךְ 229) *and
departed*

מֵאִתּוֹ prep.-prep. (II 85)-3 m.s. sf. *from him*

בְּשָׁלוֹם prep.-n.m.s. (1022) *in peace*

26:32

וַיְהִי consec.-Qal impf. 3 m.s. (הָיָה 224) *(and it
was)*

בַּיּוֹם הַהוּא prep.-def.art.-n.m.s. (398)-def.art.
-demons.adj. m.s. (214) *that same day*

וַיָּבֹאוּ consec.-Qal impf. 3 m.p. (בּוֹא 97) *came*

עַבְדֵי יִצְחָק n.m.p. cstr. (713)-(850) *Isaac's
servants*

וַיַּגִּדוּ לוֹ consec.-Hi. impf. 3 m.p. (נָגַד 616)
-prep.-3 m.s. sf. *and told him*

עַל־אֹדוֹת הַבְּאֵר prep.-n.f.p. cstr. (15)-def.art.
-n.f.s. (91) *about the well*

אֲשֶׁר חָפָרוּ rel. (81)-Qal pf. 3 c.p. paus. (I 343)
which they had dug

וַיֹּאמְרוּ לוֹ consec.-Qal impf. 3 m.p. (55)-prep.-3
m.s. sf. *and said to him*

מָצָאנוּ Qal pf. 1 c.p. (מָצָא 592) *we have found*

מָיִם n.m.p. paus. (565) *water*

26:33

וַיִּקְרָא אֹתָהּ consec.-Qal impf. 3 m.s. (894)
-dir.obj.-3 f.s. sf. *he called it*

שִׁבְעָה pr.n. (988) *Shibah*

עַל־כֵּן prep.-adv. (485) *therefore*

שֵׁם־הָעִיר n.m.s. cstr. (1027)-def.art.-n.f.s. (746)
the name of the city

בְּאֵר שֶׁבַע pr.n. (92) *Beer-sheba*

עַד הַיּוֹם הַזֶּה prep.-def.art.-n.m.s. (398)-def.art.
-demons.adj. m.s. (260) *to this day*

26:34

וַיְהִי consec.-Qal impf. 3 m.s. (הָיָה 224) *when ...
was*

עֵשָׂו pr.n. (796) *Esau*

בֶּן־אַרְבָּעִים שָׁנָה n.m.s. cstr. (119)-num. p.
(917)-n.f.s. (1040) *forty years old*

וַיִּקַּח consec.-Qal impf. 3 m.s. (לָקַח 542) *he took*

אִשָּׁה n.f.s. (61) *a wife*

אֶת־יְהוּדִית dir.obj.-pr.n. (II 397) *Judith*

בַּת־בְּאֵרִי n.f.s. cstr. (I 123)-pr.n. (92) *the
daughter of Beeri*

הַחִתִּי def.art.-pr.n. gent. (366) *the Hittite*

וְאֶת־בָּשְׂמַת conj.-dir.obj.-pr.n. (142) *and
Basemath*

בַּת־אֵילֹן v.supra-pr.n. (II 19) *the daughter of
Elon*

הַחִתִּי v.supra *the Hittite*

26:35

וַתִּהְיֶיןָ consec.-Qal impf. 3 f.p. (הָיָה 224) *and
they made life* (lit. *they were*)

מֹרַת רוּחַ n.f.s. cstr. (601)-n.f.s. (924) *bitterness
of spirit*

לְיִצְחָק prep.-pr.n. (850) *for Isaac*

וּלְרִבְקָה conj.-prep.-pr.n. (918) *and Rebekah*

27:1

וַיְהִי consec.-Qal impf. 3 m.s. (הָיָה 224) *(and it
was)*

כִּי־זָקֵן יִצְחָק conj.-Qal pf. 3 m.s. (278)-pr.n. (850)
when Isaac was old

וַתִּכְהֶיןָ consec.-Qal impf. 3 f.p. (כָּהָה I 462; GK
111q) *and were dim*

עֵינָיו n.f. du.-3 m.s. sf. (744) *his eyes*

מֵרְאֹת prep.-Qal inf.cstr. (רָאָה 906; GK 114d,
119y) *so that he could not see*

וַיִּקְרָא consec.-Qal impf. 3 m.s. (894) *he called*

אֶת־עֵשָׂו dir.obj.-pr.n. (796) *Esau*

בְּנוֹ הַגָּדֹל n.m.s.-3 m.s. sf. (119)-def.art.-adj. m.s.
(152) *his older son*

וַיֹּאמֶר אֵלָיו consec.-Qal impf. 3 m.s. (55)-prep.-3 m.s. sf. *and said to him*

בְּנִי n.m.s.-1 c.s. sf. (119) *my son*

וַיֹּאמֶר אֵלָיו v.supra-v.supra *and he answered*

הִנֵּנִי demons.part. (243)-1 c.s. sf. *here I am*

27:2

וַיֹּאמֶר consec.-Qal impf. 3 m.s. (55) *he said*

הִנֵּה־נָא demons.part. (243)-part.of entreaty (609) *behold*

זָקַנְתִּי Qal pf. 1 c.s. (זָקֵן 278) *I am old*

לֹא יָדַעְתִּי neg.-Qal pf. 1 c.s. (393) *I do not know*

יוֹם מוֹתִי n.m.s. cstr. (398)-n.m.s.-1 c.s. sf. (560) *the day of my death*

27:3

וְעַתָּה conj.-adv. (773) *now then*

שָׂא־נָא Qal impv. 2 m.s. (נָשָׂא 669)-part.of entreaty (609) *take*

כֵלֶיךָ n.m.p.-2 m.s. sf. (479) *your weapons*

תֶּלְיְךָ n.m.s.-2 m.s. sf. (1068) *your quiver*

וְקַשְׁתֶּךָ conj.-n.f.s.-2 m.s. sf. (905) *and your bow*

וְצֵא conj.-Qal impv. 2 m.s. (יָצָא 422) *and go out*

הַשָּׂדֶה def.art.-n.m.s. (961; GK 118f) *to the field*

וְצוּדָה לִּי conj.-Qal impv. 2 m.s.-vol.he (צוּד I 844)-prep.-1 c.s. sf. *and hunt for me*

צֵידָה n.m.s. paus. (I 844; GK 122t) *game*

27:4

וַעֲשֵׂה־לִי conj.-Qal impv. 2 m.s. (I 793)-prep.-1 c.s. sf. *and prepare for me*

מַטְעַמִּים n.m.p. (381) *savory food*

כַּאֲשֶׁר אָהַבְתִּי prep.-rel. (81)-Qal pf. 1 c.s. (אָהַב 12; GK 106g) *such as I love*

וְהָבִיאָה conj.-Hi. impf. 2 m.s.-coh.he (בּוֹא 97) *and bring it*

לִי prep.-1 c.s. sf. *to me*

וְאֹכֵלָה conj.-Qal impf. 1 c.s.-vol.he (אָכַל 37; GK 108d) *that I may eat*

בַּעֲבוּר prep.-prep. (II 721) *that*

תְּבָרֶכְךָ Pi. impf. 3 f.s.-2 m.s. sf. (בָּרַךְ 138; GK 20b) *may bless you*

נַפְשִׁי n.f.s.-1 c.s. sf. (659) *I (myself)*

בְּטֶרֶם אָמוּת prep.-adv. (382)-Qal impf. 1 c.s. (מוּת 559) *before I die*

27:5

וְרִבְקָה conj.-pr.n. (918) *now Rebekah*

שֹׁמַעַת Qal act.ptc. f.s. (1033) *was listening*

27:5 (right column)

בְּדַבֵּר יִצְחָק prep.-Pi. inf.cstr. (180)-pr.n. (850) *when Isaac spoke*

אֶל־עֵשָׂו prep.-pr.n. (796) *to Esau*

בְּנוֹ n.m.s.-3 m.s. sf. (119) *his son*

וַיֵּלֶךְ consec.-Qal impf. 3 m.s. (הָלַךְ 229) *so when ... went*

עֵשָׂו pr.n. (796) *Esau*

הַשָּׂדֶה def.art.-n.m.s. (961) *to the field*

לָצוּד צַיִד prep.-Qal inf.cstr. (I 844)-n.m.s. (I 844) *to hunt for game*

לְהָבִיא prep.-Hi. inf.cstr. (בּוֹא 97) *and bring it*

27:6

וְרִבְקָה conj.-pr.n. (918) *Rebekah*

אָמְרָה Qal pf. 3 f.s. (55) *said*

אֶל־יַעֲקֹב prep.-pr.n. (784) *to Jacob*

בְּנָהּ n.m.s.-3 f.s. sf. (119) *her son*

לֵאמֹר prep.-Qal inf.cstr. (55) *(saying)*

הִנֵּה שָׁמַעְתִּי demons.part. (243)-Qal pf. 1 c.s. (1033) *(behold) I heard*

אֶת־אָבִיךָ dir.obj.-n.m.s.-2 m.s. sf. (3) *your father*

מְדַבֵּר Pi. ptc. (180) *speak*

אֶל־עֵשָׂו prep.-pr.n. (796) *to Esau*

אָחִיךָ n.m.s.-2 m.s. sf. (26) *your brother*

לֵאמֹר prep.-Qal inf.cstr. (55) *(saying)*

27:7

הָבִיאָה לִי Hi. impf. 2 m.s.-vol.he (בּוֹא 97)-prep.-1 c.s. sf. *bring me*

צַיִד n.m.s. (I 844) *game*

וַעֲשֵׂה־לִי conj.-Qal impv. 2 m.s. (I 793)-prep.-1 c.s. sf. *and prepare for me*

מַטְעַמִּים n.m.p. (381) *savory food*

וְאֹכֵלָה conj.-Qal impf. 1 c.s.-coh.he (אָכַל 37) *that I may eat it*

וַאֲבָרֶכְכָה conj.-Pi. impf. 1 c.s.-2 m.s. sf. (בָּרַךְ 138; GK 58g) *and bless you*

לִפְנֵי יהוה prep.-n.m.p. cstr. (815)-pr.n. (217) *before Yahweh*

לִפְנֵי מוֹתִי v.supra-n.m.s.-1 c.s. sf. (560) *before I die*

27:8

וְעַתָּה בְנִי conj.-adv. (773)-n.m.s.-1 c.s. sf. (119) *now therefore, my son*

שְׁמַע בְּקֹלִי Qal impv. 2 m.s. (1033)-prep.-n.m.s.-1 c.s. sf. (876) *obey my word*

לַאֲשֶׁר אֲנִי prep.-rel. (81)-pers.pr. 1 c.s. (58) *as I*

מְצַוָּה אֹתָךְ Pi. ptc. f.s. (צָוָה 845)-dir.obj.-2 m.s. sf. paus. *command you*

27:9

לֶךְ־נָא Qal impv. 2 m.s. (הָלַךְ 229)-part.of entreaty (609) *go*

אֶל־הַצֹּאן prep.-def.art.-n.f.s. (838) *to the flock*

וְקַח־לִי conj.-Qal impv. 2 m.s. (לָקַח 542)-prep.-1 c.s. sf. *and fetch me*

מִשָּׁם prep.-adv.. (1027) *(from there)*

שְׁנֵי גְּדָיֵי num. m.p. cstr. (1040)-n.m.p. cstr. (152) *two kids of*

עִזִּים טֹבִים n.f.p. (777)-adj. m.p. (II 373) *good goats*

וְאֶעֱשֶׂה אֹתָם conj.-Qal impf. 1 c.s. (עָשָׂה I 793; GK 117ii)-dir.obj.-3 m.p. sf. *that I may prepare them*

מַטְעַמִּים n.m.p. (381) *savory food*

לְאָבִיךָ prep.-n.m.s.-2 m.s. sf. (3) *for your father*

כַּאֲשֶׁר אָהֵב prep.-rel. (81)-Qal pf. 3 m.s. (12) *such as he loves*

27:10

וְהֵבֵאתָ conj.-Hi. pf. 2 m.s. (בּוֹא 97) *and you shall bring it*

לְאָבִיךָ prep.-n.m.s.-2 m.s. sf. (3) *to your father*

וְאָכָל conj.-Qal pf. 3 m.s. paus. (37) *to eat*

בַּעֲבֻר אֲשֶׁר prep.-conj. (721)-rel. (81) *so that*

יְבָרֶכְךָ Pi. impf. 3 m.s.-2 m.s. sf. (בָּרַךְ 138) *he may bless you*

לִפְנֵי מוֹתוֹ prep.-n.m.p. cstr. (815)-n.m.s.-3 m.s. sf. (560) *before he dies*

27:11

וַיֹּאמֶר יַעֲקֹב consec.-Qal impf. 3 m.s. (55)-pr.n. (784) *but Jacob said*

אֶל־רִבְקָה prep.-pr.n. (918) *to Rebekah*

אִמּוֹ n.f.s.-3 m.s. sf. (51) *his mother*

הֵן עֵשָׂו demons.part. (243)-pr.n. (796) *behold, Esau*

אָחִי n.m.s.-1 c.s. sf. (26) *my brother*

אִישׁ שָׂעִר n.m.s. (35)-adj. m.s. (I 972) *a hairy man*

וְאָנֹכִי conj.-pers.pr. 1 c.s. (59) *and I am*

אִישׁ חָלָק n.m.s. (35)-adj. m.s. (325) *a smooth man*

27:12

אוּלַי adv. (19) *perhaps*

יְמֻשֵּׁנִי אָבִי Qal impf. 3 m.s.-1 c.s. sf. (מָשַׁשׁ 606)-n.m.s.-1 c.s. sf. (3) *my father will feel me*

וְהָיִיתִי consec.-Qal pf. 1 c.s. (הָיָה 224; GK 49,l;112p) *and I shall seem to be*

בְּעֵינָיו prep.-n.f. du.-3 m.s. sf. (744) *(in his eyes)*

כִּמְתַעְתֵּעַ prep.-Pilpel ptc. (תָּעַע 1073) *mocking*

וְהֵבֵאתִי עָלַי conj.-Hi. pf. 1 c.s. (בּוֹא 97; GK 112p)-prep.-1 c.s. sf. *and bring upon myself*

קְלָלָה n.f.s. (887) *a curse*

וְלֹא בְרָכָה conj.-neg.-n.f.s. (139) *and not a blessing*

27:13

וַתֹּאמֶר לוֹ consec.-Qal impf. 3 f.s. (55)-prep.-3 m.s. sf. *said to him*

אִמּוֹ n.f.s.-3 m.s. sf. (51) *his mother*

עָלַי קִלְלָתְךָ prep.-1 c.s. sf.-n.f.s.-2 m.s. sf. (887; GK 10g,141f) *your curse upon me*

בְּנִי n.m.s.-1 c.s. sf. (119) *my son*

אַךְ שְׁמַע adv. (36)-Qal impv. 2 m.s. (1033) *only obey*

בְּקֹלִי prep.-n.m.s.-1 c.s. sf. (876) *my word*

וְלֵךְ conj.-Qal impv. 2 m.s. (הָלַךְ 229) *and go*

קַח־לִי Qal impv. 2 m.s. (לָקַח 542)-prep.-1 c.s. sf. *fetch them for me*

27:14

וַיֵּלֶךְ consec.-Qal impf. 3 m.s. (הָלַךְ 229) *so he went*

וַיִּקַּח consec.-Qal impf. 3 m.s. (לָקַח 542) *and took*

וַיָּבֵא consec.-Hi. impf. 3 m.s. (בּוֹא 97) *and brought*

לְאִמּוֹ prep.-n.f.s.-3 m.s. sf. (51) *to his mother*

וַתַּעַשׂ אִמּוֹ consec.-Qal impf. 3 f.s. (עָשָׂה I 793)-n.f.s.-3 m.s. sf. (51) *and his mother prepared*

מַטְעַמִּים n.m.p. (381) *savory food*

כַּאֲשֶׁר אָהֵב prep.-rel. (81)-Qal pf. 3 m.s. (12) *such as ... loved*

אָבִיו n.m.s.-3 m.s. sf. (3) *his father*

27:15

וַתִּקַּח רִבְקָה consec.-Qal impf. 3 f.s. (לָקַח 542)-pr.n. (918) *then Rebekah took*

אֶת־בִּגְדֵי עֵשָׂו dir.obj.-n.m.p. cstr. (93)-pr.n. (796) *the garments of Esau*

בְּנָהּ n.m.s.-3 f.s. sf. (119) *her son*

הַגָּדֹל def.art.-adj. m.s. (152) *older*

הַחֲמֻדֹת def.art.-n.f.p. (326) *best*

אֲשֶׁר אִתָּהּ rel. (81)-prep.-3 f.s. sf. (II 85) *which were with her*

בַּבָּיִת prep.-def.art.-n.m.s. (108) *in the house*

וַתַּלְבֵּשׁ consec.-Hi. impf. 3 f.s. (527) *and put them*

אֶת־יַעֲקֹב dir.obj.-pr.n. (784) *on Jacob*

בְּנָהּ הַקָּטָן n.m.s.-3 f.s. sf. (119)-def.art.-adj. m.s. (881) *her younger son*

27:16

וְאֵת עֹרֹת conj.-dir.obj.-n.m.p. cstr. (736) *and the skins of*

גְּדָיֵי הָעִזִּים n.m.p. cstr. (152)-def.art.-n.f.p. (777) *the kids*

הִלְבִּישָׁה Hi. pf. 3 f.s. (לָבַשׁ 527) *she put*

עַל־יָדָיו prep.-n.f. du.-3 m.s. sf. (388) *upon his hands*

וְעַל חֶלְקַת צַוָּארָיו conj.-prep.-n.f.s. cstr. (II 325)-n.m.p.-3 m.s. sf. (848) *and upon the smooth part of his neck*

27:17

וַתִּתֵּן consec.-Qal impf. 3 f.s. (נָתַן 678) *and she gave*

אֶת־הַמַּטְעַמִּים dir.obj.-def.art.-n.m.p. (381) *the savory food*

וְאֶת־הַלֶּחֶם conj.-dir.obj.-def.art.-n.m.s. (536) *and the bread*

אֲשֶׁר עָשָׂתָה rcl. (81)-Qal pf. 3 f.s. paus. (עָשָׂה I 793) *which she had prepared*

בְּיַד יַעֲקֹב prep.-n.f.s. cstr. (388)-pr.n. (784) *into the hand of Jacob*

בְּנָהּ n.m.s.-3 f.s. sf. (119) *her son*

27:18

וַיָּבֹא consec.-Qal impf. 3 m.s. (בּוֹא 97) *so he went in*

אֶל־אָבִיו prep.-n.m.s.-3 m.s. sf. (3) *to his father*

וַיֹּאמֶר consec.-Qal impf. 3 m.s. (55) *and said*

אָבִי n.m.s.-1 c.s. sf. (3) *my father*

וַיֹּאמֶר v.supra *and he said*

הִנֶּנִּי demons.part.-1 c.s. sf. (243) *here I am*

מִי אַתָּה interr. (566)-pers.pr. 2 m.s. (61) *who are you*

בְּנִי n.m.s.-1 c.s. sf. (119) *my son*

27:19

וַיֹּאמֶר יַעֲקֹב consec.-Qal impf. 3 m.s. (55)-pr.n. (784) *Jacob said*

אֶל־אָבִיו prep.-n.m.s.-3 m.s. sf. (3) *to his father*

אָנֹכִי עֵשָׂו pers.pr. 1 c.s. (59)-pr.n. (796) *I am Esau*

בְּכֹרֶךָ n.m.s.-2 m.s. sf. (114) *your first-born*

עָשִׂיתִי Qal pf. 1 c.s. (עָשָׂה I 793) *I have done*

כַּאֲשֶׁר דִּבַּרְתָּ prep.-rel. (81)-Pi. pf. 2 m.s. (180) *as you told*

אֵלָי prep.-1 c.s. sf. *me*

קוּם־נָא שְׁבָה Qal impv. 2 m.s. (877)-part.of entreaty (609)-Qal impv. 2 m.s.-coh.he (יָשַׁב 442) *now sit up*

וְאָכְלָה conj.-Qal impv. 2 m.s.-coh.he (37) *and eat*

מִצֵּידִי prep.-n.m.s.-1 c.s. sf. (I 844) *of my game*

בַּעֲבוּר prep.-conj. (II 721) *that*

תְּבָרֲכַנִּי Pi. impf. 3 f.s.-1 c.s. sf. (בָּרַךְ 138; GK 60d) *may bless me*

נַפְשֶׁךָ n.f.s.-2 m.s. sf. (659) *you yourself*

27:20

וַיֹּאמֶר יִצְחָק consec.-Qal impf. 3 m.s. (55)-pr.n. (850) *but Isaac said*

אֶל־בְּנוֹ prep.-n.m.s.-3 m.s. sf. (119) *to his son*

מַה־זֶּה interr. (552)-demons.adj. m.s. (260; GK 136c,148b) *how is it*

מִהַרְתָּ Pi. pf. 2 m.s. (מָהַר I 554) *have you ... so quickly*

לִמְצֹא prep.-Qal inf.cstr. (מָצָא 592; GK 114nN) *found*

בְּנִי n.m.s.-1 c.s. sf. (119) *my son*

וַיֹּאמֶר consec.-Qal impf. 3 m.s. (55) *he answered*

כִּי הִקְרָה conj.-Hi. pf. 3 m.s. (קָרָה 899) *because ... granted success*

יהוה אֱלֹהֶיךָ pr.n. (217)-n.m.p.-2 m.s. sf. (43) *Yahweh your God*

לְפָנָי prep.-n.m.p.-1 c.s. sf. paus. (815) *me*

27:21

וַיֹּאמֶר יִצְחָק consec.-Qal impf. 3 m.s. (55)-pr.n. (850) *then Isaac said*

אֶל־יַעֲקֹב prep.-pr.n. (784) *to Jacob*

גְּשָׁה־נָּא Qal impv. 2 m.s.-coh.he (נָגַשׁ 620)-part.of entreaty (609) *come now*

וַאֲמֻשְׁךָ conj.-Qal impf. 1 c.s.-2 m.s. sf. (מוּשׁ II 559; GK 67r) *that I may feel you*

בְּנִי n.m.s.-1 c.s. sf. (119) *my son*

הַאַתָּה זֶה בְּנִי interr.-pers.pr. 2 m.s. (61)-demons. adj. m.s. (260; GK 136d)-n.m.s.-1 c.s. sf. (119) *whether you are really my son*

עֵשָׂו pr.n. (796) *Esau*

אִם־לֹא conj. (49)-neg. *or not*

27:22

וַיִּגַּשׁ יַעֲקֹב consec.-Qal impf. 3 m.s. (נָגַשׁ 620)-pr.n. (784) *so Jacob went near*

אֶל־יִצְחָק prep.-pr.n. (850) *to Isaac*

אָבִיו n.m.s.-3 m.s. sf. (3) *his father*

וַיְמֻשֵּׁהוּ consec.-Qal impf. 3 m.s.-3 m.s. sf. (606 מָשַׁשׁ) *who felt him*

וַיֹּאמֶר consec.-Qal impf. 3 m.s. (55) *and said*

הַקֹּל def.art.-n.m.s. (876) *the voice*

קוֹל יַעֲקֹב n.m.s. cstr. (876)-pr.n. (784) *the voice of Jacob*

וְהַיָּדַיִם conj.-def.art.-n.f. du. (388) *but the hands*

יְדֵי עֵשָׂו n.f. du. cstr. (388)-pr.n. (796) *the hands of Esau*

27:23

וְלֹא הִכִּירוֹ conj.-neg.-Hi. pf. 3 m.s. (נכר 647)-3 m.s. sf. *and he did not recognize him*

כִּי־הָיוּ יָדָיו conj.-Qal pf. 3 c.p. (היה 224)-n.f. du.-3 m.s. sf. (388) *because his hands were*

כִּידֵי עֵשָׂו prep.-n.f. du. cstr. (388)-pr.n. (796) *like the hands of Esau*

אָחִיו n.m.s.-3 m.s. sf. (26) *his brother*

שְׂעִרֹת adj. f.p. (I 972) *hairy*

וַיְבָרְכֵהוּ consec.-Pi. impf. 3 m.s.-3 m.s. sf. (ברך 138) *so he blessed him*

27:24

וַיֹּאמֶר consec.-Qal impf. 3 m.s. (55) *he said*

אַתָּה זֶה בְּנִי pers.pr. 2 m.s. (61; GK 150a)-demons.adj. m.s. (260)-n.m.s.-1 c.s. sf. (119) *are you really my son*

עֵשָׂו pr.n. (796) *Esau*

וַיֹּאמֶר אָנִי v.supra-pers.pr. 1 c.s. paus. (58) *he answered, I am*

27:25

וַיֹּאמֶר consec.-Qal impf. 3 m.s. (55) *then he said*

הַגִּשָׁה לִּי Hi. impv. 2 m.s.-coh.he (נגשׁ 620)-prep.-1 c.s. sf. *bring it to me*

וְאֹכְלָה conj.-Qal impf. 1 c.s.-coh.he (אכל 37) *that I may eat*

מִצֵּיד בְּנִי prep.-n.m.s. cstr. (I 844)-n.m.s.-1 c.s. sf. (119) *of my son's game*

לְמַעַן תְּבָרֶכְךָ prep. (775)-Pi. impf. 3 f.s.-2 m.s. sf. (138) *and bless you*

נַפְשִׁי n.f.s.-1 c.s. sf. (659) *I myself*

וַיַּגֶּשׁ־לוֹ consec.-Hi. impf. 3 m.s. (נגשׁ 620)-prep.-3 m.s. sf. *so he brought to him*

וַיֹּאכַל consec.-Qal impf. 3 m.s. (37) *and he ate*

וַיָּבֵא לוֹ consec.-Hi. impf. 3 m.s. (בוא 97)-prep.-3 m.s. sf. *and he brought him*

יַיִן וַיֵּשְׁתְּ n.m.s. (406)-consec.-Qal impf. 3 m.s. (שׁתה 1059) *wine and he drank*

27:26

וַיֹּאמֶר אֵלָיו consec.-Qal impf. 3 m.s. (55)-prep.-3 m.s. sf. *then ... said to him*

יִצְחָק אָבִיו pr.n. (850)-n.m.s.-3 m.s. sf. (33) *Isaac his father*

גְּשָׁה־נָּא Qal impv. 2 m.s.-coh.he (נגשׁ 620)-part.of entreaty (609) *come near*

וּשְׁקָה־לִּי conj.-Qal impv. 2 m.s.-coh.he (נשׁק I 676; GK 10g)-prep.-1 c.s. sf. *and kiss me*

בְּנִי n.m.s.-1 c.s. sf. (119) *my son*

27:27

וַיִּגַּשׁ consec.-Qal impf. 3 m.s. (נגשׁ 620) *so he came near*

וַיִּשַּׁק־לוֹ consec.-Qal impf. 3 m.s. (נשׁק I 676)-prep.-3 m.s. sf. *and kissed him*

וַיָּרַח אֶת־רֵיחַ consec.-Hi. impf. 3 m.s. (ריח 926)-dir.obj.-n.m.s. cstr. (926) *and he smelled the smell of*

בְּגָדָיו n.m.p.-3 m.s. sf. (93) *his garments*

וַיְבָרֲכֵהוּ consec.-Pi. impf. 3 m.s.-3 m.s. sf. (ברך 138) *and blessed him*

וַיֹּאמֶר consec.-Qal impf. 3 m.s. (55) *and said*

רְאֵה Qal impv. 2 m.s. (906) *see*

רֵיחַ בְּנִי n.m.s. cstr. (926)-n.m.s.-1 c.s. sf. (119) *the smell of my son*

כְּרֵיחַ שָׂדֶה prep.-n.m.s. cstr. (926)-n.m.s. (961) *as the smell of a field*

אֲשֶׁר בֵּרֲכוֹ rel. (81)-Pi. pf. 3 m.s.-3 m.s. sf. (ברך 138) *which ... has blessed*

יְהוָה pr.n. (217) *Yahweh*

27:28

וְיִתֶּן־לְךָ consec.-Qal impf. 3 m.s. (נתן 678)-prep.-2 m.s. sf. *may ... give you*

הָאֱלֹהִים def.art.-n.m.p. (43) *God*

מִטַּל הַשָּׁמַיִם prep.-n.m.s. cstr. (378)-def.art.-n.m.p. (1029) *of the dew of heaven*

וּמִשְׁמַנֵּי הָאָרֶץ conj.-prep.-n.m.p. cstr. (1032; GK 20m)-def.art.-n.f.s. (75) *and of the fatness of the earth*

וְרֹב דָּגָן conj.-n.m.s. cstr. (913)-n.m.s. (186) *and plenty of grain*

וְתִירֹשׁ conj.-n.m.s. (440) *and wine*

27:29

יַעַבְדוּךָ Qal impf. 3 m.p.-2 m.s. sf. (עבד 712) *let ... serve you*

עַמִּים n.m.p. (I 766) *peoples*

וְיִשְׁתַּחֲו conj.-Hithpalel impf. 3 m.p. (שׁתה 1005) *and bow down*

לְךָ לְאֻמִּים prep.-2 m.s. sf.-n.m.p. (522) *nations ... to you*

הֱוֵה Qal impv. 2 m.s. (הוה 217) *be*

גְבִיר לְאַחֶיךָ n.m.s. (150)-prep.-n.m.p.-2 m.s. sf. (26) *lord over your brothers*

וְיִשְׁתַּחֲווּ conj.-Hithpalel impf. 3 c.p. (שׁחה 1005) *and may ... bow down*

116

לְךָ בְּנֵי אִמֶּךָ prep.-2 m.s. sf.-n.m.p. cstr. (119) -n.f.s.-2 m.s. sf. (51) *to you your mother's son*

אֹרְרֶיךָ Qal act.ptc.-2 m.s. sf. (אָרַר 76) *every one who curses you*

אָרוּר Qal pass.ptc. (76; GK 145,l) *cursed be*

וּמְבָרְכֶיךָ conj.-Pi. ptc. m.p.-2 m.s. sf. (בָּרַךְ 138) *and every one who blesses you*

בָּרוּךְ Qal pass.ptc. (138; GK 145,l) *blessed be*

27:30

וַיְהִי consec.-Qal impf. 3 m.s. (הָיָה 224) *(and it proceeded to be)*

כַּאֲשֶׁר כִּלָּה prep.-rel. (81)-Pi. pf. 3 m.s. (כָּלָה 477) *as soon as … had finished*

יִצְחָק pr.n. (850) *Isaac*

לְבָרֵךְ prep.-Pi. inf.cstr. (138) *blessing*

אֶת־יַעֲקֹב dir.obj.-pr.n. (784) *Jacob*

וַיְהִי v.supra *when*

אַךְ יָצֹא יָצָא adv. (36)-Qal inf.abs. (422; GK 113n,164bN)-Qal pf. 3 m.s. (422) *had scarcely gone out*

יַעֲקֹב pr.n. (784) *Jacob*

מֵאֵת פְּנֵי prep.-prep. (II 85)-n.m.p. cstr. (815) *from the presence of*

יִצְחָק אָבִיו pr.n. (850)-n.m.s.-3 m.s. sf. (3) *Isaac his father*

וְעֵשָׂו אָחִיו conj.-pr.n. (796)-n.m.s.-3 m.s. sf. (26) *Esau his brother*

בָּא מִצֵּידוֹ Qal pf. 3 m.s. (בּוֹא 97)-prep.-n.m.s.-3 m.s. sf. (I 844) *came in from his hunting*

27:31

וַיַּעַשׂ גַּם־הוּא consec.-Qal impf. 3 m.s. (עָשָׂה I 793)-adv. (168)-pers.pr. 3 m.s. (214) *he also prepared*

מַטְעַמִּים n.m.p. (381) *savory food*

וַיָּבֵא לְאָבִיו consec.-Hi. impf. 3 m.s. (בּוֹא 97)-prep.-n.m.s.-3 m.s. sf. (3) *and brought to his father*

וַיֹּאמֶר consec.-Qal impf. 3 m.s. (55) *and he said*

לְאָבִיו v.supra *to his father*

יָקֻם אָבִי Qal impf. 3 m.s. apoc. (קוּם 877; GK 72t)-n.m.s.-1 c.s. sf. (3) *let my father arise*

וְיֹאכַל conj.-Qal impf. 3 m.s. (37) *and eat*

מִצֵּיד בְּנוֹ prep.-n.m.s. (I 844)-n.m.s.-3 m.s. sf. (119) *of his son's game*

בַּעֲבוּר תְּבָרֲכַנִּי prep.-conj. (721)-Pi. impf. 3 f.s.-1 c.s. sf. (138) *that you may bless me*

נַפְשֶׁךָ n.f.s.-2 m.s. sf. (659) *you yourself*

27:32

וַיֹּאמֶר לוֹ consec.-Qal impf. 3 m.s. (55)-prep.-3 m.s. sf. *said to him*

יִצְחָק אָבִיו pr.n. (850)-n.m.s.-3 m.s. sf. (3) *Isaac his father*

מִי־אַתָּה interr. (566)-pers.pr. 2 m.s. (61) *who are you?*

וַיֹּאמֶר v.supra *he answered*

אֲנִי בִנְךָ pers.pr. 1 c.s. (58)-n.m.s.-2 m.s. sf. (119) *I am your son*

בְכֹרְךָ עֵשָׂו n.m.s.-2 m.s. sf. (114)-pr.n. (796) *your first-born, Esau*

27:33

וַיֶּחֱרַד יִצְחָק consec.-Qal impf. 3 m.s. (353)-pr.n. (850) *then Isaac trembled*

חֲרָדָה גְּדֹלָה עַד־מְאֹד n.f.s. (I 353)-adj. f.s. (152)-prep.-adv. (547) *violently*

וַיֹּאמֶר v.supra *and said*

מִי־אֵפוֹא interr. (566)-enclitic part. (66; GK 150,l) *who was it then*

הוּא הַצָּד־צַיִד pers.pr. 3 m.s. (214)-def.art.-Qal act.ptc. (I 844; GK 116d)-n.m.s. (I 844; GK 117q) *that hunted game*

וַיָּבֵא לִי consec.-Hi. impf. 3 m.s. (בּוֹא 97)-prep.-1 c.s. sf. *and brought to me*

וָאֹכַל מִכֹּל consec.-Qal impf. 1 c.s. (אָכַל 37)-prep.-n.m.s. (481) *and I ate it all*

בְּטֶרֶם תָּבוֹא prep.-adv. (382; GK 107c)-Qal impf. 2 m.s. (97) *before you came*

וָאֲבָרֲכֵהוּ consec.-Pi. impf. 1 c.s.-3 m.s. sf. (138) *and I have blessed him*

גַּם־בָּרוּךְ adv. (168; GK 153)-Qal pass.ptc. (138) *yes, and blessed*

יִהְיֶה Qal impf. 3 m.s. (הָיָה 224) *he shall be*

27:34

כִּשְׁמֹעַ עֵשָׂו prep. (GK 111hN)-Qal inf.cstr. (1033)-pr.n. (796) *when Esau heard*

אֶת־דִּבְרֵי אָבִיו dir.obj.-n.m.p. cstr. (182)-n.m.s.-3 m.s. sf. (3) *the words of his father*

וַיִּצְעַק צְעָקָה consec.-Qal impf. 3 m.s. (858)-n.f.s. (858; GK 113m,117q) *he cried out with a cry*

גְּדֹלָה וּמָרָה adj. f.s. (152)-conj.-adj. f.s. (I 600) *great and bitter*

עַד־מְאֹד prep.-adv. (547) *exceedingly*

וַיֹּאמֶר consec.-Qal impf. 3 m.s. (55) *and said*

לְאָבִיו prep.-n.m.s.-3 m.s. sf. (3) *to his father*

בָּרֲכֵנִי Pi. impv. 2 m.s.-1 c.s. sf. (בָּרַךְ 138) *bless me*

גַם־אָנִי adv. (168; GK 153)-pers.pr. 1 c.s. (58; GK 135e) *even me also*

אָבִי n.m.s.-1 c.s. sf. (3) *O my father*

27:35

וַיֹּאמֶר consec.-Qal impf. 3 m.s. (55) *but he said*

בָּא אָחִיךָ Qal pf. 3 m.s. (בּוֹא 97)-n.m.s.-2 m.s. sf. (26) *your brother comes*

בְּמִרְמָה prep.-n.f.s. (941) *with guile*

וַיִּקַּח consec.-Qal impf. 3 m.s. (לָקַח 542) *and he has taken away*

בִּרְכָתֶךָ n.f.s.-2 m.s. sf. paus. (139) *your blessing*

27:36

וַיֹּאמֶר consec.-Qal impf. 3 m.s. (55) *and he said*

הֲכִי interr. (GK 150e)-conj. (472) *is he not rightly*

קָרָא שְׁמוֹ Qal pf. 3 m.s. (894)-n.m.s.-3 m.s. sf. (1027) *named*

יַעֲקֹב pr.n. (784) *Jacob*

וַיַּעְקְבֵנִי consec.-Qal impf. 3 m.s.-1 c.s. sf. (עָקַב 784; GK 63m) *for he has supplanted me*

זֶה פַעֲמַיִם demons.adj. m.s. (260)-n.f. du. (821; GK 136d) *these two times*

אֶת־בְּכֹרָתִי dir.obj.-n.f.s.-1 c.s. sf. (114) *my birthright*

לָקָח Qal pf. 3 m.s. paus. (542) *he took away*

וְהִנֵּה עַתָּה conj.-demons.part. (243)-adv. (773) *and behold now*

לָקַח בִּרְכָתִי Qal pf. 3 m.s. (542)-n.f.s.-1 c.s. sf. (139) *he has taken away my blessing*

וַיֹּאמַר consec.-Qal impf. 3 m.s. (55) *then he said*

הֲלֹא־אָצַלְתָּ interr.-neg.-Qal pf. 2 m.s. (69) *have you not reserved*

לִי בְּרָכָה prep.-1 c.s. sf.-n.f.s. (139) *for me a blessing*

27:37

וַיַּעַן יִצְחָק consec.-Qal impf. 3 m.s. (עָנָה 772)-pr.n. (850) *Isaac answered*

וַיֹּאמֶר לְעֵשָׂו consec.-Qal impf. 3 m.s. (55) -prep.-pr.n. (796) *and said to Esau*

הֵן גְּבִיר demons.part. (243)-n.m.s. (150) *behold lord*

שַׂמְתִּיו לָךְ Qal pf. 1 c.s.-3 m.s. sf. (שִׂים 962; GK 117ii)-prep.-2 m.s. sf. paus. *I have made him over you*

וְאֶת־כָּל־אֶחָיו conj.-dir.obj.-n.m.s. cstr. (481) -n.m.p.-3 m.s. sf. (26) *and all his brothers*

נָתַתִּי לוֹ Qal pf. 1 c.s. (נָתַן 678)-prep.-3 m.s. sf. *I have given to him*

לַעֲבָדִים prep.-n.m.p. (713) *for servants*

וְדָגָן conj.-n.m.s. (186) *and with grain*

וְתִירֹשׁ conj.-n.m.s. (440) *and wine*

סְמַכְתִּיו Qal pf. 1 c.s.-3 m.s. sf. (סָמַךְ 701; GK 117ff) *I have sustained him*

וּלְכָה אֵפוֹא conj.-prep.-2 m.s. sf. (GK 103g) -enclitic part. (66; GK 142g;150,l) *for you then*

מָה אֶעֱשֶׂה interr. (552)-Qal impf. 1 c.s. (עָשָׂה I 793) *what can I do*

בְּנִי n.m.s.-1 c.s. sf. (119) *my son*

27:38

וַיֹּאמֶר עֵשָׂו consec.-Qal impf. 3 m.s. (55)-pr.n. (796) *Esau said*

אֶל־אָבִיו prep.-n.m.s.-3 m.s. sf. (3) *to his father*

הַבְרָכָה אַחַת interr.-n.f.s. (139; GK 10g,16g,100,l) -adj. f.s. (25) *one blessing?*

הִוא־לְךָ demons.adj. f.s. (214)-prep.-2 m.s. sf. *it to you*

אָבִי n.m.s.-1 c.s. sf. (3) *my father*

בָּרֲכֵנִי Pl. Impv. 2 m.s. 1 c.s. sf. (138) *bless me*

גַם־אָנִי adv. (168)-pers.pr. 1 c.s. (58) *even me also*

אָבִי n.m.s.-1 c.s. sf. (3) *my father*

וַיִּשָּׂא עֵשָׂו consec.-Qal impf. 3 m.s. (נָשָׂא 669) -pr.n. (796) *and Esau lifted up*

קֹלוֹ n.m.s.-3 m.s. sf. (876) *his voice*

וַיֵּבְךְּ consec.-Qal impf. 3 m.s. (בָּכָה 113) *and wept*

27:39

וַיַּעַן consec.-Qal impf. 3 m.s. (עָנָה I 772) *then ... answered*

יִצְחָק אָבִיו pr.n. (850)-n.m.s.-3 m.s. sf. (3) *Isaac his father*

וַיֹּאמֶר אֵלָיו consec.-Qal impf. 3 m.s. (55)-prep.-3 m.s. sf. *and said to him*

הִנֵּה demons.part. (243) *behold*

מִשְׁמַנֵּי הָאָרֶץ prep.-n.m.p. cstr. (1032; GK 20m) -def.art.-n.f.s. (75) *away from the fatness of the earth*

יִהְיֶה מוֹשָׁבֶךָ Qal impf. 3 m.s. (224)-n.m.s.-2 m.s. sf. (444) *shall your dwelling be*

וּמִטַּל הַשָּׁמַיִם conj.-prep.-n.m.s. cstr. (378) -def.art.-n.m.p. (1029) *and away from the dew of heaven*

מֵעָל prep.-subst. paus. (752; GK 119c) *on high*

27:40

וְעַל־חַרְבְּךָ conj.-prep.-n.f.s.-2 m.s. sf. (352) *and by your sword*

תִחְיֶה Qal impf. 2 m.s. (310) *you shall live*

וְאֶת־אָחִיךָ conj.-dir.obj.-n.m.s.-2 m.s. sf. (26) *and your brother*

תַּעֲבֹד Qal impf. 2 m.s. (712) *you shall serve*

וְהָיָה conj.-Qal pf. 3 m.s. (224) *but (it shall be)*

כַּאֲשֶׁר תָּרִיד prep.-rel. (81)-Hi. impf. 2 m.s. (רוד 923) *when you break loose*

וּפָרַקְתָּ conj.-Qal pf. 2 m.s. (830) *you shall break*

עֻלּוֹ n.m.s.-3 m.s. sf. (760) *his yoke*

מֵעַל צַוָּארֶךָ prep.-prep.-n.m.s.-2 m.s. sf. (848) *from your neck*

27:41

וַיִּשְׂטֹם עֵשָׂו consec.-Qal impf. 3 m.s. (שׂטם 966)-pr.n. (796) *now Esau hated*

אֶת־יַעֲקֹב dir.obj.-pr.n. (784) *Jacob*

עַל־הַבְּרָכָה prep.-def.art.-n.f.s. (139) *because of the blessing*

אֲשֶׁר בֵּרֲכוֹ rel. (81)-Pi. pf. 3 m.s. sf. (138) *with which … blessed him*

אָבִיו n.m.s.-3 m.s. sf. (3) *his father*

וַיֹּאמֶר עֵשָׂו consec.-Qal impf. 3 m.s. (55)-pr.n. (796) *and Esau said*

בְּלִבּוֹ prep.-n.m.s.-3 m.s. sf. (524) *to himself*

יִקְרְבוּ Qal impf. 3 m.p. (897) *are approaching*

יְמֵי אֵבֶל n.m.p. cstr. (398)-n.m.s. cstr. (5) *the days of mourning for*

אָבִי n.m.s.-1 c.s. sf. (3) *my father*

וְאַהַרְגָה conj.-Qal impf. 1 c.s.-coh.he (הרג 246; GK 63f) *then I will kill*

אֶת־יַעֲקֹב אָחִי dir.obj.-pr.n. (784)-n.m.s.-1 c.s. sf. (26) *my brother Jacob*

27:42

וַיֻּגַּד consec.-Ho. impf. 3 m.s. (נגד 616; GK 121a) *but … were told*

לְרִבְקָה prep.-pr.n. (918) *to Rebekah*

אֶת־דִּבְרֵי עֵשָׂו dir.obj.-n.m.p. cstr. (182)-pr.n. (796) *the words of Esau*

בְּנָהּ הַגָּדֹל n.m.s.-3 f.s. sf. (119)-def.art.-adj. m.s. (152) *her older son*

וַתִּשְׁלַח consec.-Qal impf. 3 f.s. (1018) *so she sent*

וַתִּקְרָא consec.-Qal impf. 3 f.s. (894) *and called*

לְיַעֲקֹב prep.-pr.n. (784) *Jacob*

בְּנָהּ הַקָּטָן n.m.s.-3 f.s. sf. (119)-def.art.-adj. m.s. (I 881) *her younger son*

וַתֹּאמֶר consec.-Qal impf. 3 f.s. (55) *and said*

אֵלָיו prep.-3 m.s. sf. *to him*

הִנֵּה עֵשָׂו demons.part. (243)-pr.n. (796) *behold Esau*

אָחִיךָ n.m.s.-2 m.s. sf. (26) *your brother*

מִתְנַחֵם Hith. ptc. (נחם 636) *comforts himself*

לְךָ לְהָרְגֶךָ prep.-2 m.s. sf.-prep.-Qal inf.cstr.-2 m.s. sf. (הרג 246; GK 61a) *concerning you to kill you*

27:43

וְעַתָּה בְנִי conj.-adv. (773)-n.m.s.-1 c.s. sf. (119) *now therefore my son*

שְׁמַע בְּקֹלִי Qal impv. 2 m.s. (1033)-prep.-n.m.s.-1 c.s. sf. (876) *obey my voice*

וְקוּם conj.-Qal impv. 2 m.s. (קום 877) *arise*

בְּרַח־לְךָ Qal impv. 2 m.s. (ברח 137)-prep.-2 m.s. sf. (GK 119s) *flee*

אֶל־לָבָן prep.-pr.n. (II 526) *to Laban*

אָחִי n.m.s.-1 c.s. sf. (26) *my brother*

חָרָנָה pr.n.-dir.he (I 357) *in Haran*

27:44

וְיָשַׁבְתָּ consec.-Qal pf. 2 m.s. (442; GK 112r) *and stay*

עִמּוֹ prep.-3 m.s. sf. *with him*

יָמִים אֲחָדִים n.m.p. (398)-adj. num. m.p. (25) *a while*

עַד אֲשֶׁר־תָּשׁוּב prep.-rel. (81)-Qal impf. 3 f.s. (שׁוב 996) *until … turns away*

חֲמַת אָחִיךָ n.f.s. cstr. (404)-n.m.s.-2 m.s. sf. (26) *your brother's fury*

27:45

עַד־שׁוּב prep.-Qal inf.cstr. (שׁוב 996; GK 114d) *until … turns away*

אַף־אָחִיךָ n.m.s. cstr. (I 60)-n.m.s.-2 m.s. sf. (26) *your brother's anger*

מִמְּךָ prep.-2 m.s. sf. *from you*

וְשָׁכַח conj.-Qal pf. 3 m.s. (1013; GK 112r,114r) *and forgets*

אֵת אֲשֶׁר־עָשִׂיתָ לּוֹ dir.obj.-rel. (81)-Qal pf. 2 m.s. (עשׂה I 793)-prep.-3 m.s. sf. *what you have done to him*

וְשָׁלַחְתִּי conj.-Qal pf. 1 c.s. (1018: GK 112r,114r) *then I will send*

וּלְקַחְתִּיךָ conj.-Qal pf. 1 c.s.-2 m.s. sf. (542) *and fetch you*

מִשָּׁם prep.-adv. (1027) *from there*

לָמָה אֶשְׁכַּל prep.-interr. (552; GK 150e)-Qal impf. 1 c.s. (1013; GK 117aa) *why should I be bereft*

גַּם־שְׁנֵיכֶם adv. (168)-num.-2 m.p. sf. (1040; GK 154aN) *of you both*

יוֹם אֶחָד n.m.s. (398)-num. adj. m.s. (25; GK 118i) *in one day*

27:46

וַתֹּאמֶר consec.-Qal impf. 3 f.s. (55) *then said*

רִבְקָה pr.n. (918) *Rebekah*

אֶל־יִצְחָק prep.-pr.n. (850) *to Isaac*

קַצְתִּי Qal pf. 1 c.s. (קוץ I 880) *I am weary*

בְחַיַּי prep.-adj. m.p.-1 c.s. sf. (311) *of my life*

מִפְּנֵי בְנוֹת prep.-n.m.p. cstr. (815)-n.f.p. cstr. (I 123) *because of the ... women*

חֵת pr.n. (366) *Hittite*

אִם־לֹקֵחַ יַעֲקֹב hypoth.part. (49)-Qal act.ptc. (542)-pr.n. (784) *if Jacob marries*

אִשָּׁה n.f.s. (61) *a wife*

מִבְּנוֹת־חֵת prep.-n.f.p. cstr. (I 123)-pr.n. (366) *one of the Hittite women*

כָּאֵלֶּה prep.-def.art.-demons.adj. c.p. (41) *such as these*

מִבְּנוֹת הָאָרֶץ prep.-n.f.p. cstr. (I 123)-def.art.-n.f.s. (75) *one of the women of the land*

לָמָּה לִי prep.-interr. (552)-prep.-1 c.s. sf. *what good will be to me*

חַיִּים adj. m.p. (311) *my life*

28:1

וַיִּקְרָא יִצְחָק consec.-Qal impf. 3 m.s. (894)-pr.n. (850) *then Isaac called*

אֶל־יַעֲקֹב prep.-pr.n. (784) *Jacob*

וַיְבָרֶךְ אֹתוֹ consec.-Pi. impf. 3 m.s. (138)-dir.obj.-3 m.s. sf. *and blessed him*

וַיְצַוֵּהוּ consec.-Pi. impf. 3 m.s.-3 m.s. sf. (צוה 845) *and charged him*

וַיֹּאמֶר לוֹ consec.-Qal impf. 3 m.s. (55)-prep.-3 m.s. sf. *and said to him*

לֹא־תִקַּח אִשָּׁה neg.-Qal impf. 2 m.s. (לקח 542)-n.f.s. (61) *you shall not marry*

מִבְּנוֹת כְּנָעַן prep.-n.f.p. cstr. (I 123)-pr.n. paus. (488) *one of the Canaanite women*

28:2

קוּם לֵךְ Qal impv. 2 m.s. (877)-Qal impv. 2 m.s. (הלך 229) *arise go*

פַּדֶּנָה אֲרָם pr.n.-dir.he (804; GK 90i)-pr.n. (74; GK 16h) *to Paddan-aram*

בֵּיתָה בְתוּאֵל n.m.s. cstr.-dir.he (108)-pr.n. (I 143) *to the house of Bethuel*

אֲבִי אִמֶּךָ n.m.s. cstr. (3)-n.f.s.-2 m.s. sf. (51) *your mother's father*

וְקַח־לְךָ conj.-Qal impv. 2 m.s. (לקח 542)-prep.-2 m.s. sf. *and take*

מִשָּׁם אִשָּׁה prep.-adv. (1027)-n.f.s. (61) *from there a wife*

מִבְּנוֹת לָבָן prep.-n.f.p. cstr. (I 123)-pr.n. (II 526) *one of the daughters of Laban*

אֲחִי אִמֶּךָ n.m.s. cstr. (26)-n.f.s.-2 m.s. sf. (51) *your mother's brother*

28:3

וְאֵל שַׁדַּי conj.-n.m.s. (42)-n.m.s. (994) *God Almighty*

יְבָרֶךְ אֹתְךָ Pi. impf. 3 m.s. (138)-dir.obj.-2 m.s. sf. *bless you*

וְיַפְרְךָ conj.-Hi. impf. 3 m.s.-2 m.s. sf. (פרה 826; GK 75,ll) *and make you fruitful*

וְיַרְבֶּךָ conj.-Hi. impf. 3 m.s.-2 m.s. sf. (רבה I 915) *and multiply you*

וְהָיִיתָ conj.-Qal pf. 2 m.s. (היה 224) *that you may become*

לִקְהַל עַמִּים prep.-n.m.s. cstr. (874)-n.m.p. (I 766) *a company of peoples*

28:4

וְיִתֶּן־לְךָ conj.-Qal impf. 3 m.s. (נתן 678)-prep.-2 m.s. sf. *may he give to you*

אֶת־בִּרְכַּת dir.obj.-n.f.s. cstr. (139; GK 95g) *the blessing of*

אַבְרָהָם pr.n. (4) *Abraham*

לְךָ וּלְזַרְעֲךָ prep.-2 m.s. sf.-conj.-prep.-n.m.s.-2 m.s. sf. (282) *to you and to your descendants*

אִתָּךְ prep.-2 m.s. sf. paus. (II 85) *with you*

לְרִשְׁתְּךָ prep.-Qal inf.cstr.-2 m.s. sf. (ירש 439; GK 114g) *that you may take possession*

אֶת־אֶרֶץ dir.obj.-n.f.s. cstr. (75) *of the land of*

מְגֻרֶיךָ n.m.p.-2 m.s. sf. (158) *your sojournings*

אֲשֶׁר־נָתַן rel. (81)-Qal pf. 3 m.s. (678) *which ... gave*

אֱלֹהִים n.m.p. (43) *God*

לְאַבְרָהָם prep.-pr.n. (4) *to Abraham*

28:5

וַיִּשְׁלַח יִצְחָק consec.-Qal impf. 3 m.s. (1018)-pr.n. (850) *thus Isaac sent*

אֶת־יַעֲקֹב dir.obj.-pr.n. (784) *Jacob*

וַיֵּלֶךְ consec.-Qal impf. 3 m.s. (הלך 229) *and he went*

פַּדֶּנָה אֲרָם pr.n.-dir.he (804)-pr.n. (74) *to Paddan-aram*

אֶל־לָבָן prep.-pr.n. (II 526) *to Laban*

בֶּן־בְּתוּאֵל n.m.s. cstr. (119)-pr.n. (I 143) *the son of Bethuel*

הָאֲרַמִּי def.art.-pr.n. gent. (74) *the Aramean*

אֲחִי רִבְקָה n.m.s. cstr. (26)-pr.n. (918) *the brother of Rebekah*

אֵם יַעֲקֹב n.f.s. cstr. (51)-pr.n. (784) *mother of Jacob*

וְעֵשָׂו conj.-pr.n. (796) *and Esau*

28:6

וַיַּרְא עֵשָׂו consec.-Qal impf. 3 m.s. (רָאָה 906)-pr.n. (796) *now Esau saw*

כִּי־בֵרַךְ יִצְחָק conj.-Pi. pf. 3 m.s. (rd. בֵּרַךְ 138)-pr.n. (850) *that Isaac had blessed*

אֶת־יַעֲקֹב dir.obj.-pr.n. (784) *Jacob*

וְשִׁלַּח אֹתוֹ conj.-Pi. pf. 3 m.s. (1018)-dir.obj.-3 m.s. sf. *and sent him away*

פַּדֶּנָה אֲרָם pr.n.-dir.he (804)-pr.n. (74) *to Paddan-aram*

לָקַחַת־לוֹ prep.-Qal inf.cstr. (לָקַח 542)-prep.-3 m.s. sf. *to take*

מִשָּׁם prep.-adv. (1027) *from there*

אִשָּׁה n.f.s. (61) *a wife*

בְּבָרֲכוֹ אֹתוֹ prep.-Qal inf.cstr.-3 m.s. sf. (138)-dir.obj.-3 m.s. sf. *and that as he blessed him*

וַיְצַו עָלָיו consec.-Pi. impf. 3 m.s. (צָוָה 845)-prep.-3 m.s. sf. *he charged him*

לֵאמֹר prep.-Qal inf.cstr. (55) *(saying)*

לֹא־תִקַּח אִשָּׁה neg.-Qal impf. 2 m.s. (לָקַח 542)-n.f.s. (61) *you shall not marry*

מִבְּנוֹת כְּנָעַן prep.-n.f.p. cstr. (I 123)-pr.n. paus. (488) *one of the Canaanite women*

28:7

וַיִּשְׁמַע יַעֲקֹב consec.-Qal impf. 3 m.s. (1033)-pr.n. (784) *and that Jacob had obeyed*

אֶל־אָבִיו prep.-n.m.s.-3 m.s. sf. (3) *his father*

וְאֶל־אִמּוֹ conj.-prep.-n.f.s.-3 m.s. sf. (51) *and his mother*

וַיֵּלֶךְ consec.-Qal impf. 3 m.s. (הָלַךְ 229) *and gone*

פַּדֶּנָה אֲרָם pr.n.-dir.he (804)-pr.n. (74) *to Paddan-aram*

28:8

וַיַּרְא עֵשָׂו consec.-Qal impf. 3 m.s. (רָאָה 906; GK 111d)-pr.n. (796) *so when Esau saw*

כִּי רָעוֹת conj.-adj. f.p. (I 948) *did not please*

בְּנוֹת כְּנָעַן n.f.p. cstr. (I 123)-pr.n. paus. (488) *the Canaanite women*

בְּעֵינֵי יִצְחָק prep.-n.f. du. cstr. (744)-pr.n. (850) *(in the eyes of) Isaac*

אָבִיו n.m.s.-3 m.s. sf. (3) *his father*

28:9

וַיֵּלֶךְ עֵשָׂו consec.-Qal impf. 3 m.s. (הָלַךְ 229)-pr.n. (796) *Esau went*

אֶל־יִשְׁמָעֵאל prep.-pr.n. (1035) *to Ishmael*

וַיִּקַּח consec.-Qal impf. 3 m.s. (לָקַח 542) *and took*

אֶת־מָחֲלַת dir.obj.-pr.n. (II 563) *Mahalath*

בַּת־יִשְׁמָעֵאל n.f.s. cstr. (I 123)-pr.n. (1035) *the daughter of Ishmael*

בֶּן־אַבְרָהָם n.m.s. cstr. (119)-pr.n. (4) *Abraham's son*

אֲחוֹת נְבָיוֹת n.f.s. cstr. (27)-pr.n. (614) *the sister of Nebaioth*

עַל־נָשָׁיו לוֹ prep. (GK 119aaN)-n.f.p.-3 m.s. sf. (61)-prep.-3 m.s. sf. *besides the wives he had*

לְאִשָּׁה prep.-n.f.s. (61) *to wife*

28:10

וַיֵּצֵא יַעֲקֹב consec.-Qal impf. 3 m.s. (יָצָא 422)-pr.n. (784) *Jacob left*

מִבְּאֵר שָׁבַע prep.-pr.n. paus. (92) *Beer-sheba*

וַיֵּלֶךְ consec.-Qal impf. 3 m.s. (הָלַךְ 229) *and went*

חָרָנָה pr.n.-dir.he (I 357) *toward Haran*

28:11

וַיִּפְגַּע consec.-Qal impf. 3 m.s. (803) *and he came*

בַּמָּקוֹם prep.-def.art.-n.m.s. (879; GK 126r) *to a certain place*

וַיָּלֶן שָׁם consec.-Qal impf. 3 m.s. (לוּן I 533)-adv. (1027) *and stayed there*

כִּי־בָא הַשֶּׁמֶשׁ conj.-Qal pf. 3 m.s. (בּוֹא 97)-def.art.-n.m.s. (1039) *because the sun had set*

וַיִּקַּח consec.-Qal impf. 3 m.s. (לָקַח 542) *taking*

מֵאַבְנֵי הַמָּקוֹם prep.-n.f.p. cstr. (6)-def.art.-n.m.s. (879) *one of the stones of the place*

וַיָּשֶׂם consec.-Qal impf. 3 m.s. (שִׂים 962) *he put it*

מְרַאֲשֹׁתָיו n.f.p. as adv. (912)-3 m.s. sf. *under his head*

וַיִּשְׁכַּב consec.-Qal impf. 3 m.s. (1011) *and lay down*

בַּמָּקוֹם הַהוּא prep.-def.art.-n.m.s. (879)-def.art.-demons.adj. m.s. (214) *in that place*

28:12

וַיַּחֲלֹם consec.-Qal impf. 3 m.s. (321) *and he dreamed*

וְהִנֵּה conj.-demons.part. (243) *and behold*

סֻלָּם מֻצָּב n.m.s. (700)-Ho. ptc. (נָצַב 662) *a ladder set up*

אַרְצָה n.f.s.-dir.he (75) *on the earth*

וְרֹאשׁוֹ conj.-n.m.s.-3 m.s. sf. (910) *and the top of it*

מַגִּיעַ Hi. ptc. (נָגַע 619) *reached*

הַשָּׁמָיְמָה def.art.-n.m.p.-loc.he (1029) *to heaven*

121

וְהִנֵּה v.supra *and behold*

מַלְאֲכֵי אֱלֹהִים n.m.p. cstr. (521)-n.m.p. (43) *the angels of God*

עֹלִים Qal act.ptc. m.p. (עָלָה 748) *were ascending*

וְיֹרְדִים בּוֹ conj.-Qal act.ptc. m.p. (יָרַד 432)-prep.-3 m.s. sf. *and descending on it*

28:13

וְהִנֵּה יהוה conj.-demons.part. (243)-pr.n. (217) *and behold, Yahweh*

נִצָּב עָלָיו Ni. ptc. (נָצַב 662)-prep.-3 m.s. sf. *stood above it*

וַיֹּאמַר consec.-Qal impf. 3 m.s. (55) *and said*

אֲנִי יהוה pers.pr. 1 c.s. (58)-pr.n. (217) *I am Yahweh*

אֱלֹהֵי אַבְרָהָם n.m.p. cstr. (43)-pr.n. (4) *the God of Abraham*

אָבִיךָ n.m.s.-2 m.s. st. (4) *your father*

וֵאלֹהֵי יִצְחָק conj.-n.m.p. cstr. (43)-pr.n. (850) *and the God of Isaac*

הָאָרֶץ אֲשֶׁר def.art.-n.f.s. (75)-rel. (81) *the land on which*

אַתָּה שֹׁכֵב pers.pr. 2 m.s. (61)-Qal act.ptc. (1011) *you lie*

עָלֶיהָ prep.-3 f.s. sf. *(on it)*

לְךָ אֶתְּנֶנָּה prep.-2 m.s. sf.-Qal impf. 1 c.s.-3 f.s. sf. (נָתַן 678) *to you I will give it*

וּלְזַרְעֶךָ conj.-prep.-n.m.s.-2 m.s. sf. (282) *and to your descendants*

28:14

וְהָיָה Qal pf. 3 m.s. (224) *and shall be*

זַרְעֲךָ n.m.s.-2 m.s. sf. (282) *your descendants*

כַּעֲפַר הָאָרֶץ prep.-n.m.s. cstr. (779)-def.art.-n.f.s. (75) *like the dust of the earth*

וּפָרַצְתָּ conj.-Qal pf. 2 m.s. (I 829) *and you shall spread abroad*

יָמָּה n.m.s.-loc.he (870) *to the west*

וָקֵדְמָה conj.-adv.-loc.he (870) *and to the east*

וְצָפֹנָה conj.-n.f.s.-loc.he (860) *and to the north*

וָנֶגְבָּה conj.-n.m.s.-loc.he (616) *and to the south*

וְנִבְרְכוּ בְךָ conj.-Ni. pf. 3 c.p. (בָּרַךְ 138)-prep.-2 m.s. sf. *and shall bless themselves by you*

כָּל־מִשְׁפְּחֹת n.m.s. cstr. (481)-n.f.p. cstr. (1046) *all the families of*

הָאֲדָמָה def.art.-n.f.s. (9) *the earth*

וּבְזַרְעֶךָ conj.-prep.-n.m.s.-2 m.s. sf. (282) *and by your descendants*

28:15

וְהִנֵּה conj.-demons.part. (243; GK 147b) *behold*

אָנֹכִי עִמָּךְ pers.pr. 1 c.s. (59)-prep.-2 m.s. sf. paus. *I am with you*

וּשְׁמַרְתִּיךָ conj.-Qal pf. 1 c.s.-2 m.s. sf. (שָׁמַר 1036) *and will keep you*

בְּכֹל אֲשֶׁר־ prep.-n.m.s. (481)-rel. (81) *wherever*

תֵּלֵךְ Qal impf. 2 m.s. (הָלַךְ 229) *you go*

וַהֲשִׁבֹתִיךָ conj.-Hi. pf. 1 c.s.-2 m.s. sf. (שׁוּב 996) *and will bring you back*

אֶל־הָאֲדָמָה הַזֹּאת prep.-def.art.-n.f.s. (9)-def.art.-demons.adj. f.s. (260) *to this land*

כִּי לֹא אֶעֱזָבְךָ conj.-neg.-Qal impf. 1 c.s.-2 m.s. sf. (עָזַב I 736) *for I will not leave you*

עַד אֲשֶׁר אִם־ prep.-rel. (81)-conj. (49; GK 106o) *until*

עָשִׂיתִי Qal pf. 1 c.s. (עָשָׂה I 793) *I have done*

אֵת אֲשֶׁר־ dir.obj.-rel. (81) *that of which*

דִּבַּרְתִּי לָךְ Pi. pf. 1 c.s. (180)-prep.-2 m.s. sf. paus. *I have spoken to you*

28:16

וַיִּיקַץ consec.-Qal impf. 3 m.s. (יָקַץ 429) *then ... awoke*

יַעֲקֹב pr.n. (784) *Jacob*

מִשְּׁנָתוֹ prep.-n.f.s.-3 m.s. sf. (446) *from his sleep*

וַיֹּאמֶר consec.-Qal impf. 3 m.s. (55) *and said*

אָכֵן יֵשׁ יהוה adv. (38)-subst. (441)-pr.n. (217) *surely Yahweh is*

בַּמָּקוֹם הַזֶּה prep.-def.art.-n.m.s. (879)-def.art.-demons.adj. m.s. (260) *in this place*

וְאָנֹכִי conj.-pers.pr. 1 c.s. (59) *and I*

לֹא יָדָעְתִּי neg.-Qal pf. 1 c.s. paus. (393; GK 106g) *did not know it*

28:17

וַיִּירָא consec.-Qal impf. 3 m.s. (יָרֵא 431) *and he was afraid*

וַיֹּאמַר consec.-Qal impf. 3 m.s. (55) *and said*

מַה־נּוֹרָא interr. (552)-Ni. ptc. (יָרֵא 431) *how awesome*

הַמָּקוֹם הַזֶּה def.art.-n.m.s. (879)-def.art.-demons.adj. m.s. (260) *this place*

אֵין זֶה כִּי אִם־ subst. cstr. (II 34)-demons.adj. m.s. (260)-conj.-conj. (474) *this is none other than*

בֵּית אֱלֹהִים n.m.s. cstr. (108)-n.m.p. (43) *the house of God*

וְזֶה conj.-v.supra *and this is*

שַׁעַר הַשָּׁמַיִם n.m.s. cstr. (1044)-def.art.-n.m.p. paus. (1029) *the gate of heaven*

28:18

וַיַּשְׁכֵּם consec.-Hi. impf. 3 m.s. (שָׁכַם 1014) *so ... rose early*

יַעֲקֹב pr.n. (784) *Jacob*

בַּבֹּקֶר prep.-def.art.-n.m.s. (133) *in the morning*

וַיִּקַּח consec.-Qal impf. 3 m.s. (לָקַח 542) *and he took*

אֶת־הָאֶבֶן dir.obj.-def.art.-n.f.s. (6) *the stone*

אֲשֶׁר־שָׂם מְרַאֲשֹׁתָיו rel. (81)-adv. (1027)-n.f.p. as adv.-3 m.s. sf. (912) *which he had put under his head*

וַיָּשֶׂם אֹתָהּ consec.-Qal impf. 3 m.s. (שִׂים 962)-dir.obj.-3 f.s. sf. *and set it up*

מַצֵּבָה n.f.s. (663) *for a pillar*

וַיִּצֹק שֶׁמֶן consec.-Qal impf. 3 m.s. (יָצַק 427; GK 71)-n.m.s. (1032) *and poured oil*

עַל־רֹאשָׁהּ prep.-n.m.s.-3 f.s. sf. (910) *on the top of it*

28:19

וַיִּקְרָא consec.-Qal impf. 3 m.s. (894) *he called*

אֶת־שֵׁם־ dir.obj.-n.m.s. cstr. (1027) *the name of*

הַמָּקוֹם הַהוּא def.art.-n.m.s. (879)-def.art.-demons.adj. m.s. (214) *that place*

בֵּית־אֵל pr.n. (110) *Bethel*

וְאוּלָם לוּז conj.-adv. (III 19)-pr.n. (II 531) *but Luz*

שֵׁם־הָעִיר n.m.s. cstr. (1027)-def.art.-n.f.s. (746) *the name of the city*

לָרִאשֹׁנָה prep.-def.art.-adj. f.s. (911) *at the first*

28:20

וַיִּדַּר consec.-Qal impf. 3 m.s. (נָדַר 623) *then ... made*

יַעֲקֹב pr.n. (784) *Jacob*

נֶדֶר n.m.s. (623) *a vow*

לֵאמֹר prep.-Qal inf.cstr. (55) *saying*

אִם־יִהְיֶה hypoth.part. (49)-Qal impf. 3 m.s. (224) *if ... will be*

אֱלֹהִים n.m.p. (43) *God*

עִמָּדִי prep.-1 c.s. sf. *with me*

וּשְׁמָרַנִי conj.-Qal pf. 3 m.s.-1 c.s. sf. (1036) *and will keep me*

בַּדֶּרֶךְ הַזֶּה prep.-def.art.-n.m.s. (202)-def.art.-demons.adj. m.s. (260) *in this way*

אֲשֶׁר אָנֹכִי rel. (81)-pers.pr. 1 c.s. (59) *that I*

הוֹלֵךְ Qal act.ptc. (הָלַךְ 229) *go*

וְנָתַן־לִי conj.-Qal pf. 3 m.s. (678)-prep.-1 c.s. sf. *and will give me*

לֶחֶם לֶאֱכֹל n.m.s. (536)-Qal inf.cstr. (37) *bread to eat*

וּבֶגֶד לִלְבֹּשׁ conj.-n.m.s. (93)-prep.-Qal inf.cstr. (527) *and clothing to wear*

28:21

וְשַׁבְתִּי conj.-Qal pf. 1 c.s. (שׁוּב 996) *so that I come again*

בְּשָׁלוֹם prep.-n.m.s. (1022) *in peace*

אֶל־בֵּית אָבִי prep.-n.m.s. cstr. (108)-n.m.s.-1 c.s. sf. (3) *to my father's house*

וְהָיָה conj.-Qal pf. 3 m.s. (224) *then shall be*

יהוה pr.n. (217) *Yahweh*

לִי לֵאלֹהִים prep.-1 c.s. sf.-prep.-n.m.p. (43) *my God*

28:22

וְהָאֶבֶן הַזֹּאת conj.-def.art.-n.f.s. (6)-def.art.-demons.adj. f.s. (260) *and this stone*

אֲשֶׁר־שַׂמְתִּי rel. (81)-Qal pf. 1 c.s. (שִׂים 962) *which I have set up*

מַצֵּבָה n.f.s. (663) *for a pillar*

יִהְיֶה Qal impf. 3 m.s. (223) *shall be*

בֵּית אֱלֹהִים n.m.s. cstr. (108)-n.m.p. (43) *God's house*

וְכֹל אֲשֶׁר conj.-n.m.s. (481)-rel. (81) *and of all that*

תִּתֶּן־לִי Qal impf. 2 m.s. (נָתַן 678)-prep.-1 c.s. sf. *thou givest me*

עַשֵּׂר אֲעַשְּׂרֶנּוּ Pi. inf.abs. (797)-Pi. impf. 1 c.s.-3 m.s. sf. (797) *I will give the tenth*

לָךְ prep.-2 m.s. paus. *to thee*

29:1

וַיִּשָּׂא consec.-Qal impf. 3 m.s. (נָשָׂא 669) *then ... went (lifted up)*

יַעֲקֹב pr.n. (784) *Jacob*

רַגְלָיו n.f. du.-3 m.s. sf. (919) *on his journey (his feet)*

וַיֵּלֶךְ consec.-Qal impf. 3 m.s. (הָלַךְ 229) *and came*

אַרְצָה בְנֵי־קֶדֶם n.f.s. cstr.-loc.he (75)-n.m.p. cstr. (119)-n.m.s. (869) *to the land of the people of the east*

29:2

וַיַּרְא consec.-Qal impf. 3 m.s. (רָאָה 906) *as he looked*

וְהִנֵּה בְאֵר conj.-demons.part. (243)-n.f.s. (91) *he saw a well*

בַּשָּׂדֶה prep.-def.art.-n.m.s. (961) *in the field*

וְהִנֵּה שָׁם conj.-demons.part. (243)-adv. (1027) *and lo there*

שְׁלֹשָׁה עֶדְרֵי־ num. f.s. (1025)-n.m.p. cstr. (727) *three flocks of*

צֹאן n.f.s. (838) *sheep*

רֹבְצִים Qal act.ptc. m.p. (918) *lying*

123

עָלֶיהָ prep.-3 f.s. sf. *beside it*

כִּי מִן־הַבְּאֵר conj.-prep.-def.art.-n.f.s. (91) *for out of ... well*

הַהִוא def.art.-demons.adj. f.s. (214) *that*

יַשְׁקוּ Hi. impf. 3 m.p. (שׁקה 1052; GK 144f) *were watered*

הָעֲדָרִים def.art.-n.m.p. (727) *the flocks*

וְהָאֶבֶן conj.-def.art.-n.f.s. (6) *the stone*

גְדֹלָה adj. f.s. (152) *was large*

עַל־פִּי הַבְּאֵר prep.-n.m.s. cstr. (804)-def.art.-n.f.s. (91) *on the well's mouth*

29:3

וְנֶאֶסְפוּ־שָׁמָּה conj.-Ni. pf. 3 c.p. (אסף 62; GK 112e)-adv.-loc.he (1027) *and when were gathered there*

כָל־הָעֲדָרִים n.m.s. cstr. (481)-def.art.-n.m.p. (727) *all the flocks*

וְגָלֲלוּ conj.-Qal pf. 3 c.p. (גלל II 164) *they would roll*

אֶת־הָאֶבֶן dir.obj.-def.art.-n.f.s. (6) *the stone*

מֵעַל פִּי הַבְּאֵר prep.-prep.-n.m.s. cstr. (804)-def.art.-n.f.s. (91) *from the mouth of the well*

וְהִשְׁקוּ consec.-Hi. pf. 3 c.p. (שׁקה 1052; GK 112e) *and water*

אֶת־הַצֹּאן dir.obj.-def.art.-n.f.s. (838) *the sheep*

וְהֵשִׁיבוּ conj.-Hi. pf. 3 c.p. (שׁוב 996) *and put back*

אֶת־הָאֶבֶן dir.obj.-def.art.-n.f.s. (6) *the stone*

עַל־פִּי הַבְּאֵר prep.-v.supra *upon the mouth of the well*

לִמְקֹמָהּ prep.-n.m.s.-3 f.s. sf. (879) *in its place*

29:4

וַיֹּאמֶר consec.-Qal impf. 3 m.s. (55) *said*

לָהֶם prep.-3 m.p. sf. *to them*

יַעֲקֹב pr.n. (784) *Jacob*

אַחַי n.m.p.-1 c.s. sf. (26) *my brothers*

מֵאַיִן prep.-adv. (I 32) *where ... from?*

אַתֶּם pers.pr. 2 m.p. (61) *do you come*

וַיֹּאמְרוּ consec.-Qal impf. 3 m.p. (55) *they said*

מֵחָרָן prep.-pr.n. (I 357) *from Haran*

אֲנָחְנוּ pers.pr. 1 c.p. paus. (59) *we are*

29:5

וַיֹּאמֶר לָהֶם consec.-Qal impf. 3 m.s. (55)-prep.-3 m.p. sf. *he said to them*

הַיְדַעְתֶּם interr.-Qal pf. 2 m.p. (393) *do you know*

אֶת־לָבָן dir.obj.-pr.n. (II 526) *Laban*

בֶּן־נָחוֹר n.m.s. cstr. (119)-pr.n. (637) *the son of Nahor*

וַיֹּאמְרוּ consec.-Qal impf. 3 m.p. (55) *they said*

יָדָעְנוּ Qal pf. 3 c.p. paus. (393) *we know him*

29:6

וַיֹּאמֶר לָהֶם consec.-Qal impf. 3 m.s (55)-prep.-3 m.p. sf. *he said to them*

הֲשָׁלוֹם לוֹ interr.-n.m.s. (1022)-prep.-3 m.s. sf. *is it well with him?*

וַיֹּאמְרוּ consec.-Qal impf. 3 m.p. (55) *they said*

שָׁלוֹם n.m.s. (1022; GK 150n) *it is well*

וְהִנֵּה conj.-demons.part. (243) *and see*

רָחֵל בִּתּוֹ pr.n. (932)-n.f.s.-3 m.s. sf. (I 123) *Rachel his daughter*

בָּאָה Qal act.ptc. f.s. (בוא 97) *is coming*

עִם־הַצֹּאן prep.-def.art.-n.f.s. (838) *with the sheep*

29:7

וַיֹּאמֶר consec.-Qal impf. 3 m.s. (55) *he said*

הֵן עוֹד demons.part. (243)-adv. (728) *behold, still*

הַיּוֹם גָּדוֹל def.art.-n.m.s. (398)-adj. m.s. (152; GK 126i) *it is high day*

לֹא־עֵת הֵאָסֵף neg.-n.f.s. cstr. (773)-Ni. inf.cstr. (אסף 62; GK 152d) *it is not time for ... to be gathered together*

הַמִּקְנֶה def.art.-n.m.s. (889) *the animals*

הַשְׁקוּ Hi. impv. 2 m.p. (שׁקה 1052) *water*

הַצֹּאן def.art.-n.f.s. (838) *the sheep*

וּלְכוּ conj.-Qal impv. 2 m.p. (הלך 229) *and go*

רְעוּ Qal impv. 2 m.p. (רעה I 944) *pasture them*

29:8

וַיֹּאמְרוּ consec.-Qal impf. 3 m.p. (55) *but they said*

לֹא נוּכַל neg.-Qal impf. 1 c.p. (יכל 407) *we cannot*

עַד אֲשֶׁר יֵאָסְפוּ prep.-rel. (81)-Ni. impf. 3 m.p. (אסף 62) *until are gathered*

כָל־הָעֲדָרִים n.m.s. cstr. (481)-def.art.-n.m.p. (727) *all the flocks*

וְגָלֲלוּ conj.-Qal pf. 3 c.p. (גלל II 164) *and is rolled*

אֶת־הָאֶבֶן dir.obj.-def.art.-n.f.s. (6) *the stone*

מֵעַל פִּי prep.-prep.-n.m.s. cstr. (804) *from the mouth of*

הַבְּאֵר def.art.-n.f.s. (91) *the well*

וְהִשְׁקִינוּ conj.-Hi. pf. 1 c.p. (שׁקה 1052) *then we water*

הַצֹּאן def.art.-n.f.s. (838) *the sheep*

29:9

עוֹדֶנּוּ adv.-3 m.s. sf. (728) *while he ... still*

מְדַבֵּר Pi. ptc. (180; GK 116u) *speaking*

עִמָּם prep.-3 m.p. sf. *with them*

וְרָחֵל conj.-pr.n. (II 932) *Rachel*

בָּאָה Qal pf. 3 f.s. בּוֹא 97) *came*

עִם־הַצֹּאן prep.-def.art.-n.f.s. (838) *with the sheep*

אֲשֶׁר לְאָבִיהָ rel. (81)-prep. (GK 129h)-n.m.s.-3 f.s. sf. (3) *that belonged to her father*

כִּי רֹעָה הִוא conj.-Qal act.ptc. f.s. (רעה I 944)-pers.pr. 3 f.s. (214) *for she kept them*

29:10

וַיְהִי consec.-Qal impf. 3 m.s. (הָיָה 224) *now*

כַּאֲשֶׁר רָאָה prep.-rel. (81)-Qal pf. 3 m.s. (906; GK 106f) *when ... saw*

יַעֲקֹב pr.n. (784) *Jacob*

אֶת־רָחֵל dir.obj.-pr.n. (II 932) *Rachel*

בַּת־לָבָן n.f.s. cstr. (I 123)-pr.n. (II 526) *the daughter of Laban*

אֲחִי אִמּוֹ n.m.s. cstr. (26)-n.f.s.-3 m.s. sf. (51) *his mother's brother*

וְאֶת־צֹאן conj.-dir.obj.-n.f.s. cstr. (838) *and the sheep of*

לָבָן pr.n. (II 526) *Laban*

אֲחִי אִמּוֹ v.supra-v.supra *his mother's brother*

וַיִּגַּשׁ יַעֲקֹב consec.-Qal impf. 3 m.s. (נגשׁ 620)-pr.n. (784) *Jacob went up*

וַיָּגֶל consec.-Hi. impf. 3 m.s. (גלל II 164; GK 67p) *and rolled*

אֶת־הָאֶבֶן dir.obj.-def.art.-n.f.s. (6) *the stone*

מֵעַל פִּי prep.-prep.-n.m.s. cstr. (804) *from the mouth of*

הַבְּאֵר def.art.-n.f.s. (91) *the well*

וַיַּשְׁקְ consec.-Hi. impf. 3 m.s. (שׁקה 1052; GK 75gg) *and watered*

אֶת־צֹאן לָבָן dir.obj.-n.f.s. cstr. (838)-pr.n. (II 526) *the flock of Laban*

אֲחִי אִמּוֹ v.supra-v.supra *his mother's brother*

29:11

וַיִּשַּׁק יַעֲקֹב consec.-Qal impf. 3 m.s (נשׁק I 676)-pr.n. (784) *then Jacob kissed*

לְרָחֵל prep.-pr.n. (II 932) *Rachel*

וַיִּשָּׂא אֶת־קֹלוֹ consec.-Qal impf. 3 m.s. (נשׂא 669)-dir.obj.-n.m.s.-3 m.s. sf. (876) *and aloud (lit. lifted up his voice)*

וַיֵּבְךְּ consec.-Qal impf. 3 m.s. (בכה 113) *(and) wept*

29:12

וַיַּגֵּד יַעֲקֹב consec.-Hi. impf., 3 m.s. (נגד 616)-pr.n. (784) *and Jacob told*

לְרָחֵל prep.-pr.n. (II 932) *Rachel*

כִּי אֲחִי אָבִיהָ conj.-n.m.s. cstr. (26)-n.m.s.-3 f.s. sf. (3) *that her father's kinsman*

הוּא pers.pr. 3 m.s. (214) *he was*

וְכִי־בֶן־רִבְקָה conj.-conj.-n.m.s. cstr. (119)-pr.n. (918) *and that Rebekah's son*

הוּא v.supra *he was*

וַתָּרָץ consec.-Qal impf. 3 f.s. (רוץ 930) *and she ran*

וַתַּגֵּד consec.-Hi. impf. 3 f.s. (נגד 616) *and told*

לְאָבִיהָ prep.-n.m.s.-3 f.s. sf. (3) *her father*

29:13

וַיְהִי consec.-Qal impf. 3 m.s. (הָיָה 224) *(and it was)*

כִשְׁמֹעַ לָבָן prep.-Qal inf.cstr. (1033)-pr.n. (II 526) *when Laban heard*

אֶת־שֵׁמַע יַעֲקֹב dir.obj.-n.m.s. cstr. (1034)-pr.n. (784) *the tidings of Jacob*

בֶּן־אֲחֹתוֹ n.m.s. cstr. (119)-n.f.s.-3 m.s. sf. (27) *his sister's son*

וַיָּרָץ consec.-Qal impf. 3 m.s. (רוץ 930) *he ran*

לִקְרָאתוֹ prep.-Qal inf.cstr.-3 m.s. sf. (II 896) *to meet him*

וַיְחַבֶּק־לוֹ consec.-Pi. impf. 3 m.s. (287)-prep.-3 m.s. sf. *and embraced him*

וַיְנַשֶּׁק־לוֹ consec.-Pi. impf. 3 m.s. (נשׁק I 676)-prep.-3 m.s. sf. *and kissed him*

וַיְבִיאֵהוּ consec.-Hi. impf. 3 m.s.-3 m.s. sf. (בוא 97) *and brought him*

אֶל־בֵּיתוֹ prep.-n.m.s.-3 m.s. sf. (108) *to his house*

וַיְסַפֵּר consec.-Pi. impf. 3 m.s. (707) *and told*

לְלָבָן prep.-pr.n. (II 526) *to Laban*

אֵת כָּל־ dir.obj.-n.m.s. cstr. (481) *all*

הַדְּבָרִים הָאֵלֶּה def.art.-n.m.p. (182)-def.art.-demons.adj. c.p. (41) *these things*

29:14

וַיֹּאמֶר לוֹ consec.-Qal impf. 3 m.s. (55)-prep.-3 m.s. sf. *and said to him*

לָבָן pr.n. (II 526) *Laban*

אַךְ עַצְמִי adv. (36)-n.f.s.-1 c.s. sf. (782) *surely ... my bone*

וּבְשָׂרִי conj.-n.m.s.-1 c.s. sf. (142) *and my flesh*

אָתָּה pers.pr. 2 m.s. paus. (61) *you are*

וַיֵּשֶׁב consec.-Qal impf. 3 m.s. (ישׁב 442) *and he stayed*

עִמּוֹ prep.-3 m.s. sf. *with him*

חֹדֶשׁ יָמִים n.m.s. cstr. (II 294)-n.m.p. (398; GK 131d) *a month (of days)*

29:15

וַיֹּאמֶר לָבָן consec.-Qal impf. 3 m.s. (55)-pr.n. (II 526) *then Laban said*

לְיַעֲקֹב prep.-pr.n. (784) *to Jacob*

הֲכִי־אָחִי interr. (GK 112cc,150e)-conj.-(471) -n.m.s.-1 c.s. sf. (26) *because ... my kinsman*

אַתָּה pers.pr. 2 m.s. (61) *you are*

וַעֲבַדְתַּנִי conj.-Qal pf. 2 m.s.-1 c.s. sf. (עבד 712) *should you therefore serve me*

חִנָּם adv. (336) *for nothing*

הַגִּידָה לִּי Hi. impv. 2 m.s.-coh.he (נגד 616) -prep.-1 c.s. sf. *tell me*

מַה־מַּשְׂכֻּרְתֶּךָ interr. (552)-n.f.s.-2 m.s. sf. (969) *what shall your wages be*

29:16

וּלְלָבָן conj.-prep.-pr.n. (II 526) *now Laban had*

שְׁתֵּי בָנוֹת num. f. cstr. (1040)-n.f.p. (I 123) *two daughters*

שֵׁם הַגְּדֹלָה n.m.s. cstr. (1027)-def.art.-adj. f.s. (152) *the name of the older*

לֵאָה pr.n. (521) *was Leah*

וְשֵׁם הַקְּטַנָּה conj.-n.m.s. cstr. (1027)-def.art.-adj. f.s. (882) *and the name of the younger*

רָחֵל pr.n. (II 932) *was Rachel*

29:17

וְעֵינֵי לֵאָה conj.-n.f. du. cstr. (744; GK 145n) -pr.n. (521) *Leah's eyes*

רַכּוֹת adj. f.p. (940) *were weak*

וְרָחֵל הָיְתָה conj.-pr.n. (II 932)-Qal pf. 3 f.s. (היה 224) *but Rachel was*

יְפַת־תֹּאַר adj. f.s. cstr. (421)-n.m.s. (1061) *beautiful*

וִיפַת מַרְאֶה conj.-adj. f.s. cstr. (421)-n.m.s. (909) *and lovely*

29:18

וַיֶּאֱהַב יַעֲקֹב consec.-Qal impf. 3 m.s. (12)-pr.n. (784) *Jacob loved*

אֶת־רָחֵל dir.obj.-pr.n. (II 932) *Rachel*

וַיֹּאמֶר consec.-Qal impf. 3 m.s. (55) *and he said*

אֶעֱבָדְךָ Qal impf. 1 c.s.-2 m.s. sf. (עבד 712) *I will serve you*

שֶׁבַע שָׁנִים num. (988)-n.f.p. (1040) *seven years*

בְּרָחֵל prep.-pr.n. (II 932) *for Rachel*

בִּתְּךָ הַקְּטַנָּה n.f.s.-2 m.s. sf. (I 123)-def.art.-adj. f.s. (882) *your younger daughter*

29:19

וַיֹּאמֶר לָבָן consec.-Qal impf. 3 m.s. (55)-pr.n. (II 526) *Laban said*

טוֹב תִּתִּי adj. m.s. (II 373)-Qal inf.cstr.-1 c.s. sf. (678 נתן; GK 133a) *it is better that I give*

אֹתָהּ לָךְ dir.obj.-3 f.s. sf.-prep.-2 m.s. sf. paus. *her to you*

מִתִּתִּי אֹתָהּ prep.-Qal inf.cstr.-1 c.s. sf. (נתן 678)-dir.obj.-3 f.s. sf. *than that I should give her*

לְאִישׁ אַחֵר prep.-n.m.s. (35)-adj. m.s. (29) *to any other man*

שְׁבָה עִמָּדִי Qal impv. 2 m.s.-coh.he (ישב 442)-prep.-1 c.s. sf. *stay with me*

29:20

וַיַּעֲבֹד consec.-Qal impf. 3 m.s. (712) *so ... served*

יַעֲקֹב pr.n. (784) *Jacob*

בְּרָחֵל prep.-pr.n. (II 932) *for Rachel*

שֶׁבַע שָׁנִים num. (988)-n.f.p. (1040) *seven years*

וַיִּהְיוּ בְעֵינָיו consec.-Qal impf. 3 m.p. (היה 224) -prep.-n.f. du.-3 m.s. sf. (744) *and they seemed to him*

כְּיָמִים אֲחָדִים prep.-n.m.p. (398)-adj. m.p. (25) *but a few days*

בְּאַהֲבָתוֹ אֹתָהּ prep.-Qal inf.cstr.-3 m.s. sf. (12) -dir.obj.-3 f.s. sf. *because of the love he had for her*

29:21

וַיֹּאמֶר יַעֲקֹב consec.-Qal impf. 3 m.s. (55)-pr.n. (784) *then Jacob said*

אֶל־לָבָן prep.-pr.n. (II 526) *to Laban*

הָבָה Qal impv. 2 m.s.-coh.he (יהב 396; GK 69o) *give*

אֶת־אִשְׁתִּי dir.obj.-n.f.s.-1 c.s. sf. (61) *my wife*

כִּי מָלְאוּ conj.-Qal pf. 3 c.p. (מלא 569) *for ... is completed*

יָמָי n.m.p.-1 c.s. sf. paus. (398) *my time*

וְאָבוֹאָה conj.-Qal impf. 1 c.s.-coh.he (בוא 97; GK 165a) *that I may go in*

אֵלֶיהָ prep.-3 f.s. sf. *to her*

29:22

וַיֶּאֱסֹף consec.-Qal impf. 3 m.s. (אסף 62) *so ... gathered together*

לָבָן pr.n. (II 526) *Laban*

אֶת־כָּל־אַנְשֵׁי dir.obj.-n.m.s. cstr. (481)-n.m.p. cstr. (35) *all the men of*

הַמָּקוֹם def.art.-n.m.s. (879) *the place*

וַיַּעַשׂ consec.-Qal impf. 3 m.s. (עשה I 793) *and made*

מִשְׁתֶּה n.m.s. (1059) *a feast*

29:23

וַיְהִי consec.-Qal impf. 3 m.s. (הָיָה 224) *but (it proceeded to be)*

בָעֶרֶב prep.-def.art.-n.m.s. (787) *in the evening*

וַיִּקַח consec.-Qal impf. 3 m.s. (לָקַח 542) *he took*

אֶת־לֵאָה בִתּוֹ dir.obj.-pr.n. (521)-n.f.s.-3 m.s. sf. (I 123) *Leah his daughter*

וַיָּבֵא אֹתָהּ consec.-Hi. impf. 3 m.s. (בּוֹא 97)-dir.obj.-3 f.s. sf. *and brought her*

אֵלָיו prep.-3 m.s. sf. *to him*

וַיָּבֹא אֵלֶיהָ n.m.s.-Qal impf. 3 m.s. (בּוֹא 97)-prep.-3 f.s. sf. *and he went in to her*

29:24

וַיִּתֵּן לָבָן consec.-Qal impf. 3 m.s. (678)-pr.n. (II 526) *Laban gave*

לָהּ prep.-3 f.s. sf. *to her*

אֶת־זִלְפָּה dir.obj.-pr.n. (273) *Zilpah*

שִׁפְחָתוֹ n.f.s.-3 m.s. sf. (1046) *his maid*

לְלֵאָה prep.-pr.n. (521) *to Leah*

בִתּוֹ n.f.s.-3 m.s. sf. (I 123) *his daughter*

שִׁפְחָה n.f.s. (1046) *to be her maid*

29:25

וַיְהִי consec.-Qal impf. 3 m.s. (הָיָה 224) *and (it proceeded to be)*

בַבֹּקֶר prep.-def.art.-n.m.s. (133) *in the morning*

וְהִנֵּה־ conj.-demons.part. (243) *behold*

הִוא לֵאָה pers.pr. 3 f.s. (214)-pr.n. (521) *it was Leah*

וַיֹּאמֶר consec.-Qal impf. 3 m.s. (55) *and he said*

אֶל־לָבָן prep.-pr.n. (II 526) *to Laban*

מַה־זֹּאת interr. (552)-demons.adj. f.s. (260) *what is this*

עָשִׂיתָ לִּי Qal pf. 2 m.s. (עָשָׂה I 793)-prep.-1 c.s. sf. *that you have done to me*

הֲלֹא בְרָחֵל interr.-neg.-prep.-pr.n. (II 932; GK 142g) *did I not ... for Rachel*

עָבַדְתִּי Qal pf. 1 c.s. (712) *serve*

עִמָּךְ prep.-2 m.s. sf. paus. *with you*

וְלָמָּה conj.-prep.-interr. (552) *why then*

רִמִּיתָנִי Pi. pf. 2 m.s.-1 c.s. sf. paus. (רָמָה II 941) *have you deceived me*

29:26

וַיֹּאמֶר לָבָן consec.-Qal impf. 3 m.s. (55)-pr.n. (II 526) *Laban said*

לֹא־יֵעָשֶׂה neg.-Ni. impf. 3 m.s. (I 793; GK 107g) *it is not done*

כֵן adv. (485) *so*

בִּמְקוֹמֵנוּ prep.-n.m.s.-1 c.p. sf. (879) *in our country*

לָתֵת prep.-Qal inf.cstr. (נָתַן 678) *to give*

הַצְּעִירָה def.art.-adj. f.s. (I 859) *the younger*

לִפְנֵי prep.-n.m.p. cstr. (815) *before*

הַבְּכִירָה def.art.-n.f.s. (114) *the first-born*

29:27

מַלֵּא Pi. impv. 2 m.s. (569) *complete*

שְׁבֻעַ זֹאת n.m.s. cstr. (988)-demons.adj. f.s. (260) *the week of this one*

וְנִתְּנָה conj.-Qal impf. 1 c.p.-coh.he (נָתַן 678; GK 121b) *and we will give*

לְךָ prep.-2 m.s. sf. *to you*

גַּם־אֶת־זֹאת adv. (168)-dir.obj.-demons.adj. f.s. (260) *the other also*

בַּעֲבֹדָה prep.-n.f.s. (715) *for service*

אֲשֶׁר תַּעֲבֹד rel. (81)-Qal impf. 2 m.s. (712) *which you serve*

עִמָּדִי prep.-1 c.s. sf. *with me*

עוֹד שֶׁבַע־שָׁנִים adv. (728)-num. s. (988)-n.f.p. (1040) *seven years*

אֲחֵרוֹת adj. f.p. (29) *another*

29:28

וַיַּעַשׂ consec.-Qal impf. 3 m.s. (עָשָׂה I 793) *did*

יַעֲקֹב pr.n. (784) *Jacob*

כֵן adv. (485) *so*

וַיְמַלֵּא consec.-Pi. impf. 3 m.s. (569) *and completed*

שְׁבֻעַ זֹאת n.m.s. cstr. (988)-demons.adj. f.s. (260) *her week (the week of this one)*

וַיִּתֶּן־לוֹ consec.-Qal impf. 3 m.s. (נָתַן 678)-prep.-3 m.s. sf. *then he gave him*

אֶת־רָחֵל dir.obj.-pr.n. (II 932) *Rachel*

בִתּוֹ n.f.s.-3 m.s. sf. (I 123) *his daughter*

לוֹ לְאִשָּׁה prep.-3 m.s. sf.-prep.-n.f.s. (61) *to him for a wife*

29:29

וַיִּתֵּן consec.-Qal impf. 3 m.s. (נָתַן 678) *gave*

לָבָן pr.n. (II 526) *Laban*

לְרָחֵל prep.-pr.n. (II 932) *to Rachel*

בִתּוֹ n.f.s.-3 m.s. sf. (I 123) *his daughter*

אֶת־בִּלְהָה dir.obj.-pr.n. (117) *Bilhah*

שִׁפְחָתוֹ n.f.s.-3 m.s. sf. (1046) *his maid*

לָהּ לְשִׁפְחָה prep.-3 f.s. sf.-prep.-n.f.s. (1046) *to be her maid*

29:30

וַיָּבֹא גַם consec.-Qal impf. 3 m.s. (בּוֹא 97)-adv. (168) *so he went in also*

127

אֶל־רָחֵל prep.-pr.n. (II 932) *to Rachel*

וַיֶּאֱהַב consec.-Qal impf. 3 m.s. (אהב 12) *and he loved*

גַּם־אֶת־רָחֵל adv. (168)-dir.obj.-pr.n. (II 932) *Rachel*

מִלֵּאָה prep. (GK 133b)-pr.n. (521) *more than Leah*

וַיַּעֲבֹד consec.-Qal impf. 3 m.s. (712) *and served*

עִמּוֹ prep.-3 m.s. sf. *with him*

עוֹד שֶׁבַע adv. (728)-num. (988) *yet seven*

שָׁנִים אֲחֵרוֹת n.f.p. (1040)-adj. f.p. (29) *other years*

29:31

וַיַּרְא יְהוָה consec.-Qal impf. 3 m.s. (ראה 906)-pr.n. (217) *when Yahweh saw*

כִּי־שְׂנוּאָה לֵאָה conj.-Qal pass.ptc. f.s. (שנא 971)-pr.n. (521) *that Leah was hated*

וַיִּפְתַּח consec.-Qal impf. 3 m.2. (פתח I 834) *he opened*

אֶת־רַחְמָהּ dir.obj.-n.m.s.-3 f.s. sf. (933) *her womb*

וְרָחֵל עֲקָרָה conj.-pr.n. (II 932)-adj. f.s. (785) *but Rachel was barren*

29:32

וַתַּהַר לֵאָה consec.-Qal impf. 3 f.s. (הרה 247)-pr.n. (521) *and Leah conceived*

וַתֵּלֶד בֵּן consec.-Qal impf. 3 f.s. (ילד 408)-n.m.s. (119) *and bore a son*

וַתִּקְרָא שְׁמוֹ consec.-Qal impf. 3 f.s. (894)-n.m.s.-3 m.s. sf. (1027) *and she called his name*

רְאוּבֵן pr.n. (910) *Reuben*

כִּי אָמְרָה conj.-Qal pf. 3 f.s. (55) *for she said*

כִּי־רָאָה יְהוָה conj.-Qal pf. 3 m.s. (906)-pr.n. (217) *because Yahweh has looked*

בְּעָנְיִי prep.-n.m.s.-1 c.s. sf. (777) *upon my affliction*

כִּי עַתָּה conj.-adv. (773) *surely now*

יֶאֱהָבַנִי Qal impf. 3 m.s.-1 c.s. sf. (אהב 12; GK 60d) *will love me*

אִישִׁי n.m.s.-1 c.s. sf. (35) *my husband*

29:33

וַתַּהַר עוֹד consec.-Qal impf. 3 f.s. (הרה 247)-adv. (728) *she conceived again*

וַתֵּלֶד בֵּן consec.-Qal impf. 3 f.s. (ילד 408)-n.m.s. (119) *and bore a son*

וַתֹּאמֶר consec.-Qal impf. 3 f.s. (55) *and said*

כִּי־שָׁמַע יְהוָה conj.-Qal pf. 3 m.s. (1033)-pr.n. (217) *because Yahweh has heard*

כִּי־שְׂנוּאָה אָנֹכִי conj.-Qal pass.ptc. f.s. (שנא 971)-pers.pr. 1 c.s. (59) *that I am hated*

וַיִּתֶּן־לִי consec.-Qal impf. 3 m.s. (נתן 678) -prep.-1 c.s. sf. *he has given me*

גַּם־אֶת־זֶה adv. (168)-dir.obj.-demons.adj. m.s. (260) *this son also*

וַתִּקְרָא consec.-Qal impf. 3 f.s. (894) *and she called*

שְׁמוֹ n.m.s.-3 m.s. sf. (1027) *his name*

שִׁמְעוֹן pr.n. (1035) *Simeon*

29:34

וַתַּהַר עוֹד consec.-Qal impf. 3 f.s. (הרה 247)-adv. (728) *again she conceived*

וַתֵּלֶד בֵּן consec.-Qal impf. 3 f.s. (ילד 408)-n.m.s. (119) *and bore a son*

וַתֹּאמֶר consec.-Qal impf. 3 f.s. (55) *and said*

עַתָּה הַפַּעַם adv. (773)-def.art.-n.f.s. (821) *now this time*

יִלָּוֶה אִישִׁי Ni. impf. 3 m.s. (לוה I 530)-n.m.s.-1 c.s. sf. (35) *my husband will be joined*

אֵלַי prep.-1 c.s. sf. *to me*

כִּי־יָלַדְתִּי לוֹ conj.-Qal pf. 1 c.s. (408)-prep.-3 m.s. sf. *because I have borne him*

שְׁלֹשָׁה בָנִים num. f.s. (1025)-n.m.p. (119) *three sons*

עַל־כֵּן קָרָא prep.-adv. (485)-Qal pf. 3 m.s. (894) (rd.prb. קָרְאָה as Qal pf. 3 f.s.) *therefore was called*

שְׁמוֹ n.m.s.-3 m.s. sf. (1027) *his name*

לֵוִי pr.n. (I 532) *Levi*

29:35

וַתַּהַר עוֹד consec.-Qal impf. 3 f.s. (הרה 247) -adv. (728) *and she conceived again*

וַתֵּלֶד בֵּן consec.-Qal impf. 3 f.s. (ילד 408)-n.m.s. (119) *and bore a son*

וַתֹּאמֶר consec.-Qal impf. 3 f.s. (55) *and said*

הַפַּעַם def.art.-n.f.s. (821) *this time*

אוֹדֶה אֶת־יְהוָה Hi. impf. 1 c.s. (ידה 392)-dir.obj. -pr.n. (217) *I will praise Yahweh*

עַל־כֵּן קָרְאָה prep.-adv. (485)-Qal pf. 3 f.s. (894) *therefore she called*

שְׁמוֹ n.m.s.-3 m.s. sf. (1027) *his name*

יְהוּדָה pr.n. (397) *Judah*

וַתַּעֲמֹד consec.-Qal impf. 3 f.s. (763) *then she ceased*

מִלֶּדֶת prep.-Qal inf.cstr. (ילד 408) *bearing*

30:1

וַתֵּרֶא רָחֵל consec.-Qal impf. 3 f.s. (ראה 906) -pr.n. (II 932) *when Rachel saw*

כִּי לֹא יָלְדָה conj.-neg.-Qal pf. 3 f.s. (408) *that she bore ... no children*

לְיַעֲקֹב prep.-pr.n. (784) *Jacob*

וַתְּקַנֵּא רָחֵל consec.-Pi. impf. 3 f.s. (888)-pr.n. (II 932) *Rachel envied*

בַּאֲחֹתָהּ prep.-n.f.s.-3 f.s. sf. (27) *her sister*

וַתֹּאמֶר consec.-Qal impf. 3 f.s. (55) *and she said*

אֶל־יַעֲקֹב prep.-pr.n. (784) *to Jacob*

הָבָה־לִּי Qal impv. 2 m.s.-coh.he (יָהַב 396)-prep. -1 c.s. sf. *give me*

בָנִים n.m.p. (119) *children*

וְאִם־אַיִן conj.-hypoth.part. (49)-neg. *or (if not)*

מֵתָה אָנֹכִי Qal act.ptc. f.s. (מוּת 559)-pers.pr. 1 c.s. (59) *I shall die*

30:2

וַיִּחַר־ consec.-Qal impf. 3 m.s. (חָרָה 354) *was kindled*

אַף יַעֲקֹב n.m.s. cstr. (I 60)-pr.n. (784) *Jacob's anger*

בְּרָחֵל prep.-pr.n. (II 932) *against Rachel*

וַיֹּאמֶר consec.-Qal impf. 3 m.s. (55) *and he said*

הֲתַחַת אֱלֹהִים interr.-prep. (1065)-n.m.p. (43) *in the place of God?*

אָנֹכִי pers.pr. 1 c.s. (59) *am I*

אֲשֶׁר־מָנַע rel. (81)-Qal pf. 3 m.s. (586) *who has withheld*

מִמֵּךְ פְּרִי־בָטֶן prep.-2 f.s. sf.-n.m.s. cstr. (826) -n.f.s. paus. (105) *from you fruit of a womb*

30:3

וַתֹּאמֶר consec.-Qal impf. 3 f.s. (55) *then she said*

הִנֵּה אֲמָתִי demons.part. (243)-n.f.s.-1 c.s. sf. (51) *here is my maid*

בִלְהָה pr.n. (I 117) *Bilhah*

בֹּא אֵלֶיהָ Qal impv. 2 m.s. (בוֹא 97)-prep.-3 f.s. sf. *go in to her*

וְתֵלֵד conj.-Qal impf. 3 f.s. (יָלַד 408) *that she may bear*

עַל־בִּרְכַּי prep.-n.f.p.-1 c.s. sf. (139) *upon my knees*

וְאִבָּנֶה conj.-Ni. impf. 1 c.s. (בָּנָה 124; GK 51g) *and may have children*

גַם־אָנֹכִי adv. (168)-pers.pr. 1 c.s. (59) *even I*

מִמֶּנָּה prep.-3 f.s. sf. *through her*

30:4

וַתִּתֶּן־לוֹ consec.-Qal impf. 3 f.s. (נָתַן 678) -prep.-3 m.s. sf. *so she gave him*

אֶת־בִּלְהָה dir.obj.-pr.n. (I 117) *Bilhah*

שִׁפְחָתָהּ n.f.s.-3 f.s. sf. (1046) *her maid*

לְאִשָּׁה prep.-n.f.s. (61) *as a wife*

וַיָּבֹא אֵלֶיהָ consec.-Qal impf. 3 m.s. (בוֹא 97)-prep.-3 f.s. sf. *and went in to her*

יַעֲקֹב pr.n. (784) *Jacob*

30:5

וַתַּהַר בִּלְהָה consec.-Qal impf. 3 f.s. (הָרָה 247)-pr.n. (I 117) *and Bilhah conceived*

וַתֵּלֶד consec.-Qal impf. 3 f.s. (יָלַד 408) *and bore*

לְיַעֲקֹב בֵּן prep.-pr.n. (784)-n.m.s. (119) *Jacob a son*

30:6

וַתֹּאמֶר רָחֵל consec.-Qal impf. 3 f.s. (55)-pr.n. (II 932) *then Rachel said*

דְּנַנִּי אֱלֹהִים Qal pf. 3 m.s.-1 c.s. sf. (דִּין 192; GK 26g,59f)-n.m.p. (43) *God has judged me*

וְגַם שָׁמַע conj.-adv. (168)-Qal pf. 3 m.s. (1033) *and has also heard*

בְּקֹלִי prep.-n.m.s.-1 c.s. sf. (876) *my voice*

וַיִּתֶּן־לִי consec.-Qal impf. 3 m.s. (נָתַן 678)-prep. -1 c.s. sf. *and has given me*

בֵּן n.m.s. (119) *a son*

עַל־כֵּן קָרְאָה prep.-adv. (485)-Qal pf. 3 f.s. (894) *therefore she called*

שְׁמוֹ דָּן n.m.s.-3 m.s. sf. (1027)-pr.n. (192) *his name Dan*

30:7

וַתַּהַר עוֹד consec.-Qal impf. 3 f.s. (הָרָה 247) -adv. (728) *conceived again*

וַתֵּלֶד consec.-Qal impf. 3 f.s. (יָלַד 408) *and bore*

בִּלְהָה pr.n. (I 117) *Bilhah*

שִׁפְחַת רָחֵל n.f.s. cstr. (1046)-pr.n. (II 932) *Rachel's maid*

בֵּן שֵׁנִי n.m.s. (119)-num. adj. m. (1041) *a second son*

לְיַעֲקֹב prep.-pr.n. (784) *to Jacob*

30:8

וַתֹּאמֶר consec.-Qal impf. 3 f.s. (55) *then said*

רָחֵל pr.n. (II 932) *Rachel*

נַפְתּוּלֵי אֱלֹהִים n.m.p. cstr. (836; GK 85n,117q) -n.m.p. (43) *with mighty wrestlings (lit. wrestlings of God)*

נִפְתַּלְתִּי Ni. pf. 1 c.s. (פָּתַל 836) *I have wrestled*

עִם־אֲחֹתִי prep.-n.f.s.-1 c.s. sf. (27) *with my sister*

גַם־יָכֹלְתִּי adv. (168; GK 154a)-Qal pf. 1 c.s. (יָכֹל 407) *and have prevailed*

וַתִּקְרָא consec.-Qal impf. 3 f.s. (894) *so she called*

שְׁמוֹ n.m.s.-3 m.s. sf. (1027) *his name*

נַפְתָּלִי pr.n. (836) *Naphtali*

30:9

וַתֵּרֶא consec.-Qal impf. 3 f.s. (רָאָה 906) *when ... saw*

לֵאָה pr.n. (521) *Leah*

כִּי עָמְדָה conj.-Qal pf. 3 f.s. *that she had ceased*

מִלֶּדֶת prep.-Qal inf.cstr. (יָלַד 408) *bearing children*

וַתִּקַּח consec.-Qal impf. 3 f.s. (לָקַח 542) *she took*

אֶת־זִלְפָּה dir.obj.-pr.n. (273) *Zilpah*

שִׁפְחָתָהּ n.f.s.-3 f.s. sf. (1046) *her maid*

וַתִּתֵּן אֹתָהּ consec.-Qal impf. 3 f.s. (נָתַן 678) dir.obj.-3 f.s. sf. *and gave her*

לְיַעֲקֹב prep.-pr.n. (784) *to Jacob*

לְאִשָּׁה prep.-n.f.s. (61) *as a wife*

30:10

וַתֵּלֶד זִלְפָּה consec.-Qal impf. 3 f.s. (יָלַד 408)-pr.n. (273) *then Zilpah bore*

שִׁפְחַת לֵאָה n.f.s. cstr. (1046)-pr.n. (521) *Leah's maid*

לְיַעֲקֹב prep.-pr.n. (784) *to Jacob*

בֵּן n.m.s. (119) *a son*

30:11

וַתֹּאמֶר לֵאָה consec.-Qal impf. 3 f.s. (55)-pr.n. (521) *and Leah said*

בְּגָד prep.-n.m.s. (II 151) *by good fortune*

וַתִּקְרָא consec.-Qal impf. 3 f.s. (894) *so she called*

אֶת־שְׁמוֹ dir.obj.-n.m.s.-3 m.s. sf. (1027) *his name*

גָּד pr.n. (III 151) *Gad*

30:12

וַתֵּלֶד consec.-Qal impf. 3 f.s. (יָלַד 408) *bore*

זִלְפָּה pr.n. (273) *Zilpah*

שִׁפְחַת לֵאָה n.f.s. cstr. (1046)-pr.n. (521) *Leah's maid*

בֵּן שֵׁנִי n.m.s. (119)-adj.num. m. (1041) *a second son*

לְיַעֲקֹב prep.-pr.n. (784) *to Jacob*

30:13

וַתֹּאמֶר לֵאָה consec.-Qal impf. 3 f.s. (55)-pr.n. (521) *and Leah said*

בְּאָשְׁרִי prep.-n.m.s.-1 c.s. sf. (81) *in my happiness*

כִּי אִשְּׁרוּנִי conj.-Pi. pf. 3 c.p.-1 c.s. sf. (אָשַׁר 80; GK 106n) *for will call me happy*

בָּנוֹת n.f.p. (I 123) *women*

וַתִּקְרָא consec.-Qal impf. 3 f.s. (894) *so she called*

אֶת־שְׁמוֹ dir.obj.-n.m.s.-3 m.s. sf. (1027) *his name*

אָשֵׁר pr.n. (81) *Asher*

30:14

וַיֵּלֶךְ consec.-Qal impf. 3 m.s. (הָלַךְ 229) *went*

רְאוּבֵן pr.n. (910) *Reuben*

בִּימֵי prep.-n.m.p. cstr. (398) *in the days of*

קְצִיר־חִטִּים n.m.s. cstr. (I 894)-n.f.p. (334) *wheat harvest*

וַיִּמְצָא consec.-Qal impf. 3 m.s. (592) *and found*

דוּדָאִים n.m.p. (188) *mandrakes*

בַּשָּׂדֶה prep.-def.art.-n.m.s. (961) *in the field*

וַיָּבֵא אֹתָם consec.-Hi. impf. 3 m.s. (בּוֹא 97) -dir.obj.-3 m.p. sf. *and brought them*

אֶל־לֵאָה אִמּוֹ prep.-pr.n. (521)-n.f.s.-3 m.s. sf. (51) *to his mother Leah*

וַתֹּאמֶר רָחֵל consec.-Qal impf. 3 f.s. (55)-pr.n. (II 932) *then Rachel said*

אֶל־לֵאָה prep.-pr.n. (521) *to Leah*

תְּנִי־נָא לִי Qal impv. 2 f.s. (נָתַן 678)-part.of entreaty (609)-prep.-1 c.s. sf. *give me, I pray*

מִדּוּדָאֵי בְּנֵךְ prep.-n.m.p. cstr. (188)-n.m.s.-2 f.s. sf. (119) *some of your son's mandrakes*

30:15

וַתֹּאמֶר לָהּ consec.-Qal impf. 3 f.s. (55)-prep.-3 f.s. sf. *but she said to her*

הַמְעַט interr.-subst. (589) *is it a small matter*

קַחְתֵּךְ Qal inf.cstr.-2 f.s. sf. (לָקַח 542; GK 114a) *that you have taken away*

אֶת־אִישִׁי dir.obj.-n.m.s.-1 c.s. sf. (35) *my husband?*

וְלָקַחַת גַּם consec.-Qal pf. 2 f.s. (542)-adv. (168) *would you take away also*

אֶת־דּוּדָאֵי בְּנִי dir.obj.-n.m.p. cstr. (188)-n.m.s.-1 c.s. sf. (119) *my son's mandrakes*

וַתֹּאמֶר רָחֵל consec.-Qal impf. 3 f.s. (55)-pr.n. (II 932) *Rachel said*

לָכֵן יִשְׁכַּב prep.-adv. (485)-Qal impf. 3 m.s. (1011) *then he may lie*

עִמָּךְ prep.-2 f.s. sf. *with you*

הַלַּיְלָה def.art.-n.m.s. (538) *tonight*

תַּחַת דּוּדָאֵי prep. (1065)-n.m.p. cstr. (188) *for the mandrakes of*

בִּנֵךְ n.m.s.-2 f.s. sf. (119) *your son*

30:16

וַיָּבֹא יַעֲקֹב consec.-Qal impf. 3 m.s. (בּוֹא 97)-pr.n. (784) *when Jacob came*

מִן־הַשָּׂדֶה prep.-def.art.-n.m.s. (961) *from the field*

בָּעֶרֶב prep.-def.art.-n.m.s. (787) *in the evening*

וַתֵּצֵא לֵאָה consec.-Qal impf. 3 f.s. (יָצָא 422)-pr.n. (521) *Leah went out*

לִקְרָאתוֹ prep.-Qal inf.cstr.-3 m.s. sf. (II 896) *to meet him*

וַתֹּאמֶר consec.-Qal impf. 3 f.s. (55) *and said*

אֵלַי תָּבוֹא prep.-1 c.s. sf.-Qal impf. 2 m.s. (97) *you must come in to me*

כִּי שָׂכֹר שְׂכַרְתִּיךָ conj.-Qal inf.abs. (968)-Qal pf. 1 c.s.-2 m.s. sf. (968) *for I have hired you*

בְּדוּדָאֵי בְּנִי prep.-n.m.p. cstr. (188)-n.m.s.-1 c.s. sf. (119) *with my son's mandrakes*

וַיִּשְׁכַּב עִמָּהּ consec.-Qal impf. 3 m.s. (1011)-prep.-3 f.s. sf. *so he lay with her*

בַּלַּיְלָה הוּא prep.-def.art.-n.m.s. (538)-demons.adj. m.s. (214; GK 126y) *that night*

30:17

וַיִּשְׁמַע אֱלֹהִים consec.-Qal impf. 3 m.s. (1033)-n.m.p. (43) *and God hearkened*

אֶל־לֵאָה prep.-pr.n. (521) *to Leah*

וַתַּהַר consec.-Qal impf. 3 f.s. (הָרָה 247) *and she conceived*

וַתֵּלֶד consec.-Qal impf. 3 f.s. (יָלַד 408) *and bore*

לְיַעֲקֹב prep.-pr.n. (784) *to Jacob*

בֵּן חֲמִישִׁי n.m.s. (119)-num. adj. m. (332) *a fifth son*

30:18

וַתֹּאמֶר לֵאָה consec.-Qal impf. 3 f.s. (55)-pr.n. (521) *Leah said*

נָתַן אֱלֹהִים Qal pf. 3 m.s. (678)-n.m.p. (43) *God has given*

שְׂכָרִי n.m.s.-1 c.s. sf. (I 969; GK 135m) *my hire*

אֲשֶׁר־נָתַתִּי rel. (81)-Qal pf. 1 c.s. (נָתַן 678) *because I gave*

שִׁפְחָתִי n.f.s.-1 c.s. sf. (1046) *my maid*

לְאִישִׁי prep.-n.m.s.-1 c.s. sf. (35) *to my husband*

וַתִּקְרָא consec.-Qal impf. 3 f.s. (894) *so she called*

שְׁמוֹ n.m.s.-3 m.s. sf. (1027) *his name*

יִשָּׂשכָר pr.n. (441; GK 17c) *Issachar*

30:19

וַתַּהַר עוֹד consec.-Qal impf. 3 f.s. (הָרָה 247)-adv. (728) *and conceived again*

לֵאָה pr.n. (521) *Leah*

וַתֵּלֶד consec.-Qal impf. 3 f.s. (יָלַד 408) *and she bore*

בֵּן־שִׁשִּׁי n.m.s. (119)-num. adj. m. (995; GK 96) *a sixth son*

לְיַעֲקֹב prep.-pr.n. (784) *to Jacob*

30:20

וַתֹּאמֶר לֵאָה consec.-Qal impf. 3 f.s. (55)-pr.n. (521) *then Leah said*

זְבָדַנִי אֱלֹהִים Qal pf. 3 m.s.-1 c.s. sf. (256; GK 117ff)-n.m.p. (43) *God has endowed me*

אֹתִי dir.obj.-1 c.s. sf. *me*

זֵבֶד טוֹב n.m.s. (256)-adj. m.s. (II 373) *with a good dowry*

הַפַּעַם def.art.-subst. (821) *now*

יִזְבְּלֵנִי Qal impf. 3 m.s.-1 c.s. sf. (זָבַל 269; GK 117bb) *will honor me*

אִישִׁי n.m.s.-1 c.s. sf. (35) *my husband*

כִּי־יָלַדְתִּי לוֹ conj.-Qal pf. 1 c.s. (408)-prep.-3 m.s. sf. *because I have borne him*

שִׁשָּׁה בָנִים num. f.s. (995)-n.m.p. (119) *six sons*

וַתִּקְרָא consec.-Qal impf. 3 f.s. (894) *so she called*

אֶת־שְׁמוֹ dir.obj.-n.m.s.-3 m.s. sf. (1027) *his name*

זְבֻלוּן pr.n. (259) *Zebulun*

30:21

וְאַחַר conj.-adv. (29) *afterwards*

יָלְדָה בַּת Qal pf. 3 f.s. (408)-n.f.s. (I 123) *she bore a daughter*

וַתִּקְרָא consec.-Qal impf. 3 f.s. (894) *and called*

אֶת־שְׁמָהּ dir.obj.-n.m.s.-3 f.s. sf. (1027) *her name*

דִּינָה pr.n. (192) *Dinah*

30:22

וַיִּזְכֹּר אֱלֹהִים consec.-Qal impf. 3 m.s. (269)-n.m.p. (43) *then God remembered*

אֶת־רָחֵל dir.obj.-pr.n. (II 932) *Rachel*

וַיִּשְׁמַע consec.-Qal impf. 3 m.s. (1033) *and hearkened*

אֵלֶיהָ prep.-3 f.s. sf. *to her*

אֱלֹהִים n.m.p. (43) *God*

וַיִּפְתַּח consec.-Qal impf. 3 m.s. (פָּתַח I 834) *and opened*

אֶת־רַחְמָהּ dir.obj.-n.m.s.-3 f.s. sf. (933) *her womb*

131

30:23

וַתַּהַר consec.-Qal impf. 3 f.s. (הָרָה 247) *she conceived*

וַתֵּלֶד consec.-Qal impf. 3 f.s. (יָלַד 408) *and bore*

בֵּן n.m.s. (119) *a son*

וַתֹּאמֶר consec.-Qal impf. 3 f.s. (55) *and said*

אָסַף אֱלֹהִים Qal pf. 3 m.s. (62)-n.m.p. (43) *God has taken away*

אֶת־חֶרְפָּתִי dir.obj.-n.f.s.-1 c.s. sf. (357; GK 135m) *my reproach*

30:24

וַתִּקְרָא consec.-Qal impf. 3 f.s. (894) *and she called*

אֶת־שְׁמוֹ dir.obj.-n.m.s.-3 m.s. sf. (1027) *his name*

יוֹסֵף pr.n. (415) *Joseph*

לֵאמֹר prep.-Qal inf.cstr. (55) *saying*

יֹסֵף יהוה Hi. impf. 3 m.s. (יָסַף 414)-pr.n. (217) *may Yahweh add*

לִי prep.-1 c.s. sf. *to me*

בֵּן אַחֵר n.m.s. (119)-adj. m.s. (29) *another son*

30:25

וַיְהִי consec.-Qal impf. 3 m.s. (הָיָה 224) *(and it was)*

כַּאֲשֶׁר יָלְדָה prep.-rel. (81)-Qal pf. 3 f.s. (408) *when ... had borne*

רָחֵל pr.n. (II 932) *Rachel*

אֶת־יוֹסֵף dir.obj.-pr.n. (415) *Joseph*

וַיֹּאמֶר יַעֲקֹב consec.-Qal impf. 3 m.s. (55)-pr.n. (784) *Jacob said*

אֶל־לָבָן prep.-pr.n. (II 526) *to Laban*

שַׁלְּחֵנִי Pi. impv. 2 m.s.-1 c.s. sf. (1018) *send me away*

וְאֵלְכָה conj.-Qal impf. 1 c.s.-coh.he (הָלַךְ 229) *that I may go*

אֶל־מְקוֹמִי prep.-n.m.s.-1 c.s. sf. (879) *to my own home*

וּלְאַרְצִי conj.-prep.-n.f.s.-1 c.s. sf. (75) *and (to my own) country*

30:26

תְּנָה Qal impv. 2 m.s.-coh.he (נָתַן 678) *give*

אֶת־נָשַׁי dir.obj.-n.f.p.-1 c.s. sf. (61) *my wives*

וְאֶת־יְלָדַי conj.-dir.obj.-n.m.p.-1 c.s. sf. (409) *and my children*

אֲשֶׁר עָבַדְתִּי rel. (81)-Qal pf. 1 c.s. (712) *I have served*

אֹתְךָ dir.obj.-2 m.s. sf. *you*

בָּהֵן prep.-3 f.p. sf. *for whom*

וְאֵלְכָה conj.-Qal impf. 1 c.s.-coh.he paus. (הָלַךְ 229) *and let me go*

כִּי אַתָּה יָדַעְתָּ conj.-pers.pr. 2 m.s. (61)-Qal pf. 2 m.s. (393) *for you know*

אֶת־עֲבֹדָתִי dir.obj.-n.f.s.-1 c.s. sf. (715) *the service*

אֲשֶׁר עֲבַדְתִּיךָ rel. (81)-Qal pf. 1 c.s.-2 m.s. sf. (712 עָבַד) *which I have given you*

30:27

וַיֹּאמֶר אֵלָיו consec.-Qal impf. 3 m.s. (55) -prep.-3 m.s. sf. *but ... said to him*

לָבָן pr.n. (II 526) *Laban*

אִם־נָא מָצָאתִי hypoth.part. (49)-part.of entreaty (609)-Qal pf. 1 c.s. (מָצָא 592) *if I have found*

חֵן n.m.s. (336) *favor*

בְּעֵינֶיךָ prep.-n.f. du.-2 m.s. sf. (744) *in your eyes*

נִחַשְׁתִּי Pi. pf. 1 c.s. (נָחַשׁ II 638; GK 159dd) *I have learned by divination*

וַיְבָרֲכֵנִי consec.-Pi. impf. 3 m.s.-1 c.s. sf. (138; GK 111hN,120f) *that ... has blessed me*

יהוה pr.n. (217) *Yahweh*

בִּגְלָלֶךָ prep.-n.m.s.-2 m.s. sf. (I 164) *because of you*

30:28

וַיֹּאמַר consec.-Qal impf. 3 m.s. (55) *(and he said)*

נָקְבָה Qal impv. 2 m.s.-coh.he (נָקַב I 666) *name (designate)*

שְׂכָרְךָ n.m.s.-2 m.s. sf. (I 969) *your wages*

עָלָי prep.-1 c.s. sf. *(for me)*

וְאֶתֵּנָה conj.-Qal impf. 1 c.s.-coh.he paus. (נָתַן 678) *and I will give it*

30:29

וַיֹּאמֶר אֵלָיו consec.-Qal impf. 3 m.s. (55)-prep. -3 m.s. sf. *he said to him*

אַתָּה יָדַעְתָּ pers.pr. 2 m.s. (61)-Qal pf. 2 m.s. (393) *you yourself know*

אֵת אֲשֶׁר עֲבַדְתִּיךָ dir.obj.-rel. (81; GK 157c)-Qal pf. 1 c.s.-2 m.s. sf. (712) *how I have served you*

וְאֵת אֲשֶׁר־הָיָה conj.-dir.obj.-rel. (81)-Qal pf. 3 m.s. (224) *and how have fared*

מִקְנְךָ אִתִּי n.m.s.-2 m.s. sf. (889)-prep.-1 c.s. sf. (II 85) *your cattle with me*

30:30

כִּי מְעַט conj.-subst. (589) *for little*

132

אֲשֶׁר־הָיָה לְךָ rel. (81)-Qal pf. 3 m.s. (224) -prep.-2 m.s. sf. *you had*

לְפָנַי prep.-n.m.p.-1 c.s. sf. (815) *before me*

וַיִּפְרֹץ לָרֹב consec.-Qal impf. 3 m.s. (I 829) -prep.-Qal inf.cstr. (רָבַב I 912) *and it has increased abundantly*

וַיְבָרֶךְ יהוה consec.-Pi. impf. 3 m.s. (138)-pr.n. (217) *and Yahweh has blessed*

אֹתָךְ dir.obj.-2 m.s. sf. *you*

לְרַגְלִי prep.-n.f.s.-1 c.s. sf. (919) *wherever I turned*

וְעַתָּה מָתַי conj.-adv. (772)-interr. adv. (607) *but now when*

אֶעֱשֶׂה Qal impf. 1 c.s. (I 793) *shall I provide*

גַּם־אָנֹכִי adv. (168)-pers.pr. 1 c.s. (59) *I also*

לְבֵיתִי prep.-n.m.s.-1 c.s. sf. (108) *for my own household*

30:31

וַיֹּאמֶר consec.-Qal impf. 3 m.s. (55) *he said*

מָה אֶתֶּן־לָךְ interr. (552)-Qal impf. 1 c.s. (נָתַן 678)-prep.-2 m.s. sf. paus. *what shall I give you?*

וַיֹּאמֶר יַעֲקֹב v.supra-pr.n. (784) *Jacob said*

לֹא־תִתֶּן־לִי neg.-Qal impf. 2 m.s. (נָתַן 678) -prep.-1 c.s. sf. *you shall not give me*

מְאוּמָה pron.indef. (548) *anything*

אִם־תַּעֲשֶׂה־לִי hypoth.part. (49)-Qal impf. 2 m.s. (I 793)-prep.-1 c.s. sf. *if you will do for me*

הַדָּבָר הַזֶּה def.art.-n.m.s. (182)-def.art. -demons.adj. m.s. (260) *this thing*

אָשׁוּבָה אֶרְעֶה Qal impf. 1 c.s.-coh.he (996; GK 120g)-Qal impf. 1 c.s. (רָעָה I 944) *I will again feed*

צֹאנְךָ n.f.s.-2 m.s. sf. (838) *your flock*

אֶשְׁמֹר Qal impf. 1 c.s. (1036; GK 120h) *and keep it*

30:32

אֶעֱבֹר Qal impf. 1 c.s. (716) *let me pass through*

בְּכָל־צֹאנְךָ prep.-n.m.s. cstr. (481)-n.f.s.-2 m.s. sf. (838) *all your flock*

הַיּוֹם def.art.-n.m.s. (398) *today*

הָסֵר Hi. inf.abs. (סוּר 693; GK 112mm) *removing*

מִשָּׁם prep.-adv. (1027) *from it*

כָּל־שֶׂה נָקֹד n.m.s. cstr. (481)-n.m.s. (961)-adj. m.s. (666) *every speckled sheep*

וְטָלוּא conj.-Qal pass.ptc. (378) *and spotted*

וְכָל־שֶׂה־חוּם conj.-n.m.s. cstr. (481)-n.m.s. (961)-adj. m.s. (299) *and every black lamb*

בַּכְּשָׂבִים prep.-def.art.-n.m.p. (461) *(among the lambs)*

וְטָלוּא וְנָקֹד conj.-Qal pass.ptc. (378)-conj.-adj. m.s. (666) *and the spotted and speckled*

בָּעִזִּים prep.-def.art.-n.f.p. (777) *among the goats*

וְהָיָה שְׂכָרִי conj.-Qal pf. 3 m.s. (224)-n.m.s.-1 c.s. sf. (969) *and such shall be my wages*

30:33

וְעָנְתָה־בִּי conj.-Qal pf. 3 f.s. (עָנָה I 772)-prep.-1 c.s. sf. *so ... will answer for me*

צִדְקָתִי n.f.s.-1 c.s. sf. (842) *my honesty*

בְּיוֹם מָחָר prep.-n.m.s. (398)-adv. (563) *later*

כִּי־תָבוֹא conj.-Qal impf. 2 m.s. (בּוֹא 97) *when you come*

עַל־שְׂכָרִי prep.-n.m.s.-1 c.s. sf. (969) *into my wages*

לְפָנֶיךָ prep.-n.m.p.-2 m.s. sf. (815) *with you*

כֹּל אֲשֶׁר־אֵינֶנּוּ n.m.s. (481)-rel. (81)-subst.-3 m.s. sf. (II 34) *every one that is not*

נָקֹד וְטָלוּא adj. (666)-conj.-Qal pass.ptc. (378) *speckled and spotted*

בָּעִזִּים prep.-def.art.-n.f.p. (777) *among the goats*

וְחוּם conj.-adj. m.s. (299) *and black*

בַּכְּשָׂבִים prep.-def.art.-n.m.p. (461) *among the lambs*

גָּנוּב הוּא Qal pass.ptc. (170)-pers.pr. 3 m.s. (214) *shall be counted stolen*

אִתִּי prep.-1 c.s. sf. (II 85) *with me*

30:34

וַיֹּאמֶר לָבָן consec.-Qal impf. 3 m.s. (55)-pr.n. (II 526) *Laban said*

הֵן demons.adv. (243) *good*

לוּ יְהִי conj. (530)-Qal impf. 3 m.s. apoc. (הָיָה 224; GK 109b,151e) *let it be*

כִּדְבָרֶךָ prep.-n.m.p.-2 m.s. sf. (182) *as you have said*

30:35

וַיָּסַר consec.-Qal impf. 3 m.s. (סוּר 693) *but ... removed*

בַּיּוֹם הַהוּא prep.-def.art.-n.m.s. (398)-def.art. -demons.adj. m.s. (214) *that day*

אֶת־הַתְּיָשִׁים dir.obj.-def.art.-n.m.p. (1066) *the he-goats*

הָעֲקֻדִּים def.art.-adj. m.p. (785) *that were striped*

וְהַטְּלֻאִים conj.-def.art.-Qal pass.ptc. m.p. (378) *and spotted*

וְאֵת כָּל־הָעִזִּים conj.-dir.obj.-n.m.s. cstr. (481) -n.f.p. (777) *and all the she-goats*

הַנְּקֻדּוֹת def.art.-adj. f.p. (666) *that were speckled*

וְהַטְּלֻאֹת conj.-def.art.-Qal pass.ptc. f.p. (378) *and spotted*

133

כֹּל אֲשֶׁר־לָבָן n.m.s. (481)-rel. (81)-adj. (I 526) *every one that had white*

בּוֹ prep.-3 m.s. sf. *on it*

וְכָל־חוּם conj.-n.m.s. (481)-adj. (299) *and every black*

בַּכְּשָׂבִים prep.-def.art.-n.m.p. (461) *among the lambs*

וַיִּתֵּן consec.-Qal impf. 3 m.s. (נָתַן 678) *and put*

בְּיַד־בָּנָיו prep.-n.f.s. cstr. (388)-n.m.p.-3 m.s. sf. (119) *in charge of his sons*

30:36

וַיָּשֶׂם consec.-Qal impf. 3 m.s. (שִׂים 962) *and he set*

דֶּרֶךְ שְׁלֹשֶׁת יָמִים n.m.s. cstr. (202)-num. f.s. cstr. (1025)-n.m.p. (398) *a distance of three days' journey*

בֵּינוֹ prep.-3 m.s. sf. (107) *between himself*

וּבֵין יַעֲקֹב conj.-prep. (107)-pr.n. (784) *and Jacob*

וְיַעֲקֹב רֹעֶה conj.-pr.n. (784)-Qal act.ptc. (I 944) *and Jacob fed*

אֶת־צֹאן לָבָן dir.obj.-n.f.s. cstr. (838)-pr.n. (II 526) *the flock of Laban*

הַנּוֹתָרֹת def.art.-Ni. ptc. f.p. (יָתַר 451) *the rest*

30:37

וַיִּקַּח־לוֹ consec.-Qal impf. 3 m.s. (לָקַח 542)-prep.-3 m.s. sf. *then took*

יַעֲקֹב pr.n. (784) *Jacob*

מַקַּל לִבְנֶה n.f.s. cstr. (596; GK 123b)-n.m.s. (527) *rods of poplar*

לַח adj. (535) *fresh*

וְלוּז conj.-n.m.s. (531) *and almond*

וְעֶרְמוֹן conj.-n.m.s. (790) *and plane*

וַיְפַצֵּל consec.-Pi. impf. 3 m.s. (822) *and peeled*

בָּהֵן prep.-3 f.p. sf. *in them*

פְּצָלוֹת n.f.p. (822; GK 117r) *streaks*

לְבָנוֹת adj. f.p. (I 526) *white*

מַחְשֹׂף הַלָּבָן n.m.s. cstr. (361)-def.art.-adj. (I 526) *exposing the white*

אֲשֶׁר עַל־הַמַּקְלוֹת rel. (81)-prep.-def.art.-n.f.p. (596) *of the rods*

30:38

וַיַּצֵּג consec.-Hi. impf. 3 m.s. (יָצַג 426) *he set*

אֶת־הַמַּקְלוֹת dir.obj.-def.art.-n.f.p. (596) *the rods*

אֲשֶׁר פִּצֵּל rel. (81)-Pi. pf. 3 m.s. (822) *which he had peeled*

בָּרְהָטִים prep.-def.art.-n.m.p. (I 923) *in the troughs*

בְּשִׁקֲתוֹת הַמַּיִם prep.-n.f.p. cstr. (1052; GK 10g, 95f)-def.art.-n.m.p. paus. (565) *that is in the watering troughs*

אֲשֶׁר תָּבֹאןָ rel. (81)-Qal impf. 3 f.p. (בּוֹא 97; GK 76g,138c) *where came*

הַצֹּאן def.art.-n.f.s. (838; GK 145c) *the flocks*

לִשְׁתּוֹת prep.-Qal inf.cstr. (שָׁתָה 1059) *to drink*

לְנֹכַח prep.-prep. (647) *in front of*

הַצֹּאן v.supra *the flocks*

וַיֵּחַמְנָה consec.-Qal impf. 3 f.p. (חָמַם 328; GK 47k) *since they bred*

בְּבֹאָן prep.-Qal inf.cstr.-3 f.p. sf. (בּוֹא 97) *when they came*

לִשְׁתּוֹת prep.-Qal inf.cstr. (1059) *to drink*

30:39

וַיֶּחֱמוּ consec.-Qal impf. 3 m.p. (חָמַם 328; GK 69f) *and bred*

הַצֹּאן def.art.-n.f.s. (838; GK 145p) *the flocks*

אֶל־הַמַּקְלוֹת prep.-def.art.-n.f.p. (596) *in front of the rods*

וַתֵּלַדְןָ consec.-Qal impf. 3 f.p. (יָלַד 408) *and so brought forth*

הַצֹּאן def.art.-n.f.s. (838) *the flocks*

עֲקֻדִּים adj. m.p. (785) *striped*

נְקֻדִּים adj. m.p. (666) *speckled*

וּטְלֻאִים conj.-Qal pass.ptc. m.p. (378) *and spotted*

30:40

וְהַכְּשָׂבִים conj.-def.art.-n.m.p. (461; GK 142f) *and the lambs*

הִפְרִיד יַעֲקֹב Hi. pf. 3 m.s. (825)-pr.n. (784) *Jacob separated*

וַיִּתֵּן consec.-Qal impf. 3 m.s. (נָתַן 678) *and set*

פְּנֵי הַצֹּאן n.m.p. cstr. (815)-def.art.-n.f.s. (838) *the faces of the flocks*

אֶל־עָקֹד prep.-adj. m.s. (785) *toward the striped*

וְכָל־חוּם conj.-n.m.s. (481)-adj. m.s. (299) *and all the black*

בְּצֹאן לָבָן prep.-n.f.s. cstr. (838)-pr.n. (II 526) *in the flock of Laban*

וַיָּשֶׁת־לוֹ consec.-Qal impf. 3 m.s. (שִׁית 1011)-prep.-3 m.s. sf. *and he put his own*

עֲדָרִים n.m.p. (I 727) *droves*

לְבַדּוֹ prep.-n.m.s.-3 m.s. sf. (94) *apart*

וְלֹא שָׁתָם conj.-neg.-Qal pf. 3 m.s.-3 m.p. sf. (1011 שִׁית) *and did not put them*

עַל־צֹאן לָבָן prep. (GK 119aaN)-n.f.s. cstr. (838)-pr.n. (II 526) *with Laban's flock*

30:41

וְהָיָה בְּכָל־ conj.-Qal pf. 3 m.s. (224)-prep.-n.m.s. cstr. (481) *and it was whenever*

יַחֵם הַצֹּאן Pi. inf.cstr. (יָחַם 404) *were breeding*

הַצֹּאן הַמְקֻשָּׁרוֹת def.art.-n.f.s. (838)-def.art.-Pu. ptc. f.p. (905) *the stronger of the flock*

וְשָׂם יַעֲקֹב conj.-Qal pf. 3 m.s. (שִׂים 962; GK 112ee)-pr.n. (784) *Jacob laid*

אֶת־הַמַּקְלוֹת dir.obj.-def.art.-n.f.p. (586) *the rods*

לְעֵינֵי prep.-n.f. du. cstr. (744) *before the eyes of*

הַצֹּאן def.art.-n.f.s. (838) *the flock*

בָּרְהָטִים prep.-def.art.-n.m.p. (I 923) *in the runnels (troughs)*

לְיַחְמֵנָּה prep.-Pi. inf.cstr.-3 f.p. (יָחַם 404; GK 91f) *that they might breed*

בַּמַּקְלוֹת prep.-def.art.-n.f.p. (596) *among the rods*

30:42

וּבְהַעֲטִיף conj.-prep.-Hi. inf.cstr. (עָטַף III 742) *but for the feebler of*

הַצֹּאן def.art.-n.f.s. (838) *the flock*

לֹא יָשִׂים neg.-Qal impf. 3 m.s. (שִׂים 962) *he did not lay them there*

וְהָיָה conj.-Qal pf. 3 m.s. (224) *and so ... were*

הָעֲטֻפִים def.art.-Qal pass.ptc. m.p. (III 742) *the feebler*

לְלָבָן prep.-pr.n. (II 526) *Laban's*

וְהַקְּשֻׁרִים conj.-def.art.-Qal pass.ptc. m.p. (905) *and the stronger*

לְיַעֲקֹב prep.-pr.n. (784) *Jacob's*

30:43

וַיִּפְרֹץ consec.-Qal impf. 3 m.s. (I 829) *thus ... grew rich*

הָאִישׁ def.art.-n.m.s. (35) *the man*

מְאֹד מְאֹד adv. (547)-v.supra *exceedingly*

וַיְהִי־לוֹ consec.-Qal impf. 3 m.s. (הָיָה 224)-prep.-3 m.s. sf. *and had*

צֹאן רַבּוֹת n.f.s. cstr. (838; GK 132g)-adj. f.p. (I 912) *large flocks*

וּשְׁפָחוֹת conj.-n.f.p. (1046) *maidservants*

וַעֲבָדִים conj.-n.m.p. (713) *and menservants*

וּגְמַלִּים conj.-n.m.p. (168) *and camels*

וַחֲמֹרִים conj.-n.m.p. (II 331) *and asses*

31:1

וַיִּשְׁמַע consec.-Qal impf. 3 m.s. (1033) *now he heard*

אֶת־דִּבְרֵי dir.obj.-n.m.p. cstr. (182) *the words of*

בְּנֵי־לָבָן n.m.p. cstr. (119)-pr.n. (II 526) *the sons of Laban*

לֵאמֹר prep.-Qal inf.cstr. (55) *saying*

לָקַח יַעֲקֹב Qal pf. 3 m.s. (542)-pr.n. (784) *Jacob has taken*

אֵת כָּל־אֲשֶׁר dir.obj.-n.m.s. (481)-rel. (81) *all that*

לְאָבִינוּ prep.-n.m.s.-1 c.p. sf. (3) *our father's*

וּמֵאֲשֶׁר לְאָבִינוּ conj.-prep.-rel. (81)-v.supra *and from what was our father's*

עָשָׂה Qal pf. 3 m.s. (I 793) *he has gained*

אֵת כָּל־הַכָּבֹד הַזֶּה dir.obj.-n.m.s. cstr. (481)-def. art.-n.m.s. (II 458)-def.-demons.adj. m.s. (260) *all this wealth*

31:2

וַיַּרְא יַעֲקֹב consec.-Qal impf. 3 m.s. (רָאָה 906)-pr.n. (784) *and Jacob saw*

אֶת־פְּנֵי לָבָן dir.obj.-n.m.p. cstr. (815)-pr.n. (II 526) *the face of Laban*

וְהִנֵּה conj.-demons.part. (243) *and behold*

אֵינֶנּוּ עִמּוֹ subst.-3 m.s. sf. (II 34)-prep.-3 m.s. sf. *there was not with him*

כִּתְמוֹל שִׁלְשׁוֹם prep.-adv.acc. (1069)-adv. (1026) *as before*

31:3

וַיֹּאמֶר יהוה consec.-Qal impf. 3 m.s. (55)-pr.n. (217) *then Yahweh said*

אֶל־יַעֲקֹב prep.-pr.n. (784) *to Jacob*

שׁוּב Qal impv. 2 m.s. (996) *return*

אֶל־אֶרֶץ אֲבוֹתֶיךָ prep.-n.f.s. cstr. (75)-n.m.p.-2 m.s. sf. (3) *to the land of your fathers*

וּלְמוֹלַדְתֶּךָ conj.-prep.-n.f.s.-2 m.s. sf. (409) *and to your kindred*

וְאֶהְיֶה עִמָּךְ conj.-Qal impf. 1 c.s. (224)-prep.-2 m.s. sf. paus. *and I will be with you*

31:4

וַיִּשְׁלַח יַעֲקֹב consec.-Qal impf. 3 m.s. (1018)-pr.n. (784) *so Jacob sent*

וַיִּקְרָא consec.-Qal impf. 3 m.s. (894) *and called*

לְרָחֵל prep.-pr.n. (II 932) *Rachel*

וּלְלֵאָה conj.-prep.-pr.n. (521) *and Leah*

הַשָּׂדֶה def.art.-n.m.s. (961) *into the field*

אֶל־צֹאנוֹ prep.-n.f.s.-3 m.s. sf. (838) *where his flock was*

31:5

וַיֹּאמֶר לָהֶן consec.-Qal impf. 3 m.s. (55)-prep.-3 f.p. sf. *and said to them*

רֹאֶה אָנֹכִי Qal act.ptc. (906)-pers.pr. 1 c.s. (59) *I see*

135

אֶת־פְּנֵי אֲבִיכֶן dir.obj.-n.m.p. cstr. (815)-n.m.s.-2 f.p. sf. (3) *the face of your father*

כִּי־אֵינֶנּוּ אֵלַי conj.-subst.-3 m.s. sf. (II 34) -prep.-1 c.s. sf. *does not regard me*

כִּתְמֹל שִׁלְשֹׁם prep.-adv.acc. (1069)-adv. (1026) *as he did before*

וֵאלֹהֵי אָבִי conj.-n.m.p. cstr. (43)-n.m.s.-1 c.s. sf. (3) *but the God of my father*

הָיָה עִמָּדִי Qal pf. 3 m.s. (224)-prep.-1 c.s. sf. *has been with me*

31:6

וְאַתֵּנָה יְדַעְתֶּן conj.-pers.pr. 2 f.p. (61; GK 32i) -Qal pf. 2 f.p. (393) *you know*

כִּי בְּכָל־כֹּחִי conj.-prep.-n.m.s. cstr. (481)-n.m.s.-1 c.s. sf. (470) *that with all my strength*

עָבַדְתִּי Qal pf. 1 c.s. (712) *I have served*

אֶת־אֲבִיכֶן dir.obj.-n.m.s.-2 f.p. sf. (3) *your father*

31:7

וַאֲבִיכֶן הֵתֶל בִּי conj.-n.m.s.-2 f.p. sf. (3)-Hi. pf. 3 m.s. (תָּלַל II 1069; GK 67w)-prep.-1 c.s. sf. *yet your father has cheated me*

וְהֶחֱלִף conj.-Hi. pf. 3 m.s. (חָלַף 322; GK 112h) *and changed*

אֶת־מַשְׂכֻּרְתִּי dir.obj.-n.f.s.-1 c.s. sf. (969) *my wages*

עֲשֶׂרֶת מֹנִים num. f.s. cstr. (796)-n.m.p. (584) *ten times*

וְלֹא־נְתָנוֹ אֱלֹהִים conj.-neg.-Qal pf. 3 m.s.-3 m.s. sf. (נָתַן 678)-n.m.p. (43) *but God did not permit him*

לְהָרַע עִמָּדִי prep.-Hi. inf.cstr. (רָעַע 949)-prep.-1 c.s. sf. *to harm me*

31:8

אִם־כֹּה יֹאמַר hypoth.part. (49)-adv. (462)-Qal impf. 3 m.s. (55) *if he said*

נְקֻדִּים adj. m.p. (666) *the spotted*

יִהְיֶה Qal impf. 3 m.s. (224; GK 145u) *shall be*

שְׂכָרֶךָ n.m.s.-2 m.s. sf. (I 969) *your wages*

וְיָלְדוּ conj.-Qal pf. 3 c.p. (408) *then bore*

כָל־הַצֹּאן n.m.s. cstr. (481)-def.art.-n.f.s. (838) *all the flock*

נְקֻדִּים v.supra *spotted*

וְאִם־כֹּה יֹאמַר conj.-v.supra (GK 159r) *and if he said*

עֲקֻדִּים adj. m.p. (785) *the striped*

יִהְיֶה שְׂכָרֶךָ v.supra-v.supra *shall be your wages*

וְיָלְדוּ v.supra (GK 159s) *then bore*

כָל־הַצֹּאן v.supra *all the flock*

עֲקֻדִּים v.supra *striped*

31:9

וַיַּצֵּל אֱלֹהִים consec.-Hi. impf. 3 m.s. (נָצַל 664)-n.m.p. (43) *thus God has taken away*

אֶת־מִקְנֵה אֲבִיכֶם dir.obj.-n.m.s. cstr. (889; GK 135o)-n.m.s.-2 m.p. sf. (3) *the cattle of your father*

וַיִּתֶּן־לִי consec.-Qal impf. 3 m.s. (נָתַן 678)-prep. -1 c.s. sf. *and given them to me*

31:10

וַיְהִי consec.-Qal impf. 3 m.s. (הָיָה 224) *(and it was)*

בְּעֵת יַחֵם prep.-n.f.s. cstr. (773)-Pi. inf.cstr. (יָחַם 404) *in the mating season of*

הַצֹּאן def.art.-n.f.s. (83) *the flock*

וָאֶשָּׂא consec. Qal impf 1 c s (נָשָׂא 669) *I lifted up*

עֵינַי n.f. du.-1 c.s. sf. (744) *my eyes*

וָאֵרֶא consec.-Qal impf. 1 c.s. (רָאָה 906) *and saw*

בַּחֲלוֹם prep.-n.m.s. (321) *in a dream*

וְהִנֵּה conj.-demons.part. (243) *that (lit. and behold)*

הָעַתֻּדִים def.art.-n.m.p. (800) *the he-goats*

הָעֹלִים def.art.-Qal act.ptc. m.p. (עָלָה 748) *which leaped*

עַל־הַצֹּאן prep.-def.art.-n.f.s. (838) *upon the flock*

עֲקֻדִּים adj. m.p. (785) *were striped*

נְקֻדִּים adj. m.p. (666) *spotted*

וּבְרֻדִּים conj.-adj. m.p. (136) *and mottled*

31:11

וַיֹּאמֶר אֵלַי consec.-Qal impf. 3 m.s. (55)-prep.-1 c.s. sf. *then said to me*

מַלְאַךְ הָאֱלֹהִים n.m.s. cstr. (521)-def.art.-n.m.p. (43) *the angel of God*

בַּחֲלוֹם prep.-n.m.s. (321) *in the dream*

יַעֲקֹב pr.n. (784) *Jacob*

וָאֹמַר consec.-Qal impf. 1 c.s. (אָמַר 55) *and I said*

הִנֵּנִי demons.part.-1 c.s. sf. paus. (243) *here I am*

31:12

וַיֹּאמֶר consec.-Qal impf. 3 m.s. (55) *and he said*

שָׂא־נָא Qal impv. 2 m.s. (נָשָׂא 669)-part.of entreaty (609) *lift up*

עֵינֶיךָ n.f. du.-2 m.s. sf. (744) *your eyes*

וּרְאֵה conj.-Qal impv. 2 m.s. (906) *and see*

כָּל־הָעַתֻּדִים n.m.s. cstr. (481)-def.art.-n.m.p. (800) *all the goats*

הָעֹלִים def.art.-Qal act.ptc. m.p. (עָלָה 748) *that leap*

עַל־הַצֹּאן prep.-def.art.-n.f.s. (838) *upon the flock*

עֲקֻדִּים adj. m.p. (7885) *are striped*

נְקֻדִּים adj. m.p. (666) *spotted*

וּבְרֻדִּים conj.-adj. m.p. (136) *and mottled*

כִּי רָאִיתִי conj.-Qal pf. 1 c.s. (רָאָה 906) *for I have seen*

אֵת כָּל־אֲשֶׁר לָבָן dir.obj.-n.m.s. (481)-rel. (81)-pr.n. (II 526) *all that Laban*

עֹשֶׂה לָּךְ Qal act.ptc. (I 793)-prep.-2 m.s. sf. paus. *is doing to you*

31:13

אָנֹכִי הָאֵל pers.pr. 1 c.s. (59)-def.art.-n.m.s. (42) *I am the God*

בֵּית־אֵל pr.n. (110; GK 127f) *Bethel*

אֲשֶׁר מָשַׁחְתָּ שָּׁם rel. (81)-Qal pf. 2 m.s. (602)-adv. (1027) *where you anointed*

מַצֵּבָה n.f.s. (663) *a pillar*

אֲשֶׁר נָדַרְתָּ לִּי שָׁם rel. (81)-Qal pf. 2 m.s. (623)-prep.-1 c.s. sf.-adv. (1027) *and made a vow to me*

נֶדֶר n.m.s. (623) *a vow*

עַתָּה קוּם adv. (773)-Qal impv. 2 m.s. (877) *now arise*

צֵא Qal impv. 2 m.s. (יָצָא 422) *go forth*

מִן־הָאָרֶץ הַזֹּאת prep.-def.art.-n.f.s. (75)-def.art.-demons.adj. f.s. (260) *from this land*

וְשׁוּב conj.-Qal impv. 2 m.s. (996) *and return*

אֶל־אֶרֶץ prep.-n.f.s. cstr. (75) *to the land of*

מוֹלַדְתֶּךָ n.f.s.-2 m.s. sf. paus. (409) *your birth*

31:14

וַתַּעַן consec.-Qal impf. 3 f.s. (עָנָה I 772) *then answered*

רָחֵל וְלֵאָה pr.n. (II 932; GK 146g)-conj.-pr.n. (521) *Rachel and Leah*

וַתֹּאמַרְנָה לוֹ consec.-Qal impf. 3 f.p. (55; GK 146h)-prep.-3 m.s. sf. *and said to him*

הַעוֹד לָנוּ interr.-adv. (728)-prep.-1 c.p. sf. *is there yet to us?*

חֵלֶק וְנַחֲלָה n.m.s. (324)-conj.-n.f.s. (635) *any portion or inheritance*

בְּבֵית אָבִינוּ prep.-n.m.s. cstr. (108)-n.m.s.-1 c.p. sf. (3) *in our father's house*

31:15

הֲלוֹא נָכְרִיּוֹת interr.-neg.-adj. f.p. (648) *are not foreigners*

נֶחְשַׁבְנוּ Ni. pf. 1 c.p. (חָשַׁב 362) *are we regarded*

לוֹ prep.-3 m.s. sf. *by him*

כִּי מְכָרָנוּ conj.-Qal pf. 3 m.s.-1 c.p. sf. (569) *for he has sold us*

וַיֹּאכַל גַּם־אָכוֹל consec.-Qal impf. 3 m.s. (37)-adv. (168; GK 113r)-Qal inf.abs. (37) *and he has been using up*

אֶת־כַּסְפֵּנוּ dir.obj.-n.m.s.-1 c.p. sf. (494) *the money given for us*

31:16

כִּי כָל־הָעֹשֶׁר conj.-n.m.s. cstr. (481)-def.art.-n.m.s. (799) *all the property*

אֲשֶׁר הִצִּיל rel. (81)-Hi. pf. 3 m.s. (נָצַל 664) *which ... has taken away*

אֱלֹהִים n.m.p. (43) *God*

מֵאָבִינוּ prep.-n.m.s.-1 c.p. sf. (3) *from our father*

לָנוּ הוּא prep.-1 c.p. sf.-demons.adj. m.s. (214) *it to us*

וּלְבָנֵינוּ conj.-prep.-n.m.p.-1 c.p. sf. (119) *and to our children*

וְעַתָּה כֹּל אֲשֶׁר conj.-adv. (773)-n.m.s. (481)-rel. (81) *now then whatever*

אָמַר אֱלֹהִים Qal pf. 3 m.s. (55)-n.m.p. (43) *God has said*

אֵלֶיךָ prep.-2 m.s. sf. *to you*

עֲשֵׂה Qal impv. 2 m.s. (I 793) *do*

31:17

וַיָּקָם יַעֲקֹב consec.-Qal impf. 3 m.s. (קוּם 877)-pr.n. (784) *so Jacob arose*

וַיִּשָּׂא consec.-Qal impf. 3 m.s. (נָשָׂא 669) *and set*

אֶת־בָּנָיו וְאֶת־נָשָׁיו dir.obj.-n.m.p.-3 m.s. sf. (119)-conj.-dir.obj.-n.f.p.-3 m.s. sf. (61) *his sons and his wives*

עַל־הַגְּמַלִּים prep.-def.art.-n.m.p. (168) *on camels*

31:18

וַיִּנְהַג consec.-Qal impf. 3 m.s. (624) *and he drove away*

אֶת־כָּל־מִקְנֵהוּ dir.obj.-n.m.s. cstr. (481)-n.m.s.-3 m.s. sf. (889) *all his cattle*

וְאֶת־כָּל־רְכֻשׁוֹ conj.-dir.obj.-n.m.s. cstr. (481)-n.m.s.-3 m.s. sf. (940) *all his livestock*

אֲשֶׁר רָכָשׁ rel. (81)-Qal pf. 3 m.s. paus. (940) *which he had gained*

מִקְנֵה קִנְיָנוֹ n.m.s. cstr. (889)-n.m.s.-3 m.s. sf.
(889) *the cattle in his possession*

אֲשֶׁר רָכַשׁ rel. (81)-Qal pf. 3 m.s. (940) *which he
had acquired*

בְּפַדַּן אֲרָם prep.-pr.n. (804)-pr.n. (74) *in
Paddan-aram*

לָבוֹא אֶל־יִצְחָק prep.-Qal inf.cstr. (97)-prep.
-pr.n. (850) *to go to Isaac*

אָבִיו n.m.s.-3 m.s. sf. (3) *his father*

אַרְצָה כְּנָעַן n.f.s. cstr.-dir.he (75)-pr.n. paus.
(488) *to the land of Canaan*

31:19

וְלָבָן הָלַךְ conj.-pr.n. (II 526)-Qal pf. 3 m.s. (299)
Laban had gone

לִגְזֹז prep.-Qal inf.cstr. (159; GK 67cc) *to shear*

אֶת־צֹאנוֹ dir.obj.-n.f.s.-3 m.s. sf. (838) *his sheep*

וַתִּגְנֹב רָחֵל consec.-Qal impf. 3 f.s. (170)-pr.n. (II
932) *and Rachel stole*

אֶת־הַתְּרָפִים dir.obj.-def.art.-n.m.p. (1076) *the
household gods*

אֲשֶׁר לְאָבִיהָ rel. (81)-prep.-n.m.s.-3 f.s. sf. (3)
which belonged to her father

31:20

וַיִּגְנֹב יַעֲקֹב consec.-Qal impf. 3 m.s. (גנב 170)
-pr.n. (784) *and Jacob outwitted* (lit. *stole*)

אֶת־לֵב לָבָן dir.obj.-n.m.s. cstr. (524)-pr.n. (II
526) *the heart of Laban*

הָאֲרַמִּי def.art.-pr.n. gent. (74) *the Aramean*

עַל־בְּלִי הִגִּיד לוֹ prep.-neg. (115)-Hi. pf. 3 m.s.
(616 נגד)-prep.-3 m.s. sf. *in that he did not
tell him*

כִּי בֹרֵחַ הוּא conj.-Qal act.ptc. (137)-pers.pr. 3
m.s. (214) *that he intended to flee*

31:21

וַיִּבְרַח הוּא consec.-Qal impf. 3 m.s. (137)
-pers.pr. 3 m.s. (214) *he fled*

וְכָל־אֲשֶׁר־לוֹ conj.-n.m.s. (481)-rel. (81)-prep.-3
m.s. sf. *with all that he had*

וַיָּקָם consec.-Qal impf. 3 m.s. (קום 877) *and
arose*

וַיַּעֲבֹר consec.-Qal impf. 3 m.s. (עבר 716) *and
crossed*

אֶת־הַנָּהָר dir.obj.-def.art.-n.m.s. (625) *the
Euphrates*

וַיָּשֶׂם consec.-Qal impf. 3 m.s. (שים 962) *and
set*

אֶת־פָּנָיו dir.obj.-n.m.p.-3 m.s. sf. (815) *his face*

הַר הַגִּלְעָד n.m.s. (249)-def.art.-pr.n. (166)
toward the hill country of Gilead

31:22

וַיֻּגַּד לְלָבָן consec.-Ho. impf. 3 m.s. (נגד 616)
-prep.-pr.n. (II 526) *when it was told Laban*

בַּיּוֹם הַשְּׁלִישִׁי prep.-def.art.-n.m.s. (398)-def.art.
-num. adj. m. (1026) *on the third day*

כִּי בָרַח יַעֲקֹב conj.-Qal pf. 3 m.s. (137)-pr.n.
(784) *that Jacob had fled*

31:23

וַיִּקַּח consec.-Qal impf. 3 m.s. (לקח 542) *he took*

אֶת־אֶחָיו עִמּוֹ dir.obj.-n.m.s.-3 m.s. sf. (26)-prep.
-3 m.s. sf. *his kinsmen with him*

וַיִּרְדֹּף אַחֲרָיו consec.-Qal impf. 3 m.s. (922)
-prep.-3 m.s. sf. (29) *and pursued him*

דֶּרֶךְ שִׁבְעַת יָמִים n.m.s. cstr. (202)-num. f.s. cstr.
(I 987)-n.m.p. (398) *for seven days*

וַיַּדְבֵּק אֹתוֹ consec.-Hi. impf. 3 m.s. (דבק 179)
-dir.obj.-3 m.s. sf. *and followed close after
him*

בְּהַר הַגִּלְעָד prep.-n.m.s. cstr. (249)-def.art.-pr.n.
(166; GK 118h) *into the hill country of
Gilead*

31:24

וַיָּבֹא אֱלֹהִים consec.-Qal impf. 3 m.s. (בוא
97)-n.m.p. (43) *but God came*

אֶל־לָבָן prep.-pr.n. (II 526) *to Laban*

הָאֲרַמִּי def.art.-pr.n. gent. (74) *the Aramean*

בַּחֲלֹם הַלָּיְלָה prep.-n.m.s. cstr. (321)-def.art.
-n.m.s. paus. (538) *in a dream by night*

וַיֹּאמֶר לוֹ consec.-Qal impf. 3 m.s. (55)-prep.-3
m.s. sf. *and said to him*

הִשָּׁמֶר לְךָ Ni. impv. 2 m.s. (1036)-prep.-2 m.s.
sf. *take heed*

פֶּן־תְּדַבֵּר conj. (814)-Pi. impf. 2 m.s. (180) *that
you say not a word*

עִם־יַעֲקֹב prep.-pr.n. (784) *to Jacob*

מִטּוֹב עַד־רָע prep.-adj. m.s. (II 373)-prep.-adj.
m.s. paus. (948) *either good or bad*

31:25

וַיַּשֵּׂג לָבָן consec.-Hi. impf. 3 m.s. (נשׂג 673)
-pr.n. (II 526) *and Laban overtook*

אֶת־יַעֲקֹב dir.obj.-pr.n. (784) *Jacob*

וְיַעֲקֹב תָּקַע conj.-pr.n. (784)-Qal pf. 3 m.s. (1075)
now Jacob had pitched

אֶת־אָהֳלוֹ dir.obj.-n.m.s.-3 m.s. sf. (13) *his tent*

בָּהָר prep.-def.art.-n.m.s. (249) *in the hill
country*

וְלָבָן תָּקַע conj.-pr.n. (II 526)-Qal pf. 3 m.s.
(1075) *and Laban encamped*

אֶת־אֶחָיו prep. (II 85)-n.m.p.-3 m.s. sf. (26) *with his kinsmen*

בְּהַר הַגִּלְעָד prep.-n.m.s. cstr. (249)-def.art.-pr.n. (166) *in the hill country of Gilead*

31:26

וַיֹּאמֶר לָבָן consec.-Qal impf. 3 m.s. (55)-pr.n. (II 526) *and Laban said*

לְיַעֲקֹב prep.-pr.n. (784) *to Jacob*

מֶה עָשִׂיתָ interr. (552)-Qal pf. 2 m.s. (עָשָׂה I 793) *what have you done*

וַתִּגְנֹב אֶת־לְבָבִי consec.-Qal impf. 2 m.s. (170) -dir.obj.-n.m.s.-1 c.s. sf. (523) *that you have cheated me* (lit. *that you have stolen my heart*)

וַתְּנַהֵג consec.-Pi. impf. 2 m.s. (נָהַג 624) *and carried away*

אֶת־בְּנֹתַי dir.obj.-n.f.p.-1 c.s. sf. (I 123) *my daughters*

כִּשְׁבֻיוֹת חָרֶב prep.-Qal pass.ptc. f.p. cstr. (שָׁבָה 985)-n.f.s. paus. (352) *like captives of the sword*

31:27

לָמָּה prep.-interr. (552) *why*

נַחְבֵּאתָ לִבְרֹחַ Ni. pf. 2 m.s. (חָבָא 285; GK 63c) -prep.-Qal inf.cstr. (137; GK 114nN) *did you flee secretly*

וַתִּגְנֹב אֹתִי consec.-Qal impf. 2 m.s. (170)-dir.obj. -1 c.s. sf. *and cheat me*

לֹא־הִגַּדְתָּ לִּי conj.-neg.-Hi. pf. 2 m.s. (נָגַד 616)-prep.-1 c.s. sf. *and did not tell me*

וָאֲשַׁלֵּחֲךָ consec.-Pi. impf. 1 c.s.-2 m.s. sf. (1018; GK 111m) *so that I might have sent you away*

בְּשִׂמְחָה וּבְשִׁרִים prep.-n.f.s. (970)-conj. -prep.-n.m.p. (1010) *with mirth and songs*

בְּתֹף וּבְכִנּוֹר prep.-n.m.s. (1074)-conj.-prep.-n.m.s. (490) *with tambourine and lyre*

31:28

וְלֹא נְטַשְׁתַּנִי conj.-neg.-Qal pf. 2 m.s.-1 c.s. sf. (נָטַשׁ 643) *and why did you not permit me*

לְנַשֵּׁק prep.-Pi. inf.cstr. (I 676) *to kiss*

לְבָנַי prep.-n.m.p.-1 c.s. sf. (119) *my sons*

וְלִבְנֹתָי conj.-prep.-n.f.p.-1 c.s. sf. (I 123) *and my daughters*

עַתָּה הִסְכַּלְתָּ עֲשׂוֹ adv. (773)-Hi. pf. 2 m.s. (שָׂכַל 698)-Qal inf.cstr. (עָשָׂה I 793; GK 75n) *now you have done foolishly*

31:29

יֶשׁ־לְאֵל יָדִי subst. (441; GK 152i)-prep.-n.m.s. cstr. (42)-n.f.s.-1 c.s. sf. (388) *it is in my power*

לַעֲשׂוֹת prep.-Qal inf.cstr. (עָשָׂה I 793) *to do*

עִמָּכֶם רָע prep.-2 m.p. sf.-adj. m.s. paus. (948) *you harm*

וֵאלֹהֵי אֲבִיכֶם conj.-n.m.p. cstr. (43)-n.m.s.-2 m.p. sf. (3) *but the God of your father*

אֶמֶשׁ adv. (57) *yesterday*

אָמַר אֵלַי Qal pf. 3 m.s. (55)-prep.-1 c.s. sf. *spoke to me*

לֵאמֹר prep.-Qal inf.cstr. (55) *saying*

הִשָּׁמֶר לְךָ Ni. impv. 2 m.s. (1036)-prep.-2 m.s. sf. *take heed*

מִדַּבֵּר עִם־יַעֲקֹב prep.-Pi. inf.cstr. (180)-prep. -pr.n. (784) *that you speak to Jacob*

מִטּוֹב עַד־רָע prep.-adj. m.s. (II 373)-prep.-adj. m.s. paus. (948) *neither good nor bad*

31:30

וְעַתָּה הָלֹךְ הָלַכְתָּ conj.-adv. (773)-Qal inf.abs. (229)-Qal pf. 2 m.s. (229) *and now you have gone away*

כִּי־נִכְסֹף נִכְסַפְתָּה conj.-Ni. inf.abs. (493; GK 51i,113p)-Ni. pf. 2 m.s. (493) *because you longed greatly*

לְבֵית אָבִיךָ prep.-n.m.s. cstr. (108)-n.m.s.-2 m.s. sf. (3) *for your father's house*

לָמָּה גָנַבְתָּ prep.-interr. (552)-Qal pf. 2 m.s. (170) *but why did you steal*

אֶת־אֱלֹהָי dir.obj.-n.m.p.-1 c.s. sf. paus. (43) *my gods*

31:31

וַיַּעַן יַעֲקֹב consec.-Qal impf. 3 m.s. (עָנָה I 772) -pr.n. (784) *Jacob answered*

וַיֹּאמֶר לְלָבָן consec.-Qal impf. 3 m.s. (55)-prep. -pr.n. (II 526) *and said to Laban*

כִּי יָרֵאתִי conj.-Qal pf. 1 c.s. (יָרֵא 431) *because I was afraid*

כִּי אָמַרְתִּי conj.-Qal pf. 1 c.s. (55) *for I thought*

פֶּן־תִּגְזֹל conj. (814)-Qal impf. 2 m.s. (גָּזַל 159) *that you would take by force*

אֶת־בְּנוֹתֶיךָ dir.obj.-n.f.p.-2 m.s. sf. (I 123) *your daughters*

מֵעִמִּי prep.-prep.-1 c.s. sf. *from me*

31:32

עִם אֲשֶׁר תִּמְצָא prep.-rel. (81)-Qal impf. 2 m.s. (592; GK 138f) *any one with whom you find*

אֶת־אֱלֹהֶיךָ dir.obj.-n.m.p.-2 m.s. sf. (43) *your gods*

לֹא יִחְיֶה neg.-Qal impf. 3 m.s. (חָיָה 310) *shall not live*

נֶגֶד אַחֵינוּ prep. (617)-n.m.p.-1 c.p. sf. (26) *in the presence of our kinsmen*

הַכֶּר־לְךָ Hi. impv. 2 m.s. (נָכַר I 647)-prep.-2 m.s. sf. *point out ... that is yours*

מָה עִמָּדִי interr. (552)-prep.-1 c.s. sf. *what I have*

וְקַח־לָךְ conj.-Qal impv. 2 m.s. (לָקַח 542) -prep.-2 m.s. sf. paus. *and take it*

וְלֹא־יָדַע יַעֲקֹב conj.-neg.-Qal pf. 3 m.s. (393) -pr.n. (784) *now Jacob did not know*

כִּי רָחֵל conj.-pr.n. (II 932) *that Rachel*

גְּנָבָתַם Qal pf. 3 f.s.-3 m.p. sf. (170; GK 59g) *had stolen them*

31:33

וַיָּבֹא לָבָן consec.-Qal impf. 3 m.s. (בּוֹא 97) -pr.n. (II 526) *so Laban went*

בְּאֹהֶל יַעֲקֹב prep.-n.m.s. cstr. (13)-pr.n. (784) *into Jacob's tent*

וּבְאֹהֶל לֵאָה conj.-v.supra-pr.n. (521) *and into Leah's tent*

וּבְאֹהֶל שְׁתֵּי conj.-v.supra-num. p. cstr. (1040) *and into the tent of the two*

הָאֲמָהֹת def.art.-n.f.p. (51) *maidservants*

וְלֹא מָצָא conj.-neg.-Qal pf. 3 m.s. paus. (592) *but he did not find them*

וַיֵּצֵא consec.-Qal impf. 3 m.s. (יָצָא 422) *and he went out*

מֵאֹהֶל לֵאָה prep.-n.m.s. cstr. (13)-pr.n. (521) *of Leah's tent*

וַיָּבֹא consec.-Qal impf. 3 m.s. (בּוֹא 97) *and entered*

בְּאֹהֶל רָחֵל prep.-n.m.s. cstr. (13)-pr.n. (II 932) *Rachel's tent*

31:34

וְרָחֵל לָקְחָה conj.-pr.n. (II 932)-Qal pf. 3 f.s. (542) *now Rachel had taken*

אֶת־הַתְּרָפִים dir.obj.-def.art.-n.m.p. (1076) *the household gods*

וַתְּשִׂמֵם consec.-Qal impf. 3 f.s.-3 m.p. sf. (שִׂים 962; GK 111q,124hN,132hN) *and put them*

בְּכַר הַגָּמָל prep.-n.m.s. cstr. (468)-def.art.-n.m.s. (168) *in the camel's saddle*

וַתֵּשֶׁב עֲלֵיהֶם consec.-Qal impf. 3 f.s. (יָשַׁב 442)-prep.-3 m.p. sf. *and sat upon them*

וַיְמַשֵּׁשׁ לָבָן consec.-Pi. impf. 3 m.s. (606)-pr.n. (II 526) *Laban felt*

אֶת־כָּל־הָאֹהֶל dir.obj.-n.m.s. cstr. (481)-def.art. -n.m.s. (13) *all about the tent*

וְלֹא מָצָא conj.-neg.-Qal pf. 3 m.s. (592) *but did not find them*

31:35

וַתֹּאמֶר consec.-Qal impf. 3 f.s. (55) *and she said*

אֶל־אָבִיהָ prep.-n.m.s.-3 f.s. sf. (3) *to her father*

אַל־יִחַר neg.-Qal impf. 3 m.s. (חָרָה 354) *let not be angry*

בְּעֵינֵי אֲדֹנִי prep.-n.f. du. cstr. (744)-n.m.s.-1 c.s. sf. (10) *(in the eyes of) my lord*

כִּי לוֹא אוּכַל conj.-neg.-Qal impf. 1 c.s. (407; GK 10b,l) *that I cannot*

לָקוּם prep.-Qal inf.cstr. (877) *rise*

מִפָּנֶיךָ prep.-n.m.p.-2 m.s. sf. (815) *before you*

כִּי־דֶרֶךְ נָשִׁים conj.-n.m.s. cstr. (202)-n.f.p. (61) *for the way of women*

לִי prep.-1 c.s. sf. *is upon me*

וַיְחַפֵּשׂ consec.-Pi. impf. 3 m.s. (344) *so he searched*

וְלֹא מָצָא conj.-neg.-Qal pf. 3 m.s. (592) *but did not find*

אֶת־הַתְּרָפִים dir.obj.-def.art.-n.m.p. (1076) *the household gods*

31:36

וַיִּחַר לְיַעֲקֹב consec.-Qal impf. 3 m.s. (חָרָה 354)-prep.-pr.n. (784) *then Jacob became angry*

וַיָּרֶב בְּלָבָן consec.-Qal impf. 3 m.s. (רִיב 936) -prep.-pr.n. (II 526) *and upbraided Laban*

וַיַּעַן יַעֲקֹב consec.-Qal impf. 3 m.s. (עָנָה I 772)-pr.n. (784) *Jacob answered*

וַיֹּאמֶר לְלָבָן consec.-Qal impf. 3 m.s. (55)-prep.-pr.n. (II 526) *and said to Laban*

מַה־פִּשְׁעִי interr. (552)-n.m.s.-1 c.s. sf. (833) *what is my offense?*

מַה חַטָּאתִי interr. (552; GK 37d)-n.f.s.-1 c.s. sf. (308) *what is my sin?*

כִּי דָלַקְתָּ conj.-Qal pf. 2 m.s. (196) *that you have hotly pursued*

אַחֲרָי prep.-1 c.s. sf. paus. (29) *me*

31:37

כִּי־מִשַּׁשְׁתָּ אֶת־כָּל־ conj.-Pi. pf. 2 m.s. (606) -dir.obj.-n.m.s. cstr. (481) *although you have felt through all*

כֵּלַי n.m.p.-1 c.s. sf. (479) *my goods*

מַה־מָּצָאתָ interr. (552)-Qal pf. 2 m.s. (592) *what have you found*

מִכֹּל כְּלֵי־ prep.-n.m.s. cstr. (481)-n.m.p. cstr. (479) *of all the household goods of*

בֵיתֶךָ n.m.s.-2 m.s. sf. (108) *your house*

שִׂים כֹּה Qal impv. 2 m.s. (962)-adv. (462) *set it here*

נֶגֶד אַחַי prep. (616)-n.m.p.-1 c.s. sf. (26) *before my kinsmen*

וְאַחֶיךָ conj.-n.m.p.-2 m.s. sf. (26) *and your kinsmen*

וְיוֹכִיחוּ conj.-Hi. impf. 3 m.p. (יכח 406) *that they may decide*

בֵּין שְׁנֵינוּ prep. (107)-num.-1 c.p. sf. (1040) *between us two*

31:38

זֶה עֶשְׂרִים שָׁנָה demons.adj. m.s. (260)-num. m.p. (797)-n.f.s. (1040) *these twenty years*

אָנֹכִי עִמָּךְ pers.pr. 1 c.s. (59)-prep.-2 m.s. sf. paus. *I have been with you*

רְחֵלֶיךָ n.f.p.-2 m.s. sf. (I 932) *your ewes*

וְעִזֶּיךָ conj.-n.f.p.-2 m.s. sf. (777) *and your she-goats*

לֹא שִׁכֵּלוּ neg.-Pi. pf. 3 c.p. paus. (1013) *have not miscarried*

וְאֵילֵי צֹאנְךָ conj.-n.m.p. cstr. (I 17)-n.f.s.-2 m.s. sf. (838) *and the rams of your flocks*

לֹא אָכָלְתִּי neg.-Qal pf. 1 c.s. paus. (37) *I have not eaten*

31:39

טְרֵפָה לֹא־הֵבֵאתִי n.f.s. (383)-neg.-Hi. pf. 1 c.s. (בוא 97) *that which was torn by wild beasts I did not bring*

אֵלֶיךָ prep.-2 m.s. sf. *to you*

אָנֹכִי אֲחַטֶּנָּה pers.pr. 1 c.s. (59)-Pi. impf. 1 c.s.-3 f.s. sf. (חטא 306; GK 23f,74k,75oo,qq,107e) *I bore the loss of it myself*

מִיָּדִי prep.-n.f.s.-1 c.s. sf. (388) *of my hand*

תְּבַקְשֶׁנָּה Pi. impf. 2 m.s.-3 f.s. sf. (134) *you required it*

גְּנֻבְתִי יוֹם Qal pass.ptc. f.s. cstr. (170; GK 90,l)-n.m.s. (398) *whether stolen by day*

וּגְנֻבְתִי לָיְלָה conj.-v.supra-n.m.s. paus. (538) *or stolen by night*

31:40

הָיִיתִי Qal pf. 1 c.s. (היה 224; GK 143aN) *thus I was*

בַיּוֹם prep.-def.art.-n.m.s. (398) *by day*

אֲכָלַנִי חֹרֶב Qal pf. 3 m.s. (37)-1 c.s. sf.-n.m.s. (I 351) *the heat consumed me*

וְקֶרַח בַּלַּיְלָה conj. (GK 104g)-n.m.s. (901)-def.art. -n.m.s. paus. (538) *and the cold by night*

וַתִּדַּד consec.-Qal impf. 3 f.s. (נדד 622; GK 67cc,76a) *and fled*

שְׁנָתִי n.f.s.-1 c.s. sf. (446) *my sleep*

מֵעֵינָי prep.-n.f. du.-1 c.s. sf. paus. (744) *from my eyes*

31:41

זֶה־לִּי demons.adj. m.s. (260; GK 136d)-prep.-1 c.s. sf. *these ... I have been*

עֶשְׂרִים שָׁנָה num. p. (797)-n.f.s. (1040) *twenty years*

בְּבֵיתֶךָ prep.-n.m.s.-2 m.s. sf. (108) *in your house*

עֲבַדְתִּיךָ Qal pf. 1 c.s.-2 m.s. sf. (712) *I served you*

אַרְבַּע־עֶשְׂרֵה num. (916)-num. m.s. (797) *fourteen*

שָׁנָה v.supra *years*

בִּשְׁתֵּי בְנֹתֶיךָ prep.-num. f. cstr. (1040)-n.f.p.-2 m.s. sf. (I 123) *for your daughters*

וְשֵׁשׁ שָׁנִים conj.-num. (995)-n.f.p. (1040) *and six years*

בְּצֹאנֶךָ prep.-n.f.s.-2 m.s. sf. (838) *for your flock*

וַתַּחֲלֵף consec.-Hi. impf. 2 m.s. (322) *and you have changed*

אֶת־מַשְׂכֻּרְתִּי dir.obj.-n.f.s.-1 c.s. sf. (969) *my wages*

עֲשֶׂרֶת מֹנִים num. f.s. (797)-n.m.p. (584) *ten times*

31:42

לוּלֵי אֱלֹהֵי אָבִי conj. (530; GK 106p)-n.m.p. cstr. (43)-n.m.s.-1 c.s. sf. (3) *if the God of my father*

אֱלֹהֵי אַבְרָהָם v.supra-pr.n. (4) *the God of Abraham*

וּפַחַד יִצְחָק conj.-n.m.s. cstr. (808)-pr.n. (850) *and the Fear of Isaac*

הָיָה לִי Qal pf. 3 m.s. (224)-prep.-1 c.s. sf. *had not been on my side*

כִּי עַתָּה רֵיקָם conj.-adv. (773)-adv. (938) *surely now empty-handed*

שִׁלַּחְתָּנִי Pi. pf. 2 m.s.-1 c.s. sf. (1018) *you would have sent me away*

אֶת־עָנְיִי dir.obj.-n.m.s.-1 c.s. sf. (777) *my affliction*

וְאֶת־יְגִיעַ כַּפַּי conj.-dir.obj.-n.m.s. cstr. (388) -n.f.p.-1 c.s. sf. (496) *and the labor of my hands*

141

רָאָה אֱלֹהִים Qal pf. 3 m.s. (906)-n.m.p. (43) *God saw*

וַיּוֹכַח אָמֶשׁ consec.-Hi. impf. 3 m.s. (יכח 406) -adv. paus. (57) *and rebuked last night*

31:43

וַיַּעַן לָבָן consec.-Qal impf. 3 m.s. (ענה I 772)-pr.n. (II526) *then Laban answered*

וַיֹּאמֶר consec.-Qal impf. 3 m.s. (55) *and said*

אֶל־יַעֲקֹב prep.-pr.n. (784) *to Jacob*

הַבָּנוֹת def.art.-n.f.p. (I 123) *the daughters*

בְּנֹתַי n.f.p.-1 c.s. sf. (I 123) *are my daughters*

וְהַבָּנִים conj.-def.art.-n.m.p. (119) *the children*

בָּנַי n.m.p.-1 c.s. sf. (119) *are my children*

וְהַצֹּאן conj.-def.art.-n.f.s. (838) *the flocks*

צֹאנִי n.f.s.-1 c.s. sf. (838) *are my flocks*

וְכֹל אֲשֶׁר־אַתָּה conj.-n.m.s. (481)-rel. (81) pers.pr. 2 m.s. (61) *and all that you*

רֹאֶה Qal act.ptc. (906) *see*

לִי־הוּא prep.-1 c.s. sf.-demons.adj. m.s. (214) *is mine*

וְלִבְנֹתַי conj.-prep.-n.f.p.-1 c.s. sf. (I 123) *and to my daughters*

מָה־אֶעֱשֶׂה interr. (552)-Qal impf. 1 c.s. (I 793) *what can I do*

לָאֵלֶּה prep.-def.art.-demons.adj. c.p. (41) *to these*

הַיּוֹם def.art.-n.m.s. (398) *this day*

אוֹ לִבְנֵיהֶן conj. (14)-prep.-n.m.p.-3 f.p. sf. (119) *or to their children*

אֲשֶׁר יָלָדוּ rel. (81)-Qal pf. 3 c.p. paus. (408) *whom they have borne*

31:44

וְעַתָּה לְכָה conj.-adv. (773)-Qal impv. 2 m.s. -coh.he (הלך 229; GK 69x) *come now*

נִכְרְתָה בְרִית Qal impf. 1 c.p.-coh.he (כרת 503)-n.f.s. (136) *let us make a covenant*

אֲנִי וְאַתָּה pers.pr. 1 c.s. (58)-conj.-pers.pr. 2 m.s. paus. (61) *you and I*

וְהָיָה לְעֵד conj.-Qal pf. 3 m.s. (224)-prep.-n.m.s. (729) *let it be a witness*

בֵּינִי וּבֵינֶךָ prep.-1 c.s. sf. (107)-conj.-prep.-2 m.s. sf. (107) *between you and me*

31:45

וַיִּקַּח יַעֲקֹב consec.-Qal impf. 3 m.s. (לקח 542) -pr.n. (784) *so Jacob took*

אָבֶן n.f.s. paus. (6) *a stone*

וַיְרִימֶהָ consec.-Hi. impf. 3 m.s.-3 f.s. sf. (926; GK 117ii) *and set it up*

מַצֵּבָה n.f.s. (663) *as a pillar*

31:46

וַיֹּאמֶר יַעֲקֹב consec.-Qal impf. 3 m.s. (55)-pr.n. (784) *and Jacob said*

לְאֶחָיו prep.-n.m.p.-3 m.s. sf. (26) *to his kinsmen*

לִקְטוּ אֲבָנִים Qal impv. 2 m.p. (544)-n.f.p. (6) *gather stones*

וַיִּקְחוּ אֲבָנִים consec.-Qal impf. 3 m.p. (לקח 542)-v.supra *and they took stones*

וַיַּעֲשׂוּ־גָל consec.-Qal impf. 3 m.p. (עשה I 793)-n.m.s. paus. (164) *and made a heap*

וַיֹּאכְלוּ שָׁם consec.-Qal impf. 3 m.p. (37)-adv. (1027) *and they ate there*

עַל־הַגָּל prep.-def.art.-n.m.s. paus. (164) *by the heap*

31:47

וַיִּקְרָא־לוֹ consec.-Qal impf. 3 m.s. (894)-prep.-3 m.s. sf. *called it*

לָבָן pr.n. (II 526) *Laban*

יְגַר שָׂהֲדוּתָא n.m.s. cstr. (1094)-n.f.s.-def.art. (1113; GK 1c) as pr.n. *Jegar-sahadutha* (mng. *the heap of witness*)

וְיַעֲקֹב קָרָא conj.-pr.n. (784)-Qal pf. 3 m.s. (894) *but Jacob called*

לוֹ prep.-3 m.s. sf. *it*

גַּלְעֵד pr.n. (165) *Galeed* (mng. *witness-pile*)

31:48

וַיֹּאמֶר לָבָן consec.-Qal impf. 3 m.s. (55)-pr.n. (II 526) *Laban said*

הַגַּל הַזֶּה def.art.-n.m.s. (164)-def.art.-demons.adj. m.s. (260) *this heap*

עֵד n.m.s. (729) *is a witness*

בֵּינִי וּבֵינְךָ prep.-1 c.s. sf. (107)-conj.-prep.-2 m.s. sf. (107) *between you and me*

הַיּוֹם def.art.-n.m.s. (398) *today*

עַל־כֵּן קָרָא־שְׁמוֹ prep.-adv. (485)-Qal pf. 3 m.s. (894)-n.m.s.-3 m.s. sf. (1027) *therefore he named it*

גַּלְעֵד pr.n. (165) *Galeed*

31:49

וְהַמִּצְפָּה conj.-def.art.-pr.n. (859) *and Mizpah*

אֲשֶׁר אָמַר rel. (81)-Qal pf. 3 m.s. (55) *for he said*

יִצֶף יהוה Qal impf. 3 m.s. apoc. vol. (צפה 859)-pr.n. (217) *Yahweh watch*

בֵּינִי וּבֵינֶךָ prep.-1 c.s. sf. (107)-conj.-prep.-2 m.s. sf. (107) *between you and me*

כִּי נִסָּתֵר conj.-Ni. impf. 1 c.p. (סתר 711) *when we are absent*

142

אִישׁ מֵרֵעֵהוּ n.m.s. (35)-prep.-n.m.s.-3 m.s. sf. (945) *one from the other*

31:50

אִם־תְּעַנֶּה hypoth.part. (49)-Pi. impf. 2 m.s. (עָנָה III 776) *if you ill-treat*

אֶת־בְּנֹתַי dir.obj.-n.f.p.-1 c.s. sf. (I 123) *my daughters*

וְאִם־תִּקַּח conj.-hypoth.part. (49)-Qal impf. 2 m.s. (לָקַח 542) *or if you take*

נָשִׁים עַל־בְּנֹתַי n.f.p. (61)-prep.-n.f.p.-1 c.s. sf. (61) *wives besides my daughters*

אֵין אִישׁ עִמָּנוּ subst. cstr. (II 34)-n.m.s. (35) -prep.-1 c.p. sf. *although no man is with us*

רְאֵה Qal impv. 2 m.s. (906) *remember*

אֱלֹהִים עֵד n.m.p. (43)-n.m.s. (729) *God is witness*

בֵּינִי וּבֵינֶךָ prep.-1 c.s. sf. (107)-conj.-prep.-2 m.s. sf. (107) *between you and me*

31:51

וַיֹּאמֶר לָבָן consec.-Qal impf. 3 m.s. (55)-pr.n. (II 526) *then Laban said*

לְיַעֲקֹב prep.-pr.n. (784) *to Jacob*

הִנֵּה הַגַּל הַזֶּה demons.part. (243)-def.art.-n.m.s. (164)-def.art.-demons.adj. m.s. (260) *see this heap*

וְהִנֵּה הַמַּצֵּבָה conj.-demons.part. (243)-def.art. -n.f.s. (663) *and the pillar*

אֲשֶׁר יָרִיתִי rel. (81)-Qal pf. 1 c.s. (יָרָה 434) *which I have set*

בֵּינִי וּבֵינֶךָ prep.-1 c.s. sf. (107)-conj.-prep.-2 m.s. sf. (107) *between you and me*

31:52

עֵד הַגַּל הַזֶּה n.m.s. (729)-def.art.-n.m.s. (164) -def.art.-demons.adj.m.s. (260) *this heap is a witness*

וְעֵדָה הַמַּצֵּבָה conj.-n.f.s. (II 729)-def.art.-n.f.s. (663) *and the pillar is a witness*

אִם־אָנִי לֹא־אֶעֱבֹר conj. (49)-pers.pr. 1 c.s. (58; GK 149c,167b)-neg.-Qal impf. 1 c.s. (716) *that I will not pass over*

אֵלֶיךָ prep.-2 m.s. sf. *to you*

אֶת־הַגַּל הַזֶּה dir.obj.-def.art.-n.m.s. (164)-def.art. -demons.adj. m.s. (260) *this heap*

וְאִם־אַתָּה לֹא־תַעֲבֹר conj.-conj. (49)-pers.pr. 2 m.s. (61)-neg.-Qal impf. 2 m.s. (716) *and you will not pass over*

אֵלַי prep.-1 c.s. sf. *to me*

אֶת־הַגַּל הַזֶּה dir.obj.-def.art.-n.m.s. (164)-def.art. -demons.adj. m.s. (260) *this heap*

וְאֶת־הַמַּצֵּבָה הַזֹּאת conj.-dir.obj.-def.art.-n.f.s. (663)-def.art.-demons.adj. f.s. (260) *and this pillar*

לְרָעָה prep.-n.f.s. (948) *for harm*

31:53

אֱלֹהֵי אַבְרָהָם n.m.p. cstr. (43)-pr.n. (4) *the God of Abraham*

וֵאלֹהֵי נָחוֹר conj.-n.m.p. cstr. (43)-pr.n. (637) *and the God of Nahor*

יִשְׁפְּטוּ בֵינֵינוּ Qal impf. 3 m.p. (1047; GK 145i) -prep.-1 c.p. sf. (107) *judge between us*

אֱלֹהֵי אֲבִיהֶם n.m.p. cstr. (43)-n.m.s.-3 m.p. sf. (3) *the God of their father*

וַיִּשָּׁבַע יַעֲקֹב consec.-Ni. impf. 3 m.s. (989)-pr.n. (784) *so Jacob swore*

בְּפַחַד אָבִיו prep.-n.m.s. cstr. (I 808)-n.m.s.-3 m.s. sf. (3) *by the Fear of his father*

יִצְחָק pr.n. (850) *Isaac*

31:54

וַיִּזְבַּח יַעֲקֹב consec.-Qal impf. 3 m.s. (256)-pr.n. (784) *and Jacob offered*

זֶבַח בָּהָר n.m.s. (I 257)-prep.-def.art.-n.m.s. (249) *a sacrifice on the mountain*

וַיִּקְרָא consec.-Qal impf. 3 m.s. (894) *and called*

לְאֶחָיו prep.-n.m.p.-3 m.s. sf. (26) *his kinsmen*

לֶאֱכָל־לָחֶם prep.-Qal inf.cstr. (37)-n.m.s. paus. (536) *to eat bread*

וַיֹּאכְלוּ consec.-Qal impf. 3 m.p. (37) *and they ate*

לָחֶם n.m.s. (536) *bread*

וַיָּלִינוּ בָּהָר consec.-Qal impf. 3 m.p. (לִין 533) -prep.-def.art.-n.m.s. (249) *and tarried all night on the mountain*

32:1

וַיַּשְׁכֵּם לָבָן consec.-Hi. impf. 3 m.s. (1014)-pr.n. (II 526) *Laban arose early*

בַּבֹּקֶר prep.-def.art.-n.m.s. (133) *in the morning*

וַיְנַשֵּׁק consec.-Pi. impf. 3 m.s. (I 676) *and kissed*

לְבָנָיו prep.-n.m.p.-3 m.s. sf. (119) *his grandchildren*

וְלִבְנוֹתָיו conj.-prep.-n.f.p.-3 m.s. sf. (I 123) *and his daughters*

וַיְבָרֶךְ אֶתְהֶם consec.-Pi. impf. 3 m.s. (138)-dir. obj.-3 m.p. sf. (GK 103b,122g) *and blessed them*

וַיֵּלֶךְ consec.-Qal impf. 3 m.s, (הָלַךְ 229) *then he departed*

וַיָּשָׁב לָבָן consec.-Qal impf. 3 m.s. (שׁוּב 996) -pr.n. (II 526) *and Laban returned*

143

לִמְקֹמוֹ prep.-n.m.s.-3 m.s. sf. (879) *home (to his place)*

32:2

וַיַּעֲקֹב הָלַךְ conj.-pr.n. (784)-Qal pf. 3 m.s. (229) *Jacob went*

לְדַרְכּוֹ prep.-n.m.s.-3 m.s. sf. (202) *on his way*

וַיִּפְגְּעוּ־בוֹ consec.-Qal impf. 3 m.p (803)-prep.-3 m.s. sf. *and met him*

מַלְאֲכֵי אֱלֹהִים n.m.p. cstr. (521)-n.m.p. (43) *the angels of God*

32:3

וַיֹּאמֶר יַעֲקֹב consec.-Qal impf. 3 m.s. (55)-pr.n. (784) *and Jacob said*

כַּאֲשֶׁר רָאָם prep.-rel. (81)-Qal pf. 3 m.s.-3 m.p. sf. (רָאָה 906) *when he saw them*

מַחֲנֵה אֱלֹהִים n.m.s. cstr. (334)-n.m.p. (43) *God's army*

זֶה demons.adj. m.s. (260; GK 136b) *this is*

וַיִּקְרָא consec.-Qal impf. 3 m.s. (894) *so he called*

שֵׁם־הַמָּקוֹם הַהוּא n.m.s. cstr. (1027)-def.art. -n.m.s. (879)-def.art.-demons.adj. m.s. (214) *the name of that place*

מַחֲנָיִם pr.n. paus. (334) *Mahanaim (mng. two armies)*

32:4

וַיִּשְׁלַח יַעֲקֹב consec.-Qal impf. 3 m.s. (1018)-pr.n. (784) *and Jacob sent*

מַלְאָכִים n.m.p. (521) *messengers*

לְפָנָיו prep.-n.m.p.-3 m.s. sf. (815) *before him*

אֶל־עֵשָׂו prep.-pr.n. (796) *to Esau*

אָחִיו n.m.s.-3 m.s. sf. (26) *his brother*

אַרְצָה שֵׂעִיר n.f.s. cstr.-dir.he (75)-pr.n. (973) *in the land of Seir*

שְׂדֵה אֱדוֹם n.m.s. cstr. (961)-pr.n. (10) *the country of Edom*

32:5

וַיְצַו אֹתָם consec.-Pi. impf. 3 m.s. (צָוָה 845) -dir.obj.-3 m.p. sf. *instructing them*

לֵאמֹר prep.-Qal inf.cstr. (55) *(saying)*

כֹּה תֹאמְרוּן adv. (462)-Qal impf. 2 m.p. (55) *thus you shall say*

לַאדֹנִי prep.-n.m.s.-1 c.s. sf. (10) *to my lord*

לְעֵשָׂו prep.-pr.n. (796) *Esau*

כֹּה אָמַר adv. (462)-Qal pf. 3 m.s. (55) *thus says*

עַבְדְּךָ n.m.s.-2 m.s. sf. (713) *your servant*

יַעֲקֹב pr.n. (784) *Jacob*

עִם־לָבָן prep.-pr.n. (II 526) *with Laban*

גַּרְתִּי Qal pf. 1 c.s. (גּוּר 157) *I have sojourned*

וָאֵחַר consec.-Qal impf. 1 c.s. (אָחַר 29; GK 64h,68f) *and stayed*

עַד־עָתָּה prep.-adv. paus. (773) *until now*

32:6

וַיְהִי־לִי consec.-Qal impf. 3 m.s. (הָיָה 224) -prep.-1 c.s. sf. *and I have*

שׁוֹר n.m.s. (1004; GK 123b) *oxen*

וַחֲמוֹר conj.-n.m.s. (331) *asses*

צֹאן n.f.s. (838) *flocks*

וְעֶבֶד conj. (GK 104g)-n.m.s. (713) *menservants*

וְשִׁפְחָה conj.-n.f.s. (1046) *and maidservants*

וָאֶשְׁלְחָה consec.-Qal impf. 1 c.s.-dir.he (1018; GK 49e) *and I have sent*

לְהַגִּיד prep.-Hi. inf.cstr. (נגד 616) *to tell*

לַאדֹנִי prep.-n.m.s.-1 c.s. sf. (10) *my lord*

לִמְצֹא־חֵן prep.-Qal inf.cstr. (592)-n.m.s. (336) *in order that I may find favor*

בְּעֵינֶיךָ prep.-n.f. du.-2 m.s. sf. (744) *in your sight*

32:7

וַיָּשֻׁבוּ consec.-Qal impf. 3 m.p. (שׁוּב 996) *and returned*

הַמַּלְאָכִים def.art.-n.m.p. (521) *the messengers*

אֶל־יַעֲקֹב prep.-pr.n. (784) *to Jacob*

לֵאמֹר prep.-Qal inf.cstr. (55) *saying*

בָּאנוּ Qal pf. 1 c.p. (בּוֹא 97) *we came*

אֶל־אָחִיךָ prep.-n.m.s.-2 m.s. sf. (26) *to your brother*

אֶל־עֵשָׂו prep.-pr.n. (796) *Esau*

וְגַם הֹלֵךְ conj.-adv. (168)-Qal act.ptc. (229; GK 116s) *and he is coming*

לִקְרָאתְךָ prep.-Qal inf.cstr.-2 m.s. sf. (896) *to meet you*

וְאַרְבַּע־מֵאוֹת conj.-num. m.s. (916)-n.f.p. (547) *and four hundred*

אִישׁ עִמּוֹ n.m.s. (35)-prep.-3 m.s. sf. *men with him*

32:8

וַיִּירָא consec.-Qal impf. 3 m.s. (ירא 431) *then ... was afraid*

יַעֲקֹב pr.n. (784) *Jacob*

מְאֹד adv. (547) *greatly*

וַיֵּצֶר consec.-Qal impf. 3 m.s. (צרר I 864; GK 67p,144b) *and distressed*

לוֹ prep.-3 m.s. sf. *(to himself)*

וַיַּחַץ אֶת־הָעָם consec.-Qal impf. 3 m.s. (חָצָה 345)-dir.obj.-def.art.-n.m.s. (I 766) *and he divided the people*

אֲשֶׁר־אִתּוֹ rel. (81)-prep. (II 85)-3 m.s. sf. *who were with him*

וְאֶת־הַצֹּאן conj.-dir.obj.-def.art.-n.f.s. (838) *and the flocks*

וְאֶת־הַבָּקָר conj.-dir.obj.-def.art.-n.m.s. (133) *and herds*

וְהַגְּמַלִּים conj.-def.art.-n.m.p. (168) *and camels*

לִשְׁנֵי מַחֲנוֹת prep.-num. m. cstr. (1040)-n.m.p. (334) *into two companies*

32:9

וַיֹּאמֶר consec.-Qal impf. 3 m.s. (55) *thinking*

אִם־יָבוֹא עֵשָׂו hypoth.part. (49)-Qal impf. 3 m.s. (בּוֹא 97)-pr.n. (796) *if Esau comes*

אֶל־הַמַּחֲנֶה הָאַחַת prep.-def.art.-n.f.s. (334) -def.art.-adj. f.s. (25; GK 145u) *to the one company*

וְהִכָּהוּ conj.-Hi. pf. 3 m.s.-3 m.s. sf. (נָכָה 645; GK 112p) *and destroys it*

וְהָיָה הַמַּחֲנֶה הַנִּשְׁאָר conj.-Qal pf. 3 m.s. (224) -def.art.-n.m.s. (334)-def.art.-Ni. ptc. (I 983) *then the company which is left*

לִפְלֵיטָה prep.-n.f.s. (812) *will escape*

32:10

וַיֹּאמֶר יַעֲקֹב consec.-Qal impf. 3 m.s. (55)-pr.n. (784) *and Jacob said*

אֱלֹהֵי אָבִי n.m.p. cstr. (43)-n.m.s.-1 c.s. sf. (3) *O God of my father*

אַבְרָהָם pr.n. (4) *Abraham*

וֵאלֹהֵי אָבִי conj.-v.supra-v.supra *and the God of my father*

יִצְחָק pr.n. (850) *Isaac*

יהוה הָאֹמֵר pr.n. (217)-def.art.-Qal act.ptc. (55; GK 116o) *O Yahweh who didst say*

אֵלַי prep.-1 c.s. sf. *to me*

שׁוּב Qal impv. 2 m.s. (שׁוּב 996) *return*

לְאַרְצְךָ prep.-n.f.s.-2 m.s. sf. (75) *to your country*

וּלְמוֹלַדְתְּךָ conj.-prep.-n.f.s.-2 m.s. sf. (409) *and to your kindred*

וְאֵיטִיבָה עִמָּךְ conj.-Hi. impf. 1 c.s.-coh.he (יָטַב 405)-prep.-2 m.s. sf. paus. *and I will do you good*

32:11

קָטֹנְתִּי מִכֹּל Qal pf. 1 c.s. (קָטֹן 881; GK 106g,133c) -prep.-n.m.s. cstr. (481) *I am not worthy of the least of all*

הַחֲסָדִים def.art.-n.m.p. (I 338) *the steadfast love*

וּמִכָּל־הָאֱמֶת conj.-prep.-n.m.s. cstr. (481)-def.art. -n.f.s. (54) *and all the faithfulness*

אֲשֶׁר עָשִׂיתָ rel. (81)-Qal pf. 2 m.s. (עָשָׂה I 793) *which thou hast shown*

אֶת־עַבְדֶּךָ dir.obj.-n.m.s.-2 m.s. sf. paus. (713) *to thy servant*

כִּי בְמַקְלִי conj.-prep.-n.m.s.-1 c.s. sf. (596; GK 119n) *for with only my staff*

עָבַרְתִּי Qal pf. 1 c.s. (716) *I crossed*

אֶת־הַיַּרְדֵּן הַזֶּה dir.obj.-n.m.s.-pr.n. (434)-def.art. -demons.adj. m.s. (260) *this Jordan*

וְעַתָּה הָיִיתִי conj.-adv. (773)-Qal pf. 1 c.s. (224) *and now I have become*

לִשְׁנֵי מַחֲנוֹת prep.-num. p. cstr. (1040)-n.m.p. (334) *two companies*

32:12

הַצִּילֵנִי Hi. impv. 2 m.s.-1 c.s. sf. (נָצַל 664) *deliver me*

נָא part.of entreaty (609) *I pray thee*

מִיַּד אָחִי prep.-n.f.s. cstr. (388)-n.m.s.-1 c.s. sf. (26) *from the hand of my brother*

מִיַּד עֵשָׂו v.supra-pr.n. (796) *from the hand of Esau*

כִּי־יָרֵא אָנֹכִי conj.-Qal act.ptc. (431)-pers.pr. 1 c.s. (59) *for I fear*

אֹתוֹ dir.obj.-3 m.s. sf. *him*

פֶּן־יָבוֹא conj. (814; GK 152w)-Qal impf. 3 m.s. (בּוֹא 97) *lest he come*

וְהִכַּנִי conj.-Hi. pf. 3 m.s.-1 c.s. sf. (נָכָה 645) *and slay (me) us*

אֵם עַל־בָּנִים n.f.s. (51)-prep.-n.m.p. (119; GK 119aaN,156c) *the mother with the children*

32:13

וְאַתָּה אָמַרְתָּ conj.-pers.pr. 2 m.s. (61)-Qal pf. 2 m.s. (55) *but thou didst say*

הֵיטֵב אֵיטִיב עִמָּךְ Hi. inf.abs. (405)-Hi. impf. 1 c.s. (יָטַב 405)-prep.-2 m.s. sf. paus. *I will do you good*

וְשַׂמְתִּי אֶת־זַרְעֲךָ conj.-Qal pf. 1 c.s. (שׂוּם 962) -dir.obj.-n.m.s.-2 m.s. sf. (282) *and make your descendants*

כְּחוֹל הַיָּם prep.-n.m.s. cstr. (297)-def.art.-n.m.s. (410) *as the sand of the sea*

אֲשֶׁר לֹא־יִסָּפֵר rel. (81)-neg.-Ni. impf. 3 m.s. (707; GK 107w) *which cannot be numbered*

מֵרֹב prep.-n.m.s. (913) *for multitude*

32:14

וַיָּלֶן שָׁם consec.-Qal impf. 3 m.s. (לִין 533)-adv. (1027) *so he lodged there*

בַּלַּיְלָה הַהוּא prep.-n.m.s. (538)-def.art. -demons.adj. m.s. (214) *that night*

145

וַיִּקַּח consec.-Qal impf. 3 m.s. (לָקַח 542) *and took*

מִן־הַבָּא בְיָדוֹ prep.-def.art.-Qal act.ptc. (בּוֹא 97)-prep.-n.f.s.-3 m.s. sf. (388) *from what he had with him*

מִנְחָה לְעֵשָׂו אָחִיו n.f.s. (585)-prep.-pr.n. (796)-n.m.s.-3 m.s. sf. (26) *a present for his brother Esau*

32:15

עִזִּים מָאתַיִם n.f.p. (777)-num. f. du. (547) *two hundred she-goats*

וּתְיָשִׁים עֶשְׂרִים conj.-n.m.p. (1066)-num. p. (797; GK 134c) *and twenty he-goats*

רְחֵלִים מָאתַיִם n.f.p. (I 932)-num. f. du. (547) *two hundred ewes*

וְאֵילִים עֶשְׂרִים conj.-n.m.p. (I 17)-num. m.p. (797) *and twenty rams*

32:16

גְּמַלִּים מֵינִיקוֹת n.f.p. (168; GK 122d,132e,135o)-Hi. ptc. f.p. (יָנַק 413) *milch camels*

וּבְנֵיהֶם conj.-n.m.p.-3 m.p. sf. (119) *and their colts*

שְׁלֹשִׁים num. m.p. (1026) *thirty*

פָּרוֹת אַרְבָּעִים n.f.p. (831)-num. m.p. (917) *forty cows*

וּפָרִים עֲשָׂרָה conj.-n.m.p. (830)-num. f.s. (796) *and ten bulls*

אֲתֹנֹת עֶשְׂרִים n.f.p. (87)-num. m.p. (797) *twenty she-asses*

וַעְיָרִם עֲשָׂרָה conj.-n.m.p. (747; GK 28b)-num. f.s. (796) *and ten he-asses*

32:17

וַיִּתֵּן consec.-Qal impf. 3 m.s. (נָתַן 678) *he delivered*

בְּיַד־עֲבָדָיו prep.-n.f.s. cstr. (388)-n.m.p.-3 m.s. sf. (713) *into the hand of his servants*

עֵדֶר עֵדֶר לְבַדּוֹ n.m.s. (727)-v.supra-prep.-3 m.s. sf. (II 94; GK 123d) *every drove by itself*

וַיֹּאמֶר consec.-Qal impf. 3 m.s. (55) *and said*

אֶל־עֲבָדָיו prep.-v.supra *to his servants*

עִבְרוּ לְפָנַי Qal impv. 2 m.p. (716)-prep.-n.m.p.-1 c.s. sf. (815) *pass on before me*

וְרֶוַח תָּשִׂימוּ conj.-n.m.s. (926)-Qal impf. 2 m.p. (962) *and put a space*

בֵּין עֵדֶר וּבֵין עֵדֶר prep. (107)-n.m.s. (727)-conj.-v.supra-v.supra *between drove and drove*

32:18

וַיְצַו consec.-Pi. impf. 3 m.s. (צָוָה 845) *he instructed*

אֶת־הָרִאשׁוֹן dir.obj.-def.art.-adj. m.s. (911) *the foremost*

לֵאמֹר prep.-Qal inf.cstr. (55) *saying*

כִּי יִפְגָּשְׁךָ conj.-Qal impf. 3 m.s.-2 m.s. sf. (פָּגַשׁ 803; GK 9v,10g,60b) *when ... meets you*

עֵשָׂו אָחִי pr.n. (796)-n.m.s.-1 c.s. sf. (26) *Esau my brother*

וּשְׁאֵלְךָ conj.-Qal pf. 3 m.s.-2 m.s. sf. (981; GK 64f) *and asks you*

לֵאמֹר prep.-Qal inf.cstr. (55) *(saying)*

לְמִי־אַתָּה prep.-interr. (566; GK 137b)-pers.pr. 2 m.s. (61) *to whom do you belong*

וְאָנָה תֵלֵךְ conj.-adv.-loc.he (33)-Qal impf. 2 m.s. (הָלַךְ 229) *where are you going?*

וּלְמִי אֵלֶּה conj.-prep.-interr. (566)-demons.adj. c.p. (41) *and whose are these*

לְפָנֶיךָ prep.-n.m.p.-2 m.p. sf. (815) *before you*

32:19

וְאָמַרְתָּ consec.-Qal pf. 2 m.s. (55) *then you shall say*

לְעַבְדְּךָ לְיַעֲקֹב prep.-n.m.s.-2 m.s. sf. (713)-prep.-pr.n. (784) *to your servant Jacob*

מִנְחָה הִוא n.f.s. (585)-pers.pr. 3 f.s. (214) *they are a present*

שְׁלוּחָה לַאדֹנִי Qal pass.ptc. f.s. (1018)-prep.-n.m.s.-1 c.s. sf. (10; GK 124i) *sent to my lord*

לְעֵשָׂו prep.-pr.n. (796) *Esau*

וְהִנֵּה גַם־הוּא conj.-demons.part. (243)-adv. (168)-pers.pr. 3 m.s. (214) *moreover he is*

אַחֲרֵינוּ prep.-1 c.p. sf. (29) *behind us*

32:20

וַיְצַו גַּם consec.-Pi. impf. 3 m.s. (צָוָה 845)-adv. (168) *he likewise instructed*

אֶת־הַשֵּׁנִי dir.obj.-def.art.-num. ord. (1041) *the second*

גַּם אֶת־הַשְּׁלִישִׁי adv. (168)-dir.obj.-def.art.-num. adj. ord. (1026) *and the third*

גַּם אֶת־כָּל־הַהֹלְכִים adv. (168)-dir.obj.-n.m.s. cstr. (481)-def.art.-Qal act.ptc. m.p. (229) *and all who followed*

אַחֲרֵי הָעֲדָרִים prep. cstr. (29)-def.art.-n.m.p. (727) *the droves*

לֵאמֹר prep.-Qal inf.cstr. (55) *(saying)*

כַּדָּבָר הַזֶּה prep.-def.art.-n.m.s. (182)-def.art.-demons.adj. m.s. (260) *the same thing*

תְּדַבְּרוּן Pi. impf. 2 m.p. (180; GK 52n) *you shall say*

אֶל־עֵשָׂו prep.-pr.n. (796) *to Esau*

בְּמֹצַאֲכֶם אֹתוֹ prep.-Qal act.ptc.-2 m.p. sf. (מָצָא 592; GK 61d,74h)-dir.obj.-3 m.s. sf. *when you meet him*

32:21

וַאֲמַרְתֶּם conj.-Qal pf. 2 m.p. (55) *and you shall say*

גַּם הִנֵּה עַבְדְּךָ adv. (168)-demons.part. (243) -n.m.s.-2 m.s. sf. (713) *moreover your servant*

יַעֲקֹב pr.n. (784) *Jacob*

אַחֲרֵינוּ prep.-1 c.p. sf. (29) *behind us*

כִּי־אָמַר conj.-Qal pf. 3 m.s. (55) *for he thought*

אֲכַפְּרָה פָנָיו Pi. impf. 1 c.s.-coh.he (497)-n.m.p.-3 m.s. sf. (815) *I may appease him*

בַּמִּנְחָה prep.-def.art.-n.f.s. (585) *with the present*

הַהֹלֶכֶת לְפָנָי def.art.-Qal act.ptc. f.s. (229)-prep. -n.m.p.-1 c.s. sf. (815) *that goes before me*

וְאַחֲרֵי־כֵן conj.-prep. (29)-adv. (485) *and afterwards*

אֶרְאֶה פָנָיו Qal impf. 1 c.s. (906)-n.m.p.-3 m.s. sf. (815) *I shall see his face*

אוּלַי יִשָּׂא פָנָי adv. (II 19)-Qal impf. 3 m.s. (נָשָׂא 669)-n.m.p.-1 c.s. sf. paus. (815) *perhaps he will accept me*

32:22

וַתַּעֲבֹר הַמִּנְחָה consec.-Qal impf. 3 f.s. (716) -def.art.-n.f.s. (585) *so the present passed on*

עַל־פָּנָיו prep.-n.m.p.-3 m.s. sf. (815) *before him*

וְהוּא לָן conj.-pers.pr. 3 m.s. (214)-Qal pf. 3 m.s. (לִין 533) *and he himself lodged*

בַּלַּיְלָה־הַהוּא prep.-def.art.-n.m.s. (538)-def.art. -demons.adj. m.s. (214) *that night*

בַּמַּחֲנֶה prep.-def.art.-n.m.s. (334) *in the camp*

32:23

וַיָּקָם consec.-Qal impf. 3 m.s. (קוּם 877) *he arose*

בַּלַּיְלָה הוּא prep.-def.art.-n.m.s. (538)-demons.adj. m.s. (prb.rd. הַהוּא 214) *the same night*

וַיִּקַּח consec.-Qal impf. 3 m.s. (לָקַח 542) *and took*

אֶת־שְׁתֵּי נָשָׁיו dir.obj.-num. f.s. cstr. (1040) -n.f.p.-3 m.s. sf. (61) *his two wives*

וְאֶת־שְׁתֵּי שִׁפְחֹתָיו conj.-v.supra-n.f.p.-3 m.s. sf. (1046) *his two maids*

וְאֶת־אַחַד עָשָׂר conj.-dir.obj.-num. adj. (25) -num. (797) *and eleven*

יְלָדָיו n.m.p.-3 m.s. sf. (409) *his children*

וַיַּעֲבֹר consec.-Qal impf. 3 m.s. (716) *and crossed*

אֵת מַעֲבַר יַבֹּק dir.obj.-n.m.s. cstr. (721)-pr.n. (132) *the ford of the Jabbok*

32:24

וַיִּקָּחֵם consec.-Qal impf. 3 m.s.-3 m.p. sf. (לָקַח 542) *he took them*

וַיַּעֲבִרֵם consec.-Hi. impf. 3 m.s.-3 m.p. sf. (עָבַר 716) *and sent them across*

אֶת־הַנָּחַל dir.obj.-def.art.-n.m.s. paus. (636) *the stream*

וַיַּעֲבֵר consec.-Hi. impf. 3 m.s. (716) *and he sent over*

אֶת־אֲשֶׁר־לוֹ dir.obj.-rel. (81)-prep.-3 m.s. sf. *everything that he had*

32:25

וַיִּוָּתֵר יַעֲקֹב consec.-Ni. impf. 3 m.s. (יָתַר 451) -pr.n. (784) *and Jacob was left*

לְבַדּוֹ prep.-n.m.s.-3 m.s. sf. (94) *alone*

וַיֵּאָבֵק אִישׁ consec.-Ni. impf. 3 m.s. (אָבַק 7; GK 51n)-n.m.s. (35) *and a man wrestled*

עִמּוֹ prep.-3 m.s. sf. *with him*

עַד עֲלוֹת הַשָּׁחַר prep.-Qal inf.cstr. (עָלָה 748) -def.art.-n.m.s. paus. (1007) *until the breaking of the day*

32:26

וַיַּרְא consec.-Qal impf. 3 m.s. (רָאָה 906) *when he saw*

כִּי לֹא יָכֹל לוֹ conj.-neg.-Qal pf. 3 m.s. (יָכֹל 407)-prep.-3 m.s. sf. *that he did not prevail against him*

וַיִּגַּע consec.-Qal impf. 3 m.s. (נָגַע 619) *he touched*

בְּכַף־יְרֵכוֹ prep.-n.f.s. cstr. (496)-n.f.s.-3 m.s. sf. (437) *the hollow of his thigh*

וַתֵּקַע consec.-Qal impf. 3 f.s. (יָקַע 429) *and was put out of joint*

כַּף־יֶרֶךְ יַעֲקֹב n.f.s. cstr. (496)-n.f.s. cstr. (437) -pr.n. (784) *Jacob's thigh*

בְּהֵאָבְקוֹ prep.-Ni. inf.cstr.-3 m.s. sf. (אָבַק 7) *as he wrestled*

עִמּוֹ prep.-3 m.s. sf. *with him*

32:27

וַיֹּאמֶר consec.-Qal impf. 3 m.s. (55) *then he said*

שַׁלְּחֵנִי Pi. impv. 2 m.s.-1 c.s. sf. (1018) *let me go*

כִּי עָלָה הַשָּׁחַר conj.-Qal pf. 3 m.s. (748)-def.art. -n.m.s. paus. (1007) *for the day is breaking*

וַיֹּאמֶר v.supra *but he said*

לֹא אֲשַׁלֵּחֲךָ neg.-Pi. impf. 1 c.s.-2 m.s. sf. (שָׁלַח 1018; GK 60f,65h) *I will not let you go*

147

כִּי אִם־בֵּרַכְתָּנִי conj.-hypoth.part. (49)-Pi. pf. 2 m.s.-1 c.s. sf. (138; GK 163c) *unless you bless me*

32:28

וַיֹּאמֶר אֵלָיו consec.-Qal impf. 3 m.s. (55)-prep.-3 m.s. sf. *and he said to him*

מַה־שְּׁמֶךָ interr. (552)-n.m.s.-2 m.s. sf. (1027) *what is your name?*

וַיֹּאמֶר v.supra *and he said*

יַעֲקֹב pr.n. (784) *Jacob*

32:29

וַיֹּאמֶר consec.-Qal impf. 3 m.s. (55) *then he said*

לֹא יַעֲקֹב יֵאָמֵר neg.-pr.n. (784)-Ni. impf. 3 m.s. (55) *no ... Jacob ... shall be called*

עוֹד שִׁמְךָ adv. (728)-n.m.s.-2 m.s. sf. (1027) *your name ... more*

כִּי אִם־יִשְׂרָאֵל conj.-conj. (49)-pr.n. (975) *but Israel*

כִּי־שָׂרִיתָ conj.-Qal pf. 2 m.s. (שָׂרָה I 975) *for you have striven*

עִם־אֱלֹהִים prep.-n.m.p. (43) *with God*

וְעִם־אֲנָשִׁים conj.-prep.-n.m.p. (35) *and with men*

וַתּוּכָל consec.-Qal impf. 2 m.s. (יָכֹל 407) *and have prevailed*

32:30

וַיִּשְׁאַל יַעֲקֹב consec.-Qal impf. 3 m.s. (שָׁאַל 981)-pr.n. (784) *then Jacob asked*

וַיֹּאמֶר consec.-Qal impf. 3 m.s. (55) *(and said)*

הַגִּידָה־נָּא Hi. impv. 2 m.s.-vol.he (נָגַד 616) -part.of entreaty (609; GK 20f) *tell me I pray*

שְׁמֶךָ n.m.s.-2 m.s. sf. (1027) *your name*

וַיֹּאמֶר consec.-Qal impf. 3 m.s. (55) *but he said*

לָמָּה זֶּה prep.-interr. (552)-demons.adj. m.s. (260) *why is it?*

תִּשְׁאַל לִשְׁמִי Qal impf. 2 m.s. (שָׁאַל 981; GK 107h)-prep.-n.m.s.-1 c.s. sf. (1027) *you ask my name*

וַיְבָרֶךְ consec.-Pi. impf. 3 m.s. (138) *and he blessed*

אֹתוֹ שָׁם dir.obj.-3 m.s. sf.-adv. (1027) *him there*

32:31

וַיִּקְרָא יַעֲקֹב consec.-Qal impf. 3 m.s. (894)-pr.n. (784) *so Jacob called*

שֵׁם הַמָּקוֹם n.m.s. cstr. (1027)-def.art.-n.m.s. (879) *the name of the place*

פְּנִיאֵל pr.n. (819) *Peniel* (rd. פְּנוּאֵל GK 90k)

כִּי־רָאִיתִי conj. (GK 157b)-Qal pf. 1 c.s. (רָאָה 906) *for I have seen*

אֱלֹהִים n.m.p. (43) *God*

פָּנִים אֶל־פָּנִים n.m.p. (815)-prep.-v.supra (GK 156c) *face to face*

וַתִּנָּצֵל נַפְשִׁי consec.-Ni. impf. 3 f.s. (664; GK 111e)-n.f.s.-1 c.s. sf. (659) *and yet my life is preserved*

32:32

וַיִּזְרַח־לוֹ consec.-Qal impf. 3 m.s. (280)-prep.-3 m.s. sf. *rose upon him*

הַשֶּׁמֶשׁ def.art.-n.f.s. (1029) *the sun*

כַּאֲשֶׁר עָבַר prep.-rel. (81)-Qal pf. 3 m.s. (716) *as he passed*

אֶת־פְּנוּאֵל dir.obj.-pr.n. (819) *Penuel*

וְהוּא צֹלֵעַ conj.-pers.pr. 3 m.s.(214)-Qal act.ptc. (II 854) *limping*

עַל־יְרֵכוֹ prep.-n.f.s.-3 m.s. sf. (437) *because of his thigh*

32:33

עַל־כֵּן לֹא־יֹאכְלוּ prep.-adv. (485)-neg.-Qal impf. 3 m.p. (37) *therefore do not eat*

בְנֵי־יִשְׂרָאֵל n.m.p. cstr. (119)-pr.n. (975) *the Israelites*

אֶת־גִּיד הַנָּשֶׁה dir.obj.-n.m.s. cstr. (161)-def.art. -n.m.s. (674) *the sinew of the hip*

אֲשֶׁר עַל־כַּף הַיָּרֵךְ rel. (81)-prep.-n.f.s. cstr. (496)-def.art.-n.f.s. (437) *which is upon the hollow of the thigh*

עַד הַיּוֹם הַזֶּה prep.-def.art.-n.m.s. (398)-def.art. -demons.adj. m.s. (260) *to this day*

כִּי נָגַע conj.-Qal pf. 3 m.s. (619) *because he touched*

בְּכַף־יֶרֶךְ יַעֲקֹב prep.-n.f.s. cstr. (496)-n.f.s. cstr. (437)-pr.n. (784) *the hollow of Jacob's thigh*

בְּגִיד הַנָּשֶׁה prep.-v.supra-v.supra *on the sinew of the hip*

33:1

וַיִּשָּׂא יַעֲקֹב consec.-Qal impf. 3 m.s. (נָשָׂא 669)-pr.n. (784) *and Jacob lifted*

עֵינָיו n.f. du.-3 m.s. sf. (744) *his eyes*

וַיַּרְא consec.-Qal impf. 3 m.s. (רָאָה 906) *and looked*

וְהִנֵּה עֵשָׂו conj.-demons.part. (243)-pr.n. (796) *and behold, Esau*

בָּא Qal act.ptc. or Qal pf. 3 m.s. (בּוֹא 97) *was coming*

וְעִמּוֹ אַרְבַּע מֵאוֹת conj.-prep.-3 m.s. sf.-num. m.s. (916)-n.f.p. (547) *and with him four hundred*

אִישׁ n.m.s. (35) *men*

וַיַּחַץ consec.-Qal impf. 3 m.s. (חָצָה 345) *so he divided*

אֶת־הַיְלָדִים dir.obj.-def.art.-n.m.p. (409) *the children*

עַל־לֵאָה וְעַל־רָחֵל prep.-pr.n. (521)-conj.-prep. -pr.n. (II 932) *among Leah and Rachel*

וְעַל שְׁתֵּי הַשְּׁפָחוֹת conj.-prep.-num. cstr. (1040) -def.art.-n.f.p. (1046) *and the two maids*

33:2

וַיָּשֶׂם consec.-Qal impf. 3 m.s. (שִׂים 962) *and he put*

אֶת־הַשְּׁפָחוֹת dir.obj.-def.art.-n.f.p. (1046) *the maids*

וְאֶת־יַלְדֵיהֶן conj. (GK 146eN)-dir.obj.-n.m.p.-3 f.p. sf. (409) *with their children*

רִאשֹׁנָה adj. f.s. (911) *in front*

וְאֶת־לֵאָה conj.-dir.obj.-pr.n. (521) *then Leah*

וִילָדֶיהָ conj.-n.m.p.-3 f.s. sf. (409) *with her children*

אַחֲרֹנִים adj. m.p. (30) *(behind)*

וְאֶת־רָחֵל וְאֶת־יוֹסֵף conj.-dir.obj.-pr.n. (II 932)-conj.-dir.obj.-pr.n. (415) *and Rachel and Joseph*

אַחֲרֹנִים adj. m.p. (30) *last of all*

33:3

וְהוּא עָבַר conj.-pers.pr. 3 m.s. (214)-Qal pf. 3 m.s. (716) *he himself went on*

לִפְנֵיהֶם prep.-n.m.p.-3 m.p. sf. (815) *before them*

וַיִּשְׁתַּחוּ consec.-Hithpalel impf. 3 m.s. (שָׁחָה 1005) *bowing himself*

אַרְצָה n.f.s.-dir.he (75) *to the ground*

שֶׁבַע פְּעָמִים num. (988)-n.f.p. (821) *seven times*

עַד־גִּשְׁתּוֹ עַד־אָחִיו prep.-Qal inf.cstr.-3 m.s. sf. (620 נָגַשׁ; GK 66b)-prep.-n.m.s.-3 m.s. sf. (26) *until he came near to his brother*

33:4

וַיָּרָץ עֵשָׂו consec.-Qal impf. 3 m.s. (רוּץ 930) -pr.n. (796) *but Esau ran*

לִקְרָאתוֹ prep.-Qal inf.cstr.-3 m.s. sf. (II 896) *to meet him*

וַיְחַבְּקֵהוּ consec.-Pi. impf. 3 m.s.-3 m.s. sf. (חָבַק 287) *and embraced him*

וַיִּפֹּל עַל־צַוָּארָו consec.-Qal impf. 3 m.s. (נָפַל 656)-prep.-n.m.p.-3 m.s. sf. (848; GK 5n) *and fell on his neck*

וַיִּשָּׁקֵהוּ consec.-Qal impf. 3 m.s.-3 m.s. sf. (נָשַׁק I 676) *and kissed him*

וַיִּבְכּוּ consec.-Qal impf. 3 m.p. (בָּכָה 113) *and they wept*

33:5

וַיִּשָּׂא אֶת־עֵינָיו consec.-Qal impf. 3 m.s. (נָשָׂא 669)-dir.obj.-n.f. du.-3 m.s. sf. (744) *when he raised his eyes*

וַיַּרְא אֶת־הַנָּשִׁים consec.-Qal impf. 3 m.s. (רָאָה 906)-dir.obj.-def.art.-n.f.p. (61) *and saw the women*

וְאֶת־הַיְלָדִים conj.-dir.obj.-def.art.-n.m.p. (409) *and children*

וַיֹּאמֶר consec.-Qal impf. 3 m.s. (55) *he said*

מִי־אֵלֶּה לָּךְ interr. (566)-demons.adj. c.p. (41; GK 37a,137a)-prep.-2 m.s. sf. paus. *who are these with you?*

וַיֹּאמַר v.supra *and he said*

הַיְלָדִים def.art.-n.m.p. (409) *the children*

אֲשֶׁר־חָנַן אֱלֹהִים rel. (81)-Qal pf. 3 m.s. (I 334; GK 67a,117ff)-n.m.p. (43) *whom God has graciously given*

אֶת־עַבְדֶּךָ dir.obj.-n.m.s.-2 m.s. sf. paus. (713) *your servant*

33:6

וַתִּגַּשְׁןָ הַשְּׁפָחוֹת consec.-Qal impf. 3 f.p. (נָגַשׁ 620)-def.art.-n.f.p. (1046) *then the maids drew near*

הֵנָּה וְיַלְדֵיהֶן pers.pr. 3 f.p. (241)-conj.-n.m.p.-3 f.p. sf. *they and their children*

וַתִּשְׁתַּחֲוֶיןָ consec.-Hithpalel impf. 3 f.p. (שָׁחָה 1005) *and bowed down*

33:7

וַתִּגַּשׁ גַּם־לֵאָה consec.-Qal impf. 3 f.s. (נָגַשׁ 620)-adv. (168)-pr.n. (521) *Leah likewise drew near*

וִילָדֶיהָ conj.-n.m.p.-3 f.s. sf. (409) *and her children*

וַיִּשְׁתַּחֲווּ consec.-Hithpalel impf. 3 m.p. (שָׁחָה 1005; GK 146h) *and bowed down*

וְאַחַר נִגַּשׁ יוֹסֵף conj.-adv. (29)-Ni. pf. 3 m.s. (נָגַשׁ 620)-pr.n. (415) *and last Joseph drew near*

וְרָחֵל conj.-pr.n. (II 932) *and Rachel*

וַיִּשְׁתַּחֲווּ v.supra *and they bowed down*

33:8

וַיֹּאמֶר consec.-Qal impf. 3 m.s. (55) *he said*

מִי לְךָ interr. (566)-prep.-2 m.s. sf. *what do you mean by*

כָּל־הַמַּחֲנֶה הַזֶּה n.m.s. cstr. (481)-def.art.-n.m.s. (334)-def.art.-demons.adj. m.s. (260) *all this company*

אֲשֶׁר פָּגָשְׁתִּי rel. (81)-Qal pf. 1 c.s. paus. (803) *which I met*

וַיֹּאמֶר v.supra *he answered*

לִמְצֹא־חֵן prep.-Qal inf.cstr. (592; GK 147aN) -n.m.s. (336) *to find favor*

בְּעֵינֵי אֲדֹנִי prep.-n.f. du. cstr. (744)-n.m.s.-1 c.s. sf. (10) *in the sight of my lord*

33:9

וַיֹּאמֶר עֵשָׂו consec.-Qal impf. 3 m.s. (55)-pr.n. (796) *but Esau said*

יֶשׁ־לִי subst. (441)-prep.-1 c.s. sf. *I have*

רָב adj. m.s. paus. (912) *enough (much)*

אָחִי n.m.s.-1 c.s. sf. (26) *my brother*

יְהִי לְךָ אֲשֶׁר־לָךְ Qal impf. 3 m.s. apoc.juss. (הָיָה 224)-prep.-2 m.s. sf.-rel. (81)-prep.-2 m.s. sf. paus. *keep what you have for yourself*

33:10

וַיֹּאמֶר יַעֲקֹב consec.-Qal impf. 3 m.s. (55)-pr.n. (784) *Jacob said*

אַל־נָא אִם־נָא neg.-part.of entreaty (609) -hypoth.part. (49)-v.supra *No, I pray thee, if*

מָצָאתִי Qal pf. 1 c.s. (592; GK 112gg) *I have found*

חֵן בְּעֵינֶיךָ n.m.s. (336)-prep.-n.f. du.-2 m.s. sf. (744) *favor in your sight*

וְלָקַחְתָּ conj.-Qal pf. 2 m.s. (542) *then accept*

מִנְחָתִי מִיָּדִי n.f.s.-1 c.s. sf. (585)-prep.-n.f.s.-1 c.s. sf. (388) *my present from my hand*

כִּי עַל־כֵּן רָאִיתִי conj.-prep.-adv. (485; GK 158bN)-Qal pf. 1 c.s. (רָאָה 906) *for truly to see*

פָנֶיךָ n.m.p.-2 m.s. sf. (815) *your face*

כִּרְאֹת prep.-Qal inf.cstr. (רָאָה 906) *is like seeing*

פְּנֵי אֱלֹהִים n.m.p. cstr. (815)-n.m.p. (43) *the face of God*

וַתִּרְצֵנִי consec.-Qal impf. 2 m.s/ (רָצָה 953)-1 c.s. sf. *with such favor have you received me*

33:11

קַח־נָא Qal impv. 2 m.s. (לָקַח 542)-part.of entreaty (609) *accept, I pray thee*

אֶת־בִּרְכָתִי dir.obj.-n.f.s.-1 c.s. sf. (139) *my gift*

אֲשֶׁר הֻבָאת לָךְ rel. (81)-Ho. pf. 3 f.s. (בּוֹא 97; GK 74g)-prep.-2 m.s. sf. paus. *that is brought to you*

כִּי־חַנַּנִי אֱלֹהִים conj.-Qal pf. 3 m.s.-1 c.s. sf. (חָנַן I 335)-n.m.p. (43) *because God has dealt graciously with me*

וְכִי יֶשׁ־לִי־כֹל conj.-conj.-subst. (441)-prep.-1 c.s. sf.-n.m.s. (481) *and because I have enough*

וַיִּפְצַר־בּוֹ consec.-Qal impf. 3 m.s. (823)-prep.-3 m.s. sf. *thus he urged him*

וַיִּקַּח consec.-Qal impf. 3 m.s. paus. (לָקַח 542) *and he took it*

33:12

וַיֹּאמֶר consec.-Qal impf. 3 m.s. (55) *then he said*

נִסְעָה Qal impf. 1 c.p.-coh.he (נָסַע I 652) *let us journey*

וְנֵלֵכָה conj.-Qal impf. 1 c.p.-coh.he paus. (הָלַךְ 229) *on our way* (lit, *and let us go*)

וְאֵלְכָה conj.-Qal impf. 1 c.s.-coh.he (הָלַךְ 229) *and I will go*

לְנֶגְדֶּךָ prep.-n.m.s.-2 m.s. sf. (617) *before you*

33:13

וַיֹּאמֶר אֵלָיו consec.-Qal impf. 3 m.s. (55)-prep.-3 m.s. sf. *but he said to him*

אֲדֹנִי יֹדֵעַ n.m.s.-1 c.s. sf. (10)-Qal act.ptc. (393) *my lord knows*

כִּי־הַיְלָדִים conj.-def.art.-n.m.p. (409) *that the children*

רַכִּים adj. m.p. (940) *are frail*

וְהַצֹּאן conj.-def.art.-n.f.s. (838) *and that the flocks*

וְהַבָּקָר conj.-def.art.-n.f.s. (133; GK 122d,135o) *and herds*

עָלוֹת Qal act.ptc. f.p. (עוּל I 732) *giving suck*

עָלָי prep.-1 c.s. sf. paus. *are a care to me*

וּדְפָקוּם conj.-Qal pf. 3 c.p.-3 m.p. sf. (דָּפַק 200; many rd. וּדְפַקְתִּים as 1 c.s.-3 m.p. sf.; GK 60h) *and if they are overdriven*

יוֹם אֶחָד n.m.s. (398)-adj. m.s. (25; GK 126i) *for one day*

וָמֵתוּ consec. (GK 104g)-Qal pf. 3 c.p. (מוּת 559) *will die*

כָּל־הַצֹּאן n.m.s. cstr. (481)-def.art.-n.f.s. (838) *all the flocks*

33:14

יַעֲבָר־נָא Qal impf. 3 m.s. (716)-part.of entreaty (609) *let pass on*

אֲדֹנִי n.m.s.-1 c.s. sf. (10) *my lord*

לִפְנֵי עַבְדּוֹ prep.-n.m.p. cstr. (815)-n.m.s.-3 m.s. sf. (713) *before his servant*

וַאֲנִי אֶתְנָהֲלָה conj.-pers.pr. 1 c.s. (58)-Hith. impf. 1 c.s.-coh.he (נָהַל 624) *and I will lead on*

לְאִטִּי prep.-subst.-1 c.s. sf. (31) *slowly* (lit. *according to my gentleness*)

לְרֶגֶל prep.-n.f.s. cstr. (919) *according to the pace of*

הַמְּלָאכָה def.art.-n.f.s. (521) *the cattle* (lit. *property*)

אֲשֶׁר־לְפָנַי rel. (81)-prep.-n.m.p.-1 c.s. sf. (815) *which are before me*

וּלְרֶגֶל conj.-v.supra *and according to the pace of*

הַיְלָדִים def.art.-n.m.p. (409) *the children*

עַד אֲשֶׁר־אָבֹא prep.-rel. (81)-Qal impf. 1 c.s. (97 בּוֹא) *until I come*

אֶל־אֲדֹנִי prep.-n.m.s.-1 c.s. sf. (10) *to my lord*

שֵׂעִירָה pr.n.-dir.he (973) *in Seir*

33:15

וַיֹּאמֶר עֵשָׂו consec.-Qal impf. 3 m.s. (55)-pr.n. (796) *so Esau said*

אַצִּיגָה־נָּא Hi. impf. 1 c.s.-coh.he (יָצַג 426) -part.of entreaty (609) *let me leave*

עִמְּךָ prep.-2 m.s. sf. *with you*

מִן־הָעָם prep.-def.art.-n.m.s. (I 766) *some of the men*

אֲשֶׁר אִתִּי rel. (81)-prep. (II 85)-1 c.s. sf. *who are with me*

וַיֹּאמֶר v.supra *but he said*

לָמָּה זֶּה prep.-interr. (552)-demons.adj. m.s. (260) *what need is there?*

אֶמְצָא־חֵן Qal impf. 1 c.s. (מָצָא 592)-n.m.s. (336) *let me find favor*

בְּעֵינֵי אֲדֹנִי prep.-n.f. du. cstr. (744)-n.m.s.-1 c.s. sf. (10) *in the sight of my lord*

33:16

וַיָּשָׁב consec.-Qal impf. 3 m.s. (שׁוּב 996) *so returned*

בַּיּוֹם הַהוּא prep.-def.art.-n.m.s. (398)-def.art. -demons.adj. m.s. (214) *that day*

עֵשָׂו pr.n. (796) *Esau*

לְדַרְכּוֹ prep.-n.m.s.-3 m.s. sf. (202) *on his way*

שֵׂעִירָה pr.n.-dir.he (973) *to Seir*

33:17

וְיַעֲקֹב נָסַע conj.-pr.n. (784)-Qal pf. 3 m.s. (652) *but Jacob journeyed*

סֻכֹּתָה pr.n.-loc.he (697) *to Succoth*

וַיִּבֶן לוֹ consec.-Qal impf. 3 m.s. (בָּנָה 124)-prep. -3 m.s. sf. *and built himself*

בָּיִת n.m.s. paus. (108) *a house*

וּלְמִקְנֵהוּ conj.-prep.-n.m.s.-3 m.s. sf. (889) *and for his cattle*

עָשָׂה סֻכֹּת Qal pf. 3 m.s. (I 793)-n.f.p. (697) *he made booths*

עַל־כֵּן קָרָא prep.-adv. (485)-Qal pf. 3 m.s. (894) *therefore is called*

שֵׁם־הַמָּקוֹם n.m.s. cstr. (1027)-def.art.-n.m.s. (879) *the name of the place*

סֻכּוֹת pr.n. (697) *Succoth*

33:18

וַיָּבֹא יַעֲקֹב consec.-Qal impf. 3 m.s. (בּוֹא 97) -pr.n. (784) *and Jacob came*

שָׁלֵם adj. m.s. (1023; GK 118n) *safely*

עִיר שְׁכֶם n.f.s. cstr. (746)-pr.n. (II 1014) *to the city of Shechem*

אֲשֶׁר בְּאֶרֶץ כְּנַעַן rel. (81)-prep.-n.f.s. cstr. (75) -pr.n. (488) *which is in the land of Canaan*

בְּבֹאוֹ prep.-Qal inf.cstr.-3 m.s. sf. (בּוֹא 97) *on his way*

מִפַּדַּן אֲרָם prep.-pr.n. (804; 74) *from Paddan-aram*

וַיִּחַן consec.-Qal impf. 3 m.s. (חָנָה 333) *and he camped*

אֶת־פְּנֵי הָעִיר dir.obj.-n.m.p. cstr. (815)-def.art. -n.f.s. (746) *before the city*

33:19

וַיִּקֶן consec.-Qal impf. 3 m.s. (קָנָה 888) *and he bought*

אֶת־חֶלְקַת הַשָּׂדֶה dir.obj.-n.f.s. cstr. (324) -def.art.-n.m.s. (961) *the piece of land*

אֲשֶׁר נָטָה־שָׁם rel. (81)-Qal pf. 3 m.s. (639)-adv. (1027) *on which he had pitched*

אָהֳלוֹ n.m.s.-3 m.s. sf. (13) *his tent*

מִיַּד בְּנֵי־חֲמוֹר prep.-n.f.s. cstr. (388)-n.m.p. cstr. (119)-pr.n. (III 331) *from the sons of Hamor*

אֲבִי שְׁכֶם n.m.s. cstr. (3)-pr.n. (II 1014) *Shechem's father*

בְּמֵאָה קְשִׂיטָה prep.-n.f.s. (547: GK 134g)-n.f.s. (903) *for a hundred pieces of money*

33:20

וַיַּצֶּב־שָׁם consec.-Hi. impf. 3 m.s. (נָצַב 662) -adv. (1027) *there he erected*

מִזְבֵּחַ n.m.s. (258) *an altar*

וַיִּקְרָא־לוֹ consec.-Qal impf. 3 m.s. (894)-prep.-3 m.s. sf. *and called it*

אֶל אֱלֹהֵי יִשְׂרָאֵל pr.n.-n.m.s. (42)-n.m.p. cstr. (43)-pr.n. (975) *El-Elohe-Israel* (mng. *God, the God of Israel*)

34:1

וַתֵּצֵא דִינָה consec.-Qal impf. 3 f.s. (יָצָא 422)-pr.n. (192) *now Dinah went out*

בַּת־לֵאָה n.f.s. cstr. (I 123)-pr.n. (521) *the daughter of Leah*

אֲשֶׁר יָלְדָה rel. (81)-Qal pf. 3 f.s. (יָלַד 408) *whom she had borne*

לְיַעֲקֹב prep.-pr.n. (784) *to Jacob*

לִרְאוֹת prep.-Qal inf.cstr. (רָאָה 906) *to visit*

בִּבְנוֹת הָאָרֶץ prep.-n.f.p. cstr. (I 123)-def.art. -n.f.s. (75) *the women of the land*

34:2

וַיַּרְא אֹתָהּ consec.-Qal impf. 3 m.s. (רָאָה 906)-dir.obj.-3 f.s. sf. *and when ... saw her*

שְׁכֶם בֶּן חֲמוֹר pr.n. (II 1014)-n.m.s. cstr. (119) -pr.n. (III 331) *Shechem the son of Hamor*

הַחִוִּי def.art.-adj. gent. (295) *the Hivite*

נְשִׂיא הָאָרֶץ n.m.s. cstr. (I 672)-def.art.-n.f.s. (75) *the prince of the land*

וַיִּקַּח אֹתָהּ consec.-Qal impf. 3 m.s. (לָקַח 542) -dir.obj.-3 f.s. sf. *he seized her*

וַיִּשְׁכַּב אֹתָהּ consec.-Qal impf. 3 m.s. (1011) -dir.obj.-3 f.s. sf. *and lay with her*

וַיְעַנֶּהָ consec.-Pi. impf. 3 m.s.-3 f.s. sf. (עָנָה III 776) *and humbled her*

34:3

וַתִּדְבַּק נַפְשׁוֹ consec.-Qal impf. 3 f.s. (179)-n.f.s. -3 m.s. sf. (659) *and his soul was drawn*

בְּדִינָה prep.-pr.n. (192) *to Dinah*

בַּת־יַעֲקֹב n.f.s. cstr. (I 123)-pr.n. (784) *the daughter of Jacob*

וַיֶּאֱהַב consec.-Qal impf. 3 m.s. (אָהַב 12) *he loved*

אֶת־הַנַּעֲרָ dir.obj.-def.art.-n.f.s. (655) *the maiden*

וַיְדַבֵּר consec.-Pi. impf. 3 m.s. (180) *and spoke*

עַל־לֵב הַנַּעֲרָ prep.-n.m.s. cstr. (524)-def.art. -n.f.s. (655) *tenderly to her* (lit. *unto the heart of the maiden*)

34:4

וַיֹּאמֶר שְׁכֶם consec.-Qal impf. 3 m.s. (55)-pr.n. (II 1014) *so Shechem spoke*

אֶל־חֲמוֹר אָבִיו prep.-pr.n. (III 331)-n.m.s.-3 m.s. sf. (3) *to his father Hamor*

לֵאמֹר prep.-Qal inf.cstr. (55) *saying*

קַח־לִי Qal impv. 2 m.s. (לָקַח 542)-prep.-1 c.s. sf. *get me*

אֶת־הַיַּלְדָּה הַזֹּאת dir.obj.-def.art.-n.f.s. (409) -def.art.-demons.adj. f.s. (260) *this maiden*

לְאִשָּׁה prep.-n.f.s. (61) *for wife*

34:5

וְיַעֲקֹב שָׁמַע conj.-pr.n. (784)-Qal pf. 3 m.s. (1033) *now Jacob heard*

כִּי טִמֵּא אֶת־דִּינָה conj.-Pi. pf. 3 m.s. (379)-dir. obj.-pr.n. (192) *that he had defiled Dinah*

בִתּוֹ n.f.s.-3 m.s. sf. (I 123) *his daughter*

וּבָנָיו הָיוּ conj.-n.m.p.-3 m.s. sf. (119)-Qal pf. 3 c.p. (הָיָה 224) *but his sons were*

אֶת־מִקְנֵהוּ prep. (II 85)-n.m.s.-3 m.s. sf. (889) *with his cattle*

בַּשָּׂדֶה prep.-def.art.-n.m.s. (961) *in the field*

וְהֶחֱרִשׁ יַעֲקֹב conj.-Hi. pf. 3 m.s. (חָרַשׁ 361; GK 112ss)-pr.n. (784) *so Jacob held his peace*

עַד־בֹּאָם prep.-Qal inf.cstr.-3 m.p. sf. (בּוֹא 97) *until they came*

34:6

וַיֵּצֵא חֲמוֹר consec.-Qal impf. 3 m.s. (יָצָא 422)-pr.n. (III 331) *and Hamor went out*

אֲבִי־שְׁכֶם n.m.s. cstr. (3)-pr.n. (II 1014) *the father of Shechem*

אֶל־יַעֲקֹב prep.-pr.n. (784) *to Jacob*

לְדַבֵּר אִתּוֹ prep.-Pi. inf.cstr. (180)-prep.-3 m.s. sf. (II 85) *to speak with him*

34:7

וּבְנֵי יַעֲקֹב conj.-n.m.p. cstr. (119)-pr.n. (784) *the sons of Jacob*

בָּאוּ מִן־הַשָּׂדֶה Qal pf. 3 c.p. (בּוֹא 97)-prep.-def. art.-n.m.p. (961) *came in from the field*

כְּשָׁמְעָם prep.-Qal inf.cstr.-3 m.p. sf. (1033) *when they heard of it*

וַיִּתְעַצְּבוּ consec.-Hith. impf. 3 m.p. (עָצַב 780) *and were indignant*

הָאֲנָשִׁים def.art.-n.m.p. (35) *the men*

וַיִּחַר לָהֶם consec.-Qal impf. 3 m.s. (חָרָה 354)-prep.-3 m.p. sf. *and were ... angry*

מְאֹד adv. (547) *very*

כִּי־נְבָלָה עָשָׂה conj.-n.f.s. (615)-Qal pf. 3 m.s. (I 793) *because he had wrought folly*

בְּיִשְׂרָאֵל prep.-pr.n. (975) *in Israel*

לִשְׁכַּב prep.-Qal inf.cstr. (1011; GK 45c,g) *in lying*

אֶת־בַּת־יַעֲקֹב prep. (II 85)-n.f.s. cstr. (I 123)-pr.n. (784) *with Jacob's daughter*

וְכֵן לֹא יֵעָשֶׂה conj.-adv. (485)-neg.-Ni. impf. 3 m.s. (עָשָׂה I 793) *for such a thing ought not to be done*

34:8

וַיְדַבֵּר חֲמוֹר consec.-Pi. impf. 3 m.s. (180)-pr.n. (III 331) *but Hamor spoke*

אִתָּם prep.-3 m.p. sf. (II 85) *with them*

לֵאמֹר prep.-Qal inf.cstr. (55) *saying*

שְׁכֶם בְּנִי pr.n. (II 1014)-n.m.s.-1 c.s. sf. (119) *Shechem my son*

חָשְׁקָה נַפְשׁוֹ Qal pf. 3 f.s.. (I 365)-n.f.s.-3 m.s. sf. (659; GK 140d) *his soul longs*

בְּבִתְּכֶם prep.-n.f.s.-2 m.p. sf. *for your daughter*

תְּנוּ נָא Qal impv. 2 m.p. (נָתַן 678)-part.of entreaty (609) *I pray you, give*

אֹתָהּ לוֹ dir.obj.-3 f.s. sf.-prep.-3 m.s. sf. *her to him*

לְאִשָּׁה prep.-n.f.s. (61) *in marriage* (lit. *for a wife*)

34:9

וְהִתְחַתְּנוּ conj.-Hith. impv. 2 m.p. (חָתַן II 368) *make marriages*

אֹתָנוּ dir.obj.-1 c.p. sf. (GK 117w) *with us*

בְּנֹתֵיכֶם n.f.p.-2 m.p. sf. (I 123) *your daughters*

תִּתְּנוּ־לָנוּ Qal impf. 2 m.p. (נָתַן 678)-prep.-1 c.p. sf. *give to us*

וְאֶת־בְּנֹתֵינוּ תִּקְחוּ conj.-dir.obj.-n.f.p.-1 c.p. sf. (I 123)-Qal impf. 2 m.p. (לָקַח 542) *and our daughters take*

לָכֶם prep.-2 m.p. sf. *for yourselves*

34:10

וְאִתָּנוּ תֵּשֵׁבוּ conj.-prep.-1 c.p. sf. (II 85)-Qal impf. 2 m.p. paus. (יָשַׁב 442) *you shall dwell with us*

וְהָאָרֶץ תִּהְיֶה conj.-def.art.-n.f.s. (75)-Qal impf. 3 f.s. (הָיָה 224) *and the land shall be*

לִפְנֵיכֶם prep.-n.m.p.-2 m.p. sf. (815) *open to you*

שְׁבוּ Qal impv. 2 m.p. (יָשַׁב 442) *dwell*

וּסְחָרוּהָ conj.-Qal impv. 2 m.p.-3 f.s. sf. (סָחַר 695) *and trade in it*

וְהֵאָחֲזוּ בָּהּ conj.-Ni. impv. 2 m.p. (אָחַז 28)-prep.-3 f.s. sf. *and get property in it*

34:11

וַיֹּאמֶר שְׁכֶם consec.-Qal impf. 3 m.s. (55)-pr.n. (II 1014) *Shechem also said*

אֶל־אָבִיהָ prep.-n.m.s.-3 f.s. sf. (3) *to her father*

וְאֶל־אַחֶיהָ conj.-prep.-n.m.p.-3 f.s. sf. (26) *and to her brothers*

אֶמְצָא־חֵן Qal impf. 1 c.s. (592)-n.m.s. (336) *let me find favor*

בְּעֵינֵיכֶם prep.-n.f. du.-2 m.p. sf. (744) *in your eyes*

וַאֲשֶׁר תֹּאמְרוּ conj.-rel. (81)-Qal impf. 2 m.p. (55) *and whatever you say*

אֵלַי אֶתֵּן prep.-1 c.s. sf.-Qal impf. 1 c.s. (נָתַן 678) *to me I will give*

34:12

הַרְבּוּ עָלַי מְאֹד Hi.impv. 2 m.p. (רָבָה I 915)-prep.-1 c.s. sf.-adv. (547) *ask of me ever so much*

מֹהַר וּמַתָּן n.m.s. (555)-conj.-n.m.s. (I 682) *as marriage present and gift*

וְאֶתְּנָה conj.-Qal impf. 1 c.s.-coh.he (נָתַן 678) *and I will give*

כַּאֲשֶׁר תֹּאמְרוּ prep.-rel. (81)-Qal impf. 2 m.p. (55) *according as you say*

אֵלָי prep.-1 c.s. sf. paus. *to me*

וּתְנוּ־לִי conj.-Qal impv. 2 m.p. (נָתַן 678)-prep.-1 c.s. sf. *only give me*

אֶת־הַנַּעֲרָ dir.obj.-def.art.-n.f.s. (655) *the maiden*

לְאִשָּׁה prep.-n.f.s. (61) *to be my wife*

34:13

וַיַּעֲנוּ consec.-Qal impf. 3 m.p. (עָנָה I 772) *answered*

בְּנֵי־יַעֲקֹב n.m.p. cstr. (119)-pr.n. (784) *the sons of Jacob*

אֶת־שְׁכֶם dir.obj.-pr.n. (II 1014) *Shechem*

וְאֶת־חֲמוֹר conj.-dir.obj.-pr.n. (III 331) *and Hamor*

אָבִיו n.m.s.-3 m.s. sf. (3) *his father*

בְּמִרְמָה prep.-n.f.s. (941) *deceitfully*

וַיְדַבֵּרוּ consec.-Pi. impf. 3 m.p. paus. (180) *(and said)*

אֲשֶׁר טִמֵּא rel. (81)-Pi. pf. 3 m.s. (379) *because he had defiled*

אֵת דִּינָה dir.obj.-pr.n. (192) *Dinah*

אֲחֹתָם n.f.s.-3 m.p. sf. (27) *their sister*

34:14

וַיֹּאמְרוּ consec.-Qal impf. 3 m.p. (55) *they said*

אֲלֵיהֶם prep.-3 m.p. sf. *to them*

לֹא נוּכַל neg.-Qal impf. 1 c.p. (יָכֹל 407) *we cannot*

לַעֲשׂוֹת prep.-Qal inf.cstr. (עָשָׂה I 793) *do*

הַדָּבָר הַזֶּה def.art.-n.m.s. (182)-def.art.-demons.adj. m.s. (260) *this thing*

לָתֵת אֶת־אֲחֹתֵנוּ prep.-Qal inf.cstr. (נָתַן 678)-dir.obj.-n.f.s.-1 c.p. sf. (27) *to give our sister*

לְאִישׁ אֲשֶׁר־ prep.-n.m.s. (35)-rel. (81) *to one who*

לוֹ עָרְלָה prep.-3 m.s. sf.-n.f.s. (790) *is uncircumcised* (lit. *to him a foreskin*)

כִּי־חֶרְפָּה הוא לָנוּ conj.-n.f.s. (357)-demons.adj. f.s. (214)-prep.-1 c.p. sf. *for that would be a disgrace to us*

34:15

אַךְ־בְּזֹאת adv. (36)-prep.-demons.adj. f.s. (260; GK 119p) *only on this condition*

נֵאוֹת Ni. impf 1 c.p. (אות 22; GK 72h) *will we consent*

לָכֶם prep.-2 m.p. sf. *to you*

אִם תִּהְיוּ כָמֹנוּ hypoth.part. (49)-Qal impf. 2 m.p. (הָיָה 224)-prep.-1 c.p. sf. *that you will become as we are*

לְהִמֹּל לָכֶם prep. Ni. inf.cstr. (מול II 557)-prep.-2 m.p. sf. *of you be circumcised*

כָּל־זָכָר n.m.s. cstr. (481)-n.m.s. (271) *every male*

34:16

וְנָתַנּוּ conj.-Qal pf. 1 c.p. (נָתַן 678; GK 44o) *then we will give*

אֶת־בְּנֹתֵינוּ dir.obj.-n.f.p.-1 c.p. sf. (I 123) *our daughters*

לָכֶם prep.-2 m.p. sf. *to you*

וְאֶת־בְּנֹתֵיכֶם conj.-dir.obj.-n.f.p.-2 m.p. sf. (I 123) *and your daughters*

נִקַּח־לָנוּ Qal impf. 1 c.p. (לָקַח 542)-prep.-1 c.p. sf. *we will take to ourselves*

וְיָשַׁבְנוּ conj.-Qal pf. 1 c.p. (יָשַׁב 442; GK 49k) *and we will dwell*

אִתְּכֶם prep.-2 m.p. sf. (II 85) *with you*

וְהָיִינוּ conj.-Qal pf. 1 c.p. (הָיָה 224) *and become*

לְעַם אֶחָד prep.-n.m.s. (I 766)-adj. num. (25) *one people*

34:17

וְאִם־לֹא תִשְׁמְעוּ conj.-hypoth.part. (49)-neg.-Qal impf. 2 m.p. (1033) *but if you will not listen*

אֵלֵינוּ prep.-1 c.p. sf. *to us*

לְהִמּוֹל prep.-Ni. inf.cstr. (מול II 557) *and be circumcised*

וְלָקַחְנוּ conj.-Qal pf. 1 c.p. (לָקַח 542) *then we will take*

אֶת־בִּתֵּנוּ dir.obj.-n.f.s.-1 c.p. sf. *our daughter*

וְהָלָכְנוּ conj.-Qal pf. 1 c.p. paus. (הָלַךְ 229) *and we will be gone*

34:18

וַיִּיטְבוּ consec.-Qal impf. 3 m.p. (יָטַב 405) *pleased*

דִּבְרֵיהֶם n.m.p.-3 m.p. sf. (182) *their words*

בְּעֵינֵי prep.-n.f. du. cstr. (744) *(in the sight of)*

חֲמוֹר pr.n. (III 331) *Hamor*

וּבְעֵינֵי שְׁכֶם conj.-prep.-n.f. du. cstr. (744)-pr.n. (II 1014) *and Shechem*

בֶּן־חֲמוֹר n.m.s. cstr. (119)-pr.n. (III 331) *Hamor's son*

34:19

וְלֹא־אֵחַר conj.-neg.-Pi. pf. 3 m.s. (אָחַר 29; GK 64d) *and did not delay*

הַנַּעַר def.art.-n.m.s. (654) *the young man*

לַעֲשׂוֹת prep.-Qal inf.cstr. (עָשָׂה I 793) *to do*

הַדָּבָר def.art.-n.m.s. (182) *the thing*

כִּי חָפֵץ conj.-Qal pf. 3 m.s. (342) *because he had a delight*

בְּבַת־יַעֲקֹב prep.-n.f.s. (I 123)-pr.n. (784) *in Jacob's daughter*

וְהוּא נִכְבָּד conj.-pers.pr. 3 m.s. (214)-Ni. ptc. (כָּבֵד 457) *now he was honored*

מִכֹּל בֵּית אָבִיו prep.-n.m.s. cstr. (481)-n.m.s. cstr. (108)-n.m.s.-3 m.s. sf. (3) *more than all his family*

34:20

וַיָּבֹא consec.-Qal impf. 3 m.s. (בּוֹא 97) *so came*

חֲמוֹר וּשְׁכֶם pr.n. (III 331)-conj.-pr.n. (II 1014) *Hamor and Shechem*

בְּנוֹ n.m.s.-3 m.s. sf. (119) *his son*

אֶל־שַׁעַר prep.-n.m.s. cstr. (1044) *to the gate of*

עִירָם n.f.s.-3 m.p. sf. (746) *their city*

וַיְדַבְּרוּ consec.-Pi. impf. 3 m.p. (180) *and spoke*

אֶל־אַנְשֵׁי עִירָם prep.-n.m.p. cstr. (35)-v.supra *to the men of their city*

לֵאמֹר prep.-Qal inf.cstr. (55) *saying*

34:21

הָאֲנָשִׁים הָאֵלֶּה def.art.-n.m.p. (35)-def.art.-demons.adj. c.p. (41) *these men*

שְׁלֵמִים הֵם adj.m.p. (I 1023)-pers.pr. 3 m.p. (241) *they are friendly*

אִתָּנוּ prep.-1 c.p. sf. (II 85) *with us*

וְיֵשְׁבוּ conj.-Qal impf. 3 m.p. (יָשַׁב 442) *let them dwell*

בָאָרֶץ prep.-def.art.-n.f.s. (75) *in the land*

וְיִסְחֲרוּ conj.-Qal impf. 3 m.p. (סָחַר 695) *and trade*

אֹתָהּ dir.obj.-3 f.s. sf. *in it*

וְהָאָרֶץ conj.-def.art.-n.f.s. (75) *for the land*

הִנֵּה demons.part. (243) *behold*

רַחֲבַת־יָדַיִם adj. f.s. cstr. (I 932)-n.f. du. (388) *is large enough* (lit. *wide of hands*)

לִפְנֵיהֶם prep.-n.m.p.-3 m.p. sf. (815) *for them*

אֶת־בְּנֹתָם dir.obj.-n.f.p.-3 m.p. sf. (I 123) *their daughters*

נִקַּח־ Qal impf. 1 c.p. (לָקַח 542) *let us take*

לָנוּ prep.-1 c.p. sf. *(for ourselves)*

לְנָשִׁים prep.-n.f.p. (61) *in marriage*

וְאֶת־בְּנֹתֵינוּ conj.-dir.obj.-n.f.p.-1 c.p. sf. (I 123) *and our daughters*

נִתֵּן לָהֶם Qal impf. 1 c.p. (נָתַן 678)-prep.-3 m.p. sf. *let us give them*

34:22

אַךְ־בְּזֹאת adv. (36)-prep.-demons.adj. f.s. (260) *only on this condition*

יֵאֹתוּ לָנוּ Ni. impf. 3 m.p. (אות 22)-prep.-1 c.p. sf. *will agree with us*

הָאֲנָשִׁים def.art.-n.m.p. (35) *the men*

לָשֶׁבֶת אִתָּנוּ prep.-Qal inf.cstr. (יָשַׁב 442)-prep.-1 c.p. sf. (II 85) *to dwell with us*

לִהְיוֹת prep.-Qal inf.cstr. (הָיָה 224) *to become*

לְעַם אֶחָד prep.-n.m.s. (I 766)-num. adj. (25) *one people*

בְּהִמּוֹל לָנוּ prep.-Ni. inf.cstr. (מול II 557; GK 72ee)-prep.-1 c.p. sf. *that be circumcised among us*

כָּל־זָכָר n.m.s. cstr. (481)-n.m.s. (271) *every male*

כַּאֲשֶׁר הֵם prep.-rel.-pers.pr. 3 m.p. (241) *as they*

נִמֹּלִים Ni. ptc. m.p. (מול II 557) *are circumcised*

34:23

מִקְנֵהֶם וְקִנְיָנָם n.m.s.-3 m.p. sf. (889)-conj.-n.m.s.-3 m.p. sf. (889) *their cattle, their property*

וְכָל־בְּהֶמְתָּם conj.-n.m.s. cstr. (481)-n.f.s.-3 m.p. sf. (96) *and all their beasts*

הֲלוֹא לָנוּ הֵם interr.-neg.-prep.-1 c.p. sf.-pers.pr. 3 m.p. (241; GK 143a) *will not be ours*

אַךְ נֵאוֹתָה לָהֶם adv. (36)-Ni. impf. 1 c.p.-coh.he (אות 22)-prep.-3 m.p. sf. *only let us agree with them*

וְיֵשְׁבוּ אִתָּנוּ conj.-Qal impf. 3 m.p. (יָשַׁב 442)-prep.-1 c.p. sf. (II 85) *and they will dwell with us*

34:24

וַיִּשְׁמְעוּ אֶל־חֲמוֹר consec.-Qal impf. 3 m.p. (1033)-prep.-pr.n. (III 331) *and hearkened to Hamor*

וְאֶל־שְׁכֶם בְּנוֹ conj.-prep.-pr.n. (II 1014)-n.m.s.-3 m.s. sf. (119) *and his son Shechem*

כָּל־יֹצְאֵי n.m.s. cstr. (481)-Qal act.ptc. m.p. cstr. (422 יָצָא) *all who went out of*

שַׁעַר עִירוֹ n.m.s. cstr. (1044)-n.f.s.-3 m.s. sf. (746) *the gate of his city*

וַיִּמֹּלוּ consec.-Ni. impf. 3 m.p. (מול II 557) *and was circumcised*

כָּל־זָכָר n.m.s. cstr. (481)-n.m.s. (271; GK 145d) *every male*

כָּל־יֹצְאֵי v.supra *all who went out of*

שַׁעַר עִירוֹ v.supra *the gate of his city*

34:25

וַיְהִי consec.-Qal impf. 3 m.s. (הָיָה 224) *(and it was)*

בַיּוֹם הַשְּׁלִישִׁי prep.-def.art.-n.m.s. (398)-def.art.-num. adj. (1026) *on the third day*

בִּהְיוֹתָם כֹּאֲבִים prep.-Qal inf.cstr.-3 m.p. sf. (224 הָיָה)-Qal act.ptc. m.p. (כָּאַב 456) *when they were sore*

וַיִּקְחוּ consec.-Qal impf. 3 m.p. (לָקַח 542) *took*

שְׁנֵי־בְנֵי־יַעֲקֹב num. m.p. cstr. (1040)-n.m.p. cstr. (119)-pr.n. (784) *two of the sons of Jacob*

שִׁמְעוֹן וְלֵוִי pr.n. (1035)-conj.-pr.n. (I 532) *Simeon and Levi*

אֲחֵי דִינָה n.m.s. cstr. (26)-pr.n. (192) *Dinah's brothers*

אִישׁ חַרְבּוֹ n.m.s. (35)-n.f.s.-3 m.s. sf. (352) *each their swords*

וַיָּבֹאוּ עַל־הָעִיר consec.-Qal impf. 3 m.p. (בּוֹא 97)-prep.-def.art.-n.f.s. (746) *and came upon the city*

בֶּטַח n.m.s. (I 105; GK 118q,131q) *unawares*

וַיַּהַרְגוּ consec.-Qal impf. 3 m.p. (הָרַג 246) *and killed*

כָּל־זָכָר n.m.s. cstr. (481)-n.m.s. (271) *all the males*

34:26

וְאֶת־חֲמוֹר conj.-dir.obj.-pr.n. (III 331) *Hamor*

וְאֶת־שְׁכֶם בְּנוֹ conj.-def.art.-pr.n. (II 1014)-n.m.s.-3 m.s. sf. (119) *and his son Shechem*

הָרְגוּ Qal pf. 3 c.p. (246) *they slew*

לְפִי־חָרֶב prep.-n.m.s. cstr. (804)-n.f.s. paus. (352) *with the sword*

וַיִּקְחוּ consec.-Qal impf. 3 m.p. (לָקַח 542) *and took*

אֶת־דִּינָה dir.obj.-pr.n. (192) *Dinah*

מִבֵּית שְׁכֶם prep.-n.m.s. cstr. (108)-pr.n. (II 1014) *out of Shechem's house*

וַיֵּצֵאוּ consec.-Qal impf. 3 m.p. paus. (יָצָא 422) *and went away*

34:27

בְּנֵי יַעֲקֹב n.m.p. cstr. (119)-pr.n. (784) *and the sons of Jacob*

בָּאוּ Qal pf. 3 c.p. (בּוֹא 97; GK 144g) *came*

עַל־הַחֲלָלִים prep.-def.art.-n.m.p. (I 319) *upon the slain*

וַיָּבֹזּוּ הָעִיר consec.-Qal impf. 3 m.p. (בָּזַז 102) -def.art.-n.f.s. (746) *and plundered the city*

אֲשֶׁר טִמְּאוּ אֲחוֹתָם rel. (81)-Pi. pf. 3 c.p. (379) -n.f.s.-3 m.p. sf. (27) *because their sister had been defiled*

34:28

אֶת־צֹאנָם dir.obj.-n.f.s.-3 m.p. sf. (838) *their flocks*

וְאֶת־בְּקָרָם conj.-dir.obj.-n.m.s.-3 m.p. sf. (133) *and their herds*

וְאֶת־חֲמֹרֵיהֶם conj.-dir.obj.-n.m.p.-3 m.p. sf. (331) *their asses*

וְאֵת אֲשֶׁר־בָּעִיר conj.-dir.obj.-rel. (81)-prep.-def. art.-n.f.s. (746) *and whatever was in the city*

וְאֶת־אֲשֶׁר בַּשָּׂדֶה conj.-dir.obj.-rel. (81)-prep. -def.art.-n.m.s. (961) *and in the field*

לָקָחוּ Qal pf. 3 c.p. paus. (542) *they took*

34:29

וְאֶת־כָּל־חֵילָם conj.-dir.obj.-n.m.s. cstr. (481) -n.m.s.-3 m.p. sf. (298) *all their wealth*

וְאֶת־כָּל־טַפָּם v.supra-n.m.s.-3 m.p. sf. (381) *all their little ones*

וְאֶת־נְשֵׁיהֶם conj.-dir.obj.-n.f.p.-3 m.p. sf. (61) *and their wives*

שָׁבוּ Qal pf. 3 c.p. (שָׁבָה 985) *they captured*

וַיָּבֹזּוּ consec.-Qal impf. 3 m.p. (בָּזַז 102) *and made their prey*

וְאֵת כָּל־אֲשֶׁר בַּבָּיִת conj.-dir.obj.-n.m.s. (481)-rel. (81)-prep.-def.art.-n.m.s. paus. (108) *all that was in the house*

34:30

וַיֹּאמֶר יַעֲקֹב consec.-Qal impf. 3 m.s. (55)-pr.n. (784) *then Jacob said*

אֶל־שִׁמְעוֹן prep.-pr.n. (1035) *to Simeon*

וְאֶל־לֵוִי conj.-prep.-pr.n. (I 532) *and Levi*

עֲכַרְתֶּם Qal pf. 2 m.p. (עָכַר 747) *you have brought trouble*

אֹתִי dir.obj.-1 c.s. sf. *on me*

לְהַבְאִישֵׁנִי prep.-Hi. inf.cstr.-1 c.s. sf. (בָּאַשׁ 92) *by making me odious*

בְּיֹשֵׁב הָאָרֶץ prep.-Qal act.ptc. (442)-def.art. -n.f.s. (75) *to the inhabitants of the land*

בַּכְּנַעֲנִי prep.-def.art.-adj. gent. (489) *the Canaanites*

וּבַפְּרִזִּי conj.-prep.-def.art.-adj. gent. (827) *and the Perizzites*

וַאֲנִי מְתֵי מִסְפָּר conj.-pers.pr. 1 c.s. (58)-n.m.p. cstr. (607)-n.m.s. (I 708; GK 128n,141d) *my numbers are few* (lit. *and I have men of number*)

וְנֶאֶסְפוּ conj.-Ni. pf. 3 c.p. (אָסַף 62) *and if they gather themselves*

עָלַי prep.-1 c.s. sf. *against me*

וְהִכּוּנִי conj.-Hi. pf. 3 c.p.-1 c.s. sf. (נָכָה 645) *and attack me*

וְנִשְׁמַדְתִּי אֲנִי conj.-Ni. pf. 1 c.s. (שָׁמַד 1029) -pers.pr. 1 c.s. (58) *I shall be destroyed both I*

וּבֵיתִי conj.-n.m.s.-1 c.s. sf. (108) *and my household*

34:31

וַיֹּאמְרוּ consec.-Qal impf. 3 m.p. (55) *but they said*

הַכְזוֹנָה interr.-prep.-Qal act.ptc. f.s. (זָנָה 275) *as a harlot?*

יַעֲשֶׂה Qal impf. 3 m.s. (עָשָׂה I 793; GK 107t,118v) *should he treat*

אֶת־אֲחוֹתֵנוּ dir.obj.-n.f.s.-1 c.p. sf. (27) *our sister*

35:1

וַיֹּאמֶר אֱלֹהִים consec.-Qal impf. 3 m.s. (55) -n.m.p. (43) *God said*

אֶל־יַעֲקֹב prep.-pr.n. (784) *to Jacob*

קוּם עֲלֵה Qal impv. 2 m.s. (877)-Qal impv. 2 m.s. (748) *arise go up*

בֵּית־אֵל pr.n. (110) *Bethel*

וְשֶׁב־שָׁם conj.-Qal impv. 2 m.s. (יָשַׁב 442)-adv. (1027) *and dwell there*

וַעֲשֵׂה־שָׁם conj.-Qal impv. 2 m.s. (I 793)-adv. (1027) *and make there*

מִזְבֵּחַ n.m.s. (258) *an altar*

לָאֵל prep.-def.art.-n.m.s. (42) *to the God*

הַנִּרְאֶה def.art.-Ni. ptc. (רָאָה 906) *who appeared*

אֵלֶיךָ prep.-2 m.s. sf. *to you*

בְּבָרְחֲךָ prep.-Qal inf.cstr.-2 m.s. sf. (בָּרַח 137; GK 65a) *when you fled*

מִפְּנֵי עֵשָׂו prep.-n.m.p. cstr. (815)-pr.n. (796) *from Esau*

אָחִיךָ n.m.s.-2 m.s. sf. (26) *your brother*

35:2

וַיֹּאמֶר יַעֲקֹב consec.-Qal impf. 3 m.s. (55)-pr.n. (784) *so Jacob said*

אֶל־בֵּיתוֹ prep.-n.m.s.-3 m.s. sf. (108) *to his household*

וְאֶל כָּל־אֲשֶׁר conj.-prep.-n.m.s. (481)-rel. (81) *and to all who*

עִמּוֹ prep.-3 m.s. sf. *were with him*

הָסִרוּ אֶת־אֱלֹהֵי Hi. impv. 2 m.p. (סור 693)-dir.obj.-n.m.p. cstr. (43) *put away the gods (of)*

הַנֵּכָר def.art.-n.m.s. (648) *the foreign*

אֲשֶׁר בְּתֹכְכֶם rel. (81)-prep.-n.m.s.-2 m.p. sf. (1063) *that are among you*

וְהִטַּהֲרוּ conj.-Hith. impv. 2 m.p. (טהר 372) *and purify yourselves*

וְהַחֲלִיפוּ conj.-Hi. impv. 2 m.p. (חלף 322) *and change*

שִׂמְלֹתֵיכֶם n.f.p.-2 m.p. sf. (971) *your garments*

35:3

וְנָקוּמָה conj.-Qal impf. 1 c.p.-coh.he (קום 877) *then let us arise*

וְנַעֲלֶה conj.-Qal impf. 1 c.p.-coh.he (עלה 748) *and go up*

בֵּית־אֵל pr.n. (110) *to Bethel*

וְאֶעֱשֶׂה־שָּׁם conj.-Qal impf. 1 c.s.-coh.he (I 793)-adv. (1027) *that I may make there*

מִזְבֵּחַ n.m.s. (258) *an altar*

לָאֵל prep.-def.art.-n.m.s. (42) *to the God*

הָעֹנֶה אֹתִי def.art.-Qal act.ptc. (I 772; GK 116d)-dir.obj.-1 c.s. sf. *who answered me*

בְּיוֹם צָרָתִי prep.-n.m.s. cstr. (398)-n.f.s.-1 c.s. sf. (865) *in the day of my distress*

וַיְהִי עִמָּדִי consec.-Qal impf. 3 m.s. (היה 224)-prep.-1 c.s. sf. *and has been with me*

בַּדֶּרֶךְ אֲשֶׁר prep.-def.art.-n.m.s. (202)-rel. (81) *wherever*

הָלָכְתִּי Qal pf. 1 c.s. paus. (הלך 229) *I have gone*

35:4

וַיִּתְּנוּ consec.-Qal impf. 3 m.p. (נתן 678) *so they gave*

אֶל־יַעֲקֹב prep.-pr.n. (784) *to Jacob*

אֵת כָּל־אֱלֹהֵי dir.obj.-n.m.s. cstr. (481)-n.m.p. cstr. (43) *all the ... gods*

הַנֵּכָר def.art.-n.m.s. (648) *foreign*

אֲשֶׁר בְּיָדָם rel. (81)-prep.-n.f.s.-3 m.p. sf. (388) *that they had*

וְאֶת־הַנְּזָמִים conj.-dir.obj.-def.art.-n.m.p. (633) *and the rings*

אֲשֶׁר בְּאָזְנֵיהֶם rel. (81)-prep.-n.f. du.-3 m.p. sf. (23) *that were in their ears*

וַיִּטְמֹן אֹתָם consec.-Qal impf. 3 m.s. (טמן 380)-dir.obj.-3 m.p. sf. *and hid them*

יַעֲקֹב pr.n. (784) *Jacob*

תַּחַת הָאֵלָה prep. (1065)-def.art.-n.f.s. (I 18) *under the oak*

אֲשֶׁר עִם־שְׁכֶם rel. (81)-prep.-pr.n. (II 1014) *which was near Shechem*

35:5

וַיִּסָּעוּ consec.-Qal impf. 3 m.p. paus. (נסע I 652) *and as they journeyed*

וַיְהִי consec.-Qal impf. 3 m.s. (היה 224) *fell*

חִתַּת אֱלֹהִים n.f.s. cstr. (369)-n.m.p. (43) *a terror from God*

עַל־הֶעָרִים prep.-def.art.-n.f.p. (746) *upon the cities*

אֲשֶׁר סְבִיבֹתֵיהֶם rel. (81)-prep.-3 m.p. sf. (686) *that were round about them*

וְלֹא רָדְפוּ conj.-neg.-Qal pf. 3 c.p. (922) *so that they did not pursue*

אַחֲרֵי בְּנֵי יַעֲקֹב prep. (29)-n.m.p. cstr. (119)-pr.n. (784) *the sons of Jacob*

35:6

וַיָּבֹא יַעֲקֹב consec.-Qal impf. 3 m.s. (בוא 97)-pr.n. (784) *and Jacob came*

לוּזָה pr.n.-dir.he (II 531) *to Luz*

אֲשֶׁר בְּאֶרֶץ כְּנַעַן rel. (81)-prep.-n.f.s. cstr. (75)-pr.n. (488) *which is in the land of Canaan*

הִוא בֵּית־אֵל pers.pr. 3 f.s. (214)-pr.n. (110) *that is Bethel*

הוּא וְכָל־הָעָם pers.pr. 3 m.s. (214)-conj.-n.m.s. cstr. (481)-def.art.-n.m.s. (I 766) *he and all the people*

אֲשֶׁר־עִמּוֹ rel. (81)-prep.-3 m.s. sf. *who were with him*

35:7

וַיִּבֶן שָׁם consec.-Qal impf. 3 m.s. (בנה 124)-adv. (1027) *and there he built*

מִזְבֵּחַ n.m.s. (258) *an altar*

וַיִּקְרָא לַמָּקוֹם consec.-Qal impf. 3 m.s. (894)-prep.-def.art.-n.m.s. (879) *and called the place*

אֵל בֵּית־אֵל pr.n.-pr.n. (42; 110) *El-bethel*

כִּי שָׁם נִגְלוּ conj.-adv. (1027)-Ni. pf. 3 c.p. (גלה 162; GK 124hN,145i) *because there ... had revealed himself*

אֵלָיו הָאֱלֹהִים prep.-3 m.s. sf.-def.art.-n.m.p. (43) *to him ... God*

בְּבָרְחוֹ prep.-Qal inf.cstr.-3 m.s. sf. (137) *when he fled*

מִפְּנֵי אָחִיו prep.-n.m.p. cstr. (815)-n.m.s.-3 m.s. sf. (26) *from his brother*

157

35:8

וַתָּמָת דְּבֹרָה consec.-Qal impf. 3 f.s. (מוּת 559)-pr.n. (II 184) *and Deborah died*

מֵינֶקֶת רִבְקָה Hi. ptc. f.s. cstr. (ינק 413)-pr.n. (918) *Rebekah's nurse*

וַתִּקָּבֵר consec.-Ni. impf. 3 f.s. (קבר 868) *and she was buried*

מִתַּחַת לְבֵית־אֵל prep.-prep. (1065)-prep.-pr.n. (110 *below Bethel*

תַּחַת הָאַלּוֹן prep. (1065)-def.art.-n.m.s. (47; GK 126d) *under an oak*

וַיִּקְרָא שְׁמוֹ consec.-Qal impf. 3 m.s. (894; GK 144d)-n.m.s.-3 m.s. sf. (1027) *so the name of it was called*

אַלּוֹן בָּכוּת pr.n. (47; 113) *Allon-bacuth*

35:9

וַיֵּרָא אֱלֹהִים consec.-Ni. impf. 3 m.s. (ראה 906)-n.m.p. (43) *God appeared*

אֶל־יַעֲקֹב prep.-pr.n. (784) *to Jacob*

עוֹד adv. (728) *again*

בְּבֹאוֹ prep.-Qal inf.cstr.-3 m.s. sf. (בוא 97) *when he came*

מִפַּדַּן אֲרָם prep.-pr.n. (804; 74) *from Paddan-aram*

וַיְבָרֶךְ אֹתוֹ consec.-Pi. impf. 3 m.s. (138)-dir.obj. -3 m.s. sf. *and blessed him*

35:10

וַיֹּאמֶר־לוֹ consec.-Qal impf. 3 m.s. (55)-prep.-3 m.s. sf. *and ... said to him*

אֱלֹהִים n.m.p. (43) *God*

שִׁמְךָ יַעֲקֹב n.m.s.-2 m.s. sf. (1027)-pr.n. (784) *your name is Jacob*

לֹא־יִקָּרֵא שִׁמְךָ neg.-Ni. impf. 3 m.s. (894)-n.m.s. -2 m.s. sf. (1027) *no ... shall your name be called*

עוֹד adv. (728) *longer*

יַעֲקֹב pr.n. (784) *Jacob*

כִּי אִם־יִשְׂרָאֵל conj.-hypoth.part. (49)-pr.n. (975) *but Israel*

יִהְיֶה שְׁמֶךָ Qal impf. 3 m.s. (224)-n.m.s.-2 m.s. sf. (1027) *shall be your name*

וַיִּקְרָא אֶת־שְׁמוֹ consec.-Qal impf. 3 m.s. (894) -dir.obj.-n.m.s.-3 m.s. sf. (1027) *so his name was called*

יִשְׂרָאֵל pr.n. (975) *Israel*

35:11

וַיֹּאמֶר לוֹ consec.-Qal impf. 3 m.s. (55)-prep.-3 m.s. sf. *and ... said to him*

אֱלֹהִים n.m.p. (43) *God*

אֲנִי אֵל שַׁדַּי pers.pr. 1 c.s. (58)-pr.n. (42; 994) *I am El Shaddai (God Almighty)*

פְּרֵה וּרְבֵה Qal impv. 2 m.s. (פרה 826; GK 145f)-conj.-Qal impv. 2 m.s. (רבה I 915) *be fruitful and multiply*

גּוֹי וּקְהַל גּוֹיִם n.m.s. (156)-conj.-n.m.s. cstr. (874) -n.m.p. (156) *a nation and a company of nations*

יִהְיֶה מִמֶּךָ Qal impf. 3 m.s. (224)-prep.-2 m.s. sf. paus. *shall come from you*

וּמְלָכִים conj.-n.m.p. (I 572) *and kings*

מֵחֲלָצֶיךָ prep.-n.f. du.-2 m.s. sf. (323) *from your loins*

יֵצֵאוּ Qal impf. 3 m.p. paus. (יצא 422) *shall go forth*

35:12

וְאֶת־הָאָרֶץ conj.-dir.obj.-def.art.-n.f.s. (75) *the land*

אֲשֶׁר נָתַתִּי rel. (81)-Qal pf. 1 c.s. (נתן 678) *which I gave*

לְאַבְרָהָם prep.-pr.n. (4) *to Abraham*

וּלְיִצְחָק conj.-prep.-pr.n. (850) *and Isaac*

לְךָ אֶתְּנֶנָּה prep.-2 m.s. sf.-Qal impf. 1 c.s.-3 f.s. sf. (נתן 678) *to you I will give it*

וּלְזַרְעֲךָ conj.-prep.-n.m.s.-2 m.s. sf. (282) *and to your descendants*

אַחֲרֶיךָ prep.-2 m.s. sf. (29) *after you*

אֶתֵּן אֶת־הָאָרֶץ Qal impf. 1 c.s. (נתן 678)-dir.obj. -def.art.-n.f.s. (75) *I will give the land*

35:13

וַיַּעַל מֵעָלָיו consec.-Qal impf. 3 m.s. (עלה 748) -prep.-prep.-3 m.s. sf. (GK 142g) *then went up ... from him*

אֱלֹהִים n.m.p. (43) *God*

בַּמָּקוֹם prep.-def.art.-n.m.s. (879) *in the place*

אֲשֶׁר־דִּבֶּר אִתּוֹ rel. (81)-Pi. pf. 3 m.s. (180)-prep. -3 m.s. sf. (II 85) *where he had spoken with him*

35:14

וַיַּצֵּב יַעֲקֹב consec.-Hi. impf. 3 m.s. (נצב 662)-pr.n. (784) *and Jacob set up*

מַצֵּבָה n.f.s. (663) *a pillar*

בַּמָּקוֹם prep.-def.art.-n.m.s. (879) *in the place*

אֲשֶׁר־דִּבֶּר אִתּוֹ rel. (81)-Pi. pf. 3 m.s. (180) -prep.-3 m.s. sf. (II 85) *where he had spoken with him*

מַצֶּבֶת אָבֶן n.f.s. cstr. (663)-n.f.s. paus. (6) *a pillar of stone*

וַיַּסֵּךְ עָלֶיהָ consec.-Hi. impf. 3 m.s. (נָסַךְ I
650)-prep.-3 f.s. sf. (GK 138c) *and he poured
out on it*
נֶסֶךְ n.m.s. (651) *a drink offering*
וַיִּצֹק עָלֶיהָ consec.-Qal impf. 3 m.s. (נָצַק
427)-v.supra *and poured on it*
שָׁמֶן n.m.s. paus. (1032) *oil*

35:15

וַיִּקְרָא יַעֲקֹב consec.-Qal impf. 3 m.s. (894)-pr.n.
(784) *so Jacob called*
אֶת־שֵׁם הַמָּקוֹם dir.obj.-n.m.s. cstr. (1027)-def.
art.-n.m.s. (879) *the name of the place*
אֲשֶׁר דִּבֶּר אִתּוֹ rel. (81)-Pi. pf. 3 m.s. (180)-prep.
-3 m.s. sf. (II 85) *where had spoken with him*
שָׁם אֱלֹהִים adv. (1027)-n.m.p. (43) *there God*
בֵּית־אֵל pr.n. (110) *Bethel*

35:16

וַיִּסְעוּ consec.-Qal impf. 3 m.p. (נָסַע I 652) *then
they journeyed*
מִבֵּית אֵל prep.-pr.n. (110) *from Bethel*
וַיְהִי־עוֹד consec.-Qal impf. 3 m.s. (הָיָה 224)
-adv. (728) *when they were still*
כִּבְרַת־הָאָרֶץ n.f.s. cstr. (460)-def.art.-n.f.s. (75)
some distance
לָבוֹא prep.-Qal inf.cstr. (בּוֹא 97) *(to come)*
אֶפְרָתָה pr.n.-dir.he (68) *from Ephrath (toward
Ephrath)*
וַתֵּלֶד רָחֵל consec.-Qal impf. 3 f.s. (יָלַד 408)
-pr.n. (II 932) *Rachel travailed*
וַתְּקַשׁ בְּלִדְתָּהּ consec.-Pi. impf. 3 f.s. (קָשָׁה I
904)-prep.-Qal inf.cstr.-3 f.s. sf. (יָלַד 408)
and she had hard labor

35:17

וַיְהִי בְהַקְשֹׁתָהּ consec.-Qal impf. 3 m.s. (הָיָה
224)-prep.-Hi.inf.cstr.-3 f.s. sf. (קָשָׁה I 904)
and when she was in her hardness
בְּלִדְתָּהּ prep.-Qal inf.cstr.-3 f.s. sf. (יָלַד 408) *of
labor*
וַתֹּאמֶר לָהּ consec.-Qal impf. 3 f.s. (55)-prep.-3
f.s. sf. *said to her*
הַמְיַלֶּדֶת def.art.-Pi. ptc. f.s. (יָלַד 408) *the
midwife*
אַל־תִּירְאִי neg.-Qal impf. 2 f.s. (יָרֵא 431) *fear
not*
כִּי־גַם־זֶה conj.-adv. (168)-demons.adj. m.s. (260)
for now this
לָךְ בֵּן prep.-2 f.s. sf.-n.m.s. (119) *for you a son*

35:18

וַיְהִי consec.-Qal impf. 3 m.s. (הָיָה 224) *and (it
was)*
בְּצֵאת נַפְשָׁהּ prep.-Qal inf.cstr. (יָצָא 422)-n.f.s.
-3 f.s. sf. (659) *as her soul was departing*
כִּי מֵתָה conj.-Qal pf. 3 f.s. (מוּת 559) *for she
died*
וַתִּקְרָא שְׁמוֹ consec.-Qal impf. 3 f.s. (894)-n.m.s.
-3 m.s. sf. (1027) *she called his name*
בֶּן־אוֹנִי pr.n. (122) *Ben-oni*
וְאָבִיו conj.-n.m.s.-3 m.s. sf. (3) *but his father*
קָרָא־לוֹ Qal pf. 3 m.s. (894)-prep.-3 m.s. sf.
called him
בִנְיָמִין pr.n. (122) *Benjamin*

35:19

וַתָּמָת רָחֵל consec.-Qal impf. 3 f.s. (מוּת 559)
-pr.n. (II 932) *so Rachel died*
וַתִּקָּבֵר consec.-Ni. impf. 3 f.s. (קָבַר 868) *and she
was buried*
בְּדֶרֶךְ אֶפְרָתָה prep.-n.m.s. cstr. (202)-pr.n.-dir.he
(68) *on the way to Ephrath*
הִוא בֵּית לָחֶם pers.pr. 3 f.s. (214)-pr.n. paus. (111)
that is Bethlehem

35:20

וַיַּצֵּב יַעֲקֹב consec.-Hi. impf. 3 m.s. (נָצַב 662)
-pr.n. (784) *and Jacob set up*
מַצֵּבָה n.f.s. (663) *a pillar*
עַל־קְבֻרָתָהּ prep.-n.f.s.-3 f.s. sf. (869) *upon her
grave*
הִוא מַצֶּבֶת pers.pr. 3 f.s. (214)-n.f.s. cstr. (663) *it
is the pillar of*
קְבֻרַת־רָחֵל n.f.s. cstr. (869)-pr.n. (II 932) *Rachel's
tomb*
עַד־הַיּוֹם prep.-def.art.-n.m.s. (398) *which is
there to this day*

35:21

וַיִּסַּע יִשְׂרָאֵל consec.-Qal impf. 3 m.s. (נָסַע 652)
-pr.n. (975) *Israel journeyed on*
וַיֵּט אָהֳלֹה consec.-Qal impf. 3 m.s. (נָטָה 639)
-n.m.s.-3 m.s. sf. (13) *and pitched his tent*
מֵהָלְאָה prep.-adv. (229) *beyond*
לְמִגְדַּל־ prep.-n.m.s. cstr. (153) *the tower of*
עֵדֶר pr.n. (154) *Eder*

35:22

וַיְהִי בִּשְׁכֹּן consec.-Qal impf. 3 m.s. (הָיָה 224)
-prep.-Qal inf.cstr. (שָׁכַן 1014; GK 45g)
while ... dwelt
יִשְׂרָאֵל pr.n. (975) *Israel*

בְּאֶרֶץ הַהוא prep.-def.art.-n.f.s. (75)-def.art.
-demons.adj. f.s. (214) *in that land*

וַיֵּלֶךְ רְאוּבֵן consec.-Qal impf. 3 m.s. (הָלַךְ
229)-pr.n. (910) *Reuben went*

וַיִּשְׁכַּב consec.-Qal impf. 3 m.s. (1011; GK 15p)
and lay

אֶת־בִּלְהָה prep.- (II 85)-pr.n. (I 117) *with Bilhah*

פִּילֶגֶשׁ אָבִיו n.f.s. cstr. (811)-n.m.s.-3 m.s. sf. (3)
his father's concubine

וַיִּשְׁמַע יִשְׂרָאֵל consec.-Qal impf. 3 m.s. (1033)
-pr.n. (975) *and Israel heard of it*

וַיִּהְיוּ בְנֵי־יַעֲקֹב consec.-Qal impf. 3 m.p. (הָיָה
224)-n.m.p. cstr. (119)-pr.n. (784) *now the
sons of Jacob were*

שְׁנֵים עָשָׂר num. (1040)-num. (797) *twelve*

35:23

בְּנֵי לֵאָה n.m.p. cstr. (119)-pr.n. (521) *the sons of
Leah*

בְּכוֹר יַעֲקֹב n.m.s. cstr. (114)-pr.n. (784) *Jacob's
first-born*

רְאוּבֵן pr.n. (910) *Reuben*

וְשִׁמְעוֹן conj.-pr.n. (1035) *Simeon*

וְלֵוִי conj.-pr.n. (I 532) *Levi*

וִיהוּדָה conj.-pr.n. (397) *Judah*

וְיִשָּׂשכָר conj.-pr.n. (441) *Issachar*

וּזְבֻלוּן conj.-pr.n. (259) *and Zebulun*

35:24

בְּנֵי רָחֵל n.m.p. cstr. (119)-pr.n. (II 932) *the sons
of Rachel*

יוֹסֵף pr.n. (415) *Joseph*

וּבִנְיָמִן conj.-pr.n. (122) *and Benjamin*

35:25

וּבְנֵי בִלְהָה conj.-n.m.p. cstr. (119)-pr.n. (I 117) *the
sons of Bilhah*

שִׁפְחַת רָחֵל n.f.s. cstr. (1046)-pr.n. (II 932)
Rachel's maid

דָּן pr.n. (192) *Dan*

וְנַפְתָּלִי conj.-pr.n. (836) *and Naphtali*

35:26

וּבְנֵי זִלְפָּה conj.-n.m.p. cstr. (119)-pr.n. (273) *the
sons of Zilpah*

שִׁפְחַת לֵאָה n.f.s. cstr. (1046)-pr.n. (521) *Leah's
maid*

גָּד pr.n. (III 151) *Gad*

וְאָשֵׁר conj.-pr.n. (81) *and Asher*

אֵלֶּה בְּנֵי יַעֲקֹב demons.adj. c.p. (41)-n.m.p. cstr.
(119)-pr.n. (784) *these were the sons of
Jacob*

אֲשֶׁר יֻלַּד־לוֹ rel. (81)-Pu. pf. 3 m.s. (יָלַד 408;
GK 121b)-prep.-3 m.s. sf. *who were born to
him*

בְּפַדַּן אֲרָם prep.-pr.n. (804; 74) *in Paddan-aram*

35:27

וַיָּבֹא יַעֲקֹב consec.-Qal impf. 3 m.s. (בּוֹא 97)
-pr.n. (784) *and Jacob came*

אֶל־יִצְחָק prep.-pr.n. (850) *to Isaac*

אָבִיו n.m.s.-3 m.s. sf. (3) *his father*

מַמְרֵא pr.n. (577) *at Mamre*

קִרְיַת הָאַרְבַּע pr.n. (900) *or Kiriath-arba*

הוא חֶבְרוֹן pers.pr. 3 f.s. (214)-pr.n. (I 289) *that
is, Hebron*

אֲשֶׁר־גָּר־שָׁם rel. (81)-Qal pf. 3 m.s. (גּוּר 157)
-adv. (1027) *where had sojourned*

אַבְרָהָם pr.n. (4) *Abraham*

וְיִצְחָק conj. pr.n. (850) *and Isaac*

35:28

וַיִּהְיוּ יְמֵי יִצְחָק consec.-Qal impf. 3 m.p. (הָיָה
224)-n.m.p. cstr. (398)-pr.n. (850) *now the
days of Isaac were*

מְאַת שָׁנָה n.f.s. cstr. (547)-n.f.s. (1040) *a
hundred years*

וּשְׁמֹנִים שָׁנָה conj.-num. p. (1033)-n.f.s. (1040)
and eighty years

35:29

וַיִּגְוַע יִצְחָק consec.-Qal impf. 3 m.s. (גָּוַע 157)
-pr.n. (850) *and Isaac breathed his last*

וַיָּמָת consec.-Qal impf. 3 m.s. (מוּת 559) *and he
died*

וַיֵּאָסֶף consec.-Ni. impf. 3 m.s. (אָסַף 62) *and
was gathered*

אֶל־עַמָּיו prep.-n.m.p.-3 m.s. sf. (I 766) *to his
people*

זָקֵן adj. m.s. (278) *old*

וּשְׂבַע יָמִים conj.-n.m.s. cstr. (959)-n.m.p. (398)
and full of days

וַיִּקְבְּרוּ אֹתוֹ consec.-Qal impf. 3 m.p. (868)
-dir.obj.-3 m.s. sf. *and buried him*

עֵשָׂו pr.n. (796) *Esau*

וְיַעֲקֹב conj.-pr.n. (784) *and Jacob*

בָּנָיו n.m.p.-3 m.s. sf. (119) *his sons*

36:1

וְאֵלֶּה conj.-demons.adj. c.p. (41) *these*

תֹּלְדוֹת עֵשָׂו n.f.p. cstr. (410)-pr.n. (796) *the
descendants of Esau*

הוּא אֱדוֹם pers.pr. 3 m.s. (214)-pr.n. (10) *that is,
Edom*

36:2

עֵשָׂו לָקַח pr.n. (796)-Qal pf. 3 m.s. (542) *Esau took*

אֶת־נָשָׁיו dir.obj.-n.f.p.-3 m.s. sf. (61) *his wives*

מִבְּנוֹת כְּנָעַן prep.-n.f.p. cstr. (I 123)-pr.n. paus. (488) *from the Canaanites*

אֶת־עָדָה dir.obj.-pr.n. (725) *Adah*

בַּת־אֵילוֹן n.f.s. cstr. (I 123)-pr.n. (II 19) *the daughter of Elon*

הַחִתִּי def.art.-pr.n. gent. (366) *the Hittite*

וְאֶת־אָהֳלִיבָמָה conj.-dir.obj.-pr.n. (14) *Oholibamah*

בַּת־עֲנָה n.f.s. cstr. (I 123)-pr.n. (777) *the daughter of Anah*

בַּת־צִבְעוֹן n.f.s. cstr. (I 123) (LXX-*son of*)-pr.n. (840) *the daughter of Zibeon*

הַחִוִּי def.art.-pr.n. gent. (295) *the Hivite*

36:3

וְאֶת־בָּשְׂמַת conj.-dir.obj.-pr.n. (142) *Basemath*

בַּת־יִשְׁמָעֵאל n.f.s. cstr. (I 123)-pr.n. (1035) *Ishmael's daughter*

אֲחוֹת נְבָיוֹת n.f.s. cstr. (27)-pr.n. (614) *the sister of Nebaioth*

36:4

וַתֵּלֶד עָדָה consec.-Qal impf. 3 f.s. (ילד 408)-pr.n. (725) *and Adah bore*

לְעֵשָׂו prep.-pr.n. (796) *to Esau*

אֶת־אֱלִיפָז dir.obj.-pr.n. (45) *Eliphaz*

וּבָשְׂמַת conj.-pr.n. (142) *Basemath*

יָלְדָה Qal pf. 3 f.s. (ילד 408) *bore*

אֶת־רְעוּאֵל dir.obj.-pr.n. (946) *Reuel*

36:5

וְאָהֳלִיבָמָה conj.-pr.n. (14) *and Oholibamah*

יָלְדָה Qal pf. 3 f.s. (ילד 408) *bore*

אֶת־יְעִישׁ dir.obj.-pr.n. (736) *Jeush*

וְאֶת־יַעְלָם conj.-dir.obj.-pr.n. (761) *Jalam*

וְאֶת־קֹרַח conj.-dir.obj.-pr.n. (901) *and Korah*

אֵלֶּה בְּנֵי עֵשָׂו demons.adj. c.p. (41)-n.m.p. cstr. (119)-pr.n. (796) *these are the sons of Esau*

אֲשֶׁר יֻלְּדוּ־לוֹ rel. (81)-Pu. pf. 3 c.p. (ילד 408)-prep.-3 m.s. sf. *who were born to him*

בְּאֶרֶץ כְּנָעַן prep.-n.f.s. cstr. (75)-pr.n. paus. (488) *in the land of Canaan*

36:6

וַיִּקַּח עֵשָׂו consec.-Qal impf. 3 m.s. (לקח 542)-pr.n. (796) *then Esau took*

אֶת־נָשָׁיו dir.obj.-n.f.p. (61)-3 m.s. sf. *his wives*

וְאֶת־בָּנָיו conj.-dir.obj.-n.m.p.-3 m.s. sf. (119) *his sons*

וְאֶת־בְּנֹתָיו conj.-dir.obj.-n.f.p.-3 m.s. sf. (I 123) *his daughters*

וְאֶת־כָּל־נַפְשׁוֹת conj.-dir.obj.-n.m.s. cstr. (481)-n.f.p. cstr. (659) *and all the members of*

בֵּיתוֹ n.m.s.-3 m.s. sf. (108) *his household*

וְאֶת־מִקְנֵהוּ conj.-dir.obj.-n.m.s.-3 m.s. sf. (889) *his cattle*

וְאֶת־כָּל־בְּהֶמְתּוֹ conj.-dir.obj.-n.m.s. cstr. (481)-n.f.s.-3 m.s. sf. (96) *all his beasts*

וְאֵת כָּל־קִנְיָנוֹ conj.-dir.obj.-v.supra-n.m.s.-3 m.s. sf. (889) *and all his property*

אֲשֶׁר רָכַשׁ rel. (81)-Qal pf. 3 m.s. (940) *which he had acquired*

בְּאֶרֶץ כְּנָעַן prep.-n.f.s. cstr. (75)-pr.n. paus. (488) *in the land of Canaan*

וַיֵּלֶךְ consec.-Qal impf. 3 m.s. (הלך 229) *and he went*

אֶל־אֶרֶץ prep.-n.f.s. (75) *into a land*

מִפְּנֵי יַעֲקֹב prep.-n.m.p. cstr. (815)-pr.n. (784) *away from Jacob*

אָחִיו n.m.s.-3 m.s. sf. (26) *his brother*

36:7

כִּי־הָיָה conj.-Qal pf. 3 m.s. (224) *for were*

רְכוּשָׁם n.m.s.-3 m.p. sf. (940) *their possessions*

רָב adj. (I 912) *too great*

מִשֶּׁבֶת prep. (GK 133c)-Qal inf.cstr. (ישׁב 442) *for them to dwell*

יַחְדָּו adv. (403) *together*

וְלֹא יָכְלָה conj.-neg.-Qal pf. 3 f.s. (יכל 407) *could not*

אֶרֶץ מְגוּרֵיהֶם n.f.s. cstr. (75)-n.m.p.-3 m.p. sf. (158) *the land of their sojournings*

לָשֵׂאת אֹתָם prep.-Qal inf.cstr. (נשׂא 669)-dir.obj.-3 m.p. sf. *support them*

מִפְּנֵי מִקְנֵיהֶם prep.-n.m.p. cstr. (815)-n.m.p.-3 m.p. sf. (889) *because of their cattle*

36:8

וַיֵּשֶׁב עֵשָׂו consec.-Qal impf. 3 m.s. (ישׁב 442)-pr.n. (796) *so Esau dwelt*

בְּהַר שֵׂעִיר prep.-n.m.s. cstr. (249)-pr.n. (973) *in the hill country of Seir*

עֵשָׂו הוּא אֱדוֹם pr.n. (796)-pers.pr. 3 m.s. (214)-pr.n. (10) *Esau is Edom*

36:9

וְאֵלֶּה תֹּלְדוֹת conj.-demons.adj. c.p. (41)-n.f.p. cstr. (410) *these are the descendants of*

161

עֵשָׂו אֲבִי אֱדוֹם pr.n. (796)-n.m.s. cstr. (3)-pr.n.
(10) *Esau the father of the Edomites*
בְּהַר שֵׂעִיר prep.-n.m.s. cstr. (249)-pr.n. (973) *in
the hill country of Seir*

36:10

אֵלֶּה שְׁמוֹת demons.adj. c.p. (41)-n.m.p. cstr.
(1027) *these are the names of*
בְּנֵי־עֵשָׂו n.m.p. cstr. (119)-pr.n. (796) *the sons of
Esau*
אֱלִיפַז pr.n. (45) *Eliphaz*
בֶּן־עָדָה n.m.s. cstr. (119)-pr.n. (725) *the son of
Adah*
אֵשֶׁת עֵשָׂו n.f.s. cstr. (61)-pr.n. (796) *the wife of
Esau*
רְעוּאֵל pr.n. (946) *Reuel*
בֶּן־בָּשְׂמַת n.m.s. cstr. (119)-pr.n. (142) *the son of
Basemath*
אֵשֶׁת עֵשָׂו n.f.s. cstr. (61)-pr.n. (796) *the wife of
Esau*

36:11

וַיִּהְיוּ בְּנֵי אֱלִיפַז consec.-Qal impf. 3 m.p. (הָיָה
224)-n.m.p. cstr. (119)-pr.n. (45) *the sons of
Eliphaz were*
תֵּימָן pr.n. (II 412) *Teman*
אוֹמָר pr.n. (57) *Omar*
צְפוֹ pr.n. (859) *Zepho*
וְגַעְתָּם conj.-pr.n. (172) *Gatam*
וּקְנַז conj.-pr.n. (889) *and Kenaz*

36:12

וְתִמְנַע conj.-pr.n. (586) *Timna*
הָיְתָה פִילֶגֶשׁ Qal pf. 3 f.s. (הָיָה 224)-n.f.s. (811)
was a concubine
לֶאֱלִיפַז prep.-pr.n. (45) *of Eliphaz*
בֶּן־עֵשָׂו n.m.s. cstr. (119)-pr.n. (796) *Esau's son*
וַתֵּלֶד consec.-Qal impf. 3 f.s. (יָלַד 408) *she bore*
לֶאֱלִיפַז v.supra *to Eliphaz*
אֶת־עֲמָלֵק dir.obj.-pr.n. (766) *Amalek*
אֵלֶּה בְּנֵי עָדָה demons.adj. c.p. (41)-n.m.p. cstr.
(119)-pr.n. (725) *these are the sons of Adah*
אֵשֶׁת עֵשָׂו n.f.s. cstr. (61)-pr.n. (796) *Esau's
wife*

36:13

וְאֵלֶּה בְּנֵי conj.-demons.adj. c.p. (41)-n.m.p. cstr.
(119) *these are the sons of*
רְעוּאֵל pr.n. (946) *Reuel*
נַחַת pr.n. (III 639) *Nahath*
וְזֶרַח conj.-pr.n. (II 280) *Zerah*
שַׁמָּה pr.n. (II 1031) *Shammah*

וּמִזָּה conj.-pr.n. (561) *and Mizzah*
אֵלֶּה הָיוּ demons.adj. c.p. (41)-Qal pf. 3 c.p. (הָיָה
224) *these are*
בְּנֵי בָשְׂמַת n.m.p. cstr. (119)-pr.n. (142) *the sons
of Basemath*
אֵשֶׁת עֵשָׂו n.f.s. cstr. (61)-pr.n. (796) *Esau's
wife*

36:14

וְאֵלֶּה הָיוּ conj.-demons.adj. c.p. (41)-Qal pf. 3
c.p. (הָיָה 224) *these are*
בְּנֵי אָהֳלִיבָמָה n.m.p. cstr. (119)-pr.n. (14) *the sons
of Oholibamah*
בַּת־עֲנָה n.f.s. cstr. (I 123)-pr.n. (777) *the
daughter of Anah*
בַּת־צִבְעוֹן n.f.s. cstr. (I 123)-pr.n. (840) *the
daughter of Zibeon* (cf.36:2 some rd. *the son
of*)
אֵשֶׁת עֵשָׂו n.f.s. cstr. (61)-pr.n. (796) *Esau's
wife*
וַתֵּלֶד consec.-Qal impf. 3 f.s. (יָלַד 408) *she bore*
לְעֵשָׂו prep.-pr.n. (796) *to Esau*
אֶת־יְעִישׁ dir.obj.-pr.n. (736) *Jeush*
וְאֶת־יַעְלָם conj.-dir.obj.-pr.n. (761) *Jalam*
וְאֶת־קֹרַח conj.-dir.obj.-pr.n. (901) *and Korah*

36:15

אֵלֶּה אַלּוּפֵי demons.adj. c.p. (41)-n.m.p. cstr. (II
49) *these are the chiefs of*
בְּנֵי־עֵשָׂו n.m.p. cstr. (119)-pr.n. (796) *the sons of
Esau*
בְּנֵי אֱלִיפַז n.m.p. cstr. (119)-pr.n. (45) *the sons of
Eliphaz*
בְּכוֹר עֵשָׂו n.m.s. cstr. (114)-pr.n. (796) *the
first-born of Esau*
אַלּוּף תֵּימָן n.m.s. (II 49)-pr.n. (II 412) *chief
Teman*
אַלּוּף אוֹמָר v.supra-pr.n. (57) *chief Omar*
אַלּוּף צְפוֹ v.supra-pr.n. (859) *chief Zepho*
אַלּוּף קְנַז v.supra-pr.n. (889) *chief Kenaz*

36:16

אַלּוּף קֹרַח v.supra-pr.n. (901) *chief Korah*
אַלּוּף גַּעְתָּם v.supra-pr.n. (172) *chief Gatam*
אַלּוּף עֲמָלֵק v.supra-pr.n. (766) *chief Amalek*
אֵלֶּה אַלּוּפֵי demons.adj. c.p. (41)-n.m.p. cstr. (II
49) *these are the chiefs of*
אֱלִיפַז pr.n. (45) *Eliphaz*
בְּאֶרֶץ אֱדוֹם prep.-n.f.s. cstr. (75)-pr.n. (10) *in the
land of Edom*
אֵלֶּה בְּנֵי עָדָה demons.adj. c.p. (41)-n.m.p. cstr.
(119)-pr.n. (725) *they are the sons of Adah*

36:17

וְאֵלֶּה בְּנֵי conj.-demons.adj. c.p. (41)-n.m.p. cstr. (119) *these are the sons of*

רְעוּאֵל pr.n. (946) *Reuel*

בֶּן־עֵשָׂו n.m.s. cstr. (119)-pr.n. (796) *Esau's son*

אַלּוּף נַחַת n.m.p. (II 49)-pr.n. (III 639) *chief Nahath*

אַלּוּף זֶרַח v.supra-pr.n. (II 280) *chief Zerah*

אַלּוּף שַׁמָּה v.supra-pr.n. (II 1031) *chief Shammah*

אַלּוּף מִזָּה v.supra-pr.n. (561) *chief Mizzah*

אֵלֶּה אַלּוּפֵי demons.adj. c.p. (41)-n.m.p. cstr. (II 49) *these are the chiefs of*

רְעוּאֵל pr.n. (946) *Reuel*

בְּאֶרֶץ אֱדוֹם prep.-n.f.s. cstr. (75)-pr.n. (10) *in the land of Edom*

אֵלֶּה בְּנֵי בָשְׂמַת v.supra-n.m.p. cstr. (119)-pr.n. (142) *they are the sons of Basemath*

אֵשֶׁת עֵשָׂו n.f.s. cstr. (61)-pr.n. (796) *Esau's wife*

36:18

וְאֵלֶּה בְּנֵי conj.-demons.adj. c.p. (41)-n.m.p. cstr. (119) *these are the sons of*

אָהֳלִיבָמָה pr.n. (14) *Oholibamah*

אֵשֶׁת עֵשָׂו n.f.s. cstr. (61)-pr.n. (796) *Esau's wife*

אַלּוּף יְעוּשׁ n.m.s. (II 49)-pr.n. (736) *chief Jeush*

אַלּוּף יַעְלָם v.supra-pr.n. (761) *chief Jalam*

אַלּוּף קֹרַח v.supra-pr.n. (901) *chief Korah*

אֵלֶּה אַלּוּפֵי demons.adj. c.p. (41)-n.m.p. cstr. (II 49) *these are the chiefs born of*

אָהֳלִיבָמָה pr.n. (14) *Oholibamah*

בַּת־עֲנָה n.f.s. cstr. (I 123)-pr.n. (777) *the daughter of Anah*

אֵשֶׁת עֵשָׂו v.supra-v.supra *Esau's wife*

36:19

אֵלֶּה בְנֵי־עֵשָׂו demons.adj. c.p. (41)-n.m.p. cstr. (119)-pr.n. (796) *these are the sons of Esau*

וְאֵלֶּה אַלּוּפֵיהֶם conj.-v.supra-n.m.p.-3 m.p. sf. (II 49) *and these are their chiefs*

הוּא אֱדוֹם pers.pr. 3 m.s. (214)-pr.n. (10) *that is, Edom*

36:20

אֵלֶּה בְנֵי־שֵׂעִיר demons.adj. c.p. (41)-n.m.p. cstr. (119)-pr.n. (973) *these are the sons of Seir*

הַחֹרִי def.art.-pr.n. gent. (II 360) *the Horite*

יֹשְׁבֵי הָאָרֶץ Qal act.ptc. cstr. (יָשַׁב 442)-def.art. -n.f.s. (75) *the inhabitants of the land*

לוֹטָן pr.n. (532) *Lotan*

וְשׁוֹבָל conj.-pr.n. (987) *Shobal*

וְצִבְעוֹן conj.-pr.n. (840) *Zibeon*

וַעֲנָה conj.-pr.n. (777) *and Anah*

36:21

וְדִשׁוֹן conj.-pr.n. (II 190) *Dishon*

וְאֵצֶר conj.-pr.n. (69) *Ezer*

וְדִישָׁן conj.-pr.n. (190) *and Dishan*

אֵלֶּה אַלּוּפֵי demons.adj. c.p. (41)-n.m.p. cstr. (II 49) *these are the chiefs of*

הַחֹרִי def.art.-gent.adj. (II 360) *the Horites*

בְּנֵי שֵׂעִיר n.m.p. cstr. (119)-pr.n. (973) *the sons of Seir*

בְּאֶרֶץ אֱדוֹם prep.-n.f.s. cstr. (75)-pr.n. (10) *in the land of Edom*

36:22

וַיִּהְיוּ consec.-Qal impf. 3 m.p. (הָיָה 224) *were*

בְנֵי־לוֹטָן n.m.p. cstr. (119)-pr.n. (532) *the sons of Lotan*

חֹרִי pr.n. (II 360) *Hori*

וְהֵימָם conj.-pr.n. (v. הוֹמָם 243) *and Hemam* (GK. has *Heman*)

וַאֲחוֹת לוֹטָן conj.-n.f.s. cstr. (27)-pr.n. (532) *and Lotan's sister*

תִּמְנָע pr.n. (586) *was Timna*

36:23

וְאֵלֶּה בְּנֵי conj.-demons.adj. c.p. (41)-n.m.p. cstr. (119) *these are the sons of*

שׁוֹבָל pr.n. (987) *Shobal*

עַלְוָן pr.n. (759) *Alvan*

וּמָנַחַת conj.-pr.n. (II 630) *Manahath*

וְעֵיבָל conj.-pr.n. (II 716) *Ebal*

שְׁפוֹ pr.n. (1046) *Shepho*

וְאוֹנָם conj.-pr.n. (20) *and Onam*

36:24

וְאֵלֶּה בְּנֵי־ conj.-demons.adj. c.p. (41)-n.m.p. cstr. (119) *these are the sons of*

צִבְעוֹן pr.n. (840) *Zibeon*

וְאַיָּה conj.-pr.n. (v. אַיָּה II 17) *Aiah*

וַעֲנָה conj.-pr.n. (777) *and Anah*

הוּא עֲנָה pers.pr. 3 m.s. (214)-pr.n. (777) *he is the Anah*

אֲשֶׁר מָצָא rel. (81)-Qal pf. 3 m.s. (592) *who found*

אֶת־הַיֵּמִם dir.obj.-def.art.-n.m.p. (411) *the hot springs*

בַּמִּדְבָּר prep.-def.art.-n.m.s. (184) *in the wilderness*

בְּרְעֹתוֹ prep.-Qal inf.cstr.-3 m.s. sf. (רָעָה I 944) *as he pastured*

אֶת־הַחֲמֹרִים dir.obj.-def.art.-n.m.p. (331) *the asses*

לְצִבְעוֹן prep.-pr.n. (840) *of Zibeon*

אָבִיו n.m.s.-3 m.s. sf. (3) *his father*

36:25

וְאֵלֶּה בְנֵי־ conj.-demons.adj. c.p. (41)-n.m.p. cstr. (119) *these are the children of*

עֲנָה pr.n. (777) *Anah*

דִּשֹׁן pr.n. (II 190) *Dishon*

וְאָהֳלִיבָמָה conj.-pr.n. (14) *and Oholibamah*

בַּת־עֲנָה n.f.s. cstr. (I 123)-pr.n. (777) *the daughter of Anah*

36:26

וְאֵלֶּה בְּנֵי conj.-demons.adj. c.p. (11) n.m.p. cstr. (119) *these are the sons of*

דִּישָׁן pr.n. (190) *Dishon*

חֶמְדָּן pr.n. (326) *Hemdan*

וְאֶשְׁבָּן conj.-pr.n. (78) *Eshban*

וְיִתְרָן conj.-pr.n. (452) *Ithran*

וּכְרָן conj.-pr.n. (502) *and Cheran*

36:27

אֵלֶּה בְּנֵי־ demons.adj. c.p. (41)-n.m.p. cstr. (119) *these are the sons of*

אֵצֶר pr.n. (69) *Ezer*

בִּלְהָן pr.n. (117) *Bilhan*

וְזַעֲוָן conj.-pr.n. (276) *Zaavan*

וַעֲקָן conj.-pr.n. (785) *and Akan*

36:28

אֵלֶּה בְּנֵי־ demons.adj. c.p. (41)-n.m.p. cstr. (119) *these are the sons of*

דִּישָׁן pr.n. (190) *Dishan*

עוּץ pr.n. (734) *Uz*

וַאֲרָן conj.-pr.n. (75) *and Aran*

36:29

אֵלֶּה אַלּוּפֵי demons.adj. c.p. (41)-n.m.p. cstr. (II 49) *these are the chiefs of*

הַחֹרִי def.art.-gent.adj. (II 360) *the Horites*

אַלּוּף לוֹטָן n.m.s. (II 49)-pr.n. (532) *chief Lotan*

אַלּוּף שׁוֹבָל v.supra-pr.n. (987) *chief Shobal*

אַלּוּף צִבְעוֹן v.supra-pr.n. (840) *chief Zibeon*

אַלּוּף עֲנָה v.supra-pr.n. (777) *chief Anah*

36:30

אַלּוּף דִּשֹׁן n.m.s. (II 49)-pr.n. (190) *chief Dishon*

אַלּוּף אֵצֶר v.supra-pr.n. (69) *chief Ezer*

אַלּוּף דִּישָׁן v.supra-pr.n. (190) *chief Dishan*

אֵלֶּה אַלּוּפֵי demons.adj. c.p. (41)-n.m.p. cstr. (II 49) *these are the chiefs of*

הַחֹרִי def.art.-gent. adj. (II 360) *the Horites*

לְאַלֻּפֵיהֶם prep.-n.m.p.-3 m.p. sf. (II 49) *according to their clans*

בְּאֶרֶץ שֵׂעִיר prep.-n.f.s. cstr. (75)-pr.n. (973) *in the land of Seir*

36:31

וְאֵלֶּה הַמְּלָכִים conj.-demons.adj. c.p. (41)-def.art. -n.m.p. (I 572) *these are the kings*

אֲשֶׁר מָלְכוּ rel. (81)-Qal pf. 3 c.p. (573) *who reigned*

בְּאֶרֶץ אֱדוֹם prep.-n.f.s. cstr. (75)-pr.n. (10) *in the land of Edom*

לִפְנֵי prep.-n.m.p. cstr. (815) *before*

מְלָךְ־מֶלֶךְ Qal inf.cstr. (573)-n.m.s. (I 572) *any king reigned*

לִבְנֵי יִשְׂרָאֵל prep.-n.m.p. cstr. (119)-pr.n. (975) *over the Israelites*

36:32

וַיִּמְלֹךְ consec.-Qal impf. 3 m.s. (573) *reigned*

בֶּאֱדוֹם prep.-pr.n. (10) *in Edom*

בֶּלַע בֶּן־בְּעוֹר pr.n. (118)-n.m.s. cstr. (119)-pr.n. (129) *Bela the son of Beor*

וְשֵׁם עִירוֹ conj.-n.m.s. cstr. (1027)-n.f.s.-3 m.s. sf. (746) *the name of his city*

דִּנְהָבָה pr.n. (200) *Dinhabah*

36:33

וַיָּמָת בָּלַע consec.-Qal impf. 3 m.s. (מוּת 559)-pr.n. paus. (118) *Bela died*

וַיִּמְלֹךְ consec.-Qal impf. 3 m.s. (573) *and reigned*

תַּחְתָּיו prep.-3 m.s. sf. (1065) *in his stead*

יוֹבָב pr.n. (384) *Jobab*

בֶּן־זֶרַח n.m.s. cstr. (119)-pr.n. (II 280) *the son of Zerah*

מִבָּצְרָה prep.-pr.n. (II 131) *of Bozrah*

36:34

וַיָּמָת יוֹבָב consec.-Qal impf. 3 m.s. (מוּת 559)-pr.n. (384) *Jobab died*

וַיִּמְלֹךְ consec.-Qal impf. 3 m.s. (573) *and reigned*

תַּחְתָּיו prep.-3 m.s. sf. (1065) *in his stead*

חֻשָׁם pr.n. (302) *Husham*

מֵאֶרֶץ הַתֵּימָנִי prep.-n.f.s. cstr. (75)-def.art.-adj. gent. (412) *of the land of the Temanites*

36:35

וַיָּמָת חֻשָׁם consec.-Qal impf. 3 m.s. (מות 559)-pr.n. (302) *Husham died*

וַיִּמְלֹךְ consec.-Qal impf. 3 m.s. (573) *and reigned*

תַּחְתָּיו prep.-3 m.s. sf. (1065) *in his stead*

הֲדַד pr.n. (212) *Hadad*

בֶּן־בְּדַד n.m.s. cstr. (119)-pr.n. (95) *the son of Bedad*

הַמַּכֶּה def.art.-Hi. ptc. (נכה 645) *who defeated*

אֶת־מִדְיָן dir.obj.-pr.n. (193) *Midian*

בִּשְׂדֵה מוֹאָב prep.-n.m.s. cstr. (961)-pr.n. (555) *in the country of Moab*

וְשֵׁם עִירוֹ conj.-n.m.s. cstr. (1027)-n.f.s.-3 m.s. sf. (746) *the name of his city*

עֲוִית pr.n. (732) *was Avith*

36:36

וַיָּמָת הֲדַד consec.-Qal impf. 3 m.s. (מות 559)-pr.n. (212) *Hadad died*

וַיִּמְלֹךְ consec.-Qal impf. 3 m.s. (573) *and reigned*

תַּחְתָּיו prep.-3 m.s. sf. (1065) *in his stead*

שַׂמְלָה pr.n. (971) *Samlah*

מִמַּשְׂרֵקָה prep.-pr.n. (977) *of Masrekah*

36:37

וַיָּמָת שַׂמְלָה consec.-Qal impf. 3 m.s. (מות 559)-pr.n. (971) *Samlah died*

וַיִּמְלֹךְ consec.-Qal impf. 3 m.s. (573) *and reigned*

תַּחְתָּיו prep.-3 m.s. sf. (1065) *in his stead*

שָׁאוּל pr.n. (982) *Shaul*

מֵרְחֹבוֹת prep.-pr.n. cstr. (932) *of Rehoboth on*

הַנָּהָר def.art.-n.m.s. paus. (625) *the Euphrates*

36:38

וַיָּמָת שָׁאוּל consec.-Qal impf. 3 m.s. (מות 559)-pr.n. (982) *Shaul died*

וַיִּמְלֹךְ consec.-Qal impf. 3 m.s. (573) *and reigned*

תַּחְתָּיו prep.-3 m.s. sf. (1065) *in his stead*

בַּעַל חָנָן pr.n. (128) *Baal-hanan*

בֶּן־עַכְבּוֹר n.m.s. cstr. (119)-pr.n. (747) *the son of Achbor*

36:39

וַיָּמָת consec.-Qal impf. 3 m.s. (מות 559) *died*

בַּעַל חָנָן pr.n. (128) *Baal-hanan*

בֶּן־עַכְבּוֹר n.m.s. cstr. (119)-pr.n. (747) *the son of Achbor*

וַיִּמְלֹךְ consec.-Qal impf. 3 m.s. (573) *and reigned*

תַּחְתָּיו prep.-3 m.s. sf. (1065) *in his stead*

הֲדַר pr.n. (214) *Hadar*

וְשֵׁם עִירוֹ conj.-n.m.s. cstr. (1027)-n.f.s.-3 m.s. sf. (746) *the name of his city*

פָּעוּ pr.n. (821) *Pau*

וְשֵׁם אִשְׁתּוֹ conj.-n.m.s. cstr. (1027)-n.f.s.-3 m.s. sf. (61) *his wife's name*

מְהֵיטַבְאֵל pr.n. (406) *was Mehetabel*

בַּת־מַטְרֵד n.f.s. cstr. (I 123)-pr.n. (382) *the daughter of Matred*

בַּת מֵי זָהָב n.f.s. cstr. (I 123)-pr.n. (566) *daughter of Mezahab*

36:40

וְאֵלֶּה שְׁמוֹת conj.-demons.adj. c.p. (41)-n.m.p. cstr. (1027) *these are the names of*

אַלּוּפֵי עֵשָׂו n.m.p. cstr. (II 49)-pr.n. (796) *the chiefs of Esau*

לְמִשְׁפְּחֹתָם prep.-n.f.p.-3 m.p. sf. (1046) *according to their families*

לִמְקֹמֹתָם prep.-n.m.p.-3 m.p. sf. (879) *and their dwelling places*

בִּשְׁמֹתָם prep.-n.m.p.-3 m.p. sf. (1027) *by their names*

אַלּוּף תִּמְנָע n.m.s. (II 49)-pr.n. (586) *chief Timna*

אַלּוּף עַלְוָה v.supra-pr.n. (759) *chief Alvah*

אַלּוּף יְתֵת v.supra-pr.n. (453) *chief Jetheth*

36:41

אַלּוּף אָהֳלִיבָמָה n.m.s. (II 49)-pr.n. (14) *chief Oholibamah*

אַלּוּף אֵלָה v.supra-pr.n. (II 18) *chief Elah*

אַלּוּף פִּינֹן v.supra-pr.n. (810) *chief Pinon*

36:42

אַלּוּף קְנַז n.m.s. (II 49)-pr.n. (889) *chief Kenaz*

אַלּוּף תֵּימָן v.supra-pr.n. (412) *chief Teman*

אַלּוּף מִבְצָר v.supra-pr.n. (II 550) *chief Mibzar*

36:43

אַלּוּף מַגְדִּיאֵל n.m.s. (II 49)-pr.n. (550) *chief Magdiel*

אַלּוּף עִירָם v.supra-pr.n. (747) *chief Iram*

אֵלֶּה אַלּוּפֵי demons.adj. c.p. (41)-n.m.p. cstr. (II 49) *these are the chiefs of*

אֱדוֹם pr.n. (10) *Edom*

לְמֹשְׁבֹתָם prep.-n.m.p.-3 m.p. sf. (444) *according to their dwelling places*

בְּאֶרֶץ prep.-n.f.s. cstr. (75) *in the land of*

אֲחֻזָּתָם n.f.s.-3 m.p. sf. (28) *their possession*

הוּא עֵשָׂו pers.pr. 3 m.s. (214)-pr.n. (796) *that is, Esau*

אֲבִי אֱדוֹם n.m.s. cstr. (3)-pr.n. (10) *the father of Edom*

37:1

וַיֵּשֶׁב יַעֲקֹב consec.-Qal impf. 3 m.s. (יָשַׁב 442)-pr.n. (784) *Jacob dwelt*

בְּאֶרֶץ מְגוּרֵי prep.-n.f.s. cstr. (75)-n.m.p. cstr. (157) *in the land of the sojournings of*

אָבִיו n.m.s.-3 m.s. sf. (3) *his father*

בְּאֶרֶץ כְּנָעַן prep.-n.f.s. cstr. (75)-pr.n. paus. (488) *in the land of Canaan*

37:2

אֵלֶּה תֹּלְדוֹת demons.adj. c.p. (41)-n.f.p. cstr. (410) *this is the history of the family of*

יַעֲקֹב pr.n. (784) *Jacob*

יוֹסֵף pr.n. (415) *Joseph*

בֶּן־שְׁבַע־עֶשְׂרֵה n.m.s. cstr. (119)-num. cstr. (988)-num. (797) *seventeen ... old*

שָׁנָה n.f.s. (1040) *years*

הָיָה רֹעֶה Qal pf. 3 m.s. (224)-Qal act.ptc. (I 944) *was shepherding*

אֶת־אֶחָיו prep. (II 85)-n.m.p.-3 m.s. sf. (26) *with his brothers*

בַּצֹּאן prep.-def.art.-n.f.s. (838) *the flock*

וְהוּא נַעַר conj.-pers.pr. 3 m.s. (214)-n.m.s. (654) *he was a lad*

אֶת־בְּנֵי בִלְהָה prep. (II 85)-n.m.p. cstr. (119)-pr.n. (I 117) *with the sons of Bilhah*

וְאֶת־בְּנֵי זִלְפָּה conj.-prep. (II 85)-v.supra-pr.n. (273) *and Zilpah*

נְשֵׁי אָבִיו n.f.p. cstr. (61)-n.m.s.-3 m.s. sf. (3) *his father's wives*

וַיָּבֵא יוֹסֵף consec.-Hi. impf. 3 m.s. (בּוֹא 97)-pr.n. (415) *and Joseph brought*

אֶת־דִּבָּתָם רָעָה dir.obj.-n.f.s.-3 m.p. sf. (179)-adj. f.s. (948; GK 126z) *an ill report of them*

אֶל־אֲבִיהֶם prep.-n.m.s.-3 m.p. sf. (3) *to their father*

37:3

וְיִשְׂרָאֵל conj.-pr.n. (975) *now Israel*

אָהַב Qal pf. 3 m.s. (12) *loved*

אֶת־יוֹסֵף dir.obj.-pr.n. (415) *Joseph*

מִכָּל־בָּנָיו prep. (GK 133b)-n.m.s. cstr. (481)-n.m.p.-3 m.s. sf. (119) *more than any other of his children*

כִּי־בֶן־זְקֻנִים conj.-n.m.s. cstr. (119)-n.m.p. (279) *because the son of old age*

הוּא לוֹ pers.pr. 3 m.s. (214)-prep.-3 m.s. sf. *he was to him*

וְעָשָׂה לוֹ conj.-Qal pf. 3 m.s. (I 793)-prep.-3 m.s. sf. (GK 112h) *and he made him*

כְּתֹנֶת פַּסִּים n.f.s. cstr. (509)-n.m.p. (821) *a long robe with sleeves*

37:4

וַיִּרְאוּ אֶחָיו consec.-Qal impf. 3 m.p. (רָאָה 906)-n.m.p.-3 m.s. sf. (26) *but when his brothers saw*

כִּי־אֹתוֹ אָהַב conj.-dir.obj.-3 m.s. sf.-Qal pf. 3 m.s. (12) *that ... loved him*

אֲבִיהֶם n.m.s.-3 m.p. sf. (3) *their father*

מִכָּל־אֶחָיו prep.-n.m.s. cstr. (481)-n.m.p.-3 m.s. sf. (26) *more than all his brothers*

וַיִּשְׂנְאוּ אֹתוֹ consec.-Qal impf. 3 m.p. (שָׂנֵא 971)-dir.obj.-3 m.s. sf. *they hated him*

וְלֹא יָכְלוּ conj.-neg.-Qal pf. 3 c.p. (יָכֹל 407) *and could not*

דַּבְּרוֹ Pi. inf.cstr.-3 m.s. sf. (180; GK 115c) *speak to him*

לְשָׁלֹם prep.-n.m.s. (1022) *peaceably*

37:5

וַיַּחֲלֹם יוֹסֵף consec.-Qal impf. 3 m.s. (321)-pr.n. (415) *now Joseph dreamed*

חֲלוֹם n.m.s. (321) *a dream*

וַיַּגֵּד consec.-Hi. impf. 3 m.s. (נָגַד 616) *and when he told*

לְאֶחָיו prep.-n.m.p.-3 m.s. sf. (26) *to his brothers*

וַיּוֹסִפוּ עוֹד consec.-Hi. impf. 3 m.p. (יָסַף 414)-adv. (728) *they only ... the more*

שְׂנֹא אֹתוֹ Qal inf.cstr. (971)-dir.obj.-3 m.s. sf. *hated him*

37:6

וַיֹּאמֶר אֲלֵיהֶם consec.-Qal impf. 3 m.s. (55)-prep.-3 m.p. sf. *he said to them*

שִׁמְעוּ־נָא Qal impv. 2 m.p. (1033)-part.of entreaty (609) *hear*

הַחֲלוֹם הַזֶּה def.art.-n.m.s. (321)-def.art.-demons.adj. m.s. (260) *this dream*

אֲשֶׁר חָלָמְתִּי rel. (81)-Qal pf. 1 c.s. paus. (321) *which I have dreamed*

37:7

וְהִנֵּה אֲנַחְנוּ conj.-demons.part. (243)-pers.pr. 1 c.p. (59) *behold, we*

מְאַלְּמִים Pi. ptc. m.p. (אָלַם 47; GK 116o) *were binding*

אֲלֻמִּים n.f.p. (48) *sheaves*

בְּתוֹךְ הַשָּׂדֶה prep.-n.m.s. cstr. (1063)-def.art. -n.m.s, (961) *in the field*

וְהִנֵּה v.supra *and lo*

קָמָה אֲלֻמָּתִי Qal pf. 3 f.s. (קום 877)-n.f.s.-1 c.s. sf. (48) *my sheaf arose*

וְגַם־נִצָּבָה conj.-adv. (168)-Ni. pf. 3 f.s. paus. (נצב 662) *and stood upright*

וְהִנֵּה v.supra *and behold*

תְסֻבֶּינָה Qal impf. 3 f.p. (סבב 685) *gathered around*

אֲלֻמֹּתֵיכֶם n.f.p.-2 m.p. sf. (48) *your sheaves*

וַתִּשְׁתַּחֲוֶיןָ consec.-Hithpalel impf. 3 f.p. (שחה 1005; GK 47,l) *and bowed down*

לַאֲלֻמָּתִי prep.-n.f.s.-1 c.s. sf. (48) *to my sheaf*

37:8

וַיֹּאמְרוּ לוֹ consec.-Qal impf. 3 m.p. (55)-prep.-3 m.s. sf. *and said to him*

אֶחָיו n.m.p.-3 m.s. sf. (26) *his brothers*

הֲמָלֹךְ תִּמְלֹךְ interr. (GK 150h)-Qal inf.abs. (573; GK 116q)-Qal impf. 2 m.s. (573) *are you indeed to reign*

עָלֵינוּ prep.-1 c.p. sf. *over us*

אִם־מָשׁוֹל תִּמְשֹׁל conj. (49)-Qal inf.abs. (605) -Qal impf. 2 m.s. (605) *or are you indeed to have dominion*

בָּנוּ prep.-1 c.p. sf. *over us*

וַיּוֹסִפוּ עוֹד consec.-Hi. impf. 3 m.p. (יסף 414)-adv. (728) *so they ... yet more*

שְׂנֹא אֹתוֹ Qal inf.cstr. (971)-dir.obj.-3 m.s. sf. *hated him*

עַל־חֲלֹמֹתָיו prep.-n.m.p.-3 m.s. sf. (321) *for his dreams*

וְעַל־דְּבָרָיו conj.-prep.-n.m.p.-3 m.s. sf. (182) *and for his words*

37:9

וַיַּחֲלֹם עוֹד consec.-Qal impf. 3 m.s. (321)-adv. (728) *then he dreamed*

חֲלוֹם אַחֵר n.m.s. 9321)-adj. (29) *another dream*

וַיְסַפֵּר אֹתוֹ consec.-Pi. impf. 3 m.s. (707)-dir.obj. -3 m.s. sf. *and told it*

לְאֶחָיו prep.-n.m.p.-3 m.s. sf. (26) *to his brothers*

וַיֹּאמֶר consec.-Qal impf. 3 m.s. (55) *and said*

הִנֵּה demons.part. (243) *behold*

חָלַמְתִּי Qal pf. 1 c.s. (321) *I have dreamed*

חֲלוֹם עוֹד n.m.s. (321)-adv. (728) *another dream*

וְהִנֵּה conj.-v.supra *and behold*

הַשֶּׁמֶשׁ def.art.-n.f.s. (1039) *the sun*

וְהַיָּרֵחַ conj.-def.art.-n.m.s. (437) *the moon*

וְאַחַד עָשָׂר conj.-num. (25)-num. (797) *and eleven*

כּוֹכָבִים n.m.p. (456) *stars*

מִשְׁתַּחֲוִים לִי Hithpalel ptc. m.p. (שחה 1005) -prep.-1 c.s. sf. *were bowing down to me*

37:10

וַיְסַפֵּר consec.-Pi. impf. 3 m.s. (707)-*but when he told*

אֶל־אָבִיו prep.-n.m.s.-3 m.s. sf. (3) *to his father*

וְאֶל־אֶחָיו conj.-prep.-n.m.p.-3 m.s. sf. (26) *and to his brothers*

וַיִּגְעַר־בּוֹ consec.-Qal impf. 3 m.s. (172)-prep.-3 m.s. sf. *rebuked him*

אָבִיו n.m.s.-3 m.s. sf. (3) *his father*

וַיֹּאמֶר לוֹ consec.-Qal impf. 3 m.s. (55)-prep.-3 m.s. sf. *and said to him*

מָה הַחֲלוֹם הַזֶּה interr. (552)-def.art.-n.m.s. (321) -def.art.-demons.adj. m.s. (260) *what is this dream?*

אֲשֶׁר חָלָמְתָּ rel. (81)-Qal pf. 2 m.s. paus. (321) *that you have dreamed*

הֲבוֹא נָבוֹא interr.-Qal inf.abs. (97; GK 113q)-Qal impf. 1 c.p. (בוא 97) *shall we indeed come*

אֲנִי וְאִמְּךָ וְאַחֶיךָ pers.pr. 1 c.s. (58)-conj.-n.f.s.-2 m.s. sf. (51)-conj.-n.m.p.-2 m.s. sf. (26) *I and your mother and your brothers*

לְהִשְׁתַּחֲוֹת prep.-Hithpalel inf.cstr. (שחה 1005) *to bow ourselves*

לְךָ prep.-2 m.s. sf. *before you*

אָרְצָה n.f.s.-dir.he (75) *to the ground*

37:11

וַיְקַנְאוּ־בוֹ conj.-Pi. impf. 3 m.p. (888)-prep.-3 m.s. sf. *and were jealous of him*

אֶחָיו n.m.p.-2 m.s. sf. (26) *his brothers*

וְאָבִיו conj.-n.m.s.-3 m.s. sf. (3) *but his father*

שָׁמַר Qal pf. 3 m.s. (1036) *kept in mind*

אֶת־הַדָּבָר dir.obj.-def.art.-n.m.s. (182) *the saying*

37:12

וַיֵּלְכוּ אֶחָיו consec.-Qal impf. 3 m.p. (הלך 229) -n.m.p.-3 m.s. sf. (26) *now his brothers went*

לִרְעוֹת prep.-Qal inf.cstr. (רעה I 944) *to pasture*

אֶת־צֹאן אֲבִיהֶם dir.obj.-n.f.s. cstr. (838)-n.m.s.-3 m.p. sf. (3) *their father's flock*

בִּשְׁכֶם prep.-pr.n. (II 1014) *near Shechem*

37:13

וַיֹּאמֶר יִשְׂרָאֵל consec.-Qal impf. 3 m.s. (55)-pr.n. (975) *and Israel said*

אֶל־יוֹסֵף prep.-pr.n. (415) *to Joseph*

הֲלוֹא אַחֶיךָ interr.-neg.-n.m.p.-2 m.s. sf. (26) *are not your brothers*

רֹעִים Qal act.ptc. m.p. (רָעָה I 944) *pasturing the flock*

בִּשְׁכֶם prep.-pr.n. (II 1014) *at Shechem*

לְכָה Qal impv. 2 m.s.-coh.he (הָלַךְ 229) *come*

וְאֶשְׁלָחֲךָ conj.-Qal impf. 1 c.s.-2 m.s. sf. (1018) *I will send you*

אֲלֵיהֶם prep.-3 m.p. sf. *to them*

וַיֹּאמֶר לוֹ consec.-Qal impf. 3 m.s. (55)-prep.-3 m.s. sf. *and he said to him*

הִנֵּנִי demons.part.-1 c.s. sf. paus. (243) *here I am*

37:14

וַיֹּאמֶר לוֹ consec.-Qal impf. 3 m.s. (55)-prep.-3 m.s. sf. *so he said to him*

לֶךְ־נָא Qal impv. 2 m.s. (הָלַךְ 229)-part.of entreaty (609) *go now*

רְאֵה Qal impv. 2 m.s. (906) *see*

אֶת שְׁלוֹם אַחֶיךָ dir.obj.-n.m.s. cstr. (1022)-n.m.p.-2 m.s. sf. (26) *about the welfare of your brothers*

וְאֶת־שְׁלוֹם הַצֹּאן conj.-dir.obj.-n.m.s. cstr. (1022)-def.art.-n.f.s. (838) *and of the flock*

וַהֲשִׁבֵנִי conj.-Hi. impv. 2 m.s.-1 c.s. sf. (שׁוב 996) *and bring me*

דָּבָר n.m.s. (182) *word*

וַיִּשְׁלָחֵהוּ consec.-Qal impf. 3 m.s.-3 m.s. sf. (1018) *so he sent him*

מֵעֵמֶק prep.-n.m.s. cstr. (770) *from the valley of*

חֶבְרוֹן pr.n. (I 289) *Hebron*

וַיָּבֹא consec.-Qal impf. 3 m.s. (בוֹא 97) *and he came*

שְׁכֶמָה pr.n.-dir.he (II 1014) *to Shechem*

37:15

וַיִּמְצָאֵהוּ אִישׁ consec.-Qal impf. 3 m.s.-3 m.s. sf. (592)-n.m.s. (35) *and a man found him*

וְהִנֵּה תֹעֶה conj.-demons.part. (243)-Qal act.ptc. (1073 תָּעָה; GK 116s) *(and behold) wandering*

בַּשָּׂדֶה prep.-def.art.-n.m.s. (961) *in the fields*

וַיִּשְׁאָלֵהוּ הָאִישׁ consec.-Qal impf. 3 m.s.-3 m.s. sf. (981)-def.art.-n.m.s. (35) *and the man asked him*

לֵאמֹר prep.-Qal inf.cstr. (55) *(saying)*

מַה־תְּבַקֵּשׁ interr. (552)-Pi. impf. 2 m.s. (בָּקַשׁ 134; GK 107f) *what are you seeking?*

37:16

וַיֹּאמֶר consec.-Qal impf. 3 m.s. (55) *he said*

אֶת־אַחַי dir.obj.-n.m.p.-1 c.s. sf. (26) *my brothers*

אָנֹכִי מְבַקֵּשׁ pers.pr. 1 c.s. (59)-Pi. ptc. (134; GK 142fN) *I am seeking*

הַגִּידָה־נָּא Hi. impv. 2 m.s.-coh.he (נגד 616) -part.of entreaty (609) *tell, I pray you*

לִי prep.-1 c.s. sf. *to me*

אֵיפֹה adv. (33) *where*

הֵם רֹעִים pers.pr. 3 m.p. (241)-Qal act.ptc. m.p. (I 944 רָעָה) *they are pasturing the flock*

37:17

וַיֹּאמֶר הָאִישׁ consec.-Qal impf. 3 m.s. (55) -def.art.-n.m.s. (35) *and the man said*

נָסְעוּ מִזֶּה Qal pf. 3 c.p. (652)-prep.-demons.adj. m.s. (260) *they have gone away*

כִּי שָׁמַעְתִּי conj.-Qal pf. 1 c.s. (1033) *for I heard*

אֹמְרִים Qal act.ptc. m.p. (55; GK 117f) *say*

נֵלְכָה Qal impf. 1 c.p.-coh.he (הָלַךְ 229) *let us go*

דֹּתָיְנָה pr.n.-dir.he (206) *to Dothan*

וַיֵּלֶךְ יוֹסֵף consec.-Qal impf. 3 m.s. (הָלַךְ 229) -pr.n. (415) *so Joseph went*

אַחַר אֶחָיו prep.-n.m.p.-3 m.s. sf. (26) *after his brothers*

וַיִּמְצָאֵם consec.-Qal impf. 3 m.s.-3 m.p. sf. (592) *and found them*

בְּדֹתָן prep.-pr.n. (206) *at Dothan*

37:18

וַיִּרְאוּ אֹתוֹ consec.-Qal impf. 3 m.p. (רָאָה 906) -dir.obj.-3 m.s. sf. *they saw him*

מֵרָחֹק prep.-n.m.s. (935) *afar off*

וּבְטֶרֶם יִקְרַב conj.-prep.-adv. (382)-Qal impf. 3 m.s. (897) *and before he came near*

אֲלֵיהֶם prep.-3 m.p. sf. *to them*

וַיִּתְנַכְּלוּ אֹתוֹ consec.-Hith. impf. 3 m.p. (נכל 647; GK 117w)-dir.obj.-3 m.s. sf. *they conspired against him*

לַהֲמִיתוֹ prep.-Hi. inf.cstr.-3 m.s. sf. (מות 559) *to kill him*

37:19

וַיֹּאמְרוּ consec.-Qal impf. 3 m.p. (55) *they said*

אִישׁ אֶל־אָחִיו n.m.s. (35)-prep.-n.m.s.-3 m.s. sf. (26) *each to his brother*

הִנֵּה demons.part. (243) *behold*

בַּעַל הַחֲלֹמוֹת הַלָּזֶה n.m.s. cstr. (127; GK 128u) -def.art.-n.m.p. (321)-pron. c. (229) *this dreamer*

בָּא Qal pf. 3 m.s. (בוֹא 97) *comes*

37:20

וְעַתָּה conj.-adv. (773) *now*

לְכוּ Qal impv. 2 m.p. (הָלַךְ 229) *come*

וְנַהַרְגֵהוּ conj.-Qal impf. 1 c.p.-3 m.s. sf. (הָרַג 246) *let us kill him*

וְנִשְׁלִכֵהוּ conj.-Hi. impf. 1 c.p.-3 m.s. sf. (שָׁלַךְ 1020) *and throw him*

בְּאַחַד הַבֹּרוֹת prep.-num. cstr. (25)-def.art.-n.m.p. (92) *into one of the pits*

וְאָמַרְנוּ conj.-Qal pf. 1 c.p. (55) *then we shall say*

חַיָּה רָעָה n.f.s. (312)-adj. f.s. (948) *a wild beast*

אֲכָלָתְהוּ Qal pf. 3 f.s.-3 m.s. sf. (37) *has devoured him*

וְנִרְאֶה conj.-Qal impf. 1 c.p. (רָאָה 906) *and we shall see*

מַה־יִּהְיוּ interr. (552)-Qal impf. 3 m.p. (הָיָה 224) *what will become*

חֲלֹמֹתָיו n.m.p.-3 m.s. sf. (321) *of his dreams*

37:21

וַיִּשְׁמַע consec.-Qal impf. 3 m.s. (1033) *but when ... heard*

רְאוּבֵן pr.n. (910) *Reuben*

וַיַּצִּלֵהוּ consec.-Hi. impf. 3 m.s.-3 m.s. sf. (נָצַל 664) *he delivered him*

מִיָּדָם prep.-n.f.s.-3 m.p. sf. (388) *out of their hands*

וַיֹּאמֶר consec.-Qal impf. 3 m.s. (55) *saying*

לֹא נַכֶּנּוּ נָפֶשׁ neg.-Hi. impf. 1 c.p.-3 m.s. sf. (645)-n.f.s. paus. (659; GK 117,ll) *let us not take his life*

37:22

וַיֹּאמֶר אֲלֵהֶם consec.-Qal impf. 3 m.s. (55)-prep.-3 m.p. sf. *and said to them*

רְאוּבֵן pr.n. (910) *Reuben*

אַל־תִּשְׁפְּכוּ־דָם neg.-Qal impf. 2 m.p. (שָׁפַךְ 1049)-n.m.s. (196) *shed no blood*

הַשְׁלִיכוּ אֹתוֹ Hi. impv. 2 m.p. (שָׁלַךְ 1020)-dir.obj.-3 m.s. sf. *cast him*

אֶל־הַבּוֹר הַזֶּה prep.-def.art.-n.m.s. (92)-def.art.-demons.adj. m.s. (260) *into this pit*

אֲשֶׁר בַּמִּדְבָּר rel. (81)-prep.-def.art.-n.m.s. (184) *in the wilderness*

וְיָד conj.-n.f.s. (388) *but a hand*

אַל־תִּשְׁלְחוּ־בוֹ neg.-Qal impf. 2 m.p. (1018)-prep.-3 m.s. sf. *lay not upon him*

לְמַעַן הַצִּיל אֹתוֹ prep. (775)-Hi. inf.cstr. (נָצַל 664)-dir.obj.-3 m.s. sf. *that he might rescue him*

מִיָּדָם prep.-n.f.s.-3 m.p. sf. (388) *out of their hand*

לַהֲשִׁיבוֹ prep.-Hi. inf.cstr.-3 m.s. sf. (שׁוּב 996) *to restore him*

אֶל־אָבִיו prep.-n.m.s.-3 m.s. sf. (3) *to his father*

37:23

וַיְהִי consec.-Qal impf. 3 m.s. (הָיָה 224) *so when*

כַּאֲשֶׁר־בָּא יוֹסֵף prep.-rel. (81)-Qal pf. 3 m.s. (בּוֹא 97)-pr.n. (415) *Joseph came*

אֶל־אֶחָיו prep.-n.m.p.-3 m.s. sf. paus. (26) *to his brothers*

וַיַּפְשִׁיטוּ consec.-Hi. impf. 3 m.p. (פָּשַׁט 832; GK 117cc) *they stripped*

אֶת־יוֹסֵף dir.obj.-pr.n. (415) *Joseph*

אֶת־כֻּתָּנְתּוֹ dir.obj.-n.f.s.-3 m.s. sf. (509) *of his robe*

אֶת־כְּתֹנֶת הַפַּסִּים dir.obj.-n.f.s. cstr. (509)-def.art.-n.m.p. (821) *the long robe with sleeves*

אֲשֶׁר עָלָיו rel. (81)-prep.-3 m.s. sf. *that he wore*

37:24

וַיִּקָּחֻהוּ consec.-Qal impf. 3 m.p.-3 m.s. sf. (לָקַח 542) *and they took him*

וַיַּשְׁלִכוּ אֹתוֹ consec.-Hi. impf. 3 m.p. (1020)-dir.obj.-3 m.s. sf. *and cast him*

הַבֹּרָה def.art.-n.m.s.-dir.he (92) *into a pit*

וְהַבּוֹר רֵק conj.-def.art.-n.m.s. (92)-adj. (938) *the pit was empty*

אֵין בּוֹ מָיִם subst. cstr. (II 34)-prep.-3 m.s. sf.-n.m.p. paus. (565) *there was no water in it*

37:25

וַיֵּשְׁבוּ consec.-Qal impf. 3 m.p. (יָשַׁב 442) *then they sat down*

לֶאֱכָל־לֶחֶם prep.-Qal inf.cstr. (37)-n.m.s. (536) *to eat*

וַיִּשְׂאוּ consec.-Qal impf. 3 m.p. (נָשָׂא 669) *and they lifted up*

עֵינֵיהֶם n.f. du.-3 m.p. sf. (744) *their eyes*

וַיִּרְאוּ consec.-Qal impf. 3 m.p. (רָאָה 906) *and they saw*

וְהִנֵּה conj.-demons.part. (243) *and behold*

אֹרְחַת n.f.s. cstr. (73) *a caravan of*

יִשְׁמְעֵאלִים adj. gent. m.p. (1035) *Ishmaelites*

בָּאָה Qal act.ptc. f.s. (בּוֹא 97) *coming*

מִגִּלְעָד prep.-pr.n. (166) *from Gilead*

וּגְמַלֵּיהֶם conj.-n.m.p.-3 m.p. sf. (168) *with their camels*

נֹשְׂאִים Qal act.ptc. m.p. (669) *bearing*

נְכֹאת n.f.s. (644) *gum*

וּצְרִי conj.-n.m.s. (863) *balm*

וָלֹט conj.-n.m.s. (538) *and myrrh*

הוֹלְכִים Qal act.ptc. m.p. (הָלַךְ 229) *on their way*

לְהוֹרִיד prep.-Hi. inf.cstr. (יָרַד 432) *to carry it down*

מִצְרָיְמָה pr.n.-dir.he (595) *to Egypt*

37:26

וַיֹּאמֶר יְהוּדָה consec.-Qal impf. 3 m.s. (55)-pr.n. (397) *then Judah said*

אֶל־אֶחָיו prep.-n.m.p.-3 m.s. sf. paus. (26) *to his brothers*

מַה־בֶּצַע interr. (552)-n.m.s. (130) *what profit is it*

כִּי נַהֲרֹג conj.-Qal impf. 1 c.p. (הָרַג 246) *if we slay*

אֶת־אָחִינוּ dir.obj.-n.m.s.-1 c.p. sf. (26) *our brother*

וְכִסִּינוּ conj.-Pi. pf. 1 c.p. (כָּסָה 491) *and conceal*

אֶת־דָּמוֹ dir.obj.-n.m.s.-3 m.s. sf. (196) *his blood*

37:27

לְכוּ Qal impv. 2 m.p. (הָלַךְ 229) *come*

וְנִמְכְּרֶנּוּ conj.-Qal impf. 1 c.p.-3 m.s. sf. (מָכַר 569) *let us sell him*

לַיִּשְׁמְעֵאלִים prep.-def.art.-adj. gent. m.p. (1035) *to the Ishmaelites*

וְיָדֵנוּ אַל־תְּהִי־בוֹ conj.-n.f.s.-1 c.p. sf. (388)-neg.-Qal impf. 3 f.s. apoc. (הָיָה 224)-prep.-3 m.s. sf. *and let not our hand be upon him*

כִּי־אָחִינוּ conj.-n.m.s.-1 c.p. sf. (26) *for our brother*

בְשָׂרֵנוּ n.m.s.-1 c.p. sf. (142) *our own flesh*

הוּא pers.pr. 3 m.s. (214) *he is*

וַיִּשְׁמְעוּ אֶחָיו consec.-Qal impf. 3 m.p. (1033)-n.m.p.-3 m.s. sf. (26) *and his brothers heeded him*

37:28

וַיַּעַבְרוּ consec.-Qal impf. 3 m.p. (716) *then passed by*

אֲנָשִׁים מִדְיָנִים סֹחֲרִים n.m.p. (35)-adj. gent. m.p. (193)-Qal act.ptc. (695) *Midianite traders*

וַיִּמְשְׁכוּ consec.-Qal impf. 3 m.p. (מָשַׁךְ 604) *and they drew up*

וַיַּעֲלוּ consec.-Qal impf. 3 m.p. (עָלָה 748) *and lifted up*

אֶת־יוֹסֵף dir.obj.-pr.n. (415) *Joseph*

מִן־הַבּוֹר prep.-def.art.-n.m.s. (92) *out of the pit*

וַיִּמְכְּרוּ consec.-Qal impf. 3 m.p. (569) *and sold*

אֶת־יוֹסֵף dir.obj.-pr.n. (415) *Joseph*

לַיִּשְׁמְעֵאלִים prep.-def.art.-adj. gent. m.p. (1035) *to the Ishmaelites*

בְּעֶשְׂרִים כָּסֶף prep.-num. p. (797)-n.m.s. paus. (494) *for twenty shekels of silver*

וַיָּבִיאוּ consec.-Hi. impf. 3 m.p. (בּוֹא 97) *and they took*

אֶת־יוֹסֵף v.supra *Joseph*

מִצְרָיְמָה pr.n.-dir.he (595) *to Egypt*

37:29

וַיָּשָׁב consec.-Qal impf. 3 m.s. (שׁוּב 996) *when ... returned*

רְאוּבֵן pr.n. (910 *Reuben*

אֶל־הַבּוֹר prep.-def.art.-n.m.s. (92) *to the pit*

וְהִנֵּה conj.-demons.part. (243) *and saw*

אֵין־יוֹסֵף subst.cstr. (II 34; GK 152,l)-pr.n. (415) *Joseph was not*

בַּבּוֹר prep.-def.art.-n.m.s. (92) *in the pit*

וַיִּקְרַע consec.-Qal impf. 3 m.s. (902) *he rent*

אֶת־בְּגָדָיו dir.obj.-n.m.p.-3 m.s. sf. (93) *his clothes*

37:30

וַיָּשָׁב consec.-Qal impf. 3 m.s. (שׁוּב 996) *and returned*

אֶל־אֶחָיו prep.-n.m.p.-3 m.s. sf. (26) *to his brothers*

וַיֹּאמַר consec.-Qal impf. 3 m.s. (55) *and said*

הַיֶּלֶד def.art.-n.m.s. (409) *the lad*

אֵינֶנּוּ subst.-3 m.s. sf. (II 34) *is gone*

וַאֲנִי אָנָה conj.-pers.pr. 1 c.s. (58; GK 143a)-adv.-loc.he (33) *and I, where*

אֲנִי־בָא pers.pr. 1 c.s. (58)-Qal act.ptc. (בּוֹא 97; GK 116p) *shall I go*

37:31

וַיִּקְחוּ consec.-Qal impf. 3 m.p. (לָקַח 542) *then they took*

אֶת־כְּתֹנֶת יוֹסֵף dir.obj.-n.f.s. cstr. (509)-pr.n. (415) *Joseph's robe*

וַיִּשְׁחֲטוּ consec.-Qal impf. 3 m.p. (1006) *and killed*

שְׂעִיר עִזִּים n.m.s. cstr. (II 972)-n.f.p. (777) *a he-goat*

וַיִּטְבְּלוּ consec.-Qal impf. 3 m.p. (טָבַל 371) *and dipped*

אֶת־הַכֻּתֹּנֶת dir.obj.-def.art.-n.f.s. (509) *the robe*

בַּדָּם prep.-def.art.-n.m.s. (196) *in the blood*

37:32

וַיְשַׁלְּחוּ consec.-Pi. impf. 3 m.p. (1018) *and they sent*

אֶת־כְּתֹנֶת הַפַּסִּים dir.obj.-n.f.s. cstr. (509)-def.art.-n.m.s. (821) *the long robe with sleeves*

וַיָּבִיאוּ consec.-Hi. impf. 3 m.p. (בּוֹא 97) *and brought it*

אֶל־אֲבִיהֶם prep.-n.m.s.-3 m.p. sf. (3) *to their father*

וַיֹּאמְרוּ consec.-Qal impf. 3 m.p. (55) *and said*

זֹאת מָצָאנוּ demons.adj. f.s. (260)-Qal pf. 1 c.p. paus. (592) *this we have found*

הַכֶּר־נָא Hi. impv. 2 m.s. (נכר 647)-part.of entreaty (609) *see now*

הַכְּתֹנֶת def.art.-n.f.s. (509) *the robe*

בִּנְךָ הוּא n.m.s.-2 m.s. sf. (119)-pers.pr. 3 f.s. (214) *is it your son's*

אִם־לֹא conj. (49; GK 150i)-neg. *or not?*

37:33

וַיַּכִּירָהּ consec.-Hi. impf. 3 m.s.-3 f.s. sf. (נכר 647; GK 60d) *and he recognized it*

וַיֹּאמֶר consec.-Qal impf. 3 m.s. (55) *and said*

כְּתֹנֶת בְּנִי n.f.s. cstr. (509)-n.m.s.-1 c.s. sf. (119) *it is my son's robe*

חַיָּה רָעָה n.f.s. (312)-adj. f.s. (948) *a wild beast*

אֲכָלָתְהוּ Qal pf. 3 f.s.-3 m.s. sf. (37) *has devoured him*

טָרֹף טֹרַף Qal inf.abs. (382; GK 113w)-Pu. pf. 3 m.s. (382) *is without doubt torn to pieces*

יוֹסֵף pr.n. (415) *Joseph*

37:34

וַיִּקְרַע יַעֲקֹב consec.-Qal impf. 3 m.s. (902)-pr.n. (784) *then Jacob rent*

שִׂמְלֹתָיו n.f.p.-3 m.s. sf. (971) *his garments*

וַיָּשֶׂם consec.-Qal impf. 3 m.s. (שים 962) *and put*

שַׂק n.m.s. (974) *sackcloth*

בְּמָתְנָיו prep.-n.m. du.-3 m.s. sf. (608) *upon his loins*

וַיִּתְאַבֵּל consec.-Hith. impf. 3 m.s. (5) *and mourned*

עַל־בְּנוֹ prep.-n.m.s.-3 m.s. sf. (119) *for his son*

יָמִים רַבִּים n.m.p. (398)-adj. m.p. (I 912) *many days*

37:35

וַיָּקֻמוּ consec.-Qal impf. 3 m.p. (קום 877) *and rose up*

כָל־בָּנָיו n.m.s. cstr. (481)-n.m.p.-3 m.s. sf. (119) *all his sons*

וְכָל־בְּנֹתָיו conj.-n.m.s. cstr. (481)-n.f.p.-3 m.s. sf. (I 123) *and all his daughters*

לְנַחֲמוֹ prep.-Pi. inf.cstr.-3 m.s. sf. (נחם 636) *to comfort him*

וַיְמָאֵן consec.-Pi. impf. 3 m.s. (549) *but he refused*

לְהִתְנַחֵם prep.-Hith. inf.cstr. (636) *to be comforted*

וַיֹּאמֶר consec.-Qal impf. 3 m.s. (55) *and said*

כִּי־אֵרֵד conj.-Qal impf. 1 c.s. (ירד 432) *that I will go down*

אֶל־בְּנִי prep.-n.m.s.-1 c.s. sf. (119) *to my son*

אָבֵל adj. (I 5; GK 118n) *mourning*

שְׁאֹלָה n.f.s.-dir.he (982) *to Sheol*

וַיֵּבְךְּ אֹתוֹ consec.-Qal impf. 3 m.s. (בכה 113) -dir.obj.-3 m.s. sf. *thus wept ... for him*

אָבִיו n.m.s.-3 m.s. sf. (3) *his father*

37:36

וְהַמְּדָנִים conj.-def.art.-adj. gent. p. (193) *meanwhile the Midianites*

מָכְרוּ Qal pf. 3 c.p. (569) *had sold*

אֹתוֹ dir.obj.-3 m.s. sf. *him*

אֶל־מִצְרָיִם prep.-pr.n. paus. (595) *in Egypt*

לְפוֹטִיפַר prep.-pr.n. (806) *to Potiphar*

סְרִיס פַּרְעֹה n.m.s. cstr. (710)-pr.n. (829) *an officer of Pharaoh*

שַׂר הַטַּבָּחִים n.m.s. cstr. (978)-def.art.-n.m.p. (371) *the captain of the guard*

38:1

וַיְהִי consec.-Qal impf. 3 m.s. (היה 224) *it happened*

בָּעֵת הַהִוא prep.-def.art.-n.f.s. (773)-def.art. -demons.adj. f.s. (214) *at that time*

וַיֵּרֶד יְהוּדָה consec.-Qal impf. 3 m.s. (ירד 432)-pr.n. (397) *that Judah went down*

מֵאֵת אֶחָיו prep.-prep. (II 85)-n.m.p.-3 m.s. sf. paus. (26) *from his brothers*

וַיֵּט consec.-Qal impf. 3 m.s. (נטה 639) *and turned in*

עַד־אִישׁ prep.-n.m.s. (35) *to a certain man*

עֲדֻלָּמִי adj. gent. (726) *Adullamite*

וּשְׁמוֹ conj.-n.m.s.-3 m.s. sf. (1027) *whose name*

חִירָה pr.n. (301) *Hirah*

38:2

וַיַּרְא־שָׁם consec.-Qal impf. 3 m.s. (ראה 906) -adv. (1027) *there ... saw*

יְהוּדָה pr.n. (397) *Judah*

בַּת־אִישׁ n.f.s. cstr. (I 123)-n.m.s. (35) *daughter of a man*

כְּנַעֲנִי adj. gent. (489) *Canaanite*

וּשְׁמוֹ conj.-n.m.s.-3 m.s. sf. (1027) *whose name*

שׁוּעַ pr.n. (I 447) *Shua*

וַיִּקָּחֶהָ consec.-Qal impf. 3 m.s.-3 f.s. sf. (לקח 542) *he married her*

וַיָּבֹא אֵלֶיהָ consec.-Qal impf. 3 m.s. (בוא 97)-prep.-3 f.s. sf. *and went in to her*

38:3

וַתַּהַר consec.-Qal impf. 3 f.s. (הרה 247) *and she conceived*

וַתֵּלֶד בֵּן consec.-Qal impf. 3 f.s. (יָלַד 408)-n.m.s. (119) *and bore a son*

וַיִּקְרָא consec.-Qal impf. 3 m.s. (894) *and he called*

אֶת־שְׁמוֹ dir.obj.-n.m.s.-3 m.s. sf. (1027) *his name*

עֵר pr.n. (735) *Er*

38:4

וַתַּהַר עוֹד consec.-Qal impf. 3 f.s. (הָרָה 247) -adv. (728) *and she conceived again*

וַתֵּלֶד בֵּן consec.-Qal impf. 3 f.s. (יָלַד 408)-n.m.s. (119) *and bore a son*

וַתִּקְרָא consec.-Qal impf. 3 f.s. (894) *and she called*

אֶת־שְׁמוֹ dir.obj.-n.m.s.-3 m.s. sf. (1027) *his name*

אוֹנָן pr.n. (20) *Onan*

38:5

וַתֹּסֶף עוֹד consec.-Hi. impf. 3 f.s. (יָסַף 414)-adv. (728) *yet again*

וַתֵּלֶד consec.-Qal impf. 3 f.s. (יָלַד 408) *she bore*

בֵּן n.m.s. (119) *a son*

וַתִּקְרָא consec.-Qal impf. 3 f.s. (894) *and she called*

אֶת־שְׁמוֹ dir.obj.-n.m.s.-3 m.s. sf. (1027) *his name*

שֵׁלָה pr.n. (1017) *Shelah*

וְהָיָה conj.-Qal pf. 3 m.s. (224; GK 112uu) *he was*

בִכְזִיב prep.-pr.n. (469) *in Chezib*

בְּלִדְתָּהּ prep.-Qal inf.cstr.-3 f.s. sf. (יָלַד 408) *when she bore*

אֹתוֹ dir.obj.-3 m.s. sf. *him*

38:6

וַיִּקַּח יְהוּדָה consec.-Qal impf. 3 m.s. (לָקַח 542)-pr.n. (397) *and Judah took*

אִשָּׁה n.f.s. (61) *a wife*

לְעֵר prep.-pr.n. (735) *for Er*

בְּכוֹרוֹ n.m.s.-3 m.s. sf. (114) *his first-born*

וּשְׁמָהּ conj.-n.m.s.-3 f.s. sf. (1027) *and her name was*

תָּמָר pr.n. (II 1071) *Tamar*

38:7

וַיְהִי consec.-Qal impf. 3 m.s. (הָיָה 224) *but ... was*

עֵר בְּכוֹר יְהוּדָה pr.n. (735)-n.m.s. cstr. (114)-pr.n. (397) *Er, Judah's first-born*

רַע adj. m.s. (948) *wicked*

בְּעֵינֵי יהוה prep.-n.f. du. cstr. (744)-pr.n. (217) *in the sight of Yahweh*

וַיְמִתֵהוּ consec.-Hi. impf. 3 m.s.-3 m.s. sf. (מוּת 559) *and slew him*

יהוה pr.n. (217) *Yahweh*

38:8

וַיֹּאמֶר יְהוּדָה consec.-Qal impf. 3 m.s. (55)-pr.n. (397) *then Judah said*

לְאוֹנָן prep.-pr.n. (20) *to Onan*

בֹּא Qal impv. 2 m.s. (בוֹא 97) *go in*

אֶל־אֵשֶׁת אָחִיךָ prep.-n.f.s. cstr. (61)-n.m.s.-2 m.s. sf. (26) *to your brother's wife*

וְיַבֵּם אֹתָהּ conj.-Pi. impv. 2 m.s. (יָבַם 386) -dir.obj.-3 f.s. sf. *and perform the duty of a brother-in-law to her*

וְהָקֵם conj.-Hi. impv. 2 m.s. (קוּם 877) *and raise up*

זֶרַע לְאָחִיךָ n.m.s. (282)-prep. n.m.s. 3 m.s. sf. (26) *offspring for your brother*

38:9

וַיֵּדַע אוֹנָן consec.-Qal impf. 3 m.s. (יָדַע 393) -pr.n. (20) *but Onan knew*

כִּי לֹא לוֹ conj.-neg.-prep.-3 m.s. sf. (GK 13c) *that not be his*

יִהְיֶה Qal impf. 3 m.s. (224) *would be*

הַזָּרַע def.art.-n.m.s. paus. (282) *the offspring*

וְהָיָה conj.-Qal pf. 3 m.s. (224) *so (it was)*

אִם־בָּא conj. (49)-Qal pf. 3 m.s. (בוֹא 97; GK 112gg) *when he went in*

אֶל־אֵשֶׁת אָחִיו prep.-n.f.s. cstr. (61)-n.m.s.-2 m.s. sf. (26) *to his brother's wife*

וְשִׁחֵת אַרְצָה conj.-Pi. pf. 3 m.s. (שָׁחַת 1007) -n.f.s.-dir.he (75) *he spilled the semen on the ground*

לְבִלְתִּי נְתָן־ prep.-neg.-Qal inf.cstr. (נָתַן 678; GK 66i) *lest he should give*

זֶרַע לְאָחִיו n.m.s. (282)-prep.-n.m.s.-3 m.s. sf. (26) *offspring to his brother*

38:10

וַיֵּרַע consec.-Qal impf. 3 m.s. (רָעַע 949) *and was displeasing*

בְּעֵינֵי יהוה prep.-n.f. du. cstr. (744)-pr.n. (217) *in the sight of Yahweh*

אֲשֶׁר עָשָׂה rel. (81)-Qal pf. 3 m.s. (I 793) *what he did*

וַיָּמֶת consec.-Hi. impf. 3 m.s. (מוּת 559) *and he slew*

גַּם־אֹתוֹ adv. (168)-dir.obj.-3 m.s. sf. *him also*

38:11

וַיֹּאמֶר יְהוּדָה consec.-Qal impf. 3 m.s. (55)-pr.n. (397) *then Judah said*

לְתָמָר prep.-pr.n. (II 1071) *to Tamar*

כַּלָּתוֹ n.f.s.-3 m.s. sf. (483) *his daughter-in-law*

שְׁבִי Qal impv. 2 f.s. (יָשַׁב 442) *remain*

אַלְמָנָה n.f.s. (48) *a widow*

בֵית־אָבִיךְ n.m.s. cstr. (108)-n.m.s.-2 f.s. sf. (3; GK 118g) *in your father's house*

עַד־יִגְדַּל prep. (III 723)-Qal impf. 3 m.s. (152) *until ... grows up*

שֵׁלָה בְנִי pr.n. (II 1017)-n.m.s.-1 c.s. sf. (119) *Shelah my son*

כִּי אָמַר conj.-Qal pf. 3 m.s. (55) *for he feared*

פֶּן־יָמוּת conj. (814; GK 152w)-Qal impf. 3 m.s. (מוּת 559) *that he would die*

גַּם־הוּא כְּאֶחָיו adv. (168)-pers.pr. 3 m.s. (214)-prep.-n.m.p.-3 m.s. sf. (26) *like his brothers*

וַתֵּלֶךְ תָּמָר consec.-Qal impf. 3 f.s. (הָלַךְ 229)-pr.n. (II 1071) *so Tamar went*

וַתֵּשֶׁב consec.-Qal impf. 3 f.s. (יָשַׁב 442) *and dwelt*

בֵּית אָבִיהָ n.m.s. cstr. (108)-n.m.s.-3 f.s. sf. (3) *in her father's house*

38:12

וַיִּרְבּוּ הַיָּמִים consec.-Qal impf. 3 m.p. (רָבָה I 915)-def.art.-n.m.p. (398) *in course of time* (lit. *the days multiplied*)

וַתָּמָת consec.-Qal impf. 3 f.s. (מוּת 559) *died*

בַּת־שׁוּעַ n.f.s. cstr. (I 123)-pr.n. (I 447) *Shua's daughter*

אֵשֶׁת־יְהוּדָה n.f.s. cstr. (61)-pr.n. (397) *the wife of Judah*

וַיִּנָּחֶם יְהוּדָה consec.-Ni. impf. 3 m.s. (636)-pr.n. (397) *and when Judah was comforted*

וַיַּעַל consec.-Qal impf. 3 m.s. (עָלָה 748) *he went up*

עַל־גֹּזֲזֵי צֹאנוֹ prep.-Qal act.ptc. m.p. cstr. (גָּזַז 159)-n.f.s.-3 m.s. sf. (838) *to his sheepshearers*

הוּא וְחִירָה pers.pr. 3 m.s. (214)-conj.-pr.n. (301) *he and Hirah*

רֵעֵהוּ n.m.s.-3 m.s. sf. (945) *his friend*

הָעֲדֻלָּמִי def.art.-adj. gent. (726) *the Adullamite*

תִּמְנָתָה pr.n.-dir.he (584) *to Timnah*

38:13

וַיֻּגַּד consec.-Ho. impf. 3 m.s. (נָגַד 616) *and when it was told*

לְתָמָר prep.-pr.n. (II 1071) *to Tamar*

לֵאמֹר prep.-Qal inf.cstr. (55) *(saying)*

הִנֵּה demons.part. (243) *behold*

חָמִיךְ n.m.s.-2 f.s. sf. (II 327) *your father-in-law*

עֹלֶה Qal act.ptc. (748) *is going up*

תִמְנָתָה pr.n.-dir.he (584) *to Timnah*

לָגֹז צֹאנוֹ prep.-Qal inf.cstr. (גָּזַז 159)-n.f.s.-3 m.s. sf. (838) *to shear his sheep*

38:14

וַתָּסַר consec.-Qal impf. 3 f.s. (סוּר 693) *she put off*

בִּגְדֵי אַלְמְנוּתָהּ n.m.p. cstr. (93)-n.f.s.-3 f.s. sf. (48) *her widow's garments*

מֵעָלֶיהָ prep.-prep.-3 f.s. sf. (*from upon her*)

וַתְּכַס consec.-Pi. impf. 3 f.s. (כָּסָה 491) *and put on*

בַּצָּעִיף prep.-def.art.-n.m.s. (858) *a veil*

וַתִּתְעַלָּף consec.-Hith. impf. 3 f.s. (עָלַף 763) *wrapping herself up*

וַתֵּשֶׁב consec.-Qal impf. 3 f.s. (יָשַׁב 442) *and sat*

בְּפֶתַח עֵינַיִם prep.-n.m.s. cstr. (835)-pr.n. (745) *at the entrance to Enaim*

אֲשֶׁר עַל־דֶּרֶךְ rel. (81)-prep.-n.m.s. cstr. (202) *which is on the road to*

תִּמְנָתָה pr.n.-dir.he (584) *Timnah*

כִּי רָאֲתָה conj.-Qal pf. 3 f.s. (רָאָה 906) *for she saw*

כִּי־גָדַל שֵׁלָה conj.-Qal pf. 3 m.s. (152)-pr.n. (II 1017) *that Shelah was grown up*

וְהִוא לֹא־נִתְּנָה conj.-pers.pr. 3 f.s. (214)-neg.-Ni. pf. 3 f.s. (678) *and she had not been given*

לוֹ לְאִשָּׁה prep.-3 m.s. sf.-prep.-n.f.s. (61) *to him in marriage*

38:15

וַיִּרְאֶהָ יְהוּדָה consec.-Qal impf. 3 m.s.-3 f.s. sf. (רָאָה 906)-pr.n. (397) *when Judah saw her*

וַיַּחְשְׁבֶהָ consec.-Qal impf. 3 m.s.-3 f.s. sf. (חָשַׁב 362) *he thought her*

לְזוֹנָה prep.-Qal act.ptc. f.s. (זָנָה 275) *to be a harlot*

כִּי כִסְּתָה פָנֶיהָ conj.-Pi. pf. 3 f.s. (491)-n.m.p.-3 f.s. sf. (815) *for she had covered her face*

38:16

וַיֵּט אֵלֶיהָ consec.-Qal impf. 3 m.s. (נָטָה 639)-prep.-3 f.s. sf. *he went over to her*

אֶל־הַדֶּרֶךְ prep.-def.art.-n.m.s. (202) *at the road side*

וַיֹּאמֶר consec.-Qal impf. 3 m.s. (55) *and said*

173

הָבָה־נָּא Qal impv. 2 m.s.-coh.he (יָהַב 396)
-part.of entreaty (609) *come*

אָבוֹא אֵלַיִךְ Qal impf. 1 c.s. (בּוֹא 97)-prep.-2 f.s.
sf. *let me come in to you*

כִּי לֹא יָדַע conj.-neg.-Qal pf. 3 m.s. (393) *for
he did not know*

כִּי כַלָּתוֹ הִוא conj.-n.f.s.-3 m.s. sf. (483)-pers.pr.
3 f.s. (214) *that she was his daughter-in-law*

וַתֹּאמֶר consec.-Qal impf. 3 f.s. (55) *she said*

מַה־תִּתֶּן־לִי interr. (552)-Qal impf. 2 m.s. (נָתַן
678)-prep.-1 c.s. sf. *what will you give me*

כִּי תָבוֹא אֵלָי conj.-Qal impf. 2 m.s. (בּוֹא 97)
-prep.-1 c.s. sf. *that you may come in to me?*

38:17

וַיֹּאמֶר consec.-Qal impf. 3 m.s. (55) *he answered*

אָנֹכִי אֲשַׁלַּח pers.pr. 1 c.s. (59)-Pi. impf. 1 c.s.
(1018) *I will send*

גְּדִי־עִזִּים n.m.s. cstr. (152)-n.f.p. (777) *a kid*

מִן־הַצֹּאן prep.-def.art.-n.f.s. (838) *from the
flock*

וַתֹּאמֶר consec.-Qal impf. 3 f.s. (55) *and she said*

אִם־תִּתֵּן conj. (49; GK 159dd)-Qal impf. 2 m.s.
(נָתַן 678) *will you give*

עֵרָבוֹן n.m.s. (786) *a pledge*

עַד שָׁלְחֶךָ prep. (III 723)-Qal inf.cstr.-2 m.s. sf.
(1018) *till you send it?*

38:18

וַיֹּאמֶר consec.-Qal impf. 3 m.s. (55) *he said*

מָה הָעֵרָבוֹן interr. (552)-def.art.-n.m.s. (786)
what pledge

אֲשֶׁר אֶתֶּן־לָךְ rel. (81)-Qal impf. 1 c.s. (נָתַן 678)
-prep.-2 f.s. sf. *shall I give you?*

וַתֹּאמֶר consec.-Qal impf. 3 f.s. (55) *she replied*

חֹתָמְךָ n.m.s.-2 m.s. sf. (368) *your signet*

וּפְתִילֶךָ conj.-n.m.s.-2 m.s. sf. (836) *and your
cord*

וּמַטְּךָ conj.-n.m.s.-2 m.s. sf. (641) *and your
staff*

אֲשֶׁר בְּיָדֶךָ rel. (81)-prep.-n.f.s.-2 m.s. sf. (388)
that is in your hand

וַיִּתֶּן־לָהּ consec.-Qal impf. 3 m.s. (נָתַן 678)-prep.
-3 f.s. sf. *so he gave them to her*

וַיָּבֹא אֵלֶיהָ consec.-Qal impf. 3 m.s. (בּוֹא 97)
-prep.-3 f.s. sf. *and went in to her*

וַתַּהַר לוֹ consec.-Qal impf. 3 f.s. (הָרָה 247)
-prep.-3 m.s. sf. *and she conceived by him*

38:19

וַתָּקָם consec.-Qal impf. 3 f.s. (קוּם 877) *then she
arose*

וַתֵּלֶךְ consec.-Qal impf. 3 f.s. (הָלַךְ 229) *and
went away*

וַתָּסַר consec.-Qal impf. 3 f.s. (סוּר 693) *and
taking off*

צְעִיפָהּ n.m.s.-3 f.s. sf. (858) *her veil*

מֵעָלֶיהָ prep.-prep.-3 f.s. sf. *(from upon her)*

וַתִּלְבַּשׁ consec.-Qal impf. 3 f.s. (527) *she put on*

בִּגְדֵי אַלְמְנוּתָהּ n.m.p. cstr. (93)-n.f.s.-3 f.s. sf.
(48) *the garments of her widow-hood*

38:20

וַיִּשְׁלַח יְהוּדָה consec.-Qal impf. 3 m.s. (1018)
-pr.n. (397) *when Judah sent*

אֶת־גְּדִי הָעִזִּים dir.obj.-n.m.s. cstr. (152)-def.art.
-n.f.p. (777) *the kid*

בְּיַד רֵעֵהוּ prep.-n.f.s. cstr. (388)-n.m.s.-3 m.s. sf.
(945) *by his friend*

הָעֲדֻלָּמִי def.art.-adj. gent. (726) *the Adullamite*

לָקַחַת prep.-Qal inf.cstr. (לָקַח 542) *to receive*

הָעֵרָבוֹן def.art.-n.m.s. (786) *the pledge*

מִיַּד הָאִשָּׁה prep.-n.f.s. cstr. (388)-def.art.-n.f.s.
(61) *from the woman's hand*

וְלֹא מְצָאָהּ conj.-neg.-Qal pf. 3 m.s.-3 f.s. sf.
(592) *he could not find her*

38:21

וַיִּשְׁאַל consec.-Qal impf. 3 m.s. (981) *and he
asked*

אֶת־אַנְשֵׁי מְקֹמָהּ dir.obj.-n.m.p. cstr. (35)-n.m.s.
-3 f.s. sf. (879) *the men of the place*

לֵאמֹר prep.-Qal inf.cstr. (55) *(saying)*

אַיֵּה הַקְּדֵשָׁה interr.adv. (32)-def.art.-n.f.s. (I 873)
where is the harlot

הִוא בָעֵינַיִם pers.pr. 3 f.s. (214; GK 126y)-prep.
-def.art.-pr.n. (745) *who was at Enaim*

עַל־הַדָּרֶךְ prep.-def.art.-n.m.s. paus. (202) *by the
wayside*

וַיֹּאמְרוּ consec.-Qal impf. 3 m.p. (55) *and they
said*

לֹא־הָיְתָה neg.-Qal pf. 3 f.s. (הָיָה 224) *has not
been*

בָזֶה prep.-demons.adj. (260) *here*

קְדֵשָׁה n.f.s. (I 873) *harlot*

38:22

וַיָּשָׁב consec.-Qal impf. 3 m.s. (שׁוּב 996) *so he
returned*

אֶל־יְהוּדָה prep.-pr.n. (397) *to Judah*

וַיֹּאמֶר consec.-Qal impf. 3 m.s. (55) *and said*

לֹא מְצָאתִיהָ neg.-Qal pf. 1 c.s.-3 f.s. sf. (592) *I
have not found her*

וְגַם conj.-adv. (168) *and also*

אַנְשֵׁי הַמָּקוֹם n.m.p. cstr. (35)-def.art.-n.m.s. (879) *the men of the place*

אָמְרוּ Qal pf. 3 c.p. (55) *said*

לֹא־הָיְתָה neg.-Qal pf. 3 f.s. (הָיָה 224) *has not been*

בָזֶה prep.-demons.adj. (260) *here*

קְדֵשָׁה n.f.s. (I 873) *a harlot*

38:23

וַיֹּאמֶר יְהוּדָה consec.-Qal impf. 3 m.s. (55)-pr.n. (397) *and Judah replied*

תִּקַּח־לָהּ Qal impf. 3 f.s. (לָקַח 542)-1-3 f.s. sf. *let her keep the things as her own*

פֶּן נִהְיֶה conj. (814)-Qal impf. 1 c.p. (הָיָה 224) *lest we be*

לָבוּז prep.-n.m.s. (II 100) *for contempt*

הִנֵּה שָׁלַחְתִּי demons.part. (243)-Qal pf. 1 c.s. (1018) *you see, I sent*

הַגְּדִי הַזֶּה def.art.-n.m.s. (152)-def.art.-demons.adj. m.s. (260) *this kid*

וְאַתָּה conj.-pers.pr. 2 m.s. (61) *and you*

לֹא מְצָאתָהּ neg.-Qal pf. 2 m.s.-3 f.s. sf. (592) *could not find her*

38:24

וַיְהִי consec.-Qal impf. 3 m.s. (הָיָה 224) *(and it was)*

כְּמִשְׁלֹשׁ חֳדָשִׁים prep.-prep. (GK 119yN)-num. cstr. (1025; GK 20m,97c)-n.m.p. (II 294) *about three months later*

וַיֻּגַּד consec.-Ho. impf. 3 m.s. (נגד 616) *it was told*

לִיהוּדָה prep.-pr.n. (397) *to Judah*

לֵאמֹר prep.-Qal inf.cstr. (55) *(saying)*

זָנְתָה תָּמָר Qal pf. 3 f.s. (זָנָה 275)-pr.n. (II 1071) *Tamar has played the harlot*

כַּלָּתֶךָ n.f.s.-2 m.s. sf. (483) *your daughter-in-law*

וְגַם הִנֵּה conj.-adv. (168)-demons.part. (243) *and moreover behold*

הָרָה לִזְנוּנִים adj. f.s. (II 248; GK 116s)-prep.-n.m.p. (276) *she is with child by harlotry*

וַיֹּאמֶר יְהוּדָה consec.-Qal impf. 3 m.s. (55)-pr.n. (397) *and Judah said*

הוֹצִיאוּהָ Hi. impv. 2 m.p.-3 f.s. sf. (יָצָא 422) *bring her out*

וַתִּשָּׂרֵף conj.-Ni. impf. 3 f.s. (שָׂרַף 976) *and let her be burned*

38:25

הִוא מוּצֵאת pers.pr. 3 f.s. (214; GK 32,l)-Ho. ptc. f.s. (יָצָא 422; GK 74i,116v,142e) *as she was being brought out*

וְהִיא שָׁלְחָה conj.-pers.pr. 3 f.s. (214)-Qal pf. 3 f.s. (1018) *she sent*

אֶל־חָמִיהָ prep.-n.m.s.-3 f.s. sf. (II 327) *to her father-in-law*

לֵאמֹר prep.-Qal inf.cstr. (55) *(saying)*

לְאִישׁ אֲשֶׁר־אֵלֶּה לוֹ prep.-n.m.s. (35)-rel. (81)-demons.adj. c.p. (41)-prep.-3 m.s. sf. *by the man to whom these belong*

אָנֹכִי הָרָה pers.pr. 1 c.s. (59)-adj. f.s. (II 248) *I am with child*

וַתֹּאמֶר consec.-Qal impf. 3 f.s. (55) *and she said*

הַכֶּר־נָא Hi. impv. 2 m.s. (נכר 647)-part.of entreaty (609) *Mark, I pray you,*

לְמִי prep.-interr. (566) *whose*

הַחֹתֶמֶת def.art.-n.f.s. (368) *the signet*

וְהַפְּתִילִים conj.-def.art.-n.m.p. (836) *and the cord*

וְהַמַּטֶּה conj.-def.art.-n.m.s. (641) *and the staff*

הָאֵלֶּה def.art.-demons.adj. c.p. (41) *these*

38:26

וַיַּכֵּר יְהוּדָה consec.-Hi. impf. 3 m.s. (נכר 647)-pr.n. (397) *then Judah acknowledged*

וַיֹּאמֶר consec.-Qal impf. 3 m.s. (55) *and said*

צָדְקָה מִמֶּנִּי Qal pf. 3 f.s. (842)-prep.-1 c.s. sf. (GK 133bN) *she is more righteous than I*

כִּי־עַל־כֵּן conj.-prep.-adv. (485) *inasmuch as*

לֹא־נְתַתִּיהָ neg.-Qal pf. 1 c.s.-3 f.s. sf. (נתן 678) *I did not give her*

לְשֵׁלָה prep.-pr.n. (II 1017) *to Shelah*

בְּנִי n.m.s.-1 c.s. sf. (119) *my son*

וְלֹא־יָסַף עוֹד conj.-neg.-Qal pf. 3 m.s. (414)-adv. (728) *and he did not again*

לְדַעְתָּהּ prep.-Qal inf.cstr.-3 f.s. sf. (ידע 393) *lie with her (know her)*

38:27

וַיְהִי consec.-Qal impf. 3 m.s. (הָיָה 224) *when ... came*

בְּעֵת לִדְתָּהּ prep.-n.f.s. cstr. (773)-Qal inf.cstr.-3 f.s. sf. (ילד 408) *the time of her delivery*

וְהִנֵּה conj.-demons.part. (243) *(behold)*

תְאוֹמִים n.m.p. (1060) *twins*

בְּבִטְנָהּ prep.-n.f.s.-3 f.s. sf. (105) *in her womb*

38:28

וַיְהִי בְלִדְתָּהּ consec.-Qal impf. 3 m.s. (הָיָה 224)-prep.-Qal inf.cstr.-3 f.s. sf. (ילד 408) *and when she was in labor*

וַיִּתֶּן־יָד consec.-Qal impf. 3 m.s. (נָתַן 678; GK 144d)-n.f.s. (388) *one put out a hand*

וַתִּקַּח הַמְיַלֶּדֶת consec.-Qal impf. 3 f.s. (לָקַח 542)-def.art.-Pi. ptc. f.s. (יָלַד 408) *and the midwife took*

וַתִּקְשֹׁר consec.-Qal impf. 3 f.s. (905) *and bound*

עַל־יָדוֹ prep.-n.f.s.-3 m.s. sf. (388) *on his hand*

שָׁנִי n.m.s. (1040) *a scarlet thread*

לֵאמֹר prep.-Qal inf.cstr. (55) *saying*

זֶה יָצָא demons.adj. m.s. (260)-Qal pf. 3 m.s. (422) *this came out*

רִאשֹׁנָה adj. f.s. (911) *first*

38:29

וַיְהִי consec.-Qal impf. 3 m.s. (הָיָה 224) *but it was*

כְּמֵשִׁיב יָדוֹ prep.-Hi. ptc. (שׁוּב 996; GK 164g)-n.f.s.-3 m.s. sf. (388) *as he drew back his hand*

וְהִנֵּה יָצָא conj.-demons.part. (243)-Qal pf. 3 m.s. (422) *behold came out*

אָחִיו n.m.s.-3 m.s. sf. (26) *his brother*

וַתֹּאמֶר consec.-Qal impf. 3 f.s. (55) *and she said*

מַה־פָּרַצְתָּ interr. (552)-Qal pf. 2 m.s. (I 829) *what you have (breached) made*

עָלֶיךָ פָּרֶץ prep.-2 m.s. sf.-n.m.s. paus. (829) *for yourself a breach*

וַיִּקְרָא consec.-Qal impf. 3 m.s. (894) *therefore was called*

שְׁמוֹ n.m.s.-3 m.s. sf. (1027) *his name*

פָּרֶץ pr.n. paus. (II 829) *Perez*

38:30

וְאַחַר conj.-adv. (29) *afterward*

יָצָא אָחִיו Qal pf. 3 m.s. (422)-n.m.s.-3 m.s. sf. (26) *his brother came out*

אֲשֶׁר עַל־יָדוֹ rel. (81)-prep.-n.f.s.-3 m.s. sf. (388) *upon his hand*

הַשָּׁנִי def.art.-n.m.s. (1040) *the scarlet thread*

וַיִּקְרָא שְׁמוֹ consec.-Qal impf. 3 m.s. (894)-n.m.s.-3 m.s. sf. (1027) *and his name was called*

זֶרַח pr.n. paus. (II 280) *Zerah*

39:1

וְיוֹסֵף הוּרַד conj.-pr.n. (415)-Ho. pf. 3 m.s. (יָרַד 432; GK 142b) *now Joseph was taken down*

מִצְרָיְמָה pr.n.-dir.he (595) *to Egypt*

וַיִּקְנֵהוּ consec.-Qal impf. 3 m.s.-3 m.s. sf. (קָנָה 888) *and bought him*

פּוֹטִיפַר pr.n. (806) *Potiphar*

סְרִיס פַּרְעֹה n.m.s. cstr. (710)-pr.n. (829) *an officer of Pharaoh*

שַׂר הַטַּבָּחִים n.m.s. cstr. (978)-def.art.-n.m.p. (371) *the captain of the guard*

אִישׁ מִצְרִי n.m.s. cstr. (35)-adj. gent. (596) *an Egyptian*

מִיַּד הַיִּשְׁמְעֵאלִים prep.-n.f.s. cstr. (388)-def.art.-adj. gent. m.p. (1035) *from the Ishmaelites*

אֲשֶׁר הוֹרִדֻהוּ rel. (81)-Hi. pf. 3 c.p.-3 m.s. sf. (יָרַד 432) *who had brought him down*

שָׁמָּה adv.-dir.he (1027) *there*

39:2

וַיְהִי יהוה consec.-Qal impf. 3 m.s. (הָיָה 224)-pr.n. (217) *Yahweh was*

אֶת־יוֹסֵף prep. (II 85)-pr.n. (415) *with Joseph*

וַיְהִי אִישׁ consec.-Qal impf. 3 m.s. (הָיָה 224)-n.m.s. (35) *and he became a ... man*

מַצְלִיחַ Hi. ptc. (II 852) *successful*

וַיְהִי v. supra *and he was*

בְּבֵית אֲדֹנָיו prep.-n.m.s. cstr. (108)-n.m.p.-3 m.s. sf. (10) *in the house of his master*

הַמִּצְרִי def.art.-adj. gent. (596) *the Egyptian*

39:3

וַיַּרְא אֲדֹנָיו consec.-Qal impf. 3 m.s. (רָאָה 906)-n.m.p.-3 m.s. sf. (10) *and his master saw*

כִּי יהוה אִתּוֹ conj.-pr.n. (217)-prep.-3 m.s. sf. (II 85) *that Yahweh was with him*

וְכֹל אֲשֶׁר הוּא conj.-n.m.s. (481)-rel. (81)-pers.pr. 3 m.s. (214) *and all that he*

עֹשֶׂה Qal act.ptc. (I 793) *did*

יהוה מַצְלִיחַ pr.n. (217)-Hi. ptc. (II 852) *Yahweh caused to prosper*

בְּיָדוֹ prep.-n.f.s.-3 m.s. sf. (388) *in his hands*

39:4

וַיִּמְצָא יוֹסֵף consec.-Qal impf. 3 m.s. (592)-pr.n. (415) *so Joseph found*

חֵן בְּעֵינָיו n.m.s. (336)-prep.-n.f. du.-3 m.s. sf. (744) *favor in his sight*

וַיְשָׁרֶת אֹתוֹ consec.-Pi. impf. 3 m.s. (שָׁרַת 1058)-dir.obj.-3 m.s. sf. *and attended him*

וַיַּפְקִדֵהוּ consec.-Hi. impf. 3 m.s.-3 m.s. sf. (פָּקַד 823) *and he made him overseer*

עַל־בֵּיתוֹ prep.-n.m.s.-3 m.s. sf. (108) *of his house*

וְכָל־יֶשׁ־לוֹ conj.-n.m.s. (481; GK 155d,n)-subst. (441)-prep.-3 m.s. sf. (GK 130d) *and of all that he had*

נָתַן בְּיָדוֹ Qal pf. 3 m.s. (678r)-prep.-n.f.s.-3 m.s. sf. (388) *put him in charge*

39:5

וַיְהִי consec.-Qal impf. 3 m.s. (הָיָה 224) *and it was*

מֵאָז הִפְקִיד prep.-adv. (23)-Hi. pf. 3 m.s. (823) *from the time that he made overseer*

אֹתוֹ dir.obj.-3 m.s. sf. *him*

בְּבֵיתוֹ prep.-n.m.s.-3 m.s. sf. (108) *in his house*

וְעַל כָּל־אֲשֶׁר יֶשׁ־לוֹ conj.-prep.-n.m.s. (481)-rel. (81)-subst. (441)-prep.-3 m.s. sf. *and over all that he had*

וַיְבָרֶךְ יהוה consec.-Pi. impf. 3 m.s. (138)-pr.n. (217) *Yahweh blessed*

אֶת־בֵּית הַמִּצְרִי dir.obj.-n.m.s. cstr. (108)-def.art.-adj. gent. (596) *the Egyptian's house*

בִּגְלַל יוֹסֵף prep.-n.m.s. cstr. (I 164)-pr.n. (415) *for Joseph's sake*

וַיְהִי v.supra (GK 145q) *and was*

בִּרְכַּת יהוה n.f.s. cstr. (139)-pr.n. (217) *the blessing of Yahweh*

בְּכָל־אֲשֶׁר יֶשׁ־לוֹ prep.-v.supra-v.supra *upon all that he had*

בַּבַּיִת וּבַשָּׂדֶה prep.-def.art.-n.m.s. (108)-conj.-prep.-def.art.-n.m.s. (961) *in house and field*

39:6

וַיַּעֲזֹב consec.-Qal impf. 3 m.s. (I 736) *so he left*

כָּל־אֲשֶׁר־לוֹ n.m.s. (481)-rel. (81)-prep.-3 m.s. sf. *all that he had*

בְּיַד־יוֹסֵף prep.-n.f.s. cstr. (388)-pr.n. (415) *in Joseph's charge*

וְלֹא־יָדַע conj.-neg.-Qal pf. 3 m.s. (393) *and he had no concern*

אִתּוֹ prep.-3 m.s. sf. (II 85) *having him*

מְאוּמָה indef.pron. (548) *anything*

כִּי אִם־הַלֶּחֶם conj.-hypoth.part. (49)-def.art.-n.m.s. (536) *but the food*

אֲשֶׁר־הוּא אוֹכֵל rel. (81)-pers.pr. 3 m.s. (214)-Qal act.ptc. (37) *which he ate*

וַיְהִי יוֹסֵף consec.-Qal impf. 3 m.s. (הָיָה 224)-pr.n. (415) *now Joseph was*

יְפֵה־תֹאַר adj. m.s. cstr. (421)-n.m.s. (1061; GK 128x) *handsome*

וִיפֵה מַרְאֶה conj.-v.supra-n.m.s. (909) *and good-looking*

39:7

וַיְהִי consec.-Qal impf. 3 m.s. (הָיָה 224) *and it was*

אַחַר הַדְּבָרִים הָאֵלֶּה prep. (29)-def.art.-n.m.p. (182)-def.art.-demons.adj. c.p. (41) *after these things*

וַתִּשָּׂא consec.-Qal impf. 3 f.s. (נָשָׂא 669) *cast*

אֵשֶׁת־אֲדֹנָיו n.f.s. cstr. (61)-n.m.p.-3 m.s. sf. (10) *his master's wife*

אֶת־עֵינֶיהָ dir.obj.-n.f. du.-3 f.s. sf. (744) *her eyes*

אֶל־יוֹסֵף prep.-pr.n. (415) *upon Joseph*

וַתֹּאמֶר consec.-Qal impf. 3 f.s. (55) *and said*

שִׁכְבָה עִמִּי Qal impv. 2 m.s.-coh.he 1011)-prep.-1 c.s. sf. *lie with me*

39:8

וַיְמָאֵן consec.-Pi. impf. 3 m.s. (מָאֵן 549) *but he refused*

וַיֹּאמֶר consec.-Qal impf. 3 m.s. (55) *and said*

אֶל־אֵשֶׁת אֲדֹנָיו prep.-n.f.s. cstr. (61)-n.m.p.-3 m.s. sf. (10) *to his master's wife*

הֵן אֲדֹנִי demons.part. (243)-n.m.s.-1 c.s. sf. (10) *lo, my master*

לֹא־יָדַע neg.-Qal pf. 3 m.s. (393) *has no concern*

אִתִּי prep.-1 c.s. sf. (II 85) *having me*

מַה־בַּבָּיִת interr. (552; GK 137c)-prep.-def.art.-n.m.s. paus. (108) *about anything in the house*

וְכֹל אֲשֶׁר־יֶשׁ־לוֹ conj.-n.m.s. (481)-rel. (81)-subst. (441)-prep.-3 m.s. sf. *and everything that he has*

נָתַן בְּיָדִי Qal pf. 3 m.s. (678)-prep.-n.f.s.-1 c.s. sf. (388) *he has put in my hand*

39:9

אֵינֶנּוּ גָדוֹל subst.-3 m.s. sf. (II 34)-adj. m.s. (152) *he is not greater*

בַּבַּיִת הַזֶּה prep.-def.art.-n.m.s. (108)-def.art.-demons.adj. m.s. (260) *in this house*

מִמֶּנִּי prep.-1 c.s. sf. *than I am*

וְלֹא־חָשַׂךְ מִמֶּנִּי conj.-neg.-Qal pf. 3 m.s. (362)-prep.-1 c.s. sf. *nor has he kept back from me*

מְאוּמָה indef.pron. (548) *anything*

כִּי אִם־אוֹתָךְ conj.-hypoth.part. (49)-dir.obj.-2 f.s. sf. *except yourself*

בַּאֲשֶׁר אַתְּ־אִשְׁתּוֹ prep.-rel. (81)-pers.pr. 2 f.s. (61)-n.f.s.-3 m.s. sf. (61) *because you are his wife*

וְאֵיךְ אֶעֱשֶׂה conj.-adv. (32; GK 107t)-Qal impf. 1 c.s. (I 793; GK 112p) *how then can I do*

הָרָעָה הַגְּדֹלָה הַזֹּאת def.art.-n.f.s. (948)-def.art.-adj. f.s. (152)-def.art.-demons.adj. f.s. (260) *this great wickedness*

וְחָטָאתִי conj.-Qal pf. 1 c.s. (306) *and sin*

לֵאלֹהִים prep.-n.m.p. (43) *against God*

39:10

וַיְהִי consec.-Qal impf. 3 m.s. (הָיָה 224) *and it was*

כְּדַבְּרָהּ prep.-Pi. inf.cstr.-3 f.s. sf. (180) *although she spoke*

אֶל־יוֹסֵף prep.-pr.n. (415) *to Joseph*

יוֹם יוֹם n.m.s. (398)-v.supra (GK 123c) *day after day*

וְלֹא־שָׁמַע conj.-neg.-Qal pf. 3 m.s. (1033) *he would not listen*

אֵלֶיהָ prep.-3 f.s. sf. *to her*

לִשְׁכַּב אֶצְלָהּ prep.-Qal inf.cstr. (1011; GK 114r) -prep.-3 f.s. sf. (I 69) *to lie with her*

לִהְיוֹת עִמָּהּ prep.-Qal inf.cstr. (הָיָה 224) -prep.-3 f.s. sf. *or to be with her*

39:11

וַיְהִי consec.-Qal impf. 3 m.s. (הָיָה 224) *but it was*

כְּהַיּוֹם הַזֶּה prep.-def.art.-n.m.s. (398; GK 35n, 126s)-def.art.-demons.adj. m.s. (260) *one day*

וַיָּבֹא consec.-Qal impf. 3 m.s. (בוא 97) *when he went*

הַבַּיְתָה def.art.-n.m.s.-dir.he (108) *into the house*

לַעֲשׂוֹת prep.-Qal inf.cstr. (I 793) *to do*

מְלַאכְתּוֹ n.f.s.-3 m.s. sf. (521) *his work*

וְאֵין אִישׁ conj.-subst. cstr. (II 34)-n.m.s. (35) *there was no man*

מֵאַנְשֵׁי הַבַּיִת prep.-n.m.p. cstr. (35)-def.art. -n.m.s. (108) *of the men of the house*

שָׁם בַּבָּיִת adv. (1027)-prep.-def.art.-n.m.s. paus. (108) *there in the house*

39:12

וַתִּתְפְּשֵׂהוּ consec.-Qal impf. 3 f.s.-3 m.s. sf. (תפש 1074) *she caught him*

בְּבִגְדוֹ prep.-n.m.s.-3 m.s. sf. (93) *by his garment*

לֵאמֹר prep.-Qal inf.cstr. (55) *saying*

שִׁכְבָה עִמִּי Qal impv. 2 m.s.-coh.he (1011) -prep.-1 c.s. sf. *lie with me*

וַיַּעֲזֹב consec.-Qal impf. 3 m.s. (I 736) *but he left*

בִּגְדוֹ v.supra *his garment*

בְּיָדָהּ prep.-n.f.s.-3 f.s. sf. (388) *in her hand*

וַיָּנָס consec.-Qal impf. 3 m.s. (נוס 630) *and fled*

וַיֵּצֵא consec.-Qal impf. 3 m.s. (יצא 422) *and got out*

הַחוּצָה def.art.-n.m.s.-loc.he (299) *(outside) of the house*

39:13

וַיְהִי consec.-Qal impf. 3 m.s. (הָיָה 224) *and it was*

כִּרְאוֹתָהּ prep.-Qal inf.cstr.-3 f.s. sf. (רָאָה 906) *when she saw*

כִּי־עָזַב conj.-Qal pf. 3 m.s. (I 736) *that he had left*

בִּגְדוֹ n.m.s.-3 m.s. sf. (93) *his garment*

בְּיָדָהּ prep.-n.f.s.-3 f.s. sf. (388) *in her hand*

וַיָּנָס consec.-Qal impf. 3 m.s. (נוס 630) *and had fled out*

הַחוּצָה def.art.-n.m.s.-loc.he (299) *of the house*

39:14

וַתִּקְרָא consec.-Qal impf. 3 f.s. (894) *she called*

לְאַנְשֵׁי בֵיתָהּ prep.-n.m.p. cstr. (35)-n.m.s.-3 f.s. sf. (108) *to the men of her household*

וַתֹּאמֶר לָהֶם consec.-Qal impf. 3 f.s. (55)-prep.-3 m.p. sf. *and said to them*

לֵאמֹר prep.-Qal inf.cstr. (55) *(saying)*

רְאוּ Qal impv. 2 m.p. (רָאָה 906) *see*

הֵבִיא לָנוּ Hi. pf. 3 m.s. (בוא 97)-prep.-1 c.p. sf. *he has brought among us*

אִישׁ עִבְרִי n.m.s. cstr. (35)-adj. gent. (720; GK 2b) *a Hebrew*

לְצַחֶק prep.-Pi. inf.cstr. (850; GK 29g,64g) *to insult*

בָּנוּ prep.-1 c.p. sf. *us*

בָּא אֵלַי Qal pf. 3 m.s. (בוא 97)-prep.-1 c.s. sf. *he came in to me*

לִשְׁכַּב עִמִּי prep.-Qal inf.cstr. (1011)-prep.-1 c.s. sf. *to lie with me*

וָאֶקְרָא בְּקוֹל גָּדוֹל consec.-Qal impf. 1 c.s. (894) -prep.-n.m.s. (876)-adj. m.s. (152) *and I cried out with a loud voice*

39:15

וַיְהִי consec.-Qal impf. 3 m.s. (הָיָה 224) *and it was*

כְּשָׁמְעוֹ prep.-Qal inf.cstr.-3 m.s. sf. (1033) *when he heard*

כִּי־הֲרִימֹתִי conj.-Hi. pf. 1 c.s. (רום 926) *that I lifted up*

קוֹלִי n.m.s.-1 c.s. sf. (876) *my voice*

וָאֶקְרָא consec.-Qal impf. 1 c.s. (894) *and cried*

וַיַּעֲזֹב consec.-Qal impf. 3 m.s. (I 736) *he left*

בִּגְדוֹ n.m.s.-3 m.s. sf. (93) *his garment*

אֶצְלִי prep. (69)-1 c.s. sf. *with me*

וַיָּנָס consec.-Qal impf. 3 m.s. (נוס 630) *and fled*

וַיֵּצֵא consec.-Qal impf. 3 m.s. (יצא 422) *and got out*

הַחוּצָה def.art.-n.m.s.-loc.he (299) *of the house*

39:16

וַתַּנַּח consec.-Hi. impf. 3 f.s. (נוח B 628: GK 72ee) *then she laid up*

בִּגְדוֹ n.m.s.-3 m.s. sf. (93) *his garment*

אֶצְלָהּ prep.--3 f.s. sf. (69) *by her*

עַד־בּוֹא אֲדֹנָיו prep.-Qal inf.cstr. (97)-n.m.p.-3 m.s. sf. (10) *until his master came*

אֶל־בֵּיתוֹ prep.-n.m.s.-3 m.s. sf. (108) *home*

39:17

וַתְּדַבֵּר אֵלָיו consec.-Pi. impf. 3 f.s. (180)-prep.-3 m.s. sf. *and she told him*

כַּדְּבָרִים הָאֵלֶּה prep.-def.art.-n.m.p. (182)-def.art.-demons.adj. c.p. (41) *the same story*

לֵאמֹר prep.-Qal inf.cstr. (55) *saying*

בָּא־אֵלַי Qal pf. 3 m.s. (בוא 97)-prep.-1 c.s. sf. *came in to me*

הָעֶבֶד הָעִבְרִי def.art.-n.m.s. (713; GK 2b)-def.art.-adj. gent. (720) *the Hebrew servant*

אֲשֶׁר־הֵבֵאתָ לָּנוּ rel. (81)-Hi. pf. 2 m.s. (בוא 97)-prep.-1 c.p. sf. *which you have brought among us*

לְצַחֶק בִּי prep.-Pi. inf.cstr. (850; GK 29g)-prep.-1 c.s. sf. *to insult me*

39:18

וַיְהִי consec.-Qal impf. 3 m.s. (היה 224) *but it was*

כַּהֲרִימִי prep.-Hi. inf.cstr.-1 c.s. sf. (רום 926) *as soon as I lifted up*

קוֹלִי n.m.s.-1 c.s. sf. (876) *my voice*

וָאֶקְרָא consec.-Qal impf. 1 c.s. (894; GK 114r) *and cried*

וַיַּעֲזֹב consec.-Qal impf. 3 m.s. (I 736) *he left*

בִּגְדוֹ n.m.s.-3 m.s. sf. (93) *his garment*

אֶצְלִי prep.-1 c.s. sf. (69) *with me*

וַיָּנָס consec.-Qal impf. 3 m.s. (נוס 630) *and fled*

הַחוּצָה def.art.-n.m.s.-loc.he (299) *out of the house*

39:19

וַיְהִי consec.-Qal impf. 3 m.s. (היה 224) *(and it was)*

כִשְׁמֹעַ אֲדֹנָיו prep.-Qal inf.cstr. (1033)-n.m.p.-3 m.s. sf. (10) *when his master heard*

אֶת־דִּבְרֵי אִשְׁתּוֹ dir.obj.-n.m.p. cstr. (182)-n.f.s.-3 m.s. sf. (61) *the words which his wife*

אֲשֶׁר דִּבְּרָה rel. (81)-Pi. pf. 3 f.s. (180) *spoke*

אֵלָיו prep.-3 m.s. sf. *to him*

לֵאמֹר prep.-Qal inf.cstr. (55) *(saying)*

כַּדְּבָרִים הָאֵלֶּה prep.-def.art.-n.m.p. (182)-def.art.-demons.adj. c.p. (41) *this is the way*

עָשָׂה לִי Qal pf. 3 m.s. (עשה I 793)-prep.-1 c.s. sf. *treated me*

עַבְדֶּךָ n.m.s.-2 m.s. sf. (713) *your servant*

וַיִּחַר אַפּוֹ consec.-Qal impf. 3 m.s. (חרה 354)-n.m.s.-3 m.s. sf. (I 60) *his anger was kindled*

39:20

וַיִּקַּח consec.-Qal impf. 3 m.s. (לקח 542) *and ... took*

אֲדֹנֵי יוֹסֵף n.m.p. cstr. (10)-pr.n. (415) *Joseph's master*

אֹתוֹ dir.obj.-3 m.s. sf. *him*

וַיִּתְּנֵהוּ consec.-Qal impf. 3 m.s.-3 m.s. sf. (נתן 678) *and put him*

אֶל־בֵּית הַסֹּהַר prep.-n.m.s. cstr. (108)-def.art.-n.m.s. (690) *into the prison* (lit. *the round house*)

מְקוֹם אֲשֶׁר־אֲסוּרֵי n.m.s. cstr. (879; GK 130c)-rel. (81)-n.m.p. cstr. (64) *the place where the prisoners of*

הַמֶּלֶךְ def.art.-n.m.s. (I 572) *the king*

אֲסוּרִים Qal pass.ptc. m.p. (אסר 63) *were confined*

וַיְהִי־שָׁם consec.-Qal impf. 3 m.s. (היה 224)-adv. (1027) *and he was there*

בְּבֵית הַסֹּהַר prep.-v.supra *in prison*

39:21

וַיְהִי יְהוָה consec.-Qal impf. 3 m.s. (היה 224)-pr.n. (217) *but Yahweh was*

אֶת־יוֹסֵף prep. (II 85)-pr.n. (415) *with Joseph*

וַיֵּט אֵלָיו consec.-Qal impf. 3 m.s. (נטה 639)-prep.-3 m.s. sf. *and showed him*

חָסֶד n.m.s. paus. (338) *steadfast love*

וַיִּתֵּן חִנּוֹ consec.-Qal impf. 3 m.s. (נתן 678)-n.m.s.-3 m.s. sf. (336) *and gave him favor*

בְּעֵינֵי prep.-n.f. du. cstr. (744) *in the sight of*

שַׂר בֵּית־הַסֹּהַר n.m.s. cstr. (978)-n.m.s. cstr. (108)-def.art.-n.m.s. (690) *the keeper of the prison*

39:22

וַיִּתֵּן consec.-Qal impf. 3 m.s. (נתן 678) *and committed*

שַׂר בֵּית־הַסֹּהַר n.m.s. cstr. (978)-n.m.s. cstr. (108)-def.art.-n.m.s. (690) *the keeper of the prison*

בְּיַד־יוֹסֵף prep.-n.f.s. cstr. (388)-pr.n. (415) *to Joseph's care*

אֵת כָּל־הָאֲסִירִם dir.obj.-n.m.s. cstr. (481)-def.art.
-n.m.p. (64) *all the prisoners*

אֲשֶׁר בְּבֵית הַסֹּהַר rel. (81)-prep.-n.m.s. cstr.
(108)-def.art.-n.m.s. (690) *who were in the
prison*

וְאֵת כָּל־אֲשֶׁר עֹשִׂים conj.-dir.obj.-n.m.s. (481)
-rel. (81)-Qal act.ptc. m.p. (עָשָׂה I 793; GK
116s) *and whatever was done*

שָׁם adv. (1027) *there*

הוּא הָיָה עֹשֶׂה pers.pr. 3 m.s. (214)-Qal pf. 3
m.s. (224)-Qal act.ptc. (I 793) *he was the
doer of it*

39:23

אֵין שַׂר בֵּית־הַסֹּהַר subst. cstr. (II 34; GK 152,l)
-n.m.s. cstr. (978)-n.m.s. cstr. (108)-def.art.
-n.m.s. (690) *there was no ... of the keeper
of the prison*

רֹאֶה Qal act.ptc. (906) *heed (seeing)*

אֶת־כָּל־מְאוּמָה dir.obj.-n.m.s. cstr. (481)-indef.
pron. (548) *to anything*

בְּיָדוֹ prep.-n.f.s.-3 m.s. sf. (388) *in Joseph's care*

בַּאֲשֶׁר יהוה אִתּוֹ prep.-rel. (81)-pr.n. (217)-prep.
-3 m.s. sf. (II 85) *because Yahweh was with
him*

וַאֲשֶׁר־הוּא עֹשֶׂה conj.-rel. (81)-pers.pr. 3 m.s.
(214)-Qal act.ptc. (I 793; GK 116o) *and
whatever he did*

יהוה מַצְלִיחַ pr.n. (217)-Hi. ptc. (II 852) *Yahweh
made it prosper*

40:1

וַיְהִי consec.-Qal impf. 3 m.s. (הָיָה 224) *and it
was*

אַחַר הַדְּבָרִים הָאֵלֶּה prep. (29)-def.art.-n.m.p.
(182)-def.art.-demons.adj. c.p. (41) *some time
after this*

חָטְאוּ Qal pf. 3 c.p. (306) *offended*

מַשְׁקֵה מֶלֶךְ־מִצְרַיִם n.m.s. cstr. (1052)-n.m.s. cstr.
(I 572)-pr.n. (595) *the butler of the king of
Egypt*

וְהָאֹפֶה conj.-def.art.-Qal act.ptc. (אָפָה 66) *and
his baker*

לַאֲדֹנֵיהֶם prep.-n.m.p.-3 m.p. sf. (10) *their lord*

לְמֶלֶךְ מִצְרָיִם prep.-n.m.s. cstr. (I 572)-pr.n. paus.
(595) *the king of Egypt*

40:2

וַיִּקְצֹף פַּרְעֹה consec.-Qal impf. 3 m.s. (893)-pr.n.
(829) *and Pharaoh was angry*

עַל שְׁנֵי סָרִיסָיו prep.-n.m.p. cstr. (1040)-n.m.p.-3
m.s. sf. (710) *with his two officers*

עַל שַׂר הַמַּשְׁקִים prep.-n.m.s. cstr. (978)-def.art.
-n.m.p. (1052) *the chief butler*

וְעַל שַׂר הָאוֹפִים conj.-prep.-n.m.s. cstr. (978)
-def.art.-Qal act.ptc. m.p. (66) *and the chief
baker*

40:3

וַיִּתֵּן אֹתָם consec.-Qal impf. 3 m.s. (נָתַן 678)
-dir.obj.-3 m.p. sf. *and he put them*

בְּמִשְׁמַר בֵּית prep.-n.m.s. cstr. (1038)-n.m.s. cstr.
(108) *in the custody in the house of*

שַׂר הַטַּבָּחִים n.m.s. cstr. (978)-def.art.-n.m.p.
(371) *the captain of the guard*

אֶל־בֵּית הַסֹּהַר prep.-n.m.s. cstr. (108)-def.art.
-n.m.s. (690) *in the prison*

מְקוֹם אֲשֶׁר יוֹסֵף n.m.s. cstr. (879)-rel. (81)-pr.n.
(415) *the place where Joseph*

אָסוּר שָׁם Qal pass.ptc. (63)-adv. (1027) *was
confined*

40:4

וַיִּפְקֹד consec.-Qal impf. 3 m.s. (פָּקַד 823)
charged

שַׂר הַטַּבָּחִים n.m.s. cstr. (978)-def.art.-n.m.p.
(371) *the captain of the guard*

אֶת־יוֹסֵף אִתָּם dir.obj.-pr.n. (415)-prep.-3 m.p.
sf. (II 85) *Joseph with them*

וַיְשָׁרֶת consec.-Pi. impf. 3 m.s. (שָׁרַת 1058) *and
he waited*

אֹתָם dir.obj.-3 m.p. sf. *on them*

וַיִּהְיוּ consec.-Qal impf. 3 m.p. (224) *and they
continued*

יָמִים בְּמִשְׁמָר n.m.p. (398; GK 139h)-prep.-n.m.s.
(1038) *for some time in custody*

40:5

וַיַּחַלְמוּ consec.-Qal impf. 3 m.p. (321) *and they
dreamed*

חֲלוֹם n.m.s. (321) *a dream*

שְׁנֵיהֶם num. m.p.-3 m.p. sf. (1040) *both of them*

אִישׁ חֲלֹמוֹ n.m.s. (35)-n.m.s.-3 m.s. sf. (321) *each
in his own dream*

בְּלַיְלָה אֶחָד prep.-n.m.s. (538)-num. adj. (25) *one
night*

אִישׁ כְּפִתְרוֹן חֲלֹמוֹ n.m.s. (35)-prep.-n.m.s. cstr.
(837)-n.m.s.-3 m.s. sf. (321) *each with its own
meaning*

הַמַּשְׁקֶה def.art.-n.m.s. (1052) *the butler*

וְהָאֹפֶה conj.-def.art.-Qal act.ptc. (66) *and the
baker*

180

אֲשֶׁר לְמֶלֶךְ מִצְרַיִם rel. (81)-prep.-n.m.s. cstr. (I 572; GK 129h)-pr.n. (595) *of the king of Egypt*

אֲשֶׁר אֲסוּרִים rel. (81)-Qal pass.ptc. m.p. (63) *who were confined*

בְּבֵית הַסֹּהַר prep.-n.m.s. cstr. (108)-def.art.-n.m.s. (690) *in the prison*

40:6

וַיָּבֹא consec.-Qal impf. 3 m.s. (בוֹא 97) *when ... came*

אֲלֵיהֶם יוֹסֵף prep.-3 m.p. sf.-pr.n. (415) *to them Joseph*

בַּבֹּקֶר prep.-def.art.-n.m.s. (133) *in the morning*

וַיַּרְא אֹתָם consec.-Qal impf. 3 m.s. (רָאָה 906) -dir.obj.-3 m.p. sf. *and saw them*

וְהִנָּם זֹעֲפִים conj.-demons.part.-3 m.p. sf. (243) -Qal act.ptc. m.p. (277) *they were troubled*

40:7

וַיִּשְׁאַל consec.-Qal impf. 3 m.s. (שָׁאַל 981) *so he asked*

אֶת־סְרִיסֵי פַרְעֹה dir.obj.-n.m.p. cstr. (710; GK 84b,f)-pr.n. (829) *Pharaoh's officers*

אֲשֶׁר אִתּוֹ rel. (81)-prep.-3 m.s. sf. (II 85) *who were with him*

בְּמִשְׁמַר בֵּית אֲדֹנָיו prep.-n.m.s. cstr. (1038)-n.m.s. cstr. (108)-n.m.s.-3 m.s. sf. (10) *in custody in his master's house*

לֵאמֹר prep.-Qal inf.cstr. (55) *(saying)*

מַדּוּעַ פְּנֵיכֶם adv. (396)-n.m.p.-2 m.p. sf. (815; GK 87t) *why are your faces*

רָעִים adj. m.p. (I 948) *downcast*

הַיּוֹם def.art.-n.m.s. (398) *today*

40:8

וַיֹּאמְרוּ אֵלָיו consec.-Qal impf. 3 m.p. (55) -prep.-3 m.s. sf. *they said to him*

חֲלוֹם חָלַמְנוּ n.m.s. (321)-Qal pf. 1 c.p. (321) *we have had dreams*

וּפֹתֵר אֵין אֹתוֹ conj.-Qal act.ptc. (פָּתַר 837) -subst.cstr. (II 34; GK 152o)-dir.obj.-3 m.s. sf. *and there is no one to interpret them*

וַיֹּאמֶר אֲלֵהֶם consec.-Qal impf. 3 m.s. (55) -prep.-3 m.p. sf. *and ... said to them*

יוֹסֵף pr.n. (415) *Joseph*

הֲלוֹא לֵאלֹהִים interr.-neg.-prep.-n.m.p. (43) *do not ... belong to God?*

פִּתְרֹנִים n.m.p. (837) *interpretations*

סַפְּרוּ־ Pi. impv. 2 m.p. (707) *tell*

נָא לִי part.of entreaty (609)-prep.-1 c.s. sf. *to me, I pray you*

40:9

וַיְסַפֵּר consec.-Pi. impf. 3 m.s. (707) *so ... told*

שַׂר־הַמַּשְׁקִים n.m.s. cstr. (978)-def.art.-n.m.p. (I 1052) *the chief butler*

אֶת־חֲלֹמוֹ dir.obj.-n.m.s.-3 m.s. sf. (321) *his dream*

לְיוֹסֵף prep.-pr.n. (415) *to Joseph*

וַיֹּאמֶר לוֹ consec.-Qal impf. 3 m.s. (55)-prep.-3 m.s. sf. *and said to him*

בַּחֲלוֹמִי prep.-n.m.s.-1 c.s. sf. (321) *in my dream*

וְהִנֵּה־גֶפֶן conj. (GK 143d)-demons.part. (243) -n.f.s. (172) *there was a vine*

לְפָנָי prep.-n.m.p.-1 c.s. sf. paus. (815) *before me*

40:10

וּבַגֶּפֶן conj.-prep.-def.art.-n.f.s. (172) *and on the vine*

שְׁלֹשָׁה שָׂרִיגִם num. f.s. (1025)-n.m.p. (974) *there were three branches*

וְהִיא כְפֹרַחַת conj.-pers.pr. 3 f.s. (214)-prep.-Qal act.ptc. f.s. (פָּרַח I 827; GK 164g) *as soon as it budded*

עָלְתָה נִצָּהּ Qal pf. 3 f.s. (עָלָה 748)-n.m.s.-3 f.s. sf. (I 665; GK 91e) *its blossoms shot forth*

הִבְשִׁילוּ Hi. pf. 3 c.p. (בָּשַׁל 143) *ripened*

אַשְׁכְּלֹתֶיהָ n.m.p.-3 f.s. sf. (79) *the clusters*

עֲנָבִים n.m.p. (772) *into grapes*

40:11

וְכוֹס פַּרְעֹה conj.-n.f.s. cstr. (I 468)-pr.n. (829) *Pharaoh's cup*

בְּיָדִי prep.-n.f.s.-1 c.s. sf. (388) *in my hand*

וָאֶקַּח consec.-Qal impf. 1 c.s. (לָקַח 542) *and I took*

אֶת־הָעֲנָבִים dir.obj.-def.art.-n.m.p. (772) *the grapes*

וָאֶשְׂחַט אֹתָם consec.-Qal impf. 1 c.s. (965) -dir.obj.-3 m.p. sf. *and pressed them*

אֶל־כּוֹס פַּרְעֹה prep.-n.f.s. cstr. (468)-pr.n. (829) *into Pharaoh's cup*

וָאֶתֵּן consec.-Qal impf. 1 c.s. (נָתַן 678) *and placed*

אֶת־הַכּוֹס dir.obj.-def.art.-n.f.s. (468) *the cup*

עַל־כַּף פַּרְעֹה prep.-n.f.s. cstr. (496)-pr.n. (829) *in Pharaoh's hand*

40:12

וַיֹּאמֶר לוֹ consec.-Qal impf. 3 m.s. (55)-prep.-3 m.s. sf. *then said to him*

יוֹסֵף pr.n. (415) *Joseph*

זֶה פִּתְרֹנוֹ demons.adj. m.s. (260)-n.m.s.-3 m.s. sf. (837) *this is its interpretation*

שְׁלֹשֶׁת הַשָּׂרִגִים num. f.s. cstr. (1025)-def.art.
-n.m.p. (974) *the three branches*

שְׁלֹשֶׁת יָמִים הֵם v.supra-n.m.p. (398)-pers.pr. 3
m.p. (241) *are three days*

40:13

בְּעוֹד שְׁלֹשֶׁת יָמִים prep.-adv. (728)-num. f.s.
cstr. (1025)-n.m.p. (398) *within three days*

יִשָּׂא פַרְעֹה Qal impf. 3 m.s. (נָשָׂא 669)-pr.n.
(829) *Pharaoh will lift up*

אֶת־רֹאשֶׁךָ dir.obj.-n.m.s.-2 m.s. sf. (910) *your
head*

וַהֲשִׁיבְךָ conj.-Hi. pf. 3 m.s.-2 m.s. sf. (שׁוב 996;
GK 72w) *and restore you*

עַל־כַּנֶּךָ prep.-n.m.s.-2 m.s. sf. (III 487) *to your
office*

וְנָתַתָּ conj.-Qal pf. 2 m.s. (נָתַן 678) *and you
shall place*

כוֹס־פַּרְעֹה n.f.s. cstr. (468)-pr.n. (829) *Pharaoh's
cup*

בְּיָדוֹ prep.-n.f.s.-3 m.s. sf. (388) *in his hand*

כַּמִּשְׁפָּט הָרִאשׁוֹן prep.-def.art.-n.m.s. (1048)
-def.art.-adj. m.s. (911) *as formerly* (lit.
according to the former judgment)

אֲשֶׁר הָיִיתָ rel. (81)-Qal pf. 2 m.s. (הָיָה 224)
when you were

מַשְׁקֵהוּ n.m.s.-3 m.s. sf. (1052) *his butler*

40:14

כִּי אִם־זְכַרְתַּנִי conj.-hypoth.part. (49)-Qal pf. 2
m.s.-1 c.s. sf. (זָכַר 269; GK 105bN,163d) *but
remember me*

אִתְּךָ כַּאֲשֶׁר יִיטַב לָךְ prep.-2 m.s. sf. (II 85)
-prep.-rel. (81)-Qal impf. 3 m.s. (יָטַב 405)
-prep.-2 m.s. sf. paus. *when it is well with
you*

וְעָשִׂיתָ־נָּא conj.-Qal pf. 2 m.s. (עָשָׂה I 793)
-part.of entreaty (609) *do ... I pray you*

עִמָּדִי prep.-1 c.s. sf. *me*

חָסֶד n.m.s. paus. (338) *the kindness*

וְהִזְכַּרְתַּנִי consec.-Hi. pf. 2 m.s.-1 c.s. sf. (זָכַר
269; GK 106nN) *to make mention of me*

אֶל־פַּרְעֹה prep.-pr.n. (829) *to Pharaoh*

וְהוֹצֵאתַנִי consec.-Hi. pf. 2 m.s.-1 c.s. sf. (יָצָא
422) *and so get me out*

מִן־הַבַּיִת הַזֶּה prep.-def.art.-n.m.s. (108)-def.art.
-demons.adj. m.s. (260) *of this house*

40:15

כִּי־גֻנֹּב גֻּנַּבְתִּי conj.-Pu. inf.abs. (170)-Pu. pf. 1
c.s. (170) *for I was indeed stolen*

מֵאֶרֶץ הָעִבְרִים prep.-n.f.s. cstr. (75)-def.art.-adj.
gent. p. (I 720; GK 2b) *out of the land of
the Hebrews*

וְגַם־פֹּה conj.-adv. (168)-adv. (805) *and here also*

לֹא־עָשִׂיתִי neg.-Qal pf. 1 c.s. (עָשָׂה I 793) *I
have done not*

מְאוּמָה indef.pron. (548) *anything*

כִּי שָׂמוּ אֹתִי conj.-Qal pf. 3 c.p. (שִׂים 962)-dir.
obj.-1 c.s. sf. *that they should put me*

בַּבּוֹר prep.-def.art.-n.m.s. (92) *into the dungeon*

40:16

וַיַּרְא consec.-Qal impf. 3 m.s. (רָאָה 906) *when ...
saw*

שַׂר־הָאֹפִים n.m.s. cstr. (978)-def.art.-Qal act.ptc.
m.p. (אָפָה 66) *the chief baker*

כִּי טוֹב פָּתָר conj.-adj. m.s. (II 373)-Qal pf. 3 m.s.
paus. (837) *that the interpretation was
favorable*

וַיֹּאמֶר consec.-Qal impf. 3 m.s. (55) *he said*

אֶל־יוֹסֵף prep.-pr.n. (415) *to Joseph*

אַף־אֲנִי conj. (II 64)-pers.pr. 1 c.s. (58; GK 135f)
I also

בַּחֲלוֹמִי prep.-n.m.s.-1 c.s. sf. (321) *had a dream*

וְהִנֵּה conj.-demons.part. (243) *there were*

שְׁלֹשָׁה סַלֵּי חֹרִי num. f.s. cstr. (1025)-n.m.p.
cstr. (700)-n.m.s. (I 301) *three cake baskets*

עַל־רֹאשִׁי prep.-n.m.s.-1 c.s. sf. (910) *on my head*

40:17

וּבַסַּל הָעֶלְיוֹן conj.-prep.-def.art.-n.m.s. (700)
-def.art.-adj. m.s. (751) *and in the uppermost
basket*

מִכֹּל מַאֲכַל פַּרְעֹה prep.-n.m.s. cstr. (481)-n.m.s.
cstr. (38)-pr.n. (829) *all sorts of food for
Pharaoh*

מַעֲשֵׂה אֹפֶה n.m.s. cstr. (795)-Qal act.ptc. (66)
work of a baker

וְהָעוֹף conj.-def.art.-n.m.s. (733) *but the birds*

אֹכֵל Qal act.ptc. (37) *were eating*

אֹתָם dir.obj.-3 m.p. sf. *(them)* it

מִן־הַסַּל מֵעַל רֹאשִׁי prep.-def.art.-n.m.s. (700)
-prep.-prep.-n.m.s.-1 c.s. sf. (910) *out of the
basket on my head*

40:18

וַיַּעַן יוֹסֵף consec.-Qal impf. 3 m.s. (עָנָה I 772)
-pr.n. (415) *and Joseph answered*

וַיֹּאמֶר consec.-Qal impf. 3 m.s. (55) *(and said)*

זֶה פִּתְרֹנוֹ demons.adj. m.s. (260)-n.m.s.-3 m.s. sf.
(837) *this is its interpretation*

182

שְׁלֹשֶׁת הַסַּלִּים num. f.s. cstr. (1025)–def.art.
-n.m.p. (700) *the three baskets are*
שְׁלֹשֶׁת יָמִים v.supra–n.m.p. (398) *three days*
הֵם pers.pr. 3 m.p. (241) *(they are)*

40:19

בְּעוֹד שְׁלֹשֶׁת יָמִים prep.-adv. (728)–num. f.s.
cstr. (1025)–n.m.p. (398) *within three days*
יִשָּׂא פַרְעֹה Qal impf. 3 m.s. (נָשָׂא 669)–pr.n.
(829) *Pharaoh will lift up*
אֶת־רֹאשְׁךָ dir.obj.-n.m.s.-2 m.s. sf. (910) *your
head*
מֵעָלֶיךָ prep.-prep.-2 m.s. sf. *from you*
וְתָלָה אוֹתְךָ conj.-Qal pf. 3 m.s. (1067)–dir.obj.-2
m.s. sf. *and hang you*
עַל־עֵץ prep.-n.m.s. (781) *on a tree*
וְאָכַל הָעוֹף conj.-Qal pf. 3 m.s. (37)–def.art.
-n.m.s. (733) *and the birds will eat*
אֶת־בְּשָׂרְךָ dir.obj.-n.m.s.-2 m.s. sf. (142) *the
flesh*
מֵעָלֶיךָ prep.-prep.-2 m.s. sf. *from you*

40:20

וַיְהִי בַּיּוֹם הַשְּׁלִישִׁי consec.-Qal impf. 3 m.s. (הָיָה
224)–prep.-def.art.-n.m.s. (398)–def.art.-num.
adj. (1026) *on the third day*
יוֹם הֻלֶּדֶת n.m.s. cstr. (398)–Ho. inf.cstr. (יָלַד
408; GK 69w,71,121b) *which was the birthday
of*
אֶת־פַּרְעֹה dir.obj.-pr.n. (829) *Pharaoh*
וַיַּעַשׂ consec.-Qal impf. 3 m.s. (עָשָׂה I 793) *he
made*
מִשְׁתֶּה n.m.s. (1059) *a feast*
לְכָל־עֲבָדָיו prep.-n.m.s. cstr. (481)–n.m.p.-3 m.s.
sf. (713) *for all his servants*
וַיִּשָּׂא consec.-Qal impf. 3 m.s. (נָשָׂא 669) *and
lifted up*
אֶת־רֹאשׁ שַׂר הַמַּשְׁקִים dir.obj.-n.m.s. cstr. (910)
-n.m.s. cstr. (978)–def.art.-n.m.p. (1052) *the
head of the chief butler*
וְאֶת־רֹאשׁ שַׂר הָאֹפִים conj.-dir.obj.-n.m.s. cstr.
(910)–n.m.s. cstr. (978)–def.art.-Qal act.ptc.
m.p. (66) *and the head of the chief baker*
בְּתוֹךְ עֲבָדָיו prep.-n.m.s. cstr. (1063)–n.m.p.-3 m.s.
sf. (713) *among his servants*

40:21

וַיָּשֶׁב consec.-Hi. impf. 3 m.s. (שׁוּב 669) *he
restored*
אֶת־שַׂר הַמַּשְׁקִים dir.obj.-n.m.s. cstr. (978)
-def.art.-n.m.p. (1052) *the chief butler*

עַל־מַשְׁקֵהוּ prep.-n.m.s.-3 m.s. sf. (II 1052) *to his
butlership*
וַיִּתֵּן consec.-Qal impf. 3 m.s. (נָתַן 678) *and he
placed*
הַכּוֹס def.art.-n.f.s. (468) *the cup*
עַל־כַּף פַּרְעֹה prep.-n.f.s. cstr. (496)–pr.n. (829)
in Pharaoh's hand

40:22

וְאֵת שַׂר הָאֹפִים conj.-dir.obj.-n.m.s. cstr. (978)
-dir.obj.-Qal act.ptc. m.p. (66) *but the chief
baker*
תָּלָה Qal pf. 3 m.s. (1067) *he hanged*
כַּאֲשֶׁר פָּתַר prep.-rel. (81)–Qal pf. 3 m.s. (837;
GK 144n) *as ... had interpreted*
לָהֶם יוֹסֵף prep.-3 m.p. sf.-pr.n. (415) *Joseph ...
to them*

40:23

וְלֹא־זָכַר conj.-neg.-Qal pf. 3 m.s. (269) *yet did
not remember*
שַׂר־הַמַּשְׁקִים n.m.s. cstr. (978)–def.art.-n.m.p.
(1052) *the chief butler*
אֶת־יוֹסֵף dir.obj.-pr.n. (415) *Joseph*
וַיִּשְׁכָּחֵהוּ consec.-Qal impf. 3 m.s.-3 m.s. sf.
(1013) *but forgot him*

41:1

וַיְהִי consec.-Qal impf. 3 m.s. (הָיָה 224) *and it
was*
מִקֵּץ prep.-n.m.s. cstr. (893) *after (at the end of)*
שְׁנָתַיִם יָמִים n.f. du. (1040)–n.m.p. (398; GK 131d)
two whole years
וּפַרְעֹה חֹלֵם conj.-pr.n. (829; GK 116s)–Qal
act.ptc. (321) *Pharaoh dreamed*
וְהִנֵּה עֹמֵד conj.-demons.part. (243)–Qal act.ptc.
(763) *that he was standing*
עַל־הַיְאֹר prep. (GK 119cc)–def.art.-n.m.s. (384)
by the Nile

41:2

וְהִנֵּה מִן־הַיְאֹר conj.-demons.part. (243)–prep.
-def.art.-n.m.s. (384) *and behold out of the
Nile*
עֹלֹת Qal act.ptc. f.p. (עָלָה 748) *there came up*
שֶׁבַע פָּרוֹת num. (988)–n.f.p. (831) *seven cows*
יְפוֹת מַרְאֶה adj. f.p. cstr. (421)–n.m.s. (909) *sleek*
וּבְרִיאֹת בָּשָׂר conj.-adj. f.p. cstr. (135)–n.m.s.
(142) *and fat*
וַתִּרְעֶינָה consec.-Qal impf. 3 f.p. (רָעָה I 944)
and they fed

בָּאָחוּ prep.-def.art.-n.m. coll. (28) *in the reed grass*

41:3

וְהִנֵּה conj.-demons.part. (243) *and behold*

שֶׁבַע פָּרוֹת אֲחֵרִים num. (988)-n.f.p. (831)-adj. m.p. (29) *seven other cows*

עֹלוֹת Qal act.ptc. f.p. (עָלָה 748) *came up*

אַחֲרֵיהֶן prep.-3 f.p. sf. (29) *after them*

מִן־הַיְאֹר prep.-def.art.-n.m.s. (384) *out of the Nile*

רָעוֹת מַרְאֶה adj. f.p. cstr. (I 948)-n.m.s. (909) *gaunt (bad of sight)*

וְדַקּוֹת בָּשָׂר conj.-adj. f.p. cstr. (201)-n.m.s. (142) *and thin*

וַתַּעֲמֹדְנָה consec.-Qal impf. 3 f.p. (עָמַד 763) *and stood*

אֵצֶל הַפָּרוֹת prep.- (I 69)-def.art.-n.f.p. (831) *by the other cows*

עַל־שְׂפַת הַיְאֹר prep.-n.f.s. cstr. (973)-def.art. -n.m.s. (384) *on the bank of the Nile*

41:4

וַתֹּאכַלְנָה consec.-Qal impf. 3 f.p. (37) *and ate up*

הַפָּרוֹת def.art.-n.f.p. (831) *the cows*

רָעוֹת הַמַּרְאֶה adj. f.p. cstr. (I 948)-def.art.-n.m.s. (909) *gaunt*

וְדַקֹּת הַבָּשָׂר conj.-adj. f.p. cstr. (201)-def.art. -n.m.s. (142) *and thin*

אֵת שֶׁבַע הַפָּרוֹת dir.obj.-num. (988)-def.art. -n.f.p. (831) *the seven cows*

יְפֹת הַמַּרְאֶה adj. f.p. cstr. (421)-def.art.-n.m.s. (909) *sleek*

וְהַבְּרִיאֹת conj.-def.art.-adj. f.p. (135) *and fat*

וַיִּיקַץ פַּרְעֹה consec.-Qal impf. 3 m.s. (יָקַץ 429)-pr.n. (829) *and Pharaoh awoke*

41:5

וַיִּישָׁן consec.-Qal impf. 3 m.s. (יָשֵׁן 445) *and he fell asleep*

וַיַּחֲלֹם consec.-Qal impf. 3 m.s. (321) *and dreamed*

שֵׁנִית adj. f. num. ord. (1041) *a second time*

וְהִנֵּה conj.-demons.part. (243) *and behold*

שֶׁבַע שִׁבֳּלִים num. (988)-n.f.p. (II 987) *seven ears of grain*

עֹלוֹת Qal act.ptc. f.p. (עָלָה 748) *were growing*

בְּקָנֶה אֶחָד prep.-n.m.s. (889)-num. adj. (25) *on one stalk*

בְּרִיאוֹת וְטֹבוֹת adj. f.p. (135)-conj.-adj. f.p. (II 373) *plump and good*

41:6

וְהִנֵּה conj.-demons.part. (243) *and behold*

שֶׁבַע שִׁבֳּלִים num. (988)-n.f.p. (II 987) *seven ears*

דַּקּוֹת adj. f.p. (201) *thin*

וּשְׁדוּפֹת קָדִים conj.-Qal pass. ptc. f.p. cstr. (שָׁדַף 995; GK 116,l)-n.m.s. (870) *and blighted by the east wind*

צֹמְחוֹת Qal act.ptc. f.p. (צָמַח 855) *sprouted*

אַחֲרֵיהֶן prep.-3 f.p. sf. (29) *after them*

41:7

וַתִּבְלַעְנָה consec.-Qal impf. 3 f.p. (בָּלַע 118) *and ... swallowed*

הַשִּׁבֳּלִים הַדַּקּוֹת def.art.-n.f.p. (II 987)-def.art. -adj. f.p. (201) *the thin ears*

אֵת שֶׁבַע הַשִּׁבֳּלִים dir.obj.-num. (988)-def.art. -n.f.p. (II 987) *the seven ears*

הַבְּרִיאוֹת def.art. adj. f.p. (135) *plump*

וְהַמְּלֵאוֹת conj.-def.art.-adj. f.p. (570) *and full*

וַיִּיקַץ פַּרְעֹה consec.-Qal impf. 3 m.s. (יָקַץ 429)-pr.n. (829) *and Pharaoh awoke*

וְהִנֵּה חֲלוֹם conj.-demons.part. (243)-n.m.s. (321) *and behold, it was a dream*

41:8

וַיְהִי consec.-Qal impf. 3 m.s. (הָיָה 224) *so it was*

בַּבֹּקֶר prep.-def.art.-n.m.s. (133) *in the morning*

וַתִּפָּעֶם רוּחוֹ consec.-Ni. impf. 3 f.s. (פָּעַם 821; GK 64b)-n.f.s.-3 m.s. sf. (924) *his spirit was troubled*

וַיִּשְׁלַח consec.-Qal impf. 3 m.s. (1018) *and he sent*

וַיִּקְרָא consec.-Qal impf. 3 m.s. (894) *and called for*

אֶת־כָּל־חַרְטֻמֵּי dir.obj.-n.m.s. cstr. (481)-n.m.p. cstr. (355) *all the magicians of*

מִצְרַיִם pr.n. (595) *Egypt*

וְאֶת־כָּל־חֲכָמֶיהָ conj.-dir.obj.-n.m.s. cstr. (481) -adj. m.p.-3 f.s. sf. (314) *and all its wise men*

וַיְסַפֵּר פַּרְעֹה consec.-Pi. impf. 3 m.s. (707)-pr.n. (829) *and Pharaoh told*

לָהֶם prep.-3 m.p. sf. *them*

אֶת־חֲלֹמוֹ dir.obj.-n.m.s.-3 m.s. sf. (321) *his dream*

וְאֵין־פּוֹתֵר conj.-subst. cstr. (II 34)-Qal act.ptc. (837) *but there was none who could interpret*

אוֹתָם dir.obj.-3 m.p. sf. *it* (lit. *them*)

לְפַרְעֹה prep.-pr.n. (829) *to Pharaoh*

41:9

וַיְדַבֵּר consec.-Pi. impf. 3 m.s. (180) *then said*

שַׂר הַמַּשְׁקִים n.m.s. cstr. (978)-def.art.-n.m.p. (I 1052) *the chief butler*

אֶת־פַּרְעֹה dir.obj.-pr.n. (829) *to Pharaoh*

לֵאמֹר prep.-Qal inf.cstr. (55) *(saying)*

אֶת־חֲטָאַי dir.obj.-n.m.p.-1 c.s. sf. (307) *my faults*

אֲנִי מַזְכִּיר pers.pr. 1 c.s. (58)-Hi. ptc. (269) *I remember*

הַיּוֹם def.art.-n.m.s. (398) *today*

41:10

פַּרְעֹה קָצַף pr.n. (829)-Qal pf. 3 m.s. (893) *when Pharaoh was angry*

עַל־עֲבָדָיו prep.-n.m.p.-3 m.s. sf. (713) *with his servants*

וַיִּתֵּן אֹתִי consec.-Qal impf. 3 m.s. (נָתַן 678) -dir.obj.-1 c.s. sf. *and put me*

בְּמִשְׁמַר בֵּית prep.-n.m.s. cstr. (1038)-n.m.s. cstr. (108) *in custody in the house of*

שַׂר הַטַּבָּחִים n.m.s. cstr. (978)-def.art.-n.m.p. (371) *the captain of the guard*

אֹתִי וְאֵת שַׂר הָאֹפִים dir.obj.-1 c.s. sf.-conj. -dir.obj.-n.m.s. cstr. (978)-def.art.-Qal act.ptc. m.p. (66) *me and the chief baker*

41:11

וַנַּחַלְמָה חֲלוֹם consec.-Qal impf. 1 c.p.-old accus.ending (חָלַם 321; GK 49e)-n.m.s. (321) *we dreamed (a dream)*

בְּלַיְלָה אֶחָד prep.-n.m.s. (538)-adj. num. (25) *on the same night*

אֲנִי וָהוּא pers.pr. 1 c.s. (58)-conj.-pers.pr. 3 m.s. (214) *I and he*

אִישׁ כְּפִתְרוֹן חֲלֹמוֹ n.m.s. (35)-prep.-n.m.s. cstr. (837)-n.m.s.-3 m.s. sf. (321) *each with an interpretation of his own dream*

חָלָמְנוּ Qal pf. 1 c.p. paus. (321) *we dreamed*

41:12

וְשָׁם אִתָּנוּ consec.-adv. (1027)-prep.-1 c.p. sf. (II 85) *and there with us*

נַעַר עִבְרִי n.m.s. (654)-adj. gent. (I 720) *a young Hebrew*

עֶבֶד לְשַׂר n.m.s. (713)-prep.-n.m.s. cstr. (978) *a servant of the captain of*

הַטַּבָּחִים def.art.-n.m.p. (371) *the guard*

וַנְּסַפֶּר־לוֹ consec.-Pi. impf. 1 c.p. (סָפַר 707) -prep.-3 m.s. sf. *and when we told him*

וַיִּפְתָּר־לָנוּ consec.-Qal impf. 3 m.s. (837)-prep.-1 c.p. sf. *he interpreted to us*

אֶת־חֲלֹמֹתֵינוּ dir.obj.-n.m.p.-1 c.p. sf. (321) *our dreams*

אִישׁ כַּחֲלֹמוֹ n.m.s. (35; GK 139c)-prep.-n.m.s.-3 m.s. sf. (321) *to each man according to his dream*

פָּתָר Qal pf. 3 m.s. paus. (827) *giving an interpretation*

41:13

וַיְהִי כַּאֲשֶׁר consec.-Qal impf. 3 m.s. (הָיָה 224)-prep.-rel. (81) *and (it was) as*

פָּתַר־לָנוּ Qal pf. 3 m.s. (837)-prep.-1 c.p. sf. *he interpreted to us*

כֵּן הָיָה adv. (485)-Qal pf. 3 m.s. (224) *so it came to pass*

אֹתִי הֵשִׁיב dir.obj.-1 c.s. sf.-Hi. pf. 3 m.s. (שׁוּב 996) *I was restored*

עַל־כַּנִּי prep.-n.m.s.-1 c.s. sf. (III 487) *to my office*

וְאֹתוֹ תָלָה conj.-dir.obj.-3 m.s. sf.-Qal pf. 3 m.s. (1067) *and (him) the chief baker was hanged*

41:14

וַיִּשְׁלַח פַּרְעֹה consec.-Qal impf. 3 m.s. (1018) -pr.n. (829) *then Pharaoh sent*

וַיִּקְרָא consec.-Qal impf. 3 m.s. (894) *and called*

אֶת־יוֹסֵף dir.obj.-pr.n. (415) *Joseph*

וַיְרִיצֻהוּ consec.-Hi. impf. 3 m.p.-3 m.s. sf. (רוּץ 930) *and they brought him quickly*

מִן־הַבּוֹר prep.-def.art.-n.m.s. (92) *out of the dungeon*

וַיְגַלַּח consec.-Pi. impf. 3 m.s. (גָּלַח 164) *and when he had shaved himself*

וַיְחַלֵּף שִׂמְלֹתָיו consec.-Pi. impf. 3 m.s. (חָלַף 322)-n.f.p.-3 m.s. sf. (971) *and changed his clothes*

וַיָּבֹא אֶל־פַּרְעֹה consec.-Qal impf. 3 m.s. (בּוֹא 97)-prep.-pr.n. (829) *he came in before Pharaoh*

41:15

וַיֹּאמֶר פַּרְעֹה consec.-Qal impf. 3 m.s. (55)-pr.n. (829) *and Pharaoh said*

אֶל־יוֹסֵף prep.-pr.n. (415) *to Joseph*

חֲלוֹם חָלַמְתִּי n.m.s. (321)-Qal pf. 1 c.s. (321) *I have had a dream*

וּפֹתֵר אֵין אֹתוֹ conj.-Qal act.ptc. (837)-subst. cstr. (II 34; GK 152o)-dir.obj.-3 m.s. sf. *and there is no one who can interpret it*

וַאֲנִי שָׁמַעְתִּי conj.-pers.pr. 1 c.s. (58)-Qal pf. 1 c.s. (1033) *and I have heard*

עָלֶיךָ לֵאמֹר prep.-2 m.s. sf.-prep.-Qal inf.cstr. (55) *it said of you*

תִּשְׁמַע חֲלוֹם Qal impf. 2 m.s. (1033)-n.m.s. (321; GK 157a) *when you hear a dream*

לִפְתֹּר אֹתוֹ prep.-Qal inf.cstr. (837)-dir.obj.-3 m.s. sf. *you can interpret it*

41:16

וַיַּעַן יוֹסֵף consec.-Qal impf. 3 m.s. (עָנָה I 772)-pr.n. (415) *Joseph answered*

אֶת־פַּרְעֹה dir.obj.-pr.n. (829) *Pharaoh*

לֵאמֹר prep.-Qal inf.cstr. (55) *(saying)*

בִּלְעָדָי part.of deprecation-1 c.s. sf. (116) *it is not in me*

אֱלֹהִים יַעֲנֶה n.m.p. (43)-Qal impf. 3 m.s. (I 772) *God will give an answer*

אֶת־שְׁלוֹם פַּרְעֹה dir.obj.-n.m.s. cstr. (1022)-pr.n. (829) *favorable to Pharaoh*

41:17

וַיְדַבֵּר פַּרְעֹה consec.-Pi. impf. 3 m.s. (180)-pr.n. (829) *then Pharaoh said*

אֶל־יוֹסֵף prep.-pr.n. (415) *to Joseph*

בַּחֲלֹמִי הִנְנִי prep.-n.m.s.-1 c.s. sf. (321)-demons. part.-1 c.s. sf. (243) *behold in my dream I*

עֹמֵד Qal act.ptc. (763) *was standing*

עַל־שְׂפַת הַיְאֹר prep.-n.f.s. cstr. (973)-def.art. -n.m.s. (384) *on the banks of the Nile*

41:18

וְהִנֵּה מִן־הַיְאֹר conj.-demons.part. (243)-prep. -def.art.-n.m.s. (384) *and behold out of the Nile*

עֹלֹת שֶׁבַע פָּרוֹת Qal act.ptc. f.p. (עָלָה 748) -num. (988)-n.f.p. (831) *seven cows came up*

בְּרִיאוֹת בָּשָׂר adj. f.p. cstr. (135)-n.m.s. (142) *fat*

וִיפֹת תֹּאַר conj.-adj. f.p. cstr. (421)-n.m.s. (1061) *and sleek*

וַתִּרְעֶינָה בָּאָחוּ consec.-Qal impf. 3 f.p. (רָעָה I 944)-prep.-def.art.-n.m. coll. (28) *and fed in the reed grass*

41:19

וְהִנֵּה שֶׁבַע־פָּרוֹת conj.-demons.part. (243)-num. (988)-n.f.p. (831) *and behold seven ... cows*

אֲחֵרוֹת adj. f.p. (29) *other*

עֹלוֹת Qal act.ptc. f.p. (עָלָה 748) *came up*

אַחֲרֵיהֶן prep.-3 f.p. sf. (29) *after them*

דַּלּוֹת adj. f.p. cstr. (195) *poor*

וְרָעוֹת תֹּאַר conj.-adj. f.p. cstr. (948)-n.m.s. (1061) *and gaunt*

מְאֹד adv. (547) *very*

וְרַקּוֹת בָּשָׂר conj.-adj. f.p. cstr. (956)-n.m.s. (142) *and thin*

לֹא־רָאִיתִי neg.-Qal pf. 1 c.s. (רָאָה 906) *I had never seen*

כָהֵנָּה prep.-pers.pr. 3 f.p. (241) *such as (the like of them)*

בְּכָל־אֶרֶץ prep.-n.m.s. cstr. (481)-n.f.s. cstr. (75) *in all the land of*

מִצְרָיִם pr.n. (595) *Egypt*

לָרֹעַ prep.-def.art.-n.m.s. (947) *(of bad quality)*

41:20

וַתֹּאכַלְנָה consec.-Qal impf. 3 f.p. (37) *and ate up*

הַפָּרוֹת def.art.-n.f.p. (831) *the cows*

הָרַקּוֹת def.art.-adj. f.p. (956) *the thin*

וְהָרָעוֹת conj.-def.art.-adj. f.p. (948) *and gaunt*

אֵת שֶׁבַע הַפָּרוֹת dir.obj.-num. (988)-def.art. -n.f.p. (831) *the seven cows*

הָרִאשֹׁנוֹת def.art.-adj. f.p. (911) *first*

הַבְּרִיאֹת def.art.-adj. f.p. (135) *fat*

41:21

וַתָּבֹאנָה consec.-Qal impf. 3 f.p. (בּוֹא 97) *and they came*

אֶל־קִרְבֶּנָה prep.-n.m.s.-3 f.p. sf. (899; GK 91f,93ss) *in their midst*

וְלֹא נוֹדַע conj.-neg.-Ni. pf. 3 m.s. (יָדַע 393) *no one would have known*

כִּי־בָאוּ אֶל־קִרְבֶּנָה conj.-Qal pf. 3 c.p. (בּוֹא 97)-prep.-n.m.s.-3 f.p. sf. (899) *that they had eaten them*

וּמַרְאֵיהֶן conj.-n.m.p.-3 f.p. sf. (909) *and their appearance*

רַע adj. m.s. (I 948) *was gaunt*

כַּאֲשֶׁר בַּתְּחִלָּה prep.-rel. (81)-prep.-def.art.-n.f.s. (321) *as at the beginning*

וָאִיקָץ consec.-Qal impf. 1 c.s. (יָקַץ 429) *then I awoke*

41:22

וָאֵרֶא consec.-Qal impf. 1 c.s. (רָאָה 906) *I also saw*

בַּחֲלֹמִי prep.-n.m.s.-1 c.s. sf. (321) *in my dream*

וְהִנֵּה conj.-demons.part. (243) *(and behold)*

שֶׁבַע שִׁבֳּלִים num. (988)-n.f.p. (II 987) *seven ears*

עֹלֹת Qal act.ptc. f.p. (עָלָה 748) *growing*

בְּקָנֶה אֶחָד prep.-n.m.s. (889)-num. adj. (25) *on one stalk*

מְלֵאֹת וְטֹבוֹת adj. f.p. (570)-conj.-adj. f.p. (II 373) *full and good*

41:23

וְהִנֵּה שֶׁבַע שִׁבֳּלִים conj.-demons.part. (243)
-num. (988)-n.f.p. (II 987) *and behold seven
ears*

צְנֻמוֹת Qal pass.ptc. f.p. (צָנַם 856) *withered*

דַּקּוֹת adj. f.p. (956) *thin*

שְׁדֻפוֹת קָדִים Qal pass.ptc. f.p. cstr. (שָׁדַף
995)-n.m.s. (870) *blighted by the east wind*

צֹמְחוֹת אַחֲרֵיהֶם Qal act.ptc. f.p. (855)-prep.-3
m.p. sf. (29) *sprouted after them*

41:24

וַתִּבְלַעְןָ consec.-Qal impf. 3 f.p. (בָּלַע 118) *and
swallowed up*

הַשִּׁבֳּלִים הַדַּקּת def.art.-n.f.p. (II 987)-def.art.
-adj. f.p. (956) *the thin ears*

אֵת שֶׁבַע הַשִּׁבֳּלִים def.art.-num. (988)-def.art.
-n.f.p. (II 987) *the seven ... ears*

הַטֹּבוֹת def.art.-adj. f.p. (II 373) *good*

וָאֹמַר consec.-Qal impf. 1 c.s. (אָמַר 55) *and I
told*

אֶל־הַחַרְטֻמִּים prep.-def.art.-n.m.p. (355) *to the
magicians*

וְאֵין מַגִּיד לִי conj.-subst. cstr. (II 34)-Hi. ptc.
(נָגַד 616)-prep.-1 c.s. sf. *but there was no
one who could explain it to me*

41:25

וַיֹּאמֶר יוֹסֵף consec.-Qal impf. 3 m.s. (55)-pr.n.
(415) *then Joseph said*

אֶל־פַּרְעֹה prep.-pr.n. (829) *to Pharaoh*

חֲלוֹם פַּרְעֹה n.m.s. cstr. (321)-pr.n. (829) *the
dream of Pharaoh*

אֶחָד num. adj. m.s. (25) *one*

הוּא pers.pr. 3 m.s. (214) *(it is)*

אֵת אֲשֶׁר הָאֱלֹהִים dir.obj.-rel. (81)-def.art.
-n.m.p. (43) *what God is*

עֹשֶׂה Qal act.ptc. (I 793; GK 116d) *about to do*

הִגִּיד לְפַרְעֹה Hi. pf. 3 m.s. (נָגַד 616)-prep.-pr.n.
(829) *he has revealed to Pharaoh*

41:26

שֶׁבַע פָּרֹת הַטֹּבֹת num. (988)-n.f.p. (831)-def.
art.-adj. f.p. (II 373) *the seven good cows*

שֶׁבַע שָׁנִים הֵנָּה v.supra-n.f.p. (1040)-pers.pr. 3
f.p. (241) *are seven years (they)*

וְשֶׁבַע conj.-v.supra *and seven*

הַשִּׁבֳּלִים הַטֹּבֹת def.art.-n.f.p. (II 987)-def.art.
-adj. f.p. (II 373) *the good ears*

שֶׁבַע שָׁנִים הֵנָּה v.supra-v.supra *seven years
(they are)*

41:27

וְשֶׁבַע הַפָּרוֹת conj.-num. (988)-def.art.-n.f.p.
(831) *the seven cows*

הָרַקּוֹת וְהָרָעֹת def.art.-adj. f.p. (956)-conj.
-def.art.-adj. f.p. (948) *lean and gaunt*

הָעֹלֹת def.art.-Qal act.ptc. f.p. (עָלָה 748) *that
came up*

אַחֲרֵיהֶן prep.-3 f.p. sf. (29) *after them*

שֶׁבַע שָׁנִים הֵנָּה num. (988)-n.f.p. (1040)-pers.pr.
3 f.p. (241) *are seven years*

וְשֶׁבַע הַשִּׁבֳּלִים conj.-num. cstr. (988)-def.art.
-n.f.p. (II 987) *and the seven ears*

הָרֵקוֹת def.art.-adj. f.p. (938) *empty*

שְׁדֻפוֹת הַקָּדִים Qal pass.ptc. f.p. cstr. (995)
-def.art.-n.m.s. (870) *blighted by the east
wind*

יִהְיוּ Qal impf. 3 m.p. (הָיָה 224) *are*

שֶׁבַע שְׁנֵי רָעָב v.supra-n.f.p. cstr. (1040)-n.m.s.
(944) *seven years of famine*

41:28

הוּא הַדָּבָר pers.pr. 3 m.s. (214)-def.art.-n.m.s.
(182) *it is (the thing)*

אֲשֶׁר דִּבַּרְתִּי rel. (81)-Pi. pf. 1 c.s. (180) *as I told*

אֶל־פַּרְעֹה prep.-pr.n. (829) *to Pharaoh*

אֲשֶׁר הָאֱלֹהִים rel. (81)-def.art.-n.m.p. (43) *what
God*

עֹשֶׂה Qal act.ptc. (I 793) *is about to do*

הֶרְאָה אֶת־פַּרְעֹה Hi. pf. 3 m.s. (רָאָה 906; GK
539)-dir.obj.-pr.n. (829) *he has shown to
Pharaoh*

41:29

הִנֵּה שֶׁבַע שָׁנִים demons.part. (243)-num. cstr.
(988)-n.f.p. (1040; GK 156c) *there (behold)
seven years*

בָּאוֹת Qal act.ptc. f.p. (בּוֹא 97) *will come*

שָׂבָע גָּדוֹל n.m.s. (960)-adj. m.s. (152) *great
plenty*

בְּכָל־אֶרֶץ prep.-n.m.s. cstr. (481)-n.f.s. cstr. (75)
throughout all the land of

מִצְרָיִם pr.n. paus. (595) *Egypt*

41:30

וְקָמוּ conj.-Qal pf. 3 c.p. (קוּם 877; GK 112x) *but
there will arise*

שֶׁבַע שְׁנֵי num. cstr. (988)-n.f.p. cstr. (1040)
seven years of

רָעָב n.m.s. (944) *famine*

אַחֲרֵיהֶן prep.-3 f.p. sf. (29) *after them*

וְנִשְׁכַּח conj.-Ni. pf. 3 m.s. (1013) *and will be forgotten*

כָּל־הַשָּׂבָע n.m.s. cstr. (481)-def.art.-n.m.s. (960) *all the plenty*

בְּאֶרֶץ מִצְרָיִם prep.-n.f.s. cstr. (75)-pr.n. (595) *in the land of Egypt*

וְכִלָּה הָרָעָב conj.-Pi. pf. 3 m.s. (477)-def.art.-n.m.s. (944) *the famine will consume*

אֶת־הָאָרֶץ dir.obj.-def.art.-n.f.s. (75) *the land*

41:31

וְלֹא־יִוָּדַע conj.-neg.-Ni. impf. 3 m.s. (יָדַע 393) *and will be unknown*

הַשָּׂבָע def.art.-n.m.s. (960) *the plenty*

בָּאָרֶץ prep.-def.art.-n.f.s. (75) *in the land*

מִפְּנֵי הָרָעָב הַהוּא prep.-n.m.p. cstr. (815)-def.art.-n.m.s. (944)-def.art.-demons.adj. m.s. (214) *by reason of that famine*

אַחֲרֵי־כֵן prep. cstr. (29)-adv. (485) *which will follow*

כִּי־כָבֵד הוּא מְאֹד conj.-adj. m.s. (458)-pers.pr. 3 m.s. (214)-adv. (547) *for it will be very grievous*

41:32

וְעַל הִשָּׁנוֹת הַחֲלוֹם conj.-prep.-Ni. inf.cstr. (שָׁנָה III 1040)-def.art.-n.m.s. (321) *and the doubling of the dream*

אֶל־פַּרְעֹה prep.-pr.n. (829) *of Pharaoh*

פַּעֲמָיִם n.f. du. (821) *(two times)*

כִּי־נָכוֹן הַדָּבָר conj.-Ni. ptc. (כּוּן I 465)-def.art.-n.m.s. (182) *that the thing is fixed*

מֵעִם הָאֱלֹהִים prep.-prep.-def.art.-n.m.p. (43) *by God*

וּמְמַהֵר הָאֱלֹהִים conj.-Pi. ptc. (מָהַר I 554)-def.art.-n.m.p. (43) *and God will shortly*

לַעֲשֹׂתוֹ prep.-Qal inf.cstr.-3 m.s. sf. (עָשָׂה I 793) *bring it to pass*

41:33

וְעַתָּה יֵרֶא conj.-adv. (773)-Qal impf. 3 m.s. apoc. vol. (רָאָה 906; GK 75p,hh) *now therefore let ... select*

פַּרְעֹה pr.n. (829) *Pharaoh*

אִישׁ נָבוֹן וְחָכָם n.m.s. (35)-Ni. ptc. m.s. (בִּין 106)-conj.-adj. m.s. (314) *a man discreet and wise*

וִישִׁיתֵהוּ conj.-Qal impf. 3 m.s.-3 m.s. sf. (שִׁית 1011) *and let him set him*

עַל־אֶרֶץ מִצְרָיִם prep.-n.f.s. cstr. (75)-pr.n. paus. (595) *over the land of Egypt*

41:34

יַעֲשֶׂה פַרְעֹה Qal impf. 3 m.s. apoc.-vol.he (I 793)-pr.n. (829) *let Pharaoh proceed*

וְיַפְקֵד פְּקִדִים conj.-Hi. impf. 3 m.s. apoc. (823)-n.m.p. (824) *and let him appoint overseers*

עַל־הָאָרֶץ prep.-def.art.-n.f.s. (75) *over the land*

וְחִמֵּשׁ conj.-Pi. pf. 3 m.s. (II 332) *and take the fifth part*

אֶת־אֶרֶץ מִצְרַיִם dir.obj.-n.f.s. cstr. (75)-pr.n. (595) *of the produce of the land of Egypt*

בְּשֶׁבַע שְׁנֵי הַשָּׂבָע prep.-num. cstr. (988)-n.f.p. cstr. (1040)-def.art.-n.m.s. (960) *during the seven plenteous years*

41:35

וְיִקְבְּצוּ conj.-Qal impf. 3 m.p. (867) *and let them gather*

אֶת־כָּל־אֹכֶל dir.obj.-n.m.s. cstr. (481)-n.m.s. cstr. (38) *all the food of*

הַשָּׁנִים הַטֹּבֹת def.art.-n.f.p. (1040)-def.art.-adj. f.p. (II 373) *the good years*

הַבָּאֹת הָאֵלֶּה def.art.-Qal act.ptc. f.p. (בּוֹא 97)-def.art.-demons.adj. c.p. (41) *these that are coming*

וְיִצְבְּרוּ־בָר conj.-Qal impf. 3 m.p. (84)-n.m.s. (III 141) *and lay up grain*

תַּחַת יַד־פַּרְעֹה prep. (1065)-n.f.s. cstr. (388)-pr.n. (829) *under the authority of Pharaoh*

אֹכֶל בֶּעָרִים n.m.s. (38)-prep.-def.art.-n.f.p. (746) *for food in the cities*

וְשָׁמָרוּ conj.-Qal pf. 3 c.p. paus. (1036) *and let them keep it*

41:36

וְהָיָה הָאֹכֶל conj.-Qal pf. 3 m.s. (224)-def.art.-n.m.s. (38) *that food shall be*

לְפִקָּדוֹן prep.-n.m.s. (824) *a reserve*

לָאָרֶץ prep.-def.art.-n.f.s. (75) *for the land*

לְשֶׁבַע שְׁנֵי prep.-num. cstr. (988)-n.f.p. cstr. (1040) *against the seven years of*

הָרָעָב def.art.-n.m.s. (944) *famine*

אֲשֶׁר תִּהְיֶין rel. (81)-Qal impf. 3 f.p. (הָיָה 224) *which are to befall*

בְּאֶרֶץ מִצְרָיִם prep.-n.f.s. cstr. (75)-pr.n. paus. (595) *the land of Egypt*

וְלֹא־תִכָּרֵת conj.-neg.-Ni. impf. 3 f.s. (503) *so that may not perish*

הָאָרֶץ def.art.-n.f.s. (75) *the land*

בָּרָעָב prep.-def.art.-n.m.s. (944) *through the famine*

41:37

וַיִּיטַב הַדָּבָר pr.n.-Qal impf. 3 m.s. (יָטַב 405)
-def.art.-n.m.s. (182) *this proposal seemed
good*

בְּעֵינֵי פַרְעֹה prep.-n.f. du. cstr. (744)-pr.n. (829)
to Pharaoh

וּבְעֵינֵי כָּל־עֲבָדָיו conj.-prep.-n.f. du. cstr. (744)
-n.m.s. cstr. (481)-n.m.p.-3 m.s. sf. (713) *and
to all his servants*

41:38

וַיֹּאמֶר consec.-Qal impf. 3 m.s. (55) *and said*

פַרְעֹה pr.n. (829) *Pharaoh*

אֶל־עֲבָדָיו prep.-n.m.p.-3 m.s. sf. (713) *to his
servants*

הֲנִמְצָא interr.-Qal impf. 1 c.p. (מָצָא 592) *can
we find*

כָזֶה prep.-demons.adj. m.s. (260) *as this*

אִישׁ n.m.s. (35) *such a man*

אֲשֶׁר רוּחַ אֱלֹהִים בּוֹ rel. (81)-n.f.s. cstr. (924)
-n.m.p. (43)-prep.-3 m.s. sf. *in whom is the
Spirit of God*

41:39

וַיֹּאמֶר פַרְעֹה consec.-Qal impf. 3 m.s. (55)-pr.n.
(829) *so Pharaoh said*

אֶל־יוֹסֵף prep.-pr.n. (415) *to Joseph*

אַחֲרֵי הוֹדִיעַ אֱלֹהִים prep. (29)-Hi. inf.cstr. (יָדַע
393; GK 115a)-n.m.p. (43) *since God has
shown*

אוֹתְךָ dir.obj.-2 m.s. sf. *you*

אֶת־כָּל־זֹאת dir.obj.-n.m.s. cstr. (481)-demons.adj.
f.s. (260) *all this*

אֵין־נָבוֹן subst. cstr. (II 34)-Ni. ptc. (בִּין 106)
there is none so discreet

וְחָכָם כָּמוֹךָ conj.-n.m.s. (314)-prep.-2 m.s. sf.
and wise as you are

41:40

אַתָּה תִהְיֶה pers.pr. 2 m.s. (61)-Qal impf. 2 m.s.
(הָיָה 224) *you shall be*

עַל־בֵּיתִי prep.-n.m.s.-1 c.s. sf. (108) *over my
house*

וְעַל־פִּיךָ conj.-prep.-n.m.s.-2 m.s. sf. (804) *and
to your mouth*

יִשַּׁק Qal impf. 3 m.s. (נָשַׁק I 676) *shall yield*

כָּל־עַמִּי n.m.s. cstr. (481)-n.m.s.-1 c.s. sf. (I 766)
all my people

רַק הַכִּסֵּא adv. (956; GK 118h)-def.art.-n.m.s.
(490) *only as regards the throne*

אֶגְדַּל מִמֶּךָּ Qal impf. 3 m.s. (152)-prep.-2 m.s. sf.
will I be greater than you

41:41

וַיֹּאמֶר פַרְעֹה consec.-Qal impf. 3 m.s. (55)-pr.n.
(829) *and Pharaoh said*

אֶל־יוֹסֵף prep.-pr.n. (415) *to Joseph*

רְאֵה נָתַתִּי אֹתְךָ Qal impv. 2 m.s. (906)-Qal pf. 1
c.s. (נָתַן 678)-dir.obj.-2 m.s. sf. *behold, I
have set you*

עַל־כָּל־אֶרֶץ prep.-n.m.s. cstr. (481)-n.f.s. cstr.
(75) *over all the land of*

מִצְרָיִם prep. paus. (595) *Egypt*

41:42

וַיָּסַר פַרְעֹה consec.-Qal impf. 3 m.s. (סוּר
693)-pr.n. (829) *then Pharaoh took*

אֶת־טַבַּעְתּוֹ dir.obj.-n.f.s.-3 m.s. sf. (371) *his
signet ring*

מֵעַל יָדוֹ prep.-prep.-n.f.s.-3 m.s. sf. (388) *from
his hand*

וַיִּתֵּן אֹתָהּ consec.-Qal impf. 3 m.s. (נָתַן 678)
-dir.obj.-3 f.s. sf. *and put it*

עַל־יַד יוֹסֵף prep.-n.f.s. cstr. (388)-pr.n. (415) *on
Joseph's hand*

וַיַּלְבֵּשׁ אֹתוֹ consec.-Hi. impf. 3 m.s. (527; GK
117cc)-dir.obj.-3 m.s. sf. *and arrayed him*

בִּגְדֵי־שֵׁשׁ n.m.p. cstr. (93)-n.m.s. (III 1058) *in
garments of fine linen*

וַיָּשֶׂם consec.-Qal impf. 3 m.s. (שִׂים 962) *and
put*

רְבִד הַזָּהָב n.m.s. cstr. (914)-def.art.-n.m.s. (262)
a gold chain

עַל־צַוָּארוֹ prep.-n.m.s.-3 m.s. sf. (848) *about his
neck*

41:43

וַיַּרְכֵּב אֹתוֹ consec.-Hi. impf. 3 m.s. (רָכַב 938)
-dir.obj.-3 m.s. sf. *and he made him to ride*

בְּמִרְכֶּבֶת הַמִּשְׁנֶה prep.-n.f.s. cstr. (939)-def.art.
-n.m.s. (1041; GK 85h) *in ... second chariot*

אֲשֶׁר־לוֹ rel. (81)-prep.-3 m.s. sf. (GK 129h) *his*

וַיִּקְרְאוּ consec.-Qal impf. 3 m.p. (894) *and they
called (cried)*

לְפָנָיו prep.-n.m.p.-3 m.s. sf. (815) *before him*

אַבְרֵךְ Egyptian word mng.dub. (7) similar in
sound to Heb. *Kneel*

וְנָתוֹן אֹתוֹ conj.-Qal inf.abs. (678; GK 113z)
-dir.obj.-3 m.s. sf. *thus he set him*

עַל כָּל־אֶרֶץ prep.-n.m.s. cstr. (481)-n.f.s. cstr.
(75) *over all the land of*

מִצְרָיִם pr.n. paus. (595) *Egypt*

41:44

וַיֹּאמֶר פַּרְעֹה consec.-Qal impf. 3 m.s. (55)-pr.n. (829) *moreover Pharaoh said*

אֶל־יוֹסֵף prep.-pr.n. (415) *to Joseph*

אֲנִי פַרְעֹה pers.pr. 1 c.s. (58)-pr.n. (829) *I am Pharaoh*

וּבִלְעָדֶיךָ conj.-prep.-2 m.s. sf. (116) *and without your consent*

לֹא־יָרִים אִישׁ neg.-Hi. impf. 3 m.s. (רום 926)-n.m.s. (35) *no man shall lift up*

אֶת־יָדוֹ dir.obj.-n.f.s.-3 m.s. sf. (388) *his hand*

וְאֶת־רַגְלוֹ conj.-dir.obj.-n.f.s.-3 m.s. sf. (919) *or foot*

בְּכָל־אֶרֶץ prep.-n.m.s. cstr. (481)-n.f.s. cstr. (75) *in all the land of*

מִצְרָיִם pr.n. paus. (595) *Egypt*

41:45

וַיִּקְרָא פַרְעֹה consec. Qal impf. 3 m.s. (894)-pr.n. (829) *and Pharaoh called*

שֵׁם־יוֹסֵף n.m.s. cstr. (1027)-pr.n. (415) *Joseph's name*

צָפְנַת פַּעְנֵחַ pr.n. (861) *Zaphenath-paneah*

וַיִּתֶּן־לוֹ consec.-Qal impf. 3 m.s. (נתן 678) -prep.-3 m.s. sf. *and he gave him*

אֶת־אָסְנַת dir.obj.-pr.n. (62) *Asenath*

בַּת־פּוֹטִי פֶרַע n.f.s. cstr. (I 123)-pr.n. (806) *the daughter of Potiphera*

כֹּהֵן אֹן n.m.s. cstr. (463)-pr.n. (58) *priest of On*

לְאִשָּׁה prep.-n.f.s. (61) *(for wife) in marriage*

וַיֵּצֵא יוֹסֵף consec.-Qal impf. 3 m.s. (יצא 422) -pr.n. (415) *so Joseph went out*

עַל־אֶרֶץ מִצְרָיִם prep.-n.f.s. cstr. (75)-pr.n. paus. (595) *over the land of Egypt*

41:46

וְיוֹסֵף conj.-pr.n. (415) *Joseph was*

בֶּן־שְׁלֹשִׁים שָׁנָה n.m.s. cstr. (119)-num. p. (1026)-n.f.s. (1040) *thirty years old*

בְּעָמְדוֹ prep.-Qal inf.cstr.-3 m.s. sf. (763) *when he entered the service*

לִפְנֵי פַרְעֹה prep.-n.m.p. cstr. (815)-pr.n. (829) *before Pharaoh*

מֶלֶךְ־מִצְרָיִם n.m.s. cstr. (I 572)-pr.n. paus. (595) *king of Egypt*

וַיֵּצֵא יוֹסֵף consec.-Qal impf. 3 m.s. (יצא 422) -pr.n. (415) *and Joseph went out*

מִלִּפְנֵי פַרְעֹה prep.-prep.-n.m.p. cstr. (815)-pr.n. (829) *from the presence of Pharaoh*

וַיַּעֲבֹר consec.-Qal impf. 3 m.s. (716) *and went*

בְּכָל־אֶרֶץ prep.-n.m.s. cstr. (481)-n.f.s. cstr. (75) *through all the land of*

מִצְרָיִם prep.-paus. (595) *Egypt*

41:47

וַתַּעַשׂ הָאָרֶץ consec.-Qal impf. 3 f.s. (I 793) -dir.obj.-n.f.s. (75) *the earth brought forth*

בְּשֶׁבַע שְׁנֵי prep.-num. cstr. (988)-n.f.p. cstr. (1040) *during the seven years of*

הַשָּׂבָע def.art.-n.m.s. (960) *plenty*

לִקְמָצִים prep.-n.m.p. (888) *abundantly (by handfuls)*

41:48

וַיִּקְבֹּץ consec.-Qal impf. 3 m.s. (867) *and he gathered up*

אֶת־כָּל־אֹכֶל def.art.-n.m.s. cstr. (481)-n.m.s. cstr. (38) *all the food of*

שֶׁבַע שָׁנִים num. (988)-n.f.p. (1040) *the seven years*

אֲשֶׁר הָיוּ rel. (81)-Qal pf. 3 c.p. (224) *which were*

בְּאֶרֶץ מִצְרַיִם prep.-n.f.s. cstr. (75)-pr.n. (595) *in the land of Egypt*

וַיִּתֶּן־אֹכֶל consec.-Qal impf. 3 m.s. (נתן 678) -n.m.s. (38) *and stored up food*

בֶּעָרִים prep.-def.art.-n.f.p. (746) *in the cities*

אֹכֶל שְׂדֵה־הָעִיר n.m.s. cstr. (38)-n.m.s. cstr. (961)-def.art.-n.f.s. (746) *food of the fields of the city*

אֲשֶׁר סְבִיבֹתֶיהָ נָתַן rel. (81)-subst.-3 f.s. sf.-Qal pf. 3 m.s. (678) *which around it he stored up*

בְּתוֹכָהּ prep.-n.m.s.-3 f.s. sf. (1063) *in the midst of it*

41:49

וַיִּצְבֹּר יוֹסֵף consec.-Qal impf. 3 m.s. (840)-pr.n. (415) *and Joseph stored up*

בָּר n.m.s. (III 141) *grain*

כְּחוֹל הַיָּם prep.-n.m.s. cstr. (297)-def.art.-n.m.s. (410) *like the sand of the sea*

הַרְבֵּה מְאֹד Hi. inf.abs. (רבה I 915; GK 75ff) -adv. (547) *in great abundance*

עַד כִּי־חָדַל prep.-conj.-Qal pf. 3 m.s. (292) *until he ceased*

לִסְפֹּר prep.-Qal inf.cstr. (707) *to measure*

כִּי־אֵין מִסְפָּר conj.-subst. cstr. (II 34)-n.m.s. (708) *for it could not be measured*

41:50

וּלְיוֹסֵף conj.-prep.-pr.n. (415) *and to Joseph*

יֻלַּד Pu. pf. 3 m.s. (ילד 408) *there were born*

שְׁנֵי בָנִים num. p. cstr. (1040)-n.m.p. (119) *two sons*

בְּטֶרֶם תָּבוֹא prep.-adv. (382)-Qal impf. 3 f.s. (97
בּוֹא) before ... came

שְׁנַת הָרָעָב n.f.s. cstr. (1040)-def.art.-n.m.s. (944)
the year of famine

אֲשֶׁר יָלְדָה־לּוֹ rel. (81)-Qal pf. 3 f.s. (408)
-prep.-3 m.s. sf. which ... bore to him

אָסְנַת בַּת־ pr.n. (62)-n.f.s. cstr. (I 123) Asenath,
the daughter of

פּוֹטִי פֶרַע pr.n. (806) Potiphera

כֹּהֵן אֹן n.m.s. cstr. (463)-pr.n. (58) priest of On

41:51

וַיִּקְרָא יוֹסֵף consec.-Qal impf. 3 m.s. (894)-pr.n.
(415) Joseph called

אֶת־שֵׁם הַבְּכוֹר dir.obj.-n.m.s. cstr. (1027)-def.art.
-n.m.s. (114) the name of the first-born

מְנַשֶּׁה pr.n. (586) Manasseh

כִּי־נַשַּׁנִי אֱלֹהִים conj.-Pi. pf. 3 m.s.-1 c.s. sf. (II
674 נָשָׁה; GK 52m)-n.m.p. (43) for God has
made me forget

אֶת־כָּל־עֲמָלִי dir.obj.-n.m.s. cstr. (481)-n.m.s.-1
c.s. sf. (765) all my hardship

וְאֵת כָּל־בֵּית אָבִי conj.-dir.obj.-n.m.s. cstr. (481)
-n.m.s. cstr. (108)-n.m.s.-1 c.s. sf. (3) and all
my father's house

41:52

וְאֵת שֵׁם הַשֵּׁנִי conj.-dir.obj.-n.m.s. cstr. (1027)
-def.art.-adj. num. m. (1041) the name of the
second

קָרָא Qal pf. 3 m.s. (894) he called

אֶפְרָיִם pr.n. paus. (68) Ephraim

כִּי־הִפְרַנִי אֱלֹהִים conj.-Hi. pf. 3 m.s.-1 c.s. sf.
(826 פָּרָה)-n.m.p. (43) for God has made me
fruitful

בְּאֶרֶץ עָנְיִי prep.-n.f.s. cstr. (75)-n.m.s.-1 c.s. sf.
(777) in the land of my affliction

41:53

וַתִּכְלֶינָה consec.-Qal impf. 3 f.p. (כָּלָה 477) and
came to an end

שֶׁבַע שְׁנֵי הַשָּׂבָע num. cstr. (988)-n.f.p. cstr.
(1040)-def.art.-n.m.s. (960) the seven years
of plenty

אֲשֶׁר הָיָה rel. (81)-Qal pf. 3 m.s. (224) that
prevailed

בְּאֶרֶץ מִצְרָיִם prep.-n.f.s. cstr. (75)-pr.n. paus.
(595) in the land of Egypt

41:54

וַתְּחִלֶּינָה consec.-Hi. impf. 3 f.p. (חָלַל III 320)
and began

שֶׁבַע שְׁנֵי הָרָעָב num. cstr. (988)-n.f.p. cstr.
(1040)-def.art.-n.m.s. (944) the seven years
of famine

לָבוֹא prep.-Qal inf.cstr. (97) to come

כַּאֲשֶׁר אָמַר יוֹסֵף prep.-rel. (81)-Qal pf. 3 m.s.
(55)-pr.n. (415) as Joseph had said

וַיְהִי רָעָב consec.-Qal impf. 3 m.s. (הָיָה 224)
-n.m.s. (944) there was famine

בְּכָל־הָאֲרָצוֹת prep.-n.m.s. cstr. (481)-def.art.
-n.f.p. (75) in all lands

וּבְכָל־אֶרֶץ conj.-prep.-n.m.s. cstr. (481)-n.f.s. cstr.
(75) but in all the land of

מִצְרַיִם pr.n. (595) Egypt

הָיָה לָחֶם Qal pf. 3 m.s. (224)-n.m.s. paus. (536)
there was bread

41:55

וַתִּרְעַב consec.-Qal impf. 3 f.s. (944) when was
famished

כָּל־אֶרֶץ n.m.s. cstr. (481)-n.f.s. cstr. (75) all the
land of

מִצְרַיִם pr.n. (595) Egypt

וַיִּצְעַק consec.-Qal impf. 3 m.s. (858) cried

הָעָם def.art.-n.m.s. (I 766) the people

אֶל־פַּרְעֹה prep.-pr.n. (829) to Pharaoh

לַלָּחֶם prep.-def.art.-n.m.s. paus. (536) for bread

וַיֹּאמֶר פַּרְעֹה consec.-Qal impf. 3 m.s. (55)-pr.n.
(829) and Pharaoh said

לְכָל־מִצְרַיִם prep.-n.m.s. cstr. (481)-pr.n. (595) to
all the Egyptians

לְכוּ אֶל־יוֹסֵף Qal impv. 2 m.p. (הָלַךְ 229)-prep.
-pr.n. (415) go to Joseph

אֲשֶׁר־יֹאמַר לָכֶם rel. (81)-Qal impf. 3 m.s.
(55)-prep.-2 m.p. sf. what he says to you

תַּעֲשׂוּ Qal impf. 2 m.p. (עָשָׂה I 793) do

41:56

וְהָרָעָב הָיָה consec.-def.art.-n.m.s. (944)-Qal pf.
3 m.s. (224) so when the famine was

עַל כָּל־פְּנֵי הָאָרֶץ prep.-n.m.s. cstr. (481)-n.m.p.
cstr. (815)-def.art.-n.f.s. (75) over all the land

וַיִּפְתַּח יוֹסֵף consec.-Qal impf. 3 m.s. (I 834)-pr.n.
(415) Joseph opened

אֶת־כָּל־אֲשֶׁר בָּהֶם dir.obj.-n.m.s. (481)-rel. (81)
-prep.-3 m.p. sf. all that was in them

וַיִּשְׁבֹּר consec.-Qal impf. 3 m.s. (prb.rd. וַיַּשְׁבֵּר;
991) and he sold

לְמִצְרָיִם prep.-pr.n. (595) to the Egyptians

וַיֶּחֱזַק הָרָעָב consec.-Qal impf. 3 m.s. (304)-def.
art.-n.m.s. (944) for the famine was severe

בְּאֶרֶץ מִצְרָיִם prep.-n.f.s. cstr. (75)-pr.n. paus.
(595) in the land of Egypt

41:57

וְכָל־הָאָרֶץ conj.-n.m.s. cstr. (481)-def.art.-n.f.s. (75) *moreover all the earth*

בָּאוּ Qal pf. 3 c.p. (בוֹא 97; GK 145e) *came*

מִצְרַיְמָה pr.n.-dir.he (595) *to Egypt*

לִשְׁבֹּר prep.-Qal inf.cstr. (991) *to buy grain*

אֶל־יוֹסֵף prep.-pr.n. (415) *to Joseph*

כִּי־חָזַק הָרָעָב conj.-Qal pf. 3 m.s. (304)-def.art.-n.m.s. (944) *because the famine was severe*

בְּכָל־הָאָרֶץ prep.-n.m.s. cstr. (481)-def.art.-n.f.s. (75) *over all the earth*

42:1

וַיַּרְא יַעֲקֹב consec.-Qal impf. 3 m.s. (רָאָה 906)-pr.n. (784) *when Jacob learned*

כִּי יֶשׁ־שֶׁבֶר conj.-subst. cstr. (441)-n.m.s. (991) *that there was grain*

בְּמִצְרָיִם prep.-pr.n. paus. (595) *in Egypt*

וַיֹּאמֶר יַעֲקֹב consec.-Qal impf. 3 m.s. (55)-pr.n. (784) *Jacob said*

לְבָנָיו prep.-n.m.p.-3 m.s. sf. (119) *to his sons*

לָמָּה תִּתְרָאוּ prep.-interr. (552)-Hith. impf. 2 m.p. paus. (רָאָה 906; GK 54f) *why do you look at one another*

42:2

וַיֹּאמֶר consec.-Qal impf. 3 m.s. (55) *and he said*

הִנֵּה שָׁמַעְתִּי demons.part. (243)-Qal pf. 1 c.s. (1033) *Behold, I have heard*

כִּי יֶשׁ־שֶׁבֶר conj.-subst. cstr. (441)-n.m.s. (991) *that there was grain*

בְּמִצְרָיִם prep.-pr.n. (595) *in Egypt*

רְדוּ־שָׁמָּה Qal impv. 2 m.p. (יָרַד 432)-adv.-dir.he (1027) *go down there*

וְשִׁבְרוּ־לָנוּ conj.-Qal impv. 2 m.p. (991)-prep.-1 c.p. sf. *and buy grain for us*

מִשָּׁם prep.-adv. (1027) *from there*

וְנִחְיֶה conj.-Qal impf. 1 c.p. (חָיָה 310) *that we may live*

וְלֹא נָמוּת conj.-neg.-Qal impf. 1 c.p. (מוּת 559; GK 109g) *and not die*

42:3

וַיֵּרְדוּ consec.-Qal impf. 3 m.p. (יָרַד 432) *so ... went down*

אֲחֵי־יוֹסֵף עֲשָׂרָה n.m.p. cstr. (26)-pr.n. (415)-num. f.s. (796) *ten of Joseph's brothers*

לִשְׁבֹּר בָּר prep.-Qal inf.cstr. (991)-n.m.s. (III 141) *to buy grain*

מִמִּצְרָיִם prep.-pr.n. paus. (595) *in Egypt*

42:4

וְאֶת־בִּנְיָמִין conj.-dir.obj.-pr.n. (122) *but Benjamin*

אֲחִי יוֹסֵף n.m.s. cstr. (26)-pr.n. (415) *Joseph's brother*

לֹא־שָׁלַח יַעֲקֹב neg.-Qal pf. 3 m.s. (1018)-pr.n. (784) *Jacob did not send*

אֶת־אֶחָיו prep. (II 85)-n.m.p.-3 m.s. sf. (26) *with his brothers*

כִּי אָמַר conj.-Qal pf. 3 m.s. (55) *for he feared*

פֶּן־יִקְרָאֶנּוּ conj. (814)-Qal impf. 3 m.s.-3 m.s. sf. (II 896; GK 75rr) *that ... might befall him*

אָסוֹן n.m.s. (62) *harm*

42:5

וַיָּבֹאוּ בְּנֵי יִשְׂרָאֵל consec.-Qal impf. 3 m.p. (בוֹא 97)-n.m.p. cstr. (119)-pr.n. (975) *thus the sons of Israel came*

לִשְׁבֹּר prep.-Qal inf.cstr. (991) *to buy*

בְּתוֹךְ הַבָּאִים prep.-n.m.s. cstr. (1063)-def.art.-Qal act.ptc. m.p. (בוֹא 97) *among the others who came*

כִּי־הָיָה הָרָעָב conj.-Qal pf. 3 m.s. (224)-def.art.-n.m.s. (944) *for the famine was*

בְּאֶרֶץ כְּנָעַן prep.-n.f.s. cstr. (75)-pr.n. paus. (488) *in the land of Canaan*

42:6

וְיוֹסֵף conj.-pr.n. (415) *now Joseph*

הוּא הַשַּׁלִּיט pers.pr. 3 m.s. (214)-def.art.-adj. m.s. (1020) *(he) was governor*

עַל־הָאָרֶץ prep.-def.art.-n.f.s. (75) *over the land*

הוּא הַמַּשְׁבִּיר v.supra-def.art.-Hi. ptc. (991; GK 126k) *he it was who sold*

לְכָל־עַם prep.-n.m.s. cstr. (481)-n.m.s. cstr. (I 766) *to all the people of*

הָאָרֶץ def.art.-n.f.s. (75) *the land*

וַיָּבֹאוּ consec.-Qal impf. 3 m.p. (בוֹא 97) *and came*

אֲחֵי יוֹסֵף n.m.p. cstr. (26)-pr.n. (415) *Joseph's brothers*

וַיִּשְׁתַּחֲווּ־לוֹ consec.-Hithpalel impf. 3 m.p. (1005 שָׁחָה)-prep.-3 m.s. sf. *and bowed themselves before him*

אַפַּיִם אַרְצָה n.m. du. (60)-n.f.s.-dir.he (75) *with their faces to the ground*

42:7

וַיַּרְא יוֹסֵף consec.-Qal impf. 3 m.s. (רָאָה 906)-pr.n. (415) *Joseph saw*

אֶת־אֶחָיו dir.obj.-n.m.p.-3 m.s. sf. (26) *his brothers*

וַיַּכְּרֵם consec.-Hi. impf. 3 m.s.-3 m.p. sf. (נכר I 647) *and knew them*

וַיִּתְנַכֵּר אֲלֵיהֶם consec.-Hith. impf. 3 m.s. (נכר 649)-prep.-3 m.p. sf. *but he treated them like strangers*

וַיְדַבֵּר אִתָּם consec.-Pi. impf. 3 m.s. (180)-prep. (II 85)-3 m.p. sf. *and spoke to them*

קָשׁוֹת adj. f.p. (904; GK 122q) *roughly*

וַיֹּאמֶר אֲלֵהֶם consec.-Qal impf. 3 m.s. (55) -prep.-3 m.p. sf. *he said to them*

מֵאַיִן בָּאתֶם prep.-adv. (I 32)-Qal pf. 2 m.p. (בוא 97) *where do you come from?*

וַיֹּאמְרוּ consec.-Qal impf. 3 m.p. (55) *and they said*

מֵאֶרֶץ כְּנַעַן prep.-n.f.s. cstr. (75)-pr.n. (488) *from the land of Canaan*

לִשְׁבָּר־אֹכֶל prep.-Qal inf.cstr. (991)-n.m.s. (38) *to buy food*

42:8

וַיַּכֵּר יוֹסֵף consec.-Hi. impf. 3 m.s. (647)-pr.n. (415) *thus Joseph knew*

אֶת־אֶחָיו dir.obj.-n.m.p.-3 m.s. sf. (26) *his brothers*

וְהֵם לֹא הִכִּרֻהוּ conj.-pers.pr. 3 m.p. (241)-neg. -Hi. pf. 3 m.p.-3 m.s. sf. (647) *but they did not know him*

42:9

וַיִּזְכֹּר יוֹסֵף consec.-Qal impf. 3 m.s. (269)-pr.n. (415) *and Joseph remembered*

אֵת הַחֲלֹמוֹת dir.obj.-def.art.-n.m.p. (321) *the dreams*

אֲשֶׁר חָלַם לָהֶם rel. (81)-Qal pf. 3 m.s. (321) -prep.-3 m.p. sf. *which he had dreamed of them*

וַיֹּאמֶר אֲלֵהֶם consec.-Qal impf. 3 m.s. (55) -prep.-3 m.p. sf. *and he said to them*

מְרַגְּלִים אַתֶּם Pi. ptc. m.p. (920)-pers.pr. 2 m.p. (61) *you are spies*

לִרְאוֹת prep.-Qal inf.cstr. (ראה 906; GK 114g) *to see*

אֶת־עֶרְוַת הָאָרֶץ dir.obj.-n.f.s. cstr. (788)-def.art. -n.f.s. (75) *the weakness of the land*

בָּאתֶם Qal pf. 2 m.p. (בוא 97) *you have come*

42:10

וַיֹּאמְרוּ אֵלָיו consec.-Qal impf. 3 m.p. (55) -prep.-3 m.s. sf. *they said to him*

לֹא אֲדֹנִי neg.-n.m.s.-1 c.s. sf. (10) *No, my lord*

וַעֲבָדֶיךָ conj. (GK 163a)-n.m.p.-2 m.s. sf. (713) *but your servants*

בָּאוּ Qal pf. 3 c.p. (בוא 97) *have come*

לִשְׁבָּר־אֹכֶל prep.-Qal inf.cstr. (991)-n.m.s. (38) *to buy food*

42:11

כֻּלָּנוּ n.m.s.-1 c.p. sf. (GK 91f) *we all*

בְּנֵי אִישׁ־אֶחָד n.m.p. cstr. (119)-n.m.s. (35)-num. adj. m.s. (25) *sons of one man*

נָחְנוּ pers.pr. 1 c.p. paus. (59; GK 32d) *we*

כֵּנִים אֲנַחְנוּ adj. m.p. (I 467)-pers.pr. 1 c.p. (59) *we are honest men*

לֹא־הָיוּ עֲבָדֶיךָ neg.-Qal pf. 3 c.p. (היה 224) -n.m.p.-2 m.s. sf. (713) *your servants are not*

מְרַגְּלִים Pi. ptc. m.p. (920) *spies*

42:12

וַיֹּאמֶר אֲלֵהֶם consec.-Qal impf. 3 m.s. (55) -prep.-3 m.p. sf. *he said to them*

לֹא כִּי־עֶרְוַת הָאָרֶץ neg.-conj.-n.f.s. cstr. (788) -def.art.-n.f.s. (75) *No, it is the weakness of the land*

בָּאתֶם לִרְאוֹת Qal pf. 2 m.p. (בוא 97)-prep.-Qal inf.cstr. (ראה 906) *that you have come to see*

42:13

וַיֹּאמְרוּ consec.-Qal impf. 3 m.p. (55) *and they said*

שְׁנֵים עָשָׂר n.m.p. (1040)-num. m.s. (797) *twelve*

עֲבָדֶיךָ n.m.p.-2 m.s. sf. (713) *your servants*

אַחִים אֲנַחְנוּ n.m.p. (26)-pers.pr. 1 c.p. (59; GK 141b) *we are brothers*

בְּנֵי אִישׁ־אֶחָד n.m.p. cstr. (119)-n.m.s. (35)-num. adj. m.s. (25) *the sons of one man*

בְּאֶרֶץ כְּנַעַן prep.-n.f.s. cstr. (75)-pr.n. paus. (488) *in the land of Canaan*

וְהִנֵּה הַקָּטֹן conj.-demons.part. (243)-def.art.-adj. m.s. (882; GK 133g) *and behold, the youngest*

אֶת־אָבִינוּ prep. (II 85)-n.m.s.-1 c.p. sf. (3) *with our father*

הַיּוֹם def.art.-n.m.s. (398) *this day*

וְהָאֶחָד אֵינֶנּוּ conj.-def.art.-adj. num. m.s. (25) -subst.-3 m.s. sf. (II 34; GK 152m) *and one is no more*

42:14

וַיֹּאמֶר אֲלֵהֶם consec.-Qal impf. 3 m.s. (55) -prep.-3 m.p. sf. *but ... said to them*

יוֹסֵף pr.n. (415) *Joseph*

הוּא אֲשֶׁר דִּבַּרְתִּי pers.pr. 3 m.s. (214)-rel. (81)-Pi. pf. 1 c.s. (180) *it is as I said*

אֲלֵכֶם prep.-2 m.p. sf. *to you*

193

לֵאמֹר prep.-Qal inf.cstr. (55) *(saying)*

מְרַגְּלִים אַתֶּם Pi. ptc. m.p. (920)-pers.pr. 2 m.p. (61) *you are spies*

42:15

בְּזֹאת תִּבָּחֵנוּ prep.-demons.adj. f.s. (260)-Ni. impf. 2 m.p. paus. (בָּחַן 103) *by this you shall be tested*

חֵי פַרְעֹה adj. m.s. cstr. (I 311)-pr.n. (829) *by the life of Pharaoh*

אִם־תֵּצְאוּ מִזֶּה hypoth.part. (49)-Qal impf. 2 m.p. (יָצָא 422)-prep.-demons.adj. m.s. (260) *you shall not go from this place*

כִּי אִם־בְּבוֹא אֲחִיכֶם conj.-hypoth.part. (49)-prep.-Qal inf.cstr. (97)-n.m.s.-2 m.p. sf. (26) *unless your brother comes*

הַקָּטֹן def.art.-adj. m.s. (882) *youngest*

הֵנָּה adv. (I 244) *here*

42:16

שִׁלְחוּ מִכֶּם אֶחָד Qal impv. 2 m.p. (1018)-prep.-2 m.p. sf.-adj. num. (25) *send one of you*

וְיִקַּח conj.-Qal impf. 3 m.s. (לָקַח 542) *and let him bring*

אֶת־אֲחִיכֶם dir.obj.-n.m.s.-2 m.p. sf. (26) *your brother*

וְאַתֶּם הֵאָסְרוּ conj.-pers.pr. 2 m.p. (61)-Ni. impv. 2 m.p. (אָסַר 63; GK 110c) *while you remain in prison*

וְיִבָּחֲנוּ דִּבְרֵיכֶם conj.-Ni. impf. 3 m.p. (בָּחַן 103)-n.m.p.-2 m.p. sf. (182) *that your words may be tested*

הַאֱמֶת אִתְּכֶם interr.-n.f.s. (54)-prep.-2 m.p. sf. (II 85) *whether there is truth in you*

וְאִם־לֹא conj.-hypoth.part. (49)-neg. *or else*

חֵי פַרְעֹה adj. m.s. cstr. (311)-pr.n. (829) *by the life of Pharaoh*

כִּי מְרַגְּלִים אַתֶּם conj.-Pi. ptc. m.p. (920)-pers.pr. 2 m.p. (61) *surely you are spies*

42:17

וַיֶּאֱסֹף אֹתָם consec.-Qal impf. 3 m.s. (62)-dir.obj.-3 m.p. sf. *and he put them together*

אֶל־מִשְׁמָר prep.-n.m.s. (1038) *in prison*

שְׁלֹשֶׁת יָמִים num. f.s. cstr. (1025)-n.m.p. (398) *three days*

42:18

וַיֹּאמֶר אֲלֵהֶם consec.-Qal impf. 3 m.s. (55)-prep.-3 m.p. sf. *said to them*

יוֹסֵף pr.n. (415) *Joseph*

בַּיּוֹם הַשְּׁלִישִׁי prep.-def.art.-n.m.s. (398)-def.art.-adj. num. (1026) *on the third day*

זֹאת עֲשׂוּ demons.adj. f.s. (260)-Qal impv. 2 m.p. (עָשָׂה I 793; GK 110f) *do this*

וִחְיוּ conj.-Qal impv. 2 m.p. (310) *and you will live*

אֶת־הָאֱלֹהִים dir.obj.-def.art.-n.m.s. (43) *God*

אֲנִי יָרֵא pers.pr. 1 c.s. (58)-Qal act.ptc. (יָרֵא 431) *I fear*

42:19

אִם־כֵּנִים אַתֶּם hypoth.part. (49)-adj. m.p. (I 467)-pers.pr. 2 m.p. (61) *if you are honest men*

אֲחִיכֶם אֶחָד n.m.s.-2 m.p. sf. (26)-num. adj. m.s. (25; GK 134d) *one of your brothers*

יֵאָסֵר Ni. impf. 3 m.s. (63) *let ... remain confined*

בְּבֵית מִשְׁמַרְכֶם prep.-n.m.s. cstr. (108)-n.m.s. 2 m.p. sf. *in your prison*

וְאַתֶּם לְכוּ conj.-pers.pr. 2 m.p. (61)-Qal impv. 2 m.p. (הָלַךְ 229) *and let the rest go*

הָבִיאוּ שֶׁבֶר Hi. impv. 2 m.p. (בּוֹא 97)-n.m.s. (III 991) *and carry grain*

רַעֲבוֹן בָּתֵּיכֶם n.m.s. cstr. (944)-n.m.p.-2 m.p. sf. (108) *for the famine of your households*

42:20

וְאֶת־אֲחִיכֶם הַקָּטֹן conj.-dir.obj.-n.m.s.-2 m.p. sf. (26)-def.art.-adj. m.s. (882) *and your youngest brother*

תָּבִיאוּ אֵלַי Hi. impf. 2 m.p. (בּוֹא 97)-prep.-1 c.s. sf. *bring to me*

וְיֵאָמְנוּ conj.-Ni. impf. 3 m.p. (אָמַן 52) *so will be verified*

דִּבְרֵיכֶם n.m.p.-2 m.p. sf. (182) *your words*

וְלֹא תָמוּתוּ conj.-neg.-Qal impf. 2 m.p. (מוּת 559) *and you shall not die*

וַיַּעֲשׂוּ־כֵן consec.-Qal impf. 3 m.p. (עָשָׂה I 793)-adv. (485) *and they did so*

42:21

וַיֹּאמְרוּ consec.-Qal impf. 3 m.p. (55) *then they said*

אִישׁ אֶל־אָחִיו n.m.s. (35)-prep.-n.m.s.-3 m.s. sf. (26) *to one another*

אֲבָל adv. (6) *in truth*

אֲשֵׁמִים אֲנַחְנוּ adj. m.p. (79)-pers.pr. 1 c.p. (59) *we are guilty*

עַל־אָחִינוּ prep.-n.m.s.-1 c.p. sf. (26) *concerning our brother*

אֲשֶׁר רָאִינוּ rel. (81)-Qal pf. 1 c.p. (רָאָה 906) *in that we saw*

צָרַת נַפְשׁוֹ n.f.s. cstr. (I 865)-n.f.s.-3 m.s. sf. (659) *the distress of his soul*

בְּהִתְחַנְנוֹ prep.-Hith. inf.cstr. (חָנַן I 335) *when he besought*

אֵלֵינוּ prep.-1 c.p. sf. *us*

וְלֹא שָׁמָעְנוּ conj.-neg.-Qal pf. 1 c.p. paus. (1033) *and we would not listen*

עַל־כֵּן prep.-adv. (485) *therefore*

בָּאָה אֵלֵינוּ Qal pf. 3 f.s. (בּוֹא 97)-prep.-1 c.p. sf. *is come upon us*

הַצָּרָה הַזֹּאת def.art.-n.f.s. (I 865)-def.art.-demons.adj. f.s. (260) *this distress*

42:22

וַיַּעַן consec.-Qal impf. 3 m.s. (עָנָה I 772) *and answered*

רְאוּבֵן pr.n. (910) *Reuben*

אֹתָם dir.obj.-3 m.p. sf. *them*

לֵאמֹר prep.-Qal inf.cstr. (55) *(saying)*

הֲלוֹא אָמַרְתִּי interr.-neg.-Qal pf. 1 c.s. (55) *did I not tell*

אֲלֵיכֶם prep.-2 m.p. sf. *you*

לֵאמֹר prep.-Qal inf.cstr. (55) *(saying)*

אַל־תֶּחֶטְאוּ neg.-Qal impf. 2 m.p. (306) *not to sin*

בַיֶּלֶד prep.-def.art.-n.m.s. (409) *against the lad*

וְלֹא שְׁמַעְתֶּם conj.-neg.-Qal pf. 2 m.p. (1033) *but you would not listen*

וְגַם־דָּמוֹ conj.-adv. (168)-n.m.s.-3 m.s. sf. (196) *so now his blood*

הִנֵּה נִדְרָשׁ demons.part. (243)-Ni. ptc. (205) *there comes a reckoning*

42:23

וְהֵם לֹא יָדְעוּ conj.-pers.pr. 3 m.p. (241)-neg.-Qal pf. 3 c.p. (393) *they did not know*

כִּי שֹׁמֵעַ יוֹסֵף conj.-Qal act.ptc. (1033)-pr.n. (415) *that Joseph understood*

כִּי הַמֵּלִיץ conj.-def.art.-Hi. ptc. (לִיץ 539; GK 126r) *for there was an interpreter*

בֵּינֹתָם prep.-3 m.p. sf. (107) *between them*

42:24

וַיִּסֹּב consec.-Qal impf. 3 m.s. (סָבַב 685) *then he turned away*

מֵעֲלֵיהֶם prep.-prep.-3 m.p. sf. *from them*

וַיֵּבְךְּ consec.-Qal impf. 3 m.s. (בָּכָה 113) *and wept*

וַיָּשָׁב אֲלֵהֶם consec.-Qal impf. 3 m.s. (שׁוּב 996) -prep.-3 m.p. sf. *and he returned to them*

וַיְדַבֵּר אֲלֵהֶם consec.-Pi. impf. 3 m.s. (180) -prep.-3 m.p. sf. *and spoke to them*

וַיִּקַּח מֵאִתָּם consec.-Qal impf. 3 m.s. (לָקַח 542)-prep.-prep. (II 85)-3 m.p. sf. *and he took from them*

אֶת־שִׁמְעוֹן dir.obj.-pr.n. (1035) *Simeon*

וַיֶּאֱסֹר אֹתוֹ consec.-Qal impf. 3 m.s. (אָסַר 63)-dir.obj.-3 m.s. sf. *and bound him*

לְעֵינֵיהֶם prep.-n.f. du.-3 m.p. sf. (744) *before their eyes*

42:25

וַיְצַו יוֹסֵף consec.-Pi. impf. 3 m.s. (צָוָה 845)-pr.n. (415) *and Joseph gave orders*

וַיְמַלְאוּ consec.-Pi. impf. 3 m.p. (מָלֵא 569; GK 120f) *to fill*

אֶת־כְּלֵיהֶם dir.obj.-n.m.p.-3 m.p. sf. (479) *their bags*

בָּר n.m.s. paus. (III 141) *with grain*

וּלְהָשִׁיב conj.-prep.-Hi. inf.cstr. (שׁוּב 996) *and to replace*

כַּסְפֵּיהֶם n.m.p.-3 m.p. sf. (494; GK 93m;124,l) *their money*

אִישׁ אֶל־שַׂקּוֹ n.m.s. (35; GK 139c)-prep.-n.m.s.-3 m.s.sf. (974) *each in his sack*

וְלָתֵת לָהֶם conj.-prep.-Qal inf.cstr. (נָתַן 678) -prep.-3 m.p. sf. *and to give them*

צֵדָה לַדָּרֶךְ n.f.s. (845)-prep.-def.art.-n.m.s. paus. (202) *provisions for the journey*

וַיַּעַשׂ consec.-Qal impf. 3 m.s. (עָשָׂה I 793) *was done*

לָהֶם כֵּן prep.-3 m.p. sf.-adv. (485) *for them thus*

42:26

וַיִּשְׂאוּ consec.-Qal impf. 3 m.p. (נָשָׂא 669) *then they loaded*

אֶת־שִׁבְרָם dir.obj.-n.m.s.-3 m.p. sf. (III 991) *with their grain*

עַל־חֲמֹרֵיהֶם prep.-n.m.p.-3 m.p. sf. (331) *their asses*

וַיֵּלְכוּ מִשָּׁם consec.-Qal impf. 3 m.p. (הָלַךְ 229) -prep.-adv. (1027) *and departed (from there)*

42:27

וַיִּפְתַּח הָאֶחָד consec.-Qal impf. 3 m.s. (I 834) -def.art.-num. adj. (25) *and as one opened*

אֶת־שַׂקּוֹ dir.obj.-n.m.s.-3 m.s. sf. (974) *his sack*

לָתֵת prep.-Qal inf.cstr. (נָתַן 678) *to give*

מִסְפּוֹא n.m.s. (704) *provender*

לַחֲמֹרוֹ prep.-n.m.s.-3 m.s. sf. (331) *to his ass*

בַּמָּלוֹן prep.-def.art.-n.m.s. (533) *at the lodging place*

וַיַּרְא אֶת־כַּסְפּוֹ consec.-Qal impf. 3 m.s. (רָאה 906)-dir.obj.-n.m.s.-3 m.s. sf. (494) *he saw his money*

וְהִנֵּה־הוּא conj.-demons.part. (243)-pers.pr. 3 m.s. (214) *(and behold it was)*

בְּפִי אַמְתַּחְתּוֹ prep.-n.m.s. cstr. (804)-n.f.s.-3 m.s. sf. (607) *in the mouth of his sack*

42:28

וַיֹּאמֶר consec.-Qal impf. 3 m.s. (55) *and he said*

אֶל־אֶחָיו prep.-n.m.p.-3 m.s. sf. (26) *to his brothers*

הוּשַׁב כַּסְפִּי Ho. pf. 3 m.s. (שׁוב 996)-n.m.s.-1 c.s. sf. (494) *my money has been put back*

וְגַם הִנֵּה conj.-adv. (168)-demons.part. (243) *here it is*

בְּאַמְתַּחְתִּי prep.-n.f.s.-1 c.s. sf. (607) *in my sack*

וַיֵּצֵא לִבָּם consec.-Qal impf. 3 m.s. (יצא 422)-n.m.s.-3 m.p. sf. (524) *at this their hearts failed them*

וַיֶּחֶרְדוּ consec.-Qal impf. 3 m.p. (353) *and they turned trembling*

אִישׁ אֶל־אָחִיו n.m.s. (35)-prep. (GK 119gg)-n.m.s.-3 m.s. sf. (26) *to one another*

לֵאמֹר prep.-Qal inf.cstr. (55) *saying*

מַה־זֹּאת interr. (552)-demons.adj. f.s. (260) *what is this*

עָשָׂה אֱלֹהִים Qal pf. 3 m.s. (I 793)-n.m.p. (43) *that God has done*

לָנוּ prep.-1 c.p. sf. *to us*

42:29

וַיָּבֹאוּ consec.-Qal impf. 3 m.p. (בוא 97) *when they came*

אֶל־יַעֲקֹב prep.-pr.n. (784) *to Jacob*

אֲבִיהֶם n.m.s.-3 m.p. sf. (3) *their father*

אַרְצָה כְּנָעַן n.f.s. cstr.-dir.he (75)-pr.n. paus. (488) *in the land of Canaan*

וַיַּגִּידוּ לוֹ consec.-Hi. impf. 3 m.p. (נגד 616)-prep.-3 m.s. sf. *they told him*

אֵת כָּל־הַקֹּרֹת dir.obj.-n.m.s. cstr. (481)-def.art.-Qal act.ptc. f.p. (קרה 899) *all that had befallen*

אֹתָם dir.obj.-3 m.p. sf. *them*

לֵאמֹר prep.-Qal inf.cstr. (55) *saying*

42:30

דִּבֶּר Pi. pf. 3 m.s. (180) *spoke*

הָאִישׁ אֲדֹנֵי הָאָרֶץ def.art.-n.m.s. (35)-n.m.p. cstr. (10; GK 124i)-def.art.-n.f.s. (75) *the man, the lord of the land*

אִתָּנוּ prep.-1 c.p. sf. (II 85) *to us*

קָשׁוֹת adj. f.p. (904; GK 122q) *roughly*

וַיִּתֵּן אֹתָנוּ consec.-Qal impf. 3 m.s. (נתן 678)-dir.obj.-1 c.p. sf. *and took us to be*

כִּמְרַגְּלִים prep.-Pi. ptc. m.p. (920; GK 126p) *spies*

אֶת־הָאָרֶץ dir.obj.-def.art.-n.f.s. (75) *of the land*

42:31

וַנֹּאמֶר אֵלָיו consec.-Qal impf. 1 c.p. (55)-prep.-3 m.s. sf. *but we said to him*

כֵּנִים אֲנַחְנוּ adj. m.p. (I 467)-pers.pr. 1 c.p. paus. (59) *we are honest men*

לֹא הָיִינוּ מְרַגְּלִים neg.-Qal pf. 1 c.p. (היה 224)-Pi. ptc. m.p. (920) *we are not spies*

42:32

שְׁנֵים־עָשָׂר num. m.s. (1040)-num. (797) *twelve*

אֲנַחְנוּ אַחִים pers.pr. 1 c.p. (59)-n.m.p. (26) *we are brothers*

בְּנֵי אָבִינוּ n.m.p. cstr. (119)-n.m.s.-1 c.p. sf. (3) *sons of our father*

הָאֶחָד אֵינֶנּוּ def.art.-num. (25)-subst. (II 34)-3 m.s. sf. *one is no more*

וְהַקָּטֹן conj.-def.art.-adj. m.s. (882) *and the youngest*

הַיּוֹם def.art.-n.m.s. (398) *this day*

אֶת־אָבִינוּ prep. (II 85)-n.m.s.-1 c.p. sf. (3) *with our father*

בְּאֶרֶץ כְּנָעַן prep.-n.f.s. cstr. (75)-pr.n. paus. (488) *in the land of Canaan*

42:33

וַיֹּאמֶר consec.-Qal impf. 3 m.s. (55) *then said*

אֵלֵינוּ prep.-1 c.p. sf. *to us*

הָאִישׁ אֲדֹנֵי הָאָרֶץ def.art.-n.m.s. (35)-n.m.p. cstr. (10)-def.art.-n.f.s. (75) *the man, the lord of the land*

בְּזֹאת אֵדַע prep.-demons.adj. f.s. (260)-Qal impf. 1 c.s. (ידע 393) *by this I shall know*

כִּי כֵנִים אַתֶּם conj.-adj. m.p. (I 467)-pers.pr. 2 m.p. (61) *that you are honest men*

אֲחִיכֶם הָאֶחָד n.m.s.-2 m.p. sf. (26)-def.art.-num. adj. (25; GK 134d) *one of your brothers*

הַנִּיחוּ אִתִּי Hi. impv. 2 m.p. (נוח 628)-prep.-1 c.s. sf. (II 85) *leave with me*

וְאֶת־רַעֲבוֹן בָּתֵּיכֶם conj.-dir.obj.-n.m.s. cstr. (944)-n.m.p.-2 m.p. sf. (108) *for the famine of your households*

196

קְחוּ וָלֵכוּ Qal impv. 2 m.p. (לָקַח 542)-conj.-Qal impv. 2 m.p. paus. (הָלַך 229) *take and go*

42:34

וְהָבִיאוּ conj.-Hi. impv. 2 m.p. (בּוֹא 97) *and bring*

אֶת־אֲחִיכֶם הַקָּטֹן dir.obj.-n.m.s.-2 m.p. sf. (26)-def.art.-adj. m.s. (882) *your youngest brother*

אֵלַי prep.-1 c.s. sf. *to me*

וְאֵדְעָה conj.-Qal impf. 1 c.s.-coh.he (יָדַע 393) *then I shall know*

כִּי לֹא מְרַגְּלִים conj.-neg.-Pi. ptc. m.p. (920) *that not spies*

אַתֶּם pers.pr. 2 m.p. (61) *you are*

כִּי כֵנִים אַתֶּם conj.-adj. m.p. (I 467)-v.supra *but you are honest men*

אֶת־אֲחִיכֶם dir.obj.-n.m.s.-2 m.p. sf. (26) *your brother*

אֶתֵּן לָכֶם Qal impf. 1 c.s. (נָתַן 678)-prep.-2 m.p. sf. *I will deliver to you*

וְאֶת־הָאָרֶץ conj.-dir.obj.-def.art.-n.f.s. (75) *and in the land*

תִּסְחָרוּ Qal impf. 2 m.p. paus. (695) *you shall trade*

42:35

וַיְהִי consec.-Qal impf. 3 m.s. (הָיָה 224; GK 111g) *(and it was)*

הֵם מְרִיקִים pers.pr. 3 m.p. (241)-Hi. ptc. m.p. (רִיק 937) *as they emptied*

שַׂקֵּיהֶם n.m.p.-3 m.p. sf. (974) *their sacks*

וְהִנֵּה־אִישׁ conj.-demons.part. (243; GK 116u) -n.m.s. (35) *and behold every man*

צְרוֹר־כַּסְפּוֹ n.m.s. cstr. (I 865; GK 139c)-n.m.s.-3 m.s. sf. (494) *the bundle of his money*

בְּשַׂקּוֹ prep.-n.m.s.-3 m.s. sf. (974) *was in his sack*

וַיִּרְאוּ consec.-Qal impf. 3 m.p. (רָאָה 906) *when they saw*

אֶת־צְרֹרוֹת dir.obj.-n.m.p. cstr. (I 865) *bundles of*

כַּסְפֵּיהֶם n.m.p.-3 m.p. sf. (494) *their money*

הֵמָּה וַאֲבִיהֶם pers.pr. 3 m.p. (241)-conj.-n.m.s.-3 m.p. sf. (3) *they and their father*

וַיִּירָאוּ consec.-Qal impf. 3 m.p. paus. (יָרֵא 431) *they were dismayed*

42:36

וַיֹּאמֶר אֲלֵהֶם consec.-Qal impf. 3 m.s. (55)-prep. -3 m.p. sf. *and ... said to them*

יַעֲקֹב pr.n. (784) *Jacob*

אֲבִיהֶם n.m.s.-3 m.p. sf. (3) *their father*

אֹתִי שִׁכַּלְתֶּם dir.obj.-1 c.s. sf.-Pi. pf. 2 m.p. (1013) *you have bereaved me of my children*

יוֹסֵף אֵינֶנּוּ pr.n. (415)-subst.-3 m.s. sf. (II 34) *Joseph is no more*

וְשִׁמְעוֹן אֵינֶנּוּ conj.-pr.n. (1035)-v.supra *and Simeon is no more*

וְאֶת־בִּנְיָמִן conj.-dir.obj.-pr.n. (122) *and now Benjamin*

תִּקָּחוּ Qal impf. 2 m.p. paus. (לָקַח 542) *you would take*

עָלַי הָיוּ prep.-1 c.s. sf.-Qal pf. 3 c.p. (הָיָה 224) *has come upon me*

כֻּלָּנָה n.m.s.-3 f.p. sf. (481; GK 91f,135p) *all this*

42:37

וַיֹּאמֶר רְאוּבֵן consec.-Qal impf. 3 m.s. (55)-pr.n. (910) *then Reuben said*

אֶל־אָבִיו prep.-n.m.s.-3 m.s. sf. (3) *to his father*

לֵאמֹר prep.-Qal inf.cstr. (55) *(saying)*

אֶת־שְׁנֵי בָנַי dir.obj.-num. m.p. cstr. (1040) -n.m.p.-1 c.s. sf. (119) *my two sons*

תָּמִית Hi. impf. 2 m.s. (מוּת 559; GK 107s,159r) *slay*

אִם־לֹא אֲבִיאֶנּוּ hypoth.part. (49)-neg.-Hi. impf. 1 c.s.-3 m.s. sf. (בּוֹא 97) *if I do not bring him back*

אֵלֶיךָ prep.-2 m.s. sf. *to you*

תְּנָה אֹתוֹ Qal impv. 2 m.s.-coh.he (נָתַן 678) -dir.obj.-3 m.s. sf. *put him*

עַל־יָדִי prep.-n.f.s.-1 c.s. sf. (388) *in my hand*

וַאֲנִי אֲשִׁיבֶנּוּ conj.-pers.pr. 1 c.s. (58)-Hi. impf. 1 c.s.-3 m.s. sf. (שׁוּב 996) *and I will bring him back*

אֵלֶיךָ v.supra *to you*

42:38

וַיֹּאמֶר consec.-Qal impf. 3 m.s. (55) *but he said*

לֹא־יֵרֵד בְּנִי neg.-Qal impf. 3 m.s. (יָרַד 432) -n.m.s.-1 c.s. sf. (119) *my son shall not go down*

עִמָּכֶם prep.-2 m.p. sf. *with you*

כִּי־אָחִיו מֵת conj.-n.m.s.-3 m.s. sf. (26)-Qal pf. 3 m.s. (מוּת 559) *for his brother is dead*

וְהוּא לְבַדּוֹ conj.-pers.pr. 3 m.s. (214)-prep. -n.m.s.-3 m.s. sf. (94) *and he only*

נִשְׁאָר Ni. ptc. (שָׁאַר 983) *is left*

וּקְרָאָהוּ אָסוֹן conj.-Qal pf. 3 m.s.-3 m.s. sf. (II 896)-n.m.s. (62) *if harm should befall him*

בַּדֶּרֶךְ prep.-def.art.-n.f.s. (202) *on the journey*

אֲשֶׁר תֵּלְכוּ־בָהּ rel. (81)-Qal impf. 2 m.p. (הָלַךְ 229)-prep.-3 f.s. sf. *that you are to make* (lit. *that you go in it*)

וְהוֹרַדְתֶּם conj.-Hi. pf. 2 m.p. (יָרַד 432) *you would bring down*

אֶת־שֵׂיבָתִי dir.obj.-n.f.s.-1 c.s. sf. (966) *my gray hairs*

בְּיָגוֹן prep.-n.m.s. (387) *with sorrow*

שְׁאוֹלָה n.f.s.-dir.he (982) *to Sheol*

43:1

וְהָרָעָב conj.-def.art.-n.m.s. (944) *now the famine*

כָּבֵד adj. m.s. (458) *was severe*

בָּאָרֶץ prep.-def.art.-n.f.s. (75) *in the land*

43:2

וַיְהִי consec.-Qal impf. 3 m.s. (הָיָה 224) *(and it was)*

כַּאֲשֶׁר כִּלּוּ prep.-rel. (81)-Pi. pf. 3 c.p. (477) *when they had completed*

לֶאֱכֹל prep.-Qal inf.cstr. (37) *eating*

אֶת־הַשֶּׁבֶר dir.obj.-n.m.s. (III 991) *the grain*

אֲשֶׁר הֵבִיאוּ rel. (81)-Hi. pf. 3 c.p. (בּוֹא 97) *which they had brought*

מִמִּצְרָיִם prep.-pr.n. paus. (595) *from Egypt*

וַיֹּאמֶר consec.-Qal impf. 3 m.s. (55) *said*

אֲלֵיהֶם prep.-3 m.p. sf. *to them*

אֲבִיהֶם n.m.s.-3 m.p. sf. (3) *their father*

שֻׁבוּ Qal impv. 2 m.p. (שׁוּב 996) *go again*

שִׁבְרוּ־לָנוּ Qal impv. 2 m.p. (991)-1 c.p. sf. *buy us*

מְעַט־אֹכֶל subst. cstr. (589)-n.m.s. (38) *a little food*

43:3

וַיֹּאמֶר consec.-Qal impf. 3 m.s. (55) *but said*

אֵלָיו prep.-3 m.s. sf. *to him*

יְהוּדָה pr.n. (397) *Judah*

לֵאמֹר prep.-Qal inf.cstr. (55) *(saying)*

הָעֵד הֵעִד Hi. inf.abs. (עוּד 729; GK 113n)-Hi. pf. 3 m.s. (עוּד 729) *solemnly warned*

בָּנוּ prep.-1 c.p. sf. *us*

הָאִישׁ def.art.-n.m.s. (35) *the man*

לֵאמֹר prep.-Qal inf.cstr. (55) *saying*

לֹא־תִרְאוּ neg.-Qal impf. 2 m.p. (רָאָה 906) *you shall not see*

פָנַי n.m.p.-1 c.s. sf. (815) *my face*

בִּלְתִּי אֲחִיכֶם neg. (116; GK 163c)-n.m.s.-2 m.p. sf. (26) *unless your brother*

אִתְּכֶם prep.-2 m.p. sf. (II 85) *with you*

43:4

אִם־יֶשְׁךָ מְשַׁלֵּחַ hypoth.part. (49)-subst.-2 m.s. sf. (441)-Pi. ptc. (1018) *if you will send*

אֶת־אָחִינוּ dir.obj.-n.m.s.-1 c.p. sf. (26) *our brother*

אִתָּנוּ prep.-1 c.p. sf. (II 85) *with us*

נֵרְדָה Qal impf. 1 c.p.-coh.he (יָרַד 432) *we will go down*

וְנִשְׁבְּרָה conj.-Qal impf. 1 c.p.-coh.he (991) *and buy*

לְךָ אֹכֶל prep.-2 m.s. sf.-n.m.s. (38) *for you food*

43:5

וְאִם־אֵינְךָ מְשַׁלֵּחַ conj.-hypoth.part. (49)-subst.-2 m.s. sf. (II 34; GK 159v)-Pi. ptc. (1018; GK 116q) *but if you will not send him*

לֹא נֵרֵד neg.-Qal impf. 1 c.p. (יָרַד 432) *we will not go down*

כִּי־הָאִישׁ conj.-def.art.-n.m.s. (35) *for the man*

אָמַר אֵלֵינוּ Qal pf. 3 m.s. (55)-prep.-1 c.p. sf. *said to us*

לֹא־תִרְאוּ פָנַי neg.-Qal impf. 2 m.p. (רָאָה 906)-n.m.p.-1 c.s. sf. (815) *you shall not see my face*

בִּלְתִּי אֲחִיכֶם אִתְּכֶם neg. (116)-n.m.s.-2 m.p. sf. (26)-prep.-2 m.p. sf. (II 85) *unless your brother with you*

43:6

וַיֹּאמֶר יִשְׂרָאֵל consec.-Qal impf. 3 m.s. (55)-pr.n. (975) *Israel said*

לָמָה הֲרֵעֹתֶם לִי prep.-interr. (552)-Hi. pf. 2 m.s. (רָעַע 949)-prep.-1 c.s. sf. *why did you treat me so ill*

לְהַגִּיד prep.-Hi. inf.cstr. (נָגַד 616) *to tell*

לָאִישׁ prep.-def.art.-n.m.s. (35) *the man*

הַעוֹד לָכֶם אָח interr. (GK 150iN)-adv. (728)-prep.-2 m.p. sf.-n.m.s. (26) *that you had another brother*

43:7

וַיֹּאמְרוּ consec.-Qal impf. 3 m.p. (55) *they replied*

שָׁאוֹל שָׁאַל Qal inf.abs. (שָׁאַל 981)-Qal pf. 3 m.s. (981) *questioned carefully*

הָאִישׁ לָנוּ def.art.-n.m.s. (35)-prep.-1 c.p. sf. *the man ... about ourselves*

וּלְמוֹלַדְתֵּנוּ conj.-prep.-n.f.s.-1 c.p. sf. (409) *and our kindred*

לֵאמֹר prep.-Qal inf.cstr. (55) *saying*

הַעוֹד אֲבִיכֶם interr. (GK 150d)-adv. (728)-n.m.s.-2 m.p. sf. (3) *is your father still*

חַי adj. m.s. (311) *alive*

הֲיֵשׁ לָכֶם אָח interr. (GK 150d)-subst. (441) -prep.-2 m.p. sf.-n.m.s. (26) *have you another brother*

וַנַּגֶּד־לוֹ consec.-Hi. impf. 1 c.p. (נגד 616)-prep.-3 m.s. sf. *what we told him*

עַל־פִּי הַדְּבָרִים הָאֵלֶּה prep.-n.m.s. cstr. (804) -def.art.-n.m.p. (182)-def.art.-demons.adj. c.p. (41) *upon the mouth of these words*

הֲיָדוֹעַ נֵדַע interr.-Qal inf.abs. (GK 113q)-Qal impf. 1 c.p. (ידע 393; GK 107t) *could we in any way know*

כִּי יֹאמַר conj.-Qal impf. 3 m.s. (55; GK 107k) *that he would say*

הוֹרִידוּ Hi. impv. 2 m.p. (ירד 432) *bring down*

אֶת־אֲחִיכֶם dir.obj.-n.m.s.-2 m.p. sf. (26) *your brother*

43:8

וַיֹּאמֶר יְהוּדָה consec.-Qal impf. 3 m.s. (55)-pr.n. (397) *and Judah said*

אֶל־יִשְׂרָאֵל prep.-pr.n. (975) *to Israel*

אָבִיו n.m.s.-3 m.s. sf. (3) *his father*

שִׁלְחָה Qal impv. 2 m.s.-coh.he (1018) *send*

הַנַּעַר def.art.-n.m.s. (654) *the lad*

אִתִּי prep.-1 c.s. sf. (II 85) *with me*

וְנָקוּמָה conj.-Qal impf. 1 c.p.-coh.he (קום 877) *and we will arise*

וְנֵלֵכָה conj.-Qal impf. 1 c.p.-coh.he (הלך 229) *and go*

וְנִחְיֶה conj.-Qal impf. 1 c.p. (חיה 310) *that we may live*

וְלֹא נָמוּת conj.-neg.-Qal impf. 1 c.p. (מות 559) *and not die*

גַּם־אֲנַחְנוּ גַם־אַתָּה adv. (168)-pers.pr. 1 c.p. (59) -v.supra-pers.pr. 2 m.s. (61) *both we and you*

גַם־טַפֵּנוּ v.supra-n.m.s.-1 c.p. sf. (381) *and also our little ones*

43:9

אָנֹכִי אֶעֶרְבֶנּוּ pers.pr. 1 c.s. (59)-Qal impf. 1 c.s.-3 m.s. sf. (II 786) *I will be surety for him*

מִיָּדִי prep.-n.f.s.-1 c.s. sf. (388) *of my hand*

תְּבַקְשֶׁנּוּ Pi. impf. 2 m.s.-3 m.s. sf. (בקש 134) *you shall require him*

אִם־לֹא הֲבִיאֹתִיו hypoth.part. (49; GK 159o)-neg. -Hi. pf. 1 c.s.-3 m.s. sf. (בוא 97) *if I do not bring him back*

אֵלֶיךָ prep.-2 m.s. sf. *to you*

וְהִצַּגְתִּיו conj.-Hi. pf. 1 c.s.-3 m.s. sf. (יצג 426) *and set him*

לְפָנֶיךָ prep.-n.m.p.-2 m.s. sf. (815) *before you*

וְחָטָאתִי לְךָ conj.-Qal pf. 1 c.s. (306)-prep.-2 m.s. sf. *then let me bear the blame*

כָּל־הַיָּמִים n.m.s. cstr. (481)-def.art.-n.m.p. (398) *for ever*

43:10

כִּי לוּלֵא conj.-conj. (530) *for if not*

הִתְמַהְמָהְנוּ Hithpalpel pf. 1 c.p. (מהה 554; GK 159x) *we had delayed*

כִּי־עַתָּה שַׁבְנוּ conj.-adv. (773)-Qal pf. 1 c.p. (996 שוב; GK 106p) *we would now have returned*

זֶה פַעֲמָיִם demons.adj. m.s. (260)-n.f. du. paus. (821) *twice*

43:11

וַיֹּאמֶר אֲלֵהֶם consec.-Qal impf. 3 m.s. (55) -prep.-3 m.p. sf. *then said to them*

יִשְׂרָאֵל pr.n. (975) *Israel*

אֲבִיהֶם n.m.s.-3 m.p. sf. (3) *their father*

אִם־כֵּן hypoth.part. (49)-adv. (485) *if it must be so*

אֵפוֹא זֹאת עֲשׂוּ enclitic part. (66)-demons.adj. f.s. (260)-Qal impv. 2 m.p. (עשה I 793) *then do this*

קְחוּ Qal impv. 2 m.p. (לקח 542) *take*

מִזִּמְרַת הָאָרֶץ prep.-n.f.s. cstr. (II 275)-def.art. -n.f.s. (75) *some of the choice fruits of the land*

בִּכְלֵיכֶם prep.-n.m.p.-2 m.p. sf. (479) *in your bags*

וְהוֹרִידוּ conj.-Hi. impv. 2 m.p. (ירד 432) *and carry down*

לָאִישׁ prep.-def.art.-n.m.s. (35) *to the man*

מִנְחָה n.f.s. (585) *a present*

מְעַט צֳרִי subst. cstr. (589)-n.m.s. (863) *a little balm*

וּמְעַט דְּבַשׁ conj.-v.supra-n.m.s. (185) *and a little honey*

נְכֹאת n.f.s. (644) *gum*

וָלֹט conj.-n.m.s. (538) *myrrh*

בָּטְנִים n.m.p. (106) *pistachio nuts*

וּשְׁקֵדִים conj.-n.m.p. (1052) *and almonds*

43:12

וְכֶסֶף מִשְׁנֶה conj.-n.m.s. (494; GK 131e)-n.m.s. (1041) *and double the money*

קְחוּ Qal impv. 2 m.p. (לקח 542) *take*

בְּיֶדְכֶם prep.-n.f.s.-2 m.p. sf. (388) *with you (in your hand)*

וְאֶת־הַכֶּסֶף הַמּוּשָׁב conj.-dir.obj.-def.art.-n.m.s. (494)-def.art.-Ho. ptc. (שוב 996; GK 65d, 72bb,93pp) *and the money that was returned*

בְּפִי אַמְתְּחֹתֵיכֶם prep.-n.m.s. cstr. (804)-n.f.p.-2 m.p. sf. (607) *in the mouth of your sacks*

תָּשִׁיבוּ בְיֶדְכֶם Hi. impf. 2 m.p. (שׁוּב 996)-prep. -n.f.s.-2 m.p. sf. (388) *carry back with you (in your hand)*

אוּלַי מִשְׁגֶּה הוּא adv. (II 19)-n.m.s. (993)-pers.pr. 3 m.s. (214) *perhaps it was an oversight*

43:13

וְאֶת־אֲחִיכֶם conj.-dir.obj.-n.m.s.-2 m.p. sf. (26) *and your brother*

קָחוּ Qal impv. 2 m.p. paus. (לָקַח 542) *take*

וְקוּמוּ שֻׁבוּ conj.-Qal impv. 2 m.p. (קוּם 877) -Qal impv. 2 m.p. (שׁוּב 996) *and arise, go again*

אֶל־הָאִישׁ prep.-def.art.-n.m.s. (35) *to the man*

43:14

וְאֵל שַׁדַּי conj.-pr.n. (42, 994) *and God Almighty (El Shaddai)*

יִתֵּן לָכֶם Qal impf. 3 m.s. (נָתַן 678)-prep.-2 m.p. sf. *may grant you*

רַחֲמִים n.m.p. (933) *mercy*

לִפְנֵי הָאִישׁ prep.-n.m.p. cstr. (815)-def.art.-n.m.s. (35) *before the man*

וְשִׁלַּח לָכֶם conj.-Pi. pf. 3 m.s. (1018)-prep.-2 m.p. sf. *that he may send back*

אֶת־אֲחִיכֶם אַחֵר dir.obj.-n.m.s.-2 m.p. sf.-adj. m.s. (29) *your other brother*

וְאֶת־בִּנְיָמִין conj.-dir.obj.-pr.n. (122) *and Benjamin*

וַאֲנִי כַּאֲשֶׁר שָׁכֹלְתִּי conj.-pers.pr. 1 c.s. (58) -prep.-rel. (81)-Qal pf. 1 c.s. (שָׁכֹל 1013) *if I am bereaved of my children*

שָׁכָלְתִּי Qal pf. 1 c.s. paus. (שָׁכֹל 1013; GK 29u,106o) *I am bereaved*

43:15

וַיִּקְחוּ consec.-Qal impf. 3 m.p. (לָקַח 542) *so took*

הָאֲנָשִׁים def.art.-n.m.s. (35) *the men*

אֶת־הַמִּנְחָה הַזֹּאת dir.obj.-def.art.-n.f.s. (585) -def.art.-demons.adj. f.s. (260) *the present*

וּמִשְׁנֶה־כֶּסֶף conj.-n.m.s. (1041)-n.m.s. (494; GK 20c,131q) *and double the money*

לָקְחוּ Qal pf. 3 c.p. (542) *they took*

בְיָדָם prep.-n.f.s.-3 m.p. sf. (388) *with them*

וְאֶת־בִּנְיָמִן conj.-dir.obj.-pr.n. (122) *and Benjamin*

וַיָּקֻמוּ consec.-Qal impf. 3 m.p. (קוּם 877) *and they arose*

וַיֵּרְדוּ consec.-Qal impf. 3 m.p. (יָרַד 432) *and went down*

מִצְרַיִם pr.n. (595) *to Egypt*

וַיַּעַמְדוּ consec.-Qal impf. 3 m.p. (763) *and stood*

לִפְנֵי יוֹסֵף prep.-n.m.p. cstr. (815)-pr.n. (415) *before Joseph*

43:16

וַיַּרְא יוֹסֵף consec.-Qal impf. 3 m.s. (רָאָה 906) -pr.n. (415) *when Joseph saw*

אִתָּם prep.-3 m.p. sf. (II 85) *with them*

אֶת־בִּנְיָמִין dir.obj.-pr.n. (122) *Benjamin*

וַיֹּאמֶר consec.-Qal impf. 3 m.s. (55) *he said*

לַאֲשֶׁר עַל־בֵּיתוֹ prep.-rel. (81)-prep.-n.m.s.-3 m.s. sf. (108) *to the one over his house*

הָבֵא אֶת־הָאֲנָשִׁים Hi. impv. 2 m.s. (בּוֹא 97) -dir.obj.-def.art.-n.m.p. (35) *bring the men*

הַבָּיְתָה def.art.-n.m.s.-dir.he (108) *into the house*

וּטְבֹחַ טֶבַח conj.-Qal impv. 2 m.s. (טָבַח 370; GK 65b)-n.m.s. (I 370) *and slaughter an animal*

וְהָכֵן conj.-Hi. impv. 2 m.s. (כּוּן 465) *and make ready*

כִּי אִתִּי conj.-prep.-1 c.s. sf. (II 85) *for with me*

יֹאכְלוּ הָאֲנָשִׁים Qal impf. 3 m.p. (37)-def.art. -n.m.p. (35) *the men are to dine*

בַּצָּהֳרָיִם prep.-def.art.-n.m.p. paus. (843) *at noon*

43:17

וַיַּעַשׂ הָאִישׁ consec.-Qal impf. 3 m.s. (עָשָׂה I 793)-def.art.-n.m.s. (35) *the man did*

כַּאֲשֶׁר אָמַר יוֹסֵף prep.-rel. (81)-Qal pf. 3 m.s. (55)-pr.n. (415) *as Joseph bade him*

וַיָּבֵא הָאִישׁ consec.-Hi. impf. 3 m.s. (בּוֹא 97) -def.art.-n.m.s. (35) *and the man brought*

אֶת־הָאֲנָשִׁים dir.obj.-def.art.-n.m.p. (35) *the men*

בֵּיתָה יוֹסֵף n.m.s. cstr.-dir.he (108; GK 90c)-pr.n. (415) *to Joseph's house*

43:18

וַיִּירְאוּ הָאֲנָשִׁים consec.-Qal impf. 3 m.p. (יָרֵא 431)-def.art.-n.m.p. (35) *and the men were afraid*

כִּי הוּבְאוּ conj.-Ho. pf. 3 c.p. (בּוֹא 97) *because they were brought*

בֵּית יוֹסֵף n.m.s. cstr. (108)-pr.n. (415) *to Joseph's house*

וַיֹּאמְרוּ consec.-Qal impf. 3 m.p. (55) *and they said*

עַל־דְּבַר הַכֶּסֶף prep.-n.m.s. cstr. (182)-def.art. -n.m.s. (494) *it is because of the money*

הַשֻּׁב def.art.-Qal act.ptc. (שוב 996; GK 116d) *which was replaced*

בְּאַמְתְּחֹתֵינוּ prep.-n.f.p.-1 c.p. sf. (607) *in our sacks*

בַּתְּחִלָּה prep.-def.art.-n.f.s. (321) *the first time*

אֲנַחְנוּ מוּבָאִים pers.pr. 1 c.p. (59)-Ho. ptc. m.p. (בוא 97) *that we are brought in*

לְהִתְגֹּלֵל prep.-Hithpoʻel inf.cstr. (גלל II 164) *so that he may seek occasion* (lit. *roll himself*)

עָלֵינוּ prep.-1 c.p. sf. *against us*

וּלְהִתְנַפֵּל conj.-prep.-Hith. inf.cstr. (נפל 656) *and fall*

עָלֵינוּ v.supra *upon us*

וְלָקַחַת conj.-prep.-Qal inf.cstr. (לקח 542) *and to take*

אֹתָנוּ dir.obj.-1 c.p. sf. *us*

לַעֲבָדִים prep.-n.m.p. (713) *for slaves*

וְאֶת־חֲמֹרֵינוּ conj.-dir.obj.-n.m.p.-1 c.p. sf. (331) *and our asses*

43:19

וַיִּגְּשׁוּ consec.-Qal impf. 3 m.p. (נגש 620) *so they went up*

אֶל־הָאִישׁ prep.-def.art.-n.m.s. (35) *to the man* (steward)

אֲשֶׁר עַל־בֵּית יוֹסֵף rel. (81)-prep.-n.m.s. cstr. (108)-pr.n. (415) *of Joseph's house*

וַיְדַבְּרוּ אֵלָיו consec.-Pi. impf. 3 m.p. (180)-prep.-3 m.s. sf. *and spoke with him*

פֶּתַח הַבָּיִת n.m.s. cstr. (835)-def.art.-n.m.s. paus. (108) *at the door of the house*

43:20

וַיֹּאמְרוּ consec.-Qal impf. 3 m.p. (55) *and said*

בִּי אֲדֹנִי part.of entreaty (106)-n.m.s.-1 c.s. sf. (10) *Oh, my lord*

יָרֹד יָרַדְנוּ Qal inf.abs. (ירד 432)-Qal pf. 1 c.p. (432) *we came down*

בַּתְּחִלָּה prep.-def.art.-n.f.s. (321) *the first time*

לִשְׁבָּר־אֹכֶל prep.-Qal inf.cstr. (991)-n.m.s. (38) *to buy food*

43:21

וַיְהִי consec.-Qal impf. 3 m.s. (היה 224) *and (it was)*

כִּי־בָאנוּ conj.-Qal pf. 1 c.p. (בוא 97) *when we came*

אֶל־הַמָּלוֹן prep.-def.art.-n.m.s. (533) *to the lodging place*

וַנִּפְתְּחָה consec.-Qal impf. 1 c.p.-coh.he (פתח I 834; GK 49e) *we opened*

אֶת־אַמְתְּחֹתֵינוּ dir.obj.-n.f.p.-1 c.p. sf. (607) *our sacks*

וְהִנֵּה conj.-demons.part. (243) *and there was*

כֶּסֶף־אִישׁ n.m.s. cstr. (494)-n.m.s. (35) *every man's money*

בְּפִי אַמְתַּחְתּוֹ prep.-n.m.s. cstr. (804)-n.f.s.-3 m.s. sf. (607) *in the mouth of his sack*

כַּסְפֵּנוּ n.m.s.-1 c.p. sf. (494) *our money*

בְּמִשְׁקָלוֹ prep.-n.m.s.-3 m.s. sf. (1054) *in full weight*

וַנָּשֶׁב אֹתוֹ consec.-Hi. impf. 1 c.p. (שוב 996)-dir.obj.-3 m.s.sf. *so we have brought it again*

בְּיָדֵנוּ prep.-n.f.s.-1 c.p. sf. (388) *with us*

43:22

וְכֶסֶף אַחֵר conj.-n.m.s. (494)-adj. m.s. (29) *and other money*

הוֹרַדְנוּ Hi. pf. 1 c.p. (ירד 432) *we have brought down*

בְּיָדֵנוּ prep.-n.f.s.-1 c.p. sf. (388) *in our hand*

לִשְׁבָּר־אֹכֶל prep.-Qal inf.cstr. (991)-n.m.s. (38) *to buy food*

לֹא יָדַעְנוּ neg.-Qal pf. 1 c.p. (ידע 393) *we do not know*

מִי־שָׂם interr. (566)-Qal pf. 3 m.s. (שים 962) *who put*

כַּסְפֵּנוּ n.m.s.-1 c.p. sf. (494) *our money*

בְּאַמְתְּחֹתֵינוּ prep.-n.f.p.-1 c.p. sf. (607) *in our sacks*

43:23

וַיֹּאמֶר consec.-Qal impf. 3 m.s. (55) *he replied*

שָׁלוֹם לָכֶם n.m.s. (1022)-prep.-2 m.p. sf. *rest assured* (lit. *peace to you*)

אַל־תִּירָאוּ neg.-Qal impf. 2 m.p. paus. (ירא 431) *do not be afraid*

אֱלֹהֵיכֶם וֵאלֹהֵי n.m.p.-2 m.p. sf. (43)-conj.-n.m.p. cstr. (43) *your God and the God of*

אֲבִיכֶם n.m.s.-2 m.p. sf. (3) *your father*

נָתַן לָכֶם Qal pf. 3 m.s. (678)-prep.-2 m.p. sf. *must have put for you*

מַטְמוֹן n.m.s. (380) *treasure*

בְּאַמְתְּחֹתֵיכֶם prep.-n.f.p.-2 m.p. sf. (607) *in your sacks*

כַּסְפְּכֶם בָּא n.m.s.-2 m.p. sf. (494)-Qal pf. 3 m.s. (97) *your money has come*

אֵלָי prep.-1 c.s. paus. *to me*

וַיּוֹצֵא consec.-Hi. impf. 3 m.s. (יצא 422) *then he brought out*

אֲלֵהֶם prep.-3 m.p. sf. *to them*

אֶת־שִׁמְעוֹן dir.obj.-pr.n. (1035) *Simeon*

43:24

וַיָּבֵא הָאִישׁ consec.-Hi. impf. 3 m.s. (בוא 97)
-def.art.-n.m.s. (35) *and when the man brought*

אֶת־הָאֲנָשִׁים dir.obj.-def.art.-n.m.p. (35) *the men*

בֵּיתָה יוֹסֵף n.m.s. cstr.-dir.he (108; GK 90c)-pr.n. (415) *into Joseph's house*

וַיִּתֶּן־מַיִם consec.-Qal impf. 3 m.s. (נתן 678) -n.m.p. (565) *and had given them water*

וַיִּרְחֲצוּ consec.-Qal impf. 3 m.p. (934) *and they washed*

רַגְלֵיהֶם n.f.p.-3 m.p. sf. (919) *their feet*

וַיִּתֵּן v.supra *and when they had given*

מִסְפּוֹא n.m.s. (704) *provender*

לַחֲמֹרֵיהֶם prep.-n.m.p.-3 m.p. sf. (331) *to their asses*

43:25

וַיָּכִינוּ consec.-Hi. impf. 3 m.p. (כון 465) *they made ready*

אֶת־הַמִּנְחָה dir.obj.-def.art.-n.f.s. (585) *the present*

עַד־בּוֹא יוֹסֵף prep.-Qal inf.cstr. (97)-pr.n. (415) *for Joseph's coming*

בַּצָּהֳרָיִם prep.-def.art.-n.m.p. paus. (843) *at noon*

כִּי שָׁמְעוּ conj.-Qal pf. 3 c.p. (1033) *for they heard*

כִּי־שָׁם יֹאכְלוּ conj.-adv. (1027)-Qal impf. 3 m.p. (37) *that they should eat there*

לָחֶם n.m.s. paus. (536) *bread*

43:26

וַיָּבֹא יוֹסֵף consec.-Qal impf. 3 m.s. (בוא 97) -pr.n. (415) *when Joseph came*

הַבַּיְתָה def.art.-n.m.s.-dir.he (108) *home*

וַיָּבִיאוּ consec.-Hi. impf. 3 m.p. (בוא 97) *they brought*

לוֹ אֶת־הַמִּנְחָה prep.-3 m.s. sf.-dir.obj. -def.art.-n.f.s. (585) *to him the present*

אֲשֶׁר־בְּיָדָם rel. (81)-prep.-n.f.s.-3 m.p. sf. (388) *which they had with them*

הַבָּיְתָה def.art.-n.m.s.-dir.he (108) *into the house*

וַיִּשְׁתַּחֲווּ־לוֹ consec.-Hithpalel impf. 3 m.p. (1005 שׁחה)-prep.-3 m.s. sf. *and bowed down to him*

אָרְצָה n.f.s.-dir.he (75) *to the ground*

43:27

וַיִּשְׁאַל לָהֶם consec.-Qal impf. 3 m.s. (981) -prep.-3 m.p. sf. *and he asked of them*

לְשָׁלוֹם prep.-n.m.s. (1022) *about their welfare*

וַיֹּאמֶר consec.-Qal impf. 3 m.s. (55) *and said*

הֲשָׁלוֹם אֲבִיכֶם interr.-n.m.s. (1022; GK 141cN) -n.m.s.-2 m.p. sf. (3) *is your father well?*

הַזָּקֵן אֲשֶׁר def.art.-adj. m.s. (278)-rel. (81) *the old man of whom*

אֲמַרְתֶּם Qal pf. 2 m.p. (55) *you spoke*

הַעוֹדֶנּוּ חָי interr.-adj.-3 m.s. sf.-adj. m.s. paus. (I 311) *is he still alive?*

43:28

וַיֹּאמְרוּ consec.-Qal impf. 3 m.p. (55) *they said*

שָׁלוֹם לְעַבְדְּךָ n.m.s. (1022)-prep.-n.m.s.-2 m.s. sf. (713) *your servant is well*

לְאָבִינוּ prep.-n.m.s.-1 c.p. sf. (3) *our father*

עוֹדֶנּוּ חָי adv.-3 m.s. sf. (728)-adj. m.s. paus. (311) *he is still alive*

וַיִּקְּדוּ consec.-Qal impf. 3 m.p. (קדד I 869; GK 67g) *and they bowed their heads*

וַיִּשְׁתַּחוּ consec.-Hithpalel impf. 3 m.p. (שׁחה 1005) *and made obeisance*

43:29

וַיִּשָּׂא עֵינָיו consec.-Qal impf. 3 m.s. (נשׂא 669) -n.f. du.-3 m.s. sf. (744) *and he lifted his eyes*

וַיַּרְא אֶת־בִּנְיָמִין consec.-Qal impf. 3 m.s. (ראה 906)-dir.obj.-pr.n. (122) *and saw Benjamin*

אָחִיו n.m.s.-3 m.s. sf. (26) *his brother*

בֶּן־אִמּוֹ n.m.s. cstr. (119)-n.f.s.-3 m.s. sf. (51) *his mother's son*

וַיֹּאמֶר consec.-Qal impf. 3 m.s. (55) *and said*

הֲזֶה interr.-demons.adj. m.s. (260) *is this?*

אֲחִיכֶם הַקָּטֹן n.m.s.-2 m.p. sf. (26)-def.art.-adj. m.s. (882) *your youngest brother*

אֲשֶׁר אֲמַרְתֶּם rel. (81)-Qal pf. 2 m.p. (55) *of whom you spoke*

אֵלָי prep.-1 c.s. paus. *to me*

וַיֹּאמַר consec.-Qal impf. 3 m.s. (55) *(and he said)*

אֱלֹהִים יָחְנְךָ n.m.p. (43)-Qal impf. 3 m.s.-2 m.s. sf. (חנן I 335; GK 67n) *God be gracious to you*

בְּנִי n.m.s.-1 c.s. sf. (119) *my son*

43:30

וַיְמַהֵר יוֹסֵף consec.-Pi. impf. 3 m.s. (I 554)-pr.n. (415) *then Joseph made haste*

כִּי־נִכְמְרוּ רַחֲמָיו conj.-Ni. pf. 3 c.p. (I 485) -n.m.p.-3 m.s. sf. (933) *for his heart yearned* (lit. *his compassions were warmed*)

אֶל־אָחִיו prep.-n.m.s.-3 m.s. sf. (26) *for his brother*

וַיְבַקֵּשׁ consec.-Pi. impf. 3 m.s. (134) *and he sought*

לִבְכּוֹת prep.-Qal inf.cstr. (בָּכָה 113) *to weep*

וַיָּבֹא consec.-Qal impf. 3 m.s. (בּוֹא 97) *and he entered*

הַחַדְרָה def.art.-n.m.s.-dir.he (293) *his chamber*

וַיֵּבְךְּ שָׁמָּה consec.-Qal impf. 3 m.s. (בָּכָה 113) -adv.-dir.he (1027) *and wept there*

43:31

וַיִּרְחַץ פָּנָיו consec.-Qal impf. 3 m.s. (934)-n.m.p. -3 m.s. sf. (815) *then he washed his face*

וַיֵּצֵא consec.-Qal impf. 3 m.s. (יָצָא 422) *and came out*

וַיִּתְאַפַּק consec.-Hith. impf. 3 m.s. (67) *and controlling himself*

וַיֹּאמֶר consec.-Qal impf. 3 m.s. (55) *he said*

שִׂימוּ לָחֶם Qal impv. 2 m.p. (962)-n.m.s. paus. (536) *let food be served*

43:32

וַיָּשִׂימוּ לוֹ consec.-Qal impf. 3 m.p. (שִׂים 962) -prep.-3 m.s. sf. *they served him*

לְבַדּוֹ prep.-n.m.s.-3 m.s. sf. (94) *by himself*

וְלָהֶם לְבַדָּם conj.-prep.-3 m.p. sf.-prep.-n.m.s.-3 m.p. sf. (94) *and them by themselves*

וְלַמִּצְרִים conj.-prep.-def.art.-pr.n. (595) *and the Egyptians*

הָאֹכְלִים def.art.-Qal act.ptc. m.p. (37) *who ate*

אִתּוֹ prep.-3 m.s. sf. (II 85) *with him*

לְבַדָּם v.supra *by themselves*

כִּי לֹא יוּכְלוּן conj.-neg.-Qal impf. 3 m.p. (יָכֹל 407) *because might not*

הַמִּצְרִים def.art.-pr.n. (595) *the Egyptians*

לֶאֱכֹל prep.-Qal inf.cstr. (37) *eat*

אֶת־הָעִבְרִים prep. (II 85)-def.art.-adj. gent. m.p. (I 720) *with the Hebrews*

לֶחֶם n.m.s. (536) *bread*

כִּי־תוֹעֵבָה הִוא conj.-n.f.s. (1072)-demons.adj. f.s. (214) *for that is an abomination*

לְמִצְרָיִם prep.-pr.n. paus. (595) *to Egyptians*

43:33

וַיֵּשְׁבוּ consec.-Qal impf. 3 m.p. (יָשַׁב 442) *and they sat*

לְפָנָיו prep.-n.m.p.-3 m.s. sf. (815) *before him*

הַבְּכֹר def.art.-n.m.s. (114) *the first-born*

כִּבְכֹרָתוֹ prep.-n.f.s.-3 m.s. sf. (114) *according to his birthright*

וְהַצָּעִיר conj.-def.art.-adj. m.s. (I 859) *and the youngest*

כִּצְעִרָתוֹ prep.-n.f.s.-3 m.s. sf. (859) *according to his youth*

וַיִּתְמְהוּ consec.-Qal impf. 3 m.p. (תָּמַהּ 1069) *and looked in amazement*

הָאֲנָשִׁים def.art.-n.m.p. (35) *the men*

אִישׁ אֶל־רֵעֵהוּ n.m.s. (35)-prep. (GK 119gg) -n.m.s.-3 m.s. sf. (945) *each to his companion*

43:34

וַיִּשָּׂא consec.-Qal impf. 3 m.s. (נָשָׂא 669) *and were taken*

מַשְׂאֹת n.f.p. (673; GK 144n) *portions*

מֵאֵת פָּנָיו prep.-prep. (II 85)-n.m.p.-3 m.s. sf. (815) *from before him*

אֲלֵהֶם prep.-3 m.p. sf. *to them*

וַתֵּרֶב consec.-Qal impf. 3 f.s. (רָבָה I 915) *and was great(er)*

מַשְׂאַת בִּנְיָמִן n.f.s. cstr. (673)-pr.n. (122) *Benjamin's portion*

מִמַּשְׂאֹת כֻּלָּם prep.-n.f.p. cstr. (673)-n.m.p.-3 m.p. sf. (481) *than the portion of all of them*

חָמֵשׁ יָדוֹת num. (331)-n.f.p. (388; GK 134r) *five times*

וַיִּשְׁתּוּ consec.-Qal impf. 3 m.p. (שָׁתָה 1059) *so they drank*

וַיִּשְׁכְּרוּ עִמּוֹ consec.-Qal impf. 3 m.p. (שָׁכַר 1016)-prep.-3 m.s. sf. *and were merry with him*

44:1

וַיְצַו consec.-Pi. impf. 3 m.s. (צָוָה 845) *then he commanded*

אֶת־אֲשֶׁר עַל־בֵּיתוֹ dir.obj.-rel. (81)-prep.-n.m.s. -3 m.s. sf. (108) *the steward of his house*

לֵאמֹר prep.-Qal inf.cstr. (55) *(saying)*

מַלֵּא Pi. impv. 2 m.s. (5609) *fill*

אֶת־אַמְתְּחֹת dir.obj.-n.f.p. cstr. (607) *the sacks of*

הָאֲנָשִׁים def.art.-n.m.p. (35) *the men*

אֹכֶל n.m.s. (38) *with food*

כַּאֲשֶׁר יוּכְלוּן שְׂאֵת prep.-rel. (81; GK 138e)-Qal impf. 3 m.s. (יָכֹל 407; GK 47m)-Qal inf.cstr. (נָשָׂא 669) *as much as they can carry*

וְשִׂים conj.-Qal impv. 2 m.s. (שִׂים 962) *and put*

כֶּסֶף־אִישׁ n.m.s. cstr. (49)-n.m.s. (35) *each man's money*

בְּפִי אַמְתַּחְתּוֹ prep.-n.m.s. cstr. (804)-n.f.s.-3 m.s. sf. (607) *in the mouth of his sack*

44:2

וְאֶת־גְּבִיעִי conj.-dir.obj.-n.m.s.-1 c.s. sf. (149; GK 135nN) *and my cup*

203

גְּבִיעַ הַכֶּסֶף n.m.s. cstr. (149)–def.art.–n.m.s. (494) *the silver cup*

תָּשִׂים Qal impf. 2 m.s. (962) *you shall put*

בְּפִי אַמְתַּחַת prep.–n.m.s. cstr. (804)–n.f.s. cstr. (607) *in the mouth of the sack of*

הַקָּטֹן def.art.–adj. m.s. (882) *the youngest*

וְאֵת כֶּסֶף שִׁבְרוֹ conj.–dir.obj.–n.m.s. cstr. (494) –n.m.s.–3 m.s. sf. (991) *with his money for the grain*

וַיַּעַשׂ consec.–Qal impf. 3 m.s. (עשׂה I 793) *and he did*

כִּדְבַר יוֹסֵף prep.–n.m.s. cstr. (182)–pr.n. (415) *according to the word of Joseph*

אֲשֶׁר דִּבֵּר rel. (81)–Pi. pf. 3 m.s. (180) *which he spoke*

44:3

הַבֹּקֶר אוֹר def.art.–n.m.s. (133; GK 144c)–n.m.s. (21) *as soon as the morning was light*

וְהָאֲנָשִׁים conj.–def.art.–n.m.p. (35) *the men*

שֻׁלְּחוּ Pu. pf. 3 c.p. (1018) *were sent away*

הֵמָּה וַחֲמֹרֵיהֶם pers.pr. 3 m.p. (241)–conj. –n.m.p.–3 m.p. sf. (331; GK 142e) *they and their asses*

44:4

הֵם יָצְאוּ pers.pr. 3 m.p. (241)–Qal pf. 3 c.p. (יצא 422) *when they had gone*

אֶת־הָעִיר dir.obj.–def.art.–n.f.s. (746) *from the city*

לֹא הִרְחִיקוּ neg.–Hi. pf. 3 c.p. (רחק 934; GK 156f) *but a short distance (they had not gone far)*

וְיוֹסֵף אָמַר conj.–pr.n. (415)–Qal pf. 3 m.s. (55) *Joseph said*

לַאֲשֶׁר עַל־בֵּיתוֹ prep.–rel. (81; GK 138e)–prep. –n.m.s.–3 m.s. sf. (108) *to his steward*

קוּם Qal impv. 2 m.s. (קום 877) *up*

רְדֹף Qal impv. 2 m.s. (922) *follow*

אַחֲרֵי הָאֲנָשִׁים prep. (29)–def.art.–n.m.p. (35) *after the men*

וְהִשַּׂגְתָּם conj.–Hi. pf. 2 m.s.–3 m.p. sf. (נשׂג 673; GK 164b) *and when you overtake them*

וְאָמַרְתָּ conj.–Qal pf. 2 m.s. (55) *say*

אֲלֵהֶם prep.–3 m.p. sf. *to them*

לָמָּה prep.–interr. (552) *why*

שִׁלַּמְתֶּם רָעָה Pi. pf. 2 m.p. (1022)–adj. f.s. (948) *have you returned evil*

תַּחַת טוֹבָה prep. (1065)–adj. f.s. (II 373) *for good*

44:5

הֲלוֹא זֶה interr.–neg.–demons.adj. m.s. (260) *is not this*

אֲשֶׁר יִשְׁתֶּה אֲדֹנִי בּוֹ rel. (81)–Qal impf. 3 m.s. (שׁתה 1059)–n.m.s.–1 c.s. sf. (10)–prep.–3 m.s. sf. (GK 119mN) *which my lord drinks from it*

וְהוּא נַחֵשׁ יְנַחֵשׁ conj.–pers.pr. 3 m.s. (214)–Pi. inf.abs. (II 638)–Pi. impf. 3 m.s. (II 638) *and that he divines*

בּוֹ prep.–3 m.s. sf. *by it*

הֲרֵעֹתֶם Hi. pf. 2 m.p. (רעע 949) *you have done wrong*

אֲשֶׁר עֲשִׂיתֶם rel. (81)–Qal pf. 2 m.s. (עשׂה I 793) *in so doing*

44:6

וַיַּשִּׂגֵם consec.–Hi. impf. 3 m.p. (נשׂג 673) *when he overtook them*

וַיְדַבֵּר אֲלֵהֶם consec.–Pi. impf. 3 m.s. (180) –prep.–3 m.p. sf. *he spoke to them*

אֶת־הַדְּבָרִים הָאֵלֶּה dir.obj.–def.art.–n.m.p. (182) –def.art.–demons.adj. c.p. (41) *these words*

44:7

וַיֹּאמְרוּ אֵלָיו consec.–Qal impf. 3 m.p. (55) –prep.–3 m.s. sf. *they said to him*

לָמָּה יְדַבֵּר prep.–interr. (552)–Pi. impf. 3 m.s. (180) *why ... does speak*

אֲדֹנִי n.m.s.–1 c.s. sf. (10) *my lord*

כַּדְּבָרִים הָאֵלֶּה prep.–def.art.–n.m.p. (180)–def.art. –demons.adj. c.p. (41) *such words as these*

חָלִילָה לַעֲבָדֶיךָ subst. (321)–prep.–n.m.p.–2 m.s. sf. (713) *far be it from your servants*

מֵעֲשׂוֹת prep.–Qal inf.cstr. (עשׂה I 793) *that they should do*

כַּדָּבָר הַזֶּה prep.–def.art.–n.m.s. (182)–def.art. –demons.adj. m.s. (260) *such a thing*

44:8

הֵן כֶּסֶף demons.part. (243)–n.m.s. (494) *behold, the money*

אֲשֶׁר מָצָאנוּ rel. (81)–Qal pf. 1 c.p. (592) *which we found*

בְּפִי אַמְתְּחֹתֵינוּ prep.–n.m.s. cstr. (804)–n.f.p.–1 c.p. sf. (607) *in the mouth of our sacks*

הֱשִׁיבֹנוּ אֵלֶיךָ Hi. pf. 1 c.p. (שׁוב 996)–prep.–2 m.s. sf. *we brought back to you*

מֵאֶרֶץ כְּנָעַן prep.–n.f.s. cstr. (75)–pr.n. paus. (488) *from the land of Canaan*

וְאֵיךְ נִגְנֹב conj.–adv. (32)–Qal impf. 1 c.p. (170) *how then should we steal*

מִבֵּית אֲדֹנֶיךָ prep.-n.m.s. cstr. (108)-n.m.p.-2 m.s. sf. (10) *from your lord's house*

כֶּסֶף אוֹ זָהָב n.m.s. (494)-conj. (14)-n.m.s. (262) *silver or gold*

44:9

אֲשֶׁר יִמָּצֵא אִתּוֹ rel. (GK 138f)-Ni. impf. 3 m.s. (592 מָצָא)-prep.-3 m.s. sf. (II 85) *with whomsoever it be found*

מֵעֲבָדֶיךָ prep.-n.m.p.-2 m.s. sf. (713) *of your servants*

וָמֵת conj.-Qal pf. 3 m.s. (מוּת 559; GK 112ii) *let him die*

וְגַם־אֲנַחְנוּ נִהְיֶה conj.-adv. (168)-pers.pr. 1 c.p. (59)-Qal impf. 1 c.p. (הָיָה 224) *and we also will be*

לַאדֹנִי לַעֲבָדִים prep.-n.m.s.-1 c.s. sf. (10)-prep.-n.m.p. (713) *my lord's slaves*

44:10

וַיֹּאמֶר consec.-Qal impf. 3 m.s. (55) *he said*

גַּם־עַתָּה adv. (168; GK 153)-adv. (773) *(also now)*

כְדִבְרֵיכֶם prep.-n.m.p.-2 m.p. sf. (182) *as you say*

כֶּן־הוּא adv. (485)-demons.adj. m.s. (214) *thus it shall be*

אֲשֶׁר יִמָּצֵא אִתּוֹ rel. (81)-Ni. impf. 3 m.s. (592)-prep.-3 m.s. sf. (II 85) *he with whom it is found*

יִהְיֶה־לִּי עָבֶד Qal impf. 3 m.s. (224)-prep.-1 c.s. sf.-n.m.s. paus. (713) *shall be my slave*

וְאַתֶּם תִּהְיוּ conj.-pers.pr. 2 m.p. (61)-Qal impf. 2 m.p. (הָיָה 224) *and the rest shall be*

נְקִיִּם adj. m.p. (667) *blameless*

44:11

וַיְמַהֲרוּ consec.-Pi. impf. 3 m.p. (I 554) *then quickly*

וַיּוֹרִדוּ consec.-Hi. impf. 3 m.p. (יָרַד 432) *lowered*

אִישׁ אֶת־אַמְתַּחְתּוֹ n.m.s. (35)-dir.obj.-n.f.s.-3 m.s. sf. (607) *every man his sack*

אָרְצָה n.f.s.-dir.he (75) *to the ground*

וַיִּפְתְּחוּ consec.-Qal impf. 3 m.p. (פָּתַח I 834) *and opened*

אִישׁ אַמְתַּחְתּוֹ v.supra-n.f.s.-3 m.s. sf. (607) *every man his sack*

44:12

וַיְחַפֵּשׂ consec.-Pi. impf. 3 m.s. (חָפַשׂ 344) *and he searched*

בַּגָּדוֹל הֵחֵל prep. (GK 156d)-def.art.-adj. m.s. (152)-Hi. pf. 3 m.s. (חָלַל III 320) *with the eldest he began*

וּבַקָּטֹן כִּלָּה conj.-prep.-def.art.-adj. m.s. (882)-Pi. pf. 3 m.s. (כָּלָה 477) *and ended with the youngest*

וַיִּמָּצֵא consec.-Ni. impf. 3 m.s. (592) *and was found*

הַגָּבִיעַ def.art.-n.m.s. (149) *the cup*

בְּאַמְתַּחַת בִּנְיָמִן prep.-n.f.s. cstr. (607)-pr.n. (122) *in Benjamin's sack*

44:13

וַיִּקְרְעוּ consec.-Qal impf. 3 m.p. (קָרַע 902) *then they rent*

שִׂמְלֹתָם n.f.p.-3 m.p. sf. (971) *their clothes*

וַיַּעֲמֹס consec.-Qal impf. 3 m.s. (עָמַס 770) *and loaded*

אִישׁ עַל־חֲמֹרוֹ n.m.s. (35)-prep.-n.m.s.-3 m.s. sf. (331) *every man his ass*

וַיָּשֻׁבוּ הָעִירָה consec.-Qal impf. 3 m.p. (שׁוּב 996)-def.art.-n.f.s.-dir.he (746) *and they returned to the city*

44:14

וַיָּבֹא יְהוּדָה consec.-Qal impf. 3 m.s. (בּוֹא 97)-pr.n. (397) *when Judah came*

וְאֶחָיו conj.-n.m.p.-3 m.s. sf. (26) *and his brothers*

בֵּיתָה יוֹסֵף n.m.s. cstr.-dir.he (108)-pr.n. (415) *to Joseph's house*

וְהוּא עוֹדֶנּוּ שָׁם conj.-pers.pr. 3 m.s. (214)-adv.-3 m.s. sf. (728)-adv. (1027) *he was still there*

וַיִּפְּלוּ consec.-Qal impf. 3 m.p. (נָפַל 656) *and they fell*

לְפָנָיו prep.-n.m.p.-3 m.s. sf. (815) *before him*

אָרְצָה n.f.s.-dir.he (75) *to the ground*

44:15

וַיֹּאמֶר לָהֶם consec.-Qal impf. 3 m.s. (55)-prep.-3 m.p. sf. *said to them*

יוֹסֵף pr.n. (415) *Joseph*

מָה־הַמַּעֲשֶׂה הַזֶּה interr. (552)-def.art.-n.m.s. (795)-def.art.-demons.adj. m.s. (260) *what deed is this*

אֲשֶׁר עֲשִׂיתֶם rel. (81)-Qal pf. 2 m.p. (עָשָׂה I 793) *that you have done*

הֲלוֹא יְדַעְתֶּם interr.-neg.-Qal pf. 2 m.p. (יָדַע 393) *do you not know*

כִּי־נַחֵשׁ יְנַחֵשׁ conj.-Pi. inf.abs. (II 638)-Pi. impf. 3 m.s. (II 638) *that can indeed divine*

אִישׁ אֲשֶׁר כָּמֹנִי n.m.s. (35)-rel. (81)-prep.-1 c.s. sf. *a man such as I*

44:16

וַיֹּאמֶר יְהוּדָה consec.-Qal impf. 3 m.s. (55)-pr.n. (397) *and Judah said*

מַה־נֹּאמַר interr. (552)-Qal impf. 1 c.p. (55) *what shall we say*

לַאדֹנִי prep.-n.m.s.-1 c.s. sf. (10) *to my lord*

מַה־נְּדַבֵּר interr. (552)-Pi. impf. 1 c.p. (180) *what shall we speak?*

וּמַה־נִּצְטַדָּק conj.-interr. (552; GK 20d)-Hith. impf. 1 c.p. (צדק 842) *or how can we clear ourselves*

הָאֱלֹהִים מָצָא def.art.-n.m.p. (43)-Qal pf. 3 m.s. (592) *God has found out*

אֶת־עֲוֹן עֲבָדֶיךָ dir.obj.-n.m.s. cstr. (730)-n.m.p.-2 m.s. sf. (713) *the guilt of your servants*

הִנֶּנּוּ עֲבָדִים demons.part.-1 c.p. sf. (243; GK 58k)-n.m.p. (713) *behold, we are slaves*

לַאדֹנִי prep.-n.m.s.-1 c.s. sf. (10) *to my lord*

גַּם־אֲנַחְנוּ adv. (168)-pers.pr. 1 c.p. (59) *both we*

גַּם אֲשֶׁר־נִמְצָא adv. (168)-rel. (81)-Ni. pf. 3 m.s. (592) *and he also ... has been found*

הַגָּבִיעַ def.art.-n.m.s. (149) *the cup*

בְּיָדוֹ prep.-n.f.s.-3 m.s. sf. (388) *in his hand*

44:17

וַיֹּאמֶר consec.-Qal impf. 3 m.s. (55) *but he said*

חָלִילָה subst. (321) *far be it*

לִי prep.-1 c.s. sf. *from me*

מֵעֲשׂוֹת זֹאת prep.-Qal inf.cstr. (עשׂה I 793)-demons.adj. f.s. (260) *that I should do so*

הָאִישׁ אֲשֶׁר def.art.-n.m.s. (35)-rel. (81) *the man which*

נִמְצָא Ni. pf. 3 m.s. (592) *was found*

הַגָּבִיעַ def.art.-n.m.s. (149) *the cup*

בְּיָדוֹ prep.-n.f.s.-3 m.s. sf. (388) *in his hand*

הוּא יִהְיֶה־לִּי pers.pr. 3 m.s. (214)-Qal impf. 3 m.s. (הָיָה 224)-prep.-1 c.s. sf. *shall be to me*

עָבֶד n.m.s. paus. (713) *a slave*

וְאַתֶּם עֲלוּ conj.-pers.pr. 2 m.p. (61)-Qal impv. 2 m.p. (עָלָה 748) *but as for you, go up*

לְשָׁלוֹם prep.-n.m.s. (1022) *in peace*

אֶל־אֲבִיכֶם prep.-n.m.s.-2 m.p. sf. (3) *to your father*

44:18

וַיִּגַּשׁ אֵלָיו consec.-Qal impf. 3 m.s. (נָגַשׁ 620)-prep.-3 m.s. sf. *then went up to him*

יְהוּדָה pr.n. (397) *Judah*

וַיֹּאמֶר consec.-Qal impf. 3 m.s. (55) *and said*

בִּי אֲדֹנִי part.of entreaty (106)-n.m.s.-1 c.s. sf. (10) *O my lord*

יְדַבֶּר־נָא Pi. impf. 3 m.s. (180)-part.of entreaty (609) *let, I pray you, ... speak*

עַבְדְּךָ n.m.s.-2 m.s. sf. (713) *your servant*

דָבָר n.m.s. (182) *a word*

בְּאָזְנֵי אֲדֹנִי prep.-n.f. du. cstr. (23)-v.supra *in my lord's ears*

וְאַל־יִחַר אַפְּךָ conj.-neg.-Qal impf. 3 m.s. (חָרָה 354)-n.m.s.-2 m.s. sf. (I 60) *and let not your anger burn*

בְּעַבְדֶּךָ prep.-n.m.s.-2 m.s. sf. (713) *against your servant*

כִּי כָמוֹךָ כְּפַרְעֹה conj.-prep.-2 m.s. sf.-prep.-pr.n. (829) *for you are like Pharaoh himself*

44:19

אֲדֹנִי שָׁאַל n.m.s.-1 c.s. sf. (10)-Qal pf. 3 m.s. (981) *my lord asked*

אֶת־עֲבָדָיו dir.obj.-n.m.p.-3 m.s. sf. (713) *his servants*

לֵאמֹר prep.-Qal inf.cstr. (55) *saying*

הֲיֵשׁ־לָכֶם interr.-subst. (441)-prep.-2 m.p. sf. *have you*

אָב n.m.s. (3) *a father*

אוֹ־אָח conj. (14)-n.m.s. (26) *or a brother*

44:20

וַנֹּאמֶר consec.-Qal impf. 1 c.p. (55) *and we said*

אֶל־אֲדֹנִי prep.-n.m.s.-1 c.s. sf. (10) *to my lord*

יֶשׁ־לָנוּ אָב subst. (441)-prep.-1 c.p. sf.-n.m.s. (3) *we have a father*

זָקֵן adj. m.s. (278) *an old man*

וְיֶלֶד זְקֻנִים conj.-n.m.s. cstr. (409)-n.m.p. (279) *and a child of his old age*

קָטָן adj. m.s. (I 881) *young*

וְאָחִיו מֵת consec.-n.m.s.-3 m.s. sf. (26)-Qal pf. 3 m.s. (מוּת 559) *and his brother is dead*

וַיִּוָּתֵר הוּא consec.-Ni. impf. 3 m.s. (יָתַר 451)-pers.pr. 3 m.s. (214) *and he is left*

לְבַדּוֹ prep.-n.m.s.-3 m.s. sf. (94) *alone*

לְאִמּוֹ prep.-n.f.s.-3 m.s.sf. (51) *of his mother's children*

וְאָבִיו אֲהֵבוֹ conj.-n.m.s.-3 m.s. sf. (3)-Qal pf. 3 m.s.-3 m.s. sf. (12) *and his father loves him*

44:21

וַתֹּאמֶר consec.-Qal impf. 2 m.s. (55) *then you said*

אֶל־עֲבָדֶיךָ prep.-n.m.p.-2 m.s. sf. (713) *to your servants*

הוֹרִדֻהוּ אֵלָי Hi. impv. 2 m.p.-3 m.s. sf. (יָרַד 432)-prep.-1 c.s. sf. paus. *bring him down to me*

וְאָשִׂימָה conj.-Qal impf. 1 c.s.-vol.he (שִׂים 962) *that I may set*

עֵינִי n.f.s.-1 c.s. sf. (744) *my eye*

עָלָיו prep.-3 m.s. sf. *upon him*

44:22

וַנֹּאמֶר consec.-Qal impf. 1 c.p. (55) *we said*

אֶל־אֲדֹנִי prep.-n.m.s.-1 c.s. sf. (10) *to my lord*

לֹא־יוּכַל הַנַּעַר neg.-Qal impf. 3 m.s. (407)-def.art.-n.m.s. (654) *the lad cannot*

לַעֲזֹב prep.-Qal inf.cstr. (I 736) *leave*

אֶת־אָבִיו dir.obj.-n.m.s.-3 m.s. sf. (3) *his father*

וְעָזַב אֶת־אָבִיו conj.-Qal pf. 3 m.s. (I 736; GK 159g)-dir.obj.-n.m.s.-3 m.s. sf. (3) *for if he should leave his father*

וָמֵת consec.-Qal pf. 3 m.s. (מוּת 559) *he would die*

44:23

וַתֹּאמֶר consec.-Qal impf. 2 m.s. (55) *then you said*

אֶל־עֲבָדֶיךָ prep.-n.m.p.-2 m.s.sf. (713) *to your servants*

אִם־לֹא יֵרֵד hypoth.part. (49)-neg.-Qal impf. 3 m.s. (יָרַד 432) *unless comes down*

אֲחִיכֶם הַקָּטֹן n.m.s.-2 m.p. sf. (26)-def.art.-adj. m.s. (882) *your youngest brother*

אִתְּכֶם prep.-2 m.p. sf. (II 85) *with you*

יֹסֵף לֹא תֹסְפוּן לִרְאוֹת neg.-Hi.impf. 2 m.p. (414)-prep.-Qal inf.cstr. (רָאָה 906) *you shall see no more*

פָּנָי n.m.p.-1 c.s. sf. paus. (815) *my face*

44:24

וַיְהִי consec.-Qal impf. 3 m.s. (הָיָה 224) *(and it was)*

כִּי עָלִינוּ conj.-Qal pf. 1 c.p. (עָלָה 748) *when we went back*

אֶל־עַבְדְּךָ prep.-n.m.s.-2 m.s. sf. (713) *to your servant*

אָבִי n.m.s.-1 c.s. sf. (3) *my father*

וַנַּגֶּד־לוֹ consec.-Hi. impf. 1 c.p. (נָגַד 616)-prep.-3 m.s. sf. *we told him*

אֵת דִּבְרֵי אֲדֹנִי dir.obj.-n.m.p. cstr. (182)-n.m.s.-1 c.s. sf. (10) *the words of my lord*

44:25

וַיֹּאמֶר אָבִינוּ consec.-Qal impf. 3 m.s. (55)-n.m.s.-1 c.p. sf. (3) *and when our father said*

שֻׁבוּ Qal impv. 2 m.p. (שׁוּב 996) *go again*

שִׁבְרוּ־לָנוּ Qal impv. 2 m.p. (991)-prep.-1 c.p. sf. *buy us*

מְעַט־אֹכֶל subst. cstr. (589)-n.m.s. (38) *a little food*

44:26

וַנֹּאמֶר consec.-Qal impf. 1 c.p. (55) *we said*

לֹא נוּכַל neg.-Qal impf. 1 c.p. (יָכֹל 407) *we cannot*

לָרֶדֶת prep.-Qal inf.cstr. (יָרַד 432) *go down*

אִם־יֵשׁ אָחִינוּ hypoth.part. (49)-subst. (441)-n.m.s.-1 c.p. sf. (26) *if our brother not*

הַקָּטֹן def.art.-adj. m.s. (882) *youngest*

אִתָּנוּ prep.-1 c.p. sf. (II 85) *with us*

וְיָרַדְנוּ conj.-Qal pf. 1 c.p. (יָרַד 432) *then we will go down*

כִּי־לֹא נוּכַל conj.-neg.-Qal impf. 1 c.p. (יָכֹל 407) *for we cannot*

לִרְאוֹת prep.-Qal inf.cstr. (רָאָה 906) *see*

פְּנֵי הָאִישׁ n.m.p. cstr. (815)-def.art.-n.m.s. (35) *the man's face*

וְאָחִינוּ conj.-n.m.s.-1 c.p. sf. (26) *unless our brother*

הַקָּטֹן def.art.-adj. m.s. (882) *youngest*

אֵינֶנּוּ אִתָּנוּ subst.-3 m.s. sf. (II 34)-prep.-1 c.p. sf. (II 85) *(unless) is with us*

44:27

וַיֹּאמֶר עַבְדְּךָ consec.-Qal impf. 3 m.s. (55)-n.m.s.-2 m.s. sf. (713) *then your servant said*

אָבִי n.m.s.-1 c.s. sf. (3) *my father*

אֵלֵינוּ prep.-1 c.p. sf. *to us*

אַתֶּם יְדַעְתֶּם pers.pr. 2 m.p. (61)-Qal pf. 2 m.p. (393) *you know*

כִּי שְׁנַיִם conj.-num. m.s. (1040) *that two sons*

יָלְדָה־לִי Qal pf. 3 f.s. (408)-prep.-1 c.s. sf. *bore me*

אִשְׁתִּי n.f.s.-1 c.s. sf. (61) *my wife*

44:28

וַיֵּצֵא הָאֶחָד consec.-Qal impf. 3 m.s. (יָצָא 422)-def.art.-num. m.s. (25) *one left*

מֵאִתִּי prep.-prep.-1 c.s. sf. (II 85) *me*

וָאֹמַר consec.-Qal impf. 1 c.s. (אָמַר 55) *and I said*

אַךְ טָרֹף טֹרָף adv. (36)-Qal inf.abs. (382; GK 113w)-Pu. pf. 3 m.s. (382) *surely he has been torn to pieces*

וְלֹא רְאִיתִיו conj.-neg.-Qal pf. 1 c.s.-3 m.s. sf. (רָאָה 906) *and I have never seen him*

עַד־הֵנָּה prep.-adv.-loc.he (244) *since*

207

44:29

וּלְקַחְתֶּם גַּם־ conj.-Qal pf. 2 m.p. (לָקַח 542; GK 112kk)-adv. (168) *if you take also*

אֶת־זֶה dir.obj.-demons.adj. m.s. (260) *this one*

מֵעִם פָּנַי prep.-prep.-n.m.p.-1 c.s. sf. (815) *from me*

וְקָרָהוּ conj.-Qal pf. 3 m.s.-3 m.s. sf. (קָרָה 899) *and befalls him*

אָסוֹן n.m.s. (62) *harm*

וְהוֹרַדְתֶּם conj.-Hi. pf. 2 m.p. (יָרַד 432) *you will bring down*

אֶת־שֵׂיבָתִי dir.obj.-n.f.s.-1 c.s. sf. (966) *my gray hairs*

בְּרָעָה prep.-n.f.s. (948) *in sorrow*

שְׁאֹלָה n.f.s.-dir.he (982) *to Sheol*

44:30

וְעַתָּה כְּבֹאִי conj.-adv. (773)-prep.-Qal inf.cstr.-1 c.s. sf. (בּוֹא 97) *now therefore, when I come*

אֶל־עַבְדְּךָ prep.-n.m.s.-2 m.s. sf. (713) *to your servant*

אָבִי n.m.s.-1 c.s. sf. (3) *my father*

וְהַנַּעַר אֵינֶנּוּ אִתָּנוּ conj.-def.art.-n.m.s. (654) -subst.-3 m.s. sf. (II 34)-prep.-1 c.p. sf. (II 85) *and the lad is not with us*

וְנַפְשׁוֹ קְשׁוּרָה conj.-n.f.s.-3 m.s. sf. (659)-Qal pass.ptc. (905) *as his life is bound up*

בְנַפְשׁוֹ prep.-n.f.s.-3 m.s. sf. (659) *in his life*

44:31

וְהָיָה כִּרְאוֹתוֹ conj.-Qal pf. 3 m.s. (224)-prep. -Qal inf.cstr.-3 m.s. sf. (רָאָה 906) *and (it shall be) when he sees*

כִּי־אֵין הַנַּעַר conj.-subst. cstr. (II 34)-dir.obj. -n.m.s. (654) *that the lad is not*

וָמֵת conj.-Qal pf. 3 m.s. (מוּת 559; GK 112oo) *he will die*

וְהוֹרִידוּ עֲבָדֶיךָ conj.-Hi. pf. 3 c.p. (יָרַד 432) -n.m.p.-2 m.s. sf. (713) *and your servants will bring down*

אֶת־שֵׂיבַת עַבְדְּךָ dir.obj.-n.f.s. cstr. (966) -n.m.s.-2 m.s. sf. (713) *the gray hairs of your servant*

אָבִינוּ n.m.s.-1 c.p. sf. (3) *our father*

בְּיָגוֹן prep.-n.m.s. (387) *with sorrow*

שְׁאֹלָה n.f.s.-dir.he (982) *to Sheol*

44:32

כִּי עַבְדְּךָ conj.-n.m.s.-2 m.s. sf. (713) *for your servant*

עָרַב Qal pf. 3 m.s. (II 786) *became surety*

אֶת־הַנַּעַר dir.obj.-def.art.-n.m.s. (654) *for the lad*

מֵעִם אָבִי prep.-prep.-n.m.s.-1 c.s. sf. (3) *to my father*

לֵאמֹר prep.-Qal inf.cstr. (55) *saying*

אִם־לֹא אֲבִיאֶנּוּ hypoth.part. (49)-neg.-Hi. impf. 1 c.s.-3 m.s. sf. (בּוֹא 97) *if I do not bring him back*

אֵלֶיךָ prep.-2 m.s. sf. *to you*

וְחָטָאתִי conj.-Qal pf. 1 c.s. (306) *then I shall bear the blame*

לְאָבִי prep.-n.m.s.-1 c.s. sf. (3) *in the sight of my father*

כָּל־הַיָּמִים n.m.s. cstr. (481)-def.art.-n.m.p. (398) *all my life*

44:33

וְעַתָּה יֵשֶׁב־נָא conj.-adv. (773)-Qal impf. 3 m.s. (442 יָשַׁב, GK 69p,109h)-part of entreaty (609) *now therefore, let remain, I pray you*

עַבְדְּךָ n.m.s.-2 m.s. sf. (713) *your servant*

תַּחַת הַנַּעַר prep. (1065)-def.art.-n.m.s. (654) *instead of the lad*

עֶבֶד לַאדֹנִי n.m.s. (713)-prep.-n.m.s.-1 c.s. sf. (10) *as a slave to my lord*

וְהַנַּעַר יַעַל conj.-def.art.-n.m.s. (654)-Qal impf. 3 m.s. apoc.vol. (עָלָה 748) *and let the lad go back*

עִם־אֶחָיו prep.-n.m.p.-3 m.s. sf. (26) *with his brothers*

44:34

כִּי־אֵיךְ אֶעֱלֶה conj.-adv. (32)-Qal impf. 1 c.s. (עָלָה 748) *for how can I go back*

אֶל־אָבִי prep.-n.m.s.-1 c.s. sf. (3) *to my father*

וְהַנַּעַר אֵינֶנּוּ אִתִּי conj.-def.art.-n.m.s. (654) -subst.-3 m.s. sf. (II 34)-prep.-1 c.s. sf. *if the lad is not with me*

פֶּן אֶרְאֶה conj. (814; GK 152w)-Qal impf. 1 c.s. (906 רָאָה) *I fear to see*

בָרָע prep.-def.art.-n.m.s. (948) *the evil*

אֲשֶׁר יִמְצָא rel.-Qal impf. 3 m.s. (592) *that would come upon*

אֶת־אָבִי dir.obj.-n.m.s.-1 c.s. sf. (3) *my father*

45:1

וְלֹא־יָכֹל conj.-neg.-Qal pf. 3 m.s. (407) *then ... could not*

יוֹסֵף pr.n. (415) *Joseph*

לְהִתְאַפֵּק prep.-Hith. inf.cstr. (אָפַק 67) *control himself*

לְכֹל הַנִּצָּבִים עָלָיו prep.-n.m.s. cstr. (481)-def.art.
-Ni. ptc. m.p. (נצב 662)-prep.-3 m.s. sf.
before all those who stood by him

וַיִּקְרָא consec.-Qal impf. 3 m.s. (894) *and he cried*

הוֹצִיאוּ Hi. impv. 2 m.p. (יצא 422) *make ... go out*

כָל־אִישׁ n.m.s. cstr. (481)-n.m.s. (35) *every one*

מֵעָלָי prep.-prep.-1 c.s. sf. paus. *from me*

וְלֹא־עָמַד אִישׁ conj.-neg.-Qal pf. 3 m.s. (763) -n.m.s. (35) *so no one stayed*

אִתּוֹ prep.-3 m.s. sf. (II 85) *with him*

בְּהִתְוַדַּע prep.-Hith. inf.cstr. (ידע 393) *when ... made himself known*

יוֹסֵף pr.n. (415) *Joseph*

אֶל־אֶחָיו prep.-n.m.p.-3 m.s. sf. (26) *to his brothers*

45:2

וַיִּתֵּן אֶת־קֹלוֹ consec.-Qal impf. 3 m.s. (נתן 678) -dir.obj.-n.m.s.-3 m.s. sf. (876) *and he ... aloud*

בִּבְכִי prep.-n.m.s. (113) *wept*

וַיִּשְׁמְעוּ consec.-Qal impf. 3 m.p. (1033) *so that ... heard*

מִצְרַיִם pr.n. (595) *the Egyptians*

וַיִּשְׁמַע consec.-Qal impf. 3 m.s. (1033) *and ... heard*

בֵּית פַּרְעֹה n.m.s. cstr. (108)-pr.n. (829) *the household of Pharaoh*

45:3

וַיֹּאמֶר יוֹסֵף consec.-Qal impf. 3 m.s. (55)-pr.n. (415) *and Joseph said*

אֶל־אֶחָיו prep.-n.m.p.-3 m.s. sf. (26) *to his brothers*

אֲנִי יוֹסֵף pers.pr. 1 c.s. (58)-pr.n. (415) *I am Joseph*

הַעוֹד אָבִי interr.-adv. (728)-n.m.s.-1 c.s. sf. (3) *is my father still*

חַי adj. m.s. paus. (311) *alive*

וְלֹא־יָכְלוּ conj.-neg.-Qal pf. 3 c.p. (יכל 407) *but ... could not*

אֶחָיו n.m.p.-3 m.s. sf. (26) *his brothers*

לַעֲנוֹת אֹתוֹ prep.-Qal inf.cstr. (ענה I 772) -dir.obj.-3 m.s. sf. *answer him*

כִּי נִבְהֲלוּ conj.-Ni. pf. 3 c.p. (בהל 96) *for they were dismayed*

מִפָּנָיו prep.-n.m.p.-3 m.s. sf. (815) *at his presence*

45:4

וַיֹּאמֶר יוֹסֵף consec.-Qal impf. 3 m.s. (55)-pr.n. (415) *so Joseph said*

אֶל־אֶחָיו prep.-n.m.p.-3 m.s. sf. (26) *to his brothers*

גְּשׁוּ־נָא אֵלַי Qal impv. 2 m.p. (נגש 620)-part.of entreaty (609)-prep.-1 c.s. sf. *come near to me, I pray you*

וַיִּגָּשׁוּ consec.-Qal impf. 3 m.p. paus. (נגש 620) *and they came near*

וַיֹּאמֶר consec.-Qal impf. 3 m.s. (55) *and he said*

אֲנִי יוֹסֵף pers.pr. 1 c.s. (58)-pr.n. (415) *I am Joseph*

אֲחִיכֶם n.m.s.-2 m.p. sf. (26) *your brother*

אֲשֶׁר־מְכַרְתֶּם אֹתִי rel. (81)-Qal pf. 2 m.p. (569)-dir.obj.-1 c.s. sf. (GK 138d) *whom you sold (me)*

מִצְרָיְמָה pr.n.-dir.he (595) *into Egypt*

45:5

וְעַתָּה conj.-adv. (773) *and now*

אַל־תֵּעָצְבוּ neg.-Ni. impf. 2 m.p. (עצב I 780) *do not be distressed*

וְאַל־יִחַר בְּעֵינֵיכֶם conj.-neg.-Qal impf. 3 m.s. (חרה 354)-prep.-n.f. du.-2 m.p. sf. (744) *or be angry with yourselves*

כִּי־מְכַרְתֶּם אֹתִי conj.-Qal pf. 2 m.p. (569)-dir. obj.-1 c.s. sf. *because you sold me*

הֵנָּה adv. (I 244) *here*

כִּי לְמִחְיָה conj.-prep.-n.f.s. (313) *for to preserve life*

שְׁלָחַנִי אֱלֹהִים Qal pf. 3 m.s.-1 c.s. sf. (1018) -n.m.p. (43) *God has sent me*

לִפְנֵיכֶם prep.-n.m.p.-2 m.p. sf. (815) *before you*

45:6

כִּי־זֶה שְׁנָתַיִם conj.-demons.adj. m.s. (260)-n.f. du. (1040) *for these two years*

הָרָעָב def.art.-n.m.s. (944) *the famine*

בְּקֶרֶב הָאָרֶץ prep.-n.m.s. cstr. (899)-def.art.-n.f.s. (75) *in the land*

וְעוֹד conj.-adv. (728) *and there are yet*

חָמֵשׁ שָׁנִים num. (331)-n.f.p. (1040) *five years*

אֲשֶׁר אֵין־חָרִישׁ rel. (81)-subst. cstr. (II 34)-n.m.s. (361) *in which there will be neither plowing*

וְקָצִיר conj.-n.m.s. (I 894) *nor harvest*

45:7

וַיִּשְׁלָחֵנִי אֱלֹהִים consec.-Qal impf. 3 m.s.-1 c.s. sf. (שלח 1018)-n.m.p. (43) *and God sent me*

לִפְנֵיכֶם prep.-n.m.p.-2 m.p. sf. (815) *before you*

לָשׂוּם לָכֶם prep.-Qal inf.cstr. (שׂים 962)-prep.
-2 m.p. sf. *to preserve for you*

שְׁאֵרִית n.f.s. (984) *a remnant*

בָּאָרֶץ prep.-def.art.-n.f.s. (75) *on earth*

וּלְהַחֲיוֹת לָכֶם conj.-prep.-Hi. inf.cstr. (חיה 310;
GK 117n)-prep.-2 m.p. sf. *and to keep alive
for you*

לִפְלֵיטָה גְדֹלָה prep.-n.f.s. (812)-adj. f.s. (152)
many survivors

45:8

וְעַתָּה לֹא־אַתֶּם conj.-adv. (773)-neg.-pers.pr. 2
m.p. (61) *so it was not you*

שְׁלַחְתֶּם אֹתִי Qal pf. 2 m.p. (1018)-dir.obj.-1 c.s.
sf. *you who sent me*

הֵנָּה adv. (I 244) *here*

כִּי הָאֱלֹהִים conj.-def.art.-n.m.p. (43) *but God*

וַיְשִׂימֵנִי consec.-Qal impf. 3 m.s.-1 c.s. sf. (שׂים
962) *and he has made me*

לְאָב prep.-n.m.s. (3) *a father*

לְפַרְעֹה prep.-pr.n. (829) *to Pharaoh*

וּלְאָדוֹן conj.-prep.-n.m.s. (10) *and lord*

לְכָל־בֵּיתוֹ prep.-n.m.s. cstr. (481)-n.m.s.-3 m.s. sf.
(108) *of all his house*

וּמֹשֵׁל conj.-Qal act.ptc. (605; GK 119hh) *and
ruler*

בְּכָל־אֶרֶץ prep.-n.m.s. cstr. (481)-n.f.s. cstr. (75)
over all the land of

מִצְרָיִם pr.n. paus. (595) *Egypt*

45:9

מַהֲרוּ Pi. impv. 2 m.p. (I 554) *make haste*

וַעֲלוּ conj.-Qal impv. 2 m.p. (עלה 748) *and go
up*

אֶל־אָבִי prep.-n.m.s.-1 c.s. sf. (3) *to my father*

וַאֲמַרְתֶּם אֵלָיו conj.-Qal pf. 2 m.p. (55)-prep.-3
m.s. sf. *and say to him*

כֹּה אָמַר adv. (462)-Qal pf. 3 m.s. (55) *thus says*

בִּנְךָ יוֹסֵף n.m.s.-2 m.s. sf. (119)-pr.n. (415) *your
son Joseph*

שָׂמַנִי אֱלֹהִים Qal pf. 3 m.s.-1 c.s. sf. (שׂים 962)
-n.m.p. (43) *God has made me*

לְאָדוֹן prep.-n.m.s. (10) *lord*

לְכָל־מִצְרָיִם prep.-n.m.s. cstr. (481)-pr.n. paus.
(595) *of all Egypt*

רְדָה אֵלַי Qal impv. 2 m.s.-coh.he (ירד 432)
-prep.-1 c.s. sf. *come down to me*

אַל־תַּעֲמֹד neg.-Qal impf. 2 m.s. (עמד 763) *do
not tarry*

45:10

וְיָשַׁבְתָּ conj.-Qal pf. 2 m.s. (ישב 442) *you shall
dwell*

בְּאֶרֶץ־גֹּשֶׁן prep.-n.f.s. cstr. (75)-pr.n. (177) *in the
land of Goshen*

וְהָיִיתָ conj.-Qal pf. 2 m.s. (היה 224) *and you
shall be*

קָרוֹב אֵלַי adj. (898)-prep.-1 c.s. sf. *near me*

אַתָּה וּבָנֶיךָ pers.pr. 2 m.s. (61)-conj.-n.m.p.-2 m.s.
sf. (119) *you and your children*

וּבְנֵי בָנֶיךָ conj.-n.m.p. cstr. (119)-n.m.p.-2 m.s. sf.
(119) *and your children's children*

וְצֹאנְךָ conj.-n.f.s.-2 m.s. sf. (838) *and your
flocks*

וּבְקָרְךָ conj.-n.m.s.-2 m.s. sf. (133) *your herds*

וְכָל־אֲשֶׁר־לָךְ conj.-n.m.s. (481)-rel. (81)-prep.-2
m.s. sf. paus. *and all that you have*

45:11

וְכִלְכַּלְתִּי אֹתְךָ conj.-Pilpel pf. 1 c.s. (כול 465)
-dir.obj.-2 m.s. sf. *and I will provide for
you*

שָׁם adv. (1027) *there*

כִּי־עוֹד conj.-adv. (728) *for yet*

חָמֵשׁ שָׁנִים num. (331)-n.f.p. (1040) *five years*

רָעָב n.m.s. paus. (944) *famine*

פֶּן־תִּוָּרֵשׁ conj. (814)-Ni. impf. 2 m.s. (ירשׁ 439)
lest you come to poverty

אַתָּה וּבֵיתְךָ pers.pr. 2 m.s. (61)-conj.-n.m.s.-2
m.s. sf. (108) *you and your household*

וְכָל־אֲשֶׁר־לָךְ conj.-n.m.s. (481)-rel. (81)-prep.-2
m.s. sf. paus. *and all that you have*

45:12

וְהִנֵּה conj.-demons.part. (243) *and now*

עֵינֵיכֶם n.f. du.-2 m.p. sf. (744) *your eyes*

רֹאוֹת Qal act.ptc. f.p. (ראה 906) *see*

וְעֵינֵי אָחִי conj.-n.f. du. cstr. (744)-n.m.s.-1 c.s. sf.
(26) *and the eyes of my brother*

בִנְיָמִין pr.n. (122) *Benjamin*

כִּי־פִי conj.-n.m.s.-1 c.s. sf. (804) *for my mouth*

הַמְדַבֵּר def.art.-Pi. ptc. (180) *is speaking*

אֲלֵיכֶם prep.-2 m.p. sf. *to you*

45:13

וְהִגַּדְתֶּם לְאָבִי conj.-Hi. pf. 2 m.p. (נגד 616)-prep.
-n.m.s.-1 c.s. sf. (3) *you must tell my father*

אֶת־כָּל־כְּבוֹדִי dir.obj.-n.m.s. cstr. (481)-n.m.s.-1
c.s. sf. (II 458) *of all my splendor*

בְּמִצְרַיִם prep.-pr.n. (595) *in Egypt*

וְאֵת כָּל־אֲשֶׁר רְאִיתֶם conj.-dir.obj.-n.m.s. (481)
-rel. (81)-Qal pf. 2 m.p. (רָאָה 906) *and of
all that you have seen*

וּמִהַרְתֶּם conj.-Pi. pf. 2 m.p. (מָהַר I 554) *make
haste*

וְהוֹרַדְתֶּם conj.-Hi. pf. 2 m.p. (יָרַד 432) *and
bring down*

אֶת־אָבִי הֵנָּה dir.obj.-n.m.s.-1 c.s. sf. (3)-adv. (I
244) *my father here*

45:14

וַיִּפֹּל consec.-Qal impf. 3 m.s. (נָפַל 656) *then he
fell*

עַל־צַוְּארֵי בִנְיָמִן prep.-n.m.s. cstr. (848; GK
93pp)-pr.n. (122) *upon Benjamin's neck*

אָחִיו n.m.s.-3 m.s. sf. (26) *his brother*

וַיֵּבְךְּ consec.-Qal impf. 3 m.s. (בָּכָה 113) *and
wept*

וּבִנְיָמִן בָּכָה conj.-pr.n. (122)-Qal pf. 3 m.s. (113)
and Benjamin wept

עַל־צַוָּארָיו prep.-n.m.p.-3 m.s. sf. (848) *upon his
neck*

45:15

וַיְנַשֵּׁק consec.-Pi. impf. 3 m.s. (נָשַׁק I 676) *and
he kissed*

לְכָל־אֶחָיו prep.-n.m.s. cstr. (481)-n.m.p.-3 m.s. sf.
(26) *all his brothers*

וַיֵּבְךְּ עֲלֵיהֶם consec.-Qal impf. 3 m.s. (בָּכָה 113)
-prep.-3 m.p. sf. *and wept upon them*

וְאַחֲרֵי כֵן conj.-prep. cstr. (29)-adv. (485) *and
after that*

דִּבְּרוּ אֶחָיו אִתּוֹ Pi. pf. 3 m.p. (180)-n.m.p.-3 m.s.
sf. (26)-prep.-3 m.s. sf. (II 85) *his brothers
talked with him*

45:16

וְהַקֹּל נִשְׁמַע conj.-def.art.-n.m.s. (876)-Ni. pf. 3
m.s. (1033) *when the report was heard*

בֵּית פַּרְעֹה n.m.s. cstr. (108)-pr.n. (829) *in
Pharaoh's house*

לֵאמֹר prep.-Qal inf.cstr. (55) *(saying)*

בָּאוּ אֲחֵי יוֹסֵף Qal pf. 3 c.p. (בּוֹא 97)-n.m.p. cstr.
(26)-pr.n. (415) *Joseph's brothers have come*

וַיִּיטַב consec.-Qal impf. 3 m.s. (יָטַב 405) *it was
good*

בְּעֵינֵי פַּרְעֹה prep.-n.f. du. cstr. (744)-pr.n. (829)
in the eyes of Pharaoh

וּבְעֵינֵי עֲבָדָיו conj.-prep.-n.f. du. cstr. (744)
-n.m.p.-3 m.s. sf. (713) *and his servants*

45:17

וַיֹּאמֶר פַּרְעֹה consec.-Qal impf. 3 m.s. (55)-pr.n.
(829) *and Pharaoh said*

אֶל־יוֹסֵף prep.-pr.n. (415) *to Joseph*

אֱמֹר אֶל־אַחֶיךָ Qal impv. 2 m.s. (55)-prep.
-n.m.p.-2 m.s. sf. (26) *say to your brothers*

זֹאת עֲשׂוּ demons.adj. f.s. (260)-Qal impv. 2 m.p.
(עָשָׂה I 793) *do this*

טַעֲנוּ אֶת־בְּעִירְכֶם Qal impv. 2 m.p. (טָעַן I 381)
-dir.obj.-n.m.s.-2 m.p. sf. (129) *load your
beasts*

וּלְכוּ־בֹאוּ conj.-Qal impv. 2 m.p. (הָלַךְ 229)-Qal
impv. 2 m.p. (בּוֹא 97) *and go back*

אַרְצָה כְּנָעַן n.f.s. cstr.-dir.he (75)-pr.n. paus.
(488) *to the land of Canaan*

45:18

וּקְחוּ אֶת־אֲבִיכֶם conj.-Qal impv. 2 m.p. (לָקַח
542)-dir.obj.-n.m.s.-2 m.p. sf. (3) *and take
your father*

וְאֶת־בָּתֵּיכֶם conj.-dir.obj.-n.m.p.-2 m.p. sf. (108)
and your households

וּבֹאוּ אֵלַי conj.-Qal impv. 2 m.p. (בּוֹא 97)-prep.
-1 c.s. sf. paus. *and come to me*

וְאֶתְּנָה conj.-Qal impf. 1 c.s.-coh.he (נָתַן 678)
and I will give

לָכֶם prep.-2 m.p. sf. *to you*

אֶת־טוּב אֶרֶץ dir.obj.-n.m.s. cstr. (375)-n.f.s. cstr.
(75) *the best of the land of*

מִצְרַיִם pr.n. (595) *Egypt*

וְאִכְלוּ conj.-Qal impv. 2 m.p. (37) *and you shall
eat*

אֶת־חֵלֶב הָאָרֶץ dir.obj.-n.m.s. cstr. (316)-def.art.
-n.f.s. (75) *the fat of the land*

45:19

וְאַתָּה צֻוֵּיתָה conj.-pers.pr. 2 m.s. (61)-Pu. pf. 2
m.s. (צָוָה 845) *you are commanded*

זֹאת עֲשׂוּ demons.adj. f.s. (260)-Qal impv. 2 m.p.
(עָשָׂה I 793) *do this*

קְחוּ־לָכֶם Qal impv. 2 m.p. (לָקַח 542)-prep.-2
m.p. sf. *take (for yourselves)*

מֵאֶרֶץ מִצְרַיִם prep.-n.f.s. cstr. (75)-pr.n. (595)
from the land of Egypt

עֲגָלוֹת n.f.p. (722) *wagons*

לְטַפְּכֶם prep.-n.m.s.-2 m.p. sf. (381) *for your
little ones*

וְלִנְשֵׁיכֶם conj.-prep.-n.f.p.-2 m.p. sf. (61) *and
for your wives*

וּנְשָׂאתֶם conj.-Qal pf. 2 m.p. (נָשָׂא 669) *and
bring*

אֶת־אֲבִיכֶם dir.obj.-n.m.s.-2 m.p. sf. (3) *your father*

וּבָאתֶם conj.-Qal pf. 2 m.p. (בוא 97) *and come*

45:20

וְעֵינְכֶם אַל־תָּחֹם conj.-n.f.s.-2 m.p. sf. (744)-neg. -Qal impf. 2 m.s. (חום 299) *give no thought*

עַל־כְּלֵיכֶם prep.-n.m.p.-2 m.p. sf. (479) *to your goods*

כִּי־טוּב כָּל־ conj.-n.m.s. cstr. (375)-n.m.s. cstr. (481) *for the best of all*

אֶרֶץ מִצְרַיִם n.f.s. cstr. (75)-pr.n. (595) *the land of Egypt*

לָכֶם הוּא prep.-2 m.p. sf.-demons.adj. m.s. (214) *it is yours*

45:21

וַיַּעֲשׂוּ־כֵן consec.-Qal impf. 3 m.p. (עשה I 793)-adv. (485) *and did so*

בְּנֵי יִשְׂרָאֵל n.m.p. cstr. (119)-pr.n. (975) *the sons of Israel*

וַיִּתֵּן לָהֶם consec.-Qal impf. 3 m.s. (נתן 678) -prep.-3 m.p. sf. *and gave them*

יוֹסֵף pr.n. (415) *Joseph*

עֲגָלוֹת n.f.p. (722) *wagons*

עַל־פִּי פַרְעֹה prep.-n.m.s. cstr. (804)-pr.n. (829) *according to the command of Pharaoh*

וַיִּתֵּן לָהֶם v.supra-v.supra *and gave them*

צֵדָה לַדָּרֶךְ n.f.s. (845)-prep.-def.art.-n.m.s. paus. (202) *provisions for the journey*

45:22

לְכֻלָּם prep.-n.m.s.-3 m.p. sf. (481) *to all of them*

נָתַן Qal pf. 3 m.s. (678) *he gave*

לָאִישׁ prep.-def.art.-n.m.s. (35) *to each*

חֲלִפוֹת שְׂמָלֹת n.f.p. cstr. (322)-n.f.p. (971) *festal garments*

וּלְבִנְיָמִן conj.-prep.-pr.n. (122) *but to Benjamin*

נָתַן v.supra *he gave*

שְׁלֹשׁ מֵאוֹת num. cstr. (1025)-n.f.p. cstr. (547) *three hundred*

כֶּסֶף n.m.s. (494) *silver*

וְחָמֵשׁ חֲלִפֹת שְׂמָלֹת conj.-num. (331)-v.supra -v.supra *and five festal garments*

45:23

וּלְאָבִיו conj.-prep.-n.m.s.-3 m.s. sf. (3) *to his father*

שָׁלַח Qal pf. 3 m.s. (1018) *he sent*

כְּזֹאת prep.-demons.adj. f.s. (260; GK 102g) *as follows*

עֲשָׂרָה חֲמֹרִים n.f.s. (796)-n.m.p. (331) *ten asses*

נֹשְׂאִים Qal act.ptc. m.p. (נשא 669) *loaded*

מִטּוּב מִצְרָיִם prep.-n.m.s. cstr. (375)-pr.n. paus. (595) *with the good things of Egypt*

וְעֶשֶׂר אֲתֹנֹת conj.-num. (796)-n.f.p. (87) *and ten she-asses*

נֹשְׂאֹת Qal act.ptc. f.p. (נשא 669) *loaded*

בָּר וָלֶחֶם n.m.s. (III 141)-conj.-n.m.s. (536) *with grain, bread*

וּמָזוֹן conj.-n.m.s. (266) *and provision*

לְאָבִיו prep.-n.m.s.-3 m.s. sf. (3) *for his father*

לַדָּרֶךְ prep.-def.art.-n.m.s. paus. (202) *on the journey*

45:24

וַיְשַׁלַּח consec.-Pi. impf. 3 m.s. (1018) *then he sent*

אֶת־אֶחָיו dir.obj.-n.m.p.-3 m.s. sf. (26) *his brothers*

וַיֵּלֵכוּ consec.-Qal impf. 3 m.s. paus. (הלך 229) *and as they departed*

וַיֹּאמֶר אֲלֵהֶם consec.-Qal impf. 3 m.s. (55) -prep.-3 m.p. sf. *he said to them*

אַל־תִּרְגְּזוּ neg.-Qal impf. 2 m.p. (רגז 919) *do not quarrel*

בַּדָּרֶךְ prep.-def.art.-n.m.s. paus. (202) *on the way*

45:25

וַיַּעֲלוּ consec.-Qal impf. 3 m.p. (עלה 748) *so they went up*

מִמִּצְרָיִם prep.-pr.n. paus. (595) *out of Egypt*

וַיָּבֹאוּ consec.-Qal impf. 3 m.p. (בוא 97) *and came to*

אֶרֶץ כְּנַעַן n.f.s. cstr. (75)-pr.n. (488) *the land of Canaan*

אֶל־יַעֲקֹב prep.-pr.n. (784) *to Jacob*

אֲבִיהֶם n.m.s.-3 m.p. sf. (3) *their father*

45:26

וַיַּגִּדוּ לוֹ consec.-Hi. impf. 3 m.p. (נגד 616) -prep.-3 m.s. sf. *and they told him*

לֵאמֹר prep.-Qal inf.cstr. (55) *(saying)*

עוֹד יוֹסֵף חַי adv. (728)-pr.n. (415)-adj. m.s. (311) *Joseph is still alive*

וְכִי־הוּא מֹשֵׁל conj.-conj.-pers.pr. 3 m.s. (214) -Qal act.ptc. (605) *and he is ruler*

בְּכָל־אֶרֶץ prep.-n.m.s. cstr. (481)-n.f.s. cstr. (75) *over all the land of*

מִצְרָיִם pr.n. paus. (595) *Egypt*

וַיָּפָג לִבּוֹ consec.-Qal impf. 3 m.s. (פוג 806) -n.m.s.-3 m.s. sf. (524) *and his heart fainted*

כִּי לֹא־הֶאֱמִין לָהֶם conj.-neg.-Hi. pf. 3 m.s. (52 אָמַן)-prep.-3 m.p. sf. *for he did not believe them*

45:27

וַיְדַבְּרוּ אֵלָיו consec.-Pi. impf. 3 m.p. (180)-prep.-3 m.s. sf. *but when they told him*

אֵת כָּל־דִּבְרֵי dir.obj.-n.m.s. cstr. (481)-n.m.p. cstr. (182) *all the words of*

יוֹסֵף pr.n. (415) *Joseph*

אֲשֶׁר דִּבֶּר אֲלֵהֶם rel. (81)-Pi. pf. 3 m.s. (180)-prep.-3 m.p. sf. *which he had said to them*

וַיַּרְא consec.-Qal impf. 3 m.s. (רָאָה 906) *and when he saw*

אֶת־הָעֲגָלוֹת dir.obj.-def.art.-n.f.p. (722) *the wagons*

אֲשֶׁר־שָׁלַח יוֹסֵף rel. (81)-Qal pf. 3 m.s. (1018)-pr.n. (415) *which Joseph had sent*

לָשֵׂאת אֹתוֹ prep.-Qal inf.cstr. (נָשָׂא 669)-dir.obj.-3 m.s. sf. *to carry him*

וַתְּחִי consec.-Qal impf. 3 f.s. (חָיָה 310) *then revived*

רוּחַ יַעֲקֹב n.f.s. cstr. (924)-pr.n. (784) *the spirit of Jacob*

אֲבִיהֶם n.m.s.-3 m.p. sf. (3) *their father*

45:28

וַיֹּאמֶר יִשְׂרָאֵל consec.-Qal impf. 3 m.s. (55)-pr.n. (975) *and Israel said*

רַב adj. m.s. as exclamation (I 912) *it is enough*

עוֹד־יוֹסֵף adv. (728)-pr.n. (415) *Joseph is still*

בְּנִי חָי n.m.s.-1 c.s. sf. (119)-adj. m.s. paus. (311) *my son alive*

אֵלְכָה Qal impf. 1 c.s.-coh.he (הָלַךְ 229) *I will go*

וְאֶרְאֶנּוּ conj.-Qal impf. 1 c,s,-3 m.s. sf. (רָאָה 906) *and see him*

בְּטֶרֶם אָמוּת prep.-adv. (382)-Qal impf. 1 c.s. (מוּת 559) *before I die*

46:1

וַיִּסַּע יִשְׂרָאֵל consec.-Qal impf. 3 m.s. (נָסַע 652)-pr.n. (975) *so Israel took his journey*

וְכָל־אֲשֶׁר־לוֹ conj.-n.m.s. (481)-rel. (81)-prep.-3 m.s. sf. *with all that he had*

וַיָּבֹא consec.-Qal impf. 3 m.s. (בּוֹא 97) *and came*

בְּאֵרָה שָּׁבַע pr.n.-dir.he-pr.n. paus. (92) *to Beer-sheba*

וַיִּזְבַּח זְבָחִים consec.-Qal impf. 3 m.s. (256)-n.m.p. (257) *and ... offered sacrifices*

לֵאלֹהֵי אָבִיו prep.-n.m.p. cstr. (43)-n.m.s.-3 m.s. sf. (3) *to the God of his father*

יִצְחָק pr.n. (850) *Isaac*

46:2

וַיֹּאמֶר אֱלֹהִים consec.-Qal impf. 3 m.s. (55)-n.m.p. (43) *and God spoke*

לְיִשְׂרָאֵל prep.-pr.n. (975) *to Israel*

בְּמַרְאֹת הַלַּיְלָה prep.-n.f.p. cstr. (I 909; GK 124e)-def.art.-n.m.s. (538; GK 126r) *in visions of the night*

וַיֹּאמֶר consec.-Qal impf. 3 m.s. (55) *and said*

יַעֲקֹב יַעֲקֹב pr.n. (784)-v.supra *Jacob, Jacob*

וַיֹּאמֶר v.supra *and he said*

הִנֵּנִי demons.part.-1 c.s. sf. paus. (243) *here am I*

46:3

וַיֹּאמֶר consec.-Qal impf. 3 m.s. (55) *then he said*

אָנֹכִי הָאֵל pers.pr. 1 o.s. (59)-def.art.-n.m.s. (42) *I am God*

אֱלֹהֵי אָבִיךְ n.m.p. cstr. (43)-n.m.s.-2 m.s. sf. (3) *the God of your father*

אַל־תִּירָא neg.-Qal impf. 2 m.s. (יָרֵא 431) *do not be afraid*

מֵרְדָה prep.-Qal inf.cstr.-dir.he (יָרַד 432; GK 69m) *to go down*

מִצְרַיְמָה pr.n.-dir.he (595) *to Egypt*

כִּי־לְגוֹי גָּדוֹל conj.-prep.-n.m.s. (156)-adj. m.s. (152) *for a great nation*

אֲשִׂימְךָ Qal impf. 1 c.s.-2 m.s. sf. (שִׂים 962) *I will make of you*

שָׁם adv. (1027) *there*

46:4

אָנֹכִי אֵרֵד pers.pr. 1 c.s. (59)-Qal impf. 1 c.s. (יָרַד 432) *I will go down*

עִמְּךָ prep.-2 m.s. sf. *with you*

מִצְרַיְמָה pr.n.-dir.he (595) *to Egypt*

וְאָנֹכִי אַעַלְךָ conj.-pers.pr. 1 c.s. (59)-Hi. impf. 1 c.s.-2 m.s. sf. (עָלָה 748) *and I will bring you up*

גַּם־עָלֹה adv. (168)-Qal inf.abs. (748; GK 113m) *also again*

וְיוֹסֵף יָשִׁית conj.-pr.n. (415)-Qal impf. 3 m.s. (שִׁית 1011) *and Joseph shall put*

יָדוֹ n.f.s.-3 m.s. sf. (388) *his hand*

עַל־עֵינֶיךָ prep.-n.f. du.-2 m.s. sf. (744) *upon your eyes*

46:5

וַיָּקָם יַעֲקֹב conj.-Qal impf. 3 m.s. (קוּם 877)-pr.n. (784) *then Jacob set out*

מִבְּאֵר שֶׁבַע prep.-pr.n. paus. (92) *from Beer-sheba*

וַיִּשְׂאוּ consec.-Qal impf. 3 m.p. (נָשָׂא 669) *and ... carried*

בְּנֵי־יִשְׂרָאֵל n.m.p. cstr. (119)-pr.n. (975) *the sons of Israel*

אֶת־יַעֲקֹב dir.obj.-pr.n. (784) *Jacob*

אֲבִיהֶם n.m.s.-3 m.p. sf. (3) *their father*

וְאֶת־טַפָּם conj.-dir.obj.-n.m.s.-3 m.p. sf. (381) *their little ones*

וְאֶת־נְשֵׁיהֶם conj.-dir.obj.-n.f.p.-3 m.p. sf. (61) *and their wives*

בָּעֲגָלוֹת prep.-def.art.-n.f.p. (722) *in the wagons*

אֲשֶׁר־שָׁלַח פַּרְעֹה rel. (81)-Qal pf. 3 m.s. (1018)-pr.n. (829) *which Pharaoh had sent*

לָשֵׂאת אֹתוֹ prep.-Qal inf.cstr. (נָשָׂא 669)-dir.obj.-3 m.s. sf. *to carry him*

46:6

וַיִּקְחוּ consec.-Qal impf. 3 m.p. (לָקַח 542) *they also took*

אֶת־מִקְנֵיהֶם dir.obj.-n.m.p.-3 m.p. sf. (889) *their cattle*

וְאֶת־רְכוּשָׁם conj.-dir.obj.-n.m.s.-3 m.p. sf. (940) *and their goods*

אֲשֶׁר רָכְשׁוּ rel. (81)-Qal pf. 3 c.p. (940) *which they had gained*

בְּאֶרֶץ כְּנַעַן prep.-n.f.s. cstr. (75)-pr.n. (488) *in the land of Canaan*

וַיָּבֹאוּ consec.-Qal impf. 3 m.p. (בּוֹא 97) *and came*

מִצְרָיְמָה pr.n.-dir.he paus. (595) *into Egypt*

יַעֲקֹב pr.n. (784) *Jacob*

וְכָל־זַרְעוֹ אִתּוֹ conj.-n.m.s. cstr. (481)-n.m.s.-3 m.s. sf. (282)-prep.-3 m.s. sf. (II 85) *and all his offspring with him*

46:7

בָּנָיו וּבְנֵי בָנָיו n.m.p.-3 m.s. sf. (119)-conj.-n.m.p. cstr. (119)-n.m.p.-3 m.s. sf. (119) *his sons, and his sons' sons*

אִתּוֹ prep.-3 m.s. sf. (II 85) *with him*

בְּנֹתָיו n.f.p.-3 m.s. sf. (I 123) *his daughters*

וּבְנוֹת בָּנָיו conj.-n.f.p. cstr. (I 123)-v.supra *and his sons' daughters*

וְכָל־זַרְעוֹ conj.-n.m.s. cstr. (481)-n.m.s.-3 m.s. sf. (282) *and all his offspring*

הֵבִיא אִתּוֹ Hi. pf. 3 m.s. (בּוֹא 97)-prep.-3 m.s. sf. (II 85) *he brought with him*

מִצְרָיְמָה pr.n.-dir.he paus. (595) *into Egypt*

46:8

וְאֵלֶּה conj.-demons.adj. c.p. (41) *now these are*

שְׁמוֹת בְּנֵי־יִשְׂרָאֵל n.m.p. cstr. (1027)-n.m.p. cstr. (119)-pr.n. (975) *the names of the descendants of Israel*

הַבָּאִים def.art.-Qal act.ptc. m.p. (בּוֹא 97) *who came*

מִצְרַיְמָה prep.-dir.he (595) *into Egypt*

יַעֲקֹב וּבָנָיו pr.n. (784)-conj.-n.m.p.-3 m.s. sf. (119) *Jacob and his sons*

בְּכֹר יַעֲקֹב n.m.s. cstr. (114)-pr.n. (784) *Jacob's first-born*

רְאוּבֵן pr.n. (910) *Reuben*

46:9

וּבְנֵי רְאוּבֵן conj.-n.m.p. cstr. (119)-pr.n. (910) *and the sons of Reuben*

חֲנוֹךְ pr.n. (335) *Hanock*

וּפַלּוּא conj.-pr.n. (811) *Pallu*

וְחֶצְרוֹן conj.-pr.n. (348) *Hezron*

וְכַרְמִי conj.-pr.n. (I 501) *and Carmi*

46:10

וּבְנֵי שִׁמְעוֹן conj.-n.m.p. cstr. (119)-pr.n. (1035) *the sons of Simeon*

יְמוּאֵל pr.n. (410) *Jemuel*

וְיָמִין conj.-pr.n. (412) *Jamin*

וְאֹהַד conj.-pr.n. (13) *Ohad*

וְיָכִין conj.-pr.n. (467) *Jachin*

וְצֹחַר conj.-pr.n. (850) *Zohar*

וְשָׁאוּל בֶּן־הַכְּנַעֲנִית conj.-pr.n. (982)-n.m.s. cstr. (119)-def.art.-pr.n. gent. f. (I 489) *and Shaul, the son of a Canaanitish woman*

46:11

וּבְנֵי לֵוִי conj.-n.m.p. cstr. (119)-pr.n. (I 532) *the sons of Levi*

גֵּרְשׁוֹן pr.n. (177) *Gershon*

קְהָת pr.n. (875) *Kohath*

וּמְרָרִי conj.-pr.n. (I 601) *and Merari*

46:12

וּבְנֵי יְהוּדָה conj.-n.m.p. cstr. (119)-pr.n. (397) *the sons of Judah*

עֵר pr.n. (735) *Er*

וְאוֹנָן conj.-pr.n. (20) *Onan*

וְשֵׁלָה conj.-pr.n. (1017) *Shelah*

וָפֶרֶץ conj.-pr.n. (II 829) *Perez*

וָזָרַח conj.-pr.n. (II 280) *and Zerah*

וַיָּמָת עֵר וְאוֹנָן consec.-Qal impf. 3 m.s. (מוּת 559)-pr.n. (735)-conj.-pr.n. (20) *but Er and Onan died*

בְּאֶרֶץ כְּנַעַן prep.-n.f.s. cstr. (75)-pr.n. (488) *in the land of Canaan*

וַיִּהְיוּ consec.-Qal impf. 3 m.s. (הָיָה 224) *and ... were*

בְּנֵי־פֶרֶץ n.m.p. cstr. (119)-pr.n. (II 829) *the sons of Perez*

חֶצְרוֹן pr.n. (348) *Hezron*

וְחָמוּל conj.-pr.n. (328) *and Hamul*

46:13

וּבְנֵי יִשָּׂשכָר conj.-n.m.p. cstr. (119)-pr.n. (441) *the sons of Issachar*

תּוֹלָע pr.n. (II 1069) *Tola*

וּפֻוָּה conj.-pr.n. (806) *Puvah*

וְיוֹב conj.-pr.n. (398) *Job*

וְשִׁמְרוֹן conj.-pr.n. (II 1038) *and Shimron*

46:14

וּבְנֵי זְבוּלֻן conj.-n.m.p. cstr. (119)-pr.n. (259) *the sons of Zebulun*

סֶרֶד pr.n. (710) *Sered*

וְאֵלוֹן conj.-pr.n. (II 19) *Elon*

וְיַחְלְאֵל conj.-pr.n. (404) *and Jahleel*

46:15

אֵלֶּה בְּנֵי demons.adj. c.p. (41)-n.m.p. cstr. (119) *these are the sons of*

לֵאָה pr.n. (521) *Leah*

אֲשֶׁר יָלְדָה rel. (81)-Qal pf. 3 f.s. (יָלַד 408) *whom she bore*

לְיַעֲקֹב prep.-pr.n. (784) *to Jacob*

בְּפַדַּן אֲרָם prep.-pr.n. (804, 74) *in Paddan-aram*

וְאֵת דִּינָה conj.-prep. (II 85)-pr.n. (192) *together with Dinah*

בִּתּוֹ n.f.s.-3 m.s. sf. (I 123) *his daughter*

כָּל־נֶפֶשׁ n.m.s. cstr. (481)-n.f.s. cstr. (659) *altogether*

בָּנָיו n.m.p.-3 m.s. sf. (119) *his sons*

וּבְנוֹתָיו conj.-n.f.p.-3 m.s. sf. (I 123) *and his daughters*

שְׁלֹשִׁים וְשָׁלֹשׁ num. p. (1026)-conj.-num. (1025) *thirty-three*

46:16

וּבְנֵי גָד conj.-n.m.p. cstr. (119)-pr.n. (III 151) *the sons of Gad*

צִפְיוֹן pr.n. (859) *Ziphion*

וְחַגִּי conj.-pr.n. (291) *Haggi*

שׁוּנִי pr.n. (1002) *Shuni*

וְאֶצְבֹּן conj.-pr.n. (69) *Ezbon*

עֵרִי pr.n. (I 735) *Eri*

וַאֲרוֹדִי conj.-pr.n. (71) *Arodi*

וְאַרְאֵלִי conj.-pr.n. (72) *and Areli*

46:17

וּבְנֵי אָשֵׁר conj.-n.m.p. cstr. (119)-pr.n. (81) *the sons of Asher*

יִמְנָה pr.n. (412) *Imnah*

וְיִשְׁוָה conj.-pr.n. (1001) *Ishvah*

וְיִשְׁוִי conj.-pr.n. (I 1001) *Ishvi*

וּבְרִיעָה conj.-pr.n. (140) *Beriah*

וְשֶׂרַח conj.-pr.n. (976) *and Serah*

אֲחֹתָם n.f.s.-3 m.p. sf. (27) *their sister*

וּבְנֵי בְרִיעָה conj.-n.m.p. cstr. (119)-pr.n. (140) *and the sons of Beriah*

חֶבֶר pr.n. (II 288) *Heber*

וּמַלְכִּיאֵל conj.-pr.n. (575) *and Malchiel*

46:18

אֵלֶּה בְּנֵי demons.adj. c.p. (41)-n.m.p. cstr. (119) *these are the sons of*

זִלְפָּה pr.n. (273) *Zilpah*

אֲשֶׁר־נָתַן לָבָן rel. (81)-Qal pf. 3 m.s. (678)-pr.n. (II 526) *whom Laban gave*

לְלֵאָה prep.-pr.n. (521) *to Leah*

בִּתּוֹ n.f.s.-3 m.s. sf. (I 123) *his daughter*

וַתֵּלֶד consec.-Qal impf. 3 f.s. (יָלַד 408) *and she bore*

אֶת־אֵלֶּה dir.obj.-demons.adj. c.p. (41) *these*

לְיַעֲקֹב prep.-pr.n. (784) *to Jacob*

שֵׁשׁ עֶשְׂרֵה נָפֶשׁ num. (995)-num. (797)-n.f.s. paus. (659) *sixteen persons*

46:19

בְּנֵי רָחֵל n.m.p. cstr. (119)-pr.n. (II 932) *the sons of Rachel*

אֵשֶׁת יַעֲקֹב n.f.s. cstr. (61)-pr.n. (784) *Jacob's wife*

יוֹסֵף וּבִנְיָמִן pr.n. (415)-conj.-pr.n. (122) *Joseph and Benjamin*

46:20

וַיִּוָּלֵד consec.-Ni. impf. 3 m.s. (יָלַד 408) *and were born*

לְיוֹסֵף prep.-pr.n. (415) *to Joseph*

בְּאֶרֶץ מִצְרַיִם prep.-n.f.s. cstr. (75)-pr.n. (595) *in the land of Egypt*

אֲשֶׁר יָלְדָה־לּוֹ rel. (81)-Qal pf. 3 f.s. (יָלַד 408)-prep.-3 m.s. sf. *whom ... bore to him*

אָסְנַת pr.n. (62) *Asenath*

בַּת־פּוֹטִי פֶרַע n.f.s. cstr. (I 123)-pr.n. (806) *the daughter of Potiphera*

כֹּהֵן אֹן n.m.s. cstr. (463)-pr.n. (58) *the priest of On*

אֶת־מְנַשֶּׁה dir.obj.-pr.n. (586) *Manasseh*

וְאֶת־אֶפְרָיִם conj.-dir.obj.-pr.n. paus. (68) *and Ephraim*

46:21

וּבְנֵי בִנְיָמִן conj.-n.m.p. cstr. (119)-pr.n. (122) *and the sons of Benjamin*

בֶּלַע pr.n. (118) *Bela*

וָבֶכֶר conj.-pr.n. (114) *Becher*

וְאַשְׁבֵּל conj.-pr.n. (78) *Ashbel*

גֵּרָא pr.n. (173) *Gera*

וְנַעֲמָן conj.-pr.n. (II 654) *Naaman*

אֵחִי pr.n. (29) *Ehi*

וָרֹאשׁ conj.-pr.n. (III 912) *Rosh*

מֻפִּים pr.n. (592) *Muppim*

וְחֻפִּים conj.-pr.n. (342) *Huppim*

וָאָרְדְּ conj.-pr.n. (71) *and Ard*

46:22

אֵלֶּה בְּנֵי demons.adj. c.p. (41)-n.m.p. cstr. (119) *these are the sons of*

רָחֵל pr.n. (II 932) *Rachel*

אֲשֶׁר יֻלַּד rel. (81)-Pu. pf. 3 m.s. (יָלַד 408; GK 121b) *who were born*

לְיַעֲקֹב prep.-pr.n. (784) *to Jacob*

כָּל־נֶפֶשׁ n.m.s. cstr. (481)-n.f.s. (659) *persons in all*

אַרְבָּעָה עָשָׂר num. f.s. (916)-num. (797) *fourteen*

46:23

וּבְנֵי־דָן conj.-n.m.p. cstr. (119)-pr.n. (192) *the sons of Dan*

חֻשִׁים pr.n. (II 302) *Hushim*

46:24

וּבְנֵי נַפְתָּלִי conj.-n.m.p. cstr. (119)-pr.n. (836) *the sons of Naphtali*

יַחְצְאֵל pr.n. (345) *Jahzeel*

וְגוּנִי conj.-pr.n. (157) *Guni*

וְיֵצֶר conj.-pr.n. (II 428) *Jezer*

וְשִׁלֵּם conj.-pr.n. (II 1024) *and Shillem*

46:25

אֵלֶּה בְּנֵי demons.adj. c.p. (41)-n.m.p. cstr. (119) *these are the sons of*

בִלְהָה pr.n. (I 117) *Bilhah*

אֲשֶׁר־נָתַן לָבָן rel. (81)-Qal pf. 3 m.s. (678)-pr.n. (II 526) *whom Laban gave*

לְרָחֵל prep.-pr.n. (II 932) *to Rachel*

בִּתּוֹ n.f.s.-3 m.s. sf. (I 123) *his daughter*

וַתֵּלֶד conj.-Qal impf. 3 f.s. (יָלַד 408) *and she bore*

אֶת־אֵלֶּה dir.obj.-demons.adj. c.p. (41) *these*

לְיַעֲקֹב prep.-pr.n. (784) *to Jacob*

כָּל־נֶפֶשׁ n.m.s. cstr. (481)-n.f.s. (659) *persons in all*

שִׁבְעָה num. f. (988) *seven*

46:26

כָּל־הַנֶּפֶשׁ n.m.s. cstr. (481)-def.art.-n.f.s. (659) *all the persons*

הַבָּאָה def.art.-Qal act.ptc. f.s. (בּוֹא 97) *who came*

לְיַעֲקֹב prep.-pr.n. (784) *belonging to Jacob*

מִצְרַיְמָה pr.n.-dir.he (595) *into Egypt*

יֹצְאֵי יְרֵכוֹ Qal act.ptc. m.p. cstr. (יָצָא 422)-n.f.s. -3 m.s. sf. (437) *who were his offspring*

מִלְּבַד prep.-prep.-n.m.s. (II 94) *not including*

נְשֵׁי בְנֵי־ n.f.p. cstr. (61)-n.m.p. cstr. (119) *the wives of the sons of*

יַעֲקֹב pr.n. (784) *Jacob*

כָּל־נֶפֶשׁ n.m.s. cstr. (481)-n.f.s. (659) *persons in all*

שִׁשִּׁים וָשֵׁשׁ num. p. (995)-conj.-num. (995) *sixty-six*

46:27

וּבְנֵי יוֹסֵף conj.-n.m.p. cstr. (119)-pr.n. (415) *and the sons of Joseph*

אֲשֶׁר־יֻלַּד־לוֹ rel. (81)-Pu. pf. 3 m.s. (יָלַד 408; GK 121b)-prep.-3 m.s. sf. *who were born to him*

בְּמִצְרַיִם prep.-pr.n. (595) *in Egypt*

נֶפֶשׁ שְׁנָיִם n.f.s. (659)-num. paus. (1040; GK 132g) *were two*

כָּל־הַנֶּפֶשׁ n.m.s. cstr. (481)-def.art.-n.f.s. (659) *all the persons*

לְבֵית־יַעֲקֹב prep.-n.m.s. cstr. (108)-pr.n. (784) *of the house of Jacob*

הַבָּאָה def.art.-Qal act.ptc. f.s. (בּוֹא 97) *that came*

מִצְרַיְמָה pr.n.-dir.he (595) *into Egypt*

שִׁבְעִים num. p. (988) *seventy*

46:28

וְאֶת־יְהוּדָה conj.-dir.obj.-pr.n. (397) *and Judah*

שָׁלַח לְפָנָיו Qal pf. 3 m.s. (1018)-prep.-n.m.p.-3 m.s. sf. (815) *he sent before him*

אֶל־יוֹסֵף prep.-pr.n. (415) *to Joseph*

לְהוֹרֹת prep.-Hi. inf.cstr. (יָרָה 434) *to appear* (lit. *to point out*)

לְפָנָיו prep.-n.m.p.-3 m.s. sf. (815) *before him*

גֹּשְׁנָה pr.n.-dir.he (177) *in Goshen*

וַיָּבֹאוּ consec.-Qal impf. 3 m.p. (בּוֹא 97) *and they came*

אַרְצָה גֹּשֶׁן n.f.s. cstr.-dir.he-pr.n. (177) *into the land of Goshen*

46:29

וַיֶּאְסֹר יוֹסֵף consec.-Qal impf. 3 m.s. (אָסַר 63)-pr.n. (415) *then Joseph made ready*

מֶרְכַּבְתּוֹ n.f.s.-3 m.s. sf. (939) *his chariot*

וַיַּעַל consec.-Qal impf. 3 m.s. (עָלָה 748) *and went up*

לִקְרַאת־ prep.-Qal inf.cstr. (II 896) *to meet*

יִשְׂרָאֵל אָבִיו pr.n. (975)-n.m.s.-3 m.s. sf. (3) *Israel his father*

גֹּשְׁנָה pr.n.-dir.he (177) *in Goshen*

וַיֵּרָא consec.-Ni. impf. 3 m.s. (רָאָה 906) *and he presented himself*

אֵלָיו prep.-3 m.s. sf. *to him*

וַיִּפֹּל consec.-Qal impf. 3 m.s. (נָפַל 656) *and fell*

עַל־צַוָּארָיו prep.-n.m.p.-3 m.s. sf. (848) *on his neck*

וַיֵּבְךְּ consec.-Qal impf. 3 m.s. (בָּכָה 113) *and wept*

עַל־צַוָּארָיו v.supra-v.supra *on his neck*

עוֹד adv. (728) *a good while*

46:30

וַיֹּאמֶר יִשְׂרָאֵל consec.-Qal impf. 3 m.s. (55)-pr.n. (975) *Israel said*

אֶל־יוֹסֵף prep.-pr.n. (415) *to Joseph*

אָמוּתָה Qal impf. 1 c.s.-coh.he (מוּת 559; GK 108b) *let me die*

הַפָּעַם def.art.-n.f.s. paus. (821) *now*

אַחֲרֵי רְאוֹתִי prep. cstr. (29)-Qal inf.cstr.-1 c.s. sf. (רָאָה 906) *since I have seen*

אֶת־פָּנֶיךָ dir.obj.-n.m.p.-2 m.s. sf. (815) *your face*

כִּי עוֹדְךָ חָי conj.-adv.-2 m.s. sf. (728)-adj. m.s. paus. (311) *that you are still alive*

46:31

וַיֹּאמֶר יוֹסֵף consec.-Qal impf. 3 m.s. (55)-pr.n. (415) *Joseph said*

אֶל־אֶחָיו prep.-n.m.p.-3 m.s. sf. (26) *to his brothers*

וְאֶל־בֵּית אָבִיו conj.-prep.-n.m.s. cstr. (108)-n.m.s. -3 m.s. sf. (3) *and to his father's household*

אֶעֱלֶה Qal impf. 1 c.s. (עָלָה 748 poss.with coh.he) *I will go up*

וְאַגִּידָה conj.-Hi. impf. 1 c.s.-coh.he (נגד 616) *and tell*

לְפַרְעֹה prep.-pr.n. (829) *Pharaoh*

וְאֹמְרָה אֵלָיו conj.-Qal impf. 1 c.s.-coh.he (אָמַר 55)-prep.-3 m.s. sf. *and will say to him*

אַחַי n.m.p.-1 c.s. sf. (26) *my brothers*

וּבֵית־אָבִי conj.-n.m.s. cstr. (108)-n.m.s.-1 c.s. sf. (3) *and my father's household*

אֲשֶׁר בְּאֶרֶץ־ rel. (81)-prep.-n.f.s. cstr. (75) *who were in the land of*

כְּנַעַן pr.n. (488) *Canaan*

בָּאוּ אֵלָי Qal pf. 3 c.p. (בּוֹא 97)-prep.-1 c.s. paus. *have come to me*

46:32

וְהָאֲנָשִׁים conj.-def.art.-n.m.p. (35) *and the men*

רֹעֵי צֹאן Qal act.ptc. m.p. cstr. (רָעָה I 944)-n.f.s. (838) *are shepherds*

כִּי־אַנְשֵׁי מִקְנֶה הָיוּ conj.-n.m.p. cstr. (35)-n.m.s. (889)-Qal pf. 3 c.p. (הָיָה 224) *for they have been keepers of cattle*

וְצֹאנָם conj.-n.f.s.-3 m.p. sf. (838) *their flocks*

וּבְקָרָם conj.-n.m.s.-3 m.p. sf. (133) *and their herds*

וְכָל־אֲשֶׁר לָהֶם conj.-n.m.s. (481)-rel. (81)-prep.-3 m.p. sf. *and all that they have*

הֵבִיאוּ Hi. pf. 3 m.p. (בּוֹא 97) *they have brought*

46:33

וְהָיָה conj.-Qal pf. 3 m.s. (224) *and it shall be*

כִּי־יִקְרָא לָכֶם conj.-Qal impf. 3 m.s. (894)-prep. -2 m.p. sf. *when ... calls you*

פַּרְעֹה pr.n. (829) *Pharaoh*

וְאָמַר conj.-Qal pf. 3 m.s. (55) *and says*

מַה־מַּעֲשֵׂיכֶם interr. (552)-n.m.p.-2 m.p. sf. (795) *what is your occupation?*

46:34

וַאֲמַרְתֶּם conj.-Qal pf. 2 m.p. (55) *you shall say*

אַנְשֵׁי מִקְנֶה n.m.p. cstr. (35)-n.m.s. (889) *keepers of cattle*

הָיוּ עֲבָדֶיךָ Qal pf. 3 c.p. (הָיָה 224)-n.m.p.-2 m.s. sf. (713) *your servants have been*

מִנְּעוּרֵינוּ prep.-n.m.p.-1 c.p. sf. (655) *from our youth*

וְעַד־עַתָּה conj.-prep.-adv. (773) *even until now*

גַּם־אֲנַחְנוּ גַּם־אֲבֹתֵינוּ adv. (168)-pers.pr. 1 c.p. (59)-adv. (168)-n.m.p.-1 c.p. sf. (3) *both we and our fathers*

בַּעֲבוּר תֵּשְׁבוּ prep.-conj. (721)-Qal impf. 2 m.p. (יָשַׁב 442) *in order that you may dwell*

בְּאֶרֶץ גֹּשֶׁן prep.-n.f.s. cstr. (75)-pr.n. (177) *in the land of Goshen*

כִּי־תוֹעֲבַת conj.-n.f.s. cstr. (1072; GK 127e) *for an abomination to*

מִצְרַיִם pr.n. (595) *the Egyptians*

כָּל־רֹעֵה צֹאן n.m.s. cstr. (481)-Qal act.ptc. m.s.
cstr. (רָעָה I 944)-n.f.s. (838) *every shepherd*

47:1

וַיָּבֹא יוֹסֵף consec.-Qal impf. 3 m.s. (בּוֹא 97)
-pr.n. (415) *so Joseph went in*

וַיַּגֵּד consec.-Hi. impf. 3 m.s. (נָגַד 616) *and told*

לְפַרְעֹה prep.-pr.n. (829) *Pharaoh*

וַיֹּאמֶר consec.-Qal impf. 3 m.s. (55) *(and said)*

אָבִי וְאַחַי n.m.s.-1 c.s. sf. (3)-conj.-n.m.p.-1 c.s. sf.
(26) *My father and my brothers*

וְצֹאנָם conj.-n.f.s.-3 m.p. sf. (838) *with their
flocks*

וּבְקָרָם conj.-n.m.s.-3 m.p. sf. (133) *and (their)
herds*

וְכָל־אֲשֶׁר לָהֶם conj.-n.m.s. (481)-rel. (81)-prep.-3
m.p. sf. *and all that they possess*

בָּאוּ Qal pf. 3 c.p. (בּוֹא 97) *have come*

מֵאֶרֶץ כְּנָעַן prep.-n.f.s. cstr. (75)-pr.n. paus. (488)
from the land of Canaan

וְהִנָּם בְּאֶרֶץ conj.-demons.part.-3 m.p. sf. (243)
-prep.-n.f.s. cstr. (75) *they are now in the
land of*

גֹּשֶׁן pr.n. (177) *Goshen*

47:2

וּמִקְצֵה אֶחָיו conj.-prep.-n.m.s. cstr. (892)-n.m.p.
-3 m.s. sf. (26) *and from among his brothers*

לָקַח Qal pf. 3 m.s. (542) *he took*

חֲמִשָּׁה אֲנָשִׁים num. f. (331)-n.m.p. (35) *five men*

וַיַּצִּגֵם consec.-Hi. impf. 3 m.s.-3 m.p. sf. (יָצַג
426) *and presented them*

לִפְנֵי פַרְעֹה prep.-n.m.p. cstr. (815)-pr.n. (829) *to
Pharaoh*

47:3

וַיֹּאמֶר פַּרְעֹה consec.-Qal impf. 3 m.s. (55)-pr.n.
(829) *Pharaoh said*

אֶל־אֶחָיו prep.-n.m.p.-3 m.s. sf. (26) *to his
brothers*

מַה־מַּעֲשֵׂיכֶם interr. (552)-n.m.p.-2 m.p. sf. (795)
what is your occupation?

וַיֹּאמְרוּ consec.-Qal impf. 3 m.p. (55) *and they
said*

אֶל־פַּרְעֹה prep.-pr.n. (829) *to Pharaoh*

רֹעֵה צֹאן Qal act.ptc. m.s. cstr. (רָעָה I 944; GK
145r)-n.f.s. *shepherds*

עֲבָדֶיךָ n.m.p.-2 m.s. sf. (713) *your servants*

גַּם־אֲנַחְנוּ גַּם־אֲבוֹתֵינוּ adv. (168)-pers.pr. 1 c.p.
(59)-v.supra-n.m.p.-1 c.p. sf. (3) *as our
fathers were*

47:4

וַיֹּאמְרוּ אֶל־פַּרְעֹה conj.-Qal impf. 3 m.p.
(55)-pr.n. (829) *they said to Pharaoh*

לָגוּר prep.-Qal inf.cstr. (גּוּר 157) *to sojourn*

בָּאָרֶץ prep.-def.art.-n.f.s. (75) *in the land*

בָּאנוּ Qal pf. 1 c.p. (בּוֹא 97) *we have come*

כִּי־אֵין מִרְעֶה conj.-subst. cstr. (II 34)-n.m.s.
(945) *for there is no pasture*

לַצֹּאן prep.-def.art.-n.f.s. (838) *for the flocks*

אֲשֶׁר לַעֲבָדֶיךָ rel. (81)-prep.-n.m.p.-2 m.s. sf.
(713) *which belong to your servants*

כִּי־כָבֵד הָרָעָב conj.-Qal pf. 3 m.s. (457)-def.art.
-n.m.s. (944) *for the famine is severe*

בְּאֶרֶץ כְּנָעַן prep.-n.f.s. cstr. (75)-pr.n. paus. (488)
in the land of Canaan

וְעַתָּה יֵשְׁבוּ־נָא conj.-adv. (773)-Qal impf. 3 m.p.
(יָשַׁב 442)-part.of entreaty (609) *and now,
we pray you, let ... dwell*

עֲבָדֶיךָ v.supra *your servants*

בְּאֶרֶץ גֹּשֶׁן prep.-n.f.s. cstr. (75)-pr.n. (177) *in the
land of Goshen*

47:5

וַיֹּאמֶר פַּרְעֹה consec.-Qal impf. 3 m.s. (55)-pr.n.
(829) *then Pharaoh said*

אֶל־יוֹסֵף prep.-pr.n. (415) *to Joseph*

לֵאמֹר prep.-Qal inf.cstr. (55) *(saying)*

אָבִיךָ וְאַחֶיךָ n.m.s.-2 m.s. sf. (3)-conj.-n.m.p.-2
m.s. sf. (26) *your father and your brothers*

בָּאוּ אֵלֶיךָ Qal pf. 3 c.p. (בּוֹא 97)-prep.-2 m.s. sf.
have come to you

47:6

אֶרֶץ מִצְרַיִם n.f.s. cstr. (75)-pr.n. (595) *the land
of Egypt*

לְפָנֶיךָ הִוא prep.-n.m.p.-2 m.s. sf. (815)-demons.
adj. f.s. (214) *it is before you*

בְּמֵיטַב הָאָרֶץ prep.-n.m.s. cstr. (406)-def.art.
-n.f.s. (75) *in the best of the land*

הוֹשֵׁב Hi. impv. 2 m.s. (יָשַׁב 442) *settle*

אֶת־אָבִיךָ וְאֶת־אַחֶיךָ dir.obj.-n.m.s.-2 m.s. sf.
(3)-conj.-dir.obj.-n.m.p.-2 m.s. sf. (26) *your
father and your brothers*

יֵשְׁבוּ בְּאֶרֶץ Qal impf. 3 m.p. (יָשַׁב 442)-prep.
-n.f.s. cstr. (75) *let them dwell in the land of*

גֹּשֶׁן pr.n. (177) *Goshen*

וְאִם־יָדַעְתָּ conj.-hypoth.part. (49)-Qal pf. 2 m.s.
(393) *and if you know*

וְיֶשׁ־בָּם conj.-subst. (441)-prep.-3 m.p. sf. (GK
120e) *that among them*

אַנְשֵׁי־חַיִל n.m.p. cstr. (35)-n.m.s. (298) *any able
men*

218

וְשַׂמְתָּם conj.-Qal pf. 2 m.s.-3 m.p. sf. (שִׂים 962) *put them*

שָׂרֵי מִקְנֶה n.m.p. cstr. (978)-n.m.s. (889) *princes of cattle*

עַל־אֲשֶׁר־לִי prep.-rel. (81)-prep.-1 c.s. sf. *which belong to me*

47:7

וַיָּבֵא יוֹסֵף consec.-Hi. impf. 3 m.s. (בּוֹא 97)-pr.n. (415) *then Joseph brought in*

אֶת־יַעֲקֹב dir.obj.-pr.n. (784) *Jacob*

אָבִיו n.m.s.-3 m.s. sf. (3) *his father*

וַיַּעֲמִדֵהוּ consec.-Hi. impf. 3 m.s.-3 m.s. sf. (עָמַד 763) *and set him*

לִפְנֵי פַרְעֹה prep.-n.m.p. cstr. (815)-pr.n. (829) *before Pharaoh*

וַיְבָרֶךְ יַעֲקֹב consec.-Pi. impf. 3 m.s. (בָּרַךְ 138)-pr.n. (784) *and Jacob blessed*

אֶת־פַּרְעֹה dir.obj.-pr.n. (829) *Pharaoh*

47:8

וַיֹּאמֶר פַּרְעֹה consec.-Qal impf. 3 m.s. (55)-pr.n. (829) *and Pharaoh said*

אֶל־יַעֲקֹב prep.-pr.n. (784) *to Jacob*

כַּמָּה prep.-def.art.-interr. (552) *how many are*

יְמֵי שְׁנֵי n.m.p. cstr. (398)-n.f.p. cstr. (1040) *the days of the years of*

חַיֶּיךָ adj. m.p.-2 m.s. sf. (311) *your life*

47:9

וַיֹּאמֶר יַעֲקֹב consec.-Qal impf. 3 m.s. (55)-pr.n. (784) *and Jacob said*

אֶל־פַּרְעֹה prep.-pr.n. (829) *to Pharaoh*

יְמֵי שְׁנֵי n.m.p. cstr. (398)-n.f.p. cstr. (1040) *the days of the years of*

מְגוּרַי n.m.p.-1 c.s. sf. (158) *my sojourning*

שְׁלֹשִׁים וּמְאַת שָׁנָה num. p. (1026)-conj.-n.f.s. cstr. (547)-n.f.s. (1040) *a hundred and thirty years*

מְעַט וְרָעִים subst. (589)-conj.-adj. m.p. (I 948) *few and evil*

הָיוּ Qal pf. 3 c.p. (הָיָה 224) *have been*

יְמֵי שְׁנֵי v.supra-v.supra *the days of the years of*

חַיַּי adj. m.p.-1 c.s. sf. (311) *my life*

וְלֹא הִשִּׂיגוּ conj.-neg.-Hi. pf. 3 c.p. (נָשַׂג 673) *and they have not attained*

אֶת־יְמֵי שְׁנֵי dir.obj.-v.supra-v.supra (GK 128a) *to the days of the years of*

חַיֵּי אֲבֹתַי adj. m.p. cstr. (311)-n.m.p.-1 c.s. sf. (3) *the life of my fathers*

בִּימֵי מְגוּרֵיהֶם prep.-n.m.p. cstr. (398)-n.m.p.-3 m.p. sf. (158) *in the days of their sojourning*

47:10

וַיְבָרֶךְ יַעֲקֹב consec.-Pi. impf. 3 m.s. (בָּרַךְ 138)-pr.n. (784) *and Jacob blessed*

אֶת־פַּרְעֹה dir.obj.-pr.n. (829) *Pharaoh*

וַיֵּצֵא consec.-Qal impf. 3 m.s. (יָצָא 422) *and went out*

מִלִּפְנֵי פַרְעֹה prep.-prep.-n.m.p. cstr. (815)-pr.n. (829) *from the presence of Pharaoh*

47:11

וַיּוֹשֵׁב יוֹסֵף consec.-Hi. impf. 3 m.s. (יָשַׁב 442; GK 69v)-pr.n. (415) *then Joseph settled*

אֶת־אָבִיו dir.obj.-n.m.s.-3 m.s. sf. (3) *his father*

וְאֶת־אֶחָיו conj.-dir.obj.-n.m.p.-3 m.s. sf. (26) *and his brothers*

וַיִּתֵּן לָהֶם consec.-Qal impf. 3 m.s. (נָתַן 678)-prep.-3 m.p. sf. *and gave them*

אֲחֻזָּה n.f.s. (28) *a possession*

בְּאֶרֶץ מִצְרַיִם prep.-n.f.s. cstr. (75)-pr.n. (595) *in the land of Egypt*

בְּמֵיטַב הָאָרֶץ prep.-n.m.s. cstr. (406)-def.art.-n.f.s. (75) *in the best of the land*

בְּאֶרֶץ רַעְמְסֵס prep.-n.f.s. cstr. (75)-pr.n. (947) *in the land of Rameses*

כַּאֲשֶׁר צִוָּה פַרְעֹה prep.-rel.-Pi. pf. 3 m.s. (צָוָה 845)-pr.n. (829) *as Pharaoh had commanded*

47:12

וַיְכַלְכֵּל יוֹסֵף consec.-Pilpel impf. 3 m.s. (כּוּל 465)-pr.n. (415) *and Joseph provided*

אֶת־אָבִיו dir.obj.-n.m.s.-3 m.s. sf. (3) *his father*

וְאֶת־אֶחָיו conj.-dir.obj.-n.m.p.-3 m.s. sf. (26) *his brothers*

וְאֵת כָּל־בֵּית אָבִיו conj.-dir.obj.-n.m.s. cstr. (481)-n.m.s. cstr. (108)-n.m.s.-3 m.s. sf. (3) *and all his father's household*

לֶחֶם n.m.s. (536) *with food*

לְפִי הַטָּף prep.-n.m.s. cstr. (804)-def.art.-n.m.s. paus. (381) *according to the number of their dependents*

47:13

וְלֶחֶם אֵין conj.-n.m.s. (536)-subst. (II 34) *now there was no food*

בְּכָל־הָאָרֶץ prep.-n.m.s. cstr. (481)-def.art.-n.f.s. (75) *in all the land*

כִּי־כָבֵד הָרָעָב conj.-Qal pf. 3 m.s. (457)-def.art.-n.m.s. (944) *for the famine was severe*

מְאֹד adv. (547) *very*

219

וַתֵּלַהּ consec.-Qal impf. 3 f.s. (לָהָה 529) *and languished*

אֶרֶץ מִצְרַיִם n.f.s. cstr. (75)-pr.n. (595) *the land of Egypt*

וְאֶרֶץ כְּנַעַן conj.-n.f.s. cstr. (75)-pr.n. (488) *and the land of Canaan*

מִפְּנֵי הָרָעָב prep.-n.m.p. cstr. (815)-def.art.-n.m.s. (944) *by reason of the famine*

47:14

וַיְלַקֵּט יוֹסֵף consec.-Pi. impf. 3 m.s. (544)-pr.n. (415) *and Joseph gathered up*

אֶת־כָּל־הַכֶּסֶף dir.obj.-n.m.s. cstr. (481)-def.art.-n.m.s. (494) *all the money*

הַנִּמְצָא def.art.-Ni. ptc. (מָצָא 592) *that was found*

בְּאֶרֶץ־מִצְרַיִם prep.-n.f.s. cstr. (75)-pr.n. (595) *in the land of Egypt*

וּבְאֶרֶץ כְּנַעַן conj.-prep.-n.f.s. cstr. (75)-pr.n. (488) *and in the land of Canaan*

בַּשֶּׁבֶר prep.-def.art.-n.m.s. (III 991) *for the grain*

אֲשֶׁר־הֵם שֹׁבְרִים rel.-pers.pr. 3 m.p. (241)-Qal act.ptc. m.p. (991) *which they bought*

וַיָּבֵא יוֹסֵף consec.-Hi. impf. 3 m.s. (בּוֹא 97)-pr.n. (415) *and Joseph brought*

אֶת־הַכֶּסֶף dir.obj.-def.art.-n.m.s. (494) *the money*

בֵּיתָה פַרְעֹה n.m.s. cstr.-dir.he (108)-pr.n. (829) *into Pharaoh's house*

47:15

וַיִּתֹּם הַכֶּסֶף consec.-Qal impf. 3 m.s. (תָּמַם 1070)-def.art.-n.m.s. (494) *and when the money was all spent*

מֵאֶרֶץ מִצְרַיִם prep.-n.f.s. cstr. (75)-pr.n. (595) *in the land of Egypt*

וּמֵאֶרֶץ כְּנַעַן conj.-prep.-n.f.s. cstr. (75)-pr.n. (488) *and in the land of Canaan*

וַיָּבֹאוּ consec.-Qal impf. 3 m.p. (בּוֹא 97) *and came*

כָל־מִצְרַיִם n.m.s. cstr. (481)-pr.n. (595) *all the Egyptians*

אֶל־יוֹסֵף prep.-pr.n. (415) *to Joseph*

לֵאמֹר prep.-Qal inf.cstr. (55) *and said*

הָבָה־לָּנוּ Qal impv. 2 m.s.-coh.he (יָהַב 396)-prep.-1 c.p. sf. *give us*

לֶחֶם n.m.s. (536) *food*

וְלָמָּה נָמוּת conj.-prep.-interr. (552)-Qal impf. 1 c.p. (מוּת 559) *why should we die*

נֶגְדֶּךָ prep.-2 m.s. sf. (616) *before your eyes*

כִּי אָפֵס כָּסֶף conj.-Qal pf. 3 m.s. (67)-n.m.s. paus. (494) *for our money is gone*

47:16

וַיֹּאמֶר יוֹסֵף consec.-Qal impf. 3 m.s. (55)-pr.n. (415) *and Joseph answered*

הָבוּ מִקְנֵיכֶם Qal impv. 2 m.p. (יָהַב 396)-n.m.p.-2 m.p. sf. (889) *give your cattle*

וְאֶתְּנָה conj.-Qal impf. 1 c.s.-coh.he (נָתַן 678) *and I will give (food)*

לָכֶם prep.-2 m.p. sf. *you*

בְּמִקְנֵיכֶם prep.-n.m.p.-2 m.p. sf. (889) *in exchange for your cattle*

אִם־אָפֵס כָּסֶף hypoth.part. (49)-Qal pf. 3 m.s. (67)-n.m.s. paus. (494) *if your money is gone*

47:17

וַיָּבִיאוּ consec.-Hi. impf. 3 m.p. (בּוֹא 97) *so they brought*

אֶת־מִקְנֵיהֶם dir.obj.-n.m.p.-3 m.p. sf. (889) *their cattle*

אֶל־יוֹסֵף prep.-pr.n. (415) *to Joseph*

וַיִּתֵּן לָהֶם consec.-Qal impf. 3 m.s. (נָתַן 678)-prep.-3 m.p. sf. *and gave them*

יוֹסֵף pr.n. (415) *Joseph*

לֶחֶם n.m.s. (536) *food*

בַּסּוּסִים prep.-def.art.-n.m.p. (692) *in exchange for the horses*

וּבְמִקְנֵה הַצֹּאן conj.-prep.-n.m.s. cstr. (889)-def.art.-n.f.s. (838) *the flocks*

וּבְמִקְנֵה הַבָּקָר v.supra-def.art.-n.m.s. (133) *the herds*

וּבַחֲמֹרִים conj.-prep.-def.art.-n.m.p. (331) *and the asses*

וַיְנַהֲלֵם consec.-Pi. impf. 3 m.s.-3 m.p. sf. (נָהַל 624) *and he supplied them*

בַּלֶּחֶם prep.-def.art.-n.m.s. (536) *with food*

בְּכָל־מִקְנֵהֶם prep.-n.m.s. cstr. (481)-n.m.s.-3 m.p. sf. (889; GK 93ss) *in exchange for all their cattle*

בַּשָּׁנָה הַהִוא prep.-def.art.-n.f.s. (1040)-def.art.-demons.adj. f.s. (214) *that year*

47:18

וַתִּתֹּם consec.-Qal impf. 3 f.s. (תָּמַם 1070) *and when was ended*

הַשָּׁנָה הַהִוא def.art.-n.f.s. (1040)-def.art.-demons.adj. f.s. (214) *that year*

וַיָּבֹאוּ אֵלָיו consec.-Qal impf. 3 m.p. (בּוֹא 97)-prep.-3 m.s. sf. *they came to him*

בַּשָּׁנָה הַשֵּׁנִית prep.-def.art.-n.f.s. (1040)-def.art.-num.adj. f.s. (1041) *the following year*

וַיֹּאמְרוּ לוֹ consec.-Qal impf. 3 m.p. (55)-prep.-3 m.s. sf. *and said to him*

לֹא־נְכַחֵד neg.-Pi. impf. 1 c.p. (כחד 470) we will not hide

מֵאֲדֹנִי prep.-n.m.s.-1 c.s. sf. (10) from my lord

כִּי אִם־תַּם conj.-conj. (49)-Qal pf. 3 m.s. (תמם 1070) that is all spent

הַכֶּסֶף def.art.-n.m.s. (494) our money

וּמִקְנֵה הַבְּהֵמָה conj.-n.m.s. cstr. (889)-def.art.-n.f.s. (96) and the herds of cattle

אֶל־אֲדֹנִי prep.-n.m.s.-1 c.s. sf. (10) are my lord's

לֹא נִשְׁאַר neg.-Ni. pf. 3 m.s. (שאר 983) there is nothing left

לִפְנֵי אֲדֹנִי prep.-n.m.p. cstr. (815)-n.m.s.-1 c.s. sf. (10) in the sight of my lord

בִּלְתִּי אִם־גְּוִיָּתֵנוּ neg. (116)-conj. (49)-n.f.s.-1 c.p. sf. (156) but our bodies

וְאַדְמָתֵנוּ conj.-n.f.s.-1 c.p. sf. (9) and our lands

47:19

לָמָּה נָמוּת prep.-interr. (552)-Qal impf. 1 c.p. (מות 559) why should we die

לְעֵינֶיךָ prep.-n.f. du.-2 m.s. sf. (744) before your eyes

גַּם־אֲנַחְנוּ גַּם אַדְמָתֵנוּ adv. (168)-pers.pr. 1 c.p. (59)-adv. (168)-n.f.s.-1 c.p. sf. (9) both we and our land

קְנֵה־אֹתָנוּ Qal impv. 2 m.s. (888)-dir.obj.-1 c.p. sf. buy us

וְאֶת־אַדְמָתֵנוּ conj.-dir.obj.-n.f.s.-1 c.p. sf. (9) and our land

בַּלָּחֶם prep.-def.art.-n.m.s. paus. (536) for food

וְנִהְיֶה אֲנַחְנוּ conj.-Qal impf. 1 c.p. (היה 224)-pers.pr. 1 c.p. (59) and we will be

וְאַדְמָתֵנוּ conj.-n.f.s.-1 c.p. sf. (9) with our land

עֲבָדִים לְפַרְעֹה n.m.p. (713)-prep.-pr.n. (829) slaves to Pharaoh

וְתֶן־זֶרַע conj.-Qal impv. 2 m.s. (נתן 678)-n.m.s. (282) and give us seed

וְנִחְיֶה conj.-Qal impf. 1 c.p. (חיה 310) that we may live

וְלֹא נָמוּת conj.-neg.-Qal impf. 1 c.p. (מות 559) and not die

וְהָאֲדָמָה conj.-def.art.-n.f.s. (9) and that the land

לֹא תֵשָׁם neg.-Qal impf. 3 f.s. paus. (ישם 445; GK 67p) may not be desolate

47:20

וַיִּקֶן יוֹסֵף consec.-Qal impf. 3 m.s. (קנה 888)-pr.n. (415) so Joseph bought

אֶת־כָּל־אַדְמַת dir.obj.-n.m.s. cstr. (481)-n.f.s. cstr. (9) all the land of

מִצְרַיִם pr.n. (595) Egypt

לְפַרְעֹה prep.-pr.n. (829) for Pharaoh

כִּי־מָכְרוּ מִצְרַיִם conj.-Qal pf. 3 c.p. (569)-pr.n. (595) for the Egyptians sold

אִישׁ שָׂדֵהוּ n.m.s. (35)-n.m.s.-3 m.s. sf. (961) each their fields

כִּי־חָזַק עֲלֵהֶם conj.-Qal pf. 3 m.s. (304)-prep.-3 m.p. sf. because was severe upon them

הָרָעָב def.art.-n.m.s. paus. (944) the famine

וַתְּהִי הָאָרֶץ consec.-Qal impf. 3 f.s. (היה 224)-def.art.-n.f.s. (75) the land became

לְפַרְעֹה prep.-pr.n. (829) Pharaoh's

47:21

וְאֶת־הָעָם conj.-dir.obj.-def.art.-n.m.s. (I 766) and the people

הֶעֱבִיר Hi. pf. 3 m.s. (עבר 716) he removed (some rd. הֶעֱבִיד he made slaves GK 143c)

אֹתוֹ dir.obj.-3 m.s. sf. them

לֶעָרִים prep.-def.art.-n.f.p. (746) to the cities (some rd. לַעֲבָדִים slaves)

מִקְצֵה גְבוּל־ prep.-n.m.s. cstr. (892)-n.m.s. cstr. (147) from one end of

מִצְרַיִם pr.n. (595) Egypt

וְעַד־קָצֵהוּ conj.-prep.-n.m.s.-3 m.s. sf. (892; GK 139eN) to the other

47:22

רַק אַדְמַת adv. (956)-n.f.s. cstr. (9) only the land of

הַכֹּהֲנִים def.art.-n.m.p. (463) the priests

לֹא קָנָה neg.-Qal pf. 3 m.s. (888) he did not buy

כִּי חֹק conj.-n.m.s. (349) for a fixed allowance

לַכֹּהֲנִים prep.-def.art.-n.m.p. (463) to the priests

מֵאֵת פַּרְעֹה prep.-prep. (II 85)-pr.n. (829) from Pharaoh

וְאָכְלוּ conj.-Qal pf. 3 c.p. (37; GK 112,l) and lived (and ate)

אֶת־חֻקָּם dir.obj.-n.m.s.-3 m.p. sf. (349) on the allowance

אֲשֶׁר נָתַן לָהֶם rel. (81)-Qal pf. 3 m.s. (678)-prep.-3 m.p. sf. which ... gave them

פַּרְעֹה pr.n. (829) Pharaoh

עַל־כֵּן לֹא מָכְרוּ prep.-adv. (485)-neg.-Qal pf. 3 c.p. (569) therefore they did not sell

אֶת־אַדְמָתָם dir.obj.-n.f.s.-3 m.p. sf. (9) their land

47:23

וַיֹּאמֶר יוֹסֵף consec.-Qal impf. 3 m.s. (55)-pr.n. (415) then Joseph said

אֶל־הָעָם prep.-def.art.-n.m.s. (I 766) to the people

221

הֵן קָנִיתִי demons.part. (243)-Qal pf. 1 c.s. (קָנָה 888) *behold, I have bought*

אֶתְכֶם dir.obj.-2 m.p. sf. *you*

הַיּוֹם def.art.-n.m.s. (398) *this day*

וְאֶת־אַדְמַתְכֶם conj.-dir.obj.-n.f.s.-2 m.p. sf. (9) *and your land*

לְפַרְעֹה prep.-pr.n. (829) *for Pharaoh*

הֵא־לָכֶם זֶרַע interj. (210)-prep.-2 m.p. sf.-n.m.s. (282) *now here is seed for you*

וּזְרַעְתֶּם conj.-Qal pf. 2 m.p. (281) *and you shall sow*

אֶת־הָאֲדָמָה dir.obj.-def.art.-n.f.s. (9) *the land*

47:24

וְהָיָה conj.-Qal pf. 3 m.s. (224) *and it shall be*

בַּתְּבוּאֹת prep.-def.art.-n.f.p. (100) *at the harvests*

וּנְתַתֶּם conj.-Qal pf. 2 m.p. (נָתַן 678) *you shall give*

חֲמִישִׁית num.adj. f.s. (332) *a fifth*

לְפַרְעֹה prep.-pr.n. (829) *to Pharaoh*

וְאַרְבַּע הַיָּדֹת conj.-num. m. (916)-def.art.-n.f.p. (388) *and four fifths (portions)*

יִהְיֶה לָכֶם Qal impf. 3 m.s. (224; GK 145u) -prep.-2 m.p. sf. *shall be your own*

לְזֶרַע הַשָּׂדֶה prep.-n.m.s. cstr. (282)-def.art. -n.m.s. (961) *as seed for the field*

וּלְאָכְלְכֶם conj.-prep.-n.m.s.-2 m.p. sf. (38) *and as food for yourselves*

וְלַאֲשֶׁר בְּבָתֵּיכֶם conj.-prep.-rel. (81)-prep. -n.m.p.-2 m.p. sf. (108) *and your households*

וְלֶאֱכֹל לְטַפְּכֶם conj.-prep.-Qal inf.cstr. (37) -prep.-n.m.s.-2 m.p. sf. (381) *and as food for your little ones*

47:25

וַיֹּאמְרוּ consec.-Qal impf. 3 m.p. (55) *and they said*

הֶחֱיִתָנוּ Hi. pf. 2 m.s.-1 c.p. sf. (חָיָה 310) *you have saved our lives*

נִמְצָא־חֵן Qal impf. 1 c.p. (מָצָא 592)-n.m.s. (396) *let us find favor*

בְּעֵינֵי אֲדֹנִי prep.-n.f. du. cstr. (744)-n.m.s.-1 c.s. sf. (10) *in the sight of my lord*

וְהָיִינוּ conj.-Qal pf. 1 c.p. (הָיָה 224) *and we will be*

עֲבָדִים n.m.p. (713) *slaves*

לְפַרְעֹה prep.-pr.n. (829) *to Pharaoh*

47:26

וַיָּשֶׂם אֹתָהּ consec.-Qal impf. 3 m.s. (שִׂים 962)-dir.obj.-3 f.s. sf. *so ... made it*

יוֹסֵף pr.n. (415) *Joseph*

לְחֹק prep.-n.m.s. (349) *a statute*

עַד־הַיּוֹם הַזֶּה prep.-def.art.-n.m.s. (398)-def.art. -demons.adj. m.s. (260) *to this day*

עַל־אַדְמַת prep.-n.f.s. cstr. (9) *concerning the land of*

מִצְרַיִם pr.n. (595) *Egypt*

לְפַרְעֹה prep.-pr.n. (829) *to Pharaoh*

לַחֹמֶשׁ prep.-def.art.-n.m.s. (I 332) *the fifth*

רַק אַדְמַת adv. (956)-n.f.s. cstr. (9) *only the land of*

הַכֹּהֲנִים def.art.-n.m.p. (463) *the priests*

לְבַדָּם prep.-n.m.s.-3 m.p. sf. (94) *alone*

לֹא הָיְתָה neg.-Qal pf. 3 f.s. (הָיָה 224) *did not become*

לְפַרְעֹה prep.-pr.n. (829) *Pharaoh's*

47:27

וַיֵּשֶׁב יִשְׂרָאֵל consec. Qal impf. 3 m.s. (יָשַׁב 442)-pr.n. (975) *thus Israel dwelt*

בְּאֶרֶץ מִצְרַיִם prep.-n.f.s. cstr. (75)-pr.n. (595) *in the land of Egypt*

בְּאֶרֶץ גֹּשֶׁן prep.-n.f.s. cstr. (75)-pr.n. (177) *in the land of Goshen*

וַיֵּאָחֲזוּ consec.-Ni. impf. 3 m.p. (אָחַז 28) *and they gained possession*

בָּהּ prep.-3 f.s. sf. *in it*

וַיִּפְרוּ consec.-Qal impf. 3 m.p. (פָּרָה 826) *and were fruitful*

וַיִּרְבּוּ consec.-Qal impf. 3 m.p. (רָבָה I 915) *and multiplied*

מְאֹד adv. (547) *exceedingly*

47:28

וַיְחִי יַעֲקֹב consec.-Qal impf. 3 m.s. (חָיָה 310) -pr.n. (784) *and Jacob lived*

בְּאֶרֶץ מִצְרַיִם prep.-n.f.s. cstr. (75)-pr.n. (595) *in the land of Egypt*

שְׁבַע עֶשְׂרֵה שָׁנָה num. (988)-num. (797)-n.f.s. (1040) *seventeen years*

וַיְהִי consec.-Qal impf. 3 m.s. (הָיָה 224) *so ... were*

יְמֵי־יַעֲקֹב n.m.p. cstr. (398)-pr.n. (784) *the days of Jacob*

שְׁנֵי חַיָּיו n.f.p. cstr. (1040)-adj. m.p.-3 m.s. sf. (311) *the years of his life*

שֶׁבַע שָׁנִים num. (988)-n.f.p. (1040) *seven years*

וְאַרְבָּעִים conj.-num. p. (917) *and forty*

וּמְאַת שָׁנָה conj.-n.f.s. cstr. (547)-n.f.s. (1040) *and a hundred years*

222

47:29

וַיִּקְרְבוּ consec.-Qal impf. 3 m.p. (897) *and when drew near*

יְמֵי־יִשְׂרָאֵל n.m.p. cstr. (398)-pr.n. (975) *the days of Israel*

לָמוּת prep.-Qal inf.cstr. (מוּת 559) *to die*

וַיִּקְרָא consec.-Qal impf. 3 m.s. (894) *he called*

לִבְנוֹ prep.-n.m.s.-3 m.s. sf. (119) *his son*

לְיוֹסֵף prep.-pr.n. (415) *Joseph*

וַיֹּאמֶר consec.-Qal impf. 3 m.s. (55) *and said*

לוֹ prep.-3 m.s. sf. *to him*

אִם־נָא מָצָאתִי hypoth.part. (49)-part.of entreaty (609)-Qal pf. 1 c.s. (מָצָא 592) *if not I have found*

חֵן n.m.s. (336) *favor*

בְּעֵינֶיךָ prep.-n.f. du.-2 m.s. sf. (744) *in your sight*

שִׂים־נָא Qal impv. 2 m.s. (שִׂים 962)-part.of entreaty (609) *put (I pray thee)*

יָדְךָ n.f.s.-2 m.s. sf. (388) *your hand*

תַּחַת יְרֵכִי prep. (1065)-n.f.s.-1 c.s. sf. (437) *under my thigh*

וְעָשִׂיתָ עִמָּדִי conj.-Qal pf. 2 m.s. (I 793)-prep.-1 c.s. sf. *and do with me*

חֶסֶד וֶאֱמֶת n.m.s. (338)-conj.-n.f.s. (54) *loyally and truly*

אַל־נָא תִקְבְּרֵנִי neg.-part.of entreaty (609)-Qal impf. 2 m.s.-1 c.s. sf. (868) *do not bury me*

בְּמִצְרָיִם prep.-pr.n. paus. (595) *in Egypt*

47:30

וְשָׁכַבְתִּי conj.-Qal pf. 1 c.s. (1011) *but let me lie*

עִם־אֲבֹתַי prep.-n.m.p.-1 c.s. sf. (3) *with my fathers*

וּנְשָׂאתַנִי conj.-Qal pf. 2 m.s.-1 c.s. sf. (נָשָׂא 669) *carry me*

מִמִּצְרַיִם prep.-pr.n. (595) *out of Egypt*

וּקְבַרְתַּנִי conj.-Qal pf. 2 m.s.-1 c.s. sf. (868) *and bury me*

בִּקְבֻרָתָם prep.-n.f.s.-3 m.p. sf. (869) *in their burying place*

וַיֹּאמַר consec.-Qal impf. 3 m.s. (55) *he answered*

אָנֹכִי אֶעֱשֶׂה pers.pr. 1 c.s. (59)-Qal impf. 1 c.s. (I עָשָׂה 793) *I will do*

כִדְבָרֶךָ prep.-n.m.s.-2 m.s. sf. (182) *as you have said*

47:31

וַיֹּאמֶר consec.-Qal impf. 3 m.s. (55) *and he said*

הִשָּׁבְעָה לִי Ni. impv. 2 m.s.-coh.he שָׁבַע 989) -prep.-1 c.s. sf. *swear to me*

וַיִּשָּׁבַע לוֹ consec.-Ni. impf. 3 m.s. (989)-prep.-3 m.s. sf. *and he swore to him*

וַיִּשְׁתַּחוּ consec.-Hithpalel impf. 3 m.s. (שָׁחָה 1005) *then ... bowed himself*

יִשְׂרָאֵל pr.n. (975) *Israel*

עַל־רֹאשׁ הַמִּטָּה prep.-n.m.s. cstr. (910)-def.art. -n.f.s. (641) *upon the head of his bed*

48:1

וַיְהִי consec.-Qal impf. 3 m.s. (הָיָה 224) *and it shall be*

אַחֲרֵי הַדְּבָרִים הָאֵלֶּה prep. cstr. (29)-def.art. -n.m.p. (182)-def.art.-demons.adj. c.p. (41) *after these things*

וַיֹּאמֶר consec.-Qal impf. 3 m.s. (55; GK 144d) *and he said*

לְיוֹסֵף prep.-pr.n. (415) *to Joseph*

הִנֵּה אָבִיךָ demons.part. (243)-n.m.s.-2 m.s. sf. (3) *behold, your father*

חֹלֶה Qal act.ptc. (חָלָה I 317) *is ill*

וַיִּקַּח consec.-Qal impf. 3 m.s. (לָקַח 542) *so he took*

אֶת־שְׁנֵי בָנָיו dir.obj.-num. cstr. (1040)-n.m.p.-3 m.s. sf. (119) *his two sons*

עִמּוֹ prep.-3 m.s. sf. *with him*

אֶת־מְנַשֶּׁה dir.obj.-pr.n. (586) *Manasseh*

וְאֶת־אֶפְרָיִם conj.-dir.obj.-pr.n. (68) *and Ephraim*

48:2

וַיַּגֵּד לְיַעֲקֹב consec.-Hi. impf. 3 m.s. (נגד 616; GK 144dN)-prep.-pr.n. (784) *and it was told to Jacob*

וַיֹּאמֶר consec.-Qal impf. 3 m.s. (55) *(and said)*

הִנֵּה בִּנְךָ demons.part. (243)-n.m.s.-2 m.s. sf. (119) *behold, your son*

יוֹסֵף בָּא pr.n. (415)-Qal pf. 3 m.s. (בּוֹא 97) *Joseph has come*

אֵלֶיךָ prep.-2 m.s. sf. *to you*

וַיִּתְחַזֵּק consec.-Hith. impf. 3 m.s. (חָזַק 304) *then summoned his strength*

יִשְׂרָאֵל pr.n. (976) *Israel*

וַיֵּשֶׁב consec.-Qal impf. 3 m.s. (יָשַׁב 442) *and sat up*

עַל־הַמִּטָּה prep.-def.art.-n.f.s. (641) *in the bed*

48:3

וַיֹּאמֶר יַעֲקֹב consec.-Qal impf. 3 m.s. (55)-pr.n. (784) *and Jacob said*

אֶל־יוֹסֵף prep.-pr.n. (415) *to Joseph*

אֵל שַׁדַּי pr.n.-pr.n. (42; 994) *God Almighty (El Shaddai)*

נִרְאָה־אֵלַי Ni. pf. 3 m.s. (רָאָה 906)-prep.-1 c.s. sf. *appeared to me*

בְּלוּז prep.-pr.n. (II 531) *at Luz*

בְּאֶרֶץ כְּנָעַן prep.-n.f.s. cstr. (75)-pr.n. paus. (488) *in the land of Canaan*

וַיְבָרֶךְ אֹתִי consec.-Pi. impf. 3 m.s. (בָּרַךְ 138) -dir.obj.-1 c.s. sf. *and blessed me*

48:4

וַיֹּאמֶר אֵלַי consec.-Qal impf. 3 m.s. (55)-prep.-1 c.s. sf. *and said to me*

הִנְנִי מַפְרְךָ demons.part.-1 c.s. sf. (243)-Hi. ptc. -2 m.s. sf. (פָּרָה 826) *behold I will make you fruitful*

וְהִרְבִּיתִךָ conj.-Hi. pf. 1 c.s.-2 m.s. sf. (רָבָה I 915) *and multiply you*

וּנְתַתִּיךָ conj.-Qal pf. 1 c.s.-2 m.s. sf. (נָתַן 678) *and I will make of you*

לִקְהַל עַמִּים prep.-n.m.s. cstr. (874)-n.m.p. (I 766) *a company of peoples*

וְנָתַתִּי conj.-Qal pf. 1 c.s. (נָתַן 678) *and will give*

אֶת־הָאָרֶץ הַזֹּאת dir.obj.-def.art.-n.f.s. (75) -def.art.-demons.adj. f.s. (260) *this land*

לְזַרְעֲךָ prep.-n.m.s.-2 m.s. sf. (282) *to your descendants*

אַחֲרֶיךָ prep.-2 m.s. sf. (29) *after you*

אֲחֻזַּת עוֹלָם n.f.s. cstr. (28)-n.m.s. (761) *for an everlasting possession*

48:5

וְעַתָּה conj.-adv. (773) *and now*

שְׁנֵי־בָנֶיךָ num. cstr. (1040)-n.m.p.-2 m.s. sf. (119) *your two sons*

הַנּוֹלָדִים def.art.-Ni. ptc. m.p. (יָלַד 408) *who were born*

לְךָ prep.-2 m.s. sf. *to you*

בְּאֶרֶץ מִצְרַיִם prep.-n.f.s. cstr. (75)-Qal inf.cstr. (595) *in the land of Egypt*

עַד־בֹּאִי prep.-Qal inf.cstr.-1 c.s. sf. (בּוֹא 97) *before I came*

אֵלֶיךָ prep.-2 m.s. sf. *to you*

מִצְרַיְמָה pr.n.-dir.he (595) *in Egypt*

לִי־הֵם prep.-1 c.s. sf.-pers.pr. 3 m.s. (241) *they are mine*

אֶפְרַיִם וּמְנַשֶּׁה pr.n. (68)-conj.-pr.n. (586) *Ephraim and Manasseh*

כִּרְאוּבֵן prep.-pr.n. (910) *as Reuben*

וְשִׁמְעוֹן conj.-pr.n. (1035) *and Simeon*

יִהְיוּ־לִי Qal impf. 3 m.p. (הָיָה 224)-prep.-1 c.s. sf. *are to me*

48:6

וּמוֹלַדְתְּךָ conj.-n.f.s.-2 m.s. sf. (409) *and your offspring*

אֲשֶׁר־הוֹלַדְתָּ rel. (81)-Hi. pf. 2 m.s. (יָלַד 408) *which you shall bear*

אַחֲרֵיהֶם prep.-3 m.p. sf. (29) *after them*

לְךָ יִהְיוּ prep.-2 m.s. sf.-Qal impf. 3 m.p. (הָיָה 224) *shall be yours*

עַל שֵׁם אֲחֵיהֶם prep.-n.m.s. cstr. (1027)-n.m.p.-3 m.p. sf. *by the name of their brothers*

יִקָּרְאוּ Ni. impf. 3 m.p. (894) *they shall be called*

בְּנַחֲלָתָם prep.-n.f.s.-3 m.p. sf. (635) *in their inheritance*

48:7

וַאֲנִי בְּבֹאִי conj.-pers.pr. 1 c.s. (58)-prep.-Qal inf.cstr.-1 c.s. sf. (בּוֹא 97) *for when I came*

מִפַּדָּן prep.-pr.n. (804) *from Paddan*

מֵתָה עָלַי Qal pf. 3 f.s. (מוּת 559)-prep.-1 c.s. sf. *died upon me*

רָחֵל pr.n. (II 932) *Rachel*

בְּאֶרֶץ כְּנַעַן prep.-n.f.s. cstr. (75)-pr.n. (488) *in the land of Canaan*

בַּדֶּרֶךְ prep.-def.art.-n.m.s. (202) *on the way*

בְּעוֹד כִּבְרַת־אֶרֶץ prep.-adv. (728)-n.f.s. cstr. (460)-n.f.s. (75) *when there was still some distance*

לָבֹא אֶפְרָתָה prep.-Qal inf.cstr. (בּוֹא 97)-pr.n. -loc.he (68) *to go to Ephrath*

וָאֶקְבְּרֶהָ consec.-Qal impf. 1 c.s.-3 f.s. sf. (868) *and I buried her*

שָׁם adv. (1027) *there*

בְּדֶרֶךְ אֶפְרָת prep.-n.m.s. cstr. (202)-pr.n. (68) *on the way to Ephrath*

הִוא בֵּית לָחֶם pers.pr. 3 f.s. (214)-pr.n. paus. (111) *that is, Bethlehem*

48:8

וַיַּרְא יִשְׂרָאֵל consec.-Qal impf. 3 m.s. (רָאָה 906)-pr.n. (975) *when Israel saw*

אֶת־בְּנֵי יוֹסֵף dir.obj.-n.m.p. cstr. (119)-pr.n. (415) *Joseph's sons*

וַיֹּאמֶר consec.-Qal impf. 3 m.s. (55) *he said*

מִי־אֵלֶּה interr. (566)-demons.adj. c.p. (41) *who are these?*

48:9

וַיֹּאמֶר יוֹסֵף consec.-Qal impf. 3 m.s. (55)-pr.n. (415) *Joseph said*

אֶל־אָבִיו prep.-n.m.s.-3 m.s. sf. (3) *to his father*

בָּנַי הֵם n.m.p.-1 c.s. sf. (119)-pers.pr. 3 m.p. (241) *they are my sons*

אֲשֶׁר־נָתַן־לִי rel. (81)-Qal pf. 3 m.s. (678)-prep.-1 c.s. sf. *whom ... has given me*

אֱלֹהִים n.m.p. (43) *God*

בָּזֶה prep.-demons.adj. m.s. (260) *here*

וַיֹּאמֶר consec.-Qal impf. 3 m.s. (55) *and he said*

קָחֶם־נָא Qal impv. 2 m.s.-3 m.p. sf. (542; GK 58g)-part.of entreaty (609) *bring them*

אֵלַי prep.-1 c.s. sf. *to me*

וַאֲבָרֲכֵם conj.-Pi. impf. 1 c.s.-3 m.p. sf. (בָּרַךְ 138; GK 60d) *that I may bless them*

48:10

וְעֵינֵי יִשְׂרָאֵל conj.-n.f. du. cstr. (744)-pr.n. (975) *now the eyes of Israel*

כָּבְדוּ Qal pf. 3 c.p. (457) *were dim*

מִזֹּקֶן prep.-n.m.s. (279) *with age*

לֹא יוּכַל לִרְאוֹת neg.-Qal impf. 3 m.s. (יָכֹל 407)-prep.-Qal inf.cstr. (רָאָה 906) *so that he could not see*

וַיַּגֵּשׁ אֹתָם consec.-Hi. impf. 3 m.s. (נָגַשׁ 620)-dir.obj.-3 m.p. sf. *so he brought them near*

אֵלָיו prep.-3 m.s. sf. *him*

וַיִּשַּׁק לָהֶם consec.-Qal impf. 3 m.s. (נָשַׁק I 676)-prep.-3 m.p. sf. *and he kissed them*

וַיְחַבֵּק לָהֶם consec.-Pi. impf. 3 m.s. (287)-prep.-3 m.p. sf. *and embraced them*

48:11

וַיֹּאמֶר יִשְׂרָאֵל consec.-Qal impf. 3 m.s. (55)-pr.n. (975) *and Israel said*

אֶל־יוֹסֵף prep.-pr.n. (415) *to Joseph*

רְאֹה פָנֶיךָ Qal inf.cstr. (רָאָה 906; GK 75n,115b)-n.m.p.-2 m.s. sf. (815) *to see your face*

לֹא פִלָּלְתִּי neg.-Pi. pf. 1 c.s. paus. (פָּלַל 813) *I had not thought*

וְהִנֵּה conj.-demons.part. (243) *and lo*

הֶרְאָה אֹתִי אֱלֹהִים Hi. pf. 3 m.s. (רָאָה 906)-dir.obj.-1 c.s. sf.-n.m.p. (43) *God has let me see*

גַּם אֶת־זַרְעֶךָ adv. (168)-dir.obj.-n.m.s.-2 m.s. sf. (282) *also your children*

48:12

וַיּוֹצֵא יוֹסֵף consec.-Hi. impf. 3 m.s. (יָצָא 422)-pr.n. (415) *then Joseph removed*

אֹתָם dir.obj.-3 m.p. sf. *them*

מֵעִם בִּרְכָּיו prep.-prep.-n.f.p.-3 m.s. sf. (139) *from his knees*

וַיִּשְׁתַּחוּ consec.-Hithpalel impf. 3 m.s. (שָׁחָה 1005) *and he bowed himself*

לְאַפָּיו prep.-n.m. du.-3 m.s. sf. (I 60) *with his face*

אָרְצָה n.f.s.-dir.he (75) *to the earth*

48:13

וַיִּקַּח יוֹסֵף consec.-Qal impf. 3 m.s. (לָקַח 542)-pr.n. (415) *and Joseph took*

אֶת־שְׁנֵיהֶם dir.obj.-num. p.-3 m.p. sf. (1040) *them both*

אֶת־אֶפְרַיִם dir.obj.-pr.n. (68) *Ephraim*

בִּימִינוֹ prep.-n.f.s.-3 m.s. sf. (411) *in his right hand*

מִשְּׂמֹאל יִשְׂרָאֵל prep.-n.m.s. cstr. (969)-pr.n. (975) *toward Israel's left hand*

וְאֶת־מְנַשֶּׁה conj.-dir.obj.-pr.n. (586) *and Manasseh*

בִשְׂמֹאלוֹ prep.-n.m.s.-3 m.s. sf. (969) *in his left hand*

מִימִין יִשְׂרָאֵל prep.-n.f.s. cstr. (411)-pr.n. (975) *toward Israel's right hand*

וַיַּגֵּשׁ אֵלָיו consec.-Hi. impf. 3 m.s. (נָגַשׁ 620)-prep.-3 m.s. sf. *and brought them near him*

48:14

וַיִּשְׁלַח יִשְׂרָאֵל consec.-Qal impf. 3 m.s. (1018)-pr.n. (975) *and Israel stretched out*

אֶת־יְמִינוֹ dir.obj.-n.f.s.-3 m.s. sf. (411) *his right hand*

וַיָּשֶׁת consec.-Qal impf. 3 m.s. (שִׁית 1011) *and laid it*

עַל־רֹאשׁ אֶפְרַיִם prep.-n.m.s. cstr. (910)-pr.n. (68) *upon the head of Ephraim*

וְהוּא הַצָּעִיר conj. (GK 141e)-pers.pr. 3 m.s. (214)-def.art.-adj. m.s. (I 859) *who was the younger*

וְאֶת־שְׂמֹאלוֹ conj.-dir.obj.-n.m.s.-3 m.s. sf. (969) *and his left hand*

עַל־רֹאשׁ מְנַשֶּׁה prep.-n.m.s. cstr. (910)-pr.n. (586) *upon the head of Manasseh*

שִׂכֵּל אֶת־יָדָיו Pi. pf. 3 m.s. (II 968)-dir.obj.-n.f. du.-3 m.s. sf. (388; GK 156d) *crossing his hands*

כִּי מְנַשֶּׁה conj.-pr.n. (586) *for Manasseh*

הַבְּכֹר def.art.-n.m.s. (114) *was the first-born*

48:15

וַיְבָרֶךְ consec.-Pi. impf. 3 m.s. (138) *and he blessed*

אֶת־יוֹסֵף dir.obj.-pr.n. (415) *Joseph*

וַיֹּאמַר consec.-Qal impf. 3 m.s. (55) *and said*

הָאֱלֹהִים def.art.-n.m.p. (43) *The God*

אֲשֶׁר הִתְהַלְּכוּ rel. (81)-Hith. pf. 3 c.p. (הָלַךְ 229) *whom ... walked*

אֲבֹתַי n.m.p.-1 c.s. sf. (3) *my fathers*

לְפָנָיו prep.-n.m.p.-3 m.s. sf. (815) *before him*

אַבְרָהָם pr.n. (4) *Abraham*

וְיִצְחָק conj.-pr.n. (850) *Isaac*

הָאֱלֹהִים def.art.-n.m.p. (43) *The God*

הָרֹעֶה def.art.-Qal act.ptc. (רָעָה I 944) *who has led*

אֹתִי dir.obj.-1 c.s. sf. *me*

מֵעוֹדִי prep.-adv.-1 c.s. sf. (728) *all my life long*

עַד־הַיּוֹם הַזֶּה prep.-def.art.-n.m.s. (398)-def.art.-demons.adj. m.s. (260) *to this day*

48:16

הַמַּלְאָךְ def.art.-n.m.s. (521) *the angel*

הַגֹּאֵל אֹתִי def.art.-Qal act.ptc. (גָּאַל I 145)-dir.obj.-1 c.s. sf. *who has redeemed me*

מִכָּל־רָע prep.-n.m.s. cstr. (481)-n.m.s. paus. (II 948) *from all evil*

יְבָרֵךְ Pi. impf. 3 m.s. (138) *bless*

אֶת־הַנְּעָרִים dir.obj.-def.art.-n.m.p. (654) *the lads*

וְיִקָּרֵא בָהֶם conj.-Ni. impf. 3 m.s. (894)-prep.-3 m.p. sf. *and let be perpetuated in them*

שְׁמִי n.m.s.-1 c.s. sf. (1027) *my name*

וְשֵׁם אֲבֹתַי conj.-n.m.s. cstr. (1027)-n.m.p.-1 c.s. sf. (3) *and the name of my fathers*

אַבְרָהָם וְיִצְחָק pr.n. (4)-conj.-pr.n. (850) *Abraham and Isaac*

וְיִדְגּוּ conj.-Qal impf. 3 m.p. (דָּגָה 185) *and let them grow*

לָרֹב prep.-adj. (913) *into a multitude*

בְּקֶרֶב הָאָרֶץ prep.-n.m.s. cstr. (899)-def.art.-n.f.s. (75) *in the midst of the earth*

48:17

וַיַּרְא consec.-Qal impf. 3 m.s. (רָאָה 906) *when ... saw*

יוֹסֵף pr.n. (415) *Joseph*

כִּי־יָשִׁית אָבִיו conj.-Qal impf. 3 m.s. (שִׁית 1011)-n.m.s.-3 m.s. sf. (3) *that his father laid*

יַד־יְמִינוֹ n.f.s. cstr. (388)-n.f.s.-3 m.s. sf. (411) *his right hand*

עַל־רֹאשׁ אֶפְרַיִם prep.-n.m.s. cstr. (910)-pr.n. (68) *upon the head of Ephraim*

וַיֵּרַע בְּעֵינָיו consec.-Qal impf. 3 m.s. (רָעַע 949)-prep.-n.f. du.-3 m.s. sf. (744) *it displeased him*

וַיִּתְמֹךְ consec.-Qal impf. 3 m.s. (תָּמַךְ 1069) *and he took*

יַד־אָבִיו n.f.s. cstr. (388)-n.m.s.-3 m.s. sf. (3) *his father's hand*

לְהָסִיר אֹתָהּ prep.-Hi. inf.cstr. (סוּר 693)-dir.obj.-3 f.s. sf. *to remove it*

מֵעַל רֹאשׁ־אֶפְרַיִם prep.-prep.-n.m.s. cstr. (910)-pr.n. (68) *from Ephraim's head*

עַל־רֹאשׁ מְנַשֶּׁה prep.-n.m.s. cstr. (910)-pr.n. (586) *to Manasseh's head*

48:18

וַיֹּאמֶר יוֹסֵף consec.-Qal impf. 3 m.s. (55)-pr.n. (415) *and Joseph said*

אֶל־אָבִיו prep.-n.m.s.-3 m.s. sf. (3) *to his father*

לֹא־כֵן אָבִי neg.-adv. (485)-n.m.s.-1 c.s. sf. (3) *Not so, my father*

כִּי־זֶה conj.-demons.adj. m.s. (260) *for this one*

הַבְּכֹר def.art.-n.m.s. (114) *the first-born*

שִׂים יְמִינְךָ Qal impv. 2 m.s. (שִׂים 962)-n.f.s.-2 m.s. sf. (411) *put your right hand*

עַל־רֹאשׁוֹ prep.-n.m.s.-3 m.s. sf. (910) *upon his head*

48:19

וַיְמָאֵן אָבִיו consec.-Pi. impf. 3 m.s. (מָאֵן 549)-n.m.s.-3 m.s. sf. (3) *but his father refused*

וַיֹּאמֶר consec.-Qal impf. 3 m.s. (55) *and said*

יָדַעְתִּי Qal pf. 1 c.s. (יָדַע 393) *I know*

בְנִי n.m.s.-1 c.s. sf. (119) *my son*

יָדַעְתִּי Qal pf. 1 c.s. (יָדַע 393) *I know*

גַּם־הוּא יִהְיֶה־ adv. (168)-pers.pr. 3 m.s. (214)-Qal impf. 3 m.s. (הָיָה 224) *he also shall become*

לְעָם prep.-n.m.s. (I 766) *a people*

וְגַם־הוּא יִגְדָּל conj.-adv. (168)-pers.pr. 3 m.s. (214)-Qal impf. 3 m.s. paus. (152) *and he also shall be great*

וְאוּלָם conj.-adv. (III 19) *nevertheless*

אָחִיו n.m.s.-3 m.s. sf. (26) *his brother*

הַקָּטֹן def.art.-adj. m.s. (882) *the younger*

יִגְדַּל Qal impf. 3 m.s. (152) *shall be greater*

מִמֶּנּוּ prep.-3 m.s. sf. *than he*

וְזַרְעוֹ conj.-n.m.s.-3 m.s. sf. (282) *and his descendants*

יִהְיֶה Qal impf. 3 m.s. (הָיָה 224) *shall become*

מְלֹא־הַגּוֹיִם n.m.s. cstr. (571)-def.art.-n.m.p. (156) *a multitude of nations*

48:20

וַיְבָרְכֵם consec.-Pi. impf. 3 m.s.-3 m.p. sf. (בָּרַךְ 138) *so he blessed them*

בַּיּוֹם הַהוּא prep.-def.art.-n.m.s. (398)-def.art.-demons.adj. m.s. (214) *that day*

לֵאמוֹר prep.-Qal inf.cstr. (55) *saying*

בְּךָ prep.-2 m.s. sf. *By you*

יְבָרֵךְ Pi. impf. 3 m.s. (בָּרַךְ 138) *will pronounce blessings*

יִשְׂרָאֵל pr.n. (975) *Israel*

לֵאמוֹר prep.-Qal inf.cstr. (55) *saying*

יִשְׂמְךָ אֱלֹהִים Qal impf. 3 m.s.-2 m.s. sf. (שִׂים 962)-n.m.p. (43) *God make you*

כְּאֶפְרַיִם prep.-pr.n. (68) *as Ephraim*

וְכִמְנַשֶּׁה conj.-prep.-pr.n. (586) *and as Manasseh*

וַיָּשֶׂם consec.-Qal impf. 3 m.s. (שִׂים 962) *and thus he put*

אֶת־אֶפְרַיִם dir.obj.-pr.n. (68) *Ephraim*

לִפְנֵי מְנַשֶּׁה prep.-n.m.p. cstr. (815)-pr.n. (586) *before Manasseh*

48:21

וַיֹּאמֶר יִשְׂרָאֵל consec.-Qal impf. 3 m.s. (55)-pr.n. (975) *then Israel said*

אֶל־יוֹסֵף prep.-pr.n. (415) *to Joseph*

הִנֵּה אָנֹכִי מֵת demons.part. (243)-pers.pr. 1 c.s. (59)-Qal act.ptc. (559) *behold, I am about to die*

וְהָיָה אֱלֹהִים conj.-Qal pf. 3 m.s. (224)-n.m.p. (43) *but God will be*

עִמָּכֶם prep.-2 m.p. sf. *with you*

וְהֵשִׁיב אֶתְכֶם conj.-Hi. pf. 3 m.s. (שׁוּב 996)-dir. obj.-2 m.p. sf. *and will bring you again*

אֶל־אֶרֶץ אֲבֹתֵיכֶם prep.-n.f.s. cstr. (75)-n.m.p.-2 m.p. sf. (3) *to the land of your fathers*

48:22

וַאֲנִי נָתַתִּי לְךָ conj.-pers.pr. 1 c.s. (58)-Qal pf. 1 c.s. (נָתַן 678; GK 106m)-prep.-2 m.s. sf. *moreover I have given to you*

שְׁכֶם אַחַד n.m.s. (I 1014)-num. adj. (25; GK 130g) *one mountain slope* (lit. *one shoulder*)

עַל־אַחֶיךָ prep.-n.m.p.-2 m.s. sf. (26; GK 96) *rather than to your brothers*

אֲשֶׁר לָקַחְתִּי rel. (81)-Qal pf. 1 c.s. (לָקַח 542) *which I took*

מִיַּד הָאֱמֹרִי prep.-n.f.s. cstr. (388)-def.art.-adj. gent. (57) *from the hand of the Amorites*

בְּחַרְבִּי prep.-n.f.s.-1 c.s. sf. (352) *with my sword*

וּבְקַשְׁתִּי conj.-prep.-n.f.s.-1 c.s. sf. (905) *and with my bow*

49:1

וַיִּקְרָא consec.-Qal impf. 3 m.s. (קָרָא 894) *then ... called*

יַעֲקֹב pr.n. (784) *Jacob*

אֶל־בָּנָיו prep.-n.m.p.-3 m.s. sf. (119) *his sons*

וַיֹּאמֶר consec.-Qal impf. 3 m.s. (55) *and said*

הֵאָסְפוּ Ni. impv. 2 m.p. (אָסַף 62) *Gather yourselves*

וְאַגִּידָה conj.-Hi. impf. 1 c.s.-coh.he (נָגַד 616) *that I may tell*

לָכֶם prep.-3 m.p. sf. *you*

אֵת אֲשֶׁר dir.obj.-rel. (81) *what*

יִקְרָא Qal impf. 3 m.s. (קָרָא 894; GK 75rr) *shall befall*

אֶתְכֶם dir.obj.-2 m.p. sf. *you*

בְּאַחֲרִית prep.-n.f.s. cstr. (31) *in ... to come*

הַיָּמִים def.art.-n.m.p. (398) *days*

49:2

הִקָּבְצוּ Ni. impv. 2 m.p. (קָבַץ 867) *assemble*

וְשִׁמְעוּ conj.-Qal impv. 2 m.p. (1033) *and hear*

בְּנֵי יַעֲקֹב n.m.p. cstr. (119)-pr.n. (784) *O sons of Jacob*

וְשִׁמְעוּ v.supra *and hearken*

אֶל־יִשְׂרָאֵל prep.-pr.n. (975) *to Israel*

אֲבִיכֶם n.m.s.-2 m.p. sf. (3) *your father*

49:3

רְאוּבֵן pr.n. (910) *Reuben*

בְּכֹרִי n.m.s.-1 c.s. sf. (114) *my first-born*

אַתָּה pers.pr. 2 m.s. (61) *you*

כֹּחִי n.m.s.-1 c.s. sf. (470) *my might*

וְרֵאשִׁית conj.-n.f.s. cstr. (912) *and the first fruits of*

אוֹנִי n.m.s.-1 c.s. sf. (20) *my strength*

יֶתֶר n.m.s. cstr. (451) *pre-eminent (of) in*

שְׂאֵת n.f.s. (673) *pride*

וְיֶתֶר conj.-n.m.s. cstr. (451) *and pre-eminent in*

עָז n.m.s. (738; GK 29u) *power*

49:4

פַּחַז n.m.s. (808; GK 147c) *unstable*

כַמַּיִם prep.-def.art.-n.m.p. (565) *as water*

אַל־תּוֹתַר neg.-Hi. impf. 2 m.s. juss. (יָתַר 451; GK 53n) *you shall not have preeminence*

כִּי עָלִיתָ conj.-Qal pf. 2 m.s. (עָלָה 748) *because you went up*

מִשְׁכְּבֵי n.m.p. cstr. (1012; GK 124b) *to the bed(s) of*

אָבִיךָ n.m.s.-2 m.s. sf. (3) *your father*

אָז חִלַּלְתָּ adv. (23)-Pi. pf. 2 m.s. (חָלַל 320) *then you defiled*

יְצוּעִי n.m.s.-1 c.s. sf. (426) *my couch*

עָלָה Qal pf. 3 m.s. (748; GK 144p) *you went up to*

49:5

שִׁמְעוֹן pr.n. (1035) *Simeon*

וְלֵוִי conj.-pr.n. (532) *and Levi*

אַחִים n.m.p. (26) *brothers*

כְּלֵי n.m.p. cstr. (479) *weapons of*

חָמָס n.m.s. (329) *violence*

מִכְרֹתֵיהֶם n.f.p.-3 m.p. sf. (468) *their swords*

49:6

בְּסֹדָם prep.-n.m.s.-3 m.p. sf. (691) *into their council*

אַל־תָּבֹא neg.-Qal impf. 3 f.s. (בּוֹא 97) *come not*

נַפְשִׁי n.f.s.-1 c.s. sf. (659) *O my soul*

בִּקְהָלָם prep.-n.m.s.-3 m.p. sf. (874) *to their company*

אַל־תֵּחַד neg.-Qal impf. 3 f.s. (יָחַד 402) *be not joined to*

כְּבֹדִי n.f.s.-1 c.s. sf. (458) *O my spirit*

כִּי בְאַפָּם conj.-prep.-n.m.s.-3 m.p. sf. (60) *for in their anger*

הָרְגוּ Qal pf. 3 c.p. (הָרַג 246) *they slay*

אִישׁ n.m.s. (35) *men*

וּבִרְצֹנָם conj.-prep.-n.m.s.-31 m.p. sf. (953) *and in their wantonness*

עִקְּרוּ־ Pi. pf. 3 c.p. (עָקַר 785) *they hamstring*

שׁוֹר n.m.s. (1004) *oxen*

49:7

אָרוּר Qal pass.ptc. (אָרַר 76) *cursed be*

אַפָּם n.m.s.-3 m.p. sf. (60) *their anger*

כִּי עָז conj.-n.m.s. (738) *for it is fierce*

וְעֶבְרָתָם conj.-n.f.s.-3 m.p. sf. (720) *and their wrath*

כִּי קָשָׁתָה conj.-Qal pf. 3 f.s. (קָשָׁה 904) *for it is cruel*

אֲחַלְּקֵם Pi. impf. 1 c.s.-3 m.p. sf. (חָלַק 323) *I will divide them*

בְּיַעֲקֹב prep.-pr.n. (784) *in Jacob*

וַאֲפִיצֵם conj.-Hi. impf. 1 c.s.-3 m.p. sf. (פּוּץ 806) *and scatter them*

בְּיִשְׂרָאֵל prep.-pr.n. (975) *in Israel*

49:8

יְהוּדָה pr.n. (397) *Judah*

אַתָּה pers.pr. 2 m.s. (61; GK 135e) *(you are)*

יוֹדוּךָ Hi. impf. 3 m.p.-2 m.s. sf. (יָדָה 392) *shall praise you*

אַחֶיךָ n.m.p.-2 m.s. sf. (26) *your brothers*

יָדְךָ n.f.s.-2 m.s. sf. (388) *your hand*

בְּעֹרֶף prep.-n.m.s. cstr. (793) *on the neck of*

אֹיְבֶיךָ Qal act.ptc. m.p. cstr.-2 m.s. sf. (אָיַב 33) *your enemies*

יִשְׁתַּחֲווּ Hith. impf. 3 m.p. (שָׁחָה 1005) *shall bow down*

לְךָ prep.-2 m.s. sf. *before you*

בְּנֵי אָבִיךָ n.m.p. cstr. (119)-n.m.s.-2 m.s. sf. (3) *your father's sons*

49:9

גּוּר אַרְיֵה n.m.s. cstr. (158)-n.m.s. (71) *a lion's whelp*

יְהוּדָה pr.n. (397) *Judah*

מִטֶּרֶף prep.-n.m.s. (383) *from the prey*

בְּנִי n.m.s.-1 c.s. sf. (119) *my son*

עָלִיתָ Qal pf. 2 m.s. (עָלָה 748) *you have gone up*

כָּרַע Qal pf. 3 m.s. (502) *he stooped down*

רָבַץ Qal pf. 3 m.s. (918) *he couched*

כְּאַרְיֵה prep.-n.m.s. (71) *as a lion*

וּכְלָבִיא conj.-prep.-n.f.s. (522) *and as a lioness*

מִי interr. (566) *who*

יְקִימֶנּוּ Hi. impf. 3 m.s.-3 m.s. sf. (קוּם 877) *dares rouse him up*

49:10

לֹא־יָסוּר neg.-Qal impf. 3 m.s. (סוּר 693) *shall not depart*

שֵׁבֶט n.m.s. (986) *the scepter*

מִיהוּדָה prep.-pr.n (397) *from Judah*

וּמְחֹקֵק conj.-Po'el ptc. (חָקַק 349) *nor the ruler's staff*

מִבֵּין prep.-prep. (107) *from between*

רַגְלָיו n.f. du.-3 m.s. sf. (919) *his feet*

עַד כִּי־ adv.-conj. *until*

יָבֹא Qal impf. 3 m.s. (בּוֹא 97; GK 164f) *he comes*

שִׁילֹה (?) apparently n. (1010) *to whom it belongs*

וְלוֹ conj.-prep.-3 m.s. sf. *and to him*

יִקְּהַת עַמִּים n.f.s. cstr. (429; GK 20h)-n.m.p. (766) *shall be the obedience of the peoples*

49:11

אֹסְרִי Qal act.ptc. cstr. (אָסַר 63; GK 90m,118p) *binding*

לַגֶּפֶן prep.-def.art.-n.f.s. (172) *to the vine*

עִירֹה n.m.s.-3 m.s. sf. (747; GK 7c,91e,93v) *his foal*

וְלַשֹּׂרֵקָה conj.-prep.-def.art.-n.f.s. (977) *to the choice vine*

בְּנִי אֲתֹנוֹ n.m.s. cstr. (119; GK 96)-n.f.s.-3 m.s. sf. (87) *his ass's colt*

כִּבֵּס Pi. pf. 3 m.s. (כָּבַס 460; GK 52,l;106k,116x) *he washes*

בַּיַּיִן prep.-def.art.-n.m.s. (406) *in wine*

לְבֻשׁוֹ n.m.s.-3 m.s. sf. (528) *his garments*

וּבְדַם־עֲנָבִים conj.-prep.-n.m.s. cstr. (196)-n.m.p. (772) *and in the blood of grapes*

סוּתֹה n.m.s.-3 m.s. sf. (691; GK 7c,91e) *his vesture*

49:12

חַכְלִילִי adj. (314) *shall be red*

עֵינַיִם n.f. du. (744) *his eyes*

מִיָּיִן prep.-n.m.s. paus. (406) *with wine*

וּלְבֶן־ conj.-adj. cstr. (526; GK 93dd) *and white*

שִׁנַּיִם n.f. du. (1042) *his teeth*

מֵחָלָב prep.-n.m.s. (316) *with milk*

49:13

זְבוּלֻן pr.n. (259) *Zebulun*

לְחוֹף יַמִּים prep.-n.m.s. cstr. (342)-n.m.p. (410) *at the shore of the sea*

יִשְׁכֹּן Qal impf. 3 m.s. (שָׁכַן 1014) *shall dwell*

וְהוּא conj.-pers.pr. 3 m.s. (214) *and he shall become*

לְחוֹף v.supra *a haven for*

אֳנִיּוֹת n.f.p. (58) *ships*

וְיַרְכָתוֹ conj.-n.f.s.-3 m.s. sf. (438; GK 95i) *and his border shall be*

עַל־צִידֹן prep.-pr.n. (850) *at Sidon*

49:14

יִשָּׂשׁכָר pr.n. (441) *Issachar*

חֲמֹר גָּרֶם n.m.s. (331)-adj. m.s. (175) *a strong ass*

רֹבֵץ Qal act.ptc. (918) *couching*

בֵּין הַמִּשְׁפְּתָיִם prep.-def.art.-n.m. du. (1046) *between the sheepfolds (the ash-heaps)*

49:15

וַיַּרְא consec.-Qal impf. 3 m.s. (רָאָה 906) *he saw*

מְנֻחָה n.f.s. (629) *a resting place*

כִּי טוֹב conj.-adj. m.s. (373) *that ... was good*

וְאֶת־הָאָרֶץ conj.-dir.obj.-def.art.-n.f.s. (75; GK 117bN) *and the land*

כִּי נָעֵמָה conj.-Qal pf. 3 f.s. (653) *was pleasant*

וַיֵּט consec.-Qal impf. 3 m.s. (נָטָה 639) *so he bowed*

שִׁכְמוֹ n.m.s.-3 m.s. sf. (1014) *his shoulder*

לִסְבֹּל prep.-Qal inf.cstr. (סָבַל 687) *to bear*

וַיְהִי consec.-Qal impf. 3 m.s. (הָיָה 224) *and became*

לְמַס־עֹבֵד prep.-n.m.s. cstr. (586)-Qal act.ptc. (712) *a slave at forced labor*

49:16

דָּן pr.n. (192) *Dan*

יָדִין Qal impf. 3 m.s. (דִּין 192) *shall judge*

עַמּוֹ n.m.s.-3 m.s. sf. (766) *his people*

כְּאַחַד prep.-n.m.s. cstr. (25) *as one of*

שִׁבְטֵי n.m.p. cstr. (986) *the tribes of*

יִשְׂרָאֵל pr.n. (975) *Israel*

49:17

יְהִי־דָן Qal impf. 3 m.s. apoc. (224; GK 109k) *Dan shall be*

נָחָשׁ n.m.s. (638) *a serpent*

עֲלֵי־דֶרֶךְ prep. (752)-n.m.s. (202) *in the way*

שְׁפִיפֹן n.m.s. (1051) *a viper*

עֲלֵי־אֹרַח prep.-n.m.s. (73) *by the path*

הַנֹּשֵׁךְ def.art.-Qal act.ptc. (נָשַׁךְ 675) *that bites*

עִקְּבֵי־סוּס n.m.p. cstr. (784; GK 20h)-n.m.s. (692) *the horse's heels*

וַיִּפֹּל consec.-Qal impf. 3 m.s. (נָפַל 656) *so that ... falls*

רֹכְבוֹ Qal act.ptc.-3 m.s. sf. (רָכַב 938) *his rider*

אָחוֹר adv. (30) *backwards*

49:18

לִישׁוּעָתְךָ prep.-n.f.s.-2 m.s. sf. (447) *for thy salvation*

קִוִּיתִי Pi. pf. 1 c.s. (קָוָה I 875; GK 106g) *I wait for*

יהוה pr.n. (217) *O Yahweh*

49:19

גָּד pr.n. (151) *Gad*

גְּדוּד n.m.s. (151) *Raiders*

יְגוּדֶנּוּ Qal impf. 3 m.s.-3 m.s. sf. (גּוּד 156) *shall raid*

וְהוּא conj.-pers.pr. 3 m.s. (214) *but he*

יָגֻד Qal impf. 3 m.s. (156) *shall raid*

עָקֵב n.m.s. (784) *at their heels*

49:20

מֵאָשֵׁר prep.-pr.n. (81) *Asher's*

שְׁמֵנָה adj. f.s. (1032) *shall be rich*

לַחְמוֹ n.m.s.-3 m.s. sf. (536) *food*

וְהוּא conj.-pers.pr. 3 m.s. (214) *and he*

יִתֵּן Qal impf. 3 m.s. (נָתַן 678) *shall yield*

מַעֲדַנֵּי־ n.m.p. cstr. (726) *dainties (of)*

מֶלֶךְ n.m.s. (572) *royal (a king)*

49:21

נַפְתָּלִי pr.n. (836) *Naphtali*

אַיָּלָה n.f.s. (19) *is a hind*

שְׁלֻחָה Qal pass.ptc. f.s. (שָׁלַח 1018) *let loose*

הַנֹּתֵן def.art.-Qal act.ptc. (נָתַן 678; GK 126b) *that bears*

אִמְרֵי־שָׁפֶר n.m.p. cstr. (56)-n.m.s. paus. (I 1051) *comely fawns (beautiful words)*

49:22

בֵּן פֹּרָת n.m.s. cstr. (119; GK 96)-Qal act.ptc. f.s. (פָּרָה 826; GK 80g) *a fruitful bough*

יוֹסֵף pr.n. (415) *Joseph*

בֵּן פֹּרָת v.supra *a fruitful bough*

עֲלֵי־עָיִן prep.-n.f.s. (745) *by a spring*

בָּנוֹת n.f.p. (123; GK 145k) *his branches (daughters)*

צָעֲדָה Qal pf. 3 f.s. (צעד 857; GK 44m) *run*

עֲלֵי־שׁוּר prep.-n.m.s. (II 1004) *over the wall*

49:23

וַיְמָרֲרֻהוּ consec.-Pi. impf. 3 m.p.-3 m.s. sf. (מרר 600) *fiercely attacked him*

וָרֹבּוּ conj.-Qal pf. 3 c.p. (רבב II 914; GK 67m, 112rr) *shot at him*

וַיִּשְׂטְמֻהוּ consec.-Qal impf. 3 m.p.-3 m.s. sf. (שׂטם 966) *and harassed him sorely*

בַּעֲלֵי חִצִּים n.m.p. cstr. (127)-n.m.p. (346) *the archers*

49:24

וַתֵּשֶׁב consec.-Qal impf. 3 f.s. (ישׁב 442) *yet ... remained*

בְּאֵיתָן prep.-adj. m.s. (I 450) *unmoved*

קַשְׁתּוֹ n.f.s.-3 m.s. sf. (905) *his bow*

וַיָּפֹזּוּ consec.-Qal impf. 3 m.p. (פזז II 808) *were made agile*

זְרֹעֵי יָדָיו n.m.p. cstr. (283)-n.f.p.-3 m.s. sf. (388) *his arms*

מִידֵי prep.-n.f.p. cstr. (388) *by the hands of*

אֲבִיר יַעֲקֹב adj. m.s. cstr. (7)-pr.n. (784) *the Mighty One of Jacob*

מִשָּׁם prep.-adv. (1027) *by the name of (from there)*

רֹעֶה Qal act.ptc. (רעה I 944) *the Shepherd*

אֶבֶן יִשְׂרָאֵל n.f.s. cstr. (6)-pr.n. (975) *the Rock of Israel*

49:25

מֵאֵל prep.-n.m.s. cstr. (42) *by the God of*

אָבִיךָ n.m.s.-2 m.s. sf. (3) *your father*

וְיַעְזְרֶךָּ conj.-Qal impf. 3 m.s.-2 m.s. sf. (עזר 740) *who will help you*

וְאֵת שַׁדַּי conj.-prep.-pr.n. (994) *by God Almighty*

וִיבָרְכֶךָּ conj.-Pi. impf. 3 m.s.-2 m.s. sf. (ברך 138) *who will bless you*

בִּרְכֹת n.f.p. cstr. (139) *with blessings*

שָׁמַיִם n.m. du. (1029) *heaven*

מֵעָל prep.-prep. (GK 119c) *above*

בִּרְכֹת v.supra (GK 117ff) *blessings of*

תְּהוֹם n.f.s. (1062) *the deep*

רֹבֶצֶת Qal act.ptc. f.s. (רבץ 918) *that couches*

תָּחַת adv. paus. (1065) *beneath*

בִּרְכֹת v.supra *blessings of*

שָׁדַיִם n.m. du. (994) *the breasts*

וָרָחַם conj.-n.m.s. paus. (933) *and of the womb*

49:26

בִּרְכֹת v.supra *blessings of*

אָבִיךָ n.m.s.-2 m.s. sf. (3) *your father*

גָּבְרוּ Qal pf. 3 c.p. (גבר 149) *are mighty*

עַל־בִּרְכֹת prep.-v.supra *beyond the blessings of*

הוֹרַי Qal act.ptc. m.p.-1 c.s. sf. (I 247) *the mountains (my progenitors)*

עַד־ prep. *eternal (to)*

תַּאֲוַת n.f.s. cstr. (16) *the bounties of*

גִּבְעֹת n.f.p. cstr. (148) *hills (of)*

עוֹלָם n.m.s. (761) *antiquity (everlasting)*

תִּהְיֶיןָ Qal impf. 3 f.p. (היה 224) *may they be*

לְרֹאשׁ prep.-n.m.s. cstr. (910) *on the head of*

יוֹסֵף pr.n. (415) *Joseph*

וּלְקָדְקֹד conj.-prep.-n.m.s. cstr. (869) *and on the brow of*

נְזִיר n.m.s. cstr. (634) *him who was separate from*

אֶחָיו n.m.p.-3 m.s. sf. (26) *his brothers*

49:27

בִּנְיָמִין pr.n. (122) *Benjamin*

זְאֵב n.m.s. (255) *a wolf*

יִטְרָף Qal impf. 3 m.s. (טרף 382; GK 29u, 107g,155f) *ravenous*

בַּבֹּקֶר prep.-def.art.-n.m.s. (133) *in the morning*

יֹאכַל Qal impf. 3 m.s. (אכל 37) *devouring*

עַד n.m.s. (II 723; GK 29,l) *the prey*

וְלָעֶרֶב conj.-prep.-def.art.-n.m.s. (787) *and at even*

יְחַלֵּק Pi. impf. 3 m.s. (חלק 323) *dividing*

שָׁלָל n.m.s. (1021) *the spoil*

49:28

כָּל־אֵלֶּה n.m.s. cstr. (481)-demons.adj. c.p. (41) *all these*

שִׁבְטֵי n.m.p. cstr. (986) *are the tribes of*

יִשְׂרָאֵל pr.n. (975) *Israel*

שְׁנֵים עָשָׂר num. m. (1040)-n.m.s. (797) *twelve*

וְזֹאת conj.-demons.adj. f.s. (260) *and this is*

אֲשֶׁר־דִּבֶּר rel. (81)-Pi. pf. 3 m.s. (180) *what ... said*

לָהֶם prep.-3 m.p. sf. *to them*

אֲבִיהֶם n.m.s.-3 m.p. sf. (3) *their father*

וַיְבָרֶךְ consec.-Pi. impf. 3 m.s. (ברך 138) *as he blessed*

אוֹתָם dir.obj.-3 m.p. sf. *them*

אִישׁ n.m.s. (35) *each*

אֲשֶׁר כְּבִרְכָתוֹ rel. (81)-prep.-n.f.s.-3 m.s. sf. (139) *with the blessing*

בֵּרַךְ אֹתָם Pi. pf. 3 m.s. (בָּרַךְ 138)-dir.obj.-3 m.p. sf. *suitable to him*

49:29

וַיְצַו consec.-Pi. impf. 3 m.s. (צָוָה 845) *then he charged*

אוֹתָם dir.obj.-3 m.p. sf. *them*

וַיֹּאמֶר consec.-Qal impf. 3 m.s. (55) *and said*

אֲלֵהֶם prep.-3 m.p. sf. *to them*

אֲנִי pers.pr. 1 c.s. (58) *I am*

נֶאֱסָף Ni. ptc. (אָסַף 62) *to be gathered*

אֶל־עַמִּי prep.-n.m.s.-1 c.s. sf. (766) *to my people*

קִבְרוּ Qal impv. 2 m.p. (קָבַר 868) *bury*

אֹתִי dir.obj.-1 c.s. sf. *me*

אֶל־אֲבֹתָי prep.-n.m.p.-1 c.s. sf. (3) *with my fathers*

אֶל־הַמְּעָרָה prep.-def.art.-n.f.s. (792) *in the cave*

אֲשֶׁר בִּשְׂדֵה rel. (81)-prep.-n.m.s. cstr. (961) *that is in the field of*

עֶפְרוֹן pr.n. (780) *Ephron*

הַחִתִּי def.art.-pr.n. (366) *the Hittite*

49:30

בַּמְּעָרָה prep.-def.art.-n.f.s. (792) *in the cave*

אֲשֶׁר בִּשְׂדֵה rel. (81)-prep.-n.m.s. cstr. (961) *that is in the field at*

הַמַּכְפֵּלָה def.art.-pr.n. (495) *Machpelah*

אֲשֶׁר עַל־פְּנֵי־ rel. (81)-prep.-n.m.p. cstr. (815) *to the east of*

מַמְרֵא pr.n. (577) *Mamre*

בְּאֶרֶץ prep.-n.f.s. cstr. (75) *in the land of*

כְּנָעַן pr.n. paus. (489) *Canaan*

אֲשֶׁר קָנָה rel. (81)-Qal pf. 3 m.s. (888) *which ... bought*

אַבְרָהָם pr.n. (4) *Abraham*

אֶת־הַשָּׂדֶה prep.-def.art.-n.m.s. (961; GK 138bN) *with the field*

מֵאֵת עֶפְרֹן prep.-prep.-pr.n. (780) *from Ephron*

הַחִתִּי def.art.-pr.n. (366) *the Hittite*

לַאֲחֻזַּת־ prep.-n.f.s. cstr. (28) *to possess*

קָבֶר n.m.s. (868) *as a burying place*

49:31

שָׁמָּה adv.-dir.he (1027) *there*

קָבְרוּ Qal pf. 3 c.p. (קָבַר 868) *they buried*

אֶת־אַבְרָהָם dir.obj.-pr.n. (4) *Abraham*

וְאֵת שָׂרָה conj.-dir.obj.-pr.n. (979) *and Sarah*

אִשְׁתּוֹ n.f.s.-3 m.s. sf. (61) *his wife*

שָׁמָּה v.supra *there*

קָבְרוּ v.supra *they buried*

אֶת־יִצְחָק dir.obj.-pr.n. (850) *Isaac*

וְאֵת רִבְקָה conj.-dir.obj.-pr.n. (918) *and Rebekah*

אִשְׁתּוֹ v.supra *his wife*

וְשָׁמָּה conj.-v.supra *and there*

קָבַרְתִּי Qal pf. 1 c.s. (868) *I buried*

אֶת־לֵאָה dir.obj.-pr.n. (521) *Leah*

49:32

מִקְנֵה n.m.s. cstr. (889) *were purchased*

הַשָּׂדֶה def.art.-n.m.s. (961) *the field*

וְהַמְּעָרָה conj.-def.art.-n.f.s. (792) *and the cave*

אֲשֶׁר־בּוֹ rel. (81)-prep.-3 m.s. sf. *that is in it*

מֵאֵת בְּנֵי־חֵת prep.-prep.-n.m.p. cstr. (119)-pr.n. (366) *from the Hittites*

49:33

וַיְכַל consec.-Pi. impf. 3 m.s. (כָּלָה 477) *when ... finished*

יַעֲקֹב pr.n. (784) *Jacob*

לְצַוֺּת prep.-Pi. inf.cstr. (צָוָה 845) *charging*

אֶת־בָּנָיו dir.obj.-n.m.p.-3 m.s. sf. (119) *his sons*

וַיֶּאֱסֹף consec.-Qal impf. 3 m.s. (אָסַף 62) *he drew up*

רַגְלָיו n.f. du.-3 m.s. sf. (919) *his feet*

אֶל־הַמִּטָּה prep.-def.art.-n.f.s. (641) *into the bed*

וַיִּגְוַע consec.-Qal impf. 3 m.s. (גָּוַע 157) *and breathed his last*

וַיֵּאָסֶף consec.-Ni. impf. 3 m.s. (62) *and was gathered*

אֶל־עַמָּיו prep.-n.m.p.-3 m.s. sf. (I 766) *to his people*

50:1

וַיִּפֹּל consec.-Qal impf. 3 m.s. (נָפַל 656) *then ... fell*

יוֹסֵף pr.n. (415) *Joseph*

עַל־פְּנֵי אָבִיו prep.-n.m.p. cstr. (815)-n.m.s.-3 m.s. sf. (3) *on his father's face*

וַיֵּבְךְּ consec.-Qal impf. 3 m.s. (בָּכָה 113) *and wept*

עָלָיו prep.-3 m.s. sf. *over him*

וַיִּשַּׁק־לוֹ consec.-Qal impf. 3 m.s. (נָשַׁק I 676)-prep.-3 m.s. sf. *and kissed him*

50:2

וַיְצַו יוֹסֵף consec.-Pi. impf. 3 m.s. (צָוָה 845)-pr.n. (415) *and Joseph commanded*

אֶת־עֲבָדָיו dir.obj.-n.m.p.-3 m.s. sf. (713) *his servants*

אֶת־הָרֹפְאִים dir.obj.-def.art.-Qal act.ptc. m.p. (950) *the physicians*

לַחֲנֹט prep.-Qal inf.cstr. (חָנַט 334) *to embalm*

אֶת־אָבִיו dir.obj.-n.m.s.-3 m.s. sf. (3) *his father*

וַיַּחַנְטוּ consec.-Qal impf. 3 m.p. (334) *so ... embalmed*

הָרֹפְאִים v.supra *the physicians*

אֶת־יִשְׂרָאֵל dir.obj.-pr.n. (975) *Israel*

50:3

וַיִּמְלְאוּ־לוֹ consec.-Qal impf. 3 m.p. (מָלֵא 569)-prep.-3 m.s. sf. *were required for it*

אַרְבָּעִים יוֹם num. p. (917)-n.m.s. (398) *forty days*

כִּי כֵן יִמְלְאוּ conj.-adv. (485)-v.supra *for so many are required*

יְמֵי הַחֲנֻטִים n.m.p. cstr. (398)-def.art.-n.m.p. (334) *the days for embalming*

וַיִּבְכּוּ consec.-Qal impf. 3 m.p. (בָּכָה 113) *and wept*

אֹתוֹ dir.obj.-3 m.s. sf. *for him*

מִצְרַיִם pr.n. (595) *the Egyptians*

שִׁבְעִים יוֹם num. p. (988)-n.m.s. (398) *seventy days*

50:4

וַיַּעַבְרוּ consec.-Qal impf. 3 m.p. (עָבַר a 716) *and when were past*

יְמֵי בְכִיתוֹ n.m.p. cstr. (398)-n.f.s.-3 m.s. sf. (114) *the days of weeping*

וַיְדַבֵּר יוֹסֵף consec.-Pi. impf. 3 m.s. (180)-pr.n. (415) *Joseph spoke*

אֶל־בֵּית פַּרְעֹה prep.-n.m.s. cstr. (108)-pr.n. (829) *to the household of Pharaoh*

לֵאמֹר prep.-Qal inf.cstr. (55) *saying*

אִם־נָא מָצָאתִי hypoth.part. (49)-part.of entreaty (609)-Qal pf. 1 c.s. (מָצָא 592) *if now I have found*

חֵן n.m.s. (336) *favor*

בְּעֵינֵיכֶם prep.-n.f. du./-2 m.p. sf. (744) *in your eyes*

דַּבְּרוּ־נָא Pi. impv. 2 m.p. (180)-part.of entreaty (609) *speak, I pray you,*

בְּאָזְנֵי פַרְעֹה prep.-n.f. du. cstr. (23)-pr.n. (829) *in the ears of Pharaoh*

לֵאמֹר prep.-Qal inf.cstr. (55) *saying*

50:5

אָבִי n.m.s.-1 c.s. sf. (3) *my father*

הִשְׁבִּיעַנִי Hi. pf. 3 m.s.-1 c.s. sf. (שָׁבַע 989) *made me swear*

לֵאמֹר prep.-Qal inf.cstr. (55) *saying*

הִנֵּה אָנֹכִי מֵת demons.part. (243)-pers.pr. 1 c.s. (59)-Qal act.ptc. (מוּת 559) *I am about to die*

בְּקִבְרִי prep.-n.m.s.-1 c.s. sf. (868) *in my tomb*

אֲשֶׁר כָּרִיתִי rel. (81)-Qal pf. 1 c.s. (כָּרָה I 500) *which I hewed out*

לִי prep.-1 c.s. sf. *for myself*

בְּאֶרֶץ כְּנַעַן prep.-n.f.s. cstr. (75)-pr.n. (488) *in the land of Canaan*

שָׁמָּה adv.-dir.he (1027) *there*

תִּקְבְּרֵנִי Qal impf. 2 m.s.-1 c.s. sf. (קָבַר 868) *shall you bury me*

וְעַתָּה אֶעֱלֶה־נָּא conj.-adv. (773)-Qal impf. 1 c.s. (עָלָה 748)-part.of entreaty (609) *now therefore let me go up, I pray you*

וְאֶקְבְּרָה conj.-Qal impf. 1 c.s.-coh.he (868) *and bury*

אֶת־אָבִי dir.obj.-n.m.s.-1 c.s. sf. (3) *my father*

וְאָשׁוּבָה conj.-Qal impf. 1 c.s.-coh.he (שׁוּב 996) *then I will return*

50:6

וַיֹּאמֶר פַּרְעֹה consec.-Qal impf. 3 m.s. (55)-pr.n. (829) *and Pharaoh answered*

עֲלֵה וּקְבֹר Qal impv. 2 m.s. (748)-conj.-Qal impv. 2 m.s. (868) *go up, and bury*

אֶת־אָבִיךָ dir.obj.-n.m.s.-2 m.s. sf. (3) *your father*

כַּאֲשֶׁר הִשְׁבִּיעֶךָ prep.-rel. (81)-Hi. pf. 3 m.s.-2 m.s. sf. (989) *as he made you swear*

50:7

וַיַּעַל יוֹסֵף consec.-Qal impf. 3 m.s. (עָלָה 748)-pr.n. (415) *so Joseph went up*

לִקְבֹּר prep.-Qal inf.cstr. (868) *to bury*

אֶת־אָבִיו dir.obj.-n.m.s.-3 m.s. sf. (3) *his father*

וַיַּעֲלוּ consec.-Qal impf. 3 m.p. (עָלָה 748) *and went up*

אִתּוֹ prep.-3 m.s. sf. (II 85) *with him*

כָּל־עַבְדֵי n.m.s. cstr. (481)-n.m.p. cstr. (713) *all the servants of*

פַּרְעֹה pr.n. (829) *Pharaoh*

זִקְנֵי בֵיתוֹ adj. m.p. cstr. (278)-n.m.s.-3 m.s. sf. (108) *the elders of his household*

וְכֹל זִקְנֵי conj.-n.m.s. cstr. (481)-adj. m.p. cstr. (278) *and all the elders of*

אֶרֶץ מִצְרָיִם n.f.s. cstr. (75)-pr.n. paus. (595) *the land of Egypt*

50:8

וְכֹל בֵּית יוֹסֵף conj.-n.m.s. cstr. (481)-n.m.s. cstr. (108)-pr.n. (415) *as well as all the household of Joseph*

וְאֶחָיו conj.-n.m.p.-3 m.s. sf. (26) *and his brothers*

וּבֵית אָבִיו conj.-n.m.s. cstr. (108)-n.m.s.-3 m.s. sf. (3) *and his father's household*

רַק טַפָּם adv. (956)-n.m.s.-3 m.p. sf. (381) *only their children*

וְצֹאנָם conj.-n.f.s.-3 m.p. sf. (838) *their flocks*

וּבְקָרָם conj.-n.m.s.-3 m.p. sf. (133) *and their herds*

עָזְבוּ Qal pf. 3 c.p. (I 736) *were left*

בְּאֶרֶץ גֹּשֶׁן prep.-n.f.s. cstr. (75)-pr.n. (177) *in the land of Goshen*

50:9

וַיַּעַל consec.-Qal impf. 3 m.s. (עָלָה 748) *and there went up*

עִמּוֹ prep.-3 m.s. sf. *with him*

גַּם־רֶכֶב adv. (168)-n.m.s. (939) *both chariots*

גַּם־פָּרָשִׁים v.supra-n.m.p. (832) *and horsemen*

וַיְהִי consec.-Qal impf. 3 m.s. (הָיָה 224) *it was*

הַמַּחֲנֶה def.art.-n.m.s. (334) *the company*

כָּבֵד מְאֹד adj. m.s. (458)-adv. (547) *very great*

50:10

וַיָּבֹאוּ consec.-Qal impf. 3 m.p. (בּוֹא 97) *when they came*

עַד־גֹּרֶן הָאָטָד prep.-n.m.s. cstr. (175)-def.art.-pr.n. (31) *to the threshing floor of Atad*

אֲשֶׁר בְּעֵבֶר הַיַּרְדֵּן rel. (81)-prep.-n.m.s. cstr. (I 719)-def.art.-pr.n. (434) *which is beyond the Jordan*

וַיִּסְפְּדוּ־שָׁם consec.-Qal impf. 3 m.p. (704)-adv. (1027) *they lamented there*

מִסְפֵּד גָּדוֹל n.m.s. (704)-adj. m.s. (152) *with a great lamentation*

וְכָבֵד מְאֹד conj.-adj. (458)-adv. (547) *and were very sorrowful*

וַיַּעַשׂ consec.-Qal impf. 3 m.s. (עָשָׂה I 793) *and he made*

לְאָבִיו prep.-n.m.s.-3 m.s. sf. (3) *for his father*

אֵבֶל n.m.s. (5) *a mourning*

שִׁבְעַת יָמִים num. f.s. cstr. (988)-n.m.p. (398) *seven days*

50:11

וַיַּרְא consec.-Qal impf. 3 m.s. (רָאָה 906) *when ... saw*

יוֹשֵׁב הָאָרֶץ Qal act.ptc. cstr. (442)-def.art.-n.f.s. (75) *the inhabitants of the land*

הַכְּנַעֲנִי def.art.-pr.n. gent. (489) *the Canaanites*

אֶת־הָאֵבֶל dir.obj.-def.art.-n.m.s. (5) *the mourning*

בְּגֹרֶן הָאָטָד prep.-n.m.s. cstr. (175)-def.art.-pr.n. (31) *on the threshing floor of Atad*

וַיֹּאמְרוּ consec.-Qal impf. 3 m.p. (55) *they said*

אֵבֶל־כָּבֵד n.m.s. (5)-adj. m.s. (458) *a grievous mourning*

זֶה demons.adj. m.s. (260) *this is*

לְמִצְרַיִם prep.-pr.n. paus. (595) *to the Egyptians*

עַל־כֵּן prep.-adv. (485) *therefore*

קָרָא שְׁמָהּ Qal pf. 3 m.s. (894)-n.m.s.-3 f.s. sf. (1027) *the place was named*

אָבֵל מִצְרַיִם pr.n. (5) *Abel-mizraim*

אֲשֶׁר בְּעֵבֶר הַיַּרְדֵּן rel. (81)-prep.-n.m.s. cstr. (I 719)-def.art.-pr.n. (434) *it is beyond the Jordan*

50:12

וַיַּעֲשׂוּ בָנָיו consec.-Qal impf. 3 m.p. (עָשָׂה I 793)-n.m.p.-3 m.s. sf. (119) *thus his sons did*

לוֹ prep.-3 m.s. sf. *for him*

כֵּן כַּאֲשֶׁר צִוָּם adv. (485)-prep.-rel. (81)-Pi. pf. 3 m.s.-3 m.p. sf. (צָוָה 845) *as he had commanded them*

50:13

וַיִּשְׂאוּ אֹתוֹ consec.-Qal impf. 3 m.p. (נָשָׂא 669)-dir.obj.-3 m.s. sf. *for ... carried him*

בָּנָיו n.m.p.-3 m.s. sf. (119) *his sons*

אַרְצָה כְּנַעַן n.f.s. cstr.-dir.he (75)-pr.n. (488) *to the land of Canaan*

וַיִּקְבְּרוּ אֹתוֹ consec.-Qal impf. 3 m.p. (868)-dir.obj.-3 m.s. sf. *and buried him*

בִּמְעָרַת שְׂדֵה prep.-n.f.s. cstr. (792)-n.m.s. cstr. (961) *in the cave of the field at*

הַמַּכְפֵּלָה def.art.-pr.n. (495) *Machpelah*

אֲשֶׁר קָנָה אַבְרָהָם rel. (81)-Qal pf. 3 m.s. (888)-pr.n. (4) *which Abraham bought*

אֶת־הַשָּׂדֶה prep. (II 85)-def.art.-n.m.s. (961) *with the field*

לַאֲחֻזַּת־קֶבֶר prep.-n.f.s. cstr. (28)-n.m.s. (868; GK 138bN) *to possess as a burying place*

מֵאֵת עֶפְרֹן prep.-prep.-pr.n. (780) *from Ephron*

הַחִתִּי def.art.-pr.n. gent. (366) *the Hittite*

עַל־פְּנֵי מַמְרֵא prep.-n.m.p. cstr. (815)-pr.n. (577) *to the east of Mamre*

50:14

וַיָּשָׁב יוֹסֵף consec.-Qal impf. 3 m.s. (שׁוּב 996)-pr.n. (415) *Joseph returned*

מִצְרַיְמָה pr.n.-dir.he (595) *to Egypt*

הוּא וְאֶחָיו pers.pr. 3 m.s. (214)-conj.-n.m.p.-3 m.s. sf. (26) *he and his brothers*

וְכָל־הָעֹלִים conj.-n.m.s. cstr. (481)-def.art.-Qal act.ptc. m.p. (עָלָה 748) *and all who had gone up*

אִתּוֹ prep.-3 m.s. sf. (II 85) *with him*

לִקְבֹּר אֶת־אָבִיו prep.-Qal inf.cstr. (868)-dir.obj. -n.m.s.-3 m.s. sf. (3) *to bury his father*

אַחֲרֵי קָבְרוֹ אֶת־אָבִיו prep. (29)-Qal inf.cstr.-3 m.s. sf. (868)-dir.obj.-n.m.s.-3 m.s. sf. (3) *after he had buried his father*

50:15

וַיִּרְאוּ consec.-Qal impf. 3 m.p. (רָאָה 906) *when ... saw*

אֲחֵי־יוֹסֵף n.m.p. cstr. (26)-pr.n. (415) *Joseph's brothers*

כִּי־מֵת אֲבִיהֶם conj.-Qal pf. 3 m.s. (מוּת 559) -n.m.s.-3 m.p. sf. (3) *that their father was dead*

וַיֹּאמְרוּ consec.-Qal impf. 3 m.p. (55) *they said*

לוּ יִשְׂטְמֵנוּ יוֹסֵף conj. (530; GK 159y)-Qal impf. 3 m.s.-1 c.p. sf. (שָׂטַם 966)-pr.n. (415) *It may be that Joseph will hate us*

וְהָשֵׁב יָשִׁיב לָנוּ conj.-Hi. inf.abs. (שׁוּב 996)-Hi. impf. 3 m.s. (שׁוּב 996)-prep.-1 c.p. sf. *and pay us back*

אֵת כָּל־הָרָעָה dir.obj.-n.m.s. cstr. (481)-def.art. -n.f.s. (948) *for all the evil*

אֲשֶׁר גָּמַלְנוּ אֹתוֹ rel. (81)-Qal pf. 1 c.p. (168; GK 117ff)-dir.obj.-3 m.s. sf. *which we did to him*

50:16

וַיְצַוּוּ consec.-Pi. impf. 3 m.p. (צָוָה 845) *so they sent a message*

אֶל־יוֹסֵף prep.-pr.n. (415) *to Joseph*

לֵאמֹר prep.-Qal inf.cstr. (55) *saying*

אָבִיךָ צִוָּה n.m.s.-2 m.s. sf. (3)-Pi. pf. 3 m.s. 845) *your father gave this command*

לִפְנֵי מוֹתוֹ prep.-n.m.p. cstr. (815)-Qal inf.cstr.-3 m.s. sf. (מוּת 559) *before he died*

לֵאמֹר v.supra *(saying)*

50:17

כֹּה־תֹאמְרוּ adv. (462)-Qal impf. 2 m.p. (55) *say*

לְיוֹסֵף prep.-pr.n. (415) *to Joseph*

אָנָּא שָׂא נָא interj. (58)-Qal impv. 2 m.s. (נָשָׂא 669)-part.of entreaty (609) *Forgive, I pray you,*

פֶּשַׁע אַחֶיךָ n.m.s. cstr. (833)-n.m.p.-2 m.s. sf. (26) *the transgression of your brothers*

וְחַטָּאתָם conj.-n.f.s.-3 m.p. sf. (308) *and their sin*

כִּי־רָעָה גְמָלוּךָ conj.-n.f.s. (948)-Qal pf. 3 c.p.-2 m.s. sf. (168; GK 117ff) *because they did evil to you*

וְעַתָּה שָׂא נָא conj.-adv. (773)-v.supra-v.supra *and now, we pray you, forgive*

לְפֶשַׁע עַבְדֵי prep.-n.m.s. cstr. (833)-n.m.p. cstr. (713) *the transgression of the servants of*

אֱלֹהֵי אָבִיךָ n.m.p. cstr. (43)-n.m.s.-2 m.s. sf. (3) *the God of your father*

וַיֵּבְךְּ יוֹסֵף consec.-Qal impf. 3 m.s. (בָּכָה 113) -pr.n. (415) *Joseph wept*

בְּדַבְּרָם אֵלָיו prep.-Pi. inf.cstr.-3 m.p. sf. (180) -prep.-3 m.s. sf. *when they spoke to him*

50:18

וַיֵּלְכוּ consec.-Qal impf. 3 m.s. (הָלַךְ 229) *came*

גַּם־אֶחָיו adv. (168)-n.m.p.-3 m.s. sf. (26) *his brothers also*

וַיִּפְּלוּ consec.-Qal impf. 3 m.p. (נָפַל 656) *and fell down*

לְפָנָיו prep.-n.m.p.-3 m.s. sf. (815) *before him*

וַיֹּאמְרוּ consec.-Qal impf. 3 m.p. (55) *and said*

הִנֶּנּוּ לְךָ demons.part.-1 c.p. sf. (243; GK 58k) -prep.-2 m.s. sf. *Behold, we are your*

לַעֲבָדִים prep.-n.m.p. (713) *servants*

50:19

וַיֹּאמֶר consec.-Qal impf. 3 m.s. (55) *but said*

אֲלֵהֶם prep.-3 m.p. sf. *to them*

יוֹסֵף pr.n. (415) *Joseph*

אַל־תִּירָאוּ neg.-Qal impf. 2 m.p. paus. (יָרֵא 431) *Fear not*

כִּי הֲתַחַת אֱלֹהִים אָנִי conj.-interr.-prep. (1065) -n.m.p. (43)-pers.pr. 1 c.s. paus. (58) *for am I in the place of God?*

50:20

וְאַתֶּם conj.-pers.pr. 2 m.p. (61) *as for you*

חֲשַׁבְתֶּם עָלַי Qal pf. 2 m.p. (362)-prep.-1 c.s. sf. *you meant against me*

רָעָה n.f.s. (948) *evil*

אֱלֹהִים חֲשָׁבָהּ n.m.p. (43)-Qal pf. 3 m.s.-3 f.s. sf. (362) *but God meant it*

לְטֹבָה prep.-n.f.s. (375) *for good*

לְמַעַן עֲשֹׂה prep. (775)-Qal inf.cstr. (I 793; GK 75n) *to bring it about*

כַּיּוֹם הַזֶּה prep.-def.art.-n.m.s. (398)-def.art. -demons.adj. m.s. (260) *as they are today*

לְהַחֲיֹת prep.-Hi. inf.cstr. (חָיָה 310) *that ... should be kept alive*

עַם־רָב n.m.s. (I 766)-adj. m.s. paus. (I 912) *many people*

50:21

וְעַתָּה אַל־תִּירָאוּ conj.-adv. (773)-neg.-Qal impf. 2 m.p. paus. (יָרֵא 431) *so do not fear*

אָנֹכִי אֲכַלְכֵּל pers.pr. 1 c.s. (59)-Pilpel impf. 1 c.s. (כּוּל 465) *I will provide*

אֶתְכֶם dir.obj.-2 m.p. sf. *for you*

וְאֶת־טַפְּכֶם conj.-dir.obj.-n.m.s.-2 m.p. sf. (381) *and your little ones*

וַיְנַחֵם אוֹתָם consec.-Pi. impf. 3 m.s. (נָחַם 636) -dir.obj.-3 m.p. sf. *thus he assured them*

וַיְדַבֵּר עַל־לִבָּם consec.-Pi. impf. 3 m.s. (180)-prep.-n.m.s.-3 m.p. sf. (524) *and comforted them*

50:22

וַיֵּשֶׁב יוֹסֵף consec.-Qal impf. 3 m.s. (יָשַׁב 442)-pr.n. (415) *so Joseph dwelt*

בְּמִצְרַיִם prep.-pr.n. (595) *in Egypt*

הוּא וּבֵית אָבִיו pers.pr. 3 m.s. (214)-conj.-n.m.s. cstr. (108)-n.m.s.-3 m.s. sf. (3) *he and his father's house*

וַיְחִי consec.-Qal impf. 3 m.s. (חָיָה 310) *and lived*

יוֹסֵף pr.n. (415) *Joseph*

מֵאָה וָעֶשֶׂר שָׁנִים n.f.s. (547)-conj.-num. (796) -n.f.p. (1040) *a hundred and ten years*

50:23

וַיַּרְא יוֹסֵף consec.-Qal impf. 3 m.s. (רָאָה 906) -pr.n. (415) *and Joseph saw*

לְאֶפְרַיִם prep.-pr.n. (68) *to Ephraim*

בְּנֵי שִׁלֵּשִׁים n.m.p. cstr. (119)-adj. m.p. (II 1026; GK 128v) *children of the third generation*

גַּם בְּנֵי מָכִיר adv. (168)-n.m.p. cstr. (119)-pr.n. (569) *the children also of Machir*

בֶּן־מְנַשֶּׁה n.m.s. cstr. (119)-pr.n. (586) *the son of Manasseh*

יֻלְּדוּ Pu. pf. 3 c.p. (408) *were born*

עַל־בִּרְכֵּי יוֹסֵף prep.-n.f.p. cstr. (139)-pr.n. (415) *upon Joseph's knees*

50:24

וַיֹּאמֶר יוֹסֵף consec.-Qal impf. 3 m.s. (55)-pr.n. (415) *and Joseph said*

אֶל־אֶחָיו prep.-n.m.p.-3 m.s. sf. (26) *to his brothers*

אָנֹכִי מֵת pers.pr. 1 c.s. (59)-Qal act.ptc. (מוּת 559; GK 116v) *I am about to die*

וֵאלֹהִים conj.-n.m.p. (43) *but God*

פָּקֹד יִפְקֹד Qal inf.abs. (823)-Qal impf. 3 m.s. (823) *will visit*

אֶתְכֶם dir.obj.-2 m.p. sf. *you*

וְהֶעֱלָה אֶתְכֶם conj.-Hi. pf. 3 m.s. (748)-dir.obj.-2 m.p. sf. *and bring you up*

מִן־הָאָרֶץ הַזֹּאת prep.-def.art.-n.f.s. (75)-def.art. -demons.adj. f.s. (260) *out of this land*

אֶל־הָאָרֶץ prep.-def.art.-n.f.s. (75) *to the land*

אֲשֶׁר נִשְׁבַּע rel. (81)-Ni. pf. 3 m.s. (שָׁבַע 989) *which he swore*

לְאַבְרָהָם prep.-pr.n. (4) *to Abraham*

לְיִצְחָק prep.-pr.n. (850) *to Isaac*

וּלְיַעֲקֹב conj.-prep.-pr.n. (784) *and to Jacob*

50:25

וַיַּשְׁבַּע יוֹסֵף consec.-Hi. impf. 3 m.s. (שָׁבַע 989)-pr.n. (415) *then Joseph took an oath*

אֶת־בְּנֵי יִשְׂרָאֵל dir.obj.-n.m.p. cstr. (119)-pr.n. (975) *of the sons of Israel*

לֵאמֹר prep.-Qal inf.cstr. (55) *saying*

פָּקֹד יִפְקֹד Qal inf.abs. (823)-Qal impf. 3 m.s. (823) *will visit you*

אֱלֹהִים n.m.p. (43) *God*

אֶתְכֶם dir.obj.-2 m.p. sf. *you*

וְהַעֲלִתֶם conj.-Hi. pf. 2 m.p. (עָלָה 748) *and you shall carry up*

אֶת־עַצְמֹתַי dir.obj.-n.f.p.-1 c.s. sf. (782) *my bones*

מִזֶּה prep.-demons.adj. m.s. (260) *from here*

50:26

וַיָּמָת יוֹסֵף consec.-Qal impf. 3 m.s. (מוּת 559)-pr.n. (415) *so Joseph died*

בֶּן־מֵאָה וָעֶשֶׂר שָׁנִים n.m.s. cstr. (119)-n.f.s. (547)-conj.-num. (796)-n.f.p. (1040) *being a hundred and ten years old*

וַיַּחַנְטוּ אֹתוֹ consec.-Qal impf. 3 m.p. (334) -dir.obj.-3 m.s. sf. *and they embalmed him*

וַיִּישֶׂם consec.-Qal impf. 3 m.s. (יָשַׂם 441; GK 73f,144dN) *and he was put*

בָּאָרוֹן prep.-def.art.-n.m.s. (75) *in a coffin*

בְּמִצְרָיִם prep.-pr.n. paus. (595) *in Egypt*

Exodus

1:1

וְאֵלֶּה conj. (GK 49bN)-demons.adj. c.p. (41) *these are*

שְׁמוֹת n.m.p. cstr. (1027) *the names of*

בְּנֵי n.m.p. cstr. (119) *the sons of*

יִשְׂרָאֵל pr.n. (975) *Israel*

הַבָּאִים def.art.-Qal act.ptc. m.p. (בּוֹא 97) *who came*

מִצְרָיְמָה pr.n.-dir.he paus. (595) *to Egypt*

אֵת יַעֲקֹב prep. (II 85)-pr.n. (784) *with Jacob*

אִישׁ n.m.s. (35) *each*

וּבֵיתוֹ conj.-n.m.s.-3 m.s. sf. (108) *with his household*

בָּאוּ Qal pf. 3 c.p. (בּוֹא 97) *(came)*

1:2

רְאוּבֵן pr.n. (910) *Reuben*

שִׁמְעוֹן pr.n. (1035) *Simeon*

לֵוִי pr.n. (532) *Levi*

וִיהוּדָה conj.-pr.n. (397) *and Judah*

1:3

יִשָּׂשכָר pr.n. (441) *Issachar*

זְבוּלֻן pr.n. (259) *Zebulun*

וּבִנְיָמִן conj.-pr.n. (122) *and Benjamin*

1:4

דָּן pr.n. (192) *Dan*

וְנַפְתָּלִי conj.-pr.n. (836) *and Naphtali*

גָּד pr.n. (151) *Gad*

וְאָשֵׁר conj.-pr.n. (81) *and Asher*

1:5

וַיְהִי consec.-Qal impf. 3 m.s. (הָיָה 224) *were*

כָּל־נֶפֶשׁ n.m.s. cstr. (481)-n.f.s. cstr. (659) *all of*

יֹצְאֵי יֶרֶךְ Qal act.ptc. m.p. cstr. (יָצָא 422) -n.f.s. cstr. (437) *the offspring of (ones going out of the loin of)*

יַעֲקֹב pr.n. (784) *Jacob*

שִׁבְעִים num. p. (988) *seventy*

נָפֶשׁ n.f.s. paus. (659) *persons*

וְיוֹסֵף conj.-pr.n. (415) *Joseph already*

הָיָה Qal pf. 3 m.s. (224) *was*

בְמִצְרָיִם prep.-pr.n. paus. (595) *in Egypt*

1:6

וַיָּמָת consec.-Qal impf. 3 m.s. (מוּת 559) *then died*

יוֹסֵף pr.n. (415) *Joseph*

וְכָל־אֶחָיו conj.-n.m.s. cstr. (481)-n.m.p.-3 m.s. sf. (26) *and all his brothers*

וְכֹל conj.-n.m.s. cstr. (481) *and all (of)*

237

הַדּוֹר הַהוּא def.art.-n.m.s. (189)-def.art. -demons.adj. m.s. (214) *that generation*

1:7

וּבְנֵי conj.-cf.1:1 n.m.p. cstr. (119) *but the descendants of*

יִשְׂרָאֵל pr.n. (975) *Israel*

פָּרוּ Qal pf. 3 c.p. (פָּרָה 826) *were fruitful*

וַיִּשְׁרְצוּ consec.-Qal impf. 3 m.p. (1056) *and increased greatly (swarmed)*

וַיִּרְבּוּ consec.-Qal impf. 3 m.p. (רָבָה I 915) *they multiplied*

וַיַּעַצְמוּ consec.-Qal impf. 3 m.p. (עָצַם I 782) *and grew ... strong (were numerous)*

בִּמְאֹד מְאֹד prep.-adv. (547; GK 133k)-v.supra *exceedingly*

וַתִּמָּלֵא consec.-Ni. impf. 3 f.s. (569; GK 117z,121d) *so that ... was filled*

הָאָרֶץ def.art.-n.f.s. (75) *the land*

אֹתָם prep.-3 m.p. sf. (II 85) *with them*

1:8

וַיָּקָם consec.-Qal impf. 3 m.s. (קוּם 877) *now there arose*

מֶלֶךְ־חָדָשׁ n.m.s. (I 572)-adj. m.s. (I 294) *a new king*

עַל־מִצְרָיִם prep.-pr.n. paus. (595) *over Egypt*

אֲשֶׁר rel. (81) *who*

לֹא־יָדַע neg.-Qal pf. 3 m.s. (393) *did not know*

אֶת־יוֹסֵף dir.obj.-pr.n. (415) *Joseph*

1:9

וַיֹּאמֶר consec.-Qal impf. 3 m.s. (55) *and he said*

אֶל־עַמּוֹ prep.-n.m.s.-3 m.s. sf. (I 766) *to his people*

הִנֵּה demons.part. (243) *behold*

עַם n.m.s. cstr. (I 766) *the people of*

בְּנֵי יִשְׂרָאֵל n.m.p. cstr. (119)-pr.n. (975) *(the sons of) Israel*

רַב adj. m.s. (I 912) *are ... many*

וְעָצוּם conj.-adj. (783) *and ... mighty*

מִמֶּנּוּ prep.-1 c.p. sf. (577) *too ... for us*

1:10

הָבָה Qal impv. 2 m.s.-vol.he (יָהַב 396) *come*

נִתְחַכְּמָה Hith. impf. 1 c.p.-vol.he (חָכַם 314) *let us deal shrewdly*

לוֹ prep.-3 m.s. sf. *with them*

פֶּן־יִרְבֶּה conj. (814)-Qal impf. 3 m.s. (רָבָה I 915) *lest they multiply*

וְהָיָה conj.-Qal pf. 3 m.s. (224; GK 112y) *and (it is)*

כִּי־תִקְרֶאנָה conj.-Qal impf. 3 f.p. (קָרָא II 896) (rd.poss. תִּקְרָאֵנוּ Qal impf. 3 f.s.-1 c.p. sf. GK 47k,75rr) *if ... befall us*

מִלְחָמָה n.f.s. (536) *war*

וְנוֹסַף conj.-Ni. pf. 3 m.s. (יָסַף 414) *join*

גַּם־הוּא adv. (168)-pers.pr. 3 m.s. (214) *they*

עַל־שֹׂנְאֵינוּ prep.-Qal act.ptc. m.p.-1 c.p. sf. (971) *our enemies*

וְנִלְחַם־בָּנוּ conj.-Ni. pf. 3 m.s. (לָחַם 535)-prep.-1 c.p. sf. *and fight against us*

וְעָלָה conj.-Qal pf. 3 m.s. (748) *and escape (go up)*

מִן־הָאָרֶץ prep.-def.art.-n.f.s. (75) *from the land*

1:11

וַיָּשִׂימוּ consec.-Qal impf. 3 m.p. (שִׂים I 962) *therefore they set*

עָלָיו prep.-3 m.s. sf. *over them*

שָׂרֵי מִסִּים n.m.p. cstr. (978)-n.m.p. (מַס I 586) *taskmasters*

לְמַעַן prep. (775) *to*

עַנֹּתוֹ Pi. inf.cstr.-3 m.s. sf. (עָנָה III 776) *afflict them*

בְּסִבְלֹתָם prep.-n.f.p.-3 m.p. sf. (688) *with (their) heavy burdens*

וַיִּבֶן consec.-Qal impf. 3 m.s. (בָּנָה 124) *and they built*

עָרֵי מִסְכְּנוֹת n.f.p. cstr. (עִיר 746)-n.f.p. (698) *store-cities*

לְפַרְעֹה prep.-pr.n. (829) *for Pharaoh*

אֶת־פִּתֹם dir.obj.-pr.n. (837) *Pithom*

וְאֶת־רַעַמְסֵס conj.-dir.obj.-pr.n. (947) *and Raamses*

1:12

וְכַאֲשֶׁר conj.-prep.-rel. (81) *but the more (as)*

יְעַנּוּ Pi. impf. 3 m.p. (עָנָה III 776; GK 107e) *they oppressed*

אֹתוֹ dir.obj.-3 m.s. sf. *were (them)*

כֵּן יִרְבֶּה adv. (I 485)-Qal impf. 3 m.s. (רָבָה I 915) *the more (thus) they multiplied*

וְכֵן יִפְרֹץ conj.-adv. (I 485)-Qal impf. 3 m.s. (פָּרַץ I 829) *and the more they spread abroad*

וַיָּקֻצוּ consec.-Qal impf. 3 m.p. (קוּץ I 880) *and were in dread*

מִפְּנֵי prep.-n.m.p. cstr. (815) *of (from faces of)*

בְּנֵי יִשְׂרָאֵל cf.1:1,9 n.m.p. cstr. (119)-pr.n. (975) *the people of Israel*

1:13

וַיַּעֲבִדוּ consec.-Hi. impf. 3 m.p. (עָבַד 712) *so ... made ... serve*

238

מִצְרַיִם pr.n. (595) *the Egyptians*

אֶת־בְּנֵי יִשְׂרָאֵל v.supra-v.supra *the people of Israel*

בְּפָרֶךְ prep.-n.m.s. paus. (827) *with rigor*

1:14

וַיְמָרְרוּ consec.-Pi. impf. 3 m.p. (מָרַר I 600) *and made bitter*

אֶת־חַיֵּיהֶם dir.obj.-n.m.p.-3 m.p. sf. (313) *their lives*

בַּעֲבֹדָה prep.-n.f.s. (715) *with ... service*

קָשָׁה adj. f.s. (904) *hard*

בְּחֹמֶר prep.-n.m.s. (I 330) *in mortar*

וּבִלְבֵנִים conj.-prep.-n.f.p. (527) *and brick*

וּבְכָל־ conj.-prep.-n.m.s. cstr. (481) *and in all kinds of*

עֲבֹדָה v.supra *work*

בַּשָּׂדֶה prep.-def.art.-n.m.s. (961) *in the field*

אֵת כָּל־ dir.obj.-n.m.s. cstr. (481) *in all*

עֲבֹדָתָם n.f.s.-3 m.p. sf. (715) *their work*

אֲשֶׁר עָבְדוּ rel. (81)-Qal pf. 3 c.p. (עָבַד 712; GK 119o) *they made serve*

בָהֶם prep.-3 m.p. sf. *them*

בְּפָרֶךְ cf.1:13 prep.-n.m.s. paus. (827) *with rigor*

1:15

וַיֹּאמֶר consec.-Qal impf. 3 m.s. (55) *then said*

מֶלֶךְ n.m.s. cstr. (I 572) *the king of*

מִצְרַיִם pr.n. (595) *Egypt*

לַמְיַלְּדֹת prep.-def.art.-Pi. ptc. f.p. (יָלַד 408) *to the ... midwives*

הָעִבְרִיֹּת def.art.-adj. f.p. (I 720) *Hebrew*

אֲשֶׁר rel. (81) *whom*

שֵׁם הָאַחַת n.m.s. cstr. (1027)-def.art.-num. f.s. (25) *name of one*

שִׁפְרָה pr.n. (II 1051) *Shiphrah*

וְשֵׁם הַשֵּׁנִית conj.-n.m.s. cstr. (1027)-def.art. -num. f.s. (1041) *and the other*

פּוּעָה pr.n. (806) *Puah*

1:16

וַיֹּאמֶר cf.1:15 consec.-Qal impf. 3 m.s. (55) *(and he said)*

בְּיַלֶּדְכֶן prep.-Pi. inf.cstr.-2 f.p. sf. (408) *when you serve as midwife*

אֶת־הָעִבְרִיּוֹת dir.obj.-def.art.-adj. f.p. (I 720) *to the Hebrew women*

וּרְאִיתֶן conj.-Qal pf. 2 f.p. (רָאָה 906) *and you see them*

עַל־הָאָבְנָיִם prep.-def.art.-n.m. du. paus. (7) *upon the birthstool*

אִם־בֵּן hypoth.part. (49)-n.m.s. (119) *if ... a son*

הוּא pers.pr. 3 m.s. (214) *it is*

וַהֲמִתֶּן conj.-Hi. pf. 2 f.p. (מוּת 559; GK 72w) *you shall kill*

אֹתוֹ dir.obj.-3 m.s. sf. *him*

וְאִם־בַּת conj.-hypoth.part. (49)-n.f.s. (I 123) *but if a daughter*

הִיא pers.pr. 3 f.s. (214) *it is*

וָחָיָה conj.-Qal pf. 3 m.s. (310; GK 67k,76i; prb.rd. וְחָיְתָה) *she shall live*

1:17

וַתִּירֶאןָ consec.-Qal impf. 3 f.p. (יָרֵא 431) *but ... feared*

הַמְיַלְּדֹת def.art.-Pi. ptc. f.p. (יָלַד 408) *the midwives*

אֶת־הָאֱלֹהִים dir.obj.-def.art.-n.m.p. (43) *God*

וְלֹא עָשׂוּ conj.-neg-Qal pf. 3 c.p. (עָשָׂה I 793) *and did not do*

כַּאֲשֶׁר prep.-rel. (81) *as*

דִּבֶּר Pi. pf. 3 m.s. (180) *commanded*

אֲלֵיהֶן prep.-3 f.p. sf. *them*

מֶלֶךְ n.m.s. cstr. (I 572) *the king of*

מִצְרַיִם pr.n. paus. (595) *Egypt*

וַתְּחַיֶּיןָ consec.-Pi. impf. 3 f.p. (310) *but let live*

אֶת־הַיְלָדִים dir.obj.-def.art.-n.m.p. (409) *the male children*

1:18

וַיִּקְרָא consec.-Qal impf. 3 m.s. (894) *so ... called*

מֶלֶךְ cf.1:17 v.supra *the king of*

מִצְרַיִם pr.n. (595) *Egypt*

לַמְיַלְּדֹת prep.-def.art.-Pi. ptc. f.p. (יָלַד 408) *the midwives*

וַיֹּאמֶר consec.-Qal impf. 3 m.s. (55) *and said*

לָהֶן prep.-3 f.p. sf. *to them*

מַדּוּעַ adv. (396) *why*

עֲשִׂיתֶן Qal pf. 2 f.p. (I 793) *have you done*

הַדָּבָר def.art.-n.m.s. (182) *(thing)*

הַזֶּה def.art.-demons.adj. m.s. (260) *this*

וַתְּחַיֶּיןָ consec.-Pi. impf. 2 f.p. (310; GK 47,l) *and let live*

אֶת־הַיְלָדִים cf.1:17 dir.obj.-def.art.-n.m.p. (409) *the male children*

1:19

וַתֹּאמַרְןָ consec.-Qal impf. 3 f.p. (55; GK 47,l) *said*

הַמְיַלְּדֹת def.art.-Pi. ptc. f.p. (יָלַד 408) *the midwives*

אֶל־פַּרְעֹה prep.-pr.n. (829) *to Pharaoh*

כִּי לֹא conj.-neg. *because ... not*

כַנָּשִׁים prep.-def.art.-n.f.p. (61) *like the ... women*

הַמִּצְרִית def.art.-adj. f.p. (596) *Egyptian*

הָעִבְרִיֹּת def.art.-adj. f.p. (I 720) *the Hebrew women*

כִּי־חָיוֹת conj.-adj. f.p. (313) *for are vigorous*

הֵנָּה pers.pr. 3 f.p. (241) *they*

בְּטֶרֶם prep.-adv. (382) *before*

תָּבוֹא Qal impf. 3 f.s. (בּוֹא 97) *comes*

אֲלֵהֶן prep.-3 f.p. sf. *to them*

הַמְיַלֶּדֶת def.art.-Pi. ptc. f.s. (יָלַד 408) *the midwife*

וְיָלָדוּ consec.-Qal pf. 3 c.p. paus. (408; GK 112oo) *they are delivered*

1:20

וַיֵּיטֶב consec.-Hi. impf. 3 m.s. (יָטַב 405) *so ... dealt well*

אֱלֹהִים n.m.p. (43) *God*

לַמְיַלְּדֹת prep.-def.art.-Pi. ptc. f.p. (יָלַד 408) *with the midwives*

וַיִּרֶב consec.-Qal impf. 3 m.s. (רָבָה I 915) *and ... multiplied*

הָעָם def.art.-n.m.s. (I 766) *the people*

וַיַּעַצְמוּ consec.-Qal impf. 3 m.p. (I 782) *and grew strong*

מְאֹד adv. (547) *very*

1:21

וַיְהִי consec.-Qal impf. 3 m.s. (224) *and*

כִּי־יָרְאוּ conj.-Qal pf. 3 c.p. (יָרֵא 431) *feared*

הַמְיַלְּדֹת def.art.-Pi. ptc. f.p. (יָלַד 408) *the midwives*

אֶת־הָאֱלֹהִים dir.obj.-def.art.-n.m.p. (43) *God*

וַיַּעַשׂ consec.-Qal impf. 3 m.s. (עָשָׂה I 793) *he gave*

לָהֶם prep.-3 m.p. sf. (GK 135o) *them*

בָּתִּים n.m.p. (108) *families*

1:22

וַיְצַו consec.-Pi. impf. 3 m.s. (צָוָה 845) *then ... commanded*

פַּרְעֹה pr.n. (829) *Pharaoh*

לְכָל־עַמּוֹ prep.-n.m.s. cstr. (481)-n.m.s.-3 m.s. sf. (I 766) *all his people*

לֵאמֹר prep.-Qal inf.cstr. (55) *(saying)*

כָּל־הַבֵּן n.m.s. cstr. (481)-def.art.-n.m.s. (119; GK 127bN) *Every son*

הַיִּלּוֹד def.art.-adj. m.s. (409) *that is born*

הַיְאֹרָה def.art.-n.m.s.-dir.he (384) *into the Nile*

תַּשְׁלִיכֻהוּ Hi. impf. 2 m.p.-3 m.s. sf. (1020) *you shall cast (him)*

וְכָל־הַבַּת conj.-n.m.s. cstr. (481)-def.art.-n.f.s. (I 123) *but every daughter*

תְּחַיּוּן Pi. impf. 2 m.p. (חָיָה 310) *you shall let live*

2:1

וַיֵּלֶךְ consec.-Qal impf. 3 m.s. (הָלַךְ 229) *now went*

אִישׁ n.m.s. (35) *a man*

מִבֵּית לֵוִי prep.-n.m.s. cstr. (108)-pr.n. (I 532) *from the house of Levi*

וַיִּקַּח consec.-Qal impf. 3 m.s. (לָקַח 542) *and took to wife*

אֶת־בַּת־לֵוִי dir.obj.-n.f.s. cstr. (I 123)-pr.n. (I 532; GK 117d) *a daughter of Levi*

2:2

וַתַּהַר consec.-Qal impf. 3 f.s. (הָרָה 247) *conceived*

הָאִשָּׁה def.art.-n.f.s. (61) *the woman*

וַתֵּלֶד consec.-Qal impf. 3 f.s. (יָלַד 408) *and bore*

בֵּן n.m.s. (119) *a son*

וַתֵּרֶא consec.-Qal impf. 3 f.s. (רָאָה 906; GK 117h) *and when she saw*

אֹתוֹ dir.obj.-3 m.s. sf. *(him)*

כִּי־טוֹב conj.-adj. m.s. (373) *that a goodly child*

הוּא pers.pr. 3 m.s. (214) *he was*

וַתִּצְפְּנֵהוּ consec.-Qal impf. 3 f.s.-3 m.s. sf. (צָפַן 860) *she hid him*

שְׁלֹשָׁה num. f.s. (1025) *three*

יְרָחִים n.m.p. (437) *months*

2:3

וְלֹא־יָכְלָה conj.-neg.-Qal pf. 3 f.s. (יָכֹל 407) *and when she could ... no*

עוֹד adv. (728) *longer*

הַצְּפִינוֹ Hi. inf.cstr.-3 m.s. sf. (860; GK 20h,114m) *hide him*

וַתִּקַּח־לוֹ consec.-Qal impf. 3 f.s. (לָקַח 542)-prep.-3 m.s. sf. *she took for him*

תֵּבַת n.f.s. cstr. (1061) *a basket of*

גֹּמֶא n.m.s. (167) *bulrushes*

וַתַּחְמְרָה consec.-Qal impf. 3 f.s. (חָמַר II 330; GK 58g) *and daubed it*

בַּחֵמָר prep.-def.art.-n.m.s. (330; GK 126n) *with bitumen*

וּבַזָּפֶת conj.-prep.-def.art.-n.f.s. paus. (278) *and pitch*

וַתָּשֶׂם consec.-Qal impf. 3 f.s. (שִׂים I 962) *and she put*

בָּהּ prep.-3 f.s. sf. *in it*

אֶת־הַיֶּלֶד dir.obj.-def.art.-n.m.s. (409) *the child*

וַתָּשֶׂם v.supra *and placed it*

240

בַּסּוּף prep.-def.art.-n.m.s. (I 693) *among the reeds*

עַל־שְׂפַת prep.-n.f.s. cstr. (973) *at the brink of*

הַיְאֹר def.art.-n.m.s. (384) *the river*

2:4

וַתֵּתַצַּב consec.-Hith. impf. 3 f.s. יָצַב 426; GK 71) *and ... stood*

אֲחֹתוֹ n.f.s.-3 m.s. sf. (27) *his sister*

מֵרָחֹק prep.-n.m.s. (935) *at a distance*

לְדֵעָה prep.-Qal inf.cstr. יָדַע 393; GK 69m) *to know*

מַה־יֵּעָשֶׂה interr. (552)-Ni. impf. 3 m.s. עָשָׂה I 793) *what would be done*

לוֹ prep.-3 m.s. sf. *to him*

2:5

וַתֵּרֶד consec.-Qal impf. 3 f.s. יָרַד 432) *now ... came down*

בַּת־פַּרְעֹה n.f.s. cstr. (I 123)-pr.n. (829) *the daughter of Pharaoh*

לִרְחֹץ prep.-Qal inf.cstr. (934) *to bathe*

עַל־הַיְאֹר prep.-def.art.-n.m.s. (384) *at the river*

וְנַעֲרֹתֶיהָ consec.-n.f.p.-3 f.s. sf. (655) *and her maidens*

הֹלְכֹת Qal act.ptc. f.p. הָלַךְ 229) *walked*

עַל־יַד prep.-n.f.s. cstr. (388) *beside*

הַיְאֹר v.supra *the river*

וַתֵּרֶא consec.-Qal impf. 3 f.s. רָאָה 906) *she saw*

אֶת־הַתֵּבָה dir.obj.-def.art.-n.f.s. (1061) *the basket*

בְּתוֹךְ הַסּוּף prep.-n.m.s. cstr. (1063)-def.art. -n.m.s. (I 693) *among the reeds*

וַתִּשְׁלַח consec.-Qal impf. 3 f.s. (1018) *and sent*

אֶת־אֲמָתָהּ dir.obj.-n.f.s.-3 f.s. sf. (51) *her maid*

וַתִּקָּחֶהָ consec.-Qal impf. 3 f.s.-3 f.s. sf. לָקַח 542) *to fetch it*

2:6

וַתִּפְתַּח consec.-Qal impf. 3 f.s. פָּתַח 834) *when she opened it*

וַתִּרְאֵהוּ consec.-Qal impf. 3 f.s.-3 m.s. sf. רָאָה 906; GK 131m) *she saw*

אֶת־הַיֶּלֶד dir.obj.-def.art.-n.m.s. (409) *the child*

וְהִנֵּה־ conj.-demons.part. (243) *and lo*

נַעַר n.m.s. (654) *the babe*

בֹּכֶה Qal act.ptc. בָּכָה 113) *was crying*

וַתַּחְמֹל consec.-Qal impf. 3 f.s. חָמַל 328) *she took pity*

עָלָיו prep.-3 m.s. sf. *on him*

וַתֹּאמֶר consec.-Qal impf. 3 f.s. (55) *and said*

מִיַּלְדֵי prep.-n.m.p. cstr. (409) *of the children of*

הָעִבְרִים def.art.-adj. m.p. (720) *the Hebrews*

זֶה demons.adj. m.s. (260) *this*

2:7

וַתֹּאמֶר consec.-Qal impf. 3 f.s. (55) *then said*

אֲחֹתוֹ n.f.s.-3 m.s. sf. (27) *his sister*

אֶל־בַּת־ prep.-n.f.s. cstr. (I 123) *to the daughter of*

פַּרְעֹה pr.n. (829) *Pharaoh*

הַאֵלֵךְ interr.-Qal impf. 1 c.s. הָלַךְ 229) *shall I go?*

וְקָרָאתִי consec.-Qal pf. 1 c.s. (894) *and call?*

לָךְ prep.-2 f.s. sf. *for you*

אִשָּׁה n.f.s. (61) *a woman*

מֵינֶקֶת Hi. ptc. f.s. יָנַק 413) *nursing*

מִן הָעִבְרִית prep.-def.art.-adj. f.p. (720) *from the Hebrew women*

וְתֵינִק conj.-Hi. impf. 3 f.s. יָנַק 413) *to nurse*

לָךְ v.supra *for you*

אֶת־הַיָּלֶד dir.obj.-def.art. n.m.s. paus. (409) *the child*

2:8

וַתֹּאמֶר־ consec.-Qal impf. 3 f.s. (55) *and said*

לָהּ prep.-3 f.s. sf. *to her*

בַּת־פַּרְעֹה n.f.s. cstr. (I 123)-pr.n. (829) *Pharaoh's daughter*

לְכִי Qal impv. 2 f.s. paus. הָלַךְ 229) *Go*

וַתֵּלֶךְ consec.-Qal impf. 3 f.s. הָלַךְ 229) *so ... went*

הָעַלְמָה def.art.-n.f.s. (761) *the girl*

וַתִּקְרָא consec.-Qal impf. 3 f.s. (894) *and called*

אֶת־אֵם dir.obj.-n.f.s. cstr. (51) *the mother of*

הַיָּלֶד def.art.-n.m.s. paus. (409) *the child*

2:9

וַתֹּאמֶר לָהּ consec.-Qal impf. 3 f.s. (55)-prep.-3 f.s. sf. *and ... said to her*

בַּת־פַּרְעֹה n.f.s. cstr. (I 123)-pr.n. (829) *Pharaoh's daughter*

הֵילִיכִי Hi. impv. 2 f.s. הָלַךְ 229; GK 69x) *take away*

אֶת־הַיֶּלֶד הַזֶּה dir.obj.-def.art.-n.m.s. (409)-def.art.-demons.adj. m.s. (260) *this child*

וְהֵינִקֵהוּ conj.-Hi. impv. 2 f.s.-3 m.s. sf. יָנַק 413) *and nurse him*

לִי prep.-1 c.s. sf. *for me*

וַאֲנִי אֶתֵּן conj.-pers.pr. 1 c.s. (58)-Qal impf. 1 c.s. נָתַן 678) *and I will give you*

אֶת־שְׂכָרֵךְ dir.obj.-n.m.s.-2 f.s. sf. (I 969; GK 135m) *your wages*

וַתִּקַּח consec.-Qal impf. 3 f.s. לָקַח 542) *so ... took*

241

הָאִשָּׁה def.art.-n.f.s. (61) *the woman*

הַיֶּלֶד def.art.-n.m.s. (409) *the child*

וַתְּנִיקֵהוּ consec.-Hi. impf. 3 f.s.-3 m.s. sf. (יָנַק 413; GK 70e) *and nursed him*

2:10

וַיִּגְדַּל consec.-Qal impf. 3 m.s. (152) *and ... grew*

הַיֶּלֶד def.art.-n.m.s. (409) *the child*

וַתְּבִאֵהוּ consec.-Hi. impf. 3 f.s.-3 m.s. sf. (בוֹא 97) *and she brought him*

לְבַת־פַּרְעֹה prep.-n.f.s. cstr. (I 123)-pr.n. (829) *to Pharaoh's daughter*

וַיְהִי־לָהּ consec.-Qal impf. 3 m.s. (הָיָה 224) -prep.-3 f.s. sf. *and he became her*

לְבֵן prep.-n.m.s. (119) *son*

וַתִּקְרָא consec.-Qal impf. 3 f.s. (894) *and she (called)*

שְׁמוֹ n.m.s.-3 m.s. sf. (1027) *named him*

מֹשֶׁה pr.n. (602) *Moses*

וַתֹּאמֶר consec.-Qal impf. 3 f.s. (55; GK 111d) *for she said*

כִּי מִן־הַמַּיִם conj.-prep.-def.art.-n.m.p. (565) *because ... out of the water*

מְשִׁיתִהוּ Qal pf. 1 c.s.-3 m.s. sf. (מָשָׁה 602) *I drew him*

2:11

וַיְהִי consec.-Qal impf. 3 m.s. (הָיָה 224) *(and it was)*

בַּיָּמִים הָהֵם prep.-def.art.-n.m.p. (יוֹם 398)-def. art.-demons.adj. m.p. (241) *one day (in those days)*

וַיִּגְדַּל consec.-Qal impf. 3 m.s. (152) *when ... had grown up*

מֹשֶׁה pr.n. (602) *Moses*

וַיֵּצֵא consec.-Qal impf. 3 m.s. (יָצָא 422) *he went out*

אֶל־אֶחָיו prep.-n.m.p.-3 m.s. sf. (26) *to his people (brothers)*

וַיַּרְא consec.-Qal impf. 3 m.s. (רָאָה 906) *and looked*

בְּסִבְלֹתָם prep.-n.f.p.-3 m.p. sf. (688) *on their burdens*

וַיַּרְא v.supra *and he saw*

אִישׁ מִצְרִי n.m.s. cstr. (35)-adj. (596) *an Egyptian*

מַכֶּה Hi. ptc. (נָכָה 645) *beating*

אִישׁ־עִבְרִי n.m.s. cstr. (35)-adj. (720) *a Hebrew*

מֵאֶחָיו prep.-n.m.p.-3 m.s. sf. (26) *one of his people*

2:12

וַיִּפֶן consec.-Qal impf. 3 m.s. (פָּנָה 815) *he looked (turned)*

כֹּה וָכֹה adv. (462)-conj.-v.supra *this way and that*

וַיַּרְא consec.-Qal impf. 3 m.s. (רָאָה 906) *and seeing*

כִּי אֵין אִישׁ conj.-subst. cstr. (II 34)-n.m.s. (35) *no one*

וַיַּךְ consec.-Hi. impf. 3 m.s. (נָכָה 645) *and he killed*

אֶת־הַמִּצְרִי dir.obj.-def.art.-adj. m.s. (596) *the Egyptian*

וַיִּטְמְנֵהוּ consec.-Qal impf. 3 m.s.-3 m.s. sf. (טָמַן 380) *and hid him*

בַּחוֹל prep.-def.art.-n.m.s. (297) *in the sand*

2:13

וַיֵּצֵא consec.-Qal impf. 3 m.s. (יָצָא 422) *when he went out*

בַּיּוֹם הַשֵּׁנִי prep.-def.art.-n.m.s. (398)-def.art. -num. adj. (1041) *the next day*

וְהִנֵּה conj.-demons.part. (243) *behold*

שְׁנֵי־ num. p. cstr. (1040) *two (of)*

אֲנָשִׁים עִבְרִים n.m.p. (35)-adj. m.p. (720) *Hebrew men*

נִצִּים Ni. pts. m.p. (נָצָה II 663) *were struggling together*

וַיֹּאמֶר consec.-Qal impf. 3 m.s. (55) *and he said*

לָרָשָׁע prep.-def.art.-n.m.s. (957) *to the man that did the wrong*

לָמָּה interr. (552;4,d) *why*

תַכֶּה Hi. impf. 2 m.s. (נָכָה 645) *do you strike?*

רֵעֶךָ n.m.s.-2 m.s. sf. (945) *your fellow*

2:14

וַיֹּאמֶר consec.-Qal impf. 3 m.s. (55) *he answered*

מִי שָׂמְךָ interr. (566)-Qal pf. 3 m.s.-2 m.s. sf. (שִׂים 962) *who made you*

לְאִישׁ prep.-n.m.s. (35) *(for a man)*

שַׂר n.m.s. (978) *a prince*

וְשֹׁפֵט conj.-Qal act.ptc. (שָׁפַט 1047) *and a judge*

עָלֵינוּ prep.-1 c.p. sf. *over us*

הַלְהָרְגֵנִי interr.-prep.-Qal inf.cstr.-1 c.s. sf. (הָרַג 246) *to kill me*

אַתָּה אֹמֵר pers.pr. 2 m.s. (61)-Qal act.ptc. (55) *do you mean*

כַּאֲשֶׁר prep.-rel. (81) *as*

הָרַגְתָּ Qal pf. 2 m.s. (הָרַג 246) *you killed*

אֶת־הַמִּצְרִי dir.obj.-def.art.-adj. (596) *the Egyptian*

וַיִּירָא consec.-Qal impf. 3 m.s. (יָרֵא 431) *then ... was afraid*

מֹשֶׁה pr.n. (602) *Moses*

וַיֹּאמַר consec.-Qal impf. 3 m.s. (55) *and thought (said)*

אָכֵן adv. (38) *Surely*

נוֹדַע Ni. pf. 3 m.s. (יָדַע 393) *is known*

הַדָּבָר def.art.-n.m.s. (182) *the thing*

2:15

וַיִּשְׁמַע consec.-Qal impf. 3 m.s. (1033) *when ... heard*

פַּרְעֹה pr.n. (829) *Pharaoh*

אֶת־הַדָּבָר הַזֶּה dir.obj.-def.art.-n.m.s. (182) -def.art.-demons.adj. m.s. (260) *of it*

וַיְבַקֵּשׁ consec.-Pi. impf. 3 m.s. (בָּקַשׁ 134) *he sought*

לַהֲרֹג prep.-Qal inf.cstr. (הָרַג 246) *to kill*

אֶת־מֹשֶׁה dir.obj.-pr.n. (602) *Moses*

וַיִּבְרַח consec.-Qal impf. 3 m.s. (בָּרַח 137) *but ... fled*

מֹשֶׁה pr.n. (602) *Moses*

מִפְּנֵי prep.-n.m.p. cstr. (815) *from (the face of)*

פַּרְעֹה pr.n. (829) *Pharaoh*

וַיֵּשֶׁב consec.-Qal impf. 3 m.s. (יָשַׁב 442) *and stayed*

בְּאֶרֶץ־ prep.-n.f.s. cstr. (75) *in the land of*

מִדְיָן pr.n. (193) *Midian*

וַיֵּשֶׁב v.supra *he sat down*

עַל־הַבְּאֵר prep.-def.art.-n.f.s. (91; GK 126r) *by a well*

2:16

וּלְכֹהֵן conj.-prep.-n.m.s. cstr. (463) *now the priest of*

מִדְיָן pr.n. (193) *Midian*

שֶׁבַע בָּנוֹת num. m.s. (987)-n.f.p. (בַּת I 123) *seven daughters*

וַתָּבֹאנָה consec.-Qal impf. 3 f.p. (בּוֹא 97) *and they came*

וַתִּדְלֶנָה consec.-Qal impf. 3 f.p. (דָּלָה 194; GK 75w) *and drew water*

וַתְּמַלֶּאנָה consec.-Pi. impf. 3 f.p. (מָלֵא 569) *and filled*

אֶת־הָרְהָטִים dir.obj.-def.art.-n.m.p. (I 923) *the troughs*

לְהַשְׁקוֹת prep.-Hi. inf.cstr. (שָׁקָה 1052) *to water*

צֹאן n.f.s. cstr. (838) *flock (of)*

אֲבִיהֶן n.m.s.-3 f.p. sf. (3) *their father*

2:17

וַיָּבֹאוּ consec.-Qal impf. 3 m.p. (בּוֹא 97) *came*

הָרֹעִים def.art.-Qal act.ptc. m.p. (רָעָה I 944) *the shepherds*

וַיְגָרְשׁוּם consec.-Pi. impf. 3 m.p.-3 m.p. sf. (גָּרַשׁ 176; GK 60h) *and drove them away*

וַיָּקָם consec.-Qal impf. 3 m.s. (קוּם 877) *but ... stood up*

מֹשֶׁה pr.n. (602) *Moses*

וַיּוֹשִׁעָן consec.-Hi. impf. 3 m.s.-3 f.p. sf. (יָשַׁע 446; GK 60d) *and helped them*

וַיַּשְׁקְ consec.-Hi. impf. 3 m.s. (שָׁקָה 1054) *and watered*

אֶת־צֹאנָם dir.obj.-n.f.s.-3 m.p. sf. (838; GK 135o) *their flock*

2:18

וַתָּבֹאנָה consec.-Qal impf. 3 f.p. (בּוֹא 97) *when they came*

אֶל־רְעוּאֵל prep.-pr.n. (946) *to Reuel*

אֲבִיהֶן n.m.s.-3 f.p. sf. (3) *their father*

וַיֹּאמֶר consec.-Qal impf. 3 m.s. (55) *he said*

מַדּוּעַ adv. (396) *how*

מִהַרְתֶּן Pi. pf. 2 f.p. (מָהַר I 554) *you have ... so soon (hastened)*

בֹּא Qal inf.cstr. (בּוֹא 97) *come*

הַיּוֹם def.art.-n.m.s. (398) *today*

2:19

וַתֹּאמַרְןָ consec.-Qal impf. 3 f.p. (55) *they said*

אִישׁ מִצְרִי n.m.s. cstr. (35)-adj. m.s. (596) *an Egyptian*

הִצִּילָנוּ Hi. pf. 3 m.s.-1 c.p. sf. (664) *delivered us*

מִיַּד prep.-n.f.s. cstr. (388) *out of the hand of*

הָרֹעִים def.art.-Qal act.ptc. m.p. (רָעָה I 944) *the shepherds*

וְגַם־דָּלֹה conj.-adv. (168)-Qal inf.abs. (דָּלָה 194) *and even*

דָלָה לָנוּ Qal pf. 3 m.s. (194)-prep.-1 c.p. sf. *drew water for us*

וַיַּשְׁקְ consec.-Hi. impf. 3 m.s. (שָׁקָה 1052) *and watered*

אֶת־הַצֹּאן dir.obj.-def.art.-n.f.s. (838) *the flock*

2:20

וַיֹּאמֶר consec.-Qal impf. 3 m.s. (55) *he said*

אֶל־בְּנֹתָיו prep.-n.f.p.-3 m.s. sf. (בַּת I 123) *to his daughters*

וְאַיּוֹ conj. (GK 154b)-interr. (32)-3 m.s. sf. *and where is he?*

לָמָּה זֶּה interr. (552)-demons.adj. m.s. (260) *why*

עֲזַבְתֶּן Qal pf. 2 f.p. (עָזַב I 736) *have you left*

אֶת־הָאִישׁ dir.obj.-def.art.-n.m.s. (35) *the man*

243

קְרֶאןָ לוֹ Qal impv. 2 f.p. (894; GK 46f)-prep.-3 m.s. sf. *call him*

וְיֹאכַל conj.-Qal impf. 3 m.s. (אָכַל 37) *that he may eat*

לָחֶם n.m.s. paus. (536) *bread*

2:21

וַיּוֹאֶל consec.-Hi. impf. 3 m.s. (יָאַל II 383) *and ... was content*

מֹשֶׁה pr.n. (602) *Moses*

לָשֶׁבֶת prep.-Qal inf.cstr. (יָשַׁב 442) *to dwell*

אֶת־הָאִישׁ prep. (II 85)-def.art.-n.m.s. (35) *with the man*

וַיִּתֵּן consec.-Qal impf. 3 m.s. (נָתַן 678) *and he gave*

אֶת־צִפֹּרָה dir.obj.-pr.n. (862) *Zipporah*

בִתּוֹ n.f.s.-3 m.s. sf. (I 123) *his daughter*

לְמֹשֶׁה prep.-pr.n. (602) *(to) Moses*

2:22

וַתֵּלֶד בֵּן consec.-Qal impf. 3 f.s. (יָלַד 408)-n.m.s. (119) *she bore a son*

וַיִּקְרָא consec.-Qal impf. 3 m.s. (894) *and he called*

אֶת־שְׁמוֹ dir.obj.-n.m.s.-3 m.s. sf. (1027) *his name*

גֵּרְשֹׁם pr.n. (177) *Gershom*

כִּי אָמַר conj.-Qal pf. 3 m.s. (55) *for he said*

גֵּר הָיִיתִי n.m.s. (158)-Qal pf. 1 c.s. (הָיָה 224) *I have been a sojourner*

בְּאֶרֶץ prep.-n.f.s. (75) *in a ... land*

נָכְרִיָּה adj. f.s. (648) *foreign*

2:23

וַיְהִי consec.-Qal impf. 3 m.s. (הָיָה 224) *in the course of*

בַּיָּמִים הָרַבִּים prep.-def.art.-n.m.p. (יוֹם 398)-def.art.-adj. m.p. (I 912) *many days*

הָהֵם def.art.-demons.adj. m.p. (241) *those*

וַיָּמָת consec.-Qal impf. 3 m.s. (מוּת 559) *died*

מֶלֶךְ מִצְרַיִם n.m.s. cstr. (I 572)-pr.n. (595) *the king of Egypt*

וַיֵּאָנְחוּ consec.-Ni. impf. 3 m.p. (אָנַח 58) *and ... groaned*

בְּנֵי־יִשְׂרָאֵל n.m.p. cstr. (119)-pr.n. (975) *the people of Israel*

מִן־הָעֲבֹדָה prep.-def.art.-n.f.s. (715) *under their bondage*

וַיִּזְעָקוּ consec.-Qal impf. 3 m.p. paus. (זָעַק 277) *and cried out for help*

וַתַּעַל consec.-Qal impf. 3 f.s. (עָלָה 748) *and ... came up*

שַׁוְעָתָם n.f.s.-3 m.p. sf. (1003) *their cry*

אֶל־הָאֱלֹהִים prep.-def.art.-n.m.p. (43) *to God*

מִן־הָעֲבֹדָה v.supra *under bondage*

2:24

וַיִּשְׁמַע consec.-Qal impf. 3 m.s. (שָׁמַע 1033) *and ... heard*

אֱלֹהִים n.m.p. (43) *God*

אֶת־נַאֲקָתָם dir.obj.-n.f.s.-3 m.p. sf. (611) *their groaning*

וַיִּזְכֹּר consec.-Qal impf. 3 m.s. (זָכַר 269) *and ... remembered*

אֱלֹהִים v.supra *God*

אֶת־בְּרִיתוֹ dir.obj.-n.f.s.-3 m.s. sf. (136) *his covenant*

אֶת־אַבְרָהָם prep. (II 85)-pr.n. (4) *with Abraham*

אֶת־יִצְחָק prep. (II 85)-pr.n. (850) *with Isaac*

וְאֶת־יַעֲקֹב conj.-prep. (II 85) pr.n. (784) *and with Jacob*

2:25

וַיַּרְא consec.-Qal impf. 3 m.s. (רָאָה 906) *and ... saw*

אֱלֹהִים n.m.p. (43) *God*

אֶת־בְּנֵי יִשְׂרָאֵל dir.obj.-n.m.p. cstr. (119)-pr.n. (975) *the people of Israel*

וַיֵּדַע consec.-Qal impf. 3 m.s. (יָדַע 393) *and ... knew*

אֱלֹהִים v.supra *God*

3:1

וּמֹשֶׁה הָיָה conj.-pr.n. (602)-Qal pf. 3 m.s. (224) *now Moses was*

רֹעֶה Qal act.ptc. (רָעָה I 944) *keeping*

אֶת־צֹאן dir.obj.-n.f.s. cstr. (838) *the flock of*

יִתְרוֹ pr.n. (452) *Jethro*

חֹתְנוֹ verbal n.-3 m.s. sf. (368) *his father-in-law*

כֹּהֵן n.m.s. cstr. (463) *the priest of*

מִדְיָן pr.n. (193) *Midian*

וַיִּנְהַג consec.-Qal impf. 3 m.s. (נָהַג 624) *and he led*

אֶת־הַצֹּאן dir.obj.-def.art.-n.f.s. (838) *his flock*

אַחַר הַמִּדְבָּר prep. (29)-def.art.-n.m.s. (184) *to the west side of (behind) the wilderness*

וַיָּבֹא consec.-Qal impf. 3 m.s. (בּוֹא 97) *and came*

אֶל־הַר prep.-n.m.s. cstr. (249) *to the mountain of*

הָאֱלֹהִים def.art.-n.m.p. (43) *God*

חֹרֵבָה pr.n.-dir.he paus. (352) *to Horeb*

3:2

וַיֵּרָא consec.-Ni. impf. 3 m.s. (רָאָה 906) *and ... appeared*

מַלְאַךְ n.m.s. cstr. (521) *the angel of*

יהוה pr.n. (217) *Yahweh*

אֵלָיו prep.-3 m.s. sf. *to him*

בְּלַבַּת־ prep.-n.f.s. cstr. (לֶהָבָה 529; GK 119i) *in a flame of*

אֵשׁ n.f.s. (77) *fire*

מִתּוֹךְ prep.-n.m.s. cstr. (1063) *out of the midst of*

הַסְּנֶה def.art.-n.m.s. (702) *the bush*

וַיַּרְא consec.-Qal impf. 3 m.s. (רָאָה 906) *and he looked*

וְהִנֵּה conj.-demons.part. (243) *and lo*

הַסְּנֶה v.supra *the bush*

בֹּעֵר Qal act.ptc. (בָּעַר 128) *was burning*

בָּאֵשׁ prep.-def.art.-n.f.s. (77; GK 126r) *(by the fire)*

וְהַסְּנֶה conj.-v.supra *yet it (the bush)*

אֵינֶנּוּ subst.-3 m.s. sf. (II 34) *was not*

אֻכָּל Pu. ptc. (אָכַל 37; GK 52s) *consumed*

3:3

וַיֹּאמֶר consec.-Qal impf. 3 m.s. (55) *and ... said*

מֹשֶׁה pr.n. (602) *Moses*

אָסֻרָה־נָּא Qal impf. 1 c.s.-coh.he (סוּר 693)-part.of entreaty (609) *I will turn aside*

וְאֶרְאֶה conj.-Qal impf. 1 c.s. (רָאָה 906) *and see*

אֶת־הַמַּרְאֶה dir.obj.-def.art.-n.m.s. (909) *sight*

הַגָּדֹל הַזֶּה def.art.-adj. m.s. (152)-def.art.-demons.adj. m.s. (260) *this great*

מַדּוּעַ adv. (יָדַע 396) *why*

לֹא־יִבְעַר neg.-Qal impf. 3 m.s. (128) *is not burnt*

הַסְּנֶה def.art.-n.m.s. (702) *the bush*

3:4

וַיַּרְא consec.-Qal impf. 3 m.s. (רָאָה 906) *when ... saw*

יהוה pr.n. (217) *Yahweh*

כִּי סָר conj.-Qal pf. 3 m.s. (סוּר 693) *that he turned aside*

לִרְאוֹת prep.-Qal inf.cstr. (רָאָה 906) *to see*

וַיִּקְרָא consec.-Qal impf. 3 m.s. (קָרָא 894) *called*

אֵלָיו prep.-3 m.s. sf. *to him*

אֱלֹהִים n.m.p. (43) *God*

מִתּוֹךְ prep.-n.m.s. cstr. (1063) *out of*

הַסְּנֶה def.art.-n.m.s. (702) *the bush*

וַיֹּאמֶר consec.-Qal impf. 3 m.s. (55) *(and said)*

מֹשֶׁה מֹשֶׁה pr.n. (602)-v.supra *Moses, Moses*

וַיֹּאמֶר v.supra *and he said*

הִנֵּנִי demons.part.-1 c.s. sf. paus. (243) *Here am I*

3:5

וַיֹּאמֶר consec.-Qal impf. 3 m.s. (55) *then he said*

אַל־תִּקְרַב neg.-Qal impf. 2 m.s. (קָרַב 897) *Do not come near*

הֲלֹם adv. (240) *(hither)*

שַׁל־נְעָלֶיךָ Qal impv. 2 m.s. (נָשַׁל 675)-n.f. du.-2 m.s. sf. (653) *put off your shoes*

מֵעַל prep.-prep. *from*

רַגְלֶיךָ n.f. du.-2 m.s. sf. (919) *your feet*

כִּי הַמָּקוֹם conj.-def.art.-n.m.s. (879) *for the place*

אֲשֶׁר rel. (81) *which*

אַתָּה עֹמֵד pers.pr. 2 m.s. (61)-Qal act.ptc. (763) *you are standing*

עָלָיו prep.-3 m.s. sf. *upon (it)*

אַדְמַת־קֹדֶשׁ n.f.s. cstr. (9)-n.m.s. (871) *holy ground*

הוּא pers.pr. 3 m.s. (214) *(it)*

3:6

וַיֹּאמֶר consec.-Qal impf. 3 m.s. (55) *and he said*

אָנֹכִי pers.pr. 1 c.s. (59) *I am*

אֱלֹהֵי n.m.p. cstr. (43) *the God of*

אָבִיךָ n.m.s.-2 m.s. sf. (3) *your father*

אֱלֹהֵי v.supra *the God of*

אַבְרָהָם pr.n. (אַבְרָם; II אָבָה 4) *Abraham*

אֱלֹהֵי v.supra *the God of*

יִצְחָק pr.n. (850) *Isaac*

וֵאלֹהֵי conj.-v.supra *and the God of*

יַעֲקֹב pr.n. (784) *Jacob*

וַיַּסְתֵּר consec.-Hi. impf. 3 m.s. (711) *and hid*

מֹשֶׁה pr.n. (602) *Moses*

פָּנָיו n.m.p.-3 m.s. sf. (815) *his face*

כִּי יָרֵא conj.-Qal pf. 3 m.s. (יָרֵא 431) *for he was afraid*

מֵהַבִּיט prep.-Hi. inf.cstr. (נָבַט 613) *to look*

אֶל־הָאֱלֹהִים prep.-def.art.-n.m.p. (43) *at God*

3:7

וַיֹּאמֶר consec.-Qal impf. 3 m.s. (55) *then ... said*

יהוה pr.n. (217) *Yahweh*

רָאֹה רָאִיתִי Qal inf.abs. (רָאָה 906)-Qal pf. 1 c.s. (906) *I have seen*

אֶת־עֳנִי dir.obj.-n.m.s. cstr. (777) *the affliction of*

עַמִּי n.m.s.-1 c.s. sf. (I 766) *my people*

אֲשֶׁר rel. (81) *who are*

בְּמִצְרָיִם prep.-pr.n. paus. (595) *in Egypt*

וְאֶת־צַעֲקָתָם conj.-dir.obj.-n.f.s.-3 m.p. sf. (858) *and their cry*

שָׁמַעְתִּי Qal pf. 1 c.s. (1033) *I have heard*

מִפְּנֵי prep.-n.m.p. cstr. (815) *because of*

נֹגְשָׂיו Qal act.ptc. m.p.-3 m.s. sf. (נגשׂ 621) *their taskmasters*

כִּי יָדַעְתִּי conj.-Qal pf. 1 c.s. (ידע 393) *I know*

אֶת־מַכְאֹבָיו dir.obj.-n.m.p.-3 m.s. sf. (456) *their sufferings*

3:8

וָאֵרֵד consec.-Qal impf. 1 c.s. (ירד 432) *and I have come down*

לְהַצִּילוֹ prep.-Hi. inf.cstr.-3 m.s. sf. (נצל 664) *to deliver them*

מִיַּד prep.-n.f.s. cstr. (388) *out of the hand of*

מִצְרַיִם v.supra *the Egyptians*

וּלְהַעֲלֹתוֹ conj.-prep.-Hi. inf.cstr.-3 m.s. sf. (עלה 748) *and to bring them up*

מִן־הָאָרֶץ prep.-def.art.-n.f.s. (75) *out of ... land*

הַהִוא def.art. demons.adj. f.s. (214) *that*

אֶל־אֶרֶץ prep.-n.f.s. (75) *to a ... land*

טוֹבָה adj. f.s. (II 373) *good*

וּרְחָבָה conj.-adj. f.s. (I 932) *and broad*

אֶל־אֶרֶץ v.supra *(to) a land*

זָבַת חָלָב Qal act.ptc. f.s. cstr. (זוב 264)-n.m.s. (316; GK 128x) *flowing with milk*

וּדְבָשׁ conj.-n.m.s. paus. (185) *and honey*

אֶל־מְקוֹם prep.-n.m.s. cstr. (879) *to the place of*

הַכְּנַעֲנִי def.art.-pr.n. gent. (489) *the Canaanites*

וְהַחִתִּי conj.-def.art.-pr.n. gent. (366) *the Hittites*

וְהָאֱמֹרִי conj.-def.art.-pr.n. gent. (57) *the Amorites*

וְהַפְּרִזִּי conj.-def.art.-pr.n. gent. (827) *the Perizzites*

וְהַחִוִּי conj.-def.art.-pr.n. gent. (295) *the Hivites*

וְהַיְבוּסִי conj.-def.art.-pr.n. gent. (בום 101) *and the Jebusites*

3:9

וְעַתָּה conj.-adv. (773) *and now*

הִנֵּה demons.part. (243) *behold*

צַעֲקַת n.f.s. cstr. (858) *the cry of*

בְּנֵי־יִשְׂרָאֵל n.m.p. cstr. (119)-pr.n. (975) *the people of Israel*

בָּאָה Qal pf. 3 f.s. (בוא 97) *has come*

אֵלָי prep.-1 c.s. sf. paus. *to me*

וְגַם־רָאִיתִי conj.-adv. (168)-Qal pf. 1 c.s. (ראה 906) *and I have seen*

אֶת־הַלַּחַץ dir.obj.-def.art.-n.m.s. (537; GK 117r) *the oppression*

אֲשֶׁר rel. (81) *with which*

מִצְרַיִם pr.n. (595) *the Egyptians*

לֹחֲצִים Qal act.ptc. m.p. (לחץ 537) *oppress*

אֹתָם dir.obj.-3 m.p. sf. *them*

3:10

וְעַתָּה cf.3:9 conj.-adv. (773) *(and now)*

לְכָה Qal impv. 2 m.s.-coh.he (הלך 229) *come*

וְאֶשְׁלָחֲךָ conj.-Qal impf. 1 c.s.-2 m.s. sf. (שׁלח 1018) *I will send you*

אֶל־פַּרְעֹה prep.-pr.n. (829) *to Pharaoh*

וְהוֹצֵא conj.-Hi. impv. 2 m.s. (יצא 422; GK 110i) *that you may bring forth*

אֶת־עַמִּי dir.obj.-n.m.s.-1 c.s. sf. (I 766) *my people*

בְּנֵי־יִשְׂרָאֵל cf.3:9 n.m.p. cstr. (119)-pr.n. (975) *the sons of Israel*

מִמִּצְרָיִם prep.-pr.n. paus. (595) *out of Egypt*

3:11

וַיֹּאמֶר consec.-Qal impf. 3 m.s. (55) *but ... said*

מֹשֶׁה pr.n. (602) *Moses*

אֶל־הָאֱלֹהִים prep.-def.art.-n.m.p. (43) *to God*

מִי אָנֹכִי interr. (566)-pers.pr. 1 c.s. (59) *who am I?*

כִּי אֵלֵךְ conj.-Qal impf. 1 c.s. (הלך 229; GK 107u) *that I should go*

אֶל־פַּרְעֹה prep.-pr.n. (829) *to Pharaoh*

וְכִי אוֹצִיא conj.-conj.-Hi. impf. 1 c.s. (יצא 422) *and bring out*

אֶת־בְּנֵי יִשְׂרָאֵל dir.obj.-v.supra *the sons of Israel*

מִמִּצְרָיִם prep.-pr.n. paus. (595) *out of Egypt*

3:12

וַיֹּאמֶר consec.-Qal impf. 3 m.s. (55) *he said*

כִּי־אֶהְיֶה conj.-Qal impf. 1 c.s. (היה 224) *but I will be*

עִמָּךְ prep.-2 m.s. sf. paus. *with you*

וְזֶה־לְּךָ conj.-demons.adj. (260)-prep.-2 m.s. sf. *and this shall be ... for you*

הָאוֹת def.art.-n.m.s. (16) *the sign*

כִּי אָנֹכִי conj.-pers.pr. 1 c.s. (59) *that I*

שְׁלַחְתִּיךָ Qal pf. 1 c.s.-2 m.s. sf. (שׁלח 1018) *have sent you*

בְּהוֹצִיאֲךָ prep.-Hi. inf.cstr.-2 m.s. sf. (יצא 422) *when you have brought forth*

אֶת־הָעָם dir.obj.-def.art.-n.m.s. (I 766) *the people*

מִמִּצְרַיִם prep.-pr.n. (595) *out of Egypt*

תַּעַבְדוּן Qal impf. 2 m.p. (עבד 712) *you shall serve*

אֶת־הָאֱלֹהִים dir.obj.-def.art.-n.m.p. (43) *God*

עַל הָהָר prep.-def.art.-n.m.s. (249) *upon ... mountain*

הַזֶּה def.art.-demons.adj. m.s. (260) *this*

3:13

וַיֹּאמֶר cf.3:12 consec.-Qal impf. 3 m.s. (55) *then ... said*

מֹשֶׁה pr.n. (602) *Moses*

אֶל־הָאֱלֹהִים cf.3:12 prep.-def.art.-n.m.p. (43) *to God*

הִנֵּה demons.part. (243) *If*

אָנֹכִי בָא pers.pr. 1 c.s. (59)-Qal act.ptc. (בוֹא 97) *I come*

אֶל־בְּנֵי prep.-n.m.p. cstr. (119) *to the people (sons) of*

יִשְׂרָאֵל pr.n. (975) *Israel*

וְאָמַרְתִּי conj.-Qal pf. 1 c.s. (55; GK 112t) *and say*

לָהֶם prep.-3 m.p. sf. *to them*

אֱלֹהֵי n.m.p. cstr. (43) *The God of*

אֲבוֹתֵיכֶם n.m.p.-2 m.p. sf. (אָב 3) *your fathers*

שְׁלָחַנִי Qal pf. 3 m.s.-1 c.s. sf. (שָׁלַח 1018) *has sent me*

אֲלֵיכֶם prep.-2 m.p. sf. *to you*

וְאָמְרוּ־לִי conj.-Qal pf. 3 c.p. (55)-prep.-1 c.s. sf. *and they ask me*

מַה־שְּׁמוֹ interr. (552)-n.m.s.-3 m.s. sf. (1027) *what is his name?*

מָה אֹמַר interr. (552)-Qal impf. 1 c.s. (55) *what shall I say*

אֲלֵהֶם prep.-3 m.p. sf. *to them*

3:14

וַיֹּאמֶר cf.3:12,13 *said*

אֱלֹהִים n.m.p. (43) *God*

אֶל־מֹשֶׁה prep.-pr.n. (602) *to Moses*

אֶהְיֶה Qal impf. 1 c.s. (הָיָה 224) *I am*

אֲשֶׁר rel. (81) *who*

אֶהְיֶה v.supra *I am*

וַיֹּאמֶר v.supra *and he said*

כֹּה תֹאמַר adv. (462)-Qal impf. 2 m.s. (55) *Say this (thus)*

לִבְנֵי prep.-n.m.p. cstr. (119) *to the people of*

יִשְׂרָאֵל pr.n. (975) *Israel*

אֶהְיֶה v.supra *I am ('ehyeh)*

שְׁלָחַנִי cf.3:13 Qal pf. 3 m.s.-1 c.s. sf. (1018) *has sent me*

אֲלֵיכֶם cf.3:13 prep.-2 m.p. sf. *to you*

3:15

וַיֹּאמֶר consec.-Qal impf. 3 m.s. (55) *said*

עוֹד adv. (728) *also*

אֱלֹהִים n.m.p. (43) *God*

אֶל־מֹשֶׁה prep.-pr.n. (602) *to Moses*

כֹּה־תֹאמַר cf.3:14 adv. (462)-Qal impf. 2 m.s. (55) *say this (thus)*

אֶל־בְּנֵי prep.-n.m.p. cstr. (119) *to the people of*

יִשְׂרָאֵל pr.n. (975) *Israel*

יְהוָה pr.n. (217) *Yahweh*

אֱלֹהֵי n.m.p. cstr. (43) *the God of*

אֲבֹתֵיכֶם n.m.p.-2 m.p. sf. (אָב 3) *your fathers*

אֱלֹהֵי v.supra *the God of*

אַבְרָהָם pr.n. (4) *Abraham*

אֱלֹהֵי v.supra *the God of*

יִצְחָק pr.n. (850) *Isaac*

וֵאלֹהֵי conj.-v.supra *and the God of*

יַעֲקֹב pr.n. (784) *Jacob*

שְׁלָחַנִי cf.3:13,14 Qal pf. 3 m.s.-1 c.s. sf. (1018) *has sent me*

אֲלֵיכֶם cf.3:13,14 prep.-2 m.p. sf. *to you*

זֶה־שְּׁמִי demons.adj. m.s. (260)-n.m.s.-1 c.s. sf. (1027) *this is my name*

לְעֹלָם prep.-n.m.s. (761) *for ever*

וְזֶה conj.-demons.adj. m.s. (260) *and thus (this)*

זִכְרִי n.m.s.-1 c.s. sf. (271) *I am to be remembered (my memorial)*

לְדֹר דֹּר prep.-n.m.s. (189)-v.supra (GK 133,l) *throughout all generations*

3:16

לֵךְ Qal impv. 2 m.s. (הָלַךְ 229) *go*

וְאָסַפְתָּ conj.-Qal pf. 2 m.s. (אָסַף 62) *and gather*

אֶת־זִקְנֵי dir.obj.-n.m.p. cstr. (278) *the elders of*

יִשְׂרָאֵל pr.n. (975) *Israel*

וְאָמַרְתָּ conj.-Qal pf. 2 m.s. (55) *and say*

אֲלֵהֶם prep.-3 m.p. sf. *to them*

יְהוָה pr.n. (217) *Yahweh*

אֱלֹהֵי n.m.p. cstr. (43) *the God of*

אֲבֹתֵיכֶם n.m.p.-2 m.p. sf. (3) *your fathers*

נִרְאָה Ni. pf. 3 m.s. (רָאָה 906) *has appeared*

אֵלַי prep.-1 c.s. sf. *to me*

אֱלֹהֵי v.supra *the God of*

אַבְרָהָם pr.n. (4) *Abraham*

יִצְחָק pr.n. (850) *Isaac*

וְיַעֲקֹב conj.-pr.n. (784) *and Jacob*

לֵאמֹר prep.-Qal inf.cstr. (55) *saying*

פָּקֹד פָּקַדְתִּי Qal inf.abs. (823)-Qal pf. 1 c.s. (823) *I have observed (visited)*

אֶתְכֶם dir.obj.-2 m.p. sf. *you*

וְאֶת־הֶעָשׂוּי conj.-dir.obj.-def.art.-Qal pass.ptc. (I עָשָׂה 793) *and what has been done*

לָכֶם prep.-2 m.p. sf. *to you*

בְּמִצְרָיִם prep.-pr.n. paus. (595) *in Egypt*

3:17

וָאֹמַר consec.-Qal impf. 1 c.s. (אָמַר 55) *and I promise*

אַעֲלֶה Hi. impf. 1 c.s. (עָלָה 748) *that I will bring up*

אֶתְכֶם dir.obj.-2 m.p. sf. *you*

מֵעֳנִי prep.-cf.3:7 n.m.s. cstr. (777) *out of the affliction of*

מִצְרַיִם pr.n. (595) *Egypt*

אֶל־אֶרֶץ prep.-n.f.s. cstr. (75) *to the land of*

הַכְּנַעֲנִי def.art.-pr.n. gent. (489) *the Canaanites*

וְהַחִתִּי conj.-def.art.-pr.n. gent. (366) *the Hittites*

וְהָאֱמֹרִי conj.-def.art.-pr.n. gent. (57) *the Amorites*

וְהַפְּרִזִּי conj.-def.art.-pr.n. gent. (827) *the Perizzites*

וְהַחִוִּי conj.-def.art.-pr.n. gent. (295) *the Hivites*

וְהַיְבוּסִי conj.-def.art.-pr.n. gent. (101) *the Jebusites*

אֶל־אֶרֶץ prep.-n.f.s. (75) *to a land*

זָבַת Qal act.ptc. f.s. cstr. (זוב 264) *flowing with*

חָלָב n.m.s. (316) *milk*

וּדְבָשׁ conj.-n.m.s. paus. (185) *and honey*

3:18

וְשָׁמְעוּ conj.-Qal pf. 3 c.p. (שָׁמַע 1033) *and they will hearken*

לְקֹלֶךָ prep.-n.m.s.-2 m.s. sf. (876) *to your voice*

וּבָאתָ conj.-Qal pf. 2 m.s. (בוא 97; GK 49,l) *and shall go*

אַתָּה pers.pr. 2 m.s. (61) *you*

וְזִקְנֵי conj.-n.m.p. cstr. (278) *and the elders of*

יִשְׂרָאֵל pr.n. (975) *Israel*

אֶל־מֶלֶךְ prep.-n.m.s. cstr. (I 572) *to the king of*

מִצְרַיִם pr.n. (595) *Egypt*

וַאֲמַרְתֶּם conj.-Qal pf. 2 m.p. (55) *and say*

אֵלָיו prep.-3 m.s. sf. *to him*

יהוה pr.n. (217) *Yahweh*

אֱלֹהֵי n.m.p. cstr. (43) *the God of*

הָעִבְרִיִּים def.art.-pr.n. gent. m.p. (I 720) *the Hebrews*

נִקְרָה Ni. pf. 3 m.s. (קָרָה 899) *has met*

עָלֵינוּ prep.-1 c.p. sf. *with us*

וְעַתָּה conj.-adv. (773) *and now*

נֵלְכָה־נָּא Qal impf. 1 c.p.-coh.he (הָלַךְ 229)-part. of entreaty (609) *we pray you let us go*

דֶּרֶךְ n.m.s. cstr. (202) *journey (of)*

שְׁלֹשֶׁת num. f.s. cstr. (1025) *three (of)*

יָמִים n.m.p. (398) *days'*

בַּמִּדְבָּר prep.-def.art.-n.m.s. (184) *into the wilderness*

וְנִזְבְּחָה conj.-Qal impf. 1 c.p.-coh.he (זָבַח 256) *that we may sacrifice*

לַיהוה prep.-pr.n. (217) *to Yahweh*

אֱלֹהֵינוּ n.m.p.-1 c.p. sf. (43) *our God*

3:19

וַאֲנִי conj.-pers.pr. 1 c.s. (58) *I*

יָדַעְתִּי Qal pf. 1 c.s. (יָדַע 393) *know*

כִּי לֹא יִתֵּן conj.-neg.-Qal impf. 3 m.s. (נָתַן 678) *that ... will not let*

אֶתְכֶם dir.obj.-2 m.p. sf. *you*

מֶלֶךְ n.m.s. cstr. (I 572) *the king of*

מִצְרַיִם pr.n. (595) *Egypt*

לַהֲלֹךְ prep.-Qal inf.cstr. (הָלַךְ 229; GK 69x,157bN) *go*

וְלֹא conj.-neg. *unless compelled*

בְּיָד prep.-n.f.s. (388) *by a ... hand*

חֲזָקָה adj. f.s. (303) *mighty*

3:20

וְשָׁלַחְתִּי conj.-Qal pf. 1 c.s. (שָׁלַח 1018) *so I will stretch out*

אֶת־יָדִי dir.obj.-n.f.s.-1 c.s. sf. (388) *my hand*

וְהִכֵּיתִי conj.-Hi. pf. 1 c.s. (נָכָה 645) *and smite*

אֶת־מִצְרַיִם dir.obj.-pr.n. (595) *Egypt*

בְּכֹל prep.-n.m.s. cstr. (481) *with all (of)*

נִפְלְאֹתַי Ni. ptc. f.p.-1 c.s. sf. (פָּלָא 810) *the (my) wonders*

אֲשֶׁר rel. (81) *which*

אֶעֱשֶׂה Qal impf. 1 c.s. (I 793; GK 63m) *I will do*

בְּקִרְבּוֹ prep.-n.m.s.-3 m.s. sf. (899) *in it*

וְאַחֲרֵי־כֵן conj.-prep. (29)-adv. (I 485) *after that*

יְשַׁלַּח Pi. impf. 3 m.s. (שָׁלַח 1018) *he will let go*

אֶתְכֶם dir.obj.-2 m.p. sf. *you*

3:21

וְנָתַתִּי conj.-Qal pf. 1 c.s. (נָתַן 678) *and I will give*

אֶת־חֵן dir.obj.-n.m.s. (336) *favor*

הָעָם־הַזֶּה def.art.-n.m.s. (I 766)-def.art.-demons.adj. m.s. (260) *this people*

בְּעֵינֵי prep.-n.f.p. cstr. (744) *in the sight of*

מִצְרָיִם pr.n. paus. (595) *the Egyptians*

וְהָיָה conj.-Qal pf. 3 m.s. (224) *and (it will be)*

כִּי תֵלֵכוּן conj.-Qal impf. 2 m.p. (הָלַךְ 229; GK 164d) *when you go*

לֹא תֵלְכוּ neg.-Qal impf. 2 m.p. (הָלַךְ 229) *you shall not go*

רֵיקָם adv. (938) *empty*

3:22

וְשָׁאֲלָה conj.-Qal pf. 3 f.s. (שָׁאַל 981) *but ... shall ask*

אִשָּׁה n.f.s. (61; GK 139b) *each woman*

מִשְּׁכֶנְתָּהּ prep.-adj. f.s.-3 f.s. sf. (1015; GK 95k) *of her neighbor*

וּמִגָּרַת conj.-prep.-Qal act.ptc. f.s. cstr. (גּוּר I 157) *and of her who sojourns in*

בֵּיתָהּ n.m.s.-3 f.s. sf. (108) *her house*

כְּלֵי־כֶסֶף n.m.p. cstr. (479)-n.m.s. (494) *jewelry of silver*

וּכְלֵי זָהָב conj.-v.supra-n.m.p. cstr. (479)-n.m.s. (262) *and of gold*

וּשְׂמָלֹת conj.-n.f.p. (971) *and clothing*

וְשַׂמְתֶּם conj.-Qal pf. 2 m.p. (שִׂים 962) *and you shall put them*

עַל־בְּנֵיכֶם prep.-n.m.p.-2 m.p. sf. (119) *on your sons*

וְעַל־בְּנֹתֵיכֶם conj.-prep.-n.f.p.-2 m.p. sf. (I 123) *and on your daughters*

וְנִצַּלְתֶּם conj.-Pi. pf. 2 m.p. (נָצַל 664) *thus you shall despoil*

אֶת־מִצְרָיִם dir.obj.-pr.n. paus. (595) *the Egyptians*

4:1

וַיַּעַן consec.-Qal impf. 3 m.s. (עָנָה I 772) *then ... answered*

מֹשֶׁה pr.n. (602) *Moses*

וַיֹּאמֶר consec.-Qal impf. 3 m.s. (אָמַר 55) *(and said)*

וְהֵן conj.-demons.part. (243) *but behold*

לֹא־יַאֲמִינוּ neg.-Hi.impf. 3 m.p. (אָמַן 52; GK 107i) *they will not believe*

לִי prep.-1 c.s. sf. *me*

וְלֹא יִשְׁמְעוּ conj.-neg.-Qal impf. 3 m.p. (שָׁמַע 1033) *or listen*

בְּקֹלִי prep.-n.m.s.-1 c.s. sf. (876) *to my voice*

כִּי יֹאמְרוּ conj.-Qal impf. 3 m.p. (55) *for they will say*

לֹא־נִרְאָה neg.-Ni. pf. 3 m.s. (רָאָה 906) *did not appear*

אֵלֶיךָ prep.-2 m.s. sf. *to you*

יהוה pr.n. (217) *Yahweh*

4:2

וַיֹּאמֶר consec.-Qal impf. 3 m.s. (55) *said*

אֵלָיו prep.-3 m.s. sf. *to him*

יהוה pr.n. (217) *Yahweh*

מַזֶּה interr. (552)-demons.adj. m.s. (260; GK 37c) *what is that*

בְיָדֶךָ pr.n.-n.f.s.-2 m.s. sf. (388) *in your hand*

וַיֹּאמֶר v.supra *he said*

מַטֶּה n.m.s. (641) *a rod*

4:3

וַיֹּאמֶר cf.4:2 *and he said*

הַשְׁלִיכֵהוּ Hi. impv. 2 m.s.-3 m.s. sf. (שָׁלַךְ 1020) *cast it*

אַרְצָה n.f.s.-dir.he (75) *on the ground*

וַיַּשְׁלִיכֵהוּ consec.-Hi. impf. 3 m.s.-3 m.s. sf. (שָׁלַךְ 1020) *so he cast it*

אַרְצָה v.supra *on the ground*

וַיְהִי consec.-Qal impf. 3 m.s. (הָיָה 224) *and it became*

לְנָחָשׁ prep.-n.m.s. (638) *a serpent*

וַיָּנָס consec.-Qal impf. 3 m.s. (נוּס 630) *and ... fled*

מֹשֶׁה pr.n. (602) *Moses*

מִפָּנָיו prep.-n.m.p.-3 m.s. sf. (815) *from it*

4:4

וַיֹּאמֶר cf.4:2,3 consec.-Qal impf. 3 m.s. (55) *but ... said*

יהוה pr.n. (217) *Yahweh*

אֶל־מֹשֶׁה prep.-pr.n. (602) *to Moses*

שְׁלַח Qal impv. 2 m.s. (1018) *Put out*

יָדְךָ n.f.s.-2 m.s. sf. (388) *your hand*

וֶאֱחֹז conj.-Qal impv. 2 m.s. (אָחַז 28; GK 64c) *and take it*

בִּזְנָבוֹ prep.-n.m.s.-3 m.s. sf. (275) *by the tail*

וַיִּשְׁלַח consec.-Qal impf. 3 m.s. (1018) *so he put out*

יָדוֹ n.f.s.-3 m.s. sf. (388) *his hand*

וַיַּחֲזֶק consec.-Hi. impf. 3 m.s. (חָזַק 304; GK 29g) *and caught*

בּוֹ prep.-3 m.s. sf. *it*

וַיְהִי consec.-Qal impf. 3 m.s. (הָיָה 224) *and it became*

לְמַטֶּה prep.-n.m.s. (641) *a rod*

בְּכַפּוֹ prep.-n.f.s.-3 m.s. sf. (496) *in his hand*

4:5

לְמַעַן prep.-prep. (775) *that*

יַאֲמִינוּ Hi. impf. 3 m.p. (אָמַן 52) *they may believe*

כִּי־נִרְאָה conj.-Ni. pf. 3 m.s. (רָאָה 906) *that ... has appeared*

אֵלֶיךָ prep.-2 m.s. sf. *to you*

יהוה pr.n. (217) *Yahweh*

אֱלֹהֵי cf.3:16 n.m.p. cstr. (43) *the God of*

אֲבֹתָם n.m.p.-3 m.p. sf. (3) *their fathers*

אֱלֹהֵי v.supra *the God of*

אַבְרָהָם pr.n. (4) *Abraham*

אֱלֹהֵי v.supra *the God of*

יִצְחָק pr.n. (850) *Isaac*

וֵאלֹהֵי conj.-v.supra *and the God of*

יַעֲקֹב pr.n. (784) *Jacob*

4:6

וַיֹּאמֶר consec.-Qal impf. 3 m.s. (55) *said*

יהוה pr.n. (217) *Yahweh*

לוֹ prep.-3 m.s. sf. *to him*

עוֹד adv. (728) *again*

הָבֵא־נָא Hi. impv. 2 m.s. (בּוֹא 97)-part.of entreaty (609) *Put*

יָדְךָ n.f.s.-2 m.s. sf. (388) *your hand*

בְּחֵיקֶךָ prep.-n.m.s.-2 m.s. sf. (300) *into your bosom*

וַיָּבֵא consec.-Hi. impf. 3 m.s. (בּוֹא 97) *and he put*

יָדוֹ n.f.s.-3 m.s. sf. (388) *his hand*

בְּחֵיקוֹ prep.-n.m.s.-3 m.s. sf. (300) *into his bosom*

וַיּוֹצִאָהּ consec.-Hi. impf. 3 m.s.-3 f.s. sf. (יָצָא 422) *and when he took it out*

וְהִנֵּה conj.-demons.part. (243) *behold*

יָדוֹ v.supra *his hand*

מְצֹרַעַת Pu. ptc. f.s. (צָרַע 863) *was leprous*

כַּשָּׁלֶג prep.-def.art.-n.m.s. paus. (1017) *as snow*

4:7

וַיֹּאמֶר consec.-Qal impf. 3 m.s. (55) *then said*

הָשֵׁב Hi. impv. 2 m.s. (שׁוּב 996) *Put back*

יָדְךָ n.f.s.-2 m.s. sf. (388) *your hand*

אֶל־חֵיקֶךָ prep.-n.m.s.-2 m.s. sf. (300) *into your bosom*

וַיָּשֶׁב consec.-Hi. impf. 3 m.s. (שׁוּב 996) *so he put back*

יָדוֹ n.f.s.-3 m.s. sf. (388) *his hand*

אֶל־חֵיקוֹ prep.-n.m.s.-3 m.s. sf. (300) *into his bosom*

וַיּוֹצִאָהּ consec.-Hi. impf. 3 m.s.-3 f.s. sf. (יָצָא 422) *and when he took it out*

מֵחֵיקוֹ prep.-n.m.s.-3 m.s. sf. (300) *(from his bosom)*

וְהִנֵּה־ conj.-demons.part. (243) *behold*

שָׁבָה Qal pf. 3 f.s. (שׁוּב 996) *it was restored*

כִּבְשָׂרוֹ prep.-n.m.s.-3 m.s. sf. (142) *like the rest of his flesh*

4:8

וְהָיָה conj.-Qal pf. 3 m.s. (224) *(and it shall be)*

אִם־לֹא יַאֲמִינוּ hypoth.part. (49)-neg.-Hi. impf. 3 m.p. (אָמַן 52) *if they will not believe*

לָךְ prep.-2 m.s. sf. paus. *you*

וְלֹא יִשְׁמְעוּ conj.-neg.-Qal impf. 3 m.p. (1033) *or (hearken) heed*

לְקֹל prep.-n.m.s. cstr. (876) *(to the voice of)*

הָאֹת def.art.-n.m.s. (16) *the ... sign*

הָרִאשׁוֹן def.art.-adj. m.s. (911) *first*

וְהֶאֱמִינוּ conj.-Hi. pf. 3 c.p. (אָמַן 52) *they may believe*

לְקֹל v.supra *(the voice of)*

הָאֹת v.supra *the ... sign*

הָאַחֲרוֹן def.art.-adj. m.s. (30) *latter*

4:9

וְהָיָה cf.4:8 *(and it shall be)*

אִם־לֹא יַאֲמִינוּ cf.4:8 *if they will not believe*

גַּם adv. (168) *even*

לִשְׁנֵי prep.-num. m.p. cstr. (1040) *two (of)*

הָאֹתוֹת def.art.-n.m.p. (16) *signs*

הָאֵלֶּה def.art.-demons.adj. c.p. (41) *these*

וְלֹא יִשְׁמְעוּן conj.-neg.-Qal impf. 3 m.p. (שָׁמַע 1033) *or heed*

לְקֹלֶךָ prep.-n.m.s.-2 m.s. sf. (876) *your voice*

וְלָקַחְתָּ consec.-Qal pf. 2 m.s. (לָקַח 542) *you shall take*

מִמֵּימֵי prep.-n.m.p. cstr. (565) *some water from*

הַיְאֹר def.art.-n.m.s. (384) *the Nile*

וְשָׁפַכְתָּ conj.-Qal pf. 2 m.s. (שָׁפַךְ 1049) *and pour it*

הַיַּבָּשָׁה def.art.-n.f.s. (387) *upon the dry ground*

וְהָיוּ conj.-Qal pf. 3 c.p. (הָיָה 224) *and (shall be)*

הַמַּיִם def.art.-n.m.p. (565) *the water*

אֲשֶׁר rel. (81) *which*

תִּקַּח Qal impf. 2 m.s. (לָקַח 542) *you shall take*

מִן־הַיְאֹר prep.-def.art.-n.m.s. (384) *from the Nile*

וְהָיוּ v.supra *will become*

לְדָם prep.-n.m.s. (196) *blood*

בַּיַּבָּשֶׁת prep.-def.art.-n.f.s. (387) *upon the dry ground*

4:10

וַיֹּאמֶר consec.-Qal impf. 3 m.s. (55) *but ... said*

מֹשֶׁה pr.n. (602) *Moses*

אֶל־יְהוָה prep.-pr.n. (217) *to Yahweh*

בִּי part.of entreaty (106) *Oh*

אֲדֹנָי n.m.p.-1 c.s. sf. (10) *my Lord*

לֹא אִישׁ neg. (GK 152d)-n.m.s. cstr. (35) *not (a man of)*

דְּבָרִים n.m.p. (182; GK 128t) *(words) eloquent*

אָנֹכִי pers.pr. 1 c.s. (59) *I*

גַּם מִתְּמוֹל adv. (168)-prep.-subst. as adv.acc. (1069) *either*

250

גַּם מִשָּׁלְשֹׁם adv. (168)-prep.-adv. (1026) *henceforth*

גַּם מֵאָז adv. (168)-prep.-adv. (23) *or since*

דַּבֶּרְךָ Pi. inf.cstr.-2 m.s. sf. (180; GK 61e) *thou hast spoken*

אֶל־עַבְדֶּךָ prep.-n.m.s.-2 m.s. sf. (712) *to thy servant*

כִּי כְבַד־פֶּה conj.-adj. m.s. cstr. (458)-n.m.s. (804) *but ... slow of speech*

וּכְבַד לָשׁוֹן conj.-v.supra-n.f.s. (546) *and (slow) of tongue*

אָנֹכִי pers.pr. 1 c.s. (59) *I*

4:11

וַיֹּאמֶר consec.-Qal impf. 3 m.s. (55) *then ... said*

יהוה pr.n. (217) *Yahweh*

אֵלָיו prep.-3 m.s. sf. *to him*

מִי שָׂם interr. (566)-Qal pf. 3 m.s. (שׂים 962) *who has made?*

פֶּה n.m.s. (804) *mouth*

לָאָדָם prep.-def.art.-n.m.s. (9) *man's*

אוֹ מִי־ conj. (14)-interr. (566) *(or) who*

יָשׂוּם Qal impf. 3 m.s. (שׂים 962) *makes*

אִלֵּם adj. (48) *dumb*

אוֹ חֵרֵשׁ conj. (14)-adj. (361) *or deaf*

אוֹ פִקֵּחַ conj. (14)-adj. (824) *or seeing*

אוֹ עִוֵּר conj. (14)-adj. (734) *or blind*

הֲלֹא אָנֹכִי interr.part.-neg.-pers.pr. 1 c.s. (59) *is it not I?*

יהוה pr.n. (217) *Yahweh*

4:12

וְעַתָּה conj.-adv. (773) *now therefore*

לֵךְ Qal impv. 2 m.s. (הָלַךְ 229) *go*

וְאָנֹכִי conj.-pers.pr. 1 c.s. (59) *and I*

אֶהְיֶה Qal impf. 1 c.s. (הָיָה 224) *I will be*

עִם־פִּיךָ prep. (767)-n.m.s.-2 m.s. sf. (804; GK 75ee) *with your mouth*

וְהוֹרֵיתִיךָ conj.-Hi. pf. 1 c.s.-2 m.s. sf. (יָרָה 434) *and teach you*

אֲשֶׁר rel. (81) *what*

תְּדַבֵּר Pi. impf. 2 m.s. (180) *you shall speak*

4:13

וַיֹּאמֶר consec.-Qal impf. 3 m.s. (55) *but he said*

בִּי אֲדֹנָי cf.4:10 part.of entreaty (106)-n.m.p.-1 c.s. sf. (10) *Oh, my Lord*

שְׁלַח־נָא Qal impv. 2 m.s. (1018)-part.of entreaty (609) *send, I pray*

בְּיַד־תִּשְׁלָח prep.-n.f.s. cstr. (388)-Qal impf. 2 m.s. paus. (1018; GK 130d,155n) *some other person)*

4:14

וַיִּחַר־ consec.-Qal impf. 3 m.s. (חָרָה 354) *then ... was kindled*

אַף יהוה n.m.s. cstr. (I 60)-pr.n. (217) *the anger of Yahweh*

בְּמֹשֶׁה prep.-pr.n. (602) *against Moses*

וַיֹּאמֶר consec.-Qal impf. 3 m.s. (55) *and he said*

הֲלֹא אַהֲרֹן interr.part.-neg.-pr.n. (14) *Is there not Aaron?*

אָחִיךָ n.m.s.-2 m.s. sf. (26) *your brother*

הַלֵּוִי def.art.-adj. gent. (II 532) *the Levite*

יָדַעְתִּי Qal pf. 1 c.s. (393) *I know*

כִּי־דַבֵּר conj.-Pi. inf.abs. (180) *that ... well*

יְדַבֵּר Pi. impf. 3 m.s. (180) *he can speak*

הוּא pers.pr. 3 m.s. (214) *he*

וְגַם conj.-adv. (168) *and*

הִנֵּה־הוּא demons.part. (243)-pers.pr. 3 m.s. (214) *behold he*

יֹצֵא Qal act.ptc. (יָצָא 422) *is coming out*

לִקְרָאתֶךָ prep.-Qal inf.cstr.-2 m.s. sf. (קָרָא 894) *to meet you*

וְרָאֲךָ conj.-Qal pf. 3 m.s.-2 m.s. sf. (רָאָה 906; GK 159g) *and when he sees you*

וְשָׂמַח conj.-Qal pf. 3 m.s. (970) *he will be glad*

בְּלִבּוֹ prep.-n.m.s.-3 m.s. sf. (523) *in his heart*

4:15

וְדִבַּרְתָּ conj.-Pi. pf. 2 m.s. (180) *and you shall speak*

אֵלָיו prep.-3 m.s. sf. *to him*

וְשַׂמְתָּ conj.-Qal pf. 2 m.s. (שׂים 962) *and put*

אֶת־הַדְּבָרִים dir.obj.-def.art.-n.m.p. (182) *the words*

בְּפִיו prep.-n.m.s.-3 m.s. sf. (804) *in his mouth*

וְאָנֹכִי conj.-pers.pr. 1 c.s. (59) *and I*

אֶהְיֶה Qal impf. 1 c.s. (הָיָה 224) *will be*

עִם־פִּיךָ prep. (767)-n.m.s.-2 m.s. sf. (804) *with your mouth*

וְעִם־פִּיהוּ conj.-prep.-n.m.s.-3 m.s. sf. (804) *and with his mouth*

וְהוֹרֵיתִי conj.-Hi. pf. 1 c.s. (יָרָה 434) *and will teach*

אֶתְכֶם dir.obj.-2 m.p. sf. *you*

אֵת אֲשֶׁר dir.obj.-rel. (81) *what*

תַּעֲשׂוּן Qal impf. 2 m.p. (עָשָׂה I 793) *you shall do*

4:16

וְדִבֶּר־הוּא conj.-Pi. pf. 3 m.s. (180)-pers.pr. 3 m.s. (214) *he shall speak*

לְךָ prep.-2 m.s. sf. *for you*

251

אֶל־הָעָם prep.-def.art.-n.m.s. (I 766) *to the people*

וְהָיָה הוּא conj.-Qal pf. 3 m.s. (224)-pers.pr. 3 m.s. (214) *and (it shall be) he*

יִהְיֶה־ Qal impf. 3 m.s. (224) *shall be*

לְּךָ v.supra *for you*

לְפֶה prep.-n.m.s. (804) *a mouth*

וְאַתָּה conj.-pers.pr. 2 m.s. (61) *and you*

תִּהְיֶה־לּוֹ Qal impf. 2 m.s. (224)-prep.-3 m.s. sf. *shall be to him*

לֵאלֹהִים prep.-n.m.p. (43) *as God*

4:17

וְאֶת־הַמַּטֶּה conj.-dir.obj.-def.art.-n.m.s. (641) *and ... rod*

הַזֶּה def.art.-demons.adj. m.s. (260) *this*

תִּקַּח Qal impf. 2 m.s. (לָקַח 542) *you shall take*

בְּיָדֶךָ prep.-n.f.s.-2 m.s. sf. (388) *in your hand*

אֲשֶׁר rel. (81) *which*

תַּעֲשֶׂה־בּוֹ Qal impf. 2 m.s. (עָשָׂה I 793)-prep.-3 m.s. sf. *with ... you shall do*

אֶת־הָאֹתֹת dir.obj.-def.art.-n.m.p. (16) *the signs*

4:18

וַיֵּלֶךְ consec.-Qal impf. 3 m.s. (הָלַךְ 229) *went*

מֹשֶׁה pr.n. (602) *Moses*

וַיָּשָׁב consec.-Qal impf. 3 m.s. (שׁוּב 996) *back (and returned)*

אֶל־יֶתֶר prep.-pr.n. (III 452) *to Jethro*

חֹתְנוֹ n.m.s.-3 m.s. sf. (368) *his father-in-law*

וַיֹּאמֶר לוֹ consec.-Qal impf. 3 m.s. (55)-prep.-3 m.s. sf. *and said to him*

אֵלְכָה נָּא Qal impf. 1 c.s.-coh.he (הָלַךְ 229) -part.of entreaty (609) *let me go ... I pray thee*

וְאָשׁוּבָה conj.-Qal impf. 1 c.s.-coh.he (שׁוּב 996) *back (and let me return)*

אֶל־אַחַי prep.-n.m.p.-1 c.s. sf. (26) *to my kinsmen*

אֲשֶׁר־ rel. (81) *(who)*

בְּמִצְרַיִם prep.-pr.n. (595) *in Egypt*

וְאֶרְאֶה conj.-Qal impf. 1 c.s. (906) *and (let me) see*

הַעוֹדָם interr.-adv.-3 m.p. sf. (728) *whether they are still*

חַיִּים adj. m.p. (I 311) *alive*

וַיֹּאמֶר v.supra *and ... said*

יִתְרוֹ pr.n. (452) *Jethro*

לְמֹשֶׁה prep.-pr.n. (602) *to Moses*

לֵךְ Qal impv. 2 m.s. (הָלַךְ 229) *Go*

לְשָׁלוֹם prep.-n.m.s. (1022) *in peace*

4:19

וַיֹּאמֶר consec.-Qal impf. 3 m.s. (55) *and ... said*

יהוה pr.n. (217) *Yahweh*

אֶל־מֹשֶׁה prep.-pr.n. (602) *to Moses*

בְּמִדְיָן prep.-pr.n. (193) *in Midian*

לֵךְ Qal impv. 2 m.s. (הָלַךְ 229) *Go*

שֻׁב Qal impv. 2 m.s. (שׁוּב 996) *back (return)*

מִצְרָיִם pr.n. (595) *to Egypt*

כִּי־מֵתוּ conj.-Qal pf. 3 c.p. (מוּת 559) *for ... are dead*

כָּל־הָאֲנָשִׁים n.m.s. cstr. (481)-def.art.-n.m.p. (35) *all the men*

הַמְבַקְשִׁים def.art.-Pi. ptc. m.p. (בָּקַשׁ 134) *who were seeking*

אֶת־נַפְשֶׁךָ dir.obj.-n.f.s.-2 m.s. sf. (659) *your life*

4:20

וַיִּקַּח consec.-Qal impf. 3 m.s. (לָקַח 542) *so ... took*

מֹשֶׁה pr.n. (602) *Moses*

אֶת־אִשְׁתּוֹ dir.obj.-n.f.s.-3 m.s. sf. (61) *his wife*

וְאֶת־בָּנָיו conj.-dir.obj.-n.m.p.-3 m.s. sf. (119) *and his sons*

וַיַּרְכִּבֵם consec.-Hi. impf. 3 m.s.-3 m.p. sf. (רָכַב 938) *and set them (caused them to ride)*

עַל־הַחֲמֹר prep.-def.art.-n.m.s. (331) *on an ass*

וַיָּשָׁב consec.-Qal impf. 3 m.s. (שׁוּב 996) *and went back*

אַרְצָה n.f.s.-dir.he (75) *to the land*

מִצְרָיִם pr.n. paus. (595) *Egypt*

וַיִּקַּח consec.-Qal impf. 3 m.s. (לָקַח 542) *and ... took*

מֹשֶׁה pr.n. (602) *Moses*

אֶת־מַטֵּה dir.obj.-n.m.s. cstr. (641) *the rod of*

הָאֱלֹהִים def.art.-n.m.p. (43; GK 126r) *God*

בְּיָדוֹ prep.-n.f.s.-3 m.s. sf. (388) *in his hand*

4:21

וַיֹּאמֶר consec.-Qal impf. 3 m.s. (55) *and ... said*

יהוה pr.n. (217) *Yahweh*

אֶל־מֹשֶׁה prep.-pr.n. (602) *to Moses*

בְּלֶכְתְּךָ prep.-Qal inf.cstr.-2 m.s. sf. (הָלַךְ 229) *when you go*

לָשׁוּב prep.-Qal inf.cstr. (996) *back (to return)*

מִצְרַיְמָה pr.n.-dir.he (595) *to Egypt*

רְאֵה Qal impv. 2 m.s. (רָאָה 906) *see*

כָּל־הַמֹּפְתִים n.m.s. cstr. (481)-def.art.-n.m.p. (68) *all the miracles*

אֲשֶׁר־שַׂמְתִּי rel. (81)-Qal pf. 1 c.s. (שׂוּם 962) *which I have put*

בְּיָדֶךָ prep.-n.f.s.-2 m.s. sf. (388) *in your power*

וַעֲשִׂיתָם conj.-Qal pf. 2 m.s.-3 m.p. sf. (עָשָׂה I 793; GK 112mm,143d) *that you do (them)*

לִפְנֵי prep.-n.m.p. cstr. (815) *before*

פַּרְעֹה pr.n. (829) *Pharaoh*

וַאֲנִי conj.-pers.pr. 1 c.s. (58) *but I*

אֲחַזֵּק Pi. impf. 1 c.s. (חָזַק 304) *will harden*

אֶת־לִבּוֹ dir.obj.-n.m.s.-3 m.s. sf. (523) *his heart*

וְלֹא יְשַׁלַּח conj.-neg.-Pi. impf. 3 m.s. (1018) *so that he will not let go*

אֶת־הָעָם dir.obj.-def.art.-n.m.s. (I 766) *the people*

4:22

וְאָמַרְתָּ conj.-Qal pf. 2 m.s. (55) *and you shall say*

אֶל־פַּרְעֹה prep.-pr.n. (829) *to Pharaoh*

כֹּה אָמַר adv. (462)-Qal pf. 3 m.s. (55) *thus says*

יהוה pr.n. (217) *Yahweh*

בְּנִי n.m.s.-1 c.s. sf. (119) *my son*

בְכֹרִי n.m.s.-1 c.s. sf. (114) *my first-born*

יִשְׂרָאֵל pr.n. (975) *Israel*

4:23

וָאֹמַר consec.-Qal impf. 1 c.s. (55) *and I say*

אֵלֶיךָ prep.-2 m.s. sf. *to you*

שַׁלַּח Pi. impv. 2 m.s. (1018) *let ... go*

אֶת־בְּנִי dir.obj.-n.m.s.-1 c.s. sf. (119) *my son*

וְיַעַבְדֵנִי conj.-Qal impf. 3 m.s.-1 c.s. sf. (עָבַד 712) *that he may serve me*

וַתְּמָאֵן consec.-Pi. impf. 2 m.s. (מָאֵן 549) *if you refuse*

לְשַׁלְּחוֹ prep.-Pi. inf.cstr.-3 m.s. sf. (1018) *to let him go*

הִנֵּה demons.part. (243) *behold*

אָנֹכִי הֹרֵג pers.pr. 1 c.s. (59)-Qal act.ptc. 246) *I will slay*

אֶת־בִּנְךָ dir.obj.-n.m.s.-2 m.s. sf. (119) *your son*

בְּכֹרֶךָ n.m.s.-2 m.s. sf. (114) *your first-born*

4:24

וַיְהִי consec.-Qal impf. 3 m.s. (הָיָה 224) *(and it shall be)*

בַדֶּרֶךְ prep.-def.art.-n.m.s. (202) *on the way*

בַּמָּלוֹן prep.-def.art.-n.m.s. (533) *at a lodging place*

וַיִּפְגְּשֵׁהוּ consec.-Qal impf. 3 m.s.-3 m.s. sf. (פָּגַשׁ 803) *met him*

יהוה pr.n. (217) *Yahweh*

וַיְבַקֵּשׁ consec.-Pi. impf. 3 m.s. (134) *and sought*

הֲמִיתוֹ Hi. inf.cstr.-3 m.s. sf. (מוּת 559) *to kill him*

4:25

וַתִּקַּח consec.-Qal impf. 3 f.s. (לָקַח 542) *then ... took*

צִפֹּרָה pr.n. (862) *Zipporah*

צֹר n.m.s. (II 866) *a flint*

וַתִּכְרֹת consec.-Qal impf. 3 f.s. (כָּרַת 503) *and cut off*

אֶת־עָרְלַת dir.obj.-n.f.s. cstr. (790) *foreskin (of)*

בְּנָהּ n.m.s.-3 f.s. sf. (119) *her son's*

וַתַּגַּע consec.-Hi. impf. 3 f.s. (נָגַע 619) *and touched*

לְרַגְלָיו prep.-n.f. du.-3 m.s. sf. (919) *Moses' (his) feet*

וַתֹּאמֶר consec.-Qal impf. 3 f.s. (55) *and said*

כִּי חֲתַן־ conj.-n.m.s. cstr. (368) *surely a bridegroom of*

דָּמִים n.m.p. (196) *blood*

אַתָּה pers.pr. 2 m.s. (61) *you*

לִי prep.-1 c.s. sf. *to me*

4:26

וַיִּרֶף consec.-Qal impf. 3 m.s. (רָפָה 951) *so he let alone (he withdrew)*

מִמֶּנּוּ prep.-3 m.s. sf. *(from) him*

אָז אָמְרָה adv. (23)-Qal pf. 3 f.s. (55) *then she said*

חֲתַן cf.4:25 n.m.s. cstr. (368) *a bridegroom of*

דָּמִים cf.4:25 n.m.p. (196) *blood*

לַמּוּלֹת prep.-def.art.-n.f.p. (558) *because of the circumcision*

4:27

וַיֹּאמֶר consec.-Qal impf. 3 m.s. (55) *said*

יהוה pr.n. (217) *Yahweh*

אֶל־אַהֲרֹן prep.-pr.n. (14) *to Aaron*

לֵךְ Qal impv. 2 m.s. (הָלַךְ 229) *Go*

לִקְרַאת prep.-Qal inf.cstr. (קָרָא 894) *to meet*

מֹשֶׁה pr.n. (602) *Moses*

הַמִּדְבָּרָה def.art.-n.m.s.-dir.he (184) *into the wilderness*

וַיֵּלֶךְ consec.-Qal impf. 3 m.s. (הָלַךְ 229) *so he went*

וַיִּפְגְּשֵׁהוּ consec.-Qal impf. 3 m.s.-3 m.s. sf. (פָּגַשׁ 803) *and met him*

בְּהַר prep.-n.m.s. cstr. (249) *at the mountain of*

הָאֱלֹהִים def.art.-n.m.p. (43) *God*

וַיִּשַּׁק־לוֹ consec.-Qal impf. 3 m.s. (נָשַׁק I 676)-prep.-3 m.s. sf. *and kissed him*

4:28

וַיַּגֵּד consec.-Hi. impf. 3 m.s. (נָגַד 616) *and ... told*

מֹשֶׁה pr.n. (602) *Moses*

לְאַהֲרֹן prep.-pr.n. (14) *Aaron*

אֶת־כָּל־ dir.obj.-n.m.s. cstr. (481) *all*

דִּבְרֵי n.m.p. cstr. (182) *the words of*

יהוה pr.n. (217) *Yahweh*

אֲשֶׁר rel. (81) *with which*

שְׁלָחוֹ Qal pf. 3 m.s.-3 m.s. sf. (1018) *he had sent him*

וְאֵת כָּל־ conj.-dir.obj.-n.m.s. cstr. (481) *and all*

הָאֹתֹת def.art.-n.m.p. (16) *the signs*

אֲשֶׁר v.supra *which*

צִוָּהוּ Pi. pf. 3 m.s.-3 m.s. sf. (צוה 845) *he had charged him*

4:29

וַיֵּלֶךְ consec.-Qal impf. 3 m.s. (הָלַךְ 229) *then ... went*

מֹשֶׁה pr.n. (602) *Moses*

וְאַהֲרֹן conj.-pr.n. (14) *and Aaron*

וַיַּאַסְפוּ consec.-Qal impf. 3 m.p. (אָסַף 62) *and gathered together*

אֶת־כָּל־ dir.obj.-n.m.s. cstr. (481) *all*

זִקְנֵי n.m.p. cstr. (278) *the elders of*

בְּנֵי n.m.p. cstr. (119) *the people of*

יִשְׂרָאֵל pr.n. (975) *Israel*

4:30

וַיְדַבֵּר consec.-Pi. impf. 3 m.s. (180) *and ... spoke*

אַהֲרֹן pr.n. (14) *Aaron*

אֵת כָּל־ dir.obj.-n.m.s. cstr. (481) *all*

הַדְּבָרִים def.art.-n.m.p. (182) *the words*

אֲשֶׁר־ rel. (81) *which*

דִּבֶּר יהוה Pi. pf. 3 m.s. (180)-pr.n. (217) *Yahweh had spoken*

אֶל־מֹשֶׁה prep.-pr.n. (602) *to Moses*

וַיַּעַשׂ consec.-Qal impf. 3 m.s. (עָשָׂה 793) *and did*

הָאֹתֹת def.art.-n.m.p. (16) *the signs*

לְעֵינֵי prep.-n.f.p. cstr. (744) *in the sight of*

הָעָם def.art.-n.m.s. (I 766) *the people*

4:31

וַיַּאֲמֵן consec.-Hi. impf. 3 m.s. (אָמַן I 52) *and ... believed*

הָעָם def.art.-n.m.s. (I 766) *the people*

וַיִּשְׁמְעוּ consec.-Qal impf. 3 m.p. (1033) *and when they heard*

כִּי־פָקַד conj.-Qal pf. 3 m.s. (823) *that ... had visited*

יהוה pr.n. (217) *Yahweh*

אֶת־בְּנֵי dir.obj.-n.m.p. cstr. (119) *the people of*

יִשְׂרָאֵל pr.n. (975) *Israel*

וְכִי רָאָה conj.-conj.-Qal pf. 3 m.s. (906) *and that he had seen*

אֶת־עָנְיָם dir.obj.-n.m.s.-3 m.p. sf. (777) *their affliction*

וַיִּקְּדוּ consec.-Qal impf. 3 m.p. (קָדַד I 869) *they bowed their heads*

וַיִּשְׁתַּחֲווּ consec.-Hithpalel impf. 3 m.p. (שָׁחָה 1005) *and worshiped*

5:1

וְאַחַר conj.-adv. (29) *afterward*

בָּאוּ Qal pf. 3 c.p. (בּוֹא 97) *went*

מֹשֶׁה pr.n. (602) *Moses*

וְאַהֲרֹן conj.-pr.n. (14) *and Aaron*

וַיֹּאמְרוּ consec.-Qal impf. 3 m.p. (55) *and said*

אֶל־פַּרְעֹה prep.-pr.n. (829) *to Pharaoh*

כֹּה־אָמַר adv. (462)-Qal pf. 3 m.s. (55) *thus says*

יהוה pr.n. (217) *Yahweh*

אֱלֹהֵי n.m.p. cstr. (43) *the God of*

יִשְׂרָאֵל pr.n. (975) *Israel*

שַׁלַּח Pi. impv. 2 m.s. (1018) *let go*

אֶת־עַמִּי dir.obj.-n.m.s.-1 c.s. sf. (I 766) *my people*

וְיָחֹגּוּ conj.-Qal impf. 3 m.p. (חָגַג 290) *that they may hold a feast*

לִי prep.-1 c.s. sf. *to me*

בַּמִּדְבָּר prep.-def.art.-n.m.s. (184) *in the wilderness*

5:2

וַיֹּאמֶר consec.-Qal impf. 3 m.s. (55) *but ... said*

פַּרְעֹה pr.n. (829) *Pharaoh*

מִי יהוה interr. (566)-pr.n. (217) *Who is Yahweh?*

אֲשֶׁר rel. (81) *that*

אֶשְׁמַע Qal impf. 1 c.s. (שָׁמַע 1033; GK 107u) *I should heed*

בְּקֹלוֹ prep.-n.m.s.-3 m.s. sf. (876) *his voice*

לְשַׁלַּח prep.-Pi. inf.cstr. (1018) *and (to) let go*

אֶת־יִשְׂרָאֵל dir.obj.-pr.n. (975) *Israel*

לֹא יָדַעְתִּי neg.-Qal pf. 1 c.s. (393) *I do not know*

אֶת־יהוה dir.obj.-pr.n. (217) *Yahweh*

וְגַם conj.-adv. (168) *and moreover*

אֶת־יִשְׂרָאֵל dir.obj.-pr.n. (975) *Israel*

לֹא אֲשַׁלֵּחַ neg.-Pi. impf. 1 c.s. (שָׁלַח 1018) *I will not let go*

5:3

וַיֹּאמְרוּ consec.-Qal impf. 3 m.p. (55) *then they said*

אֱלֹהֵי n.m.p. cstr. (43) *the God of*

הָעִבְרִים def.art.-n.m.p. gent. (I 720) *the Hebrews*

נִקְרָא Ni. pf. 3 m.s. (קרא 894) *has met*

עָלֵינוּ prep.-1 c.p. sf. *with us*

נֵלֲכָה נָּא Qal impf. 1 c.p.-coh.he (הָלַךְ 229) -part.of entreaty (609) *let us go, we pray*

דֶּרֶךְ n.m.s. cstr. (202) *a journey (of)*

שְׁלֹשֶׁת num. f.s. cstr. (1025) *three*

יָמִים n.m.p. (398) *days*

בַּמִּדְבָּר prep.-def.art.-n.m.s. (184) *into the wilderness*

וְנִזְבְּחָה conj.-Qal impf. 1 c.p.-coh.he (זבח 256) *and sacrifice*

לַיהוה prep.-pr.n. (217) *to Yahweh*

אֱלֹהֵינוּ n.m.p.-1 c.p. sf. (43) *our God*

פֶּן־יִפְגָּעֵנוּ conj.-Qal impf. 3 m.s.-1 c.p. sf. (פגע 803) *lest he fall upon us*

בַּדֶּבֶר prep.-def.art.-n.m.s. (184) *with pestilence*

אוֹ בֶחָרֶב conj. (14)-prep.-def.art.-n.f.s. paus. (352) *or with the sword*

5:4

וַיֹּאמֶר consec.-Qal impf. 3 m.s. (55) *but ... said*

אֲלֵהֶם prep.-3 m.p. sf. *to them*

מֶלֶךְ מִצְרַיִם n.m.s. cstr. (I 572)-pr.n. (595) *the king of Egypt*

לָמָּה prep.-interr. (552) *why*

מֹשֶׁה pr.n. (602) *Moses*

וְאַהֲרֹן conj.-pr.n. (14) *Aaron*

תַּפְרִיעוּ Hi. impf. 2 m.p. (פרע III 828) *do you take ... away (cause to refrain)*

אֶת־הָעָם dir.obj.-def.art.-n.m.s. (I 766) *the people*

מִמַּעֲשָׂיו prep.-n.m.p.-3 m.s. sf. (795) *from their work*

לְכוּ Qal impv. 2 m.p. (הָלַךְ 229) *Get*

לְסִבְלֹתֵיכֶם prep.-n.f.p.-2 m.p. sf. (688) *to your burdens*

5:5

וַיֹּאמֶר consec.-Qal impf. 3 m.s. (55) *and ... said*

פַּרְעֹה pr.n. (829) *Pharaoh*

הֵן־רַבִּים demons.part. (243)-adj. m.p. (I 912) *Behold, ... are many*

עַתָּה adv. (773) *now*

עַם הָאָרֶץ n.m.s. cstr. (I 766)-def.art.-n.f.s. (75) *the people of the land*

וְהִשְׁבַּתֶּם conj.-Hi. pf. 2 m.s. (שבת 991; GK 112cc) *and you make rest*

אֹתָם dir.obj.-3 m.p. sf. *them*

מִסִּבְלֹתָם prep.-n.f.p.-3 m.p. sf. (688) *from their burdens*

5:6

וַיְצַו consec.-Pi. impf. 3 m.s. (צוה 845) *commanded*

פַּרְעֹה pr.n. (829) *Pharaoh*

בַּיּוֹם הַהוּא prep.-def.art.-n.m.s. (398)-def.art.-demons.adj. m.s. (214) *the same day*

אֶת־הַנֹּגְשִׂים dir.obj.-def.art.-Qal act.ptc. m.p. (נגש 620) *the taskmasters*

בָּעָם prep.-def.art.-n.m.s. (I 766) *of the people*

וְאֶת־שֹׁטְרָיו conj.-dir.obj.-n.m.p.-3 m.s. sf. (1009) *and their foremen*

לֵאמֹר prep.-Qal inf.cstr. (55) *saying*

5:7

לֹא תֹאסִפוּן neg.-Hi. impf. 2 m.p. (יסף 414; GK 68h) *you shall no longer*

לָתֵת prep.-Qal inf.cstr. (נתן 678) *give*

תֶּבֶן לָעָם n.m.s. (1061)-prep.-def.art.-n.m.s. (I 766) *straw (to) the people*

לִלְבֹּן prep.-Qal inf.cstr. (לבן 527) *to make*

הַלְּבֵנִים def.art.-n.f.p. (527) *bricks*

כִּתְמוֹל prep.-adv.acc. (1069) *as heretofore*

שִׁלְשֹׁם adv. (1025) with previous word as idiom

הֵם יֵלְכוּ pers.pr. 3 m.s. (241)-Qal impf. 3 m.p. (הלך 229) *let them go*

וְקֹשְׁשׁוּ conj.-Po'el pf. 3 c.p. (קשש 905) *and gather (stubble)*

לָהֶם prep.-3 m.p. sf. *for themselves*

תֶּבֶן v.supra *straw*

5:8

וְאֶת־מַתְכֹּנֶת conj.-dir.obj.-n.f.s. cstr. (1067) *but the number of*

הַלְּבֵנִים def.art.-n.f.p. (527) *bricks*

אֲשֶׁר rel. (81) *which*

הֵם עֹשִׂים pers.pr. 3 m.p. (241)-Qal act.ptc. m.p. (עשה 793) *they made*

תְּמוֹל שִׁלְשֹׁם adv.acc. (1069)-adv. (1026) *heretofore*

תָּשִׂימוּ Qal impf. 2 m.p. (שים 962) *you shall lay*

עֲלֵיהֶם prep.-3 m.p. sf. *on them*

לֹא תִגְרְעוּ neg.-Qal impf. 2 m.p. (גרע 175) *you shall be no means lessen*

מִמֶּנּוּ prep.-3 m.s. sf. *it*

כִּי־נִרְפִּים conj.-Ni. ptc. m.p. (רפה 951) *for ... idle*

הֵם v.supra *they are*

עַל־כֵּן prep.-adv. (487) *therefore*

הֵם צֹעֲקִים v.supra-Qal act.ptc. m.p. (צעק 858) *they cry*

לֵאמֹר prep.-Qal inf.cstr. (55) *(saying)*

נֵלֲכָה Qal impf. 1 c.p.-coh.he (הלך 229) *let us go*

נִזְבְּחָה Qal impf. 1 c.p.-coh.he (זָבַח 256) *and offer sacrifice*

לֵאלֹהֵינוּ prep.-n.m.p.-1 c.p. sf. (43) *to our God*

5:9

תִּכְבַּד Qal impf. 3 f.s. (כָּבַד 457) *let heavier ... be laid (make heavy)*

הָעֲבֹדָה def.art.-n.f.s. (715) *work*

עַל־הָאֲנָשִׁים prep.-def.art.-n.m.p. (35) *upon the men*

וְיַעֲשׂוּ־ conj.-Qal impf. 3 m.p. (עָשָׂה 793) *that they may labor*

בָהּ prep.-3 f.s. sf. *at it*

וְאַל־יִשְׁעוּ conj.-neg.-Qal impf. 3 m.p. (שָׁעָה 1043) *and pay no regard*

בְּדִבְרֵי־ prep.-n.m.p. cstr. (182) *to ... words (of)*

שָׁקֶר n.m.s. paus. (1055) *lying*

5:10

וַיֵּצְאוּ consec.-Qal impf. 3 m.p. (יָצָא 422) *so ... went out*

נֹגְשֵׂי Qal act.ptc. m.p. cstr. (נָגַשׂ 620) *taskmasters of*

הָעָם def.art.-n.m.s. (I 766) *the people*

וְשֹׁטְרָיו conj.-n.m.p.-3 m.s. sf. (1009) *and (their) foremen*

וַיֹּאמְרוּ consec.-Qal impf. 3 m.p. (55) *and said*

אֶל־הָעָם prep.-def.art.-n.m.s. (I 766) *to the people*

לֵאמֹר prep.-Qal inf.cstr. (55) *(saying)*

כֹּה אָמַר adv. (462)-Qal pf. 3 m.s. (55) *Thus says*

פַּרְעֹה pr.n. (829) *Pharaoh*

אֵינֶנִּי subst.-1 c.s. sf. (II 34; GK 152m) *I will not*

נֹתֵן Qal act.ptc. (678) *give*

לָכֶם prep.-2 m.p. sf. *you*

תֶּבֶן n.m.s. (1061) *straw*

5:11

אַתֶּם לְכוּ pers.pr. 2 m.p. (61)-Qal impv. 2 m.p. (הָלַךְ 229) *go yourselves*

קְחוּ לָכֶם Qal impv. 2 m.p. (לָקַח 542)-prep.-2 m.p. sf. *get your*

תֶּבֶן n.m.s. (1061) *straw*

מֵאֲשֶׁר prep.-rel. (81; GK 138e) *wherever*

תִּמְצָאוּ Qal impf. 2 m.p. (מָצָא 592) *you can find it*

כִּי אֵין conj.-subst. (II 34) *but will not be*

נִגְרָע Ni.ptc. (גָּרַע 175) *lessened*

מֵעֲבֹדַתְכֶם prep.-n.f.s.-2 m.p. sf. (715) *(from) your work*

דָּבָר n.m.s. (182) *in the least*

5:12

וַיָּפֶץ consec.-Hi. impf. 3 m.s. (פּוּץ I 806) *so ... were scattered abroad*

הָעָם def.art.-n.m.s. (I 766) *the people*

בְּכָל־אֶרֶץ prep.-n.m.s. cstr. (481)-n.f.s. cstr. (75) *throughout all the land of*

מִצְרָיִם pr.n. paus. (595) *Egypt*

לְקֹשֵׁשׁ קַשׁ prep.-Po'el inf.cstr. (קָשַׁשׁ 905)-n.m.s. (905) *to gather stubble*

לַתֶּבֶן prep.-def.art.-n.m.s. (1061) *for straw*

5:13

וְהַנֹּגְשִׂים conj.-def.art.-Qal act.ptc. m.p. (נָגַשׂ 620) *the taskmasters*

אָצִים Qal act.ptc. m.p. (אוּץ 21) *were urgent (pressing)*

לֵאמֹר prep.-Qal inf.cstr. (55) *saying*

כַּלּוּ Pi. impv. 2 m.p. (כָּלָה 477) *complete*

מַעֲשֵׂיכֶם n.m.p. 2 m.p. sf (795) *your work*

דְּבַר־יוֹם n.m.s. cstr. (182)-n.m.s. (398) *daily task (task of a day)*

בְּיוֹמוֹ prep.-n.m.s.-3 m.s. sf. (398) *(in its day)*

כַּאֲשֶׁר prep.-rel. (81) *as*

בִּהְיוֹת prep.-Qal inf.cstr. (הָיָה 224) *when there was*

הַתֶּבֶן def.art.-n.m.s. (1061) *straw*

5:14

וַיֻּכּוּ consec.-Ho. impf. 3 m.p. (נָכָה 645) *and ... were beaten*

שֹׁטְרֵי n.m.p. cstr. (1009) *the foremen of*

בְּנֵי n.m.p. cstr. (119) *the people of*

יִשְׂרָאֵל pr.n. (975) *Israel*

אֲשֶׁר־ rel. (81) *whom*

שָׂמוּ Qal pf. 3 c.p. (שׂוּם 962) *had set*

עֲלֵהֶם prep.-3 m.p. sf. *over them*

נֹגְשֵׂי Qal act.ptc. m.p. cstr. (נָגַשׂ 620) *the taskmasters of*

פַּרְעֹה pr.n. (829) *Pharaoh*

לֵאמֹר prep.-Qal inf.cstr. (55) *and were asked*

מַדּוּעַ adv. (396) *why*

לֹא כִלִּיתֶם neg.-Pi. pf. 2 m.p. (כָּלָה 477) *have you not done all (finished)*

חָקְכֶם n.m.s.-2 m.p. sf. (349) *your task*

לִלְבֹּן prep.-Qal inf.cstr. (לָבַן 527) *of making bricks*

כִּתְמוֹל שִׁלְשֹׁם prep.-adv. (1069)-adv. (1026) *as hitherto*

גַּם־תְּמוֹל גַּם־הַיּוֹם adv. (168)-adv. (1069)-v.supra -def.art.-n.m.s. (398) *today*

5:15

וַיָּבֹאוּ consec.-Qal impf. 3 m.p. (בּוֹא 97) then ... came

שֹׁטְרֵי n.m.p. cstr. (1009) the foremen of

בְּנֵי n.m.p. cstr. (119) the people of

יִשְׂרָאֵל pr.n. (975) Israel

וַיִּצְעֲקוּ consec.-Qal impf. 3 m.p. (צָעַק 858) and cried

אֶל־פַּרְעֹה prep.-pr.n. (829) to Pharaoh

לֵאמֹר prep.-Qal inf.cstr. (55) (saying)

לָמָּה adv. (552) why

תַעֲשֶׂה Qal impf. 2 m.s. (עָשָׂה I 793) do you deal

כֹה adv. (462) thus

לַעֲבָדֶיךָ prep.-n.m.p.-2 m.s. sf. (712) with your servants

5:16

תֶּבֶן n.m.s. (1061) straw

אֵין subst. (II 34; GK 152o) No

נִתָּן Ni. ptc. (678) is given

לַעֲבָדֶיךָ prep.-n.m.p.-2 m.s. sf. (712) to your servants

וּלְבֵנִים conj.-n.m.p. (527) yet ... bricks

אֹמְרִים Qal act.ptc. m.p. (55; GK 116t) they say

לָנוּ prep.-1 c.p. sf. to us

עֲשׂוּ Qal impv. 2 m.p. (עָשָׂה I 793) make

וְהִנֵּה conj.-demons.part. (243) and behold

עֲבָדֶיךָ n.m.p.-2 m.s. sf. (712) your servants

מֻכִּים Ho. ptc. m.p. (נָכָה 645) are beaten

וְחָטָאת conj.-Qal pf. 3 f.s. (חָטָא 306; GK 74g) but the fault is in (are wrong)

עַמֶּךָ n.m.s.-2 m.s. sf. (I 766) your own people

5:17

וַיֹּאמֶר consec.-Qal impf. 3 m.s. (55) but he said

נִרְפִּים Ni. ptc. m.p. (רָפָה 951) are idle

אַתֶּם pers.pr. 2 m.p. (61) you

נִרְפִּים v.supra you are idle

עַל־כֵּן prep.-adv. (485) therefore

אַתֶּם v.supra you

אֹמְרִים Qal act.ptc. m.p. (55) say

נֵלְכָה Qal impf. 1 c.p.-coh.he (הָלַךְ 229) let us go

נִזְבְּחָה Qal impf. 1 c.p.-coh.he (זָבַח 256) and sacrifice

לַיהוה prep.-pr.n. (217) to Yahweh

5:18

וְעַתָּה conj.-adv. (773) now

לְכוּ Qal impv. 2 m.p. (הָלַךְ 229) Go

עִבְדוּ Qal impv. 2 m.p. (712) work

וְתֶבֶן conj.-n.m.s. (1061) for ... straw

לֹא־יִנָּתֵן neg.-Ni. impf. 3 m.s. (נָתַן 678) will not be given

לָכֶם prep.-2 m.p. sf. (to) you

וְתֹכֶן conj. (GK 163a)-n.m.s. cstr. (I 1067) yet the same number of

לְבֵנִים n.f.p. (527) bricks

תִּתֵּנּוּ Qal impf. 2 m.p. (נָתַן 678) you shall deliver

5:19

וַיִּרְאוּ consec.-Qal impf. 3 m.p. (רָאָה 906) saw

שֹׁטְרֵי n.m.p. cstr. (1009) the foremen of

בְּנֵי־ n.m.p. cstr. (119) the people of

יִשְׂרָאֵל pr.n. (975) Israel

אֹתָם dir.obj.-3 m.p. sf. (GK 57N,135k) (them) that they were

בְּרָע prep.-n.m.s. (II 948) in evil plight

לֵאמֹר prep.-Qal inf.cstr. (55) when they said

לֹא־תִגְרְעוּ neg.-Qal impf. 2 m.p. (גָּרַע 175) you shall by no means lessen

מִלִּבְנֵיכֶם prep.-n.f.p.-2 m.p. sf. (527) (from) your bricks

דְּבַר־יוֹם n.m.s. cstr. (182)-n.m.s. (398) daily number

בְּיוֹמוֹ prep.-n.m.s.-3 m.s. sf. (398) (on its day)

5:20

וַיִּפְגְּעוּ consec.-Qal impf. 3 m.p. (פָּגַע 803) they met

אֶת־מֹשֶׁה dir.obj.-pr.n. (602) Moses

וְאֶת־אַהֲרֹן conj.-dir.obj.-pr.n. (14) and Aaron

נִצָּבִים Ni. ptc. m.p. (נָצַב 662) who were waiting

לִקְרָאתָם prep.-Qal inf.cstr.-3 m.p. sf. (קָרָא 894) for them (to meet them)

בְּצֵאתָם prep.-Qal inf.cstr.-3 m.p. sf. (יָצָא 422) as they came forth

מֵאֵת פַּרְעֹה prep.-prep. (II 85)-pr.n. (829) from Pharaoh

5:21

וַיֹּאמְרוּ consec.-Qal impf. 3 m.p. (55) and they said

אֲלֵהֶם prep.-3 m.p. sf. to them

יֵרֶא Qal impf. 3 m.s. apoc.juss. (רָאָה 906) (let) ... look

יהוה pr.n. (217) Yahweh

עֲלֵיכֶם prep.-2 m.p. sf. upon you

וְיִשְׁפֹּט conj.-Qal impf. 3 m.s. (1047) and judge

אֲשֶׁר rel. (81) because

הִבְאַשְׁתֶּם Hi. pf. 2 m.p. (בָּאַשׁ 92) you have made offensive

257

אֶת־רֵיחֵנוּ dir.obj.-n.m.s.-1 c.p. sf. (926) *us (our odor)*

בְּעֵינֵי prep.-n.f.p. cstr. (744) *in the sight of*

פַרְעֹה pr.n. (829) *Pharaoh*

וּבְעֵינֵי conj.-prep.-n.f.p. cstr. (744) *and (in the sight of)*

עֲבָדָיו n.m.p.-3 m.s. sf. (712) *his servants*

לָתֶת־חֶרֶב prep.-Qal inf.cstr. (נתן 678; GK 66i, 102f)-n.f.s. (352) *and have put (to put) a sword*

בְּיָדָם prep.-n.f.s.-3 m.p. sf. (388) *in their hand*

לְהָרְגֵנוּ prep.-Qal inf.cstr.-1 c.p. sf. (הרג 246) *to kill us*

5:22

וַיָּשָׁב consec.-Qal impf. 3 m.s. (שוב 996) *then ... turned again*

מֹשֶׁה pr.n. (602) *Moses*

אֶל־יְהוָה prep.-pr.n. (217) *to Yahweh*

וַיֹּאמַר consec.-Qal impf. 3 m.s. (55) *and said*

אֲדֹנָי n.m.p.-1 c.s. sf. (10) *O Lord*

לָמָה prep.-interr. (552) *why*

הֲרֵעֹתָה Hi. pf. 2 m.s. (רעע 949) *hast thou done evil*

לָעָם הַזֶּה prep.-def.art.-n.m.s. (I 766)-def.art.-demons.adj. m.s. (260) *to this people*

לָמָה v.supra *why*

זֶה demons.adv. (260) *(now) ever*

שְׁלַחְתָּנִי Qal pf. 2 m.s.-1 c.s. sf. (שלח 1018) *didst thou send me*

5:23

וּמֵאָז conj.-prep.-adv. (23) *for since*

בָּאתִי Qal pf. 1 c.s. (בוא 97) *I came*

אֶל־פַּרְעֹה prep.-pr.n. (829) *to Pharaoh*

לְדַבֵּר prep.-Pi. inf.cstr. (180) *to speak*

בִּשְׁמֶךָ prep.-n.m.s.-2 m.s. sf. (1027) *in thy name*

הֵרַע Hi. pf. 3 m.s. (רעע 949) *he has done evil*

לָעָם הַזֶּה prep.-def.art.-n.m.s. (I 766)-def.art.-demons.adj. m.s. (260) *to this people*

וְהַצֵּל conj.-Hi. inf.abs. (נצל 664) *and ... at all (delivering)*

לֹא־הִצַּלְתָּ neg. (GK 113v)-Hi. pf. 2 m.s. (664) *thou hast not delivered*

אֶת־עַמֶּךָ dir.obj.-n.m.s.-2 m.s. sf. (I 766) *thy people*

6:1

וַיֹּאמֶר consec.-Qal impf. 3 m.s. (55) *but ... said*

יְהוָה pr.n. (217) *Yahweh*

אֶל־מֹשֶׁה prep.-pr.n. (602) *to Moses*

עַתָּה adv. (773) *now*

תִרְאֶה Qal impf. 2 m.s. (ראה 906) *you shall see*

אֲשֶׁר rel. (81) *what*

אֶעֱשֶׂה Qal impf. 1 c.s. (עשה I 793) *I will do*

לְפַרְעֹה prep.-pr.n. (829) *to Pharaoh*

כִּי conj. *for*

בְּיָד prep.-n.f.s. (388) *with a ... hand*

חֲזָקָה adj. f.s. (305) *strong*

יְשַׁלְּחֵם Pi. impf. 3 m.s.-3 m.p. sf. (1018) *he will send them out*

וּבְיָד חֲזָקָה conj.-v.supra-v.supra *yea, with a strong hand*

יְגָרְשֵׁם Pi. impf. 3 m.s.-3 m.p. sf. (גרש I 176) *he will drive them out*

מֵאַרְצוֹ prep.-n.f.s.-3 m.s. sf. (75) *of his land*

6:2

וַיְדַבֵּר consec.-Pi. impf. 3 m.s. (180) *and ... said*

אֱלֹהִים n.m.p. (43) *God*

אֶל־מֹשֶׁה prep.-pr.n. (602) *to Moses*

וַיֹּאמֶר consec.-Qal impf. 3 m.s. (55) *(and he said)*

אֵלָיו prep.-3 m.s. sf. *(to him)*

אֲנִי יהוה pers.pr. 1 c.s. (58)-pr.n. (217) *I am Yahweh*

6:3

וָאֵרָא consec.-Ni. impf. 1 c.s. (ראה 906) *I appeared*

אֶל־אַבְרָהָם prep.-pr.n. (4) *to Abraham*

אֶל־יִצְחָק prep.-pr.n. (850) *to Isaac*

וְאֶל־יַעֲקֹב conj.-prep.-pr.n. (784) *and to Jacob*

בְּאֵל שַׁדָּי prep. (GK 119i)-n.m.s. (42)-n.m.s. (994) *as God Almighty ('el Shaddai)*

וּשְׁמִי conj.-n.m.s.-1 c.s. sf. (1027; GK 144,1N) *but by my name*

יהוה pr.n. (217) *Yahweh*

לֹא נוֹדַעְתִּי neg.-Ni. pf. 1 c.s. (ידע 393) *I did not make myself known*

לָהֶם prep.-3 m.p. sf. *to them*

6:4

וְגַם הֲקִמֹתִי conj.-adv. (168)-Hi. pf. 1 c.s. (קום 877) *I also established*

אֶת־בְּרִיתִי dir.obj.-n.f.s.-1 c.s. sf. (136) *my covenant*

אִתָּם prep. (II 85)-3 m.p. sf. *with them*

לָתֵת לָהֶם prep.-Qal inf.cstr. (נתן 678)-prep.-3 m.p. sf. *to give them*

אֶת־אֶרֶץ dir.obj.-n.f.s. cstr. (75) *the land of*

כְּנַעַן pr.n. paus. (488) *Canaan*

אֵת אֶרֶץ dir.obj.-n.f.s. cstr. (75) *the land (of)*

מְגֻרֵיהֶם n.m.p.-3 m.p. sf. (158) *their sojourning*

258

אֲשֶׁר־ rel. (81) *which*

גָּרוּ בָהּ Qal pf. 3 c.p. (גור I 157)-prep.-3 f.s. sf. *they sojourned in it*

6:5

וְגַם אֲנִי conj.-adv. (168)-pers.pr. 1 c.s. (58) *moreover I*

שָׁמַעְתִּי Qal pf. 1 c.s. (שמע 1033) *have heard*

אֶת־נַאֲקַת dir.obj.-n.f.s. cstr. (611) *the groaning of*

בְּנֵי n.m.p. cstr. (119) *the people of*

יִשְׂרָאֵל pr.n. (975) *Israel*

אֲשֶׁר rel. (81) *whom*

מִצְרַיִם pr.n. (595) *the Egyptians*

מַעֲבִדִים Hi. ptc. m.p. (712) *hold in bondage*

אֹתָם dir.obj.-3 m.p. sf. *(them)*

וָאֶזְכֹּר consec.-Qal impf. 1 c.s. (זכר 269) *and I have remembered*

אֶת־בְּרִיתִי dir.obj.-n.f.s.-1 c.s. sf. (136) *my covenant*

6:6

לָכֵן prep.-adv. (485) *therefore*

אֱמֹר Qal impv. 2 m.s. (אמר 55) *Say*

לִבְנֵי prep.-n.m.p. cstr. (119) *to the people of*

יִשְׂרָאֵל pr.n. (975) *Israel*

אֲנִי יהוה pers.pr. 1 c.s. (58)-pr.n. (217) *I am Yahweh*

וְהוֹצֵאתִי conj.-Hi. pf. 1 c.s. (יצא 422; GK 112x) *and I will bring ... out*

אֶתְכֶם dir.obj.-2 m.p. sf. *you*

מִתַּחַת prep.-prep. (1065) *from under*

סִבְלֹת n.f.p. cstr. (688) *the burdens of*

מִצְרַיִם pr.n. (595) *the Egyptians*

וְהִצַּלְתִּי conj.-Hi. pf. 1 c.s. (נצל 664; GK 112x) *and I will deliver*

אֶתְכֶם dir.obj.-2 m.p. sf. *you*

מֵעֲבֹדָתָם prep.-n.f.s.-3 m.p. sf. (715) *from their bondage*

וְגָאַלְתִּי conj.-Qal pf. 1 c.s. (גאל I 145; GK 112x) *and I will redeem*

אֶתְכֶם v.supra *you*

בִּזְרוֹעַ prep.-n.f.s. (283) *with an ... arm*

נְטוּיָה Qal pass.ptc. f.s. (639) *outstretched*

וּבִשְׁפָטִים conj.-prep.-n.m.p. (1048) *and with ... acts of judgment*

גְּדֹלִים adj. m.p. (152) *great*

6:7

וְלָקַחְתִּי conj.-Qal pf. 1 c.s. (לקח 542; GK 112x) *and I will take*

אֶתְכֶם dir.obj.-2 m.p. sf. *you*

לִי prep.-1 c.s. sf. *(to me) my*

לְעָם prep.-n.m.s. (I 766) *for ... people*

וְהָיִיתִי conj.-Qal pf. 1 c.s. (היה 224) *and I will be*

לָכֶם prep.-2 m.p. sf. *(to you) your*

לֵאלֹהִים prep.-n.m.p. (43) *God*

וִידַעְתֶּם conj.-Qal pf. 2 m.p. (ידע 393) *and you shall know*

כִּי אֲנִי conj.-pers.pr. 1 c.s. (58) *that I*

יהוה pr.n. (217) *Yahweh*

אֱלֹהֵיכֶם n.m.p.-2 m.p. sf. (43) *your God*

הַמּוֹצִיא def.art.-Hi. ptc. (יצא 422) *who has brought*

אֶתְכֶם dir.obj.-2 m.p. sf. *you*

מִתַּחַת prep.-prep. (1065) *from under*

סִבְלוֹת n.f.p. cstr. (688) *the burdens of*

מִצְרָיִם pr.n. paus. (595) *the Egyptians*

6:8

וְהֵבֵאתִי conj.-Hi. pf. 1 c.s. (בוא 97) *and I will bring*

אֶתְכֶם dir.obj.-2 m.p. sf. *you*

אֶל־הָאָרֶץ prep.-def.art.-n.f.s. (75) *into the land*

אֲשֶׁר rel. (81) *which*

נָשָׂאתִי Qal pf. 1 c.s. (נשא 669) *I swore (lifted up)*

אֶת־יָדִי dir.obj.-n.f.s.-1 c.s. sf. (388) *(my hand)*

לָתֵת אֹתָהּ prep.-Qal inf.cstr. (נתן 678)-dir.obj.-3 f.s. sf. *to give (it)*

לְאַבְרָהָם prep.-pr.n. (4) *to Abraham*

לְיִצְחָק prep.-pr.n. (850) *to Isaac*

וּלְיַעֲקֹב conj.-prep.-pr.n. (784) *and to Jacob*

וְנָתַתִּי אֹתָהּ conj.-Qal pf. 1 c.s. (נתן 678)-dir.obj.-3 f.s. sf. *I will give it*

לָכֶם prep.-2 m.p. sf. *to you*

מוֹרָשָׁה n.f.s. (440) *for a possession*

אֲנִי יהוה pers.pr. 1 c.s. (58)-pr.n. (217) *I am Yahweh*

6:9

וַיְדַבֵּר consec.-Pi. impf. 3 m.s. (180) *spoke*

מֹשֶׁה pr.n. (602) *Moses*

כֵּן adv. (485) *thus*

אֶל־בְּנֵי prep.-n.m.p. cstr. (119) *to the people of*

יִשְׂרָאֵל pr.n. (975) *Israel*

וְלֹא שָׁמְעוּ conj.-neg.-Qal pf. 3 c.p. (1033) *but they did not listen*

אֶל־מֹשֶׁה prep.-pr.n. (602) *to Moses*

מִקֹּצֶר prep.-n.m.s. cstr. (894 *because of shortness of*

רוּחַ n.f.s. (924) *spirit*

259

וּמֵעֲבֹדָה conj.-prep.-n.f.s. (715) *and ... bondage*

קָשָׁה adj. f.s. (904) *cruel*

6:10

וַיְדַבֵּר consec.-Pi. impf. 3 m.s. (180) *and ... said*

יְהוָה pr.n. (217) *Yahweh*

אֶל־מֹשֶׁה prep.-pr.n. (602) *to Moses*

לֵאמֹר prep. (GK 20cN)-Qal inf.cstr. (55) *(saying)*

6:11

בֹּא Qal impf. 2 m.s. (בּוֹא 97) *Go in*

דַּבֵּר Pi. impv. 2 m.s. (180) *tell*

אֶל־פַּרְעֹה prep.-pr.n. (829) *Pharaoh*

מֶלֶךְ n.m.s. cstr. (I 572) *king of*

מִצְרָיִם pr.n. paus. (595) *Egypt*

וִישַׁלַּח conj.-Pi. impf. 3 m.s. (שָׁלַח 1018) *to let go*

אֶת־בְּנֵי־ dir.obj.-n.m.p. cstr. (119) *the people of*

יִשְׂרָאֵל pr.n. (975) *Israel*

מֵאַרְצוֹ prep.-n.f.s.-3 m.s. sf. (75) *out of his land*

6:12

וַיְדַבֵּר consec.-Pi. impf. 3 m.s. (180) *but ... said*

מֹשֶׁה pr.n. (602) *Moses*

לִפְנֵי prep.-n.m.p. cstr. (815) *to (before)*

יְהוָה pr.n. (217) *Yahweh*

לֵאמֹר prep.-Qal inf.cstr. (55) *(saying)*

הֵן demons.part. (243) *behold*

בְּנֵי־יִשְׂרָאֵל n.m.p. cstr. (119)-pr.n. (975) *the people of Israel*

לֹא־שָׁמְעוּ neg.-Qal pf. 3 c.p. (1033) *have not listened*

אֵלַי prep.-1 c.s. sf. *to me*

וְאֵיךְ conj.-interr. (32) *how then*

יִשְׁמָעֵנִי Qal impf. 3 m.s.-1 c.s. sf. (1033) *shall ... listen to me*

פַּרְעֹה pr.n. (829) *Pharaoh*

וַאֲנִי conj.-pers.pr. 1 c.s. (58) *who am a man (for I)*

עֲרַל adj m.s. cstr. (790) *uncircumcised of*

שְׂפָתָיִם n.f. du. paus. (973) *lips*

6:13

וַיְדַבֵּר consec.-Pi. impf. 3 m.s. (180) *but ... spoke*

יְהוָה pr.n. (217) *Yahweh*

אֶל־מֹשֶׁה prep.-pr.n. (602) *to Moses*

וְאֶל־אַהֲרֹן conj.-prep.-pr.n. (14) *and Aaron*

וַיְצַוֵּם consec.-Pi. impf. 3 m.s.-3 m.p. sf. (צָוָה 845) *and gave them a charge*

אֶל־בְּנֵי prep.-n.m.p. cstr. (119) *to the people of*

יִשְׂרָאֵל pr.n. (975) *Israel*

וְאֶל־פַּרְעֹה conj.-prep.-pr.n. (829) *and to Pharaoh*

מֶלֶךְ n.m.s. cstr. (I 572) *king of*

מִצְרָיִם pr.n. paus. (595) *Egypt*

לְהוֹצִיא prep.-Hi.inf.cstr. (יָצָא 422) *to bring*

אֶת־בְּנֵי־ dir.obj.-n.m.p. cstr. (119) *the people of*

יִשְׂרָאֵל pr.n. (975) *Israel*

מֵאֶרֶץ prep.-n.f.s. cstr. (75) *out of the land of*

מִצְרָיִם v.supra *Egypt*

6:14

אֵלֶּה demons.adj. c.p. (41) *these are*

רָאשֵׁי n.m.p. cstr. (910) *the heads of*

בֵית־אֲבֹתָם n.m.s. (108)-n.m.p.-3 m.p. sf. (3; GK 124r) *their fathers' house*

בְּנֵי רְאוּבֵן n.m.p. cstr. (119)-pr.n. (910) *the sons of Reuben*

בְּכֹר יִשְׂרָאֵל n.m.s. cstr. (114)-pr.n. (975) *the first-born of Israel*

חֲנוֹךְ pr.n. (335) *Hanoch*

וּפַלּוּא conj.-pr.n. (811) *Pallu*

חֶצְרוֹן pr.n. (348) *Hezron*

וְכַרְמִי conj.-pr.n. (I 501) *and Carmi*

אֵלֶּה v.supra *these are*

מִשְׁפְּחֹת n.f.p. (1046) *the families of*

רְאוּבֵן v.supra *Reuben*

6:15

וּבְנֵי שִׁמְעוֹן conj.-n.m.p. cstr. (119)-pr.n. (1035) *the sons of Simeon*

יְמוּאֵל pr.n. (410) *Jemuel*

וְיָמִין conj.-pr.n. (II 412) *Jamin*

וְאֹהַד conj.-pr.n. (13) *Ohad*

וְיָכִין conj.-pr.n. (467) *Jachin*

וְצֹחַר conj.-pr.n. (850) *Zohar*

וְשָׁאוּל conj.-pr.n. (982) *and Shaul*

בֶּן־הַכְּנַעֲנִית n.m.s. cstr. (119)-def.art.-pr.n. gent. f. (I 489) *the son of a Canaanite woman*

אֵלֶּה v.supra *these are*

מִשְׁפְּחֹת v.supra *the families of*

שִׁמְעוֹן v.supra *Simeon*

6:16

וְאֵלֶּה conj.-demons.adj. c.p. (41) *these are*

שְׁמוֹת n.m.p. cstr. (1027) *the names of*

בְּנֵי־לֵוִי n.m.p. cstr. (119)-pr.n. (532) *the sons of Levi*

לְתֹלְדֹתָם prep.-n.f.p.-3 m.p. sf. (410) *according to their generations*

גֵּרְשׁוֹן pr.n. (177) *Gershon*

וּקְהָת conj.-pr.n. (875) *Kohath*

וּמְרָרִי conj.-pr.n. (I 601) *and Merari*

וּשְׁנֵי חַיֵּי conj.-n.f.p. cstr. (1040)-n.m.p. cstr. (313) *the years of the life of*

לֵוִי pr.n. (II 532) *Levi*

שֶׁבַע num. (988) *seven*

וּשְׁלֹשִׁים conj.-num. p. (1025) *and thirty*

וּמְאַת conj.-num. cstr. (547) *and a hundred of*

שָׁנָה n.f.s. (1040) *years*

6:17

בְּנֵי גֵרְשׁוֹן n.m.p. cstr. (119)-pr.n. (177) *the sons of Gershon*

לִבְנִי pr.n. (I 526) *Libni*

וְשִׁמְעִי conj.-pr.n. (I 1035) *and Shimei*

לְמִשְׁפְּחֹתָם prep.-n.f.p.-3 m.p. sf. (1046) *by their families*

6:18

וּבְנֵי קְהָת conj.-n.m.p. cstr. (119)-pr.n. (875) *the sons of Kohath*

עַמְרָם pr.n. (771) *Amram*

וְיִצְהָר conj.-pr.n. (II 844) *Izhar*

וְחֶבְרוֹן conj.-pr.n. (II 289) *Hebron*

וְעֻזִּיאֵל conj.-pr.n. (739) *and Uzziel*

וּשְׁנֵי חַיֵּי conj.-n.f.p. cstr. (1040)-n.m.p. cstr. (313) *the years of the life of*

קְהָת pr.n. (875) *Kohath*

שָׁלֹשׁ num. s. (1026) *three*

וּשְׁלֹשִׁים conj.-num. p. (1025) *and thirty*

וּמְאַת conj.-n.f.s. cstr. (547) *and a hundred of*

שָׁנָה n.f.s. (1040) *years*

6:19

וּבְנֵי מְרָרִי conj.-n.m.p. cstr. (119)-pr.n. (I 601) *the sons of Merari*

מַחְלִי pr.n. (I 563) *Mahli*

וּמוּשִׁי conj.-pr.n. (I 559) *and Mushi*

אֵלֶּה demons.adj. c.p. (41) *these are*

מִשְׁפְּחֹת n.f.p. cstr. (1046) *the families of*

הַלֵּוִי def.art.-pr.n. (II 532) *the Levites*

לְתֹלְדֹתָם prep.-n.f.p.-3 m.p. sf. (410) *according to their generations*

6:20

וַיִּקַּח consec.-Qal impf. 3 m.s. (לקח 542) *took*

עַמְרָם pr.n. (771) *Amram*

אֶת־יוֹכֶבֶד def.art.-pr.n. (222) *Jochebed*

דֹּדָתוֹ n.f.s.-3 m.s. sf. (187) *his father's sister*

לוֹ לְאִשָּׁה prep.-3 m.s. sf.-prep.-n.f.s. (61) *(to him) to wife*

וַתֵּלֶד לוֹ consec.-Qal impf. 3 f.s. (ילד 408) -prep.-3 m.s. sf. *and she bore him*

אֶת־אַהֲרֹן dir.obj.-pr.n. (14) *Aaron*

וְאֶת־מֹשֶׁה conj.-dir.obj.-pr.n. (602) *and Moses*

וּשְׁנֵי חַיֵּי conj.-n.f.p. cstr. (1040)-n.m.p. cstr. (313) *the years of the life of*

עַמְרָם v.supra *Amram*

שֶׁבַע num. (988) *seven*

וּשְׁלֹשִׁים conj.-num. p. (1025) *and thirty*

וּמְאַת conj.-n.f.s. cstr. (547) *and a hundred of*

שָׁנָה n.f.s. (1040) *years*

6:21

וּבְנֵי יִצְהָר conj.-n.m.p. cstr. (119)-pr.n. (II 844) *the sons of Izhar*

קֹרַח pr.n. (901) *Korah*

וָנֶפֶג conj.-pr.n. (655) *Nepheg*

וְזִכְרִי conj.-pr.n. (271) *and Zichri*

6:22

וּבְנֵי עֻזִּיאֵל conj.-n.m.p. cstr. (119)-pr.n. (739) *and the sons of Uzziel*

מִישָׁאֵל pr.n. (567) *Mishael*

וְאֶלְצָפָן conj.-pr.n. (45) *Elzaphan*

וְסִתְרִי conj.-pr.n. (712) *and Sithri*

6:23

וַיִּקַּח consec.-Qal impf. 3 m.s. (לקח 542) *took*

אַהֲרֹן pr.n. (14) *Aaron*

אֶת־אֱלִישֶׁבַע dir.obj.-pr.n. (45) *Elisheba*

בַּת־עַמִּינָדָב n.f.s. cstr. (I 123)-pr.n. (770) *the daughter of Amminadab*

אֲחוֹת נַחְשׁוֹן n.f.s. cstr. (27)-pr.n. (638) *the sister of Nahshon*

לוֹ לְאִשָּׁה prep.-3 m.s. sf.-prep.-n.f.s. (61) *(to him) to wife*

וַתֵּלֶד לוֹ consec.-Qal impf. 3 f.s. (ילד 408) -prep.-3 m.s. sf. *and she bore him*

אֶת־נָדָב dir.obj.-pr.n. (621) *Nadab*

וְאֶת־אֲבִיהוּא conj.-dir.obj.-pr.n. (4) *Abihu*

אֶת־אֶלְעָזָר dir.obj.-pr.n. (46) *Eleazar*

וְאֶת־אִיתָמָר conj.-dir.obj.-pr.n. (16) *and Ithamar*

6:24

וּבְנֵי קֹרַח conj.-n.m.p. cstr. (119)-pr.n. (901) *the sons of Korah*

אַסִּיר pr.n. (64) *Assir*

וְאֶלְקָנָה conj.-pr.n. (46) *Elkanah*

וַאֲבִיאָסָף conj.-pr.n. (4) *and Abiasaph*

אֵלֶּה demons.adj. c.p. (41) *these are*

מִשְׁפְּחֹת n.f.p. cstr. (1046) *the families of*

הַקָּרְחִי def.art.-pr.n. (901) *the Korahites*

6:25

וְאֶלְעָזָר conj.-pr.n. (46) *Eleazar*

בֶּן־אַהֲרֹן n.m.s. cstr. (119)-pr.n. (14) *Aaron's son*

לָקַח־לוֹ Qal pf. 3 m.s. (542)-prep.-3 m.s. sf. *took (to him)*

מִבְּנוֹת prep.-n.f.p. cstr. (I 123) *(from) the daughters of*

פוּטִיאֵל pr.n. (806) *Putiel*

לוֹ לְאִשָּׁה prep.-3 m.s. sf.-prep.-n.f.s. (61) *(to him) to wife*

וַתֵּלֶד לוֹ consec.-Qal impf. 3 f.s. (יָלַד 408) -prep.-3 m.s. sf. *and she bore him*

אֶת־פִּינְחָס dir.obj.-pr.n. (810) *Phinehas*

אֵלֶּה demons.adj. c.p. (41) *these are*

רָאשֵׁי n.m.p. cstr. (910) *the heads of*

אֲבוֹת הַלְוִיִּם n.m.p. cstr. (3)-def.art.-pr.n. gent. (II 532) *the fathers' houses of the Levites*

לְמִשְׁפְּחֹתָם prep.-n.f.p.-3 m.p. sf. (1046) *by their families*

6:26

הוּא demons.adj. m.s. (214) *these are*

אַהֲרֹן pr.n. (14) *the Aaron*

וּמֹשֶׁה conj.-pr.n. (602) *and Moses*

אֲשֶׁר rel. (81) *whom*

אָמַר יהוה Qal pf. 3 m.s. (55)-pr.n. (217) *Yahweh said*

לָהֶם prep.-3 m.p. sf. *to (them)*

הוֹצִיאוּ Hi. impv. 2 m.p. (יָצָא 422) *Bring out*

אֶת־בְּנֵי dir.obj.-n.m.p. cstr. (119) *the people of*

יִשְׂרָאֵל pr.n. (975) *Israel*

מֵאֶרֶץ prep.-n.f.s. cstr. (75) *from the land of*

מִצְרַיִם pr.n. (595) *Egypt*

עַל־צִבְאֹתָם prep.-n.m.p.-3 m.p. sf. (838) *by their hosts*

6:27

הֵם pers.pr. 3 m.p. (241) *it was they*

הַמְדַבְּרִים def.art.-Pi. ptc. m.p. (180) *who spoke*

אֶל־פַּרְעֹה prep.-pr.n. (829) *to Pharaoh*

מֶלֶךְ־מִצְרַיִם n.m.s. cstr. (I 572)-pr.n. (595) *king of Egypt*

לְהוֹצִיא prep.-Hi. inf.cstr. (יָצָא 422) *about bringing out*

אֶת־בְּנֵי־ dir.obj.-n.m.p. cstr. (119) *the people of*

יִשְׂרָאֵל pr.n. (975) *Israel*

מִמִּצְרָיִם prep.-pr.n. paus. (595) *from Egypt*

הוּא v.supra *this*

מֹשֶׁה pr.n. (602) *Moses*

וְאַהֲרֹן conj.-pr.n. (14) *and Aaron*

6:28

וַיְהִי consec.-Qal impf. 3 m.s. (הָיָה 224) *(and it was)*

בְּיוֹם prep.-n.m.s. cstr. (398; GK 130d) *on the day when*

דִּבֶּר יהוה Pi. pf. 3 m.s. (180; GK 52o)-pr.n. (217) *Yahweh spoke*

אֶל־מֹשֶׁה prep.-pr.n. (602) *to Moses*

בְּאֶרֶץ prep.-n.f.s. cstr. (75) *in the land of*

מִצְרָיִם pr.n. paus. (595) *Egypt*

6:29

וַיְדַבֵּר consec.-Pi. impf. 3 m.s. (180) *said*

יהוה pr.n. (217) *Yahweh*

אֶל־מֹשֶׁה prep.-pr.n. (602) *to Moses*

לֵאמֹר prep. (GK 20cN)-Qal inf.cstr. (55) *(saying)*

אֲנִי יהוה pers.pr. 1 c.s. (58)-pr.n. (217) *I am Yahweh*

דַּבֵּר Pi. impv. 2 m.s. (180) *tell*

אֶל־פַּרְעֹה prep.-pr.n. (829) *Pharaoh*

מֶלֶךְ n.m.s. cstr. (I 572) *king of*

מִצְרַיִם pr.n. (595) *Egypt*

אֵת כָּל־אֲשֶׁר dir.obj.-n.m.s. (481)-rel. (81) *all that*

אֲנִי דֹבֵר pers.pr. 1 c.s. (58)-Qal act.ptc. (180) *I say*

אֵלֶיךָ prep.-2 m.s. sf. *to you*

6:30

וַיֹּאמֶר consec.-Qal impf. 3 m.s. (55) *but ... said*

מֹשֶׁה pr.n. (602) *Moses*

לִפְנֵי prep.-n.m.p. cstr. (815) *to (the face of)*

יהוה pr.n. (217) *Yahweh*

הֵן demons.part. (243) *behold*

אֲנִי pers.pr. 1 c.s. (58) *I am*

עֲרַל adj. s. cstr. (790) *uncircumcised of*

שְׂפָתַיִם n.f. du. (973) *lips*

וְאֵיךְ conj.-interr. (32) *how then*

יִשְׁמַע Qal impf. 3 m.s. (1033) *shall ... listen*

אֵלַי prep.-1 c.s. sf. *to me*

פַּרְעֹה pr.n. (829) *Pharaoh*

7:1

וַיֹּאמֶר consec.-Qal impf. 3 m.s. (55) *and ... said*

יהוה pr.n. (217) *Yahweh*

אֶל־מֹשֶׁה prep.-pr.n. (602) *to Moses*

רְאֵה Qal impv. 2 m.s. (906) *see*

נְתַתִּיךָ Qal pf. 1 c.s.-2 m.s. sf. (נָתַן 678) *I make you*

אֱלֹהִים n.m.p. (43) *God*

לְפַרְעֹה prep.-pr.n. (829) *to Pharaoh*

וְאַהֲרֹן conj.-pr.n. (14) *and Aaron*

אָחִיךָ n.m.s.-2 m.s. sf. (26) *your brother*

יִהְיֶה Qal impf. 3 m.s. (224) *shall be*

נְבִיאֶךָ n.m.s.-2 m.s. sf. (611) *your prophet*

7:2

אַתָּה pers.pr. 2 m.s. (61) *you*

תְּדַבֵּר Pi. impf. 2 m.s. (180) *shall speak*

אֵת כָּל־אֲשֶׁר dir.obj.-n.m.s. (481)-rel. (81) *all that*

אֲצַוֶּךָ Pi. impf. 1 c.s.-2 m.s. sf. (צָוָה 845) *I command you*

וְאַהֲרֹן conj.-pr.n. (14) *and Aaron*

אָחִיךָ v.supra *your brother*

יְדַבֵּר Pi. impf. 3 m.s. (180) *shall tell*

אֶל־פַּרְעֹה prep.-pr.n. (829) *Pharaoh*

וְשִׁלַּח conj.-Pi. pf. 3 m.s. (1018) *to let go (send)*

אֶת־בְּנֵי dir.obj.-n.m.p. cstr. (119) *the people of*

יִשְׂרָאֵל pr.n. (975) *Israel*

מֵאַרְצוֹ prep.-n.f.s.-3 m.s. sf. (75) *out of his land*

7:3

וַאֲנִי conj.-pers.pr. 1 c.s. (58) *but I*

אַקְשֶׁה Hi. impf. 1 c.s. (קָשָׁה 904) *will harden*

אֶת־לֵב dir.obj.-n.m.s. cstr. (523) *the heart of*

פַּרְעֹה pr.n. (829) *Pharaoh*

וְהִרְבֵּיתִי conj.-Hi. pf. 1 c.s. (רָבָה I 915) *and though I multiply*

אֶת־אֹתֹתַי dir.obj.-n.m.p.-1 c.s. sf. (16) *my signs*

וְאֶת־מוֹפְתַי conj.-dir.obj.-n.m.p.-1 c.s. sf. (68) *and (my) wonders*

בְּאֶרֶץ prep.-n.f.s. cstr. (75) *in the land of*

מִצְרָיִם pr.n. paus. (595) *Egypt*

7:4

וְלֹא־יִשְׁמַע conj.-neg.-Qal impf. 3 m.s. (1033) *will not listen*

אֲלֵכֶם prep.-2 m.p. sf. *to you*

פַּרְעֹה pr.n. (829) *Pharaoh*

וְנָתַתִּי conj.-Qal pf. 1 c.s. (נָתַן 678) *then I will lay*

אֶת־יָדִי dir.obj.-n.f.s.-1 c.s. sf. (388) *my hand*

בְּמִצְרָיִם prep.-pr.n. paus. (595) *upon Egypt*

וְהוֹצֵאתִי conj.-Hi. pf. 1 c.s. (יָצָא 422) *and bring forth*

אֶת־צִבְאֹתַי dir.obj.-n.m.p.-1 c.s. sf. (838) *my hosts*

אֶת־עַמִּי dir.obj.-n.m.s.-1 c.s. sf. (I 766) *my people*

בְּנֵי־יִשְׂרָאֵל n.m.p. cstr. (119)-pr.n. (975) *the sons of Israel*

מֵאֶרֶץ prep.-n.f.s. cstr. (75) *out of the land of*

מִצְרָיִם pr.n. (595) *Egypt*

בִּשְׁפָטִים prep.-n.m.p. (1048) *by ... acts of judgment*

גְּדֹלִים adj. m.p. (152) *great*

7:5

וְיָדְעוּ conj.-Qal pf. 3 c.p. (393) *and ... shall know*

מִצְרַיִם pr.n. (595) *the Egyptians*

כִּי־אֲנִי conj.-pers.pr. 1 c.s. (58) *that I am*

יהוה pr.n. (217) *Yahweh*

בִּנְטֹתִי prep.-Qal inf.cstr.-1 c.s. sf. (נָטָה 639) *when I stretch forth*

אֶת־יָדִי dir.obj.-n.f.s.-1 c.s. sf. (388) *my hand*

עַל־מִצְרָיִם prep.-pr.n. paus. (595) *upon Egypt*

וְהוֹצֵאתִי conj.-Hi. pf. 1 c.s. (יָצָא 422) *and bring out*

אֶת־בְּנֵי dir.obj.-n.m.p. cstr. (119) *the people of*

יִשְׂרָאֵל pr.n. (975) *Israel*

מִתּוֹכָם, prep.-n.m.s.-3 m.p. sf. (1063) *from among them*

7:6

וַיַּעַשׂ consec.-Qal impf. 3 m.s. (עָשָׂה I 793) *and ... did*

מֹשֶׁה pr.n. (602) *Moses*

וְאַהֲרֹן conj.-pr.n. (14) *and Aaron*

כַּאֲשֶׁר prep.-rel. (81) *as*

צִוָּה Pi. pf. 3 m.s. (צָוָה 845) *commanded*

יהוה pr.n. (217) *Yahweh*

אֹתָם dir.obj.-3 m.p. sf. *them*

כֵּן עָשׂוּ adv. (485)-Qal pf. 3 c.p. (עָשָׂה I 793) *so they did*

7:7

וּמֹשֶׁה conj.-pr.n. (602) *Now Moses*

בֶּן־שְׁמֹנִים n.m.s. cstr. (119)-num. p. (1033) *was eighty*

שָׁנָה n.f.s. (1040) *years old*

וְאַהֲרֹן conj.-pr.n. (14) *and Aaron*

בֶּן־שָׁלֹשׁ n.m.s. cstr. (119)-num. (1025) *(son of) three*

וּשְׁמֹנִים num. p. (1033) *(and) eighty*

שָׁנָה v.supra *years old*

בְּדַבְּרָם prep.-Pi. inf.cstr.-3 m.p. sf. (דָּבַר 180) *when they spoke*

אֶל־פַּרְעֹה prep.-pr.n. (829) *to Pharaoh*

7:8

וַיֹּאמֶר consec.-Qal impf. 3 m.s. (55) *and ... said*

יהוה pr.n. (217) *Yahweh*

אֶל־מֹשֶׁה prep.-pr.n. (602) *to Moses*

וְאֶל־אַהֲרֹן conj.-prep.-pr.n. (14) *and Aaron*

לֵאמֹר prep.-Qal inf.cstr. (55) *(saying)*

7:9

כִּי יְדַבֵּר conj.-Pi. impf. 3 m.s. (180) *when ... says*

אֲלֵכֶם prep.-2 m.p. sf. *to you*

פַּרְעֹה pr.n. (829) *Pharaoh*

לֵאמֹר prep.-Qal inf.cstr. (55) *(saying)*

תְּנוּ Qal impv. 2 m.p. (נָתַן 678) *Prove (give)*

לָכֶם prep.-2 m.p. sf. *(to) yourselves*

מוֹפֵת n.m.s. (68) *a miracle*

וְאָמַרְתָּ conj.-Qal pf. 2 m.s. (55) *then you shall say*

אֶל־אַהֲרֹן prep.-pr.n. (14) *to Aaron*

קַח Qal impv. 2 m.s. (לָקַח 542) *Take*

אֶת־מַטְּךָ dir.obj.-n.m.s.-2 m.s. sf. (641) *your rod*

וְהַשְׁלֵךְ conj.-Hi. impv. 2 m.s. (1020) *and cast it down*

לִפְנֵי־ prep.-n.m.p. cstr. (815) *before*

פַרְעֹה pr.n. (829) *Pharaoh*

יְהִי Qal impf. 3 m.s. apoc. (הָיָה 224; GK 109h) *that it may become*

לְתַנִּין prep.-n.m.s. (1072) *a serpent*

7:10

וַיָּבֹא consec.-Qal impf. 3 m.s. (בוא 97) *so ... went*

מֹשֶׁה pr.n. (602) *Moses*

וְאַהֲרֹן conj.-pr.n. (14) *and Aaron*

אֶל־פַּרְעֹה prep.-pr.n. (829) *to Pharaoh*

וַיַּעֲשׂוּ consec.-Qal impf. 3 m.p. (עָשָׂה I 793) *and did*

כֵּן כַּאֲשֶׁר adv. (485)-prep.-rel. (81) *(thus) as*

צִוָּה Pi. pf. 3 m.s. (845) *commanded*

יהוה pr.n. (217) *Yahweh*

וַיַּשְׁלֵךְ consec.-Hi. impf. 3 m.s. (שָׁלַךְ 1020) *(and) cast down*

אַהֲרֹן pr.n. (14) *Aaron*

אֶת־מַטֵּהוּ dir.obj.-n.m.s.-3 m.s. sf. (641) *his rod*

לִפְנֵי prep.-n.m.p. cstr. (815) *before*

פַרְעֹה pr.n. (829) *Pharaoh*

וְלִפְנֵי conj.-v.supra *and (before)*

עֲבָדָיו n.m.p.-3 m.s. sf. (712) *his servants*

וַיְהִי consec.-Qal impf. 3 m.s. (הָיָה 224) *and it became*

לְתַנִּין prep.-n.m.s. (1072) *a serpent*

7:11

וַיִּקְרָא consec.-Qal impf. 3 m.s. (894) *then ... summoned*

גַּם־פַּרְעֹה adv. (168)-pr.n. (829) *Pharaoh*

לַחֲכָמִים prep.-def.art.-n.m.p. (314) *the wise men*

וְלַמְכַשְּׁפִים conj.-prep.-def.art.-Pi. ptc. m.p. (כָּשַׁף 506) *and the wise sorcerers*

וַיַּעֲשׂוּ consec.-Qal impf. 3 m.p. (עָשָׂה I 793) *and ... did*

גַם־הֵם adv. (168)-pers.pr. 3 m.p. (241; GK 131,1) *they also*

חַרְטֻמֵּי n.m.p. cstr. (355) *the magicians of*

מִצְרַיִם pr.n. (595) *Egypt*

בְּלַהֲטֵיהֶם prep.-n.m.p.-3 m.p. sf. (לַט 532) *by their secret arts*

כֵּן adv. (485) *the same (thus)*

7:12

וַיַּשְׁלִיכוּ consec.-Hi. impf. 3 m.p. (שָׁלַךְ 1020) *for ... cast down*

אִישׁ n.m.s. (35) *every man*

מַטֵּהוּ n.m.s.-3 m.s. sf. (641) *his rod*

וַיִּהְיוּ consec.-Qal impf. 3 m.p. (הָיָה 224) *and they became*

לְתַנִּינִם prep.-n.m.p. (1072) *serpents*

וַיִּבְלַע consec.-Qal impf. 3 m.s. (118) *but ... swallowed up*

מַטֵּה־ n.m.s. cstr. (641) *the rod of*

אַהֲרֹן pr.n. (14) *Aaron*

אֶת־מַטֹּתָם dir.obj.-n.m.p.-3 m.p. sf. (641) *their rods*

7:13

וַיֶּחֱזַק consec.-Qal impf. 3 m.s. (חָזַק 304) *still ... was hardened*

לֵב פַּרְעֹה n.m.s. cstr. (523)-pr.n. (829) *Pharaoh's heart*

וְלֹא שָׁמַע conj.-neg.-Qal pf. 3 m.s. (1033) *and he would not listen*

אֲלֵהֶם prep.-3 m.p. sf. *to them*

כַּאֲשֶׁר prep.-rel. (81) *as*

דִּבֶּר Pi. pf. 3 m.s. (180) *had said*

יהוה pr.n. (217) *Yahweh*

7:14

וַיֹּאמֶר consec.-Qal impf. 3 m.s. (55) *then ... said*

יהוה pr.n. (217) *Yahweh*

אֶל־מֹשֶׁה prep.-pr.n. (602) *to Moses*

כָּבֵד Qal pf. 3 m.s. (457) *is hardened*

לֵב פַּרְעֹה n.m.s. cstr. (523)-pr.n. (829) *Pharaoh's heart*

מֵאֵן Pi. pf. 3 m.s. (מָאֵן 549) *he refuses*

לְשַׁלַּח prep.-Pi. inf.cstr. (1018) *to let go*

הָעָם def.art.-n.m.s. (I 766) *the people*

7:15

לֵךְ Qal impv. 2 m.s. (הָלַךְ 229) *go*

אֶל־פַּרְעֹה prep.-pr.n. (829) *to Pharaoh*

בַּבֹּקֶר prep.-def.art.-n.m.s. (133) *in the morning*

הִנֵּה demons.part. (243) *(behold) as*

יֹצֵא Qal act.ptc. (יָצָא 422) *he is going out*

הַמַּיְמָה def.art.-n.m.p.-dir.he (565) *to (toward) the water*

264

וְנִצַּבְתָּ conj.-Ni. pf. 2 m.s. (נצב 662) *wait for*

לִקְרָאתוֹ prep.-Qal inf.cstr.-3 m.s. sf. (894) *(to meet) him*

עַל־שְׂפַת prep.-n.f.s. cstr. (973) *by the brink of*

הַיְאֹר def.art.-n.m.s. (384) *the river*

וְהַמַּטֶּה conj.-def.art.-n.m.s. (641) *and the rod*

אֲשֶׁר־ rel. (81) *which*

נֶהְפַּךְ Ni. pf. 3 m.s. (הפך 245) *was turned*

לְנָחָשׁ prep.-n.m.s. (638) *into a serpent*

תִּקַּח Qal impf. 2 m.s. (לקח 542) *take*

בְּיָדֶךָ prep.-n.f.s.-2 m.s. sf. (388) *in your hand*

7:16

וְאָמַרְתָּ conj.-Qal pf. 2 m.s. (55) *and you shall say*

אֵלָיו prep.-3 m.s. sf. *to him*

יהוה pr.n. (217) *Yahweh*

אֱלֹהֵי n.m.p. cstr. (43) *the God of*

הָעִבְרִים def.art.-pr.n. gent. p. (720) *the Hebrews*

שְׁלָחַנִי Qal pf. 3 m.s.-1 c.s. sf. (1018) *sent me*

אֵלֶיךָ prep.-2 m.s. sf. *to you*

לֵאמֹר prep.-Qal inf.cstr. (55) *saying*

שַׁלַּח Pi. impv. 2 m.s. (1018) *Let go*

אֶת־עַמִּי dir.obj.-n.m.s.-1 c.s. sf. (I 766) *my people*

וְיַעַבְדֻנִי conj.-Qal impf. 3 m.p.-1 c.s. sf. (712) *that they may serve me*

בַּמִּדְבָּר prep.-def.art.-n.m.s. (184) *in the wilderness*

וְהִנֵּה conj.-demons.part. (243) *and behold*

לֹא־שָׁמַעְתָּ neg.-Qal pf. 2 m.s. (1033) *you have not obeyed*

עַד־כֹּה prep.-adv. (462) *yet*

7:17

כֹּה אָמַר adv. (462)-Qal pf. 3 m.s. (55) *thus says*

יהוה pr.n. (217) *Yahweh*

בְּזֹאת prep.-demons.adj. f.s. (260) *By this*

תֵּדַע Qal impf. 2 m.s. (ידע 393) *you shall know*

כִּי אֲנִי conj.-pers.pr. 1 c.s. (58) *that I am*

יהוה pr.n. (217) *Yahweh*

הִנֵּה demons.part. (243) *behold*

אָנֹכִי pers.pr. 1 c.s. (59) *I*

מַכֶּה Hi. ptc. (נכה 645) *will strike*

בַּמַּטֶּה prep.-def.art.-n.m.s. (641) *with the rod*

אֲשֶׁר־בְּיָדִי rel. (81)-prep.-n.f.s.-1 c.s. sf. (388) *that is in my hand*

עַל־הַמַּיִם prep.-def.art.-n.m.p. (565) *the water*

אֲשֶׁר בַּיְאֹר rel.-prep.-def.art.-n.m.s. (384) *that is in the Nile*

וְנֶהֶפְכוּ conj.-Ni. pf. 3 c.p. (הפך 245) *and it shall be turned*

לְדָם prep.-n.m.s. (196) *to blood*

7:18

וְהַדָּגָה conj.-def.art.-n.f.s. (185) *and the fish*

אֲשֶׁר־בַּיְאֹר rel. (81)-prep.-def.art.-n.m.s. (384) *in the Nile*

תָּמוּת Qal impf. 3 f.s. (מות 559) *shall die*

וּבָאַשׁ conj.-Qal pf. 3 m.s. (92) *and ... shall become foul*

הַיְאֹר def.art.-n.m.s. (384) *the Nile*

וְנִלְאוּ conj.-Ni. pf. 3 c.p. (לאה 521) *will loathe (be weary of)*

מִצְרַיִם pr.n. (595) *the Egyptians*

לִשְׁתּוֹת prep.-Qal inf.cstr. (שתה 1059) *to drink*

מַיִם n.m.p. (565) *water*

מִן־הַיְאֹר prep.-def.art.-n.m.s. (384) *from the Nile*

7:19

וַיֹּאמֶר יהוה consec.-Qal impf. 3 m.s. (55)-pr.n. (217) *and Yahweh said*

אֶל־מֹשֶׁה prep.-pr.n. (602) *to Moses*

אֱמֹר Qal impv. 2 m.s. (55) *Say*

אֶל־אַהֲרֹן prep.-pr.n. (14) *to Aaron*

קַח Qal impv. 2 m.s. (לקח 542) *Take*

מַטְּךָ n.m.s.-2 m.s. sf. (641) *your rod*

וּנְטֵה־יָדְךָ conj.-Qal impv. 2 m.s. (639)-n.f.s.-2 m.s. sf. (388) *and stretch out your hand*

עַל־מֵימֵי prep.-n.m.p. cstr. (565) *over the water of*

מִצְרַיִם pr.n. (595) *Egypt*

עַל־נַהֲרֹתָם prep.-n.f.p.-3 m.p. sf. (625) *over their rivers*

עַל־יְאֹרֵיהֶם prep.-n.m.p.-3 m.p. sf. (384) *their canals*

וְעַל־אַגְמֵיהֶם conj.-prep.-n.m.p.-3 m.p. sf. (8) *and their ponds*

וְעַל־כָּל־ conj.-prep.-n.m.s. cstr. (481) *and all (of)*

מִקְוֵה n.m.s. cstr. (II 876) *pools (of) (collection of)*

מֵימֵיהֶם n.m.p.-3 m.p. sf. (565) *their water*

וְיִהְיוּ־דָם conj.-Qal impf. 3 m.s. (היה 224)-n.m.s. (196) *that they may become blood*

וְהָיָה דָם conj.-Qal pf. 3 m.s. (224)-n.m.s. (196) *and there shall be blood*

בְּכָל־אֶרֶץ prep.-n.m.s. cstr. (481)-n.f.s. cstr. (75) *throughout all the land of*

מִצְרַיִם pr.n. (595) *Egypt*

וּבָעֵצִים conj.-prep.-def.art.-n.m.p. (781) *both in vessels of wood*

265

וּבָאֲבָנִים conj.-prep.-def.art.-n.f.p. (6) *and in vessels of stone*

7:20

וַיַּעֲשׂוּ־כֵן consec.-Qal impf. 3 m.p. (עָשָׂה I 793)-adv. (485) *did (so)*

מֹשֶׁה pr.n. (602) *Moses*

וְאַהֲרֹן conj.-pr.n. (14) *and Aaron*

כַּאֲשֶׁר prep.-rel. (81) *as*

צִוָּה יהוה Pi. pf. 3 m.s. (845)-pr.n. (217) *Yahweh commanded*

וַיָּרֶם consec.-Hi. impf. 3 m.s. (רוּם 926) *he lifted up*

בַּמַּטֶּה prep.-def.art.-n.m.s. (641; GK 119q) *the rod*

וַיַּךְ consec.-Hi. impf. 3 m.s. (נָכָה 645) *and struck*

אֶת־הַמַּיִם dir.obj.-def.art.-n.m.p. (565) *the water*

אֲשֶׁר בַּיְאֹר rel. (81)-prep.-def.art.-n.m.s. (384) *that was in the Nile*

לְעֵינֵי prep.-n.f.p. cstr. (744) *in the sight of*

פַרְעֹה pr.n. (829) *Pharaoh*

וּלְעֵינֵי conj.-prep.-n.f.p. cstr. (744) *and in the sight of*

עֲבָדָיו n.m.p.-3 m.s. sf. (712) *his servants*

וַיֵּהָפְכוּ consec.-Ni. impf. 3 m.p. (הָפַךְ 245) *and was turned*

כָּל־הַמַּיִם n.m.s. cstr. (481)-def.art.-n.m.p. (565) *all the water*

אֲשֶׁר־בַּיְאֹר v.supra *that was in the Nile*

לְדָם prep.-n.m.s. (196) *to blood*

7:21

וְהַדָּגָה conj.-def.art.-n.f.s. (185) *and the fish*

אֲשֶׁר־בַּיְאֹר rel. (81)-prep.-def.art.-n.m.s. (384) *in the Nile*

מֵתָה Qal pf. 3 f.s. (מוּת 559) *died*

וַיִּבְאַשׁ consec.-Qal impf. 3 m.s. (בָּאַשׁ 92) *and became foul*

הַיְאֹר def.art.-n.m.s. (384) *the Nile*

וְלֹא־יָכְלוּ conj.-neg.-Qal pf. 3 m.p. (יָכֹל 407) *so that could not*

מִצְרַיִם pr.n. (595) *the Egyptians*

לִשְׁתּוֹת prep.-Qal inf.cstr. (שָׁתָה 1059) *drink*

מַיִם n.m.p. (565) *water*

מִן־הַיְאֹר prep.-def.art.-n.m.s. (384) *from the Nile*

וַיְהִי הַדָּם consec.-Qal impf. 3 m.p. (הָיָה 224)-def.art.-n.m.s. (196) *and there was blood*

בְּכָל־אֶרֶץ prep.-n.m.s. cstr. (481)-n.f.s. cstr. (75) *throughout all the land of*

מִצְרָיִם pr.n. paus. (595) *Egypt*

7:22

וַיַּעֲשׂוּ־כֵן consec.-Qal impf. 3 m.p. (עָשָׂה I 793)-adv. (485) *but ... did the same*

חַרְטֻמֵי n.m.p. cstr. (355) *the magicians of*

מִצְרַיִם pr.n. (595) *Egypt*

בְּלָטֵיהֶם prep.-n.m.p.-3 m.p. sf. (532) *by their secret arts*

וַיֶּחֱזַק consec.-Qal impf. 3 m.s. (304) *so ... remained hardened*

לֵב־פַּרְעֹה n.m.s. cstr. (523)-pr.n. (829) *Pharaoh's heart*

וְלֹא־שָׁמַע conj.-neg.-Qal pf. 3 m.s. (1033) *and he would not listen*

אֲלֵהֶם prep.-3 m.p. sf. *to them*

כַּאֲשֶׁר prep.-rel. (81) *as*

דִּבֶּר Pi. pf. 3 m.s. (180) *had said*

יהוה pr.n. (217) *Yahweh*

7:23

וַיִּפֶן consec.-Qal impf. 3 m.s. (פָּנָה 815) *turned*

פַּרְעֹה pr.n. (829) *Pharaoh*

וַיָּבֹא consec.-Qal impf. 3 m.s. (בּוֹא 97) *and went*

אֶל־בֵּיתוֹ prep.-n.m.s.-3 m.s. sf. (108) *into his house*

וְלֹא־שָׁת conj.-neg.-Qal pf. 3 m.s. (שִׁית 1011) *and he did not lay*

לִבּוֹ n.m.s.-3 m.s. sf. (523) *to heart*

גַּם־לָזֹאת adv. (168)-prep.-demons.adj. f.s. (260) *even this*

7:24

וַיַּחְפְּרוּ consec.-Qal impf. 3 m.p. (חָפַר I 343) *and ... dug*

כָל־מִצְרַיִם n.m.s. cstr. (481)-pr.n. (595) *all the Egyptians*

סְבִיבֹת subst. f.p. cstr. as prep. (686) *round about*

הַיְאֹר def.art.-n.m.s. (384) *the Nile*

מַיִם n.m.p. (565) *for water*

לִשְׁתּוֹת prep.-Qal inf.cstr. (שָׁתָה 1059) *to drink*

כִּי לֹא יָכְלוּ conj.-neg.-Qal pf. 3 m.p. (יָכֹל 407) *for they could not*

לִשְׁתֹּת prep.-Qal inf.cstr. (שָׁתָה 1059) *drink*

מִמֵּימֵי prep.-n.m.p. cstr. (565) *the water of*

הַיְאֹר def.art.-n.m.s. (384) *the Nile*

7:25

וַיִּמָּלֵא consec.-Ni. impf. 3 m.s. (מָלֵא 569) *passed*

שִׁבְעַת num. f.s. cstr. (988) *seven (of)*

יָמִים n.m.p. (398) *days*

אַחֲרֵי prep. (29) *after*

הַכּוֹת־ Hi. inf.cstr. (נָכָה 645) *had struck*
יהוה pr.n. (217) *Yahweh*
אֶת־הַיְאֹר dir.obj.-def.art.-n.m.s. (384) *the Nile*

7:26

וַיֹּאמֶר consec.-Qal impf. 3 m.s. (55) *then ... said*
יהוה pr.n. (217) *Yahweh*
אֶל־מֹשֶׁה prep.-pr.n. (602) *to Moses*
בֹּא Qal impv. 2 m.s. (בוֹא 97) *Go in*
אֶל־פַּרְעֹה prep.-pr.n. (829) *to Pharaoh*
וְאָמַרְתָּ conj.-Qal pf. 2 m.s. (55) *and say*
אֵלָיו prep.-3 m.s. sf. *to him*
כֹּה אָמַר adv. (462)-Qal pf. 3 m.s. (55) *Thus says*
יהוה pr.n. (217) *Yahweh*
שַׁלַּח Pi. impv. 2 m.s. (1018) *Let go*
אֶת־עַמִּי dir.obj.-n.m.s.-1 c.s. sf. (I 766) *my people*
וְיַעַבְדֻנִי conj.-Qal impf. 3 m.p.-1 c.s. sf. (712) *that they may serve me*

7:27

וְאִם־מָאֵן conj.-hypoth.part. (49)-adj.vb. m.s. (549; GK 52s) *but if ... refuse*
אַתָּה pers.pr. 2 m.s. (61) *you*
לְשַׁלֵּחַ prep.-Pi. inf.cstr. (1018) *to let go*
הִנֵּה demons.part. (243) *behold*
אָנֹכִי pers.pr. 1 c.s. (59) *I*
נֹגֵף Qal act.ptc. (נגף 619) *will plague*
אֶת־כָּל־ dir.obj.-n.m.s. cstr. (481) *all (of)*
גְּבוּלְךָ n.m.s.-2 m.s. sf. (147) *your country*
בַּצְפַרְדְּעִים prep.-def.art.-n.f.p. (862) *with frogs*

7:28

וְשָׁרַץ conj.-Qal pf. 3 m.s. (1056) *shall swarm with*
הַיְאֹר def.art.-n.m.s. (384) *the Nile*
צְפַרְדְּעִים n.f.p. (862) *frogs*
וְעָלוּ conj.-Qal pf. 3 c.p. (עָלָה 748) *which shall come up*
וּבָאוּ conj.-Qal pf. 3 c.p. (בוֹא 97) *(and come)*
בְּבֵיתֶךָ prep.-n.m.s.-2 m.s. sf. (108) *into your house*
וּבַחֲדַר conj.-prep.-n.m.s. cstr. (293) *and into the room of*
מִשְׁכָּבְךָ n.m.s.-2 m.s. sf. (1012) *your lying down*
וְעַל־מִטָּתֶךָ conj.-prep.-n.f.s.-2 m.s. sf. (641) *and on your bed*
וּבְבֵית conj.-prep.-n.m.s. (108) *and into the house of*
עֲבָדֶיךָ n.m.p.-2 m.s. sf. (712) *your servants*

וּבְעַמֶּךָ conj.-prep.-n.m.s.-2 m.s. sf. (I 766) *and upon your people*
וּבְתַנּוּרֶיךָ conj.-prep.-n.m.p.-2 m.s. sf. (1072) *and into your ovens*
וּבְמִשְׁאֲרוֹתֶיךָ conj.-prep.-n.f.p.-2 m.s. sf. (602) *and your kneading bowls*

7:29

וּבְכָה conj.-prep.-2 m.s. sf. *and ... on you*
וּבְעַמֶּךָ conj.-prep.-n.m.s.-2 m.s. sf. (I 766) *and on your people*
וּבְכָל־עֲבָדֶיךָ conj.-prep.-n.m.s. cstr. (481)-n.m.p.-2 m.s. sf. (712) *and on all your servants*
יַעֲלוּ Qal impf. 3 m.p. (עָלָה 748) *shall come up*
הַצְפַרְדְּעִים def.art.-n.f.p. (862) *the frogs*

8:1

וַיֹּאמֶר consec.-Qal impf. 3 m.s. (55) *and ... said*
יהוה pr.n. (217) *Yahweh*
אֶל־מֹשֶׁה prep.-pr.n. (602) *to Moses*
אֱמֹר Qal impv. 2 m.s. (55) *Say*
אֶל־אַהֲרֹן prep.-pr.n. (14) *to Aaron*
נְטֵה Qal impv. 2 m.s. (נָטָה 639) *Stretch out*
אֶת־יָדְךָ dir.obj.-n.f.s.-2 m.s. sf. (388) *your hand*
בְּמַטֶּךָ prep.-n.m.s.-2 m.s. sf. (641) *with your rod*
עַל־הַנְּהָרֹת prep.-def.art.-n.m.p. (625) *over the rivers*
עַל־הַיְאֹרִים prep.-def.art.-n.m.p. (384) *over the canals*
וְעַל־הָאֲגַמִּים conj.-prep.-def.art.-n.m.p. (8) *and over the pools*
וְהַעַל conj.-Hi. impv. 2 m.s. apoc. (עָלָה 748; GK 75gg) *and cause to come*
אֶת־הַצְפַרְדְּעִים dir.obj.-def.art.-n.f.p. (862; GK 20m) *frogs*
עַל־אֶרֶץ prep.-n.f.s. cstr. (75) *upon the land of*
מִצְרָיִם pr.n. paus. (595) *Egypt*

8:2

וַיֵּט consec.-Qal impf. 3 m.s. (נָטָה 639) *so ... stretched out*
אַהֲרֹן pr.n. (14) *Aaron*
אֶת־יָדוֹ dir.obj.-n.f.s.-3 m.s. sf. (388) *his hand*
עַל מֵימֵי prep.-n.m.p. cstr. (565) *over the waters of*
מִצְרָיִם pr.n. paus. (595) *Egypt*
וַתַּעַל consec.-Qal impf. 3 f.s. (עָלָה 748) *and ... came up*
הַצְפַרְדֵּעַ def.art.-n.f.s. (862) *the frogs*
וַתְּכַס consec.-Pi. impf. 3 f.s. (כָּסָה 491) *and covered*
אֶת־אֶרֶץ dir.obj.-n.f.s. cstr. (75) *the land of*

מִצְרָיִם pr.n. paus. (595) *Egypt*

8:3

וַיַּעֲשׂוּ־כֵן consec.-Qal impf. 3 m.p. (עָשָׂה I 793)-adv. (485) *but ... did the same*

הַחַרְטֻמִּים def.art.-n.m.p. (355) *the magicians*

בְּלָטֵיהֶם prep.-n.m.p.-3 m.p. sf. (532) *by their secret arts*

וַיַּעֲלוּ consec.-Hi. impf. 3 m.p. (עָלָה 748) *and brought*

אֶת־הַצְפַרְדְּעִים dir.obj.-def.art.-n.f.p. (862) *frogs*

עַל־אֶרֶץ prep.-n.f.s. cstr. (75) *upon the land of*

מִצְרָיִם pr.n. paus. (595) *Egypt*

8:4

וַיִּקְרָא consec.-Qal impf. 3 m.s. (894) *then ... called*

פַרְעֹה pr.n. (829) *Pharaoh*

לְמֹשֶׁה prep.-pr.n. (602) *Moses*

וּלְאַהֲרֹן conj.-prep.-pr.n. (14) *and Aaron*

וַיֹּאמֶר consec.-Qal impf. 3 m.s. (55) *and said*

הַעְתִּירוּ Hi. impv. 2 m.p. (עָתַר I 801; GK 63o) *entreat*

אֶל־יְהוָה prep.-pr.n. (217) *Yahweh*

וְיָסֵר conj.-Hi. impf. 3 m.s. apoc. (סוּר 693) *to take away*

הַצְפַרְדְּעִים def.art.-n.f.p. (862) *the frogs*

מִמֶּנִּי prep.-1 c.s. sf. *from me*

וּמֵעַמִּי conj.-prep.-n.m.s.-1 c.s. sf. (I 766) *and from my people*

וַאֲשַׁלְּחָה conj.-Pi. impf. 1 c.s.-coh.he (שָׁלַח 1018) *and I will let go*

אֶת־הָעָם dir.obj.-def.art.-n.m.s. (I 8766) *the people*

וְיִזְבְּחוּ conj.-Qal impf. 3 m.p. (זָבַח 256) *to sacrifice*

לַיהוָה prep.-pr.n. (217) *to Yahweh*

8:5

וַיֹּאמֶר consec.-Qal impf. 3 m.s. (55) *said*

מֹשֶׁה pr.n. (602) *Moses*

לְפַרְעֹה prep.-pr.n. (829) *to Pharaoh*

הִתְפָּאֵר Hith. impv. 2 m.s. (פָּאַר I 802) *Be pleased to command*

עָלַי prep.-1 c.s. sf. *(over) me*

לְמָתַי prep.-interr.adv. (607) *when*

אַעְתִּיר Hi. impf. 1 c.s. (עָתַר I 801) *I am to entreat*

לְךָ prep.-2 m.s. sf. *for you*

וְלַעֲבָדֶיךָ conj.-prep.-n.m.p.-2 m.s. sf. (712) *and for your servants*

וּלְעַמְּךָ conj.-prep.-n.m.s.-2 m.s. sf. (I 766) *and for your people*

לְהַכְרִית prep.-Hi. inf.cstr. (כָּרַת 503) *that ... be destroyed*

הַצְפַרְדְּעִים def.art.-n.f.p. (862) *the frogs*

מִמְּךָ prep.-2 m.s. sf. *from you*

וּמִבָּתֶּיךָ conj.-prep.-n.m.p.-2 m.s. sf. (108) *and (from) your houses*

רַק בַּיְאֹר adv. (956)-prep.-def.art.-n.m.s. (384) *only in the Nile*

תִּשָּׁאַרְנָה Ni. impf. 3 f.p. (שָׁאַר 983) *be left*

8:6

וַיֹּאמֶר consec.-Qal impf. 3 m.s. (55) *and he said*

לְמָחָר prep.-adv. (563) *Tomorrow*

וַיֹּאמֶר v.supra *and he said*

כִּדְבָרְךָ prep.-n.m.s.-2 m.s. sf. (182) *as you say*

לְמַעַן prep.-prep. (775) *that*

תֵּדַע Qal impf. 2 m.s. (יָדַע 393) *you may know*

כִּי־אֵין conj.-subst. (II 34) *that there is no one*

כַּיהוָה prep.-pr.n. (217) *like Yahweh*

אֱלֹהֵינוּ n.m.p.-1 c.p. sf. (43) *our God*

8:7

וְסָרוּ conj.-Qal pf. 3 c.p. (סוּר 693) *shall depart*

הַצְפַרְדְּעִים def.art.-n.f.p. (862) *the frogs*

מִמְּךָ prep.-2 m.s. sf. *from you*

וּמִבָּתֶּיךָ conj.-prep.-n.m.p.-2 m.s. sf. (108) *and your houses*

וּמֵעֲבָדֶיךָ conj.-prep.-n.m.p.-2 m.s. sf. (712) *and your servants*

וּמֵעַמְּךָ conj.-prep.-n.m.s.-2 m.s. sf. (I 766) *and your people*

רַק בַּיְאֹר adv. (956)-prep.-def.art.-n.m.s. (384) *only in the Nile*

תִּשָּׁאַרְנָה Ni. impf. 3 f.p. (שָׁאַר 983) *they shall be left*

8:8

וַיֵּצֵא consec.-Qal impf. 3 m.s. (יָצָא 422) *so ... went out*

מֹשֶׁה pr.n. (602) *Moses*

וְאַהֲרֹן conj.-pr.n. (14) *and Aaron*

מֵעִם פַּרְעֹה prep.-prep.-pr.n. (829) *from Pharaoh*

וַיִּצְעַק consec.-Qal impf. 3 m.s. (858) *and ... cried*

מֹשֶׁה pr.n. (602) *Moses*

אֶל־יְהוָה prep.-pr.n. (217) *to Yahweh*

עַל־דְּבַר prep.-n.m.s. cstr. (182) *concerning*

הַצְפַרְדְּעִים def.art.-n.f.p. (862) *the frogs*

אֲשֶׁר־שָׂם rel. (81)-Qal pf. 3 m.s. (שׂוּם 962) *which he had put*

לְפַרְעֹה prep.-pr.n. (829) *on Pharaoh*

8:9

וַיַּעַשׂ consec.-Qal impf. 3 m.s. (עָשָׂה I 793) *and ... did*

יהוה pr.n. (217) *Yahweh*

כִּדְבַר prep.-n.m.s. cstr. (182) *according to the word of*

מֹשֶׁה pr.n. (602) *Moses*

וַיָּמֻתוּ consec.-Qal impf. 3 m.p. (מוּת 559) *died*

הַצְפַרְדְּעִים def.art.-n.f.p. (862) *the frogs*

מִן־הַבָּתִּים prep.-def.art.-n.m.p. (108) *out of the houses*

מִן־הַחֲצֵרֹת prep.-def.art.-n.f.p. (I 346) *and courtyards*

וּמִן־הַשָּׂדֹת conj.-prep.-def.art.-n.f.p. (961) *and out of the fields*

8:10

וַיִּצְבְּרוּ consec.-Qal impf. 3 m.p. (840) *and they gathered*

אֹתָם dir.obj.-3 m.p. sf. *them*

חֳמָרִם חֳמָרִם n.m.p. (II 330; GK 123e)-v.supra *in heaps*

וַתִּבְאַשׁ consec.-Qal impf. 3 f.s. (בָּאַשׁ 92) *and ... stank*

הָאָרֶץ def.art.-n.f.s. (75) *the land*

8:11

וַיַּרְא consec.-Qal impf. 3 m.s. (רָאָה 906) *but when ... saw*

פַּרְעֹה pr.n. (829) *Pharaoh*

כִּי הָיְתָה conj.-Qal pf. 3 f.s. (הָיָה 224) *that there was*

הָרְוָחָה def.art.-n.f.s. (926) *a respite*

וְהַכְבֵּד conj.-Hi. inf.abs. (457) *he hardened*

אֶת־לִבּוֹ dir.obj.-n.m.s.-3 m.s. sf. (523) *his heart*

וְלֹא שָׁמַע conj.-neg.-Qal pf. 3 m.s. (1033) *and would not listen*

אֲלֵהֶם prep.-3 m.p. sf. *to them*

כַּאֲשֶׁר prep.-rel. (81) *as*

דִּבֶּר Pi. pf. 3 m.s. (180) *had said*

יהוה pr.n. (217) *Yahweh*

8:12

וַיֹּאמֶר consec.-Qal impf. 3 m.s. (55) *then ... said*

יהוה pr.n. (217) *Yahweh*

אֶל־מֹשֶׁה prep.-pr.n. (602) *to Moses*

אֱמֹר Qal impv. 2 m.s. (55) *Say*

אֶל־אַהֲרֹן prep.-pr.n. (14) *to Aaron*

נְטֵה Qal impv. 2 m.s. (639) *Stretch out*

אֶת־מַטְּךָ dir.obj.-n.m.s.-2 m.s. sf. (641) *your rod*

וְהַךְ conj.-Hi. impv. 2 m.s. (נָכָה 645) *and strike*

אֶת־עֲפַר dir.obj.-n.m.s. cstr. (779) *the dust of*

הָאָרֶץ def.art.-n.f.s. (75) *the earth*

וְהָיָה conj.-Qal pf. 3 m.s. (224) *that it may become*

לְכִנָּם prep.-n.m.p. (IV 487) *gnats*

בְּכָל־אֶרֶץ prep.-n.m.s. cstr. (481)-n.f.s. cstr. (75) *throughout all the land of*

מִצְרָיִם pr.n. paus. (595) *Egypt*

8:13

וַיַּעֲשׂוּ־כֵן consec.-Qal impf. 3 m.p. (עָשָׂה I 793)-adv. (485) *and they did so*

וַיֵּט consec.-Qal impf. 3 m.s. (נָטָה 639) *stretched out*

אַהֲרֹן pr.n. (14) *Aaron*

אֶת־יָדוֹ dir.obj.-n.f.s.-3 m.s. sf. (388) *his hand*

בְּמַטֵּהוּ prep.-n.m.s.-3 m.s. sf. (641) *with his rod*

וַיַּךְ consec.-Hi. impf. 3 m.s. (נָכָה 645) *and struck*

אֶת־עֲפַר dir.obj.-n.m.s. cstr. (779) *the dust of*

הָאָרֶץ def.art.-n.f.s. (75) *the earth*

וַתְּהִי consec.-Qal impf. 3 f.s. (הָיָה 224) *and there came*

הַכִּנָּם def.art.-n.m.s. (IV 487) *gnats*

בָּאָדָם prep.-def.art.-n.m.s. (9) *on man*

וּבַבְּהֵמָה conj.-prep.-def.art.-n.f.s. (96) *and beast*

כָּל־עֲפַר n.m.s. cstr. (481)-n.m.s. cstr. (779) *all the dust of*

הָאָרֶץ def.art.-n.f.s. (75) *the earth*

הָיָה Qal pf. 3 m.s. (224) *became*

כִּנִּים n.m.p. (IV 487) *gnats*

בְּכָל־אֶרֶץ prep.-n.m.s. cstr. (481)-n.f.s. cstr. (75) *throughout all the land of*

מִצְרָיִם pr.n. paus. (595) *Egypt*

8:14

וַיַּעֲשׂוּ־כֵן consec.-Qal impf. 3 m.p. (עָשָׂה I 793)-adv. (485) *tried (did so)*

הַחַרְטֻמִּים def.art.-n.m.p. (355) *the magicians*

בְּלָטֵיהֶם prep.-n.m.p.-3 m.p. sf. (532) *by their secret arts*

לְהוֹצִיא prep.-Hi. inf.cstr. (יָצָא 422) *to bring forth*

אֶת־הַכִּנִּים dir.obj.-def.art.-n.m.p. (IV 487) *gnats*

וְלֹא יָכֹלוּ conj.-neg.-Qal pf. 3 c.p. (407) *but they could not*

וַתְּהִי consec.-Qal impf. 3 f.s. (הָיָה 224) *so there were*

הַכִּנָּם def.art.-n.m.s. (IV 487) *gnats*

בָּאָדָם prep.-def.art.-n.m.s. (9) *on man*

וּבַבְּהֵמָה conj.-prep.-def.art.-n.f.s. (96) *and beast*

8:15

וַיֹּאמְרוּ consec.-Qal impf. 3 m.p. (55) *and ... said*

הַחַרְטֻמִּים def.art.-n.m.p. (355) *the magicians*

אֶל־פַּרְעֹה prep.-pr.n. (829) *to Pharaoh*

אֶצְבַּע n.f.s. cstr. (840) *the finger of*

אֱלֹהִים n.m.p. (43) *God*

הִוא demons.adj. f.s. (214) *this is*

וַיֶּחֱזַק consec.-Qal impf. 3 m.s. (304) *but ... was hardened*

לֵב־פַּרְעֹה n.m.s. cstr. (523)-pr.n. (829) *the heart of Pharaoh*

וְלֹא־שָׁמַע conj.-neg.-Qal pf. 3 m.s. (1033) *and he would not listen*

אֲלֵהֶם prep.-3 m.p. sf. *to them*

כַּאֲשֶׁר prep.-rel. (81) *as*

דִּבֶּר Pi. pf. 3 m.s. (180) *had said*

יְהוָה pr.n. (217) *Yahweh*

8:16

וַיֹּאמֶר consec.-Qal impf. 3 m.s. (55) *then ... said*

יְהוָה pr.n. (217) *Yahweh*

אֶל־מֹשֶׁה prep.-pr.n. (602) *to Moses*

הַשְׁכֵּם Hi. impv. 2 m.s. (שָׁכַם 1014) *Rise up early*

בַּבֹּקֶר prep.-def.art.-n.m.s. (133) *in the morning*

וְהִתְיַצֵּב conj.-Hith. impv. 2 m.s. (יָצַב 426) *and wait for (take your stand)*

לִפְנֵי prep.-n.m.p. cstr. (815) *(before)*

פַּרְעֹה pr.n. (829) *Pharaoh*

הִנֵּה demons.part. (243) *as (behold)*

יוֹצֵא Qal act.ptc. (422) *he goes out*

הַמָּיְמָה def.art.-n.m.p.-dir.he (565) *to (toward) the water*

וְאָמַרְתָּ conj.-Qal pf. 2 m.s. (55) *and say*

אֵלָיו prep.-3 m.s. sf. *to him*

כֹּה אָמַר adv. (462)-Qal pf. 3 m.s. (55) *thus says*

יְהוָה pr.n. (217) *Yahweh*

שַׁלַּח Pi. impv. 2 m.s. (1018) *Let go*

עַמִּי n.m.s.-1 c.s. sf. (I 766) *my people*

וְיַעַבְדֻנִי conj.-Qal impf. 3 m.p.-1 c.s. sf. (712) *that they may serve me*

8:17

כִּי אִם־אֵינְךָ conj.-hypoth.part. (49)-subst.-2 m.s. sf. (II 34) *else if you will not*

מְשַׁלֵּחַ Pi. ptc. (1018) *let go*

אֶת־עַמִּי dir.obj.-n.m.s.-1 c.s. sf. (I 766) *my people*

הִנְנִי demons.part.-1 c.s. sf. (243) *behold I*

מַשְׁלִיחַ Hi. ptc. (1018) *will send*

בְּךָ prep.-2 m.s. sf. *on you*

וּבַעֲבָדֶיךָ conj.-prep.-n.m.p.-2 m.s. sf. (712) *and your servants*

וּבְעַמְּךָ conj.-prep.-n.m.s.-2 m.s. sf. (I 766) *and your people*

וּבְבָתֶּיךָ conj.-prep.-2 m.s. sf. (108) *and into your houses*

אֶת־הֶעָרֹב dir.obj.-def.art.-n.m.s. (786) *swarms of flies*

וּמָלְאוּ conj.-Qal pf. 3 c.p. (מָלֵא 569; GK 117z) *and ... shall be filled*

בָּתֵּי n.m.p. cstr. (108) *the houses of*

מִצְרַיִם pr.n. (595) *Egypt*

אֶת־הֶעָרֹב v.supra-v.supra *with swarms of flies*

וְגַם conj.-adv. (168) *and also*

הָאֲדָמָה def.art.-n.f.s. (9) *the ground*

אֲשֶׁר־הֵם rel. (81)-pers.pr. 3 m.p. (241) *which they*

עָלֶיהָ prep.-3 f.s. sf. *on it*

8:18

וְהִפְלֵיתִי conj.-Hi. pf. 1 c.s. (פָּלָה 811) *but ... I will set apart*

בַּיּוֹם הַהוּא prep.-def.art.-n.m.s. (398)-def.art.-demons.adj. m.s. (214) *on that day*

אֶת־אֶרֶץ dir.obj.-n.f.s. cstr. (75) *the land of*

גֹּשֶׁן pr.n. (177) *Goshen*

אֲשֶׁר עַמִּי rel. (81)-n.m.s.-1 c.s. sf. (I 766) *where my people*

עֹמֵד Qal act.ptc. (763) *dwell (stand)*

עָלֶיהָ prep.-3 f.s. sf. *(on it)*

לְבִלְתִּי prep.-neg. (116) *so that no ...*

הֱיוֹת־שָׁם Qal inf.cstr. (הָיָה 224)-adv. (1027) *shall be there*

עָרֹב n.m.s. (786) *swarms of flies*

לְמַעַן תֵּדַע prep.-prep. (775)-Qal impf. 2 m.s. (יָדַע 393) *that you may know*

כִּי אֲנִי conj.-pers.pr. 1 c.s. (58) *that I am*

יְהוָה pr.n. (217) *Yahweh*

בְּקֶרֶב prep.-n.m.s. cstr. (899) *in the midst of*

הָאָרֶץ def.art.-n.f.s. (75) *the earth*

8:19

וְשַׂמְתִּי conj.-Qal pf. 1 c.s. (שׂוּם 962) *thus I will put*

פְּדֻת n.f.s. (804) *division (redemption)*

בֵּין עַמִּי prep. (107)-n.m.s.-1 c.s. sf. (I 766) *between my people*

וּבֵין עַמֶּךָ conj.-prep.-n.m.s.-2 m.s. sf. (I 766) *and (between) your people*

לְמָחָר prep.-n.m.s. (563) *by tomorrow*

יִהְיֶה Qal impf. 3 m.s. (224) *shall be*

הָאֵת הַזֶּה def.art.-n.m.s. (16)-def.art.-demons.adj. m.s. (260) *this sign*

8:20

וַיַּעַשׂ consec.-Qal impf. 3 m.s. (עָשָׂה I 793) *and ... did*

יהוה pr.n. (217) *Yahweh*

כֵּן adv. (485) *so*

וַיָּבֹא consec.-Qal impf. 3 m.s. (בּוֹא 97; GK 107b) *there came*

עָרֹב n.m.s. (786) *swarms of flies*

כָּבֵד adj. m.s. (458) *great*

בֵּיתָה n.m.s. cstr.-dir.he (108) *into the house of*

פַּרְעֹה pr.n. (829) *Pharaoh*

וּבֵית conj.-n.m.s. cstr. (108) *and the house of*

עֲבָדָיו n.m.p.-3 m.s. sf. (712) *his servants*

וּבְכָל־ conj.-prep.-n.m.s. cstr. (481) *and in all*

אֶרֶץ n.f.s. cstr. (75) *the land of*

מִצְרַיִם pr.n. (595) *Egypt*

תִּשָּׁחֵת Ni. impf. 3 f.s. (שָׁחַת 1007) *was ruined*

הָאָרֶץ def.art.-n.f.s. (75) *the land*

מִפְּנֵי prep.-n.m.p. cstr. (815) *by reason of (before)*

הֶעָרֹב def.art.-n.m.s. (786) *the flies*

8:21

וַיִּקְרָא consec.-Qal impf. 3 m.s. (894) *then called*

פַּרְעֹה pr.n. (829) *Pharaoh*

אֶל־מֹשֶׁה prep.-pr.n. (602) *Moses*

וּלְאַהֲרֹן conj.-prep.-pr.n. (14) *and Aaron*

וַיֹּאמֶר consec.-Qal impf. 3 m.s. (55) *and said*

לְכוּ Qal impv. 2 m.p. (הָלַךְ 229) *Go*

זִבְחוּ Qal impv. 2 m.p. (256) *sacrifice*

לֵאלֹהֵיכֶם prep.-n.m.p.-2 m.p. sf. (43) *to your God*

בָּאָרֶץ prep.-def.art.-n.f.s. (75) *within the land*

8:22

וַיֹּאמֶר consec.-Qal impf. 3 m.s. (55) *but ... said*

מֹשֶׁה pr.n. (602) *Moses*

לֹא נָכוֹן neg.-Ni. pf. 3 m.s. (כּוּן 465) *It would not be right*

לַעֲשׂוֹת prep.-Qal inf.cstr. (עָשָׂה I 793) *to do*

כֵּן adv. (485) *so*

כִּי תוֹעֲבַת conj.-n.f.s. cstr. (1072) *... offerings abominable to*

מִצְרַיִם pr.n. (595) *the Egyptians*

נִזְבַּח Qal impf. 1 c.p. (256) *we shall sacrifice*

לַיהוה prep.-pr.n. (217) *to Yahweh*

אֱלֹהֵינוּ n.m.p.-1 c.p. sf. (43) *our God*

הֵן hypoth.part. (II 243; GK 159w) *If*

נִזְבַּח v.supra *we sacrifice*

אֶת־תּוֹעֲבַת v.supra *offerings abominable to*

מִצְרַיִם v.supra *the Egyptians*

לְעֵינֵיהֶם prep.-n.f. du.-3 m.p. sf. (744) *before their eyes*

וְלֹא conj.-neg. (GK 150a) *will ... not*

יִסְקְלֻנוּ Qal impf. 3 m.p.-1 c.p. sf. (סָקַל 709) *they stone us*

8:23

דֶּרֶךְ n.m.s. cstr. (202) *journey (of)*

שְׁלֹשֶׁת num. f.s. cstr. (1025) *three (of)*

יָמִים n.m.p. (398) *days*

נֵלֵךְ Qal impf. 1 c.p. (הָלַךְ 229) *we must go*

בַּמִּדְבָּר prep.-def.art.-n.m.s. (184) *into the wilderness*

וְזָבַחְנוּ conj.-Qal pf. 1 c.p. (256) *and sacrifice*

לַיהוה prep.-pr.n. (217) *to Yahweh*

אֱלֹהֵינוּ n.m.p.-1 c.p. sf. (43) *our God*

כַּאֲשֶׁר prep.-rel. (81) *as*

יֹאמַר Qal impf. 3 m.s. (55) *he will command*

אֵלֵינוּ prep.-1 c.p. sf. *us*

8:24

וַיֹּאמֶר consec.-Qal impf. 3 m.s. (55) *so ... said*

פַּרְעֹה pr.n. (829) *Pharaoh*

אָנֹכִי pers.pr. 1 c.s. (59) *I*

אֲשַׁלַּח Pi. impf. 1 c.s. (1018) *will let go*

אֶתְכֶם dir.obj.-2 m.p. sf. *you*

וּזְבַחְתֶּם conj.-Qal pf. 2 m.p. (זָבַח 256) *to sacrifice*

לַיהוה prep.-pr.n. (217) *to Yahweh*

אֱלֹהֵיכֶם n.m.p.-2 m.p. sf. (43) *your God*

בַּמִּדְבָּר prep.-def.art.-n.m.s. (184) *in the wilderness*

רַק adv. (956) *only*

הַרְחֵק Hi. inf.abs. (934) *very*

לֹא־תַרְחִיקוּ neg.-Hi. impf. 2 m.p. (רָחַק 934) *you shall not ... far*

לָלֶכֶת prep.-Qal inf.cstr. (הָלַךְ 229) *go*

הַעְתִּירוּ Hi. impv. 2 m.p. (עָתַר I 801) *make entreaty*

בַּעֲדִי prep.-1 c.s. sf. (126) *for me*

8:25

וַיֹּאמֶר consec.-Qal impf. 3 m.s. (55) *then ... said*

מֹשֶׁה pr.n. (602) *Moses*

הִנֵּה demons.part. (243) *Behold*

אָנֹכִי pers.pr. 1 c.s. (59) *I*

יוֹצֵא Qal act.ptc. (יָצָא 422) *am going out*

מֵעִמָּךְ prep.-prep.-2 m.s. sf. paus. *from you*

וְהַעְתַּרְתִּי conj.-Hi. pf. 1 c.s. (עָתַר I 801) *and I will pray*

271

אֶל־יְהוָה prep.-pr.n. (217) *to Yahweh*

וְסָר conj.-Qal pf. 3 m.s. (סור 693) *that ... may depart*

הֶעָרֹב def.art.-n.m.s. (786) *the swarms of flies*

מִפַּרְעֹה prep.-pr.n. (829) *from Pharaoh*

מֵעֲבָדָיו prep.-n.m.p.-3 m.s. sf. (712) *from his servants*

וּמֵעַמּוֹ conj.-prep.-n.m.s.-3 m.s. sf. (I 766) *and from his people*

מָחָר adv. (563) *tomorrow*

רַק adv. (956) *only*

אַל־יֹסֵף neg.-Hi. impf. 3 m.s. apoc. (יסף 414) *let not ... again*

פַּרְעֹה pr.n. (829) *Pharaoh*

הָתֵל Hi. inf.cstr. (תלל II 1068) *deal falsely*

לְבִלְתִּי prep.-neg. (116) *by not*

שַׁלַּח Pi. inf.cstr. (1018) *letting go*

אֶת־הָעָם dir.obj.-def.art.-n.m.s. (I 766) *the people*

לִזְבֹּחַ prep.-Qal inf.cstr. (256) *to sacrifice*

לַיהוָה prep.-pr.n. (217) *to Yahweh*

8:26

וַיֵּצֵא consec.-Qal impf. 3 m.s. (יצא 422) *so ... went out*

מֹשֶׁה pr.n. (602) *Moses*

מֵעִם prep.-prep. (767) *from*

פַּרְעֹה pr.n. (829) *Pharaoh*

וַיֶּעְתַּר consec.-Qal impf. 3 m.s. (עתר I 801) *and prayed*

אֶל־יְהוָה prep.-pr.n. (217) *to Yahweh*

8:27

וַיַּעַשׂ consec.-Qal impf. 3 m.s. (עשׂה I 793) *and did*

יְהוָה pr.n. (217) *Yahweh*

כִּדְבַר prep.-n.m.s. cstr. (182) *as ... asked (according to the word of)*

מֹשֶׁה pr.n. (602) *Moses*

וַיָּסַר consec.-Qal impf. 3 m.s. (סור 693) *and removed*

הֶעָרֹב def.art.-n.m.s. (786) *the swarms of flies*

מִפַּרְעֹה prep.-pr.n. (829) *from Pharaoh*

מֵעֲבָדָיו prep.-n.m.p.-3 m.s. sf. (712) *from his servants*

וּמֵעַמּוֹ conj.-prep.-n.m.s.-3 m.s. sf. (I 766) *and from his people*

לֹא נִשְׁאַר neg.-Ni. pf. 3 m.s. (983) *not ... remained*

אֶחָד num. m.s. (25) *one*

8:28

וַיַּכְבֵּד consec.-Hi. impf. 3 m.s. (457) *but ... hardened*

פַּרְעֹה pr.n. (829) *Pharaoh*

אֶת־לִבּוֹ dir.obj.-n.m.s.-3 m.s. sf. (523) *his heart*

גַּם adv. (168) *also*

בַּפַּעַם prep.-def.art.-n.f.s. (821) *time*

הַזֹּאת def.art.-demons.adj. f.s. (260) *this*

וְלֹא שִׁלַּח conj.-neg.-Pi. pf. 3 m.s. (1018) *and did not let go*

אֶת־הָעָם dir.obj.-def.art.-n.m.s. (I 766) *the people*

9:1

וַיֹּאמֶר consec.-Qal impf. 3 m.s. (55) *then ... said*

יְהוָה pr.n. (217) *Yahweh*

אֶל־מֹשֶׁה prep.-pr.n. (602) *to Moses*

בֹּא Qal impv. 2 m.s. (בוא 97) *Go in*

אֶל־פַּרְעֹה prep.-pr.n. (829) *to Pharaoh*

וְדִבַּרְתָּ conj.-Pi. pf. 2 m.s. (180) *and say*

אֵלָיו prep.-3 m.s. sf. *to him*

כֹּה־אָמַר adv. (462)-Qal pf. 3 m.s. (55) *thus says*

יְהוָה pr.n. (217) *Yahweh*

אֱלֹהֵי n.m.p. cstr. (43) *the God of*

הָעִבְרִים def.art.-pr.n. m.p. gent. (I 720) *the Hebrews*

שַׁלַּח Pi. impv. 2 m.s. (1018) *Let go*

אֶת־עַמִּי dir.obj.-n.m.s.-1 c.s. sf. (I 766) *my people*

וְיַעַבְדֻנִי conj.-Qal impf. 3 m.p.-1 c.s. sf. (712) *that they may serve me*

9:2

כִּי אִם־מָאֵן conj.-hypoth.part. 49)-adj. from Pi. inf.cstr. or ptc. (549; GK 52s) *for if ... refuse*

אַתָּה pers.pr. 2 m.s. (61) *you*

לְשַׁלֵּחַ prep.-Pi. inf.cstr. (1018) *to let go*

וְעוֹדְךָ conj.-adv.-2 m.s. sf. (728) *and still (you)*

מַחֲזִיק Hi. ptc. (חזק 304) *hold*

בָּם prep.-3 m.p. sf. *them*

9:3

הִנֵּה demons.part. (243) *behold*

יַד־יְהוָה n.f.s. cstr. (388)-pr.n. (217) *the hand of Yahweh*

הוֹיָה Qal act.ptc. f.s. (היה 224) *will fall*

בְּמִקְנְךָ prep.-n.m.s.-2 m.s. sf. (889) *upon your cattle*

אֲשֶׁר בַּשָּׂדֶה rel. (81)-prep.-def.art.-n.m.s. (961) *which are in the field*

בַּסּוּסִים prep.-def.art.-n.m.p. (692) *the horses*

בַּחֲמֹרִים prep.-def.art.-n.m.p. (331) *the asses*

בַּגְּמַלִּים prep.-def.art.-n.m.p. (168) *the camels*

בַּבָּקָר prep.-def.art.-n.m.s. (133) *the herds*

וּבַצֹּאן conj.-prep.-def.art.-n.f.s. (838) *and the flocks*

דֶּבֶר n.m.s. (184) *with a plague*

כָּבֵד adj. m.s. (458) *severe*

מְאֹד adv. (547) *very*

9:4

וְהִפְלָה conj.-Hi. pf. 3 m.s. (פלה 811) *but ... will make a distinction*

יְהוָה pr.n. (217) *Yahweh*

בֵּין מִקְנֵה prep. (107)-n.m.s. cstr. (889) *between the cattle of*

יִשְׂרָאֵל pr.n. (975) *Israel*

וּבֵין conj.-prep. (107) *and (between)*

מִקְנֵה v.supra *the cattle of*

מִצְרָיִם pr.n. paus. (595) *Egypt*

וְלֹא יָמוּת conj.-neg.-Qal impf. 3 m.s. (מות 559) *so that no ... shall die*

מִכָּל־ prep.-n.m.s. cstr. (481) *of all*

לִבְנֵי prep.-n.m.p. cstr. (119; GK 130d) *that belongs to the people of*

יִשְׂרָאֵל pr.n. (975) *Israel*

דָּבָר n.m.s. (182) *thing*

9:5

וַיָּשֶׂם consec.-Qal impf. 3 m.s. (שים 962) *and ... set*

יְהוָה pr.n. (217) *Yahweh*

מוֹעֵד n.m.s. (417) *a time*

לֵאמֹר prep.-Qal inf.cstr. (55) *saying*

מָחָר adv. (563) *Tomorrow*

יַעֲשֶׂה יְהוָה Qal impf. 3 m.s. (I 793)-pr.n. (217) *Yahweh will do*

הַדָּבָר def.art.-n.m.s. (182) *thing*

הַזֶּה def.art.-demons.adj. m.s. (260) *this*

בָּאָרֶץ prep.-def.art.-n.f.s. (75) *in the land*

9:6

וַיַּעַשׂ consec.-Qal impf. 3 m.s. (I 793) *and ... did*

יְהוָה pr.n. (217) *Yahweh*

אֶת־הַדָּבָר dir.obj.-def.art.-n.m.s. (182) *thing*

הַזֶּה def.art.-demons.adj. m.s. (260) *this*

מִמָּחֳרָת prep.-adv. (564; n.f.s.) *on the morrow*

וַיָּמָת consec.-Qal impf. 3 m.s. (מות 559) *(and) died*

כֹּל n.m.s. cstr. (481) *all (of)*

מִקְנֵה n.m.s. cstr. (889) *the cattle of*

מִצְרָיִם pr.n. paus. (595) *the Egyptians*

וּמִמִּקְנֵה conj.-prep.-v.supra *but of the cattle of*

בְנֵי־יִשְׂרָאֵל n.m.p. cstr. (119)-pr.n. (975) *the people of Israel*

לֹא־מֵת neg.-Qal pf. 3 m.s. (מות 559) *not died*

אֶחָד num. s. (25) *one*

9:7

וַיִּשְׁלַח consec.-Qal impf. 3 m.s. (1018) *and ... sent*

פַּרְעֹה pr.n. (829) *Pharaoh*

וְהִנֵּה conj.-demons.part. (243) *and behold*

לֹא־מֵת neg.-Qal pf. 3 m.s. (מות 559) *not ... was dead*

מִמִּקְנֵה prep.-n.m.s. cstr. (889) *of the cattle of*

יִשְׂרָאֵל pr.n. (975) *Israel*

עַד־אֶחָד adv. (III 723)-num. s. (25) *one*

וַיִּכְבַּד consec.-Qal impf. 3 m.s. (457) *but ... was hardened*

לֵב פַּרְעֹה n.m.s. cstr. (523)-pr.n. (829) *the heart of Pharaoh*

וְלֹא שִׁלַּח conj.-neg.-Pi. pf. 3 m.s. (1018) *and he did not let go*

אֶת־הָעָם dir.obj.-def.art.-n.m.s. (I 766) *the people*

9:8

וַיֹּאמֶר consec.-Qal impf. 3 m.s. (55) *and ... said*

יְהוָה pr.n. (217) *Yahweh*

אֶל־מֹשֶׁה prep.-pr.n. (602) *to Moses*

וְאֶל־אַהֲרֹן conj.-prep.-pr.n. (14) *and Aaron*

קְחוּ Qal impv. 2 m.p. (לקח 542) *take*

לָכֶם prep.-2 m.p. sf. *(for yourselves)*

מְלֹא n.m.s. cstr. (571) *fulness of*

חָפְנֵיכֶם n.m. du.-2 m.p. sf. (342) *your fists*

פִּיחַ n.m.s. cstr. (806) *ashes from*

כִּבְשָׁן n.m.s. (461) *the kiln*

וּזְרָקוֹ conj.-Qal pf. 3 m.s.-3 m.s. sf. (284) *and let ... throw them*

מֹשֶׁה pr.n. (602) *Moses*

הַשָּׁמַיְמָה def.art.-n.m.p.-dir.he (1029) *toward heaven*

לְעֵינֵי prep.-n.f. du. cstr. (744) *in the sight of*

פַּרְעֹה pr.n. (829) *Pharaoh*

9:9

וְהָיָה conj.-Qal pf. 3 m.s. (224) *and it shall become*

לְאָבָק prep.-n.m.s. (7) *fine dust*

עַל כָּל־ prep.-n.m.s. cstr. (481) *over all*

אֶרֶץ n.f.s. cstr. (75) *the land of*

מִצְרָיִם pr.n. paus. (595) *Egypt*

וְהָיָה v.supra *and become*

עַל־הָאָדָם prep.-def.art.-n.m.s. (9) *on man*

וְעַל־הַבְּהֵמָה conj.-prep.-def.art.-n.f.s. (96) *and beast*

לִשְׁחִין prep.-n.m.s. (1006) *boils*

פֹּרֵחַ Qal act.ptc. (פָּרַח II 827; GK 117z) *breaking out*

אֲבַעְבֻּעֹת n.f.p. (101) *in sores*

בְּכָל־ prep.-n.m.s. cstr. (481) *throughout all*

אֶרֶץ n.f.s. cstr. (75) *the land of*

מִצְרָיִם pr.n. paus. (595) *Egypt*

9:10

וַיִּקְחוּ consec.-Qal impf. 3 m.p. (לָקַח 542) *so they took*

אֶת־פִּיחַ dir.obj.-n.m.s. cstr. (806) *ashes from*

הַכִּבְשָׁן def.art.-n.m.s. (461) *the kiln*

וַיַּעַמְדוּ consec.-Qal impf. 3 m.p. (763) *and stood*

לִפְנֵי prep.-n.m.p. cstr. (815) *before*

פַרְעֹה pr.n. (829) *Pharaoh*

וַיִּזְרֹק consec.-Qal impf. 3 m.s. (284) *and ... threw*

אֹתוֹ dir.obj.-3 m.s. sf. *them*

מֹשֶׁה pr.n. (602) *Moses*

הַשָּׁמַיְמָה def.art.-n.m.p.-dir.he paus. (1029) *toward heaven*

וַיְהִי consec.-Qal impf. 3 m.s. (הָיָה 224) *and it became*

שְׁחִין n.m.s. (1006) *boils*

אֲבַעְבֻּעֹת n.f.p. (101) *in sores*

פֹּרֵחַ Qal act.ptc. (II 827) *breaking out*

בָּאָדָם prep.-def.art.-n.m.s. (9) *on man*

וּבַבְּהֵמָה conj.-prep.-def.art.-n.f.s. (96) *and beast*

9:11

וְלֹא־יָכְלוּ conj.-neg.-Qal pf. 3 c.p. (יָכֹל 407) *and ... could not*

הַחַרְטֻמִּים def.art.-n.m.p. (355) *the magicians*

לַעֲמֹד prep.-Qal inf.cstr. (763) *stand*

לִפְנֵי prep.-n.m.p. cstr. (815) *before*

מֹשֶׁה pr.n. (602) *Moses*

מִפְּנֵי prep.-n.m.p. cstr. (815) *because of*

הַשְּׁחִין def.art.-n.m.s. (1006) *the boils*

כִּי־הָיָה conj.-Qal pf. 3 m.s. (224) *for were*

הַשְּׁחִין v.supra *the boils*

בַּחַרְטֻמִּם prep.-def.art.-n.m.p. (355) *upon the magicians*

וּבְכָל־ conj.-prep.-n.m.s. cstr. (481) *and upon all*

מִצְרָיִם pr.n. paus. (595) *the Egyptians*

9:12

וַיְחַזֵּק consec.-Pi. impf. 3 m.s. (304) *but ... hardened*

יהוה pr.n. (217) *Yahweh*

אֶת־לֵב dir.obj.-n.m.s. cstr. (523) *the heart of*

פַּרְעֹה pr.n. (829) *Pharaoh*

וְלֹא שָׁמַע conj.-neg.-Qal pf. 3 m.s. (1033) *and he did not listen*

אֲלֵהֶם prep.-3 m.p. sf. *to them*

כַּאֲשֶׁר prep.-rel. (81) *as*

דִּבֶּר Pi. pf. 3 m.s. (180) *had spoken*

יהוה pr.n. (217) *Yahweh*

אֶל־מֹשֶׁה prep.-pr.n. (602) *to Moses*

9:13

וַיֹּאמֶר consec.-Qal impf. 3 m.s. (55) *then ... said*

יהוה pr.n. (217) *Yahweh*

אֶל־מֹשֶׁה prep.-pr.n. (602) *to Moses*

הַשְׁכֵּם Hi. impv. 2 m.s. (1014) *rise up early*

בַּבֹּקֶר prep.-def.art.-n.m.s. (133) *in the morning*

וְהִתְיַצֵּב conj.-Hith. impv. 2 m.s. (יָצַב 426) *and stand*

לִפְנֵי prep.-n.m.p. cstr. (815) *before*

פַרְעֹה pr.n. (829) *Pharaoh*

וְאָמַרְתָּ conj.-Qal pf. 2 m.s. (55) *and say*

אֵלָיו prep.-3 m.s. sf. *to him*

כֹּה־אָמַר adv. (462)-Qal pf. 3 m.s. (55) *Thus says*

יהוה pr.n. (217) *Yahweh*

אֱלֹהֵי n.m.p. cstr. (43) *the God of*

הָעִבְרִים def.art.-pr.n. gent. p. (720) *the Hebrews*

שַׁלַּח Pi. impv. 2 m.s. (1018) *Let go*

אֶת־עַמִּי dir.obj.-n.m.s.-1 c.s. sf. (I 766) *my people*

וְיַעַבְדֻנִי conj.-Qal impf. 3 m.p.-1 c.s. sf. (עָבַד 712) *that they may serve me*

9:14

כִּי בַּפַּעַם conj.-prep.-def.art.-n.f.s. (821) *for ... time*

הַזֹּאת def.art.-demons.adj. f.s. (260) *this*

אֲנִי pers.pr. 1 c.s. (58) *I*

שֹׁלֵחַ Qal act.ptc. (1018) *will send*

אֶת־כָּל־ dir.obj.-n.m.s. cstr. (481) *all*

מַגֵּפֹתַי n.f.p.-1 c.s. sf. (620) *my plagues*

אֶל־לִבְּךָ prep.-n.m.s.-2 m.s. sf. (523) *upon your heart*

וּבַעֲבָדֶיךָ conj.-prep.-n.m.p.-2 m.s. sf. (712) *and upon your servants*

וּבְעַמֶּךָ conj.-prep.-n.m.s.-2 m.s. sf. (I 766) *and your people*

בַּעֲבוּר prep.-prep. (II 721) *that*

תֵּדַע Qal impf. 2 m.s. (יָדַע 393) *you may know*

כִּי אֵין conj.-subst. cstr. (II 34) *that there is none*

כָּמֹנִי prep.-1 c.s. sf. *like me*

בְּכָל־ prep.-n.m.s. cstr. (481) *in all (of)*

הָאָרֶץ def.art.-n.f.s. (75) *the earth*

9:15

כִּי עַתָּה conj.-adv. (773) *for by now*

שָׁלַחְתִּי Qal pf. 1 c.s. (1018; GK 106p) *I could have put forth*

אֶת־יָדִי dir.obj.-n.f.s.-1 c.s. sf. (388) *my hand*

וָאַךְ consec.-Hi. impf. 1 c.s. (נכה 645) *and struck*

אוֹתְךָ dir.obj.-2 m.s. sf. *you*

וְאֶת־עַמְּךָ conj.-dir.obj.-n.m.s.-2 m.s. sf. (I 766) *and your people*

בַּדֶּבֶר prep.-def.art.-n.m.s. paus. (184) *with pestilence*

וַתִּכָּחֵד consec.-Ni. impf. 2 m.s. (כחד 470) *and you would have been cut off*

מִן־הָאָרֶץ prep.-def.art.-n.f.s. (75) *from the earth*

9:16

וְאוּלָם conj.-adv. (III 19) *but*

בַּעֲבוּר prep.-prep. (II 721) *for ... purpose*

זֹאת demons.adj. f.s. (260) *this*

הֶעֱמַדְתִּיךָ Hi. pf. 1 c.s.-2 m.s. sf. (עמד 763) *have I let you live (stand)*

בַּעֲבוּר v.supra *to*

הַרְאֹתְךָ Hi. inf.cstr.-2 m.s. sf. (ראה 906) *show you*

אֶת־כֹּחִי dir.obj.-n.m.s.-1 c.s. sf. (470) *my power*

וּלְמַעַן conj.-prep.-prep. (775) *so that*

סַפֵּר Pi. inf.cstr. (707; GK 115eN) *may be declared*

שְׁמִי n.m.s.-1 c.s. sf. (1027) *my name*

בְּכָל־ prep.-n.m.s. cstr. (481) *throughout all (of)*

הָאָרֶץ def.art.-n.f.s. (75) *the earth*

9:17

עוֹדְךָ adv.-2 m.s. sf. (728) *you ... still*

מִסְתּוֹלֵל Hith. ptc. (I 699) *are exalting yourself*

בְּעַמִּי prep.-n.m.s.-1 c.s. sf. (I 766) *against my people*

לְבִלְתִּי prep.-neg. (116) *and will not*

שַׁלְּחָם Pi. inf.cstr.-3 m.p. sf. (שלח 1018) *let them go*

9:18

הִנְנִי demons.part.-1 c.s. sf. (243) *behold I*

מַמְטִיר Hi. ptc. (מטר 565) *will cause to fall*

כָּעֵת prep.-def.art.-n.f.s. (773) *about this time*

מָחָר adv. (563) *tomorrow*

בָּרָד n.m.s. (135) *hail*

כָּבֵד מְאֹד adj. m.s. (458)-adv. (547) *very heavy*

אֲשֶׁר rel. (81) *such as*

לֹא־הָיָה neg.-Qal pf. 3 m.s. (224) *has never been*

כָּמֹהוּ prep.-3 m.s. sf. *(like it)*

בְּמִצְרַיִם prep.-pr.n. (595) *in Egypt*

לְמִן־הַיּוֹם prep.-prep.-def.art.-n.m.s. (398; GK 127f) *from the day*

הִוָּסְדָה Ni. inf.cstr. (f.s.?; dir.he?; or 3 f.s. sf.?; GK 91e) (יסד 413) *it was founded*

וְעַד־עָתָּה conj.-adv. (III 723)-adv. paus. (773) *until now*

9:19

וְעַתָּה conj.-adv. (773) *now therefore*

שְׁלַח Qal impv. 2 m.s. (1018) *send*

הָעֵז Hi. impv. 2 m.s. (עוז 731) *get into safe shelter*

אֶת־מִקְנְךָ dir.obj.-n.m.s.-2 m.s. sf. (889) *your cattle*

וְאֵת כָּל־ conj.-dir.obj.-n.m.s. cstr. (481) *and all*

אֲשֶׁר לְךָ rel. (81)-prep.-2 m.s. sf. *that you have*

בַּשָּׂדֶה prep.-def.art.-n.m.s. (961) *in the field*

כָּל־הָאָדָם n.m.s. cstr. (481)-def.art.-n.m.s. (9) *every man*

וְהַבְּהֵמָה conj.-def.art.-n.f.s. (96) *and beast*

אֲשֶׁר־ rel. (81) *that*

יִמָּצֵא Ni. impf. 3 m.s. (592) *is (found)*

בַשָּׂדֶה v.supra *in the field*

וְלֹא יֵאָסֵף conj.-neg.-Ni. impf. 3 m.s. (אסף 62) *and is not brought*

הַבַּיְתָה def.art.-n.m.s.-dir.he (108) *home*

וְיָרַד conj.-Qal pf. 3 m.s. (432) *for shall come down*

עֲלֵהֶם prep.-3 m.p. sf. *upon them*

הַבָּרָד def.art.-n.m.s. (135) *the hail*

וָמֵתוּ conj.-Qal pf. 3 c.p. (מות 559) *and they shall die*

9:20

הַיָּרֵא def.art.-Qal act.ptc. (ירא 431) *then he who feared*

אֶת־דְּבַר dir.obj.-n.m.s. cstr. (182) *the word of*

יהוה pr.n. (217) *Yahweh*

מֵעַבְדֵי prep.-n.m.p. cstr. (712) *among the servants of*

פַּרְעֹה pr.n. (829) *Pharaoh*

הֵנִים Hi. pf. 3 m.s. (נוס 630) *made ... flee*

אֶת־עֲבָדָיו dir.obj.-n.m.p.-3 m.s. sf. (712) *his slaves*

וְאֶת־מִקְנֵהוּ conj.-dir.obj.-n.m.s.-3 m.s. sf. (889) *and his cattle*

275

אֶל־הַבָּתִּים prep.-def.art.-n.m.p. (108) *into the houses*

9:21

וַאֲשֶׁר conj.-rel. (81) *but he who*

לֹא־שָׂם לִבּוֹ neg.-Qal act.ptc. (שׂום 962)-n.m.s. -3 m.s. sf. (523) *did not regard (set his heart)*

אֶל־דְּבַר prep.-n.m.s. cstr. (182) *(upon) the word of*

יהוה pr.n. (217) *Yahweh*

וַיַּעֲזֹב consec.-Qal impf. 3 m.s. (I 736) *left*

אֶת־עֲבָדָיו dir.obj.-n.m.p.-3 m.s. sf. (712) *his slaves*

וְאֶת־מִקְנֵהוּ conj.-dir.obj.-n.m.s.-3 m.s. sf. (889) *and his cattle*

בַּשָּׂדֶה prep.-def.art.-n.m.s. (961) *in the field*

9:22

וַיֹּאמֶר consec.-Qal impf. 3 m.s. (55) *and ... said*

יהוה pr.n. (217) *Yahweh*

אֶל־מֹשֶׁה prep.-pr.n. (602) *to Moses*

נְטֵה Qal impv. 2 m.s. (639) *Stretch forth*

אֶת־יָדְךָ dir.obj.-n.f.s.-2 m.s. sf. (388) *thy hand*

עַל־הַשָּׁמַיִם prep.-def.art.-n.m.p. (1029) *toward heaven*

וִיהִי conj.-Qal impf. 3 m.s. apoc. (הָיָה 224) *that there may be*

בָרָד n.m.s. (135) *hail*

בְּכָל־אֶרֶץ prep.-n.m.s. cstr. (481)-n.f.s. cstr. (75) *in all the land of*

מִצְרַיִם pr.n. paus. (595) *Egypt*

עַל־הָאָדָם prep.-def.art.-n.m.s. (9) *upon man*

וְעַל־הַבְּהֵמָה conj.-prep.-def.art.-n.f.s. (96) *and beast*

וְעַל כָּל־ conj.-prep.-n.m.s. cstr. (481) *and every*

עֵשֶׂב n.m.s. cstr. (793) *plant of*

הַשָּׂדֶה dir.obj.-n.m.s. (961) *the field*

בְּאֶרֶץ prep.-n.f.s. cstr. (75) *throughout the land of*

מִצְרַיִם pr.n. paus. (595) *Egypt*

9:23

וַיֵּט consec.-Qal impf. 3 m.s. (נָטָה 639) *then ... stretched out*

מֹשֶׁה pr.n. (602) *Moses*

אֶת־מַטֵּהוּ dir.obj.-n.m.s.-3 m.s. sf. (641) *his rod*

עַל־הַשָּׁמַיִם prep.-def.art.-n.m.p. (1029) *toward heaven*

וַיהוה conj.-pr.n. (217) *and Yahweh*

נָתַן Qal pf. 3 m.s. (678) *sent*

קֹלֹת n.m.p. (876) *thunder*

וּבָרָד conj.-n.m.s. (135) *and hail*

וַתִּהֲלַךְ consec.-Qal impf. 3 f.s. (הָלַךְ 229; GK 63n,69x) *and ran down*

אֵשׁ n.f.s. (77) *fire*

אַרְצָה n.f.s.-dir.he (75) *to the earth*

וַיַּמְטֵר consec.-Hi. impf. 3 m.s. (מָטַר 565) *and ... rained*

יהוה pr.n. (217) *Yahweh*

בָּרָד v.supra *hail*

עַל־אֶרֶץ prep.-n.f.s. cstr. (75) *upon the land of*

מִצְרָיִם pr.n. paus. (595) *Egypt*

9:24

וַיְהִי consec.-Qal impf. 3 m.s. (הָיָה 224) *there was*

בָּרָד n.m.s. (135) *hail*

וְאֵשׁ conj.-n.f.s. (77) *and fire*

מִתְלַקַּחַת Hith. ptc. f.s. cstr. (לָקַח 542) *flashing continually*

בְּתוֹךְ prep.-n.m.s. cstr. (1063) *in the midst of*

הַבָּרָד def.art.-n.m.s. (135) *the hail*

כָּבֵד מְאֹד adj. m.s. (458)-adv. (547) *very heavy*

אֲשֶׁר rel. (81) *such as*

לֹא־הָיָה neg.-Qal pf. 3 m.s. (224) *had never been*

כָמֹהוּ prep.-3 m.s. sf. *(as it)*

בְּכָל־אֶרֶץ prep.-n.m.s. cstr. (481)-n.f.s. cstr. (75) *in all the land of*

מִצְרַיִם pr.n. (595) *Egypt*

מֵאָז prep.-adv. (23) *since*

הָיְתָה Qal pf. 3 f.s. (הָיָה 224) *it became*

לְגוֹי prep.-n.m.s. (156) *a nation*

9:25

וַיַּךְ consec.-Hi. impf. 3 m.s. (נָכָה 645) *struck down*

הַבָּרָד def.art.-n.m.s. (135) *the hail*

בְּכָל־אֶרֶץ prep.-n.m.s. cstr. (481)-n.f.s. cstr. (75) *throughout all the land of*

מִצְרַיִם pr.n. (595) *Egypt*

אֵת כָּל־ dir.obj.-n.m.s. (481) *everything*

אֲשֶׁר rel. (81) *that*

בַּשָּׂדֶה prep.-def.art.-n.m.s. (61) *in the field*

מֵאָדָם prep.-n.m.s. (9) *man*

וְעַד־בְּהֵמָה conj.-adv. (III 723)-n.f.s. (96) *and beast*

וְאֵת כָּל־ conj.-dir.obj.-n.m.s. cstr. (481) *and every*

עֵשֶׂב n.m.s. cstr. (793) *plant of*

הַשָּׂדֶה def.art.-n.m.s. (961) *the field*

הִכָּה Hi. pf. 3 m.s. (נָכָה 645) *struck down*

הַבָּרָד def.art.-n.m.s. (135) *(the hail)*

וְאֶת־כָּל־עֵץ conj.-dir.obj.-n.m.s. cstr. (481)-n.m.s. cstr. (781) *and every tree of*

הַשָּׂדֶה v.supra *the field*

שִׁבֵּר Pi. pf. 3 m.s. (990) *shattered*

9:26

רַק adv. (956) *only*

בְּאֶרֶץ prep.-n.f.s. cstr. (75) *in the land of*

גֹּשֶׁן pr.n. (177) *Goshen*

אֲשֶׁר־שָׁם rel. (81)-adv. (1027) *where were*

בְּנֵי יִשְׂרָאֵל n.m.p. cstr. (119)-pr.n. (975) *the people of Israel*

לֹא הָיָה neg.-Qal pf. 3 m.s. (224) *there was no*

בָּרָד n.m.s. (135) *hail*

9:27

וַיִּשְׁלַח consec.-Qal impf. 3 m.s. (1018) *then ... sent*

פַּרְעֹה pr.n. (829) *Pharaoh*

וַיִּקְרָא consec.-Qal impf. 3 m.s. (894) *and called*

לְמֹשֶׁה prep.-pr.n. (602) *Moses*

וּלְאַהֲרֹן conj.-prep.-pr.n. (14) *and Aaron*

וַיֹּאמֶר consec.-Qal impf. 3 m.s. (55) *and said*

אֲלֵהֶם prep.-3 m.p. *to them*

חָטָאתִי Qal pf. 1 c.s. (חָטָא 306) *I have sinned*

הַפָּעַם def.art.-n.m.s. paus. (821; GK 126k) *this time*

יהוה pr.n. (217) *Yahweh*

הַצַּדִּיק def.art.-adj. m.s. (843) *is in the right*

וַאֲנִי conj.-pers.pr. 1 c.s. (58) *and I*

וְעַמִּי conj.-n.m.s.-1 c.s. sf. (I 766) *and my people*

הָרְשָׁעִים def.art.-adj. m.p. (957) *in the wrong*

9:28

הַעְתִּירוּ Hi. impv. 2 m.p. (עָתַר I 801) *entreat*

אֶל־יְהוָה prep.-pr.n. (217) *Yahweh*

וְרַב conj.-adj. (I 912) *enough*

מִהְיֹת prep.-Qal inf.cstr. (הָיָה 224) *there has been (of being)*

קֹלֹת אֱלֹהִים n.m.p. cstr. (876)-n.m.p. (43) *thunder*

וּבָרָד conj.-n.m.s. (135) *and hail*

וַאֲשַׁלְּחָה conj.-Pi. impf. 1 c.s.-coh.he (שָׁלַח 1018) *I will let go*

אֶתְכֶם dir.obj.-2 m.p. sf. *you*

וְלֹא תֹסִפוּן conj.-neg.-Hi. impf. 2 m.p. (יָסַף 414) *and you shall no longer*

לַעֲמֹד prep.-Qal inf.cstr. (עָמַד 763) *(stand) stay*

9:29

וַיֹּאמֶר consec.-Qal impf. 3 m.s. (55) *said*

אֵלָיו prep.-3 m.s. sf. *to him*

מֹשֶׁה pr.n. (602) *Moses*

כְּצֵאתִי prep.-Qal inf.cstr.-1 c.s. sf. (יָצָא 422) *as soon as I have gone out*

אֶת־הָעִיר dir.obj.-def.art.-n.f.s. (746) *the city*

אֶפְרֹשׂ Qal impf. 1 c.s. (פָּרַשׂ 831) *I will stretch out*

אֶת־כַּפַּי dir.obj.-n.f.p.-1 c.s. sf. (496) *my hands*

אֶל־יהוה prep.-pr.n. (217) *to Yahweh*

הַקֹּלוֹת def.art.-n.m.p. (876) *the thunder*

יֶחְדָּלוּן Qal impf. 3 m.p. (חָדַל 292) *will cease*

וְהַבָּרָד conj.-def.art.-n.m.s. (135) *and hail*

לֹא יִהְיֶה־ neg.-Qal impf. 3 m.s. (224) *there will be no*

עוֹד adv. (728) *more*

לְמַעַן prep.-prep. (775) *that*

תֵּדַע Qal impf. 2 m.s. (יָדַע 393) *you may know*

כִּי לַיהוה conj.-prep.-pr.n. (217) *that ... is Yahweh's*

הָאָרֶץ def.art.-n.f.s. (75) *the earth*

9:30

וְאַתָּה conj.-pers.pr. 2 m.s. (61) *but as for you*

וַעֲבָדֶיךָ conj.-n.m.p.-2 m.s. sf. (712) *and your servants*

יָדַעְתִּי Qal pf. 1 c.s. (יָדַע 393) *I know*

כִּי טֶרֶם conj.-neg. (382) *that ... not yet*

תִּירְאוּן Qal impf. 2 m.p. (יָרֵא 431; GK 107c) *you fear*

מִפְּנֵי prep.-n.m.p. cstr. (815) *(before)*

יהוה pr.n. (217) *Yahweh*

אֱלֹהִים n.m.p. (43) *God*

9:31

וְהַפִּשְׁתָּה conj.-def.art.-n.f.s. (834) *the flax*

וְהַשְּׂעֹרָה conj.-def.art.-n.f.s. (972) *and the barley*

נֻכָּתָה Pu. pf. 3 f.s. (נָכָה 645) *were ruined*

כִּי conj. *for*

הַשְּׂעֹרָה v.supra (GK 141d) *the barley*

אָבִיב n.m.s. (1) *the ear*

וְהַפִּשְׁתָּה v.supra *and the flax*

גִּבְעֹל n.m.s. (149) *in bud*

9:32

וְהַחִטָּה conj.-def.art.-n.f.s. (334) *but the wheat*

וְהַכֻּסֶּמֶת conj.-def.art.-n.f.s. (493) *and the spelt*

לֹא נֻכּוּ neg.-Pu. pf. 3 c.p. (נָכָה 645) *were not ruined*

כִּי אֲפִילֹת conj.-adj. f.p. (66) *late in coming*

הֵנָּה pers.pr. 3 f.p. (II 244) *they*

9:33

וַיֵּצֵא consec.-Qal impf. 3 m.s. (יָצָא 422) *so ... went out*

מֹשֶׁה pr.n. (602) *Moses*

מֵעִם prep.-prep. *from*

פַּרְעֹה pr.n. (829) *Pharaoh*

אֶת־הָעִיר dir.obj.-def.art.-n.f.s. (746) *of the city*

וַיִּפְרֹשׂ consec.-Qal impf. 3 m.s. (פָּרַשׂ 831) *and stretched out*

כַּפָּיו n.f.p.-3 m.s. sf. (496) *his hands*

אֶל־יהוה prep.-pr.n. (217) *to Yahweh*

וַיַּחְדְּלוּ consec.-Qal impf. 3 m.p. (חָדַל 292) *and ceased*

הַקֹּלוֹת def.art.-n.m.p. (876) *the thunder*

וְהַבָּרָד conj.-def.art.-n.m.s. (135) *and the hail*

וּמָטָר conj.-n.m.s. (564) *and rain*

לֹא־נִתַּךְ neg.-Pi. pf. 3 m.s. (נָתַךְ 677) *no longer poured*

אָרְצָה n.f.s.-dir.he (74) *upon the earth*

9:34

וַיַּרְא consec.-Qal impf. 3 m.s. (רָאָה 906) *but when ... saw*

פַּרְעֹה pr.n. (829) *Pharaoh*

כִּי־חָדַל conj.-Qal pf. 3 m.s. (292) *that ... had ceased*

הַמָּטָר def.art.-n.m.s. (564) *the rain*

וְהַבָּרָד conj.-def.art.-n.m.s. (135) *and the hail*

וְהַקֹּלֹת conj.-def.art.-n.m.p. (876) *and the thunder*

וַיֹּסֶף consec.-Hi. impf. 3 m.s. (יָסַף 414) *he ... again*

לַחֲטֹא prep.-Qal inf.cstr. (306) *sinned*

וַיַּכְבֵּד consec.-Hi. impf. 3 m.s. (457) *and hardened*

לִבּוֹ n.m.s.-3 m.s. sf. (523) *his heart*

הוּא pers.pr. 3 m.s. (214) *he*

וַעֲבָדָיו conj.-n.m.p.-3 m.s. sf. (712) *and his servants*

9:35

וַיֶּחֱזַק consec.-Qal impf. 3 m.s. (חָזַק 304) *so ... was hardened*

לֵב פַּרְעֹה n.m.s. cstr. (523)-pr.n. (829) *the heart of Pharaoh*

וְלֹא שִׁלַּח conj.-neg.-Pi. pf. 3 m.s. (1018) *and he did not let go*

אֶת־בְּנֵי dir.obj.-n.m.p. cstr. (119) *the people of*

יִשְׂרָאֵל pr.n. (975) *Israel*

כַּאֲשֶׁר prep.-rel. (81) *as*

דִּבֶּר Pi. pf. 3 m.s. (180) *had spoken*

יהוה pr.n. (217) *Yahweh*

בְּיַד־ prep.-n.f.s. cstr. (388) *through (by the hand of)*

מֹשֶׁה pr.n. (602) *Moses*

10:1

וַיֹּאמֶר consec.-Qal impf. 3 m.s. (55) *then ... said*

יהוה pr.n. (217) *Yahweh*

אֶל־מֹשֶׁה prep.-pr.n. (602) *to Moses*

בֹּא Qal impv. 2 m.s. (בּוֹא 97) *Go in*

אֶל־פַּרְעֹה prep.-pr.n. (829) *to Pharaoh*

כִּי־אֲנִי conj.-pers.pr. 1 c.s. (58) *for I*

הִכְבַּדְתִּי Hi. pf. 1 c.s. (כָּבֵד 457) *have hardened*

אֶת־לִבּוֹ dir.obj.-n.m.s.-3 m.s. sf. (523) *his heart*

וְאֶת־לֵב conj.-dir.obj.-n.m.s. cstr. (523) *and the heart of*

עֲבָדָיו n.m.p.-3 m.s. sf. (712) *his servants*

לְמַעַן prep.-prep. (775) *that*

שִׁתִי Qal pass.ptc.-1 c.s. sf. (שִׁית 1011) *I may show*

אֹתֹתַי n.f.p.-1 c.s. sf. (16) *my signs*

אֵלֶּה demons.adj. c.p. (41; GK 126y) *these*

בְּקִרְבּוֹ prep.-n.m.s.-3 m.s. sf. (899) *among them*

10:2

וּלְמַעַן conj.-prep.-prep. (775) *and that*

תְּסַפֵּר Pi. impf. 2 m.s. (סָפַר 707) *you may tell*

בְּאָזְנֵי prep.-n.f.p. cstr. (23) *in the hearing of*

בִּנְךָ n.m.s.-2 m.s. sf. (119) *your son*

וּבֶן־בִּנְךָ conj.-n.m.s. cstr. (119)-v.supra *and of your son's son*

אֵת אֲשֶׁר dir.obj.-rel. (81) *how*

הִתְעַלַּלְתִּי Hith. pf. 1 c.s. (עָלַל I 759) *I have made sport*

בְּמִצְרַיִם prep.-pr.n. (595) *of the Egyptians*

וְאֶת־אֹתֹתַי conj.-dir.obj.-n.f.p.-1 c.s. sf. (16) *and ...signs*

אֲשֶׁר־שַׂמְתִּי rel. (81)-Qal pf. 1 c.s. (שׂוּם 962) *what ... have I done*

בָם prep.-3 m.p. sf. *among them*

וִידַעְתֶּם conj.-Qal pf. 2 m.p. (יָדַע 393) *that you may know*

כִּי־אֲנִי conj.-pers.pr. 1 c.s. (58) *that I am*

יהוה pr.n. (217) *Yahweh*

10:3

וַיָּבֹא consec.-Qal impf. 3 m.s. (בּוֹא 97) *so ... went in*

מֹשֶׁה pr.n. (602) *Moses*

וְאַהֲרֹן conj.-pr.n. (14) *and Aaron*

אֶל־פַּרְעֹה prep.-pr.n. (829) *to Pharaoh*

וַיֹּאמְרוּ consec.-Qal impf. 3 m.p. (55) *and said*

אֵלָיו prep.-3 m.s. sf. *to him*

כֹּה־אָמַר adv. (462)–Qal pf. 3 m.s. (55) *Thus says*

יהוה pr.n. (217) *Yahweh*

אֱלֹהֵי n.m.p. cstr. (43) *the God of*

הָעִבְרִים def.art.–pr.n. (720) *the Hebrews*

עַד־מָתַי prep. (III 723)–adv. (607; GK 106h) *How long*

מֵאַנְתָּ Pi. pf. 2 m.s. (מָאֵן 549) *will you refuse*

לֵעָנֹת prep.–Ni. inf.cstr. (עָנָה III 776; GK 51,l) *to humble yourself*

מִפָּנָי prep.–n.m.p.–1 c.s. sf. paus. (815) *before me*

שַׁלַּח Pi. impv. 2 m.s. (1018) *Let go*

עַמִּי n.m.s.–1 c.s. sf. (I 766) *my people*

וְיַעַבְדֻנִי conj.–Qal impf. 3 m.p.–1 c.s. sf. (עָבַד 712) *that they may serve me*

10:4

כִּי אִם־ conj.–hypoth.part. (49) *for if*

מָאֵן adj. verb. (549) *refuse*

אַתָּה pers.pr. 2 m.s. (61) *you*

לְשַׁלֵּחַ prep.–Pi. inf.cstr. (1018; GK 65e) *to let go*

אֶת־עַמִּי dir.obj.–n.m.s.–1 c.s. sf. (I 766) *my people*

הִנְנִי demons.part.–1 c.s. sf. (243) *behold I*

מֵבִיא Hi. ptc. (בּוֹא 97) *will bring* LXX+ταύτην τὴν ὥραν

מָחָר adv. (563) *tomorrow*

אַרְבֶּה n.m.s. (916) *locusts*

בִּגְבֻלֶךָ prep.–n.m.s.–2 m.s. sf. paus. (147) *into your country (border)*

10:5

וְכִסָּה conj.–Pi. pf. 3 m.s. (כָּסָה 491) *and they shall cover*

אֶת־עֵין dir.obj.–n.f.s. cstr. (744) *the face of*

הָאָרֶץ def.art.–n.f.s. (75) *the land*

וְלֹא יוּכַל conj.–neg.–Qal impf. 3 m.s. (יָכֹל 407) *so that no one can*

לִרְאֹת prep.–Qal inf.cstr. (רָאָה 906) *see*

אֶת־הָאָרֶץ dir.obj.–def.art.–n.f.s. (75) *the land*

וְאָכַל conj.–Qal pf. 3 m.s. (37) *and they shall eat*

אֶת־יֶתֶר dir.obj.–n.m.s. cstr. (451) *(the remainder of)*

הַפְּלֵטָה def.art.–n.f.s. (812) *(the remnant)*

הַנִּשְׁאֶרֶת def.art.–Ni. ptc. f.s. cstr. (שָׁאַר 983) *what is left*

לָכֶם prep.–2 m.p. sf. *to you*

מִן־הַבָּרָד prep.–def.art.–n.m.s. (135) *after the hail*

וְאָכַל v.supra *and they shall eat*

אֶת־כָּל־ dir.obj.–n.m.s. cstr. (481) *every*

הָעֵץ def.art.–n.m.s. (781) *tree*

הַצֹּמֵחַ def.art.–Qal act.ptc. (855) *which grows*

לָכֶם v.supra *of yours*

מִן־הַשָּׂדֶה prep.–def.art.–n.m.s. (961) *in the field*

10:6

וּמָלְאוּ conj.–Qal pf. 3 c.p. (569) *and they shall fill*

בָּתֶּיךָ n.m.p.–2 m.s. sf. (108) *your houses*

וּבָתֵּי conj.–n.m.p. cstr. (108) *and the houses of*

כָל־עֲבָדֶיךָ n.m.s. cstr. (481)–n.m.p.–2 m.s. sf. (712) *all your servants*

וּבָתֵּי conj.–n.m.p. cstr. (108) *and (houses of)*

כָל־מִצְרַיִם n.m.s. cstr. (481)–pr.n. (595) *all the Egyptians*

אֲשֶׁר rel. (81; GK 161b) *as*

לֹא־רָאוּ neg.–Qal pf. 3 c.p. (רָאָה 906) *neither have seen*

אֲבֹתֶיךָ n.m.p.–2 m.s. sf. (3) *your fathers*

וַאֲבוֹת conj.–n.m.p. cstr. (3) *and (fathers of)*

אֲבֹתֶיךָ v.supra *your fathers*

מִיּוֹם prep.–n.m.s. cstr. (398) *from the day*

הֱיוֹתָם Qal inf.cstr.–3 m.p. sf. (הָיָה 224) *they came*

עַל־הָאֲדָמָה prep.–def.art.–n.f.s. (9) *on earth*

עַד הַיּוֹם prep. (III 723)–def.art.–n.m.s. (398) *to ... day*

הַזֶּה def.art.–demons.adj. m.s. (260) *this*

וַיִּפֶן consec.–Qal impf. 3 m.s. (פָּנָה 815) *then he turned*

וַיֵּצֵא consec.–Qal impf. 3 m.s. (יָצָא 422) *and went out*

מֵעִם prep.–prep. *from*

פַּרְעֹה pr.n. (829) *Pharaoh*

10:7

וַיֹּאמְרוּ consec.–Qal impf. 3 m.p. (55) *and said*

עַבְדֵי n.m.p. cstr. (712) *servants of*

פַרְעֹה pr.n. (829) *Pharaoh*

אֵלָיו prep.–3 m.s. sf. *to him*

עַד־מָתַי prep. (III 723)–adv. (607) *How long*

יִהְיֶה Qal impf. 3 m.s. (הָיָה 224) *shall be*

זֶה demons.adj. m.s. (260) *this man*

לָנוּ prep.–1 c.p. sf. *to us*

לְמוֹקֵשׁ prep.–n.m.s. (430) *a snare*

שַׁלַּח Pi. impv. 2 m.s. (1018) *Let go*

אֶת־הָאֲנָשִׁים dir.obj.–def.art.–n.m.p. (35) *the men*

וְיַעַבְדוּ conj.–Qal impf. 3 m.p. (עָבַד 712) *that they may serve*

אֶת־יהוה dir.obj.–pr.n. (217) *Yahweh*

אֱלֹהֵיהֶם n.m.p.–3 m.p. sf. (43) *their God*

הֲטֶרֶם interr.–neg. (382) *do ...not yet?*

279

תֵּדַע Qal impf. 2 m.s. (יָדַע 393; GK 107c,152r) *you know*

כִּי אָבְדָה conj.-Qal pf. 3 f.s. (1) *that ... is ruined*

מִצְרָיִם pr.n. paus. (595) *Egypt*

10:8

וַיּוּשַׁב consec.-Ho. impf. 3 m.s. (שׁוּב I 962) *so ... were brought back*

אֶת־מֹשֶׁה dir.obj.-pr.n. (602) *Moses*

וְאֶת־אַהֲרֹן conj.-dir.obj.-pr.n. (14) *and Aaron*

אֶל־פַּרְעֹה prep.-pr.n. (829) *to Pharaoh*

וַיֹּאמֶר consec.-Qal impf. 3 m.s. (55) *and he said*

אֲלֵהֶם prep.-3 m.p. sf. *to them*

לְכוּ Qal impv. 2 m.p. (הָלַךְ 229) *Go*

עִבְדוּ Qal impv. 2 m.p. (712) *serve*

אֶת־יהוה dir.obj.-pr.n. (217) *Yahweh*

אֱלֹהֵיכֶם n.m.p.-2 m.p. sf. (43) *your God*

מִי וָמִי interr. (566)-conj.-interr. (566; GK 137a) *but who*

הַהֹלְכִים def.art.-Qal act.ptc. m.p. (הָלַךְ 229) *are to go*

10:9

וַיֹּאמֶר consec.-Qal impf. 3 m.s. (55) *and ... said*

מֹשֶׁה pr.n. (602) *Moses*

בִּנְעָרֵינוּ prep.-n.m.p.-1 c.p. sf. (654) *with our young*

וּבִזְקֵנֵינוּ conj.-prep.-n.m.p.-1 c.p. sf. (278) *and (with) our old*

נֵלֵךְ Qal impf. 1 c.p. (הָלַךְ 229) *we will go*

בְּבָנֵינוּ prep.-n.m.p.-1 c.p. sf. (119) *with our sons*

וּבִבְנוֹתֵנוּ conj.-prep.-n.f.p.-1 c.p. sf. (I 123; GK 91k) *and (with our) daughters*

בְּצֹאנֵנוּ prep.-n.f.s.-1 c.p. sf. (838) *with our flocks*

וּבִבְקָרֵנוּ conj.-prep.-n.m.s.-1 c.p. sf. (133) *and herds*

נֵלֵךְ v.supra *we will go*

כִּי חַג־יהוה conj.-n.m.s. cstr. (290)-pr.n. (217; GK 127e) *for a feast to Yahweh*

לָנוּ prep.-1 c.p. sf. *we must hold*

10:10

וַיֹּאמֶר consec.-Qal impf. 3 m.s. (55) *and he said*

אֲלֵהֶם prep.-3 m.p. sf. *to them*

יְהִי Qal impf. 3 m.s. apoc. (הָיָה 224) *Let be*

כֵן adv. (485) *(so)*

יהוה pr.n. (217) *Yahweh*

עִמָּכֶם prep.-2 m.p. sf. *with you*

כַּאֲשֶׁר prep.-rel. (81) *if ever (as)*

אֲשַׁלַּח Pi. impf. 1 c.s. (שָׁלַח 1018) *I let go*

אֶתְכֶם dir.obj.-2 m.p. sf. *you*

וְאֶת־טַפְּכֶם conj. (GK 154aN)-dir.obj.-n.m.s.-2 m.p. sf. (381) *and your little ones*

רְאוּ Qal impv. 2 m.p. (רָאָה 906) *Look*

כִּי רָעָה conj.-n.f.s. (948) *evil purpose*

נֶגֶד פְּנֵיכֶם prep.-n.m.p.-2 m.p. sf. (815) *in mind (before your faces)*

10:11

לֹא כֵן neg.-adv. (485) *No*

לְכוּ־נָא Qal impv. 2 m.p. (הָלַךְ 229)-part.of entreaty (609) *Go (I pray)*

הַגְּבָרִים def.art.-n.m.p. (149) *the men*

וְעִבְדוּ conj.-Qal impv. 2 m.p. (עָבַד 712) *and serve*

אֶת־יהוה dir.obj.-pr.n. (217) *Yahweh*

כִּי אֹתָהּ conj.-dir.obj.-3 f.s. sf. (GK 135p) *for that*

אַתֶּם pers.pr. 2 m.p. (61) *you*

מְבַקְשִׁים Pi. ptc. m.p. (בָּקַשׁ 134) *desire*

וַיְגָרֶשׁ consec. Pi. impf. 3 m.s. (גָּרַשׁ 176) *and he drove out*

אֹתָם dir.obj.-3 m.p. sf. *them*

מֵאֵת prep.-prep. (II 85) *from*

פְּנֵי n.m.p. cstr. (815) *presence (of)*

פַּרְעֹה pr.n. (829) *Pharaoh*

10:12

וַיֹּאמֶר consec.-Qal impf. 3 m.s. (55) *then ... said*

יהוה pr.n. (217) *Yahweh*

אֶל־מֹשֶׁה prep.-pr.n. (602) *to Moses*

נְטֵה Qal impv. 2 m.s. (נָטָה 639) *Stretch out*

יָדְךָ n.f.s.-2 m.s. sf. (388) *your hand*

עַל־אֶרֶץ prep.-n.f.s. cstr. (75) *over the land of*

מִצְרַיִם pr.n. (595) *Egypt*

בָּאַרְבֶּה prep.-def.art.-n.m.s. (916) *for the locusts*

וְיַעַל conj.-Qal impf. 3 m.s. apoc. (עָלָה 748) *that they may come up*

עַל־אֶרֶץ v.supra *on the land of*

מִצְרָיִם pr.n. paus. (595) *Egypt*

וְיֹאכַל conj.-Qal impf. 3 m.s. (אָכַל 37) *and (may) eat*

אֶת־כָּל dir.obj.-n.m.s. cstr. (481) *every*

עֵשֶׂב n.m.s. cstr. (793) *plant in*

הָאָרֶץ def.art.-n.f.s. (75) *the land*

אֵת כָּל dir.obj.-n.m.s. (481) *all*

אֲשֶׁר rel. (81) *that*

הִשְׁאִיר Hi. pf. 3 m.s. (שָׁאַר 983) *has left*

הַבָּרָד def.art.-n.m.s. (135) *the hail*

10:13

וַיֵּט consec.-Qal impf. 3 m.s. (נָטָה 639) *so ... stretched forth*

מֹשֶׁה pr.n. (602) *Moses*

אֶת־מַטֵּהוּ dir.obj.-n.m.s.-3 m.s. sf. (641) *his rod*

עַל־אֶרֶץ prep.-n.f.s. cstr. (75) *over the land of*

מִצְרַיִם pr.n. (595) *Egypt*

וַיהוָה conj.-pr.n. (217) *and Yahweh*

נֵהַג Pi. pf. 3 m.s. (נָהַג 624) *brought*

רוּחַ n.f.s. cstr. (924) *wind*

קָדִים n.m.s. (870) *east*

בָּאָרֶץ prep.-def.art.-n.f.s. (75) *upon the land*

כָּל־הַיּוֹם n.m.s. cstr. (481)-def.art.-n.m.s. (398) *all ... day*

הַהוּא def.art.-demons.adj. m.s. (214) *that*

וְכָל־הַלַּיְלָה conj.-n.m.s. cstr. (481)-def.art.-n.m.s. paus. (538) *and all that night*

הַבֹּקֶר def.art.-n.m.s. (133) *and when morning*

הָיָה Qal pf. 3 m.s. (224) *was*

וְרוּחַ conj.-v.supra *wind*

הַקָּדִים def.art.-n.m.s. (870) *east*

נָשָׂא Qal pf. 3 m.s. (669) *had brought*

אֶת־הָאַרְבֶּה dir.obj.-def.art.-n.m.s. (916) *the locusts*

10:14

וַיַּעַל consec.-Qal impf. 3 m.s. (עָלָה 748) *and ... came up*

הָאַרְבֶּה def.art.-n.m.s. (916) *the locusts*

עַל כָּל־אֶרֶץ prep.-n.m.s. cstr. (481)-n.f.s. cstr. (75) *over all the land of*

מִצְרַיִם pr.n. (595) *Egypt*

וַיָּנַח consec.-Qal impf. 3 m.s. (נוּחַ 628) *and settled*

בְּכֹל prep.-n.m.s. cstr. (481) *on the whole*

גְּבוּל n.m.s. cstr. (147) *country of*

מִצְרָיִם pr.n. paus. (595) *Egypt*

כָּבֵד adj. m.s. (458) *dense*

מְאֹד adv. (547) *very*

לְפָנָיו prep.-n.m.p.-3 m.s. sf. (815) *before him*

לֹא־הָיָה neg.-Qal pf. 3 m.s. (224) *had never been*

כֵן adv. (485) *such*

אַרְבֶּה n.m.s. (916) *swarm of locusts*

כָּמֹהוּ prep.-3 m.s. sf. *(like it)*

וְאַחֲרָיו conj.-n.m.p.-3 m.s. sf. (29) *(after it) again*

לֹא יִהְיֶה־כֵּן neg.-Qal impf. 3 m.s. (224)-adv. (485) *nor ever shall be*

10:15

וַיְכַס consec.-Pi. impf. 3 m.s. (כָּסָה 491) *for they covered*

אֶת־עֵין dir.obj.-n.f.s. cstr. (744) *the face of*

כָּל־הָאָרֶץ n.m.s. cstr. (481)-def.art.-n.f.s. (75) *the whole land*

וַתֶּחְשַׁךְ consec.-Ho. impf. 3 f.s. (חָשַׁךְ 364) *so that ... was darkened*

הָאָרֶץ def.art.-n.f.s. (75) *the land*

וַיֹּאכַל consec.-Qal impf. 3 m.s. (אָכַל 37) *and they ate*

אֶת־כָּל־ dir.obj.-n.m.s. cstr. (481) *all*

עֵשֶׂב n.m.s. cstr. (793) *the plants in*

הָאָרֶץ v.supra *the land*

וְאֵת כָּל־ conj.-v.supra-v.supra *and all*

פְּרִי הָעֵץ n.m.s. cstr. (826)-def.art.-n.m.s. (781) *the fruit of the trees*

אֲשֶׁר rel. (81) *which*

הוֹתִיר Hi. pf. 3 m.s. (יָתַר 451) *had left*

הַבָּרָד def.art.-n.m.s. (135) *the hail*

וְלֹא־נוֹתַר conj.-neg.-Ni. pf. 3 m.s. (יָתַר 451) *not remained*

כָּל־יֶרֶק n.m.s. cstr. (481)-n.m.s. (438) *a green thing*

בָּעֵץ prep.-def.art.-n.m.s. (781) *neither tree*

וּבְעֵשֶׂב conj.-prep.-n.m.s. cstr. (793) *nor plant of*

הַשָּׂדֶה def.art.-n.m.s. (961) *the field*

בְּכָל־אֶרֶץ prep.-n.m.s. cstr. (481)-n.f.s. cstr. (75) *through all the land of*

מִצְרָיִם pr.n. paus. (595) *Egypt*

10:16

וַיְמַהֵר consec.-Pi. impf. 3 m.s. (I 554) *then in haste*

פַּרְעֹה pr.n. (829) *Pharaoh*

לִקְרֹא prep.-Qal inf.cstr. (894) *called*

לְמֹשֶׁה prep.-pr.n. (602) *Moses*

וּלְאַהֲרֹן conj.-prep.-pr.n. (14) *and Aaron*

וַיֹּאמֶר consec.-Qal impf. 3 m.s. (55) *and said*

חָטָאתִי Qal pf. 1 c.s. (חָטָא 306) *I have sinned*

לַיהוָה prep.-pr.n. (217) *against Yahweh*

אֱלֹהֵיכֶם n.m.p.-2 m.p. sf. (43) *your God*

וְלָכֶם conj.-prep.-2 m.p. sf. *and against you*

10:17

וְעַתָּה conj.-adv. (773) *now therefore*

שָׂא נָא Qal impv. 2 m.s. (נָשָׂא 669)-part.of entreaty (609) *forgive I pray you*

חַטָּאתִי n.f.s.-1 c.s. sf. (308) *my sin*

אַךְ adv. (36) *only*

הַפַּעַם def.art.-n.m.s. (821) *this once*

וְהַעְתִּירוּ conj.-Hi. impv. 2 m.p. (עָתַר I 801) *and entreat*

לַיהוָה prep.-pr.n. (217) *Yahweh*

אֱלֹהֵיכֶם n.m.p.-2 m.p. sf. *your God*

וַיָּסַר conj.-Hi. impf. 3 m.s. apoc. (סוּר 693) *to remove*

מֵעָלַי prep.-prep.-1 c.s. sf. *from me*

רַק adv. (956) *only*

אֶת־הַמָּוֶת dir.obj.-def.art.-n.m.s. (560) *death*

הַזֶּה def.art.-demons.adj. m.s. (260) *this*

10:18

וַיֵּצֵא consec.-Qal impf. 3 m.s. (יָצָא 422) *so he went out*

מֵעִם פַּרְעֹה prep.-prep.-pr.n. (829) *from Pharaoh*

וַיֶּעְתַּר consec.-Qal impf. 3 m.s. (עָתַר I 801) *and entreated*

אֶל־יהוה prep.-pr.n. (217) *Yahweh*

10:19

וַיַּהֲפֹךְ consec.-Qal impf. 3 m.s. (הָפַךְ 245) *and ... turned*

יהוה pr.n. (217) *Yahweh*

רוּחַ־יָם n.f.s. cstr. (924)-n.m.s. (410) *west wind*

חָזָק מְאֹד adj. (305)-adv. (547) *very strong*

וַיִּשָּׂא consec.-Qal impf. 3 m.s. (נָשָׂא 669) *which lifted*

אֶת־הָאַרְבֶּה dir.obj.-def.art.-n.m.s. (916) *the locusts*

וַיִּתְקָעֵהוּ consec.-Qal impf. 3 m.s.-3 m.s. sf. (תָּקַע 1075) *and drove them*

יָמָּה n.m.s.-dir.he (410) *into the Sea*

סוּף n.m.s. (I 693) *Red*

לֹא נִשְׁאַר neg.-Ni. pf. 3 m.s. (שָׁאַר 983) *not ... was left*

אַרְבֶּה n.m.s. (916) *locust*

אֶחָד num. adj. (25) *a single*

בְּכֹל גְּבוּל prep.-n.m.s. cstr. (481)-n.m.s. cstr. (147) *in all the country of*

מִצְרָיִם pr.n. paus. (595) *Egypt*

10:20

וַיְחַזֵּק consec.-Pi. impf. 3 m.s. (304) *but ... hardened*

יהוה pr.n. (217) *Yahweh*

אֶת־לֵב dir.obj.-n.m.s. cstr. (523) *heart (of)*

פַּרְעֹה pr.n. (829) *Pharaoh*

וְלֹא שִׁלַּח conj.-neg.-Pi. pf. 3 m.s. (1018) *and he did not let go*

אֶת־בְּנֵי dir.obj.-n.m.p. cstr. (119) *the children of*

יִשְׂרָאֵל pr.n. (975) *Israel*

10:21

וַיֹּאמֶר consec.-Qal impf. 3 m.s. (55) *then ... said*

יהוה pr.n. (217) *Yahweh*

אֶל־מֹשֶׁה prep.-pr.n. (602) *to Moses*

נְטֵה Qal impv. 2 m.s. (נָטָה 639) *stretch out*

יָדְךָ n.f.s.-2 m.s. sf. (388) *your hand*

עַל־הַשָּׁמַיִם prep.-def.art.-n.m. du. (1029) *toward heaven*

וִיהִי conj.-Qal impf. 3 m.s. apoc. (הָיָה 224) *that there may be*

חֹשֶׁךְ n.m.s. (365) *darkness*

עַל־אֶרֶץ prep.-n.f.s. cstr. (75) *over the land of*

מִצְרָיִם pr.n. paus. (595) *Egypt*

וְיָמֵשׁ conj.-Hi. impf. 3 m.s. apoc. (מָשַׁשׁ 606) *to be felt*

חֹשֶׁךְ v.supra *a darkness*

10:22

וַיֵּט consec.-Qal impf. 3 m.s. (נָטָה 639) *so ... stretched out*

מֹשֶׁה pr.n. (602) *Moses*

אֶת־יָדוֹ dir.obj.-n.f.s.-3 m.s. sf. (388) *his hand*

עַל־הַשָּׁמַיִם prep.-def.art. n.m. du. paus. (1029) *toward heaven*

וַיְהִי consec.-Qal impf. 3 m.s. (הָיָה 224) *and there was*

חֹשֶׁךְ־אֲפֵלָה n.m.s. cstr. (365)-n.f.s. (66; GK 133i) *thick darkness*

בְּכָל־אֶרֶץ prep.-n.m.s. cstr. (481)-n.f.s. cstr. (75) *in all the land of*

מִצְרַיִם pr.n. (595) *Egypt*

שְׁלֹשֶׁת num. f.s. cstr. (1025) *three*

יָמִים n.m.p. (398) *days*

10:23

לֹא־רָאוּ neg.-Qal pf. 3 c.p. (רָאָה 906) *they did not see*

אִישׁ n.m.s. (35) *one*

אֶת־אָחִיו dir.obj.-n.m.s.-3 m.s. sf. (26) *another (his brother)*

וְלֹא־קָמוּ conj.-neg.-Qal pf. 3 c.p. (קוּם 877) *nor did arise*

אִישׁ v.supra *any*

מִתַּחְתָּיו prep.-prep.-3 m.s.sf. (1065) *from his place*

שְׁלֹשֶׁת num. f.s. cstr. (1025) *three*

יָמִים n.m.p. (398) *days*

וּלְכָל־בְּנֵי conj.-prep.-n.m.s. cstr. (481)-n.m.p. cstr. (119) *but all the people of*

יִשְׂרָאֵל pr.n. (975) *Israel*

הָיָה Qal pf. 3 m.s. (224) *had*

אוֹר n.m.s. (21) *light*

בְּמוֹשְׁבֹתָם prep.-n.f.p.-3 m.p. sf. (444) *where they dwelt*

10:24

וַיִּקְרָא consec.-Qal impf. 3 m.s. (894) *then ... called*

פַרְעֹה pr.n. (829) *Pharaoh*

אֶל־מֹשֶׁה prep.-pr.n. (602) *Moses*

וַיֹּאמֶר consec.-Qal impf. 3 m.s. (55) *and said*

לְכוּ Qal impv. 2 m.p. (הָלַךְ 229) *Go*

עִבְדוּ Qal impv. 2 m.p. (עָבַד 712) *serve*

אֶת־יהוה dir.obj.-pr.n. (217) *Yahweh*

רַק adv. (956) *only*

צֹאנְכֶם n.f.s.-2 m.p. sf. (838) *your flocks*

וּבְקַרְכֶם conj.-n.m.s.-2 m.p. sf. (133) *and your herds*

יֻצָּג Ho. impf. 3 m.s. paus. (יָצַג 426) *let remain behind*

גַּם־טַפְּכֶם adv. (168)-n.m.s.-2 m.p. sf. (381) *your children also*

יֵלֵךְ Qal impf. 3 m.s. (הָלַךְ 229) *may go*

עִמָּכֶם prep.-2 m.p. sf. *with you*

10:25

וַיֹּאמֶר consec.-Qal impf. 3 m.s. (55) *but ... said*

מֹשֶׁה pr.n. (602) *Moses*

גַּם־אַתָּה adv. (168)-pers.pr. 2 m.s. (61) *You also*

תִּתֵּן Qal impf. 2 m.s. (נָתַן 678) *must let*

בְּיָדֵנוּ prep.-n.f.s.-1 c.p. sf. (388) *us have (in our hands)*

זְבָחִים n.m.p. (257) *sacrifices*

וְעֹלוֹת conj.-n.f.p. (750) *and burnt offerings*

וְעָשִׂינוּ conj.-Qal pf. 1 c.p. (עָשָׂה I 793) *that we may sacrifice*

לַיהוה prep.-pr.n. (217) *to Yahweh*

אֱלֹהֵינוּ n.m.p.-1 c.p. sf. (43) *our God*

10:26

וְגַם־מִקְנֵנוּ conj.-adv. (168)-n.m.s.-1 c.p. sf. (889) *our cattle also*

יֵלֵךְ Qal impf. 3 m.s. (הָלַךְ 229) *must go*

עִמָּנוּ prep.-1 c.p. sf. *with us*

לֹא תִשָּׁאֵר neg.-Ni. impf. 3 f.s. (983) *shall not be left behind*

פַּרְסָה n.f.s. (828) *a hoof*

כִּי מִמֶּנּוּ conj.-prep.-3 m.s. sf. *for of them*

נִקַּח Qal impf. 1 c.p. (לָקַח 542) *we must take*

לַעֲבֹד prep.-Qal inf.cstr. (712) *to serve*

אֶת־יהוה dir.obj.-pr.n. (217) *Yahweh*

אֱלֹהֵינוּ n.m.p.-1 c.p. sf. (43) *our God*

וַאֲנַחְנוּ conj.-pers.pr. 1 c.p. (59) *and we*

לֹא־נֵדַע neg.-Qal impf. 1 c.p. (יָדַע 393) *do not know*

מַה־נַּעֲבֹד interr. (552)-Qal impf. 1 c.p. (עָבַד 712) *with what we must serve*

אֶת־יהוה dir.obj.-pr.n. (217) *Yahweh*

עַד־בֹּאֵנוּ prep.-Qal inf.cstr.-1 c.p. sf. (בּוֹא 97) *until we arrive*

שָׁמָּה adv.-dir.he (1027) *there*

10:27

וַיְחַזֵּק consec.-Pi. impf. 3 m.s. (חָזַק 304) *but ... hardened*

יהוה pr.n. (217) *Yahweh*

אֶת־לֵב dir.obj.-n.m.s. cstr. (523) *heart (of)*

פַרְעֹה pr.n. (829) *Pharaoh*

וְלֹא אָבָה conj.-neg.-Qal pf. 3 m.s. (אָבָה 2) *and he would not let*

לְשַׁלְּחָם prep.-Pi. inf.cstr.-3 m.p. sf. (שָׁלַח 1018) *them go*

10:28

וַיֹּאמֶר־לוֹ consec.-Qal impf. 3 m.s. (55)-prep.-3 m.s. sf. *then ... said to him*

פַרְעֹה pr.n. (829) *Pharaoh*

לֵךְ Qal impv. 2 m.s. (הָלַךְ 229) *Get away*

מֵעָלַי prep.-prep.-1 c.s. sf. paus. *from me*

הִשָּׁמֶר Ni. impv. 2 m.s. (1036) *Take heed*

לְךָ prep.-2 m.s. sf. *to yourself*

אַל־תֹּסֶף neg.-Hi. impf. 2 m.s. apoc. (יָסַף 414; GK 69v) *never again*

רְאוֹת Qal inf.cstr. (רָאָה 906) *see*

פָנַי n.m.p.-1 c.s. sf. (815) *my face*

כִּי בְּיוֹם conj.-prep.-n.m.s. cstr. (398) *for in the day (of)*

רְאֹתְךָ Qal inf.cstr.-2 m.s. sf. (רָאָה 906) *you see*

פָנַי v.supra *my face*

תָּמוּת Qal impf. 2 m.s. (מוּת 559) *you shall die*

10:29

וַיֹּאמֶר consec.-Qal impf. 3 m.s. (55) *said*

מֹשֶׁה pr.n. (602) *Moses*

כֵּן adv. (485) *As*

דִּבַּרְתָּ Pi. pf. 2 m.s. (180) *you say*

לֹא־אֹסִף neg.-Hi. impf. 1 c.s. (יָסַף 414) *I will not again*

עוֹד adv. (728) *again*

רְאוֹת Qal inf.cstr. (רָאָה 906) *see*

פָנֶיךָ n.m.s.-2 m.s. sf. (815) *your face*

11:1

וַיֹּאמֶר consec.-Qal impf. 3 m.s. (55) *said*

יהוה pr.n. (217) *Yahweh*

אֶל־מֹשֶׁה prep.-pr.n. (602) *to Moses*

עוֹד adv. (728) *Yet ... more*

נֶגַע אֶחָד n.m.s. (619)-num. (25) *one plague*

אָבִיא Hi. impf. 1 c.s. (בּוֹא 97) *I will bring*

283

עַל־פַּרְעֹה prep.-pr.n. (829) *upon Pharaoh*

וְעַל־מִצְרַיִם conj.-prep.-pr.n. (595) *and upon Egypt*

אַחֲרֵי־כֵן prep. cstr. (29)-adv. (485) *afterwards*

יְשַׁלַּח Pi. impf. 3 m.s. (1018) *he will let go*

אֶתְכֶם dir.obj.-2 m.p. sf. *you*

מִזֶּה prep.-demons.adj. m.s. (260) *hence*

כְּשַׁלְּחוֹ prep.-Pi. inf.cstr.-3 m.s. sf. (שָׁלַח 1018) *when he lets go*

כָּלָה adv. (478) *completely*

גָּרֵשׁ יְגָרֵשׁ Pi. inf.abs. (גָּרֵשׁ 176)-Pi. impf. 3 m.s. (176) *he will drive*

אֶתְכֶם prep.-2 m.p. sf. *you*

מִזֶּה v.supra *(hence)*

11:2

דַּבֶּר־נָא Pi. impv. 2 m.s. (180)-part.of entreaty (609) *speak now*

בְּאָזְנֵי prep.-n.f. du. cstr. (23) *in the hearing of*

הָעָם def.art.-n.m.s. (I 766) *the people*

וְיִשְׁאֲלוּ conj.-Qal impf. 3 m.p. (שָׁאַל 981) *that they ask*

אִישׁ n.m.s. (35) *every man*

מֵאֵת רֵעֵהוּ prep.-prep. (II 85)-n.m.s.-3 m.s. sf. (945) *of his neighbor*

וְאִשָּׁה conj.-n.f.s. (61) *and every woman*

מֵאֵת רְעוּתָהּ prep.-prep. (II 85)-n.f.s.-3 f.s. sf. (945) *of her neighbor*

כְּלֵי־כֶסֶף n.m.p. cstr. (479)-n.m.s. (494) *jewelry of silver*

וּכְלֵי זָהָב conj.-v.supra-n.m.s. (262) *and (vessels) of gold*

11:3

וַיִּתֵּן consec.-Qal impf. 3 m.s. (נָתַן 678) *and ... gave*

יהוה pr.n. (217) *Yahweh*

אֶת־חֵן dir.obj.-n.m.s. cstr. (336) *favor of*

הָעָם def.art.-n.m.s. (I 766) *the people*

בְּעֵינֵי prep.-n.f.p. cstr. (744) *in the sight of*

מִצְרַיִם pr.n. paus. (595) *the Egyptians*

גַּם הָאִישׁ adv. (168)-def.art.-n.m.s. (35) *Moreover, the man*

מֹשֶׁה pr.n. (602) *Moses*

גָּדוֹל מְאֹד adj. m.s. (152)-adv. (547) *very great*

בְּאֶרֶץ prep.-n.f.s. cstr. (75) *in the land of*

מִצְרַיִם pr.n. (595) *Egypt*

בְּעֵינֵי v.supra *in the sight of*

עַבְדֵי־ n.m.p. cstr. (712) *servants (of)*

פַרְעֹה pr.n. (829) *Pharaoh*

וּבְעֵינֵי conj.-v.supra *and in the sight of*

הָעָם v.supra *the people*

11:4

וַיֹּאמֶר consec.-Qal impf. 3 m.s. (55) *and ... said*

מֹשֶׁה pr.n. (602) *Moses*

כֹּה אָמַר adv. (462)-Qal pf. 3 m.s. (55) *Thus says*

יהוה pr.n. (217) *Yahweh*

כַּחֲצֹת prep.-n.f.p. cstr. (345) *about mid-*

הַלַּיְלָה def.art.-n.m.s. (538) *night*

אֲנִי pers.pr. 1 c.s. (58) *I*

יוֹצֵא Qal act.ptc. (יָצָא 422) *will go forth*

בְּתוֹךְ prep.-n.m.s. cstr. (1063) *in the midst of*

מִצְרַיִם pr.n. paus. (595) *Egypt*

11:5

וּמֵת conj.-Qal pf. 3 m.s. (מוּת 559) *and ... shall die*

כָּל־בְּכוֹר n.m.s. cstr. (481)-n.m.s. (114) *all the first-born*

בְּאֶרֶץ prep.-n.f.s. cstr. (75) *in the land of*

מִצְרַיִם pr.n. (595) *Egypt*

מִבְּכוֹר prep.-n.m.s. cstr. (114) *from the first-born of*

פַרְעֹה pr.n. (829) *Pharaoh*

הַיֹּשֵׁב def.art.-Qal act.ptc. (יָשַׁב 442) *who sits*

עַל־כִּסְאוֹ prep.-n.m.s.-3 m.s. sf. (490) *on the throne (of him)*

עַד בְּכוֹר prep. (III 723)-n.m.s. cstr. (114) *even to the first-born of*

הַשִּׁפְחָה dir.obj.-n.f.s. (1046) *the maidservant*

אֲשֶׁר rel. (81) *who*

אַחַר prep. (29) *behind*

הָרֵחָיִם def.art.-n.m. du. paus. (932) *the mill*

וְכֹל בְּכוֹר conj.-n.m.s. cstr. (481)-n.m.s. cstr. (114) *and all the first-born of*

בְּהֵמָה n.f.s. (96) *cattle*

11:6

וְהָיְתָה conj.-Qal pf. 3 f.s. (הָיָה 224) *and there shall be*

צְעָקָה n.f.s. (858) *a ... cry*

גְדֹלָה adj. f.s. (152) *great*

בְּכָל־אֶרֶץ prep.-n.m.s. cstr. (481)-n.f.s. cstr. (75) *throughout all the land of*

מִצְרַיִם pr.n. paus. (595) *Egypt*

אֲשֶׁר כָּמֹהוּ rel. (81)-prep.-3 m.s. sf. (GK 135o) *such as there*

לֹא נִהְיָתָה neg.-Ni. pf. 3 f.s. (הָיָה 224) *has never been*

וְכָמֹהוּ conj.-v.supra *nor (as there)*

לֹא תֹסִף neg.-Hi. impf. 3 f.s. (יָסַף 414) *ever shall be again*

11:7

וּלְכֹל בְּנֵי conj.-n.m.s. cstr. (481)-n.m.p. cstr. (119) *but against any of the people of*

יִשְׂרָאֵל pr.n. (975) *Israel*

לֹא יֶחֱרַץ neg.-Qal impf. 3 m.s. (חָרַץ I 358) *not shall growl (sharpen)*

כֶּלֶב n.m.s. (476) *a dog*

לְשֹׁנוֹ n.f.s.-3 m.s. sf. (546) *(his tongue)*

לְמֵאִישׁ prep.-prep.-n.m.s. (35) *either man*

וְעַד־בְּהֵמָה conj.-prep. (III 723)-n.f.s. (96) *or beast*

לְמַעַן prep.-prep. (775) *that*

תֵּדְעוּן Qal impf. 2 m.p. (יָדַע 393) *you may know*

אֲשֶׁר rel. (81) *that*

יַפְלֶה Hi. impf. 3 m.s. (פָּלָה 811) *makes a distinction*

יהוה pr.n. (217) *Yahweh*

בֵּין מִצְרַיִם prep. (107)-pr.n. (595) *between the Egyptians*

וּבֵין יִשְׂרָאֵל conj.-prep. (107)-pr.n. (975) *and Israel*

11:8

וְיָרְדוּ conj.-Qal pf. 3 c.p. (יָרַד 432) *and ... shall come down*

כָל־עֲבָדֶיךָ n.m.s. cstr. (481)-n.m.p.-2 m.s. sf. (712) *all .. your servants*

אֵלֶּה demons.adj. c.p. (41) *these*

אֵלַי prep.-1 c.s. sf. *to me*

וְהִשְׁתַּחֲווּ conj.-Hithpalel pf. 3 c.p. (שָׁחָה 1005) *and bow down*

לִי prep.-1 c.s. sf. *to me*

לֵאמֹר prep.-Qal inf.cstr. (55) *saying*

צֵא אַתָּה Qal impv. 2 m.s. (יָצָא 422)-pers.pr. 2 m.s. (61) *Get you out*

וְכָל־הָעָם conj.-n.m.s. cstr. (481)-def.art.-n.m.s. (I 766) *and all the people*

אֲשֶׁר rel. (81) *who*

בְּרַגְלֶיךָ prep.-n.f.p.-2 m.s. sf. (919) *follow you (at your feet)*

וְאַחֲרֵי־כֵן conj.-prep. (29)-adv. (485) *and after that*

אֵצֵא Qal impf. 1 c.s. (יָצָא 422) *I will go out*

וַיֵּצֵא consec.-Qal impf. 3 m.s. (יָצָא 422) *and he went out*

מֵעִם־פַּרְעֹה prep.-prep.-pr.n. (829) *from Pharaoh*

בָּחֳרִי־אָף prep.-n.m.s. cstr. (354)-n.m.s. paus. (I 60; GK 9v) *hot anger*

11:9

וַיֹּאמֶר consec.-Qal impf. 3 m.s. (55) *then ... said*

יהוה pr.n. (217) *Yahweh*

אֶל־מֹשֶׁה prep.-pr.n. (602) *to Moses*

לֹא־יִשְׁמַע neg.-Qal impf. 3 m.s. (1033) *will not listen*

אֲלֵיכֶם prep.-2 m.p. sf. *to you*

פַּרְעֹה pr.n. (829) *Pharaoh*

לְמַעַן prep.-prep. (775) *that*

רְבוֹת Qal inf.cstr. (רָבָה I 915) *may be multiplied*

מוֹפְתַי n.m.p.-1 c.s. sf. (68) *my wonders*

בְּאֶרֶץ prep.-n.f.s. cstr. (75) *in the land of*

מִצְרָיִם pr.n. paus. (595) *Egypt*

11:10

וּמֹשֶׁה conj.-pr.n. (602) *Moses*

וְאַהֲרֹן conj.-pr.n. (14) *and Aaron*

עָשׂוּ Qal pf. 3 c.p. (עָשָׂה I 793) *did*

אֶת־כָּל־ dir.obj.-n.m.s. cstr. (481) *all*

הַמֹּפְתִים def.art.-n.m.p. (68) *signs*

הָאֵלֶּה def.art.-demons.adj. c.p. (41) *these*

לִפְנֵי prep.-n.m.p. cstr. (815) *before*

פַרְעֹה pr.n. (829) *Pharaoh*

וַיְחַזֵּק consec.-Pi. impf. 3 m.s. (חָזַק 304) *and ... hardened*

יהוה pr.n. (217) *Yahweh*

אֶת־לֵב dir.obj.-n.m.s. cstr. (523) *heart (of)*

פַּרְעֹה pr.n. (829) *Pharaoh*

וְלֹא־שִׁלַּח conj.-neg.-Pi. pf. 3 m.s. (1018) *and he did not let go*

אֶת־בְּנֵי dir.obj.-n.m.p. cstr. (119) *the people of*

יִשְׂרָאֵל pr.n. (975) *Israel*

מֵאַרְצוֹ prep.-n.f.s.-3 m.s. sf. (75) *out of his land*

12:1

וַיֹּאמֶר consec.-Qal impf. 3 m.s. (55) *said*

יהוה pr.n. (217) *Yahweh*

אֶל־מֹשֶׁה prep.-pr.n. (602) *to Moses*

וְאֶל־אַהֲרֹן conj.-prep.-pr.n. (14) *and Aaron*

בְּאֶרֶץ prep.-n.f.s. cstr. (75) *in the land of*

מִצְרַיִם pr.n. (595) *Egypt*

לֵאמֹר prep.-Qal inf.cstr. (55) *(saying)*

12:2

הַחֹדֶשׁ הַזֶּה def.art.-n.m.s. (II 294)-def.art.-demons.adj. m.s. (260) *this month*

לָכֶם prep.-2 m.p. sf. *for you*

רֹאשׁ n.m.s. cstr. (910) *the beginning of*

חֳדָשִׁים n.m.p. (II 294) *months*

רִאשׁוֹן adj. m.s. (911) *the first*

הוּא לָכֶם pers.pr. 3 m.s. (214)-prep.-2 m.p. sf. *it ... for you*

לְחָדְשֵׁי prep.-n.m.p. cstr. (II 294) *month of*

הַשָּׁנָה def.art.-n.f.s. (1040) *the year*

12:3

דַּבְּרוּ Pi. impv. 2 m.p. (180) *Tell*

אֶל־כָּל־עֲדַת prep.-n.m.s. cstr. (481)-n.f.s. cstr. (II 417) *all the congregation of*

יִשְׂרָאֵל pr.n. (975) *Israel*

לֵאמֹר prep.-Qal inf.cstr. (55) *(saying)*

בֶּעָשֹׂר prep.-def.art.-num. (797) *on the tenth day*

לַחֹדֶשׁ הַזֶּה prep.-def.art.-n.m.s. (II 294)-def.art. -demons.adj. m.s. (260) *of this month*

וְיִקְחוּ conj.-Qal impf. 3 m.p. (לקח 542) *they shall take*

לָהֶם prep.-3 m.p. sf. *(to them)*

אִישׁ n.m.s. (35) *every man*

שֶׂה n.m.s. (961) *a lamb*

לְבֵית־אָבֹת prep.-n.m.s. cstr. (108)-n.m.p. (3) *to father's houses*

שֶׂה v.supra *a lamb*

לַבָּיִת prep.-def.art.-n.m.s. paus. (108) *for a household*

12:4

וְאִם־יִמְעַט conj.-hypoth.part. (49)-Qal impf. 3 m.s. (מעט 589) *and if ... is too small*

הַבַּיִת def.art.-n.m.s. (108) *the household*

מִהְיֹת מִשֶּׂה prep.-Qal inf.cstr. (היה 224; GK 133c)-prep.-n.m.s. (961) *for a lamb*

וְלָקַח conj.-Qal pf. 3 m.s. (542) *then ... shall take*

הוּא וּשְׁכֵנוֹ pers.pr. 3 m.s. (214)-conj.-adj. m.s.-3 m.s. sf. (1015) *a man and his neighbor*

הַקָּרֹב def.art.-adj. (898) *next (the nearest)*

אֶל־בֵּיתוֹ prep.-n.m.s.-3 m.s. sf. (108) *to his house*

בְּמִכְסַת prep.-n.f.s. cstr. (493) *according to the number of*

נְפָשֹׁת n.f.p. (659) *persons*

אִישׁ n.m.s. (35; GK 139c) *each*

לְפִי אָכְלוֹ prep.-n.m.s. cstr. (804)-Qal inf.cstr.-3 m.s. sf. (37) *according to what ... can eat*

תָּכֹסּוּ Qal impf. 2 m.p. (כסס 493) *you shall make your count*

עַל־הַשֶּׂה prep.-def.art.-n.m.s. (961) *for the lamb*

12:5

שֶׂה תָמִים n.m.s. (961)-adj. m.s. (1071) *lamb without blemish*

זָכָר n.m.s. (271) *a male*

בֶּן־שָׁנָה n.m.s. cstr. (119)-n.f.s. (1040; GK 128v) *a year old*

יִהְיֶה לָכֶם Qal impf. 3 m.s. (224)-prep.-2 m.p. sf. *your ... shall be*

מִן־הַכְּבָשִׂים prep.-def.art.-n.m.p. (461) *from the sheep*

וּמִן־הָעִזִּים conj.-prep.-def.art.-n.f.p. (777) *or from the goats*

תִּקָּחוּ Qal impf. 2 m.p. paus. (לקח 542) *you shall take*

12:6

וְהָיָה לָכֶם conj.-Qal pf. 3 m.s. (224)-prep.-2 m.p. sf. *and you shall*

לְמִשְׁמֶרֶת prep.-n.f.s. (1038) *keep*

עַד אַרְבָּעָה prep. (III 723)-num. f.s. (916) *until four-*

עָשָׂר יֹום num. (797)-n.m.s. (398) *teenth day*

לַחֹדֶשׁ הַזֶּה prep.-def.art.-n.m.s. (II 294)-def.art. -demons.adj. m.s. (260) *of this month*

וְשָׁחֲטוּ conj.-Qal pf. 3 c.p. (שחט 1006) *when ... shall kill*

אֹתוֹ dir.obj.-3 m.s. sf. *their lambs (it)*

כֹּל קְהַל n.m.s. cstr. (481)-n.m.s. cstr. (874) *the whole assembly of*

עֲדַת־יִשְׂרָאֵל n.f.s. cstr. (II 417)-pr.n. (975) *the congregation of Israel*

בֵּין הָעַרְבָּיִם prep. (107)-def.art.-n.f.p. (787; GK 88c) *in the evening*

12:7

וְלָקְחוּ conj.-Qal pf. 3 c.p. (לקח 542) *then they shall take*

מִן־הַדָּם prep.-def.art.-n.m.s. (196) *some of the blood*

וְנָתְנוּ conj.-Qal pf. 3 c.p. (נתן 678) *and put*

עַל־שְׁתֵּי prep.-num. p. cstr. (1040) *on the two (of)*

הַמְּזוּזֹת def.art.-n.f.p. (265) *doorposts*

וְעַל־הַמַּשְׁקוֹף conj.-prep.-def.art.-n.m.s. (1054) *and the lintel*

עַל הַבָּתִּים prep.-def.art.-n.m.p. (108) *of the houses*

אֲשֶׁר־ rel. (81) *which*

יֹאכְלוּ Qal impf. 3 m.p. (37) *they eat*

אֹתוֹ dir.obj.-3 m.s. sf. *them*

בָּהֶם prep.-3 m.p. sf. *in (them)*

12:8

וְאָכְלוּ conj.-Qal pf. 3 c.p. (37) *they shall eat*

אֶת־הַבָּשָׂר dir.obj.-def.art.-n.m.s. (142) *the flesh*

בַּלַּיְלָה הַזֶּה prep.-def.art.-n.m.s. (538)-def.art. -demons.adj. m.s. (260) *that night*

צְלִי־אֵשׁ n.m.s. cstr. (852)-n.f.s. (77) *roasted (of fire)*

וּמַצּוֹת conj. (GK 154aN)-n.f.p. (595) *with unleavened bread*

עַל־מְרֹרִים prep.-n.m.p. (601) *bitter herbs*

יֹאכְלֻהוּ Qal impf. 3 c.p.-3 m.s. sf. (37) *they shall eat it*

12:9

אַל־תֹּאכְלוּ neg.-Qal impf. 3 m.p. (37) *Do not eat*

מִמֶּנּוּ prep.-3 m.s. sf. *of it*

נָא part.of entreaty (609)

וּבָשֵׁל מְבֻשָּׁל conj.-adj. (143)-Pu. ptc. (143) *or boiled*

בַּמַּיִם prep.-def.art.-n.m.p. paus. (565) *with water*

כִּי אִם־ conj.-hypoth.part. (49) *but*

צְלִי־אֵשׁ cf.12:8 *roasted*

רֹאשׁוֹ n.m.s.-3 m.s. sf. (910) *its head*

עַל־כְּרָעָיו prep.-n.f. du.-3 m.s. sf. (502) *with its legs*

וְעַל־קִרְבּוֹ conj.-prep.-n.m.s.-3 m.s. sf. (899) *and its inner parts*

12:10

וְלֹא־תוֹתִירוּ conj.-neg.-Hi. impf. 2 m.p. (יתר 451) *and you shall let none remain*

מִמֶּנּוּ prep.-3 m.s. sf. *of it*

עַד־בֹּקֶר prep.-n.m.s. (133) *until the morning*

וְהַנֹּתָר conj.-def.art.-Ni. ptc. (יתר 451) *and anything that remains*

מִמֶּנּוּ v.supra *(of it)*

עַד־בֹּקֶר v.supra *until the morning*

בָּאֵשׁ prep.-def.art.-n.f.s. (77) *(in the fire)*

תִּשְׂרֹפוּ Qal impf. 2 m.p. paus. (שׂרף 976) *you shall burn*

12:11

וְכָכָה conj.-adv. (462) *in this manner*

תֹּאכְלוּ Qal impf. 2 m.p. (37) *you shall eat*

אֹתוֹ dir.obj.-3 m.s. sf. *it*

מָתְנֵיכֶם n.m.p.-2 m.p. sf. (608) *your loins*

חֲגֻרִים Qal pass.ptc. m.p. (חגר 291) *girded*

נַעֲלֵיכֶם n.m. du.-2 m.p. sf. (653) *your sandals*

בְּרַגְלֵיכֶם prep.-n.f. du.-2 m.p. sf. (919) *on your feet*

וּמַקֶּלְכֶם conj.-n.m.s.-2 m.p. sf. (596) *and your staff*

בְּיֶדְכֶם prep.-n.f.s.-2 m.p. sf. (388) *in your hand*

וַאֲכַלְתֶּם conj.-Qal pf. 2 m.p. (37) *and you shall eat*

אֹתוֹ dir.obj.-3 m.s. sf. *it*

בְּחִפָּזוֹן prep.-n.m.s. (342) *in haste*

פֶּסַח n.m.s. (820) *passover*

הוּא pers.pr. 3 m.s. (214) *it*

לַיהוָה prep.-pr.n. (217) *Yahweh's*

12:12

וְעָבַרְתִּי conj.-Qal pf. 1 c.s. (עבר 716) *for I will pass through*

בְאֶרֶץ־ prep.-n.f.s. cstr. (75) *the land of*

מִצְרַיִם pr.n. (595) *Egypt*

בַּלַּיְלָה הַזֶּה prep.-def.art.-n.m.s. (538)-def.art.-demons.adj. m.s. (260) *that night*

וְהִכֵּיתִי conj.-Hi. pf. 1 c.s. (נכה 645) *and I will smite*

כָּל־בְּכוֹר n.m.s. cstr. (481)-n.m.s. (114) *all the first-born*

בְאֶרֶץ prep.-n.f.s. cstr. (75) *in the land of*

מִצְרַיִם pr.n. (595) *Egypt*

מֵאָדָם prep.-n.m.s. (9) *man*

וְעַד־בְּהֵמָה conj.-prep. (III 723)-n.f.s. (96) *and beast*

וּבְכָל־אֱלֹהֵי conj.-prep.-n.m.s. cstr. (481)-n.m.p. cstr. (43; GK 124g) *and on all the gods of*

מִצְרַיִם pr.n. (595) *Egypt*

אֶעֱשֶׂה Qal impf. 1 c.s. (עשׂה I 793) *I will execute*

שְׁפָטִים n.m.p. (1048) *judgments*

אֲנִי יהוה pers.pr. 1 c.s. (58)-pr.n. (217) *I am Yahweh*

12:13

וְהָיָה conj.-Qal pf. 3 m.s. (224) *shall be*

הַדָּם def.art.-n.m.s. (196) *the blood*

לָכֶם prep.-2 m.p. sf. *for you*

לְאֹת prep.-n.m.s. (16) *a sign*

עַל הַבָּתִּים prep.-def.art.-n.m.p. (108) *upon the houses*

אֲשֶׁר rel. (81) *where*

אַתֶּם שָׁם pers.pr. 2 m.p. (61)-adv. (1027) *you (there)*

וְרָאִיתִי conj.-Qal pf. 1 c.s. (ראה 906; GK 159g) *and when I see*

אֶת־הַדָּם dir.obj.-def.art.-n.m.s. (196) *the blood*

וּפָסַחְתִּי conj.-Qal pf. 1 c.s. (פסח I 820) *I will pass over*

עֲלֵכֶם prep.-2 m.p. sf. *over you*

וְלֹא־יִהְיֶה conj.-neg.-Qal impf. 3 m.s. (היה 224) *and no ... shall fall*

בָכֶם prep.-2 m.p. sf. *on you*

נֶגֶף n.m.s. (619) *plague*

לְמַשְׁחִית prep.-Hi. ptc. (שׁחת 1007) *to destroy*

בְּהַכֹּתִי prep.-Hi. inf.cstr.-1 c.s. sf. (נכה 645) *when I smite*

בְּאֶרֶץ prep.-n.f.s. cstr. (75) *the land of*

מִצְרָיִם pr.n. paus. (595) *Egypt*

12:14

וְהָיָה conj.-Qal pf. 3 m.s. (224) *shall be*

הַיּוֹם הַזֶּה def.art.-n.m.s. (398)-def.art.-demons.adj. m.s. (260) *this day*

לָכֶם prep.-2 m.p. sf. *for you*

לְזִכָּרוֹן prep.-n.m.s. (272) *a memorial day*

וְחַגֹּתֶם conj.-Qal pf. 2 m.p. (חָגַג 290) *and you shall keep (a feast)*

אֹתוֹ dir.obj.-3 m.s. sf. *it*

חַג לַיהוה n.m.s. (290)-prep.-pr.n. (217) *a feast to Yahweh*

לְדֹרֹתֵיכֶם prep.-n.m.p.-2 m.p. sf. (189) *throughout your generations*

חֻקַּת עוֹלָם n.f.s. cstr. (349)-n.m.s. (761) *an ordinance for ever*

תְּחָגֻּהוּ Qal impf. 2 m.p.-3 m.s. sf. (חָגַג 290; GK 67n) *you shall observe it*

12:15

שִׁבְעַת יָמִים num. f.s. cstr. (988)-n.m.p. (398) *seven days*

מַצּוֹת n.f.p. (595) *unleavened bread*

תֹּאכֵלוּ Qal impf. 2 m.p. paus. (אָכַל 37) *you shall eat*

אַךְ adv. (36) *(indeed)*

בַּיּוֹם הָרִאשׁוֹן prep.-def.art.-n.m.s. (398)-def.art.-num.adj. (911) *on the first day*

תַּשְׁבִּיתוּ Hi. impf. 2 m.p. (שָׁבַת 991) *you shall put away*

שְּׂאֹר n.m.s. (959; GK 20g) *leaven*

מִבָּתֵּיכֶם prep.-n.m.p.-2 m.p. sf. (108) *out of your houses*

כִּי כָּל־אֹכֵל conj.-n.m.s. cstr. (481)- Qal. act.ptc. (37) *for if any one eats*

חָמֵץ n.m.s. (329) *what is leavened*

וְנִכְרְתָה conj.-Ni. pf. 3 f.s. (כָּרַת 503; GK 112mm,116w) *shall be cut off*

הַנֶּפֶשׁ הַהִוא def.art.-n.f.s. (659)-def.art.-demons.adj. f.s. (214) *that person*

מִיִּשְׂרָאֵל prep.-pr.n. (975) *from Israel*

מִיּוֹם הָרִאשֹׁן prep.-n.m.s. cstr. (398)-def.art.-adj. (911; GK 126w) *from the first day*

עַד־יוֹם prep. (III 723)-n.m.s. cstr. (398) *until the ... day*

הַשְּׁבִעִי def.art.-num. (988) *seventh*

12:16

וּבַיּוֹם הָרִאשׁוֹן conj.-prep.-def.art.-n.m.s. (398)-def.art.-adj. m.s. (911) *on the first day*

מִקְרָא־קֹדֶשׁ n.m.s. (896)-adj. m.s. (872) *a holy assembly*

וּבַיּוֹם הַשְּׁבִיעִי v.supra-def.art.-num. adj. (988) *and on the seventh day*

מִקְרָא־קֹדֶשׁ v.supra-v.supra *a holy assembly*

יִהְיֶה לָכֶם Qal impf. 3 m.s. (הָיָה 224)-prep.-2 m.p. sf. *you shall hold*

כָּל־מְלָאכָה n.m.s. cstr. (481)-n.f.s. (521; GK 146c,152b) *(any) work*

לֹא־יֵעָשֶׂה neg.-Ni. impf. 3 m.s. (I 793) *shall not be done*

בָהֶם prep.-3 m.p. sf. *on those days*

אַךְ אֲשֶׁר adv. (36)-rel. (81) *but what*

יֵאָכֵל Ni. impf. 3 m.s. (אָכַל 37) *must eat*

לְכָל־נֶפֶשׁ prep.-n.m.s. cstr. (481)-n.f.s. (659) *every one*

הוּא לְבַדּוֹ demons.adj. m.s. (214)-prep.-n.m.s.-3 m.s. sf. (94) *that only*

יֵעָשֶׂה לָכֶם Ni. impf. 3 m.s. (עָשָׂה I 793)-prep.-2 m.p. sf. *may be prepared by you*

12:17

וּשְׁמַרְתֶּם conj.-Qal pf. 2 m.p. (שָׁמַר 1036) *And you shall observe*

אֶת־הַמַּצּוֹת dir.obj.-def.art.-n.f.p. (595) *the feast of unleavened bread*

כִּי בְּעֶצֶם conj.-prep.-n.f.s. cstr. (782) *on ... very*

הַיּוֹם הַזֶּה def.art.-n.m.s. (398)-def.art.-demons.adj. m.s. (260) *this day*

הוֹצֵאתִי Hi. pf. 1 c.s. (יָצָא 422) *I brought*

אֶת־צִבְאוֹתֵיכֶם dir.obj.-n.f.p.-2 m.p. sf. (838) *your hosts*

מֵאֶרֶץ prep.-n.f.s. cstr. (75) *out of the land of*

מִצְרָיִם pr.n. paus. (595) *Egypt*

וּשְׁמַרְתֶּם v.supra *therefore you shall observe*

אֶת־הַיּוֹם הַזֶּה dir.obj.-v.supra-v.supra *this day*

לְדֹרֹתֵיכֶם prep.-n.m.p.-2 m.p. sf. (189) *throughout your generations*

חֻקַּת עוֹלָם n.f.s. cstr. (349)-n.m.s. (761) *as an ordinance for ever*

12:18

בָּרִאשֹׁן prep.-def.art.-adj. m.s. (911) *in the first*

בְּאַרְבָּעָה prep.-n.f.s. (916) *on the four-*

עָשָׂר num. m.s. (797; GK 134o) *teenth*

יוֹם n.m.s. (398) *day*

לַחֹדֶשׁ prep.-def.art.-n.m.s. (II 294) *of the month*

בָּעֶרֶב prep.-def.art.-n.m.s. (787) *at evening*

תֹּאכְלוּ Qal impf. 2 m.p. (אָכַל 37) *you shall eat*

מַצֹּת n.f.p. (595) *unleavened bread*

עַד יוֹם prep. (III 723)-n.m.s. cstr. (398) *until the ... day*

הָאֶחָד dir.obj.-num. (25) *first*

וְעֶשְׂרִים conj.-num. m.p. (797) *twenty-*

288

לַחֹדֶשׁ v.supra *of the month*

בָּעֶרֶב v.supra *at evening*

12:19

שִׁבְעַת n.f.s. cstr. (988) *for seven*

יָמִים n.m.p. (398) *days*

שְׂאֹר n.m.s. (959) *leaven*

לֹא יִמָּצֵא neg.-Ni. impf. 3 m.s. (מצא 592) *no ... shall be found*

בְּבָתֵּיכֶם prep.-n.m.p.-2 m.p. sf. (108) *in your houses*

כִּי כָּל־אֹכֵל conj.-n.m.s. cstr. (481)-Qal act.ptc. (37) *for if any one eat*

מַחְמֶצֶת n.f.s. (330) *what is leavened*

וְנִכְרְתָה conj.-Ni. pf. 3 f.s. (כרת 503) *shall be cut off*

הַנֶּפֶשׁ הַהִוא def.art.-n.f.s. (659)-def.art.-demons.adj. f.s. (214) *that person*

מֵעֲדַת יִשְׂרָאֵל prep.-n.f.s. cstr. (II 417)-pr.n. (975) *from the congregation of Israel*

בַּגֵּר prep.-def.art.-n.m.s. (158) *whether he is a sojourner*

וּבְאֶזְרַח conj.-prep.-n.m.s. cstr. (280) *or a native of*

הָאָרֶץ def.art.-n.f.s. (75) *the land*

12:20

כָּל־מַחְמֶצֶת n.m.s. cstr. (481)-n.f.s. (330) *thing leavened*

לֹא תֹאכֵלוּ neg.-Qal impf. 2 m.p. paus. (אכל 37) *no ... you shall eat*

בְּכֹל prep.-n.m.s. cstr. (481) *in all*

מוֹשְׁבֹתֵיכֶם n.f.p.-2 m.p. sf. (444) *your dwellings*

תֹּאכְלוּ Qal impf. 2 m.p. (37) *you shall eat*

מַצּוֹת n.f.p. (595) *unleavened bread*

12:21

וַיִּקְרָא consec.-Qal impf. 3 m.s. (894) *then ... called*

מֹשֶׁה pr.n. (602) *Moses*

לְכָל־זִקְנֵי prep.-n.m.s. cstr. (481)-n.m.p. cstr. (278) *all the elders of*

יִשְׂרָאֵל pr.n. (975) *Israel*

וַיֹּאמֶר consec.-Qal impf. 3 m.s. (55) *and said*

אֲלֵהֶם prep.-3 m.p. sf. *to them*

מִשְׁכוּ Qal impv. 2 m.p. (604; GK 46d) *Select (draw)*

וּקְחוּ לָכֶם conj.-Qal impv. 2 m.p. (לקח 542) -prep.-2 m.p. sf. *for yourselves*

צֹאן n.f.s. (838) *lambs*

לְמִשְׁפְּחֹתֵיכֶם prep.-n.f.p.-2 m.p. sf. (1046) *according to your families*

וְשַׁחֲטוּ conj.-Qal impv. 2 m.p. (שחט 1006) *and kill*

הַפָּסַח def.art.-n.m.s. paus. (820) *the passover lamb*

12:22

וּלְקַחְתֶּם conj.-Qal pf. 2 m.p. (לקח 542) *take*

אֲגֻדַּת אֵזוֹב n.f.s. cstr. (8)-n.m.s. (23) *a bunch of hyssop*

וּטְבַלְתֶּם conj.-Qal pf. 2 m.p. (טבל I 371) *and dip*

בַּדָּם prep.-def.art.-n.m.s. (196) *in the blood*

אֲשֶׁר־בַּסַּף rel. (81)-prep.-def.art.-n.m.s. (I 706) *which is in the basin*

וְהִגַּעְתֶּם conj.-Hi. pf. 2 m.p. (נגע 619) *and touch*

אֶל־הַמַּשְׁקוֹף prep.-def.art.-n.m.s. (1054) *the lintel*

וְאֶל־שְׁתֵּי conj.-prep.-num. m.p. cstr. (1040) *and the two*

הַמְּזוּזֹת def.art.-n.f.p. (265) *doorposts*

מִן־הַדָּם prep.-def.art.-n.m.s. (196) *with the blood*

אֲשֶׁר בַּסַּף v.supra-v.supra *which is in the basin*

וְאַתֶּם conj.-pers.pr. 2 m.p. (61) *and ... you*

לֹא תֵצְאוּ neg.-Qal impf. 2 m.p. (יצא 422) *not ... shall go out*

אִישׁ n.m.s. (35) *one*

מִפֶּתַח־בֵּיתוֹ prep.-n.m.s. cstr. (835)-n.m.s.-3 m.s. sf. (108) *of the door of his house*

עַד־בֹּקֶר prep.-n.m.s. (133) *until morning*

12:23

וְעָבַר conj.-Qal pf. 3 m.s. (716) *for ... will pass through*

יהוה pr.n. (217) *Yahweh*

לִנְגֹּף prep.-Qal inf.cstr. (נגף 619) *to slay*

אֶת־מִצְרַיִם dir.obj.-pr.n. (595) *the Egyptians*

וְרָאָה conj.-Qal pf. 3 m.s. (906) *and when he sees*

אֶת־הַדָּם dir.obj.-def.art.-n.m.s. (196) *the blood*

עַל־הַמַּשְׁקוֹף prep.-def.art.-n.m.s. (1054) *on the lintel*

וְעַל שְׁתֵּי conj.-prep.-num. m.p. cstr. (1040) *and on the two*

הַמְּזוּזֹת def.art.-n.f.p. (265) *doorposts*

וּפָסַח יהוה conj.-Qal pf. 3 m.s. (I 820)-pr.n. (217) *Yahweh will pass over*

עַל־הַפֶּתַח prep.-def.art.-n.m.s. (835) *the door*

וְלֹא יִתֵּן conj.-neg.-Qal impf. 3 m.s. (נתן 678) *and will not allow*

הַמַּשְׁחִית def.art.-Hi. ptc. (שחת 1007; GK 126,1N) *the destroyer*

לָבֹא prep.-Qal inf.cstr. (בוא 97) *to enter*

אֶל־בָּתֵּיכֶם prep.-n.m.p.-2 m.p. sf. (108) *your houses*

לִנְגֹּף prep.-Qal inf.cstr. (נָגַף 619) *to slay*

12:24

וּשְׁמַרְתֶּם conj.-Qal pf. 2 m.p. (שָׁמַר 1036) *you shall observe*

אֶת־הַדָּבָר־הַזֶּה dir.obj.-def.art.-n.m.s. (182) -def.art.-demons.adj. m.s. (260) *this rite*

לְחָק־לְךָ prep.-n.m.s. (349)-prep.-2 m.s. sf. *as an ordinance for you*

וּלְבָנֶיךָ conj.-prep.-n.m.p.-2 m.s. sf. (119) *and for your sons*

עַד־עוֹלָם prep. (III 723)-n.m.s. (761) *for ever*

12:25

וְהָיָה conj.-Qal pf. 3 m.s. (224) *and (it shall be)*

כִּי־תָבֹאוּ conj.-Qal impf. 2 m.p. (בּוֹא 97) *when you come*

אֶל־הָאָרֶץ prep.-def.art.-n.f.s. (75) *to the land*

אֲשֶׁר יִתֵּן rel. (81)-Qal impf. 3 m.s. (נָתַן 678) *which ... will give*

יהוה pr.n. (217) *Yahweh*

לָכֶם prep.-2 m.p. sf. *you*

כַּאֲשֶׁר prep.-rel. (81) *as*

דִּבֵּר Pi. pf. 3 m.s. (180) *he has promised*

וּשְׁמַרְתֶּם v.supra *you shall keep*

אֶת־הָעֲבֹדָה dir.obj.-def.art.-n.f.s. (715) *service*

הַזֹּאת def.art.-demons.adj. f.s. (260) *this*

12:26

וְהָיָה כִּי־ conj.-Qal pf. 3 m.s. (224)-conj. *and when*

יֹאמְרוּ Qal impf. 3 m.p. (55) *say*

אֲלֵיכֶם prep.-2 m.p. sf. *to you*

בְּנֵיכֶם n.m.p.-2 m.p. sf. (119) *your children*

מָה interr. (552) *what*

הָעֲבֹדָה הַזֹּאת def.art.-n.f.s. (715)-def.art. -demons.adj. f.s. (260) *this service*

לָכֶם prep.-2 m.p. sf. *(to) you*

12:27

וַאֲמַרְתֶּם conj.-Qal pf. 2 m.p. (55) *you shall say*

זֶבַח־פֶּסַח n.m.s. cstr. (257)-n.m.s. (820) *sacrifice of passover*

הוּא pers.pr. 3 m.s. (214) *it is*

לַיהוה prep.-pr.n. (217) *Yahweh's*

אֲשֶׁר פָּסַח rel. (81)-Qal pf. 3 m.s. (I 820) *for he passed*

עַל־בָּתֵּי prep.-n.m.p. cstr. (108) *over the houses of*

בְּנֵי־יִשְׂרָאֵל n.m.p. cstr. (119)-pr.n. (975) *the people of Israel*

בְּמִצְרַיִם prep.-pr.n. (595) *in Egypt*

בְּנָגְפּוֹ prep.-Qal act.ptc.-3 m.s. sf. (נָגַף 619; GK 61a) *when he slew*

אֶת־מִצְרַיִם dir.obj.-pr.n. (595) *the Egyptians*

וְאֶת־בָּתֵּינוּ conj.-dir.obj.-n.m.p.-1 c.p. sf. (108) *but ... our houses*

הִצִּיל Hi. pf. 3 m.s. (נָצַל 664) *spared*

וַיִּקֹּד consec.-Qal impf. 3 m.s. (קָדַד I 869) *and ... bowed*

הָעָם def.art.-n.m.s. (I 766) *the people*

וַיִּשְׁתַּחֲווּ consec.-Hithpalel impf. 3 m.p. (שָׁחָה 1005) *and worshiped*

12:28

וַיֵּלְכוּ consec.-Qal impf. 3 m.p. (הָלַךְ 229) *then ... went*

וַיַּעֲשׂוּ consec.-Qal impf. 3 m.p. (עָשָׂה I 793) *and did*

בְּנֵי יִשְׂרָאֵל n.m.p. cstr. (119)-pr.n. (975) *the people of Israel*

כַּאֲשֶׁר prep.-rel. (81) *as*

צִוָּה יהוה Pi. pf. 3 m.s. (צָוָה 845)-pr.n. (217) *Yahweh had commanded*

אֶת־מֹשֶׁה dir.obj.-pr.n. (602) *Moses*

וְאַהֲרֹן conj.-pr.n. (14) *and Aaron*

כֵּן עָשׂוּ adv. (485)-Qal pf. 3 c.p. (עָשָׂה I 793) *so they did*

12:29

וַיְהִי consec.-Qal impf. 3 m.s. (הָיָה 224) *(and it was)*

בַּחֲצִי prep.-n.m.s. cstr. (345) *at mid-*

הַלַּיְלָה def.art.-n.m.s. (538) *night*

וַיהוה conj.-pr.n. (217) *Yahweh*

הִכָּה Hi. pf. 3 m.s. (נָכָה 645) *smote*

כָּל־בְּכוֹר n.m.s. cstr. (481)-n.m.s. (114) *all the first-born*

בְּאֶרֶץ prep.-n.f.s. cstr. (75) *in the land of*

מִצְרַיִם pr.n. (595) *Egypt*

מִבְּכֹר prep.-n.m.s. cstr. (114) *from the first-born of*

פַּרְעֹה pr.n. (829) *Pharaoh*

הַיֹּשֵׁב def.art.-Qal act.ptc. (יָשַׁב 442) *who sat*

עַל־כִּסְאוֹ prep.-n.m.s.-3 m.s. sf. (490) *on his throne*

עַד בְּכוֹר prep. (III 723)-n.m.s. cstr. (114) *to the first-born of*

הַשְּׁבִי def.art.-n.m.s. (985) *the captive*

אֲשֶׁר בְּבֵית rel. (81)-prep.-n.m.s. cstr. (108) *who was in (the house of)*

הַבּוֹר def.art.-n.m.s. (92) *the dungeon*

וְכֹל בְּכוֹר conj.-n.m.s. cstr. (481)-n.m.s. cstr. (114) *and all the first-born of*

בְּהֵמָה n.f.s. (96) *cattle*

12:30

וַיָּקָם consec.-Qal impf. 3 m.s. (קום 877) *and ... rose up*

פַּרְעֹה pr.n. (829) *Pharaoh*

לַיְלָה n.m.s. (538) *in the night*

הוּא pers.pr. 3 m.s. (214) *he*

וְכָל־עֲבָדָיו conj.-n.m.s. cstr. (481)-n.m.p.-3 m.s. sf. (712) *and all his servants*

וְכָל־מִצְרַיִם conj.-v.supra-pr.n. (595) *and all the Egyptians*

וַתְּהִי consec.-Qal impf. 3 f.s. (הָיָה 224) *and there was*

צְעָקָה גְדֹלָה n.f.s. (858)-adj. f.s. (152) *a great cry*

בְּמִצְרָיִם prep.-pr.n. paus. (595) *in Egypt*

כִּי־אֵין בַּיִת conj.-subst. cstr. (II 34)-n.m.s. (108) *for there was not a house*

אֲשֶׁר אֵין־שָׁם rel. (81)-v.supra-adv. (1027) *where one was not*

מֵת Qal act.ptc. (מות 559) *dead*

12:31

וַיִּקְרָא consec.-Qal impf. 3 m.s. (894) *and he summoned*

לְמֹשֶׁה prep.-pr.n. (602) *Moses*

וּלְאַהֲרֹן conj.-prep.-pr.n. (14) *and Aaron*

לַיְלָה n.m.s. (538) *by night*

וַיֹּאמֶר consec.-Qal impf. 3 m.s. (55) *and said*

קוּמוּ Qal impv. 2 m.p. (קום 877) *rise up*

צְּאוּ Qal impv. 2 m.p. (יָצָא 422; GK 20g) *go forth*

מִתּוֹךְ עַמִּי prep.-n.m.s. cstr. (1063)-n.m.s.-1 c.s. sf. (I 766) *from among my people*

גַּם־אַתֶּם adv. (168)-pers.pr. 2 m.p. (61) *both you*

גַּם־בְּנֵי יִשְׂרָאֵל v.supra-n.m.p. cstr. (119)-pr.n. (975) *and the people of Israel*

וּלְכוּ conj.-Qal impv. 2 m.p. (הָלַךְ 229) *and go*

עִבְדוּ Qal impv. 2 m.p. (712) *serve*

אֶת־יהוה dir.obj.-pr.n. (217) *Yahweh*

כְּדַבֶּרְכֶם prep.-Pi. inf.cstr.-2 m.p. sf. (180) *as you have said*

12:32

גַּם־צֹאנְכֶם adv. (168)-n.f.s.-2 m.p. sf. (838) *both your flocks*

גַּם־בְּקַרְכֶם v.supra-n.m.s.-2 m.p. sf. (133) *and your herds*

קְחוּ Qal impv. 2 m.p. (לָקַח 542) *take*

כַּאֲשֶׁר prep.-rel. (81) *as*

דִּבַּרְתֶּם Pi. pf. 2 m.p. (180) *you have said*

וָלֵכוּ conj.-Qal impv. 2 m.p. paus. (הָלַךְ 229) *and be gone*

וּבֵרַכְתֶּם conj.-Pi. pf. 2 m.p. (בֵּרַךְ 138) *and bless*

גַּם־אֹתִי v.supra-dir.obj.-1 c.s. sf. *me also*

12:33

וַתֶּחֱזַק consec.-Qal impf. 3 f.s. (חָזַק 304) *and ... were urgent*

מִצְרַיִם pr.n. (595) *the Egyptians*

עַל־הָעָם prep.-def.art.-n.m.s. (I 766) *with the people*

לְמַהֵר prep.-Pi. inf.cstr. as adv. (I 554) *in haste*

לְשַׁלְּחָם prep.-Pi. inf.cstr.-3 m.p. sf. (1018) *to send them*

מִן־הָאָרֶץ prep.-def.art.-n.f.s. (75) *out of the land*

כִּי אָמְרוּ conj.-Qal pf. 3 c.p. (55) *for they said*

כֻּלָּנוּ n.m.s.-1 c.p. sf. (481) *we are all*

מֵתִים Qal act.ptc. (מות 559) *dead men*

12:34

וַיִּשָּׂא consec.-Qal impf. 3 m.s. (נָשָׂא 669) *so ... took*

הָעָם def.art.-n.m.s. (I 766) *the people*

אֶת־בְּצֵקוֹ dir.obj.-n.m.s.-3 m.s. sf. (130) *their dough*

טֶרֶם יֶחְמָץ neg. (382)-Qal impf. 3 m.s. (חָמֵץ 329; GK 107c) *before it was leavened*

מִשְׁאֲרֹתָם n.f.p.-3 m.p. sf. (602) *their kneading bowls*

צְרֻרֹת Qal pass.ptc. f.p. (I 864) *being bound up*

בְּשִׂמְלֹתָם prep.-n.f.p.-3 m.p. sf. (971) *in their mantles*

עַל־שִׁכְמָם prep.-n.m.s.-3 m.p. sf. (I 1014) *on their shoulders*

12:35

וּבְנֵי־יִשְׂרָאֵל conj.-n.m.p. cstr. (119)-pr.n. (975) *also the people of Israel*

עָשׂוּ Qal pf. 3 c.p. (עָשָׂה I 793) *had done*

כִּדְבַר מֹשֶׁה prep.-n.m.s. cstr. (182)-pr.n. (602) *as Moses told*

וַיִּשְׁאֲלוּ consec.-Qal impf. 3 m.p. (שָׁאַל 981) *for they had asked*

מִמִּצְרַיִם prep.-pr.n. (595) *of the Egyptians*

כְּלֵי־כֶסֶף n.m.p. cstr. (479)-n.m.s. (494) *jewelry of silver*

וּכְלֵי זָהָב conj.-v.supra-n.m.s. (262) *and of gold*

וּשְׂמָלֹת conj.-n.f.p. (971) *and clothing*

12:36

וַיהוה conj.-pr.n. (217) *and Yahweh*

נָתַן Qal pf. 3 m.s. (678) *had given*

אֶת־חֵן dir.obj.-n.m.s. (336) *favor*

הָעָם def.art.-n.m.s. (I 766) *the people*

בְּעֵינֵי prep.-n.f.p. cstr. (744) *in the sight of*

מִצְרַיִם pr.n. (595) *the Egyptians*

וַיַּשְׁאִלוּם consec.-Hi. impf. 3 m.p.-3 m.p. sf. (981 שָׁאַל) *so that they let them have what they asked*

וַיְנַצְּלוּ consec.-Pi. impf. 3 m.p. (נָצַל 664) *thus they despoiled*

אֶת־מִצְרָיִם dir.obj.-pr.n. paus. (595) *the Egyptians*

12:37

וַיִּסְעוּ consec.-Qal impf. 3 m.p. (נָסַע 652) *and ... journeyed*

בְנֵי־יִשְׂרָאֵל n.m.p. cstr. (119)-pr.n. (975) *the people of Israel*

מֵרַעְמְסֵס prep.-pr.n. (947) *from Rameses*

סֻכֹּתָה pr.n.-dir.he (697) *to Succoth*

כְּשֵׁשׁ־מֵאוֹת prep.-num. (995)-num. f.p. (547) *about six hundred*

אֶלֶף n.m.s. (48) *thousand*

רַגְלִי adj. (920) *on foot*

הַגְּבָרִים def.art.-n.m.p. (149) *men*

לְבַד מִטָּף prep.-n.m.s. (94) as adv.-prep.-n.m.s. paus. (381) *besides children*

12:38

וְגַם־ conj.-adv. (168) *also*

עֵרֶב רַב n.m.s. (I 786)-adj. m.s. (I 912) *a mixed multitude*

עָלָה אִתָּם Qal pf. 3 m.s. (748)-prep.-3 m.p. sf. (II 85) *went out with them*

וְצֹאן conj.-n.f.s. (838) *both flocks*

וּבָקָר conj.-n.m.s. (133) *and herds*

מִקְנֶה n.m.s. (889) *cattle*

כָּבֵד מְאֹד adj. (458)-adv. (547) *very many*

12:39

וַיֹּאפוּ consec.-Qal impf. 3 m.p. (אָפָה 66; GK 117ii) *and they baked*

אֶת־הַבָּצֵק dir.obj.-def.art.-n.m.s. (130) *the dough*

אֲשֶׁר הוֹצִיאוּ rel. (81)-Hi. pf. 3 c.p. (יָצָא 422) *which they had brought*

מִמִּצְרַיִם prep.-pr.n. (595) *out of Egypt*

עֻגֹת מַצּוֹת n.f.p. cstr. (728)-n.f.p. (595) *unleavened cakes*

כִּי לֹא חָמֵץ conj.-neg.-Qal pf. 3 m.s. (I 329) *for it was not leavened*

כִּי־גֹרְשׁוּ conj.-Pu. pf. 3 c.p. (גָּרַשׁ 176) *because they were thrust*

מִמִּצְרַיִם prep.-pr.n. (595) *out of Egypt*

וְלֹא יָכְלוּ conj.-neg.-Qal pf. 3 c.p. (יָכֹל 407) *and could not*

לְהִתְמַהְמֵהַּ prep.-Hithpilpel inf.cstr. (מָהַהּ 554) *tarry*

וְגַם־צֵדָה conj.-adv. (168)-n.f.s. (845) *provisions*

לֹא־עָשׂוּ לָהֶם neg.-Qal pf. 3 c.p. (עָשָׂה I 793)-prep.-3 m.p. sf. *neither had they prepared for themselves*

12:40

וּמוֹשַׁב conj.-n.m.s. cstr. (444) *the time (of dwelling)*

בְּנֵי יִשְׂרָאֵל n.m.p. cstr. (119)-pr.n. (975) *the people of Israel*

אֲשֶׁר יָשְׁבוּ rel. (81)-Qal pf. 3 c.p. (יָשַׁב 442) *that dwelt*

בְּמִצְרָיִם prep.-pr.n. paus. (595) *in Egypt*

שְׁלֹשִׁים num. p. (1026) *thirty*

שָׁנָה n.f.s. (1040) *years*

וְאַרְבַּע מֵאוֹת conj.-num. (916)-n.f.p. cstr. (547) *and four hundred (of)*

שָׁנָה v.supra *(years)*

12:41

וַיְהִי consec.-Qal impf. 3 m.s. (הָיָה 224) *and*

מִקֵּץ שְׁלֹשִׁים prep.-n.m.s. cstr. (893)-num. p. (1026) *at the end of thirty*

שָׁנָה n.f.s. (1040) *years*

וְאַרְבַּע מֵאוֹת cf.12:40 conj.-num. (916)-n.f.p. cstr. (547) *and four hundred*

שָׁנָה v.supra *(years)*

וַיְהִי v.supra *(and it was)*

בְּעֶצֶם prep.-n.m.s. cstr. (782) *on ... very*

הַיּוֹם הַזֶּה def.art.-n.m.s. (398)-def.art.-demons.adj. m.s. (260) *that ... day*

יָצְאוּ Qal pf. 3 c.p. (יָצָא 422) *went out*

כָּל־צִבְאוֹת n.m.s. cstr. (481)-n.f.p. cstr. (838) *all the hosts of*

יהוה pr.n. (217) *Yahweh*

מֵאֶרֶץ prep.-n.f.s. cstr. (75) *from the land of*

מִצְרָיִם pr.n. paus. (595) *Egypt*

12:42

לֵיל n.m.s. cstr. (538) *a night of*

שִׁמֻּרִים n.m.p. (1037) *watching*

הוּא לַיהוה pers.pr. 3 m.s. (214)-prep.-pr.n. (217) *It was ... by Yahweh*

לְהוֹצִיאָם prep.-Hi. inf.cstr.-3 m.p. sf. (יָצָא 422) *to bring them*

מֵאֶרֶץ prep.-n.f.s. cstr. (75) *out of the land of*

מִצְרַיִם pr.n. paus. (595) *Egypt*

הוּא־הַלַּיְלָה v.supra-def.art.-n.m.s. (538) *so ... night*

הַזֶּה def.art.-demons.adj. m.s. (260) *this*

לַיהוה prep.-pr.n. (217) *to Yahweh*

שִׁמֻּרִים v.supra *watching*

לְכָל־בְּנֵי prep.-n.m.s. cstr. (481)-n.m.p. cstr. (119) *by all the people of*

יִשְׂרָאֵל pr.n. (975) *Israel*

לְדֹרֹתָם prep.-n.m.p.-3 m.p. sf. (189) *throughout their generations*

12:43

וַיֹּאמֶר יהוה consec.-Qal impf. 3 m.s. (55)-pr.n. (217) *and Yahweh said*

אֶל־מֹשֶׁה prep.-pr.n. (602) *to Moses*

וְאַהֲרֹן conj.-pr.n. (14) *and Aaron*

זֹאת חֻקַּת demons.adj. f.s. (260)-n.f.s. cstr. (349) *This is the ordinance of*

הַפָּסַח def.art.-n.m.s. paus. (820) *the passover*

כָּל־בֶּן־נֵכָר n.m.s. cstr. (481)-n.m.s. cstr. (119) -n.m.s. (648) *foreigner*

לֹא־יֹאכַל בּוֹ neg.-Qal impf. 3 m.s. (37; GK 119m)-prep.-3 m.s. sf. *no ... shall eat of it*

12:44

וְכָל־עֶבֶד conj.-n.m.s. cstr. (481)-n.m.s. (712) *but every slave*

אִישׁ n.m.s. (35) *each*

מִקְנַת־כָּסֶף n.f.s. cstr. (889)-n.m.s. paus. (494) *that is bought for money*

וּמַלְתָּה אֹתוֹ conj.-Qal pf. 2 m.s. (מול II 557) -dir.obj.-3 m.s. sf. *after you have circumcised him*

אָז adv. (23) *(then)*

יֹאכַל בּוֹ Qal impf. 3 m.s. (37)-prep.-3 m.s. sf. *may eat of it*

12:45

תּוֹשָׁב n.m.s. (444) *sojourner*

וְשָׂכִיר conj.-n.m.s. (969) *or hired servant*

לֹא־יֹאכַל בּוֹ neg.-Qal impf. 3 m.s. (37)-prep.-3 m.s. sf. *no ... may eat of it*

12:46

בְּבַיִת אֶחָד prep.-n.m.s. (108)-num. m.s. (25) *in one house*

יֵאָכֵל Ni. impf. 3 m.s. (אכל 37) *shall it be eaten*

לֹא־תוֹצִיא neg.-Hi. impf. 2 m.s. (יצא 422) *you shall not carry forth*

מִן־הַבַּיִת prep.-def.art.-n.m.s. (108) *(from) the house*

מִן־הַבָּשָׂר prep.-def.art.-n.m.s. (142) *any of the flesh*

חוּצָה n.m.s.-dir.he (299) *outside*

וְעֶצֶם conj.-n.f.s. (782) *and a bone*

לֹא תִשְׁבְּרוּ־בוֹ neg.-Qal impf. 2 m.p. (1036) -prep.-3 m.s. sf. *you shall not break of it*

12:47

כָּל־עֲדַת n.m.s. cstr. (481)-n.f.s. cstr. (II 417) *all the congregation of*

יִשְׂרָאֵל pr.n. (975) *Israel*

יַעֲשׂוּ אֹתוֹ Qal impf. 3 m.p. (עשה I 793)-dir. obj.-3 m.s. sf. *shall keep it*

12:48

וְכִי־יָגוּר conj.-conj.-Qal impf. 3 m.s. (גור 157) *and when ... shall sojourn*

אִתְּךָ גֵּר prep.-2 m.s. sf. (II 85)-n.m.s. (158) *with you a sojourner*

וְעָשָׂה conj.-Qal pf. 3 m.s. (I 793) *and would keep*

פֶסַח לַיהוה n.m.s. (820)-prep.-pr.n. (217) *passover to Yahweh*

הִמּוֹל לוֹ Ni. impv. 2 m.s. (מול II 557)-prep.-3 m.s. sf. *let be circumcised ... his*

כָּל־זָכָר n.m.s. cstr. (481)-n.m.s. (271; GK 113gg) *all ... males*

וְאָז יִקְרַב conj.-adv. (23)-Qal impf. 3 m.s. (897) *then he may come near*

לַעֲשֹׂתוֹ prep.-Qal inf.cstr.-3 m.s. sf. (עשה I 793) *and keep it*

וְהָיָה conj.-Qal pf. 3 m.s. (224) *he shall be*

כְּאֶזְרַח prep.-n.m.s. cstr. (280) *as a native of*

הָאָרֶץ def.art.-n.f.s. (75) *the land*

וְכָל־עָרֵל conj.-n.m.s. cstr. (481)-n.m.s. (790) *but ... uncircumcised person*

לֹא־יֹאכַל בּוֹ neg.-Qal impf. 3 m.s. (37)-prep.-3 m.s. sf. *no ... shall eat of it*

12:49

תּוֹרָה אַחַת n.f.s. (435)-num.adj. f.s. (25; GK 145u) *one law*

יִהְיֶה Qal impf. 3 m.s. (היה 224) *there shall be*

לָאֶזְרָח prep.-def.art.-n.m.s. paus. (280) *for the native*

וְלַגֵּר conj.-prep.-def.art.-n.m.s. (158) *and for the stranger*

הַגָּר def.art.-Qal act.ptc. (גור 157) *who sojourns*

בְּתוֹכְכֶם prep.-n.m.s. cstr. (1063)-2 m.p. sf. *among you*

12:50

וַיַּעֲשׂוּ consec.-Qal impf. 3 m.p. (עָשָׂה I 793) *thus did*

כָּל־בְּנֵי n.m.s. cstr. (481)-n.m.p. cstr. (119) *all the people of*

יִשְׂרָאֵל pr.n. (975) *Israel*

כַּאֲשֶׁר prep.-rel. (81) *as*

צִוָּה יְהוָה Pi. pf. 3 m.s. (צָוָה 845)-pr.n. (217) *Yahweh commanded*

אֶת־מֹשֶׁה dir.obj.-pr.n. (602) *Moses*

וְאֶת־אַהֲרֹן conj.-dir.obj.-pr.n. (14) *and Aaron*

כֵּן עָשׂוּ adv. (485)-Qal pf. 3 c.p. (עָשָׂה I 793) *so they did*

12:51

וַיְהִי consec. Qal impf. 3 m.s. (הָיָה 224) *and (it was)*

בְּעֶצֶם prep.-n.m.s. cstr. (782) *on ... very*

הַיּוֹם הַזֶּה def.art.-n.m.s. (398)-def.art.-demons.adj. m.s. (260) *that ... day*

הוֹצִיא יְהוָה Hi. pf. 3 m.s. (יָצָא 422)-pr.n. (217) *Yahweh brought*

אֶת־בְּנֵי dir.obj.-n.m.p. cstr. (119) *the people of*

יִשְׂרָאֵל pr.n. (975) *Israel*

מֵאֶרֶץ prep.-n.f.s. cstr. (75) *out of the land of*

מִצְרַיִם pr.n. (595) *Egypt*

עַל־צִבְאֹתָם prep.-n.f.p.-3 m.p. sf. (838) *by their hosts*

13:1

וַיְדַבֵּר consec.-Pi. impf. 3 m.s. (180) *said*

יְהוָה pr.n. (217) *Yahweh*

אֶל־מֹשֶׁה prep.-pr.n. (602) *to Moses*

לֵּאמֹר prep.-Qal inf.cstr. (55) *(saying)*

13:2

קַדֶּשׁ־לִי Pi. impv. 2 m.s. (872; GK 52n,113bb)-prep.-1 c.s. sf. *Consecrate to me*

כָּל־בְּכוֹר n.m.s. cstr. (481)-n.m.s. (114) *all the first-born*

פֶּטֶר n.m.s. cstr. (809) *whatever is the first to open*

כָּל־רֶחֶם n.m.s. cstr. (481)-n.m.s. (933) *the womb*

בִּבְנֵי יִשְׂרָאֵל prep.-n.m.p. cstr. (119)-pr.n. (975) *among the people of Israel*

בָּאָדָם prep.-def.art.-n.m.s. (9) *both of man*

וּבַבְּהֵמָה conj.-prep.-def.art.-n.f.s. (96) *and of beast*

לִי הוּא prep.-1 c.s. sf.-pers.pr. 3 m.s. (214) *is mine (it)*

13:3

וַיֹּאמֶר מֹשֶׁה consec.-Qal impf. 3 m.s. (55)-pr.n. (602) *and Moses said*

אֶל־הָעָם prep.-def.art.-n.m.s. (I 766) *to the people*

זָכוֹר Qal inf.abs. (זָכַר 269) *Remember*

אֶת־הַיּוֹם הַזֶּה dir.obj.-def.art.-n.m.s. (398)-def.art.-demons.adj. m.s. (260) *this day*

אֲשֶׁר rel. (81) *in which*

יְצָאתֶם Qal pf. 2 m.p. (יָצָא 422) *you came out*

מִמִּצְרַיִם prep.-pr.n. (595) *from Egypt*

מִבֵּית prep.-n.m.s. cstr. (108) *out of the house of*

עֲבָדִים n.m.p. (712) *bondage*

כִּי בְּחֹזֶק conj.-prep.-n.m.s. cstr. (305) *for by strength of*

יָד n.f.s. (388) *hand*

הוֹצִיא יְהוָה Hi. pf. 3 m.s. (יָצָא 422)-pr.n. (217) *Yahweh brought out*

אֶתְכֶם dir.obj.-2 m.p. sf. *you*

מִזֶּה prep.-demons.adj. m.s. (260) *from this place*

וְלֹא יֵאָכֵל conj.-neg.-Ni. impf. 3 m.s. (37) *no ... shall be eaten*

חָמֵץ n.m.s. (329) *unleavened bread*

13:4

הַיּוֹם def.art.-n.m.s. (398) *this day*

אַתֶּם יֹצְאִים pers.pr. 2 m.p. (61)- impf. Qal act.ptc. m.p. (422) *you are to go forth*

בְּחֹדֶשׁ prep.-n.m.s. cstr. (II 294) *in the month of*

הָאָבִיב dir.obj.-pr.n. (1) *Abib*

13:5

וְהָיָה conj.-Qal pf. 3 m.s. (224) *and (it shall be)*

כִּי־יְבִיאֲךָ conj.-Hi. impf. 3 m.s.-2 m.s. sf. (בּוֹא 97) *when ... brings you*

יְהוָה pr.n. (217) *Yahweh*

אֶל־אֶרֶץ prep.-n.f.s. cstr. (75) *into the land of*

הַכְּנַעֲנִי def.art.-pr.n. (489) cf.3:17 *the Canaanites*

וְהַחִתִּי conj.-def.art.-pr.n. (366) *the Hittites*

וְהָאֱמֹרִי conj.-def.art.-pr.n. (57) *the Amorites*

וְהַחִוִּי conj.-def.art.-pr.n. (295) *the Hivites*

וְהַיְבוּסִי conj.-def.art.-pr.n. (101) *and the Jebusites*

אֲשֶׁר נִשְׁבַּע rel. (81)-Ni. pf. 3 m.s. (989) *which he swore*

לַאֲבֹתֶיךָ prep.-n.m.p.-2 m.s. sf. (3) *to your fathers*

לָתֶת לָךְ prep.-Qal inf.cstr. (נָתַן 678)-prep.-2 m.s. sf. paus. *to give you*

אֶרֶץ n.f.s. (75) *a land*

זָבַת Qal act.ptc. f.s. cstr. (זוב 264) *flowing with*

חָלָב n.m.s. (316) *milk*

וּדְבָשׁ conj.-n.m.s. paus. (185) *and honey*

וְעָבַדְתָּ conj.-Qal pf. 2 m.s. (עבד 712) *you shall keep*

אֶת־הָעֲבֹדָה dir.obj.-def.art.-n.f.s. (715) *service*

הַזֹּאת def.art.-demons.adj. f.s. (260) *this*

בַּחֹדֶשׁ הַזֶּה prep.-def.art.-n.m.s. (II 294)-def.art.-demons.adj. m.s. (260) *in this month*

13:6

שִׁבְעַת num. f.s. cstr. (988; GK 118k) *seven (of)*

יָמִים n.m.p. (398) *days*

תֹּאכַל Qal impf. 2 m.s. (37) *you shall eat*

מַצֹּת n.f.p. (595) *unleavened bread*

וּבַיּוֹם conj.-prep.-def.art.-n.m.s. (398) *and on the … day*

הַשְּׁבִיעִי def.art.-num.adj. (988) *seventh*

חַג לַיהוָה n.m.s. (290)-prep.-pr.n. (217) *a feast to Yahweh*

13:7

מַצּוֹת n.f.p. (595) *unleavened bread*

יֵאָכֵל Ni. impf. 3 m.s. (37; GK 121b) *shall be eaten*

אֵת שִׁבְעַת dir.obj.-n.f.s. cstr. (988) *for seven (of)*

הַיָּמִים def.art.-n.m.p. (398) *days*

וְלֹא־יֵרָאֶה conj.-neg.-Ni. impf. 3 m.s. (906) *no … shall be seen*

לְךָ prep.-2 m.s. sf. *with you*

חָמֵץ n.m.s. (329) *leavened bread*

וְלֹא־יֵרָאֶה v.supra-v.supra *and no … shall be seen*

לְךָ v.supra *with you*

שְׂאֹר n.m.s. (959) *leaven*

בְּכָל־גְּבֻלֶךָ prep.-n.m.s. cstr. (481)-n.m.s.-2 m.s. sf. (147) *in all your territory*

13:8

וְהִגַּדְתָּ conj.-Hi. pf. 2 m.s. (נגד 616) *and you shall tell*

לְבִנְךָ prep.-n.m.s.-2 m.s. sf. (119) *your son*

בַּיּוֹם הַהוּא prep.-def.art.-n.m.s. (398)-def.art.-demons.adj. m.s. (214) *on that day*

לֵאמֹר prep.-Qal inf.cstr. (55) *(saying)*

בַּעֲבוּר זֶה prep.-n.m.s. cstr. (II 721)-demons.adj. m.s. (260; GK 138h) *because of what*

עָשָׂה יהוה Qal pf. 3 m.s. (I 793)-pr.n. (217) *Yahweh did*

לִי prep.-1 c.s. sf. *for me*

בְּצֵאתִי prep.-Qal inf.cstr.-1 c.s. sf. (יצא 422) *when I came out*

מִמִּצְרָיִם prep.-pr.n. paus. (595) *of Egypt*

13:9

וְהָיָה לְךָ conj.-Qal pf. 3 m.s. (224)-prep.-2 m.s. sf. *and it shall be to you*

לְאוֹת prep.-n.m.s. (16) *as a sign*

עַל־יָדְךָ prep.-n.f.s.-2 m.s. sf. (388) *on your hand*

וּלְזִכָּרוֹן conj.-prep.-n.m.s. (272) *and as a memorial*

בֵּין עֵינֶיךָ prep.-n.f.p.-2 m.s. sf. (744) *between your eyes*

לְמַעַן prep.-prep. (775) *that*

תִּהְיֶה Qal impf. 3 f.s. (היה 224) *may be*

תּוֹרַת יהוה n.f.s. cstr. (435)-pr.n. (217) *the law of Yahweh*

בְּפִיךָ prep.-n.m.s.-2 m.s. sf. (804) *in your mouth*

כִּי בְּיָד conj.-prep.-n.f.s. (388) *for with a … hand*

חֲזָקָה adj. f.s. (305) *strong*

הוֹצִאֲךָ Hi. pf. 3 m.s.-2 m.s. sf. (יצא 422) *has brought you*

יהוה pr.n. (217) *Yahweh*

מִמִּצְרָיִם prep.-pr.n. paus. (595) *out of Egypt*

13:10

וְשָׁמַרְתָּ conj.-Qal pf. 2 n,s, (1036) *you shall therefore keep*

אֶת־הַחֻקָּה dir.obj.-def.art.-n.f.s. (349) *… ordinance*

הַזֹּאת def.art.-demons.adj. f.s. (260) *this*

לְמוֹעֲדָהּ prep.-n.m.s.-3 f.s. sf. (417) *at its appointed time*

מִיָּמִים prep.-n.m.p. (398) *from year*

יָמִימָה n.m.p.-dir.he (398) *to year*

13:11

וְהָיָה conj.-Qal pf. 3 m.s. (224) *and (it shall be)*

כִּי־יְבִאֲךָ יהוה conj.-Hi. impf. 3 m.s.-2 m.s. sf. (בוא 97)-pr.n. (217) *when Yahweh brings you*

אֶל־אֶרֶץ prep.-n.f.s. cstr. (75) *into the land of*

הַכְּנַעֲנִי def.art.-pr.n. (489) *the Canaanites*

כַּאֲשֶׁר prep.-rel. (81) *as*

נִשְׁבַּע Ni. pf. 3 m.s. (989) *he swore*

לְךָ prep.-2 m.s. sf. *to you*

וְלַאֲבֹתֶיךָ conj.-prep.-n.m.p.-2 m.s. sf. (3) *and your fathers*

וּנְתָנָהּ conj.-Qal pf. 3 m.s.-3 f.s. sf. (678) *and shall give it*

לָךְ prep.-2 m.s. sf. paus. *to you*

295

13:12

וְהַעֲבַרְתָּ֥ conj.-Hi. pf. 2 m.s. (716) *you shall set apart*

כָּל־פֶּ֣טֶר־ n.m.s. cstr. (481)-n.m.s. cstr. (809) *all that first opens*

רֶ֖חֶם n.m.s. (933) *the womb*

לַיהוָ֑ה prep.-pr.n. (217) *to Yahweh*

וְכָל־פֶּ֣טֶר conj.-v.supra-v.supra *all the firstlings of*

שֶׁ֣גֶר n.f.s. cstr. (993) *(offspring of)*

בְּהֵמָ֗ה n.f.s. (96) *cattle*

אֲשֶׁ֨ר יִהְיֶ֥ה rel. (81)-Qal impf. 3 m.s. (הָיָה 224) *that are*

לְךָ֛ prep.-2 m.s. sf. *your*

הַזְּכָרִ֖ים def.art.-n.m.p. (271) *males*

לַיהוָֽה v.supra *Yahweh's*

13:13

וְכָל־פֶּ֤טֶר conj.-n.m.s. cstr. (481)-n.m.s. cstr. (809) *every firstling of*

חֲמֹר֙ n.m.s. (331) *an ass*

תִּפְדֶּ֣ה Qal impf. 2 m.s. (804) *you shall redeem*

בְשֶׂ֔ה prep.-n.m.s. (961) *with a lamb*

וְאִם־לֹ֥א תִפְדֶּ֖ה conj.-hypoth.part. (49)-neg.-Qal impf. 2 m.s. (804) *or if you will not redeem*

וַעֲרַפְתֹּ֑ו conj.-Qal pf. 2 m.s.-3 m.s. sf. (עָרַף 791) *you shall break its neck*

וְכֹ֨ל בְּכֹ֥ור conj.-n.m.s. cstr. (481)-n.m.s. cstr. (114) *every first-born of*

אָדָ֛ם n.m.s. (9) *man*

בְּבָנֶ֖יךָ prep.-n.m.p.-2 m.s. sf. (119) *among your sons*

תִּפְדֶּֽה v.supra *you shall redeem*

13:14

וְהָיָ֞ה conj.-Qal pf. 3 m.s. (224) *and (it shall be)*

כִּי־יִשְׁאָלְךָ֥ conj.-Qal impf. 3 m.s.-2 m.s. sf. (981) *when ... asks you*

בִנְךָ֛ n.m.s.-2 m.s. sf. (119) *your son*

מָחָ֖ר adv. (563) *in time to come*

לֵאמֹ֣ר prep.-Qal inf.cstr. (55) *(saying)*

מַה־זֹּ֑את interr. (552)-demons.adj. f.s. (260) *what does this mean*

וְאָמַרְתָּ֣ conj.-Qal pf. 2 m.s. (55) *you shall say*

אֵלָ֔יו prep.-3 m.s. sf. *to him*

בְּחֹ֣זֶק יָ֗ד prep.-n.m.s. cstr. (305)-n.f.s. (388) *By strength of hand*

הֹוצִיאָ֧נוּ Hi. pf. 3 m.s.-1 c.p. sf. (יָצָא 422) *brought us out*

יְהוָ֛ה pr.n. (217) *Yahweh*

מִמִּצְרַ֖יִם prep.-pr.n. (595) *of Egypt*

מִבֵּ֥ית prep.-n.m.s. cstr. (108) *from the house of*

עֲבָדִֽים n.m.p. (713) *bondage*

13:15

וַיְהִ֗י consec.-Qal impf. 3 m.s. (224) *for (it shall be)*

כִּי־הִקְשָׁ֣ה conj.-Hi. pf. 3 m.s. (קָשָׁה 904) *when ... stubbornly refused*

פַרְעֹה֮ pr.n. (829) *Pharaoh*

לְשַׁלְּחֵנוּ֒ prep.-Pi. inf.cstr.-1 c.p. sf. (1018) *to let us go*

וַיַּהֲרֹ֨ג יְהֹוָ֤ה consec.-Qal impf. 3 m.s. (246)-pr.n. (217) *Yahweh slew*

כָּל־בְּכֹור֙ n.m.s. cstr. (481)-n.m.s. (114) *all the first-born*

בְּאֶ֣רֶץ prep.-n.f.s. cstr. (75) *in the land of*

מִצְרַ֔יִם pr.n. (595) *Egypt*

מִבְּכֹ֥ר אָדָ֖ם prep.-n.m.s. cstr. (114)-n.m.s. (9) *both the first-born of man*

וְעַד־בְּכֹ֣ור conj.-prep.-n.m.s. (114) *and the first-born of*

בְּהֵמָ֑ה n.f.s. (96) *cattle*

עַל־כֵּן֩ prep.-adv. (485) *therefore*

אֲנִ֨י זֹבֵ֜חַ pers.pr. 1 c.s. (58)-Qal act.ptc. (256) *I sacrifice*

לַֽיהוָ֗ה prep.-pr.n. (217) *to Yahweh*

כָּל־פֶּ֤טֶר n.m.s. cstr. (481)-n.m.s. cstr. (809) *all that first open*

רֶ֙חֶם֙ n.m.s. (933) *the womb*

הַזְּכָרִ֔ים def.art.-n.m.p. (271) *the males*

וְכָל־בְּכֹ֥ור conj.-n.m.s. cstr. (481)-n.m.s. cstr. (114) *but all the first-born of*

בָּנַ֖י n.m.p.-1 c.s. sf. (119) *my sons*

אֶפְדֶּֽה Qal impf. 1 c.s. (פָּדָה 804) *I redeem*

13:16

וְהָיָ֤ה לְאֹות֙ conj.-Qal pf. 3 m.s. (224)-prep.-n.m.s. (16) *it shall be as a mark*

עַל־יָ֣דְכָ֔ה prep.-n.f.s.-2 m.s. sf. (388) *on your hand*

וּלְטֹוטָפֹ֖ת conj.-prep.-n.f.p. (377) *or frontlets*

בֵּ֣ין עֵינֶ֑יךָ prep.-n.f.p.-2 m.s. sf. (744) *between your eyes*

כִּ֚י בְּחֹ֣זֶק יָ֔ד conj.-prep.-n.m.s. cstr. (305)-n.f.s. (388) *for by a strong hand*

הֹוצִיאָ֥נוּ Hi. pf. 3 m.s.-1 c.p. sf. (יָצָא 422) *brought us out*

יְהוָ֖ה pr.n. (217) *Yahweh*

מִמִּצְרָֽיִם prep.-pr.n. paus. (595) *of Egypt*

13:17

וַיְהִ֗י consec.-Qal impf. 3 m.s. (הָיָה 224) *(and it was)*

בְּשַׁלַּח פַּרְעֹה prep.-Pi. inf.cstr. (1018)-pr.n. (829) *when Pharaoh let go*

אֶת־הָעָם dir.obj.-def.art.-n.m.s. (I 766) *the people*

וְלֹא־נָחָם conj.-neg.-Qal pf. 3 m.s.-3 m.p. sf. (נָחָה 634) *did not lead them*

אֱלֹהִים n.m.p. (43) *God*

דֶּרֶךְ n.m.s. cstr. (202) *by way of*

אֶרֶץ n.f.s. cstr. (75) *the land of*

פְּלִשְׁתִּים pr.n. adj. p. (814) *the Philistines*

כִּי קָרוֹב הוּא conj.-adj. (898)-pers.pr. 3 m.s. (214) *although that was near*

כִּי אָמַר conj.-Qal pf. 3 m.s. (55) *for ... said*

אֱלֹהִים n.m.p. (43) *God*

פֶּן־יִנָּחֵם conj. (814)-Ni. impf. 3 m.s. (נָחַם 636) *lest ... repent*

הָעָם def.art.-n.m.s. (I 766) *the people*

בִּרְאֹתָם prep.-Qal inf.cstr. (906)-3 m.p. sf. *when they see*

מִלְחָמָה n.f.s. (536) *war*

וְשָׁבוּ conj.-Qal pf. 3 c.p. (שׁוּב 996) *and return*

מִצְרָיְמָה pr.n.-dir.he (595) *to Egypt*

13:18

וַיַּסֵּב אֱלֹהִים consec.-Hi. impf. 3 m.s. (סָבַב 685; GK 67y)-n.m.p. (43) *but God led round*

אֶת־הָעָם dir.obj.-def.art.-n.m.s. (I 766) *the people*

דֶּרֶךְ n.m.s. cstr. (202) *by the way of*

הַמִּדְבָּר def.art.-n.m.s. (184) *the wilderness*

יַם־סוּף n.m.s. cstr. (410)-n.m.s. (I 693) *toward the Red Sea (sea of rushes)*

וַחֲמֻשִׁים conj.-adj. p. (332) *and equipped for battle*

עָלוּ Qal pf. 3 c.p. (עָלָה 748) *went up*

בְּנֵי־יִשְׂרָאֵל n.m.p. cstr. (119)-pr.n. (975) *the people of Israel*

מֵאֶרֶץ prep.-n.f.s. cstr. (75) *out of the land of*

מִצְרָיִם pr.n. paus. (595) *Egypt*

13:19

וַיִּקַּח מֹשֶׁה consec.-Qal impf. 3 m.s. (לָקַח 542)-pr.n. (602) *and Moses took*

אֶת־עַצְמוֹת dir.obj.-n.f.p. cstr. (782) *the bones of*

יוֹסֵף pr.n. (415) *Joseph*

עִמּוֹ prep.-3 m.s. sf. *with him*

כִּי הַשְׁבֵּעַ conj.-Hi. inf.abs. (989) *for ... solemnly*

הִשְׁבִּיעַ Hi. pf. 3 m.s. (989) *he had sworn*

אֶת־בְּנֵי dir.obj.-n.m.p. cstr. (119) *the people of*

יִשְׂרָאֵל pr.n. (975) *Israel*

לֵאמֹר prep.-Qal inf.cstr. (55) *saying*

פָּקֹד יִפְקֹד Qal inf.abs. (823)-Qal impf. 3 m.s. (823) *will visit*

אֱלֹהִים n.m.p. (43) *God*

אֶתְכֶם dir.obj.-2 m.p. sf. *you*

וְהַעֲלִיתֶם conj.-Hi. pf. 2 m.p. (עָלָה 748) *then you must carry*

אֶת־עַצְמֹתַי dir.obj.-n.f.p.-1 c.s. sf. (782) *my bones*

מִזֶּה prep.-demons.adj. m.s. (260) *from here*

אִתְּכֶם prep.-2 m.p. sf. (II 85) *with you*

13:20

וַיִּסְעוּ consec.-Qal impf. 3 m.p. (נָסַע I 652) *and they moved on*

מִסֻּכֹּת prep.-pr.n. (697) *from Succoth*

וַיַּחֲנוּ consec.-Qal impf. 3 m.p. (חָנָה 333) *and encamped*

בְאֵתָם prep.-pr.n. (87) *at Etham*

בִּקְצֵה prep.-n.m.s. cstr. (892) *on the edge of*

הַמִּדְבָּר def.art.-n.m.s. (184) *the wilderness*

13:21

וַיהוָה conj.-pr.n. (217) *and Yahweh*

הֹלֵךְ Qal act.ptc. (229) *went*

לִפְנֵיהֶם prep.-n.m.s.-3 m.p. sf. (815) *before them*

יוֹמָם adv. (401) *by day*

בְּעַמּוּד prep.-n.m.s. cstr. (765) *in a pillar of*

עָנָן n.m.s. (777) *cloud*

לַנְחֹתָם prep.-Hi. inf.cstr.-3 m.p. sf. (נָחָה 634; GK 53q) *to lead them*

הַדֶּרֶךְ def.art.-n.m.s. (202) *along the way*

וְלַיְלָה conj.-n.m.s. (538) *and by night*

בְּעַמּוּד v.supra *in a pillar of*

אֵשׁ n.f.s. (77) *fire*

לְהָאִיר prep.-Hi. inf.cstr. (אוֹר 21) *to give light*

לָהֶם prep.-3 m.p. sf. *to them*

לָלֶכֶת prep.-Qal inf.cstr. (הָלַךְ 229) *that they might travel*

יוֹמָם v.supra *by day*

וָלָיְלָה conj.-n.m.s. as adv. paus. (538) *and by night*

13:22

לֹא־יָמִישׁ neg.-Hi. impf. 3 m.s. (מוּשׁ I 559) *did not depart from*

עַמּוּד n.m.s. cstr. (765) *the pillar of*

הֶעָנָן יוֹמָם def.art.-n.m.s. (777)-v.supra cf.13:21 *cloud by day*

וְעַמּוּד conj.-v.supra *and the pillar of*

הָאֵשׁ def.art.-n.f.s. (77) *fire*

לָיְלָה n.m.s. as adv. paus. (538) *by night*

לִפְנֵי prep.-n.m.p. cstr. (815) *before*

הָעָם def.art.-n.m.s. (I 766) *the people*

14:1

וַיְדַבֵּר consec.-Pi. impf. 3 m.s. (180) *then ... said*
יְהוָה pr.n. (217) *Yahweh*
אֶל־מֹשֶׁה prep.-pr.n. (602) *to Moses*
לֵּאמֹר prep.-Qal inf.cstr. (55) *(saying)*

14:2

דַּבֵּר Pi. impv. 2 m.s. (180) *Tell*
אֶל־בְּנֵי prep.-n.m.p. cstr. (119) *the people of*
יִשְׂרָאֵל pr.n. (975) *Israel*
וְיָשֻׁבוּ conj.-Qal impf. 3 m.p. (שׁוּב 996) *to turn back*
וְיַחֲנוּ conj.-Qal impf. 3 m.p. (חָנָה 333) *and encamp*
לִפְנֵי prep.-n.m.p. cstr. (815) *in front of*
פִּי הַחִירֹת pr.n. (809) *Pihahiroth*
בֵּין מִגְדֹּל prep. pr.n. (I 164) *between Migdol*
וּבֵין הַיָּם conj.-prep.-def.art.-n.m.s. (410) *and the sea*
לִפְנֵי v.supra *in front of*
בַּעַל צְפֹן pr.n. (128) *Baalzephon*
נִכְחוֹ adv. acc.-3 m.s. sf. (647; GK 93q) *over against it*
תַחֲנוּ Qal impf. 2 m.p. (חָנָה 333) *you shall encamp*
עַל־הַיָּם prep.-def.art.-n.m.s. (410) *by the sea*

14:3

וְאָמַר conj.-Qal pf. 3 m.s. (55) *for ... will say*
פַּרְעֹה pr.n. (829) *Pharaoh*
לִבְנֵי prep.-n.m.p. cstr. (119) *of the people of*
יִשְׂרָאֵל pr.n. (975) *Israel*
נְבֻכִים Ni. pass.ptc. m.p. (בּוּךְ 100) *are entangled*
הֵם pers.pr. 3 m.p. (241) *they*
בָּאָרֶץ prep.-def.art.-n.f.s. (75) *in the land*
סָגַר Qal pf. 3 m.s. (688) *has shut in*
עֲלֵיהֶם prep.-3 m.p. sf. *them*
הַמִּדְבָּר def.art.-n.m.s. (184) *the wilderness*

14:4

וְחִזַּקְתִּי conj.-Pi. pf. 1 c.s. (חָזַק 304) *and I will harden*
אֶת־לֵב dir.obj.-n.m.s. cstr. (523) *the heart of*
פַּרְעֹה pr.n. (829) *Pharaoh*
וְרָדַף conj.-Qal pf. 3 m.s. (922) *and he will pursue*
אַחֲרֵיהֶם prep.-3 m.p. sf. (29) *(after) them*
וְאִכָּבְדָה conj.-Ni. impf. 1 c.s.-coh.he (כָּבֵד 457) *and I will get glory*
בְּפַרְעֹה prep.-pr.n. (829) *over Pharaoh*

וּבְכָל־חֵילוֹ conj.-prep.-n.m.s. cstr. (481)-n.m.s.-3 m.s. sf. (298) *and all his host*
וְיָדְעוּ conj.-Qal pf. 3 c.p. (393) *and ... shall know*
מִצְרַיִם pr.n. (595) *the Egyptians*
כִּי־אֲנִי conj.-pers.pr. 1 c.s. (58) *that I*
יְהוָה pr.n. (217) *Yahweh*
וַיַּעֲשׂוּ־כֵן consec.-Qal impf. 3 m.p. (עָשָׂה I 793)-adv. (485) *and they did so*

14:5

וַיֻּגַּד consec.-Ho. impf. 3 m.s. (נָגַד 616) *when it was told*
לְמֶלֶךְ prep.-n.m.s. cstr. (I 572) *the king of*
מִצְרַיִם pr.n. (595) *Egypt*
כִּי בָרַח conj.-Qal pf. 3 m.s. (137) *that had fled*
הָעָם def.art.-n.m.s. (I 766) *the people*
וַיֵּהָפֵךְ consec.-Ni. impf. 3 m.s. (הָפַךְ 245) *and was changed*
לְבַב פַּרְעֹה n.m.s. cstr. (523)-pr.n. (829) *the mind of Pharaoh*
וַעֲבָדָיו conj.-n.m.p.-3 m.s. sf. (713) *and his servants*
אֶל־הָעָם prep.-def.art.-n.m.s. (I 766) *toward the people*
וַיֹּאמְרוּ consec.-Qal impf. 3 m.p. (55) *and they said*
מַה־זֹּאת interr. (552)-demons.adj. f.s. (260) *what is this*
עָשִׂינוּ Qal pf. 1 c.p. (עָשָׂה I 793) *we have done*
כִּי־שִׁלַּחְנוּ conj.-Pi. pf. 1 c.p. (1018) *that we have let go*
אֶת־יִשְׂרָאֵל dir.obj.-pr.n. (975) *Israel*
מֵעָבְדֵנוּ prep.-Qal inf.cstr.-1 c.p. sf. (712) *from serving us*

14:6

וַיֶּאְסֹר consec.-Qal impf. 3 m.s. (אָסַר 63) *so he made ready*
אֶת־רִכְבּוֹ dir.obj.-n.m.s.-3 m.s. sf. (939) *his chariot*
וְאֶת־עַמּוֹ conj.-dir.obj.-n.m.s.-3 m.s. sf. (I 766) *and his army (people)*
לָקַח עִמּוֹ Qal pf. 3 m.s. (542)-prep.-3 m.s. sf. *he took with him*

14:7

וַיִּקַּח consec.-Qal impf. 3 m.s. (לָקַח 542) *and took*
שֵׁשׁ־מֵאוֹת num. (995)-n.f.p. cstr. (547) *six hundred (of)*
רֶכֶב n.m.s. (939) *chariots*
בָּחוּר Qal pass.ptc. (בָּחַר 103) *picked*

וְכֹל רֶכֶב conj.-n.m.s. cstr. (481)-n.m.s. cstr. (939) *and all the other chariots of*

מִצְרַיִם pr.n. paus. (595) *Egypt*

וְשָׁלִשָׁם conj.-n.m.p. (III 1026) *with officers*

עַל־כֻּלּוֹ prep.-n.m.s.-3 m.s. sf. (481) *over all of them*

14:8

וַיְחַזֵּק consec.-Pi. impf. 3 m.s. (חָזַק 304) *and hardened*

יהוה pr.n. (217) *Yahweh*

אֶת־לֵב dir.obj.-n.m.s. cstr. (523) *the heart of*

פַּרְעֹה pr.n. (829) *Pharaoh*

מֶלֶךְ n.m.s. cstr. (I 572) *king of*

מִצְרַיִם pr.n. (595) *Egypt*

וַיִּרְדֹּף consec.-Qal impf. 3 m.s. (רָדַף 922) *and he pursued*

אַחֲרֵי בְּנֵי prep. (29)-n.m.p. cstr. (119) *the people of*

יִשְׂרָאֵל pr.n. (975) *Israel*

וּבְנֵי יִשְׂרָאֵל conj.-n.m.p. cstr. (119)-pr.n. (975) *as they (the children of Israel)*

יֹצְאִים Qal act.ptc. m.p. (יָצָא 422) *went forth*

בְּיָד רָמָה prep.-n.f.s. (388)-Qal act.ptc. f.s. as adj. (926) *defiantly (with uplifted hand)*

14:9

וַיִּרְדְּפוּ consec.-Qal impf. 3 m.p. (רָדַף 922) *pursued*

מִצְרַיִם pr.n. (595) *the Egyptians*

אַחֲרֵיהֶם prep.-3 m.p. sf. (29) *(after) them*

וַיַּשִּׂיגוּ consec.-Hi. impf. 3 m.p. (נָשַׂג 673) *and overtook*

אוֹתָם dir.obj.-3 m.p. sf. *them*

חֹנִים Qal act.ptc. m.p. (חָנָה 333) *encamped*

עַל־הַיָּם prep.-def.art.-n.m.s. (410) *at the sea*

כָּל־סוּס n.m.s. cstr. (481)-n.m.s. cstr. (692) *all horses*

רֶכֶב n.m.s. cstr. (939) *chariots of*

פַּרְעֹה pr.n. (829) *Pharaoh*

וּפָרָשָׁיו conj.-n.m.p.-3 m.p. sf. (832) *and his horsemen*

וְחֵילוֹ conj.-n.m.s.-3 m.s. sf. (298) *and his army*

עַל־פִּי הַחִירֹת prep.-pr.n. (809) *by Pihahiroth*

לִפְנֵי prep.-n.m.p. cstr. (815) *in front of*

בַּעַל צְפֹן pr.n. (128) *Baalzephon*

14:10

וּפַרְעֹה conj.-pr.n. (829) *when Pharaoh*

הִקְרִיב Hi. pf. 3 m.s. (897) *drew near*

וַיִּשְׂאוּ consec.-Qal impf. 3 m.p. (נָשָׂא 669) *lifted up*

בְּנֵי־יִשְׂרָאֵל n.m.p. cstr. (119)-pr.n. (975) *the people of Israel*

אֶת־עֵינֵיהֶם dir.obj.-n.f.p.-3 m.p. sf. (744) *their eyes*

וְהִנֵּה conj.-demons.part. (243) *and behold*

מִצְרַיִם pr.n. (595) *the Egyptians*

נֹסֵעַ Qal act.ptc. (נָסַע 652) *were marching*

אַחֲרֵיהֶם prep.-3 m.p. sf. (29) *after them*

וַיִּירְאוּ consec.-Qal impf. 3 m.p. (יָרֵא 431) *and they were in fear*

מְאֹד adv. (547) *great*

וַיִּצְעֲקוּ consec.-Qal impf. 3 m.p. (צָעַק 858) *and cried out*

בְנֵי־יִשְׂרָאֵל n.m.p. cstr. (119)-pr.n. (975) *the people of Israel*

אֶל־יהוה prep.-pr.n. (217) *to Yahweh*

14:11

וַיֹּאמְרוּ consec.-Qal impf. 3 m.p. (55) *and they said*

אֶל־מֹשֶׁה prep.-pr.n. (602) *to Moses*

הֲמִבְּלִי interr.part.-prep.-subst. (115) *is it because*

אֵין־קְבָרִים subst. (II 34)-n.m.p. (868) *there are no graves*

בְּמִצְרַיִם prep.-pr.n. (595) *in Egypt*

לְקַחְתָּנוּ Qal pf. 2 m.s.-1 c.p. sf. (542) *that you have taken us away*

לָמוּת prep.-Qal inf.cstr. (מוּת 559) *to die*

בַּמִּדְבָּר prep.-def.art.-n.m.s. (184) *in the wilderness*

מַה־זֹּאת interr. (552)-demons.adj. f.s. (260) *what*

עָשִׂיתָ לָּנוּ Qal pf. 2 m.s. (עָשָׂה I 793)-prep.-1 c.p. sf. *have you done to us*

לְהוֹצִיאָנוּ prep.-Hi. inf.cstr.-1 c.p. sf. (יָצָא 422; GK 61c) *in bringing us out*

מִמִּצְרָיִם prep.-pr.n. paus. (595) *of Egypt*

14:12

הֲלֹא־זֶה interr.part.-neg.-demons.adj. m.s. (260) *is not this*

הַדָּבָר def.art.-n.m.s. (182) *what (the word)*

אֲשֶׁר דִּבַּרְנוּ rel. (81)-Pi. pf. 1 c.p. (180) *we said*

אֵלֶיךָ prep.-2 m.s. sf. *to you*

בְמִצְרַיִם prep.-pr.n. (595) *in Egypt*

לֵאמֹר prep.-Qal inf.cstr. (55) *(saying)*

חֲדַל Qal impv. 2 m.s. (292) *let alone*

מִמֶּנּוּ prep.-1 c.p. sf. *us*

וְנַעַבְדָה conj.-Qal impf. 1 c.p.-coh.he (עָבַד 712) *and let us serve*

אֶת־מִצְרָיִם dir.obj.-pr.n. paus. (595) *the Egyptians*

כִּי טוֹב לָנוּ conj.-adj. (I 373)-prep.-1 c.p. sf. *for it would have been better for us*
עֲבֹד Qal inf.cstr. (712) *to serve*
אֶת־מִצְרַיִם dir.obj.-pr.n. (595) *the Egyptians*
מִמֻּתֵנוּ prep.-Qal inf.cstr.-1 c.p. sf. (מוּת 559) *than to die*
בַּמִּדְבָּר prep.-def.art.-n.m.s. (184) *in the wilderness*

14:13

וַיֹּאמֶר consec.-Qal impf. 3 m.s. (55) *and ... said*
מֹשֶׁה pr.n. (602) *Moses*
אֶל־הָעָם prep.-def.art.-n.m.s. (I 766) *to the people*
אַל־תִּירָאוּ neg.-Qal impf. 2 m.p. (יָרֵא 431) *Fear not*
הִתְיַצְּבוּ Hith. impv. 2 m.p. (יָצַב 426) *stand firm*
וּרְאוּ conj.-Qal impv. 2 m.p. (רָאָה 906) *and see*
אֶת־יְשׁוּעַת dir.obj.-n.f.s. cstr. (447) *the salvation of*
יהוה pr.n. (217) *Yahweh*
אֲשֶׁר־יַעֲשֶׂה rel. (81)-Qal impf. 3 m.s. (I 793) *which he will work*
לָכֶם prep.-2 m.p. sf. *for you*
הַיּוֹם def.art.-n.m.s. (398) *today*
כִּי אֲשֶׁר conj.-rel. (81) *for whom*
רְאִיתֶם Qal pf. 2 m.p. (רָאָה 906) *you see*
אֶת־מִצְרַיִם dir.obj.-pr.n. (595) *the Egyptians*
הַיּוֹם v.supra *today*
לֹא תֹסִיפוּ neg.-Hi. impf. 2 m.p. (יָסַף 414) *you shall never*
לִרְאֹתָם prep.-Qal inf.cstr.-3 m.p. sf. (רָאָה 906) *see (them)*
עוֹד adv. (728) *again*
עַל־עוֹלָם prep.-n.m.s. (761) *(until forever)*

14:14

יהוה pr.n. (217) *Yahweh*
יִלָּחֵם Ni.impf. 3 m.s. (לָחַם 535) *will fight*
לָכֶם prep.-2 m.p. sf. *for you*
וְאַתֶּם conj.-pers.pr. 2 m.p. (61) *and you*
תַּחֲרִישׁוּן Hi. impf. 2 m.p. (חָרֵשׁ II 361) *have only to be still*

14:15

וַיֹּאמֶר consec.-Qal impf. 3 m.s. (55) *said*
יהוה pr.n. (217) *Yahweh*
אֶל־מֹשֶׁה prep.-pr.n. (602) *to Moses*
מַה־תִּצְעַק interr. (552)-Qal impf. 2 m.s. (858) *Why do you cry*
אֵלָי prep.-1 c.s. sf. paus. *to me*

דַּבֵּר Pi. impv. 2 m.s. (180) *Tell*
אֶל־בְּנֵי prep.-n.m.p. cstr. (119) *the people of*
יִשְׂרָאֵל pr.n. (975) *Israel*
וְיִסָּעוּ conj.-Qal impf. 3 m.p. paus. (נָסַע I 652) *to go forward*

14:16

וְאַתָּה conj.-pers.pr. 2 m.s. (61) *(and you)*
הָרֵם Hi. impv. 2 m.s. (רוּם 926) *lift up*
אֶת־מַטְּךָ dir.obj.-n.m.s.-2 m.s. sf. (641) *your rod*
וּנְטֵה conj.-Qal impv. 2 m.s. (נָטָה 639) *and stretch out*
אֶת־יָדְךָ dir.obj.-n.f.s.-2 m.s. sf. (388) *your hand*
עַל־הַיָּם prep.-def.art.-n.m.s. (410) *over the sea*
וּבְקָעֵהוּ conj.-Qal impv. 2 m.s.-3 m.s. sf. (בָּקַע 131) *and divide it*
וְיָבֹאוּ conj.-Qal impf. 3 m.p. (בּוֹא 97) *that ... may go*
בְנֵי־יִשְׂרָאֵל n.m.p. cstr. (119)-pr.n. (975) *the people of Israel*
בְּתוֹךְ הַיָּם prep.-n.m.s. cstr. (1063)-def.art.-n.m.s. (410) *through the sea*
בַּיַּבָּשָׁה prep.-def.art.-n.f.s. (387) *on dry ground*

14:17

וַאֲנִי conj.-pers.pr. 1 c.s. (58) *and I*
הִנְנִי demons.part.-1 c.s. sf. (243) *(behold I)*
מְחַזֵּק Pi. ptc. (חָזַק 304) *will harden*
אֶת־לֵב dir.obj.-n.m.s. cstr. (523) *the hearts of*
מִצְרַיִם pr.n. (595) *the Egyptians*
וְיָבֹאוּ conj.-Qal impf. 3 m.p. (בּוֹא 97) *so that they shall go in*
אַחֲרֵיהֶם prep.-3 m.p. sf. (29) *after them*
וְאִכָּבְדָה conj.-Ni. impf. 1 c.s.-vol.he (כָּבֵד 457) *and I will get glory*
בְּפַרְעֹה prep.-pr.n. (829) *over Pharaoh*
וּבְכָל־חֵילוֹ conj.-prep.-n.m.s. cstr. (481)-n.m.s.-3 m.s. sf. (298) *and all his host*
בְּרִכְבּוֹ prep.-n.m.s.-3 m.s. sf. (939) *his chariots*
וּבְפָרָשָׁיו conj.-prep.-n.m.p.-3 m.s. sf. (832) *and his horsemen*

14:18

וְיָדְעוּ conj.-Qal pf. 3 c.p. (393) *and ... shall know*
מִצְרַיִם pr.n. (595) *the Egyptians*
כִּי־אֲנִי conj.-pers.pr. 1 c.s. (58) *that I*
יהוה pr.n. (217) *Yahweh*
בְּהִכָּבְדִי prep.-Ni. inf.cstr.-1 c.s. sf. (כָּבֵד 457) *when I have gotten glory*
בְּפַרְעֹה prep.-pr.n. (829) *over Pharaoh*
בְּרִכְבּוֹ prep.-n.m.s.-3 m.s. sf. (939) *his chariots*

וּבְפָרָשָׁיו conj.-prep.-n.m.p.-3 m.s. sf. (832) *and his horsemen*

14:19

וַיִּסַּע consec.-Qal impf. 3 m.s. (נָסַע 652) *then ... moved*

מַלְאַךְ n.m.s. cstr. (521) *the angel of*

הָאֱלֹהִים def.art.-n.m.p. (43) *God*

הַהֹלֵךְ def.art.-Qal act.ptc. (הָלַךְ 229) *who went*

לִפְנֵי prep.-n.m.p. cstr. (815) *before*

מַחֲנֵה n.m.s. cstr. (334) *the host of*

יִשְׂרָאֵל pr.n. (975) *Israel*

וַיֵּלֶךְ consec.-Qal impf. 3 m.s. (הָלַךְ 229) *and went*

מֵאַחֲרֵיהֶם prep.-prep.-3 m.p. sf. (29) *behind them*

וַיִּסַּע v.supra *and moved*

עַמּוּד n.m.s. cstr. (765) *the pillar of*

הֶעָנָן def.art.-n.m.s. (777) *cloud*

מִפְּנֵיהֶם prep.-n m.p.-3 m.p. sf. (815) *from before them*

וַיַּעֲמֹד consec.-Qal impf. 3 m.s. (763) *and stood*

מֵאַחֲרֵיהֶם v.supra *behind them*

14:20

וַיָּבֹא consec.-Qal impf. 3 m.s. (בּוֹא 97) *coming*

בֵּין מַחֲנֵה prep.-n.m.s. cstr. (334) *between the host of*

מִצְרַיִם pr.n. (595) *Egypt*

וּבֵין מַחֲנֵה conj.-v.supra-v.supra *and the host of*

יִשְׂרָאֵל pr.n. (975) *Israel*

וַיְהִי consec.-Qal impf. 3 m.s. (הָיָה 224) *and there was*

הֶעָנָן def.art.-n.m.s. (777) *the cloud*

וְהַחֹשֶׁךְ conj.-def.art.-n.m.s. (365) *and the darkness*

וַיָּאֶר consec.-Hi. impf. 3 m.s. (אוֹר 21) *and ... passed (caused to light)*

אֶת־הַלָּיְלָה dir.obj.-def.art.-n.m.s. paus. (538) *the night*

וְלֹא־קָרַב conj.-neg.-Qal pf. 3 m.s. (897) *without ... coming near*

זֶה demons.adj. m.s. (260; GK 139eN) *one*

אֶל־זֶה prep.-demons.adj. (260) *(unto) the other*

כָּל־הַלָּיְלָה n.m.s. cstr. (481)-def.art.-n.m.s. paus. (538) *all night*

14:21

וַיֵּט consec.-Qal impf. 3 m.s. (נָטָה 639) *then ... stretched out*

מֹשֶׁה pr.n. (602) *Moses*

אֶת־יָדוֹ dir.obj.-n.f.s.-3 m.s. sf. (388) *his hand*

עַל־הַיָּם prep.-def.art.-n.m.s. (410) *over the sea*

וַיּוֹלֶךְ consec.-Hi. impf. 3 m.s. (הָלַךְ 229) *and ... drove back*

יהוה pr.n. (217) *Yahweh*

אֶת־הַיָּם dir.obj.-def.art.-n.m.s. (410) *the sea*

בְּרוּחַ קָדִים prep.-n.f.s. cstr. (924)-n.m.s. (870) *by a ... east wind*

עַזָּה adj. f.s. (738) *strong*

כָּל־הַלַּיְלָה n.m.s. cstr. (481)-def.art.-n.m.s. (538) *all night*

וַיָּשֶׂם consec.-Qal impf. 3 m.s. (שִׂים 962) *and made*

אֶת־הַיָּם dir.obj.-def.art.-n.m.s. (410) *the sea*

לֶחָרָבָה prep.-def.art.-n.f.s. (352) *dry land*

וַיִּבָּקְעוּ consec.-Ni. impf. 3 m.p. (בָּקַע 131) *and were divided*

הַמָּיִם def.art.-n.m.p. paus. (565) *the waters*

14:22

וַיָּבֹאוּ consec.-Qal impf. 3 m.p. (בּוֹא 97) *and ... went*

בְנֵי־יִשְׂרָאֵל n.m.p. cstr. (119)-pr.n. (975) *the people of Israel*

בְּתוֹךְ prep.-n.m.s. cstr. (תָּוֶךְ 1063) *into the midst of*

הַיָּם def.art.-n.m.s. (410) *the sea*

בַּיַּבָּשָׁה prep.-def.art.-n.f.s. (387) *on dry ground*

וְהַמַּיִם conj.-def.art.-n.m.p. (565) *(and) the waters*

לָהֶם prep.-3 m.p. sf. *to them*

חֹמָה n.f.s. (327) *a wall*

מִימִינָם prep.-n.f.s.-3 m.p. sf. (411) *on their right hand*

וּמִשְּׂמֹאלָם conj.-prep.-n.m.s.-3 m.p. sf. (969) *and on their left*

14:23

וַיִּרְדְּפוּ consec.-Qal impf. 3 m.p. (רָדַף 922) *pursued*

מִצְרַיִם pr.n. (595) *the Egyptians*

וַיָּבֹאוּ consec.-Qal impf. 3 m.p. (בּוֹא 97) *and went in*

אַחֲרֵיהֶם prep.-3 m.p. sf. (29) *after them*

כֹּל סוּס n.m.s. cstr. (481)-n.m.s. cstr. (692) *all horses (of)*

פַּרְעֹה pr.n. (829) *Pharaoh*

רִכְבּוֹ n.m.s.-3 m.s. sf. (939) *his chariots*

וּפָרָשָׁיו conj.-n.m.p.-3 m.s. sf. (832) *and his horsemen*

אֶל־תּוֹךְ prep.-n.m.s. cstr. (1063) *into the midst of*

הַיָּם def.art.-n.m.s. (410) *the sea*

14:24

וַיְהִי consec.-Qal impf. 3 m.s. (224) *and (it was)*

בְּאַשְׁמֹרֶת prep.-n.f.s. cstr. (1038) *in the watch of*

הַבֹּקֶר def.art.-n.m.s. (133) *the morning*

וַיַּשְׁקֵף consec.-Hi. impf. 3 m.s. (שָׁקַף 1054) *looked down*

יְהוָה pr.n. (217) *Yahweh*

אֶל־מַחֲנֵה prep.-n.m.s. cstr. (334) *upon the host of*

מִצְרַיִם pr.n. (595) *the Egyptians*

בְּעַמּוּד prep.-n.m.s. cstr. (765) *in the pillar of*

אֵשׁ n.f.s. (77) *fire*

וְעָנָן conj.-n.m.s. (777) *and cloud*

וַיָּהָם consec.-Qal impf. 3 m.s. (הָמַם 243) *and discomfited*

אֵת מַחֲנֵה dir.obj.-v.supra *the host of*

מִצְרָיִם pr.n. paus. (595) *the Egyptians*

14:25

וַיָּסַר consec.-Qal impf. 3 m.s. (סוּר 693) *clogging (and he turned)*

אֵת אֹפַן dir.obj.-n.m.s. cstr. (66) *wheels of*

מַרְכְּבֹתָיו n.f.p.-3 m.s. sf. (939) *their chariots*

וַיְנַהֲגֵהוּ consec.-Pi. impf. 3 m.s.-3 m.s. sf. (נָהַג 624) *so that they drove*

בִּכְבֵדֻת prep.-n.f.s. (459) *heavily*

וַיֹּאמֶר consec.-Qal impf. 3 m.s. (55) *and ... said*

מִצְרַיִם pr.n. (595) *the Egyptians*

אָנוּסָה Qal impf. 1 c.s.-coh.he (נוּם 630) *let us flee*

מִפְּנֵי prep.-n.m.p. cstr. (815) *from before*

יִשְׂרָאֵל pr.n. (975) *Israel*

כִּי יְהוָה conj.-pr.n. (217) *for Yahweh*

נִלְחָם Ni. pf. 3 m.s. (לָחַם 535) *fights*

לָהֶם prep.-3 m.p. sf. *for them*

בְּמִצְרָיִם prep.-pr.n. paus. (595) *against the Egyptians*

14:26

וַיֹּאמֶר consec.-Qal impf. 3 m.s. (55) *then ... said*

יְהוָה pr.n. (217) *Yahweh*

אֶל־מֹשֶׁה prep.-pr.n. (602) *to Moses*

נְטֵה Qal impv. 2 m.s. (נָטָה 639) *stretch out*

אֶת־יָדְךָ dir.obj.-n.f.s.-2 m.s. sf. (388) *your hand*

עַל־הַיָּם prep.-def.art.-n.m.s. (410) *over the sea*

וְיָשֻׁבוּ conj.-Qal impf. 3 m.p. apoc. (שׁוּב 996) *that ... may come back*

הַמַּיִם def.art.-n.m.p. (565) *the water*

עַל־מִצְרַיִם prep.-pr.n. (595) *upon the Egyptians*

עַל־רִכְבּוֹ prep.-n.m.p.-3 m.s. sf. (939) *upon their chariots*

וְעַל־פָּרָשָׁיו conj.-prep.-n.m.p.-3 m.s. sf. (832) *and upon their horsemen*

14:27

וַיֵּט consec.-Qal impf. 3 m.s. (נָטָה 639) *so ... stretched forth*

מֹשֶׁה pr.n. (602) *Moses*

אֶת־יָדוֹ dir.obj.-n.f.s.-3 m.s. sf. (388) *his hand*

עַל־הַיָּם prep.-def.art.-n.m.s. (410) *over the sea*

וַיָּשָׁב consec.-Qal impf. 3 m.s. (שׁוּב 996) *and ... returned*

הַיָּם v.supra *the sea*

לִפְנוֹת prep.-Qal inf.cstr. (פָּנָה 815) *when ... appeared*

בֹּקֶר n.m.s. (133) *the morning*

לְאֵיתָנוֹ prep.-n.m.s.-3 m.s. sf. (I 450) *to its wonted flow*

וּמִצְרַיִם conj.-pr.n. (595) *and the Egyptians*

נָסִים Qal act.ptc. m.p. (נוּם 630) *fled*

לִקְרָאתוֹ prep.-Qal inf.cstr.-3 m.s. sf. (קָרָא 894) *into it*

וַיְנַעֵר consec.-Pi. impf. 3 m.s. (נָעַר II 654) *and ... routed (shook off)*

יְהוָה pr.n. (217) *Yahweh*

אֶת־מִצְרַיִם dir.obj.-pr.n. (595) *the Egyptians*

בְּתוֹךְ prep.-n.m.s. cstr. (1063) *in the midst of*

הַיָּם def.art.-n.m.s. (410) *the sea*

14:28

וַיָּשֻׁבוּ consec.-Qal impf. 3 m.p. (שׁוּב 996) *returned*

הַמַּיִם def.art.-n.m.p. (565) *the waters*

וַיְכַסּוּ consec.-Pi. impf. 3 m.p. (כָּסָה 491) *and covered*

אֶת־הָרֶכֶב dir.obj.-def.art.-n.m.s. (939) *the chariots*

וְאֶת־הַפָּרָשִׁים conj.-dir.obj.-def.art.-n.m.p. (832) *and the horsemen*

לְכֹל חֵיל prep.-n.m.s. cstr. (481)-n.m.s. cstr. (298) *(to) all the host of*

פַּרְעֹה pr.n. (829) *Pharaoh*

הַבָּאִים def.art.-Qal act.ptc. m.p. (בּוֹא 97) *that had followed (come)*

אַחֲרֵיהֶם prep.-3 m.p. sf. (29) *(after) them*

בַּיָּם prep.-def.art.-n.m.s. (410) *into the sea*

לֹא־נִשְׁאַר neg.-Ni. pf. 3 m.s. (שָׁאַר 983) *not ... remained*

בָּהֶם prep.-3 m.p. sf. *of them*

עַד־אֶחָד adv. (III 723)-num. m.s. (25) *so much as one*

302

14:29

וּבְנֵי conj.-n.m.p. cstr. (119) *but the people of*

יִשְׂרָאֵל pr.n. (975) *Israel*

הָלְכוּ Qal pf. 3 c.p. (הָלַךְ 229) *walked*

בַיַּבָּשָׁה prep.-def.art.-n.f.s. (387) *on dry ground*

בְּתוֹךְ prep.-n.m.s. cstr. (1063) *through*

הַיָּם def.art.-n.m.s. (410) *the sea*

וְהַמַּיִם conj.-def.art.-n.m.p. (565) *the waters*

לָהֶם prep.-3 m.p. sf. *to them*

חֹמָה n.f.s. (327) *a wall*

מִימִינָם v.14:22 prep.-n.f.s.-3 m.p. sf. (411) *on their right hand*

וּמִשְּׂמֹאלָם conj.-prep.-n.m.s.-3 m.p. sf. (969) *and on their left*

14:30

וַיּוֹשַׁע consec.-Hi. impf. 3 m.s. (יָשַׁע 446) *thus ... saved*

יהוה pr.n. (217) *Yahweh*

בַּיּוֹם הַהוּא prep.-def.art.-n.m.s. (398)-def.art.-demons.adj. m.s. (214) *(on) that day*

אֶת־יִשְׂרָאֵל dir.obj.-pr.n. (975) *Israel*

מִיַּד prep.-n.f.s. cstr. (388) *from the hand of*

מִצְרָיִם pr.n. paus. (595) *the Egyptians*

וַיַּרְא consec.-Qal impf. 3 m.s. (רָאָה 906) *and ... saw*

יִשְׂרָאֵל pr.n. (975) *Israel*

אֶת־מִצְרַיִם dir.obj.-pr.n. (595) *the Egyptians*

מֵת Qal act.ptc. (מוּת 559) *dead*

עַל־שְׂפַת prep.-n.f.s. cstr. (973) *upon the shore (lip) of*

הַיָּם def.art.-n.m.s. (410) *the sea*

14:31

וַיַּרְא v.14:30 consec.-Qal impf. 3 m.p. (רָאָה 906) *and ... saw*

יִשְׂרָאֵל pr.n. (975) *Israel*

אֶת־הַיָּד dir.obj.-def.art.-n.f.s. (388) *the ... work*

הַגְּדֹלָה def.art.-adj. f.s. (152) *great*

אֲשֶׁר rel. (81)

עָשָׂה Qal pf. 3 m.s. (I 793) *did*

יהוה pr.n. (217) *Yahweh*

בְּמִצְרַיִם prep.-pr.n. (595) *against the Egyptians*

וַיִּירְאוּ consec.-Qal impf. 3 m.p. (יָרֵא 431) *and ... feared*

הָעָם def.art.-n.m.s. (I 766) *the people*

אֶת־יהוה dir.obj.-pr.n. (217) *Yahweh*

וַיַּאֲמִינוּ consec.-Hi. impf. 3 m.p. (אָמַן 52) *and they believed*

בַּיהוה prep.-pr.n. (217) *in Yahweh*

וּבְמֹשֶׁה conj.-prep.-pr.n. (602) *and in Moses*

עַבְדּוֹ n.m.s.-3 m.s. sf. (713) *his servant*

15:1

אָז adv. (23) *then*

יָשִׁיר־מֹשֶׁה Qal impf. 3 m.s. (שִׁיר 1010; GK 107c)-pr.n. (602) *Moses sang*

וּבְנֵי conj.-n.m.p. cstr. (119) *and the people of*

יִשְׂרָאֵל pr.n. (975) *Israel*

אֶת־הַשִּׁירָה dir.obj.-def.art.-n.f.s. (1010) *song*

הַזֹּאת def.art.-demons.adj. f.s. (260) *this*

לַיהוה prep.-pr.n. (217) *to Yahweh*

וַיֹּאמְרוּ consec.-Qal impf. 3 m.p. (55; GK 146f) *(and said)*

לֵאמֹר prep.-Qal inf.cstr. (55) *saying*

אָשִׁירָה Qal impf. 1 c.s.-coh.he (1010) *I will sing*

לַיהוה v.supra *to Yahweh*

כִּי־גָאֹה גָּאָה conj.-Qal inf.abs. (גָּאָה 144)-Qal pf. 3 m.s. (144; GK 20e) *for he has triumphed gloriously*

סוּס n.m.s. (692) *horse*

וְרֹכְבוֹ conj.-Qal act.ptc.-3 m.s. sf. (938) *and his rider*

רָמָה Qal pf. 3 m.s. (I 941) *he has thrown*

בַיָּם prep.-def.art.-n.m.s. (410) *into the sea*

15:2

עָזִּי n.m.s.-1 c.s. sf. (738) *my strength*

וְזִמְרָת conj.-n.f.s. (I 274; GK 80g) *and my song*

יָהּ pr.n. (219) *Yahweh*

וַיְהִי־לִי consec.-Qal impf. 3 m.s. (הָיָה 224) -prep.-1 c.s. sf. *and he has become my*

לִישׁוּעָה prep.-n.f.s. (447; GK 117b) *salvation*

זֶה אֵלִי demons.adj. m.s. (260)-n.m.s.-1 c.s. sf. (42) *this is my God*

וְאַנְוֵהוּ conj.-Hi. impf. 1 c.s.-3 m.s. sf. (נָוָה I 627) *and I will praise him*

אֱלֹהֵי n.m.p. cstr. (43) *God of*

אָבִי n.m.s.-1 c.s. sf. (3) *my father*

וַאֲרֹמְמֶנְהוּ conj.-Polel impf. 1 c.s.-3 m.s. sf. (רוּם 926; GK 58k) *and I will exalt him*

15:3

יהוה pr.n. (217) *Yahweh*

אִישׁ n.m.s. cstr. (35) *a man of*

מִלְחָמָה n.f.s. (536) *war*

יהוה v.supra *Yahweh*

שְׁמוֹ n.m.s.-3 m.s. sf. (1027) *his name*

15:4

מַרְכְּבֹת n.f.p. cstr. (939; GK 128r) *chariots of*

פַּרְעֹה pr.n. (829) *Pharaoh*

וְחֵילוֹ conj.-n.m.s.-3 m.s. sf. (298) *and his host*

יָרָה Qal pf. 3 m.s. (434) *he cast*

בַיָּם prep.-def.art.-n.m.s. (410) *into the sea*

וּמִבְחַר conj.-n.m.s. cstr. (103) *picked*

שָׁלִשָׁיו n.m.p.-3 m.s. sf. (III 1026) *his officers*

טֻבְּעוּ Pu. pf. 3 c.p. (טבע 371) *are sunk*

בְיַם־סוּף prep.-n.m.s. cstr. (410)-n.m.s. (I 693) *in the Red (?) Sea*

15:5

תְּהֹמֹת n.f.p. (1062) *floods*

יְכַסְיֻמוּ Pi. impf. 3 m.p.-3 m.p. sf. (כסה 491; GK 58g,75dd,91,l) *cover them*

יָרְדוּ Qal pf. 3 c.p. (ירד 432) *they went down*

בִמְצוֹלֹת prep.-n.f.p. (846) *into the depths*

כְּמוֹ־אָבֶן prep.-n.f.s. paus. (6) *like a stone*

15:6

יְמִינְךָ n.f.s.-2 m.s. sf. (411) *thy right hand*

יהוה pr.n. (217) *O Yahweh*

נֶאְדָּרִי Ni. ptc. cstr. (אדר 12, GK 90,l) *glorious*

בַּכֹּחַ prep.-def.art.-n.m.s. (470) *in power*

יְמִינְךָ v.supra *thy right hand*

יהוה v.supra *O Yahweh*

תִּרְעַץ Qal impf. 3 f.s. (רעץ 950) *shatters*

אוֹיֵב Qal act.ptc. (איב 33) *the enemy*

15:7

וּבְרֹב conj.-prep.-n.m.s. cstr. (913) *in the greatness of*

גְּאוֹנְךָ n.m.s.-2 m.s. sf. (144) *thy majesty*

תַּהֲרֹס Qal impf. 2 m.s. (הרס 248) *thou overthrowest*

קָמֶיךָ Qal act.ptc. m.p.-2 m.s. sf. (קום 877; GK 116i) *thy adversaries*

תְּשַׁלַּח Pi. impf. 2 m.s. (1018) *thou sendest forth*

חֲרֹנְךָ n.m.s.-2 m.s. sf. (354) *thy fury*

יֹאכְלֵמוֹ Qal impf. 3 m.s.-3 m.p. sf. (אכל 37; GK 91,l) *it consumes them*

כַּקַּשׁ prep.-def.art.-n.m.s. (905) *like stubble*

15:8

וּבְרוּחַ conj.-prep.-n.f.s. cstr. (924) *at the blast of*

אַפֶּיךָ n.m.p.-2 m.s. sf. (I 60) *thy nostrils*

נֶעֶרְמוּ Ni. pf. 3 c.p. (ערם 790) *piled up*

מַיִם n.m.p. (565) *waters*

נִצְּבוּ Ni. pf. 3 c.p. (נצב 662) *stood up*

כְמוֹ־נֵד prep. (455)-n.m.s. (622; GK 15c) *in a heap*

נֹזְלִים Qal act.ptc. m.p. (נזל 633) *floods*

קָפְאוּ Qal pf. 3 c.p. (קפא 891) *congealed*

תְהֹמֹת n.f.p. (1062) *deeps*

בְּלֶב־יָם prep.-n.m.s. cstr. (523)-n.m.s. (410) *in the heart of the sea*

15:9

אָמַר Qal pf. 3 m.s. (55) *said*

אוֹיֵב Qal act.ptc. (איב 33) *the enemy*

אֶרְדֹּף Qal impf. 1 c.s. (רדף 922) *I will pursue*

אַשִּׂיג Hi. impf. 1 c.s. (נשׂג 673; GK 154aN) *I will overtake*

אֲחַלֵּק Pi. impf. 1 c.s. (חלק 323) *I will divide*

שָׁלָל n.m.s. (1021) *the spoil*

תִּמְלָאֵמוֹ Qal impf. 3 f.s.-3 m.p. sf. (מלא 569; GK 91,l;117z) *shall have its fill of them*

נַפְשִׁי n.f.s.-1 c.s. sf. (659) *my desire*

אָרִיק Hi. impf. 1 c.s. (ריק 937) *I will draw*

חַרְבִּי n.f.s.-1 c.s. sf. (352) *my sword*

תּוֹרִישֵׁמוֹ Hi. impf. 3 f.s.-3 m.p. sf. (ירש 439; GK 120gN) *shall destroy them*

יָדִי n.f.s.-1 c.s. sf. (388) *my hand*

15:10

נָשַׁפְתָּ Qal pf. 2 m.s. (נשׁף 676) *thou didst blow*

בְרוּחֲךָ prep.-n.f.s.-2 m.s. st. (924) *with thy wind*

כִּסָּמוֹ Pi. pf. 3 m.s.-3 m.p. sf. (כסה 491) *covered them*

יָם n.m.s. (410) *the sea*

צָלֲלוּ Qal pf. 3 c.p. (צלל II 853) *they sank*

כַּעוֹפֶרֶת prep.-def.art.-n.f.s. (780; GK 35g) *as lead*

בְּמַיִם prep.-n.m.p. (565) *in ... waters*

אַדִּירִים adj. m.p. (12) *mighty*

15:11

מִי־כָמֹכָה interr. (566)-prep.-2 m.s. sf. (GK 20e) *Who is like thee?*

בָּאֵלִם prep.-def.art.-n.m.p. (42; GK 20g) *among the gods*

יהוה pr.n. (217) *O Yahweh*

מִי כָּמֹכָה v.supra *who is like thee?*

נֶאְדָּר Ni. ptc. (אדר 12) *majestic*

בַּקֹּדֶשׁ prep.-def.art.-n.m.s. (871) *in holiness*

נוֹרָא Ni. ptc. (ירא 431) *terrible*

תְהִלֹּת n.f.p. (239) *in glorious deeds*

עֹשֵׂה Qal act.ptc. m.s. cstr. (I 793) *doing*

פֶלֶא n.m.s. (810) *wonders*

15:12

נָטִיתָ Qal pf. 2 m.s. (נטה 639) *thou didst stretch out*

יְמִינְךָ n.f.s.-2 m.s. sf. (411) *thy right hand*

תִּבְלָעֵמוֹ Qal impf. 3 f.s.-3 m.p. sf. (בלע 118; GK 107d) *swallowed them*

אָרֶץ n.f.s. paus. (75) *earth*

304

15:13

נָחִיתָ Qal pf. 2 m.s. (נָחָה 634) *634) thou hast led*

בְחַסְדְּךָ prep.-n.m.s.-2 m.s. sf. (338) *in thy stedfast love*

עַם־זוּ n.m.s. (I 766)-rel. (262; GK 138g) *people whom*

גָּאָלְתָּ Qal pf. 2 m.s. paus. (גָּאַל I 145; GK 20e) *thou hast redeemed*

נֵהַלְתָּ Pi. pf. 2 m.s. (נָהַל 624; GK 64d) *thou hast guided*

בְעָזְּךָ prep.-n.m.s.-2 m.s. sf. (738) *by thy strength*

אֶל־נְוֵה prep.-n.m.s. cstr. (627) *to ... abode (of)*

קָדְשֶׁךָ adj. m.s.-2 m.s. sf. (872) *thy holy*

15:14

שָׁמְעוּ Qal pf. 3 c.p. (1033) *have heard*

עַמִּים n.m.p. (I 766) *peoples*

יִרְגָּזוּן Qal impf. 3 m.p. paus. (רָגַז 919; GK 47m) *they tremble*

חִיל n.m.s. (297) *pangs*

אָחַז Qal pf. 3 m.s. (28) *have seized on*

יֹשְׁבֵי Qal act.ptc. m.p. cstr. (442) *the inhabitants of*

פְּלָשֶׁת pr.n. paus. (814) *Philistia*

15:15

אָז adv. (23) *now*

נִבְהֲלוּ Ni. pf. 3 c.p. (בָּהַל 96; GK 107c) *are dismayed*

אַלּוּפֵי n.m.p. cstr. (II 49) *the chiefs of*

אֱדוֹם pr.n. (10) *Edom*

אֵילֵי n.m.p. cstr. (III 18) *the leaders of*

מוֹאָב pr.n. (555) *Moab*

יֹאחֲזֵמוֹ Qal impf. 3 m.s.-3 m.p. sf. (אָחַז 28) *seizes them*

רָעַד n.m.s. (944) *trembling*

נָמֹגוּ Ni. pf. 3 c.p. (מוג 556) *have melted away*

כֹּל יֹשְׁבֵי n.m.s. cstr. (481)-Qal act.ptc. m.p. cstr. (442) *all the inhabitants of*

כְּנָעַן pr.n. paus. (488) *Canaan*

15:16

תִּפֹּל Qal impf. 3 f.s. (נָפַל 656) *fall*

עֲלֵיהֶם prep.-3 m.p. sf. *upon them*

אֵימָתָה n.f.s. (33; GK 90g) *terror*

וָפַחַד conj.-n.m.s. (808) *and dread*

בִּגְדֹל prep.-adj. m.s. cstr. (152; GK 132c) *because of the greatness of*

זְרוֹעֲךָ n.f.s.-2 m.s. sf. (283) *thy arm*

יִדְּמוּ Qal impf. 3 m.p. (דָּמַם I 198; GK 67g) *they are still*

15:17

כָּאֶבֶן prep.-def.art.-n.f.s. paus. (6; GK 20e) *as a stone*

עַד־יַעֲבֹר conj.-Qal impf. 3 m.s. (716; GK 164f) *till ... pass by*

עַמְּךָ n.m.s.-2 m.s. sf. (I 766) *thy people*

יהוה pr.n. (217) *O Yahweh*

עַד־יַעֲבֹר v.supra *till ... pass by*

עַם־זוּ v.15:13 n.m.s. (I 766)-rel. (262; GK 138g) *the people by whom*

קָנִיתָ Qal pf. 2 m.s. (קָנָה 888) *thou hast purchased*

15:17

תְּבִאֵמוֹ Hi. impf. 2 m.s.-3 m.p. sf. (בוא 97) *thou wilt bring them in*

וְתִטָּעֵמוֹ conj.-Qal impf. 2 m.s.-3 m.p. sf. (נָטַע 642) *and plant them*

בְּהַר prep.-n.m.s. cstr. (249) *on mount (of)*

נַחֲלָתְךָ n.f.s.-2 m.s. sf. (635) *thy own inheritance*

מָכוֹן n.m.s. (467) *place*

לְשִׁבְתְּךָ prep.-Qal inf.cstr.-2 m.s. sf. (יָשַׁב 442) *for thy abode*

פָּעַלְתָּ Qal pf. 2 m.s. (821) *thou hast made*

יהוה pr.n. (217) *O Yahweh*

מִקְדָּשׁ n.m.s. (874; GK 20h,155h) *the sanctuary*

אֲדֹנָי pr.n. (10) *O Lord*

כּוֹנְנוּ Po'el pf. 3 c.p. (465) *have established*

יָדֶיךָ n.f.p.-2 m.s. sf. (388) *thy hands*

15:18

יהוה pr.n. (217) *Yahweh*

יִמְלֹךְ Qal impf. 3 m.s. (573) *will reign*

לְעֹלָם prep.-n.m.s. (761) *for ever*

וָעֶד conj.-n.m.s. (I 723) *and ever*

15:19

כִּי conj. *for when*

בָא Qal pf. 3 m.s. (בוא 97) *went*

סוּס פַּרְעֹה n.m.s. cstr. (692)-pr.n. (829) *the horses of Pharaoh*

בְּרִכְבּוֹ prep.-n.m.s.-3 m.s. sf. (939) *with his chariots*

וּבְפָרָשָׁיו conj.-prep.-n.m.p.-3 m.s. sf. (832) *and his horsemen*

בַּיָּם prep.-def.art.-n.m.s. (410) *into the sea*

וַיָּשֶׁב consec.-Hi. impf. 3 m.s. (שׁוּב 996) *brought back*

יהוה pr.n. (217) *Yahweh*

עֲלֵהֶם prep.-3 m.p. sf. *upon them*

אֶת־מֵי dir.obj.-n.m.s. cstr. (565) *the waters of*

הַיָּם dir.obj.-n.m.s. (410) *the sea*

וּבְנֵי conj.-n.m.p. cstr. (119) *but the people of*

יִשְׂרָאֵל pr.n. (975) *Israel*

הָלְכוּ Qal pf. 3 c.p. (229) *walked*

בַיַּבָּשָׁה prep.-def.art.-n.f.s. (387) *on dry ground*

בְּתוֹךְ prep.-n.m.s. cstr. (1063) *in the midst of*

הַיָּם v.supra *the sea*

15:20

וַתִּקַּח consec.-Qal impf. 3 f.s. (לָקַח 542) *then ... took*

מִרְיָם pr.n. (599) *Miriam*

הַנְּבִיאָה def.art.-n.f.s. (612) *the prophetess*

אֲחוֹת n.f.s. cstr. (27) *the sister of*

אַהֲרֹן pr.n. (14) *Aaron*

אֶת־הַתֹּף dir.obj.-def.art.-n.m.s. (1074) *a timbrel*

בְּיָדָהּ prep.-n.f.s.-3 f.s. sf. (388) *in her hand*

וַתֵּצֶאןָ consec.-Qal impf. 3 f.p. (יָצָא 422; GK 47,1) *and ... went out*

כָל־הַנָּשִׁים n.m.s. cstr. (481; GK 146c)-def.art. n.f.p. (61) *all the women*

אַחֲרֶיהָ prep.-3 f.s. sf. (29) *after her*

בְּתֻפִּים prep.-n.m.p. (1074) *with timbrels*

וּבִמְחֹלֹת conj.-prep.-n.f.p. (298) *and dancing*

15:21

וַתַּעַן consec.-Qal impf. 3 f.s. (עָנָה IV 777) *and ... sang*

לָהֶם prep.-3 m.p. sf. *to them*

מִרְיָם pr.n. (599) *Miriam*

שִׁירוּ Qal impv. 2 m.p. (שִׁיר 1010) *Sing*

לַיהוה prep.-pr.n. (217) *to Yahweh*

כִּי־ conj. *for*

גָּאֹה גָּאָה Qal inf.abs. (144)-Qal pf. 3 m.s. (144; GK 20e) *he has triumphed gloriously*

סוּס n.m.s. (692) *the horse*

וְרֹכְבוֹ conj.-Qal act.ptc.-3 m.s. sf. (938) *and his rider*

רָמָה Qal pf. 3 m.s. (I 941) *he has thrown*

בַיָּם prep.-def.art.-n.m.s. (410) *into the sea*

15:22

וַיַּסַּע consec.-Hi. impf. 3 m.s. (נָסַע 652) *then ... led*

מֹשֶׁה pr.n. (602) *Moses*

אֶת־יִשְׂרָאֵל dir.obj.-pr.n. (975) *Israel*

מִיַּם־סוּף prep.-n.m.s. cstr. (410)-n.m.s. (693) *from the Red Sea (of reeds)*

וַיֵּצְאוּ consec.-Qal impf. 3 m.p. (יָצָא 422) *they went*

אֶל־מִדְבַּר־ prep.-n.m.s. cstr. (184) *into the wilderness of*

שׁוּר pr.n. (III 1004) *Shur*

וַיֵּלְכוּ consec.-Qal impf. 3 m.p. (הָלַךְ 229) *they went*

שְׁלֹשֶׁת־ num. f.s. cstr. (1025) *three (of)*

יָמִים n.m.p. (398) *days*

בַּמִּדְבָּר prep.-def.art.-n.m.s. (184) *in the wilderness*

וְלֹא־מָצְאוּ conj.-neg.-Qal pf. 3 c.p. (592) *and found no*

מָיִם n.m.p. paus. (565) *water*

15:23

וַיָּבֹאוּ consec.-Qal impf. 3 m.p. (בּוֹא 97) *when they came*

מָרָתָה pr.n.-dir.he (600) *to Marah*

וְלֹא יָכְלוּ conj.-neg.-Qal pf. 3 c.p. (יָכֹל 407) *they could not*

לִשְׁתֹּת prep.-Qal inf.cstr. (שָׁתָה 1059) *drink*

מַיִם n.m.p. (565) *the water*

מִמָּרָה prep.-v.supra pr.n. (600) *of Marah*

כִּי מָרִים conj.-adj. m.p (600) *because ... bitter*

הֵם pers.pr. 3 m.p. (241) *it was (they)*

עַל־כֵּן prep.-adv. (485) *therefore*

קָרָא־שְׁמָהּ Qal pf. 3 m.s. (894)-n.m.s.-3 f.s. sf. (1027) *it was named*

מָרָה pr.n. (600) *Marah*

15:24

וַיִּלֹּנוּ consec.-Qal impf. 3 m.p. (לוּן II 534) *and ... murmured*

הָעָם def.art.-n.m.s. (I 766) *the people*

עַל־מֹשֶׁה prep.-pr.n. (602) *against Moses*

לֵאמֹר prep.-Qal inf.cstr. (55; GK 20cN) *saying*

מַה־נִּשְׁתֶּה interr. (552)-Qal impf. 1 c.p. (שָׁתָה 1059) *what shall we drink?*

15:25

וַיִּצְעַק consec.-Qal impf. 3 m.s. (858) *and he cried*

אֶל־יהוה prep.-pr.n. (217) *to Yahweh*

וַיּוֹרֵהוּ consec.-Hi. impf. 3 m.s.-3 m.s. sf. (יָרָה 434) *and showed him*

יהוה pr.n. (217) *Yahweh*

עֵץ n.m.s. (781) *a tree*

וַיַּשְׁלֵךְ consec.-Hi. impf. 3 m.s. (שָׁלַךְ 1020) *and he threw*

אֶל־הַמַּיִם prep.-def.art.-n.m.p. (565) *into the water*

וַיִּמְתְּקוּ consec.-Qal impf. 3 m.p. (מָתַק 608) *and ... became sweet*

הַמָּיִם def.art.-n.m.p. paus. (565) *the water*

שָׁם adv. (1027) *there*

שָׂם Qal pf. 3 m.s. (שׂוּם 962) *made*

לוֹ prep.-3 m.s. sf. *for them*

חֹק n.m.s. (349) *a statute*

וּמִשְׁפָּט conj.-n.m.s. (1048) *and an ordinance*

וְשָׁם conj.-v.supra *and there*

נִסָּהוּ Pi. pf. 3 m.s.-3 m.s. sf. (נָסָה 650) *he proved them*

15:26

וַיֹּאמֶר consec.-Qal impf. 3 m.s. (55) *saying*

אִם־ hypoth.part. (49) *if*

שָׁמוֹעַ תִּשְׁמַע Qal inf.abs. (1033; GK 113o)-Qal impf. 2 m.s. (1033) *you will diligently hearken*

לְקוֹל יהוה prep.-n.m.s. cstr. (876)-pr.n. (217) *to the voice of Yahweh*

אֱלֹהֶיךָ n.m.p.-2 m.s. sf. (43) *your God*

וְהַיָּשָׁר conj.-def.art.-n.m.s. (449) *and that which is right*

בְּעֵינָיו prep.-n.f.p.-3 m.s. sf. (744) *in his eyes*

תַּעֲשֶׂה Qal impf. 2 m.s. (עָשָׂה I 793) *do*

וְהַאֲזַנְתָּ conj.-Hi. pf. 3 m.s. (אָזַן 24) *and give heed*

לְמִצְוֺתָיו prep.-n.f.p.-3 m.s. sf. (846) *to his commandments*

וְשָׁמַרְתָּ conj.-Qal pf. 2 m.s. (1036) *and keep*

כָּל־חֻקָּיו n.m.s. cstr. (481)-n.m.p.-3 m.s. sf. (349) *all his statutes*

כָּל־הַמַּחֲלָה n.m.s. cstr. (481)-def.art.-n.f.s. (318) *all the diseases*

אֲשֶׁר־שַׂמְתִּי rel. (81)-Qal pf. 1 c.s. (שִׂים 962) *which I put*

בְמִצְרַיִם prep.-pr.n. (595) *upon the Egyptians*

לֹא־אָשִׂים neg.-Qal impf. 1 c.s. (962) *I will not put*

עָלֶיךָ prep.-2 m.s. sf. *upon you*

כִּי אֲנִי conj.-pers.pr. 1 c.s. (58) *for I am*

יהוה pr.n. (217) *Yahweh*

רֹפְאֶךָ Qal act.ptc.-2 m.s. sf. (רָפָא 950) *your healer*

15:27

וַיָּבֹאוּ consec.-Qal impf. 3 m.p. (בּוֹא 97) *then they came*

אֵילִמָה pr.n.-dir.he (18) *to Elim*

וְשָׁם conj.-adv. (1027) *where there*

שְׁתֵּים num. (1040) *two*

עֶשְׂרֵה num. (797) *ten*

עֵינֹת n.f.p. cstr. (744) *springs of*

מַיִם n.m.p. (565) *water*

וְשִׁבְעִים conj.-num. p. (988) *and seventy*

תְּמָרִים n.m.p. (I 1071) *palm trees*

וַיַּחֲנוּ־ consec.-Qal impf. 3 m.p. (חָנָה 333) *and they encamped*

שָׁם adv. (1027) *there*

עַל־הַמָּיִם prep.-def.art.-n.m.p. paus. (565) *by the water*

16:1

וַיִּסְעוּ consec.-Qal impf. 3 m.p. (נָסַע 652) *They set out*

מֵאֵילִם prep.-pr.n. (18) *from Elim*

וַיָּבֹאוּ consec.-Qal impf. 3 m.p. (בּוֹא 97) *and ... came*

כָּל־עֲדַת n.m.s. cstr. (481)-n.f.s. cstr. (II 417) *all the congregation of*

בְּנֵי־יִשְׂרָאֵל n.m.p. cstr. (119)-pr.n. (975) *the people of Israel*

אֶל־מִדְבַּר־ prep.-n.m.s. cstr. (184) *to the wilderness of*

סִין pr.n. (II 695) *Sin*

אֲשֶׁר rel. (81) *which is*

בֵּין־אֵילִם prep.-pr.n. (18) *between Elim*

וּבֵין סִינָי conj.-v.supra-pr.n. paus. (696) *and Sinai*

בַּחֲמִשָּׁה prep.-num. f.s. (331) *on the five*

עָשָׂר num. m.s. (797) *ten*

יוֹם n.m.s. (398) *day*

לַחֹדֶשׁ prep.-def.art.-n.m.s. (II 294) *of the ... month*

הַשֵּׁנִי def.art.-num. adj. (1040) *second*

לְצֵאתָם prep.-Qal inf.cstr.-3 m.p. sf. (יָצָא 422) *after they had departed*

מֵאֶרֶץ prep.-n.f.s. cstr. (75) *from the land of*

מִצְרָיִם pr.n. paus. (595) *Egypt*

16:2

וַיִּלּינוּ v.15:24 consec.-Qal impf. 3 m.p. (לוּן II 534; GK 72ee) *and ... murmured*

כָּל־עֲדַת n.m.s. cstr. (481)-n.f.s. cstr. (II 417) *the whole congregation of*

בְּנֵי־יִשְׂרָאֵל n.m.p. cstr. (119)-pr.n. (975) *the people of Israel*

עַל־מֹשֶׁה prep.-pr.n. (602) *against Moses*

וְעַל־אַהֲרֹן conj.-prep.-pr.n. (14) *and Aaron*

בַּמִּדְבָּר prep.-def.art.-n.m.s. (184) *in the wilderness*

16:3

וַיֹּאמְרוּ consec.-Qal impf. 3 m.p. (55) *and said*

אֲלֵהֶם prep.-3 m.p. sf. *to them*

בְּנֵי יִשְׂרָאֵל n.m.p. cstr. (119)-pr.n. (975) *(the people of Israel)*

מִי־יִתֵּן interr. (566)-Qal impf. 3 m.s. (נָתַן 678) *would that*

מוּתֵנוּ Qal inf.cstr.-1 c.p. sf. (מוּת 559) *we had died*

בְּיַד־יְהוָה prep.-n.f.s. cstr. (388)-pr.n. (217) *by the hand of Yahweh*

בְּאֶרֶץ prep.-n.f.s. cstr. (75) *in the land of*

מִצְרַיִם pr.n. (595) *Egypt*

בְּשִׁבְתֵּנוּ prep.-Qal inf.cstr.-1 c.p. sf. (יָשַׁב 442) *when we sat*

עַל־סִיר prep.-n.m.s. cstr. (I 696) *by the ... pots*

הַבָּשָׂר def.art.-n.m.s. (142) *flesh*

בְּאָכְלֵנוּ prep.-Qal inf.cstr.-1 c.p. sf. (37) *and ate*

לֶחֶם n.m.s. (536) *bread*

לָשֹׂבַע prep.-n.m.s. (שֹׂבַע 959) *to the full*

כִּי־הוֹצֵאתֶם conj.-Hi. pf. 2 m.p. (יָצָא 422) *for you have brought out*

אֹתָנוּ dir.obj.-1 c.p. sf. *us*

אֶל־הַמִּדְבָּר prep.-def.art.-n.m.s. (184) *into ... wilderness*

הַזֶּה def.art.-demons.adj. m.s. (260) *this*

לְהָמִית prep.-Hi. inf.cstr. (מוּת 559) *to kill*

אֶת־כָּל־ dir.obj.-n.m.s. cstr. (481) *whole (of)*

הַקָּהָל הַזֶּה def.art.-n.m.s. (874)-v.supra *this assembly*

בָּרָעָב prep.-def.art.-n.m.s. (944) *with hunger*

16:4

וַיֹּאמֶר יהוה consec.-Qal impf. 3 m.s. (55)-pr.n. (217) *then Yahweh said*

אֶל־מֹשֶׁה prep.-pr.n. (602) *to Moses*

הִנְנִי demons.part.-1 c.s. sf. (243) *Behold, I*

מַמְטִיר Hi. ptc. (מָטַר 565) *will rain*

לָכֶם prep.-2 m.p. sf. *for you*

לֶחֶם n.m.s. (536) *bread*

מִן־הַשָּׁמַיִם prep.-def.art.-n.m.p. paus. (1029) *from heaven*

וְיָצָא conj.-Qal pf. 3 m.s. (422) *and ... shall go out*

הָעָם def.art.-n.m.s. (I 766) *the people*

וְלָקְטוּ conj.-Qal pf. 3 c.p. (544) *and gather*

דְּבַר־יוֹם n.m.s. cstr. (182)-n.m.s. (398) *a day's portion*

בְּיוֹמוֹ prep.-n.m.s.-3 m.s. sf. (398) *every day*

לְמַעַן prep.-prep. (775) *that*

אֲנַסֶּנּוּ Pi. impf. 1 c.s.-3 m.s. sf. (נָסָה 650) *I may prove them*

הֲיֵלֵךְ interr.part.-Qal impf. 3 m.s. (הָלַךְ 229) *whether they will walk*

בְּתוֹרָתִי prep.-n.f.s.-3 m.s. sf. (435) *in my law*

אִם־לֹא hypoth.part. (49)-neg. *or not*

16:5

וְהָיָה conj.-Qal pf. 3 m.s. (224) *(and it shall be)*

בַּיּוֹם הַשִּׁשִּׁי prep.-def.art.-n.m.s. (398)-def.art.-num. adj. (995) *on the sixth day*

וְהֵכִינוּ conj.-Hi. pf. 3 c.p. (כּוּן 465) *when they prepare*

אֵת אֲשֶׁר־ dir.obj.-rel. (81) *what*

יָבִיאוּ Hi. impf. 3 m.p. (בּוֹא 97) *they bring in*

וְהָיָה v.supra *it will be*

מִשְׁנֶה n.m.s. (1041) *twice*

עַל אֲשֶׁר־ prep.-rel. (81) *as much as*

יִלְקְטוּ Qal impf. 3 m.p. (544) *they gather*

יוֹם יוֹם n.m.s. (398)-v.supra *daily*

16:6

וַיֹּאמֶר consec.-Qal impf. 3 m.s. (55) *so ... said*

מֹשֶׁה pr.n. (602) *Moses*

וְאַהֲרֹן conj.-pr.n. (14) *and Aaron*

אֶל־כָּל־ prep.-n.m.s. cstr. (481) *to all*

בְּנֵי n.m.p. cstr. (119) *the people of*

יִשְׂרָאֵל pr.n. (975) *Israel*

עֶרֶב n.m.s. (787) *At evening*

וִידַעְתֶּם conj.-Qal pf. 2 m.p. (393; GK 112oo) *you shall know*

כִּי יהוה conj.-pr.n. (217) *that it was Yahweh*

הוֹצִיא Hi. pf. 3 m.s. (יָצָא 422) *who brought*

אֶתְכֶם dir.obj.-2 m.p. sf. *you*

מֵאֶרֶץ prep.-n.f.s. cstr. (75) *out of the land of*

מִצְרָיִם pr.n. paus. (595) *Egypt*

16:7

וּבֹקֶר conj.-n.m.s. (133) *and in the morning*

וּרְאִיתֶם conj.-Qal pf. 2 m.p. (רָאָה 906) *you shall see*

אֶת־כְּבוֹד dir.obj.-n.m.s. cstr. (458) *the glory of*

יהוה pr.n. (217) *Yahweh*

בְּשָׁמְעוֹ prep.-Qal inf.cstr.-3 m.s. sf. (1033) *because he has heard*

אֶת־תְּלֻנֹּתֵיכֶם dir.obj.-n.f.p.-2 m.p. sf. (534) *your murmurings*

עַל־יהוה prep.-pr.n. (217) *against Yahweh*

וְנַחְנוּ conj.-pers.pr. 1 c.p. (59; GK 32d,141,1N) *for ... we*

מָה interr. (552) *what*

כִּי תַלִּינוּ conj.-Hi. impf. 2 m.p. (לוּן II 534; GK 72ee) *that you murmur*

עָלֵינוּ prep.-1 c.p. sf. *against us*

16:8

וַיֹּאמֶר consec.-Qal impf. 3 m.s. (55) *and ... said*

מֹשֶׁה pr.n. (602) *Moses*

בְּתֵת prep.-Qal inf.cstr. (נָתַן 678) *when ... gives*

יהוה pr.n. (217) *Yahweh*

לָכֶם prep.-2 m.p. sf. *you*

בָּעֶרֶב prep.-def.art.-n.m.s. (787) *in the evening*

בָּשָׂר n.m.s. (142) *flesh*

לֶאֱכֹל prep.-Qal inf.cstr. (37) *to eat*

וְלֶחֶם conj.-n.m.s. (536) *and bread*

בַּבֹּקֶר prep.-def.art.-n.m.s. (133) *in the morning*

לִשְׂבֹּעַ prep.-Qal inf.cstr. (959) *to the full*

בִּשְׁמֹעַ prep.-Qal inf.cstr. (1033) *because ... has heard*

יהוה pr.n. (217) *Yahweh*

אֶת־תְּלֻנֹּתֵיכֶם dir.obj.-n.f.p.-2 m.p. sf. (534) *your murmurings*

אֲשֶׁר־אַתֶּם rel. (81)-pers.pr. 2 m.p. (61) *which you*

מַלִּינִם Hi. ptc. m.p. (לון II 534; GK 72ee) *murmur*

עָלָיו prep.-3 m.s. sf. *against him*

וְנַחְנוּ conj.-pers.pr. 1 c.p. (59; GK 32d,141,1N) *we*

מָה interr. (552) *what*

לֹא־עָלֵינוּ neg.-prep.-1 c.p. sf. *not against us*

תְלֻנֹּתֵיכֶם v.supra *your murmurings*

כִּי conj. *but*

עַל־יהוה prep.-pr.n. (217) *against Yahweh*

16:9

וַיֹּאמֶר consec.-Qal imperf. 3 m.s. (55) *and ... said*

מֹשֶׁה pr.n. (602) *Moses*

אֶל־אַהֲרֹן prep.-pr.n. (14) *to Aaron*

אֱמֹר Qal impv. 2 m.s. (55) *Say*

אֶל־כָּל־עֲדַת prep.-n.m.s. cstr. (481)-n.f.s. cstr. (II 417) *to the whole congregation of*

בְּנֵי n.m.p. cstr. (119) *the people of*

יִשְׂרָאֵל pr.n. (975) *Israel*

קִרְבוּ Qal impv. 2 m.p. (897) *Come near*

לִפְנֵי prep.-n.m.p. cstr. (815) *before*

יהוה pr.n. (217) *Yahweh*

כִּי שָׁמַע conj.-Qal pf. 3 m.s. (1033) *for he has heard*

אֵת תְּלֻנֹּתֵיכֶם dir.obj.-n.f.p.-2 m.p. sf. (534) *your murmurings*

16:10

וַיְהִי consec.-Qal impf. 3 m.s. (224) *and*

כְּדַבֵּר prep.-Pi. inf.cstr. (180) *as ... spoke*

אַהֲרֹן pr.n. (14) *Aaron*

אֶל־כָּל־ prep.-n.m.s. cstr. (481) *to the whole*

עֲדַת n.f.s. cstr. (II 417) *congregation of*

בְּנֵי־יִשְׂרָאֵל n.m.p. cstr. (119)-pr.n. (975) *the people of Israel*

וַיִּפְנוּ consec.-Qal impf. 3 m.p. (פנה 815) *they looked*

אֶל־הַמִּדְבָּר prep.-def.art.-n.m.s. (184) *toward the wilderness*

וְהִנֵּה conj.-demons.part. (243) *and behold*

כְּבוֹד n.m.s. cstr. (458) *the glory of*

יהוה pr.n. (217) *Yahweh*

נִרְאָה Ni. pf. 3 m.s. (906) *appeared*

בֶּעָנָן prep.-def.art.-n.m.s. (777) *in the cloud*

16:11

וַיְדַבֵּר consec.-Pi. impf. 3 m.s. (180) *and ... said*

יהוה pr.n. (217) *Yahweh*

אֶל־מֹשֶׁה prep.-pr.n. (602) *to Moses*

לֵּאמֹר prep.-Qal inf.cstr. (55) *(saying)*

16:12

שָׁמַעְתִּי Qal pf. 1 c.s. (1033) *I have heard*

אֶת־תְּלוּנֹּת dir.obj.-n.f.p. cstr. (534) *the murmurings of*

בְּנֵי יִשְׂרָאֵל n.m.p. cstr. (119)-pr.n. (975) *the people of Israel*

דַּבֵּר Pi. impv. 2 m.s. (180) *say*

אֲלֵהֶם prep.-3 m.p. sf. *to them*

לֵאמֹר prep.-Qal inf.cstr. (55) *(saying)*

בֵּין הָעַרְבַּיִם prep. (107)-def.art.-n.m.p. (787; GK 88c) *at twilight*

תֹּאכְלוּ Qal impf. 2 m.p. (37) *you shall eat*

בָּשָׂר n.m.s. (142) *flesh*

וּבַבֹּקֶר conj.-prep.-def.art.-n.m.s. (133) *and in the morning*

תִּשְׂבְּעוּ־ Qal impf. 2 m.p. (959) *you shall be filled with*

לָחֶם n.m.s. paus. (536) *bread*

וִידַעְתֶּם conj.-Qal pf. 2 m.p. (393) *then you shall know*

כִּי אֲנִי conj.-pers.pr. 1 c.s. (58) *that I*

יהוה pr.n. (217) *Yahweh*

אֱלֹהֵיכֶם n.m.p.-2 m.p. sf. (43) *your God*

16:13

וַיְהִי consec.-Qal impf. 3 m.s. (224)

בָעֶרֶב prep.-def.art.-n.m.s. (787) *in the evening*

וַתַּעַל consec.-Qal impf. 3 f.s. (עלה 748) *came up*

הַשְּׂלָו def.art.-n.f.s. (969) *quails*

וַתְּכַס consec.-Pi. impf. 3 f.s. (כסה 491) *and covered*

אֶת־הַמַּחֲנֶה dir.obj.-def.art.-n.f.s. (334) *the camp*

וּבַבֹּקֶר conj.-prep.-def.art.-n.m.s. (133) *and in the morning*

הָיְתָה Qal pf. 3 f.s. (224) *(was)*

שִׁכְבַת n.f.s. cstr. (1012) *(layer of)*

הַטָּל def.art.-n.m.s. (378) *dew*

סָבִיב adv. (686) *round about*

לַמַּחֲנֶה prep.-def.art.-n.f.s. (334) *the camp*

16:14

וַתַּעַל consec.-Qal impf. 3 f.s. (עָלָה 748) *and when ... had gone up*

שִׁכְבַת הַטַּל n.f.s. cstr. (1012)-def.art.-n.m.s. paus. (378) *the dew*

וְהִנֵּה conj.-demons.part. (243) *there was (and behold)*

עַל־פְּנֵי הַמִּדְבָּר prep.-n.m.p. cstr. (815)-def.art. -n.m.s. (184) *on the face of the wilderness*

דַּק adj. (201) *a fine*

מְחֻסְפָּס Pu. ptc. (הָסַף 341; GK 55k) *flake-like thing*

דַּק v.supra *fine*

כַּכְּפֹר prep.-def.art.-n.m.s. (II 499) *as hoar-frost*

עַל־הָאָרֶץ prep.-def.art.-n.f.s. (75) *on the ground*

16:15

וַיִּרְאוּ consec.-Qal impf. 3 m.p. (רָאָה 906) *when ... saw*

בְּנֵי־יִשְׂרָאֵל n.m.p. cstr. (119)-pr.n. (975) *the people of Israel*

וַיֹּאמְרוּ consec.-Qal impf. 3 m.p. (55) *they said*

אִישׁ n.m.s. (35) *(each) one*

אֶל־אָחִיו prep.-n.m.s.-3 m.s. sf. (26) *to another (to his brother)*

מָן הוּא interr. (577)-pers.pr. 3 m.s. (214) *what is it?*

כִּי conj. *for*

לֹא יָדְעוּ neg.-Qal pf. 3 c.p. (393) *they did not know*

מַה־הוּא interr. (552)-pers.pr. 3 m.s. (214) *what it was*

וַיֹּאמֶר consec.-Qal impf. 3 m.s. (55) *and ... said*

מֹשֶׁה pr.n. (602) *Moses*

אֲלֵהֶם prep.-3 m.p. sf. *to them*

הוּא v.supra *it*

הַלֶּחֶם def.art.-n.m.s. (536) *the bread*

אֲשֶׁר rel. (81) *which*

נָתַן יהוה Qal pf. 3 m.s. (678)-pr.n. (217) *Yahweh has given*

לָכֶם prep.-2 m.p. sf. *you*

לְאָכְלָה prep.-n.f.s. (3) *to eat*

16:16

זֶה הַדָּבָר demons.adj. m.s. (260)-def.art.-n.m.s. (182) *this is (the matter)*

אֲשֶׁר rel. (81) *what*

צִוָּה Pi. pf. 3 m.s. (845) *has commanded*

יהוה pr.n. (217) *Yahweh*

לִקְטוּ Qal impv. 2 m.p. (544) *gather*

מִמֶּנּוּ prep.-3 m.s. sf. *of it*

אִישׁ n.m.s. (35) *every man*

לְפִי אָכְלוֹ prep.-n.m.s. cstr. (804)-Qal inf.cstr.-3 m.s. sf. (37) *as much as he can eat*

עֹמֶר n.m.s. (II 771) *an omer*

לַגֻּלְגֹּלֶת prep.-def.art.-n.f.s. (166) *apiece*

מִסְפַּר n.m.s. cstr. (708; GK 118h) *according to the number of*

נַפְשֹׁתֵיכֶם n.f.p.-2 m.p. sf. (659) *the persons ... of you*

אִישׁ n.m.s. (35) *each*

לַאֲשֶׁר prep.-rel. (81) *whom*

בְּאָהֳלוֹ prep.-n.m.s.-3 m.s. sf. (13) *in his tent*

תִּקָּחוּ Qal impf. 2 m.p. paus. (לָקַח 542) *you shall take*

16:17

וַיַּעֲשׂוּ־כֵן consec.-Qal impf. 3 m.p. (עָשָׂה I 793)-adv. (485) *and ... did so*

בְּנֵי יִשְׂרָאֵל n.m.p. cstr. (119)-pr.n. (975) *the people of Israel*

וַיִּלְקְטוּ consec.-Qal impf. 3 m.p. (544) *they gathered*

הַמַּרְבֶּה def.art.-Hi. ptc. (רָבָה 915) *some more*

וְהַמַּמְעִיט conj.-def.art.-Hi. ptc. (מָעַט 589) *some less*

16:18

וַיָּמֹדּוּ consec.-Qal impf. 3 m.p. (מָדַד 551) *but when they measured*

בָעֹמֶר prep.-def.art.-n.m.s. (II 771) *with an omer*

וְלֹא הֶעְדִּיף conj.-neg.-Hi. pf. 3 m.s. (עָדַף 727) *had nothing over*

הַמַּרְבֶּה v.16:17 *the much*

וְהַמַּמְעִיט conj.-def.art.-Hi. ptc. (מָעַט 589) *little*

לֹא הֶחְסִיר neg.-Hi. pf. 3 m.s. (341) *had no luck*

אִישׁ n.m.s. (35) *each*

לְפִי־אָכְלוֹ prep.-n.m.s. cstr. (804)-Qal inf.cstr.-3 m.s. sf. (37) *according to what he could eat*

לָקָטוּ Qal pf. 3 c.p. paus. (544) *gathered*

16:19

וַיֹּאמֶר consec.-Qal impf. 3 m.s. (55) *and ... said*

מֹשֶׁה pr.n. (602) *Moses*

אֲלֵהֶם prep.-3 m.p. sf. *to them*

אִישׁ n.m.s. (35) *man*

אַל־יוֹתֵר neg.-Hi. impf. 3 m.s. apoc. (יָתַר 451; GK 139d) *let no ... leave*

מִמֶּנּוּ prep.-3 m.s. sf. *of it*

עַד־בֹּקֶר prep. (III 723)-n.m.s. (133) *till the morning*

16:20

וְלֹא־שָׁמְעוּ neg.-Qal pf. 3 c.p. (1033) *but they did not listen*

אֶל־מֹשֶׁה prep.-pr.n. (602) *to Moses*

וַיּוֹתִרוּ consec.-Hi. impf. 3 m.p. (יָתַר 451) *and ... left*

אֲנָשִׁים n.m.p. (35; GK 139hN) *some*

מִמֶּנּוּ prep.-3 m.s. sf. *of it*

עַד־בֹּקֶר v.16:19 prep. (III 723)-n.m.s. (133) *till the morning*

וַיָּרֻם consec.-Qal impf. 3 m.s. (רום 926; GK 27o,67n,121dN) *and it bred*

תּוֹלָעִים n.f.p. (1069) *worms*

וַיִּבְאַשׁ consec.-Qal impf. 3 m.s. (92) *and became foul*

וַיִּקְצֹף consec.-Qal impf. 3 m.s. (893) *and was angry*

עֲלֵהֶם prep.-3 m.p. sf. *with them*

מֹשֶׁה pr.n. (602) *Moses*

16:21

וַיִּלְקְטוּ consec.-Qal impf. 3 m.p. (544) *they gathered*

אֹתוֹ dir.obj.-3 m.s. sf. *it*

בַּבֹּקֶר prep.-def.art.-n.m.s. (133) *morning*

בַּבֹּקֶר v.supra (GK 123c) *by morning*

אִישׁ n.m.s. (35) *each*

כְּפִי אָכְלוֹ prep.-n.m.s. cstr. (804)-Qal inf.cstr.-3 m.s. sf. (37) *as much as he could eat*

וְחַם conj.-Qal pf. 3 m.s. (חָמַם 328; GK 159g) *but when ... grew hot*

הַשֶּׁמֶשׁ def.art.-n.m.s. (1039) *the sun*

וְנָמָס conj.-Ni. pf. 3 m.s. paus. (מָסַס 587) *it melted*

16:22

וַיְהִי consec.-Qal impf. 3 m.s. (224)

בַּיּוֹם הַשִּׁשִּׁי prep.-def.art.-n.m.s. (398)-def.art.-num. (995) *on the sixth day*

לָקְטוּ Qal pf. 3 c.p. (544) *they gathered*

לֶחֶם n.m.s. (536) *bread*

מִשְׁנֶה n.m.s. (104) *twice*

שְׁנֵי הָעֹמֶר num. cstr. (1040; GK 134e)-def.art.-n.m.s. (II 771) *two omers*

לָאֶחָד prep.-def.art.-n.m.s. (25) *apiece*

וַיָּבֹאוּ consec.-Qal impf. 3 m.p. (בוֹא 97) *and when ... came*

כָּל־נְשִׂיאֵי n.m.s. cstr. (481)-n.m.p. cstr. (672) *all the leaders of*

הָעֵדָה def.art.-n.f.s. (II 417) *the congregation*

וַיַּגִּידוּ consec.-Hi. impf. 3 m.p. (נָגַד 616) *and told*

לְמֹשֶׁה prep.-pr.n. (602) *Moses*

16:23

וַיֹּאמֶר consec.-Qal impf. 3 m.s. (55) *he said*

אֲלֵהֶם prep.-3 m.p. sf. *to them*

הוּא אֲשֶׁר demons.adj. (214)-rel. (81) *this is what*

דִּבֶּר יהוה Pi. pf. 3 m.s. (180)-pr.n. (217) *Yahweh has commanded*

שַׁבָּתוֹן n.m.s. (992) *a day of solemn rest*

שַׁבַּת־קֹדֶשׁ n.f.s. cstr. (992)-n.m.s. (871) *a holy sabbath*

לַיהוה prep.-pr.n. (217) *to Yahweh*

מָחָר n.m.s. paus. (563) *tomorrow*

אֵת אֲשֶׁר־ dir.obj.-rel. (81) *what*

תֹּאפוּ Qal impf. 2 m.p. (אָפָה 66) *you will bake*

אֵפוּ Qal impv. 2 m.p. (אָפָה 66; GK 63i,76d) *bake*

וְאֵת אֲשֶׁר־ conj.-v.supra *and what*

תְּבַשְּׁלוּ Pi. impf. 2 m.p. (143) *you will boil*

בַּשֵּׁלוּ Pi. impv. 2 m.p. paus. (143) *boil*

וְאֵת כָּל־ conj.-dir.obj.-n.m.s. cstr. (481) *and all*

הָעֹדֵף dir.obj.-Qal act.ptc. (727) *that is left over*

הַנִּיחוּ Hi. impv. 2 m.p. (נוּחַ 628) *lay by*

לָכֶם prep.-2 m.p. sf. *(for yourselves)*

לְמִשְׁמֶרֶת prep.-n.f.s. (1038) *to be kept*

עַד־הַבֹּקֶר prep.-def.art.-n.m.s. (133) *till the morning*

16:24

וַיַּנִּיחוּ consec.-Hi. impf. 3 m.p. (נוּחַ 628) *so they laid by*

אֹתוֹ dir.obj.-3 m.s. sf. *it*

עַד־הַבֹּקֶר v.16:23 *till the morning*

כַּאֲשֶׁר prep.-rel. (81) *as*

צִוָּה Pi. pf. 3 m.s. (845) *bade*

מֹשֶׁה pr.n. (602) *Moses*

וְלֹא הִבְאִישׁ conj.-neg.-Hi. pf. 3 m.s. (בָּאַשׁ 92) *and it did not become foul*

וְרִמָּה conj.-n.f.s. (942) *worms*

לֹא־הָיְתָה neg.-Qal pf. 3 f.s. (224) *there were no*

בּוֹ prep.-3 m.s. sf. *in it*

16:25

וַיֹּאמֶר consec.-Qal impf. 3 m.s. (55) *said*

מֹשֶׁה pr.n. (602) *Moses*

אִכְלֻהוּ Qal impv. 2 m.p.-3 m.s. sf. (37) *eat it*

הַיּוֹם def.art.-n.m.s. (398) *today*

כִּי־שַׁבָּת conj.-n.f.s. (992) *for a sabbath*

הַיּוֹם v.supra def.art.-n.m.s. (398) *today*

לַיהוה prep.-pr.n. (217) *to Yahweh*

הַיּוֹם v.supra *today*

311

לֹא תִמְצָאֻהוּ neg.-Qal impf. 2 m.p.-3 m.s. sf. (592) *you will not find it*

בַּשָּׂדֶה prep.-def.art.-n.m.s. (961) *in the field*

16:26

שֵׁשֶׁת יָמִים num. f.s. cstr. (995)-n.m.p. (398) *six days*

תִּלְקְטֻהוּ Qal impf. 2 m.p.-3 m.s. sf. (544) *you shall gather it*

וּבַיּוֹם הַשְּׁבִיעִי conj.-prep.-def.art.-n.m.s. (398)-def.art.-num.adj. (988) *but on the seventh day*

שַׁבָּת n.f.s. (992) *a sabbath*

לֹא יִהְיֶה־בּוֹ neg.-Qal impf. 3 m.s. (224)-prep.-3 m.s. sf. *there will be none*

16:27

וַיְהִי consec.-Qal impf. 3 m.s. (224)

בַּיּוֹם הַשְּׁבִיעִי v.16:26 *on the seventh day*

יָצְאוּ Qal pf. 3 c.p. (422) *went out*

מִן־הָעָם prep.-def.art.-n.m.s. (I 766) *some of the people*

לִלְקֹט prep.-Qal inf.cstr. (544) *to gather*

וְלֹא מָצָאוּ conj.-neg.-Qal pf. 3 c.p. paus. (592) *and they found none*

16:28

וַיֹּאמֶר consec.-Qal impf. 3 m.s. (55) *and ... said*

יהוה pr.n. (217) *Yahweh*

אֶל־מֹשֶׁה prep.-pr.n. (602) *to Moses*

עַד־אָנָה adv. (III 723)-adv.-loc.he (33) *how long*

מֵאַנְתֶּם Pi. pf. 2 m.p. (549) *do you refuse*

לִשְׁמֹר prep.-Qal inf.cstr. (1036) *to keep*

מִצְוֹתַי n.f.p.-1 c.s. sf. (846) *my commandments*

וְתוֹרֹתָי conj.-n.f.p.-1 c.s. sf. paus. (435) *and my laws*

16:29

רְאוּ Qal impv. 2 m.p. (רָאָה 906) *see*

כִּי־יְהוָה conj.-pr.n. (217) *Yahweh*

נָתַן לָכֶם Qal pf. 3 m.s. (678)-prep.-2 m.p. sf. *has given you*

הַשַּׁבָּת def.art.-n.f.s. (992) *the sabbath*

עַל־כֵּן prep.-adv. (485) *therefore*

הוּא נֹתֵן pers.pr. 3 m.s. (214)-Qal act.ptc. (678) *he gives*

לָכֶם prep.-2 m.p. sf. *you*

בַּיּוֹם הַשִּׁשִּׁי prep.-def.art.-n.m.s. (398)-def.art.-num.adj. (995) *on the sixth day*

לֶחֶם n.m.s. (536) *bread*

יוֹמָיִם n.m. du. paus. (398) *for two days*

שְׁבוּ Qal impv. 2 m.p. (יָשַׁב 442) *remain*

אִישׁ n.m.s. (35) *every man*

תַּחְתָּיו prep.-3 m.s. sf. (1065) *in his place*

אַל־יֵצֵא neg.-Qal impf. 3 m.s. (יָצָא 422; GK 9,1;69p;139d) *let no ... go out*

אִישׁ n.m.s. (35) *man*

מִמְּקֹמוֹ prep.-n.m.s.-3 m.s. sf. (879) *of his place*

בַּיּוֹם הַשְּׁבִיעִי prep.-def.art.-n.m.s. (398)-def.art.-num.adj. (988) *on the seventh day*

16:30

וַיִּשְׁבְּתוּ consec.-Qal impf. 3 m.p. (שָׁבַת 991) *so ... rested*

הָעָם def.art.-n.m.s. (I 766) *the people*

בַּיּוֹם הַשְּׁבִיעִי v.16:29 *on the seventh day*

16:31

וַיִּקְרְאוּ consec.-Qal impf. 3 m.p. (894) *now ... called*

בֵית־יִשְׂרָאֵל n.m.s. cstr. (108)-pr.n. (975) *the house of Israel*

אֶת־שְׁמוֹ dir.obj.-n.m.s.-3 m.s. sf. (1027) *its name*

מָן interr. (I 577) *Manna*

וְהוּא conj.-pers.pr. 3 m.s. (214) *it was*

כְּזֶרַע גַּד prep.-n.m.s. cstr. (282)-n.m.s. (I 151) *coriander seed*

לָבָן n.m.s. (526) *white*

וְטַעְמוֹ conj.-n.m.s.-3 m.s. sf. (381) *and the taste of it*

כְּצַפִּיחִת prep.-n.f.s. (860) *like wafers*

בִּדְבָשׁ prep.-n.m.s. paus. (185) *with honey*

16:32

וַיֹּאמֶר consec.-Qal impf. 3 m.s. (55) *and ... said*

מֹשֶׁה pr.n. (602) *Moses*

זֶה הַדָּבָר demons.adj. (260)-def.art.-n.m.s. (182) *this is (the thing)*

אֲשֶׁר rel. (81) *what*

צִוָּה יהוה Pi. pf. 3 m.s. (צָוָה 845)-pr.n. (217) *Yahweh has commanded*

מְלֹא הָעֹמֶר n.m.s. cstr. (571)-def.art.-n.m.s. (II 171) *an omer*

מִמֶּנּוּ prep.-3 m.s. sf. *of it*

לְמִשְׁמֶרֶת prep.-n.f.s. (1038) *let be kept*

לְדֹרֹתֵיכֶם prep.-n.f.p.-2 m.p. sf. (189) *throughout your generations*

לְמַעַן prep.-prep. (775) *that*

יִרְאוּ Qal impf. 3 m.p. (רָאָה 906) *they may see*

אֶת־הַלֶּחֶם dir.obj.-def.art.-n.m.s. (536) *the bread*

אֲשֶׁר rel. (81) *with which*

הֶאֱכַלְתִּי Hi. pf. 1 c.s. (אָכַל 37; GK 117cc) *I fed*

אֶתְכֶם dir.obj.-2 m.p. sf. *you*

312

בַּמִּדְבָּר prep.-def.art.-n.m.s. (184) *in the wilderness*

בְּהוֹצִיאִי prep.-Hi. inf.cstr.-1 c.s. sf. (יָצָא 422) *when I brought*

אֶתְכֶם v.supra *you*

מֵאֶרֶץ prep.-n.f.s. cstr. (75) *out of the land of*

מִצְרָיִם pr.n. paus. (595) *Egypt*

16:33

וַיֹּאמֶר consec.-Qal impf. 3 m.s. (55) *and ... said*

מֹשֶׁה pr.n. (602) *Moses*

אֶל־אַהֲרֹן prep.-pr.n. (14) *to Aaron*

קַח Qal impv. 2 m.s. (לָקַח 542) *take*

צִנְצֶנֶת n.f.s. (857) *jar*

אַחַת adj. f.s. (25; GK 125b) *a*

וְתֶן־ conj.-Qal impv. 2 m.s. (נָתַן 678) *and put*

שָׁמָּה adv.-loc.he (1027) *in it*

מְלֹא־הָעֹמֶר n.m.s. cstr. (571)-def.art.-n.m.s. (II 771) *an omer*

מָן pr.n. (577) *manna*

וְהַנַּח conj.-Hi. impv. 2 m.s (נוח 628) *and place*

אֹתוֹ dir.obj.-3 m.s. sf. *it*

לִפְנֵי prep.-n.m.p. cstr. (815) *before*

יְהוָה pr.n. (217) *Yahweh*

לְמִשְׁמֶרֶת prep.-n.f.s. (1038) *to be kept*

לְדֹרֹתֵיכֶם prep.-n.m.p.-2 m.p. sf. (189) *throughout your generations*

16:34

כַּאֲשֶׁר prep.-rel. (81) *as*

צִוָּה יְהוָה Pi. pf. 3 m.s. (צָוָה 845)-pr.n. (217) *Yahweh commanded*

אֶל־מֹשֶׁה prep.-pr.n. (602) *Moses*

וַיַּנִּיחֵהוּ consec.-Hi. impf. 3 m.p.-3 m.s. sf. (נוח 628) *so ... placed it*

אַהֲרֹן pr.n. (14) *Aaron*

לִפְנֵי v.16:33 *before*

הָעֵדֻת def.art.-n.f.s. (730) *the testimony*

לְמִשְׁמָרֶת v.16:33 paus. *to be kept*

16:35

וּבְנֵי יִשְׂרָאֵל conj.-n.m.p. cstr. (119)-pr.n. (975) *and the people of Israel*

אָכְלוּ Qal pf. 3 c.p. (37) *ate*

אֶת־הַמָּן dir.obj.-def.art.-n.m.s. (577) *the manna*

אַרְבָּעִים num. p. (916) *forty*

שָׁנָה n.f.s. (1040) *years*

עַד־בֹּאָם prep.-Qal inf.cstr.-3 m.p. sf. (בּוֹא 97) *till they came*

אֶל־אֶרֶץ prep.-n.f.s. cstr. (75) *to a land*

נוֹשָׁבֶת Ni. ptc. f.s. paus. (יָשַׁב 442) *habitable*

אֶת־הַמָּן v.supra *the manna*

אָכְלוּ v.supra *they ate*

עַד־בֹּאָם v.supra *till they came*

אֶל־קְצֵה prep.-n.m.s. cstr. (892) *to the border of*

אֶרֶץ n.f.s. cstr. (75) *the land of*

כְּנָעַן pr.n. paus. (488) *Canaan*

16:36

וְהָעֹמֶר conj.-def.art.-n.m.s. (II 771) *an omer*

עֲשִׂרִית num.adj. f.s. cstr. (798) *the tenth part of*

הָאֵיפָה def.art.-n.f.s. (35) *an ephah*

הוּא pers.pr. 3 m.s. (214) *(it)*

17:1

וַיִּסְעוּ consec.-Qal impf. 3 m.p. (נָסַע I 652) *and ... moved on*

כָּל־עֲדַת n.m.s. cstr. (481)-n.f.s. cstr. (II 417) *all the congregation of*

בְּנֵי־יִשְׂרָאֵל n.m.p. cstr. (119)-pr.n. (975) *the people of Israel*

מִמִּדְבַּר־סִין prep.-n.m.s. cstr. (184)-pr.n. (II 695) *from the wilderness of Sin*

לְמַסְעֵיהֶם prep.-n.m.p.-3 m.p. sf. (652) *by stages*

עַל־פִּי prep.-n.m.s. cstr. (804) *according to the commandment of*

יְהוָה pr.n. (217) *Yahweh*

וַיַּחֲנוּ consec.-Qal impf. 3 m.p. (חָנָה 333) *and camped*

בִּרְפִידִים prep.-pr.n. (951) *at Rephidim*

וְאֵין מַיִם conj.-subst. cstr. (II 34)-n.m.p. (565) *but there was no water*

לִשְׁתֹּת prep.-Qal inf.cstr. (1059; GK 115f) *to drink*

הָעָם def.art.-n.m.s. (I 766) *the people*

17:2

וַיָּרֶב consec.-Qal impf. 3 m.s. (רִיב 936) *therefore ... found fault*

הָעָם def.art.-n.m.s. (I 766) *the people*

עִם־מֹשֶׁה prep.-pr.n. (602) *with Moses*

וַיֹּאמְרוּ consec.-Qal impf. 3 m.p. (55) *and said*

תְּנוּ־לָנוּ Qal impv. 2 m.p. (נָתַן 678)-prep.-1 c.p. sf. *Give us*

מַיִם n.m.p. (565) *water*

וְנִשְׁתֶּה conj.-Qal impf. 1 c.p. (1059) *to drink*

וַיֹּאמֶר consec.-Qal impf. 3 m.s. (55) *and ... said*

לָהֶם prep.-3 m.p. sf. *to them*

מֹשֶׁה pr.n. (602) *Moses*

מַה־תְּרִיבוּן interr. (552)-Qal impf. 2 m.p. (רִיב 936; GK 47m) *Why do you find fault*

עִמָּדִי prep. (767)-1 c.s. sf. *with me*

מַה־תְּנַסּוּן interr. (552)-Pi. impf. 2 m.p. (נָסָה 650; GK 47m) *why do you put to the proof*

אֶת־יְהוָה dir.obj.-pr.n. (217) *Yahweh*

17:3

וַיִּצְמָא consec.-Qal impf. 3 m.s. (צָמֵא 854) *but ...thirsted*

שָׁם adv. (1027) *there*

הָעָם def.art.-n.m.s. (I 766) *the people*

לַמַּיִם prep.-def.art.-n.m.p. (565) *for water*

וַיָּלֶן consec.-Hi. impf. 3 m.s. (לוּן II 534; GK 72ee) *and murmured*

הָעָם v.supra *the people*

עַל־מֹשֶׁה prep.-pr.n. (602) *against Moses*

וַיֹּאמֶר consec.-Qal impf. 3 m.s. (55) *and said*

לָמָּה זֶּה prep.-interr. (552)-demons.adj. (260) *why*

הֶעֱלִיתָנוּ Hi. pf. 2 m.s.-1 c.p. sf. (עָלָה 748) *did you bring us up*

מִמִּצְרַיִם prep.-pr.n. (595) *out of Egypt*

לְהָמִית prep.-Hi. inf.cstr. (מוּת 559) *to kill*

אֹתִי dir.obj.-1 c.s. sf. (GK 117o) *us (me)*

וְאֶת־בָּנַי conj.-dir.obj.-n.m.p.-1 c.s. sf. (119) *and our (my) children*

וְאֶת־מִקְנַי conj.-dir.obj.-n.m.p.-1 c.s. sf. (889) *and our (my) cattle*

בַּצָּמָא prep.-def.art.-n.m.s. (854) *with thirst*

17:4

וַיִּצְעַק consec.-Qal impf. 3 m.s. (צָעַק 858) *so ... cried*

מֹשֶׁה pr.n. (602) *Moses*

אֶל־יְהוָה prep.-pr.n. (217) *to Yahweh*

לֵאמֹר prep.-Qal inf.cstr. (55) *(saying)*

מָה interr. (552) *what*

אֶעֱשֶׂה Qal impf. 1 c.s. (עָשָׂה I 793) *shall I do*

לָעָם הַזֶּה prep.-def.art.-n.m.s. (I 766)-def.art. -demons.adj. m.s. (260) *with this people*

עוֹד מְעַט adv. (728)-adv. (589) *almost*

וּסְקָלֻנִי conj.-Qal pf. 3 c.p.-1 c.s. sf. (סָקַל 709; GK 112x) *they stone me*

17:5

וַיֹּאמֶר consec.-Qal impf. 3 m.s. (55) *and ... said*

יְהוָה pr.n. (217) *Yahweh*

אֶל־מֹשֶׁה prep.-pr.n. (602) *to Moses*

עֲבֹר Qal impv. 2 m.s. (716) *Pass on*

לִפְנֵי prep.-n.m.p. cstr. (815) *before*

הָעָם def.art.-n.m.s. (I 766) *the people*

וְקַח conj.-Qal impv. 2 m.s. (לָקַח 542) *taking*

אִתְּךָ prep.-2 m.s. sf. (II 85) *with you*

מִזִּקְנֵי prep.-n.m.p. cstr. (278) *some of the elders of*

יִשְׂרָאֵל pr.n. (975) *Israel*

וּמַטְּךָ conj.-n.m.s.-2 m.s. sf. (641) *and (your) rod*

אֲשֶׁר rel. (81) *which*

הִכִּיתָ בּוֹ Hi. pf. 2 m.s. (נָכָה 645)-prep.-3 m.s. sf. *you struck (with it)*

אֶת־הַיְאֹר dir.obj.-def.art.-n.m.s. (384) *the Nile*

קַח v.supra Qal impv. 2 m.s. (לָקַח 542) *take*

בְּיָדְךָ prep.-n.f.s.-2 m.s. sf. (388) *in your hand*

וְהָלָכְתָּ conj.-Qal pf. 2 m.s. paus. (הָלַךְ 229) *and go*

17:6

הִנְנִי demons.part.-1 c.s. sf. (243) *behold I*

עֹמֵד Qal act.ptc. (763) *will stand*

לְפָנֶיךָ prep.-n.m.p.-2 m.s. sf. (815) *before you*

שָׁם adv. (1027) *there*

עַל־הַצּוּר prep.-def.art.-n.m.s. (849) *on the rock*

בְּחֹרֵב prep.-pr.n. (352) *at Horeb*

וְהִכִּיתָ conj.-Hi. pf. 2 m.s. (נָכָה 645; GK 49k) *and you shall strike*

בַצּוּר prep.-def.art.-n.m.s. (849) *the rock*

וְיָצְאוּ conj. Qal pf. 3 c.p. (יָצָא 422) *and shall come out*

מִמֶּנּוּ prep.-3 m.s. sf. *of it*

מַיִם n.m.p. (565) *water*

וְשָׁתָה conj.-Qal pf. 3 m.s. (שָׁתָה 1059) *that may drink*

הָעָם def.art.-n.m.s. (I 766) *the people*

וַיַּעַשׂ consec.-Qal impf. 3 m.s. (עָשָׂה I 793) *and ... did*

כֵּן מֹשֶׁה adv. (I 485)-pr.n. (602) *thus Moses*

לְעֵינֵי prep.-n.f.p. cstr. (744) *in the sight of*

זִקְנֵי n.m.p. cstr. (278) *the elders of*

יִשְׂרָאֵל pr.n. (975) *Israel*

17:7

וַיִּקְרָא consec.-Qal impf. 3 m.s. (קָרָא 894) *and he called*

שֵׁם n.m.s. cstr. (1027) *the name of*

הַמָּקוֹם def.art.-n.m.s. (879) *the place*

מַסָּה pr.n. (III 650) *Massah*

וּמְרִיבָה conj.-pr.n. (II 937) *and Meribah*

עַל־רִיב conj.-Qal inf.cstr. (רִיב 936) *because of the faultfinding of*

בְּנֵי יִשְׂרָאֵל n.m.p. cstr. (119)-pr.n. (975) *the children of Israel*

וְעַל נַסֹּתָם conj.-prep.-Pi. inf.cstr.-3 m.p. sf. (650 נָסָה) *and because they put to the proof*

אֶת־יְהוָה dir.obj.-pr.n. (217) *Yahweh*

לֵאמֹר prep.-Qal inf.cstr. (55) *by saying*

הֲיֵשׁ יְהוָה interr.part.-subst. (441)-pr.n. (217) *is Yahweh?*

בְּקִרְבֵּנוּ prep.-n.m.s.-1 c.p. sf. (899) *among us*

314

אִם־אַיִן hypoth.part. (49)-subst. paus. (II 34; GK
152k) *or not*

17:8

וַיָּבֹא consec.-Qal impf. 3 m.s. (בּוֹא 97) *then
came*

עֲמָלֵק pr.n. (766) *Amalek*

וַיִּלָּחֶם consec.-Ni. impf. 3 m.s. (לָחַם 535) *and
fought*

עִם־יִשְׂרָאֵל prep.-pr.n. (975) *with Israel*

בִּרְפִידִם prep.-pr.n. (951) *at Rephidim*

17:9

וַיֹּאמֶר consec.-Qal impf. 3 m.s. (55) *and ... said*

מֹשֶׁה pr.n. (602) *Moses*

אֶל־יְהוֹשֻׁעַ prep.-pr.n. (221) *to Joshua*

בְּחַר־לָנוּ Qal impv. 2 m.s. (103)-prep.-1 c.p. sf.
choose for us

אֲנָשִׁים n.m.p. (35) *men*

וְצֵא conj.-Qal impv. 2 m.s. (יָצָא 422) *and go
out*

הִלָּחֵם Ni. impv. 2 m.s. (לָחַם 535) *fight*

בַּעֲמָלֵק prep.-pr.n. (766) *with Amalek*

מָחָר adv. (563) *tomorrow*

אָנֹכִי pers.pr. 1 c.s. (59) *I*

נִצָּב Ni.ptc. (נָצַב 662) *will stand*

עַל־רֹאשׁ prep.-n.m.s. cstr. (910) *on the top of*

הַגִּבְעָה def.art.-n.f.s. (148) *the hill*

וּמַטֵּה conj.-n.m.s. cstr. (641) *with the rod of*

הָאֱלֹהִים def.art.-n.m.p. (43) *God*

בְּיָדִי prep.-n.f.s.-1 c.s. sf. (388) *in my hand*

17:10

וַיַּעַשׂ consec.-Qal impf. 3 m.s. (עָשָׂה I 793) *so ...
did*

יְהוֹשֻׁעַ pr.n. (221) *Joshua*

כַּאֲשֶׁר prep.-rel. (81) *as*

אָמַר־לוֹ Qal pf. 3 m.s. (55)-prep.-3 m.s. sf. *told
him*

מֹשֶׁה pr.n. (602) *Moses*

לְהִלָּחֵם prep.-Ni. inf.cstr. (535) *and fought*

בַּעֲמָלֵק prep.-pr.n. (766) *with Amalek*

וּמֹשֶׁה conj.-pr.n. (602) *and Moses*

אַהֲרֹן pr.n. (14) *Aaron*

וְחוּר conj.-pr.n. (301) *and Hur*

עָלוּ Qal pf. 3 c.p. (עָלָה 748) *went up*

רֹאשׁ n.m.s. cstr. (910) *to the top of*

הַגִּבְעָה def.art.-n.f.s. (148) *the hill*

17:11

וְהָיָה conj.-Qal pf. 3 m.s. (224) *(and it was)*

כַּאֲשֶׁר prep.-rel. (81) *whenever*

יָרִים Hi. impf. 3 m.s. (רוּם 926) *held up*

מֹשֶׁה pr.n. (602) *Moses*

יָדוֹ n.f.s.-3 m.s. sf. (388) *his hand*

וְגָבַר conj.-Qal pf. 3 m.s. (149) *(and) prevailed*

יִשְׂרָאֵל pr.n. (975) *Israel*

וְכַאֲשֶׁר conj.-v.supra *and whenever*

יָנִיחַ Hi. impf. 3 m.s. (נוּחַ 628) *he lowered
(rested)*

יָדוֹ v.supra *his hand*

וְגָבַר v.supra *(and) prevailed*

עֲמָלֵק pr.n. (766) *Amalek*

17:12

וִידֵי conj.-n.f.p. cstr. (388) *but hands (of)*

מֹשֶׁה pr.n. (602) *Moses*

כְּבֵדִים n.m.p. (458; GK 145n) *grew weary*

וַיִּקְחוּ־ consec.-Qal impf. 3 m.p. (לָקַח 542) *so
they took*

אֶבֶן n.f.s. (6) *a stone*

וַיָּשִׂימוּ consec.-Qal impf. 3 m.p. (שִׂים 962) *and
put*

תַּחְתָּיו prep.-3 m.s. sf. (1065) *under him*

וַיֵּשֶׁב consec.-Qal impf. 3 m.s. (יָשַׁב 442) *and he
sat*

עָלֶיהָ prep.-3 f.s. sf. *upon it*

וְאַהֲרֹן conj.-pr.n. (14) *and Aaron*

וְחוּר conj.-pr.n. (301) *and Hur*

תָּמְכוּ Qal pf. 3 c.p. (תָּמַךְ 1069) *held up*

בְיָדָיו prep.-n.f.p.-3 m.s. sf. (388) *his hands*

מִזֶּה אֶחָד prep.-demons.adj. m.s. (260)-n.m.s. (25)
one on one side (from this, one)

וּמִזֶּה אֶחָד conj.-v.supra *and the other on the
other side*

וַיְהִי consec.-Qal impf. 3 m.s. (הָיָה 224) *and so*

יָדָיו v.supra (GK 141d) *his hands*

אֱמוּנָה Qal pass.ptc. f.s. (אָמַן 52) *were steady
(confirmed)*

עַד־בֹּא prep. (III 723)-Qal inf.cstr. (בּוֹא 97)
until the going down of

הַשָּׁמֶשׁ def.art.-n.f.s. paus. (1039) *the sun*

17:13

וַיַּחֲלֹשׁ consec.-Qal impf. 3 m.s. (חָלַשׁ 325) *and
... mowed down*

יְהוֹשֻׁעַ pr.n. (221) *Joshua*

אֶת־עֲמָלֵק dir.obj.-pr.n. (766) *Amalek*

וְאֶת־עַמּוֹ conj.-dir.obj.-n.m.s.-3 m.s. sf. (I 766)
and his people

לְפִי־חָרֶב prep.-n.m.s. cstr. (804)-n.f.s. paus. (352)
with the edge of the sword

315

17:14

וַיֹּאמֶר consec.-Qal impf. 3 m.s. (55) *and ... said*

יהוה pr.n. (217) *Yahweh*

אֶל־מֹשֶׁה prep.-pr.n. (602) *to Moses*

כְּתֹב Qal impv. 2 m.s. (507) *write*

זֹאת demons.adj. f.s. (260) *this*

זִכָּרוֹן n.m.s. (271) *as a memorial*

בַּסֵּפֶר prep.-def.art.-n.m.s. (706; GK 126s) *in a book*

וְשִׂים conj.-Qal impv. 2 m.s. (962) *and recite*

בְּאָזְנֵי prep.-n.f.p. cstr. (23) *in the ears of*

יְהוֹשֻׁעַ pr.n. (221) *Joshua*

כִּי־מָחֹה conj.-Qal inf.abs. (562) *that ... utterly*

אֶמְחֶה Qal impf. 1 c.s. (מָחָה 562) *I will blot out*

אֶת־זֵכֶר dir.obj.-n.m.s. cstr. (271) *the remembrance of*

עֲמָלֵק pr.n. (766) *Amalek*

מִתַּחַת prep.-prep. (1065) *from under*

הַשָּׁמָיִם def.art.-n.m.p. paus. (1029) *heaven*

17:15

וַיִּבֶן consec.-Qal impf. 3 m.s. (בָּנָה 124) *and ... built*

מֹשֶׁה pr.n. (602) *Moses*

מִזְבֵּחַ n.m.s. (258) *an altar*

וַיִּקְרָא consec.-Qal impf. 3 m.s. (894) *and called*

שְׁמוֹ n.m.s.-3 m.s. sf. (1027) *the name of it*

יהוה pr.n. (217) *Yahweh*

נִסִּי n.m.s.-1 c.s. sf. (נֵס 651) *my banner*

17:16

וַיֹּאמֶר consec.-Qal impf. 3 m.s. (55) *saying*

כִּי־יָד conj.-n.f.s. (388) *a hand*

עַל־כֵּס יָהּ prep.-n.m.s. (כֵּס 490)-pr.n. (219) *upon the banner of Yahweh*

מִלְחָמָה n.f.s. (536) *war*

לַיהוה prep.-pr.n. (217) *Yahweh will have*

בַּעֲמָלֵק prep.-pr.n. (766) *with Amalek*

מִדֹּר דֹּר prep.-n.m.s. (189)-n.m.s. (189) *from generation to generation*

18:1

וַיִּשְׁמַע consec.-Qal impf. 3 m.s. (שָׁמַע 1033) *heard*

יִתְרוֹ pr.n. (452) *Jethro*

כֹהֵן n.m.s. cstr. (463) *priest of*

מִדְיָן pr.n. (193) *Midian*

חֹתֵן n.m.s. cstr. (368) *father-in-law of*

מֹשֶׁה pr.n. (602) *Moses*

אֵת כָּל־ dir.obj.-n.m.s. (481) *of all*

אֲשֶׁר rel. (81) *that*

עָשָׂה Qal pf. 3 m.s. (I 793) *had done*

אֱלֹהִים n.m.p. (43) *God*

לְמֹשֶׁה prep.-pr.n. (602) *for Moses*

וּלְיִשְׂרָאֵל conj.-prep.-pr.n. (975) *and for Israel*

עַמּוֹ n.m.s.-3 m.s. sf. (I 766) *his people*

כִּי־הוֹצִיא conj.-Hi. pf. 3 m.s. (יָצָא 422) *for ... had brought out*

יהוה pr.n. (217) *Yahweh*

אֶת־יִשְׂרָאֵל dir.obj.-pr.n. (975) *Israel*

מִמִּצְרָיִם prep.-pr.n. paus. (595) *of Egypt*

18:2

וַיִּקַּח consec.-Qal impf. 3 m.s. (לָקַח 542) *now ... had taken*

יִתְרוֹ pr.n. (452) *Jethro*

חֹתֵן v.18:1 n.m.s. cstr. (368) *father-in-law of*

מֹשֶׁה pr.n. (602) *Moses*

אֶת־צִפֹּרָה dir.obj.-pr.n. (862) *Zipporah*

אֵשֶׁת n.f.s. cstr. (61) *wife of*

מֹשֶׁה pr.n. (602) *Moses*

אַחַר adv. (29) *after*

שִׁלּוּחֶיהָ n.m.p.-3 f.s. sf. (1019) *he had sent her away*

18:3

וְאֵת שְׁנֵי conj.-dir.obj.-n.m.p. cstr. (1040) *and ... two*

בָנֶיהָ n.m.p.-3 f.s. sf. (119) *her ... sons*

אֲשֶׁר שֵׁם rel. (81)-n.m.s. cstr. (1027) *whom the name of*

הָאֶחָד def.art.-n.m.s. (25) *the one*

גֵּרְשֹׁם pr.n. (177) *Gershom*

כִּי אָמַר conj.-Qal pf. 3 m.s. (55) *for he said*

גֵּר הָיִיתִי n.m.s. (158)-Qal pf. 1 c.s. (הָיָה 224) *I have been a sojourner*

בְּאֶרֶץ prep.-n.f.s. (75) *in a land*

נָכְרִיָּה adj. f.s. (648) *foreign*

18:4

וְשֵׁם conj.-n.m.s. cstr. (1027) *and the name of*

הָאֶחָד def.art.-n.m.s. (25) *the other*

אֱלִיעֶזֶר pr.n. (45) *Eliezer*

כִּי־אֱלֹהֵי conj.-n.m.p. cstr. (43) *for the God of*

אָבִי n.m.s.-1 c.s. sf. (3) *my father*

בְּעֶזְרִי prep. (GK 119i)-n.m.s.-1 c.s. sf. (740) *my help*

וַיַּצִּלֵנִי consec.-Hi. impf. 3 m.s.-1 c.s. sf. (נָצַל 664) *and delivered me*

מֵחֶרֶב prep.-n.f.s. cstr. (352) *from the sword of*

פַּרְעֹה pr.n. (829) *Pharaoh*

18:5

וַיָּבֹא consec.-Qal impf. 3 m.s. (בּוֹא 97) *and ... came*

יִתְרוֹ pr.n. (452) *Jethro*

חֹתֵן v.18:2 n.m.s. cstr. (368) *father-in-law of*

מֹשֶׁה pr.n. (602) *Moses*

וּבָנָיו conj.-n.m.p.-3 m.s. sf. (119) *with his sons*

וְאִשְׁתּוֹ conj.-n.f.s.-3 m.s. sf. (61) *and his wife*

אֶל־מֹשֶׁה prep.-pr.n. (602) *to Moses*

אֶל־הַמִּדְבָּר prep.-def.art.-n.m.s. (184) *in the wilderness*

אֲשֶׁר־הוּא rel. (81)-pers.pr. 3 m.s. (214) *where he*

חֹנֶה Qal act.ptc. (חָנָה 333) *was encamped*

שָׁם adv. (1027) *(there)*

הַר n.m.s. cstr. (249; GK 118g) *at the mountain of*

הָאֱלֹהִים def.art.-n.m.p. (43) *God*

18:6

וַיֹּאמֶר consec.-Qal impf. 3 m.s. (55) *and when one told*

אֶל־מֹשֶׁה prep.-pr.n. (602) *Moses*

אֲנִי pers.pr. 1 c.s. (58) *Lo (I)*

חֹתֶנְךָ n.m.s.-2 m.s. sf. (368) *your father-in-law*

יִתְרוֹ pr.n. (452) *Jethro*

בָּא Qal act.ptc. (בּוֹא 97) *is coming*

אֵלֶיךָ prep.-2 m.s. sf. *to you*

וְאִשְׁתְּךָ conj.-n.f.s.-2 m.s. sf. (61) *with your wife*

וּשְׁנֵי conj.-num. m.p. cstr. (1040) *and ... two*

בָנֶיהָ n.m.p.-3 f.s. sf. (119) *her ... sons*

עִמָּהּ prep.-3 f.s. sf. *with her*

18:7

וַיֵּצֵא consec.-Qal impf. 3 m.s. (יָצָא 422) *went out*

מֹשֶׁה pr.n. (602) *Moses*

לִקְרַאת prep.-Qal inf.cstr. (קָרָא 894) *to meet*

חֹתְנוֹ n.m.s.-3 m.s. sf. (368) *his father-in-law*

וַיִּשְׁתַּחוּ consec.-Hith. impf. 3 m.s. (שָׁחָה 1005) *and did obeisance*

וַיִּשַּׁק־לוֹ consec.-Qal impf. 3 m.s. (נָשַׁק I 676) -prep.-3 m.s. sf. *and kissed him*

וַיִּשְׁאֲלוּ consec.-Qal impf. 3 m.p. (שָׁאַל 981) *and they asked*

אִישׁ־לְרֵעֵהוּ n.m.s. (35)-prep.-n.m.s.-3 m.s. sf. (945) *each other*

לְשָׁלוֹם prep.-n.m.s. (1022) *of their welfare*

וַיָּבֹאוּ consec.-Qal impf. 3 m.p. (בּוֹא 97) *and went*

הָאֹהֱלָה def.art.-n.m.s.-dir.he (אֹהֶל 13) *into the tent*

18:8

וַיְסַפֵּר consec.-Pi. impf. 3 m.s. (סָפַר 707) *then told*

מֹשֶׁה pr.n. (602) *Moses*

לְחֹתְנוֹ prep.-n.m.s.-3 m.s. sf. (368) *his father-in-law*

אֵת כָּל־אֲשֶׁר dir.obj.-n.m.s. (481)-rel. (81) *all that*

עָשָׂה Qal pf. 3 m.s. (I 793) *had done*

יהוה pr.n. (217) *Yahweh*

לְפַרְעֹה prep.-pr.n. (829) *to Pharaoh*

וּלְמִצְרַיִם conj.-prep.-pr.n. (595) *and to the Egyptians*

עַל אוֹדֹת prep.-n.f.p. cstr. (15) *for sake (of)*

יִשְׂרָאֵל pr.n. (975) *Israel*

אֵת כָּל־ dir.obj.-n.m.s. cstr. (481) *all*

הַתְּלָאָה dir.obj.-n.f.s. (521) *the hardship*

אֲשֶׁר rel. (81) *that*

מְצָאָתַם Qal pf. 3 f.s.-3 m.p. sf. (מָצָא 592) *had come upon them*

בַּדֶּרֶךְ prep.-def.art.-n.m.s. (202) *in the way*

וַיַּצִּלֵם consec.-Hi. impf. 3 m.s.-3 m.p. sf. (נָצַל 664) *and how ... had delivered them*

יהוה pr.n. (217) *Yahweh*

18:9

וַיִּחַדְּ consec.-Qal impf. 3 m.s. (חָדָה II 292; GK 75r) *and rejoiced*

יִתְרוֹ pr.n. (452) *Jethro*

עַל כָּל־ prep.-n.m.s. cstr. (481) *for all*

הַטּוֹבָה def.art.-n.f.s. (375) *the good*

אֲשֶׁר־ rel. (81) *which*

עָשָׂה Qal pf. 3 m.s. (I 793) *had done*

יהוה pr.n. (217) *Yahweh*

לְיִשְׂרָאֵל prep.-pr.n. (975) *to Israel*

אֲשֶׁר rel. (81) *in that*

הִצִּילוֹ Hi. pf. 3 m.s.-3 m.s.sf. (נָצַל 664) *he had delivered them*

מִיַּד prep.-n.f.s. cstr. (388) *out of the hand of*

מִצְרָיִם pr.n. paus. (595) *the Egyptians*

18:10

וַיֹּאמֶר consec.-Qal impf. 3 m.s. (55) *and ... said*

יִתְרוֹ pr.n. (452) *Jethro*

בָּרוּךְ Qal pass.ptc. (138) *blessed be*

יהוה pr.n. (217) *Yahweh*

אֲשֶׁר הִצִּיל rel. (81)-Hi. pf. 3 m.s. (נָצַל 664) *who has delivered*

אֶתְכֶם dir.obj.-2 m.p. sf. *you*

מִיַּד prep.-n.f.s. cstr. (388) *out of the hand of*

מִצְרַיִם pr.n. (595) *the Egyptians*

וּמִיַּד conj.-prep.-n.f.s. cstr. (388) *and out of the hand of*

פַּרְעֹה pr.n. (829) *Pharaoh*

אֲשֶׁר הִצִּיל v.supra *(because he has delivered)*

אֶת־הָעָם dir.obj.-def.art.-n.m.s. (I 766) *(the people)*

מִתַּחַת prep.-prep. (1065) *from under*

יַד־ n.f.s. cstr. (388) *the hand of*

מִצְרָיִם pr.n. paus. (595) *the Egyptians*

18:11

עַתָּה conj.-adv. (773) *now*

יָדַעְתִּי Qal pf. 1 c.s. (יָדַע 393) *I know*

כִּי־גָדוֹל conj.-adj. m.s. (152) *that ... is greater*

יהוה pr.n. (217) *Yahweh*

מִכָּל־ prep.-n.m.s. cstr. (481) *than all*

הָאֱלֹהִים def.art.-n.m.p. (43) *gods*

כִּי בַדָּבָר conj.-prep.-def.art.-n.m.s. (182) *when (in the matter)*

אֲשֶׁר rel. (81)

זָדוּ Qal pf. 3 c.p. (זוד 267) *they dealt arrogantly*

עֲלֵיהֶם prep.-3 m.p. sf. *with them*

18:12

וַיִּקַּח consec.-Qal impf. 3 m.s. (לָקַח 542) *and ... offered (took)*

יִתְרוֹ pr.n. (452) *Jethro*

חֹתֵן n.m.s. cstr. (368) *father-in-law of*

מֹשֶׁה pr.n. (602) *Moses*

עֹלָה n.f.s. (750) *a burnt offering*

וּזְבָחִים conj.-n.m.p. (257) *and sacrifices*

לֵאלֹהִים prep.-n.m.p. (43) *to God*

וַיָּבֹא consec.-Qal impf. 3 m.s. (בוֹא 97) *and ... came*

אַהֲרֹן pr.n. (14) *Aaron*

וְכֹל זִקְנֵי conj.-n.m.s. cstr. (481)-n.m.p. cstr. (278) *with all the elders of*

יִשְׂרָאֵל pr.n. (975) *Israel*

לֶאֱכָל־ prep.-Qal inf.cstr. (37) *to eat*

לֶחֶם n.m.s. (536) *bread*

עִם־חֹתֵן prep.-n.m.s. cstr. (368) *with father-in-law (of)*

מֹשֶׁה pr.n. (602) *Moses*

לִפְנֵי prep.-n.m.p. cstr. (815) *before*

הָאֱלֹהִים dir.obj.-n.m.p. (43) *God*

18:13

וַיְהִי consec.-Qal impf. 3 m.s. (הָיָה 224) *and*

מִמָּחֳרָת prep.-n.f.s. (564) *on the morrow*

וַיֵּשֶׁב consec.-Qal impf. 3 m.s. (יָשַׁב 442) *sat*

מֹשֶׁה pr.n. (602) *Moses*

לִשְׁפֹּט prep.-Qal inf.cstr. (1047) *to judge*

אֶת־הָעָם dir.obj.-def.art.-n.m.s. (I 766) *the people*

וַיַּעֲמֹד consec.-Qal impf. 3 m.s. (763) *and ... stood*

הָעָם v.supra *the people*

עַל־מֹשֶׁה prep.-pr.n. (602) *about Moses*

מִן־הַבֹּקֶר prep.-def.art.-n.m.s. (133) *from morning*

עַד־הָעָרֶב prep.-def.art.-n.m.s. paus. (787) *till evening*

18:14

וַיַּרְא consec.-Qal impf. 3 m.s. (רָאָה 906) *when ... saw*

חֹתֵן n.m.s. cstr. (368) *father-in-law (of)*

מֹשֶׁה pr.n. (602) *Moses*

אֵת כָּל־ dir.obj.-n.m.s. (481) *all*

אֲשֶׁר־הוּא rel. (81)-pers.pr. 3 m.s. (214) *that he*

עֹשֶׂה Qal act.ptc. (I 793) *was doing*

לָעָם prep.-def.art.-n.m.s. (I 766) *for the people*

וַיֹּאמֶר consec.-Qal impf. 3 m.s. (55) *he said*

מָה־הַדָּבָר interr. (552)-def.art.-n.m.s. (182) *what is ... (thing)*

הַזֶּה def.art.-demons.adj. m.s. (260) *this*

אֲשֶׁר אַתָּה rel. (81)-pers.pr. 2 m.s. (61) *that you*

עֹשֶׂה v.supra *are doing*

לָעָם v.supra *the people*

מַדּוּעַ interr. (396) *why*

אַתָּה v.supra *you*

יוֹשֵׁב Qal act.ptc. (יָשַׁב 442) *do sit*

לְבַדֶּךָ prep.-n.m.s.-2 m.s. sf. (94) *alone*

וְכָל־הָעָם conj.-n.m.s. cstr. (481)-def.art.-n.m.s. (I 766) *and all the people*

נִצָּב Ni. ptc. (נָצַב 662) *stand*

עָלֶיךָ prep.-2 m.s. sf. *about you*

מִן־בֹּקֶר v.18:13 prep. (GK 102b)-n.m.s. (133) *from morning*

עַד־עָרֶב prep. (III 723)-n.m.s. paus. (787) *till evening*

18:15

וַיֹּאמֶר consec.-Qal impf. 3 m.s. (55) *and ... said*

מֹשֶׁה pr.n. (602) *Moses*

לְחֹתְנוֹ prep.-n.m.s.-3 m.s. sf. (368) *to his father-in-law*

כִּי־יָבֹא conj.-Qal impf. 3 m.s. (בוֹא 97) *because ... come*

אֵלַי prep.-1 c.s. sf. *to me*

הָעָם def.art.-n.m.s. (I 766) *the people*

לִדְרֹשׁ prep.-Qal inf.cstr. (205) *to inquire of*

אֱלֹהִים n.m.p. (43) *God*

18:16

כִּי־יִהְיֶה conj.-Qal impf. 3 m.s. (הָיָה 224) *when*

לָהֶם prep.-3 m.p. sf. *they have (for them)*

דָּבָר n.m.s. (182) *a dispute*

בָּא Qal pf. 3 m.s. (בּוֹא 97) *they come*

אֵלַי prep.-1 c.s. sf. *to me*

וְשָׁפַטְתִּי conj.-Qal pf. 1 c.s. (1047) *and I decide*

בֵּין אִישׁ prep.-n.m.s. (35) *between a man*

וּבֵין רֵעֵהוּ conj.-prep.-n.m.s.-3 m.s. sf. (945) *and his neighbor*

וְהוֹדַעְתִּי conj.-Hi. pf. 1 c.s. (יָדַע 393) *and I make them know*

אֶת־חֻקֵּי dir.obj.-n.m.p. cstr. (349) *the statutes of*

הָאֱלֹהִים def.art.-n.m.p. (43) *God*

וְאֶת־תּוֹרֹתָיו conj.-dir.obj.-n.f.p.-3 m.s. sf. (435) *and his decisions*

18:17

וַיֹּאמֶר consec.-Qal impf. 3 m.s. (55) *said*

חֹתֵן n.m.s. cstr. (368) *father-in-law (of)*

מֹשֶׁה pr.n. (602) *Moses*

אֵלָיו prep.-3 m.s. sf. *to him*

לֹא־טוֹב neg.-adj. m.s. (373) *is not good*

הַדָּבָר def.art.-n.m.s. (182) *(the thing)*

אֲשֶׁר rel. (81) *what*

אַתָּה עֹשֶׂה pers.pr. 2 m.s. (61)-Qal act.ptc. (I 793) *you are doing*

18:18

נָבֹל תִּבֹּל Qal inf.abs. (615)-Qal impf. 2 m.s. 615) *will wear out*

גַּם־אַתָּה adv. (168)-pers.pr. 2 m.s. (61) *you*

גַּם־הָעָם adv. (168)-def.art.-n.m.s. (I 766) *and the people*

הַזֶּה def.art.-demons.adj. m.s. (260) *(this)*

אֲשֶׁר עִמָּךְ rel. (81)-prep.-2 m.s. sf. paus. *with you*

כִּי־כָבֵד conj.-n.m.s. (458) *for too heavy*

מִמְּךָ prep.-2 m.s. sf. (GK 133c) *for you*

הַדָּבָר def.art.-n.m.s. (182) *the thing*

לֹא־תוּכַל neg.-Qal impf. 2 m.s. (יָכֹל 407) *you are not able*

עֲשֹׂהוּ Qal inf.cstr.-3 m.s. sf. (עָשָׂה I 793; GK 75n) *to perform it*

לְבַדֶּךָ prep.-n.m.s.-2 m.s. sf. (94) *alone*

18:19

עַתָּה adv. (773) *now*

שְׁמַע Qal impv. 2 m.s. (1033) *listen*

בְּקֹלִי prep.-n.m.s.-1 c.s. sf. (876) *to my voice*

אִיעָצְךָ Qal impf. 1 c.s.-2 m.s. sf. (יָעַץ 419) *I will give you counsel*

וִיהִי conj.-Qal impf. 3 m.s. apoc. (הָיָה 224) *and be*

אֱלֹהִים n.m.p. (43) *God*

עִמָּךְ prep.-2 m.s. sf. *with you*

הֱיֵה Qal impv. 2 m.s. (224) *(be)*

אַתָּה pers.pr. 2 m.s. (61) *you*

לָעָם prep.-def.art.-n.m.s. (I 766) *(for) the people*

מוּל prep. (I 557) *before*

הָאֱלֹהִים def.art.-n.m.p. (43) *God*

וְהֵבֵאתָ conj.-Hi. pf. 2 m.s. (בּוֹא 97) *and bring*

אַתָּה v.supra *(you)*

אֶת־הַדְּבָרִים dir.obj.-def.art.-n.m.p. (182) *their cases*

אֶל־הָאֱלֹהִים prep.-def.art.-n.m.p. (43) *to God*

18:20

וְהִזְהַרְתָּה conj.-Hi. pf. 2 m.s. (זָהַר II 264) *and you shall teach*

אֶתְהֶם dir.obj.-3 m.p. sf. *them*

אֶת־הַחֻקִּים dir.obj.-def.art.-n.m.p. (חֹק 349) *the statutes*

וְאֶת־הַתּוֹרֹת conj.-dir.obj.-def.art.-n.f.p. (תּוֹרָה 435) *and the decisions*

וְהוֹדַעְתָּ conj.-Hi. pf. 2 m.s. (יָדַע 393) *and make ... know*

לָהֶם prep.-3 m.p. sf. *them*

אֶת־הַדֶּרֶךְ dir.obj.-def.art.-n.m.s. (202) *the way*

יֵלְכוּ Qal impf. 3 m.p. (הָלַךְ 229) *they must walk*

בָהּ prep.-3 f.s. sf. (GK 155i) *in which*

וְאֶת־הַמַּעֲשֶׂה conj.-dir.obj.-def.art.-n.m.s. (795) *and (the deed)*

אֲשֶׁר rel. (81; GK 135d) *what*

יַעֲשׂוּן Qal impf. 3 m.p. (עָשָׂה I 793) *they must do*

18:21

וְאַתָּה conj.-pers.pr. 2 m.s. (61) *moreover*

תֶחֱזֶה Qal impf. 2 m.s. (חָזָה 302) *choose (see)*

מִכָּל־הָעָם prep.-n.m.s. cstr. (481)-def.art.-n.m.s. (I 766) *from all the people*

אַנְשֵׁי־חַיִל n.m.p. cstr. (35)-n.m.s. (298) *able men*

יִרְאֵי אֱלֹהִים Qal act.ptc. m.p. cstr. (431)-n.m.p. (43) *such as fear God*

אַנְשֵׁי אֱמֶת v.supra-n.f.s. (54) *men who are trustworthy*

שֹׂנְאֵי בָצַע Qal act.ptc. m.p. cstr. (שָׂנֵא 971)-n.m.s. paus. (130) *and who hate a bribe*

וְשַׂמְתָּ עֲלֵהֶם conj.-Qal pf. 2 m.s. (שִׂים 962)-prep.-3 m.p. sf. *and place over the people (them)*

שָׂרֵי אֲלָפִים n.m.p. cstr. (978)-n.m.p. (48) *rulers of thousands*

שָׂרֵי מֵאוֹת v.supra-num. f.p. (547) *of hundreds*

שָׂרֵי חֲמִשִּׁים v.supra-num. m.p. (331) *of fifties*

וְשָׂרֵי עֲשָׂרֹת conj.-v.supra-num. f.p. (797; GK 97h) *and (rulers) of tens*

18:22

וְשָׁפְטוּ conj.-Qal pf. 3 c.p. (1047) *and let them judge*

אֶת־הָעָם dir.obj.-def.art.-n.m.s. (I 766) *the people*

בְּכָל־עֵת prep.-n.m.s. cstr. (481; GK 127b)-n.f.s. (773) *at all times*

וְהָיָה conj.-Qal pf. 3 m.s. (224)

כָּל־הַדָּבָר n.m.s. cstr. (481; GK 127b)-def.art. -n.m.s. (182) *every ... matter*

הַגָּדֹל def.art.-adj. m.s. (152) *great*

יָבִיאוּ אֵלֶיךָ Hi. impf. 3 m.p. (97)-prep.-2 m.s. sf. *they shall bring to you*

וְכָל־הַדָּבָר conj.-v.supra *and every ... matter*

הַקָּטֹן def.art.-adj. m.s. (882) *small*

יִשְׁפְּטוּ־הֵם Qal impf. 3 m.p. (1047)-pers.pr. 3 m.p. (241) *they shall decide*

וְהָקֵל conj.-Hi. inf.cstr. (קלל 886) *so it will be easier*

מֵעָלֶיךָ prep.-prep.-2 m.s. sf. *for you*

וְנָשְׂאוּ conj.-Qal pf. 3 c.p. (669) *and they will bear the burden*

אִתָּךְ prep. (II 85)-2 m.s. sf. paus. *with you*

18:23

אִם hypoth.part. (49) *if*

אֶת־הַדָּבָר dir.obj.-def.art.-n.m.s. (182) *(thing)*

הַזֶּה def.art.-demons.adj. m.s. (260) *this*

תַּעֲשֶׂה Qal impf. 2 m.s. (I 793) *you do*

וְצִוְּךָ conj.-Pi. pf. 3 m.s.-2 m.s. sf. (צוה 845) *and commands you*

אֱלֹהִים n.m.p. (43) *God*

וְיָכָלְתָּ conj.-Qal pf. 2 m.s. (407; GK 49i) *then you will be able*

עֲמֹד Qal inf.cstr. (763) *to stand*

וְגַם conj.-adv. (168) *and also*

כָּל־הָעָם n.m.s. cstr. (481)-def.art.-n.m.s. (I 766) *all ... people*

הַזֶּה def.art.-demons.adj. m.s. (260) *this*

עַל־מְקֹמוֹ prep.-n.m.s.-3 m.s. sf. (879) *to their place*

יָבֹא Qal impf. 3 m.s. (97) *will go*

בְשָׁלוֹם prep.-n.m.s. (1022) *in peace*

18:24

וַיִּשְׁמַע consec.-Qal impf. 3 m.s. (1033) *so ... gave heed*

מֹשֶׁה pr.n. (602) *Moses*

לְקוֹל prep.-n.m.s. cstr. (876) *to the voice of*

חֹתְנוֹ n.m.s.-3 m.s. sf. (368) *his father-in-law*

וַיַּעַשׂ consec.-Qal impf. 3 m.s. (עשׂה I 793) *and did*

כֹּל אֲשֶׁר n.m.s. (481)-rel. (81) *all that*

אָמָר Qal pf. 3 m.s. paus. (55) *he had said*

18:25

וַיִּבְחַר consec.-Qal impf. 3 m.s. (103) *chose*

מֹשֶׁה pr.n. (602) *Moses*

אַנְשֵׁי־ n.m.p. cstr. (35) *men (of)*

חַיִל n.m.s. (298) *able*

מִכָּל־יִשְׂרָאֵל prep.-n.m.s. cstr. (481)-pr.n. (975) *out of all Israel*

וַיִּתֵּן consec.-Qal impf. 3 m.s. (נתן 678) *and made*

אֹתָם dir.obj.-3 m.p. sf. *them*

רָאשִׁים n.m.p. (910) *heads*

עַל־הָעָם prep.-def.art.-n.m.s. (I 766) *over the people*

שָׂרֵי v.18:21 n.m.p. cstr. (978) *rulers of*

אֲלָפִים num. m.p. (48) *thousands*

שָׂרֵי v.supra *(rulers) of*

מֵאוֹת num. f.p. (547) *hundreds*

שָׂרֵי v.supra *(rulers) of*

חֲמִשִּׁים num. m.p. (331) *fifties*

וְשָׂרֵי conj.-v.supra *and (rulers) of*

עֲשָׂרֹת num. f.p. (796; GK 97h) *tens*

18:26

וְשָׁפְטוּ conj.-Qal pf. 13 c.p. (1047; GK 112g) *and they judged*

אֶת־הָעָם dir.obj.-def.art.-n.m.s. (I 766) *the people*

בְּכָל־עֵת prep.-n.m.s. cstr. (481)-n.f.s. (773) *at all times*

אֶת־הַדָּבָר dir.obj.-def.art.-n.m.s. (182) *cases*

הַקָּשֶׁה def.art.-adj. m.s. (904) *hard*

יְבִיאוּן Hi. impf. 3 m.p. (בוא 97) *they brought*

אֶל־מֹשֶׁה prep.-pr.n. (602) *to Moses*

וְכָל־הַדָּבָר conj.-n.m.s. cstr. (481)-def.art.-n.m.s. (182) *but any ... matter*

הַקָּטֹן def.art.-adj. m.s. (882) *small*

יִשְׁפּוּטוּ Qal impf. 3 m.p. (1047; GK 47g) *they decided*

הֵם pers.pr. 3 m.p. (241) *themselves*

18:27

וַיְשַׁלַּח consec.-Pi. impf. 3 m.s. (1018) *then ... let depart*

מֹשֶׁה pr.n. (602) *Moses*

אֶת־חֹתְנוֹ dir.obj.-n.m.s.-3 m.s. sf. (368) *his father-in-law*

וַיֵּלֶךְ consec.-Qal impf. 3 m.s. (הָלַךְ 229) *and he went*

לוֹ prep.-3 m.s. sf. (GK 119s) *his way*

אֶל־אַרְצוֹ prep.-n.f.s.-3 m.s. sf. (75) *to his own country*

19:1

בַּחֹדֶשׁ prep.-def.art.-n.m.s. (II 294) *on the ... new moon*

הַשְּׁלִישִׁי def.art.-num. adj. s. (1026) *third*

לָצֵאת prep.-Qal inf.cstr. (יָצָא 422; GK 102f) *after had gone forth*

בְּנֵי־יִשְׂרָאֵל n.m.p. cstr. (119)-pr.n. (975) *the people of Israel*

מֵאֶרֶץ prep.-n.f.s. cstr. (75) *out of the land of*

מִצְרָיִם pr.n. paus. (595) *Egypt*

בַּיּוֹם הַזֶּה prep.-def.art.-n.m.s. (398)-def.art.-demons.adj. m.s. (260) *on that day*

בָּאוּ Qal pf. 3 c.p. (בּוֹא 97) *they came*

מִדְבַּר n.m.s. cstr. (184) *into the wilderness of*

סִינָי pr.n. paus. (696) *Sinai*

19:2

וַיִּסְעוּ consec.-Qal impf. 3 m.p. (נָסַע I 652) *and when they set out*

מֵרְפִידִים prep.-pr.n. (951) *from Rephidim*

וַיָּבֹאוּ consec.-Qal impf. 3 m.p. (97) *and came into*

מִדְבַּר n.m.s. cstr. (184) *the wilderness of*

סִינָי pr.n. (696) *Sinai*

וַיַּחֲנוּ consec.-Qal impf. 3 m.p. (חָנָה 333) *they encamped*

בַּמִּדְבָּר prep.-def.art.-n.m.s. (184) *in the wilderness*

וַיִּחַן־שָׁם consec.-Qal impf. 3 m.s. (333)-adv. (1027) *and there ... encamped*

יִשְׂרָאֵל pr.n. (975) *Israel*

נֶגֶד הָהָר prep. (617)-def.art.-n.m.s. (249) *before the mountain*

19:3

וּמֹשֶׁה conj.-pr.n. (602) *and Moses*

עָלָה Qal pf. 3 m.s. (748) *went up*

אֶל־הָאֱלֹהִים prep.-def.art.-n.m.p. (43) *to God*

וַיִּקְרָא consec.-Qal impf. 3 m.s. (894) *and ... called*

אֵלָיו prep.-3 m.s. sf. *him*

יהוה pr.n. (217) *Yahweh*

מִן־הָהָר prep.-def.art.-n.m.s. (249) *out of the mountain*

לֵאמֹר prep.-Qal inf.cstr. (55) *saying*

כֹּה תֹאמַר adv. (462)-Qal impf. 2 m.s. (55) *Thus you shall say*

לְבֵית prep.-n.m.s. cstr. (108) *to the house of*

יַעֲקֹב pr.n. (784) *Jacob*

וְתַגֵּיד conj.-Hi. impf. 2 m.s. (נגד 616; GK 53n) *and tell*

לִבְנֵי prep.-n.m.p. cstr. (119) *the people of*

יִשְׂרָאֵל pr.n. (975) *Israel*

19:4

אַתֶּם pers.pr. 2 m.p. (61) *you*

רְאִיתֶם Qal pf. 2 m.p. (רָאָה 906) *have seen*

אֲשֶׁר rel. (81) *what*

עָשִׂיתִי Qal pf. 1 c.s. (I 793) *I did*

לְמִצְרָיִם prep.-pr.n. paus. (595) *to the Egyptians*

וָאֶשָּׂא consec.-Qal impf. 1 c.s. (נָשָׂא 669) *and how I bore*

אֶתְכֶם dir.obj.-2 m.p. sf. *you*

עַל־כַּנְפֵי prep.-n.f.p. cstr. (489) *on wings (of)*

נְשָׁרִים n.m.p. (676) *eagles*

וָאָבִא consec.-Hi. impf. 1 c.s. (97) *and brought*

אֶתְכֶם v.supra *you*

אֵלָי prep.-1 c.s. sf. paus. *to myself*

19:5

וְעַתָּה conj.-adv. (773) *now therefore*

אִם־שָׁמוֹעַ hypoth.part. (49)-Qal inf.abs. (1033; GK 113o) *if (utterly)*

תִּשְׁמְעוּ Qal impf. 2 m.p. (1033) *you will obey*

בְּקֹלִי prep.-n.m.s.-1 c.s. sf. (876) *my voice*

וּשְׁמַרְתֶּם conj.-Qal pf. 2 m.p. (1036) *and keep*

אֶת־בְּרִיתִי dir.obj.-n.f.s.-1 c.s. sf. (136) *my covenant*

וִהְיִיתֶם conj.-Qal pf. 2 m.p. (224) *you shall be*

לִי prep.-1 c.s. sf. *my*

סְגֻלָּה n.f.s. (688) *own possession*

מִכָּל־הָעַמִּים prep.-n.m.s. cstr. (481)-def.art.-n.m.p. (I 766) *among all peoples*

כִּי־לִי conj.-prep.-1 c.s. sf. *for ... is mine*

כָּל־הָאָרֶץ n.m.s. cstr. (481)-def.art.-n.f.s. (75) *all the earth*

19:6

וְאַתֶּם conj.-pers.pr. 2 m.p. (61) *and you*

תִּהְיוּ־לִי Qal impf. 2 m.p. (224)-prep.-1 c.s. sf. *shall be to me*

מַמְלֶכֶת n.f.s. cstr. (575) *a kingdom of*

כֹּהֲנִים n.m.p. (463) *priests*

וְגוֹי conj.-n.m.s. (156) *and a ... nation*

קָדוֹשׁ adj. m.s. (872) *holy*

אֵלֶּה demons.adj. m.p. (41) *these (are)*

הַדְּבָרִים def.art.-n.m.p. (182) *the words*

אֲשֶׁר rel. (81) *which*
תְּדַבֵּר Pi. impf. 2 m.s. (180) *you shall speak*
אֶל־בְּנֵי prep.-n.m.p. cstr. (119) *to the children of*
יִשְׂרָאֵל pr.n. (975) *Israel*

19:7

וַיָּבֹא consec.-Qal impf. 3 m.s. (97) *so ... came*
מֹשֶׁה pr.n. (602) *Moses*
וַיִּקְרָא consec.-Qal impf. 3 m.s. (894) *and called*
לְזִקְנֵי prep.-n.m.p. cstr. (278) *the elders of*
הָעָם def.art.-n.m.s. (I 766) *the people*
וַיָּשֶׂם consec.-Qal impf. 3 m.s. (שִׂים 962) *and set*
לִפְנֵיהֶם prep.-n.m.p.-3 m.p. sf. (815) *before them*
אֵת כָּל־ dir.obj.-n.m.s. cstr. (481) *all*
הַדְּבָרִים def.art.-n.m.p. (182) *words*
הָאֵלֶּה def.art.-demons.adj. m.p. (41) *these*
אֲשֶׁר rel. (81) *which*
צִוָּהוּ Pi. pf. 3 m.s.-3 m.s. sf. (צוה 845) *had commanded him*
יְהוָה pr.n. (217) *Yahweh*

19:8

וַיַּעֲנוּ consec.-Qal impf. 3 m.p. (עָנָה I 772) *and answered*
כָּל־הָעָם n.m.s. cstr. (481)-def.art.-n.m.s. (I 766) *all the people*
יַחְדָּו adv. (403; GK 135r) *together*
וַיֹּאמְרוּ consec.-Qal impf. 3 m.p. (55) *and said*
כֹּל אֲשֶׁר־ n.m.s. (481)-rel. (81) *All that*
דִּבֶּר Pi. pf. 3 m.s. (180) *has spoken*
יְהוָה pr.n. (217) *Yahweh*
נַעֲשֶׂה Qal impf. 1 c.p. (I 793) *we will do*
וַיָּשֶׁב consec.-Hi. impf. 3 m.s. (שׁוּב 996) *and reported*
מֹשֶׁה pr.n. (602) *Moses*
אֶת־דִּבְרֵי dir.obj.-n.m.p. cstr. (182) *the words of*
הָעָם def.art.-n.m.s. (I 766) *the people*
אֶל־יְהוָה prep.-pr.n. (217) *to Yahweh*

19:9

וַיֹּאמֶר consec.-Qal impf. 3 m.s. (55) *and ... said*
יְהוָה pr.n. (217) *Yahweh*
אֶל־מֹשֶׁה prep.-pr.n. (602) *to Moses*
הִנֵּה interj. (243) *Lo*
אָנֹכִי בָּא pers.pr. 1 c.s. (59)-Qal act.ptc. (97) *I am coming*
אֵלֶיךָ prep.-2 m.s. sf. *to you*
בְּעַב prep.-n.m.s. cstr. (II 728) *in a thick*
הֶעָנָן def.art.-n.m.s. (777) *cloud*
בַּעֲבוּר prep.-prep. (II 721) *that*
יִשְׁמַע Qal impf. 3 m.s. (1033) *may hear*

הָעָם def.art.-n.m.s. (I 766) *the people*
בְּדַבְּרִי prep.-Pi. inf.cstr.-1 c.s. sf. (180) *when I speak*
עִמָּךְ prep.-2 m.s. sf. paus. *with you*
וְגַם־ conj.-adv. (168) *and also*
בְּךָ prep.-2 m.s. sf. *you*
יַאֲמִינוּ Hi. impf. 3 m.p. (52) *may believe*
לְעוֹלָם prep.-n.m.s. (761) *for ever*
וַיַּגֵּד consec.-Hi. impf. 3 m.s. (נגד 616) *then told*
מֹשֶׁה pr.n. (602) *Moses*
אֶת־דִּבְרֵי dir.obj.-n.m.p. cstr. (182) *the words of*
הָעָם def.art.-n.m.s. (I 766) *the people*
אֶל־יְהוָה prep.-pr.n. (217) *to Yahweh*

19:10

וַיֹּאמֶר consec.-Qal impf. 3 m.s. (55) *and ... said*
יְהוָה pr.n. (217) *Yahweh*
אֶל־מֹשֶׁה prep.-pr.n. (602) *to Moses*
לֵךְ Qal impv. 2 m.s. (הָלַךְ 229) *go*
אֶל־הָעָם prep.-def.art.-n.m.s. (I 766) *to the people*
וְקִדַּשְׁתָּם conj.-Pi. pf. 2 m.s.-3 m.p. sf. (872) *and consecrate them*
הַיּוֹם def.art.-n.m.s. (398) *today*
וּמָחָר conj.-adv. (563) *and tomorrow*
וְכִבְּסוּ conj.-Pi. pf. 3 c.p. (460) *and let them wash*
שִׂמְלֹתָם n.f.p.-3 m.p. sf. (971) *their garments*

19:11

וְהָיוּ conj.-Qal pf. 3 c.p. (224) *and be*
נְכֹנִים Ni. ptc. m.p. (כּוּן I 465) *ready*
לַיּוֹם prep.-def.art.-n.m.s. (398) *by the ... day*
הַשְּׁלִישִׁי def.art.-num. (1026) *third*
כִּי conj. *for*
בַּיּוֹם prep.-v.supra *on the ... day*
הַשְּׁלִישִׁי v.supra *third*
יֵרֵד Qal impf. 3 m.s. (יָרַד 432) *will come down*
יְהוָה pr.n. (217) *Yahweh*
לְעֵינֵי prep.-n.f.p. cstr. (744) *in the sight of*
כָל־הָעָם n.m.s. cstr. (481)-def.art.-n.m.s. (I 766) *all the people*
עַל־הַר סִינָי prep.-n.m.s. cstr. (249)-pr.n. paus. (696) *upon Mount Sinai*

19:12

וְהִגְבַּלְתָּ conj.-Hi. pf. 2 m.s. (148) *and you shall set bounds for*
אֶת־הָעָם dir.obj.-def.art.-n.m.s. (I 766) *the people*
סָבִיב adv. (686) *round about*
לֵאמֹר prep.-Qal inf.cstr. (55) *saying*

הִשָּׁמְרוּ Ni. impv. 2 m.p. (1036) *take heed*

לָכֶם prep.-2 m.p. sf. *that you*

עֲלוֹת Qal inf.cstr. (עָלָה 748) *go up*

בָּהָר prep.-def.art.-n.m.s. (249) *into the mountain*

וּנְגֹעַ conj.-Qal inf.cstr. (619) *or touch*

בְּקָצֵהוּ prep.-n.m.s.-3 m.s. sf. (892) *the border of it*

כָּל־הַנֹּגֵעַ n.m.s. cstr. (481)-def.art.-Qal act.ptc. (619) *whoever touches*

בָּהָר prep.-def.art.-n.m.s. (249) *the mountain*

מוֹת יוּמָת Qal inf.abs. (מוּת 559)-Ho. impf. 3 m.s. paus. (559) *shall be put to death*

19:13

לֹא־תִגַּע neg.-Qal impf. 3 f.s. (נָגַע 619) *no ... shall touch*

בּוֹ prep.-3 m.s. sf. *him*

יָד n.f.s. (388) *hand*

כִּי־סָקוֹל conj.-Qal inf.abs. (709) *but*

יִסָּקֵל Ni. impf. 3 m.s. (709) *he shall be stoned*

אוֹ־יָרֹה יִיָּרֶה conj. (14)-Qal inf.abs. (יָרָה 434) -Ni. impf. 3 m.s. (434; GK 69t) *or shot*

אִם־בְּהֵמָה conj. (49)-n.f.s. (96) *whether beast*

אִם־אִישׁ v.supra-n.m.s. (35) *or man*

לֹא יִחְיֶה neg.-Qal impf. 3 m.s. (חָיָה 310) *he shall not live*

בִּמְשֹׁךְ prep.-Qal inf.cstr. (מָשַׁךְ 604) *when ... sounds a long blast*

הַיֹּבֵל def.art.-n.m.s. (385) *the trumpet*

הֵמָּה pers.pr. 3 m.p. (241) *they*

יַעֲלוּ Qal impf. 3 m.p. (748) *shall come up*

בָהָר prep.-def.art.-n.m.s. (249) *to the mountain*

19:14

וַיֵּרֶד consec.-Qal impf. 3 m.s. (יָרַד 432) *so ... went down*

מֹשֶׁה pr.n. (602) *Moses*

מִן־הָהָר prep.-def.art.-n.m.s. (249) *from the mountain*

אֶל־הָעָם prep.-def.art.-n.m.s. (I 766) *to the people*

וַיְקַדֵּשׁ consec.-Pi. impf. 3 m.s. (872) *and consecrated*

אֶת־הָעָם dir.obj.-def.art.-n.m.s. (I 766) *the people*

וַיְכַבְּסוּ consec.-Pi. impf. 3 m.p. (כָּבַס 460) *and they washed*

שִׂמְלֹתָם n.f.p.-3 m.p. sf. (971) *their garments*

19:15

וַיֹּאמֶר consec.-Qal impf. 3 m.s. (55) *and he said*

אֶל־הָעָם prep.-def.art.-n.m.s. (I 766) *to the people*

הֱיוּ Qal impv. 2 m.p. (הָיָה 224) *be*

נְכֹנִים Ni. ptc. m.p. (כּוּן 465) *ready*

לִשְׁלֹשֶׁת prep.-num. f. cstr. (1025; GK 134oN) *by the third (of)*

יָמִים n.m.p. (398) *day*

אַל־תִּגְּשׁוּ neg.-Qal impf. 2 m.p. (נָגַשׁ 620) *do not go near*

אֶל־אִשָּׁה prep.-n.f.s. (61) *a woman*

19:16

וַיְהִי consec.-Qal impf. 3 m.s. (224)

בַיּוֹם prep.-def.art.-n.m.s. (398) *on the ... day*

הַשְּׁלִישִׁי def.art.-adj. num. (1026) *third*

בִּהְיֹת prep.-Qal inf.cstr. (224) *on*

הַבֹּקֶר def.art.-n.m.s. (133) *the morning*

וַיְהִי consec.-Qal impf. 3 m.s. (224) *there were*

קֹלֹת n.m.p. (876) *thunders*

וּבְרָקִים conj.-n.m.p. (140) *and lightnings*

וְעָנָן conj.-n.m.s. (777) *and a ... cloud*

כָּבֵד adj. m.s. (458) *thick*

עַל־הָהָר prep.-def.art.-n.m.s. (249) *upon the mountain*

וְקֹל שֹׁפָר conj.-n.m.s. cstr. (876)-n.m.s. (1051) *and a trumpet blast*

חָזָק מְאֹד adj. m.s. (305)-adv. (547) *very loud*

וַיֶּחֱרַד consec.-Qal impf. 3 m.s. (353) *so that ... trembled*

כָּל־הָעָם n.m.s. cstr. (481)-def.art.-n.m.s. (I 766) *all the people*

אֲשֶׁר בַּמַּחֲנֶה rel. (81)-prep.-def.art.-n.m.s. (334) *who were in the camp*

19:17

וַיּוֹצֵא consec.-Hi. impf. 3 m.s. (יָצָא 422) *then ... brought out*

מֹשֶׁה pr.n. (602) *Moses*

אֶת־הָעָם dir.obj.-def.art.-n.m.s. (I 766) *the people*

לִקְרַאת prep.-Qal inf.cstr. (II 896) *to meet*

הָאֱלֹהִים def.art.-n.m.p. (43) *God*

מִן־הַמַּחֲנֶה prep.-def.art.-n.m.s. (334) *out of the camp*

וַיִּתְיַצְּבוּ consec.-Hith. impf. 3 m.p. (יָצַב 426) *and they took their stand*

בְּתַחְתִּית prep.-adj. f.s. cstr. (1066) *at the foot of*

הָהָר def.art.-n.m.s. paus. (249) *the mountain*

19:18

וְהַר conj.-n.m.s. cstr. (249) *and Mount*

סִינַי pr.n. (696) *Sinai*

עָשַׁן Qal pf. 3 m.s. (798) *in smoke*

כֻּלּוֹ n.m.s.-3 m.s. sf. (481) *was wrapped in (all of it)*

מִפְּנֵי אֲשֶׁר prep.-n.m.p. cstr. (815)-rel. (81) *because*

יָרַד Qal pf. 3 m.s. (432) *descended*

עָלָיו prep.-3 m.s. sf. *upon it*

יהוה pr.n. (217) *Yahweh*

בָּאֵשׁ prep.-def.art.-n.f.s. (77) *in fire*

וַיַּעַל consec.-Qal impf. 3 m.s. (עָלָה 748) *and went up*

עֲשָׁנוֹ n.m.s.-3 m.s. sf. (798) *the smoke of it*

כְּעֶשֶׁן prep.-n.m.s. cstr. (798; GK 93dd) *like the smoke of*

הַכִּבְשָׁן def.art.-n.m.s. (461) *a kiln*

וַיֶּחֱרַד v.18:16 consec.-Qal impf. 3 m.s. (353) *and ... quaked*

כָּל־הָהָר n.m.s. cstr. (481)-def.art.-n.m.s. (249) *the whole mountain*

מְאֹד adv. (547) *greatly*

19:19

וַיְהִי consec.-Qal impf. 3 m.s. (224) *and (as)*

קוֹל n.m.s. cstr. (876) *the sound of*

הַשּׁוֹפָר def.art.-n.m.s. (1051) *the trumpet*

הוֹלֵךְ Qal act.ptc. (229; GK 113u) *grew (walking)*

וְחָזֵק מְאֹד conj.-Qal act.ptc. (304)-adv. (547) *louder and louder*

מֹשֶׁה pr.n. (602) *Moses*

יְדַבֵּר Pi. impf. 3 m.s. (180) *spoke*

וְהָאֱלֹהִים conj.-def.art.-n.m.p. (43) *and God*

יַעֲנֶנּוּ Qal impf. 3 m.s.-3 m.s. sf. (I 772) *answered him*

בְקוֹל prep.-n.m.s. (876) *in thunder*

19:20

וַיֵּרֶד consec.-Qal impf. 3 m.s. (יָרַד 432) *and ... came down*

יהוה pr.n. (217) *Yahweh*

עַל־הַר סִינַי prep.-n.m.s. cstr. (249)-pr.n. (696) *upon Mount Sinai*

אֶל־רֹאשׁ הָהָר prep.-n.m.s. cstr. (910)-def.art.-n.m.s. (249) *to the top of the mountain*

וַיִּקְרָא consec.-Qal impf. 3 m.s. (894) *and ... called*

יהוה v.supra *Yahweh*

לְמֹשֶׁה prep.-pr.n. (602) *Moses*

אֶל־רֹאשׁ v.supra prep.-n.m.s. cstr. (910) *to the top of*

הָהָר def.art.-n.m.s. (249) *the mountain*

וַיַּעַל consec.-Qal impf. 3 m.s. (עָלָה 748) *and ... went up*

מֹשֶׁה v.supra *Moses*

19:21

וַיֹּאמֶר consec.-Qal impf. 3 m.s. (55) *and ... said*

יהוה pr.n. (217) *Yahweh*

אֶל־מֹשֶׁה prep.-pr.n. (602) *to Moses*

רֵד Qal impv. 2 m.s. (יָרַד 432) *Go down*

הָעֵד Hi. impv. 2 m.s. (עוּד 729) *warn*

בָּעָם prep.-def.art.-n.m.s. (I 766) *the people*

פֶּן־יֶהֶרְסוּ conj. (814)-Qal impf. 3 m.p. (הָרַס 248) *lest they break through*

אֶל־יהוה prep.-pr.n. (217) *to Yahweh*

לִרְאוֹת prep.-Qal inf.cstr. (רָאָה 906) *to gaze*

וְנָפַל conj.-Qal pf. 3 m.s. (656) *and perish*

מִמֶּנּוּ prep.-3 m.s. sf. *of them*

רָב adj. m.s. paus. (I 912) *many*

19:22

וְגַם conj.-adv. (168) *and also*

הַכֹּהֲנִים def.art.-n.m.p. (463) *the priests*

הַנִּגָּשִׁים def.art.-Ni. ptc. m.p. (620) *who come near*

אֶל־יהוה prep.-v.supra *to Yahweh*

יִתְקַדָּשׁוּ Hith. impf. 3 m.p. paus. (קָדַשׁ 872) *let consecrate themselves*

פֶּן conj. (814) *lest*

יִפְרֹץ Qal impf. 3 m.s. (I 829) *break out*

בָּהֶם prep.-3 m.p. sf. *upon them*

יהוה pr.n. (217) *Yahweh*

19:23

וַיֹּאמֶר consec.-Qal impf. 3 m.s. (55) *and said*

מֹשֶׁה pr.n. (602) *Moses*

אֶל־יהוה prep.-pr.n. (217) *to Yahweh*

לֹא־יוּכַל neg.-Qal impf. 3 m.s. (יָכֹל 407) *cannot*

הָעָם def.art.-n.m.s. (I 766) *the people*

לַעֲלֹת prep.-Qal inf.cstr. (עָלָה 748) *come up*

אֶל־הַר סִינַי prep.-n.m.s. cstr. (249)-pr.n. paus. (696) *to Mount Sinai*

כִּי־אַתָּה conj.-pers.pr. 2 m.s. (61) *for thou thyself*

הַעֵדֹתָה Hi. pf. 2 m.s. (עוּד 729; GK 72w,x) *didst charge*

בָּנוּ prep.-1 c.p. sf. *us*

לֵאמֹר prep.-Qal inf.cstr. (55) *saying*

הַגְבֵּל Hi. impv. 2 m.s. (148) *Set bounds*

אֶת־הָהָר dir.obj.-def.art.-n.m.s. (249) *about the mountain*

וְקִדַּשְׁתּוֹ conj.-Pi. pf. 2 m.s.-3 m.s. sf. (872) *and consecrate it*

19:24

וַיֹּאמֶר consec.-Qal impf. 3 m.s. (55) *and ... said*

אֵלָיו prep.-3 m.s. sf. *to him*

יהוה pr.n. (217) *Yahweh*

לֶךְ־ Qal impv. 2 m.s. (הָלַךְ 229) *Go*

רֵד Qal impv. 2 m.s. (יָרַד 432) *down*

וְעָלִיתָ conj.-Qal pf. 2 m.s. (עָלָה 748) *and come up*

אַתָּה pers.pr. 2 m.s. (61) *(you)*

וְאַהֲרֹן conj.-pr.n. (14) *and Aaron*

עִמָּךְ prep.-2 m.s. sf. paus. *with you*

וְהַכֹּהֲנִים conj.-def.art.-n.m.p. (463) *but the priests*

וְהָעָם conj.-def.art.-n.m.s. (I 766) *and the people*

אַל־יֶהֶרְסוּ neg.-Qal impf. 3 m.p. (הָרַס 248) *do not let break through*

לַעֲלֹת prep.-Qal inf.cstr. (עָלָה 748) *to come up*

אֶל־יהוה prep.-pr.n. (217) *to Yahweh*

פֶּן־יִפְרָץ־ conj. (814)-Qal impf. 3 m.s. (I 829) *lest he break out*

בָּם prep.-3 m.p. sf. *against them*

19:25

וַיֵּרֶד consec.-Qal impf. 3 m.s. (יָרַד 432) *so went down*

מֹשֶׁה pr.n. (602) *Moses*

אֶל־הָעָם prep.-def.art.-n.m.s. (I 766) *to the people*

וַיֹּאמֶר consec.-Qal impf. 3 m.s. (55) *and told*

אֲלֵהֶם prep.-3 m.p. sf. *them*

20:1

וַיְדַבֵּר consec.-Pi. impf. 3 m.s. (180) *and spoke*

אֱלֹהִים n.m.p. (43) *God*

אֵת כָּל־ dir.obj.-n.m.s. cstr. (481) *all*

הַדְּבָרִים הָאֵלֶּה def.art.-n.m.p. (182)-def.art. -demons.adj. m.p. (41) *these words*

לֵאמֹר prep.-Qal inf.cstr. (55) *saying*

20:2

אָנֹכִי pers.pr. 1 c.s. (59; GK 15p) *I am*

יהוה pr.n. (217) *Yahweh*

אֱלֹהֶיךָ n.m.p.-2 m.s. sf. (43) *your God*

אֲשֶׁר rel. (81) *who*

הוֹצֵאתִיךָ Hi. pf. 1 c.s.-2 m.s. sf. (יָצָא 422; GK 138d) *brought you out*

מֵאֶרֶץ prep.-n.f.s. cstr. (75) *out of the land of*

מִצְרַיִם pr.n. (595) *Egypt*

מִבֵּית prep.-n.m.s. cstr. (108) *out of the house of*

עֲבָדִים n.m.p. (I 713) *bondage*

20:3

לֹא יִהְיֶה־ neg. (GK 107o)-Qal impf. 3 m.s. (224) *shall have no*

לְךָ prep.-2 m.s. sf. *You (to you)*

אֱלֹהִים n.m.p. (43) *gods*

אֲחֵרִים adj. m.p. (29; GK 132h) *other*

עַל־פָּנָי prep.-n.m.p.-1 c.s. sf. (815) *before me*

20:4

לֹא תַעֲשֶׂה־ neg. (GK 107o)-Qal impf. 2 m.s. (I 793) *you shall not make*

לְךָ prep.-2 m.s. sf. *yourself*

פֶסֶל n.m.s. (820) *a graven image*

וְכָל־ conj.-n.m.s. cstr. (481) *or any*

תְּמוּנָה n.f.s. (568) *likeness*

אֲשֶׁר rel. (81) *that is*

בַּשָּׁמַיִם prep.-def.art.-n.m.p. (1029) *in heaven*

מִמַּעַל prep.-subst. (751) *above*

וַאֲשֶׁר conj.-v.supra *or that is*

בָּאָרֶץ prep.-def.art.-n.f.s. (75) *in the earth*

מִתָּחַת prep.-adv. acc. paus. (1065) *beneath*

וַאֲשֶׁר v.supra *or that is*

בַּמַּיִם prep.-def.art.-n.m.p. (565) *in the water*

מִתַּחַת v.supra *under*

לָאָרֶץ prep.-def.art.-n.f.s. (75) *the earth*

20:5

לֹא־תִשְׁתַּחֲוֶה neg. (GK 107o)-Hith. impf. 2 m.s. (שָׁחָה 1005) *you shall not bow down*

לָהֶם prep.-3 m.p. sf. *to them*

וְלֹא תָעָבְדֵם conj.-neg.-Ho. impf. 2 m.s.-3 m.p. sf. (712; GK 60b) *or serve them (be caused to serve them)*

כִּי אָנֹכִי conj.-pers.pr. 1 c.s. (59) *for I*

יהוה pr.n. (217) *Yahweh*

אֱלֹהֶיךָ n.m.p.-2 m.s. sf. (43) *your God*

אֵל קַנָּא n.m.s. (42)-adj. m.s. (888) *a jealous God*

פֹּקֵד Qal act.ptc. (823) *visiting*

עֲוֺן n.m.s. cstr. (730) *the iniquity of*

אָבֹת n.m.p. (3) *the fathers*

עַל־בָּנִים prep.-n.m.p. (119) *upon the children*

עַל־שִׁלֵּשִׁים prep.-num. m.p. (II 1026; GK 129e) *to the third generation*

וְעַל־רִבֵּעִים conj.-prep.-num. adj. m.p. (918) *and the fourth generation*

לְשֹׂנְאָי prep.-Qal act.ptc. m.p.-1 c.s. sf. paus. (971 שָׂנֵא) *of those who hate me*

20:6

וְעֹשֶׂה conj.-Qal act.ptc. (I 793) *but showing*

חֶסֶד n.m.s. (338) *steadfast love*

לַאֲלָפִים prep.-num. m.p. (48) *to thousands*

לְאֹהֲבַי prep.-Qal act.ptc. m.p.-1 c.s. sf. (12) *of those who love me*

וּלְשֹׁמְרֵי conj.-prep.-Qal act.ptc. m.p. cstr. (1036) *and keep*

מִצְוֹתָי n.f.p.-1 c.s. sf. paus. (846) *my commandments*

20:7

לֹא תִשָּׂא neg. (GK 107o)-Qal impf. 2 m.s. (נָשָׂא 669) *you shall not take*

אֶת־שֵׁם־יהוה dir.obj.-n.m.s. cstr. (1027)-pr.n. (217) *the name of Yahweh*

אֱלֹהֶיךָ n.m.p.-2 m.s. sf. (43) *your God*

לַשָּׁוְא prep.-def.art.-n.m.s. (996) *in vain*

כִּי לֹא יְנַקֶּה conj.-neg.-Pi. impf. 3 m.s. (נָקָה 667) *for ... will not hold guiltless*

יהוה v.supra *Yahweh*

אֵת אֲשֶׁר־יִשָּׂא dir.obj.-rel. (81)-Qal impf. 3 m.s. (נָשָׂא 669) *who takes*

אֶת־שְׁמוֹ dir.obj.-n.m.s.-3 m.s. sf. (1027) *his name*

לַשָּׁוְא v.supra *in vain*

20:8

זָכוֹר Qal inf.abs. (269; GK 113bb) *remembering*

אֶת־יוֹם dir.obj.-n.m.s. cstr. (398) *the day (of)*

הַשַּׁבָּת def.art.-n.f.s. (992) *the Sabbath*

לְקַדְּשׁוֹ prep.-Pi. inf.cstr.-3 m.s. sf. (872) *to keep it holy*

20:9

שֵׁשֶׁת n.f.s. cstr. (995; GK 118k) *Six (of)*

יָמִים n.m.p. (398) *days*

תַּעֲבֹד Qal impf. 2 m.s. (712) *you shall labor*

וְעָשִׂיתָ conj.-Qal pf. 2 m.s. (I 793) *and do*

כָּל־מְלַאכְתֶּךָ n.m.s. cstr. (481)-n.f.s.-2 m.s. sf. (521) *all your work*

20:10

וְיוֹם conj.-n.m.s. cstr. (398) *but the ... day (of)*

הַשְּׁבִיעִי def.art.-num. (988) *seventh*

שַׁבָּת n.f.s. (992) *a sabbath*

לַיהוה prep.-pr.n. (217) *to Yahweh*

אֱלֹהֶיךָ n.m.p.-2 m.s. sf. (43) *your God*

לֹא תַעֲשֶׂה neg. (GK 107o)-Qal impf. 2 m.s. (I 793) *you shall not do*

כָל־מְלָאכָה n.m.s. cstr. (481)-n.f.s. (521) *any work*

אַתָּה pers.pr. 2 m.s. (61) *you*

וּבִנְךָ conj.-n.m.s.-2 m.s. sf. (119) *or your son*

וּבִתְּךָ conj.-n.f.s.-2 m.s. sf. (I 123) *or your daughter*

עַבְדְּךָ n.m.s.-2 m.s. sf. (713) *your manservant*

וַאֲמָתְךָ conj.-n.f.s.-2 m.s. sf. (51) *or your maidservant*

וּבְהֶמְתֶּךָ conj.-n.f.s.-2 m.s. sf. (96) *or your cattle*

וְגֵרְךָ conj.-n.m.s.-2 m.s. sf. (158) *or the sojourner (of you)*

אֲשֶׁר rel. (81) *who is*

בִּשְׁעָרֶיךָ prep.-n.m.p.-2 m.s. sf. (1044) *within your gates*

20:11

כִּי שֵׁשֶׁת־ conj.-v.20:9 n.f.s. cstr. (995) *for in six (of)*

יָמִים n.m.p. (398) *days*

עָשָׂה Qal pf. 3 m.s. (I 793) *made*

יהוה pr.n. (217) *Yahweh*

אֶת־הַשָּׁמַיִם dir.obj.-def.art.-n.m.p. (1029) *heaven*

וְאֶת־הָאָרֶץ conj.-dir.obj.-def.art.-n.f.s. (75) *and earth*

אֶת־הַיָּם dir.obj.-def.art.-n.m.s. (410) *the sea*

וְאֶת־כָּל־ conj.-dir.obj.-n.m.s. cstr. (481) *and all*

אֲשֶׁר־בָּם rel. (81)-prep.-3 m.p. sf. *that is in them*

וַיָּנַח consec.-Qal impf. 3 m.s. (נוּחַ 628) *and rested*

בַּיּוֹם prep.-def.art.-n.m.s. (398) *(on) the ... day*

הַשְּׁבִיעִי def.art.-num. adj. (988) *seventh*

עַל־כֵּן prep.-adv. (485) *therefore*

בֵּרַךְ Pi. pf. 3 m.s. (138) *blessed*

יהוה v.supra *Yahweh*

אֶת־יוֹם dir.obj.-n.m.s. cstr. (398) *the day (of)*

הַשַּׁבָּת def.art.-n.f.s. (992) *the sabbath*

וַיְקַדְּשֵׁהוּ consec.-Pi. impf. 3 m.s.-3 m.s. sf. (872) *and hallowed it*

20:12

כַּבֵּד Pi. inf.abs. (or? Pi. impv. 2 m.s.) (457) *honor*

אֶת־אָבִיךָ dir.obj.-n.m.s.-2 m.s. sf. (3) *your father*

וְאֶת־אִמֶּךָ conj.-dir.obj.-n.f.s.-2 m.s. sf. (51) *and your mother*

לְמַעַן prep.-prep. (775) *that*

יַאֲרִכוּן Hi. impf. 3 m.p. (אָרַךְ 73) *may be long*

יָמֶיךָ n.m.p.-2 m.s. sf. (398) *your days*

עַל הָאֲדָמָה prep.-def.art.-n.f.s. (9) *in the land*

אֲשֶׁר־יהוה rel. (81)-pr.n. (217) *which Yahweh*

אֱלֹהֶיךָ n.m.p.-2 m.s. sf. (43) *your God*

נֹתֵן Qal act.ptc. (678) *gives*

לָךְ prep.-2 m.s. sf. paus. *you*

20:13

לֹא תִרְצָח neg. (GK 107o)-Qal impf. 2 m.s. (953 רָצַח) *you shall not kill*

20:14

לֹא תִּנְאָף neg. (GK 107o)-Qal impf. 2 m.s. (נָאַף 610) *you shall not commit adultery*

20:15

לֹא תִּגְנֹב neg. (GK 107o)-Qal impf. 2 m.s. (גָּנַב 170) *you shall not steal*

20:16

לֹא־תַעֲנֶה neg. (GK 107o)-Qal impf. 2 m.s. (עָנָה I 772) *you shall not bear*

בְּרֵעֲךָ prep.-n.m.s.-2 m.s. sf. (רֵעַ 945) *against your neighbor*

עֵד שָׁקֶר n.m.s. cstr. (729)-n.m.s. paus. (1055) *false witness*

20:17

לֹא תַחְמֹד neg. (GK 107o)-Qal impf. 2 m.s. (326) *you shall not covet*

בֵּית רֵעֶךָ n.m.s. cstr. (108)-n.m.s.-2 m.s. sf. (945) *your neighbor's house*

לֹא־תַחְמֹד v.supra *you shall not covet*

אֵשֶׁת רֵעֶךָ n.f.s. cstr. (61)-v.supra *your neighbor's wife*

וְעַבְדּוֹ conj.-n.m.s.-3 m.s. sf. (713) *or his manservant*

וַאֲמָתוֹ conj.-n.f.s.-3 m.s. sf. (51) *or his maidservant*

וְשׁוֹרוֹ conj.-n.m.s.-3 m.s. sf. (1004) *or his ox*

וַחֲמֹרוֹ conj.-n.m.s.-3 m.s. sf. (331) *or his ass*

וְכֹל אֲשֶׁר conj.-n.m.s. (481)-rel. (81) *or anything that*

לְרֵעֶךָ prep.-n.m.s.-2 m.s. sf. (945) *your neighbor's*

20:18

וְכָל־הָעָם conj.-n.m.s. cstr. (481)-def.art.-n.m.s. (I 766) *now when all the people*

רֹאִים Qal act.ptc. m.p. (רָאָה 906; GK 116o) *perceived*

אֶת־הַקּוֹלֹת dir.obj.-def.art.-n.m.p. (876) *the thunderings*

וְאֶת־הַלַּפִּידִם conj.-dir.obj.-def.art.-n.m.p. (542) *and the lightnings*

וְאֵת קוֹל conj.-dir.obj.-n.m.s. cstr. (876) *and the sound of*

הַשֹּׁפָר def.art.-n.m.s. (1051) *the trumpet*

וְאֶת־הָהָר conj.-dir.obj.-def.art.-n.m.s. (249) *and the mountain*

עָשֵׁן adj. m.s. (798) *smoking*

וַיַּרְא consec.-Qal impf. 3 m.s. (רָאָה 906; some rd. וַיִּרְא from יָרֵא 431) *were afraid*

הָעָם def.art.-n.m.s. (I 766) *the people*

וַיָּנֻעוּ consec.-Qal impf. 3 m.p. (נוע 631) *and trembled*

וַיַּעַמְדוּ consec.-Qal impf. 3 m.p. (763) *and they stood*

מֵרָחֹק prep.-n.m.s. (935) *afar off*

20:19

וַיֹּאמְרוּ consec.-Qal impf. 3 m.p. (55) *and said*

אֶל־מֹשֶׁה prep.-pr.n. (602) *to Moses*

דַּבֶּר־אַתָּה Pi. impv. 2 m.s. (180)-pers.pr. 2 m.s. (61) *you speak*

עִמָּנוּ prep.-1 c.p. sf. *to us*

וְנִשְׁמָעָה conj.-Qal impf. 1 c.p.-vol.he (1033) *and we will hear*

וְאַל־יְדַבֵּר conj.-neg.-Pi. impf. 3 m.s. (180) *but let not speak*

עִמָּנוּ v.supra *to us*

אֱלֹהִים n.m.p. (43) *God*

פֶּן־נָמוּת conj. (814)-Qal impf. 1 c.p. (מות 559) *lest we die*

20:20

וַיֹּאמֶר consec.-Qal impf. 3 m.s. (55) *and ... said*

מֹשֶׁה pr.n. (602) *Moses*

אֶל־הָעָם prep.-def.art.-n.m.s. (I 766) *to the people*

אַל־תִּירָאוּ neg.-Qal impf. 2 m.p. (ירא 431) *do not fear*

כִּי לְבַעֲבוּר conj.-prep.-prep.-prep. (721) *for ... to*

נַסּוֹת Pi. inf.cstr. (נָסָה 650) *prove*

אֶתְכֶם dir.obj.-2 m.p. sf. *you*

בָּא Qal pf. 3 m.s. (בוֹא 97) *has come*

הָאֱלֹהִים def.art.-n.m.p. (43) *God*

וּבַעֲבוּר conj.-v.supra prep.-prep. (721) *and that*

תִּהְיֶה Qal impf. 3 f.s. (224) *may be*

יִרְאָתוֹ n.f.s.-3 m.s. sf. (432; GK 135m) *the fear of him*

עַל־פְּנֵיכֶם prep.-n.m.p.-2 m.p. sf. (815) *before your eyes*

לְבִלְתִּי prep.-neg. (116; GK 152x) *that ... not*

תֶחֱטָאוּ Qal impf. 2 m.p. paus. (306) *you may sin*

20:21

וַיַּעֲמֹד consec.-Qal impf. 3 m.s. (763) *and ... stood*

הָעָם def.art.-n.m.s. (I 766) *the people*

מֵרָחֹק v.20:18 prep.-n.m.s. (935) *afar off*

וּמֹשֶׁה conj.-pr.n. (602) *while Moses*

נִגַּשׁ Ni. pf. 3 m.s. (נגשׁ 620) *drew near*

אֶל־הָעֲרָפֶל prep.-def.art.-n.m.s. (791) *to the thick cloud*

אֲשֶׁר־שָׁם rel. (81)-adv. (1027) *where*

הָאֱלֹהִים def.art.-n.m.p. (43) *God was*

20:22

וַיֹּאמֶר consec.-Qal impf. 3 m.s. (55) *and ... said*

יהוה pr.n. (217) *Yahweh*

אֶל־מֹשֶׁה prep.-pr.n. (602) *to Moses*

כֹּה adv. (462) *thus*

תֹאמַר Qal impf. 2 m.s. (55) *you shall say*

אֶל־בְּנֵי prep.-n.m.p. cstr. (119) *to the people of*

יִשְׂרָאֵל pr.n. (975) *Israel*

אַתֶּם pers.pr. 2 m.p. (61) *you*

רְאִיתֶם Qal pf. 2 m.p. (רָאָה 906) *have seen*

כִּי מִן־ conj.-prep. *that ... from*

הַשָּׁמַיִם def.art.-n.m.p. (1029) *heaven*

דִּבַּרְתִּי Pi. pf. 1 c.s. (180) *I have talked*

עִמָּכֶם prep.-2 m.p. sf. *with you*

20:23

לֹא תַעֲשׂוּן neg.-Qal impf. 2 m.p. (I 793) *you shall not make*

אִתִּי prep.-1 c.s. sf. (II 85) *with me*

אֱלֹהֵי n.m.p. cstr. (43) *gods of*

כֶּסֶף n.m.s. (494) *silver*

וֵאלֹהֵי conj.-n.m.p. cstr. (43) *nor gods of*

זָהָב n.m.s. (262) *gold*

לֹא תַעֲשׂוּ neg.-Qal impf. 2 m.p. (I 793) *shall you make*

לָכֶם prep.-2 m.p. sf. *for yourselves*

20:24

מִזְבַּח n.m.s. cstr. (258) *an altar of*

אֲדָמָה n.f.s. (9) *earth*

תַּעֲשֶׂה־לִּי Qal impf. 2 m.s. (I 793)-prep.-1 c.s. sf. *you shall make for me*

וְזָבַחְתָּ conj.-Qal pf. 2 m.s. (256) *and sacrifice*

עָלָיו prep.-3 m.s. sf. *on it*

אֶת־עֹלֹתֶיךָ dir.obj.-n.f.p.-2 m.s. sf. (750) *your burnt offerings*

וְאֶת־שְׁלָמֶיךָ conj.-dir.obj.-n.m.p.-2 m.s. sf. (1023) *and your peace offerings*

אֶת־צֹאנְךָ dir.obj.-n.f.s.-2 m.s. sf. (838) *your sheep*

וְאֶת־בְּקָרֶךָ conj.-dir.obj.-n.m.s.-2 m.s. sf. paus. (133) *and your oxen*

בְּכָל־ prep.-n.m.s. cstr. (481; GK 127e) *in every*

הַמָּקוֹם def.art.-n.m.s. (879) *place*

אֲשֶׁר אַזְכִּיר rel. (81)-Hi. impf. 1 c.s. (269) *where I cause to be remembered*

אֶת־שְׁמִי dir.obj.-n.m.s.-1 c.s. sf. (1027) *my name*

אָבוֹא Qal impf. 1 c.s. (97) *I will come*

אֵלֶיךָ prep.-2 m.s. sf. *to you*

וּבֵרַכְתִּיךָ conj.-Pi. pf. 1 c.s.-2 m.s. sf. (138) *and bless you*

20:25

וְאִם־מִזְבַּח conj.-hypoth.part. (49)-n.m.s. cstr. (258) *and if ... an altar of*

אֲבָנִים n.f.p. (6) *stone*

תַּעֲשֶׂה־לִּי Qal impf. 2 m.s. (I 793)-prep.-1 c.s. sf. *you make me*

לֹא־תִבְנֶה neg.-Qal impf. 2 m.s. (124) *you shall not build*

אֶתְהֶן dir.obj.-3 f.p. sf. (GK 117kk) *it*

גָּזִית n.f.s. (159) *of hewn stones*

כִּי חַרְבְּךָ conj.-n.f.s.-2 m.s. sf. (352) *for if your tool*

הֵנַפְתָּ Hi. pf. 2 m.s. (נוף O 631; GK 72k) *you wield*

עָלֶיהָ prep.-3 f.s. sf. *upon it*

וַתְּחַלְלֶהָ consec.-Pi. impf. 2 m.s.-3 f.s. sf. (חָלַל III 320) *you profane it*

20:26

וְלֹא־תַעֲלֶה conj.-neg.-Qal impf. 2 m.s. (748) *and you shall not go up*

בְּמַעֲלֹת prep.-n.f.p. (752) *by steps*

עַל־מִזְבְּחִי prep.-n.m.s.-1 c.s. sf. (258) *to my altar*

אֲשֶׁר rel. (81) *that*

לֹא־תִגָּלֶה neg.-Ni. impf. 3 f.s. (גלה 162) *be not exposed*

עֶרְוָתְךָ n.f.s.-2 m.s. sf. (788) *your nakedness*

עָלָיו prep.-3 m.s. sf. *on it*

21:1

וְאֵלֶּה conj.-demons.adj. c.p. (41) *now these are*

הַמִּשְׁפָּטִים def.art.-n.m.p. (1048) *the ordinances*

אֲשֶׁר rel. (81) *which*

תָּשִׂים Qal impf. 2 m.s. (שִׂים 962) *you shall set*

לִפְנֵיהֶם prep.-n.m.p.-3 m.p. sf. (815) *before them*

21:2

כִּי תִקְנֶה conj.-Qal impf. 2 m.s. (קָנָה 888; GK 159bb) *when you buy*

עֶבֶד n.m.s. (713) *a slave*

עִבְרִי adj. gent. (I 720) *Hebrew*

שֵׁשׁ num. (995) *six*

שָׁנִים n.f.p. (1040) *years*

יַעֲבֹד Qal impf. 3 m.s. (712) *he shall serve*

וּבַשְּׁבִעִת conj.-prep.-def.art.-adj. f. num. (988) *and in the seventh*

יֵצֵא Qal impf. 3 m.s. (יָצָא 422) *he shall go out*

לַחָפְשִׁי prep.-def.art.-adj. (344) *free*

חִנָּם adv. (336) *for nothing*

21:3

אִם־בְּגַפּוֹ hypoth.part. (49)-prep.-n.m.s.-3 m.s. sf. (172) *if ... in single*

יָבֹא Qal impf. 3 m.s. (97) *he comes*

בְּגַפּוֹ v.supra *single*

יֵצֵא Qal impf. 3 m.s. (יָצָא 422) *he shall go out*

אִם־בַּעַל אִשָּׁה hypoth.part. (49)-n.m.s. cstr. (127)-n.f.s. (61) *if ... married (husband of a wife)*

הוּא pers.pr. 3 m.s. (214) *he*

וְיָצְאָה conj.-Qal pf. 3 f.s. (422) *then shall go out*

אִשְׁתּוֹ n.f.s.-3 m.s. sf. (61) *his wife*

עִמּוֹ prep.-3 m.s. sf. *with him*

21:4

אִם־אֲדֹנָיו hypoth.part. (49)-n.m.p.-3 m.s. sf. (10; GK 145h) *if his master*

יִתֶּן־ Qal impf. 3 m.s. (נָתַן 678) *gives*

לוֹ prep.-3 m.s. sf. *him*

אִשָּׁה n.f.s. (61) *a wife*

וְיָלְדָה־לוֹ conj.-Qal pf. 3 f.s. (408)-prep.-3 m.s. sf. *and she bears him*

בָּנִים n.m.p. (119) *sons*

אוֹ בָנוֹת conj. (14)-n.f.p. (I 123) *or daughters*

הָאִשָּׁה def.art.-n.f.s. (61; GK 146e) *the wife*

וִילָדֶיהָ conj.-n.m.p.-3 f.s. sf. (409) *and her children*

תִּהְיֶה Qal impf. 3 f.s. (224) *shall be*

לַאדֹנֶיהָ prep.-n.m.p.-3 f.s. sf. (10) *her master's*

וְהוּא conj.-pers.pr. 3 m.s. (214) *and he*

יֵצֵא Qal impf. 3 m.s. (יָצָא 422) *shall go out*

בְגַפּוֹ v.21:3 prep.-n.m.s.-3 m.s. sf. (172) *alone*

21:5

וְאִם־אָמֹר conj.-hypoth.part. (49)-Qal inf.abs. (55; GK 113o) *but if ... plainly*

יֹאמַר Qal impf. 3 m.s. (55) *says*

הָעֶבֶד def.art.-n.m.s. (713) *the slave*

אָהַבְתִּי Qal pf. 1 c.s. (אָהַב 12) *I love*

אֶת־אֲדֹנִי dir.obj.-n.m.s.-1 c.s. sf. (10) *my master*

אֶת־אִשְׁתִּי dir.obj.-n.f.s.-1 c.s. sf. (61) *my wife*

וְאֶת־בָּנָי conj.-dir.obj.-n.m.p.-1 c.s. sf. paus. (119) *and my children*

לֹא אֵצֵא neg.-Qal impf. 1 c.s. (יָצָא 422) *I will not go out*

חָפְשִׁי v.21:2 adj. (344) *free*

21:6

וְהִגִּישׁוֹ conj.-Hi. pf. 3 m.s.-3 m.s. sf. (נָגַשׁ 620) *then shall bring him*

אֲדֹנָיו n.m.p.-3 m.s. sf. (10) *his master*

אֶל־הָאֱלֹהִים prep.-def.art.-n.m.p. (43) *to God*

וְהִגִּישׁוֹ v.supra *and he shall bring him*

אֶל־הַדֶּלֶת prep.-def.art.-n.f.s. (195) *to the door*

אוֹ אֶל־הַמְּזוּזָה conj. (14)-prep.-def.art.-n.f.s. (265) *or the doorpost*

וְרָצַע conj.-Qal pf. 3 m.s. (954) *and shall bore through*

אֲדֹנָיו n.m.p.-3 m.s. sf. (10) *his master*

אֶת־אָזְנוֹ dir.obj.-n.f.s.-3 m.s. sf. (23) *his ear*

בַּמַּרְצֵעַ prep.-def.art.-n.m.s. (954) *with an awl*

וַעֲבָדוֹ conj.-Qal pf. 3 m.s.-3 m.s. sf. *and he shall serve him*

לְעֹלָם prep.-n.m.s. (761) *for life*

21:7

וְכִי־יִמְכֹּר conj.-conj.-Qal impf. 3 m.s. (569) *when ... sells*

אִישׁ n.m.s. (35) *a man*

אֶת־בִּתּוֹ dir.obj.-n.f.s.-3 m.s. sf. (I 123) *his daughter*

לְאָמָה prep.-n.f.s. (51) *as a slave*

לֹא תֵצֵא neg.-Qal impf. 3 f.s. (422) *she shall not go out*

כְּצֵאת prep.-Qal inf.cstr. (יָצָא 422) *as ... do*

הָעֲבָדִים def.art.-n.m.p. (713) *the male slaves*

21:8

אִם־רָעָה hypoth.part. (49)-Qal pf. 3 f.s. (רָעַע 949) *if she does not please*

בְּעֵינֵי prep.-n.f.p. cstr. (744) *(in the sight of)*

אֲדֹנֶיהָ n.m.p.-3 f.s. sf. (10) *her master*

אֲשֶׁר־לֹא יְעָדָהּ rel. (81)-neg. (GK 103g)-Qal pf. 3 m.s.-3 f.s. sf. (יָעַד 416) *who has (not) designated her*

וְהֶפְדָּהּ conj.-Hi. pf. 3 m.s.-3 f.s. sf. (פָּדָה 804; GK 75ee) *then he shall let her be redeemed*

לְעַם prep.-n.m.s. (I 766) *to a ... people*

נָכְרִי adj. (648) *foreign*

לֹא־יִמְשֹׁל neg.-Qal impf. 3 m.s. (III 605) *he shall have no right*

לְמָכְרָהּ prep.-Qal inf.cstr.-3 f.s. sf. (569) *to sell her*

בְּבִגְדוֹ־ prep.-Qal inf.cstr.-3 m.s. sf. (בָּגַד 93; GK 61b) *since he has dealt faithlessly*

בָהּ prep.-3 f.s. sf. *with her*

21:9

וְאִם־לִבְנוֹ conj.-hypoth.part. (49)-prep.-n.m.s.-3 m.s. sf. (119) *if ... for his son*

יִיעָדֶנָּה Qal impf. 3 m.s.-3 f.s. sf. (יָעַד 416) *he designates her*

כְּמִשְׁפַּט הַבָּנוֹת prep.-n.m.s. cstr. (1048)-def.art.-n.f.p. (I 123) *as with a daughter*

329

יַעֲשֶׂה־לָּהּ Qal impf. 3 m.s. (I 793)-prep.-3 f.s. sf. *he shall deal with her*

21:10

אִם־אַחֶרֶת hypoth.part. (49)-adj. f.s. (29) *if … another wife*

יִקַּח־לֹו Qal impf. 3 m.s. (לָקַח 542)-prep.-3 m.s. sf. *he takes to himself*

שְׁאֵרָהּ n.m.s.-3 f.s. sf. (984) *her food*

כְּסוּתָהּ n.f.s.-3 f.s. sf. (492) *her clothing*

וְעֹנָתָהּ conj.-n.f.s.-3 f.s. sf. (773) *or her marital rights*

לֹא יִגְרָע neg.-Qal impf. 3 m.s. paus. (גָּרַע 175) *he shall not diminish*

21:11

וְאִם־ conj.-hypoth.part. (49) *and if*

שְׁלָשׁ־אֵלֶּה num. (1025)-demons.adj. (41) *these three things*

לֹא יַעֲשֶׂה neg.-Qal impf. 3 m.s. (I 793) *he does not do*

לָהּ prep.-3 f.s. sf. *for her*

וְיָצְאָה conj.-Qal pf. 3 f.s. (422) *she shall go out*

חִנָּם v.21:2 adv. (336) *for nothing*

אֵין כָּסֶף subst. cstr. (II 34)-n.m.s. paus. (494) *without payment of money*

21:12

מַכֵּה Hi. ptc. m.s. cstr. (נָכָה 645; GK 112n,116w) *whoever strikes*

אִישׁ n.m.s. (35) *a man*

וָמֵת conj.-Qal pf. 3 m.s. (מוּת 559; GK 104g) *so that he dies*

מֹות יוּמָת Qal inf.abs. (559)-Ho. impf. 3 m.s. (559) *shall be put to death*

21:13

וַאֲשֶׁר conj.-rel. (81; GK 112ii) *but if*

לֹא צָדָה neg.-Qal pf. 3 m.s. (I 841) *he did not lie in wait*

הָאֱלֹהִים conj.-def.art.-n.m.p. (43) *but God*

אִנָּה Pi. pf. 3 m.s. (אָנָה III 58) *let him fall*

לְיָדֹו prep.-n.f.s.-3 m.s. sf. (388) *in his hand*

וְשַׂמְתִּי conj.-Qal pf. 1 c.s. (שִׂים 962) *then I will appoint*

לְךָ prep.-2 m.s. sf. *for you*

מָקֹום n.m.s. (879) *a place*

אֲשֶׁר (81) *which*

יָנוּס Qal impf. 3 m.s. (נוּם 630) *he may flee*

שָׁמָּה adv.-dir.he (1027) *(there)*

21:14

וְכִי־יָזִד conj.-conj.-Hi. impf. 3 m.s. (זִיד 267) *but if … willfully attacks*

אִישׁ n.m.s. (35) *a man*

עַל־רֵעֵהוּ prep.-n.m.s.-3 m.s. sf. (945) *another*

לְהָרְגֹו prep.-Qal inf.cstr.-3 m.s. sf. (הָרַג 246) *to kill him*

בְעָרְמָה prep.-n.f.s. (791) *treacherously*

מֵעִם מִזְבְּחִי prep.-prep.-n.m.s.-1 c.s. sf. (258) *from my altar*

תִּקָּחֶנּוּ Qal impf. 2 m.s.-3 m.s. sf. (לָקַח 542) *you shall take him*

לָמוּת prep.-Qal inf.cstr. (מוּת 559) *that he may die*

21:15

וּמַכֵּה conj.-Hi. ptc. m.s. cstr. (נָכָה 645) *whoever strikes*

אָבִיו n.m.s.-3 m.s. sf. (3) *his father*

וְאִמֹּו conj.-n.f.s.-3 m.s. sf. (51) *or his mother*

מֹות יוּמָת Qal inf.abs. (מוּת 559)-Ho. impf. 3 m.s. (559) *shall be put to death*

21:16

וְגֹנֵב conj.-Qal act.ptc. cstr. (170) *whoever steals*

אִישׁ n.m.s. (35) *a man*

וּמְכָרֹו conj.-Qal pf. 3 m.s.-3 m.s. sf. (569) *whether he sells him*

וְנִמְצָא conj.-Ni. pf. 3 m.s. (מָצָא 592) *or is found*

בְיָדֹו prep.-n.f.s.-3 m.s. sf. (388) *in possession of him*

מֹות יוּמָת Qal inf.abs. (מוּת 559)-Ho. impf. 3 m.s. (559) *shall be put to death*

21:17

וּמְקַלֵּל conj.-Pi. ptc. cstr. (886) *whoever curses*

אָבִיו n.m.s.-3 m.s. sf. (3) *his father*

וְאִמֹּו conj.-n.f.s.-3 m.s. sf. (51) *or his mother*

מֹות יוּמָת v.21:16 *shall be put to death*

21:18

וְכִי־יְרִיבֻן conj.-conj.-Qal impf. 3 m.p. (רִיב 936; GK 47m) *when … quarrel*

אֲנָשִׁים n.m.p. (35) *men*

וְהִכָּה־אִישׁ conj.-Hi. pf. 3 m.s. (נָכָה 645) *and one strikes*

אֶת־רֵעֵהוּ dir.obj.-n.m.s.-3 m.s. sf. (945) *the other*

בְּאֶבֶן prep.-n.f.s. (6) *with a stone*

אֹו בְאֶגְרֹף conj. (14)-prep.-n.m.s. (175) *or with his fist*

וְלֹא יָמוּת conj.-neg.-Qal impf. 3 m.s. (559) *and does not die*

וְנָפַל conj.-Qal pf. 3 m.s. (656) *but keeps (falls)*

לְמִשְׁכָּב prep.-n.m.s. (1012) *to his bed*

21:19

אִם־יָקוּם hypoth.part. (49)-Qal impf. 3 m.s. (877) *then if ... rises again*

וְהִתְהַלֵּךְ conj.-Hith. pf. 3 m.s. (229) *and walks*

בַּחוּץ prep.-def.art.-n.m.s. (299) *abroad*

עַל־מִשְׁעַנְתּוֹ prep.-n.f.s.-3 m.s. sf. (1044) *with his staff*

וְנִקָּה conj.-Ni. pf. 3 m.s. (667) *shall be clear*

הַמַּכֶּה def.art.-Hi. ptc. (645) *he that struck him*

רַק adv. (956) *only*

שִׁבְתּוֹ n.f.s.-3 m.s. sf. (II 992) *the loss of his time (cessation)*

יִתֵּן Qal impf. 3 m.s. (נָתַן 678) *he shall pay*

וְרַפֹּא יְרַפֵּא conj.-Pi. inf.abs. (רָפָא 950)-Pi. impf. 3 m.s. (950) *and shall have him thoroughly healed*

21:20

וְכִי־יַכֶּה conj.-conj.-Hi. impf. 3 m.s. (נָבָה 645) *when ... strikes*

אִישׁ n.m.s. (35) *a man*

אֶת־עַבְדּוֹ dir.obj.-n.m.s.-3 m.s. sf. (713) *his slave*

אוֹ אֶת־אֲמָתוֹ conj. (14)-dir.obj.-n.f.s.-3 m.s. sf. (51) *or female (slave)*

בַּשֵּׁבֶט prep.-def.art. (GK 126r)-n.m.s. (986) *with a rod*

וּמֵת conj.-Qal pf. 3 m.s. (559) *and (the slave) dies*

תַּחַת יָדוֹ prep. (1065)-n.f.s.-3 m.s. sf. (388) *under his hand*

נָקֹם יִנָּקֵם Qal inf.abs. (נָקַם 667)-Ni. impf. 3 m.s. (667) *he shall be punished*

21:21

אַךְ אִם־ adv. (36)-hypoth.part. (49) *but if*

יוֹם n.m.s. (398) *a day*

אוֹ יוֹמַיִם conj. (14)-n.m. du. (398) *or two (days)*

יַעֲמֹד Qal impf. 3 m.s. (712) *(the slave) survives*

לֹא יֻקַּם neg.-Ho. impf. 3 m.s. (נָקַם 667) *he is not to be punished*

כִּי כַסְפּוֹ conj.-n.m.s.-3 m.s. sf. (494) *for ... his money*

הוּא pers.pr. 3 m.s. (214) *the slave (he)*

21:22

וְכִי־יִנָּצוּ conj.-conj.-Ni. impf. 3 m.p. (נָצָה II 663) *when ... strive together*

אֲנָשִׁים n.m.p. (35) *men*

וְנָגְפוּ conj.-Qal pf. 3 c.p. (619) *and hurt*

אִשָּׁה הָרָה n.f.s. (61)-adj. f.s. (II 248) *a woman with child*

וְיָצְאוּ יְלָדֶיהָ conj.-Qal pf. 3 c.p. (422)-n.m.p.-3 f.s. sf. (409; GK 124o) *so that there is a miscarriage*

וְלֹא יִהְיֶה conj.-neg.-Qal impf. 3 m.s. (224) *and yet no ... follows*

אָסוֹן n.m.s. (62) *harm*

עָנוֹשׁ יֵעָנֵשׁ Qal inf.abs. (עָנַשׁ 778)-Ni. impf. 3 m.s. (778) *shall be fined*

כַּאֲשֶׁר prep.-rel. (81) *according as*

יָשִׁית Qal impf. 3 m.s. (שִׁית 1011) *shall lay*

עָלָיו prep.-3 m.s. sf. *upon him*

בַּעַל n.m.s. cstr. (127) *the husband of*

הָאִשָּׁה def.art.-n.f.s. (61) *the woman*

וְנָתַן conj.-Qal pf. 3 m.s. (678) *and he shall pay*

בִּפְלִלִים prep.-n.m.p. (813) *as the judges determine*

21:23

וְאִם־ conj.-hypoth.part. (49) *if*

אָסוֹן n.m.s. (62) *any harm*

יִהְיֶה Qal impf. 3 m.s. (224) *follows*

וְנָתַתָּה conj.-Qal pf. 2 m.s. (נָתַן 678) *then you shall give*

נֶפֶשׁ n.f.s. (659) *life*

תַּחַת נָפֶשׁ prep. (1065)-n.f.s. paus. (659) *for life*

21:24

עַיִן תַּחַת עַיִן n.f.s. (744)-prep. (1065)-n.f.s. (744) *eye for eye*

שֵׁן תַּחַת שֵׁן n.f.s. (1042)-v.supra-v.supra *tooth for tooth*

יָד תַּחַת יָד n.f.s. (388)-v.supra-v.supra *hand for hand*

רֶגֶל תַּחַת רָגֶל n.f.s. (919)-v.supra-v.supra paus. *foot for foot*

21:25

כְּוִיָּה תַּחַת כְּוִיָּה n.f.s. (465)-v.supra-v.supra *burn for burn*

פֶּצַע תַּחַת פָּצַע n.m.s. (822)-v.supra-v.supra paus. *wound for wound*

חַבּוּרָה תַּחַת חַבּוּרָה n.f.s. (289)-v.supra-v.supra *stripe for stripe*

21:26

וְכִי־יַכֶּה conj.-conj.-Hi. impf. 3 m.s. (נָכָה 645) *when ... strikes*

אִישׁ n.m.s. (35) *a man*

אֶת־עֵין dir.obj.-n.f.s. cstr. (744) *the eye of*

עַבְדּוֹ n.m.s.-3 m.s. sf. (713) *his slave*

אוֹ אֶת־עֵין conj. (14)-dir.obj.-v.supra *or (the eye of)*

אֲמָתוֹ n.f.s.-3 m.s. sf. (51) *female (slave)*

וְשִׁחֲתָהּ conj.-Pi. pf. 3 m.s.-3 f.s. sf. (שָׁחַת 1007) *and destroys it*

לַחָפְשִׁי prep.-def.art.-adj. (344) *free*

יְשַׁלְּחֶנּוּ Pi. impf. 3 m.s.-3 m.s. sf. (שָׁלַח 1018) *he shall let (the slave) go*

תַּחַת עֵינוֹ prep. (1065)-n.f.s.-3 m.s. sf. (744) *for the eye's sake*

21:27

וְאִם־שֵׁן conj.-hypoth.part. (49)-n.f.s. cstr. (1042) *if the tooth of*

עַבְדּוֹ n.m.s.-3 m.s. sf. (713) *his slave*

אוֹ־שֵׁן conj. (14)-n.f.s. cstr. (1042) *or (the tooth of)*

אֲמָתוֹ n.f.s.-3 m.s. sf. (51) *female (slave)*

יַפִּיל Hi. impf. 3 m.s. (נָפַל 656) *he knocks out*

לַחָפְשִׁי v.21:26 prep.-def.art.-adj. (344) *free*

יְשַׁלְּחֶנּוּ Pi. impf. 3 m.s.-3 m.s. sf. (1018) *he shall let go the slave (him)*

תַּחַת שִׁנּוֹ v.21:26 prep. (1065)-n.f.s.-3 m.s. sf. (1042) *for the tooth's sake*

21:28

וְכִי־יִגַּח conj.-conj.-Qal impf. 3 m.s. (נָגַח 618) *when ... gores*

שׁוֹר n.m.s. (1004) *an ox*

אֶת־אִישׁ dir.obj. (GK 117d)-n.m.s. (35) *a man*

אוֹ אֶת־אִשָּׁה conj. (14)-dir.obj.-n.f.s. (61) *or a woman*

וָמֵת conj.-Qal pf. 3 m.s. (מוּת 559) *to death*

סָקוֹל יִסָּקֵל Qal inf.abs. (709)-Ni. impf. 3 m.s. (709; GK 121b) *shall be stoned*

הַשּׁוֹר def.art.-n.m.s. (1004) *the ox*

וְלֹא יֵאָכֵל conj.-neg.-Ni. impf. 3 m.s. (37) *and shall not be eaten*

אֶת־בְּשָׂרוֹ dir.obj.-n.m.s.-3 m.s. sf. (142) *its flesh*

וּבַעַל conj.-n.m.s. cstr. (127) *but the owner of*

הַשּׁוֹר def.art.-n.m.s. (1004) *the ox*

נָקִי adj. (667) *shall be clear*

21:29

וְאִם שׁוֹר conj.-hypoth.part. (49)-n.m.s. (1004) *but if the ox*

נַגָּח adj. (618) *has been accustomed to gore*

הוּא pers.pr. 3 m.s. (214)

מִתְּמֹל שִׁלְשֹׁם prep.-adv.acc. (1069)-adv. (1026) *in the past*

וְהוּעַד conj.-Ho. pf. 3 m.s. (עוּד 729) *and has been warned*

בִּבְעָלָיו prep.-n.m.p.-3 m.s. sf. (127; GK 124i) *its owner*

וְלֹא יִשְׁמְרֶנּוּ conj.-neg.-Qal impf. 3 m.s.-3 m.s. sf. (שָׁמַר 1036) *but has not kept it in*

וְהֵמִית conj.-Hi. pf. 3 m.s. (מוּת 559) *and it kills*

אִישׁ n.m.s. (35) *a man*

אוֹ אִשָּׁה conj. (14)-n.f.s. (61) *or a woman*

הַשּׁוֹר def.art.-n.m.s. (1004) *the ox*

יִסָּקֵל Ni. impf. 3 m.s. (709) *shall be stoned*

וְגַם־בְּעָלָיו conj.-adv. (168)-n.m.p.-3 m.s. sf. (127) *and its owner also*

יוּמָת Ho. impf. 3 m.s. (מוּת 559) *shall be put to death*

21:30

אִם־כֹּפֶר hypoth.part. (49)-n.m.s. (I 497) *if a ransom*

יוּשַׁת Ho. impf. 3 m.s. (שִׁית 1011) *is laid*

עָלָיו prep.-3 m.s. sf. *on him*

וְנָתַן conj.-Qal pf. 3 m.s. (678) *then he shall give*

פִּדְיֹן n.m.s. cstr. (804) *for the redemption of*

נַפְשׁוֹ n.f.s.-3 m.s. sf. (659) *his life*

כְּכֹל אֲשֶׁר־ prep.-n.m.s. (481)-rel. (81) *whatever*

יוּשַׁת v.supra *is laid*

עָלָיו v.supra *upon him*

21:31

אוֹ־בֵן conj. (14)-n.m.s. (119) *if a son*

יִגָּח Qal impf. 3 m.s. (נָגַח 618) *it gores*

אוֹ־בַת־יִגָּח conj. (14)-n.f.s. (I 123)-v.supra paus. *or daughter*

כַּמִּשְׁפָּט הַזֶּה prep.-def.art.-n.m.s. (1048)-def.art.-demons.adj. m.s. (260) *according to this same rule*

יֵעָשֶׂה Ni. impf. 3 m.s. (I 793) *shall be dealt with*

לּוֹ prep.-3 m.s. sf. (GK 29iN) *(to him) he*

21:32

אִם־עֶבֶד hypoth.part. (49)-n.m.s. (713) *if a slave*

יִגַּח הַשּׁוֹר Qal impf. 3 m.s. (נָגַח 618)-def.art.-n.m.s. (1004) *the ox gores*

אוֹ אָמָה conj. (14)-n.f.s. (51) *or female*

כֶּסֶף n.m.s. cstr. (494) *silver of*

שְׁלֹשִׁים שְׁקָלִים num. m.p. (1026)-n.m.p. (1053) *thirty shekels*

יִתֵּן Qal impf. 3 m.s. (נָתַן 678) *shall give*

לַאדֹנָיו prep.-n.m.p.-3 m.s. sf. (10) *to their master*

וְהַשּׁוֹר conj.-def.art.-n.m.s. (1004) *and the ox*

יִסָּקֵל Ni. impf. 3 m.s. (709) *shall be stoned*

21:33

וְכִי־יִפְתַּח conj.-conj.-Qal impf. 3 m.s. (פתח I 834) *when leaves open*

אִישׁ n.m.s. (35) *a man*

בּוֹר n.m.s. (92) *a pit*

אוֹ כִּי־יִכְרֶה conj. (14)-conj.-Qal impf. 3 m.s. (I כָּרָה 500) *or when ... digs*

אִישׁ n.m.s. (35) *a man*

בֹּר n.m.s. (92) *a pit*

וְלֹא יְכַסֶּנּוּ conj.-neg.-Pi. impf. 3 m.s.-3 m.s. sf. (כָּסָה 491) *and does not cover it*

וְנָפַל־ conj.-Qal pf. 3 m.s. (656) *and ... falls*

שָׁמָּה adv.-dir.he (1027) *into it (there)*

שׁוֹר n.m.s. (1004) *an ox*

אוֹ חֲמוֹר conj. (14)-n.m.s. (331) *or an ass*

21:34

בַּעַל n.m.s. cstr. (127) *the owner of*

הַבּוֹר def.art.-n.m.s. (92) *the pit*

יְשַׁלֵּם Pi. impf. 3 m.s. (1022) *shall make it good*

כֶּסֶף n.m.s. (494) *money*

יָשִׁיב Hi. impf. 3 m.s. (שׁוּב 996) *he shall give*

לִבְעָלָיו prep.-n.m.p.-3 m.s. sf. (127) *to its owner*

וְהַמֵּת conj.-def.art.-Qal act.ptc. (מוּת 559) *the dead beast*

יִהְיֶה־לּוֹ Qal impf. 3 m.s. (224)-prep.-3 m.s. sf. *shall be his*

21:35

וְכִי־יִגֹּף conj.-conj.-Qal impf. 3 m.s. (נָגַף 619) *when ... hurts*

שׁוֹר־אִישׁ n.m.s. cstr. (1004)-n.m.s. (35) *one man's ox*

אֶת־שׁוֹר רֵעֵהוּ dir.obj.-n.m.s. cstr. (1004)-n.m.s.-3 m.s. sf. (945) *another's*

וָמֵת conj.-Qal pf. 3 m.s. (559) *so that it dies*

וּמָכְרוּ conj.-Qal pf. 3 c.p. (569) *then they shall sell*

אֶת־הַשּׁוֹר הַחַי dir.obj.-def.art.-n.m.s. (1004)-def.art.-adj. m.s. (311) *the live ox*

וְחָצוּ conj.-Qal pf. 3 c.p. (חָצָה 345) *and divide*

אֶת־כַּסְפּוֹ dir.obj.-n.m.s.-3 m.s. sf. (494; GK 135m) *the price of it*

וְגַם אֶת־הַמֵּת conj.-adv. (168)-dir.obj.-def.art.-Qal act.ptc. (559) *and also the dead beast*

יֶחֱצוּן Qal impf. 3 m.p. (345) *they shall divide*

21:36

אוֹ נוֹדַע conj. (14; GK 159cc)-Ni. pf. 3 m.s. (יָדַע 393) *or if it is known*

כִּי שׁוֹר conj.-n.m.s. (1004) *that the ox*

נַגָּח הוּא v.21:29 adj. (618)-pers.pr. 3 m.s. (214) *has been accustomed to gore*

מִתְּמוֹל שִׁלְשֹׁם prep.-adv.acc. (1069)-adv. (1026) *in the past*

וְלֹא יִשְׁמְרֶנּוּ conj.-neg.-Qal impf. 3 m.s.-3 m.s. sf. (1036) *and has not kept it in*

בְּעָלָיו n.m.p.-3 m.s. sf. (127) *his owner*

שַׁלֵּם יְשַׁלֵּם Pi. inf.abs. (1022)-Pi. impf. 3 m.s. (1022) *he shall pay*

שׁוֹר n.m.s. (1004) *ox*

תַּחַת הַשּׁוֹר prep. (1065)-def.art.-n.m.s. (1004) *for ox*

וְהַמֵּת conj.-def.art.-Qal act.ptc. (559) *and the dead beast*

יִהְיֶה־לּוֹ Qal impf. 3 m.s. (224)-prep.-3 m.s. sf. *shall be his*

21:37 (Eng. 22:1)

כִּי יִגְנֹב־ conj.-Qal impf. 3 m.s. (גָּנַב 170; GK 47f) *if ... steals*

אִישׁ n.m.s. (35) *a man*

שׁוֹר אוֹ־שֶׂה n.m.s. (1004)-conj. (14)-n.m.s. (961) *an ox or a sheep*

וּטְבָחוֹ conj.-Qal pf. 3 m.s.-3 m.s. sf. (370) *and kills it*

אוֹ מְכָרוֹ conj. (14)-Qal pf. 3 m.s.-3 m.s. sf. (569) *or sells it*

חֲמִשָּׁה num. f.s. (331; GK 123a) *five*

בָּקָר n.m.s. (133) *oxen*

יְשַׁלֵּם Pi. impf. 3 m.s. (1022) *he shall pay*

תַּחַת הַשּׁוֹר prep. (1065)-def.art.-n.m.s. (1004) *for an ox*

וְאַרְבַּע־ conj.-num. (916) *and four*

צֹאן n.f.s. (838) *sheep*

תַּחַת הַשֶּׂה prep. (1065)-def.art.-n.m.s. (961) *for a sheep*

22:1

אִם־בַּמַּחְתֶּרֶת hypoth.part. (49)-prep.-def.art.-n.m.s. (369) *if ... in the breaking in*

יִמָּצֵא Ni. impf. 3 m.s. (592) *is found*

הַגַּנָּב def.art.-n.m.s. (170) *the thief*

וְהֻכָּה conj.-Ho. pf. 3 m.s. (נָכָה 645) *and is struck*

וָמֵת conj.-Qal pf. 3 m.s. (מוּת 559) *so that he dies*

אֵין לוֹ subst. cstr. (II 34)-prep.-3 m.s. sf. *there shall be no ... for him*

דָּמִים n.m.p. (196; GK 124n) *bloodguilt*

22:2

אִם־זָרְחָה hypoth.part. (49)-Qal pf. 3 f.s. (280) *but if ... has risen*

הַשֶּׁמֶשׁ def.art.-n.f.s. (1039) *the sun*

עָלָיו prep.-3 m.s. sf. *upon him*

דָּמִים לוֹ n.m.p. (196)-prep.-3 m.s. sf. *there shall be bloodguilt for him*

שַׁלֵּם יְשַׁלֵּם Pi. inf.abs. (1022)-Pi. impf. 3 m.s. (1022) *He shall make restitution*

אִם־אֵין לוֹ hypoth.part. (49)-subst. cstr. (II 34)-prep.-3 m.s. sf. *if he has nothing*

וְנִמְכַּר conj.-Ni. pf. 3 m.s. (מָכַר 569) *then he shall be sold*

בִּגְנֵבָתוֹ prep.-n.f.s.-3 m.s. sf. (170) *for his theft*

22:3

אִם־הִמָּצֵא תִמָּצֵא hypoth.part. (49)-Ni. inf.abs. (592; GK 51k,113o)-Ni. impf. 3 f.s. (592) *if ... is found*

בְיָדוֹ prep.-n.f.s.-3 m.s. sf. (388) *in his possession*

הַגְּנֵבָה def.art.-n.f.s. (170) *the stolen beast*

מִשּׁוֹר prep.-n.m.s. (1004) *whether it is an ox*

עַד־חֲמוֹר conj. (723)-n.m.s. (331) *or an ass*

עַד־שֶׂה v.supra-n.m.s. (961) *or a sheep*

חַיִּים n.m.p. (313) *alive*

שְׁנַיִם num. m. (1040) *double*

יְשַׁלֵּם Pi. impf. 3 m.s. (1022) *he shall pay*

22:4

כִּי יַבְעֶר־אִישׁ conj.-Hi. impf. 3 m.s. (בָּעַר II 129; GK 53n)-n.m.s. (35) *when a man causes ... to be grazed over*

שָׂדֶה n.m.s. (961) *a field*

אוֹ־כֶרֶם conj. (14)-n.m.s. (501) *or a vineyard*

וְשִׁלַּח conj.-Pi. pf. 3 m.s. (1018) *or lets loose*

אֶת־בְּעִירֹה dir.obj.-n.m.s.-3 m.s. sf. (129) *his beast*

וּבִעֵר conj.-Pi. pf. 3 m.s. (II 129) *and it feeds*

בִּשְׂדֵה אַחֵר prep.-n.m.s. cstr. (961)-adj. m.s. (29) *in another man's field*

מֵיטַב שָׂדֵהוּ n.m.s. cstr. (406)-n.m.s.-3 m.s. sf. (961) *the best in his own field*

וּמֵיטַב כַּרְמוֹ conj.-v.supra-n.m.s.-3 m.s. sf. (501) *and in his own vineyard*

יְשַׁלֵּם Pi. impf. 3 m.s. (1022) *he shall make restitution*

22:5

כִּי־תֵצֵא אֵשׁ conj.-Qal impf. 3 f.s. (יָצָא 422) -n.f.s. (77) *when fire breaks out*

וּמָצְאָה conj.-Qal pf. 3 f.s. (592) *and catches*

קֹצִים n.m.p. (I 881; GK 117q) *in thorns*

וְנֶאֱכַל conj.-Ni. pf. 3 m.s. (אָכַל 37) *so that ... is consumed*

גָּדִישׁ n.m.s. (I 155) *the stacked grain*

אוֹ הַקָּמָה conj. (14)-def.art.-n.f.s. (879) *or the standing grain*

אוֹ הַשָּׂדֶה conj. (14)-def.art.-n.m.s. (961) *or the field*

שַׁלֵּם יְשַׁלֵּם Pi. inf.abs. (1022)-Pi. impf. 3 m.s. (1022) *shall make full restitution*

הַמַּבְעִר def.art.-Hi. ptc. m.s. (בָּעַר I 128) *he that kindled*

אֶת־הַבְּעֵרָה dir.obj.-def.art.-n.f.s. (129) *the fire*

22:6

כִּי־יִתֵּן אִישׁ conj.-Qal impf. 3 m.s. (נָתַן 678) -n.m.s. (35) *if a man delivers*

אֶל־רֵעֵהוּ prep.-n.m.s.-3 m.s. sf. (945) *to his neighbor*

כֶּסֶף n.m.s. (494) *money*

אוֹ־כֵלִים conj. (14)-n.m.p. (479) *or goods*

לִשְׁמֹר prep.-Qal inf.cstr. (1036) *to keep*

וְגֻנַּב conj.-Pu. pf. 3 m.s. (170) *and it is stolen*

מִבֵּית הָאִישׁ prep.-n.m.s. cstr. (108)-def.art.-n.m.s. (35) *out of the man's house*

אִם־יִמָּצֵא hypoth.part. (49)-Ni. impf. 3 m.s. (592) *then if ... is found*

הַגַּנָּב def.art.-n.m.s. (170) *the thief*

יְשַׁלֵּם שְׁנַיִם Pi. impf. 3 m.s. (1022)-num. m. paus. (1040) *he shall pay double*

22:7

אִם־לֹא יִמָּצֵא hypoth.part. (49)-neg.-Ni. impf. 3 m.s. (592) *if ... is not found*

הַגַּנָּב def.art.-n.m.s. (170) *the thief*

וְנִקְרַב conj.-Ni. pf. 3 m.s. (קָרַב 897) *and ... shall come near*

בַּעַל־הַבַּיִת n.m.s. cstr. (127)-def.art.-n.m.s. (108) *the owner of the house*

אֶל־הָאֱלֹהִים prep.-def.art.-n.m.p. (43) *to God*

אִם־לֹא שָׁלַח hypoth.part. (49)-neg.-Qal pf. 3 m.s. (1018) *whether or not he has put*

יָדוֹ n.f.s.-3 m.s. sf. (388) *his hand*

בִּמְלֶאכֶת רֵעֵהוּ prep.-n.f.s. cstr. (521)-n.m.s.-3 m.s. sf. (945) *to his neighbor's goods*

22:8

עַל־כָּל־דְּבַר־ prep.-n.m.s. cstr. (481)-n.m.s. cstr. (182) *for every matter of*

פֶּשַׁע n.m.s. (833) *transgression*

עַל־שׁוֹר prep.-n.m.s. (1004) *whether it is for ox*

עַל־חֲמוֹר prep.-n.m.s. (331) *for ass*

עַל־שֶׂה prep.-n.m.s. (961) *for sheep*

עַל־שַׂלְמָה prep.-n.f.s. (971) *for clothing*

עַל־כָּל־אֲבֵדָה prep.-n.m.s. cstr. (481)-n.f.s. (2) *or for any kind of lost thing*

אֲשֶׁר יֹאמַר rel. (81)-Qal impf. 3 m.s. (55) *of which one says*

כִּי־הוּא זֶה conj.-pers.pr. 3 m.s. (214)-demons.adj. m.s. (260) *this is it*

עַד הָאֱלֹהִים prep.-def.art.-n.m.p. (43) *before God*

יָבֹא Qal impf. 3 m.s. (בוֹא 97) *shall come*

דְּבַר־שְׁנֵיהֶם n.m.s. cstr. (182)-num. m.p.-3 m.p. sf. (1040) *the case of both parties*

אֲשֶׁר יַרְשִׁיעֻן rel. (81; GK 138e)-Hi. impf. 3 m.p. (רָשַׁע 957) *he whom ... shall condemn*

אֱלֹהִים n.m.p. (43) *God*

יְשַׁלֵּם שְׁנַיִם Pi. impf. 3 m.s. (1022)-num. m. (1040) *shall pay double*

לְרֵעֵהוּ prep.-n.m.s.-3 m.s. sf. (945) *to his neighbor*

22:9

כִּי־יִתֵּן אִישׁ conj.-Qal impf. 3 m.s. (נָתַן 678) -n.m.s. (35) *if a man delivers*

אֶל־רֵעֵהוּ prep.-n.m.s.-3 m.s. sf. (945) *to his neighbor*

חֲמוֹר n.m.s. (331) *an ass*

אוֹ־שׁוֹר conj. (14)-n.m.s. (1004) *or an ox*

אוֹ־שֶׂה conj. (14)-n.m.s. (961) *or a sheep*

וְכָל־בְּהֵמָה conj.-n.m.s. cstr. (481)-n.f.s. (96) *or any beast*

לִשְׁמֹר prep.-Qal inf.cstr. (1036) *to keep*

וּמֵת conj.-Qal pf. 3 m.s. (מוּת 559) *and it dies*

אוֹ־נִשְׁבַּר conj. (14)-Ni. pf. 3 m.s. (990) *or is hurt*

אוֹ־נִשְׁבָּה conj. (14)-Ni. pf. 3 m.s. (שָׁבָה 985) *or is driven away (taken captive)*

אֵין רֹאֶה subst. cstr. (II 34)-Qal act.ptc. (רָאָה 906) *without any one seeing it*

22:10

שְׁבֻעַת יהוה n.f.s. cstr. (989)-pr.n. (217) *an oath by Yahweh*

תִּהְיֶה Qal impf. 3 f.s. (הָיָה 224) *shall be*

בֵּין שְׁנֵיהֶם prep.-num. m.p.-3 m.p. sf. (1040) *between them both*

אִם־לֹא שָׁלַח hypoth.part. (49)-neg.-Qal pf. 3 m.s. (1018) *whether he has not put*

יָדוֹ n.f.s.-3 m.s. sf. (388) *his hand*

בִּמְלֶאכֶת prep.-n.f.s. cstr. (521) *to the property of*

רֵעֵהוּ n.m.s.-3 m.s. sf. (945) *his neighbor*

וְלָקַח conj.-Qal pf. 3 m.s. (542) *and ... shall accept the oath*

בְּעָלָיו n.m.p.-3 m.s. sf. (127) *the owner*

וְלֹא יְשַׁלֵּם conj.-neg.-Pi. impf. 3 m.s. (1022) *and he shall not make restitution*

22:11

וְאִם־גָּנֹב יִגָּנֵב conj.-hypoth.part. (49)-Qal inf.abs. (170; GK 113o)-Ni. impf. 3 m.s. (170) *but if it is stolen*

מֵעִמּוֹ prep.-prep.-3 m.s. sf. *from him*

יְשַׁלֵּם לִבְעָלָיו Pi. impf. 3 m.s. (1022)-prep. -n.m.p.-3 m.s. sf. (127) *he shall make restitution to its owner*

22:12

אִם־טָרֹף יִטָּרֵף hypoth.part. (49)-Qal inf.abs. (382; GK 113o)-Ni. impf. 3 m.s. (382) *if it is torn by beasts*

יְבִאֵהוּ עֵד Hi. impf. 3 m.s.-3 m.s. sf. (בוֹא 97) -n.m.s. (729) *let him bring it as evidence*

הַטְּרֵפָה def.art.-n.f.s. (383) *for what has been torn*

לֹא יְשַׁלֵּם neg.-Pi. impf. 3 m.s. (1022) *he shall make restitution*

22:13

וְכִי־יִשְׁאַל conj.-conj.-Qal impf. 3 m.s. (981) *if ... borrows*

אִישׁ n.m.s. (35) *a man*

מֵעִם רֵעֵהוּ prep.-prep.-n.m.s.-3 m.s. sf. (945) *of his neighbor*

וְנִשְׁבַּר conj.-Ni. pf. 3 m.s. (990) *and it is hurt*

אוֹ־מֵת conj. (14)-Qal pf. 3 m.s. (מוּת 559) *or dies*

בְּעָלָיו n.m.p.-3 m.s. sf. (127) *his owner*

אֵין־עִמּוֹ subst. cstr. (II 34)-prep.-3 m.s. sf. *not being with it*

שַׁלֵּם יְשַׁלֵּם Pi. inf.abs. (1022; GK 113o)-Pi. impf. 3 m.s. (1022) *he shall make full restitution*

22:14

אִם־בְּעָלָיו hypoth.part. (49)-n.m.p.-3 m.s. sf. (127) *if the owner*

עִמּוֹ prep.-3 m.s. sf. *with it*

לֹא יְשַׁלֵּם neg.-Pi. impf. 3 m.s. (1022) *he shall not make restitution*

אִם־שָׂכִיר הוּא hypoth.part. (49)-adj. m.s. (969) -pers.pr. 3 m.s. (214) *if it was hired*

בָּא בִשְׂכָרוֹ Qal pf. 3 m.s. (בּוֹא 97)-prep.-n.m.s.-3 m.s. sf. (969) *it came for its hire*

22:15

וְכִי־יְפַתֶּה conj.-conj.-Pi. impf. 3 m.s. (פָּתָה 834) *if ... seduces*

אִישׁ n.m.s. (35) *a man*

בְּתוּלָה n.f.s. (143) *a virgin*

אֲשֶׁר לֹא־אֹרָשָׂה rel. (81)-neg.-Pu. pf. 3 f.s. (76 אָרַשׂ) *who is not betrothed*

וְשָׁכַב עִמָּהּ conj.-Qal pf. 3 m.s. (1011)-prep.-3 f.s. sf. *and lies with her*

מָהֹר יִמְהָרֶנָּה Qal inf.abs. (מָהַר III 555)-Qal impf. 3 m.s.-3 f.s. sf. (III 555) *he shall give the marriage present for her*

לוֹ לְאִשָּׁה prep.-3 m.s. sf.-prep.-n.f.s. (61) *and make her his wife*

22:16

אִם־מָאֵן יְמָאֵן hypoth.part. (49)-Pi. inf.abs. (549; GK 113o)-Pi. impf. 3 m.s. (549) *if ... utterly refuses*

אָבִיהָ n.m.s.-3 f.s. sf. (3) *her father*

לְתִתָּהּ לוֹ prep.-Qal inf.cstr.-3 f.s. sf. (נָתַן 678) -prep.-3 m.s. sf. *to give her to him*

כֶּסֶף n.m.s. (494) *money*

יִשְׁקֹל Qal impf. 3 m.s. (1053) *he shall pay*

כְּמֹהַר הַבְּתוּלֹת prep.-n.m.s. cstr. (555)-def.art. -n.f.p. (143) *equivalent to the marriage present for virgins*

22:17

מְכַשֵּׁפָה Pi. ptc. f.s. (כָּשַׁף 506; GK 94d) *a sorceress*

לֹא תְחַיֶּה neg.-Pi. impf. 2 m.s. (חָיָה 310) *you shall not permit to live*

22:18

כָּל־שֹׁכֵב n.m.s. cstr. (481)-Qal act.ptc. (1011) *whoever lies*

עִם־בְּהֵמָה prep.-n.f.s. (96) *with a beast*

מוֹת יוּמָת Qal inf.abs. (מוּת 559)-Ho. impf. 3 m.s. paus. (מוּת 559) *shall be put to death*

22:19

זֹבֵחַ Qal act.ptc. (256) *whoever sacrifices*

לָאֱלֹהִים prep.-def.art.-n.m.p. (43) *to any god*

יָחֳרָם Ho. impf. 3 m.s. (חָרַם I 355) *shall be utterly destroyed*

בִּלְתִּי לַיהוה לְבַדּוֹ neg. (116)-prep.-pr.n. (217) -prep.-n.m.s.-3 m.s. sf. (94) *save to Yahweh only*

22:20

וְגֵר conj.-n.m.s. (158) *a stranger*

לֹא־תוֹנֶה neg.-Hi. impf. 2 m.s. (יָנָה 413) *you shall not wrong*

וְלֹא תִלְחָצֶנּוּ conj.-neg.-Qal impf. 2 m.s.-3 m.s. sf. (לָחַץ 537) *or oppress him*

כִּי־גֵרִים הֱיִיתֶם conj.-n.m.p. (158)-Qal pf. 2 m.p. (הָיָה 224) *for you were strangers*

בְּאֶרֶץ מִצְרָיִם prep.-n.f.s. cstr. (75)-pr.n. paus. (595) *in the land of Egypt*

22:21

כָּל־אַלְמָנָה n.m.s. cstr. (481)-n.f.s. (48) *any widow*

וְיָתוֹם conj.-n.m.s. (450) *or orphan*

לֹא תְעַנּוּן neg.-Pi. impf. 2 m.p. (עָנָה III 776) *you shall not afflict*

22:22

אִם־עַנֵּה תְעַנֶּה hypoth.part. (49; GK 163cN)-Pi. inf.abs. (III 776; GK 113o)-Pi. impf. 2 m.s. (III 776) *if you do afflict*

אֹתוֹ dir.obj.-3 m.s. sf. *them*

כִּי אִם־צָעֹק יִצְעַק conj.-hypoth.part. (49)-Qal inf.abs. (858; GK 113m,o)-Qal impf. 3 m.s. (858) *and they cry out*

אֵלַי prep.-1 c.s. sf. *to me*

שָׁמֹעַ אֶשְׁמַע Qal inf.abs. (1033; GK 113o)-Qal impf. 1 c.s. (1033) *I will surely hear*

צַעֲקָתוֹ n.f.s.-3 m.s. sf. (858) *their cry*

22:23

וְחָרָה אַפִּי conj.-Qal pf. 3 m.s. (354)-n.m.s.-1 c.s. sf. (I 60) *and my wrath will burn*

וְהָרַגְתִּי conj.-Qal pf. 1 c.s. (הָרַג 246) *and I will kill*

אֶתְכֶם dir.obj.-2 m.p. sf. *you*

בֶּחָרֶב prep.-def.art.-n.f.s. paus. (352) *with the sword*

וְהָיוּ conj.-Qal pf. 3 c.p. (הָיָה 224) *and shall become*

נְשֵׁיכֶם n.f.p.-2 m.p. sf. (61) *your wives*

אַלְמָנוֹת n.f.p. (48) *widows*

וּבְנֵיכֶם conj.-n.m.p.-2 m.p. sf. (119) *and your children*

יְתֹמִים n.m.p. (450) *fatherless*

22:24

אִם־כֶּסֶף hypoth.part. (49)-n.m.s. (494) *if ... money*

תַּלְוֶה Hi. impf. 2 m.s. (לָוָה II 531) *you lend*

אֶת־עַמִּי dir.obj.-n.m.s.-1 c.s. sf. (I 766) *to any of my people*

אֶת־הֶעָנִי עִמָּךְ dir.obj.-def.art.-adj. m.s. (776) -prep.-2 m.s. sf. paus. *with you who is poor*

לֹא־תִהְיֶה לוֹ neg.-Qal impf. 2 m.s. (224) -prep.-3 m.s. sf. *you shall not be to him*

כְּנֹשֶׁה prep.-Qal act.ptc. (נָשָׁה I 674) *as a creditor*

לֹא־תְשִׂימוּן עָלָיו neg.-Qal impf. 2 m.p. (שִׂים 962)-prep.-3 m.s. sf. *and you shall not exact from him*

נֶשֶׁךְ n.m.s. (675) *interest*

22:25

אִם־חָבֹל תַּחְבֹּל hypoth.part. (49)-Qal inf.abs. (286)-Qal impf. 2 m.s. (286) *if ever you take in pledge*

שַׂלְמַת רֵעֶךָ n.f.s. cstr. (971)-n.m.s.-2 m.s. sf. (945) *your neighbor's garment*

עַד־בֹּא הַשֶּׁמֶשׁ prep. (III 723)-Qal inf.cstr. (בּוֹא 97)-def.art.-n.f.s. (1039) *before the sun goes down*

תְּשִׁיבֶנּוּ Hi. impf. 2 m.s.-3 m.s. sf. (שׁוּב 996; GK 135o) *you shall restore it*

לוֹ prep.-3 m.s. sf. *to him*

22:26

כִּי הִוא כְסוּתֹה conj.-pers.pr. 3 f.s. (214)-n.f.s.-3 m.s. sf. (492) *for that is his ... covering*

לְבַדָּה prep.-n.m.s.-3 f.s. sf. (94) *only*

הִוא שִׂמְלָתוֹ v.supra-n.f.s.-3 m.s. sf. (971) *it is his mantle*

לְעֹרוֹ prep.-n.m.s.-3 m.s. sf. (736) *for his body*

בַּמֶּה prep.-def.art.-interr. (552) *in what else*

יִשְׁכָּב Qal impf. 3 m.s. (1011) *shall he sleep*

וְהָיָה כִּי־יִצְעַק conj.-Qal pf. 3 m.s. (224)-conj. -Qal impf. 3 m.s. (858) *and if he cries*

אֵלַי prep.-1 c.s. sf. *to me*

וְשָׁמַעְתִּי conj.-Qal pf. 1 c.s. (1033) *I will hear*

כִּי־חַנּוּן אָנִי conj.-adj. m.s. (337)-pers.pr. 1 c.s. (58) *for I am compassionate*

22:27

אֱלֹהִים n.m.p. (43) *God*

לֹא תְקַלֵּל neg.-Pi. impf. 2 m.s. (886) *you shall not revile*

וְנָשִׂיא conj.-n.m.s. (I 672) *nor a ruler*

בְעַמְּךָ prep.-n.m.s.-2 m.s. sf. (I 766) *of your people*

לֹא תָאֹר neg.-Qal impf. 2 m.s. (אָרַר 76) *curse*

22:28

מְלֵאָתְךָ n.f.s.-2 m.s. sf. (571) *from the fulness of your harvest*

וְדִמְעֲךָ conj.-n.m.s.-2 m.s. sf. (199) *and from the outflow of your presses*

לֹא תְאַחֵר neg.-Pi. impf. 2 m.s. (אָחַר 29) *you shall not delay*

בְּכוֹר בָּנֶיךָ n.m.s. cstr. (114)-n.m.p.-2 m.s. sf. (119) *the first-born of your sons*

תִּתֶּן־לִי Qal impf. 2 m.s. (נָתַן 678)-prep.-1 c.s. sf. *you shall give to me*

22:29

כֵּן־תַּעֲשֶׂה adv. (485)-Qal impf. 2 m.s. (עָשָׂה I 793) *you shall do likewise*

לְשֹׁרְךָ prep.-n.m.s.-2 m.s. sf. (1004) *with your oxen*

לְצֹאנֶךָ prep.-n.f.s.-2 m.s. sf. (838) *and with your sheep*

שִׁבְעַת יָמִים num. f.s. cstr. (988)-n.m.p. (398) *seven days*

יִהְיֶה Qal impf. 3 m.s. (הָיָה 224) *it shall be*

עִם־אִמּוֹ prep.-n.f.s.-3 m.s. sf. (51) *with its dam*

בַּיּוֹם הַשְּׁמִינִי prep.-def.art.-n.m.s. (398)-def.art. -adj. num. (1033) *on the eighth day*

תִּתְּנוֹ־לִי Qal impf. 2 m.s.-3 m.s. sf. (נָתַן 678; GK 60d)-prep.-1 c.s. sf. *you shall give it to me*

22:30

וְאַנְשֵׁי־קֹדֶשׁ conj.-n.m.p. cstr. (35)-n.m.s. (871) *men consecrated*

תִּהְיוּן לִי Qal impf. 2 m.p. (הָיָה 224)-prep.-1 c.s. sf. *you shall be to me*

וּבָשָׂר conj.-n.m.s. (142) *therefore any flesh*

בַּשָּׂדֶה prep.-def.art.-n.m.s. (961) *in the field*

טְרֵפָה n.f.s. (383; GK 131k) *that is torn by beasts*

לֹא תֹאכֵלוּ neg.-Qal impf. 2 m.p. paus. (37) *you shall not eat*

לַכֶּלֶב prep.-def.art.-n.m.s. (476) *to the dogs*

תַּשְׁלִכוּן אֹתוֹ Hi. impf. 2 m.p. (שָׁלַךְ 1020) -dir.obj.-3 m.s. sf. *you shall cast it*

23:1

לֹא תִשָּׂא neg.-Qal impf. 2 m.s. (נָשָׂא 669) *you shall not utter*

שֵׁמַע שָׁוְא n.m.s. cstr. (1034)-n.m.s. (996) *a false report*

אַל־תָּשֶׁת יָדְךָ neg.-Qal impf. 2 m.s. (שִׁית 1011) -n.f.s.-2 m.s. sf. (388) *you shall not join hands*

עִם־רָשָׁע prep.-adj. m.s. (957) *with a wicked man*

לִהְיֹת prep.-Qal inf.cstr. (הָיָה 224) *to be*

עֵד חָמָס n.m.s. cstr. (729)-n.m.s. (329) *a malicious witness*

23:2

לֹא־תִהְיֶה אַחֲרֵי־רַבִּים neg.-Qal impf. 2 m.s. (הָיָה 224)-prep. cstr. (29)-adj. m.p. (I 912) *you shall not follow a multitude*

לְרָעֹת prep.-adj. f.p. (I 948) *to do evil*

וְלֹא־תַעֲנֶה conj.-neg.-Qal impf. 2 m.s. (I 772) *nor shall you bear witness*

עַל־רִב prep.-n.m.s. (936) *in a suit*

לִנְטֹת prep.-Qal inf.cstr. (נָטָה 639) *turning aside*

אַחֲרֵי רַבִּים prep. cstr. (29)-adj. m.p. (I 912) *after a multitude*

לְהַטֹּת prep.-Hi. inf.cstr. (נָטָה 639) *so as to pervert justice*

23:3

וְדָל conj.-adj. m.s. paus. (195) *nor to a poor man*

לֹא תֶהְדַּר neg.-Qal impf. 2 m.s. (הָדַר 213) *(nor) shall you be partial*

בְּרִיבוֹ prep.-n.m.s.-3 m.s. sf. (36) *in his suit*

23:4

כִּי תִפְגַּע conj.-Qal impf. 2 m.s. (803) *if you meet*

שׁוֹר אֹיִבְךָ n.m.s. cstr. (1004)-Qal act.ptc.-2 m.s. sf. (33) *your enemy's ox*

אוֹ חֲמֹרוֹ conj. (14)-n.m.s.-3 m.s. sf. (331) *or his ass*

תֹּעֶה Qal act.ptc. (תָּעָה 1073) *going astray*

הָשֵׁב תְּשִׁיבֶנּוּ לוֹ Hi. inf.abs. (שׁוּב 996)-Hi. impf. 2 m.s.-3 m.s. sf. (שׁוּב 996)-prep.-3 m.s. sf. *you shall bring it back to him*

23:5

כִּי־תִרְאֶה conj.-Qal impf. 2 m.s. (רָאָה 906) *if you see*

חֲמוֹר שֹׂנַאֲךָ n.m.s. cstr. (331)-Qal act.ptc.-2 m.s. sf. (שָׂנֵא 971) *the ass of one who hates you*

רֹבֵץ Qal act.ptc. (918) *lying*

תַּחַת מַשָּׂאוֹ prep. (1065)-n.m.s.-3 m.s. sf. (II 672) *under its burden*

וְחָדַלְתָּ conj.-Qal pf. 2 m.s. (292) *you shall refrain*

מֵעֲזֹב לוֹ prep.-Qal inf.cstr. (I 736)-prep.-3 m.s. sf. *from leaving him with it*

עָזֹב תַּעֲזֹב Qal inf.abs. (I 736)-Qal impf. 2 m.s. (I 736 עָזַב) *you shall by all means free*

עִמּוֹ prep.-3 m.s. sf. *it (with him)*

23:6

לֹא תַטֶּה neg.-Hi. impf. 2 m.s. (נָטָה 639) *you shall not pervert*

מִשְׁפַּט n.m.s. cstr. (1048) *the justice due to*

אֶבְיֹנְךָ n.m.s.-2 m.s. sf. (2) *your poor*

בְּרִיבוֹ prep.-n.m.s.-3 m.s. sf. (936) *in his suit*

23:7

מִדְּבַר־שֶׁקֶר prep.-n.m.s. cstr. (182)-n.m.s. (1055) *from a false charge*

תִּרְחָק Qal impf. 2 m.s. paus. (934) *keep far*

וְנָקִי וְצַדִּיק conj.-adj. m.s. (67)-conj.-adj. m.s. (843) *and the innocent and righteous*

אַל־תַּהֲרֹג neg.-Qal impf. 2 m.s. (הָרַג 246) *do not slay*

כִּי לֹא־אַצְדִּיק conj.-neg.-Hi. impf. 1 c.s. (842) *for I will not acquit*

רָשָׁע adj. m.s. (957) *the wicked*

23:8

וְשֹׁחַד conj.-n.m.s. (1005) *and a bribe*

לֹא תִקָּח neg.-Qal impf. 2 m.s. paus. (לָקַח 542) *you shall not take*

כִּי הַשֹּׁחַד conj.-def.art.-n.m.s. (1005) *for a bribe*

יְעַוֵּר Pi. impf. 3 m.s. (עֵוֵר 734; GK 107g) *blinds*

פִּקְחִים adj. m.p. (824) *the officials*

וִיסַלֵּף conj.-Pi. impf. 3 m.s. (סָלַף 701) *and subverts*

דִּבְרֵי צַדִּיקִים n.m.p. cstr. (182)-adj. m.p. (843) *the cause of those who are in the right*

23:9

וְגֵר conj.-n.m.s. (158) *and a stranger*

לֹא תִלְחָץ neg.-Qal impf. 2 m.s. paus. (537) *you shall not oppress*

וְאַתֶּם יְדַעְתֶּם conj.-pers.pr. 2 m.p. (61)-Qal pf. 2 m.p. (393) *you know*

אֶת־נֶפֶשׁ הַגֵּר dir.obj.-n.f.s. cstr. (659)-def.art.-n.m.s. (158) *the heart of a stranger*

כִּי־גֵרִים conj. (GK 158a)-n.m.p. (158) *for strangers*

הֱיִיתֶם Qal pf. 2 m.p. (הָיָה 224) *you were*

בְּאֶרֶץ מִצְרָיִם prep.-n.f.s. cstr. (75)-pr.n. paus. (595) *in the land of Egypt*

23:10

וְשֵׁשׁ שָׁנִים conj.-num. (995)-n.f.p. (1040) *for six years*

תִּזְרַע Qal impf. 2 m.s. (281) *you shall sow*

אֶת־אַרְצֶךָ dir.obj.-n.f.s.-2 m.s. sf. (75) *your land*

וְאָסַפְתָּ conj.-Qal pf. 2 m.s. (62) *and gather in*

אֶת־תְּבוּאָתָהּ dir.obj.-n.f.s.-3 f.s. sf. (100) *its yield*

23:11

וְהַשְּׁבִיעִת conj.-def.art.-adj. f.s. (988) *but the seventh year*

תִּשְׁמְטֶנָּה Qal impf. 2 m.s.-3 f.s. sf. (שׁמט 1030) *you shall let it rest*

וּנְטַשְׁתָּהּ conj.-Qal pf. 2 m.s.-3 f.s. sf. (נטשׁ 643) *and lie fallow*

וְאָכְלוּ conj.-Qal pf. 3 c.p. (37) *that may eat*

אֶבְיֹנֵי עַמֶּךָ n.m.p. cstr. (2)-n.m.s.-2 m.s. sf. (I 766) *the poor of your people*

וְיִתְרָם conj.-n.m.s.-3 m.p. sf. (451) *and what they leave*

תֹּאכַל Qal impf. 3 f.s. (37) *may eat*

חַיַּת הַשָּׂדֶה n.f.s. cstr. (I 312)-def.art.-n.m.s. (961) *the wild beasts*

כֵּן־תַּעֲשֶׂה adv. (485)-Qal impf. 2 m.s. (I 793) *you shall do likewise*

לְכַרְמְךָ prep.-n.m.s.-2 m.s. sf. (501) *with your vineyard*

לְזֵיתֶךָ prep.-n.m.s.-2 m.s. sf. (268) *and with your olive orchard*

23:12

שֵׁשֶׁת יָמִים n.f.s. cstr. (995)-n.m.p. (398) *six days*

תַּעֲשֶׂה Qal impf. 2 m.s. (I 793) *you shall do*

מַעֲשֶׂיךָ n.m.p.-2 m.s. sf. (795) *your work*

וּבַיּוֹם הַשְּׁבִיעִי conj.-prep.-def.art.-n.m.s. (398) -def.art.-num. adj. (988) *but on the seventh day*

תִּשְׁבֹּת Qal impf. 2 m.s. (שׁבת 991) *you shall rest*

לְמַעַן יָנוּחַ prep.-prep. (775)-Qal impf. 3 m.s. (נוח 628) *that may have rest*

שׁוֹרְךָ וַחֲמֹרֶךָ n.m.s.-2 m.s. sf. (1004)-conj. -n.m.s.-2 m.s. sf. (331) *your ox and your ass*

וְיִנָּפֵשׁ conj.-Ni. impf. 3 m.s. (נפשׁ 661) *and may be refreshed*

בֶּן־אֲמָתְךָ n.m.s. cstr. (119)-n.f.s.-2 m.s. sf. (51) *the son of your bondmaid*

וְהַגֵּר conj.-def.art.-n.m.s. (158) *and the alien*

23:13

וּבְכֹל אֲשֶׁר־ conj.-prep.-n.m.s. (481)-rel. (81) *to all that*

אָמַרְתִּי Qal pf. 1 c.s. (55) *I have said*

אֲלֵיכֶם prep.-2 m.p. sf. *to you*

תִּשָּׁמֵרוּ Ni. impf. 2 m.p. paus. (1036) *take heed*

וְשֵׁם conj.-n.m.s. cstr. (1027) *and the names of*

אֱלֹהִים אֲחֵרִים n.m.p. (43)-adj. m.p. (29) *other gods*

לֹא תַזְכִּירוּ neg.-Hi. impf. 2 m.p. (269) *make no mention*

לֹא יִשָּׁמַע neg.-Ni. impf. 3 m.s. (1033) *nor let such be heard*

עַל־פִּיךָ prep.-n.m.s.-2 m.s. sf. (804) *out of your mouth*

23:14

שָׁלֹשׁ רְגָלִים num. (1025)-n.f.p. (919) *three times*

תָּחֹג לִי Qal impf. 2 m.s. (חגג 290)-prep.-1 c.s. sf. *you shall keep a feast to me*

בַּשָּׁנָה prep.-def.art.-n.f.s. (1040) *in the year*

23:15

אֶת־חַג הַמַּצּוֹת dir.obj.-n.m.s. cstr. (290)-def.art. -n.f.p. (I 595) *the feast of unleavened bread*

תִּשְׁמֹר Qal impf. 2 m.s. (1036) *you shall keep*

שִׁבְעַת יָמִים num. f.s. cstr. (988)-n.m.p. (398) *for seven days*

תֹּאכַל Qal impf. 2 m.s. (37) *you shall eat*

מַצּוֹת n.f.p. (I 595) *unleavened bread*

כַּאֲשֶׁר צִוִּיתִךָ prep.-rel. (81)-Pi. pf. 1 c.s.-2 m.s. sf. (צוה 845) *as I commanded you*

לְמוֹעֵד prep.-n.m.s. (417) *at the appointed time*

חֹדֶשׁ הָאָבִיב n.m.s. cstr. (294)-def.art.-pr.n. (1) *in the month of Abib*

כִּי־בוֹ יָצָאתָ conj.-prep.-3 m.s. sf.-Qal pf. 2 m.s. (422) *for in it you came out*

מִמִּצְרָיִם prep.-pr.n. paus. (595) *of Egypt*

וְלֹא־יֵרָאוּ conj.-neg.-Ni. impf. 3 m.p. (ראה 906) *and none shall appear*

פָנַי n.m.p.-1 c.s. sf. (815) *before me*

רֵיקָם adv. (938) *empty-handed*

23:16

וְחַג הַקָּצִיר conj.-n.m.s. cstr. (290)-def.art.-n.m.s. (I 894) *and the feast of harvest*

בִּכּוּרֵי n.m.p. cstr. (114) *the first fruits of*

מַעֲשֶׂיךָ n.m.p.-2 m.s. sf. (795) *your labor*

אֲשֶׁר תִּזְרַע rel. (81)-Qal impf. 2 m.s. (281) *of what you sow*

בַּשָּׂדֶה prep.-def.art.-n.m.s. (961) *in the field*

וְחַג הָאָסִף conj.-n.m.s. cstr. (290)-def.art.-n.m.s. (63) *and the feast of ingathering*

בְּצֵאת הַשָּׁנָה prep.-Qal inf.cstr. (יָצָא 422) -def.art.-n.f.s. (1040) *at the end of the year*

בְּאָסְפְּךָ prep.-Qal inf.cstr.-2 m.s. sf. (אָסַף 62; GK 61a) *when you gather in*

אֶת־מַעֲשֶׂיךָ dir.obj.-n.m.p.-2 m.s. sf. (795) *the fruit of your labor*

מִן־הַשָּׂדֶה prep.-def.art.-n.m.s. (961) *from the field*

23:17

שָׁלֹשׁ פְּעָמִים num. (1025)-n.f.p. (821) *three times*

בַּשָּׁנָה prep.-def.art.-n.f.s. (1040) *in the year*

יֵרָאֶה Ni. impf. 3 m.s. (רָאָה 906) *shall appear*

כָּל־זְכוּרְךָ n.m.s. cstr. (481)-n.m.s.-2 m.s. sf. (271) *all your males*

אֶל־פְּנֵי prep.-n.m.p. cstr. (815) *before*

הָאָדֹן def.art.-n.m.s. (10) *the Lord*

יהוה pr.n. (217) *Yahweh*

23:18

לֹא תִזְבַּח neg.-Qal impf. 2 m.s. (256) *you shall not offer*

עַל־חָמֵץ prep.-n.m.s. (329) *with leavened bread*

דַּם־זִבְחִי n.m.s. cstr. (196)-n.m.s.-1 c.s. sf. (257) *the blood of my sacrifice*

וְלֹא־יָלִין conj.-neg.-Qal impf. 3 m.s. (I 533) *or let remain*

חֵלֶב־חַגִּי n.m.s. cstr. (316)-n.m.s.-1 c.s. sf. (290) *the fat of my feast*

עַד־בֹּקֶר prep.-n.m.s. (133) *until morning*

23:19

רֵאשִׁית n.f.s. cstr. (912) *the first of*

בִּכּוּרֵי n.m.p. cstr. (114) *the first fruits of*

אַדְמָתְךָ n.f.s.-2 m.s. sf. (9) *your ground*

תָּבִיא Hi. impf. 2 m.s. (בּוֹא 97) *you shall bring*

בֵּית יהוה n.m.s. cstr. (108)-pr.n. (217) *into the house of Yahweh*

אֱלֹהֶיךָ n.m.p.-2 m.s. sf. (43) *your God*

לֹא־תְבַשֵּׁל neg.-Pi. impf. 2 m.s. (143) *you shall not boil*

גְּדִי n.m.s. (152) *a kid*

בַּחֲלֵב אִמּוֹ prep.-n.m.s. cstr. (316)-n.m.s.-3 m.s. sf. (51) *in its mother's milk*

23:20

הִנֵּה demons.part. (243) *behold*

אָנֹכִי שֹׁלֵחַ pers.pr. 1 c.s. (59)-Qal act.ptc. (1018) *I send*

מַלְאָךְ n.m.s. (521) *an angel*

לְפָנֶיךָ prep.-n.m.p.-2 m.s. sf. (815) *before you*

לִשְׁמָרְךָ prep.-Qal inf.cstr.-2 m.s. sf. (1036) *to guard you*

בַּדָּרֶךְ prep.-def.art.-n.m.s. paus. (202) *on the way*

וְלַהֲבִיאֲךָ conj.-prep.-Hi. inf.cstr.-2 m.s. sf. (בּוֹא 97) *and to bring you*

אֶל־הַמָּקוֹם prep.-def.art.-n.m.s. (879) *to the place*

אֲשֶׁר הֲכִנֹתִי rel. (81)-Hi. pf. 1 c.s. (כּוּן 465) *which I have prepared*

23:21

הִשָּׁמֶר Ni. impv. 2 m.s. (1036; GK 51n) *give heed*

מִפָּנָיו prep.-n.m.p.-3 m.s. sf. (815) *to him*

וּשְׁמַע conj.-Qal impv. 2 m.s. (1033) *and hearken*

בְּקֹלוֹ prep.-n.m.s.-3 m.s. sf. (876) *to his voice*

אַל־תַּמֵּר בּוֹ neg.-Hi. impf. 2 m.s. (מָרַר 600; GK 67y)-prep.-3 m.s. sf. *do not rebel against him*

כִּי לֹא יִשָּׂא conj.-neg.-Qal impf. 3 m.s. (נָשָׂא 669) *for he will not pardon*

לְפִשְׁעֲכֶם prep.-n.m.s.-2 m.p. sf. (833) *your transgression*

כִּי שְׁמִי conj.-n.m.s.-1 c.s. sf. (1027) *for my name*

בְּקִרְבּוֹ prep.-n.m.s.-3 m.s. sf. (899) *in him*

23:22

כִּי אִם־שָׁמֹעַ תִּשְׁמַע conj.-hypoth.part. (49)-Qal inf.abs. (1033; GK 113o)-Qal impf. 2 m.s. (1033) *but if you hearken attentively*

בְּקֹלוֹ prep.-n.m.s.-3 m.s. sf. (876) *to his voice*

וְעָשִׂיתָ conj.-Qal pf. 2 m.s. (עָשָׂה I 793) *and do*

כֹּל אֲשֶׁר n.m.s. (481)-rel. (81) *all that*

אֲדַבֵּר Pi. impf. 1 c.s. (180) *I say*

וְאָיַבְתִּי conj.-Qal pf. 1 c.s. (אָיַב 33) *then I will be an enemy*

אֶת־אֹיְבֶיךָ dir.obj.-Qal act.ptc. m.p.-2 m.s. sf. (33 אָיַב) *to your enemies*

וְצַרְתִּי conj.-Qal pf. 1 c.s. (צוּר III 849) *and will be an adversary*

אֶת־צֹרְרֶיךָ dir.obj.-Qal act.ptc. m.p.-2 m.s. sf. (II 865 צָרַר) *to your adversaries*

23:23

כִּי־יֵלֵךְ conj.-Qal impf. 3 m.s. (הָלַךְ 229) *when ... goes*

מַלְאָכִי n.m.s.-1 c.s. sf. (521) *my angel*

לְפָנֶיךָ prep.-n.m.p.-2 m.s. sf. (815) *before you*

וֶהֱבִיאֲךָ conj.-Hi. pf. 3 m.s.-2 m.s. sf. (בּוֹא 97) *and brings you in*

אֶל־הָאֱמֹרִי prep.-def.art.-pr.n. (57) *to the Amorites*

וְהַחִתִּי conj.-def.art.-pr.n. (366) *and the Hittites*

וְהַפְּרִזִּי conj.-def.art.-pr.n. (827) *and the Perizzites*

וְהַכְּנַעֲנִי conj.-def.art.-pr.n. (489) *and the Canaanites*

הַחִוִּי def.art.-pr.n. (295) *the Hivites*

וְהַיְבוּסִי conj.-def.art.-pr.n. (101) *and the Jebusites*

וְהִכְחַדְתִּיו conj.-Hi. pf. 1 c.s.-3 m.s. sf. (כָּחַד 470) *and I blot them out*

23:24

לֹא־תִשְׁתַּחֲוֶה neg.-Hithpalel impf. 2 m.s. (שָׁחָה 1005) *you shall not bow down*

לֵאלֹהֵיהֶם prep.-n.m.p.-3 m.p. sf. (43) *to their gods*

וְלֹא תָעָבְדֵם conj.-neg.-Ho. impf. 2 m.s.-3 m.p. sf. (עָבַד 712; GK 60b) *nor serve them*

וְלֹא תַעֲשֶׂה conj.-neg.-Qal impf. 2 m.s. (עָשָׂה I 793) *nor do*

כְּמַעֲשֵׂיהֶם prep.-n.m.p.-3 m.p. sf. (795) *according to their works*

כִּי הָרֵס תְּהָרְסֵם conj.-Pi. inf.abs. (הָרַס 248)-Pi. impf. 2 m.s.-3 m.p. sf. (הָרַס 248) *but you shall utterly overthrow them*

וְשַׁבֵּר תְּשַׁבֵּר conj.-Pi. inf.abs. (990)-Pi. impf. 2 m.s. (990) *and break in pieces*

מַצֵּבֹתֵיהֶם n.f.p.-3 m.p. sf. (663) *their pillars*

23:25

וַעֲבַדְתֶּם conj.-Qal pf. 2 m.p. (712) *you shall serve*

אֵת יהוה dir.obj.-pr.n. (217) *Yahweh*

אֱלֹהֵיכֶם n.m.p.-2 m.p. sf. (43) *your God*

וּבֵרַךְ conj.-Pi. pf. 3 m.s. (138; rd. וּבֵרַכְתִּי LXX, V) *and I will bless*

אֶת־לַחְמְךָ dir.obj.-n.m.s.-2 m.s. sf. (536) *your bread*

וְאֶת־מֵימֶיךָ conj.-dir.obj.-n.m.p.-2 m.s. sf. (565) *and your water*

וַהֲסִרֹתִי conj.-Hi. pf. 1 c.s. (סוּר 693) *and I will take away*

מַחֲלָה n.f.s. (318) *sickness*

מִקִּרְבֶּךָ prep.-n.m.s.-2 m.s. sf. (899) *from the midst of you*

23:26

לֹא תִהְיֶה neg.-Qal impf. 3 f.s. (הָיָה 224) *none shall be*

מְשַׁכֵּלָה Pi. ptc. f.s. (שָׁכַל 1013; GK 94d) *casting her young*

וַעֲקָרָה conj.-adj. f.s. (785) *or be barren*

בְּאַרְצֶךָ prep.-n.f.s.-2 m.s. sf. (75) *in your land*

אֶת־מִסְפַּר dir.obj.-n.m.s. cstr. (708) *the number of*

יָמֶיךָ n.m.p.-2 m.s. sf. (398) *your days*

אֲמַלֵּא Pi. impf. 1 c.s. (569) *I will fulfil*

23:27

אֶת־אֵימָתִי dir.obj.-n.f.s.-1 c.s. sf. (33) *my terror*

אֲשַׁלַּח Pi. impf. 1 c.s. (1018) *I will send*

לְפָנֶיךָ prep.-n.m.p.-2 m.s. sf. (815) *before you*

וְהַמֹּתִי conj.-Qal pf. 1 c.s. (הָמַם 243) *and will throw into confusion*

אֶת־כָּל־הָעָם dir.obj.-n.m.s. cstr. (481)-def.art. -n.m.s. (I 766) *all the people*

אֲשֶׁר תָּבֹא בָּהֶם rel. (81)-Qal impf. 2 m.s. (בּוֹא 97)-prep.-3 m.p. sf. *against whom you shall come*

וְנָתַתִּי conj.-Qal pf. 1 c.s. (נָתַן 678; GK 117ii) *and I will make*

אֶת־כָּל־אֹיְבֶיךָ dir.obj.-n.m.s. cstr. (481)-Qal act.ptc. m.p.-2 m.s. sf. (33) *all your enemies*

אֵלֶיךָ עֹרֶף prep.-2 m.s. sf.-n.m.s. (791) *turn their backs to you*

23:28

וְשָׁלַחְתִּי conj.-Qal pf. 1 c.s. (1018) *and I will send*

אֶת־הַצִּרְעָה dir.obj.-def.art.-n.f. coll. (864; GK 126t) *hornets*

לְפָנֶיךָ prep.-n.m.p.-2 m.s. sf. (815) *before you*

וְגֵרְשָׁה conj.-Pi. pf. 3 f.s. (גָּרַשׁ 176) *which shall drive out*

אֶת־הַחִוִּי dir.obj.-def.art.-pr.n. (295) *Hivite*

אֶת־הַכְּנַעֲנִי dir.obj.-def.art.-pr.n. (489) *Canaanite*

וְאֶת־הַחִתִּי conj.-dir.obj.-def.art.-pr.n. (366) *and Hittite*

מִלְּפָנֶיךָ prep.-prep.-n.m.p.-2 m.p. sf. (815) *from before you*

23:29

גָּרַשׁ לֹא אֲגָרְשֶׁנּוּ neg.-Pi. impf. 1 c.s.-3 m.s. sf. (176) *I will not drive them out*

מִפָּנֶיךָ prep.-n.m.p.-2 m.s. sf. (815) *from before you*

בְּשָׁנָה אֶחָת prep.-n.f.s. (1040)-adj. num. f.s. paus. (25) *in one year*

פֶּן־תִּהְיֶה conj. (814)-Qal impf. 3 f.s. (הָיָה 224) *lest ... become*

הָאָרֶץ def.art.-n.f.s. (75) *the land*

שְׁמָמָה n.f.s. (1031) *desolate*

וְרַבָּה עָלֶיךָ conj.-adj. f.s. (912)-prep.-2 m.s. sf. *and multiply against you*

341

חַיַּת הַשָּׂדֶה n.f.s. cstr. (I 312)-def.art.-n.m.s. (961) *the wild beasts*

23:30

מְעַט מְעַט subst. (589)-subst. (589; GK 123e,133k) *little by little*

אֲגָרְשֶׁנּוּ Pi. impf. 1 c.s.-3 m.s. sf. (גָּרַשׁ 176) *I will drive them out*

מִפָּנֶיךָ prep.-n.m.p.-2 m.s. sf. (815) *from before you*

עַד אֲשֶׁר תִּפְרֶה prep. (III 723)-rel. (81)-Qal impf. 2 m.s. (פָּרָה 826) *until you are increased*

וְנָחַלְתָּ conj.-Qal pf. 2 m.s. (635) *and possess*

אֶת־הָאָרֶץ dir.obj.-def.art.-n.f.s. (75) *the land*

23:31

וְשַׁתִּי conj.-Qal pf. 1 c.s. (שִׁית 1011) *and I will set*

אֶת־גְּבֻלְךָ dir.obj.-n.m.s.-2 m.s. sf. (147) *your bounds*

מִיַּם־סוּף prep.-n.m.s. cstr. (410)-n.m.s. (693) *from the Red Sea* (lit. *sea of rushes*)

וְעַד־יָם conj.-prep. (III 723)-n.m.s. cstr. (410) *to the sea of*

פְּלִשְׁתִּים pr.n. (814) *the Philistines*

וּמִמִּדְבָּר conj.-prep.-n.m.s. (184) *and from the wilderness*

עַד־הַנָּהָר prep. (III 723)-def.art.-n.m.s. (625) *to the Euphrates*

כִּי אֶתֵּן conj.-Qal impf. 1 c.s. (נָתַן 678) *for I will deliver*

בְּיֶדְכֶם prep.-n.f.s.-2 m.p. sf. (388) *into your hand*

אֵת יֹשְׁבֵי הָאָרֶץ dir.obj.-Qal act.ptc. m.p. cstr. (442)-def.art.-n.f.s. (75) *the inhabitants of the land*

וְגֵרַשְׁתָּמוֹ conj.-Pi. pf. 2 m.s.-3 m.p. sf. (176; GK 58g) *and you shall drive them out*

מִפָּנֶיךָ prep.-n.m.p.-2 m.s. sf. (815) *before you*

23:32

לֹא־תִכְרֹת neg.-Qal impf. 2 m.s. (503) *you shall make no*

לָהֶם prep.-3 m.p. sf. *with them*

וְלֵאלֹהֵיהֶם conj.-prep.-n.m.p.-3 m.p. sf. (43) *or with their gods*

בְּרִית n.f.s. (136) *covenant*

23:33

לֹא יֵשְׁבוּ neg.-Qal impf. 3 m.p. (יָשַׁב 442) *they shall not dwell*

בְּאַרְצְךָ prep.-n.f.s.-2 m.s. sf. (75) *in your land*

פֶּן־יַחֲטִיאוּ conj. (814)-Hi. impf. 3 m.p. (306) *lest they make sin*

אֹתְךָ לִי dir.obj.-2 m.s. sf.-prep.-1 c.s. sf. *you ... against me*

כִּי תַעֲבֹד conj.-Qal impf. 2 m.s. (712) *for if you serve*

אֶת־אֱלֹהֵיהֶם dir.obj.-n.m.p.-3 m.p. sf. (43) *their gods*

כִּי־יִהְיֶה conj.-Qal impf. 3 m.s. (הָיָה 224) *it will surely be*

לְךָ prep.-2 m.s. sf. *to you*

לְמוֹקֵשׁ prep.-n.m.s. (430) *a snare*

24:1

וְאֶל־מֹשֶׁה conj.-prep.-pr.n. (602) *and to Moses*

אָמַר Qal pf. 3 m.s. (55) *he said*

עֲלֵה Qal impv. 2 m.s. (עָלָה 748) *come up*

אֶל־יְהוָה prep.-pr.n. (217) *to Yahweh*

אַתָּה וְאַהֲרֹן pers.pr. 2 m.s. (61)-conj.-pr.n. (14) *you and Aaron*

נָדָב וַאֲבִיהוּא pr.n. (621)-conj.-pr.n. (4) *Nadab and Abihu*

וְשִׁבְעִים conj.-num. p. (988) *and seventy*

מִזִּקְנֵי יִשְׂרָאֵל prep.-n.m.p. cstr. (278)-pr.n. (975) *of the elders of Israel*

וְהִשְׁתַּחֲוִיתֶם conj.-Hithpalel pf. 2 m.p. (שָׁחָה 1005) *and worship*

מֵרָחֹק prep.-n.m.s. (935) *afar off*

24:2

וְנִגַּשׁ conj.-Ni. pf. 3 m.s. (נָגַשׁ 620) *shall come near*

מֹשֶׁה pr.n. (602) *Moses*

לְבַדּוֹ prep.-n.m.s.-3 m.s. sf. (94) *alone*

אֶל־יְהוָה prep.-pr.n. (217) *to Yahweh*

וְהֵם conj.-pers.pr. 3 m.p. (241) *but the others*

לֹא יִגָּשׁוּ neg.-Qal impf. 3 m.p. paus. (נָגַשׁ 620) *shall not come near*

וְהָעָם conj.-def.art.-n.m.s. (I 766) *and the people*

לֹא יַעֲלוּ neg.-Qal impf. 3 m.p. (עָלָה 748) *shall not come up*

עִמּוֹ prep.-3 m.s. sf. *with him*

24:3

וַיָּבֹא מֹשֶׁה consec.-Qal impf. 3 m.s. (בּוֹא 97)-pr.n. (602) *and Moses came*

וַיְסַפֵּר consec.-Pi. impf. 3 m.s. (707) *and told*

לָעָם prep.-def.art.-n.m.s. (I 766) *the people*

אֵת כָּל־דִּבְרֵי dir.obj.-n.m.s. cstr. (481)-n.m.p. cstr. (182) *all the words of*

יְהוָה pr.n. (217) *Yahweh*

וְאֵת כָּל־הַמִּשְׁפָּטִים conj.-dir.obj.-n.m.s. cstr. (481)-def.art.-n.m.p. (1048) *and all the ordinances*

וַיַּעַן consec.-Qal impf. 13 m.s. (עָנָה I 772) *and answered*

כָּל־הָעָם n.m.s. cstr. (481)-def.art.-n.m.s. (I 766) *all the people*

קוֹל אֶחָד n.m.s. (876; GK 118q)-num. adj. (25) *with one voice*

וַיֹּאמְרוּ consec.-Qal impf. 3 m.p. (55) *and said*

כָּל־הַדְּבָרִים n.m.s. cstr. (481)-def.art.-n.m.p. (182) *all the words*

אֲשֶׁר־דִּבֶּר יהוה rel. (81)-Pi. pf. 3 m.s. (180)-pr.n. (217) *which Yahweh has spoken*

נַעֲשֶׂה Qal impf. 1 c.p. (עָשָׂה I 793) *we will do*

24:4

וַיִּכְתֹּב מֹשֶׁה consec.-Qal impf. 3 m.s. (507)-pr.n. (602) *and Moses wrote*

אֵת כָּל־דִּבְרֵי dir.obj.-n.m.s. cstr. (481)-n.m.p. cstr. (182) *all the words of*

יהוה pr.n. (217) *Yahweh*

וַיַּשְׁכֵּם consec.-Hi. impf. 3 m.p. (שָׁכַם 1014) *and he rose*

בַּבֹּקֶר prep.-def.art.-n.m.s. (133) *in the morning*

וַיִּבֶן consec.-Qal impf. 3 m.s. (בָּנָה 124) *and built*

מִזְבֵּחַ n.m.s. (258) *an altar*

תַּחַת הָהָר prep. (1065)-def.art.-n.m.s. (249) *at the foot of the mountain*

וּשְׁתֵּים עֶשְׂרֵה conj.-num. f. (1040)-num. (797) *and twelve*

מַצֵּבָה n.f.s. (663; GK 134f) *pillars*

לִשְׁנֵים עָשָׂר prep.-num. m. (1040)-num. m. (797) *according to the twelve*

שִׁבְטֵי יִשְׂרָאֵל n.m.p. cstr. (986)-pr.n. (975) *tribes of Israel*

24:5

וַיִּשְׁלַח consec.-Qal impf. 3 m.s. (1018) *and he sent*

אֶת־נַעֲרֵי dir.obj.-n.m.p. cstr. (654) *young men of*

בְּנֵי יִשְׂרָאֵל n.m.p. cstr. (119)-pr.n. (975) *the people of Israel*

וַיַּעֲלוּ consec.-Hi. impf. 3 m.p. (עָלָה 748) *who offered*

עֹלֹת n.f.p. (750) *burnt-offerings*

וַיִּזְבְּחוּ זְבָחִים consec.-Qal impf. 3 m.p. (256)-n.m.p. (257) *and sacrificed sacrifices*

שְׁלָמִים n.m.p. (1023) *peace offerings*

לַיהוה prep.-pr.n. (217) *to Yahweh*

פָּרִים n.m.p. (830) *of oxen*

24:6

וַיִּקַּח מֹשֶׁה consec.-Qal impf. 3 m.s. (לָקַח 542)-pr.n. (602) *and Moses took*

חֲצִי הַדָּם n.m.s. cstr. (345)-def.art.-n.m.s. (196) *half of the blood*

וַיָּשֶׂם consec.-Qal impf. 3 m.s. (שִׂים 962) *and put it*

בָּאַגָּנֹת prep.-def.art.-n.m.p. (8) *in basins*

וַחֲצִי הַדָּם conj.-v.supra-v.supra *and half of the blood*

זָרַק Qal pf. 3 m.s. (284) *he threw*

עַל־הַמִּזְבֵּחַ prep.-def.art.-n.m.s. (258) *against the altar*

24:7

וַיִּקַּח consec.-Qal impf. 3 m.s. (לָקַח 542) *then he took*

סֵפֶר הַבְּרִית n.m.s. cstr. (706)-def.art.-n.f.s. (136) *the book of the covenant*

וַיִּקְרָא consec.-Qal impf. 3 m.s. (894) *and read it*

בְּאָזְנֵי הָעָם prep.-n.f. du. cstr. (23)-def.art.-n.m.s. (I 766) *in the hearing of the people*

וַיֹּאמְרוּ consec.-Qal impf. 3 m.p. (55) *and they said*

כֹּל אֲשֶׁר־ n.m.s. (481)-rel. (81) *all that*

דִּבֶּר יהוה Pi. pf. 3 m.s. (180)-pr.n. (217) *Yahweh has spoken*

נַעֲשֶׂה Qal impf. 1 c.p. (עָשָׂה I 793) *we will do*

וְנִשְׁמָע conj.-Qal impf. 1 c.p. paus. (1033) *and we will be obedient*

24:8

וַיִּקַּח מֹשֶׁה consec.-Qal impf. 3 m.s. (לָקַח 542)-pr.n. (602) *and Moses took*

אֶת־הַדָּם dir.obj.-def.art.-n.m.s. (196) *the blood*

וַיִּזְרֹק consec.-Qal impf. 3 m.s. (284) *and threw it*

עַל־הָעָם prep.-def.art.-n.m.s. (I 766) *upon the people*

וַיֹּאמֶר consec.-Qal impf. 3 m.s. (55) *and said*

הִנֵּה demons.part. (243) *behold*

דַם־הַבְּרִית n.m.s. cstr. (196)-def.art.-n.f.s. (136) *the blood of the covenant*

אֲשֶׁר כָּרַת יהוה rel. (81)-Qal pf. 3 m.s. (503)-pr.n. (217) *which Yahweh has made*

עִמָּכֶם prep.-2 m.p. sf. *with you*

עַל כָּל־הַדְּבָרִים prep.-n.m.s. cstr. (481)-def.art.-n.m.p. (182) *in accordance with all ... words*

הָאֵלֶּה def.art.-demons.adj. c.p. (41) *these*

24:9

וַיַּעַל consec.-Qal impf. 3 m.s. (עָלָה 748) *then went up*

מֹשֶׁה וְאַהֲרֹן pr.n. (602)-conj.-pr.n. (14) *Moses and Aaron*

נָדָב וַאֲבִיהוּא pr.n. (621)-conj.-pr.n. (4) *Nadab, and Abihu*

וְשִׁבְעִים conj.-num. p. (988) *and seventy*

מִזִּקְנֵי יִשְׂרָאֵל prep.-adj. m.p. cstr. (278)-pr.n. (975) *of the elders of Israel*

24:10

וַיִּרְאוּ consec.-Qal impf. 3 m.p. (רָאָה 906) *and they saw*

אֵת אֱלֹהֵי יִשְׂרָאֵל dir.obj.-n.m.p. cstr. (43)-pr.n. (975) *the God of Israel*

וְתַחַת רַגְלָיו conj.-prep. (1065)-n.f.p.-3 m.s. sf. (919) *and under his feet*

כְּמַעֲשֵׂה לִבְנַת prep.-n.m.s. cstr. (795)-n.f.s. cstr. (527) *as it were a pavement of*

הַסַּפִּיר def.art.-n.m.s. (705) *sapphire stone*

וּכְעֶצֶם הַשָּׁמַיִם conj.-prep.-n.f.s. cstr. (782; GK 139g)-def.art.-n.m. du. (1029) *like the very heaven*

לָטֹהַר prep.-n.m.s. (372) *for clearness* (lit. as the body of the heavens for purity)

24:11

וְאֶל־אֲצִילֵי conj.-prep.-n.m.p. cstr. (69) *and on the chief men of*

בְּנֵי יִשְׂרָאֵל n.m.p. cstr. (119)-pr.n. (975) *the people of Israel*

לֹא שָׁלַח יָדוֹ neg.-Qal pf. 3 m.s. (1018)-n.f.s.-3 m.s. sf. (388) *he did not lay his hand*

וַיֶּחֱזוּ consec.-Qal impf. 3 m.p. (חָזָה 302) *they beheld*

אֶת־הָאֱלֹהִים dir.obj.-def.art.-n.m.p. (43) *God*

וַיֹּאכְלוּ consec.-Qal impf. 3 m.p. (37) *and ate*

וַיִּשְׁתּוּ consec.-Qal impf. 3 m.p. (שָׁתָה 1059) *and drank*

24:12

וַיֹּאמֶר יהוה consec.-Qal impf. 3 m.s. (55)-pr.n. (217) *and Yahweh said*

אֶל־מֹשֶׁה prep.-pr.n. (602) *to Moses*

עֲלֵה אֵלַי Qal impv. 2 m.s. (עָלָה 748)-prep.-1 c.s. sf. *come up to me*

הָהָרָה def.art.-n.m.s.-dir.he (249) *on the mountain*

וֶהְיֵה־שָׁם conj.-Qal impv. 2 m.s. (הָיָה 224)-adv. (1027) *and wait there*

וְאֶתְּנָה לְךָ conj. (GK 154aN)-Qal impf. 1 c.s. -coh.he (נָתַן 678)-prep.-2 m.s. sf. *and I will give you*

אֶת־לֻחֹת הָאֶבֶן dir.obj.-n.m.p. cstr. (531) -def.art.-n.f.s. (6) *the tables of stone*

וְהַתּוֹרָה conj.-def.art.-n.f.s. (435) *with the law*

וְהַמִּצְוָה conj.-def.art.-n.f.s. (846) *and the commandments*

אֲשֶׁר כָּתַבְתִּי rel. (81)-Qal pf. 1 c.s. (507) *which I have written*

לְהוֹרֹתָם prep.-Hi. inf.cstr.-3 m.p. sf. (יָרָה 434) *for their instruction*

24:13

וַיָּקָם מֹשֶׁה consec.-Qal impf. 3 m.s. (קוּם 877) -pr.n. (602) *so Moses rose*

וִיהוֹשֻׁעַ מְשָׁרְתוֹ conj.-pr.n. (221)-Pi. ptc.-3 m.s. sf. (שָׁרַת 1058) *with his servant Joshua*

וַיַּעַל מֹשֶׁה consec.-Qal impf. 3 m.s. (עָלָה 748) -pr.n. (602) *and Moses went up*

אֶל־הַר הָאֱלֹהִים prep.-n.m.s. cstr. (249)-def.art. -n.m.p. (43) *into the mountain of God*

24:14

וְאֶל־הַזְּקֵנִים conj.-prep.-def.art.-adj. m.p. (278) *and to the elders*

אָמַר Qal pf. 3 m.s. (55) *he said*

שְׁבוּ־לָנוּ Qal impv. 2 m.p. (יָשַׁב 442)-prep.-1 c.p. sf. *tarry for us*

בָזֶה prep.-demons.adj. (260) *here*

עַד אֲשֶׁר־נָשׁוּב prep. (III 723)-Qal impf. 1 c.p. (שׁוּב 996) *until we come again*

אֲלֵיכֶם prep.-2 m.p. sf. *to you*

וְהִנֵּה conj.-demons.part. (243) *and behold*

אַהֲרֹן וְחוּר pr.n. (14)-conj.-pr.n. (II 301) *Aaron and Hur*

עִמָּכֶם prep.-2 m.p. sf. *with you*

מִי־בַעַל דְּבָרִים interr. (566)-n.m.s. cstr. (127)-n.m.p. (182) *whoever has a cause*

יִגַּשׁ אֲלֵהֶם Qal impf. 3 m.s. (נָגַשׁ 620)-prep.-3 m.p. sf. *let him go to them*

24:15

וַיַּעַל מֹשֶׁה consec.-Qal impf. 3 m.s. (עָלָה 748)-pr.n. (602) *then Moses went up*

אֶל־הָהָר prep.-def.art.-n.m.s. (249) *on the mountain*

וַיְכַס הֶעָנָן consec.-Pi. impf. 3 m.s. (כָּסָה 491) -def.art.-n.m.s. (777) *and the cloud covered*

אֶת־הָהָר dir.obj.-v.supra *the mountain*

24:16

וַיִּשְׁכֹּן consec.-Qal impf. 3 m.s. (1014) *and settled*

כְּבוֹד־יהוה n.m.s. cstr. (458)-pr.n. (217) *the glory of Yahweh*

עַל־הַר סִינַי prep.-n.m.s. cstr. (249)-pr.n. (696) *on Mount Sinai*

וַיְכַסֵּהוּ consec.-Pi. impf. 3 m.s.-3 m.s. sf. (כסה 491) *and covered it*

הֶעָנָן def.art.-n.m.s. (777) *the cloud*

שֵׁשֶׁת יָמִים num. f.s. cstr. (995)-n.m.p. (398) *six days*

וַיִּקְרָא consec.-Qal impf. 3 m.s. (894) *and he called*

אֶל־מֹשֶׁה prep.-pr.n. (602) *to Moses*

בַּיּוֹם הַשְּׁבִיעִי prep.-def.art.-n.m.s. (398)-def.art.-num. adj. (988) *on the seventh day*

מִתּוֹךְ הֶעָנָן prep.-n.m.s. cstr. (1063)-def.art.-n.m.s. (777) *out of the midst of the cloud*

24:17

וּמַרְאֵה conj.-n.m.s. cstr. (909) *now the appearance of*

כְּבוֹד יהוה n.m.s. cstr. (458)-pr.n. (217) *the glory of Yahweh*

כְּאֵשׁ אֹכֶלֶת prep.-n.f.s. (77)-Qal act.ptc. f.s. (37) *like a devouring fire*

בְּרֹאשׁ הָהָר prep.-n.m.s. cstr. (910)-def.art.-n.m.s. (249) *on the top of the mountain*

לְעֵינֵי prep.-n.f. du. cstr. (744) *in the sight of*

בְּנֵי יִשְׂרָאֵל n.m.p. cstr. (119)-pr.n. (975) *the people of Israel*

24:18

וַיָּבֹא מֹשֶׁה consec.-Qal impf. 3 m.s. (בוא 97)-pr.n. (602) *and Moses entered*

בְּתוֹךְ הֶעָנָן prep.-n.m.s. cstr. (1063)-def.art.-n.m.s. (777) *the cloud*

וַיַּעַל consec.-Qal impf. 3 m.s. (עלה 748) *and went up*

אֶל־הָהָר prep.-def.art.-n.m.s. (249) *on the mountain*

וַיְהִי מֹשֶׁה consec.-Qal impf. 3 m.s. (היה 224)-pr.n. (602) *and Moses was*

בָּהָר prep.-def.art.-n.m.s. (249) *on the mountain*

אַרְבָּעִים יוֹם num. p. (917)-n.m.s. (398) *forty days*

וְאַרְבָּעִים לַיְלָה conj.-num. p. (917)-n.m.s. paus. (538) *and forty nights*

25:1

וַיְדַבֵּר יהוה consec.-Pi. impf. 3 m.s. (180)-pr.n. (217) *and Yahweh said*

אֶל־מֹשֶׁה prep.-pr.n. (602) *to Moses*

לֵאמֹר pr.n.-Qal inf.cstr. (55) *saying*

25:2

דַּבֵּר Pi. impv. 2 m.s. (180) *Speak*

אֶל־בְּנֵי יִשְׂרָאֵל prep.-n.m.p. cstr. (119)-pr.n. (975) *to the people of Israel*

וְיִקְחוּ־ conj.-Qal impf. 3 m.p. (לקח 542) *that they take*

לִי prep.-1 c.s. sf. *for me*

תְּרוּמָה n.f.s. (929) *an offering*

מֵאֵת כָּל־אִישׁ prep.-prep. (II 85)-n.m.s. cstr. (481)-n.m.s. (35) *from every man*

אֲשֶׁר יִדְּבֶנּוּ לִבּוֹ rel. (81)-Qal impf. 3 m.s.-3 m.s. sf. (נדב 621)-n.m.s.-3 m.s. sf. (524) *whose heart makes him willing*

תִּקְחוּ Qal impf. 2 m.p. (לקח 542) *you shall receive*

אֶת־תְּרוּמָתִי dir.obj.-n.f.s.-1 c.s. sf. (929) *the offering for me*

25:3

וְזֹאת הַתְּרוּמָה conj.-demons.adj. f.s. (260)-def.art.-n.f.s. (929) *and this is the offering*

אֲשֶׁר תִּקְחוּ rel. (81)-Qal impf. 2 m.p. (לקח 542) *which you shall receive*

מֵאִתָּם prep.-prep. (II 85)-3 m.p. sf. *from them*

זָהָב n.m.s. (262) *gold*

וָכֶסֶף conj.-n.m.s. (494) *and silver*

וּנְחֹשֶׁת conj.-n.f.s. (638) *and bronze*

25:4

וּתְכֵלֶת conj.-n.f.s. (1067) *blue*

וְאַרְגָּמָן conj.-n.m.s. (71) *and purple*

וְתוֹלַעַת שָׁנִי conj.-n.f.s. cstr. (1069)-n.m.s. (1040) *and scarlet stuff*

וְשֵׁשׁ conj.-n.m.s. (III 1058) *and fine twined linen*

וְעִזִּים conj.-n.f.p. (777) *and goat's hair*

25:5

וְעֹרֹת אֵילִם conj.-n.m.p. cstr. (736)-n.m.p. (17) *and rams' skins*

מְאָדָּמִים Pu. ptc. m.p. (אדם 10; GK 52q) *tanned*

וְעֹרֹת תְּחָשִׁים conj.-v.supra (736)-n.m.p. (I 1065) *goatskins*

וַעֲצֵי שִׁטִּים conj.-n.m.p. cstr. (781)-n.f.p. (1008) *acacia wood*

345

25:6

שֶׁמֶן n.m.s. (1032) *oil*

לַמָּאֹר prep.-def.art.-n.m.s. (22) *for the lamps*

בְּשָׂמִים n.m.p. (141) *spices*

לְשֶׁמֶן הַמִּשְׁחָה prep.-n.m.s. cstr. (1032)-def.art.
-n.f.s. (603) *for the anointing oil*

וְלִקְטֹרֶת הַסַּמִּים conj.-prep.-n.f.s. cstr.
(882)-def.art.-n.m.p. (702) *and for the
fragrant incense*

25:7

אַבְנֵי־שֹׁהַם n.f.p. cstr. (6)-n.m.s. (I 995) *onyx
stones*

וְאַבְנֵי מִלֻּאִים conj.-v.supra-n.m.p. (571) *and
stones for setting*

לָאֵפֹד prep.-def.art.-n.m.s. (65) *for the ephod*

וְלַחֹשֶׁן conj.-prep.-def.art.-n.m.s. (365) *and for
the breastpiece*

25:8

וְעָשׂוּ לִי conj.-Qal pf. 3 c.p. (עָשָׂה I 793)-prep.-1
c.s. sf. *and let them make me*

מִקְדָּשׁ n.m.s. (874) *a sanctuary*

וְשָׁכַנְתִּי conj.-Qal pf. 1 c.s. (שָׁכַן 1014) *that I may
dwell*

בְּתוֹכָם prep.-n.m.s.-3 m.p. sf. (1063) *in their
midst*

25:9

כְּכֹל אֲשֶׁר אֲנִי prep.-n.m.s. (481)-rel. (81)-pers.pr.
1 c.s. (58) *according to all that I*

מַרְאֶה אוֹתְךָ Hi. ptc. (רָאָה 906)-dir.obj.-2 m.s.
sf. *show you*

אֵת תַּבְנִית הַמִּשְׁכָּן dir.obj.-n.f.s. cstr. (125)
-def.art.-n.m.s. (1015) *concerning the pattern
of the tabernacle*

וְאֵת תַּבְנִית conj.-dir.obj.-v.supra *and (the
pattern) of*

כָּל־כֵּלָיו n.m.s. cstr. (481)-n.m.p.-3 m.s. sf. (479)
all its furniture

וְכֵן תַּעֲשׂוּ conj.-adv. (485)-Qal impf. 2 m.p. (I
793 עָשָׂה) *so you shall make it*

25:10

וְעָשׂוּ conj.-Qal pf. 3 c.p. (עָשָׂה I 793) *they shall
make*

אֲרוֹן n.m.s. cstr. (75) *an ark of*

עֲצֵי שִׁטִּים n.m.p. cstr. (781)-n.f.p. (1008) *acacia
wood*

אַמָּתַיִם n.f. du. (II 52) *two cubits*

וָחֵצִי conj.-n.m.s. (345) *and a half*

אָרְכּוֹ n.m.s.-3 m.s. sf. (73) *its length*

וְאַמָּה וָחֵצִי conj.-n.f.s. (II 52)-n.m.p.-v.supra *and
a cubit and a half*

רָחְבּוֹ n.m.s.-3 m.s. sf. (931) *its breadth*

וְאַמָּה וָחֵצִי v.supra-v.supra *and a cubit and a
half*

קֹמָתוֹ n.f.s.-3 m.s. sf. (879) *its height*

25:11

וְצִפִּיתָ אֹתוֹ conj.-Pi. pf. 2 m.s. (צָפָה II 860; GK
49,l)-dir.obj.-3 m.s. sf. *and you shall overlay
it*

זָהָב טָהוֹר n.m.s. (262)-adj. (373) *with pure gold*

מִבַּיִת prep.-n.m.s. (108) *within*

וּמִחוּץ conj.-prep.-n.m.s. (299) *and without*

תְּצַפֶּנּוּ Pi. impf. 2 m.s.-3 m.s. sf. (צָפָה II 860)
shall you overlay it

וְעָשִׂיתָ עָלָיו conj.-Qal pf. 2 m.s. (עָשָׂה I 793)
-prep.-3 m.s. sf. *and you shall make upon it*

זֵר זָהָב n.m.s. cstr. (267)-n.m.s. (262) *a molding
of gold*

סָבִיב adv. (686) *round about*

25:12

וְיָצַקְתָּ conj.-Qal pf. 2 m.s. (427) *and you shall
cast*

לוֹ prep.-3 m.s. sf. *for it*

אַרְבַּע טַבְּעֹת num. (I 916)-n.f.p. (371) *four rings*

זָהָב n.m.s. (262) *gold*

וְנָתַתָּה conj.-Qal pf. 2 m.s. (נָתַן 678) *and put
them*

עַל אַרְבַּע פַּעֲמֹתָיו prep.-num. (I 916)-n.f.p.-3 m.s.
sf. (821) *on its four feet*

וּשְׁתֵּי טַבָּעֹת conj.-num. cstr. (1040)-n.f.p. (371)
two rings

עַל־צַלְעוֹ הָאֶחָת prep.-n.f.s.-3 m.s. sf. (854)-def.
art.-num. f. (25) *on the one side of it*

וּשְׁתֵּי טַבָּעֹת conj.-v.supra-v.supra *and two rings*

עַל־צַלְעוֹ הַשֵּׁנִית v.supra-def.art.-num. adj. (1041)
on the other side of it

25:13

וְעָשִׂיתָ conj.-Qal pf. 2 m.s. (עָשָׂה I 793) *you
shall make*

בַדֵּי n.m.p. cstr. (II 94) *poles of*

עֲצֵי שִׁטִּים n.m.p. cstr. (781)-n.f.p. (1008) *acacia
wood*

וְצִפִּיתָ conj.-Pi. pf. 2 m.s. (צָפָה II 860) *and
overlay*

אֹתָם dir.obj.-3 m.p. sf. *them*

זָהָב n.m.s. (262) *with gold*

25:14

וְהֵבֵאתָ֫ conj.-Hi. pf. 2 m.s. (בּוֹא 97) *And you shall put*

אֶת־הַבַּדִּים dir.obj.-def.art.-n.m.p. (II 94) *the poles*

בַּטַּבָּעֹת prep.-def.art.-n.f.p. (371) *into the rings*

עַל צַלְעֹת הָאָרֹן prep.-n.f.p. cstr. (854)-def.art. -n.m.s. (75) *on the sides of the ark*

לָשֵׂאת prep.-Qal inf.cstr. (נָשָׂא 669) *to carry*

אֶת־הָאָרֹן dir.obj.-def.art.-n.m.s. (75) *the ark*

בָּהֶם prep.-3 m.p. sf. *by them*

25:15

בְּטַבְּעֹת הָאָרֹן prep.-n.f.p. cstr. (371)-def.art. -n.m.s. (75) *in the rings of the ark*

יִהְיוּ הַבַּדִּים Qal impf. 3 m.p. (הָיָה 224)-def.art. -n.m.p. (II 94) *the poles shall remain*

לֹא יָסֻרוּ מִמֶּנּוּ neg.-Qal impf. 3 m.p. (סוּר 693)-prep.-3 m.s. sf. (GK 135oN) *they shall not be taken from it*

25:16

וְנָתַתָּ conj.-Qal pf. 2 m.s. (נָתַן 678) *and you shall put*

אֶל־הָאָרֹן prep.-def.art.-n.m.s. (75) *into the ark*

אֵת הָעֵדֻת dir.obj.-def.art.-n.f.s. (730) *the testimony*

אֲשֶׁר אֶתֵּן אֵלֶיךָ rel. (81)-Qal impf. 1 c.s. (נָתַן 678)-prep.-2 m.s. sf. *which I shall give you*

25:17

וְעָשִׂיתָ conj.-Qal pf. 2 m.s. (עָשָׂה I 793) *then you shall make*

כַפֹּרֶת n.f.s. cstr. (498) *a mercy seat of* (lit. *propitiatory* or *cover*)

זָהָב טָהוֹר n.m.s. (262)-adj. m.s. (373) *pure gold*

אַמָּתַיִם וָחֵצִי n.f. du. (52)-conj.-n.m.s. (345) *two cubits and a half*

אָרְכָּהּ n.m.s.-3 f.s. sf. (73) *its length*

וְאַמָּה וָחֵצִי conj.-n.f.s. (52)-v.supra *and a cubit and a half*

רָחְבָּהּ n.m.s.-3 f.s. sf. (931) *its breadth*

25:18

וְעָשִׂיתָ conj.-Qal pf. 2 m.s. (עָשָׂה I 793) *and you shall make*

שְׁנַיִם כְּרֻבִים num. m. (1040)-n.m.p. (500) *two cherubim*

זָהָב n.m.s. (262) *of gold*

מִקְשָׁה n.f.s. (I 904) *of hammered work*

תַּעֲשֶׂה Qal impf. 2 m.s. (עָשָׂה I 793) *shall you make*

אֹתָם dir.obj.-3 m.p. sf. *them*

מִשְּׁנֵי prep.-num. m. cstr. (1040) *on the two*

קְצוֹת n.f.p. cstr. (892) *ends of*

הַכַּפֹּרֶת def.art.-n.f.s. (498) *the mercy seat*

25:19

וַעֲשֵׂה conj.-Qal impv. 2 m.s. (עָשָׂה I 793) *make*

כְּרוּב אֶחָד n.m.s. (500)-adj. num. (25) *one cherub*

מִקָּצָה מִזֶּה prep.-n.f.s. (892)-prep.-demons.adj. (260) *on the one end*

וּכְרוּב־אֶחָד conj.-n.m.s. (500)-adj. num. m. (25) *and one cherub*

מִקָּצָה מִזֶּה v.supra-v.supra *on the other end*

מִן־הַכַּפֹּרֶת prep.-def.art.-n.f.s. (498) *with the mercy seat*

תַּעֲשׂוּ Qal impf. 2 m.p. (עָשָׂה I 793) *shall you make*

אֶת־הַכְּרֻבִים dir.obj.-def.art.-n.m.p. (500) *the cherubim*

עַל־שְׁנֵי קְצוֹתָיו prep.-num. m. cstr. (1040) -n.f.p.-3 m.s. sf. (892) *on its two ends*

25:20

וְהָיוּ הַכְּרֻבִים conj.-Qal pf. 3 c.p. (הָיָה 224) -def.art.-n.m.p. (500) *the cherubim shall*

פֹּרְשֵׂי Qal act.ptc. m.p. cstr. (831) *spread out*

כְנָפַיִם n.f. du. (489) *their wings*

לְמַעְלָה prep.-adv.-loc.he (751) *above*

סֹכְכִים Qal act.ptc. m.p. (סָכַךְ I 696) *overshadowing*

בְּכַנְפֵיהֶם prep.-n.f. du.-3 m.p. sf. (489) *with their wings*

עַל־הַכַּפֹּרֶת prep.-def.art.-n.f.s. (498) *the mercy seat*

וּפְנֵיהֶם conj.-n.m.p.-3 m.p. sf. (815) *their faces*

אִישׁ אֶל־אָחִיו n.m.s. (35)-prep.-n.m.s.-3 m.s. sf. (26) *one to another*

אֶל־הַכַּפֹּרֶת prep.-def.art.-n.f.s. (498) *toward the mercy seat*

יִהְיוּ Qal impf. 3 m.p. (הָיָה 224) *shall be*

פְּנֵי הַכְּרֻבִים n.m.p. cstr. (815)-def.art.-n.m.p. (500) *the faces of the cherubim*

25:21

וְנָתַתָּ conj.-Qal pf. 2 m.s. (נָתַן 678) *and you shall put*

אֶת־הַכַּפֹּרֶת dir.obj.-def.art.-n.f.s. (498) *the mercy seat*

עַל־הָאָרֹן prep.-def.art.-n.m.s. (75) *on the ark*

מִלְמָעְלָה prep.-prep.-adv.-loc.he (751) *on the top*

וְאֶל־הָאָרֹן conj.-prep.-def.art.-n.m.s. (75) *and in the ark*

347

תִּתֵּן Qal impf. 2 m.s. (נָתַן 678) *you shall put*

אֶת־הָעֵדֻת dir.obj.-def.art.-n.f.s. (730) *the testimony*

אֲשֶׁר אֶתֵּן אֵלֶיךָ rel. (81)-Qal impf. 1 c.s. (נָתַן 678)-prep.-2 m.s. sf. *that I shall give you*

25:22

וְנוֹעַדְתִּי לְךָ conj.-Ni. pf. 1 c.s. (יעד 416)-prep.-2 m.s. sf. *I will meet you*

שָׁם adv. (1027) *there*

וְדִבַּרְתִּי אִתְּךָ conj.-Pi. pf. 1 c.s. (180)-prep.-2 m.s. sf. (II 85) *I will speak with you*

מֵעַל הַכַּפֹּרֶת prep.-prep.-def.art.-n.f.s. (498) *from above the mercy seat*

מִבֵּין שְׁנֵי הַכְּרֻבִים prep.-prep. (107)-num. m. cstr. (1040)-def.art.-n.m.p. (500) *from between the two cherubim*

אֲשֶׁר עַל־אֲרֹן הָעֵדֻת rel. (81)-prep.-n.m.s. cstr. (75)-def.art.-n.f.s. (730) *that are upon the ark of the testimony*

אֵת כָּל־אֲשֶׁר dir.obj.-n.m.s. (481)-rel. (81) *of all that*

אֲצַוֶּה אוֹתְךָ Pi. impf. 1 c.s. (צוה 845)-dir.obj.-2 m.s. sf. *I will give you in commandment*

אֶל־בְּנֵי יִשְׂרָאֵל prep.-n.m.p. cstr. (119)-pr.n. (975) *for the people of Israel*

25:23

וְעָשִׂיתָ conj.-Qal pf. 2 m.s. (עשה I 793) *and you shall make*

שֻׁלְחָן עֲצֵי שִׁטִּים n.m.s. cstr. (1020)-n.m.p. cstr. (781)-n.f.p. (1008) *a table of acacia wood*

אַמָּתַיִם n.f. du. (52) *two cubits*

אָרְכּוֹ n.m.s.-3 m.s. sf. (73) *its length*

וְאַמָּה conj.-n.f.s. (52) *a cubit*

רָחְבּוֹ n.m.s.-3 m.s. sf. (931) *its breadth*

וְאַמָּה v.supra *and a cubit*

וָחֵצִי conj.-n.m.s. (345) *and a half*

קֹמָתוֹ n.f.s.-3 m.s. sf. (879) *its height*

25:24

וְצִפִּיתָ אֹתוֹ conj.-Pi. pf. 2 m.s. (צפה 860)-dir.obj.-3 m.s. sf. *you shall overlay it*

זָהָב טָהוֹר n.m.s. (262)-adj. m.s. (373) *with pure gold*

וְעָשִׂיתָ conj.-Qal pf. 2 m.s. (עשה I 793) *and make*

לּוֹ prep.-3 m.s. sf. *it*

זֵר זָהָב n.m.s. cstr. (267)-n.m.s. (262) *a molding of gold*

סָבִיב adv. (686) *around*

25:25

וְעָשִׂיתָ לּוֹ conj.-Qal pf. 2 m.s. (עשה I 793)-prep.-3 m.s. sf. *and you shall make it*

מִסְגֶּרֶת טֹפַח n.f.s. cstr. (689)-n.m.s. (381) *a frame a handbreadth wide*

סָבִיב adv. (686) *around*

וְעָשִׂיתָ conj.-Qal pf. 2 m.s. (I 793) *(and you shall make)*

זֵר־זָהָב n.m.s. cstr. (267)-n.m.s. (262) *a molding of gold*

לְמִסְגַּרְתּוֹ סָבִיב prep.-n.f.s.-3 m.s. sf. (689)-adv. (686) *around the frame*

25:26

וְעָשִׂיתָ לּוֹ conj.-Qal pf. 2 m.s. (I 793)-prep.-3 m.s. sf. *and you shall make for it*

אַרְבַּע num. (916) *four*

טַבְּעֹת n.f.p. cstr. (371) *rings of*

זָהָב n.m.s. (262) *gold*

וְנָתַתָּ conj. Qal pf. 2 m.s. (נתן 678) *and fasten*

אֶת־הַטַּבָּעֹת dir.obj.-def.art.-n.f.p. (71) *the rings*

עַל אַרְבַּע הַפֵּאֹת prep.-num. m.s. cstr. (916)-def.art.-n.f.p. (802) *to the four corners*

אֲשֶׁר לְאַרְבַּע רַגְלָיו rel. (81)-prep.-num. m.s. cstr. (916)-n.f.p.-3 m.s. sf. (919) *at its four legs*

25:27

לְעֻמַּת הַמִּסְגֶּרֶת prep.-n.f.s. cstr. as prep. (769)-def.art.-n.f.s. (689) *close to the frame*

תִּהְיֶיןָ Qal impf. 3 f.p. (היה 224) *shall lie*

הַטַּבָּעֹת def.art.-n.f.p. (371) *the rings*

לְבָתִּים prep.-n.m.p. (108) *as holders*

לְבַדִּים prep.-n.m.p. (II 94) *for poles*

לָשֵׂאת prep.-Qal inf.cstr. (נשא 669) *to carry*

אֶת־הַשֻּׁלְחָן dir.obj.-def.art.-n.m.s. paus. (1020) *the table*

25:28

וְעָשִׂיתָ conj.-Qal pf. 2 m.s. (עשה I 793; GK 117hh) *you shall make*

אֶת־הַבַּדִּים dir.obj.-def.art.-n.m.p. (II 94) *the poles*

עֲצֵי שִׁטִּים n.m.p. cstr. (781)-n.f.p. (1008) *of acacia wood*

וְצִפִּיתָ אֹתָם conj.-Pi. pf. 2 m.s. (צפה II 860)-dir.obj.-3 m.p. sf. *and overlay them*

זָהָב n.m.s. (262) *with gold*

וְנִשָּׂא־בָם conj.-Ni. pf. 3 m.s. (נשא 669)-prep.-3 m.p. sf. *and shall be carried with these*

אֶת־הַשֻּׁלְחָן dir.obj.-def.art.-n.m.s. (1020) *the table*

25:29

וְעָשִׂיתָ conj.-Qal pf. 2 m.s. (עָשָׂה I 793; GK 117hh) *and you shall make*

קְעָרֹתָיו n.f.p.-3 m.s. sf. (891; GK 20f) *its plates*

וְכַפֹּתָיו conj.-n.f.p.-3 m.s. sf. (496) *and dishes*

וּקְשׂוֹתָיו conj.-n.f.p.-3 m.s. sf. (903) *and its flagons*

וּמְנַקִּיֹּתָיו conj.-n.f.p.-3 m.s. sf. (667) *and bowls*

אֲשֶׁר יֻסַּךְ בָּהֵן rel. (81)-Ho. impf. 3 m.s. (נָסַךְ 650)-prep.-3 f.p. sf. *with which to pour libations*

זָהָב טָהוֹר n.m.s. (262)-adj. m.s. (373) *of pure gold*

תַּעֲשֶׂה אֹתָם Qal impf. 2 m.s. (עָשָׂה I 793) -dir.obj.-3 m.p. sf. *you shall make them*

25:30

וְנָתַתָּ conj.-Qal pf. 2 m.s. (נָתַן 678) *and you shall set*

עַל־הַשֻּׁלְחָן prep.-def.art.-n.m.s. (1020) *on the table*

לֶחֶם פָּנִים n.m.s. cstr. (536)-n.m.p. (815) *the bread of the Presence*

לְפָנַי prep.-n.m.p.-1 c.s. sf. (815) *before me*

תָּמִיד adv. (556) *always*

25:31

וְעָשִׂיתָ conj.-Qal pf. 2 m.s. (עָשָׂה I 793) *and you shall make*

מְנֹרַת זָהָב טָהוֹר n.f.s. cstr. (633)-n.m.s. (262) -adj. m.s. (373) *a lampstand of pure gold*

מִקְשָׁה n.f.s. (904) *of hammered work*

תֵּעָשֶׂה Ni. impf. 3 f.s. (עָשָׂה I 793; GK 63h) *shall be made*

הַמְּנוֹרָה def.art.-n.f.s. (633) *the lampstand*

יְרֵכָהּ n.f.s.-3 f.s. sf. (437) *its base*

וְקָנָהּ conj.-n.m.s.-3 f.s. sf. (889) *and its shaft*

גְּבִיעֶיהָ n.m.p.-3 f.s. sf. (149) *its cups*

כַּפְתֹּרֶיהָ n.m.p.-3 f.s. sf. (499) *its capitals*

וּפְרָחֶיהָ conj.-n.m.p.-3 f.s. sf. (827) *and its flowers*

מִמֶּנָּה prep.-3 f.s. sf. (577) *of one piece with it*

יִהְיוּ Qal impf. 3 m.p. (הָיָה 224) *shall be*

25:32

וְשִׁשָּׁה קָנִים conj.-num. f.s. (995)-n.m.p. (889) *and six branches*

יֹצְאִים Qal act.ptc. m.p. (יָצָא 422) *going out*

מִצִּדֶּיהָ prep.-n.m.p.-3 f.s. sf. (841) *of its sides*

שְׁלֹשָׁה קְנֵי num. f.s. (1025)-n.m.p. cstr. (889) *three branches of*

מְנֹרָה n.f.s. (633) *lampstand*

מִצִּדָּהּ הָאֶחָד prep.-n.m.s.-3 f.s. sf. (841)-def.art. -num. m.s. (25) *out of one side of it*

וּשְׁלֹשָׁה קְנֵי conj.-num. f.s. (1025)-n.m.p. cstr. (889) *and three branches of*

מְנֹרָה n.f.s. (633) *lampstand*

מִצִּדָּהּ הַשֵּׁנִי v.supra-def.art.-num. adj. m.s. (1041) *out of the other side of it*

25:33

שְׁלֹשָׁה גְבִעִים num. f.s. (1025)-n.m.p. (149) *three cups*

מְשֻׁקָּדִים Pu. ptc. m.p. (שָׁקַד 1052) *made like almonds*

בַּקָּנֶה הָאֶחָד prep.-def.art.-n.m.s. (889)-def.art. -num. adj. m.s. (25) *on one branch*

כַּפְתֹּר וָפֶרַח n.m.s. (499)-conj.-n.m.s. (827) *capital and flower*

וּשְׁלֹשָׁה גְבִעִים conj.-v.supra-v.supra *and three cups*

מְשֻׁקָּדִים v.supra *made like almonds*

בַּקָּנֶה הָאֶחָד v.supra-v.supra *on the other branch*

כַּפְתֹּר וָפָרַח v.supra-v.supra paus. *capital and flower*

כֵּן adv. (485) *so*

לְשֵׁשֶׁת הַקָּנִים prep.-num. f.s. cstr. (995; GK 123d)-def.art.-n.m.p. (889) *for the six branches*

הַיֹּצְאִים def.art.-Qal act.ptc. m.p. (יָצָא 422) *going out*

מִן־הַמְּנֹרָה prep.-def.art.-n.f.s. (633) *of the lampstand*

25:34

וּבַמְּנֹרָה conj.-prep.-def.art.-n.f.s. (633) *and on the lampstand*

אַרְבָּעָה גְבִעִים num. f.s. (916)-n.m.p. (149) *four cups*

מְשֻׁקָּדִים Pu. ptc. m.p. (שָׁקַד 1052) *made like almonds*

כַּפְתֹּרֶיהָ n.m.p.-3 f.s. sf. (499) *with their capitals*

וּפְרָחֶיהָ conj.-n.m.p.-3 f.s. sf. (827) *and flowers*

25:35

וְכַפְתֹּר conj.-n.m.s. (499) *and a capital*

תַּחַת שְׁנֵי prep. (1065)-num. m.p. cstr. (1040) *under each pair of*

הַקָּנִים def.art.-n.m.p. (889) *the branches*

מִמֶּנָּה prep.-3 f.s. sf. (577) *of one piece with it*

וְכַפְתֹּר v.supra *and a capital*

תַּחַת שְׁנֵי v.supra-v.supra *under each pair of*

הַקָּנִים מִמֶּנָּה v.supra-v.supra *the branches of one piece with it*

וְכַפְתֹּר v.supra *and a capital*

תַּחַת־שְׁנֵי v.supra-v.supra *under each pair of*

הַקָּנִים מִמֶּנָּה v.supra-v.supra *the branches of one piece with it*

לְשֵׁשֶׁת הַקָּנִים prep.-num. f.s. cstr. (995; GK 123d)-def.art.-n.m.p. (889) *of the six branches*

הַיֹּצְאִים def.art.-Qal act.ptc. m.p. (יָצָא 422) *going out*

מִן־הַמְּנֹרָה prep.-def.art.-n.f.s. (633) *from the lampstand*

25:36

כַּפְתֹּרֵיהֶם n.m.p.-3 m.p. sf. (I 499) *their capitals*

וּקְנֹתָם conj.-n.m.p.-3 m.p. sf. (889) *and their branches*

מִמֶּנָּה יִהְיוּ prep.-3 f.s. sf.-Qal impf. 3 m.p. (הָיָה 224) *shall be of one piece*

כֻּלָּהּ n.m.s.-3 f.s. sf. (481) *the whole of it*

מִקְשָׁה אַחַת n.t.s. (904)-adj. f.s. (25) *one piece of hammered work*

זָהָב טָהוֹר n.m.s. (262)-adj. m.s. (373) *pure gold*

25:37

וְעָשִׂיתָ conj.-Qal pf. 2 m.s. (עָשָׂה I 793) *and you shall make*

אֶת־נֵרֹתֶיהָ dir.obj.-n.m.p.-3 f.s. sf. (632) *the ... lamps for it*

שִׁבְעָה num. f.s. (987) *seven*

וְהֶעֱלָה conj.-Hi. pf. 3 m.s. (עָלָה 748) *and shall be set up*

אֶת־נֵרֹתֶיהָ v.supra *the lamps*

וְהֵאִיר conj.-Hi. pf. 3 m.s. (אוֹר 21) *so as to give light*

עַל־עֵבֶר פָּנֶיהָ prep.-n.m.s. cstr. (719)-n.m.p.-3 f.s. sf. (815) *upon the space in front of it*

25:38

וּמַלְקָחֶיהָ conj.-n.m. du.-3 f.s. sf. (544) *(and) its snuffers*

וּמַחְתֹּתֶיהָ conj.-n.f.p.-3 f.s. sf. (367) *and their trays*

זָהָב טָהוֹר n.m.s. (262)-adj. m.s. (373) *pure gold*

25:39

כִּכָּר n.f.s. (503) *a talent*

זָהָב טָהוֹר n.m.s. (262)-adj. m.s. (373) *pure gold*

יַעֲשֶׂה אֹתָהּ Qal impf. 3 m.s. (עָשָׂה I 793) -dir.obj.-3 f.s. sf. *shall it be made*

אֵת כָּל־הַכֵּלִים הָאֵלֶּה prep. (II 85)-n.m.s. cstr. (481)-def.art.-n.m.p. (479)-def.art.-demons. adj. (41) *with all these utensils*

25:40

וּרְאֵה conj.-Qal impv. 2 m.s. (רָאָה 906) *and see*

וַעֲשֵׂה conj.-Qal impv. 2 m.s. (עָשָׂה I 793) *that you make*

בְּתַבְנִיתָם prep.-n.f.s.-3 m.p. sf. (125) *after the pattern for them*

אֲשֶׁר־אַתָּה מָרְאֶה rel. (81)-pers.pr. 2 m.s. (61)-Ho. ptc. (רָאָה 906; GK 121c) *which is being shown you*

בָּהָר prep.-def.art.-n.m.s. (249) *on the mountain*

26:1

וְאֶת־הַמִּשְׁכָּן conj.-dir.obj.-def.art.-n.m.s. (1015) *moreover, the tabernacle*

תַּעֲשֶׂה Qal impf. 2 m.s. (עָשָׂה I 793) *you shall make*

עֶשֶׂר יְרִיעֹת n.m.s. cstr. (796)-n.f.p. (438) *ten curtains*

שֵׁשׁ מָשְׁזָר n.m.s. (III 1058)-Ho. ptc. (שָׁזַר 1004) *fine twined linen (byssus)*

וּתְכֵלֶת conj.-n.f.s. (1067) *and violet*

וְאַרְגָּמָן conj.-n.m.s. (71) *and purple*

וְתֹלַעַת שָׁנִי conj.-n.f.s. cstr. (1069)-n.m.s. (1040) *and scarlet stuff*

כְּרֻבִים n.m.p. (500) *cherubim*

מַעֲשֵׂה חֹשֵׁב n.m.s. cstr. (795)-Qal act.ptc. (362) *skilfully worked*

תַּעֲשֶׂה אֹתָם Qal impf. 2 m.s. (עָשָׂה I 793) -dir.obj.-3 m.p. sf. *shall you make them*

26:2

אֹרֶךְ n.m.s. cstr. (73) *the length of*

הַיְרִיעָה הָאַחַת def.art.-n.f.s. (438)-def.art.-adj. f.s. (25) *each curtain*

שְׁמֹנֶה וְעֶשְׂרִים num. (1032)-conj.-num. p. (797) *twenty-eight*

בָּאַמָּה prep.-def.art.-n.f.s. (52; GK 134n) *cubits*

וְרֹחַב conj.-n.m.s. (931) *and breadth*

אַרְבַּע בָּאַמָּה num. (916)-prep.-def.art.-n.f.s. (52; GK 134n) *four cubits*

הַיְרִיעָה הָאֶחָת v.supra-def.art.-adj. f.s. paus. (25) *each curtain*

מִדָּה אַחַת n.f.s. (551)-adj. f.s. (25) *one measure*

לְכָל־הַיְרִיעֹת prep.-n.m.s. cstr. (481)-def.art.-n.f.p. (438) *all the curtains*

26:3

חֲמֵשׁ הַיְרִיעֹת num. m. cstr. (351)-def.art.-n.f.p. (438) *five curtains*

תִּהְיֶיןָ Qal impf. 3 f.p. (הָיָה 224) *shall be*

חֹבְרֹת Qal act.ptc. f.p. (חָבַר 287) *coupled*

אִשָּׁה אֶל־אֲחֹתָהּ n.f.s. (61)-prep.-n.f.s.-3 f.s. sf.
(27) *to one another*

וְחָמֵשׁ יְרִיעֹת conj.-num. (331; GK 123d,139e)
-n.f.p. (438) *and five curtains*

חֹבְרֹת v.supra *shall be coupled*

אִשָּׁה אֶל־אֲחֹתָהּ v.supra-v.supra-v.supra *to one*
another

26:4

וְעָשִׂיתָ conj.-Qal pf. 2 m.s. (עשה I 793) *and you*
shall make

לֻלְאֹת n.f.p. cstr. (533) *loops of*

תְּכֵלֶת n.f.s. (1067) *blue*

עַל שְׂפַת prep.-n.f.s. cstr. (973) *on the edge of*

הַיְרִיעָה הָאֶחָת def.art.-n.f.s. (438)-def.art.-adj.
f.s. (25) *the one curtain*

מִקָּצָה prep.-n.f.s. (892) *at the end*

בַּחֹבָרֶת prep.-def.art.-n.f.s. paus. (289) *as joined*
together

וְכֵן conj.-adv. (485) *and likewise*

תַּעֲשֶׂה Qal impf. 2 m.s. (עשה I 793) *you shall*
make

בִּשְׂפַת prep.-n.f.s. cstr. (973) *on the edge of*

הַיְרִיעָה הַקִּיצוֹנָה def.art.-n.f.s. (438)-def.art.-adj.
f.s. (894) *the outmost curtain*

בַּמַּחְבֶּרֶת הַשֵּׁנִית prep.-def.art.-n.f.s. (289)-def.
art.-adj. num. f.s. (1041) *in the second set*

26:5

חֲמִשִּׁים לֻלָאֹת num. p. (332)-n.f.p. (533) *fifty*
loops

תַּעֲשֶׂה Qal impf. 2 m.s. (עשה I 793) *you shall*
make

בַּיְרִיעָה הָאֶחָת prep.-def.art.-n.f.s. (438)-def.art.
-adj. f.s. (25) *on the one curtain*

וַחֲמִשִּׁים לֻלָאֹת conj.-v.supra-v.supra *and fifty*
loops

תַּעֲשֶׂה v.supra *you shall make*

בִּקְצֵה הַיְרִיעָה prep.-n.m.s. cstr. (892)-def.art.
-n.f.s. (438) *on the edge of the curtain*

אֲשֶׁר rel. (81) *that is*

בַּמַּחְבֶּרֶת הַשֵּׁנִית prep.-def.art.-n.f.s. (289)-def.
art.-adj. num. f. (1041) *in the second set*

מַקְבִּילֹת Hi. ptc. f.p. cstr. (קבל 867) *showing·*
oppositeness of

הַלֻּלָאֹת def.art.-n.f.p. (533) *the loops*

אִשָּׁה אֶל־אֲחֹתָהּ n.f.s. (61)-prep.-n.f.s.-3 f.s. sf.
(27) *one to another*

26:6

וְעָשִׂיתָ conj.-Qal pf. 2 m.s. (עשה I 793) *and you*
shall make

חֲמִשִּׁים num. p. (332) *fifty*

קַרְסֵי זָהָב n.m.p. cstr. (902)-n.m.s. (262) *clasps*
of gold

וְחִבַּרְתָּ conj.-Pi. pf. 2 m.s. (חבר 287) *and couple*

אֶת־הַיְרִיעֹת dir.obj.-def.art.-n.f.p. (438) *the*
curtains

אִשָּׁה אֶל־אֲחֹתָהּ n.f.s. (61)-prep.-n.f.s. 3 f.s. sf.
(27) *one to the other*

בַּקְּרָסִים prep.-def.art.-n.m.p. (902) *with the*
clasps

וְהָיָה conj.-Qal pf. 3 m.s. (224) *that may be*

הַמִּשְׁכָּן def.art.-n.m.s. (1015) *the tabernacle*

אֶחָד adj. num. (25) *one*

26:7

וְעָשִׂיתָ conj.-Qal pf. 2 m.s. (עשה I 793) *you*
shall also make

יְרִיעֹת עִזִּים n.f.p. cstr. (438)-n.f.p. (777) *curtains*
of goats' hair

לְאֹהֶל prep.-n.m.s. (13) *for a tent*

עַל־הַמִּשְׁכָּן prep.-def.art.-n.m.s. (1015) *over the*
tabernacle

עַשְׁתֵּי־עֶשְׂרֵה num. (799)-num. (797) *eleven*

יְרִיעֹת n.f.p. (438) *curtains*

תַּעֲשֶׂה אֹתָם Qal impf. 2 m.s. (עשה I 793)
-dir.obj.-3 m.p. sf. *shall you make (them)*

26:8

אֹרֶךְ הַיְרִיעָה n.m.s. cstr. (73)-def.art.-n.f.s. (438)
the length of ... curtain

הָאַחַת def.art.-adj. f.s. (25) *each*

שְׁלֹשִׁים num. p. (1026) *thirty*

בָּאַמָּה prep.-def.art.-n.f.s. (52) *cubits*

וְרֹחַב conj.-n.m.s. (931) *and breadth*

אַרְבַּע בָּאַמָּה num. (916)-prep.-def.art.-n.f.s. (52)
four cubits

הַיְרִיעָה הָאֶחָת def.art.-n.f.s. (438)-def.art.-adj.
f.s. (25) *each curtain*

מִדָּה אַחַת n.f.s. (551)-adj. f.s. (25) *same measure*

לְעַשְׁתֵּי עֶשְׂרֵה prep.-num. (799)-num. (797) *the*
eleven

יְרִיעֹת n.f.p. (438) *curtains*

26:9

וְחִבַּרְתָּ conj.-Pi. pf. 2 m.s. (287) *and shall couple*

אֶת־חֲמֵשׁ הַיְרִיעֹת dir.obj.-num. cstr. (331)
-dir.obj.-n.f.p. (438) *five curtains*

לְבָד prep.-n.m.s. paus. (94) *by themselves*

וְאֶת־שֵׁשׁ הַיְרִיעֹת conj.-dir.obj.-num. cstr. (995)
-v.supra *and six curtains*

לְבָד v.supra *by themselves*

351

וְכָפַלְתָּ conj.-Qal pf. 2 m.s. (495) *and you shall double over*

אֶת־הַיְרִיעָה הַשִּׁשִׁית dir.obj.-def.art.-n.f.s. (438) -def.art.-adj. f.s. (995) *the sixth curtain*

אֶל־מוּל prep.-subst. as prep. (557) *at the front of*

פְּנֵי הָאֹהֶל n.m.p. cstr. (815)-def.art.-n.m.s. (13) *(face of) the tent*

26:10

וְעָשִׂיתָ conj.-Qal pf. 2 m.s. (עָשָׂה I 793) *and you shall make*

חֲמִשִּׁים לֻלָאֹת num. p. (332)-n.f.p. (533) *fifty loops*

עַל שְׂפַת prep.-n.f.s. cstr. (973) *on the edge of*

הַיְרִיעָה def.art.-n.f.s. (438) *the curtain*

הָאֶחָת def.art.-num. adj. f. paus. (25) *(one)*

הַקִּיצֹנָה def.art.-adj. f.s. (894) *outmost*

בַּחֹבָרֶת prep.-def.art.-n.f.s. paus. (289) *in one set*

וַחֲמִשִּׁים לֻלָאֹת conj.-num. p. (332)-v.supra (533) *and fifty loops*

עַל שְׂפַת הַיְרִיעָה v.supra-v.supra-v.supra *on the edge of the curtain*

הַחֹבֶרֶת הַשֵּׁנִית def.art.-n.f.s. (289)-def.art.-num. adj. f. (1041) *in the second set*

26:11

וְעָשִׂיתָ conj.-Qal pf. 2 m.s. (עָשָׂה I 793) *and you shall make*

קַרְסֵי נְחֹשֶׁת n.m.p. cstr. (902)-n.m.s. (I 638) *clasps of bronze*

חֲמִשִּׁים num. p. (332) *fifty*

וְהֵבֵאתָ conj.-Hi. pf. 2 m.s. (בּוֹא 97) *and put*

אֶת־הַקְּרָסִים dir.obj.-def.art.-n.m.p. (902) *the clasps*

בַּלֻּלָאֹת prep.-def.art.-n.f.p. (533) *into the loops*

וְחִבַּרְתָּ conj.-Pi. pf. 2 m.s. (חָבַר 287) *and couple*

אֶת־הָאֹהֶל dir.obj.-def.art.-n.m.s. (13) *the tent*

וְהָיָה אֶחָד conj.-Qal pf. 3 m.s. (224)-num. adj. (25) *that it may be one whole*

26:12

וְסֶרַח הָעֹדֵף conj.-n.m.s. cstr. (710)-def.art.-Qal act.ptc. (עָדַף 727) *and the part that remains*

בִּירִיעֹת הָאֹהֶל prep.-n.f.p. cstr. (438)-def.art. -n.m.s. (13) *of the curtains of the tent*

חֲצִי הַיְרִיעָה n.m.s. cstr. (345)-def.art.-n.f.s. (438) *the half curtain*

הָעֹדֶפֶת def.art.-Qal act.ptc. f.s. (עָדַף 727) *that remains*

תִּסְרַח Qal impf. 3 f.s. (סָרַח 710) *shall hang*

עַל אַחֹרֵי הַמִּשְׁכָּן prep.-subst. p. cstr. (30)-def. art.-n.m.s. (1015) *over the back of the tabernacle*

26:13

וְהָאַמָּה מִזֶּה conj.-def.art.-n.f.s. (52)-prep. -demons.adj. (260) *and the cubit on the one side*

וְהָאַמָּה מִזֶּה v.supra-v.supra *and the cubit on the other side*

בָּעֹדֵף prep.-def.art.-Qal act.ptc. (עָדַף 727) *of what remains*

בְּאֹרֶךְ יְרִיעֹת prep.-n.m.s. cstr. (73)-n.f.p. cstr. (438) *in the length of the curtains of*

הָאֹהֶל def.art.-n.m.s. (13) *the tent*

יִהְיֶה סָרוּחַ Qal impf. 3 m.s. (הָיָה 224)-Qal pass.ptc. (סָרַח 710) *shall hang*

עַל־צִדֵּי הַמִּשְׁכָּן prep.-n.m.p. cstr. (841)-def.art. -n.m.s. (1015) *over the sides of the tabernacle*

מִזֶּה וּמִזֶּה prep.-demons.adj. m.s. (260)-conj. -v.supra *on this side and that side*

לְכַסֹּתוֹ prep.-Pi. inf.cstr.-3 m.s. sf. (כָּסָה 491) *to cover it*

26:14

וְעָשִׂיתָ conj.-Qal pf. 2 m.s. (עָשָׂה I 793) *and you shall make*

מִכְסֶה n.m.s. (492) *a covering*

לָאֹהֶל prep.-def.art.-n.m.s. (13) *for the tent*

עֹרֹת אֵילִם n.f.p. cstr. (736)-n.m.p. (I 17) *rams' skins*

מְאָדָּמִים Pu. ptc. m.p. (אָדַם 10) *tanned*

וּמִכְסֵה עֹרֹת conj.-n.m.s. cstr. (492)-v.supra *and (a covering of) skins of*

תְּחָשִׁים n.m.p. (I 1065) *goats*

מִלְמָעְלָה prep.-prep.-subst.-loc.he as adv. (751, 2d) *(above)*

26:15

וְעָשִׂיתָ conj.-Qal pf. 2 m.s. (עָשָׂה I 793) *and you shall make*

אֶת־הַקְּרָשִׁים dir.obj.-def.art.-n.m.p. (903) *the frames (boards)*

לַמִּשְׁכָּן prep.-def.art.-n.m.s. (1015) *for the tabernacle*

עֲצֵי שִׁטִּים n.m.p. cstr. (781)-n.f.p. (1008) *of acacia wood*

עֹמְדִים Qal act.ptc. m.p. (עָמַד 763) *upright (standing)*

26:16

עֶ֫שֶׂר אַמּוֹת num. (796)-n.f.p. (52) *ten cubits*

אֹ֫רֶךְ הַקֶּ֫רֶשׁ n.m.s. cstr. (73)-def.art.-n.m.s. paus. (903) *the length of the frame (board)*

וְאַמָּה conj.-n.f.s. (52) *and a cubit*

וַחֲצִי הָאַמָּה conj.-n.m.s. cstr. (345)-def.art.-n.f.s. (52) *and a half (cubit)*

רֹ֫חַב הַקֶּ֫רֶשׁ n.m.s. cstr. (931)-def.art.-n.m.s. (903) *the breadth of ... frame*

הָאֶחָד def.art.-adj. m.s. (25) *each*

26:17

שְׁתֵּי יָדוֹת num. f.s. cstr. (1040)-n.f.p. (388; 4f) *two tenons*

לַקֶּ֫רֶשׁ הָאֶחָד prep.-def.art.-n.m.s. (903)-def.art.-adj. m.s. (25) *in each frame*

מְשֻׁלָּבֹת Pu. ptc. f.p. (שׁלב 1016) *joined*

אִשָּׁה אֶל־אֲחֹתָהּ n.f.s. (61)-prep.-n.f.s.-3 f.s. sf. (27) *together*

כֵּן תַּעֲשֶׂה adv. (485)-Qal impf. 2 m.s. (עשׂה I 793) *so shall you do*

לְכֹל קַרְשֵׁי prep.-n.m.s. cstr. (481)-n.m.p. cstr. (903) *for all the frames of*

הַמִּשְׁכָּן def.art.-n.m.s. (1015) *the tabernacle*

26:18

וְעָשִׂ֫יתָ conj.-Qal pf. 2 m.s. (עשׂה I 793) *you shall make*

אֶת־הַקְּרָשִׁים dir.obj.-def.art.-n.m.p. (903) *the frames*

לַמִּשְׁכָּן prep.-def.art.-n.m.s. (1015) *for the tabernacle*

עֶשְׂרִים קֶ֫רֶשׁ num. p. (797)-n.m.s. (903) *twenty frames*

לִפְאַת prep.-n.f.s. cstr. (802) *for the side (of)*

נֶ֫גְבָּה תֵימָ֫נָה n.m.s.-loc.he (616)-n.f.s.-loc.he (412) *south (toward the south)*

26:19

וְאַרְבָּעִים conj.-num. p. (917) *and forty*

אַדְנֵי־כֶ֫סֶף n.m.p. cstr. (10)-n.m.s. (494) *bases of silver*

תַּעֲשֶׂה Qal impf. 2 m.s. (עשׂה I 793) *you shall make*

תַּ֫חַת עֶשְׂרִים prep. (1065)-num. p. (797) *under the twenty*

הַקֶּ֫רֶשׁ def.art.-n.m.s. paus. (903) *frames*

שְׁנֵי אֲדָנִים num. m.s. cstr. (1040; GK 123d)-n.m.p. (10) *two bases*

תַּ֫חַת־הַקֶּ֫רֶשׁ prep. (1065)-def.art.-n.m.s. (903) *under ... frame*

הָאֶחָד def.art.-num. adj. m.s. (25) *one*

26:16 [right column] 26:19

לִשְׁתֵּי יְדֹתָיו prep.-num. f.s. cstr. (1040)-n.f.p.-3 m.s. sf. (388) *for its two tenons*

וּשְׁנֵי אֲדָנִים conj.-v.supra-v.supra *and two bases*

תַּ֫חַת־הַקֶּ֫רֶשׁ v.supra-v.supra *under ... frame*

הָאֶחָד v.supra *one*

לִשְׁתֵּי יְדֹתָיו v.supra-v.supra *for its two tenons*

26:20

וּלְצֶ֫לַע conj.-prep.-n.f.s. cstr. (854) *and for the side of*

הַמִּשְׁכָּן def.art.-n.m.s. (1015) *the tabernacle*

הַשֵּׁנִית def.art.-num. adj. f. (1041) *second*

לִפְאַת צָפוֹן prep.-n.f.s. cstr. (802)-n.f.s. (860) *on the north side*

עֶשְׂרִים קָ֫רֶשׁ num. p. (797)-n.m.s. paus. (903) *twenty frames*

26:21

וְאַרְבָּעִים אַדְנֵיהֶם conj.-num. p. (917)-n.m.p.-3 m.p. sf. (10) *and their forty bases*

כָּ֫סֶף n.m.s. paus. (494) *of silver*

שְׁנֵי אֲדָנִים num. m.du. cstr. (1040; GK 123d)-n.m.p. (10) *two bases*

תַּ֫חַת הַקֶּ֫רֶשׁ prep. (1065)-def.art.-n.m.s. (903) *under ... frame*

הָאֶחָד def.art.-num. adj. m.s. (25) *one*

וּשְׁנֵי אֲדָנִים conj.-num. m.du. cstr. (1040)-n.m.p. (10) *and two bases*

תַּ֫חַת הַקֶּ֫רֶשׁ prep. (1065)-def.art.-n.m.s. (903) *under ... frame*

הָאֶחָד v.supra *one*

26:22

וּלְיַרְכְּתֵי conj.-prep.-n.f. du. cstr. (438) *and for the rear of*

הַמִּשְׁכָּן def.art.-n.m.s. (1015) *the tabernacle*

יָ֫מָּה n.m.s.-loc.he (410; 9) *westward*

תַּעֲשֶׂה Qal impf. 2 m.s. (עשׂה I 793) *you shall make*

שִׁשָּׁה קְרָשִׁים num. f.s. (995)-n.m.p. (903) *six frames*

26:23

וּשְׁנֵי קְרָשִׁים conj.-num. m.du. cstr. (1040)-n.m.p. (903) *and two frames*

תַּעֲשֶׂה Qal impf. 2 m.s. (עשׂה I 793) *you shall make*

לִמְקֻצְעֹת prep.-n.m.p. cstr. (893) *for the corners of*

הַמִּשְׁכָּן def.art.-n.m.s. (1015) *the tabernacle*

בַּיַּרְכָתָ֫יִם prep.-def.art.-n.f. du. paus. (438) *in the rear*

26:24

וְיִהְיוּ conj.-Qal impf. 3 m.p. (הָיָה 224) *and they shall be*

תֹאֲמִים Qal act.ptc. m.p. (תָּאַם 1060) *separate (double)*

מִלְּמַטָּה prep.-prep.-adv. (641; 3) *beneath*

וְיַחְדָּו conj.-adv, (403) *but together*

יִהְיוּ Qal impf. 3 m.p. (הָיָה 224) *shall be*

תַמִּים Qal act.ptc. m.p. (תָּאַם 1060) *joined (double)*

עַל־רֹאשׁוֹ prep.-n.m.s.-3 m.s. sf. (910) *at the top*

אֶל־הַטַּבַּעַת prep.-def.art.-n.f.s. (371) *at the ... ring*

הָאֶחָת def.art.-adj. f.s. paus. (25) *first*

כֵּן יִהְיֶה adv. (485)-Qal impf. 3 m.p. (הָיָה 224) *thus shall it be*

לִשְׁנֵיהֶם prep.-num. m.s.-3 m.p. sf. (1040) *with both of them*

לִשְׁנֵי הַמִּקְצֹעֹת prep.-num. m.s. cstr. (1040)-def.art.-n.m.p. (893) *the two corners*

יִהְיוּ Qal impf. 3 m.p. (הָיָה 224) *they shall form*

26:25

וְהָיוּ conj.-Qal pf. 3 c.p. (הָיָה 224) *and there shall be*

שְׁמֹנָה קְרָשִׁים num. f.s. (1032)-n.m.p. (903) *eight frames*

וְאַדְנֵיהֶם conj.-n.m.p.-3 m.p. sf. (10) *with their bases*

כֶּסֶף n.m.s. (494) *silver*

שִׁשָּׁה עָשָׂר num. f.s. (995)-num. m.s. (797) *sixteen*

אֲדָנִים n.m.p. (10) *bases*

שְׁנֵי אֲדָנִים num. m.du. cstr. (1040; GK 123d)-n.m.p. (10) *two bases*

תַּחַת הַקֶּרֶשׁ prep. (1065)-def.art.-n.m.s. (903) *under ... frame*

הָאֶחָד def.art.-adj. m.s. (25) *one*

וּשְׁנֵי אֲדָנִים conj.-num. m.du. cstr. (1040)-n.m.p. (10) *and two bases*

תַּחַת הַקֶּרֶשׁ v.supra-v.supra *under ... frame*

הָאֶחָד v.supra *another*

26:26

וְעָשִׂיתָ conj.-Qal pf. 2 m.s. (עָשָׂה I 793) *and you shall make*

בְרִיחִם n.m.p. (138) *bars*

עֲצֵי שִׁטִּים n.m.p. cstr. (781)-n.f.p. (1008) *acacia wood*

חֲמִשָּׁה לְקַרְשֵׁי num. f.s. (331)-prep.-n.m.p. cstr. (903) *five for the frames of*

צֶלַע־ n.f.s. cstr. (854) *the side of*

הַמִּשְׁכָּן def.art.-n.m.s. (1015) *the tabernacle*

הָאֶחָד def.art.-adj. m.s. (25) *one*

26:27

וַחֲמִשָּׁה בְרִיחִם conj.-num. f.s. (331)-n.f.p. (138) *and five bars*

לְקַרְשֵׁי prep.-n.m.p. cstr. (903) *for the frames of*

צֶלַע־הַמִּשְׁכָּן n.f.s. cstr. (854)-def.art.-n.m.s. (1015) *the ... side of the tabernacle*

הַשֵּׁנִית dir.obj.-adj. f.s. (1041) *other (second)*

וַחֲמִשָּׁה בְרִיחִם v.supra-v.supra *and five bars*

לְקַרְשֵׁי v.supra *for the frames of*

צֶלַע הַמִּשְׁכָּן v.supra *the tabernacle*

לַיַּרְכָתַיִם prep.-def.art.-n.f. du. (438) *at the rear*

יָמָּה n.m.s.-loc.he (410; 9) *westward*

26:28

וְהַבְּרִיחַ הַתִּיכֹן conj.-def.art.-n.m.s. (138)-def.art.-adj. m.s. (1064) *and the middle bar*

בְּתוֹךְ הַקְּרָשִׁים prep.-n.m.s. cstr. (1063)-def.art.-n.m.p. (903) *halfway up the frames*

מַבְרִחַ Hi. ptc. (בָּרַח 137) *shall pass through*

מִן־הַקָּצֶה אֶל־הַקָּצֶה prep.-def.art.-n.m.s. (892)-prep.-v.supra *from end to end*

26:29

וְאֶת־הַקְּרָשִׁים conj.-dir.obj.-def.art.-n.m.p. (903) *and the frames*

תְּצַפֶּה Pi. impf. 2 m.s. (צָפָה II 860) *you shall overlay*

זָהָב n.m.s. (262) *with gold*

וְאֶת־טַבְּעֹתֵיהֶם conj.-dir.obj.-n.f.p.-3 m.p. sf. (371) *and their rings*

תַּעֲשֶׂה Qal impf. 2 m.s. (עָשָׂה I 793) *you shall make*

זָהָב v.supra *of gold*

בָּתִּים n.m.p. (108; 3) *holders*

לַבְּרִיחִם prep.-def.art.-n.m.p. (138) *for the bars*

וְצִפִּיתָ conj.-Pi. pf. 2 m.s. (צָפָה II 860) *and you shall overlay*

אֶת־הַבְּרִיחִם dir.obj.-def.art.-n.m.p. (138) *the bars*

זָהָב v.supra *with gold*

26:30

וַהֲקֵמֹתָ conj.-Hi. pf. 2 m.s. (קוּם 877) *and you shall erect*

אֶת־הַמִּשְׁכָּן dir.obj.-def.art.-n.m.s. paus. (1015) *the tabernacle*

כְּמִשְׁפָּטוֹ prep.-n.m.s.-3 m.s. sf. (1048; 6d) *according to the plan for it*

אֲשֶׁר הָרְאֵיתָ rel. (81)-Ho. pf. 2 m.s. (רָאָה 906)
which has been shown you

בָּהָר prep.-def.art.-n.m.s. (249) *on the mountain*

26:31

וְעָשִׂיתָ conj.-Qal pf. 2 m.s. (עָשָׂה I 793) *and you shall make*

פָרֹכֶת n.f.s. (827) *a veil*

תְּכֵלֶת n.f.s. (1067) *blue (violet)*

וְאַרְגָּמָן conj.-n.m.s. (71) *and purple*

וְתוֹלַעַת שָׁנִי conj.-n.f.s. cstr. (1069)-n.m.s. (1040)
and scarlet stuff

וְשֵׁשׁ מָשְׁזָר conj.-n.m.s. (III 1058)-Ho. ptc. (שָׁזַר 1004) *and fine twined linen*

מַעֲשֵׂה חֹשֵׁב n.m.s. cstr. (795)-Qal act.ptc. 362; 5) *in skilled work*

יַעֲשֶׂה Qal impf. 3 m.s. (I 793) *one shall make*

אֹתָהּ dir.obj.-3 f.s. sf. *it*

כְּרֻבִים n.m.p. (500) *cherubim*

26:32

וְנָתַתָּה אֹתָהּ conj.-Qal pf. 2 m.s. (נָתַן 678) -dir.obj.-3 f.s. sf. *and you shall hang it*

עַל־אַרְבָּעָה prep.-num. f.s. (916) *upon four*

עַמּוּדֵי שִׁטִּים n.m.p. cstr. (765)-n.f.p. (1008) *pillars of acacia*

מְצֻפִּים זָהָב Pu. ptc. m.p. (צָפָה II 860)-n.m.s. (262) *overlaid with gold*

וָוֵיהֶם conj.-n.m.p.-3 m.p. sf. (255) *and their hooks*

זָהָב v.supra *gold*

עַל־אַרְבָּעָה prep.-num. f.s. (916) *upon four*

אַדְנֵי־כָסֶף n.m.p. cstr. (10)-n.m.s. paus. (494) *bases of silver*

26:33

וְנָתַתָּה conj.-Qal pf. 2 m.s. (נָתַן 678) *and you shall hang*

אֶת־הַפָּרֹכֶת dir.obj.-def.art.-n.f.s. (827) *the veil*

תַּחַת הַקְּרָסִים prep. (1065)-def.art.-n.m.p. (902) *from the clasps*

וְהֵבֵאתָ conj.-Hi. pf. 2 m.s. (בּוֹא 97) *and bring*

שָׁמָּה adv.-dir.he (1027) *in thither*

מִבֵּית לַפָּרֹכֶת prep.-n.m.s. cstr. (108; 8b; GK 130) -prep.-def.art.-n.f.s. (827) *within the veil*

אֵת אֲרוֹן הָעֵדוּת dir.obj.-n.m.s. cstr. (75)-def.art. -n.f.s. (730) *the ark of the testimony*

וְהִבְדִּילָה conj.-Hi. pf. 3 f.s. (בָּדַל 95; GK 53r) *and shall separate*

הַפָּרֹכֶת def.art.-n.f.s. (827) *the veil*

לָכֶם prep.-2 m.p. sf. *for you*

בֵּין הַקֹּדֶשׁ prep. (107)-def.art.-n.m.s. (871) *the holy place*

וּבֵין קֹדֶשׁ הַקֳּדָשִׁים conj.-prep. (107)-n.m.s. cstr. (871)-def.art.-n.m.p. (871; GK 133i) *from the most holy*

26:34

וְנָתַתָּ conj.-Qal pf. 2 m.s. (נָתַן 678) *and you shall put*

אֶת־הַכַּפֹּרֶת dir.obj.-def.art.-n.f.s. (498) *the mercy seat (propitiatory)*

עַל אֲרוֹן הָעֵדֻת prep.-n.m.s. cstr. (75)-def.art. n.f.s. (730) *upon the ark of the testimony*

בְּקֹדֶשׁ הַקֳּדָשִׁים prep.-n.m.s. cstr. (871)-def.art. -n.m.p. (871) *in the most holy place*

26:35

וְשַׂמְתָּ conj.-Qal pf. 2 m.s. (שִׂים I 962) *and you shall set*

אֶת־הַשֻּׁלְחָן dir.obj.-def.art.-n.m.s. (1020) *the table*

מִחוּץ לַפָּרֹכֶת prep.-n.m.s. (299)-prep. -def.art.-n.f.s. (827) *outside the veil*

וְאֶת־הַמְּנֹרָה conj.-dir.obj.-n.f.s. (633) *and the lampstand*

נֹכַח הַשֻּׁלְחָן prep. (647)-v.supra *opposite the table*

עַל צֶלַע הַמִּשְׁכָּן prep.-n.f.s. cstr. (854)-def.art. -n.m.s. (1015) *on the ... side of the tabernacle*

תֵּימָנָה n.f.s.-loc.he (412) *south*

וְהַשֻּׁלְחָן conj.-def.art.-n.m.s. (1020) *and the table*

תִּתֵּן Qal impf. 2 m.s. (נָתַן 678) *you shall put*

עַל־צֶלַע v.supra-v.supra *on the side*

צָפוֹן n.f.s. (860) *north*

26:36

וְעָשִׂיתָ conj.-Qal pf. 2 m.s. (עָשָׂה I 793) *and you shall make*

מָסָךְ n.m.s. (697) *a screen*

לְפֶתַח הָאֹהֶל prep.-n.m.s. cstr. (835)-def.art. -n.m.s. (13) *for the door of the tent*

תְּכֵלֶת n.f.s. (1067) *blue*

וְאַרְגָּמָן conj.-n.m.s. (71) *and purple*

וְתוֹלַעַת שָׁנִי conj.-n.f.s. cstr. (1069)-n.m.s. (1040) *and scarlet stuff*

וְשֵׁשׁ מָשְׁזָר conj.-n.m.s. (III 1058)-Ho. ptc. (שָׁזַר 1004) *and fine twined linen*

מַעֲשֵׂה רֹקֵם n.m.s. cstr. (795)-Qal act.ptc. (955) *embroidered with needlework*

26:37

וְעָשִׂיתָ conj.-Qal pf. 2 m.s. (עָשָׂה I 793) *and you shall make*

לַמָּסָךְ prep.-def.art.-n.m.s. (697) *for the screen*

חֲמִשָּׁה num. f. (331) *five*

עַמּוּדֵי שִׁטִּים n.m.p. cstr. (765)-n.f.p. (1008) *pillars of acacia*

וְצִפִּיתָ conj.-Pi. pf. 2 m.s. (צָפָה II 860) *and overlay*

אֹתָם dir.obj.-3 m.p. sf. *them*

זָהָב n.m.s. (262) *with gold*

וָוֵיהֶם conj.-n.m.p.-3 m.p. sf. (255) *and their hooks*

זָהָב v.supra *gold*

וְיָצַקְתָּ conj.-Qal pf. 2 m.s. (יָצַק 427) *and you shall cast*

לָהֶם prep.-3 m.p. sf. *for them*

חֲמִשָּׁה num. f.s. (331) *five*

אַדְנֵי נְחֹשֶׁת n.m.p. cstr. (10)-n.f.s. (638) *bases of bronze*

27:1

וְעָשִׂיתָ conj.-Qal pf. 2 m.s. (עָשָׂה I 793) *and you shall make*

אֶת־הַמִּזְבֵּחַ dir.obj.-def.art.-n.m.s. (258) *the altar*

עֲצֵי שִׁטִּים n.m.p. cstr. (781)-n.f.p. (1008) *acacia wood*

חָמֵשׁ אַמּוֹת num. (331)-n.f.p. cstr. (52) *five cubits (of)*

אֹרֶךְ n.m.s. (73) *long (length)*

וְחָמֵשׁ אַמּוֹת conj.-v.supra-v.supra *and five cubits (of)*

רֹחַב n.m.s. (931) *broad (breadth)*

רָבוּעַ יִהְיֶה Qal pass.ptc. (רָבַע 917)-Qal impf. 3 m.s. (224) *shall be square*

הַמִּזְבֵּחַ v.supra *the altar*

וְשָׁלֹשׁ אַמּוֹת conj.-num. (1025)-n.f.p. cstr. (52) *and three cubits (of)*

קֹמָתוֹ n.f.s.-3 m.s. sf. (879) *its height*

27:2

וְעָשִׂיתָ conj.-Qal pf. 2 m.s. (עָשָׂה I 793) *and you shall make*

קַרְנֹתָיו n.f.p.-3 m.s. sf. (901) *horns*

עַל אַרְבַּע פִּנֹּתָיו prep.-num. m.s. cstr. (916)-n.f.p.-3 m.s. sf. (819) *on its four corners*

מִמֶּנּוּ prep.-3 m.s. sf. *of one piece with it (from it)*

תִּהְיֶיןָ Qal impf. 3 f.p. (הָיָה 224) *shall be*

קַרְנֹתָיו v.supra *its horns*

וְצִפִּיתָ conj.-Pi. pf. 2 m.s. (צָפָה II 860) *and you shall overlay*

אֹתוֹ dir.obj.-3 m.s. sf. *it*

נְחֹשֶׁת n.f.s. (638) *with bronze*

27:3

וְעָשִׂיתָ conj.-Qal pf. 2 m.s. (עָשָׂה I 793) *and you shall make*

סִירֹתָיו n.m.p.-3 m.s. sf. (I 696) *pots for it*

לְדַשְּׁנוֹ prep.-Pi. inf.cstr.-3 m.s. sf. (דָּשֵׁן 206) *to receive its ashes*

וְיָעָיו conj.-n.m.p.-3 m.s. sf. (418) *and (its) shovels*

וּמִזְרְקֹתָיו conj.-n.m.p.-3 m.s. sf. (284) *and basins*

וּמִזְלְגֹתָיו conj.-n.f.p.-3 m.s. sf. (272) *and forks*

וּמַחְתֹּתָיו conj.-n.f.p.-3 m.s. sf. (367) *and fire pans*

לְכָל־כֵּלָיו prep.-n.m.s. cstr. (481)-n.m.p.-3 m.s. sf. (479) *all its utensils*

תַּעֲשֶׂה Qal impf. 2 m.s. (עָשָׂה I 793) *you shall make*

נְחֹשֶׁת n m.s. (638) *of bronze*

27:4

וְעָשִׂיתָ conj.-Qal pf. 2 m.s. (עָשָׂה I 793) *you shall also make*

לּוֹ prep.-3 m.s. sf. *for it*

מִכְבָּר n.m.s. (460) *a grating*

מַעֲשֵׂה רֶשֶׁת n.m.s. cstr. (795)-n.f.s. cstr. (440) *a network of*

נְחֹשֶׁת n.m.s. (638) *bronze*

וְעָשִׂיתָ v.supra *and you shall make*

עַל־הָרֶשֶׁת prep.-def.art.-n.f.s. (440) *upon the net*

אַרְבַּע num. (916) *four*

טַבְּעֹת נְחֹשֶׁת n.f.p. cstr. (371)-n.m.s. (638) *bronze rings*

עַל אַרְבַּע prep.-num. (916) *at ... four*

קְצוֹתָיו n.f.p.-3 m.s. sf. (892) *its ... corners*

27:5

וְנָתַתָּה אֹתָהּ conj.-Qal pf. 2 m.s. (נָתַן 678)-dir.obj.-3 f.s. sf. *and you shall set it*

תַּחַת כַּרְכֹּב prep. (1065)-n.m.s. cstr. (501) *under the ledge of*

הַמִּזְבֵּחַ def.art.-n.m.s. (258) *the altar*

מִלְמָטָּה prep.-prep.-adv. paus. (641; 3) *(beneath)*

וְהָיְתָה conj.-Qal pf. 3 f.s. (הָיָה 224) *so that ... shall extend*

הָרֶשֶׁת def.art.-n.f.s. (440) *the net*

עַד חֲצִי prep. (III 723)-n.m.s. cstr. (345) *half way down*

הַמִּזְבֵּחַ v.supra *the altar*

27:6

וְעָשִׂיתָ conj.-Qal pf. 2 m.s. (עָשָׂה I 793) *and you shall make*

בַדִּים n.m.p. (94; 3) *poles*

לַמִּזְבֵּחַ prep.-def.art.-n.m.s. (258) *for the altar*

בַּדֵּי n.m.p. cstr. (II 94; 3) *poles of*

עֲצֵי שִׁטִּים n.m.p. cstr. (781)-n.f.p. (1008) *acacia wood*

וְצִפִּיתָ אֹתָם conj.-Pi. pf. 2 m.s. (צָפָה II 860)-dir.obj.-3 m.p. sf. *and overlay them*

נְחֹשֶׁת n.m.s. (638) *with bronze*

27:7

וְהוּבָא conj.-Ho. pf. 3 m.s. (בּוֹא 97; Ho. c) *and shall be put*

אֶת־בַּדָּיו dir.obj.-n.m.p.-3 m.s. sf. (94) *its poles*

בַּטַּבָּעֹת prep.-def.art.-n.f.p. (371) *through the rings*

וְהָיוּ הַבַּדִּים conj.-Qal pf. 3 c.p. (הָיָה 224)-def.art.-n.m.p. (94) *so that the poles shall be*

עַל־שְׁתֵּי צַלְעֹת prep.-num. f. cstr. (1040)-n.f.p. cstr. (854) *upon the two sides of*

הַמִּזְבֵּחַ def.art.-n.m.s. (258) *the altar*

בִּשְׂאֵת אֹתוֹ prep.-Qal inf.cstr. (נָשָׂא 669)-dir.obj.-3 m.s. sf. *when it is carried*

27:8

נְבוּב לֻחֹת Qal pass.ptc. cstr. (נָבַב 612)-n.m.p. (531) *hollow with boards*

תַּעֲשֶׂה אֹתוֹ Qal impf. 2 m.s. (עָשָׂה I 793)-dir.obj.-3 m.s. sf. *and you shall make it*

כַּאֲשֶׁר הֶרְאָה prep.-rel. (81)-Hi. pf. 3 m.s. (רָאָה 906) *as it has been shown*

אֹתְךָ dir.obj.-2 m.s. sf. *you*

בָּהָר prep.-def.art.-n.m.s. (249) *on the mountain*

כֵּן יַעֲשׂוּ adv. (485)-Qal impf. 3 m.p. (עָשָׂה I 793) *so shall it be made*

27:9

וְעָשִׂיתָ conj.-Qal pf. 2 m.s. (עָשָׂה I 793) *and you shall make*

אֵת חֲצַר dir.obj.-n.m.s. cstr. (I 346) *the court of*

הַמִּשְׁכָּן def.art.-n.m.s. (1015) *the tabernacle*

לִפְאַת־נֶגֶב prep.-n.f.s. cstr. (802)-n.m.s. cstr. (616) *on the south side*

תֵּימָנָה n.f.s.-loc.he (412) *(southward)*

קְלָעִים n.m.p. (II 887) *hangings*

לֶחָצֵר prep.-def.art.-n.m.s. (I 346) *of the court*

שֵׁשׁ מָשְׁזָר n.m.s. (III 1058)-Ho. ptc. (שָׁזַר 1004) *fine twined linen*

מֵאָה בָאַמָּה n.f.s. (547)-prep.-def.art.-n.f.s. (52) *a hundred cubits*

אֹרֶךְ n.m.s. (73) *long*

לַפֵּאָה הָאֶחָת prep.-def.art.-n.f.s. (802)-def.art.-adj. f.s. (25) *for one side*

27:10

וְעַמֻּדָיו conj.-n.m.p.-3 m.s. sf. (765) *and their pillars*

עֶשְׂרִים num. p. (797) *twenty*

וְאַדְנֵיהֶם conj.-n.m.p.-3 m.p. sf. (10) *and their bases*

עֶשְׂרִים v.supra *twenty*

נְחֹשֶׁת n.m.s. (638) *of bronze*

וָוֵי הָעַמֻּדִים n.m.p. cstr. (255)-def.art.-n.m.p. (765) *the hooks of the pillars*

וַחֲשֻׁקֵיהֶם conj.-n.m.p.-3 m.p. sf. (366) *and their fillets*

כָּסֶף n.m.s. paus. (494) *of silver*

27:11

וְכֵן conj.-adv. (485) *and likewise*

לִפְאַת צָפוֹן prep.-n.f.s. cstr. (802)-n.f.s. (860) *on the north side*

בָּאֹרֶךְ prep.-def.art.-n.m.s. (73) *for its length*

קְלָעִים n.m.p. (II 887) *hangings*

מֵאָה אֹרֶךְ n.f.s. (547)-n.m.s. (73; GK 134n) *a hundred long*

וְעַמֻּדָו conj.-n.m.p.-3 m.s. sf. (765) *and their pillars*

עֶשְׂרִים num. p. (797) *twenty*

וְאַדְנֵיהֶם conj.-n.m.p.-3 m.p. sf. (10) *and their bases*

עֶשְׂרִים v.supra *twenty*

נְחֹשֶׁת n.m.s. (638) *of bronze*

וָוֵי הָעַמֻּדִים n.m.p. cstr. (255)-def.art.-n.m.p. (765) *the hooks of the pillars*

וַחֲשֻׁקֵיהֶם conj.-n.m.p.-3 m.p. sf. (366) *and their fillets*

כָּסֶף n.m.s. paus. (494) *of silver*

27:12

וְרֹחַב הֶחָצֵר conj.-n.m.s. cstr. (931)-def.art.-n.m.s. (I 346) *and for the breadth of the court*

לִפְאַת־יָם prep.-n.f.s. cstr. (802)-n.m.s. (410) *on the west side*

קְלָעִים n.m.p. (II 887) *hangings*

חֲמִשִּׁים אַמָּה num. p. (332)-n.f.s. (52) *for fifty cubits*

עַמֻּדֵיהֶם n.m.p.-3 m.p. sf. (765) *their pillars*

עֲשָׂרָה n.f.s. (796) *ten*

וְאַדְנֵיהֶם conj.-n.m.p.-3 m.p. sf. (10) *and their bases*

עֲשָׂרָה v.supra *ten*

27:13

וְרֹחַב הֶחָצֵר conj.-n.m.s. cstr. (931)-def.art.-n.m.s. (I 346) *the breadth of the court*

לִפְאַת קֵדְמָה prep.-n.f.s. cstr. (802)-adv.-loc.he (870) *on the front to the east*

מִזְרָחָה n.m.s.-loc.he (280) *(eastward)*

חֲמִשִּׁים אַמָּה num. p. (332)-n.f.s. (52) *fifty cubits*

27:14

וַחֲמֵשׁ עֶשְׂרֵה conj.-num. (331)-num. (797) *and fifteen*

אַמָּה n.f.s. (52) *cubits*

קְלָעִים n.m.p. (II 887) *hangings*

לַכָּתֵף prep.-def.art.-n.f.s. (509) *for the one side (of the gate)*

עַמֻּדֵיהֶם n.m.p.-3 m.p. sf. (765) *their pillars*

שְׁלֹשָׁה num. f.s. (1025) *three*

וְאַדְנֵיהֶם conj.-n.m.p.-3 m.p. sf. (10) *and their bases*

שְׁלֹשָׁה v.supra *three*

27:15

וְלַכָּתֵף conj.-prep.-def.art.-n.f.s. (509; 2b) *on the ... side*

הַשֵּׁנִית def.art.-num.adj. (1041) *other*

חֲמֵשׁ עֶשְׂרֵה num. m. cstr. (331)-num. (797) *fifteen*

קְלָעִים n.m.p. (II 887) *hangings*

עַמֻּדֵיהֶם n.m.p.-3 m.p. sf. (765) *their pillars*

שְׁלֹשָׁה num. f.s. (1025) *three*

וְאַדְנֵיהֶם conj.-n.m.p.-3 m.p. sf. (10) *and their bases*

שְׁלֹשָׁה v.supra *three*

27:16

וּלְשַׁעַר הֶחָצֵר conj.-prep.-n.m.s. cstr. (1044)-def.art.-n.m.s. (I 346) *for the gate of the court*

מָסָךְ n.m.s. (697) *a screen*

עֶשְׂרִים אַמָּה num. p. (797)-n.f.s. (52) *twenty cubits*

תְּכֵלֶת n.f.s. (1067) *blue*

וְאַרְגָּמָן conj.-n.m.s. (71) *and purple*

וְתוֹלַעַת שָׁנִי conj.-n.f.s. cstr. (1069)-n.m.s. (1040) *and scarlet stuff*

וְשֵׁשׁ מָשְׁזָר conj.-n.m.s. (III 1058)-Ho. ptc. (שׁזר 1004) *and fine twined linen*

מַעֲשֵׂה רֹקֵם n.m.s. cstr. (795)-Qal act.ptc. as subst. (955) *embroidered with needlework*

עַמֻּדֵיהֶם n.m.p.-3 m.p. sf. (765) *their pillars*

אַרְבָּעָה num. f. (916) *four*

וְאַדְנֵיהֶם conj.-n.m.p.-3 m.p. sf. (10) *and their bases*

אַרְבָּעָה v.supra *four*

27:17

כָּל־עַמּוּדֵי n.m.s. cstr. (481)-n.m.p. cstr. (765) *all the pillars of*

הֶחָצֵר def.art.-n.m.s. (I 346) *the court*

סָבִיב adv. (686) *around*

מְחֻשָּׁקִים Pu. ptc. m.p. (חשׁק II 366) *shall be filleted*

כֶּסֶף n.m.s. (494) *with silver*

וָוֵיהֶם n.m.p.-3 m.p. sf. (255) *their hooks*

כָּסֶף n.m.s. paus. (494) *with silver*

וְאַדְנֵיהֶם conj.-n.m.p.-3 m.p. sf. (10) *and their bases*

נְחֹשֶׁת n.m.s. (638) *of bronze*

27:18

אֹרֶךְ הֶחָצֵר n.m.s. cstr. (73)-def.art. n.m.s. (I 346) *the length of the court*

מֵאָה בָאַמָּה n.f.s. (547)-prep.-def.art.-n.f.s. (52) *a hundred cubits*

וְרֹחַב conj.-n.m.s. (931) *and breadth*

חֲמִשִּׁים num. p. (332) *fifty*

בַּחֲמִשִּׁים prep.-def.art.-num. p. (332) *(with the fifty)*

וְקֹמָה conj.-n.f.s. (879) *and height*

חָמֵשׁ אַמּוֹת num. (331)-n.f.p. (52) *five cubits*

שֵׁשׁ מָשְׁזָר n.m.s. (III 1058)-Ho. ptc. (שׁזר 1004) *fine twined linen*

וְאַדְנֵיהֶם conj.-n.m.p.-3 m.p. sf. (10) *and their bases*

נְחֹשֶׁת n.m.s. (638) *of bronze*

27:19

לְכֹל כְּלֵי prep.-n.m.s. cstr. (481)-n.m.p. cstr. (479) *all the utensils of*

הַמִּשְׁכָּן def.art.-n.m.s. (1015) *the tabernacle*

בְּכֹל עֲבֹדָתוֹ prep.-n.m.s. cstr. (481)-n.f.s.-3 m.s. sf. (715) *for every use*

וְכָל־יְתֵדֹתָיו conj.-n.m.s. cstr. (481)-n.f.p.-3 m.s. sf. (450) *and all its pegs*

וְכָל־יִתְדֹת conj.-n.m.s. cstr. (481)-n.f.p. cstr. (450) *and all the pegs of*

הֶחָצֵר def.art.-n.m.s. (I 346) *the court*

נְחֹשֶׁת n.m.s. (638) *of bronze*

27:20

וְאַתָּה תְּצַוֶּה conj.-pers.pr. 2 m.s. (61)-Pi. impf. 2 m.s. (צוה 845) *and you shall command*

358

אֶת־בְּנֵי יִשְׂרָאֵל dir.obj.-n.m.p. cstr. (119)-pr.n.
(975) *the people of Israel*

וְיִקְחוּ conj.-Qal impf. 3 m.p. (לָקַח 542) *that they
bring*

אֵלֶיךָ prep.-2 m.s. sf. *to you*

שֶׁמֶן זַיִת n.m.s. cstr. (1032)-n.m.s. (268) *olive oil*

זָךְ adj. m.s. paus. (269) *pure*

כָּתִית adj. m.s. (510) *beaten*

לַמָּאוֹר prep.-def.art.-n.m.s. (22) *for the light*

לְהַעֲלֹת prep.-Hi. inf.cstr. (עָלָה 748; 4) *that ...
may set up (to burn)*

נֵר n.m.s. (632) *a lamp*

תָּמִיד n.m.s. as adv. (556) *continually*

27:21

בְּאֹהֶל מוֹעֵד prep.-n.m.s. cstr. (13)-n.m.s. (417) *in
tent of meeting*

מִחוּץ prep.-n.m.s. (299) *outside*

לַפָּרֹכֶת prep.-def.art.-n.f.s. (827) *of the veil*

אֲשֶׁר עַל־הָעֵדֻת rel. (81)-prep.-def.art.-n.f.s.
(730) *which is before the testimony*

יַעֲרֹךְ אֹתוֹ Qal impf. 3 m.s. (עָרַךְ 789)-dir.obj.-3
m.s. sf. *shall tend it*

אַהֲרֹן וּבָנָיו pr.n. (14)-conj.-n.m.p.-3 m.s. sf. (119)
Aaron and his sons

מֵעֶרֶב prep.-n.m.s. (787) *from evening*

עַד־בֹּקֶר prep.-n.m.s. (133) *to morning*

לִפְנֵי יהוה prep.-n.m.p. cstr. (815)-pr.n. (217)
before Yahweh

חֻקַּת עוֹלָם n.f.s. cstr. (349)-n.m.s. (761) *a statute
for ever*

לְדֹרֹתָם prep.-n.m.p.-3 m.p. sf. (189) *throughout
their generations*

מֵאֵת בְּנֵי יִשְׂרָאֵל prep.-prep. (II 85)-n.m.p. cstr.
(119)-pr.n. (975) *by the people of Israel*

28:1

וְאַתָּה הַקְרֵב conj.-pers.pr. 2 m.s. (61)-Hi. impv. 2
m.s. (קָרַב 897) *then bring (thou) near*

אֵלֶיךָ prep.-2 m.s. sf. *to you*

אֶת־אַהֲרֹן אָחִיךָ dir.obj.-pr.n. (14)-n.m.s.-2 m.s.
sf. (26) *Aaron your brother*

וְאֶת־בָּנָיו conj.-dir.obj.-n.m.p.-3 m.s. sf. (119) *and
his sons*

אִתּוֹ prep.-3 m.s. sf. (II 85) *with him*

מִתּוֹךְ prep.-n.m.s. cstr. (1063) *from among*

בְּנֵי יִשְׂרָאֵל n.m.p. (119)-pr.n. (975) *the
people of Israel*

לְכַהֲנוֹ־לִי prep.-Pi. inf.cstr.-3 m.s. sf. (כָּהַן II
464)-prep.-1 c.s. sf. *to serve me as priests*

אַהֲרֹן pr.n. (14) *Aaron*

נָדָב pr.n. (621) *Nadab*

וַאֲבִיהוּא conj.-pr.n. (4) *and Abihu*

אֶלְעָזָר pr.n. (46) *Eleazar*

וְאִיתָמָר conj.-pr.n. (16) *and Ithamar*

בְּנֵי אַהֲרֹן n.m.p. cstr. (119)-pr.n. (14) *Aaron's
sons*

28:2

וְעָשִׂיתָ conj.-Qal pf. 2 m.s. (עָשָׂה I 793) *and you
shall make*

בִגְדֵי־קֹדֶשׁ n.m.p. cstr. (93)-n.m.s. (871) *holy
garments*

לְאַהֲרֹן אָחִיךָ prep.-pr.n. (14)-n.m.s.-2 m.s. sf.
(26) *for Aaron your brother*

לְכָבוֹד prep.-n.m.s. (458) *for glory*

וּלְתִפְאָרֶת conj.-prep.-n.f.s. paus. (802) *and for
beauty*

28:3

וְאַתָּה תְּדַבֵּר conj.-pers.pr. 2 m.s. (61)-Pi. impf. 2
m.s. (דָּבַר 180) *and you shall speak*

אֶל־כָּל־חַכְמֵי לֵב prep.-n.m.s. cstr. (481)-adj. m.p.
cstr. (314)-n.m.s. (523) *to all who have ability
(wise of heart)*

אֲשֶׁר מִלֵּאתִיו rel. (81)-Pi. pf. 1 c.s.-3 m.s. sf. (569
מָלֵא) *whom I have endowed with*

רוּחַ חָכְמָה n.f.s. (924)-n.f.s. (315) *an able mind
(wise spirit)*

וְעָשׂוּ conj.-Qal pf. 3 c.p. (עָשָׂה I 793) *that they
make*

אֶת־בִּגְדֵי אַהֲרֹן dir.obj.-n.m.p. cstr. (93)-pr.n. (14)
Aaron's garments

לְקַדְּשׁוֹ prep.-Pi. inf.cstr.-3 m.s. sf. (872) *to
consecrate him*

לְכַהֲנוֹ־לִי prep.-Pi. inf.cstr.-3 m.s. sf. (כָּהַן II
464)-prep.-1 c.s. sf. *for my priesthood*

28:4

וְאֵלֶּה הַבְּגָדִים conj.-demons.adj. c.p. (41)-def.art.
-n.m.p. (93) *these are the garments*

אֲשֶׁר יַעֲשׂוּ rel. (81)-Qal impf. 3 m.p. (עָשָׂה I
793) *which they shall make*

חֹשֶׁן n.m.s. (365) *a breastpiece*

וְאֵפוֹד conj.-n.m.s. (65) *and an ephod*

וּמְעִיל conj.-n.m.s. (591) *and a robe*

וּכְתֹנֶת conj.-n.f.s. cstr. (509) *and a coat of*

תַּשְׁבֵּץ n.m.s. (990) *checker work*

מִצְנֶפֶת n.f.s. (857) *a turban*

וְאַבְנֵט conj.-n.m.s. (126) *and a girdle*

וְעָשׂוּ conj.-Qal pf. 3 c.p. (עָשָׂה I 793) *and they
shall make*

בִגְדֵי־קֹדֶשׁ n.m.p. cstr. (93)-n.m.s. (871) *holy
garments*

לְאַהֲרֹן אָחִיךָ prep.-pr.n. (14)-n.m.s.-2 m.s. sf. (26) *for Aaron your brother*

וּלְבָנָיו conj.-prep.-n.m.p.-3 m.s. sf. (119) *and his sons*

לְכַהֲנוֹ־לִי prep.-Pi. inf.cstr.-3 m.s. sf. (464) -prep.-1 c.s. sf. *to serve me as priests*

28:5

וְהֵם יִקְחוּ conj.-pers.pr. 3 m.p. (241)-Qal impf. 3 m.p. (לקח 542) *and they shall receive*

אֶת־הַזָּהָב dir.obj.-def.art.-n.m.s. (262) *gold*

וְאֶת־הַתְּכֵלֶת conj.-dir.obj.-def.art.-n.f.s. (1067) *and blue*

וְאֶת־הָאַרְגָּמָן conj.-dir.obj.-def.art.-n.m.s. (71) *and purple*

וְאֶת־תּוֹלַעַת הַשָּׁנִי conj.-dir.obj.-n.f.s. cstr. (1069) -def.art.-n.m.s. (1040) *and scarlet stuff*

וְאֶת־הַשֵּׁשׁ conj.-dir.obj.-def.art.-n.m.s. (III 1058) *and fine twined linen*

28:6

וְעָשׂוּ conj.-Qal pf. 3 c.p. (עשׂה I 793) *and they shall make*

אֶת־הָאֵפֹד dir.obj.-def.art.-n.m.s. (65) *the ephod*

זָהָב n.m.s. (262) *of gold*

תְּכֵלֶת n.f.s. (1067) *of blue*

וְאַרְגָּמָן conj.-n.m.s. (71) *and purple*

תּוֹלַעַת שָׁנִי n.f.s. cstr. (1069)-n.m.s. (1040) *scarlet stuff*

וְשֵׁשׁ מָשְׁזָר conj.-n.m.s. (III 1058)-Ho. ptc. (שׁזר 1004) *and of fine twined linen*

מַעֲשֵׂה חֹשֵׁב n.m.s. cstr. (795)-Qal act.ptc. (362) *skilfully worked*

28:7

שְׁתֵּי כְתֵפֹת n.f. du. cstr. (1040)-n.f.p. (509) *two shoulder-pieces*

חֹבְרֹת Qal act.ptc. f.p. (חבר 287) *attached*

יִהְיֶה־לּוֹ Qal impf. 3 m.s. (היה 224)-prep.-3 m.s. sf. *it shall have*

אֶל־שְׁנֵי קְצוֹתָיו prep.-n.m. du. cstr. (1040) -n.f.p.-3 m.s. sf. (892) *to its two edges*

וְחֻבָּר conj.-Pu. pf. 3 m.s. paus. (חבר 287) *that it may be joined together*

28:8

וְחֵשֶׁב אֲפֻדָּתוֹ conj.-n.m.s. cstr. (363)-n.f.s.-3 m.s. sf. (65) *and the skilfully woven band (of his ephod)*

אֲשֶׁר עָלָיו rel. (81)-prep.-3 m.s. sf. *upon it*

כְּמַעֲשֵׂהוּ prep.-n.m.s.-3 m.s. sf. (795) *of the same workmanship*

מִמֶּנּוּ prep.-3 m.s. sf. (*from it*)

יִהְיֶה Qal impf. 3 m.s. (היה 224) *shall be*

זָהָב n.m.s. (262) *of gold*

תְּכֵלֶת n.f.s. (1067) *blue*

וְאַרְגָּמָן conj.-n.m.s. (71) *and purple*

וְתוֹלַעַת שָׁנִי conj.-n.f.s. (1069)-n.m.s. (1040) *and scarlet stuff*

וְשֵׁשׁ מָשְׁזָר conj.-n.m.s. (III 1058)-Ho. ptc. (שׁזר 1004) *and fine twined linen*

28:9

וְלָקַחְתָּ conj.-Qal pf. 2 m.s. (לקח 542) *and you shall take*

אֶת־שְׁתֵּי dir.obj.-n.f. du. cstr. (1040) *two*

אַבְנֵי־שֹׁהַם n.f.p. cstr. (6)-n.m.s. (I 995; GK 117d) *onyx stones*

וּפִתַּחְתָּ conj.-Pi. pf. 2 m.s. (פתח II 836) *and engrave*

עֲלֵיהֶם prep.-3 m.p. sf. *on them*

שְׁמוֹת בְּנֵי יִשְׂרָאֵל n.m.p. cstr. (1027)-n.m.p. cstr. (119)-pr.n. (975) *the names of the sons of Israel*

28:10

שִׁשָּׁה num. f.s. (995) *six*

מִשְּׁמֹתָם prep.-n.m.p.-3 m.p. sf. (1027) *of their names*

עַל הָאֶבֶן הָאֶחָת prep.-def.art.-n.f.s. (6)-def.art. -adj. f.s. (25) *on the one stone*

וְאֶת־שְׁמוֹת conj.-dir.obj.-n.m.p. cstr. (1027) *and the names of*

הַשִּׁשָּׁה הַנּוֹתָרִים def.art.-num. f.s. (995; GK 134cN)-def.art.-Ni. ptc. m.p. (יתר 451) *the remaining six*

עַל־הָאֶבֶן הַשֵּׁנִית prep.-def.art.-n.f.s. (6)-def.art. -num. adj. f.s. (1041) *on the other stone*

כְּתוֹלְדֹתָם prep.-n.f.p.-3 m.p. sf. (410) *in the order of their birth*

28:11

מַעֲשֵׂה חָרַשׁ אֶבֶן n.m.s. cstr. (795)-n.m.s. cstr. (360)-n.f.s. (6) *as a jeweler* (lit. *work of an artificer of a stone*)

פִּתּוּחֵי חֹתָם n.m.p. cstr. (836)-n.m.s. (368) *engraves signets*

תְּפַתַּח Pi. impf. 2 m.s. (פתח II 836) *so shall you engrave*

אֶת־שְׁתֵּי הָאֲבָנִים dir.obj.-n.f. du. cstr. (1040) -def.art.-n.f.p. (6) *the two stones*

עַל־שְׁמֹת prep.-n.f.p. cstr. (1027) *with the names of*

בְּנֵי יִשְׂרָאֵל n.m.p. cstr. (119)-pr.n. (975) *the sons of Israel*

מְסַבֹּת מִשְׁבְּצוֹת Ho. ptc. f.p.-a סבב (686)-n.f.p. (990) *in settings of filigree*

זָהָב n.m.s. (262) *of gold*

תַּעֲשֶׂה אֹתָם Qal impf. 2 m.s. (עשׂה I 793)-dir. obj.-3 m.p. sf. *you shall enclose them*

28:12

וְשַׂמְתָּ conj.-Qal pf. 2 m.s. (שׂים I 962) *and you shall set*

אֶת־שְׁתֵּי הָאֲבָנִים dir.obj.-num. f. du. cstr. (1040) -def.art.-n.f.p. (6) *the two stones*

עַל כִּתְפֹת הָאֵפֹד prep.-n.f.p. cstr. (509)-def.art. -n.m.s. (65) *upon the shoulder-pieces of the ephod*

אַבְנֵי זִכָּרֹן n.f.p. cstr. (6)-n.m.s. (272) *as stones of remembrance*

לִבְנֵי יִשְׂרָאֵל prep.-n.m.p. cstr. (119)-pr.n. (975) *for the sons of Israel*

וְנָשָׂא אַהֲרֹן conj.-Qal pf. 3 m.s. (669)-pr.n. (14) *and Aaron shall bear*

אֶת־שְׁמוֹתָם dir.obj.-n.m.p.-3 m.p. sf. (1027) *their names*

לִפְנֵי יהוה prep.-n.m.p. cstr. (815)-pr.n. (217) *before Yahweh*

עַל־שְׁתֵּי כְתֵפָיו prep.-num. f. du. cstr. (1040) -n.f.p.-3 m.s. sf. (509) *upon his two shoulders*

לְזִכָּרֹן prep.-n.m.s. (272) *for remembrance*

28:13

וְעָשִׂיתָ conj.-Qal pf. 2 m.s. (עשׂה I 793) *and you shall make*

מִשְׁבְּצֹת זָהָב n.f.p. cstr. (990)-n.m.s. (262) *settings of gold*

28:14

וּשְׁתֵּי שַׁרְשְׁרֹת conj.-num. f. du. cstr. (1040) -n.f.p. (1057) *and two chains of*

זָהָב טָהוֹר n.m.s. (252)-adj. m.s. (373) *pure gold*

מִגְבָּלֹת n.f.p. (148) *twisted*

תַּעֲשֶׂה אֹתָם Qal impf. 2 m.s. (עשׂה I 793) -dir.obj.-3 m.p. sf. *(you shall make them)*

מַעֲשֵׂה עֲבֹת n.m.s. cstr. (795)-n.m.s. (721) *like cords (cordage-work)*

וְנָתַתָּה conj.-Qal pf. 2 m.s. (נתן 678) *and you shall attach*

אֶת־שַׁרְשְׁרֹת הָעֲבֹתֹת dir.obj.-n.f.p. cstr. (1057) -def.art.-n.m.p. (721) *the corded chains*

עַל־הַמִּשְׁבְּצֹת prep.-def.art.-n.f.p. (990) *to the settings*

28:15

וְעָשִׂיתָ conj.-Qal pf. 2 m.s. (עשׂה I 793) *and you shall make*

חֹשֶׁן מִשְׁפָּט n.m.s. cstr. (365)-n.m.s. (1048) *a breastpiece of judgment*

מַעֲשֵׂה חֹשֵׁב n.m.s. cstr. (795)-Qal act.ptc. (362) *in skilled work*

כְּמַעֲשֵׂה אֵפֹד prep.-n.m.s. cstr. (795)-n.m.s. (65) *like the work of the ephod*

תַּעֲשֶׂנּוּ Qal impf. 2 m.s.-3 m.s. sf. (עשׂה I 793) *you shall make it*

זָהָב n.m.s. (262) *of gold*

תְּכֵלֶת n.f.s. (1067) *blue*

וְאַרְגָּמָן conj.-n.m.s. (71) *and purple*

וְתוֹלַעַת שָׁנִי conj.-n.f.s. cstr. (1069)-n.m.s. (1040) *and scarlet stuff*

וְשֵׁשׁ מָשְׁזָר conj.-n.m.s. (III 1058)-Ho. ptc. (שׁזר 1004) *and fine twined linen*

תַּעֲשֶׂה אֹתוֹ Qal impf. 2 m.s. (עשׂה I 793) -dir.obj.-3 m.s. sf. *shall you make it*

28:16

רָבוּעַ יִהְיֶה Qal pass.ptc. (רבע 917)-Qal impf. 3 m.s. (היה 224) *it shall be square*

כָּפוּל Qal pass.ptc. (495) *double*

זֶרֶת n.f.s. (284) *a span*

אָרְכּוֹ n.m.s.-3 m.s. sf. (73) *its length*

וְזֶרֶת conj.-n.f.s. (284) *and a span*

רָחְבּוֹ n.m.s.-3 m.s. sf. (931) *its breadth*

28:17

וּמִלֵּאתָ בוֹ conj.-Pi. pf. 2 m.s. (מלא 569)-prep.-3 m.s. sf. *and you shall set in it*

מִלֻּאַת אֶבֶן n.f.s. cstr. (571)-n.f.s. (6) *a setting of stone*

אַרְבָּעָה טוּרִים num. f.s. (916)-n.m.p. (377; GK 131d) *four rows*

אָבֶן n.f.s. paus. (6) *stones*

טוּר אֹדֶם n.m.s. cstr. (377)-n.f.s. (10) *a row of sardius (carnelian)*

פִּטְדָה n.f.s. (809) *topaz*

וּבָרֶקֶת conj.-n.f.s. (140) *and carbuncle*

הַטּוּר הָאֶחָד def.art.-n.m.s. (377)-def.art.-adj. m.s. (25) *the first row*

28:18

וְהַטּוּר הַשֵּׁנִי conj.-def.art.-n.m.s. (377)-def.art. -num. adj. m.s. (1041) *and the second row*

נֹפֶךְ n.m.s. (656) *an emerald*

סַפִּיר n.m.s. (705) *a sapphire*

וְיָהֲלֹם conj.-n.m.s. (240) *and a diamond*

28:19

וְהַטּוּר הַשְּׁלִישִׁי conj.-def.art.-n.m.s. (377)-def.art.-num. adj. m.s. (1026) *and the third row*

לֶשֶׁם n.m.s. (I 545) *a jacinth*

שְׁבוֹ n.f.s. (986) *an agate*

וְאַחְלָמָה conj.-n.f.s. paus. (29) *and an amethyst*

28:20

וְהַטּוּר הָרְבִיעִי conj.-def.art.-n.m.s. (377)-def.art.-num. adj. m.s. (917) *and the fourth row*

תַּרְשִׁישׁ n.m.s. (I 1076) *a beryl*

וְשֹׁהַם conj.-n.m.s. (I 995) *and an onyx*

וְיָשְׁפֵה conj.-n.f.s. paus. (448) *and a jasper*

מְשֻׁבָּצִים Pu. ptc. m.p. (שָׁבַץ 990; GK 117y) *be set (inwoven)*

זָהָב n.m.s. (262) *gold*

יִהְיוּ Qal impf. 3 m.p. (הָיָה 224) *shall be*

בְּמִלּוּאֹתָם prep.-n.f.p.-3 m.p. sf. (571) *(in their setting)*

28:21

וְהָאֲבָנִים conj.-def.art.-n.f.p. (6) *and the stones*

תִּהְיֶין Qal impf. 3 f.p. (הָיָה 224) *shall be*

עַל־שְׁמֹת prep.-n.m.p. cstr. (1027) *with the names of*

בְּנֵי־יִשְׂרָאֵל n.m.p. cstr. (119)-pr.n. (975) *the sons of Israel*

שְׁתֵּים עֶשְׂרֵה num. (1040)-num. (797) *twelve*

עַל־שְׁמֹתָם prep.-n.m.p.-3 m.p. sf. (1027) *according to their names*

פִּתּוּחֵי חוֹתָם n.m.p. cstr. (836)-n.m.s. (I 369) *engravings of a signet-ring*

אִישׁ עַל־שְׁמוֹ n.m.s. (35; GK 139c)-prep.-n.m.s.-3 m.s. sf. (1027) *each with its name*

תִּהְיֶין Qal impf. 3 f.p. (הָיָה 224) *they shall be*

לִשְׁנֵי עָשָׂר prep.-num. m. du. cstr. (1040)-num. (797) *for the twelve*

שָׁבֶט n.m.s. paus. (986) *tribes*

28:22

וְעָשִׂיתָ conj.-Qal pf. 2 m.s. (עָשָׂה I 793) *and you shall make*

עַל־הַחֹשֶׁן prep.-def.art.-n.m.s. (365) *for the breastpiece*

שַׁרְשֹׁת גַּבְלֻת n.f.p. cstr. (1057)-n.f.s. (148) *twisted chains*

מַעֲשֵׂה עֲבֹת n.m.s. cstr. (795)-n.m.s. (721) *like cords*

זָהָב טָהוֹר n.m.s. (262)-adj. m.s. (373) *of pure gold*

28:23

וְעָשִׂיתָ conj.-Qal pf. 2 m.s. (עָשָׂה I 793) *and you shall make*

עַל־הַחֹשֶׁן prep.-def.art.-n.m.s. (365) *for the breastpiece*

שְׁתֵּי טַבְּעוֹת num. f. du. cstr. (1040)-n.f.p. cstr. (371) *two rings of*

זָהָב consec.-n.m.s. (262) *gold*

וְנָתַתָּ conj.-Qal pf. 2 m.s. (נָתַן 678) *and put*

אֶת־שְׁתֵּי הַטַּבָּעוֹת dir.obj.-num. f. du. cstr. (1040)-def.art.-n.f.p. (371) *the two rings*

עַל־שְׁנֵי קְצוֹת prep.-num. m. du. cstr. (1040)-n.f.p. cstr. (892) *on the two edges of*

הַחֹשֶׁן def.art.-n.m.s. (365) *the breastpiece*

28:24

וְנָתַתָּה conj.-Qal pf. 2 m.s. (נָתַן 678) *and you shall put*

אֶת־שְׁתֵּי עֲבֹתֹת dir.obj.-num. f. du. cstr. (1040) n.m.p. cstr. (721) *the two cords of*

הַזָּהָב def.art.-n.m.s. (262) *gold*

עַל־שְׁתֵּי הַטַּבָּעֹת prep.-num. f. du. cstr. (1040)-def.art.-n.f.p. (371) *in the two rings*

אֶל־קְצוֹת prep.-n.f.p. cstr. (892) *at the edges of*

הַחֹשֶׁן def.art.-n.m.s. (365) *the breastpiece*

28:25

וְאֵת שְׁתֵּי conj.-dir.obj.-num. f. du. cstr. (1040) *and the two*

קְצוֹת שְׁתֵּי n.f.p. cstr. (892)-v.supra *edges of the two*

הָעֲבֹתֹת def.art.-n.m.p. (721) *cords*

תִּתֵּן Qal impf. 2 m.s. (נָתַן 678) *you shall attach*

עַל־שְׁתֵּי הַמִּשְׁבְּצוֹת prep.-num. f. du. cstr. (1040)-def.art.-n.f.p. (990) *to the two settings of filigree*

וְנָתַתָּה conj.-Qal pf. 2 m.s. (נָתַן 678) *and so attach*

עַל־כִּתְפוֹת prep.-n.f.p. cstr. (509) *to the shoulder-pieces of*

הָאֵפֹד def.art.-n.m.s. (65) *the ephod*

אֶל־מוּל פָּנָיו prep.-subst. (I 557)-n.m.p.-3 m.s. sf. (815) *in front*

28:26

וְעָשִׂיתָ conj.-Qal pf. 2 m.s. (עָשָׂה I 793) *and you shall make*

שְׁתֵּי טַבְּעוֹת num. f. du. cstr. (1040)-n.f.p. cstr. (371) *two rings of*

זָהָב n.m.s. (262) *gold*

וְשַׂמְתָּ אֹתָם conj.-Qal pf. 2 m.s. (שִׂים I 962)-dir.obj.-3 m.p. sf. *and put them*

362

עַל־שְׁנֵי קְצוֹת prep.-num. m. du. cstr. (1040)-n.f.p. cstr. (892) *at the ends of*

הַחֹשֶׁן def.art.-n.m.s. (365) *the breastpiece*

עַל־שְׂפָתוֹ prep.-n.f.s.-3 m.s. sf. (973) *on its edge*

אֲשֶׁר אֶל־עֵבֶר rel. (81)-prep.-n.m.s. cstr. (719) *which on the side of*

הָאֵפֹד def.art.-n.m.s. (65) *the ephod*

בָּיְתָה n.m.s.-loc.he (108; 7) *inside*

28:27

וְעָשִׂיתָ conj.-Qal pf. 2 m.s. (I 793) *and you shall make*

שְׁתֵּי טַבְּעוֹת num. f. du. cstr. (1040)-n.f.p. cstr. (371) *two rings of*

זָהָב n.m.s. (262) *gold*

וְנָתַתָּה conj.-Qal pf. 2 m.s. (נָתַן 678) *and attach*

אֹתָם dir.obj.-3 m.p. sf. *them*

עַל־שְׁתֵּי כִתְפוֹת prep.-num. f. du. cstr. (1040)-n.f.p. cstr. (509) *on the two shoulder-pieces of*

הָאֵפוֹד def.art.-n.m.s. (65) *the ephod*

מִלְמַטָּה prep.-prep.-adv. (641; 3) *to the lower part (beneath)*

מִמּוּל פָּנָיו prep.-subst. (557)-n.m.p.-3 m.s. sf. (815) *in front*

לְעֻמַּת prep.-n.f.s. cstr. as prep. (769) *close by*

מֶחְבַּרְתּוֹ n.f.s.-3 m.s. sf. (289) *at its joining*

מִמַּעַל לְחֵשֶׁב prep.-prep. (751; 1b)-prep.-n.m.s. cstr. (363) *above the band of*

הָאֵפוֹד def.art.-n.m.s. (65) *the ephod*

28:28

וְיִרְכְּסוּ conj.-Qal impf. 3 m.p. (רָכַס 940) *and they shall bind*

אֶת־הַחֹשֶׁן dir.obj.-def.art.-n.m.s. (365) *the breastpiece*

מִטַּבְּעֹתָו prep.-n.f.p.-3 m.s. sf. (371) *by its rings*

אֶל־טַבְּעֹת הָאֵפֹד prep.-n.f.p. cstr. (371)-def.art.-n.m.s. (65) *to the rings of the ephod*

בִּפְתִיל תְּכֵלֶת prep.-n.m.s. cstr. (836)-n.f.s. (1067) *with a lace of blue*

לִהְיוֹת prep.-Qal inf.cstr. (הָיָה 224) *that it may lie*

עַל־חֵשֶׁב הָאֵפוֹד prep.-n.m.s. cstr. (363)-def.art.-n.m.s. (65) *upon the skilfully woven band of the ephod*

וְלֹא־יִזַּח הַחֹשֶׁן conj.-neg.-Ni. impf. 3 m.s. (זָחַח 267)-def.art.-n.m.s. (365) *and that the breastpiece shall not come loose*

מֵעַל הָאֵפוֹד prep.-prep.-def.art.-n.m.s. (65) *from the ephod*

28:29

וְנָשָׂא אַהֲרֹן conj.-Qal pf. 3 m.s. (669)-pr.n. (14) *so Aaron shall bear*

אֶת־שְׁמוֹת dir.obj.-n.m.p. cstr. (1027) *the names of*

בְּנֵי־יִשְׂרָאֵל n.m.p. cstr. (119)-pr.n. (975) *the sons of Israel*

בְּחֹשֶׁן הַמִּשְׁפָּט prep.-n.m.s. cstr. (365)-def.art.-n.m.s. (1048) *in the breastpiece of judgment*

עַל־לִבּוֹ prep.-n.m.s.-3 m.s. sf. (523) *upon his heart*

בְּבֹאוֹ prep.-Qal inf.cstr.-3 m.s. sf. (בּוֹא 97) *when he goes*

אֶל־הַקֹּדֶשׁ prep.-def.art.-n.m.s. (871) *into the holy place*

לְזִכָּרֹן prep.-n.m.s. (272) *to remembrance*

לִפְנֵי־יְהוָה prep.-n.m.p. cstr. (815)-pr.n. (217) *before Yahweh*

תָּמִיד n.m.s. as adv. (556) *continually*

28:30

וְנָתַתָּ conj.-Qal pf. 2 m.s. (נָתַן 678) *and you shall put*

אֶל־חֹשֶׁן הַמִּשְׁפָּט prep.-n.m.s. cstr. (365)-def.art.-n.m.s. (1048) *in the breastpiece of judgment*

אֶת־הָאוּרִים dir.obj.-def.art.-n.m.p. (22) *the Urim*

וְאֶת־הַתֻּמִּים conj.-dir.obj.-def.art.-n.m.p. (1070; 4) *and the Thummim*

וְהָיוּ conj.-Qal pf. 3 c.p. (הָיָה 224) *and they shall be*

עַל־לֵב אַהֲרֹן prep.-n.m.s. cstr. (523)-pr.n. (14) *upon Aaron's heart*

בְּבֹאוֹ prep.-Qal inf.cstr.-3 m.s. sf. (בּוֹא 97) *when he goes in*

לִפְנֵי יְהוָה prep.-n.m.p. cstr. (815)-pr.n. (217) *before Yahweh*

וְנָשָׂא אַהֲרֹן conj.-Qal pf. 3 m.s. (669)-pr.n. (14) *and Aaron shall bear*

אֶת־מִשְׁפַּט dir.obj.-n.m.s. cstr. (1048) *the judgment of*

בְּנֵי־יִשְׂרָאֵל n.m.p. cstr. (119)-pr.n. (975) *the people of Israel*

עַל־לִבּוֹ prep.-n.m.s.-3 m.s. sf. (523) *upon his heart*

לִפְנֵי יְהוָה v.supra-v.supra *before Yahweh*

תָּמִיד n.m.s. as adv. (556) *continually*

28:31

וְעָשִׂיתָ conj.-Qal pf. 2 m.s. (עָשָׂה I 793) *and you shall make*

אֶת־מְעִיל הָאֵפוֹד dir.obj.-n.m.s. cstr. (591)-def.art.-n.m.s. (65) *the robe of the ephod*

כְּלִיל תְּכֵלֶת adj. cstr. (483)–n.f.s. (1067) *all of blue*

28:32

וְהָיָה conj.-Qal pf. 3 m.s. (224) *and it shall have*

פִּי־רֹאשׁוֹ n.m.s. cstr. (804)–n.m.s.-3 m.s. sf. (910) *an opening for the head*

בְּתוֹכוֹ prep.-n.m.s.-3 m.s. sf. (1063) *in it*

שָׂפָה יִהְיֶה n.f.s. (973)–Qal impf. 3 m.s. (הָיָה 224) *an edge shall be*

לְפִיו prep.-n.m.s.-3 m.s. sf. (804) *to its opening*

סָבִיב adv. (686) *around*

מַעֲשֵׂה אֹרֵג n.m.s. cstr. (795)–Qal act.ptc. (אָרַג 70) *a work of a weaver*

כְּפִי prep.-n.m.s. cstr. (804) *like the opening of*

תַחְרָא n.m.s. (1065) *a garment*

יִהְיֶה־לוֹ Qal impf. 3 m.s. (הָיָה 224)–prep.-3 m.s. sf. *(it shall be)*

לֹא יִקָּרֵעַ neg. (GK 165a)–Ni. impf. 3 m.s. (902) *that it may not be torn*

28:33

וְעָשִׂיתָ conj.-Qal pf. 2 m.s. (עָשָׂה I 793) *and you shall make*

עַל־שׁוּלָיו prep.-n.m.p.-3 m.s. sf. (1002) *on its skirts*

רִמֹּנֵי תְכֵלֶת n.m.p. cstr. (I 941)–n.f.s. (1067) *pomegranates of blue*

וְאַרְגָּמָן conj.-n.m.s. (71) *and purple*

וְתוֹלַעַת שָׁנִי conj.-n.f.s. cstr. (1069)–n.m.s. (1040) *and scarlet stuff*

עַל־שׁוּלָיו v.supra-v.supra *its skirts*

סָבִיב adv. (686) *around*

וּפַעֲמֹנֵי זָהָב conj.-n.m.p. cstr. (822)–n.m.s. (262) *with bells of gold*

בְּתוֹכָם סָבִיב prep.-n.m.s.-3 m.p. sf. (1063)–v.supra *between them (around)*

28:34

פַּעֲמֹן זָהָב n.m.s. cstr. (822)–n.m.s. (262) *a golden bell*

וְרִמּוֹן conj.-n.m.s. (I 941) *and a pomegranate*

פַּעֲמֹן זָהָב v.supra-v.supra *a golden bell*

וְרִמּוֹן v.supra *and a pomegranate*

עַל־שׁוּלֵי prep.-n.m.p. cstr. (1002) *on the skirts of*

הַמְּעִיל def.art.-n.m.s. (591) *the robe*

סָבִיב adv. (686) *round about*

28:35

וְהָיָה conj.-Qal pf. 3 m.s. (224) *and it shall be*

עַל־אַהֲרֹן prep.-pr.n. (14) *upon Aaron*

לְשָׁרֵת prep.-Pi. inf.cstr. (שָׁרַת 1058) *when he ministers*

וְנִשְׁמַע קוֹלוֹ conj.-Ni. pf. 3 m.s. (שָׁמַע 1033)–n.m.s.-3 m.s. sf. (876) *and its sound shall be heard*

בְּבֹאוֹ prep.-Qal inf.cstr.-3 m.s. sf. (בּוֹא 97) *when he goes*

אֶל־הַקֹּדֶשׁ prep.-def.art.-n.m.s. (871) *into the holy place*

לִפְנֵי יהוה prep.-n.m.p. cstr. (815)–pr.n. (217) *before Yahweh*

וּבְצֵאתוֹ conj.-prep.-Qal inf.cstr.-3 m.s. sf. (יָצָא 422) *and when he comes out*

וְלֹא יָמוּת conj.-neg.-Qal impf. 3 m.s. (מוּת 559) *lest he die*

28:36

וְעָשִׂיתָ conj.-Qal pf. 2 m.s. (עָשָׂה I 793) *and you shall make*

צִיץ זָהָב טָהוֹר n.m.s. cstr. (847; 2)–n.m.s. (262)–adj. m.s. (373) *a plate of pure gold*

וּפִתַּחְתָּ conj.-Pi. pf. 2 m.s. (פָּתַח II 836) *and engrave*

עָלָיו prep.-3 m.s. sf. *on it*

פִּתּוּחֵי חֹתָם n.m.p. cstr. (836)–n.m.s. (I 368) *like an engraving of a signet*

קֹדֶשׁ לַיהוה n.m.s. (871)–prep.-pr.n. (217) *Holy to Yahweh*

28:37

וְשַׂמְתָּ conj.-Qal pf. 2 m.s. (שִׂים I 962) *and you shall fasten*

אֹתוֹ dir.obj.-3 m.s. sf. *it*

עַל־פְּתִיל תְּכֵלֶת prep.-n.m.s. cstr. (836)–n.f.s. (1067) *by a lace of blue*

וְהָיָה conj.-Qal pf. 3 m.s. (224) *it shall be*

עַל־הַמִּצְנָפֶת prep.-def.art.-n.f.s. paus. (857) *on the turban*

אֶל־מוּל prep.-subst. (I 557) *on the front of*

פְּנֵי־הַמִּצְנֶפֶת n.m.p. cstr. (815)–def.art.-n.f.s. (857) *the turban*

יִהְיֶה Qal impf. 3 m.s. (הָיָה 224) *it shall be*

28:38

וְהָיָה conj.-Qal pf. 3 m.s. (224) *it shall be*

עַל־מֵצַח אַהֲרֹן prep.-n.m.s. cstr. (594)–pr.n. (14) *upon Aaron's forehead*

וְנָשָׂא אַהֲרֹן conj.-Qal pf. 3 m.s. (669)–v.supra *and Aaron shall take*

אֶת־עֲוֹן dir.obj.-n.m.s. cstr. (730) *guilt incurred in*

הַקֳּדָשִׁים def.art.-n.m.p. (871) *the holy offering*

אֲשֶׁר יַקְדִּישׁוּ rel. (81)–Hi. impf. 3 m.p. (קָדַשׁ 872) which ... hallow

בְּנֵי יִשְׂרָאֵל n.m.p. cstr. (119)–pr.n. (975) the people of Israel

לְכָל־מַתְּנֹת prep.-n.m.s. cstr. (481)–n.f.p. cstr. (682) as all the gifts of

קָדְשֵׁיהֶם n.m.p.-3 m.p. sf. (871) their holiness (their holy gifts)

וְהָיָה conj.-Qal pf. 3 m.s. (224) and it shall be

עַל־מִצְחוֹ prep.-n.m.s.-3 m.s. sf. (594) upon his forehead

תָּמִיד adv. (556) always

לְרָצוֹן לָהֶם prep.-n.m.s. (953)-prep.-3 m.p. sf. that they may be accepted

לִפְנֵי יהוה prep.-n.m.p. cstr. (815)-pr.n. (217) before Yahweh

28:39

וְשִׁבַּצְתָּ conj.-Pi. pf. 2 m.s. (שָׁבַץ 990) and you shall weave

הַכְּתֹנֶת def.art.-n.f.s. (509) the coat

שֵׁשׁ n.m.s. (III 1058) in checker work of fine linen

וְעָשִׂיתָ conj.-Qal pf. 2 m.s. (עָשָׂה I 793) and you shall make

מִצְנֶפֶת שֵׁשׁ n.f.s. cstr. (857)-n.m.s. (III 1058) a turban of fine linen

וְאַבְנֵט conj.-n.m.s. (126) and a girdle

תַּעֲשֶׂה Qal impf. 2 m.s. (עָשָׂה I 793) you shall make

מַעֲשֵׂה רֹקֵם n.m.s. cstr. (795)-Qal act.ptc. (955) embroidered with needlework

28:40

וְלִבְנֵי אַהֲרֹן conj.-prep.-n.m.p. cstr. (119)-pr.n. (14) and for Aaron's sons

תַּעֲשֶׂה Qal impf. 2 m.s. (עָשָׂה I 793) you shall make

כֻּתֳּנֹת n.f.p. (509) coats

וְעָשִׂיתָ conj.-Qal pf. 2 m.s. (עָשָׂה I 793) and you shall make

לָהֶם prep.-3 m.p. sf. them

אַבְנֵטִים n.m.p. (126) girdles

וּמִגְבָּעוֹת conj.-n.f.p. (149) and caps

תַּעֲשֶׂה v.supra you shall make

לָהֶם v.supra them

לְכָבוֹד prep.-n.m.s. (458) for glory

וּלְתִפְאָרֶת conj.-prep.-n.f.s. paus. (802) and (for) beauty

28:41

וְהִלְבַּשְׁתָּ אֹתָם conj.-Hi. pf. 2 m.s. (לָבַשׁ 527) -dir.obj.-3 m.p. sf. and you shall put them upon

אֶת־אַהֲרֹן אָחִיךָ dir.obj.-pr.n. (14)-n.m.s.-2 m.s. sf. (26) Aaron your brother

וְאֶת־בָּנָיו אִתּוֹ conj.-dir.obj.-n.m.p.-3 m.s. sf. (119)-prep.-3 m.s. sf. (II 85) and upon his sons with him

וּמָשַׁחְתָּ conj.-Qal pf. 2 m.s. (602) and shall anoint

אֹתָם dir.obj.-3 m.p. sf. them

וּמִלֵּאתָ אֶת־יָדָם conj.-Pi. pf. 2 m.s. (569)-dir.obj. -n.f.s.-3 m.p. sf. (388) and ordain them

וְקִדַּשְׁתָּ אֹתָם conj.-Pi. pf. 2 m.s. (872)-dir.obj.-3 m.p. sf. and consecrate them

וְכִהֲנוּ לִי conj.-Pi. pf. 3 c.p. (II 464)-prep.-1 c.s. sf. that they may serve me as priests

28:42

וַעֲשֵׂה לָהֶם conj.-Qal impv. 2 m.s. (עָשָׂה I 793) -prep.-3 m.p. sf. and you shall make for them

מִכְנְסֵי־בָד n.m.p. cstr. (488)-n.m.s. paus. (I 94) linen breeches

לְכַסּוֹת prep.-Pi. inf.cstr. (כָּסָה 491) to cover

בְּשַׂר עֶרְוָה n.m.s. cstr. (142)-n.f.s. (788) naked flesh

מִמָּתְנַיִם prep.-n.m. du. (608) from loins

וְעַד־יְרֵכַיִם conj.-prep.-n.f. du. (437) to thighs

יִהְיוּ Qal impf. 3 m.p. (הָיָה 224) they shall reach

28:43

וְהָיוּ conj.-Qal pf. 3 c.p. (הָיָה 224) and they shall be

עַל־אַהֲרֹן prep.-pr.n. (14) upon Aaron

וְעַל־בָּנָיו conj.-prep.-n.m.p.-3 m.s. sf. (119) and upon his sons

בְּבֹאָם prep.-Qal inf.cstr.-3 m.p. sf. (בּוֹא 97) when they go

אֶל־אֹהֶל מוֹעֵד prep.-n.m.s. cstr. (13)-n.m.s. (417) into the tent of meeting

אוֹ בְגִשְׁתָּם conj. (14)-prep.-Qal inf.cstr.-3 m.p. sf. (נָגַשׁ 620) or when they come near

אֶל־הַמִּזְבֵּחַ prep.-def.art.-n.m.s. (258) the altar

לְשָׁרֵת prep.-Pi. inf.cstr. (שָׁרַת 1058) to minister

בַּקֹּדֶשׁ prep.-def.art.-n.m.s. (871) in the holy place

וְלֹא־יִשְׂאוּ עָוֹן conj.-neg. (GK 165a)-Qal impf. 3 m.p. (נָשָׂא 669)-n.m.s. (730) lest they bring guilt

וָמֵתוּ conj.-Qal pf. 3 c.p. (מוּת 559) and die

365

חֻקַּת עוֹלָם n.f.s. cstr. (349)–n.m.s. (761) *a perpetual statute*

לוֹ prep.-3 m.s. sf. *for him*

וּלְזַרְעוֹ conj.-prep.-n.m.s.-3 m.s. sf. (282) *and for his descendants*

אַחֲרָיו prep.-3 m.s. sf. (29) *after him*

29:1

וְזֶה הַדָּבָר conj.-demons.adj. m.s. (260)-def.art. -n.m.s. (182) *now this is what (the thing)*

אֲשֶׁר־תַּעֲשֶׂה rel. (81)–Qal impf. 2 m.s. (עֲשֶׂה I 793) *(which) you shall do*

לָהֶם prep.-3 m.p. sf. *to them*

לְקַדֵּשׁ אֹתָם prep.-Pi. inf.cstr. (872)–dir.obj.-3 m.p. sf. *to consecrate them*

לְכַהֵן לִי prep.-Pi. inf.cstr. (II 464)–prep.-1 c.s. sf. *that they may serve me as priests*

לָקַח Qal impv. 2 m.s. (לָקַח 542; GK 66g) *take*

פַּר אֶחָד n.m.s. (830)–num. adj. m.s. (25) *one ... bull*

בֶּן־בָּקָר n.m.s. cstr. (119)–n.m.s. (133) *young*

וְאֵילִם שְׁנַיִם conj.-n.m.p. (I 17)–num. m. du. (1040) *and two rams*

תְּמִימִם adj. m.p. (1071) *without blemish*

29:2

וְלֶחֶם מַצּוֹת conj.-n.m.s. cstr. (536)–n.f.p. (595) *and unleavened bread*

וְחַלֹּת מַצֹּת conj.-n.f.p. cstr. (319)–n.f.p. (595) *and unleavened cakes*

בְּלוּלֹת Qal pass.ptc. f.p. (בָּלַל I 117) *mixed*

בַּשֶּׁמֶן prep.-def.art.-n.m.s. (1032; GK 126n) *with oil*

וּרְקִיקֵי מַצּוֹת conj.-n.f.p. cstr. (956)–n.f.p. (595) *and unleavened wafers*

מְשֻׁחִים Qal pass.ptc. m.p. (מָשַׁח 602) *spread*

בַּשָּׁמֶן prep.-def.art.-n.m.s. paus. (1032; GK 126n) *with oil*

סֹלֶת חִטִּים n.f.s. cstr. (701)–n.f.p. (334) *of fine wheat flour*

תַּעֲשֶׂה אֹתָם Qal impf. 2 m.s. (עֲשֶׂה I 793) -dir.obj.-3 m.p. sf. *you shall make them*

29:3

וְנָתַתָּ אוֹתָם conj.-Qal pf. 2 m.s. (נָתַן 678)–dir. obj.-3 m.p. sf. *and you shall put them*

עַל־סַל אֶחָד prep.-n.m.s. (700)–num. adj. m.s. (25) *in one basket*

וְהִקְרַבְתָּ conj.-Hi. pf. 2 m.s. (קָרַב 897) *and bring*

אֹתָם dir.obj.-3 m.p. sf. *them*

בַּסָּל prep.-def.art.-n.m.s. paus. (700) *in the basket*

וְאֶת־הַפָּר conj.-dir.obj.-def.art.-n.m.s. (830) *and the bull*

וְאֵת שְׁנֵי הָאֵילִם conj.-dir.obj.-num. m. du. cstr. (1040)-def.art.-n.m.p. (I 17) *and the two rams*

29:4

וְאֶת־אַהֲרֹן conj.-dir.obj.-pr.n. (14) *and Aaron*

וְאֶת־בָּנָיו conj.-dir.obj.-n.m.p.-3 m.s. sf. (119) *and his sons*

תַּקְרִיב Hi. impf. 2 m.s. (קָרַב 897) *you shall bring*

אֶל־פֶּתַח אֹהֶל מוֹעֵד prep.-n.m.s. cstr. (835)–n.m.s. cstr. (13)–n.m.s. (417) *to the door of the tent of meeting*

וְרָחַצְתָּ conj.-Qal pf. 2 m.s. (934) *and wash*

אֹתָם dir.obj.-3 m.p. sf. *them*

בַּמָּיִם prep.-def.art.-n.m.p. paus. (565) *with water*

29:5

וְלָקַחְתָּ conj.-Qal pf. 2 m.s. (לָקַח 542) *and you shall take*

אֶת־הַבְּגָדִים dir.obj.-def.art.-n.m.p. (93) *the garments*

וְהִלְבַּשְׁתָּ conj.-Hi. pf. 2 m.s. (לָבַשׁ 527) *and put on*

אֶת־אַהֲרֹן dir.obj.-pr.n. (14) *Aaron*

אֶת־הַכֻּתֹּנֶת dir.obj.-def.art.-n.f.s. (509) *the coat*

וְאֵת מְעִיל הָאֵפֹד conj.-dir.obj.-n.m.s. cstr. (591) -def.art.-n.m.s. (65) *and the robe of the ephod*

וְאֶת־הָאֵפֹד conj.-dir.obj.-def.art.-n.m.s. (65) *and the ephod*

וְאֶת־הַחֹשֶׁן conj.-dir.obj.-def.art.-n.m.s. (365) *and the breastpiece*

וְאָפַדְתָּ לוֹ conj.-Qal pf. 2 m.s. (אָפַד 65)-prep.-3 m.s. sf. *and gird him*

בְּחֵשֶׁב הָאֵפֹד prep.-n.m.s. cstr. (363)-def.art. -n.m.s. (65) *with the skilfully woven band of the ephod*

29:6

וְשַׂמְתָּ conj.-Qal pf. 2 m.s. (שִׂים I 962) *and you shall set*

הַמִּצְנֶפֶת def.art.-n.f.s. (857) *the turban*

עַל־רֹאשׁוֹ prep.-n.m.s.-3 m.s. sf. (910) *on his head*

וְנָתַתָּ conj.-Qal pf. 2 m.s. (נָתַן 678) *and put*

אֶת־נֵזֶר הַקֹּדֶשׁ dir.obj.-n.m.s. cstr. (634)-def. art.-n.m.s. (871) *the holy crown*

עַל־הַמִּצְנָפֶת prep.-def.art.-n.f.s. paus. (857) *upon the turban*

29:7

וְלָקַחְתָּ conj.-Qal pf. 2 m.s. (לקח 542) *and you shall take*

אֶת־שֶׁמֶן הַמִּשְׁחָה dir.obj.-n.m.s. cstr. (1032)-def.art.-n.f.s. (603) *the anointing oil*

וְיָצַקְתָּ conj.-Qal pf. 2 m.s. (יצק 427) *and pour*

עַל־רֹאשׁוֹ prep.-n.m.s.-3 m.s. sf. (910) *on his head*

וּמָשַׁחְתָּ אֹתוֹ conj.-Qal pf. 2 m.s. (משׁח 602)-dir.obj.-3 m.s. sf. *and anoint him*

29:8

וְאֶת־בָּנָיו conj.-dir.obj.-n.m.p.-3 m.s. sf. (119) *then his sons*

תַּקְרִיב Hi. impf. 2 m.s. (קרב 897) *you shall bring*

וְהִלְבַּשְׁתָּם conj.-Hi. pf. 2 m.s.-3 m.p. sf. (לבשׁ 527) *and put on them*

כֻּתֳּנֹת n.f.p. (509) *coats*

29:9

וְחָגַרְתָּ אֹתָם conj.-Qal pf. 2 m.s. (חגר 291)-dir.obj.-3 m.p. sf. *and you shall gird them*

אַבְנֵט n.m.s. (126) *with girdles*

אַהֲרֹן וּבָנָיו pr.n. (14)-conj.-n.m.p.-3 m.s. sf. (119) *Aaron and his sons*

וְחָבַשְׁתָּ לָהֶם conj.-Qal pf. 2 m.s. (חבשׁ 289)-prep.-3 m.p. sf. *and bind on them*

מִגְבָּעֹת n.f.p. (149) *caps*

וְהָיְתָה לָהֶם conj.-Qal pf. 3 f.s. (היה 224)-prep.-3 m.p. sf. *shall be theirs*

כְּהֻנָּה n.f.s. (464) *priesthood*

לְחֻקַּת עוֹלָם prep.-n.f.s. cstr. (349)-n.m.s. (761) *by a perpetual statute*

וּמִלֵּאתָ יַד־ conj.-Pi. pf. 2 m.s. (569)-n.f.s. cstr. (388) *thus you shall ordain*

אַהֲרֹן וְיַד־בָּנָיו pr.n. (14)-conj.-n.f.s. cstr. (388)-n.m.p.-3 m.s. sf. (119) *Aaron and his sons*

29:10

וְהִקְרַבְתָּ conj.-Hi. pf. 2 m.s. (קרב 897) *then you shall bring*

אֶת־הַפָּר dir.obj.-def.art.-n.m.s.-paus. (830) *the bull*

לִפְנֵי prep.-n.m.p. cstr. (815) *before*

אֹהֶל מוֹעֵד n.m.s. cstr. (13)-n.m.s. (417) *tent of meeting*

וְסָמַךְ conj.-Qal pf. 3 m.s. (701) *and shall lay*

אַהֲרֹן וּבָנָיו pr.n. (14)-conj.-n.m.p.-3 m.s. sf. (119) *Aaron and his sons*

אֶת־יְדֵיהֶם dir.obj.-n.f.p.-3 m.p. sf. (388) *their hands*

29:11 (on head of bull)

עַל־רֹאשׁ הַפָּר prep.-n.m.s. cstr. (910)-def.art.-n.m.s. paus. (830) *upon the head of the bull*

29:11

וְשָׁחַטְתָּ conj.-Qal pf. 2 m.s. (שׁחט 1006) *and you shall kill*

אֶת־הַפָּר dir.obj.-def.art.-n.m.s. (830) *the bull*

לִפְנֵי יהוה prep.-n.m.p. cstr. (815)-pr.n. (217) *before Yahweh*

פֶּתַח n.m.s. cstr. (835) *at door of*

אֹהֶל מוֹעֵד n.m.s. cstr. (13)-n.m.s. (417) *tent of meeting*

29:12

וְלָקַחְתָּ conj.-Qal pf. 2 m.s. (לקח 542) *and shall take*

מִדַּם הַפָּר prep. (GK 119wN)-n.m.s. cstr. (196)-def.art.-n.m.s. (830) *part of the blood of the bull*

וְנָתַתָּה conj.-Qal pf. 2 m.s. (נתן 678) *and put*

עַל־קַרְנֹת prep.-n.f.p. cstr. (901) *upon the horns of*

הַמִּזְבֵּחַ def.art.-n.m.s. (258) *the altar*

בְּאֶצְבָּעֶךָ prep.-n.f.s.-2 m.s. sf. (840) *with your finger*

וְאֶת־כָּל־הַדָּם conj.-dir.obj.-n.m.s. cstr. (481)-def.art.-n.m.s. (196) *and the rest of the blood*

תִּשְׁפֹּךְ Qal impf. 2 m.s. (שׁפך 1049) *you shall pour out*

אֶל־יְסוֹד הַמִּזְבֵּחַ prep.-n.f.s. cstr. (414)-def.art.-n.m.s. (258) *at the base of the altar*

29:13

וְלָקַחְתָּ conj.-Qal pf. 2 m.s. (לקח 542) *and you shall take*

אֶת־כָּל־הַחֵלֶב dir.obj.-n.m.s. cstr. (481)-def.art.-n.m.s. (316) *all the fat*

הַמְכַסֶּה def.art.-Pi. ptc. (כסה 491) *that covers*

אֶת־הַקֶּרֶב dir.obj.-def.art.-n.m.s. (899) *the entrails*

וְאֵת הַיֹּתֶרֶת conj.-dir.obj.-def.art.-n.f.s. (452) *and the appendage*

עַל הַכָּבֵד prep.-def.art.-n.m.s. (458) *of the liver*

וְאֵת שְׁתֵּי הַכְּלָיֹת conj.-dir.obj.-num. f. du. cstr. (1040)-def.art.-n.f.p. (480) *and the two kidneys*

וְאֶת־הַחֵלֶב conj.-dir.obj.-v.supra *and the fat*

אֲשֶׁר עֲלֵיהֶן rel. (81)-prep.-3 f.p. sf. *that is on them*

וְהִקְטַרְתָּ conj.-Hi. pf. 2 m.s. (קטר 882) *and burn*

הַמִּזְבֵּחָה def.art.-n.m.s.-loc.he (258) *upon the altar*

29:14

וְאֶת־בְּשַׂר הַפָּר conj.-dir.obj.-n.m.s. cstr. (142) -def.art.-n.m.s. (830) *but the flesh of the bull*

וְאֶת־עֹרוֹ conj.-dir.obj.-n.m.s.-3 m.s. sf. (736) *and its skin*

וְאֶת־פִּרְשׁוֹ conj.-dir.obj.-n.m.s.-3 m.s. sf. (I 831) *and its dung*

תִּשְׂרֹף Qal impf. 2 m.s. (שׂרף 976) *you shall burn*

בָּאֵשׁ prep.-def.art.-n.f.s. (77) *with fire*

מִחוּץ לַמַּחֲנֶה prep.-n.m.s. cstr. (299)-prep. -def.art.-n.m.s. (334) *outside the camp*

חַטָּאת הוּא n.f.s. (308)-pers.pr. 3 m.s. (214) *it is a sin offering*

29:15

וְאֶת־הָאַיִל הָאֶחָד conj.-dir.obj.-def.art.-n.m.s. (I 17)-def.art.-num. adj. (25) *then one of the rams*

תִּקָּח Qal impf. 2 m.s. paus. (לקח 542) *you shall take*

וְסָמְכוּ conj.-Qal pf. 3 c.p. (סמך 701) *and shall lay*

אַהֲרֹן וּבָנָיו pr.n. (14)-conj.-n.m.p.-3 m.s. sf. (119) *Aaron and his sons*

אֶת־יְדֵיהֶם dir.obj.-n.f.p.-3 m.p. sf. (388) *their hands*

עַל־רֹאשׁ הָאָיִל prep.-n.m.s. cstr. (910)-def.art. -n.m.s. paus. (I 17) *upon the head of the ram*

29:16

וְשָׁחַטְתָּ conj.-Qal pf. 2 m.s. (שׁחט 1006) *and you shall slaughter*

אֶת־הָאָיִל dir.obj.-def.art.-n.m.s. paus. (I 17) *the ram*

וְלָקַחְתָּ conj.-Qal pf. 2 m.s. (לקח 542) *and shall take*

אֶת־דָּמוֹ dir.obj.-n.m.s.-3 m.s. sf. (196) *its blood*

וְזָרַקְתָּ conj.-Qal pf. 2 m.s. (זרק 284) *and throw*

עַל־הַמִּזְבֵּחַ prep.-def.art.-n.m.s. (258) *against the altar*

סָבִיב adv. (686) *round about*

29:17

וְאֶת־הָאַיִל conj.-dir.obj.-def.art.-n.m.s. (I 17) *then the ram*

תְּנַתֵּחַ Pi. impf. 2 m.s. (נתח 677) *you shall cut*

לִנְתָחָיו prep.-n.m.p.-3 m.s. sf. (677) *into pieces*

וְרָחַצְתָּ conj.-Qal pf. 2 m.s. (רחץ 934) *and wash*

קִרְבּוֹ n.m.s.-3 m.s. sf. (899) *its entrails*

וּכְרָעָיו conj.-n.f.p.-3 m.s. sf. (502) *and its legs*

וְנָתַתָּ conj.-Qal pf. 2 m.s. (נתן 678) *and put*

עַל־נְתָחָיו prep.-n.m.p.-3 m.s. sf. (677) *with its pieces*

וְעַל־רֹאשׁוֹ conj.-prep.-n.m.s.-3 m.s. sf. (910) *and its head*

29:18

וְהִקְטַרְתָּ conj.-Hi. pf. 2 m.s. (קטר 882) *and burn*

אֶת־כָּל־הָאַיִל dir.obj.-n.m.s. cstr. (481)-def.art. -n.m.s. (I 17) *the whole ram*

הַמִּזְבֵּחָה def.art.-n.m.s.-loc.he (258) *upon the altar*

עֹלָה הוּא n.f.s. (750)-pers.pr. 3 m.s. (214) *it is a burnt offering*

לַיהוָה prep.-pr.n. (217) *to Yahweh*

רֵיחַ נִיחוֹחַ n.m.s. cstr. (926)-n.m.s. (629) *a pleasing odor*

אִשֶּׁה n.m.s. (77) *an offering by fire*

לַיהוָה v.supra *to Yahweh*

הוּא v.supra *it is*

29:19

וְלָקַחְתָּ conj.-Qal pf. 2 m.s. (לקח 542) *and you shall take*

אֵת הָאַיִל הַשֵּׁנִי dir.obj.-def.art.-n.m.s. (I 17) -def.art.-num. adj. m. (1041) *the other ram*

וְסָמַךְ conj.-Qal pf. 3 m.s. (סמך 701) *and shall lay*

אַהֲרֹן וּבָנָיו pr.n. (14)-conj.-n.m.p.-3 m.s. sf. (119) *Aaron and his sons*

אֶת־יְדֵיהֶם dir.obj.-n.f.p.-3 m.p. sf. (388) *their hands*

עַל־רֹאשׁ הָאָיִל prep.-n.m.s. cstr. (910)-def.art. -n.m.s. paus. (I 17) *upon the head of the ram*

29:20

וְשָׁחַטְתָּ conj.-Qal pf. 2 m.s. (שׁחט 1006) *and you shall kill*

אֶת־הָאַיִל dir.obj.-def.art.-n.m.s. (I 17) *the ram*

וְלָקַחְתָּ conj.-Qal pf. 2 m.s. (לקח 542) *and take*

מִדָּמוֹ prep.-n.m.s.-3 m.s. sf. (196) *part of its blood*

וְנָתַתָּה conj.-Qal pf. 2 m.s. (נתן 678) *and put*

עַל־תְּנוּךְ prep.-n.m.s. cstr. (1072) *upon the tip of*

אֹזֶן n.f.s. cstr. (23) *the ear of*

אַהֲרֹן pr.n. (14) *Aaron*

וְעַל־תְּנוּךְ conj.-v.supra-v.supra *and upon the tips of*

אֹזֶן בָּנָיו v.supra-n.m.p.-3 m.s. sf. (119) *the ... ears of his sons*

הַיְמָנִית def.art.-adj. f.s. (412) *right*

וְעַל־בֹּהֶן יָדָם conj.-prep.-n.f.s. cstr. (97)-n.f.s.-3 m.p. sf. (388) *and upon the thumbs of their ... hands*

הַיְמָנִית def.art.-adj. f.s. (412) *right*

וְעַל־בֹּהֶן v.supra-v.supra *and upon the great toes of*

רַגְלָם n.f.s.-3 m.p. sf. (919) *their ... feet*

הַיְמָנִית v.supra *right*

וְזָרַקְתָּ conj.-Qal pf. 2 m.s. (זרק 284) *and throw*

אֶת־הַדָּם dir.obj.-def.art.-n.m.s. (196) *the rest of the blood*

עַל־הַמִּזְבֵּחַ prep.-def.art.-n.m.s. (258) *against the altar*

סָבִיב adv. (686) *round about*

29:21

וְלָקַחְתָּ conj.-Qal pf. 2 m.s. (לקח 542) *then you shall take*

מִן־הַדָּם prep.-def.art.-n.m.s. (196) *part of the blood*

אֲשֶׁר עַל־הַמִּזְבֵּחַ rel. (81)-prep.-def.art.-n.m.s. (258) *that is on the altar*

וּמִשֶּׁמֶן conj.-prep.-n.m.s. cstr. (1032) *and of the oil of*

הַמִּשְׁחָה def.art.-n.f.s. (603) *the anointing*

וְהִזֵּיתָ conj.-Hi. pf. 2 m.s. (נזה I 633) *and sprinkle*

עַל־אַהֲרֹן prep.-pr.n. (14) *upon Aaron*

וְעַל־בְּגָדָיו conj.-prep.-n.m.p.-3 m.s. sf. (93) *and his garments*

וְעַל־בָּנָיו conj.-prep.-n.m.p.-3 m.s.sf. (119) *and upon his sons*

וְעַל־בִּגְדֵי בָנָיו conj.-prep.-n.m.p. cstr. (93)-n.m.p.-3 m.s. sf. (119) *and his sons' garments*

אִתּוֹ prep.-3 m.s. sf. (II 85) *with him*

וְקָדַשׁ conj.-Qal pf. 3 m.s. (872) *and shall be holy*

הוּא וּבְגָדָיו pers.pr. 3 m.s. (214)-conj.-n.m.p.-3 m.s. sf. (93) *he and his garments*

וּבָנָיו conj.-v.supra *and his sons*

וּבִגְדֵי בָנָיו conj.-v.supra-v.supra *and his sons' garments*

אִתּוֹ v.supra *with him*

29:22

וְלָקַחְתָּ conj.-Qal pf. 2 m.s. (542) *you shall also take*

מִן־הָאַיִל prep.-def.art.-n.m.s. (I 17) *of the ram*

הַחֵלֶב def.art.-n.m.s. (316) *the fat*

וְהָאַלְיָה conj.-def.art.-n.f.s. (46) *and the fat tail*

וְאֶת־הַחֵלֶב conj.-dir.obj.-v.supra (316) *and the fat*

הַמְכַסֶּה def.art.-Pi. ptc. (כסה 491) *that covers*

אֶת־הַקֶּרֶב dir.obj.-def.art.-n.m.s. (899) *the entrails*

וְאֵת יֹתֶרֶת conj.-dir.obj.-n.f.s. cstr. (452) *and the appendage of*

הַכָּבֵד def.art.-n.m.s. (458) *the liver*

וְאֵת שְׁתֵּי conj.-dir.obj.-num. f. du. cstr. (1040) *and the two*

הַכְּלָיֹת def.art.-n.f.p. (480) *kidneys*

וְאֶת־הַחֵלֶב conj.-dir.obj.-v.supra *with the fat*

אֲשֶׁר עֲלֵהֶן rel. (81)-prep.-3 f.p. sf. *that is on them*

וְאֵת שׁוֹק הַיָּמִין conj.-dir.obj.-n.f.s. cstr. (1003) -def.art.-n.f.s. (411) *and the right thigh*

כִּי אֵיל conj.-n.m.s. cstr. (I 17) *for a ram of*

מִלֻּאִים n.m.p. (571) *ordination*

הוּא pers.pr. 3 m.s. (214) *it is*

29:23

וְכִכַּר לֶחֶם conj.-n.f.s. cstr. (503)-n.m.s. (536) *and ... loaf of bread*

אַחַת adj. num. f.s. (25) *one*

וְחַלַּת לֶחֶם conj.-n.f.s. cstr.-v.supra *and ... cake of bread*

שֶׁמֶן n.m.s. (1032) *with oil*

אַחַת v.supra *one*

וְרָקִיק אֶחָד conj.-n.m.s. (956)-num. adj. m.s. (25) *and one wafer*

מִסַּל־הַמַּצּוֹת prep.-n.m.s. cstr. (700)-def.art. -n.f.p. (595) *out of the basket of unleavened bread*

אֲשֶׁר לִפְנֵי יהוה rel. (81)-prep.-n.m.p. cstr. (815)-pr.n. (217) *that is before Yahweh*

29:24

וְשַׂמְתָּ conj.-Qal pf. 2 m.s. (שים I 962) *and you shall put*

הַכֹּל def.art.-n.m.s. (481) *all these*

עַל כַּפֵּי prep.-n.f.p. cstr. (496) *in the hands of*

אַהֲרֹן pr.n. (14) *Aaron*

וְעַל כַּפֵּי conj.-prep.-v.supra *and in the hands of*

בָּנָיו n.m.p.-3 m.s. sf. (119) *his sons*

וְהֵנַפְתָּ אֹתָם conj.-Hi. pf. 2 m.s. (נוף 631) -dir.obj.-3 m.p. sf. *and wave them*

תְּנוּפָה n.f.s. (632) *for a wave offering*

לִפְנֵי יהוה prep.-n.m.p. cstr. (815)-pr.n. (217) *before Yahweh*

29:25

וְלָקַחְתָּ conj.-Qal pf. 2 m.s. (542) *then you shall take*

אֹתָם dir.obj.-3 m.p. sf. *them*

מִיָּדָם prep.-n.f.s.-3 m.p. sf. (388) *from their hands*

וְהִקְטַרְתָּ conj.-Hi. pf. 2 m.s. (קטר 882) *and burn*

הַמִּזְבֵּחָה def.art.-n.m.s.-loc.he (258) *on the altar*

עַל־הָעֹלָה prep.-def.art.-n.f.s. (750) *in addition to the burnt offering*

לְרֵיחַ נִיחוֹחַ prep.-n.m.s. cstr. (926)-n.m.s. (629) *as a pleasing odor*

לִפְנֵי יהוה prep.-n.m.p. cstr. (815)-pr.n. (217) *before Yahweh*

אִשֶּׁה n.m.s. (77) *an offering by fire*

הוּא לַיהוה pers.pr. 3 m.s. (214)-prep.-pr.n. (217) *it is to Yahweh*

29:26

וְלָקַחְתָּ conj.-Qal pf. 2 m.s. (542) *and you shall take*

אֶת־הֶחָזֶה dir.obj.-def.art.-n.m.s. (303) *the breast*

מֵאֵיל prep.-n.m.s. cstr. (I 17) *of the ram of*

הַמִּלֻּאִים def.art.-n.m.p. (571) *the ordination*

אֲשֶׁר לְאַהֲרֹן rel. (81)-prep.-pr.n. (14) *of Aaron*

וְהֵנַפְתָּ conj.-Hi. pf. 2 m.s. (631) *and wave*

אֹתוֹ dir.obj.-3 m.s. sf. *it*

תְּנוּפָה n.f.s. (632) *for a wave offering*

לִפְנֵי יהוה prep.-n.m.p. cstr. (815)-pr.n. (217) *before Yahweh*

וְהָיָה לְךָ conj.-Qal pf. 3 m.s. (224)-prep.-2 m.s. sf. *and it shall be for you*

לְמָנָה prep.-n.f.s. (584) *for a portion*

29:27

וְקִדַּשְׁתָּ conj.-Pi. pf. 2 m.s. (872) *and you shall consecrate*

אֵת חֲזֵה dir.obj.-n.m.s. cstr. (303) *the breast of*

הַתְּנוּפָה def.art.-n.f.s. (632) *the wave offering*

וְאֵת שׁוֹק conj.-dir.obj.-n.f.s. cstr. (1003) *and the thigh of*

הַתְּרוּמָה def.art.-n.f.s. (929) *the priests' portion (offering)*

אֲשֶׁר הוּנַף rel. (81)-Ho. pf. 3 m.s. (נוף 631) *which is waved*

וַאֲשֶׁר הוּרָם conj.-rel. (81)-Ho. pf. 3 m.s. (רום 926) *and which is offered*

מֵאֵיל הַמִּלֻּאִים prep.-n.m.s. cstr. (I 17)-def.art.-n.m.p. (571) *from the ram of ordination*

מֵאֲשֶׁר לְאַהֲרֹן prep.-rel. (81)-prep.-pr.n. (14) *since it is for Aaron*

וּמֵאֲשֶׁר לְבָנָיו conj.-prep.-rel. (81)-prep.-n.m.p.-3 m.s. sf. (119) *and for his sons*

29:28

וְהָיָה conj.-Qal pf. 3 m.s. (224) *and it shall be*

לְאַהֲרֹן וּלְבָנָיו prep.-pr.n. (14)-conj.-prep.-n.m.p.-3 m.s. sf. (119) *for Aaron and his sons*

לְחָק־עוֹלָם prep.-n.m.s. cstr. (349)-n.m.s. (761) *as a perpetual due*

מֵאֵת בְּנֵי יִשְׂרָאֵל prep.-prep. (II 85)-n.m.p. cstr. (119)-pr.n. (975) *from the people of Israel*

כִּי תְרוּמָה הוּא conj.-n.f.s. (929)-pers.pr. 3 m.s. (214) *for it is the priests' portion*

וּתְרוּמָה יִהְיֶה conj.-n.f.s. (929)-Qal impf. 3 m.s. (היה 224) *to be offered*

מֵאֵת בְּנֵי־ v.supra-v.supra *by the people of*

יִשְׂרָאֵל pr.n. (975) *Israel*

מִזִּבְחֵי שַׁלְמֵיהֶם prep.-n.m.p. cstr. (257)-n.m.p.-3 m.p. sf. (1023) *from their peace offerings*

תְּרוּמָתָם לַיהוה n.f.s.-3 m.p. sf. (929)-prep.-pr.n. (217) *it is their offering to Yahweh*

29:29

וּבִגְדֵי הַקֹּדֶשׁ conj.-n.m.p. cstr. (93)-def.art.-n.m.s. (871; GK 128p) *the holy garments*

אֲשֶׁר לְאַהֲרֹן rel. (81)-prep.-pr.n. (14) *of Aaron*

יִהְיוּ לְבָנָיו Qal impf. 3 m.p. (היה 224)-prep.-n.m.p.-3 m.s. sf. (119) *shall be for his sons*

אַחֲרָיו prep.-3 m.s. sf. (29) *after him*

לְמָשְׁחָה בָהֶם prep.-Qal inf.cstr. (משח 602)-prep.-3 m.p. sf. *to be anointed in them*

וּלְמַלֵּא־בָם conj.-prep.-Pi. inf.cstr. (מלא 569)-prep.-3 m.p. sf. *and ordained in them* (lit. *to fill in them*)

אֶת־יָדָם dir.obj.-n.f.s.-3 m.p. sf. (388) *(their hand)*

29:30

שִׁבְעַת יָמִים num. f.s. cstr. (987)-n.m.p. (398) *seven days*

יִלְבָּשָׁם Qal impf. 3 m.s.-3 m.p. sf. (לבש 527) *shall wear them*

הַכֹּהֵן def.art.-n.m.s. (463) *the priest*

תַּחְתָּיו prep.-3 m.s. sf. (1065) *in his place*

מִבָּנָיו prep.-n.m.p.-3 m.s. sf. (119) *from his sons*

אֲשֶׁר יָבֹא rel. (81)-Qal impf. 3 m.s. (בוא 97) *when he comes*

אֶל־אֹהֶל מוֹעֵד prep.-n.m.s. cstr. (13)-n.m.s. (417) *into the tent of meeting*

לְשָׁרֵת prep.-Pi. inf.cstr. (שרת 1058) *to minister*

בַּקֹּדֶשׁ prep.-def.art.-n.m.s. (871) *in the holy place*

29:31

וְאֵת אֵיל conj.-dir.obj.-n.m.s. cstr. (I 17) *and the ram of*

הַמִּלֻּאִים def.art.-n.m.p. (571) *ordination*

תִּקָּח Qal impf. 2 m.s. paus. (לָקַח 542) *you shall take*

וּבִשַּׁלְתָּ conj.-Pi. pf. 2 m.s. (בָּשַׁל 143) *and boil*

אֶת־בְּשָׂרוֹ dir.obj.-n.m.s.-3 m.s. sf. (142) *its flesh*

בְּמָקֹם קָדֹשׁ prep.-n.m.s. (879)-adj. m.s. (872; GK 128p) *in a holy place*

29:32

וְאָכַל conj.-Qal pf. 3 m.s. (37) *and shall eat*

אַהֲרֹן וּבָנָיו pr.n. (14)-conj.-n.m.p.-3 m.s. sf. (119) *Aaron and his sons*

אֶת־בְּשַׂר הָאַיִל dir.obj.-n.m.s. cstr. (142)-def.art.-n.m.s. (I 17) *the flesh of the ram*

וְאֶת־הַלֶּחֶם conj.-dir.obj.-def.art.-n.m.s. (536) *and the bread*

אֲשֶׁר בַּסָּל rel. (81)-prep.-def.art.-n.m.s. paus. (700) *that is in the basket*

פֶּתַח אֹהֶל n.m.s. cstr. (835)-n.m.s. cstr. (13) *at the door of the tent of*

מוֹעֵד n.m.s. (417) *meeting*

29:33

וְאָכְלוּ conj.-Qal pf. 3 c.p. (אָכַל 37) *and they shall eat*

אֹתָם אֲשֶׁר dir.obj.-3 m.p. sf.-rel. (81) *those things with which*

כֻּפַּר בָּהֶם Pu. pf. 3 m.s. (497)-prep.-3 m.p. sf. *atonement was made (by them)*

לְמַלֵּא אֶת־יָדָם prep.-Pi. inf.cstr. (569)-dir.obj.-n.m.s.-3 m.p. sf. (388) *to ordain* (lit. *fill their hand*)

לְקַדֵּשׁ אֹתָם prep.-Pi. inf.cstr. (872)-dir.obj.-3 m.p. sf. *and consecrate them*

וְזָר conj.-Qal act.ptc. as n. (זוּר 266) *but an outsider*

לֹא־יֹאכַל neg.-Qal impf. 3 m.s. (אָכַל 37) *shall not eat*

כִּי־קֹדֶשׁ הֵם conj.-n.m.s. (871)-pers.pr. 3 m.p. (241) *because they are holy*

29:34

וְאִם־יִוָּתֵר conj.-hypoth.part. (49)-Ni. impf. 3 m.s. (יָתַר 451) *and if ... remain*

מִבְּשַׂר הַמִּלֻּאִים prep.-n.m.s. cstr. (142)-def.art.-n.m.p. (571) *any of the flesh for the ordination*

וּמִן־הַלֶּחֶם conj.-prep.-def.art.-n.m.s. (536) *or of the bread*

עַד־הַבֹּקֶר prep.-def.art.-n.m.s. (133) *until the morning*

וְשָׂרַפְתָּ conj.-Qal pf. 2 m.s. (שָׂרַף 976) *then you shall burn*

אֶת־הַנּוֹתָר dir.obj.-def.art.-Ni. ptc. (יָתַר 451) *the ramainder*

בָּאֵשׁ prep.-def.art.-n.f.s. (77) *with fire*

לֹא יֵאָכֵל neg.-Ni. impf. 3 m.s. (37) *it shall not be eaten*

כִּי־קֹדֶשׁ הוּא conj.-n.m.s. (871)-pers.pr. 3 m.s. (214) *because it is holy*

29:35

וְעָשִׂיתָ conj.-Qal pf. 2 m.s. (I 793) *thus you shall do*

לְאַהֲרֹן prep.-pr.n. (14) *to Aaron*

וּלְבָנָיו conj.-prep.-n.m.p.-3 m.s. sf. (119) *and to his sons*

כָּכָה כְּכֹל adv. (462)-prep.-n.m.s. (481) *according to all*

אֲשֶׁר־צִוִּיתִי rel. (81)-Pi. pf. 1 c.s. (צָוָה 845) *that I have commanded*

אֹתָכָה dir.obj.-2 m.s. sf. paus. (GK 103b) *you*

שִׁבְעַת יָמִים num. f.s. cstr. (987)-n.m.p. (398) *through seven days*

תְּמַלֵּא יָדָם Pi. impf. 2 m.s. (מָלֵא 569)-n.f.s.-3 m.p. sf. (388) *shall you ordain them*

29:36

וּפַר חַטָּאת conj.-n.m.s. cstr. (830)-n.f.s. (308) *and a bull as a sin offering*

תַּעֲשֶׂה Qal impf. 2 m.s. (I 793) *you shall offer*

לַיּוֹם prep.-def.art.-n.m.s. (398) *every day*

עַל־הַכִּפֻּרִים prep.-def.art.-n.m.p. (498) *for atonement*

וְחִטֵּאתָ conj.-Pi. pf. 2 m.s. (חָטָא 306) *also you shall offer a sin offering*

עַל־הַמִּזְבֵּחַ prep.-def.art.-n.m.s. (258) *for the altar*

בְּכַפֶּרְךָ prep.-Pi. inf.cstr.-2 m.s. sf. (כָּפַר 497) *when you make atonement*

עָלָיו prep.-3 m.s. sf. *for it*

וּמָשַׁחְתָּ אֹתוֹ conj.-Qal pf. 2 m.s. (מָשַׁח 602)-dir.obj.-3 m.s. sf. *and you shall anoint it*

לְקַדְּשׁוֹ prep.-Pi. inf.cstr.-3 m.s. sf. (קָדַשׁ 872) *to consecrate it*

29:37

שִׁבְעַת יָמִים num. f.s. cstr. (987)-n.m.p. (398) *seven days*

תְּכַפֵּר Pi. impf. 2 m.s. (כָּפַר 497) *you shall make atonement*

עַל־הַמִּזְבֵּחַ prep.-def.art.-n.m.s. (258) *for the altar*

וְקִדַּשְׁתָּ conj.-Pi. pf. 2 m.s. (קדשׁ 872) *and consecrate*

אֹתוֹ dir.obj.-3 m.s. sf. *it*

וְהָיָה הַמִּזְבֵּחַ conj.-Qal pf. 3 m.s. (224)-def.art.-n.m.s. (258) *and the altar shall be*

קֹדֶשׁ קָדָשִׁים n.m.s. cstr. (871)-n.m.p. (871) *most holy* (lit. *holy of holies*)

כָּל־הַנֹּגֵעַ n.m.s. cstr. (481)-def.art.-Qal act.ptc. (נגע 619) *whatever touches*

בַּמִּזְבֵּחַ prep.-def.art.-n.m.s. (258) *the altar*

יִקְדָּשׁ Qal impf. 3 m.s. (קדשׁ 872) *shall become holy*

29:38

וְזֶה conj.-demons.adj. m.s. (260) *this is*

אֲשֶׁר תַּעֲשֶׂה rel. (81)-Qal impf. 2 m.s. (עשׂה I 793) *what you shall offer*

עַל־הַמִּזְבֵּחַ prep.-def.art.-n.m.s. (258) *upon the altar*

כְּבָשִׂים n.m.p. (461) *lambs*

בְּנֵי־שָׁנָה n.m.p. cstr. (119)-n.f.s. (1040) *a year old*

שְׁנַיִם num. m. du. (1040) *two*

לַיּוֹם prep.-def.art.-n.m.s. (398) *day by day*

תָּמִיד adv. (556) *continually*

29:39

אֶת־הַכֶּבֶשׂ הָאֶחָד dir.obj.-def.art.-n.m.s. (461)-def.art.-num. adj. (25) *one lamb*

תַּעֲשֶׂה Qal impf. 2 m.s. (I 793) *you shall offer*

בַּבֹּקֶר prep.-def.art.-n.m.s. (133) *in the morning*

וְאֵת הַכֶּבֶשׂ הַשֵּׁנִי conj.-dir.obj.-def.art.-n.m.s. (461)-def.art.-num. adj. m. (1041) *and the other lamb*

תַּעֲשֶׂה v.supra *you shall offer*

בֵּין הָעַרְבָּיִם prep. (107)-def.art.-n.m.p. (787) *in the evening*

29:40

וְעִשָּׂרֹן conj.-n.m.s. (798) *and a tenth measure*

סֹלֶת n.f.s. (701) *fine flour*

בָּלוּל Qal pass.ptc. (I 117) *mingled*

בְּשֶׁמֶן כָּתִית prep.-n.m.s. (1032)-adj. m.s. (510) *with beaten oil*

רֶבַע הַהִין n.m.s. cstr. (I 917)-def.art.-n.m.s. (228) *a fourth of a hin*

וְנֵסֶךְ conj.-n.m.s. (651) *and a drink-offering*

רְבִיעִת הַהִין adj. f.s. cstr. (917)-def.art.-n.m.s. (228) *a fourth of a hin*

יָיִן n.m.s. paus. (406) *wine*

לַכֶּבֶשׂ prep.-def.art.-n.m.s. (461) *with the ... lamb*

הָאֶחָד def.art.-num. adj. m. (25) *first*

29:41

וְאֵת הַכֶּבֶשׂ conj.-dir.obj.-def.art.-n.m.s. (461) *and the ... lamb*

הַשֵּׁנִי def.art.-num. adj. m. (1041) *other*

תַּעֲשֶׂה Qal impf. 2 m.s. (I 793) *you shall offer*

בֵּין הָעַרְבָּיִם prep. (107)-def.art.-n.m.p. paus. (787) *in the evening*

כְּמִנְחַת הַבֹּקֶר prep.-n.f.s. cstr. (585)-def.art.-n.m.s. (133) *as an offering in the morning*

וּכְנִסְכָּהּ conj.-prep.-n.m.s.-3 f.s. sf. (651) *and its libation*

תַּעֲשֶׂה־לָּהּ v.supra-prep.-3 f.s. sf. *and shall offer with it*

לְרֵיחַ נִיחֹחַ prep.-n.m.s. cstr. (926)-n.m.s. (629) *for a pleasing odor*

אִשֶּׁה n.m.s. (77) *an offering by fire*

לַיהוָה prep.-pr.n. (217) *to Yahweh*

29:42

עֹלַת תָּמִיד n.f.s. cstr. (750)-n.m.s. (556) *a continual burnt offering*

לְדֹרֹתֵיכֶם prep.-n.m.p.-2 m.p. sf. (189) *throughout your generations*

פֶּתַח אֹהֶל־ n.m.s. cstr. (835)-n.m.s. cstr. (13) *at the door of the tent of*

מוֹעֵד n.m.s. (417) *meeting*

לִפְנֵי יהוה prep.-n.m.p. cstr. (815)-pr.n. (217) *before Yahweh*

אֲשֶׁר אִוָּעֵד rel. (81)-Ni. impf. 1 c.s. (יעד 416) *where I will meet*

לָכֶם prep.-2 m.p. sf. *with you*

שָׁמָּה adv.-loc.he (1027) *(there)*

לְדַבֵּר אֵלֶיךָ prep.-Pi. inf.cstr. (180)-prep.-2 m.s. sf. *to speak to you*

שָׁם adv. (1027) *there*

29:43

וְנֹעַדְתִּי conj.-Ni. pf. 1 c.s. (יעד 416) *and I will meet*

שָׁמָּה adv.-loc.he (1027) *there*

לִבְנֵי יִשְׂרָאֵל prep.-n.m.p. cstr. (119)-pr.n. (975) *with the people of Israel*

וְנִקְדַּשׁ conj.-Ni. pf. 3 m.s. (קדשׁ 872) *and it shall be sanctified*

בִּכְבֹדִי prep.-n.m.s.-1 c.s. sf. (II 458) *by my glory*

29:44

וְקִדַּשְׁתִּי conj.-Pi. pf. 1 c.s. (קדשׁ 872) *and I will consecrate*

אֶת־אֹהֶל מוֹעֵד dir.obj.-n.m.s. cstr. (13)-n.m.s. (417) *the tent of meeting*

וְאֶת־הַמִּזְבֵּחַ conj.-dir.obj.-def.art.-n.m.s. (258) *and the altar*

וְאֶת־אַהֲרֹן conj.-dir.obj.-pr.n. (14) *Aaron also*

וְאֶת־בָּנָיו conj.-dir.obj.-n.m.p.-3 m.s. sf. (119) *and his sons*

אֲקַדֵּשׁ Pi. impf. 1 c.s. (קדשׁ 872) *I will consecrate*

לְכַהֵן לִי prep.-Pi. inf.cstr. (II 464)-prep.-1 c.s. sf. *to serve me as priests*

29:45

וְשָׁכַנְתִּי conj.-Qal pf. 1 c.s. (שׁכן 1014) *and I will dwell*

בְּתוֹךְ prep.-n.m.s. cstr. (1063) *among*

בְּנֵי יִשְׂרָאֵל n.m.p. cstr. (119)-pr.n. (975) *the people of Israel*

וְהָיִיתִי conj.-Qal pf. 1 c.s. (הָיָה 224) *and will be*

לָהֶם לֵאלֹהִים prep.-3 m.p. sf.-prep.-n.m.p. (43) *their God*

29:46

וְיָדְעוּ conj.-Qal pf. 3 c.p. (ידע 393) *and they shall know*

כִּי אֲנִי conj.-pers.pr. 1 c.s. (58) *that I am*

יהוה אֱלֹהֵיהֶם pr.n. (217)-n.m.p.-3 m.p. sf. (43) *Yahweh their God*

אֲשֶׁר הוֹצֵאתִי rel. (81)-Hi. pf. 1 c.s. (יצא 422) *who brought forth*

אֹתָם dir.obj.-3 m.p. sf. *them*

מֵאֶרֶץ מִצְרַיִם prep.-n.f.s. cstr. (75)-pr.n. (595) *out of the land of Egypt*

לְשָׁכְנִי prep.-Qal inf.cstr.-1 c.s. sf. (שׁכן 1014) *that I might dwell*

בְּתוֹכָם prep.-n.m.s.-3 m.p. sf. (1063) *among them*

אֲנִי יהוה pers.pr. 1 c.s. (58)-pr.n. (217) *I am Yahweh*

אֱלֹהֵיהֶם v.supra *their God*

30:1

וְעָשִׂיתָ conj.-Qal pf. 2 m.s. (עשׂה I 793) *and you shall make*

מִזְבֵּחַ n.m.s. (258) *an altar*

מִקְטַר קְטֹרֶת n.m.s. cstr. (883)-n.f.s. (882) *to burn incense upon*

עֲצֵי שִׁטִּים n.m.p. cstr. (781)-n.f.p. (1008) *of acacia wood*

תַּעֲשֶׂה אֹתוֹ Qal impf. 2 m.s. (I 793)-dir.obj.-3 m.s.sf. *shall you make it*

30:2

אַמָּה אָרְכּוֹ n.f.s. (52)-n.m.s.-3 m.s. sf. (73) *a cubit shall be its length*

וְאַמָּה רָחְבּוֹ conj.-n.f.s. (52)-n.m.s.-3 m.s. sf. (931) *and a cubit its breadth*

רָבוּעַ יִהְיֶה Qal pass.ptc. (רבע 917)-Qal impf. 3 m.s. (הָיָה 224) *it shall be square*

וְאַמָּתַיִם conj.-n.f. du. (52) *and two cubits*

קֹמָתוֹ n.f.s.-3 m.s. sf. (879) *its height*

מִמֶּנּוּ קַרְנֹתָיו prep.-3 m.s. sf.-n.f. du.-3 m.s. sf. (901) *its horns shall be of one piece with it*

30:3

וְצִפִּיתָ אֹתוֹ conj.-Pi. pf. 2 m.s. (צפה II 860)-dir.obj.-3 m.s. sf. *and you shall overlay it*

זָהָב טָהוֹר n.m.s. (262)-adj. m.s. (373) *with pure gold*

אֶת־גַּגּוֹ dir.obj.-n.m.s.-3 m.s. sf. (150) *its top*

וְאֶת־קִירֹתָיו conj.-dir.obj.-n.m.p.-3 m.s. sf. (885) *and its sides*

סָבִיב adv. (686) *round about*

וְאֶת־קַרְנֹתָיו conj.-dir.obj.-n.f.p.-3 m.s. sf. *and its horns*

וְעָשִׂיתָ לּוֹ conj.-Qal pf. 2 m.s. (I 793)-prep.-3 m.s. sf. *and you shall make for it*

זֵר זָהָב n.m.s. cstr. (267)-n.m.s. (262) *a molding of gold*

סָבִיב v.supra *round about*

30:4

וּשְׁתֵּי conj.-num. f. du. cstr. (1040) *and two*

טַבְּעֹת זָהָב n.f.p. cstr. (371)-n.m.s. (262) *golden rings*

תַּעֲשֶׂה־לּוֹ Qal impf. 2 m.s. (עשׂה I 793)-prep.-3 m.s. sf. *shall you make for it*

מִתַּחַת לְזֵרוֹ prep.-prep. (1065)-prep.-n.m.s.-3 m.s. sf. (267) *from beneath its molding*

עַל שְׁתֵּי prep.-v.supra *on two of*

צַלְעֹתָיו n.f.p.-3 m.s. sf. (854) *its sides*

תַּעֲשֶׂה v.supra *shall you make*

עַל־שְׁנֵי צִדָּיו prep.-num. m. du. cstr. (1040)-n.m.p.-3 m.s. sf. (841) *on its two sides*

וְהָיָה conj.-Qal pf. 3 m.s. (224) *and they shall be*

לְבָתִּים לְבַדִּים prep.-n.m.p. (108,3)-prep.-n.m.p. (4,3) *holders for poles*

לָשֵׂאת אֹתוֹ בָּהֵמָּה prep.-Qal inf.cstr. (נשׂא 669)-dir.obj.-3 m.s. sf.-prep.-pers.pr. 3 m.s. (241; GK 103g) *with which to carry it*

30:5

וְעָשִׂיתָ conj.-Qal pf. 2 m.s. (I 793) *and you shall make*

אֶת־הַבַּדִּים dir.obj.-def.art.-n.m.p. (II 94) *the poles*

עֲצֵי שִׁטִּים n.m.p. cstr. (781)-n.f.p. (1008) *of acacia wood*

וְצִפִּיתָ אֹתָם conj.-Pi. pf. 2 m.s. (צפה II 860) -dir.obj.-3 m.p. sf. *and overlay them*

זָהָב n.m.s. (262) *with gold*

30:6

וְנָתַתָּה אֹתוֹ conj.-Qal pf. 2 m.s. (נתן 678) -dir.obj.-3 m.s. sf. *and you shall put it*

לִפְנֵי הַפָּרֹכֶת prep.-n.m.p. cstr. (815)-def.art.-n.f.s. (827) *before the veil*

אֲשֶׁר עַל־אֲרֹן rel. (81)-prep.-n.m.s. cstr. (75) *that is by the ark of*

הָעֵדֻת def.art.-n.f.s. (730) *the testimony*

לִפְנֵי הַכַּפֹּרֶת v.supra-def.art.-n.f.s. (498) *before the mercy seat*

אֲשֶׁר עַל־הָעֵדֻת rel. (81)-prep.-v.supra *that is over the testimony*

אֲשֶׁר אִוָּעֵד v.supra-Ni. impf. 1 c.s. (יעד 416) *where I will meet*

לְךָ prep.-2 m.s. sf. *with you*

שָׁמָּה adv.-loc.he (1027) *(there)*

30:7

וְהִקְטִיר עָלָיו conj.-Hi. pf. 3 m.s. (קטר 882) -prep.-3 m.s. sf. *and shall burn on it*

אַהֲרֹן pr.n. (14) *Aaron*

קְטֹרֶת סַמִּים n.f.s. cstr. (882)-n.m.p. (702) *fragrant incense*

בַּבֹּקֶר בַּבֹּקֶר prep.-def.art.-n.m.s. (133)-v.supra *every morning*

בְּהֵיטִיבוֹ prep.-Hi. inf.cstr.-3 m.s. sf. (יטב 405) *when he dresses*

אֶת־הַנֵּרֹת dir.obj.-def.art.-n.m.p. (632) *the lamps*

יַקְטִירֶנָּה Hi. impf. 3 m.s.-3 f.s. sf. (קטר 882) *he shall burn it*

30:8

וּבְהַעֲלֹת אַהֲרֹן conj.-prep.-Hi. inf.cstr. (עלה 748)-pr.n. (14) *and when Aaron sets up*

אֶת־הַנֵּרֹת dir.obj.-def.art.-n.m.p. (632) *the lamps*

בֵּין הָעַרְבַּיִם prep. (107)-def.art.-n.m.p. (787) *in the evening*

יַקְטִירֶנָּה Hi. impf. 3 m.s.-3 f.s. sf. (קטר 882) *he shall burn it*

קְטֹרֶת תָּמִיד n.f.s. cstr. (882)-n.m.s. (556) *a perpetual incense*

לִפְנֵי יהוה prep.-n.m.p. cstr. (815)-pr.n. (217) *before Yahweh*

לְדֹרֹתֵיכֶם prep.-n.m.p.-2 m.p. sf. (189) *throughout your generations*

30:9

לֹא־תַעֲלוּ neg.-Qal impf. 2 m.p. (עלה 748) *you shall offer no*

עָלָיו prep.-3 m.s. sf. *thereon*

קְטֹרֶת זָרָה n.f.s. cstr. (882)-Qal act.ptc. f.s. (זור I 266) *unholy incense*

וְעֹלָה conj.-n.f.s. (750) *nor burnt offering*

וּמִנְחָה conj.-n.f.s. (585) *nor cereal offering*

וְנֵסֶךְ conj.-n.m.s. (651) *and libation*

לֹא תִסְּכוּ neg.-Qal impf. 2 m.p. (נסך 650) *you shall not pour out*

עָלָיו v.supra *thereon*

30:10

וְכִפֶּר אַהֲרֹן conj.-Pi. pf. 3 m.s. (כפר 497)-pr.n. (14) *and Aaron shall make atonement*

עַל־קַרְנֹתָיו prep.-n.f.p.-3 m.s. sf. (901) *upon its horns*

אַחַת בַּשָּׁנָה num. adj. f.s. (25)-prep.-def.art.-n.f.s. (1040) *once a year*

מִדַּם חַטַּאת prep.-n.m.s. cstr. (196)-n.f.s. cstr. (308) *with the blood of the sin offering of*

הַכִּפֻּרִים def.art.-n.m.p. (498) *atonement*

אַחַת בַּשָּׁנָה v.supra-v.supra *once in the year*

יְכַפֵּר עָלָיו Pi. impf. 3 m.s. (כפר 497)-prep.-3 m.s. sf. *he shall make atonement for it*

לְדֹרֹתֵיכֶם prep.-n.m.p.-2 m.p. sf. (189) *throughout your generations*

קֹדֶשׁ־קָדָשִׁים n.m.s. cstr. (871)-n.m.p. (871) *most holy*

הוּא pers.pr. 3 m.s. (214) *it is*

לַיהוה prep.-pr.n. (217) *to Yahweh*

30:11

וַיְדַבֵּר יהוה consec.-Pi. impf. 3 m.s. (דבר 180)-pr.n. (217) *then Yahweh said*

אֶל־מֹשֶׁה prep.-pr.n. (602) *to Moses*

לֵּאמֹר prep.-Qal inf.cstr. (55) *(saying)*

30:12

כִּי תִשָּׂא conj.-Qal impf. 2 m.s. (נשׂא 669) *when you take*

אֶת־רֹאשׁ dir.obj.-n.m.s. cstr. (910,7) *the census of*

בְּנֵי־יִשְׂרָאֵל n.m.p. cstr. (119)-pr.n. (975) *the people of Israel*

לִפְקֻדֵיהֶם prep.-Qal pass.ptc. m.p.-3 m.p. sf. (פקד 823, A4) *in their being numbered*

וְנָתְנוּ conj.-Qal pf. 3 c.p. (נתן 678) *then shall give*

אִישׁ n.m.s. (35) *each*

כֹּפֶר n.m.s. (497) *a ransom*

נַפְשׁוֹ n.f.s.–3 m.s. sf. (659) *for himself*

לַיהוה prep.–pr.n. (217) *to Yahweh*

בִּפְקֹד אֹתָם prep.–Qal inf.cstr. (פָּקַד 823)–dir. obj.–3 m.p. sf. *when you number them*

וְלֹא־יִהְיֶה בָהֶם conj.–neg.–Qal impf. 3 m.s. (הָיָה 224)–prep.–3 m.p. sf. *that there be no ... among them*

נֶגֶף n.m.s. (620) *plague*

בִּפְקֹד אֹתָם v.supra–v.supra *when you number them*

30:13

זֶה יִתְּנוּ demons.adj. (260)–Qal impf. 3 m.p. (נָתַן 678) *shall give this*

כָּל־הָעֹבֵר n.m.s. cstr. (481)–def.art.–Qal act.ptc. (עָבַר 716) *each who is numbered*

עַל־הַפְּקֻדִים prep.–def.art.–Qal pass.ptc. m.p. (פָּקַד 823) *in the census*

מַחֲצִית הַשֶּׁקֶל n.f.s. cstr. (345)–def.art.–n.m.s. (1053) *half a shekel*

בְּשֶׁקֶל הַקֹּדֶשׁ prep.–n.m.s. cstr. (1053)–def.art.–n.m.s. (871) *according to the shekel of the sanctuary*

עֶשְׂרִים גֵּרָה num. p. (797)–n.f.s. (II 176) *twenty gerahs*

הַשֶּׁקֶל v.supra *the shekel*

מַחֲצִית הַשֶּׁקֶל v.supra–v.supra *half a shekel*

תְּרוּמָה n.f.s. (929) *as an offering*

לַיהוה prep.–pr.n. (217) *to Yahweh*

30:14

כֹּל הָעֹבֵר n.m.s. cstr. (481)–def.art.–Qal act.ptc. (עָבַר 716) *every one who is numbered*

עַל־הַפְּקֻדִים prep.–def.art.–Qal pass.ptc. m.p. (פָּקַד 823) *in the census*

מִבֶּן prep.–n.m.s. cstr. (119) *from ... old*

עֶשְׂרִים שָׁנָה num. p. (797)–n.f.s. (1040) *twenty years*

וָמָעְלָה conj.–adv.–loc.he paus. (751,2) *and upward*

יִתֵּן Qal impf. 3 m.s. (נָתַן 678) *shall give*

תְּרוּמַת יהוה n.f.s. cstr. (929)–pr.n. (217) *Yahweh's offering*

30:15

הֶעָשִׁיר def.art.–n.m.s. (799) *the rich*

לֹא־יַרְבֶּה neg.–Hi. impf. 3 m.s. (רָבָה I 915) *shall not give more*

וְהַדַּל conj.–def.art.–n.m.s. (195) *and the poor*

לֹא יַמְעִיט neg.–Hi. impf. 3 m.s. (מָעַט 589) *shall not give less*

מִמַּחֲצִית הַשָּׁקֶל prep.–n.f.s. cstr. (345)–def.art.–n.m.s. paus. (1053) *than the half shekel*

לָתֵת prep.–Qal inf.cstr. (נָתַן 678) *when you give*

אֶת־תְּרוּמַת יהוה dir.obj.–n.f.s. cstr. (929)–pr.n. (217) *Yahweh's offering*

לְכַפֵּר prep.–Pi. inf.cstr. (כָּפַר 497) *to make atonement*

עַל־נַפְשֹׁתֵיכֶם prep.–n.f.p.–2 m.p. sf. (659) *for yourselves*

30:16

וְלָקַחְתָּ conj.–Qal pf. 2 m.s. (לָקַח 542) *and you shall take*

אֶת־כֶּסֶף dir.obj.–n.m.s. cstr. (494) *the money of*

הַכִּפֻּרִים def.art.–n.m.p. (498) *the atonement*

מֵאֵת בְּנֵי יִשְׂרָאֵל prep.–prep. (II 85)–n.m.p. cstr. (119)–pr.n. (975) *from the people of Israel*

וְנָתַתָּ אֹתוֹ conj.–Qal pf. 2 m.s. (נָתַן 678)–dir.obj.–3 m.s. sf. *and shall appoint it*

עַל־עֲבֹדַת prep.–n.f.s. cstr. (715) *for the service of*

אֹהֶל מוֹעֵד n.m.s. cstr. (13)–n.m.s. (417) *the tent of meeting*

וְהָיָה conj.–Qal pf. 3 m.s. (224) *that it may bring*

לִבְנֵי יִשְׂרָאֵל prep.–n.m.p. cstr. (119)–pr.n. (975) *the people of Israel*

לְזִכָּרוֹן prep.–n.m.s. (272) *to remembrance*

לִפְנֵי יהוה prep.–n.m.p. cstr. (815)–pr.n. (217) *before Yahweh*

לְכַפֵּר prep.–Pi. inf.cstr. (497) *so as to make atonement*

עַל־נַפְשֹׁתֵיכֶם prep.–n.f.p.–2 m.p. sf. (659) *for yourselves*

30:17

וַיְדַבֵּר יהוה consec.–Pi. impf. 3 m.s. (180)–pr.n. (217) *then Yahweh said*

אֶל־מֹשֶׁה prep.–pr.n. (602) *to Moses*

לֵאמֹר prep.–Qal inf.cstr. (55) *(saying)*

30:18

וְעָשִׂיתָ conj.–Qal pf. 2 m.s. (עָשָׂה I 793) *you shall also make*

כִּיּוֹר נְחֹשֶׁת n.m.s. cstr. (468)–n.m.s. (638) *a laver of bronze*

וְכַנּוֹ conj.–n.m.s.–3 m.s. sf. (III 487) *and its base*

נְחֹשֶׁת n.m.s. (638) *bronze*

לְרָחְצָה prep.–Qal inf.cstr. (רָחַץ 934) *for washing*

וְנָתַתָּ אֹתוֹ conj.–Qal pf. 2 m.s. (נָתַן 678)–dir.obj.–3 m.s. sf. *and you shall put it*

בֵּין־אֹהֶל מוֹעֵד prep. (107)–n.m.s. cstr. (13)–n.m.s. (417) *between the tent of meeting*

וּבֵין הַמִּזְבֵּחַ conj.-prep. (107)–def.art.-n.m.s. (258) *and (between) the altar*

וְנָתַתָּ conj.-Qal pf. 2 m.s. (נָתַן 678) *and you shall put*

שָׁמָּה adv.-loc.he (1027) *in it (there)*

מָיִם n.m.p. paus. (565) *water*

30:19

וְרָחֲצוּ conj.-Qal pf. 3 c.p. (934) *and shall wash*

אַהֲרֹן וּבָנָיו pr.n. (14)–conj.-n.m.p.-3 m.s. sf. (119) *Aaron and his sons*

מִמֶּנּוּ prep.-3 m.s. sf. *with which*

אֶת־יְדֵיהֶם dir.obj.-n.f.p.-3 m.p. sf. (388) *their hands*

וְאֶת־רַגְלֵיהֶם conj.-dir.obj.-n.f.p.-3 m.p. sf. (919) *and their feet*

30.20

בְּבֹאָם prep.-Qal inf.cstr.-3 m.p. sf. (בּוֹא 97) *when they go*

אֶל־אֹהֶל מוֹעֵד prep.-n.m.s. cstr. (13)–n.m.s. (417) *into the tent of meeting*

יִרְחֲצוּ־מַיִם Qal impf. 3 m.p. (רָחַץ 934)–n.m.p. (565; GK 117yN) *they shall wash with water*

וְלֹא יָמֻתוּ conj.-neg.-Qal impf. 3 m.p. (מוּת 559) *lest they die (and they shall not die)*

אוֹ בְגִשְׁתָּם conj. (14)-prep.-Qal inf.cstr.-3 m.p. sf. (נָגַשׁ 620) *or when they come near*

אֶל־הַמִּזְבֵּחַ prep.-def.art.-n.m.s. (258) *the altar*

לְשָׁרֵת prep.-Pi. inf.cstr. (שָׁרַת 1058) *to minister*

לְהַקְטִיר prep.-Hi. inf.cstr. (קָטַר 882) *to burn*

אִשֶּׁה n.m.s. (77) *an offering by fire*

לַיהוָה prep.-pr.n. (217) *to Yahweh*

30:21

וְרָחֲצוּ conj.-Qal pf. 3 c.p. (רָחַץ 934) *and they shall wash*

יְדֵיהֶם n.f.p.-3 m.p. sf. (388) *their hands*

וְרַגְלֵיהֶם conj.-n.f.p.-3 m.p. sf. (919) *and their feet*

וְלֹא יָמֻתוּ conj.-neg.-Qal impf. 3 m.p. (מוּת 559) *lest they die*

וְהָיְתָה conj.-Qal pf. 3 f.s. (הָיָה 224) *and it shall be*

לָהֶם prep.-3 m.p. sf. *to them*

חָק־עוֹלָם n.m.s. cstr. (349)–n.m.s. (761) *a statute for ever*

לוֹ prep.-3 m.s. sf. *even to him*

וּלְזַרְעוֹ conj.-prep.-n.m.s.-3 m.s. sf. (282) *and to his descendants*

לְדֹרֹתָם prep.-n.m.p.-3 m.p. sf. (189) *throughout their generations*

30:22

וַיְדַבֵּר יְהוָה consec.-Pi. impf. 3 m.s. (180)–pr.n. (217) *moreover Yahweh said*

אֶל־מֹשֶׁה prep.-pr.n. (602) *to Moses*

לֵאמֹר prep.-Qal inf.cstr. (55) *(saying)*

30:23

וְאַתָּה conj.-pers.pr. 2 m.s. (61) *(and you)*

קַח־לְךָ Qal impv. 2 m.s. (לָקַח 542)–prep.-2 m.s. sf. *take*

בְּשָׂמִים n.m.p. (141) *spices*

רֹאשׁ n.m.s. (910,5) *finest*

מָר־דְּרוֹר n.m.s. cstr. (600)–n.m.s. (I 204; GK 131d) *of liquid myrrh*

חֲמֵשׁ מֵאוֹת num. m. cstr. (331)–n.f.p. (547) *five hundred*

וְקִנְּמָן־בֶּשֶׂם conj.-n.m.s. cstr. (890)–n.m.s. (141) *of sweet-smelling cinnamon*

מַחֲצִיתוֹ n.f.s.-3 m.s. sf. (345) *half as much*

חֲמִשִּׁים וּמָאתָיִם num. p. (332)-conj.-n.f. du. paus. (547) *two hundred and fifty*

וּקְנֵה־בֹשֶׂם conj.-n.m.s. cstr. (889)–n.m.s. (141) *and of aromatic cane*

חֲמִשִּׁים וּמָאתָיִם v.supra-v.supra *two hundred and fifty*

30:24

וְקִדָּה conj.-n.f.s. (869) *and of acacia*

חֲמֵשׁ מֵאוֹת num. m. cstr. (331)–n.f.p. (547) *five hundred*

בְּשֶׁקֶל הַקֹּדֶשׁ prep.-n.m.s. cstr. (1053)-def.art. -n.m.s. (871) *according to the shekel of the sanctuary*

וְשֶׁמֶן זַיִת conj.-n.m.s. cstr. (1032)–n.m.s. (268) *and of olive oil*

הִין n.m.s. (228) *a hin*

30:25

וְעָשִׂיתָ conj.-Qal pf. 2 m.s. (I 793) *and you shall make*

אֹתוֹ dir.obj.-3 m.s. sf. *of these*

שֶׁמֶן מִשְׁחַת־קֹדֶשׁ n.m.s. cstr. (1032)–n.f.s. cstr. (603)–n.m.s. (871) *a sacred anointing oil*

רֹקַח מִרְקַחַת n.m.s. cstr. (955)–n.f.s. (955) *blended (perfume of an ointment-pot)*

מַעֲשֵׂה רֹקֵחַ n.m.s. cstr. (795)–Qal act.ptc. (רָקַח 955) *as by the perfumer*

שֶׁמֶן מִשְׁחַת־קֹדֶשׁ v.supra-v.supra-v.supra *a holy anointing oil*

יִהְיֶה Qal impf. 3 m.s. (הָיָה 224) *it shall be*

30:26

וּמָשַׁחְתָּ conj.-Qal pf. 2 m.s. (מָשַׁח 602) *and you shall anoint*

בּוֹ prep.-3 m.s. sf. *with it*

אֶת־אֹהֶל מוֹעֵד dir.obj.-n.m.s. cstr. (13)-n.m.s. (417) *the tent of meeting*

וְאֶת־אֲרוֹן הָעֵדֻת conj.-dir.obj.-n.m.s. cstr. (75) -def.art.-n.f.s. (730) *and the ark of the testimony*

30:27

וְאֶת־הַשֻּׁלְחָן conj.-dir.obj.-def.art.-n.m.s. (1020) *and the table*

וְאֶת־כָּל־כֵּלָיו conj.-dir.obj.-n.m.s. cstr. (481) -n.m.p.-3 m.s. sf. (479) *and all its utensils*

וְאֶת־הַמְּנֹרָה conj.-dir.obj.-def.art.-n.f.s. (633) *and the lampstand*

וְאֶת־כֵּלֶיהָ conj.-dir.obj.-n.m.p.-3 f.s. sf. (479) *and its utensils*

וְאֵת מִזְבַּח הַקְּטֹרֶת conj.-dir.obj.-n.m.s. cstr. (258)-def.art.-n.f.s. (882) *and the altar of incense*

30:28

וְאֶת־מִזְבַּח הָעֹלָה conj.-dir.obj.-n.m.s. cstr. (258)-def.art.-n.f.s. (750) *and the altar of burnt offering*

וְאֶת־כָּל־כֵּלָיו conj.-dir.obj.-n.m.s. cstr. (481) -n.m.p.-3 m.s. sf. (479) *with all its utensils*

וְאֶת־הַכִּיֹּר conj.-dir.obj.-def.art.-n.m.s. (468) *and the laver*

וְאֶת־כַּנּוֹ conj.-dir.obj.-n.m.s.-3 m.s. sf. (III 487) *and its base*

30:29

וְקִדַּשְׁתָּ conj.-Pi. pf. 2 m.s. (קָדַשׁ 872) *and you shall consecrate*

אֹתָם dir.obj.-3 m.p. sf. *them*

וְהָיוּ conj.-Qal pf. 3 c.p. (הָיָה 224) *that they may be*

קֹדֶשׁ קָדָשִׁים n.m.s. cstr. (871)-n.m.p. (871) *most holy*

כָּל־הַנֹּגֵעַ n.m.s. cstr. (481)-def.art.-Qal act.ptc. (619 נָגַע) *whatever touches*

בָּהֶם prep.-3 m.p. sf. *them*

יִקְדָּשׁ Qal impf. 3 m.s. paus. (קָדַשׁ 872) *will become holy*

30:30

וְאֶת־אַהֲרֹן conj.-dir.obj.-pr.n. (14) *and Aaron*

וְאֶת־בָּנָיו conj.-dir.obj.-n.m.p.-3 m.s. sf. (119) *and his sons*

תִּמְשָׁח Qal impf. 2 m.s. paus. (מָשַׁח 602) *you shall anoint*

וְקִדַּשְׁתָּ conj.-Pi. pf. 2 m.s. (קָדַשׁ 872) *and consecrate*

אֹתָם dir.obj.-3 m.p. sf. *them*

לְכַהֵן לִי prep.-Pi. inf.cstr. (כָּהַן II 464)-prep.-1 c.s. sf. *that they may serve me as priests*

30:31

וְאֶל־בְּנֵי יִשְׂרָאֵל conj.-prep.-n.m.p. cstr. (119) -pr.n. (975) *and to the people of Israel*

תְּדַבֵּר Pi. impf. 2 m.s. (180) *you shall say*

לֵאמֹר prep.-Qal inf.cstr. (55) *(saying)*

שֶׁמֶן n.m.s. cstr. (1032) *an oil of*

מִשְׁחַת־קֹדֶשׁ n.f.s. cstr. (603)-n.m.s. (871) *holy anointing*

יִהְיֶה זֶה לִי Qal impf. 3 m.s. (224)-demons.adj. (260)-prep.-1 c.s. sf. *this shall be to me*

לְדֹרֹתֵיכֶם prep.-n.m.p.-2 m.p. sf. (189) *throughout your generations*

30:32

עַל־בְּשַׂר prep.-n.m.s. cstr. (142) *upon the bodies of*

אָדָם n.m.s. (9) *ordinary men*

לֹא יִיסָךְ neg.-Qal impf. 3 m.s. paus. (414; GK 73f; but rd. from סוּךְ I 691) *it shall not be poured*

וּבְמַתְכֻּנְתּוֹ conj.-prep.-3 m.s. sf. (1067) *in composition*

לֹא תַעֲשׂוּ neg.-Qal impf. 2 m.p. (עָשָׂה I 793) *you shall not make*

כָּמֹהוּ prep.-3 m.s. sf. *like it*

קֹדֶשׁ הוּא n.m.s. (871)-pers.pr. 3 m.s. (214) *it is holy*

קֹדֶשׁ יִהְיֶה v.supra-Qal impf. 3 m.s. (הָיָה 224) *and it shall be holy*

לָכֶם prep.-2 m.p. sf. *to you*

30:33

אִישׁ אֲשֶׁר n.m.s. (35)-rel. (81) *whoever*

יִרְקַח Qal impf. 3 m.s. (רָקַח 955) *compounds*

כָּמֹהוּ prep.-3 m.s. sf. *any like it*

וַאֲשֶׁר יִתֵּן conj.-rel. (81)-Qal impf. 3 m.s. (נָתַן 678) *or whoever puts*

מִמֶּנּוּ prep.-3 m.s. sf. *any of it*

עַל־זָר prep.-Qal act.ptc. (זוּר I 266) *on an outsider*

וְנִכְרַת conj.-Ni. pf. 3 m.s. (כָּרַת 503) *shall be cut off*

מֵעַמָּיו prep.-n.m.p.-3 m.s. sf. (I 766) *from his people*

30:34

וַיֹּאמֶר יהוה consec.-Qal impf. 3 m.s. (55)-pr.n. (217) *and Yahweh said*

אֶל־מֹשֶׁה prep.-pr.n. (602) *to Moses*

קַח־לְךָ Qal impv. 2 m.s. (קח 542)-prep.-2 m.s. sf. *take*

סַמִּים n.m.p. (702) *sweet spices*

נָטָף n.m.s. (II 643) *stacte*

וּשְׁחֵלֶת conj.-n.f.s. (1006) *and onycha*

וְחֶלְבְּנָה conj.-n.f.s. (317) *and galbanum*

סַמִּים v.supra *sweet spices*

וּלְבֹנָה זַכָּה conj.-n.f.s. (526)-adj. f.s. (269) *with pure frankincense*

בַּד בְּבַד n.m.s. (II 94,2)-prep.-v.supra *part for part*

יִהְיֶה Qal impf. 3 m.s. (היה 224) *shall there be*

30:35

וְעָשִׂיתָ אֹתָהּ conj.-Qal pf. 2 m.s. (עשה I 793)-dir.obj.-3 f.s. sf. *and make (it)*

קְטֹרֶת n.f.s. (882) *an incense*

רֹקַח מַעֲשֵׂה n.m.s. cstr. (955)-n.m.s. cstr. (795) *blended as by*

רֹקֵחַ Qal act.ptc. (רקח 955) *a perfumer*

מְמֻלָּח Pu. ptc. (מלח III 572) *seasoned with salt*

טָהוֹר adj. (373) *pure*

קֹדֶשׁ n.m.s. (871) *holy*

30:36

וְשָׁחַקְתָּ conj.-Qal pf. 2 m.s. (שחק 1006) *and you shall beat*

מִמֶּנָּה prep.-3 f.s. sf. *some of it*

הָדֵק Hi. inf.abs. (דקק 200) *very small*

וְנָתַתָּה conj.-Qal pf. 2 m.s. (נתן 678) *and put*

מִמֶּנָּה v.supra *part of it*

לִפְנֵי הָעֵדֻת prep.-n.m.p. cstr. (815)-def.art.-n.f.s. (730) *before the testimony*

בְּאֹהֶל מוֹעֵד prep.-n.m.s. cstr. (13)-n.m.s. (417) *in the tent of meeting*

אֲשֶׁר אִוָּעֵד rel. (81)-Ni. impf. 1 c.s. (יעד 416) *where I shall meet*

לְךָ שָׁמָּה prep.-2 m.s. sf.-adv.-loc.he (1027) *with you (there)*

קֹדֶשׁ קָדָשִׁים n.m.s. cstr. (871)-n.m.p. (871) *most holy*

תִּהְיֶה לָכֶם Qal impf. 3 f.s. (היה 224)-prep.-2 m.p. sf. *it shall be for you*

30:37

וְהַקְּטֹרֶת conj.-def.art.-n.f.s. (882) *and the incense*

אֲשֶׁר תַּעֲשֶׂה rel. (81)-Qal impf. 2 m.s. (I 793) *which you shall make*

בְּמַתְכֻּנְתָּהּ prep.-n.f.s.-3 f.s. sf. (1067) *according to its composition*

לֹא תַעֲשׂוּ neg.-Qal impf. 2 m.p. (עשה I 793) *you shall not make*

לָכֶם prep.-2 m.p. sf. *for yourselves*

קֹדֶשׁ תִּהְיֶה n.m.s. (871)-Qal impf. 3 f.s. (היה 224) *it shall be holy*

לְךָ prep.-2 m.s. sf. *for you*

לַיהוה prep.-pr.n. (217) *to Yahweh*

30:38

אִישׁ אֲשֶׁר־ n.m.s. (35)-rel. (81) *whoever*

יַעֲשֶׂה Qal impf. 3 m.s. (עשה I 793) *makes*

כָמוֹהָ prep.-3 f.s. sf. *any like it*

לְהָרִיחַ prep. Hi. inf.cstr. (ריח 926) *to use as perfume*

בָּהּ prep.-3 f.s. sf. *it*

וְנִכְרַת conj.-Ni. pf. 3 m.s. (כרת 503) *shall be cut off*

מֵעַמָּיו prep.-n.m.p.-3 m.s. sf. (I 766) *from his people*

31:1

וַיְדַבֵּר יהוה consec.-Pi. impf. 3 m.s. (180)-pr.n. (217) *then Yahweh said*

אֶל־מֹשֶׁה prep.-pr.n. (602) *to Moses*

לֵּאמֹר prep.-Qal inf.cstr. (55) *(saying)*

31:2

רְאֵה Qal impv. 2 m.s. (ראה 906) *see*

קָרָאתִי Qal pf. 1 c.s. (קרא 894) *I have called*

בְשֵׁם prep.-n.m.s. (1027) *by name*

בְּצַלְאֵל pr.n. (130) *Bezalel*

בֶּן־אוּרִי n.m.s. cstr. (119)-pr.n. (22) *son of Uri*

בֶּן־חוּר n.m.s. cstr. (119)-pr.n. (II 301) *son of Hur*

לְמַטֵּה יְהוּדָה prep.-n.m.s. cstr. (641)-pr.n. (397) *of the tribe of Judah*

31:3

וָאֲמַלֵּא אֹתוֹ consec.-Pi. impf. 1 c.s. (מלא 569) -dir.obj.-3 m.s. sf. *and I have filled him*

רוּחַ אֱלֹהִים n.f.s. cstr. (924)-n.m.p. (43) *the Spirit of God*

בְּחָכְמָה prep.-n.f.s. (315) *with ability*

וּבִתְבוּנָה conj.-prep.-n.f.s. (108) *and (with) intelligence*

וּבְדַעַת conj.-prep.-n.f.s. (395) *and with knowledge*

וּבְכָל־מְלָאכָה conj.-prep.-n.m.s. cstr. (481)-n.f.s. (521) *and all craftmanship*

31:4

לַחְשֹׁב prep.-Qal inf.cstr. חָשַׁב 362; GK 63i) *to devise*

מַחֲשָׁבֹת n.f.p. (364) *artistic designs*

לַעֲשׂוֹת prep.-Qal inf.cstr. עָשָׂה I 793) *to work*

בַּזָּהָב prep.-def.art.-n.m.s. (262) *in gold*

וּבַכֶּסֶף conj.-prep.-def.art.-n.m.s. (494) *and in silver*

וּבַנְּחֹשֶׁת conj.-prep.-def.art.-n.m.s. (638) *and in bronze*

31:5

וּבַחֲרֹשֶׁת conj.-prep.-n.f.s. cstr. (I 360) *and in cutting*

אֶבֶן n.f.s. (6) *stones*

לְמַלֹּאת prep.-Pi. inf.cstr. (מָלֵא) (569) *for setting*

וּבַחֲרֹשֶׁת v.supra-v.supra *and in carving*

עֵץ n.m.s. (781) *wood*

לַעֲשׂוֹת prep.-Qal inf.cstr. (I 793) *for work*

בְּכָל־מְלָאכָה prep.-n.m.s. cstr. (481)-n.f.s. (521) *in every craft*

31:6

וַאֲנִי הִנֵּה conj.-pers.pr. 1 c.s. (58)-demons.part. (243) *and behold I*

נָתַתִּי אִתּוֹ Qal pf. 1 c.s. (נָתַן 678)-prep.-3 m.s. sf. (II 85) *I have appointed with him*

אֵת אָהֳלִיאָב dir.obj.-pr.n. (14) *Oholiab*

בֶּן־אֲחִיסָמָךְ n.m.s. cstr. (119)-pr.n. (27) *the son of Ahisamach*

לְמַטֵּה־דָן prep.-n.m.s. cstr. (641)-pr.n. (192) *of the tribe of Dan*

וּבְלֵב conj.-prep.-n.m.s. cstr. (524) *and in the heart*

כָּל־חֲכַם־לֵב n.m.s. cstr. (481)-adj. m.s. cstr. (314)-n.m.s. (524) *all able men*

נָתַתִּי Qal pf. 1 c.s. (נָתַן 678) *I have given*

חָכְמָה n.f.s. (315) *ability*

וְעָשׂוּ conj.-Qal pf. 3 c.p. (עָשָׂה I 793) *that they may make*

אֵת כָּל־אֲשֶׁר צִוִּיתִךָ dir.obj.-n.m.s.-rel. (81)-Pi. pf. 1 c.s.-2 m.s. sf. (צָוָה 845) *all that I have commanded you*

31:7

אֵת אֹהֶל מוֹעֵד dir.obj.-n.m.s. cstr. (13)-n.m.s. (417) *the tent of meeting*

וְאֶת־הָאָרֹן conj.-dir.obj.-def.art.-n.m.s. (75) *and the ark*

לָעֵדֻת prep.-def.art.-n.f.s. (730) *of the testimony*

וְאֶת־הַכַּפֹּרֶת conj.-dir.obj.-def.art.-n.f.s. (498) *and the mercy seat*

אֲשֶׁר עָלָיו rel. (81)-prep.-3 m.s. sf. *that is thereon*

וְאֶת־כָּל־כְּלֵי conj.-dir.obj.-n.m.s. cstr. (481)-n.m.p. cstr. (479) *and all the furnishings of*

הָאֹהֶל def.art.-n.m.s. (13) *the tent*

31:8

וְאֶת־הַשֻּׁלְחָן conj.-dir.obj.-def.art.-n.m.s. (1020) *and the table*

וְאֶת־כֵּלָיו conj.-dir.obj.-n.m.p.-3 m.s. sf. (479) *and its utensils*

וְאֶת־הַמְּנֹרָה conj.-dir.obj.-def.art.-n.f.s. (633) *and the ... lampstand*

הַטְּהֹרָה def.art.-adj. f.s. (373) *pure*

וְאֶת־כָּל־כֵּלֶיהָ conj.-dir.obj.-n.m.s. cstr. (481) -n.m.p.-3 f.s. sf. (479) *with all its utensils*

וְאֵת מִזְבַּח conj.-dir.obj.-n.m.s. cstr. (258) *and the altar of*

הַקְּטֹרֶת dir.obj.-n.f.s. (882) *incense*

31:9

וְאֶת־מִזְבַּח conj.-dir.obj.-n.m.s. cstr. (258) *and the altar of*

הָעֹלָה def.art.-n.f.s. (750) *burnt offering*

וְאֶת־כָּל־כֵּלָיו conj.-dir.obj.-n.m.s. cstr. (481) -n.m.p.-3 m.s. sf. (479) *with all its utensils*

וְאֶת־הַכִּיּוֹר conj.-dir.obj.-def.art.-n.m.s. (468) *and the laver*

וְאֶת־כַּנּוֹ conj.-dir.obj.-n.m.s.-3 m.s. sf. (III 487) *and its base*

31:10

וְאֵת בִּגְדֵי conj.-dir.obj.-n.m.p. cstr. (93) *and the garments (of)*

הַשְּׂרָד def.art.-n.m.s. (975) *finely worked*

וְאֶת־בִּגְדֵי הַקֹּדֶשׁ conj.-dir.obj.-n.m.p. cstr. (93) -def.art.-n.m.s. (871) *and the holy garments*

לְאַהֲרֹן prep.-pr.n. (14) *for Aaron*

הַכֹּהֵן dir.obj.-n.m.s. (463) *the priest*

וְאֶת־בִּגְדֵי v.supra-v.supra *and the garments of*

בָנָיו n.m.p.-3 m.s. sf. (119) *his sons*

לְכַהֵן prep.-Pi. inf.cstr. (כָּהַן 464) *for their service as priests*

31:11

וְאֵת שֶׁמֶן הַמִּשְׁחָה conj.-dir.obj.-n.m.s. cstr. (1032)-def.art.-n.f.s. (603) *and the anointing oil*

וְאֶת־קְטֹרֶת הַסַּמִּים conj.-dir.obj.-n.f.s. cstr. (882)-def.art.-n.m.p. (702) *and the fragrant incense*

לַקֹּדֶשׁ prep.-def.art.-n.m.s. (871) *for the holy place*

כְּכֹל אֲשֶׁר־ prep.-n.m.s. (481)-rel. (81) *according to all that*

צִוִּיתִךָ Pi. pf. 1 c.s.-2 m.s. sf. (צָוָה 845) *I have commanded you*

יַעֲשׂוּ Qal impf. 3 m.p. (עָשָׂה I 793) *(they) shall do*

31:12

וַיֹּאמֶר יהוה consec.-Qal impf. 3 m.s. (55)-pr.n. (217) *and Yahweh said*

אֶל־מֹשֶׁה prep.-pr.n. (602) *to Moses*

לֵאמֹר prep.-Qal inf.cstr. (55) *(saying)*

31:13

וְאַתָּה conj.-pers.pr. 2 m.s. (61) *(and you)*

דַּבֵּר Pi. impv. 2 m.s. (180) *say*

אֶל־בְּנֵי יִשְׂרָאֵל prep.-n.m.p. cstr. (119)-pr.n. (975) *to the people of Israel*

לֵאמֹר prep.-Qal inf.cstr. (55) *(saying)*

אַךְ אֶת־שַׁבְּתֹתַי adv. (36)-dir.obj.-n.f.p.-1 c.s. sf. (992) *surely my sabbaths*

תִּשְׁמֹרוּ Qal impf. 2 m.p. (שָׁמַר 1036) *you shall keep*

כִּי אוֹת הִוא conj.-n.m.s. (16)-pers.pr. 3 f.s. (214) *for this is a sign*

בֵּינִי וּבֵינֵיכֶם prep.-1 c.s. sf. (107)-conj.-prep.-2 m.p. sf. (107) *between me and you*

לְדֹרֹתֵיכֶם prep.-n.m.p.-2 m.p. sf. (189) *throughout your generations*

לָדַעַת prep.-Qal inf.cstr. (יָדַע 393) *that you may know*

כִּי אֲנִי conj.-pers.pr. 1 c.s. (58) *that I*

יהוה pr.n. (217) *Yahweh*

מְקַדִּשְׁכֶם Pi. ptc.-2 m.p. sf. (קָדַשׁ 872; GK 60f) *sanctify you*

31:14

וּשְׁמַרְתֶּם conj.-Qal pf. 2 m.p. (שָׁמַר 1036) *you shall keep*

אֶת־הַשַּׁבָּת dir.obj.-def.art.-n.f.s. (992) *the sabbath*

כִּי קֹדֶשׁ הִוא conj.-n.m.s. (871)-pers.pr. 3 m.s. (214) *because it is holy*

לָכֶם prep.-2 m.p. sf. *for you*

מְחַלְלֶיהָ Pi. ptc. m.p.-3 f.s. sf. (חָלַל III 320) *every one who profanes it*

מוֹת יוּמָת Qal inf.abs. (559)-Ho. impf. 3 m.s. paus. (מוּת 559) *shall be put to death*

כִּי כָּל־הָעֹשֶׂה conj.-n.m.s. cstr. (481)-def.art.-Qal act.ptc. (עָשָׂה I 793) *whoever does*

בָהּ מְלָאכָה prep.-3 f.s. sf.-n.f.s. (521) *in it any work*

וְנִכְרְתָה conj.-Ni. pf. 3 f.s. (כָּרַת 503) *shall be cut off*

הַנֶּפֶשׁ הַהִוא def.art.-n.f.s. (659)-def.art.-demons.adj. f.s. (214) *that soul*

מִקֶּרֶב עַמֶּיהָ prep.-n.m.s. cstr. (899)-n.m.p.-3 f.s. sf. (I 766) *from its people*

31:15

שֵׁשֶׁת יָמִים num. f.s. cstr. (995)-n.m.p. (398) *six days*

יֵעָשֶׂה Ni. impf. 3 m.s. (עָשָׂה I 793) *shall be done*

מְלָאכָה n.f.s. (521) *work*

וּבַיּוֹם הַשְּׁבִיעִי conj.-prep.-def.art.-n.m.s. (398)-def.art.-num. adj. m.s. (988) *but the seventh day*

שַׁבַּת שַׁבָּתוֹן n.f.s. cstr. (992)-n.m.s. (992) *a sabbath of solemn rest*

קֹדֶשׁ לַיהוה n.m.s. (871)-prep.-pr.n. (217) *holy to Yahweh*

כָּל־הָעֹשֶׂה n.m.s. cstr. (481)-def.art.-Qal act.ptc. (עָשָׂה I 793) *whoever does*

מְלָאכָה n.f.s. (521) *any work*

בְּיוֹם הַשַּׁבָּת prep.-n.m.s. cstr. (398)-def.art.-n.f.s. (992) *on the sabbath day*

מוֹת יוּמָת Qal inf.abs. (559)-Ho. impf. 3 m.s. (מוּת 559) *shall be put to death*

31:16

וְשָׁמְרוּ conj.-Qal pf. 3 c.p. (1036) *wherefore ... shall keep*

בְּנֵי־יִשְׂרָאֵל n.m.p. cstr. (119)-pr.n. (975) *the people of Israel*

אֶת־הַשַּׁבָּת dir.obj.-def.art.-n.f.s. (992) *the sabbath*

לַעֲשׂוֹת prep.-Qal inf.cstr. (עָשָׂה I 793) *observing*

אֶת־הַשַּׁבָּת v.supra *the sabbath*

לְדֹרֹתָם prep.-n.m.p.-3 m.p. sf. (189) *throughout their generations*

בְּרִית עוֹלָם n.f.s. cstr. (136)-n.m.s. (761) *as a perpetual covenant*

380

31:17

בֵּינִי וּבֵין prep.-1 c.s. sf. (107)-conj.-prep. (107)
between me and (between)

בְּנֵי יִשְׂרָאֵל n.m.p. cstr. (119)-pr.n. (975) *the
people of Israel*

אוֹת הוּא n.m.s. (16)-pers.pr. 3 f.s. (214) *it is a
sign*

לְעֹלָם prep.-n.m.s. (761) *for ever*

כִּי־שֵׁשֶׁת יָמִים conj.-num. f.s. cstr. (995)-n.m.p.
(398) *that in six days*

עָשָׂה יהוה Qal pf. 3 m.s. (I 793)-pr.n. (217)
Yahweh made

אֶת־הַשָּׁמַיִם dir.obj.-def.art.-n.m. du. (1029)
heaven

וְאֶת־הָאָרֶץ conj.-dir.obj.-def.art.-n.f.s. (75) *and
earth*

וּבַיּוֹם הַשְּׁבִיעִי conj.-prep.-def.art.-n.m.s. (398)
-def.art.-num. adj. m. (988) *and on the
seventh day*

שָׁבַת Qal pf. 3 m.s. (991) *he rested*

וַיִּנָּפַשׁ consec.-Ni. impf. 3 m.s. (נָפַשׁ 661; GK
51m) *and was refreshed*

31:18

וַיִּתֵּן consec.-Qal impf. 3 m.s. (נָתַן 678) *and he
gave*

אֶל־מֹשֶׁה prep.-pr.n. (602) *to Moses*

כְּכַלֹּתוֹ prep.-Pi. inf.cstr.-3 m.s. sf. (כָּלָה 477)
when he had made an end

לְדַבֵּר אִתּוֹ prep.-Pi. inf.cstr. (180)-prep.-3 m.s.
sf. (II 85) *of speaking with him*

בְּהַר סִינַי prep.-n.m.s. cstr. (249)-pr.n. (696) *upon
Mount Sinai*

שְׁנֵי לֻחֹת num. m. du. cstr. (1040)-n.m.p. cstr.
(531) *the two tables of*

הָעֵדֻת def.art.-n.f.s. (730) *the testimony*

לֻחֹת אֶבֶן n.m.p. cstr. (531)-n.f.s. (6; GK 124q)
tables of stone

כְּתֻבִים Qal pass.ptc. m.p. (כָּתַב 507) *written*

בְּאֶצְבַּע אֱלֹהִים prep.-n.f.s. cstr. (840)-n.m.p. (43)
with the finger of God

32:1

וַיַּרְא הָעָם consec.-Qal impf. 3 m.s. (רָאָה 906)
-def.art.-n.m.s. (I 766) *when the people saw*

כִּי־בֹשֵׁשׁ conj.-Polel pf. 3 m.s. (בּוֹשׁ 101) *that ...
delayed (in shame)*

מֹשֶׁה pr.n. (602) *Moses*

לָרֶדֶת prep.-Qal inf.cstr. (יָרַד 432) *to come
down*

מִן־הָהָר prep.-def.art.-n.m.s. (249) *from the
mountains*

וַיִּקָּהֵל consec.-Ni. impf. 3 m.s. (קָהַל 874) *and ...
gathered themselves*

הָעָם def.art.-n.m.s. (I 766) *the people*

עַל־אַהֲרֹן prep.-pr.n. (14) *to Aaron*

וַיֹּאמְרוּ אֵלָיו consec.-Qal impf. 3 m.p. (55)
-prep.-3 m.s. sf. *and said to him*

קוּם Qal impv. 2 m.s. (קוּם 877) *up*

עֲשֵׂה־לָנוּ Qal impv. 2 m.s. (I 793)-prep.-1 c.p. sf.
make us

אֱלֹהִים n.m.p. (43) *gods*

אֲשֶׁר יֵלְכוּ rel. (81)-Qal impf. 3 m.p. (הָלַךְ 229)
who shall go

לְפָנֵינוּ prep.-n.m.p.-1 c.p. sf. (815) *before us*

כִּי־זֶה מֹשֶׁה conj.-demons.adj. (260)-pr.n. (602;
GK 126aa) *as for this Moses*

הָאִישׁ אֲשֶׁר הֶעֱלָנוּ def.art.-n.m.s. (35)-rel. (81)
-Hi. pf. 3 m.s.-1 c.p. sf. (עָלָה 748) *the man
who brought us up*

מֵאֶרֶץ מִצְרַיִם prep.-n.f.s. cstr. (75)-pr.n. (595)
out of the land of Egypt

לֹא יָדַעְנוּ neg.-Qal pf. 1 c.p. (יָדַע 393) *we do
not know*

מֶה־הָיָה לוֹ interr. (552; GK 137c)-Qal pf. 3 m.s.
(224)-prep.-3 m.s. sf. *what has become of
him*

32:2

וַיֹּאמֶר אֲלֵהֶם consec.-Qal impf. 3 m.s. (55)
-prep.-3 m.p. sf. *and ... said to them*

אַהֲרֹן pr.n. (14) *Aaron*

פָּרְקוּ Pi. impv. 2 m.p. (פָּרַק 830) *take off*

נִזְמֵי הַזָּהָב n.m.p. cstr. (633)-def.art.-n.m.s. (262)
the rings of gold

אֲשֶׁר בְּאָזְנֵי rel. (81)-prep.-n.f.p. cstr. (23) *which
are in the ears of*

נְשֵׁיכֶם n.f.p.-2 m.p. sf. (אִשָּׁה 61) *your wives*

בְּנֵיכֶם n.m.p.-2 m.p. sf. (119) *your sons*

וּבְנֹתֵיכֶם conj.-n.f.p.-2 m.p. sf. (I 123) *and your
daughters*

וְהָבִיאוּ אֵלָי conj.-Hi. impv. 2 m.p. (בּוֹא 97)
-prep.-1 c.s. sf. paus. *and bring them to me*

32:3

וַיִּתְפָּרְקוּ consec.-Hith. impf. 3 m.p. (פָּרַק 830; GK
54f,117w) *so ... took of*

כָּל־הָעָם n.m.s. cstr. (481)-def.art.-n.m.s. (I 766)
all the people

אֶת־נִזְמֵי הַזָּהָב dir.obj.-n.m.p. cstr. (633)-def.art.
-n.m.s. (262) *the rings of gold*

אֲשֶׁר בְּאָזְנֵיהֶם rel. (81)-prep.-n.f.p.-3 m.p. sf. (23)
which were in their ears

וַיָּבִיאוּ consec.-Hi. impf. 3 m.p. (בּוֹא 97) *and brought*

אֶל־אַהֲרֹן prep.-pr.n. (14) *to Aaron*

32:4

וַיִּקַּח consec.-Qal impf. 3 m.s. (לָקַח 542) *and he received*

מִיָּדָם prep.-n.f.s.-3 m.p. sf. (388) *at their hand*

וַיָּצַר אֹתוֹ consec.-Qal impf. 3 m.s. (צוּר IV 849; GK 72t)-dir.obj.-3 m.s. sf. *and fashioned it*

בַּחֶרֶט prep.-def.art.-n.m.s. (354) *with a graving tool*

וַיַּעֲשֵׂהוּ consec.-Qal impf. 3 m.s.-3 m.s. sf. (עָשָׂה I 793) *and made (it)*

עֵגֶל מַסֵּכָה n.m.s. cstr. (722)-n.f.s. (651) *a molten calf*

וַיֹּאמְרוּ consec.-Qal impf. 3 m.p. (55) *and they said*

אֵלֶּה אֱלֹהֶיךָ demons.adj. c.p. (41)-n.m.p.2 m.s. sf. (43; GK 145i) *these are your gods*

יִשְׂרָאֵל pr.n. (975) *O Israel*

אֲשֶׁר הֶעֱלוּךָ rel. (81)-Hi. pf. 3 c.p.-2 m.s. sf. (748 עָלָה) *who brought you up*

מֵאֶרֶץ מִצְרָיִם prep.-n.f.s. cstr. (75)-pr.n. paus. (595) *out of the land of Egypt*

32:5

וַיַּרְא אַהֲרֹן consec.-Qal impf. 3 m.s. (רָאָה 906)-pr.n. (14) *when Aaron saw*

וַיִּבֶן consec.-Qal impf. 3 m.s. (בָּנָה 124) *he built*

מִזְבֵּחַ n.m.s. (258) *an altar*

לְפָנָיו prep.-n.m.p.-3 m.s. sf. (815) *before it*

וַיִּקְרָא אַהֲרֹן consec.-Qal impf. 3 m.s. (קָרָא 894)-pr.n. (14) *and Aaron made proclamation*

וַיֹּאמַר consec.-Qal impf. 3 m.s. (55) *and said*

חַג לַיהוָה n.m.s. (290)-prep.-pr.n. (217) *a feast to Yahweh*

מָחָר n.m.s. (563) *tomorrow*

32:6

וַיַּשְׁכִּימוּ consec.-Hi. impf. 3 m.p. (שָׁכַם 1014) *and they rose up early*

מִמָּחֳרָת prep.-n.f.s. (564) *on the morrow*

וַיַּעֲלוּ consec.-Qal impf. 3 m.p. (עָלָה 748) *and offered*

עֹלֹת n.f.p. (750) *burnt offerings*

וַיַּגִּשׁוּ consec.-Hi. impf. 3 m.p. (נָגַשׁ 620) *and brought*

שְׁלָמִים n.m.p. (1023) *peace offerings*

וַיֵּשֶׁב הָעָם consec.-Qal impf. 3 m.p. (יָשַׁב 442)-def.art.-n.m.s. (I 766) *and the people sat*

לֶאֱכֹל prep.-Qal inf.cstr. (אָכַל 37; GK 52n) *to eat*

וְשָׁתוֹ conj.-Qal inf.abs. (שָׁתָה 1059; GK 113e) *and they drank*

וַיָּקֻמוּ consec.-Qal impf. 3 m.p. (קוּם 877) *and rose up*

לְצַחֵק prep.-Pi. inf.cstr. (850) *to play*

32:7

וַיְדַבֵּר יהוה consec.-Pi. impf. 3 m.s. (180)-pr.n. (217) *and Yahweh said*

אֶל־מֹשֶׁה prep.-pr.n. (602) *to Moses*

לֶךְ־רֵד Qal impv. 2 m.s. (הָלַךְ 229)-Qal impv. 2 m.s. (יָרַד 432) *go down*

כִּי שִׁחֵת conj.-Pi. pf. 3 m.s. (שָׁחַת 1007) *for ... have corrupted themselves*

עַמְּךָ n.m.s.-2 m.s. sf. (I 766) *your people*

אֲשֶׁר הֶעֱלֵיתָ rel. (81)-Hi. pf. 2 m.s. (748 עָלָה) *whom you brought up*

מֵאֶרֶץ מִצְרָיִם prep.-n.f.s. cstr. (75)-pr.n. paus. (595) *out of the land of Egypt*

32:8

סָרוּ Qal pf. 3 c.p. (סוּר 693) *they have turned aside*

מַהֵר adv. (II 555) *quickly*

מִן־הַדֶּרֶךְ prep.-def.art.-n.m.s. (202) *out of the way*

אֲשֶׁר צִוִּיתִם rel. (81)-Pi. pf. 1 c.s.-3 m.p. sf. (צָוָה 845) *which I commanded them*

עָשׂוּ לָהֶם Qal pf. 3 c.p. (עָשָׂה I 793)-prep.-3 m.p. sf. *they have made for themselves*

עֵגֶל מַסֵּכָה n.m.s. cstr. (722)-n.f.s. (651) *a molten calf*

וַיִּשְׁתַּחֲווּ־לוֹ consec.-Hithpalel impf. 3 m.p. (1005 שָׁחָה)-prep.-3 m.s. sf. *and have worshiped it*

וַיִּזְבְּחוּ־לוֹ consec.-Qal impf. 3 m.p. (זָבַח 256)-prep.-3 m.s. sf. *and sacrificed to it*

וַיֹּאמְרוּ consec.-Qal impf. 3 m.p. (55) *and said*

אֵלֶּה אֱלֹהֶיךָ demons.adj. c.p. (41)-n.m.p.-2 m.s. sf. (43) *these are your gods*

יִשְׂרָאֵל pr.n. (975) *O Israel*

אֲשֶׁר הֶעֱלוּךָ rel. (81)-Hi. pf. 3 c.p.-2 m.s. sf. (748 עָלָה) *who brought you up*

מֵאֶרֶץ מִצְרָיִם prep.-n.f.s. cstr. (75)-pr.n. paus. (595) *out of the land of Egypt*

32:9

וַיֹּאמֶר יהוה consec.-Qal impf. 3 m.s. (55)-pr.n. (217) *and Yahweh said*

אֶל־מֹשֶׁה prep.-pr.n. (602) *to Moses*

רָאִיתִי Qal pf. 1 c.s. (רָאָה 906) *I have seen*

אֶת־הָעָם הַזֶּה dir.obj.-def.art.-n.m.s. (I 766)-def. art.-demons.adj. m.s. (260) *this people*

וְהִנֵּה conj.-demons.part. (243) *and behold*

עַם־קְשֵׁה־עֹרֶף n.m.s. cstr. (I 766)-adj. m.s. cstr. (904)-n.m.s. (791) *a stiff-necked people*

הוּא pers.pr. 3 m.s. (214) *it is*

32:10

וְעַתָּה conj.-adv. (773) *now therefore*

הַנִּיחָה לִּי Hi. impv. 2 m.s.-vol.he (נוּחַ 628; Hi. B,5)-prep.-1 c.s. sf. *let me alone*

וְיִחַר־אַפִּי conj.-Qal impf. 3 m.s. (חָרָה 354) -n.m.s.-1 c.s. sf. (I 60) *that my wrath may burn hot*

בָהֶם prep.-3 m.p. sf. *against them*

וַאֲכַלֵּם conj.-Pi. impf. 1 c.s.-3 m.p. sf. (אָכַל 37) *and I may consume them*

וְאֶעֱשֶׂה אוֹתְךָ conj.-Qal impf. 1 c.s. (עָשָׂה I 793) -dir.obj.-2 m.s. sf. *but of you I will make*

לְגוֹי גָּדוֹל prep.-n.m.s. (156)-adj. m.s. (152) *a great nation*

32:11

וַיְחַל מֹשֶׁה consec.-Pi. impf. 3 m.s. (חָלָה II 318)-pr.n. (602) *but Moses besought*

אֶת־פְּנֵי יְהוָה dir.obj.-n.m.p. cstr. (815)-pr.n. (217) *Yahweh*

אֱלֹהָיו n.m.p.-3 m.s. sf. (43) *his God*

וַיֹּאמֶר consec.-Qal impf. 3 m.s. (55) *and said*

לָמָה יְהוָה prep.-interr. (552; 4d)-pr.n. (217) *why O Yahweh*

יֶחֱרֶה אַפְּךָ Qal impf. 3 m.s. (חָרָה 354)-n.m.s.-2 m.s. sf. (I 60) *does thy wrath burn hot*

בְּעַמֶּךָ prep.-n.m.s.-2 m.s. sf. (I 766) *against thy people*

אֲשֶׁר הוֹצֵאתָ rel. (81)-Hi. pf. 2 m.s. (יָצָא 422) *whom thou hast brought forth*

מֵאֶרֶץ מִצְרַיִם prep.-n.f.s. cstr. (75)-pr.n. (595) *out of the land of Egypt*

בְּכֹחַ גָּדוֹל prep.-n.m.s. (470)-adj. m.s. (152) *with great power*

וּבְיָד חֲזָקָה conj.-prep.-n.f.s. (388)-adj. f.s. (305) *and with a mighty hand*

32:12

לָמָּה prep.-interr. (552; GK 150e) *why*

יֹאמְרוּ מִצְרַיִם Qal impf. 3 m.p. (55)-pr.n. (595) *should the Egyptians say*

לֵאמֹר prep.-Qal inf.cstr. (55) *(saying)*

בְּרָעָה prep.-n.f.s. (949) *with evil intent*

הוֹצִיאָם Hi. pf. 3 m.s.-3 m.p. sf. (יָצָא 422) *did he bring them forth*

לַהֲרֹג prep.-Qal inf.cstr. (הָרַג 246) *to slay*

אֹתָם dir.obj.-3 m.p. sf. *them*

בֶּהָרִים prep.-def.art.-n.m.p. (249) *in the mountains*

וּלְכַלֹּתָם conj.-prep.-Pi. inf.cstr.-3 m.p. sf. (כָּלָה 477) *and to consume them*

מֵעַל פְּנֵי prep.-prep.-n.m.p. cstr. (815) *from the face of*

הָאֲדָמָה def.art.-n.f.s. (9) *the earth*

שׁוּב Qal impv. 2 m.s. (שׁוּב 996) *turn*

מֵחֲרוֹן אַפֶּךָ prep.-n.m.s. cstr. (354)-n.m.s.-2 m.s. sf. (I 60) *from thy fierce wrath*

וְהִנָּחֵם conj.-Ni. impv. 2 m.s. (נָחַם 636) *and repent*

עַל־הָרָעָה prep.-def.art.-n.f.s. (949) *of this evil*

לְעַמֶּךָ prep.-n.m.s.-2 m.s. sf. (I 766) *against thy people*

32:13

זְכֹר Qal impv. 2 m.s. (269) *remember*

לְאַבְרָהָם prep.-pr.n. (4) *Abraham*

לְיִצְחָק prep.-pr.n. (850) *Isaac*

וּלְיִשְׂרָאֵל conj.-prep.-pr.n. (975) *and Israel*

עֲבָדֶיךָ n.m.p.-2 m.s. sf. (712) *thy servants*

אֲשֶׁר נִשְׁבַּעְתָּ לָהֶם rel. (81)-Ni. pf. 2 m.s. (שָׁבַע 989)-prep.-3 m.p. sf. *to whom thou didst swear*

בָּךְ prep.-2 m.s. sf. paus. *by thine own self*

וַתְּדַבֵּר consec.-Pi. impf. 2 m.s. (180) *and didst say*

אֲלֵהֶם prep.-3 m.p. sf. *to them*

אַרְבֶּה Hi. impf. 1 c.s. (רָבָה I 915) *I will multiply*

אֶת־זַרְעֲכֶם dir.obj.-n.m.s.-2 m.p. sf. (282) *your descendants*

כְּכוֹכְבֵי prep.-n.m.p. cstr. (456) *as the stars of*

הַשָּׁמָיִם def.art.-n.m. du. paus. (1029) *heaven*

וְכָל־הָאָרֶץ הַזֹּאת conj.-n.m.s. cstr. (481)-def.art. -n.f.s. (75)-def.art.-demons.adj. f.s. (260) *and all this land*

אֲשֶׁר אָמַרְתִּי rel. (81)-Qal pf. 1 c.s. (55) *that I have promised*

אֶתֵּן Qal impf. 1 c.s. (נָתַן 678) *I will give*

לְזַרְעֲכֶם prep.-n.m.s.-2 m.p. sf. (282) *to your descendants*

וְנָחֲלוּ conj.-Qal pf. 3 c.p. (נָחַל 635) *and they shall inherit*

לְעֹלָם prep.-n.m.s. (761) *for ever*

32:14

וַיִּנָּחֶם יהוה consec.-Ni. impf. 3 m.s. (נָחַם 636) -pr.n. (217) *and Yahweh repented*

עַל־הָרָעָה prep.-def.art.-n.f.s. (949) *of the evil*

אֲשֶׁר דִּבֶּר rel. (81)-Pi. pf. 3 m.s. (180) *which he thought*

לַעֲשׂוֹת prep.-Qal inf.cstr. (עָשָׂה I 793) *to do*

לְעַמּוֹ prep.-n.m.s.-3 m.s. sf. (I 766) *to his people*

32:15

וַיִּפֶן consec.-Qal impf. 3 m.s. (פָּנָה 815) *and turned*

וַיֵּרֶד consec.-Qal impf. 3 m.s. (יָרַד 432) *and went down*

מֹשֶׁה pr.n. (602) *Moses*

מִן־הָהָר prep.-def.art.-n.m.s. (249) *from the mountain*

וּשְׁנֵי לֻחֹת conj.-num. m. du. cstr. (1040)-n.m.p. cstr. (531) *with the two tables of*

הָעֵדֻת def.art.-n.f.s. (730) *the testimony*

בְּיָדוֹ prep.-n.f.s.-3 m.s. sf. (388) *in his hands*

לֻחֹת n.m.p. (531) *tables*

כְּתֻבִים Qal pass.ptc. m.p. (כָּתַב 507) *that were written*

מִשְּׁנֵי עֶבְרֵיהֶם prep.-num. m. du. cstr. (1040) -n.m.p.-3 m.p. sf. (I 719) *on both sides*

מִזֶּה וּמִזֶּה prep.-demons.adj. m.s. (260)-conj. -prep.-demons.adj. (260) *on the one side and on the other*

הֵם כְּתֻבִים pers.pr. 3 m.p. (241)-Qal pass.ptc. m.p. (כָּתַב 507) *were they written*

32:16

וְהַלֻּחֹת conj.-def.art.-n.m.p. (531) *and the tables (were)*

מַעֲשֵׂה אֱלֹהִים n.m.s. cstr. (795)-n.m.p. (43) *the work of God*

הֵמָּה pers.pr. 3 m.p. (241) *(they)*

וְהַמִּכְתָּב conj.-def.art.-n.m.s. (508) *and the writing*

מִכְתַּב אֱלֹהִים n.m.p. cstr. (508)-n.m.p. (43) *the writing of God*

הוּא pers.pr. 3 m.s. (214) *(it)*

חָרוּת Qal pass.ptc. (חָרַת 362) *graven*

עַל־הַלֻּחֹת prep.-def.art.-n.m.p. (531) *upon the tables*

32:17

וַיִּשְׁמַע consec.-Qal impf. 3 m.s. (שָׁמַע 1033) *when ... heard*

יְהוֹשֻׁעַ pr.n. (221) *Joshua*

אֶת־קוֹל הָעָם dir.obj.-n.m.s. cstr. (876)-def.art. -n.m.s. (I 766) *the noise of the people*

בְּרֵעֹה verb.n. (I 929) *as they shouted*

וַיֹּאמֶר consec.-Qal impf. 3 m.s. (55) *then he said*

אֶל־מֹשֶׁה prep.-pr.n. (602) *to Moses*

קוֹל מִלְחָמָה n.m.s. cstr. (876)-n.f.s. (536) *a noise of war*

בַּמַּחֲנֶה prep.-def.art.-n.m.s. (334) *in the camp*

32:18

וַיֹּאמֶר consec.-Qal impf. 3 m.s. (55) *but he said*

אֵין קוֹל subst. cstr. (II 34)-n.m.s. cstr. (876) *it is not the sound of*

עֲנוֹת Qal inf.cstr. (עָנָה IV 777) *shouting for*

גְּבוּרָה n.f.s. (150) *victory*

וְאֵין קוֹל conj.-v.supra-v.supra *or the sound of*

עֲנוֹת v.supra *the cry of*

חֲלוּשָׁה n.f.s. (325) *defeat*

קוֹל עֲנּוֹת v.supra-Pi. inf.cstr. (עָנָה IV 777) *sound of singing*

אָנֹכִי שֹׁמֵעַ pers.pr. 1 c.s. (59)-Qal act.ptc. (שָׁמַע 1033) *I hear*

32:19

וַיְהִי כַּאֲשֶׁר consec.-Qal impf. 3 m.s. (הָיָה 224) -prep.-rel. (81) *and as soon as*

קָרַב Qal pf. 3 m.s. (897) *he came near*

אֶל־הַמַּחֲנֶה prep.-def.art.-n.m.s. (334) *the camp*

וַיַּרְא consec.-Qal impf. 3 m.s. (רָאָה 906) *and saw*

אֶת־הָעֵגֶל dir.obj.-def.art.-n.m.s. (722) *the calf*

וּמְחֹלֹת conj.-n.f.p. (298) *and dancing*

וַיִּחַר־ consec.-Qal impf. 3 m.s. (חָרָה 354) *then ... burned hot*

אַף מֹשֶׁה n.m.s. cstr. (I 60)-pr.n. (602) *Moses' anger*

וַיַּשְׁלֵךְ consec.-Hi. impf. 3 m.s. (שָׁלַךְ 1020) *and he threw*

מִיָּדָו prep.-n.f.p.-3 m.s. (388) *out of his hands*

אֶת־הַלֻּחֹת dir.obj.-def.art.-n.m.p. (531) *the tables*

וַיְשַׁבֵּר אֹתָם conj.-Pi. impf. 3 m.s. (שָׁבַר 990) -dir.obj.-3 m.p. sf. *and broke them*

תַּחַת הָהָר prep. (1065)-def.art.-n.m.s. (249) *at the foot of the mountain*

32:20

וַיִּקַּח consec.-Qal impf. 3 m.s. (לָקַח 542) *and he took*

אֶת־הָעֵגֶל dir.obj.-def.art.-n.m.s. (722) *the calf*

אֲשֶׁר עָשׂוּ rel. (81)-Qal pf. 3 c.p. (עָשָׂה I 793) *which they had made*

וַיִּשְׂרֹף consec.-Qal impf. 3 m.s. (שָׂרַף 976) *and burnt* [1]

בָּאֵשׁ prep.-def.art.-n.f.s. (77) *with fire*

וַיִּטְחַן consec.-Qal impf. 3 m.s. (טָחַן 377) *and ground*

עַד אֲשֶׁר־דָּק prep.-rel. (81)-Qal pf. 3 m.s. paus. (דָּקַק 200) *to powder (until it was pulverized)*

וַיִּזֶר consec.-Qal impf. 3 m.s. (זָרָה 279) *and scattered*

עַל־פְּנֵי הַמַּיִם prep.-n.m.p. cstr. (814)-def.art.-n.m.p. (565) *upon the water*

וַיַּשְׁקְ consec.-Hi. impf. 3 m.s. (שָׁקָה 1052) *and made ... drink*

אֶת־בְּנֵי dir.obj.-n.m.p. cstr. (119) *the people of* יִשְׂרָאֵל pr.n. (975) *Israel*

32:21

וַיֹּאמֶר מֹשֶׁה consec.-Qal impf. 3 m.s. (55)-pr.n. (602) *and Moses said*

אֶל־אַהֲרֹן prep.-pr.n. (14) *Aaron*

מֶה־עָשָׂה interr. (552)-Qal pf. 3 m.s. (I 793) *what did ... do*

לְךָ הָעָם הַזֶּה prep.-2 m.s. sf.-def.art.-n.m.s. (I 766)-def.art.-demons.adj. m.s. (260) *to you this people*

כִּי־הֵבֵאתָ conj.-Hi. pf. 2 m.s. (בּוֹא 97) *that you have brought*

עָלָיו prep.-3 m.s. sf. *upon them*

חֲטָאָה גְדֹלָה n.f.s. (308)-adj. f.s. (152) *a great sin*

32:22

וַיֹּאמֶר consec.-Qal impf. 3 m.s. (55) *and said*

אַהֲרֹן pr.n. (14) *Aaron*

אַל־יִחַר neg. (39)-Qal impf. 3 m.s. (חָרָה 354) *let not ... burn hot*

אַף אֲדֹנִי n.m.s. cstr. (I 60)-n.m.s.-1 c.s. sf. (10) *the anger of my lord*

אַתָּה יָדַעְתָּ pers.pr. 2 m.s. (61)-Qal pf. 2 m.s. (393 יָדַע) *you know*

אֶת־הָעָם dir.obj.-def.art.-n.m.s. (I 766) *the people*

כִּי בְרָע הוּא conj.-prep.-n.m.s. (II 948)-pers.pr. 3 m.s. (214) *that they are set on evil*

32:23

וַיֹּאמְרוּ לִי consec.-Qal impf. 3 m.p. (55)-prep.-1 c.s. sf. *for they said to me*

עֲשֵׂה־לָנוּ Qal impv. 2 m.s. (עָשָׂה I 793)-prep.-1 c.p. sf. *make (for) us*

אֱלֹהִים n.m.p. (43) *gods*

אֲשֶׁר יֵלְכוּ rel. (81)-Qal impf. 3 m.p. (הָלַךְ 229) *who shall go*

לְפָנֵינוּ prep.-n.m.p.-1 c.p. sf. (815) *before us*

כִּי־זֶה מֹשֶׁה conj.-demons.adj. m.s. (260)-pr.n. (602) *as for this Moses*

הָאִישׁ אֲשֶׁר def.art.-n.m.s. (35)-rel. (81) *the man who*

הֶעֱלָנוּ Hi. pf. 3 m.s.-1 c.p. sf. (עָלָה 748) *brought us up*

מֵאֶרֶץ מִצְרַיִם prep.-n.f.s. cstr. (75)-pr.n. (595) *out of the land of Egypt*

לֹא יָדַעְנוּ neg.-Qal pf. 1 c.p. (יָדַע 393) *we do not know*

מֶה־הָיָה לוֹ interr. (522)-Qal pf. 3 m.s. (224)-prep.-3 m.s. sf. *what has become of him*

32:24

וָאֹמַר לָהֶם consec.-Qal impf. 1 c.s. (אָמַר 55)-prep.-3 m.p. sf. *and I said to them*

לְמִי זָהָב prep.-interr. (566)-n.m.s. (262) *let any who have gold*

הִתְפָּרָקוּ Hith. impv. 2 m.p. paus. (פָּרַק 830) *take it off*

וַיִּתְּנוּ־לִי consec.-Qal impf. 3 m.p. (נָתַן 678)-prep.-1 c.s. sf. *so they gave it to me*

וָאַשְׁלִכֵהוּ consec.-Hi. impf. 1 c.s.-3 m.s. sf. (שָׁלַךְ 1020) *and I threw it*

בָּאֵשׁ prep.-def.art.-n.f.s. (77) *into the fire*

וַיֵּצֵא consec.-Qal impf. 3 m.s. (יָצָא 422) *and there came out*

הָעֵגֶל הַזֶּה def.art.-n.m.s. (722)-def.art.-demons.adj. (260) *this calf*

32:25

וַיַּרְא מֹשֶׁה consec.-Qal impf. 3 m.s. (רָאָה 906)-pr.n. (602) *and when Moses saw*

אֶת־הָעָם dir.obj.-def.art.-n.m.s. (I 766) *the people*

כִּי פָרֻעַ הוּא conj.-Qal pass.ptc. (פָּרַע III 828)-pers.pr. 3 m.s. (214) *that they had broken loose*

כִּי פְרָעֹה conj.-Qal pf. 3 m.s.-3 m.s. sf. (פָּרַע III 828; GK 58g) *for ... had let them break loose*

אַהֲרֹן pr.n. (14) *Aaron*

לְשִׁמְצָה prep.-n.f.s. (1036) *to their shame*

בְּקָמֵיהֶם prep.-Qal act.ptc. m.p.-3 m.p. sf. (קוּם 877; Qal 2; GK 5n,116i) *among their enemies*

32:26

וַיַּעֲמֹד consec.-Qal impf. 3 m.s. (עָמַד 763) *then stood*

מֹשֶׁה pr.n. (602) *Moses*

385

בְּשַׁעַר prep.-n.m.s. cstr. (1044) *in the gate of*

הַמַּחֲנֶה def.art.-n.m.s. (334) *the camp*

וַיֹּאמֶר consec.-Qal impf. 3 m.s. (55) *and said*

מִי לַיהוה interr. (566; GK 137c)-prep.-pr.n. (217) *whoever to Yahweh*

אֵלַי prep.-1 c.s. sf. paus. *to me*

וַיֵּאָסְפוּ consec.-Ni. impf. 3 m.p. (אָסַף 62) *then gathered themselves*

אֵלָיו prep.-3 m.s. sf. *to him*

כָּל־בְּנֵי n.m.s. cstr. (481)-n.m.p. cstr. (119) *all the sons of*

לֵוִי pr.n. (I 532) *Levi*

32:27

וַיֹּאמֶר לָהֶם consec.-Qal impf. 3 m.s. (55)-prep.-3 m.p. sf. *and he said to them*

כֹּה־אָמַר adv. (462)-Qal pf. 3 m.s. (55) *thus says*

יהוה pr.n. (217) *Yahweh*

אֱלֹהֵי יִשְׂרָאֵל n.m.p. cstr. (43)-pr.n. (975) *God of Israel*

שִׂימוּ Qal impv. 2 m.p. (שִׂים I 962) *put*

אִישׁ־חַרְבּוֹ n.m.s. (35)-n.f.s.-3 m.s. sf. (352) *every man his sword*

עַל־יְרֵכוֹ prep.-n.f.s.-3 m.s. sf. (437) *on his side*

עִבְרוּ וָשׁוּבוּ Qal impv. 2 m.p. (עָבַר 716)-conj.-Qal impv. 2 m.p. (שׁוּב 996) *go to and fro*

מִשַּׁעַר לָשַׁעַר prep.-n.m.s. (1044)-prep.-n.m.s. (1044) *from gate to gate*

בַּמַּחֲנֶה prep.-def.art.-n.m.s. (334) *throughout the camp*

וְהִרְגוּ conj.-Qal impv. 2 m.p. (הָרַג 246) *and slay*

אִישׁ־אֶת־אָחִיו n.m.s. (35)-dir.obj.-n.m.s.-3 m.s. sf. (26) *every man his brother*

וְאִישׁ אֶת־רֵעֵהוּ conj.-v.supra-v.supra-n.m.s.-3 m.s. sf. (945) *and every man his companion*

וְאִישׁ אֶת־קְרֹבוֹ v.supra-v.supra-adj. m.s.-3 m.s. sf. (898) *and every man his neighbor*

32:28

וַיַּעֲשׂוּ consec.-Qal impf. 3 m.p. (עָשָׂה I 793) *and did*

בְנֵי־לֵוִי n.m.p. cstr. (119)-pr.n. (I 532) *the sons of Levi*

כִּדְבַר מֹשֶׁה prep.-n.m.s. cstr. (182)-pr.n. (602) *according to the word of Moses*

וַיִּפֹּל consec.-Qal impf. 3 m.s. (נָפַל 656) *and there fell*

מִן־הָעָם prep.-def.art.-n.m.s. (I 766) *of the people*

בַּיּוֹם הַהוּא prep.-def.art.-n.m.s. (398)-def.art.-demons.adj. m.s. (214) *that day*

כִּשְׁלֹשֶׁת אַלְפֵי prep.-num. f.s. cstr. (1025)-n.m.p. cstr. (48) *about three thousand*

אִישׁ n.m.s. (35) *men*

32:29

וַיֹּאמֶר מֹשֶׁה consec.-Qal impf. 3 m.s. (55)-pr.n. (602) *and Moses said*

מִלְאוּ יֶדְכֶם Qal impv. 2 m.p. (מָלֵא 569)-n.f.s.-2 m.p. sf. (388; GK 114p) *ordain yourselves*

הַיּוֹם def.art.-n.m.s. (398) *today*

לַיהוה prep.-pr.n. (217) *for Yahweh*

כִּי אִישׁ בִּבְנוֹ conj.-n.m.s. (35)-prep.-n.m.s.-3 m.s. sf. (119) *each one at the cost of his son*

וּבְאָחִיו conj.-prep.-n.m.s.-3 m.s. sf. (26) *and of his brother*

וְלָתֵת conj.-prep.-Qal inf.cstr. (נָתַן 678) *that he may bestow*

עֲלֵיכֶם prep.-2 m.p. sf. *upon you*

הַיּוֹם def.art.-n.m.s. (398) *this day*

בְּרָכָה n.f.s. (139) *a blessing*

32:30

וַיְהִי מִמָּחֳרָת consec.-Qal impf. 3 m.s. (הָיָה 224)-prep.-n.f.s. (564) *on the morrow*

וַיֹּאמֶר מֹשֶׁה consec.-Qal impf. 3 m.s. (55)-pr.n. (602) *and Moses said*

אֶל־הָעָם prep.-def.art.-n.m.s. (I 766) *to the people*

אַתֶּם חֲטָאתֶם pers.pr. 2 m.p. (61)-Qal pf. 2 m.p. (חָטָא 306) *you have sinned*

חֲטָאָה גְדֹלָה n.f.s. (308)-adj. f.s. (152) *a great sin*

וְעַתָּה conj.-adv. (773) *and now*

אֶעֱלֶה Qal impf. 1 c.s. (עָלָה 748) *I will go up*

אֶל־יהוה prep.-pr.n. (217) *to Yahweh*

אוּלַי אֲכַפְּרָה adv. (II 19)-Pi. impf. 1 c.s.-vol.he (כָּפַר 497; GK 108h) *perhaps I can make atonement*

בְּעַד חַטַּאתְכֶם prep. (126)-n.f.s.-2 m.p. sf. (308) *for your sin*

32:31

וַיָּשָׁב מֹשֶׁה consec.-Qal impf. 3 m.s. (שׁוּב 996)-pr.n. (602) *So Moses returned*

אֶל־יהוה prep.-pr.n. (217) *to Yahweh*

וַיֹּאמַר consec.-Qal impf. 3 m.s. (55) *and said*

אָנָּא interj. (58) *alas*

חָטָא Qal pf. 3 m.s. (306) *have sinned*

הָעָם הַזֶּה def.art.-n.m.s. (I 766)-def.art.-demons.adj. m.s. (260) *this people*

חֲטָאָה גְדֹלָה n.f.s. (308)-adj. f.s. (152) *a great sin*

וַיַּעֲשׂוּ consec.-Qal impf. 3 m.p. (עָשָׂה I 793) *and they have made*

לָהֶם prep.-3 m.p. sf. *for themselves*

אֱלֹהֵי זָהָב n.m.p. cstr. (43)-n.m.s. (262) *gods of gold*

32:32

וְעַתָּה conj.-adv. (773) *but now*

אִם־תִּשָּׂא hypoth.part. (49)-Qal impf. 2 m.s. (669 נָשָׂא; GK 167a) *if thou wilt forgive*

חַטָּאתָם n.f.s.-3 m.p. sf. (308) *their sin*

וְאִם־אַיִן conj.-hypoth.part. (49)-subst. (II 34; GK 159dd) *and if not*

מְחֵנִי נָא Qal impv. 2 m.s.-1 c.s. sf. (מָחָה I 562)-part.of entreaty (609) *blot me, I pray thee*

מִסִּפְרְךָ prep.-n.m.s.-2 m.s. sf. (706) *out of thy book*

אֲשֶׁר כָּתַבְתָּ rel. (81)-Qal pf. 2 m.s. (כָּתַב 507) *which you have written*

32:33

וַיֹּאמֶר יהוה consec.-Qal impf. 3 m.s. (55)-pr.n. (217) *but Yahweh said*

אֶל־מֹשֶׁה prep.-pr.n. (602) *to Moses*

מִי אֲשֶׁר interr. (566; GK 137c)-rel. (81) *whoever*

חָטָא־לִי Qal pf. 3 m.s. (306)-prep.-1 c.s. sf. *has sinned against me*

אֶמְחֶנּוּ Qal impf. 1 c.s.-3 m.s. sf. (מָחָה I 562) *him will I blot out*

מִסִּפְרִי prep.-n.m.s.-1 c.s. sf. (706) *of my book*

32:34

וְעַתָּה conj.-adv. (773) *but now*

לֵךְ Qal impv. 2 m.s. (הָלַךְ 229) *go*

נְחֵה Qal impv. 2 m.s. (נָחָה 634) *lead*

אֶת־הָעָם dir.obj.-def.art.-n.m.s. (I 766) *the people*

אֶל אֲשֶׁר־דִּבַּרְתִּי לָךְ prep.-rel. (81)-Pi. pf. 1 c.s. (180 דָּבַר)-prep.-2 m.s. sf. paus. *to the place of which I have spoken to you*

הִנֵּה demons.part. (243) *behold*

מַלְאָכִי n.m.s.-1 c.s. sf. (521) *my angel*

יֵלֵךְ Qal impf. 3 m.s. (הָלַךְ 229) *shall go*

לְפָנֶיךָ prep.-n.m.p.-2 m.s. sf. (815) *before you*

וּבְיוֹם conj.-prep.-n.m.s. cstr. (398) *nevertheless in the day when*

פָּקְדִי Qal inf.cstr.-1 c.s. sf. (פָּקַד 823; GK 112oo) *I visit*

וּפָקַדְתִּי conj.-Qal pf. 1 c.s. (פָּקַד 823) *I will visit*

עֲלֵיהֶם prep.-3 m.p. sf. *upon them*

חַטָּאתָם n.f.s.-3 m.p. sf. (308) *their sin*

32:35

וַיִּגֹּף יהוה consec.-Qal impf. 3 m.s. (נָגַף 619)-pr.n. (217) *and Yahweh sent a plague*

אֶת־הָעָם dir.obj.-def.art.-n.m.s. (I 766) *upon the people*

עַל אֲשֶׁר עָשׂוּ prep.-rel. (81)-Qal pf. 3 c.p. (I 793) *because they made*

אֶת־הָעֵגֶל dir.obj.-def.art.-n.m.s. (722) *the calf*

אֲשֶׁר עָשָׂה אַהֲרֹן rel. (81)-Qal pf. 3 m.s. (I 793)-pr.n. (14) *which Aaron made*

33:1

וַיְדַבֵּר יהוה consec.-Pi. impf. 3 m.s. (דָּבַר 180)-pr.n. (217) *then Yahweh said*

אֶל־מֹשֶׁה prep.-pr.n. (602) *to Moses*

לֵךְ עֲלֵה Qal impv. 2 m.s. (הָלַךְ 229)-Qal impv. 2 m.s. (עָלָה 748) *depart, go up*

מִזֶּה prep.-demons.adj. m.s. (260) *hence*

אַתָּה וְהָעָם pers.pr. 2 m.s. (61)-conj.-def.art.-n.m.s. (I 766) *you and the people*

אֲשֶׁר הֶעֱלִיתָ rel. (81)-Hi. pf. 2 m.s. (עָלָה 748) *whom you have brought up*

מֵאֶרֶץ מִצְרָיִם prep.-n.f.s. cstr. (75)-pr.n. paus. (595) *out of the land of Egypt*

אֶל־הָאָרֶץ prep.-def.art.-n.f.s. (75) *to the land*

אֲשֶׁר נִשְׁבַּעְתִּי rel. (81)-Ni. pf. 1 c.s. (שָׁבַע 989) *of which I swore*

לְאַבְרָהָם prep.-pr.n. (4) *to Abraham*

לְיִצְחָק prep.-pr.n. (850) *to Isaac*

וּלְיַעֲקֹב conj.-prep.-pr.n. (784) *and to Jacob*

לֵאמֹר prep.-Qal inf.cstr. (55) *saying*

לְזַרְעֲךָ prep.-n.m.s.-2 m.s. sf. (282) *to your descendants*

אֶתְּנֶנָּה Qal impf. 1 c.s.-3 f.s. sf. (נָתַן 678) *I will give it*

33:2

וְשָׁלַחְתִּי conj.-Qal pf. 1 c.s. (שָׁלַח 1018) *and I will send*

לְפָנֶיךָ prep.-n.m.p.-2 m.s. sf. (815) *before you*

מַלְאָךְ n.m.s. paus. (521) *an angel*

וְגֵרַשְׁתִּי conj.-Pi. pf. 1 c.s. (גֵּרֵשׁ 176) *and I will drive out*

אֶת־הַכְּנַעֲנִי dir.obj.-def.art.-pr.n. (489) *the Canaanites*

הָאֱמֹרִי def.art.-pr.n. (57) *the Amorites*

וְהַחִתִּי conj.-def.art.-pr.n. (366) *the Hittites*

וְהַפְּרִזִּי conj.-def.art.-pr.n. (827) *the Perizzites*

הַחִוִּי def.art.-pr.n. (295) *the Hivites*

וְהַיְבוּסִי conj.-def.art.-pr.n. (101) *and the Jebusites*

33:3

אֶל־אֶרֶץ prep.-n.f.s. (75) *to a land*

זָבַת חָלָב Qal act.ptc. f.s. cstr. (זוב 264)-n.m.s. (316) *flowing with milk*

וּדְבָשׁ conj.-n.m.s. paus. (185) *and honey*

כִּי לֹא אֶעֱלֶה conj.-neg.-Qal impf. 1 c.s. (עלה 748) *but I will not go up*

בְּקִרְבְּךָ prep.-n.m.s.-2 m.s. sf.(899) *among you*

כִּי עַם־ conj.-n.m.s. cstr. (I 766) *for a people*

קְשֵׁה־עֹרֶף adj. cstr. (904)-n.m.s. (791) *stiff-necked*

אַתָּה pers.pr. 2 m.s. (61) *you are*

פֶּן־אֲכֶלְךָ conj. (814)-Pi. impf. 1 c.s.-2 m.s. sf. (I 477 כלה; GK 27q) *lest I consume you*

בַּדָּרֶךְ prep.-def.art.-n.m.s. paus. (202) *in the way*

33:4

וַיִּשְׁמַע הָעָם consec.-Qal impf. 3 m.s. (שמע 1033)-def.art.-n.m.s. (I 766) *when the people heard*

אֶת־הַדָּבָר הָרָע הַזֶּה dir.obj.-def.art.-n.m.s. (182)-def.art.-adj. (948)-def.art.-demons.adj. (260) *these evil tidings*

וַיִּתְאַבָּלוּ consec.-Hith. impf. 3 m.p. paus. (אבל 5) *they mourned*

וְלֹא־שָׁתוּ אִישׁ conj.-neg.-Qal pf. 3 c.p. (שית 1011)-n.m.s. (35) *and no man put*

עֶדְיוֹ n.m.s.-3 m.s. sf. (725) *his ornaments*

עָלָיו prep.-3 m.s. sf. *(on him)*

33:5

וַיֹּאמֶר יהוה consec.-Qal impf. 3 m.s. (55)-pr.n. (217) *for Yahweh had said*

אֶל־מֹשֶׁה prep.-pr.n. (602) *to Moses*

אֱמֹר Qal impv. 2 m.s. (55) *say*

אֶל־בְּנֵי־יִשְׂרָאֵל prep.-n.m.p. cstr. (119)-pr.n. (975) *to the people of Israel*

אַתֶּם pers.pr. 2 m.s. (61) *you are*

עַם קְשֵׁה־עֹרֶף n.m.s. cstr. (I 766)-adj. cstr. (904)-n.m.s. (791) *a stiff-necked people*

רֶגַע אֶחָד n.m.s. (921)-num. adj. (25) *for a single moment*

אֶעֱלֶה Qal impf. 1 c.s. (עלה 748) *I should go up*

בְקִרְבְּךָ prep.-n.m.s.-2 m.s. sf. (899) *among you*

וְכִלִּיתִיךָ conj.-Pi. pf. 1 c.s.-2 m.s. sf. (כלה 477) *I would consume you*

וְעַתָּה conj.-adv. (773) *so now*

הוֹרֵד Hi. impv. 2 m.s. (ירד 432) *put off*

עֶדְיְךָ n.m.s.-2 m.s. sf. (725) *your ornaments*

מֵעָלֶיךָ prep.-prep.-2 m.s. sf. *from you*

וְאֵדְעָה conj.-Qal impf. 1 c.s.-vol.he (ידע 393) *that I may know*

מָה אֶעֱשֶׂה־לָּךְ interr. (552)-Qal impf. 1 c.s. (I עשׂה 793)-prep.-2 m.s. sf. paus. *what to do with you*

33:6

וַיִּתְנַצְּלוּ consec.-Hith. impf. 3 m.p. (נצל 664; GK 54f,117w) *therefore ... stripped themselves*

בְּנֵי־יִשְׂרָאֵל n.m.p. cstr. (119)-pr.n. (975) *the people of Israel*

אֶת־עֶדְיָם dir.obj.-n.m.s.-3 m.p. sf. (725) *of their ornaments*

מֵהַר חוֹרֵב prep.-n.m.s. cstr. (249)-pr.n. (352) *from Mount Horeb*

33:7

וּמֹשֶׁה יִקַּח conj.-pr.n. (602)-Qal impf. 3 m.s. (לקח 542; GK 107e) *now Moses used to take*

אֶת־הָאֹהֶל dir.obj.-def.art.-n.m.s. (13) *the tent*

וְנָטָה־לוֹ conj.-Qal pf. 3 m.s. (639; GK 112e)-prep.-3 m.s. sf. *and pitch it*

מִחוּץ לַמַּחֲנֶה prep.-n.m.s. (299)-prep.-def.art.-n.m.s. (334) *outside the camp*

הַרְחֵק Hi. inf.abs. as adv. (רחק 934; GK 113h) *far off*

מִן־הַמַּחֲנֶה prep.-def.art.-n.m.s. (334) *from the camp*

וְקָרָא לוֹ conj.-Qal pf. 3 m.s. (894; GK 112e)-prep.-3 m.s. sf. *and he called it*

אֹהֶל מוֹעֵד n.m.s. cstr. (13)-n.m.s. (417) *tent of meeting*

וְהָיָה conj.-Qal pf. 3 m.s. (224) *(and it was)*

כָּל־מְבַקֵּשׁ n.m.s. cstr. (481)-Pi. ptc. (בקשׁ 134) *every one who sought*

יהוה pr.n. (217) *Yahweh*

יֵצֵא Qal impf. 3 m.s. (יצא 422) *would go out*

אֶל־אֹהֶל מוֹעֵד prep.-n.m.s. cstr. (13)-n.m.s. (417) *to the tent of meeting*

אֲשֶׁר מִחוּץ rel. (81)-prep.-n.m.s. (299) *which was outside*

לַמַּחֲנֶה prep.-def.art.-n.m.s. (334) *the camp*

33:8

וְהָיָה כְּצֵאת conj.-Qal pf. 3 m.s. (224)-prep.-Qal inf.cstr. (יצא 422) *(and it was) whenever ... went out*

מֹשֶׁה pr.n. (602) *Moses*

אֶל־הָאֹהֶל prep.-def.art.-n.m.s. (13) *to the tent*

יָקוּמוּ Qal impf. 3 m.s. (קום 877) *rose*

כָּל־הָעָם n.m.s. cstr. (481)-def.art.-n.m.s. (I 766) *all the people*

וְנִצְּבוּ conj.-Ni. pf. 3 c.p. (נצב 662) *and stood*

אִישׁ n.m.s. (35) *every man*

פֶּתַח אָהֳלוֹ n.m.s. cstr. (835)-n.m.s.-3 m.s. sf. (13) *at his tent door*

וְהִבִּיטוּ conj.-Hi. pf. 3 c.p. (נבט 613) *and looked*

אַחֲרֵי מֹשֶׁה prep. (29)-pr.n. (602) *after Moses*

עַד־בֹּאוֹ prep.-Qal inf.cstr.-3 m.s. sf. (בוא 97) *until he had gone*

הָאֹהֱלָה def.art.-n.m.s.-dir.he (13) *into the tent*

33:9

וְהָיָה כְּבֹא conj.-Qal pf. 3 m.s. (224)-prep.-Qal inf.cstr. (בוא 97) *when … entered*

מֹשֶׁה pr.n. (602) *Moses*

הָאֹהֱלָה def.art.-n.m.s.-dir.he (13) *the tent*

יֵרֵד Qal impf. 3 m.s. (ירד 432) *would descend*

עַמּוּד הֶעָנָן n.m.s. cstr. (765)-def.art.-n.m.s. (777) *the pillar of cloud*

וְעָמַד conj.-Qal pf. 3 m.s. (763) *and stand*

פֶּתַח הָאֹהֶל n.m.s. cstr. (835)-def.art.-n.m.s. (13) *at the door of the tent*

וְדִבֶּר conj.-Pi. pf. 3 m.s. (180) *and spoke*

עִם־מֹשֶׁה prep.-pr.n. (602) *with Moses*

33:10

וְרָאָה conj.-Qal pf. 3 m.s. (906; GK 112kk) *and when … saw*

כָּל־הָעָם n.m.s. cstr. (481)-def.art.-n.m.s. (I 766) *all the people*

אֶת־עַמּוּד הֶעָנָן dir.obj.-n.m.s. cstr. (765)-def.art.-n.m.s. (777) *the pillar of cloud*

עֹמֵד Qal act.ptc. (763) *standing*

פֶּתַח הָאֹהֶל n.m.s. cstr. (835)-def.art.-n.m.s. (13) *at the door of the tent*

וְקָם conj.-Qal pf. 3 m.s. (קום 877; GK 112kk) *and would rise up*

כָּל־הָעָם n.m.s. cstr. (481)-def.art.-n.m.s. (I 766) *all the people*

וְהִשְׁתַּחֲווּ conj.-Hithpalel pf. 3 c.p. (שחה 1005; GK 112kk) *and worship*

אִישׁ n.m.s. (35) *every man*

פֶּתַח אָהֳלוֹ n.m.s. cstr. (835)-n.m.s.-3 m.s. sf. (13) *at his tent door*

33:11

וְדִבֶּר יהוה conj.-Pi. pf. 3 m.s. (180)-pr.n. (217) *thus Yahweh used to speak*

אֶל־מֹשֶׁה prep.-pr.n. (602) *to Moses*

פָּנִים אֶל־פָּנִים n.m.p. (815)-prep.-n.m.p. (815; GK 156c) *face to face*

כַּאֲשֶׁר יְדַבֵּר prep.-rel. (81)-Pi. impf. 3 m.s. (180) *as … speaks*

אִישׁ n.m.s. (35) *a man*

אֶל־רֵעֵהוּ prep.-n.m.s.-3 m.s. sf. (945) *to his friend*

וְשָׁב conj.-Qal pf. 3 m.s. (שוב 996) *when he turned again*

אֶל־הַמַּחֲנֶה prep.-def.art.-n.m.s. (334) *into the camp*

וּמְשָׁרְתוֹ conj.-Pi. ptc.-3 m.s. sf. (שרת 1058) *and his servant*

יְהוֹשֻׁעַ pr.n. (221) *Joshua*

בִּן־נוּן n.m.s. cstr. (119)-pr.n. (630) *the son of Nun*

נַעַר pr.n. (654) *a young man*

לֹא יָמִישׁ neg.-Hi. impf. 3 m.s. (מוש I 559) *did not depart*

מִתּוֹךְ הָאֹהֶל prep.-n.m.s. cstr. (1063)-def.art.-n.m.s. (13) *from the tent*

33:12

וַיֹּאמֶר מֹשֶׁה consec.-Qal impf. 3 m.s. (55)-pr.n. (602) *then Moses said*

אֶל־יהוה prep.-pr.n. (217) *to Yahweh*

רְאֵה Qal impv. 2 m.s. (906) *see*

אַתָּה אֹמֵר אֵלַי pers.pr. 2 m.s. (61)-Qal act.ptc. (55)-prep.-1 c.s. sf. *thou sayest to me*

הַעַל Hi. impv. 2 m.s. (עלה 748; GK 75gg) *bring up*

אֶת־הָעָם הַזֶּה dir.obj.-def.art.-n.m.s. (I 766)-def.art.-demons.adj. (260) *this people*

וְאַתָּה conj.-pers.pr. 2 m.s. (61) *but thou*

לֹא הוֹדַעְתַּנִי neg.-Hi. pf. 2 m.s.-1 c.s. sf. (ידע 393) *hast not let me know*

אֵת אֲשֶׁר־תִּשְׁלַח dir.obj.-rel. (81)-Qal impf. 2 m.s. (שלח 1018) *whom thou wilt send*

עִמִּי prep.-1 c.s. sf. *with me*

וְאַתָּה אָמַרְתָּ v.supra-Qal pf. 2 m.s. (55) *yet thou hast said*

יְדַעְתִּיךָ Qal pf. 1 c.s.-2 m.s. sf. (ידע 393) *I know you*

בְּשֵׁם prep.-n.m.s. (1027) *by name*

וְגַם־מָצָאתָ conj.-adv. (168)-Qal pf. 2 m.s. (מצא 592) *and you have also found*

חֵן n.m.s. (336) *favor*

בְּעֵינָי prep.-n.f.p.-1 c.s. sf paus. (744) *in my sight*

33:13

וְעַתָּה conj.-adv. (773) *now therefore*

אִם־נָא hypoth.part. (49)-part.of entreaty (609) *I pray thee, if*

מָצָאתִי Qal pf. 1 c.s. (מצא 592) *I have found*

חֵן n.m.s. (336) *favor*

בְּעֵינֶיךָ prep.-n.f.p.-2 m.s. sf. (744) *in thy sight*

הוֹדִעֵנִי נָא Hi. impv. 2 m.s.-1 c.s. sf. (יָדַע 393) -part.of entreaty (609) *show me now*

אֶת־דְּרָכֶךָ dir.obj.-n.m.s.-2 m.s. sf. paus. (202; GK 91k) *thy way*

וְאֵדָעֲךָ conj.-Qal impf. 1 c.s.-2 m.s. sf. (יָדַע 393; GK 69bN) *that I may know thee*

לְמַעַן אֶמְצָא־ prep. (775)-Qal impf. 1 c.s. (מָצָא 592) *that I may find*

חֵן n.m.s. (336) *favor*

בְּעֵינֶיךָ v.supra *in thy sight*

וּרְאֵה conj.-Qal impv. 2 m.s. (906) *consider too*

כִּי עַמְּךָ conj.-n.m.s.-2 m.s. sf. (I 766) *that thy people*

הַגּוֹי הַזֶּה def.art.-n.m.s. (156)-def.art.-demons.adj. (260) *this nation*

33:14

וַיֹּאמַר consec.-Qal impf. 3 m.s. (55) *and he said*

פָּנַי יֵלֵכוּ n.m.p.-1 c.s. sf. (815; GK 150u) Qal impf. 3 m.s. paus. (הָלַךְ 229) *my presence will go*

וַהֲנִחֹתִי לָךְ conj.-Hi. pf. 1 c.s. (נוּחַ 628)-prep.-2 m.s. sf. paus. *and I will give you rest*

33:15

וַיֹּאמֶר אֵלָיו consec.-Qal impf. 3 m.s. (55)-prep.-3 m.s. sf. *and he said to him*

אִם־אֵין פָּנֶיךָ hypoth.part. (49)-subst. cstr. (II 34)-n.m.p.-2 m.s. sf. (815) *if thy presence not*

הֹלְכִים Qal act.ptc. m.p. (הָלַךְ 229) *go*

אַל־תַּעֲלֵנוּ neg.-Hi. impf. 2 m.s.-1 c.p. sf. (עָלָה 748) *do not carry us up*

מִזֶּה prep.-demons.adj. (260) *from here*

33:16

וּבַמֶּה conj.-prep.-def.art.-interr. (552) *for how*

יִוָּדַע אֵפוֹא Ni. impf. 3 m.s. (יָדַע 393)-enclitic part. (66) *shall it be known then*

כִּי־מָצָאתִי חֵן conj.-Qal pf. 1 c.s. (מָצָא 592) -n.m.s. (336) *that I have found favor*

בְּעֵינֶיךָ prep.-n.f.p.-2 m.s. sf. (744) *in thy sight*

אֲנִי וְעַמֶּךָ pers.pr. 1 c.s. (58)-conj.-n.m.s.-2 m.s. sf. (I 766) *I and thy people*

הֲלוֹא בְּלֶכְתְּךָ interr.-neg.-prep.-Qal inf.cstr.-2 m.s. sf. (הָלַךְ 229) *is it not in thy going*

עִמָּנוּ prep.-1 c.p. sf. *with us*

וְנִפְלִינוּ conj.-Ni pf. 1 c.p. (פָּלָה 811) *so that we are distinct*

אֲנִי וְעַמֶּךָ v.supra-v.supra *I and thy people*

מִכָּל־הָעָם prep.-n.m.s. cstr. (481)-def.art.-n.m.s. (I 766) *from all other people*

אֲשֶׁר עַל־פְּנֵי rel. (81)-prep.-n.m.p. cstr. (815) *that are upon the face of*

הָאֲדָמָה def.art.-n.f.s. (9) *the earth*

33:17

וַיֹּאמֶר יהוה consec.-Qal impf. 3 m.s. (55)-pr.n. (217) *and Yahweh said*

אֶל־מֹשֶׁה prep.-pr.n. (602) *to Moses*

גַּם אֶת־הַדָּבָר הַזֶּה adv. (168)-dir.obj.-def.art. -n.m.s. (182)-def.art.-demons.adj. m.s. (260) *this very thing*

אֲשֶׁר דִּבַּרְתָּ rel. (81)-Pi. pf. 2 m.s. (180) *that you have spoken*

אֶעֱשֶׂה Qal impf. 1 c.s. (עָשָׂה I 793) *I will do*

כִּי־מָצָאתָ חֵן conj.-Qal pf. 2 m.s. (592)-n.m.s. (336) *for you have found favor*

בְּעֵינַי prep.-n.f.p.-1 c.s. sf. (744) *in my sight*

וָאֵדָעֲךָ consec.-Qal impf. 1 c.s.-2 m.s. sf. (יָדַע 393; GK 69bN) *and I know you*

בְּשֵׁם prep.-n.m.s. (1027) *by name*

33:18

וַיֹּאמַר consec.-Qal impf. 3 m.s. (55) *and he said*

הַרְאֵנִי נָא Hi. impv. 2 m.s.-1 c.s. sf. (רָאָה 906) -part.of entreaty (609) *show me, I pray thee*

אֶת־כְּבֹדֶךָ dir.obj.-n.m.s.-2 m.s. sf. (458) *thy glory*

33:19

וַיֹּאמֶר consec.-Qal impf. 3 m.s. (55) *and he said*

אֲנִי אַעֲבִיר pers.pr. 1 c.s. (58)-Hi. impf. 1 c.s. (עָבַר 716) *I will make pass*

כָּל־טוּבִי n.m.s. cstr. (481)-n.m.s.-1 c.s. sf. (375) *all my goodness*

עַל־פָּנֶיךָ prep.-n.m.p.-2 m.s. sf. (815) *before you*

וְקָרָאתִי conj.-Qal pf. 1 c.s. (קָרָא 894) *and will proclaim*

בְשֵׁם prep.-n.m.s. (1027) *by name* (LXX rd. *my name*)

יהוה pr.n. (217) *Yahweh*

לְפָנֶיךָ prep.-n.m.p.-2 m.s. sf. (815) *before you*

וְחַנֹּתִי conj.-Qal pf. 1 c.s. (חָנַן I 335) *and I will be gracious*

אֶת־אֲשֶׁר אָחֹן dir.obj.-rel. (81)-Qal impf. 1 c.s. (חָנַן I 335) *to whom I will be gracious*

וְרִחַמְתִּי conj.-Pi. pf. 1 c.s. (933) *and will show mercy*

אֶת־אֲשֶׁר אֲרַחֵם dir.obj.-rel. (81)-Pi. impf. 1 c.s. (933) *on whom I will show mercy*

33:20

וַיֹּאמֶר consec.-Qal impf. 3 m.s. (55) *and he said*

לֹא תוּכַל neg.-Qal impf. 2 m.s. (407) *you cannot*

לִרְאֹת prep.-Qal inf.cstr. (רָאָה 906) *see*

אֶת־פָּנַי dir.obj.-n.m.p.-1 c.s. sf. paus. (815) *my face*

כִּי לֹא־יִרְאַנִי conj.-neg.-Qal impf. 3 m.s.-1 c.s. sf. (רָאָה 906; GK 60d,159gg) *for ... shall not see me*

הָאָדָם def.art.-n.m.s. (9) *man*

וָחָי conj.-Qal pf. 3 m.s. paus. (חָיָה 310) *and live*

33:21

וַיֹּאמֶר יהוה consec.-Qal impf. 3 m.s. (55)-pr.n. (217) *and Yahweh said*

הִנֵּה demons.part. (243) *behold*

מָקוֹם אִתִּי n.m.s. (879)-prep.-1 c.s. sf. (II 85) *a place by me*

וְנִצַּבְתָּ conj.-Ni. pf. 2 m.s. (נָצַב 662) *where you shall stand*

עַל־הַצּוּר prep.-def.art.-n.m.s. (849) *upon the rock*

33:22

וְהָיָה בַּעֲבֹר conj.-Qal pf. 3 m.s. (224)-prep.-Qal inf.cstr. (עָבַר 716) *and while ... passes by*

כְּבֹדִי n.m.s.-1 c.s. sf. (458) *my glory*

וְשַׂמְתִּיךָ conj.-Qal pf. 1 c.s.-2 m.s. sf. (שִׂים I 962) *I will put you*

בְּנִקְרַת הַצּוּר prep.-n.f.s. cstr. (669)-def.art.-n.m.s. (849) *in a cleft of the rock*

וְשַׂכֹּתִי conj.-Qal pf. 1 c.s. (שָׂכַךְ I 967; GK 67ee) *and I will cover*

כַּפִּי n.f.s.-1 c.s. sf. (496) *with my hand*

עָלֶיךָ prep.-2 m.s. sf. *you*

עַד־עָבְרִי prep.-Qal inf.cstr.-1 c.s. sf. (עָבַר 716) *until I have passed by*

33:23

וַהֲסִרֹתִי conj.-Hi. pf. 1 c.s. (סוּר 696) *then I will take away*

אֶת־כַּפִּי dir.obj.-n.f.s.-1 c.s. sf. (496) *my hand*

וְרָאִיתָ conj.-Qal pf. 2 m.s. (רָאָה 906) *and you shall see*

אֶת־אֲחֹרָי dir.obj.-subst. p. cstr. paus. (30; GK 124b) *my back*

וּפָנַי conj.-n.m.p.-1 c.s. sf. (815) *but my face*

לֹא יֵרָאוּ neg.-Ni. impf. 3 m.p. (רָאָה 906) *shall not be seen*

34:1

וַיֹּאמֶר יהוה consec.-Qal impf. 3 m.s. (55)-pr.n. (217) *and Yahweh said*

אֶל־מֹשֶׁה prep.-pr.n. (602) *to Moses*

פְּסָל־לְךָ Qal impv. 2 m.s. (פָּסַל 820)-prep.-2 m.s. sf. *cut (for yourself)*

שְׁנֵי־לֻחֹת num. m.p. cstr. (1040)-n.m.p. cstr. (531) *two tables of*

אֲבָנִים n.f.p. (6; GK 124q) *stone*

כָּרִאשֹׁנִים prep.-def.art.-adj. m.p. (911) *like the first*

וְכָתַבְתִּי conj.-Qal pf. 1 c.s. (כָּתַב 507) *and I will write*

עַל־הַלֻּחֹת prep.-def.art.-n.m.p. (531) *upon the tables*

אֶת־הַדְּבָרִים dir.obj.-def.art.-n.m.p. (182) *the words*

אֲשֶׁר הָיוּ rel. (81)-Qal pf. 3 c.p. (הָיָה 224) *that were*

עַל־הַלֻּחֹת v.supra *on the tables*

הָרִאשֹׁנִים def.art.-adj. m.p. (911) *first*

אֲשֶׁר שִׁבַּרְתָּ rel. (81)-Pi. pf. 2 m.s. (שָׁבַר 990) *which you broke*

34:2

וֶהְיֵה נָכוֹן conj.-Qal impv. 2 m.s. (הָיָה 224)-Ni. ptc. (כּוּן 465) *and be ready*

לַבֹּקֶר prep.-def.art.-n.m.s. (133) *in the morning*

וְעָלִיתָ conj.-Qal pf. 2 m.s. (עָלָה 748) *and come up*

בַבֹּקֶר prep.-def.art.-n.m.s. (133) *in the morning*

אֶל־הַר סִינַי prep.-n.m.s. cstr. (249)-pr.n. (696) *to Mount Sinai*

וְנִצַּבְתָּ לִי conj.-Ni. pf. 2 m.s. (נָצַב 662)-prep.-1 c.s. sf. *and present yourself to me*

שָׁם adv. (1027) *there*

עַל־רֹאשׁ הָהָר prep.-n.m.s. cstr. (910)-def.art.-n.m.s. (249) *on the top of the mountain*

34:3

וְאִישׁ conj.-n.m.s. (35) *and a man*

לֹא־יַעֲלֶה neg.-Qal impf. 3 m.s. (עָלָה 748) *shall not come up*

עִמָּךְ prep.-2 m.s. sf. paus. *with you*

וְגַם־אִישׁ conj.-adv. (168)-n.m.s. (35) *and also a man*

אַל־יֵרָא neg.-Ni. impf. 3 m.s. (רָאָה 906) *let not be seen*

בְּכָל־הָהָר prep.-n.m.s. cstr. (481)-def.art.-n.m.s. (249) *throughout all the mountain*

גַּם־הַצֹּאן adv. (168)-def.art.-n.f.s. (838) *also flocks*

וְהַבָּקָר conj.-def.art.-n.m.s. (133) *or herds*

אַל־יִרְעוּ neg.-Qal impf. 3 m.p. (רָעָה I 944) *let not feed*

אֶל־מוּל prep.-prep. (I 557) *before*

הָהָר הַהוּא def.art.-n.m.s. (249)-def.art.
-demons.adj. m.s. (214) *that mountain*

34:4

וַיִּפְסֹל consec.-Qal impf. 3 m.s. (פָּסַל 820) *so he
cut*

שְׁנֵי־לֻחֹת num. m.p. cstr. (1040)-n.m.p. cstr. (531)
two tables of

אֲבָנִים n.f.p. (6) *stone*

כָּרִאשֹׁנִים prep.-def.art.-adj. m.p. (911) *like the
first*

וַיַּשְׁכֵּם מֹשֶׁה consec.-Hi. impf. 3 m.s. (שָׁכַם
1014)-pr.n. (602) *and Moses rose early*

בַּבֹּקֶר prep.-def.art.-n.m.s. (133) *in the morning*

וַיַּעַל consec.-Qal impf. 3 m.s. (עָלָה 748) *and
went up*

אֶל־הַר סִינַי prep.-n.m.s. cstr. (249)-pr.n. (696)
on Mount Sinai

כַּאֲשֶׁר צִוָּה prep. rel. (81)-Pi. pf. 3 m s.
845) *as ... had commanded*

יהוה pr.n. (217) *Yahweh*

אֹתוֹ dir.obj.-3 m.s. sf. *him*

וַיִּקַּח consec.-Qal impf. 3 m.s. (לָקַח 542) *and
took*

בְּיָדוֹ prep.-n.f.s.-3 m.s. sf. (388) *in his hand*

שְׁנֵי לֻחֹת v.supra-v.supra *two tables of*

אֲבָנִים v.supra *stone*

34:5

וַיֵּרֶד יהוה consec.-Qal impf. 3 m.s. (יָרַד 432)
-pr.n. (217) *and Yahweh descended*

בֶּעָנָן prep.-def.art.-n.m.s. (777) *in the cloud*

וַיִּתְיַצֵּב consec.-Hith. impf. 3 m.s. (יָצַב 426) *and
stood*

עִמּוֹ שָׁם prep.-3 m.s. sf.-adv. (1027) *with him
there*

וַיִּקְרָא consec.-Qal impf. 3 m.s. (894) *and
proclaimed*

בְּשֵׁם יהוה prep.-n.m.s. cstr. (1027)-pr.n. (217)
the name of Yahweh

34:6

וַיַּעֲבֹר יהוה consec.-Qal impf. 3 m.s. (עָבַר
716)-pr.n. (217) *and Yahweh passed*

עַל־פָּנָיו prep.-n.m.p.-1 c.s. sf. (815) *before him*

וַיִּקְרָא consec.-Qal impf. 3 m.s. (894) *and
proclaimed*

יהוה יהוה pr.n. (217)-v.supra *Yahweh, Yahweh*

אֵל n.m.s. (42) *a God*

רַחוּם וְחַנּוּן adj. (933)-conj.-adj. (337) *merciful
and gracious*

אֶרֶךְ אַפַּיִם adj. cstr. (74)-n.m. du. (60) *slow to
anger*

וְרַב־חֶסֶד conj.-adj. cstr. (I 912)-n.m.s. (338) *and
abounding in steadfast love*

וֶאֱמֶת conj.-n.f.s. (54) *and faithfulness*

34:7

נֹצֵר Qal act.ptc. (נָצַר 665) *keeping*

חֶסֶד n.m.s. (338) *steadfast love*

לָאֲלָפִים prep.-def.art.-n.m.p. (48) *for thousands*

נֹשֵׂא Qal act.ptc. (נָשָׂא 669) *forgiving*

עָוֹן n.m.s. (730) *iniquity*

וָפֶשַׁע conj.-n.m.s. (833) *and transgression*

וְחַטָּאָה conj.-n.f.s. (308) *and sin*

וְנַקֵּה לֹא יְנַקֶּה conj.-Pi. inf.abs. (נָקָה 667)-neg.
-Pi. impf. 3 m.s. (נָקָה 667) *but who will by
no means clear the guilty*

פֹּקֵד Qal act.ptc. (823) *visiting*

עֲוֹן אָבֹת n.m.s. cstr. (730)-n.m.p. (3) *the iniquity
of the fathers*

עַל־בָּנִים prep.-n.m.p. (119) *upon the children*

וְעַל־בְּנֵי בָנִים conj.-prep.-n.m.p. cstr. (119)-n.m.p.
(119) *and the children's children*

עַל־שִׁלֵּשִׁים prep.-adj. p. (II 1026) *to the third*

וְעַל־רִבֵּעִים conj.-prep.-adj. p. (918) *and the
fourth generation*

34:8

וַיְמַהֵר מֹשֶׁה consec.-Pi. impf. 3 m.s. (מָהַר I
554)-pr.n. (602) *and Moses made haste*

וַיִּקֹּד consec.-Qal impf. 3 m.s. (קָדַד I 869) *and
bowed his head*

אַרְצָה n.f.s.-dir.he (75) *toward the earth*

וַיִּשְׁתָּחוּ consec.-Hithpalel impf. 3 m.s. (שָׁחָה
1005) *and worshiped*

34:9

וַיֹּאמֶר consec.-Qal impf. 3 m.s. (55) *and he said*

אִם־נָא hypoth.part. (49)-part.of entreaty (609)
if now

מָצָאתִי חֵן Qal pf. 1 c.s. (מָצָא 592)-n.m.s. (336) *I
have found favor*

בְּעֵינֶיךָ prep.-n.f.p.-2 m.s. sf. (744) *in thy sight*

אֲדֹנָי n.m.p.-1 c.s. sf. (10) *O Lord*

יֵלֶךְ־נָא אֲדֹנָי Qal impf. 3 m.s. (הָלַךְ 229)-v.supra
-v.supra *let the Lord, I pray thee, go*

בְּקִרְבֵּנוּ prep.-n.m.s.-1 c.p. sf. (899) *in the midst
of us*

כִּי עַם־ conj.-n.m.s. cstr. (I 766) *although a
people*

קְשֵׁה־עֹרֶף adj. cstr. (904)-n.m.s. (791)
stiff-necked

הוּא pers.pr. 3 m.s. (214) *it is*

וְסָלַחְתָּ conj.-Qal pf. 2 m.s. (סָלַח 699) *and pardon*

לַעֲוֹנֵנוּ prep.-n.m.s.-1 c.p. sf. (730) *our iniquity*

וּלְחַטָּאתֵנוּ conj.-prep.-n.f.s.-1 c.p. sf. (308) *and our sin*

וּנְחַלְתָּנוּ conj.-Qal pf. 2 m.s.-1 c.p. sf. (נָחַל 635) *and take us for thy inheritance*

34:10

וַיֹּאמֶר consec.-Qal impf. 3 m.s. (55) *and he said*

הִנֵּה demons.part. (243) *behold*

אָנֹכִי כֹּרֵת בְּרִית pers.pr. 1 c.s. (59)-Qal act.ptc. (503)-n.f.s. (136) *I make a covenant*

נֶגֶד כָּל־עַמְּךָ prep. (617)-n.m.s. cstr. (481)-n.m.s. -2 m.s. sf. (I 766) *before all your people*

אֶעֱשֶׂה Qal impf. 1 c.s. (עָשָׂה I 793) *I will do*

נִפְלָאֹת Ni. ptc. f.p. (פָּלָא 810; GK 122q) *marvels*

אֲשֶׁר לֹא־נִבְרְאוּ rel. (81)-neg.-Ni. pf. 3 c.p. (בָּרָא 135) *such as have not been wrought*

בְּכָל־הָאָרֶץ prep.-n.m.s. cstr. (481)-def.art.-n.f.s. (75) *in all the earth*

וּבְכָל־הַגּוֹיִם conj.-prep.-n.m.s. cstr. (481)-def.art. -n.m.p. (156) *or in any nation*

וְרָאָה conj.-Qal impf. 3 m.s. (906) *and shall see*

כָל־הָעָם n.m.s. cstr. (481)-def.art.-n.m.s. (I 766) *all the people*

אֲשֶׁר־אַתָּה בְקִרְבּוֹ rel. (81)-pers.pr. 2 m.s. (61) -prep.-n.m.s.-3 m.s. sf. (899) *among whom you are*

אֶת־מַעֲשֵׂה יהוה dir.obj.-n.m.s. cstr. (795)-pr.n. (217) *the work of Yahweh*

כִּי־נוֹרָא הוּא conj.-Ni. ptc. (יָרֵא 431)-pers.pr. 3 m.s. (214) *for it is a terrible thing*

אֲשֶׁר אֲנִי עֹשֶׂה rel. (81)-pers.pr. 1 c.s. (58)-Qal act.ptc. (עָשָׂה I 793) *that I will do*

עִמָּךְ prep.-2 m.s. sf. paus. *with you*

34:11

שְׁמָר־לְךָ Qal impv. 2 m.s. (שָׁמַר 1036)-prep.-2 m.s. sf. *observe*

אֵת אֲשֶׁר אָנֹכִי dir.obj.-rel. (81)-pers.pr.1 c.s. (59) *what I*

מְצַוְּךָ Pi. ptc.-2 m.s. sf. (צָוָה 845) *command you*

הַיּוֹם def.art.-n.m.s. (398) *this day*

הִנְנִי demons.part.-1 c.s. sf. (243) *behold I*

גֹּרֵשׁ Qal act.ptc. (176) *will drive out*

מִפָּנֶיךָ prep.-n.m.p.-2 m.s. sf. (815) *before you*

אֶת־הָאֱמֹרִי dir.obj.-def.art.-pr.n. gent. (57) *the Amorites*

וְהַכְּנַעֲנִי conj.-def.art.-pr.n. gent. (489) *the Canaanites*

וְהַחִתִּי conj.-def.art.-pr.n. gent. (366) *the Hittites*

וְהַפְּרִזִּי conj.-def.art.-pr.n. gent. (827) *the Perizzites*

וְהַחִוִּי conj.-def.art.-pr.n. gent. (295) *the Hivites*

וְהַיְבוּסִי conj.-def.art.-pr.n. gent. (101) *and the Jebusites*

34:12

הִשָּׁמֶר לְךָ Ni. impv. 2 m.s. (שָׁמַר 1036)-prep.-2 m.s. sf. *take heed to yourself*

פֶּן־תִּכְרֹת adv. (814)-Qal impf. 2 m.s. (כָּרַת 503) *lest you make*

בְּרִית n.f.p. (136) *a covenant*

לְיוֹשֵׁב הָאָרֶץ prep.-Qal act.ptc. (442)-def. art.-n.f.s. (75) *with the inhabitants of the land*

אֲשֶׁר אַתָּה rel. (81)-pers.pr. 2 m.s. (61) *which you*

בָּא עָלֶיהָ Qal act.ptc. (בּוֹא 97)-prep.-3 f.s. sf. *go unto it*

פֶּן־יִהְיֶה adv. (814)-Qal impf. 3 m.s. (הָיָה 224) *lest it become*

לְמוֹקֵשׁ prep.-n.m.s. (430) *a snare*

בְּקִרְבֶּךָ prep.-n.m.s.-2 m.s. sf. (899) *in the midst of you*

34:13

כִּי אֶת־מִזְבְּחֹתָם conj.-dir.obj.-n.m.p.-3 m.p. sf. (258) *for their altars*

תִּתֹּצוּן Qal impf. 2 m.p. (נָתַץ 683; GK 47m) *you shall tear down*

וְאֶת־מַצֵּבֹתָם conj.-dir.obj.-n.f.p.-3 m.p. sf. (663) *and their pillars*

תְּשַׁבֵּרוּן Pi. impf. 2 m.p. (שָׁבַר 990; GK 47m) *break*

וְאֶת־אֲשֵׁרָיו conj.-dir.obj.-n.f.p.-3 m.s. sf. (81) *and their Asherim*

תִּכְרֹתוּן Qal impf. 2 m.p. paus. (כָּרַת 503; GK 47m) *cut down*

34:14

כִּי לֹא תִשְׁתַּחֲוֶה conj.-neg.-Hithpalel impf. 2 m.s. (שָׁחָה 1005) *for you shall not worship*

לְאֵל אַחֵר prep.-n.m.s. (42)-adj. (29) *another god*

כִּי יהוה conj.-pr.n. (217) *for Yahweh*

קַנָּא adj. (888) *jealous*

שְׁמוֹ n.m.s.-3 m.s. sf. (1027) *is his name*

אֵל קַנָּא n.m.s. (42)-adj. (888) *a jealous God*

הוּא pers.pr. 3 m.s. (214) *he is*

34:15

פֶּן־תִּכְרֹת adv. (814)-Qal impf. 2 m.s. (כָּרַת 503) *lest you make*

בְּרִית n.f.s. (136) *a covenant*

לְיוֹשֵׁב הָאָרֶץ prep.-Qal act.ptc. cstr. (יָשַׁב 442) -def.art.-n.f.s. (75) *with the inhabitants of the land*

וְזָנוּ conj.-Qal pf. 3 c.p. (זָנָה 275) *when they play the harlot*

אַחֲרֵי אֱלֹהֵיהֶם prep. (29)-n.m.p.-3 m.p. sf. (43) *after their gods*

וְזָבְחוּ conj.-Qal pf. 3 c.p. (256) *and sacrifice*

לֵאלֹהֵיהֶם prep.-n.m.p.-3 m.p. sf. (43) *to their gods*

וְקָרָא לְךָ conj.-Qal pf. 3 m.s. (894)-prep.-2 m.s. sf. *and one invites you*

וְאָכַלְתָּ conj.-Qal pf. 2 m.s. (אָכַל 37) *and you eat*

מִזִּבְחוֹ prep.-n.m.s.-3 m.s. sf. (257) *of his sacrifice*

34:16

וְלָקַחְתָּ conj.-Qal pf. 2 m.s. (542) *and you take*

מִבְּנֹתָיו prep.-n.f.p.-3 m.s. sf. (I 123) *of their daughters*

לְבָנֶיךָ prep.-n.m.p.-2 m.s. sf. (119) *for your sons*

וְזָנוּ conj.-Qal pf. 3 c.p. (זָנָה 275) *and play the harlot*

בְנֹתָיו n.f.p.-3 m.s. sf. (I 123) *their daughters*

אַחֲרֵי אֱלֹהֵיהֶן prep. (29)-n.m.p.-3 f.p. sf. (43) *after their gods*

וְהִזְנוּ conj.-Hi. pf. 3 c.p. (זָנָה 275) *and make play the harlot*

אֶת־בָּנֶיךָ dir.obj.-n.m.p.-2 m.s. sf. (119) *your sons*

אַחֲרֵי אֱלֹהֵיהֶן v.supra-v.supra *after their gods*

34:17

אֱלֹהֵי מַסֵּכָה n.m.p. cstr. (43)-n.f.s. (651) *molten gods*

לֹא תַעֲשֶׂה־לָּךְ neg.-Qal impf. 2 m.s. (עָשָׂה I 793)-prep.-2 m.s. sf. paus. *you shall not make for yourself*

34:18

אֶת־חַג הַמַּצּוֹת dir.obj.-n.m.s. cstr. (290)-def.art. -n.f.p. (595) *the feast of unleavened bread*

תִּשְׁמֹר Qal impf. 2 m.s. (שָׁמַר 1036) *you shall keep*

שִׁבְעַת יָמִים num. f.s. cstr. (987)-n.m.p. (398) *seven days*

תֹּאכַל Qal impf. 2 m.s. (אָכַל 37) *you shall eat*

מַצּוֹת n.f.p. (595) *unleavened bread*

אֲשֶׁר צִוִּיתִךָ rel. (81)-Pi. pf. 1 c.s.-2 m.s. sf. (צָוָה 845) *as I commanded you*

לְמוֹעֵד prep.-n.m.s. (417) *at the time appointed*

חֹדֶשׁ הָאָבִיב n.m.s. cstr. (II 294)-def.art.-n.m.s. (1) *in the month Abib*

כִּי בְּחֹדֶשׁ הָאָבִיב conj.-prep.-v.supra-v.supra *for in the month Abib*

יָצָאתָ Qal pf. 2 m.s. (יָצָא 422) *you came out*

מִמִּצְרָיִם prep.-pr.n. paus. (595) *from Egypt*

34:19

כָּל־פֶּטֶר n.m.s. cstr. (481)-n.m.s. cstr. (809) *all that opens*

רֶחֶם n.m.s. (933) *a womb*

לִי prep.-1 c.s. sf. *is mine*

וְכָל־מִקְנְךָ conj.-n.m.s. cstr. (481)-n.m.s.-2 m.s. sf. (889) *all your cattle*

תִּזָּכָר Ni. impf. 3 f.s. (זָכַר 269; GK 51g; pb.rd. male = הַזָּכָר) *?-are remembered*

פֶּטֶר n.m.s. cstr. (809) *the firstlings of*

שׁוֹר וָשֶׂה n.m.s. (1004)-conj.-n.m.s. (961) *cow and sheep*

34:20

וּפֶטֶר חֲמוֹר conj.-n.m.s. cstr. (809)-n.m.s. (331) *and the firstling of an ass*

תִּפְדֶּה Qal impf. 2 m.s. (פָּדָה 804) *you shall redeem*

בְשֶׂה prep.-n.m.s. (961) *with a lamb*

וְאִם־לֹא תִפְדֶּה conj.-hypoth.part. (49)-neg.-Qal impf. 2 m.s. (פָּדָה 804) *or if you will not redeem*

וַעֲרַפְתּוֹ conj.-Qal pf. 2 m.s.-3 m.s. sf. (עָרַף 791) *you shall break its neck*

כֹּל בְּכוֹר n.m.s. cstr. (481)-n.m.s. cstr. (114) *all the first-born*

בָּנֶיךָ n.m.p.-2 m.s. sf. (119) *your sons*

תִּפְדֶּה v.supra *you shall redeem*

וְלֹא־יֵרָאוּ conj.-neg.-Ni. impf. 3 m.p. (רָאָה 906) *and none shall appear*

פָנָי n.m.p.-1 c.s. sf. (815) *before me*

רֵיקָם adv. (938) *empty*

34:21

שֵׁשֶׁת יָמִים num. f. cstr. (995)-n.m.p. (398) *six days*

תַּעֲבֹד Qal impf. 2 m.s. (עָבַד 712) *you shall work*

וּבַיּוֹם הַשְּׁבִיעִי conj.-prep.-def.art.-n.m.s. (398)-def.art.-adj. num. (988) *but on the seventh day*

תִּשְׁבֹּת Qal impf. 2 m.s. (שָׁבַת 991) *you shall rest*

בֶּחָרִישׁ prep.-def.art.-n.m.s. (361) *in plowing time*

וּבַקָּצִיר conj.-prep.-def.art.-n.m.s. (894) *and in harvest*

תִּשְׁבֹּת v.supra *you shall rest*

34:22

וְחַג שָׁבֻעֹת conj.-n.m.s. cstr. (290)-n.m.p. (988) *and the feast of weeks*

תַּעֲשֶׂה לְּךָ Qal impf. 2 m.s. (עשׂה I 793)-prep.-2 m.s. sf. *you shall observe*

בִּכּוּרֵי קְצִיר n.m.p. cstr. (114)-n.m.s. cstr. (894) *the first fruits of harvest of*

חִטִּים n.f.p. (334) *wheat*

וְחַג הָאָסִיף conj.-n.m.s. cstr. (290)-def.art.-n.m.s. (63) *and the feast of ingathering*

תְּקוּפַת הַשָּׁנָה n.f.s. cstr. (880)-def.art.-n.f.s. (1040) *at the year's end*

34:23

שָׁלֹשׁ פְּעָמִים num. (1025)-n.f.p. (821) *three times*

בַּשָּׁנָה prep.-def.art.-n.f.s. (1040) *in the year*

יֵרָאֶה Ni. impf. 3 m.s. (ראה 906) *shall appear*

כָּל־זְכוּרְךָ n.m.s. cstr. (481)-n.m.s.-2 m.s. sf. (271) *all your males*

אֶת־פְּנֵי הָאָדֹן dir.obj.-n.m.p. cstr. (815)-def.art.-n.m.s. (10) *before the Lord*

יהוה pr.n. (217) *Yahweh*

אֱלֹהֵי יִשְׂרָאֵל n.m.p. cstr. (43)-pr.n. (975) *the God of Israel*

34:24

כִּי־אוֹרִישׁ conj.-Hi. impf. 1 c.s. (ירשׁ 439) *for I will cast out*

גּוֹיִם n.m.p. (156) *nations*

מִפָּנֶיךָ prep.-n.m.p.-2 m.s. sf. (815) *before you*

וְהִרְחַבְתִּי conj.-Hi. pf. 1 c.s. (רחב 931) *and enlarge*

אֶת־גְּבוּלֶךָ dir.obj.-n.m.s.-2 m.s. sf. (147) *your borders*

וְלֹא־יַחְמֹד conj.-neg.-Qal impf. 3 m.s. (חמד 326) *neither shall desire*

אִישׁ n.m.s. (35) *any man*

אֶת־אַרְצְךָ dir.obj.-n.f.s.-2 m.s. sf. (75) *your land*

בַּעֲלֹתְךָ prep.-Qal inf.cstr.-2 m.s. sf. (עלה 748) *when you go up*

לֵרָאוֹת prep.-Ni. inf.cstr. (ראה 906; GK 51,l) *to appear*

אֶת־פְּנֵי יהוה dir.obj.-n.m.p. cstr. (815)-pr.n. (217) *before Yahweh*

אֱלֹהֶיךָ n.m.p.-2 m.s. sf. (43) *your God*

שָׁלֹשׁ פְּעָמִים num. (1025)-n.f.p. (821) *three times*

בַּשָּׁנָה prep.-def.art.-n.f.s. (1040) *in the year*

34:25

לֹא־תִשְׁחַט neg.-Qal impf. 2 m.s. (שׁחט 1006) *you shall not offer (slaughter)*

עַל־חָמֵץ prep.-n.m.s. (329) *with leaven*

דַּם־זִבְחִי n.m.s. cstr. (196)-n.m.s.-1 c.s. sf. (257) *the blood of my sacrifice*

וְלֹא־יָלִין conj.-neg.-Qal impf. 3 m.s. (לין I 533,lc) *neither shall be left*

לַבֹּקֶר prep.-def.art.-n.m.s. (133) *until the morning*

זֶבַח חַג n.m.s. cstr. (257)-n.m.s. cstr. (290) *the sacrifice of the feast of*

הַפָּסַח def.art.-n.m.s. paus. (820) *the passover*

34:26

רֵאשִׁית n.f.s. cstr. (912) *the first of*

בִּכּוּרֵי n.m.p. cstr. (114) *the first fruits of*

אַדְמָתְךָ n.f.s.-2 m.s. sf. (9) *your ground*

תָּבִיא Hi. impf. 2 m.s. (בוא 97) *you shall bring*

בֵּית יהוה n.m.s. cstr. (108)-pr.n. (217) *to the house of Yahweh*

אֱלֹהֶיךָ n.m.p.-2 m.s. sf. (43) *your God*

לֹא־תְבַשֵּׁל neg.-Pi. impf. 2 m.s. (143) *you shall not boil*

גְּדִי n.m.s. (152) *a kid*

בַּחֲלֵב אִמּוֹ prep.-n.m.s. cstr. (316)-n.f.s.-3 m.s. sf. (51) *in its mother's milk*

34:27

וַיֹּאמֶר יהוה consec.-Qal impf. 3 m.s. (55)-pr.n. (217) *and Yahweh said*

אֶל־מֹשֶׁה prep.-pr.n. (602) *to Moses*

כְּתָב־לְךָ Qal impv. 2 m.s. (כתב 507)-prep.-2 m.s. sf. *write (for youself)*

אֶת־הַדְּבָרִים הָאֵלֶּה dir.obj.-def.art.-n.m.p. (182)-def.art.-demons.adj. c.p. (41) *these words*

כִּי עַל־פִּי conj.-prep.-n.m.s. cstr. (804) *for in accordance with*

הַדְּבָרִים הָאֵלֶּה v.supra-v.supra *these words*

כָּרַתִּי אִתְּךָ Qal pf. 1 c.s. (כרת 503)-prep.-2 m.s. sf. (II 85) *I have made with you*

בְּרִית n.f.s. (136) *a covenant*

וְאֶת־יִשְׂרָאֵל conj.-prep. (II 85)-pr.n. (975) *and with Israel*

34:28

וַיְהִי־שָׁם consec.-Qal impf. 3 m.s. (היה 224)-adv. (1027) *and he was there*

עִם־יהוה prep.-pr.n. (217) *with Yahweh*

אַרְבָּעִים יוֹם num. p. (917)-n.m.s. (398) *forty days*

וְאַרְבָּעִים לַיְלָה conj.-num. p. (917)-n.m.s. (538) *and forty nights*

לֶחֶם n.m.s. (536) *bread*

לֹא אָכַל neg.-Qal pf. 3 m.s. (37) *he did not eat*

וּמַיִם conj.-n.m.p. (565) *and water*

לֹא שָׁתָה neg.-Qal pf. 3 m.s. (1059) *he did not drink*

וַיִּכְתֹּב consec.-Qal impf. 3 m.s. (כתב 507) *and he wrote*

עַל־הַלֻּחֹת prep.-def.art.-n.m.p. (531) *upon the tables*

אֵת דִּבְרֵי הַבְּרִית dir.obj.-n.m.p. cstr. (182)-def.art.-n.f.s. (136) *the words of the covenant*

עֲשֶׂרֶת הַדְּבָרִים num. f. cstr. (796)-def.art.-n.m.p. (182) *the ten commandments (words)*

34:29

וַיְהִי בְּרֶדֶת consec. Qal impf. 3 m s (היה 224)-prep.-Qal inf.cstr. (ירד 432) *when ... came down*

מֹשֶׁה pr.n. (602) *Moses*

מֵהַר סִינַי prep.-n.m.s. cstr. (249)-pr.n. (696) *from Mount Sinai*

וּשְׁנֵי לֻחֹת conj.-num. m. du. cstr. (1040)-n.m.p. cstr. (531) *with the two tables of*

הָעֵדֻת def.art.-n.f.s. (730) *the testimony*

בְּיַד־מֹשֶׁה prep.-n.f.s. cstr. (388)-pr.n. (602) *in the hand of Moses*

בְּרִדְתּוֹ prep.-Qal inf.cstr.-3 m.s. sf. (ירד 432) *as he came down*

מִן־הָהָר prep.-def.art.-n.m.s. (249) *from the mountain*

וּמֹשֶׁה conj.-pr.n. (602) *and Moses*

לֹא־יָדַע neg.-Qal pf. 3 m.s. (393) *did not know*

כִּי קָרַן עוֹר פָּנָיו conj.-Qal pf. 3 m.s. (קרן 902)-n.m.s. cstr. (736)-n.m.p.-3 m.s. sf. (815) *that the skin of his face shone*

בְּדַבְּרוֹ אִתּוֹ prep.-Pi. inf.cstr.-3 m.s. sf.-prep.-3 m.s. (II 85) *because he had been talking with him*

34:30

וַיַּרְא אַהֲרֹן consec.-Qal impf. 3 m.s. (ראה 906)-pr.n. (14) *and when Aaron saw*

וְכָל־בְּנֵי conj.-n.m.s. cstr. (481)-n.m.p. cstr. (119) *and all the people of*

יִשְׂרָאֵל pr.n. (975) *Israel*

אֶת־מֹשֶׁה dir.obj.-pr.n. (602) *Moses*

וְהִנֵּה conj.-demons.part. (243) *and behold*

קָרַן Qal pf. 3 m.s. (902) *shone*

עוֹר פָּנָיו n.m.s. cstr. (736)-n.m.p.-3 m.s. sf. (815) *the skin of his face*

וַיִּירְאוּ consec.-Qal impf. 3 m.p. (ירא 431) *and they were afraid*

מִגֶּשֶׁת אֵלָיו prep.-Qal inf.cstr. (נגשׁ 620)-prep.-3 m.s. sf. *to come near him*

34:31

וַיִּקְרָא consec.-Qal impf. 3 m.s. (קרא 894) *and called*

אֲלֵהֶם מֹשֶׁה prep.-3 m.p. sf.-pr.n. (602) *to them Moses*

וַיָּשֻׁבוּ consec.-Qal impf. 3 m.p. (שׁוב 996) *and returned*

אֵלָיו אַהֲרֹן prep.-3 m.s. sf.-pr.n. (14) *to him Aaron*

וְכָל־הַנְּשִׂאִים conj.-n.m.s. cstr. (481)-def.art.-n.m.p. (I 672) *and all the leaders*

בָּעֵדָה prep.-def.art.-n.f.s. (II 417) *of the congregation*

וַיְדַבֵּר consec.-Pi. impf. 3 m.s. (180) *and talked*

מֹשֶׁה אֲלֵהֶם pr.n. (602)-prep.-3 m.p. sf. *Moses ... with them*

34:32

וְאַחֲרֵי־כֵן conj.-prep. (29)-adv. (485) *and afterward*

נִגְּשׁוּ Ni. pf. 3 c.p. (נגשׁ 620) *came near*

כָּל־בְּנֵי יִשְׂרָאֵל n.m.s. (481)-n.m.p. cstr. (119)-pr.n. (975) *all the people of Israel*

וַיְצַוֵּם consec.-Pi. impf. 3 m.s.-3 m.p. sf. (צוה 845) *and he gave them in commandment*

אֵת כָּל־אֲשֶׁר dir.obj.-n.m.s. (481)-rel. (81) *all that*

דִּבֶּר יְהוָה Pi. pf. 3 m.s. (180)-pr.n. (217) *Yahweh had spoken*

אִתּוֹ prep.-3 m.s. sf. (II 85) *with him*

בְּהַר סִינָי prep.-n.m.s. cstr. (249)-pr.n. paus. (696) *in Mount Sinai*

34:33

וַיְכַל מֹשֶׁה consec.-Pi. impf. 3 m.s. (כלה 477)-pr.n. (602) *and when Moses had finished*

מִדַּבֵּר prep.-Pi. inf.cstr. (180) *speaking*

אִתָּם prep.-3 m.p. sf. (II 85) *with them*

וַיִּתֵּן consec.-Qal impf. 3 m.s. (נתן 678) *he put*

עַל־פָּנָיו prep.-n.m.p.-3 m.s. sf. (815) *on his face*

מַסְוֶה n.m.s. (691) *a veil*

34:34

וּבְבֹא מֹשֶׁה conj.-prep.-Qal inf.cstr. (בוא 97; GK 159k)-pr.n. (602) *but whenever Moses went in*

לִפְנֵי יהוה prep.-n.m.p. cstr. (815)-pr.n. (217) *before Yahweh*

לְדַבֵּר אִתּוֹ prep.-Pi. inf.cstr. (180)-prep.-3 m.s. sf. (II 85) *to speak with him*

יָסִיר Hi. impf. 3 m.s. (סור 693) *he took off*

אֶת־הַמַּסְוֶה dir.obj.-n.m.s. (691) *the veil*

עַד־צֵאתוֹ prep.-Qal inf.cstr.-3 m.s. sf. (יצא 422) *until he came out*

וְיָצָא conj.-Qal pf. 3 m.s. (422) *and when he came out*

וְדִבֶּר conj.-Pi. pf. 3 m.s. (180) *and told*

אֶל־בְּנֵי יִשְׂרָאֵל prep.-n.m.p. cstr. (119)-pr.n. (975) *the people of Israel*

אֵת אֲשֶׁר יְצֻוֶּה dir.obj.-rel. (81)-Pu. impf. 3 m.s. (צוה 845) *what he was commanded*

34:35

וְרָאוּ conj.-Qal pf. 3 c.p. (רָאָה 906) *and saw*

בְנֵי־יִשְׂרָאֵל n.m.p. cstr. (119)-pr.n. (975) *the people of Israel*

אֶת־פְּנֵי מֹשֶׁה dir.obj.-n.m.p. cstr. (815)-pr.n. (602) *the face of Moses*

כִּי קָרַן conj.-Qal pf. 3 m.s. (902) *that shone*

עוֹר פְּנֵי מֹשֶׁה n.m.s. cstr. (736)-n.m.p. cstr. (815)-pr.n. (602) *the skin of Moses' face*

וְהֵשִׁיב מֹשֶׁה conj.-Hi. pf. 3 m.s. (שוב 996)-pr.n. (602) *and Moses would put again*

אֶת־הַמַּסְוֶה dir.obj.-def.art.-n.m.s. (691) *the veil*

עַל־פָּנָיו prep.-n.m.p.-3 m.s. sf. (815) *upon his face*

עַד־בֹּאוֹ prep.-Qal inf.cstr.-3 m.s. sf. (בוא 97) *until he went in*

לְדַבֵּר אִתּוֹ prep.-Pi. inf.cstr. (180)-prep.-3 m.s. sf. (II 85) *to speak with him*

35:1

וַיַּקְהֵל consec.-Hi. impf. 3 m.s. (קהל 874) *and assembled*

מֹשֶׁה pr.n. (602) *Moses*

אֶת־כָּל־עֲדַת dir.obj.-n.m.s. cstr. (481)-n.f.s. cstr. (II 417) *all the congregation of*

בְּנֵי־יִשְׂרָאֵל n.m.p. cstr. (119)-pr.n. (975) *the people of Israel*

וַיֹּאמֶר אֲלֵהֶם consec.-Qal impf. 3 m.s. (55)-prep.-3 m.p. sf. *and said to them*

אֵלֶּה demons.adj. c.p. (41) *these are*

הַדְּבָרִים def.art.-n.m.p. (182) *the things*

אֲשֶׁר־צִוָּה יהוה rel. (81)-Pi. pf. 3 m.s. (צוה 845)-pr.n. (217) *which Yahweh has commanded*

לַעֲשֹׂת אֹתָם prep.-Qal inf.cstr. (עשה I 793)-dir.obj.-3 m.p. sf. *to do (them)*

35:2

שֵׁשֶׁת יָמִים num. f. cstr. (995)-n.m.p. (398) *six days*

תֵּעָשֶׂה Ni. impf. 3 f.s. (עשה I 793) *shall be done*

מְלָאכָה n.f.s. (521) *work*

וּבַיּוֹם הַשְּׁבִיעִי conj.-prep.-def.art.-n.m.s. (398)-def.art.-num. adj. (988) *but on the seventh day*

יִהְיֶה לָכֶם Qal impf. 3 m.s. (היה 224)-prep.-2 m.p. sf. *you shall have*

קֹדֶשׁ n.m.s. cstr. (871) *a holy*

שַׁבַּת שַׁבָּתוֹן n.f.s. cstr. (992)-n.m.s. (992) *sabbath of solemn rest*

לַיהוה prep.-pr.n. (217) *to Yahweh*

כָּל־הָעֹשֶׂה n.m.s. cstr. (481)-def.art.-Qal act.ptc. (עשה I 793) *whoever does*

בוֹ prep.-3 m.s. sf. *on it*

מְלָאכָה n.f.s. (521) *any work*

יוּמָת Ho. impf. 3 m.s. (מות 559) *shall be put to death*

35:3

לֹא־תְבַעֲרוּ neg.-Pi. impf. 2 m.p. (בער 128) *you shall not kindle*

אֵשׁ n.f.s. (77) *fire*

בְּכֹל מֹשְׁבֹתֵיכֶם prep.-n.m.s. cstr. (481)-n.m.p.-2 m.p. sf. (444) *in all your habitations*

בְּיוֹם הַשַּׁבָּת prep.-n.m.s. cstr. (398)-def.art.-n.f.s. paus. (992) *on the sabbath day*

35:4

וַיֹּאמֶר מֹשֶׁה consec.-Qal impf. 3 m.s. (55)-pr.n. (602) *and Moses said*

אֶל־כָּל־עֲדַת prep.-n.m.s. cstr. (481)-n.f.s. cstr. (II 417) *to all the congregation of*

בְּנֵי־יִשְׂרָאֵל n.m.p. cstr. (119)-pr.n. (975) *the people of Israel*

לֵאמֹר prep.-Qal inf.cstr. (55) *(saying)*

זֶה demons.adj. (260) *this is*

הַדָּבָר def.art.-n.m.s. (182) *the thing*

אֲשֶׁר־צִוָּה rel. (81)-Pi. pf. 3 m.s. (צוה 845) *which has commanded*

יהוה לֵאמֹר pr.n. (217)-prep.-Qal inf.cstr. (55) *Yahweh (saying)*

35:5

קְחוּ Qal impv. 2 m.p. (לקח 542) *take*

מֵאִתְּכֶם prep.-prep.-2 m.p. sf. (II 85) *from among you*

תְּרוּמָה n.f.s. (929) *an offering*

לַיהוה prep.-pr.n. (217) *to Yahweh*

כֹּל נְדִיב n.m.s. cstr. (481)–adj. m.s. cstr. (622) *whoever is generous of*

לִבּוֹ n.m.s.-3 m.s. sf. (524) *his heart*

יְבִיאֶהָ Hi. impf. 3 m.s.-3 f.s. sf. (בוא 97) *let him bring (it)*

אֵת תְּרוּמַת dir.obj.-n.f.s. cstr. (929) *the offering of*

יהוה pr.n. (217) *Yahweh*

זָהָב n.m.s. (262) *gold*

וָכֶסֶף conj.-n.m.s. (494) *and silver*

וּנְחֹשֶׁת conj.-n.m.s. (638) *and bronze*

35:6

וּתְכֵלֶת conj.-n.f.s. (1067) *and blue*

וְאַרְגָּמָן conj.-n.m.s. (71) *and purple*

וְתוֹלַעַת שָׁנִי conj.-n.f.s. cstr. (1069)-n.m.s. (1040) *and scarlet stuff*

וְשֵׁשׁ conj.-n.m.s. (III 1058) *and fine twined linen*

וְעִזִּים conj. n.f.p. (777) *and goats' hair*

35:7

וְעֹרֹת אֵילִם conj.-n.m.p. cstr. (736)-n.m.p. (I 17) *and rams' skins*

מְאָדָּמִים Pu. ptc. m.p. (אדם 10) *tanned*

וְעֹרֹת תְּחָשִׁים v.supra-n.m.p. (I 1065) *and goatskins*

וַעֲצֵי שִׁטִּים conj.-n.m.p. cstr. (781)-n.f.p. (1008; rd. שִׁטִּים) *and acacia wood*

35:8

וְשֶׁמֶן conj.-n.m.s. (1032) *and oil*

לַמָּאוֹר prep.-def.art.-n.m.s. (22) *for the light*

וּבְשָׂמִים conj.-n.m.p. (141) *and spices*

לְשֶׁמֶן הַמִּשְׁחָה prep.-n.m.s. cstr. (1032)-def.art.-n.f.s. (603) *for the anointing oil*

וְלִקְטֹרֶת הַסַּמִּים conj.-prep.-n.f.s. cstr. (882)-def.art.-n.m.p. (702) *and for the fragrant incense*

35:9

וְאַבְנֵי־שֹׁהַם conj.-n.f.p. cstr. (6)-n.m.s. (I 995) *and onyx stones*

וְאַבְנֵי מִלֻּאִים v.supra-n.m.p. (571) *and stones for setting*

לָאֵפוֹד prep.-def.art.-n.m.s. (65) *for the ephod*

וְלַחֹשֶׁן conj.-prep.-def.art.-n.m.s. (365) *and for the breastpiece*

35:10

וְכָל־חֲכַם־לֵב conj.-n.m.s. cstr. (481)-adj. m.s. cstr. (314)-n.m.s. (524) *and every able man*

בָּכֶם prep.-2 m.p. sf. *among you*

יָבֹאוּ Qal impf. 3 m.p. (בוא 97) *let come*

וְיַעֲשׂוּ conj.-Qal impf. 3 m.p. (עשה I 793) *and make*

אֵת כָּל־אֲשֶׁר dir.obj.-n.m.s. (481)-rel. (81) *all that*

צִוָּה יהוה Pi. pf. 3 m.s. (צוה 845)-pr.n. (217) *Yahweh has commanded*

35:11

אֶת־הַמִּשְׁכָּן dir.obj.-def.art.-n.m.s. (1015) *the tabernacle*

אֶת־אָהֳלוֹ dir.obj.-n.m.s.-3 m.s. sf. (13) *its tent*

וְאֶת־מִכְסֵהוּ conj.-dir.obj.-n.m.s.-3 m.s. sf. (492) *and its covering*

אֶת־קְרָסָיו dir.obj.-n.m.p.-3 m.s. sf. (902) *its hooks*

וְאֶת־קְרָשָׁיו conj.-dir.obj.-n.m.p.-3 m.s. sf. (903) *and its frames*

אֶת־בְּרִיחָו dir.obj.-n.m.p.-3 m.s. sf. (138) *its bars*

אֶת־עַמֻּדָיו dir.obj.-n.m.p.-3 m.s. sf. (765) *its pillars*

וְאֶת־אֲדָנָיו conj.-dir.obj.-n.m.p.-3 m.s. sf. (10) *and its bases*

35:12

אֶת־הָאָרֹן dir.obj.-def.art.-n.m.s. (75) *the ark*

וְאֶת־בַּדָּיו conj.-dir.obj.-n.m.p.-3 m.s. sf. (II 94) *with its poles*

אֶת־הַכַּפֹּרֶת dir.obj.-def.art.-n.f.s. (498) *the mercy seat*

וְאֵת פָּרֹכֶת הַמָּסָךְ conj.-dir.obj.-n.f.s. cstr. (827)-def.art.-n.m.s. paus. (697) *and the veil of the screen*

35:13

אֶת־הַשֻּׁלְחָן dir.obj.-def.art.-n.m.s. (1020) *the table*

וְאֶת־בַּדָּיו conj.-dir.obj.-n.m.p.-3 m.s. sf. (II 94) *with its poles*

וְאֶת־כָּל־כֵּלָיו conj.-dir.obj.-n.m.s. cstr. (481)-n.m.p.-3 m.s. sf. (479) *and all its utensils*

וְאֵת לֶחֶם הַפָּנִים conj.-dir.obj.-n.m.s. cstr. (536)-def.art.-n.m.p. (815) *and the bread of the Presence*

35:14

וְאֶת־מְנֹרַת הַמָּאוֹר conj.-dir.obj.-n.f.s. cstr. (633)-def.art.-n.m.s. (22) *the lampstand also for the light*

וְאֶת־כֵּלֶיהָ conj.-dir.obj.-n.m.p.-3 f.s. sf. (479) *with its utensils*

וְאֶת־נֵרֹתֶיהָ conj.-dir.obj.-n.m.p.-3 f.s. sf. (632) *and its lamps*

וְאֵת שֶׁמֶן הַמָּאוֹר conj.-dir.obj.-n.m.s. cstr. (1032) -def.art.-n.m.s. (22) *and the oil for the light*

35:15

וְאֶת־מִזְבַּח הַקְּטֹרֶת conj.-dir.obj.-n.m.s. cstr. (258) -def.art.-n.f.s. (882) *and the altar of incense*

וְאֶת־בַּדָּיו conj.-dir.obj.-n.m.p.-3 m.s. sf. (II 94) *with its poles*

וְאֵת שֶׁמֶן הַמִּשְׁחָה conj.-dir.obj.-n.m.s. cstr. (1032)-def.art.-n.f.s. (603) *and the anointing oil*

וְאֵת קְטֹרֶת הַסַּמִּים conj.-dir.obj.-n.f.s. cstr. (882) -def.art.-n.m.p. (702) *and the fragrant incense*

וְאֶת־מָסַךְ הַפֶּתַח conj.-dir.obj.-n.m.s. cstr. (697) -def.art.-n.m.s. (835) *and the screen for the door*

לְפֶתַח הַמִּשְׁכָּן prep.-n.m.s. cstr. (835)-def.art. -n.m.s. (1015) *at the door of the tabernacle*

35:16

אֵת מִזְבַּח הָעֹלָה dir.obj.-n.m.s. cstr. (258)-def.art. -n.f.s. (750) *the altar of burnt offering*

וְאֶת־מִכְבַּר הַנְּחֹשֶׁת conj.-dir.obj.-n.m.s. cstr. (460)-def.art.-n.m.s. (638) *with grating of bronze*

אֲשֶׁר־לוֹ rel. (81)-prep.-3 m.s. sf. *its*

אֶת־בַּדָּיו dir.obj.-n.m.p.-3 m.s. sf. (II 94) *its poles*

וְאֶת־כָּל־כֵּלָיו conj.-dir.obj.-n.m.s. cstr. (481) -n.m.p.-3 m.s. sf. (479) *and all its utensils*

אֶת־הַכִּיֹּר dir.obj.-def.art.-n.m.s. (468) *the laver*

וְאֶת־כַּנּוֹ conj.-dir.obj.-n.m.s.-3 m.s. sf. (III 487) *and its base*

35:17

אֵת קַלְעֵי הֶחָצֵר dir.obj.-n.m.p. cstr. (II 887)-def. art.-n.m.s. (I 346) *the hangings of the court*

אֶת־עַמֻּדָיו dir.obj.-n.m.p.-3 m.s. sf. (765) *its pillars*

וְאֶת־אֲדָנֶיהָ conj.-dir.obj.-n.m.p.-3 f.s. sf. (10) *and its bases*

וְאֵת מָסַךְ conj.-dir.obj.-n.m.s. cstr. (697) *and the screen for*

שַׁעַר הֶחָצֵר n.m.s. cstr. (1044)-def.art.-n.m.s. (I 346) *the gate of the court*

35:18

אֶת־יִתְדֹת הַמִּשְׁכָּן dir.obj.-n.f.p. cstr. (450)-def. art.-n.m.s. (1015) *the pegs of the tabernacle*

וְאֶת־יִתְדֹת הֶחָצֵר v.supra-v.supra-def.art.-n.m.s. (I 346) *and the pegs of the court*

וְאֶת־מֵיתְרֵיהֶם conj.-dir.obj.-n.m.p.-3 m.p. sf. (452) *and their cords*

35:19

אֶת־בִּגְדֵי הַשְּׂרָד dir.obj.-n.m.p. cstr. (93)-def.art. -n.m.s. (975) *the finely wrought garments*

לְשָׁרֵת prep.-Pi. inf.cstr. (1058) *for ministering*

בַּקֹּדֶשׁ prep.-def.art.-n.m.s. (871) *in the holy place*

אֶת־בִּגְדֵי הַקֹּדֶשׁ dir.obj.-n.m.p. cstr. (93)-def.art. -n.m.s. (871) *the holy garments*

לְאַהֲרֹן prep.-pr.n. (14) *for Aaron*

הַכֹּהֵן dir.obj.-n.m.s. (463) *the priest*

וְאֶת־בִּגְדֵי conj.-dir.obj.-n.m.p. cstr. (93) *and the garments of*

בָנָיו n.m.p.-3 m.s. sf. (119) *his sons*

לְכַהֵן prep.-Pi. inf.cstr. (464) *for their service as priests*

35:20

וַיֵּצְאוּ consec.-Qal impf. 3 m.p. (יצא 422) *then departed*

כָּל־עֲדַת n.m.s. cstr. (481)-n.f.s. cstr. (II 417) *all the congregation of*

בְּנֵי־יִשְׂרָאֵל n.m.p. cstr. (119)-pr.n. (975) *the people of Israel*

מִלִּפְנֵי מֹשֶׁה prep.-prep.-n.m.p. cstr. (815)-pr.n. (602) *from the presence of Moses*

35:21

וַיָּבֹאוּ consec.-Qal impf. 3 m.p. (בוא 97) *and they came*

כָּל־אִישׁ n.m.s. cstr. (481)-n.m.s. (35) *every one*

אֲשֶׁר־נְשָׂאוֹ לִבּוֹ rel. (81)-Qal pf. 3 m.s.-3 m.s. sf. (נשא 669)-n.m.s.-3 m.s. sf. (524) *whose heart stirred him*

וְכֹל conj.-n.m.s. (481) *and every one*

אֲשֶׁר נָדְבָה רוּחוֹ rel. (81)-Qal pf. 3 f.s. (נדב 621)-n.f.s.-3 m.s. sf. (924) *whose spirit moved*

אֹתוֹ dir.obj.-3 m.s. sf. *him*

הֵבִיאוּ Hi. pf. 3 c.p. (בוא 97) *they brought*

אֶת־תְּרוּמַת יהוה dir.obj.-n.f.s. cstr. (929)-pr.n. (217) *Yahweh's offering*

לִמְלֶאכֶת אֹהֶל prep.-n.f.s. cstr. (521)-n.m.s. cstr. (13) *to be used for the tent of*

מוֹעֵד n.m.s. (417) *meeting*

וּלְכָל־עֲבֹדָתוֹ conj.-prep.-n.m.s. cstr. (481)-n.f.p.-3 m.s. sf. (715) *and for all its service*

וּלְבִגְדֵי conj.-prep.-n.m.p. cstr. (93) *and for the garments of*

הַקֹּדֶשׁ def.art.-n.m.s. (871) *the holy place*

35:22

וַיָּבֹאוּ consec.-Qal impf. 3 m.p. (בוא 97) *so they came*

הָאֲנָשִׁים def.art.-n.m.p. (35) *the men*

עַל־הַנָּשִׁים prep.-def.art.-n.f.p. (61) *and the women*

כֹּל נְדִיב לֵב n.m.s. cstr. (481)-adj. cstr. (622) -n.m.s. (524) *all who were of a willing heart*

הֵבִיאוּ Hi. pf. 3 c.p. (בוא 97) *brought*

חָח n.m.s. (296) *brooches*

וָנֶזֶם conj.-n.m.s. (633) *and earrings*

וְטַבַּעַת conj.-n.f.s. (371) *and signet rings*

וְכוּמָז conj.-n.m.s. (484) *and armlets*

כָּל־כְּלִי n.m.s. cstr. (481)-n.m.s. cstr. (479) *all sorts of*

וָזָהָב n.m.s. (262) *gold objects*

וְכָל־אִישׁ אֲשֶׁר conj.-n.m.s. cstr. (481)-n.m.s. (35)-rel. (81) *and every man who*

הֵנִיף Hi. pf. 3 m.s. (נוף I 631,4) *dedicated*

תְּנוּפַת n.f.s. cstr. (632) *an offering of*

זָהָב n.m.s. (262) *gold*

לַיהוָה prep.-pr.n. (217) *to Yahweh*

35:23

וְכָל־אִישׁ conj.-n.m.s. cstr. (481)-n.m.s. (35) *and every man*

אֲשֶׁר־נִמְצָא אִתּוֹ rel. (81)-Ni. pf. 3 m.s. (מצא 592)-prep.-3 m.s. sf. (II 85) *with whom was found*

תְּכֵלֶת n.f.s. (1067) *blue*

וְאַרְגָּמָן conj.-n.m.s. (71) *or purple*

וְתוֹלַעַת שָׁנִי conj.-n.f.s. cstr. (1069)-n.m.s. (1040) *or scarlet stuff*

וְשֵׁשׁ conj.-n.m.s. (III 1058) *or fine linen*

וְעִזִּים conj.-n.f.p. (777) *or goats' hair*

וְעֹרֹת אֵילִם conj.-n.m.p. cstr. (736)-n.m.p. (I 17) *or rams' skins*

מְאָדָּמִים Pu. ptc. m.p. (אדם 10) *tanned*

וְעֹרֹת תְּחָשִׁים conj.-n.m.p. cstr. (736)-n.m.p. (I 1065) *or goatskins*

הֵבִיאוּ Hi. pf. 3 c.p. (בוא 97) *brought*

35:24

כָּל־מֵרִים n.m.s. cstr. (481)-Hi. ptc. (רום 926) *every one who could make*

תְּרוּמַת n.f.s. cstr. (929) *an offering of*

כֶּסֶף n.m.s. (494) *silver*

וּנְחֹשֶׁת conj.-n.m.s. (638) *or bronze*

הֵבִיאוּ Hi. pf. 3 c.p. (בוא 97) *brought*

אֶת תְּרוּמַת dir.obj.-v.supra *as the offering of*

יְהוָה pr.n. (217) *Yahweh*

וְכֹל conj.-n.m.s. (481) *and every man*

אֲשֶׁר נִמְצָא אִתּוֹ rel.(81)-Ni. pf. 3 m.s. (מצא 592)-prep.-3 m.s. sf. (II 85) *with whom was found*

עֲצֵי שִׁטִּים n.m.p. cstr. (781)-n.f.p. (1008) *acacia wood*

לְכָל־מְלֶאכֶת prep.-n.m.s. cstr. (481)-n.f.s. cstr. (521) *of any use in*

הָעֲבֹדָה def.art.-n.f.s. (715) *the work*

הֵבִיאוּ Hi. pf. 3 c.p. (בוא 97) *brought*

35:25

וְכָל־אִשָּׁה conj.-n.m.s. cstr. (481)-n.f.s. (61) *and all women*

חַכְמַת־לֵב adj. f.s. cstr. (314)-n.m.s. (524) *who had ability*

בְּיָדֶיהָ prep.-n.f.p.-3 f.s. sf. (388) *with their hands*

טָווּ Qal pf. 3 c.p. (טוה 376) *spun*

וַיָּבִיאוּ consec.-Hi. impf. 3 m.p. (בוא 97) *and brought*

מַטְוֶה n.m.s. (376) *what they had spun*

אֶת־הַתְּכֵלֶת dir.obj.-def.art.-n.f.s. (1067) *in blue*

וְאֶת־הָאַרְגָּמָן conj.-dir.obj.-def.art.-n.m.s. (71) *and purple*

אֶת־תּוֹלַעַת הַשָּׁנִי dir.obj.-n.f.s. cstr. (1069) -def.art.-n.m.s. (1040) *and scarlet stuff*

וְאֶת־הַשֵּׁשׁ conj.-dir.obj.-def.art.-n.m.s. (III 1058) *and fine twined linen*

35:26

וְכָל־הַנָּשִׁים conj.-n.m.s. cstr. (481)-def.art.-n.f.p. (61) *and all the women*

אֲשֶׁר נָשָׂא rel. (81)-Qal pf. 3 m.s. (669) *which moved*

לִבָּן n.m.s.-3 f.p. sf. (524) *their hearts*

אֹתָנָה dir.obj.-3 f.p. sf. *them*

בְּחָכְמָה prep.-n.f.s. (315) *with ability*

טָווּ Qal pf. 3 c.p. (טוה 376) *spun*

אֶת־הָעִזִּים dir.obj.-def.art.-n.f.p. (777) *the goats' hair*

35:27

וְהַנְּשִׂאִם conj.-def.art.-n.m.p. (672) *and the leaders*

הֵבִיאוּ Hi. pf. 3 c.p. (97) *brought*

אֵת אַבְנֵי הַשֹּׁהַם dir.obj.-n.f.p. cstr. (6)-def.art. -n.m.s. (I 995) *onyx stones*

400

וְאֵת אַבְנֵי הַמִּלֻּאִים conj.-dir.obj.-v.supra-def.art.-n.m.p. (571) *and stones to be set*

לָאֵפֹד prep.-def.art.-n.m.s. (65) *for the ephod*

וְלַחֹשֶׁן conj.-prep.-def.art.-n.m.s. (365) *and for the breastpiece*

35:28

וְאֶת־הַבֹּשֶׂם conj.-dir.obj.-def.art.-n.m.s. (141) *and spices*

וְאֶת־הַשָּׁמֶן conj.-dir.obj.-def.art.-n.m.s. paus. (1032) *and oil*

לְמָאוֹר prep.-n.m.s. (22) *for the light*

וּלְשֶׁמֶן הַמִּשְׁחָה conj.-prep.-n.m.s. cstr. (1032)-def.art.-n.f.s. (603) *and for the anointing oil*

וְלִקְטֹרֶת הַסַּמִּים conj.-prep.-n.f.s. cstr. (882)-def.art.-n.m.p. (702) *and for the fragrant incense*

35:29

כָּל־אִישׁ n.m.s. cstr. (481)-n.m.s. (35) *all the men*

וְאִשָּׁה conj.-n.f.s. (61) *and women*

אֲשֶׁר נָדַב לִבָּם rel. (81)-Qal pf. 3 m.s. (621)-n.m.p.-3 m.p. sf. (524) *whose heart moved*

אֹתָם dir.obj.-3 m.p. sf. *them*

לְהָבִיא prep.-Hi. inf.cstr. (בוא 97) *to bring*

לְכָל־הַמְּלָאכָה prep.-n.m.s. cstr. (481)-def.art.-n.f.s. (521) *anything for the work*

אֲשֶׁר צִוָּה rel. (81)-Pi. pf. 3 m.s. (צוה 845) *which ... had commanded*

יהוה pr.n. (217) *Yahweh*

לַעֲשׂוֹת prep.-Qal inf.cstr. (עשה I 793) *to be done*

בְּיַד־מֹשֶׁה prep.-n.f.s. cstr. (388)-pr.n. (602) *by (the hand of) Moses*

הֵבִיאוּ Hi. pf. 3 c.p. (בוא 97) *brought*

בְנֵי־יִשְׂרָאֵל n.m.p. cstr. (119)-pr.n. (975) *the people of Israel*

נְדָבָה n.f.s. (621) *a freewill offering*

לַיהוָה prep.-pr.n. (217) *to Yahweh*

35:30

וַיֹּאמֶר מֹשֶׁה consec.-Qal impf. 3 m.s. (55)-pr.n. (602) *and Moses said*

אֶל־בְּנֵי יִשְׂרָאֵל prep.-n.m.p. cstr. (119)-pr.n. (975) *to the people of Israel*

רְאוּ Qal impv. 2 m.p. (ראה 906) *see*

קָרָא יהוה Qal pf. 3 m.s. (894)-pr.n. (217) *Yahweh has called*

בְּשֵׁם prep.-n.m.s. (1027) *by name*

בְּצַלְאֵל pr.n. (130) *Bezalel*

בֶּן־אוּרִי n.m.s. cstr. (119)-pr.n. (22) *the son of Uri*

בֶּן־חוּר v.supra-pr.n. (II 301) *son of Hur*

לְמַטֵּה יְהוּדָה prep.-n.m.s. cstr. (641)-pr.n. (397) *of the tribe of Judah*

35:31

וַיְמַלֵּא consec.-Pi. impf. 3 m.s. (מלא 569) *and he has filled*

אֹתוֹ dir.obj.-3 m.s. sf. *him*

רוּחַ אֱלֹהִים n.f.s. cstr. (924)-n.m.p. (43) *with the Spirit of God*

בְּחָכְמָה prep.-n.f.s. (315) *with ability*

בִּתְבוּנָה prep.-n.f.s. (108) *with intelligence*

וּבְדַעַת conj.-prep.-n.f.s. (395) *and with knowledge*

וּבְכָל־מְלָאכָה conj.-prep.-n.m.s. cstr. (481)-n.f.s. (521) *and with all craftmanship*

35:32

וְלַחְשֹׁב conj.-prep.-Qal inf.cstr. (חשב 362) *and to devise*

מַחֲשָׁבֹת n.f.p. (364) *artistic designs*

לַעֲשׂוֹת prep.-Qal inf.cstr.l (עשה I 793) *to work*

בַּזָּהָב prep.-def.art.-n.m.s. (262) *in gold*

וּבַכֶּסֶף conj.-prep.-def.art.-n.m.s. (494) *and silver*

וּבַנְּחֹשֶׁת conj.-prep.-def.art.-n.m.s. (638) *and bronze*

35:33

וּבַחֲרֹשֶׁת אֶבֶן conj.-prep.-n.f.s. cstr. (I 360)-n.f.s. (6) *and in cutting stones*

לְמַלֹּאת prep.-Pi. inf.cstr. (מלא 569) *for setting*

וּבַחֲרֹשֶׁת עֵץ v.supra-n.m.s. (781) *and in carving wood*

לַעֲשׂוֹת prep.-Qal inf.cstr. (עשה I 793) *for work*

בְּכָל־מְלֶאכֶת מַחֲשָׁבֶת prep.-n.m.s. cstr. (481)-n.f.s. cstr. (521)-n.f.s. paus. (364) *in every skilled craft*

35:34

וּלְהוֹרֹת prep.-Hi. inf.cstr. (ירה 434) *to teach*

נָתַן בְּלִבּוֹ Qal pf. 3 m.s. (678)-prep.-n.m.s.-3 m.s. sf. (524) *he has inspired him*

הוּא וְאָהֳלִיאָב pers.pr. 3 m.s. (214)-conj.-pr.n. (14) *both him and Oholiab*

בֶּן־אֲחִיסָמָךְ n.m.s. cstr. (119)-pr.n. (27) *the son of Ahisamach*

לְמַטֵּה־דָן prep.-n.m.s. cstr. (641)-pr.n. (192) *of the tribe of Dan*

35:35

מִלֵּא Pi. pf. 3 m.s. (מָלֵא 569) *he has filled*

אֹתָם dir.obj.-3 m.p. sf. *them*

חָכְמַת־לֵב n.f.s. cstr. (315)-n.m.s. (524) *with ability*

לַעֲשׂוֹת prep.-Qal inf.cstr. (עָשָׂה I 793) *to do*

כָּל־מְלֶאכֶת n.m.s. cstr. (481)-n.f.s. (521) *every sort of work*

חָרָשׁ n.m.s. (360) *by a craftsman*

וְחֹשֵׁב conj.-Qal act.ptc. (חָשַׁב 362) *or by a designer*

וְרֹקֵם conj.-Qal act.ptc. (רָקַם 955) *or by an embroiderer*

בַּתְּכֵלֶת prep.-def.art.-n.f.s. (1067) *in blue*

וּבָאַרְגָּמָן conj.-prep.-def.art.-n.m.s. (71) *and purple*

בְתוֹלַעַת הַשָּׁנִי prep.-n.f.s. cstr. (1069)-def.art.-n.m.s. (1040) *and scarlet stuff*

וּבַשֵּׁשׁ conj.-prep.-def.art.-n.m.s. (III 1058) *and fine twined linen*

וְאֹרֵג conj.-Qal act.ptc. (אָרַג 70) *or by a weaver*

עֹשֵׂי כָּל־מְלָאכָה Qal act.ptc. cstr. (עָשָׂה I 793)-n.m.s. cstr. (481)-n.f.s. (521) *by any sort of workman*

וְחֹשְׁבֵי מַחֲשָׁבֹת conj.-Qal act.ptc. m.p. cstr. (362 חָשַׁב)-n.f.p. (364) *or skilled designer*

36:1

וְעָשָׂה conj.-Qal pf. 3 m.s. (עָשָׂה I 793) *and shall work*

בְּצַלְאֵל pr.n. (130) *Bezalel*

וְאָהֳלִיאָב conj.-pr.n. (14) *and Oholiab*

וְכֹל אִישׁ conj.-n.m.s. cstr. (481)-n.m.s. (35) *and every man*

חֲכַם־לֵב adj. cstr. (314)-n.m.s. (524) *able (wise of heart)*

אֲשֶׁר נָתַן יהוה rel. (81)-Qal pf. 3 m.s. (678)-pr.n. (217) *in whom Yahweh has put*

חָכְמָה n.f.s. (315) *ability*

וּתְבוּנָה conj.-n.f.s. (108) *and intelligence*

בָּהֵמָּה prep.-pers.pr. 3 m.p. (241; GK 103g) *(in them)*

לָדַעַת prep.-Qal inf.cstr. (יָדַע 393) *to know how*

לַעֲשֹׂת prep.-Qal inf.cstr. (עָשָׂה I 793) *to do*

אֶת־כָּל־מְלֶאכֶת dir.obj.-n.m.s. cstr. (481)-n.f.s. cstr. (521) *any work in*

עֲבֹדַת הַקֹּדֶשׁ n.f.s. cstr. (715)-def.art.-n.m.s. (871) *the construction of the sanctuary*

לְכֹל אֲשֶׁר־ prep.-n.m.s. (481)-rel. (81) *in accordance with all that*

צִוָּה יהוה Pi. pf. 3 m.s. (צָוָה 845)-pr.n. (217) *Yahweh has commanded*

36:2

וַיִּקְרָא מֹשֶׁה consec.-Qal impf. 3 m.s. (894)-pr.n. (602) *and Moses called*

אֶל־בְּצַלְאֵל prep.-pr.n. (130) *Bezalel*

וְאֶל־אָהֳלִיאָב conj.-prep.-pr.n. (14) *and Oholiab*

וְאֶל כָּל־אִישׁ conj.-prep.-n.m.s. cstr. (481)-n.m.s. (35) *and every man*

חֲכַם־לֵב adj. cstr. (314)-n.m.s. (524) *able*

אֲשֶׁר נָתַן יהוה rel. (81)-Qal pf. 3 m.s. (678)-pr.n. (217) *which Yahweh had put*

חָכְמָה n.f.s. (315) *ability*

בְּלִבּוֹ prep.-n.m.s.-3 m.s. sf. (524) *in whose mind*

כֹּל אֲשֶׁר n.m.s. (481)-rel. (81) *every one which*

נְשָׂאוֹ Qal pf. 3 m.s.-3 m.s. sf. (נָשָׂא 669) *stirred him up*

לִבּוֹ n.m.s.-3 m.s. sf. (524) *whose heart*

לְקָרְבָה prep.-Qal inf.cstr. (קָרַב 897) *to come*

אֶל־הַמְּלָאכָה prep.-def.art.-n.f.s. (521) *unto the work*

לַעֲשֹׂת אֹתָהּ prep.-Qal inf.cstr. (עָשָׂה I 793)-dir.obj.-3 f.s. sf. *to do it*

36:3

וַיִּקְחוּ consec.-Qal impf. 3 m.p. (לָקַח 542) *and they received*

מִלִּפְנֵי מֹשֶׁה prep.-prep.-n.m.p. cstr. (815)-pr.n. (602) *from Moses*

אֵת כָּל־הַתְּרוּמָה dir.obj.-n.m.s. cstr. (481)-def.art.-n.f.s. (929) *all the freewill offering*

אֲשֶׁר הֵבִיאוּ rel. (81)-Hi. pf. 3 c.p. (בּוֹא 97) *which ... had brought*

בְּנֵי יִשְׂרָאֵל n.m.p. cstr. (119)-pr.n. (975) *the people of Israel*

לִמְלֶאכֶת עֲבֹדַת prep.-n.f.s. cstr. (521)-n.f.s. cstr. (715) *the work on*

הַקֹּדֶשׁ def.art.-n.m.s. (871) *the sanctuary*

לַעֲשֹׂת אֹתָהּ prep.-Qal inf.cstr. (עָשָׂה I 793)-dir.obj.-3 f.s. sf. *(to do it)*

וְהֵם הֵבִיאוּ conj.-pers.pr. 3 m.p. (241)-Hi. pf. 3 c.p. (בּוֹא 97) *and they kept bringing*

אֵלָיו prep.-3 m.s. sf. *him*

עוֹד adv. (728) *still*

נְדָבָה n.f.s. (621) *freewill offerings*

בַּבֹּקֶר בַּבֹּקֶר prep.-def.art.-n.m.s. (133)-v.supra *every morning*

36:4

וַיָּבֹאוּ consec.-Qal impf. 3 m.p. (בּוֹא 97) *so that came*

כָּל־הַחֲכָמִים n.m.s. cstr. (481)-def.art.-adj. m.p. (314) *all the able men*

402

הָעֹשִׂים def.art.-Qal act.ptc. m.p. (עָשָׂה I 793) *who were doing*

אֶת כָּל־מְלֶאכֶת dir.obj.-n.m.s. cstr. (481)-n.f.s. cstr. (521) *every sort of task on*

הַקֹּדֶשׁ def.art.-n.m.s. (871) *the sanctuary*

אִישׁ־אִישׁ n.m.s. (35)-v.supra *each*

מִמְּלַאכְתּוֹ prep.-n.f.s.-3 m.s. sf. (521) *from the task (of him)*

אֲשֶׁר־הֵמָּה עֹשִׂים rel. (81)-pers.pr. 3 m.p. (241) -Qal act.ptc. m.p. (עָשָׂה I 793) *that he was doing*

36:5

וַיֹּאמְרוּ consec.-Qal impf. 3 m.p. (55) *and said*

אֶל־מֹשֶׁה prep.-pr.n. (602) *to Moses*

לֵאמֹר prep.-Qal inf.cstr. (55) *(saying)*

מַרְבִּים Hi. ptc. m.p. (רָבָה I 915) *much more*

הָעָם def.art.-n.m.s. (I 766) *the people*

לְהָבִיא prep.-Hi. inf.cstr. (בּוֹא 97) *bring*

מִדֵּי prep.-subst. cstr. (191) *than enough of*

הָעֲבֹדָה def.art.-n.f.s. (715) *the labor*

לַמְּלָאכָה prep.-def.art.-n.f.s. (521) *for the work*

אֲשֶׁר־צִוָּה יהוה rel. (81)-Pi. pf. 3 m.s. (צָוָה 845)-pr.n. (217) *which Yahweh has commanded*

לַעֲשֹׂת אֹתָהּ prep.-Qal inf.cstr. (עָשָׂה I 793) -dir.obj.-3 f.s. sf. *to do (it)*

36:6

וַיְצַו מֹשֶׁה consec.-Pi. impf. 3 m.s. (צָוָה 845) -pr.n. (602) *so Moses gave command*

וַיַּעֲבִירוּ קוֹל consec.-Hi. impf. 3 m.p. (עָבַר 716) -n.m.s. (876) *and word was proclaimed*

בַּמַּחֲנֶה prep.-def.art.-n.m.s. (334) *throughout the camp*

לֵאמֹר prep.-Qal inf.cstr. (55) *(saying)*

אִישׁ וְאִשָּׁה n.m.s. (35)-conj.-n.f.s. (61) *man nor woman*

אַל־יַעֲשׂוּ־עוֹד neg.-Qal impf. 3 m.p. (עָשָׂה I 793)-adv. (728) *let do nothing more*

מְלָאכָה n.f.s. (521) *(work)*

לִתְרוּמַת הַקֹּדֶשׁ prep.-n.f.s. cstr. (929)-def.art. -n.m.s. (871) *for the offering for the sanctuary*

וַיִּכָּלֵא הָעָם consec.-Ni. impf. 3 m.s. (כָּלָא 476) -def.art.-n.m.s. (I 766) *so the people were restrained*

מֵהָבִיא prep.-Hi. inf.cstr. (בּוֹא 97) *from bringing*

36:7

וְהַמְּלָאכָה conj.-def.art.-n.f.s. (521) *for the stuff*

הָיְתָה דַיָּם Qal pf. 3 f.s. (הָיָה 224)-subst.-3 m.p. sf. *was sufficient*

לְכָל־הַמְּלָאכָה prep.-n.m.s. cstr. (481)-def.art. -n.f.s. (521) *for all the work*

לַעֲשׂוֹת אֹתָהּ prep.-Qal inf.cstr. (עָשָׂה I 793) -dir.obj.-3 f.s. sf. *to do it*

וְהוֹתֵר conj.-Hi. inf.abs. (יָתַר 451) *and more*

36:8

וַיַּעֲשׂוּ consec.-Qal impf. 3 m.p. (עָשָׂה I 793) *and made*

כָל־חֲכַם־לֵב n.m.s. cstr. (481)-adj. cstr. (314) -n.m.s. (524) *all the able men*

בְּעֹשֵׂי הַמְּלָאכָה prep.-Qal act.ptc. m.p. cstr. (עָשָׂה I 793)-def.art.-n.f.s. (521) *among the workmen*

אֶת־הַמִּשְׁכָּן dir.obj.-def.art.-n.m.s. (1015) *the tabernacle*

עֶשֶׂר יְרִיעֹת num. (796)-n.f.p. (438) *with ten curtains*

שֵׁשׁ מָשְׁזָר n.m.s. (III 1058)-Ho. ptc. (1004) *fine twined linen*

וּתְכֵלֶת conj.-n.f.s. (1067) *and blue*

וְאַרְגָּמָן conj.-n.m.s. (71) *and purple*

וְתוֹלַעַת שָׁנִי conj.-n.f.s. cstr. (1069)-n.m.s. (1040) *and scarlet stuff*

כְּרֻבִים n.m.p. (500) *with cherubim*

מַעֲשֵׂה חֹשֵׁב עָשָׂה אֹתָם n.m.s. cstr. (795)-Qal act.ptc. (חָשַׁב 362)-Qal pf. 3 m.s. (עָשָׂה I 793)-dir.obj.-3 m.p. sf. *skilfully worked*

36:9

אֹרֶךְ הַיְרִיעָה n.m.s. cstr. (73)-def.art.-n.f.s. (438) *the length of ... curtain*

הָאַחַת def.art.-adj. f.s. (25) *each*

שְׁמֹנֶה וְעֶשְׂרִים num. (1032)-num. p. (797) *twenty-eight*

בָּאַמָּה prep.-def.art.-n.f.s. (52) *cubits*

וְרֹחַב conj.-n.m.s. (931) *and breadth*

אַרְבַּע בָּאַמָּה num. (916)-prep.-def.art.-n.f.s. (52) *four cubits*

הַיְרִיעָה הָאֶחָת def.art.-n.f.s. (438)-def.art.-adj. f.s. paus. (25) *each curtain*

מִדָּה אַחַת n.f.s. (551)-num. adj. f.s. (25) *same measure*

לְכָל־הַיְרִיעֹת prep.-n.m.s. cstr. (481)-def.art.-n.f.p. (438) *all the curtains*

36:10

וַיְחַבֵּר consec.-Pi. impf. 3 m.s. (חָבַר 287) *and he coupled*

403

אֶת־חֲמֵשׁ הַיְרִיעֹת dir.obj.-num. cstr. (331)
-def.art.-n.f.p. (438) *five curtains*

אַחַת אֶל־אֶחָת num. adj. f.s. (25)-prep.-num. adj.
f.s. paus. (25) *to one another*

וְחָמֵשׁ יְרִיעֹת conj.-num. (331)-n.f.p. (438) *and
the other five curtains*

חִבַּר Pi. pf. 3 m.s. (חבר 287) *he coupled*

אַחַת אֶל־אֶחָת v.supra-v.supra *to one another*

36:11

וַיַּעַשׂ consec.-Qal impf. 3 m.s. (עשׂה I 793) *and
he made*

לֻלְאֹת תְּכֵלֶת n.f.p. cstr. (533)-n.f.s. (1006) *loops
of blue*

עַל שְׂפַת prep.-n.f.s. cstr. (973) *on the edge of*

הַיְרִיעָה הָאֶחָת def.art.-n.f.s. (438)-def.art.-num.
adj. f.s. (25) *the one curtain*

מִקָּצָה בַּמַּחְבָּרֶת prep.-n.m.s. (892)-prep.-def.art.
-n.f.s. paus. (289) *at the end of the thing
joined*

כֵּן עָשָׂה adv. (485)-Qal pf. 3 m.s. (I 793)
likewise he made

בִּשְׂפַת prep.-n.f.s. cstr. (973) *on the edge of*

הַיְרִיעָה הַקִּיצוֹנָה def.art.-n.f.s. (438)-def.art.-adj.
f.s. (894) *the outmost curtain*

בַּמַּחְבֶּרֶת הַשֵּׁנִית prep.-def.art.-n.f.s. (289)-def.
art.-num. adj. f.s. (1041) *of the second set*

36:12

חֲמִשִּׁים לֻלָאֹת num. p. (332)-n.f.p. (533) *fifty
loops*

עָשָׂה Qal pf. 3 m.s. (I 793) *he made*

בַּיְרִיעָה הָאֶחָת prep.-def.art.-n.f.s. (438)-def.art.
-num. adj. f.s. (25) *on the one curtain*

וַחֲמִשִּׁים לֻלָאֹת conj.-num. p. (332)-v.supra *and
fifty loops*

עָשָׂה v.supra *he made*

בִּקְצָה הַיְרִיעָה prep.-n.m.s. cstr. (892)-def.art.
-n.f.s. (438) *on the edge of the curtain*

אֲשֶׁר בַּמַּחְבֶּרֶת הַשֵּׁנִית rel. (81)-prep.-def.art.
-n.f.s. (289)-def.art.-num. adj. f.s. (1041) *that
was in the second set*

מַקְבִּילֹת הַלֻּלָאֹת Hi. ptc. f.p. (קבל 867)-def.art.
-n.f.p. (438) *the loops were opposite*

אַחַת אֶל־אֶחָת num. adj. f.s. (25)-prep.-num. adj.
f.s. paus. (25) *one another*

36:13

וַיַּעַשׂ consec.-Qal impf. 3 m.s. (עשׂה I 793) *and
he made*

חֲמִשִּׁים קַרְסֵי num. p. (332)-n.m.p. cstr. (902)
fifty clasps of

זָהָב n.m.s. (262) *gold*

וַיְחַבֵּר consec.-Pi. impf. 3 m.s. (חבר 287) *and
coupled*

אֶת־הַיְרִיעֹת dir.obj.-def.art.-n.f.p. (438) *the
curtains*

אַחַת אֶל־אַחַת num. adj. f.s. (25)-prep.-v.supra
one to the other

בַּקְּרָסִים prep.-def.art.-n.m.p. (902) *with clasps*

וַיְהִי הַמִּשְׁכָּן consec.-Qal impf. 3 m.s. (היה 224)
-def.art.-n.m.s. (1015) *so the tabernacle was*

אֶחָד num. adj. m.s. (25) *one whole*

36:14

וַיַּעַשׂ consec.-Qal impf. 3 m.s. (עשׂה I 793) *he
also made*

יְרִיעֹת עִזִּים n.f.p. cstr. (438)-n.f.p. (777) *curtains
of goats' hair*

לְאֹהֶל prep.-n.m.s. (13) *for a tent*

עַל־הַמִּשְׁכָּן prep.-def.art.-n.m.s. (1015) *over the
tabernacle*

עַשְׁתֵּי־עֶשְׂרֵה num. (799)-num. (797) *eleven*

יְרִיעֹת n.f.p. (438) *curtains*

עָשָׂה אֹתָם Qal pf. 3 m.s. (I 793)-dir.obj.-3 m.p.
sf. *he made (them)*

36:15

אֹרֶךְ n.m.s. cstr. (73) *the length of*

הַיְרִיעָה הָאַחַת def.art.-n.f.s. (438)-def.art.-num.
adj. f.s. (25) *each curtain*

שְׁלֹשִׁים בָּאַמָּה num. p. (1026)-prep.-def.art.
-n.f.s. (52) *thirty cubits*

וְאַרְבַּע אַמּוֹת conj.-num. (916)-n.f.p. (52) *and
four cubits*

רֹחַב n.m.s. cstr. (931) *the breadth of*

הַיְרִיעָה הָאַחַת def.art.-n.f.s. (438)-def.art.-num.
adj. f.s. paus. (25) *each curtain*

מִדָּה אַחַת n.f.s. (55)-num. adj. f.s. (25) *the same
measure*

לְעַשְׁתֵּי עֶשְׂרֵה prep.-num. (799)-num. (797) *for
eleven*

יְרִיעֹת n.f.p. (438) *curtains*

36:16

וַיְחַבֵּר consec.-Pi. impf. 3 m.s. (חבר 287) *and he
coupled*

אֶת־חֲמֵשׁ dir.obj.-num. cstr. (331) *five*

הַיְרִיעֹת def.art.-n.f.p. (438) *curtains*

לְבָד prep.-n.m. paus. (94) *by themselves*

וְאֶת־שֵׁשׁ conj.-dir.obj.-num. cstr. (995) *and six*

הַיְרִיעֹת v.supra *curtains*

לְבָד v.supra *by themselves*

404

36:17

וַיַּעַשׂ consec.-Qal impf. 3 m.s. (עָשָׂה I 793) *and he made*

לְלָאת חֲמִשִּׁים n.f.p. (533)-num. m.p. (332) *fifty loops*

עַל שְׂפַת prep.-n.f.s. cstr. (973) *on the edge of*

הַיְרִיעָה הַקִּיצֹנָה def.art.-n.f.s. (438)-def.art.-adj. f.s. (894) *the outmost curtain*

בַּמַּחְבָּרֶת prep.-def.art.-n.f.s. paus. (289) *of the one set*

וַחֲמִשִּׁים לְלָאת conj.-num. p. (332)-n.f.p. (533) *and fifty loops*

עָשָׂה Qal pf. 3 m.s. (I 793) *he made*

עַל־שְׂפַת v.supra *on the edge of*

הַיְרִיעָה v.supra *the curtain*

הַחֹבֶרֶת הַשֵּׁנִית def.art.-n.f.s. (289)-def.art.-num. adj. f.s. (1041) *the second set*

36:18

וַיַּעַשׂ consec.-Qal impf. 3 m.s. (עָשָׂה I 793) *and he made*

קַרְסֵי נְחֹשֶׁת n.m.p. cstr. (902)-n.m.s. (638) *clasps of bronze*

חֲמִשִּׁים num. p. (332) *fifty*

לְחַבֵּר prep.-Pi. inf.cstr. (חָבַר 287) *to couple*

אֶת־הָאֹהֶל dir.obj.-def.art.-n.m.s. (13) *the tent*

לִהְיֹת אֶחָד prep.-Qal inf.cstr. (הָיָה 224)-num. adj. m.s. (25) *that it might be one whole*

36:19

וַיַּעַשׂ consec.-Qal impf. 3 m.s. (עָשָׂה I 793) *and he made*

מִכְסֶה n.m.s. (492) *a covering*

לָאֹהֶל prep.-def.art.-n.m.s. (13) *for the tent*

עֹרֹת אֵלִים n.m.p. cstr. (736)-n.m.p. (I 17) *rams' skins*

מְאָדָּמִים Pu. ptc. m.p. (אָדַם 10) *tanned*

וּמִכְסֵה conj.-n.m.s. cstr. (492) *(and a covering of)*

עֹרֹת תְּחָשִׁים v.supra-n.m.s. (I 1065) *goatskins*

מִלְמָעְלָה prep.-prep.-subst.-loc.he (751,2) *upwards*

36:20

וַיַּעַשׂ consec.-Qal impf. 3 m.s. (עָשָׂה I 793) *then he made*

אֶת־הַקְּרָשִׁים dir.obj.-def.art.-n.m.p. (903) *the frames*

לַמִּשְׁכָּן prep.-def.art.-n.m.s. (1015) *for the tabernacle*

עֲצֵי שִׁטִּים n.m.p. cstr. (781)-n.f.p. (1008) *acacia wood*

עֹמְדִים Qal act.ptc. (עָמַד 763) *upright*

36:21

עֶשֶׂר אַמֹּת num. (796)-n.f.p. (52) *ten cubits*

אֹרֶךְ הַקֶּרֶשׁ n.m.s. cstr. (73)-def.art.-n.m.s. (903) *the length of the frame*

וְאַמָּה וַחֲצִי הָאַמָּה conj.-n.f.s. (52)-conj.-n.m.s. cstr. (345)-def.art.-n.f.s. (52) *and a cubit and a half*

רֹחַב n.m.s. cstr. (931) *the breadth of*

הַקֶּרֶשׁ הָאֶחָד def.art.-n.m.s. (903)-def.art.-num. adj. m.s. (25) *each frame*

36:22

שְׁתֵּי יָדֹת num. f.s. cstr. (1040)-n.f.p. (388,4f) *two tenons*

לַקֶּרֶשׁ הָאֶחָד prep.-def.art.-n.m.s. (903)-def.art. -num. adj. (25) *each frame*

מְשֻׁלָּבֹת Pu. ptc. f.p. (שָׁלַב 1016) *for fitting*

אַחַת אֶל־אֶחָת num. adj. f.s. (25)-prep.-num. adj. f.s. paus. (25) *together*

כֵּן עָשָׂה adv. (485)-Qal pf. 3 m.s. (I 793) *he did this*

לְכֹל קַרְשֵׁי prep.-n.m.s. cstr. (481)-n.m.p. cstr. (903) *for all the frames of*

הַמִּשְׁכָּן def.art.-n.m.s. (1015) *the tabernacle*

36:23

וַיַּעַשׂ consec.-Qal impf. 3 m.s. (עָשָׂה I 793) *he made thus*

אֶת־הַקְּרָשִׁים dir.obj.-def.art.-n.m.p. (903) *the frames*

לַמִּשְׁכָּן prep.-def.art.-n.m.s. (1015) *for the tabernacle*

עֶשְׂרִים קְרָשִׁים num. p. (797)-n.m.p. (903) *twenty frames*

לִפְאַת prep.-n.f.s. cstr. (802) *for the side*

נֶגֶב תֵּימָנָה n.m.s. (616)-n.f.s.-loc.he (412) *south*

36:24

וְאַרְבָּעִים conj.-num. p. (917) *and forty*

אַדְנֵי־כֶסֶף n.m.p. cstr. (10)-n.m.s. (494) *bases of silver*

עָשָׂה Qal pf. 3 m.s. (I 793) *he made*

תַּחַת עֶשְׂרִים prep. (1065)-num. p. (797) *under the twenty*

הַקְּרָשִׁים def.art.-n.m.p. (903) *frames*

שְׁנֵי אֲדָנִים num. m. cstr. (1040)-n.m.p. (10) *two bases*

תַּחַת־הַקֶּרֶשׁ הָאֶחָד prep. (1065)-def.art.-n.m.s. (903)-def.art.-num. adj. (25) *under one frame*

לִשְׁתֵּי יְדֹתָיו prep.-num. f. cstr. (1040)-n.f.p.-3
m.s. sf. (388,4f) *for its two tenons*

וּשְׁנֵי אֲדָנִים conj.-num. m. cstr. (1040)-n.m.p. (10)
and two bases

תַּחַת־הַקֶּרֶשׁ הָאֶחָד v.supra-v.supra-v.supra
under another frame

לִשְׁתֵּי יְדֹתָיו v.supra-v.supra *for its two tenons*

36:25

וּלְצֶלַע conj.-prep.-n.f.s. cstr. (854) *and for the
side of*

הַמִּשְׁכָּן def.art.-n.m.s. (1015) *the tabernacle*

הַשֵּׁנִית def.art.-num. adj. f.s. (1041) *the second*

לִפְאַת צָפוֹן prep.-n.f.s. cstr. (802)-n.f.s. (I 860)
on the north side

עָשָׂה Qal pf. 3 m.s. (I 793) *he made*

עֶשְׂרִים קְרָשִׁים num. p. (797)-n.m.p. (903) *twenty
frames*

36:26

וְאַרְבָּעִים conj.-num. p. (917) *and forty*

אַדְנֵיהֶם n.m.p.-3 m.p. sf. (10) *their bases*

כָּסֶף n.m.s. paus. (494) *of silver*

שְׁנֵי אֲדָנִים num. m. cstr. (1040)-n.m.p. (10) *two
bases*

תַּחַת הַקֶּרֶשׁ הָאֶחָד prep. (1065)-def.art.-n.m.s.
(903)-def.art.-num. adj. (25) *under one
frame*

וּשְׁנֵי אֲדָנִים conj.-v.supra-v.supra *and two bases*

תַּחַת הַקֶּרֶשׁ הָאֶחָד v.supra-v.supra-v.supra
under another frame

36:27

וּלְיַרְכְּתֵי conj.-prep.-n.f. du. cstr. (438) *and for
the rear of*

הַמִּשְׁכָּן def.art.-n.m.s. (1015) *the tabernacle*

יָמָּה n.m.s.-dir.he (410) *westward*

עָשָׂה Qal pf. 3 m.s. (I 793) *he made*

שִׁשָּׁה קְרָשִׁים num. f. (995)-n.m.p. (903) *six
frames*

36:28

וּשְׁנֵי קְרָשִׁים conj.-num. m. cstr. (1040)-n.m.p.
(903) *and two frames*

עָשָׂה Qal pf. 3 m.s. (I 793) *he made*

לִמְקֻצְעֹת prep.-n.m.p. cstr. (893) *for corners of*

הַמִּשְׁכָּן def.art.-n.m.s. (1015) *the tabernacle*

בַּיַּרְכָתָיִם prep.-def.art.-n.f. du. paus. (438) *in the
rear*

36:29

וְהָיוּ conj.-Qal pf. 3 c.p. (הָיָה 224; GK 112ss)
and they were

תוֹאֲמִם Qal act.ptc. m.p. (תָּאַם 1060) *separate*

מִלְּמַטָּה prep.-prep.-adv. (641,3) *beneath*

וְיַחְדָּו יִהְיוּ conj.-adv. (403)-Qal impf. 3 m.p.
(הָיָה 224) *and together they shall be*

תַמִּים Qal act.ptc. m.p. (תָּאַם 1060) *joined*

אֶל־רֹאשׁוֹ prep.-n.m.s.-3 m.s. sf. (910) *at the top*

אֶל־הַטַּבַּעַת הָאֶחָת prep.-def.art.-n.f.s. (371)-def.
art.-num. adj. f.s. (25) *at the first ring*

כֵּן עָשָׂה adv. (485)-Qal pf. 3 m.s. (I 793) *he
made thus*

לִשְׁנֵיהֶם prep.-num. m.-3 m.p. sf. (1040) *two of
them*

לִשְׁנֵי הַמִּקְצֹעֹת prep.-num. m. cstr. (1040)-def.
art.-n.m.p. (893) *for the two corners*

36:30

וְהָיוּ conj.-Qal pf. 3 c.p. (הָיָה 224) *and there
were*

שְׁמֹנָה קְרָשִׁים num. (1032)-n.m.p. (903) *eight
frames*

וְאַדְנֵיהֶם conj.-n.m.p.-3 m.p. sf. (10) *with their
frames*

כֶּסֶף n.m.s. (494) *of silver*

שִׁשָּׁה עָשָׂר num. f. (995)-num. (797) *sixteen*

אֲדָנִים n.m.p. (10) *bases*

שְׁנֵי אֲדָנִים num. m. cstr. (1040)-v.supra *two
bases*

שְׁנֵי אֲדָנִים v.supra-v.supra *two bases*

תַּחַת הַקֶּרֶשׁ הָאֶחָד prep. (1065)-def.art.-n.m.s.
(903)-def.art.-num. adj. (25) *under every
frame*

36:31

וַיַּעַשׂ consec.-Qal impf. 3 m.s. (עָשָׂה I 793) *and
he made*

בְּרִיחֵי n.m.p. cstr. (138) *bars of*

עֲצֵי שִׁטִּים n.m.p. cstr. (781)-n.f.p. (1008) *acacia
wood*

חֲמִשָּׁה num. f. (331) *five*

לְקַרְשֵׁי prep.-n.m.p. cstr. (903) *for the frames
of*

צֶלַע־ n.f.s. cstr. (854) *the side of*

הַמִּשְׁכָּן def.art.-n.m.s. (1015) *the tabernacle*

הָאֶחָת def.art.-adj. f.s. (25) *one*

36:32

וַחֲמִשָּׁה בְרִיחִם conj.-num. f. (331)-n.m.p. (138)
and five bars

לְקַרְשֵׁי prep.-n.m.p. cstr. (903) *for the frames of*

צֶלַע־ n.f.s. cstr. (854) *the side of*

הַמִּשְׁכָּן def.art.-n.m.s. (1015) *the tabernacle*

הַשֵּׁנִית def.art.-num. adj. f. (1041) *other*

וַחֲמִשָּׁה בְרִיחִם v.supra-v.supra *and five bars*

לְקַרְשֵׁי v.supra *for the frames of*

הַמִּשְׁכָּן v.supra *the tabernacle*

לַיַּרְכָתַיִם prep.-def.art.-n.f. du. (438) *at the rear*

יָמָּה n.m.s.-dir.he (410) *westward*

36:33

וַיַּעַשׂ consec.-Qal impf. 3 m.s. (עָשָׂה I 793) *and he made*

אֶת־הַבְּרִיחַ הַתִּיכֹן dir.obj.-def.art.-n.m.s. (138) -def.art.-adj. m.s. (1064) *the middle bar*

לִבְרֹחַ prep.-Qal inf.cstr. (בָּרַח 137) *to pass through*

בְּתוֹךְ הַקְּרָשִׁים prep.-n.m.s. cstr. (1063)-def.art. -n.m.p. (903) *the midst of the frames*

מִן־הַקָּצֶה prep.-def.art.-n.m.s. (892) *from end*

אֶל־הַקָּצֶה prep.-v.supra *to end*

36:34

וְאֶת־הַקְּרָשִׁים conj.-dir.obj.-def.art.-n.m.p. (903) *and the frames*

צִפָּה Pi. pf. 3 m.s. (צָפָה II 860) *he overlaid*

זָהָב n.m.s. (262) *with gold*

וְאֶת־טַבְּעֹתָם conj.-dir.obj.-n.f.p.-3 m.p. sf. (371) *and their rings*

עָשָׂה Qal pf. 3 m.s. (I 793) *he made*

זָהָב v.supra *of gold*

בָּתִּים n.m.p. (108,3) *holders*

לַבְּרִיחִם prep.-def.art.-n.m.p. (138) *for the bars*

וַיְצַף consec.-Pi. impf. 3 m.s. (צָפָה II 860) *and overlaid*

אֶת־הַבְּרִיחִם dir.obj.-def.art.-n.m.p. (138) *the bars*

זָהָב v.supra *with gold*

36:35

וַיַּעַשׂ consec.-Qal impf. 3 m.s. (עָשָׂה I 793) *and he made*

אֶת־הַפָּרֹכֶת dir.obj.-def.art.-n.f.s. (827) *the veil*

תְּכֵלֶת n.f.s. (1067) *of blue*

וְאַרְגָּמָן conj.-n.m.s. (71) *and purple*

וְתוֹלַעַת שָׁנִי conj.-n.f.s. cstr. (1069)-n.m.s. (1040) *and scarlet stuff*

וְשֵׁשׁ מָשְׁזָר conj.-n.m.s. (III 1058)-Ho. ptc. (שָׁזַר 1004) *and fine twined linen*

מַעֲשֵׂה חֹשֵׁב n.m.s. cstr. (795)-Qal act.ptc. (חָשַׁב 362) *skilfully worked*

עָשָׂה אֹתָהּ Qal pf. 3 m.s. (I 793)-dir.obj.-3 f.s. sf. *he made it*

כְּרֻבִים n.m.p. (500) *with cherubim*

36:36

וַיַּעַשׂ לָהּ consec.-Qal impf. 3 m.s. (עָשָׂה I 793)-prep.-3 f.s. sf. *and for it he made*

אַרְבָּעָה עַמּוּדֵי num. (916)-n.m.p. cstr. (765) *four pillars of*

שִׁטִּים n.f.p. (1008) *acacia*

וַיְצַפֵּם consec.-Pi. impf. 3 m.s.-3 m.p. sf. (צָפָה I 860) *and overlaid them*

זָהָב n.m.s. (262) *with gold*

וָוֵיהֶם conj.-n.m.p.-3 m.p. sf. (255) *and their hooks*

זָהָב v.supra *of gold*

וַיִּצֹק consec.-Qal impf. 3 m.s. (יָצַק 427) *and he cast*

לָהֶם prep.-3 m.p. sf. *for them*

אַרְבָּעָה num. f. (916) *four*

אַדְנֵי־כָסֶף n.m.p. cstr. (10)-n.m.s. paus. (494) *bases of silver*

36:37

וַיַּעַשׂ consec.-Qal impf. 3 m.s. (עָשָׂה I 793) *he also made*

מָסָךְ n.m.s. (697) *a screen*

לְפֶתַח הָאֹהֶל prep.-n.m.s. cstr. (835)-def.art. -n.m.s. (13) *for the door of the tent*

תְּכֵלֶת n.f.s. (1067) *of blue*

וְאַרְגָּמָן conj.-n.m.s. (71) *and purple*

וְתוֹלַעַת שָׁנִי conj.-n.f.s. cstr. (1069)-n.m.s. (1040) *and scarlet stuff*

וְשֵׁשׁ מָשְׁזָר conj.-n.m.s. (III 1058)-Ho. ptc. (שָׁזַר 1004) *and fine twined linen*

מַעֲשֵׂה רֹקֵם n.m.s. cstr. (795)-Qal act.ptc. (רָקַם 955) *embroidered with needlework*

36:38

וְאֶת־עַמּוּדָיו conj.-dir.obj.-n.m.p.-3 m.s. sf. (765) *and its pillars*

חֲמִשָּׁה num. f. (331) *five*

וְאֶת־וָוֵיהֶם conj.-dir.obj.-n.m.p.-3 m.p. sf. (255) *with their hooks*

וְצִפָּה conj.-Pi. pf. 3 m.s. (צָפָה II 860) *and he overlaid*

רָאשֵׁיהֶם n.m.p.-3 m.p. sf. (I 910) *their capitals*

וַחֲשֻׁקֵיהֶם conj.-n.m.p.-3 m.p. sf. (366) *and their fillets*

זָהָב n.m.s. (262) *of gold*

וְאַדְנֵיהֶם conj.-n.m.p.-3 m.p. sf. (10) *but their bases*

407

חֲמִשָּׁה num. f. (331) *five*

נְחֹשֶׁת n.m.s. (638) *of bronze*

37:1

וַיַּעַשׂ consec.-Qal impf. 3 m.s. (עָשָׂה I 793) *and made*

בְּצַלְאֵל pr.n. (130) *Bezalel*

אֶת־הָאָרֹן dir.obj.-def.art.-n.m.s. (75) *the ark*

עֲצֵי שִׁטִּים n.m.p. cstr. (781)-n.f.p. (1008) *of acacia wood*

אַמָּתַיִם וָחֵצִי n.f. du. (52)-conj.-n.m.s. (345) *two cubits and a half*

אָרְכּוֹ n.m.s.-3 m.s. sf. (73) *its length*

וְאַמָּה וָחֵצִי conj.-n.f.s. (52)-v.supra *a cubit and a half*

רָחְבּוֹ n.m.s.-3 m.s. sf. (931) *its breadth*

וְאַמָּה וָחֵצִי v.supra-v.supra *and a cubit and a half*

קֹמָתוֹ n.f.s.-3 m.s. sf. (879) *its height*

37:2

וַיְצַפֵּהוּ consec.-Pi. impf. 3 m.s.-3 m.s. sf. (צָפָה II 860) *and he overlaid it*

זָהָב טָהוֹר n.m.s. (262)-adj. m.s. (373) *with pure gold*

מִבַּיִת prep.-n.m.s. (108,8) *within*

וּמִחוּץ conj.-prep.-n.m.s. (299) *and without*

וַיַּעַשׂ לוֹ consec.-Qal impf. 3 m.s. (עָשָׂה I 793)-prep.-3 m.s. sf. *and made for it*

זֵר זָהָב n.m.s. cstr. (267)-n.m.s. (262) *a molding of gold*

סָבִיב adv. (686) *around*

37:3

וַיִּצֹק לוֹ consec.-Qal impf. 3 m.s. (יָצַק 427) -prep.-3 m.s. sf. *and he cast for it*

אַרְבַּע num. (916) *four*

טַבְּעֹת זָהָב n.f.p. cstr. (371)-n.m.s. (262) *rings of gold*

עַל אַרְבַּע prep.-num. (916) *for four*

פַּעֲמֹתָיו n.f.p.-3 m.s. sf. (821) *its corners*

וּשְׁתֵּי טַבָּעֹת conj.-num. f. cstr. (1040)-n.f.p. (371) *and two rings*

עַל־צַלְעוֹ prep.-n.f.s.-3 m.s. sf. (854) *on its side*

הָאֶחָת def.art.-adj. f.s. (25) *one*

וּשְׁתֵּי טַבָּעוֹת v.supra-v.supra *and two rings*

עַל־צַלְעוֹ v.supra-v.supra *on its side*

הַשֵּׁנִית def.art.-num. adj. f. (1041) *other*

37:4

וַיַּעַשׂ consec.-Qal impf. 3 m.s. (עָשָׂה I 793) *and he made*

בַּדֵּי n.m.p. cstr. (II 94) *poles of*

עֲצֵי שִׁטִּים n.m.p. cstr. (781)-n.f.p. (1008) *acacia wood*

וַיְצַף אֹתָם consec.-Pi. impf. 3 m.s. (צָפָה II 860)-dir.obj.-3 m.p. sf. *and overlaid them*

זָהָב n.m.s. (262) *with gold*

37:5

וַיָּבֵא consec.-Hi. impf. 3 m.s. (בּוֹא 97) *and put*

אֶת־הַבַּדִּים dir.obj.-def.art.-n.m.p. (II 94) *the poles*

בַּטַּבָּעֹת prep.-def.art.-n.f.p. (371) *into the rings*

עַל צַלְעֹת הָאָרֹן prep.-n.f.p. cstr. (854)-def.art. -n.m.s. (75) *on the sides of the ark*

לָשֵׂאת prep.-Qal inf.cstr. (נָשָׂא 669) *to carry*

אֶת־הָאָרֹן dir.obj.-def.art.-n.m.s. (75) *the ark*

37:6

וַיַּעַשׂ consec.-Qal impf. 3 m.s. (עָשָׂה I 793) *and he made*

כַפֹּרֶת n.t.s. (498) *a mercy seat*

זָהָב טָהוֹר n.m.s. (262)-adj. m.s. (373) *of pure gold*

אַמָּתַיִם וָחֵצִי n.f. du. (52)-conj.-n.m.s. (345) *two cubits and a half*

אָרְכָּהּ n.m.s.-3 f.s. sf. (73) *its length*

וְאַמָּה וָחֵצִי conj.-n.f.s. (52)-v.supra *and a cubit and a half*

רָחְבָּהּ n.m.s.-3 f.s. sf. (931) *its breadth*

37:7

וַיַּעַשׂ consec.-Qal impf. 3 m.s. (עָשָׂה I 793) *and he made*

שְׁנֵי כְרֻבִים num. m. cstr. (1040)-n.m.p. (500) *two cherubim*

זָהָב n.m.s. (262) *of gold*

מִקְשָׁה n.f.s. (I 904) *hammered work*

עָשָׂה אֹתָם Qal pf. 3 m.s. (I 793)-dir.obj.-3 m.p. sf. *he made them*

מִשְּׁנֵי קְצוֹת prep.-num. m. cstr. (1040)-n.f.p. cstr. (892) *on the two ends of*

הַכַּפֹּרֶת def.art.-n.f.s. (498) *the mercy seat*

37:8

כְּרוּב־אֶחָד n.m.s. (500)-adj. m.s. (25) *one cherub*

מִקָּצָה מִזֶּה prep.-n.f.s. (892)-prep.-demons.adj. (260) *on the one end*

וּכְרוּב־אֶחָד conj.-v.supra-v.supra *and one cherub*

מִקָּצָה מִזֶּה v.supra-v.supra *on the other end*

מִן־הַכַּפֹּרֶת prep.-def.art.-n.f.s. (498) *from the mercy seat*

עָשָׂה Qal pf. 3 m.s. (I 793) *he made*

אֶת־הַכְּרֻבִים dir.obj.-def.art.-n.m.p. (500) *the cherubim*

מִשְּׁנֵי קְצוֹותָו prep.-num. m. cstr. (1040)-n.f.p.-3 m.s. sf. (892) *on its two ends*

37:9

וַיִּהְיוּ consec.-Qal impf. 3 m.p. (הָיָה 224) *and were*

הַכְּרֻבִים def.art.-n.m.p. (500) *the cherubim*

פֹּרְשֵׂי Qal act.ptc. m.p. cstr. (פָּרַשׂ 831) *spreading out*

כְּנָפַיִם n.f. du. (489) *wings*

לְמַעְלָה prep.-subst.-loc.he (751) *above*

סֹכְכִים Qal act.ptc. m.p. (סָכַךְ I 696) *overshadowing*

בְּכַנְפֵיהֶם prep.-n.f. du.-3 m.p. sf. (489) *with their wings*

עַל־הַכַּפֹּרֶת prep.-def.art.-n.f.s. (498) *the mercy seat*

וּפְנֵיהֶם conj.-n.m.p.-3 m.p. sf. (815) *with their faces*

אִישׁ אֶל־אָחִיו n.m.s. (35)-prep.-n.m.s.-3 m.s. sf. (26) *one to another*

אֶל־הַכַּפֹּרֶת prep.-def.art.-n.f.s. (498) *toward the mercy seat*

הָיוּ Qal pf. 3 c.p. (הָיָה 224) *were*

פְּנֵי הַכְּרֻבִים n.m.p. cstr. (815)-def.art.-n.m.p. (500) *the faces of the cherubim*

37:10

וַיַּעַשׂ consec.-Qal impf. 3 m.s. (עָשָׂה I 793) *and he made*

אֶת־הַשֻּׁלְחָן dir.obj.-def.art.-n.m.s. (1020) *the table*

עֲצֵי שִׁטִּים n.m.p. cstr. (781)-n.f.p. (1008) *of acacia wood*

אַמָּתַיִם n.f. du. (52) *two cubits*

אָרְכּוֹ n.m.s.-3 m.s. sf. (73) *its length*

וְאַמָּה conj.-n.f.s. (52) *and a cubit*

רָחְבּוֹ n.m.s.-3 m.s. sf. (931) *its breadth*

וְאַמָּה וָחֵצִי conj.-n.f.s. (52)-conj.-n.m.s. (345) *and a cubit and a half*

קֹמָתוֹ n.f.s.-3 m.s. sf. (879) *its height*

37:11

וַיְצַף אֹתוֹ consec.-Pi. impf. 3 m.s. (צָפָה II 860)-dir.obj.-3 m.s. sf. *and he overlaid it*

זָהָב טָהוֹר n.m.s. (262)-adj. m.s. (373) *with pure gold*

וַיַּעַשׂ לוֹ consec.-Qal impf. 3 m.s. (עָשָׂה I 793)-prep.-3 m.s. sf. *and made for it*

זֵר זָהָב n.m.s. cstr. (267)-n.m.s. (262) *a molding of gold*

סָבִיב adv. (686) *around*

37:12

וַיַּעַשׂ לוֹ consec.-Qal impf. 3 m.s. (עָשָׂה I 793)-prep.-3 m.s. sf. *and he made for it*

מִסְגֶּרֶת טֹפַח n.f.s. cstr. (689)-n.m.s. (381) *a frame a handbreadth wide*

סָבִיב adv. (686) *around*

וַיַּעַשׂ consec.-Qal impf. 3 m.s. (עָשָׂה I 793) *and made*

זֵר־זָהָב n.m.s. cstr. (267)-n.m.s. (262) *a molding of gold*

לְמִסְגַּרְתּוֹ prep.-n.f.s.-3 m.s. sf. (689) *for its frame*

סָבִיב v.supra *around*

37:13

וַיִּצֹק לוֹ consec.-Qal impf. 3 m.s. (יָצַק 427)-prep.-3 m.s. sf. *and he cast for it*

אַרְבַּע טַבְּעֹת num. (916)-n.f.p. cstr. (371) *four rings of*

זָהָב n.m.s. (262) *gold*

וַיִּתֵּן consec.-Qal impf. 3 m.s. (נָתַן 678) *and fastened*

אֶת־הַטַּבָּעֹת dir.obj.-def.art.-n.f.p. (371) *the rings*

עַל אַרְבַּע prep.-num. cstr. (916) *to the four*

הַפֵּאֹת def.art.-n.f.p. (802) *corners*

אֲשֶׁר לְאַרְבַּע rel. (81)-prep.-num. cstr. (916) *at four*

רַגְלָיו n.f.p.-3 m.s. sf. (919) *its legs*

37:14

לְעֻמַּת הַמִּסְגֶּרֶת prep.-n.f.s. cstr. (I 769)-def.art.-n.f.s. (689) *close to the frame*

הָיוּ Qal pf. 3 c.p. (הָיָה 224) *were*

הַטַּבָּעֹת def.art.-n.f.p. (371) *the rings*

בָּתִּים לַבַּדִּים n.m.p. (108)-prep.-def.art.-n.m.p. (II 94) *as holders for the poles*

לָשֵׂאת prep.-Qal inf.cstr. (נָשָׂא 669) *to carry*

אֶת־הַשֻּׁלְחָן dir.obj.-def.art.-n.m.s. (1020) *the table*

37:15

וַיַּעַשׂ consec.-Qal impf. 3 m.s. (עָשָׂה I 793) *and he made*

אֶת־הַבַּדִּים dir.obj.-def.art.-n.m.p. (II 94) *the poles*

עֲצֵי שִׁטִּים n.m.p. cstr. (781)-n.f.p. (1008) *of acacia wood*

וַיְצַף אֹתָם consec.-Pi. impf. 3 m.s. (צָפָה II 860)-dir.obj.-3 m.p. sf. *and overlaid them*

זָהָב n.m.s. (262) *gold*

לָשֵׂאת prep.-Qal inf.cstr. (נָשָׂא 669) *to carry*

אֶת־הַשֻּׁלְחָן dir.obj.-def.art.-n.m.s. (1020) *the table*

37:16

וַיַּעַשׂ consec.-Qal impf. 3 m.s. (עָשָׂה I 793) *and he made*

אֶת־הַכֵּלִים dir.obj.-def.art.-n.m.p. (479) *the vessels*

אֲשֶׁר עַל־הַשֻּׁלְחָן rel. (81)-prep.-def.art.-n.m.s. (1020) *which were to be upon the table*

אֶת־קְעָרֹתָיו dir.obj.-n.f.p.-3 m.s. sf. (891) *its plates*

וְאֶת־כַּפֹּתָיו conj.-dir.obj.-n.f.p.-3 m.s. sf. (496,4b) *and its dishes for incense*

וְאֶת־מְנַקִּיֹּתָיו conj.-dir.obj.-n.f.p.-3 m.s. sf. (667) *and its bowls*

וְאֶת־הַקְּשָׂוֹת conj.-dir.obj.-def.art.-n.f.p. (903) *and flagons*

אֲשֶׁר יֻסַּךְ בָּהֵן rel. (81)-Ho. impf. 3 m.s. (נָסַךְ I 650)-prep.-3 f.p. sf. *with which to pour libations*

זָהָב טָהוֹר n.m.s. (262)-adj. m.s. (373) *of pure gold*

37:17

וַיַּעַשׂ consec.-Qal impf. 3 m.s. (עָשָׂה I 793) *he also made*

אֶת־הַמְּנֹרָה dir.obj.-def.art.-n.f.s. (633) *the lampstand*

זָהָב טָהוֹר n.m.s. (262)-adj. m.s. (373) *of pure gold*

מִקְשָׁה n.f.s. (I 904) *of hammered work*

עָשָׂה Qal pf. 3 m.s. (I 793) *he made*

אֶת־הַמְּנֹרָה dir.obj.-def.art.-n.f.s. (633) *the lampstand*

יְרֵכָהּ n.f.s.-3 f.s. sf. (437) *its base*

וְקָנָהּ conj.-n.m.s.-3 f.s. sf. (889) *and its shaft*

גְּבִיעֶיהָ n.m.p.-3 f.s. sf. (149) *its cups*

כַּפְתֹּרֶיהָ n.m.p.-3 f.s. sf. (I 499) *its capitals*

וּפְרָחֶיהָ conj.-n.m.p.-3 f.s. sf. (827) *and its flowers*

מִמֶּנָּה הָיוּ prep.-3 f.s. sf.-Qal pf. 3 c.p. (הָיָה 224) *were of one piece with it*

37:18

וְשִׁשָּׁה קָנִים conj.-num. f. (995)-n.m.p. (889) *and six branches*

יֹצְאִים Qal act.ptc. m.p. (יָצָא 422) *were going out*

מִצִּדֶּיהָ prep.-n.m.p.-3 f.s. sf. (841) *of its sides*

שְׁלֹשָׁה קְנֵי num. f. (1025)-n.m.p. cstr. (889) *three branches of*

מְנֹרָה n.f.s. (633) *lampstand*

מִצִּדָּהּ prep.-n.m.p.-3 f.s. sf. (841) *out of ... side of it*

הָאֶחָד def.art.-num. adj. (25) *one*

וּשְׁלֹשָׁה קְנֵי conj.-v.supra-v.supra *and three branches of*

מְנֹרָה v.supra *lampstand*

מִצִּדָּהּ v.supra *out of ... side of it*

הַשֵּׁנִי def.art.-num. adj. (1041) *other*

37:19

שְׁלֹשָׁה גְבִעִים num. f. (1025)-n.m.p. (149) *three cups*

מְשֻׁקָּדִים Pu. ptc. m.p. (שָׁקַד 1052) *made like almonds*

בַּקָּנֶה הָאֶחָד prep.-def.art. n.m.s. (889)-def.art. -num. adj. (25) *on one branch*

כַּפְתֹּר n.m.s. (I 499) *capital*

וָפֶרַח conj.-n.m.s. (827) *and flower*

וּשְׁלֹשָׁה conj.-v.supra *and three*

גְבִעִים v.supra *cups*

מְשֻׁקָּדִים v.supra *made like almonds*

בְּקָנֶה אֶחָד prep.-n.m.s. (889)-num. adj. (25) *on the other branch*

כַּפְתֹּר v.supra *capital*

וָפָרַח conj.-n.m.s. paus. (827) *and flower*

כֵּן לְשֵׁשֶׁת adv. (485)-prep.-num. f. cstr. (995) *so for the six*

הַקָּנִים def.art.-n.m.p. (889) *branches*

הַיֹּצְאִים def.art.-Qal act.ptc. m.p. (422) *going out*

מִן־הַמְּנֹרָה prep.-def.art.-n.f.s. (633) *of the lampstand*

37:20

וּבַמְּנֹרָה conj.-prep.-def.art.-n.f.s. (633) *and on the lampstand*

אַרְבָּעָה גְבִעִים num. f. (916)-n.m.p. (149) *four cups*

מְשֻׁקָּדִים Pu. ptc. m.p. (שָׁקַד 1052) *made like almonds*

כַּפְתֹּרֶיהָ n.m.p.-3 f.s. sf. (I 499) *with their capitals*

וּפְרָחֶיהָ conj.-n.m.p.-3 f.s. sf. (827) *and flowers*

37:21

וְכַפְתֹּר conj.-n.m.s. (I 499) *and a capital*

תַּחַת שְׁנֵי prep. (1065)–num. m. cstr. (1040) *under each pair of*

הַקָּנִים def.art.–n.m.p. (889) *the branches*

מִמֶּנָּה prep.–3 f.s. sf. *of one piece with it*

וְכַפְתֹּר v.supra *and a capital*

תַּחַת שְׁנֵי v.supra-v.supra *under each pair of*

הַקָּנִים v.supra *the branches*

מִמֶּנָּה v.supra *of one piece with it*

וְכַפְתֹּר v.supra *and a capital*

תַּחַת־שְׁנֵי v.supra-v.supra *under each pair of*

הַקָּנִים v.supra *the branches*

מִמֶּנָּה v.supra *of one piece with it*

לְשֵׁשֶׁת הַקָּנִים prep.–num. cstr. (995)–def. art.–n.m.p. (889) *of the six branches*

הַיֹּצְאִים def.art.–Qal act.ptc. m.p. (יָצָא 422) *going out*

מִמֶּנָּה v.supra *of it*

37:22

בְּכַפְתֹּרֵיהֶם n.m.p.–3 m.p. sf. (I 499) *their capitals*

וּקְנֹתָם conj.–n.m.p.–3 m.p. sf. (889) *and their branches*

מִמֶּנָּה prep.–3 f.s. sf. *of one piece with it*

הָיוּ Qal pf. 3 c.p. (הָיָה 224) *were*

כֻּלָּהּ n.m.s.–3 f.s. sf. (481) *the whole of it*

מִקְשָׁה n.f.s. (I 904) *of hammered work*

אַחַת num. adj. f. (25) *one piece*

זָהָב טָהוֹר n.m.s. (262)–adj. m.s. (373) *pure gold*

37:23

וַיַּעַשׂ consec.–Qal impf. 3 m.s. (עָשָׂה I 793) *and he made*

אֶת־נֵרֹתֶיהָ dir.obj.–n.m.p.–3 f.s. sf. (I 632) *its lamps*

שִׁבְעָה num. f. (987) *seven*

וּמַלְקָחֶיהָ conj.–n.m. du.–3 f.s. sf. (544) *and its snuffers*

וּמַחְתֹּתֶיהָ conj.–n.f.p.–3 f.s. sf. (367) *and its trays (fire-pans)*

זָהָב טָהוֹר n.m.s. (262)–adj. m.s. (373) *of pure gold*

37:24

כִּכָּר n.f.s. (503) *a talent*

זָהָב טָהוֹר n.m.s. (262)–adj.m.s. (373) *of pure gold*

עָשָׂה אֹתָהּ Qal pf. 3 m.s. (I 793)–dir.obj.–3 f.s. sf. *he made it*

וְאֵת כָּל־כֵּלֶיהָ conj.–dir.obj.–n.m.s. cstr. (481) –n.m.p.–3 f.s. sf. (479) *and all its utensils*

37:25

וַיַּעַשׂ consec.–Qal impf. 3 m.s. (עָשָׂה I 793) *and he made*

אֶת־מִזְבַּח dir.obj.–n.m.s. cstr. (258) *the altar of*

הַקְּטֹרֶת def.art.–n.f.s. (882) *incense*

עֲצֵי שִׁטִּים n.m.p. cstr. (781)–n.f.p. (1008) *of acacia wood*

אַמָּה n.f.s. (52) *a cubit*

אָרְכּוֹ n.m.s.–3 m.s. sf. (73) *its length*

וְאַמָּה conj.–n.f.s. (52) *and a cubit*

רָחְבּוֹ n.m.s.–3 m.s. sf. (931) *its breadth*

רָבוּעַ Qal pass.ptc. (רָבַע 917) *it was square*

וְאַמָּתַיִם conj.–n.f. du. (52) *and two cubits*

קֹמָתוֹ n.f.s.–3 m.s. sf. (879) *its height*

מִמֶּנּוּ הָיוּ prep.–3 m.s. sf.–Qal pf. 3 c.p. (הָיָה 224) *were of one piece with it*

קַרְנֹתָיו n.f.p.–3 m.s. sf. (901) *its horns*

37:26

וַיְצַף אֹתוֹ consec.–Pi. impf. 3 m.s. (צָפָה II 860)–dir.obj.–3 m.s. sf. *and he overlaid it*

זָהָב טָהוֹר n.m.s. (262)–adj. m.s. (373) *with pure gold*

אֶת־גַּגּוֹ dir.obj.–n.m.s.–3 m.s. sf. (150) *its top*

וְאֶת־קִירֹתָיו conj.–dir.obj.–n.m.p.–3 m.s. sf. (I 885,4) *and its sides*

סָבִיב adv. (686) *around*

וְאֶת־קַרְנֹתָיו conj.–dir.obj.–n.f.p.–3 m.s. sf. (901) *and its horns*

וַיַּעַשׂ לוֹ consec.–Qal impf. 3 m.s. (עָשָׂה I 793)–prep.–3 m.s. sf. *and he made about it*

זֵר זָהָב n.m.s. cstr. (267)–n.m.s. (262) *a molding of gold*

סָבִיב v.supra *round*

37:27

וּשְׁתֵּי טַבְּעֹת conj.–num. f. cstr. (1040)–n.f.p. cstr. (371) *and two rings of*

זָהָב n.m.s. (262) *gold*

עָשָׂה־לוֹ Qal pf. 3 m.s. (I 793)–prep.–3 m.s. sf. *he made on it*

מִתַּחַת לְזֵרוֹ prep.–prep. (1065)–prep.–n.m.s.–3 m.s. sf. (267) *under its molding*

עַל שְׁתֵּי צַלְעֹתָיו prep.–num. f. cstr. (1040) –n.f.p.–3 m.s. sf. (854) *on its two sides*

עַל שְׁנֵי צִדָּיו prep.–num. m. cstr. (1040)–n.m.p.–3 m.s. sf. (841) *on its two sides*

לְבָתִּים prep.–n.m.p. (108) *as holders*

לְבַדִּים prep.–n.m.p. (II 94) *for poles*

לָשֵׂאת prep.–Qal inf.cstr. (נָשָׂא 669) *to carry*

אֹתוֹ בָּהֶם dir.obj.–3 m.s. sf.–prep.–3 m.p. sf. *with which ... on them*

411

37:28

וַיַּעַשׂ consec.-Qal impf. 3 m.s. (עָשָׂה I 793) *and he made*

אֶת־הַבַּדִּים dir.obj.-def.art.-n.m.p. (II 94) *the poles*

עֲצֵי שִׁטִּים n.m.p. cstr. (781)-n.f.p. (1008) *of acacia wood*

וַיְצַף consec.-Pi. impf. 3 m.s. (צָפָה II 860) *and overlaid*

אֹתָם dir.obj.-3 m.p. sf. *them*

זָהָב n.m.s. (262) *with gold*

37:29

וַיַּעַשׂ consec.-Qal impf. 3 m.s. (עָשָׂה I 793) *and he made*

אֶת־שֶׁמֶן dir.obj.-n.m.s. cstr. (1032) *the oil of*

הַמִּשְׁחָה def.art.-n.f.s. (603) *anointing*

קֹדֶשׁ n.m.s. (871) *holy*

וְאֶת־קְטֹרֶת הַסַּמִּים conj.-dir.obj.-n.f.s. cstr. (882)-def.art.-n.m.p. (702) *and the fragrant incense*

טָהוֹר adj. m.s. (373) *pure*

מַעֲשֵׂה רֹקֵחַ n.m.s. cstr. (795)-Qal act.ptc. (רָקַע 955) *blended as by the perfumer*

38:1

וַיַּעַשׂ consec.-Qal impf. 3 m.s. (עָשָׂה I 793) *and he made*

אֶת־מִזְבַּח dir.obj.-n.m.s. cstr. (258) *the altar of*

הָעֹלָה def.art.-n.f.s. (750) *burnt offering*

עֲצֵי שִׁטִּים n.m.p. cstr. (781)-n.f.p. (1008) *of acacia wood*

חָמֵשׁ אַמּוֹת num. (331)-n.f.p. (52) *five cubits*

אָרְכּוֹ n.m.s.-3 m.s. sf. (73) *its length*

וְחָמֵשׁ־אַמּוֹת conj.-num. (331)-n.f.p. (52) *and five cubits*

רָחְבּוֹ n.m.s.-3 m.s.sf. (931) *its breadth*

רָבוּעַ Qal pass.ptc. (רָבַע 917) *it was square*

וְשָׁלֹשׁ אַמּוֹת conj.-num. (1025)-n.f.p. (52) *and three cubits*

קֹמָתוֹ n.f.s.-3 m.s. sf. (879) *its height*

38:2

וַיַּעַשׂ consec.-Qal impf. 3 m.s. (עָשָׂה I 793) *and he made*

קַרְנֹתָיו n.f.p.-3 m.s. sf. (901) *horns for it*

עַל אַרְבַּע פִּנֹּתָיו prep.-num. (916)-n.f.p.-3 m.s. sf. (819) *on its four corners*

מִמֶּנּוּ prep.-3 m.s. sf. *of one piece with it*

הָיוּ קַרְנֹתָיו Qal pf. 3 c.p. (הָיָה 224)-n.f.p.-3 m.s. sf. (901) *its horns were*

וַיְצַף אֹתוֹ consec.-Pi. impf. 3 m.s. (צָפָה II 860)-dir.obj.-3 m.s. sf. *and he overlaid it*

נְחֹשֶׁת n.m.s. (638) *with bronze*

38:3

וַיַּעַשׂ consec.-Qal impf. 3 m.s. (עָשָׂה I 793) *and he made*

אֶת־כָּל־כְּלֵי dir.obj.-n.m.s. cstr. (481)-n.m.s. cstr. (479) *all the utensils of*

הַמִּזְבֵּחַ def.art.-n.m.s. (258) *the altar*

אֶת־הַסִּירֹת dir.obj.-def.art.-n.m.p. (I 696) *the pots*

וְאֶת־הַיָּעִים conj.-dir.obj.-def.art.-n.m.p. (418) *the shovels*

וְאֶת־הַמִּזְרָקֹת conj.-dir.obj.-def.art.-n.m.p. (284) *the basins*

אֶת־הַמִּזְלָגֹת dir.obj.-def.art.-n.f.p. (272) *the forks*

וְאֶת־הַמַּחְתֹּת conj.-dir.obj.-def.art.-n.f.p. (367) *and the fire pans*

כָּל־כֵּלָיו n.m.s. cstr. (481)-n.m.p.-3 m.s. sf. (479) *all its utensils*

עָשָׂה Qal pf. 3 m.s. (I 793) *he made*

נְחֹשֶׁת n.m.s. (638; GK 117hh) *of bronze*

38:4

וַיַּעַשׂ consec.-Qal impf. 3 m.s. (עָשָׂה I 793) *and he made*

לַמִּזְבֵּחַ prep.-def.art.-n.m.s. (258) *for the altar*

מִכְבָּר n.m.s. (460) *a grating*

מַעֲשֵׂה רֶשֶׁת n.m.s. cstr. (795)-n.f.s. cstr. (440) *a network of*

נְחֹשֶׁת n.m.s. (638) *bronze*

תַּחַת כַּרְכֻּבּוֹ prep. (1065)-n.m.s.-3 m.s. sf. (501) *under its ledge*

מִלְּמַטָּה prep.-prep.-adv.-loc.he (641) *down*

עַד־חֶצְיוֹ prep.-n.m.s.-3 m.s. sf. (345) *extending halfway*

38:5

וַיִּצֹק consec.-Qal impf. 3 m.s. (יָצַק 427) *and he cast*

אַרְבַּע טַבְּעֹת num. (916)-n.f.p. (371) *four rings*

בְּאַרְבַּע הַקְּצָוֹת prep.-num. cstr. (916)-def.art.-n.f.p. (892; GK 95n) *on the four corners*

לְמִכְבַּר prep.-n.m.s. cstr. (460) *of the ... grating*

הַנְּחֹשֶׁת def.art.-n.m.s. (638) *bronze*

בָּתִּים n.m.p. (108) *as holders*

לַבַּדִּים prep.-def.art.-n.m.p. (II 94) *for the poles*

38:6

וַיַּעַשׂ consec.-Qal impf. 3 m.s. (עָשָׂה I 793) *and he made*

אֶת־הַבַּדִּים dir.obj.-def.art.-n.m.p. (II 94) *the poles*

עֲצֵי שִׁטִּים n.m.p. cstr. (781)-n.f.p. (1008) *of acacia wood*

וַיְצַף אֹתָם consec.-Pi. impf. 3 m.s. (צָפָה II 860)-dir.obj.-3 m.p. sf. *and overlaid them*

נְחֹשֶׁת n.m.s. (638) *with bronze*

38:7

וַיָּבֵא consec.-Hi. impf. 3 m.s. (בּוֹא 97) *and he put*

אֶת־הַבַּדִּים dir.obj.-def.art.-n.m.p. (II 94) *the poles*

בַּטַּבָּעֹת prep.-def.art.-n.f.p. (371) *through the rings*

עַל צַלְעֹת prep.-n.f.p. cstr. (854) *on the sides of*

הַמִּזְבֵּחַ def.art.-n.m.s. (258) *the altar*

לָשֵׂאת אֹתוֹ prep.-Qal inf.cstr. (נָשָׂא 669)-dir.obj.-3 m.s. sf. *to carry it*

בָּהֶם prep.-3 m.p. sf. *with them*

נְבוּב Qal pass.ptc. cstr. (נָבַב 612) *hollow with*

לֻחֹת n.f.p. (531) *boards*

עָשָׂה אֹתוֹ Qal pf. 3 m.s. (I 793)-dir.obj.-3 m.s. sf. *he made it*

38:8

וַיַּעַשׂ consec.-Qal impf. 3 m.s. (עָשָׂה I 793) *and he made*

אֵת הַכִּיּוֹר dir.obj.-def.art.-n.m.s. (468) *the laver*

נְחֹשֶׁת n.m.s. (638) *of bronze*

וְאֵת כַּנּוֹ conj.-dir.obj.-n.m.s.-3 m.s. sf. (III 487) *and its base*

נְחֹשֶׁת v.supra *of bronze*

בְּמַרְאֹת prep.-n.f.p. cstr. (II 909) *from the mirrors of*

הַצֹּבְאֹת def.art.-Qal act.ptc. f.p. (צָבָא 838) *the ministering women*

אֲשֶׁר צָבְאוּ rel. (81)-Qal pf. 3 c.p. (838) *who ministered*

פֶּתַח n.m.s. cstr. (835) *at the door of*

אֹהֶל מוֹעֵד n.m.s. cstr. (13)-n.m.s. (417) *tent of meeting*

38:9

וַיַּעַשׂ consec.-Qal impf. 3 m.s. (עָשָׂה I 793) *and he made*

אֶת־הֶחָצֵר dir.obj.-def.art.-n.m.s. (I 346) *the court*

לִפְאַת prep.-n.f.s. cstr. (802) *for the side*

נֶגֶב תֵּימָנָה n.m.s. (616)-n.f.s.-loc.he (I 412) *south*

קַלְעֵי הֶחָצֵר n.m.p. cstr. (II 887)-v.supra *the hangings of the court*

שֵׁשׁ מָשְׁזָר n.m.s. (III 1058)-Ho. ptc. (שָׁזַר 1004) *of fine twisted linen*

מֵאָה בָּאַמָּה n.f.s. (547)-prep.-def.art.-n.f.s. (52) *a hundred cubits*

38:10

עַמּוּדֵיהֶם n.m.p.-3 m.p. sf. (765) *their pillars*

עֶשְׂרִים num. p. (797) *twenty*

וְאַדְנֵיהֶם conj.-n.m.p.-3 m.p. sf. (10) *and their bases*

עֶשְׂרִים v.supra *twenty*

נְחֹשֶׁת n.m.s. (638) *of bronze*

וָוֵי הָעַמֻּדִים n.m.p. cstr. (255)-def.art.-n.m.p. (765) *the hooks of the pillars*

וַחֲשֻׁקֵיהֶם conj.-n.m.p.-3 m.p. sf. (366) *and their fillets*

כָּסֶף n.m.s. paus. (494) *of silver*

38:11

וְלִפְאַת conj.-prep.-n.f.s. cstr. (802) *and for the side*

צָפוֹן n.f.s. (860) *north*

מֵאָה בָאַמָּה n.f.s. (547)-prep.-def.art.-n.f.s. (52) *a hundred cubits*

עַמּוּדֵיהֶם n.m.p.-3 m.p. sf. (765) *their pillars*

עֶשְׂרִים num. p. (797) *twenty*

וְאַדְנֵיהֶם conj.-n.m.p.-3 m.p. sf. (10) *and their bases*

עֶשְׂרִים v.supra *twenty*

נְחֹשֶׁת n.m.s. (638) *of bronze*

וָוֵי הָעַמּוּדִים n.m.p. cstr. (255)-def.art.-n.m.p. (765) *the hooks of the pillars*

וַחֲשֻׁקֵיהֶם conj.-n.m.p.-3 m.p. sf. (366) *and their fillets*

כָּסֶף n.m.s. paus. (494) *of silver*

38:12

וְלִפְאַת־ conj.-prep.-n.f.s. cstr. (802) *and for the side*

יָם n.m.s. (410) *west*

קְלָעִים n.m.p. (II 887) *hangings*

חֲמִשִּׁים בָּאַמָּה num. p. (332)-prep.-def.art.-n.f.s. (52) *fifty cubits*

עַמּוּדֵיהֶם n.m.p.-3 m.p. sf. (765) *their pillars*

עֲשָׂרָה num. (796) *ten*

וְאַדְנֵיהֶם conj.-n.m.p.-3 m.p. sf. (10) *and their sockets (bases)*

עֲשָׂרָה וָוֵי הָעַמֻּדִים num. (796)-n.m.p. cstr. (255)-def.art.-n.m.p. (765) *the hooks of the pillars*

וַחֲשׁוּקֵיהֶם conj.-n.m.p.-3 m.p. sf. (366) *and their fillets*

כָּסֶף n.m.s. paus. (494) *of silver*

38:13

וְלִפְאַת conj.-prep.-n.f.s. cstr. (802) *and for the side*

קֵדְמָה adv.-loc.he (870) *east*

מִזְרָחָה n.m.s. cstr.-loc.he (280) *east*

חֲמִשִּׁים אַמָּה num. p. (332)-n.f.s. (52) *fifty cubits*

38:14

קְלָעִים n.m.p. (II 887) *hangings*

חֲמֵשׁ־עֶשְׂרֵה num. cstr. (331)-num. (797) *fifteen*

אַמָּה n.f.s. (52) *cubits*

אֶל־הַכָּתֵף prep.-def.art.-n.f.s. (509) *for one side of the gate*

עַמּוּדֵיהֶם n.m.p.-3 m.p. sf. (765) *their pillars*

שְׁלֹשָׁה num. (1025) *three*

וְאַדְנֵיהֶם conj.-n.m.p.-3 m.p. sf. (10) *and their bases*

שְׁלֹשָׁה v.supra *three*

38:15

וְלַכָּתֵף הַשֵּׁנִית conj.-prep.-def.art.-n.f.s. (509) -def.art.-num. adj. f. (1041) *and so for the other side*

מִזֶּה prep.-demons.adj. (260) *on this hand*

וּמִזֶּה conj.-v.supra *and that hand*

לְשַׁעַר הֶחָצֵר prep.-n.m.s. cstr. (1004)-def.art. -n.m.s. (I 346) *by the gate of the court*

קְלָעִים n.m.p. (II 887) *hangings*

חֲמֵשׁ עֶשְׂרֵה num. cstr. (331)-num. (797) *fifteen*

אַמָּה n.f.s. (52) *cubits*

עַמֻּדֵיהֶם n.m.p.-3 m.p. sf. (765) *their pillars*

שְׁלֹשָׁה num. (1025) *three*

וְאַדְנֵיהֶם conj.-n.m.p.-3 m.p. sf. (10) *and their bases*

שְׁלֹשָׁה v.supra *three*

38:16

כָּל־קַלְעֵי n.m.s. cstr. (481)-n.m.p. cstr. (II 887) *all the hangings of*

הֶחָצֵר def.art.-n.m.s. (I 346) *the court*

סָבִיב adv. (686) *round about*

שֵׁשׁ מָשְׁזָר n.m.s. (III 1058)-Ho. ptc. (שָׁזַר 1004) *of fine twined linen*

38:17

וְהָאֲדָנִים conj.-def.art.-n.m.p. (10) *and the bases*

לָעַמֻּדִים prep.-def.art.-n.m.p. (765) *for the pillars*

נְחֹשֶׁת n.m.s. (638) *of bronze*

וָוֵי הָעַמּוּדִים n.m.p. cstr. (255)-def.art.-n.m.p. (765) *the hooks of the pillars*

וַחֲשׁוּקֵיהֶם conj.-n.m.p.-3 m.p. sf. (366) *and their fillets*

כֶּסֶף n.m.s. (494) *of silver*

וְצִפּוּי רָאשֵׁיהֶם conj.-n.m.s. cstr. (860)-n.m.p.-3 m.p. sf. (910) *the overlaying of their capitals*

כָּסֶף n.m.s. paus. (494) *of silver*

וְהֵם מְחֻשָּׁקִים conj.-pers.pr. 2 m.p. (241)-Pu. ptc. m.p. (חָשַׁק II 366) *and they were filleted*

כֶּסֶף n.m.s. (494) *with silver*

כֹּל עַמֻּדֵי n.m.s. cstr. (481)-n.m.p. cstr. (765) *all the pillars of*

הֶחָצֵר def.art.-n.m.s. (I 346) *the court*

38:18

וּמָסַךְ conj. n.m.s. cstr. (697) *and the screen of*

שַׁעַר הֶחָצֵר n.m.s. cstr. (1044)-def.art.-n.m.s. (I 346) *the gate of the court*

מַעֲשֵׂה רֹקֵם n.m.s. cstr. (795)-Qal act.ptc. (רָקַם 955) *embroidered with needlework*

תְּכֵלֶת n.f.s. (1067) *in blue*

וְאַרְגָּמָן conj.-n.m.s. (71) *and purple*

וְתוֹלַעַת שָׁנִי conj.-n.f.s. cstr. (1069)-n.m.s. (1040) *and scarlet stuff*

וְשֵׁשׁ מָשְׁזָר conj.-n.m.s. (III 1058)-Ho. ptc. (שָׁזַר 1004) *and fine twined linen*

וְעֶשְׂרִים conj.-num. p. (797) *twenty*

אַמָּה n.f.s. (52) *cubits*

אֹרֶךְ n.m.s. (73) *long*

וְקוֹמָה conj.-n.f.s. (879) *and high*

בְּרֹחַב prep.-n.m.s. (931) *in breadth*

חָמֵשׁ אַמּוֹת num. (331)-n.f.p. (52) *five cubits*

לְעֻמַּת prep.-n.f.s. cstr. (769) *corresponding to*

קַלְעֵי הֶחָצֵר n.m.p. cstr. (II 887)-def.art.-n.m.s. (I 346) *the hangings of the court*

38:19

וְעַמֻּדֵיהֶם conj.-n.m.p.-3 m.p. sf. (765) *and their pillars*

אַרְבָּעָה num. f. (916) *four*

וְאַדְנֵיהֶם conj.-n.m.p.-3 m.p. sf. (10) *and their bases*

אַרְבָּעָה v.supra *four*

נְחֹשֶׁת n.m.s. (638) *of bronze*

וָוֵיהֶם n.m.p.-3 m.p. sf. (255) *their hooks*

כֶּסֶף n.m.s. (494) *of silver*

414

וְצִפּוּי רָאשֵׁיהֶם conj.-n.m.s. cstr. (860)-n.m.p.-3 m.p. sf. (910) *and the overlayings of their capitals*

וַחֲשֻׁקֵיהֶם conj.-n.m.p.-3 m.p. sf. (366) *and their fillets*

כָּסֶף n.m.s. paus. (494) *of silver*

38:20

וְכָל־יִתְדֹת conj.-n.m.s. cstr. (481)-def.art.-n.f.p. (450) *and all the pegs*

לַמִּשְׁכָּן prep.-def.art.-n.m.s. (1015) *for the tabernacle*

וְלֶחָצֵר n.m.p.prep.-def.art.-n.m.s. (I 346) *and for the court*

סָבִיב adv. (686) *round about*

נְחֹשֶׁת n.m.s. (638) *of bronze*

38:21

אֵלֶּה demons.adj. c.p. (41) *this is*

פְקוּדֵי הַמִּשְׁכָּן n.m.p. cstr. (824)-def.art.-n.m.s. (1015) *the sum of the things for the tabernacle*

מִשְׁכַּן הָעֵדֻת n.m.s. cstr. (1015)-def.art.-n.f.s. (730) *the tabernacle of the testimony*

אֲשֶׁר פֻּקַּד rel. (81)-Pu. pf. 3 m.s. (פקד 823) *as they were counted*

עַל־פִּי מֹשֶׁה prep.-n.m.s. cstr. (804)-pr.n. (602) *at the commandment of Moses*

עֲבֹדַת הַלְוִיִּם n.f.s. cstr. (715)-def.art.-pr.n. p. (I 532) *for the work of the Levites*

בְּיַד אִיתָמָר prep.-n.f.s. cstr. (388)-pr.n. (16) *under the direction of Ithamar*

בֶּן־אַהֲרֹן n.m.s. cstr. (119)-pr.n. (14) *the son of Aaron*

הַכֹּהֵן def.art.-n.m.s. (463) *the priest*

38:22

וּבְצַלְאֵל n.m.p.pr.n. (130) *and Bezalel*

בֶּן־אוּרִי n.m.s. cstr. (119)-pr.n. (22) *the son of Uri*

בֶּן־חוּר v.supra-pr.n. (II 301) *son of Hur*

לְמַטֵּה יְהוּדָה prep.-n.m.s. cstr. (641)-pr.n. (397) *of the tribe of Judah*

עָשָׂה Qal pf. 3 m.s. (I 793) *made*

אֵת כָּל־אֲשֶׁר־ dir.obj.-n.m.s. (481)-rel. (81) *all that*

צִוָּה יהוה Pi. pf. 3 m.s. (צוה 845)-pr.n. (217) *Yahweh commanded*

אֶת־מֹשֶׁה dir.obj.-pr.n. (602) *Moses*

38:23

וְאִתּוֹ conj.-prep.-3 m.s. sf. (II 85) *and with him*

אָהֳלִיאָב pr.n. (14) *Oholiab*

בֶּן־אֲחִיסָמָךְ n.m.s. cstr. (119)-pr.n. (27) *the son of Ahisamach*

לְמַטֵּה־דָן prep.-n.m.s. cstr. (641)-pr.n. (192) *of the tribe of Dan*

חָרָשׁ n.m.s. (360) *a craftsman*

וְחֹשֵׁב conj.-Qal act.ptc. (חשב 362) *and designer*

וְרֹקֵם conj.-Qal act.ptc. (רקם 955) *and embroiderer*

בַּתְּכֵלֶת prep.-def.art.-n.f.s. (1067) *in blue*

וּבָאַרְגָּמָן conj.-prep.-def.art.-n.m.s. (71) *and purple*

וּבְתוֹלַעַת הַשָּׁנִי conj.-prep.-n.f.s. cstr. (1069) -def.art.-n.m.s. (1040) *and scarlet stuff*

וּבַשֵּׁשׁ conj.-prep.-def.art.-n.m.s. (III 1058) *and fine twined linen*

38:24

כָּל־הַזָּהָב n.m.s. cstr. (481)-def.art.-n.m.s. (262) *all the gold*

הֶעָשׂוּי def.art.-Qal pass.ptc. (עשה I 793) *that was used*

לַמְּלָאכָה prep.-def.art.-n.f.s. (521) *for the work*

בְּכֹל מְלֶאכֶת prep.-n.m.s. cstr. (481)-n.f.s. cstr. (521) *in all the construction of*

הַקֹּדֶשׁ def.art.-n.m.s. (871) *the sanctuary*

וַיְהִי consec.-Qal impf. 3 m.s. (היה 224) *and ... was*

זְהַב הַתְּנוּפָה n.m.s. cstr. (262)-def.art.-n.f.s. (632) *the gold from the offering*

תֵּשַׁע וְעֶשְׂרִים num. (1077)-conj.-num. p. (797) *twenty-nine*

כִּכָּר n.f.s. (503) *talents*

וּשְׁבַע מֵאוֹת conj.-num. cstr. (987)-n.f.p. (547) *and seven hundred*

וּשְׁלֹשִׁים conj.-num. p. (1026) *and thirty*

שָׁקֶל n.m.s. (1053) *shekels*

בְּשֶׁקֶל prep.-n.m.s. cstr. (1053) *by the shekel of*

הַקֹּדֶשׁ def.art.-n.m.s. (871) *the sanctuary*

38:25

וְכֶסֶף conj.-n.m.s. cstr. (494) *and the silver from*

פְּקוּדֵי הָעֵדָה n.m.p. cstr. (824)-def.art.-n.f.s. (417) *those of the congregation who were numbered*

מְאַת כִּכָּר n.f.s. cstr. (547)-n.f.s. (503) *a hundred talents*

וְאֶלֶף conj.-n.m.s. (48) *and a thousand*

וּשְׁבַע מֵאוֹת conj.-num. cstr. (987)-n.f.p. (547) *and seven hundred*

415

וַחֲמִשָּׁה וְשִׁבְעִים conj.-num. f. (331)-conj.-num. p. (988) *and seventy-five*

שֶׁקֶל n.m.s. (1053) *shekels*

בְּשֶׁקֶל prep.-n.m.s. cstr. (1053) *by the shekel of*

הַקֹּדֶשׁ def.art.-n.m.s. (871) *the sanctuary*

38:26

בֶּקַע n.m.s. (132) *a beka*

לַגֻּלְגֹּלֶת prep.-def.art.-n.f.s. (166) *a head*

מַחֲצִית הַשֶּׁקֶל n.f.s. cstr. (345)-def.art.-n.m.s. (1053) *half a shekel*

בְּשֶׁקֶל הַקֹּדֶשׁ prep.-n.m.s. cstr. (1053)-def.art.-n.m.s. (871) *by the shekel of the sanctuary*

לְכֹל הָעֹבֵר prep.-n.m.s. cstr. (481)-def.art.-Qal act.ptc. (עבר 716) *for every one who passed over*

עַל-הַפְּקֻדִים prep.-def.art.-n.m.p. (824) *to be numbered in the census*

מִבֶּן עֶשְׂרִים prep.-n.m.s. cstr. (119)-num. p. (797) *from twenty*

שָׁנָה n.f.s. (1040) *years*

וָמַעְלָה conj.-adv.-loc.he (751) *and upward*

לְשֵׁשׁ-מֵאוֹת prep.-num. (995)-n.f.p. cstr. (547) *for six hundred*

אֶלֶף n.m.s. (48) *thousand*

וּשְׁלֹשֶׁת אֲלָפִים conj.-num. (1026)-n.m.p. (48) *and three thousand*

וַחֲמֵשׁ מֵאוֹת conj.-num. cstr. (331)-n.f.p. (547) *and five hundred*

וַחֲמִשִּׁים conj.-num. p. (332) *and fifty*

38:27

וַיְהִי consec.-Qal impf. 3 m.s. (הָיָה 224) *and were*

מְאַת כִּכַּר n.f.s. cstr. (547)-n.f.s. cstr. (503) *hundred talents of*

הַכֶּסֶף def.art.-n.m.s. (494) *silver*

לָצֶקֶת prep.-Qal inf.cstr. (יצק 427) *for casting*

אֵת אַדְנֵי dir.obj.-n.m.p. cstr. (10) *the bases of*

הַקֹּדֶשׁ def.art.-n.m.s. (871) *the sanctuary*

וְאֵת אַדְנֵי conj.-dir.obj.-n.m.p. cstr. (10) *and the bases of*

הַפָּרֹכֶת dir.obj.-n.f.s. (827) *the veil*

מְאַת אֲדָנִים n.f.s. cstr. (547)-n.m.p. (10) *a hundred bases*

לִמְאַת הַכִּכָּר prep.-n.f.s. cstr. (547)-def.art.-n.f.s. (503) *for the hundred talents*

כִּכָּר לָאָדֶן n.f.s. (503)-prep.-def.art.-n.m.s. (10) *a talent for a base*

38:28

וְאֶת-הָאֶלֶף conj.-dir.obj.-def.art.-n.m.s. (48) *and of the thousand*

וּשְׁבַע הַמֵּאוֹת conj.-num. cstr. (987)-def.art.-n.f.p. (547) *and seven hundred*

וַחֲמִשָּׁה conj.-num. f. (331) *and five*

וְשִׁבְעִים conj.-num. p. (988) *and seventy*

עָשָׂה Qal pf. 3 m.s. (I 793) *he made*

וָוִים n.m.p. (255) *hooks*

לָעַמּוּדִים prep.-def.art.-n.m.p. (765) *for the pillars*

וְצִפָּה conj.-Pi. pf. 3 m.s. (צפה II 860) *and overlaid*

רָאשֵׁיהֶם n.m.p.-3 m.p. sf. (910) *their capitals*

וְחִשַּׁק conj.-Pi. pf. 3 m.s. (חשק II 366) *and made fillets*

אֹתָם dir.obj.-3 m.p. sf. *for them*

38:29

וּנְחֹשֶׁת conj.-n.m.s. cstr. (638) *and the bronze that*

הַתְּנוּפָה def.art.-n.f.s. (632) *was contributed*

שִׁבְעִים כִּכָּר num. p. (988)-n.f.s. (503) *seventy talents*

וְאַלְפַּיִם conj.-n.m. du. (48) *and two thousand*

וְאַרְבַּע-מֵאוֹת conj.-num. (916)-n.f.p. (547) *and four hundred*

שָׁקֶל n.m.s. paus. (1053) *shekels*

38:30

וַיַּעַשׂ בָּהּ consec.-Qal impf. 3 m.s. (עשה I 793)-prep.-3 f.s. sf. *with it he made*

אֶת-אַדְנֵי dir.obj.-n.m.p. cstr. (10) *the bases for*

פֶּתַח n.m.s. cstr. (835) *the door of*

אֹהֶל מוֹעֵד n.m.s. cstr. (13)-n.m.s. (417) *the tent of meeting*

וְאֵת מִזְבַּח conj.-dir.obj.-n.m.s. cstr. (258) *and the altar of*

הַנְּחֹשֶׁת def.art.-n.m.s. (638) *bronze*

וְאֶת-מִכְבַּר conj.-dir.obj.-n.m.s. cstr. (460) *and the grating of*

הַנְּחֹשֶׁת v.supra *bronze*

אֲשֶׁר-לוֹ rel. (81)-prep.-3 m.s. sf. *for it*

וְאֵת כָּל- conj.-dir.obj.-n.m.s. cstr. (481) *and all*

כְּלֵי הַמִּזְבֵּחַ n.m.p. cstr. (479)-def.art.-n.m.s. (258) *the utensils of the altar*

38:31

וְאֶת-אַדְנֵי conj.-dir.obj.-n.m.p. cstr. (10) *and the bases of*

הֶחָצֵר def.art.-n.m.s. (I 346) *the court*

סָבִיב adv. (686) *round about*

וְאֶת־אַדְנֵי v.supra *and the bases of*

שַׁעַר הֶחָצֵר n.m.s. cstr. (1044)-def.art.-n.m.s. (I 346) *the gate of the court*

וְאֶת־כָּל־ conj.-dir.obj.-n.m.s. cstr. (491) *and all*

יִתְדֹת n.f.p. cstr. (450) *the pegs of*

הַמִּשְׁכָּן def.art.-n.m.s. (1015) *the tabernacle*

וְאֶת־כָּל־ conj.-dir.obj.-n.m.s. cstr. (481) *and all*

יִתְדֹת v.supra *the pegs of*

הֶחָצֵר v.supra *the court*

סָבִיב v.supra *round about*

39:1

וּמִן־הַתְּכֵלֶת conj.-prep.-def.art.-n.f.s. (1067) *and of the blue*

וְהָאַרְגָּמָן conj.-def.art.-n.m.s. (71) *and purple*

וְתוֹלַעַת הַשָּׁנִי conj.-n.f.s. cstr. (1069)-def.art.-n.m.s. (104) *and scarlet stuff*

עָשׂוּ Qal pf. 3 c.p. (עָשָׂה I 793) *they made*

בִגְדֵי־שְׂרָד n.m.p. cstr. (93)-n.m.s. (975) *finely wrought garments*

לְשָׁרֵת prep.-Pi. inf.cstr. (1058) *for ministering*

בַּקֹּדֶשׁ prep.-def.art.-n.m.s. (871) *in the holy place*

וַיַּעֲשׂוּ consec.-Qal impf. 3 m.p. (עָשָׂה I 793) *they made*

אֶת־בִּגְדֵי dir.obj.-n.m.p. cstr. (93) *the … garments*

הַקֹּדֶשׁ def.art.-n.m.s. (871) *holy*

אֲשֶׁר לְאַהֲרֹן rel. (81)-prep.-pr.n. (14) *for Aaron*

כַּאֲשֶׁר צִוָּה prep.-rel. (81)-Pi. pf. 3 m.s. (צָוָה 845) *as … had commanded*

יהוה pr.n. (217) *Yahweh*

אֶת־מֹשֶׁה dir.obj.-pr.n. (602) *Moses*

39:2

וַיַּעַשׂ consec.-Qal impf. 3 m.s. (עָשָׂה I 793) *and he made*

אֶת־הָאֵפֹד dir.obj.-def.art.-n.m.s. (65) *the ephod*

זָהָב n.m.s. (262) *gold*

תְּכֵלֶת n.f.s. (1067) *blue*

וְאַרְגָּמָן conj.-n.m.s. (71) *and purple*

וְתוֹלַעַת שָׁנִי conj.-n.f.s. cstr. (1069)-n.m.s. (1040) *and scarlet stuff*

וְשֵׁשׁ מָשְׁזָר conj.-n.m.s. (III 1058)-Ho. ptc. (שָׁזַר 1004) *and fine twined linen*

39:3

וַיְרַקְּעוּ consec.-Pi. impf. 3 m.p. (רָקַע 955) *and was hammered out*

אֶת־פַּחֵי הַזָּהָב dir.obj.-n.m.p. cstr. (II 809)-def.art.-n.m.s. (262) *gold leaf*

וְקִצֵּץ conj.-Pi. pf. 3 m.s. (קָצַץ 893) *and cut*

פְּתִילִם n.m.p. (836) *into threads*

לַעֲשׂוֹת prep.-Qal inf.cstr. (עָשָׂה I 793) *to work*

בְּתוֹךְ prep.-n.m.s. cstr. (1063) *into*

הַתְּכֵלֶת def.art.-n.f.s. (1067) *the blue*

וּבְתוֹךְ הָאַרְגָּמָן conj.-v.supra-def.art.-n.m.s. (71) *and purple*

וּבְתוֹךְ תּוֹלַעַת הַשָּׁנִי v.supra-n.f.s. cstr. (1069)-def.art.-n.m.s. (1040) *and the scarlet stuff*

וּבְתוֹךְ הַשֵּׁשׁ v.supra-def.art.-n.m.s. (III 1058) *and into the fine twined linen*

מַעֲשֵׂה חֹשֵׁב n.m.s. cstr. (795)-Qal act.ptc. (362) *in skilled design*

39:4

כְּתֵפֹת n.f.p. (509) *shoulder-pieces*

עָשׂוּ־לוֹ Qal pf. 3 c.p. (עָשָׂה I 793)-prep.-3 m.s. sf. *they made for it*

חֹבְרֹת Qal act.ptc. f.p. (חָבַר 287) *(joining)*

עַל־שְׁנֵי קְצוֹותָו prep.-num. cstr. (1040)-n.f.p.-3 m.s. sf. (892) *at its two edges*

חֻבָּר Pu. pf. 3 m.s. paus. (חָבַר 287) *joined*

39:5

וְחֵשֶׁב אֲפֻדָּתוֹ conj.-n.m.s. cstr. (363)-n.f.s.-3 m.s. sf. (65) *the skilfully woven band of his ephod*

אֲשֶׁר עָלָיו rel. (81)-prep.-3 m.s. sf. *upon it*

מִמֶּנּוּ הוּא prep.-3 m.s. sf.-pers.pr. 3 m.s. (214) *of the same materials*

כְּמַעֲשֵׂהוּ prep.-n.m.s.-3 m.s. sf. (795) *and workmanship*

זָהָב n.m.s. (262) *of gold*

תְּכֵלֶת n.f.s. (1067) *blue*

וְאַרְגָּמָן conj.-n.m.s. (71) *and purple*

וְתוֹלַעַת שָׁנִי conj.-n.f.s. cstr. (1069)-n.m.s. (1040) *and scarlet stuff*

וְשֵׁשׁ מָשְׁזָר conj.-n.m.s. (III 1058)-Ho. ptc. (שָׁזַר 1004) *and fine twined linen*

כַּאֲשֶׁר צִוָּה prep.-rel. (81)-Pi. pf. 3 m.s. (צָוָה 845) *as … had commanded*

יהוה pr.n. (217) *Yahweh*

אֶת־מֹשֶׁה dir.obj.-pr.n. (602) *Moses*

39:6

וַיַּעֲשׂוּ consec.-Qal impf. 3 m.p. (עָשָׂה I 793) *and they prepared*

אֶת־אַבְנֵי הַשֹּׁהַם dir.obj.-n.f.p. cstr. (6)-def.art.-n.m.s. (I 995) *the onyx stones*

מֻסַבֹּת Ho. ptc. f.p. cstr. (סָבַב 685) *enclosed in*

מִשְׁבְּצֹת זָהָב n.f.p. cstr. (990)-n.m.s. (262) *settings of gold filigree*

מְפֻתָּחֹת Pu. ptc. f.p. (פָּתַח II 836) *engraved*

417

פִּתּוּחֵי חוֹתָם n.m.p. cstr. (836)-n.m.s. (I 368) *like the engravings of a signet*

עַל־שְׁמוֹת prep.-n.m.p. cstr. (1027) *according to the names of*

בְּנֵי יִשְׂרָאֵל n.m.p. cstr. (119)-pr.n. (975) *the sons of Israel*

39:7

וַיָּשֶׂם consec.-Qal impf. 3 m.s. (שִׂים I 962) *and he set*

אֹתָם dir.obj.-3 m.p. sf. *them*

עַל כִּתְפֹת prep.-n.f.p. cstr. (509) *on the shoulder-pieces of*

הָאֵפֹד def.art.-n.m.s. (65) *the ephod*

אַבְנֵי זִכָּרוֹן n.f.p. cstr. (6)-n.m.s. (272) *stones of remembrance*

לִבְנֵי יִשְׂרָאֵל prep.-n.m.p. cstr. (119)-pr.n. (975) *for the sons of Israel*

כַּאֲשֶׁר צִוָּה prep.-rel. (81)-Pi. pf. 3 m.s. (צָוָה 845) *as had commanded*

יְהוָה pr.n. (217) *Yahweh*

אֶת־מֹשֶׁה dir.obj.-pr.n. (602) *Moses*

39:8

וַיַּעַשׂ consec.-Qal impf. 3 m.s. (עָשָׂה I 793) *he made*

אֶת־הַחֹשֶׁן dir.obj.-def.art.-n.m.s. (365) *the breastpiece*

מַעֲשֵׂה חֹשֵׁב n.m.s. cstr. (795)-Qal act.ptc. (362) *in skilled work*

כְּמַעֲשֵׂה אֵפֹד prep.-n.m.s. cstr. (795)-n.m.s. (65) *like the work of the ephod*

זָהָב n.m.s. (262) *of gold*

תְּכֵלֶת n.f.s. (1067) *blue*

וְאַרְגָּמָן conj.-n.m.s. (71) *and purple*

וְתוֹלַעַת שָׁנִי conj.-n.f.s. cstr. (1069)-n.m.s. (1040) *and scarlet stuff*

וְשֵׁשׁ מָשְׁזָר conj.-n.m.s. (III 1058)-Ho. ptc. 1004) *and fine twined linen*

39:9

רָבוּעַ הָיָה Qal pass.ptc. (רָבַע 917)-Qal pf. 3 m.s. (224) *it was square*

כָּפוּל Qal pass.ptc. (כָּפַל 495) *double*

עָשׂוּ Qal pf. 3 c.p. (עָשָׂה I 793) *they made*

אֶת־הַחֹשֶׁן dir.obj.-def.art.-n.m.s. (365) *the breastpiece*

זֶרֶת אָרְכּוֹ n.f.s. (284)-n.m.s.-3 m.s. sf. (73) *a span its length*

וְזֶרֶת רָחְבּוֹ conj.-n.f.s. (284)-n.m.s.-3 m.s. sf. (931) *and a span its breadth*

כָּפוּל Qal pass.ptc. (כָּפַל 495) *when doubled*

39:10

וַיְמַלְאוּ־בוֹ consec.-Pi. impf. 3 m.p. (מָלֵא 569) -prep.-3 m.s. sf. *and they set in it*

אַרְבָּעָה טוּרֵי num. f. (916)-n.m.p. cstr. (377) *four rows of*

אָבֶן n.f.s. paus. (6; GK 131d) *stones*

טוּר אֹדֶם n.m.s. cstr. (377)-n.f.s. (10) *a row of sardius*

פִּטְדָה n.f.s. (809) *topaz*

וּבָרֶקֶת conj.-n.f.s. (140) *and carbuncle*

הַטּוּר הָאֶחָד def.art.-n.m.s. (377)-def.art.-num. adj. (25) *the first row*

39:11

וְהַטּוּר הַשֵּׁנִי conj.-def.art.-n.m.s. (377)-def.art. -num. adj. (1041) *and the second row*

נֹפֶךְ n.m.s. (656) *an emerald*

סַפִּיר n.m.s. (705) *a sapphire*

וְיָהֲלֹם conj.-n.m.s. (240) *and a diamond*

39:12

וְהַטּוּר הַשְּׁלִישִׁי conj.-def.art.-n.m.s. (377)-def.art. -num. adj. (1026) *and the third row*

לֶשֶׁם n.m.s. (I 545) *a jacinth*

שְׁבוֹ n.f.s. (986) *an agate*

וְאַחְלָמָה conj.-n.f.s. (29) *and an amethyst*

39:13

וְהַטּוּר הָרְבִיעִי conj.-def.art.-n.m.s. (377)-def.art. -num. adj. (917) *and the fourth row*

תַּרְשִׁישׁ n.m.s. (I 1076) *a beryl (yellow jasper)*

שֹׁהַם n.m.s. (I 995) *an onyx*

וְיָשְׁפֵה conj.-n.m.s. (448) *and a jasper*

מוּסַבֹּת Ho. ptc. f.p. cstr. (סָבַב 685) *enclosed in*

מִשְׁבְּצוֹת n.f.p. cstr. (990) *settings of*

זָהָב n.m.s. (262) *gold*

בְּמִלֻּאֹתָם prep.-n.f.p.-3 m.p. sf. (571) *in their settings*

39:14

וְהָאֲבָנִים conj.-def.art.-n.f.p.l (6) *and the stones*

עַל־שְׁמֹת prep.-n.m.p. cstr. (1027) *with the names of*

בְּנֵי־יִשְׂרָאֵל n.m.p. cstr. (119)-n.m.s. (975) *the sons of Israel*

הֵנָּה pers.pr. 3 f.p. (241) *they*

שְׁתֵּים עֶשְׂרֵה num. (1040)-num. (797) *twelve*

עַל־שְׁמֹתָם prep.-n.m.p.-3 m.p. sf. (1027) *according to their names*

פִּתּוּחֵי חֹתָם n.m.p. cstr. (836)-n.m.s. (I 368) *engravings of a signet*

אִישׁ עַל־שְׁמוֹ n.m.s. (35)-prep.-n.m.s.-3 m.s. sf. (1027) *each with its name*

לִשְׁנֵים עָשָׂר prep.-num. (1040)-num. (797) *for the twelve*

שָׁבֶט n.m.s. paus. (986) *tribes*

39:15

וַיַּעֲשׂוּ consec.-Qal impf. 3 m.p. (עָשָׂה I 793) *and they made*

עַל־הַחֹשֶׁן prep.-def.art.-n.m.s. (365) *on the breastpiece*

שַׁרְשְׁרֹת n.f.p. cstr. (1057) *chains of*

גַּבְלֻת n.f.s. (148) *twisted*

מַעֲשֵׂה עֲבֹת n.m.s. cstr. (795)-n.m.s. (721) *like cords*

זָהָב טָהוֹר n.m.s. (262)-adj. m.s. (373) *of pure gold*

39:16

וַיַּעֲשׂוּ consec.-Qal impf. 3 m.p. (עָשָׂה I 793) *and they made*

שְׁתֵּי מִשְׁבְּצֹת num. f. cstr. (1040)-n.f.p. cstr. (990) *two settings of*

זָהָב n.m.s. (262) *gold*

וּשְׁתֵּי טַבְּעֹת conj.-v.supra-n.f.p. cstr. (371) *and two rings of*

זָהָב v.supra *gold*

וַיִּתְּנוּ consec.-Qal impf. 3 m.p. (נָתַן 678) *and put*

אֶת־שְׁתֵּי הַטַּבָּעֹת dir.obj.-v.supra-def.art.-n.f.p. (371) *the two rings*

עַל־שְׁנֵי קְצוֹת prep.-num. cstr. (1040)-n.f.p. cstr. (892) *on the two edges of*

הַחֹשֶׁן def.art.-n.m.s. (365) *the breastpiece*

39:17

וַיִּתְּנוּ consec.-Qal impf. 3 m.p. (נָתַן 678) *and they put*

שְׁתֵּי הָעֲבֹתֹת num. f. cstr. (1040)-def.art.-n.m.p. (721; GK 131d) *the two cords*

הַזָּהָב def.art.-n.m.s. (262) *of gold*

עַל־שְׁתֵּי הַטַּבְּעֹת prep.-num. cstr. (1040)-def.art. -n.f.p. (371) *in the two rings*

עַל־קְצוֹת prep.-n.f.p. cstr. (892) *at the edges of*

הַחֹשֶׁן def.art.-n.m.s. (365) *the breastpiece*

39:18

וְאֵת שְׁתֵּי קְצוֹת conj.-dir.obj.-num. cstr. (1040)-n.f.p. cstr. (892) *and two ends of*

שְׁתֵּי הָעֲבֹתֹת num. cstr. (1040)-def.art.-n.m.p. (721) *the two cords*

נָתְנוּ Qal pf. 3 c.p. (נָתַן 678) *they had attached*

עַל־שְׁתֵּי הַמִּשְׁבְּצֹת prep.-num. cstr. (1040) -def.art.-n.f.p. (990) *to the two settings*

וַיִּתְּנֻם consec.-Qal impf. 3 m.p.-3 m.p. sf. (נָתַן 678; GK 60h) *thus they attached*

עַל־כִּתְפֹת prep.-n.f.p. cstr. (509) *to the shoulder-pieces of*

הָאֵפֹד def.art.-n.m.s. (65) *the ephod*

אֶל־מוּל פָּנָיו prep.-subst. cstr. (557)-n.m.p.-3 m.s. sf. (815) *in front*

39:19

וַיַּעֲשׂוּ consec.-Qal impf. 3 m.p. (עָשָׂה I 793) *then they made*

שְׁתֵּי טַבְּעֹת num. cstr. (1040)-n.f.p. cstr. (371) *two rings of*

זָהָב n.m.s. (262) *gold*

וַיָּשִׂימוּ consec.-Qal impf. 3 m.p. (שִׂים I 962) *and put*

עַל־שְׁנֵי קְצוֹת prep.-num. cstr. (1040)-n.f.p. cstr. (892) *at the two ends of*

הַחֹשֶׁן def.art.-n.m.s. (365) *the breastpiece*

עַל־שְׂפָתוֹ prep.-n.f.s.-3 m.s. sf. (973) *on its side*

אֲשֶׁר אֶל־עֵבֶר rel. (81)-prep.-n.m.s. cstr. (719) *which on the side of*

הָאֵפֹד def.art.-n.m.s. (65) *the ephod*

בָּיְתָה n.m.s.-loc.he (108) *inwards*

39:20

וַיַּעֲשׂוּ consec.-Qal impf. 3 m.p. (עָשָׂה I 793) *and they made*

שְׁתֵּי טַבְּעֹת num. cstr. (1040)-n.f.p. cstr. (371) *two rings of*

זָהָב n.m.s. (262) *gold*

וַיִּתְּנֻם consec.-Qal impf. 3 m.p.-3 m.p. sf. (נָתַן 678; GK 60h) *and attached them*

עַל־שְׁתֵּי כִתְפֹת prep.-num. cstr. (1040)-n.f.p. cstr. (509) *on the two shoulder-pieces of*

הָאֵפֹד def.art.-n.m.s. (65) *the ephod*

מִלְמַטָּה prep.-prep.-adv. (641) *beneath*

מִמּוּל פָּנָיו prep.-subst. cstr. (557)-n.m.p.-3 m.s. sf. (815) *in front*

לְעֻמַּת מֶחְבַּרְתּוֹ prep.-n.f.s. cstr. (769)-n.f.s.-3 m.s. sf. (289) *at its joining*

מִמַּעַל prep.-subst. (751) *above*

לְחֵשֶׁב הָאֵפֹד prep.-n.m.s. cstr. (363)-def.art. -n.m.s. (65) *the skilfully woven band of the ephod*

39:21

וַיִּרְכְּסוּ consec.-Qal impf. 3 m.p. (רָכַס 940) *and they bound*

אֶת־הַחֹשֶׁן dir.obj.-def.art.-n.m.s. (365) *the breastpiece*

מִטַּבְּעֹתָיו prep.-n.f.p.-3 m.s. sf. (371) *by its rings*

אֶל־טַבְּעֹת הָאֵפֹד prep.-n.f.p. cstr. (371)-def.art. -n.m.s. (65) *to the rings of the ephod*

בִּפְתִיל תְּכֵלֶת prep.-n.m.s. cstr. (836)-n.f.s. (1067) *with a cord of blue*

לִהְיֹת prep.-Qal inf.cstr. (הָיָה 224) *so that it should lie*

עַל־חֵשֶׁב הָאֵפֹד prep.-n.m.s. cstr. (363)-def.art. -n.m.s. (65) *upon the skilfully woven band of the ephod*

וְלֹא־יִזַּח conj.-neg.-Ni. impf. 3 m.s. (זָחַח 267) *that should not come loose*

הַחֹשֶׁן def.art.-n.m.s. (365) *the breastpiece*

מֵעַל הָאֵפֹד prep.-prep.-def.art.-n.m.s. (65) *from the ephod*

כַּאֲשֶׁר צִוָּה prep.-rel. (81)-Pi. pf. 3 m.s. (צִוָּה 845) *as ... had commanded*

יְהוָה pr.n. (217) *Yahweh*

אֶת־מֹשֶׁה dir.obj.-pr.n. (602) *Moses*

39:22

וַיַּעַשׂ consec.-Qal impf. 3 m.s. (עָשָׂה I 793) *he also made*

אֶת־מְעִיל הָאֵפֹד dir.obj.-n.m.s. cstr. (591)-def.art. -n.m.s. (65) *the robe of the ephod*

מַעֲשֵׂה אֹרֵג n.m.s. cstr. (795)-Qal act.ptc. (אָרַג 70) *woven*

כְּלִיל תְּכֵלֶת adj. cstr. (483)-n.f.s. (1067) *all of blue*

39:23

וּפִי־הַמְּעִיל conj.-n.m.s. cstr. (804)-def.art.-n.m.s. (591) *and the opening of the robe*

בְּתוֹכוֹ prep.-n.m.s.-3 m.s. sf. (1063) *in it*

כְּפִי תַחְרָא prep.-n.m.s. cstr. (804)-n.m.s. (1065) *like the opening in a garment*

שָׂפָה לְפִיו n.f.s. (973)-prep.-n.m.s.-3 m.s. sf. (804) *with a binding for its opening*

סָבִיב adv. (686) *round about*

לֹא יִקָּרֵעַ neg. (GK 165a)-Ni. impf. 3 m.s. (קָרַע 902) *that it might not be torn*

39:24

וַיַּעֲשׂוּ consec.-Qal impf. 3 m.p. (עָשָׂה I 793) *and they made*

עַל־שׁוּלֵי הַמְּעִיל prep.-n.m.p. cstr. (1002)-def.art. -n.m.s. (591) *on the skirts of the robe*

רִמּוֹנֵי n.m.p. cstr. (I 941) *pomegranates of*

תְּכֵלֶת n.f.s. (1067) *blue*

וְאַרְגָּמָן conj.-n.m.s. (71) *and purple*

וְתוֹלַעַת שָׁנִי conj.-n.f.s. cstr. (1069)-n.m.s. (1040) *and scarlet stuff*

מָשְׁזָר Ho. ptc. (שָׁזַר 1004) *and fine twined linen*

39:25

וַיַּעֲשׂוּ consec.-Qal impf. 3 m.p. (עָשָׂה I 793) *they also made*

פַעֲמֹנֵי n.m.p. cstr. (822) *bells of*

זָהָב טָהוֹר n.m.s. (262)-adj. m.s. (373) *pure gold*

וַיִּתְּנוּ consec.-Qal impf. 3 m.p. (נָתַן 678) *and put*

אֶת־הַפַּעֲמֹנִים dir.obj.-def.art.-n.m.p. (822) *the bells*

בְּתוֹךְ prep.-n.m.s. cstr. (1063) *between*

הָרִמֹּנִים def.art.-n.m.p. (I 941) *the pomegranates*

עַל־שׁוּלֵי הַמְּעִיל prep.-n.m.p. cstr. (1002)-def.art. -n.m.s. (591) *upon the skirts of the robe*

סָבִיב adv. (686) *round about*

בְּתוֹךְ v.supra *between*

הָרִמֹּנִים v.supra *the pomegranates*

39:26

פַּעֲמֹן וְרִמֹּן n.m.s. (822)-conj.-n.m.s. (I 941) *a bell and a pomegranate*

פַּעֲמֹן v.supra *a bell*

וְרִמֹּן v.supra *and a pomegranate*

עַל־שׁוּלֵי prep.-n.m.p. cstr. (1002) *upon the skirts of*

הַמְּעִיל def.art.-n.m.s. (591) *the robe*

סָבִיב adv. (686) *round about*

לְשָׁרֵת prep.-Pi. inf.cstr. (שָׁרַת 1058) *for ministering*

כַּאֲשֶׁר צִוָּה prep.-rel. (81)-Pi. pf. 3 m.s. (צִוָּה 845) *as ... had commanded*

יְהוָה pr.n. (217) *Yahweh*

אֶת־מֹשֶׁה dir.obj.-pr.n. (602) *Moses*

39:27

וַיַּעֲשׂוּ consec.-Qal impf. 3 m.p. (עָשָׂה I 793) *they also made*

אֶת־הַכֻּתֳּנֹת dir.obj.-def.art.-n.f.p. (509) *the coats*

שֵׁשׁ n.m.s. (III 1058) *fine linen*

מַעֲשֵׂה אֹרֵג n.m.s. cstr. (795)-Qal act.ptc. (אָרַג 70) *woven*

לְאַהֲרֹן prep.-pr.n. (14) *for Aaron*

וּלְבָנָיו conj.-prep.-n.m.p.-3 m.s. sf. (119) *and his sons*

39:28

וְאֵת הַמִּצְנֶפֶת conj.-dir.obj.-def.art.-n.f.s. (857) *and the turban*

שֵׁשׁ n.m.s. (III 1058) *of fine linen*

וְאֶת־פַּאֲרֵי הַמִּגְבָּעֹת conj.-dir.obj.-n.m.p. cstr. (802)-def.art.-n.f.p. (149) *and the caps*

שֵׁשׁ v.supra *of fine linen*

וְאֶת־מִכְנְסֵי הַבָּד conj.-dir.obj.-n.m. du. cstr. (488) -def.art.-n.m.s. paus. (I 94) *and the linen breeches*

שֵׁשׁ מָשְׁזָר v.supra-Ho. ptc. (שָׁזַר 1004) *of fine twined linen*

39:29

וְאֶת־הָאַבְנֵט conj.-dir.obj.-def.art.-n.m.s. (126) *and the girdle*

שֵׁשׁ מָשְׁזָר n.m.s. (III 1058)-Ho. ptc. (שָׁזַר 1004) *of fine twined linen*

וּתְכֵלֶת conj.-n.f.s. (1067) *and of blue*

וְאַרְגָּמָן conj.-n.m.s. (71) *and purple*

וְתוֹלַעַת שָׁנִי conj.-n.f.s. cstr. (1069)-n.m.s. (1040) *and scarlet stuff*

מַעֲשֵׂה רֹקֵם n.m.s. cstr. (795)-Qal act.ptc. (955) *embroidered with needlework*

כַּאֲשֶׁר צִוָּה prep.-rel. (81)-Pi. pf. 3 m.s. (צָוָה 845) *as ... had commanded*

יְהוָה pr.n. (217) *Yahweh*

אֶת־מֹשֶׁה dir.obj.-pr.n. (602) *Moses*

39:30

וַיַּעֲשׂוּ consec.-Qal impf. 3 m.p. (עָשָׂה I 793) *and they made*

אֶת־צִיץ dir.obj.-n.m.s. cstr. (I 847) *the plate of*

נֵזֶר־ n.m.s. cstr. (634) *the crown*

הַקֹּדֶשׁ def.art.-n.m.s. (871) *holy*

זָהָב טָהוֹר n.m.s. (262)-adj. m.s. (373) *of pure gold*

וַיִּכְתְּבוּ consec.-Qal impf. 3 m.p. (כָּתַב 507) *and wrote*

עָלָיו prep.-3 m.s. sf. *upon it*

מִכְתָּב n.m.s. cstr. (508) *an inscription like*

פִּתּוּחֵי חֹתָם n.m.p. cstr. (836)-n.m.s. (I 368) *engraving of a signet*

קֹדֶשׁ לַיהוָה n.m.s. (871)-prep.-pr.n. (217) *Holy to Yahweh*

39:31

וַיִּתְּנוּ עָלָיו consec.-Qal impf. 3 m.p. (נָתַן 678) -prep.-3 m.s. sf. *and they tied to it*

פְּתִיל n.m.s. cstr. (836) *a cord of*

תְּכֵלֶת n.f.s. (1067) *blue*

לָתֵת prep.-Qal inf.cstr. (נָתַן 678) *to fasten it*

עַל־הַמִּצְנֶפֶת prep.-def.art.-n.f.s. (857) *on the turban*

מִלְמַעְלָה prep.-prep.-subst.-loc.he (751) *above*

כַּאֲשֶׁר צִוָּה prep.-rel. (81)-Pi. pf. 3 m.s. (צָוָה 845) *as ... had commanded*

יְהוָה pr.n. (217) *Yahweh*

אֶת־מֹשֶׁה dir.obj.-pr.n. (602) *Moses*

39:32

וַתֵּכֶל consec.-Qal impf. 3 f.s. (כָּלָה I 477) *thus was finished*

כָּל־עֲבֹדַת n.m.s. cstr. (481)-n.f.s. cstr. (715) *all the work of*

מִשְׁכַּן n.m.s. cstr. (1015) *the tabernacle of*

אֹהֶל מוֹעֵד n.m.s. cstr. (13)-n.m.s. (417) *the tent of meeting*

וַיַּעֲשׂוּ consec.-Qal impf. 3 m.p. (עָשָׂה I 793) *and ... made*

בְּנֵי יִשְׂרָאֵל n.m.p. cstr. (119)-pr.n. (975) *the people of Israel*

כְּכֹל אֲשֶׁר prep.-n.m.s. (481)-rel. (81) *according to all that*

צִוָּה יְהוָה Pi. pf. 3 m.s. (צָוָה 845)-pr.n. (217) *Yahweh had commanded*

אֶת־מֹשֶׁה dir.obj.-pr.n. (602) *Moses*

כֵּן עָשׂוּ adv. (485)-Qal pf. 3 c.p. (עָשָׂה I 793) *so had they done*

39:33

וַיָּבִיאוּ consec.-Hi. impf. 3 m.p. (בּוֹא 97) *and they brought*

אֶת־הַמִּשְׁכָּן dir.obj.-def.art.-n.m.s. (1015) *the tabernacle*

אֶל־מֹשֶׁה prep.-pr.n. (602) *to Moses*

אֶת־הָאֹהֶל dir.obj.-def.art.-n.m.s. (13) *the tent*

וְאֶת־כָּל־כֵּלָיו conj.-dir.obj.-n.m.s. cstr. (481) -n.m.p.-3 m.s. sf. (479) *and all its utensils*

קְרָסָיו n.m.p.-3 m.s. sf. (902) *its hooks*

קְרָשָׁיו n.m.p.-3 m.s. sf. (903) *its frames*

בְּרִיחָו n.m.p.-3 m.s. sf. (138) *its bars*

וְעַמֻּדָיו conj.-n.m.p.-3 m.s. sf. (765) *and its pillars*

וַאֲדָנָיו conj.-n.m.p.-3 m.s. sf. (10) *and its bases*

39:34

וְאֶת־מִכְסֵה conj.-dir.obj.-n.m.s. cstr. (492) *and the covering of*

עוֹרֹת הָאֵילִם n.m.p. cstr. (736)-def.art.-n.m.p. (I 17) *rams' skins*

הַמְאָדָּמִים def.art.-Pu. ptc. m.p. (אָדַם 10) *tanned*

וְאֶת־מִכְסֵה v.supra *and (the covering of)*

עֹרֹת הַתְּחָשִׁים v.supra-def.art.-n.m.p. (I 1065) *goatskins*

וְאֵת פָּרֹכֶת conj.-dir.obj.-n.f.s. cstr. (827) *and the veil of*

421

הַמָּסָךְ def.art.-n.m.s. (697) *the screen*

39:35

אֶת־אֲרוֹן dir.obj.-n.m.s. cstr. (75) *the ark of*

הָעֵדֻת def.art.-n.f.s. (730) *the testimony*

וְאֶת־בַּדָּיו conj.-dir.obj.-n.m.p.-3 m.s. sf. (II 94) *with its poles*

וְאֵת הַכַּפֹּרֶת conj.-dir.obj.-def.art.-n.f.s. (498) *and the mercy seat*

39:36

אֶת־הַשֻּׁלְחָן dir.obj.-def.art.-n.m.s. (1020) *the table*

אֶת־כָּל־כֵּלָיו dir.obj.-n.m.s. cstr. (481)-n.m.p.-3 m.s. sf. (479) *with all its utensils*

וְאֵת לֶחֶם conj.-dir.obj.-n.m.s. cstr. (536) *and the bread of*

הַפָּנִים def.art.-n.m.p. (815) *the Presence*

39:37

אֶת־הַמְּנֹרָה dir.obj.-def.art.-n.f.s. (633) *the lampstand*

הַטְּהֹרָה def.art.-adj. f.s. (373) *pure*

אֶת־נֵרֹתֶיהָ dir.obj.-n.m.p.-3 f.s. sf. (632) *and its lamps*

נֵרֹת n.m.p. cstr. (632) *with the lamps*

הַמַּעֲרָכָה def.art.-n.f.s. (790) *set (in a row)*

וְאֶת־כָּל־כֵּלֶיהָ conj.-dir.obj.-n.m.s. cstr. (481) -n.m.p.-3 f.s. sf. (479) *and all its utensils*

וְאֵת שֶׁמֶן conj.-dir.obj.-n.m.s. cstr. (1032) *and the oil for*

הַמָּאוֹר def.art.-n.m.s. (22) *the light*

39:38

וְאֵת מִזְבַּח conj.-dir.obj.-n.m.s. cstr. (258) *and the altar (of)*

הַזָּהָב def.art.-n.m.s. (262) *gold*

וְאֵת שֶׁמֶן conj.-dir.obj.-n.m.s. cstr. (1032) *and the oil of*

הַמִּשְׁחָה def.art.-n.f.s. (603) *anointing*

וְאֵת קְטֹרֶת הַסַּמִּים conj.-dir.obj.-n.f.s. cstr. (882) -def.art.-n.m.p. (702) *and the fragrant incense*

וְאֵת מָסַךְ conj.-dir.obj.-n.m.s. cstr. (697) *and the screen for*

פֶּתַח n.m.s. cstr. (835) *the door of*

הָאֹהֶל def.art.-n.m.s. (13) *the tent*

39:39

אֵת מִזְבַּח dir.obj.-n.m.s. cstr. (258) *the altar of*

הַנְּחֹשֶׁת def.art.-n.m.s. (638) *bronze*

וְאֶת־מִכְבַּר conj.-dir.obj.-n.m.s. cstr. (460) *and the grating of*

הַנְּחֹשֶׁת v.supra *bronze*

אֲשֶׁר־לוֹ rel. (81)-prep.-3 m.s. sf. *its*

אֶת־בַּדָּיו dir.obj.-n.m.p.-3 m.s. sf. (II 94) *its poles*

וְאֶת־כָּל־כֵּלָיו conj.-dir.obj.-n.m.s. cstr. (481) -n.m.p.-3 m.s. sf. (479) *and all its utensils*

אֶת־הַכִּיֹּר dir.obj.-def.art.-n.m.s. (468) *the laver*

וְאֶת־כַּנּוֹ conj.-dir.obj.-n.m.s.-3 m.s. sf. (II 487) *and its base*

39:40

אֵת קַלְעֵי dir.obj.-n.m.p. cstr. (II 887) *the hangings of*

הֶחָצֵר def.art.-n.m.s. (I 346) *the court*

אֶת־עַמֻּדֶיהָ dir.obj.-n.m.p.-3 f.s. sf. (765) *its pillars*

וְאֶת־אֲדָנֶיהָ conj.-dir.obj.-n.m.p.-3 f.s. sf. (10) *and its bases*

וְאֶת־הַמָּסָךְ conj.-dir.obj.-def.art.-n.m.s. (697) *and the screen*

לְשַׁעַר prep.-n.m.s. cstr. (1044) *for the gate of*

הֶחָצֵר v.supra *the court*

אֶת־מֵיתָרָיו dir.obj.-n.m.p.-3 m.s.sf. (452) *its cords*

וִיתֵדֹתֶיהָ conj.-n.f.p.-3 f.s. sf. (450) *and its pegs*

וְאֵת כָּל־כְּלֵי conj.-dir.obj.-n.m.s. cstr. (481)-n.m.p. cstr. (479) *and all the utensils for*

עֲבֹדַת n.f.s. cstr. (715) *the service of*

הַמִּשְׁכָּן def.art.-n.m.s. (1015) *the tabernacle*

לְאֹהֶל prep.-n.m.s. cstr. (13) *for the tent of*

מוֹעֵד n.m.s. (417) *meeting*

39:41

אֶת־בִּגְדֵי הַשְּׂרָד dir.obj.-n.m.p. cstr. (93)-def.art. -n.m.s. (975) *the finely worked garments*

לְשָׁרֵת prep.-Pi. inf.cstr. (1058) *for ministering*

בַּקֹּדֶשׁ prep.-def.art.-n.m.s. (871) *in the holy place*

אֶת־בִּגְדֵי הַקֹּדֶשׁ v.supra-v.supra-def.art.-n.m.s. (871) *the holy garments*

לְאַהֲרֹן prep.-pr.n. (14) *for Aaron*

הַכֹּהֵן def.art.-n.m.s. (463) *the priest*

וְאֶת־בִּגְדֵי conj.-dir.obj.-n.m.p. cstr. (93) *and the garments of*

בָּנָיו n.m.p.-3 m.s. sf. (119) *his sons*

לְכַהֵן prep.-Pi. inf.cstr. (II 464) *to serve as priests*

39:42

כְּכֹל אֲשֶׁר־ prep.-n.m.s. (481)-rel. (81) *according to all that*

צִוָּה יהוה Pi. pf. 3 m.s. (צָוָה 845)-pr.n. (217) *Yahweh had commanded*

אֶת־מֹשֶׁה dir.obj.-pr.n. (602) *Moses*

כֵּן עָשׂוּ adv. (485)-Qal pf. 3 c.p. (עָשָׂה I 793) *so ... had done*

בְּנֵי יִשְׂרָאֵל n.m.p. cstr. (119)-pr.n. (975) *the people of Israel*

אֵת כָּל־הָעֲבֹדָה dir.obj.-n.m.s. cstr. (481)-def.art.-n.f.s. (715) *all the work*

39:43

וַיַּרְא מֹשֶׁה consec.-Qal impf. 3 m.s. (רָאָה 906)-pr.n. (602) *and Moses saw*

אֶת־כָּל־ dir.obj.-n.m.s. cstr. (481) *all*

הַמְּלָאכָה def.art.-n.f.s. (521) *the work*

וְהִנֵּה conj.-demons.part. (243) *and behold*

עָשׂוּ אֹתָהּ Qal pf. 3 c.p. (עָשָׂה I 793)-dir.obj.-3 f.s. sf. *they had done it*

כַּאֲשֶׁר צִוָּה prep.-rel. (81)-Pi. pf. 3 m.s. (צָוָה 845) *as ... had commanded*

יהוה pr.n. (217) *Yahweh*

כֵּן עָשׂוּ adv. (485)-Qal pf. 3 c.p. (עָשָׂה I 793) *so had they done*

וַיְבָרֶךְ אֹתָם consec.-Pi. impf. 3 m.s. (בָּרַךְ 138)-dir.obj.-3 m.p. sf. *and ... blessed them*

מֹשֶׁה pr.n. (602) *Moses*

40:1

וַיְדַבֵּר יהוה consec.-Pi. impf. 3 m.s. (180)-pr.n. (217) *and Yahweh said*

אֶל־מֹשֶׁה prep.-pr.n. (602) *to Moses*

לֵאמֹר prep.-Qal inf.cstr. (55) *(saying)*

40:2

בְּיוֹם prep.-n.m.s. cstr. (398) *on the day of*

הַחֹדֶשׁ הָרִאשׁוֹן def.art.-n.m.s. (I 294)-def.art.-adj. (911) *the first month*

בְּאֶחָד לַחֹדֶשׁ prep.-num. (25)-prep.-def.art.-n.m.s. (I 294) *on the first of the month*

תָּקִים Hi. impf. 2 m.s. (קוּם 877) *you shall erect*

אֶת־מִשְׁכַּן dir.obj.-n.m.s. cstr. (1015) *the tabernacle of*

אֹהֶל מוֹעֵד n.m.s. cstr. (13)-n.m.s. (417) *the tent of meeting*

40:3

וְשַׂמְתָּ שָׁם conj.-Qal pf. 2 m.s. (שִׂים I 962)-adv. (1027) *and you shall put in it*

אֵת אֲרוֹן הָעֵדוּת dir.obj.-n.m.s. cstr. (75)-def.art.-n.f.s. (730) *the ark of the testimony*

וְסַכֹּתָ conj.-Qal pf. 2 m.s. (סָכַךְ I 696) *and you shall screen*

עַל־הָאָרֹן prep.-def.art.-n.m.s. (75) *the ark*

אֶת־הַפָּרֹכֶת prep. (II 85)-def.art.-n.f.s. (827) *with the veil*

40:4

וְהֵבֵאתָ conj.-Hi. pf. 2 m.s. (בּוֹא 97) *and you shall bring in*

אֶת־הַשֻּׁלְחָן dir.obj.-def.art.-n.m.s. (1020) *the table*

וְעָרַכְתָּ conj.-Qal pf. 2 m.s. (עָרַךְ 789) *and set*

אֶת־עֶרְכּוֹ dir.obj.-n.m.s.-3 m.s. sf. (789) *its arrangements*

וְהֵבֵאתָ v.supra *and you shall bring in*

אֶת־הַמְּנֹרָה dir.obj.-def.art.-n.f.s. (633) *the lampstand*

וְהַעֲלֵיתָ conj.-Hi. pf. 2 m.s. (עָלָה 748) *and set up*

אֶת־נֵרֹתֶיהָ dir.obj.-n.m.p.-3 f.s. sf. (632) *its lamps*

40:5

וְנָתַתָּה conj.-Qal pf. 2 m.s. (נָתַן 678) *and you shall put*

אֶת־מִזְבַּח dir.obj.-n.m.s. cstr. (258) *the altar of*

הַזָּהָב def.art.-n.m.s. (262) *gold*

לִקְטֹרֶת prep.-n.f.s. (881) *for incense*

לִפְנֵי prep.-n.m.p. cstr. (815) *before*

אֲרוֹן הָעֵדֻת n.m.s. cstr. (75)-def.art.-n.f.s. (730) *the ark of the testimony*

וְשַׂמְתָּ conj.-Qal pf. 2 m.s. (שִׂים I 962) *and set up*

אֶת־מָסַךְ dir.obj.-n.m.s. cstr. (697) *the screen for*

הַפֶּתַח def.art.-n.m.s. (835) *the door*

לַמִּשְׁכָּן prep.-def.art.-n.m.s. (1015) *of the tabernacle*

40:6

וְנָתַתָּה conj.-Qal pf. 2 m.s. (נָתַן 678) *and you shall set*

אֵת מִזְבַּח dir.obj.-n.m.s. cstr. (258) *the altar of*

הָעֹלָה def.art.-n.f.s. (750) *burnt offering*

לִפְנֵי prep.-n.m.p. cstr. (815) *before*

פֶּתַח n.m.s. cstr. (835) *the door of*

מִשְׁכַּן n.m.s. cstr. (1015) *the tabernacle of*

אֹהֶל־מוֹעֵד n.m.s. cstr. (13)-n.m.s. (417) *the tent of meeting*

40:7

וְנָתַתָּ conj.-Qal pf. 2 m.s. (נָתַן 678) *and place*

אֶת־הַכִּיֹּר dir.obj.-def.art.-n.m.s. (468) *the laver*

בֵּין־אֹהֶל מוֹעֵד prep. (107)-n.m.s. cstr. (13)-n.m.s. (417) *between the tent of meeting*

וּבֵין הַמִּזְבֵּחַ conj.-prep. (107)-def.art.-n.m.s. (258) *and the altar*

וְנָתַתָּ v.supra *and put*

שָׁם מָיִם adv. (1027)-n.m.p. paus. (565) *water in it*

40:8

וְשַׂמְתָּ conj.-Qal pf. 2 m.s. (שִׂים I 962) *and you shall set up*

אֶת־הֶחָצֵר dir.obj.-def.art.-n.m.s. (I 346) *the court*

סָבִיב adv. (686) *round about*

וְנָתַתָּ conj.-Qal pf. 2 m.s. (נָתַן 678) *and hang up*

אֶת־מָסַךְ dir.obj.-n.m.s. cstr. (697) *the screen for*

שַׁעַר n.m.s. cstr. (1044) *the gate of*

הֶחָצֵר def.art.-n.m.s. (I 346) *the court*

40:9

וְלָקַחְתָּ conj.-Qal pf. 2 m.s. (לָקַח 542) *then you shall take*

אֶת־שֶׁמֶן dir.obj.-n.m.s. cstr. (1032) *the oil of*

הַמִּשְׁחָה def.art.-n.f.s. (603) *anointing*

וּמָשַׁחְתָּ conj.-Qal pf. 2 m.s. (מָשַׁח 602) *and anoint*

אֶת־הַמִּשְׁכָּן dir.obj.-def.art.-n.m.s. (1014) *the tabernacle*

וְאֶת־כָּל־אֲשֶׁר־בּוֹ conj.-dir.obj.-n.m.s. (481)-rel. (81)-prep.-3 m.s. sf. *and all that is in it*

וְקִדַּשְׁתָּ conj.-Pi. pf. 2 m.s. (קָדַשׁ 872) *and consecrate*

אֹתוֹ dir.obj.-3 m.s. sf. *it*

וְאֶת־כָּל־כֵּלָיו conj.-dir.obj.-n.m.s. cstr. (481)-n.m.p.-3 m.s. sf. (479) *and all its furniture*

וְהָיָה קֹדֶשׁ conj.-Qal pf. 3 m.s. (224)-n.m.s. (871) *and it shall become holy*

40:10

וּמָשַׁחְתָּ conj.-Qal pf. 2 m.s. (מָשַׁח 602) *you shall also anoint*

אֶת־מִזְבַּח dir.obj.-n.m.s. cstr. (258) *the altar of*

הָעֹלָה def.art.-n.f.s. (750) *burnt offering*

וְאֶת־כָּל־כֵּלָיו conj.-dir.obj.-n.m.s. cstr. (481)-n.m.p.-3 m.s. sf. (479) *and all its utensils*

וְקִדַּשְׁתָּ conj.-Pi. pf. 2 m.s. (קָדַשׁ 872) *and consecrate*

אֶת־הַמִּזְבֵּחַ dir.obj.-def.art.-n.m.s. (258) *the altar*

וְהָיָה הַמִּזְבֵּחַ conj.-Qal pf. 3 m.s. (224)-def.art.-n.m.s. (258) *and the altar shall be*

קֹדֶשׁ קָדָשִׁים n.m.s. cstr. (871)-n.m.p. (871) *most holy*

40:11

וּמָשַׁחְתָּ conj.-Qal pf. 2 m.s. (מָשַׁח 602) *you shall also anoint*

אֶת־הַכִּיֹּר dir.obj.-def.art.-n.m.s. (468) *the laver*

וְאֶת־כַּנּוֹ conj.-dir.obj.-n.m.s.-3 m.s. sf. (III 487) *and its base*

וְקִדַּשְׁתָּ אֹתוֹ conj.-Pi. pf. 2 m.s. (קָדַשׁ 872)-dir.obj.-3 m.s. sf. *and consecrate it*

40:12

וְהִקְרַבְתָּ conj.-Hi. pf. 2 m.s. (קָרַב 897) *then you shall bring near*

אֶת־אַהֲרֹן dir.obj.-pr.n. (14) *Aaron*

וְאֶת־בָּנָיו conj.-dir.obj.-n.m.p.-3 m.s. sf. (119) *and his sons*

אֶל־פֶּתַח prep.-n.m.s. cstr. (835) *to the door of*

אֹהֶל מוֹעֵד n.m.s. cstr. (13)-n.m.s. (417) *the tent of meeting*

וְרָחַצְתָּ conj.-Qal pf. 2 m.s. (רָחַץ 934) *and shall wash*

אֹתָם dir.obj.-3 m.p. sf. *them*

בַּמָּיִם prep.-def.art.-n.m.p. paus. (565) *with water*

40:13

וְהִלְבַּשְׁתָּ conj.-Hi. pf. 2 m.s. (לָבַשׁ 527) *and put upon*

אֶת־אַהֲרֹן dir.obj.-pr.n. (14) *Aaron*

אֵת בִּגְדֵי dir.obj.-n.m.p. cstr. (93) *the garments*

הַקֹּדֶשׁ def.art.-n.m.s. (871) *holy*

וּמָשַׁחְתָּ אֹתוֹ conj.-Qal pf. 2 m.s. (מָשַׁח 602)-dir.obj.-3 m.s. sf. *and you shall anoint him*

וְקִדַּשְׁתָּ אֹתוֹ conj.-Pi. pf. 2 m.s. (קָדַשׁ 872)-dir.obj.-3 m.s. sf. *and consecrate him*

וְכִהֵן לִי conj.-Pi. pf. 2 m.s. (464)-prep.-1 c.s. sf. *that he may serve me as priest*

40:14

וְאֶת־בָּנָיו conj.-dir.obj.-n.m.p.-3 m.s. sf. (119) *and his sons*

תַּקְרִיב Hi. impf. 2 m.s. (קָרַב 897) *you shall bring*

וְהִלְבַּשְׁתָּ אֹתָם conj.-Hi. pf. 2 m.s. (לָבַשׁ 527)-dir.obj.-3 m.p. sf. *and put on them*

כֻּתֳּנֹת n.f.p. (509) *coats*

40:15

וּמָשַׁחְתָּ אֹתָם conj.-Qal pf. 2 m.s. (מָשַׁח 602)-dir.obj.-3 m.p. sf. *and anoint them*

כַּאֲשֶׁר מָשַׁחְתָּ prep.-rel. (81)-Qal pf. 2 m.s. (מָשַׁח 602) *as you anointed*

אֶת־אֲבִיהֶם dir.obj.-n.m.s.-3 m.p. sf. (3) *their father*

וְכִהֲנוּ לִי conj.-Pi. pf. 3 c.p. (464)-prep.-1 c.s. sf. *that they may serve me as priests*

וְהָיְתָה לִהְיֹת לָהֶם conj.-Qal pf. 3 f.s. (הָיָה 224) -prep.-Qal inf.cstr. (הָיָה 224)-prep.-3 m.p. sf. *and shall admit them*

מָשְׁחָתָם Qal inf.cstr.-3 m.p. sf. (מָשַׁח 602) *their anointing*

לִכְהֻנַּת עוֹלָם prep.-n.f.s. cstr. (464)-n.m.s. (761) *to a perpetual priesthood*

לְדֹרֹתָם prep.-n.m.p.-3 m.p. sf. (189) *throughout their generations*

40:16

וַיַּעַשׂ מֹשֶׁה consec.-Qal impf. 3 m.s. (עָשָׂה I 793)-pr.n. (602) *thus did Moses*

כְּכֹל אֲשֶׁר prep.-n.m.s. (481)-rel. (81) *according to all that*

צִוָּה יהוה Pi. pf. 3 m.s. (צָוָה 845)-pr.n. (217) *Yahweh commanded*

אֹתוֹ dir.obj.-3 m.s. sf. *him*

כֵּן עָשָׂה adv. (485)-Qal pf. 3 m.s. (793) *so he did*

40:17

וַיְהִי consec.-Qal impf. 3 m.s. (הָיָה 224) *and (it proceeded to be)*

בַּחֹדֶשׁ הָרִאשׁוֹן prep.-def.art.-n.m.s. (I 294) -def.art.-adj. (911) *in the first month*

בַּשָּׁנָה הַשֵּׁנִית prep.-def.art.-n.f.s. (1040)-def.art. -num. adj. (1041) *in the second year*

בְּאֶחָד לַחֹדֶשׁ prep.-num. (25)-prep.-def.art. -n.m.s. (I 294) *on the first day of the month*

הוּקַם Ho. pf. 3 m.s. (קוּם 877) *was erected*

הַמִּשְׁכָּן def.art.-n.m.s. (1015) *the tabernacle*

40:18

וַיָּקֶם מֹשֶׁה consec.-Hi. impf. 3 m.s. (קוּם 877) -pr.n. (602) *and Moses erected*

אֶת־הַמִּשְׁכָּן dir.obj.-def.art.-n.m.s. (1015) *the tabernacle*

וַיִּתֵּן consec.-Qal impf. 3 m.s. (נָתַן 678) *and he laid*

אֶת־אֲדָנָיו dir.obj.-n.m.p.-3 m.s. sf. (10) *its bases*

וַיָּשֶׂם consec.-Qal impf. 3 m.s. (שִׂים I 962) *and set up*

אֶת־קְרָשָׁיו dir.obj.-n.m.p.-3 m.s. sf. (903) *its frames*

וַיִּתֵּן v.supra *and put*

אֶת־בְּרִיחָיו dir.obj.-n.m.p.-3 m.s. sf. (138) *its bars*

וַיָּקֶם v.supra *and raised up*

אֶת־עַמּוּדָיו dir.obj.-n.m.p.-3 m.s. sf. (765) *its pillars*

40:19

וַיִּפְרֹשׂ consec.-Qal impf. 3 m.s. (פָּרַשׂ 831) *and he spread*

אֶת־הָאֹהֶל dir.obj.-def.art.-n.m.s. (13) *the tent*

עַל־הַמִּשְׁכָּן prep.-def.art.-n.m.s. (1015) *over the tabernacle*

וַיָּשֶׂם consec.-Qal impf. 3 m.s. (שִׂים I 962) *and put*

אֶת־מִכְסֵה dir.obj.-n.m.s. cstr. (491) *the covering of*

הָאֹהֶל def.art.-n.m.s. (13) *the tent*

עָלָיו prep.-3 m.s. sf. *over it*

מִלְמָעְלָה prep.-prep.-subst.-loc.he (751) *(above)*

כַּאֲשֶׁר צִוָּה prep.-rel. (81)-Pi. pf. 3 m.s. (צָוָה 845) *as ... had commanded*

יהוה pr.n. (217) *Yahweh*

אֶת־מֹשֶׁה dir.obj.-pr.n. (602) *Moses*

40:20

וַיִּקַּח consec.-Qal impf. 3 m.s. (לָקַח 542) *and he took*

וַיִּתֵּן consec.-Qal impf. 3 m.s. (נָתַן 678) *and put*

אֶת־הָעֵדֻת dir.obj.-def.art.-n.f.s. (730) *the testimony*

אֶל־הָאָרֹן prep.-def.art.-n.m.s. (75) *into the ark*

וַיָּשֶׂם consec.-Qal impf. 3 m.s. (שִׂים I 962) *and put*

אֶת־הַבַּדִּים dir.obj.-def.art.-n.m.p. (II 94) *the poles*

עַל־הָאָרֹן prep.-def.art.-n.m.s. (75) *on the ark*

וַיִּתֵּן consec.-Qal impf. 3 m.s. (נָתַן 678) *and set*

אֶת־הַכַּפֹּרֶת dir.obj.-def.art.-n.f.s. (498) *the mercy seat*

עַל־הָאָרֹן prep.-def.art.-n.m.s. (75) *on the ark*

מִלְמָעְלָה prep.-prep.-subst.-loc.he (751) *above*

40:21

וַיָּבֵא consec.-Hi. impf. 3 m.s. (בּוֹא 97) *and he brought*

אֶת־הָאָרֹן dir.obj.-def.art.-n.m.s. (75) *the ark*

אֶל־הַמִּשְׁכָּן prep.-def.art.-n.m.s. (1015) *into the tabernacle*

וַיָּשֶׂם consec.-Qal impf. 3 m.s. (שִׂים I 962) *and set up*

אֵת פָּרֹכֶת dir.obj.-n.f.s. cstr. (827) *the veil of*

הַמָּסָךְ def.art.-n.m.s. (697) *the screen*

וַיָּסֶךְ consec.-Hi. impf. 3 m.s. (סָכַךְ I 696) *and screened*

עַל אֲרוֹן prep.-n.m.s. cstr. (75) *the ark of*

הָעֵדוּת def.art.-n.f.s. (730) *the testimony*

כַּאֲשֶׁר צִוָּה prep.-rel. (81)-Pi. pf. 3 m.s. (צָוָה 845) *as ... had commanded*

יהוה pr.n. (217) *Yahweh*

אֶת־מֹשֶׁה dir.obj.-pr.n. (602) *Moses*

40:22

וַיִּתֵּן consec.-Qal impf. 3 m.s. (נָתַן 678) *and he put*

אֶת־הַשֻּׁלְחָן dir.obj.-def.art.-n.m.s. (1020) *the table*

בְּאֹהֶל מוֹעֵד prep.-n.m.s. cstr. (13)-n.m.s. (417) *in the tent of meeting*

עַל יֶרֶךְ prep.-n.f.s. cstr. (437) *on the side of*

הַמִּשְׁכָּן def.art.-n.m.s. (1015) *the tabernacle*

צָפֹנָה n.f.s.-loc.he (860) *north*

מִחוּץ prep.-n.m.s. (299) *outside*

לַפָּרֹכֶת prep.-def.art.-n.f.s. (827) *the veil*

40:23

וַיַּעֲרֹךְ עָלָיו עֵרֶךְ consec.-Qal impf. 3 m.s. (עָרַךְ 789)-prep.-3 m.s. sf.-n.m.s. (789) *and set in order on it*

לֶחֶם n.m.s. (536) *the bread*

לִפְנֵי יהוה prep.-n.m.p. cstr. (815)-pr.n. (217) *before Yahweh*

כַּאֲשֶׁר צִוָּה prep.-rel. (81)-Pi. pf. 3 m.s. (צָוָה 845) *as ... had commanded*

יהוה pr.n. (217) *Yahweh*

אֶת־מֹשֶׁה dir.obj.-pr.n. (602) *Moses*

40:24

וַיָּשֶׂם consec.-Qal impf. 3 m.s. (שִׂים I 962) *and he put*

אֶת־הַמְּנֹרָה dir.obj.-def.art.-n.f.s. (633) *the lampstand*

בְּאֹהֶל מוֹעֵד prep.-n.m.s. cstr. (13)-n.m.s. (417) *in the tent of meeting*

נֹכַח הַשֻּׁלְחָן subst. (647)-def.art.-n.m.s. (1020) *opposite the table*

עַל יֶרֶךְ prep.-n.f.s. cstr. (437) *on the side of*

הַמִּשְׁכָּן def.art.-n.m.s. (1015) *the tabernacle*

נֶגְבָּה n.m.s.-loc.he (616) *south*

40:25

וַיַּעַל consec.-Qal impf. 3 m.s. (עָלָה 748) *and set up*

הַנֵּרֹת def.art.-n.m.p. (632) *the lamps*

לִפְנֵי יהוה prep.-n.m.p. cstr. (815)-pr.n. (217) *before Yahweh*

כַּאֲשֶׁר צִוָּה יהוה prep.-rel. (81)-Pi. pf. 3 m.s. (צָוָה 845)-pr.n. (217) *as Yahweh had commanded*

אֶת־מֹשֶׁה dir.obj.-pr.n. (602) *Moses*

40:26

וַיָּשֶׂם consec.-Qal impf. 3 m.s. (שִׂים I 962) *and he put*

אֶת־מִזְבַּח dir.obj.-n.m.s. cstr. (258) *the altar of*

הַזָּהָב def.art.-n.m.s. (262) *the gold*

בְּאֹהֶל מוֹעֵד prep.-n.m.s. cstr. (13)-n.m.s. (417) *in the tent of meeting*

לִפְנֵי הַפָּרֹכֶת prep.-n.m.p. cstr. (815)-def.art.-n.f.s. (827) *before the veil*

40:27

וַיַּקְטֵר עָלָיו consec.-Hi. impf. 3 m.s. (קָטַר 882)-prep.-3 m.s. sf. *and burnt upon it*

קְטֹרֶת סַמִּים n.f.s. cstr. (882)-n.m.p. (702) *fragrant incense*

כַּאֲשֶׁר צִוָּה prep.-rel. (81)-Pi. pf. 3 m.s. (צָוָה 845) *as ... had commanded*

יהוה pr.n. (217) *Yahweh*

אֶת־מֹשֶׁה dir.obj.-pr.n. (602) *Moses*

40:28

וַיָּשֶׂם consec.-Qal impf. 3 m.s. (שִׂים I 962) *and he put*

אֶת־מָסָךְ dir.obj.-n.m.s. cstr. (697) *the screen for*

הַפֶּתַח def.art.-n.m.s. (835) *the door*

לַמִּשְׁכָּן prep.-def.art.-n.m.s. (1015) *of the tabernacle*

40:29

וְאֵת מִזְבַּח conj.-dir.obj.-n.m.s. cstr. (258) *and the altar of*

הָעֹלָה def.art.-n.f.s. (750) *burnt offering*

שָׂם Qal pf. 3 m.s. (שִׂים I 962) *he set*

פֶּתַח מִשְׁכָּן n.m.s. cstr. (835)-n.m.s. cstr. (1015) *at the door of the tabernacle of*

אֹהֶל מוֹעֵד n.m.s. cstr. (13)-n.m.s. (417) *the tent of meeting*

וַיַּעַל עָלָיו consec.-Hi. impf. 3 m.s. (עָלָה 748)-prep.-3 m.s. sf. *and offered upon it*

אֶת־הָעֹלָה dir.obj.-def.art.-n.f.s. (750) *the burnt offering*

וְאֶת־הַמִּנְחָה conj.-dir.obj.-def.art.-n.f.s. (585) *and the cereal offering*

כַּאֲשֶׁר צִוָּה prep.-rel. (81)-Pi. pf. 3 m.s. (צָוָה 845) *as ... had commanded*

יהוה pr.n. (217) *Yahweh*

אֶת־מֹשֶׁה dir.obj.-pr.n. (602) *Moses*

40:30

וַיָּשֶׂם consec.-Qal impf. 3 m.s. (שִׂים I 962) *and he set*

אֶת־הַכִּיֹּר dir.obj.-def.art.-n.m.s. (468) *the laver*

בֵּין־אֹהֶל מוֹעֵד prep. (107)-n.m.s. cstr. (13)-n.m.s. (417) *between the tent of meeting*

וּבֵין הַמִּזְבֵּחַ conj.-v.supra-def.art.-n.m.s. (258) *and the altar*

וַיִּתֵּן שָׁמָּה consec.-Qal impf. 3 m.s. (נָתַן 678)-adv.-loc.he (1027) *and put in it*

מַיִם n.m.p. (565) *water*

לְרָחְצָה prep.-Qal inf.cstr. (רָחַץ 934) *for washing*

40:31

וְרָחֲצוּ conj.-Qal pf. 3 c.p. (רָחַץ 934) *and washed*

מִמֶּנּוּ prep.-3 m.s. sf. *from it (with which)*

מֹשֶׁה pr.n. (602) *Moses*

וְאַהֲרֹן conj.-pr.n. (14) *and Aaron*

וּבָנָיו conj.-n.m.p.-3 m.s. sf. (119) *and his sons*

אֶת־יְדֵיהֶם dir.obj.-n.f.p.-3 m.p. sf. (388) *their hands*

וְאֶת־רַגְלֵיהֶם conj.-dir.obj.-n.f.p.-3 m.p. sf. (919) *and their feet*

40:32

בְּבֹאָם prep.-Qal inf.cstr.-3 m.p. sf. (בּוֹא 97) *when they went*

אֶל־אֹהֶל מוֹעֵד prep.-n.m.s. cstr. (13)-n.m.s. (417) *into the tent of meeting*

וּבְקָרְבָתָם conj.-prep.-Qal inf.cstr.-3 m.p. sf. (קָרַב I 897) *and when they approached*

אֶל־הַמִּזְבֵּחַ prep.-def.art.-n.m.s. (258) *the altar*

יִרְחָצוּ Qal impf. 3 m.p. paus. (רָחַץ 934) *they washed*

כַּאֲשֶׁר צִוָּה prep.-rel. (81)-Pi. pf. 3 m.s. (צָוָה 845) *as ... commanded*

יהוה pr.n. (217) *Yahweh*

אֶת־מֹשֶׁה dir.obj.-pr.n. (602) *Moses*

40:33

וַיָּקֶם consec.-Hi. impf. 3 m.s. (קוּם 877) *and he erected*

אֶת־הֶחָצֵר dir.obj.-def.art.-n.m.s. (I 346) *the court*

סָבִיב adv. (686) *round*

לַמִּשְׁכָּן prep.-def.art.-n.m.s. (1015) *the tabernacle*

וְלַמִּזְבֵּחַ conj.-prep.-def.art.-n.m.s. (258) *and the altar*

וַיִּתֵּן consec.-Qal impf. 3 m.s. (נָתַן 678) *and set up*

אֶת־מָסַךְ dir.obj.-n.m.s. cstr. (697) *the screen of*

שַׁעַר n.m.s. cstr. (1044) *the gate of*

הֶחָצֵר v.supra *the court*

וַיְכַל מֹשֶׁה (477) consec.-Pi. impf. 3 m.s. (כָּלָה)-pr.n. (602) *so Moses finished*

אֶת־הַמְּלָאכָה dir.obj.-def.art.-n.f.s. (521) *the work*

40:34

וַיְכַס (491) consec.-Pi. impf. 3 m.s. (כָּסָה) *then covered*

הֶעָנָן def.art.-n.m.s. (777) *the cloud*

אֶת־אֹהֶל מוֹעֵד dir.obj.-n.m.s. cstr. (13)-n.m.s. (417) *the tent of meeting*

וּכְבוֹד יהוה conj.-n.m.s. cstr. (458)-pr.n. (217) *and the glory of Yahweh*

מָלֵא Qal pf. 3 m.s. (569) *filled*

אֶת־הַמִּשְׁכָּן dir.obj.-def.art.-n.m.s. (1015) *the tabernacle*

40:35

וְלֹא יָכֹל (407) conj.-neg.-Qal pf. 3 m.s. (יָכֹל) *and was not able*

מֹשֶׁה pr.n. (602) *Moses*

לָבוֹא prep.-Qal inf.cstr. (97) *to enter*

אֶל־אֹהֶל מוֹעֵד prep.-n.m.s. cstr. (13)-n.m.s. (417) *the tent of meeting*

כִּי־שָׁכַן conj.-Qal pf. 3 m.s. (1014) *because abode*

עָלָיו prep.-3 m.s. sf. *upon it*

הֶעָנָן def.art.-n.m.s. (777) *the cloud*

וּכְבוֹד יהוה conj.-n.m.s. cstr. (458)-pr.n. (217) *and the glory of Yahweh*

מָלֵא Qal pf. 3 m.s. (569) *filled*

אֶת־הַמִּשְׁכָּן dir.obj.-def.art.-n.m.s. (1015) *the tabernacle*

40:36

וּבְהֵעָלוֹת conj.-prep.-Ni. inf.cstr. (עָלָה 748) *whenever ... was taken up*

הֶעָנָן def.art.-n.m.s. (777) *the cloud*

מֵעַל הַמִּשְׁכָּן prep.-prep.-def.art.-n.m.s. (1015) *from over the tabernacle*

יִסְעוּ Qal impf. 3 m.s. (נָסַע I 652) *would go onward*

בְּנֵי יִשְׂרָאֵל n.m.p. cstr. (119)-pr.n. (975) *the people of Israel*

בְּכֹל מַסְעֵיהֶם prep.-n.m.s. cstr. (481)-n.m.p.-3 m.p. sf. (652) *throughout all their journeys*

40:37

וְאִם־ conj.-hypoth.part. (49) *but if*

לֹא יֵעָלֶה neg.-Ni. impf. 3 m.s. (עָלָה 748) *was not taken up*

הֶעָנָן def.art.-n.m.s. (777) *the cloud*

וְלֹא יִסְעוּ conj.-neg.-Qal impf. 3 m.p. (נָסַע I 652) *then they did not go onward*

עַד־יוֹם prep.-n.m.s. cstr. (398) *till the day that*

הֵעָלֹתוֹ Ni. inf.cstr.-3 m.s. sf. (עָלָה 748) *it was taken up*

40:38

כִּי עֲנַן יהוה conj.-n.m.s. cstr. (777)-pr.n. (217) *for the cloud of Yahweh*

עַל־הַמִּשְׁכָּן prep.-def.art.-n.m.s. (1015) *upon the tabernacle*

יוֹמָם adv. (401) *by day*

וְאֵשׁ conj.-n.f.s. (77) *and fire*

תִּהְיֶה Qal impf. 3 f.s. (הָיָה 224) *was*

לַיְלָה בּוֹ n.m.s. (538)-prep.-3 m.s. sf. *by night in it*

לְעֵינֵי prep.-n.f.p. cstr. (744) *in the sight of*

כָּל־בֵּית־ n.m.s. cstr. (481)-n.m.s. cstr. (108) *all the house of*

יִשְׂרָאֵל pr.n. (975) *Israel*

בְּכָל־מַסְעֵיהֶם prep.-n.m.s. cstr. (481)-n.m.p.-3 m.p. sf. (652) *throughout all their journeys*

Leviticus

1:1

וַיִּקְרָא consec. (GK 49bN)-Qal impf. 3 m.s. (894) *called*

אֶל־מֹשֶׁה prep. (39)-pr.n. (602) *Moses*

וַיְדַבֵּר consec.-Pi. impf. 3 m.s. (180) *and spoke*

יהוה pr.n. (217) *Yahweh*

אֵלָיו prep. (39)-3 m.s. sf. *to him*

מֵאֹהֶל מוֹעֵד prep.-n.m.s. cstr. (13)-n.m.s. (417) *from the tent of meeting*

לֵאמֹר prep.-Qal inf.cstr. (55) *saying*

1:2

דַּבֵּר Pi. impv. 2 m.s. (180) *speak*

אֶל־בְּנֵי יִשְׂרָאֵל prep. (39)-n.m.p. cstr. (119)-pr.n. (975) *to the people of Israel*

וְאָמַרְתָּ conj.-Qal pf. 2 m.s. (55) *and say*

אֲלֵהֶם prep. (39)-3 m.p. sf. *to them*

אָדָם n.m.s. (9; GK 139d) *any man*

כִּי־יַקְרִיב conj. (471)-Hi. impf. 3 m.s. (קרב 897) *when ... brings*

מִכֶּם prep.-2 m.p. sf. *of you*

קָרְבָּן n.m.s. (898) *an offering*

לַיהוה prep.-pr.n. (217) *to Yahweh*

מִן־הַבְּהֵמָה prep.-def.art.-n.f.s. (96) *of cattle*

מִן־הַבָּקָר prep.-def.art.-n.m.s. (133) *from the herd*

וּמִן־הַצֹּאן conj.-prep.-def.art.-n.f.s. (838) *or from the flock*

תַּקְרִיבוּ Hi. impf. 2 m.p. (קרב 897) *you shall bring*

אֶת־קָרְבַּנְכֶם dir.obj.-n.m.s.-2 m.p. sf. (898) *your offering*

1:3

אִם־עֹלָה hypoth.part. (49)-n.f.s. (750) *if a burnt offering*

קָרְבָּנוֹ n.m.s.-3 m.s. sf. (898) *his offering*

מִן־הַבָּקָר prep.-def.art.-n.m.s. (133) *from the herd*

זָכָר n.m.s. (271) *a male*

תָּמִים adj. (1071) *without blemish*

יַקְרִיבֶנּוּ Hi. impf. 3 m.s.-3 m.s. sf. (קרב 897) *he shall offer (it)*

אֶל־פֶּתַח prep. (39)-n.m.s. cstr. (835) *at the door of*

אֹהֶל מוֹעֵד n.m.s. cstr. (13)-n.m.s. (417) *the tent of meeting*

יַקְרִיב אֹתוֹ Hi. impf. 3 m.s. (897)-dir.obj.-3 m.s. sf. *he shall offer it*

לִרְצֹנוֹ prep.-n.m.s.-3 m.s. sf. (953) *that he may be accepted*

לִפְנֵי יהוה prep.-n.m.p. cstr. (815)-pr.n. (217) *before Yahweh*

1:4

וְסָמַךְ conj.-Qal pf. 3 m.s. (701) *he shall lay*

יָדוֹ n.f.s.-3 m.s. sf. (388) *his hand*

עַל רֹאשׁ prep. (II 752)-n.m.s. cstr. (910) *upon the head of*

הָעֹלָה def.art.-n.f.s. (750) *the burnt offering*

וְנִרְצָה conj.-Ni. pf. 3 m.s. (רָצָה 953) *and it shall be accepted*

לוֹ prep.-3 m.s. sf. *for him*

לְכַפֵּר עָלָיו prep.-Pi. inf.cstr. (497)-prep.-3 m.s. sf. *to make atonement for him*

1:5

וְשָׁחַט conj.-Qal pf. 3 m.s. (1006) *then he shall kill*

אֶת־בֶּן הַבָּקָר dir.obj.-n.m.s. cstr. (119)-def.art. n.m.s. (133) *the bull*

לִפְנֵי יהוה prep.-n.m.p. cstr. (815)-pr.n. (217) *before Yahweh*

וְהִקְרִיבוּ conj.-Hi. pf. 3 c.p. (קָרַב 897) *and ... shall present*

בְּנֵי אַהֲרֹן n.m.p. cstr. (119)-pr.n. (14) *Aaron's sons*

הַכֹּהֲנִים def.art.-n.m.p. (463) *the priests*

אֶת־הַדָּם dir.obj.-def.art.-n.m.s. (196) *the blood*

וְזָרְקוּ conj.-Qal pf. 3 c.p. (זָרַק 284) *and throw*

אֶת־הַדָּם v.supra-v.supra *the blood*

עַל־הַמִּזְבֵּחַ prep.-def.art.-n.m.s. (258) *against the altar*

סָבִיב adv. (686) *round about*

אֲשֶׁר־פֶּתַח rel. (81)-n.m.s. cstr. (835) *that is at the door of*

אֹהֶל מוֹעֵד n.m.s. cstr. (13)-n.m.s. (417) *the tent of meeting*

1:6

וְהִפְשִׁיט conj.-Hi. pf. 3 m.s. (פָּשַׁט 832) *and he shall flay*

אֶת־הָעֹלָה dir.obj.-def.art.-n.f.s. (750) *the burnt offering*

וְנִתַּח conj.-Pi. pf. 3 m.s. (נָתַח 677) *and cut*

אֹתָהּ dir.obj.-3 f.s. sf. *it*

לִנְתָחֶיהָ prep.-n.m.p.-3 f.s. sf. (677) *into pieces*

1:7

וְנָתְנוּ conj.-Qal pf. 3 c.p. (678) *and ... shall put*

בְּנֵי אַהֲרֹן n.m.p. cstr. (119)-pr.n. (14) *the sons of Aaron*

הַכֹּהֵן def.art.-n.m.s. (463) *the priest*

אֵשׁ n.f.s. (77) *fire*

עַל־הַמִּזְבֵּחַ prep.-def.art.-n.m.s. (258) *on the altar*

וְעָרְכוּ conj.-Qal pf. 3 c.p. (עָרַךְ 789) *and lay in order*

עֵצִים n.m.p. (781) *wood*

עַל־הָאֵשׁ prep.-def.art.-n.f.s. (77) *upon the fire*

1:8

וְעָרְכוּ conj.-Qal pf. 3 c.p. (789) *and ... shall lay in order*

בְּנֵי אַהֲרֹן n.m.p. cstr. (119)-pr.n. (14) *Aaron's sons*

הַכֹּהֲנִים def.art.-n.m.p. (463) *the priests*

אֵת הַנְּתָחִים dir.obj.-def.art.-n.m.p. (677) *the pieces*

אֶת־הָרֹאשׁ dir.obj.-def.art.-n.m.s. (910) *the head*

וְאֶת־הַפָּדֶר conj.-dir.obj.-def.art.-n.m.s. (804) *and the fat*

עַל־הָעֵצִים prep.-def.art.-n.m.p. (781) *upon the wood*

אֲשֶׁר עַל־הָאֵשׁ rel. (81)-prep.-def.art.-n.f.s. (77) *that is on the fire*

אֲשֶׁר עַל־הַמִּזְבֵּחַ v.supra-prep.-def.art.-n.m.s. (258) *upon the altar*

1:9

וְקִרְבּוֹ conj.-n.m.s.-3 m.s. sf. (899) *but its entrails*

וּכְרָעָיו conj.-n.f.s.-3 m.s. sf. (502) *and its legs*

יִרְחַץ Qal impf. 3 m.s. (934) *he shall wash*

בַּמָּיִם prep.-def.art.-n.m.p. paus. (565) *with water*

וְהִקְטִיר conj.-Hi. pf. 3 m.s. (קָטַר 882) *and shall burn*

הַכֹּהֵן def.art.-n.m.s. (463) *the priest*

אֶת־הַכֹּל dir.obj.-def.art.-n.m.s. (481) *the whole*

הַמִּזְבֵּחָה def.art.-n.m.s.-dir.he (258) *on the altar*

עֹלָה n.f.s. (750) *as a burnt offering*

אִשֶּׁה n.m.s. (77) *an offering by fire*

רֵיחַ־נִיחוֹחַ n.m.s. (926)-n.m.s. (629) *a pleasing odor*

לַיהוה prep.-pr.n. (217) *to Yahweh*

1:10

וְאִם־מִן־הַצֹּאן conj.-hypoth.part. (49)-prep.-def.art.-n.f.s. (838) *if ... from the flock*

קָרְבָּנוֹ n.m.s.-3 m.s. sf. (898) *his gift*

מִן־הַכְּשָׂבִים prep.-def.art.-n.m.p. (461) *from the sheep*

אוֹ מִן־הָעִזִּים conj. (14)-prep.-def.art.-n.f.p. (777) *or (from) the goats*

לְעֹלָה prep.-n.f.s. (750) *for a burnt offering*

זָכָר n.m.s. (271) *a male*

תָּמִים adj. m.s. (1071) *without blemish*

יַקְרִיבֶנּוּ Hi. impf. 3 m.s.-3 m.s. sf. (קרב 897) *he shall offer*

1:11

וְשָׁחַט conj.-Qal pf. 3 m.s. (1006) *and he shall kill*

אֹתוֹ dir.obj.-3 m.s. sf. *it*

עַל יֶרֶךְ prep.-n.f.s. cstr. (437) *on the side of*

הַמִּזְבֵּחַ def.art.-n.m.s. (258) *the altar*

צָפֹנָה n.f.s.-dir.he (860) *north*

לִפְנֵי יהוה prep.-n.m.p. cstr. (815)-pr.n. (217) *before Yahweh*

וְזָרְקוּ conj.-Qal pf. 3 c.p. (482) *and shall throw*

בְּנֵי אַהֲרֹן n.m.p. cstr. (119)-pr.n. (14) *Aaron's sons*

הַכֹּהֲנִים def.art.-n.m.p. (463) *the priests*

אֶת־דָּמוֹ dir.obj.-n.m.s.-3 m.s. sf. (196) *its blood*

עַל־הַמִּזְבֵּחַ prep.-def.art.-n.m.s. (258) *against the altar*

סָבִיב adv. (686) *round about*

1:12

וְנִתַּח conj.-Pi. pf. 3 m.s. (נתח 677) *and he shall cut*

אֹתוֹ dir.obj.-3 m.s. sf. *it*

לִנְתָחָיו prep.-n.m.p.-3 m.s. sf. (677) *into pieces*

וְאֶת־רֹאשׁוֹ conj.-prep. (85)-n.m.s.-3 m.s. sf. (910) *with its head*

וְאֶת־פִּדְרוֹ conj.-prep. (85)-n.m.s.-3 m.s. sf. (804) *and (with) its fat*

וְעָרַךְ conj.-Qal pf. 3 m.s. (789) *and shall lay in order*

הַכֹּהֵן def.art.-n.m.s. (463) *the priest*

אֹתָם dir.obj.-3 m.p. sf. *them*

עַל־הָעֵצִים prep.-def.art.-n.m.p. (781) *upon the wood*

אֲשֶׁר עַל־הָאֵשׁ rel. (81)-prep.-def.art.-n.f.s. (77) *that is on the fire*

אֲשֶׁר עַל־הַמִּזְבֵּחַ v.supra-prep.-def.art.-n.m.s. (258) *upon the altar*

1:13

וְהַקֶּרֶב conj.-def.art.-n.m.s. (899) *but the entrails*

וְהַכְּרָעַיִם conj.-def.art.-n.f.p. (502) *and the legs*

יִרְחַץ Qal impf. 3 m.s. (רחץ 934) *he shall wash*

בַּמָּיִם prep.-def.art.-n.m.p. paus. (565) *with water*

וְהִקְרִיב conj.-Hi. pf. 3 m.s. (897) *and shall offer*

הַכֹּהֵן def.art.-n.m.s. (463) *the priest*

אֶת־הַכֹּל dir.obj.-def.art.-n.m.s. (481) *the whole*

וְהִקְטִיר conj.-Hi. pf. 3 m.s. (קטר 882) *and burn*

הַמִּזְבֵּחָה def.art.-n.m.s.-loc.he (258) *on the altar*

עֹלָה n.f.s. (750) *a burnt offering*

הוּא pers.pr. 3 m.s. (214) *it is*

אִשֵּׁה n.m.s. (77) *an offering by fire*

רֵיחַ נִיחֹחַ n.m.s. (926)-n.m.s. (629) *a pleasing odor*

לַיהוה prep.-pr.n. (217) *to Yahweh*

1:14

וְאִם conj.-hypoth.part. (49) *if*

מִן־הָעוֹף prep.-def.art.-n.m.s. (733) *of birds*

עֹלָה n.f.s. (750) *a burnt offering*

קָרְבָּנוֹ n.m.s.-3 m.s. sf. (898) *his offering*

לַיהוה prep.-pr.n. (217) *to Yahweh*

וְהִקְרִיב conj.-Hi. pf. 3 m.s. (קרב 897) *then he shall bring*

מִן־הַתֹּרִים prep.-def.art.-n.f.p. (1076) *of turtledoves*

אוֹ מִן־בְּנֵי הַיּוֹנָה conj. (14)-prep.-n.m.p. cstr. (119)-def.art.-n.f.s. (401) *or of young pigeons*

אֶת־קָרְבָּנוֹ dir.obj.-v.supra *his offering*

1:15

וְהִקְרִיבוֹ conj.-Hi. pf. 3 m.s.-3 m.s. sf. (קרב 897) *and ... shall bring it*

הַכֹּהֵן def.art.-n.m.s. (463) *the priest*

אֶל־הַמִּזְבֵּחַ prep.-def.art.-n.m.s. (258) *to the altar*

וּמָלַק conj.-Qal pf. 3 m.s. (577) *and wring off*

אֶת־רֹאשׁוֹ dir.obj.-n.m.s.-3 m.s. sf. (910) *its head*

וְהִקְטִיר conj.-Hi. pf. 3 m.s. (קטר 882) *and burn*

הַמִּזְבֵּחָה def.art.-n.m.s.-dir.he (258) *on the altar*

וְנִמְצָה conj.-Ni. pf. 3 m.s. (מצה 594) *and ... shall be drained out*

דָמוֹ n.m.s.-3 m.s. sf. (196) *its blood*

עַל קִיר הַמִּזְבֵּחַ prep.-n.m.s. cstr. (885)-def.art.-n.m.s. (258) *on the side of the altar*

1:16

וְהֵסִיר conj.-Hi. pf. 3 m.s. (סור 693) *and he shall take away*

אֶת־מֻרְאָתוֹ dir.obj.-n.f.s.-3 m.s. sf. (597) *its crop*

בְּנֹצָתָהּ prep.-n.f.s.-3 f.s. sf. (663) *with the feathers*

וְהִשְׁלִיךְ conj.-Hi. pf. 3 m.s. (שׁלך 1020) *and cast*

אֹתָהּ dir.obj.-3 f.s. sf. *it*

אֵצֶל הַמִּזְבֵּחַ prep. I 69)-def.art.-n.m.s. (258) *beside the altar*

קֵדְמָה adv.-loc.he (870) *on the east side*

אֶל־מְקוֹם הַדָּשֶׁן prep.-n.m.s. cstr. (879)-def.art.-n.m.s. paus. (206) *in the place of the ashes*

1:17

וְשִׁסַּע conj.-Pi. pf. 3 m.s. (1042) *he shall tear*

אֹתוֹ dir.obj.-3 m.s. sf. *it*

בִּכְנָפָיו prep.-n.f.p.-3 m.s. sf. (489) *by its wings*

לֹא יַבְדִּיל neg.-Hi. impf. 3 m.s. (95) *but shall not divide*

וְהִקְטִיר conj.-Hi. pf. 3 m.s. (882) *and ... shall burn*

אֹתוֹ v.supra *it*

הַכֹּהֵן def.art.-n.m.s. (463) *the priest*

הַמִּזְבֵּחָה def.art.-n.m.s.-dir.he (258) *on the altar*

עַל־הָעֵצִים prep.-def.art.-n.m.p. (781) *upon the wood*

אֲשֶׁר עַל־הָאֵשׁ rel. (81)-prep.-def.art.-n.f.s. (77) *that is on the fire*

עֹלָה הוּא n.f.s. (750)-pers.pr. 3 m.s. (214) *it is a burnt offering*

אִשֵּׁה n.m.s. (77) *an offering by fire*

רֵיחַ נִיחֹחַ n.m.s. (926)-n.m.s. (629) *a pleasing odor*

לַיהוָה prep.-pr.n. (217) *to Yahweh*

2:1

וְנֶפֶשׁ conj.-n.f.s. (659; GK 139d,145t) *and any one*

כִּי־תַקְרִיב conj. (471)-Hi. impf. 3 f.s. (קרב 897) *when ... brings*

קָרְבַּן מִנְחָה n.m.s. cstr. (898)-n.f.s. (585) *a cereal offering*

לַיהוָה prep.-pr.n. (217) *to Yahweh*

סֹלֶת n.f.s. (701) *of fine flour*

יִהְיֶה Qal impf. 3 m.s. (הָיָה 224) *shall be*

קָרְבָּנוֹ n.m.s.-3 m.s. sf. (898) *his offering*

וְיָצַק conj.-Qal pf. 3 m.s. (427) *he shall pour*

עָלֶיהָ prep.-3 f.s. sf. *upon it*

שֶׁמֶן n.m.s. (1032) *oil*

וְנָתַן conj.-Qal pf. 3 m.s. (678) *and put*

עָלֶיהָ v.supra *on it*

לְבֹנָה n.f.s. (526) *frankincense*

2:2

וֶהֱבִיאָהּ conj.-Hi. pf. 3 m.s.-3 f.s. sf. (בוא 97) *and bring it*

אֶל־בְּנֵי אַהֲרֹן prep.-n.m.p. cstr. (119)-pr.n. (14) *to Aaron's sons*

הַכֹּהֲנִים def.art.-n.m.p. (463) *the priests*

וְקָמַץ conj.-Qal pf. 3 m.s. (888) *and he shall take (grasp)*

מִשָּׁם prep.-adv. (1027) *from it*

מְלֹא קֻמְצוֹ n.m.s. cstr. (571)-n.m.s.-3 m.s. sf. (888) *a handful*

מִסָּלְתָּהּ prep.-n.f.s.-3 f.s. sf. (701) *of fine flour*

וּמִשַּׁמְנָהּ conj.-prep.-n.m.s.-3 f.s. sf. (1032) *and oil*

עַל כָּל־לְבֹנָתַהּ prep.-n.m.s. cstr. (481)-n.f.s.-3 f.s. sf. (526) *with all of its frankincense*

וְהִקְטִיר conj.-Hi. pf. 3 m.s. (קטר 882) *and shall burn*

הַכֹּהֵן def.art.-n.m.s. (463) *the priest*

אֶת־אַזְכָּרָתָהּ dir.obj.-n.f.s.-3 f.s. sf. (272; GK 85b) *as its memorial portion*

הַמִּזְבֵּחָה def.art.-n.m.s.-loc.he (258) *upon the altar*

אִשֵּׁה n.m.s. cstr. (77) *an offering by fire*

רֵיחַ נִיחֹחַ n.m.s. (926)-n.m.s. (629) *a pleasing odor*

לַיהוָה prep.-pr.n. (217) *to Yahweh*

2:3

וְהַנּוֹתֶרֶת conj.-def.art.-Ni. ptc. f.s. (יתר 451) *and what is left*

מִן־הַמִּנְחָה prep.-def.art.-n.f.s. (585) *of the cereal offering*

לְאַהֲרֹן prep.-pr.n. (14) *for Aaron*

וּלְבָנָיו conj.-prep.-n.m.p.-3 m.s. sf. (119) *and his sons*

קֹדֶשׁ קָדָשִׁים n.m.s. cstr. (871)-n.m.p. (871) *it is a most holy part*

מֵאִשֵּׁי יהוה prep.-n.m.p. cstr. (77)-pr.n. (217) *of the offerings by fire to Yahweh*

2:4

וְכִי תַקְרִב conj.-conj. (471)-Hi. impf. 2 m.s. (קרב 897) *and when you bring*

קָרְבַּן מִנְחָה n.m.s. cstr. (898)-n.f.s. (585) *a cereal offering*

מַאֲפֵה תַנּוּר n.m.s. cstr. (66)-n.m.s. (1072) *baked in the oven*

סֹלֶת n.f.s. (701) *of fine flour*

חַלּוֹת n.f.p. (319) *cakes*

מַצֹּת n.f.p. (595) *unleavened*

בְּלוּלֹת Qal pass.ptc. f.p. (בלל I 117) *mixed*

בַּשֶּׁמֶן prep.-def.art.-n.m.s. (1032) *with oil*

וּרְקִיקֵי מַצּוֹת conj.-n.m.p. cstr. (956)-v.supra *or unleavened wafers*

מְשֻׁחִים Qal pass.ptc. m.p. (משח 602) *spread*

בַּשָּׁמֶן prep.-def.art.-n.m.s. paus. (1032) *with oil*

2:5

וְאִם־מִנְחָה conj.-hypoth.part. (49)-n.f.s. (585) *and if a cereal offering*

עַל־הַמַּחֲבַת prep.-def.art.-n.f.s. (290) *baked on a griddle*

קָרְבָּנֶךָ n.m.s.-2 m.s. sf. (898) *your offering*

סֹלֶת n.f.s. (701) *of fine flour*

בְּלוּלָה Qal pass.ptc. f.s. (בלל I 117) *mixed*

בַּשֶּׁמֶן prep.-def.art.-n.m.s. (1032) *with oil*
מַצָּה n.f.s. (595) *unleavened*
תִהְיֶה Qal impf. 3 f.s. (הָיָה 224) *it shall be*

2:6

פָּתוֹת Qal inf.abs. (פָּתַת 837) *breaking*
אֹתָה dir.obj.-3 f.s. sf. *it*
פִּתִּים n.f.p. (837) *in pieces*
וְיָצַקְתָּ conj.-Qal pf. 2 m.s. (יָצַק 427) *and you shall pour*
עָלֶיהָ prep.-3 f.s. sf. *on it*
שָׁמֶן n.m.s. paus. (1032) *oil*
מִנְחָה הוּא n.f.s. (585)-pers.pr. 3 f.s. (214) *it is a cereal offering*

2:7

וְאִם־מִנְחַת conj.-hypoth.part. (49)-n.f.s. cstr. (585) *and if a cereal offering*
מַרְחֶשֶׁת n.f.s. (935) *cooked in a pan*
קָרְבָּנֶךָ n.m.s.-2 m.s. sf. (898) *your offering*
סֹלֶת n.f.s. (701) *of fine flour*
בַּשֶּׁמֶן prep.-def.art.-n.m.s. (1032) *with oil*
תֵּעָשֶׂה Ni. impf. 3 f.s. (עָשָׂה I 793) *it shall be made*

2:8

וְהֵבֵאתָ conj.-Hi. pf. 2 m.s. (בּוֹא 97) *and you shall bring*
אֶת־הַמִּנְחָה dir.obj.-def.art.-n.f.s. (585) *the cereal offering*
אֲשֶׁר יֵעָשֶׂה rel. (81)-Ni. impf. 3 m.s. (עָשָׂה I 793) *that is made*
מֵאֵלֶּה prep.-demons.adj. c.p. (41) *of these things*
לַיהוָה prep.-pr.n. (217) *to Yahweh*
וְהִקְרִיבָהּ conj.-Hi. pf. 3 m.s.-3 f.s. sf. (קָרַב 897; GK 144pN) *and he shall bring it*
אֶל־הַכֹּהֵן prep.-def.art.-n.m.s. (463) *to the priest*
וְהִגִּישָׁהּ conj.-Hi. pf. 3 m.s.-3 f.s. sf. (נָגַשׁ 620) *and he shall bring it*
אֶל־הַמִּזְבֵּחַ prep.-def.art.-n.m.s. (258) *to the altar*

2:9

וְהֵרִים conj.-Hi. pf. 3 m.s. (רוּם 926) *and shall take*
הַכֹּהֵן def.art.-n.m.s. (463) *the priest*
מִן־הַמִּנְחָה prep.-def.art.-n.f.s. (585) *from the cereal offering*
אֶת־אַזְכָּרָתָהּ dir.obj.-n.f.s.-3 f.s. sf. (272) *its memorial portion*
וְהִקְטִיר conj.-Hi. pf. 3 m.s. (קָטַר 882) *and burn*
הַמִּזְבֵּחָה def.art.-n.m.s.-loc.he (258) *on the altar*
אִשֵּׁה n.m.s. cstr. (77) *an offering by fire*

רֵיחַ נִיחֹחַ n.m.s. (926)-n.m.s. (629) *a pleasing odor*
לַיהוָה prep.-pr.n. (217) *to Yahweh*

2:10

וְהַנּוֹתֶרֶת conj.-def.art.-Ni. ptc. f.s. (יָתַר 451) *and what is left*
מִן־הַמִּנְחָה prep.-def.art.-n.f.s. (585) *of the cereal offering*
לְאַהֲרֹן prep.-pr.n. (14) *for Aaron*
וּלְבָנָיו conj.-prep.-n.m.p.-3 m.s. sf. (119) *and his sons*
קֹדֶשׁ קָדָשִׁים n.m.s. cstr. (871)-n.m.p. (871) *it is a most holy part*
מֵאִשֵּׁי יהוה prep.-n.m.p. cstr. (77)-pr.n. (217) *of the offerings by fire to Yahweh*

2:11

כָּל־הַמִּנְחָה n.m.s. cstr. (481)-def.art.-n.f.s. (585) *all of the cereal offering*
אֲשֶׁר תַּקְרִיבוּ rel. (81)-Hi. impf. 2 m.p. (קָרַב 897) *which you bring*
לַיהוָה prep.-pr.n. (217) *to Yahweh*
לֹא תֵעָשֶׂה neg.-Ni. impf. 3 f.s. (עָשָׂה I 793) *shall not be made*
חָמֵץ n.m.s. (329) *with leaven*
כִּי כָל־שְׂאֹר conj.-n.m.s. cstr. (481)-n.m.s. (959) *for any leaven*
וְכָל־דְּבַשׁ conj.-v.supra-n.m.s. (185) *and (any) honey*
לֹא־תַקְטִירוּ neg.-Hi. impf. 2 m.p. (קָטַר 882) *you shall not burn*
מִמֶּנּוּ prep.-3 m.s. sf. *(of it)*
אִשֶּׁה n.m.s. (77) *an offering by fire*
לַיהוָה prep.-pr.n. (217) *to Yahweh*

2:12

קָרְבַּן n.m.s. cstr. (898) *an offering of*
רֵאשִׁית n.f.s. (912) *first fruits*
תַּקְרִיבוּ Hi. impf. 2 m.p. (קָרַב 897) *you may bring*
אֹתָם dir.obj.-3 m.p. sf. *them*
לַיהוָה prep.-pr.n. (217) *to Yahweh*
וְאֶל־הַמִּזְבֵּחַ conj.-prep.-def.art.-n.m.s. (258) *but on the altar*
לֹא־יַעֲלוּ neg.-Qal impf. 3 m.p. (עָלָה 748) *they shall not offer*
לְרֵיחַ נִיחֹחַ prep.-n.m.s. (926)-n.m.s. (629) *for a pleasing odor*

2:13

וְכָל־קָרְבַּן conj.-n.m.s. cstr. (481)-n.m.s. cstr. (898) *and all offerings of*

מִנְחָתְךָ n.f.s.-2 m.s. sf. (585) *your cereal offering*

בַּמֶּלַח prep.-def.art.-n.m.s. (571) *with salt*

תִּמְלָח Qal impf. 2 m.s. (מָלַח III 572) *you shall season*

וְלֹא תַשְׁבִּית conj.-neg.-Hi. impf. 2 m.s. (שָׁבַת 991) *and you shall not let be lacking (cease)*

מֶלַח n.m.s. cstr. (571) *the salt of*

בְּרִית n.f.s. cstr. (136) *the covenant with*

אֱלֹהֶיךָ n.m.p.-2 m.s. sf. (43) *your God*

מֵעַל מִנְחָתֶךָ prep.-n.f.s.-2 m.s. sf. (585) *from your cereal offering*

עַל כָּל־קָרְבָּנְךָ prep.-n.m.s. cstr. (481)-n.m.s.-2 m.s. sf. (898) *with all your offering*

תַּקְרִיב Hi. impf. 2 m.s. (קָרַב 897) *you shall offer*

מֶלַח n.m.s. (571) *salt*

2:14

וְאִם־תַּקְרִיב conj.-hypoth.part. (49)-Hi. impf. 2 m.s. (897) *and if you offer*

מִנְחַת n.f.s. cstr. (585) *a cereal offering of*

בִּכּוּרִים n.m.p. (114) *first fruits*

לַיהוָה prep.-pr.n. (217) *to Yahweh*

אָבִיב n.m. coll. (1) *fresh ears*

קָלוּי Qal pass.ptc. (קָלָה I 885) *parched*

בָּאֵשׁ prep.-def.art.-n.f.s. (77) *with fire*

גֶּרֶשׂ כַּרְמֶל n.m.s. (176)-n.m.s. (502) *crushed (groats) fresh fruits*

תַּקְרִיב Hi. impf. 2 m.s. (897) *you shall offer*

אֵת מִנְחַת בִּכּוּרֶיךָ dir.obj.-n.f.s. cstr. (585)-n.m.p.-2 m.s. sf. (114) *for the cereal offering of your first fruits*

2:15

וְנָתַתָּ עָלֶיהָ conj.-Qal pf. 2 m.s. (נָתַן 678)-prep.-3 f.s. sf. *and you shall put upon it*

שֶׁמֶן n.m.s. (1032) *oil*

וְשַׂמְתָּ עָלֶיהָ conj.-Qal pf. 2 m.s. (שִׂים 962) -v.supra *and lay on it*

לְבֹנָה n.f.s. (526) *frankincense*

מִנְחָה הִוא n.f.s. (585)-pers.pr. 3 f.s. (214) *it is a cereal offering*

2:16

וְהִקְטִיר conj.-Hi. pf. 3 m.s. (קָטַר 882) *and shall burn*

הַכֹּהֵן def.art.-n.m.s. (463) *the priest*

אֶת־אַזְכָּרָתָהּ dir.obj.-n.f.s.-3 f.s. sf. (272) *as its memorial portion*

מִגִּרְשָׂהּ prep.-n.m.s.-3 f.s. sf. (176) *part of the crushed grain*

וּמִשַּׁמְנָהּ conj.-prep.-n.m.s.-3 f.s. sf. (1032) *and of the oil*

עַל כָּל־לְבֹנָתָהּ prep.-n.m.s. cstr. (481)-n.f.s.-3 f.s. sf. (526) *with all of its frankincense*

אִשֶּׁה n.m.s. (77) *an offering by fire*

לַיהוָה prep.-pr.n. (217) *to Yahweh*

3:1

וְאִם־זֶבַח conj.-hypoth.part. (49)-n.m.s. cstr. (257) *and if a sacrifice of*

שְׁלָמִים n.m.p. (1023) *peace offerings*

קָרְבָּנוֹ n.m.s.-3 m.s. sf. (898) *his offering*

אִם מִן־הַבָּקָר v.supra-prep.-def.art.-n.m.s. (133) *if from the herd*

הוּא מַקְרִיב pers.pr. 3 m.s. (214)-Hi. ptc. (קָרַב 897) *he offers*

אִם־זָכָר conj. (49)-n.m.s. (271) *whether male*

אִם־נְקֵבָה v.supra-n.f.s. (666) *or female*

תָּמִים adj. (1071) *without blemish*

יַקְרִיבֶנּוּ Hi. impf. 3 m.s.-3 m.s. sf. (897) *he shall offer it*

לִפְנֵי יְהוָה prep.-n.m.p. cstr. (815)-pr.n. (217) *before Yahweh*

3:2

וְסָמַךְ conj.-Qal pf. 3 m.s. (701) *and he shall lay*

יָדוֹ n.f.s.-3 m.s. sf. (388) *his hand*

עַל־רֹאשׁ prep.-n.m.s. cstr. (910) *upon the head of*

קָרְבָּנוֹ n.m.s.-3 m.s. sf. (898) *his offering*

וּשְׁחָטוֹ conj.-Qal pf. 3 m.s.-3 m.s. sf. (1006) *and kill it*

פֶּתַח n.m.s. cstr. (835) *at the door of*

אֹהֶל מוֹעֵד n.m.s. cstr. (13)-n.m.s. (417) *the tent of meeting*

וְזָרְקוּ conj.-Qal pf. 3 c.p. (זָרַק 284) *and shall throw*

בְּנֵי אַהֲרֹן n.m.p. cstr. (119)-pr.n. (14) *Aaron's sons*

הַכֹּהֲנִים def.art.-n.m.p. (463) *the priests*

אֶת־הַדָּם dir.obj.-def.art.-n.m.s. (196) *the blood*

עַל־הַמִּזְבֵּחַ prep.-def.art.-n.m.s. (258) *against the altar*

סָבִיב adv. (686) *round about*

3:3

וְהִקְרִיב conj.-Hi. pf. 3 m.s. (קָרַב 897) *and he shall offer*

מִזְבֵּחַ הַשְּׁלָמִים prep.-n.m.s. cstr. (257)-def.art.
-n.m.p. (1023) *from the sacrifice of the
peace offerings*

אִשֶּׁה n.m.s. (77) *an offering by fire*

לַיהוה prep.-pr.n. (217) *to Yahweh*

אֶת־הַחֵלֶב dir.obj.-def.art.-n.m.s. (316) *the fat*

הַמְכַסֶּה def.art.-Pi. ptc. m.s. (כָּסָה I 491)
covering

אֶת־הַקֶּרֶב dir.obj.-def.art.-n.m.s. (899) *the
entrails*

וְאֵת כָּל־הַחֵלֶב conj.-dir.obj.-n.m.s. cstr.
(481)-v.supra *and all the fat*

אֲשֶׁר עַל־הַקֶּרֶב rel. (81)-prep.-v.supra *that is on
the entrails*

3:4

וְאֵת שְׁתֵּי הַכְּלָיֹת conj.-dir.obj.-num. p. cstr.
-def.art.-n.f.p. (480) *and the two kidneys*

וְאֶת־הַחֵלֶב conj.-dir.obj.-def.art.-n.m.s. (316) *with
the fat*

אֲשֶׁר עֲלֵהֶן rel. (81)-prep.-3 f.p. sf. *that is on
them*

אֲשֶׁר עַל־הַכְּסָלִים rel. (81)-prep.-def.art.-n.m.p.
(492) *at the loins*

וְאֶת־הַיֹּתֶרֶת conj.-dir.obj.-def.art.-n.f.s. (452)
and the appendage

עַל־הַכָּבֵד prep.-def.art.-n.m.s. (458) *of the liver*

עַל־הַכְּלָיוֹת prep.-def.art.-n.f.p. (480) *with the
kidneys*

יְסִירֶנָּה Hi. impf. 3 m.s.-3 f.s. sf. (סור 693) *he
shall take away*

3:5

וְהִקְטִירוּ conj.-Hi. pf. 3 c.p. (882) *shall burn*

אֹתוֹ dir.obj.-3 m.s. sf. *it*

בְנֵי־אַהֲרֹן n.m.p. cstr. (119)-pr.n. (14) *Aaron's
sons*

הַמִּזְבֵּחָה dir.obj.-n.m.s.-loc.he (258) *on the altar*

עַל־הָעֹלָה prep.-def.art.-n.f.s. (750) *upon the
burnt offering*

אֲשֶׁר עַל־הָעֵצִים rel. (81)-def.art.-n.m.p. (781)
which is upon the wood

עַל־הָאֵשׁ prep.-def.art.-n.f.s. (77) *on the fire*

אִשֵּׁה n.m.s. cstr. (77) *an offering by fire*

רֵיחַ נִיחֹחַ n.m.s. (926)-n.m.s. (629) *a pleasing
odor*

לַיהוה prep.-pr.n. (217) *to Yahweh*

3:6

וְאִם־מִן־הַצֹּאן conj.-hypoth.part. (49)-prep.
-def.art.-n.f.s. (838) *and if from the flock*

קָרְבָּנוֹ n.m.s.-3 m.s. sf. (898) *his offering*

לְזֶבַח שְׁלָמִים prep.-n.m.s. cstr. (257)-n.m.p.
(1023) *for a sacrifice of peace offering*

לַיהוה prep.-pr.n. (217) *to Yahweh*

זָכָר n.m.s. (271) *male*

אוֹ נְקֵבָה conj. (14)-n.f.s. (666) *or female*

תָּמִים n.m.s. (1071) *without blemish*

יַקְרִיבֶנּוּ Hi. impf. 3 m.s.-3 m.s. sf. (קרב 897) *he
shall offer it*

3:7

אִם־כֶּשֶׂב hypoth.part. (49)-n.m.s. (461) *if a lamb*

הוּא־מַקְרִיב pers.pr. 3 m.s. (214)-Hi. ptc. (897) *he
offers*

אֶת־קָרְבָּנוֹ dir.obj.-n.m.s.-3 m.s. sf. (898) *for his
offering*

וְהִקְרִיב conj.-Hi. pf. 3 m.s. (897) *then he shall
offer*

אֹתוֹ dir.obj.-3 m.s. sf. *it*

לִפְנֵי יהוה prep.-n.m.p. cstr. (815)-pr.n. (217)
before Yahweh

3:8

וְסָמַךְ conj.-Qal pf. 3 m.s. (701) *laying*

אֶת־יָדוֹ dir.obj.-n.f.s.-3 m.s. sf. (388) *his hand*

עַל־רֹאשׁ prep.-n.m.s. cstr. (910) *upon the head
of*

קָרְבָּנוֹ n.m.s.-3 m.s. sf. (898) *his offering*

וְשָׁחַט אֹתוֹ conj.-Qal pf. 3 m.s. (1006)-dir.obj.-3
m.s. sf. *killing it*

לִפְנֵי אֹהֶל מוֹעֵד prep.-n.m.p. cstr. (815)-n.m.s.
cstr. (13)-n.m.s. (417) *before the tent of
meeting*

וְזָרְקוּ conj.-Qal pf. 3 c.p. (284) *and shall throw*

בְּנֵי אַהֲרֹן n.m.p. cstr. (119)-pr.n. (14) *Aaron's
sons*

אֶת־דָּמוֹ dir.obj.-n.m.s.-3 m.s. sf. (196) *its blood*

עַל־הַמִּזְבֵּחַ prep.-def.art.-n.m.s. (258) *against the
altar*

סָבִיב adv. (686) *round about*

3:9

וְהִקְרִיב conj.-Hi. pf. 3 m.s. (897) *then he shall
offer*

מִזְבַּח הַשְּׁלָמִים prep.-n.m.s. cstr. (257)-def.art.
-n.m.p. (1023) *from the sacrifice of the
peace offering*

אִשֶּׁה n.m.s. (77) *an offering by fire*

לַיהוה prep.-pr.n. (217) *to Yahweh*

חֶלְבּוֹ n.m.s.-3 m.s. sf. (316) *its fat*

הָאַלְיָה def.art.-n.f.s. (46) *the fat tail*

תְמִימָה adj. f.s. (1071) *entire*

435

לְעֻמַּת הֶעָצֶה prep.-n.f.s. cstr. as prep. (769)-def. art.-n.m.s. (782) *close by the backbone*

יְסִירֶנָּה Hi. impf. 3 m.s.-3 f.s. sf. (סור 693) *taking it away*

וְאֶת־הַחֵלֶב conj.-dir.obj.-def.art.-n.m.s. (316) *and the fat*

הַמְכַסֶּה def.art.-Pi. ptc. (כסה 491) *that covers*

אֶת־הַקֶּרֶב dir.obj.-def.art.-n.m.s. (899) *the entrails*

וְאֵת כָּל־הַחֵלֶב conj.-dir.obj.-n.m.s. cstr. (481)-def.art.-n.m.s. (316) *and all the fat*

אֲשֶׁר עַל־הַקֶּרֶב rel. (81)-prep.-def.art.-n.m.s. (899) *that is on the entrails*

3:10

וְאֵת שְׁתֵּי הַכְּלָיֹת conj.-dir.obj.-num. p. cstr. (1040)-def.art.-n.f.p. (480) *and the two kidneys*

וְאֶת־הַחֵלֶב conj.-dir.obj.-def.art.-n.m.s. (316) *with the fat*

אֲשֶׁר עֲלֵהֶן rel. (81)-prep.-3 f.p. sf. *that is on them*

אֲשֶׁר עַל־הַכְּסָלִים rel. (81)-prep.-def.art.-n.m.p. (492) *at the loins*

וְאֶת־הַיֹּתֶרֶת conj.-dir.obj.-def.art.-n.f.s. (452) *and the appendage*

עַל־הַכָּבֵד prep.-def.art.-n.m.s. (458) *of the liver*

עַל־הַכְּלָיֹת prep.-def.art.-n.f.p. (480) *with the kidneys*

יְסִירֶנָּה Hi. impf. 3 m.s.-3 f.s. sf. (סור 693) *he shall take away*

3:11

וְהִקְטִירוֹ conj.-Hi. pf. 3 m.s.-3 m.s. sf. (882) *and shall burn it*

הַכֹּהֵן def.art.-n.m.s. (463) *the priest*

הַמִּזְבֵּחָה def.art.-n.m.s.-loc.he (258) *on the altar*

לֶחֶם n.m.s. (536) *as food*

אִשֶּׁה n.m.s. (77) *offered by fire*

לַיהוה prep.-pr.n. (217) *to Yahweh*

3:12

וְאִם־עֵז conj.-hypoth.part. (49)-n.f.s. (777) *if ... is a goat*

קָרְבָּנוֹ n.m.s.-3 m.s. sf. (898) *his offering*

וְהִקְרִיבוֹ conj.-Hi. pf. 3 m.s.-3 m.s. sf. (קרב 897) *then he shall offer it*

לִפְנֵי יהוה prep.-n.m.p. cstr. (815)-pr.n. (217) *before Yahweh*

3:13

וְסָמַךְ conj.-Qal pf. 3 m.s. (701) *and lay*

אֶת־יָדוֹ dir.obj.-n.f.s.-3 m.s. sf. (388) *his hand*

עַל־רֹאשׁוֹ prep.-n.m.s.-3 m.s. sf. (910) *upon its head*

וְשָׁחַט conj.-Qal pf. 3 m.s. (1006) *and kill*

אֹתוֹ dir.obj.-3 m.s. sf. *it*

לִפְנֵי אֹהֶל מוֹעֵד prep.-n.m.p. cstr. (815)-n.m.s. cstr. (13)-n.m.s. (417) *before the tent of meeting*

וְזָרְקוּ conj.-Qal pf. 3 c.p. (284) *and shall throw*

בְּנֵי אַהֲרֹן n.m.p. cstr. (119)-pr.n. (14) *the sons of Aaron*

אֶת־דָּמוֹ dir.obj.-n.m.s.-3 m.s. sf. (196) *its blood*

עַל־הַמִּזְבֵּחַ prep.-def.art.-n.m.s. (258) *against the altar*

סָבִיב adv. (686) *round about*

3:14

וְהִקְרִיב conj.-Hi. pf. 3 m.s. (897) *then he shall offer*

מִמֶּנּוּ prep.-3 m.s. sf. *from it*

קָרְבָּנוֹ n.m.s.-3 m.s. sf. (898) *as his offering*

אִשֶּׁה n.m.s. (77) *for an offering by fire*

לַיהוה prep.-pr.n. (217) *to Yahweh*

אֶת־הַחֵלֶב dir.obj.-def.art.-n.m.s. (316) *the fat*

הַמְכַסֶּה def.art.-Pi. ptc. (כסה 491) *covering*

אֶת־הַקֶּרֶב dir.obj.-def.art.-n.m.s. (899) *the entrails*

וְאֵת כָּל־הַחֵלֶב conj.-dir.obj.-n.m.s. cstr. (481)-v.supra *and all the fat*

אֲשֶׁר עַל־הַקֶּרֶב rel. (81)-prep.-def.art.-n.m.s. (899) *that is on the entrails*

3:15

וְאֵת שְׁתֵּי הַכְּלָיֹת conj.-dir.obj.-num. p. cstr. (1040)-def.art.-n.f.p. (480) *and the two kidneys*

וְאֶת־הַחֵלֶב conj.-dir.obj.-def.art.-n.m.s. (316) *with the fat*

אֲשֶׁר עֲלֵהֶן rel. (81)-prep.-3 f.p. sf. *that is on them*

עַל־הַכְּסָלִים prep.-def.art.-n.m.p. (492) *at the loins*

וְאֶת־הַיֹּתֶרֶת conj.-dir.obj.-def.art.-n.f.s. (452) *and the appendage*

עַל־הַכָּבֵד prep.-def.art.-n.m.s. (458) *of the liver*

עַל־הַכְּלָיֹת prep.-def.art.-n.f.p. (480) *with the kidneys*

יְסִירֶנָּה Hi. impf. 3 m.s.-3 f.s. sf. (סור 693) *he shall take away*

3:16

וְהִקְטִירָם conj.-Hi. pf. 3 m.s.-3 m.p. sf. (קָטַר 882) *and shall burn them*

הַכֹּהֵן def.art.-n.m.s. (463) *the priest*

הַמִּזְבֵּחָה dir.obj.-n.m.s.-loc.he (258) *on the altar*

לֶחֶם n.m.s. (536) *as food*

אִשֶּׁה n.m.s. (77) *offered by fire*

לְרֵיחַ נִיחֹחַ prep.-n.m.s. (926)-n.m.s. (629) *for a pleasing odor*

כָּל־חֵלֶב n.m.s. cstr. (481)-n.m.s. (316) *all fat (is)*

לַיהוָה prep.-pr.n. (217) *Yahweh's*

3:17

חֻקַּת עוֹלָם n.f.s. cstr. (349)-n.m.s. (761) *a perpetual statute*

לְדֹרֹתֵיכֶם prep.-n.m.p.-2 m.p. sf. (189) *throughout your generations*

בְּכֹל מוֹשְׁבֹתֵיכֶם prep.-n.m.s. cstr. (481)-n.m.p.-2 m.p. sf. (444) *in all your dwelling places*

כָּל־חֵלֶב n.m.s. cstr. (481)-n.m.s. (316) *neither fat*

וְכָל־דָּם conj.-n.m.s. cstr. (481)-n.m.s. (196) *nor blood*

לֹא תֹאכֵלוּ neg.-Qal impf. 2 m.p. (אָכַל 37) *you shall (not) eat*

4:1

וַיְדַבֵּר יהוה consec.-Pi. impf. 3 m.s. (180)-pr.n. (217) *and Yahweh said*

אֶל־מֹשֶׁה prep.-pr.n. (602) *to Moses*

לֵאמֹר prep.-Qal inf.cstr. (55) *(saying)*

4:2

דַּבֵּר Pi. impv. 2 m.s. (180) *say*

אֶל־בְּנֵי יִשְׂרָאֵל prep.-n.m.p. cstr. (119)-pr.n. (975) *to the people of Israel*

לֵאמֹר prep.-Qal inf.cstr. (55) *(saying)*

נֶפֶשׁ n.f.s. (659) *any one*

כִּי־תֶחֱטָא conj. (471)-Qal impf. 3 f.s. (חָטָא 306) *if ... sins*

בִשְׁגָגָה prep.-n.f.s. (993) *unwittingly*

מִכֹּל מִצְוֹת יהוה prep. (GK 119wN)-n.m.s. cstr. (481)-n.f.p. cstr. (846)-pr.n. (217) *from any of the commandments of Yahweh*

אֲשֶׁר לֹא תֵעָשֶׂינָה rel. (81)-neg.-Ni. impf. 3 f.p. (עָשָׂה I 793) *which should not be done*

וְעָשָׂה conj.-Qal pf. 3 m.s. (I 793) *and does*

מֵאַחַת מֵהֵנָּה prep.-adj. f.s. cstr. (25; GK 139d)-prep.-3 f.p. sf. *any one of them*

4:3

אִם הַכֹּהֵן hypoth.part. (49)-def.art.-n.m.s. (463) *if it is the ... priest*

הַמָּשִׁיחַ def.art.-n.m.s. (603) *anointed*

יֶחֱטָא Qal impf. 3 m.s. (חָטָא 306) *who sins*

לְאַשְׁמַת הָעָם prep.-n.f.s. cstr. (80)-def.art.-n.m.s. (I 766) *thus bringing guilt on the people*

וְהִקְרִיב conj.-Hi. pf. 3 m.s. (897) *then let him offer*

עַל חַטָּאתוֹ prep.-n.f.s.-3 m.s. sf. (308) *for the sin*

אֲשֶׁר חָטָא rel. (81)-Qal pf. 3 m.s. (306) *which he has committed*

פַּר בֶּן־בָּקָר n.m.s. (830)-n.m.s. cstr. (119)-n.m.s. (133) *a young bull*

תָּמִים adj. (1071) *without blemish*

לַיהוָה prep.-pr.n. (217) *to Yahweh*

לְחַטָּאת prep.-n.f.s. (308) *for a sin offering*

4:4

וְהֵבִיא conj.-Hi. pf. 3 m.s. (בּוֹא 97) *and he shall bring*

אֶת־הַפָּר dir.obj.-def.art.-n.m.s. (830) *the bull*

אֶל־פֶּתַח prep.-n.m.s. cstr. (835) *to the door of*

אֹהֶל מוֹעֵד n.m.s. cstr. (13)-n.m.s. (417) *the tent of meeting*

לִפְנֵי יהוה prep.-n.m.p. cstr. (815)-pr.n. (217) *before Yahweh*

וְסָמַךְ conj.-Qal pf. 3 m.s. (701) *and lay*

אֶת־יָדוֹ dir.obj.-n.f.s.-3 m.s. sf. (388) *his hand*

עַל־רֹאשׁ הַפָּר prep.-n.m.s. cstr. (910)-def.art.-n.m.s. (830) *on the head of the bull*

וְשָׁחַט conj.-Qal pf. 3 m.s. (1006) *and kill*

אֶת־הַפָּר dir.obj.-v.supra *the bull*

לִפְנֵי יהוה v.supra-v.supra *before Yahweh*

4:5

וְלָקַח conj.-Qal pf. 3 m.s. (542) *and ... shall take*

הַכֹּהֵן def.art.-n.m.s. (463) *the priest*

הַמָּשִׁיחַ def.art.-n.m.s. (603) *anointed*

מִדַּם הַפָּר prep.-n.m.s. cstr. (196)-def.art.-n.m.s. (830) *some of the blood of the bull*

וְהֵבִיא אֹתוֹ conj.-Hi. pf. 3 m.s. (בּוֹא 97)-dir.obj.-3 m.s. sf. *and bring it*

אֶל־אֹהֶל מוֹעֵד prep.-n.m.s. cstr. (13)-n.m.s. (417) *to the tent of meeting*

4:6

וְטָבַל conj.-Qal pf. 3 m.s. (I 371) *and shall dip*

הַכֹּהֵן def.art.-n.m.s. (463) *the priest*

אֶת־אֶצְבָּעוֹ dir.obj.-n.f.s.-3 m.s. sf. (840) *his finger*

בַּדָּם prep.-def.art.-n.m.s. (196) *in the blood*

וְהִזָּה conj.-Hi. pf. 3 m.s. (נָזָה I 633) *and sprinkle*

מִן־הַדָּם prep.-v.supra *part of the blood*

שֶׁבַע פְּעָמִים num. (988)-n.f.p. (821) *seven times*

לִפְנֵי יהוה prep.-n.m.p. cstr. (815)-pr.n. (217) *before Yahweh*

אֶת־פְּנֵי dir.obj.-n.m.p. cstr. (815) *in front of*

פָּרֹכֶת n.f.s. cstr. (827) *the veil of*

הַקֹּדֶשׁ def.art.-n.m.s. (871) *the sanctuary*

4:7

וְנָתַן הַכֹּהֵן conj.-Qal pf. 3 m.s. (678)-def.art. -n.m.s. (463) *and the priest shall put*

מִן־הַדָּם prep.-def.art.-n.m.s. (196) *some of the blood*

עַל־קַרְנוֹת prep.-n.f.p. cstr. (901) *on the horns of*

מִזְבַּח n.m.s. cstr. (258) *the altar of*

קְטֹרֶת הַסַּמִּים n.f.s. cstr. (882)-def.art.-n.m.p. (702) *fragrant incense*

לִפְנֵי יהוה prep.-n.m.p. cstr. (815)-pr.n. (217) *before Yahweh*

אֲשֶׁר בְּאֹהֶל מוֹעֵד rel. (81)-prep.-n.m.s. cstr. (13)-n.m.s. (417) *which is in the tent of meeting*

וְאֵת כָּל־דַּם conj.-dir.obj.-n.m.s. cstr. (481)-n.m.s. cstr. (196) *and the rest of the blood of*

הַפָּר def.art.-n.m.s. (830) *the bull*

יִשְׁפֹּךְ Qal impf. 3 m.s. (שׁפך 1049) *he shall pour out*

אֶל־יְסוֹד prep.-n.f.s. cstr. (414) *at the base of*

מִזְבַּח הָעֹלָה n.m.s. cstr. (258)-def.art.-n.f.s. (750) *the altar of burnt offering*

אֲשֶׁר־פֶּתַח rel. (81)-n.m.s. cstr. (835) *which is at the door of*

אֹהֶל מוֹעֵד v.supra-v.supra *the tent of meeting*

4:8

וְאֵת־כָּל־חֵלֶב conj.-dir.obj.-n.m.s. cstr. (481) -n.m.s. cstr. (316) *and all the fat of*

פַּר הַחַטָּאת n.m.s. cstr. (830)-def.art.-n.f.s. (308) *the bull of the sin offering*

יָרִים מִמֶּנּוּ Hi. impf. 3 m.s. (רום 926)-prep.-3 m.s. sf. *he shall take from it*

אֶת־הַחֵלֶב dir.obj.-def.art.-n.m.s. (316) *the fat*

הַמְכַסֶּה dir.obj.-Pi. ptc. (כסה 491) *that covers*

עַל־הַקֶּרֶב prep.-def.art.-n.m.s. (899) *the entrails*

וְאֵת כָּל־הַחֵלֶב conj.-dir.obj.-n.m.s. cstr. (481) -def.art.-n.m.s. (316) *and all the fat*

אֲשֶׁר עַל־הַקֶּרֶב rel. (81)-prep.-def.art.-n.m.s. (899) *that is on the entrails*

4:9

וְאֵת שְׁתֵּי הַכְּלָיֹת conj.-dir.obj.-num. p. cstr. (1040)-def.art.-n.f.p. (480) *and the two kidneys*

וְאֶת־הַחֵלֶב conj.-dir.obj.-def.art.-n.m.s. (316) *and the fat*

אֲשֶׁר עֲלֵהֶן rel. (81)-prep.-3 f.p. sf. *that is on them*

אֲשֶׁר עַל־הַכְּסָלִים v.supra-prep.-def.art.-n.m.p. (492) *at the loins*

וְאֶת־הַיֹּתֶרֶת conj.-dir.obj.-def.art.-n.f.s. (452) *and the appendage*

עַל־הַכָּבֵד prep.-def.art.-n.m.s. (458) *of the liver*

עַל־הַכְּלָיוֹת prep.-def.art.-n.f.p. (480) *with the kidneys*

יְסִירֶנָּה Hi. impf. 3 m.s.-3 f.s. sf. (סור 693) *which he shall take away*

4:10

כַּאֲשֶׁר יוּרַם prep.-rel. (81)-Ho. impf. 3 m.s. (רום 926) *just as these are taken*

מִשּׁוֹר prep.-n.m.s. cstr. (1004) *from the ox of*

זֶבַח הַשְּׁלָמִים n.m.s. cstr. (257)-def.art.-n.m.p. (1023) *the sacrifice of the peace offerings*

וְהִקְטִירָם conj.-Hi. pf. 3 m.s.-3 m.p. sf. (קטר 882) *and ... shall burn them*

הַכֹּהֵן def.art.-n.m.s. (463) *the priest*

עַל מִזְבַּח הָעֹלָה prep.-n.m.s. cstr. (258)-def.art. -n.f.s. (750) *upon the altar of burnt offering*

4:11

וְאֶת־עוֹר הַפָּר conj.-dir.obj.-n.m.s. cstr. (736) -def.art.-n.m.s. (830) *but the skin of the bull*

וְאֶת־כָּל־בְּשָׂרוֹ conj.-dir.obj.-n.m.s. cstr. (481) -n.m.s.-3 m.s. sf. (142) *and all its flesh*

עַל־רֹאשׁוֹ prep.-n.m.s.-3 m.s. sf. (910) *with its head*

וְעַל־כְּרָעָיו conj.-prep.-n.f. du.-3 m.s. sf. (502) *its legs*

וְקִרְבּוֹ conj.-n.m.s.-3 m.s. sf. (899) *its entrails*

וּפִרְשׁוֹ conj.-n.m.s.-3 m.s. sf. (I 831) *and its dung*

4:12

וְהוֹצִיא conj.-Hi. pf. 3 m.s. (יצא 422) *and he shall carry forth*

אֶת־כָּל־הַפָּר dir.obj.-n.m.s. cstr. (481)-def.art. -n.m.s. (830) *the whole bull*

אֶל־מִחוּץ לַמַּחֲנֶה prep.-prep.-n.m.s. (299)-prep. -def.art.-n.m.s. (334) *outside the camp*

אֶל־מָקוֹם טָהוֹר prep.-n.m.s. (879)-adj. m.s. (373) *to a clean place*

אֶל־שֶׁפֶךְ הַדֶּשֶׁן prep.-n.m.s. cstr. (1050)-def.art.
-n.m.s. (206) *where the ashes are poured out*

וְשָׂרַף אֹתוֹ conj.-Qal pf. 3 m.s. (976)-dir.obj.-3
m.s. sf. *and shall burn it*

עַל־עֵצִים prep.-n.m.p. (781) *on wood*

בָּאֵשׁ prep.-def.art.-n.f.s. (77) *on the fire*

עַל־שֶׁפֶךְ הַדֶּשֶׁן prep.-v.supra-v.supra *where the
ashes are poured out*

יִשָּׂרֵף Ni. impf. 3 m.s. (שָׂרַף 976) *it shall be
burned*

4:13

וְאִם conj.-hypoth.part. (49) *and if*

כָּל־עֲדַת יִשְׂרָאֵל n.m.s. cstr. (481)-n.f.s. cstr.
(417)-pr.n. (975) *the whole congregation of
Israel*

יִשְׁגּוּ Qal impf. 3 m.p. (שָׁגָה 993) *commits a sin
unwittingly*

וְנֶעְלַם conj.-Ni. pf. 3 m.s. (עָלַם I 761) *and is
hidden*

דָּבָר n.m.s. (182) *the thing*

מֵעֵינֵי הַקָּהָל prep.-n.f.p. cstr. (744)-def.art.
-n.m.s. (874) *from the eyes of the assembly*

וְעָשׂוּ conj.-Qal pf. 3 c.p. (עָשָׂה I 793) *and they
do*

אַחַת adj. f.s. cstr. (25) *any one of*

מִכָּל־מִצְוֹת יהוה prep.-n.m.s. cstr. (481)-n.f.p.
cstr. (846)-pr.n. (217) *the things which
Yahweh has commanded*

אֲשֶׁר לֹא תֵעָשֶׂינָה rel. (81)-neg.-Ni. impf. 3 f.p.
(עָשָׂה I 793) *which not to be done*

וְאָשֵׁמוּ conj.-Qal pf. 3 c.p. (אָשַׁם 79) *and are
guilty*

4:14

וְנוֹדְעָה conj.-Ni. pf. 3 f.s. (יָדַע 393) *when ...
becomes known*

הַחַטָּאת def.art.-n.f.s. (308) *the sin*

אֲשֶׁר חָטְאוּ עָלֶיהָ rel. (81)-Qal pf. 3 c.p. (חָטָא
306)-prep.-3 f.s. sf. *which they have
committed (against it)*

וְהִקְרִיבוּ conj.-Hi. pf. 3 c.p. (קָרַב 897) *shall
offer*

הַקָּהָל def.art.-n.m.s. (874) *the assembly*

פַּר בֶּן־בָּקָר n.m.s. (830)-n.m.s. cstr. (119)-n.m.s.
(133) *a young bull*

לְחַטָּאת prep.-n.f.s. (308) *for a sin offering*

וְהֵבִיאוּ אֹתוֹ conj.-Hi. pf. 3 c.p. (בּוֹא 97)
-dir.obj.-3 m.s. sf. *and bring it*

לִפְנֵי אֹהֶל מוֹעֵד prep.-n.m.p. cstr. (815)-n.m.s.
cstr. (13)-n.m.s. (417) *before the tent of
meeting*

4:15

וְסָמְכוּ conj.-Qal pf. 3 c.p. (סָמַךְ 701) *and shall
lay*

זִקְנֵי הָעֵדָה n.m.p. cstr. (278)-def.art.-n.f.s. (417)
the elders of the congregation

אֶת־יְדֵיהֶם dir.obj.-n.f.p.-3 m.p. sf. (388) *their
hands*

עַל־רֹאשׁ הַפָּר prep.-n.m.s. cstr. (910)-def.art.
-n.m.s. (830) *upon the head of the bull*

לִפְנֵי יהוה prep.-n.m.p. cstr. (815)-pr.n. (217)
before Yahweh

וְשָׁחַט conj.-Qal pf. 3 m.s. (1006) *and shall kill*

אֶת־הַפָּר dir.obj.-def.art.-n.m.s. (830) *the bull*

לִפְנֵי יהוה v.supra-v.supra *before Yahweh*

4:16

וְהֵבִיא conj.-Hi. pf. 3 m.s. (בּוֹא 97) *then shall
bring*

הַכֹּהֵן def.art.-n.m.s. (463) *the priest*

הַמָּשִׁיחַ def.art.-n.m.s. (603) *the anointed*

מִדַּם הַפָּר prep.-n.m.s. cstr. (196)-def.art.-n.m.s.
(830) *some of the blood of the bull*

אֶל־אֹהֶל מוֹעֵד prep.-n.m.s. cstr. (13)-n.m.s. (417)
to the tent of meeting

4:17

וְטָבַל conj.-Qal pf. 3 m.s. (I 371) *and shall dip*

הַכֹּהֵן def.art.-n.m.s. (463) *the priest*

אֶצְבָּעוֹ n.f.s.-3 m.s. sf. (840) *his finger*

מִן־הַדָּם prep.-def.art.-n.m.s. (196) *in the blood*

וְהִזָּה conj.-Hi. pf. 3 m.s. (נָזָה 633) *and sprinkle
(it)*

שֶׁבַע פְּעָמִים num. (988)-n.f.p. (821) *seven times*

לִפְנֵי יהוה prep.-n.m.p. cstr. (815)-pr.n. (217)
before Yahweh

אֶת פְּנֵי הַפָּרֹכֶת dir.obj.-n.m.p. cstr. (815)-def.art.
-n.f.s. (827) *in front of the veil*

4:18

וּמִן־הַדָּם conj.-prep.-def.art.-n.m.s. (196) *and
some of the blood*

יִתֵּן Qal impf. 3 m.s. (נָתַן 678) *he shall put*

עַל־קַרְנֹת prep.-n.f.p. cstr. (901) *on the horns of*

הַמִּזְבֵּחַ def.art.-n.m.s. (258) *the altar*

אֲשֶׁר לִפְנֵי יהוה rel. (81)-prep.-n.m.p. cstr.
(815)-pr.n. (217) *which is before Yahweh*

אֲשֶׁר בְּאֹהֶל מוֹעֵד v.supra-prep.-n.m.s. cstr.
(13)-n.m.s. (417) *in the tent of meeting*

וְאֵת כָּל־הַדָּם conj.-dir.obj.-n.m.s. cstr. (481)-def.
art.-n.m.s. (196) *and the rest of the blood*

יִשְׁפֹּךְ Qal impf. 3 m.s. (שָׁפַךְ 1049) *he shall
pour out*

אֶל־יְסוֹד prep. (39)-n.f.s. cstr. (414) *at the base of*

מִזְבַּח הָעֹלָה n.m.s. cstr. (258)-def.art.-n.f.s. (750) *the altar of burnt offering*

אֲשֶׁר־פֶּתַח rel. (81)-n.m.s. cstr. (835) *which is at the door of*

אֹהֶל מוֹעֵד n.m.s. cstr. (13)-n.m.s. (417) *the tent of meeting*

4:19

וְאֶת כָּל־חֶלְבּוֹ conj.-dir.obj.-n.m.s. cstr. (481) -n.m.s.-3 m.s. sf. (316) *and all its fat*

יָרִים Hi. impf. 3 m.s. (רום 926) *he shall take*

מִמֶּנּוּ prep.-3 m.s. sf. *from it*

וְהִקְטִיר conj.-Hi. pf. 3 m.s. (קטר 882) *and burn*

הַמִּזְבֵּחָה def.art.-n.m.s.-loc.he (258) *upon the altar*

4:20

וְעָשָׂה conj.-Qal pf. 3 m.s. (I 793) *thus shall he do*

לַפָּר prep.-def.art.-n.m.s. (830) *with the bull*

כַּאֲשֶׁר עָשָׂה prep.-rel. (81)-v.supra *as he did*

לְפַר הַחַטָּאת prep.-n.m.s. cstr. (830)-def.art.-n.f.s. (308) *with the bull of the sin offering*

כֵּן יַעֲשֶׂה־לּוֹ adv. (485)-Qal impf. 3 m.s. (עשה I 793)-prep.-3 m.s. sf. *so shall he do with this*

וְכִפֶּר conj.-Pi. pf. 3 m.s. (כפר 497) *and shall make atonement*

עֲלֵהֶם prep.-3 m.p. sf. *for them*

הַכֹּהֵן def.art.-n.m.s. (463) *the priest*

וְנִסְלַח לָהֶם conj.-Ni. pf. 3 m.s. (סלח 699)-prep. -3 m.p. sf. *and they shall be forgiven*

4:21

וְהוֹצִיא conj.-Hi. pf. 3 m.s. (יצא 422) *and he shall carry forth*

אֶת־הַפָּר dir.obj.-def.art.-n.m.s. (830) *the bull*

אֶל־מִחוּץ לַמַּחֲנֶה prep.-prep.-n.m.s. (299) -prep.-def.art.-n.m.s. (334) *outside the camp*

וְשָׂרַף conj.-Qal pf. 3 m.s. (976) *and burn*

אֹתוֹ dir.obj.-3 m.s. sf. *it*

כַּאֲשֶׁר שָׂרַף prep.-rel. (81)-v.supra *as he burned*

אֵת הַפָּר הָרִאשׁוֹן dir.obj.-def.art.-n.m.s. (830) -def.art.-num. adj. (911) *the first bull*

חַטַּאת הַקָּהָל הוּא n.f.s. cstr. (308)-def.art.-n.m.s. (874)-pers.pr. 3 m.s. (214) *it is the sin offering for the assembly*

4:22

אֲשֶׁר נָשִׂיא rel. (81)-n.m.s. (672) *when a ruler*

יֶחֱטָא Qal impf. 3 m.s. (חטא 306) *sins*

וְעָשָׂה conj.-Qal pf. 3 m.s. (I 793) *doing*

אַחַת מִכָּל־מִצְוֹת adj. f.s. cstr.-prep.-n.m.s. cstr. (481)-n.f.p. cstr. (846) *any one of all of the commands of*

יהוה אֱלֹהָיו pr.n. (217)-n.m.p.-3 m.s. sf. (43) *Yahweh his God*

אֲשֶׁר לֹא־תֵעָשֶׂינָה rel. (81)-neg.-Ni. impf. 3 f.p. (עשה I 793) *not to be done*

בִּשְׁגָגָה prep.-n.f.s. (993) *unwittingly*

וְאָשֵׁם conj.-Qal pf. 3 m.s. (אשם 79) *and is guilty*

4:23

אוֹ־הוֹדַע אֵלָיו conj. (14)-Ho. pf. 3 m.s. (rd. הוֹדַע 393; GK 69w-LXX καὶ γνωσθῇ=אִם נוֹדַע) -prep.-3 m.s. sf. *if is made known to him*

חַטָּאתוֹ n.f.s.-3 m.s. sf. 308) *his sin*

אֲשֶׁר חָטָא בָּהּ rel. (81)-Qal pf. 3 m.s. (306)-prep. -3 f.s. sf. *which he has committed*

וְהֵבִיא conj.-Hi. pf. 3 m.s. (בוא 97) *he shall bring*

אֶת־קָרְבָּנוֹ dir.obj.-n.m.s.-3 m.s. sf. (898) *as his offering*

שְׂעִיר עִזִּים n.m.s. cstr. (972)-n.f.p. (777) *a goat*

זָכָר adj. m.s. (271) *a male*

תָּמִים adj. (1071) *without blemish*

4:24

וְסָמַךְ יָדוֹ conj.-Qal pf. 3 m.s. (701)-n.f.s.-3 m.s. sf. (388) *and shall lay his hand*

עַל־רֹאשׁ הַשָּׂעִיר prep.-n.m.s. cstr. (910)-def.art. -n.m.s. (972) *upon the head of the goat*

וְשָׁחַט אֹתוֹ conj.-Qal pf. 3 m.s. (1006)-dir.obj.-3 m.s. sf. *and kill it*

בִּמְקוֹם prep.-n.m.s. cstr. (879) *in the place (of)*

אֲשֶׁר־יִשְׁחַט rel. (81)-Qal impf. 3 m.s. (1006; LXX-p.) *where they kill*

אֶת־הָעֹלָה dir.obj.-def.art.-n.f.s. (750) *the burnt offering*

לִפְנֵי יהוה prep.-n.m.p. cstr. (815)-pr.n. (217) *before Yahweh*

חַטָּאת הוּא n.f.s. (308)-pers.pr. 3 m.s. (214) *it is a sin offering*

4:25

וְלָקַח הַכֹּהֵן conj.-Qal pf. 3 m.s. (542)-def.art. -n.m.s. (463) *then the priest shall take*

מִדַּם הַחַטָּאת prep.-n.m.s. cstr. (196)-def.art. -n.f.s. (308) *some of the blood of the sin offering*

בְּאֶצְבָּעוֹ prep.-n.f.s.-3 m.s. sf. (840) *with his finger*

וְנָתַן conj.-Qal pf. 3 m.s. (678) *and put it*

עַל־קַרְנֹת prep.-n.f.p. cstr. (901) *on the horns of*

מִזְבַּח הָעֹלָה n.m.s. cstr. (258)-def.art.-n.f.s. (750) *the altar of burnt offering*

וְאֶת־דָּמוֹ conj.-dir.obj.-n.m.s.-3 m.s. sf. (196) *and (the rest of) its blood*

יִשְׁפֹּךְ Qal impf. 3 m.s. (שָׁפַךְ 1049) *he shall pour out*

אֶל־יְסוֹד prep.-n.f.s. cstr. (414) *at the base of*

מִזְבַּח הָעֹלָה v.supra-v.supra *the altar of burnt offering*

4:26

וְאֶת־כָּל־חֶלְבּוֹ conj.-dir.obj.-n.m.s. cstr. (481)-n.m.s.-3 m.s. sf. (316) *and all its fat*

יַקְטִיר Hi. impf. 3 m.s. (קָטַר 882) *he shall burn*

הַמִּזְבֵּחָה def.art.-n.m.s.-loc.he (258) *on the altar*

כְּחֵלֶב prep.-n.m.s. cstr. (316) *like the fat of*

זֶבַח הַשְּׁלָמִים n.m.s. cstr. (257)-def.art.-n.m.p. (1023) *the sacrifice of peace offerings*

וְכִפֶּר עָלָיו conj.-Pi. pf. 3 m.s. (כָּפַר 497)-prep.-3 m.s. sf. *so shall make atonement for him*

הַכֹּהֵן def.art.-n.m.s. (463) *the priest*

מֵחַטָּאתוֹ prep.-n.f.s.-3 m.s. sf. (308) *for his sin*

וְנִסְלַח לוֹ conj.-Ni. pf. 3 m.s. (סָלַח 699)-prep.-3 m.s. sf. *and he shall be forgiven*

4:27

וְאִם־נֶפֶשׁ אַחַת conj.-hypoth.part. (49)-n.f.s. (659)-adj. f.s. (25) *and if any one*

תֶּחֱטָא Qal impf. 3 f.s. (חָטָא 306) *sins*

בִּשְׁגָגָה prep.-n.f.s. (993) *unwittingly*

מֵעַם הָאָרֶץ prep.-n.m.s. cstr. (I 766)-def.art.-n.f.s. (75) *of the common people*

בַּעֲשֹׂתָהּ prep.-Qal inf.cstr. (עָשָׂה I 793)-3 f.s. sf. *in doing (it)*

אַחַת adj. f.s. (25) *any one*

מִמִּצְוֹת יהוה prep.-n.f.p. cstr. (846)-pr.n. (217) *of the commandments of Yahweh*

אֲשֶׁר לֹא־תֵעָשֶׂינָה rel. (81)-neg.-Ni. impf. 3 f.p. (עָשָׂה I 793) *which should not be done*

וְאָשֵׁם conj.-Qal pf. 3 m.s. (אָשֵׁם 79) *and is guilty*

4:28

אוֹ הוֹדַע אֵלָיו conj. (14)-Ho. pf. 3 m.s. (יָדַע 393; rd. הוּדַע cf. 4:23; GK 69w) *when is made known to him*

חַטָּאתוֹ n.f.s.-3 m.s. sf. (308) *his sin*

אֲשֶׁר חָטָא rel. (81)-Qal pf. 3 m.s. (306) *which he has committed*

וְהֵבִיא conj.-Hi. pf. 3 m.s. (בּוֹא 97) *he shall bring*

קָרְבָּנוֹ n.m.s.-3 m.s. sf. (898) *for his offering*

שְׂעִירַת עִזִּים n.f.s. cstr. (972)-n.f.p. (777) *a goat*

תְּמִימָה adj. f.s. (1071) *without blemish*

נְקֵבָה n.f.s. (666) *a female*

עַל־חַטָּאתוֹ prep.-n.f.s.-3 m.s. sf. (308) *for his sin*

אֲשֶׁר חָטָא v.supra-v.supra *which he has committed*

4:29

וְסָמַךְ conj.-Qal pf. 3 m.s. (701) *and he shall lay*

אֶת־יָדוֹ dir.obj.-n.f.s.-3 m.s. sf. (388) *his hand*

עַל רֹאשׁ הַחַטָּאת prep.-n.m.s. cstr. (910)-def.art.-n.f.s. (308) *on the head of the sin offering*

וְשָׁחַט conj.-Qal pf. 3 m.s. (1006) *and kill*

אֶת־הַחַטָּאת dir.obj.-def.art.-n.f.s. (308) *the sin offering*

בִּמְקוֹם הָעֹלָה prep.-n.m.s. cstr. (879)-def.art.-n.f.s. (750) *in the place of burnt offering*

4:30

וְלָקַח הַכֹּהֵן conj.-Qal pf. 3 m.s. (542)-def.art.-n.m.s. (463) *and the priest shall take*

מִדָּמָהּ prep.-n.m.s.-3 f.s. sf. (196) *some of its blood*

בְּאֶצְבָּעוֹ prep.-n.f.s.-3 m.s. sf. (840) *with his finger*

וְנָתַן conj.-Qal pf. 3 m.s. (678) *and put it*

עַל־קַרְנֹת prep.-n.f.p. cstr. (901) *on the horns of*

מִזְבַּח הָעֹלָה n.m.s. cstr. (258)-def.art.-n.f.s. (750) *the altar of burnt offering*

וְאֶת־כָּל־דָּמָהּ conj.-dir.obj.-n.m.s. cstr. (481)-n.m.s.-3 f.s. sf. (196) *and (the rest of) its blood*

יִשְׁפֹּךְ Qal impf. 3 m.s. (שָׁפַךְ 1049) *he shall pour out*

אֶל־יְסוֹד הַמִּזְבֵּחַ prep.-n.f.s. cstr. (414)-def.art.-n.m.s. (258) *at the base of the altar*

4:31

וְאֶת־כָּל־חֶלְבָּהּ conj.-dir.obj.-n.m.s. cstr. (481)-n.f.s.-3 f.s. sf. (316) *and all its fat*

יָסִיר Hi. impf. 3 m.s. (סוּר 693) *he shall remove*

כַּאֲשֶׁר הוּסַר prep.-rel. (81)-Ho. pf. 3 m.s. (סוּר 693) *as is removed*

חֵלֶב n.m.s. (316) *the fat*

מֵעַל זֶבַח הַשְּׁלָמִים prep.-prep.-n.m.s. cstr. (257)-def.art.-n.m.p. (1023) *from the peace offerings*

441

וְהִקְטִיר conj.-Hi. pf. 3 m.s. (קטר 882) *and shall burn it*

הַכֹּהֵן def.art.-n.m.s. (463) *the priest*

הַמִּזְבֵּחָה dir.obj.-n.m.s.-loc.he (258) *upon the altar*

לְרֵיחַ נִיחֹחַ prep.-n.m.s. cstr. (926)-n.m.s. (629) *for a pleasing odor*

לַיהוה prep.-pr.n. (217) *to Yahweh*

וְכִפֶּר עָלָיו conj.-Pi. pf. 3 m.s. (כפר 497)-prep.-3 m.s. sf. *and shall make atonement for him*

הַכֹּהֵן v.supra *the priest*

וְנִסְלַח לוֹ conj.-Ni. pf. 3 m.s. (סלח 699)-prep.-3 m.s. sf. *and he shall be forgiven*

4:32

וְאִם־כֶּבֶשׂ conj.-hypoth.part. (49)-n.m.s. (461) *and if a lamb*

יָבִיא Hi. impf. 3 m.s. (בוא 97) *he brings*

קָרְבָּנוֹ n.m.s.-3 m.s. sf. (898) *as his offering*

לְחַטָּאת prep.-n.f.s. (308) *for a sin offering*

נְקֵבָה n.f.s. (666) *a female*

תְמִימָה adj. f.s. (1071) *without blemish*

יְבִיאֶנָּה Hi. impf. 3 m.s.-3 f.s. sf. (בוא 97) *he shall bring (it)*

4:33

וְסָמַךְ אֶת־יָדוֹ conj.-Qal pf. 3 m.s. (701)-dir.obj.-n.f.s.-3 m.s. sf. (388) *and lay his hand*

עַל רֹאשׁ הַחַטָּאת prep.-n.m.s. cstr. (910)-def.art.-n.f.s. (308) *upon the head of the sin offering*

וְשָׁחַט אֹתָהּ conj.-Qal pf. 3 m.s. (1006)-dir.obj.-3 f.s. sf. *and kill it*

לְחַטָּאת prep.-n.f.s. (308) *for a sin offering*

בִּמְקוֹם prep.-n.m.s. cstr. (879) *in a place*

אֲשֶׁר יִשְׁחַט rel. (81)-Qal impf. 3 m.s. (שׁחט 1006) *where they kill*

אֶת־הָעֹלָה dir.obj.-def.art.-n.f.s. (750) *the burnt offering*

4:34

וְלָקַח הַכֹּהֵן conj.-Qal pf. 3 m.s. (542)-def.art.-n.m.s. (463) *then the priest shall take*

מִדַּם prep.-n.m.s. cstr. (196) *some of the blood of*

הַחַטָּאת def.art.-n.f.s. (308) *the sin offering*

בְּאֶצְבָּעוֹ prep.-n.f.s.-3 m.s. sf. (840) *with his finger*

וְנָתַן עַל קַרְנֹת conj.-Qal pf. 3 m.s. (678)-prep.-n.f.p. cstr. (901) *and put it on the horns of*

מִזְבַּח הָעֹלָה n.m.s. cstr. (258)-def.art.-n.f.s. (750) *the altar of burnt offering*

וְאֶת־כָּל־דָּמָהּ conj.-dir.obj.-n.m.s. cstr. (481)-n.m.s.-3 f.s. sf. (196) *and the rest of its blood*

יִשְׁפֹּךְ Qal impf. 3 m.s. (שׁפך 1049) *pour out*

אֶל־יְסוֹד הַמִּזְבֵּחַ prep.-n.f.s. cstr. (414)-def.art.-n.m.s. (258) *at the base of the altar*

4:35

וְאֶת־כָּל־חֶלְבָּה conj.-dir.obj.-n.m.s. cstr. (481)-n.m.s.-3 f.s. sf. (I 316; rd. חֶלְבָּהּ) *and all its fat*

יָסִיר Hi. impf. 3 m.s. (סור 693) *he shall remove*

כַּאֲשֶׁר יוּסַר prep.-rel. (81)-Ho. impf. 3 m.s. (סור 693) *as is removed*

חֵלֶב־הַכֶּשֶׂב n.m.s. cstr. (316)-def.art.-n.m.s. (461) *the fat of the lamb*

מִזֶּבַח הַשְּׁלָמִים prep.-n.m.s. cstr. (257)-def.art.-n.m.p. (1023) *from the sacrifice of peace offerings*

וְהִקְטִיר conj.-Hi. pf. 3 m.s. (קטר 882) *and shall burn*

הַכֹּהֵן def.art.-n.m.s. (463) *the priests*

אֹתָם dir.obj.-3 m.p. sf. *it*

הַמִּזְבֵּחָה def.art.-n.m.s.-loc.he (258) *on the altar*

עַל אִשֵּׁי יהוה prep.-n.m.p. cstr. (77)-pr.n. (217) *upon the offerings by fire to Yahweh*

וְכִפֶּר עָלָיו conj.-Pi. pf. 3 m.s. (497)-prep.-3 m.s. sf. *and shall make atonement for him*

הַכֹּהֵן def.art.-n.m.s. (463) *the priest*

עַל־חַטָּאתוֹ prep.-n.f.s.-3 m.s. sf. (308) *for the (his) sin*

אֲשֶׁר־חָטָא rel. (81)-Qal pf. 3 m.s. (306) *which he has committed*

וְנִסְלַח לוֹ conj.-Ni. pf. 3 m.s. (סלח 699)-prep.-3 m.s. sf. *and he shall be forgiven*

5:1

וְנֶפֶשׁ conj.-n.f.s. (659) *any one*

כִּי־תֶחֱטָא conj. (471)-Qal impf. 3 f.s. (חטא 306) *if ... sins*

וְשָׁמְעָה conj.-Qal pf. 3 f.s. (שׁמע 1033) *in that he hears*

קוֹל אָלָה n.m.s. cstr. (876)-n.f.s. (46) *a public adjuration* (a voice of an oath)

וְהוּא עֵד conj.-pers.pr. 3 m.s. (214)-n.m.s. (729) *and though he is a witness*

אוֹ רָאָה conj. (14)-Qal pf. 3 m.s. (906) *whether he has seen*

אוֹ יָדָע v.supra-Qal pf. 3 m.s. paus. (393) *or come to know*

אִם־לוֹא יַגִּיד hypoth.part. (49)-neg.-Hi. impf. 3 m.s. (נגד 616) *yet does not speak*

442

וְנָשָׂא עֲוֹנוֹ conj.-Qal pf. 3 m.s. (669)-n.m.s.-3 m.s. sf. (730) *he shall bear his iniquity*

5:2

אוֹ נֶפֶשׁ conj. (14)-n.f.s. (659) *or ... any one*

אֲשֶׁר תִּגַּע rel. (81)-Qal impf. 3 f.s. (נגע 619) *if ... touches*

בְּכָל־דָּבָר טָמֵא prep.-n.m.s. cstr. (481)-n.m.s. (182)-adj. m.s. (379) *an unclean thing*

אוֹ בְנִבְלַת v.supra-n.f.s. cstr. (615) *whether the carcass of*

חַיָּה טְמֵאָה n.f.s. (312)-adj. f.s. (379) *an unclean beast*

אוֹ בְּנִבְלַת v.supra-v.supra *or a carcass of*

בְּהֵמָה טְמֵאָה n.f.s. (96)-v.supra *unclean cattle*

אוֹ בְּנִבְלַת v.supra-v.supra *or a carcass of*

שֶׁרֶץ טָמֵא n.m.s. (1056)-adj. m.s. (379) *unclean swarming things*

וְנֶעְלַם מִמֶּנּוּ conj.-Ni. pf. 3 m.s. (עלם I 761) -prep.-3 m.s. sf. *and it is hidden from him*

וְהוּא טָמֵא conj.-pers.pr. 3 m.s. (214)-adj. m.s. (379) *and he has become unclean*

וְאָשֵׁם conj.-Qal pf. 3 m.s. (אשם 79) *he shall be guilty*

5:3

אוֹ כִי יִגַּע conj. (14)-conj. (471)-Qal impf. 3 m.s. (נגע 619) *or if he touches*

בְּטֻמְאַת אָדָם prep.-n.f.s. cstr. (380)-n.m.s. (9) *human uncleanness*

לְכֹל טֻמְאָתוֹ prep.-n.m.s. cstr. (481)-n.f.s.-3 m.s. sf. (380) *of whatever sort of uncleanness*

אֲשֶׁר יִטְמָא בָּהּ rel. (81)-Qal impf. 3 m.s. (טמא 379)-prep.-3 f.s. sf. *with which one becomes unclean*

וְנֶעְלַם מִמֶּנּוּ conj.-Ni. pf. 3 m.s. (עלם I 761) -prep.-3 m.s. sf. *and it is hidden from him*

וְהוּא יָדַע conj.-pers.pr. 3 m.s. (214)-Qal pf. 3 m.s. (393) *when he comes to know it*

וְאָשֵׁם conj.-Qal pf. 3 m.s. (אשם 79) *he shall be guilty*

5:4

אוֹ נֶפֶשׁ conj. (14)-n.f.s. (659) *or ... any one*

כִי תִשָּׁבַע conj. (471)-Ni. impf. 3 f.s. (שבע 989) *if ... utters a ... oath*

לְבַטֵּא prep.-Pi. inf.cstr. (בטא 104) *rash (lit. to speak rashly)*

בִשְׂפָתַיִם prep.-n.f. du. (973) *with his lips*

לְהָרַע prep.-Hi. inf.cstr. (רעע 949) *to do evil*

אוֹ לְהֵיטִיב conj. (14)-prep.-Hi. inf.cstr. (יטב 405) *or to do good*

לְכֹל אֲשֶׁר יְבַטֵּא prep.-n.m.s. (481)-rel. (81)-Pi. impf. 3 m.s. (בטא 104) *any sort of rash oath*

הָאָדָם def.art.-n.m.s. (9) *that men*

בִּשְׁבֻעָה prep.-n.f.s. (989) *swear (with an oath)*

וְנֶעְלַם מִמֶּנּוּ conj.-Ni. pf. 3 m.s. (עלם I 761) -prep.-3 m.s. sf. *and it is hidden from him*

וְהוּא־יָדַע conj.-pers.pr. 3 m.s. (214)-Qal pf. 3 m.s. (393) *when he comes to know it*

וְאָשֵׁם conj.-Qal pf. 3 m.s. (אשם 79) *he shall be guilty*

לְאַחַת מֵאֵלֶּה prep.-num. f. (25)-prep. -demons.adj. c.p. (41) *in any of these*

5:5

וְהָיָה כִי־יֶאְשַׁם conj.-Qal pf. 3 m.s. (224)-conj. (471)-Qal impf. 3 m.s. (אשם 79) *when a man is guilty*

לְאַחַת מֵאֵלֶּה prep.-num. f. (25)-prep. -demons.adj. c.p. (41) *in any of these*

וְהִתְוַדָּה conj.-Hith. pf. 3 m.s. (ידה 392) *he shall confess*

אֲשֶׁר חָטָא עָלֶיהָ rel. (81)-Qal pf. 3 m.s. (306) -prep.-3 f.s. sf. *the sin he has committed (which he sinned against it)*

5:6

וְהֵבִיא conj.-Hi. pf. 3 m.s. (בוא 97) *and he shall bring*

אֶת־אֲשָׁמוֹ dir.obj.-n.m.s.-3 m.s. sf. (79) *his guilt offering*

לַיהוה prep.-pr.n. (217) *to Yahweh*

עַל חַטָּאתוֹ prep.-n.f.s.-3 m.s. sf. (308) *for his sin*

אֲשֶׁר חָטָא rel. (81)-Qal pf. 3 m.s. (306) *which he committed*

נְקֵבָה n.f.s. (666) *a female*

מִן־הַצֹּאן prep.-def.art.-n.f.s. (838) *from the flock*

כִּשְׂבָּה n.f.s. (461) *a lamb*

אוֹ־שְׂעִירַת עִזִּים conj. (14)-n.f.s. cstr. (I 972) -n.f.p. (777) *or a goat*

לְחַטָּאת prep.-n.f.s. (308) *for a sin offering*

וְכִפֶּר עָלָיו conj.-Pi. pf. 3 m.s. (כפר 497)-prep.-3 m.s. sf. *and shall make atonement for him*

הַכֹּהֵן def.art.-n.m.s. (463) *the priest*

מֵחַטָּאתוֹ prep.-n.f.s.-3 m.s. sf. (308) *for his sin*

5:7

וְאִם־לֹא conj.-hypoth.part. (49)-neg. *but if ... not*

תַּגִּיע יָדוֹ Hi. impf. 3 f.s. (נגע 619)-n.f.s.-3 m.s. sf. (388) *his hand can ... reach*

דֵּי שֶׂה subst. cstr. (119)-n.m.s. (961) *enough for a lamb*

וְהֵבִיא conj.-Hi. pf. 3 m.s. (בוא 97) *then he shall bring*

אֶת־אֲשָׁמוֹ dir.obj.-n.m.s.-3 m.s. sf. (79) *as his guilt offering*

אֲשֶׁר חָטָא rel. (81)-Qal pf. 3 m.s. (306) *for the sin which he has committed*

שְׁתֵּי תֹרִים n.f. du. cstr. (1040)-n.f.p. (1076) *two turtledoves*

אוֹ־שְׁנֵי בְנֵי־יוֹנָה conj. (14)-n.m.p. cstr. (1040) -n.m.p. cstr. (119)-n.f.s. (401) *or two young pigeons*

לַיהוָה prep.-pr.n. (217) *to Yahweh*

אֶחָד adj m s (25) *one*

לְחַטָּאת prep.-n.f.s. (308) *for a sin offering*

וְאֶחָד conj.-v.supra *and the other*

לְעֹלָה prep.-n.f.s. (750) *for a burnt offering*

5:8

וְהֵבִיא אֹתָם conj.-Hi. pf. 3 m.s. (בוא 97) -dir.obj.-3 m.p. sf. *he shall bring them*

אֶל־הַכֹּהֵן prep.-def.art.-n.m.s. (463) *to the priest*

וְהִקְרִיב conj.-Hi. pf. 3 m.s. (897) *who shall offer*

אֶת־אֲשֶׁר לַחַטָּאת dir.obj.-rel. (81)-prep.-def. art.-n.f.s. (308) *the one for the sin offering*

רִאשׁוֹנָה adj. f.s. (911) *first*

וּמָלַק conj.-Qal pf. 3 m.s. (577) *he shall wring*

אֶת־רֹאשׁוֹ dir.obj.-n.m.s.-3 m.s. sf. (910) *its head*

מִמּוּל עָרְפּוֹ prep.-prep. (I 557)-n.m.s.-3 m.s. sf. (791) *from its neck*

וְלֹא יַבְדִּיל conj.-neg.-Hi. impf. 3 m.s. (בדל 95) *but shall not sever it*

5:9

וְהִזָּה conj.-Hi. pf. 3 m.s. (נזה I 633) *and he shall sprinkle*

מִדַּם prep.-n.m.s. cstr. (196) *some of the blood of*

הַחַטָּאת def.art.-n.f.s. (308) *the sin offering*

עַל־קִיר הַמִּזְבֵּחַ prep. (II 752)-n.m.s. cstr. (885) -def.art.-n.m.s. (258) *on the side of the altar*

וְהַנִּשְׁאָר conj.-def.art.-Ni. ptc. m.s. (שאר I 983) *while the rest*

בַּדָּם prep.-def.art.-n.m.s. (196) *of the blood*

יִמָּצֵה Qal impf. 3 m.s. (מצה 594; GK 75hh) *shall be drained out*

אֶל־יְסוֹד prep. (39)-n.f.s. cstr. (414) *at the base of*

הַמִּזְבֵּחַ def.art.-n.m.s. (258) *the altar*

חַטָּאת הוּא n.f.s. (308)-pers.pr. 3 m.s. (214) *it is a sin offering*

5:10

וְאֶת־הַשֵּׁנִי conj.-dir.obj.-def.art.-adj. num. (1041) *then the second*

יַעֲשֶׂה Qal impf. 3 m.s. (עשה I 793) *he shall offer*

עֹלָה n.f.s. (750) *for a burnt offering*

כַּמִּשְׁפָּט prep.-def.art.-n.m.s. (1048) *according to the ordinance*

וְכִפֶּר עָלָיו conj.-Pi. pf. 3 m.s. (497)-prep.-3 m.s. sf. *and shall make atonement for him*

הַכֹּהֵן def.art.-n.m.s. (463) *the priest*

מֵחַטָּאתוֹ prep.-n.f.s.-3 m.s. sf. (308) *for the (his) sin*

אֲשֶׁר־חָטָא rel. (81)-Qal pf. 3 m.s. (306) *which he has committed*

וְנִסְלַח לוֹ conj.-Ni. pf. 3 m.s. (סלח 699)-prep.-3 m.s. sf. *and he shall be forgiven*

5:11

וְאִם־לֹא conj.-hypoth.part. (49)-neg. *but if ... not*

תַשִּׂיג יָדוֹ Hi. impf. 3 f.s. (נשׂג 673)-n.f.s.-3 m.s. sf. (388) *he can... afford* (lit.-*one's hand has reached*)

לִשְׁתֵּי תֹרִים prep.-n.f.p. cstr. (1040)-n.f.p. (1076) *two turtledoves*

אוֹ לִשְׁנֵי בְנֵי־יוֹנָה conj. (14)-prep.-n.m.p. cstr. (1040)-n.m.p. cstr. (119)-n.f.s. (401) *or two young pigeons*

וְהֵבִיא conj.-Hi. pf. 3 m.s. (בוא 97) *then he shall bring*

אֶת־קָרְבָּנוֹ dir.obj.-n.m.s.-3 m.s. sf. (898) *as his offering*

אֲשֶׁר חָטָא rel. (81)-Qal pf. 3 m.s. (306) *for the sin which he has committed*

עֲשִׂירִת הָאֵפָה subst. f. cstr. (798)-def.art.-n.f.s. (35) *a tenth of an ephah*

סֹלֶת n.f.s. (701; GK 131d) *of fine flour*

לְחַטָּאת prep.-n.f.s. (308) *for a sin offering*

לֹא־יָשִׂים neg.-Qal impf. 3 m.s. (שׂים 962) *he shall put no ...*

עָלֶיהָ prep.-3 f.s. sf. *upon it*

שֶׁמֶן n.f.s. (1032) *oil*

וְלֹא־יִתֵּן עָלֶיהָ conj.-neg.-Qal impf. 3 m.s. (נתן 678)-prep.-3 f.s. sf. *and he shall put no ... on it*

לְבֹנָה n.f.s. (I 526) *frankincense*

כִּי חַטָּאת הִיא conj. (471)-n.f.s. (308)-pers.pr. 3 f.s. (214) *for it is a sin offering*

5:12

וְהֵבִיאָהּ conj.-Hi. pf. 3 m.s.-3 f.s. sf. (בּוֹא 97) *and he shall bring it*

אֶל־הַכֹּהֵן prep.-def.art.-n.m.s. (463) *to the priest*

וְקָמַץ conj.-Qal pf. 3 m.s. (888) *and ... shall take a handful*

הַכֹּהֵן v.supra *the priest*

מִמֶּנָּה prep.-3 f.s. sf. *of it*

מְלוֹא קֻמְצוֹ n.m.s. cstr. (571)-n.m.s.-3 m.s. sf. (888) *(the fulness of his hand)*

אֶת־אַזְכָּרָתָהּ dir.obj.-n.f.s. (272) *as his memorial portion*

וְהִקְטִיר conj.-Hi. pf. 3 m.s. (קָטַר 882) *and burn*

הַמִּזְבֵּחָה def.art.-n.f.s.-loc.he (258) *on the altar*

עַל אִשֵּׁי יהוה prep.-n.m.p. cstr. (77)-pr.n. (217) *upon the offerings by fire to Yahweh*

חַטָּאת הוּא n.f.s. (308)-pers.pr. 3 f.s. (214) *it is a sin offering*

5:13

וְכִפֶּר עָלָיו conj.-Pi. pf. 3 m.s. (497)-prep.-3 m.s. sf. *thus ... shall make atonement for him*

הַכֹּהֵן def.art.-n.m.s. (463) *the priest*

עַל־חַטָּאתוֹ prep.-n.f.s.-3 m.s. sf. (308) *for the (his) sin*

אֲשֶׁר־חָטָא rel. (81)-Qal pf. 3 m.s. (306) *which he has committed*

מֵאַחַת מֵאֵלֶּה prep.-adj. f.s. cstr. (25)-prep.-demons.adj. c.p. (41; GK 119wN) *in any one of these things*

וְנִסְלַח לוֹ conj.-Ni. pf. 3 m.s. (699)-prep.-3 m.s. sf. *and he shall be forgiven*

וְהָיְתָה conj.-Qal pf. 3 f.s. (הָיָה 224) *and shall be* (LXX <τὸ δὲ καταλειφθὲν=*the remainder*)

לַכֹּהֵן prep.-def.art.-n.m.s. (463) *for the priest*

כַּמִּנְחָה prep.-def.art.-n.f.s. (585) *as in the cereal offering*

5:14

וַיְדַבֵּר consec.-Pi. impf. 3 m.s. (180) *said*

יהוה pr.n. (217) *Yahweh*

אֶל־מֹשֶׁה prep.-pr.n. (602) *to Moses*

לֵאמֹר prep.-Qal inf.cstr. (55) *(saying)*

5:15

נֶפֶשׁ n.f.s. (659) *any one*

כִּי־תִמְעֹל מַעַל conj. (471)-Qal impf. 3 f.s. (מָעַל 591)-n.m.s. (591) *if ... commits a breach of faith*

וְחָטְאָה conj.-Qal pf. 3 f.s. (306) *and sins*

בִּשְׁגָגָה prep.-n.f.s. (993) *unwittingly*

מִקָּדְשֵׁי יהוה prep.-n.m.p. cstr. (871)-pr.n. (217) *in any of the holy things of Yahweh*

וְהֵבִיא conj.-Hi. pf. 3 m.s. (בּוֹא 97) *he shall bring*

אֶת־אֲשָׁמוֹ dir.obj.-n.m.s.-3 m.s. sf. (79) *as his guilt offering*

לַיהוה prep.-pr.n. (217) *to Yahweh*

אַיִל n.m.s. (I 17) *a ram*

תָּמִים adj. m.s. (1071) *without blemish*

מִן־הַצֹּאן prep.-def.art.-n.f.s. (838) *out of the flock*

בְּעֶרְכְּךָ prep.-n.m.s.-2 m.s. sf. (789; GK 128d) *valued by you*

כֶּסֶף־שְׁקָלִים n.m.s. cstr. (494)-n.m.p. (1053) *in shekels of silver*

בְּשֶׁקֶל־הַקֹּדֶשׁ prep.-n.m.s. cstr. (1053)-def.art.-n.m.s. (871) *according to the shekel of the sanctuary*

לְאָשָׁם prep.-n.m.s. (79) *it is a guilt offering*

5:16

וְאֵת אֲשֶׁר חָטָא conj.-dir.obj.-rel. (81)-Qal pf. 3 m.s. (306) *also for what he has done amiss*

מִן־הַקֹּדֶשׁ prep.-def.art.-n.m.s. (871) *in the holy thing*

יְשַׁלֵּם Pi. impf. 3 m.s. (1022) *he shall make restitution*

וְאֶת־חֲמִישִׁתוֹ conj.-adj. f.s.-3 m.s. sf. (332) *and a fifth*

יוֹסֵף עָלָיו Hi. impf. 3 m.s. (יָסַף 414)-prep.-3 m.s. sf. *he shall add to it*

וְנָתַן אֹתוֹ conj.-Qal pf. 3 m.s. (678)-dir.obj.-3 m.s. sf. *and give it*

לַכֹּהֵן prep.-def.art.-n.m.s. (463) *to the priest*

וְהַכֹּהֵן conj.-v.supra *and the priest*

יְכַפֵּר עָלָיו Pi. impf. 3 m.s. (497)-prep.-3 m.s. sf. *shall make atonement for him*

בְּאֵיל הָאָשָׁם prep.-n.m.s. cstr. (I 17)-def.art.-n.m.s. (79) *with the ram of the guilt offering*

וְנִסְלַח לוֹ conj.-Ni. pf. 3 m.s. (סָלַח 699)-prep.-3 m.s. sf. *and he shall be forgiven*

5:17

וְאִם־נֶפֶשׁ conj.-hypoth.part. (49)-n.f.s. (659) *if any one*

כִּי תֶחֱטָא conj. (471)-Qal impf. 3 f.s. (306) *sins*

445

וְעָשְׂתָה conj.-Qal pf. 3 f.s. (עָשָׂה I 793) *doing*

אַחַת adj. f.s. cstr. (25) *any of*

מִכָּל־מִצְוֹת יהוה prep.-n.m.s. cstr. (481)-n.f.p. cstr. (846)-pr.n. (217) *all the commandments of Yahweh*

אֲשֶׁר לֹא תֵעָשֶׂינָה rel. (81)-neg.-Ni. impf. 3 f.p. (עָשָׂה I 793) *not to be done*

וְלֹא־יָדַע conj.-neg.-Qal pf. 3 m.s. (393) *though he does not know it*

וְאָשֵׁם conj.-Qal pf. 3 m.s. (79) *yet he is guilty*

וְנָשָׂא עֲוֹנוֹ conj.-Qal pf. 3 m.s. (669)-n.m.s.-3 m.s. sf. (730) *and shall bear his iniquity*

5:18

וְהֵבִיא conj.-Hi. pf. 3 m.s. (בּוֹא 97) *he shall bring*

אַיִל תָּמִים n.m.s. (I 17)-adj. m.s. (1071) *a ram without blemish*

מִן־הַצֹּאן prep.-def.art.-n.f.s. (838) *out of the flock*

בְּעֶרְכְּךָ prep.-n.m.s.-2 m.s. sf. (789) *valued by you*

לְאָשָׁם prep.-n.m.s. (79) *at the price of a guilt offering*

אֶל־הַכֹּהֵן prep.-def.art.-n.m.s. (463) *to the priest*

וְכִפֶּר עָלָיו conj.-Pi. pf. 3 m.s. (497)-prep.-3 m.s. sf. *and shall make atonement for him*

הַכֹּהֵן def.art.-n.m.s. (463) *the priest*

עַל שִׁגְגָתוֹ prep.-n.f.s.-3 m.s. sf. (993) *for his error*

אֲשֶׁר־שָׁגַג rel. (81)-Qal pf. 3 m.s. (992) *which he committed*

וְהוּא לֹא־יָדַע conj.-pers.pr. 3 m.s. (214)-neg.-Qal pf. 3 m.s. (393) *(and he does not know)*

וְנִסְלַח לוֹ conj.-Ni. pf. 3 m.s. (699)-prep.-3 m.s. sf. *and he shall be forgiven*

5:19

אָשָׁם n.m.s. (79) *a guilt offering*

הוּא pers.pr. 3 m.s. (214) *it is*

אָשֹׁם אָשַׁם Qal inf.abs. (אָשַׁם 79)-Qal pf. 3 m.s. (79) *he is guilty*

לַיהוה prep.-pr.n. (217) *before Yahweh*

5:20 (Eng. 6:1)

וַיְדַבֵּר יהוה consec.-Pi. impf. 3 m.s. (180)-pr.n. (217) *Yahweh said*

אֶל־מֹשֶׁה prep.-pr.n. (602) *to Moses*

לֵּאמֹר prep.-Qal inf.cstr. (55) *(saying)*

5:21

נֶפֶשׁ n.f.s. (659) *any one*

כִּי תֶחֱטָא conj. (471)-Qal impf. 3 f.s. (306) *if ... sins*

וּמָעֲלָה מַעַל conj.-Qal pf. 3 f.s. (מָעַל 591)-n.m.s. (591) *and commits a breach of faith*

בַּיהוה prep.-pr.n. (217) *against Yahweh*

וְכִחֵשׁ conj.-Pi. pf. 3 m.s. (471) *by deceiving*

בַּעֲמִיתוֹ prep.-n.m.s.-3 m.s. sf. (765) *his neighbor*

בְּפִקָּדוֹן prep.-n.m.s. (824) *in a matter of deposit*

אוֹ־בִתְשׂוּמֶת יָד conj. (14)-prep.-n.f.s. cstr. (965)-n.f.s. (388) *or security*

אוֹ בְגָזֵל conj. (14)-prep.-n.m.s. (160) *or through robbery*

אוֹ עָשַׁק conj. (14)-Qal pf. 3 m.s. (798) *or if he has oppressed*

אֶת־עֲמִיתוֹ dir.obj.-n.m.s.-3 m.s. sf. (765) *his neighbor*

5:22

אוֹ־מָצָא conj. (14)-Qal pf. 3 m.s. (592) *or has found*

אֲבֵדָה n.f.s. (?) *what was lost*

וְכִחֶשׁ בָּהּ conj.-Pi. pf. 3 m.s. (471)-prep.-3 f.s. sf. *and lied about it*

וְנִשְׁבַּע conj.-Ni. pf. 3 m.s. (שָׁבַע 989) *swearing*

עַל־שָׁקֶר prep.-n.m.s. paus. (1055) *falsely*

עַל־אַחַת מִכֹּל prep.-adj. f.s. (25)-prep.-n.m.s. (481) *in any of all the things*

אֲשֶׁר־יַעֲשֶׂה rel. (81)-Qal impf. 3 m.s. (עָשָׂה I 793) *which ... do*

הָאָדָם def.art.-n.m.s. (9) *men*

לַחֲטֹא בָהֵנָּה prep.-Qal inf.cstr. (306)-prep.-3 f.p. sf. *and sin therein*

5:23

וְהָיָה כִּי־יֶחֱטָא conj.-Qal pf. 3 m.s. (224)-conj. (471)-Qal impf. 3 m.s. (306) *(and) when one has sinned*

וְאָשֵׁם conj.-Qal pf. 3 m.s. (אָשַׁם 79) *and become guilty*

וְהֵשִׁיב conj.-Hi. pf. 3 m.s. (שׁוּב 996) *he shall restore*

אֶת־הַגְּזֵלָה אֲשֶׁר גָּזַל dir.obj.-def.art.-n.f.s. (160)-rel. (81)-Qal pf. 3 m.s. paus. (I 159) *what he took by robbery*

אוֹ אֶת־הָעֹשֶׁק אֲשֶׁר עָשָׁק conj. (14)-dir.obj.-def.art.-n.m.s. (799)-rel. (81)-Qal pf. 3 m.s. (798) *or what he got by oppression*

אוֹ אֶת־הַפִּקָּדוֹן conj. (14)-dir.obj.-def.art.-n.m.s. (824) *or the deposit*

אֲשֶׁר הָפְקַד אִתּוֹ rel. (81)-Ho. pf. 3 m.s. (פָּקַד 823)-prep.-3 m.s. sf. (85) *which was committed to him*

אוֹ אֶת־הָאֲבֵדָה conj. (14)-dir.obj.-def.art.-n.f.s. (2) *or the lost thing*

אֲשֶׁר מָצָא rel. (81)-Qal pf. 3 m.s. (592) *which he found*

5:24

אוֹ מִכֹּל conj. (14)-prep.-n.m.s. (481) *or anything*

אֲשֶׁר־יִשָּׁבַע עָלָיו rel. (81)-Ni. impf. 3 m.s. (שבע 989)-prep.-3 m.s. sf. *about which he has sworn*

לַשֶּׁקֶר prep.-def.art.-n.m.s. (1055) *falsely*

וְשִׁלַּם conj.-Pi. pf. 3 m.s. (1022) *(and) he shall restore*

אֹתוֹ בְּרֹאשׁוֹ dir.obj.-3 m.s. sf.-prep.-n.m.s.-3 m.s. sf. (910) *it in full*

וַחֲמִשִׁתָיו conj.-n.f.s.-3 m.s. sf. (332) *and a (his) fifth*

יֹסֵף עָלָיו Hi. impf. 3 m.s. (יסף 414)-prep.-3 m.s. sf. *shall add to it*

לַאֲשֶׁר הוּא לוֹ prep.-rel. (81)-pers.pr. m.s. (214)-prep.-3 m.s. sf. *to him to whom it belongs*

יִתְּנֶנּוּ Qal impf. 3 m.s.-3 m.s. sf. (נתן 678) *he shall give it*

בְּיוֹם אַשְׁמָתוֹ prep.-n.m.s. cstr. (398)-n.f.s.-3 m.s. sf. (50) *on the day of his guilt offering*

5:25

וְאֶת־אֲשָׁמוֹ conj.-dir.obj.-n.m.s.-3 m.s. sf. (79) *and his guilt offering*

יָבִיא Hi. impf. 3 m.s. (בוא 97) *he shall bring*

לַיהוָה prep.-pr.n. (217) *to Yahweh*

אַיִל תָּמִים n.m.s. (I 17)-adj. m.s. (1071) *a ram without blemish*

מִן־הַצֹּאן prep.-def.art.-n.f.s. (838) *out of the flock*

בְּעֶרְכְּךָ prep.-n.m.s.-2 m.s. sf. (789; GK 128d) *valued by you at the price*

לְאָשָׁם prep.-n.m.s. (79) *for a guilt offering*

אֶל־הַכֹּהֵן prep.-def.art.-n.m.s. (463) *to the priest*

5:26

וְכִפֶּר עָלָיו conj.-Pi. pf. 3 m.s. (כפר 497)-prep.-3 m.s. sf. *and shall make atonement for him*

הַכֹּהֵן def.art.-n.m.s. (463) *the priest*

לִפְנֵי יְהוָה prep.-n.m.p. cstr. (815)-pr.n. (217) *before Yahweh*

וְנִסְלַח לוֹ conj.-Ni. pf. 3 m.s. (סלח 699) *and he shall be forgiven*

עַל־אַחַת מִכֹּל prep.-n.f.s. (25)-prep.-n.m.s. (481) *for any of the things*

אֲשֶׁר־יַעֲשֶׂה rel. (81)-Qal impf. 3 m.s. (I 793) *which one may do*

לְאַשְׁמָה בָהּ prep.-n.f.s. (80)-prep.-3 f.s. sf. *and thereby become guilty*

6:1 (Eng. 6:8)

וַיְדַבֵּר consec.-Pi. impf. 3 m.s. (180) *(then) said*

יְהוָה pr.n. (217) *Yahweh*

אֶל־מֹשֶׁה prep.-pr.n. (602) *to Moses*

לֵאמֹר prep.-Qal inf.cstr. (55) *(saying)*

6:2

צַו Pi. impv. 2 m.s. (צוה 845) *command*

אֶת־אַהֲרֹן dir.obj.-pr.n. (14) *Aaron*

וְאֶת־בָּנָיו conj.-dir.obj.-n.m.p.-3 m.s. sf. (119) *and his sons*

לֵאמֹר prep.-Qal inf.cstr. (55) *saying*

זֹאת תּוֹרַת demons.adj. f.s. (260)-n.f.s. cstr. (435) *this is the law of*

הָעֹלָה def.art.-n.f.s. (750) *the burnt offering*

הִוא הָעֹלָה demons. pr. f.s. (214)-v.supra *the burnt offering*

עַל מוֹקְדָה prep.-n.f.s. (429) *on the hearth*

עַל־הַמִּזְבֵּחַ prep.-def.art.-n.m.s. (258) *upon the altar*

כָּל־הַלַּיְלָה n.m.s. cstr. (481)-def.art.-n.m.s. (538) *all night*

עַד־הַבֹּקֶר prep. (III 723)-def.art.-n.m.s. (133) *until the morning*

וְאֵשׁ הַמִּזְבֵּחַ conj.-n.f.s. cstr. (77)-v.supra *and the fire of the altar*

תּוּקַד בּוֹ Ho. impf. 3 f.s. (יקד 428)-prep.-3 m.s. sf. *shall be kept burning on it*

6:3

וְלָבַשׁ הַכֹּהֵן conj.-Qal pf. 3 m.s. (527)-def.art.-n.m.s. (463) *and the priest shall put on*

מִדּוֹ בַד n.m.s.-3 m.s. sf. (551)-n.m.s. (I 94; GK 128d) *his linen garment*

וּמִכְנְסֵי־בַד conj.-n.m.p. cstr. (488)-v.supra *and his linen breeches*

יִלְבַּשׁ Qal impf. 3 m.s. (לבש 527) *he shall put on*

עַל־בְּשָׂרוֹ prep.-n.m.s.-3 m.s. sf. (142) *upon his body*

וְהֵרִים conj.-Hi. pf. 3 m.s. (רום 926) *and he shall take up*

אֶת־הַדֶּשֶׁן dir.obj.-def.art.-n.m.s. (206) *the ashes*

אֲשֶׁר תֹּאכַל הָאֵשׁ rel. (81)-Qal impf. 3 f.s. (אכל 37)-def.art.-n.f.s. (77) *to which the fire has consumed*

אֶת־הָעֹלָה dir.obj.-def.art.-n.f.s. (750) *the burnt offering*

עַל־הַמִּזְבֵּחַ prep.-def.art.-n.m.s. (258) *on the altar*

וְשָׂמוֹ conj.-Qal pf. 3 m.s.-3 m.s. sf. (שׂים 962) *and put them*

אֵצֶל הַמִּזְבֵּחַ prep. (I 69)-v.supra *beside the altar*

6:4

וּפָשַׁט conj.-Qal pf. 3 m.s. (832) *then he shall put off*

אֶת־בְּגָדָיו dir.obj.-n.m.p.-3 m.s. sf. (93) *his garments*

וְלָבַשׁ conj.-Qal pf. 3 m.s. (527) *and put on*

בְּגָדִים אֲחֵרִים n.m.p. (93)-adj. m.p. (29) *other garments*

וְהוֹצִיא conj.-Hi. pf. 3 m.s. (יצא 422) *and carry forth*

אֶת־הַדֶּשֶׁן dir.obj.-def.art.-n.m.s. (206) *the ashes*

אֶל־מִחוּץ prep.-prep.-n.m.s. (299) *outside*

לַמַּחֲנֶה prep.-def.art.-n.m.s. (334) *the camp*

אֶל מָקוֹם טָהוֹר prep.-n.m.s. (879)-adj. m.s. (373) *to a clean place*

6:5

וְהָאֵשׁ conj.-def.art.-n.f.s. (77) *(and) the fire*

עַל־הַמִּזְבֵּחַ prep.-def.art.-n.m.s. (258) *on the altar*

תּוּקַד־בּוֹ Ho. impf. 3 f.s. (יקד 428)-prep.-3 m.s. sf. *burning on it*

לֹא תִכְבֶּה neg.-Qal impf. 3 f.s. (כבה 458) *shall not be extinguished*

וּבִעֵר conj.-Pi. pf. 3 m.s. (בער 128) *and shall burn*

עָלֶיהָ prep.-3 f.s. sf. *on it*

הַכֹּהֵן def.art.-n.m.s. (463) *the priest*

עֵצִים n.m.p. (781) *wood*

בַּבֹּקֶר בַּבֹּקֶר prep.-def.art.-n.m.s. (133)-v.supra *every morning*

וְעָרַךְ conj.-Qal pf. 3 m.s. (789) *and he shall lay in order*

עָלֶיהָ v.supra *on it*

הָעֹלָה def.art.-n.f.s. (750) *the burnt offering*

וְהִקְטִיר עָלֶיהָ conj.-Hi. pf. 3 m.s. (קטר 882) -v.supra *and shall burn on it*

חֶלְבֵי הַשְּׁלָמִים n.m.p. cstr. (316)-def.art.-n.m.p. (1023) *the fat of the peace offerings*

6:6

אֵשׁ n.f.s. (77) *fire*

תָּמִיד n.m.s. (556) *continually*

תּוּקַד Ho. impf. 3 f.s. (יקד 428) *shall be kept burning*

עַל־הַמִּזְבֵּחַ prep.-def.art.-n.m.s. (258) *upon the altar*

לֹא תִכְבֶּה neg.-Qal impf. 3 f.s. (כבה 459) *shall not go out*

6:7

וְזֹאת conj.-demons.adj. f.s. (260) *and this is*

תּוֹרַת הַמִּנְחָה n.f.s. cstr. (435)-def.art.-n.f.s. (585) *the law of the cereal offering*

הַקְרֵב Hi. inf.abs. (קרב I 897; GK 113gg) *offer*

אֹתָהּ dir.obj.-3 f.s. sf. *it*

בְּנֵי־אַהֲרֹן n.m.p. cstr. (119)-pr.n. (14) *the sons of Aaron*

לִפְנֵי יהוה prep.-n.m.p. cstr. (815)-pr.n. (217) *before Yahweh*

אֶל־פְּנֵי הַמִּזְבֵּחַ prep.-n.m.p. cstr. (815)-def.art. -n.m.s. (258) *in front of the altar*

6:8

וְהֵרִים conj.-Hi. pf. 3 m.s. (רום 926) *and one shall take*

מִמֶּנּוּ prep.-3 m.s. sf. (GK 135oN) *from it*

בְּקֻמְצוֹ prep.-n.m.s.-3 m.s. sf. (888) *in his fist*

מִסֹּלֶת הַמִּנְחָה prep.-n.f.s. cstr. (701)-def.art. -n.f.s. (585) *of the fine flour of the cereal offering*

וּמִשַּׁמְנָהּ conj.-prep.-n.m.s.-3 f.s. sf. (1032) *with its oil*

וְאֵת כָּל־הַלְּבֹנָה conj.-dir.obj.-n.m.s. cstr. (481) -def.art.-n.f.s. (526) *and all the frankincense*

אֲשֶׁר עַל־הַמִּנְחָה rel. (81)-prep.-v.supra *which is on the cereal offering*

וְהִקְטִיר conj.-Hi. pf. 3 m.s. (קטר 882) *and burn*

הַמִּזְבֵּחַ def.art.-n.m.s. (258; GK 118g) *on the altar*

רֵיחַ נִיחֹחַ n.m.s. (926)-n.m.s. (629) *a pleasing odor*

אַזְכָּרָתָהּ n.f.s.-3 f.s. sf. (272) *as its memorial portion*

לַיהוה prep.-pr.n. (217) *to Yahweh*

6:9

וְהַנּוֹתֶרֶת conj.-def.art.-Ni. ptc. f.s. (יתר 451) *and the rest*

מִמֶּנָּה prep.-3 f.s. sf. *of it*

יֹאכְלוּ Qal impf. 3 m.p. (אכל 37) *shall eat*

אַהֲרֹן וּבָנָיו pr.n. (14)-conj.-n.m.p.-3 m.s. sf. (119) *Aaron and his sons*

מַצּוֹת n.f.p. (595; GK 118q) *unleavened*

תֵּאָכֵל Ni. impf. 3 f.s. (אכל 37) *it shall be eaten*

בְּמָקוֹם קָדֹשׁ prep.-n.m.s. (879)-adj. m.s. (872) *in a holy place*

בֶּחָצֵר prep.-def.art.-n.m.s. cstr. (II 347) *in the court of*

אֹהֶל־מוֹעֵד n.m.s. cstr. (13)-n.m.s. (417) *the tent of meeting*

יֹאכְלוּהָ Qal impf. 3 m.p. (אכל 37)-3 f.s. sf. *they shall eat it*

6:10

לֹא תֵאָפֶה neg.-Ni. impf. 3 f.s. (אפה 66) *it shall not be baked*

חָמֵץ n.m.s. (329) *with leaven*

חֶלְקָם n.m.s.-3 m.p. sf. (324) *their portion*

נָתַתִּי Qal pf. 1 c.s. (נתן 678) *I have given*

אֹתָהּ dir.obj.-3 f.s. sf. *it*

מֵאִשָּׁי prep.-n.m.p.-1 c.s. sf. (77) *of my offerings by fire*

קֹדֶשׁ קָדָשִׁים n.m.s. cstr. (871)-n.m.p. (871) *most holy* (lit. *holy of holies*)

הִוא demons. pr. f.s. (214) *it is*

כַּחַטָּאת prep.-def.art.-n.f.s. (308) *like the sin offering*

וְכָאָשָׁם conj.-prep.-def.art.-n.m.s. (79) *and the guilt offering*

6:11

כָּל־זָכָר n.m.s. cstr. (481)-n.m.s. (271) *every male*

בִּבְנֵי אַהֲרֹן prep.-n.m.p. cstr. (119)-pr.n. (14) *among the children of Aaron*

יֹאכְלֶנָּה Qal impf. 3 m.s.-3 f.s. sf. (אכל 37) *may eat of it*

חָק־עוֹלָם n.m.s. (349)-n.m.s. (761) *as decreed for ever*

לְדֹרֹתֵיכֶם prep.-n.m.p.-2 m.p. sf. (189) *throughout your generations*

מֵאִשֵּׁי יהוה prep.-n.m.p. cstr. (77)-pr.n. (217) *from Yahweh's offerings by fire*

כָּל אֲשֶׁר־יִגַּע n.m.s. (481)-rel. (81)-Qal impf. 3 m.s. (נגע 619) *whoever touches*

בָּהֶם prep.-3 m.p. sf. *them*

יִקְדָּשׁ Qal impf. 3 m.s. paus. (קדשׁ 872) *shall become holy*

6:12

וַיְדַבֵּר יהוה consec.-Pi. impf. 3 m.s. (180)-pr.n. (217) *then Yahweh said*

אֶל־מֹשֶׁה prep.-pr.n. (602) *to Moses*

לֵאמֹר prep.-Qal inf.cstr. (55) *(saying)*

6:13

זֶה קָרְבַּן demons.adj. m.s. (260)-n.m.s. cstr. (898) *this is the offering which*

אַהֲרֹן וּבָנָיו pr.n. (14)-conj.-n.m.p.-3 m.s. sf. (119) *Aaron and his sons*

אֲשֶׁר־יַקְרִיבוּ rel. (81)-Hi. impf. 3 m.p. (קרב 897) *shall offer*

לַיהוה prep.-pr.n. (217) *to Yahweh*

בְּיוֹם הִמָּשַׁח אֹתוֹ prep.-n.m.s. cstr. (398)-Ni. inf.cstr. (משׁח 602)-dir.obj.-3 m.s. sf. *on the day when he is anointed*

עֲשִׂירִת הָאֵפָה adj. f.s. cstr. (798)-def.art.-n.f.s. (35) *a tenth of an ephah*

סֹלֶת n.f.s. (701; GK 131c) *of fine flour*

מִנְחָה n.f.s. (585) *as a cereal offering*

תָּמִיד n.m.s. (556; GK 131c) *regular*

מַחֲצִיתָהּ n.f.s.-3 f.s. sf. (345) *half of it*

בַּבֹּקֶר prep.-def.art.-n.m.s. (133) *in the morning*

וּמַחֲצִיתָהּ conj.-v.supra *and half (of it)*

בָּעָרֶב prep.-def.art.-n.m.s. (787) *in the evening*

6:14

עַל־מַחֲבַת prep.-n.f.s. (290) *on a griddle*

בַּשֶּׁמֶן prep.-def.art.-n.m.s. (1032) *with oil*

תֵּעָשֶׂה Ni. impf. 3 f.s. (עשׂה I 793) *it shall be made*

מֻרְבֶּכֶת Ho. ptc. f.s. (רבך 916) *well-mixed*

תְּבִיאֶנָּה Hi. impf. 2 m.s.-3 f.s. sf. (בוא 97) *you shall bring it*

תֻּפִינֵי n.m.p. cstr. (1074; rd. תֻּפְתֶּנָּה from פָּתַת poss.) *in baked pieces*

מִנְחַת פִּתִּים n.f.s. cstr. (585)-n.f.p. (837) *like a cereal offering of fragments*

תַּקְרִיב Hi. impf. 2 m.s. (קרב 897) *you shall offer it*

רֵיחַ־נִיחֹחַ n.m.s. (926)-n.m.s. (629) *for a pleasing odor*

לַיהוה prep.-pr.n. (217) *to Yahweh*

6:15

וְהַכֹּהֵן conj.-def.art.-n.m.s. (463) *and the priest*

הַמָּשִׁיחַ def.art.-n.m.s. (603) *who is anointed*

תַּחְתָּיו prep.-3 m.s. sf. (1065) *to succeed him*

מִבָּנָיו prep.-n.m.p.-3 m.s. sf. (119) *from among his sons*

יַעֲשֶׂה אֹתָהּ Qal impf. 3 m.s. (עשׂה I 793)-dir.obj.-3 f.s. sf. *shall offer it*

חָק־עוֹלָם n.m.s. (349)-n.m.s. (761) *as decreed for ever*

לַיהוה prep.-pr.n. (217) *to Yahweh*

כָּלִיל adj. m.s. (483) *the whole of it*

תָּקְטָר Ho. impf. 3 f.s. (קטר 882) *shall be burned*

449

6:16

וְכָל־מִנְחַת כֹּהֵן conj.-n.m.s. cstr. (481)-n.f.s. cstr. (585)-n.m.s. (463) *every cereal offering of a priest*

כָּלִיל adj. m.s. (483) *wholly*

תִּהְיֶה Qal impf. 3 f.s. (הָיָה 224) *shall be (burned)*

לֹא תֵאָכֵל neg.-Ni. impf. 3 f.s. (אָכַל 37) *it shall not be eaten*

6:17

וַיְדַבֵּר יהוה consec.-Pi. impf. 3 m.s. (180)-pr.n. (217) *Yahweh said*

אֶל־מֹשֶׁה prep.-pr.n. (602) *to Moses*

לֵאמֹר prep.-Qal inf.cstr. (55) *(saying)*

6:18

דַּבֵּר Pi. impv. 2 m.s. (180) *say*

אֶל־אַהֲרֹן prep.-pr.n. (14) *to Aaron*

וְאֶל־בָּנָיו conj.-prep.-n.m.p.-3 m.s. sf. (119) *and his sons*

לֵאמֹר prep.-Qal inf.cstr. (55) *(saying)*

זֹאת תּוֹרַת demons.adj. f.s. (260)-n.f.s. cstr. (435) *this is the law of*

הַחַטָּאת dir.obj.-n.f.s. (308) *the sin offering*

בִּמְקוֹם אֲשֶׁר prep.-n.m.s. cstr. (879)-rel. (81) *in the place where*

תִּשָּׁחֵט Ni. impf. 3 f.s. (שָׁחַט 1006) *is killed*

הָעֹלָה def.art.-n.f.s. (750) *the burnt offering*

תִּשָּׁחֵט v.supra *shall be killed*

הַחַטָּאת def.art.-n.f.s. (308) *the sin offering*

לִפְנֵי יהוה prep.-n.m.p. cstr. (815)-pr.n. (217) *before Yahweh*

קֹדֶשׁ קָדָשִׁים n.m.s. cstr. (871)-n.m.p. (871) *most holy*

הוּא demons. adj. f.s. (214) *it is*

6:19

הַכֹּהֵן def.art.-n.m.s. (463) *the priest*

הַמְחַטֵּא אֹתָהּ def.art.-Pi. ptc. (חָטָא 306) *who offers it for sin*

יֹאכְלֶנָּה Qal impf. 3 m.s.-3 f.s. sf. (אָכַל 37) *shall eat it*

בְּמָקוֹם קָדֹשׁ prep.-n.m.s. (879)-adj. m.s. (872) *in a holy place*

תֵּאָכֵל Ni. impf. 3 f.s. (אָכַל 37) *it shall be eaten*

בַּחֲצַר prep.-n.m.s. cstr. (346) *in the court of*

אֹהֶל מוֹעֵד n.m.s. cstr. (13)-n.m.s. (417) *the tent of meeting*

6:20

כֹּל אֲשֶׁר־יִגַּע n.m.s. (481)-rel. (81)-Qal impf. 3 m.s. (נָגַע 619) *Whoever touches*

בִּבְשָׂרָהּ prep.-n.m.s.-3 f.s. sf. (142) *its flesh*

יִקְדָּשׁ Qal impf. 3 m.s. paus. (קָדַשׁ 872) *shall be holy*

וַאֲשֶׁר יִזֶּה conj.-rel. (81)-Qal impf. 3 m.s. (נָזָה I 633) *and when is sprinkled*

מִדָּמָהּ prep.-n.m.s.-3 f.s. sf. (196) *any of its blood*

עַל־הַבֶּגֶד prep.-def.art.-n.m.s. (93) *on a garment*

אֲשֶׁר יִזֶּה עָלֶיהָ v.supra-v.supra-prep.-3 f.s. sf. *on which it was sprinkled*

תְּכַבֵּס Pi. impf. 2 m.s. (כָּבַס 460) *you shall wash*

בְּמָקוֹם קָדֹשׁ prep.-n.m.s. (879)-adj. m.s. (872) *in a holy place*

6:21

וּכְלִי־חֶרֶשׂ conj.-n.m.s. (479)-n.m.s. (360) *and the earthen vessel*

אֲשֶׁר תְּבֻשַּׁל־בּוֹ rel. (81)-Pu. impf. 3 f.s. (בָּשַׁל 143)-prep.-3 m.s. sf. *in which it is boiled*

יִשָּׁבֵר Ni. impf. 3 m.s. (שָׁבַר 990) *shall be broken*

וְאִם־בִּכְלִי נְחֹשֶׁת conj.-hypoth.part. (49)-prep.-n.m.s. (479)-n.m.s. I 638) *but if in a bronze vessel*

בֻּשָּׁלָה Pu. pf. 3 f.s. paus. (בָּשַׁל 143) *it is boiled*

וּמֹרַק conj.-Pu. pf. 3 m.s. (מָרַק I 599) *that shall be scoured*

וְשֻׁטַּף conj.-Pu. pf. 3 m.s. (שָׁטַף 1009) *and rinsed*

בַּמָּיִם prep.-def.art.-n.m.p. paus. (565) *in water*

6:22

כָּל־זָכָר n.m.s. cstr. (481)-adj. m.s. (271) *every male*

בַּכֹּהֲנִים prep.-def.art.-n.m.p. (463) *among the priests*

יֹאכַל אֹתָהּ Qal impf. 3 m.s. (אָכַל 37)-dir.obj.-3 f.s. sf. *may eat of it*

קֹדֶשׁ קָדָשִׁים n.m.s. cstr. (871)-n.m.p. (871) *most holy*

הוּא demons.adj. f.s. (214) *it is*

6:23

וְכָל־חַטָּאת conj.-n.m.s. cstr. (481)-n.f.s. (308) *but any sin offering*

אֲשֶׁר יוּבָא rel. (81)-Ho. impf. 3 m.s. (בּוֹא 97) *from which is brought*

מִדָּמָהּ prep.-n.m.s.-3 f.s. sf. (196) *of its blood*

אֶל־אֹהֶל מוֹעֵד prep.-n.m.s. cstr. (13)-n.m.s. (417) *into the tent of meeting*

לְכַפֵּר prep.-Pi. inf.cstr. (כָּפַר 497) *to make atonement*

בַּקֹּדֶשׁ prep.-def.art.-n.m.s. (871) *in the holy place*

לֹא תֵאָכֵל neg.-Ni. impf. 3 f.s. (אָכַל 37) *it shall not be eaten*

בָּאֵשׁ prep.-def.art.-n.f.s. (77) *with fire*

תִּשָּׂרֵף Ni. impf. 3 f.s. (שָׂרַף 976) *it shall be burned*

7:1

וְזֹאת תּוֹרַת conj.-demons.adj. f.s. (260)-n.f.s. cstr. (435) *this is the law of*

הָאָשָׁם def.art.-n.m.s. (79) *the guilt offering*

קֹדֶשׁ קָדָשִׁים הוּא n.m.s. cstr. (871)-n.m.p. (871) -demons.adj. m.s. (214) *it is most holy*

7:2

בִּמְקוֹם prep.-n.m.s. cstr. (879) *in the place*

אֲשֶׁר יִשְׁחֲטוּ rel. (81)-Qal impf. 3 m.p. (שָׁחַט 1006) *where they kill*

אֶת־הָעֹלָה dir.obj.-def.art.-n.f.s. (750) *the burnt offering*

יִשְׁחֲטוּ אֶת־הָאָשָׁם v.supra-dir.obj.-def.art.-n.m.s. (79) *they kill the guilt offering*

וְאֶת־דָּמוֹ conj.-dir.obj.-n.m.s.-3 m.s. sf. (196) *and its blood*

יִזְרֹק Qal impf. 3 m.s. (זָרַק 284) *one shall sprinkle*

עַל־הַמִּזְבֵּחַ prep.-def.art.-n.m.s. (258) *on the altar*

סָבִיב adv. (686) *round about*

7:3

וְאֵת כָּל־חֶלְבּוֹ conj.-dir.obj.-n.m.s. cstr. (481) -n.m.s.-3 m.s. sf. (316) *and all its fat*

יַקְרִיב מִמֶּנּוּ Hi. impf. 3 m.s. (קָרַב 897)-prep.-3 m.s. sf. *one shall offer (of it)*

אֵת הָאַלְיָה dir.obj.-def.art.-n.f.s. (46) *the fat tail*

וְאֶת־הַחֵלֶב conj.-dir.obj.-def.art.-n.m.s. (316) *(and) the fat*

הַמְכַסֶּה def.art.-Pi. ptc. (כָּסָה 491) *that covers*

אֶת־הַקֶּרֶב dir.obj.-def.art.-n.m.s. (899) *the entrails*

7:4

וְאֵת שְׁתֵּי הַכְּלָיֹת conj.-dir.obj.-n.f.p. cstr. (1040) -def.art.-n.f.p. (480) *(and) the two kidneys*

וְאֶת־הַחֵלֶב conj.-dir.obj.-def.art.-n.m.s. (316) *with the fat*

אֲשֶׁר עֲלֵיהֶן rel. (81)-prep.-3 f.p. sf. *that is on them*

אֲשֶׁר עַל־הַכְּסָלִים v.supra-prep.-def.art.-n.m.p. (492) *at the loins*

וְאֶת־הַיֹּתֶרֶת conj.-dir.obj.-def.art.-n.f.s. (452) *and the appendage*

עַל־הַכָּבֵד prep.-def.art.-n.m.s. 458) *of the liver*

עַל־הַכְּלָיֹת prep.-def.art.-v.supra *with the kidneys*

יְסִירֶנָּה Hi. impf. 3 m.s.-3 f.s. sf. (סוּר 693) *which he shall take away*

7:5

וְהִקְטִיר אֹתָם conj.-Hi. pf. 3 m.s. (882)-dir.obj.-3 m.p. sf. *shall burn them*

הַכֹּהֵן def.art.-n.m.s. (463) *the priest*

הַמִּזְבֵּחָה dir.obj.-n.m.s.-loc.he (258) *on the altar*

אִשֶּׁה n.m.s. (77) *as an offering by fire*

לַיהוָה prep.-pr.n. (217) *to Yahweh*

אָשָׁם הוּא n.m.s. (79)-demons.adj. m.s. (214) *it is a guilt offering*

7:6

כָּל־זָכָר n.m.s. cstr. (481)-adj. m.s. (271) *every male*

בַּכֹּהֲנִים prep.-def.art.-n.m.p. (463) *among the priests*

יֹאכְלֶנּוּ Qal impf. 3 m.s.-3 m.s. sf. (אָכַל 37) *may eat of it*

בְּמָקוֹם קָדוֹשׁ prep.-n.m.s. (879)-adj. m.s. (872) *in a holy place*

יֵאָכֵל Ni. impf. 3 m.s. (אָכַל 37) *it shall be eaten*

קֹדֶשׁ קָדָשִׁים הוּא n.m.s. (871)-n.m.p. (871) -demons.adj. m.s. (214) *it is most holy*

7:7

כַּחַטָּאת prep.-def.art.-n.f.s. (308) *like the sin offering*

כָּאָשָׁם prep.-def.art.-n.m.s. (79) *as the guilt offering*

תּוֹרָה אַחַת n.f.s. (435)-adj. f.s. (25) *one law*

לָהֶם prep.-3 m.p. sf. *for them*

הַכֹּהֵן def.art.-n.m.s. (463) *the priest*

אֲשֶׁר יְכַפֶּר־בּוֹ rel. (81)-Pi. impf. 3 m.s. (497) -prep.-3 m.s. sf. *who makes atonement with it*

לוֹ יִהְיֶה prep.-3 m.s. sf.-Qal impf. 3 m.s. (הָיָה 224) *shall have it*

7:8

וְהַכֹּהֵן conj.-def.art.-n.m.s. (463) *and the priest*

הַמַּקְרִיב def.art.-Hi. ptc. (קָרַב 897) *who offers*

אֶת־עֹלַת אִישׁ dir.obj.-n.f.s. cstr. (750)-n.m.s. (35) *any man's burnt offering*

עוֹר הָעֹלָה n.m.s. cstr. (736)-def.art.-n.f.s. (750; GK 117d) *the skin of the burnt offering*

אֲשֶׁר הִקְרִיב rel. (81)-Hi. pf. 3 m.s. (897) *which he has offered*

לַכֹּהֵן prep.-def.art.-n.m.s. (463) *the priest*

לוֹ יִהְיֶה prep.-3 m.s. sf.-Qal impf. 3 m.s. (224) *shall have for himself*

7:9

וְכָל־מִנְחָה conj.-n.m.s. cstr. (481)-n.f.s. (585) *and every cereal offering*

אֲשֶׁר תֵּאָפֶה rel. (81)-Ni. impf. 3 f.s. (66) *which is baked*

בַּתַּנּוּר prep.-def.art.-n.m.s. (1072) *in the oven*

וְכָל־נַעֲשָׂה conj.-n.m.s. cstr. (481)-Ni. ptc. f.s. (I 793 עשׂה) *and all that is prepared*

בַּמַּרְחֶשֶׁת prep.-def.art.-n.f.s. (935) *on a pan*

וְעַל־מַחֲבַת conj.-prep.-n.f.s. (290) *or a griddle*

לַכֹּהֵן prep.-def.art.-n.m.s. (463) *to the priest*

הַמַּקְרִיב אֹתָהּ dir.obj.-Hi. ptc. (897)-dir.obj.-3 f.s. sf. *who offers it*

לוֹ תִהְיֶה prep.-3 m.s. sf.-Qal impf. 3 f.s. (224) *shall belong*

7:10

וְכָל־מִנְחָה conj.-n.m.s. cstr. (481)-n.f.s. (585) *and every cereal offering*

בְלוּלָה־בַשֶּׁמֶן Qal pass.ptc. f.s. (בָּלַל I 117)-prep.-def.art.-n.m.s. (1032) *mixed with oil*

וַחֲרֵבָה conj.-adj. f.s. (I 351) *or dry*

לְכָל־בְּנֵי אַהֲרֹן prep.-n.m.s. cstr. (481)-n.m.p. cstr. (119)-pr.n. (14) *for all the sons of Aaron*

תִּהְיֶה Qal impf. 3 f.s. (הָיָה 224) *shall be*

אִישׁ כְּאָחִיו n.m.s. (35)-prep.-n.m.s.-3 m.s. sf. (26) *one as well as another* (lit. *one as his brother*)

7:11

וְזֹאת תּוֹרַת conj.-demons.adj. f.s. (260)-n.f.s. cstr. (435) *and this is the law of*

זֶבַח הַשְּׁלָמִים n.m.s. cstr. (257)-def.art.-n.m.s. (1023) *the sacrifice of peace offerings*

אֲשֶׁר יַקְרִיב rel. (81)-Hi. impf. 3 m.s. (897) *which one may offer*

לַיהוה prep.-pr.n. (217) *to Yahweh*

7:12

אִם עַל־תּוֹדָה hypoth.part. (49)-prep.-n.f.s. (392) *if for a thanksgiving*

יַקְרִיבֶנּוּ Hi. impf. 3 m.s.-3 m.s. sf. (קרב 897) *he offers it*

וְהִקְרִיב conj.-Hi. pf. 3 m.s. (897) *then he shall offer*

עַל־זֶבַח הַתּוֹדָה prep.-n.m.s. cstr. (257)-def.art.-n.f.s. (392) *with the thank offering*

חַלּוֹת מַצּוֹת n.f.p. (319)-n.f.p. (595) *unleavened wafers*

בְּלוּלֹת Qal pass.ptc. f.p. (בָּלַל I 117) *mixed*

בַּשֶּׁמֶן prep.-def.art.-n.m.s. (1032) *with oil*

וּרְקִיקֵי מַצּוֹת conj.-n.m.p. cstr. (956)-v.supra *and unleavened wafers*

מְשֻׁחִים Qal pass.ptc. m.p. (מָשַׁח 602) *spread*

בַּשֶּׁמֶן prep.-def.art.-n.m.s. (1032) *with oil*

וְסֹלֶת מֻרְבֶּכֶת conj.-n.f.s. (701)-Ho. ptc. f.s. (רבך 916) *fine flour well mixed*

חַלֹּת n.f.p. (319) *cakes*

בְּלוּלֹת Qal pass.ptc. f.p. (בָּלַל I 117) *mixed*

בַּשֶּׁמֶן v.supra *with oil*

7:13

עַל־חַלֹּת prep.-n.f.p. cstr. (319) *with cakes of*

לֶחֶם חָמֵץ n.m.s. (536)-n.m.s. (329) *leavened bread*

יַקְרִיב Hi. impf. 3 m.s. (897) *he shall bring*

קָרְבָּנוֹ n.m.s.-3 m.s. sf. (898) *his offering*

עַל־זֶבַח prep.-n.m.s. cstr. (257) *with the sacrifice of*

תּוֹדַת שְׁלָמָיו n.f.s. cstr. (392)-n.m.p.-3 m.s. sf. (1023) *his peace offerings for thanksgiving*

7:14

וְהִקְרִיב מִמֶּנּוּ conj.-Hi. pf. 3 m.s. (897)-prep.-3 m.s. sf. *and of such he shall offer*

אֶחָד num. m.s. (25) *one (cake)*

מִכָּל־קָרְבָּן prep.-n.m.s. cstr. (481)-n.m.s. (898) *from each offering*

תְּרוּמָה n.f.s. (929) *as an offering*

לַיהוה prep.-pr.n. (217) *to Yahweh*

לַכֹּהֵן prep.-def.art.-n.m.s. (463) *to the priest*

הַזֹּרֵק def.art.-Qal act.ptc. (זָרַק 284) *who throws*

אֶת־דַּם הַשְּׁלָמִים dir.obj.-n.m.s. cstr. (196)-def.art.-n.m.p. (1023) *the blood of the peace offerings*

לוֹ יִהְיֶה prep.-3 m.s. sf.-Qal impf. 3 m.s. (224) *it shall belong (to him)*

7:15

וּבְשַׂר conj.-n.m.s. cstr. (142) *and the flesh of*

זֶבַח n.m.s. cstr. (257) *the sacrifice of*

תּוֹדַת שְׁלָמָיו n.f.s. cstr. (392)-n.m.p.-3 m.s. sf. (1023) *his peace offerings for thanksgiving*

בְּיוֹם קָרְבָּנוֹ prep.-n.m.s. cstr. (398)-n.m.s.-3 m.s. sf. (898) *on the day of his offering*

יֵאָכֵל Ni. impf. 3 m.s. (אכל 37) *shall be eaten*

לֹא־יַנִּיחַ מִמֶּנּוּ neg.-Hi. impf. 3 m.s. (נוח 628) -prep.-3 m.s. sf. *he shall not leave any of it*

עַד־בֹּקֶר prep.-n.m.s. (133) *until the morning*

7:16

וְאִם־נֶדֶר conj.-hypoth.part. (49)-n.m.s. (623) *but if a votive offering*

אוֹ נְדָבָה conj. (14)-n.f.s. (621) *or a freewill offering*

זֶבַח קָרְבָּנוֹ n.m.s. cstr. (257)-n.m.s.-3 m.s. sf. (898) *the sacrifice of his offering*

בְּיוֹם הַקְרִיבוֹ prep.-n.m.s. cstr. (398)-Hi. inf.cstr. -3 m.s. sf. (קרב 897) *on the day that he offers*

אֶת־זִבְחוֹ dir.obj.-n.m.s.-3 m.s. sf. (257) *his sacrifice*

יֵאָכֵל Ni. impf. 3 m.s. (אכל 37) *it shall be eaten*

וּמִמָּחֳרָת conj.-prep.-n.m.s. (564) *and on the morrow*

וְהַנּוֹתָר conj.-def.art.-Ni. ptc. m.s. (יתר 451) *and what remains*

מִמֶּנּוּ prep.-3 m.s. sf. *of it*

יֵאָכֵל v.supra *shall be eaten*

7:17

וְהַנּוֹתָר conj.-def.art.-Ni. ptc. m.s. (יתר 451) *but what remains*

מִבְּשַׂר הַזָּבַח prep.-n.m.s. cstr. (142)-def.art. -n.m.s. paus. (257) *of the flesh of the sacrifice*

בַּיּוֹם הַשְּׁלִישִׁי prep.-def.art.-n.m.s. (398)-def.art. -num.adj. (1026) *on the third day*

בָּאֵשׁ יִשָּׂרֵף prep.-def.art.-n.f.s. (77)-Ni. impf. 3 m.s. (שׂרף 976) *shall be burned with fire*

7:18

וְאִם conj.-hypoth.part. (49) *and if*

הֵאָכֹל יֵאָכֵל Ni. inf.abs. (אכל 37)-Ni. impf. 3 m.s. (37) *is eaten*

מִבְּשַׂר־זֶבַח prep.-n.m.s. cstr. (142)-n.m.s. cstr. (257) *any of the flesh of the sacrifice of*

שְׁלָמָיו n.m.p.-3 m.s. sf. (1023) *his peace offerings*

בַּיּוֹם הַשְּׁלִישִׁי prep.-def.art.-n.m.s. (398)-def.art. -num.adj. (1026) *on the third day*

לֹא יֵרָצֶה neg.-Ni. impf. 3 m.s. (רצה 953) *shall not be accepted*

הַמַּקְרִיב אֹתוֹ def.art.-Hi. ptc. (קרב 897) -dir.obj.-3 m.s. sf. *he who offers it*

לֹא יֵחָשֵׁב לוֹ neg.-Ni. impf. 3 m.s. 362)-prep.-3 m.s. sf. *neither shall it be credited to him*

פִּגּוּל n.m.s. (803) *an abomination*

יִהְיֶה Qal impf. 3 m.s. (היה 224) *it shall be*

וְהַנֶּפֶשׁ conj.-def.art.-n.f.s. (659) *and he who* (lit. *the person*)

הָאֹכֶלֶת מִמֶּנּוּ def.art.-Qal act.ptc. f.s. (37) -prep.-3 m.s. sf. *eats of it*

עֲוֺנָהּ תִּשָּׂא n.m.s.-3 f.s. (730)-Qal impf. 3 f.s. (נשׂא 669) *shall bear his iniquity*

7:19

וְהַבָּשָׂר conj.-def.art.-n.m.s. (142) *and the flesh*

אֲשֶׁר־יִגַּע rel. (81)-Qal impf. 3 m.s. (נגע 619) *that touches*

בְּכָל־טָמֵא prep.-n.m.s. cstr. (481)-adj. m.s. (II 379) *any unclean thing*

לֹא יֵאָכֵל neg.-Ni. impf. 3 m.s. (אכל 37) *shall not be eaten*

בָּאֵשׁ יִשָּׂרֵף prep.-def.art.-n.f.s. (77)-Ni. impf. 3 m.s. (שׂרף 976) *it shall be burned with fire*

וְהַבָּשָׂר v.supra (*and the flesh*)

כָּל־טָהוֹר n.m.s. (481)-adj. m.s. (373) *all who are clean*

יֹאכַל בָּשָׂר Qal impf. 3 m.s. (אכל 37)-n.m.s. (142) *may eat flesh*

7:20

וְהַנֶּפֶשׁ conj.-def.art.-n.f.s. (659) *but the person*

אֲשֶׁר־תֹּאכַל rel. (81)-Qal impf. 3 f.s. (37) *who eats*

בָּשָׂר n.m.s. (142) *the flesh*

מִזֶּבַח הַשְּׁלָמִים prep.-n.m.s. cstr. (257)-def.art. -n.m.p. (1023) *of the sacrifice of the peace offerings*

אֲשֶׁר לַיהוה rel. (81)-prep.-pr.n. (217) *of Yahweh*

וְטֻמְאָתוֹ עָלָיו conj.-n.f.s.-3 m.s. sf. (380)-prep.-3 m.s. sf. *while an uncleanness is on him*

וְנִכְרְתָה הַנֶּפֶשׁ הַהִוא conj.-Ni. pf. 3 f.s. (כרת 503)-v.supra-def.art.-demons.adj. f.s. (214) *that person shall be cut off*

מֵעַמֶּיהָ prep.-n.m.p.-3 f.s. sf. (I 766) *from his people*

7:21

וְנֶפֶשׁ כִּי־תִגַּע conj.-n.f.s. (659)-conj. (471)-Qal impf. 3 f.s. (נגע 619) *and if any one touches*

בְּכָל־טָמֵא prep.-n.m.s. cstr. (481)-adj. m.s. (379) *an unclean thing*

בְּטֻמְאַת אָדָם prep.-n.f.s. cstr. (380)-n.m.s. (9) *whether the uncleanness of man*

453

אוֹ בִּבְהֵמָה טְמֵאָה conj. (14)-prep.-n.f.s. (96)-adj. f.s. (II 379) *or an unclean beast*

אוֹ בְּכָל־שֶׁקֶץ טָמֵא v.supra-prep.-n.m.s. cstr. (481)-n.m.s. (1054)-adj. m.s. (379) *or any unclean abomination*

וְאָכַל conj.-Qal pf. 3 m.s. (37) *and then eats*

מִבְּשַׂר־זֶבַח הַשְּׁלָמִים prep.-n.m.s. cstr. (142) -n.m.s. cstr. (257)-def.art.-n.m.p. (1023) *of the flesh of the sacrifice of the peace offerings*

אֲשֶׁר לַיהוה rel. (81)-prep.-pr.n. (217) *of Yahweh*

וְנִכְרְתָה conj.-Ni. pf. 3 f.s. (כָּרַת 503) *shall be cut off*

הַנֶּפֶשׁ הַהִוא def.art.-n.f.s. (659)-def.art. -demons.adj. f.s. (214) *that person*

מֵעַמֶּיהָ prep.-n.m.p.-3 f.s. sf. (I 766) *from his people*

7:22

וַיְדַבֵּר יהוה consec.-Pi. impf. 3 m.s. (180)-pr.n. (217) *Yahweh said*

אֶל־מֹשֶׁה prep.-pr.n. (602) *to Moses*

לֵאמֹר prep.-Qal inf.cstr. (55) *(saying)*

7:23

דַּבֵּר Pi. impv. 2 m.s. (180) *say*

אֶל־בְּנֵי יִשְׂרָאֵל prep.-n.m.p. cstr. (119)-pr.n. (975) *to the people of Israel*

לֵאמֹר prep.-Qal inf.cstr. (55) *(saying)*

כָּל־חֵלֶב n.m.s. cstr. (481)-n.m.s. (316) *any fat*

שׁוֹר n.m.s. (1004) *of ox*

וְכֶשֶׂב conj.-n.m.s. (461) *or sheep*

וָעֵז conj.-n.f.s. (777) *or goat*

לֹא תֹאכֵלוּ (37) neg.-Qal impf. 2 m.p. paus. (אָכַל 37) *you shall not eat*

7:24

וְחֵלֶב נְבֵלָה conj.-n.m.s. cstr. (316)-n.f.s. (615) *the fat of one that dies of itself (corpse)*

וְחֵלֶב טְרֵפָה v.supra-n.f.s. (383) *and the fat of one that is torn by beasts*

יֵעָשֶׂה Ni. impf. 3 m.s. (עָשָׂה I 793) *may be put*

לְכָל־מְלָאכָה prep.-n.m.s. cstr. (481)-n.f.s. (521) *to any other use*

וְאָכֹל לֹא תֹאכְלֻהוּ conj.-Qal inf.abs. (37)-neg. -Qal impf. 2 m.p.-3 m.s. sf. (אָכַל 37) *but on no account shall you eat it*

7:25

כִּי כָּל־אֹכֵל חֵלֶב conj.-n.m.s. cstr. (481)-Qal act.ptc. (37)-n.m.s. (316) *for every person who eats of the fat*

מִן־הַבְּהֵמָה prep.-def.art.-n.f.s. (96) *of an animal*

אֲשֶׁר יַקְרִיב rel. (81)-Hi. impf. 3 m.s. (קָרַב 897) *of which is made*

מִמֶּנָּה אִשֶּׁה prep.-3 f.s. sf.-n.m.s. (77) *from it an offering by fire*

לַיהוה prep.-pr.n. (217) *to Yahweh*

וְנִכְרְתָה conj.-Ni. pf. 3 f.s. (כָּרַת 503) *shall be cut off*

הַנֶּפֶשׁ הָאֹכֶלֶת def.art.-n.f.s. (659)-def.art.-Qal act.ptc. f.s. (אָכַל 37) *the person who eats*

מֵעַמֶּיהָ prep.-n.m.p.-3 f.s. sf. (I 766) *from his people*

7:26

וְכָל־דָּם conj.-n.m.s. cstr. (481)-n.m.s. (196) *and any blood*

לֹא תֹאכְלוּ neg.-Qal impf. 2 m.p. (37) *you shall not eat*

בְּכֹל מוֹשְׁבֹתֵיכֶם prep.-n.m.s. cstr. (481)-n.m.p.-2 m.p. sf. (444) *in any of your dwellings*

לָעוֹף prep.-def.art.-n.m.s. (733) *whether of fowl*

וְלַבְּהֵמָה conj.-prep.-def.art.-n.f.s. (96) *or of animal*

7:27

כָּל־נֶפֶשׁ n.m.s. cstr. (481)-n.f.s. (659) *whoever*

אֲשֶׁר־תֹּאכַל rel. (81)-Qal impf. 3 f.s. (אָכַל 37) *eats*

כָּל־דָּם n.m.s. cstr. (481)-n.m.s. (196) *any blood*

וְנִכְרְתָה conj.-Ni. pf. 3 f.s. (כָּרַת 503) *shall be cut off*

הַנֶּפֶשׁ הַהִוא def.art.-n.f.s. (659)-def.art. -demons.adj. f.s. (214) *that person*

מֵעַמֶּיהָ prep.-n.m.p.-3 f.s. sf. (I 766) *from his people*

7:28

וַיְדַבֵּר יהוה consec.-Pi. impf. 3 m.s. (180)-pr.n. (217) *Yahweh said*

אֶל־מֹשֶׁה prep.-pr.n. (602) *to Moses*

לֵאמֹר prep.-Qal inf.cstr. (55) *(saying)*

7:29

דַּבֵּר Pi. impv. 2 m.s. (180) *say*

אֶל־בְּנֵי יִשְׂרָאֵל prep.-n.m.p. cstr. (119)-pr.n. (975) *to the people of Israel*

לֵאמֹר prep.-Qal inf.cstr. (55) *(saying)*

הַמַּקְרִיב def.art.-Hi. ptc. (קָרַב 897) *he that offers*

אֶת־זֶבַח שְׁלָמָיו dir.obj.-n.m.s. cstr. (257)-n.m.p.
-3 m.s. sf. (1023) *the sacrifice of his peace offerings*

לַיהוה prep.-pr.n. (217) *to Yahweh*

יָבִיא Hi. impf. 3 m.s. (בּוֹא 97) *shall bring*

אֶת־קָרְבָּנוֹ dir.obj.-n.m.s.-3 m.s. sf. (898) *his offering*

לַיהוה v.supra *to Yahweh*

מִזֶּבַח שְׁלָמָיו prep.-v.supra-v.supra *from the sacrifice of his peace offerings*

7:30

יָדָיו n.f.p.-3 m.s. sf. (388) *with his own hands*

תְּבִיאֶינָה Hi. impf. 3 f.p. (בּוֹא 97) *he shall bring* (lit. *his hands shall bring*)

אֵת אִשֵּׁי יהוה dir.obj.-n.m.p. cstr. (77)-pr.n. (217) *the offerings by fire to Yahweh*

אֶת־הַחֵלֶב dir.obj.-def.art.-n.m.s. (316) *the fat*

עַל־הֶחָזֶה prep. (II 752)-def.art.-n.m.s. (303) *with the breast*

יְבִיאֶנּוּ Hi. impf. 3 m.s.-3 m.s. sf. (בּוֹא 97) *he shall bring (it)*

אֵת הֶחָזֶה dir.obj.-v.supra *that the breast*

לְהָנִיף אֹתוֹ prep.-Hi. inf.cstr. (נוף 631)-dir.obj.-3 m.s. sf. *may be waved*

תְּנוּפָה n.f.s. (632) *as a wave offering*

לִפְנֵי יהוה prep.-n.m.p. cstr. (815)-pr.n. (217) *before Yahweh*

7:31

וְהִקְטִיר conj.-Hi. pf. 3 m.s. (קטר 882) *shall burn*

הַכֹּהֵן def.art.-n.m.s. (463) *the priest*

אֶת־הַחֵלֶב dir.obj.-def.art.-n.m.s. (316) *the fat*

הַמִּזְבֵּחָה def.art.-n.m.s.-loc.he (258) *on the altar*

וְהָיָה הֶחָזֶה conj.-Qal pf. 3 m.s. (224)-def.art.-n.m.s. (303) *but the breast shall be*

לְאַהֲרֹן prep.-pr.n. (14) *for Aaron*

וּלְבָנָיו conj.-prep.-n.m.p.-3 m.s. sf. (119) *and his sons*

7:32

וְאֵת שׁוֹק הַיָּמִין conj.-dir.obj.-n.f.s. cstr. (1003)-def.art.-n.f.s. (411) *and the right thigh*

תִּתְּנוּ Qal impf. 2 m.p. (נָתַן 678) *you shall give*

תְרוּמָה n.f.s. (929) *as an offering*

לַכֹּהֵן prep.-def.art.-n.m.s. (463) *to the priest*

מִזִּבְחֵי שַׁלְמֵיכֶם prep.-n.m.p. cstr. (257)-n.m.p.-2 m.p. sf. (1023) *from the sacrifice of your peace offerings*

7:33

הַמַּקְרִיב def.art.-Hi. ptc. (קרב 897) *he who offers*

אֶת־דַּם הַשְּׁלָמִים dir.obj.-n.m.s. cstr. (196)-def.art.-n.m.p. (1023) *the blood of the peace offerings*

וְאֶת־הַחֵלֶב conj.-dir.obj.-def.art.-n.m.s. (316) *and the fat*

מִבְּנֵי אַהֲרֹן prep.-n.m.p. cstr. (119)-pr.n. (14) *among the sons of Aaron*

לוֹ תִהְיֶה prep.-3 m.s. sf.-Qal impf. 3 f.s. *shall have* (lit. *shall be to him*)

שׁוֹק הַיָּמִין n.f.s. cstr. (1003)-def.art.-n.f.s. (411) *the right thigh*

לְמָנָה prep.-n.f.s. (584) *for a portion*

7:34

כִּי אֶת־חֲזֵה הַתְּנוּפָה conj. (471)-dir.obj.-n.m.s. cstr. (303)-def.art.-n.f.s. (632) *for the breast that is waved*

וְאֵת שׁוֹק הַתְּרוּמָה conj.-dir.obj.-n.f.s. cstr. (1003)-def.art.-n.f.s. (929) *and the thigh that is offered*

לָקַחְתִּי Qal pf. 1 c.s. (לקח 542) *I have taken*

מֵאֵת בְּנֵי־יִשְׂרָאֵל prep.-prep. (85)-n.m.p. cstr. (119)-pr.n. (975) *from the people of Israel*

מִזִּבְחֵי שַׁלְמֵיהֶם prep.-n.m.p. cstr. (257)-n.m.p.-3 m.p. sf. (1023) *out of the sacrifices of their peace offerings*

וָאֶתֵּן אֹתָם consec.-Qal impf. 1 c.s. (נָתַן 678)-dir.obj.-3 m.p. sf. *and I have given them*

לְאַהֲרֹן הַכֹּהֵן prep.-pr.n. (14)-def.art.-n.m.s. (463) *to Aaron the priest*

וּלְבָנָיו conj.-prep.-n.m.p.-3 m.s. sf. (119) *and to his sons*

לְחָק־עוֹלָם prep.-n.m.s. cstr. (349)-n.m.s. (761) *as a perpetual due*

מֵאֵת בְּנֵי יִשְׂרָאֵל prep.-prep. (85)-n.m.p. cstr. (119)-pr.n. (975) *from the people of Israel*

7:35

זֹאת מִשְׁחַת demons.adj. f.s. (260)-n.f.s. cstr. (603) *this is the portion of*

אַהֲרֹן pr.n. (14) *Aaron*

וּמִשְׁחַת בָּנָיו conj.-v.supra-n.m.p.-3 m.s. sf. (119) *and of his sons*

מֵאִשֵּׁי יהוה prep.-n.m.p. cstr. (77)-pr.n. (217) *from the offerings made by fire to Yahweh*

בְּיוֹם prep.-n.m.s. cstr. (398; GK 155,l) *on the day that*

הִקְרִיב אֹתָם Hi. pf. 3 m.s. (קרב 897; GK 53,l; rd. inf.cstr. הַקְרִיב)-dir.obj.-3 m.p. sf. *they were presented*

לְכַהֵן prep.-Pi. inf.cstr. (כהן II 464) *to serve as priests*

לַיהוה prep.-pr.n. (217) *of Yahweh*

7:36

אֲשֶׁר צִוָּה יהוה rel. (81)-Pi. pf. 3 m.s. (צוה 845)-pr.n. (217) *Yahweh commanded this*

לָתֵת לָהֶם prep.-Qal inf.cstr. (נתן 678)-prep.-3 m.p. sf. *to be given them*

בְּיוֹם מָשְׁחוֹ אֹתָם prep.-n.m.s. cstr. (398)-Qal inf.cstr.-3 m.s. sf. (משח 602)-dir.obj.-3 m.p. sf. *on the day that they were anointed*

מֵאֵת בְּנֵי יִשְׂרָאֵל prep.-prep. (85)-n.m.p. cstr. (119)-pr.n. (975) *by the people of Israel*

חֻקַּת עוֹלָם n.f.s. cstr. (349)-n.m.s. (761) *it is a perpetual due*

לְדֹרֹתָם prep. n.m.p.-3 m.p. sf. (189) *throughout their generations*

7:37

זֹאת הַתּוֹרָה demons.adj. f.s. (260)-def.art.-n.f.s. (435) *this is the law*

לָעֹלָה prep.-def.art.-n.f.s. (750) *of the burnt offering*

לַמִּנְחָה prep.-def.art.-n.f.s. (585) *of the cereal offering*

וְלַחַטָּאת conj.-prep.-n.f.s. (308) *of the sin offering*

וְלָאָשָׁם conj.-prep.-def.art.-n.m.s. (79) *and of the guilt offering*

וְלַמִּלּוּאִים conj.-prep.-def.art.-n.m.p. (571) *and of the installation offering*

וּלְזֶבַח הַשְּׁלָמִים conj.-prep.-n.m.s. cstr. (257)-def.art.-n.m.p. (1023) *and of the peace offerings*

7:38

אֲשֶׁר צִוָּה יהוה rel. (81)-Pi. pf. 3 m.s. (צוה 845)-pr.n. (217) *which Yahweh commanded*

אֶת־מֹשֶׁה dir.obj.-pr.n. (602) *Moses*

בְּהַר סִינַי prep.-n.m.s. cstr. (249)-pr.n. (696) *on Mount Sinai*

בְּיוֹם צַוֹּתוֹ prep.-n.m.s. cstr. (398)-Pi. inf.cstr.-3 m.s. sf. (צוה 845) *on the day that he commanded*

אֶת־בְּנֵי יִשְׂרָאֵל dir.obj.-n.m.p. cstr. (119)-pr.n. (975) *the people of Israel*

לְהַקְרִיב prep.-Hi. inf.cstr. (קרב 897) *to bring*

אֶת־קָרְבְּנֵיהֶם dir.obj.-n.m.p.-3 m.p. sf. (898) *their offerings*

לַיהוה prep.-pr.n. (217) *to Yahweh*

בְּמִדְבַּר סִינָי prep.-n.m.s. cstr. (184)-pr.n. (696) *in the wilderness of Sinai*

8:1

וַיְדַבֵּר יהוה consec.-Pi. impf. 3 m.s. (180)-pr.n. (217) *Yahweh said*

אֶל־מֹשֶׁה prep.-pr.n. (602) *to Moses*

לֵאמֹר prep.-Qal inf.cstr. (55) *(saying)*

8:2

קַח Qal impv. 2 m.s. (לקח 542) *take*

אֶת־אַהֲרֹן dir.obj.-pr.n. (14) *Aaron*

וְאֶת־בָּנָיו conj.-dir.obj.-n.m.p.-3 m.s. sf. (119) *and his sons*

אִתּוֹ prep. (85)-3 m.s. sf. *with him*

וְאֵת הַבְּגָדִים conj.-dir.obj.-def.art.-n.m.p. (93) *and the garments*

וְאֵת שֶׁמֶן הַמִּשְׁחָה conj.-dir.obj.-n.m.s. cstr. (1032)-def.art.-n.f.s. (603) *and the anointing oil*

וְאֵת פַּר הַחַטָּאת conj.-dir.obj.-n.m.s. cstr. (830)-def.art.-n.f.s. (308) *and the bull of the sin offering*

וְאֵת שְׁנֵי הָאֵילִים conj.-dir.obj.-num. p. cstr. (1040)-def.art.-n.m.p. (17) *and the two rams*

וְאֵת סַל הַמַּצּוֹת conj.-dir.obj.-n.m.s. cstr. (700)-def.art.-n.f.p. (595) *and the basket of unleavened bread*

8:3

וְאֵת כָּל־הָעֵדָה conj.-dir.obj.-n.m.s. cstr. (481)-def.art.-n.f.s. (417) *and all the congregation*

הַקְהֵל Hi. impv. 2 m.s. (קהל 874) *assemble*

אֶל־פֶּתַח prep.-n.m.s. cstr. (835) *at the door of*

אֹהֶל מוֹעֵד n.m.s. cstr. (13)-n.m.s. (417) *the tent of meeting*

8:4

וַיַּעַשׂ מֹשֶׁה consec.-Qal impf. 3 m.s. (עשה I 793)-pr.n. (602) *and Moses did*

כַּאֲשֶׁר צִוָּה יהוה prep.-rel. (81)-Pi. pf. 3 m.s. (צוה 845)-pr.n. (217) *as Yahweh commanded*

אֹתוֹ dir.obj.-3 m.s. sf. *him*

וַתִּקָּהֵל הָעֵדָה consec.-Ni. impf. 3 f.s. (קהל 874)-def.art.-n.f.s. (417) *and the congregation was assembled*

אֶל־פֶּתַח prep.-n.m.s. cstr. (835) *at the door of*

אֹהֶל מוֹעֵד n.m.s. cstr. (13)-n.m.s. (417) *the tent of meeting*

8:5

וַיֹּאמֶר מֹשֶׁה consec.-Qal impf. 3 m.s. (55)-pr.n. (602) *and Moses said*

אֶל־הָעֵדָה prep.-def.art.-n.f.s. (417) *to the congregation*

זֶה הַדָּבָר demons.adj. m.s. (260)-def.art.-n.m.s. (182) *this is the thing*

אֲשֶׁר־צִוָּה יהוה rel. (81)-Pi. pf. 3 m.s. (845)-pr.n. (217) *which Yahweh has commanded*

לַעֲשׂוֹת prep.-Qal inf.cstr. (עשׂה I 793) *to be done*

8:6

וַיַּקְרֵב מֹשֶׁה consec.-Hi. impf. 3 m.s. (קרב 897)-pr.n. (602) *and Moses brought*

אֶת־אַהֲרֹן dir.obj.-pr.n. (14) *Aaron*

וְאֶת־בָּנָיו conj.-dir.obj.-n.m.p.-3 m.s. sf. (119) *and his sons*

וַיִּרְחַץ אֹתָם consec.-Qal impf. 3 m.s. (רחץ 934)-dir.obj.-3 m.p. sf. *and washed them*

בַּמָּיִם prep.-def.art.-n.m.p. (565) *with water*

8:7

וַיִּתֵּן עָלָיו consec.-Qal impf. 3 m.s. (נתן 678)-prep.-3 m.s. sf. *and he put on him*

אֶת־הַכֻּתֹּנֶת dir.obj.-def.art.-n.f.s. (509) *the coat*

וַיַּחְגֹּר אֹתוֹ consec.-Qal impf. 3 m.s. (חגר 291) *and girded him*

בָּאַבְנֵט prep.-def.art.-n.m.s. (126) *with the girdle*

וַיַּלְבֵּשׁ אֹתוֹ consec.-Hi. impf. 3 m.s. (לבשׁ 527)-dir.obj.-3 m.s. sf. *and clothed him*

אֶת־הַמְּעִיל dir.obj.-def.art.-n.m.s. (591) *with the robe*

וַיִּתֵּן עָלָיו consec.-Qal impf. 3 m.s. (נתן 678)-prep.-3 m.s. sf. *and put upon him*

אֶת־הָאֵפֹד dir.obj.-def.art.-n.m.s. (65) *the ephod*

וַיַּחְגֹּר אֹתוֹ consec.-Qal impf. 3 m.s. (חגר 291)-dir.obj.-3 m.s. sf. *and girded him*

בְּחֵשֶׁב הָאֵפֹד prep.-n.m.s. cstr. (363)-v.supra *with the skilfully woven band of the ephod*

וַיֶּאְפֹּד לוֹ בּוֹ consec.-Qal impf. 3 m.s. (אפד 65)-prep.-3 m.s. sf.-prep.-3 m.s. sf. *binding it to him therewith*

8:8

וַיָּשֶׂם עָלָיו consec.-Qal impf. 3 m.s. (שׂים 962)-prep.-3 m.s. sf. *and he placed on him*

אֶת־הַחֹשֶׁן dir.obj.-def.art.-n.m.s. (365) *the breastpiece*

וַיִּתֵּן consec.-Qal impf. 3 m.s. (נתן 678) *and he put*

אֶל־הַחֹשֶׁן prep.-def.art.-n.m.s. (365) *in the breastpiece*

אֶת־הָאוּרִים dir.obj.-def.art.-n.m.p. (22) *the Urim*

וְאֶת־הַתֻּמִּים conj.-dir.obj.-def.art.-n.m.p. (v. תם 1070) *and the Thummim*

8:9

וַיָּשֶׂם consec.-Qal impf. 3 m.s. (שׂים 962) *and he set*

אֶת־הַמִּצְנֶפֶת dir.obj.-def.art.-n.f.s. (857) *the turban*

עַל־רֹאשׁוֹ prep.-n.m.s.-3 m.s. sf. (910) *upon his head*

וַיָּשֶׂם v.supra *and he set*

עַל־הַמִּצְנֶפֶת prep.-v.supra *on the turban*

אֶל־מוּל פָּנָיו prep.-prep. (557)-n.m.p.-3 m.s. sf. (814) *in front*

אֵת צִיץ הַזָּהָב dir.obj.-n.m.s. cstr. (I 847)-def.art.-n.m.s. (262) *the golden plate*

נֵזֶר הַקֹּדֶשׁ n.m.s. cstr. (634)-def.art.-n.m.s. (871) *the holy crown*

כַּאֲשֶׁר צִוָּה יהוה prep.-rel. (81)-Pi. pf. 3 m.s. (צוה 845)-pr.n. (217) *as Yahweh commanded*

אֶת־מֹשֶׁה dir.obj.-pr.n. (602) *Moses*

8:10

וַיִּקַּח מֹשֶׁה consec.-Qal impf. 3 m.s. (לקח 542)-pr.n. (602) *then Moses took*

אֶת־שֶׁמֶן הַמִּשְׁחָה dir.obj.-n.m.s. cstr. (1032)-def.art.-n.f.s. (603) *the anointing oil*

וַיִּמְשַׁח consec.-Qal impf. 3 m.s. (משׁח 602) *and anointed*

אֶת־הַמִּשְׁכָּן dir.obj.-def.art.-n.m.s. (1015) *the tabernacle*

וְאֶת־כָּל־אֲשֶׁר־בּוֹ conj.-dir.obj.-n.m.s. (481)-rel. (81)-prep.-3 m.s. sf. *and all that was in it*

וַיְקַדֵּשׁ אֹתָם consec.-Pi. impf. 3 m.s. (קדשׁ 872)-dir.obj.-3 m.p. sf. *and consecrated them*

8:11

וַיַּז מִמֶּנּוּ consec.-Hi. impf. 3 m.s. (נזה 633; GK 76c)-prep.-3 m.s. sf. *and he sprinkled some of it*

עַל־הַמִּזְבֵּחַ prep.-def.art.-n.m.s. (258) *on the altar*

שֶׁבַע פְּעָמִים num. (988)-n.m.p. (821) *seven times*

וַיִּמְשַׁח consec.-Qal impf. 3 m.s. (משׁח 602) *and anointed*

אֶת־הַמִּזְבֵּחַ dir.obj.-def.art.-n.m.s. (258) *the altar*

וְאֶת־כָּל־כֵּלָיו conj.-dir.obj.-n.m.s. cstr. (481)-n.m.p.-3 m.s. sf. (479) *and all its utensils*

וְאֶת־הַכִּיֹּר conj.-dir.obj.-def.art.-n.m.s. (468) *and the laver*

וְאֶת־כַּנּוֹ conj.-dir.obj.-n.m.s.-3 m.s. sf. (III 487) *and its base*

לְקַדְּשָׁם prep.-Pi. inf.cstr.-3 m.p. sf. (קדשׁ 872) *to consecrate them*

8:12

וַיִּצֹק consec.-Qal impf. 3 m.s. (יצק 427) *and he poured*

מִשֶּׁמֶן הַמִּשְׁחָה prep.-n.m.s. cstr. (1032)-def.art. -n.f.s. (603) *some of the anointing oil*

עַל רֹאשׁ אַהֲרֹן prep.-n.m.s. cstr. (910)-pr.n. (14) *on Aaron's head*

וַיִּמְשַׁח אֹתוֹ consec.-Qal impf. 3 m.s. (משׁח 602)-dir.obj.-3 m.s. sf. *and anointed him*

לְקַדְּשׁוֹ prep.-Pi. inf.cstr.-3 m.s. sf. (קדשׁ 872) *to consecrate him*

8·13

וַיַּקְרֵב מֹשֶׁה consec.-Hi. impf. 3 m.s. (קרב 897)-pr.n. (602) *and Moses brought*

אֶת־בְּנֵי אַהֲרֹן dir.obj.-n.m.p. cstr. (119)-pr.n. (14) *Aaron's sons*

וַיַּלְבִּשֵׁם consec.-Hi. impf. 3 m.s.-3 m.p. sf. (לבשׁ 527) *and clothed them*

כֻּתֳּנֹת n.f.p. (509) *with coats*

וַיַּחְגֹּר אֹתָם consec.-Qal impf. 3 m.s. (חגר 291) -dir.obj.-3 m.p. sf. *and girded them*

אַבְנֵט n.m.s. (126) *with girdles*

וַיַּחֲבֹשׁ לָהֶם consec.-Qal impf. 3 m.s. (חבשׁ 289)-prep.-3 m.p. sf. *and bound on them*

מִגְבָּעוֹת n.f.p. (149) *caps*

כַּאֲשֶׁר צִוָּה prep.-rel. (81)-Pi. pf. 3 m.s. (צוה 845) *as commanded*

יהוה pr.n. (217) *Yahweh*

אֶת־מֹשֶׁה dir.obj.-pr.n. (602) *Moses*

8:14

וַיַּגֵּשׁ consec.-Hi. impf. 3 m.s. (נגשׁ 620) *then he brought*

אֵת פַּר הַחַטָּאת dir.obj.-n.m.s. cstr. (830)-def.art. -n.f.s. (308) *the bull of the sin offering*

וַיִּסְמֹךְ אַהֲרֹן consec.-Qal impf. 3 m.s. (סמך 701)-pr.n. (14) *and Aaron laid*

וּבָנָיו conj.-n.m.p.-3 m.s. sf. (119) *and his sons*

אֶת־יְדֵיהֶם dir.obj.-n.f.p.-3 m.p. sf. (388) *their hands*

עַל־רֹאשׁ prep.-n.m.s. cstr. (910) *upon the head of*

פַּר הַחַטָּאת v.supra-v.supra *the bull of the sin offering*

8:15

וַיִּשְׁחָט consec.-Qal impf. 3 m.s. (שׁחט 1006) *and he killed it*

וַיִּקַּח מֹשֶׁה consec.-Qal impf. 3 m.s. (לקח 542) -pr.n. (602) *and Moses took*

אֶת־הַדָּם dir.obj.-def.art.-n.m.s. (196) *the blood*

וַיִּתֵּן pr.n.Qal impf. 3 m.s. (נתן 678) *and put it*

עַל־קַרְנוֹת prep.-n.f.p. consec. (901) *on the horns of*

הַמִּזְבֵּחַ def.art.-n.m.s. (258) *the altar*

סָבִיב adv. (686) *round about*

בְּאֶצְבָּעוֹ prep.-n.f.s.-3 m.s. sf. (840) *with his finger*

וַיְחַטֵּא consec.-Pi. impf. 3 m.s. (חטא 306) *and purified*

אֶת־הַמִּזְבֵּחַ dir.obj.-def.art.-n.m.s. (258) *the altar*

וְאֶת־הַדָּם conj.-dir.obj.-def.art.-n.m.s. (196) *and the blood*

יָצַק Qal pf. 3 m.s. (427) *he poured out*

אֶל־יְסוֹד prep.-n.f.s. cstr. (414) *at the base of*

הַמִּזְבֵּחַ v.supra *the altar*

וַיְקַדְּשֵׁהוּ consec.-Pi. impf. 3 m.s.-3 m.s. sf. (קדשׁ 872) *and consecreated it*

לְכַפֵּר עָלָיו prep.-Pi. inf.cstr. (כפר 497)-prep.-3 m.s. sf. *to make atonement for it*

8:16

וַיִּקַּח consec.-Qal impf. 3 m.s. (לקח 542) *and he took*

אֶת־כָּל־הַחֵלֶב dir.obj.-n.m.s. cstr. (481)-def.art. -n.m.s. (316) *all the fat*

אֲשֶׁר עַל־הַקֶּרֶב rel. (81)-prep.-def.art.-n.m.s. (899) *that was on the entrails*

וְאֵת יֹתֶרֶת הַכָּבֵד conj.-dir.obj.-n.f.s. cstr. (452) -def.art.-n.m.s. (458) *and the appendage of the liver*

וְאֶת־שְׁתֵּי הַכְּלָיֹת conj.-dir.obj.-num. f. p. cstr. (1040)-def.art.-n.f.p. (480) *and the two kidneys*

וְאֶת־חֶלְבְּהֶן conj.-dir.obj.-n.m.s.-3 f.p. sf. (316; GK 91c) *and their fat*

וַיַּקְטֵר מֹשֶׁה consec.-Hi. impf. 3 m.s. (קטר 882) -pr.n. (602) *and Moses burned*

הַמִּזְבֵּחָה def.art.-n.m.s.-loc.he (258) *on the altar*

8:17

וְאֶת־הַפָּר conj.-dir.obj.-def.art.-n.m.s. (830) *but the bull*

וְאֶת־עֹרוֹ conj.-dir.obj.-n.m.s.-3 m.s. sf. (736) *and its skin*

וְאֶת־בְּשָׂרוֹ conj.-dir.obj.-n.m.s.-3 m.s. sf. (142) *and its flesh*

458

וְאֶת־פִּרְשׁוֹ conj.-dir.obj.-n.m.s.-3 m.s. sf. (I 831) *and its dung*

בָּאֵשׁ שָׂרַף Qal pf. 3 m.s. (976)-prep.-def.art. -n.f.s. (77) *he burned with fire*

מִחוּץ לַמַּחֲנֶה prep.-n.m.s. (299)-prep.-def.art. -n.m.s. (334) *outside the camp*

כַּאֲשֶׁר צִוָּה יְהוָה prep.-rel. (81)-Pi. pf. 3 m.s. (845)-(צָוָה)-pr.n. (217) *as Yahweh commanded*

אֶת־מֹשֶׁה dir.obj.-pr.n. (602) *Moses*

8:18

וַיַּקְרֵב consec.-Hi. impf. 3 m.s. (897 קָרַב) *then he presented*

אֵת אֵיל הָעֹלָה dir.obj.-n.m.s. cstr. (I 17)-def.art. -n.f.s. (750) *the ram of the burnt offering*

וַיִּסְמְכוּ consec.-Qal impf. 3 m.p. (סָמַךְ 701) *and laid*

אַהֲרֹן וּבָנָיו pr.n. (14)-conj.-n.m.p.-3 m.s. sf. (119) *Aaron and his sons*

אֶת־יְדֵיהֶם dir.obj.-n.f.p.-3 m.p. sf. (388) *their hands*

עַל־רֹאשׁ הָאָיִל prep.-n.m.s. cstr. (910)-def.art. -n.m.s. paus. (I 17) *on the head of the ram*

8:19

וַיִּשְׁחָט consec.-Qal impf. 3 m.s. (שָׁחַט 1006) *and killed it*

וַיִּזְרֹק מֹשֶׁה consec.-Qal impf. 3 m.s. (זָרַק 284) -pr.n. (602) *and Moses threw*

אֶת־הַדָּם dir.obj.-def.art.-n.m.s. (196) *the blood*

עַל־הַמִּזְבֵּחַ prep.-def.art.-n.m.s. (258) *upon the altar*

סָבִיב adv. (686) *round about*

8:20

וְאֶת־הָאַיִל conj.-dir.obj.-def.art.-n.m.s. (I 17) *and when the ram*

נִתַּח לִנְתָחָיו Pi. pf. 3 m.s. (נָתַח 677)-prep. -n.m.p.-3 m.s. sf. (677) *was cut into pieces*

וַיַּקְטֵר מֹשֶׁה consec.-Hi. impf. 3 m.s. (קָטַר 882)-pr.n. (602) *Moses burned*

אֶת־הָרֹאשׁ dir.obj.-def.art.-n.m.s. (910) *the head*

וְאֶת־הַנְּתָחִים conj.-dir.obj.-def.art.-n.m.p. (677) *and the pieces*

וְאֶת־הַפָּדֶר conj.-dir.obj.-def.art.-n.m.s. paus. (804) *and the fat*

8:21

וְאֶת־הַקֶּרֶב conj.-dir.obj.-def.art.-n.m.s. (899) *and when the entrails*

וְאֶת־הַכְּרָעַיִם conj.-dir.obj.-def.art.-n.f. du. (502) *and the legs*

רָחַץ Qal pf. 3 m.s. (934) *were washed*

בַּמָּיִם prep.-def.art.-n.m.p. (565) *with water*

וַיַּקְטֵר מֹשֶׁה consec.-Hi. impf. 3 m.s. (882)-pr.n. (602) *Moses burned*

אֶת־כָּל־הָאַיִל dir.obj.-n.m.s. cstr. (481)-def.art. -n.m.s. (I 17) *the whole ram*

הַמִּזְבֵּחָה def.art.-n.m.s.-dir.he (258) *on the altar*

עֹלָה הוּא n.f.s. (750)-demons.adj. m.s. (214) *as a burnt offering*

לְרֵיחַ־נִיחֹחַ prep.-n.m.s. (926)-n.m.s. (629) *a pleasing odor*

אִשֶּׁה הוּא n.m.s. (77)-v.supra *an offering by fire*

לַיהוָה prep.-pr.n. (217) *to Yahweh*

כַּאֲשֶׁר צִוָּה prep.-rel. (81)-Pi. pf. 3 m.s. (צָוָה 845) *as ... commanded*

יְהוָה pr.n. (217) *Yahweh*

אֶת־מֹשֶׁה dir.obj.-pr.n. (602) *Moses*

8:22

וַיַּקְרֵב consec.-Hi. impf. 3 m.s. (897) *then he presented*

אֶת־הָאַיִל הַשֵּׁנִי dir.obj.-def.art.-n.m.s. (I 17) -def.art.-adj. m.s. (1041) *the other ram*

אֵיל הַמִּלֻּאִים n.m.s. cstr. (I 17)-def.art.-n.m.p. (571) *the ram of ordination*

וַיִּסְמְכוּ consec.-Qal impf. 3 m.p. (סָמַךְ 701) *and laid*

אַהֲרֹן וּבָנָיו pr.n. (14)-conj.-n.m.p.-3 m.s. sf. (119) *Aaron and his sons*

אֶת־יְדֵיהֶם -dir.obj.-n.f.p.-3 m.p. sf. (388) *their hands*

עַל־רֹאשׁ הָאָיִל prep.-n.m.s. cstr. (910)-def.art. -n.m.s. paus. (I 17) *on the head of the ram*

8:23

וַיִּשְׁחָט consec.-Qal impf. 3 m.s. (1006) *and killed it*

וַיִּקַּח מֹשֶׁה consec.-Qal impf. 3 m.s. (לָקַח 542) -pr.n. (602) *and Moses took*

מִדָּמוֹ prep.-n.m.s.-3 m.s. sf. (196) *some of its blood*

וַיִּתֵּן consec.-Qal impf. 3 m.s. (נָתַן 678) *and put it*

עַל־תְּנוּךְ prep.-n.m.s. cstr. (1072) *on the tip of*

אֹזֶן־אַהֲרֹן הַיְמָנִית n.f.s. cstr. (23)-pr.n. (14) -def.art.-adj. f.s. (412) *Aaron's right ear*

וְעַל־בֹּהֶן conj.-prep.-n.f.s. cstr. (97) *and on the thumb of*

יָדוֹ הַיְמָנִית n.f.s.-3 m.s. sf. (388)-v.supra *his right hand*

וְעַל־בֹּהֶן v.supra-v.supra *and on the great toe of*

459

רַגְלוֹ הַיְמָנִית n.f.s.-3 m.s. sf. (919)-v.supra *his right foot*

8:24

וַיַּקְרֵב consec.-Hi. impf. 3 m.s. (897) *and were brought*

אֶת־בְּנֵי אַהֲרֹן dir.obj.-n.m.p. cstr. (119)-pr.n. (14) *Aaron's sons*

וַיִּתֵּן מֹשֶׁה consec.-Qal impf. 3 m.s. (נָתַן 678) -pr.n. (602) *and Moses put*

מִן־הַדָּם prep.-def.art.-n.m.s. (196) *some of the blood*

עַל־תְּנוּךְ prep.-n.m.s. cstr. (1072) *on the tips of*

אָזְנָם הַיְמָנִית n.f.s.-3 m.p. sf. (23)-def.art.-adj. f.s. (412) *their right ears*

וְעַל־בֹּהֶן conj.-prep.-n.f.s. cstr. (97) *and on the thumbs of*

יָדָם הַיְמָנִית n.f.s.-3 m.p. sf. (388)-v.supra *their right hands*

וְעַל־בֹּהֶן conj.-prep.-v.supra *and on the great toes of*

רַגְלָם הַיְמָנִית n.f.s.-3 m.p. sf. (919)-v.supra *their right feet*

וַיִּזְרֹק מֹשֶׁה consec.-Qal impf. 3 m.s. (זָרַק 284) -pr.n. (602) *and Moses threw*

אֶת־הַדָּם dir.obj.-def.art.-n.m.s. (196) *the blood*

עַל־הַמִּזְבֵּחַ prep.-def.art.-n.m.s. (258) *upon the altar*

סָבִיב adv. (686) *round about*

8:25

וַיִּקַּח consec.-Qal impf. 3 m.s. (לָקַח 542) *then he took*

אֶת־הַחֵלֶב dir.obj.-def.art.-n.m.s. (316) *the fat*

וְאֶת־הָאַלְיָה conj.-dir.obj.-def.art.-n.f.s. (46) *and the fat tail*

וְאֶת־כָּל־הַחֵלֶב conj.-dir.obj.-n.m.s. cstr. (481) -v.supra *and all the fat*

אֲשֶׁר עַל־הַקֶּרֶב rel. (81)-prep.-def.art.-n.m.s. (899) *that was on the entrails*

וְאֵת יֹתֶרֶת הַכָּבֵד conj.-dir.obj.-n.f.s. cstr. (452) -def.art.-n.m.s. (458) *and the appendage of the liver*

וְאֶת־שְׁתֵּי הַכְּלָיֹת conj.-dir.obj.-num. f. cstr. (1040)-def.art.-n.f.p. (480) *and the two kidneys*

וְאֶת־חֶלְבְּהֶן conj.-dir.obj.-n.m.s.-3 f.p. sf. (316; GK 91c) *with their fat*

וְאֵת שׁוֹק הַיָּמִין conj.-dir.obj.-n.f.s. cstr. (1003) -def.art.-n.f.s. (411) *and the right thigh*

8:26

וּמִסַּל הַמַּצּוֹת conj.-prep.-n.m.s. cstr. (700) -def.art.-n.f.p. (595) *and out of the basket of unleavened bread*

אֲשֶׁר לִפְנֵי יהוה rel. (81)-prep.-n.m.p. cstr. (815)-pr.n. (217) *which was before Yahweh*

לָקַח Qal pf. 3 m.s. (542) *he took*

חַלַּת מַצָּה אַחַת n.f.s. cstr. (319)-n.f.s. (595)-num. f.s. (25) *one unleavened cake*

וְחַלַּת לֶחֶם שֶׁמֶן אַחַת conj.-v.supra-n.m.s. (536) -n.m.s. (1032)-v.supra *and one cake of bread with oil*

וְרָקִיק אֶחָד conj.-n.m.s. (956)-num.adj. m.s. (25) *and one wafer*

וַיָּשֶׂם consec.-Qal impf. 3 m.s. (שִׂים 962) *and placed (them)*

עַל־הַחֲלָבִים prep.-def.art.-n.m.p. (316) *on the fat*

וְעַל שׁוֹק הַיָּמִין conj.-prep.-n.f.s. cstr. (1003) -def.art.-n.f.s. (411) *and on the right thigh*

8:27

וַיִּתֵּן consec.-Qal impf. 3 m.s. (נָתַן 678) *and he put*

אֶת־הַכֹּל dir.obj.-def.art.-n.m.s. (481) *all these*

עַל כַּפֵּי אַהֲרֹן prep.-n.f.p. cstr. (496)-pr.n. (14) *in the hands of Aaron*

וְעַל כַּפֵּי בָנָיו conj.-prep.-v.supra-n.m.p.-3 m.s. sf. (119) *and in the hands of his sons*

וַיָּנֶף consec.-Qal impf. 3 m.s. (נוף 631) *and waved*

אֹתָם dir.obj.-3 m.p. sf. *them*

תְּנוּפָה n.f.s. (632) *as a wave offering*

לִפְנֵי יהוה prep.-n.m.p. cstr. (815)-pr.n. (217) *before Yahweh*

8:28

וַיִּקַּח מֹשֶׁה consec.-Qal impf. 3 m.s. (לָקַח 542)-pr.n. (602) *then Moses took*

אֹתָם dir.obj.-3 m.p. sf. *them*

מֵעַל כַּפֵּיהֶם prep.-prep.-n.f.p.-3 m.p. sf. (496) *from their hands*

וַיַּקְטֵר consec.-Hi. impf. 3 m.s. (קָטַר 882) *and burned (them)*

הַמִּזְבֵּחָה def.art.-n.m.s.-loc.he (258) *on the altar*

עַל־הָעֹלָה prep.-def.art.-n.f.s. (750) *with the burnt offering*

מִלֻּאִים הֵם n.m.p. (571)-demons.adj. m.p. (241) *as an ordination offering*

לְרֵיחַ נִיחֹחַ prep.-n.m.s. (926)-n.m.s. (629) *a pleasing odor*

אִשֶּׁה הוּא n.m.s. (77)-demons.adj. m.s. (214) *an offering by fire*

460

לִיהוָה prep.-pr.n. (217) *to Yahweh*

8:29

וַיִּקַּח מֹשֶׁה consec.-Qal impf. 3 m.s. (לָקַח 542)
-pr.n. (602) *and Moses took*

אֶת־הֶחָזֶה dir.obj.-def.art.-n.m.s. (303) *the breast*

וַיְנִיפֵהוּ consec.-Hi. impf. 3 m.s.-3 m.s. sf. (נוף
631) *and waved it*

תְּנוּפָה n.f.s. (632) *for a wave offering*

לִפְנֵי יְהוָה prep.-n.m.p. cstr. (815)-pr.n. (217)
before Yahweh

מֵאֵיל הַמִּלֻּאִים prep.-n.m.s. cstr. (I 17)-def.art.
-n.m.p. (571) *portion of the ram of
ordination*

לְמֹשֶׁה prep.-pr.n. (602) *Moses'*

הָיָה לְמָנָה Qal pf. 3 m.s. (224)-prep.-n.f.s. (584)
it was for a portion

כַּאֲשֶׁר צִוָּה prep.-rel. (81)-Pi. pf. 3 m.s. (צוה
845) *as commanded*

יְהוָה pr.n. (217) *Yahweh*

אֶת־מֹשֶׁה dir.obj.-pr.n. (602) *Moses*

8:30

וַיִּקַּח מֹשֶׁה consec.-Qal impf. 3 m.s. (לָקַח 542)
-pr.n. (602) *then Moses took*

מִשֶּׁמֶן הַמִּשְׁחָה prep.-n.m.s. cstr. (1032)-def.art.
-n.m.s. (603) *some of the anointing oil*

וּמִן־הַדָּם conj.-prep.-def.art.-n.m.s. (196) *and of
the blood*

אֲשֶׁר עַל־הַמִּזְבֵּחַ rel. (81)-def.art.-n.m.s. (258)
which was on the altar

וַיַּז consec.-Hi. impf. 3 m.s. (נזה I 633; GK 76c)
and sprinkled (it)

עַל־אַהֲרֹן prep.-pr.n. (14) *upon Aaron*

עַל־בְּגָדָיו prep.-n.m.p.-3 m.s. sf. (93) *and his
garments*

וְעַל־בָּנָיו conj.-prep.-n.m.p.-3 m.s. sf. (119) *and
also upon his sons*

וְעַל־בִּגְדֵי בָנָיו אִתּוֹ conj.-prep.-n.m.p. cstr. (93)
-n.m.p.-3 m.s. sf. (119)-prep.-3 m.s. sf. (85)
and his sons' garments (with him)

וַיְקַדֵּשׁ consec.-Pi. impf. 3 m.s. (קדשׁ 872) *so he
consecrated*

אֶת־אַהֲרֹן dir.obj.-pr.n. (14) *Aaron*

אֶת־בְּגָדָיו dir.obj.-n.m.p.-3 m.s. sf. (93) *and his
garments*

וְאֶת־בָּנָיו conj.-dir.obj.-n.m.p.-3 m.s. sf. (119) *and
his sons*

וְאֶת־בִּגְדֵי בָנָיו אִתּוֹ conj.-dir.obj.-n.m.p. cstr. (93)
-n.m.p.-3 m.s. sf. (119)-prep.-3 m.s. sf. (85)
and his sons' garments with him

8:31

וַיֹּאמֶר מֹשֶׁה consec.-Qal impf. 3 m.s. (55)-pr.n.
(602) *and Moses said*

אֶל־אַהֲרֹן prep.-pr.n. (14) *to Aaron*

וְאֶל־בָּנָיו conj.-prep.-n.m.p.-3 m.s. sf. (119) *and
his sons*

בַּשְּׁלוּ Pi. impv. 2 m.p. (בשׁל 143) *boil*

אֶת־הַבָּשָׂר dir.obj.-def.art.-n.m.s. (142) *the flesh*

פֶּתַח אֹהֶל מוֹעֵד n.m.s. cstr. (835)-n.m.s. cstr. (13)
-n.m.s. (417) *at the door of the tent of
meeting*

וְשָׁם conj.-adv. (1027) *and there*

תֹּאכְלוּ אֹתוֹ Qal impf. 2 m.p. (37)-dir.obj.-3
m.s. sf. *eat it*

וְאֶת־הַלֶּחֶם conj.-dir.obj.-def.art.-n.m.s. (536) *and
the bread*

אֲשֶׁר בְּסַל הַמִּלֻּאִים rel. (81)-prep.-n.m.s. cstr.
(700)-def.art.-n.m.p. (571) *that is in the
basket of ordination offerings*

כַּאֲשֶׁר צִוֵּיתִי prep.-rel. (81)-Pi. pf. 1 c.s. (צוה
845) *as I commanded*

לֵאמֹר prep.-Qal inf.cstr. (55) *saying*

אַהֲרֹן וּבָנָיו pr.n. (14)-conj.-n.m.p.-3 m.s. sf. (119)
Aaron and his sons

יֹאכְלֻהוּ Qal impf. 3 m.p.-3 m.s. sf. (37)
shall eat it

8:32

וְהַנּוֹתָר conj.-def.art.-Ni. ptc. m.s. (יתר 451) *and
what remains*

בַּבָּשָׂר prep.-def.art.-n.m.s. (142) *of the flesh*

וּבַלָּחֶם conj.-prep.-def.art.-n.m.s. paus. (536) *and
the bread*

בָּאֵשׁ prep.-def.art.-n.f.s. (77) *with fire*

תִּשְׂרֹפוּ Qal impf. 2 m.p. paus. (שׂרף 976) *you
shall burn*

8:33

וּמִפֶּתַח אֹהֶל מוֹעֵד conj.-prep.-n.m.s. cstr. (835)
-n.m.s. cstr. (13)-n.m.s. (417) *and from the
door of the tent of meeting*

לֹא תֵצְאוּ neg.-Qal impf. 2 m.p. (יצא 422) *you
shall not go out*

שִׁבְעַת יָמִים num. f.s. cstr. (988)-n.m.p. (398) *for
seven days*

עַד יוֹם מְלֹאת prep.-n.m.s. cstr. (398)-Qal
inf.cstr. (מלא 569) *until the day of the
completion of*

יְמֵי מִלֻּאֵיכֶם n.m.p. cstr. (398)-n.m.p.-2 m.p. sf.
(571) *the days of your ordination*

כִּי שִׁבְעַת יָמִים conj. (471)-n.f.s. cstr. (988)
-n.m.p. (398) *for ... seven days*

יְמַלֵּא אֶת־יֶדְכֶם Pi. impf. 3 m.s. (מָלֵא 569)-dir. obj.-n.f.s.-2 m.p. sf. (388) *to ordain you*

8:34

כַּאֲשֶׁר עָשָׂה prep.-rel. (81)-Qal pf. 3 m.s. (793) *as has been done*

בַּיּוֹם הַזֶּה prep.-def.art.-n.m.s. (398)-def.art.-demons.adj. m.s. (260) *today*

צִוָּה יהוה Pi. pf. 3 m.s. (צָוָה 845)-pr.n. (217) *Yahweh has commanded*

לַעֲשֹׂת prep.-Qal inf.cstr. (עָשָׂה 793) *to be done*

לְכַפֵּר עֲלֵיכֶם prep.-Pi. inf.cstr. (497)-prep.-2 m.p. sf. *to make atonement for you*

8:35

וּפֶתַח אֹהֶל מוֹעֵד conj.-n.m.s. cstr. (835)-n.m.s. cstr. (13)-n.m.s. (417) *at the door of the tent of meeting*

תֵּשְׁבוּ Qal impf. 2 m.p. (יָשַׁב 442) *you shall remain*

יוֹמָם וָלַיְלָה adv. (401)-conj.-n.m.s. (538) *day and night*

שִׁבְעַת יָמִים n.f.s. cstr. (988)-n.m.p. (398) *for seven days*

וּשְׁמַרְתֶּם conj.-Qal pf. 2 m.p. (שָׁמַר 1036) *performing*

אֶת־מִשְׁמֶרֶת יהוה dir.obj.-n.f.s. cstr. (1038)-pr.n. (217) *what Yahweh has charged*

וְלֹא תָמוּתוּ conj.-neg.-Qal impf. 2 m.p. (מוּת 559) *and you shall not die*

כִּי־כֵן צֻוֵּיתִי conj. (471)-adv. (485)-Pu. pf. 1 c.s. (צָוָה 845) *for so I am commanded*

8:36

וַיַּעַשׂ אַהֲרֹן conj.-Qal impf. 3 m.s. (עָשָׂה 793)-pr.n. (14) *and Aaron ... did*

וּבָנָיו conj.-n.m.p.-3 m.s. sf. (119) *and his sons*

אֵת כָּל־הַדְּבָרִים dir.obj.-n.m.s. cstr. (481)-def.art.-n.m.p. (182) *all the things*

אֲשֶׁר־צִוָּה יהוה rel. (81)-Pi. pf. 3 m.s. (צָוָה 845)-pr.n. (217) *which Yahweh commanded*

בְּיַד־מֹשֶׁה prep.-n.f.s. cstr. (388)-pr.n. (602) *by Moses*

9:1

וַיְהִי consec.-Qal impf. 3 m.s. (הָיָה 224)

בַּיּוֹם הַשְּׁמִינִי prep.-def.art.-n.m.s. (398)-def.art.-adj. m.s. num. (1033) *on the eighth day*

קָרָא מֹשֶׁה Qal pf. 3 m.s. (894)-pr.n. (602) *Moses called*

לְאַהֲרֹן וּלְבָנָיו prep.-pr.n. (14)-conj.-prep.-n.m.p.-3 m.s. sf. (119) *Aaron and his sons*

וּלְזִקְנֵי יִשְׂרָאֵל conj.-prep.-n.m.p. cstr. (278)-pr.n. (975) *and the elders of Israel*

9:2

וַיֹּאמֶר consec.-Qal impf. 3 m.s. (55) *and he said*

אֶל־אַהֲרֹן prep.-pr.n. (14) *to Aaron*

קַח־לְךָ Qal impv. 2 m.s. (לָקַח 542)-prep.-2 m.s. sf. *take*

עֵגֶל בֶּן־בָּקָר n.m.s. (722)-n.m.s. cstr. (119)-n.m.s. (133) *a bull calf*

לְחַטָּאת prep.-n.f.s. (308) *for a sin offering*

וְאַיִל conj.-n.m.s. (I 17) *and a ram*

לְעֹלָה prep.-n.f.s. (750) *for a burnt offering*

תְּמִימִם adj. m.p. (1070) *without blemish*

וְהַקְרֵב conj.-Hi. impv. 2 m.s. (קָרַב 897) *and offer (them)*

לִפְנֵי יהוה prep.-n.m.p. cstr. (815)-pr.n. (217) *before Yahweh*

9:3

וְאֶל־בְּנֵי יִשְׂרָאֵל conj.-prep.-n.m.p. cstr. (119)-pr.n. (975) *and to the people of Israel*

תְּדַבֵּר לֵאמֹר Pi. impf. 2 m.s. (180)-prep.-Qal inf.cstr. (55) *say (saying)*

קְחוּ Qal impv. 2 m.p. (לָקַח 542) *take*

שְׂעִיר־עִזִּים n.m.s. cstr. (972)-n.f.p. (777) *a male goat*

לְחַטָּאת prep.-n.f.s. (308) *for a sin offering*

וְעֵגֶל conj.-n.m.s. (722) *and a calf*

וָכֶבֶשׂ conj.-n.m.s. (461) *and a lamb*

בְּנֵי־שָׁנָה n.m.p. cstr. (119)-n.f.s. (1040) *a year old*

תְּמִימִם adj. m.p. (1071) *without blemish*

לְעֹלָה prep.-n.f.s. (750) *for a burnt offering*

9:4

וְשׁוֹר conj.-n.m.s. (1004) *and an ox*

וָאַיִל conj.-n.m.s. (I 17) *and a ram*

לִשְׁלָמִים prep.-n.m.p. (1023) *for peace offerings*

לִזְבֹּחַ prep.-Qal inf.cstr. (256) *to sacrifice*

לִפְנֵי יהוה prep.-n.m.p. cstr. (815)-pr.n. (217) *before Yahweh*

וּמִנְחָה conj.-n.f.s. (585) *and a cereal offering*

בְּלוּלָה Qal pass.ptc. f.s. (בָּלַל 117) *mixed*

בַּשָּׁמֶן prep.-def.art.-n.m.s. paus. (1032) *with oil*

כִּי הַיּוֹם conj. (471)-def.art.-n.m.s. (398) *for today*

יהוה נִרְאָה pr.n. (217)-Ni. pf. 3 m.s. (רָאָה 906) *Yahweh will appear*

אֲלֵיכֶם prep.-2 m.p. sf. *to you*

9:5

וַיִּקְחוּ consec.-Qal impf. 3 m.p. (לָקַח 542) *and they brought*

אֵת אֲשֶׁר צִוָּה dir.obj.-rel. (81)-Pi. pf. 3 m.s. (צָוָה 845) *what ... commanded*

מֹשֶׁה pr.n. (602) *Moses*

אֶל־פְּנֵי אֹהֶל מוֹעֵד prep.-n.m.p. cstr. (815)-n.m.s. cstr. (13)-n.m.s. (417) *before the tent of meeting*

וַיִּקְרְבוּ consec.-Qal impf. 3 m.p. (קָרַב 897) *and ... drew near*

כָּל־הָעֵדָה n.m.s. cstr. (481)-def.art.-n.f.s. (417) *all the congregation*

וַיַּעַמְדוּ consec.-Qal impf. 3 m.p. (763) *and stood*

לִפְנֵי יהוה prep.-n.m.p. cstr. (815)-pr.n. (217) *before Yahweh*

9:6

וַיֹּאמֶר מֹשֶׁה consec.-Qal impf. 3 m.s. (55)-pr.n. (602) *and Moses said*

זֶה הַדָּבָר demons.adj. m.s. (260)-def.art.-n.m.s. (182) *this is the thing*

אֲשֶׁר־צִוָּה יהוה rel. (81)-Pi. pf. 3 m.s. (צָוָה 845)-pr.n. (217) *which Yahweh commanded*

תַּעֲשׂוּ Qal impf. 2 m.p. (עָשָׂה 793; GK 120c) *you to do*

וְיֵרָא conj.-Ni. impf. 3 m.s. apoc. (רָאָה 906; GK 107q) *and will appear*

אֲלֵיכֶם prep.-2 m.p. sf. *to you*

כְּבוֹד יהוה n.m.s. cstr. (458)-pr.n. (217) *the glory of Yahweh*

9:7

וַיֹּאמֶר מֹשֶׁה consec.-Qal impf. 3 m.s. (55)-pr.n. (602) *then Moses said*

אֶל־אַהֲרֹן prep.-pr.n. (14) *to Aaron*

קְרַב Qal impv. 2 m.s. (897) *draw near*

אֶל־הַמִּזְבֵּחַ prep.-def.art.-n.m.s. (258) *to the altar*

וַעֲשֵׂה conj.-Qal impv. 2 m.s. (עָשָׂה 793) *and offer*

אֶת־חַטָּאתְךָ dir.obj.-n.f.s.-2 m.s. sf. (308) *your sin offering*

וְאֶת־עֹלָתֶךָ conj.-dir.obj.-n.f.s.-2 m.s. sf. (750) *and your burnt offering*

וְכַפֵּר conj.-Pi. impv. 2 m.s. (כָּפַר 497) *and make atonement*

בַּעַדְךָ prep.-2 m.s. sf. (126) *for yourself*

וּבְעַד הָעָם conj.-prep. cstr. (126)-def.art.-n.m.s. (766) *and for the people*

וַעֲשֵׂה v.supra *and bring*

אֶת־קָרְבַּן הָעָם dir.obj.-n.m.s. cstr. (898)-v.supra *the offering of the people*

9:8

וַיִּקְרַב אַהֲרֹן consec.-Qal impf. 3 m.s. (897)-pr.n. (14) *so Aaron drew near*

אֶל־הַמִּזְבֵּחַ prep.-def.art.-n.m.s. (258) *to the altar*

וַיִּשְׁחַט consec.-Qal impf. 3 m.s. (1006) *and killed*

אֶת־עֵגֶל הַחַטָּאת dir.obj.-n.m.s. cstr. (722)-def.art.-n.f.s. (308) *the calf of the sin offering*

אֲשֶׁר־לוֹ rel. (81)-prep.-3 m.s. sf. *which was for himself*

9:9

וַיַּקְרִבוּ consec.-Hi. impf. 3 m.p. (897) *and presented*

בְּנֵי אַהֲרֹן n.m.p. cstr. (119)-pr.n. (14) *the sons of Aaron*

אֶת־הַדָּם dir.obj.-def.art.-n.m.s. (196) *the blood*

אֵלָיו prep.-3 m.s. sf. *to him*

וַיִּטְבֹּל consec.-Qal impf. 3 m.s. (טָבַל 371) *and he dipped*

אֶצְבָּעוֹ n.f.s.-3 m.s. sf. (840) *his finger*

בַּדָּם prep.-def.art.-n.m.s. (196) *in the blood*

וַיִּתֵּן consec.-Qal impf. 3 m.s. (נָתַן 678) *and put it*

עַל־קַרְנוֹת הַמִּזְבֵּחַ prep.-n.f.p. cstr. (901)-def.art.-n.m.s. (258) *on the horns of the altar*

וְאֶת־הַדָּם conj.-dir.obj.-def.art.-n.m.s. (196) *and the blood*

יָצַק Qal pf. 3 m.s. (427) *he poured out*

אֶל־יְסוֹד הַמִּזְבֵּחַ prep.-n.f.s. cstr. (414)-v.supra *at the base of the altar*

9:10

וְאֶת־הַחֵלֶב conj.-dir.obj.-def.art.-n.m.s. (316) *but the fat*

וְאֶת־הַכְּלָיֹת conj.-dir.obj.-def.art.-n.f.p. (480) *and the kidneys*

וְאֶת־הַיֹּתֶרֶת conj.-dir.obj.-def.art.-n.f.s. (452) *and the appendage*

מִן־הַכָּבֵד prep.-def.art.-n.m.s. (458) *of the liver*

מִן־הַחַטָּאת prep.-def.art.-n.f.s. (308) *from the sin offering*

הִקְטִיר Hi. pf. 3 m.s. (קָטַר 882) *he burned*

הַמִּזְבֵּחָה dir.obj.-n.m.s.-loc.he (258) *upon the altar*

9:5 (right column top)

וְכִפֶּר בַּעֲדָם conj.-v.supra-prep.-3 m.p. sf. (126) *and make atonement for them*

כַּאֲשֶׁר צִוָּה יהוה prep.-rel. (81)-Pi. pf. 3 m.s. (צָוָה 845)-pr.n. (217) *as Yahweh has commanded*

כַּאֲשֶׁר צִוָּה יהוה prep.-rel. (81)-Pi. pf. 3 m.s. (845)(צָוָה)-pr.n. (217) *as Yahweh commanded*

אֶת־מֹשֶׁה dir.obj.-pr.n. (602) *Moses*

9:11

וְאֶת־הַבָּשָׂר conj.-dir.obj.-def.art.-n.m.s. (142) *the flesh*

וְאֶת־הָעוֹר conj.-dir.obj.-def.art.-n.m.s. (736) *and the skin*

שָׂרַף Qal pf. 3 m.s. (976) *he burned*

בָּאֵשׁ prep.-def.art.-n.f.s. (77) *with fire*

מִחוּץ לַמַּחֲנֶה prep.-n.m.s. (299)-prep.-def.art.-n.m.s. (334) *outside the camp*

9:12

וַיִּשְׁחַט consec.-Qal impf. 3 m.s. (שָׁחַט 1006) *and he killed*

אֶת־הָעֹלָה dir.obj.-def.art.-n.f.s. (750) *the burnt offering*

וַיַּמְצִאוּ consec.-Hi. impf. 3 m.p. (מָצָא 592) *and delivered*

בְּנֵי אַהֲרֹן n.m.p. cstr. (119)-pr.n. (14) *Aaron's sons*

אֵלָיו prep.-3 m.s. sf. *to him*

אֶת־הַדָּם dir.obj.-def.art.-n.m.s. (196) *the blood*

וַיִּזְרְקֵהוּ consec.-Qal impf. 3 m.s.-3 m.s. sf. (זָרַק 284) *and he threw it*

עַל־הַמִּזְבֵּחַ prep.-def.art.-n.m.s. (258) *on the altar*

סָבִיב adv. (686) *round about*

9:13

וְאֶת־הָעֹלָה conj.-dir.obj.-def.art.-n.f.s. (750) *and the burnt offering*

הִמְצִיאוּ אֵלָיו Hi. pf. 3 m.p. (מָצָא 592)-prep.-3 m.s. sf. *they delivered to him*

לִנְתָחֶיהָ prep.-n.m.p.-3 f.s. sf. (677) *piece by piece*

וְאֶת־הָרֹאשׁ conj.-dir.obj.-def.art.-n.m.s. (910) *and the head*

וַיַּקְטֵר consec.-Hi. impf. 3 m.s. (קָטַר 882) *and he burned them*

עַל־הַמִּזְבֵּחַ prep.-def.art.-n.m.s. (258) *upon the altar*

9:14

וַיִּרְחַץ consec.-Qal impf. 3 m.s. (934) *and he washed*

אֶת־הַקֶּרֶב dir.obj.-def.art.-n.m.s. (899) *the entrails*

וְאֶת־הַכְּרָעָיִם conj.-dir.obj.-def.art.-n.f. du. (502) *and the legs*

וַיַּקְטֵר consec.-Hi. impf. 3 m.s. (882) *and burned them*

עַל־הָעֹלָה prep.-def.art.-n.f.s. (750) *with the burnt offering*

הַמִּזְבֵּחָה dir.obj.-n.m.s.-loc.he (258) *on the altar*

9:15

וַיַּקְרֵב consec.-Hi. impf. 3 m.s. (קָרַב 897) *then he presented*

אֵת קָרְבַּן הָעָם dir.obj.-n.m.s. cstr. (898)-def.art.-n.m.s. (I 766) *the people's offering*

וַיִּקַּח consec.-Qal impf. 3 m.s. (לָקַח 542) *and took*

אֶת־שְׂעִיר הַחַטָּאת dir.obj.-n.m.s. cstr. (972)-def.art.-n.f.s. (308) *the goat of the sin offering*

אֲשֶׁר לָעָם rel. (81)-prep.-def.art.-n.m.s. (I 766) *which was for the people*

וַיִּשְׁחָטֵהוּ consec.-Qal impf. 3 m.s.-3 m.s. sf. (שָׁחַט 1006) *and killed it*

וַיְחַטְּאֵהוּ consec.-Pi. impf. 3 m.s.-3 m.s. sf. (חָטָא 306) *and offered it for sin*

כָּרִאשׁוֹן prep.-def.art.-adj. m.s. (911) *like the first sin offering*

9:16

וַיַּקְרֵב consec.-Hi. impf. 3 m.s. (897) *and he presented*

אֶת־הָעֹלָה dir.obj.-def.art.-n.f.s. (750) *the burnt offering*

וַיַּעֲשֶׂה consec.-Qal impf. 3 m.s.-3 f.s. sf. (עָשָׂה I 793) *and offered it*

כַּמִּשְׁפָּט prep.-def.art.-n.m.s. (1048) *according to the ordinance*

9:17

וַיַּקְרֵב consec.-Hi. impf. 3 m.s. (897) *and he presented*

אֶת־הַמִּנְחָה dir.obj.-def.art.-n.f.s. (585) *the cereal offering*

וַיְמַלֵּא כַפּוֹ consec.-Pi. impf. 3 m.s. (569)-n.f.s.-3 m.s. sf. (496) *and filled his hand*

מִמֶּנָּה prep.-3 f.s. sf. *from it*

וַיַּקְטֵר consec.-Hi. impf. 3 m.s. (882) *and burned it*

עַל־הַמִּזְבֵּחַ prep.-def.art.-n.m.s. (258) *upon the altar*

מִלְּבַד עֹלַת הַבֹּקֶר prep.-prep.-n.m.s. cstr. (94)-n.f.s. cstr. (750)-def.art.-n.m.s. (133) *besides the burnt offering of the morning*

9:18

וַיִּשְׁחַט consec.-Qal impf. 3 m.s. (1006) *he killed*

464

אֶת־הַשּׁוֹר dir.obj.-def.art.-n.m.s. (1004) *the ox*

וְאֶת־הָאַיִל conj.-dir.obj.-def.art.-n.m.s. (I 17) *and the ram*

זֶבַח הַשְּׁלָמִים n.m.s. cstr. (257)-def.art.-n.m.p. (1023) *the sacrifice of peace offerings*

אֲשֶׁר לָעָם rel. (81)-prep.-def.art.-n.m.s. (I 766) *for the people*

וַיַּמְצִאוּ consec.-Hi. impf. 3 m.p. (מָצָא 592) *and delivered*

בְּנֵי אַהֲרֹן n.m.p. cstr. (119)-pr.n. (14) *Aaron's sons*

אֶת־הַדָּם dir.obj.-def.art.-n.m.s. (196) *the blood*

אֵלָיו prep.-3 m.s. sf. *to him*

וַיִּזְרְקֵהוּ consec.-Qal impf. 3 m.s.-3 m.s. sf. (זָרַק 284) *which he threw*

עַל־הַמִּזְבֵּחַ prep.-def.art.-n.m.s. (258) *upon the altar*

סָבִיב adv. (686) *round about*

9:19

וְאֶת־הַחֲלָבִים conj.-dir.obj.-def.art.-n.m.p. (316) *and the fat*

מִן־הַשּׁוֹר prep.-def.art.-n.m.s. (1004) *of the ox*

וּמִן־הָאַיִל conj.-prep.-def.art.-n.m.s. (I 17) *and of the ram*

הָאַלְיָה def.art.-n.f.s. (46) *the fat tail*

וְהַמְכַסֶּה conj.-def.art.-n.m.s. (492) *and that which covers (the entrails)*

וְהַכְּלָיֹת conj.-def.art.-n.f.p. (480) *and the kidneys*

וְיֹתֶרֶת הַכָּבֵד conj.-n.f.s. cstr. (452)-def.art.-n.m.s. (458) *and the appendage of the liver*

9:20

וַיָּשִׂימוּ consec.-Qal impf. 3 m.p. (שִׂים 962) *and they put*

אֶת־הַחֲלָבִים dir.obj.-def.art.-n.m.p. (316) *the fat*

עַל־הֶחָזוֹת prep.-def.art.-n.m.p. (303) *upon the breasts*

וַיַּקְטֵר consec.-Hi. impf. 3 m.s. (882) *and he burned*

הַחֲלָבִים v.supra *the fat*

הַמִּזְבֵּחָה def.art.-n.m.s.-loc.he (258) *upon the altar*

9:21

וְאֵת הֶחָזוֹת conj.-dir.obj.-def.art.-n.m.p. (303) *but the breasts*

וְאֵת שׁוֹק הַיָּמִין conj.-dir.obj.-n.f.s. cstr. (1003)-def.art.-n.f.s. (411) *and the right thigh*

הֵנִיף אַהֲרֹן Hi. pf. 3 m.s. (נוף 631)-pr.n. (14) *Aaron waved*

תְּנוּפָה n.f.s. (632) *for a wave offering*

לִפְנֵי יהוה prep.-n.m.p. cstr. (815)-pr.n. (217) *before Yahweh*

כַּאֲשֶׁר צִוָּה מֹשֶׁה prep.-rel. (81)-Pi. pf. 3 m.s. (צָוָה 845)-pr.n. (602) *as Moses commanded*

9:22

וַיִּשָּׂא אַהֲרֹן consec.-Qal impf. 3 m.s. (נָשָׂא 669)-pr.n. (14) *then Aaron lifted up*

אֶת־יָדָו dir.obj.-n.f.p.-3 m.s. sf. (388) *his hands*

אֶל־הָעָם prep.-def.art.-n.m.s. (I 766) *toward the people*

וַיְבָרְכֵם consec.-Pi. impf. 3 m.s.-3 m.p. sf. (בָרַך 138) *and blessed them*

וַיֵּרֶד consec.-Qal impf. 3 m.s. (יָרַד 432) *and he came down*

מֵעֲשֹׂת הַחַטָּאת prep.-Qal inf.cstr. (עָשָׂה I 793)-def.art.-n.f.s. (308) *from offering the sin offering*

וְהָעֹלָה conj.-def.art.-n.f.s. (750) *and the burnt offering*

וְהַשְּׁלָמִים conj.-def.art.-n.m.p. (1023) *and the peace offerings*

9:23

וַיָּבֹא consec.-Qal impf. 3 m.s. (בּוֹא 97) *and went*

מֹשֶׁה וְאַהֲרֹן pr.n. (602)-conj.-pr.n. (14) *Moses and Aaron*

אֶל־אֹהֶל מוֹעֵד prep.-n.m.s. cstr. (13)-n.m.s. (417) *into the tent of meeting*

וַיֵּצְאוּ conj.-Qal impf. 3 m.p. (יָצָא 422) *and when they came out*

וַיְבָרְכוּ consec.-Pi. impf. 3 m.p. (בָרַך 138) *they blessed*

אֶת־הָעָם dir.obj.-def.art.-n.m.s. (I 766) *the people*

וַיֵּרָא consec.-Ni. impf. 3 m.s. (רָאָה 906) *and appeared*

כְּבוֹד־יהוה n.m.s. cstr. (458)-pr.n. (217) *the glory of Yahweh*

אֶל־כָּל־הָעָם prep.-n.m.s. cstr. (481)-def.art.-n.m.s. (I 766) *to all the people*

9:24

וַתֵּצֵא consec.-Qal impf. 3 f.s. (יָצָא 422) *and came forth*

אֵשׁ n.f.s. (77) *fire*

מִלִּפְנֵי יהוה prep.-prep.-n.m.p. cstr. (815)-pr.n. (217) *from before Yahweh*

וַתֹּאכַל consec.-Qal impf. 3 f.s. (אָכַל 37) *and consumed*

עַל־הַמִּזְבֵּחַ prep.-def.art.-n.m.s. (258) *upon the altar*

אֶת־הָעֹלָה dir.obj.-def.art.-n.f.s. (750) *the burnt offering*

וְאֶת־הַחֲלָבִים conj.-dir.obj.-def.art.-n.m.p. (316) *and the fat*

וַיַּרְא consec.-Qal impf. 3 m.s. (רָאָה 906) *and when saw it*

כָּל־הָעָם n.m.s. cstr. (481)-def.art.-n.m.s. (I 766) *all the people*

וַיָּרֹנּוּ consec.-Qal impf. 3 m.p. (רָנַן 943) *they shouted*

וַיִּפְּלוּ עַל־פְּנֵיהֶם consec.-Qal impf. 3 m.p. (נָפַל 656)-prep.-n.m.p.-3 m.p. sf. (815) *and fell on their faces*

10:1

וַיִּקְחוּ consec.-Qal impf. 3 m.p. (לָקַח 542) *now ... took*

בְנֵי־אַהֲרֹן n.m.p. cstr. (119)-pr.n. (14) *the sons of Aaron*

נָדָב pr.n. (621) *Nadab*

וַאֲבִיהוּא conj.-pr.n. (4) *and Abihu*

אִישׁ n.m.s. (35) *each*

מַחְתָּתוֹ n.f.s.-3 m.s. sf. (367) *his censer*

וַיִּתְּנוּ בָהֵן consec.-Qal impf. 3 m.p. (נָתַן 678)-prep.-3 f.p. sf. *and put in it*

אֵשׁ n.f.s. (77) *fire*

וַיָּשִׂימוּ עָלֶיהָ consec.-Qal impf. 3 m.p. (שִׂים 962)-prep.-3 f.s. sf. *and laid on it*

קְטֹרֶת n.f.s. (882) *incense*

וַיַּקְרִבוּ consec.-Hi. impf. 3 m.p. (קָרַב 897) *and offered*

לִפְנֵי יהוה prep.-n.m.p. cstr. (815)-pr.n. (217) *before Yahweh*

אֵשׁ זָרָה n.f.s. (77)-Qal act.ptc. f.s. as adj. (זוּר I 266) *unholy fire*

אֲשֶׁר לֹא צִוָּה rel. (81)-neg.-Pi. pf. 3 m.s. (צָוָה 845) *such as he had not commanded*

אֹתָם dir.obj.-3 m.p. sf. *them*

10:2

וַתֵּצֵא אֵשׁ consec.-Qal impf. 3 f.s. (יָצָא 422)-n.f.s. (77) *and fire came forth*

מִלִּפְנֵי יהוה prep.-prep.-n.m.p. cstr. (815)-pr.n. (217) *from the presence of Yahweh*

וַתֹּאכַל אוֹתָם consec.-Qal impf. 3 f.s. (אָכַל 37)-dir.obj.-3 m.p. sf. *and devoured them*

וַיָּמֻתוּ consec.-Qal impf. 3 m.p. (מוּת 559) *and they died*

לִפְנֵי יהוה prep.-n.m.p. cstr. (815)-pr.n. (217) *before Yahweh*

10:3

וַיֹּאמֶר מֹשֶׁה consec.-Qal impf. 3 m.s. (55)-pr.n. (602) *then Moses said*

אֶל־אַהֲרֹן prep.-pr.n. (14) *to Aaron*

הוּא אֲשֶׁר־דִּבֶּר demons.adj. m.s. (214)-rel. (81)-Pi. pf. 3 m.s. (דָּבַר 180) *this is what ... has said*

יהוה pr.n. (217) *Yahweh*

לֵאמֹר prep.-Qal inf.cstr. (55) *(saying)*

בִּקְרֹבַי prep.-adj. m.p.-1 c.s. sf. (קָרֹב 897) *among those who are near me*

אֶקָּדֵשׁ Ni. impf. 1 c.s. (קָדַשׁ 872) *I will show myself holy*

וְעַל־פְּנֵי כָל־הָעָם conj.-prep.-n.m.p. cstr. (815)-n.m.s. cstr. (481)-def.art.-n.m.s. (I 766) *and before all the people*

אֶכָּבֵד Ni. impf. 1 c.s. (כָּבֵד 457) *I will be glorified*

וַיִּדֹּם אַהֲרֹן consec.-Qal impf. 3 m.s. (דָּמַם 198)-pr.n. (14) *and Aaron held his peace*

10:4

וַיִּקְרָא מֹשֶׁה consec.-Qal impf. 3 m.s. (קָרָא 894)-pr.n. (602) *and Moses called*

אֶל־מִישָׁאֵל prep.-pr.n. (567) *Mishael*

וְאֶל אֶלְצָפָן conj.-prep.-pr.n. (45) *and Elzaphan*

בְּנֵי עֻזִּיאֵל n.m.p. cstr. (119)-pr.n. (739) *the sons of Uzziel*

דֹּד אַהֲרֹן n.m.s. cstr. (189)-pr.n. (14) *the uncle of Aaron*

וַיֹּאמֶר אֲלֵהֶם consec.-Qal impf. 3 m.s. (55)-prep.-3 m.p. sf. *and said to them*

קִרְבוּ Qal impv. 2 m.p. (קָרַב 897) *draw near*

שְׂאוּ אֶת־אֲחֵיכֶם Qal impv. 2 m.p. (נָשָׂא 669)-dir.obj.-n.m.p.-2 m.p. sf. (26) *carry your brethren*

מֵאֵת פְּנֵי־הַקֹּדֶשׁ prep.-prep. (85)-n.m.p. cstr. (815)-def.art.-n.m.s. (871) *from before the sanctuary*

אֶל־מִחוּץ לַמַּחֲנֶה prep.-prep.-n.m.s. (299)-prep.-def.art.-n.m.s. (334) *out of the camp*

10:5

וַיִּקְרְבוּ consec.-Qal impf. 3 m.p. (897) *so they drew near*

וַיִּשָּׂאֻם consec.-Qal impf. 3 m.p.-3 m.p. sf. (נָשָׂא 669) *and carried them*

בְּכֻתֳּנֹתָם prep.-n.f.p.-3 m.p. sf. (509) *in their coats*

אֶל־מִחוּץ לַמַּחֲנֶה prep.-prep.-n.m.s. (299)-prep.-def.art.-n.m.s. (334) *out of the camp*

כַּאֲשֶׁר דִּבֶּר מֹשֶׁה prep.-rel. (81)-Pi. pf. 3 m.s. (180)-pr.n. (602) *as Moses had said*

10:6

וַיֹּאמֶר מֹשֶׁה consec.-Qal impf. 3 m.s. (55)-pr.n. (602) *and Moses said*

אֶל־אַהֲרֹן prep.-pr.n. (14) *to Aaron*

וּלְאֶלְעָזָר conj.-prep.-pr.n. (46) *and to Eleazar*

וּלְאִיתָמָר conj.-prep.-pr.n. (16) *and Ithamar*

בָּנָיו n.m.p.-3 m.s. sf. (119) *his sons*

רָאשֵׁיכֶם n.m.p.-2 m.p. sf. (910) *the hair of your heads*

אַל־תִּפְרָעוּ neg.-Qal impf. 2 m.p. (פָּרַע III 828) *do not let hang loose*

וּבִגְדֵיכֶם conj.-n.m.p.-2 m.p. sf. (93) *and your clothes*

לֹא־תִפְרֹמוּ neg.-Qal impf. 2 m.p. (פָּרַם 827) *do not rend*

וְלֹא תָמֻתוּ conj.-neg. (GK 109g)-Qal impf. 2 m.p. (מוּת 559) *lest you die*

וְעַל כָּל־הָעֵדָה conj.-prep.-n.m.s. cstr. (481)-def. art.-n.f.s. (417) *and ... upon all the congregation*

יִקְצֹף Qal impf. 3 m.s. (קָצַף 893) *lest your wrath come*

וַאֲחֵיכֶם conj.-n.m.p.-2 m.p. sf. (26) *but your brethren*

כָּל־בֵּית יִשְׂרָאֵל n.m.s. cstr. (481)-n.m.s. cstr. (108)-pr.n. (975) *the whole house of Israel*

יִבְכּוּ Qal impf. 3 m.p. (בָּכָה 113) *may bewail*

אֶת־הַשְּׂרֵפָה dir.obj.-def.art.-n.f.s. (977) *the burning*

אֲשֶׁר שָׂרַף יהוה rel. (81)-Qal pf. 3 m.s. (976) -pr.n. (217) *which Yahweh has kindled*

10:7

וּמִפֶּתַח conj.-prep.-n.m.s. cstr. (835) *and from the door of*

אֹהֶל מוֹעֵד n.m.s. cstr. (13)-n.m.s. (417) *the tent of meeting*

לֹא תֵצְאוּ neg.-Qal impf. 2 m.p. (יָצָא 422) *do not go out*

פֶּן־תָּמֻתוּ conj. (814)-Qal impf. 2 m.p. (מוּת 559) *lest you die*

כִּי־שֶׁמֶן conj. (471)-n.m.s. cstr. (1032) *for the oil of*

מִשְׁחַת יהוה n.f.s. cstr. (603)-pr.n. (217) *the anointing of Yahweh*

עֲלֵיכֶם prep.-2 m.p. sf. *(is) upon you*

וַיַּעֲשׂוּ consec.-Qal impf. 3 m.p. (עָשָׂה I 793) *and they did*

כִּדְבַר מֹשֶׁה prep.-n.m.s. cstr. (182)-pr.n. (602) *according to the word of Moses*

10:8

וַיְדַבֵּר יהוה consec.-Pi. impf. 3 m.s. (180)-pr.n. (217) *and Yahweh spoke*

אֶל־אַהֲרֹן prep.-pr.n. (14) *to Aaron*

לֵאמֹר prep.-Qal inf.cstr. (55) *saying*

10:9

יַיִן וְשֵׁכָר n.m.s. (406)-conj.-n.m.s. (1016) *wine nor strong drink*

אַל־תֵּשְׁתְּ neg.-Qal impf. 2 m.s. apoc. (שָׁתָה 1059) *do not drink*

אַתָּה וּבָנֶיךָ אִתָּךְ pers.pr. 2 m.s. (61)-conj. -n.m.p.-2 m.s. sf. (119)-prep.-2 m.s. sf. paus. (85) *you nor your sons with you*

בְּבֹאֲכֶם prep.-Qal inf.cstr.-2 m.p. sf. (בּוֹא 97) *when you go*

אֶל־אֹהֶל מוֹעֵד prep.-n.m.s. cstr. (13)-n.m.s. (417) *into the tent of meeting*

וְלֹא תָמֻתוּ conj.-neg.-Qal impf. 2 m.p. (מוּת 559) *lest you die*

חֻקַּת עוֹלָם n.f.s. cstr. (349)-n.m.s. (761) *a statute for ever*

לְדֹרֹתֵיכֶם prep.-n.m.p.-2 m.p. sf. (189) *throughout your generations*

10:10

וּלֲהַבְדִּיל conj.-prep.-Hi. inf.cstr. (בָּדַל 95: GK 114p) *you are to distinguish*

בֵּין הַקֹּדֶשׁ prep. (107)-def.art.-n.m.s. (871) *between the holy*

וּבֵין הַחֹל conj.-v.supra-def.art.-n.m.s. (320) *and the common*

וּבֵין הַטָּמֵא v.supra-dir.obj.-adj. m.s. (379) *and between the unclean*

וּבֵין הַטָּהוֹר v.supra-def.art.-adj. m.s. (373) *and the clean*

10:11

וּלְהוֹרֹת conj.-prep.-Hi. inf.cstr. (יָרָה 434; GK 114p) *and you are to teach*

אֶת־בְּנֵי יִשְׂרָאֵל dir.obj.-n.m.p. cstr. (119)-pr.n. (975) *the people of Israel*

אֵת כָּל־הַחֻקִּים dir.obj.-n.m.s. cstr. (481)-def.art. -n.m.p. (349) *all the statutes*

אֲשֶׁר דִּבֶּר יהוה rel. (81)-Pi. pf. 3 m.s. (180)-pr.n. (217) *which Yahweh has spoken*

אֲלֵיהֶם prep.-3 m.p. sf. *to them*

בְּיַד־מֹשֶׁה prep.-n.f.s. cstr. (388)-pr.n. (602) *by (the hand of) Moses*

10:12

וַיְדַבֵּר מֹשֶׁה consec.-Pi. impf. 3 m.s. (180)-pr.n. (602) *and Moses said*

אֶל־אַהֲרֹן prep.-pr.n. (14) *to Aaron*

וְאֶל אֶלְעָזָר conj.-prep.-pr.n. (46) *to Eleazar*

וְאֶל־אִיתָמָר conj.-prep.-pr.n. (16) *and Ithamar*

בָּנָיו n.m.p.-3 m.s. sf. (119) *his sons*

הַנּוֹתָרִים def.art.-Ni. ptc. m.p. (יתר 451) *who were left*

קְחוּ Qal impv. 2 m.p. (לקח 542) *take*

אֶת־הַמִּנְחָה dir.obj.-def.art.-n.f.s. (585) *the cereal offering*

הַנּוֹתֶרֶת def.art.-Ni. ptc. f.s. (יתר 451) *that remains*

מֵאִשֵּׁי יהוה prep.-n.m.p. cstr. (77)-pr.n. (217) *of the offerings by fire to Yahweh*

וְאִכְלוּהָ conj.-Qal impv. 2 m.p.-3 f.s. sf. (אכל 37) *and eat it*

מַצּוֹת n.f.p. (595) *unleavened*

אֵצֶל הַמִּזְבֵּחַ prep. (I 69)-def.art.-n.f.s. (258) *beside the altar*

כִּי קֹדֶשׁ קָדָשִׁים הוּא conj. (471)-n.m.s. cstr. (871) -n.m.p. (871)-demons.adj. f.s. (214) *for it is most holy*

10:13

וַאֲכַלְתֶּם conj.-Qal pf. 2 m.p. (אכל 37) *you shall eat*

אֹתָהּ dir.obj.-3 f.s. sf. *it*

בְּמָקוֹם קָדֹשׁ prep.-n.m.s. (879)-adj. m.s. (872) *in a holy place*

כִּי חָקְךָ conj. (471)-n.m.s.-2 m.s. sf. (349) *because it is your due*

וְחָק־בָּנֶיךָ הוּא conj.-n.m.s. cstr. (349)-n.m.p.-2 m.s. sf. (119)-demons.adj. f.s. (214) *and your sons' due*

מֵאִשֵּׁי יהוה prep.-n.m.p. cstr. (77)-pr.n. (217) *from the offerings by fire to Yahweh*

כִּי־כֵן צֻוֵּיתִי v.supra-adv. (485)-Pu. pf. 1 c.s. (845 צוה) *for so I am commanded*

10:14

וְאֵת חֲזֵה הַתְּנוּפָה conj.-dir.obj.-n.m.s. cstr. (303) -def.art.-n.f.s. (632) *but the breast that is waved*

וְאֵת שׁוֹק הַתְּרוּמָה v.supra-n.f.s. cstr. (1003)-def. art.-n.f.s. (929) *and the thigh that is offered*

תֹּאכְלוּ Qal impf. 2 m.p. (אכל 37) *you shall eat*

בְּמָקוֹם טָהוֹר prep.-n.m.s. (879)-adj. m.s. (373) *in any clean place*

אַתָּה וּבָנֶיךָ pers.pr. 2 m.s. (61)-conj.-n.m.p.-2 m.s. sf. (119) *you and your sons*

וּבְנֹתֶיךָ אִתָּךְ conj.-n.f.p.-2 m.s. sf. (I 123)-prep.-2 m.s. sf. paus. (85) *and your daughters with you*

כִּי־חָקְךָ conj. (471)-n.m.s.-2 m.s. sf. (349) *for as your due*

וְחָק־בָּנֶיךָ conj.-n.m.s. cstr. (349)-n.m.p.-2 m.s. sf. (119) *and your sons' due*

נִתְּנוּ Ni. pf. 3 c.p. (נתן 678) *they are given*

מִזִּבְחֵי שַׁלְמֵי prep.-n.m.p. cstr. (257)-n.m.p. cstr. (1023) *from the sacrifices of the peace offerings of*

בְּנֵי יִשְׂרָאֵל n.m.p. cstr. (119)-pr.n. (975) *the people of Israel*

10:15

שׁוֹק הַתְּרוּמָה n.f.s. cstr. (1003)-def.art.-n.f.s. (929) *the thigh that is offered*

וַחֲזֵה הַתְּנוּפָה conj.-n.m.s. cstr. (303)-def.art. -n.f.s. (632) *and the breast that is waved*

עַל אִשֵּׁי הַחֲלָבִים prep.-n.m.p. cstr. (77)-def.art. -n.m.p. (316) *with the offerings by fire of the fat*

יָבִיאוּ Hi. impf. 3 m.p. (בוא 97) *they shall bring*

לְהָנִיף תְּנוּפָה prep.-Hi. inf.cstr. (נוף 631)-n.f.s. (632) *to wave for a wave offering*

לִפְנֵי יהוה prep.-n.m.p. cstr. (815)-pr.n. (217) *before Yahweh*

וְהָיָה לְךָ conj.-Qal pf. 3 m.s. (224)-prep.-2 m.s. sf. *and it shall be yours*

וּלְבָנֶיךָ conj.-prep.-n.m.p.-2 m.s. sf. (119) *and your sons'*

אִתָּךְ prep.-2 m.s. sf. (85) *with you*

לְחָק־עוֹלָם prep.-n.m.s. cstr. (349)-n.m.s. (761) *as a due for ever*

כַּאֲשֶׁר צִוָּה יהוה prep.-rel. (81)-Pi. pf. 3 m.s. (צוה 845)-pr.n. (217) *as Yahweh has commanded*

10:16

וְאֵת שְׂעִיר הַחַטָּאת conj.-dir.obj.-n.m.s. cstr. (972)-def.art.-n.f.s. (308) *now about the goat of the sin offering*

דָּרֹשׁ דָּרַשׁ מֹשֶׁה Qal inf.abs. (205)-Qal pf. 3 m.s. (205)-pr.n. (602) *Moses diligently inquired*

וְהִנֵּה conj.-demons.part. (243) *and behold*

שֹׂרָף Pu. pf. 3 m.s. (שׂרף 976) *it was burned*

וַיִּקְצֹף consec.-Qal impf. 3 m.s. (קצף 893) *and he was angry*

עַל־אֶלְעָזָר prep.-pr.n. (46) *with Eleazar*

וְעַל־אִיתָמָר conj.-prep.-pr.n. (16) *and Ithamar*

בְּנֵי אַהֲרֹן n.m.p. cstr. (119)-pr.n. (14) *the sons of Aaron*

הַנּוֹתָרִם def.art.-Ni. ptc. m.p. (יָתַר 451) *who were left*

לֵאמֹר prep.-Qal inf.cstr. (55) *saying*

10:17

מַדּוּעַ לֹא־אֲכַלְתֶּם adv. (396)-neg.-Qal pf. 2 m.p. (אָכַל 37) *why have you not eaten*

אֶת־הַחַטָּאת dir.obj.-def.art.-n.f.s. (308) *the sin offering*

בִּמְקוֹם הַקֹּדֶשׁ prep.-n.m.s. cstr. (879)-def.art.-n.m.s. (871) *in the place of the sanctuary*

כִּי קֹדֶשׁ קָדָשִׁים הִוא conj. (471)-n.m.s. cstr. (871)-n.m.p. (871)-demons.adj. f.s. (214) *since it is a thing most holy*

וְאֹתָהּ נָתַן לָכֶם conj.-dir.obj.-3 f.s. sf.-Qal pf. 3 m.s. (678)-prep.-2 m.p. sf. *and has been given to you*

לָשֵׂאת prep.-Qal inf.cstr. (נָשָׂא 669) *that you may bear*

אֶת־עֲוֹן הָעֵדָה dir.obj.-n.m.s. cstr. (730)-def.art.-n.f.s. (417) *the iniquity of the congregation*

לְכַפֵּר עֲלֵיהֶם prep.-Pi. inf.cstr. (497)-prep.-3 m.p. sf. *to make atonement for them*

לִפְנֵי יהוה prep.-n.m.p. cstr. (815)-pr.n. (217) *before Yahweh*

10:18

הֵן לֹא־הוּבָא interj. (243)-neg.-Ho. pf. 3 m.s. (בּוֹא 97) *behold, was not brought*

אֶת־דָּמָהּ dir.obj.-n.m.s.-3 f.s. sf. (196) *its blood*

אֶל־הַקֹּדֶשׁ prep.-def.art.-n.m.s. (871) *into the sanctuary*

פְּנִימָה adv.-loc.he (819) *towards the inside*

אָכוֹל תֹּאכְלוּ אֹתָהּ Qal inf.abs. (37)-Qal impf. 2 m.p. (37)-dir.obj.-3 f.s. sf. *you certainly ought to have eaten it*

בַּקֹּדֶשׁ prep.-def.art.-n.m.s. (871) *in the sanctuary*

כַּאֲשֶׁר צִוֵּיתִי prep.-rel. (81)-Pi. pf. 1 c.s. (צָוָה 845) *as I commanded*

10:19

וַיְדַבֵּר אַהֲרֹן consec.-Pi. impf. 3 m.s. (180)-pr.n. (14) *and Aaron said*

אֶל־מֹשֶׁה prep.-pr.n. (602) *to Moses*

הֵן הַיּוֹם interj. (243)-def.art.-n.m.s. (398) *behold, today*

הִקְרִיבוּ Hi. pf. 3 c.p. (קָרַב 897) *they have offered*

אֶת־חַטָּאתָם dir.obj.-n.f.s.-3 m.p. sf. (308) *their sin offering*

וְאֶת־עֹלָתָם conj.-dir.obj.-n.f.s.-3 m.p. sf. (750) *and their burnt offering*

לִפְנֵי יהוה prep.-n.m.p. cstr. (815)-pr.n. (217) *before Yahweh*

וַתִּקְרֶאנָה אֹתִי consec.-Qal impf. 3 f.p. (קָרָא II 896; GK 75rr)-dir.obj.-1 c.s. sf. *and yet have befallen me*

כָּאֵלֶּה prep.-def.art.-demons.adj. c.p. (41) *such things as these*

וְאָכַלְתִּי conj.-Qal pf. 1 c.s. (אָכַל 37) *if I had eaten*

חַטָּאת n.f.s. (308) *the sin offering*

הַיּוֹם def.art.-n.m.s. (398) *today*

הַיִּיטַב interr. (209; GK 100k,159g)-Qal impf. 3 m.s. (יָטַב 405) *would it have been acceptable*

בְּעֵינֵי יהוה prep.-n.f.p. cstr. (744)-pr.n. (217) *in the sight of Yahweh*

10:20

וַיִּשְׁמַע מֹשֶׁה consec.-Qal impf. 3 m.s. (שָׁמַע 1033)-pr.n. (602) *and when Moses heard that*

וַיִּיטַב consec.-Qal impf. 3 m.s. (יָטַב 405) *it was acceptable*

בְּעֵינָיו prep.-n.f.p.-3 m.s. sf. (744) *in his eyes*

11:1

וַיְדַבֵּר יהוה consec.-Pi. impf. 3 m.s. (180)-pr.n. (217) *and Yahweh said*

אֶל־מֹשֶׁה prep.-pr.n. (602) *to Moses*

וְאֶל־אַהֲרֹן conj.-prep.-pr.n. (14) *and Aaron*

לֵאמֹר prep.-Qal inf.cstr. (55) *(saying)*

אֲלֵהֶם prep.-3 m.p. sf. *(to them)*

11:2

דַּבְּרוּ Pi. impv. 2 m.p. (180) *say*

אֶל־בְּנֵי יִשְׂרָאֵל prep.-n.m.p. cstr. (119)-pr.n. (975) *to the people of Israel*

לֵאמֹר prep.-Qal inf.cstr. (55) *(saying)*

זֹאת הַחַיָּה demons.adj. f.s. (260)-def.art.-n.f.s. (I 312) *these are the living things*

אֲשֶׁר תֹּאכְלוּ rel. (81)-Qal impf. 2 m.p. (אָכַל 37) *which you may eat*

מִכָּל־הַבְּהֵמָה prep.-n.m.s. cstr. (481)-def.art.-n.f.s. (96) *among all the beasts*

אֲשֶׁר עַל־הָאָרֶץ v.supra-prep.-def.art.-n.f.s. (75) *that are on the earth*

11:3

כֹּל מַפְרֶסֶת פַּרְסָה n.m.s. (481)-Hi. ptc. segh. (828) *whatever parts*

469

פַּרְסָה n.f.s. (828) *the hoof*

וְשֹׁסַעַת שֶׁסַע פְּרָסֹת conj.-Qal act.ptc. f.s. (שסע 1042)-n.m.s. cstr. (1043)-n.f.p. (828) *and is clovenfooted*

מַעֲלַת גֵּרָה Hi. ptc. f.s. cstr. (עלה 748)-n.f.s. (I 176) *chews the cud*

בַּבְּהֵמָה prep.-def.art.-n.f.s. (96) *among the animals*

אֹתָהּ תֹּאכֵלוּ dir.obj.-3 f.s. sf.-Qal impf. 2 m.p. paus. (אכל 37) *you may eat (it)*

11:4

אַךְ adv. (36) *nevertheless*

אֶת־זֶה לֹא תֹאכְלוּ dir.obj.-demons.adj. m.s. (260)-neg.-Qal impf. 2 m.p. (אכל 37) *you shall not eat these*

מִמַּעֲלֵי הַגֵּרָה prep.-Hi. ptc. m.p. cstr. (עלה 748)-def.art.-n.f.s. (176) *among those that chew the cud*

וּמִמַּפְרִיסֵי הַפַּרְסָה conj.-prep. II. ptc. m.p. cstr. (פרס 828)-def.art.-n.f.s. (828) *or part the hoof*

אֶת־הַגָּמָל dir.obj.-def.art.-n.m.s. (168) *the camel*

כִּי־מַעֲלֵה גֵרָה הוּא conj. (471)-Hi. ptc. m.s. cstr. (עלה 748)-n.f.s. (176)-demons.adj. m.s. (214) *because it chews the cud*

וּפַרְסָה אֵינֶנּוּ מַפְרִיס conj.-n.f.s. (828)-neg.-3 m.s. sf. (II 34)-Hi. ptc. (פרס 828) *but does not part the hoof*

טָמֵא הוּא לָכֶם adj. m.s. (379)-v.supra-prep.-2 m.p. sf. *it is unclean to you*

11:5

וְאֶת־הַשָּׁפָן conj.-dir.obj.-def.art.-n.m.s. (1050) *and the rock badger*

כִּי־מַעֲלֵה גֵרָה הוּא conj. (471)-Hi. ptc. m.s. cstr. (עלה 748)-n.f.s. (176)-demons.adj. m.s. (214) *because it chews the cud*

וּפַרְסָה לֹא יַפְרִיס conj.-n.f.s. (828)-neg.-Hi. impf. 3 m.s. (פרס 828) *but does not part the hoof*

טָמֵא הוּא לָכֶם adj. m.s. (379)-v.supra-prep.-2 m.p. sf. *it is unclean to you*

11:6

וְאֶת־הָאַרְנֶבֶת conj.-dir.obj.-def.art.-n.f.s. (58) *and the hare*

כִּי־מַעֲלַת גֵּרָה הִוא conj. (471)-Hi. ptc. f.s. cstr. (עלה 748)-n.f.s. (176)-demons.adj. f.s. (214) *because it chews the cud*

וּפַרְסָה לֹא הִפְרִיסָה conj.-n.f.s. (828)-neg.-Hi. pf. 3 f.s. (פרס 828) *but does not part the hoof*

טְמֵאָה הִוא לָכֶם adj. f.s. (379)-v.supra-prep.-2 m.p. sf. *it is unclean to you*

11:7

וְאֶת־הַחֲזִיר conj.-dir.obj.-def.art.-n.m.s. (306) *and the swine*

כִּי־מַפְרִיס פַּרְסָה הוּא conj. (471)-Hi. ptc. m.s. (פרס 828)-n.f.s. (828)-demons.adj. m.s. (214) *because it parts the hoof*

וְשֹׁסַע שֶׁסַע פַּרְסָה conj.-Qal act.ptc. m.s. (שסע 1042)-n.m.s. cstr. (1043)-n.f.s. (828) *and is cloven-footed*

וְהוּא גֵּרָה לֹא־יִגָּר conj.-v.supra-n.f.s. (176)-neg.-Ni. impf. 3 m.s. (גרר 176; GK 67g) *but does not chew the cud*

טָמֵא הוּא לָכֶם adj. m.s. (379)-v.supra-prep.-2 m.p. sf. *it is unclean to you*

11:8

מִבְּשָׂרָם prep.-n.m.s.-3 m.p. sf. (142) *of their flesh*

לֹא תֹאכֵלוּ neg.-Qal impf. 2 m.p. paus. (אכל 37) *you shall not eat*

וּבְנִבְלָתָם conj.-prep.-n.f.s.-3 m.p. sf. (615) *and their carcasses*

לֹא תִגָּעוּ neg.-Qal impf. 2 m.p. (נגע 619) *you shall not touch*

טְמֵאִים הֵם לָכֶם adj. m.p. (379)-demons.adj. m.p. (241)-prep.-2 m.p. sf. *they are unclean to you*

11:9

אֶת־זֶה תֹּאכְלוּ dir.obj.-demons.adj. m.s. (260)-Qal impf. 2 m.p. (אכל 37) *these you may eat*

מִכֹּל אֲשֶׁר בַּמַּיִם prep.-n.m.s. (481)-rel. (81)-prep.-def.art.-n.m.p. (565) *of all that are in the waters*

כֹּל אֲשֶׁר־לוֹ סְנַפִּיר n.m.s. (481)-rel. (81)-prep.-3 m.s. sf.-n.m.s. (703) *everything in it that has fins*

וְקַשְׂקֶשֶׂת בַּמַּיִם conj.-n.f.s. (903)-prep.-def.art.-n.m.p. (565) *and scales (in the waters)*

בַּיַּמִּים וּבַנְּחָלִים prep.-def.art.-n.m.p. (410)-conj.-prep.-def.art.-n.m.p. (636) *whether in the seas or in the rivers*

אֹתָם תֹּאכֵלוּ dir.obj.-3 m.p. sf.-Qal impf. 2 m.p. paus. (אכל 37) *you may eat (them)*

11:10

וְכֹל אֲשֶׁר conj.-n.m.s. (481)-rel. (81) *but anything that*

אֵין־לוֹ סְנַפִּיר neg. (II 34)-prep.-3 m.s. sf.-n.m.s. (703) *has not fins*

וְקַשְׂקֶשֶׂת conj.-n.f.s. (903) *and scales*

בַּיַּמִּים וּבַנְּחָלִים prep.-def.art.-n.m.p. (410)-conj.-prep.-def.art.-n.m.p. (636) *in the seas or the rivers*

מִכֹּל שֶׁרֶץ הַמַּיִם prep.-n.m.s. cstr. (481)-n.m.s. cstr. (1056)-def.art.-n.m.p. (565) *of the swarming creatures in the waters*

וּמִכֹּל נֶפֶשׁ הַחַיָּה conj.-prep.-n.m.s. cstr. (481)-n.f.s. cstr. (659)-def.art.-n.f.s. (312) *and of the living creatures*

אֲשֶׁר בַּמָּיִם rel. (81)-prep.-def.art.-n.m.p. paus. (565) *that are in the waters*

שֶׁקֶץ הֵם לָכֶם n.m.s. (1054)-demons.adj. m.p. (241)-prep.-2 m.p. sf. *is an abomination to you*

11:11

וְשֶׁקֶץ יִהְיוּ לָכֶם conj.-n.m.s. (1054)-Qal impf. 3 m.p. (הָיָה 224)-prep.-2 m.p. sf. *they shall remain an abomination to you*

מִבְּשָׂרָם לֹא תֹאכֵלוּ prep.-n.m.s.-3 m.p. sf. (142)-neg.-Qal impf. 2 m.p. paus. (אָכַל 37) *of their flesh you shall not eat*

וְאֶת־נִבְלָתָם conj.-dir.obj.-n.f.s.-3 m.p. sf. (615) *and their carcasses*

תְּשַׁקֵּצוּ Pi. impf. 2 m.p. paus. (שָׁקַץ 1055) *you shall have in abomination*

11:12

כֹּל אֲשֶׁר אֵין־לוֹ n.m.s. (481)-rel. (81)-neg. (II 34)-prep.-3 m.s. sf. *everything that has not*

סְנַפִּיר וְקַשְׂקֶשֶׂת n.m.s. (703)-conj.-n.f.s. (903) *fins and scales*

בַּמָּיִם prep.-def.art.-n.m.p. (565) *in the waters*

שֶׁקֶץ הוּא לָכֶם n.m.s. (1054)-demons.adj. m.s. (214)-prep.-2 m.p. sf. *is an abomination to you*

11:13

וְאֶת־אֵלֶּה conj.-dir.obj.-demons.adj. c.p. (41) *and these*

תְּשַׁקְּצוּ Pi. impf. 2 m.p. (שָׁקַץ 1055) *you shall have in abomination*

מִן־הָעוֹף prep.-def.art.-n.m.s. (733) *among the birds*

לֹא יֵאָכְלוּ neg.-Ni. impf. 3 m.p. (אָכַל 37) *they shall not be eaten*

שֶׁקֶץ הֵם n.m.s. (1054)-demons.adj. m.p. (214) *they are an abomination*

אֶת־הַנֶּשֶׁר dir.obj.-def.art.-n.m.s. (676) *the eagle*

וְאֶת־הַפֶּרֶס conj.-dir.obj.-def.art.-n.m.s. (828) *the ossifrage*

וְאֵת הָעָזְנִיָּה conj.-dir.obj.-def.art.-n.f.s. (740) *and the osprey*

11:14

וְאֶת־הַדָּאָה conj.-dir.obj.-n.f.s. (178) *the kite*

וְאֶת־הָאַיָּה conj.-dir.obj.-n.f.s. (I 17) *the falcon*

לְמִינָהּ prep.-n.m.s.-3 f.s. sf. (568) *according to its kind*

11:15

אֵת כָּל־עֹרֵב dir.obj.-n.m.s. (481)-n.m.s. (788) *every raven*

לְמִינוֹ prep.-n.m.s.-3 m.s. sf. (568) *according to its kind*

11:16

וְאֵת בַּת הַיַּעֲנָה conj.-dir.obj.-n.f.s. cstr. (I 123)-def.art.-n.f.s. (123, 419) *the ostrich*

וְאֶת־הַתַּחְמָס conj.-dir.obj.-def.art.-n.m.s. (329) *the nighthawk*

וְאֶת־הַשָּׁחַף conj.-dir.obj.-def.art.-n.m.s. (1006) *the sea gull*

וְאֶת־הַנֵּץ conj.-dir.obj.-def.art.-n.m.s. (II 665) *the hawk*

לְמִינֵהוּ prep.-n.m.s.-3 m.s. sf. (568) *according to its kind*

11:17

וְאֶת־הַכּוֹס conj.-dir.obj.-def.art.-n.m.s. (II 468) *the owl*

וְאֶת־הַשָּׁלָךְ conj.-dir.obj.-def.art.-n.m.s. (1021) *the cormorant*

וְאֶת־הַיַּנְשׁוּף conj.-dir.obj.-def.art.-n.m.s. (676) *the ibis*

11:18

וְאֶת־הַתִּנְשֶׁמֶת conj.-dir.obj.-def.art.-n.f.s. (675) *the water hen*

וְאֶת־הַקָּאָת conj.-dir.obj.-def.art.-n.f.s. (866) *the pelican*

וְאֶת־הָרָחָם conj.-dir.obj.-def.art.-n.m.s. (934) *the vulture*

11:19

וְאֵת הַחֲסִידָה conj.-dir.obj.-def.art.-n.f.s. (339) *the stork*

הָאֲנָפָה def.art.-n.f.s. (60) *the heron*

לְמִינָהּ prep.-n.m.s.-3 f.s. sf. (568) *according to its kind*

וְאֶת־הַדּוּכִיפַת conj.-dir.obj.-def.art.-n.f.s. (189) *the hoopoe*

וְאֶת־הָעֲטַלֵּף conj.-dir.obj.-def.art.-n.m.s. (742) *and the bat*

11:20

כֹּל שֶׁרֶץ הָעוֹף n.m.s. cstr. (481)-n.m.s. cstr. (1056)-def.art.-n.m.s. (733) *all winged insects*

הַהֹלֵךְ def.art.-Qal act.ptc. (הָלַךְ 229) *that go*

עַל־אַרְבַּע prep.-n.m.s. (916) *upon all fours*

שֶׁקֶץ הוּא לָכֶם n.m.s. (1054)-demons.adj. m.s. (214)-prep.-2 m.p. sf. *are an abomination to you*

11:21

אַךְ אֶת־זֶה adv. (36)-dir.obj.-demons.adj. m.s. (260) *yet those*

תֹּאכְלוּ Qal impf. 2 m.p. (אָכַל 37) *you may eat*

מִכֹּל שֶׁרֶץ הָעוֹף prep.-n.m.s. cstr. (481)-n.m.s. cstr. (1056)-def.art.-n.m.s. (733) *among the winged insects*

הַהֹלֵךְ def.art.-Qal act.ptc. (הָלַךְ 229) *that go*

עַל־אַרְבַּע prep.-n.m.s. (916) *on all fours*

אֲשֶׁר־לֹא כְרָעַיִם rel. (81)-neg.-n.f.p. (502) *which do not have (bending) legs*

מִמַּעַל לְרַגְלָיו prep.-prep. (751)-prep.-n.f.p.-3 m.s. sf. (919) *above their feet*

לְנַתֵּר בָּהֵן prep.-Pi. inf.cstr. (נָתַר I 684)-prep.-3 f.p. sf. *with which to leap*

עַל־הָאָרֶץ prep.-def.art.-n.f.s. (75) *on the earth*

11:22

אֶת־אֵלֶּה מֵהֶם dir.obj.-demons.adj. c.p. (41) -prep.-3 m.p. sf. *of them*

תֹּאכֵלוּ Qal impf. 2 m.p. paus. (אָכַל 37) *you may eat*

אֶת־הָאַרְבֶּה dir.obj.-def.art.-n.m.s. (916) *the locust*

לְמִינוֹ prep.-n.m.s.-3 m.s. sf. (568) *according to its kind*

וְאֶת־הַסָּלְעָם conj.-dir.obj.-def.art.-n.m.s. (701) *the bald locust*

לְמִינֵהוּ prep.-n.m.s.-3 m.s. sf. (568) *according to its kind*

וְאֶת־הַחַרְגֹּל conj.-dir.obj.-def.art.-n.m.s. (353) *the cricket*

לְמִינֵהוּ v.supra-v.supra *according to its kind*

וְאֶת־הֶחָגָב conj.-dir.obj.-def.art.-n.m.s. (I 290) *and the grasshopper*

לְמִינֵהוּ v.supra-v.supra *according to its kind*

11:23

וְכֹל שֶׁרֶץ הָעוֹף conj.-n.m.s. cstr. (481)-n.m.s. cstr. (1056)-def.art.-n.m.s. (733) *but all other winged insects*

אֲשֶׁר־לוֹ אַרְבַּע רַגְלָיִם rel. (81)-prep.-3 m.s. sf. -n.m.s. cstr. (916)-n.f. du. (919; GK 88f) *which have four feet*

שֶׁקֶץ הוּא לָכֶם n.m.s. (1054)-demons.adj. m.s. (214)-prep.-2 m.p. sf. *are an abomination to you*

11:24

וּלְאֵלֶּה conj.-prep.-demons.adj. c.p. (41) *and by these*

תִּטַּמָּאוּ Hith. impf. 2 m.p. (טָמֵא I 379) *you shall become unclean*

כָּל־הַנֹּגֵעַ n.m.s. cstr. (481)-def.art.-Qal act.ptc. (נָגַע 619) *whoever touches*

בְּנִבְלָתָם prep.-n.f.s.-3 m.p. sf. (615) *their carcass*

יִטְמָא Qal impf. 3 m.s. (טָמֵא I 379) *shall be unclean*

עַד־הָעָרֶב prep. (III 723)-def.art.-n.m.s. (787) *until the evening*

11:25

וְכָל־הַנֹּשֵׂא conj.-n.m.s. cstr. (481)-def.art.-Qal act.ptc. (נָשָׂא 669) *and whoever carries*

מִנִּבְלָתָם prep.-n.f.s.-3 m.p. sf. (615) *any part of their carcass*

יְכַבֵּס בְּגָדָיו Pi. impf. 3 m.s. (כָּבַס 460)-n.m.p.-3 m.s. sf. (93) *shall wash his clothes*

וְטָמֵא conj.-Qal pf. 3 m.s. (379) *and be unclean*

עַד־הָעָרֶב prep. (III 723)-def.art.-n.m.s. paus. (787) *until the evening*

11:26

לְכָל־הַבְּהֵמָה prep.-n.m.s. cstr. (481)-def.art.-n.f.s. (96) *every animal*

אֲשֶׁר הִוא מַפְרֶסֶת פַּרְסָה rel. (81)-demons.adj. f.s. (214)-Hi. ptc. segh. (פָּרַס 828)-n.f.s. (828) *which parts the hoof*

וְשֶׁסַע אֵינֶנָּה שֹׁסַעַת conj.-n.m.s. (1043)-neg.-3 f.s. sf. (II 34)-Qal act.ptc. f.s. (שָׁסַע 1042) *but is not cloven-footed*

וְגֵרָה אֵינֶנָּה מַעֲלָה conj.-n.f.s. (176)-v.supra-Hi. ptc. f.s. (עָלָה 748) *or does not chew the cud*

472

טְמֵאִים הֵם לָכֶם adj. m.p. (379)–demons.adj. m.p. (241)–prep.-2 m.p. sf. *is unclean to you*

כָּל־הַנֹּגֵעַ n.m.s. cstr. (481)-def.art.-Qal act.ptc. (נֹגֵעַ 619) *every one who touches*

בָּהֶם prep.-3 m.p. sf. *them*

יִטְמָא Qal impf. 3 m.s. (379) *shall be unclean*

11:27

וְכֹל הוֹלֵךְ עַל־כַּפָּיו conj.-n.m.s. cstr. (481)-Qal act.ptc. (הָלַךְ 229)-prep.-n.f.p.-3 m.s. sf. (496) *and all that go on their paws*

בְּכָל־הַחַיָּה prep.-n.m.s. cstr. (481)-def.art.-n.f.s. (I 312) *among the animals*

הַהֹלֶכֶת עַל־אַרְבַּע def.art.-Qal act.ptc. segh. (הָלַךְ 229)-prep.-n.m.s. (916) *that go on all fours*

טְמֵאִים הֵם לָכֶם adj. m.p. (379)–demons.adj. m.p. (241)-prep.-2 m.p. sf. *are unclean to you*

כָּל־הַנֹּגֵעַ n.m.s. cstr. (481)-def.art.-Qal act.ptc. (נֹגֵעַ 619) *whoever touches*

בְּנִבְלָתָם prep.-n.f.s.-3 m.p. sf. (615) *their carcass*

יִטְמָא Qal impf. 3 m.s. (טָמֵא 379) *shall be unclean*

עַד־הָעֶרֶב prep. (III 723)-def.art.-n.m.s. (787) *until the evening*

11:28

וְהַנֹּשֵׂא אֶת־נִבְלָתָם conj.-def.art.-Qal act.ptc. (669 נָשָׂא)–dir.obj.-n.f.s.-3 m.p. sf. (615) *and he who carries their carcass*

יְכַבֵּס בְּגָדָיו Pi. impf. 3 m.s. (כָּבַס 460)–n.m.p.-3 m.s. sf. (93) *shall wash his clothes*

וְטָמֵא conj.-Qal pf. 3 m.s. (379) *and be unclean*

עַד־הָעֶרֶב prep. (III 723)-def.art.-n.m.s. (787) *until the evening*

טְמֵאִים הֵמָּה לָכֶם adj. m.p. (379)–demons.adj. m.p. (241)–prep.-2 m.p. sf. *they are unclean to you*

11:29

וְזֶה לָכֶם הַטָּמֵא conj.-demons.adj. m.s. (260) -prep.-2 m.p. sf.-def.art.-adj. m.s. (379) *and these are unclean to you*

בַּשֶּׁרֶץ prep.-def.art.-n.m.s. (1054) *among the swarming things*

הַשֹּׁרֵץ עַל־הָאָרֶץ def.art.-Qal act.ptc. (שָׁרַץ 1056)-prep.-def.art.-n.f.s. (75) *that swarm upon the earth*

הַחֹלֶד def.art.-n.m.s. (317) *the weasel*

וְהָעַכְבָּר conj.-def.art.-n.m.s. (747) *the mouse*

וְהַצָּב conj.-def.art.-n.m.s. (II 839) *the great lizard*

לְמִינֵהוּ prep.-n.m.s.-3 m.s. sf. (568) *according to its kind*

11:30

וְהָאֲנָקָה conj.-def.art.-n.f.s. (II 60) *the gecko*

וְהַכֹּחַ conj.-def.art.-n.m.s. (I 470) *the land crocodile*

וְהַלְּטָאָה conj.-def.art.-n.f.s. (538) *the lizard*

וְהַחֹמֶט conj.-def.art.-n.m.s. (328) *the sand lizard*

וְהַתִּנְשָׁמֶת conj.-def.art.-n.f.s. paus. (675) *and the chameleon*

11:31

אֵלֶּה הַטְּמֵאִים לָכֶם demons.adj. c.p. (41)-def.art. -adj. m.p. (379)-prep.-2 m.p. sf. *these are unclean to you*

בְּכָל־הַשָּׁרֶץ prep.-n.m.s. cstr. (481)-def.art.-n.m.s. paus. (1056) *among all that swarm*

כָּל־הַנֹּגֵעַ בָּהֶם n.m.s. cstr. (481)-def.art.-Qal act.ptc. (נֹגֵעַ 619)-prep.-3 m.p. sf. *whoever touches them*

בְּמֹתָם prep.-n.m.s.-3 m.p. sf. (מָוֶת 560) *when they are dead*

יִטְמָא Qal impf. 3 m.s. (379) *shall be unclean*

עַד־הָעֶרֶב prep. (III 723)-def.art.-n.m.s. (787) *until the evening*

11:32

וְכֹל אֲשֶׁר־יִפֹּל־עָלָיו מֵהֶם conj.-n.m.s. (481)-rel. (81)-Qal impf. 3 m.s. (נָפַל 656)-prep.-3 m.s.-prep.-3 m.p. sf. *and anything upon which any of them falls*

בְּמֹתָם prep.-n.m.s.-3 m.p. sf. (560) *when they are dead*

יִטְמָא Qal impf. 3 m.s. (379) *shall be unclean*

מִכָּל־כְּלִי־עֵץ prep.-n.m.s. cstr. (481)-n.m.s. cstr. (479)-n.m.s. (781) *whether it is an article of wood*

אוֹ בֶגֶד conj. (14)-n.m.s. (93) *or a garment*

אוֹ־עוֹר conj. (14)-n.m.s. (736) *or skin*

אוֹ שָׂק conj. (14)-n.m.s. paus. (974) *or a sack*

כָּל־כְּלִי n.m.s. cstr. (481)-n.m.s. (479) *any vessel*

אֲשֶׁר־יֵעָשֶׂה rel. (81)-Ni. impf. 3 m.s. (עָשָׂה I 793) *that is used*

מְלָאכָה בָּהֶם n.f.s. (521)-prep.-3 m.p. sf. *for any purpose*

בַּמַּיִם prep.-def.art.-n.m.p. (565) *into water*

יוּבָא Ho. impf. 3 m.s. (בּוֹא 97) *it must be put*

וְטָמֵא conj.-Qal pf. 3 m.s. (379) *and it shall be unclean*

עַד־הָעֶרֶב prep. (III 723)-def.art.-n.m.s. (787) *until the evening*

וְטָהֵר conj.-Qal pf. 3 m.s. (372) *then it shall be clean*

11:33

וְכָל־כְּלִי־חֶרֶשׂ conj.-n.m.s. cstr. (481)-n.m.s. cstr. (479)-n.m.s. (360) *and any earthen vessel*

אֲשֶׁר־יִפֹּל מֵהֶם rel. (81)-Qal impf. 3 m.s. (נָפַל 656)-prep.-3 m.p. sf. *which falls from them*

אֶל־תּוֹכוֹ prep.-n.m.s.-3 m.s. sf. (1063) *into its midst*

כֹּל אֲשֶׁר בְּתוֹכוֹ n.m.s. (481)-v.supra-prep.-n.m.s.-3 m.s. (1063) *all that is in it*

יִטְמָא Qal impf. 3 m.s. (טָמֵא 379) *shall be unclean*

וְאֹתוֹ תִשְׁבֹּרוּ conj.-dir.obj.-3 m.s. sf.-Qal impf. 2 m.p. paus. (שָׁבַר 990) *and you shall break it*

11:34

מִכָּל־הָאֹכֶל אֲשֶׁר prep.-n.m.s. cstr. (481)-def.art.-n.m.s. (38)-rel. (81) *any food in it which*

יֵאָכֵל Ni. impf. 3 m.s. (אָכַל 37) *may be eaten*

אֲשֶׁר יָבוֹא עָלָיו rel. (81)-Qal impf. 3 m.s. (בּוֹא 97)-prep.-3 m.s. sf. *upon which may come*

מַיִם n.m.p. (565) *water*

יִטְמָא Qal impf. 3 m.s. (טָמֵא 379) *shall be unclean*

וְכָל־מַשְׁקֶה conj.-n.m.s. cstr. (481)-n.m.s. (II 1052) *and all drink*

אֲשֶׁר יִשָּׁתֶה rel. (81)-Ni. impf. 3 m.s. (שָׁתָה 1059) *which may be drunk*

בְּכָל־כְּלִי prep.-n.m.s. cstr. (481)-n.m.s. (479) *from every such vessel*

יִטְמָא v.supra *shall be unclean*

11:35

וְכֹל אֲשֶׁר־יִפֹּל conj.-n.m.s. (481)-rel. (81)-Qal impf. 3 m.s. (נָפַל 656) *and everything upon which falls*

מִנִּבְלָתָם עָלָיו prep.-n.f.s.-3 m.p. sf. (615)-prep.-3 m.s. sf. *any part of their carcass (upon it)*

יִטְמָא Qal impf. 3 m.s. (טָמֵא 379) *shall be unclean*

תַּנּוּר וְכִירַיִם n.m.s. (1072)-conj.-n.m. du. (468) *whether oven or stove*

יֻתָּץ Ho. impf. 3 m.s. (נָתַץ 683; GK 53u) *it shall be broken in pieces*

טְמֵאִים הֵם adj. m.p. (379)-demons.adj. m.p. (241) *they are unclean*

וּטְמֵאִים יִהְיוּ לָכֶם conj.-v.supra-Qal impf. 3 m.p. (הָיָה 224)-prep.-2 m.p. sf. *and shall be unclean to you*

11:36

אַךְ מַעְיָן adv. (36)-n.m.s. (745) *nevertheless a spring*

וּבוֹר conj.-n.m.s. (92) *or a cistern*

מִקְוֵה־מַיִם n.m.s. cstr. (II 876)-n.m.p. (565) *holding water*

יִהְיֶה טָהוֹר Qal impf. 3 m.s. (הָיָה 224)-adj. m.s. (373) *shall be clean*

וְנֹגֵעַ conj.-Qal act.ptc. (נָגַע 619) *but whatever touches*

בְּנִבְלָתָם prep.-n.f.s.-3 m.p. sf. (615) *their carcass*

יִטְמָא Qal impf. 3 m.s. (טָמֵא 379) *shall be unclean*

11:37

וְכִי יִפֹּל conj.-conj. (471)-Qal impf. 3 m.s. (נָפַל 656) *and if ... falls*

מִנִּבְלָתָם prep.-n.f.s.-3 m.p. sf. (615) *any part of their carcass*

עַל־כָּל־זֶרַע prep.-n.m.s. cstr. (481)-n.m.s. (282) *upon any seed*

זֵרוּעַ n.m.s. (283) *for sowing*

אֲשֶׁר יִזָּרֵעַ rel. (81)-Ni. impf. 3 m.s. (זָרַע 281) *that is to be sown*

טָהוֹר הוּא adj. m.s. (373)-demons.adj. m.s. (214) *it is clean*

11:38

וְכִי יֻתַּן־מַיִם conj.-conj. (471)-Ho. impf. 3 m.s. (נָתַן 678)-n.m.p. (565) *but if water is put*

עַל־זֶרַע prep.-n.m.s. (282) *on the seed*

וְנָפַל מִנִּבְלָתָם conj.-Qal pf. 3 m.s. (678)-prep.-n.f.s.-3 m.p. sf. (615) *and any part of their carcass falls*

עָלָיו prep.-3 m.s. sf. *on it*

טָמֵא הוּא לָכֶם adj. (or Qal pf. 3 m.s.; 379)-demons.adj. m.s. (214)-prep.-2 m.p. sf. *it is unclean to you*

11:39

וְכִי יָמוּת conj.-conj. (471)-Qal impf. 3 m.s. (מוּת 559) *and if ... dies*

מִן־הַבְּהֵמָה prep.-def.art.-n.f.s. (96) *any animal*

אֲשֶׁר־הִיא לָכֶם לְאָכְלָה rel. (81)-demons.adj. f.s. (214)-prep.-2 m.p. sf.-prep.-n.f.s. (38) *of which you may eat*

הַנֹּגֵעַ def.art.-Qal act.ptc. (נָגַע 619) *he who touches*

בְּנִבְלָתָהּ prep.-n.f.s.-3 f.s. sf. (615) *its carcass*

יִטְמָא Qal impf. 3 m.s. (טָמֵא 379) *shall be unclean*

עַד־הָעֶרֶב prep.-def.art.-n.m.s. paus. (787) *until the evening*

11:40

וְהָאֹכֵל conj.-def.art.-Qal act.ptc. (אָכַל 37) *and he who eats*

מִנִּבְלָתָהּ prep.-n.f.s.-3 f.s. sf. (615) *of its carcass*

יְכַבֵּס בְּגָדָיו Pi. impf. 3 m.s. (כָּבַס 460)-n.m.p.-3 m.s. sf. (93) *shall wash his clothes*

וְטָמֵא conj.-Qal pf. 3 m.s. (379) *and be unclean*

עַד־הָעֶרֶב v.supra-v.supra *until the evening*

וְהַנֹּשֵׂא conj.-def.art.-Qal act.ptc. (נָשָׂא 669) *he also who carries*

אֶת־נִבְלָתָהּ dir.obj.-n.f.s.-3 f.s. sf. (615) *the carcass*

יְכַבֵּס בְּגָדָיו v.supra-v.supra *shall wash his clothes*

וְטָמֵא v.supra *and be unclean*

עַד־הָעֶרֶב v.supra-v.supra *until the evening*

11:41

וְכָל־הַשֶּׁרֶץ conj.-n.m.s. cstr. (481)-def.art.-n.m.s. (1056) *and every swarming thing*

הַשֹּׁרֵץ def.art.-Qal act.ptc. m.s. (שָׁרַץ 1056) *that swarms*

עַל־הָאָרֶץ prep.-def.art.-n.f.s. (75) *upon the earth*

שֶׁקֶץ הוּא n.m.s. (1054)-demons.adj. m.s. (214) *is an abomination*

לֹא יֵאָכֵל neg.-Ni. impf. 3 m.s. (אָכַל 37) *it shall not be eaten*

11:42

כֹּל הוֹלֵךְ n.m.s. cstr. (481)-Qal act.ptc. m.s. (הָלַךְ 229) *whatever goes*

עַל־גָּחוֹן prep.-n.m.s. (161; GK 5n) *on its belly*

וְכֹל הוֹלֵךְ conj.-v.supra-v.supra *and whatever goes*

עַל־אַרְבַּע prep.-n.m.s. (916) *on all fours*

עַד כָּל־מַרְבֵּה רַגְלַיִם prep. (III 723)-n.m.s. cstr. (481)-Hi. ptc. m.s. cstr. (רָבָה 915)-n.f. du. (919) *or whatever has many feet*

לְכָל־הַשֶּׁרֶץ prep.-n.m.s. cstr. (481)-def.art.-n.m.s. (1056) *all the swarming things*

הַשֹּׁרֵץ def.art.-Qal act.ptc. m.s. (שָׁרַץ 1056) *that swarm*

עַל־הָאָרֶץ prep.-def.art.-n.f.s. (75) *upon the earth*

לֹא תֹאכְלוּם neg.-Qal impf. 2 m.p.-3 m.p. sf. (37 אָכַל) *you shall not eat (them)*

כִּי־שֶׁקֶץ הֵם conj. (471)-n.m.s. (1054)-demons.adj. m.p. (241) *for they are an abomination*

11:43

אַל־תְּשַׁקְּצוּ אֶת־נַפְשֹׁתֵיכֶם neg.-Pi. impf. 2 m.p. (שָׁקַץ 1055)-dir.obj.-n.f.p.-2 m.p. sf. (659) *you shall not make yourselves abominable*

בְּכָל־הַשֶּׁרֶץ prep.-n.m.s. cstr. (481)-def.art.-n.m.s. (1056) *with any swarming thing*

הַשֹּׁרֵץ def.art.-Qal act.ptc. (שָׁרַץ 1056) *that swarms*

וְלֹא תִטַּמְּאוּ בָּהֶם conj.-neg.-Hith. impf. 2 m.p. (טָמֵא 379)-prep.-3 m.p. sf. *and you shall not defile yourselves with them*

וְנִטְמֵתֶם בָּם Ni. pf. 2 m.p. (טָמֵא 379; א omitted by scribal error; GK 74k)-prep.-3 m.p. sf. *lest you become unclean*

11:44

כִּי אֲנִי יהוה conj. (471)-pers.pr. 1 c.s. (58)-pr.n. (217) *for I am Yahweh*

אֱלֹהֵיכֶם n.m.p.-2 m.p. sf. (43) *your God*

וְהִתְקַדִּשְׁתֶּם conj.-Hith. pf. 2 m.p. (קָדַשׁ 872; GK 54k) *consecrate yourselves therefore*

וִהְיִיתֶם קְדֹשִׁים conj.-Qal pf. 2 m.p. (הָיָה 224)-adj. m.p. (872) *and be holy*

כִּי קָדוֹשׁ אָנִי conj. (471)-adj. m.s. (872)-pers.pr. 1 c.s. paus. (58) *for I am holy*

וְלֹא תְטַמְּאוּ אֶת־נַפְשֹׁתֵיכֶם conj.-neg.-Pi. impf. 2 m.p. (טָמֵא 379)-dir.obj.-n.f.p.-2 m.p. sf. (659) *you shall not defile yourselves*

בְּכָל־הַשֶּׁרֶץ prep.-n.m.s. cstr. (481)-def.art.-n.m.s. (1056) *with any swarming thing*

הָרֹמֵשׂ def.art.-Qal act.ptc. (רָמַשׂ 942) *that crawls*

עַל־הָאָרֶץ prep.-def.art.-n.f.s. (75) *upon the earth*

11:45

כִּי אֲנִי יהוה conj. (471)-pers.pr. 1 c.s. (58)-pr.n. (217) *for I am Yahweh*

הַמַּעֲלֶה אֶתְכֶם def.art.-Hi. ptc. (עָלָה 748)-dir.obj.-2 m.p. sf. *who brought you up*

מֵאֶרֶץ מִצְרַיִם prep.-n.f.s. cstr. (75)-pr.n. (595) *out of the land of Egypt*

לִהְיֹת לָכֶם לֵאלֹהִים prep.-Qal inf.cstr. (הָיָה 224)-prep.-2 m.p. sf.-prep.-n.m.p. (43) *to be your God*

וִהְיִיתֶם קְדֹשִׁים conj.-Qal pf. 2 m.p. (הָיָה 224)-adj. m.p. (872) *you shall therefore be holy*

כִּי קָדוֹשׁ אָנִי conj. (471)-adj. m.s. (872)-pers.pr. 1 c.s. paus. (58) *for I am holy*

11:46

זֹאת תּוֹרַת הַבְּהֵמָה demons.adj. f.s. (260)-n.f.s. cstr. (435)-def.art.-n.f.s. (96) *this is the law pertaining to the beast*

וְהָעוֹף conj.-def.art.-n.m.s. (733) *and the bird*

וְכֹל נֶפֶשׁ הַחַיָּה conj.-n.m.s. cstr. (481)-n.f.s. cstr. (659)-def.art.-n.f.s. (312) *and every living creature*

הָרֹמֶשֶׂת def.art.-Qal act.ptc. f.s. (רָמַשׂ 942) *that moves*

בַּמָּיִם prep.-def.art.-n.m.p. paus. (565) *through the waters*

וּלְכָל־נֶפֶשׁ conj.-prep.-n.m.s. cstr. (481)-n.f.s. (659) *and every creature*

הַשֹּׁרֶצֶת def.art.-Qal act.ptc. f.s. (שָׁרַץ 1056) *that swarms*

עַל־הָאָרֶץ prep.-def.art.-n.f.s. (75) *upon the earth*

11:47

לְהַבְדִּיל prep.-Hi. inf.cstr. (בדל 95) *to make a distinction*

בֵּין הַטָּמֵא prep. (107)-def.art.-adj. m.s. (379) *between the unclean*

וּבֵין הַטָּהֹר conj.-prep. (107)-def.art.-adj. m.s. (373) *and the clean*

וּבֵין הַחַיָּה v.supra-def.art.-n.f.s. (312) *and between the living creature*

הַנֶּאֱכֶלֶת def.art.-Ni. ptc. f.s. (אָכַל 37) *that may be eaten*

וּבֵין הַחַיָּה v.supra-def.art.-n.f.s. (312) *and the living creature*

אֲשֶׁר לֹא תֵאָכֵל rel. (81)-neg.-Ni. impf. 3 f.s. (37 אָכַל) *that may not be eaten*

12:1

וַיְדַבֵּר יהוה consec.-Pi. impf. 3 m.s. (דָּבַר 180)-pr.n. (217) *Yahweh said*

אֶל־מֹשֶׁה prep.-pr.n. (602) *to Moses*

לֵאמֹר prep.-Qal inf.cstr. (55) *(saying)*

12:2

דַּבֵּר Pi. impv. 2 m.s. (180) *say*

אֶל־בְּנֵי יִשְׂרָאֵל prep.-n.m.p. cstr. (119)-pr.n. (975) *to the people of Israel*

לֵאמֹר prep.-Qal inf.cstr. (55) *(saying)*

אִשָּׁה n.f.s. (61) *a woman*

כִּי תַזְרִיעַ conj. (471)-Hi. impf. 3 f.s. (זָרַע 281) *if ... conceives*

וְיָלְדָה זָכָר conj.-Qal pf. 3 f.s. (יָלַד 408)-adj. m.s. (271) *and bears a male child*

וְטָמְאָה conj.-Qal pf. 3 f.s. (טָמֵא 379) *then she shall be unclean*

שִׁבְעַת יָמִים n.f.s. cstr. (988)-n.m.p. (398) *seven days*

כִּימֵי נִדַּת דְּוֹתָהּ prep.-n.m.p. cstr. (398)-n.f.s. cstr. (622)-Qal inf.cstr.-3 f.s. sf. (דָּוֶה 188) *at the time of her menstruation*

תִּטְמָא Qal impf. 3 f.s. (379) *she shall be unclean*

12:3

וּבַיּוֹם הַשְּׁמִינִי conj.-prep.-def.art.-n.m.s. (398)-def.art.-num. adj. (1033) *and on the eighth day*

יִמּוֹל Ni. impf. 3 m.s. (מוּל II 557) *shall be circumcised*

בְּשַׂר עָרְלָתוֹ n.m.s. cstr. (142)-n.f.s.-3 m.s. sf. (790) *the flesh of his foreskin*

12:4

וּשְׁלֹשִׁים יוֹם conj.-num. p (1026)-n.m.s. (398) *for thirty days*

וּשְׁלֹשֶׁת יָמִים conj.-num. f. (1025)-n.m.p. (398) *and three days*

תֵּשֵׁב Qal impf. 3 f.s. (יָשַׁב 442) *she shall continue*

בִּדְמֵי טָהֳרָה prep.-n.m.p. cstr. (196)-n.f.s. (372; GK 91e) *in the blood of her purifying*

בְּכָל־קֹדֶשׁ prep.-n.m.s. cstr. (481)-n.m.s. (871) *any hallowed thing*

לֹא־תִגָּע neg.-Qal impf. 3 f.s. (נָגַע 619) *she shall not touch*

וְאֶל־הַמִּקְדָּשׁ conj.-prep.-def.art.-n.m.s. (874) *and into the sanctuary*

לֹא תָבֹא neg.-Qal impf. 3 f.s. (בּוֹא 97) *nor come*

עַד־מְלֹאת prep. (III 723)-Qal inf.cstr. (מָלֵא 569) *until ... are completed*

יְמֵי טָהֳרָהּ n.m.p. cstr. (398)-n.f.s.-3 f.s. sf. (372) *the days of her purifying*

12:5

וְאִם־נְקֵבָה conj.-conj. (49)-n.f.s. (666) *but if a female child*

תֵלֵד Qal impf. 3 f.s. (יָלַד 408) *she bears*

וְטָמְאָה conj.-Qal pf. 3 f.s. (טָמֵא 379) *she shall be unclean*

שְׁבֻעַיִם n.m. du. (988) *two weeks*

כְּנִדָּתָהּ prep.-n.f.s.-3 f.s. sf. (622) *as in her menstruation*

וְשִׁשִּׁים יוֹם conj.-num. p. (995)-n.m.s. (398) *and sixty days*

וְשֵׁשֶׁת יָמִים conj.-num. f. cstr. (995)-n.m.p. (398) *and six days*

תֵּשֵׁב Qal impf. 3 f.s. (יָשׁב 442) *she shall continue*

עַל־דְּמֵי טָהֳרָה prep.-n.m.p. cstr. (196)-n.f.s. (372; GK 91e) *in the blood of her purifying*

12:6

וּבִמְלֹאת conj.-prep.-Qal inf.cstr. (מָלֵא 569) *and when ... are completed*

יְמֵי טָהֳרָה n.m.p. cstr. (398)-n.f.s.-3 f.s. sf. (372) *the days of her purifying*

לְבֵן prep.-n.m.s. (119) *whether for a son*

אוֹ לְבַת conj. (14)-prep.-n.f.s. (I 123) *or for a daughter*

תָּבִיא Hi. impf. 3 f.s. (בּוֹא 97) *she shall bring*

כֶּבֶשׂ בֶּן־שְׁנָתוֹ n.m.s. (461)-n.m.s. cstr. (119) -n.f.s.-3 m.s. sf. (1040) *a lamb a year old*

לְעֹלָה prep.-n.f.s. (750) *for a burnt offering*

וּבֶן־יוֹנָה conj.-n.m.s. cstr. (119)-n.f.s. (401) *and a young pigeon*

אוֹ־תֹר conj. (14)-n.f.s. (1076) *or a turtledove*

לְחַטָּאת prep.-n.f.s. (308) *for a sin offering*

אֶל־פֶּתַח prep.-n.m.s. cstr. (835) *at the door of*

אֹהֶל־מוֹעֵד n.m.s. cstr. (13)-n.m.s. (417) *the tent of meeting*

אֶל־הַכֹּהֵן prep.-def.art.-n.m.s. (463) *to the priest*

12:7

וְהִקְרִיבוֹ conj.-Hi. pf. 3 m.s.-3 m.s. sf. (קָרַב 897) *and he shall offer it*

לִפְנֵי יהוה prep.-n.m.p. cstr. (815)-pr.n. (217) *before Yahweh*

וְכִפֶּר עָלֶיהָ conj.-Pi. pf. 3 m.s. (כָּפַר 497)-prep.-3 f.s. sf. *and make atonement for her*

וְטָהֲרָה conj.-Qal pf. 3 f.s. (טָהֵר 372) *then she shall be clean*

מִמְּקֹר דָּמֶיהָ prep.-n.m.s. cstr. (881)-n.m.p.-3 f.s. sf. (196) *from the flow of her blood*

זֹאת תּוֹרַת demons.adj. f.s. (260)-n.f.s. cstr. (435) *this is the law for*

הַיֹּלֶדֶת def.art.-Qal act.ptc. f.s. (יָלַד 408) *her who bears a child*

לַזָּכָר prep.-def.art.-n.m.s. (271) *either a male*

אוֹ לַנְּקֵבָה conj. (14)-prep.-def.art.-n.f.s. (666) *or female*

12:8

וְאִם־לֹא תִמְצָא יָדָהּ conj.-conj. (49)-neg.-Qal impf. 3 f.s. (מָצָא 592)-n.f.s.-3 f.s. sf. *and if her hand cannot attain*

דֵּי שֶׂה subst. cstr. (191)-n.m.s. (961) *enough for a lamb*

וְלָקְחָה conj.-Qal pf. 3 f.s. (לָקַח 542) *then she shall take*

שְׁתֵּי־תֹרִים n.f.s. cstr. (1040)-n.f.p. (1076) *two turtledoves*

אוֹ שְׁנֵי בְנֵי יוֹנָה conj. (14)-n.m. du. cstr. (1040) -n.m.p. cstr. (119)-n.f.s. (401) *or two young pigeons*

אֶחָד לְעֹלָה num. (25)-prep.-n.f.s. (750) *one for a burnt offering*

וְאֶחָד לְחַטָּאת conj.-v.supra-prep.-n.f.s. (308) *and the other for a sin offering*

וְכִפֶּר עָלֶיהָ conj.-Pi. pf. 3 m.s. (497)-prep.-3 f.s. sf. *and shall make atonement for her*

הַכֹּהֵן def.art.-n.m.s. (463) *the priest*

וְטָהֵרָה conj.-Qal pf. 3 f.s. paus. (373) *and she shall be clean*

13:1

וַיְדַבֵּר יהוה consec.-Pi. impf. 3 m.s. (180)-pr.n. (217) *Yahweh said*

אֶל־מֹשֶׁה prep.-pr.n. (602) *to Moses*

וְאֶל־אַהֲרֹן conj.-prep.-pr.n. (14) *and Aaron*

לֵאמֹר prep.-Qal inf.cstr. (55) *(saying)*

13:2

אָדָם n.m.s. (9) *a man*

כִּי־יִהְיֶה conj. (471)-Qal impf. 3 m.s. (הָיָה 224) *when ... has*

בְעוֹר־בְּשָׂרוֹ prep.-n.m.s. cstr. (736)-n.m.s.-3 m.s. sf. (142) *on the skin of his body*

שְׂאֵת n.f.s. (673) *a swelling*

אוֹ־סַפַּחַת conj. (14)-n.f.s. (705) *or an eruption*

אוֹ בַהֶרֶת conj. (14)-n.f.s. (97) *or a spot*

וְהָיָה conj.-Qal pf. 3 m.s. (224) *and it turns*

בְעוֹר־בְּשָׂרוֹ v.supra-v.supra *on the skin of his body*

לְנֶגַע צָרַעַת prep.-n.m.s. cstr. (619)-n.f.s. paus. (863) *into a leprous disease*

וְהוּבָא conj.-Ho. pf. 3 m.s. (בּוֹא 97) *then he shall be brought*

אֶל־אַהֲרֹן prep.-pr.n. (14) *to Aaron*

הַכֹּהֵן def.art.-n.m.s. (463) *the priest*

אוֹ אֶל־אַחַד conj. (14)-prep.-num. cstr. (25) *or to one of*

מִבָּנָיו prep.-n.m.p.-3 m.s. sf. (119) *of his sons*

הַכֹּהֲנִים def.art.-n.m.p. (463) *the priests*

13:3

וְרָאָה הַכֹּהֵן conj.-Qal pf. 3 m.s. (906)-def.art. -n.m.s. (463) *and the priest shall examine*

אֶת־הַנֶּגַע dir.obj.-def.art.-n.m.s. (619) *the diseased spot*

בְּעוֹר־הַבָּשָׂר prep.-n.m.s. cstr. (736)-def.art.-n.m.s. (142) *on the skin of his body*

וְשֵׂעָר בַּנֶּגַע conj.-n.m.s. (972)-prep.-def.art.-n.m.s. (619) *and if the hair in the diseased spot*

הָפַךְ לָבָן Qal pf. 3 m.s. (245)-n.m.s. (526) *has turned white*

וּמַרְאֵה הַנֶּגַע conj.-n.m.s. cstr. (909)-v.supra *and the appearance of the diseased spot*

עָמֹק מֵעוֹר בְּשָׂרוֹ adj. m.s. (771)-prep.-n.m.s. cstr. (736)-n.m.s.-3 m.s. sf. (142) *is deeper than the skin of his body*

נֶגַע צָרַעַת הוּא n.m.s. cstr. (619)-n.f.s. (863)-demons.adj. m.s. (214) *it is a leprous disease*

וְרָאָהוּ הַכֹּהֵן conj.-Qal pf. 3 m.s.-3 m.s. sf. 906)-def.art.-n.m.s. (463) *when the priest has examined him*

וְטִמֵּא אֹתוֹ conj.-Pi. pf. 3 m.s. (אמט 379)-dir. obj.-3 m.s. sf. *he shall pronounce him unclean*

13:4

וְאִם־בַּהֶרֶת conj.-hypoth.part. (49)-n.f.s. (97) *but if the spot*

לְבָנָה הִוא adj. f.s. (I 526)-demons.adj. f.s. (214) *(it is) white*

בְּעוֹר בְּשָׂרוֹ prep.-n.m.s. cstr. (736)-n.m.s.-3 m.s. sf. (142) *in the skin of his body*

וְעָמֹק אֵין־מַרְאֶהָ conj.-adj. m.s. (771)-neg. cstr. (II 34)-n.m.s.-3 f.s. sf. (909) *and appears no deeper*

מִן־הָעוֹר prep.-def.art.-n.m.s. (736) *than the skin*

וּשְׂעָרָה לֹא־הָפַךְ conj.-n.m.s.-3 f.s. sf. (972; GK 91e; rd. וּשְׂעָרָהּ)-neg.-Qal pf. 3 m.s. (245) *and the hair in it has not turned*

לָבָן adj. m.s. (526) *white*

וְהִסְגִּיר הַכֹּהֵן conj.-Hi. pf. 3 m.s. (סגר 688)-def.art.-n.m.s. (463) *the priest shall shut up*

אֶת־הַנֶּגַע dir.obj.-def.art.-n.m.s. (619) *the diseased person*

שִׁבְעַת יָמִים n.f.s. cstr. (988)-n.m.p. (398) *for seven days*

13:5

וְרָאָהוּ הַכֹּהֵן conj.-Qal pf. 3 m.s.-3 m.s. sf. 906)-def.art.-n.m.s. (463) *and the priest shall examine him*

בַּיּוֹם הַשְּׁבִיעִי prep.-def.art.-n.m.s. (398)-def.art.-num. adj. m.s. (988) *on the seventh day*

וְהִנֵּה הַנֶּגַע conj.-demons.part. (243)-def.art.-n.m.s. (619) *and if the disease*

עָמַד Qal pf. 3 m.s. (763) *is checked*

בְּעֵינָיו prep.-n.f.p.-3 m.s. sf. (744) *in his eyes*

לֹא־פָשָׂה neg.-Qal pf. 3 m.s. (832) *has not spread*

הַנֶּגַע v.supra *the disease*

בָּעוֹר prep.-def.art.-n.m.s. (736) *in the skin*

וְהִסְגִּירוֹ הַכֹּהֵן conj.-Hi. pf. 3 m.s.-3 m.s. sf. 688)-def.art.-n.m.s. (463) *then the priest shall shut him up*

שִׁבְעַת יָמִים n.f.s. cstr. (988)-n.m.p. (398) *seven days*

שֵׁנִית num. adj. f.s. (1041) *more (a second time)*

13:6

וְרָאָה הַכֹּהֵן אֹתוֹ conj.-Qal pf. 3 m.s. (906)-def.art.-n.m.s. (463)-dir.obj.-3 m.s. sf. *and the priest shall examine him*

בַּיּוֹם הַשְּׁבִיעִי prep.-def.art.-n.m.s. (398)-def.art.-num. adj. m.s. (988) *on the seventh day*

שֵׁנִית num. adj. f.s. (1041) *again (a second time)*

וְהִנֵּה כֵּהָה conj.-demons.part. (243)-adj. f.s. (462) *and if ... is dim*

הַנֶּגַע def.art.-n.m.s. (619) *the diseased spot*

וְלֹא־פָשָׂה conj.-neg.-Qal pf. 3 m.s. (832) *and has not spread*

הַנֶּגַע v.supra *the disease*

בָּעוֹר prep.-def.art.-n.m.s. (736) *in the skin*

וְטִהֲרוֹ הַכֹּהֵן conj.-Pi. pf. 3 m.s.-3 m.s. sf. (טהר 372)-def.art.-n.m.s. (463) *then the priest shall pronounce him clean*

מִסְפַּחַת הִיא n.f.s. (705)-demons.adj. f.s. (214) *it is only an eruption*

וְכִבֶּס בְּגָדָיו conj.-Pi. pf. 3 m.s. (כבס 460)-n.m.p.-3 m.s. sf. (93) *and he shall wash his clothes*

וְטָהֵר conj.-Qal pf. 3 m.s. (372) *and be clean*

13:7

וְאִם־פָּשֹׂה תִפְשֶׂה conj.-hypoth.part. (49)-Qal inf.abs. (832)-Qal impf. 3 f.s. (פשה 832) *but if ... spreads*

הַמִּסְפַּחַת def.art.-n.f.s. (705) *the eruption*

בָּעוֹר prep.-def.art.-n.m.s. (736) *in the skin*

אַחֲרֵי הֵרָאֹתוֹ prep. cstr. (29)-Ni. inf.cstr.-3 m.s. sf. (ראה 906) *after he has shown himself*

אֶל־הַכֹּהֵן prep.-def.art.-n.m.s. (463) *to the priest*

לְטָהֳרָתוֹ prep.-n.f.s.-3 m.s. sf. (372) *for his cleansing*

וְנִרְאָה conj.-Ni. pf. 3 m.s. (ראה 906) *he shall appear*

שֵׁנִית num. adj. f.s. (1041) *again (a second time)*

478

אֶל־הַכֹּהֵן prep.-def.art.-n.m.s. (463) *before the priest*

13:8

וְרָאָה הַכֹּהֵן conj.-Qal pf. 3 m.s. (906)-def.art.-n.m.s. (463) *and the priest shall make an examination*

וְהִנֵּה פָּשְׂתָה conj.-demons.part. (243)-Qal pf. 3 f.s. (פָּשָׂה 832) *and if has spread*

הַמִּסְפַּחַת def.art.-n.f.s. (705) *the eruption*

בָּעוֹר prep.-def.art.-n.m.s. (736) *in the skin*

וְטִמְּאוֹ הַכֹּהֵן conj.-Pi. pf. 3 m.s.-3 m.s. sf. (טָמֵא 379)-def.art.-n.m.s. (463) *then the priest shall pronounce him unclean*

צָרַעַת הִוא n.f.s. (863)-demons.adj. f.s. (214) *it is leprosy*

13:9

נֶגַע צָרַעַת n.m.s. cstr. (619)-n.f.s. (863) *a disease of leprosy*

כִּי תִהְיֶה conj. (471)-Qal impf. 3 f.s. (הָיָה 224) *when it falls*

בְּאָדָם prep.-n.m.s. (9) *upon a man*

וְהוּבָא אֶל־הַכֹּהֵן conj.-Ho. pf. 3 m.s. (בּוֹא 97)-prep.-def.art.-n.m.s. (463) *he shall be brought to the priest*

13:10

וְרָאָה הַכֹּהֵן conj.-Qal pf. 3 m.s. (906)-def.art.-n.m.s. (463) *and the priest shall make an examination*

וְהִנֵּה שְׂאֵת־לְבָנָה conj.-demons.part. (243)-n.f.s. (673)-adj. f.s. (I 526) *and if there is a white swelling*

בָּעוֹר prep.-def.art.-n.m.s. (736) *in the skin*

וְהִיא הָפְכָה conj.-demons.adj. f.s. (214)-Qal pf. 3 f.s. (הָפַךְ 245) *which has turned*

שֵׂעָר n.m.s. (972) *the hair*

לָבָן adj. m.s. (I 526) *white*

וּמִחְיַת conj.-n.f.s. cstr. (313) *and the quick (or raw spot) of*

בָּשָׂר חַי n.m.s. (142)-adj. m.s. (311) *raw flesh*

בַּשְׂאֵת prep.-def.art.-n.f.s. (673) *in the swelling*

13:11

יָשָׁן צָרַעַת נוֹשֶׁנֶת הִוא n.f.s. (863)-Ni. ptc. f.s. (445)-demons.adj. f.s. (214) *it is a chronic leprosy*

בְּעוֹר בְּשָׂרוֹ prep.-n.m.s. cstr. (736)-n.m.s.-3 m.s. sf. (142) *in the skin of his body*

וְטִמְּאוֹ הַכֹּהֵן conj.-Pi. pf. 3 m.s.-3 m.s. sf. (טָמֵא 379)-def.art.-n.m.s. (463) *and the priest shall pronounce him unclean*

לֹא יַסְגִּרֶנּוּ neg.-Hi. impf. 3 m.s.-3 m.s. sf. (סָגַר 688) *he shall not shut him up*

כִּי טָמֵא הוּא conj. (471)-Qal pf. 3 m.s. (379)-demons.adj. m.s. (214) *for he is unclean*

13:12

וְאִם־פָּרוֹחַ תִּפְרַח conj.-hypoth.part. (49)-Qal inf.abs. (פָּרַח II 827)-Qal impf. 3 f.s. (פָּרַח II 827) *and if ... breaks out*

הַצָּרַעַת def.art.-n.f.s. (863) *the leprosy*

בָּעוֹר prep.-def.art.-n.m.s. (736) *in the skin*

וְכִסְּתָה הַצָּרַעַת conj.-Pi. pf. 3 f.s. (כָּסָה 491)-def.art.-n.f.s. (863) *so that the leprosy covers*

אֵת כָּל־עוֹר הַנֶּגַע dir.obj.-n.m.s. cstr. (481)-n.m.s. cstr. (736)-def.art.-n.m.s. (619) *all the skin of the diseased person*

מֵרֹאשׁוֹ prep.-n.m.s.-3 m.s. sf. (910) *from head*

וְעַד־רַגְלָיו conj.-prep. (III 723)-n.f.p.-3 m.s. sf. (919) *to foot*

לְכָל־מַרְאֵה עֵינֵי הַכֹּהֵן prep.-n.m.s. cstr. (481)-n.m.s. cstr. (909)-n.f.p. cstr. (744)-def.art.-n.m.s. (463) *so far as the priest can see*

13:13

וְרָאָה הַכֹּהֵן conj.-Qal pf. 3 m.s. (906)-def.art.-n.m.s. (463) *then the priest shall make an examination*

וְהִנֵּה כִסְּתָה conj.-demons.part. (243)-Pi. pf. 3 f.s. (כָּסָה 491) *and if ... has covered*

הַצָּרַעַת def.art.-n.f.s. (863) *the leprosy*

אֶת־כָּל־בְּשָׂרוֹ dir.obj.-n.m.s. cstr. (481)-n.m.s.-3 m.s. sf. (142) *all his body*

וְטִהַר conj.-Pi. pf. 3 m.s. (טָהֵר 372) *he shall pronounce him clean*

אֶת־הַנָּגַע dir.obj.-def.art.-n.m.s. (619) *of the disease*

כֻּלּוֹ הָפַךְ n.m.s.-3 m.s. sf. (481)-Qal pf. 3 m.s. (245) *it has all turned*

לָבָן adj m.s. (526) *white*

טָהוֹר הוּא adj. m.s. (373)-pers.pr. 3 m.s. (214) *he is clean*

13:14

וּבְיוֹם הֵרָאוֹת conj.-prep.-n.m.s. cstr. (398)-Ni. inf.cstr. (רָאָה 906) *but when appears*

בּוֹ prep.-3 m.s. sf. *on him*

בָּשָׂר חַי n.m.s. (142)-adj. m.s. (311) *raw flesh*

יִטְמָא Qal impf. 3 m.s. (טָמֵא 379) *he shall be unclean*

479

13:15

וְרָאָה הַכֹּהֵן conj.-Qal pf. 3 m.s. (906)-def.art. -n.m.s. (463) *and the priest shall examine*

אֶת־הַבָּשָׂר הַחַי dir.obj.-def.art.-n.m.s. (142) -def.art.-adj. m.s. (311) *the raw flesh*

וְטִמְּאוֹ conj.-Pi. pf. 3 m.s.-3 m.s. sf. (טָמֵא 379) *and pronounce him unclean*

הַבָּשָׂר הַחַי def.art.-n.m.s. (142)-def.art.-adj. m.s. (311) *raw flesh*

טָמֵא הוּא Qal pf. 3 m.s. (379)-demons.adj. m.s. (214) *it is unclean*

צָרַעַת הוּא n.f.s. (863)-demons.adj. m.s. (214) *it is leprosy*

13:16

אוֹ כִי יָשׁוּב conj. (14)-conj. (471)-Qal impf. 3 m.s. (שׁוּב 996) *but if ... turns again*

הַבָּשָׂר הַחַי def.art.-n.m.s. (142)-def.art.-adj. m.s. (311) *the raw flesh*

וְנֶהְפַּךְ conj.-Ni. pf. 3 m.s. (הָפַךְ 245) *and is changed*

לְלָבָן prep.-adj. m.s. (526) *to white*

וּבָא conj.-Qal pf. 3 m.s. (בּוֹא 97) *then he shall come*

אֶל־הַכֹּהֵן prep.-def.art.-n.m.s. (463) *to the priest*

13:17

וְרָאָהוּ הַכֹּהֵן conj.-Qal pf. 3 m.s.-3 m.s. sf. (רָאָה 906)-def.art.-n.m.s. (463) *and the priest shall examine him*

וְהִנֵּה נֶהְפַּךְ conj.-demons.part. (243)-Ni. pf. 3 m.s. (הָפַךְ 245) *and if has turned*

הַנֶּגַע def.art.-n.m.s. (619) *the disease*

לְלָבָן prep.-adj. m.s. (526) *to white*

וְטִהַר הַכֹּהֵן conj.-Pi. pf. 3 m.s. (טָהֵר 372) -def.art.-n.m.s. (463) *then the priest shall pronounce ... clean*

אֶת־הַנֶּגַע dir.obj.-def.art.-n.m.s. (619) *the diseased person*

טָהוֹר הוּא adj. m.s. (373)-pers.pr. 3 m.s. (214) *he is clean*

13:18

וּבָשָׂר conj.-n.m.s. (142) *and of one's body*

כִּי־יִהְיֶה בוֹ־בְעֹרוֹ conj. (471)-Qal impf. 3 m.s. (הָיָה 224)-prep.-3 m.s. sf.-prep.-n.m.s.-3 m.s. sf. (736) *when there is in the skin*

שְׁחִין n.m.s. (1006) *a boil*

וְנִרְפָּא conj.-Ni. pf. 3 m.s. (רָפָא 950) *that has healed*

13:19

וְהָיָה conj.-Qal pf. 3 m.s. (224) *and there comes*

בִּמְקוֹם הַשְּׁחִין prep.-n.m.s. cstr. (879)-def.art. -n.m.s. (1006) *in the place of the boil*

שְׂאֵת לְבָנָה n.m.s. (673)-adj. f.s. (I 526) *a white swelling*

אוֹ בַהֶרֶת לְבָנָה conj. (14)-n.f.s. (97)-adj. f.s. (I 526) *or a white spot*

אֲדַמְדָּמֶת adj. f.s. (10; GK 131i) *reddish*

וְנִרְאָה conj.-Ni. pf. 3 m.s. (רָאָה 906) *then it shall be shown*

אֶל־הַכֹּהֵן prep.-def.art.-n.m.s. (463) *to the priest*

13:20

וְרָאָה הַכֹּהֵן conj.-Qal pf. 3 m.s. (906)-def.art. -n.m.s. (463) *and the priest shall make an examination*

וְהִנֵּה מַרְאֶהָ conj.-demons.part. (243)-n.m.s.-3 f.s. sf. (909) *and if it appears*

שָׁפָל מִן־הָעוֹר adj. m.s. (1050)-prep.-def.art. -n.m.s. (736) *deeper than the skin*

וּשְׂעָרָהּ conj.-n.m.s.-3 f.s. sf. (972) *and its hair*

הָפַךְ לָבָן Qal pf. 3 m.s. (245)-adj. m.s. (526) *has turned white*

וְטִמְּאוֹ הַכֹּהֵן conj.-Pi. pf. 3 m.s.-3 m.s. sf. (טָמֵא 379)-def.art.-n.m.s. (463) *then the priest shall pronounce him unclean*

נֶגַע־צָרַעַת הִיא n.m.s. cstr. (619)-n.f.s. (863) -demons.adj. f.s. (214) *it is the disease of leprosy*

בַּשְּׁחִין prep.-def.art.-n.m.s. (1006) *in the boil*

פָּרָחָה Qal pf. 3 f.s. paus. (פָּרַח II 827) *it has broken out*

13:21

וְאִם יִרְאֶנָּה הַכֹּהֵן conj.-hypoth.part. (49)-Qal impf. 3 m.s.-3 f.s. sf. (רָאָה 906)-def.art. -n.m.s. (463) *but if the priest examines it*

וְהִנֵּה אֵין־בָּהּ conj.-demons.part. (243)-neg. (II 34)-prep.-3 f.s. sf. *and if there is not in it*

שֵׂעָר לָבָן n.m.s. (972)-adj. m.s. (526) *a white hair*

וּשְׁפָלָה אֵינֶנָּה conj.-adj. f.s. (1050)-neg.-3 f.s. sf. (II 34) *and it is not deeper*

מִן־הָעוֹר prep.-def.art.-n.m.s. (736) *than the skin*

וְהִיא כֵהָה conj.-demons.adj. f.s. (214)-adj. f.s. (462) *but is dim*

וְהִסְגִּירוֹ הַכֹּהֵן conj.-Hi. pf. 3 m.s.-3 m.s. sf. (סָגַר 688)-def.art.-n.m.s. (463) *then the priest shall shut him up*

שִׁבְעַת יָמִים n.f.s. cstr. (988)-n.m.p. (398) *seven days*

13:22

וְאִם־פָּשֹׂה תִפְשֶׂה conj.-hypoth.part. (49)-Qal inf.abs. (פָּשָׂה 832)-Qal impf. 3 f.s. (832) *and if it spreads*

בָּעוֹר prep.-def.art.-n.m.s. (736) *in the skin*

וְטִמֵּא הַכֹּהֵן אֹתוֹ conj.-Pi. pf. 3 m.s. (379) -def.art.-n.m.s. (463)-dir.obj.-3 m.s. sf. *the priest shall pronounce him unclean*

נֶגַע הוּא n.m.s. (619)-demons.adj. f.s. (214) *it is diseased*

13:23

וְאִם־תַּחְתֶּיהָ תַעֲמֹד conj.-hypoth.part. (49)-prep. -3 f.s. sf. (1065)-Qal impf. 3 f.s. (עָמַד 763) *but if ... remains in one place*

הַבַּהֶרֶת def.art.-n.f.s. (97) *the spot*

לֹא פָשָׂתָה neg.-Qal pf. 3 f.s. paus. (פָּשָׂה 832) *and does not spread*

צָרֶבֶת הַשְּׁחִין הִוא n.f.s. cstr. (863)-def.art.-n.m.s. (1006)-demons.adj. f.s. (214) *it is the scar of the boil*

וְטִהֲרוֹ הַכֹּהֵן conj.-Pi. pf. 3 m.s.-3 m.s. sf. (טָהֵר 372)-def.art.-n.m.s. (463) *and the priest shall pronounce him clean*

13:24

אוֹ בָשָׂר conj. (14)-n.m.s. (142) *or the body*

כִּי־יִהְיֶה conj. (471)-Qal impf. 3 m.s. (הָיָה 224) *when ... has*

בְעֹרוֹ prep.-n.m.s.-3 m.s. sf. (736) *on its skin*

מִכְוַת־אֵשׁ n.f.s. cstr. (465)-n.f.s. (77) *a scar of a burn*

וְהָיְתָה conj.-Qal pf. 3 f.s. (הָיָה 224) *and ... becomes*

מִחְיַת הַמִּכְוָה n.f.s. cstr. (313)-def.art.-n.f.s. (465) *a spot*

בַּהֶרֶת n.f.s. (97) *a bright spot*

לְבָנָה אֲדַמְדֶּמֶת adj. f.s. (526)-adj. f.s. (10) *reddish-white*

אוֹ לְבָנָה conj. (14)-adj. f.s. (526) *or white*

13:25

וְרָאָה אֹתָהּ הַכֹּהֵן conj.-Qal pf. 3 m.s. (906) -dir.obj.-3 f.s. sf.-def.art.-n.m.s. (463) *the priest shall examine it*

וְהִנֵּה נֶהְפַּךְ conj.-demons.part. (243)-Ni. pf. 3 m.s. (הָפַךְ 245) *and if has turned*

שֵׂעָר n.m.s. (972) *the hair*

לָבָן adj. m.s. (526) *white*

בַּבַּהֶרֶת prep.-def.art.-n.f.s. (97) *in the spot*

וּמַרְאֶהָ עָמֹק conj.-n.m.s.-3 f.s. sf. (909)-adj. m.s. (771) *and it appears deeper*

מִן־הָעוֹר prep.-def.art.-n.m.s. (736) *than the skin*

צָרַעַת הִוא n.f.s. (863)-demons.adj. f.s. (214) *then it is leprosy*

בַּמִּכְוָה prep.-def.art.-n.f.s. (465) *in the burn*

פָּרָחָה Qal pf. 3 f.s. (פָּרַח II 827) *it has broken out*

וְטִמֵּא אֹתוֹ הַכֹּהֵן conj.-Pi. pf. 3 m.s. (379) -dir.obj.-3 m.s. sf.-def.art.-n.m.s. (463) *and the priest shall pronounce him unclean*

נֶגַע צָרַעַת הִוא n.m.s. cstr. (619)-n.f.s. (863) -demons.adj. f.s. (214) *it is a leprous disease*

13:26

וְאִם־יִרְאֶנָּה הַכֹּהֵן conj.-hypoth.part. (49)-Qal impf. 3 m.s.-3 f.s. sf. (רָאָה 906)-def.art. -n.m.s. (463) *but if the priest examines it*

וְהִנֵּה conj.-demons.part. (243) *and if*

אֵין־בַּבַּהֶרֶת neg. (II 34)-prep.-def.art.-n.f.s. (97) *is not ... in the spot*

שֵׂעָר n.m.s. (972) *the hair*

לָבָן adj. m.s. (526) *white*

וּשְׁפָלָה אֵינֶנָּה conj.-adj. f.s. (1050)-neg.-3 f.s. sf. (II 34) *and it is no deeper*

מִן־הָעוֹר prep.-def.art.-n.m.s. (736) *than the skin*

וְהִוא כֵהָה conj.-demons.adj. f.s. (214)-adj. f.s. (462) *but is dim*

וְהִסְגִּירוֹ הַכֹּהֵן conj.-Hi. pf. 3 m.s.-3 m.s. sf. (סָגַר 688)-def.art.-n.m.s. (463) *the priest shall shut him up*

שִׁבְעַת יָמִים n.f.s. cstr. (988)-n.m.p. (398) *seven days*

13:27

וְרָאָהוּ הַכֹּהֵן conj.-Qal pf. 3 m.s. (906)-3 m.s. sf.-def.art.-n.m.s. (463) *and the priest shall examine him*

בַּיּוֹם הַשְּׁבִיעִי prep.-def.art.-n.m.s. (398)-def.art. -num. adj. f.s. (988) *the seventh day*

אִם־פָּשֹׂה תִפְשֶׂה hypoth.part. (49)-Qal inf.abs. (פָּשָׂה 832)-Qal impf. 3 f.s. (832) *if it is spreading*

בָּעוֹר prep.-def.art.-n.m.s. (736) *in the skin*

וְטִמֵּא הַכֹּהֵן אֹתוֹ conj.-Pi. pf. 3 m.s. (379) -def.art.-n.m.s. (463)-dir.obj.-3 m.s. sf. *then the priest shall pronounce him unclean*

נֶגַע צָרַעַת הִוא n.m.s. cstr. (619)-n.f.s. (863) -demons.adj. f.s. (214) *it is a leprous disease*

13:28

וְאִם־תַּחְתֶּיהָ תַעֲמֹד conj.-hypoth.part. (49)-prep. -3 f.s. sf. (1065)-Qal impf. 3 f.s. (עָמַד 763) *but if ... remains in one place*

הַבַּהֶרֶת def.art.-n.f.s. (97) *the spot*

לֹא־פָשָׂתָה neg.-Qal pf. 3 f.s. (פָשָׂה 832) *and does not spread*

בָעוֹר prep.-def.art.-n.m.s. (736) *in the skin*

וְהוּא כֵהָה conj.-demons.adj. f.s. (214)-adj. f.s. (462) *but is dim*

שְׂאֵת הַמִּכְוָה הוּא n.f.s. cstr. (673)-def.art.-n.f.s. (465)-demons.adj. f.s. (214) *it is a swelling from the burn*

וְטִהֲרוֹ הַכֹּהֵן conj.-Pi. pf. 3 m.s.-3 m.s. sf. (372) -def.art.-n.m.s. (463) *and the priest shall pronounce him clean*

כִּי־צָרֶבֶת הַמִּכְוָה הוּא conj. (471)-n.f.s. cstr. (863)-def.art.-n.f.s. (465)-demons.adj. f.s. (214) *for it is the scar of the burn*

13:29

וְאִישׁ אוֹ אִשָּׁה conj.-n.m.s. (35)-conj. (14)-n.f.s. (61) *when a man or woman*

כִּי יִהְיֶה בוֹ נֶגַע conj. (471)-Qal impf. 3 m.s. (הָיָה 224)-prep.-3 m.s. sf.-n.m.s. (619) *has a disease*

בְּרֹאשׁ prep.-n.m.s. (910) *on the head*

אוֹ בְזָקָן conj. (14)-prep.-n.m.s. (278) *or the beard*

13:30

וְרָאָה הַכֹּהֵן conj.-Qal pf. 3 m.s. (906)-def.art. -n.m.s. (463) *the priest shall examine*

אֶת־הַנֶּגַע dir.obj.-def.art.-n.m.s. (619) *the disease*

וְהִנֵּה מַרְאֵהוּ conj.-hypoth.part. (243)-n.m.s.-3 m.s. sf. (909) *and if it appears*

עָמֹק adj. m.s. (771) *deeper*

מִן־הָעוֹר prep.-def.art.-n.m.s. (736) *than the skin*

וּבוֹ שֵׂעָר conj.-prep.-3 m.s. sf.-n.m.s. (972) *and the hair in it*

צָהֹב דָּק adj. m.s. (843)-adj. m.s. paus. (201) *yellow and thin*

וְטִמֵּא אֹתוֹ הַכֹּהֵן conj.-Pi. pf. 3 m.s. (379) -dir.obj.-3 m.s. sf.-def.art.-n.m.s. (463) *then the priest shall pronounce him unclean*

נֶתֶק הוּא n.m.s. (683)-demons.adj. m.s. (214) *it is an itch*

צָרַעַת הָרֹאשׁ n.f.s. cstr. (863)-def.art.-n.m.s. (910) *a leprosy of the head*

אוֹ הַזָּקָן הוּא conj. (14)-def.art.-n.m.s. (278) -demons.adj. m.s. (214) *or the beard*

13:31

וְכִי־יִרְאֶה הַכֹּהֵן conj.-conj. (471)-Qal impf. 3 m.s. (רָאָה 906)-def.art.-n.m.s. (463) *and if the priest examines*

אֶת־נֶגַע הַנֶּתֶק dir.obj.-n.m.s. cstr. (619)-def.art. -n.m.s. (683) *the itching disease*

וְהִנֵּה אֵין־מַרְאֵהוּ conj.-hypoth.part. (243)-neg. (II 34)-n.m.s.-3 m.s. sf. (909) *and it appears no*

עָמֹק adj. m.s. (771) *deeper*

מִן־הָעוֹר prep.-def.art.-n.m.s. (736) *than the skin*

וְשֵׂעָר שָׁחֹר conj.-n.m.s. (972)-adj. m.s. (1007) *and a black hair*

אֵין בּוֹ neg. (II 34)-prep.-3 m.s. sf. *there is not in it*

וְהִסְגִּיר הַכֹּהֵן conj.-Hi. pf. 3 m.s. (סָגַר 688)-def. art.-n.m.s. (463) *then the priest shall shut up*

אֶת־נֶגַע הַנֶּתֶק dir.obj.-n.m.s. cstr. (619)-def. -n.m.s. (683) *the person with the itching disease*

שִׁבְעַת יָמִים n.f.s. cstr. (988)-n.m.p. (398) *for seven days*

13:32

וְרָאָה הַכֹּהֵן conj.-Qal pf. 3 m.s. (906)-def.art. -n.m.s. (463) *and the priest shall examine*

אֶת־הַנֶּגַע dir.obj.-def.art.-n.m.s. (619) *the disease*

בַּיּוֹם הַשְּׁבִיעִי prep.-def.art.-n.m.s. (398)-def.art. -num. adj. m.s. (988) *on the seventh day*

וְהִנֵּה לֹא־פָשָׂה conj.-demons.part. (243)-neg. -Qal pf. 3 m.s. (832) *and if has not spread*

הַנֶּתֶק def.art.-n.m.s. (683) *the itch*

וְלֹא־הָיָה בוֹ conj.-neg.-Qal pf. 3 m.s. (224) -prep.-3 m.s. sf. *and there is in it no*

שֵׂעָר צָהֹב n.m.s. (972)-adj. m.s. (843) *yellow hair*

וּמַרְאֵה הַנֶּתֶק conj.-n.m.s. cstr. (909)-def.art. -n.m.s. (683) *and the appearance of the itch*

אֵין עָמֹק neg. (II 34)-adj. m.s. (771) *is no deeper*

מִן־הָעוֹר prep.-def.art.-n.m.s. (736) *than the skin*

13:33

וְהִתְגַּלָּח conj.-Hith. pf. 3 m.s. (גָּלַח 164) *then he shall shave himself*

וְאֶת־הַנֶּתֶק conj.-dir.obj.-def.art.-n.m.s. (683) *but the itch*

לֹא יְגַלֵּחַ neg.-Pi. impf. 3 m.s. (גָּלַח 164) *he shall not shave*

וְהִסְגִּיר הַכֹּהֵן conj.-Hi. pf. 3 m.s. (סָגַר 688)-def. art.-n.m.s. (463) *and the priest shall shut up*

אֶת־הַנֶּתֶק dir.obj.-def.art.-n.m.s. (683) *the person with the itching disease*

שִׁבְעַת יָמִים n.f.s. cstr. (988)-n.m.p. (398) *for seven days*

שֵׁנִית num. adj. f.s. (1041) *more (a second time)*

13:34

וְרָאָה הַכֹּהֵן conj.-Qal pf. 3 m.s. (906)-def.art. -n.m.s. (463) *and the priest shall examine*

אֶת־הַנֶּתֶק dir.obj.-def.art.-n.m.s. (683) *the itch*

בַּיּוֹם הַשְּׁבִיעִי prep.-def.art.-n.m.s. (398)-def.art. -num. adj. m.s. (988) *on the seventh day*

וְהִנֵּה לֹא־פָשָׂה conj.-demons.part. (243)-neg. -Qal pf. 3 m.s. (832) *and if has not spread*

הַנֶּתֶק def.art.-n.m.s. (683) *the itch*

בָּעוֹר prep.-def.art.-n.m.s. (736) *in the skin*

וּמַרְאֵהוּ conj.-n.m.s.-3 m.s. sf. (909) *and its appearance*

אֵינֶנּוּ עָמֹק neg.-3 m.s. sf. (II 34; GK 127e)-adj. m.s. (771) *is not deeper*

מִן־הָעוֹר prep.-def.art.-n.m.s. (736) *than the skin*

וְטִהַר אֹתוֹ הַכֹּהֵן conj.-Pi. pf. 3 m.s. (372) -dir.obj.-3 m.s. sf.-def.art.-n.m.s. (463) *then the priest shall pronounce him clean*

וְכִבֶּס בְּגָדָיו conj.-Pi. pf. 3 m.s. (כבס 460)-n.m.p. -3 m.s. sf. (93) *and he shall wash his clothes*

וְטָהֵר conj.-Qal pf. 3 m.s. (372) *and be clean*

13:35

וְאִם־פָּשֹׂה יִפְשֶׂה conj.-hypoth.part. (49)-Qal inf.abs. (פשה 832)-Qal impf. 3 m.s. (832) *but if spreads*

הַנֶּתֶק def.art.-n.m.s. (683) *the itch*

בָּעוֹר prep.-def.art.-n.m.s. (736) *in the skin*

אַחֲרֵי טָהֳרָתוֹ prep. (29)-n.f.s.-3 m.s. sf. (372) *after his cleansing*

13:36

וְרָאָהוּ הַכֹּהֵן conj.-Qal pf. 3 m.s.-3 m.s. sf. (ראה 906)-def.art.-n.m.s. (463) *then the priest shall examine him*

וְהִנֵּה פָּשָׂה הַנֶּתֶק conj.-demons.part. (243)-Qal pf. 3 m.s. (832)-def.art.-n.m.s. (683) *and if the itch has spread*

בָּעוֹר prep.-def.art.-n.m.s. (736) *in the skin*

לֹא־יְבַקֵּר הַכֹּהֵן neg.-Pi. impf. 3 m.s. (בקר 133) *the priest need not seek*

לַשֵּׂעָר הַצָּהֹב prep.-def.art.-n.m.s. (972)-def.art. -adj. m.s. (843) *for the yellow hair*

טָמֵא הוּא adj. m.s. (379)-demons.adj. m.s. (214) *he is unclean*

13:37

וְאִם־בְּעֵינָיו conj.-hypoth.part. (49)-prep.-n.f.p.-3 m.s. sf. (744) *but if in his eyes*

עָמַד הַנֶּתֶק Qal pf. 3 m.s. (763)-def.art.-n.m.s. (683) *the itch is checked*

וְשֵׂעָר שָׁחֹר conj.-n.m.s. (972)-adj. m.s. (1007) *and black hair*

צָמַח־בּוֹ Qal pf. 3 m.s. (855)-prep.-3 m.s. sf. *has grown in it*

נִרְפָּא הַנֶּתֶק Ni. pf. 3 m.s. (רפא 950)-def.art. -n.m.s. (683) *the itch is healed*

טָהוֹר הוּא adj. m.s. (373)-demons.adj. m.s. (214) *he is clean*

וְטִהֲרוֹ הַכֹּהֵן conj.-Pi. pf. 3 m.s.-3 m.s. sf. (טהר 372)-def.art.-n.m.s. (463) *and the priest shall pronounce him clean*

13:38

וְאִישׁ אוֹ־אִשָּׁה conj.-n.m.s. (35)-conj. (14)-n.f.s. (61) *a man or a woman*

כִּי־יִהְיֶה conj. (471)-Qal impf. 3 m.s. (היה 224) *when ... has*

בְעוֹר־בְּשָׂרָם prep.-n.m.s. cstr. (736)-n.m.s.-3 m.p. sf. (142) *on the skin of the body*

בֶּהָרֹת n.f.p. (97) *spots*

בֶּהָרֹת לְבָנֹת v.supra-adj. f.p. (526) *white spots*

13:39

וְרָאָה הַכֹּהֵן conj.-Qal pf. 3 m.s. (906)-def.art. -n.m.s. (463) *the priest shall make an examination*

וְהִנֵּה בְעוֹר־בְּשָׂרָם conj.-demons.part. (243)-prep. -n.m.s. cstr. (736)-n.m.s.-3 m.p. sf. (142) *and if on the skin of the body*

בֶּהָרֹת n.f.p. (97) *the spots*

כֵּהוֹת לְבָנֹת n.f.p. (462)-adj. f.p. (526) *are of a dull white*

בֹּהַק הוּא n.m.s. (97)-demons.adj. m.s. (214) *it is tetter*

פָּרַח בָּעוֹר Qal pf. 3 m.s. (II 827)-prep.-def.art. -n.m.s. (736) *that has broken out in the skin*

טָהוֹר הוּא adj. m.s. (373)-demons.adj. m.s. (214) *he is clean*

13:40

וְאִישׁ conj.-n.m.s. (35) *and a man*

כִּי יִמָּרֵט רֹאשׁוֹ conj. (471)-Ni. impf. 3 m.s. (598)-n.m.s.-3 m.s. sf. (910) *if his head is made bald*

קֵרֵחַ הוּא adj. m.s. (901)-pers.pr. 3 m.s. (214) *he is bald*

טָהוֹר הוּא adj. m.s. (373)-pers.pr. 3 m.s. (214) *he is clean*

13:41

וְאִם מִפְּאַת conj.-hypoth.part. (49)-prep.-n.f.s. cstr. (802) *and if from the side (border) of*

פָּנָיו n.m.p.-3 m.s. sf. (815) *his face*

יִמָּרֵט רֹאשׁוֹ Ni. impf. 3 m.s. (מָרַט 598)-n.m.s.-3 m.s. sf. (910) *his head is made bald*

גִּבֵּחַ הוּא adj. m.s. (147)-pers.pr. 3 m.s. (214) *he has baldness of the forehead*

טָהוֹר הוּא adj. m.s. (373)-pers.pr. 3 m.s. (214) *he is clean*

13:42

וְכִי־יִהְיֶה conj.-conj. (471)-Qal impf. 3 m.s. (הָיָה 224) *but if there is*

בַקָּרַחַת prep.-def.art.-n.f.s. (901) *on the bald head*

אוֹ בַגַּבַּחַת conj. (14)-prep.-def.art.-n.f.s. (147) *or the bald forehead*

נֶגַע לָבָן אֲדַמְדָּם n.m.s. cstr. (619)-adj. m.s. (526)-adj. m.s. (10) *a reddish-white diseased spot*

צָרַעַת n.f.s. (863) *leprosy*

פֹּרַחַת הוּא Qal act.ptc. f.s. (פָּרַח II 827)-demons.adj. f.s. (214) *it is breaking out*

בְּקָרַחְתּוֹ prep.-n.f.s.-3 m.s. sf. (901) *on his bald head*

אוֹ בְגַבַּחְתּוֹ conj. (14)-prep.-n.f.s.-3 m.s. sf. (147) *or his bald forehead*

13:43

וְרָאָה אֹתוֹ הַכֹּהֵן conj.-Qal pf. 3 m.s. (906)-dir. obj.-3 m.s.-def.art.-n.m.s. (463) *then the priest shall examine him*

וְהִנֵּה שְׂאֵת־הַנֶּגַע conj.-demons.part. (243)-n.f.s. cstr. (673)-def.art.-n.m.s. (619) *and if the diseased swelling*

לְבָנָה אֲדַמְדֶּמֶת adj. f.s. (526)-adj. f.s. (10) *reddish-white*

בְּקָרַחְתּוֹ prep.-n.f.s.-3 m.s. sf. (901) *on his bald head*

אוֹ בְגַבַּחְתּוֹ conj. (14)-prep.-n.f.s.-3 m.s. sf. (147) *or on his bald forehead*

כְּמַרְאֵה prep.-n.m.s. cstr. (909) *like the appearance of*

צָרַעַת n.f.s. cstr. (863) *leprosy in*

עוֹר בָּשָׂר n.m.s. cstr. (736)-n.m.s. (142) *the skin of the body*

13:44

אִישׁ־צָרוּעַ הוּא n.m.s. (35)-Qal pass.ptc. as subst. (צָרַע 863)-pers.pr. 3 m.s. (214) *he is a leprous man*

טָמֵא הוּא adj. m.s. (379)-pers.pr. 3 m.s. (214) *he is unclean*

טַמֵּא יְטַמְּאֶנּוּ הַכֹּהֵן Pi. inf.abs. (טָמֵא 379)-Pi. impf. 3 m.s.-3 m.s. sf. (379)-def.art.-n.m.s. (463) *the priest must pronounce him unclean*

בְּרֹאשׁוֹ prep.-n.m.s.-3 m.s. sf. (910) *on his head*

נִגְעוֹ n.m.s.-3 m.s. sf. (619) *his disease*

13:45

וְהַצָּרוּעַ conj.-def.art.-Qal pass.ptc. as subst. (צָרַע 863) *and the leper*

אֲשֶׁר־בּוֹ הַנֶּגַע rel. (81)-prep.-3 m.s. sf.-def.art.-n.m.s. (619) *who has the disease*

בְּגָדָיו יִהְיוּ n.m.p.-3 m.s. sf. (93)-Qal impf. 3 m.s. (הָיָה 224) *his clothes shall be*

פְרֻמִים Qal pass.ptc. m.p. (פָּרַם 827) *torn*

וְרֹאשׁוֹ יִהְיֶה conj.-n.m.s.-3 m.s. sf. (910)-Qal impf. 3 m.s. (הָיָה 224) *and his hair shall be*

פָרוּעַ Qal pass.ptc. m.s. (פָּרַע III 828) *unbound*

וְעַל־שָׂפָם יַעְטֶה conj.-prep.-n.m.s. (974)-Qal impf. 3 m.s. (עָטָה I 741) *and he shall cover his upper lip*

וְטָמֵא טָמֵא יִקְרָא conj.-adj. m.s. (379)-v.supra-Qal impf. 3 m.s. (קָרָא 894) *and cry, Unclean, unclean*

13:46

כָּל־יְמֵי אֲשֶׁר הַנֶּגַע בּוֹ n.m.s. cstr. (481)-n.m.p. cstr. (398)-rel. (81)-def.art.-n.m.s. (619)-prep.-3 m.s. sf. *as long as he has the disease*

יִטְמָא Qal impf. 3 m.s. (טָמֵא 379) *he shall remain unclean*

טָמֵא הוּא adj. m.s. (379)-pers.pr. 3 m.s. (214) *he is unclean*

בָּדָד יֵשֵׁב n.m.s. (94)-Qal impf. 3 m.s. (יָשַׁב 442) *he shall dwell alone*

מִחוּץ לַמַּחֲנֶה prep.-n.m.s. (299)-prep.-def. art.-n.m.s. (334) *outside the camp*

מוֹשָׁבוֹ n.m.s.-3 m.s. sf. (444) *his habitation*

13:47

וְהַבֶּגֶד conj.-def.art.-n.m.s. (93) *and the garment*

כִּי־יִהְיֶה בוֹ conj. (471)-Qal impf. 3 m.s. (הָיָה 224)-prep.-3 m.s. sf. *when there is (in it)*

נֶגַע צָרָעַת n.m.s. cstr. (619)-n.f.s. (863) *a leprous disease*

בְּבֶגֶד צֶמֶר prep.-n.m.s. cstr. (93)-n.m.s. (856) *whether a woolen garment*

אוֹ בְּבֶגֶד פִּשְׁתִּים conj. (14)-v.supra-n.m.p. (833) *or a linen garment*

13:48

אוֹ בִשְׁתִי conj. (14)-prep.-n.m.s. (1059) *in warp*

אוֹ בְעֵרֶב conj. (14)-prep.-n.m.s. (II 786) *or in woof*

לַפִּשְׁתִּים prep.-def.art.-n.m.p. (833) *of linen*

וְלַצֶּמֶר conj.-prep.-def.art.-n.m.s. paus. (856) *or wool*

אוֹ בְעוֹר v.supra-prep.-n.m.s. (736) *or in a skin*

אוֹ בְּכָל־מְלֶאכֶת עוֹר v.supra-prep.-n.m.s. cstr. (481)-n.f.s. cstr. (521)-n.m.s. (736) *or in anything made of skin*

13:49

וְהָיָה הַנֶּגַע conj.-Qal pf. 3 m.s. (224)-def.art.-n.m.s. (619) *if the disease shows*

יְרַקְרַק adj. m.s. (439) *greenish*

אוֹ אֲדַמְדָּם conj. (14)-adj. m.s. (10) *or reddish*

בַּבֶּגֶד prep.-def.art.-n.m.s. (93) *in the garment*

אוֹ בָעוֹר conj. (14)-prep.-def.art.-n.m.s. (736) *whether in the skin*

אוֹ־בַשְּׁתִי v.supra-prep.-def.art.-n.m.s. (1059) *or in warp*

אוֹ־בָעֵרֶב v.supra-prep.-def.art.-n.m.s. (II 786) *or woof*

אוֹ בְכָל־כְּלִי־עוֹר v.supra-prep.-n.m.s. cstr. (481)-n.m.s. cstr. (479)-n.m.s. (736) *or in anything made of skin*

נֶגַע צָרַעַת הוּא n.m.s. cstr. (619)-n.f.s. (863)-pers. pr. 3 m.s. (214) *it is a leprous disease*

וְהָרְאָה אֶת־הַכֹּהֵן conj.-Ho. pf. 3 m.s. (906)-dir.obj.-def.art.-n.m.s. (463) *and shall be shown to the priest*

13:50

וְרָאָה הַכֹּהֵן conj.-Qal pf. 3 m.s. (906)-def.art.-n.m.s. (463) *and the priest shall examine*

אֶת־הַנֶּגַע dir.obj.-def.art.-n.m.s. paus. (619) *the disease*

וְהִסְגִּיר conj.-Hi. pf. 3 m.s. (סָגַר 688) *and shut up*

אֶת־הַנֶּגַע dir.obj.-def.art.-n.m.s. (619) *the disease*

שִׁבְעַת יָמִים n.f.s. cstr. (988)-n.m.p. (398) *for seven days*

13:51

וְרָאָה אֶת־הַנֶּגַע conj.-Qal pf. 3 m.s. (906)-dir.obj.-def.art.-n.m.s. (619) *then he shall examine the disease*

בַּיּוֹם הַשְּׁבִיעִי prep.-def.art.-n.m.s. (398)-def.art.-num. adj. m.s. (988) *on the seventh day*

כִּי־פָשָׂה הַנֶּגַע conj. (471)-Qal pf. 3 m.s. (832)-def.art.-n.m.s. (619) *if the disease has spread*

בַּבֶּגֶד prep.-def.art.-n.m.s. (93) *in the garment*

אוֹ־בַשְּׁתִי conj. (14)-prep.-def.art.-n.m.s. (II 1059) *in warp*

אוֹ־בָעֵרֶב v.supra-prep.-def.art.-n.m.s. (786) *or woof*

אוֹ בָעוֹר v.supra-prep.-def.art.-n.m.s. (736) *or in the skin*

לְכֹל אֲשֶׁר־יֵעָשֶׂה הָעוֹר לִמְלָאכָה prep.-n.m.s. (481)-rel. (81)-Ni. impf. 3 m.s. (עָשָׂה I 793)-def.art.-n.m.s. (736)-prep.-n.f.s. (521) *whatever be the use of the skin*

צָרַעַת מַמְאֶרֶת n.f.s. (863)-Hi. ptc. f.s. (מָאַר 549) *a malignant leprosy*

הַנֶּגַע def.art.-n.m.s. (619) *the disease*

טָמֵא הוּא adj. m.s. (379)-pers.pr. 3 m.s. (214) *it is unclean*

13:52

וְשָׂרַף conj.-Qal pf. 3 m.s. (976) *and he shall burn*

אֶת־הַבֶּגֶד dir.obj.-def.art.-n.m.s. (93) *the garment*

אוֹ אֶת־הַשְּׁתִי conj. (14)-dir.obj.-def.art.-n.m.s. (II 1059) *whether ... in warp*

אוֹ אֶת־הָעֵרֶב v.supra-dir.obj.-def.art.-n.m.s. (786) *or woof*

בַּצֶּמֶר prep.-def.art.-n.m.s. (856) *woolen*

אוֹ בַפִּשְׁתִּים v.supra-prep.-def.art.-n.m.p. (833) *or linen*

אוֹ אֶת־כָּל־כְּלִי הָעוֹר v.supra-dir.obj.-n.m.s. cstr. (481)-n.m.s. cstr. (479)-def.art.-n.m.s. (736) *or anything of skin*

אֲשֶׁר־יִהְיֶה בוֹ הַנֶּגַע rel. (81)-Qal impf. 3 m.s. (הָיָה 224)-prep.-3 m.s. sf.-def.art.-n.m.s. (619) *diseased*

כִּי־צָרַעַת מַמְאֶרֶת הוּא conj. (471)-n.f.s. (863)-Hi. ptc. f.s. (מָאַר 549)-demons.adj. f.s. (214) *for it is a malignant leprosy*

בָּאֵשׁ תִּשָּׂרֵף prep.-def.art.-n.f.s. (77)-Ni. impf. 3 f.s. (שָׂרַף 976) *it shall be burned in fire*

13:53

וְאִם יִרְאֶה הַכֹּהֵן conj.-hypoth.part. (49)-Qal impf. 3 m.s. (רָאָה 906)-def.art.-n.m.s. (463) *and if the priest examines*

וְהִנֵּה לֹא־פָשָׂה הַנֶּגַע conj.-demons.part. (243)-neg.-Qal pf. 3 m.s. (832)-def.art.-n.m.s. (619) *and the disease has not spread*

בַּבֶּגֶד prep.-def.art.-n.m.s. (93) *in the garment*

אוֹ בַשְּׁתִי conj. (14)-prep.-def.art.-n.m.s. (II 1059) *whether in warp*

אוֹ בָעֵרֶב v.supra-prep.-def.art.-n.m.s. (II 786) *or woof*

אוֹ בְּכָל־כְּלִי־עוֹר v.supra-prep.-n.m.s. cstr. (481) -n.m.s. cstr. (479)-n.m.s. (736) *or in anything of skin*

13:54

וְצִוָּה הַכֹּהֵן conj.-Pi. pf. 3 m.s. (צָוָה 845)-def. art.-n.m.s. (463) *then the priest shall command*

וְכִבְּסוּ conj.-Pi. pf. 3 c.p. (כָּבַס 460) *that they wash*

אֵת אֲשֶׁר־בּוֹ הַנָּגַע dir.obj.-rel. (81)-prep.-3 m.s. sf.-def.art.-n.m.s. paus. (619) *the thing in which is the disease*

וְהִסְגִּירוֹ conj.-Hi. pf. 3 m.s.-3 m.s. sf. (סָגַר 688) *and he shall shut it up*

שִׁבְעַת־יָמִים n.f.s. cstr. (988)-n.m.p. (398) *seven days*

שֵׁנִית adj. num. f.s. (1041) *more (a second time)*

13:55

וְרָאָה הַכֹּהֵן conj.-Qal pf. 3 m.s. (906)-def.art. -n.m.s. (463) *and the priest shall examine*

אַחֲרֵי הֻכַּבֵּס prep. (29)-Hothpael pf. 3 m.s. (כָּבַס 460; GK 54h) *after it has been washed*

אֶת־הַנֶּגַע dir.obj.-def.art.-n.m.s. (619) *the diseased thing*

וְהִנֵּה לֹא־הָפַךְ conj.-demons.part. (243)-neg.-Qal pf. 3 m.s. (245) *and if ... has not changed*

הַנֶּגַע def.art.-n.m.s. (619) *the diseased spot*

אֶת־עֵינוֹ dir.obj.-n.f.s.-3 m.s. sf. (I 744) *color*

וְהַנֶּגַע לֹא־פָשָׂה conj.-def.art.-n.m.s. (619)-neg. -Qal pf. 3 m.s. (832) *though the disease has not spread*

טָמֵא הוּא adj. m.s. (379)-demons.adj. m.s. (214) *it is unclean*

בָּאֵשׁ תִּשְׂרְפֶנּוּ prep.-def.art.-n.f.s. (77)-Qal impf. 2 m.s.-3 m.s. sf. (שָׂרַף 976) *you shall burn it in the fire*

פְּחֶתֶת הִוא n.f.s. (809)-demons.adj. f.s. (214) *it is leprous*

בְּקָרַחְתּוֹ prep.-n.f.s.-3 m.s. sf. (901) *whether on the baldness of head*

אוֹ בְגַבַּחְתּוֹ conj. (14)-prep.-n.f.s.-3 m.s. sf. (147) *or in its front*

13:56

וְאִם רָאָה הַכֹּהֵן conj.-hypoth.part. (49)-Qal pf. 3 m.s. (906)-def.art.-n.m.s. (463) *but if the priest examines*

וְהִנֵּה כֵּהָה הַנֶּגַע conj.-demons.part. (243)-adj. f.s. (462)-def.art.-n.m.s. (619) *and the disease is dim*

אַחֲרֵי הֻכַּבֵּס אֹתוֹ prep. (29)-Hothpael pf. 3 m.s. (460; כָּבַס; GK 54h)-dir.obj.-3 m.s. sf. *after it is washed*

וְקָרַע אֹתוֹ conj.-Qal pf. 3 m.s. (902)-dir.obj.-3 m.s. sf. *he shall tear it*

מִן־הַבֶּגֶד prep.-def.art.-n.m.s. (93) *out of the garment*

אוֹ מִן־הָעוֹר conj. (14)-prep.-def.art.-n.m.s. (736) *or the skin*

אוֹ מִן־הַשְּׁתִי v.supra-v.supra-def.art.-n.m.s. (1059) *or the warp*

אוֹ מִן־הָעֵרֶב v.supra-v.supra-def.art.-n.m.s. (II 786) *or woof*

13:57

וְאִם־תֵּרָאֶה עוֹד conj.-hypoth.part. (49)-Ni. impf. 3 f.s. (רָאָה 906)-adv. (728) *then if it appears again*

בַּבֶּגֶד prep.-def.art.-n.m.s. (93) *in the garment*

אוֹ־בַשְּׁתִי conj. (14)-prep.-def.art.-n.m.s. (1059) *in warp*

אוֹ־בָעֵרֶב v.supra-prep.-def.art.-n.m.s. (II 786) *or woof*

אוֹ בְכָל־כְּלִי־עוֹר v.supra-prep.-n.m.s. cstr. (481) -n.m.s. cstr. (479)-n.m.s. (736) *or in anything of skin*

פֹּרַחַת הִוא Qal act.ptc. f.s. (פָּרַח II 827) -demons.adj. f.s. (214) *it is spreading*

בָּאֵשׁ תִּשְׂרְפֶנּוּ prep.-def.art.-n.f.s. (77)-Qal impf. 2 m.s.-3 m.s. sf. (שָׂרַף 976) *you shall burn with fire*

אֵת אֲשֶׁר־בּוֹ הַנָּגַע dir.obj.-rel. (81)-prep.-3 m.s. sf.-def.art.-n.m.s. (619) *that in which is the disease*

13:58

וְהַבֶּגֶד conj.-def.art.-n.m.s. (93) *but the garment*

אוֹ־הַשְּׁתִי conj. (14)-def.art.-n.m.s. (1059) *warp*

אוֹ־הָעֵרֶב v.supra-def.art.-n.m.s. (II 786) *or woof*

אוֹ־כָל־כְּלִי הָעוֹר v.supra-n.m.s. cstr. (481)-n.m.s. cstr. (479)-def.art.-n.m.s. (736) *or anything of skin*

אֲשֶׁר תְּכַבֵּס rel. (81)-Pi. impf. 2 m.s. (כָּבַס 460) *when you have washed it*

וְסָר מֵהֶם הַנָּגַע conj.-Qal pf. 3 m.s. (סוּר 693) -prep.-3 m.p. sf.-def.art.-n.m.s. (619) *from which the disease departs*

וְכֻבַּס conj.-Pu. pf. 3 m.s. (כָּבַס 460) *shall then be washed*

שֵׁנִית adj. num. f.s. (1041) *a second time*

וְטָהֵר conj.-Qal pf. 3 m.s. (372) *and be clean*

13:59

זֹאת תּוֹרַת demons.adj. f.s. (260)-n.f.s. cstr. (435)
this is the law for

נֶגַע־צָרַעַת n.m.s. cstr. (619)-n.f.s. (863) *a leprous
disease*

בְּגֶד הַצֶּמֶר n.m.s. cstr. (93)-def.art.-n.m.s. (856)
in a garment of wool

אוֹ הַפִּשְׁתִּים conj. (14)-def.art.-n.m.p. (833) *or
linen*

אוֹ הַשְׁתִי v.supra-def.art.-n.m.s. (II 1059) *either
in warp*

אוֹ הָעֵרֶב v.supra-def.art.-n.m.s. (II 786) *or woof*

אוֹ בְּכָל־כְּלִי־עוֹר v.supra-n.m.s. cstr. (481)-n.m.s.
cstr. (479)-n.m.s. (736) *or in anything of
skin*

לְטַהֲרוֹ prep.-Pi. inf.cstr.-3 m.s. sf. (372)
whether it is clean

אוֹ לְטַמְאוֹ v.supra-prep.-Pi. inf.cstr.-3 m.s. sf.
(379) *or unclean*

14:1

וַיְדַבֵּר יהוה consec.-Pi. impf. 3 m.s. (דָּבַר
180)-pr.n. (217) *Yahweh said*

אֶל־מֹשֶׁה prep.-pr.n. (602) *to Moses*

לֵאמֹר prep.-Qal inf.cstr. (אָמַר 55) *(saying)*

14:2

זֹאת תִּהְיֶה demons.adj. f.s. (260)-Qal impf. 3 f.s.
(הָיָה 224) *this shall be*

תּוֹרַת הַמְצֹרָע n.f.s. cstr. (435)-def.art.-Pu. ptc.
m.s. (צָרַע 863) *the law of the leper*

בְּיוֹם טָהֳרָתוֹ prep.-n.m.s. cstr. (398)-n.f.s.-3 m.s.
sf. (372) *for the day of his cleansing*

וְהוּבָא conj.-Ho. pf. 3 m.s. (בּוֹא 97) *he shall be
brought*

אֶל־הַכֹּהֵן prep.-def.art.-n.m.s. (463) *to the priest*

14:3

וְיָצָא הַכֹּהֵן conj.-Qal pf. 3 m.s. (422)-def.art.
-n.m.s. (463) *and the priest shall go out*

אֶל־מִחוּץ לַמַּחֲנֶה prep. (39)-prep.-n.m.s. (299)
-prep.-def.art.-n.m.s. (334) *out of the camp*

וְרָאָה הַכֹּהֵן conj.-Qal pf. 3 m.s. (906)-v.supra
and the priest shall make an examination

וְהִנֵּה נִרְפָּא conj.-demons.part. (243)-Ni. ptc. m.s.
(רָפָא 950) *then, if … is healed*

נֶגַע־הַצָּרַעַת n.m.s. cstr. (619)-def.art.-n.f.s. (863)
the leprous disease

מִן־הַצָּרוּעַ prep. (577)-def.art.-Qal pass.ptc. m.s.
(צָרַע 863) *in the leper*

14:4

וְצִוָּה הַכֹּהֵן conj.-Pi. pf. 3 m.s. (צָוָה 845)-def.
art.-n.m.s. (463) *the priest shall command
(them)*

וְלָקַח לַמִּטַּהֵר conj.-Qal pf. 3 m.s. (542)-prep.
-def.art.-Hith. ptc. m.s. (טָהֵר 372) *to take
for him who is to be cleansed (the
candidate for purification)*

שְׁתֵּי־צִפֳּרִים n.f.s. cstr. (1040)-n.f.p. (I 861) *two
birds*

חַיּוֹת טְהֹרוֹת adj. f.p. (I 311)-adj. f.p. (373) *living
clean*

וְעֵץ אֶרֶז conj.-n.m.s. cstr. (781)-n.m.s. (72) *and
cedarwood*

וּשְׁנִי תוֹלַעַת conj.-n.m.s. cstr. (1040)-n.f.s. (1069)
and scarlet stuff

וְאֵזֹב conj.-n.m.s. (23) *and hyssop*

14:5

וְצִוָּה הַכֹּהֵן conj.-Pi. pf. 3 m.s. (צָוָה 845)-def.
art.-n.m.s. (463) *and the priest shall
command (them)*

וְשָׁחַט conj.-Qal pf. 3 m.s. (1006) *to kill*

אֶת־הַצִּפּוֹר הָאֶחָת dir.obj.-def.art.-n.f.s. (861)
-def.art.-num.adj. f.s. (25) *one of the birds*

אֶל־כְּלִי־חֶרֶשׂ prep. (39)-n.m.s. cstr. (479)-n.m.s.
(360) *in an earthen vessel*

עַל־מַיִם חַיִּים prep.-n.m.p. (565)-adj. m.p. (I 311)
over running water

14:6

אֶת־הַצִּפֹּר הַחַיָּה dir.obj.-def.art.-n.f.s. (861)
-def.art.-adj. f.s. (I 311) *the living bird*

יִקַּח אֹתָהּ Qal impf. 3 m.s. (לָקַח 542)-dir.obj.-3
f.s. sf. *he shall take (it)*

וְאֶת־עֵץ הָאֶרֶז conj.-dir.obj.-n.m.s. cstr. (781)-def.
art.-n.m.s. (72) *with the cedarwood*

וְאֶת־שְׁנִי הַתּוֹלַעַת conj.-dir.obj.-n.m.s. cstr.
(1040)-def.art.-n.f.s. (1069) *and the scarlet
stuff*

וְאֶת־הָאֵזֹב conj.-dir.obj.-n.m.s. (23) *and
the hyssop*

וְטָבַל אוֹתָם conj.-Qal pf. 3 m.s. (I 371)-dir.obj.-3
m.p. sf. *and dip them*

וְאֵת הַצִּפֹּר הַחַיָּה conj.-dir.obj.-def.art.-n.f.s.
(861)-def.art.-adj. f.s. (I 311) *and the living
bird*

בְּדַם הַצִּפֹּר prep.-n.m.s. cstr. (196)-def.art.-n.f.s.
(861) *in the blood of the bird*

הַשְּׁחֻטָה def.art.-Qal pass.ptc. f.s. (שָׁחַט 1006)
that was killed

עַל הַמַּיִם הַחַיִּים prep.-def.art.-n.m.p. (565)-def. art.-adj. m.p. (311) *over the running water*

14:7

וְהִזָּה conj.-Hi. pf. 3 m.s. (נָזָה I 633) *and he shall sprinkle (it)*

עַל הַמִּטַּהֵר prep.-def.art.-Hith. ptc.m.s. (טָהֵר 372) *upon him who is to be cleansed*

מִן הַצָּרַעַת prep.-def.art.-n.f.s. (863) *of leprosy*

שֶׁבַע פְּעָמִים num. cstr. (988)-n.f.p. (821) *seven times*

וְטִהֲרוֹ conj.-Pi. pf. 3 m.s.-3 m.s. sf. (טָהֵר 372) *then he shall pronounce him clean*

וְשִׁלַּח conj.-Pi. pf. 3 m.s. (1018) *and shall let go*

אֶת הַצִּפֹּר הַחַיָּה dir.obj.-def.art.-n.f.s. (861) -def.art.-adj. f.s. (I 311) *the living bird*

עַל פְּנֵי הַשָּׂדֶה prep.-n.m.p. cstr. (815)-def.art. -n.m.s. (961) *into the open field*

14:8

וְכִבֶּס הַמִּטַּהֵר conj.-Pi. pf. 3 m.s. (כָּבַס 460) -def.art.-Hith. ptc. m.s. (טָהֵר 372) *and he who is to be cleansed shall wash*

אֶת בְּגָדָיו dir.obj.-n.m.p.-3 m.s. sf. (93) *his clothes*

וְגִלַּח conj.-Pi. pf. 3 m.s. (גָּלַח 164) *and shave off*

אֶת כָּל שְׂעָרוֹ dir.obj.-n.m.s. cstr. (481)-n.m.s.-3 m.s. sf. (972) *all his hair*

וְרָחַץ conj.-Qal pf. 3 m.s. (934) *and bathe himself*

בַּמַּיִם prep.-def.art.-n.m.p. (565) *in water*

וְטָהֵר conj.-Qal pf. 3 m.s. (372) *and he shall be clean*

וְאַחַר יָבוֹא conj.-adv. (29)-Qal impf. 3 m.s. (בּוֹא 97) *and after that he shall come*

אֶל הַמַּחֲנֶה prep.-def.art.-n.m.s. (334) *into the camp*

וְיָשַׁב conj.-Qal pf. 3 m.s. (442) *but shall dwell*

מִחוּץ לְאָהֳלוֹ prep.-n.m.s. (299)-prep.-n.m.s.-3 m.s. sf. (13) *outside his tent*

שִׁבְעַת יָמִים n.f.s. cstr. (988)-n.m.p. (398) *seven days*

14:9

וְהָיָה בַיּוֹם הַשְּׁבִיעִי conj.-Qal pf. 3 m.s. (224) -prep.-def.art.-n.m.s. (398)-def.art.-num.adj. m.s. (988) *and on the seventh day*

יְגַלַּח Pi. impf. 3 m.s. (גָּלַח 164) *he shall shave*

אֶת כָּל שְׂעָרוֹ dir.obj.-n.m.s. cstr. (481)-n.m.s.-3 m.s. sf. (972) *all his hair*

אֶת רֹאשׁוֹ dir.obj.-n.m.s.-3 m.s. sf. (910) *off his head*

וְאֶת זְקָנוֹ conj.-dir.obj.-n.m.s.-3 m.s. sf. (278) *and his beard*

וְאֵת גַּבֹּת עֵינָיו conj.-dir.obj.-n.m.p. cstr. (146) -n.f.p.-3 m.s. sf. (744) *and his eyebrows*

וְאֶת כָּל שְׂעָרוֹ conj.-dir.obj.-n.m.s. cstr. (481) -n.m.s.-3 m.s. sf. (972) *all his hair*

יְגַלֵּחַ Pi. impf. 3 m.s. (גָּלַח 164) *he shall shave off*

וְכִבֶּס conj.-Pi. pf. 3 m.s. (כָּבַס 460) *then he shall wash*

אֶת בְּגָדָיו dir.obj.-n.m.p.-3 m.s. sf. (93) *his clothes*

וְרָחַץ conj.-Qal pf. 3 m.s. (934) *and bathe*

אֶת בְּשָׂרוֹ dir.obj.-n.m.s.-3 m.s. sf. (142) *his body*

בַּמַּיִם prep.-def.art.-n.m.p. (565) *in water*

וְטָהֵר conj.-Qal pf. 3 m.s. (372) *and he shall be clean*

14:10

וּבַיּוֹם הַשְּׁמִינִי conj.-prep.-def.art.-n.m.s. (398) -def.art.-num.adj. m.s. (1033) *and on the eighth day*

יִקַּח Qal impf. 3 m.s. (לָקַח 542) *he shall take*

שְׁנֵי כְבָשִׂים num. m.p. cstr. (1040)-n.m.p. (461) *two male lambs*

תְּמִימִם adj. m.p. (1071) *without blemish*

וְכַבְשָׂה אַחַת conj.-n.f.s. (461)-num.adj. f.s. (25) *and one ewe lamb*

בַּת שְׁנָתָהּ n.f.s. cstr. (I 123)-n.f.s.-3 f.s. sf. (1040) *a year old*

תְּמִימָה adj. f.s. (1071) *without blemish*

וּשְׁלֹשָׁה עֶשְׂרֹנִים conj.-num. f.s. (1025)-n.m.p. (798) *and three tenths*

סֹלֶת n.f.s. (701) *fine flour*

מִנְחָה n.f.s. (585) *a cereal offering*

בְּלוּלָה בַשֶּׁמֶן Qal pass.ptc. f.s. (בָּלַל I 117)-prep. -def.art.-n.m.s. (1032) *mixed with oil*

וְלֹג אֶחָד conj.-n.m.s. (528)-num. m.s. (25) *and one log*

שָׁמֶן n.m.s. (1032) *of oil*

14:11

וְהֶעֱמִיד הַכֹּהֵן conj.-Hi. pf. 3 m.s. (עָמַד 763) -def.art.-n.m.s. (463) *and the priest shall set*

הַמְטַהֵר def.art.-Pi. ptc. m.s. (טָהֵר 372) *who cleanses him*

אֵת הָאִישׁ הַמִּטַּהֵר dir.obj.-def.art.-n.m.s. (35) -def.art.-Hith. ptc. (טָהֵר 372) *the man who is to be cleansed*

וְאֹתָם conj.-dir.obj.-3 m.p. sf. *and these things*

לִפְנֵי יהוה prep.-n.m.p. cstr. (815)-pr.n. (217) *before Yahweh*

פֶּתַח אֹהֶל מוֹעֵד n.m.s. cstr. (835)-n.m.s. cstr. (13)-n.m.s. (417) *at the door of the tent of meeting*

14:12

וְלָקַח הַכֹּהֵן conj.-Qal pf. 3 m.s. (542)-def.art. -n.m.s. (463) *and the priest shall take*

אֶת־הַכֶּבֶשׂ הָאֶחָד dir.obj.-def.art.-n.m.s. (461) -def.art.-num.adj. m.s. (25) *one of the male lambs*

וְהִקְרִיב אֹתוֹ conj.-Hi. pf. 3 m.s. (קרב 897) -dir.obj.-3 m.s. sf. *and offer it*

לְאָשָׁם prep.-n.m.s. (79) *for a guilt offering*

וְאֶת־לֹג הַשָּׁמֶן conj.-dir.obj.-n.m.s. cstr. (528) -def.art.-n.m.s. (1032) *along with the log of oil*

וְהֵנִיף אֹתָם תְּנוּפָה conj.-Hi. pf. 3 m.s. (נוף 631) -dir.obj.-3 m.p. sf.-n.f.s. (632) *and wave them for a wave offering*

לִפְנֵי יהוה prep.-n.m.p. cstr. (815)-pr.n. (217) *before Yahweh*

14:13

וְשָׁחַט אֶת־הַכֶּבֶשׂ conj.-Qal pf. 3 m.s. (1006) -dir.obj.-def.art.-n.m.s. (461) *and he shall kill the lamb*

בִּמְקוֹם אֲשֶׁר יִשְׁחַט prep.-n.m.s. cstr. (879)-rel. (81)-Qal impf. 3 m.s. (שׁחט 1006) *in the place where they kill*

אֶת־הַחַטָּאת dir.obj.-def.art.-n.f.s. (308) *the sin offering*

וְאֶת־הָעֹלָה conj.-dir.obj.-def.art.-n.f.s. (750) *and the burnt offering*

בִּמְקוֹם הַקֹּדֶשׁ prep.-n.m.s. cstr. (879)-def.art. -n.m.s. (871) *in the holy place*

כִּי כַּחַטָּאת conj. (471)-prep.-def.art.-n.f.s. (308) *for like the sin offering*

הָאָשָׁם def.art.-n.m.s. (79) *the guilt offering*

הוּא לַכֹּהֵן demons.adj. m.s. (214)-prep. -def.art.-n.m.s. (463) *belongs to the priest*

קֹדֶשׁ קָדָשִׁים הוּא n.m.s. cstr. (871)-n.m.p. (871) -demons.adj. m.s. (214) *it is most holy*

14:14

וְלָקַח הַכֹּהֵן conj.-Qal pf. 3 m.s. (542)-def.art. -n.m.s. (463) *and the priest shall take*

מִדַּם הָאָשָׁם prep.-n.m.s. cstr. (196)-def.art.-n.m.s. (79) *some of the blood of the guilt offering*

וְנָתַן הַכֹּהֵן conj.-Qal pf. 3 m.s. (678)-def.art. -n.m.s. (463) *and the priest shall put (it)*

עַל־תְּנוּךְ אֹזֶן prep.-n.m.s. cstr. (1072)-n.f.s. cstr. (23) *on the tip of the ... ear of*

הַמִּטַּהֵר def.art.-Hith. ptc. m.s. (טהר 372) *of him who is to be cleansed*

הַיְמָנִית def.art.-adj. f.s. (412) *right*

וְעַל־בֹּהֶן יָדוֹ conj.-prep.-n.f.s. cstr. (97)-n.f.s.-3 m.s. sf. (388) *and on the thumb of his ... hand*

הַיְמָנִית v.supra *right*

וְעַל־בֹּהֶן רַגְלוֹ conj.-prep.-v.supra-n.f.s.-3 m.s. sf. (919) *and the great toe of his ... foot*

הַיְמָנִית v.supra *right*

14:15

וְלָקַח הַכֹּהֵן conj.-Qal pf. 3 m.s. (542)-def.art. -n.m.s. (463) *then the priest shall take*

מִלֹּג הַשָּׁמֶן prep.-n.m.s. cstr. (528)-def.art.-n.m.s. paus. (1032) *some of the log of oil*

וְיָצַק conj.-Qal pf. 3 m.s. (יצק 427) *and pour (it)*

עַל־כַּף הַכֹּהֵן prep.-n.f.s. cstr. (496)-v.supra *into the palm of his own ... hand*

הַשְּׂמָאלִית def.art.-adj. f.s. (970) *left*

14:16

וְטָבַל הַכֹּהֵן conj.-Qal pf. 3 m.s. (I 371)-def.art. -n.m.s. (463) *and the priest shall dip*

אֶת־אֶצְבָּעוֹ dir.obj.-n.m.s.-3 m.s. sf. (840) *his ... finger*

הַיְמָנִית def.art.-adj. f.s. (412) *right*

מִן־הַשָּׁמֶן prep.-def.art.-n.m.s. (1032) *in the oil*

אֲשֶׁר עַל־כַּפּוֹ rel. (81)-prep.-n.f.s.-3 m.s. sf. (496) *that is in his ...hand*

הַשְּׂמָאלִית def.art.-adj. f.s. (970) *left*

וְהִזָּה conj.-Hi. pf. 3 m.s. (נזה I 633) *and sprinkle*

מִן־הַשָּׁמֶן prep.-def.art.-n.m.s. (1032) *some oil*

בְּאֶצְבָּעוֹ prep.-n.f.s.-3 m.s. sf. (840) *with his finger*

שֶׁבַע פְּעָמִים num. cstr. (988)-n.f.p. (821) *seven times*

לִפְנֵי יהוה prep.-n.m.p. cstr. (815)-pr.n. (217) *before Yahweh*

14:17

וּמִיֶּתֶר הַשֶּׁמֶן conj.-prep.-n.m.s. cstr. (451)-def. art.-n.m.s. (1032) *and some of the oil that remains*

אֲשֶׁר עַל־כַּפּוֹ rel. (81)-prep.-n.f.s.-3 m.s. sf. (496) *in his hand*

יִתֵּן הַכֹּהֵן Qal impf. 3 m.s. (נתן 678)-def.art. -n.m.s. (463) *the priest shall put*

עַל־תְּנוּךְ אֹזֶן prep.-n.m.s. cstr. (1072)-n.f.s. cstr. (23) *on the tip of the ... ear of*

הַמִּטַּהֵר def.art.-Hith. ptc. m.s. (372 טָהֵר) *him who is to be cleansed*

הַיְמָנִית def.art.-adj. f.s. (412) *right*

וְעַל־בֹּהֶן יָדוֹ conj.-prep.-n.f.s. cstr. (97)-n.f.s.-3 m.s. sf. (388) *and on the thumb of his ... hand*

הַיְמָנִית v.supra *right*

וְעַל־בֹּהֶן רַגְלוֹ conj.-prep.-v.supra-n.f.s.-3 m.s. sf. (919) *and on the great toe of his ... foot*

הַיְמָנִית v.supra *right*

עַל דַּם הָאָשָׁם prep.-n.m.s. cstr. (196)-def.art.-n.m.s. (79) *upon the blood of the guilt offering*

14:18

וְהַנּוֹתָר conj.-def.art.-Ni. ptc. m.s. (יָתַר 451) *and the rest*

בַּשֶּׁמֶן prep.-def.art.-n.m.s. (1032) *of the oil*

אֲשֶׁר עַל־כַּף הַכֹּהֵן rel. (81)-prep. (II 752)-n.f.s. cstr. (496)-def.art.-n.m.s. (463) *that is in the priest's hand*

יִתֵּן Qal impf. 3 m.s. (נָתַן 678) *he shall put*

עַל־רֹאשׁ הַמִּטַּהֵר prep.-n.m.s. cstr. (910)-def.art.-Hith. ptc. m.s. (טָהֵר 372) *on the head of him who is to be cleansed*

וְכִפֶּר עָלָיו הַכֹּהֵן conj.-Pi. pf. 3 m.s. (497 כָּפַר)-prep.-3 m.s. sf.-def.art.-n.m.s. (463) *then the priest shall make atonement for him*

לִפְנֵי יהוה prep.-n.m.p. cstr. (815)-pr.n. (217) *before Yahweh*

14:19

וְעָשָׂה הַכֹּהֵן conj.-Qal pf. 3 m.s. (I 793)-def.art.-n.m.s. (4673) *and the priest shall offer*

אֶת־הַחַטָּאת dir.obj.-def.art.-n.f.s. (308) *the sin offering*

וְכִפֶּר conj.-Pi. pf. 3 m.s. (497) *and to make atonement*

עַל־הַמִּטַּהֵר prep.-def.art.-Hith. ptc. m.s. (טָהֵר 372) *for him who is to be cleansed*

מִטֻּמְאָתוֹ prep.-n.f.s.-3 m.s. sf. (380) *from his uncleanness*

וְאַחַר יִשְׁחַט conj.-adv. (29)-Qal impf. 3 m.s. (שָׁחַט 1006) *and afterward he shall kill*

אֶת־הָעֹלָה dir.obj.-def.art.-n.f.s. (750) *the burnt offering*

14:20

וְהֶעֱלָה הַכֹּהֵן conj.-Hi. pf. 3 m.s. (עָלָה 748)-def.art.-n.m.s. (463) *and the priest shall offer*

אֶת־הָעֹלָה dir.obj.-def.art.-n.f.s. (750) *the burnt offering*

וְאֶת־הַמִּנְחָה conj.-dir.obj.-def.art.-n.f.s. (585) *and the cereal offering*

הַמִּזְבֵּחָה def.art.-n.m.s.-loc.he (258) *on the altar*

וְכִפֶּר עָלָיו הַכֹּהֵן conj.-Pi. pf. 3 m.s. (497)-prep.-3 m.s. sf.-v.supra *thus the priest shall make atonement for him*

וְטָהֵר conj.-Qal pf. 3 m.s. (372) *and he shall be clean*

14:21

וְאִם־דַּל הוּא conj.-hypoth.part. (49)-adj. m.s. (195)-pers.pr. 3 m.s. (214) *but if he is poor*

וְאֵין יָדוֹ מַשֶּׂגֶת conj.-neg. (II 34)-n.f.s.-3 m.s. sf. (388)-Hi. ptc. f.s. (נָשַׂג 673) *and cannot afford so much*

וְלָקַח כֶּבֶשׂ אֶחָד conj.-Qal pf. 3 m.s. (542)-n.m.s. (461)-num. m.s. (25) *then he shall take one male lamb*

אָשָׁם n.m.s. (79) *for a guilt offering*

לִתְנוּפָה prep.-n.f.s. (632) *to be waved*

לְכַפֵּר עָלָיו prep.-Pi. inf.cstr. (כָּפַר 497)-prep.-3 m.s. sf. *to make atonement for him*

וְעִשָּׂרוֹן סֹלֶת אֶחָד conj.-n.m.s. (798)-n.f.s. (701)-num. m.s. (25) *and a tenth of an ephah of fine flour*

בָּלוּל בַּשֶּׁמֶן Qal pass.ptc. (I 117)-prep.-def.art.-n.m.s. (1032) *mixed with oil*

לְמִנְחָה prep.-n.f.s. (585) *for a cereal offering*

וְלֹג שָׁמֶן conj.-n.m.s. cstr. (528)-n.m.s. paus. (1032) *and a log of oil*

14:22

וּשְׁתֵּי תֹרִים conj.-n.f.p. cstr. (1040)-n.m.p. (1076) *also two turtledoves*

אוֹ שְׁנֵי בְּנֵי יוֹנָה conj. (14)-n.m.p. cstr. (1040)-n.m.p. cstr. (119)-n.f.s. (401) *or two young pigeons*

אֲשֶׁר תַּשִּׂיג יָדוֹ rel. (81)-Hi. impf. 3 f.s. (נָשַׂג 673)-n.f.s.-3 m.s. sf. (388) *such as he can afford*

וְהָיָה אֶחָד חַטָּאת conj.-Qal pf. 3 m.s. (224)-num. m.s. (25)-n.f.s. (308) *the one shall be a sin offering*

וְהָאֶחָד עֹלָה conj.-def.art.-num. m.s. (25)-n.f.s. (750) *and the other a burnt offering*

14:23

וְהֵבִיא אֹתָם conj.-Hi. pf. 3 m.s. (בּוֹא 97)-dir.obj.-3 m.p. sf. *and he shall bring them*

בַּיּוֹם הַשְּׁמִינִי prep.-def.art.-n.m.s. (398)-def.art.-num.adj. m.s. (1033) *on the eighth day*

לְטָהֳרָתוֹ prep.-n.f.s.-3 m.s. sf. (372) *for his cleansing*

אֶל־הַכֹּהֵן prep. (39)-def.art.-n.m.s. (463) *to the priest*

אֶל־פֶּתַח אֹהֶל־מוֹעֵד v.supra-n.m.s. cstr. (835)-n.m.s. cstr. (13)-n.m.s. (417) *to the door of the tent of meeting*

לִפְנֵי יהוה prep.-n.m.p. cstr. (815)-pr.n. (217) *before Yahweh*

14:24

וְלָקַח הַכֹּהֵן conj.-Qal pf. 3 m.s. (542)-def.art.-n.m.s. (463) *and the priest shall take*

אֶת־כֶּבֶשׂ הָאָשָׁם dir.obj.-n.m.s. cstr. (461)-def.art.-n.m.s. (79) *the lamb of the guilt offering*

וְאֶת־לֹג הַשֶּׁמֶן conj.-dir.obj.-n.m.s. cstr. (528)-def.art.-n.m.s. paus. (1032) *and the log of oil*

וְהֵנִיף אֹתָם הַכֹּהֵן conj.-Hi. pf. 3 m.s. (נוף 631)-dir.obj.-3 m.p. sf.-def.art.-n.m.s. (463) *and the priest shall wave them*

תְּנוּפָה n.f.s. (632) *for a wave offering*

לִפְנֵי יהוה prep.-n.m.p. cstr. (815)-pr.n. (217) *before Yahweh*

14:25

וְשָׁחַט conj.-Qal pf. 3 m.s. (1006) *and he shall kill*

אֶת־כֶּבֶשׂ הָאָשָׁם dir.obj.-n.m.s. cstr. (461)-def.art.-n.m.s. (79) *the lamb of the guilt offering*

וְלָקַח הַכֹּהֵן conj.-Qal pf. 3 m.s. (542)-v.supra *and the priest shall take*

מִדַּם הָאָשָׁם prep.-n.m.s. cstr. (196)-def.art.-n.m.s. (79) *some of the blood of the guilt offering*

וְנָתַן conj.-Qal pf. 3 m.s. (678) *and put (it)*

עַל־תְּנוּךְ prep. (II 752)-n.m.s. cstr. (1072) *on the tip of*

אֹזֶן הַמִּטַּהֵר n.f.s. cstr. (23)-def.art.-Hith. ptc. m.s. (טהר 372) *the ... ear of him who is to be cleansed*

הַיְמָנִית def.art.-adj. f.s. (412) *right*

וְעַל־בֹּהֶן יָדוֹ conj.-prep.-n.f.s. cstr. (97)-n.f.s.-3 m.s. sf. (388) *and on the thumb of his ... hand*

הַיְמָנִית v.supra *right*

וְעַל־בֹּהֶן רַגְלוֹ conj.-prep.-v.supra-n.f.s.-3 m.s. sf. (919) *and on the great toe of his ... foot*

הַיְמָנִית v.supra *right*

14:26

וּמִן־הַשֶּׁמֶן conj.-prep.-def.art.-n.m.s. (1032) *and some of the oil*

יִצֹק הַכֹּהֵן Qal impf. 3 m.s. (יצק 427)-def.art.-n.m.s. (463) *the priest shall pour*

עַל־כַּף הַכֹּהֵן prep.-n.f.s. cstr. (496)-v.supra *in the palm of his own ... hand*

הַשְּׂמָאלִית def.art.-adj. f.s. (970) *left*

14:27

וְהִזָּה הַכֹּהֵן conj.-Hi. pf. 3 m.s. (נזה I 633)-def.art.-n.m.s. (463) *and (the priest) shall sprinkle*

בְּאֶצְבָּעוֹ הַיְמָנִית prep.-n.f.s.-3 m.s. sf. (840)-def.art.-adj. f.s. (412) *with his right finger*

מִן־הַשֶּׁמֶן prep.-def.art.-n.m.s. (1032) *some of the oil*

אֲשֶׁר עַל־כַּפּוֹ הַשְּׂמָאלִית rel. (81)-prep.-n.f.s.-3 m.s. sf. (496)-def.art.-adj. f.s. (970) *that is in his left hand*

שֶׁבַע פְּעָמִים num. cstr. (988)-n.f.p. (821) *seven times*

לִפְנֵי יהוה prep.-n.m.p. cstr. (815)-pr.n. (217) *before Yahweh*

14:28

וְנָתַן הַכֹּהֵן conj.-Qal pf. 3 m.s. (678)-def.art.-n.m.s. (463) *and the priest shall put*

מִן־הַשֶּׁמֶן prep.-def.art.-n.m.s. (1032) *some of the oil*

אֲשֶׁר עַל־כַּפּוֹ rel. (81)-prep.-n.f.s.-3 m.s. sf. (496) *that is in his ... hand*

עַל־תְּנוּךְ אֹזֶן prep.-n.m.s. cstr. (1072)-n.f.s. cstr. (23) *on the tip of the ear of*

הַמִּטַּהֵר def.art.-Hith. ptc. m.s. (טהר 372) *him who is to be cleansed*

הַיְמָנִית def.art.-adj. f.s. (412) *right*

וְעַל־בֹּהֶן יָדוֹ conj.-prep.-n.f.s. cstr. (97)-n.f.s.-3 m.s. sf. (388) *and on the thumb of his ... hand*

הַיְמָנִית v.supra *right*

וְעַל־בֹּהֶן רַגְלוֹ conj.-v.supra-n.f.s.-3 m.s. sf. (919) *and the great toe of his ... foot*

הַיְמָנִית v.supra *right*

עַל־מְקוֹם דַּם prep.-n.m.s. cstr. (879)-n.m.s. cstr. (196) *in the place where the blood of*

הָאָשָׁם def.art.-n.m.s. (79) *the guilt offering (was put)*

14:29

וְהַנּוֹתָר conj.-def.art.-Ni. ptc. (יתר 451) *and the rest*

מִן־הַשֶּׁמֶן prep.-def.art.-n.m.s. (1032) *of the oil*

אֲשֶׁר עַל־כַּף הַכֹּהֵן rel. (81)-prep.-n.f.s. cstr. (496)-def.art.-n.m.s. (463) *that is in the priest's hand*

יִתֵּן Qal impf. 3 m.s. (נָתַן 678) *he shall put*

עַל־רֹאשׁ הַמִּטַּהֵר prep.-n.m.s. cstr. (910)-def. art.-Hith. ptc. m.s. (טָהֵר 372) *on the head of him who is to be cleansed*

לְכַפֵּר עָלָיו prep.-Pi. inf.cstr. (כָּפַר 497)-prep.-3 m.s. sf. *to make atonement for him*

לִפְנֵי יהוה prep.-n.m.p. cstr. (815)-pr.n. (217) *before Yahweh*

14:30

וְעָשָׂה conj.-Qal pf. 3 m.s. (I 793) *and he shall offer*

אֶת־הָאֶחָד dir.obj.-def.art.-num. m.s. (25) *one*

מִן־הַתֹּרִים prep.-def.art.-n.m.p. (1076) *of the turtledoves*

אוֹ מִן־בְּנֵי הַיּוֹנָה conj (14)-prep.-n.m.p. cstr. (119)-def.art.-n.f.s. (401) *or young pigeons*

מֵאֲשֶׁר תַּשִּׂיג יָדוֹ prep.-rel. (81)-Hi. impf. 3 f.s. (נָשַׂג 673)-n.f.s.-3 m.s. sf. (388) *such as he can afford*

14:31

אֵת אֲשֶׁר־תַּשִּׂיג יָדוֹ dir.obj.-rel. (81)-Hi. impf. 3 f.s. (נָשַׂג 673)-n.f.s.-3 m.s. sf. (388) *(such as he can afford)*

אֶת־הָאֶחָד חַטָּאת dir.obj.-def.art.-num. m.s. (25)-n.f.s. (308) *one for a sin offering*

וְאֶת־הָאֶחָד עֹלָה conj.-v.supra-n.f.s. (750) *and the other for a burnt offering*

עַל־הַמִּנְחָה prep.-def.art.-n.f.s. (585) *along with a cereal offering*

וְכִפֶּר הַכֹּהֵן conj.-Pi. pf. 3 m.s. (497)-def.art. -n.m.s. (463) *and the priest shall make atonement*

עַל הַמִּטַּהֵר prep.-def.art.-Hith. ptc. m.s. (טָהֵר 372) *for him who is being cleansed*

לִפְנֵי יהוה prep.-n.m.p. cstr. (815)-pr.n. (217) *before Yahweh*

14:32

זֹאת תּוֹרַת demons.adj. f.s. (260)-n.f.s. cstr. (435) *this is the law for*

אֲשֶׁר־בּוֹ rel. (81)-prep.-3 m.s. sf. *him in whom*

נֶגַע צָרָעַת n.m.s. cstr. (619)-n.f.s. paus. (863) *a leprous disease*

אֲשֶׁר לֹא־תַשִּׂיג יָדוֹ rel. (81)-neg.-Hi. impf. 3 f.s. (נָשַׂג 673)-n.f.s.-3 m.s. sf. (388) *who cannot afford*

בְּטָהֳרָתוֹ prep.-n.f.s.-3 m.s. sf. (372) *(the offerings) for his cleansing*

14:33

וַיְדַבֵּר יהוה consec.-Pi. impf. 3 m.s. (180)-pr.n. (217) *Yahweh said*

אֶל־מֹשֶׁה prep.-pr.n. (602) *to Moses*

וְאֶל־אַהֲרֹן conj.-prep.-pr.n. (14) *and Aaron*

לֵאמֹר prep.-Qal inf.cstr. (55) *(saying)*

14:34

כִּי תָבֹאוּ conj. (471)-Qal impf. 2 m.p. (בּוֹא 97) *when you come*

אֶל־אֶרֶץ כְּנַעַן prep.-n.f.s. cstr. (75)-pr.n. (I 488) *into the land of Canaan*

אֲשֶׁר אֲנִי נֹתֵן לָכֶם rel. (81)-pers.pr. 1 c.s. (58)-Qal act.ptc. (נָתַן 678)-prep.-2 m.p. sf. *which I give you*

לַאֲחֻזָּה prep.-n.f.s. (28) *for a possession*

וְנָתַתִּי conj.-Qal pf. 1 c.s. (נָתַן 678) *and I put*

נֶגַע צָרַעַת n.m.s. cstr. (619)-n.f.s. (863) *a leprous disease*

בְּבֵית אֶרֶץ אֲחֻזַּתְכֶם prep.-n.m.s. cstr. (108)-n.f.s. cstr. (75)-n.f.s.-2 m.p. sf. (28) *in a house in the land of your possession*

14:35

וּבָא conj.-Qal pf. 3 m.s. (בּוֹא 97) *then shall come*

אֲשֶׁר־לוֹ הַבַּיִת rel. (81)-prep.-3 m.s. sf.-def. art.-n.m.s. (108) *he who owns the house*

וְהִגִּיד לַכֹּהֵן conj.-Hi. pf. 3 m.s. (נגד 616)-prep. -def.art.-n.m.s. (463) *and tell the priest*

לֵאמֹר prep.-Qal inf.cstr. (55) *(saying)*

כְּנֶגַע prep.-n.m.s. (619) *some sort of disease*

נִרְאָה לִי Ni. pf. 3 m.s. (רָאָה 906)-prep.-1 c.s. sf. *there seems to me*

בַּבָּיִת prep.-def.art.-n.m.s. paus. (108) *in the house*

14:36

וְצִוָּה הַכֹּהֵן conj.-Pi. pf. 3 m.s. (צָוָה 845) -def.art.-n.m.s. (463) *then the priest shall command*

וּפִנּוּ אֶת־הַבַּיִת conj.-Pi. pf. 3 c.p. (פָּנָה 815) -dir.obj.-def.art.-n.m.s. (108) *that they empty the house*

בְּטֶרֶם יָבֹא הַכֹּהֵן prep.-adv. (382)-Qal impf. 3 m.s. (בּוֹא 97)-def.art.-n.m.s. (463) *before the priest goes*

לִרְאוֹת אֶת־הַנֶּגַע prep.-Qal inf.cstr. (רָאָה 906) -dir.obj.-def.art.-n.m.s. (619) *to examine the disease*

וְלֹא יִטְמָא conj.-neg.-Qal impf. 3 m.s. (טָמֵא 379) *lest be declared*

כָּל־אֲשֶׁר בַּבַּיִת n.m.s. (481)-rel. (81)-prep.-def.art. -n.m.s. paus. (108) *all that is in the house*

וְאַחַר כֵּן יָבֹא הַכֹּהֵן conj.-adv. (29; GK 101a)-adv. (485)-Qal impf. 3 m.s. (בּוֹא 97)-v.supra *and afterward the priest shall go in*

לִרְאוֹת אֶת־הַבַּיִת prep.-Qal inf.cstr. (רָאָה 906) -dir.obj.-def.art.-n.m.s. paus. (108) *to see the house*

14:37

וְרָאָה אֶת־הַנֶּגַע conj.-Qal pf. 3 m.s. (906)-dir.obj. -def.art.-n.m.s. (619) *and he shall examine the disease*

וְהִנֵּה הַנֶּגַע conj.-demons.part. (243)-v.supra *and if the disease*

בְּקִירֹת הַבַּיִת prep.-n.m.p. cstr. (885)-def.art. -n.m.s. (108) *in the walls of the house*

שְׁקַעֲרוּרֹת n.f.p. (891) *deeper (depression)*

יְרַקְרַקֹּת adj. f.p. (439) *greenish*

אוֹ אֲדַמְדַּמֹּת conj. (14)-adj. f.p. (10) *or reddish*

וּמַרְאֵיהֶן conj.-n.m.s.-3 f.p. sf. (909) *and their appearance*

שָׁפָל מִן־הַקִּיר adj. m.s. (1050)-prep.-def.art. -n.m.s. (885) *deeper than the wall (surface)*

14:38

וְיָצָא הַכֹּהֵן conj.-Qal pf. 3 m.s. (422)-def.art. -n.m.s. (463) *then the priest shall go out*

מִן־הַבַּיִת prep.-def.art.-n.m.s. (108) *of the house*

אֶל־פֶּתַח הַבַּיִת prep.-n.m.s. cstr. (835)-def.art. -n.m.s. paus. (108) *to the door of the house*

וְהִסְגִּיר conj.-Hi. pf. 3 m.s. (סָגַר 688) *and shut up*

אֶת־הַבַּיִת dir.obj.-def.art.-n.m.s. (108) *the house*

שִׁבְעַת יָמִים n.f.s. cstr. (988)-n.m.p. (398) *seven days*

14:39

וְשָׁב הַכֹּהֵן conj.-Qal pf. 3 m.s. (שׁוּב 996)-def. art.-n.m.s. (463) *and the priest shall come again*

בַּיּוֹם הַשְּׁבִיעִי prep.-def.art.-n.m.s. (398)-def.art. -num.adj. m.s. (988) *on the seventh day*

וְרָאָה conj.-Qal pf. 3 m.s. (906) *and look*

וְהִנֵּה פָּשָׂה הַנֶּגַע conj.-demons.part. (243)-Qal pf. 3 m.s. (832)-def.art.-n.m.s. (619) *and if the disease has spread*

בְּקִירֹת הַבַּיִת prep.-n.m.p. cstr. (885)-def.art. -n.m.s. paus. (108) *in the walls of the house*

14:40

וְצִוָּה הַכֹּהֵן conj.-Pi. pf. 3 m.s. (צָוָה 845)-def. art.-n.m.s. (463) *then the priest shall command*

וְחִלְּצוּ אֶת־הָאֲבָנִים conj.-Pi. pf. 3 c.p. (חָלַץ I 322)-dir.obj.-def.art.-n.f.p. (6) *that they take out the stones*

אֲשֶׁר בָּהֵן הַנָּגַע rel. (81)-prep.-3 f.p. sf.-def.art. -n.m.s. paus. (619) *in which is the disease*

וְהִשְׁלִיכוּ אֶתְהֶן conj.-Hi. pf. 3 c.p. (שָׁלַךְ 1020) -dir.obj.-3 f.p. sf. *and throw them*

אֶל־מִחוּץ לָעִיר prep.-prep.-n.m.s. (299)-prep. -def.art.-n.f.s. (746) *outside the city*

אֶל־מָקוֹם טָמֵא prep.-n.m.s. (879)-adj. m.s. (379) *into an unclean place*

14:41

וְאֶת־הַבַּיִת conj.-dir.obj.-def.art.-n.m.s. (108) *and the house*

יַקְצִעַ Hi. impf. 3 m.s. (קָצַע I 892) *he shall cause to be scraped*

מִבַּיִת prep.-n.m.s. (108) *of the house*

סָבִיב adv. (686) *round about*

וְשָׁפְכוּ אֶת־הֶעָפָר conj.-Qal pf. 3 c.p. (שָׁפַךְ 1049)-dir.obj.-def.art.-n.m.s. (779) *and they shall pour the plaster*

אֲשֶׁר הִקְצוּ rel. (81)-Hi. pf. 3 c.p. (קָצָה I 891; cf. קָצַע) *that they scrape off*

אֶל־מִחוּץ לָעִיר prep.-prep.-n.m.s. (299)-prep. -def.art.-n.f.s. (746) *outside the city*

אֶל־מָקוֹם טָמֵא prep.-n.m.s. (879)-adj. m.s. (379) *into an unclean place*

14:42

וְלָקְחוּ conj.-Qal pf. 3 c.p. (לָקַח 542) *then they shall take*

אֲבָנִים אֲחֵרוֹת n.f.p. (6)-adj. f.p. (29) *other stones*

וְהֵבִיאוּ conj.-Hi. pf. 3 c.p. (בּוֹא 97) *and put them*

אֶל־תַּחַת הָאֲבָנִים prep.-prep. (1065)-def.art. -n.f.p. (6) *in the place of those stones*

וְעָפָר אַחֵר conj.-n.m.s. (779)-adj. m.s. (29) *and other plaster*

יִקַּח Qal impf. 3 m.s. (לָקַח 542) *he shall take*

וְטָח conj.-Qal pf. 3 m.s. (טוּחַ 376) *and plaster*

אֶת־הַבַּיִת dir.obj.-def.art.-n.m.s. paus. (108) *the house*

14:43

וְאִם־יָשׁוּב הַנֶּגַע conj.-hypoth.part. (49)-Qal impf. 3 m.s. (שׁוּב 996)-def.art.-n.m.s. (619) *and if the disease ... again*

וּפָרַח בַּבַּיִת conj.-Qal pf. 3 m.s. (פָּרַח II 827)-dir.obj.-n.m.s. (108) *breaks out in the house*

אַחַר חִלֵּץ adv. (29)-Pi. pf. 3 m.s. (חָלַץ I 322) *after he has taken out*

אֶת־הָאֲבָנִים dir.obj.-def.art.-n.f.p. (6) *the stones*

וְאַחֲרֵי הַקְצוֹת conj.-adv. (29)-Hi. inf.cstr. (קָצָה I 891; GK 53,l) *and scraped*

אֶת־הַבַּיִת dir.obj.-def.art.-n.m.s. (108) *the house*

וְאַחֲרֵי הִטּוֹחַ v.supra-Ni. inf.cstr. (טוּחַ 376) *and plastered (it)*

14:44

וּבָא הַכֹּהֵן conj.-Qal pf. 3 m.s. (בּוֹא 97)-def.art.-n.m.s. (463) *then the priest shall go*

וְרָאָה conj.-Qal pf. 3 m.s. (906) *and look*

וְהִנֵּה פָּשָׂה הַנֶּגַע conj.-demons.part. (243)-Qal pf. 3 m.s. (832)-def.art.-n.m.s. (619) *and if the disease has spread*

בַּבַּיִת prep.-def.art.-n.m.s. paus. (108) *in the house*

צָרַעַת מַמְאֶרֶת הִוא n.f.s. (863)-Hi. ptc. f.s. (מָאַר 549)-demons.adj. f.s. (214) *it is a malignant leprosy*

בַּבַּיִת prep.-def.art.-n.m.s. (108) *in the house*

טָמֵא הוּא adj. m.s. (379)-demons.adj. m.s. (214) *it is unclean*

14:45

וְנָתַץ conj.-Qal pf. 3 m.s. (683) *and he shall break down*

אֶת־הַבַּיִת dir.obj.-def.art.-n.m.s. (108) *the house*

אֶת־אֲבָנָיו dir.obj.-n.f.p.-3 m.s. sf. (6) *its stones*

וְאֶת־עֵצָיו conj.-dir.obj.-n.m.p.-3 m.s. sf. (781) *and timber*

וְאֵת כָּל־עֲפַר הַבַּיִת conj.-dir.obj.-n.m.s. cstr. (481)-n.m.s. cstr. (779)-def.art.-n.m.s. paus. (108) *and all the plaster of the house*

וְהוֹצִיא conj.-Hi. pf. 3 m.s. (יָצָא 422) *and he shall carry (them)*

אֶל־מִחוּץ לָעִיר prep.-prep.-n.m.s. (299)-prep.-def.art.-n.f.s. (746) *out of the city*

אֶל־מָקוֹם טָמֵא prep.-n.m.s. (879)-adj. m.s. (379) *to an unclean place*

14:46

וְהַבָּא אֶל־הַבַּיִת conj.-def.art.-Qal act.ptc. (בּוֹא 97)-prep.-def.art.-n.m.s. (108) *moreover he who enters the house*

כָּל־יְמֵי הִסְגִּיר אֹתוֹ n.m.s. cstr. (481)-n.m.p. cstr. (398)-Hi. pf. 3 m.s. or inf.cstr. (סָגַר 688; GK 53,l)-dir.obj.-3 m.s. sf. *while it is shut up*

יִטְמָא Qal impf. 3 m.s. (טָמֵא 379) *shall be unclean*

עַד־הָעָרֶב prep. (III 723)-def.art.-n.m.s. (787) *until the evening*

14:47

וְהַשֹּׁכֵב בַּבַּיִת conj.-def.art.-Qal act.ptc. m.s. (שָׁכַב 1011)-prep.-def.art.-n.m.s. (108) *and he who lies down in the house*

יְכַבֵּס Pi. impf. 3 m.s. (כָּבַס 460) *shall wash*

אֶת־בְּגָדָיו dir.obj.-n.m.p.-3 m.s. sf. (93) *his clothes*

וְהָאֹכֵל בַּבַּיִת conj.-def.art.-Qal act.ptc. m.s. (37)-v.supra *and he who eats in the house*

יְכַבֵּס v.supra *shall wash*

אֶת־בְּגָדָיו v.supra *his clothes*

14:48

וְאִם־בֹּא יָבֹא הַכֹּהֵן conj.-hypoth.part. (49)-Qal inf.abs. (בּוֹא 97)-Qal impf. 3 m.s. (97)-def.art.-n.m.s. (463) *but if the priest comes*

וְרָאָה conj.-Qal pf. 3 m.s. (906) *and makes an examination*

וְהִנֵּה לֹא־פָשָׂה conj.-demons.part. (243)-neg.-Qal pf. 3 m.s. (832) *and (if) ... has not spread*

הַנֶּגַע def.art.-n.m.s. (619) *the disease*

בַּבַּיִת prep.-def.art.-n.m.s. (108) *in the house*

אַחֲרֵי הִטֹּחַ אֶת־הַבַּיִת prep. (29)-Ni. inf.cstr. (טוּחַ 376)-dir.obj.-def.art.-n.m.s. paus. (108) *after the house was plastered*

וְטִהַר הַכֹּהֵן conj.-Pi. pf. 3 m.s. (טָהֵר 372)-def.art.-n.m.s. (463) *then the priest shall pronounce clean*

אֶת־הַבַּיִת dir.obj.-def.art.-n.m.s. (108) *the house*

כִּי נִרְפָּא הַנָּגַע conj. (471)-Ni. pf. 3 m.s. (רָפָא 950)-def.art.-n.m.s. paus. (619) *for the disease is healed*

14:49

וְלָקַח conj.-Qal pf. 3 m.s. (542) *and he shall take*

לְחַטֵּא prep.-Pi. inf.cstr. (חָטָא 306) *for the cleansing*

אֶת־הַבַּיִת dir.obj.-def.art.-n.m.s. (108) *of the house*

שְׁתֵּי צִפֳּרִים num. m.p. cstr. (1040)-n.f.p. (861) *two small birds*

וְעֵץ אֶרֶז conj.-n.m.s. (781)-n.m.s. (72) *with cedarwood*

וּשְׁנִי תוֹלַעַת conj.-n.m.s. cstr. (1040)-n.f.s. (1069) *and scarlet stuff*

וְאֵזֹב conj.-n.m.s. (23) *and hyssop*

14:50

וְשָׁחַט conj.-Qal pf. 3 m.s. (1006) *and he shall kill*

אֶת־הַצִּפֹּר הָאֶחָת dir.obj.-def.art.-n.m.s. (861)-def.art.-num.adj. f.s. (25) *one of the birds*

אֶל־כְּלִי־חֶרֶשׂ prep.-n.m.s. cstr. (479)-n.m.s. (360) *in an earthen vessel*

עַל־מַיִם חַיִּים prep.-n.m.p. (565)-adj. m.p. (311) *over running water*

14:51

וְלָקַח conj.-Qal pf. 3 m.s. (542) *and he shall take*

אֶת־עֵץ־הָאֶרֶז dir.obj.-n.m.s. cstr. (781)-def.art.-n.m.s. (72) *the cedarwood*

וְאֶת־הָאֵזֹב conj.-dir.obj.-def.art.-n.m.s. (23) *and the hyssop*

וְאֵת שְׁנִי הַתּוֹלַעַת conj.-dir.obj.-n.m.s. cstr. (1040)-def.art.-n.f.s. (1069) *and the scarlet stuff*

וְאֵת הַצִּפֹּר הַחַיָּה conj.-dir.obj.-def.art.-n.m.s. (861)-def.art.-adj. f.s. (311) *along with the living bird*

וְטָבַל אֹתָם conj.-Qal pf. 3 m.s. (I 371)-dir.obj.-3 m.p. sf. *and dip them*

בְּדַם הַצִּפֹּר prep.-n.m.s. cstr. (196)-def.art.-n.f.s. (861) *in the blood of the bird*

הַשְּׁחוּטָה def.art.-Qal pass.ptc. f.s. (שָׁחַט 1006) *that was killed*

וּבַמַּיִם הַחַיִּים conj.-prep.-def.art.-n.m.p. (565)-def.art.-adj. m.p. (311) *and in the running water*

וְהִזָּה conj.-Hi. pf. 3 m.s. (נָזָה I 633) *and sprinkle*

אֶל־הַבַּיִת prep.-def.art.-n.m.s. (108) *the house*

שֶׁבַע פְּעָמִים num. m.s. cstr. (988)-n.f.p. (821) *seven times*

14:52

וְחִטֵּא conj.-Pi. pf. 3 m.s. (חָטָא 306) *thus he shall cleanse*

אֶת־הַבַּיִת dir.obj.-def.art.-n.m.s. (108) *the house*

בְּדַם הַצִּפֹּור prep.-n.m.s. cstr. (196)-def.art.-n.f.s. (861) *with the blood of the bird*

וּבַמַּיִם הַחַיִּים conj.-prep.-def.art.-n.m.p. (565)-def.art.-adj. m.p. (311) *and with the running water*

וּבַצִּפֹּר הַחַיָּה conj.-prep.-def.art.-n.f.s. (861)-def.art.-adj. f.s. (311) *and with the living bird*

וּבְעֵץ הָאֶרֶז conj.-prep.-n.m.s. cstr. (781)-def.art.-n.m.s. (72) *and with the cedarwood*

וּבָאֵזֹב conj.-prep.-def.art.-n.m.s. (23) *and hyssop*

וּבִשְׁנִי הַתּוֹלָעַת conj.-prep.-n.m.s. cstr. (1040)-def.art.-n.f.s. (1069) *and scarlet stuff*

14:53

וְשִׁלַּח conj.-Pi. pf. 3 m.s. (שָׁלַח 1018) *and he shall let go*

אֶת־הַצִּפֹּר הַחַיָּה dir.obj.-def.art.-n.f.s. (861)-def.art.-adj. f.s. (311) *the living bird*

אֶל־מִחוּץ לָעִיר prep.-prep.-n.m.s. (299)-prep.-def.art.-n.f.s. (746) *out of the city*

אֶל־פְּנֵי הַשָּׂדֶה prep.-n.m.p. cstr. (815)-def.art.-n.m.s. (961) *into the open field*

וְכִפֶּר conj.-Pi. pf. 3 m.s. (כָּפַר 497) *so he shall make atonement*

עַל־הַבַּיִת prep.-def.art.-n.m.s. (108) *for the house*

וְטָהֵר conj.-Qal pf. 3 m.s. (372) *and it shall be clean*

14:54

זֹאת הַתּוֹרָה demons.adj. f.s. (260)-def.art.-n.f.s. (435) *this is the law*

לְכָל־נֶגַע הַצָּרַעַת prep.-n.m.s. cstr. (481)-n.m.s. cstr. (619)-def.art.-n.f.s. (863) *for any leprous disease*

וְלַנָּתֶק conj.-prep.-def.art.-n.m.s. paus. (683) *for an itch*

14:55

וּלְצָרַעַת conj.-prep.-n.f.s. (863) *and for leprosy*

הַבֶּגֶד def.art.-n.m.s. (93) *in a garment*

וְלַבָּיִת conj.-prep.-def.art.-n.m.s. paus. (108) *or in a house*

14:56

וְלַשְׂאֵת conj.-prep.-def.art.-n.f.s. (673) *and for a swelling*

וְלַסַּפַּחַת conj.-prep.-def.art.-n.f.s. (705) *or an eruption*

וְלַבֶּהָרֶת conj.-prep.-def.art.-n.f.s. (97) *or a spot*

14:57

לְהוֹרֹת prep.-Hi. inf.cstr. (יָרָה 434) *to show*

בְּיוֹם הַטָּמֵא prep.-n.m.s. cstr. (398)-adj. m.s. (II 379) *when it is unclean*

וּבְיוֹם הַטָּהֹר conj.-v.supra-def.art.-adj. m.s. (373) *and when it is clean*

זֹאת תּוֹרַת demons.adj. f.s. (260)-n.f.s. cstr. (435) *this is the law for*

הַצָּרַעַת def.art.-n.f.s. paus. (863) *leprosy*

15:1

וַיְדַבֵּר יהוה consec.-Pi. impf. 3 m.s. (דָּבַר 180)-pr.n. (217) *Yahweh said*

אֶל־מֹשֶׁה prep.-pr.n. (602) *to Moses*

וְאֶל־אַהֲרֹן conj.-prep.-pr.n. (14) *and Aaron*

לֵאמֹר prep.-Qal inf.cstr. (55) *(saying)*

15:2

דַּבְּרוּ Pi. impv. 2 m.p. (דָּבַר 180) *say*

אֶל־בְּנֵי יִשְׂרָאֵל prep.-n.m.p. cstr. (119)-pr.n. (975) *to the people of Israel*

וַאֲמַרְתֶּם אֲלֵהֶם conj.-Qal pf. 2 m.p. (אָמַר 55) -prep.-3 m.p. sf. *(and you shall say to them)*

אִישׁ אִישׁ כִּי n.m.s. (35)-v.supra-conj. (471) *when any man*

יִהְיֶה זָב Qal impf. 3 m.s. (הָיָה 224)-Qal act.ptc. m.s. (זוב 264) *has a discharge*

מִבְּשָׂרוֹ prep.-n.m.s.-3 m.s. sf. (142) *from his body*

זוֹבוֹ n.m.s.-3 m.s. sf. (264) *his discharge*

טָמֵא הוּא adj. m.s. (379)-demons.adj. m.s. (214) *is unclean*

15:3

וְזֹאת תִּהְיֶה conj.-demons.adj. f.s. (260)-Qal impf. 3 f.s. (הָיָה 224) *and this is*

טֻמְאָתוֹ n.f.s.-3 m.s. sf. (380) *(the law of) his uncleanness*

בְּזוֹבוֹ prep.-n.m.s.-3 m.s. sf. (264) *for a discharge*

רָר בְּשָׂרוֹ Qal pf. 3 m.s. (ריר 938)-n.m.s.-3 m.s. sf. (142) *his body runs*

אֶת־זוֹבוֹ dir.obj.-n.m.s.-3 m.s. sf. (264) *with his discharge*

אוֹ־הֶחְתִּים בְּשָׂרוֹ conj. (14)-Hi. pf. 3 m.s. (חתם 367)-v.supra *or his body is stopped*

מִזּוֹבוֹ prep.-n.m.s.-3 m.s. sf. (264) *from discharge*

טֻמְאָתוֹ הוּא n.f.s.-3 m.s. sf. (380)-demons.adj. f.s. (214) *it is uncleanness in him*

15:4

כָּל־הַמִּשְׁכָּב n.m.s. cstr. (481)-def.art.-n.m.s. (1012) *every bed*

אֲשֶׁר יִשְׁכַּב עָלָיו rel. (81)-Qal impf. 3 m.s. (1011) -prep.-3 m.s. sf. *on which ... lies*

הַזָּב def.art.-Qal act.ptc. m.s. (זוב 264) *he who has the discharge*

יִטְמָא Qal impf. 3 m.s. (טָמֵא 379) *shall be unclean*

וְכָל־הַכְּלִי conj.-n.m.s. cstr. (481)-def.art.-n.m.s. (479) *and everything*

אֲשֶׁר־יֵשֵׁב עָלָיו v.supra-Qal impf. 3 m.s. (יָשַׁב 442)-v.supra *on which he sits*

יִטְמָא v.supra *shall be unclean*

15:5

וְאִישׁ אֲשֶׁר conj.-n.m.s. (35)-rel. (81) *and whoever*

יִגַּע Qal impf. 3 m.s. (נגע 619) *touches*

בְּמִשְׁכָּבוֹ prep.-n.m.s.-3 m.s. sf. (1012) *his bed*

יְכַבֵּס בְּגָדָיו Pi. impf. 3 m.s. (כבס 460)-n.m.p.-3 m.s. sf. (93) *shall wash his clothes*

וְרָחַץ בַּמַּיִם conj.-Qal pf. 3 m.s. (934)-prep. -def.art.-n.m.p. (565) *and bathe himself in water*

וְטָמֵא עַד־הָעָרֶב conj.-Qal pf. 3 m.s. (379)-prep. (III 723)-def.art.-n.m.s. paus. (787) *and be unclean until the evening*

15:6

וְהַיֹּשֵׁב conj.-def.art.-Qal act.ptc. m.s. (יָשַׁב 442) *and whoever sits*

עַל־הַכְּלִי אֲשֶׁר־יֵשֵׁב עָלָיו prep.-def.art.-n.m.s. (479)-rel. (81)-Qal impf. 3 m.s. (יָשַׁב 442) -prep.-3 m.s. sf. *on anything on which ... has sat*

הַזָּב def.art.-Qal act.ptc. m.s. (זוב 264) *he who has the discharge*

יְכַבֵּס בְּגָדָיו Pi. impf. 3 m.s. (460)-n.m.p.-3 m.s. sf. (93) *shall wash his clothes*

וְרָחַץ בַּמַּיִם conj.-Qal pf. 3 m.s. (934)-prep. -def.art.-n.m.p. (565) *and bathe himself in water*

וְטָמֵא עַד־הָעָרֶב conj.-Qal pf. 3 m.s. (379)-prep. -def.art.-n.m.s. paus. (787) *and be unclean until the evening*

15:7

וְהַנֹּגֵעַ conj.-dir.obj.-Qal act.ptc. m.s. (נגע 619) *and whoever touches*

בִּבְשַׂר הַזָּב prep.-n.m.s. cstr. (142)-def.art.-Qal act.ptc. m.s. (זוב 264) *the body of him who has the discharge*

יְכַבֵּס בְּגָדָיו Pi. impf. 3 m.s. (460)-n.m.p.-3 m.s. sf. (93) *shall wash his clothes*

וְרָחַץ בַּמַּיִם conj.-Qal pf. 3 m.s. (934)-prep. -def.art.-n.m.p. (565) *and bathe himself in water*

וְטָמֵא עַד־הָעָרֶב conj.-Qal pf. 3 m.s. (379)-prep. -def.art.-n.m.s. paus. (787) *and be unclean until the evening*

15:8

וְכִי־יָרֹק conj.-conj. (471)-Qal impf. 3 m.s. (רָקַק II 956) *and if ... spits*

הַזָּב def.art.-Qal act.ptc. m.s. (זוב 264) *he who has the discharge*

בַּטָּהוֹר prep.-def.art.-adj. m.s. (373) *on one who is clean*

וְכִבֶּס בְּגָדָיו conj.-Pi. pf. 3 m.s. (כבס 460)-n.m.p.-3 m.s. sf. (93) *then he shall wash his clothes*

וְרָחַץ בַּמַּיִם conj.-Qal pf. 3 m.s. (934)-prep.-def.art.-n.m.p. (565) *and bathe himself in water*

וְטָמֵא עַד־הָעֶרֶב conj.-Qal pf. 3 m.s. (379)-prep.-def.art.-n.m.s. paus. (787) *and be unclean until the evening*

15:9

וְכָל־הַמֶּרְכָּב conj.-n.m.s. cstr. (481)-def.art.-n.m.s. (939) *and any saddle*

אֲשֶׁר יִרְכַּב עָלָיו rel. (81)-Qal impf. 3 m.s. (רכב 938)-prep.-3 m.s. sf. *on which ... rides*

הַזָּב def.art.-Qal act.ptc. m.s. (זוב 264) *he who has the discharge*

יִטְמָא Qal impf. 3 m.s. (טמא 379) *shall be unclean*

15:10

וְכָל־הַנֹּגֵעַ conj.-n.m.s. cstr. (481)-def.art.-Qal act.ptc. m.s. (נגע 619) *and whoever touches*

בְּכֹל אֲשֶׁר יִהְיֶה תַחְתָּיו prep.-n.m.s. (481)-rel. (81)-Qal impf. 3 m.s. (היה 224)-prep.-3 m.s. sf. (1065) *anything that was under him*

יִטְמָא עַד־הָעֶרֶב Qal impf. 3 m.s. (טמא 379)-prep.-def.art.-n.m.s. paus. (787) *shall be unclean until the evening*

וְהַנּוֹשֵׂא אוֹתָם conj.-def.art.-Qal act.ptc. m.s. (נשא 669)-dir.obj.-3 m.p. sf. *and he who carries such a thing (them)*

יְכַבֵּס בְּגָדָיו Pi. impf. 3 m.s. (כבס 460)-n.m.p.-3 m.s. sf. (93) *shall wash his clothes*

וְרָחַץ בַּמַּיִם conj.-Qal pf. 3 m.s. (934)-prep.-def.art.-n.m.p. (565) *and bathe himself in water*

וְטָמֵא עַד־הָעֶרֶב conj.-Qal pf. 3 m.s. (379)-prep.-def.art.-n.m.s. paus. (787) *and be unclean until the evening*

15:11

וְכֹל אֲשֶׁר conj.-n.m.s. (481)-rel. (81) *any one whom*

יִגַּע־בּוֹ Qal impf. 3 m.s. (נגע 619)-prep.-3 m.s. sf. *touches (on him)*

15:12

הַזָּב def.art.-Qal act.ptc. m.s. (זוב 264) *he that has the discharge*

וְיָדָיו conj.-n.f.p.-3 m.s. sf. (388) *and his hands*

לֹא־שָׁטַף בַּמַּיִם neg.-Qal pf. 3 m.s. (1009)-prep.-def.art.-n.m.p. paus. (565) *he has not rinsed in water*

וְכִבֶּס בְּגָדָיו conj.-Pi. pf. 3 m.s. (460)-n.m.p.-3 m.s. sf. (93) *shall wash his clothes*

וְרָחַץ בַּמַּיִם conj.-Qal pf. 3 m.s. (934)-prep.-def.art.-n.m.p. (565) *and bathe himself in water*

וְטָמֵא עַד־הָעָרֶב conj.-Qal pf. 3 m.s. (379)-prep.-def.art.-n.m.s. paus. (787) *and be unclean until the evening*

15:12

וּכְלִי־חֶרֶשׂ conj.-n.m.s. cstr. (479)-n.m.s. (360) *and the earthen vessel*

אֲשֶׁר־יִגַּע־בּוֹ rel. (81)-Qal impf. 3 m.s. (נגע 619)-prep.-3 m.s. sf. *which ... touches*

הַזָּב def.art.-Qal act.ptc. m.s. (זוב 264) *he who has the discharge*

יִשָּׁבֵר Ni. impf. 3 m.s. (שבר 990) *shall be broken*

וְכָל־כְּלִי־עֵץ conj.-n.m.s. cstr. (481)-n.m.s. cstr. (479)-n.m.s. (781) *and every vessel of wood*

יִשָּׁטֵף Ni. impf. 3 m.s. (שטף 1009) *shall be rinsed*

בַּמָּיִם prep.-def.art.-n.m.p. paus. (565) *in water*

15:13

וְכִי־יִטְהַר conj.-conj. (471)-Qal impf. 3 m.s. (372 טהר) *and when is cleansed*

הַזָּב def.art.-Qal act.ptc. m.s. (זוב 264) *he who has a discharge*

מִזּוֹבוֹ prep.-n.m.s.-3 m.s. sf. (264) *of his discharge*

וְסָפַר לוֹ conj.-Qal pf. 3 m.s. (707)-prep.-3 m.s. sf. *then he shall count for himself*

שִׁבְעַת יָמִים num. f.s. cstr. (988)-n.m.p. (398) *seven days*

לְטָהֳרָתוֹ prep.-n.f.s.-3 m.s. sf. (372) *for his cleansing*

וְכִבֶּס בְּגָדָיו conj.-Pi. pf. 3 m.s. (כבס 460)-n.m.p.-3 m.s. sf. (93) *and wash his clothes*

וְרָחַץ בְּשָׂרוֹ conj.-Qal pf. 3 m.s. (934)-n.m.s.-3 m.s. sf. (142) *and he shall bathe his body*

בְּמַיִם חַיִּים prep.-n.m.p. (565)-adj. m.p. (311) *in running water*

וְטָהֵר conj.-Qal pf. 3 m.s. (372) *and shall be clean*

15:14

וּבַיּוֹם הַשְּׁמִינִי conj.-prep.-def.art.-n.m.s. (398) -def.art.-num.adj. m.s. (1033) *and on the eighth day*

יִקַּח־לוֹ Qal impf. 3 m.s. (לקח 542)-prep.-3 m.s. sf. *he shall take (for himself)*

שְׁתֵּי תֹרִים num. f.p. cstr. (1040)-n.f.p. (1076) *two turtledoves*

אוֹ שְׁנֵי בְּנֵי יוֹנָה conj. (14)-num. m.p. cstr. (1040) -n.m.p. cstr. (119)-n.f.s. (401) *or two young pigeons*

וּבָא conj.-Qal impf. 3 m.s. (בוא 97) *and come*

לִפְנֵי יהוה prep.-n.m.p. cstr. (815)-pr.n. (217) *before Yahweh*

אֶל־פֶּתַח אֹהֶל מוֹעֵד prep.-n.m.s. cstr. (835)-n.m.s. cstr. (13)-n.m.s. (417) *to the door of the tent of meeting*

וּנְתָנָם conj.-Qal pf. 3 m.s.-3 m.p. sf. (נתן 678) *and give them*

אֶל־הַכֹּהֵן prep.-def.art.-n.m.s. (463) *to the priest*

15:15

וְעָשָׂה אֹתָם הַכֹּהֵן conj.-Qal pf. 3 m.s. (I 793) -dir.obj.-3 m.p. sf.-def.art.-n.m.s. (463) *and the priest shall offer them*

אֶחָד חַטָּאת num. m.s. (25)-n.f.s. (308) *one for a sin offering*

וְהָאֶחָד עֹלָה conj.-def.art.-num. (25)-n.f.s. (750) *and the other for a burnt offering*

וְכִפֶּר עָלָיו הַכֹּהֵן conj.-Pi. pf. 3 m.s. (כפר 497) -prep.-3 m.s. sf.-v.supra *and the priest shall make atonement for him*

לִפְנֵי יהוה prep.-n.m.p. cstr. (815)-pr.n. (217) *before Yahweh*

מִזּוֹבוֹ prep.-n.m.s.-3 m.s. sf. (264) *for his discharge*

15:16

וְאִישׁ conj.-n.m.s. (35) *and ... a man*

כִּי־תֵצֵא מִמֶּנּוּ conj. (471)-Qal impf. 3 f.s. (יצא 422)-prep.-3 m.s. sf. *if there goes from him*

שִׁכְבַת־זָרַע n.f.s. cstr. (1012)-n.m.s. paus. (282) *semen*

וְרָחַץ בַּמַּיִם conj.-Qal pf. 3 m.s. (934)-prep.-def. art.-n.m.p. (565) *he shall bathe in water*

אֶת־כָּל־בְּשָׂרוֹ dir.obj.-n.m.s. cstr. (481)-n.m.s.-3 m.s. sf. (142) *his whole body*

וְטָמֵא עַד־הָעָרֶב conj.-Qal pf. 3 m.s. (379)-prep. -def.art.-n.m.s. (787) *and be unclean until the evening*

15:17

וְכָל־בֶּגֶד conj.-n.m.s. cstr. (481)-n.m.s. (93) *and every garment*

וְכָל־עוֹר conj.-v.supra-n.m.s. (736) *and every skin*

אֲשֶׁר־יִהְיֶה עָלָיו rel. (81)-Qal impf. 3 m.s. (היה 224)-prep.-3 m.s. sf. *on which ... comes*

שִׁכְבַת־זָרַע n.f.s. cstr. (1012)-n.m.s. paus. (282) *semen*

וְכֻבַּס בַּמַּיִם conj.-Pu. pf. 3 m.s. (כבס 460)-prep. -def.art.-n.m.p. (565) *shall be washed with water*

וְטָמֵא עַד־הָעָרֶב conj.-Qal pf. 3 m.s. (379)-prep. -def.art.-n.m.s. paus. (787) *and be unclean until the evening*

15:18

וְאִשָּׁה conj.-n.f.s. (61) *and a woman*

אֲשֶׁר יִשְׁכַּב אִישׁ אֹתָהּ rel. (81)-Qal impf. 3 m.s. (1011)-n.m.s. (35)-dir.obj.-3 f.s. sf. *with whom a man lies*

שִׁכְבַת־זָרַע n.f.s. cstr. (1012)-n.m.s. paus. (282) *(and has an emission of) semen*

וְרָחֲצוּ בַמַּיִם conj.-Qal pf. 3 c.p. (רחץ 934)-prep. -def.art.-n.m.p. (565) *(both of them) shall bathe themselves in water*

וְטָמְאוּ עַד־הָעָרֶב conj.-Qal pf. 3 c.p. (טמא 379)-prep.-def.art.-n.m.s. paus. (787) *and be unclean until the evening*

15:19

וְאִשָּׁה conj.-n.f.s. (61) *a woman*

כִּי־תִהְיֶה זָבָה conj. (471)-Qal impf. 3 f.s. (היה 224)-Qal act.ptc. f.s. (זוב 264) *when she has a discharge (of blood)*

דָּם יִהְיֶה זֹבָהּ n.m.s. (196)-Qal impf. 3 m.s. (224)-n.m.s.-3 f.s. sf. (264) *blood shall be her regular discharge*

בִּבְשָׂרָהּ prep.-n.m.s.-3 f.s. sf. (142) *from her body*

שִׁבְעַת יָמִים num. f.s. cstr. (988)-n.m.p. (398) *seven days*

תִּהְיֶה בְנִדָּתָהּ Qal impf. 3 f.s. (היה 224)-prep. -n.f.s.-3 f.s. sf. (622) *she shall be in her impurity*

וְכָל־הַנֹּגֵעַ בָּהּ conj.-n.m.s. cstr. (481)-def.art.-Qal act.ptc. m.s. (נגע 619)-prep.-3 f.s. sf. *and whoever touches her*

יִטְמָא עַד־הָעָרֶב Qal impf. 3 m.s. (טמא 379) -prep.-def.art.-n.m.s. paus. (787) *shall be unclean until the evening*

15:20

וְכֹל conj.-n.m.s. (481) *and everything*

שָׁכַב אֲשֶׁר תִּשְׁכַּב עָלָיו rel. (81)-Qal impf. 3 f.s. 1011)-prep.-3 m.s. sf. *upon which she lies*

בְּנִדָּתָהּ prep.-n.f.s.-3 f.s. sf. (622) *during her impurity*

יִטְמָא Qal impf. 3 m.s. (379) *shall be unclean*

וְכֹל conj.-n.m.s. (481) *everything also*

אֲשֶׁר־תֵּשֵׁב עָלָיו rel. (81)-Qal impf. 3 f.s. (יָשַׁב 442)-prep.-3 m.s. sf. *upon which she sits*

יִטְמָא v.supra *shall be unclean*

15:21

וְכָל־הַנֹּגֵעַ conj.-n.m.s. cstr. (481)-def.art.-Qal act.ptc. (נָגַע 619) *and whoever touches*

בְּמִשְׁכָּבָהּ prep.-n.m.s.-3 f.s. sf. (1012) *her bed*

יְכַבֵּס בְּגָדָיו Pi. impf. 3 m.s. (460)-n.m.p.-3 m.s. sf. (93) *shall wash his clothes*

וְרָחַץ בַּמַּיִם conj.-Qal pf. 3 m.s. (934)-prep.-def. art.-n.m.p. (565) *and bathe himself in water*

וְטָמֵא עַד־הָעֶרֶב conj.-Qal pf. 3 m.s. (379)-prep. -def.art.-n.m.s. paus. (787) *and be unclean until the evening*

15:22

וְכָל־הַנֹּגֵעַ conj.-n.m.s. cstr. (481)-def.art.-Qal act.ptc. (נָגַע 619) *and whoever touches*

בְּכָל־כְּלִי prep.-v.supra-n.m.s. (479) *anything*

אֲשֶׁר־תֵּשֵׁב עָלָיו rel. (81)-Qal impf. 3 f.s. (יָשַׁב 442)-prep.-3 m.s. sf. *upon which she sits*

יְכַבֵּס בְּגָדָיו Pi. impf. 3 m.s. (460)-n.m.p.-3 m.s. sf. (93) *shall wash his clothes*

וְרָחַץ בַּמַּיִם conj.-Qal pf. 3 m.s. (934)-prep.-def. art.-n.m.p. (565) *and bathe himself in water*

וְטָמֵא עַד־הָעֶרֶב conj.-Qal pf. 3 m.s. (379)-prep. -def.art.-n.m.s. paus. (787) *and be unclean until the evening*

15:23

וְאִם עַל־הַמִּשְׁכָּב הוּא conj.-hypoth.part. (49) -prep.-def.art.-n.m.s. (1012)-demons.adj. m.s. (214) *whether it is the bed*

אוֹ עַל־הַכְּלִי אֲשֶׁר־הוּא יֹשֶׁבֶת־עָלָיו conj. (14) -prep.-def.art.-n.m.s. (479)-rel. (81)-demons. adj. f.s. (214)-Qal act.ptc. f.s. (יָשַׁב 442) -prep.-3 m.s. sf. *or anything upon which she sits*

בְּנָגְעוֹ־בוֹ prep.-Qal inf.cstr.-3 m.s. sf. (נָגַע 619)-prep.-3 m.s. sf. *when he touches it*

יִטְמָא עַד־הָעֶרֶב Qal impf. 3 m.s. (טָמֵא 379)-prep.-def.art.-n.m.s. paus. (787) *he shall be unclean until the evening*

15:24

וְאִם שָׁכֹב יִשְׁכַּב אִישׁ אֹתָהּ conj.-hypoth.part. (49)-Qal inf.abs. (1011)-Qal impf. 3 m.s. (1011)-n.m.s. (35)-dir.obj.-3 f.s. sf. *and if any man lies with her*

וּתְהִי נִדָּתָהּ עָלָיו conj.-Qal impf. 3 f.s. (הָיָה 224)-n.f.s.-3 f.s. sf. (622)-prep.-3 m.s. sf. *and her impurity is on him*

וְטָמֵא conj.-Qal pf. 3 m.s. (379) *he shall be unclean*

שִׁבְעַת יָמִים num. f.s. cstr. (988)-n.m.p. (398) *seven days*

וְכָל־הַמִּשְׁכָּב conj.-n.m.s. cstr. (481)-def.art.-n.m.s. (1012) *and every bed*

אֲשֶׁר־יִשְׁכַּב עָלָיו rel. (81)-Qal impf. 3 m.s. (1011) -v.supra *on which he lies*

יִטְמָא Qal impf. 3 m.s. (379) *shall be unclean*

15:25

וְאִשָּׁה conj.-n.f.s. (61) *and a woman*

כִּי־יָזוּב זוֹב דָּמָהּ conj. (471)-Qal impf. 3 m.s. 264)-n.m.s. cstr. (264)-n.m.s.-3 f.s. sf. (196) *if ... has a discharge of blood*

יָמִים רַבִּים n.m.p. (398)-adj. m.p. (I 912) *for many days*

בְּלֹא עֶת־נִדָּתָהּ prep.-neg.-n.f.s. cstr. (773)-n.f.s. -3 f.s. sf. (622) *not at the time of her impurity*

אוֹ כִי־תָזוּב conj. (14)-conj. (471)-Qal impf. 3 f.s. (זוֹב 264) *or if she has a discharge*

עַל־נִדָּתָהּ prep.-n.f.s.-3 f.s. sf. (622) *beyond the time of her impurity*

כָּל־יְמֵי זוֹב n.m.s. cstr. (481)-n.m.p. cstr. (398) -n.m.s. (264) *all the days of the discharge*

טֻמְאָתָהּ n.f.s.-3 f.s. sf. (380) *(she shall continue in) uncleanness*

כִּימֵי נִדָּתָהּ תִּהְיֶה prep.-n.m.p. cstr. (398)-n.f.s.-3 f.s. sf. (622)-Qal impf. 3 f.s. (הָיָה 224) *as in the days of her impurity she shall continue*

טְמֵאָה הִוא adj. f.s. (379)-pers.pr. 3 f.s. (214) *she shall be unclean*

15:26

כָּל־הַמִּשְׁכָּב n.m.s. cstr. (481)-def.art.-n.m.s. (1012) *every bed*

אֲשֶׁר־תִּשְׁכַּב עָלָיו rel. (81)-Qal impf. 3 f.s. (1011) -prep.-3 m.s. sf. *on which she lies*

כָּל־יְמֵי זוֹבָהּ n.m.s. cstr. (481)-n.m.p. cstr. (398) -n.m.s.-3 f.s. sf. (264) *all the days of her discharge*

כְּמִשְׁכַּב נִדָּתָהּ prep.-n.m.s. cstr. (1012)-n.f.s.-3 f.s. sf. (622) *as the bed of her impurity*

יִהְיֶה־לָּהּ Qal impf. 3 m.s. (224)-prep.-3 f.s. sf. *shall be to her*

וְכָל־הַכְּלִי conj.-n.m.s. cstr. (481)-def.art.-n.m.s. (479) *and everything*

אֲשֶׁר תֵּשֵׁב עָלָיו rel. (81)-Qal impf. 3 f.s. יָשַׁב 442)-prep.-3 m.s. sf. *on which she sits*

טָמֵא יִהְיֶה adj. m.s. (379)-Qal impf. 3 m.s. (224) *shall be unclean*

כְּטֻמְאַת נִדָּתָהּ prep.-n.f.s. cstr. (380)-n.f.s.-3 f.s. sf. (622) *as in the uncleanness of her impurity*

15:27

וְכָל־הַנּוֹגֵעַ בָּם conj.-n.m.s. cstr. (481)-def.art.-Qal act.ptc. m.s. נָגַע 619)-prep.-3 m.p. sf. *and whoever touches these things (them)*

יִטְמָא Qal impf. 3 m.s. (טָמֵא 379) *shall be unclean*

וְכִבֶּס בְּגָדָיו conj.-Pi. pf. 3 m.s. (460)-n.m.p.-3 m.s. sf. (93) *shall wash his clothes*

וְרָחַץ בַּמַּיִם conj.-Qal pf. 3 m.s. (934)-prep.-def.art.-n.m.p. (565) *and bathe himself in water*

וְטָמֵא עַד־הָעָרֶב conj.-Qal pf. 3 m.s. (379)-prep.-def.art.-n.m.s. paus. (787) *and be unclean until the evening*

15:28

וְאִם־טָהֲרָה conj.-hypoth.part. (49)-Qal pf. 3 f.s. (טָהֵר 372) *but if she is cleansed*

מִזּוֹבָהּ prep.-n.m.s.-3 f.s. sf. (264) *of her discharge*

וְסָפְרָה לָּהּ conj.-Qal pf. 3 f.s. (סָפַר 707)-prep.-3 f.s. sf. *she shall count for herself*

שִׁבְעַת יָמִים num. f.s. cstr. (988)-n.m.p. (398) *seven days*

וְאַחַר תִּטְהָר conj.-adv. (29)-Qal impf. 3 f.s. (372 טָהֵר) *and after that she shall be clean*

15:29

וּבַיּוֹם הַשְּׁמִינִי conj.-prep.-def.art.-n.m.s. (398)-def.art.-num.adj. m.s. (1033) *and on the eighth day*

תִּקַּח־לָהּ Qal impf. 3 f.s. (לָקַח 542)-prep.-3 f.s. sf. *she shall take (for herself)*

שְׁתֵּי תֹרִים num.adj. f.p. cstr. (1040)-n.f.p. (1076) *two turtledoves*

אוֹ שְׁנֵי בְּנֵי יוֹנָה conj. (14)-num.adj. m.p. cstr. (1040)-n.m.p. cstr. (119)-n.f.s. (401) *or two young pigeons*

וְהֵבִיאָה אוֹתָם conj.-Hi. pf. 3 f.s. (בּוֹא 97; GK 53r)-dir.obj.-3 m.p. sf. *and bring them*

אֶל־הַכֹּהֵן prep.-def.art.-n.m.s. (463) *to the priest*

אֶל־פֶּתַח אֹהֶל מוֹעֵד prep.-n.m.s. cstr. (835)-n.m.s. cstr. (13)-n.m.s. (417) *to the door of the tent of meeting*

15:30

וְעָשָׂה הַכֹּהֵן conj.-Qal pf. 3 m.s. (I 793)-def.art.-n.m.s. (463) *and the priest shall offer*

אֶת־הָאֶחָד חַטָּאת dir.obj.-def.art.-num. m.s. (25)-n.f.s. (308) *one for a sin offering*

וְאֶת־הָאֶחָד עֹלָה conj.-dir.obj.-def.art.-num. m.s. (25)-n.f.s. (750) *and the other for a burnt offering*

וְכִפֶּר עָלֶיהָ הַכֹּהֵן conj.-Pi. pf. 3 m.s. (497)-prep.-3 f.s. sf.-v.supra *and the priest shall make atonement for her*

לִפְנֵי יהוה prep.-n.m.p. cstr. (815)-pr.n. (217) *before Yahweh*

מִזּוֹב טֻמְאָתָהּ prep.-n.m.s. cstr. (264)-n.f.s.-3 f.s. sf. (380) *for her unclean discharge*

15:31

וְהִזַּרְתֶּם conj.-Hi. pf. 2 m.p. (נָזַר 634) *thus you shall keep separate*

אֶת־בְּנֵי יִשְׂרָאֵל dir.obj.-n.m.p. cstr. (119)-pr.n. (975) *the people of Israel*

מִטֻּמְאָתָם prep.-n.f.s.-3 m.p. sf. (380) *from their uncleanness*

וְלֹא יָמֻתוּ conj.-neg.-Qal impf. 3 m.p. (מוּת 559) *lest they die*

בְּטֻמְאָתָם prep.-v.supra *in their uncleanness*

בְּטַמְּאָם prep.-Pi. inf.cstr. (טָמֵא 379) *by (their) defiling*

אֶת־מִשְׁכָּנִי dir.obj.-n.m.s.-1 c.s. sf. (1015) *my tabernacle*

אֲשֶׁר בְּתוֹכָם rel. (81)-prep.-n.m.s.-3 m.p. sf. (1063) *that is in their midst*

15:32

זֹאת תּוֹרַת demons.adj. f.s. (260)-n.f.s. cstr. (435) *this is the law for*

הַזָּב def.art.-Qal act.ptc. m.s. (זוּב 264) *him who has a discharge*

וַאֲשֶׁר תֵּצֵא מִמֶּנּוּ conj.-rel. (81)-Qal impf. 3 f.s. (יָצָא 422)-prep.-3 m.s. sf. *and for him who has*

שִׁכְבַת־זֶרַע n.f.s. cstr. (1012)-n.m.s. (282) *an emission of semen*

לְטָמְאָה־בָהּ prep.-Qal inf.cstr. (טָמֵא 379)-prep.-3 f.s. sf. *becoming unclean thereby*

15:33

וְהַדָּוָה conj.-def.art.-adj. f.s. (188) *also for her who is sick*

בְּנִדָּתָהּ prep.-n.f.s.-3 f.s. sf. (622) *with her impurity*

וְהַזָּב אֶת־זוֹבוֹ conj.-def.art.-Qal act.ptc. m.s. (זוב 264)-dir.obj.-n.m.s.-3 m.s. sf. *that is for any one who has a discharge*

לַזָּכָר prep.-def.art.-n.m.s. (271) *male*

וְלַנְּקֵבָה conj.-prep.-def.art.-n.f.s. (666) *or female*

וּלְאִישׁ conj.-prep.-n.m.s. (35) *and for the man*

אֲשֶׁר יִשְׁכַּב rel. (81)-Qal impf. 3 m.s. (שָׁכַב 1011) *who lies*

עִם־טְמֵאָה prep. (767)-adj. f.s. (379) *with a woman who is unclean*

16:1

וַיְדַבֵּר יהוה consec.-Pi. impf. 3 m.s. (180)-pr.n. (217) *Yahweh spoke*

אֶל־מֹשֶׁה prep.-pr.n. (602) *to Moses*

אַחֲרֵי מוֹת prep. (29)-Qal inf.cstr. (מות 559) *after the death of*

שְׁנֵי בְּנֵי אַהֲרֹן num. m.p. cstr. (1040)-n.m.p. cstr. (119)-pr.n. (14) *the two sons of Aaron*

בְּקָרְבָתָם prep.-Qal inf.cstr. (קרב 897)-3 m.p. sf. *when they drew near*

לִפְנֵי־יהוה prep.-n.m.p. cstr. (815)-pr.n. (217) *before Yahweh*

וַיָּמֻתוּ consec.-Qal impf. 3 m.p. (מות 559) *and died*

16:2

וַיֹּאמֶר יהוה consec.-Qal impf. 3 m.s. (55)-pr.n. (217) *and Yahweh said*

אֶל־מֹשֶׁה prep.-pr.n. (602) *to Moses*

דַּבֵּר Pi. impv. 2 m.s. (180) *tell*

אֶל־אַהֲרֹן אָחִיךָ prep.-pr.n. (14)-n.m.s.-2 m.s. sf. (26) *Aaron your brother*

וְאַל־יָבֹא conj.-neg.-Qal impf. 3 m.s. (בוא 97) *not to come*

בְּכָל־עֵת prep.-n.m.s. cstr. (481)-n.f.s. (773) *at all times*

אֶל־הַקֹּדֶשׁ prep.-def.art.-n.m.s. (871) *into the holy place*

מִבֵּית לַפָּרֹכֶת prep.-n.m.s. cstr. (108; GK 130,ln)-prep.-def.art.-n.f.s. (827) *within the veil*

אֶל־פְּנֵי הַכַּפֹּרֶת prep.-n.m.p. cstr. (815)-def.art.-n.f.s. (498) *before the mercy seat*

אֲשֶׁר עַל־הָאָרֹן rel. (81)-prep. (II 752)-def.art.-n.m.s. (75) *which is upon the ark*

וְלֹא יָמוּת conj.-neg.-Qal impf. 3 m.s. (מות 559) *lest he die*

16:3

בְּזֹאת impf. demons.adj. f.s. (260) *but thus*

יָבֹא אַהֲרֹן Qal impf. 3 m.s. (בוא 97)-pr.n. (14) *shall Aaron come*

אֶל־הַקֹּדֶשׁ prep.-def.art.-n.m.s. (871) *into the holy place*

בְּפַר בֶּן־בָּקָר prep.-n.m.s. cstr. (830)-n.m.s. cstr. (119)-n.m.s. (133) *with a young bull*

לְחַטָּאת prep.-n.f.s. (308) *for a sin offering*

וְאַיִל conj.-n.m.s. (I 17) *and a ram*

לְעֹלָה prep.-n.f.s. (750) *for a burnt offering*

16:4

כְּתֹנֶת־בַּד קֹדֶשׁ n.f.s. cstr. (509)-n.m.s. cstr. (I 94)-n.m.s. (871) *a holy linen coat*

יִלְבָּשׁ Qal impf. 3 m.s. (לבשׁ 527) *he shall put on*

וּמִכְנְסֵי־בַד conj.-n.m.p. cstr. (488)-n.m.s. (I 94) *the linen breeches*

יִהְיוּ עַל־בְּשָׂרוֹ Qal impf. 3 m.p. (היה 224)-prep.-n.m.s.-3 m.s. sf. (142) *shall be on his body*

וּבְאַבְנֵט בַּד conj.-prep.-n.m.s. cstr. (126)-v.supra *the linen girdle*

יַחְגֹּר Qal impf. 3 m.s. (חגר 291) *be girded with*

וּבְמִצְנֶפֶת בַּד conj.-prep.-n.f.s. cstr. (857)-v.supra *and the linen turban*

יִצְנֹף Qal impf. 3 m.s. (צנף 857) *wear*

בִּגְדֵי־קֹדֶשׁ הֵם n.m.p. cstr. (93)-n.m.s. (871)-demons.adj. m.p. (241) *these are the holy garments*

וְרָחַץ בַּמַּיִם conj.-Qal pf. 3 m.s. (934)-prep.-def.art.-n.m.p. (565) *he shall bathe in water*

אֶת־בְּשָׂרוֹ dir.obj.-n.m.s.-3 m.s. sf. (142) *his body*

וּלְבֵשָׁם conj.-Qal pf. 3 m.s.-3 m.p. sf. (לבשׁ 527) *and then put them on*

16:5

וּמֵאֵת עֲדַת conj.-prep.-prep. (II 85)-n.f.s. cstr. (417) *and from the congregation of*

בְּנֵי יִשְׂרָאֵל n.m.p. cstr. (119)-pr.n. (975) *the people of Israel*

יִקַּח Qal impf. 3 m.s. (לקח 542) *he shall take*

שְׁנֵי־שְׂעִירֵי עִזִּים num. p. cstr. (1040)-n.m.p. cstr. (972)-n.f.p. (777) *two male goats*

לְחַטָּאת prep.-n.f.s. (308) *for a sin offering*

כִּי בֶּעָנָן conj. (471)-prep.-def.art.-n.m.s. (777) *for in the cloud*

אֵרָאֶה Ni. impf. 1 c.s. (ראה 906) *I will appear*

עַל־הַכַּפֹּרֶת prep.-def.art.-n.f.s. (498) *upon the mercy seat*

וְאַיִל אֶחָד conj.-n.m.s. (I 17)-num. adj. m.s. (25) *and one ram*

לְעֹלָה prep.-n.f.s. (750) *for a burnt offering*

16:6

וְהִקְרִיב אַהֲרֹן conj.-Hi. pf. 3 m.s. (קרב 897)-pr.n. (14) *and Aaron shall offer*

אֶת־פַּר dir.obj.-n.m.s. cstr. (830) *the bull as*

הַחַטָּאת def.art.-n.f.s. (308) *a sin offering*

אֲשֶׁר־לוֹ rel. (81)-prep.-3 m.s. sf. *for himself*

וְכִפֶּר conj.-Pi. pf. 3 m.s. (497) *and shall make atonement*

בַּעֲדוֹ prep.-3 m.s. sf. (126) *for himself*

וּבְעַד בֵּיתוֹ conj.-v.supra-n.m.s.-3 m.s. sf. (108) *and for his house*

16:7

וְלָקַח conj.-Qal pf. 3 m.s. (542) *then he shall take*

אֶת־שְׁנֵי הַשְּׂעִירִם dir.obj.-num. p. cstr. (1040)-def.art.-n.m.p. (972) *the two goats*

וְהֶעֱמִיד אֹתָם conj.-Hi. pf. 3 m.s. (עמד 763)-dir.obj.-3 m.p. sf. *and set them*

לִפְנֵי יהוה prep.-n.m.p. cstr. (815)-pr.n. (217) *before Yahweh*

פֶּתַח אֹהֶל מוֹעֵד n.m.s. cstr. (835)-n.m.s. cstr. (13)-n.m.s. (417) *at the door of the tent of meeting*

16:8

וְנָתַן אַהֲרֹן conj.-Qal pf. 3 m.s. (678)-pr.n. (14) *and Aaron shall cast*

עַל־שְׁנֵי הַשְּׂעִירִם prep.-num. p. cstr. (1040)-def.art.-n.m.p. (972) *upon the two goats*

גּוֹרָלוֹת n.m.p. (174) *lots*

גּוֹרָל אֶחָד n.m.s. (174)-num. m.s. (25) *one lot*

לַיהוה prep.-pr.n. (217) *for Yahweh*

וְגוֹרָל אֶחָד conj.-v.supra-v.supra *and the other lot*

לַעֲזָאזֵל prep.-n.m.s. (736; GK 30n) *for Azazel (entire removal)*

16:9

וְהִקְרִיב אַהֲרֹן conj.-Hi. pf. 3 m.s. (קרב 897)-pr.n. (14) *and Aaron shall present*

אֶת־הַשָּׂעִיר dir.obj.-def.art.-n.m.s. (972) *the goat*

אֲשֶׁר עָלָה עָלָיו הַגּוֹרָל rel. (81)-Qal pf. 3 m.s. (748)-prep.-3 m.s. sf.-def.art.-n.m.s. (174) *on which the lot fell*

לַיהוה prep.-pr.n. (217) *for Yahweh*

וְעָשָׂהוּ conj.-Qal pf. 3 m.s.-3 m.s. sf. (עשׂה I 793) *and offer it*

חַטָּאת n.f.s. (308) *as a sin offering*

16:10

וְהַשָּׂעִיר conj.-def.art.-n.m.s. (972) *but the goat*

אֲשֶׁר עָלָה עָלָיו הַגּוֹרָל rel. (81)-Qal pf. 3 m.s. (748)-prep.-3 m.s. sf.-def.art.-n.m.s. (174) *on which the lot fell*

לַעֲזָאזֵל prep.-n.m.s. (736; GK 30n) *for Azazel*

יָעֳמַד־חַי Ho. impf. 3 m.s. (עמד 763)-adj. m.s. (I 311) *shall be presented alive*

לִפְנֵי יהוה prep.-n.m.p. cstr. (815)-pr.n. (217) *before Yahweh*

לְכַפֵּר עָלָיו prep.-Pi. inf.cstr. (497)-prep.-3 m.s. sf. *to make atonement over it*

לְשַׁלַּח אֹתוֹ prep.-Pi. inf.cstr. (שׁלח 1018)-dir.obj.-3 m.s. sf. *that it may be sent away*

לַעֲזָאזֵל prep.-n.m.s. (736) *to Azazel*

הַמִּדְבָּרָה def.art.-n.m.s.-dir.he (184) *into the wilderness*

16:11

וְהִקְרִיב אַהֲרֹן conj.-Hi. pf. 3 m.s. (קרב 897) pr.n. (14) *and Aaron shall present*

אֶת־פַּר dir.obj.-n.m.s. cstr. (830) *the bull as*

הַחַטָּאת def.art.-n.f.s. (308) *a sin offering*

אֲשֶׁר־לוֹ rel. (81)-prep.-3 m.s. sf. *for himself*

וְכִפֶּר conj.-Pi. pf. 3 m.s. (497) *and shall make atonement*

בַּעֲדוֹ וּבְעַד בֵּיתוֹ prep.-3 m.s. sf. (126)-conj.-v.supra-n.m.s.-3 m.s. sf. (108) *for himself and for his house*

וְשָׁחַט conj.-Qal pf. 3 m.s. (1006) *and he shall kill*

אֶת־פַּר dir.obj.-n.m.s. cstr. (830) *the bull as*

הַחַטָּאת def.art.-n.f.s. (308) *a sin offering*

אֲשֶׁר־לוֹ rel. (81)-prep.-3 m.s. sf. *for himself*

16:12

וְלָקַח conj.-Qal pf. 3 m.s. (542) *and he shall take*

מְלֹא־הַמַּחְתָּה n.m.s. cstr. (571)-def.art.-n.f.s. (367) *a censer full*

גַּחֲלֵי־אֵשׁ n.f.p. cstr. (160)-n.f.s. (77) *coals of fire*

מֵעַל הַמִּזְבֵּחַ prep.-prep.-def.art.-n.m.s. (258) *from the altar*

מִלִּפְנֵי יהוה prep.-prep.-n.m.p. cstr. (815)-pr.n. (217) *before Yahweh*

וּמְלֹא חָפְנָיו conj.-n.m.s. cstr. (571)-n.m.p.-3 m.s. sf. (342) *and two handfuls*

קְטֹרֶת סַמִּים n.f.s. cstr. (882)-n.m.p. (702) *sweet incense*

דַּקָּה adj. f.s. (201) *beaten small*

וְהֵבִיא conj.-Hi. pf. 3 m.s. (בּוֹא 97) *and he shall bring it*

מִבֵּית לַפָּרֹכֶת prep.-n.m.s. cstr. (108)-prep. -def.art.-n.f.s. (827) *within the veil*

16:13

וְנָתַן conj.-Qal pf. 3 m.s. (678) *and put*

אֶת־הַקְּטֹרֶת dir.obj.-def.art.-n.f.s. (882) *the incense*

עַל־הָאֵשׁ prep.-def.art.-n.f.s. (77) *on the fire*

לִפְנֵי יהוה prep.-n.m.p. cstr. (815)-pr.n. (217) *before Yahweh*

וְכִסָּה conj.-Pi. pf. 3 m.s. (כָּסָה 491) *that may cover*

עֲנַן הַקְּטֹרֶת n.m.s. cstr. (777)-def.art.-n.f.s. (882) *the cloud of the incense*

אֶת־הַכַּפֹּרֶת dir.obj.-def.art.-n.f.s. (498) *the mercy seat*

אֲשֶׁר עַל־הָעֵדוּת rel. (81)-prep.-def.art.-n.f.s. (730) *which is upon the testimony*

וְלֹא יָמוּת conj.-neg.-Qal impf. 3 m.s. (מוּת 559) *lest he die*

16:14

וְלָקַח conj.-Qal pf. 3 m.s. (542) *and he shall take*

מִדַּם הַפָּר prep.-n.m.s. cstr. (196)-def.art.-n.m.s. (830) *some of the blood of the bull*

וְהִזָּה conj.-Hi. pf. 3 m.s. (נָזָה I 633) *and sprinkle (it)*

בְאֶצְבָּעוֹ prep.-n.f.s.-3 m.s. sf. (840) *with his finger*

עַל־פְּנֵי הַכַּפֹּרֶת קֵדְמָה prep.-n.m.p. cstr. (815) -def.art.-n.f.s. (498)-adv.-loc.he (870) *on the front of the mercy seat (eastward)*

וְלִפְנֵי הַכַּפֹּרֶת conj.-prep.-n.m.p. cstr. (815) -def.art.-n.f.s. (498) *and before the mercy seat*

יַזֶּה Hi. impf. 3 m.s. (נָזָה I 633) *he shall sprinkle*

שֶׁבַע־פְּעָמִים num. m. cstr. (988)-n.f.p. (821) *seven times*

מִן־הַדָּם prep.-def.art.-n.m.s. (196) *the blood*

בְּאֶצְבָּעוֹ prep.-n.f.s.-3 m.s. sf. (840) *with his finger*

16:15

וְשָׁחַט conj.-Qal pf. 3 m.s. (1006) *then he shall kill*

אֶת־שְׂעִיר הַחַטָּאת dir.obj.-n.m.s. cstr. (972)-def. art.-n.f.s. (308) *the goat of the sin offering*

אֲשֶׁר לָעָם rel. (81)-prep.-def.art.-n.m.s. (I 766) *which is for the people*

וְהֵבִיא conj.-Hi. pf. 3 m.s. (בּוֹא 97) *and bring*

אֶת־דָּמוֹ dir.obj.-n.m.s.-3 m.s. sf. (196) *its blood*

אֶל־מִבֵּית לַפָּרֹכֶת prep.-prep.-n.m.s. cstr. (108) -prep.-def.art.-n.f.s. (827) *within the veil*

וְעָשָׂה conj.-Qal pf. 3 m.s. (I 793) *and do*

אֶת־דָּמוֹ prep. (II 85)-n.m.s.-3 m.s. sf. (196) *with its blood*

כַּאֲשֶׁר עָשָׂה prep.-rel. (81)-Qal pf. 3 m.s. (I 793) *as he did*

לְדַם הַפָּר prep.-n.m.s. cstr. (196)-def.art.-n.m.s. (830) *with the blood of the bull*

וְהִזָּה אֹתוֹ conj.-Hi. pf. 3 m.s. (נָזָה I 633) -dir.obj.-3 m.s. sf. *sprinkling it*

עַל־הַכַּפֹּרֶת prep.-def.art.-n.f.s. (498) *upon the mercy seat*

וְלִפְנֵי הַכַּפֹּרֶת conj.-prep.-n.m.p. cstr. (815) -v.supra *and before the mercy seat*

16:16

וְכִפֶּר conj.-Pi. pf. 3 m.s. (497) *thus he shall make atonement*

עַל־הַקֹּדֶשׁ prep.-def.art.-n.m.s. (871) *for the holy place*

מִטֻּמְאֹת prep.-n.f.p. cstr. (380) *because of the uncleannesses of*

בְּנֵי יִשְׂרָאֵל n.m.p. cstr. (119)-pr.n. (975) *the people of Israel*

וּמִפִּשְׁעֵיהֶם conj.-prep.-n.m.p.-3 m.p. sf. (833) *and because of their transgressions*

לְכָל־חַטֹּאתָם prep.-n.m.s. cstr. (481)-n.f.p.-3 m.p. sf. (308) *all their sins*

וְכֵן יַעֲשֶׂה conj.-adv. (485)-Qal impf. 3 m.s. (I 793 עָשָׂה) *and so he shall do*

לְאֹהֶל מוֹעֵד prep.-n.m.s. cstr. (13)-n.m.s. (417) *for the tent of meeting*

הַשֹּׁכֵן אִתָּם def.art.-Qal act.ptc. (שָׁכֵן 1014)-prep. -3 m.p. sf. (II 85) *which abides with them*

בְּתוֹךְ טֻמְאֹתָם prep.-n.m.s. cstr. (1063)-n.f.p.-3 m.p. sf. (380) *in the midst of their uncleanesses*

16:17

וְכָל־אָדָם conj.-n.m.s. cstr. (481)-n.m.s. (9) *any man*

לֹא־יִהְיֶה neg.-Qal impf. 3 m.s. (הָיָה 224) *there shall not be*

בְּאֹהֶל מוֹעֵד prep.-n.m.s. cstr. (13)-n.m.s. (417) *in the tent of meeting*

בְּבֹאוֹ prep.-Qal inf.cstr.-3 m.s. sf. (בּוֹא 97) *when he enters*

לְכַפֵּר prep.-Pi. inf.cstr. (497) *to make atonement*

בַּקֹּדֶשׁ prep.-def.art.-n.m.s. (871) *in the holy place*

עַד־צֵאתוֹ prep. (III 723)-Qal inf.cstr.-3 m.s. sf. (422 יָצָא) *until he comes out*

וְכִפֶּר conj.-Pi. pf. 3 m.s. (497) *and has made atonement*

בַּעֲדוֹ prep.-3 m.s. sf. (126) *for himself*

וּבְעַד בֵּיתוֹ conj.-v.supra-n.m.s.-3 m.s. sf. (108) *and for his house*

וּבְעַד כָּל־קְהַל יִשְׂרָאֵל v.supra-n.m.s. cstr. (481)-n.m.s. cstr. (874)-pr.n. (975) *and for all the assembly of Israel*

16:18

וְיָצָא conj.-Qal pf. 3 m.s. (422) *then he shall go out*

אֶל־הַמִּזְבֵּחַ prep.-def.art.-n.m.s. (258) *to the altar*

אֲשֶׁר לִפְנֵי־יְהוָה rel. (81)-prep.-n.m.p. cstr. (815) -pr.n. (217) *which is before Yahweh*

וְכִפֶּר עָלָיו conj.-Pi. pf. 3 m.s. (497)-prep.-3 m.s. sf. *and make atonement for it*

וְלָקַח conj.-Qal pf. 3 m.s. (542) *and shall take*

מִדַּם הַפָּר prep.-n.m.s. cstr. (196)-def.art.-n.m.s. (830) *some of the blood of the bull*

וּמִדַּם הַשָּׂעִיר conj.-v.supra-def.art.-n.m.s. (972) *and of the blood of the goat*

וְנָתַן conj.-Qal pf. 3 m.s. (678) *and put (it)*

עַל־קַרְנוֹת הַמִּזְבֵּחַ prep.-n.f.p. cstr. (901)-def.art. -n.m.s. (258) *on the horns of the altar*

סָבִיב adv. (686) *round about*

16:19

וְהִזָּה עָלָיו conj.-Hi. pf. 3 m.s. (נָזָה I 633)-prep. -3 m.s. sf. *and he shall sprinkle upon it*

מִן־הַדָּם prep.-def.art.-n.m.s. (196) *some of the blood*

בְּאֶצְבָּעוֹ prep.-n.f.s.-3 m.s. sf. (840) *with his finger*

שֶׁבַע פְּעָמִים num. m. cstr. (988)-n.f.p. (821) *seven times*

וְטִהֲרוֹ conj.-Pi. pf. 3 m.s.-3 m.s. sf. (372) *and cleanse it*

וְקִדְּשׁוֹ conj.-Pi. pf. 3 m.s.-3 m.s. sf. (קָדַשׁ 872) *and hallow it*

מִטֻּמְאֹת prep.-n.f.p. cstr. (380) *from the uncleannesses of*

בְּנֵי יִשְׂרָאֵל n.m.p. cstr. (119)-pr.n. (975) *the people of Israel*

16:20

וְכִלָּה conj.-Pi. pf. 3 m.s. (כָּלָה 477) *and when he has made an end*

מִכַּפֵּר prep.-Pi. inf.cstr. (497) *of atoning*

אֶת־הַקֹּדֶשׁ dir.obj.-def.art.-n.m.s. (871) *for the holy place*

וְאֶת־אֹהֶל מוֹעֵד conj.-dir.obj.-n.m.s. cstr. (13) -n.m.s. (417) *and the tent of meeting*

וְאֶת־הַמִּזְבֵּחַ conj.-dir.obj.-def.art.-n.m.s. (258) *and the altar*

וְהִקְרִיב conj.-Hi. pf. 3 m.s. (897) *he shall present*

אֶת־הַשָּׂעִיר הֶחָי dir.obj.-def.art.-n.m.s. (972) -def.art.-adj. m.s. paus. (I 311) *the live goat*

16:21

וְסָמַךְ אַהֲרֹן conj.-Qal pf. 3 m.s. (701)-pr.n. (14) *and Aaron shall lay*

אֶת־שְׁתֵּי יָדָו dir.obj.-num. f.p. cstr. (1040) -n.f.p.-3 m.s. sf. (388) *both his hands*

עַל רֹאשׁ prep.-n.m.s. cstr. (910) *upon the head of*

הַשָּׂעִיר הַחַי def.art.-n.m.s. (972)-def.art.-adj. m.s. (I 311) *the live goat*

וְהִתְוַדָּה עָלָיו conj.-Hith. pf. 3 m.s. (יָדָה 392) -prep.-3 m.s. sf. *and confess over him*

אֶת־כָּל־עֲוֹנֹת dir.obj.-n.m.s. cstr. (481)-n.m.p. cstr. (730) *all the iniquities of*

בְּנֵי יִשְׂרָאֵל n.m.p. cstr. (119)-pr.n. (975) *the people of Israel*

וְאֶת־כָּל־פִּשְׁעֵיהֶם conj.-dir.obj.-n.m.s. cstr. (481)-n.m.p.-3 m.p. sf. (833) *and all their transgressions*

לְכָל־חַטֹּאתָם prep.-v.supra-n.f.p.-3 m.p. sf. (308) *all their sins*

וְנָתַן אֹתָם conj.-Qal pf. 3 m.s. (678)-dir.obj.-3 m.p. sf. *and he shall put them*

עַל־רֹאשׁ הַשָּׂעִיר prep.-n.m.s. cstr. (910)-def.art. -n.m.s. (972) *upon the head of the goat*

וְשִׁלַּח conj.-Pi. pf. 3 m.s. (1018) *and send (him) away*

בְּיַד־אִישׁ עִתִּי prep.-n.f.s. cstr. (388)-n.m.s. (35)-adj. m.s. (774) *by the hand of a man who is in readiness*

הַמִּדְבָּרָה def.art.-n.m.s.-loc.he (184) *into the wilderness*

16:22

וְנָשָׂא הַשָּׂעִיר conj.-Qal pf. 3 m.s. (669)-def.art. -n.m.s. (972) *the goat shall bear*

עָלָיו prep.-3 m.s. sf. *upon him*

אֶת־כָּל־עֲוֹנֹתָם dir.obj.-n.m.s. cstr. (481)-n.m.p.-3 m.p. sf. (730) *all their iniquities*

אֶל־אֶרֶץ גְּזֵרָה prep.-n.f.s. (75)-adj. f.s. (160) *to a solitary land*

וְשִׁלַּח אֶת־הַשָּׂעִיר conj.-Pi. pf. 3 m.s. (1018) -dir.obj.-def.art.-n.m.s. (972) *and he shall let the goat go*

בַּמִּדְבָּר prep.-def.art.-n.m.s. (184) *in the wilderness*

16:23

וּבָא אַהֲרֹן conj.-Qal pf. 3 m.s. (בוא 97)-pr.n. (14) *then Aaron shall come*

אֶל־אֹהֶל מוֹעֵד prep.-n.m.s. cstr. (13)-n.m.s. (417) *into the tent of meeting*

וּפָשַׁט conj.-Qal pf. 3 m.s. (832) *and shall put off*

אֶת־בִּגְדֵי הַבָּד dir.obj.-n.m.p. cstr. (93)-def.art. -n.m.s. (I 94) *the linen garments*

אֲשֶׁר לָבַשׁ rel. (81)-Qal pf. 3 m.s. (527) *which he put on*

בְּבֹאוֹ prep.-Qal inf.cstr.-3 m.s. sf. (בוא 97) *when he went*

אֶל־הַקֹּדֶשׁ prep.-def.art.-n.m.s. (871) *into the holy place*

וְהִנִּיחָם שָׁם conj.-Hi. pf. 3 m.s.-3 m.p. sf. (נוח 628)-adv. (1027) *and shall leave them there*

16:24

וְרָחַץ אֶת־בְּשָׂרוֹ conj.-Qal pf. 3 m.s. (934)-dir. obj.-n.m.s.-3 m.s. sf. (142) *and he shall bathe his body*

בַמַּיִם prep.-def.art.-n.m.p. (565) *in water*

בְּמָקוֹם קָדוֹשׁ prep.-n.m.s. (879)-adj. m.s. (872) *in a holy place*

וְלָבַשׁ אֶת־בְּגָדָיו conj.-Qal pf. 3 m.s. (527) -dir.obj.-n.m.p.-3 m.s. sf. (93) *and put on his garments*

וְיָצָא conj.-Qal pf. 3 m.s. (422) *and come forth*

וְעָשָׂה אֶת־עֹלָתוֹ conj.-Qal pf. 3 m.s. (I 793)-dir. obj.-n.f.s.-3 m.s. sf. (750) *and offer his burnt offering*

וְאֶת־עֹלַת הָעָם conj.-dir.obj.-n.f.s. cstr. (750) -def.art.-n.m.s. (I 766) *and the burnt offering of the people*

וְכִפֶּר conj.-Pi. pf. 3 m.s. (497) *and make atonement*

בַּעֲדוֹ prep.-3 m.s. sf. (126) *for himself*

וּבְעַד הָעָם conj.-prep. (126)-def.art.-n.m.s. (I 766) *and for the people*

16:25

וְאֵת חֵלֶב הַחַטָּאת conj.-dir.obj.-n.m.s. cstr. (316) -def.art.-n.f.s. (308) *and the fat of the sin offering*

יַקְטִיר Hi. impf. 3 m.s. (קטר 882) *he shall burn*

הַמִּזְבֵּחָה def.art.-n.m.s.-loc.he (258) *upon the altar*

16:26

וְהַמְשַׁלֵּחַ conj.-def.art.-Pi. ptc. m.s. (שלח 1018) *and he who lets ... go*

אֶת־הַשָּׂעִיר dir.obj.-def.art.-n.m.s. (972) *the goat*

לַעֲזָאזֵל prep.-n.m.s. (736) *to Azazel*

יְכַבֵּס בְּגָדָיו Pi. impf. 3 m.s. (460)-n.m.p.-3 m.s. sf. (93) *shall wash his clothes*

וְרָחַץ אֶת־בְּשָׂרוֹ conj.-Qal pf. 3 m.s. (934)-dir. obj.-n.m.s.-3 m.s. sf. (142) *and bathe his body*

בַּמָּיִם prep.-def.art.-n.m.p. paus. (565) *in water*

וְאַחֲרֵי־כֵן conj.-prep. (29)-adv. (485) *and afterward*

יָבוֹא Qal impf. 3 m.s. (בוא 97) *he may come*

אֶל־הַמַּחֲנֶה prep.-def.art.-n.m.s. (334) *into the camp*

16:27

וְאֵת פַּר הַחַטָּאת conj.-dir.obj.-n.m.s. cstr. (830) -def.art.-n.f.s. (308) *and the bull for the sin offering*

וְאֵת שְׂעִיר הַחַטָּאת conj.-dir.obj.-n.m.s. cstr. (972)-v.supra *and the goat for the sin offering*

אֲשֶׁר הוּבָא אֶת־דָּמָם rel. (81)-Ho. pf. 3 m.s. (בוא 97)-dir.obj.-n.m.s.-3 m.p. sf. (196) *whose blood was brought in*

לְכַפֵּר prep.-Pi. inf.cstr. (497) *to make atonement*

בַּקֹּדֶשׁ prep.-def.art.-n.m.s. (871) *in the holy place*

יוֹצִיא Hi. impf. 3 m.s. (יצא 422) *shall be carried forth*

אֶל־מִחוּץ לַמַּחֲנֶה prep.-prep.-n.m.s. (299)-prep. -def.art.-n.m.s. (334) *outside the camp*

וְשָׂרְפוּ בָאֵשׁ conj.-Qal pf. 3 c.p. (976) -prep.-def.art.-n.f.s. (77) *shall be burned with fire*

אֶת־עֹרֹתָם dir.obj.-n.m.p.-3 m.p. sf. (736) *their skin*

וְאֶת־בְּשָׂרָם conj.-dir.obj.-n.m.s.-3 m.p. sf. (142) *and their flesh*

וְאֶת־פִּרְשָׁם conj.-dir.obj.-n.m.s.-3 m.p. sf. (831) *and their dung*

16:28

וְהַשֹּׂרֵף אֹתָם conj.-def.art.-Qal act.ptc. (שרף 976)-dir.obj.-3 m.p. sf. *and he who burns them*

יְכַבֵּס בְּגָדָיו Pi. impf. 3 m.s. (460)-n.m.p.-3 m.s. sf. (93) *shall wash his clothes*

וְרָחַץ אֶת־בְּשָׂרוֹ conj.-Qal pf. 3 m.s. (934)-dir. obj.-n.m.s.-3 m.s. sf. (142) *and bathe his body*

בַּמַּיִם prep.-def.art.-n.m.p. paus. (565) *in water*

וְאַחֲרֵי־כֵן conj.-prep. (29)-adv. (485) *and afterward*

יָבוֹא אֶל־הַמַּחֲנֶה Qal impf. 3 m.s. (בוא 97)-prep. -def.art.-n.m.s. (334) *he may come into the camp*

16:29

וְהָיְתָה לָכֶם conj.-Qal pf. 3 f.s. (הָיָה 224) -prep.-2 m.p. sf. *and it shall be to you*

לְחֻקַּת עוֹלָם prep.-n.f.s. cstr. (349)-n.m.s. (761) *a statute for ever*

בַּחֹדֶשׁ הַשְּׁבִיעִי prep.-def.art.-n.m.s. (II 294) -def.art.-num. adj. m.s. (988) *in the seventh month*

בֶּעָשׂוֹר לַחֹדֶשׁ prep.-def.art.-n.m.s. (797)-prep. -def.art.-n.m.s. (II 294) *on the tenth day of the month*

תְּעַנּוּ אֶת־נַפְשֹׁתֵיכֶם Pi. impf. 2 m.p. (עָנָה III 776)-dir.obj.-n.f.p.-2 m.p. sf. (659) *you shall afflict yourselves*

וְכָל־מְלָאכָה conj.-n.m.s. cstr. (481)-n.f.s. (521) *and any work*

לֹא תַעֲשׂוּ neg.-Qal impf. 2 m.p. (עָשָׂה I 793) *you shall not do*

הָאֶזְרָח def.art.-n.m.s. (280) *the native*

וְהַגֵּר conj.-def.art.-n.m.s. (158) *or the stranger*

הַגָּר בְּתוֹכְכֶם def.art.-Qal act.ptc. (גּוּר 157)-prep. -n.m.s.-2 m.p. sf. (1063) *who sojourns among you*

16:30

כִּי־בַיּוֹם הַזֶּה conj. (471)-prep.-def.art.-n.m.s. (398)-def.art.-demons.adj. m.s. (260) *for on this day*

יְכַפֵּר Pi. impf. 3 m.s. ((794 *atonement shall be made*

עֲלֵיכֶם prep.-2 m.p. sf. *for you*

לְטַהֵר אֶתְכֶם prep.-Pi. inf.cstr. (372)-dir.obj.-2 m.p. sf. *to cleanse you*

מִכֹּל חַטֹּאתֵיכֶם prep.-n.m.s. cstr. (481)-n.f.p.-2 m.p. sf. (308) *from all your sins*

לִפְנֵי יהוה prep.-n.m.p. cstr. (815)-pr.n. (217) *before Yahweh*

תִּטְהָרוּ Qal impf. 2 m.p. paus. (טָהֵר 372) *you shall be clean*

16:31

שַׁבַּת שַׁבָּתוֹן n.f.s. cstr. (992)-n.m.s. (992) *a sabbath of solemn rest*

הִיא לָכֶם demons.adj. f.s. (214)-prep.-2 m.p. sf. *it is to you*

וְעִנִּיתֶם אֶת־נַפְשֹׁתֵיכֶם conj.-Pi. pf. 1 m.p. (III 776)-dir.obj.-n.f.p.-2 m.p. sf. (659) *and you shall afflict yourselves*

חֻקַּת עוֹלָם n.f.s. cstr. (349)-n.m.s. (761) *a statute for ever*

16:32

וְכִפֶּר הַכֹּהֵן conj.-Pi. pf. 3 m.s. (497)-def.art. -n.m.s. (463) *and the priest shall make atonement*

אֲשֶׁר־יִמְשַׁח אֹתוֹ rel. (81)-Qal impf. 3 m.s. (מָשַׁח 602)-prep.-3 m.s. sf. *who is anointed*

וַאֲשֶׁר יְמַלֵּא אֶת־יָדוֹ conj.-rel. (81)-Pi. impf. 3 m.s. (מָלֵא 569)-dir.obj.-n.f.s.-3 m.s. sf. (388) *and consecrated*

לְכַהֵן prep.-Pi. inf.cstr. (כָּהַן II 464) *as priest*

תַּחַת אָבִיו prep. (1065)-n.m.s.-3 m.s. sf. (3) *in his father's place*

וְלָבַשׁ conj.-Qal pf. 3 m.s. (527) *wearing*

אֶת־בִּגְדֵי הַבָּד dir.obj.-n.m.p. cstr. (93)-def.art. -n.m.s. paus. (I 94) *linen garments*

בִּגְדֵי הַקֹּדֶשׁ v.supra-def.art.-n.m.s. (871) *holy garments*

16:33

וְכִפֶּר conj.-Pi. pf. 3 m.s. (497) *he shall make atonement*

אֶת־מִקְדַּשׁ הַקֹּדֶשׁ dir.obj.-n.m.s. cstr. (874)-def. art.-n.m.s. (871) *for the sanctuary*

וְאֶת־אֹהֶל מוֹעֵד conj.-dir.obj.-n.m.s. cstr. (13) -n.m.s. (417) *for the tent of meeting*

וְאֶת־הַמִּזְבֵּחַ conj.-dir.obj.-def.art.-n.m.s. (258) *and for the altar*

יְכַפֵּר Pi. impf. 3 m.s. (497) *he shall make atonement*

וְעַל הַכֹּהֲנִים conj.-prep.-def.art.-n.m.p. (463) *and for the priests*

וְעַל־כָּל־עַם הַקָּהָל conj.-prep.-n.m.s. cstr. (481) -n.m.s. cstr. (I 766)-def.art.-n.m.s. (874) *and for all the people of the assembly*

יְכַפֵּר v.supra *he shall make atonement*

16:34

וְהָיְתָה־זֹּאת לָכֶם conj.-Qal pf. 3 f.s. (הָיָה 224) -demons.adj. f.s. (260)-prep.-2 m.p. sf. *and this shall be for you*

לְחֻקַּת עוֹלָם prep.-n.f.s. cstr. (349)-n.m.s. (761) *an everlasting statute*

לְכַפֵּר prep.-Pi. inf.cstr. (497) *that atonement may be made*

עַל־בְּנֵי יִשְׂרָאֵל prep.-n.m.p. cstr. (119)-pr.n. (975) *for the people of Israel*

מִכָּל־חַטֹּאתָם prep.-n.m.s. cstr. (481)-n.f.p.-3 m.p. sf. (308) *because of all their sins*

אַחַת בַּשָּׁנָה num. f.s. (25)-prep.-def.art.-n.f.s. (1040) *once in the year*

וַיַּעַשׂ consec.-Qal impf. 3 m.s. (עָשָׂה I 793) *and he did*

כַּאֲשֶׁר צִוָּה יְהוָה prep.-rel. (81)-Pi. pf. 3 m.s. (צָוָה 845)-pr.n. (217) *as Yahweh commanded*

אֶת־מֹשֶׁה dir.obj.-pr.n. (602) *Moses*

17:1

וַיְדַבֵּר יְהוָה consec.-Pi. impf. 3 m.s. (180)-pr.n. (217) *and Yahweh said*

אֶל־מֹשֶׁה prep.-pr.n. (602) *to Moses*

לֵּאמֹר prep.-Qal inf.cstr. (55) *(saying)*

17:2

דַּבֵּר Pi. impv. 2 m.s. (דָּבַר 180) *say*

אֶל־אַהֲרֹן prep.-pr.n. (14) *to Aaron*

וְאֶל־בָּנָיו conj.-prep.-n.m.p.-3 m.s. sf. (119) *and his sons*

וְאֶל כָּל־בְּנֵי יִשְׂרָאֵל conj.-prep.-n.m.s. cstr. (481)-n.m.p. cstr. (119)-pr.n. (975) *and to all the people of Israel*

וְאָמַרְתָּ אֲלֵיהֶם conj.-Qal pf. 2 m.s. (55)-prep.-3 m.p. sf. *(and you shall say to them)*

זֶה הַדָּבָר demons.adj. m.s. (260)-def.art.-n.m.s. (182) *this is the thing*

אֲשֶׁר־צִוָּה יְהוָה rel. (81)-Pi. pf. 3 m.s. (צָוָה 845)-pr.n. (217) *which Yahweh has commanded*

לֵאמֹר prep.-Qal inf.cstr. (55) *(saying)*

17:3

אִישׁ אִישׁ n.m.s. (35)-v.supra *any man*

מִבֵּית יִשְׂרָאֵל prep.-n.m.s. cstr. (108)-pr.n. (975) *of the house of Israel*

אֲשֶׁר יִשְׁחַט שׁוֹר rel. (81)-Qal impf. 3 m.s. (1006)-n.m.s. (1004) *kills an ox*

אוֹ־כֶשֶׂב conj. (14)-n.m.s. (461) *or a lamb*

אוֹ־עֵז v.supra-n.f.s. (777) *or a goat*

בַּמַּחֲנֶה prep.-def.art.-n.m.s. (334) *in the camp*

אוֹ אֲשֶׁר יִשְׁחַט conj. (14)-rel. (81)-v.supra *or kills it*

מִחוּץ לַמַּחֲנֶה prep.-n.m.s. (299)-prep.-def.art.-n.m.s. (334) *outside the camp*

17:4

וְאֶל־פֶּתַח אֹהֶל מוֹעֵד conj.-prep.-n.m.s. cstr. (835)-n.m.s. cstr. (13)-n.m.s. (417) *and to the door of the tent of meeting*

לֹא הֱבִיאוֹ neg.-Hi. pf. 3 m.s.-3 m.s. sf. (בּוֹא 97) *does not bring it*

לְהַקְרִיב prep.-Hi. inf.cstr. (קָרַב 897) *to offer*

קָרְבָּן n.m.s. (898) *as a gift*

לַיהוָה prep.-pr.n. (217) *to Yahweh*

לִפְנֵי מִשְׁכַּן יְהוָה prep.-n.m.p. cstr. (815)-n.m.s. cstr. (1015)-pr.n. (217) *before the tabernacle of Yahweh*

דָּם יֵחָשֵׁב n.m.s. (196)-Ni. impf. 3 m.s. (חָשַׁב 362) *bloodguilt shall be imputed*

לָאִישׁ הַהוּא prep.-def.art.-n.m.s. (35)-def.art.-demons.adj. m.s. (214) *to that man*

דָּם שָׁפָךְ n.m.s. (196)-Qal pf. 3 m.s. paus. (1049) *he has shed blood*

וְנִכְרַת הָאִישׁ הַהוּא conj.-Ni. pf. 3 m.s. (כָּרַת 503)-def.art.-n.m.s. (35)-def.art.-demons.adj. m.s. (214) *and that man shall be cut off*

מִקֶּרֶב עַמּוֹ prep.-n.m.s. cstr. (899)-n.m.s.-3 m.s. sf. (I 766) *from among his people*

17:5

לְמַעַן אֲשֶׁר יָבִיאוּ prep. (775)-rel. (81)-Hi. impf. 3 m.p. (בּוֹא 97) *to the end that ... may bring*

בְּנֵי יִשְׂרָאֵל n.m.p. cstr. (119)-pr.n. (975) *the people of Israel*

אֶת־זִבְחֵיהֶם dir.obj.-n.m.p.-3 m.p. sf. (257) *their sacrifices*

אֲשֶׁר הֵם זֹבְחִים rel. (81)-pers.pr. 3 m.p. (241)-Qal act.ptc. m.p. (זָבַח 256) *which they slay*

עַל־פְּנֵי הַשָּׂדֶה prep.-n.m.p. cstr. (815)-def.art.-n.m.s. (961) *in the open field*

וֶהֱבִיאֻם conj.-Hi. pf. 3 m.p.-3 m.p. sf. (בּוֹא 97) *that they may bring them*

לַיהוָה prep.-pr.n. (217) *to Yahweh*

אֶל־פֶּתַח אֹהֶל מוֹעֵד prep.-n.m.s. cstr. (835)-n.m.s. cstr. (13)-n.m.s. (417) *at the door of the tent of meeting*

אֶל־הַכֹּהֵן prep.-def.art.-n.m.s. (463) *to the priest*

וְזָבְחוּ conj.-Qal pf. 3 c.p. (זָבַח 256) *and slay*

זִבְחֵי שְׁלָמִים n.m.p. cstr. (257)-n.m.p. (1023) *as sacrifices of peace offerings*

לַיהוָה prep.-pr.n. (217) *to Yahweh*

אוֹתָם dir.obj.-3 m.p. sf. *them*

17:6

וְזָרַק הַכֹּהֵן conj.-Qal pf. 3 m.s. (284)-def.art.-n.m.s. (463) *and the priest shall sprinkle*

אֶת־הַדָּם dir.obj.-def.art.-n.m.s. (196) *the blood*

עַל־מִזְבַּח יהוה prep.-n.m.s. cstr. (258)-pr.n. (217) *on the altar of Yahweh*

פֶּתַח אֹהֶל מוֹעֵד n.m.s. cstr. (835)-n.m.s. cstr. (13)-n.m.s. (417) *at the door of the tent of meeting*

וְהִקְטִיר conj.-Hi. pf. 3 m.s. (קטר 882) *and burn*

הַחֵלֶב def.art.-n.m.s. (316) *the fat*

לְרֵיחַ נִיחֹחַ prep.-n.m.s. cstr. (926)-n.m.s. (629) *for a pleasing odor*

לַיהוה prep.-pr.n. (217) *to Yahweh*

17:7

וְלֹא־יִזְבְּחוּ עוֹד conj.-neg.-Qal impf. 3 m.p. (זבח 256)-adv. (728) *so they shall no more slay*

אֶת־זִבְחֵיהֶם dir.obj.-n.m.p.-3 m.p. sf. (257) *their sacrifices*

לַשְּׂעִירִם prep.-def.art.-n.m.p. (III 972) *for satyrs*

אֲשֶׁר הֵם זֹנִים אַחֲרֵיהֶם rel. (81)-pers.pr. 3 m.p. (241)-Qal act.ptc. m.p. (זנה 275)-prep.-3 m.p. sf. (29) *after whom they play the harlot*

חֻקַּת עוֹלָם n.f.s. cstr. (349)-n.m.s. (761) *a statute for ever*

תִּהְיֶה־זֹּאת לָהֶם Qal impf. 3 f.s. (היה 224)-demons.adj. f.s. (260)-prep.-3 m.p. sf. *this shall be to them*

לְדֹרֹתָם prep.-n.m.p.-3 m.p. sf. (189) *throughout their generations*

17:8

וַאֲלֵהֶם תֹּאמַר conj.-prep.-3 m.p. sf.-Qal impf. 2 m.s. (אמר 55) *and you shall say to them*

אִישׁ אִישׁ n.m.s. (35)-v.supra *any man*

מִבֵּית יִשְׂרָאֵל prep.-n.m.s. cstr. (108)-pr.n. (975) *of the house of Israel*

וּמִן־הַגֵּר conj.-prep.-def.art.-n.m.s. (158) *or of the strangers*

אֲשֶׁר־יָגוּר rel. (81)-Qal impf. 3 m.s. (גור 157) *that sojourn*

בְּתוֹכָם prep.-n.m.s.-3 m.p. sf. (1063) *among them*

אֲשֶׁר־יַעֲלֶה v.supra-Hi. impf. 3 m.s. (עלה 748) *who offers*

עֹלָה n.f.s. (750) *a burnt offering*

אוֹ־זָבַח conj. (14)-n.m.s. paus. (257) *or sacrifice*

17:9

וְאֶל־פֶּתַח אֹהֶל מוֹעֵד conj.-prep.-n.m.s. cstr. (835)-n.m.s. cstr. (13)-n.m.s. (417) *and to the door of the tent of meeting*

לֹא יְבִיאֶנּוּ neg.-Hi. impf. 3 m.s.-3 m.s. sf. (בוא 97) *does not bring it*

לַעֲשׂוֹת אֹתוֹ prep.-Qal inf.cstr. (עשה I 793)-dir.obj.-3 m.s. sf. *to sacrifice it*

לַיהוה prep.-pr.n. (217) *to Yahweh*

וְנִכְרַת הָאִישׁ הַהוּא conj.-Ni. pf. 3 m.s. (כרת 503)-def.art.-n.m.s. (35)-def.art.-demons.adj. m.s. (214) *that man shall be cut off*

מֵעַמָּיו prep.-n.m.p.-3 m.s. sf. (I 766) *from his people*

17:10

וְאִישׁ אִישׁ conj.-n.m.s. (35)-v.supra *if any man*

מִבֵּית יִשְׂרָאֵל prep.-n.m.s. cstr. (108)-pr.n. (975) *of the house of Israel*

וּמִן־הַגֵּר conj.-prep.-def.art.-n.m.s. (158) *or of the strangers*

הַגָּר בְּתוֹכָם def.art.-Qal act.ptc. m.s. (גור 157)-prep.-n.m.s.-3 m.p. sf. (1063) *that sojourn among them*

אֲשֶׁר יֹאכַל rel. (81)-Qal impf. 3 m.s. (אכל 37) *eats*

כָּל־דָּם n.m.s. cstr. (181)-n.m.s. (196) *any blood*

וְנָתַתִּי פָנַי conj.-Qal pf. 1 c.s. (נתן 678)-n.m.p.-1 c.s. sf. (815) *I will set my face*

בַּנֶּפֶשׁ prep.-def.art.-n.f.s. (659) *against that person*

הָאֹכֶלֶת def.art.-Qal act.ptc. f.s. (אכל 37) *who eats*

אֶת־הַדָּם dir.obj.-def.art.-n.m.s. (196) *blood*

וְהִכְרַתִּי אֹתָהּ conj.-Hi. pf. 1 c.s. (כרת 503)-dir.obj.-3 f.s. sf. *and will cut him off*

מִקֶּרֶב עַמָּהּ prep.-n.m.s. cstr. (899)-n.m.s.-3 f.s. sf. (I 766) *from among his people*

17:11

כִּי נֶפֶשׁ הַבָּשָׂר conj. (471)-n.f.s. cstr. (659)-def.art.-n.m.s. (142) *for the life of the flesh*

בַּדָּם הוּא prep.-def.art.-n.m.s. (196)-demons.adj. f.s. (214) *(it) is in the blood*

וַאֲנִי נְתַתִּיו conj.-pers.pr. 1 c.s. (58)-Qal pf. 1 c.s.-3 m.s. sf. (נתן 678) *and I have given it*

לָכֶם prep.-2 m.p. sf. *for you*

עַל־הַמִּזְבֵּחַ prep.-def.art.-n.m.s. (258) *upon the altar*

לְכַפֵּר prep.-Pi. inf.cstr. (497) *to make atonement*

עַל־נַפְשֹׁתֵיכֶם prep.-n.f.p.-2 m.p. sf. (659) *for your souls*

כִּי־הַדָּם הוּא conj. (471)-def.art.-n.m.s. (196)-demons.adj. m.s. (214) *for it is the blood*

בַּנֶּפֶשׁ prep.-def.art.-n.f.s. (659) *by reason of the life*

יְכַפֵּר Pi. impf. 3 m.s. (497) *that makes atonement*

17:12

עַל־כֵּן אָמַרְתִּי prep. (II 752)-adv. (485)-Qal pf. 1 c.s. (55) *therefore I have said*

לִבְנֵי יִשְׂרָאֵל prep.-n.m.p. cstr. (119)-pr.n. (975) *to the people of Israel*

כָּל־נֶפֶשׁ מִכֶּם n.m.s. cstr. (481)-n.f.s. (659) -prep.-2 m.p. sf. *any person among you*

לֹא־תֹאכַל דָּם (37) neg.-Qal impf. 3 f.s. -n.m.s. (196) *shall not eat blood*

וְהַגֵּר conj.-def.art.-n.m.s. (158) *neither any stranger*

הַגָּר def.art.-Qal act.ptc. (גור 157) *who sojourns*

בְּתוֹכְכֶם prep.-n.m.s.-2 m.p. sf. (1063) *among you*

לֹא־יֹאכַל דָּם (37) neg.-Qal impf. 3 m.s. -n.m.s. (196) *shall (not) eat blood*

17:13

וְאִישׁ אִישׁ *any man also*

מִבְּנֵי יִשְׂרָאֵל prep.-n.m.p. cstr. (119)-pr.n. (975) *of the people of Israel*

וּמִן־הַגֵּר conj.-prep.-def.art.-n.m.s. (158) *or of the strangers*

הַגָּר בְּתוֹכָם def.art.-Qal act.ptc. (גור 157)-prep. -n.m.s.-3 m.p. sf. (1063) *that sojourn among them*

אֲשֶׁר יָצוּד צֵיד חַיָּה rel. (81)-Qal impf. 3 m.s. (844 צוד)-n.m.s. cstr. (I 844)-n.f.s. (312) *who takes in hunting any beast*

אוֹ־עוֹף conj. (14)-n.m.s. (733) *or bird*

אֲשֶׁר יֵאָכֵל (37) rel. (81)-Ni. impf. 3 m.s. *that may be eaten*

וְשָׁפַךְ אֶת־דָּמוֹ conj.-Qal pf. 3 m.s. (1049)-dir.obj. -n.m.s.-3 m.s. sf. (196) *shall pour out its blood*

וְכִסָּהוּ בֶּעָפָר (כסה conj.-Pi. pf. 3 m.s.-3 m.s. sf. 491)-prep.-def.art.-n.m.s. (779) *and cover it with dust*

17:14

כִּי־נֶפֶשׁ conj. (471)-n.f.s. cstr. (659) *for the life of*

כָּל־בָּשָׂר n.m.s. cstr. (481)-n.m.s. (142) *every creature*

דָּמוֹ n.m.s.-3 m.s. sf. (196) *its blood*

בְּנַפְשׁוֹ הוּא prep.-n.f.s.-3 m.s. sf. (659) -demons.adj. m.s. (214) *is in its life*

וָאֹמַר consec.-Qal impf. 1 c.s. (55 אמר) *therefore I have said*

לִבְנֵי יִשְׂרָאֵל prep.-n.m.p. cstr. (119)-pr.n. (975) *to the people of Israel*

דַּם כָּל־בָּשָׂר n.m.s. cstr. (196)-n.m.s. cstr. (481) -n.m.s. (142) *the blood of any creature*

לֹא תֹאכֵלוּ (37) neg.-Qal impf. 2 m.p. (אכל) *you shall not eat*

כִּי נֶפֶשׁ כָּל־בָּשָׂר conj. (471)-n.f.s. cstr. (659) -n.m.s. cstr. (481)-n.m.s. (142) *for the life of every creature*

דָמוֹ הוּא n.m.s.-3 m.s. sf. (196)-demons.adj. f.s. (214) *is its blood*

כָּל־אֹכְלָיו n.m.s. cstr. (481)-Qal act.ptc. m.p.-3 m.s. sf. (אכל 37) *who eats it*

יִכָּרֵת Ni. impf. 3 m.s. (כרת 503; GK 145,l) *shall be cut off*

17:15

וְכָל־נֶפֶשׁ conj.-n.m.s. cstr. (481)-n.f.s. (659) *and every person*

אֲשֶׁר תֹּאכַל (37) rel. (81)-Qal impf. 3 f.s. (אכל) *that eats*

נְבֵלָה n.f.s. (615) *what dies of itself (a carcass)*

וּטְרֵפָה conj.-n.f.s. (383) *or what is torn by beasts*

בָּאֶזְרָח prep.-def.art.-n.m.s. (280) *(whether) he is a native*

וּבַגֵּר conj.-prep.-def.art.-n.m.s. (158) *or a sojourner*

וְכִבֶּס בְּגָדָיו conj.-Pi. pf. 3 m.s. (460)-n.m.p.-3 m.s. sf. (93) *shall wash his clothes*

וְרָחַץ conj.-Qal pf. 3 m.s. (934) *and bathe himself*

בַּמַּיִם prep.-def.art.-n.m.p. (565) *in water*

וְטָמֵא conj.-Qal pf. 3 m.s. (379) *and be unclean*

עַד־הָעֶרֶב prep. (III 723)-def.art.-n.m.s. (787) *until the evening*

וְטָהֵר conj.-Qal pf. 3 m.s. (372) *then he shall be clean*

17:16

וְאִם לֹא יְכַבֵּס conj.-hypoth.part. (49)-neg.-Pi. impf. 3 m.s. (כבס 460) *but if he does not wash (them)*

וּבְשָׂרוֹ לֹא יִרְחָץ conj.-n.m.s.-3 m.s. sf. (142) -neg.-Qal impf. 3 m.s. (רחץ 934) *or bathe his flesh*

וְנָשָׂא עֲוֹנוֹ conj.-Qal pf. 3 m.s. (669)-n.m.s.-3 m.s. sf. (730) *he shall bear his iniquity*

18:1

וַיְדַבֵּר יהוה consec.-Pi. impf. 3 m.s. (דבר 180)-pr.n. (217) *and Yahweh said*

אֶל־מֹשֶׁה prep.-pr.n. (602) *to Moses*

לֵּאמֹר prep.-Qal inf.cstr. (55) *(saying)*

509

18:2

דַּבֵּר Pi. impv. 2 m.s. (180) *say*

אֶל־בְּנֵי יִשְׂרָאֵל prep.-n.m.p. cstr. (119)-pr.n. (975) *to the people of Israel*

וְאָמַרְתָּ conj.-Qal pf. 2 m.s. (55) *(and you shall say)*

אֲלֵהֶם prep.-3 m.p. sf. *(to them)*

אֲנִי יהוה pers.pr. 1 c.s. (58)-pr.n. (217) *I am Yahweh*

אֱלֹהֵיכֶם n.m.p.-2 m.p. sf. (43) *your God*

18:3

כְּמַעֲשֵׂה אֶרֶץ־מִצְרַיִם prep.-n.m.s. cstr. (795) -n.f.s. cstr. (75)-pr.n. (595) *as they do in the land of Egypt*

אֲשֶׁר יְשַׁבְתֶּם־בָּהּ rel. (81)-Qal pf. 2 m.p. (442)-prep.-3 f.s. sf. *where you dwelt*

לֹא תַעֲשׂוּ neg.-Qal impf. 2 m.p. (עָשָׂה I 793) *you shall not do*

וּכְמַעֲשֵׂה אֶרֶץ־כְּנַעַן prep.-v.supra-v.supra-pr.n. (488) *as they do in the land of Canaan*

אֲשֶׁר אֲנִי מֵבִיא אֶתְכֶם rel. (81)-pers.pr. 1 c.s. (58)-Hi. ptc. (בּוֹא 97)-dir.obj.-2 m.p. sf. *to which I am bringing you*

שָׁמָּה adv.-loc.he (1027) *there*

לֹא תַעֲשׂוּ v.supra-v.supra *you shall not do*

וּבְחֻקֹּתֵיהֶם conj.-prep.-n.f.p.-3 m.p. sf. (349) *and in their statutes*

לֹא תֵלֵכוּ neg.-Qal impf. 2 m.p. paus. (הָלַךְ 229) *you shall not walk*

18:4

אֶת־מִשְׁפָּטַי dir.obj.-n.m.p.-1 c.s. sf. (1048) *my ordinances*

תַּעֲשׂוּ Qal impf. 2 m.p. (עָשָׂה I 793) *you shall do*

וְאֶת־חֻקֹּתַי conj.-dir.obj.-n.f.p.-1 c.s. sf. (349) *and my statutes*

תִּשְׁמְרוּ Qal impf. 2 m.p. (שָׁמַר 1036) *you shall keep*

לָלֶכֶת בָּהֶם prep.-Qal inf.cstr. (הָלַךְ 229) -prep.-3 m.p. sf. *and walk in them*

אֲנִי יהוה pers.pr. 1 c.s. (58)-pr.n. (217) *I am Yahweh*

אֱלֹהֵיכֶם n.m.p.-2 m.p. sf. (43) *your God*

18:5

וּשְׁמַרְתֶּם conj.-Qal pf. 2 m.p. (שָׁמַר 1036) *you shall therefore keep*

אֶת־חֻקֹּתַי dir.obj.-n.f.p.-1 c.s. sf. (349) *my statutes*

וְאֶת־מִשְׁפָּטַי conj.-dir.obj.-n.m.p.-1 c.s. sf. (1048) *and my ordinances*

אֲשֶׁר יַעֲשֶׂה rel. (81)-Qal impf. 3 m.s. (I 793) *which does*

אֹתָם הָאָדָם dir.obj.-3 m.p. sf.-def.art.-n.m.s. (9) *them the man*

וָחַי בָּהֶם conj.-Qal pf. 3 m.s. (חָיָה 310)-prep.-3 m.p. sf. *shall live*

אֲנִי יהוה pers.pr. 1 c.s. (58)-pr.n. (217) *I am Yahweh*

18:6

אִישׁ אִישׁ n.m.s. (35)-v.supra *none (of you)*

אֶל־כָּל־שְׁאֵר בְּשָׂרוֹ prep.-n.m.s. cstr. (481)-n.m.s. cstr. (984)-n.m.s.-3 m.s. sf. (142) *any one near of kin to him*

לֹא תִקְרְבוּ לְגַלּוֹת neg.-Qal impf. 2 m.p. (קָרַב 897)-prep.-Pi. inf.cstr. (גָּלָה 162) *shall not approach to uncover*

עֶרְוָה n.f.s. (788) *nakedness*

אֲנִי יהוה pers.pr. 1 c.s. (58)-pr.n. (217) *I am Yahweh*

18:7

עֶרְוַת אָבִיךָ n.f.s. cstr. (788)-n.m.s.-2 m.s. sf. (3) *the nakedness of your father*

וְעֶרְוַת אִמְּךָ conj.-n.f.s. cstr. (788)-n.f.s.-2 m.s. sf. (51) *and the nakedness of your mother*

לֹא תְגַלֵּה neg.-Pi. impf. 2 m.s. paus. (גָּלָה 162; GK 75hh) *you shall not uncover*

אִמְּךָ הִוא n.f.s.-2 m.s. sf. (51)-demons.adj. f.s. (214) *she is your mother*

לֹא תְגַלֶּה עֶרְוָתָהּ neg.-v.supra-n.f.s.-3 f.s. sf. (788) *you shall not uncover her nakedness*

18:8

עֶרְוַת אֵשֶׁת־אָבִיךָ n.f.s. cstr. (788)-n.f.s. cstr. (61)-n.m.s.-2 m.s. sf. (3) *the nakedness of your father's wife*

לֹא תְגַלֵּה neg.-Pi. impf. 2 m.s. paus. (גָּלָה 162; GK 75hh) *you shall not uncover*

עֶרְוַת אָבִיךָ הִוא n.f.s. cstr. (788)-n.m.s.-2 m.s. sf. (3)-demons.adj. f.s. (214) *it is your father's nakedness*

18:9

עֶרְוַת אֲחוֹתְךָ n.f.s. cstr. (788)-n.f.s.-2 m.s. sf. (27) *the nakedness of your sister*

בַּת־אָבִיךָ n.f.s. cstr. (I 123)-n.m.s.-2 m.s. sf. (3) *the daughter of your father*

אוֹ בַת־אִמֶּךָ conj. (14)-v.supra-n.f.s.-2 m.s. sf. (51) *or the daughter of your mother*

510

מוֹלֶדֶת בֵּית n.f.s. cstr. (409)-n.m.s. (108) *whether born at home*

אוֹ מוֹלֶדֶת חוּץ conj. (14)-v.supra-n.m.s. (299) *or born abroad*

לֹא תְגַלֶּה neg.-Pi. impf. 2 m.s. (162) *you shall not uncover*

עֶרְוָתָן n.f.s.-3 f.p. sf. (788) *their nakedness*

18:10

עֶרְוַת בַּת־בִּנְךָ n.f.s. cstr. (788)-n.f.s. cstr. (I 123)-n.m.s.-2 m.s. sf. (119) *the nakedness of your son's daughter*

אוֹ בַת־בִּתְּךָ conj. (14)-n.f.s. cstr. (I 123)-n.f.s.-2 m.s. sf. (I 123) *or of your daughter's daughter*

לֹא תְגַלֶּה neg.-Pi. impf. 2 m.s. (162) *you shall not uncover*

עֶרְוָתָן n.f.s.-3 f.p. sf. (788) *their nakedness*

כִּי עֶרְוָתְךָ הֵנָּה conj. (471)-n.f.s.-2 m.s. sf. (788)-pers.pr. 3 f.p. (241) *they are your nakedness*

18:11

עֶרְוַת בַּת־אֵשֶׁת אָבִיךָ n.f.s. cstr. (788)-n.f.s. cstr. (I 123)-n.f.s. cstr. (61)-n.m.s.-2 m.s. sf. (3) *the nakedness of your father's wife's daughter*

מוֹלֶדֶת אָבִיךָ n.f.s. cstr. (409)-n.m.s.-2 m.s. sf (3) *begotten by your father*

אֲחוֹתְךָ הִוא n.f.s.-2 m.s. sf. (27)-pers.pr. 3 f.s. (214) *she is your sister*

לֹא תְגַלֶּה עֶרְוָתָהּ neg.-Pi. impf. 2 m.s. (162)-n.f.s.-3 f.s. sf. (788) *you shall not uncover her nakedness*

18:12

עֶרְוַת אֲחוֹת־אָבִיךָ n.f.s. cstr. (788)-n.f.s. cstr. (27)-n.m.s.-2 m.s. sf. (3) *the nakedness of your father's sister*

לֹא תְגַלֶּה neg.-Pi. impf. 2 m.s. paus. (162; GK 75hh) *you shall not uncover*

שְׁאֵר אָבִיךָ הוּא n.m.s. cstr. (984)-n.m.s.-2 m.s. sf. (3)-pers.pr. 3 f.s. (214) *she is your father's near kinswoman*

18:13

עֶרְוַת אֲחוֹת־אִמְּךָ n.f.s. cstr. (788)-n.f.s. cstr. (27)-n.f.s.-2 m.s. sf. (51) *the nakedness of your mother's sister*

לֹא תְגַלֶּה neg.-Pi. impf. 2 m.s. paus. (162; GK 75hh) *you shall not uncover*

כִּי־שְׁאֵר אִמְּךָ הוּא conj. (471)-n.m.s. cstr. (984)-n.f.s.-2 m.s. sf. (51)-pers.pr. 3 f.s. (214) *for she is your mother's near kinswoman*

18:14

עֶרְוַת אֲחִי־אָבִיךָ n.f.s. cstr. (788)-n.m.s. cstr. (26)-n.m.s.-2 m.s. sf. (3) *the nakedness of your father's brother*

לֹא תְגַלֵּה neg.-Pi. impf. 2 m.s. paus. (162; GK 75hh) *you shall not uncover*

אֶל־אִשְׁתּוֹ לֹא תִקְרָב prep.-n.f.s.-3 m.s. sf. (61)-neg.-Qal impf. 2 m.s. (קרב 897) *you shall not approach his wife*

דֹּדָתְךָ הִוא n.f.s.-2 m.s. sf. (187)-pers.pr. 3 f.s. (214) *she is your aunt*

18:15

עֶרְוַת כַּלָּתְךָ n.f.s. cstr. (788)-n.f.s.-2 m.s. sf. (483) *the nakedness of your daughter-in-law*

לֹא תְגַלֵּה neg.-Pi. impf. 2 m.s. paus. (162; GK 75hh) *you shall not uncover*

אֵשֶׁת בִּנְךָ הִוא n.f.s. cstr. (61)-n.m.s.-2 m.s. sf. (119)-pers.pr. 3 f.s. (214) *she is your son's wife*

לֹא תְגַלֶּה עֶרְוָתָהּ neg.-v.supra-n.f.s.-3 f.s. sf. (788) *you shall not uncover her nakedness*

18:16

עֶרְוַת אֵשֶׁת־אָחִיךָ n.f.s. cstr. (788)-n.f.s. cstr. (61)-n.m.s.-2 m.s. sf. (26) *the nakedness of your brother's wife*

לֹא תְגַלֵּה neg.-Pi. impf. 2 m.s. paus. (162; GK 75hh) *you shall not uncover*

עֶרְוַת אָחִיךָ הוּא v.supra-v.supra-v.supra *she is your brother's nakedness*

18:17

עֶרְוַת אִשָּׁה n.f.s. cstr. (788)-n.f.s. (61) *the nakedness of a woman*

וּבִתָּהּ conj.-n.f.s.-3 f.s. sf. (I 123) *and of her daughter*

לֹא תְגַלֵּה neg.-Pi. impf. 2 m.s. paus. (162; GK 75hh) *you shall not uncover*

אֶת־בַּת־בְּנָהּ dir.obj.-n.f.s. cstr. (I 123)-n.m.s.-3 f.s. sf. (119) *her son's daughter*

וְאֶת־בַּת־בִּתָּהּ conj.-dir.obj.-n.f.s. cstr. (I 123)-n.f.s.-3 f.s. sf. (I 123) *or her daughter's daughter*

לֹא תִקַּח neg.-Qal impf. 2 m.s. (לקח 542) *you shall not take*

לְגַלּוֹת prep.-Pi. inf.cstr. (גלה 162) *to uncover*

עֶרְוָתָהּ n.f.s.-3 f.s. sf. (788) *her nakedness*

שְׁאֵרָה הֵנָּה (rd. שְׁאֵרְךָ) n.m.s.-2 m.s. sf. (984)
-pers.pr. 3 f.p. (241) *they are your near kinswoman*

זִמָּה הִוא n.f.s. (I 273)-demons.adj. f.s. (214) *it is wickedness*

18:18

וְאִשָּׁה conj.-n.f.s. (61) *and a woman (wife)*

אֶל־אֲחֹתָהּ prep.-n.f.s.-3 f.s. sf. (27) *to her sister*

לֹא תִקָּח neg.-Qal impf. 2 m.s. paus. (542) *you shall not take*

לִצְרֹר prep.-Qal inf.cstr. (865) *to make (her) as rival-wife*

לְגַלּוֹת prep.-Pi. inf.cstr. (162) *to uncover*

עֶרְוָתָהּ n.f.s.-3 f.s. sf. (788) *her nakedness*

עָלֶיהָ prep.-3 f.s. sf. *against her*

בְּחַיֶּיהָ prep.-n.m.p.-3 f.s. sf. (313) *while she is yet alive*

18:19

וְאֶל־אִשָּׁה conj.-prep.-n.f.s. (61) *and a woman*

בְּנִדַּת טֻמְאָתָהּ prep.-n.f.s. cstr. (622)-n.f.s.-3 f.s. sf. (380) *while she is in her menstrual uncleanness*

לֹא תִקְרַב neg.-Qal impf. 2 m.s. (897) *you shall not approach*

לְגַלּוֹת עֶרְוָתָהּ prep.-Pi. inf.cstr. (162)-n.f.s. -3 f.s. sf. (788) *to uncover her nakedness*

18:20

וְאֶל־אֵשֶׁת עֲמִיתְךָ conj.-prep.-n.f.s. cstr. (61)
-n.m.s.-2 m.s. sf. (765) *and with your neighbor's wife*

לֹא־תִתֵּן שְׁכָבְתְּךָ neg.-Qal impf. 2 m.s. (נָתַן 678)-n.f.s.-2 m.s. sf. (1012) *you shall not give your lying (lie carnally)*

לְזָרַע prep.-n.m.s. paus. (282) *for seed*

לְטָמְאָה־בָהּ prep.-Qal inf.cstr. (טָמֵא 379)-prep. -3 f.s. sf. *and defile yourself with her*

18:21

וּמִזַּרְעֲךָ conj.-prep.-n.m.s.-2 m.s. sf. (282) *and any of your children*

לֹא־תִתֵּן neg.-Qal impf. 2 m.s. (נָתַן 678) *you shall not give*

לְהַעֲבִיר prep.-Hi. inf.cstr. (עָבַר 716) *to devote*

לַמֹּלֶךְ prep.-def.art.-pr.n. (574; GK 95qN) *to Molech*

וְלֹא תְחַלֵּל conj.-neg.-Pi. impf. 2 m.s. (חָלַל III 320) *and you shall not profane*

אֶת־שֵׁם אֱלֹהֶיךָ dir.obj.-n.m.s. cstr. (1027)-n.m.p. -2 m.s. sf. (43) *the name of your God*

אֲנִי יהוה pers.pr. 1 c.s. (58)-pr.n. (217) *I am Yahweh*

18:22

וְאֶת־זָכָר conj.-prep. (II 85)-n.m.s. (271) *and with a male*

לֹא תִשְׁכַּב neg.-Qal impf. 2 m.s. (1011) *you shall not lie*

מִשְׁכְּבֵי אִשָּׁה n.m.p. cstr. (1012)-n.f.s. (61) *(as) lying with a woman*

תּוֹעֵבָה הִוא n.f.s. (1072)-demons.adj. f.s. (214) *it is an abomination*

18:23

וּבְכָל־בְּהֵמָה conj.-prep.-n.m.s. cstr. (481)-n.f.s. (96) *and with any beast*

לֹא־תִתֵּן שְׁכָבְתְּךָ neg.-Qal impf. 2 m.s. (נָתַן 678)-n.f.s.-2 m.s. sf. (1012) *you shall not lie*

לְטָמְאָה־בָהּ prep.-Qal inf.cstr. (טָמֵא 379)-prep. -3 f.s. sf. *and defile yourself with it*

וְאִשָּׁה לֹא־תַעֲמֹד conj.-n.f.s. (61)-neg.-Qal impf. 3 f.s. (עָמַד 763) *neither shall any woman give herself (stand)*

לִפְנֵי בְהֵמָה prep.-n.m.p. cstr. (815)-n.f.s. (96) *to a beast*

לְרִבְעָהּ prep.-Qal inf.cstr.-3 f.s. sf. (רָבַע II 918) *to lie with it*

תֶּבֶל הוּא n.m.s. (117)-pers.pr. 3 m.s. (214) *it is perversion*

18:24

אַל־תִּטַּמְּאוּ neg.-Hith. impf. 2 m.p. (טָמֵא 379) *do not defile yourselves*

בְּכָל־אֵלֶּה prep.-n.m.s. cstr. (481)-demons.adj. c.p. (41) *by any of these things*

כִּי בְכָל־אֵלֶּה conj. (471)-v.supra-v.supra *for by all these*

נִטְמְאוּ הַגּוֹיִם Ni. pf. 3 c.p. (טָמֵא 379)-def.art. -n.m.p. (156) *the nations defiled themselves*

אֲשֶׁר־אֲנִי מְשַׁלֵּחַ rel. (81)-pers.pr. 1 c.s. (58)-Pi. ptc. (שָׁלַח 1018) *which I am casting out*

מִפְּנֵיכֶם prep.-n.m.p.-2 m.p. sf. (815) *before you*

18:25

וַתִּטְמָא הָאָרֶץ consec.-Qal impf. 3 f.s. (טָמֵא 379)-def.art.-n.f.s. (75) *and the land became defiled*

וָאֶפְקֹד consec.-Qal impf. 1 c.s. (פָּקַד 823) *so that I punished*

עֲוֹנָהּ n.m.s.-3 f.s. sf. (730) *its iniquity*

עָלֶיהָ prep.-3 f.s. sf. *(against it)*

וַתָּקִא הָאָרֶץ consec.-Hi. impf. 3 f.s. (קיא 883;
GK 76h)-def.art.-n.f.s. (75) *and the land
vomited out*

אֶת־יֹשְׁבֶיהָ dir.obj.-Qal act.ptc. m.p.-3 f.s. sf.
(יָשַׁב 442) *its inhabitants*

18:26

וּשְׁמַרְתֶּם אַתֶּם conj.-Qal pf. 2 m.p. (1036)
-pers.pr. 2 m.p. (61) *but you shall keep*

אֶת־חֻקֹּתַי dir.obj.-n.f.p.-1 c.s. sf. (349) *my
statutes*

וְאֶת־מִשְׁפָּטַי conj.-dir.obj.-n.m.p.-1 c.s. sf. (1048)
and my ordinances

וְלֹא תַעֲשׂוּ conj.-neg.-Qal impf. 2 m.p. (עָשָׂה I
793) *and you shall not do*

מִכֹּל הַתּוֹעֵבֹת הָאֵלֶּה prep.-n.m.s. cstr. (481)-def.
art.-n.f.p. (1072)-def.art.-demons.adj. c.p. (41)
any of these abominations

הָאֶזְרָח def.art.-n.m.s. (280) *(either) the native*

וְהַגֵּר conj.-dir.obj.-n.m.s. (158) *or the stranger*

הַגָּר בְּתוֹכְכֶם def.art.-Qal act.ptc. (גּוּר 157)-prep.
-n.m.s.-2 m.p. sf. (1063) *who sojourns among
you*

18:27

כִּי אֶת־כָּל־הַתּוֹעֵבֹת הָאֵל conj. (471)-dir.obj.
-n.m.s. cstr. (481)-def.art.-n.f.p. (1072)-def.
art.-demons.adj. c.p. (41; GK 34bN; rd. הָאֵלֶּה)
for all of these abominations

עָשׂוּ אַנְשֵׁי־הָאָרֶץ Qal pf. 3 c.p. (עָשָׂה I 793)
-n.m.p. cstr. (35)-def.art.-n.f.s. (75) *the men
of the land did*

אֲשֶׁר לִפְנֵיכֶם rel. (81)-prep.-n.m.p.-2 m.p. sf.
(815) *who were before you*

וַתִּטְמָא הָאָרֶץ consec.-Qal impf. 3 f.s. (טָמֵא
379)-def.art.-n.f.s. (75) *so that the land
became defiled*

18:28

וְלֹא־תָקִיא הָאָרֶץ conj.-neg.-Hi. impf. 3 f.s. (קיא
883)-def.art.-n.f.s. (75) *lest the land vomit
out*

אֶתְכֶם dir.obj.-2 m.p. sf. *you*

בְּטַמַּאֲכֶם prep.-Pi. inf.cstr.-2 m.p. sf. (טָמֵא
3679) *when you defile*

אֹתָהּ dir.obj.-3 f.s. sf. *it*

כַּאֲשֶׁר קָאָה prep.-rel. (81)-Qal ptc. f.s. (קיא 883;
rd. prb. pf. 3 f.s.; GK 116s) *as it vomited out*

אֶת־הַגּוֹי dir.obj.-def.art.-n.m.s. (156) *the nation*

אֲשֶׁר לִפְנֵיכֶם v.supra-prep.-n.m.p.-2 m.p. sf.
(815) *that was before you*

18:29

כִּי כָּל־אֲשֶׁר יַעֲשֶׂה conj. (471)-n.m.s. (481)-rel.
(81)-Qal impf. 3 m.s. (I 793) *for whoever
shall do*

מִכֹּל הַתּוֹעֵבוֹת הָאֵלֶּה prep.-n.m.s. cstr. (481)-def.
art.-n.f.p. (1072)-def.art.-demons.adj. c.p. (41)
any of these abominations

וְנִכְרְתוּ conj.-Ni. pf. 3 c.p. (כָּרַת 503) *shall be cut
off*

הַנְּפָשׁוֹת def.art.-n.f.p. (659) *the persons*

הָעֹשֹׂת def.art.-Qal act.ptc. f.p. (עָשָׂה I 793) *that
do them*

מִקֶּרֶב עַמָּם prep.-n.m.s. cstr. (899)-n.m.s.-3 m.p.
sf. (I 766) *from among their people*

18:30

וּשְׁמַרְתֶּם conj.-Qal pf. 2 m.p. (1036) *so keep*

אֶת־מִשְׁמַרְתִּי dir.obj.-n.f.s.-1 c.s. sf. (1038) *my
charge*

לְבִלְתִּי עֲשׂוֹת prep.-neg. (116)-Qal inf.cstr. (עָשָׂה
I 793) *never to practice*

מֵחֻקּוֹת הַתּוֹעֵבֹת prep.-n.f.p. cstr. (349)-def.art.
-n.f.p. (1072) *any of these abominable
customs*

אֲשֶׁר נַעֲשׂוּ rel. (81)-Ni. pf. 3 c.p. (עָשָׂה I 793)
which were practiced

לִפְנֵיכֶם prep.-n.m.p.-2 m.p. sf. (815) *before you*

וְלֹא תִטַּמְּאוּ בָהֶם conj.-neg.-Hith. impf. 2 m.p.
(379 טָמֵא)-prep.-3 m.p. sf. *and never to
defile yourselves by them*

אֲנִי יְהוָה pers.pr. 1 c.s. (58)-pr.n. (217) *I am
Yahweh*

אֱלֹהֵיכֶם n.m.p.-2 m.p. sf. (43) *your God*

19:1

וַיְדַבֵּר יְהוָה consec.-Pi. impf. 3 m.s. (180)-pr.n.
(217) *and Yahweh said*

אֶל־מֹשֶׁה prep.-pr.n. (602) *to Moses*

לֵאמֹר prep.-Qal inf.cstr. (55) *(saying)*

19:2

דַּבֵּר Pi. impv. 2 m.s. (180) *say*

אֶל־כָּל־עֲדַת prep.-n.m.s. cstr. (481)-n.f.s. cstr.
(417) *to all the congregation of*

בְּנֵי־יִשְׂרָאֵל n.m.p. cstr. (119)-pr.n. (975) *the
people of Israel*

וְאָמַרְתָּ אֲלֵהֶם conj.-Qal pf. 2 m.s. (55)-prep.-3
m.p. sf. *(and you shall say to them)*

קְדֹשִׁים תִּהְיוּ adj. m.p. (872)-Qal impf. 2 m.p.
(הָיָה 224) *you shall be holy*

כִּי קָדוֹשׁ אֲנִי conj. (471)-adj. m.s. (872)-pers.pr. 1
c.s. (58) *for I ... am holy*

יהוה אֱלֹהֵיכֶם pr.n. (217)-n.m.p.-2 m.p. sf. (43) *Yahweh your God*

19:3

אִישׁ n.m.s. (35) *every one*

אִמּוֹ וְאָבִיו n.f.s.-3 m.s. sf. (51)-conj.-n.m.s.-3 m.s. sf. (3) *his mother and his father*

תִּירָאוּ Qal impf. 1 m.p. (יָרֵא 431) *shall revere*

וְאֶת־שַׁבְּתֹתַי conj.-dir.obj.-n.f.p.-1 c.s. sf. (992) *and my sabbaths*

תִּשְׁמֹרוּ Qal impf. 2 m.p. (שָׁמַר 1036) *you shall keep*

אֲנִי יהוה pers.pr. 1 c.s. (58)-pr.n. (217) *I am Yahweh*

אֱלֹהֵיכֶם n.m.p.-2 m.p. sf. (43) *your God*

19:4

אַל־תִּפְנוּ neg. (39)-Qal impf. 2 m.p. (פָּנָה 815) *do not turn*

אֶל־הָאֱלִילִים prep.-def.art.-n.m.p. (47) *to idols*

וֵאלֹהֵי מַסֵּכָה conj.-n.m.p. cstr. (43)-n.f.s. (651) *or molten gods*

לֹא תַעֲשׂוּ לָכֶם neg.-Qal impf. 2 m.p. (עָשָׂה I 793)-prep.-2 m.p. sf. *do not make for yourselves*

אֲנִי יהוה pers.pr. 1 c.s. (58)-pr.n. (217) *I am Yahweh*

אֱלֹהֵיכֶם n.m.p.-2 m.p. sf. (43) *your God*

19:5

וְכִי תִזְבְּחוּ conj.-conj. (471)-Qal impf. 2 m.p. (זָבַח 256) *when you offer (sacrifice)*

זֶבַח שְׁלָמִים n.m.s. cstr. (257)-n.m.p. (1023) *a sacrifice of peace offerings*

לַיהוה prep.-pr.n. (217) *to Yahweh*

לִרְצֹנְכֶם prep.-n.m.s.-2 m.p. sf. (953) *for your acceptance*

תִּזְבָּחֻהוּ Qal impf. 2 m.p.-3 m.s. sf. (זָבַח 256) *you shall offer it*

19:6

בְּיוֹם זִבְחֲכֶם prep.-n.m.s. cstr. (398)-n.m.s.-2 m.p. sf. (257) *the same day you offer it* (lit. *in the day of your sacrifice*)

יֵאָכֵל Ni. impf. 3 m.s. (אָכַל 37) *it shall be eaten*

וּמִמָּחֳרָת conj.-prep.-n.f.s. (564) *or on the morrow*

וְהַנּוֹתָר conj.-def.art.-Ni. ptc. m.s. (יָתַר 451) *and anything left over*

עַד־יוֹם הַשְּׁלִישִׁי prep. (III 723)-n.m.s. cstr. (398)-def.art.-num.adj. m.s. (1026) *until the third day*

בָּאֵשׁ prep.-def.art.-n.f.s. (77) *with fire*

יִשָּׂרֵף Ni. impf. 3 m.s. (שָׂרַף 976) *it shall be burned*

19:7

וְאִם הֵאָכֹל יֵאָכֵל conj.-hypoth.part. (49)-Ni. inf.abs. (אָכַל 37)-Ni. impf. 3 m.s. (37) *if it is eaten at all*

בַּיּוֹם הַשְּׁלִישִׁי prep.-def.art.-n.m.s. (398)-def.art.-num.adj. m.s. (1026) *on the third day*

פִּגּוּל הוּא n.m.s. (803)-demons.adj. m.s. (214) *it is an abomination*

לֹא יֵרָצֶה neg.-Ni. impf. 3 m.s. (רָצָה 953) *it will not be accepted*

19:8

וְאֹכְלָיו conj.-Qal act.ptc. m.p.-3 m.s. sf. (אָכַל 37) *and every one who eats it*

עֲוֹנוֹ יִשָּׂא n.m.s.-3 m.s. sf. (730)-Qal impf. 3 m.s. (נָשָׂא 669) *shall bear his iniquity*

כִּי־אֶת־קֹדֶשׁ יהוה conj (471)-dir.obj.-n.m.s. cstr. (871) pr.n (217) *because ... a holy thing of Yahweh*

חִלֵּל Pi. pf. 3 m.s. (חָלַל III 320) *he has profaned*

וְנִכְרְתָה conj.-Ni. pf. 3 f.s. (כָּרַת 503) *and shall be cut off*

הַנֶּפֶשׁ הַהִוא def.art.-n.f.s. (659)-def.art.-demons.adj. f.s. (214) *that person*

מֵעַמֶּיהָ prep.-n.m.p.-3 f.s. sf. (I 766) *from his (its) people*

19:9

וּבְקֻצְרְכֶם conj.-prep.-Qal inf.cstr.-2 m.p. sf. (II 894; GK 61d) *when you reap*

אֶת־קְצִיר אַרְצְכֶם dir.obj.-n.m.s. cstr. (894)-n.f.s.-2 m.p. sf. (75) *the harvest of your land*

לֹא תְכַלֶּה neg.-Pi. impf. 2 m.s. (כָּלָה 477) *you shall not complete*

פְּאַת שָׂדְךָ n.f.s. cstr. (802)-n.m.s.-2 m.s. sf. (961) *the corner of your field*

לִקְצֹר prep.-Qal inf.cstr. (קָצַר 894) *to harvest*

וְלֶקֶט קְצִירְךָ conj.-n.m.s. cstr. (545)-n.m.s.-2 m.s. sf. (I 894; GK 142fN) *the gleanings after your harvest*

לֹא תְלַקֵּט neg.-Pi. impf. 2 m.s. (לָקַט 544) *you shall not gather*

19:10

וְכַרְמְךָ conj.-n.m.s.-2 m.s. sf. (501) *and your vineyard*

לֹא תְעוֹלֵל neg.-Po'el impf. 2 m.s. (עָלַל 760) *you shall not strip bare (glean)*

514

וּפֶרֶט כַּרְמְךָ conj.-n.m.s. cstr. (827)-n.m.s.-2 m.s. sf. (501) *and the fallen grapes of your vineyard*

לֹא תְלַקֵּט neg.-Pi. impf. 2 m.s. (544) *neither shall you gather*

לֶעָנִי prep.-def.art.-adj. m.s. (776) *for the poor*

וְלַגֵּר conj.-prep.-def.art.-n.m.s. (158) *and for the sojourner*

תַּעֲזֹב אֹתָם Qal impf. 2 m.s. (עזב I 736)-dir. obj.-3 m.p. sf. *you shall leave them*

אֲנִי יהוה pers.pr. 1 c.s. (58)-pr.n. (217) *I am Yahweh*

אֱלֹהֵיכֶם n.m.p.-2 m.p. sf. (43) *your God*

19:11

לֹא תִּגְנֹבוּ neg.-Qal impf. 2 m.p. paus. (גנב 170) *you shall not steal*

וְלֹא־תְכַחֲשׁוּ conj.-neg.-Pi. impf. 2 m.s. (כחש 471) *nor deal falsely*

וְלֹא־תְשַׁקְּרוּ conj.-neg.-Pi. impf. 2 m.p. (שקר 1055) *nor lie*

אִישׁ בַּעֲמִיתוֹ n.m.s. (35)-prep.-n.m.s.-3 m.s. sf. (765) *to one another*

19:12

וְלֹא־תִשָּׁבְעוּ conj.-neg.-Ni. impf. 2 m.p. (שבע 989) *and you shall not swear*

בִשְׁמִי prep.-n.m.s.-1 c.s. sf. (1027) *by my name*

לַשָּׁקֶר prep.-def.art.-n.m.s. paus. (1055) *falsely*

וְחִלַּלְתָּ conj.-Pi. pf. 2 m.s. (חלל III 320) *and so profane*

אֶת־שֵׁם אֱלֹהֶיךָ dir.obj.-n.m.s. cstr. (1027) -n.m.p.-2 m.s. sf. (43) *the name of your God*

אֲנִי יהוה pers.pr. 1 c.s. (58)-pr.n. (217) *I am Yahweh*

19:13

לֹא־תַעֲשֹׁק neg.-Qal impf. 2 m.s. (עשק 798) *you shall not oppress*

אֶת־רֵעֲךָ def.art.-n.m.s.-2 m.s. sf. (945) *your neighbor*

וְלֹא תִגְזֹל conj.-neg.-Qal impf. 2 m.s. (גזל 159) *or rob (him)*

לֹא־תָלִין neg.-Qal impf. 3 f.s. (לין I 533) *shall not remain*

פְּעֻלַּת שָׂכִיר n.f.s. cstr. (821)-adj. m.s. (969) *the wages of a hired servant*

אִתְּךָ prep.-2 m.s. sf. (II 85) *with you*

עַד־בֹּקֶר prep. (III 723)-n.m.s. (133) *until morning*

19:14

לֹא־תְקַלֵּל neg.-Pi. impf. 2 m.s. (קלל 886) *you shall not curse*

חֵרֵשׁ adj. m.s. (361) *the deaf*

וְלִפְנֵי עִוֵּר conj.-prep.-n.m.p. cstr. (815)-adj. m.s. (734) *or before the blind*

לֹא תִתֵּן מִכְשֹׁל neg.-Qal impf. 2 m.s. (נתן 678)-n.m.s. (506) *put a stumbling block*

וְיָרֵאתָ מֵאֱלֹהֶיךָ conj.-Qal pf. 2 m.s. (ירא 431)-prep.-n.m.p.-2 m.s. sf. (43) *but you shall fear your God*

אֲנִי יהוה pers.pr. 1 c.s. (58)-pr.n. (217) *I am Yahweh*

19:15

לֹא־תַעֲשׂוּ עָוֶל neg.-Qal impf. 2 m.s. (עשה I 793)-n.m.s. (732) *you shall do no injustice*

בַּמִּשְׁפָּט prep.-def.art.-n.m.s. (1048) *in judgment*

לֹא־תִשָּׂא פְנֵי־דָל neg.-Qal impf. 2 m.s. (נשא 669)-n.m.p. cstr. (815)-adj. m s. paus. (195) *you shall not be partial to the poor*

וְלֹא תֶהְדַּר פְּנֵי גָדוֹל conj.-neg.-Qal impf. 2 m.s. (הדר 213)-n.m.p. cstr. (815)-adj. m.s. (152) *or defer to the great*

בְּצֶדֶק prep.-n.m.s. (841) *in righteousness*

תִּשְׁפֹּט Qal impf. 2 m.s. (1047) *shall you judge*

עֲמִיתֶךָ n.m.s.-2 m.s. sf. (765) *your neighbor*

19:16

לֹא־תֵלֵךְ neg.-Qal impf. 2 m.s. (הלך 229) *you shall not go*

רָכִיל n.m.s. (940; GK 118q) *as a slanderer*

בְּעַמֶּיךָ prep.-n.m.p.-2 m.s. sf. (I 766) *among your people*

לֹא תַעֲמֹד neg.-Qal impf. 2 m.s. (עמד 763) *you shall not stand forth*

עַל־דַּם רֵעֶךָ prep.-n.m.s. cstr. (196)-n.m.s.-2 m.s. sf. (945) *against the blood of your neighbor*

אֲנִי יהוה pers.pr. 1 c.s. (58)-pr.n. (217) *I am Yahweh*

19:17

לֹא־תִשְׂנָא dneg.-Qal impf. 2 m.s. (שנא 971) *you shall not hate*

אֶת־אָחִיךָ dir.obj.-n.m.s.-2 m.s. sf. (26) *your brother*

בִּלְבָבֶךָ prep.-n.m.s.-2 m.s. sf. (523) *in your heart*

הוֹכֵחַ תּוֹכִיחַ Hi. inf.abs. (יכח 406)-Hi. impf. 2 m.s. (יכח 406) *but you shall reason*

אֶת־עֲמִיתֶךָ dir.obj.-n.m.s.-2 m.s. sf. (765) *with your neighbor*

וְלֹא־תִשָּׂא conj.-neg.-Qal impf. 2 m.s. (נָשָׂא 669) *lest you bear*

עָלָיו prep.-3 m.s. sf. *because of him*

חֵטְא n.m.s. (307) *sin*

19:18

לֹא־תִקֹּם neg.-Qal impf. 2 m.s. (נָקַם 667) *you shall not take vengeance*

וְלֹא־תִטֹּר conj.-neg.-Qal impf. 2 m.s. (נָטַר 643) *or bear any grudge*

אֶת־בְּנֵי עַמֶּךָ dir.obj.-n.m.p. cstr. (119)-n.m.s.-2 m.s. sf. (I 766) *against the sons of your own people*

וְאָהַבְתָּ conj.-Qal pf. 2 m.s. (אָהַב 12) *but you shall love*

לְרֵעֲךָ prep.-n.m.s.-2 m.s. sf. (945) *your neighbor*

כָּמוֹךָ prep.-2 m.s. sf. *as yourself*

אֲנִי יהוה pers.pr. 1 c.s. (58)-pr.n. (217) *I am Yahweh*

19:19

אֶת־חֻקֹּתַי dir.obj.-n.f.p.-1 c.s. sf. (349) *my statutes*

תִּשְׁמֹרוּ Qal impf. 2 m.p. (שָׁמַר 1036) *you shall keep*

בְּהֶמְתְּךָ n.f.s.-2 m.s. sf. (96) *your cattle*

לֹא־תַרְבִּיעַ neg.-Hi. impf. 2 m.s. (רָבַע II 918) *you shall not let ... breed*

כִּלְאַיִם n.m. du. (476) *in two kinds*

שָׂדְךָ n.m.s.-2 m.s. sf. (961) *your field*

לֹא־תִזְרַע neg.-Qal impf. 2 m.s. (זָרַע 281) *you shall not sow*

כִּלְאָיִם v.supra paus. (476) *with two kinds*

וּבֶגֶד כִּלְאַיִם conj.-n.m.s. cstr. (93)-v.supra (476) *a garment of two kinds*

שַׁעַטְנֵז n.m.s. (1043) *mixed stuff*

לֹא יַעֲלֶה עָלֶיךָ neg.-Qal impf. 3 m.s. (עָלָה 748)-prep.-2 m.s. sf. *nor shall there come upon you*

19:20

וְאִישׁ כִּי־יִשְׁכַּב conj.-n.m.s. (35)-conj. (471)-Qal impf. 3 m.s. (1011) *if a man lies*

אֶת־אִשָּׁה prep. (II 85)-n.f.s. (61) *with a woman*

שִׁכְבַת־זֶרַע n.f.s. cstr. (1012)-n.m.s. (282) *carnally* (lit. *a lying of seed*)

וְהִוא שִׁפְחָה conj.-pers.pr. 3 f.s. (214)-n.f.s. (1046) *who is a slave*

נֶחֱרֶפֶת לְאִישׁ Ni. ptc. f.s. (חָרַף IV 358)-prep. -n.m.s. (35) *betrothed to another man*

וְהָפְדֵּה לֹא נִפְדָּתָה conj.-Ho. inf.abs. (פָּדָה 804; GK 113w)-neg.-Ni. pf. 3 f.s. (פָּדָה 804) *and not yet ransomed*

אוֹ חֻפְשָׁה conj. (14)-n.f.s. (344) *or ... freedom*

לֹא נִתַּן־לָהּ neg.-Ni. pf. 3 m.s. (נָתַן 678)-prep.-3 f.s. sf. *there has not been given*

בִּקֹּרֶת תִּהְיֶה n.f.s. (134)-Qal impf. 3 f.s. (הָיָה 224) *an inquiry shall be held*

לֹא יּוּמְתוּ neg.-Ho. impf. 3 m.p. (מוּת 559) *they shall not be put to death*

כִּי־לֹא חֻפָּשָׁה conj. (471)-neg.-Pu. pf. 3 f.s. (344 חָפַשׁ) *because she was not free*

19:21

וְהֵבִיא conj.-Hi. pf. 3 m.s. (בּוֹא 97) *but he shall bring*

אֶת־אֲשָׁמוֹ dir.obj.-n.m.s.-3 m.s. sf. (79) *a guilt offering for himself*

לַיהוה prep.-pr.n. (217) *to Yahweh*

אֶל־פֶּתַח אֹהֶל מוֹעֵד prep.-n.m.s. cstr. (835)-n.m.s. cstr. (13)-n.m.s. (417) *to the door of the tent of meeting*

אֵיל אָשָׁם n.m.s. cstr. (I 17)-n.m.s. (79) *a ram for a guilt offering*

19:22

וְכִפֶּר עָלָיו conj.-Pi. pf. 3 m.s. (497)-prep.-3 m.s. sf. *and shall make atonement for him*

הַכֹּהֵן def.art.-n.m.s. (463) *the priest*

בְּאֵיל הָאָשָׁם prep.-n.m.s. cstr. (I 17)-def.art. -n.m.s. (79) *with the ram of the guilt offering*

לִפְנֵי יהוה prep.-n.m.p. cstr. (815)-pr.n. (217) *before Yahweh*

עַל־חַטָּאתוֹ prep.-n.f.s.-3 m.s. sf. (308) *for his sin*

אֲשֶׁר חָטָא rel. (81)-Qal pf. 3 m.s. (306) *which he has committed*

וְנִסְלַח לוֹ conj.-Ni. pf. 3 m.s. (סָלַח 699)-prep.-3 m.s. sf. *and shall be forgiven him*

מֵחַטָּאתוֹ prep.-n.f.s.-3 m.s. sf. (308) *his sin*

אֲשֶׁר חָטָא v.supra-v.supra *which he has committed*

19:23

וְכִי־תָבֹאוּ conj.-conj. (471)-Qal impf. 2 m.p. (בּוֹא 97) *when you come*

אֶל־הָאָרֶץ prep.-def.art.-n.f.s. (75) *into the land*

וּנְטַעְתֶּם conj.-Qal pf. 2 m.p. (נָטַע 642) *and plant*

כָּל־עֵץ n.m.s. cstr. (481)-n.m.s. (781) *all kinds of trees*

מַאֲכָל n.m.s. (38) *for food*

וַעֲרַלְתֶּם עָרְלָתוֹ (790) conj.-Qal pf. 2 m.p. -adj. f.s.-3 m.s. sf. (790) *ye shall regard as uncircumcised*

אֶת־פִּרְיוֹ dir.obj.-n.m.s.-3 m.s. sf. (826) *their fruit*

שָׁלֹשׁ שָׁנִים num. m.s. (1025)-n.f.p. (1040) *three years*

יִהְיֶה לָכֶם Qal impf. 3 m.s. (הָיָה 224)-prep.-2 m.p. sf. *it shall be to you*

עֲרֵלִים adj. m.p. (790) *forbidden* (lit. *as uncircumcised*)

לֹא יֵאָכֵל neg.-Ni. impf. 3 m.s. (אָכַל 37) *it must not be eaten*

19:24

וּבַשָּׁנָה הָרְבִיעִת conj.-prep.-def.art.-n.f.s. (1040) -def.art.-num. adj. f.s. (917) *and in the fourth year*

יִהְיֶה כָּל־פִּרְיוֹ Qal impf. 3 m.s. (הָיָה 224)-n.m.s. cstr. (481)-n.m.s.-3 m.s. sf. (826) *all their fruit shall be*

קֹדֶשׁ n.m.s. (871) *holy*

הִלּוּלִים n.m.p. (239) *an offering of praise*

לַיהוָה prep.-pr.n. (217) *to Yahweh*

19:25

וּבַשָּׁנָה הַחֲמִישִׁת conj.-prep.-def.art.-n.f.s. (1040) -def.art.-num. adj. f.s. (332) *but in the fifth year*

תֹּאכְלוּ Qal impf. 2 m.p. (אָכַל 37) *you may eat*

אֶת־פִּרְיוֹ dir.obj.-n.m.s.-3 m.s. sf. (826) *their fruit*

לְהוֹסִיף לָכֶם תְּבוּאָתוֹ prep.-Hi. inf.cstr. (יָסַף 414)-prep.-2 m.p. sf.-n.f.s.-3 m.s. sf. (100) *to add for you its produce*

אֲנִי יְהוָה pers.pr. 1 c.s. (58)-pr.n. (217) *I am Yahweh*

אֱלֹהֵיכֶם n.m.p.-2 m.p. sf. (43) *your God*

19:26

לֹא תֹאכְלוּ neg.-Qal impf. 2 m.p. (אָכַל 37) *you shall not eat*

עַל־הַדָּם prep.-def.art.-n.m.s. (196) *with the blood*

לֹא תְנַחֲשׁוּ neg.-Pi. impf. 2 m.p. (נָחַשׁ II 638) *you shall not practice augury*

וְלֹא תְעוֹנֵנוּ conj.-neg.-Po'el impf. 2 m.p. paus. (II 778 עָנַן) *or witchcraft*

19:27

לֹא תַקִּפוּ neg.-Hi. impf. 2 m.p. (נָקַף II 668) *you shall not round off*

פְּאַת רֹאשְׁכֶם n.f.s. cstr. (802)-n.m.s.-2 m.p. sf. (910) *the hair on your temples*

וְלֹא תַשְׁחִית conj.-neg.-Hi. impf. 2 m.p. (שָׁחַת 1007) *or mar*

אֵת פְּאַת זְקָנֶךָ dir.obj.-v.supra-n.m.s.-2 m.s. sf. (278) *the edges of your beard*

19:28

וְשֶׂרֶט conj.-n.m.s. (976) *and cuttings*

לָנֶפֶשׁ prep.-n.f.s. (659; GK 102i) *on account of the dead*

לֹא תִתְּנוּ neg.-Qal impf. 2 m.p. (נָתַן 678) *you shall not make*

בִּבְשַׂרְכֶם prep.-n.m.s.-2 m.p. sf. (142) *in your flesh*

וּכְתֹבֶת קַעֲקַע conj.-n.f.s. cstr. (508)-n.m.s. (891) *or tattoo any marks*

לֹא תִתְּנוּ בָּכֶם v.supra-v.supra-prep.-2 m.p. sf. *you shall make upon you*

אֲנִי יְהוָה pers.pr. 1 c.s. (58)-pr.n. (217) *I am Yahweh*

19:29

אַל־תְּחַלֵּל neg. (39)-Pi. impf. 2 m.s. (חָלַל III 320) *do not profane*

אֶת־בִּתְּךָ dir.obj.-n.f.s.-2 m.s. sf. (I 123) *your daughter*

לְהַזְנוֹתָהּ prep.-Hi. inf.cstr.-3 f.s. sf. (זָנָה 275) *by making her a harlot*

וְלֹא־תִזְנֶה הָאָרֶץ conj.-neg.-Qal impf. 3 f.s. (זָנָה 275)-def.art.-n.f.s. (75) *lest the land fall into harlotry*

וּמָלְאָה הָאָרֶץ conj.-Qal pf. 3 f.s. (מָלֵא 569)-def. art.-n.f.s. (75) *and the land become full of*

זִמָּה n.f.s. (I 273) *wickedness*

19:30

אֶת־שַׁבְּתֹתַי dir.obj.-n.f.p.-1 c.s. sf. (992) *my sabbaths*

תִּשְׁמֹרוּ Qal impf. 2 m.p. paus. (1036) *you shall keep*

וּמִקְדָּשִׁי conj.-n.m.s.-1 c.s. sf. (874) *and my sanctuary*

תִּירָאוּ Qal impf. 2 m.p. paus. (יָרֵא 431) *you shall reverence*

אֲנִי יְהוָה pers.pr. 1 c.s. (58)-pr.n. (217) *I am Yahweh*

19:31

אַל־תִּפְנוּ neg. (39)-Qal impf. 2 m.p. (פָּנָה 815) *do not turn*

אֶל־הָאֹבֹת prep.-def.art.-n.m.p. (15) *to mediums*

וְאֶל־הַיִּדְּעֹנִים conj.-prep.-def.art.-n.m.p. (396) *or wizards*

אַל־תְּבַקְשׁוּ neg. (39)-Pi. impf. 2 m.p. (בָּקַשׁ 134) *do not seek*

לְטָמְאָה prep.-Qal inf.cstr. (טָמֵא 379) *to be defiled*

בָּהֶם prep.-3 m.p. sf. *by them*

אֲנִי יהוה pers.pr. 1 c.s. (58)-pr.n. (217) *I am Yahweh*

אֱלֹהֵיכֶם n.m.p.-2 m.p. sf. (43) *your God*

19:32

מִפְּנֵי שֵׂיבָה prep.-n.m.p. cstr. (815)-n.f.s. (966) *before the hoary head*

תָּקוּם Qal impf. 2 m.s. (קוּם 877) *you shall rise up*

וְהָדַרְתָּ conj.-Qal pf. 2 m.s. (הָדַר 213) *and you shall honor*

פְּנֵי זָקֵן n.m.p. cstr. (815)-adj. m.s. (278) *the face of an old man*

וְיָרֵאתָ conj.-Qal pf. 2 m.s. (יָרֵא 431) *and you shall fear*

מֵאֱלֹהֶיךָ prep.-n.m.p.-2 m.s. sf. (43) *your God*

אֲנִי יהוה pers.pr. 1 c.s. (58)-pr.n. (217) *I am Yahweh*

19:33

וְכִי־יָגוּר conj.-conj. (471)-Qal impf. 3 m.s. (גוּר 157) *when ... sojourns*

אִתְּךָ prep.-2 m.s. sf. (II 85) *with you*

גֵּר n.m.s. (158) *a stranger*

בְּאַרְצְכֶם prep.-n.f.s.-2 m.p. sf. (75) *in your land*

לֹא תוֹנוּ אֹתוֹ neg.-Hi. impf. 2 m.p. (יָנָה 413)-dir.obj.-3 m.s. sf. *you shall not do him wrong*

19:34

כְּאֶזְרָח prep.-n.m.s. (280) *as the native*

מִכֶּם prep.-2 m.p. sf. *among you*

יִהְיֶה לָכֶם Qal impf. 3 m.s. (הָיָה 224)-prep.-2 m.p. sf. *shall be to you*

הַגֵּר הַגָּר אִתְּכֶם def.art.-n.m.s. (158)-def.art.-Qal act.ptc. m.s. (גוּר 157)-prep.-2 m.p. sf. (II 85) *the stranger who sojourns with you*

וְאָהַבְתָּ לוֹ conj.-Qal pf. 2 m.s. (אָהַב 12)-prep.-3 m.s. sf. *and you shall love him*

כָּמוֹךָ prep.-2 m.s. sf. *as yourself*

כִּי־גֵרִים conj. (471)-n.m.p. (158) *for strangers*

אֲנִי יהוה pers.pr. 1 c.s. (58)-pr.n. (217) *I am Yahweh*

אֱלֹהֵיכֶם n.m.p.-2 m.p. sf. (43) *your God*

19:35

לֹא־תַעֲשׂוּ neg.-Qal impf. 2 m.p. (עָשָׂה I 793) *you shall do no*

עָוֶל n.m.s. (732) *wrong*

בַּמִּשְׁפָּט prep.-def.art.-n.m.s. (1048) *in judgment*

בַּמִּדָּה prep.-def.art.-n.f.s. (551) *in measures*

בַּמִּשְׁקָל prep.-def.art.-n.m.s. (1054) *in weight*

וּבַמְּשׂוּרָה conj.-def.art.-n.f.s. (601) *or quantity*

19:36

מֹאזְנֵי צֶדֶק n.m. du. cstr. (24)-n.m.s. (841) *just balances*

אַבְנֵי־צֶדֶק n.f.p. cstr. (6)-v.supra *just weights*

אֵיפַת צֶדֶק n.f.s. cstr. (35)-v.supra *a just ephah*

וְהִין צֶדֶק conj.-n.m.s. cstr. (228)-v.supra *and a just hin*

יִהְיֶה לָכֶם Qal impf. 3 m.s. (הָיָה 224)-prep. 2 m.p. sf. *you shall have*

אֲנִי יהוה pers.pr. 1 c.s. (58)-pr.n. (217) *I am Yahweh*

אֱלֹהֵיכֶם n.m.p.-2 m.p. sf. (43) *your God*

אֲשֶׁר הוֹצֵאתִי אֶתְכֶם rel. (81)-Hi. pf. 1 c.s. (יָצָא 422)-dir.obj.-2 m.p. sf. *who brought you out*

מֵאֶרֶץ מִצְרָיִם prep.-n.f.s. cstr. (75)-pr.n. paus. (595) *of the land of Egypt*

19:37

וּשְׁמַרְתֶּם conj.-Qal pf. 2 m.p. (שָׁמַר 1036) *and you shall observe*

אֶת־כָּל־חֻקֹּתַי dir.obj.-n.m.s. cstr. (481)-n.f.p.-1 c.s. sf. (349) *all my statutes*

וְאֶת־כָּל־מִשְׁפָּטַי conj.-dir.obj.-n.m.s. cstr. (481)-n.m.p.-1 c.s. sf. (1048) *and all my ordinances*

וַעֲשִׂיתֶם conj.-Qal pf. 2 m.p. (עָשָׂה I 793) *and do*

אֹתָם dir.obj.-3 m.p. sf. *them*

אֲנִי יהוה pers.pr. 1 c.s. (58)-pr.n. (217) *I am Yahweh*

20:1

וַיְדַבֵּר יהוה consec.-Pi. impf. 3 m.s. (180)-pr.n. (217) *Yahweh said*

אֶל־מֹשֶׁה prep.-pr.n. (602) *to Moses*

לֵאמֹר prep.-Qal inf.cstr. (55) *(saying)*

20:2

וְאֶל־בְּנֵי יִשְׂרָאֵל conj.-prep.-n.m.p. cstr. (119)
-pr.n. (975) *and to the people of Israel*

תֹּאמַר Qal impf. 2 m.s. (אָמַר 55) *(you shall say)*

אִישׁ אִישׁ n.m.s. (35)-v.supra *any man*

מִבְּנֵי יִשְׂרָאֵל prep.-n.m.p. cstr. (119)-pr.n. (975)
of the people of Israel

וּמִן־הַגֵּר conj.-prep.-def.art.-n.m.s. (158) *or of
the strangers*

הַגָּר בְּיִשְׂרָאֵל def.art.-Qal act.ptc. m.s. (גּוּר 157)
-prep.-pr.n. (975) *that sojourn in Israel*

אֲשֶׁר יִתֵּן rel. (81)-Qal impf. 3 m.s. (נָתַן 678) *who
gives*

מִזַּרְעוֹ prep.-n.m.s.-3 m.s. sf. (282) *any of his
children*

לַמֹּלֶךְ prep.-def.art.-pr.n. (574) *to Molech*

מוֹת יוּמָת Qal inf.abs. (מוּת 559)-Ho. impf. 3
m.s. (מוּת 559) *shall be put to death*

עַם הָאָרֶץ n.m.s. cstr. (I 766)-def.art.-n.f.s. (75)
the people of the land

יִרְגְּמֻהוּ Qal impf. 3 m.p.-3 m.s. sf. (רגם 920)
shall stone him

בָּאָבֶן prep.-def.art.-n.f.s. (6) *with stones*

20:3

וַאֲנִי אֶתֵּן conj.-pers.pr. 1 c.s. (58)-Qal impf. 1 c.s.
(נָתַן 678) *I myself will set*

אֶת־פָּנַי dir.obj.-n.m.p.-1 c.s. sf. (815) *my face*

בָּאִישׁ הַהוּא prep.-def.art.-n.m.s. (35)-def.art.
-demons.adj. m.s. (214) *against that man*

וְהִכְרַתִּי אֹתוֹ conj.-Hi. pf. 1 c.s. (כָּרַת 503)
-dir.obj.-3 m.s. sf. *and will cut him off*

מִקֶּרֶב עַמּוֹ prep.-n.m.s. cstr. (899)-n.m.s.-3 m.s.
sf. (I 766) *from among his people*

כִּי מִזַּרְעוֹ conj. (471)-prep.-n.m.s.-3 m.s. sf. (282)
because one of his children

נָתַן Qal pf. 3 m.s. (678) *he has given*

לַמֹּלֶךְ prep.-def.art.-pr.n. (574) *to Molech*

לְמַעַן טַמֵּא prep.-prep. (775)-Pi. inf.cstr. (טמא
379) *defiling*

אֶת־מִקְדָּשִׁי dir.obj.-n.m.s.-1 c.s. sf. (874) *my
sanctuary*

וּלְחַלֵּל conj.-prep.-Pi. inf.cstr. (חָלַל III 320) *and
profaning*

אֶת־שֵׁם קָדְשִׁי dir.obj.-n.m.s. cstr. (1027)-n.m.s.-1
c.s. sf. (871) *my holy name*

20:4

וְאִם הַעְלֵם יַעְלִימוּ conj.-hypoth.part. (49)-Hi.
inf.abs. (עָלַם I 761)-Hi. impf. 3 m.p. (I 761)
and if ... do at all hide

עַם הָאָרֶץ n.m.s. cstr. (I 766)-def.art.-n.f.s. (75)
the people of the land

אֶת־עֵינֵיהֶם dir.obj.-n.f.p.-3 m.p. sf. (744) *their
eyes*

מִן־הָאִישׁ הַהוּא prep. (577)-def.art.-n.m.s. (35)
-def.art.-demons.adj. m.s. (214) *from that
man*

בְּתִתּוֹ prep.-Qal inf.cstr.-3 m.s. sf. (נָתַן 678)
when he gives

מִזַּרְעוֹ prep.-n.m.s.-3 m.s. sf. (282) *one of his
children*

לַמֹּלֶךְ prep.-def.art.-pr.n. (574) *to Molech*

לְבִלְתִּי הָמִית אֹתוֹ prep.-neg. (116)-Hi. inf.cstr.
(מוּת 559)-dir.obj.-3 m.s. sf. *and do not put
him to death*

20:5

וְשַׂמְתִּי אֲנִי conj.-Qal pf. 1 c.s. (שׂים 962)
-pers.pr. 1 c.s. (58) *then I will set*

אֶת־פָּנַי dir.obj.-n.m.p.-1 c.s. sf. (815) *my face*

בָּאִישׁ הַהוּא prep.-def.art.-n.m.s. (35)-def.art.
-demons.adj. m.s. (214) *against that man*

וּבְמִשְׁפַּחְתּוֹ conj.-prep.-n.f.s.-3 m.s. sf. (1046) *and
against his family*

וְהִכְרַתִּי אֹתוֹ conj.-Hi. pf. 1 c.s. (כָּרַת 503)-dir.
obj.-3 m.s. sf. *and will cut them off*

וְאֵת כָּל־הַזֹּנִים conj.-dir.obj.-n.m.s. cstr. (481)
-def.art.-Qal act.ptc. m.p. (זָנָה 275) *and all
who commit fornication*

אַחֲרָיו prep.-3 m.s. sf. (29) *after him*

לִזְנוֹת prep.-Qal inf.cstr. (זָנָה 275) *in playing the
harlot*

אַחֲרֵי הַמֹּלֶךְ prep. (29)-def.art.-pr.n. (574) *after
Molech*

מִקֶּרֶב עַמָּם prep.-n.m.s. cstr. (899)-n.m.s.-3 m.p.
sf. (I 766) *from among their people*

20:6

וְהַנֶּפֶשׁ conj.-def.art.-n.f.s. (659) *and the person*

אֲשֶׁר תִּפְנֶה rel. (81)-Qal impf. 3 f.s. (פָּנָה 815)
who turns

אֶל־הָאֹבֹת prep. (39)-def.art.-n.m.p. (15) *to
mediums*

וְאֶל־הַיִּדְּעֹנִים conj.-prep.-def.art.-n.m.p. (396)
and wizards

לִזְנוֹת אַחֲרֵיהֶם prep.-Qal inf.cstr. (זָנָה 275)
-prep.-3 m.p. sf. (29) *playing the harlot
after them*

וְנָתַתִּי אֶת־פָּנַי conj.-Qal pf. 1 c.s. (נָתַן 678)-dir.
obj.-n.m.p.-1 c.s. sf. (815) *I will set my face*

בַּנֶּפֶשׁ הַהִוא prep.-def.art.-n.f.s. (659)-def.art.
-demons.adj. f.s. (214) *against that person*

וְהִכְרַתִּי אֹתוֹ conj.-Hi. pf. 1 c.s. (בָּרַת 503)-dir. obj.-3 m.s. sf. *I will cut him off*

מִקֶּרֶב עַמּוֹ prep.-n.m.s. cstr. (899)-n.m.s.-3 m.s. sf. (I 766) *from among his people*

20:7

וְהִתְקַדִּשְׁתֶּם conj.-Hith. pf. 2 m.p. (קָדַשׁ 872; GK 54k) *consecrate yourselves*

וִהְיִיתֶם קְדֹשִׁים conj.-Qal pf. 2 m.p. (הָיָה 224)-adj. m.p. (872) *and be holy*

כִּי אֲנִי יהוה conj. (471)-pers.pr. 1 c.s. (58)-pr.n. (217) *for I am Yahweh*

אֱלֹהֵיכֶם n.m.p.-2 m.p. sf. (43) *your God*

20:8

וּשְׁמַרְתֶּם conj.-Qal pf. 2 m.p. (1036) *keep*

אֶת־חֻקֹּתַי dir.obj.-n.f.p.-1 c.s. sf. (349) *my statutes*

וַעֲשִׂיתֶם אֹתָם conj.-Qal pf. 2 m.p. (עָשָׂה I 793)-dir.obj.-3 m.p. sf. *and do them*

אֲנִי יהוה pers.pr. 1 c.s. (58)-pr.n. (217) *I am Yahweh*

מְקַדִּשְׁכֶם Pi. ptc. m.s.-2 m.p. sf. (קָדַשׁ 872) *who sanctifies you*

20:9

כִּי־אִישׁ אִישׁ conj. (471)-n.m.s. (35)-v.supra *for every one*

אֲשֶׁר יְקַלֵּל rel. (81)-Pi. impf. 3 m.s. (קָלַל 886) *who curses*

אֶת־אָבִיו dir.obj.-n.m.s.-3 m.s. sf. (3) *his father*

וְאֶת־אִמּוֹ conj.-dir.obj.-n.f.s.-3 m.s. sf. (51) *or his mother*

מוֹת יוּמָת Qal inf.abs. (מוּת 559)-Ho. impf. 3 m.s. (מוּת 559) *shall be put to death*

אָבִיו וְאִמּוֹ v.supra-conj.-v.supra *his father or his mother*

קִלֵּל Pi. pf. 3 m.s. (קָלַל 886) *he has cursed*

דָּמָיו בּוֹ n.m.p.-3 m.s. sf. (196)-prep.-3 m.s. sf. *his blood is upon him*

20:10

וְאִישׁ אֲשֶׁר יִנְאַף conj.-n.m.s. (35)-rel. (81)-Qal impf. 3 m.s. (נָאַף 610) *if a man commits adultery*

אֶת־אֵשֶׁת אִישׁ dir.obj. (GK 117d)-n.f.s. cstr. (61)-n.m.s. (35) *with the wife of a man*

אֲשֶׁר יִנְאַף rel. (81)-Qal impf. 3 m.s. (610) *if a man commits adultery*

אֶת־אֵשֶׁת רֵעֵהוּ dir.obj.-v.supra-n.m.s.-3 m.s. sf. (945) *with the wife of his neighbor*

מוֹת־יוּמַת Qal inf.abs. (מוּת 559)-Ho. impf. 3 m.s. (559) *shall be put to death*

הַנֹּאֵף def.art.-Qal act.ptc. m.s. (נָאַף 610) *the adulterer*

וְהַנֹּאָפֶת conj.-def.art.-Qal act.ptc. f.s. (נָאַף 610) *and the adulteress*

20:11

וְאִישׁ אֲשֶׁר יִשְׁכַּב conj.-n.m.s. (35)-rel. (81)-Qal impf. 3 m.s. (1011) *the man who lies*

אֶת־אֵשֶׁת אָבִיו prep. (II 85)-n.f.s. cstr. (61)-n.m.s.-3 m.s. sf. (3) *with his father's wife*

עֶרְוַת אָבִיו n.f.s. cstr. (788)-v.supra *his father's nakedness*

גִּלָּה Pi. pf. 3 m.s. (גָּלָה 162) *has uncovered*

מוֹת־יוּמְתוּ Qal inf.abs. (מוּת 559)-Ho. impf. 3 m.p. (559) *shall be put to death*

שְׁנֵיהֶם num. m.p.-3 m.p. sf. (1040) *both of them*

דְּמֵיהֶם בָּם n.m.p.-3 m.p. sf. (196)-prep.-3 m.p. sf. *their blood is upon them*

20:12

וְאִישׁ אֲשֶׁר יִשְׁכַּב conj.-n.m.s. (35)-rel. (81)-Qal impf. 3 m.s. (1011) *if a man lies*

אֶת־כַּלָּתוֹ prep. (II 85)-n.f.s.-3 m.s. sf. (483) *with his daughter-in-law*

מוֹת יוּמְתוּ Qal inf.abs. (מוּת 559)-Ho. impf. 3 m.p. (מוּת 559) *shall be put to death*

שְׁנֵיהֶם num. m.p.-3 m.p. sf. (1040) *both of them*

תֶּבֶל עָשׂוּ n.m.s. (117)-Qal pf. 3 c.p. (עָשָׂה I 793) *they have committed incest*

דְּמֵיהֶם בָּם n.m.p.-3 m.p. sf. (196)-prep.-3 m.p. sf. *their blood is upon them*

20:13

וְאִישׁ אֲשֶׁר יִשְׁכַּב conj.-n.m.s. (35)-rel. (81)-Qal impf. 3 m.s. (1011) *if a man lies*

אֶת־זָכָר prep. (II 85)-n.m.s. (271) *with a male*

מִשְׁכְּבֵי אִשָּׁה n.m.s. cstr. (1012)-n.f.s. (61) *as with a woman*

תּוֹעֵבָה עָשׂוּ שְׁנֵיהֶם n.f.s. (1072)-Qal pf. 3 c.p. (עָשָׂה I 793)-num. m.p.-3 m.p. sf. (1040) *both of them have committed an abomination*

מוֹת יוּמְתוּ Qal inf.abs. (מוּת 559)-Ho. impf. 3 m.p. (מוּת 559) *they shall be put to death*

דְּמֵיהֶם בָּם n.m.p.-3 m.p. sf. (196)-prep.-3 m.p. sf. *their blood is upon them*

20:14

וְאִישׁ אֲשֶׁר יִקַּח conj.-n.m.s. (35)-rel. (81)-Qal impf. 3 m.s. (לָקַח 542) *if a man takes*

אֶת־אִשָּׁה וְאֶת־אִמָּהּ dir.obj. (GK 117d)-n.f.s. (61)-conj.-dir.obj.-n.f.s.-3 f.s. sf. (51) *a wife and her mother also*

זִמָּה הִוא n.f.s. (273)-demons.adj. f.s. (214) *it is wickedness*

בָּאֵשׁ יִשְׂרְפוּ prep.-def.art.-n.f.s. (77)-Qal impf. 3 m.p. (שָׂרַף 976) *they shall be burned with fire*

אֹתוֹ וְאֶתְהֶן dir.obj.-3 m.s. sf.-conj.-dir.obj.-3 f.p. sf. *both he and they*

וְלֹא־תִהְיֶה זִמָּה conj.-neg.-Qal impf. 3 f.s. (הָיָה 224)-v.supra *that there may be no wickedness*

בְּתוֹכְכֶם prep.-n.m.s.-2 m.p. sf. (1063) *among you*

20:15

וְאִישׁ אֲשֶׁר יִתֵּן שְׁכָבְתּוֹ conj.-n.m.s. (35)-rel. (81)-Qal impf. 3 m.s. (נָתַן 678)-n.f.s.-3 m.s. sf. (1012) *if a man lies*

בִּבְהֵמָה prep.-n.f.s. (96) *with a beast*

מוֹת יוּמָת Qal inf.abs. (מוּת 559)-Ho. impf. 3 m.s. (מוּת 559) *he shall be put to death*

וְאֶת־הַבְּהֵמָה conj.-dir.obj.-def.art.-n.f.s. (96) *and the beast*

תַּהֲרֹגוּ Qal impf. 2 m.p. (הָרַג 246) *you shall kill*

20:16

וְאִשָּׁה אֲשֶׁר תִּקְרַב conj.-n.f.s. (61)-rel. (81)-Qal impf. 3 f.s. (קָרַב 897) *and a woman who approaches*

אֶל־כָּל־בְּהֵמָה prep.-n.m.s. cstr. (481)-n.f.s. (96) *any beast*

לְרִבְעָה אֹתָהּ prep.-Qal inf.cstr. (רָבַע II 918)-dir.obj.-3 f.s. sf. *and lies with it*

וְהָרַגְתָּ conj.-Qal pf. 2 m.s. (הָרַג 246) *you shall kill*

אֶת־הָאִשָּׁה dir.obj.-def.art.-n.f.s. (61) *the woman*

וְאֶת־הַבְּהֵמָה conj.-dir.obj.-def.art.-n.f.s. (96) *and the beast*

מוֹת יוּמָתוּ Qal inf.abs. (מוּת 559)-Ho. impf. 3 m.p. (מוּת 559) *they shall be put to death*

דְּמֵיהֶם בָּם n.m.p.-3 m.p. sf. (196)-prep.-3 m.p. sf. *their blood is upon them*

20:17

וְאִישׁ אֲשֶׁר־יִקַּח conj.-n.m.s. (35)-rel. (81)-Qal impf. 3 m.s. (לָקַח 542) *if a man takes*

אֶת־אֲחֹתוֹ dir.obj.-n.f.s.-3 m.s. sf. (27) *his sister*

בַּת־אָבִיו n.f.s. cstr. (I 123)-n.m.s.-3 m.s. sf. (3) *a daughter of his father*

אוֹ בַת־אִמּוֹ conj. (14)-v.supra-n.f.s.-3 m.s. sf. (51) *or a daughter of his mother*

וְרָאָה conj.-Qal pf. 3 m.s. (906) *and sees*

אֶת־עֶרְוָתָהּ dir.obj.-n.f.s.-3 f.s. sf. (788) *her nakedness*

וְהִיא־תִרְאֶה conj.-pers.pr. 3 f.s. (214)-Qal impf. 3 f.s. (רָאָה 906) *and she sees*

אֶת־עֶרְוָתוֹ dir.obj.-n.f.s.-3 m.s. sf. (788) *his nakedness*

חֶסֶד הוּא n.m.s. (II 340)-demons.adj. m.s. (214) *it is a shameful thing*

וְנִכְרְתוּ conj.-Ni. pf. 3 c.p. (כָּרַת 503) *and they shall be cut off*

לְעֵינֵי בְּנֵי עַמָּם prep.-n.f.p. cstr. (744)-n.m.p. cstr. (119)-n.m.s.-3 m.p. sf. (I 766) *in the sight of the children of their people*

עֶרְוַת אֲחֹתוֹ n.f.s. cstr. (788)-n.f.s.-3 m.s. sf. (27) *his sister's nakedness*

גִּלָּה Pi. pf. 3 m.s. (גָּלָה 162) *he has uncovered*

עֲוֹנוֹ יִשָּׂא n.m.s.-3 m.s. sf. (730)-Qal impf. 3 m.s. (נָשָׂא 669) *he shall bear his iniquity*

20:18

וְאִישׁ אֲשֶׁר־יִשְׁכַּב conj.-n.m.s. (35)-rel. (81)-Qal impf. 3 m.s. (1011) *if a man lies*

אֶת־אִשָּׁה dir.obj.-n.f.s. (61) *with a woman*

דָּוָה adj. f.s. (188) *having her sickness*

וְגִלָּה אֶת־עֶרְוָתָהּ conj.-Pi. pf. 3 m.s. (162)-dir.obj.-n.f.s.-3 f.s. sf. (788) *and uncovers her nakedness*

אֶת־מְקֹרָהּ dir.obj.-n.m.s.-3 f.s. sf. (881) *her fountain*

הֶעֱרָה Hi. pf. 3 m.s. (עָרָה 788) *he has made naked*

וְהִיא גִּלְּתָה conj.-pers.pr. 3 f.s. (214)-Pi. pf. 3 f.s. (גָּלָה 162) *and she has uncovered*

אֶת־מְקוֹר דָּמֶיהָ dir.obj.-n.m.s. cstr. (881)-n.m.p.-3 f.s. sf. (196) *the fountain of her blood*

וְנִכְרְתוּ שְׁנֵיהֶם conj.-Ni. pf. 3 c.p. (כָּרַת 503)-num. m.p.-3 m.p. sf. (1040) *both of them shall be cut off*

מִקֶּרֶב עַמָּם prep.-n.m.s. cstr. (899)-n.m.s.-3 m.p. sf. (I 766) *from among their people*

20:19

וְעֶרְוַת conj.-n.f.s. cstr. (788) *and the nakedness of*

אֲחוֹת אִמְּךָ n.f.s. cstr. (27)-n.f.s.-2 m.s. sf. (51) *your mother's sister*

וַאֲחוֹת אָבִיךָ conj.-n.f.s. cstr. (27)-n.m.s.-2 m.s. sf. (3) *or your father's sister*

לֹא תְגַלֵּה neg.-Pi. impf. 2 m.s. paus. (גָּלָה 162; GK 75hh) *you shall not uncover*

כִּי אֶת־שְׁאֵרוֹ conj. (471)-dir.obj.-n.m.s.-3 m.s. sf. (984) *for ... one's near kin*

הֶעֱרָה Hi. pf. 3 m.s. (עָרָה 788) *that is to make naked*

עֲוֹנָם יִשָּׂאוּ n.m.s.-3 m.p. sf. (730)-Qal impf. 3 m.p. (נָשָׂא 669) *they shall bear their iniquity*

20:20

וְאִישׁ אֲשֶׁר יִשְׁכַּב conj.-n.m.s. (35)-rel. (81)-Qal impf. 3 m.s. (1011) *if a man lies*

אֶת־דֹּדָתוֹ dir.obj.-n.f.s.-3 m.s. sf. (187) *with his uncle's wife*

עֶרְוַת דֹּדוֹ n.f.s. cstr. (788)-n.m.s.-3 m.s. sf. (187) *his uncle's nakedness*

גִּלָּה Pi. pf. 3 m.s. (162) *he has uncovered*

חֶטְאָם יִשָּׂאוּ n.m.s.-3 m.p. sf. (307)-Qal impf. 3 m.p. (נָשָׂא 669) *they shall bear their sin*

עֲרִירִים יָמֻתוּ adj. m.p. (792)-Qal impf. 3 m.p. (מוּת 559) *they shall die childless*

20:21

וְאִישׁ אֲשֶׁר יִקַּח conj.-n.m.s. (35)-rel. (81)-Qal impf. 3 m.s. (לָקַח 542) *if a man takes*

אֶת־אֵשֶׁת אָחִיו dir.obj.-n.f.s. cstr. (61)-n.m.s.-3 m.s. sf. (26) *his brother's wife*

נִדָּה הִוא n.f.s. (622)-demons.adj. f.s. (214) *it is impurity*

עֶרְוַת אָחִיו n.f.s. cstr. (788)-n.m.s.-3 m.s. sf. (26) *his brother's nakedness*

גִּלָּה Pi. pf. 3 m.s. (162) *he has uncovered*

עֲרִירִים יִהְיוּ adj. m.p. (792)-Qal impf. 3 m.p. (הָיָה 224) *they shall be childless*

20:22

וּשְׁמַרְתֶּם conj.-Qal pf. 2 m.p. (1036) *you shall therefore keep*

אֶת־כָּל־חֻקֹּתַי dir.obj.-n.m.s. cstr. (481)-n.f.p.-1 c.s. sf. (349) *all my statutes*

וְאֶת־כָּל־מִשְׁפָּטַי conj.-dir.obj.-n.m.s. cstr. (481)-n.m.p.-1 c.s. sf. (1048) *and all my ordinances*

וַעֲשִׂיתֶם אֹתָם conj.-Qal pf. 2 m.p. (עָשָׂה I 793)-dir.obj.-3 m.p. sf. *and do them*

וְלֹא־תָקִיא אֶתְכֶם conj.-neg.-Qal or Hi. impf. 3 f.s. (קִיא 883)-dir.obj.-2 m.p. sf. *that may not vomit you out*

הָאָרֶץ def.art.-n.f.s. (75) *the land*

אֲשֶׁר אֲנִי מֵבִיא rel. (81)-pers.pr. 1 c.s. (58)-Hi. ptc. (בּוֹא 97) *where I am bringing*

אֶתְכֶם v.supra *you*

שָׁמָּה adv.-dir.he (1027) *there*

לָשֶׁבֶת בָּהּ prep.-Qal inf.cstr. (יָשַׁב 442)-prep.-3 f.s. sf. *to dwell (in it)*

20:23

וְלֹא תֵלְכוּ conj.-neg.-Qal impf. 2 m.p. (הָלַךְ 229) *and you shall not walk*

בְּחֻקֹּת הַגּוֹי prep.-n.f.p. cstr. (349)-def.art.-n.m.s. (156) *in the customs of the nation*

אֲשֶׁר־אֲנִי מְשַׁלֵּחַ rel. (81)-pers.pr. 1 c.s. (58)-Pi. ptc. (שָׁלַח 1018) *which I am casting out*

מִפְּנֵיכֶם prep.-n.m.p.-2 m.p. sf. (815) *before you*

כִּי אֶת־כָּל־אֵלֶּה conj. (471)-dir.obj.-n.m.s. cstr. (481)-demons.adj. c.p. (41) *for all these things*

עָשׂוּ Qal pf. 3 c.p. (עָשָׂה I 793) *they did*

וָאָקֻץ בָּם consec.-Qal impf. 1 c.s. (קוּץ I 880)-prep.-3 m.p. sf. *and therefore I abhorred them*

20:24

וָאֹמַר לָכֶם consec.-Qal impf. 1 c.s. (אָמַר 55)-prep.-2 m.p. sf. *but I have said to you*

אַתֶּם תִּירְשׁוּ pers.pr. 2 m.p. (61)-Qal impf. 2 m.p. (יָרַשׁ 439) *you shall inherit*

אֶת־אַדְמָתָם dir.obj.-n.f.s.-3 m.p. sf. (9) *their land*

וַאֲנִי אֶתְּנֶנָּה לָכֶם conj.-pers.pr. 1 c.s. (58)-Qal impf. 1 c.s.-3 f.s. sf. (נָתַן 678)-prep.-2 m.p. sf. *and I will give it to you*

לָרֶשֶׁת אֹתָהּ prep.-Qal inf.cstr. (יָרַשׁ 439)-dir. obj.-3 f.s. sf. *to possess (it)*

אֶרֶץ n.f.s. (75) *a land*

זָבַת Qal act.ptc. f.s. cstr. (זוּב 264) *flowing with*

חָלָב וּדְבָשׁ n.m.s. (316)-conj.-n.m.s. (185) *milk and honey*

אֲנִי יהוה pers.pr. 1 c.s. (58)-pr.n. (217) *I am Yahweh*

אֱלֹהֵיכֶם n.m.p.-2 m.p. sf. (43) *your God*

אֲשֶׁר־הִבְדַּלְתִּי אֶתְכֶם rel. (81)-Hi. pf. 1 c.s. (בָּדַל 95)-dir.obj.-2 m.p. sf. *I who have separated you*

מִן־הָעַמִּים prep.-def.art.-n.m.p. (I 766) *from the peoples*

20:25

וְהִבְדַּלְתֶּם conj.-Hi. pf. 2 m.p. (בָּדַל 95) *you shall therefore make a distinction*

בֵּין הַבְּהֵמָה הַטְּהֹרָה prep. (107)-def.art.-n.f.s. (96)-def.art.-adj. f.s. (373) *the clean beast*

לַטְּמֵאָה prep.-def.art.-adj. f.s. (379) *and the unclean*

וּבֵין־הָעוֹף הַטָּמֵא conj.-v.supra-def.art.-n.m.s. (733)-def.art.-adj. m.s. (379) *and between the unclean bird*

לַטָּהֹר prep.-def.art.-adj. m.s. (373) *and the clean*

וְלֹא־תְשַׁקְּצוּ conj.-neg.-Pi. impf. 2 m.p. (שׁקץ 1055) *you shall not make ... abominable*

אֶת־נַפְשֹׁתֵיכֶם dir.obj.-n.f.p.-2 m.p. sf. (659) *yourselves*

בַּבְּהֵמָה prep.-def.art.-n.f.s. (96) *by beast*

וּבָעוֹף conj.-prep.-def.art.-n.m.s. (733) *or by bird*

וּבְכֹל אֲשֶׁר conj.-prep.-n.m.s. (481)-rel. (81) *or by anything with which*

תִּרְמֹשׂ הָאֲדָמָה Qal impf. 3 f.s. (רמשׂ 942)-def.art.-n.f.s. (9) *the ground teems*

אֲשֶׁר־הִבְדַּלְתִּי rel. (81)-Hi. pf. 1 c.s. (בדל 95) *which I have set apart*

לָכֶם prep.-2 m.p. sf. *for you*

לְטַמֵּא prep.-Pi. inf.cstr. (379) *to hold unclean*

20:26

וִהְיִיתֶם לִי conj.-Qal pf. 2 m.p. (היה 224)-prep.-1 c.s. sf. *you shall be to me*

קְדֹשִׁים adj. m.p. (872) *holy*

כִּי קָדוֹשׁ conj. (471)-adj. m.s. (872) *for holy*

אֲנִי יהוה pers.pr. 1 c.s. (58)-pr.n. (217) *I Yahweh*

וָאַבְדִּל אֶתְכֶם consec.-Hi. impf. 1 c.s. (בדל 95)-dir.obj.-2 m.p. sf. *and have separated you*

מִן־הָעַמִּים prep.-def.art.-n.m.p. (I 766) *from the peoples*

לִהְיוֹת לִי prep.-Qal inf.cstr. (היה 224)-prep.-1 c.s. sf. *that you should be mine*

20:27

וְאִישׁ אוֹ־אִשָּׁה conj.-n.m.s. (35)-conj. (14)-n.f.s. (61) *a man or a woman*

כִּי־יִהְיֶה בָהֶם conj. (471)-Qal impf. 3 m.s. (224)-prep.-3 m.p. sf. *who is (among them)*

אוֹב אוֹ יִדְעֹנִי n.m.s. (15)-conj. (14)-n.m.s. (396) *a medium or a wizard*

מוֹת יוּמָתוּ Qal inf.abs. (מות 559)-Ho. impf. 3 m.p. (מות 559) *shall be put to death*

בָּאֶבֶן prep.-def.art.-n.f.s. (6) *with stones*

יִרְגְּמוּ אֹתָם Qal impf. 3 m.p. (רגם 920)-dir.obj.-3 m.p. sf. *they shall be stoned*

דְּמֵיהֶם בָּם n.m.p.-3 m.p. sf. (196)-prep.-3 m.p. sf. *their blood shall be upon them*

21:1

וַיֹּאמֶר יהוה consec.-Qal impf. 3 m.s. (55)-pr.n. (217) *and Yahweh said*

אֶל־מֹשֶׁה prep.-pr.n. (602) *to Moses*

אֱמֹר Qal impv. 2 m.s. (55) *speak*

אֶל־הַכֹּהֲנִים prep.-def.art.-n.m.p. (463) *to the priests*

בְּנֵי אַהֲרֹן n.m.p. cstr. (119)-pr.n. (14) *the sons of Aaron*

וְאָמַרְתָּ אֲלֵהֶם conj.-Qal pf. 2 m.s. (55)-prep.-3 m.p. sf. *and say to them*

לְנֶפֶשׁ לֹא־יִטַּמָּא prep.-n.f.s. (659)-neg.-Hith. impf. 3 m.s. (טמא 379) *no one shall defile himself for the dead*

בְּעַמָּיו prep.-n.m.p.-3 m.s. sf. (I 766) *among his people*

21:2

כִּי אִם־לִשְׁאֵרוֹ conj. (471)-hypoth.part. (49)-prep.-n.m.s.-3 m.s. sf. (984) *except for his ... kin*

הַקָּרֹב אֵלָיו def.art.-adj. m.s. (898)-prep.-3 m.s. sf. *his nearest*

לְאִמּוֹ prep.-n.f.s.-3 m.s. sf. (51) *his mother*

וּלְאָבִיו conj.-prep.-n.m.s.-3 m.s. sf. (3) *his father*

וְלִבְנוֹ conj.-prep.-n.m.s.-3 m.s. sf. (119) *his son*

וּלְבִתּוֹ conj.-prep.-n.f.s.-3 m.s. sf. (I 123) *his daughter*

וּלְאָחִיו conj.-prep.-n.m.s.-3 m.s. sf. (26) *his brother*

21:3

וְלַאֲחֹתוֹ הַבְּתוּלָה conj.-prep.-n.f.s.-3 m.s. sf. (27)-def.art.-n.f.s. (143) *or his virgin sister*

הַקְּרוֹבָה אֵלָיו def.art.-adj. f.s. (898)-prep.-3 m.s. sf. *who is near to him*

אֲשֶׁר לֹא־הָיְתָה לְאִישׁ rel. (81)-neg.-Qal pf. 3 f.s. (היה 224)-prep.-n.m.s. (35) *because she has had no husband*

לָהּ יִטַּמָּא prep.-3 f.s. sf.-Hith. impf. 3 m.s. (טמא 379) *for her he may defile himself*

21:4

לֹא יִטַּמָּא neg.-Hith. impf. 3 m.s. (טמא 379) *he shall not defile himself*

בַּעַל n.m.s. (127) *as a husband*

בְּעַמָּיו prep.-n.m.p.-3 m.s. sf. (I 766) *among his people*

לְהֵחַלּוֹ prep.-Ni. inf.cstr.-3 m.s. sf. (חלל III 320; GK 67t) *and so profane himself*

21:5

לֹא־יִקְרְחֻה קָרְחָה neg.-Qal impf. 3 m.p. (קרח I 901)-n.f.s. (901) *they shall not make bald a bald spot*

בְּרֹאשָׁם prep.-n.m.s.-3 m.p. sf. (910) *upon their heads*

וּפְאַת זְקָנָם conj.-n.f.s. cstr. (802)-n.m.s.-3 m.p. sf. (278) *and the edges of their beards*

לֹא יְגַלֵּחוּ neg.-Pi. impf. 3 m.p. (גָּלַח 164) *they shall not shave off*

וּבִבְשָׂרָם conj.-prep.-n.m.s.-3 m.p. sf. *and in their flesh*

לֹא יִשְׂרְטוּ שָׂרָטֶת neg.-Qal impf. 3 m.p. (שָׂרַט 976)-n.f.s. (976) *nor make any cuttings*

21:6

קְדֹשִׁים יִהְיוּ adj. m.p. (872)-Qal impf. 3 m.p. (הָיָה 224) *they shall be holy*

לֵאלֹהֵיהֶם prep.-n.m.p.-3 m.p. sf. (43) *to their God*

וְלֹא יְחַלְּלוּ conj.-neg.-Pi. impf. 3 m.p. (חָלַל III 320) *and not profane*

שֵׁם אֱלֹהֵיהֶם n.m.s. cstr. (1027)-n.m.p.-3 m.p. sf. (43) *the name of their God*

כִּי אֶת־אִשֵּׁי יהוה conj. (471)-dir.obj.-n.m.p. cstr. (77)-pr.n. (217) *for the offerings by fire to Yahweh*

לֶחֶם אֱלֹהֵיהֶם n.m.s. cstr. (536)-n.m.p.-3 m.p. sf. (43) *the bread of their God*

הֵם מַקְרִיבִם pers.pr. 3 m.p. (241)-Hi. ptc. m.p. (קָרַב 897) *they offer*

וְהָיוּ קֹדֶשׁ conj.-Qal pf. 3 c.p. (הָיָה 224)-n.m.s. (871) *therefore they shall be holy*

21:7

אִשָּׁה זֹנָה n.f.s. (61)-Qal act.ptc. f.s. (זָנָה 275) *a harlot*

וַחֲלָלָה conj.-adj. f.s. (321) *or a woman who has been defiled*

לֹא יִקָּחוּ neg.-Qal impf. 3 m.p. (לָקַח 542) *they shall not marry (take)*

וְאִשָּׁה גְּרוּשָׁה conj.-n.f.s. (61)-Qal pass.ptc. f.s. (גָּרַשׁ 176) *and a woman divorced*

מֵאִישָׁהּ prep.-n.m.s.-3 f.s. sf. (35) *from her husband*

לֹא יִקָּחוּ neg.-Qal impf. 3 m.p. (לָקַח 542) *they shall not marry (take)*

כִּי־קָדֹשׁ הוּא conj. (471)-adj. m.s. (872)-pers.pr. 3 m.s. (214) *for he is holy*

לֵאלֹהָיו prep.-n.m.p.-3 m.s. sf. (43) *to his God*

21:8

וְקִדַּשְׁתּוֹ conj.-Pi. pf. 2 m.s.-3 m.s. sf. (קָדַשׁ 872) *you shall consecrate him*

כִּי־אֶת־לֶחֶם אֱלֹהֶיךָ conj. (471)-dir.obj.-n.m.s.

cstr. (536)-n.m.p.-2 m.s. sf. (43) *for the bread of your God*

הוּא מַקְרִיב pers.pr. 3 m.s. (214)-Hi. ptc. m.s. (897) *he offers*

קָדֹשׁ יִהְיֶה־לָּךְ adj. m.s. (872)-Qal impf. 3 m.s. (הָיָה 224)-prep.-2 m.s. sf. paus. *he shall be holy to you*

כִּי קָדוֹשׁ conj. (471)-adj. m.s. (872) *for am holy*

אֲנִי יהוה pers.pr. 1 c.s. (58)-pr.n. (217) *I Yahweh*

מְקַדִּשְׁכֶם Pi. ptc. m.s.-2 m.p. sf. (קָדַשׁ 872) *who sanctify you*

21:9

וּבַת אִישׁ conj.-n.f.s. cstr. (I 123)-n.m.s. (35) *and the daughter of a man*

כֹּהֵן n.m.s. (463) *a priest*

כִּי תֵחֵל conj. (471; GK 164d)-Ni. impf. 3 f.s. (חָלַל III 320; GK 67t) *if she profanes herself*

לִזְנוֹת prep.-Qal inf.cstr. (זָנָה 275) *by playing the harlot*

אֶת־אָבִיהָ dir.obj.-n.m.s.-3 f.s. sf. (3) *her father*

הִיא מְחַלֶּלֶת pers.pr. 3 f.s. (214)-Pi. ptc. f.s. (חָלַל III 320) *she profanes*

בָּאֵשׁ תִּשָּׂרֵף prep.-def.art.-n.f.s. (77)-Ni. impf. 3 f.s. (שָׂרַף 976) *she shall be burned with fire*

21:10

וְהַכֹּהֵן הַגָּדוֹל conj.-def.art.-n.m.s. (463)-def.art.-adj. m.s. (152) *the priest who is chief*

מֵאֶחָיו prep.-n.m.p.-3 m.s. sf. (26) *among his brethren*

אֲשֶׁר־יוּצַק rel. (81)-Ho. impf. 3 m.s. (יָצַק 427) *which ... is poured*

עַל־רֹאשׁוֹ prep.-n.m.s.-3 m.s. sf. (910) *upon his head*

שֶׁמֶן הַמִּשְׁחָה n.m.s. cstr. (1032)-def.art.-n.f.s. (603) *the anointing oil*

וּמִלֵּא אֶת־יָדוֹ conj.-Pi. pf. 3 m.s. (569)-dir.obj.-n.f.s.-3 m.s. sf. (388) *and who has been consecrated*

לִלְבֹּשׁ prep.-Qal inf.cstr. (527) *to wear*

אֶת־הַבְּגָדִים dir.obj.-def.art.-n.m.p. (93) *the garments*

אֶת־רֹאשׁוֹ dir.obj.-n.m.s.-3 m.s. sf. (910) *his head*

לֹא יִפְרָע neg.-Qal impf. 3 m.s. (פָּרַע III 828) *he shall not let hang loose*

וּבְגָדָיו conj.-n.m.p.-3 m.s. sf. (93) *and his clothes*

לֹא יִפְרֹם neg.-Qal impf. 3 m.s. (827) *he shall not rend*

21:11

וְעַל כָּל־נַפְשֹׁת מֵת conj.-prep.-n.m.s. cstr. (481) -n.f.p. (659)-Qal act.ptc. (מות 559) *to any dead body*

לֹא יָבֹא neg.-Qal impf. 3 m.s. (בוא 97) *he shall not go in*

לְאָבִיו prep.-n.m.s.-3 m.s. sf. (3) *for his father*

וּלְאִמּוֹ conj.-prep.-n.f.s.-3 m.s. sf. (51) *or for his mother*

לֹא יִטַּמָּא neg.-Hith. impf. 3 m.s. (טמא 379) *he shall not defile himself*

21:12

וּמִן־הַמִּקְדָּשׁ conj.-prep.-def.art.-n.m.s. (874) *out of the sanctuary*

לֹא יֵצֵא neg.-Qal impf. 3 m.s. (יצא 422) *he shall not go*

וְלֹא יְחַלֵּל conj.-neg.-Pi. impf. 3 m.s. (חלל III 320) *he shall not profane*

אֵת מִקְדַּשׁ אֱלֹהָיו dir.obj.-n.m.s. cstr. (874) -n.m.p.-3 m.s. sf. (43) *the sanctuary of his God*

כִּי נֵזֶר conj. (471)-n.m.s. cstr. (634) *for the consecration of*

שֶׁמֶן מִשְׁחַת אֱלֹהָיו n.m.s. cstr. (1032)-n.f.s. cstr. (603)-n.m.p.-3 m.s. sf. (43) *the anointing oil of his God*

עָלָיו prep.-3 m.s. sf. *is upon him*

אֲנִי יהוה pers.pr. 1 c.s. (58)-pr.n. (217) *I am Yahweh*

21:13

וְהוּא conj.-pers.pr. 3 m.s. (214) *and he*

אִשָּׁה בִבְתוּלֶיהָ n.f.s. (61)-prep.-n.f.p.-3 f.s. sf. (144) *a wife in her virginity*

יִקָּח Qal impf. 3 m.s. paus. (לקח 542) *he shall take*

21:14

אַלְמָנָה n.f.s. (48) *a widow*

וּגְרוּשָׁה conj.-Qal pass.ptc. f.s. (גרשׁ 176) *or one divorced*

וַחֲלָלָה זֹנָה conj.-adj. f.s. (321)-Qal act.ptc. f.s. (זנה 275) *or a woman who has been defiled a harlot*

אֶת־אֵלֶּה dir.obj.-adj. c.p. (41) *these*

לֹא יִקָּח neg.-Qal impf. 3 m.s. paus. (לקח 542) *he shall not marry*

כִּי אִם־בְּתוּלָה conj. (471)-hypoth.part. (49)-n.f.s. (143) *but a virgin*

מֵעַמָּיו prep.-n.m.p.-3 m.s. sf. (I 766) *of his own people*

יִקַּח אִשָּׁה Qal impf. 3 m.s. (לקח 542)-n.f.s. (61) *he shall take to wife*

21:15

וְלֹא־יְחַלֵּל conj.-neg.-Pi. impf. 3 m.s. (חלל III 320) *that he may not profane*

זַרְעוֹ n.m.s.-3 m.s. sf. (282) *his children*

בְּעַמָּיו prep.-n.m.p.-3 m.s. sf. (I 766) *among his people*

כִּי אֲנִי יהוה conj. (471)-pers.pr. 1 c.s. (58)-pr.n. (217) *for I am Yahweh*

מְקַדְּשׁוֹ Pi. ptc. m.s.-3 m.s. sf. (קדשׁ 872) *who sanctify him*

21:16

וַיְדַבֵּר יהוה consec.-Pi. impf. 3 m.s. (180)-pr.n. (217) *and Yahweh said*

אֶל־מֹשֶׁה prep.-pr.n. (602) *to Moses*

לֵּאמֹר prep.-Qal inf.cstr. (55) *(saying)*

21:17

דַּבֵּר Pi. impv. 2 m.s. (180) *say*

אֶל־אַהֲרֹן prep.-pr.n. (14) *to Aaron*

לֵאמֹר prep.-Qal inf.cstr. (55) *(saying)*

אִישׁ מִזַּרְעֲךָ n.m.s. (35)-prep.-n.m.s.-2 m.s. sf. (282) *any of your descendants*

לְדֹרֹתָם prep.-n.m.p.-3 m.p. sf. (189) *throughout their generations*

אֲשֶׁר יִהְיֶה בוֹ מוּם rel. (81)-Qal impf. 3 m.s. (היה 224)-prep.-3 m.s. sf.-n.m.s. (548) *who has a blemish*

לֹא יִקְרַב neg.-Qal impf. 3 m.s. (קרב 897) *may not approach*

לְהַקְרִיב prep.-Hi. inf.cstr. (קרב 897) *to offer*

לֶחֶם אֱלֹהָיו n.m.s. cstr. (536)-n.m.p.-3 m.s. sf. (43) *the bread of his God*

21:18

כִּי כָל־אִישׁ אֲשֶׁר־בּוֹ מוּם conj. (471)-n.m.s. cstr. (481)-n.m.s. (35)-rel. (81)-prep.-3 m.s. sf. -n.m.s. (548) *for any one who has a blemish*

לֹא יִקְרָב neg.-Qal impf. 3 m.s. paus. *shall not draw near*

אִישׁ עִוֵּר n.m.s. (35)-adj. m.s. (734) *a man blind*

אוֹ פִסֵּחַ conj. (14)-adj. m.s. (820) *or lame*

אוֹ חָרֻם conj. (14)-Qal pass.ptc. m.s. (חרם II 356) *or mutilated (in the face)*

אוֹ שָׂרוּעַ conj. (14)-Qal pass.ptc. m.s. (שׂרע 976) *or a limb too long*

21:19

אוֹ אִישׁ conj. (14)-n.m.s. (35) *or a man*

אֲשֶׁר־יִהְיֶה בוֹ rel. (81)–Qal impf. 3 m.s. (הָיָה 224)–prep.-3 m.s. sf. *who has*

שֶׁבֶר רָגֶל n.m.s. cstr. (991)–n.f.s. paus. (919) *an injured foot*

אוֹ שֶׁבֶר יָד v.supra-v.supra-n.f.s. (388) *or an injured hand*

21:20

אוֹ־גִבֵּן conj. (14)–adj. m.s. (148) *or a hunchback*

אוֹ־דַק v.supra-adj. m.s. (201) *or a dwarf*

אוֹ תְּבַלֻּל v.supra-n.m.s. (117) *or a man with a defect*

בְּעֵינוֹ prep.-n.f.s.-3 m.s. sf. (744) *in his sight*

אוֹ גָרָב v.supra-n.m.s. (173) *or an itching disease*

אוֹ יַלֶּפֶת v.supra-n.f.s. (410) *or scabs*

אוֹ מְרוֹחַ אָשֶׁךְ v.supra-n.m.s. cstr. (598)–n.m.s. paus. (79) *or crushed testicle*

21:21

כָּל־אִישׁ n.m.s. cstr. (481)–n.m.s. (35) *any person*

אֲשֶׁר־בּוֹ מוּם rel. (81)–prep.-3 m.s. sf.-n.m.s. (548) *who has a blemish*

מִזֶּרַע אַהֲרֹן prep.-n.m.s. cstr. (282)–pr.n. (14) *of the descendants of Aaron*

הַכֹּהֵן def.art.-n.m.s. (463) *the priest*

לֹא יִגַּשׁ neg.-Qal impf. 3 m.s. (620) *shall not come near*

לְהַקְרִיב prep.-Hi. inf.cstr. (קָרַב 897) *to offer*

אֶת־אִשֵּׁי יהוה dir.obj.-n.m.p. cstr. (77)–pr.n. (217) *Yahweh's offering by fire*

מוּם בּוֹ n.m.s. (548)–prep.-3 m.s. sf. *since he has a blemish*

אֵת לֶחֶם אֱלֹהָיו dir.obj. (GK 142fN)–n.m.s. cstr. (536)–n.m.p.-3 m.s. sf. (43) *the bread of his God*

לֹא יִגַּשׁ v.supra-v.supra *he shall not come near*

לְהַקְרִיב v.supra *to offer*

21:22

לֶחֶם אֱלֹהָיו n.m.s. cstr. (536)–n.m.p.-3 m.s. sf. (43) *the bread of his God*

מִקָּדְשֵׁי הַקֳּדָשִׁים prep.-n.m.p. cstr. (871)–def.art.-n.m.p. (871) *of the most holy*

וּמִן־הַקֳּדָשִׁים conj.-prep.-def.art.-n.m.p. (871) *and of the holy things*

יֹאכֵל Qal impf. 3 m.s. (אָכַל 37) *he may eat*

21:23

אַךְ אֶל־הַפָּרֹכֶת adv. (36)–prep.-def.art.-n.f.s. (827) *but the veil*

לֹא יָבֹא neg.-Qal impf. 3 m.s. (בּוֹא 97) *he shall not come near*

וְאֶל־הַמִּזְבֵּחַ conj.-prep.-def.art.-n.m.s. (258) *of the altar*

לֹא יִגַּשׁ neg.-Qal impf. 3 m.s. (נָגַשׁ 620) *he shall not approach*

כִּי־מוּם בּוֹ conj. (471)–n.m.s. (548)–prep.-3 m.s. sf. *because he has a blemish*

וְלֹא יְחַלֵּל conj.-neg.-Pi. impf. 3 m.s. (חָלַל III 320) *that he may not profane*

אֶת־מִקְדָּשַׁי dir.obj.-n.m.p.-1 c.s. sf. (874) *my sanctuaries*

כִּי אֲנִי יהוה conj. (471)–pers.pr. 1 c.s. (58)–pr.n. (217) *for I am Yahweh*

מְקַדְּשָׁם Pi. ptc. m.s.-3 m.p. sf. (קָדַשׁ 872) *who sanctify them*

21:24

וַיְדַבֵּר מֹשֶׁה consec.-Pi. impf. 3 m.s. (180)–pr.n. (602) *so Moses spoke*

אֶל־אַהֲרֹן prep.-pr.n. (14) *to Aaron*

וְאֶל־בָּנָיו conj.-prep.-n.m.p.-3 m.s. sf. (119) *and to his sons*

וְאֶל־כָּל־בְּנֵי יִשְׂרָאֵל conj.-prep.-n.m.s. cstr. (481)–n.m.p. cstr. (119)–pr.n. (975) *and to all the people of Israel*

22:1

וַיְדַבֵּר יהוה consec.-Pi. impf. 3 m.s. (180)–pr.n. (217) *and Yahweh said*

אֶל־מֹשֶׁה prep.-pr.n. (602) *to Moses*

לֵּאמֹר prep.-Qal inf.cstr. (55) *(saying)*

22:2

דַּבֵּר Pi. impv. 2 m.s. (דָבַר 180) *tell*

אֶל־אַהֲרֹן prep.-pr.n. (14) *Aaron*

וְאֶל־בָּנָיו conj.-prep.-n.m.p.-3 m.s. sf. (119) *and his sons*

וְיִנָּזְרוּ conj.-Ni. impf. 3 m.p. (נָזַר 634) *to keep away*

מִקָּדְשֵׁי prep.-n.m.p. cstr. (871) *from the holy things of*

בְּנֵי־יִשְׂרָאֵל n.m.p. cstr. (119)–pr.n. (975) *the people of Israel*

וְלֹא יְחַלְּלוּ conj.-neg.-Pi. impf. 3 m.p. (חָלַל III 320) *that they may not profane*

אֶת־שֵׁם קָדְשִׁי dir.obj.-n.m.s. cstr. (1027)–n.m.s.-1 c.s. sf. (871) *my holy name*

אֲשֶׁר הֵם מַקְדִּשִׁים rel. (81)–pers.pr. 3 m.p. (241)–Hi. ptc. m.p. (קָדַשׁ 872) *which they dedicate*

לִי prep.-1 c.s. sf. *to me*

אֲנִי יהוה pers.pr. 1 c.s. (58)–pr.n. (217) *I am Yahweh*

22:3

אֱמֹר אֲלֵהֶם Qal impv. 2 m.s. (55)–prep.-3 m.p. sf. *say to them*

לְדֹרֹתֵיכֶם prep.-n.m.p.-2 m.p.sf. (189) *throughout your generations*

כָּל־אִישׁ אֲשֶׁר יִקְרַב n.m.s. cstr. (481)-n.m.s. (35) -rel. (81)-Qal impf. 3 m.s. (897) *any one who approaches*

מִכָּל־זַרְעֲכֶם prep.-n.m.s. cstr. (481)-n.m.s.-2 m.p. sf. (282) *of all your descendants*

אֶל־הַקֳּדָשִׁים prep.-def.art.-n.m.p. (871) *the holy things*

אֲשֶׁר יַקְדִּישׁוּ rel. (81)-Hi. impf. 3 m.p. (קדשׁ 872) *which ... dedicate*

בְּנֵי־יִשְׂרָאֵל n.m.p. cstr. (119)-pr.n. (975) *the people of Israel*

לַיהוָה prep.-pr.n. (217) *to Yahweh*

וְטֻמְאָתוֹ עָלָיו conj.-n.f.s.-3 m.s. sf. (380)-prep.-3 m.s. sf. *while he has an uncleanness*

וְנִכְרְתָה conj.-Ni. pf. 3 f.s. (כרת 503) *shall be cut off*

הַנֶּפֶשׁ הַהִוא def.art.-n.f.s. (659)-def.art. -demons.adj. f.s. (214) *that person*

מִלְּפָנַי prep.-prep.-n.m.p.-1 c.s. sf. (815) *from my presence*

אֲנִי יְהוָה pers.pr. 1 c.s. (58)-pr.n. (217) *I am Yahweh*

22:4

אִישׁ אִישׁ n.m.s. (35)-v.supra *any one*

מִזֶּרַע אַהֲרֹן prep.-n.m.s. cstr. (282)-pr.n. (14) *of the line of Aaron*

וְהוּא צָרוּעַ conj.-pers.pr. 3 m.s. (214)-Qal pass.ptc. m.s. (צרע 863) *who is a leper*

אוֹ זָב conj. (14)-Qal act.ptc. m.s. (זוב 264) *or suffers a discharge*

בַּקֳּדָשִׁים prep.-def.art.-n.m.p. (871) *of the holy things*

לֹא יֹאכַל neg.-Qal impf. 3 m.s. (37) *may not eat*

עַד אֲשֶׁר יִטְהָר prep. (III 723)-rel. (81)-Qal impf. 3 m.s. paus. (טהר 372) *until he is clean*

וְהַנֹּגֵעַ conj.-def.art.-Qal act.ptc. m.s. (נגע 619) *and whoever touches*

בְּכָל־טְמֵא־נֶפֶשׁ prep.-n.m.s. cstr. (481)-adj. m.s. cstr. (379)-n.f.s. (659) *anything that is unclean through contact with the dead*

אוֹ אִישׁ conj. (14)-n.m.s. (35) *or a man*

אֲשֶׁר־תֵּצֵא rel. (81)-Qal impf. 3 f.s. (יצא 422) *which ... goes out*

מִמֶּנּוּ prep.-3 m.s. sf. *from him*

שִׁכְבַת־זֶרַע n.f.s. cstr. (1012)-n.m.s. paus. (282) *an emission of semen*

22:5

אוֹ־אִישׁ אֲשֶׁר יִגַּע conj. (14)-n.m.s. (35)-rel. (81) -Qal impf. 3 m.s. (נגע 619) *and whoever touches*

בְּכָל־שֶׁרֶץ prep.-n.m.s. cstr. (481)-n.m.s. (1056) *a creeping thing*

אֲשֶׁר יִטְמָא־לוֹ v.supra-Qal impf. 3 m.s. (379) -prep.-3 m.s. sf. *by which he may be made unclean*

אוֹ בְאָדָם v.supra-prep.-n.m.s. (9) *or a man*

אֲשֶׁר יִטְמָא־לוֹ v.supra-v.supra-v.supra *from whom he may take uncleanness*

לְכֹל טֻמְאָתוֹ prep.-n.m.s. cstr. (481)-n.f.s.-3 m.s. sf. (380) *whatever his uncleanness may be*

22:6

נֶפֶשׁ אֲשֶׁר תִּגַּע־בּוֹ n.f.s. (659)-rel. (81)-Qal impf. 3 f.s. (נגע 619)-prep.-3 m.s. sf. *the person who touches any such*

וְטָמְאָה עַד־הָעֶרֶב conj.-Qal pf. 3 f.s. (379)-prep. (III 723)-def.art.-n.m.s. (787) *shall be unclean until the evening*

וְלֹא יֹאכַל conj.-neg.-Qal impf. 3 m.s. (37) *and he shall not eat*

מִן־הַקֳּדָשִׁים prep.-def.art.-n.m.p. (871) *of the holy things*

כִּי אִם־רָחַץ conj. (471)-hypoth.part. (49)-Qal pf. 3 m.s. (934) *unless he has bathed*

בְּשָׂרוֹ n.m.s.-3 m.s. sf. (142) *his body*

בַּמָּיִם prep.-def.art.-n.m.p. paus. (565) *in water*

22:7

וּבָא הַשֶּׁמֶשׁ conj.-Qal pf. 3 m.s. (בוא 97)-def.art. -n.m.s. (1039) *when the sun is down*

וְטָהֵר conj.-Qal pf. 3 m.s. (372) *he shall be clean*

וְאַחַר יֹאכַל conj.-adv. (29)-Qal impf. 3 m.s. (37) *and afterward he may eat*

מִן־הַקֳּדָשִׁים prep.-def.art.-n.m.p. (871) *of the holy things*

כִּי לַחְמוֹ הוּא conj. (471)-n.m.s.-3 m.s. sf. (536) -demons.adj. m.s. (2124) *because such are his food*

22:8

נְבֵלָה n.f.s. (615) *that which dies of itself*

וּטְרֵפָה conj.-n.f.s. (383) *or is torn by beasts*

לֹא יֹאכַל neg.-Qal impf. 3 m.s. (37) *he shall not eat*

527

לְטַמְאָה־בָהּ prep.-Qal inf.cstr. (טָמֵא I 379) -prep.-3 f.s. sf. *defiling himself by it*

אֲנִי יהוה pers.pr. 1 c.s. (58)-pr.n. (217) *I am Yahweh*

22:9

וְשָׁמְרוּ conj.-Qal pf. 3 c.p. (1036) *they shall therefore keep*

אֶת־מִשְׁמַרְתִּי dir.obj.-n.f.s.-1 c.s. sf. (1038) *my charge*

וְלֹא־יִשְׂאוּ עָלָיו conj.-neg.-Qal impf. 3 m.p. (669 נָשָׂא)-prep.-3 m.s. sf. *lest they bear for it*

חֵטְא n.m.s. (307) *sin*

וּמֵתוּ בוֹ conj.-Qal pf. 3 c.p. (מוּת 559)-prep.-3 m.s. sf. *and die thereby*

כִּי יְחַלְּלֻהוּ conj. (471)-Pi. impf. 3 m.p.-3 m.s. sf. (חָלַל III 320) *when they profane it*

אֲנִי יהוה pers.pr. 1 c.s. (58)-pr.n. (217) *I am Yahweh*

מְקַדְּשָׁם Pi. ptc. m.s.-3 m.p. sf. (קָדַשׁ 872) *who sanctify them*

22:10

וְכָל־זָר conj.-n.m.s. cstr. (481)-Qal act.ptc. m.s. (I 266 זוּר) *any outsider*

לֹא־יֹאכַל neg.-Qal impf. 3 m.s. (אָכַל 37) *shall not eat*

קֹדֶשׁ n.m.s. (871) *of a holy thing*

תּוֹשַׁב כֹּהֵן n.m.s. cstr. (444)-n.m.s. (463) *a sojourner of a priest*

וְשָׂכִיר conj.-adj. m.s. (969) *or a hired servant*

לֹא־יֹאכַל neg.-Qal impf. 3 m.s. (אָכַל 37) *shall not eat*

קֹדֶשׁ n.m.s. (871) *of a holy thing*

22:11

וְכֹהֵן conj.-n.m.s. (463) *but ... a priest*

כִּי־יִקְנֶה נֶפֶשׁ conj. (471)-Qal impf. 3 m.s. (קָנָה 888)-n.f.s. (659) *if ... buys a slave*

קִנְיַן כַּסְפּוֹ n.m.s. cstr. (889)-n.m.s.-3 m.s. sf. (494) *as his property for money*

הוּא יֹאכַל בּוֹ pers.pr. 3 m.s. (214)-Qal impf. 3 m.s. (37)-prep.-3 m.s. sf. *he (the slave) may eat of it*

וִילִיד בֵּיתוֹ conj.-adj. m.s. cstr. (409)-n.m.s.-3 m.s. sf. (108) *and those that are born in his house*

הֵם יֹאכְלוּ pers.pr. 3 m.p. (241)-Qal impf. 3 m.p. (אָכַל 37) *they may eat*

בְלַחְמוֹ prep.-n.m.s.-3 m.s. sf. (536) *of his food*

22:12

וּבַת־כֹּהֵן conj.-n.m.s. cstr. (I 123)-n.m.s. (463) *and a priest's daughter*

כִּי תִהְיֶה conj. (471)-Qal impf. 3 f.s. (הָיָה 224) *if she is (married)*

לְאִישׁ זָר prep.-n.m.s. (35)-Qal act.ptc. m.s. (זוּר I 266) *to an outsider*

הִוא בִּתְרוּמַת הַקֳּדָשִׁים pers.pr. 3 f.s. (214)-prep.-n.f.s. cstr. (929)-def.art.-n.m.p. (871) *she ... of the offering of the holy things*

לֹא תֹאכֵל neg.-Qal impf. 3 f.s. paus. (אָכַל 37) *shall not eat*

22:13

וּבַת־כֹּהֵן conj.-n.f.s. cstr. (I 123)-n.m.s. (463) *but ... a priest's daughter*

כִּי תִהְיֶה אַלְמָנָה conj. (471)-Qal impf. 3 f.s. (הָיָה 224)-n.f.s. (48) *if ... is a widow*

וּגְרוּשָׁה conj.-Qal pass.ptc. f.s. (גָּרַשׁ 176) *or divorced*

וְזֶרַע אֵין לָהּ conj.-n.m.s. (282)-neg. (II 34)-prep.-3 f.s. sf. *and has no child*

וְשָׁבָה conj.-Qal pf. 3 f.s. (שׁוּב 996) *and returns*

אֶל־בֵּית אָבִיהָ prep.-n.m.s. cstr. (108)-n.m.s.-3 f.s. sf. (3) *to her father's house*

כִּנְעוּרֶיהָ prep.-n.m.p.-3 f.s. sf. (655) *as in her youth*

מִלֶּחֶם אָבִיהָ prep.-n.m.s. cstr. (536)-n.m.s.-3 f.s. sf. (3) *of her father's food*

תֹּאכֵל Qal impf. 3 f.s. (אָכַל 37) *she may eat*

וְכָל־זָר conj.-n.m.s. cstr. (481)-Qal act.ptc. m.s. (I 266 זוּר) *yet an outsider*

לֹא־יֹאכַל בּוֹ neg.-Qal impf. 3 m.s. (37)-prep.-3 m.s. sf. *shall not eat of it*

22:14

וְאִישׁ כִּי־יֹאכַל conj.-n.m.s. (35)-conj.- (471)-Qal impf. 3 m.s. (37) *and if a man eats*

קֹדֶשׁ n.m.s. (871) *a holy thing*

בִּשְׁגָגָה prep.-n.f.s. (993) *unwittingly*

וְיָסַף conj.-Qal pf. 3 m.s. (414) *he shall add*

חֲמִשִׁיתוֹ adj. f.s.-3 m.s. sf. (332) *a fifth of its value*

עָלָיו prep.-3 m.s. sf. *to it*

וְנָתַן לַכֹּהֵן conj.-Qal pf. 3 m.s. (678)-prep.-def.art.-n.m.s. (463) *and give to the priest*

אֶת־הַקֹּדֶשׁ dir.obj.-def.art.-n.m.s. (871) *the holy thing*

22:15

וְלֹא יְחַלְּלוּ conj.-neg.-Pi. impf. 3 m.p. (חָלַל III 320) *and they shall not profane*

אֶת־קָדְשֵׁי dir.obj.-n.m.p. cstr. (871) *the holy things of*

בְּנֵי יִשְׂרָאֵל n.m.p. cstr. (119)-pr.n. (975) *the people of Israel*

אֵת אֲשֶׁר־יָרִימוּ dir.obj.-rel. (81)-Hi. impf. 3 m.p. (רום 926) *which they offer*

לַיהוָה prep.-pr.n. (217) *to Yahweh*

22:16

וְהִשִּׂיאוּ אוֹתָם conj.-Hi. pf. 3 c.p. (נָשָׂא 669) -dir.obj.-3 m.p. sf. *and so they cause them to bear*

עֲוֹן אַשְׁמָה n.m.s. cstr. (730)-n.f.s. (80) *iniquity of guilt*

בְּאָכְלָם prep.-Qal inf.cstr.-3 m p. sf. (אָכַל 37) *by eating*

אֶת־קָדְשֵׁיהֶם dir.obj.-n.m.p.-3 m.p. sf. (871) *their holy things*

כִּי אֲנִי יהוה conj. (471)-pers.pr. 1 c.s. (58)-pr.n. (217) *for I am Yahweh*

מְקַדְּשָׁם Pi. ptc. m.s.-3 m.p. sf. (קָדַשׁ 872) *who sanctify them*

22:17

וַיְדַבֵּר יהוה consec.-Pi. impf. 3 m.s. (180)-pr.n. (217) *and Yahweh said*

אֶל־מֹשֶׁה prep.-pr.n. (602) *to Moses*

לֵאמֹר prep.-Qal inf.cstr. (55) *(saying)*

22:18

דַּבֵּר Pi. impv. 2 m.s. (180) *say*

אֶל־אַהֲרֹן prep.-pr.n. (14) *to Aaron*

וְאֶל־בָּנָיו conj.-prep.-n.m.p.-3 m.s. sf. (119) *and his sons*

וְאֶל כָּל־בְּנֵי יִשְׂרָאֵל conj.-prep.-n.m.s. cstr. (481) -n.m.p. cstr. (119)-pr.n. (975) *and all the people of Israel*

וְאָמַרְתָּ אֲלֵהֶם conj.-Qal pf. 2 m.s. (55)-prep.-3 m.p. sf. *(and you shall say to them)*

אִישׁ אִישׁ n.m.s. (35)-v.supra *any one*

מִבֵּית יִשְׂרָאֵל prep.-n.m.s. cstr. (108)-pr.n. (975) *of the house of Israel*

וּמִן־הַגֵּר conj.-prep.-def.art.-n.m.s. (158) *or of the sojourners*

בְּיִשְׂרָאֵל prep.-pr.n. (975) *in Israel*

אֲשֶׁר יַקְרִיב rel. (81)-Hi. impf. 3 m.s. (קָרַב 897) *presents*

קָרְבָּנוֹ n.m.s.-3 m.s. sf. (898) *his offering*

לְכָל־נִדְרֵיהֶם prep.-n.m.s. cstr. (481)-n.m.p.-3 m.p. sf. (623) *whether in payment of a vow*

וּלְכָל־נִדְבוֹתָם conj.-prep.-n.m.s. cstr. (481)-n.f.p. -3 m.p. sf. (621) *or as a freewill offering*

אֲשֶׁר־יַקְרִיבוּ rel. (81)-Hi. impf. 3 m.p. (קָרַב 897) *which they offer*

לַיהוָה prep.-pr.n. (217) *to Yahweh*

לְעֹלָה prep.-n.f.s. (750) *as a burnt offering*

22:19

לִרְצֹנְכֶם prep.-n.m.s.-2 m.p. sf. (953) *for your acceptance*

תָּמִים זָכָר adj. m.s. (1071)-n.m.s. (271) *a male without blemish*

בַּבָּקָר prep.-def.art.-n.m.s. (133) *of the bulls*

בַּכְּשָׂבִים prep.-def.art.-n.m.p. (461) *or the sheep*

וּבָעִזִּים conj.-prep.-def.art.-n.f.p. (777) *or the goats*

22:20

כֹּל אֲשֶׁר־בּוֹ מוּם n.m.s. (481)-rel. (81)-prep.-3 m.s. sf.-n.m.s. (548) *anything that has a blemish*

לֹא תַקְרִיבוּ neg.-Hi. impf. 2 m.p. (קָרַב 897) *you shall not offer*

כִּי־לֹא לְרָצוֹן conj. (471)-neg.-prep.-n.m.s. (953) *for not acceptable*

יִהְיֶה לָכֶם Qal impf. 3 m.s. (הָיָה 224)-prep.-2 m.p. sf. *it will be for you*

22:21

וְאִישׁ כִּי־יַקְרִיב conj.-n.m.s. (35)-conj. (471)-Hi. impf. 3 m.s. (קָרַב 897) *and when any one offers*

זֶבַח־שְׁלָמִים n.m.s. cstr. (282)-n.m.p. (1023) *a sacrifice of peace offerings*

לַיהוָה prep.-pr.n. (217) *to Yahweh*

לְפַלֵּא־נֶדֶר prep.-Pi. inf.cstr. (פָּלָא 810)-n.m.s. (623) *to fulfil a vow*

אוֹ לִנְדָבָה conj. (14)-prep.-n.f.s. (621) *or as a freewill offering*

בַּבָּקָר prep.-def.art.-n.m.s. (133) *from the herd*

אוֹ בַצֹּאן v.supra-prep.-def.art.-n.f.s. (838) *or from the flock*

תָּמִים יִהְיֶה adj. m.s. (1071)-Qal impf. 3 m.s. (224) *it must be perfect*

לְרָצוֹן prep.-n.m.s. (953) *to be accepted*

כָּל־מוּם לֹא יִהְיֶה־בּוֹ n.m.s. cstr. (548)-neg.-Qal impf. 3 m.s. (224)-prep.-3 m.s. sf. *there shall be no blemish in it*

22:22

עַוֶּרֶת n.f.s. (734) *animals blind*

אוֹ שָׁבוּר conj. (14)-Qal pass.ptc. (שָׁבַר 990) *or disabled*

אוֹ־חָרוּץ v.supra-Qal pass.ptc. (חָרַץ I 358) *or mutilated*

אוֹ־יַבֶּלֶת v.supra-adj. f.s. (385) *or having a discharge*

אוֹ גָרָב v.supra-n.m.s. (173) *or an itch*

אוֹ יַלֶּפֶת v.supra-n.f.s. (410) *or scabs*

לֹא־תַקְרִיבוּ אֵלֶּה neg.-Hi. impf. 2 m.p. (קָרַב 897)-demons.adj. c.p. (41) *you shall not offer these*

לַיהוה prep.-pr.n. (217) *to Yahweh*

וְאִשֶּׁה conj.-n.m.s. (77) *or an offering by fire*

לֹא־תִתְּנוּ מֵהֶם neg.-Qal impf. 2 m.p. (נָתַן 678) -prep.-3 m.p. sf. *you shall make of them*

עַל־הַמִּזְבֵּחַ prep.-def.art.-n.m.s. (258) *upon the altar*

לַיהוה v.supra *to Yahweh*

22:23

וְשׁוֹר conj.-n.m.s. (1004) *a bull*

וָשֶׂה conj.-n.m.s. (961) *or a lamb*

שָׂרוּעַ Qal pass.ptc. (שָׂרַע 976) *which has a part too long*

וְקָלוּט conj.-Qal pass.ptc. (קָלַט II 886) *or too short*

נְדָבָה תַּעֲשֶׂה אֹתוֹ n.f.s. (621)-Qal impf. 2 m.s. (עָשָׂה I 793)-dir.obj.-3 m.s. sf. *you may present for a freewill offering*

וּלְנֵדֶר conj.-prep.-n.m.s. (623) *but for a votive offering*

לֹא יֵרָצֶה neg.-Ni. impf. 3 m.s. (רָצָה 953) *it cannot be accepted*

22:24

וּמָעוּךְ conj.-Qal pass.ptc. (מָעַךְ 590) *and any animal which has its testicles bruised*

וְכָתוּת conj.-Qal pass.ptc. (כָּתַת 510) *or crushed*

וְנָתוּק conj.-Qal pass.ptc. (נָתַק 683) *or torn*

וְכָרוּת conj.-Qal pass.ptc. (כָּרַת 503) *or cut*

לֹא תַקְרִיבוּ neg.-Hi. impf. 2 m.p. (קָרַב 897) *you shall not offer*

לַיהוה prep.-pr.n. (217) *to Yahweh*

וּבְאַרְצְכֶם conj.-prep.-n.f.s.-2 m.p. sf. (75) *or within your land*

לֹא תַעֲשׂוּ neg.-Qal impf. 2 m.p. (עָשָׂה I 793) *you shall not sacrifice*

22:25

וּמִיַּד בֶּן־נֵכָר conj.-prep.-n.f.s. cstr. (388)-n.m.s. cstr. (119)-n.m.s. 648) *and from the hand of a foreigner*

לֹא תַקְרִיבוּ neg.-Hi. impf. 2 m.p. (897) *you shall not offer*

אֶת־לֶחֶם אֱלֹהֵיכֶם dir.obj.-n.m.s. cstr. (536) -n.m.p.-2 m.p. sf. (43) *as the bread of your God*

מִכָּל־אֵלֶּה prep.-n.m.s. cstr. (481)-demons.adj. c.p. (41) *from any of these*

כִּי מָשְׁחָתָם בָּהֶם conj. (471)-n.m.s.-3 m.p. sf. (1008)-prep.-3 m.p. sf. *because of their mutilation*

מוּם בָּם n.m.s. (548)-prep.-3 m.p. sf. *there is a blemish in them*

לֹא יֵרָצוּ לָכֶם neg.-Ni. impf. 3 m.p. (רָצָה 953)-prep.-2 m.p. sf. *they will not be accepted for you*

22:26

וַיְדַבֵּר יהוה consec.-Pi. impf. 3 m.s. (180)-pr.n. (217) *and Yahweh said*

אֶל־מֹשֶׁה prep.-pr.n. (602) *to Moses*

לֵאמֹר prep.-Qal inf.cstr. (55) *(saying)*

22:27

שׁוֹר אוֹ־כֶשֶׂב n.m.s. (1004)-conj. (14)-n.m.s. (461) *a bull or sheep*

אוֹ־עֵז v.supra-n.f.s. (777) *or goat*

כִּי יִוָּלֵד conj. (471)-Ni. impf. 3 m.s. (יָלַד 408) *when it is born*

וְהָיָה conj.-Qal pf. 3 m.s. (224) *it shall remain*

שִׁבְעַת יָמִים n.f.s. cstr. (988)-n.m.p. (398) *seven days*

תַּחַת אִמּוֹ prep. (1065)-n.f.s-3 m.s. sf. (51) *with its mother*

וּמִיּוֹם הַשְּׁמִינִי conj.-prep.-n.m.s. cstr. (398) -def.art.-num.adj. m.s. (1033) *and from the eighth day*

וָהָלְאָה conj.-adv. (229) *onwards*

יֵרָצֶה Ni. impf. 3 m.s. (רָצָה 953) *it shall be acceptable*

לְקָרְבַּן אִשֶּׁה prep.-n.m.s. cstr. (898)-n.m.s. (77) *as an offering by fire*

לַיהוה prep.-pr.n. (217) *to Yahweh*

22:28

וְשׁוֹר אוֹ־שֶׂה conj.-n.m.s. (1004)-conj. (14)-n.m.s. (961) *whether the mother is a cow or a ewe (lit. whether cattle or a lamb)*

אֹתוֹ וְאֶת־בְּנוֹ dir.obj.-3 m.s. sf.-conj.-dir.obj. -n.m.s.-3 m.s. sf. (119) *both it and its young*

לֹא תִשְׁחֲטוּ neg.-Qal impf. 2 m.p. (שָׁחַט 1006) *you shall not kill*

בְּיוֹם אֶחָד prep.-n.m.s. (398)-num. m.s. (25) *in one day*

22:29

וְכִי־תִזְבְּחוּ conj.-conj. (471)-Qal impf. 2 m.p. (זָבַח 256) *and when you offer a sacrifice*

זֶבַח־תּוֹדָה n.m.s. cstr. (257)-n.f.s. (392) *a sacrifice of thanksgiving*

לַיהוָה prep.-pr.n. (217) *to Yahweh*

לִרְצֹנְכֶם prep.-n.m.s.-2 m.p. sf. (953) *so that you may be accepted*

תִּזְבָּחוּ Qal impf. 2 m.p. paus. (זָבַח 256) *you shall sacrifice*

22:30

בַּיּוֹם הַהוּא prep.-def.art.-n.m.s. (398)-def.art.-demons.adj. m.s. (214) *on the same day*

יֵאָכֵל Ni. impf. 3 m.s. (אָכַל 37) *it shall be eaten*

לֹא־תוֹתִירוּ מִמֶּנּוּ neg.-Hi. impf. 2 m.p. (יָתַר 451)-prep.-3 m.s. sf. *you shall leave none of it*

עַד־בֹּקֶר prep. (III 723)-n.m.s. (133) *until morning*

אֲנִי יְהוָה pers.pr. 1 c.s. (58)-pr.n. (217) *I am Yahweh*

22:31

וּשְׁמַרְתֶּם conj.-Qal pf. 2 m.p. (שָׁמַר 1036) *so you shall keep*

מִצְוֹתַי n.f.p.-1 c.s. sf. (846) *my commandments*

וַעֲשִׂיתֶם אֹתָם conj.-Qal pf. 2 m.p. (עָשָׂה I 793)-dir.obj.-3 m.p. sf. *and do them*

אֲנִי יְהוָה pers.pr. 1 c.s. (58)-pr.n. (217) *I am Yahweh*

22:32

וְלֹא תְחַלְּלוּ conj.-neg.-Pi. impf. 2 m.p. (חָלַל III 320) *and you shall not profane*

אֶת־שֵׁם קָדְשִׁי dir.obj.-n.m.s. cstr. (1027)-n.m.s.-1 c.s. sf. (871) *my holy name*

וְנִקְדַּשְׁתִּי conj.-Ni. pf. 1 c.s. (קָדַשׁ 872) *but I will be hallowed*

בְּתוֹךְ בְּנֵי יִשְׂרָאֵל prep.-n.m.s. cstr. (1063)-n.m.p. cstr. (119)-pr.n. (975) *among the people of Israel*

אֲנִי יְהוָה pers.pr. 1 c.s. (58)-pr.n. (217) *I am Yahweh*

מְקַדִּשְׁכֶם Pi. ptc. m.s.-2 m.p. sf. (קָדַשׁ 872) *who sanctify you*

22:33

הַמּוֹצִיא אֶתְכֶם def.art.-Hi. ptc. m.s. (יָצָא 422)-dir.obj.-2 m.p. sf. *who brought you out*

מֵאֶרֶץ מִצְרַיִם prep.-n.f.s. cstr. (75)-pr.n. (595) *of the land of Egypt*

לִהְיוֹת לָכֶם prep.-Qal inf.cstr. (הָיָה 224)-prep.-2 m.p. sf. *to be for you*

לֵאלֹהִים prep.-n.m.p. (43) *God*

אֲנִי יְהוָה pers.pr. 1 c.s. (58)-pr.n. (217) *I am Yahweh*

23:1

וַיְדַבֵּר יְהוָה consec.-Pi. impf. 3 m.s. (180)-pr.n. (217) *Yahweh said*

אֶל־מֹשֶׁה prep.-pr.n. (602) *to Moses*

לֵאמֹר prep.-Qal inf.cstr. (55) *(saying)*

23:2

דַּבֵּר Pi. impv. 2 m.s. (180) *say*

אֶל־בְּנֵי יִשְׂרָאֵל prep.-n.m.p. cstr. (119)-pr.n. (975) *to the people of Israel*

וְאָמַרְתָּ conj.-Qal pf. 2 m.s. (55) *(and you shall say)*

אֲלֵהֶם prep.-3 m.p. sf. *(to them)*

מוֹעֲדֵי יְהוָה n.m.p. cstr. (417)-pr.n. (217) *the appointed feasts of Yahweh*

אֲשֶׁר־תִּקְרְאוּ אֹתָם rel. (81)-Qal impf. 2 m.p. (קָרָא 894)-dir.obj.-3 m.p. sf. *which you shall proclaim (them)*

מִקְרָאֵי קֹדֶשׁ n.m.p. cstr. (896)-n.m.s. (871) *as holy convocations*

אֵלֶּה הֵם demons.adj. c.p. (41)-demons.adj. m.p. (241) *(they) are these*

מוֹעֲדָי n.m.p.-1 c.s. sf. paus. (417) *my appointed feasts*

23:3

שֵׁשֶׁת יָמִים num. f.s. cstr. (995)-n.m.p. (398) *six days*

תֵּעָשֶׂה מְלָאכָה Ni. impf. 3 f.s. (עָשָׂה I 793)-n.f.s. (521) *shall work be done*

וּבַיּוֹם הַשְּׁבִיעִי conj.-prep.-def.art.-n.m.s. (398)-def.art.-num.adj. m.s. (988) *but on the seventh day*

שַׁבַּת שַׁבָּתוֹן n.f.s. cstr. (992)-n.m.s. (992) *a sabbath of solemn rest*

מִקְרָא־קֹדֶשׁ n.m.s. cstr. (896)-n.m.s. (871) *a holy convocation*

כָּל־מְלָאכָה n.m.s. cstr. (481)-n.f.s. (521) *any work*

לֹא תַעֲשׂוּ neg.-Qal impf. 2 m.p. (עָשָׂה I 793) *you shall not do*

שַׁבָּת הִוא n.f.s. (992)-demons.adj. f.s. (214) *it is a sabbath*

לַיהוָה prep.-pr.n. (217) *to Yahweh*

בְּכֹל מוֹשְׁבֹתֵיכֶם prep.-n.m.s. cstr. (481)-n.m.p.-2 m.p. sf. (444) *in all your dwelliings*

23:4

אֵלֶּה מוֹעֲדֵי יהוה demons.adj. c.p. (41)-n.m.p. cstr. (417)-pr.n. (217) *these are the appointed feasts of Yahweh*

מִקְרָאֵי קֹדֶשׁ n.m.p. cstr. (896)-n.m.s. (871) *the holy convocations*

אֲשֶׁר־תִּקְרְאוּ אֹתָם rel. (81)-Qal impf. 2 m.p. (894)-dir.obj.-3 m.p. sf. *which you shall proclaim (them)*

בְּמוֹעֲדָם prep.-n.m.s.-3 m.p. sf. (417) *at the time appointed for them*

23:5

בַּחֹדֶשׁ הָרִאשׁוֹן prep.-def.art.-n.m.s. (294)-def. art.-num.adj. m.s. (911) *in the first month*

בְּאַרְבָּעָה עָשָׂר prep.-num. f.s. (916)-num. (797) *on the fourteenth (day)*

לַחֹדֶשׁ prep.-def.art.-n.m.s. (294) *of the month*

בֵּין הָעַרְבָּיִם prep. (107)-def.art.-n.m.p. (787) *between the two evenings*

פֶּסַח לַיהוה n.m.s. (820)-prep.-pr.n. (217) *Yahweh's passover*

23:6

וּבַחֲמִשָּׁה עָשָׂר יוֹם conj.-prep.-num. f.s. (331) -num. (797)-n.m.s. (398) *and on the fifteenth day*

לַחֹדֶשׁ הַזֶּה prep.-def.art.-n.m.s. (294)-def.art. -demons.adj. m.s. (260) *of the same month*

חַג הַמַּצּוֹת n.m.s. cstr. (290)-def.art.-n.f.p. (595) *the feast of the unleavened bread*

לַיהוה prep.-pr.n. (217) *to Yahweh*

שִׁבְעַת יָמִים num. f.s. cstr. (988)-n.m.p. (398) *seven days*

מַצּוֹת n.f.p. (595) *unleavened bread*

תֹּאכֵלוּ Qal impf. 2 m.p. paus. (אָכַל 37) *you shall eat*

23:7

בַּיּוֹם הָרִאשׁוֹן prep.-def.art.-n.m.s. (398)-def.art. -num.adj. m.s. (911) *on the first day*

מִקְרָא־קֹדֶשׁ n.m.s. cstr. (896)-n.m.s. (871) *a holy convocation*

יִהְיֶה לָכֶם Qal impf. 3 m.s. (הָיָה 224)-prep.-2 m.p. sf. *you shall have*

כָּל־מְלֶאכֶת עֲבֹדָה n.m.s. cstr. (481)-n.f.s. cstr. (521)-n.f.s. (715) *any laborious work*

לֹא תַעֲשׂוּ neg.-Qal impf. 2 m.p. (עָשָׂה I 793) *you shall not do*

23:8

וְהִקְרַבְתֶּם conj.-Hi. pf. 2 m.p. (קָרַב 897) *but you shall present*

אִשֶּׁה n.m.s. (77) *an offering by fire*

לַיהוה prep.-pr.n. (217) *to Yahweh*

שִׁבְעַת יָמִים n.f.s. cstr. (988)-n.m.p. (398) *seven days*

בַּיּוֹם הַשְּׁבִיעִי prep.-def.art.-n.m.s. (398)-def.art. -num.adj. m.s. (988) *on the seventh day*

מִקְרָא־קֹדֶשׁ n.m.s. cstr. (896)-n.m.s. (871) *is a holy convocation*

כָּל־מְלֶאכֶת עֲבֹדָה n.m.s. cstr. (481)-n.f.s. cstr. (521)-n.f.s. (715) *any laborious work*

לֹא תַעֲשׂוּ neg.-Qal impf. 2 m.p. (עָשָׂה I 793) *you shall not do*

23:9

וַיְדַבֵּר יהוה consec.-Pi. impf. 3 m.s. (180)-pr.n. (217) *and Yahweh said*

אֶל־מֹשֶׁה prep.-pr.n. (602) *to Moses*

לֵאמֹר prep.-Qal inf.cstr. (55) *(saying)*

23:10

דַּבֵּר Pi. impv. 2 m.s. (180) *say*

אֶל־בְּנֵי יִשְׂרָאֵל prep.-n.m.p. cstr. (119)-pr.n. (975) *to the people of Israel*

וְאָמַרְתָּ conj.-Qal pf. 2 m.s. (55) *(and you shall say)*

אֲלֵהֶם prep.-3 m.p. sf. *(to them)*

כִּי־תָבֹאוּ conj. (471)-Qal impf. 2 m.p. (בּוֹא 97) *when you come*

אֶל־הָאָרֶץ prep.-def.art.-n.f.s. (75) *into the land*

אֲשֶׁר אֲנִי נֹתֵן לָכֶם rel. (81)-pers.pr. 1 c.s. (58)-Qal act.ptc. (נָתַן 678)-prep.-2 m.p. sf. *which I give you*

וּקְצַרְתֶּם conj.-Qal pf. 2 m.p. (קָצַר II 894) *and reap*

אֶת־קְצִירָהּ dir.obj.-n.m.s.-3 f.s. sf. (I 894) *its harvest*

וַהֲבֵאתֶם conj.-Hi. pf. 2 m.p. (בּוֹא 97) *and you shall bring*

אֶת־עֹמֶר dir.obj.-n.m.s. cstr. (I 771) *the sheaf of*

רֵאשִׁית קְצִירְכֶם n.f.s. cstr. (912)-n.m.s.-2 m.p. sf. (I 894) *the first fruits of your harvest*

אֶל־הַכֹּהֵן prep.-def.art.-n.m.s. (463) *to the priest*

23:11

וְהֵנִיף conj.-Hi. pf. 3 m.s. (נוף 631) *and he shall wave*

אֶת־הָעֹמֶר dir.obj.-def.art.-n.m.s. (I 771) *the sheaf*

לִפְנֵי יהוה prep.-n.m.p. cstr. (815)-pr.n. (217) *before Yahweh*

לִרְצֹנְכֶם prep.-n.m.s.-2 m.p. sf. (953) *that you may find acceptance*

מִמָּחֳרַת הַשַּׁבָּת prep.-n.f.s. cstr. (564)-def.art. -n.f.s. (992) *on the morrow after the sabbath*

יָנִיפֶנּוּ הַכֹּהֵן (נוּף 631) Hi. impf. 3 m.s.-3 m.s. sf. -def.art.-n.m.s. (463) *the priest shall wave it*

23:12

וַעֲשִׂיתֶם conj.-Qal pf. 2 m.p. (עָשָׂה I 793) *and you shall offer*

בְּיוֹם הֲנִיפְכֶם prep.-n.m.s. cstr. (398)-Hi. inf.cstr. -2 m.p. sf. (נוּף 631) *on the day when you wave*

אֶת־הָעֹמֶר dir.obj.-def.art.-n.m.s. (I 771) *the sheaf*

כֶּבֶשׂ תָּמִים n.m.s. (461)-adj. m.s. (1071) *a lamb without blemish*

בֶּן־שְׁנָתוֹ n.m.s. cstr. (119)-n.f.s.-3 m.s. sf. (1040) *a year old*

לְעֹלָה prep.-n.f.s. (750) *as a burnt offering*

לַיהוה prep.-pr.n. (217) *to Yahweh*

23:13

וּמִנְחָתוֹ conj.-n.f.s.-3 m.s. sf. (585) *and the cereal offering with it*

שְׁנֵי עֶשְׂרֹנִים סֹלֶת num. m.p. cstr. (1040)-n.m.p. (798)-n.f.s. (701) *two tenths fine flour*

בְּלוּלָה Qal pass.ptc. f.s. (בָּלַל I 117) *mixed*

בַּשֶּׁמֶן prep.-def.art.-n.m.s. (1032) *with oil*

אִשֶּׁה לַיהוה n.m.s. (77)-prep.-pr.n. (217) *an offering by fire to Yahweh*

רֵיחַ נִיחֹחַ n.m.s. (926)-n.m.s. (629) *a pleasing odor*

וְנִסְכֹּה יַיִן conj.-n.m.s.-3 m.s. sf. (651)-n.m.s. (406) *and its drink offering ... wine*

רְבִיעִת הַהִין num.adj. f.s. cstr. (917)-def.art. -n.m.s. (228) *a fourth of a hin*

23:14

וְלֶחֶם conj.-n.m.s. (536) *bread*

וְקָלִי conj.-n.m.s. (884) *and grain*

וְכַרְמֶל conj.-n.m.s. (502) *and fresh fruit*

לֹא תֹאכְלוּ neg.-Qal impf. 2 m.p. (אָכַל 37) *you shall not eat*

עַד־עֶצֶם הַיּוֹם הַזֶּה prep. (III 723)-n.f.s. cstr. (I 782)-def.art.-n.m.s. (398)-def.art.-demons.adj. m.s. (260) *until this same day*

עַד הֲבִיאֲכֶם (בּוֹא v.supra-Hi. inf.cstr.-2 m.p. sf. 97) *until you have brought*

אֶת־קָרְבַּן אֶל־הֵיכֶם dir.obj.-n.m.s. cstr. (898) -n.m.p.-2 m.p. sf. (43) *the offering of your God*

חֻקַּת עוֹלָם n.f.s. cstr. (349)-n.m.s. (761) *it is a statute for ever*

לְדֹרֹתֵיכֶם prep.-n.m.p.-2 m.p. sf. (189) *throughout your generations*

בְּכֹל מֹשְׁבֹתֵיכֶם prep.-n.m.s. cstr. (481)-n.m.p.-2 m.p. sf. (444) *in all your dwellings*

23:15

וּסְפַרְתֶּם לָכֶם conj.-Qal pf. 2 m.p. (סָפַר 707) -prep.-2 m.p. sf. *and you shall count*

מִמָּחֳרַת הַשַּׁבָּת prep.-n.f.s. cstr. (564)-def.art. -n.f.s. (992) *from the morrow after the sabbath*

מִיּוֹם הֲבִיאֲכֶם prep.-n.m.s. cstr. (398)-Hi. inf.cstr. -2 m.p. sf. (בּוֹא 97) *from the day that you brought*

אֶת־עֹמֶר dir.obj.-n.m.s. cstr. (I 771) *the sheaf of*

הַתְּנוּפָה def.art.-n.f.s. (632) *the wave offering*

שֶׁבַע שַׁבָּתוֹת תְּמִימֹת num.adj. cstr. (988)-n.f.p. (992)-adj. f.p. (1071) *seven full weeks*

תִּהְיֶינָה Qal impf. 3 f.p. (הָיָה 224) *shall they be*

23:16

עַד מִמָּחֳרַת הַשַּׁבָּת הַשְּׁבִיעִת prep. (III 723) -prep.-n.f.s. cstr. (564)-def.art.-n.f.s. (992)-def.art. -num.adj. f.s. (988) *to the morrow after the seventh sabbath*

תִּסְפְּרוּ Qal impf. 2 m.p. (סָפַר 707) *counting*

חֲמִשִּׁים יוֹם num. m.p. (332)-n.m.s. (398) *fifty days*

וְהִקְרַבְתֶּם conj.-Hi. pf. 2 m.p. (קָרַב 897) *then you shall present*

מִנְחָה חֲדָשָׁה n.f.s. (585)-adj. f.s. (294) *a cereal offering of new grain*

לַיהוה prep.-pr.n. (217) *to Yahweh*

23:17

מִמּוֹשְׁבֹתֵיכֶם prep.-n.m.p.-2 m.p. sf. (444) *from your dwellings*

תָּבִיאוּ Hi. impf. 2 m.p. (בּוֹא 97) *you shall bring*

לֶחֶם תְּנוּפָה שְׁתַּיִם n.m.s. cstr. (536)-n.f.s. (632) -num. f. du. (1040) *two loaves of bread to be waved*

שְׁנֵי עֶשְׂרֹנִים num. m.p. cstr. (1040)-n.m.p. (798) *two tenth parts*

סֹלֶת n.f.s. (701) *fine flour*

תִּהְיֶינָה Qal impf. 3 f.p. (הָיָה 224) *they shall be*

חָמֵץ n.m.s. (329) *with leaven*

533

תֵּאָפֶינָה Ni. impf. 3 f.p. (אָפָה 66; GK 14d) *they shall be baked*

בִּכּוּרִים n.m.p. (114) *as first fruits*

לַיהוה prep.-pr.n. (217) *to Yahweh*

23:18

וְהִקְרַבְתֶּם conj.-Hi. pf. 2 m.p. (קָרַב 897) *and you shall present*

עַל־הַלֶּחֶם prep. (II 752)-def.art.-n.m.s. (536) *with the bread*

שִׁבְעַת כְּבָשִׂים תְּמִימִם n.f.s. cstr. (988)-n.m.p. (461)-adj. m.p. (1071) *seven lambs without blemish*

בְּנֵי שָׁנָה n.m.p. cstr. (119)-n.f.s. (1040) *a year old*

וּפַר בֶּן־בָּקָר אֶחָד conj.-n.m.s. cstr. (830)-n.m.s. cstr. (119)-n.m.s. (133)-num. s. (25) *and one young bull*

וְאֵילִם שְׁנָיִם conj.-n.m.p. (I 17)-num. du. paus. (1040) *and two rams*

יִהְיוּ עֹלָה Qal impf. 3 m.p. (הָיָה 224)-n.f.s. (750) *they shall be a burnt offering*

לַיהוה prep.-pr.n. (217) *to Yahweh*

וּמִנְחָתָם conj.-n.f.s.-3 m.p. sf. (585) *with their cereal offering*

וְנִסְכֵּיהֶם conj.-n.m.p.-3 m.p. sf. (651) *and their drink offerings*

אִשֵּׁה n.m.s. (77) *an offering by fire*

רֵיחַ־נִיחֹחַ n.m.s. (926)-n.m.s. (629) *a pleasing odor*

לַיהוה v.supra *to Yahweh*

23:19

וַעֲשִׂיתֶם conj.-Qal pf. 2 m.p. (עָשָׂה I 793) *and you shall offer*

שְׂעִיר־עִזִּים אֶחָד n.m.s. cstr. (972)-n.f.p. (777)-num. (25) *one male goat*

לְחַטָּאת prep.-n.f.s. (308) *for a sin offering*

וּשְׁנֵי כְבָשִׂים conj.-num. cstr. (1040)-n.m.p. (461) *and two male lambs*

בְּנֵי שָׁנָה n.m.p. cstr. (119)-n.f.s. (1040) *a year old*

לְזֶבַח שְׁלָמִים prep.-n.m.s. cstr. (257)-n.m.p. (1023) *as a sacrifice of peace offerings*

23:20

וְהֵנִיף הַכֹּהֵן conj.-Hi. pf. 3 m.s. (נוף 631)-def.art.-n.m.s. (463) *and the priest shall wave*

אֹתָם dir.obj.-3 m.p. sf. *them*

עַל לֶחֶם הַבִּכּוּרִים prep.-n.m.s. cstr. (536)-def.art.-n.m.p. (114) *with the bread of the first fruits*

תְּנוּפָה n.f.s. (632) *as a wave offering*

לִפְנֵי יהוה prep.-n.m.p. cstr. (815)-pr.n. (217) *before Yahweh*

עַל־שְׁנֵי כְּבָשִׂים prep.-num. m.p. cstr. (1040)-n.m.p. (461) *with the two lambs*

קֹדֶשׁ יִהְיוּ n.m.s. (871)-Qal impf. 3 m.p. (הָיָה 224) *they shall be holy*

לַיהוה prep.-pr.n. (217) *to Yahweh*

לַכֹּהֵן prep.-def.art.-n.m.s. (463) *for the priest*

23:21

וּקְרָאתֶם conj.-Qal pf. 2 m.p. (קָרָא 894) *and you shall make proclamation*

בְּעֶצֶם הַיּוֹם הַזֶּה prep.-n.f.s. cstr. (782)-def.art.-n.m.s. (398)-def.art.-demons.adj. m.s. (260) *on the same day*

מִקְרָא־קֹדֶשׁ n.m.s. cstr. (896)-n.m.s. (871) *a holy convocation*

יִהְיֶה לָכֶם Qal impf. 3 m.s. (הָיָה 224)-prep.-2 m.p. sf. *you shall hold*

כָּל־מְלֶאכֶת עֲבֹדָה n.m.s. cstr. (481)-n.f.s. cstr. (521)-n.f.s. (715) *any laborious work*

לֹא תַעֲשׂוּ neg.-Qal impf. 2 m.p. (עָשָׂה I 793) *you shall not do*

חֻקַּת עוֹלָם n.f.s. cstr. (349)-n.m.s. (761) *it is a statute for ever*

בְּכָל־מוֹשְׁבֹתֵיכֶם prep.-n.m.s. cstr. (481)-n.m.p.-2 m.p. sf. (444) *in all your dwellings*

לְדֹרֹתֵיכֶם prep.-n.m.p.-2 m.p. sf. (189) *throughout your generations*

23:22

וּבְקֻצְרְכֶם conj.-prep.-Qal inf.cstr. -2 m.p. sf. (II 894 קָצַר; GK 61d) *and when you reap*

אֶת־קְצִיר אַרְצְכֶם dir.obj.-n.m.s. cstr. (I 894)-n.f.s.-2 m.p. sf. (75) *the harvest of your land*

לֹא־תְכַלֶּה neg.-Pi. impf. 2 m.s. (כָּלָה 477) *you shall not complete*

פְּאַת שָׂדְךָ n.f.s. cstr. (802)-n.m.s.-2 m.s. sf. (961) *the corner of your field*

בְּקֻצְרֶךָ prep.-Qal inf.cstr.-2 m.s. sf. (קָצַר I 894) *when you reap*

וְלֶקֶט קְצִירְךָ conj.-n.m.s. cstr. (545)-n.m.s.-2 m.s. sf. (I 894) *and the gleanings after your harvest*

לֹא תְלַקֵּט neg.-Pi. impf. 2 m.s. (לָקַט 544) *you shall not gather*

לֶעָנִי prep.-def.art.-adj. m.s. (776) *for the poor*

וְלַגֵּר conj.-prep.-def.art.-n.m.s. (158) *and for the stranger*

תַּעֲזֹב אֹתָם Qal impf. 2 m.s. (עָזַב I 736)-dir.obj.-3 m.p. sf. *you shall leave them*

אֲנִי יהוה pers.pr. 1 c.s. (58)–pr.n. (217) *I am Yahweh*

אֱלֹהֵיכֶם n.m.p.–2 m.p. sf. (43) *your God*

23:23

וַיְדַבֵּר יהוה consec.-Pi. impf. 3 m.s. (180)–pr.n. (217) *and Yahweh said*

אֶל־מֹשֶׁה prep.-pr.n. (602) *to Moses*

לֵאמֹר prep.-Qal inf.cstr. (55) *(saying)*

23:24

דַּבֵּר Pi. impv. 2 m.s. (180) *say*

אֶל־בְּנֵי יִשְׂרָאֵל prep.-n.m.p. cstr. (119)–pr.n. (975) *to the people of Israel*

לֵאמֹר prep.-Qal inf.cstr. (55) *(saying)*

בַּחֹדֶשׁ הַשְּׁבִיעִי prep.-def.art.-n.m.s. (294)–def.art.-num. m.s. (988) *in the seventh month*

בְּאֶחָד לַחֹדֶשׁ prep.-num. (25)-prep.-def.art.-n.m.s. (294) *on the first (day) of the month*

יִהְיֶה לָכֶם Qal impf. 3 m.s. (הָיָה 224)-prep.-2 m.p. sf. *you shall observe*

שַׁבָּתוֹן n.m.s. (992) *a day of solemn rest*

זִכְרוֹן תְּרוּעָה n.m.s. cstr. (272)–n.f.s. (929) *a memorial proclaimed with blast of trumpets*

מִקְרָא־קֹדֶשׁ n.m.s. cstr. (896)–n.m.s. (871) *a holy convocation*

23:25

כָּל־מְלֶאכֶת עֲבֹדָה n.m.s. cstr. (481)–n.f.s. cstr. (521)–n.f.s. (715) *any laborious work*

לֹא תַעֲשׂוּ neg.-Qal impf. 2 m.p. (עָשָׂה I 793) *you shall not do*

וְהִקְרַבְתֶּם conj.-Hi. pf. 2 m.p. (קָרַב 897) *and you shall present*

אִשֶּׁה n.m.s. (77) *an offering by fire*

לַיהוה prep.-pr.n. (217) *to Yahweh*

23:26

וַיְדַבֵּר יהוה consec.-Pi. impf. 3 m.s. (180)–pr.n. (217) *and Yahweh said*

אֶל־מֹשֶׁה prep.-pr.n. (602) *to Moses*

לֵאמֹר prep.-Qal inf.cstr. (55) *(saying)*

23:27

אַךְ בֶּעָשׂוֹר adv. (36)-prep.-def.art.-n.m.s. (797) *on the tenth (day)*

לַחֹדֶשׁ הַשְּׁבִיעִי הַזֶּה prep.-def.art.-n.m.s. (294)-def.art.-num. m.s. (988)-def.art.-demons.adj. m.s. (260) *of this seventh month*

יוֹם הַכִּפֻּרִים הוּא n.m.s. cstr. (398)-def.art.-n.m.p. (498)-demons.adj. m.s. (214) *is the day of atonement*

מִקְרָא־קֹדֶשׁ n.m.s. cstr. (896)-n.m.s. (871) *a holy convocation*

יִהְיֶה לָכֶם Qal impf. 3 m.s. (הָיָה 224)-prep.-2 m.p. sf. *it shall be for you*

וְעִנִּיתֶם conj.-Pi. pf. 2 m.p. (עָנָה III 776) *and you shall afflict*

אֶת־נַפְשֹׁתֵיכֶם dir.obj.-n.f.p.-2 m.p. sf. (659) *yourselves*

וְהִקְרַבְתֶּם conj.-Hi. pf. 2 m.p. (קָרַב 897) *and present*

אִשֶּׁה n.m.s. (77) *an offering by fire*

לַיהוה prep.-pr.n. (217) *to Yahweh*

23:28

וְכָל־מְלָאכָה conj.-n.m.s. cstr. (481)-n.f.s. (521) *and any work*

לֹא תַעֲשׂוּ neg.-Qal impf. 2 m.p. (עָשָׂה I 793) *you shall not do*

בְּעֶצֶם הַיּוֹם הַזֶּה prep.-n.f.s. cstr. (782)-def.art.-n.m.s. (398)-def.art.-demons.adj. m.s. (260) *on this same day*

כִּי יוֹם כִּפֻּרִים הוּא conj. (471)-n.m.s. cstr. (398)-n.m.p. (498)-demons.adj. m.s. (214) *for it is a day of atonement*

לְכַפֵּר עֲלֵיכֶם prep.-Pi. inf.cstr. (497)-prep.-2 m.p. sf. *to make atonement for you*

לִפְנֵי יהוה prep.-n.m.p. cstr. (815)-pr.n. (217) *before Yahweh*

אֱלֹהֵיכֶם n.m.p.-2 m.p. sf. (43) *your God*

23:29

כִּי כָל־הַנֶּפֶשׁ conj. (471)-n.m.s. cstr. (481)-def.art.-n.f.s. (659) *for whoever*

אֲשֶׁר לֹא־תְעֻנֶּה rel. (81)-neg.-Pu. impf. 3 f.s. (עָנָה III 776) *is not afflicted*

בְּעֶצֶם הַיּוֹם הַזֶּה prep.-n.f.s. cstr. (782)-def.art.-n.m.s. (398)-def.art.-demons.adj. m.s. (260) *on this same day*

וְנִכְרְתָה conj.-Ni. pf. 3 f.s. (כָּרַת 503) *shall be cut off*

מֵעַמֶּיהָ prep.-n.m.p.-3 f.s. sf. (I 766) *from his people*

23:30

וְכָל־הַנֶּפֶשׁ conj.-n.m.s. cstr. (481)-def.art.-n.f.s. (659) *and whoever*

אֲשֶׁר תַּעֲשֶׂה rel. (81)-Qal impf. 3 f.s. (עָשָׂה I 793) *does*

כָּל־מְלָאכָה n.m.s. cstr. (481)-n.f.s. (521) *any work*

בְּעֶצֶם הַיּוֹם הַזֶּה prep.-n.f.s. cstr. (782)-def.art.-n.m.s. (398)-def.art.-demons.adj. m.s. (260) *on this same day*

535

וְהַאֲבַדְתִּי conj.-Hi. pf. 1 c.s. (אָבַד 1) *I will destroy*

אֶת־הַנֶּפֶשׁ הַהִוא dir.obj.-def.art.-n.f.s. (659)-def. art.-demons.adj. f.s. (214) *that person*

מִקֶּרֶב עַמָּה prep.-n.m.s. cstr. (899)-n.m.s.-3 f.s. sf. (I 766) *from among his people*

23:31

כָּל־מְלָאכָה n.m.s. cstr. (481)-n.f.s. (521) *any work*

לֹא תַעֲשׂוּ neg.-Qal impf. 2 m.p. (עָשָׂה I 793) *you shall not do*

חֻקַּת עוֹלָם n.f.s. cstr. (349)-n.m.s. (761) *it is a statute for ever*

לְדֹרֹתֵיכֶם prep.-n.m.p.-2 m.p. sf. (189) *throughout your generations*

בְּכֹל מֹשְׁבֹתֵיכֶם prep.-n.m.s. cstr. (481)-n.m.p.-2 m.p. sf. (444) *in all your dwellings*

23:32

שַׁבַּת שַׁבָּתוֹן n.f.s. cstr. (992)-n.m.s. (992) *a sabbath of solemn rest*

הוּא לָכֶם demons.adj. m.s. (214)-prep.-2 m.p. sf. *it shall be to you*

וְעִנִּיתֶם conj.-Pi. pf. 2 m.p. (עָנָה III 776) *and you shall afflict*

אֶת־נַפְשֹׁתֵיכֶם dir.obj.-n.f.p.-2 m.p. sf. (659) *yourselves*

בְּתִשְׁעָה prep.-n.f.s. (1077) *on the ninth (day)*

לַחֹדֶשׁ prep.-def.art.-n.m.s. (294) *of the month*

בָּעֶרֶב prep.-def.art.-n.m.s. (787) *beginning at evening*

מֵעֶרֶב עַד־עֶרֶב prep.-v.supra-prep. (III 723) -v.supra *from evening to evening*

תִּשְׁבְּתוּ Qal impf. 2 m.p. (שָׁבַת 991) *shall you keep*

שַׁבַּתְּכֶם n.f.s.-2 m.p. sf. (992) *your sabbath*

23:33

וַיְדַבֵּר יהוה consec.-Pi. impf. 3 m.s. (180)-pr.n. (217) *and Yahweh said*

אֶל־מֹשֶׁה prep.-pr.n. (602) *to Moses*

לֵאמֹר prep.-Qal inf.cstr. (55) *(saying)*

23:34

דַּבֵּר Pi. impv. 2 m.s. (180) *say*

אֶל־בְּנֵי יִשְׂרָאֵל prep.-n.m.p. cstr. (119)-pr.n. (975) *to the people of Israel*

לֵאמֹר prep.-Qal inf.cstr. (55) *(saying)*

בַּחֲמִשָּׁה עָשָׂר יוֹם prep.-num. f.s. (331)-n.m.s. (797)-n.m.s. (398) *on the fifteenth day*

לַחֹדֶשׁ הַשְּׁבִיעִי הַזֶּה prep.-def.art.-n.m.s. (294) -def.art.-num. m.s. (988)-def.art.-demons.adj. m.s. (260) *of this seventh month*

חַג הַסֻּכּוֹת n.m.s. cstr. (290)-def.art.-n.f.p. (697) *the feast of booths*

שִׁבְעַת יָמִים n.f.s. cstr. (988)-n.m.p. (398) *seven days*

לַיהוה prep.-pr.n. (217) *to Yahweh*

23:35

בַּיּוֹם הָרִאשׁוֹן prep.-def.art.-n.m.s. (398)-def.art. -num.adj. m.s. (911) *on the first day*

מִקְרָא־קֹדֶשׁ n.m.s. cstr. (896)-n.m.s. (871) *a holy convocation*

כָּל־מְלֶאכֶת עֲבֹדָה n.m.s. cstr. (481)-n.f.s. cstr. (521)-n.f.s. (715) *any laborious work*

לֹא תַעֲשׂוּ neg.-Qal impf. 2 m.p. (עָשָׂה I 793) *you shall not do*

23:36

שִׁבְעַת יָמִים n.f.s. cstr. (988)-n.m.p. (398) *seven days*

תַּקְרִיבוּ Hi. impf. 2 m.p. (קָרַב 897) *you shall present*

אִשֶּׁה n.m.s. (77) *offerings by fire*

לַיהוה prep.-pr.n. (217) *to Yahweh*

בַּיּוֹם הַשְּׁמִינִי prep.-def.art.-n.m.s. (398)-def.art. -num.adj. m.s. (1033) *on the eighth day*

מִקְרָא־קֹדֶשׁ n.m.s. cstr. (896)-n.m.s. (871) *a holy convocation*

יִהְיֶה לָכֶם Qal impf. 3 m.s. (הָיָה 224)-prep.-2 m.p. sf. *you shall hold*

וְהִקְרַבְתֶּם conj.-Hi. pf. 2 m.p. (קָרַב 897) *and present*

אִשֶּׁה n.m.s. (77) *an offering by fire*

לַיהוה prep.-pr.n. (217) *to Yahweh*

עֲצֶרֶת הִוא n.f.s. (783)-demons.adj. f.s. (214) *it is a solemn assembly*

כָּל־מְלֶאכֶת עֲבֹדָה n.m.s. cstr. (481)-n.f.s. cstr. (521)-n.f.s. (715) *any laborious work*

לֹא תַעֲשׂוּ neg.-Qal impf. 2 m.p. (עָשָׂה I 793) *you shall not do*

23:37

אֵלֶּה demons.adj. c.p. (41) *these are*

מוֹעֲדֵי יהוה n.m.p. cstr. (417)-pr.n. (217) *the appointed feasts of Yahweh*

אֲשֶׁר־תִּקְרְאוּ אֹתָם rel. (81)-Qal impf. 2 m.p. (קָרָא 894)-dir.obj.-3 m.p. sf. *which you shall proclaim*

מִקְרָאֵי קֹדֶשׁ n.m.p. cstr. (896)-n.m.s. (871) *as times of holy convocation*

לְהַקְרִיב prep.-Hi. inf.cstr. קָרַב (897) *for presenting*

אִשֶּׁה n.m.s. (77) *offerings by fire*

לַיהוה prep.-pr.n. (217) *to Yahweh*

עֹלָה n.f.s. (750) *burnt offerings*

וּמִנְחָה conj.-n.f.s. (585) *and cereal offerings*

זֶבַח n.m.s. (257) *sacrifices*

וּנְסָכִים conj.-n.m.p. (651) *and drink offerings*

דְּבַר־יוֹם בְּיוֹמוֹ n.m.s. cstr. (182)-n.m.s. (398)-prep.-n.m.s.-3 m.s. sf. (398) *each on its proper day*

23:38

מִלְּבַד prep.-prep.-n.m.s. (94) *besides*

שַׁבְּתֹת יהוה n.f.p. cstr. (992)-pr.n. (217) *the sabbaths of Yahweh*

וּמִלְּבַד conj.-v.supra *and besides*

מַתְּנוֹתֵיכֶם n.f.p.-2 m.p. sf. (I 682) *your gifts*

וּמִלְּבַד v.supra *and besides*

כָּל־נִדְרֵיכֶם n.m.s. cstr. (481)-n.m.p.-2 m.p. sf. (623) *all your votive offerings*

וּמִלְּבַד v.supra *and besides*

כָּל־נִדְבוֹתֵיכֶם v.supra-n.f.p.-2 m.p. sf. (621) *all your freewill offerings*

אֲשֶׁר תִּתְּנוּ rel. (81)-Qal impf. 2 m.p. נָתַן (678) *which you give*

לַיהוה prep.-pr.n. (217) *to Yahweh*

23:39

אַךְ בַּחֲמִשָּׁה עָשָׂר יוֹם adv. (36)-prep.-n.f.s. (331)-n.m.s. (797)-n.m.s. (398) *on the fifteenth day*

לַחֹדֶשׁ הַשְּׁבִיעִי prep.-def.art.-n.m.s. 294-def.art.-num.adj. m.s. (988) *of the seventh month*

בְּאָסְפְּכֶם prep.-Qal inf.cstr.-2 m.p. sf. אָסַף 62; GK 61a) *when you have gathered*

אֶת־תְּבוּאַת הָאָרֶץ dir.obj.-n.f.s. cstr. (100)-def.art.-n.f.s. (75) *in the produce of the land*

תָּחֹגּוּ Qal impf. 2 m.p. חָגַג 290) *you shall keep*

אֶת־חַג־יהוה dir.obj.-n.m.s. cstr. (290)-pr.n. (217) *the feast of Yahweh*

שִׁבְעַת יָמִים n.f.s. cstr. (988)-n.m.p. (398) *seven days*

בַּיּוֹם הָרִאשׁוֹן prep.-def.art.-n.m.s. (398)-def.art.-adj. m.s. (911) *on the first day*

שַׁבָּתוֹן n.m.s. (992) *a solemn rest*

וּבַיּוֹם הַשְּׁמִינִי conj.-prep.-def. art.-n.m.s. (398)-def.art.-num. m.s. (1033) *and on the eighth day*

שַׁבָּתוֹן v.supra *a solemn rest*

23:40

וּלְקַחְתֶּם לָכֶם conj.-Qal pf. 2 m.p. (לָקַח 542)-prep.-2 m.p. sf. *and you shall take*

בַּיּוֹם הָרִאשׁוֹן prep.-def.art.-n.m.s. (398)-def.art.-adj. m.s. (911) *on the first day*

פְּרִי עֵץ הָדָר n.m.s. cstr. (826)-n.m.s. (781)-n.m.s. (214) *the fruit of goodly trees*

כַּפֹּת תְּמָרִים n.f.p. cstr. (496)-n.m.p. (I 1071) *branches of palm trees*

וַעֲנַף עֵץ־עָבֹת conj.-n.m.s. cstr. (778)-n.m.s. (781)-adj. m.s. (721) *and boughs of leafy trees*

וְעַרְבֵי־נָחַל conj.-n.f.p. cstr. (788)-n.m.s. paus. (636) *and willows of the brook*

וּשְׂמַחְתֶּם conj.-Qal pf. 2 m.p. שָׂמַח 970) *and you shall rejoice*

לִפְנֵי יהוה prep.-n.m.p. cstr. (815)-pr.n. (217) *before Yahweh*

אֱלֹהֵיכֶם n.m.p.-2 m.p. sf. (43) *your God*

שִׁבְעַת יָמִים n.f.s. cstr. (988)-n.m.p. (398) *seven days*

23:41

וְחַגֹּתֶם אֹתוֹ conj.-Qal pf. 2 m.p. חָגַג 290)-prep.-3 m.s. sf. *you shall keep it*

חַג לַיהוה n.m.s. (290)-prep.-pr.n. (217) *a feast to Yahweh*

שִׁבְעַת יָמִים n.f.s. cstr. (988)-n.m.p. (398) *seven days*

בַּשָּׁנָה prep.-def.art.-n.f.s. (1040) *in the year*

חֻקַּת עוֹלָם n.f.s. cstr. (349)-n.m.s. (761) *a statute for ever*

לְדֹרֹתֵיכֶם prep.-n.m.p.-2 m.p. sf. (189) *throughout your generations*

בַּחֹדֶשׁ הַשְּׁבִיעִי prep.-def.art.-n.m.s. (294)-def.art.-num.adj. m.s. (988) *in the seventh month*

תָּחֹגּוּ אֹתוֹ Qal impf. 2 m.p. חָגַג 290)-dir.obj.-3 m.s. sf. *you shall keep it*

23:42

בַּסֻּכֹּת prep.-def.art.-n.f.p. (697; GK 126r) *in booths*

תֵּשְׁבוּ Qal impf. 2 m.p. יָשַׁב 442) *you shall dwell*

שִׁבְעַת יָמִים n.f.s. cstr. (988)-n.m.p. (398) *for seven days*

כָּל־הָאֶזְרָח n.m.s. cstr. (481)-def.art.-n.m.s. (280) *all that are native*

בְּיִשְׂרָאֵל prep.-pr.n. (975) *in Israel*

יֵשְׁבוּ Qal impf. 3 m.p. יָשַׁב 442) *shall dwell*

בַּסֻּכֹּת v.supra *in booths*

23:43

לְמַעַן prep.-prep. (775) *that*

יֵדְעוּ Qal impf. 3 m.p. (יָדַע 393) *may know*

דֹרֹתֵיכֶם n.m.p.-2 m.p. sf. (189) *your generations*

כִּי בַסֻּכּוֹת conj. (471)-prep.-def.art.-n.f.p. (697) *that in booths*

הוֹשַׁבְתִּי Hi. pf. 1 c.s. (יָשַׁב 442) *I made to dwell*

אֶת־בְּנֵי יִשְׂרָאֵל dir.obj.-n.m.p. cstr. (119)-pr.n. (975) *the people of Israel*

בְּהוֹצִיאִי אוֹתָם prep.-Hi. inf.cstr.-1 c.s. sf. (יָצָא 422)-dir.obj.-3 m.p. sf. *when I brought them out*

מֵאֶרֶץ מִצְרָיִם prep.-n.f.s. cstr. (75)-pr.n. paus. (595) *of the land of Egypt*

אֲנִי יְהוָה pers.pr. 1 c.s. (58)-pr.n. (217) *I am Yahweh*

אֱלֹהֵיכֶם n.m.p.-2 m.p. sf. (43) *your God*

23:44

וַיְדַבֵּר מֹשֶׁה consec.-Pi. impf. 3 m.s. (180)-pr.n. (602) *thus Moses declared*

אֶת־מֹעֲדֵי יְהוָה dir.obj.-n.m.p. cstr. (417)-pr.n. (217) *the appointed feasts of Yahweh*

אֶל־בְּנֵי יִשְׂרָאֵל prep.-n.m.p. cstr. (119)-pr.n. (975) *to the people of Israel*

24:1

וַיְדַבֵּר יְהוָה consec.-Pi. impf. 3 m.s. (180)-pr.n. (217) *Yahweh said*

אֶל־מֹשֶׁה prep.-pr.n. (602) *to Moses*

לֵאמֹר prep.-Qal inf.cstr. (55) *(saying)*

24:2

צַו Pi. impv. 2 m.s. (צָוָה 845) *command*

אֶת־בְּנֵי יִשְׂרָאֵל dir.obj.-n.m.p. cstr. (119)-pr.n. (975) *the people of Israel*

וְיִקְחוּ אֵלֶיךָ conj.-Qal impf. 3 m.p. (לָקַח 542)-prep.-2 m.s. sf. *to bring you*

שֶׁמֶן זַיִת n.m.s. cstr. (1032)-n.m.s. (268) *oil of olive*

זַךְ כָּתִית adj. m.s. (269)-adj. m.s. (510) *pure beaten*

לַמָּאוֹר prep.-def.art.-n.m.s. (22) *for the lamp*

לְהַעֲלֹת prep.-Hi. inf.cstr. (עָלָה 748) *that may be kept burning*

נֵר n.m.s. (632) *a light*

תָּמִיד adv. (556) *continually*

24:3

מִחוּץ prep.-n.m.s. (299) *outside*

לְפָרֹכֶת הָעֵדֻת prep.-n.f.s. cstr. (827)-def.art.-n.f.s. (730) *the veil of the testimony*

בְּאֹהֶל מוֹעֵד prep.-n.m.s. cstr. (13)-n.m.s. (417) *in the tent of meeting*

יַעֲרֹךְ אֹתוֹ Qal impf. 3 m.s. (עָרַךְ 789)-dir.obj.-3 m.s. sf. *shall keep it in order*

אַהֲרֹן pr.n. (14) *Aaron*

מֵעֶרֶב prep.-n.m.s. (787) *from evening*

עַד־בֹּקֶר prep. (III 723)-n.m.s. (133) *to morning*

לִפְנֵי יְהוָה prep.-n.m.p. cstr. (815)-pr.n. (217) *before Yahweh*

תָּמִיד adv. (556) *continually*

חֻקַּת עוֹלָם n.f.s. cstr. (349)-n.m.s. (761) *a statute for ever*

לְדֹרֹתֵיכֶם prep.-n.m.p.-2 m.p. sf. (189) *throughout your generations*

24:4

עַל הַמְּנֹרָה הַטְּהֹרָה prep.-def.art.-n.f.s. (633)-def.art.-adj. f.s. (373) *upon the pure lampstand*

יַעֲרֹךְ Qal impf. 3 m.s. (עָרַךְ 789) *he shall keep in order*

אֶת־הַנֵּרוֹת dir.obj.-def.art. n.m.p. (632) *the lamps*

לִפְנֵי יְהוָה prep.-n.m.p. cstr. (815)-pr.n. (217) *before Yahweh*

תָּמִיד adv. (556) *continually*

24:5

וְלָקַחְתָּ conj.-Qal pf. 2 m.s. (לָקַח 542) *and you shall take*

סֹלֶת n.f.s. (701) *fine flour*

וְאָפִיתָ אֹתָהּ conj.-Qal pf. 2 m.s. (אָפָה 66; GK 49,l;117ii)-dir.obj.-3 f.s. sf. *and bake of it*

שְׁתֵּים עֶשְׂרֵה חַלּוֹת num. f. (1040)-num. (797)-n.f.p. (319) *twelve cakes*

שְׁנֵי עֶשְׂרֹנִים num. m. cstr. (1040)-n.m.p. (798) *two tenths (of an ephah)*

יִהְיֶה Qal impf. 3 m.s. (הָיָה 224) *shall be*

הַחַלָּה הָאֶחָת def.art.-n.f.s. (319)-def.art.-num. f.s. (25) *in each cake*

24:6

וְשַׂמְתָּ אוֹתָם conj.-Qal pf. 2 m.s. (שִׂים 962)-dir.obj.-3 m.p. sf. *and you shall set them*

שְׁתַּיִם מַעֲרָכוֹת num. f.p. (1040)-n.f.p. (790) *in two rows*

שֵׁשׁ הַמַּעֲרָכֶת num. cstr. (995)-n.f.s. (790) *six in a row*

עַל הַשֻּׁלְחָן הַטָּהֹר prep.-def.art.-n.m.s. (1020)-def.art.-adj. m.s. (373) *upon the pure table*

לִפְנֵי יְהוָה prep.-n.m.p. cstr. (815)-pr.n. (217) *before Yahweh*

24:7

וְנָתַתָּ conj.-Qal pf. 2 m.s. (נָתַן 678) *and you shall put*

עַל־הַמַּעֲרֶכֶת prep.-def.art.-n.f.s. (790) *with each row*

לְבֹנָה זַכָּה n.f.s. (526)-adj. f.s. (269) *pure frankincense*

וְהָיְתָה conj.-Qal pf. 3 f.s. (הָיָה 224) *that it may go*

לַלֶּחֶם prep.-def.art.-n.m.s. (536) *with the bread*

לְאַזְכָּרָה prep.-n.f.s. (272) *as a memorial offering*

אִשֶּׁה n.m.s. (77) *to be offered by fire*

לַיהוה prep.-pr.n. (217) *to Yahweh*

24:8

בְּיוֹם הַשַּׁבָּת בְּיוֹם הַשַּׁבָּת prep.-n.m.s. cstr. (398)-def.art.-n.f.s. (992)-v.supra-v.supra *every sabbath day*

יַעַרְכֶנּוּ Qal impf. 3 m.s.-3 m.s. sf. (עָרַךְ 789) *he shall set it in order*

לִפְנֵי יהוה prep.-n.m.p. cstr. (815)-pr.n. (217) *before Yahweh*

תָּמִיד adv. (556) *continually*

מֵאֵת בְּנֵי־יִשְׂרָאֵל prep.-prep. (II 85)-n.m.p. cstr. (119)-pr.n. (975) *on behalf of the people of Israel*

בְּרִית עוֹלָם n.f.s. cstr. (136)-n.m.s. (761) *as a covenant for ever*

24:9

וְהָיְתָה conj.-Qal pf. 3 f.s. (הָיָה 224) *and it shall be*

לְאַהֲרֹן prep.-pr.n. (14) *for Aaron*

וּלְבָנָיו conj.-prep.-n.m.p.-3 m.s. sf. (119) *and his sons*

וַאֲכָלֻהוּ conj.-Qal pf. 3 c.p.-3 m.s. sf. (אָכַל 37) *and they shall eat it*

בְּמָקוֹם קָדֹשׁ prep.-n.m.s. (879)-adj. m.s. (872) *in a holy place*

כִּי קֹדֶשׁ קָדָשִׁים הוּא לוֹ conj. (471)-n.m.s. cstr. (871)-n.m.p. (871)-demons.adj. m.s. (214)-prep.-3 m.s. sf. *it is for him a most holy portion*

מֵאִשֵּׁי יהוה prep.-n.m.p. cstr. (77)-pr.n. (217) *out of the offerings by fire to Yahweh*

חָק־עוֹלָם n.m.s. (349)-n.m.s. (761) *a perpetual due*

24:10

וַיֵּצֵא consec.-Qal impf. 3 m.s. (יָצָא 422) *now ... went out*

בֶּן־אִשָּׁה n.m.s. cstr. (119)-n.f.s. (61) *a woman's son*

יִשְׂרְאֵלִית adj. gent. f.s. (976) *Israelite*

וְהוּא בֶּן־אִישׁ מִצְרִי conj.-pers.pr. 3 m.s. (214)-v.supra-n.m.s. (35)-adj. gent. (596) *and he was the son of an Egyptian*

בְּתוֹךְ בְּנֵי יִשְׂרָאֵל prep.-n.m.s. cstr. (1063)-n.m.p. cstr. (119)-pr.n. (975) *among the people of Israel*

וַיִּנָּצוּ consec.-Ni. impf. 3 m.p. (נָצָה II 663) *and quarreled*

בַּמַּחֲנֶה prep.-def.art.-n.m.s. (334) *in the camp*

בֶּן הַיִּשְׂרְאֵלִית n.m.s. cstr. (119)-def.art.-adj.gent. f.s. (976) *the Israelite woman's son*

וְאִישׁ הַיִּשְׂרְאֵלִי conj.-n.m.s. cstr. (35)-def.art.-adj. gent. m.s. (976) *and a man of Israel*

24:11

וַיִּקֹּב consec.-Qal impf. 3 m.s. (קָבַב II 866; GK 67g) *and blasphemed*

בֶּן־הָאִשָּׁה הַיִּשְׂרְאֵלִית n.m.s. cstr. (119)-def.art.-n.f.s. (61)-def.art.-adj.gent. f.s. (976) *the Israelite woman's son*

אֶת־הַשֵּׁם dir.obj.-def.art.-n.m.s. (1027) *the Name*

וַיְקַלֵּל conj.-Pi. impf. 3 m.s. (קָלַל 886) *and cursed*

וַיָּבִיאוּ אֹתוֹ consec.-Hi. impf. 3 m.p. (בּוֹא 97)-prep.-3 m.s. sf. *and they brought him*

אֶל־מֹשֶׁה prep.-pr.n. (602) *to Moses*

וְשֵׁם אִמּוֹ conj.-n.m.s. cstr. (1027)-n.f.s.-3 m.s. sf. (51) *his mother's name*

שְׁלֹמִית pr.n. (II 1025) *Shelomith*

בַּת־דִּבְרִי n.f.s. cstr. (I 123)-pr.n. (184) *the daughter of Dibri*

לְמַטֵּה־דָן prep.-n.m.s. cstr. (641)-pr.n. (192) *of the tribe of Dan*

24:12

וַיַּנִּיחֻהוּ consec.-Hi. impf. 3 m.p.-3 m.s. sf. (נוּחַ 628) *and they put him*

בַּמִּשְׁמָר prep.-def.art.-n.m.s. (1038) *in custody*

לִפְרֹשׁ לָהֶם prep.-Qal inf.cstr. (פָּרַשׁ I 831)-prep.-3 m.p. sf. *till should be declared (made distinct) to them*

עַל־פִּי יהוה prep.-n.m.s. cstr. (804)-pr.n. (217) *the will of Yahweh*

24:13

וַיְדַבֵּר יהוה consec.-Pi. impf. 3 m.s. (180)-pr.n. (217) *and Yahweh said*

אֶל־מֹשֶׁה prep.-pr.n. (602) *to Moses*

לֵאמֹר prep.-Qal inf.cstr. (55) *(saying)*

24:14

הוֹצֵא Hi. impv. 2 m.s. (יָצָא 422) *bring out*

אֶת־הַמְקַלֵּל dir.obj.-def.art.-Pi. ptc. (קָלַל 886) *him who cursed*

אֶל־מִחוּץ לַמַּחֲנֶה prep.-prep.-n.m.s. (299)-prep.-def.art.-n.m.s. (334) *out of the camp*

וְסָמְכוּ conj.-Qal pf. 3 c.p. (סָמַךְ 701) *and let ... lay*

כָּל־הַשֹּׁמְעִים n.m.s. cstr. (481)-def.art.-Qal act.ptc. m.p. (שָׁמַע 1033) *all who heard (him)*

אֶת־יְדֵיהֶם dir.obj.-n.f.p.-3 m.p. sf. (388) *their hands*

עַל־רֹאשׁוֹ prep.-n.m.s.-3 m.s. sf. (910) *upon his head*

וְרָגְמוּ אֹתוֹ conj.-Qal pf. 3 c.p. (רָגַם 920)-dir.obj.-3 m.s. sf. *and let ... stone him*

כָּל־הָעֵדָה n.m.s. cstr. (481)-def.art.-n.f.s. (417) *all the congregation*

24:15

וְאֶל־בְּנֵי יִשְׂרָאֵל conj.-prep.-n.m.p. cstr. (119)-pr.n. (975) *and to the people of Israel*

תְּדַבֵּר Pi. impf. 2 m.s. (180) *you shall say*

לֵאמֹר prep.-Qal inf.cstr. (55) *(saying)*

אִישׁ אִישׁ כִּי־ n.m.s. (35)-v.supra-conj. (471) *whoever*

יְקַלֵּל Pi. impf. 3 m.s. (קָלַל 886) *curses*

אֱלֹהָיו n.m.p.-3 m.s. sf. (43) *his God*

וְנָשָׂא conj.-Qal pf. 3 m.s. (669) *shall bear*

חֶטְאוֹ n.m.s.-3 m.s. sf. (307) *his sin*

24:16

וְנֹקֵב conj.-Qal act.ptc. (נָקַב 666) *he who blasphemes*

שֵׁם־יהוה n.m.s. cstr. (1027)-pr.n. (217) *the name of Yahweh*

מוֹת יוּמָת Qal inf.abs. (מוּת 559)-Ho. impf. 3 m.s. (מוּת 559) *shall be put to death*

רָגוֹם יִרְגְּמוּ־בוֹ Qal inf.abs. (920)-Qal impf. 3 m.p. (רָגַם 920)-prep.-3 m.s. sf. *shall stone him*

כָּל־הָעֵדָה n.m.s. cstr. (481)-def.art.-n.f.s. (417) *all the congregation*

כַּגֵּר prep.-def.art.-n.m.s. (158) *as the sojourner*

כָּאֶזְרָח prep.-def.art.-n.m.s. (280) *as the native*

בְּנָקְבוֹ־שֵׁם prep.-Qal inf.cstr.-3 m.s. sf. (נָקַב 666)-n.m.s. (1027) *when he blasphemes the Name*

יוּמָת v.supra *shall be put to death*

24:17

וְאִישׁ כִּי יַכֶּה conj.-n.m.s. (35)-conj. (471)-Hi. impf. 3 m.s. (נָכָה 645) *he who kills*

כָּל־נֶפֶשׁ אָדָם n.m.s. cstr. (481)-n.f.s. cstr. (659)-n.m.s. (9) *a man*

מוֹת יוּמָת Qal inf.abs. (מוּת 559)-Ho. impf. 3 m.s. (מוּת 559) *shall be put to death*

24:18

וּמַכֵּה conj.-Hi. ptc. m.s. cstr. (נָכָה 645) *he who kills*

נֶפֶשׁ־בְּהֵמָה n.f.s. cstr. (659)-n.f.s. (96) *a beast*

יְשַׁלְּמֶנָּה Pi. impf. 3 m.s.-3 f.s. sf. (שָׁלֵם 1022) *shall make it good*

נֶפֶשׁ תַּחַת נָפֶשׁ n.f.s. (659)-prep. (1065)-n.f.s. paus. (659) *life for life*

24:19

וְאִישׁ conj.-n.m.s. (35) *and a man*

כִּי־יִתֵּן מוּם conj. (471)-Qal impf. 3 m.s. (נָתַן 678)-n.m.s. (548) *when he causes a disfigurement*

בַּעֲמִיתוֹ prep.-n.m.s.-3 m.s. sf. (765) *in his neighbor*

כַּאֲשֶׁר עָשָׂה prep.-rel. (81)-Qal pf. 3 m.s. (I 793) *as he has done*

כֵּן יֵעָשֶׂה לּוֹ adv. (485)-Ni. impf. 3 m.s. (עָשָׂה I 793)-prep.-3 m.s. sf. *it shall be done to him*

24:20

שֶׁבֶר תַּחַת שֶׁבֶר n.m.s. (991)-prep. (1065)-v.supra *fracture for fracture*

עַיִן תַּחַת עַיִן n.f.s. (744)-v.supra-v.supra *eye for eye*

שֵׁן תַּחַת שֵׁן n.f.s. (1042)-v.supra-v.supra *tooth for tooth*

כַּאֲשֶׁר יִתֵּן מוּם prep.-rel. (81)-Qal impf. 3 m.s. (678)-n.m.s. (548) *as he has disfigured*

בָּאָדָם prep.-def.art.-n.m.s. (9) *a man*

כֵּן יִנָּתֶן בּוֹ adv. (485)-Ni. impf. 3 m.s. (נָתַן 678)-prep.-3 m.s. sf. *so he shall be disfigured*

24:21

וּמַכֵּה בְהֵמָה conj.-Hi. ptc. m.s. cstr. (נָכָה 645)-n.f.s. (96) *he who kills a beast*

יְשַׁלְּמֶנָּה Pi. impf. 3 m.s.-3 f.s. sf. (שָׁלֵם 1022) *shall make it good*

וּמַכֵּה אָדָם v.supra-n.m.s. (9) *and he who kills a man*

יוּמָת Ho. pf. 3 m.s. (מוּת 559) *shall be put to death*

24:22

מִשְׁפַּט אֶחָד n.m.s. cstr. (1048)-num. m.s. (25; GK 134d) *one law*

יִהְיֶה לָכֶם Qal impf. 3 m.s. (הָיָה 224)-prep.-2 m.p. sf. *you shall have*

כַּגֵּר prep.-def.art.-n.m.s. (158) *as the sojourner*

כָּאֶזְרָח prep.-def.art.-n.m.s. (280) *as for the native*

יִהְיֶה v.supra *it shall be*

כִּי אֲנִי יהוה conj. (471)-pers.pr. 1 c.s. (58)-pr.n. (217) *for I am Yahweh*

אֱלֹהֵיכֶם n.m.p.-2 m.p. sf. (43) *your God*

24:23

וַיְדַבֵּר מֹשֶׁה consec.-Pi. impf. 3 m.s. (180)-pr.n. (602) *so Moses spoke*

אֶל־בְּנֵי יִשְׂרָאֵל prep.-n.m.p. cstr. (119)-pr.n. (975) *to the people of Israel*

וַיּוֹצִיאוּ consec.-Hi. impf. 3 m.p. (יָצָא 422) *and they brought out*

אֶת־הַמְקַלֵּל dir.obj.-def.art.-Pi. ptc. m.s. (קָלַל 886) *him who had cursed*

אֶל־מִחוּץ לַמַּחֲנֶה prep.-prep.-n.m.s. (299)-prep.-def.art.-n.m.s. (334) *out of the camp*

וַיִּרְגְּמוּ אֹתוֹ אָבֶן consec.-Qal impf. 3 m.p. (רָגַם 920)-dir.obj.-3 m.s. sf.-n.f.s. paus. (6) *and stoned him with stones*

וּבְנֵי־יִשְׂרָאֵל conj.-n.m.p. cstr. (119)-pr.n. (975) *thus the people of Israel*

עָשׂוּ Qal pf. 3 c.p. (עָשָׂה I 793) *did*

כַּאֲשֶׁר צִוָּה יהוה prep.-rel. (81)-Pi. pf. 3 m.s. (צָוָה 845)-pr.n. (217) *as Yahweh commanded*

אֶת־מֹשֶׁה dir.obj.-pr.n. (602) *Moses*

25:1

וַיְדַבֵּר יהוה consec.-Pi. impf. 3 m.s. (180)-pr.n. (217) *Yahweh said*

אֶל־מֹשֶׁה prep.-pr.n. (602) *to Moses*

בְּהַר סִינַי prep.-n.m.s. cstr. (249)-pr.n. (696) *on Mount Sinai*

לֵאמֹר prep.-Qal inf.cstr. (55) *(saying)*

25:2

דַּבֵּר Pi. impv. 2 m.s. (180) *say*

אֶל־בְּנֵי יִשְׂרָאֵל prep.-n.m.p. cstr. (119)-pr.n. (975) *to the people of Israel*

וְאָמַרְתָּ אֲלֵהֶם conj.-Qal pf. 2 m.s. (55)-prep.-3 m.p. sf. *(and you shall say to them)*

כִּי תָבֹאוּ conj. (471)-Qal impf. 2 m.p. (בּוֹא 97) *when you come*

אֶל־הָאָרֶץ prep.-def.art.-n.f.s. (75) *into the land*

אֲשֶׁר אֲנִי נֹתֵן לָכֶם rel. (81)-pers.pr. 1 c.s. (58)-Qal act.ptc. (נָתַן 678)-prep.-2 m.p. sf. *which I give you*

וְשָׁבְתָה הָאָרֶץ conj.-Qal pf. 3 f.s. (שָׁבַת 991)-def.art.-n.f.s. (75) *the land shall keep*

שַׁבָּת n.f.s. (992) *a sabbath*

לַיהוה prep.-pr.n. (217) *to Yahweh*

25:3

שֵׁשׁ שָׁנִים num. (995)-n.f.p. (1040) *six years*

תִּזְרַע שָׂדֶךָ Qal impf. 2 m.s. (זָרַע 281)-n.m.s.-2 m.s. sf. (961) *you shall sow your field*

וְשֵׁשׁ שָׁנִים conj.-v.supra-v.supra *and six years*

תִּזְמֹר כַּרְמֶךָ Qal impf. 2 m.s. (זָמַר II 274)-n.m.s.-2 m.s. sf. (501) *you shall prune your vineyard*

וְאָסַפְתָּ conj.-Qal pf. 2 m.s. (אָסַף 62) *and gather in*

אֶת־תְּבוּאָתָהּ dir.obj.-n.f.s.-3 f.s. sf. (100) *its fruits*

25:4

וּבַשָּׁנָה הַשְּׁבִיעִת conj.-prep.-def.art.-n.f.s. (1040)-def.art.-num.adj. f.s. (988) *but in the seventh year*

שַׁבַּת שַׁבָּתוֹן n.f.s. cstr. (992)-n.m.s. (992) *a sabbath of solemn rest*

יִהְיֶה לָאָרֶץ Qal impf. 3 m.s. (הָיָה 224)-prep.-def.art.-n.f.s. paus. (75) *there shall be ... for the land*

שַׁבָּת לַיהוה n.f.s. (992)-prep.-pr.n. (217) *a sabbath to Yahweh*

שָׂדֶךָ n.m.s.-2 m.s. sf. (961) *your field*

לֹא תִזְרָע neg.-Qal impf. 2 m.s. (זָרַע 281) *you shall not sow*

וְכַרְמְךָ conj.-n.m.s.-2 m.s. sf. (501) *or your vineyard*

לֹא תִזְמֹר neg.-Qal impf. 2 m.s. (זָמַר II 274) *you shall not prune*

25:5

אֵת סְפִיחַ קְצִירְךָ dir.obj.-n.m.s. cstr. (II 705)-n.m.s.-2 m.s. sf. (894) *what grows of itself in your harvest*

לֹא תִקְצוֹר neg.-Qal impf. 2 m.s. (קָצַר II 894) *you shall not reap*

וְאֶת־עִנְּבֵי נְזִירֶךָ conj.-dir.obj.-n.m.p. cstr. (772; GK 20h)-n.m.s.-2 m.s. sf. (634) *and the grapes of your undressed vine*

לֹא תִבְצֹר neg.-Qal impf. 2 m.s. (בָּצַר 130) *you shall not gather*

שְׁנַת שַׁבָּתוֹן n.f.s. cstr. (1040)-n.m.s. (992) *a year of solemn rest*

יִהְיֶה לָאָרֶץ Qal impf. 3 m.s. (הָיָה 224)-prep. -def.art.-n.f.s. paus. (75) *it shall be for the land*

25:6

וְהָיְתָה conj.-Qal pf. 3 f.s. (הָיָה 224) *and shall provide*

שַׁבַּת הָאָרֶץ n.f.s. cstr. (992)-def.art.-n.f.s. (75) *the sabbath of the land*

לָכֶם prep.-2 m.p. sf. *for you*

לְאָכְלָה prep.-n.f.s. (38) *food*

לְךָ וּלְעַבְדְּךָ prep.-2 m.s. sf.-conj.-prep.-n.m.s.-2 m.s. sf. (713) *for yourself and for your male slaves*

וְלַאֲמָתֶךָ conj.-prep.-n.f.s.-2 m.s. sf. (51) *and your female slaves*

וְלִשְׂכִירְךָ conj.-prep.-adj. m.s.-2 m.s. sf. (969) *and for your hired servant*

וּלְתוֹשָׁבְךָ conj.-prep.-n.m.s.-2 m.s. sf. (444) *for the sojourner*

הַגָּרִים עִמָּךְ def.art.-Qal act.ptc. m.p. (גור 157) -prep.-2 m.s. sf. paus. (767) *who lives with you*

25:7

וְלִבְהֶמְתְּךָ conj.-prep.-n.f.s.-2 m.s. sf. (96) *for your cattle also*

וְלַחַיָּה conj.-prep.-def.art.-n.f.s. (I 312) *and for the beasts*

אֲשֶׁר בְּאַרְצֶךָ rel. (81)-prep.-n.f.s.-2 m.s. sf. (75) *that are in your land*

תִּהְיֶה Qal impf. 3 f.s. (הָיָה 224) *shall be*

כָל־תְּבוּאָתָהּ n.m.s. cstr. (481)-n.f.s.-3 f.s. sf. (100) *all its yield*

לֶאֱכֹל prep.-Qal inf.cstr. (37) *for food*

25:8

וְסָפַרְתָּ לְךָ conj.-Qal pf. 2 m.s. (סָפַר 707)-prep. -2 m.s. sf. *and you shall count (for yourself)*

שֶׁבַע שַׁבְּתֹת שָׁנִים num. cstr. (988)-n.f.p. cstr. (992)-n.f.p. (1040) *seven sabbaths (weeks) of years*

שֶׁבַע שָׁנִים v.supra-v.supra *seven years*

שֶׁבַע פְּעָמִים v.supra-n.f.p. (821) *seven times*

וְהָיוּ לְךָ conj.-Qal pf. 3 c.p. (הָיָה 224)-prep.-2 m.s. sf. *so that shall be to you*

יְמֵי שֶׁבַע n.m.p. cstr. (398)-n.m.s. cstr. (988) *the time (days) of the seven*

שַׁבְּתֹת הַשָּׁנִים n.f.p. cstr. (992)-def.art.-n.f.p. (1040) *weeks of years*

תֵּשַׁע וְאַרְבָּעִים num. (1077)-conj.-num. p. (917) *forty-nine*

שָׁנָה n.f.s. (1040) *years*

25:9

וְהַעֲבַרְתָּ conj.-Hi. pf. 2 m.s. (עָבַר 716) *then you shall send abroad*

שׁוֹפַר תְּרוּעָה n.m.s. cstr. (1051)-n.f.s. (929) *the loud trumpet*

בַּחֹדֶשׁ הַשְּׁבִעִי prep.-def.art.-n.m.s. (294)-def.art. -num.adj. m.s. (988) *of the seventh month*

בֶּעָשׂוֹר לַחֹדֶשׁ prep.-def.art.-num. (797)-prep. -def.art.-n.m.s. (294) *on the tenth day of the month*

בְּיוֹם הַכִּפֻּרִים prep.-n.m.s. cstr. (398)-def.art. -n.m.p. (498) *on the day of atonement*

תַּעֲבִירוּ Hi. impf. 2 m.p. (עָבַר 716) *you shall send abroad*

שׁוֹפָר n.m.s. (1051) *the trumpet*

בְּכָל־אַרְצְכֶם prep.-n.m.s. cstr. (481)-n.f.s.-2 m.p. sf. (75) *throughout all your land*

25:10

וְקִדַּשְׁתֶּם conj.-Pi. pf. 2 m.p. (קָדַשׁ 872) *and you shall hallow*

אֵת שְׁנַת הַחֲמִשִּׁים שָׁנָה dir.obj.-n.f.s. cstr. (1040) -def.art.-num. m.p. (332)-n.f.s. (1040) *the fiftieth year*

וּקְרָאתֶם conj.-Qal pf. 2 m.p. (קָרָא 894) *and proclaim*

דְּרוֹר n.m.s. (I 204) *liberty*

בָּאָרֶץ prep.-def.art.-n.f.s. (75) *throughout the land*

לְכָל־יֹשְׁבֶיהָ prep.-n.m.s. cstr. (481)-Qal act.ptc. m.p.-3 f.s. sf. (יָשַׁב 442) *to all its inhabitants*

יוֹבֵל הוּא n.m.s. (385)-demons.adj. f.s. (214) *it ... a jubilee*

תִּהְיֶה לָכֶם Qal impf. 3 f.s. (הָיָה 224)-prep.-2 m.p. sf. *it shall be for you*

וְשַׁבְתֶּם conj.-Qal pf. 2 m.p. (שׁוּב 996) *and you shall return*

אִישׁ אֶל־אֲחֻזָּתוֹ n.m.s. (35)-prep.-n.f.s.-3 m.s. sf. (28) *each to his property*

וְאִישׁ אֶל־מִשְׁפַּחְתּוֹ conj.-v.supra-prep.-n.f.s.-3 m.s. sf. (1046) *and each to his family*

תָּשֻׁבוּ Qal impf. 2 m.p. (שׁוּב 996) *you shall return*

25:11

יוֹבֵל הוּא n.m.s. (385)-demons.adj. f.s. (214) *a jubilee (it)*

שְׁנַת הַחֲמִשִּׁים שָׁנָה n.f.s. cstr. (1040)-def.art.-num. m.p. (332)-n.f.s. (1040) *fiftieth year*

תִּהְיֶה לָכֶם Qal impf. 3 f.s. (הָיָה 224)-prep.-2 m.p. sf. *shall be to you*

לֹא תִזְרָעוּ neg.-Qal impf. 2 m.p. paus. (זָרַע 281) *you shall neither sow*

וְלֹא תִקְצְרוּ conj.-neg.-Qal impf. 2 m.p. (קָצַר II 894) *nor reap*

אֶת־סְפִיחֶיהָ dir.obj.-n.m.p.-3 f.s. sf. (II 705) *what grows of itself*

וְלֹא תִבְצְרוּ conj.-neg.-Qal impf. 2 m.p. (בָּצַר 130) *nor gather*

אֶת־נְזִרֶיהָ dir.obj.-n.m.p.-3 f.s. sf. (634) *the grapes from the undressed vines*

25:12

כִּי יוֹבֵל הוּא conj. (471)-n.m.s. (385)-demons.adj. f.s. (214) *for it is a jubilee*

קֹדֶשׁ תִּהְיֶה לָכֶם n.m.s. (871)-Qal impf. 3 f.s. (הָיָה 224)-prep.-2 m.p. sf. *it shall be holy to you*

מִן־הַשָּׂדֶה prep.-def.art.-n.m.s. (961) *out of the field*

תֹּאכְלוּ Qal impf. 2 m.p. (אָכַל 37) *you shall eat*

אֶת־תְּבוּאָתָהּ dir.obj.-n.f.s.-3 f.s. sf. (100) *what it yields*

25:13

בִּשְׁנַת הַיּוֹבֵל הַזֹּאת prep.-n.f.s. cstr. (1040)-def.art.-n.m.s. (385)-def.art.-demons.adj. f.s. (260) *in this year of jubilee*

תָּשֻׁבוּ Qal impf. 2 m.p. (שׁוּב 996) *you shall return*

אִישׁ n.m.s. (35) *each*

אֶל־אֲחֻזָּתוֹ prep.-n.f.s.-3 m.s. sf. (28) *to his property*

25:14

וְכִי־תִמְכְּרוּ מִמְכָּר conj.-conj. (471)-Qal impf. 2 m.p. (מָכַר 569)-n.m.s. (569) *and if you sell*

לַעֲמִיתֶךָ prep.-n.m.s.-2 m.s. sf. (765) *to your neighbor*

אוֹ קָנֹה conj. (14)-Qal inf.abs. (קָנָה 888) *or buy*

מִיַּד עֲמִיתֶךָ prep.-n.f.s. cstr. (388)-v.supra *from your neighbor*

אַל־תּוֹנוּ neg. (39)-Hi. impf. juss. 2 m.p. (יָנָה 413) *you shall not wrong*

אִישׁ אֶת־אָחִיו n.m.s. (35)-dir.obj.-n.m.s.-3 m.s. sf. (26) *one another*

25:15

בְּמִסְפַּר שָׁנִים prep.-n.m.s. cstr. (708)-n.f.p. (1040) *according to the number of years*

אַחַר הַיּוֹבֵל prep. (29)-def.art.-n.m.s. (385) *after the jubilee*

תִּקְנֶה Qal impf. 2 m.s. (קָנָה 888) *you shall buy*

מֵאֵת עֲמִיתֶךָ prep.-prep. (II 85)-n.m.s.-2 m.s. sf. (765) *from your neighbor*

בְּמִסְפַּר שְׁנֵי־תְבוּאֹת v.supra-n.f.p. cstr. (1040)-n.f.p. (100) *and according to the number of years for crops*

יִמְכָּר־לָךְ Qal impf. 3 m.s. (מָכַר 569)-prep.-2 m.s. sf. paus. *he shall sell to you*

25:16

לְפִי רֹב הַשָּׁנִים prep.-n.m.s. cstr. (804)-n.m.s. cstr. (913)-def.art.-n.f.p. (1040) *if the years are many*

תַּרְבֶּה Hi. impf. 2 m.s. (רָבָה 915) *you shall increase*

מִקְנָתוֹ n.f.s.-3 m.s. sf. (889) *its price*

וּלְפִי מְעֹט הַשָּׁנִים conj.-v.supra-Qal inf.cstr. (589 מָעַט)-def.art.-n.f.p. (1040) *and if the years are few*

תַּמְעִיט Hi. impf. 2 m.s. (מָעַט 589) *you shall diminish*

מִקְנָתוֹ v.supra *its price*

כִּי מִסְפַּר תְּבוּאֹת conj. (471)-n.m.s. cstr. (708)-n.f.p. (100) *for it is the number of the crops*

הוּא מֹכֵר לָךְ pers.pr. 3 m.s. (214)-Qal act.ptc. (מָכַר 569)-prep.-2 m.s. sf. paus. *he is selling to you*

25:17

וְלֹא תוֹנוּ conj.-neg.-Hi. impf. 2 m.p. (יָנָה 413) *you shall not wrong*

אִישׁ אֶת־עֲמִיתוֹ n.m.s. (35)-dir.obj.-n.m.s.-3 m.s. sf. (765) *one another*

וְיָרֵאתָ conj.-Qal pf. 2 m.s. (יָרֵא 431) *but you shall fear*

מֵאֱלֹהֶיךָ prep.-n.m.p.-2 m.s. sf. (43) *your God*

כִּי אֲנִי יהוה conj. (471)-pers.pr. 1 c.s. (58)-pr.n. (217) *for I am Yahweh*

אֱלֹהֵיכֶם n.m.p.-2 m.p. sf. (43) *your God*

25:18

וַעֲשִׂיתֶם conj.-Qal pf. 2 m.p. (עָשָׂה I 793) *therefore you shall do*

אֶת־חֻקֹּתַי dir.obj.-n.f.p.-1 c.s. sf. (349) *my statutes*

וְאֶת־מִשְׁפָּטַי conj.-dir.obj.-n.m.p.-1 c.s. sf. (1048) *and my ordinances*

תִּשְׁמְרוּ Qal impf. 2 m.p. (שָׁמַר 1036) *you shall keep*

וַעֲשִׂיתֶם אֹתָם v.supra-dir.obj.-3 m.p. sf. *and perform them*

וִישַׁבְתֶּם conj.-Qal pf. 2 m.p. (יָשַׁב 442) *so you will dwell*

עַל־הָאָרֶץ prep.-def.art.-n.f.s. (75) *in the land*

לָבֶטַח prep.-n.m.s. (I 105) *securely*

25:19

וְנָתְנָה הָאָרֶץ conj.-Qal pf. 3 f.s. (נָתַן 678) -def.art.-n.f.s. (75) *the land will yield*

פִּרְיָהּ n.m.s.-3 f.s. sf. (826) *its fruit*

וַאֲכַלְתֶּם conj.-Qal pf. 2 m.p. (אָכַל 37) *and you will eat*

לָשֹׂבַע prep.-Qal inf.abs. (שָׂבַע 959) *your fill*

וִישַׁבְתֶּם conj.-Qal pf. 2 m.p. (יָשַׁב 442) *and dwell*

לָבֶטַח v.supra *securely*

עָלֶיהָ prep.-3 f.s. sf. *in it*

25:20

וְכִי תֹאמְרוּ conj.-conj. (471)-Qal impf. 2 m.p. (55) *and if you say*

מַה־נֹּאכַל interr. (552)-Qal impf. 1 c.p. (אָכַל 37) *what shall we eat*

בַּשָּׁנָה הַשְּׁבִיעִת prep.-def.art.-n.f.s. (1040)-def.art.-num. f.s. (988) *in the seventh year*

הֵן לֹא נִזְרָע hypoth.part. (II 243; GK 159w)-neg.-Qal impf. 1 c.p. (זָרַע 281) *if we may not sow*

וְלֹא נֶאֱסֹף conj.-neg.-Qal impf. 1 c.p. (אָסַף 62) *or gather in*

אֶת־תְּבוּאָתֵנוּ dir.obj.-n.f.s.-1 c.p. sf. (100) *our crop*

25:21

וְצִוִּיתִי conj.-Pi. pf. 1 c.s. (צָוָה 845; GK 49,l) *I will command*

אֶת־בִּרְכָתִי dir.obj.-n.f.s.-1 c.s. sf. (139) *my blessing*

לָכֶם prep.-2 m.p. sf. *upon you*

בַּשָּׁנָה הַשִּׁשִּׁית prep.-def.art.-n.f.s. (1040)-def.art.-num. f.s. (995) *in the sixth year*

וְעָשָׂת conj.-Qal pf. 3 f.s. (עָשָׂה I 793; GK 75m) *so that it will bring forth*

אֶת־הַתְּבוּאָה dir.obj.-def.art.-n.f.s. (100) *fruit*

לִשְׁלֹשׁ הַשָּׁנִים prep.-num. m.s. cstr. (1025) -def.art.-n.f.p. (1040) *for three years*

25:22

וּזְרַעְתֶּם conj.-Qal pf. 2 m.p. (זָרַע 281) *when you sow*

אֵת הַשָּׁנָה הַשְּׁמִינִת dir.obj.-def.art.-n.f.s. (1040) -def.art.-num.adj. f.s. (1033) *in the eighth year*

וַאֲכַלְתֶּם conj.-Qal pf. 2 m.p. (אָכַל 37) *you will be eating*

מִן־הַתְּבוּאָה יָשָׁן prep.-def.art.-n.f.s. (100)-adj. (445) *old produce*

עַד הַשָּׁנָה הַתְּשִׁיעִת prep. (III 723)-def.art.-n.f.s. (1040)-def.art.-num.adj. f.s. (1077) *until the ninth year*

עַד־בּוֹא תְּבוּאָתָהּ prep. (III 723)-Qal inf.cstr. (97 בּוֹא)-n.f.s.-3 f.s. sf. (100) *when its produce comes in*

תֹּאכְלוּ יָשָׁן Qal impf. 2 m.p. (אָכַל 37)-adj. (445) *you shall eat the old*

25:23

וְהָאָרֶץ conj.-def.art.-n.f.s. (75) *the land*

לֹא תִמָּכֵר neg.-Ni. impf. 3 f.s. (מָכַר 569) *shall not be sold*

לִצְמִתֻת prep.-n.f.s. (856) *in perpetuity*

כִּי־לִי הָאָרֶץ conj. (471)-prep.-1 c.s. sf.-def.art.-n.f.s. (75) *for the land is mine*

כִּי־גֵרִים conj. (471)-n.m.p. (158) *for strangers*

וְתוֹשָׁבִים conj.-n.m.p. (444) *and sojourners*

אַתֶּם עִמָּדִי pers.pr. 2 m.p. (61)-prep.-1 c.s. sf. (767) *you are with me*

25:24

וּבְכֹל אֶרֶץ conj.-prep.-n.m.s. cstr. (481)-n.f.s. cstr. (75) *and in all the country of*

אֲחֻזַּתְכֶם n.f.s.-2 m.p. sf. (28) *your possession*

גְּאֻלָּה n.f.s. (145) *a redemption*

תִּתְּנוּ Qal impf. 2 m.p. (נָתַן 678) *you shall grant*

לָאָרֶץ prep.-def.art.-n.f.s. (75) *of the land*

25:25

כִּי־יָמוּךְ conj. (471)-Qal impf. 3 m.s. (מוּךְ 557) *if ... becomes poor*

אָחִיךָ n.m.s.-2 m.s. sf. (26) *your brother*

וּמָכַר conj.-Qal pf. 3 m.s. (569) *and sells*

מֵאֲחֻזָּתוֹ prep.-n.f.s.-3 m.s. sf. (28) *part of his property*

וּבָא conj.-Qal pf. 3 m.s. (בּוֹא 97) *then ... shall come*

גֹּאֲלוֹ הַקָּרֹב Qal act.ptc.-3 m.s. sf. (גָּאַל I 145) -def.art.-adj. m.s. (898) *his next of kin*

אֵלָיו prep.-3 m.s. sf. *(to him)*

וְגָאַל conj.-Qal pf. 3 m.s. (I 145) *and redeem*

אֶת מִמְכַּר אָחִיו dir.obj.-n.m.s. cstr. (569)-n.m.s.-3 m.s. sf. (26) *what his brother has sold*

25:26

וְאִישׁ כִּי conj.-n.m.s. (35)-conj. (471) *if a man*

לֹא יִהְיֶה־לֹּו neg.-Qal impf. 3 m.s. (הָיָה 224) -prep.-3 m.s. sf. *there is not to him*

גֹּאֵל Qal act.ptc. m.s. (גָּאַל I 145) *a redeemer*

וְהִשִּׂיגָה יָדֹו conj.-Hi. pf. 3 f.s. (נָשַׂג 673)-n.f.s.-3 m.s. sf. (388) *and his hand has reached*

וּמָצָא כְּדֵי conj.-Qal pf. 3 m.s. (592)-prep.-subst. cstr. (191) *and finds sufficient means of*

גְּאֻלָּתֹו n.f.s.-3 m.s. sf. (145) *his redemption*

25:27

וְחִשַּׁב conj.-Pi. pf. 3 m.s. (חָשַׁב 362) *he shall reckon*

אֶת־שְׁנֵי מִמְכָּרֹו dir.obj.-n.f.p. cstr. (1040)-n.m.s. -3 m.s. sf. (569) *the years since he sold it*

וְהֵשִׁיב conj.-Hi. pf. 3 m.s. (שׁוּב 996) *and pay back*

אֶת־הָעֹדֵף dir.obj.-def.art.-Qal act.ptc. (עָדַף 727) *the overpayment*

לָאִישׁ prep.-def.art.-n.m.s. (35) *to the man*

אֲשֶׁר מָכַר־לֹו rel. (81)-Qal pf. 3 m.s. (569) -prep.-3 m.s. sf. *to whom he sold it*

וְשָׁב conj.-Qal pf. 3 m.s. (שׁוּב 996) *and he shall return*

לַאֲחֻזָּתֹו prep.-n.f.s.-3 m.s. sf. (28) *to his property*

25:28

וְאִם לֹא־מָצְאָה יָדֹו conj.-hypoth.part. (49)-neg. -Qal pf. 3 f.s. (מָצָא 592)-n.f.s.-3 m.s. sf. (388) *but if his hand has not found*

דֵּי הָשִׁיב לֹו subst. cstr. (191)-Hi. inf.cstr. (שׁוּב 996)-prep.-3 m.s. sf. *sufficient means to get it back for himself*

וְהָיָה מִמְכָּרֹו conj.-Qal pf. 3 m.s. (224)-n.m.s.-3 m.s. sf. (569) *then what he sold shall remain*

בְּיַד הַקֹּנֶה אֹתֹו prep.-n.f.s. cstr. (388)-def.art. -Qal act.ptc. (קָנָה 888)-dir.obj.-3 m.s. sf. *in the hand of him who bought it*

עַד שְׁנַת הַיֹּובֵל prep. (III 723)-n.f.s. cstr. (1040) -def.art.-n.m.s. (385) *until the year of jubilee*

וְיָצָא בַּיֹּבֵל conj.-Qal pf. 3 m.s. (422)-def.art. -n.m.s. (385) *in the jubilee it shall be released*

וְשָׁב לַאֲחֻזָּתֹו conj.-Qal pf. 3 m.s. (שׁוּב 996) -prep.-n.f.s.-3 m.s. sf. (28) *and he shall return to his property*

25:29

וְאִישׁ כִּי־יִמְכֹּר conj.-n.m.s. (35)-conj. (471)-Qal impf. 3 m.s. (569) *and if a man sells*

בֵּית־מֹושַׁב n.m.s. cstr. (108)-n.m.s. cstr. (444) *a dwelling house in*

עִיר חֹומָה n.f.s. (746)-n.f.s. (327) *a walled city*

וְהָיְתָה גְּאֻלָּתֹו conj.-Qal pf. 3 f.s. (הָיָה 224)-n.f.s. -3 m.s. sf. (145) *he may redeem it* (lit. *and his redemption may be*)

עַד־תֹּם prep. (III 723)-n.m.s. cstr. (1070) *until the end of*

שְׁנַת מִמְכָּרֹו n.f.s. cstr. (1040)-n.m.s.-3 m.s. sf. (569) *the year of its sale*

יָמִים n.m.p. (398) *days*

תִּהְיֶה גְאֻלָּתֹו Qal impf. 3 f.s. (הָיָה 224)-n.f.s.-3 m.s. sf. (145) *his right of redemption shall be*

25:30

וְאִם לֹא־יִגָּאֵל conj.-hypoth.part. (49)-neg.-Ni. impf. 3 m.s. (גָּאַל 145) *and if it is not redeemed*

עַד־מְלֹאת לֹו prep. (III 723)-Qal inf.cstr. (מָלֵא 569)-prep.-3 m.s. sf. *until the fulness to it*

שָׁנָה תְמִימָה n.f.s. (1040)-adj. f.s. (1071) *a full year*

וְקָם הַבַּיִת conj.-Qal pf. 3 m.s. (קוּם 877)-def.art. -n.m.s. (108) *then the house (stands)*

אֲשֶׁר־בָּעִיר rel. (81)-prep.-def.art.-n.f.s. (746) *that is in the city*

אֲשֶׁר־לֹא חֹמָה rel. (81)-neg. (or rd. לֹו or לָה) -n.f.s. (327) *which does not have a wall*

לַצְּמִיתֻת prep.-def.art.-n.f.s. (856) *in perpetuity*

לַקֹּנֶה אֹתֹו prep.-def.art.-Qal act.ptc. (קָנָה 888) -dir.obj.-3 m.s. sf. *to him who bought it*

לְדֹרֹתָיו prep.-n.m.p.-3 m.s. sf. (189) *throughout his generations*

לֹא יֵצֵא neg.-Qal impf. 3 m.s. (יָצָא 422) *it shall not be released*

בַּיֹּבֵל prep.-def.art.-n.m.s. (385) *in the jubilee*

25:31

וּבָתֵּי הַחֲצֵרִים conj.-n.m.p. cstr. (108)-def.art. -n.m.p. (II 347) *but the houses of the villages*

אֲשֶׁר אֵין־לָהֶם rel. (81)-neg. (II 34)-prep.-3 m.p. sf. *which have no*

חֹמָה n.f.s. (327) *wall*

סָבִיב adv. (686) *around them*

עַל־שְׂדֵה הָאָרֶץ prep.-n.m.s. cstr. (961)-def.art. -n.f.s. (75) *with the fields of the country*

יֵחָשֵׁב Ni. impf. 3 m.s. (חָשַׁב 362) *shall be reckoned*

גְּאֻלָּה תִּהְיֶה־לֹּו n.f.s. (145)-Qal impf. 3 f.s. (הָיָה 224)-prep.-3 m.s. sf. *they may be redeemed*

וּבַיֹּבֵל יֵצֵא conj.-prep.-def.art.-n.m.s. (385)-Qal impf. 3 m.s. (יָצָא 422) *and they shall be released in the jubilee*

25:32

וְעָרֵי הַלְוִיִּם conj.-n.f.p. cstr. (746)-def.art.-gent.adj. m.p. (532) *nevertheless the cities of the Levites*

בָּתֵּי עָרֵי n.m.p. cstr. (108)-n.f.p. cstr. (746) *the houses in the cities of*

אֲחֻזָּתָם n.f.s.-3 m.p. sf. (28) *their possession*

גְּאֻלַּת עוֹלָם n.f.s. cstr. (145)-n.m.s. (761) *redemption at any time*

תִּהְיֶה Qal impf. 3 f.s. (הָיָה 224) *may be*

לַלְוִיִּם prep.-def.art.-v.supra *to the Levites*

25:33

וַאֲשֶׁר יִגְאַל conj.-rel. (81)-Qal impf. 3 m.s. (145) *and if one redeems*

מִן־הַלְוִיִּם prep.-def.art.-gent.adj. m.p. (II 532) *from the Levites*

וְיָצָא מִמְכַּר־בַּיִת conj.-Qal pf. 3 m.s. (422)-n.m.s. cstr. (569)-n.m.s. (108) *then the house that was sold shall be released*

וְעִיר אֲחֻזָּתוֹ conj.-n.f.s. cstr. (746)-n.f.s.-3 m.s. sf. (288) *in a city of their possession*

בַּיֹּבֵל prep.-def.art.-n.m.s. (385) *in the jubilee*

כִּי בָתֵּי conj. (471)-n.m.p. cstr. (108) *for the houses in*

עָרֵי הַלְוִיִּם n.f.p. cstr. (746)-def.art.-gent.adj. m.p. (532) *the cities of the Levites*

הוא אֲחֻזָּתָם demons.adj. f.s. (214; GK 145uN)-n.f.s.-3 m.p. sf. (28) *are their possession*

בְּתוֹךְ בְּנֵי יִשְׂרָאֵל prep.-n.m.s. cstr. (1063)-n.m.p. cstr. (119)-pr.n. (975) *among the people of Israel*

25:34

וּשְׂדֵה מִגְרַשׁ conj.-n.m.s. cstr. (961)-n.m.s. cstr. (177) *but the fields of common land belonging to*

עָרֵיהֶם n.f.p.-3 m.p. sf. (746) *their cities*

לֹא יִמָּכֵר neg.-Ni. impf. 3 m.s. (569) *may not be sold*

כִּי־אֲחֻזַּת עוֹלָם conj. (471)-n.f.s. cstr. (28)-n.m.s. (761) *for that a perpetual possession*

הוּא לָהֶם demons.adj. m.s. (214)-prep.-3 m.p. sf. *it is for them*

25:35

וְכִי־יָמוּךְ conj.-conj. (471)-Qal impf. 3 m.s. (מוּךְ 557) *and if becomes poor*

אָחִיךָ n.m.s.-2 m.s. sf. (26) *your brother*

וּמָטָה יָדוֹ עִמָּךְ conj.-Qal pf. 3 f.s. (מוֹט 556)-n.f.s.-3 m.s. sf. (388)-prep.-2 m.s. sf. paus. *and his hand slips with you*

וְהֶחֱזַקְתָּ בּוֹ conj.-Hi. pf. 2 m.s. (חָזַק 304)-prep.-3 m.s. sf. *you shall maintain him*

גֵּר וְתוֹשָׁב n.m.s. (158)-conj.-n.m.s. (444) *a stranger and a sojourner*

וָחַי עִמָּךְ conj.-Qal pf. 3 m.s. (חָיָה 310)-prep.-2 m.s. sf. paus. *and he shall live with you*

25:36

אַל־תִּקַּח neg. (39)-Qal impf. 2 m.s. (לָקַח 542) *take no*

מֵאִתּוֹ prep.-prep.-3 m.s. sf. (II 85) *from him*

נֶשֶׁךְ n.m.s. (673) *interest*

וְתַרְבִּית conj.-n.f.s. (916) *or increase*

וְיָרֵאתָ conj.-Qal pf. 2 m.s. (יָרֵא 431) *but you shall fear*

מֵאֱלֹהֶיךָ prep.-n.m.p.-2 m.s. sf. (43) *your God*

וְחֵי אָחִיךָ עִמָּךְ conj.-Qal pf. 3 m.s. (חָיָה 310; GK 76i)-n.m.s.-2 m.s. sf. (26)-prep.-2 m.s. sf. paus. *that your brother may live beside you*

25:37

אֶת־כַּסְפְּךָ dir.obj.-n.m.s.-2 m.s. sf. (494) *your money*

לֹא־תִתֵּן לוֹ neg.-Qal impf. 2 m.s. (נָתַן 678)-prep.-3 m.s. sf. *you shall not lend him*

בְּנֶשֶׁךְ prep.-n.m.s. (675) *at interest*

וּבְמַרְבִּית conj.-prep.-n.f.s. (916) *and for profit*

לֹא־תִתֵּן neg.-v.supra *you shall not give*

אָכְלֶךָ n.m.s.-2 m.s. sf. (38) *your food*

25:38

אֲנִי יהוה pers.pr. 1 c.s. (58)-pr.n. (217) *I am Yahweh*

אֱלֹהֵיכֶם n.m.p.-2 m.p. sf. (43) *your God*

אֲשֶׁר־הוֹצֵאתִי אֶתְכֶם rel. (81)-Hi. pf. 1 c.s. (יָצָא 422)-dir.obj.-2 m.p. sf. *who brought you forth*

מֵאֶרֶץ מִצְרָיִם prep.-n.m.s. cstr. (75)-pr.n. paus. (595) *out of the land of Egypt*

לָתֵת לָכֶם prep.-Qal inf.cstr. (נָתַן 678)-prep.-2 m.p. sf. *to give you*

אֶת־אֶרֶץ כְּנַעַן dir.obj.-n.f.s. cstr. (75)-pr.n. (488) the land of Canaan

לִהְיוֹת לָכֶם prep.-Qal inf.cstr. (הָיָה 224) -prep.-2 m.p. sf. to be your

לֵאלֹהִים prep.-n.m.p. (43) God

25:39

וְכִי־יָמוּךְ conj.-conj. (471)-Qal impf. 3 m.s. (מוּךְ 557) and if ... becomes poor

אָחִיךָ n.m.s.-2 m.s. sf. (26) your brother

עִמָּךְ prep.-2 m.s. sf. beside you

וְנִמְכַּר־לָךְ conj.-Ni. pf. 3 m.s. (מָכַר 569)-prep.-2 m.s. sf. paus. and sells himself to you

לֹא־תַעֲבֹד בּוֹ neg.-Qal impf. 2 m.s. (עָבַד 712) -prep.-3 m.s. sf. you shall not make him serve

עֲבֹדַת עָבֶד n.f.s. cstr. (715)-n.m.s. paus. (713) as a slave

25:40

כְּשָׂכִיר prep.-n.m.s. (969) as a hired servant

כְּתוֹשָׁב prep.-n.m.s. (444) as a sojourner

יִהְיֶה עִמָּךְ Qal impf. 3 m.s. (הָיָה 224)-prep.-2 m.s. sf. paus. he shall be with you

עַד־שְׁנַת הַיֹּבֵל prep. (III 723)-n.f.s. cstr. (1040) -def.art.-n.m.s. (385) until the year of the jubilee

יַעֲבֹד עִמָּךְ Qal impf. 3 m.s. (712)-v.supra he shall serve with you

25:41

וְיָצָא מֵעִמָּךְ conj.-Qal pf. 3 m.s. (422)-prep. -prep.-2 m.s. sf. paus. then he shall go out from you

הוּא וּבָנָיו עִמּוֹ pers.pr. 3 m.s. (214)-conj.-n.m.p.-3 m.s. sf. (119)-prep.-3 m.s. sf. (767) he and his children with him

וְשָׁב conj.-Qal pf. 3 m.s. (שׁוּב 996) and go back

אֶל־מִשְׁפַּחְתּוֹ prep.-n.f.s.-3 m.s. sf. (1046) to his own family

וְאֶל־אֲחֻזַּת conj.-prep.-n.f.s. cstr. (28) and to the possession of

אֲבֹתָיו n.m.p.-3 m.s. sf. (3) his fathers

יָשׁוּב Qal impf. 3 m.s. (שׁוּב 996) he shall return

25:42

כִּי־עֲבָדַי הֵם conj. (471)-n.m.p.-1 c.s. sf. (713) -pers.pr. 3 m.p. (241) for they are my servants

אֲשֶׁר הוֹצֵאתִי אֹתָם rel. (81)-Hi. pf. 1 c.s. (יָצָא 422)-dir.obj.-3 m.p. sf. whom I brought forth

מֵאֶרֶץ מִצְרָיִם prep.-n.f.s. cstr. (75)-pr.n. paus. (595) out of the land of Egypt

לֹא יִמָּכְרוּ neg.-Ni. impf. 3 m.p. (מָכַר 569) they shall not be sold

מִמְכֶּרֶת עָבֶד n.f.s. cstr. (569)-n.m.s. paus. (713) as slaves

25:43

לֹא־תִרְדֶּה בוֹ neg.-Qal impf. 2 m.s. (רָדָה I 921) -prep.-3 m.s. sf. you shall not rule over him

בְּפָרֶךְ prep.-n.m.s. paus. (827) with harshness

וְיָרֵאתָ conj.-Qal pf. 2 m.s. (יָרֵא 431) but shall fear

מֵאֱלֹהֶיךָ prep.-n.m.p.-2 m.s. sf. (43) your God

25:44

וְעַבְדְּךָ conj.-n.m.s.-2 m.s. sf. (713) as for your male slaves

וַאֲמָתְךָ conj.-n.f.s.-2 m.s. sf. (51) and your female slaves

אֲשֶׁר יִהְיוּ־לָךְ rel. (81)-Qal impf. 3 m.p. (הָיָה 224)-prep.-2 m.s. sf. paus. which you may have

מֵאֵת הַגּוֹיִם prep.-prep. (II 85)-def.art.-n.m.p. (156) from among the nations

אֲשֶׁר סְבִיבֹתֵיכֶם rel. (81)-subst. p.-2 m.p. sf. (686) that are round about you

מֵהֶם תִּקְנוּ prep.-3 m.p. sf.-Qal impf. 2 m.p. (קָנָה 888) from them you may buy

עֶבֶד וְאָמָה n.m.s. (713)-conj.-n.f.s. (51) male or female slaves

25:45

וְגַם מִבְּנֵי הַתּוֹשָׁבִים conj.-adv. (168)-prep.-n.m.p. cstr. (119)-def.art.-n.m.p. (444) and also from among the strangers

הַגָּרִים עִמָּכֶם def.art.-Qal act.ptc. m.p. (גּוּר 157) -prep.-2 m.p. sf. (767) who sojourn with you

מֵהֶם תִּקְנוּ prep.-3 m.p. sf.-Qal impf. 2 m.p. (קָנָה 888) you may buy from them

וּמִמִּשְׁפַּחְתָּם conj.-prep.-n.f.s.-3 m.p. sf. (1046) and from their families

אֲשֶׁר עִמָּכֶם rel. (81)-prep.-2 m.p. sf. (767) that are with you

אֲשֶׁר הוֹלִידוּ rel. (81)-Hi. pf. 3 m.p. (יָלַד 408) who have been born

בְּאַרְצְכֶם prep.-n.f.s.-2 m.p. sf. (75) in your land

וְהָיוּ לָכֶם לַאֲחֻזָּה conj.-Qal pf. 3 c.p. (הָיָה 224) -prep.-2 m.p. sf.-prep.-n.f.s. (28) and they may be your property

25:46

וְהִתְנַחַלְתֶּם אֹתָם conj.-Hith. pf. 2 m.p. (נָחַל 635)-dir.obj.-3 m.p. sf. *you may bequeath them*

לִבְנֵיכֶם prep.-n.m.p.-2 m.p. sf. (119) *to your sons*

אַחֲרֵיכֶם prep.-2 m.p. sf. (29) *after you*

לָרֶשֶׁת אֲחֻזָּה prep.-Qal inf.cstr. (יָרֵשׁ 439)-n.f.s. (28) *to inherit as a possession*

לְעֹלָם prep.-n.m.s. (761) *for ever*

בָּהֶם תַּעֲבֹדוּ prep.-3 m.p. sf.-Qal impf. 2 m.p. (עָבַד 712) *you may make slaves of them*

וּבְאַחֵיכֶם conj.-prep.-n.m.p.-2 m.p. sf. (26) *but over your brethren*

בְּנֵי-יִשְׂרָאֵל n.m.p. cstr. (119)-pr.n. (975) *the people of Israel*

אִישׁ בְּאָחִיו n.m.s. (35)-prep.-n.m.s.-3 m.s. sf. (26) *one over another*

לֹא-תִרְדֶּה בוֹ neg.-Qal impf. 2 m.s. (רָדָה I 921) *you shall not rule (over them)*

בְּפָרֶךְ prep.-n.m.s. paus. (827) *with harshness*

25:47

וְכִי תַשִּׂיג conj.-conj. (471)-Hi. impf. 3 f.s. (נָשַׂג 673) *and if ... gains (riches)*

יַד גֵּר וְתוֹשָׁב עִמָּךְ n.f.s. cstr. (388)-n.m.s. (158)-conj.-n.m.s. (444)-prep.-2 m.s. paus. (767) *the hand of a stranger or sojourner with you*

וּמָךְ אָחִיךָ עִמּוֹ conj.-Qal act.ptc. m.s. (מוּךְ 557)-n.m.s.-2 m.s. sf. (26)-prep.-3 m.s. sf. (767) *and your brother beside him becomes poor*

וְנִמְכַּר conj.-Ni. pf. 3 m.s. (מָכַר 569) *and sells himself*

לְגֵר תּוֹשָׁב עִמָּךְ prep.-n.m.s. (158)-n.m.s. (444)-prep.-2 m.s. sf. paus. (767) *to the stranger or sojourner with you*

אוֹ לְעֵקֶר conj. (14)-prep.-n.m.s. cstr. (785) *or to a member of*

מִשְׁפַּחַת גֵּר n.f.s. cstr. (1046)-n.m.s. (158) *the stranger's family*

25:48

אַחֲרֵי נִמְכַּר prep. (29; GK 130d)-Ni. pf. 3 m.s. (מָכַר 569) *then after he is sold*

גְּאֻלָּה תִּהְיֶה-לּוֹ n.f.s. (145)-Qal impf. 3 f.s. (הָיָה 224)-prep.-3 m.s. sf. *he may be redeemed*

אֶחָד מֵאֶחָיו num. m.s. (25)-prep.-n.m.p.-3 m.s. sf. (26) *one of his brothers*

יִגְאָלֶנּוּ Qal impf. 3 m.s.-3 m.s. sf. (גָּאַל I 145) *may redeem him*

25:49

אוֹ-דֹדוֹ conj. (14)-n.m.s.-3 m.s. sf. (187) *or his uncle*

אוֹ בֶן-דֹּדוֹ v.supra-n.m.s. cstr. (119)-v.supra *or his cousin*

יִגְאָלֶנּוּ Qal impf. 3 m.s.-3 m.s. sf. (גָּאַל I 145) *may redeem him*

אוֹ-מִשְּׁאֵר בְּשָׂרוֹ v.supra-prep.-n.m.s. cstr. (984)-n.m.s.-3 m.s. sf. (142) *or a near kinsman*

מִמִּשְׁפַּחְתּוֹ prep.-n.f.s.-3 m.s. sf. (1046) *belonging to his family*

יִגְאָלֶנּוּ v.supra *may redeem him*

אוֹ-הִשִּׂיגָה יָדוֹ v.supra-Hi. pf. 3 f.s. (נָשַׂג 673)-n.f.s.-3 m.s. sf. (388) *or if he grows rich*

וְנִגְאָל conj.-Ni. pf. 3 m.s. paus. (גָּאַל I 145) *he may redeem himself*

25:50

וְחִשַּׁב conj.-Pi. pf. 3 m.s. (חָשַׁב 362) *he shall reckon*

עִם-קֹנֵהוּ prep. (767)-Qal act.ptc. m.s.-3 m.s. sf. (קָנָה 888) *with him who bought him*

מִשְּׁנַת הִמָּכְרוֹ לוֹ prep.-n.f.s. cstr. (1040)-Ni. inf.cstr.-3 m.s. sf. (מָכַר 569)-prep.-3 m.s. sf. *from the year he sold himself to him*

עַד שְׁנַת הַיֹּבֵל prep. (III 723)-n.f.s. cstr. (1040)-def.art.-n.m.s. (385) *until the year of jubilee*

וְהָיָה כֶּסֶף conj.-Qal pf. 3 m.s. (224)-n.m.s. cstr. (494) *and the price of ... shall be*

מִמְכָּרוֹ n.m.s.-3 m.s. sf. *his release*

בְּמִסְפַּר שָׁנִים prep.-n.m.s. cstr. (708)-n.f.p. (1040) *according to the number of years*

כִּימֵי שָׂכִיר prep.-n.m.p. cstr. (388)-adj. m.s. (969) *according to the day of a hired slave*

יִהְיֶה עִמּוֹ Qal impf. 3 m.s. (הָיָה 224)-prep.-3 m.s. sf. (767) *shall be with him*

25:51

אִם-עוֹד hypoth.part. (49)-adv. (728) *if there are still*

רַבּוֹת בַּשָּׁנִים adj. f.p. (912)-prep.-def.art.-n.f.p. (1040) *many years*

לְפִיהֶן prep.-n.m.s.-3 f.p. sf. (804) *according to them*

יָשִׁיב גְּאֻלָּתוֹ Hi. impf. 3 m.s. (שׁוּב 996)-n.f.s.-3 m.s. sf. (145) *he shall refund for his redemption*

מִכֶּסֶף מִקְנָתוֹ prep.-n.m.s. cstr. (494)-n.f.s.-3 m.s. sf. (889) *out of the price of his purchase*

25:52

וְאִם־מְעַט conj.-hypoth.part. (49)-adv. (589) *if but a few*

נִשְׁאַר בַּשָּׁנִים Ni. pf. 3 m.s. (שָׁאַר 983)-prep.-def.art.-n.f.p. (1040) *there remain in years*

עַד־שְׁנַת הַיֹּבֵל prep. (III 723)-n.f.s. cstr. (1040)-def.art.-n.m.s. (385) *until the year of jubilee*

וְחִשַּׁב־לוֹ conj.-Pi. pf. 3 m.s. (חָשַׁב 362)-prep.-3 m.s. sf. *he shall make a reckoning with him*

כְּפִי שָׁנָיו prep.-n.m.s. cstr. (804)-n.f.p.-3 m.s. sf. *according to his years*

יָשִׁיב Hi. impf. 3 m.s. (שׁוּב 996) *he shall refund*

אֶת־גְּאֻלָּתוֹ dir.obj.-n.f.s.-3 m.s. sf. (145) *his price of redemption*

25:53

כִּשְׂכִיר שָׁנָה prep.-adj. m.s. cstr. (969)-n.f.s. (1040) *as a servant hired year*

בְּשָׁנָה prep.-n.f.s. (1040) *by year*

יִהְיֶה עִמּוֹ Qal impf. 3 m.s. (224)-prep.-3 m.s. sf. (767) *shall he be with him*

לֹא־יִרְדֶּנּוּ neg.-Qal impf. 3 m.s.-3 m.s. sf. (רָדָה I 921) *he shall not rule over (him)*

בְּפֶרֶךְ prep.-n.m.s. (827) *with harshness*

לְעֵינֶיךָ prep.-n.f.p.-2 m.s. sf. (744) *in your sight*

25:54

וְאִם־לֹא יִגָּאֵל conj.-hypoth.part. (49)-neg.-Ni. impf. 3 m.s. (גָּאַל I 145) *and if he is not redeemed*

בְּאֵלֶּה prep.-demons.adj. c.p. (41) *by these means*

וְיָצָא conj.-Qal pf. 3 m.s. (422) *then he shall be released*

בִּשְׁנַת הַיֹּבֵל prep.-n.f.s. cstr. (1040)-def.art.-n.m.s. (385) *in the year of jubilee*

הוּא וּבָנָיו עִמּוֹ pers.pr. 3 m.s. (214)-conj.-n.m.p.-3 m.s. sf. (119)-prep.-3 m.s. sf. (767) *he and his children with him*

25:55

כִּי־לִי conj. (471)-prep.-1 c.s. sf. *for to me*

בְּנֵי־יִשְׂרָאֵל n.m.p. cstr. (119)-pr.n. (975) *the people of Israel*

עֲבָדִים n.m.p. (713) *are servants*

עֲבָדַי הֵם n.m.p.-1 c.s. sf. (713)-pers.pr. 3 m.p. (241) *they are my servants*

אֲשֶׁר־הוֹצֵאתִי אוֹתָם rel. (81)-Hi. pf. 1 c.s. (יָצָא 422)-dir.obj.-3 m.p. sf. *whom I brought forth*

מֵאֶרֶץ מִצְרָיִם prep.-n.f.s. cstr. (75)-pr.n. paus. (595) *out of the land of Egypt*

אֲנִי יהוה pers.pr. 1 c.s. (58)-pr.n. (217) *I am Yahweh*

אֱלֹהֵיכֶם n.m.p.-2 m.p. sf. (43) *your God*

26:1

לֹא־תַעֲשׂוּ neg.-Qal impf. 2 m.p. (עָשָׂה I 793) *you shall not make*

לָכֶם prep.-2 m.p. sf. *for youselves*

אֱלִילִם n.m.p. (47) *idols*

וּפֶסֶל וּמַצֵּבָה conj.-n.m.s. (820)-conj.-n.f.s. (663) *a graven image or pillar*

לֹא־תָקִימוּ neg.-Hi. impf. 2 m.p. (קוּם 877) *you shall not erect*

לָכֶם prep.-2 m.p. sf. *for yourselves*

וְאֶבֶן מַשְׂכִּית conj.-n.f.s. cstr. (6)-n.f.s. (967) *and a figured stone*

לֹא תִתְּנוּ neg.-Qal impf. 2 m.p. (נָתַן 678) *you shall not set up*

בְּאַרְצְכֶם prep.-n.f.s.-2 m.p. sf. (75) *in your land*

לְהִשְׁתַּחֲוֹת עָלֶיהָ prep.-Hithpalel inf.cstr. (שָׁחָה 1005)-prep.-3 f.s. sf. *to bow down to them*

כִּי אֲנִי יהוה conj. (471)-pers.pr. 1 c.s. (58)-pr.n. (217) *for I am Yahweh*

אֱלֹהֵיכֶם n.m.p.-2 m.p. sf. (43) *your God*

26:2

אֶת־שַׁבְּתֹתַי dir.obj.-n.f.p.-1 c.s. sf. (992) *my sabbaths*

תִּשְׁמֹרוּ Qal impf. 2 m.p. (שָׁמַר 1036) *you shall keep*

וּמִקְדָּשִׁי conj.-n.m.s.-1 c.s. sf. (874) *and my sanctuary*

תִּירָאוּ Qal impf. 2 m.p. (יָרֵא 431) *you shall reverence*

אֲנִי יהוה pers.pr. 1 c.s. (58)-pr.n. (217) *I am Yahweh*

26:3

אִם־בְּחֻקֹּתַי hypoth.part. (49)-prep.-n.f.p.-1 c.s. sf. (349) *if in my statutes*

תֵּלֵכוּ Qal impf. 2 m.p. paus. (הָלַךְ 229) *you walk*

וְאֶת־מִצְוֹתַי conj.-dir.obj.-n.f.p.-1 c.s. sf. (846) *and my commandments*

תִּשְׁמְרוּ Qal impf. 2 m.p. (שָׁמַר 1036) *you observe*

וַעֲשִׂיתֶם אֹתָם conj.-Qal pf. 2 m.p. (עָשָׂה I 793)-dir.obj.-3 m.p. sf. *and do them*

26:4

וְנָתַתִּי conj.-Qal pf. 1 c.s. (נָתַן 678) *then I will give*

גִשְׁמֵיכֶם n.m.p.-2 m.p. sf. (177) *your rains*

בְּעִתָּם prep.-n.f.s.-3 m.p. sf. (773) *in their season*

וְנָתְנָה הָאָרֶץ conj.-Qal pf. 3 f.s. (נָתַן 678)-def. art.-n.f.s. (75) *and the land shall yield*

יְבוּלָהּ n.m.s.-3 f.s. sf. (385) *its increase*

וְעֵץ הַשָּׂדֶה conj.--n.m.s. cstr. (781)-def.art.-n.m.s. (961) *and the trees of the field*

יִתֵּן Qal impf. 3 m.s. (נָתַן 678) *shall yield*

פִּרְיוֹ n.m.s.-3 m.s. sf. (826) *their fruit*

26:5

וְהִשִּׂיג conj.-Hi. pf. 3 m.s. (נָשַׂג 673) *and ... shall last*

לָכֶם prep.-2 m.p. sf. *for you*

דַּיִשׁ n.m.s. (190) *threshing*

אֶת־בָּצִיר dir.obj.-n.m.s. (131) *to the time of vintage*

וּבָצִיר conj.-v.supra *and vintage*

יַשִּׂיג Hi. impf. 3 m.s. (נָשַׂג 673) *shall last*

אֶת־זָרַע dir.obj.-n.m.s. paus. (282) *to the time for sowing*

וַאֲכַלְתֶּם conj.-Qal pf. 2 m.p. (אָכַל 37) *and you shall eat*

לַחְמְכֶם n.m.s.-2 m.s. sf. (536) *your bread*

לָשֹׂבַע prep.-n.m.s. (959) *to the full*

וִישַׁבְתֶּם conj.-Qal pf. 2 m.p. (יָשַׁב 442) *and you shall dwell*

לָבֶטַח prep.-n.m.s. (105) *securely*

בְּאַרְצְכֶם prep.-n.f.s.-2 m.p. sf. (75) *in your land*

26:6

וְנָתַתִּי conj.-Qal pf. 1 c.s. (נָתַן 678) *and I will give*

שָׁלוֹם n.m.s. (1022) *peace*

בָּאָרֶץ prep.-def.art.-n.f.s. (75) *in the land*

וּשְׁכַבְתֶּם conj.-Qal pf. 2 m.p. (שָׁכַב 1011) *and you shall lie down*

וְאֵין מַחֲרִיד conj.-neg. (II 34)-Hi. ptc. (353) *and none shall make (you) afraid*

וְהִשְׁבַּתִּי conj.-Hi. pf. 1 c.s. (שָׁבַת 991) *and I will remove*

חַיָּה רָעָה n.f.s. (312)-adj. f.s. (948) *evil beasts*

מִן־הָאָרֶץ prep.-def.art.-n.f.s. (75) *from the land*

וְחֶרֶב conj.-n.f.s. (352) *and the sword*

לֹא־תַעֲבֹר neg.-Qal impf. 3 f.s. (עָבַר 716) *shall not go through*

בְּאַרְצְכֶם prep.-n.f.s.-2 m.p. sf. (75) *your land*

26:7

וּרְדַפְתֶּם conj.-Qal pf. 2 m.p. (רָדַף 922) *and you shall chase*

אֶת־אֹיְבֵיכֶם dir.obj.-Qal act.ptc. m.p.-2 m.p. sf. (33 אָיַב) *your enemies*

וְנָפְלוּ conj.-Qal pf. 3 c.p. (נָפַל 656) *and they shall fall*

לִפְנֵיכֶם prep.-n.m.p.-2 m.p. sf. (815) *before you*

לֶחָרֶב prep.-def.art.-n.f.s. (352) *by the sword*

26:8

וְרָדְפוּ conj.-Qal pf. 3 c.p. (רָדַף 922) *and shall chase*

מִכֶּם חֲמִשָּׁה prep.-2 m.p. sf.-num. f.s. (331) *five of you*

מֵאָה n.f.s. (547) *a hundred*

וּמֵאָה מִכֶּם conj.-v.supra-v.supra *and a hundred of you*

רְבָבָה n.f.s. (914) *ten thousand*

יִרְדֹּפוּ Qal impf. 3 m.p. (רָדַף 922) *shall chase*

וְנָפְלוּ conj.-Qal pf. 3 c.p. (נָפַל 656) *and shall fall*

אֹיְבֵיכֶם Qal act.ptc. m.p.-2 m.p. sf. (אָיַב 33) *your enemies*

לִפְנֵיכֶם prep.-n.m.p.-2 m.p. sf. (815) *before you*

לֶחָרֶב prep.-def.art.-n.f.s. (352) *by the sword*

26:9

וּפָנִיתִי אֲלֵיכֶם conj.-Qal pf. 1 c.s. (פָּנָה 815)-prep. -2 m.p. sf. *and I will have regard for you*

וְהִפְרֵיתִי אֶתְכֶם conj.-Hi. pf. 1 c.s. (פָּרָה 826)-dir. obj.-2 m.p. sf. *and make you fruitful*

וְהִרְבֵּיתִי אֶתְכֶם conj.-Hi. pf. 1 c.s. (רָבָה I 915)-v.supra *and multiply you*

וַהֲקִימֹתִי conj.-Hi. pf. 1 c.s. (קוּם 877) *and will confirm*

אֶת־בְּרִיתִי dir.obj.-n.f.s.-1 c.s. sf. (136) *my covenant*

אִתְּכֶם prep.-2 m.p. sf. (II 85) *with you*

26:10

וַאֲכַלְתֶּם conj.-Qal pf. 2 m.p. (אָכַל 37) *and you shall eat*

יָשָׁן נוֹשָׁן adj.m.s. (445)-Ni. ptc. m.s. (יָשֵׁן 445) *old store long kept*

וְיָשָׁן conj.-adj. m.s. (445) *and the old*

מִפְּנֵי חָדָשׁ prep.-n.m.p. cstr. (815)-adj. m.s. (294) *before the new*

תּוֹצִיאוּ Hi. impf. 2 m.p. (יָצָא 422) *you shall clear out*

26:11

וְנָתַתִּי conj.-Qal pf. 1 c.s. (נָתַן 678) *and I will make*

מִשְׁכָּנִי n.m.s.-1 c.s. sf. (1015) *my abode*

בְּתוֹכְכֶם prep.-n.m.s.-2 m.p. sf. (1063) *among you*

וְלֹא־תִגְעַל conj.-neg.-Qal impf. 3 f.s. (גָּעַל 171) *and ... shall not abhor*

נַפְשִׁי n.f.s.-1 c.s. sf. (659) *my soul*

אֶתְכֶם dir.obj.-2 m.p. sf. *you*

26:12

וְהִתְהַלַּכְתִּי conj.-Hith. impf. 1 c.s. (הָלַךְ 229) *and I will walk*

בְּתוֹכְכֶם prep.-n.m.s.-2 m.p. sf. (1063) *among you*

וְהָיִיתִי לָכֶם conj.-Qal pf. 1 c.s. (הָיָה 224) -prep.-2 m.p. sf. *and will be your*

לֵאלֹהִים prep.-n.m.p. (43) *God*

וְאַתֶּם conj.-pers.pr. 2 m.p. (61) *and you*

תִּהְיוּ־לִי Qal impf. 2 m.p. (הָיָה 224)-prep.-1 c.s. sf. *you shall be my*

לְעָם prep.-n.m.s. (I 766) *people*

26:13

אֲנִי יהוה pers.pr. 1 c.s. (58)-pr.n. (217) *I am Yahweh*

אֱלֹהֵיכֶם n.m.p.-2 m.p. sf. (43) *your God*

אֲשֶׁר הוֹצֵאתִי אֶתְכֶם rcl. (81)-Hi. pf. 1 c.s. (יָצָא 422)-dir.obj.-2 m.p. sf. *who brought you forth*

מֵאֶרֶץ מִצְרַיִם prep.-n.f.s. cstr. (75)-pr.n. (595) *out of the land of Egypt*

מִהְיֹת prep.-Qal inf.cstr. (הָיָה 224) *that you should not be*

לָהֶם עֲבָדִים prep.-3 m.p. sf.-n.m.p. (713) *their slaves*

וָאֶשְׁבֹּר consec.-Qal impf. 1 c.s. (שָׁבַר 990) *and I have broken*

מֹטֹת עֻלְּכֶם n.f.p. cstr. (557)-n.m.s.-2 m.p. sf. (760) *the bars of your yoke*

וָאוֹלֵךְ אֶתְכֶם consec.-Hi. impf. 1 c.s. (הָלַךְ 229) -dir.obj.-2 m.p. sf. *and I made you walk*

קוֹמְמִיּוּת n.f.s. (879) *erect*

26:14

וְאִם־לֹא תִשְׁמְעוּ לִי conj.-hypoth.part. (49)-neg. -Qal impf. 2 m.p. (שָׁמַע 1033)-prep.-1 c.s. sf. *but if you will not hearken to me*

וְלֹא תַעֲשׂוּ conj.-neg.-Qal impf. 2 m.p. (עָשָׂה I 793) *and will not do*

אֵת כָּל־הַמִּצְוֹת הָאֵלֶּה dir.obj.-n.m.s. cstr. (481) -def.art.-n.f.p. (846)-def.art.-demons.adj. c.p. (41) *all these commandments*

26:15

וְאִם־בְּחֻקֹּתַי conj.-hypoth.part. (49)-prep.-n.f.p.-1 c.s. sf. (349) *and if ... my statutes*

תִּמְאָסוּ Qal impf. 2 m.p. paus. (מָאַס 549) *you spurn*

וְאִם אֶת־מִשְׁפָּטַי conj.-v.supra-dir.obj.-n.m.p.-1 c.s. sf. (1048) *and if my ordinances*

תִּגְעַל נַפְשְׁכֶם Qal impf. 3 f.s. (גָּעַל 171)-n.f.s.-2 m.p. sf. (659) *your soul abhors*

לְבִלְתִּי עֲשׂוֹת prep.-neg. (116)-Qal inf.cstr. (עָשָׂה I 793) *so that you will not do*

אֶת־כָּל־מִצְוֹתַי dir.obj.-n.m.s. cstr. (481)-n.f.p.-1 c.s. sf. (846) *all my commandments*

לְהַפְרְכֶם prep.-Hi. inf.cstr. (פָּרַר 830; GK 67dd) *but (you) break*

אֶת־בְּרִיתִי dir.obj.-n.f.s.-1 c.s. sf. (136) *my covenant*

26:16

אַף־אֲנִי conj. (64)-pers.pr. 1 c.s. (58) *yea, I*

אֶעֱשֶׂה־זֹּאת לָכֶם Qal impf. 1 c.s. (עָשָׂה I 793) -demons.adj. f.s. (260)-prep.-2 m.p. sf. *I will do this to you*

וְהִפְקַדְתִּי עֲלֵיכֶם conj.-Hi. pf. 1 c.s. (פָּקַד 823) -prep.-2 m.p. sf. *and I will appoint over you*

בֶּהָלָה n.f.s. (96) *sudden terror*

אֶת־הַשַּׁחֶפֶת dir.obj.-def.art.-n.f.s. (1006) *consumption*

וְאֶת־הַקַּדַּחַת conj.-dir.obj.-def.art.-n.f.s. (869) *and fever*

מְכַלּוֹת עֵינַיִם Pi. ptc. f.p. (כָּלָה I 477)-n.f. du. (744) *that waste the eyes*

וּמְדִיבֹת נָפֶשׁ conj.-Hi. ptc. f.p. (דּוּב 187)-n.f.s. paus. (659) *and cause life to pine away*

וּזְרַעְתֶּם conj.-Qal pf. 2 m.p. (זָרַע 281) *and you shall sow*

לָרִיק prep.-n.m.s. (938) *in vain*

זַרְעֲכֶם n.m.s.-2 m.p. sf. (282) *your seed*

וַאֲכָלֻהוּ conj.-Qal pf. 3 c.p.-3 m.s. sf. (אָכַל 37) *and shall eat it*

אֹיְבֵיכֶם Qal act.ptc. m.p.-2 m.p. sf. (אָיַב 33) *your enemies*

26:17

וְנָתַתִּי conj.-Qal pf. 1 c.s. (נָתַן 678) *and I will set*

פָנַי בָּכֶם n.m.p.-1 c.s. sf. (815)-prep.-2 m.p. sf. *my face against you*

וְנִגַּפְתֶּם conj.-Ni. pf. 2 m.p. (נָגַף 619) *and you shall be smitten*

לִפְנֵי אֹיְבֵיכֶם prep.-n.m.p. cstr. (815)-Qal act.ptc. m.p.-2 m.p. sf. (אָיַב 33) *before your enemies*

וְרָדוּ בָכֶם conj.-Qal pf. 3 c.p. (רָדָה I 921) -prep.-2 m.p. sf. *and shall rule over you*

שֹׂנְאֵיכֶם Qal act.ptc. m.p.-2 m.p. sf. (שָׂנֵא 971) *those who hate you*

וְנַסְתֶּם conj.-Qal pf. 2 m.p. (נוס 630) *and you shall flee*

וְאֵין־רֹדֵף אֶתְכֶם conj.-neg. (II 34)-Qal act.ptc. m.s. (רדף 922)-dir.obj.-2 m.p. sf. *when none pursues you*

26:18

וְאִם־עַד־אֵלֶּה conj.-hypoth.part. (49)-prep. (III 723)-demons.adj. c.p. (41) *and if in spite of these*

לֹא תִשְׁמְעוּ לִי neg.-Qal impf. 2 m.p. (שמע 1033)-prep.-1 c.s. sf. *you will not hearken to me*

וְיָסַפְתִּי conj.-Qal pf. 1 c.s. (יסף 414) *then I will ... again*

לְיַסְּרָה אֶתְכֶם prep.-Pi. inf.cstr. (יסר 415; GK 52p)-dir.obj.-2 m.p. sf. *chastise you*

שֶׁבַע num. (988) *sevenfold*

עַל־חַטֹּאתֵיכֶם prep.-n.f.p.-2 m.p. sf. (308) *for your sins*

26:19

וְשָׁבַרְתִּי conj.-Qal pf. 1 c.s. (שבר 990) *and I will break*

אֶת־גְּאוֹן עֻזְּכֶם dir.obj.-n.m.s. cstr. (144)-n.m.s.-2 m.p. sf. (738) *the pride of your power*

וְנָתַתִּי conj.-Qal pf. 1 c.s. (נתן 678) *and I will make*

אֶת־שְׁמֵיכֶם dir.obj.-n.m.p.-2 m.p. sf. (1029) *your heavens*

כַּבַּרְזֶל prep.-def.art.-n.m.s. (137) *like iron*

וְאֶת־אַרְצְכֶם conj.-dir.obj.-n.f.s.-2 m.p. sf. (75) *and your earth*

כַּנְּחֻשָׁה prep.-def.art.-n.f.s. (639) *like brass*

26:20

וְתַם conj.-Qal pf. 3 m.s. (תמם 1070) *and shall be spent*

לָרִיק prep.-n.m.s. (938) *in vain*

כֹּחֲכֶם n.m.s.-2 m.p. sf. (470) *your strength*

וְלֹא־תִתֵּן אַרְצְכֶם conj.-neg.-Qal impf. 3 f.s. (נתן 678)-n.f.s.-2 m.p. sf. (75) *for your land shall not yield*

אֶת־יְבוּלָהּ dir.obj.-n.m.s.-3 f.s. sf. (385) *its increase*

וְעֵץ הָאָרֶץ conj.-n.m.s. cstr. (781)-def.art.-n.f.s. (75) *and the trees of the land*

לֹא יִתֵּן פִּרְיוֹ neg.-Qal impf. 3 m.s. (נתן 678)-n.m.s.-3 m.s. sf. (826) *shall not yield their fruit*

26:21

וְאִם־תֵּלְכוּ conj.-hypoth.part. (49)-Qal impf. 2 m.p. (הלך 229) *then if you walk*

עִמִּי קֶרִי prep.-1 c.s. sf. (767)-n.m.s. paus. (899) *with me contrariwise*

וְלֹא תֹאבוּ conj.-neg.-Qal impf. 2 m.p. (אבה 2) *and are not willing*

לִשְׁמֹעַ לִי prep.-Qal inf.cstr. (שמע 1033)-prep.-1 c.s. sf. *to hearken to me*

וְיָסַפְתִּי conj.-Qal pf. 1 c.s. (יסף 414) *I will add*

עֲלֵיכֶם prep.-2 m.p. sf. *to you*

מַכָּה n.f.s. (646) *more plagues*

שֶׁבַע num. (988) *sevenfold*

כְּחַטֹּאתֵיכֶם prep.-n.f.p.-2 m.p. sf. (308) *according to your sins*

26:22

וְהִשְׁלַחְתִּי בָכֶם conj.-Hi. pf. 1 c.s. (שלח 1018)-prep.-2 m.p. sf. *and I will let loose among you*

אֶת־חַיַּת הַשָּׂדֶה dir.obj.-n.f.s. cstr. (312)-def.art.-n.m.s. (961) *the wild beasts*

וְשִׁכְּלָה אֶתְכֶם conj.-Pi. pf. 3 f.s. (שכל 1013)-dir.obj.-2 m.p. sf. *which shall rob you of your children*

וְהִכְרִיתָה conj.-Hi. pf. 3 f.s. (כרת 503) *and destroy*

אֶת־בְּהֶמְתְּכֶם dir.obj.-n.f.s.-2 m.p. sf. (96) *your cattle*

וְהִמְעִיטָה אֶתְכֶם conj.-Hi. pf. 3 f.s. (מעט 589)-dir.obj.-2 m.p. sf. *and make you few in number*

וְנָשַׁמּוּ conj.-Ni. pf. 3 c.p. (שמם 1030) *so that shall become desolate*

דַּרְכֵיכֶם n.m.p.-2 m.p. sf. (202) *your ways*

26:23

וְאִם־בְּאֵלֶּה conj.-hypoth.part. (49)-prep.-demons. adj. c.p. (41) *and if by this discipline*

לֹא תִוָּסְרוּ לִי neg.-Ni. impf. 2 m.p. (יסר 415) -prep.-1 c.s. sf. *you are not turned to me*

וַהֲלַכְתֶּם conj.-Qal pf. 2 m.p. (הלך 229) *but walk*

עִמִּי קֶרִי prep.-1 c.s. sf. (767)-n.m.s. paus. (899) *with me contrariwise*

26:24

וְהָלַכְתִּי conj.-Qal pf. 1 c.s. (הלך 229) *then I will walk*

אַף־אָנִי adv. (II 64)-pers.pr. 1 c.s. (58) *also I*

עִמָּכֶם בְּקֶרִי prep.-2 m.p. sf. (767)-prep.-n.m.s. (899) *with you contrariwise*

וְהִכֵּיתִי אֶתְכֶם conj.-Hi. pf. 1 c.s. נָכָה (645) -dir.obj.-2 m.p. sf. *and I will smite you*

גַּם־אָנִי adv. (168)-pers.pr. 1 c.s. paus. (58) *myself*

שֶׁבַע num. (988) *sevenfold*

עַל־חַטֹּאתֵיכֶם prep.-n.f.p.-2 m.p. sf. (308) *for your sins*

26:25

וְהֵבֵאתִי עֲלֵיכֶם conj.-Hi. pf. 1 c.s. בּוֹא 97; GK 49,1)-prep.-2 m.p. sf. *and I will bring upon you*

חֶרֶב n.f.s. (352) *a sword*

נֹקֶמֶת נְקַם־בְּרִית Qal act.ptc. f.s. נָקַם 667)-n.m.s. cstr. (668)-n.f.s. (136) *that shall execute vengeance for the covenant*

וְנֶאֱסַפְתֶּם conj.-Ni. pf. 2 m.p. אָסַף 62) *and you are gathered*

אֶל־עָרֵיכֶם prep.-n.f.p.-2 m.p. sf. (746) *within your cities*

וְשִׁלַּחְתִּי conj.-Pi. pf. 1 c.s. שָׁלַח 1018) *I will send*

דֶבֶר n.m.s. (184) *pestilence*

בְּתוֹכְכֶם prep.-n.m.s.-2 m.p. sf. (1063) *among you*

וְנִתַּתֶּם conj.-Ni. pf. 2 m.p. נָתַן 678) *and you shall be delivered*

בְּיַד־אוֹיֵב prep.-n.f.s. cstr. (388)-Qal act.ptc. 33) *into the hand of the enemy*

26:26

בְּשִׁבְרִי prep.-Qal inf.cstr. or n.m.s.-1 c.s. sf. (990 or 991) *when I break*

לָכֶם מַטֵּה־לֶחֶם prep.-2 m.p. sf.-n.m.s. cstr. (641) -n.m.s. (536) *your staff of bread*

וְאָפוּ conj.-Qal pf. 3 c.p. אָפָה 66) *and shall bake*

עֶשֶׂר נָשִׁים num. (796)-n.f.p. (61) *ten women*

לַחְמְכֶם n.m.s.-2 m.p. sf. (536) *your bread*

בְּתַנּוּר אֶחָד prep.-n.m.s. (1072)-num. (25) *in one oven*

וְהֵשִׁיבוּ conj.-Hi. pf. 3 c.p. שׁוּב 996) *and shall deliver*

לַחְמְכֶם v.supra *your bread*

בַּמִּשְׁקָל prep.-def.art.-n.m.s. (1053) *by weight*

וַאֲכַלְתֶּם conj.-Qal pf. 2 m.p. אָכַל 37) *and you shall eat*

וְלֹא תִשְׂבָּעוּ conj.-neg.-Qal impf. 2 m.p. שָׂבַע 959) *and not be satisfied*

26:27

וְאִם־בְּזֹאת conj.-hypoth.part. (49)-prep. -demons.adj. f.s. (260) *and if in spite of this*

לֹא תִשְׁמְעוּ לִי neg.-Qal impf. 2 m.p. שָׁמַע 1033)-prep.-1 c.s. sf. *you will not hearken to me*

וַהֲלַכְתֶּם conj.-Qal pf. 2 m.p. הָלַךְ 229) *but walk*

עִמִּי בְּקֶרִי prep.-1 c.s. sf. (767)-prep.-n.m.s. (899) *with me contrariwise*

26:28

וְהָלַכְתִּי conj.-Qal pf. 1 c.s. הָלַךְ 229) *then I will walk*

עִמָּכֶם בַּחֲמַת־קֶרִי prep.-2 m.p. sf. (767)-prep. -n.f.s. cstr. (404)-n.m.s. (899) *with you in the wrath of opposition*

וְיִסַּרְתִּי אֶתְכֶם conj.-Pi. pf. 1 c.s. יָסַר 415) -dir.obj.-2 m.p. sf. *and chastise you*

אַף־אָנִי conj. (II 64)-pers.pr. 1 c.s. paus. (58) *myself*

שֶׁבַע num. (988) *sevenfold*

עַל־חַטֹּאתֵיכֶם prep.-n.f.p.-2 m.p. sf. (308) *for your sins*

26:29

וַאֲכַלְתֶּם conj.-Qal pf. 2 m.p. אָכַל 37) *you shall eat*

בְּשַׂר בְּנֵיכֶם n.m.s. cstr. (142)-n.m.p.-2 m.p. sf. (119) *the flesh of your sons*

וּבְשַׂר בְּנֹתֵיכֶם conj.-v.supra-n.f.p.-2 m.p. sf. (I 123) *and the flesh of your daughters*

תֹּאכֵלוּ Qal impf. 2 m.p. paus. אָכַל 37) *you shall eat*

26:30

וְהִשְׁמַדְתִּי conj.-Hi. pf. 1 c.s. שָׁמַד 1029) *and I will destroy*

אֶת־בָּמֹתֵיכֶם dir.obj.-n.f.p.-2 m.p. sf. (119) *your high places*

וְהִכְרַתִּי conj.-Hi. pf. 1 c.s. כָּרַת 503) *and cut down*

אֶת־חַמָּנֵיכֶם dir.obj.-n.m.p.-2 m.p. sf. (329) *your sun-pillars*

וְנָתַתִּי conj.-Qal pf. 1 c.s. נָתַן 6787) *and cast*

אֶת־פִּגְרֵיכֶם dir.obj.-n.m.p.-2 m.p. sf. (803) *your dead bodies*

עַל־פִּגְרֵי גִלּוּלֵיכֶם prep.-n.m.p. cstr. (803)-n.m.p.-2 m.p. sf. (165) *upon the dead bodies of your idols*

וְגָעֲלָה נַפְשִׁי conj.-Qal pf. 3 f.s. גָּעַל 171)-n.f.s.-1 c.s. sf. (659) *and my soul will abhor*

אֶתְכֶם dir.obj.-2 m.p. sf. *you*

26:31

וְנָתַתִּי conj.-Qal pf. 1 c.s. (נָתַן 678) *and I will lay*

אֶת־עָרֵיכֶם dir.obj.-n.f.p.-2 m.p. sf. (746) *your cities*

חָרְבָּה n.f.s. (352) *waste*

וַהֲשִׁמּוֹתִי conj.-Hi. pf. 1 c.s. (שָׁמֵם 1030) *and I will make desolate*

אֶת־מִקְדְּשֵׁיכֶם dir.obj.-n.m.p.-2 m.p. sf. (874) *your sanctuaries*

וְלֹא אָרִיחַ conj.-neg.-Hi. impf. 1 c.s. (רִיחַ 926) *and I will not smell*

בְּרֵיחַ נִיחֹחֲכֶם prep.-n.m.s. cstr. (926)-n.m.s.-2 m.p. sf. (629) *your pleasing odors*

26:32

וַהֲשִׁמֹּתִי אָנִי conj.-Hi. pf. 1 c.s. (שָׁמֵם 1030) -pers.pr. 1 c.s. (58) *and I will devastate*

אֶת־הָאָרֶץ dir.obj.-def.art.-n.f.s. (75) *the land*

וְשָׁמְמוּ conj.-Qal pf. 3 c.p. (שָׁמֵם 1030) *so that shall be astonished*

עָלֶיהָ prep.-3 f.s. sf. (II 752) *at it*

אֹיְבֵיכֶם Qal act.ptc. m.p.-2 m.p. sf. (אָיַב 33) *your enemies*

הַיֹּשְׁבִים בָּהּ dir.obj.-Qal act.ptc. m.p. (יָשַׁב 442) -prep.-3 f.s. sf. *who settle in it*

26:33

וְאֶתְכֶם אֱזָרֶה conj.-dir.obj.-2 m.p. sf.-Qal impf. 1 c.s. (זָרָה 279; GK 52n) *and I will scatter you*

בַגּוֹיִם prep.-def.art.-n.m.p. (156) *among the nations*

וַהֲרִיקֹתִי conj.-Hi. pf. 1 c.s. (רִיק 937) *and I will unsheathe*

אַחֲרֵיכֶם prep.-2 m.p. sf. (29) *after you*

חָרֶב n.f.s. paus. (352) *the sword*

וְהָיְתָה אַרְצְכֶם conj.-Qal pf. 3 f.s. (הָיָה 224) -n.f.s.-2 m.p. sf. (75) *and your land shall be*

שְׁמָמָה n.f.s. (1031) *a desolation*

וְעָרֵיכֶם conj.-n.f.p.-2 m.p. sf. (746) *and your cities*

יִהְיוּ Qal impf. 3 m.p. (הָיָה 224) *shall be*

חָרְבָּה n.f.s. (352) *a waste*

26:34

אָז תִּרְצֶה adv. (23)-Qal impf. 3 f.s. (רָצָה 953) *then ... shall enjoy* (lit. *be satisfied with payment*)

הָאָרֶץ def.art.-n.f.s. (75) *the land*

אֶת־שַׁבְּתֹתֶיהָ dir.obj.-n.f.p.-3 f.s. sf. (992) *its sabbaths*

26:35

כָּל־יְמֵי הָשַּׁמָּה n.m.s. cstr. (481)-n.m.p. cstr. (398)-Ho. inf.cstr. (שָׁמֵם 1030) *as long as it lies desolate*

תִּשְׁבֹּת Qal impf. 3 f.s. (שָׁבַת 991) *it shall have rest*

אֵת אֲשֶׁר לֹא־שָׁבְתָה dir.obj.-rel. (81)-neg.-Qal pf. 3 f.s. (שָׁבַת 991) *the rest which it had not*

בְּשַׁבְּתֹתֵיכֶם prep.-n.f.p.-2 m.p. sf. (992) *in your sabbaths*

בְּשִׁבְתְּכֶם prep.-Qal inf.cstr.-2 m.p. sf. (יָשַׁב 442) *when you dwelt*

עָלֶיהָ prep.-3 f.s. sf. *upon it*

26:31

כֹּל יְמֵי הָשַּׁמָּה n.m.s. cstr. (481)-n.m.p. cstr. (398) -Ho. inf.cstr. (שָׁמֵם 1030; GK 67y) *as long as it lies desolate*

וְאַתֶּם conj.-pers.pr. 2 m.p. (61) *while you are*

בְּאֶרֶץ אֹיְבֵיכֶם prep.-n.f.s. cstr. (75)-Qal act.ptc. m.p.-2 m.p. sf. (אָיַב 33) *in your enemies' land*

אָז תִּשְׁבַּת הָאָרֶץ v.supra-Qal impf. 3 f.s. (שָׁבַת 991)-def.art.-n.f.s. (75) *then the land shall rest*

וְהִרְצָת conj.-Hi. pf. 3 f.s. (רָצָה 953; GK 75m) *and it shall pay off*

אֶת־שַׁבְּתֹתֶיהָ dir.obj.-n.f.p.-3 f.s. sf. (992) *its sabbaths*

26:36

וְהַנִּשְׁאָרִים בָּכֶם conj.-def.art.-Ni. ptc. m.p. (שָׁאַר 983)-prep.-2 m.p. sf. *and as for those of you that are left*

וְהֵבֵאתִי conj.-Hi. pf. 1 c.s. (בּוֹא 97) *I will send*

מֹרֶךְ n.m.s. (940) *faintness*

בִּלְבָבָם prep.-n.m.s.-3 m.p. sf. (523) *into their hearts*

בְּאַרְצֹת אֹיְבֵיהֶם prep.-n.f.p. cstr. (75)-Qal act.ptc. m.p.-3 m.p. sf. (אָיַב 33) *in the lands of their enemies*

וְרָדַף אֹתָם conj.-Qal pf. 3 m.s. (922)-dir.obj.-3 m.p. sf. *and ... shall put them to flight*

קוֹל עָלֶה נִדָּף n.m.s. cstr. (876)-n.m.s. (750)-Ni. ptc. (נָדַף 623) *the sound of a driven leaf*

וְנָסוּ conj.-Qal pf. 3 c.p. (נוּס 630) *and they shall flee*

מְנֻסַת־חָרֶב n.f.s. cstr. (631)-n.f.s. (352) *as one flees from the sword*

וְנָפְלוּ conj.-Qal pf. 3 c.p. (נָפַל 656) *and they shall fall*

וְאֵין רֹדֵף conj.-neg. (II 34)-Qal act.ptc. (רָדַף 922) *when none pursues*

26:37

וְכָשְׁלוּ conj.-Qal pf. 3 c.p. (505) *and they shall stumble*

אִישׁ־בְּאָחִיו n.m.s. (35)-prep.-n.m.s.-3 m.s. sf. (26) *over one another*

כְּמִפְּנֵי־חֶרֶב prep.-prep.-n.m.p. cstr. (815; GK 118sN)-n.f.s. (352) *as if to escape a sword*

וְרֹדֵף אַיִן conj.-Qal act.ptc. (922)-neg. paus. (II 34) *though none pursues*

וְלֹא־תִהְיֶה לָכֶם conj.-neg.-Qal impf. 3 f.s. 224)-prep.-2 m.p. sf. *... shall not be for you*

תְּקוּמָה n.f.s. (879) *power to stand*

לִפְנֵי אֹיְבֵיכֶם prep.-n.m.p. cstr. (815)-Qal act.ptc. m.p.-2 m.p. sf. (אָיַב 33) *before your enemies*

26:38

וַאֲבַדְתֶּם conj.-Qal pf. 2 m.p. (אָבַד 1) *and you shall perish*

בַּגּוֹיִם prep.-def.art.-n.m.p. (156) *among the nations*

וְאָכְלָה אֶתְכֶם conj.-Qal pf. 3 f.s. (אָכַל 37)-dir. obj.-2 m.p. sf. *and ... shall eat you up*

אֶרֶץ אֹיְבֵיכֶם n.f.s. cstr. (75)-Qal act.ptc. m.p.-2 m.p. sf. (אָיַב 33) *the land of your enemies*

26:39

וְהַנִּשְׁאָרִים בָּכֶם conj.-def.art.-Ni. ptc. m.p. (שָׁאַר 983)-prep.-2 m.p. sf. *and those of you that are left*

יִמַּקּוּ Ni. impf. 3 m.p. (מָקַק 596) *shall pine away*

בַּעֲוֹנָם prep.-n.m.s.-3 m.p. sf. (730) *because of their iniquity*

בְּאַרְצֹת אֹיְבֵיכֶם prep.-n.f.p. cstr. (75)-Qal act.ptc. m.p.-2 m.p. sf. (אָיַב 33) *in your enemies' lands*

וְאַף בַּעֲוֹנֹת אֲבֹתָם conj.-conj. (64)-prep.-n.m.p. cstr. (730)-n.m.p.-3 m.p. sf. (3) *and also because of the iniquities of their fathers*

אִתָּם יִמָּקּוּ prep.-3 m.p. sf. (II 85)-Ni. impf. 3 m.p. paus. (מָקַק 596) *they shall pine away like them*

26:40

וְהִתְוַדּוּ conj.-Hith. pf. 3 c.p. (יָדָה 392) *but if they confess*

אֶת־עֲוֹנָם dir.obj.-n.m.s.-3 m.p. sf. (730) *their iniquity*

וְאֶת־עֲוֹן אֲבֹתָם conj.-dir.obj.-n.m.s. cstr. (730)-n.m.p.-3 m.p. sf. (3) *and the iniquity of their fathers*

בְּמַעֲלָם prep.-n.m.s.-3 m.p. sf. (I 591) *in their treachery*

אֲשֶׁר מָעֲלוּ־בִי rel. (81)-Qal pf. 3 c.p. 591)-prep.-1 c.s. sf. *which they committed against me*

וְאַף conj.-conj. (64) *and also*

אֲשֶׁר־הָלְכוּ עִמִּי בְּקֶרִי rel. (81)-Qal pf. 3 c.p. (229)-prep.-1 c.s. sf. (767)-prep.-n.m.s. (899) *in walking contrary to me*

26:41

אַף־אֲנִי אֵלֵךְ conj. (64)-pers.pr. 1 c.s. (58)-Qal impf. 1 c.s. (הָלַךְ 229) *so that I walked*

עִמָּם בְּקֶרִי prep.-3 m.p. sf. (767)-prep.-n.m.s. (899) *contrary to them*

וְהֵבֵאתִי אֹתָם conj.-Hi. pf. 1 c.s. (בּוֹא 97) -dir.obj.-3 m.p. sf. *and brought them*

בְּאֶרֶץ אֹיְבֵיהֶם prep.-n.f.s. cstr. (75)-Qal act.ptc. m.p.-3 m.p. sf. (אָיַב 33) *into the land of their enemies*

אוֹ־אָז יִכָּנַע conj. (14)-adv. (23)-Ni. impf. 3 m.s. (כָּנַע 488) *if then is humbled*

לְבָבָם הֶעָרֵל n.m.s.-3 m.p. sf. (523)-def.art.-adj. m.s. (790) *their uncircumcised heart*

וְאָז יִרְצוּ conj.-adv. (23)-Qal impf. 3 m.p. (רָצָה 953) *and they make amends*

אֶת־עֲוֹנָם dir.obj.-n.m.s.-3 m.p. sf. (730) *for their iniquity*

26:42

וְזָכַרְתִּי conj.-Qal pf. 1 c.s. sf. (זָכַר 269) *then I will remember*

אֶת־בְּרִיתִי יַעֲקוֹב dir.obj.-n.f.s.-1 c.s. sf.-pr.n. (784; GK 128d,131r) *my covenant with Jacob*

וְאַף אֶת־בְּרִיתִי יִצְחָק conj.-conj. (64)-dir.obj. -v.supra-pr.n. (850) *and also my covenant with Isaac*

וְאַף אֶת־בְּרִיתִי אַבְרָהָם v.supra-v.supra-v.supra -pr.n. (4) *and also my covenant with Abraham*

אֶזְכֹּר Qal impf. 1 c.s. (זָכַר 269) *I will remember*

וְהָאָרֶץ conj.-def.art.-n.f.s. (75) *and the land*

אֶזְכֹּר v.supra *I will remember*

26:43

וְהָאָרֶץ תֵּעָזֵב conj.-def.art.-n.f.s. (75)-Ni. impf. 3 f.s. (עָזַב I 736) *but the land shall be left*

מֵהֶם prep.-3 m.p. sf. *by them*

וְתִרֶץ conj.-Qal impf. 3 f.s. juss. (רָצָה 953) *and enjoy (satisfy by paying off debt)*

אֶת־שַׁבְּתֹתֶיהָ dir.obj.-n.f.p.-3 f.s. sf. (992) *its sabbaths*

בָּהְשַׁמָּה prep.-Ho. inf.cstr. (שָׁמֵם 1030; GK 67y) *while it lies desolate*

מֵהֶם prep.-3 m.p. sf. *without them*

וְהֵם יִרְצוּ conj.-pers.pr. 3 m.p. (241)-Qal impf. 3 m.p. (רָצָה 953) *and they shall make amends*

אֶת־עֲוֹנָם dir.obj.-n.m.s.-3 m.p. sf. (730) *for their iniquity*

יַעַן וּבְיַעַן conj. (774)-conj.-prep.-conj. (774) *because*

בְּמִשְׁפָּטַי prep.-n.m.p.-1 c.s. sf. (1048) *my ordinances*

מָאָסוּ Qal pf. 3 c.p. paus. (מָאַס 549) *they spurned*

וְאֶת־חֻקֹּתַי conj.-dir.obj.-n.f.p.-1 c.s. sf. (349) *and my statutes*

גָּעֲלָה נַפְשָׁם Qal pf. 3 f.s. (גָּעַל 171)-n.f.s.-3 m.p. sf. (659) *their soul abhorred*

26:44

וְאַף־גַּם־זֹאת conj.-conj. (64)-adv. (168)-demons.adj. f.s. (260) *yet for all that*

בִּהְיוֹתָם prep.-Qal inf.cstr.-3 m.p. sf. (הָיָה 224) *when they are*

בְּאֶרֶץ אֹיְבֵיהֶם prep.-n.f.s. cstr. (75)-Qal act.ptc. m.p.-3 m.p. sf. (אָיַב 33) *in the land of their enemies*

לֹא־מְאַסְתִּים neg.-Qal pf. 1 c.s.-3 m.p. sf. (מָאַס 549) *I will not spurn them*

וְלֹא־גְעַלְתִּים conj.-neg.-Qal pf. 1 c.s.-3 m.p. sf. (גָּעַל 171) *neither will I abhor them*

לְכַלֹּתָם prep.-Pi. inf.cstr.-3 m.p. sf. (כָּלָה 477) *so as to destroy them utterly*

לְהָפֵר prep.-Hi. inf.cstr. (פָּרַר I 830) *and break*

בְּרִיתִי אִתָּם n.f.s.-1 c.s. sf. (136)-prep.-3 m.p. sf. (II 85) *my covenant with them*

כִּי אֲנִי יהוה conj. (471)-pers.pr. 1 c.s. (58)-pr.n. (217) *for I am Yahweh*

אֱלֹהֵיהֶם n.m.p.-3 m.p. sf. (43) *their God*

26:45

וְזָכַרְתִּי conj.-Qal pf. 1 c.s. (זָכַר 269) *but I will remember*

לָהֶם prep.-3 m.p. sf. *for their sake*

בְּרִית רִאשֹׁנִים n.f.s. cstr. (136)-adj. m.p. (911) *the covenant with their forefathers*

אֲשֶׁר הוֹצֵאתִי־אֹתָם rel. (81)-Hi. pf. 1 c.s. (יָצָא 422)-dir.obj.-3 m.p. sf. *whom I brought forth*

מֵאֶרֶץ מִצְרַיִם prep.-n.f.s. cstr. (75)-pr.n. (595) *out of the land of Egypt*

לְעֵינֵי הַגּוֹיִם prep.-n.f.p. cstr. (744)-def.art.-n.m.p. (156) *in the sight of the nations*

לִהְיֹת prep.-Qal inf.cstr. (הָיָה 224) *that I might be*

לָהֶם לֵאלֹהִים prep.-3 m.p. sf.-prep.-n.m.p. (43) *their God*

אֲנִי יהוה pers.pr. 1 c.s. (58)-pr.n. (217) *I am Yahweh*

26:46

אֵלֶּה הַחֻקִּים demons.adj. c.p. (41)-def.art.-n.m.p. (349) *these are the statutes*

וְהַמִּשְׁפָּטִים conj.-def.art.-n.m.p. (1048) *and ordinances*

וְהַתּוֹרֹת conj.-def.art.-n.f.p. (435) *and laws*

אֲשֶׁר נָתַן יהוה rel. (81)-Qal pf. 3 m.s. (678)-pr.n. (217) *which Yahweh made*

בֵּינוֹ וּבֵין בְּנֵי יִשְׂרָאֵל prep.-3 m.s. sf. (107)-conj.-prep. (107) n.m.p. cstr. (119)-pr.n. (975) *between him and the people of Israel*

בְּהַר סִינַי prep.-n.m.s. cstr. (249)-pr.n. (696) *on Mount Sinai*

בְּיַד־מֹשֶׁה prep.-n.f.s. cstr. (388)-pr.n. (602) *by Moses*

27:1

וַיְדַבֵּר יהוה consec.-Pi. impf. 3 m.s. (180)-pr.n. (217) *Yahweh said*

אֶל־מֹשֶׁה prep.-pr.n. (602) *to Moses*

לֵּאמֹר prep.-Qal inf.cstr. (55) *(saying)*

27:2

דַּבֵּר Pi. impv. 2 m.s. (180) *say*

אֶל־בְּנֵי יִשְׂרָאֵל prep.-n.m.p. cstr. (119)-pr.n. (975) *to the people of Israel*

וְאָמַרְתָּ אֲלֵהֶם conj.-Qal pf. 2 m.s. (55)-prep.-3 m.p. sf. *(and you shall say to them)*

אִישׁ כִּי יַפְלִא נֶדֶר n.m.s. (35)-conj. (471)-Hi. impf. 3 m.s. (פָּלָא 810)-n.m.s. (623) *when a man makes a special vow*

בְּעֶרְכְּךָ prep.-n.m.s.-2 m.s. sf. (789; GK 128d) *at your valuation*

נְפָשֹׁת n.f.p. (659) *of persons*

לַיהוה prep.-pr.n. (217) *to Yahweh*

27:3

וְהָיָה עֶרְכְּךָ conj.-Qal pf. 3 m.s. (224)-n.m.s.-2 m.s. sf. (789; GK 128d) *then your valuation shall be*

הַזָּכָר def.art.-n.m.s. (271) *of a male*

מִבֶּן עֶשְׂרִים שָׁנָה prep.-n.m.s. cstr. (119)-num. p. (797)-n.f.s. (1040) *from twenty years old*

וְעַד בֶּן־שִׁשִּׁים שָׁנָה conj.-prep. (III 723)-n.m.s. cstr. (119)-num. p. (995)-v.supra *up to sixty years old*

וְהָיָה עֶרְכְּךָ v.supra-v.supra *your valuation shall be*

חֲמִשִּׁים שֶׁקֶל כָּסֶף num. p. (332)-n.m.s. (1053) -n.m.s. (494) *fifty shekels of silver*

בְּשֶׁקֶל הַקֹּדֶשׁ prep.-n.m.s. cstr. (1053)-def.art. -n.m.s. (871) *according to the shekel of the sanctuary*

27:4

וְאִם־נְקֵבָה הִוא conj.-hypoth.part. (49)-n.f.s. (666) *if she is a female*

וְהָיָה עֶרְכְּךָ conj.-Qal pf. 3 m.s. (224)-n.m.s.-2 m.s. sf. (789) *your valuation shall be*

שְׁלֹשִׁים שָׁקֶל num. p. (1026)-n.m.s. paus. (1053) *thirty shekels*

27:5

וְאִם מִבֶּן־חָמֵשׁ שָׁנִים conj.-hypoth.part. (49) -prep.-n.m.s. cstr. (119)-num. m.s. (331)-n.f.p. (1040) *if (the person) is from five years old*

וְעַד בֶּן־עֶשְׂרִים שָׁנָה conj.-prep. (III 723) -v.supra-num. p. (797)-n.f.s. (1040) *up to twenty years old*

וְהָיָה עֶרְכְּךָ conj.-Qal pf. 3 m.s. (224)-n.m.s.-2 m.s. sf. (789; GK 128d) *your valuation shall be*

הַזָּכָר def.art.-n.m.s. (271) *for a male*

עֶשְׂרִים שְׁקָלִים num. p. (797)-n.m.p. (1053) *twenty shekels*

וְלַנְּקֵבָה conj.-prep.-def.art.-n.f.s. (666) *and for a female*

עֲשֶׂרֶת שְׁקָלִים num. f. cstr. (796)-n.m.p. (1053) *ten shekels*

27:6

וְאִם מִבֶּן־חֹדֶשׁ conj.-hypoth.part. (49)-prep. -n.m.s. cstr. (119)-n.m.s. (I 294) *if a person is from a month old*

וְעַד בֶּן־חָמֵשׁ שָׁנִים conj.-prep. (III 723)-v.supra -num. m. (331)-n.f.p. (1040) *up to five years old*

וְהָיָה עֶרְכְּךָ conj.-Qal pf. 3 m.s. (224)-n.m.s.-2 m.s. sf. (789; GK 128d) *your valuation shall be*

הַזָּכָר def.art.-n.m.s. (271) *for a male*

חֲמִשָּׁה שְׁקָלִים num. f. (331)-n.m.p. (1053) *five shekels*

כָּסֶף n.m.s. paus. (494) *of silver*

וְלַנְּקֵבָה conj.-prep.-def.art.-n.f.s. (666) *and for a female*

עֶרְכְּךָ n.m.s.-2 m.s. sf. (789) *your valuation*

שְׁלֹשֶׁת שְׁקָלִים num. f. (1025)-v.supra *three shekels*

כָּסֶף v.supra *of silver*

27:7

וְאִם מִבֶּן־שִׁשִּׁים שָׁנָה conj.-hypoth.part. (49) -prep.-n.m.s. cstr. (119)-num. p. (995)-n.f.s. (1040) *and if the person is sixty years old*

וָמַעְלָה conj.-adv.-loc.he (751) *and upward*

אִם־זָכָר v.supra-n.m.s. (271) *if a male*

וְהָיָה עֶרְכְּךָ conj.-Qal pf. 3 m.s. (224)-n.m.s.-2 m.s. sf. (789) *then your valuation shall be*

חֲמִשָּׁה עָשָׂר שָׁקֶל num. f. (331)-num. (797) -n.m.s. paus. (1053) *fifteen shekels*

וְלַנְּקֵבָה conj.-prep. def.art.-n.f.s. (666) *and for a female*

עֲשָׂרָה שְׁקָלִים num. f. (796)-n.m.p. (1053) *ten shekels*

27:8

וְאִם־מָךְ הוּא conj.-hypoth.part. (49)-Qal pf. 3 m.s. (מוך 557)-pers.pr. 3 m.s. (214) *and if a man is too poor*

מֵעֶרְכֶּךָ prep.-n.m.s.-2 m.s. sf. paus. (789) *(to pay) your valuation*

וְהֶעֱמִידוֹ conj.-Hi. pf. 3 m.s.-3 m.s. sf. (עמד 763) *then he shall bring him*

לִפְנֵי הַכֹּהֵן prep.-n.m.p. cstr. (815)-def.art.-n.m.s. (463) *before the priest*

וְהֶעֱרִיךְ אֹתוֹ conj.-Hi. pf. 3 m.s. (ערך 789)-dir. obj.-3 m.s. sf. *and ... shall value him*

הַכֹּהֵן v.supra *the priest*

עַל־פִּי אֲשֶׁר prep.-n.m.s. cstr. (804)-rel. (81) *according to*

תַּשִּׂיג יַד הַנֹּדֵר Hi. impf. 3 f.s. (נשׂג 673)-n.f.s. cstr. (388)-def.art.-Qal act.ptc. (נדר 623) *the ability of him who vowed*

יַעֲרִיכֶנּוּ הַכֹּהֵן Hi. impf. 3 m.s.-3 m.s. sf. (ערך 789)-v.supra *the priest shall value him*

27:9

וְאִם־בְּהֵמָה conj.-hypoth.part. (49)-n.f.s. (96) *if it is an animal*

אֲשֶׁר יַקְרִיבוּ מִמֶּנָּה rel. (81)-Hi. impf. 3 m.p. (קרב 897)-prep.-3 f.s. sf. *such as men offer*

קָרְבָּן n.m.s. (898) *an offering*

לִיהוָה prep.-pr.n. (217) *to Yahweh*

כֹּל אֲשֶׁר יִתֵּן מִמֶּנּוּ n.m.s. (481)-rel. (81)-Qal
impf. 3 m.s. נָתַן 678)-prep.-3 m.s. sf. *all of
such that any man gives*

לִיהוָה v.supra *to Yahweh*

יִהְיֶה־קֹּדֶשׁ Qal impf. 3 m.s. (224)-n.m.s. (871) *is
holy*

27:10

לֹא יַחֲלִיפֶנּוּ neg.-Hi. impf. 3 m.s.-3 m.s. sf. (חָלַף
322) *he shall not substitute (anything) for it*

וְלֹא־יָמִיר אֹתוֹ conj.-neg.-Hi. impf. 3 m.s. (מוּר
558)-dir.obj.-3 m.s. sf. *or exchange it*

טוֹב בְּרָע adj. m.s. (II 373)-prep.-adj. m.s. (948) *a
good for a bad*

אוֹ־רַע בְּטוֹב conj. (14)-adj. m.s. (948)-prep.-adj.
m.s. (II 373) *or a bad for a good*

וְאִם־הָמֵר יָמִיר conj.-hypoth.part. (49)-Hi.
inf.abs. מוּר 558)-Hi. impf. 3 m.s. (558)
and if he makes any exchange

בְּהֵמָה בִּבְהֵמָה n.f.s. (96)-prep.-v supra *beast for
beast*

וְהָיָה־הוּא conj.-Qal pf. 224)-demons.adj. m.s.
(214) *then (both) it*

וּתְמוּרָתוֹ conj.-n.f.s.-3 m.s. sf. (558) *and that for
which it is exchanged*

יִהְיֶה־קֹּדֶשׁ Qal impf. 3 m.s. (224)-n.m.s. (871)
shall be holy

27:11

וְאִם כָּל־בְּהֵמָה conj.-hypoth.part. (49)-n.m.s. cstr.
(481)-n.f.s. (96) *and if any animal*

טְמֵאָה n.f.s. (380) *(is) unclean*

אֲשֶׁר לֹא־יַקְרִיבוּ מִמֶּנָּה rel. (81)-neg.-Hi. impf. 3
m.p. קָרַב 897)-prep.-3 f.s. sf. *such as is not
offered*

קָרְבָּן n.m.s. (898) *as an offering*

לִיהוָה prep.-pr.n. (217) *to Yahweh*

וְהֶעֱמִיד conj.-Hi. pf. 3 m.s. (עָמַד 763) *then he
shall bring*

אֶת־הַבְּהֵמָה dir.obj.-def.art.-n.f.s. (96) *the animal*

לִפְנֵי הַכֹּהֵן prep.-n.m.p. cstr. (815)-def.art.-n.m.s.
(463) *before the priest*

27:12

וְהֶעֱרִיךְ conj.-Hi. pf. 3 m.s. (עָרַךְ 789) *and shall
value*

הַכֹּהֵן def.art.-n.m.s. (463) *the priest*

אֹתָהּ dir.obj.-3 f.s. sf. *it*

בֵּין טוֹב וּבֵין רָע prep. (107)-adj. m.s. (II 373)
-conj.-v.supra-adj.m.s. (948) *as either good
or bad*

כְּעֶרְכְּךָ הַכֹּהֵן prep.-n.m.s.-2 m.s. sf. (789)
-v.supra *as you, the priest value it*

כֵּן יִהְיֶה adv. (I 485)-Qal impf. 3 m.s. (224) *so it
shall be*

27:13

וְאִם־גָּאֹל יִגְאָלֶנָּה conj.-hypoth.part. (49)-Qal
inf.abs. (גָּאַל I 145)-Qal impf. 3 m.s.-3 f.s. sf.
(I 145) *but if he wishes to redeem it*

וְיָסַף conj.-Qal pf. 3 m.s. (414) *he shall add*

חֲמִישִׁתוֹ num.adj. f.-3 m.s. sf. (332) *his fifth*

עַל־עֶרְכֶּךָ prep.-n.m.s.-2 m.s. sf. (789) *to your
valuation*

27:14

וְאִישׁ כִּי־יַקְדִּשׁ conj.-n.m.s. (35)-conj. (471)-Hi.
impf. 3 m.s. (קָדַשׁ 872) *and when a man
dedicates*

אֶת־בֵּיתוֹ dir.obj.-n.m.s.-3 m.s. sf. (108) *his house*

קֹּדֶשׁ לִיהוָה n.m.s. (871)-prep.-pr.n. (217) *holy to
Yahweh*

וְהֶעֱרִיכוֹ הַכֹּהֵן conj.-Hi. pf. 3 m.s.-3 m.s. sf. (789
-def.art.-n.m.s. (463) *and the priest
shall value it*

בֵּין טוֹב וּבֵין רָע prep. (107)-adj. m.s. (II 373)
-conj.-prep. (107)-adj. m.s. (948) *as either
good or bad*

כַּאֲשֶׁר יַעֲרִיךְ אֹתוֹ prep.-rel. (81)-Hi. impf. 3 m.s.
(עָרַךְ 789)-dir.obj.-3 m.s. sf. *as ... values it*

הַכֹּהֵן def.art.-n.m.s. (463) *the priest*

כֵּן יָקוּם adv. (I 485)-Qal impf. 3 m.s. (קוּם 877)
so it shall stand

27:15

וְאִם־הַמַּקְדִּישׁ conj.-hypoth.part. (49)-def.art.-Hi.
ptc. m.s. (קָדַשׁ 872) *and if he who dedicates*

יִגְאַל אֶת־בֵּיתוֹ Qal impf. 3 m.s. (גָּאַל I 145)
-dir.obj.-n.m.s.-3 m.s. sf. (108) *wishes to
redeem his house*

וְיָסַף conj.-Qal pf. 3 m.s. (414) *he shall add*

חֲמִישִׁית כֶּסֶף־עֶרְכְּךָ num.adj. f.s. cstr. (332)
-n.m.s. cstr. (494)-n.m.s.-2 m.s. sf. (789) *a
fifth of the valuation in money*

עָלָיו prep.-3 m.s. sf. *to it*

וְהָיָה לוֹ conj.-Qal pf. 3 m.s. (224)-prep.-3 m.s.
sf. *and it shall be his*

27:16

וְאִם מִשְּׂדֵה אֲחֻזָּתוֹ conj.-hypoth.part. (49)-prep.
-n.m.s. cstr. (961)-n.f.s.-3 m.s. sf. (28) *and if
... part of the land which is his by
inheritance*

יַקְדִּישׁ אִישׁ Hi. impf. 3 m.s. (קָדַשׁ 872)-n.m.s. (35) *a man dedicates*

לַיהוה prep.-pr.n. (217) *to Yahweh*

וְהָיָה עֶרְכְּךָ conj.-Qal pf. 3 m.s. (224)-n.m.s.-2 m.s. sf. (789) *then your valuation shall be*

לְפִי זַרְעוֹ prep.-n.m.s. cstr. (804)-n.m.s.-3 m.s. sf. (282) *according to the seed for it*

זֶרַע חֹמֶר שְׂעֹרִים n.m.s. cstr. (282)-n.m.s. cstr. (330)-n.f.p. (972) *a sowing of a homer of barley*

בַּחֲמִשִּׁים שֶׁקֶל כָּסֶף prep.-num. p. (332)-n.m.s. cstr. (1053)-n.m.s. paus. (494) *at fifty shekels of silver*

27:17

אִם־מִשְּׁנַת הַיֹּבֵל hypoth.part. (49)-prep.-n.f.s. cstr. (1040)-def.art.-n.m.s. (385) *if from the year of jubilee*

יַקְדִּישׁ שָׂדֵהוּ Hi. impf. 3 m.s. (קָדַשׁ 872)-n.m.s.-3 m.s. sf. (961) *he dedicates his field*

כְּעֶרְכְּךָ יָקוּם prep.-n.m.s.-2 m.s. sf. (789)-Qal impf. 3 m.s. (קוּם 877) *it shall stand at your full valuation*

27:18

וְאִם־אַחַר הַיֹּבֵל conj.-hypoth.part. (49)-prep. (29)-def.art.-n.m.s. (385) *but if after the jubilee*

יַקְדִּישׁ שָׂדֵהוּ Hi. impf. 3 m.s. (קָדַשׁ 872)-n.m.s.-3 m.s. sf. (961) *he dedicates his field*

וְחִשַּׁב־לוֹ הַכֹּהֵן conj.-Pi. pf. 3 m.s. (חָשַׁב 362)-prep.-3 m.s. sf.-def.art.-n.m.s. (463) *then the priest shall compute the value for it*

אֶת־הַכֶּסֶף dir.obj.-def.art.-n.m.s. (494) *in money*

עַל־פִּי הַשָּׁנִים prep.-n.m.s. cstr. (804)-def.art.-n.f.p. (1040) *according to the years*

הַנּוֹתָרֹת def.art.-Ni. ptc. f.p. (יָתַר 451) *that remain*

עַד שְׁנַת הַיֹּבֵל prep. (III 723)-n.f.s. cstr. (1040)-def.art.-n.m.s. (385) *until the year of jubilee*

וְנִגְרַע conj.-Ni. pf. 3 m.s. (גָּרַע 175) *and he shall deduct*

מֵעֶרְכֶּךָ prep.-n.m.s.-2 m.s. sf. (789) *from your valuation*

27:19

וְאִם־גָּאֹל יִגְאַל conj.-hypoth.part. (49)-Qal inf.abs. (גָּאַל I 145)-Qal impf. 3 m.s. (I 145) *and if he wishes to redeem*

אֶת־הַשָּׂדֶה dir.obj.-def.art.-n.m.s. (961) *the field*

הַמַּקְדִּישׁ אֹתוֹ dir.obj.-Hi. ptc. m.s. (קָדַשׁ 872)-dir.obj.-3 m.s. sf. *he who dedicates it*

וְיָסַף conj.-Qal pf. 3 m.s. (414) *then he shall add*

חֲמִשִׁית כֶּסֶף־עֶרְכְּךָ num.adj. f.s. cstr. (332)-n.m.s. cstr. (494)-n.m.s.-2 m.s. sf. (789) *a fifth of the valuation in money*

עָלָיו prep.-3 m.s. sf. *to it*

וְקָם לוֹ conj.-Qal pf. 3 m.s. (קוּם 877)-prep.-3 m.s. sf. *and it shall remain his*

27:20

וְאִם־לֹא יִגְאַל conj.-hypoth.part. (49)-neg.-Qal impf. 3 m.s. (גָּאַל I 145) *but if he does not wish to redeem*

אֶת־הַשָּׂדֶה dir.obj.-def.art.-n.m.s. (961) *the field*

וְאִם־מָכַר v.supra-Qal pf. 3 m.s. (569) *or if he has sold*

אֶת־הַשָּׂדֶה dir.obj.-v.supra *the field*

לְאִישׁ אַחֵר prep.-n.m.s. (35)-adj. (29) *to another man*

לֹא יִגָּאֵל עוֹד neg.-Ni. impf. 3 m.s. (גָּאַל I 145)-adv. (728) *it shall not be redeemed any more*

27:21

וְהָיָה הַשָּׂדֶה conj.-Qal pf. 3 m.s. (224)-def.art.-n.m.s. (961) *but the field shall be*

בְּצֵאתוֹ prep.-Qal inf.cstr.-3 m.s. sf. (יָצָא 422) *when it is released*

בַיֹּבֵל prep.-def.art.-n.m.s. (385) *in the jubilee*

קֹדֶשׁ לַיהוה n.m.s. (871)-prep.-pr.n. (217) *holy to Yahweh*

כִּשְׂדֵה הַחֵרֶם prep.-n.m.s. cstr. (961)-def.art.-n.m.s. (I 356) *as a field that has been devoted*

לַכֹּהֵן תִּהְיֶה אֲחֻזָּתוֹ prep.-def.art.-n.m.s. (463)-Qal impf. 3 f.s. (הָיָה 224)-n.f.s.-3 m.s. sf. (28) *the priest shall be in possession of it*

27:22

וְאִם אֶת־שְׂדֵה מִקְנָתוֹ conj.-hypoth.part. (49)-dir.obj.-n.m.s. cstr. (961)-n.f.s.-3 m.s. sf. (889) *and if a field which he has bought*

אֲשֶׁר לֹא מִשְּׂדֵה אֲחֻזָּתוֹ rel. (81)-neg.-prep.-n.m.s. cstr. (961)-n.f.s.-3 m.s. sf. (28) *which is not a part of his possession by inheritance*

יַקְדִּישׁ לַיהוה Hi. impf. 3 m.s. (קָדַשׁ 872)-prep.-pr.n. (217) *he dedicates to Yahweh*

559

27:23

וְחָשַׁב־לוֹ הַכֹּהֵן conj.-Pi. pf. 3 m.s. (חָשַׁב 362)-prep.-3 m.s. sf.-def.art.-n.m.s. (463) *then the priest shall compute*

אֵת מִכְסַת הָעֶרְכְּךָ dir.obj.-n.f.s. cstr. (493)-def. art.-n.m.s.-2 m.s. sf. (789; GK 127i) *the worth of the valuation*

עַד שְׁנַת הַיֹּבֵל prep. (III 723)-n.f.s. cstr. (1040) -def.art.-n.m.s. (385) *up to the year of jubilee*

וְנָתַן conj.-Qal pf. 3 m.s. (678) *and (the man) shall give*

אֶת־עֶרְכְּךָ dir.obj.-n.m.s.-2 m.s. sf. (789) *the amount of the valuation*

בַּיּוֹם הַהוּא prep.-def.art.-n.m.s. (398)-def.art. -demons.adj. m.s. (214) *on that day*

קֹדֶשׁ לַיהוה n.m.s. (871)-prep.-pr.n. (217) *as a holy thing to Yahweh*

27:24

בִּשְׁנַת הַיּוֹבֵל prep.-n.f.s. cstr. (1040)-def.art. -n.m.s. (385) *in the year of jubilee*

יָשׁוּב הַשָּׂדֶה Qal impf. 3 m.s. (שׁוּב 996)-def. art.-n.m.s. (961) *the field shall return*

לַאֲשֶׁר קָנָהוּ מֵאִתּוֹ prep.-rel. (81)-Qal pf. 3 m.s.-3 m.s. sf. (קָנָה 888)-prep.-prep.-3 m.s. sf. (II 85) *to him from whom it was bought*

לַאֲשֶׁר־לוֹ אֲחֻזַּת הָאָרֶץ v.supra-prep.-3 m.s. sf. -n.f.s. cstr. (28)-def.art.-n.f.s. (75) *to whom the land belongs as possession by inheritance*

27:25

וְכָל־עֶרְכְּךָ conj.-n.m.s. cstr. (481)-n.m.s.-2 m.s. sf. (789) *and every valuation*

יִהְיֶה Qal impf. 3 m.s. (הָיָה 224) *shall be*

בְּשֶׁקֶל הַקֹּדֶשׁ prep.-n.m.s. cstr. (1053)-def.art. -n.m.s. (871) *according to the shekel of the sanctuary*

עֶשְׂרִים גֵּרָה num. p. (797)-n.f.s. (II 176) *twenty gerahs*

יִהְיֶה הַשָּׁקֶל Qal impf. 3 m.s. (224)-def.art.-n.m.s. paus. (1053) *shall make a shekel*

27:26

אַךְ־בְּכוֹר adv. (36)-n.m.s. (114) *but a firstling*

אֲשֶׁר־יְבֻכַּר rel. (81)-Pu. impf. 3 m.s. (בָּכַר 114) *which as a firstling*

לַיהוה prep.-pr.n. (217) *belongs to Yahweh*

בִּבְהֵמָה prep.-n.f.s. (96) *of animals*

לֹא־יַקְדִּישׁ אִישׁ אֹתוֹ neg.-Hi. impf. 3 m.s. (קָדַשׁ 872)-n.m.s. (35)-dir.obj.-3 m.s. sf. *no man may dedicate it*

אִם־שׁוֹר אִם־שֶׂה hypoth.part. (49)-n.m.s. (1004) -v.supra-n.m.s. (961) *whether ox or sheep*

לַיהוה הוּא prep.-pr.n. (217)-demons.adj. m.s. (214) *it is Yahweh's*

27:27

וְאִם בַּבְּהֵמָה הַטְּמֵאָה conj.-hypoth.part. (49) -prep.-def.art.-n.f.s. (96)-def.art.-adj. f.s. (II 379) *and if it is an unclean animal*

וּפָדָה conj.-Qal pf. 3 m.s. (804) *then he shall buy it back*

בְּעֶרְכֶּךָ prep.-n.m.s.-2 m.s. sf. (789) *at your valuation*

וְיָסַף conj.-Qal pf. 3 m.s. (414) *and shall add*

חֲמִשִׁתוֹ num.adj. f.s.-3 m.s. sf. (332) *his fifth*

עָלָיו prep.-3 m.s. sf. *to it*

וְאִם־לֹא יִגָּאֵל conj.-v.supra-neg.-Ni. impf. 3 m.s. (גָּאַל I 145) *or if it is not redeemed*

וְנִמְכַּר conj.-Ni. pf. 3 m.s. (מָכַר 569) *it shall be sold*

בְּעֶרְכֶּךָ prep.-n.m.s.-2 m.s. sf. (789) *at your valuation*

27:28

אַךְ־כָּל־חֵרֶם adv. (36)-n.m.s. cstr. (481)-n.m.s. (356) *but (no) every devoted thing*

אֲשֶׁר יַחֲרִם אִישׁ rel. (81)-Hi. impf. 3 m.s. (חָרַם I 355)-n.m.s. (35) *that a man devotes*

לַיהוה prep.-pr.n. (217) *to Yahweh*

מִכָּל־אֲשֶׁר־לוֹ prep.-n.m.s. (481)-rel. (81)-prep.-3 m.s. sf. *of anything that he has*

מֵאָדָם וּבְהֵמָה prep.-n.m.s. (9)-conj.-n.f.s. (96) *whether of man or beast*

וּמִשְׂדֵה אֲחֻזָּתוֹ conj.-prep.-n.m.s. cstr. (961) -n.f.s.-3 m.s. sf. (28) *or of his inherited field*

לֹא יִמָּכֵר neg.-Ni. impf. 3 m.s. (מָכַר 569) *shall (not) be sold*

וְלֹא יִגָּאֵל conj.-neg.-Ni. impf. 3 m.s. (גָּאַל I 145) *or (not) redeemed*

כָּל־חֵרֶם n.m.s. cstr. (481)-n.m.s. (356) *every devoted thing*

קֹדֶשׁ־קָדָשִׁים הוּא n.m.s. cstr. (871)-n.m.p. (871) -demons.adj. m.s. (214) *(it) is most holy*

לַיהוה prep.-pr.n. (217) *to Yahweh*

27:29

כָּל־חֵרֶם n.m.s. cstr. (481)-n.m.s. (356) *every (no) devoted thing*

אֲשֶׁר יָחֳרַם rel. (81)–Ho. impf. 3 m.s. (חָרַם I 355) who is to be utterly destroyed

מִן־הָאָדָם prep.-def.art.-n.m.s. (9) from among men

לֹא יִפָּדֶה neg.-Ni. impf. 3 m.s. (פָּדָה 804) shall (not) be ransomed

מוֹת יוּמָת Qal inf.abs. (מוּת 559)–Ho. impf. 3 m.s. (מוּת 559) he shall be put to death

27:30

וְכָל־מַעְשַׂר הָאָרֶץ conj.-n.m.s. cstr. (481)-n.m.s. cstr. (798)-def.art.-n.f.s. (75) all the tithe of the land

מִזֶּרַע הָאָרֶץ prep.-n.m.s. cstr. (282)-v.supra whether of the seed of the land

מִפְּרִי הָעֵץ prep.-n.m.s. cstr. (826)-def.art.-n.m.s. (781) or of the fruit of the trees

לַיהוה הוּא prep.-pr.n. (217)-demons.adj. m.s. (214) it is Yahweh's

קֹדֶשׁ לַיהוה n.m.s. (871)-v.supra it is holy to Yahweh

27:31

וְאִם־גָּאֹל יִגְאַל אִישׁ conj.-hypoth.part. (49)-Qal inf.abs. (I 145)-Qal impf. 3 m.s. (גָּאַל I 145)-n.m.s. (35) if a man wishes to redeem

מִמַּעַשְׂרוֹ prep.-n.m.s.-3 m.s. sf. (798) any of his tithe

חֲמִשִׁיתוֹ num.adj. f.-3 m.s. sf. (332) his fifth

יֹסֵף עָלָיו Hi. impf. 3 m.s. apoc. (יָסַף 414)-prep.-3 m.s. sf. let him add to it

27:32

וְכָל־מַעְשַׂר בָּקָר conj.-n.m.s. cstr. (481)-n.m.s. cstr. (798)-n.m.s. (133) and all the tithe of herds

וָצֹאן conj.-n.f.s. (838) and flocks

כֹּל אֲשֶׁר־יַעֲבֹר n.m.s. (481)-rel. (81)-Qal impf. 3

m.s. (עָבַר 716) every (animal) that pass

תַּחַת הַשָּׁבֶט prep. (1065)-def.art.-n.m.s. paus. (986) under the staff of the herdsman

הָעֲשִׂירִי def.art.-num.adj. (798) the tithe

יִהְיֶה־קֹדֶשׁ Qal impf. 3 m.s. (הָיָה 224)-n.m.s. (871) shall be holy

לַיהוה prep.-pr.n. (217) to Yahweh

27:33

לֹא יְבַקֵּר neg.-Pi. impf. 3 m.s. (בָּקַר 133) a man shall not inquire

בֵּין־טוֹב לָרַע prep. (107)-adj. m.s. (II 373)-prep.-adj. m.s. (948) whether it is good or bad

וְלֹא יְמִירֶנּוּ conj.-neg.-Hi. impf. 3 m.s.-3 m.s. sf. (מוּר 558) neither shall he exchange it

וְאִם־הָמֵר יְמִירֶנּוּ conj.-hypoth.part. (49)-Hi. inf.abs. (מוּר 558)-Hi. impf. 3 m.s.-3 m.s. sf. (מוּר 558) and if he exchanges it

וְהָיָה־הוּא conj.-Qal pf. 3 m.s. (224)-pers.pr. 3 m.s. (214) then it ... shall be

וּתְמוּרָתוֹ conj.-n.f.s.-3 m.s. sf. (558) and that for which it is exchanged

יִהְיֶה־קֹדֶשׁ Qal impf. 3 m.s. (224)-n.m.s. (871) shall be holy

לֹא יִגָּאֵל neg.-Ni. impf. 3 m.s. (גָּאַל I 145) it shall not be redeemed

27:34

אֵלֶּה הַמִּצְוֹת demons.adj. c.p. (41)–def.art.-n.f.p. (846) these are the commandments

אֲשֶׁר צִוָּה יהוה rel. (81)-Pi. pf. 3 m.s. (צָוָה 845)-pr.n. (217) which Yahweh commanded

אֶת־מֹשֶׁה dir.obj.-pr.n. (602) Moses

אֶל־בְּנֵי יִשְׂרָאֵל prep.-n.m.p. cstr. (119)-pr.n. (975) for the people of Israel

בְּהַר סִינָי prep.-n.m.s. cstr. (249)-pr.n. paus. (696) on Mount Sinai

Numbers

1:1

וַיְדַבֵּר יהוה consec. (GK 49bN)–Pi. impf. 3 m.s. (180)–pr.n. (217) *Yahweh spoke*

אֶל־מֹשֶׁה prep.–pr.n. (602) *to Moses*

בְּמִדְבַּר סִינַי prep.–n.m.s. cstr. (184)–pr.n. (696) *in the wilderness of Sinai*

בְּאֹהֶל מוֹעֵד prep.–n.m.s. cstr. (13)–n.m.s. (417) *in the tent of meeting*

בְּאֶחָד לַחֹדֶשׁ prep.–num. (25)–prep.–def.art. –n.m.s. (294) *on the first day of the ... month*

הַשֵּׁנִי def.art.–num.adj. m.s. (1041) *second*

בַּשָּׁנָה הַשֵּׁנִית prep.–def.art.–n.f.s. (1040)–def.art. –num.adj. f.s. (1041) *in the second year*

לְצֵאתָם prep.–Qal inf.cstr.–3 m.p. sf. (יָצָא 422) *after they had come out*

מֵאֶרֶץ מִצְרַיִם prep.–n.f.s. cstr. (75)–pr.n. (595) *of the land of Egypt*

לֵאמֹר prep.–Qal inf.cstr. (55) *saying*

1:2

שְׂאוּ Qal impv. 2 m.s. (נָשָׂא 669) *take*

אֶת־רֹאשׁ dir.obj.–n.m.s. cstr. (910) *a census of*

כָּל־עֲדַת n.m.s. cstr. (481)–n.f.s. cstr. (417) *all the congregation of*

בְּנֵי־יִשְׂרָאֵל n.m.p. cstr. (119)–pr.n. (975) *the people of Israel*

לְמִשְׁפְּחֹתָם prep.–n.f.p.–3 m.p. sf. (1046) *by families*

לְבֵית אֲבֹתָם prep.–n.m.s. cstr. (108)–n.m.p.–3 m.p. sf. (3; GK 124r) *by fathers' houses*

בְּמִסְפַּר prep.–n.m.s. cstr. (708) *according to the number of*

שֵׁמוֹת n.m.p. (1027) *names*

כָּל־זָכָר n.m.s. cstr. (481)–n.m.s. (271) *every male*

לְגֻלְגְּלֹתָם prep.–n.f.p.–3 m.p. sf. (166) *head by head*

1:3

מִבֶּן עֶשְׂרִים שָׁנָה prep.–n.m.s. cstr. (119)–num. p. (797)–n.f.s. (1040) *from twenty years old*

וָמַעְלָה conj.–subst.–loc.he (751) *and upward*

כָּל־יֹצֵא n.m.s. cstr. (481)–Qal act.ptc. (422) *all who are able to go forth*

צָבָא n.m.s. (838) *to war*

בְּיִשְׂרָאֵל prep.–pr.n. (975) *in Israel*

תִּפְקְדוּ אֹתָם Qal impf. 2 m.p. (פָּקַד 823)–dir. obj.–3 m.p. sf. *you shall number them*

לְצִבְאֹתָם prep.–n.m.p.–3 m.p. sf. (838) *company by company*

אַתָּה וְאַהֲרֹן pers.pr. 2 m.s. (61)–conj.–pr.n. (14)

1:4

וְאִתְּכֶם conj.-prep.-2 m.p. sf. (85) *and with you*

יִהְיוּ Qal impf. 3 m.p. (הָיָה 224) *there shall be*

אִישׁ n.m.s. (35)-v.supra *a man*

לַמַּטֶּה prep.-def.art.-n.m.s. (641) *from each tribe*

אִישׁ v.supra *each*

רֹאשׁ n.m.s. (910) *the head*

לְבֵית־אֲבֹתָיו prep.-n.m.s. cstr. (108)-n.m.p.-3 m.s. sf. (3) *of the house of his fathers*

הוּא pers.pr. 3 m.s. (214) *he*

1:5

וְאֵלֶּה conj.-demons.adj. c.p. (41) *and these (are)*

שְׁמוֹת הָאֲנָשִׁים n.m.p. cstr. (1027)-def.art.-n.m.p. (35) *the names of the men*

אֲשֶׁר יַעַמְדוּ rel. (81)-Qal impf. 3 m.p. (עָמַד 763) *who shall attend*

אִתְּכֶם prep.-2 m.p. sf. (85) *you*

לִרְאוּבֵן prep.-pr.n. (910) *from Reuben*

אֱלִיצוּר pr.n. (45) *Elizur*

בֶּן־שְׁדֵיאוּר n.m.s. cstr. (119)-pr.n. (994) *the son of Shedeur*

1:6

לְשִׁמְעוֹן prep.-pr.n. (1035) *from Simeon*

שְׁלֻמִיאֵל pr.n. (1025) *Shelumiel*

בֶּן־צוּרִישַׁדָּי n.m.s. cstr. (119)-pr.n. (849) *the son of Zurishaddai*

1:7

לִיהוּדָה prep.-pr.n. (397) *from Judah*

נַחְשׁוֹן pr.n. (638) *Nahshon*

בֶּן־עַמִּינָדָב n.m.s. cstr. (119)-pr.n. (770) *the son of Amminadab*

1:8

לְיִשָּׂשכָר prep.-pr.n. (441) *from Issachar*

נְתַנְאֵל pr.n. (682) *Nethanel*

בֶּן־צוּעָר n.m.s. cstr. (119)-pr.n. (859) *the son of Zuar*

1:9

לִזְבוּלֻן prep.-pr.n. (259) *from Zebulun*

אֱלִיאָב pr.n. (45) *Eliab*

בֶּן־חֵלֹן n.m.s. cstr. (119)-pr.n. (298) *the son of Helon*

1:10

לִבְנֵי יוֹסֵף prep.-n.m.p. cstr. (119)-pr.n. (415) *from the sons of Joseph*

לְאֶפְרַיִם prep.-pr.n. (68) *from Ephraim*

אֱלִישָׁמָע pr.n. (46) *Elishama*

בֶּן־עַמִּיהוּד n.m.s. cstr. (119)-pr.n. (770) *the son of Ammihud*

לִמְנַשֶּׁה prep.-pr.n. (586) *from Manasseh*

גַּמְלִיאֵל pr.n. (168) *Gamaliel*

בֶּן־פְּדָהצוּר n.m.s. cstr. (119)-pr.n. (804) *the son of Pedahzur*

1:11

לְבִנְיָמִן prep.-pr.n. (122) *from Benjamin*

אֲבִידָן pr.n. (4) *Abidan*

בֶּן־גִּדְעֹנִי n.m.s. cstr. (119)-pr.n. (154) *the son of Gideoni*

1:12

לְדָן prep.-pr.n. (192) *from Dan*

אֲחִיעֶזֶר pr.n. (27) *Ahiezer*

בֶּן־עַמִּישַׁדָּי n.m.s. cstr. (119)-pr.n. (770) *the son of Ammishaddai*

1:13

לְאָשֵׁר prep.-pr.n. (81) *from Asher*

פַּגְעִיאֵל pr.n. (803) *Pagiel*

בֶּן־עָכְרָן n.m.s. cstr. (119)-pr.n. (747) *the son of Ochran*

1:14

לְגָד prep.-pr.n. (151) *from Gad*

אֶלְיָסָף pr.n. (45) *Eliasaph*

בֶּן־דְּעוּאֵל n.m.s. cstr. (119)-pr.n. (396; LXX-Ραγουηλ) *the son of Deuel*

1:15

לְנַפְתָּלִי prep.-pr.n. (836) *from Naphtali*

אֲחִירַע pr.n. (27) *Ahira*

בֶּן־עֵינָן n.m.s. cstr. (119)-pr.n. (745) *the son of Enan*

1:16

אֵלֶּה demons.adj. c.p. (41) *these (were)*

קְרִיאֵי הָעֵדָה adj. m.p. cstr. (896; LXX-ἐπίκλητοι)-def.art.-n.f.s. (417) *the ones chosen from the congregation*

נְשִׂיאֵי n.m.p. cstr. (I 672) *the leaders of*

מַטּוֹת אֲבוֹתָם n.m.p. cstr. (641)-n.m.p.-3 m.p. sf. (3) *their ancestral tribes*

רָאשֵׁי n.m.p. cstr. (910) *the heads of*

אַלְפֵי n.m.p. cstr. (48) *the clans of*

יִשְׂרָאֵל pr.n. (975) *Israel*

הֵם pers.pr. 3 m.p. (241) *they*

1:17

וַיִּקַּח consec.-Qal impf. 3 m.s. (לָקַח 542) *took*

מֹשֶׁה וְאַהֲרֹן pr.n. (602)-conj.-pr.n. (14) *Moses and Aaron*

אֵת הָאֲנָשִׁים הָאֵלֶּה dir.obj.-def.art.-n.m.p. (35)-def.art.-demons.adj. c.p. (41) *these men*

אֲשֶׁר נִקְּבוּ rel. (81)-Ni. pf. 3 c.p. (נָקַב I 666) *who have been (designated)*

בְּשֵׁמוֹת prep.-n.m.p. (1027) *named (by names)*

1:18

וְאֵת כָּל־הָעֵדָה conj.-dir.obj.-n.m.s. cstr. (481)-def.art.-n.f.s. (417) *the whole congregation*

הִקְהִילוּ Hi. pf. 3 c.p. (קָהַל 874) *they assembled*

בְּאֶחָד prep.-num.adj. (25) *on the first day*

לַחֹדֶשׁ הַשֵּׁנִי prep.-def.art.-n.m.s. (I 294)-dir.obj.-adj.num. ord. (1041) *of the second month*

וַיִּתְיַלְדוּ consec.-Hith. impf. 3 m.p. (יָלַד 408) *who registered themselves*

עַל־מִשְׁפְּחֹתָם prep.-n.f.p.-3 m.p. sf. (1046) *by families*

לְבֵית אֲבֹתָם prep.-n.m.s. cstr. (108)-n.m.p.-3 m.p. sf. (3) *by fathers' houses*

בְּמִסְפַּר שֵׁמוֹת prep.-n.m.s. cstr. (708)-n.m.p. (1027) *according to the number of names*

מִבֶּן עֶשְׂרִים שָׁנָה prep.-n.m.s. cstr. (119)-num. p. (797)-n.f.s. (1040) *from twenty years old*

וָמַעְלָה conj.-adv.-loc.he (751) *and upward*

לְגֻלְגְּלֹתָם prep.-n.f.p.-3 m.p. sf. (166) *head by head*

1:19

בַּאֲשֶׁר prep.-rel. (81) *as*

צִוָּה יְהוָה Pi. pf. 3 m.s. (צָוָה 845)-pr.n. (217) *Yahweh commanded*

אֶת־מֹשֶׁה dir.obj.-pr.n. (602) *Moses*

וַיִּפְקְדֵם consec.-Qal impf. 3 m.s.-3 m.p. sf. (פָקַד 823) *so he numbered them*

בְּמִדְבַּר סִינָי prep.-n.m.s. cstr. (184)-pr.n. paus. (696) *in the wilderness of Sinai*

1:20

וַיִּהְיוּ consec.-Qal impf. 3 m.p. (הָיָה 224) *(and were)*

בְנֵי־רְאוּבֵן n.m.p. cstr. (119)-pr.n. (910) *the people of Reuben*

בְּכֹר יִשְׂרָאֵל n.m.s. cstr. (114)-pr.n. (975) *Israel's first-born*

תּוֹלְדֹתָם n.f.p.-3 m.p. sf. (410) *their generations*

לְמִשְׁפְּחֹתָם prep.-n.f.p.-3 m.p. sf. (1046) *by their families*

לְבֵית אֲבֹתָם prep.-n.m.s. cstr. (108)-n.m.p.-3 m.p. sf. (3) *by their fathers' houses*

בְּמִסְפַּר שֵׁמוֹת prep.-n.m.s. cstr. (708)-n.m.p. (1027) *according to the number of names*

לְגֻלְגְּלֹתָם prep.-n.m.p.-3 m.p. sf. (166) *head by head*

כָּל־זָכָר n.m.s. cstr. (481)-adj. m.s. (271) *every male*

מִבֶּן עֶשְׂרִים שָׁנָה prep.-n.m.s. cstr. (119)-num. p. (797)-n.f.s. (1040) *from twenty years old*

וָמַעְלָה conj.-adv.-loc.he (751) *and upward*

כֹּל יֹצֵא צָבָא n.m.s. (481)-Qal act.ptc. (יָצָא 422)-n.m.s. (838) *all who were able to go forth to war*

1:21

פְּקֻדֵיהֶם Qal pass.ptc. m.p.-3 m.p. sf. (פָקַד 823) *the number (of them)*

לְמַטֵּה רְאוּבֵן prep.-n.m.s. cstr. (641)-pr.n. (910) *of the tribe of Reuben*

שִׁשָּׁה וְאַרְבָּעִים num. f.s. (995)-conj.-num. p. (916) *forty-six*

אֶלֶף n.m.s. (48) *thousand*

וַחֲמֵשׁ מֵאוֹת conj.-num. cstr. (331)-num. f.p. (547) *and five hundred*

1:22

לִבְנֵי שִׁמְעוֹן prep.-n.m.p. cstr. (119)-pr.n. (1035) *of the people of Simeon*

תּוֹלְדֹתָם n.m.p.-3 m.p. sf. (410) *their generations*

לְמִשְׁפְּחֹתָם prep.-n.m.p.-3 m.p. sf. (1046) *by their families*

לְבֵית אֲבֹתָם prep.-n.m.p.-3 m.p. sf. (3) *by their fathers' houses*

פְּקֻדָיו Qal pass.ptc. m.p.-3 m.s. sf. (פָקַד 823) *those of them that were numbered*

בְּמִסְפַּר שֵׁמוֹת prep.-n.m.s. cstr. (708)-n.m.p. (1027) *according to the number of names*

לְגֻלְגְּלֹתָם prep.-n.f.p.-3 m.p. sf. (166) *head by head*

כָּל־זָכָר n.m.s. (481)-adj. m.s. (271) *every male*

מִבֶּן עֶשְׂרִים שָׁנָה prep.-n.m.s. cstr. (119)-num. p. (797)-n.f.s. (1040) *from twenty years old*

וָמַעְלָה conj.-adv.-loc.he (751) *and upward*

כֹּל יֹצֵא צָבָא n.m.s. (481)-Qal act.ptc. (יָצָא 422)-n.m.s. (838) *all who were able to go forth to war*

1:23

פְּקֻדֵיהֶם Qal pass.ptc. m.p.-3 m.p. sf. (פָקַד 823) *the number (of them)*

565

לְמַטֵּה שִׁמְעוֹן prep.-n.m.s. cstr. (641)-pr.n. (1035) *of the tribe of Simeon*

תִּשְׁעָה וַחֲמִשִּׁים num. f.s. (1077)-conj.-num. p. (332) *fifty-nine*

אֶלֶף n.m.s. (48) *thousand*

וּשְׁלֹשׁ מֵאוֹת conj.-num. cstr. (1025)-n.f.p. (547) *and three hundred*

1:24

לִבְנֵי גָד prep.-n.m.p. cstr. (119)-pr.n. (III 151) *of the people of Gad*

תּוֹלְדֹתָם n.f.p.-3 m.p. sf. (410) *their generations*

לְמִשְׁפְּחֹתָם prep.-n.f.p.-3 m.p. sf. (1046) *by their families*

לְבֵית אֲבֹתָם prep.-n.m.s. cstr. (108)-n.m.p.-3 m.p. sf. (3) *by their fathers' houses*

בְּמִסְפַּר שֵׁמוֹת prep.-n.m.s. cstr. (708)-n.m.p. (1027) *according to the number of the names*

מִבֶּן עֶשְׂרִים שָׁנָה prep.-n.m.s. cstr. (119)-num. p. (797)-n.t.s. (1040) *from twenty years old*

וָמַעְלָה conj.-adv.-loc.he (751) *and upward*

כֹּל יֹצֵא צָבָא n.m.s. (481)-Qal act.ptc. (יָצָא 422)-n.m.s. (838) *all who were able to go forth to war*

1:25

פְּקֻדֵיהֶם Qal pass.ptc. m.p.-3 m.p. sf. (פָּקַד 823) *the number (of them)*

לְמַטֵּה גָד prep.-n.m.s. cstr. (641)-pr.n. (151) *of the tribe of Gad*

חֲמִשָּׁה וְאַרְבָּעִים num. f.s. (331)-conj.-num. m.p. (917) *forty-five*

אֶלֶף n.m.s. (48) *thousand*

וְשֵׁשׁ מֵאוֹת conj.-num. (995)-n.f.p. (547) *six hundred*

וַחֲמִשִּׁים conj.-num. m.p. (332) *and fifty*

1:26

לִבְנֵי יְהוּדָה prep.-n.m.p. cstr. (119)-pr.n. (397) *of the people of Judah*

תּוֹלְדֹתָם n.f.p.-3 m.p. sf. (410) *their generations*

לְמִשְׁפְּחֹתָם prep.-n.f.p.-3 m.p. sf. (1046) *by their families*

לְבֵית אֲבֹתָם prep.-n.m.s. cstr. (108)-n.m.p.-3 m.p. sf. (3) *by their fathers' houses*

בְּמִסְפַּר שֵׁמֹת prep.-n.m.s. cstr. (708)-n.m.p. (1027) *according to the number of names*

מִבֶּן עֶשְׂרִים שָׁנָה prep.-n.m.s. cstr. (119)-num. m.p. (797)-n.f.s. (1040) *from twenty years old*

וָמַעְלָה conj.-adv.-loc.he (751) *and upward*

כֹּל יֹצֵא צָבָא n.m.s. (481)-Qal act.ptc. (יָצָא 422) -n.m.s. (838) *every man able to go forth to war*

1:27

פְּקֻדֵיהֶם Qal pass.ptc. m.p.-3 m.p. sf. (פָּקַד 823) *the number (of them)*

לְמַטֵּה יְהוּדָה prep.-n.m.s. cstr. (641)-pr.n. (397) *of the tribe of Judah*

אַרְבָּעָה וְשִׁבְעִים num. f.s. (916)-conj.-num. m.p. (988) *seventy-four*

אֶלֶף n.m.s. (48) *thousand*

וְשֵׁשׁ מֵאוֹת conj.-num. (995)-n.f.p. (547) *six hundred*

1:28

לִבְנֵי יִשָּׂשכָר prep.-n.m.p. cstr. (119)-pr.n. (441) *of the people of Issachar*

תּוֹלְדֹתָם n.f.p.-3 m.p. sf. (410) *their generations*

לְמִשְׁפְּחֹתָם prep.-n.f.p.-3 m.p. sf. (1046) *by their families*

לְבֵית אֲבֹתָם prep.-n.m.s. cstr. (108)-n.m.p.-3 m.p. sf. (3) *by their fathers' houses*

בְּמִסְפַּר שֵׁמֹת prep.-n.m.s. cstr. (708)-n.m.p. (1027) *according to the number of names*

מִבֶּן עֶשְׂרִים שָׁנָה prep.-n.m.s. cstr. (119)-num. p. (797)-n.f.s. (1040) *from twenty years old*

וָמַעְלָה conj.-adv.-loc.he (751) *and upward*

כֹּל יֹצֵא צָבָא n.m.s. (481)-Qal act.ptc. (יָצָא 422) -n.m.s. (838) *every man ... go forth to war*

1:29

פְּקֻדֵיהֶם Qal pass.ptc. m.p.-3 m.p. sf. (פָּקַד 823) *the number (of them)*

לְמַטֵּה יִשָּׂשכָר prep.-n.m.s. cstr. (641)-pr.n. (441) *of the tribe of Issachar*

אַרְבָּעָה וַחֲמִשִּׁים num. f. (916)-conj.-num. p. (332) *fifty-four*

אֶלֶף n.m.s. (48) *thousand*

וְאַרְבַּע מֵאוֹת conj.-num. (916)-n.f.p. (547) *and four hundred*

1:30

לִבְנֵי זְבוּלֻן prep.-n.m.p. cstr. (119)-pr.n. (259) *of the people of Zebulun*

תּוֹלְדֹתָם n.f.p.-3 m.p. sf. (410) *their generations*

לְמִשְׁפְּחֹתָם prep.-n.f.p.-3 m.p. sf. (1046) *by their families*

לְבֵית אֲבֹתָם prep.-n.m.s. cstr. (108)-n.m.p.-3 m.p. sf. (3) *by their fathers' houses*

בְּמִסְפַּר שֵׁמֹת prep.-n.m.s. cstr. (708)-n.m.p. (1027) *according to the number of names*

מִבֶּן עֶשְׂרִים שָׁנָה prep.-n.m.s. cstr. (119)-num. p. (797)-n.f.s. (1040) *from twenty years old*

וָמַעְלָה conj.-adv.-loc.he (751) *and upward*

כֹּל יֹצֵא צָבָא n.m.s. (481)-Qal act.ptc. (יָצָא 422) -n.m.s. (838) *every man ... go forth to war*

1:31

פְּקֻדֵיהֶם Qal pass.ptc. m.p.-3 m.p. sf. (פָּקַד 823) *the number (of them)*

לְמַטֵּה זְבוּלֻן prep.-n.m.s. cstr. (641)-pr.n. (259) *of the tribe of Zebulun*

שִׁבְעָה וַחֲמִשִּׁים num. f. (988)-conj.-num. p. (332) *fifty-seven*

אֶלֶף n.m.s. (48) *thousand*

וְאַרְבַּע מֵאוֹת conj.-num. (916)-n.f.p. (547) *and four hundred*

1:32

לִבְנֵי יוֹסֵף prep.-n.m.p. cstr. (119)-pr.n. (415) *of the people of Joseph*

לִבְנֵי אֶפְרַיִם prep.-n.m.p. cstr. (119)-pr.n. (68) *of the people of Ephraim*

תּוֹלְדֹתָם n.f.p.-3 m.p. sf. (410) *their generations*

לְמִשְׁפְּחֹתָם prep.-n.f.p.-3 m.p. sf. (1046) *by their families*

לְבֵית אֲבֹתָם prep.-n.m.s. cstr. (108)-n.m.p.-3 m.p. sf. (3) *by their fathers' houses*

בְּמִסְפַּר שֵׁמֹת prep.-n.m.s. cstr. (708)-n.m.p. (1027) *according to the number of names*

מִבֶּן עֶשְׂרִים שָׁנָה prep.-n.m.s. cstr. (119)-num. p. (797)-n.f.s. (1040) *from twenty years old*

וָמַעְלָה conj.-adv.-loc.he (751) *and upward*

כֹּל יֹצֵא צָבָא n.m.s. (481)-Qal act.ptc. (יָצָא 422)-n.m.s. (838) *every man able to go forth to war*

1:33

פְּקֻדֵיהֶם Qal pass.ptc. m.p.-3 m.p. sf. (823) *the number (of them)*

לְמַטֵּה אֶפְרַיִם prep.-n.m.s. cstr. (641)-pr.n. (68) *of the tribe of Ephraim*

אַרְבָּעִים num. p. (917) *forty*

אֶלֶף n.m.s. (48) *thousand*

וַחֲמֵשׁ מֵאוֹת conj.-num. (331)-n.f.p. (547) *and five hundred*

1:34

לִבְנֵי מְנַשֶּׁה prep.-n.m.p. cstr. (119)-pr.n. (586) *of the people of Manasseh*

תּוֹלְדֹתָם n.f.p.-3 m.p. sf. (410) *their generations*

לְמִשְׁפְּחֹתָם prep.-n.f.p.-3 m.p. sf. (1046) *by their families*

לְבֵית אֲבֹתָם prep.-n.m.s. cstr. (108)-n.m.p.-3 m.p. sf. (3) *by their fathers' houses*

בְּמִסְפַּר שֵׁמֹת prep.-n.m.s. cstr. (708)-n.m.p. (1027) *according to the number of names*

מִבֶּן עֶשְׂרִים שָׁנָה prep.-n.m.s. cstr. (119)-num. p. (797)-n.f.s. (1040) *from twenty years old*

וָמַעְלָה conj.-adv.-loc.he (751) *and upward*

כֹּל יֹצֵא צָבָא n.m.s. (481)-Qal act.ptc. (יָצָא 422)-n.m.s. (838) *every man able to go forth to war*

1:35

פְּקֻדֵיהֶם Qal pass.ptc. m.p.-3 m.p. sf. (823) *the number (of them)*

לְמַטֵּה מְנַשֶּׁה prep.-n.m.s. cstr. (641)-pr.n. (586) *of the tribe of Manasseh*

שְׁנַיִם וּשְׁלֹשִׁים num. m. (1040)-conj.-num. p. (1026) *thirty-two*

אֶלֶף n.m.s. (48) *thousand*

וּמָאתָיִם conj.-n.f. du. (547) *and two hundred*

1:36

לִבְנֵי בִנְיָמִן prep.-n.m.p. cstr. (119)-pr.n. (122) *of the people of Benjamin*

תּוֹלְדֹתָם n.f.p.-3 m.p. sf. (410) *their generations*

לְמִשְׁפְּחֹתָם prep.-n.f.p.-3 m.p. sf. (1046) *by their families*

לְבֵית אֲבֹתָם prep.-n.m.s. cstr. (108)-n.m.p.-3 m.p. sf. (3) *by their fathers' houses*

בְּמִסְפַּר שֵׁמֹת prep.-n.m.s. cstr. (708)-n.m.p. (1027) *according to the number of names*

מִבֶּן עֶשְׂרִים שָׁנָה prep.-n.m.s. cstr. (119)-num. p. (797)-n.f.s. (1040) *from twenty years old*

וָמַעְלָה conj.-adv.-loc.he (751) *and upward*

כֹּל יֹצֵא צָבָא n.m.s. (481)-Qal act.ptc. (יָצָא 422)-n.m.s. (838) *every man able to go forth to war*

1:37

פְּקֻדֵיהֶם Qal pass.ptc. m.p.-3 m.p. sf. (פָּקַד 823) *the number (of them)*

לְמַטֵּה בִנְיָמִן prep.-n.m.s. cstr. (641)-pr.n. (122) *of the tribe of Benjamin*

חֲמִשָּׁה וּשְׁלֹשִׁים num. f. (331)-conj.-num. p. (1026) *thirty-five*

אֶלֶף n.m.s. (48) *thousand*

וְאַרְבַּע מֵאוֹת conj.-num. (916)-n.f.p. (547) *four hundred*

1:38

לִבְנֵי דָן prep.-n.m.p. cstr. (119)-pr.n. (192) *of the people of Dan*

תּוֹלְדֹתָם n.f.p.-3 m.p. sf. (410) *their generations*

לְמִשְׁפְּחֹתָם prep.-n.f.p.-3 m.p. sf. (1046) *by their families*

לְבֵית אֲבֹתָם prep.-n.m.s. cstr. (108)-n.m.p.-3 m.p. sf. (3) *by their fathers' houses*

בְּמִסְפַּר שֵׁמֹת prep.-n.m.s. cstr. (708)-n.m.p. (1027) *according to the number of names*

מִבֶּן עֶשְׂרִים שָׁנָה prep.-n.m.s. cstr. (119)-num. p. (797)-n.f.s. (1040) *from twenty years old*

וָמַעְלָה conj.-adv.-loc.he (751) *and upward*

כֹּל יֹצֵא צָבָא n.m.s. (481)-Qal act.ptc. (יָצָא 422)-n.m.s. (838) *every man able to go forth to war*

1:39

פְּקֻדֵיהֶם Qal pass.ptc. m.p.-3 m.p. sf. (פָּקַד 823) *the number (of them)*

לְמַטֵּה דָן prep.-n.m.s. cstr. (641)-pr.n. (192) *of the tribe of Dan*

שְׁנַיִם וְשִׁשִּׁים num. du. (1040)-conj.-num. p. (995) *sixty two*

אֶלֶף n.m.s. (48) *thousand*

וּשְׁבַע מֵאוֹת conj.-num. cstr. (I 987)-n.f.p. (547) *(and) seven hundred*

1:40

לִבְנֵי אָשֵׁר prep.-n.m.p. cstr. (119)-pr.n. (81) *of the people of Asher*

תּוֹלְדֹתָם n.f.p.-3 m.p. sf. (410) *their generations*

לְמִשְׁפְּחֹתָם prep.-n.f.p.-3 m.p. sf. (1046) *by their families*

לְבֵית אֲבֹתָם prep.-n.m.s. cstr. (108)-n.m.p.-3 m.p. sf. (3) *by their fathers' houses*

בְּמִסְפַּר שֵׁמֹת prep.-n.m.s. cstr. (708)-n.m.p. (1027) *according to the number of names*

מִבֶּן עֶשְׂרִים שָׁנָה prep.-n.m.s. cstr. (119)-num. p. (797)-n.f.s. (1040) *from twenty years old*

וָמַעְלָה conj.-adv.-loc.he (751) *and upward*

כֹּל יֹצֵא צָבָא n.m.s. (481)-Qal act.ptc. (יָצָא 422)-n.m.s. (838) *every man able to go forth to war*

1:41

פְּקֻדֵיהֶם Qal pass.ptc. m.p.-3 m.p. sf. (פָּקַד 823) *the number (of them)*

לְמַטֵּה אָשֵׁר prep.-n.m.s. cstr. (641)-pr.n. (81) *the number of the tribe of Asher*

אֶחָד וְאַרְבָּעִים num. (25)-conj.-num. p. (917) *forty-one*

אֶלֶף n.m.s. (48) *thousand*

וַחֲמֵשׁ מֵאוֹת conj.-num. cstr. (331)-n.f.p. (547) *five hundred*

1:42

בְּנֵי נַפְתָּלִי n.m.p. cstr. (119)-pr.n. (836) *of the people of Naphtali*

תּוֹלְדֹתָם n.f.p.-3 m.p. sf. (410) *their generations*

לְמִשְׁפְּחֹתָם prep.-n.f.p.-3 m.p. sf. (1046) *by their families*

לְבֵית אֲבֹתָם prep.-n.m.s. cstr. (108)-n.m.p.-3 m.p. sf. (3) *by their fathers' houses*

בְּמִסְפַּר שֵׁמֹת prep.-n.m.s. cstr. (708)-n.m.p. (1027) *according to the number of names*

מִבֶּן עֶשְׂרִים שָׁנָה prep.-n.m.s. cstr. (119)-num. p. (797)-n.f.s. (1040) *from twenty years old*

וָמַעְלָה conj.-adv.-loc.he (751) *and upward*

כֹּל יֹצֵא צָבָא n.m.s. (481)-Qal act.ptc. (422)-n.m.s. (838) *every man ... go forth to war*

1:43

פְּקֻדֵיהֶם Qal pass.ptc. m.p.-3 m.p. sf. (פָּקַד 823) *the number (of them)*

לְמַטֵּה נַפְתָּלִי prep.-n.m.s. cstr. (641)-pr.n. (836) *of the tribe of Naphtali*

שְׁלֹשָׁה וַחֲמִשִּׁים num. f. (1025)-conj.-num. p. (332) *fifty-three*

אֶלֶף n.m.s. (48) *thousand*

וְאַרְבַּע מֵאוֹת conj.-num. s. (916)-n.f.p. (547) *(and) four hundred*

1:44

אֵלֶּה הַפְּקֻדִים demons.adj. c.p. (41)-def.art.-Qal pass.ptc. m.p. (פָּקַד 823) *these are those who were numbered*

אֲשֶׁר פָּקַד rel. (81)-Qal pf. 3 m.s. (823) *whom ... numbered*

מֹשֶׁה וְאַהֲרֹן pr.n. (602)-conj.-pr.n. (14) *Moses and Aaron*

וּנְשִׂיאֵי יִשְׂרָאֵל conj.-n.m.p. cstr. (672)-pr.n. (975) *with the help of the leaders of Israel*

שְׁנֵים עָשָׂר אִישׁ n.m. du. (1040)-num. s. (797)-n.m.s. (35) *twelve men*

אִישׁ־אֶחָד v.supra-num. s. (25) *each*

לְבֵית־אֲבֹתָיו prep.-n.m.s. cstr. (108)-n.m.p.-3 m.s. sf. (3) *his fathers' house*

הָיוּ Qal pf. 3 c.p. (הָיָה 224) *representing*

1:45

וַיִּהְיוּ consec.-Qal impf. 3 m.p. (הָיָה 224) *so*

כָּל־פְּקוּדֵי n.m.s. cstr. (481)-Qal pass.ptc. m.p. cstr. (פָּקַד 823) *the whole number of*

בְּנֵי־יִשְׂרָאֵל n.m.p. cstr. (119)-pr.n. (975) *the people of Israel*

לְבֵית אֲבֹתָם prep.-n.m.s. cstr. (108)-n.m.p.-3 m.p. sf. (3) *by their fathers' houses*

מִבֶּן עֶשְׂרִים שָׁנָה prep.-n.m.s. cstr. (119)-num. p. (797)-n.f.s. (1040) *from twenty years old*

וָמַעְלָה conj.-adv.-loc.he (751) *and upward*

כָּל־יֹצֵא צָבָא n.m.s. (481)-Qal act.ptc. (422) -n.m.s. (838) *every man able to go forth to war*

בְּיִשְׂרָאֵל prep.-pr.n. (975) *in Israel*

1:46

וַיִּהְיוּ consec.-Qal impf. 3 m.p. (הָיָה 224) *was*

כָּל־הַפְּקֻדִים n.m.s. cstr. (481)-def.art.-Qal pass.ptc. m.p. (פָּקַד 823) *their whole number*

שֵׁשׁ־מֵאוֹת num. (995)-n.f.p. (547) *six hundred*

אֶלֶף n.m.s. (48) *thousand*

וּשְׁלֹשֶׁת אֲלָפִים conj.-num. f.s. cstr. (1025)-n.m.p. (48) *and three thousand*

וַחֲמֵשׁ מֵאוֹת conj.-num. cstr. (331)-n.f.p. (547) *five hundred*

וַחֲמִשִּׁים conj.-num. p. (332) *and fifty*

1:47

וְהַלְוִיִּם conj.-def.art.-adj. m.p. (532) *but the Levites*

לְמַטֵּה אֲבֹתָם prep.-n.m.s. cstr. (641)-n.m.p.-3 m.p. sf. (3) *by their ancestral tribe*

לֹא הָתְפָּקְדוּ neg.-Hothpa'el pf. 3 c.p. (פָּקַד 823; GK 54,l) *were not numbered*

בְּתוֹכָם prep.-n.m.s.-3 m.p. sf. (1063) *along with them*

1:48

וַיְדַבֵּר יהוה consec.-Pi. impf. 3 m.s. (180)-pr.n. (217) *For Yahweh said*

אֶל־מֹשֶׁה prep.-pr.n. (602) *to Moses*

לֵּאמֹר prep.-Qal inf.cstr. (אָמַר 55) *(saying)*

1:49

אַךְ adv. (36) *only*

אֶת־מַטֵּה לֵוִי dir.obj.-n.m.s. cstr. (641)-pr.n. (532) *the tribe of Levi*

לֹא תִפְקֹד neg.-Qal impf. 2 m.s. (823) *you shall not number*

וְאֶת־רֹאשָׁם conj.-dir.obj.-n.m.s.-3 m.p. sf. (910) *and of their heads*

לֹא תִשָּׂא neg.-Qal impf. 2 m.s. (נָשָׂא 669) *you shall not take (a census)*

בְּתוֹךְ בְּנֵי יִשְׂרָאֵל prep.-n.m.s. cstr. (1063)-n.m.p. cstr. (119)-pr.n. (975) *among the people of Israel*

1:50

וְאַתָּה conj.-pers.pr. 2 m.s. (61) *but you*

הַפְקֵד Hi. impv. 2 m.s. (פָּקַד 823) *appoint*

אֶת־הַלְוִיִּם dir.obj.-def.art.-adj. m.p. (532) *the Levites*

עַל־מִשְׁכַּן prep.-n.m.s. cstr. (1015) *over the tabernacle of*

הָעֵדֻת def.art.-n.f.s. (730) *the testimony*

וְעַל כָּל־כֵּלָיו conj.-prep.-n.m.s. cstr. (481) -n.m.p.-3 m.s. sf. (479) *and over all its furnishings*

וְעַל כָּל־אֲשֶׁר־לוֹ v.supra-v.supra-rel. (81)-prep.-3 m.s. sf. *and over all that belongs to it*

הֵמָּה יִשְׂאוּ pers.pr. 3 m.p. (241)-Qal impf. 3 m.p. (נָשָׂא 669) *they are to carry*

אֶת־הַמִּשְׁכָּן dir.obj.-def.art.-n.m.s. (1015) *the tabernacle*

וְאֶת־כָּל־כֵּלָיו conj.-dir.obj.-v.supra-v.supra *and all its furnishings*

וְהֵם יְשָׁרְתֻהוּ conj.-pers.pr. 3 m.p. (241)-Pi. impf. 3 m.p.-3 m.s. sf. (שָׁרַת 1058) *and they shall tend it*

וְסָבִיב לַמִּשְׁכָּן conj.-adv. (686)-prep.-def.art. -n.m.s. (1015) *and around the tabernacle*

יַחֲנוּ Qal impf. 3 m.p. (חָנָה 333) *they shall encamp*

1:51

וּבִנְסֹעַ conj.-prep.-Qal inf.cstr. (נָסַע 652) *when ... is to set out*

הַמִּשְׁכָּן def.art.-n.m.s. (1015) *the tabernacle*

יוֹרִידוּ אֹתוֹ Hi. impf. 3 m.p. (יָרַד 432)-dir.obj.-3 m.s. sf. *shall take it down*

הַלְוִיִּם def.art.-adj. m.p. (532) *the Levites*

וּבַחֲנֹת הַמִּשְׁכָּן conj.-prep.-Qal inf.cstr. (חָנָה 333)-v.supra *and when the tabernacle is to be pitched*

יָקִימוּ אֹתוֹ Hi. impf. 3 m.p. (קוּם 877)-v.supra *shall set it up*

הַלְוִיִּם v.supra *the Levites*

וְהַזָּר conj.-def.art.-Qal act.ptc. (266) *and the stranger*

הַקָּרֵב def.art.-vb.adj. (898) *who comes near*

יוּמָת Ho. impf. 3 m.s. paus. (מוּת 559) *he shall be put to death*

1:52

וְחָנוּ conj.-Qal pf. 3 c.p. (חָנָה 333) *and shall pitch their tents*

בְּנֵי יִשְׂרָאֵל n.m.p. cstr. (119)-pr.n. (975) *the people of Israel*

אִישׁ n.m.s. (35) *each*

עַל־מַחֲנֵהוּ prep.-n.m.s.-3 m.s. sf. (334) *by his own camp*

569

וְאִישׁ conj.-v.supra *and every man*

עַל־דִּגְלוֹ prep.-n.m.s.-3 m.s. sf. (186) *by his own standard*

לְצִבְאֹתָם prep.-n.m.p.-3 m.p. sf. (838) *by their companies (hosts)*

1:53

וְהַלְוִיִּם conj.-def.art.-adj. m.p. (532) *but the Levites*

יַחֲנוּ Qal impf. 3 m.p. (חָנָה 333) *shall encamp*

סָבִיב לְמִשְׁכַּן adv. (686)-prep.-n.m.s. cstr. (1015) *around the tabernacle of*

הָעֵדֻת def.art.-n.f.s. (730) *the testimony*

וְלֹא־יִהְיֶה conj.-neg.-Qal impf. 3 m.s. (הָיָה 224) *that there may not be*

קֶצֶף n.m.s. (893) *wrath*

עַל־עֲדַת prep.-n.f.s. cstr. (417) *upon the congregation of*

בְּנֵי יִשְׂרָאֵל n.m.p. cstr. (119)-pr.n. (975) *the people of Israel*

וְשָׁמְרוּ conj.-Qal pf. 3 c.p. (שָׁמַר 1036) *and shall keep*

הַלְוִיִּם v.supra *the Levites*

אֶת־מִשְׁמֶרֶת dir.obj.-n.f.s. cstr. (1038) *charge of*

מִשְׁכַּן הָעֵדוּת n.m.s. cstr. (1015)-def.art.-n.f.s. (730) *the tabernacle of the testimony*

1:54

וַיַּעֲשׂוּ consec.-Qal impf. 3 m.p. (עָשָׂה I 793) *thus did*

בְּנֵי יִשְׂרָאֵל n.m.p. cstr. (119)-pr.n. (975) *the people of Israel*

כְּכֹל אֲשֶׁר prep.-n.m.s. (481)-rel. (81) *according to all that*

צִוָּה יהוה Pi. pf. 3 m.s. (צָוָה 845)-pr.n. (217) *Yahweh commanded*

אֶת־מֹשֶׁה dir.obj.-pr.n. (602) *Moses*

כֵּן עָשׂוּ adv. (485)-Qal pf. 3 c.p. (עָשָׂה I 793) *thus they did*

2:1

וַיְדַבֵּר יהוה consec.-Pi. impf. 3 m.s. (180)-pr.n. (217) *Yahweh said*

אֶל־מֹשֶׁה prep.-pr.n. (602) *to Moses*

וְאֶל־אַהֲרֹן conj.-prep.-pr.n. (14) *and Aaron*

לֵאמֹר prep.-Qal inf.cstr. (55) *(saying)*

2:2

אִישׁ n.m.s. (35) *each*

עַל־דִּגְלוֹ prep.-n.m.s.-3 m.s. sf. (186) *by his own standard*

בְּאֹתֹת prep.-n.m.p. (16) *with the ensigns*

לְבֵית אֲבֹתָם prep.-n.m.s. cstr. (108)-n.m.p.-3 m.p. sf. (3) *of their fathers' houses*

יַחֲנוּ Qal impf. 3 m.p. (חָנָה 333) *shall encamp*

בְּנֵי יִשְׂרָאֵל n.m.p. cstr. (119)-pr.n. (975) *the people of Israel*

מִנֶּגֶד prep.-adv. (617) *facing*

סָבִיב adv. (686) *on every side*

לְאֹהֶל־מוֹעֵד prep.-n.m.s. cstr. (13)-n.m.s. (417) *the tent of meeting*

יַחֲנוּ v.supra *they shall encamp*

2:3

וְהַחֹנִים conj.-def.art.-Qal act.ptc. m.p. (חָנָה 333) *those to encamp*

קֵדְמָה adv.-loc.he (870) *on the east side*

מִזְרָחָה n.m.s.-loc.he (280) *toward the sunrise*

דֶּגֶל n.m.s. cstr. (186) *the standard of*

מַחֲנֵה יְהוּדָה n.m.s. cstr. (334)-pr.n. (397) *the camp of Judah*

לְצִבְאֹתָם prep.-n.m.p.-3 m.p. sf. (838) *by their companies*

וְנָשִׂיא conj.-n.m.s. (672) *the leader*

לִבְנֵי יְהוּדָה prep.-n.m.p. cstr. (119)-pr.n. (397) *of the people of Judah*

נַחְשׁוֹן pr.n. (638) *Nahshon*

בֶּן־עַמִּינָדָב n.m.s. cstr. (119)-pr.n. (770) *the son of Amminadab*

2:4

וּצְבָאוֹ conj.-n.m.s.-3 m.s. sf. (838) *his host*

וּפְקֻדֵיהֶם conj.-Qal pass.ptc. m.p.-3 m.p. sf. (פָּקַד 823) *(and) the ones of them numbered*

אַרְבָּעָה num. f.s. (916) *four*

וְשִׁבְעִים אֶלֶף conj.-num. m.p. (988)-n.m.s. (48) *(and) seventy thousand*

וְשֵׁשׁ מֵאוֹת conj.-num. (995)-n.f.p. (547) *(and) six hundred*

2:5

וְהַחֹנִים conj.-def.art.-Qal act.ptc. m.p. (חָנָה 333) *those to encamp*

עָלָיו prep.-3 m.s. sf. (II 752) *(next) to him*

מַטֵּה יִשָּׂשכָר n.m.s. cstr. (641)-pr.n. (441) *the tribe of Issachar*

וְנָשִׂיא conj.-n.m.s. (672) *(and) the leader*

לִבְנֵי יִשָּׂשכָר prep.-n.m.p. cstr. (119)-pr.n. (441) *of the people of Issachar*

נְתַנְאֵל pr.n. (682) *Nethanel*

בֶּן־צוּעָר n.m.s. cstr. (119)-pr.n. (859) *the son of Zuar*

2:6

וּצְבָאוֹ conj.-n.m.s.-3 m.s. sf. (838) *(and) his host*

וּפְקֻדָיו conj.-Qal pass.ptc. m.p.-3 m.s. sf. (פָּקַד 823) *as numbered*

אַרְבָּעָה num. f.s. (916) *four*

וַחֲמִשִּׁים אֶלֶף conj.-num. p. (332)-n.m.s. (48) *(and) fifty thousand*

וְאַרְבַּע מֵאוֹת conj.-num. m.s. (916)-n.f.p. (547) *(and) four hundred*

2:7

מַטֵּה זְבוּלֻן n.m.s. cstr. (641)-pr.n. (259) *the tribe of Zebulun*

וְנָשִׂיא conj.-n.m.s. (672) *the leader*

לִבְנֵי זְבוּלֻן prep.-n.m.p. cstr. (119)-pr.n. (259) *of the people of Zebulun*

אֱלִיאָב pr.n. (45) *Eliab*

בֶּן־חֵלֹן n.m.s. cstr. (119)-pr.n. (298) *the son of Helon*

2:8

וּצְבָאוֹ conj.-n.m.s.-3 m.s. sf. (838) *his host*

וּפְקֻדָיו conj.-Qal pass.ptc. m.p.-3 m.s. sf. (פָּקַד 823) *as numbered*

שִׁבְעָה num. f.s. (I 987) *seven*

וַחֲמִשִּׁים אֶלֶף conj.-num. p. (332)-n.m.s. (48) *(and) fifty thousand*

וְאַרְבַּע מֵאוֹת conj.-num. (916)-n.f.p. (547) *(and) four hundred*

2:9

כָּל־הַפְּקֻדִים n.m.s. cstr. (481)-def.art.-Qal pass.ptc. m.p. (פָּקַד 823) *the whole number*

לְמַחֲנֵה יְהוּדָה prep.-n.m.s. cstr. (334)-pr.n. (397) *of the camp of Judah*

מְאַת אֶלֶף n.f.s. cstr. (547)-n.m.s. (48) *a hundred thousand*

וּשְׁמֹנִים אֶלֶף conj.-num. p. (1033)-v.supra *and eighty thousand*

וְשֵׁשֶׁת־אֲלָפִים conj.-num. f.s. cstr. (995)-n.m.p. (48) *and six thousand*

וְאַרְבַּע־מֵאוֹת conj.-num. (916)-n.f.p. (547) *and four hundred*

לְצִבְאֹתָם prep.-n.m.p.-3 m.p. sf. (838) *by their companies*

רִאשֹׁנָה adv. f.s. (911) *first*

יִסָּעוּ Qal impf. 3 m.p. (נָסַע 652) *they shall set out on the march*

2:10

דֶּגֶל n.m.s. cstr. (186) *the standard of*

2:10 (continued)

מַחֲנֵה רְאוּבֵן n.m.s. cstr. (334)-pr.n. (910) *the camp of Reuben*

תֵּימָנָה n.f.s.-loc.he (412) *on the south side*

לְצִבְאֹתָם prep.-n.m.p.-3 m.p. sf. (838) *by their companies*

וְנָשִׂיא conj.-n.m.s. (672) *and the leader*

לִבְנֵי רְאוּבֵן prep.-n.m.p. cstr. (119)-pr.n. (910) *of the people of Reuben*

אֱלִיצוּר pr.n. (45) *Elizur*

בֶּן־שְׁדֵיאוּר n.m.s. cstr. (119)-pr.n. (994) *the son of Shedeur*

2:11

וּצְבָאוֹ conj.-n.m.s.-3 m.s. sf. (838) *his host*

וּפְקֻדָיו conj.-Qal pass.ptc. m.p.-3 m.s. sf. (פָּקַד 823) *as numbered*

שִׁשָּׁה num. f.s. (995) *six*

וְאַרְבָּעִים אֶלֶף conj.-num. p. (917)-n.m.s. (48) *forty thousand*

וַחֲמֵשׁ מֵאוֹת conj.-num. cstr. (331)-n.f.p. (547) *and five hundred*

2:12

וְהַחוֹנִם conj.-def.art.-Qal act.ptc. m.p. (חָנָה 333) *and those to encamp*

עָלָיו prep.-3 m.s. sf. (II 752) *next to him*

מַטֵּה שִׁמְעוֹן n.m.s. cstr. (641)-pr.n. (1035) *the tribe of Simeon*

וְנָשִׂיא conj.-n.m.s. (672) *the leader*

לִבְנֵי שִׁמְעוֹן prep.-n.m.p. cstr. (119)-pr.n. (1035) *of the people of Simeon*

שְׁלֻמִיאֵל pr.n. (1025) *Shelumiel*

בֶּן־צוּרִי־שַׁדָּי n.m.s. cstr. (119)-pr.n. (849) *the son of Zurishaddai*

2:13

וּצְבָאוֹ conj.-n.m.s.-3 m.s. sf. (838) *his host*

וּפְקֻדֵיהֶם conj.-Qal pass.ptc. m.p.-3 m.p. sf. (פָּקַד 823) *as numbered*

תִּשְׁעָה num. f.s. (1077) *nine*

וַחֲמִשִּׁים אֶלֶף conj.-num. p. (332)-n.m.s. (48) *fifty thousand*

וּשְׁלֹשׁ מֵאוֹת conj.-num. cstr. (1025)-n.f.p. (547) *(and) three hundred*

2:14

וּמַטֵּה גָּד conj.-n.m.s. cstr. (641)-pr.n. (III 151) *then the tribe of Gad*

וְנָשִׂיא conj.-n.m.s. (672) *the leader*

לִבְנֵי גָּד prep.-n.m.p. cstr. (119)-pr.n. (III 151) *of the people of Gad*

אֶלְיָסָף pr.n. (45) *Eliasaph*

בֶּן־רְעוּאֵל n.m.s. cstr. (119)-pr.n. (946) *the son of Reuel*

2:15

וּצְבָאוֹ conj.-n.m.s.-3 m.s. sf. (838) *his host*

וּפְקֻדֵיהֶם conj.-Qal pass.ptc. m.p.-3 m.p. sf. (פָּקַד 823) *as numbered*

חֲמִשָּׁה וְאַרְבָּעִים num. f. (331)-conj.-num. p. (917) *forty-five*

אֶלֶף n.m.s. (48) *thousand*

וְשֵׁשׁ מֵאוֹת conj.-num. (995)-n.f.p. (547) *and six hundred*

וַחֲמִשִּׁים conj.-num. p. (332) *and fifty*

2:16

כָּל־הַפְּקֻדִים n.m.s. cstr. (481)-def.art.-Qal pass.ptc. m.p. (פָּקַד 823) *the whole number*

לְמַחֲנֵה רְאוּבֵן prep.-n.m.s. cstr. (334)-pr.n. (910) *of the camp of Reuben*

מְאַת אֶלֶף n.f.s. cstr. (547)-n.m.s. (48) *a hundred thousand*

וְאֶחָד וַחֲמִשִּׁים conj.-num. (25)-conj.-num. p. (332) *and fifty-one*

אֶלֶף v.supra *thousand*

וְאַרְבַּע־מֵאוֹת conj.-num. (916)-n.f.p. (547) *and four hundred*

וַחֲמִשִּׁים v.supra-v.supra *and fifty*

לְצִבְאֹתָם prep.-n.m.p.-3 m.p. sf. (838) *by their companies*

וּשְׁנִיִּם conj.-adj. m.p. (1041) *second*

יִסָּעוּ Qal impf. 3 m.p. (נָסַע 652) *they shall set out*

2:17

וְנָסַע conj.-Qal pf. 3 m.s. (652) *then shall set out*

אֹהֶל־מוֹעֵד n.m.s. cstr. (13)-n.m.s. (417) *the tent of meeting*

מַחֲנֵה הַלְוִיִּם n.m.s. cstr. (334)-def.art.-adj. p. (532) *the camp of the Levites*

בְּתוֹךְ הַמַּחֲנֹת prep.-n.m.s. cstr. (1063)-def.art.-n.m.p. (334) *in the midst of the camps*

כַּאֲשֶׁר יַחֲנוּ prep.-rel. (81)-Qal impf. 3 m.p. (חָנָה 333) *as they encamp*

כֵּן יִסָּעוּ adv. (I 485)-Qal impf. 3 m.p. (נָסַע 652) *so shall they set out*

אִישׁ n.m.s. (35) *each*

עַל־יָדוֹ prep. (II 752)-n.f.s.-3 m.s. sf. (388) *in position*

לְדִגְלֵיהֶם prep.-n.m.p.-3 m.p. sf. (186) *standard by standard*

2:18

דֶּגֶל n.m.s. cstr. (186) *the standard of*

מַחֲנֵה אֶפְרַיִם n.m.s. cstr. (334)-pr.n. (68) *the camp of Ephraim*

לְצִבְאֹתָם prep.-n.m.p.-3 m.p. sf. (838) *by their companies*

יָמָּה n.m.s.-loc.he (410) *on the west side*

וְנָשִׂיא conj.-n.m.s. (672) *the leader*

לִבְנֵי אֶפְרַיִם prep.-n.m.p. cstr. (119)-pr.n. (68) *of the people of Ephraim*

אֱלִישָׁמָע pr.n. (46) *Elishama*

בֶּן־עַמִּיהוּד n.m.s. cstr. (119)-pr.n. (770) *the son of Ammihud*

2:19

וּצְבָאוֹ conj.-n.m.s.-3 m.s. sf. (838) *his host*

וּפְקֻדֵיהֶם conj.-Qal pass.ptc. m.p.-3 m.p. sf. (פָּקַד 823) *as numbered*

אַרְבָּעִים אֶלֶף num. p. (917)-n.m.s. (48) *forty thousand*

וַחֲמֵשׁ מֵאוֹת conj.-num. cstr. (331)-n.f.p. (547) *(and) five hundred*

2:20

וְעָלָיו conj.-prep.-3 m.s. sf. (II 752) *and next to him*

מַטֵּה מְנַשֶּׁה n.m.s. cstr. (641)-pr.n. (586) *the tribe of Manasseh*

וְנָשִׂיא conj.-n.m.s. (672) *the leader*

לִבְנֵי מְנַשֶּׁה prep.-n.m.p. cstr. (119)-v.supra *of the people of Manasseh*

גַּמְלִיאֵל pr.n. (168) *Gamaliel*

בֶּן־פְּדָהצוּר n.m.s. cstr. (119)-pr.n. (804) *the son of Pedahzur*

2:21

וּצְבָאוֹ conj.-n.m.s.-3 m.s. sf. (838) *his host*

וּפְקֻדֵיהֶם conj.-Qal pass.ptc. m.p.-3 m.p. sf. (פָּקַד 823) *as numbered*

שְׁנַיִם וּשְׁלֹשִׁים num. (1040)-conj.-num. p. (1026) *thirty-two*

אֶלֶף n.m.s. (48) *thousand*

וּמָאתָיִם conj.-n.f. du. paus. (547) *and two hundred*

2:22

וּמַטֵּה בִּנְיָמִן conj.-n.m.s. cstr. (641)-pr.n. (122) *then the tribe of Benjamin*

וְנָשִׂיא conj.-n.m.s. (672) *the leader*

לִבְנֵי בִנְיָמִן prep.-n.m.p. cstr. (119)-pr.n. (122) *of the people of Benjamin*

אֲבִידָן pr.n. (4) *Abidan*

בֶּן־גִּדְעֹנִי n.m.s. cstr. (119)-pr.n. (154) *the son of Gideoni*

2:23

וּצְבָאוֹ conj.-n.m.s.-3 m.s. sf. (838) *his host*

וּפְקֻדֵיהֶם n.m.p.-Qal pass.ptc. m.p.-3 m.p. sf. (פקד 823) *as numbered*

חֲמִשָּׁה וּשְׁלֹשִׁים num. f. (331)-conj.-num. p. (1026) *thirty-five*

אֶלֶף n.m.s. (48) *thousand*

וְאַרְבַּע מֵאוֹת conj.-num. (916)-n.f.p. (547) *and four hundred*

2:24

כָּל־הַפְּקֻדִים n.m.s. cstr. (481)-def.art.-Qal pass.ptc. m.p. (פקד 823) *the whole number*

לְמַחֲנֵה אֶפְרַיִם prep.-n.m.s. cstr. (334)-pr.n. (68) *of the camp of Ephraim*

מְאַת אֶלֶף n.f.s. cstr. (547)-n.m.s. (48) *a hundred thousand*

וּשְׁמֹנַת־אֲלָפִים conj.-n.f.s. cstr. (1032)-n.m.p. (48) *and eight thousand*

וּמֵאָה conj.-n.f.s. (547) *one hundred*

לְצִבְאֹתָם prep.-n.m.p.-3 m.p. sf. (838) *by their companies*

וּשְׁלִשִׁים conj.-adj. num. ord. p. (1026) *third*

יִסָּעוּ Qal impf. 3 m.p. (נסע 652) *they shall set out on the march*

2:25

דֶּגֶל n.m.s. cstr. (186) *the standard of*

מַחֲנֵה דָן n.m.s. cstr. (334)-pr.n. (192) *the camp of Dan*

צָפֹנָה n.f.s.-loc.he (860) *on the north side*

לְצִבְאֹתָם prep.-n.m.p.-3 m.p. sf. (838) *by their companies*

וְנָשִׂיא conj.-n.m.s. (672) *the leader*

לִבְנֵי דָן prep.-n.m.p. cstr. (119)-pr.n. (192) *of the people of Dan*

אֲחִיעֶזֶר pr.n. (27) *Ahiezer*

בֶּן־עַמִּישַׁדָּי n.m.s. cstr. (119)-pr.n. (770) *the son of Ammishaddai*

2:26

וּצְבָאוֹ conj.-n.m.s.-3 m.s. sf. (838) *his host*

וּפְקֻדֵיהֶם conj.-Qal pass.ptc. m.p.-3 m.p. sf. (פקד 823) *as numbered*

שְׁנַיִם וְשִׁשִּׁים num. (1040)-conj.-num. p. (995) *sixty-two*

אֶלֶף n.m.s. (48) *thousand*

וּשְׁבַע מֵאוֹת conj.-num. cstr. (I 987)-n.f.p. (547) *and seven hundred*

2:27

וְהַחֹנִים conj.-def.art.-Qal act.ptc. m.p. (חנה 333) *and those to encamp*

עָלָיו prep.-3 m.s. sf. (II 752) *next to him*

מַטֵּה אָשֵׁר n.m.s. cstr. (641)-pr.n. (81) *the tribe of Asher*

וְנָשִׂיא conj.-n.m.s. (672) *the leader*

לִבְנֵי אָשֵׁר prep.-n.m.p. cstr. (119)-pr.n. (81) *of the people of Asher*

פַּגְעִיאֵל pr.n. (803) *Pagiel*

בֶּן־עָכְרָן n.m.s. cstr. (119)-pr.n. (747) *the son of Ochran*

2:28

וּצְבָאוֹ conj.-n.m.s.-3 m.s. sf. (838) *his host*

וּפְקֻדֵיהֶם conj.-Qal pass.ptc. m.p.-3 m.p. sf. (פקד 823) *as numbered*

אֶחָד וְאַרְבָּעִים num. (25)-conj.-num. p. (917) *forty-one*

אֶלֶף n.m.s. (48) *thousand*

וַחֲמֵשׁ מֵאוֹת conj.-num. cstr. (331)-n.f.p. (547) *and five hundred*

2:29

וּמַטֵּה נַפְתָּלִי conj.-n.m.s. cstr. (641)-pr.n. (836) *then the tribe of Naphtali*

וְנָשִׂיא conj.-n.m.s. (672) *the leader*

לִבְנֵי נַפְתָּלִי prep.-n.m.p. cstr. (119)-pr.n. (836) *of the people of Naphtali*

אֲחִירַע pr.n. (27) *Ahira*

בֶּן־עֵינָן n.m.s. cstr. (119)-pr.n. (745) *the son of Enan*

2:30

וּצְבָאוֹ conj.-n.m.s.-3 m.s. sf. (838) *his host*

וּפְקֻדֵיהֶם conj.-Qal pass.ptc. m.p.-3 m.p. sf. (פקד 823) *as numbered*

שְׁלֹשָׁה וַחֲמִשִּׁים num. f. (1025)-conj.-num. p. (332) *fifty-three*

אֶלֶף n.m.s. (48) *thousand*

וְאַרְבַּע מֵאוֹת conj.-num. (916)-n.f.p. (547) *and four hundred*

2:31

כָּל־הַפְּקֻדִים n.m.s. cstr. (481)-def.art.-Qal pass.ptc. m.p. (פקד 823) *the whole number*

לְמַחֲנֵה דָן prep.-n.m.s. cstr. (334)-pr.n. (192) *of the camp of Dan*

מְאַת אֶלֶף n.f.s. cstr. (547)-n.m.s. (48) *a hundred thousand*

וְשִׁבְעָה וַחֲמִשִּׁים conj.-num. f.s. (I 987)-conj.-num. p. (332) *fifty-seven*

אֶלֶף v.supra *thousand*

וְשֵׁשׁ מֵאוֹת conj.-num. (995)-n.f.p. (547) *and six hundred*

לָאַחֲרֹנָה prep.-def.art.-adj. f.s. (30) *last*

יִסְעוּ Qal impf. 3 m.p. (נָסַע 652) *they shall set out*

לְדִגְלֵיהֶם prep.-n.m.p.-3 m.p. sf. (186) *standard by standard*

2:32

אֵלֶּה demons.adj. c.p. (41) *these*

פְּקוּדֵי Qal pass.ptc. m.p. cstr. (פָּקַד 823) *as numbered by*

בְּנֵי־יִשְׂרָאֵל n.m.p. cstr. (119)-pr.n. (975) *the people of Israel*

לְבֵית אֲבֹתָם prep.-n.m.s. cstr. (108)-n.m.p.-3 m.p. sf. (3) *by their fathers' houses*

כָּל־פְּקוּדֵי n.m.s. cstr. (481)-v.supra *all who were numbered*

הַמַּחֲנֹת def.art.-n.m.p. (334) *in the camps*

לְצִבְאֹתָם prep.-n.m.p.-3 m.p. sf. (838) *by their companies*

שֵׁשׁ־מֵאוֹת num. (995)-n.f.p. (547) *six hundred*

אֶלֶף n.m.s. (48) *thousand*

וּשְׁלֹשֶׁת אֲלָפִים conj.-num. f. cstr. (1025)-n.m.p. (48) *and three thousand*

וַחֲמֵשׁ מֵאוֹת conj.-num. cstr. (331)-n.f.p. (547) *and five hundred*

וַחֲמִשִּׁים conj.-num. p. (332) *and fifty*

2:33

וְהַלְוִיִּם conj.-def.art.-adj. m.p. (532) *but the Levites*

לֹא הָתְפָּקְדוּ neg.-Hothpa'el pf. 3 c.p. (פָּקַד 823; GK 54,l) *were not numbered*

בְּתוֹךְ prep.-n.m.s. cstr. (1063) *among*

בְּנֵי יִשְׂרָאֵל n.m.p. cstr. (119)-pr.n. (975) *the people of Israel*

כַּאֲשֶׁר צִוָּה prep.-rel. (81)-Pi. pf. 3 m.s. (צָוָה 845) *as commanded*

יהוה pr.n. (217) *Yahweh*

אֶת־מֹשֶׁה dir.obj.-pr.n. (602) *Moses*

2:34

וַיַּעֲשׂוּ consec.-Qal impf. 3 m.p. (עָשָׂה I 793) *thus did*

בְּנֵי יִשְׂרָאֵל n.m.p. cstr. (119)-pr.n. (975) *the people of Israel*

כְּכֹל אֲשֶׁר־ prep.-n.m.s. (481)-rel. (81) *according to all that*

צִוָּה יהוה Pi. pf. 3 m.s. (צָוָה 845)-pr.n. (217) *Yahweh commanded*

אֶת־מֹשֶׁה dir.obj.-pr.n. (602) *Moses*

כֵּן חָנוּ adv. (485)-Qal pf. 3 c.p. (חָנָה 333) *so they encamped*

לְדִגְלֵיהֶם prep.-n.m.p.-3 m.p. sf. (186) *by their standards*

וְכֵן נָסָעוּ conj.-adv. (485)-Qal pf. 3 c.p. paus. (נָסַע 652) *and so they set out*

אִישׁ n.m.s. (35) *every one*

לְמִשְׁפְּחֹתָיו prep.-n.f.p.-3 m.s. sf. (1046) *in his family*

עַל־בֵּית אֲבֹתָיו prep.-n.m.s. cstr. (108)-n.m.p.-3 m.s. sf. (3) *according to his fathers' house*

3:1

וְאֵלֶּה conj.-demons.adj. c.p. (41) *these*

תּוֹלְדֹת n.f.p. cstr. (410) *the generations of*

אַהֲרֹן וּמֹשֶׁה pr.n. (14)-conj.-pr.n. (602) *Aaron and Moses*

בְּיוֹם prep.-n.m.s. (398; GK 130d) *at the time when*

דִּבֶּר יהוה Pi. pf. 3 m.s. (180; GK 52o)-pr.n. (217) *Yahweh spoke*

אֶת־מֹשֶׁה dir.obj.-v.supra *with Moses*

בְּהַר סִינָי prep.-n.m.s. cstr. (249)-pr.n. (696) *on Mount Sinai*

3:2

וְאֵלֶּה conj.-demons.adj. c.p. (41) *these*

שְׁמוֹת n.m.p. cstr. (1027) *the names of*

בְּנֵי־אַהֲרֹן n.m.p. cstr. (119)-pr.n. (14) *the sons of Aaron*

הַבְּכוֹר def.art.-n.m.s. (114) *the first-born*

נָדָב pr.n. (621) *Nadab*

וַאֲבִיהוּא conj.-pr.n. (4) *Abihu*

אֶלְעָזָר pr.n. (46) *Eleazar*

וְאִיתָמָר conj.-pr.n. (16) *and Ithamar*

3:3

אֵלֶּה demons.adj. c.p. (41) *these*

שְׁמוֹת n.m.p. cstr. (1027) *the names of*

בְּנֵי אַהֲרֹן n.m.p. cstr. (119)-pr.n. (14) *the sons of Aaron*

הַכֹּהֲנִים הַמְּשֻׁחִים def.art.-n.m.p. (463)-def.art.-Qal pass.ptc. m.p. (מָשַׁח 602) *the anointed priests*

אֲשֶׁר־מִלֵּא יָדָם rel. (81)-Pi. pf. 3 m.s. (569)-n.f.s.-3 m.p. sf. (388) *whom he ordained*

לְכַהֵן prep.-Pi. inf.cstr. (כָּהַן 464) *to minister in the priest's office*

3:4

וַיָּמָת consec.-Qal impf. 3 m.s. (מוּת 559) *but died*

נָדָב pr.n. (621) *Nadab*

וַאֲבִיהוּא conj.-pr.n. (4) *and Abihu*

לִפְנֵי יהוה prep.-n.m.p. cstr. (815)-pr.n. (217) *before Yahweh*

בְּהַקְרִבָם prep.-Hi. inf.cstr.-3 m.p. sf. (קרב 897) *when they offered*

אֵשׁ זָרָה n.f.s. (77)-Qal act.ptc. f.s. (זור 266) *unholy fire*

לִפְנֵי יהוה v.supra-v.supra *before Yahweh*

בְּמִדְבַּר סִינַי prep.-n.m.s. cstr. (184)-pr.n. (696) *in the wilderness of Sinai*

וּבָנִים conj.-n.m.p. (119) *and children*

לֹא־הָיוּ לָהֶם neg.-Qal pf. 3 c.p. (הָיָה 224)-prep.-3 m.p. sf. *they had no*

וַיְכַהֵן consec.-Pi. impf. 3 m.s. (כָּהַן 464) *so served as priests*

אֶלְעָזָר pr.n. (46) *Eleazar*

וְאִיתָמָר conj.-pr.n. (16) *and Ithamar*

עַל־פְּנֵי אַהֲרֹן prep.-n.m.p. cstr. (815)-pr.n. (14) *in the lifetime of Aaron*

אֲבִיהֶם n.m.s.-3 m.p. sf. (3) *their father*

3:5

וַיְדַבֵּר יהוה consec.-Pi. impf. 3 m.s. (180)-pr.n. (217) *and Yahweh said*

אֶל־מֹשֶׁה prep.-pr.n. (602) *to Moses*

לֵּאמֹר prep.-Qal inf.cstr. (55) *(saying)*

3:6

הַקְרֵב Hi. impv. 2 m.s. (קרב 897) *bring near*

אֶת־מַטֵּה לֵוִי dir.obj.-n.m.s. cstr. (641)-pr.n. (532) *the tribe of Levi*

וְהַעֲמַדְתָּ אֹתוֹ conj.-Hi. pf. 2 m.s. (עָמַד 763)-dir.obj.-3 m.s. sf. *and set them*

לִפְנֵי אַהֲרֹן prep.-n.m.p. cstr. (815)-pr.n. (14) *before Aaron*

הַכֹּהֵן def.art.-n.m.s. (463) *the priest*

וְשֵׁרְתוּ conj.-Pi. pf. 3 c.p. (שָׁרַת 1058) *that they may minister*

אֹתוֹ v.supra *to him*

3:7

וְשָׁמְרוּ conj.-Qal pf. 3 c.p. (שָׁמַר 1036) *they shall perform*

אֶת־מִשְׁמַרְתּוֹ dir.obj.-n.f.s.-3 m.s. sf. (1038) *duties for him*

וְאֶת־מִשְׁמֶרֶת conj.-dir.obj.-n.f.s. cstr. (1038) *and duties for*

כָּל־הָעֵדָה n.m.s. cstr. (481)-def.art.-n.f.s. (417) *the whole congregation*

לִפְנֵי prep.-n.m.p. cstr. (814) *before*

אֹהֶל מוֹעֵד n.m.s. cstr. (13)-n.m.s. (417) *the tent of meeting*

לַעֲבֹד prep.-Qal inf.cstr. (עבד 712) *to minister*

אֶת־עֲבֹדַת dir.obj.-n.f.s. cstr. (715) *(the labor of)*

הַמִּשְׁכָּן def.art.-n.m.s. (1015) *the tabernacle*

3:8

וְשָׁמְרוּ conj.-Qal pf. 3 c.p. (שָׁמַר 1036) *they shall have charge*

אֶת־כָּל־כְּלֵי dir.obj.-n.m.s. cstr. (481)-n.m.p. cstr. (479) *of all the furnishings of*

אֹהֶל מוֹעֵד n.m.s. cstr. (13)-n.m.s. (417) *the tent of meeting*

וְאֶת־מִשְׁמֶרֶת conj.-dir.obj.-n.f.s. cstr. (1038) *and the duties for*

בְּנֵי יִשְׂרָאֵל n.m.p. cstr. (119)-pr.n. (975) *the people of Israel*

לַעֲבֹד prep.-Qal inf.cstr. (712) *to minister*

אֶת־עֲבֹדַת dir.obj.-n.f.s. cstr. (715) *(the labor of)*

הַמִּשְׁכָּן dir.obj.-n.m.s. (1015) *the tabernacle*

3:9

וְנָתַתָּה conj.-Qal pf. 2 m.s. (נָתַן 678) *and you shall give*

אֶת־הַלְוִיִּם dir.obj.-def.art.-adj. m.p. (532) *the Levites*

לְאַהֲרֹן prep.-pr.n. (14) *to Aaron*

וּלְבָנָיו conj.-prep.-n.m.p.-3 m.s. sf. (119) *and his sons*

נְתוּנִם נְתוּנִם הֵמָּה Qal pass.ptc. m.p. (נָתַן 678; GK 123e)-v.supra-pers.pr. 3 m.p. (241) *they are wholly given*

לוֹ prep.-3 m.s. sf. *to him*

מֵאֵת בְּנֵי יִשְׂרָאֵל prep.-dir.obj.-n.m.p. cstr. (119)-pr.n. (975) *from among the people of Israel*

3:10

וְאֶת־אַהֲרֹן conj.-dir.obj.-pr.n. (14) *and Aaron*

וְאֶת־בָּנָיו conj.-dir.obj.-n.m.p.-3 m.s. sf. (119) *and his sons*

תִּפְקֹד Qal impf. 2 m.s. (פָּקַד 823) *you shall appoint*

וְשָׁמְרוּ conj.-Qal pf. 3 c.p. (1036) *and they shall attend*

אֶת־כְּהֻנָּתָם dir.obj.-n.f.s.-3 m.p. sf. (464) *to their priesthood*

וְהַזָּר conj.-dir.obj.-Qal. act.ptc. (זור 266) *but if the stranger*

הַקָּרֵב dir.obj.-verbal adj. (898) *comes near*

יוּמָת Ho. impf. 3 m.s. (מות 559) *he shall be put to death*

3:11

וַיְדַבֵּר יהוה consec.-Pi. impf. 3 m.s. (180)-pr.n. (217) *and Yahweh said*

אֶל־מֹשֶׁה prep.-pr.n. (602) *to Moses*

לֵאמֹר prep.-Qal inf.cstr. (55) *(saying)*

3:12

וַאֲנִי הִנֵּה conj.-pers.pr. 1 c.s. (58)-demons.part. (243) *behold, I*

לָקַחְתִּי Qal pf. 1 c.s. (542) *have taken*

אֶת־הַלְוִיִּם dir.obj.-def.art.-adj. m.p. (532) *the Levites*

מִתּוֹךְ prep.-n.m.s. cstr. (1063) *from among*

בְּנֵי יִשְׂרָאֵל n.m.p. cstr. (119)-pr.n. (975) *the people of Israel*

תַּחַת כָּל־בְּכוֹר prep. (1065)-n.m.s. cstr. (481) -n.m.s. cstr. (114) *instead of every first-born*

פֶּטֶר רֶחֶם n.m.s. cstr. (809)-n.m.s. (933) *that opens the womb*

מִבְּנֵי יִשְׂרָאֵל prep.-v.supra-v.supra *among the people of Israel*

וְהָיוּ לִי conj.-Qal pf. 3 c.p. (הָיָה 224)-prep.-1 c.s. sf. *and shall be mine*

הַלְוִיִּם v.supra *the Levites*

3:13

כִּי לִי conj. (471)-prep.-1 c.s. sf. *for (are) mine*

כָּל־בְּכוֹר n.m.s. cstr. (481)-n.m.s. (114) *all the first-born*

בְּיוֹם הַכֹּתִי prep.-n.m.s. cstr. (398)-Hi. inf.cstr.-1 c.s. sf. (נָכָה 645) *on the day that I slew*

כָּל־בְּכוֹר v.supra-v.supra *all the first-born*

בְּאֶרֶץ מִצְרַיִם prep.-n.f.s. cstr. (75)-pr.n. (595) *in the land of Egypt*

הִקְדַּשְׁתִּי לִי Hi. pf. 1 c.s. (קָדַשׁ 872)-prep.-1 c.s. sf. *I consecrated for my own*

כָּל־בְּכוֹר v.supra-v.supra *all the first-born*

בְּיִשְׂרָאֵל prep.-pr.n. (975) *in Israel*

מֵאָדָם prep.-n.m.s. (9) *both of man*

עַד־בְּהֵמָה adv. (III 723)-n.f.s. (96) *and of beast*

לִי יִהְיוּ prep.-1 c.s. sf.-Qal impf. 3 m.p. (הָיָה 224) *they shall be mine*

אֲנִי יהוה pers.pr. 1 c.s. (58)-pr.n. (217) *I am Yahweh*

3:14

וַיְדַבֵּר יהוה consec.-Pi. impf. 3 m.s. (180)-pr.n. (217) *and Yahweh said*

אֶל־מֹשֶׁה prep.-pr.n. (602) *to Moses*

בְּמִדְבַּר סִינַי prep.-n.m.s. cstr. (184)-pr.n. (696) *in the wilderness of Sinai*

לֵאמֹר prep.-Qal inf.cstr. (55) *(saying)*

3:15

פְּקֹד Qal impv. 2 m.s. (823) *number*

אֶת־בְּנֵי לֵוִי dir.obj.-n.m.p. cstr. (119)-pr.n. (532) *the sons of Levi*

לְבֵית אֲבֹתָם prep.-n.m.s. cstr. (108)-n.m.p.-3 m.p. sf. (3) *by their fathers' houses*

לְמִשְׁפְּחֹתָם prep.-n.f.p.-3 m.p. sf. (1046) *and by families*

כָּל־זָכָר n.m.s. cstr. (481)-n.m.s. (271) *every male*

מִבֶּן־חֹדֶשׁ prep.-n.m.s. cstr. (119)-n.m.s. (294) *from a month old*

וָמַעְלָה conj.-adv.-loc.he (751) *and upward*

תִּפְקְדֵם Qal impf. 2 m.s.-3 m.p. sf. (פָּקַד 823) *you shall number (them)*

3:16

וַיִּפְקֹד אֹתָם consec.-Qal impf. 3 m.s. (823) -dir.obj.-3 m.p. sf. *so numbered them*

מֹשֶׁה pr.n. (602) *Moses*

עַל־פִּי יהוה prep. (II 752)-n.m.s. cstr. (804)-pr.n. (217) *according to the word of Yahweh*

כַּאֲשֶׁר צֻוָּה prep.-rel. (81)-Pu. pf. 3 m.s. (845) *as he was commanded*

3:17

וַיִּהְיוּ־אֵלֶּה consec.-Qal impf. 3 m.p. (הָיָה 224)-demons.adj. c.p. (41) *and these were*

בְּנֵי־לֵוִי n.m.p. cstr. (119)-pr.n. (532) *the sons of Levi*

בִּשְׁמֹתָם prep.-n.m.p.-3 m.p. sf. (1027) *by their names*

גֵּרְשׁוֹן pr.n. (177) *Gershon*

וּקְהָת conj.-pr.n. (875) *and Kohath*

וּמְרָרִי conj.-pr.n. (601) *and Merari*

3:18

וְאֵלֶּה שְׁמוֹת conj.-demons.adj. c.p. (41)-n.m.p. cstr. (1027) *and these are the names of*

בְּנֵי־גֵרְשׁוֹן n.m.p. cstr. (119)-pr.n. (177) *the sons of Gershon*

לְמִשְׁפְּחֹתָם prep.-n.f.p.-3 m.p. sf. (1046) *by their families*

לִבְנִי pr.n. (I 526) *Libni*

וְשִׁמְעִי conj.-pr.n. (1035) *and Shimei*

3:19

וּבְנֵי קְהָת conj.-n.m.p. cstr. (119)-pr.n. (875) *and the sons of Kohath*

לְמִשְׁפְּחֹתָם prep.-n.f.p.-3 m.p. sf. (1046) *by their families*

עַמְרָם pr.n. (771) *Amram*

וְיִצְהָר conj.-pr.n. (II 844) *Izhar*

חֶבְרוֹן pr.n. (289) *Hebron*

וְעֻזִּיאֵל conj.-pr.n. (739) *and Uzziel*

3:20

וּבְנֵי מְרָרִי conj.-n.m.p. cstr. (119)-pr.n. (601) *and the sons of Merari*

לְמִשְׁפְּחֹתָם prep.-n.f.p.-3 m.p. sf. (1046) *by their families*

מַחְלִי pr.n. (563) *Mahli*

וּמוּשִׁי conj.-pr.n. (559) *and Mushi*

אֵלֶּה הֵם demons.adj. c.p. (41)-pers.pr. 3 m.p. (241) *these are*

מִשְׁפְּחֹת הַלֵּוִי n.f.p. cstr. (1046)-def.art.-pr.n. (532) *the families of the Levites*

לְבֵית אֲבֹתָם prep.-n.m.s. cstr. (108)-n.m.p.-3 m.p. sf. (3) *by their fathers' houses*

3:21

לְגֵרְשׁוֹן prep.-pr.n. (177) *of Gershon*

מִשְׁפַּחַת הַלִּבְנִי n.f.s. cstr. (1046)-def.art.-pr.n. gent. (526) *the family of the Libnites*

וּמִשְׁפַּחַת הַשִּׁמְעִי conj.-v.supra-def.art.-pr.n. gent. (1035) *and the family of the Shimeites*

אֵלֶּה הֵם demons.adj. c.p. (41)-pers.pr. 3 m.p. (241) *these*

מִשְׁפְּחֹת הַגֵּרְשֻׁנִּי n.f.p. cstr. (1046)-def.art.-pr.n. gent. (177) *the families of the Gershonites*

3:22

פְּקֻדֵיהֶם Qal pass.ptc. m.p.-3 m.p. sf. (פָּקַד 823) *their number*

בְּמִסְפַּר prep.-n.m.s. cstr. (708) *according to the number of*

כָּל־זָכָר n.m.s. cstr. (481)-n.m.s. (271) *all the males*

מִבֶּן־חֹדֶשׁ prep.-n.m.s. cstr. (119)-n.m.s. (294) *from a month old*

וָמַעְלָה conj.-adv.-loc.he paus. (751) *and upward*

פְּקֻדֵיהֶם v.supra *(their number)*

שִׁבְעַת אֲלָפִים num. f.s. cstr. (I 987)-n.m.p. (48) *seven thousand*

וַחֲמֵשׁ מֵאוֹת conj.-num. cstr. (331)-n.f.p. (547) *and five hundred*

3:23

מִשְׁפְּחֹת n.f.p. cstr. (1046) *the families of*

הַגֵּרְשֻׁנִּי def.art.-adj. gent. (177) *the Gershonites*

אַחֲרֵי הַמִּשְׁכָּן prep. (29)-def.art.-n.m.s. (1015) *behind the tabernacle*

יַחֲנוּ Qal impf. 3 m.p. (חָנָה 333) *were to encamp*

יָמָּה n.m.s.-loc.he (410) *on the west*

3:24

וּנְשִׂיא conj.-n.m.s. cstr. (671) *and the head of*

בֵית־אָב n.m.s. cstr. (108)-n.m.s. (3) *the fathers' house*

לַגֵּרְשֻׁנִּי prep.-def.art.-adj. gent. (177) *of the Gershonites*

אֶלְיָסָף pr.n. (45) *Eliasaph*

בֶּן־לָאֵל n.m.s. cstr. (119)-pr.n. (522) *the son of Lael*

3:25

וּמִשְׁמֶרֶת conj.-n.f.s. cstr. (1038; GK 117,l) *and the charge of*

בְּנֵי־גֵרְשׁוֹן n.m.p. cstr. (119)-pr.n. (177) *the sons of Gershon*

בְּאֹהֶל מוֹעֵד prep.-n.m.s. cstr. (13)-n.m.s. (417) *in the tent of meeting*

הַמִּשְׁכָּן def.art.-n.m.s. (1015) *the tabernacle*

וְהָאֹהֶל conj.-def.art.-n.m.s. (13) *and the tent*

מִכְסֵהוּ n.m.s.-3 m.s. sf. (492) *(with) its covering*

וּמָסַךְ conj.-n.m.s. cstr. (697) *the screen for*

פֶּתַח n.m.s. cstr. (835) *the door of*

אֹהֶל מוֹעֵד n.m.s. cstr. (13)-n.m.s. (417) *the tent of meeting*

3:26

וְקַלְעֵי conj.-n.m.p. cstr. (II 887) *the hangings of*

הֶחָצֵר def.art.-n.m.s. (I 346) *the court*

וְאֶת־מָסַךְ conj.-dir.obj.-n.m.s. cstr. (697) *and the screen for*

פֶּתַח n.m.s. cstr. (835) *the door of*

הֶחָצֵר v.supra *the court*

אֲשֶׁר עַל־הַמִּשְׁכָּן rel. (81)-prep. (II 752)-def.art. -n.m.s. (1015) *which is ... the tabernacle*

וְעַל־הַמִּזְבֵּחַ conj.-prep.-def.art.-n.m.s. (258) *and the altar*

סָבִיב adv. (686) *around*

וְאֵת מֵיתָרָיו conj.-dir.obj.-n.m.p.-3 m.s. sf. (452) *and its cords*

לְכֹל עֲבֹדָתוֹ prep.-n.m.s. cstr. (481)-n.f.s.-3 m.s. sf. (715) *all the service pertaining to these*

3:27

וְלִקְהָת conj.-prep.-pr.n. (875) *of Kohath*

577

מִשְׁפַּחַת n.f.s. cstr. (1046) *the family of*

הָעַמְרָמִי def.art.-adj. gent. (771) *the Amramites*

וּמִשְׁפַּחַת conj.-v.supra *and the family of*

הַיִּצְהָרִי def.art.-adj. gent. (844) *the Izharites*

וּמִשְׁפַּחַת v.supra-v.supra *and the family of*

הַחֶבְרֹנִי def.art.-adj. gent. (289) *the Hebronites*

וּמִשְׁפַּחַת v.supra-v.supra *and the family of*

הָעֻזִּיאֵלִי def.art.-adj. gent. (739) *the Uzzielites*

אֵלֶּה הֵם demons.adj. c.p. (41)-pers.pr. 3 m.p. (241) *these*

מִשְׁפְּחֹת n.f.p. cstr. (1046) *the families of*

הַקְּהָתִי def.art.-adj. gent. (875) *the Kohathites*

3:28

בְּמִסְפַּר prep.-n.m.s. cstr. (708) *according to the number of*

כָּל־זָכָר n.m.s. cstr. (481)-n.m.s. (271) *all the males*

מִבֶּן־חֹדֶשׁ prep.-n.m.s. cstr. (119)-n.m.s. (294) *from a month old*

וָמַעְלָה conj.-adv.-loc.he (751) *and upward*

שְׁמֹנַת אֲלָפִים num. f. cstr. (1032)-n.m.p. (48) *eight thousand*

וְשֵׁשׁ מֵאוֹת conj.-num. cstr. (995)-n.f.p. (547) *and six hundred*

שֹׁמְרֵי Qal act.ptc. m.p. cstr. (1036) *attending to*

מִשְׁמֶרֶת n.f.s. cstr. (1038) *the duties of*

הַקֹּדֶשׁ def.art.-n.m.s. (871) *the sanctuary*

3:29

מִשְׁפְּחֹת n.f.p. cstr. (1046) *the families of*

בְּנֵי־קְהָת n.m.p. cstr. (119)-pr.n. (875) *the sons of Kohath*

יַחֲנוּ Qal impf. 3 m.p. (חנה 333) *were to encamp*

עַל יֶרֶךְ prep.-n.f.s. cstr. (437) *on the side of*

הַמִּשְׁכָּן def.art.-n.m.s. (1015) *the tabernacle*

תֵּימָנָה n.f.s.-loc.he (412) *south*

3:30

וּנְשִׂיא conj.-n.m.s. cstr. (672) *and the head of*

בֵית־אָב n.m.s. cstr. (108)-n.m.s. (3) *the fathers' house*

לְמִשְׁפְּחֹת prep.-n.f.p. cstr. (1046) *of the families of*

הַקְּהָתִי def.art.-adj. gent. (875) *the Kohathites*

אֱלִיצָפָן pr.n. (45) *Elizaphan*

בֶּן־עֻזִּיאֵל n.m.s. cstr. (119)-pr.n. (739) *the son of Uzziel*

3:31

וּמִשְׁמַרְתָּם conj.-n.f.s.-3 m.p. sf. (1038) *and their charge*

הָאָרֹן def.art.-n.m.s. (75) *the ark*

וְהַשֻּׁלְחָן conj.-def.art.-n.m.s. (1020) *and the table*

וְהַמְּנֹרָה conj.-def.art.-n.f.s. (633) *the lampstand*

וְהַמִּזְבְּחֹת conj.-def.art.-n.f.p. (258) *and the altars*

וּכְלֵי הַקֹּדֶשׁ conj.-n.m.p. cstr. (479)-def.art.-n.m.s. (871) *the vessels of the sanctuary*

אֲשֶׁר יְשָׁרְתוּ בָהֶם rel. (81)-Pi. impf. 3 m.p. (שרת 1058)-prep.-3 m.p. sf. *with this they minister*

וְהַמָּסָךְ conj.-def.art.-n.m.s. (697) *and the screen*

וְכֹל עֲבֹדָתוֹ conj.-n.m.s. cstr. (481)-n.f.s.-3 m.s. sf. (715) *all the service pertaining to these*

3:32

וּנְשִׂיא נְשִׂיאֵי conj.-n.m.s. cstr. (672)-n.m.p. cstr. (672) *and chief over the leaders of*

הַלֵּוִי def.art.-adj. gent. (532) *the Levites*

אֶלְעָזָר pr.n. (46) *Eleazar*

בֶּן־אַהֲרֹן n.m.s. cstr. (119)-pr.n. (14) *the son of Aaron*

הַכֹּהֵן def.art.-n.m.s. (463) *the priest*

פְּקֻדַּת n.f.s. cstr. (824) *the oversight of*

שֹׁמְרֵי Qal act.ptc. m.p. cstr. (1036) *those who had charge of*

מִשְׁמֶרֶת הַקֹּדֶשׁ n.f.s. cstr. (1038)-def.art.-n.m.s. (871) *the charge of the sanctuary*

3:33

לִמְרָרִי prep.-pr.n. (601) *of Merari*

מִשְׁפַּחַת n.f.s. cstr. (1046) *the family of*

הַמַּחְלִי def.art.-adj. gent. (I 563) *the Mahlites*

וּמִשְׁפַּחַת conj.-v.supra *and the family of*

הַמּוּשִׁי def.art.-adj. gent. (II 559) *the Mushites*

אֵלֶּה הֵם demons.adj. c.p. (41)-pers.pr. 3 m.p. (241) *these*

מִשְׁפְּחֹת n.f.p. cstr. (1046) *the families of*

מְרָרִי v.supra *Merari*

3:34

וּפְקֻדֵיהֶם conj.-Qal pass.ptc. m.p.-3 m.p. sf. (פקד 823) *their number*

בְּמִסְפַּר prep.-n.m.s. cstr. (708) *according to the number of*

כָּל־זָכָר n.m.s. cstr. (481)-n.m.s. (271) *all the males*

מִבֶּן־חֹדֶשׁ prep.-n.m.s. cstr. (119)-n.m.s. (294) *from a month old*

וָמַעְלָה conj.-adv.-loc.he (751) *and upward*

שֵׁשֶׁת אֲלָפִים num. f. cstr. (995)-n.m.p. (48) *six thousand*

וּמָאתָיִם conj.-n.f. du. paus. (547) *and two hundred*

3:35

וּנְשִׂיא conj.-n.m.s. cstr. (672) *and the head of*

בֵית־אָב n.m.s. cstr. (108)-n.m.s. (3) *the fathers'*
house

לְמִשְׁפְּחֹת prep.-n.f.p. cstr. (1046) *of the families*
of

מְרָרִי pr.n. (601) *Merari*

צוּרִיאֵל pr.n. (849) *Zuriel*

בֶּן־אֲבִיחָיִל n.m.s. cstr. (119)-pr.n. paus. (4) *the son*
of Abihail

עַל יֶרֶךְ prep.-n.m.s. cstr. (437) *on the side of*

הַמִּשְׁכָּן def.art.-n.m.s. (1015) *the tabernacle*

יַחֲנוּ Qal impf. 3 m.p. (חנה 333) *they were to*
encamp

צָפֹנָה n.f.s.-loc.he (860) *north*

3:36

וּפְקֻדַּת conj.-n.f.s. cstr. (824) *and the appointed*

מִשְׁמֶרֶת n.f.s. cstr. (1038) *charge of*

בְּנֵי מְרָרִי n.m.p. cstr. (119)-pr.n. (601) *the sons of*
Merari

קַרְשֵׁי הַמִּשְׁכָּן n.m.p. cstr. (903)-def.art.-n.m.s.
(1015) *the frames of the tabernacle*

וּבְרִיחָיו conj.-n.m.p.-3 m.s. sf. (138) *and its bars*

וְעַמֻּדָיו conj.-n.m.p.-3 m.s. sf. (765) *and its*
pillars

וַאֲדָנָיו conj.-n.m.p.-3 m.s. sf. (10) *and its bases*

וְכָל־כֵּלָיו conj.-n.m.s. cstr. (481)-n.m.p.-3 m.s. sf.
(479) *and all their accessories*

וְכֹל עֲבֹדָתוֹ conj.-n.m.s. cstr. (481)-n.f.s.-3 m.s. sf.
(715) *and all the service pertaining to these*

3:37

וְעַמֻּדֵי conj.-n.m.p. cstr. (765) *also the pillars of*

הֶחָצֵר def.art.-n.m.s. (I 346) *the court*

סָבִיב adv. (686) *round about*

וְאַדְנֵיהֶם conj.-n.m.p.-3 m.p. sf. (10) *with their*
bases

וִיתֵדֹתָם conj.-n.f.p.-3 m.p. sf. (450) *and their*
pegs

וּמֵיתְרֵיהֶם conj.-n.m.p.-3 m.p. sf. (452) *and their*
cords

3:38

וְהַחֹנִים conj.-def.art.-Qal act.ptc. m.p. (חנה 333)
and those to encamp

לִפְנֵי הַמִּשְׁכָּן prep.-n.m.p. cstr. (815)-def.art.
-n.m.s. (1015) *before the tabernacle*

קֵדְמָה n.m.s.-loc.he (869) *on the east*

לִפְנֵי אֹהֶל־מוֹעֵד v.supra-n.m.s. cstr. (13)-n.m.s.
(417) *before the tent of meeting*

מִזְרָחָה n.m.s.-loc.he (280) *toward the sunrise*

מֹשֶׁה וְאַהֲרֹן pr.n. (602)-conj.-pr.n. (14) *Moses*
and Aaron

וּבָנָיו conj.-n.m.p.-3 m.s. sf. (119) *and his sons*

שֹׁמְרִים Qal act.ptc. m.p. (1036) *having charge*

מִשְׁמֶרֶת n.f.s. cstr. (1038) *the rites within*

הַמִּקְדָּשׁ def.art.-n.m.s. (874) *the sanctuary*

לְמִשְׁמֶרֶת prep.-n.f.s. cstr. (1038) *whatever had to*
be done for

בְּנֵי יִשְׂרָאֵל n.m.p. cstr. (119)-pr.n. (975) *the*
people of Israel

וְהַזָּר conj.-def.art.-Qal act.ptc. (זור 266) *and*
any one else (the stranger)

הַקָּרֵב def.art.-verbal adj. (898) *who came near*

יוּמָת Ho. impf. 3 m.s. (מות 559) *was to be put*
to death

3:39

כָּל־פְּקוּדֵי n.m.s. cstr. (481)-Qal pass.ptc. m.p. cstr.
(823) *all who were numbered of*

הַלְוִיִּם def.art.-adj. gent. m.p. (532) *the Levites*

אֲשֶׁר פָּקַד מֹשֶׁה rel. (81)-Qal pf. 3 m.s. (823)
-pr.n. (602) *whom Moses numbered*

וְאַהֲרֹן conj.-pr.n. (14) *and Aaron*

עַל־פִּי יהוה prep.-n.m.s. cstr. (804)-pr.n. (217) *at*
the commandment of Yahweh

לְמִשְׁפְּחֹתָם prep.-n.f.p.-3 m.p. sf. (1046) *by*
(their) families

כָּל־זָכָר n.m.s. cstr. (481)-n.m.s. (271) *all the*
males

מִבֶּן־חֹדֶשׁ prep.-n.m.s. cstr. (119)-n.m.s. (294)
from a month old

וָמַעְלָה conj.-adv.-loc.he (751) *and upward*

שְׁנַיִם וְעֶשְׂרִים num. du. (1040)-conj.-num. p.
(797) *twenty-two*

אֶלֶף n.m.s. paus. (48) *thousand*

3:40

וַיֹּאמֶר יהוה consec.-Qal impf. 3 m.s. (55)-pr.n.
(217) *and Yahweh said*

אֶל־מֹשֶׁה prep. (39)-pr.n. (602) *to Moses*

פְּקֹד Qal impv. 2 m.s. (823) *number*

כָּל־בְּכֹר n.m.s. cstr. (481)-n.m.s. cstr. (114) *all the*
first-born (of)

זָכָר n.m.s. (271) *males*

לִבְנֵי יִשְׂרָאֵל prep.-n.m.p. cstr. (119)-pr.n. (975) *of*
the people of Israel

מִבֶּן־חֹדֶשׁ prep.-n.m.s. cstr. (119)-n.m.s. (294)
from a month old

וָמַעְלָה conj.-adv.-loc.he (751) *and upward*

וְשָׂא conj.-Qal impv. 2 m.s. (נשא 669) *taking*

אֶת מִסְפַּר dir.obj.-n.m.s. cstr. (708) *the number (of) by*

שְׁמֹתָם n.m.p.-3 m.p. sf. (1027) *their names*

3:41

וְלָקַחְתָּ conj.-Qal pf. 2 m.s. (לָקַח 542) *and you shall take*

אֶת־הַלְוִיִּם dir.obj.-def.art.-adj. gent. m.p. (532) *the Levites*

לִי prep.-1 c.s. sf. *for me*

אֲנִי יהוה pers.pr. 1 c.s. (58)-pr.n. (217) *I am Yahweh*

תַּחַת prep. (1065) *instead of*

כָּל־בְּכֹר n.m.s. cstr. (481)-n.m.s. (114) *all the first-born*

בִּבְנֵי יִשְׂרָאֵל prep.-n.m.p. cstr. (119)-pr.n. (975) *among the people of Israel*

וְאֵת בֶּהֱמַת conj.-dir.obj.-n.f.s. cstr. (96) *and the cattle of*

הַלְוִיִּם v.supra *the Levites*

תַּחַת v.supra *instead of*

כָּל־בְּכֹר v.supra-v.supra *all the firstlings*

בְּבֶהֱמַת prep.-v.supra *among the cattle of*

בְּנֵי יִשְׂרָאֵל v.supra-v.supra *the people of Israel*

3:42

וַיִּפְקֹד מֹשֶׁה consec.-Qal impf. 3 m.s. (823)-pr.n. (602) *so Moses numbered*

כַּאֲשֶׁר prep.-rel (81) *as*

צִוָּה יהוה אֹתוֹ Pi. pf. 3 m.s. (צָוָה 845)-pr.n. (217)-dir.obj.-3 m.s. sf. *Yahweh commanded him*

אֶת־כָּל־בְּכֹר dir.obj.-n.m.s. cstr. (481)-n.m.s. (114) *all the first-born*

בִּבְנֵי יִשְׂרָאֵל prep.-n.m.p. cstr. (119)-pr.n. (975) *among the people of Israel*

3:43

וַיְהִי consec.-Qal impf. 3 m.s. (הָיָה 224) *and*

כָּל־בְּכוֹר n.m.s. cstr. (481)-n.m.s. cstr. (114) *all the first-born (of)*

זָכָר n.m.s. (271) *males*

בְּמִסְפַּר prep.-n.m.s. cstr. (708) *according to the number of*

שֵׁמוֹת n.m.p. (1027) *names*

מִבֶּן־חֹדֶשׁ prep.-n.m.s. cstr. (119)-n.m.s. (294) *from a month old*

וָמַעְלָה conj.-adv.-loc.he (751) *and upward*

לִפְקֻדֵיהֶם prep.-Qal pass.ptc. m.p.-3 m.p. sf. (823) *as numbered*

שְׁנַיִם וְעֶשְׂרִים num. du. (1040)-conj.-num. p. (797) *twenty-two*

אֶלֶף n.m.s. (48) *thousand*

שְׁלֹשָׁה וְשִׁבְעִים num. f. (1025)-conj.-num. p. (988) *seventy-three*

וּמָאתָיִם conj.-n.f. du. (547) *and two hundred*

3:44

וַיְדַבֵּר יהוה consec.-Pi. impf. 3 m.s. (180)-pr.n. (217) *and Yahweh said*

אֶל־מֹשֶׁה prep.-pr.n. (602) *to Moses*

לֵּאמֹר prep.-Qal inf.cstr. (55) *(saying)*

3:45

קַח Qal impv. 2 m.s. (לָקַח 542) *take*

אֶת־הַלְוִיִּם dir.obj.-def.art.-adj. gent. p. (532) *the Levites*

תַּחַת כָּל־בְּכוֹר prep. (1065)-n.m.s. cstr. (481)-n.m.s. (114) *instead of all the first-born*

בִּבְנֵי יִשְׂרָאֵל prep.-n.m.p. cstr. (119)-pr.n. (975) *among the people of Israel*

וְאֶת־בֶּהֱמַת conj.-dir.obj.-n.f.s. cstr. (96) *and the cattle of*

הַלְוִיִּם v.supra *the Levites*

תַּחַת בְּהֶמְתָּם v.supra-n.f.s.-3 m.p. sf. (96) *instead of their cattle*

וְהָיוּ־לִי conj.-Qal pf. 3 c.p. (הָיָה 224)-prep.-1 c.s. sf. *and shall be mine*

הַלְוִיִּם v.supra *the Levites*

אֲנִי יהוה pers.pr. 1 c.s. (58)-pr.n. (217) *I am Yahweh*

3:46

וְאֵת פְּדוּיֵי conj.-dir.obj. (GK 117m)-n.m.p. cstr. (804) *and for the redemption of*

הַשְּׁלֹשָׁה def.art. (GK 134k)-num. f. (1025) *the three*

וְהַשִּׁבְעִים conj.-def.art.-num. p. (988) *and the seventy*

וְהַמָּאתָיִם conj.-def.art.-n.m. du. (547) *and the two hundred*

הָעֹדְפִים def.art.-Qal act.ptc. m.p. (עָדַף 727) *over and above (the ones remaining over)*

עַל־הַלְוִיִּם prep.-def.art.-adj. gent. p. (532) *of the Levites*

מִבְּכוֹר prep.-n.m.s. cstr. (114) *of the first-born of*

בְּנֵי יִשְׂרָאֵל n.m.p. cstr. (119)-pr.n. (975) *the people of Israel*

3:47

וְלָקַחְתָּ conj.-Qal pf. 3 m.s. (לָקַח 542) *you shall take*

חֲמֵשֶׁת חֲמֵשֶׁת n.f.s. cstr. (331)-v.supra *five*

שְׁקָלִים n.m.p. (1053) *shekels*

לַגֻּלְגֹּלֶת prep.-def.art.-n.f.s. (166) *apiece*

בְּשֶׁקֶל הַקֹּדֶשׁ prep.-n.m.s. cstr. (1053)-def.art. -n.m.s. (871) *reckoning by the shekel of the sanctuary*

תִּקָּח Qal impf. 2 m.s. (לָקַח 542) *you shall take*

עֶשְׂרִים גֵּרָה num. p. (797)-n.f.s. (II 176) *twenty gerahs*

הַשָּׁקֶל def.art.-n.m.s. paus. (1053) *the shekel*

3:48

וְנָתַתָּה conj.-Qal pf. 2 m.s. (נָתַן 678) *and you shall give*

הַכֶּסֶף def.art.-n.m.s. (494) *the money*

לְאַהֲרֹן prep.-pr.n. (14) *to Aaron*

וּלְבָנָיו conj.-n.m.p.-3 m.s. sf. (119) *and his sons*

פְּדוּיֵי n.m.p. cstr. (804) *the ransom of*

הָעֹדְפִים def.art.-Qal act.ptc. m.p. (עָדַף 727) *the excess number*

בָּהֶם prep.-3 m.p. sf. *of them*

3:49

וַיִּקַּח מֹשֶׁה consec.-Qal impf. 3 m.s. (לָקַח 542) -pr.n. (602) *so Moses took*

אֵת כֶּסֶף dir.obj.-n.m.s. cstr. (494) *the money of*

הַפִּדְיוֹם def.art.-n.m.s. (804; GK 85t) *redemption*

מֵאֵת הָעֹדְפִים prep.-dir.obj.-def.art.-Qal act.ptc. m.p. (עָדַף 727) *from those who were over and above*

עַל פְּדוּיֵי prep.-n.m.p. cstr. (804) *those redeemed by*

הַלְוִיִּם def.art.-adj. gent. p. (532) *the Levites*

3:50

מֵאֵת בְּכוֹר prep.-dir.obj.-n.m.s. cstr. (114) *from the first-born of*

בְּנֵי יִשְׂרָאֵל n.m.p. cstr. (119)-pr.n. (975) *the people of Israel*

לָקַח Qal pf. 3 m.s. (542) *he took*

אֶת־הַכָּסֶף dir.obj.-def.art.-n.m.s. paus. (494) *the money*

חֲמִשָּׁה num. f. (331) *five*

וְשִׁשִּׁים conj.-num. p. (995) *and sixty*

וּשְׁלֹשׁ מֵאוֹת conj.-num. cstr. (1025)-n.f.p. (547) *and three hundred*

וָאֶלֶף conj.-n.m.s. (48) *and a thousand*

בְּשֶׁקֶל הַקֹּדֶשׁ prep.-n.m.s. cstr. (1053)-def.art. -n.m.s. (871) *reckoning by the shekel of the sanctuary*

3:51

וַיִּתֵּן מֹשֶׁה consec.-Qal impf. 3 m.s. (נָתַן 678) -pr.n. (602) *and Moses gave*

אֶת־כֶּסֶף dir.obj.-n.m.s. cstr. (494) *the money of*

הַפִּדְיֻם def.art.-n.m.p. (804) *redemption*

לְאַהֲרֹן prep.-pr.n. (14) *to Aaron*

וּלְבָנָיו conj.-prep.-n.m.s.-3 m.s. sf. (119) *and his sons*

עַל־פִּי יהוה prep.-n.m.s. cstr. (804)-pr.n. (217) *according to the word of Yahweh*

כַּאֲשֶׁר prep.-rel. (81) *as*

צִוָּה יהוה Pi. pf. 3 m.s. (צָוָה 845)-pr.n. (217) *Yahweh commanded*

אֶת־מֹשֶׁה dir.obj.-pr.n. (602) *Moses*

4:1

וַיְדַבֵּר יהוה consec.-Pi. impf. 3 m.s. (180)-pr.n. (217) *Yahweh said*

אֶל־מֹשֶׁה prep.-pr.n. (602) *to Moses*

וְאֶל־אַהֲרֹן conj.-prep.-pr.n. (14) *and Aaron*

לֵאמֹר prep.-Qal inf.cstr. (55) *(saying)*

4:2

נָשֹׂא Qal inf.abs. (נָשָׂא 669; GK 113bb) *take*

אֶת־רֹאשׁ dir.obj.-n.m.s. cstr. (910) *a census of*

בְּנֵי קְהָת n.m.p. cstr. (119)-pr.n. (875) *the sons of Kohath*

מִתּוֹךְ prep.-n.m.s. cstr. (1063) *from among*

בְּנֵי לֵוִי n.m.p. cstr. (119)-pr.n. (532) *the sons of Levi*

לְמִשְׁפְּחֹתָם prep.-n.f.p.-3 m.p. sf. (1046) *by their families*

לְבֵית אֲבֹתָם prep.-n.m.s. cstr. (108)-n.m.p.-3 m.p. sf. (3) *and their fathers' houses*

4:3

מִבֶּן שְׁלֹשִׁים prep.-n.m.s. cstr. (119)-num. p. (1026) *from thirty ... old*

שָׁנָה n.f.s. (1040) *years*

וָמַעְלָה conj.-adv.-loc.he (751) *and upward*

וְעַד־חֲמִשִּׁים conj.-prep. (III 723)-n.m.s. cstr. (119)-num. p. (332) *and up to fifty ... old*

שָׁנָה v.supra *years*

כָּל־בָּא n.m.s. cstr. (481)-Qal act.ptc. (בּוֹא 97) *all who can enter*

לַצָּבָא prep.-def.art.-n.m.s. (838) *the service*

לַעֲשׂוֹת prep.-Qal inf.cstr. (עָשָׂה I 793) *to do*

מְלָאכָה n.f.s. (521) *the work*

בְּאֹהֶל מוֹעֵד prep.-n.m.s. cstr. (13)-n.m.s. (417) *in the tent of meeting*

4:4

זֹאת עֲבֹדַת demons.adj. f.s. (260)-n.f.s. cstr. (715) *this is the service of*

בְּנֵי־קְהָת n.m.p. cstr. (119)-pr.n. (875) *the sons of Kohath*

בְּאֹהֶל מוֹעֵד prep.-n.m.s. cstr. (13)-n.m.s. (417) *in the tent of meeting*

קֹדֶשׁ הַקֳּדָשִׁים n.m.s. cstr. (871)-def.art.-n.m.p. (871) *the most holy things*

4:5

וּבָא אַהֲרֹן conj.-Qal pf. 3 m.s. (בוא 97)-pr.n. (14) *Aaron shall go in*

וּבָנָיו conj.-n.m.p.-3 m.s. sf. (119) *and his sons*

בִּנְסֹעַ הַמַּחֲנֶה prep.-Qal inf.cstr. (נסע 652)-def.art.-n.m.s. (334) *when the camp is to set out*

וְהוֹרִדוּ conj.-Hi. pf. 3 c.p. (ירד 432) *and they shall take down*

אֵת פָּרֹכֶת dir.obj.-n.f.s. cstr. (827) *the veil of*

הַמָּסָךְ def.art.-n.m.s. paus. (697) *the screen*

וְכִסּוּ־בָהּ conj.-Pi. pf. 3 c.p. (כסה 491)-prep. 3 f.s. sf. *and cover with it*

אֵת אֲרֹן dir.obj.-n.m.s. cstr. (75) *the ark of*

הָעֵדֻת def.art.-n.f.s. (730) *the testimony*

4:6

וְנָתְנוּ עָלָיו conj.-Qal pf. 3 c.p. (נתן 678)-prep.-3 m.s. sf. (II 752) *they they shall put on it*

כְּסוּי n.m.s. cstr. (492) *a covering of*

עוֹר תַּחַשׁ n.m.s. cstr. (736)-n.m.s. (1065) *goatskin*

וּפָרְשׂוּ conj.-Qal pf. 3 c.p. (פרשׂ 831) *and they shall spread over*

בֶּגֶד־ n.m.s. (93) *a garment*

כְּלִיל תְּכֵלֶת adj. m.s. cstr. (483)-n.f.s. (1067) *all of blue*

מִלְמָעְלָה prep.-prep.-adv.-loc.he (751) *above*

וְשָׂמוּ conj.-Qal pf. 3 c.p. (שׂים 962) *and they shall put in*

בַּדָּיו n.m.p.-3 m.s. sf. (II 94) *its poles*

4:7

וְעַל שֻׁלְחַן conj.-prep.-n.m.s. cstr. (1020) *and over the table of*

הַפָּנִים def.art.-n.m.p. (815) *the Presence*

יִפְרְשׂוּ Qal impf. 3 m.p. (פרשׂ 831) *they shall spread*

בֶּגֶד תְּכֵלֶת n.m.s. cstr. (93)-n.f.s. (1067) *a cloth of blue*

וְנָתְנוּ עָלָיו conj.-Qal pf. 3 c.p. (נתן 678)-prep.-3 m.s. sf. (II 752) *and put upon it*

אֶת־הַקְּעָרֹת dir.obj.-def.art.-n.f.p. (891) *the plates*

וְאֶת־הַכַּפֹּת conj.-dir.obj.-def.art.-n.f.p. (496) *and the dishes for incense*

וְאֶת־הַמְּנַקִּיֹּת conj.-dir.obj.-def.art.-n.f.p. (667) *and the bowls*

וְאֵת קְשׂוֹת הַנָּסֶךְ conj.-dir.obj.-n.f.p. cstr. (903)-def.art.-n.m.s. paus. (651) *and the flagons for the drink offering*

וְלֶחֶם הַתָּמִיד conj.-n.m.s. cstr. (536)-def.art.-n.m.s. (556) *and the continual bread*

עָלָיו יִהְיֶה prep.-3 m.s. sf. (II 752)-Qal impf. 3 m.s. (היה 224) *shall be on it*

4:8

וּפָרְשׂוּ conj.-Qal pf.3 c.p. (פרשׂ 831) *then they shall spread*

עֲלֵיהֶם prep.-3 m.p. sf. (II 752) *over them*

בֶּגֶד n.m.s. cstr. (93) *a cloth of*

תּוֹלַעַת שָׁנִי n.f.s. cstr. (1069)-n.m.s. (1040) *scarlet*

וְכִסּוּ אֹתוֹ conj.-Pi. pf. 3 c.p. (כסה 491)-dir.obj.-3 m.s. sf. *and cover the same*

בְּמִכְסֵה prep.-n.m.s. cstr. (492) *with a covering of*

עוֹר תַּחַשׁ n.m.s. cstr. (736)-n.m.s. paus. (1065) *goatskin*

וְשָׂמוּ conj.-Qal pf. 3 c.p. (שׂים 962) *and shall put in*

אֶת־בַּדָּיו dir.obj.-n.m.p.-3 m.s. sf. (II 94) *its poles*

4:9

וְלָקְחוּ conj.-Qal pf. 3 c.p. (לקח 542) *and they shall take*

בֶּגֶד תְּכֵלֶת n.m.s. cstr. (93)-n.f.s. (1067) *a cloth of blue*

וְכִסּוּ conj.-Pi. pf. 3 c.p. (כסה 491) *and cover*

אֶת־מְנֹרַת dir.obj.-n.f.s. cstr. (633) *the lampstand for*

הַמָּאוֹר def.art.-n.m.s. (22) *the light*

וְאֶת־נֵרֹתֶיהָ conj.-prep. (II 85)-n.m.p.-3 f.s. sf. (I 632) *with its lamps*

וְאֶת־מַלְקָחֶיהָ v.supra-n.m. du.-3 f.s. sf. (544) *its snuffers*

וְאֶת־מַחְתֹּתֶיהָ v.supra-n.f.p.-3 f.s. sf. (367) *its trays*

וְאֵת כָּל־כְּלֵי conj.-prep. (II 85)-n.m.s. cstr. (481)-n.m.p. cstr. (479) *and all the vessels for*

שַׁמְנָהּ n.m.s.-3 f.s. sf. (1032) *(its) oil*

אֲשֶׁר יְשָׁרְתוּ־לָהּ בָּהֶם rel. (81)-Pi. impf. 3 m.p. (שׁרת 1058)-prep.-3 f.s. sf.-prep.-3 m.p. sf. *with which it is supplied*

4:10

וְנָתְנוּ אֹתָהּ conj.-Qal pf. 3 c.p. (נָתַן 678)-dir. obj.-3 f.s. sf. *and they shall put it*

וְאֶת־כָּל־כֵּלֶיהָ conj.-prep. (II 85)-n.m.s. cstr. (481)-n.m.p.-3 f.s. sf. (479) *with all its utensils*

אֶל־מִכְסֵה prep. (39)-n.m.s. cstr. (492) *in a covering of*

עוֹר תַּחַשׁ n.m.s. cstr. (736)-n.m.s. (I 1065) *goatskin*

וְנָתְנוּ v.supra *and put it*

עַל־הַמּוֹט prep.-def.art.-n.m.s. (557) *upon the carrying frame*

4:11

וְעַל מִזְבַּח הַזָּהָב conj.-prep.-n.m.s. cstr. (258) -def.art.-n.m.s. (262) *and over the golden altar*

יִפְרְשׂוּ Qal impf. 3 m.p. (פָּרַשׂ 831) *they shall spread*

בֶּגֶד תְּכֵלֶת n.m.s. cstr. (93)-n.f.s. (1067) *a cloth of blue*

וְכִסּוּ אֹתוֹ conj.-Pi. pf. 3 c.p. (כָּסָה 491)-dir.obj. -3 m.s. sf. *and cover it*

בְּמִכְסֵה prep.-n.m.s. cstr. (492) *with a covering of*

עוֹר תַּחַשׁ n.m.s. cstr. (736)-n.m.s. paus. (I 1065) *goatskin*

וְשָׂמוּ conj.-Qal pf. 3 c.p. (שִׂים 962) *and shall put in*

אֶת־בַּדָּיו dir.obj.-n.m.p.-3 m.s. sf. (II 94) *its poles*

4:12

וְלָקְחוּ conj.-Qal pf. 3 c.p. (לָקַח 542) *and they shall take*

אֶת־כָּל־כְּלֵי dir.obj.-n.m.s. cstr. (481)-n.m.p. cstr. (479) *all the vessels of*

הַשָּׁרֵת def.art.-n.m.s. (1058) *the service*

אֲשֶׁר יְשָׁרְתוּ־בָם rel. (81)-Pi. impf. 3 m.p. (שָׁרַת 1058)-prep.-3 m.p. sf. *which are used*

בַּקֹּדֶשׁ prep.-def.art.-n.m.s. (871) *in the sanctuary*

וְנָתְנוּ conj.-Qal pf. 3 c.p. (נָתַן 678) *and put (them)*

אֶל־בֶּגֶד תְּכֵלֶת prep.-n.m.s. cstr. (93)-n.f.s. (1067) *in a cloth of blue*

וְכִסּוּ אוֹתָם conj.-Pi. pf. 3 c.p. (כָּסָה 491)-dir.obj. -3 m.p. sf. *and cover them*

בְּמִכְסֵה prep.-n.m.s. cstr. (492) *with a covering of*

עוֹר תַּחַשׁ n.m.s. cstr. (736)-n.m.s. paus. (I 1065) *goatskin*

וְנָתְנוּ v.supra *and put (them)*

עַל־הַמּוֹט prep.-def.art.-n.m.s. (557) *on the carrying frame*

4:13

וְדִשְּׁנוּ conj.-Pi. pf. 3 c.p. (דָּשֵׁן 206) *and they shall take away the (fat) ashes*

אֶת־הַמִּזְבֵּחַ dir.obj.-def.art.-n.m.s. (258) *from the altar*

וּפָרְשׂוּ עָלָיו conj.-Qal pf. 3 c.p. (פָּרַשׂ 831) -prep.-3 m.s. sf. *and spread over it*

בֶּגֶד אַרְגָּמָן n.m.s. cstr. (93)-n.m.s. (71) *a purple cloth*

4:14

וְנָתְנוּ עָלָיו conj.-Qal pf. 3 c.p. (נָתַן 678)-prep.-3 m.s. sf. *and they shall put on it*

אֶת־כָּל־כֵּלָיו dir.obj.-n.m.s. cstr. (481)-n.m.p.-3 m.s. sf. (479) *all the utensils (of it)*

אֲשֶׁר יְשָׁרְתוּ עָלָיו בָּהֶם rel. (81)-Pi. impf. 3 m.p. (שָׁרַת 1058)-prep.-3 m.s. sf.-prep.-3 m.p. sf. *which are used for the service there*

אֶת־הַמַּחְתֹּת dir.obj.-def.art.-n.f.p. (367) *the firepans*

אֶת־הַמִּזְלָגֹת dir.obj.-def.art.-n.f.p. (272) *the forks*

וְאֶת־הַיָּעִים conj.-dir.obj.-def.art.-n.m.p. (418) *the shovels*

וְאֶת־הַמִּזְרָקֹת conj.-dir.obj.-def.art.-n.m.p. (284) *and the basins*

כֹּל כְּלֵי n.m.s. cstr. (481)-n.m.p. cstr. (479) *all the utensils of*

הַמִּזְבֵּחַ def.art.-n.m.s. (258) *the altar*

וּפָרְשׂוּ עָלָיו conj.-Qal pf. 3 c.p. (פָּרַשׂ 831)-prep. -3 m.s. sf. *and they shall spread upon it*

כְּסוּי n.m.s. cstr. (492) *a covering of*

עוֹר תַּחַשׁ n.m.s. cstr. (736)-n.m.s. (1065) *goatskin*

וְשָׂמוּ conj.-Qal pf. 3 c.p. (שִׂים 962) *and shall put in*

בַדָּיו n.m.p.-3 m.s. sf. (II 94) *its poles*

4:15

וְכִלָּה conj.-Pi. pf. 3 m.s. (כָּלָה 477) *and when have finished*

אַחֲרֹן־וּבָנָיו pr.n. (14)-conj.-n.m.p.-3 m.s. sf. (119) *Aaron and his sons*

לְכַסֹּת prep.-Pi. inf.cstr. (כָּסָה 491) *covering*

אֶת־הַקֹּדֶשׁ dir.obj.-def.art.-n.m.s. (871) *the sanctuary*

וְאֶת־כָּל־כְּלֵי conj.-dir.obj.-n.m.s. cstr. (481) -n.m.p. cstr. (479) *and all the furnishings of*

הַקֹּדֶשׁ v.supra *the sanctuary*

בִּנְסֹעַ הַמַּחֲנֶה prep.-Qal inf.cstr. (נָסַע 652)
-def.art.-n.m.s. (334) *as the camp sets out*

וְאַחֲרֵי־כֵן conj.-prep. (29)-adv. (485) *and after that*

יָבֹאוּ Qal impf. 3 m.p. (בּוֹא 97) *shall come*

בְּנֵי־קְהָת n.m.p. cstr. (119)-pr.n. (875) *the sons of Kohath*

לָשֵׂאת prep.-Qal inf.cstr. (נָשָׂא 669) *to carry (these)*

וְלֹא־יִגְּעוּ conj.-neg.-Qal impf. 3 m.p. (נָגַע 619) *but they must not touch*

אֶל־הַקֹּדֶשׁ prep.-def.art.-n.m.s. (871) *the holy things*

וָמֵתוּ conj.-Qal pf. 3 c.p. (מוּת 559) *lest they die*

אֵלֶּה demons.adj. c.p. (41) *these are*

מַשָּׂא n.m.s. cstr. (672) *the duty of bearing of*

בְּנֵי־קְהָת n.m.p. cstr. (119)-pr.n. (875) *the sons of Kohath*

בְּאֹהֶל מוֹעֵד prep.-n.m.s. cstr. (13)-n.m.s. (417) *of the tent of meeting*

4:16

וּפְקֻדַּת conj.-n.f.s. cstr. (824) *and the charge of*

אֶלְעָזָר pr.n. (46) *Eleazar*

בֶּן־אַהֲרֹן n.m.s. cstr. (119)-pr.n. (14) *the son of Aaron*

הַכֹּהֵן def.art.-n.m.s. (463) *the priest*

שֶׁמֶן הַמָּאוֹר n.m.s. cstr. (1032)-def.art.-n.m.s. (22) *the oil for the light*

וּקְטֹרֶת הַסַּמִּים conj.-n.f.s. cstr. (882)-def.art.-n.m.p. (702) *the incense of spices*

וּמִנְחַת הַתָּמִיד conj.-n.f.s. cstr. (585)-def.art.-n.m.s. (556) *the continual cereal offering*

וְשֶׁמֶן הַמִּשְׁחָה conj.-n.m.s. cstr. (1032)-def.art.-n.f.s. (603) *and the anointing oil*

פְּקֻדַּת n.f.s. cstr. (824) *with the oversight of*

כָּל־הַמִּשְׁכָּן n.m.s. cstr. (481)-def.art.-n.m.s. (1015) *all the tabernacle*

וְכָל־אֲשֶׁר־בּוֹ conj.-n.m.s. cstr. (481)-rel. (81)-prep.-3 m.s. sf.*and all that is in it*

בְּקֹדֶשׁ prep.-n.m.s. (871) *of the sanctuary*

וּבְכֵלָיו conj.-prep.-n.m.p.-3 m.s. sf. (479) *and its vessels*

4:17

וַיְדַבֵּר יהוה consec.-Pi. impf. 3 m.s. (180)-pr.n. (217) *Yahweh said*

אֶל־מֹשֶׁה prep.-pr.n. (602) *to Moses*

וְאֶל־אַהֲרֹן conj.-prep.-pr.n. (14) *and Aaron*

לֵאמֹר prep.-Qal inf.cstr. (55) *(saying)*

4:18

אַל־תַּכְרִיתוּ neg.-Hi. impf. 2 m.p. (כָּרַת 503) *let not be destroyed*

אֶת־שֵׁבֶט dir.obj.-n.m.s. cstr. (986) *the tribe of*

מִשְׁפְּחֹת n.f.p. cstr. (1046) *the families of*

הַקְּהָתִי def.art.-adj. gent. p. (875) *the Kohathites*

מִתּוֹךְ prep.-n.m.s. cstr. (1063) *from among*

הַלְוִיִם def.art.-adj. gent. p. (532) *the Levites*

4:19

וְזֹאת conj.-demons.adj. f.s. (260) *but thus*

עֲשׂוּ לָהֶם Qal impv. 2 m.p. (עָשָׂה I 793)-prep.-3 m.p. sf. *deal with them*

וְחָיוּ conj.-Qal pf. 3 c.p. (חָיָה 310) *that they may live*

וְלֹא יָמֻתוּ conj.-neg.-Qal impf. 3 m.p. (מוּת 559) *and not die*

בְּגִשְׁתָּם prep.-Qal inf.cstr.-3 m.p. sf. (נָגַשׁ 620) *when they come near*

אֶת־קֹדֶשׁ הַקֳּדָשִׁים dir.obj.-n.m.s. cstr. (871)-def.art.-n.m.p. (871) *to the most holy things*

אַהֲרֹן pr.n. (14) *Aaron*

וּבָנָיו conj.-n.m.p.-3 m.s. sf. (119) *and his sons*

יָבֹאוּ Qal impf. 3 m.p. (בּוֹא 97) *shall go in*

וְשָׂמוּ אוֹתָם conj.-Qal pf. 3 c.p. (שִׂים 962)-dir.obj.-3 m.p. sf. *and appoint them*

אִישׁ אִישׁ n.m.s. (35)-v.supra *each*

עַל־עֲבֹדָתוֹ prep.-n.f.s.-3 m.s. sf. (715) *to his task*

וְאֶל־מַשָּׂאוֹ conj.-prep.-n.m.s.-3 m.s. sf. (I 672) *and to his burden*

4:20

וְלֹא־יָבֹאוּ conj.-neg.-Qal impf. 3 m.p. (בּוֹא 97) *but they shall not go in*

לִרְאוֹת prep.-Qal inf.cstr. (רָאָה 906) *to look*

כְּבַלַּע prep.-Pi. inf.cstr. (118) *even for a moment*

אֶת־הַקֹּדֶשׁ dir.obj.-def.art.-n.m.s. (871) *upon the holy things*

וָמֵתוּ conj.-Qal pf. 3 c.p. (מוּת 559) *lest they die*

4:21

וַיְדַבֵּר יהוה consec.-Pi. impf. 3 m.s. (180)-pr.n. (217) *Yahweh said*

אֶל־מֹשֶׁה prep.-pr.n. (602) *to Moses*

לֵאמֹר prep.-Qal inf.cstr. (55) *(saying)*

4:22

נָשֹׂא Qal inf.abs. (נָשָׂא 669) *take*

אֶת־רֹאשׁ dir.obj.-n.m.s. cstr. (910) *a census of*

בְּנֵי גֵרְשׁוֹן n.m.p. cstr. (119)-pr.n. (177) *the sons of Gershon*

גַּם־הֵם adv. (168)-pers.pr. 3 m.p. (241) *also*

584

לְבֵית אֲבֹתָם prep.-n.m.s. cstr. (108)-n.m.p.-3 m.p. sf. (3) *by their fathers' houses*

לְמִשְׁפְּחֹתָם prep.-n.f.p.-3 m.p. sf. (1046) *by their families*

4:23

מִבֶּן שְׁלֹשִׁים prep.-n.m.s. cstr. (119)-num. p. (1026) *from thirty ... old*

שָׁנָה n.f.s. (1040) *years*

וָמַעְלָה conj.-adv.-loc.he (751) *and upward*

עַד בֶּן־חֲמִשִּׁים prep. (III 723)-n.m.s. cstr. (119)-num. p. (332) *up to fifty ... old*

שָׁנָה v.supra *years*

תִּפְקֹד אוֹתָם פָּקַד 823)-dir. obj.-3 m.p. sf. *you shall number them*

כָּל־הַבָּא n.m.s. cstr. (481)-def.art.-Qal act.ptc. (97 בּוֹא) *all who can enter*

לִצְבֹא צָבָא prep.-Qal inf.cstr. (צָבָא 838; GK 45g)-n.m.s. (838) *for service*

לַעֲבֹד עֲבֹדָה prep.-Qal inf.cstr. (עָבַד 712)-n.f.s. (715) *to do the work*

בְּאֹהֶל מוֹעֵד prep.-n.m.s. cstr. (13)-n.m.s. (417) *in the tent of meeting*

4:24

זֹאת demons.adj. f.s. (260) *this is*

עֲבֹדַת n.f.s. cstr. (715) *the service of*

מִשְׁפְּחֹת n.f.p. cstr. (1046) *the families of*

הַגֵּרְשֻׁנִּי def.art.-adj. gent. (177) *the Gershonites*

לַעֲבֹד prep.-Qal inf.cstr. (712) *in serving*

וּלְמַשָּׂא conj.-prep.-n.m.s. (672) *and bearing burdens*

4:25

וְנָשְׂאוּ conj.-Qal pf. 3 c.p. (נָשָׂא 669) *and they shall carry*

אֶת־יְרִיעֹת dir.obj.-n.f.p. cstr. (438) *the curtains of*

הַמִּשְׁכָּן def.art.-n.m.s. (1015) *the tabernacle*

וְאֶת־אֹהֶל מוֹעֵד conj.-dir.obj.-n.m.s. cstr. (13)-n.m.s. (417) *and the tent of meeting*

מִכְסֵהוּ n.m.s.-3 m.s. sf. (492) *with its covering*

וּמִכְסֵה הַתַּחַשׁ conj.-n.m.s. cstr. (492)-def.art.-n.m.s. (1065) *and the covering of goatskin*

אֲשֶׁר־עָלָיו rel. (81)-prep.-3 m.s. sf. *which is on top of it*

מִלְמָעְלָה prep.-prep.-adv.-loc.he (751) *upward*

וְאֶת־מָסַךְ conj.-dir.obj.-n.m.s. cstr. (697) *and the screen for*

פֶּתַח n.m.s. cstr. (835) *the door of*

אֹהֶל מוֹעֵד n.m.s. cstr. (13)-n.m.s. (417) *the tent of meeting*

4:26

וְאֵת קַלְעֵי conj.-dir.obj.-n.m.p. cstr. (II 887) *and the hangings of*

הֶחָצֵר def.art.-n.m.s. (I 346) *the court*

וְאֶת־מָסַךְ conj.-dir.obj.-n.m.s. cstr. (697) *and the screen for*

פֶּתַח n.m.s. cstr. (835) *the entrance of*

שַׁעַר n.m.s. cstr. (1044) *the gate of*

הֶחָצֵר def.art.-n.m.s. (I 346) *the court*

אֲשֶׁר עַל־הַמִּשְׁכָּן rel. (81)-prep.-def.art.-n.m.s. (1015) *which is ... the tabernacle*

וְעַל־הַמִּזְבֵּחַ conj.-prep.-def.art.-n.m.s. (258) *and the altar*

סָבִיב adv. (686) *around*

וְאֵת מֵיתְרֵיהֶם conj.-dir.obj.-n.m.p.-3 m.p. sf. (452) *and their cords*

וְאֶת־כָּל־כְּלֵי conj.-dir.obj.-n.m.s. cstr. (481)-n.m.p. cstr. (479) *and all the equipment for*

עֲבֹדָתָם n.f.s.-3 m.p. sf. (715) *their service*

וְאֵת כָּל־אֲשֶׁר conj.-dir.obj.-n.m.s. cstr. (481)-rel. (81) *and all that*

יֵעָשֶׂה לָהֶם Ni. impf. 3 m.s. (עָשָׂה I 793)-prep.-3 m.p. sf. *needs to be done with regard to them*

וְעָבָדוּ conj.-Qal pf. 3 c.p. paus. (עָבַד 712) *they shall do*

4:27

עַל־פִּי prep.-n.m.s. cstr. (804) *at the command of*

אַהֲרֹן pr.n. (14) *Aaron*

וּבָנָיו conj.-n.m.p.-3 m.s. sf. (119) *and his sons*

תִּהְיֶה Qal impf. 3 m.s. (הָיָה 224) *shall be*

כָּל־עֲבֹדַת n.m.s. cstr. (481)-n.f.s. cstr. (715) *all the service of*

בְּנֵי הַגֵּרְשֻׁנִּי n.m.p. cstr. (119)-def.art.-adj. gent. (177; GK 128v) *the sons of the Gershonites*

לְכָל־מַשָּׂאָם prep.-n.m.s. cstr. (481)-n.m.s.-3 m.p. sf. (I 672) *in all that they are to carry*

וּלְכֹל עֲבֹדָתָם conj.-prep.-n.m.s. cstr. (481)-n.f.s.-3 m.p. sf. (715) *and in all that they have to do*

וּפְקַדְתֶּם conj.-Qal pf. 2 m.p. (פָּקַד 823) *and you shall assign*

עֲלֵהֶם prep.-3 m.p. sf. *to them*

בְּמִשְׁמֶרֶת prep.-n.f.s. (1038) *to their charge*

אֵת כָּל־מַשָּׂאָם dir.obj.-n.m.s. cstr. (481)-n.m.s.-3 m.p. sf. (I 672) *all that they are to carry*

4:28

זֹאת demons.adj. f.s. (260) *this is*

עֲבֹדַת n.f.s. cstr. (715) *the service of*

מִשְׁפְּחֹת n.f.p. cstr. (1046) *the families of*

בְּנֵי הַגֵּרְשֻׁנִּי n.m.p. cstr. (119)-def.art.-adj. gent. (177) *the sons of the Gershonites*

בְּאֹהֶל מוֹעֵד prep.-n.m.s. cstr. (13)-n.m.s. (417) *in the tent of meeting*

וּמִשְׁמַרְתָּם conj.-n.f.s.-3 m.p. sf. (1038) *and their work*

בְּיַד prep.-n.f.s. cstr. (388) *under the oversight of*

אִיתָמָר pr.n. (16) *Ithamar*

בֶּן־אַהֲרֹן n.m.s. cstr. (119)-pr.n. (14) *the son of Aaron*

הַכֹּהֵן def.art.-n.m.s. (463) *the priest*

4:29

בְּנֵי מְרָרִי n.m.p. cstr. (119)-pr.n. (601) *as for the sons of Merari*

לְמִשְׁפְּחֹתָם prep.-n.f.p.-3 m.p. sf. (1046) *by their families*

לְבֵית־אֲבֹתָם prep.-n.m.s. cstr. (108)-n.m.p.-3 m.p. sf. (3) *and their fathers' houses*

תִּפְקֹד אֹתָם Qal impf. 2 m.s. (פָּקַד 823)-dir. obj.-3 m.p. sf. *you shall number them*

4:30

מִבֶּן שְׁלֹשִׁים prep.-n.m.s. cstr. (119)-num. p. (1026) *from thirty ... old*

שָׁנָה n.f.s. (1040) *years*

וָמַעְלָה conj.-adv.-loc.he (751) *up*

וְעַד בֶּן־חֲמִשִּׁים conj.-prep.-n.m.s. cstr. (119)-num. p. (332) *to fifty ... old*

שָׁנָה v.supra *years*

תִּפְקְדֵם Qal impf. 2 m.s.-3 m.p. sf. (פָּקַד 823) *you shall number them*

כָּל־הַבָּא n.m.s. cstr. (481)-def.art.-Qal act.ptc. (97 בּוֹא) *every one that can enter*

לַצָּבָא prep.-def.art.-n.m.s. (838) *the service*

לַעֲבֹד prep.-Qal inf.cstr. (712) *to do*

אֶת־עֲבֹדַת dir.obj.-n.f.s. cstr. (715) *the work of*

אֹהֶל מוֹעֵד n.m.s. cstr. (13)-n.m.s. (417) *the tent of meeting*

4:31

וְזֹאת conj.-demons.adj. f.s. (260) *and this is*

מִשְׁמֶרֶת n.f.s. cstr. (1038) *what they are charged*

מַשָּׂאָם n.m.s.-3 m.p. sf. (I 672) *to carry*

לְכָל־עֲבֹדָתָם prep.-n.m.s. cstr. (481)-n.f.s.-3 m.p. sf. (715) *as the whole of their service*

בְּאֹהֶל מוֹעֵד prep.-n.m.s. cstr. (13)-n.m.s. (417) *in the tent of meeting*

קַרְשֵׁי הַמִּשְׁכָּן n.m.p. cstr. (903)-def.art.-n.m.s. (1015) *the frames of the tabernacle*

וּבְרִיחָיו conj.-n.m.p.-3 m.s. sf. (138) *with its bars*

וְעַמּוּדָיו conj.-n.m.p.-3 m.s. sf. (765) *and its pillars*

וַאֲדָנָיו conj.-n.m.p.-3 m.s. sf. (10) *and bases*

4:32

וְעַמּוּדֵי conj.-n.m.p. cstr. (765) *and the pillars of*

הֶחָצֵר def.art.-n.m.s. (I 346) *the court*

סָבִיב adv. (686) *round about*

וְאַדְנֵיהֶם conj.-n.m.p.-3 m.p. sf. (10) *with their bases*

וִיתֵדֹתָם conj.-n.f.p.-3 m.p. sf. (450) *and pegs*

וּמֵיתְרֵיהֶם conj.-n.m.p.-3 m.p. sf. (452) *and cords*

לְכָל־כְּלֵיהֶם prep.-n.m.s. cstr. (481)-n.m.p.-3 m.p. sf. (479) *with all their equipment*

וּלְכֹל עֲבֹדָתָם conj.-prep.-n.m.s. cstr. (481) -n.f.s.-3 m.p. sf. (715) *and all their accessories*

וּבְשֵׁמֹת conj.-prep.-n.m.p. (1027) *and by name*

תִּפְקְדוּ Qal impf. 2 m.p. (פָּקַד 823) *you shall assign*

אֶת־כְּלֵי dir.obj.-n.m.p. cstr. (479) *the objects*

מִשְׁמֶרֶת n.f.s. cstr. (1038) *which they are required*

מַשָּׂאָם n.m.s.-3 m.p. sf. (I 672) *to carry*

4:33

זֹאת demons.adj. f.s. (260) *this is*

עֲבֹדַת n.f.s. cstr. (715) *the service of*

מִשְׁפְּחֹת n.f.p. cstr. (1046) *the families of*

בְּנֵי מְרָרִי n.m.p. cstr. (119)-pr.n. (601) *the sons of Merari*

לְכָל־עֲבֹדָתָם prep.-n.m.s. cstr. (481)-n.f.s.-3 m.p. sf. (715) *the whole of their service*

בְּאֹהֶל מוֹעֵד prep.-n.m.s. cstr. (13)-n.m.s. (417) *in the tent of meeting*

בְּיַד prep.-n.f.s. cstr. (388) *under the hand of*

אִיתָמָר pr.n. (16) *Ithamar*

בֶּן־אַהֲרֹן n.m.s. cstr. (119)-pr.n. (14) *the son of Aaron*

הַכֹּהֵן def.art.-n.m.s. (463) *the priest*

4:34

וַיִּפְקֹד מֹשֶׁה consec.-Qal impf. 3 m.s. (823)-pr.n. (602) *and Moses numbered*

וְאַהֲרֹן conj.-pr.n. (14) *and Aaron*

וּנְשִׂיאֵי conj.-n.m.p. cstr. (672) *and the leaders of*

הָעֵדָה def.art.-n.f.s. (417) *the congregation*

אֶת־בְּנֵי dir.obj.-n.m.p. cstr. (119) *the sons of*

הַקְּהָתִי def.art.-adj. gent. (875) *the Kohathites*

לְמִשְׁפְּחֹתָם prep.-n.f.p.-3 m.p. sf. (1046) *by their families*

וּלְבֵית אֲבֹתָם conj.-prep.-n.m.s. cstr. (108)-n.m.p.
-3 m.p. sf. (3) *and their fathers' houses*

4:35

מִבֶּן שְׁלֹשִׁים prep.-n.m.s. cstr. (119)-num. p.
(1026) *from thirty ... old*

שָׁנָה n.f.s. (1040) *years*

וָמַעְלָה conj.-adv.-loc.he (751) *up*

וְעַד בֶּן־חֲמִשִּׁים conj.-prep. (III 723)-n.m.s. cstr.
(119)-num. p. (332) *to fifty ... old*

שָׁנָה v.supra *years*

כָּל־הַבָּא n.m.s. cstr. (481)-def.art.-Qal act.ptc. (97
בּוֹא) *every one that could enter*

לַצָּבָא prep.-def.art.-n.m.s. (838) *the service*

לַעֲבֹדָה prep.-n.f.s. (715) *for work*

בְּאֹהֶל מוֹעֵד prep.-n.m.s. cstr. (13)-n.m.s. (417) *in
the tent of meeting*

4:36

וַיִּהְיוּ פְקֻדֵיהֶם consec.-Qal impf. 3 m.p. (הָיָה
224)-Qal pass.ptc. m.p.-3 m.p. sf. (פָּקַד 823)
and their number was

לְמִשְׁפְּחֹתָם prep.-n.f.p.-3 m.p. sf. (1046) *by their
families*

אֲלָפִים n.m. du. (48) *two thousand*

שְׁבַע מֵאוֹת num. cstr. (I 987)-n.f.p. (547) *seven
hundred*

וַחֲמִשִּׁים conj.-num. p. (332) *and fifty*

4:37

אֵלֶּה demons.adj. c.p. (41) *this was*

פְּקוּדֵי Qal pass.ptc. m.p. cstr. (פָּקַד 823) *the
number of*

מִשְׁפְּחֹת n.f.p. cstr. (1046) *the families of*

הַקְּהָתִי def.art.-adj. gent. (875) *the Kohathites*

כָּל־הָעֹבֵד n.m.s. cstr. (481)-def.art.-Qal act.ptc.
(712) *all who served*

בְּאֹהֶל מוֹעֵד prep.-n.m.s. cstr. (13)-n.m.s. (417) *in
the tent of meeting*

אֲשֶׁר פָּקַד rel. (81)-Qal pf. 3 m.s. (823) *whom ...
numbered*

מֹשֶׁה וְאַהֲרֹן pr.n. (602)-pr.n. (14) *Moses and
Aaron*

עַל־פִּי יהוה prep. (II 752)-n.m.s. cstr. (804)-pr.n.
(217) *according to the commandment of
Yahweh*

בְּיַד־מֹשֶׁה prep.-n.f.s. cstr. (388)-pr.n. (602) *by
(the hand of) Moses*

4:38

וּפְקוּדֵי conj.-Qal pass.ptc. m.p. cstr. (פָּקַד 823)
and the number of

בְּנֵי גֵרְשׁוֹן n.m.p. cstr. (119)-pr.n. (177) *the sons
of Gershon*

לְמִשְׁפְּחוֹתָם prep.-n.f.p.-3 m.p. sf. (1046) *by their
families*

וּלְבֵית אֲבֹתָם conj.-prep.-n.m.s. cstr. (108)-n.m.p.
-3 m.p. sf. (3) *and their fathers' houses*

4:39

מִבֶּן שְׁלֹשִׁים prep.-n.m.s. cstr. (119)-num. p.
(1026) *from thirty ... old*

שָׁנָה n.f.s. (1040) *years*

וָמַעְלָה conj.-adv.-loc.he (751) *up*

וְעַד בֶּן־חֲמִשִּׁים conj.-prep. (III 723)-n.m.s. cstr.
(119)-num. p. (332) *to fifty ... old*

שָׁנָה v.supra *years*

כָּל־הַבָּא n.m.s. cstr. (481)-def.art.-Qal act.ptc. (97
בּוֹא) *every one that could enter*

לַצָּבָא prep.-def.art.-n.m.s. (838) *the service*

לַעֲבֹדָה prep.-n.f.s. (715) *for work*

בְּאֹהֶל מוֹעֵד prep.-n.m.s. cstr. (13)-n.m.s. (417) *in
the tent of meeting*

4:40

וַיִּהְיוּ פְקֻדֵיהֶם consec.-Qal impf. 3 m.p. (הָיָה
224)-Qal pass.ptc. m.p.-3 m.p. sf. (823) *their
number was*

לְמִשְׁפְּחֹתָם prep.-n.f.p.-3 m.p. sf. (1046) *by their
families*

לְבֵית אֲבֹתָם prep.-n.m.s. cstr. (108)-n.m.p.-3 m.p.
sf. *and their fathers' houses*

אֲלָפִים n.m. du. (48) *two thousand*

וְשֵׁשׁ מֵאוֹת conj.-num. cstr. (995)-n.f.p. (547) *six
hundred*

וּשְׁלֹשִׁים conj.-num. p. (1026) *and thirty*

4:41

אֵלֶּה demons.adj. c.p. (41) *this was*

פְּקוּדֵי Qal pass.ptc. m.p. cstr. (823) *the number
of*

מִשְׁפְּחֹת n.f.p. cstr. (1046) *the families of*

בְּנֵי גֵרְשׁוֹן n.m.p. cstr. (119)-pr.n. (177) *the sons
of Gershon*

כָּל־הָעֹבֵד n.m.s. cstr. (481)-def.art.-Qal act.ptc.
(712) *all who served*

בְּאֹהֶל מוֹעֵד prep.-n.m.s. cstr. (13)-n.m.s. (417) *in
the tent of meeting*

אֲשֶׁר פָּקַד rel. (81)-Qal pf. 3 m.s. (823) *whom ...
numbered*

מֹשֶׁה וְאַהֲרֹן pr.n. (602)-conj.-pr.n. (14) *Moses
and Aaron*

עַל־פִּי יהוה prep. (II 752)-n.m.s. cstr. (804)-pr.n. (217) *according to the commandment of Yahweh*

4:42

וּפְקוּדֵי conj.-Qal pass.ptc. m.p. cstr. (823) *and the number of*

מִשְׁפְּחֹת n.f.p. cstr. (1046) *the families of*

בְּנֵי מְרָרִי n.m.p. cstr. (119)-pr.n. (601) *the sons of Merari*

לְמִשְׁפְּחֹתָם prep.-n.f.p.-3 m.p. sf. (1046) *by their families*

לְבֵית אֲבֹתָם prep.-n.m.s. cstr. (108)-n.m.p.-3 m.p. sf. (3) *and their fathers' houses*

4:43

מִבֶּן שְׁלֹשִׁים prep.-n.m.s. cstr. (119)-num. p. (1026) *from thirty ... old*

שָׁנָה n.f.s. (1040) *years*

וָמַעְלָה conj.-adv.-loc.he (751) *up*

וְעַד בֶּן־חֲמִשִּׁים conj.-prep. (III 723)-n.m.s. cstr. (119)-num. p. (332) *to fifty ... old*

שָׁנָה v.supra *years*

כָּל־הַבָּא n.m.s. cstr. (481)-def.art.-Qal act.ptc. (97 בּוֹא) *every one that could enter*

לַצָּבָא prep.-def.art.-n.m.s. (838) *the service*

לַעֲבֹדָה prep.-n.f.s. (715) *for work*

בְּאֹהֶל מוֹעֵד prep.-n.m.s. cstr. (13)-n.m.s. (417) *in the tent of meeting*

4:44

וַיִּהְיוּ פְקֻדֵיהֶם consec.-Qal impf. 3 m.p. (הָיָה 224)-Qal pass.ptc. m.p.-3 m.p. sf. (823) *their number was*

לְמִשְׁפְּחֹתָם prep.-n.f.p.-3 m.p. sf. (1046) *by families*

שְׁלֹשֶׁת אֲלָפִים num. f. cstr. (1025)-n.m.p. (48) *three thousand*

וּמָאתָיִם conj.-n.f. du. paus. (547) *and two hundred*

4:45

אֵלֶּה demons.adj. c.p. (41) *these are*

פְּקוּדֵי Qal pass.ptc. m.p. cstr. (823) *those who were numbered of*

מִשְׁפְּחֹת n.f.p. cstr. (1046) *the families of*

בְּנֵי מְרָרִי n.m.p. cstr. (119)-pr.n. (601) *the sons of Merari*

אֲשֶׁר פָּקַד rel. (81)-Qal pf. 3 m.s. (823) *whom ... numbered*

מֹשֶׁה וְאַהֲרֹן pr.n. (602)-conj.-pr.n. (14) *Moses and Aaron*

עַל־פִּי יהוה prep. (II 752)-n.m.s. cstr. (804)-pr.n. (217) *according to the commandment of Yahweh*

בְּיַד־מֹשֶׁה prep.-n.f.s. cstr. (388)-pr.n. (602) *by (the hand of) Moses*

4:46

כָּל־הַפְּקֻדִים n.m.s. cstr. (481)-def.art.-Qal pass.ptc. m.p. (823) *all those who were numbered*

אֲשֶׁר פָּקַד rel. (81)-Qal pf. 3 m.s. (823) *whom ... numbered*

מֹשֶׁה וְאַהֲרֹן pr.n. (602)-conj.-pr.n. (14) *Moses and Aaron*

וּנְשִׂיאֵי conj.-n.m.p. cstr. (672) *and the leaders of*

יִשְׂרָאֵל pr.n. (975) *Israel*

אֶת־הַלְוִיִּם dir.obj.-def.art.-adj. gent. m.p. (532) *of the Levites*

לְמִשְׁפְּחֹתָם prep.-n.f.p.-3 m.p. sf. (1046) *by their families*

וּלְבֵית אֲבֹתָם conj.-prep.-n.m.s. cstr. (108)-n.m.p.-3 m.p. sf. (3) *and their fathers' houses*

4:47

מִבֶּן שְׁלֹשִׁים prep.-n.m.s. cstr. (119)-num. p. (1026) *from thirty ... old*

שָׁנָה n.f.s. (1040) *years*

וָמַעְלָה conj.-adv.-loc.he (751) *up*

וְעַד בֶּן־חֲמִשִּׁים conj.-prep. (III 723)-n.m.s. cstr. (119)-num. p. (332) *to fifty ... old*

שָׁנָה v.supra *years*

כָּל־הַבָּא n.m.s. cstr. (481)-def.art.-Qal act.ptc. (97 בּוֹא) *every one that could enter*

לַעֲבֹד prep.-Qal inf.cstr. (712) *to do*

עֲבֹדַת עֲבֹדָה n.f.s. cstr. (715)-n.f.s. (715) *the work of service*

וַעֲבֹדַת מַשָּׂא conj.-v.supra-n.m.s. (I 672) *and the work of bearing burdens*

בְּאֹהֶל מוֹעֵד prep.-n.m.s. cstr. (13)-n.m.s. (417) *in the tent of meeting*

4:48

וַיִּהְיוּ פְקֻדֵיהֶם consec.-Qal impf. 3 m.p. (הָיָה 224)-Qal pass.ptc. m.p.-3 m.p. sf. (823) *and those who were numbered of them were*

שְׁמֹנַת אֲלָפִים num. f. cstr. (1032)-n.m.p. (48) *eight thousand*

וַחֲמֵשׁ מֵאוֹת conj.-num. cstr. (331)-n.f.p. (547) *five hundred*

וּשְׁמֹנִים conj.-num. p. (1033) *and eighty*

4:49

עַל־פִּי יְהוָה prep. (II 752)-n.m.s. cstr. (804)-pr.n. (217) *according to the commandment of Yahweh*

פָּקַד אוֹתָם Qal pf. 3 m.s. (823)-dir.obj.-3 m.p. sf. *he appointed them*

בְּיַד־מֹשֶׁה prep.-n.f.s. cstr. (388)-pr.n. (602) *through (the hand of) Moses*

אִישׁ אִישׁ n.m.s. (35)-v.supra *each*

עַל־עֲבֹדָתוֹ prep. (II 752)-n.f.s.-3 m.s. sf. (715) *to his task of serving*

וְעַל־מַשָּׂאוֹ conj.-v.supra-n.m.s.-3 m.s. sf. (I 672) *or carrying*

וּפְקֻדָיו conj.-Qal pass.ptc. m.p.-3 m.s. sf. (פקד 823) *thus they were numbered by him*

אֲשֶׁר־צִוָּה יְהוָה rel. (81)-Pi. pf. 3 m.s. (צוה 845)-pr.n. (217) *as Yahweh commanded*

אֶת־מֹשֶׁה dir.obj.-pr.n. (602) *Moses*

5:1

וַיְדַבֵּר יְהוָה consec.-Pi. impf. 3 m.s. (180)-pr.n. (217) *Yahweh said*

אֶל־מֹשֶׁה prep.-pr.n. (602) *to Moses*

לֵּאמֹר prep.-Qal inf.cstr. (55) *(saying)*

5:2

צַו Pi. impv. 2 m.s. (צוה 845) *command*

אֶת־בְּנֵי יִשְׂרָאֵל dir.obj.-n.m.p. cstr. (119)-pr.n. (975) *the people of Israel*

וִישַׁלְּחוּ conj.-Pi. impf. 3 m.p. (שׁלח 1018) *that they put out*

מִן־הַמַּחֲנֶה prep.-def.art.-n.m.s. (334) *of the camp*

כָּל־צָרוּעַ n.m.s. cstr. (481)-Qal pass.ptc. m.s. 863) *every leper*

וְכָל־זָב conj.-n.m.s. cstr. (481)-Qal act.ptc. 264) *and every one having a discharge*

וְכֹל טָמֵא conj.-n.m.s. cstr. (481)-adj. m.s. (379) *and every one that is unclean*

לָנָפֶשׁ prep.-def.art.-n.f.s. paus. (659; GK 102i) *through contact with the dead*

5:3

מִזָּכָר prep.-n.m.s. (271) *from male*

עַד־נְקֵבָה prep. (III 723)-n.f.s. (666) *to female*

תְּשַׁלֵּחוּ Pi. impf. 2 m.p. paus. (1018) *you shall put out*

אֶל־מִחוּץ prep.-prep.-n.m.s. (299; GK 119e) *outside*

לַמַּחֲנֶה prep.-def.art.-n.m.s. (334) *the camp*

תְּשַׁלְּחוּם Pi. impf. 2 m.p.-3 m.p. sf. (שׁלח 1018) *(you shall put them out)*

וְלֹא יְטַמְּאוּ conj.-neg.-Pi. impf. 3 m.p. (טמא 379) *that they may not defile*

אֶת־מַחֲנֵיהֶם dir.obj.-n.m.s.-3 m.p. sf. (334) *their camp*

אֲשֶׁר אֲנִי שֹׁכֵן rel. (81)-pers.pr. 1 c.s. (58)-Qal act.ptc. (שׁכן 1014) *which I dwell*

בְּתוֹכָם prep.-n.m.s.-3 m.p. sf. (1063) *in the midst of (them)*

5:4

וַיַּעֲשׂוּ־כֵן consec.-Qal impf. 3 m.p. (עשׂה I 793)-adv. (485) *and ... did so*

בְּנֵי יִשְׂרָאֵל n.m.p. cstr. (119)-pr.n. (975) *the people of Israel*

וַיְשַׁלְּחוּ אוֹתָם consec.-Pi. impf. 3 m.p. (שׁלח 1018)-dir.obj.-3 m.p. sf. *and drove them*

אֶל־מִחוּץ prep.-prep.-n.m.s. (299) *outside*

לַמַּחֲנֶה prep.-def.art.-n.m.s. (334) *the camp*

כַּאֲשֶׁר דִּבֶּר prep.-rel. (81)-Pi. pf. 3 m.s. (180) *as ... said*

יְהוָה pr.n. (217) *Yahweh*

אֶל־מֹשֶׁה prep.-pr.n. (602) *to Moses*

כֵּן עָשׂוּ adv. (485)-Qal pf. 3 c.p. (עשׂה I 793) *so ... did*

בְּנֵי יִשְׂרָאֵל v.supra-v.supra *the people of Israel*

5:5

וַיְדַבֵּר יְהוָה consec.-Pi. impf. 3 m.s. (180)-pr.n. (217) *and Yahweh said*

אֶל־מֹשֶׁה prep.-pr.n. (602) *to Moses*

לֵּאמֹר prep.-Qal inf.cstr. (55) *(saying)*

5:6

דַּבֵּר Pi. impv. 2 m.s. (180) *say*

אֶל־בְּנֵי יִשְׂרָאֵל prep.-n.m.p. cstr. (119)-pr.n. (975) *to the people of Israel*

אִישׁ אוֹ־אִשָּׁה n.m.s. (35)-conj. (14)-n.f.s. (61) *a man or a woman*

כִּי יַעֲשׂוּ conj. (471)-Qal impf. 3 m.p. (עשׂה I 793) *when ... commits*

מִכָּל־חַטֹּאת prep.-n.m.s. cstr. (481)-n.f.p. (308) *any of the sins*

הָאָדָם def.art.-n.m.s. (9) *that men (commit)*

לִמְעֹל מַעַל prep.-Qal inf.cstr. (מעל 591)-n.m.s. (591) *by breaking faith*

בַּיהוָה prep.-pr.n. (217) *with Yahweh*

וְאָשְׁמָה conj.-Qal pf. 3 f.s. (אשׁם 79) *and ... is guilty*

הַנֶּפֶשׁ הַהִוא dir.obj.-n.f.s. (659)-def.art.-demons.adj. f.s. (214) *that person*

5:7

וְהִתְוַדּוּ conj.-Hith. pf. 3 c.p. (יָדָה 392) *he shall confess*

אֶת־חַטָּאתָם dir.obj.-n.f.s.-3 m.p. sf. (308) *his sin*

אֲשֶׁר עָשׂוּ rel. (81)-Qal pf. 3 c.p. (עָשָׂה I 793) *which he has committed*

וְהֵשִׁיב conj.-Hi. pf. 3 m.s. (שׁוּב 996) *and he shall make ... restitution*

אֶת־אֲשָׁמוֹ dir.obj.-n.m.s.-3 m.s. sf. 79) *for his wrong*

בְּרֹאשׁוֹ prep.-n.m.s.-3 m.s. sf. *full*

וַחֲמִישִׁתוֹ conj.-adj. f.-3 m.s. sf. (332) *a fifth*

יֹסֵף Hi. impf. 3 m.s. apoc. (יָסַף 414) *let him add*

עָלָיו prep.-3 m.s. sf. *to it*

וְנָתַן conj.-Qal pf. 3 m.s. (678) *and giving*

לַאֲשֶׁר אָשַׁם לוֹ prep.-rel. (81)-Qal pf. 3 m.s. (79)-prep.-3 m.s. sf. *to whom he did the wrong*

5:8

וְאִם אֵין conj.-hypoth.part. (49) neg. cstr. (II 34) *but if ... has no*

לָאִישׁ prep.-def.art.-n.m.s. (35) *the man*

גֹּאֵל Qal act.ptc. (I 145) *kinsman*

לְהָשִׁיב הָאָשָׁם prep.-Hi. inf.cstr. (שׁוּב 996)-def.art.-n.m.s. (79) *to make restitution for the wrong*

אֵלָיו prep.-3 m.s. sf. (39) *(to him)*

הָאָשָׁם הַמּוּשָׁב v.supra-def.art.-Ho. ptc. (שׁוּב 996) *the restitution for wrong*

לַיהוה prep.-pr.n. (217) *to Yahweh*

לַכֹּהֵן prep.-def.art.-n.m.s. (463) *for the priest*

מִלְּבַד prep.-prep.-n.m.s. (94) *in addition to*

אֵיל הַכִּפֻּרִים n.m.s. cstr. (I 17)-def.art.-n.m.p. (498) *the ram of atonement*

אֲשֶׁר יְכַפֶּר־בּוֹ rel. (81)-Pi. impf. 3 m.s. (כָּפַר 497)-prep.-3 m.s. sf. *with which atonement is made*

עָלָיו prep.-3 m.s. sf. *for him*

5:9

וְכָל־תְּרוּמָה conj.-n.m.s. cstr. (481)-n.f.s. (929) *and every offering*

לְכָל־קָדְשֵׁי prep.-n.m.s. cstr. (481)-n.m.p. cstr. (871) *all the holy things of*

בְּנֵי־יִשְׂרָאֵל n.m.p. cstr. (119)-pr.n. (975) *the people of Israel*

אֲשֶׁר־יַקְרִיבוּ rel. (81)-Hi. impf. 3 m.p. (קָרַב 897) *which they bring*

לַכֹּהֵן prep.-def.art.-n.m.s. (463) *to the priest*

לוֹ יִהְיֶה prep.-3 m.s. sf.-Qal impf. 3 m.s. 224) *shall be his*

5:10

וְאִישׁ conj.-n.m.s. (35; GK 139c) *and every man*

אֶת־קָדָשָׁיו dir.obj. (GK 117m)-n.m.p.-3 m.s. sf. (871) *his holy things*

לוֹ יִהְיוּ v.supra-Qal impf. 3 m.p. (הָיָה 224) *shall be his*

אִישׁ v.supra *any man*

אֲשֶׁר־יִתֵּן rel. (81)-Qal impf. 3 m.s. (נָתַן 678) *whatever ... gives*

לַכֹּהֵן prep.-def.art.-n.m.s. (463) *to the priest*

לוֹ יִהְיֶה v.supra-Qal impf. 3 m.s. (224) *shall be his*

5:11

וַיְדַבֵּר יהוה consec.-Pi. impf. 3 m.s. (180)-pr.n. (217) *and Yahweh said*

אֶל־מֹשֶׁה prep.-pr.n. (602) *to Moses*

לֵאמֹר prep.-Qal inf.cstr. (55) *(saying)*

5:12

דַּבֵּר Pi. impv. 2 m.s. (180) *say*

אֶל־בְּנֵי יִשְׂרָאֵל prep.-n.m.p. cstr. (119)-pr.n. (975) *to the people of Israel*

וְאָמַרְתָּ conj.-Qal pf. 2 m.s. (אָמַר 55) *(and you shall say)*

אֲלֵהֶם prep.-3 m.p. sf. (39) *(to them)*

אִישׁ אִישׁ n.m.s. (35)-v.supra *any man*

כִּי־תִשְׂטֶה conj. (471)-Qal impf. 3 f.s. (שָׂטָה 966) *if ... goes astray*

אִשְׁתּוֹ n.f.s.-3 m.s. sf. (61) *his wife*

וּמָעֲלָה בוֹ מָעַל conj.-Qal pf. 3 f.s. (591)-prep.-3 m.s. sf.-n.m.s. paus. (591) *and acts unfaithfully against him*

5:13

וְשָׁכַב אִישׁ conj.-Qal pf. 3 m.s. (1011)-n.m.s. (35) *and (if) a man lies*

אֹתָהּ prep.-3 f.s. sf. (85) *with her*

שִׁכְבַת־זֶרַע n.f.s. cstr. (1012)-n.m.s. (282) *carnally (a lying of seed)*

וְנֶעְלַם conj.-Ni. pf. 3 m.s. (עָלַם I 761) *and it is hidden*

מֵעֵינֵי אִישָׁהּ prep.-n.f.p. cstr. (744)-n.m.s.-3 f.s. sf. (35) *from the eyes of her husband*

וְנִסְתְּרָה conj.-Ni. pf. 3 f.s. (סָתַר 711) *and she is undetected*

וְהִיא נִטְמָאָה conj.-pers.pr. 3 f.s. (214)-Ni. pf. 3 f.s. paus. (טָמֵא 379) *though she has defiled herself*

וְעֵד אֵין בָּהּ conj.-n.m.s. (729)-neg. (II 34)-prep.
-3 f.s. sf. *and there is no witness against
her*

וְהִוא לֹא נִתְפָּשָׂה conj.-pers.pr. 3 f.s. (214)-neg.
-Ni. pf. 3 f.s. paus. (תָּפַשׂ 1074) *since she
was not taken in the act*

5:14

וְעָבַר עָלָיו conj.-Qal pf. 3 m.s. (716)-prep.-3 m.s.
sf. *and if ... comes upon him*

רוּחַ־קִנְאָה n.m.s. cstr. (924)-n.f.s. (888) *the spirit
of jealousy*

וְקִנֵּא conj.-Pi. pf. 3 m.s. (קָנָא 888) *and he is
jealous*

אֶת־אִשְׁתּוֹ dir.obj.-n.f.s.-3 m.s. sf. (61) *of his
wife*

וְהִוא נִטְמָאָה conj.-pers.pr. 3 f.s. (214)-Ni. pf. 3
f.s. paus. (טָמֵא 379) *who has defiled
herself*

אוֹ־עָבַר עָלָיו conj. (14)-Qal pf. 3 m.s. (716)-prep.
-3 m.s. sf. *or if ... comes upon him*

רוּחַ־קִנְאָה n.m.s. cstr. (924)-n.f.s. (888) *the spirit
of jealousy*

וְקִנֵּא conj.-Pi. pf. 3 m.s. (קָנָא 888) *and he is
jealous*

אֶת־אִשְׁתּוֹ dir.obj.-n.f.s.-3 m.s. sf. (61) *of his
wife*

וְהִיא לֹא נִטְמָאָה conj.-pers.pr. 3 f.s. (214)
-neg.-Ni. pf. 3 f.s. paus. (טָמֵא 379) *though
she has not defiled herself*

5:15

וְהֵבִיא הָאִישׁ conj.-Hi. pf. 3 m.s. (בּוֹא 97)-def.
art.-n.m.s. (35) *then the man shall bring*

אֶת־אִשְׁתּוֹ dir.obj.-n.f.s.-3 m.s. sf. (61) *his wife*

אֶל־הַכֹּהֵן prep.-def.art.-n.m.s. (463) *to the priest*

וְהֵבִיא v.supra *and bring*

אֶת־קָרְבָּנָהּ dir.obj.-n.f.s.-3 f.s. sf. (898) *(her)
offering*

עָלֶיהָ prep.-3 f.s. sf. *required of her*

עֲשִׂירִת num. adj. f.s. cstr. (798) *a tenth of*

הָאֵיפָה def.art.-n.f.s. (35) *an ephah*

קֶמַח שְׂעֹרִים n.m.s. cstr. (887)-n.f.p. (972) *barley
meal*

לֹא־יִצֹק neg.-Qal impf. 3 m.s. (יָצַק 427) *he
shall not pour*

עָלָיו prep.-3 m.s. sf. *upon it*

שֶׁמֶן n.m.s. (1032) *oil*

וְלֹא־יִתֵּן conj.-neg.-Qal impf. 3 m.s. (נָתַן 678)
and he shall not put

עָלָיו v.supra *upon it*

לְבֹנָה n.f.s. (I 526) *frankincense*

כִּי־מִנְחַת conj. (471)-n.f.s. cstr. (585) *for an
offering of*

קְנָאֹת n.f.p. (888) *jealousy*

הוּא pers.pr. 3 m.s. (214) *it is*

מִנְחַת זִכָּרוֹן v.supra-n.m.s. (272) *an offering of
remembrance*

מַזְכֶּרֶת Hi. ptc. f.s. cstr. (זָכַר 269) *a
remembrance of*

עָוֹן n.m.s. (730) *iniquity*

5:16

וְהִקְרִיב אֹתָהּ conj.-Hi. pf. 3 m.s. (קָרַב 897)-dir.
obj.-3 f.s. sf. *and ... shall bring her near*

הַכֹּהֵן def.art.-n.m.s. (463) *the priest*

וְהֶעֱמִדָהּ conj.-Hi. pf. 3 m.s.-3 f.s. sf. (עָמַד 763)
and set her

לִפְנֵי יְהוָה prep.-n.m.p. cstr. (815)-pr.n. (217)
before Yahweh

5:17

וְלָקַח הַכֹּהֵן conj.-Qal pf. 3 m.s. (542)-def.art.
-n.m.s. (463) *and the priest shall take*

מַיִם קְדֹשִׁים n.m.p. (565)-adj. m.p. (872; GK
128p) *holy water*

בִּכְלִי־חָרֶשׂ prep.-n.m.s. cstr. (479)-n.m.s. paus.
(360) *in an earthen vessel*

וּמִן־הֶעָפָר conj.-prep.-def.art.-n.m.s. (779) *and
some of the dust*

אֲשֶׁר יִהְיֶה rel. (81)-Qal impf. 3 m.s. (224) *that is*

בְּקַרְקַע הַמִּשְׁכָּן prep.-n.m.s. cstr. (903)-def.art.
-n.m.s. (1015) *on the floor of the tabernacle*

יִקַּח הַכֹּהֵן Qal impf. 3 m.s. (לָקַח 542)-v.supra
the priest shall take

וְנָתַן conj.-Qal pf. 3 m.s. (678) *and put*

אֶל־הַמָּיִם prep.-def.art.-n.m.p. paus. (565) *into
the water*

5:18

וְהֶעֱמִיד הַכֹּהֵן conj.-Hi. impf. 3 m.s. (עָמַד 763)
-def.art.-n.m.s. (463) *and the priest shall set*

אֶת־הָאִשָּׁה dir.obj.-def.art.-n.f.s. (61) *the woman*

לִפְנֵי יְהוָה prep.-n.m.p. cstr. (815)-pr.n. (217)
before Yahweh

וּפָרַע conj.-Qal pf. 3 m.s. (III 828) *and unbind*

אֶת־רֹאשׁ הָאִשָּׁה dir.obj.-n.m.s. cstr. (910)
-v.supra *the hair of the woman's head*

וְנָתַן conj.-Qal pf. 3 m.s. (678) *and place*

עַל־כַּפֶּיהָ prep.-n.f.p.-3 f.s. sf. (496) *in her
hands*

אֵת מִנְחַת dir.obj.-n.f.s. cstr. (585) *the offering
of*

הַזִּכָּרוֹן def.art.-n.m.s. (272) *remembrance*

מִנְחַת v.supra *an offering of*

קְנָאֹת n.f.p. (888) *jealousy*

הוּא pers.pr. 3 f.s. (214) *it is*

וּבְיַד הַכֹּהֵן conj.-prep.-n.f.s. cstr. (388)-def.art.
-n.m.s. (463) *and in the hand of the priest*

יִהְיוּ Qal impf. 3 m.p. (הָיָה 224) *shall be*

מֵי הַמָּרִים n.m.p. cstr. (565)-def.art.-adj. m.p.
(600; LXX-τοῦ ἐλεγμοῦ) *the water of
bitterness*

הַמְאָרֲרִים def.art.-Pi. ptc. m.p. (אָרַר 76) *that
brings the curse*

5:19

וְהִשְׁבִּיעַ conj.-Hi. pf. 3 m.s. (שָׁבַע 989) *then ...
shall make take an oath*

אֹתָהּ dir.obj.-3 f.s. sf. *her*

הַכֹּהֵן def.art.-n.m.s. (463) *the priest*

וְאָמַר conj.-Qal pf. 3 m.s. (55) *and will say*

אֶל־הָאִשָּׁה prep.-def.art.-n.f.s. (61) *to the woman*

אִם־לֹא שָׁכַב hypoth.part. (49)-neg.-Qal pf. 3
m.s. (1011) *if has not laid*

אִישׁ n.m.s. (35) *a man*

אֹתָךְ prep.-2 f.s. sf. *with you*

וְאִם־לֹא שָׂטִית conj.-v.supra-neg.-Qal pf. 2 f.s.
(שָׂטָה 966) *and if you have not turned
aside*

טֻמְאָה n.f.s. (380) *to uncleanness*

תַּחַת אִישֵׁךְ prep. (1065)-n.m.s.-2 f.s. sf. (35)
*while you were under your husband's
authority*

הִנָּקִי Ni. impv. 2 f.s. (נָקָה 667; GK 110i) *be free*

מִמֵּי הַמָּרִים prep.-n.m.p. cstr. (565)-def.art.-adj.
m.p. (I 600) *from ... water of bitterness*

הַמְאָרֲרִים def.art.-Pi. ptc. m.p. (אָרַר 76) *that
brings the curse*

הָאֵלֶּה def.art.-demons.adj. c.p. (41) *this (these)*

5:20

וְאַתְּ conj.-pers.pr. 2 f.s. (61) *but you*

כִּי שָׂטִית conj. (471)-Qal pf. 2 f.s. (שָׂטָה 966) *if
you have gone astray*

תַּחַת אִישֵׁךְ prep. (1065)-n.m.s.-2 f.s. sf. (35; GK
167a) *although you are under your
husband's authority*

וְכִי נִטְמֵאת conj.-v.supra-Ni. pf. 2 f.s. sf. (טָמֵא
379) *and if you have defiled yourself*

וַיִּתֵּן consec.-Qal impf. 3 m.s. (נָתַן 678) *and ..
has put*

אִישׁ n.m.s. (35) *a man*

בָּךְ prep.-2 f.s. sf. *in you*

אֶת־שְׁכָבְתּוֹ dir.obj.-n.f.s.-3 m.s. sf. (1012) *his
copulation*

מִבַּלְעֲדֵי אִישֵׁךְ part. of negation (116)-n.m.s.-2
f.s. sf. (35) *other than your husband*

5:21

וְהִשְׁבִּיעַ conj.-Hi. pf. 3 m.s. (989) *and ... shall
make take an oath*

הַכֹּהֵן dir.obj.-n.m.s. (463) *the priest*

אֶת־הָאִשָּׁה dir.obj.-def.art.-n.f.s. (61) *the woman*

בִּשְׁבֻעַת הָאָלָה prep.-n.f.s. cstr. (989)-def.art.
-n.f.s. (46) *the oath of the curse*

וְאָמַר הַכֹּהֵן conj.-Qal pf. 3 m.s. (55)-def.art.
-n.m.s. (463) *and the priest shall say*

לָאִשָּׁה prep.-def.art.-n.f.s. (61) *to the woman*

יִתֵּן יְהוָה Qal pf. 3 m.s. (נָתַן 678)-pr.n. (217)
Yahweh make

אוֹתָךְ dir.obj.-2 f.s. sf. *you*

לְאָלָה prep.-n.f.s. (46) *an execration*

וְלִשְׁבֻעָה conj.-prep.-n.f.s. (989) *and an oath*

בְּתוֹךְ עַמֵּךְ prep.-n.m.s. cstr. (1063)-n.m.s.-2 f.s.
sf. (I 766) *among your people*

בְּתֵת יְהוָה prep.-Qal inf.cstr. (נָתַן 678)-pr.n.
(217) *when Yahweh makes*

אֶת־יְרֵכֵךְ dir.obj.-n.f.s.-2 f.s. sf. (437) *your thigh*

נֹפֶלֶת Qal inf.cstr. f.s. (נָפַל 656) *fall away*

וְאֶת־בִּטְנֵךְ conj.-dir.obj.-n.f.s.-2 f.s. sf. (105) *and
your body*

צָבָה adj. f.s. (839) *swell*

5:22

וּבָאוּ conj.-Qal pf. 3 c.p. (בּוֹא 97) *and ... (may)
pass*

הַמַּיִם def.art.-n.m.s. (565) *water*

הַמְאָרֲרִים dir.obj.-Pi. ptc. m.p. (אָרַר 76) *that
brings the curse*

הָאֵלֶּה def.art.-demons.adj. c.p. (41) *this (these)*

בְּמֵעַיִךְ prep.-n.m.p.-2 f.s. sf. (588) *into your
bowels*

לַצְבּוֹת prep.-Hi. inf.cstr. (צָבָה 839; GK 53q) *to
make swell*

בֶּטֶן n.f.s. (105) *your body*

לַנְפִּל prep.-Hi. inf.cstr. (נָפַל 656; GK 66f) *and
make fall away*

יָרֵךְ n.f.s. (437) *your thigh*

וְאָמְרָה conj.-Qal pf. 3 f.s. (55) *and shall say*

הָאִשָּׁה def.art.-n.f.s. (61) *the woman*

אָמֵן אָמֵן adv. (53)-v.supra *Amen, Amen*

5:23

וְכָתַב conj.-Qal pf. 3 m.s. (507) *then shall write*

אֶת־הָאָלֹת הָאֵלֶּה dir.obj.-def.art.-n.f.p. (46)
-def.art.-demons.adj. c.p. (41) *these curses*

הַכֹּהֵן def.art.-n.m.s. (463) *the priest*

בַּסֵּפֶר prep.-def.art.-n.m.s. (706; GK 126s) *in a book*

וּמָחָה conj.-Qal pf. 3 m.s. (562) *and wash (them off)*

אֶל־מֵי הַמָּרִים prep.-n.m.p. cstr. (565)-def.art. -adj. m.p. (600) *into the water of bitterness*

5:24

וְהִשְׁקָה conj.-Hi. pf. 3 m.s. (שׁקה 1052) *and he shall make drink*

אֶת־הָאִשָּׁה dir.obj.-def.art.-n.f.s. (61) *the woman*

אֶת־מֵי הַמָּרִים dir.obj.-n.m.p. cstr. (565)-def.art. -adj. m.p. (600) *the water of bitterness*

הַמְאָרְרִים dir.obj.-Pi. ptc. m.p. (ארר 76) *that brings the curse*

וּבָאוּ בָהּ conj.-Qal pf. 3 c.p. (בוא 97)-prep.-3 f.s. sf. *and shall enter into her*

הַמַּיִם def.art.-n.m.p. (565) *the water*

הַמְאָרְרִים dir.obj.-Pi. ptc. m.p. (ארר 76) *that brings the curse*

לְמָרִים prep.-adj. m.p. (600) *to bitterness (pain)*

5:25

וְלָקַח הַכֹּהֵן conj.-Qal pf. 3 m.s. (542)-def.art. -n.m.s. (463) *and the priest shall take*

מִיַּד הָאִשָּׁה prep.-n.f.s. cstr. (388)-def.art.-n.f.s. (61) *out of the woman's hand*

אֵת מִנְחַת הַקְּנָאֹת dir.obj.-n.f.s. cstr. (585)-def. art.-n.f.p. (888) *the offering of jealousy*

וְהֵנִיף conj.-Hi. pf. 3 m.s. (נוף 631) *and shall wave*

אֶת־הַמִּנְחָה dir.obj.-def.art.-n.f.s. (585) *the offering*

לִפְנֵי יהוה prep.-n.m.p. cstr. (815)-pr.n. (217) *before Yahweh*

וְהִקְרִיב אֹתָהּ conj.-Hi. pf. 3 m.s. (קרב 897) -dir.obj.-3 f.s. sf. *and bring it*

אֶל־הַמִּזְבֵּחַ prep.-def.art.-n.m.s. (258) *to the altar*

5:26

וְקָמַץ הַכֹּהֵן conj.-Qal pf. 3 m.s. (888)-def.art. -n.m.s. (463) *and the priest shall take a handful*

מִן־הַמִּנְחָה prep.-def.art.-n.f.s. (585) *of the offering*

אֶת־אַזְכָּרָתָהּ dir.obj.-n.f.s.-3 f.s. sf. (272) *as its memorial portion*

וְהִקְטִיר conj.-Hi. pf. 3 m.s. (קטר 882) *and burn (it)*

הַמִּזְבֵּחָה def.art.-n.m.s.-loc.he (258) *upon the altar*

וְאַחַר יַשְׁקֶה conj.-adv. (29)-Hi. impf. 3 m.s. (שׁקה 1052) *and afterward shall make ... drink*

אֶת־הָאִשָּׁה dir.obj.-def.art.-n.f.s. (61) *the woman*

אֶת־הַמָּיִם dir.obj.-def.art.-n.m.p. paus. (565) *the water*

5:27

וְהִשְׁקָהּ conj.-Hi. pf. 3 m.s.-3 f.s. sf. (שׁקה 1052) *and when he has made her drink*

אֶת־הַמַּיִם dir.obj.-def.art.-n.m.p. (565) *the water*

וְהָיְתָה conj.-Qal pf. 3 f.s. (היה 224; GK 112y) *and it is*

אִם־נִטְמְאָה hypoth.part. (49)-Ni. pf. 3 f.s. (טמא 379) *if she has defiled herself*

וַתִּמְעֹל מַעַל consec.-Qal impf. 3 f.s. (מעל 591) -n.m.s. (I 591) *and has acted unfaithfully*

בְּאִישָׁהּ prep.-n.m.s.-3 f.s. sf. (35) *against her husband*

וּבָאוּ בָהּ conj.-Qal pf. 3 c.p. (בוא 97)-prep.-3 f.s. sf. *and shall enter into her*

הַמַּיִם dir.obj.-n.m.p. (565) *the water*

הַמְאָרְרִים def.art.-Pi. ptc. m.p. (ארר 76) *that cause the curse*

לְמָרִים prep.-adj. m.p. (600) *(cause) bitter pain*

וְצָבְתָה conj.-Qal pf. 3 f.s. (צבה I 839) *and shall swell*

בִטְנָהּ n.f.s.-3 f.s. sf. (105) *her body*

וְנָפְלָה conj.-Qal pf. 3 f.s. (נפל 656) *and shall fall away*

יְרֵכָהּ n.f.s.-3 f.s. sf. (437) *her thigh*

וְהָיְתָה conj.-Qal pf. 3 f.s. (היה 224) *and shall become*

הָאִשָּׁה def.art.-n.f.s. (61) *the woman*

לְאָלָה prep.-n.f.s. (46) *an execration*

בְּקֶרֶב עַמָּהּ prep.-n.m.s. cstr. (899)-n.m.s.-3 f.s. sf. (I 766) *among her people*

5:28

וְאִם־לֹא נִטְמְאָה conj.-hypoth.part. (49)-neg.-Ni. pf. 3 f.s. (טמא 379) *but if ... has not defiled herself*

הָאִשָּׁה def.art.-n.f.s. (61) *the woman*

וּטְהֹרָה הִוא conj.-adj. f.s. (373)-pers.pr. 3 f.s. (214) *and she is clean*

וְנִקְּתָה conj.-Ni. pf. 3 f.s. (נקה 667) *then she shall be free*

וְנִזְרְעָה זָרַע conj.-Ni. pf. 3 f.s. (זרע 281)-n.m.s. paus. (282) *and shall conceive children*

593

5:29

זֹאת תּוֹרַת demons.adj. f.s. (260)-n.f.s. cstr. (435) *this is the law in cases of*

הַקְּנָאֹת dir.obj.-n.f.p. (888) *jealousy*

אֲשֶׁר תִּשְׂטֶה rel. (81)-Qal impf. 3 f.s. (שָׂטָה 966) *when ... goes astray*

אִשָּׁה n.f.s. (61) *a wife*

תַּחַת אִישָׁהּ prep. (1065)-n.m.s.-3 f.s. sf. (35) *though under her husband's authority*

וְנִטְמָאָה conj.-Ni. pf. 3 f.s. paus. (טָמֵא 379) *and defiles herself*

5:30

אוֹ אִישׁ conj. (14)-n.m.s. (35) *or a man*

אֲשֶׁר תַּעֲבֹר עָלָיו rel. (81)-Qal impf. 3 f.s. (עָבַר 716)-prep.-3 m.s. sf. *when ... comes upon him*

רוּחַ קִנְאָה n.f.s. cstr. (924)-n.f.s. (888) *the spirit of jealousy*

וְקִנֵּא conj.-Pi. pf. 3 m.s. (קָנָא 888) *and he is jealous*

אֶת־אִשְׁתּוֹ dir.obj.-n.f.s.-3 m.s. sf. (61) *of his wife*

וְהֶעֱמִיד conj.-Hi. pf. 3 m.s. (עָמַד 763) *then he shall set*

אֶת־הָאִשָּׁה dir.obj.-def.art.-n.f.s. (61) *the woman*

לִפְנֵי יהוה prep.-n.m.p. cstr. (815)-pr.n. (217) *before Yahweh*

וְעָשָׂה לָהּ conj.-Qal pf. 3 m.s. (I 793)-prep.-3 f.s. sf. *and shall execute upon her*

הַכֹּהֵן def.art.-n.m.s. (463) *the priest*

אֵת כָּל־ dir.obj.-n.m.s. cstr. (481) *all of*

הַתּוֹרָה הַזֹּאת def.art.-n.f.s. (435)-def.art.-demons.adj. f.s. (260) *this law*

5:31

וְנִקָּה conj.-Ni. pf. 3 m.s. (נָקָה 667) *and ... shall be free*

הָאִישׁ def.art.-n.m.s. (35) *the man*

מֵעָוֹן prep.-n.m.s. (730) *from iniquity*

וְהָאִשָּׁה הַהִוא conj.-def.art.-n.f.s. (61)-def.art.-demons.adj. f.s. (214) *but that woman*

תִּשָּׂא Qal impf. 3 f.s. (נָשָׂא 669) *shall bear*

אֶת־עֲוֹנָהּ dir.obj.-n.m.s.-3 f.s. sf. (730) *her iniquity*

6:1

וַיְדַבֵּר יהוה consec.-Pi. impf. 3 m.s. (180)-pr.n. (217) *and Yahweh said*

אֶל־מֹשֶׁה prep.-pr.n. (602) *to Moses*

לֵּאמֹר prep.-Qal inf.cstr. (55) *(saying)*

6:2

דַּבֵּר Pi. impv. 2 m.s. (180) *say*

אֶל־בְּנֵי יִשְׂרָאֵל prep.-n.m.p. cstr. (119)-pr.n. (975) *to the people of Israel*

וְאָמַרְתָּ conj.-Qal pf. 2 m.s. (55) *(and you shall say)*

אֲלֵהֶם prep.-3 m.p. sf. *(to them)*

אִישׁ אוֹ־אִשָּׁה n.m.s. (35)-conj. (14)-n.f.s. (61) *either a man or a woman*

כִּי יַפְלִא conj. (471)-Hi. impf. 3 m.s. (פָּלָא 810) *makes a special*

לִנְדֹּר prep.-Qal inf.cstr. (נָדַר 623) *vow*

נֶדֶר נָזִיר n.m.s. cstr. (623)-n.m.s. (634) *the vow of a Nazirite*

לְהַזִּיר prep.-Hi. inf.cstr. (נָזַר 634) *to separate himself*

לַיהוה prep.-pr.n. (217) *to Yahweh*

6:3

מִיַּיִן prep.-n.m.s. (406) *from wine*

וְשֵׁכָר conj.-n.m.s. (1016) *and strong drink*

יַזִּיר Hi. impf. 3 m.s. (נָזַר 634) *he shall separate himself*

חֹמֶץ n.m.s. cstr. (330) *vinegar of*

יַיִן n.m.s. (406) *wine*

וְחֹמֶץ שֵׁכָר conj.-v.supra-v.supra *and vinegar of strong drink*

לֹא יִשְׁתֶּה neg.-Qal impf. 3 m.s. (שָׁתָה 1059) *he shall not drink*

וְכָל־מִשְׁרַת conj.-n.m.s. cstr. (481)-n.f.s. cstr. (1056) *and any juice of*

עֲנָבִים n.m.p. (772) *grapes*

לֹא יִשְׁתֶּה v.supra-v.supra *he shall not drink*

וַעֲנָבִים conj.-v.supra *or grapes*

לַחִים adj. m.p. (535) *fresh*

וִיבֵשִׁים conj.-adj. m.p. (II 386) *or dried*

לֹא יֹאכֵל neg.-Qal impf. 3 m.s. (אָכַל 37) *he shall not eat*

6:4

כֹּל יְמֵי n.m.s. cstr. (481)-n.m.p. cstr. (398) *all the days of*

נִזְרוֹ n.m.s.-3 m.s. sf. (634) *his separation*

מִכֹּל אֲשֶׁר prep.-v.supra-rel. (81) *from anything that*

יֵעָשֶׂה Ni. impf. 3 m.s. (עָשָׂה I 793) *is produced*

מִגֶּפֶן הַיַּיִן prep.-n.f.s. cstr. (172)-def.art.-n.m.s. (406) *by the grapevine*

מֵחַרְצַנִּים prep.-n.m.p. (359) *the seeds*

וְעַד־זָג conj.-prep. (III 723)-n.m.s. (260) *or the skins*

לֹא יֹאכַל neg.-Qal impf. 3 m.s. (אָכַל 37) *he shall not eat*

6:5

כָּל־יְמֵי n.m.s. cstr. (481)-n.m.p. cstr. (398) *all the days of*

נֶדֶר נִזְרוֹ n.m.s. cstr. (623)-n.m.s.-3 m.s. sf. (634) *his vow of separation*

תַּעַר n.m.s. (789) *a razor*

לֹא־יַעֲבֹר neg.-Qal impf. 3 m.s. (עָבַר 716) *shall not come*

עַל־רֹאשׁוֹ prep.-n.m.s.-3 m.s. sf. (910) *upon his head*

עַד־מְלֹאת prep. (III 723)-Qal inf.cstr. (מָלֵא 569) *until ... is completed*

הַיָּמִם def.art.-n.m.p. (398) *the time*

אֲשֶׁר־יַזִּיר rel. (81)-Hi. impf. 3 m.s. (נָזַר 634) *for which he separates himself*

לַיהוה prep.-pr.n. (217) *to Yahweh*

קָדֹשׁ יִהְיֶה adj. m.s. (872)-Qal impf. 3 m.s. (הָיָה 224) *he shall be holy*

גַּדֵּל Pi. inf.cstr. (גָּדַל 152) *let grow long*

פֶּרַע n.m.s. cstr. (II 828) *the locks of*

שְׂעַר רֹאשׁוֹ n.m.s. cstr. (972)-n.m.s.-3 m.s. sf. (910) *hair of his head*

6:6

כָּל־יְמֵי n.m.s. cstr. (481)-n.m.p. cstr. (398) *all the days that*

הַזִּירוֹ Hi. inf.cstr.-3 m.s. sf. (נָזַר 634) *he separates himself*

לַיהוה prep.-pr.n. (217) *to Yahweh*

עַל־נֶפֶשׁ מֵת prep.-n.f.s. (659)-Qal act.ptc. (מוּת 559) *near a dead body*

לֹא יָבֹא neg.-Qal impf. 3 m.s. (בּוֹא 97) *he shall not go*

6:7

לְאָבִיו prep.-n.m.s.-3 m.s. sf. (3) *for his father*

וּלְאִמּוֹ conj.-prep.-n.f.s.-3 m.s. sf. (51) *and for his mother*

לְאָחִיו prep.-n.m.s.-3 m.s. sf. (26) *for his brother*

וּלְאַחֹתוֹ conj.-prep.-n.f.s.-3 m.s. sf. (27; GK 96) *and for his sister*

לֹא־יִטַּמָּא neg.-Hith. impf. 3 m.s. (טָמֵא 379; GK 74b) *shall he not make himself unclean*

לָהֶם prep.-3 m.p. sf. *for them*

בְּמֹתָם prep.-Qal inf.cstr.-3 m.p. sf. (מוּת 559) *if they die*

כִּי נֵזֶר אֱלֹהָיו conj. (471)-n.m.s. cstr. (634)-n.m.p.-3 m.s. sf. (43) *because his separation to God*

עַל־רֹאשׁוֹ prep.-n.m.s.-3 m.s. sf. (910) *upon his head*

6:8

כֹּל יְמֵי n.m.s. cstr. (481)-n.m.p. cstr. (398) *all the days of*

נִזְרוֹ n.m.s.-3 m.s. sf. (634) *his separation*

קָדֹשׁ הוּא adj.m.s. (872)-pers.pr. 3 m.s. (214) *he is holy*

לַיהוה prep.-pr.n. (217) *to Yahweh*

6:9

וְכִי־יָמוּת conj.-conj. (471)-Qal impf. 3 m.s. (מוּת 559) *and if ... dies*

מֵת Qal act.ptc. m.s. (מוּת 559; GK 144e) *a dead man*

עָלָיו prep.-3 m.s. sf. *beside him*

בְּפֶתַע פִּתְאֹם prep.-subst. (837)-adv. (837; GK 133kN) *very suddenly*

וְטִמֵּא conj.-Pi. pf. 3 m.s. (טָמֵא 379) *and he defiles*

רֹאשׁ נִזְרוֹ n.m.s. cstr. (910)-n.m.s.-3 m.s. sf. (634) *his consecrated head*

וְגִלַּח conj.-Pi. pf. 3 m.s. (גָּלַח 164) *he shall shave*

רֹאשׁוֹ n.m.s.-3 m.s. sf. (910) *his head*

בְּיוֹם טָהֳרָתוֹ prep.-n.m.s. cstr. (398)-n.f.s.-3 m.s. sf. (372) *on the day of his cleansing*

בַּיּוֹם הַשְּׁבִיעִי prep.-def.art.-n.m.s. (398)-def.art.-num. m.s. (988) *on the seventh day*

יְגַלְּחֶנּוּ Pi. impf. 3 m.s.-3 m.s. sf. (גָּלַח 164) *he shall shave it*

6:10

וּבַיּוֹם הַשְּׁמִינִי conj.-prep.-def.art.-n.m.s. (398)-def.art.-num. m.s. (1033) *and on the eighth day*

יָבִא Hi. impf. 3 m.s. (בּוֹא 97) *he shall bring*

שְׁתֵּי תֹרִים num. f.p. cstr. (1040)-n.f.p. (II 1076) *two turtledoves*

אוֹ שְׁנֵי conj. (14)-num. m.p. cstr. (1040) *or two*

בְּנֵי יוֹנָה n.m.p. cstr. (119)-n.f.s. (401) *young pigeons*

אֶל־הַכֹּהֵן prep.-def.art.-n.m.s. (463) *to the priest*

אֶל־פֶּתַח prep.-n.m.s. cstr. (835) *to the door of*

אֹהֶל מוֹעֵד n.m.s. cstr. (13)-n.m.s. (417) *the tent of meeting*

6:11

וְעָשָׂה conj.-Qal pf. 3 m.s. (I 793) *and shall offer*

הַכֹּהֵן def.art.-n.m.s. (463) *the priest*

אֶחָד num. (25) *one*

לְחַטָּאת prep.-n.f.s. (308) *for a sin offering*

וְאֶחָד conj.-v.supra *and the other*

לְעֹלָה prep.-n.f.s. (759) *for a burnt offering*

וְכִפֶּר conj.-Pi. pf. 3 m.s. (497) *and make atonement*

עָלָיו prep.-3 m.s. sf. *for him*

מֵאֲשֶׁר חָטָא prep.-rel. (81)-Qal pf. 3 m.s. (306) *because he had sinned*

עַל־הַנָּפֶשׁ prep.-def.art.-n.f.s. paus. (659) *by reason of the dead body*

וְקִדַּשׁ conj.-Pi. pf. 3 m.s. (קדשׁ 872) *and he shall consecrate*

אֶת־רֹאשׁוֹ dir.obj.-n.m.s.-3 m.s. sf. (910) *his head*

בַּיּוֹם הַהוּא prep.-def.art.-n.m.s. (398)-def.art.-demons.adj. m.s. (214) *that same day*

6:12

וְהִזִּיר conj.-Hi. pf. 3 m.s. (נזר 634) *and he shall separate himself*

לַיהוָה prep.-pr.n. (217) *to Yahweh*

אֶת־יְמֵי נִזְרוֹ dir.obj.-n.m.p. cstr. (398)-n.m.s.-3 m.s. sf. (634) *for the days of his separation*

וְהֵבִיא conj.-Hi. pf. 3 m.s. (בוא 97) *and he shall bring*

כֶּבֶשׂ n.m.s. (461) *a male lamb*

בֶּן־שְׁנָתוֹ n.m.s. cstr. (119)-n.f.s.-3 m.s. sf. (1040) *a year old*

לְאָשָׁם prep.-n.m.s. (79) *for a guilt offering*

וְהַיָּמִים הָרִאשֹׁנִים conj.-def.art.-n.m.p. (398)-def.art.-adj. m.p. (911) *but the former time*

יִפְּלוּ Qal impf. 3 m.p. (נפל 656) *shall be void*

כִּי טָמֵא conj. (471)-Qal pf. 3 m.s. (379) *because was defiled*

נִזְרוֹ v.supra *his separation*

6:13

וְזֹאת conj.-demons.adj. f.s. (260) *and this*

תּוֹרַת הַנָּזִיר n.f.s. cstr. (435)-def.art.-n.m.s. (634) *the law for the Nazirite*

בְּיוֹם prep.-n.m.s. cstr. (398) *when the time of*

מְלֹאת Qal inf.cstr. (מלא 569) *the completion of*

יְמֵי נִזְרוֹ n.m.p. cstr. (398)-n.m.s.-3 m.s. sf. (634) *the days of his separation*

יָבִיא אֹתוֹ Hi. impf. 3 m.s. (בוא 97)-dir.obj.-3 m.s. sf. *he shall be brought*

אֶל־פֶּתַח prep.-n.m.s. cstr. (835) *to the door of*

אֹהֶל מוֹעֵד n.m.s. cstr. (13)-n.m.s. (417) *the tent of meeting*

6:14

וְהִקְרִיב conj.-Hi. pf. 3 m.s. (קרב 897) *and he shall offer*

אֶת־קָרְבָּנוֹ dir.obj.-n.m.s.-3 m.s. sf. (898) *his gift*

לַיהוָה prep.-pr.n. (217) *to Yahweh*

כֶּבֶשׂ n.m.s. (461) *a lamb*

בֶּן־שְׁנָתוֹ n.m.s. cstr. (119)-n.f.s.-3 m.s. sf. (1040) *a year old*

תָמִים adj. m.s. (1071) *without blemish*

אֶחָד num. m.s. (25) *one*

לְעֹלָה prep.-n.f.s. (750) *for a burnt offering*

וְכַבְשָׂה conj.-n.f.s. (461) *and ... ewe lamb*

אַחַת num. f.s. (25) *one*

בַּת־שְׁנָתָה n.f.s. cstr. (I 123)-n.f.s.-3 f.s. sf. (1040) *a year old*

תְּמִימָה adj. f.s. (1071) *without blemish*

לְחַטָּאת prep.-n.f.s. (308) *as a sin offering*

וְאַיִל־אֶחָד conj.-n.m.s. (I 17)-num. m.s. (25) *and one ram*

תָמִים adj. m.s. (1071) *without blemish*

לִשְׁלָמִים prep.-n.m.p. (1023) *as a peace offering*

6:15

וְסַל conj.-n.m.s. cstr. (700) *and a basket of*

מַצּוֹת n.f.p. (595) *unleavened bread*

סֹלֶת n.f.s. cstr. (701) *fine flour of*

חַלֹּת n.f.p. cstr. (319) *cakes (of)*

בְּלוּלֹת Qal pass.ptc. f.p. (בלל I 117) *mixed*

בַּשֶּׁמֶן prep.-def.art.-n.m.s. (1032) *with oil*

וּרְקִיקֵי conj.-n.m.p. cstr. (956) *and wafers of*

מַצּוֹת v.supra *unleavened bread*

מְשֻׁחִים Qal pass.ptc. m.p. (משׁח 602) *spread*

בַּשָּׁמֶן prep.-def.art.-n.m.s. paus. (1032) *with oil*

וּמִנְחָתָם conj.-n.f.s.-3 m.p. sf. (585) *and their offering*

וְנִסְכֵּיהֶם conj.-n.m.p.-3 m.p. sf. (651) *and their drink offerings*

6:16

וְהִקְרִיב conj.-Hi. pf. 3 m.s. (897) *and shall present*

הַכֹּהֵן def.art.-n.m.s. (463) *the priest*

לִפְנֵי יהוה prep.-n.m.p. cstr. (815)-pr.n. (217) *before Yahweh*

וְעָשָׂה conj.-Qal pf. 3 m.s. (I 793) *and offer*

אֶת־חַטָּאתוֹ dir.obj.-n.f.s.-3 m.s. sf. (308) *his sin offering*

וְאֶת־עֹלָתוֹ conj.-dir.obj.-n.f.s.-3 m.s. sf. (750) *and his burnt offering*

6:17

וְאֶת־הָאַיִל conj.-dir.obj.-def.art.-n.m.s. (I 17) *and the ram*

יַעֲשֶׂה Qal impf. 3 m.s. (עשׂה I 793) *he shall offer*

זֶבַח n.m.s. cstr. (257) *a sacrifice of*

שְׁלָמִים n.m.p. (1023) *peace offering*

לַיהוה prep.-pr.n. (217) *to Yahweh*

עַל סַל prep.-n.m.s. cstr. (700) *with the basket of*

הַמַּצּוֹת def.art.-n.f.p. (595) *unleavened bread*

וְעָשָׂה conj.-Qal pf. 3 m.s. (I 793) *and shall offer*

הַכֹּהֵן def.art.-n.m.s. (463) *the priest*

אֶת־מִנְחָתוֹ dir.obj.-n.f.s.-3 m.s. sf. (585) *its offering*

וְאֶת־נִסְכּוֹ conj.-dir.obj.-n.m.s.-3 m.s. sf. (651) *and its drink offering*

6:18

וְגִלַּח conj.-Pi. pf. 3 m.s. (גלח 164) *and shall shave*

הַנָּזִיר def.art.-n.m.s. (634) *the Nazirite*

פֶּתַח n.m.s. cstr. (835) *at the door of*

אֹהֶל מוֹעֵד n.m.s. cstr. (13)-n.m.s. (417) *the tent of meeting*

אֶת־רֹאשׁ נִזְרוֹ dir.obj.-n.m.s. cstr. (910)-n.m.s.-3 m.s. sf. (634) *his consecrated head*

וְלָקַח conj.-Qal pf. 3 m.s. (542) *and he shall take*

אֶת־שְׂעַר dir.obj.-n.m.s. cstr. (972) *the hair from*

רֹאשׁ נִזְרוֹ v.supra-v.supra *his consecrated head*

וְנָתַן conj.-Qal pf. 3 m.s. (678) *and put (it)*

עַל־הָאֵשׁ prep.-def.art.-n.f.s. (77) *on the fire*

אֲשֶׁר־תַּחַת rel. (81)-prep. (1065) *which is under*

זֶבַח n.m.s. cstr. (257) *the sacrifice of*

הַשְּׁלָמִים def.art.-n.m.p. (1023) *the peace offering*

6:19

וְלָקַח conj.-Qal pf. 3 m.s. (542) *and shall take*

הַכֹּהֵן def.art.-n.m.s. (463) *the priest*

אֶת־הַזְּרֹעַ dir.obj.-def.art.-n.f.s. (283) *the shoulder*

בְּשֵׁלָה adj. f.s. (143) *when it is boiled*

מִן־הָאַיִל prep.-def.art.-n.m.s. (I 17) *of the ram*

וְחַלַּת conj.-n.f.s. cstr. (319) *and ... cake*

מַצָּה n.f.s. (595) *unleavened*

אַחַת num. f.s. (25) *one*

מִן־הַסַּל prep.-def.art.-n.m.s. (700) *out of the basket*

וּרְקִיק conj.-n.m.s. cstr. (956) *and ... wafer*

מַצָּה n.f.s. (595) *unleavened*

אֶחָד num. m.s. (25) *one*

וְנָתַן conj.-Qal pf. 3 m.s. (678) *and shall put*

עַל־כַּפֵּי prep.-n.f.p. cstr. (496) *upon the hands of*

הַנָּזִיר dir.obj.-n.m.s. (634) *the Nazirite*

אַחַר הִתְגַּלְּחוֹ prep. (29)-Hith. inf.cstr.-3 m.s. sf. (גלח 164) *after he has shaven (the hair)*

אֶת־נִזְרוֹ dir.obj.-n.m.s.-3 m.s. sf. (634) *of his consecration*

6:20

וְהֵנִיף conj.-Hi. pf. 3 m.s. (נוף 631) *and shall wave*

אוֹתָם dir.obj.-3 m.p. sf. *them*

הַכֹּהֵן def.art.-n.m.s. (463) *the priest*

תְּנוּפָה n.f.s. (632) *for a wave offering*

לִפְנֵי יהוה prep.-n.m.p. cstr. (815)-pr.n. (217) *before Yahweh*

קֹדֶשׁ הוּא n.m.s. (871)-pers.pr. 3 m.s. (214) *they are a holy portion*

לַכֹּהֵן prep.-def.art.-n.m.s. (463) *for the priest*

עַל חֲזֵה prep.-n.m.s. cstr. (303) *together with the breast*

הַתְּנוּפָה def.art.-n.f.s. (632) *that is waved*

וְעַל שׁוֹק conj.-prep.-n.f.s. cstr. (1003) *and the thigh*

הַתְּרוּמָה def.art.-n.f.s. (929) *that is offered*

וְאַחַר conj.-adv. (29) *and after that*

יִשְׁתֶּה Qal impf. 3 m.s. (שׁתה 1059) *may drink*

הַנָּזִיר def.art.-n.m.s. (634) *the Nazirite*

יָיִן n.m.s. paus. (406) *wine*

6:21

זֹאת demons.adj. f.s. (260) *this is*

תּוֹרַת הַנָּזִיר n.f.s. cstr. (435)-def.art.-n.m.s. (634) *the law for the Nazirite*

אֲשֶׁר יִדֹּר rel. (81)-Qal impf. 3 m.s. (נדר 623) *who takes a vow*

קָרְבָּנוֹ n.m.s.-3 m.s. sf. (898) *his offering*

לַיהוה prep.-pr.n. (217) *to Yahweh*

עַל־נִזְרוֹ prep.-n.m.s.-3 m.s. sf. (634) *according to his vow as a Nazirite*

מִלְּבַד prep.-prep.-n.m.s. (94) *apart from*

אֲשֶׁר־תַּשִּׂיג יָדוֹ rel. (81)-Hi. impf. 3 f.s. (נשׂג 673)-n.f.s.-3 m.s. sf. (388) *what else he can afford*

כְּפִי נִדְרוֹ prep.-n.m.s. cstr. (804)-n.m.s.-3 m.s. sf. (623) *in accordance with the vow*

אֲשֶׁר יִדֹּר rel. (81)-Qal impf. 3 m.s. (נדר 623) *which he takes*

כֵּן יַעֲשֶׂה adv. (485)-Qal impf. 3 m.s. (עשׂה I 793) *so shall he do*

עַל תּוֹרַת prep.-n.f.s. cstr. (435) *according to the law for*

נִזְרוֹ n.m.s.-3 m.s. sf. (634) *his separation as a Nazirite*

6:22

וַיְדַבֵּר יהוה consec.-Pi. impf. 3 m.s. (180)-pr.n. (217) *Yahweh said*

אֶל־מֹשֶׁה prep.-pr.n. (602) *to Moses*

לֵאמֹר prep.-Qal inf.cstr. (55) *(saying)*

6:23

דַּבֵּר Pi. impv. 2 m.s. (180) *say*

אֶל־אַהֲרֹן prep.-pr.n. (14) *to Aaron*

וְאֶל־בָּנָיו conj.-prep.-n.m.p.-3 m.s. sf. (119) *and his sons*

לֵאמֹר prep.-Qal inf.cstr. (55) *(saying)*

כֹּה תְבָרֲכוּ adv. (462)-Pi. impf. 2 m.p. (בָּרַךְ 138) *thus you shall bless*

אֶת־בְּנֵי יִשְׂרָאֵל dir.obj.-n.m.p. cstr. (119)-pr.n. (975) *the people of Israel*

אָמוֹר לָהֶם Qal inf.abs. (55)-prep.-3 m.p. sf. *you shall say to them*

6:24

יְבָרֶכְךָ Pi. impf. 3 m.s.-2 m.s. sf. (138) *bless you*

יהוה pr.n. (217) *Yahweh*

וְיִשְׁמְרֶךָ conj.-Qal impf. 3 m.s.-2 m.s. sf. vol. (שָׁמַר 1036) *and keep you*

6:25

יָאֵר יהוה Hi. impf. 3 m.s. apoc. (אוֹר 21)-pr.n. (217) *Yahweh make to shine*

פָּנָיו n.m.p.-3 m.s. sf. (815) *his face*

אֵלֶיךָ prep.-2 m.s. sf. *upon you*

וִיחֻנֶּךָּ conj.-Qal impf. 3 m.s.-2 m.s. sf. (חָנַן I 335) *and be gracious to you*

6:26

יִשָּׂא יהוה Qal impf. 3 m.s. (נָשָׂא 669)-pr.n. (217) *Yahweh lift up*

פָּנָיו n.m.p.-3 m.s. sf. (815) *his countenance*

אֵלֶיךָ prep.-2 m.s. sf. *upon you*

וְיָשֵׂם conj.-Hi. impf. 3 m.s. apoc. (שִׂים 962; GK 109b) *and give*

לְךָ prep.-2 m.s. sf. *you*

שָׁלוֹם n.m.s. (1022) *peace*

6:27

וְשָׂמוּ conj.-Qal pf. 3 c.p. (שִׂים 962) *so shall they put*

אֶת־שְׁמִי dir.obj.-n.m.s.-1 c.s. sf. (1027) *my name*

עַל־בְּנֵי יִשְׂרָאֵל prep.-n.m.p. cstr. (119)-pr.n. (975) *upon the people of Israel*

וַאֲנִי conj.-pers.pr. 1 c.s. (58) *and I*

אֲבָרֲכֵם Pi. impf. 1 c.s.-3 m.p. sf. (בָּרַךְ 138) *I will bless them*

7:1

וַיְהִי consec.-Qal impf. 3 m.s. (הָיָה 224) *and*

בְּיוֹם prep.-n.m.s. cstr. (398) *on the day when*

כַּלּוֹת Pi. inf.cstr. (כָּלָה 477) *had finished*

מֹשֶׁה pr.n. (602) *Moses*

לְהָקִים prep.-Hi. inf.cstr. (קוּם 877) *setting up*

אֶת־הַמִּשְׁכָּן dir.obj.-def.art.-n.m.s. (1015) *the tabernacle*

וַיִּמְשַׁח אֹתוֹ consec.-Qal impf. 3 m.s. (מָשַׁח 602)-dir.obj.-3 m.s. sf. *and had anointed (it)*

וַיְקַדֵּשׁ אֹתוֹ consec.-Pi. impf. 3 m.s. (קָדַשׁ 872)-v.supra *and consecrated it*

וְאֶת־כָּל־כֵּלָיו conj.-dir.obj.-n.m.s. cstr. (481)-n.m.p.-3 m.s. sf. (479) *with all its furnishings*

וְאֶת־הַמִּזְבֵּחַ conj.-dir.obj.-def.art.-n.m.s. (258) *and the altar*

וְאֶת־כָּל־כֵּלָיו v.supra-v.supra-v.supra *with all its utensils*

וַיִּמְשָׁחֵם consec.-Qal impf. 3 m.s.-3 m.p. sf. (602 מָשַׁח) *and had anointed them*

וַיְקַדֵּשׁ אֹתָם conj.-Pi. impf. 3 m.s. (872 קָדַשׁ)-dir.obj.-3 m.p. sf. *and consecrated them*

7:2

וַיַּקְרִיבוּ consec.-Hi. impf. 3 m.p. (קָרַב 897) *and ... offered*

נְשִׂיאֵי יִשְׂרָאֵל n.m.p. cstr. (672)-pr.n. (975) *the leaders of Israel*

רָאשֵׁי n.m.p. cstr. (910) *heads of*

בֵּית אֲבֹתָם n.m.s. cstr. (108)-n.m.p.-3 m.p. sf. (3) *their fathers' houses*

הֵם pers.pr. 3 m.p. (241) *they are*

נְשִׂיאֵי v.supra *the leaders of*

הַמַּטֹּת def.art.-n.m.p. (641) *the tribes*

הֵם הָעֹמְדִים v.supra-def.art.-Qal act.ptc. m.p. (עָמַד 763) *who were over those*

עַל־הַפְּקֻדִים prep.-def.art.-Qal pass.ptc. m.p. (פָּקַד 823; GK 5n) *who were numbered*

7:3

וַיָּבִיאוּ consec.-Hi. impf. 3 m.p. (בּוֹא 97) *and they offered*

אֶת־קָרְבָּנָם dir.obj.-n.m.s.-3 m.p. sf. (898) *their offerings*

לִפְנֵי יהוה prep.-n.m.p. cstr. (815)-pr.n. (217) *before Yahweh*

שֵׁשׁ־עֶגְלֹת num. m.s. (995)-n.f.p. (722) *six wagons*

צָב n.m.s. (I 839) *litter (covered)*

וּשְׁנֵי עָשָׂר conj.-num. cstr. (1040)-num. (797) *and twelve*

בָּקָר n.m.s. (133) *oxen*

עֲגָלָה n.f.s. (722) *a wagon*

עַל־שְׁנֵי prep.-num. cstr. (1040) *for every two of*

הַנְּשִׂאִים def.art.-n.m.p. (672) *the leaders*

וְשׁוֹר לְאֶחָד conj.-n.m.s. (1004)-prep.-num. m. (25) *and an ox for each one*

וַיַּקְרִיבוּ consec.-Hi. impf. 3 m.p. קָרַב 897) *and they offered*

אוֹתָם dir.obj.-3 m.p. sf. *them*

לִפְנֵי הַמִּשְׁכָּן prep.-n.m.p. cstr. (815)-def.art. -n.m.s. (1015) *before the tabernacle*

7:4

וַיֹּאמֶר יהוה consec.-Qal impf. 3 m.s. (55)-pr.n. (217) *then Yahweh said*

אֶל־מֹשֶׁה prep.-pr.n. (602) *to Moses*

לֵאמֹר prep.-Qal inf.cstr. (55) *(saying)*

7:5

קַח Qal impv. 2 m.s. לָקַח) 542) *accept*

מֵאִתָּם prep.-prep.-3 m.p. sf. (85) *from them*

וְהָיוּ לַעֲבֹד conj.-Qal pf. 3 c.p. הָיָה) 224)-prep. -Qal inf.cstr. (712) *that they may be used*

אֶת־עֲבֹדַת dir.obj.-n.f.s. cstr. (715) *in doing the service of*

אֹהֶל מוֹעֵד n.m.s. cstr. (13)-n.m.s. (417) *the tent of meeting*

וְנָתַתָּה conj.-Qal pf. 2 m.s. נָתַן) 678) *and give*

אוֹתָם dir.obj.-3 m.p. sf. *them*

אֶל־הַלְוִיִּם prep.-def.art.-adj. gent. m.p. (532) *to the Levites*

אִישׁ n.m.s. (35) *each*

כְּפִי עֲבֹדָתוֹ prep.-n.m.s. cstr. (804)-n.f.s.-3 m.s. sf. (715) *according to his service*

7:6

וַיִּקַּח מֹשֶׁה consec.-Qal impf. 3 m.s. לָקַח) 542) -pr.n. (602) *so Moses took*

אֶת־הָעֲגָלֹת dir.obj.-def.art.-n.f.p. (722) *the wagons*

וְאֶת־הַבָּקָר conj.-dir.obj.-def.art.-n.m.s. (133) *and the oxen*

וַיִּתֵּן אוֹתָם consec.-Qal impf. 3 m.s. נָתַן) 678) -dir.obj.-3 m.p. sf. *and gave them*

אֶל־הַלְוִיִּם prep.-def.art.-adj. gent. m.p. (532) *to the Levites*

7:7

אֵת שְׁתֵּי הָעֲגָלֹת dir.obj.-num. p. cstr. (1040) -def.art.-n.f.p. (722) *two wagons*

וְאֵת אַרְבַּעַת הַבָּקָר conj.-dir.obj.-num. f. cstr. (916)-def.art.-n.m.s. (133) *and four oxen*

נָתַן Qal pf. 3 m.s. (678) *he gave*

לִבְנֵי גֵרְשׁוֹן prep.-n.m.p. cstr. (119)-pr.n. (177) *to the sons of Gershon*

כְּפִי עֲבֹדָתָם prep.-n.m.s. cstr. (804)-n.f.s.-3 m.p. sf. (715) *according to their service*

7:8

וְאֵת אַרְבַּע conj.-dir.obj.-num. cstr. (916) *and four*

הָעֲגָלֹת def.art.-n.f.p. (722) *wagons*

וְאֵת שְׁמֹנַת v.supra-num. f. cstr. (1032) *and eight*

הַבָּקָר def.art.-n.m.s. (133) *oxen*

נָתַן Qal pf. 3 m.s. (678) *he gave*

לִבְנֵי מְרָרִי prep.-n.m.p. cstr. (119)-pr.n. (601) *to the sons of Merari*

כְּפִי עֲבֹדָתָם prep.-n.m.s. cstr. (804)-n.f.s.-3 m.p. sf. (715) *according to their service*

בְּיַד אִיתָמָר prep.-n.f.s. cstr. (388)-pr.n. (16) *under the direction of Ithamar*

בֶּן־אַהֲרֹן n.m.s. cstr. (119)-pr.n. (14) *the son of Aaron*

הַכֹּהֵן def.art.-n.m.s. (463) *the priest*

7:9

וְלִבְנֵי קְהָת conj.-prep.-n.m.p. cstr. (119)-pr.n. (875) *but to the sons of Kohath*

לֹא נָתָן neg.-Qal pf. 3 m.s. paus. (678) *he gave none*

כִּי־עֲבֹדַת הַקֹּדֶשׁ conj. (471)-n.f.s. cstr. (715) -def.art.-n.m.s. (871) *because the care of the holy things*

עֲלֵהֶם prep.-3 m.p. sf. *was upon them*

בַּכָּתֵף prep.-def.art.-n.f.s. (509) *on the shoulder*

יִשָּׂאוּ Qal impf. 3 m.p. נָשָׂא) 669) *which had to be carried*

7:10

וַיַּקְרִיבוּ consec.-Hi. impf. 3 m.p. קָרַב) 897) *and offered*

הַנְּשִׂאִים dir.obj.-n.m.p. (672) *the leaders*

אֵת חֲנֻכַּת dir.obj.-n.f.s. cstr. (335) *for the dedication of*

הַמִּזְבֵּחַ def.art.-n.m.s. (258) *the altar*

בְּיוֹם prep.-n.m.s. cstr. (398) *on the day (of)*

הִמָּשַׁח אֹתוֹ Ni. inf.cstr. מָשַׁח) 602)-dir.obj.-3 m.s. sf. *it was anointed*

וַיַּקְרִיבוּ v.supra *and offered*

הַנְּשִׂיאִם def.art.-n.m.p. (672) *the leaders*

אֶת־קָרְבָּנָם dir.obj.-n.m.s.-3 m.p. sf. (898) *their offering*

לִפְנֵי הַמִּזְבֵּחַ prep.-n.m.p. cstr. (815)-v.supra *before the altar*

7:11

וַיֹּאמֶר יְהוָה consec.-Qal impf. 3 m.s. (55)-pr.n. (217) *and Yahweh said*

אֶל־מֹשֶׁה prep.-pr.n. (602) *to Moses*

נָשִׂיא אֶחָד n.m.s. (672)-num. m. (25) *one leader*

לַיּוֹם prep.-def.art.-n.m.s. (398; GK 123d) *(for the day) each day*

נָשִׂיא אֶחָד v.supra-v.supra *one leader*

לַיּוֹם v.supra *each day*

יַקְרִיבוּ Hi. impf. 3 m.p. קָרַב (897) *they shall offer*

אֶת־קָרְבָּנָם dir.obj.-n.m.s.-3 m.p. sf. (898) *their offering*

לַחֲנֻכַּת prep.-n.f.s. cstr. (335) *for the dedication of*

הַמִּזְבֵּחַ def.art.-n.m.s. (258) *the altar*

7:12

וַיְהִי הַמַּקְרִיב consec.-Qal impf. 3 m.s. (הָיָה 224) -def.art.-Hi. ptc. m.s. קָרַב (897) *he who offered*

בַּיּוֹם הָרִאשׁוֹן prep.-def.art.-n.m.s. (398)-def.art. -num. adj. m.s. (911) *on the first day*

אֶת־קָרְבָּנוֹ dir.obj.-n.m.s.-3 m.s. sf. (898) *his offering*

נַחְשׁוֹן pr.n. (638) *Nahshon*

בֶּן־עַמִּינָדָב n.m.s. cstr. (119)-pr.n. (770) *the son of Amminadab*

לְמַטֵּה prep.-n.m.s. cstr. (641) *of the tribe of*

יְהוּדָה pr.n. (397) *Judah*

7:13

וְקָרְבָּנוֹ conj.-n.m.s.-3 m.s. sf. (898) *and his offering*

קַעֲרַת־כֶּסֶף n.f.s. cstr. (891)-n.m.s. (494) *... silver plate*

אַחַת num. f. (25) *one*

שְׁלֹשִׁים וּמֵאָה num. p. (1026)-conj.-n.f.s. (547) *a hundred and thirty*

מִשְׁקָלָהּ n.m.s.-3 f.s. sf. (1054) *whose weight*

מִזְרָק אֶחָד n.m.s. (284)-num. m. (25) *one basin*

כֶּסֶף n.m.s. (494) *silver*

שִׁבְעִים שֶׁקֶל num. p. (988)-n.m.s. (1053) *seventy shekels*

בְּשֶׁקֶל הַקֹּדֶשׁ prep.-n.m.s. cstr. (1053)-def.art. -n.m.s. (871) *according to the shekel of the sanctuary*

שְׁנֵיהֶם num.-3 m.p. sf. (1040) *both of them*

מְלֵאִים adj. m.p. (570) *full*

סֹלֶת n.f.s. (701) *flour*

בְּלוּלָה Qal pass.ptc. f.s. (בָּלַל I 117) *mixed*

בַּשֶּׁמֶן prep.-def.art.-n.m.s. (1032) *with oil*

לְמִנְחָה prep.-n.f.s. (585) *for an offering*

7:14

כַּף אַחַת n.f.s. (496)-num. f.s. (25) *one dish*

עֲשָׂרָה זָהָב num. f.s. (796)-n.m.s. (262) *ten gold*

מְלֵאָה adj. f.s. (570) *full of*

קְטֹרֶת n.f.s. (882) *incense*

7:15

פַּר אֶחָד n.m.s. (830)-num. m.s. (25) *one young bull*

בֶּן־בָּקָר n.m.s. cstr. (119)-n.m.s. (133) *a son of cattle*

אַיִל אֶחָד n.m.s. (I 17)-v.supra *one ram*

כֶּבֶשׂ־אֶחָד n.m.s. (461)-v.supra *one male lamb*

בֶּן־שְׁנָתוֹ n.m.s. cstr. (119)-n.f.s.-3 m.s. sf. (1040) *a year old*

לְעֹלָה prep.-n.f.s. (750) *for a burnt offering*

7:16

שְׂעִיר־עִזִּים אֶחָד n.m.s. cstr. (972)-n.f.p. (777) -num. m.s. (25) *one male goat*

לְחַטָּאת prep.-n.f.s. (308) *for a sin offering*

7:17

וּלְזֶבַח conj.-prep.-n.m.s. cstr. (257) *and for the sacrifice of*

הַשְּׁלָמִים def.art.-n.m.p. (1023) *peace offerings*

בָּקָר שְׁנַיִם n.m.s. (133)-num. m. (1040) *two oxen*

אֵילִם חֲמִשָּׁה n.m.p. (I 17)-num. f. (331) *five rams*

עַתּוּדִים חֲמִשָּׁה n.m.p. (800)-v.supra *five male goats*

כְּבָשִׂים n.m.p. (461) *lambs*

בְּנֵי־שָׁנָה n.m.p. cstr. (119)-n.f.s. (1040) *a year old*

חֲמִשָּׁה v.supra *five*

זֶה קָרְבָּן demons.adj. m.s. (260)-n.m.s. cstr. (898) *this was the offering of*

נַחְשׁוֹן pr.n. (638) *Nahshon*

בֶּן־עַמִּינָדָב n.m.s. cstr. (119)-pr.n. (770) *the son of Amminadab*

7:18

בַּיּוֹם הַשֵּׁנִי prep.-def.art.-n.m.s. (398)-def.art. -num. adj.ord. m.s. (1041) *on the second day*

הִקְרִיב Hi. pf. 3 m.s. קָרַב 897 *made an offering*

נְתַנְאֵל pr.n. (682) *Nethanel*

בֶּן־צוּעָר n.m.s. cstr. (119)-pr.n. (859) *the son of Zuar*

נָשִׂיא n.m.s. cstr. (672) *the leader of*

יִשָּׂשׂכָר pr.n. (441) *Issachar*

7:19

הִקְרִב Hi. pf. 3 m.s. (קָרַב 897) *he offered*

אֶת־קָרְבָּנוֹ dir.obj.-n.m.s.-3 m.s. sf. (898) *for his offering*

קַעֲרַת־כֶּסֶף n.f.s. cstr. (891)-n.m.s. (494) *silver plate*

אַחַת num. f.s. (25) *one*

שְׁלֹשִׁים וּמֵאָה num. p. (1026)-conj.-n.f.s. (547) *a hundred and thirty*

מִשְׁקָלָהּ n.m.s.-3 f.s. sf. (1054) *its weight*

מִזְרָק אֶחָד n.m.s. (284)-num. m. (25) *one basin*

כֶּסֶף n.m.s. (494) *silver*

שִׁבְעִים שֶׁקֶל num. p. (988)-n.m.s. (1053) *seventy shekels*

בְּשֶׁקֶל הַקֹּדֶשׁ prep.-n.m.s. cstr. (1053)-def.art.-n.m.s. (871) *according to the shekel of the sanctuary*

שְׁנֵיהֶם num.-3 m.p. sf. (1040) *both of them*

מְלֵאִים adj. m.p. (570) *full of*

סֹלֶת n.f.s. (701) *fine flour*

בְּלוּלָה Qal pass.ptc. f.s. (בָּלַל I 117) *mixed*

בַּשֶּׁמֶן prep.-def.art.-n.m.s. (1032) *with oil*

לְמִנְחָה prep.-n.f.s. (585) *for an offering*

7:20

כַּף אַחַת n.f.s. (496)-num. f.s. (25) *one dish*

עֲשָׂרָה num. f.s. (796) *ten*

זָהָב n.m.s. (262) *gold*

מְלֵאָה adj. f.s. (570) *full of*

קְטֹרֶת n.f.s. (882) *incense*

7:21

פַּר אֶחָד n.m.s. (830)-num. m.s. (25) *one young bull*

בֶּן־בָּקָר n.m.s. cstr. (119)-n.m.s. (133) *a son of cattle*

אַיִל אֶחָד n.m.s. (I 17)-v.supra *one ram*

כֶּבֶשׂ־אֶחָד n.m.s. (461)-v.supra *one male lamb*

בֶּן־שְׁנָתוֹ n.m.s. cstr. (119)-n.f.s.-3 m.s. sf. (1040) *a year old*

לְעֹלָה prep.-n.f.s. (750) *for a burnt offering*

7:22

שְׂעִיר־עִזִּים n.m.s. cstr. (972)-n.f.p. (777) *male goat*

אֶחָד num. (25) *one*

לְחַטָּאת prep.-n.f.s. (308) *for a sin offering*

7:23

וּלְזֶבַח conj.-prep.-n.m.s. cstr. (257) *and for the sacrifice of*

הַשְּׁלָמִים def.art.-n.m.p. (1023) *peace offerings*

בָּקָר שְׁנַיִם n.m.s. (133)-num. (1040) *two oxen*

אֵילִם חֲמִשָּׁה n.m.p. (I 17)-num. f. (331) *five rams*

עַתּוּדִים חֲמִשָּׁה n.m.p. (800)-v.supra *five male goats*

כְּבָשִׂים n.m.p. (461) *male lambs*

בְּנֵי־שָׁנָה n.m.p. cstr. (119)-n.f.s. (1040) *a year old*

חֲמִשָּׁה v.supra *five*

זֶה קָרְבַּן demons.adj. m.s. (260)-n.m.s. cstr. (898) *this was the offering of*

נְתַנְאֵל pr.n. (682) *Nathanel*

בֶּן־צוּעָר n.m.s. cstr. (119)-pr.n. (859) *the son of Zuar*

7:24

בַּיּוֹם הַשְּׁלִישִׁי prep.-def.art.-n.m.s. (398)-def.art.-num. adj.ord. (1026) *on the third day*

נָשִׂיא n.m.s. (672) *the leader*

לִבְנֵי זְבוּלֻן prep.-n.m.p. cstr. (119)-pr.n. (259) *of the men of Zebulun*

אֱלִיאָב pr.n. (45) *Eliab*

בֶּן־חֵלֹן n.m.s. cstr. (119)-pr.n. (298) *the son of Helon*

7:25

קָרְבָּנוֹ n.m.s.-3 m.s. sf. (898) *his offering*

קַעֲרַת־כֶּסֶף n.f.s. cstr. (891)-n.m.s. (494) *silver plate*

אַחַת num. f.s. (25) *one*

שְׁלֹשִׁים וּמֵאָה num. p. (1026)-conj.-n.f.s. (547) *a hundred and thirty*

מִשְׁקָלָהּ n.m.s.-3 f.s. sf. (1054) *its weight*

מִזְרָק אֶחָד n.m.s. (284)-num. (25) *one basin*

כֶּסֶף n.m.s. (494) *silver*

שִׁבְעִים שֶׁקֶל num. p. (988)-n.m.s. (1053) *seventy shekels*

בְּשֶׁקֶל הַקֹּדֶשׁ prep.-n.m.s. cstr. (1053)-def.art.-n.m.s. (871) *according to the shekel of the sanctuary*

שְׁנֵיהֶם num.-3 m.p. sf. (1040) *both of them*

מְלֵאִים adj. m.p. (570) *full of*

סֹלֶת n.f.s. (701) *fine flour*

בְּלוּלָה Qal pass.ptc. f.s. (בָּלַל I 117) *mixed*

בַּשֶּׁמֶן prep.-def.art.-n.m.s. (1032) *with oil*

לְמִנְחָה prep.-n.f.s. (585) *for an offering*

7:26

כַּף אַחַת n.f.s. (496)-num. f.s. (25) *one dish*

601

עֲשָׂרָה זָהָב num. f.s. (796)-n.m.s. (262) *ten gold*
מְלֵאָה adj. f.s. (570) *full of*
קְטֹרֶת n.f.s. (882) *incense*

7:27

פַּר אֶחָד n.m.s. (830)-num. m.s. (25) *one young bull*
בֶּן־בָּקָר n.m.s. cstr. (119)-n.m.s. (133) *a son of cattle*
אַיִל אֶחָד n.m.s. (I 17)-num. m.s. (25) *one ram*
כֶּבֶשׂ־אֶחָד n.m.s. (461)-v.supra *one male lamb*
בֶּן־שְׁנָתוֹ n.m.s. cstr. (119)-n.f.s.-3 m.s. sf. (1040) *a year old*
לְעֹלָה prep.-n.f.s. (750) *for a burnt offering*

7:28

שְׂעִיר־עִזִּים n.m.s. cstr. (972)-n.f.p. (777) *male goat*
אֶחָד num. (25) *one*
לְחַטָּאת prep.-n.f.s. (308) *for a sin offering*

7:29

וּלְזֶבַח conj.-prep.-n.m.s. cstr. (257) *and for the sacrifice of*
הַשְּׁלָמִים def.art.-n.m.p. (1023) *peace offerings*
בָּקָר שְׁנַיִם n.m.s. (133)-num. (1040) *two oxen*
אֵילִם חֲמִשָּׁה n.m.p. (I 17)-num. f.s. (331) *five rams*
עַתֻּדִים חֲמִשָּׁה n.m.p. (800)-num. f.s. (331) *five male goats*
כְּבָשִׂים n.m.p. (461) *lambs*
בְּנֵי־שָׁנָה n.m.p. cstr. (119)-n.f.s. (1040) *a year old*
חֲמִשָּׁה v.supra *five*
זֶה קָרְבַּן demons.adj. m.s. (260)-n.m.s. cstr. (898) *this was the offering of*
אֱלִיאָב pr.n. (45) *Eliab*
בֶּן־חֵלֹן n.m.s. cstr. (119)-pr.n. (298) *the son of Helon*

7:30

בַּיּוֹם הָרְבִיעִי prep.-def.art.-n.m.s. (398)-def.art.-num. ord. (917) *on the fourth day*
נָשִׂיא n.m.s. (672) *the leader*
לִבְנֵי רְאוּבֵן prep.-n.m.p. cstr. (119)-pr.n. (910) *of the men of Reuben*
אֱלִיצוּר pr.n. (45) *Elizur*
בֶּן־שְׁדֵיאוּר n.m.s. cstr. (119)-pr.n. (994) *the son of Shedeur*

7:31

קָרְבָּנוֹ n.m.s.-3 m.s. sf. (898) *his offering*

קַעֲרַת־כֶּסֶף n.f.s. cstr. (891)-n.m.s. (494) *silver plate*
אַחַת num. f.s. (25) *one*
שְׁלֹשִׁים וּמֵאָה num. p. (1026)-conj.-n.f.s. (547) *a hundred and thirty*
מִשְׁקָלָהּ n.m.s.-3 f.s. sf. (1054) *its weight*
מִזְרָק אֶחָד n.m.s. (284)-num. m.s. (25) *one basin*
כֶּסֶף n.m.s. 494) *silver*
שִׁבְעִים שֶׁקֶל num. p. (988)-n.m.s. (1053) *seventy shekels*
בְּשֶׁקֶל הַקֹּדֶשׁ prep.-n.m.s. cstr. (1053)-def.art.-n.m.s. (871) *according to the shekel of the sanctuary*
שְׁנֵיהֶם num.-3 m.p. sf. (1040) *both of them*
מְלֵאִים adj. m.p. (570) *full of*
סֹלֶת n.f.s. (701) *fine flour*
בְּלוּלָה Qal pass.ptc. f.s. (בָּלַל I 117) *mixed*
בַשֶּׁמֶן prep.-def.art.-n.m.s. (1032) *with oil*
לְמִנְחָה prep.-n.f.s. (585) *for an offering*

7:32

כַּף אַחַת n.f.s. (496)-num. f.s. (25) *one dish*
עֲשָׂרָה num. f.s. (796) *ten*
זָהָב n.m.s. (262) *gold*
מְלֵאָה adj. f.s. (570) *full of*
קְטֹרֶת n.f.s. (882) *incense*

7:33

פַּר אֶחָד n.m.s. (830)-num. m.s. (25) *one young bull*
בֶּן־בָּקָר n.m.s. cstr. (119)-n.m.s. (133) *son of cattle*
אַיִל אֶחָד n.m.s. (I 17)-v.supra *one ram*
כֶּבֶשׂ־אֶחָד n.m.s. (461)-v.supra *one male lamb*
בֶּן־שְׁנָתוֹ v.supra-n.f.s.-3 m.s. sf. (1040) *a year old*
לְעֹלָה prep.-n.f.s. (750) *for a burnt offering*

7:34

שְׂעִיר־עִזִּים n.m.s. cstr. (972)-n.f.p. (777) *male goat*
אֶחָד num. m.s. (25) *one*
לְחַטָּאת prep.-n.f.s. (308) *for a sin offering*

7:35

וּלְזֶבַח conj.-prep.-n.m.s. cstr. (257) *and for the sacrifice of*
הַשְּׁלָמִים def.art.-n.m.p. (1023) *peace offerings*
בָּקָר שְׁנַיִם n.m.s. (133)-num. (1040) *two oxen*
אֵילִם חֲמִשָּׁה n.m.p. (I 17)-num. f.s. (331) *five rams*
עַתֻּדִים חֲמִשָּׁה n.m.p. (800)-num. f.s. (331) *five male goats*

כְּבָשִׂים n.m.p. (461) *male lambs*

בְּנֵי־שָׁנָה n.m.p. cstr. (119)-n.f.s. (1040) *a year old*

חֲמִשָּׁה num. f.s. (331) *five*

זֶה קָרְבַּן demons.adj. m.s. (260)-n.m.s. cstr. (898) *this was the offering of*

אֱלִיצוּר pr.n. (45) *Elizur*

בֶּן־שְׁדֵיאוּר n.m.s. cstr. (119)-pr.n. (994) *the son of Shedeur*

7:36

בַּיּוֹם הַחֲמִישִׁי prep.-def.art.-n.m.s. (398)-def.art. -num. ord. (332) *on the fifth day*

נָשִׂיא n.m.s. (672) *the leader*

לִבְנֵי שִׁמְעוֹן prep.-n.m.p. cstr. (119)-pr.n. (1035) *of the men of Simeon*

שְׁלֻמִיאֵל pr.n. (1025) *Shelumiel*

בֶּן־צוּרִישַׁדָּי n.m.s. cstr. (119)-pr.n. (849) *the son of Zurishaddai*

7:37

קָרְבָּנוֹ n.m.s.-3 m.s. sf. (898) *his offering*

קַעֲרַת־כֶּסֶף n.f.s. cstr. (891)-n.m.s. (494) *silver plate*

אַחַת num. f.s. (25) *one*

שְׁלֹשִׁים וּמֵאָה num. p. (1026)-conj.-n.f.s. (547) *a hundred and thirty*

מִשְׁקָלָהּ n.m.s.-3 f.s. sf. (1054) *its weight*

מִזְרָק אֶחָד n.m.s. (284)-num. m.s. (25) *one basin*

כֶּסֶף n.m.s. (494) *silver*

שִׁבְעִים שֶׁקֶל num. p. (988)-n.m.s. (1053) *seventy shekels*

בְּשֶׁקֶל הַקֹּדֶשׁ prep.-n.m.s. cstr. (1053)-def.art. -n.m.s. (871) *according to the shekel of the sanctuary*

שְׁנֵיהֶם num.-3 m.p. sf. (1040) *both of them*

מְלֵאִים adj. m.p. (570) *full of*

סֹלֶת n.f.s. (701) *fine flour*

בְּלוּלָה Qal pass.ptc. f.s. (בָּלַל I 117) *mixed*

בַּשֶּׁמֶן prep.-def.art.-n.m.s. (1032) *with oil*

לְמִנְחָה prep.-n.f.s. (585) *for an offering*

7:38

כַּף אַחַת n.f.s. (496)-num. f.s. (25) *one dish*

עֲשָׂרָה num. f.s. (796) *ten*

זָהָב n.m.s. (262) *gold*

מְלֵאָה adj. f.s. (570) *full of*

קְטֹרֶת n.f.s. (882) *incense*

7:39

פַּר אֶחָד n.m.s. (830)-num. m.s. (25) *one young bull*

בֶּן־בָּקָר n.m.s. cstr. (119)-n.m.s. (133) *son of cattle*

אַיִל אֶחָד n.m.s. (I 17)-num. m.s. (25) *one ram*

כֶּבֶשׂ־אֶחָד n.m.s. (461)-v.supra *one male lamb*

בֶּן־שְׁנָתוֹ v.supra-n.f.s.-3 m.s. sf. (1040) *a year old*

לְעֹלָה prep.-n.f.s. (750) *for a burnt offering*

7:40

שְׂעִיר־עִזִּים n.m.s. cstr. (972)-n.f.p. (777) *male goat*

אֶחָד num. m.s. (25) *one*

לְחַטָּאת prep.-n.f.s. (308) *for a sin offering*

7:41

וּלְזֶבַח conj.-prep.-n.m.s. cstr. (257) *and for the sacrifice of*

הַשְּׁלָמִים def.art.-n.m.p. (1023) *peace offerings*

בָּקָר שְׁנַיִם n.m.s. (133)-num. (1040) *two oxen*

אֵילִם חֲמִשָּׁה n.m.p. (I 17)-num. f.s. (331) *five rams*

עַתֻּדִים חֲמִשָּׁה n.m.p. (800)-num. f.s. (331) *five male goats*

כְּבָשִׂים n.m.p. (461) *male lambs*

בְּנֵי־שָׁנָה n.m.p. cstr. (119)-n.f.s. (1040) *a year old*

חֲמִשָּׁה v.supra *five*

זֶה קָרְבַּן demons.adj. m.s. (260)-n.m.s. cstr. (898) *this was the offering of*

שְׁלֻמִיאֵל pr.n. (1025) *Shelumiel*

בֶּן־צוּרִישַׁדָּי n.m.s. cstr. (119)-pr.n. (849) *the son of Zurishaddai*

7:42

בַּיּוֹם הַשִּׁשִּׁי prep.-def.art.-n.m.s. (398)-def.art. -num. ord. (995) *on the sixth day*

נָשִׂיא n.m.s. (672) *the leader*

לִבְנֵי גָד prep.-n.m.p. cstr. (119)-pr.n. (III 151) *of the men of Gad*

אֶלְיָסָף pr.n. (45) *Eliasaph*

בֶּן־דְּעוּאֵל n.m.s. cstr. (119)-pr.n. (396) *the son of Deuel*

7:43

קָרְבָּנוֹ n.m.s.-3 m.s. sf. (898) *his offering*

קַעֲרַת־כֶּסֶף n.f.s. cstr. (891)-n.m.s. (494) *silver plate*

אַחַת num. f.s. (25) *one*

שְׁלֹשִׁים וּמֵאָה num. p. (1026)-conj.-n.f.s. (547) *a hundred and thirty*

מִשְׁקָלָהּ n.m.s.-3 f.s. sf. (1054) *its weight*

מִזְרָק אֶחָד n.m.s. (284)-num. m.s. (25) *one basin*

כֶּסֶף n.m.s. (494) *silver*

שִׁבְעִים שֶׁקֶל num. p. (988)-n.m.s. (1053) *seventy shekels*

בְּשֶׁקֶל הַקֹּדֶשׁ prep.-n.m.s. cstr. (1053)-def.art.
-n.m.s. (871) *according to the shekel of the*
sanctuary
שְׁנֵיהֶם num.-3 m.p. sf. (1040) *both of them*
מְלֵאִים adj. m.p. (570) *full of*
סֹלֶת n.f.s. (701) *fine flour*
בְּלוּלָה Qal pass.ptc. f.s. בָּלַל I 117) *mixed*
בַּשֶּׁמֶן prep.-def.art.-n.m.s. (1032) *with oil*
לְמִנְחָה prep.-n.f.s. (585) *for an offering*

7:44

כַּף אַחַת n.f.s. (496)-num. f.s. (25) *one dish*
עֲשָׂרָה num. f.s. (796) *ten*
זָהָב n.m.s. (262) *gold*
מְלֵאָה adj. f.s. (570) *full of*
קְטֹרֶת n.f.s. (882) *incense*

7:45

פַּר אֶחָד n.m.s. (830)-num. m.s. (25) *one young*
bull
בֶּן־בָּקָר n.m.s. cstr. (119)-n.m.s. (133) *son of cattle*
אַיִל אֶחָד n.m.s. (I 17)-num. m.s. (25) *one ram*
כֶּבֶשׂ־אֶחָד n.m.s. (461)-num. m.s. (25) *one male*
lamb
בֶּן־שְׁנָתוֹ n.m.s. cstr. (119)-n.f.s.-3 m.s. sf. (1040) *a*
year old
לְעֹלָה prep.-n.f.s. (750) *for a burnt offering*

7:46

שְׂעִיר־עִזִּים n.m.s. cstr. (972)-n.f.p. (777) *male*
goat
אֶחָד num. m.s. (25) *one*
לְחַטָּאת prep.-n.f.s. (308) *for a sin offering*

7:47

וּלְזֶבַח conj.-prep.-n.m.s. cstr. (257) *and for the*
sacrifice of
הַשְּׁלָמִים def.art.-n.m.p. (1023) *peace offerings*
בָּקָר שְׁנַיִם n.m.s. (133)-num. (1040) *two oxen*
אֵילִם חֲמִשָּׁה n.m.p. (I 17)-num. f.s. (331) *five*
rams
עַתֻּדִים חֲמִשָּׁה n.m.p. (800)-num. f.s. (331) *five*
male goats
כְּבָשִׂים n.m.p. (461) *male lambs*
בְּנֵי־שָׁנָה n.m.p. cstr. (119)-n.f.s. (1040) *a year old*
חֲמִשָּׁה num. f.s. (331) *five*
זֶה קָרְבַּן demons.adj. m.s. (260)-n.m.s. cstr. (898)
this was the offering of
אֶלְיָסָף pr.n. (45) *Eliasaph*
בֶּן־דְּעוּאֵל n.m.s. cstr. (119)-pr.n. (396) *the son of*
Deuel

7:48

בַּיּוֹם הַשְּׁבִיעִי prep.-def.art.-n.m.s. (398)-def.art.
-num. ord. (988) *on the seventh day*
נָשִׂיא n.m.s. (672) *the leader*
לִבְנֵי אֶפְרָיִם prep.-n.m.p. cstr. (119)-pr.n. paus.
(68) *of the men of Ephraim*
אֱלִישָׁמָע pr.n. (46) *Elishama*
בֶּן־עַמִּיהוּד n.m.s. cstr. (119)-pr.n. (770) *the son*
of Ammihud

7:49

קָרְבָּנוֹ n.m.s.-3 m.s. sf. (898) *his offering*
קַעֲרַת־כֶּסֶף n.f.s. cstr. (891)-n.m.s. (494) *silver*
plate
אַחַת num. f.s. (25) *one*
שְׁלֹשִׁים וּמֵאָה num. p. (1026)-conj.-n.f.s. (547) *a*
hundred and thirty
מִשְׁקָלָהּ n.m.s.-3 f.s. sf. (1054) *its weight*
מִזְרָק אֶחָד n.m.s. (284)-num. m.s. (25) *one basin*
כֶּסֶף n.m.s. (494) *silver*
שִׁבְעִים שֶׁקֶל num. p. (988)-n.m.s. (1053) *seventy*
shekels
בְּשֶׁקֶל הַקֹּדֶשׁ prep.-n.m.s. cstr. (1053)-def.art.
-n.m.s. (871) *according to the shekel of the*
sanctuary
שְׁנֵיהֶם num.-2 m.p. sf. (1040) *both of them*
מְלֵאִים adj. m.p. (570) *full of*
סֹלֶת n.f.s. (701) *fine flour*
בְּלוּלָה Qal pass.ptc. f.s. בָּלַל I 117) *mixed*
בַּשֶּׁמֶן prep.-def.art.-n.m.s. (1032) *with oil*
לְמִנְחָה prep.-n.f.s. (585) *for an offering*

7:50

כַּף אַחַת n.f.s. (496)-num. f.s. (25) *one dish*
עֲשָׂרָה num. f.s. (796) *ten*
זָהָב n.m.s. (262) *gold*
מְלֵאָה adj. f.s. (570) *full of*
קְטֹרֶת n.f.s. (882) *incense*

7:51

פַּר אֶחָד n.m.s. (830)-num. m.s. (25) *one young*
bull
בֶּן־בָּקָר n.m.s. cstr. (119)-n.m.s. (133) *son of cattle*
אַיִל אֶחָד n.m.s. (I 17)-v.supra *one ram*
כֶּבֶשׂ־אֶחָד n.m.s. (461)-v.supra *one male lamb*
בֶּן־שְׁנָתוֹ v.supra-n.f.s.-3 m.s. sf. (1040) *a year*
old
לְעֹלָה prep.-n.f.s. (750) *for a burnt offering*

7:52

שְׂעִיר־עִזִּים n.m.s. cstr. (972)-n.f.p. (777) *male*
goat

אֶחָד v.supra *one*

לְחַטָּאת prep.-n.f.s. (308) *for a sin offering*

7:53

וּלְזֶבַח conj.-prep.-n.m.s. cstr. (257) *and for the sacrifice of*

הַשְּׁלָמִים def.art.-n.m.p. (1023) *peace offerings*

בָּקָר שְׁנַיִם n.m.s. (133)-num. (1040) *two oxen*

אֵילִם חֲמִשָּׁה n.m.p. (I 17)-num. f.s. (331) *five rams*

עַתֻּדִים חֲמִשָּׁה n.m.p. (800)-num. f.s. (331) *five male goats*

כְּבָשִׂים n.m.p. (461) *male lambs*

בְּנֵי־שָׁנָה n.m.p. cstr. (119)-n.f.s. (1040) *a year old*

חֲמִשָּׁה v.supra *five*

זֶה קָרְבַּן demons.adj. m.s. (260)-n.m.s. cstr. (898) *this was the offering of*

אֱלִישָׁמָע pr.n. (46) *Elishama*

בֶּן־עַמִּיהוּד n.m.s. cstr. (119)-pr.n. (770) *the son of Ammihud*

7:54

בַּיּוֹם הַשְּׁמִינִי prep.-def.art.-n.m.s. (398)-def.art. -num. ord. (1033) *on the eighth day*

נָשִׂיא n.m.s. (672) *the leader*

לִבְנֵי מְנַשֶּׁה prep.-n.m.p. cstr. (119)-pr.n. (586) *of the men of Manasseh*

גַּמְלִיאֵל pr.n. (168) *Gamaliel*

בֶּן־פְּדָה־צוּר n.m.s. cstr. (119)-pr.n. (804) *the son of Pedahzur*

7:55

קָרְבָּנוֹ n.m.s.-3 m.s. sf. (898) *his offering*

קַעֲרַת־כֶּסֶף n.f.s. cstr. (891)-n.m.s. (494) *silver plate*

אַחַת num. f.s. (25) *one*

שְׁלֹשִׁים וּמֵאָה num. p. (1026)-conj.-n.f.s. (547) *a hundred and thirty*

מִשְׁקָלָהּ n.m.s.-3 f.s. sf. (1054) *its weight*

מִזְרָק אֶחָד n.m.s. (284)-num. m.s. (25) *one basin*

כֶּסֶף n.m.s. (494) *silver*

שִׁבְעִים שֶׁקֶל num. p. (988)-n.m.s. (1053) *seventy shekels*

בְּשֶׁקֶל הַקֹּדֶשׁ prep.-n.m.s. cstr. (1053)-def.art. -n.m.s. (871) *according to the shekel of the sanctuary*

שְׁנֵיהֶם num.-3 m.p. sf. (1040) *both of them*

מְלֵאִים adj. m.p. (570) *full of*

סֹלֶת n.f.s. (701) *fine flour*

בְּלוּלָה Qal pass.ptc. f.s. (בָּלַל I 117) *mixed*

בַּשֶּׁמֶן prep.-def.art.-n.m.s. (1032) *with oil*

לְמִנְחָה prep.-n.f.s. (585) *for an offering*

7:56

כַּף אַחַת n.f.s. (496)-num. f.s. (25) *one dish*

עֲשָׂרָה num. f.s. (796) *ten*

זָהָב n.m.s. (262) *gold*

מְלֵאָה adj. f.s. (570) *full of*

קְטֹרֶת n.f.s. (882) *incense*

7:57

פַּר אֶחָד n.m.s. (830)-num. m.s. (25) *one young bull*

בֶּן־בָּקָר n.m.s. cstr. (119)-n.m.s. (133) *son of cattle*

אַיִל אֶחָד n.m.s. (I 17)-num. m.s. (25) *one ram*

כֶּבֶשׂ־אֶחָד n.m.s. (461)-v.supra *one male lamb*

בֶּן־שְׁנָתוֹ v.supra-n.f.s.-3 m.s. sf. (1040) *a year old*

לְעֹלָה prep.-n.f.s. (750) *for a burnt offering*

7:58

שְׂעִיר־עִזִּים n.m.s. cstr. (972)-n.f.p. (777) *male goat*

אֶחָד v.supra *one*

לְחַטָּאת prep.-n.f.s. (308) *for a sin offering*

7:59

וּלְזֶבַח conj.-prep.-n.m.s. cstr. (257) *and for the sacrifice of*

הַשְּׁלָמִים def.art.-n.m.p. (1023) *peace offerings*

בָּקָר שְׁנַיִם n.m.s. (133)-num. (1040) *two oxen*

אֵילִם חֲמִשָּׁה n.m.p. (I 17)-num. f.s. (331) *five rams*

עַתֻּדִים חֲמִשָּׁה n.m.p. (800)-v.supra *five male goats*

כְּבָשִׂים n.m.p. (461) *male lambs*

בְּנֵי־שָׁנָה n.m.p. cstr. (119)-n.f.s. (1040) *a year old*

חֲמִשָּׁה v.supra *five*

זֶה קָרְבַּן demons.adj. m.s. (260)-n.m.s. cstr. (898) *this was the offering of*

גַּמְלִיאֵל pr.n. (168) *Gamaliel*

בֶּן־פְּדָה־צוּר n.m.s. cstr. (119)-pr.n. (804) *the son of Pedahzur*

7:60

בַּיּוֹם הַתְּשִׁיעִי prep.-def.art.-n.m.s. (398)-def.art. -num. ord. (1077) *on the ninth day*

נָשִׂיא n.m.s. (672) *the leader*

לִבְנֵי בִנְיָמִן prep.-n.m.p. cstr. (119)-pr.n. (122) *the men of Benjamin*

אֲבִידָן pr.n. (4) *Abidan*

בֶּן־גִּדְעֹנִי n.m.s. cstr. (119)-pr.n. (154) *the son of Gideoni*

7:61

קָרְבָּנוֹ n.m.s.-3 m.s. sf. (898) *his offering*

קַעֲרַת־כֶּסֶף n.f.s. cstr. (891)-n.m.s. (494) *silver plate*

אַחַת num. f.s. (25) *one*

שְׁלֹשִׁים וּמֵאָה num. p. (1026)-conj.-n.f.s. (547) *a hundred and thirty*

מִשְׁקָלָהּ n.m.s.-3 f.s. sf. (1054) *its weight*

מִזְרָק אֶחָד n.m.s. (284)-num. m.s. (25) *one basin*

כֶּסֶף n.m.s. (494) *silver*

שִׁבְעִים שֶׁקֶל num. p. (988)-n.m.s. (1053) *seventy shekels*

בְּשֶׁקֶל הַקֹּדֶשׁ prep.-n.m.s. cstr. (1053)-def.art.-n.m.s. (871) *according to the shekel of the sanctuary*

שְׁנֵיהֶם num.-3 m.p. sf. (1040) *both of them*

מְלֵאִים adj. m.p. (570) *full of*

סֹלֶת n.f.s. (701) *fine flour*

בְּלוּלָה Qal pass.ptc. f.s. (בָּלַל I 117) *mixed*

בַּשֶּׁמֶן prep.-def.art.-n.m.s. (1032) *with oil*

לְמִנְחָה prep.-n.f.s. (585) *for an offering*

7:62

כַּף אַחַת n.f.s. (496)-num. f.s. (25) *one dish*

עֲשָׂרָה num. f.s. (796) *ten*

זָהָב n.m.s. (262) *gold*

מְלֵאָה adj. f.s. (570) *full of*

קְטֹרֶת n.f.s. (882) *incense*

7:63

פַּר אֶחָד n.m.s. (830)-num. m.s. (25) *one young bull*

בֶּן־בָּקָר n.m.s. cstr. (119)-n.m.s. (133) *son of cattle*

אַיִל אֶחָד n.m.s. (I 17)-v.supra *one ram*

כֶּבֶשׂ־אֶחָד n.m.s. (461)-v.supra *one male lamb*

בֶּן־שְׁנָתוֹ n.m.s. cstr. (119)-n.f.s.-3 m.s. sf. (1040) *a year old*

לְעֹלָה prep.-n.f.s. (750) *for a burnt offering*

7:64

שְׂעִיר־עִזִּים n.m.s. cstr. (972)-n.f.p. (777) *male goat*

אֶחָד num. m.s. (25) *one*

לְחַטָּאת prep.-n.f.s. (308) *for a sin offering*

7:65

וּלְזֶבַח conj.-prep.-n.m.s. (257) *and for the sacrifice of*

הַשְּׁלָמִים def.art.-n.m.p. (1023) *peace offerings*

בָּקָר שְׁנַיִם n.m.s. (133)-num. (1040) *two oxen*

אֵילִם חֲמִשָּׁה n.m.p. (I 17)-num. f.s. (331) *five rams*

עַתּוּדִים חֲמִשָּׁה n.m.p. (800)-num. f.s. (331) *five male goats*

כְּבָשִׂים n.m.p. (461) *male lambs*

בְּנֵי־שָׁנָה n.m.p. cstr. (119)-n.f.s. (1040) *a year old*

חֲמִשָּׁה num. *five*

זֶה קָרְבַּן demons.adj. m.s. (260)-n.m.s. cstr. (898) *this was the offering of*

אֲבִידָן pr.n. (4) *Abidan*

בֶּן־גִּדְעֹנִי n.m.s. cstr. (119)-pr.n. (154) *the son of Gideoni*

7:66

בַּיּוֹם הָעֲשִׂירִי prep.-def.art.-n.m.s. (398)-def.art.-num. ord. (798) *on the tenth day*

נָשִׂיא n.m.s. (672) *the leader*

לִבְנֵי דָן prep.-prep.-n.m.p. cstr. (119)-pr.n. (192) *of the men of Dan*

אֲחִיעֶזֶר pr.n. (27) *Ahiezer*

בֶּן־עַמִּישַׁדָּי n.m.s. cstr. (119)-pr.n. (770) *the son of Ammishaddai*

7:67

קָרְבָּנוֹ n.m.s.-3 m.s. sf. (898) *his offering*

קַעֲרַת־כֶּסֶף n.f.s. cstr. (891)-n.m.s. (494) *silver plate*

אַחַת num. f.s. (25) *one*

שְׁלֹשִׁים וּמֵאָה num. p. (1026)-conj.-n.f.s. (547) *a hundred and thirty*

מִשְׁקָלָהּ n.m.s.-3 f.s. sf. (1054) *its weight*

מִזְרָק אֶחָד n.m.s. (284)-num. m.s. (25) *one basin*

כֶּסֶף n.m.s. (494) *silver*

שִׁבְעִים שֶׁקֶל num. p. (988)-n.m.s. (1053) *seventy shekels*

בְּשֶׁקֶל הַקֹּדֶשׁ prep.-n.m.s. cstr. (1053)-def.art.-n.m.s. (871) *according to the shekel of the sanctuary*

שְׁנֵיהֶם num.-3 m.p. sf. (1040) *both of them*

מְלֵאִים adj. m.p. (570) *full of*

סֹלֶת n.f.s. (701) *fine flour*

בְּלוּלָה Qal pass.ptc. f.s. (בָּלַל I 117) *mixed*

בַּשֶּׁמֶן prep.-def.art.-n.m.s. (1032) *with oil*

לְמִנְחָה prep.-n.f.s. (585) *for an offering*

7:68

כַּף אַחַת n.f.s. (496)-num. f.s. (25) *one dish*

עֲשָׂרָה num. f.s. (796) *ten*

זָהָב n.m.s. (262) *gold*

מְלֵאָה adj. f.s. (570) *full of*

קְטֹרֶת n.f.s. (882) *incense*

7:69

פַּר אֶחָד n.m.s. (830)-num. m.s. (25) *one young bull*

בֶּן־בָּקָר n.m.s. cstr. (119)-n.m.s. (133) *son of cattle*

אַיִל אֶחָד n.m.s. (I 17)-num. m.s. (25) *one ram*

כֶּבֶשׂ־אֶחָד n.m.s. (494)-v.supra *one male lamb*

בֶּן־שְׁנָתוֹ n.m.s. cstr. (119)-n.f.s.-3 m.s. sf. (1040) *a year old*

לְעֹלָה prep.-n.f.s. (750) *for a burnt offering*

7:70

שְׂעִיר־עִזִּים n.m.s. cstr. (972)-n.f.p. (777) *male goat*

אֶחָד num. m.s. (25) *one*

לְחַטָּאת prep.-n.f.s. (308) *for a sin offering*

7:71

וּלְזֶבַח conj.-prep.-n.m.s. cstr. (257) *and for the sacrifice of*

הַשְּׁלָמִים def.art.-n.m.p. (1023) *peace offerings*

בָּקָר שְׁנַיִם n.m.s. (133)-num. (1040) *two oxen*

אֵילִם חֲמִשָּׁה n.m.p. (I 17)-num. f.s. (331) *five rams*

עַתֻּדִים חֲמִשָּׁה n.m.p. (800)-num. f.s. (331) *five male goats*

כְּבָשִׂים n.m.p. (461) *male lambs*

בְּנֵי־שָׁנָה n.m.p. cstr. (119)-n.f.s. (1040) *a year old*

חֲמִשָּׁה num. f.s. (331) *five*

זֶה קָרְבַּן demons.adj. m.s. (260)-n.m.s. cstr. (898) *this was the offering of*

אֲחִיעֶזֶר pr.n. (27) *Ahiezer*

בֶּן־עַמִּישַׁדָּי n.m.s. cstr. (119)-pr.n. (770) *the son of Ammishaddai*

7:72

בְּיוֹם עַשְׁתֵּי עָשָׂר prep.-n.m.s. cstr. (398)-num. (799)-num. (797) *on the eleventh day*

יוֹם n.m.s. (398) *day*

נָשִׂיא n.m.s. (672) *the leader*

לִבְנֵי אָשֵׁר prep.-n.m.p. cstr. (119)-pr.n. (81) *of the men of Asher*

פַּגְעִיאֵל pr.n. (803) *Pagiel*

בֶּן־עָכְרָן n.m.s. cstr. (119)-pr.n. (747) *the son of Ochran*

7:73

קָרְבָּנוֹ n.m.s.-3 m.s. sf. (898) *his offering*

קַעֲרַת־כֶּסֶף n.f.s. cstr. (891)-n.m.s. (494) *silver plate*

אַחַת num. f.s. (25) *one*

שְׁלֹשִׁים וּמֵאָה num. p. (1026)-conj.-n.f.s. (547) *a hundred and thirty*

מִשְׁקָלָהּ n.m.s.-3 f.s. sf. (1054) *its weight*

מִזְרָק אֶחָד n.m.s. (284)-num. m.s. (25) *one basin*

כֶּסֶף n.m.s. (494) *silver*

שִׁבְעִים שֶׁקֶל num. p. (988)-n.m.s. (1053) *seventy shekels*

בְּשֶׁקֶל הַקֹּדֶשׁ prep.-n.m.s. cstr. (1053)-def.art. -n.m.s. (871) *according to the shekel of the sanctuary*

שְׁנֵיהֶם num.-3 m.p. sf. (1040) *both of them*

מְלֵאִים adj. m.p. (570) *full of*

סֹלֶת n.f.s. (701) *fine flour*

בְּלוּלָה Qal pass.ptc. f.s. בָּלַל I 117) *mixed*

בַּשֶּׁמֶן prep.-def.art.-n.m.s. (1032) *with oil*

לְמִנְחָה prep.-n.f.s. (585) *for an offering*

7:74

כַּף אַחַת n.f.s. (496)-num. f.s. (25) *one dish*

עֲשָׂרָה num. f.s. (796) *ten*

זָהָב n.m.s. (262) *gold*

מְלֵאָה adj. f.s. (570) *full of*

קְטֹרֶת n.f.s. (882) *incense*

7:75

פַּר אֶחָד n.m.s. (830)-num. m.s. (25) *one young bull*

בֶּן־בָּקָר n.m.s. cstr. (119)-n.m.s. (133) *son of cattle*

אַיִל אֶחָד n.m.s. (I 17)-num. m.s. (25) *one ram*

כֶּבֶשׂ־אֶחָד n.m.s. (461)-v.supra *one male lamb*

בֶּן־שְׁנָתוֹ n.m.s. cstr. (119)-n.f.s.-3 m.s. sf. (1040) *a year old*

לְעֹלָה prep.-n.f.s. (750) *for a burnt offering*

7:76

שְׂעִיר־עִזִּים n.m.s. cstr. (972)-n.f.p. (777) *male goat*

אֶחָד num. m.s. (25) *one*

לְחַטָּאת prep.-n.f.s. (308) *for a sin offering*

7:77

וּלְזֶבַח conj.-prep.-n.m.s. cstr. (257) *and for the sacrifice of*

הַשְּׁלָמִים dir.obj.-n.m.p. (1023) *peace offerings*

בָּקָר שְׁנַיִם n.m.s. (133)-num. (1040) *two oxen*

אֵילִם חֲמִשָּׁה n.m.p. (I 17)-num. f.s. (331) *five rams*

עַתֻּדִים חֲמִשָּׁה n.m.p. (800)-num. f.s. (331) *five male goats*

כְּבָשִׂים n.m.p. (461) *male lambs*

בְּנֵי־שָׁנָה n.m.p. cstr. (119)-n.f.s. (1040) *a year old*

חֲמִשָּׁה v.supra *five*

זֶה קָרְבַּן demons.adj. m.s. (260)-n.m.s. cstr. (898) *this was the offering of*

פַּגְעִיאֵל pr.n. (803) *Pagiel*

בֶּן־עָכְרָן n.m.s. cstr. (119)-pr.n. (747) *the son of Ochran*

7:78

בְּיוֹם prep.-n.m.s. cstr. (398) *on the day of*

שְׁנֵים עָשָׂר num. m. (1040)-num. (797) *twelfth*

יוֹם n.m.s. (398) *day*

נָשִׂיא n.m.s. (672) *the leader*

לִבְנֵי נַפְתָּלִי prep.-n.m.p. cstr. (119)-pr.n. (836) *of the men of Naphtali*

אֲחִירַע pr.n. (27) *Ahira*

בֶּן־עֵינָן n.m.s. cstr. (119)-pr.n. (745) *the son of Enan*

7:79

קָרְבָּנוֹ n.m.s.-3 m.s. sf. (898) *his offering*

קַעֲרַת־כֶּסֶף n.f.s. cstr. (891)-n.m.s. (494) *silver plate*

אַחַת num. f.s. (25) *one*

שְׁלֹשִׁים וּמֵאָה num. p. (1026)-conj.-n.f.s. (547) *a hundred and thirty*

מִשְׁקָלָהּ n.m.s.-3 f.s. sf. (1054) *its weight*

מִזְרָק אֶחָד n.m.s. (284)-num. m.s. (25) *one basin*

כֶּסֶף n.m.s. (494) *silver*

שִׁבְעִים שֶׁקֶל num. p. (988)-n.m.s. (1053) *seventy shekels*

בְּשֶׁקֶל הַקֹּדֶשׁ prep.-n.m.s. cstr. (1053)-def.art.-n.m.s. (871) *according to the shekel of the sanctuary*

שְׁנֵיהֶם num.-3 m.p. sf. (1040) *both of them*

מְלֵאִים adj. m.p. (570) *full of*

סֹלֶת n.f.s. (701) *fine flour*

בְּלוּלָה Qal pass.ptc. f.s. (בָּלַל I 117) *mixed*

בַּשֶּׁמֶן prep.-def.art.-n.m.s. (1032) *with oil*

לְמִנְחָה prep.-n.f.s. (585) *for an offering*

7:80

כַּף אַחַת n.f.s. (496)-num. f.s. (25) *one dish*

עֲשָׂרָה num. f.s. (796) *ten*

זָהָב n.m.s. (262) *gold*

מְלֵאָה adj. f.s. (570) *full of*

קְטֹרֶת n.f.s. (882) *incense*

7:81

פַּר אֶחָד n.m.s. (830)-num. m.s. (25) *one young bull*

בֶּן־בָּקָר n.m.s. cstr. (119)-n.m.s. (133) *son of cattle*

אַיִל אֶחָד n.m.s. (I 17)-num. m.s. (25) *one ram*

כֶּבֶשׂ־אֶחָד n.m.s. (461)-v.supra *one male lamb*

בֶּן־שְׁנָתוֹ n.m.s. cstr. (119)-n.f.s.-3 m.s. sf. (1040) *a year old*

לְעֹלָה prep.-n.f.s. (750) *for a burnt offering*

7:82

שְׂעִיר־עִזִּים n.m.s. cstr. (972)-n.f.p. (777) *male goat*

אֶחָד num. m.s. (25) *one*

לְחַטָּאת prep.-n.f.s. (308) *for a sin offering*

7:83

וּלְזֶבַח conj.-prep.-n.m.s. cstr. (257) *and for the sacrifice of*

הַשְּׁלָמִים dir.obj.-n.m.p. (1023) *peace offerings*

בָּקָר שְׁנַיִם n.m.s. (133)-num. (1040) *two oxen*

אֵילִם חֲמִשָּׁה n.m.p. (I 17)-num. f.s. (331) *five rams*

עַתֻּדִים חֲמִשָּׁה n.m.p. (800)-num. f.s. (331) *five male goats*

כְּבָשִׂים n.m.p. (461) *male lambs*

בְּנֵי־שָׁנָה n.m.p. cstr. (119)-n.f.s. (1040) *a year old*

חֲמִשָּׁה num. f.s. (331) *five*

זֶה קָרְבַּן demons.adj. m.s. (260)-n.m.s. cstr. (898) *this was the offering of*

אֲחִירַע pr.n. (27) *Ahira*

בֶּן־עֵינָן n.m.s. cstr. (119)-pr.n. (745) *the son of Enan*

7:84

זֹאת demons.adj. f.s. (260) *this (was)*

חֲנֻכַּת n.f.s. cstr. (335) *the dedication offering for*

הַמִּזְבֵּחַ def.art.-n.m.s. (258) *the altar*

בְּיוֹם prep.-n.m.s. cstr. (398) *when*

הִמָּשַׁח אֹתוֹ Ni. inf.cstr. (מָשַׁח 602)-dir.obj.-3 m.s. sf. *it was anointed*

מֵאֵת נְשִׂיאֵי prep.-prep. (85)-n.m.p. cstr. (672) *from the leaders of*

יִשְׂרָאֵל pr.n. (975) *Israel*

קַעֲרֹת כֶּסֶף n.f.p. cstr. (891)-n.m.s. (494) *silver plates*

שְׁתֵּים עֶשְׂרֵה num. f. (1040)-num. 797 *twelve*

מִזְרְקֵי־כֶסֶף n.m.p. cstr. (284)-n.m.s. (494) *silver basins*

שְׁנֵים עָשָׂר num. m. (1040)-num. (797) *twelve*

כַּפּוֹת זָהָב n.f.p. cstr. (496)-n.m.s. (262) *golden dishes*

שְׁתֵּים עֶשְׂרֵה v.supra-v.supra *twelve*

7:85

שְׁלֹשִׁים וּמֵאָה num. p. (1026)-conj.-n.f.s. (547) *a hundred and thirty*

הַקְּעָרָה הָאַחַת def.art.-n.f.s. (891)-def.art.-num. f.s. (25) *each plate*

כֶּסֶף n.m.s. (494) *silver*

וְשִׁבְעִים conj.-num. p. (988) *seventy*

הַמִּזְרָק הָאֶחָד def.art.-n.m.s. (284)-def.art.-num. m.s. (25) *each basin*

כֹּל כֶּסֶף הַכֵּלִים n.m.s. cstr. (481)-n.m.s. cstr. (494)-def.art.-n.m.p. (479) *all the silver of the vessels*

אֲלָפִים n.m. du. (48) *two thousand*

וְאַרְבַּע־מֵאוֹת conj.-num. (916)-n.f.p. (547) *four hundred*

בְּשֶׁקֶל הַקֹּדֶשׁ prep.-n.m.s. cstr. (1053)-def.art. -n.m.s. (871) *according to the shekel of the sanctuary*

7:86

כַּפּוֹת זָהָב n.f.p. cstr. (496)-n.m.s. (262) *golden dishes*

שְׁתֵּים־עֶשְׂרֵה num. f. (1040)-num. (797) *twelve*

מְלֵאֹת adj. f.p. (570) *full of*

קְטֹרֶת n.f.s. (882) *incense*

עֲשָׂרָה עֲשָׂרָה num. f. (796)-v.supra *ten apiece*

הַכַּף def.art.-n.f.s. (496) *the dish*

בְּשֶׁקֶל הַקֹּדֶשׁ prep.-n.m.s. cstr. (1053)-def.art. -n.m.s. (871) *according to the shekel of the sanctuary*

כָּל־זְהַב הַכַּפּוֹת n.m.s. cstr. (481)-n.m.s. cstr. (262) -def.art.-n.f.p. (496) *all the gold of the dishes*

עֶשְׂרִים וּמֵאָה num. p. (797)-conj.-n.f.s. (547) *a hundred and twenty (shekels)*

7:87

כָּל־הַבָּקָר n.m.s. cstr. (481)-def.art.-n.m.s. (133) *all the cattle*

לָעֹלָה prep.-def.art.-n.f.s. (750) *for the burnt offering*

שְׁנַיִם עָשָׂר num. (1040)-num. (797) *twelve*

פָּרִים n.m.p. (830) *bulls*

אֵילִם n.m.p. (I 17) *rams*

שְׁנַיִם־עָשָׂר v.supra-v.supra *twelve*

כְּבָשִׂים n.m.p. (461) *male lambs*

בְּנֵי־שָׁנָה n.m.p. cstr. (119)-n.f.s. (1040) *a year old*

שְׁנַיִם עָשָׂר v.supra-v.supra *twelve*

וּמִנְחָתָם conj.-n.f.s.-3 m.p. sf. (585) *with their offering*

וּשְׂעִירֵי עִזִּים conj.-n.m.p. cstr. (972)-n.f.p. (777) *and male goats*

שְׁנַיִם עָשָׂר v.supra-v.supra *twelve*

לְחַטָּאת prep.-n.f.s. (308) *for a sin offering*

7:88

וְכֹל בְּקַר conj.-n.m.s. cstr. (481)-n.m.s. cstr. (133) *and all the cattle for*

זֶבַח n.m.s. cstr. (257) *the sacrifice of*

הַשְּׁלָמִים def.art.-n.m.p. (1023) *peace offerings*

עֶשְׂרִים num. p. (797) *twenty*

וְאַרְבָּעָה conj.-num. f. (916) *and four*

פָּרִים n.m.p. (830) *bulls*

אֵילִם שִׁשִּׁים n.m.p. (I 17)-num. p. (995) *sixty rams*

עַתֻּדִים שִׁשִּׁים n.m.p. (800)-v.supra *the male goats sixty*

כְּבָשִׂים n.m.p. (461) *male lambs*

בְּנֵי־שָׁנָה n.m.p. cstr. (119)-n.f.s. (1040) *a year old*

שִׁשִּׁים v.supra *sixty*

זֹאת demons.adj. f.s. (260) *this (was)*

חֲנֻכַּת n.f.s. cstr. (335) *the dedication offering for*

הַמִּזְבֵּחַ def.art.-n.m.s. (258) *the altar*

אַחֲרֵי prep. (29) *after*

הִמָּשַׁח אֹתוֹ Ni. inf.cstr. (משׁח 602)-dir.obj.-3 m.s. sf. *it was anointed*

7:89

וּבְבֹא conj.-prep.-Qal inf.cstr. (בוא 97) *and when ... went*

מֹשֶׁה pr.n. (602) *Moses*

אֶל־אֹהֶל מוֹעֵד prep.-n.m.s. cstr. (13)-n.m.s. (417) *into the tent of meeting*

לְדַבֵּר אִתּוֹ prep.-Pi. inf.cstr. (180)-prep.-3 m.s. sf. (85) *to speak with him*

וַיִּשְׁמַע consec.-Qal impf. 3 m.s. (1033) *he heard*

אֶת־הַקּוֹל dir.obj.-def.art.-n.m.s. (876) *the voice*

מִדַּבֵּר prep.-Pi. inf.cstr. (180; LXX-λαλοῦντος= Pi. ptc. מְדַבֵּר) *speaking*

אֵלָיו prep.-3 m.s. sf. *to him*

מֵעַל הַכַּפֹּרֶת prep.-prep.-def.art.-n.f.s. (498) *from above the mercy seat*

אֲשֶׁר עַל־אֲרֹן rel. (81)-prep.-n.m.s. cstr. (75) *that was upon the ark of*

הָעֵדֻת def.art.-n.f.s. (730) *the testimony*

מִבֵּין שְׁנֵי prep.-prep. (107)-num. cstr. (1040) *from between the two*

הַכְּרֻבִים def.art.-n.m.p. (500) *cherubim*

וַיְדַבֵּר consec.-Pi. impf. 3 m.s. (180) *and it spoke*

אֵלָיו prep.-3 m.s. sf. *to him*

8:1

וַיְדַבֵּר יהוה consec.-Pi. impf. 3 m.s. (180)-pr.n. (217) *now Yahweh said*

אֶל־מֹשֶׁה prep.-pr.n. (602) *to Moses*

לֵאמֹר prep.-Qal inf.cstr. (55) *(saying)*

8:2

דַּבֵּר Pi. impv. 2 m.s. (180) *say*

אֶל־אַהֲרֹן prep.-pr.n. (14) *to Aaron*

וְאָמַרְתָּ אֵלָיו conj.-Qal pf. 2 m.s. (55)-prep.-3 m.s. sf. *(and you shall say to him)*

בְּהַעֲלֹתְךָ prep.-Hi. inf.cstr.-2 m.s. sf. (748) *when you set up*

אֶת־הַנֵּרֹת dir.obj.-def.art.-n.m.p. (632) *the lamps*

אֶל־מוּל פְּנֵי prep.-prep. (557)-n.m.p. cstr. (815) *in front of*

הַמְּנוֹרָה def.art.-n.f.s. (633) *the lampstand*

יָאִירוּ Hi. impf. 3 m.p. (אור 21) *shall give light*

שִׁבְעַת הַנֵּרוֹת num. f. cstr. (I 987)-def.art.-n.m.p. (632) *the seven lamps*

8:3

וַיַּעַשׂ כֵּן consec.-Qal impf. 3 m.s. (עשׂה I 793)-adv. (485) *and did so*

אַהֲרֹן pr.n. (14) *Aaron*

אֶל־מוּל פְּנֵי prep. (39)-prep. (557)-n.m.p. cstr. (815) *in front of*

הַמְּנוֹרָה def.art.-n.f.s. (633) *the lampstand*

הֶעֱלָה Hi. pf. 3 m.s. (עלה 748) *he set up*

נֵרֹתֶיהָ n.m.p.-3 f.s. sf. (632) *its lamps*

כַּאֲשֶׁר prep.-rel. (81) *as*

צִוָּה יְהוָה Pi. pf. 3 m.s. (צוה 845)-pr.n. (217) *Yahweh commanded*

אֶת־מֹשֶׁה dir.obj.-pr.n. (602) *Moses*

8:4

וְזֶה conj.-demons.adj. m.s. (260) *and this (was)*

מַעֲשֵׂה n.m.s. cstr. (795) *the workmanship of*

הַמְּנֹרָה def.art.-n.f.s. (633) *the lampstand*

מִקְשָׁה n.f.s. (904) *hammered work*

זָהָב n.m.s. (262) *gold*

עַד־יְרֵכָהּ prep. (III 723)-n.f.s.-3 f.s. sf. (437) *from its base*

עַד־פִּרְחָהּ v.supra-n.m.s.-3 f.s. sf. (827) *to its flowers*

מִקְשָׁה הִוא v.supra-pers.pr. 3 f.s. (214) *it was hammered work*

כַּמַּרְאֶה prep.-def.art.-n.m.s. (909) *according to the pattern (appearance)*

אֲשֶׁר הֶרְאָה rel. (81)-Hi. pf. 3 m.s. (ראה 906) *which ... had shown*

יְהוָה pr.n. (217) *Yahweh*

אֶת־מֹשֶׁה dir.obj.-pr.n. (602) *Moses*

כֵּן עָשָׂה adv. (485)-Qal pf. 3 m.s. (I 793) *so he made*

אֶת־הַמְּנֹרָה dir.obj.-def.art.-n.f.s. (633) *the lampstand*

8:5

וַיְדַבֵּר יְהוָה consec.-Pi. impf. 3 m.s. (180)-pr.n. (217) *and Yahweh said*

אֶל־מֹשֶׁה prep.-pr.n. (602) *to Moses*

לֵאמֹר prep.-Qal inf.cstr. (55) *(saying)*

8:6

קַח Qal impv. 2 m.s. (לקח 542) *take*

אֶת־הַלְוִיִּם dir.obj.-def.art.-adj. gent. m.p. (532) *the Levites*

מִתּוֹךְ בְּנֵי יִשְׂרָאֵל prep.-n.m.s. cstr. (1063)-n.m.p. cstr. (119)-pr.n. (975) *from among the people of Israel*

וְטִהַרְתָּ אֹתָם conj.-Pi. pf. 2 m.s. (טהר 372)-dir.obj.-3 m.p. sf. *and cleanse them*

8:7

וְכֹה־תַעֲשֶׂה conj.-adv. (462)-Qal impf. 2 m.s. (עשׂה I 793) *and thus you shall do*

לָהֶם prep.-3 m.p. sf. *to them*

לְטַהֲרָם prep.-Pi. inf.cstr. 3 m.p. sf. (טהר 372) *to cleanse them*

הַזֵּה Hi. impv. 2 m.s. (נזה I 633) *sprinkle*

עֲלֵיהֶם prep.-3 m.p. sf. *upon them*

מֵי חַטָּאת n.m.p. cstr. (565)-n.f.s. (308) *the water of expiation*

וְהֶעֱבִירוּ conj.-Hi. pf. 3 c.p. (עבר 716) *and let them go over*

תַעַר n.m.s. (789) *a razor*

עַל־כָּל־בְּשָׂרָם prep.-n.m.s. cstr. (481)-n.m.s.-3 m.p. sf. (142) *over all their body*

וְכִבְּסוּ conj.-Pi. pf. 3 c.p. (כבס 460) *and wash*

בִגְדֵיהֶם n.m.p.-3 m.p. sf. (93) *their clothes*

וְהִטֶּהָרוּ conj.-Hith. pf. 3 c.p. (טהר 372; GK 27q,64d) *and cleanse themselves*

8:8

וְלָקְחוּ conj.-Qal pf. 3 c.p. (לקח 542) *then let them take*

פַּר בֶּן־בָּקָר n.m.s. (830)-n.m.s. cstr. (119)-n.m.s. (133) *a young bull*

וּמִנְחָתוֹ conj.-n.f.s.-3 m.s. sf. (585) *and its offering*

סֹלֶת n.f.s. (701) *fine flour*

בְּלוּלָה Qal pass.ptc. f.s. (בלל I 117) *mixed*

בַשֶּׁמֶן prep.-def.art.-n.m.s. (1032) *with oil*

וּפַר־שֵׁנִי conj.-n.m.s. (830)-num. ord. (1041) *and a second young bull*

בֶן־בָּקָר n.m.s. cstr. (119)-n.m.s. (133) *son of cattle*

תִּקַּח Qal impf. 2 m.s. (לקח 542) *you shall take*

לְחַטָּאת prep.-n.f.s. (308) *for a sin offering*

8:9

וְהִקְרַבְתָּ conj.-Hi. pf. 2 m.s. (קָרַב 897) *and you shall present*

אֶת־הַלְוִיִּם dir.obj.-def.art.-adj. gent. m.p. (532) *the Levites*

לִפְנֵי prep.-n.m.p. cstr. (815) *before*

אֹהֶל מוֹעֵד n.m.s. cstr. (13)-n.m.s. (417) *the tent of meeting*

וְהִקְהַלְתָּ conj.-Hi. pf. 2 m.s. (קָהַל 874) *and assemble*

אֶת־כָּל־עֲדַת dir.obj.-n.m.s. cstr. (481)-n.f.s. cstr. (417) *the whole congregation of*

בְּנֵי יִשְׂרָאֵל n.m.p. cstr. (119)-pr.n. (975) *the people of Israel*

8:10

וְהִקְרַבְתָּ conj.-Hi. pf. 2 m.s. (קָרַב 897) *when you present*

אֶת־הַלְוִיִּם dir.obj.-def.art.-adj. gent. m.p. (532) *the Levites*

לִפְנֵי יהוה prep.-n.m.p. cstr. (815)-pr.n. (217) *before Yahweh*

וְסָמְכוּ conj.-Qal pf. 3 c.p. (סָמַךְ 701) *and ... shall lay*

בְּנֵי־יִשְׂרָאֵל n.m.p. cstr. (119)-pr.n. (975) *the people of Israel*

אֶת־יְדֵיהֶם dir.obj.-n.f.p.-3 m.p. sf. (388) *their hands*

עַל־הַלְוִיִּם prep. (II 752)-v.supra *upon the Levites*

8:11

וְהֵנִיף conj.-Hi. pf. 3 m.s. (נוּף 631) *and ... shall offer*

אַהֲרֹן pr.n. (14) *Aaron*

אֶת־הַלְוִיִּם dir.obj.-def.art.-adj. gent. m.p. (532) *the Levites*

תְּנוּפָה n.f.s. (632) *a wave offering*

לִפְנֵי יהוה prep.-n.m.p. cstr. (815)-pr.n. (217) *before Yahweh*

מֵאֵת בְּנֵי יִשְׂרָאֵל prep.-prep. (85)-n.m.p. cstr. (119)-pr.n. (975) *from the people of Israel*

וְהָיוּ conj.-Qal pf. 3 c.p. (הָיָה 224) *that it may be theirs*

לַעֲבֹד prep.-Qal inf.cstr. (712) *to do*

אֶת־עֲבֹדַת יהוה dir.obj.-n.f.s. cstr. (715)-pr.n. (217) *the service of Yahweh*

8:12

וְהַלְוִיִּם conj.-def.art.-adj. gent. m.p. (532) *then the Levites*

יִסְמְכוּ Qal impf. 3 m.p. (סָמַךְ 701) *shall lay*

8:13

אֶת־יְדֵיהֶם dir.obj.-n.f.p.-3 m.p. sf. (388) *their hands*

עַל רֹאשׁ prep. (II 752)-n.m.s. cstr. (910) *upon the heads of*

הַפָּרִים def.art.-n.m.p. (830) *the bulls*

וַעֲשֵׂה conj.-Qal impv. 2 m.s. (עָשָׂה I 793) *and offer*

אֶת־הָאֶחָד dir.obj.-def.art.-n.m.s. (25) *the one*

חַטָּאת n.f.s. (308) *for a sin offering*

וְאֶת־הָאֶחָד conj.-v.supra-v.supra *and the other*

עֹלָה n.f.s. (750) *for a burnt offering*

לַיהוה prep.-pr.n. (217) *to Yahweh*

לְכַפֵּר prep.-Pi. inf.cstr. (497) *to make atonement*

עַל־הַלְוִיִּם prep.-v.supra *for the Levites*

8:13

וְהַעֲמַדְתָּ conj.-Hi. pf. 2 m.s. (עָמַד 763) *and you shall cause to attend*

אֶת־הַלְוִיִּם dir.obj.-def.art.-adj. gent. m.p. (532) *the Levites*

לִפְנֵי אַהֲרֹן prep.-n.m.p. cstr. (815)-pr.n. (14) *(before) Aaron*

וְלִפְנֵי בָנָיו conj.-v.supra-n.m.p.-3 m.s. sf. (119) *and his sons*

וְהֵנַפְתָּ אֹתָם conj.-Hi. pf. 2 m.s. (נוּף 631) -dir.obj.-3 m.p. sf. *and shall offer them*

תְּנוּפָה n.f.s. (632) *as a wave offering*

לַיהוה prep.-pr.n. (217) *to Yahweh*

8:14

וְהִבְדַּלְתָּ conj.-Hi. pf. 2 m.s. (בָּדַל 95) *thus you shall separate*

אֶת־הַלְוִיִּם dir.obj.-def.art.-adj. gent. m.p. (532) *the Levites*

מִתּוֹךְ בְּנֵי יִשְׂרָאֵל prep.-n.m.s. cstr. (1063)-n.m.p. cstr. (119)-pr.n. (975) *from among the people of Israel*

וְהָיוּ לִי conj.-Qal pf. 3 c.p. (הָיָה 224)-prep.-1 c.s. sf. *and shall be mine*

הַלְוִיִּם v.supra *the Levites*

8:15

וְאַחֲרֵי־כֵן conj.-prep. (29)-adv. (485) *and after that*

יָבֹאוּ Qal impf. 3 m.p. (בּוֹא 97) *shall go in*

הַלְוִיִּם def.art.-adj. gent. m.p. (532) *the Levites*

לַעֲבֹד prep.-Qal inf.cstr. (712) *to do service*

אֶת־אֹהֶל מוֹעֵד dir.obj.-n.m.s. cstr. (13)-n.m.s. (417) *at the tent of meeting*

וְטִהַרְתָּ אֹתָם conj.-Pi. pf. 2 m.s. (טָהֵר 372)-dir.obj.-3 m.p. sf. *when you have cleansed them*

וְהֵנַפְתָּ אֹתָם conj.-Hi. pf. 2 m.s. (נוף 631)-v.supra
and offered them

תְּנוּפָה n.f.s. (632) *as a wave offering*

8:16

כִּי נְתֻנִים נְתֻנִים conj. (471)-Qal pass.ptc. m.p. (נָתַן 678)-v.supra *for ... are wholly given*

הֵמָּה pers.pr. 3 m.p. (241) *they*

לִי prep.-1 c.s. sf. *to me*

מִתּוֹךְ בְּנֵי יִשְׂרָאֵל prep.-n.m.s. cstr. (1063)-n.m.p. cstr. (119)-pr.n. (975) *from among the people of Israel*

תַּחַת פִּטְרַת prep. (1065)-n.f.s. cstr. (809) *instead of that which opens*

כָּל־רֶחֶם n.m.s. cstr. (481)-n.m.s. (933) *any womb*

בְּכוֹר כֹּל n.m.s. cstr. (114)-n.m.s. (481) *the first-born of all*

מִבְּנֵי יִשְׂרָאֵל prep.-n.m.p. cstr. (119)-pr.n. (975) *of the people of Israel*

לָקַחְתִּי אֹתָם Qal pf. 1 c.s. (542)-dir.obj.-3 m.p. sf. *I have taken them*

לִי prep.-1 c.s. sf. *for myself*

8:17

כִּי לִי conj. (471)-prep.-1 c.s. sf. *for are mine*

כָּל־בְּכוֹר n.m.s. cstr. (481)-n.m.s. (114) *all the first-born*

בִּבְנֵי יִשְׂרָאֵל prep.-n.m.p. cstr. (119)-pr.n. (975) *among the people of Israel*

בָּאָדָם prep.-def.art.-n.m.s. (9) *both of man*

וּבַבְּהֵמָה conj.-prep.-def.art.-n.f.s. (96) *and of beast*

בְּיוֹם הַכֹּתִי prep.-n.m.s. cstr. (398)-Hi. inf.cstr.-1 c.s. sf. (נכה 645) *on the day that I slew*

כָּל־בְּכוֹר n.m.s. cstr. (481)-n.m.s. (114) *all the first-born*

בְּאֶרֶץ מִצְרַיִם prep.-n.f.s. cstr. (75)-pr.n. (595) *in the land of Egypt*

הִקְדַּשְׁתִּי אֹתָם Hi. pf. 1 c.s. (קדש 872)-dir.obj.-3 m.p. sf. *I consecrated them*

לִי prep.-1 c.s. sf. *for myself*

8:18

וָאֶקַּח consec.-Qal impf. 1 c.s. (לקח 542) *and I have taken*

אֶת־הַלְוִיִּם dir.obj.-def.art.-adj. gent. m.p. (532) *the Levites*

תַּחַת כָּל־בְּכוֹר prep. (1065)-n.m.s. cstr. (481)-n.m.s. (114) *instead of all the first-born*

בִּבְנֵי יִשְׂרָאֵל prep.-n.m.p. cstr. (119)-pr.n. (975) *among the people of Israel*

8:19

וָאֶתְּנָה consec.-Qal impf. 1 c.s. (נָתַן 678) *and I have given*

אֶת־הַלְוִיִּם dir.obj.-def.art.-adj. gent. m.p. (532) *the Levites*

נְתֻנִים n.m.p. (Qal pass.ptc. m.p.--נָתַן 678; LXX-ἀπόδομα δεδομένους) *as a gift*

לְאַהֲרֹן prep.-pr.n. (14) *to Aaron*

וּלְבָנָיו conj.-prep.-n.m.p.-3 m.s. sf. (119) *and his sons*

מִתּוֹךְ בְּנֵי יִשְׂרָאֵל prep.-n.m.s. cstr. (1063)-n.m.p. cstr. (119)-pr.n. (975) *from among the people of Israel*

לַעֲבֹד prep.-Qal inf.cstr. (712) *to do*

אֶת־עֲבֹדַת dir.obj.-n.f.s. cstr. (715) *the service for*

בְּנֵי יִשְׂרָאֵל v.supra-v.supra *the people of Israel*

בְּאֹהֶל מוֹעֵד prep.-n.m.s. cstr. (13)-n.m.s. (417) *at the tent of meeting*

וּלְכַפֵּר conj.-prep.-Pi. inf.cstr. (497) *and to make atonement*

עַל־בְּנֵי יִשְׂרָאֵל קמץ (II 752)-v.supra-v.supra *for the people of Israel*

וְלֹא יִהְיֶה conj.-neg.-Qal impf. 3 m.s. (הָיָה 224) *that there may be no*

בִּבְנֵי יִשְׂרָאֵל prep.-v.supra-v.supra *among the people of Israel*

נֶגֶף n.m.s. (619) *plague*

בְּגֶשֶׁת prep.-Qal inf.cstr. (נגש 620) *in case ... should come near*

בְּנֵי־יִשְׂרָאֵל v.supra-v.supra *the people of Israel*

אֶל־הַקֹּדֶשׁ prep.-def.art.-n.m.s. (871) *the sanctuary*

8:20

וַיַּעַשׂ consec.-Qal impf. 3 m.s. (עָשָׂה I 793) *thus did*

מֹשֶׁה וְאַהֲרֹן pr.n. (602)-pr.n. (14) *Moses and Aaron*

וְכָל־עֲדַת conj.-n.m.s. cstr. (481)-n.f.s. cstr. (417) *and all the congregation of*

בְּנֵי־יִשְׂרָאֵל n.m.p. cstr. (119)-pr.n. (975) *the people of Israel*

לַלְוִיִּם prep.-def.art.-adj. gent. m.p. (532) *to the Levites*

כְּכֹל אֲשֶׁר־ prep.-n.m.s. (481)-rel. (81) *according to all that*

צִוָּה יהוה Pi. pf. 3 m.s. (צָוָה 845)-pr.n. (217) *Yahweh commanded*

אֶת־מֹשֶׁה dir.obj.-pr.n. (602) *Moses*

לַלְוִיִּם v.supra *concerning the Levites*

בֶּן־עֵשׂוֹ adv. (485)-Qal pf. 3 c.p. (עָשָׂה I 793) *thus did*

לָהֶם prep.-3 m.p. sf. *to them*

בְּנֵי יִשְׂרָאֵל v.supra-v.supra *the people of Israel*

8:21

וַיִּתְחַטְּאוּ consec.-Hith. impf. 3 m.p. (חָטָא 306) *and purified themselves from sin*

הַלְוִיִּם def.art.-adj. gent. m.p. (532) *the Levites*

וַיְכַבְּסוּ consec.-Pi. impf. 3 m.p. (כָּבַם 460) *and washed*

בִּגְדֵיהֶם n.m.p.-3 m.p. sf. (93) *their clothes*

וַיָּנֶף אַהֲרֹן consec.-Hi. impf. 3 m.s. (נוף 631)-pr.n. (14) *and Aaron offered*

אֹתָם dir.obj.-3 m.p. sf. *them*

תְּנוּפָה n.f.s. (632) *as a wave offering*

לִפְנֵי יהוה prep.-n.m.p. cstr. (815)-pr.n. (217) *before Yahweh*

וַיְכַפֵּר consec.-Pi. impf. 3 m.s. (כָּפַר 497) *and made atonement*

עֲלֵיהֶם prep.-3 m.p. sf. *for them*

אַהֲרֹן pr.n. (14) *Aaron*

לְטַהֲרָם prep.-Pi. inf.cstr.-3 m.p. sf. (טָהֵר 372) *to cleanse them*

8:22

וְאַחֲרֵי־כֵן conj.-prep. (29)-adv. (485) *and after that*

בָּאוּ Qal pf. 3 c.p. (בּוֹא 97) *went in*

הַלְוִיִּם def.art.-adj. gent. m.p. (532) *the Levites*

לַעֲבֹד prep.-Qal inf.cstr. (עָבַד 712) *to do*

אֶת־עֲבֹדָתָם dir.obj.-n.f.s.-3 m.p. sf. (715) *their service*

בְּאֹהֶל מוֹעֵד prep.-n.m.s. cstr. (13)-n.m.s. (417) *in the tent of meeting*

לִפְנֵי אַהֲרֹן prep.-n.m.p. cstr. (815)-pr.n. (14) *in attendance upon Aaron*

וְלִפְנֵי בָנָיו conj.-v.supra-n.m.p.-3 m.s. sf. (119) *and his sons*

כַּאֲשֶׁר prep.-rel. (81) *as*

צִוָּה יהוה Pi. pf. 3 m.s. (צָוָה 845)-pr.n. (217) *Yahweh had commanded*

אֶת־מֹשֶׁה dir.obj.-pr.n. (602) *Moses*

עַל־הַלְוִיִּם prep.-def.art.-adj. gent. m.p. (532) *concerning the Levites*

בֵּן עֵשׂוֹ adv. (485)-Qal pf. 3 c.p. (עָשָׂה I 793) *so they did*

לָהֶם prep.-3 m.p. sf. *to them*

8:23

וַיְדַבֵּר יהוה consec.-Pi. impf. 3 m.s. (180)-pr.n. (217) *and Yahweh said*

אֶל־מֹשֶׁה prep.-pr.n. (602) *to Moses*

לֵאמֹר prep.-Qal inf.cstr. (אָמַר 55) *(saying)*

8:24

זֹאת אֲשֶׁר demons.adj. f.s. (260)-rel. (81) *this is what pertains*

לַלְוִיִּם prep.-def.art.-adj. gent. m.p. (532) *to the Levites*

מִבֶּן חָמֵשׁ וְעֶשְׂרִים prep.-n.m.s. cstr. (119)-num. (331)-conj.-num. p. (797) *from twenty-five ... old*

שָׁנָה n.f.s. (1040) *years*

וָמַעְלָה conj.-adv.-loc.he (751) *and upward*

יָבוֹא Qal impf. 3 m.s. (בּוֹא 97) *they shall go in*

לִצְבֹא prep.-Qal inf.cstr. (צָבָא 838; GK 45g) *to perform*

צָבָא n.m.s. (838) *the work*

בַּעֲבֹדַת prep.-n.f.s. cstr. (715) *in the service of*

אֹהֶל מוֹעֵד n.m.s. cstr. (13)-n.m.s. (417) *the tent of meeting*

8:25

וּמִבֶּן חֲמִשִּׁים conj.-prep.-n.m.s. cstr. (119)-num. p. (332) *and from the age of fifty*

שָׁנָה n.f.s. (1040) *years*

יָשׁוּב Qal impf. 3 m.s. (שׁוּב 996) *they shall withdraw*

מִצְּבָא prep.-n.m.s. cstr. (838) *from the work of*

הָעֲבֹדָה def.art.-n.f.s. (715) *the service*

וְלֹא יַעֲבֹד עוֹד conj.-neg.-Qal impf. 3 m.s. (712)-adv. (728) *and serve no more*

8:26

וְשֵׁרֵת conj.-Pi. pf. 3 m.s. (שָׁרַת 1058) *but minister*

אֶת־אֶחָיו dir.obj.-n.m.p.-3 m.s. sf. (26; LXX-ὁ ἀδελφὸς αὐτοῦ) *to their brethren*

בְּאֹהֶל מוֹעֵד prep.-n.m.s. cstr. (13)-n.m.s. (417) *in the tent of meeting*

לִשְׁמֹר prep.-Qal inf.cstr. (שָׁמַר 1036) *to keep*

מִשְׁמֶרֶת n.f.s. (1038) *the charge*

וַעֲבֹדָה conj.-n.f.s. (715) *and service*

לֹא יַעֲבֹד neg.-Qal impf. 3 m.s. (עָבַד 712) *they shall do no*

כָּכָה תַּעֲשֶׂה adv. (462)-Qal impf. 2 m.s. (עָשָׂה I 793) *thus shall you do*

לַלְוִיִּם prep.-def.art.-adj. gent. m.p. (532) *to the Levites*

בְּמִשְׁמְרֹתָם prep.-n.f.p.-3 m.p. sf. (1038) *in assigning their duties*

9:1

וַיְדַבֵּר יְהוָה consec.-Pi. impf. 3 m.s. (180)-pr.n. (217) *and Yahweh spoke*

אֶל־מֹשֶׁה prep.-pr.n. (602) *to Moses*

בְּמִדְבַּר־סִינַי prep.-n.m.s. cstr. (184)-pr.n. (696) *in the wilderness of Sinai*

בַּשָּׁנָה הַשֵּׁנִית prep.-def.art.-n.m.s. (1040)-def.art. -num. ord. f.s. (1041) *in the second year*

לְצֵאתָם prep.-Qal inf.cstr.-3 m.p. sf. (יָצָא 422) *after they had come out*

מֵאֶרֶץ מִצְרַיִם prep.-n.f.s. cstr. (75)-pr.n. (595) *of the land of Egypt*

בַּחֹדֶשׁ הָרִאשׁוֹן prep.-def.art.-n.m.s. (294)-def. art.-num. adj. m.s. (911) *in the first month*

לֵאמֹר prep.-Qal inf.cstr. (55) *saying*

9:2

וְיַעֲשׂוּ conj.-Qal impf. 3 m.p. (עָשָׂה I 793) *and let ... do*

בְנֵי־יִשְׂרָאֵל n.m.p. cstr. (119)-pr.n. (975) *the people of Israel*

אֶת־הַפָּסַח dir.obj.-def.art.-n.m.s. (820) *the passover*

בְּמוֹעֲדוֹ prep.-n.m.s.-3 m.s. sf. (417) *at its appointed time*

9:3

בְּאַרְבָּעָה עָשָׂר־יוֹם prep.-num. f.s. (916)-num. (797)-n.m.s. (398) *on the fourteenth day*

בַּחֹדֶשׁ הַזֶּה prep.-def.art.-n.m.s. (294)-def.art. -demons.adj. m.s. (260) *of this month*

בֵּין הָעַרְבַּיִם prep. (107)-def.art.-n.m. du. (787) *in the evening*

תַּעֲשׂוּ אֹתוֹ Qal impf. 2 m.p. (עָשָׂה I 793) -dir.obj.-3 m.s. sf. *you shall do it*

בְּמוֹעֲדוֹ prep.-n.m.s.-3 m.s. sf. (417) *at its appointed time*

כְּכָל־חֻקֹּתָיו prep.-n.m.s. cstr. (481)-n.f.p.-3 m.s. sf. (349) *according to all its statutes*

וּכְכָל־מִשְׁפָּטָיו conj.-prep.-v.supra-n.m.p.-3 m.s. sf. (1048) *and all its ordinances*

תַּעֲשׂוּ אֹתוֹ v.supra-v.supra *you shall do it*

9:4

וַיְדַבֵּר מֹשֶׁה consec.-Pi. impf. 3 m.s. (180)-pr.n. (602) *so Moses told*

אֶל־בְּנֵי יִשְׂרָאֵל prep.-n.m.p. cstr. (119)-pr.n. (975) *the people of Israel*

לַעֲשֹׂת prep.-Qal inf.cstr. (עָשָׂה I 793) *that they should do*

הַפָּסַח dir.obj.-n.m.s. paus. (820) *the passover*

9:5

וַיַּעֲשׂוּ consec.-Qal impf. 3 m.p. (עָשָׂה I 793) *and they did*

אֶת־הַפֶּסַח dir.obj.-def.art.-n.m.s. (820) *the passover*

בָּרִאשׁוֹן prep.-def.art.-adj. m.s. (911) *in the first (month)*

בְּאַרְבָּעָה עָשָׂר יוֹם prep.-num. f.s. (916)-num. (797)-n.m.s. (398) *on the fourteenth day*

לַחֹדֶשׁ prep.-def.art.-n.m.s. (294) *of the month*

בֵּין הָעַרְבַּיִם prep. (107)-def.art.-n.m. du. (787) *in the evening*

בְּמִדְבַּר סִינַי prep.-n.m.s. cstr. (184)-pr.n. (696) *in the wilderness of Sinai*

כְּכֹל אֲשֶׁר prep.-n.m.s. (481)-rel. (81) *according to all that*

צִוָּה יְהוָה Pi. pf. 3 m.s. (צָוָה 845)-pr.n. (217) *Yahweh commanded*

אֶת־מֹשֶׁה dir.obj.-pr.n. (602) *Moses*

כֵּן עָשׂוּ adv. (485)-Qal pf. 3 c.p. (עָשָׂה I 793) *so ... did*

בְּנֵי יִשְׂרָאֵל n.m.p. cstr. (119)-pr.n. (975) *the people of Israel*

9:6

וַיְהִי consec.-Qal impf. 3 m.s. (הָיָה 224) *and there were*

אֲנָשִׁים n.m.p. (35) *certain men*

אֲשֶׁר הָיוּ rel. (81)-Qal pf. 3 c.p. (הָיָה 224) *who were*

טְמֵאִים adj. m.p. (379) *unclean*

לְנֶפֶשׁ אָדָם prep.-n.f.s. cstr. (659)-n.m.s. (9) *through touching the dead body of a man*

וְלֹא־יָכְלוּ conj.-neg.-Qal pf. 3 c.p. (יָכֹל 407) *so that they could not*

לַעֲשֹׂת־הַפֶּסַח prep.-Qal inf.cstr. (עָשָׂה I 793)-def.art.-n.m.s. (820) *keep (do) the passover*

בַּיּוֹם הַהוּא prep.-def.art.-n.m.s. (398)-def.art. -demons.adj. m.s. (214) *on that day*

וַיִּקְרְבוּ consec.-Qal impf. 3 m.p. (קָרַב 897) *and they came*

לִפְנֵי מֹשֶׁה prep.-n.m.p. cstr. (815)-pr.n. (602) *before Moses*

וְלִפְנֵי אַהֲרֹן conj.-v.supra-pr.n. (14) *and Aaron*

בַּיּוֹם הַהוּא v.supra-v.supra *on that day*

9:7

וַיֹּאמְרוּ consec.-Qal impf. 3 m.p. (55) *and said*

הָאֲנָשִׁים הָהֵמָּה def.art.-n.m.p. (35)-def.art. -demons.adj. m.p. (241) *those men*

אֵלָיו prep.-3 m.s. sf. *to him*

614

אֲנַחְנוּ טְמֵאִים pers.pr. 1 c.p. (59)-adj. m.p. (379)
we are unclean

לְנֶפֶשׁ אָדָם prep.-n.f.s. cstr. (659)-n.m.s. (9)
through touching the dead body of a man

לָמָּה נִגָּרַע prep.-interrogative pron. (552)-Ni.
impf. 1 c.p. (גָּרַע 175) *why are we restrained*

לְבִלְתִּי הַקְרִב prep.-neg. (116)-Hi. inf.cstr. (קָרַב
897) *not to offer*

אֶת־קָרְבַּן יהוה dir.obj.-n.m.s. cstr. (898)-pr.n.
(217) *Yahweh's offering*

בְּמֹעֲדוֹ prep.-n.m.s.-3 m.s. sf. (417) *at its
appointed time*

בְּתוֹךְ prep.-n.m.s. cstr. (1063) *among*

בְּנֵי יִשְׂרָאֵל n.m.p. cstr. (119)-pr.n. (975) *the
people of Israel*

9:8

וַיֹּאמֶר consec.-Qal impf. 3 m.s. (55) *and said*

אֲלֵהֶם prep.-3 m.p. sf. *to them*

מֹשֶׁה pr.n. (602) *Moses*

עִמְדוּ Qal impv. 2 m.p. (עָמַד 763) *wait*

וְאֶשְׁמְעָה conj.-Qal impf. 1 c.s.-vol.he (שָׁמַע
1033) *that I may hear*

מַה־יְצַוֶּה interr. (552)-Pi. impf. 3 m.s. (צָוָה
845) *what ... will command*

יהוה pr.n. (217) *Yahweh*

לָכֶם prep.-2 m.p. sf. *concerning you*

9:9

וַיְדַבֵּר יהוה consec.-Pi. impf. 3 m.s. (180)-pr.n.
(217) *and Yahweh said*

אֶל־מֹשֶׁה prep.-pr.n. (602) *to Moses*

לֵּאמֹר prep.-Qal inf.cstr. (55) *(saying)*

9:10

דַּבֵּר Pi. impv. 2 m.s. (180) *say*

אֶל־בְּנֵי יִשְׂרָאֵל prep.-n.m.p. cstr. (119)-pr.n. (975)
to the people of Israel

לֵאמֹר prep.-Qal inf.cstr. (55) *(saying)*

אִישׁ אִישׁ n.m.s. (35)-v.supra *any man*

כִּי־יִהְיֶה־טָמֵא conj. (471)-Qal impf. 3 m.s.
(224)-adj. m.s. (379) *if ... is unclean*

לָנֶפֶשׁ prep.-n.f.s. (659) *(through touching) a
dead body*

אוֹ בְדֶרֶךְ רְחֹקָה conj. (14)-prep.-n.m.s. cstr.
(202)-adj. f.s. (935) *or is afar off on a
journey*

לָכֶם prep.-2 m.p. sf. *of you*

אוֹ לְדֹרֹתֵיכֶם v.supra-prep.-n.m.p.-2 m.p. sf.
(189) *or of your descendants*

וְעָשָׂה פֶסַח conj.-Qal pf. 3 m.s. (I 793)-n.m.s.
(820) *he shall still keep the passover*

לַיהוה prep.-pr.n. (217) *to Yahweh*

9:11

בַּחֹדֶשׁ הַשֵּׁנִי prep.-def.art.-n.m.s. (294)-def.art.
-num. ord. (1041) *in the second month*

בְּאַרְבָּעָה עָשָׂר יוֹם prep.-num. f.s. (916)-num.
(797)-n.m.s. (398) *on the fourteenth day*

בֵּין הָעַרְבַּיִם prep. (107)-def.art.-n.m. du. (787) *in
the evening*

יַעֲשׂוּ אֹתוֹ Qal impf. 3 m.p. (עָשָׂה I 793)
-dir.obj.-3 m.s. sf. *they shall keep it*

עַל־מַצּוֹת prep.-n.f.p. (595) *with unleavened
bread*

וּמְרֹרִים conj. n.m.s. (601) *and bitter herbs*

יֹאכְלֻהוּ Qal impf. 3 m.p.-3 m.s. sf. (אָכַל 37) *they
shall eat it*

9:12

לֹא־יַשְׁאִירוּ מִמֶּנּוּ neg.-Hi. impf. 3 m.p. (שָׁאַר
983)-prep.-3 m.s. sf. *they shall leave none of
it*

עַד־בֹּקֶר prep. (III 723)-n.m.s. (133) *until the
morning*

וְעֶצֶם conj.-n.f.s. (782) *and a bone*

לֹא יִשְׁבְּרוּ־בוֹ neg.-Qal impf. 3 m.p. (שָׁבַר 990)
-prep.-3 m.s. sf. *they shall not break of it*

כְּכָל־חֻקַּת prep.-n.m.s. cstr. (481)-n.f.s. cstr. (349)
according to all the statute for

הַפֶּסַח def.art.-n.m.s. (820) *the passover*

יַעֲשׂוּ אֹתוֹ Qal impf. 3 m.p. (עָשָׂה I 793)
-dir.obj.-3 m.s. sf. *they shall keep it*

9:13

וְהָאִישׁ conj.-def.art.-n.m.s. (35) *but the man*

אֲשֶׁר־הוּא טָהוֹר rel. (81)-pers.pr. 3 m.s. (214)-adj.
m.s. (373) *who is clean*

וּבְדֶרֶךְ לֹא־הָיָה conj.-prep.-n.m.s. (202)-neg.
-Qal pf. 3 m.s. (224) *and is not on a
journey*

וְחָדַל conj.-Qal pf. 3 m.s. (292) *yet refrains*

לַעֲשׂוֹת הַפֶּסַח prep.-Qal inf.cstr. (עָשָׂה I 793)
-def.art.-n.m.s. (820) *from keeping the
passover*

וְנִכְרְתָה conj.-Ni. impf. 3 f.s. (כָּרַת 503) *(and) ...
shall be cut off*

הַנֶּפֶשׁ הַהִוא def.art.-n.f.s. (659)-def.art.
-demons.adj. f.s. (214) *that person*

מֵעַמֶּיהָ prep.-n.m.p.-3 f.s. sf. (I 766) *from his
people*

כִּי קָרְבַּן יהוה conj. (471)-n.m.s. cstr. (898)-pr.n.
(217) *because Yahweh's offering*

לֹא הִקְרִיב neg.-Hi. pf. 3 m.s. (897) *he did not offer*

בְּמֹעֲדוֹ prep.-n.m.s.-3 m.s. sf. (417) *at its appointed time*

חֶטְאוֹ n.m.s.-3 m.s. sf. (307) *his sin*

יִשָּׂא Qal impf. 3 m.s. (נָשָׂא 669) *shall bear*

הָאִישׁ הַהוּא def.art.-n.m.s. (35)-def.art.-demons.adj. m.s. (214) *that man*

9:14

וְכִי־יָגוּר conj.-conj. (471)-Qal impf. 3 m.s. (גּוּר 157) *and if ... sojourns*

אִתְּכֶם prep.-2 m.p. sf. (85) *among you*

גֵּר n.m.s. (158) *a stranger*

וְעָשָׂה פֶסַח conj.-Qal pf. 3 m.s. (I 793)-n.m.s. (820) *and will keep the passover*

לַיהוה prep.-pr.n. (217) *to Yahweh*

כְּחֻקַּת הַפֶּסַח prep.-n.f.s. cstr. (349)-def.art.-n.m.s. (820) *according to the statute of the passover*

וּכְמִשְׁפָּטוֹ conj.-prep.-n.m.s.-3 m.s. sf. (1048) *and according to its ordinance*

כֵּן יַעֲשֶׂה adv. (485)-Qal impf. 3 m.s. (I 793) *so shall he do*

חֻקָּה אַחַת n.f.s. (349)-num. f.s. (25) *one statute*

יִהְיֶה לָכֶם Qal impf. 3 m.s. (224)-prep.-2 m.p. sf. *you shall have*

וְלַגֵּר conj.-prep.-def.art.-n.m.s. (158) *both for the sojourner*

וּלְאֶזְרַח הָאָרֶץ conj.-prep.-n.m.s. cstr. (280)-def.art.-n.f.s. (75) *and for the native*

9:15

וּבְיוֹם הָקִים conj.-prep.-n.m.s. cstr. (398)-Hi. inf. cstr. (קוּם 877) *on the day that ... was set up*

אֶת־הַמִּשְׁכָּן dir.obj.-def.art.-n.m.s. (1015) *the tabernacle*

כִּסָּה הֶעָנָן Pi. pf. 3 m.s. (כָּסָה 491)-def.art.-n.m.s. (777) *the cloud covered*

אֶת־הַמִּשְׁכָּן v.supra-v.supra *the tabernacle*

לְאֹהֶל הָעֵדֻת prep.-n.m.s. cstr. (13)-def.art.-n.f.s. (730) *the tent of the testimony*

וּבָעֶרֶב conj.-prep.-def.art.-n.m.s. (787) *and at evening*

יִהְיֶה Qal impf. 3 m.s. (224) *it was*

עַל־הַמִּשְׁכָּן prep.-def.art.-n.m.s. (1015) *over the tabernacle*

כְּמַרְאֵה־אֵשׁ prep.-n.m.s. cstr. (909)-n.f.s. (77) *like the appearance of fire*

עַד־בֹּקֶר prep. (III 723)-n.m.s. (133) *until morning*

9:16

כֵּן יִהְיֶה adv. (485)-Qal impf. 3 m.s. (224) *so it was*

תָּמִיד n.m.s. (556) *continually*

הֶעָנָן def.art.-n.m.s. (777) *the cloud*

יְכַסֶּנּוּ Pi. impf. 3 m.s.-3 m.s. sf. (כָּסָה 491; LXX+ ἡμέρας) *covered it*

וּמַרְאֵה־אֵשׁ conj.-n.m.s. cstr. (909)-n.f.s. (77) *and the appearance of fire*

לַיְלָה n.m.s. (538) *by night*

9:17

וּלְפִי הֵעָלֹת conj.-prep.-n.m.s. cstr. (804)-Ni. inf.cstr. (עָלָה 748) *and whenever ... was taken up*

הֶעָנָן def.art.-n.m.s. (777) *the cloud*

מֵעַל הָאֹהֶל prep.-prep.-def.art.-n.m.s. (13) *from over the tent*

וְאַחֲרֵי־כֵן conj.-prep. (29)-adv. (485) *and after that*

יִסְעוּ Qal impf. 3 m.p. (נסע 652) *set out*

בְּנֵי יִשְׂרָאֵל n.m.p. cstr. (119)-pr.n. (975) *the people of Israel*

וּבִמְקוֹם conj.-prep.-n.m.s. cstr. (879) *and in the place*

אֲשֶׁר יִשְׁכָּן־שָׁם rel. (81)-Qal impf. 3 m.s. (שָׁכַן 1014)-adv. (1027) *where ... settled down*

הֶעָנָן def.art.-n.m.s. (777) *the cloud*

שָׁם יַחֲנוּ v.supra-Qal impf. 3 m.p. (חָנָה 333) *there encamped*

בְּנֵי יִשְׂרָאֵל v.supra-v.supra *the people of Israel*

9:18

עַל־פִּי יהוה prep.-n.m.s. cstr. (804)-pr.n. (217) *at the command of Yahweh*

יִסְעוּ Qal impf. 3 m.p. (נָסַע 652) *set out*

בְּנֵי יִשְׂרָאֵל n.m.p. cstr. (119)-pr.n. (975) *the people of Israel*

וְעַל־פִּי יהוה conj.-v.supra-v.supra-v.supra *and at the command of Yahweh*

יַחֲנוּ Qal impf. 3 m.p. (חָנָה 333) *they encamped*

כָּל־יְמֵי אֲשֶׁר n.m.s. cstr. (481)-n.m.p. cstr. (398)-rel. (81) *as long as*

יִשְׁכֹּן Qal impf. 3 m.s. (שָׁכַן 1014) *rested*

הֶעָנָן def.art.-n.m.s. (777) *the cloud*

עַל־הַמִּשְׁכָּן prep.-def.art.-n.m.s. (1015) *over the tabernacle*

יַחֲנוּ v.supra *they remained in camp*

9:19

וּבְהַאֲרִיךְ conj.-prep.-Hi. inf.cstr. (אָרַךְ 73) *even when continued*

הֶעָנָן def.art.-n.m.s. (777) *the cloud*

עַל־הַמִּשְׁכָּן prep.-def.art.-n.m.s. (1015) *over the tabernacle*

יָמִים רַבִּים n.m.p. (398)-adj. m.p. (I 912) *many days*

וְשָׁמְרוּ conj.-Qal pf. 3 c.p. (1036) *kept*

בְּנֵי־יִשְׂרָאֵל n.m.p. cstr. (119)-pr.n. (975) *the people of Israel*

אֶת־מִשְׁמֶרֶת dir.obj.-n.f.s. cstr. (1038) *the charge of*

יהוה pr.n. (217) *Yahweh*

וְלֹא יִסָּעוּ conj.-neg.-Qal impf. 3 m.p. (נָסַע 652) *and did not set out*

9:20

וְיֵשׁ אֲשֶׁר conj.-subst. (441)-rel. (81) *sometimes*

יִהְיֶה הֶעָנָן Qal impf. 3 m.s. (224)-def.art.-n.m.s. (777) *the cloud was*

יָמִים n.m.p. (398) *days*

מִסְפָּר n.m.s. (708; GK 131e) *a few*

עַל־הַמִּשְׁכָּן prep.-def.art.-n.m.s. (1015) *over the tabernacle*

עַל־פִּי יהוה prep.-n.m.s. cstr. (804)-pr.n. (217) *according to the command of Yahweh*

יַחֲנוּ Qal impf. 3 m.p. (חָנָה 333) *they remained in camp*

וְעַל־פִּי יהוה conj.-v.supra-v.supra-v.supra *then according to the command of Yahweh*

יִסָּעוּ Qal impf. 3 m.p. (נָסַע 652) *they set out*

9:21

וְיֵשׁ אֲשֶׁר conj.-subst. (441)-rel. (81) *and sometimes*

יִהְיֶה הֶעָנָן Qal impf. 3 m.s. (224)-def.art.-n.m.s. (777) *the cloud remained*

מֵעֶרֶב prep.-n.m.s. (787) *from evening*

עַד־בֹּקֶר prep. (III 723)-n.m.s. (133) *until morning*

וְנַעֲלָה הֶעָנָן conj.-Ni. pf. 3 m.s. (עָלָה 748) -v.supra *and when the cloud was taken up*

בַּבֹּקֶר prep.-def.art.-n.m.s. (133) *in the morning*

וְנָסָעוּ conj.-Qal pf. 3 c.p. (652) *they set out*

אוֹ יוֹמָם conj. (14)-adv. (401) *or for a day*

וָלַיְלָה conj.-n.m.s. (538) *and a night*

וְנַעֲלָה הֶעָנָן conj.-v.supra-v.supra *when the cloud was taken up*

וְנָסָעוּ v.supra *they set out*

9:22

אוֹ־יֹמַיִם conj. (14)-n.m. du. (398) *whether it was two days*

אוֹ־חֹדֶשׁ v.supra-n.m.s. (294) *or a month*

אוֹ־יָמִים v.supra-n.m.p. (398) *or days*

בְּהַאֲרִיךְ הֶעָנָן prep.-Hi. inf.cstr. (אָרַךְ 73)-def.art.-n.m.s. (777) *that the cloud continued*

עַל־הַמִּשְׁכָּן prep.-def.art.-n.m.s. (1015) *over the tabernacle*

לִשְׁכֹּן prep.-Qal inf.cstr. (שָׁכַן 1014) *abiding*

עָלָיו prep.-3 m.s. sf. *there*

יַחֲנוּ Qal impf. 3 m.p. (חָנָה 333) *remained in camp*

בְּנֵי־יִשְׂרָאֵל n.m.p. cstr. (119)-pr.n. (975) *the people of Israel*

וְלֹא יִסָּעוּ conj.-neg.-Qal impf. 3 m.p. (נָסַע 652) *and did not set out*

וּבְהֵעָלֹתוֹ conj.-prep.-Ni. inf.cstr.-3 m.s. sf. (עָלָה 748) *but when it was taken up*

יִסָּעוּ v.supra *they set out*

9:23

עַל־פִּי יהוה prep.-n.m.s. cstr. (804)-pr.n. (217) *at the command of Yahweh*

יַחֲנוּ Qal impf. 3 m.p. (חָנָה 333) *they encamped*

וְעַל־פִּי יהוה conj.-v.supra-v.supra-v.supra *and at the command of Yahweh*

יִסָּעוּ Qal impf. 3 m.p. (נָסַע 652) *they set out*

אֶת־מִשְׁמֶרֶת יהוה dir.obj.-n.f.s. cstr. (1038)-pr.n. (217) *the charge of Yahweh*

שָׁמָרוּ Qal pf. 3 c.p. paus. (שָׁמַר 1036) *they kept*

עַל־פִּי יהוה v.supra-v.supra-v.supra *at the command of Yahweh*

בְּיַד־מֹשֶׁה prep.-n.f.s. cstr. (388)-pr.n. (602) *by (the hand of) Moses*

10:1

וַיְדַבֵּר יהוה consec.-Pi. impf. 3 m.s. (180)-pr.n. (217) *Yahweh said*

אֶל־מֹשֶׁה prep.-pr.n. (602) *to Moses*

לֵאמֹר prep.-Qal inf.cstr. (55) *(saying)*

10:2

עֲשֵׂה לְךָ Qal impv. 2 m.s. (I 793)-prep.-2 m.s. sf. *make (for yourself)*

שְׁתֵּי חֲצוֹצְרֹת num. cstr. (1040)-n.f.p. cstr. (348) *two trumpets of*

כֶּסֶף n.m.s. (494) *silver*

מִקְשָׁה n.f.s. (904) *of hammered work*

תַּעֲשֶׂה אֹתָם Qal impf. 2 m.s. (עָשָׂה I 793) -dir.obj.-3 m.p. sf. *you shall make them*

וְהָיוּ לְךָ conj.-Qal pf. 3 c.p. (הָיָה 224)-prep.-2 m.s. sf. *and they shall be for you*

לְמִקְרָא הָעֵדָה prep.-n.m.s. cstr. (896)-def.art.-n.f.s. (417) *for summoning the congregation*

וּלְמַסַּע conj.-prep.-n.m.s. (652) *and for breaking*

אֶת־הַמַּחֲנוֹת dir.obj.-def.art.-n.m.p. (334) *camp*

10:3

וְתָקְעוּ בָּהֵן conj.-Qal pf. 3 c.p. (תָּקַע 1075)
-prep.-3 f.p. sf. *and when they blew on them*

וְנוֹעֲדוּ אֵלֶיךָ conj.-Ni. pf. 3 c.p. (יָעַד 416)
-prep.-2 m.s. sf. *and ... shall gather
themselves to you*

כָּל־הָעֵדָה n.m.s. cstr. (481)-def.art.-n.f.s. (417;
GK 145c) *all the congregation*

אֶל־פֶּתַח prep.-n.m.s. cstr. (835) *at the entrance
of*

אֹהֶל מוֹעֵד n.m.s. cstr. (13)-n.m.s. (417) *the tent
of meeting*

10:4

וְאִם־בְּאַחַת conj.-hypoth.part. (49)-prep.-adj. f.s.
(25; GK 134rN) *but if only one*

יִתְקָעוּ Qal impf. 3 m.p. paus. (תָּקַע 1075) *they
blow*

וְנוֹעֲדוּ אֵלֶיךָ conj.-Ni. pf. 3 c.p. (יָעַד 416)
-prep.-2 m.s. sf. *then ... shall gather
themselves to you*

הַנְּשִׂיאִים def.art.-n.m.p. (672) *the leaders*

רָאשֵׁי n.m.p. cstr. (910) *the heads of*

אַלְפֵי יִשְׂרָאֵל n.m.p. cstr. (48)-pr.n. (975) *the
tribes of Israel*

10:5

וּתְקַעְתֶּם conj.-Qal pf. 2 m.p. (תָּקַע 1075) *when
you blow*

תְּרוּעָה n.f.s. (929) *an alarm*

וְנָסְעוּ conj.-Qal pf. 3 c.p. (652) *shall set out*

הַמַּחֲנוֹת def.art.-n.m.p. (334) *the camps*

הַחֹנִים def.art.-Qal act.ptc. m.p. (חָנָה 333) *that
are camping*

קֵדְמָה adv.-loc.he (870) *on the east side*

10:6

וּתְקַעְתֶּם conj.-Qal pf. 2 m.p. (תָּקַע 1075) *and
when you blow*

תְּרוּעָה n.f.s. (929) *an alarm*

שֵׁנִית adj. num.ord. f.s. (1041) *a second time*

וְנָסְעוּ conj.-Qal pf. 3 c.p. (652) *shall set out*

הַמַּחֲנוֹת def.art.-n.m.p. (334) *the camps*

הַחֹנִים def.art.-Qal act.ptc. m.p. (חָנָה 333) *that
are camping*

תֵּימָנָה n.f.s.-loc.he (I 412) *on the south side*

תְּרוּעָה n.f.s. (929) *an alarm*

יִתְקְעוּ Qal impf. 3 m.p. (תָּקַע 1075) *they will
blow*

לְמַסְעֵיהֶם prep.-n.m.p.-3 m.p. sf. (652) *whenever
they are to set out*

10:7

וּבְהַקְהִיל conj.-prep.-Hi. inf.cstr. (קָהַל 874) *but
when is to be gathered together*

אֶת־הַקָּהָל dir.obj.-def.art.-n.m.s. (874) *the
assembly*

תִּתְקְעוּ Qal impf. 2 m.p. (תָּקַע 1075) *you shall
blow*

וְלֹא תָרִיעוּ conj.-neg.-Qal impf. 2 m.p. (רוּעַ
929) *but you shall not sound an alarm*

10:8

וּבְנֵי אַהֲרֹן conj.-n.m.p. cstr. (119)-pr.n. (14) *and
the sons of Aaron*

הַכֹּהֲנִים def.art.-n.m.p. (463) *the priests*

יִתְקְעוּ Qal impf. 3 m.p. (תָּקַע 1075) *shall blow*

בַּחֲצֹצְרוֹת prep.-def.art.-n.f.p. (348) *the trumpets*

וְהָיוּ לָכֶם conj.-Qal pf. 3 c.p. (הָיָה 224)-prep.-2
m.p. sf. *and shall be to you*

לְחֻקַּת עוֹלָם prep.-n.f.s. cstr. (349)-n.m.s. (761)
for a perpetual statute

לְדֹרֹתֵיכֶם prep.-n.m.p.-2 m.p. sf. (189)
throughout your generations

10:9

וְכִי־תָבֹאוּ conj.-conj. (471)-Qal impf. 2 m.p. (בּוֹא
97) *and when you go*

מִלְחָמָה n.f.s. (536) *to war*

בְּאַרְצְכֶם prep.-n.f.s.-2 m.p. sf. (75) *in your land*

עַל־הַצַּר prep.-def.art.-n.m.s. (III 865) *against
the adversary*

הַצֹּרֵר אֶתְכֶם def.art.-Qal act.ptc. (II 865)
-dir.obj.-2 m.p. sf. *who oppresses you*

וַהֲרֵעֹתֶם conj.-Hi. pf. 2 m.p. (רוּעַ 929) *then you
shall sound an alarm*

בַּחֲצֹצְרוֹת prep.-def.art.-n.f.p. (348) *with the
trumpets*

וְנִזְכַּרְתֶּם conj.-Ni. pf. 2 m.p. (זָכַר 269) *that you
may be remembered*

לִפְנֵי יהוה prep.-n.m.p. cstr. (815)-pr.n. (217)
before Yahweh

אֱלֹהֵיכֶם n.m.p.-2 m.p. sf. (43) *your God*

וְנוֹשַׁעְתֶּם conj.-Ni. pf. 2 m.p. (יָשַׁע 446) *and
you shall be saved*

מֵאֹיְבֵיכֶם prep.-Qal act.ptc. m.p.-2 m.p. sf. (אָיַב
33) *from your enemies*

10:10

וּבְיוֹם conj.-prep.-n.m.s. cstr. (398) *also on the
day of*

שִׂמְחַתְכֶם n.f.s.-2 m.p. sf. (970) *your gladness*

וּבְמוֹעֲדֵיכֶם conj.-prep.-n.m.p.-2 m.p. sf. (417) *and at your appointed feasts*

וּבְרָאשֵׁי conj.-prep.-n.m.p. cstr. (910) *and at the beginning of*

חָדְשֵׁיכֶם n.m.p.-2 m.p. sf. (294) *your months*

וּתְקַעְתֶּם conj.-Qal pf. 2 m.p. (תָּקַע 1075) *you shall blow*

בַּחֲצֹצְרֹת prep.-def.art.-n.f.p. (348) *the trumpets*

עַל עֹלֹתֵיכֶם prep.-n.f.p.-2 m.p. sf. (750) *over your burnt offerings*

וְעַל זִבְחֵי conj.-prep.-n.m.p. cstr. (257) *and over the sacrifices of*

שַׁלְמֵיכֶם n.m.p.-2 m.p. sf. (1023) *your peace offerings*

וְהָיוּ לָכֶם conj.-Qal pf. 3 c.p. (הָיָה 224)-prep.-2 m.p. sf. *and they shall be for you*

לְזִכָּרוֹן prep.-n.m.s. (272) *for remembrance*

לִפְנֵי אֱלֹהֵיכֶם prep.-n.m.p. cstr. (815)-n.m.p.-2 m.p. sf. (43) *before your God*

אֲנִי יהוה pers.pr. 1 c.s. (58)-pr.n. (217) *I am Yahweh*

אֱלֹהֵיכֶם v.supra *your God*

10:11

וַיְהִי consec.-Qal impf. 3 m.s. (הָיָה 224) *(and it shall be)*

בַּשָּׁנָה הַשֵּׁנִית prep.-def.art.-n.f.s. (1040)-def.art.-adj. num.ord. f.s. (1041) *in the second year*

בַּחֹדֶשׁ הַשֵּׁנִי prep.-def.art.-n.m.s. (294)-def.art.-adj. num.ord. m.s. (1041) *in the second month*

בְּעֶשְׂרִים prep.-num. p. (797) *on the twentieth (day)*

בַּחֹדֶשׁ prep.-def.art.-n.m.s. (294) *of the month*

נַעֲלָה הֶעָנָן Ni. pf. 3 m.s. (עָלָה 748)-def.art.-n.m.s. (777) *the cloud was taken up*

מֵעַל מִשְׁכַּן prep.-prep.-n.m.s. cstr. (1015) *from over the tabernacle of*

הָעֵדֻת def.art.-n.f.s. (730) *the testimony*

10:12

וַיִּסְעוּ consec.-Qal impf. 3 m.p. (נָסַע 652) *and ... set out*

בְּנֵי־יִשְׂרָאֵל n.m.p. cstr. (119)-pr.n. (975) *the people of Israel*

לְמַסְעֵיהֶם prep.-n.m.p.-3 m.p. sf. (652) *by stages*

מִמִּדְבַּר סִינָי prep.-n.m.s. cstr. (184)-pr.n. paus. (696) *from the wilderness of Sinai*

וַיִּשְׁכֹּן הֶעָנָן consec.-Qal impf. 3 m.s. (שָׁכַן 1014)-def.art.-n.m.s. (777) *and the cloud settled down*

בְּמִדְבַּר פָּארָן prep.-n.m.s. cstr. (184)-pr.n. (803) *in the wilderness of Paran*

10:13

וַיִּסְעוּ consec.-Qal impf. 3 m.p. (נָסַע 652) *they set out*

בָּרִאשֹׁנָה prep.-def.art.-adj. f.s. (911) *for the first time*

עַל־פִּי יהוה prep.-n.m.s. cstr. (804)-pr.n. (217) *at the command of Yahweh*

בְּיַד־מֹשֶׁה prep.-n.f.s. cstr. (388)-pr.n. (602) *by (the hand of) Moses*

10:14

וַיִּסַּע consec.-Qal impf. 3 m.s. (נָסַע 652) *and set out*

דֶּגֶל n.m.s. cstr. (186) *the standard of*

מַחֲנֵה n.m.s. cstr. (334) *the camp of*

בְּנֵי־יְהוּדָה n.m.p. cstr. (119)-pr.n. (397) *the men of Judah*

בָּרִאשֹׁנָה prep.-def.art.-adj. f.s. (911) *first*

לְצִבְאֹתָם prep.-n.m.p.-3 m.p. sf. (838) *by their companies*

וְעַל־צְבָאוֹ conj.-prep.-n.m.s.-3 m.s. sf. (838) *and over their host*

נַחְשׁוֹן pr.n. (638) *Nahshon*

בֶּן־עַמִּינָדָב n.m.s. cstr. (119)-pr.n. (770) *the son of Amminadab*

10:15

וְעַל־צְבָא conj.-prep.-n.m.s. cstr. (838) *and over the host of*

מַטֵּה n.m.s. cstr. (641) *the tribe of*

בְּנֵי יִשָּׂשכָר n.m.p. cstr. (119)-pr.n. (441) *the men of Issachar*

נְתַנְאֵל pr.n. (682) *Nethanel*

בֶּן־צוּעָר n.m.s. cstr. (119)-pr.n. (859) *the son of Zuar*

10:16

וְעַל־צְבָא conj.-prep.-n.m.s. cstr. (838) *and over the host of*

מַטֵּה n.m.s. cstr. (641) *the tribe of*

בְּנֵי זְבוּלֻן n.m.p. cstr. (119)-pr.n. (259) *the men of Zebulun*

אֱלִיאָב pr.n. (45) *Eliab*

בֶּן־חֵלוֹן n.m.s. cstr. (119)-pr.n. (298) *the son of Helon*

10:17

וְהוּרַד conj.-Ho. pf. 3 m.s. (יָרַד 432) *and when was taken down*

619

הַמִּשְׁכָּן def.art.-n.m.s. (1015) *the tabernacle*

וְנָסְעוּ conj.-Qal pf. 3 m.p. (נָסַע 652) ... *set out*

בְּנֵי־גֵרְשׁוֹן n.m.p. cstr. (119)-pr.n. (177) *the sons of Gershon*

וּבְנֵי מְרָרִי conj.-v.supra-pr.n. (601) *and the sons of Merari*

נֹשְׂאֵי הַמִּשְׁכָּן Qal act.ptc. m.p. cstr. (נָשָׂא 669) -v.supra *who carried the tabernacle*

10:18

וְנָסַע conj.-Qal pf. 3 m.s. (652) *and set out*

דֶּגֶל n.m.s. cstr. (186) *the standard of*

מַחֲנֵה n.m.s. cstr. (334) *the camp of*

רְאוּבֵן pr.n. (910) *Reuben*

לְצִבְאֹתָם prep.-n.m.p.-3 m.p. sf. (838) *by their companies*

וְעַל־צְבָאוֹ conj.-prep.-n.m.s.-3 m.s. sf. (838) *and over their host*

אֱלִיצוּר pr.n. (45) *Elizur*

בֶּן־שְׁדֵיאוּר n.m.s. cstr. (119)-pr.n. (994) *the son of Shedeur*

10:19

וְעַל־צְבָא conj.-prep.-n.m.s. cstr. (838) *and over the host of*

מַטֵּה n.m.s. cstr. (641) *the tribe of*

בְּנֵי שִׁמְעוֹן n.m.p. cstr. (119)-pr.n. (1035) *the men of Simeon*

שְׁלֻמִיאֵל pr.n. (1025) *Shelumiel*

בֶּן־צוּרִי שַׁדָּי n.m.s. cstr. (119)-pr.n. (849) *the son of Zurishaddai*

10:20

וְעַל־צְבָא conj.-prep.-n.m.s. cstr. (838) *and over the host of*

מַטֵּה n.m.s. cstr. (641) *the tribe of*

בְּנֵי־גָד n.m.p. cstr. (119)-pr.n. (III 151) *the men of Gad*

אֶלְיָסָף pr.n. (45) *Eliasaph*

בֶּן־דְּעוּאֵל n.m.s. cstr. (119)-pr.n. (396) *the son of Deuel*

10:21

וְנָסְעוּ conj.-Qal pf. 3 c.p. (נָסַע 652) *then set out*

הַקְּהָתִים def.art.-adj. gent. m.p. (875) *the Kohathites*

נֹשְׂאֵי Qal act.ptc. m.p. cstr. (נָשָׂא 669) *carrying*

הַמִּקְדָּשׁ dir.obj.-n.m.s. (874) *the holy things*

וְהֵקִימוּ conj.-Hi. pf. 3 c.p. (קוּם 877) *and they set up*

אֶת־הַמִּשְׁכָּן dir.obj.-def.art.-n.m.s. (1015) *the tabernacle*

עַד־בֹּאָם prep. (III 723)-Qal inf.cstr.-3 m.p. (בּוֹא 97) *before their arrival*

10:22

וְנָסַע conj.-Qal pf. 3 m.s. (652) *and set out*

דֶּגֶל n.m.s. cstr. (186) *the standard of*

מַחֲנֵה n.m.s. cstr. (334) *the camp of*

בְּנֵי־אֶפְרַיִם n.m.p. cstr. (119)-pr.n. (68) *the men of Ephraim*

לְצִבְאֹתָם prep.-n.m.p.-3 m.p. sf. (838) *by their companies*

וְעַל־צְבָאוֹ conj.-prep.-n.m.s. sf. (838) *and over their host*

אֱלִישָׁמָע pr.n. (46) *Elishama*

בֶּן־עַמִּיהוּד n.m.s. cstr. (119)-pr.n. (770) *the son of Ammihud*

10:23

וְעַל־צְבָא conj.-prep.-n.m.s. cstr. (838) *and over the host of*

מַטֵּה n.m.s. cstr. (641) *the tribe of*

בְּנֵי מְנַשֶּׁה n.m.p. cstr. (119)-pr.n. (586) *the men of Manasseh*

גַּמְלִיאֵל pr.n. (168) *Gamaliel*

בֶּן־פְּדָהצוּר n.m.s. cstr. (119)-pr.n. (804) *the son of Pedahzur*

10:24

וְעַל־צְבָא conj.-prep.-n.m.s. cstr. (838) *and over the host of*

מַטֵּה n.m.s. cstr. (641) *the tribe of*

בְּנֵי בִנְיָמִן n.m.p. cstr. (119)-pr.n. (122) *the men of Benjamin*

אֲבִידָן pr.n. (4) *Abidan*

בֶּן־גִּדְעוֹנִי n.m.s. cstr. (119)-pr.n. (154) *the son of Gideoni*

10:25

וְנָסַע conj.-Qal pf. 3 m.s. (652) *then set out*

דֶּגֶל n.m.s. cstr. (186) *the standard of*

מַחֲנֵה n.m.s. cstr. (334) *the camp of*

בְּנֵי־דָן n.m.p. cstr. (119)-pr.n. (192) *the men of Dan*

מְאַסֵּף Pi. ptc. (אָסַף 62) *acting as the rear guard*

לְכָל־הַמַּחֲנֹת prep.-n.m.p. cstr. (481)-def.art. -n.m.p. (334) *of all the camps*

לְצִבְאֹתָם prep.-n.m.p.-3 m.p. sf. (838) *by their companies*

וְעַל־צְבָאוֹ conj.-prep.-n.m.s.-3 m.s. sf. (838) *and over their host*

אֲחִיעֶזֶר pr.n. (27) *Ahiezer*

בֶּן־עַמִּי שַׁדָּי n.m.s. cstr. (119)-pr.n. (770) *the son of Ammishaddai*

10:26

וְעַל־צְבָא conj.-prep.-n.m.s. cstr. (838) *and over the host of*

מַטֵּה n.m.s. cstr. (641) *the tribe of*

בְּנֵי אָשֵׁר n.m.p. cstr. (119)-pr.n. (81) *the men of Asher*

פַּגְעִיאֵל pr.n. (803) *Pagiel*

בֶּן־עָכְרָן n.m.s. cstr. (119)-pr.n. (747) *the son of Ochran*

10:27

וְעַל־צְבָא conj.-prep.-n.m.s. cstr. (838) *and over the host of*

מַטֵּה n.m.s. cstr. (641) *the tribe of*

בְּנֵי נַפְתָּלִי n.m.p. cstr. (119)-pr.n. (836) *the men of Naphtali*

אֲחִירַע pr.n. (27) *Ahira*

בֶּן־עֵינָן n.m.s. cstr. (119)-pr.n. (745) *the son of Enan*

10:28

אֵלֶּה demons.adj. c.p. (41) *this was*

מַסְעֵי n.m.p. cstr. (652) *the order of march of*

בְּנֵי־יִשְׂרָאֵל n.m.p. cstr. (119)-pr.n. (975) *the people of Israel*

לְצִבְאֹתָם prep.-n.m.p.-3 m.p. sf. (838) *according to their hosts*

וַיִּסָּעוּ consec.-Qal impf. 3 m.p. (נָסַע 652) *when they set out*

10:29

וַיֹּאמֶר מֹשֶׁה consec.-Qal impf. 3 m.s. (55)-pr.n. (602) *and Moses said*

לְחֹבָב prep.-pr.n. (285) *to Hobab*

בֶּן־רְעוּאֵל n.m.s. cstr. (119)-pr.n. (946) *the son of Reuel*

הַמִּדְיָנִי def.art.-adj.gent. m.s. (193) *the Midianite*

חֹתֵן מֹשֶׁה n.m.s. cstr. (368)-pr.n. (602) *Moses' father-in-law*

נֹסְעִים אֲנַחְנוּ Qal act.ptc. m.p. (652)-pers.pr. 1 c.p. (59) *we are setting out*

אֶל־הַמָּקוֹם prep.-n.m.s. (879) *for the place*

אֲשֶׁר אָמַר יְהוָה rel. (81; GK 138b)-Qal pf. 3 m.s. (55)-pr.n. (217) *of which Yahweh said*

אֹתוֹ אֶתֵּן לָכֶם dir.obj.-3 m.s. sf.-Qal impf. 1 c.s. (678 נָתַן)-prep.-2 m.p. sf. *I will give it to you*

לְכָה אִתָּנוּ Qal impv. 2 m.s.-vol.he (הָלַךְ 229)-prep.-1 c.p. sf. (85) *come with us*

וְהֵטַבְנוּ לָךְ conj.-Hi. pf. 1 c.p. (יָטַב 405)-prep.-2 m.s. sf. paus. *and we will do you good*

כִּי־יְהוָה conj. (471)-pr.n. (217) *for Yahweh*

דִּבֶּר־טוֹב Pi. pf. 3 m.s. (180)-adj. m.s. (II 373) *has promised good*

עַל־יִשְׂרָאֵל prep.-pr.n. (975) *to Israel*

10:30

וַיֹּאמֶר אֵלָיו consec.-Qal impf. 3 m.s. (55)-prep.-3 m.s. sf. *but he said to him*

לֹא אֵלֵךְ neg.-Qal impf. 1 c.s. (הָלַךְ 229) *I will not go*

כִּי אִם־אֶל־אַרְצִי conj. (471)-hypoth.part. (49)-prep.-n.f.s.-1 c.s. sf. (75) *to my own land*

וְאֶל־מוֹלַדְתִּי conj.-prep.-n.f.s.-1 c.s. sf. (409) *and to my kindred*

אֵלֵךְ v.supra *I will depart*

10:31

וַיֹּאמֶר consec.-Qal impf. 3 m.s. (55) *and he said*

אַל־נָא תַּעֲזֹב אֹתָנוּ neg.-part.of entreaty (609)-Qal impf. 2 m.s. (עָזַב I 736)-dir.obj.-1 c.p. sf. *do not leave us, I pray you*

כִּי עַל־כֵּן conj.-prep.-adv. (485) *for ... how*

יָדַעְתָּ Qal pf. 2 m.s. (יָדַע 393) *you know*

חֲנֹתֵנוּ Qal inf.cstr.-1 c.p. sf. (חָנָה 333) *we are to encamp*

בַּמִּדְבָּר prep.-def.art.-n.m.s. (184) *in the wilderness*

וְהָיִיתָ לָּנוּ conj.-Qal pf. 2 m.s. (הָיָה 224)-prep.-1 c.p. sf. *and you will serve for us*

לְעֵינָיִם prep.-n.f. du. paus. (744) *as eyes*

10:32

וְהָיָה conj.-Qal pf. 3 m.s. (224) *and*

כִּי־תֵלֵךְ עִמָּנוּ conj. (471)-Qal impf. 2 m.s. (229)-prep.-1 c.s. sf. (767) *if you go with us*

וְהָיָה v.supra *(and it shall be)*

הַטּוֹב הַהוּא def.art.-n.m.s. (III 375)-def.art.-demons.adj. m.s. (214) *the good*

אֲשֶׁר יֵיטִיב יְהוָה rel. (81)-Hi. impf. 3 m.s. (405)-pr.n. (217) *that Yahweh will do*

עִמָּנוּ prep.-1 c.p. sf. (767) *to us*

וְהֵטַבְנוּ conj.-Hi. pf. 1 c.p. (יָטַב 405; GK 70bRem.) *we will do*

לָךְ prep.-2 m.s. sf. paus. *to you*

10:33

וַיִּסְעוּ consec.-Qal impf. 3 m.p. (נָסַע 652) *so they set out*

מֵהַר יְהוָה prep.-n.m.s. cstr. (249)-pr.n. (217) *from the mount of Yahweh*

דֶּרֶךְ n.m.s. cstr. (202) *a journey of*

שְׁלֹשֶׁת יָמִים num. f. cstr. (1025)-n.m.p. (398) *three days*

וַאֲרוֹן conj.-n.m.s. cstr. (75) *and the ark of*

בְּרִית־יהוה n.f.s. cstr. (136)-v.supra *the covenant of Yahweh*

נֹסֵעַ Qal act.ptc. (652) *went*

לִפְנֵיהֶם prep.-n.m.p.-3 m.p. sf. (815) *before them*

דֶּרֶךְ v.supra *a journey of*

שְׁלֹשֶׁת יָמִים v.supra-v.supra *three days*

לָתוּר prep.-Qal inf.cstr. (1064) *to seek out*

לָהֶם prep.-3 m.p. sf. *for them*

מְנוּחָה n.f.s. (629) *a resting place*

10:34

וַעֲנַן יהוה conj.-n.m.s. cstr. (777)-pr.n. (217) *and the cloud of Yahweh*

עֲלֵיהֶם prep.-3 m.p. sf. (II 752) *over them*

יוֹמָם adv. (401) *by day*

בְּנָסְעָם prep.-Qal inf.cstr.-3 m.p. sf. (652) *whenever they set out*

מִן־הַמַּחֲנֶה prep.-def.art.-n.m.s. (334) *from the camp*

10:35

וַיְהִי consec.-Qal impf. 3 m.s. (הָיָה 224) *and*

בִּנְסֹעַ הָאָרֹן prep.-Qal inf.cstr. (652)-def.art.-n.m.s. (75) *whenever the ark set out*

וַיֹּאמֶר מֹשֶׁה consec.-Qal impf. 3 m.s. (55)-pr.n. (602) *Moses said*

קוּמָה יהוה Qal impv. 2 m.s.-vol.he (קוּם 877)-pr.n. (217) *arise, O Yahweh*

וְיָפֻצוּ conj.-Qal impf. 3 m.p. apoc. (פּוּץ 806) *and let be scattered*

אֹיְבֶיךָ Qal act.ptc. m.p.-2 m.s. sf. (אָיַב 33) *thy enemies*

וְיָנֻסוּ conj.-Qal impf. 3 m.p. apoc. (נוּס 630) *and let flee*

מְשַׂנְאֶיךָ Pi. ptc. m.p.-2 m.s. sf. (שָׂנֵא 971) *them that hate thee*

מִפָּנֶיךָ prep.-n.m.p.-2 m.s. sf. (815) *before thee*

10:36

וּבְנֻחֹה conj.-prep.-Qal inf.cstr.-3 m.s. sf. (נוּחַ 628) *and when it rested*

יֹאמַר Qal impf. 3 m.s. (55) *he said*

שׁוּבָה יהוה Qal impv. 2 m.s.-vol.he (שׁוּב 996; GK 118f)-pr.n. (217) *return, O Yahweh*

רִבְבוֹת n.f.p. cstr. (914) *to the ten thousand (of)*

אַלְפֵי יִשְׂרָאֵל n.m.p. cstr. (48)-pr.n. (975) *thousands of Israel*

11:1

וַיְהִי הָעָם consec.-Qal impf. 3 m.s. (הָיָה 224)-def.art.-n.m.s. (I 766) *and the people*

כְּמִתְאֹנְנִים prep.-Hithpoʻel ptc. m.p. (אָנַן 59) *complained about*

רַע n.m.s. (II 948) *distress*

בְּאָזְנֵי יהוה prep.-n.f.p. cstr. (23)-pr.n. (217) *in the hearing of Yahweh*

וַיִּשְׁמַע יהוה consec.-Qal impf. 3 m.s. (1033)-v.supra *and when Yahweh heard*

וַיִּחַר אַפּוֹ consec.-Qal impf. 3 m.s. (חָרָה 354)-n.m.s.-3 m.s. (I 60) *his anger was kindled*

וַתִּבְעַר־בָּם consec.-Qal impf. 3 f.s. (בָּעַר 128)-prep.-3 m.p. sf. *and burned among them*

אֵשׁ יהוה n.f.s. cstr. (77)-v.supra *the fire of Yahweh*

וַתֹּאכַל consec.-Qal impf. 3 f.s. (אָכַל 37) *and consumed*

בִּקְצֵה הַמַּחֲנֶה prep.-n.m.s. cstr. (892)-def.art.-n.m.s. (334) *some outlying parts of the camp*

11:2

וַיִּצְעַק הָעָם consec.-Qal impf. 3 m.s. (צָעַק 858)-def.art.-n.m.s. (I 766) *then the people cried*

אֶל־מֹשֶׁה prep.-pr.n. (602) *to Moses*

וַיִּתְפַּלֵּל מֹשֶׁה consec.-Hith. impf. 3 m.s. (פָּלַל 813)-v.supra *and Moses prayed*

אֶל־יהוה prep.-pr.n. (217) *to Yahweh*

וַתִּשְׁקַע הָאֵשׁ consec.-Qal impf. 3 f.s. (שָׁקַע 1054)-def.art.-n.f.s. (77) *and the fire abated*

11:3

וַיִּקְרָא consec.-Qal impf. 3 m.s. (894) *so was called*

שֵׁם־הַמָּקוֹם הַהוּא n.m.s. cstr. (1027)-def.art.-n.m.s. (879)-def.art.-demons.adj. m.s. (214) *the name of that place*

תַּבְעֵרָה pr.n. (129) *Taberah*

כִּי־בָעֲרָה conj. (471)-Qal pf. 3 f.s. (בָּעַר 128) *because ... burned*

בָם prep.-3 m.p. sf. *among them*

אֵשׁ יהוה n.f.s. cstr. (77)-pr.n. (217) *the fire of Yahweh*

11:4

וְהָאסַפְסֻף conj.-def.art. (GK 35d)-n.m.s. (63) *now the rabble*

אֲשֶׁר בְּקִרְבּוֹ rel. (81)-prep.-n.m.s.-3 m.s. sf. (899) *that was among them*

הִתְאַוּוּ תַּאֲוָה Hith. pf. 3 c.p. (אָוָה 16)-n.f.s. (16) *had a strong craving*

וַיָּשֻׁבוּ consec.-Qal impf. 3 m.p. (שׁוּב 996; GK 120d,g; LXX-καὶ καθίσαντες) *again*

וַיִּבְכּוּ גַם consec.-Qal impf. 3 m.p. (בָּכָה 113)-adv. (168) *also wept*

בְּנֵי יִשְׂרָאֵל n.m.p. cstr. (119)-pr.n. (975) *the people of Israel*

וַיֹּאמְרוּ consec. Qal impf. 3 m.p. (55) *and they said*

מִי interr. (566; GK 151aN) *O that*

יַאֲכִלֵנוּ Hi. impf. 3 m.s.-1 c.p. sf. (אָכַל 37) *one would cause us to eat*

בָּשָׂר n.m.s. (142) *meat*

11:5

זָכַרְנוּ Qal pf. 1 c.p. (269; GK 106g) *we remember*

אֶת־הַדָּגָה dir.obj.-def.art.-n.f.s. (185) *the fish*

אֲשֶׁר־נֹאכַל rel. (81)-Qal impf. 1 c.p. (אָכַל 37) *that we ate*

בְּמִצְרַיִם prep.-pr.n. (595) *in Egypt*

חִנָּם adv. (336) *for nothing*

אֵת הַקִּשֻּׁאִים dir.obj.-def.art.-n.f.p. (903) *the cucumbers*

וְאֵת הָאֲבַטִּחִים conj.-dir.obj.-def.art.-n.m.p. (105; LXX-τοὺς πέπονας) *the melons*

וְאֶת־הֶחָצִיר conj.-dir.obj.-def.art.-n.m.s. (II 348) *the leeks*

וְאֶת־הַבְּצָלִים v.supra-def.art.-n.m.p. (130) *the onions*

וְאֶת־הַשּׁוּמִים v.supra-def.art.-n.m.p. (1002) *and the garlic*

11:6

וְעַתָּה נַפְשֵׁנוּ conj.-adv. (773)-n.f.s.-1 c.p. sf. (659) *but now our strength*

יְבֵשָׁה adj. f.s. (II 386) *is dried up*

אֵין כֹּל neg. cstr. (II 34)-n.m.s. (481) *there is nothing at all*

בִּלְתִּי אֶל־הַמָּן neg. (116)-prep.-def.art.-n.m.s. (I 577) *but this manna*

עֵינֵינוּ n.f.p.-1 c.p. sf. (744) *for our eyes*

11:7

וְהַמָּן conj.-def.art.-n.m.s. (I 577) *now the manna*

כִּזְרַע־גַּד prep.-n.m.s. cstr. (282; GK 93h)-n.m.s. (I 151) *like coriander seed*

הוּא pers.pr. 3 m.s. (214) *it was*

וְעֵינוֹ conj.-n.f.s.-3 m.s. sf. (744) *and its appearance*

כְּעֵין הַבְּדֹלַח prep.-n.f.s. cstr. (744)-def.art. -n.m.s. (95) *like the appearance of bdellium*

11:8

שָׁטוּ הָעָם Qal pf. 3 c.p. (שׁוּט I 1001)-def.art. -n.m.s. (I 766) *the people went about*

וְלָקְטוּ conj.-Qal pf. 3 c.p. (לָקַט 544) *and gathered (it)*

וְטָחֲנוּ conj.-Qal pf. 3 c.p. (טָחַן 377) *and ground (it)*

בָרֵחַיִם prep.-def.art.-n.m. du. (932) *in mills*

אוֹ דָכוּ conj. (14)-Qal pf. 3 c.p. (דּוּךְ 188) *or beat (it)*

בַּמְּדֹכָה prep.-def.art.-n.f.s. (189) *in mortars*

וּבִשְּׁלוּ conj.-Pi. pf. 3 c.p. (בָּשַׁל 143) *and boiled (it)*

בַּפָּרוּר prep.-def.art.-n.m.s. (807) *in pots*

וְעָשׂוּ אֹתוֹ conj.-Qal pf. 3 c.p. (עָשָׂה I 793) -dir.obj.-3 m.s. sf. *and made of it*

עֻגוֹת n.f.p. (728) *cakes*

וְהָיָה טַעְמוֹ conj.-Qal pf. 3 m.s. (224)-n.m.s.-3 m.s. sf. (381) *and the taste of it was*

כְּטַעַם prep.-n.m.s. cstr. (381) *like the taste of*

לְשַׁד הַשָּׁמֶן n.m.s. cstr. (545)-def.art.-n.m.s. paus. (1032) *cakes baked with oil*

11:9

וּבְרֶדֶת הַטַּל conj.-prep.-Qal inf.cstr. (יָרַד 432) -def.art.-n.m.s. (378) *when the dew fell*

עַל־הַמַּחֲנֶה prep.-def.art.-n.m.s. (334) *upon the camp*

לָיְלָה n.m.s. (538) *in the night*

יֵרֵד הַמָּן Qal impf. 3 m.s. (יָרַד 432)-def.art. -n.m.s. (I 577) *the manna fell*

עָלָיו prep.-3 m.s. sf. *with it*

11:10

וַיִּשְׁמַע מֹשֶׁה consec.-Qal impf. 3 m.s. (1033)-pr.n. (602) *Moses heard*

אֶת־הָעָם dir.obj.-def.art.-n.m.s. (I 766) *the people*

בֹּכֶה Qal act.ptc. (בָּכָה 113; GK 117h) *weeping*

לְמִשְׁפְּחֹתָיו prep.-n.f.p.-3 m.s. sf. (1046) *throughout their families*

אִישׁ n.m.s. (35) *every man*

לְפֶתַח אָהֳלוֹ prep.-n.m.s. cstr. (835)-n.m.s.-3 m.s. sf. (13) *at the door of his tent*

וַיִּחַר־אַף יהוה consec.-Qal impf. 3 m.s. (חָרָה 354)-n.m.s. cstr. (I 60)-pr.n. (217) *and the anger of Yahweh blazed*

מְאֹד adv. (547) *hotly*

וּבְעֵינֵי מֹשֶׁה conj.-prep.-n.f.p. cstr. (744)-pr.n. (602) *and in the eyes of Moses*

רָע Qal pf. 3 m.s. paus. (רָעַע 949) *it was displeasing*

11:11

וַיֹּאמֶר מֹשֶׁה consec.-Qal impf. 3 m.s. (55)-pr.n. (602) *Moses said*

אֶל־יהוה prep.-pr.n. (217) *to Yahweh*

לָמָה interr. (552) *why*

הֲרֵעֹתָ Hi. pf. 2 m.s. (רעע I 949) *has thou dealt ill*

לְעַבְדֶּךָ prep.-n.m.s.-2 m.s. sf. (713) *with thy servant*

וְלָמָּה conj.-interr. (552) *and why*

לֹא־מָצָתִי חֵן neg.-Qal pf. 1 c.s. (מצא 592; GK 74k)-n.m.s. (336) *have I not found favor*

בְּעֵינֶיךָ prep.-n.f.p.-2 m.s. sf. (744) *in thy sight*

לָשׂוּם prep.-Qal inf.cstr. (שׂים 962) *to lay*

אֶת־מַשָּׂא dir.obj.-n.m.s. cstr. (I 672) *the burden of*

כָּל־הָעָם הַזֶּה n.m.s. cstr. (481)-def.art.-n.m.s. (I 766)-def.art.-demons.adj. m.s. (260) *all this people*

עָלָי prep.-1 c.s. sf. paus. *upon me*

11:12

הֶאָנֹכִי הָרִיתִי interr.part.-pers.pr. 1 c.s. (59)-Qal pf. 1 c.s. (הרה 247) *did I conceive*

אֵת כָּל־הָעָם הַזֶּה dir.obj.-n.m.s. cstr. (481)-def.art.-n.m.s. (I 766)-def.art.-demons.adj. m.s. (260) *all this people*

אִם־אָנֹכִי יְלִדְתִּיהוּ hypoth.part. (49)-Qal pf. 1 c.s.-3 m.s. sf. (ילד 408; GK 69s) *did I bring them forth*

כִּי־תֹאמַר אֵלַי conj. (471)-Qal impf. 2 m.s. (55) -prep.-1 c.s. sf. *that thou shouldst say to me*

שָׂאֵהוּ Qal impv. 2 m.s.-3 m.s. sf. (נשׂא 669) *carry them*

בְחֵיקֶךָ prep.-n.m.s.-2 m.s. sf. (300) *in your bosom*

כַּאֲשֶׁר יִשָּׂא prep.-rel. (81)-Qal impf. 3 m.s. (נשׂא 669) *as ... carries*

הָאֹמֵן def.art.-Qal act.ptc. m.s. (אמן I 52; GK 122fN) as subst. *the nurse*

אֶת־הַיֹּנֵק dir.obj.-def.art.-Qal act.ptc. (ינק 413) *the sucking child*

עַל הָאֲדָמָה prep.-def.art.-n.f.s. (9) *to the land*

אֲשֶׁר נִשְׁבַּעְתָּ rel. (81)-Ni. pf. 2 m.s. (שׁבע 989) *which thou didst swear*

לַאֲבֹתָיו prep.-n.m.p.-3 m.s. sf. (3) *to their fathers*

11:13

מֵאַיִן לִי בָשָׂר prep.-adv. (32)-prep.-1 c.s. sf.-n.m.s. (142) *where am I to get meat*

לָתֵת prep.-Qal inf.cstr. (נתן 678) *to give*

לְכָל־הָעָם הַזֶּה prep.-n.m.s. cstr. (481)-def.art. -n.m.s. (I 766)-def.art.-demons.adj. m.s. (260) *to all this people*

כִּי־יִבְכּוּ עָלַי conj. (471)-Qal impf. 3 m.p. (בכה 113)-prep.-1 c.s. sf. *for they weep before me*

לֵאמֹר prep.-Qal inf.cstr. (55) *and say*

תְּנָה־לָּנוּ Qal impv. 2 m.s.-vol.he (נתן 678) -prep.-1 c.p. sf. *give us*

בָשָׂר v.supra *meat*

וְנֹאכֵלָה conj.-Qal impf. 1 c.p.-vol.he (37) *that we may eat*

11:14

לֹא־אוּכַל neg.-Qal impf. 1 c.s. (יכל 407) *I am not able*

אָנֹכִי לְבַדִּי pers.pr. 1 c.s. (59)-prep.-n.m.s.-1 c.s. sf. (II 94) *I alone*

לָשֵׂאת prep.-Qal inf.cstr. (נשׂא 669) *to carry*

אֶת־כָּל־הָעָם הַזֶּה dir.obj.-n.m.s. cstr. (481)-def. art.-n.m.s. (I 766)-def.art.-demons.adj. m.s. (260) *all this people*

כִּי כָבֵד מִמֶּנִּי conj. (471)-adj. m.s. (458)-prep.-1 c.s. sf. *for the burden is too heavy for me*

11:15

וְאִם־כָּכָה conj.-hypoth.part. (49)-adv. (462) *if ... thus*

אַתְּ־עֹשֶׂה לִּי pers.pr. 2 f.s. (61; rd.prb. אַתָּה as 2 m.s.; GK 32g)-Qal act.ptc. (עשׂה I 793)-prep.-1 c.s. sf. *you will deal with me*

הָרְגֵנִי נָא הָרֹג Qal impv. 2 m.s.-1 c.s. sf. (הרג 246)-part.of entreaty (609)-Qal inf.abs. (246) *kill me at once*

אִם־מָצָאתִי חֵן hypoth.part. (49)-Qal pf. 1 c.s. (מצא 592)-n.m.s. (336) *if I find favor*

בְּעֵינֶיךָ prep.-n.f.p.-2 m.s. sf. (744) *in thy sight*

וְאַל־אֶרְאֶה conj.-neg.-Qal impf. 1 c.s. (ראה 906) *that I may not see*

בְּרָעָתִי prep.-n.f.s.-1 c.s. sf. (949) *my wretchedness*

11:16

וַיֹּאמֶר יהוה consec.-Qal impf. 3 m.s. (55)-pr.n. (217) *and Yahweh said*

אֶל־מֹשֶׁה prep.-pr.n. (602) *to Moses*

אֶסְפָה־לִּי Qal impv. 2 m.s.-vol.he (אסף 62; GK 48i)-prep.-1 c.s. sf. *gather for me*

שִׁבְעִים אִישׁ num. p. (988)-n.m.s. (35) *seventy men*

מִזִּקְנֵי יִשְׂרָאֵל prep.-adj. m.p. cstr. (278)-pr.n. (975) *of the elders of Israel*

אֲשֶׁר יָדַעְתָּ rel. (81)-Qal pf. 2 m.s. (393) *whom you know*

כִּי־הֵם conj. (471)-pers.pr. 3 m.p. (241) *to be (that they are)*

זִקְנֵי הָעָם v.supra-def.art.-n.m.s. (I 766) *the elders of the people*

וְשֹׁטְרָיו conj.-n.m.p.-3 m.s. sf. (1009) *and officers over them*

וְלָקַחְתָּ אֹתָם conj.-Qal pf. 2 m.s. (לקח 542) -dir.obj.-3 m.p. sf. *and bring them*

אֶל־אֹהֶל מוֹעֵד prep.-n.m.s. cstr. (13)-n.m.s. (417) *to the tent of meeting*

וְהִתְיַצְּבוּ conj.-Hith. pf. 3 c.p. (יצב 426) *and let them take their stand*

שָׁם adv. (1027) *there*

עִמָּךְ prep.-2 m.s. sf. paus. *with you*

11:17

וְיָרַדְתִּי conj.-Qal pf. 1 c.s. (ירד 432) *and I will come down*

וְדִבַּרְתִּי conj.-Pi. pf. 1 c.s. (180) *and talk*

עִמְּךָ שָׁם prep.-2 m.s. sf. paus.-adv. (1027) *with you there*

וְאָצַלְתִּי conj.-Qal pf. (אצל 69) *and I will take*

מִן־הָרוּחַ prep.-def.art.-n.f.s. (924) *some of the spirit*

אֲשֶׁר עָלֶיךָ rel. (81)-prep.-2 m.s. sf. *which is upon you*

וְשַׂמְתִּי עֲלֵיהֶם conj.-Qal pf. 1 c.s. (שים 962) -prep.-3 m.p. sf. *and put it upon them*

וְנָשְׂאוּ אִתְּךָ conj.-Qal pf. 3 c.p. (נשא 669)-prep. -2 m.s. sf. (85) *and they shall bear with you*

בְּמַשָּׂא הָעָם prep. (GK 119m)-n.m.s. cstr. (I 672)-def. art.-n.m.s. (I 766) *the burden of the people*

וְלֹא־תִשָּׂא conj.-neg.-Qal impf. 2 m.s. (נשא 669) *that you may not bear it*

אַתָּה לְבַדֶּךָ pers.pr. 2 m.s. (61)-prep.-n.m.s.-2 m.s. sf. (94) *yourself alone*

11:18

וְאֶל־הָעָם conj.-prep.-def.art.-n.m.s. (I 766) *and to the people*

תֹּאמַר Qal impf. 2 m.s. (אמר 55) *say*

הִתְקַדְּשׁוּ Hith. impv. 2 m.p. (קדש 872) *consecrate yourselves*

לְמָחָר prep.-adv. (563) *for tomorrow*

וַאֲכַלְתֶּם conj.-Qal pf. 2 m.p. (אכל 37) *and you shall eat*

בָּשָׂר n.m.s. 142) *meat*

כִּי בְּכִיתֶם conj. (471)-Qal pf. 2 m.p. (בכה 113) *for you have wept*

בְּאָזְנֵי יהוה prep.-n.f.p. cstr. (23)-pr.n. (217) *in the hearing of Yahweh*

לֵאמֹר prep.-Qal inf.cstr. (55) *saying*

מִי יַאֲכִלֵנוּ interr. (566)-Hi. impf 3 m.s.-1 c.p. sf. (אכל 37) *who will give us to eat*

בָּשָׂר n.m.s. (142) *meat*

כִּי־טוֹב לָנוּ conj. (471)-Qal pf. 3 m.s. (טוב 373) -prep.-1 c.p. sf. *for it was well with us*

בְּמִצְרָיִם prep.-pr.n. paus. (595) *in Egypt*

וְנָתַן יהוה conj.-Qal pf. 3 m.s. (678)-pr.n. (217) *therefore Yahweh will give*

לָכֶם prep.-2 m.p. sf. *you*

בָּשָׂר n.m.s. (142) *meat*

וַאֲכַלְתֶּם conj.-Qal pf. 2 m.p. (אכל 37) *and you shall eat*

11:19

לֹא יוֹם אֶחָד neg.-n.m.s. (398)-num. (25) *not one day*

תֹּאכְלוּן Qal impf. 2 m.p. (אכל 37) *you shall eat*

וְלֹא יוֹמָיִם conj.-neg.-n.m. du. paus. (398) *or two days*

וְלֹא חֲמִשָּׁה יָמִים v.supra-num. f.s. (331)-n.m.p. (398) *or five days*

וְלֹא עֲשָׂרָה יָמִים v.supra-num. f.s. (796)-v.supra *or ten days*

וְלֹא עֶשְׂרִים יוֹם v.supra-num. p. (797)-n.m.s. (398) *or twenty days*

11:20

עַד חֹדֶשׁ יָמִים prep. (III 723)-n.m.s. cstr. (I 294)-n.m.p. (398) *but a month of days*

עַד אֲשֶׁר־יֵצֵא v.supra-rel. (81)-Qal impf. 3 m.s. (יצא 422) *until it comes out*

מֵאַפְּכֶם prep.-n.m.s.-2 m.p. sf. (I 60) *at your nostrils*

וְהָיָה לָכֶם conj.-Qal pf. 3 m.s. (224)-prep.-2 m.p. sf. *and becomes to you*

לְזָרָא prep.-n.f.s. (266; GK 80h) *a loathsome thing*

יַעַן כִּי־מְאַסְתֶּם conj. (774)-conj. (471)-Qal pf. 2 m.p. (מאס 549) *because you have rejected*

אֶת־יהוה dir.obj.-pr.n. (217) *Yahweh*

אֲשֶׁר בְּקִרְבְּכֶם rel. (81)-prep.-n.m.s.-2 m.p. sf. (899) *who is among you*

וַתִּבְכּוּ לְפָנָיו consec.-Qal impf. 2 m.p. (בכה 113)-prep.-n.m.p.-3 m.s. sf. (815) *and have wept before him*

לֵאמֹר prep.-Qal inf.cstr. (55) *saying*

לָמָּה זֶּה interr. (552)-demons.adj. m.s. (260) *why*

יָצָאנוּ Qal pf. 1 c.p. (יצא 422) *did we come forth out*

מִמִּצְרָיִם prep.-pr.n. paus. (595) *of Egypt*

11:21

וַיֹּאמֶר מֹשֶׁה consec.-Qal impf. 3 m.s. (55)-pr.n. (602) *but Moses said*

שֵׁשׁ־מֵאוֹת אֶלֶף num. (995)-n.f.p. cstr. (547) -n.m.s. (48) *six hundred thousand*

רַגְלִי adj. m.s. (920) *on foot*

הָעָם def.art.-n.m.s. (I 766) *the people*

אֲשֶׁר אָנֹכִי rel. (81)-pers.pr. 1 c.s. (59) *which I am*

בְּקִרְבּוֹ prep.-n.m.s.-3 m.s. sf. (899) *among them*

וְאַתָּה אָמַרְתָּ conj.-pers.pr. 2 m.s. (61)-Qal pf. 2 m.s. (55) *and thou hast said*

בָּשָׂר n.m.s. (142) *meat*

אֶתֵּן לָהֶם Qal impf. 1 c.s. (נתן 678)-prep.-3 m.p. sf. *I will give them*

וְאָכְלוּ conj.-Qal pf. 3 c.p. (אכל 37) *that they may eat*

חֹדֶשׁ יָמִים n.m.s. cstr. (294)-n.m.p. (398) *a whole month*

11:22

הַצֹּאן וּבָקָר interr.part.-n.f.s. (838)-conj.-n.m.s. (133) *shall flocks and herds?*

יִשָּׁחֵט Ni. impf. 3 m.s. (שחט 1006) *be slaughtered*

לָהֶם prep.-3 m.p. sf. *for them*

וּמָצָא לָהֶם conj.-Qal pf. 3 m.s. (592)-prep.-3 m.p. sf. *and so one find (enough) for them*

אִם אֶת־כָּל־דְּגֵי הַיָּם hypoth.part. (49)-dir.obj. -n.m.s. cstr. (481)-n.m.p. cstr. (185)-def.art. -n.m.s. (410) *or all the fish of the sea*

יֵאָסֵף לָהֶם Ni. impf. 3 m.s. (אסף 62)-prep.-3 m.p. sf. *shall be gathered together for them*

וּמָצָא לָהֶם v.supra-v.supra *and so one find (enough) for them*

11:23

וַיֹּאמֶר יהוה consec.-Qal impf. 3 m.s. (55)-pr.n. (217) *and Yahweh said*

אֶל־מֹשֶׁה prep.-pr.n. (602) *to Moses*

הֲיַד יהוה interr.part.-n.f.s. cstr. (388)-pr.n. (217) *is the hand of Yahweh*

תִּקְצָר Qal impf. 3 f.s. (קצר 894) *shortened*

עַתָּה תִרְאֶה adv. (773)-Qal impf. 2 m.s. (ראה 906) *now you shall see*

הֲיִקְרְךָ interr.part.-Qal impf. 3 m.s.-2 m.s. sf. (899 קרה) *whether will come true for you*

דְּבָרִי n.m.s.-1 c.s. sf. (182) *my word*

אִם־לֹא hypoth.part. (49)-neg. *or not*

11:24

וַיֵּצֵא מֹשֶׁה consec.-Qal impf. 3 m.s. (יצא 422)-pr.n. (602) *so Moses went out*

וַיְדַבֵּר consec.-Pi. impf. 3 m.s. (180) *and told*

אֶל־הָעָם prep.-def.art.-n.m.s. (I 766) *the people*

אֵת דִּבְרֵי יהוה dir.obj.-n.m.p. cstr. (182)-pr.n. (217) *the words of Yahweh*

וַיֶּאֱסֹף consec.-Qal impf. 3 m.s. (אסף 62) *and he gathered*

שִׁבְעִים אִישׁ num. p. (988)-n.m.s. (35) *seventy men*

מִזִּקְנֵי הָעָם prep.-adj. m.p. cstr. (278)-def.art. -n.m.s. (I 766) *of the elders of the people*

וַיַּעֲמֵד אֹתָם consec.-Hi. impf. 3 m.s. (עמד 763)-dir.obj.-3 m.p. sf. *and placed them*

סְבִיבֹת הָאֹהֶל prep. (686)-def.art.-n.m.s. (13) *round about the tent*

11:25

וַיֵּרֶד יהוה consec.-Qal impf. 3 m.s. (ירד 432)-pr.n. (217) *then Yahweh came down*

בֶּעָנָן prep.-def.art.-n.m.s. (777) *in the cloud*

וַיְדַבֵּר אֵלָיו consec.-Pi. impf. 3 m.s. (180)-prep.-3 m.s. sf. *and spoke to him*

וַיָּאצֶל consec.-Hi. impf. 3 m.s. (אצל 69; GK 23d,68f) *and he took*

מִן־הָרוּחַ prep.-def.art.-n.f.s. (924) *some of the spirit*

אֲשֶׁר עָלָיו rel. (81)-prep.-3 m.s. sf. *which was upon him*

וַיִּתֵּן consec.-Qal impf. 3 m.s. (נתן 678) *and put it*

עַל־שִׁבְעִים אִישׁ prep.-num. p. (988; GK 126x)-n.m.s. (35) *upon the seventy men*

הַזְּקֵנִים def.art.-adj.m.p. (278) *the elders*

וַיְהִי consec.-Qal impf. 3 m.s. (היה 224) *and it was*

כְּנוֹחַ עֲלֵיהֶם prep.-Qal inf.cstr. (נוח 628; GK 72q)-prep.-3 m.p. sf. *when ... rested upon them*

הָרוּחַ def.art.-n.f.s. (924) *the spirit*

וַיִּתְנַבְּאוּ consec.-Hith. impf. 3 m.p. (נבא 612) *they prophesied*

וְלֹא יָסָפוּ conj.-neg.-Qal pf. 3 c.p. paus. (יסף 414; GK 120dN) *but they did so no more*

11:26

וַיִּשָּׁאֲרוּ consec.-Ni. impf. 3 m.p. (שאר 983) *now remained*

שְׁנֵי־אֲנָשִׁים num. du. cstr. (1040)-n.m.p. (35) *two men*

בַּמַּחֲנֶה prep.-def.art.-n.m.s. (334) *in the camp*

שֵׁם הָאֶחָד n.m.s. cstr. (1027)-def.art.-num. m.s. (25) *one named*

אֶלְדָּד pr.n. (44) *Eldad*

וְשֵׁם הַשֵּׁנִי conj.-v.supra-def.art.-num. ord. (1040) *and the second named*

מֵידָד pr.n. (392) *Medad*

וַתָּנַח consec.-Qal impf. 3 f.s. (נוּחַ 628) *and rested*

עֲלֵיהֶם prep.-3 m.p. sf. *upon them*

הָרוּחַ def.art.-n.f.s. (924) *the spirit*

וְהֵמָּה בַּכְּתֻבִים conj.-pers.pr. 3 m.p. (241)-prep.-def.art.-Qal pass.ptc. m.p. (כָּתַב 507) *and they were among those registered*

וְלֹא יָצְאוּ conj.-neg.-Qal pf. 3 c.p. (יָצָא 422) *but they had not gone out*

הָאֹהֱלָה def.art.-n.m.s.-loc.he (13) *to the tent*

וַיִּתְנַבְּאוּ consec.-Hith. impf. 3 m.p. (נָבָא 612) *and so they prophesied*

בַּמַּחֲנֶה v.supra *in the camp*

11:27

וַיָּרָץ consec.-Qal impf. 3 m.s. (רוּץ 930) *and ... ran*

הַנַּעַר def.art.-n.m.s. (654; GK 126r) *a young man*

וַיַּגֵּד consec.-Hi. impf. 3 m.s. (נָגַד 616) *and told*

לְמֹשֶׁה prep.-pr.n. (602) *Moses*

וַיֹּאמַר consec.-Qal impf. 3 m.s. (55) *(and said)*

אֶלְדָּד pr.n. (44) *Eldad*

וּמֵידָד conj.-pr.n. (392) *and Medad*

מִתְנַבְּאִים Hith. ptc. m.p. (נָבָא 612) *are prophesying*

בַּמַּחֲנֶה prep.-def.art.-n.m.s. (334) *in the camp*

11:28

וַיַּעַן יְהוֹשֻׁעַ consec.-Qal impf. 3 m.s. (עָנָה I 772)-pr.n. (221) *and Joshua said*

בִּן־נוּן n.m.s. cstr. (119)-pr.n. (630) *the son of Nun*

מְשָׁרֵת מֹשֶׁה Pi. ptc. m.s. cstr. (שָׁרַת 1058)-pr.n. (602) *the minister of Moses*

מִבְּחֻרָיו prep.-n.f.p.-3 m.s. sf. (104) *one of his chosen men*

וַיֹּאמַר consec.-Qal impf. 3 m.s. (55) *and he said*

אֲדֹנִי n.m.s.-1 c.s. sf. (10) *My lord*

מֹשֶׁה pr.n. (602) *Moses*

כְּלָאֵם Qal impv. 2 m.s.-3 m.p. sf. (כָּלָא 476) *forbid them*

11:29

וַיֹּאמֶר לוֹ consec.-Qal impf. 3 m.s. (55)-prep.-3 m.s. sf. *but said to him*

מֹשֶׁה pr.n. (602) *Moses*

הַמְקַנֵּא אַתָּה interr.part.-Pi. ptc. (קָנָא 888)-pers.pr. 2 m.s. (61) *are you jealous*

לִי prep.-1 c.s. sf. *for my sake*

וּמִי יִתֵּן conj.-interr. (566,fa; GK 154b)-Qal impf. 3 m.s. (נָתַן 678,1f) *would that*

כָּל־עַם יהוה n.m.s. cstr. (481)-n.m.s. cstr. (I 766)-pr.n. (217) *all Yahweh's people*

נְבִיאִים n.m.p. (611) *(were) prophets*

כִּי־יִתֵּן יהוה conj. (471)-Qal impf. 3 m.s. (נָתַן 678)-pr.n. (217) *that Yahweh would put*

אֶת־רוּחוֹ dir.obj.-n.f.s.-3 m.s. sf. (924) *his spirit*

עֲלֵיהֶם prep.-3 m.p. sf. *upon them*

11:30

וַיֵּאָסֵף מֹשֶׁה consec.-Ni. impf. 3 m.s. (אָסַף 62)-pr.n. (602) *and Moses returned*

אֶל־הַמַּחֲנֶה prep.-def.art.-n.m.s. (334) *to the camp*

הוּא pers.pr. 3 m.s. (214) *(he)*

וְזִקְנֵי יִשְׂרָאֵל conj.-n.m.p. cstr. (278)-pr.n. (975) *and the elders of Israel*

11:31

וְרוּחַ conj.-n.f.s. (924) *and a wind*

נָסַע Qal pf. 3 m.s. (652) *went forth*

מֵאֵת יהוה prep.-prep. (85)-pr.n. (217) *from Yahweh*

וַיָּגָז consec.-Qal impf. 3 m.s. (גּוּז I 156) *and it brought*

שַׂלְוִים n.m.p. (969) *quails*

מִן־הַיָּם prep.-def.art.-n.m.s. (410) *from the sea*

וַיִּטֹּשׁ consec.-Qal impf. 3 m.s. (נָטַשׁ 643) *and let them fall*

עַל־הַמַּחֲנֶה prep.-def.art.-n.m.s. (334) *beside the camp*

כְּדֶרֶךְ יוֹם כֹּה prep.-n.m.s. cstr. (202)-n.m.s. (398)-adv. (462) *about a day's journey on this side*

וּכְדֶרֶךְ יוֹם כֹּה conj.-v.supra-v.supra-v.supra *and a day's journey on the other side*

סְבִיבוֹת הַמַּחֲנֶה prep. (686)-def.art.-n.m.s. (334) *round about the camp*

וּכְאַמָּתַיִם conj.-prep.-n.f. du. (52) *and about two cubits*

עַל־פְּנֵי הָאָרֶץ prep.-n.m.p. cstr. (815)-def.art.-n.f.s. (75) *above the face of the earth*

11:32

וַיָּקָם הָעָם consec.-Qal impf. 3 m.s. (קוּם 877)-def.art.-n.m.s. (I 766) *and the people rose*

כָּל־הַיּוֹם הַהוּא n.m.s. cstr. (481)-def.art.-n.m.s. (398)-def.art.-demons.adj. m.s. (214) *all that day* '

וְכָל־הַלַּיְלָה conj.-v.supra-def.art.-n.m.s. (538) *and all night*

וְכֹל יוֹם הַמָּחֳרָת conj.-n.m.s. cstr. (481)-n.m.s. cstr. (398)-def.art.-n.f.s. (564) *and all the next day*

וַיַּאַסְפוּ consec.-Qal impf. 3 m.p. (אסף 62) *and they gathered*

אֶת־הַשְּׂלָו dir.obj.-def.art.-n.m.s. (969) *the quails*

הַמַּמְעִיט def.art.-Hi. ptc. m.s. (מעט 589) *he who gathered least*

אָסַף Qal pf. 3 m.s. (62) *gathered*

עֲשָׂרָה חֳמָרִים num. f. (796)-n.m.p. (III 330) *ten homers*

וַיִּשְׁטְחוּ consec.-Qal impf. 3 m.p. (שׁטח 1008) *and they spread out*

לָהֶם prep.-3 m.p. sf. *for themselves*

שָׁטוֹחַ Qal inf.abs. (1008) *(spreading out)*

סְבִיבוֹת הַמַּחֲנֶה prep. (686)-def.art.-n.m.s. (334) *all around the camp*

11:33

הַבָּשָׂר def.art.-n.m.s. (142) *the meat*

עוֹדֶנּוּ adv.-3 m.s. sf. (728) *while*

בֵּין שִׁנֵּיהֶם prep. (107)-def.art.-n.f.p.-3 m.p. sf. (1042) *between their teeth*

טֶרֶם יִכָּרֵת adv. of time (382)-Ni. impf. 3 m.s. (כרת 503) *before it was consumed*

וְאַף יְהוָה חָרָה conj.-n.m.s. cstr. (I 60)-pr.n. (217)-Qal pf. 3 m.s. (354) *and the anger of Yahweh was kindled*

בָּעָם prep.-def.art.-n.m.s. (I 766) *against the people*

וַיַּךְ יְהוָה consec.-Hi. impf. 3 m.s. (נכה 645)-pr.n. (217) *and Yahweh smote*

בָּעָם v.supra *the people*

מַכָּה רַבָּה n.f.s. (646)-adj. f.s. (I 912) *with a great plague*

מְאֹד adv. (547) *very*

11:34

וַיִּקְרָא consec.-Qal impf. 3 m.s. (894) *therefore ... was called*

אֶת־שֵׁם־הַמָּקוֹם הַהוּא dir.obj.-n.m.s. cstr. (1027)-def.art.-n.m.s. (879)-def.art.-demons.adj. m.s. (214) *the name of that place*

קִבְרוֹת הַתַּאֲוָה pr.n. (869) *Kibroth-hattaavah*

כִּי־שָׁם conj. (471)-adv. (1027) *because there*

קָבְרוּ Qal pf. 3 c.p. (קבר 868) *they buried*

אֶת־הָעָם dir.obj.-def.art.-n.m.s. (I 766) *the people*

הַמִּתְאַוִּים def.art.-Hith. ptc. m.p. (אוה 16) *who had the craving*

11:35

מִקִּבְרוֹת הַתַּאֲוָה prep.-pr.n. (869) *from Kibroth-hattaavah*

נָסְעוּ הָעָם Qal pf. 3 c.p. (652)-def.art.-n.m.s. (I 766) *the people journeyed*

חֲצֵרוֹת pr.n. (348) *to Hazeroth*

וַיִּהְיוּ consec.-Qal impf. 3 m.p. (היה 224) *and they remained*

בַּחֲצֵרוֹת prep.-v.supra *at Hazeroth*

12:1

וַתְּדַבֵּר consec.-Pi. impf. 3 f.s. (דבר 180; GK 146g) *and spoke*

מִרְיָם וְאַהֲרֹן pr.n. (599)-conj.-pr.n. (14) *Miriam and Aaron*

בְּמֹשֶׁה prep.-pr.n. (602) *against Moses*

עַל אֹדוֹת הָאִשָּׁה prep. n.f.p. cstr. (15)-def.art.-n.f.s. (61) *because of the woman*

הַכֻּשִׁית def.art.-adj. gent. f.s. (469; LXX-τῆς Αἰθιοπίσσης) *the Cushite*

אֲשֶׁר לָקָח rel. (81)-Qal pf. 3 m.s. (542) *whom he had married*

כִּי־אִשָּׁה כֻשִׁית conj. (471)-v.supra-v.supra (LXX-γυναῖκα Αἰθιόπισσαν) *for a Cushite woman*

לָקָח Qal pf. 3 m.s. paus. (542) *he had married*

12:2

וַיֹּאמְרוּ consec.-Qal impf. 3 m.p. (55) *and they said*

הֲרַק אַךְ־בְּמֹשֶׁה interr.part.-adv. (956)-adv. (36; GK 133kN)-prep.-pr.n. (602) *has indeed only through Moses*

דִּבֶּר יְהוָה Pi. pf. 3 m.s. (180)-pr.n. (217) *Yahweh spoken*

הֲלֹא גַם־בָּנוּ v.supra-neg.-adv. (168)-prep.-1 c.p. sf. *not also through us*

דִּבֵּר Pi. pf. 3 m.s. (180) *has he spoken*

וַיִּשְׁמַע יְהוָה consec.-Qal impf. 3 m.s. (1033)-v.supra *and Yahweh heard it*

12:3

וְהָאִישׁ מֹשֶׁה conj.-def.art.-n.m.s. (35)-pr.n. (602) *now the man Moses*

עָנָו מְאֹד n.m.s. (776; Q-עָנָיו)-adv. (547) *very meek*

מִכֹּל הָאָדָם prep.-n.m.s. cstr. (481)-def.art.-n.m.s. (9) *more than all men*

אֲשֶׁר עַל־פְּנֵי הָאֲדָמָה rel. (81)-prep.-n.m.p. cstr. (815)-def.art.-n.f.s. (9) *that were on the face of the earth*

12:4

וַיֹּאמֶר יהוה consec.-Qal impf. 3 m.s. (55)-pr.n. (217) *and Yahweh said*

פִּתְאֹם adv.acc. (837) *suddenly*

אֶל־מֹשֶׁה prep.-pr.n. (602) *to Moses*

וְאֶל־אַהֲרֹן conj.-prep.-pr.n. (14) *and to Aaron*

וְאֶל־מִרְיָם v.supra-pr.n. (599) *and Miriam*

צְאוּ Qal impv. 2 m.p. (יָצָא 422) *come out*

שְׁלָשְׁתְּכֶם n.f.s.-2 m.p. sf. (1025; GK 97i) *you three*

אֶל־אֹהֶל מוֹעֵד prep.-n.m.s. cstr. (13)-n.m.s. (417) *to the tent of meeting*

וַיֵּצְאוּ consec.-Qal impf. 3 m.p. (יָצָא 422) *and came out*

שְׁלָשְׁתָּם n.f.s.-3 m.p. sf. (1025) *the three of them*

12:5

וַיֵּרֶד יהוה consec.-Qal impf. 3 m.s. (יָרַד 432) -pr.n. (217) *and Yahweh came down*

בְּעַמּוּד עָנָן prep.-n.m.s. cstr. (765)-n.m.s. (777) *in a pillar of cloud*

וַיַּעֲמֹד consec.-Qal impf. 3 m.s. (עָמַד 763) *and stood*

פֶּתַח הָאֹהֶל n.m.s. cstr. (835)-def.art.-n.m.s. (13) *at the door of the tent*

וַיִּקְרָא אַהֲרֹן consec.-Qal impf. 3 m.s. (894)-pr.n. (14) *and called Aaron*

וּמִרְיָם conj.-pr.n. (599) *and Miriam*

וַיֵּצְאוּ consec.-Qal impf. 3 m.p. (יָצָא 422) *and they came forward*

שְׁנֵיהֶם num.-3 m.p. sf. (1040) *both*

12:6

וַיֹּאמֶר consec.-Qal impf. 3 m.s. (55) *and he said*

שִׁמְעוּ־נָא Qal impv. 2 m.p. (1033)-part.of entreaty (609) *hear (I pray thee)*

דְבָרָי n.m.p.-1 c.s. sf. paus. (182) *my words*

אִם־יִהְיֶה hypoth.part. (49)-Qal impf. 3 m.s. (הָיָה 224) *if there is*

נְבִיאֲכֶם n.m.s.-2 m.p. sf. (611; GK 128d) *a prophet among you*

יהוה pr.n. (217) *Yahweh*

בַּמַּרְאָה prep.-def.art.-n.f.s. (I 909) *in a vision*

אֵלָיו prep.-3 m.s. sf. *to him*

אֶתְוַדַּע Hith. impf. 1 c.s. (יָדַע 393) *I make myself known*

בַּחֲלוֹם prep.-n.m.s. (321) *in a dream*

אֲדַבֶּר־בּוֹ Pi. impf. 1 c.s. (180)-prep.-3 m.s. sf. *I speak with him*

12:7

לֹא־כֵן neg.-adv. (485) *not so*

עַבְדִּי מֹשֶׁה n.m.s.-1 c.s. sf. (713)-pr.n. (602) *with my servant Moses*

בְּכָל־בֵּיתִי prep.-n.m.s. cstr. (481)-n.m.s.-1 c.s. sf. (108) *with all my house*

נֶאֱמָן הוּא Ni. ptc. (אָמַן I 52)-pers.pr. 3 m.s. (214) *he is entrusted*

12:8

פֶּה אֶל־פֶּה n.m.s. (804)-prep.-v.supra *mouth to mouth*

אֲדַבֶּר־בּוֹ Pi. impf. 1 c.s. (180)-prep.-3 m.s. sf. *I speak with him*

וּמַרְאֶה conj.-n.m.s. (909) *and in vision*

וְלֹא בְחִידֹת conj.-neg.-prep.-n.f.p. (295) *and not in dark speech*

וּתְמֻנַת יהוה conj.-n.f.s. cstr. (568; LXX-τὴν δόξαν κυρίου)-pr.n. (217) *and the form of Yahweh*

יַבִּיט Hi. impf. 3 m.s. (נָבַט 613) *he beholds*

וּמַדּוּעַ conj.-adv. (396) *why then*

לֹא יְרֵאתֶם neg.-Qal pf. 2 m.p. (יָרֵא 431) *were you not afraid*

לְדַבֵּר prep.-Pi. inf.cstr. (180) *to speak*

בְּעַבְדִּי prep.-n.m.s.-1 c.s. sf. (713) *against my servant*

בְּמֹשֶׁה prep.-pr.n. (602) *(against) Moses*

12:9

וַיִּחַר consec.-Qal impf. 3 m.s. (חָרָה 354) *and was kindled*

אַף יהוה n.m.s. cstr. (I 60)-pr.n. (217) *the anger of Yahweh*

בָּם prep.-3 m.p. sf. *against them*

וַיֵּלַךְ consec.-Qal impf. 3 m.s. paus. (הָלַךְ 229) *and he departed*

12:10

וְהֶעָנָן סָר conj.-def.art.-n.m.s. (777)-Qal pf. 3 m.s. (סוּר 693) *and when the cloud removed*

מֵעַל הָאֹהֶל prep.-prep.-def.art.-n.m.s. (13) *from over the tent*

וְהִנֵּה conj.-demons.part. (243) *and behold*

מִרְיָם pr.n. (599) *Miriam*

מְצֹרַעַת Pu. ptc. f.s. (צָרַע 863) *was leprous*

כַּשָּׁלֶג prep.-def.art.-n.m.s. paus. (1017) *as white as snow*

629

וַיִּפֶן אַהֲרֹן consec.-Qal impf. 3 m.s. (פָּנָה 815)-pr.n. (14) *and Aaron turned*

אֶל־מִרְיָם prep.-pr.n. (599) *towards Miriam*

וְהִנֵּה conj.-demons.part. (243) *and behold*

מְצֹרָעַת v.supra paus. *was leprous*

12:11

וַיֹּאמֶר אַהֲרֹן consec.-Qal impf. 3 m.s. (55)-pr.n. (14) *and Aaron said*

אֶל־מֹשֶׁה prep.-pr.n. (602) *to Moses*

בִּי part.of entreaty (106) *I pray*

אֲדֹנִי n.m.s.-1 c.s. sf. (10) *my lord*

אַל־נָא תָשֵׁת neg.-part.of entreaty (609)-Qal impf. 2 m.s. (שִׁית 1011) *please do not lay*

עָלֵינוּ prep.-1 c.p. sf. *on us*

חַטָּאת n.f.s. (308) *sin*

אֲשֶׁר נוֹאַלְנוּ rel. (81)-Ni. pf. 1 c.p. (יָאַל I 383) *because we have done foolishly*

וַאֲשֶׁר חָטָאנוּ conj.-rel. (81)-Qal pf. 1 c.p. paus. (חָטָא 306) *and have sinned*

12:12

אַל־נָא תְהִי neg.-part.of entreaty (609)-Qal impf. 3 f.s. (הָיָה 224) *let her not be*

כַּמֵּת prep.-def.art.-Qal act.ptc. (מוּת 559) *as one dead*

אֲשֶׁר בְּצֵאתוֹ rel. (81)-prep.-Qal inf.cstr.-3 m.s. sf. (יָצָא 422) *when he comes out*

מֵרֶחֶם אִמּוֹ prep.-n.m.s. cstr. (933)-n.f.s.-3 m.s. sf. (51) *of his mother's womb*

וַיֵּאָכֵל consec.-Ni. impf. 3 m.s. (אָכַל 37) *is consumed*

חֲצִי בְשָׂרוֹ n.m.s. cstr. (345)-n.m.s.-3 m.s. sf. (142) *half of his flesh*

12:13

וַיִּצְעַק מֹשֶׁה consec.-Qal impf. 3 m.s. (צָעַק 858)-pr.n. (602) *and Moses cried*

אֶל־יהוה prep.-pr.n. (217) *to Yahweh*

לֵאמֹר prep.-Qal inf.cstr. (55) *(saying)*

אֵל n.m.s. (42) *O God*

נָא רְפָא נָא לָהּ part.of entreaty (609)-Qal impv. 2 m.s. (רָפָא 950)-v.supra (GK 105bN)-prep.-3 f.s. sf. *heal her, I beseech thee*

12:14

וַיֹּאמֶר יהוה consec.-Qal impf. 3 m.s. (55)-pr.n. (217) *but Yahweh said*

אֶל־מֹשֶׁה prep.-pr.n. (602) *to Moses*

וְאָבִיהָ conj. (GK 154b)-n.m.s.-3 f.s. sf. (3) *if her father*

יָרֹק יָרַק Qal inf.abs. (יָרַק II 439)-Qal pf. 3 m.s. (II 439) *had but spit*

בְּפָנֶיהָ prep.-n.m.p.-3 f.s. sf. (815) *in her face*

הֲלֹא תִכָּלֵם interr.part.-neg.-Ni. impf 3 f.s. (483 כָּלַם) *should she not be shamed*

שִׁבְעַת יָמִים num. f.s. cstr. (I 987)-n.m.p. (398) *seven days*

תִּסָּגֵר Ni. impf. 3 f.s. (סָגַר 688) *let her be shut up*

שִׁבְעַת יָמִים v.supra-v.supra *seven days*

מִחוּץ לַמַּחֲנֶה prep.-n.m.s. cstr. (299)-prep.-def.art.-n.m.s. (334) *outside the camp*

וְאַחַר תֵּאָסֵף conj.-adv. (29)-Ni. impf. 3 f.s. (אָסַף 62) *and after that she may be brought in again*

12:15

וַתִּסָּגֵר מִרְיָם consec.-Ni. impf. 3 f.s. (סָגַר 688)-pr.n. (599) *so Miriam was shut up*

מִחוּץ לַמַּחֲנֶה prep.-n.m.s. cstr. (299)-prep.-def.art.-n.m.s. (334) *outside the camp*

שִׁבְעַת יָמִים n.f.s. cstr. (I 987)-n.m.p. (398) *seven days*

וְהָעָם לֹא נָסַע conj.-def.art.-n.m.s. (I 766)-neg.-Qal pf. 3 m.s. (652) *and the people did not set out on the march*

עַד־הֵאָסֵף prep. (III 723)-Ni. inf.cstr. (אָסַף 62) *till ... was brought in again*

מִרְיָם pr.n. (599) *Miriam*

12:16

וְאַחַר conj.-adv. (29) *and after that*

נָסְעוּ הָעָם Qal pf. 3 c.p. (652)-def.art.-n.m.s. (I 766) *the people set out*

מֵחֲצֵרוֹת prep.-pr.n. (348) *from Hazeroth*

וַיַּחֲנוּ consec.-Qal impf. 3 m.p. (חָנָה 333) *and encamped*

בְּמִדְבַּר prep.-n.m.s. cstr. (184) *in the wilderness of*

פָּארָן pr.n. (803) *Paran*

13:1

וַיְדַבֵּר יהוה consec.-Pi. impf. 3 m.s. (180)-pr.n. (217) *Yahweh said*

אֶל־מֹשֶׁה prep.-pr.n. (602) *to Moses*

לֵאמֹר prep.-Qal inf.cstr. (55) *(saying)*

13:2

שְׁלַח־לְךָ Qal impv. 2 m.s. (1018)-prep.-2 m.s. sf. *send*

אֲנָשִׁים n.m.p. (35) *men*

וְיָתֻרוּ conj.-Qal impf. 3 m.p. apoc. (תור 1064) *and let them spy out*

אֶת־אֶרֶץ כְּנַעַן dir.obj.-n.f.s. cstr. (75)-pr.n. (I 488) *the land of Canaan*

אֲשֶׁר־אֲנִי נֹתֵן rel. (81)-pers.pr. 1 c.s. (58)-Qal act.ptc. (678) *which I give*

לִבְנֵי יִשְׂרָאֵל prep.-n.m.p. cstr. (119)-pr.n. (975) *to the people of Israel*

אִישׁ אֶחָד n.m.s. (35)-num. m.s. (25) *one man*

אִישׁ אֶחָד v.supra-v.supra *one man*

לְמַטֵּה אֲבֹתָיו prep.-n.m.s. cstr. (641)-n.m.p.-3 m.s. sf. (3) *of the tribe of their fathers*

תִּשְׁלָחוּ Qal impf. 2 m.p. paus. (שׁלח 1018) *you shall send*

כֹּל נָשִׂיא n.m.s. (481)-n.m.s. (672) *every one a leader*

בָהֶם prep.-3 m.p. sf. *among them*

13:3

וַיִּשְׁלַח אֹתָם consec.-Qal impf. 3 m.s. (1018) -dir.obj.-3 m.p. sf. *so sent them*

מֹשֶׁה pr.n. (602) *Moses*

מִמִּדְבַּר פָּארָן prep.-n.m.s. cstr. (184)-pr.n. (803) *from the wilderness of Paran*

עַל־פִּי יהוה prep.-n.m.s. cstr. (804)-pr.n. (217) *according to the command of Yahweh*

כֻּלָּם אֲנָשִׁים n.m.s.-3 m.p. sf. (481)-n.m.p. (35) *all of them men*

רָאשֵׁי n.m.p. cstr. (910) *who were heads of*

בְּנֵי־יִשְׂרָאֵל n.m.p. cstr. (119)-pr.n. (975) *the people of Israel*

הֵמָּה pers.pr. 3 m.p. (241) *they*

13:4

וְאֵלֶּה שְׁמוֹתָם conj.-demons.adj. c.p. (41)-n.m.p.-3 m.p. sf. (1027) *and these were their names*

לְמַטֵּה רְאוּבֵן prep.-n.m.s. cstr. (641)-pr.n. (910) *from the tribe of Reuben*

שַׁמּוּעַ pr.n. (1035) *Shammua*

בֶּן־זַכּוּר n.m.s. cstr. (119)-pr.n. (271) *the son of Zaccur*

13:5

לְמַטֵּה שִׁמְעוֹן prep.-n.m.s. cstr. (641)-pr.n. (1035) *from the tribe of Simeon*

שָׁפָט pr.n. (1048) *Shaphat*

בֶּן־חוֹרִי n.m.s. cstr. (119)-pr.n. (360) *the son of Hori*

13:6

לְמַטֵּה יְהוּדָה prep.-n.m.s. cstr. (641)-pr.n. (397) *from the tribe of Judah*

כָּלֵב pr.n. (477) *Caleb*

בֶּן־יְפֻנֶּה n.m.s. cstr. (119)-pr.n. (819) *the son of Jephunneh*

13:7

לְמַטֵּה יִשָּׂשכָר prep.-n.m.s. cstr. (641)-pr.n. (441) *from the tribe of Issachar*

יִגְאָל pr.n. (145) *Igal*

בֶּן־יוֹסֵף n.m.s. cstr. (119)-pr.n. (415) *the son of Joseph*

13:8

לְמַטֵּה אֶפְרָיִם prep.-n.m.s. cstr. (641)-pr.n. paus. (68) *from the tribe of Ephraim*

הוֹשֵׁעַ pr.n. (448) *Hoshea*

בֶּן־נוּן n.m.s. cstr. (119)-pr.n. (630) *the son of Nun*

13:9

לְמַטֵּה בִנְיָמִן prep.-n.m.s. cstr. (641)-pr.n. (122) *from the tribe of Benjamin*

פַּלְטִי pr.n. (812) *Palti*

בֶּן־רָפוּא n.m.s. cstr. (119)-pr.n. (951) *the son of Raphu*

13:10

לְמַטֵּה זְבוּלֻן prep.-n.m.s. cstr. (641)-pr.n. (259) *from the tribe of Zebulun*

גַּדִּיאֵל pr.n. (151) *Gaddiel*

בֶּן־סוֹדִי n.m.s. cstr. (119)-pr.n. (691) *the son of Sodi*

13:11

לְמַטֵּה יוֹסֵף prep.-n.m.s. cstr. (641)-pr.n. (415) *from the tribe of Joseph*

לְמַטֵּה מְנַשֶּׁה v.supra-pr.n. (586) *from the tribe of Manasseh*

גַּדִּי pr.n. (151) *Gaddi*

בֶּן־סוּסִי n.m.s. cstr. (119)-pr.n. (692) *the son of Susi*

13:12

לְמַטֵּה דָן prep.-n.m.s. cstr. (641)-pr.n. (192) *from the tribe of Dan*

עַמִּיאֵל pr.n. (770) *Ammiel*

בֶּן־גְּמַלִּי n.m.s. cstr. (119)-pr.n. (168) *the son of Gemalli*

13:13

לְמַטֵּה אָשֵׁר prep.-n.m.s. cstr. (641)-pr.n. (81) *from the tribe of Asher*

סְתוּר pr.n. (712) *Sethur*

בֶּן־מִיכָאֵל n.m.s. cstr. (119)-pr.n. (567) *the son of Michael*

13:14

לְמַטֵּה נַפְתָּלִי prep.-n.m.s. cstr. (641)-pr.n. (836) *from the tribe of Naphtali*

נַחְבִּי pr.n. (286) *Nahbi*

בֶּן־וָפְסִי n.m.s. cstr. (119)-pr.n. (255; LXX-Ιαβι) *the son of Vophsi*

13:15

לְמַטֵּה גָד prep.-n.m.s. cstr. (641)-pr.n. (III 151) *from the tribe of Gad*

גְּאוּאֵל pr.n. (145) *Geuel*

בֶּן־מָכִי n.m.s. cstr. (119)-pr.n. (568) *the son of Machi*

13:16

אֵלֶּה שְׁמוֹת demons.adj. c.p. (41)-n.m.p. cstr. (1027) *these were the names of*

הָאֲנָשִׁים def.art.-n.m.p. (35) *the men*

אֲשֶׁר־שָׁלַח מֹשֶׁה rel. (81)-Qal pf. 3 m.s. (1018)-pr.n. (602) *whom Moses sent*

לָתוּר prep.-Qal inf.cstr. (תּוּר 1064) *to spy out*

אֶת־הָאָרֶץ dir.obj.-def.art.-n.f.s. (75) *the land*

וַיִּקְרָא מֹשֶׁה consec.-Qal impf. 3 m.s. (894)-pr.n. (602) *and Moses called*

לְהוֹשֵׁעַ prep.-pr.n. (448) *Hoshea*

בֶּן־נוּן n.m.s. cstr. (119)-pr.n. (630) *the son of Nun*

יְהוֹשֻׁעַ pr.n. (221) *Joshua*

13:17

וַיִּשְׁלַח אֹתָם consec.-Qal impf. 3 m.s. (1018) -dir.obj.-3 m.p. sf. *and sent them*

מֹשֶׁה pr.n. (602) *Moses*

לָתוּר prep.-Qal inf.cstr. (תּוּר 1064) *to spy out*

אֶת־אֶרֶץ כְּנַעַן dir.obj.-n.f.s. cstr. (75)-pr.n. paus. (I 488) *the land of Canaan*

וַיֹּאמֶר אֲלֵהֶם consec.-Qal impf. 3 m.s. (55) -prep.-3 m.p. sf. *and said to them*

עֲלוּ זֶה Qal impv. 2 m.p. (עָלָה 748)-demons.adv. (260) *go up yonder (here)*

בַּנֶּגֶב prep.-def.art.-n.m.s. (616) *into the Negeb*

וַעֲלִיתֶם conj.-Qal pf. 2 m.p. (עָלָה 748) *and go up*

אֶת־הָהָר dir.obj.-def.art.-n.m.s. (249) *into the hill country*

13:18

וּרְאִיתֶם conj.-Qal pf. 2 m.p. (רָאָה 906) *and you shall see*

אֶת־הָאָרֶץ dir.obj.-def.art.-n.f.s. (75) *the land*

מַה־הִוא interr. (552)-pers.pr. 3 f.s. (214) *what it is*

וְאֶת־הָעָם conj.-dir.obj.-def.art.-n.m.s. (I 766) *and the people*

הַיֹּשֵׁב עָלֶיהָ def.art.-Qal act.ptc. (442) -prep.-3 f.s. sf. *who dwell in it*

הֶחָזָק הוּא interr.part.-adj. m.s. (305)-pers.pr. 3 m.s. (214) *whether they are strong*

הֲרָפֶה interr.part.-adj. m.s. (952) *or weak (slack)*

הַמְעַט הוּא interr.part.-subst. (589)-v.supra *whether they are few*

אִם־רָב hypoth.part. (49)-adj. m.s. (I 912) *or many*

13:19

וּמָה הָאָרֶץ conj.-interr. (552)-def.art.-n.f.s. (75) *and whether the land*

אֲשֶׁר־הוּא יֹשֵׁב בָּה rel. (81)-pers.pr. 3 m.s. (214)-Qal act.ptc. (442)-prep.-3 f.s. sf. *that they dwell in is*

הֲטוֹבָה הִוא interr.part.-adj. f.s. (II 373)-pers.pr. 3 f.s. (214) *good*

אִם־רָעָה hypoth.part. (49)-adj. f.s. (948) *or bad*

וּמָה הֶעָרִים conj.-interr. (552)-def.art.-n.f.p. (746) *and whether the cities*

אֲשֶׁר־הוּא יוֹשֵׁב rel. (81)-pers.pr. 3 m.s. (214)-Qal act.ptc. (442) *that they dwell*

בָּהֵנָּה prep.-pers.pr. 3 f.p. (241) *in them*

הַבְּמַחֲנִים interr.part.-prep.-n.m.p. (334) *in camps*

אִם בְּמִבְצָרִים hypoth.part.-prep.-n.m.p. (131) *or strongholds*

13:20

וּמָה הָאָרֶץ conj.-interr. (552)-def.art.-n.f.s. (75) *and whether the land*

הַשְּׁמֵנָה הִוא interr.-adj. f.s. (1032)-pers.pr. 3 f.s. (214) *rich (fertile)*

אִם־רָזָה hypoth.part. (49)-adj. f.s. (931) *or poor (lean)*

הֲיֵשׁ־בָּהּ עֵץ interr.part.-subst. (441)-prep.-3 f.s. sf.-n.m.s. (781) *whether there is wood in it*

אִם־אַיִן hypoth.part. (49)-subst. neg. (II 34) *or not*

וְהִתְחַזַּקְתֶּם conj.-Hith. impv. 2 m.p. (חָזַק 304) *be of good courage*

וּלְקַחְתֶּם conj.-Qal pf. 2 m.p. (לָקַח 542) *and bring*

מִפְּרִי הָאָרֶץ prep.-n.m.s. cstr. (826)-def.art.-n.f.s. (75) *some of the fruit of the land*

וְהַיָּמִים conj.-def.art.-n.m.p. (398) *and the days*

יְמֵי בִּכּוּרֵי n.m.p. cstr. (398)-n.m.p. cstr. (114) *the season of the first ripe of*

עֲנָבִים n.m.p. (772) *grapes*

13:21

וַיַּעֲלוּ consec.-Qal impf. 3 m.p. (עָלָה 748) *so they went up*

וַיָּתֻרוּ consec.-Qal impf. 3 m.p. (תּוּר 1064) *and spied out*

אֶת־הָאָרֶץ dir.obj.-def.art.-n.f.s. (75) *the land*

מִמִּדְבַּר־צִן prep.-n.m.s. cstr. (184)-pr.n. (856) *from the wilderness of Zin*

עַד־רְחֹב prep. (III 723)-pr.n. (932) *to Rehob*

לְבֹא חֲמָת prep.-Qal inf.cstr. (בּוֹא 97; GK 102f)-pr.n. (333) *near the entrance of Hamath*

13:22

וַיַּעֲלוּ consec.-Qal impf. 3 m.p. (עָלָה 748) *and they went up*

בַנֶּגֶב prep.-def.art.-n.m.s. (616) *into the Negeb*

וַיָּבֹא consec.-Qal impf. 3 m.s. (בּוֹא 97) *and came*

עַד־חֶבְרוֹן prep. (III 723)-pr.n. (I 289) *to Hebron*

וְשָׁם conj.-adv. (1027) *and there*

אֲחִימַן pr.n. (27) *Ahiman*

שֵׁשַׁי pr.n. (1058) *Sheshai*

וְתַלְמַי conj.-pr.n. (1068) *and Talmai*

יְלִידֵי הָעֲנָק adj. m.p. cstr. (409)-def.art.-n.m.s. (778) *the descendants of Anak (long-necked men)*

וְחֶבְרוֹן conj.-v.supra *and Hebron*

שֶׁבַע שָׁנִים num. (I 987)-n.f.p. (1040) *seven years*

נִבְנְתָה Ni. pf. 3 f.s. (בָּנָה 124) *had been built*

לִפְנֵי צֹעַן prep.-n.m.p. cstr. (815)-pr.n. (858) *before Zoan*

מִצְרָיִם pr.n. paus. (595) *in Egypt*

13:23

וַיָּבֹאוּ consec.-Qal impf. 3 m.p. (בּוֹא 97) *and they came*

עַד־נַחַל אֶשְׁכֹּל prep. (III 723)-n.m.s. cstr. (636)-pr.n. (79) *to the Valley of Eshcol*

וַיִּכְרְתוּ consec.-Qal impf. 3 m.p. (כָּרַת 503) *and they cut down*

מִשָּׁם prep.-adv. (1027) *from there*

זְמוֹרָה n.f.s. (274) *a branch*

וְאֶשְׁכּוֹל עֲנָבִים conj.-n.m.s. cstr. (79)-n.m.p. (772) *with a ... cluster of grapes*

אֶחָד num. m.s. (25) *single*

וַיִּשָּׂאֻהוּ consec.-Qal impf. 3 m.p.-3 m.s. sf. (נָשָׂא 669) *and they carried it*

בַמּוֹט prep.-def.art.-n.m.s. (557) *on a pole*

בִּשְׁנָיִם prep.-num. du. paus. (1040) *between two (of them)*

וּמִן־הָרִמֹּנִים conj.-prep.-def.art.-n.m.p. (I 941) *and some pomegranates*

וּמִן־הַתְּאֵנִים v.supra-def.art.-n.f.p. (1061) *and some figs*

13:24

לַמָּקוֹם הַהוּא prep.-def.art.-n.m.s. (879)-def.art.-demons.adj. m.s. (214) *that place*

קָרָא Qal pf. 3 m.s. (894) *was called*

נַחַל אֶשְׁכּוֹל n.m.s. cstr. (636)-n.m.s. (79) *the Valley of Eshcol*

עַל אֹדוֹת הָאֶשְׁכּוֹל prep.-n.f.p. cstr. (15)-def.art.-v.supra *because of the cluster*

אֲשֶׁר־כָּרְתוּ rel. (81)-Qal pf. 3 c.p. (כָּרַת 503) *which ... cut down*

מִשָּׁם prep.-adv. (1027) *from there*

בְּנֵי יִשְׂרָאֵל n.m.p. cstr. (119)-pr.n. (975) *the men of Israel*

13:25

וַיָּשֻׁבוּ consec.-Qal impf. 3 m.p. (שׁוּב 996) *and they returned*

מִתּוּר הָאָרֶץ prep.-Qal inf.cstr. (1064)-def.art.-n.f.s. (75) *from spying out the land*

מִקֵּץ prep.-n.m.s. cstr. (893) *at the end of*

אַרְבָּעִים יוֹם num. p. (917)-n.m.s. (398) *forty days*

13:26

וַיֵּלְכוּ consec.-Qal impf. 3 m.p. (הָלַךְ 229) *and they went*

וַיָּבֹאוּ consec.-Qal impf. 3 m.p. (בּוֹא 97) *and they came*

אֶל־מֹשֶׁה prep.-pr.n. (602) *to Moses*

וְאֶל־אַהֲרֹן conj.-prep.-pr.n. (14) *and Aaron*

וְאֶל־כָּל־עֲדַת conj.-prep.-n.m.s. cstr. (481)-n.f.s. cstr. (417) *and to all the congregation of*

בְּנֵי־יִשְׂרָאֵל n.m.s. cstr. (119)-pr.n. (975) *the people of Israel*

אֶל־מִדְבַּר prep.-n.m.s. cstr. (184) *in the wilderness of*

פָּארָן pr.n. (803) *Paran*

קָדֵשָׁה pr.n.-loc.he (II 873) *at Kadesh*

וַיָּשִׁיבוּ אוֹתָם consec.-Hi. impf. 3 m.p. (שׁוּב 996)-dir.obj.-3 m.p. sf. *and they brought back to them*

דָּבָר n.m.s. (182) *word*

וְאֶת־כָּל־הָעֵדָה conj.-dir.obj.-n.m.s. cstr. (481)
-def.art.-n.f.s. (417) *and to all the congregation*

וַיַּרְאוּם consec.-Hi. impf. 3 m.p.-3 m.p. sf. *and showed them*

אֶת־פְּרִי dir.obj.-n.m.s. cstr. (826) *the fruit of*

הָאָרֶץ def.art.-n.f.s. (75) *the land*

13:27

וַיְסַפְּרוּ־לוֹ consec.-Pi. impf. 3 m.p. (סָפַר 707)
-prep.-3 m.s. sf. *and they told him*

וַיֹּאמְרוּ consec.-Qal impf. 3 m.p. (55) *(and said)*

בָּאנוּ Qal pf. 1 c.p. (בּוֹא 97) *we came*

אֶל־הָאָרֶץ prep.-def.art.-n.f.s. (75) *to the land*

אֲשֶׁר שְׁלַחְתָּנוּ rel. (81; GK 118f)-Qal pf. 2 m.s.-1
c.p. sf. (שָׁלַח 1018) *to which you sent us*

וְגַם זָבַת conj.-adv. (168)-Qal act.ptc. f.s. cstr. (זוּב
264) *also it flows*

חָלָב וּדְבַשׁ n.m.s. (316)-conj.-n.m.s. (185) *milk and honey*

הוא pers.pr. 3 f.s. (214) *it*

וְזֶה־פִּרְיָהּ conj.-demons.adj. m.s. (260)-n.m.s.-3
f.s. sf. (826) *and this is its fruit*

13:28

אֶפֶס כִּי־עַז neg. (67)-conj. (471)-adj. m.s. (738)
yet ... are strong

הָעָם def.art.-n.m.s. (I 766) *the people*

הַיֹּשֵׁב בָּאָרֶץ def.art.-Qal act.ptc. (442)
-prep.-def.art.-n.f.s. (75) *who dwell in the land*

וְהֶעָרִים conj.-def.art.-n.f.p. (746) *and the cities*

בְּצֻרוֹת גְּדֹלֹת Qal pass.ptc. f.p. (בָּצַר 130)-adj.
f.p. (152) *fortified (and) large*

מְאֹד adv. (547) *very*

וְגַם־יְלִדֵי הָעֲנָק conj.-adv. (168)-adj. m.p. cstr.
(409)-def.art.-n.m.s. (I 778) *and besides, the descendants of Anak*

רָאִינוּ Qal pf. 1 c.p. (רָאָה 906) *we saw*

שָׁם adv. (1027) *there*

13:29

עֲמָלֵק pr.n. gent. (766) *the Amalekites*

יוֹשֵׁב Qal act.ptc. (יָשַׁב 442) *dwell*

בְּאֶרֶץ הַנֶּגֶב prep.-n.f.s. cstr. (75)-def.art.-n.m.s.
(616) *in the land of the Negeb*

וְהַחִתִּי conj.-def.art.-adj. gent. (366) *the Hittites*

וְהַיְבוּסִי conj.-def.art.-adj. gent. (101) *the Jebusites*

וְהָאֱמֹרִי conj.-def.art.-adj. gent. (57) *and the Amorites*

יוֹשֵׁב v.supra *dwell*

בָּהָר prep.-def.art.-n.m.s. (249) *in the hill country*

וְהַכְּנַעֲנִי conj.-def.art.-adj. gent. (I 489) *and the Canaanites*

יֹשֵׁב Qal act.ptc. (יָשַׁב 442) *dwell*

עַל־הַיָּם prep.-def.art.-n.m.s. (410) *by the sea*

וְעַל יַד הַיַּרְדֵּן conj.-prep.-n.f.s. cstr. (388)-def.
art.-pr.n. (434) *and along the Jordan*

13:30

וַיַּהַס כָּלֵב consec.-Hi. impf. 3 m.s. (חָם
245)-pr.n. (477) *but Caleb quieted*

אֶת־הָעָם dir.obj.-def.art.-n.m.s. (I 766) *the people*

אֶל־מֹשֶׁה prep.-pr.n. (602) *before Moses*

וַיֹּאמֶר consec.-Qal impf. 3 m.s. (55) *and said*

עָלֹה נַעֲלֶה Qal inf.abs. (עָלָה 748)-Qal impf. 1
c.p. (748) *let us go up at once*

וְיָרַשְׁנוּ אֹתָהּ conj.-Qal pf. 1 c.p. (יָרַשׁ 439)-dir.
obj.-3 f.s. sf. *and let us occupy it*

כִּי־יָכוֹל נוּכַל לָהּ conj. (471)-Qal inf.abs. (יָכֹל
407)-Qal impf. 1 c.p. (יָכֹל 407)-prep.-3 f.s.
sf. *for we are well able to (overcome) it*

13:31

וְהָאֲנָשִׁים conj.-def.art.-n.m.p. (35) *then the men*

אֲשֶׁר־עָלוּ עִמּוֹ rel. (810-Qal pf. 3 c.p. (עָלָה 748)
-prep.-3 m.s. sf. (767) *who had gone up with him*

אָמְרוּ Qal pf. 3 c.p. (55) *said*

לֹא נוּכַל neg.-Qal impf. 1 c.p. (יָכֹל 407) *we are not able*

לַעֲלוֹת prep.-Qal inf.cstr. (עָלָה 748) *to go up*

אֶל־הָעָם prep.-def.art.-n.m.s. (I 766) *against the people*

כִּי־חָזָק הוּא conj. (471)-adj. m.s. (305)-pers.pr. 3
m.s. (214) *for they are strong(er)*

מִמֶּנּוּ prep.-1 c.p. sf. *than we*

13:32

וַיּוֹצִיאוּ consec.-Hi. impf. 3 m.p. (יָצָא 422) *so they brought*

דִּבַּת הָאָרֶץ n.f.s. cstr. (179)-def.art.-n.f.s. (75) *an evil report of the land*

אֲשֶׁר תָּרוּ אֹתָהּ rel. (81)-Qal pf. 3 c.p. (תּוּר 1064;
GK 72,l)-dir.obj.-3 f.s. sf. *which they had spied out*

אֶל־בְּנֵי יִשְׂרָאֵל prep.-n.m.p. cstr. (119)-pr.n. (975)
to the people of Israel

לֵאמֹר prep.-Qal inf.cstr. (55) *saying*

הָאָרֶץ def.art.-n.f.s. (75) *the land*

אֲשֶׁר עָבַרְנוּ בָהּ rel. (81)-Qal pf. 1 c.p. (עָבַר 716)
-prep.-3 f.s. sf. *through which we have gone*

לָתוּר אֹתָהּ prep.-Qal inf.cstr. (תּוּר 1064)
-dir.obj.-3 f.s. sf. *to spy it out*

אֶרֶץ n.f.s. (75) *a land*

אֹכֶלֶת Qal act.ptc. f.s. (אָכַל 37) ... *devours*

יוֹשְׁבֶיהָ Qal act.ptc. m.p.-3 f.s. sf. (יָשַׁב 442) *its inhabitants*

הִוא pers.pr. 3 f.s. (214) *that*

וְכָל־הָעָם conj.-n.m.s. cstr. (481)-def.art.-n.m.s. (I 766) *and all the people*

אֲשֶׁר־רָאִינוּ rel. (81)-Qal pf. 1 c.p. (רָאָה 906) *that we saw*

בְתוֹכָהּ prep.-n.m.s.-3 f.s. sf. (1063) *in it*

אַנְשֵׁי מִדּוֹת n.m.p. cstr. (35)-n.f.p. (I 551) *men of great stature*

13:33

וְשָׁם conj.-adv. (1027) *and there*

רָאִינוּ Qal pf. 1 c.p. (רָאָה 906) *we saw*

אֶת־הַנְּפִילִים dir.obj.-def.art.-n.m.p. (658; LXX-τοὺς γίγαντας) *the Nephilim*

בְּנֵי עֲנָק n.m.s. cstr. (119)-n.m.s. (I 778) *the sons of Anak*

מִן־הַנְּפִלִים prep.-def.art.-n.m.p. (658) *from the Nephilim*

וַנְּהִי consec.-Qal impf. 1 c.p. (הָיָה 224) *and we were*

בְעֵינֵינוּ prep.-n.f.p.-1 c.p. sf. (744) *in our eyes*

כַּחֲגָבִים prep.-def.art.-n.m.p. (290) *like grasshoppers*

וְכֵן הָיִינוּ conj.-adv. (485)-Qal pf. 1 c.p. (הָיָה 224) *and so we were*

בְּעֵינֵיהֶם prep.-n.f.p.-3 m.p. sf. (744) *in their eyes*

14:1

וַתִּשָּׂא consec.-Qal impf. 3 f.s. (נָשָׂא 669) *then raised*

כָּל־הָעֵדָה n.m.s. cstr. (481)-def.art.-n.f.s. (417) *all the congregation*

וַיִּתְּנוּ consec.-Qal impf. 3 c.p. (נָתַן 678) *and gave*

אֶת־קוֹלָם dir.obj.-n.m.s.-3 m.p. sf. (876) *their voice*

וַיִּבְכּוּ הָעָם consec.-Qal impf. 3 m.p. (בָּכָה 113)-def.art.-n.m.s. (I 766) *and the people wept*

בַּלַּיְלָה הַהוּא prep.-def.art.-n.m.s. (538) -def.art.-demons.adj. m.s. (214) *that night*

וַיִּלֹּנוּ consec.-Ni. impf. 3 m.p. (לוּן II 534) *and murmured*

עַל־מֹשֶׁה prep.-pr.n. (602) *against Moses*

וְעַל־אַהֲרֹן conj.-prep.-pr.n. (14) *and Aaron*

כֹּל בְּנֵי יִשְׂרָאֵל n.m.s. cstr. (481)-n.m.p. cstr. (119)-pr.n. (975) *all the people of Israel*

וַיֹּאמְרוּ אֲלֵהֶם consec.-Qal impf. 3 m.p. (55)-prep.-3 m.p. sf. *and said to them*

כָּל־הָעֵדָה n.m.s. cstr. (481)-def.art.-n.f.s. (417) *the whole congregation*

לוּ־מַתְנוּ conj. (530)-Qal pf. 1 c.p. (מוּת 559; GK 106p,151e) *would that we had died*

בְּאֶרֶץ מִצְרַיִם prep.-n.f.s. cstr. (75)-pr.n. (595) *in the land of Egypt*

אוֹ בַּמִּדְבָּר הַזֶּה conj. (14)-prep.-def.art.-n.m.s. (184)-def.art.-demons.adj. m.s. (260) *or in this wilderness*

לוּ־מָתְנוּ v.supra-Qal pf. 1 c.p. paus. (מוּת 559) *would that we had died*

14:3

וְלָמָה conj.-interr. (552) *and why*

יהוה מֵבִיא pr.n. (217)-Hi. ptc. (בּוֹא 97) *does Yahweh bring*

אֹתָנוּ dir.obj.-1 c.p. sf. *us*

אֶל־הָאָרֶץ הַזֹּאת prep.-def.art.-n.f.s. (75)-def.art. -demons.adj. f.s. (260) *into this land*

לִנְפֹּל prep.-Qal inf.cstr. (נָפַל 656) *to fall*

בַּחֶרֶב prep.-def.art.-n.f.s. (352) *by the sword*

נָשֵׁינוּ n.f.p.-1 c.p. sf. (61) *our wives*

וְטַפֵּנוּ conj.-n.m.s.-1 c.p. sf. (381) *and our little children*

יִהְיוּ לָבַז Qal impf. 3 m.p. (הָיָה 224)-prep.-n.m.s. (103) *will become a prey*

הֲלוֹא טוֹב לָנוּ interr.part.-neg.-adj. m.s. (II 373) -prep.-1 c.p. sf. *would it not be better for us*

שׁוּב Qal inf.cstr. (996) *to go back*

מִצְרָיְמָה pr.n.-loc.he (595) *to Egypt*

14:4

וַיֹּאמְרוּ consec.-Qal impf. 3 m.p. (55) *and they said*

אִישׁ אֶל־אָחִיו n.m.s. (35)-prep.-n.m.s.-3 m.s. sf. (26) *each to his brother*

נִתְּנָה Qal impf. 1 c.p.-vol.he (נָתַן 678) *let us choose*

רֹאשׁ n.m.s. (910) *a captain*

וְנָשׁוּבָה conj.-Qal impf. 1 c.p.-vol.he (שׁוּב 996) *and let us go back*

מִצְרָיְמָה pr.n.-loc.he (595) *to Egypt*

14:5

וַיִּפֹּל consec.-Qal impf. 3 m.s. (נָפַל 656) *then fell*

מֹשֶׁה וְאַהֲרֹן pr.n. (602)-conj.-pr.n. (14) *Moses and Aaron*

עַל־פְּנֵיהֶם prep.-n.m.p.-3 m.p. sf. (815) *on their faces*

לִפְנֵי כָּל־קְהַל prep.-n.m.p. cstr. (815)-n.m.s. cstr. (481)-n.m.s. cstr. (874) *before all the assembly of*

עֲדַת n.f.s. cstr. (417) *the congregation of*

בְּנֵי יִשְׂרָאֵל n.m.p. cstr. (119)-pr.n. (975) *the people of Israel*

14:6

וִיהוֹשֻׁעַ conj.-pr.n. (221) *and Joshua*

בִּן־נוּן n.m.s. cstr. (119)-pr.n. (630) *the son of Nun*

וְכָלֵב conj.-pr.n. (477) *and Caleb*

בֶּן־יְפֻנֶּה n.m.s. cstr. (119)-pr.n. (819) *the son of Jephunneh*

מִן־הַתָּרִים prep.-def.art.-Qal act.ptc. m.p. (תּוּר 1064) *who were among those who had spied out*

אֶת־הָאָרֶץ dir.obj.-def.art.-n.f.s. (75) *the land*

קָרְעוּ Qal pf. 3 c.p. (קָרַע 902) *rent*

בִּגְדֵיהֶם n.m.p.-3 m.p. sf. (93) *their clothes*

14:7

וַיֹּאמְרוּ consec.-Qal impf. 3 m.p. (55) *and they said*

אֶל־כָּל־עֲדַת prep.-n.m.s. cstr. (481)-n.f.s. cstr. (417) *to all the congregation of*

בְּנֵי־יִשְׂרָאֵל n.m.p. cstr. (119)-pr.n. (975) *the people of Israel*

לֵאמֹר prep.-Qal inf.cstr. (55) *(saying)*

הָאָרֶץ def.art.-n.f.s. (75) *the land*

אֲשֶׁר עָבַרְנוּ בָהּ rel. (81)-Qal pf. 1 c.p. (716) -prep.-3 f.s. sf. *which we passed through*

לָתוּר אֹתָהּ prep.-Qal inf.cstr. (תּוּר 1064) -dir.obj.-3 f.s. sf. *to spy it out*

טוֹבָה adj. f.s. (II 373) *is good*

הָאָרֶץ def.art.-n.f.s. (75) *the land*

מְאֹד מְאֹד adv. (547)-v.supra *exceedingly*

14:8

אִם־חָפֵץ hypoth.part. (49)-Qal pf. 3 m.s. (342) *if ... delights*

בָּנוּ prep.-1 c.p. sf. *in us*

יהוה pr.n. (217) *Yahweh*

וְהֵבִיא אֹתָנוּ conj.-Hi. pf. 3 m.s. (בּוֹא 97) -dir.obj.-1 c.p. sf. *he will bring us*

אֶל־הָאָרֶץ הַזֹּאת prep.-def.art.-n.f.s. (75)-def.art. -demons.adj. f.s. (260) *into this land*

וּנְתָנָהּ לָנוּ conj.-Qal pf. 3 m.s.-3 f.s. sf. (נָתַן 678)-prep.-1 c.p. sf. *and give it to us*

אֶרֶץ n.f.s. (75) *a land*

אֲשֶׁר־הִוא rel. (81)-pers.pr. 3 f.s. (214) *which*

זָבַת Qal act.ptc. f.s. cstr. (זוב 264) *flows with*

חָלָב וּדְבָשׁ n.m.s. (316)-conj.-n.m.s. paus. (185) *milk and honey*

14:9

אַךְ בַּיהוה adv. (36)-prep.-pr.n. (217) *only against Yahweh*

אַל־תִּמְרֹדוּ neg.-Qal impf. 2 m.p. (מָרַד 597) *do not rebel*

וְאַתֶּם אַל־תִּירְאוּ conj.-pers.pr. 2 m.p. (61)-neg. -Qal impf. 2 m.p. (יָרֵא 431) *and you, do not fear*

אֶת־עַם הָאָרֶץ dir.obj.-n.m.s. cstr. (I 766)-def. art.-n.f.s. (75) *the people of the land*

כִּי לַחְמֵנוּ conj. (471)-n.m.s.-1 c.p. sf. (536) *for our bread*

הֵם pers.pr. 3 m.p. (241) *they are*

סָר צִלָּם Qal pf. 3 m.s. (סוּר 693)-n.m.s.-3 m.p. sf. (853) *their protection is removed*

מֵעֲלֵיהֶם prep.-prep.-3 m.p. sf. *from them*

וַיהוה conj.-pr.n. (217) *and Yahweh*

אִתָּנוּ prep.-1 c.p. sf. (85) *with us*

אַל־תִּירָאֻם neg.-Qal impf. 2 m.p.-3 m.p. sf. (יָרֵא 431) *do not fear them*

14:10

וַיֹּאמְרוּ consec.-Qal impf. 3 m.p. (55) *but said*

כָּל־הָעֵדָה n.m.s. cstr. (481)-def.art.-n.f.s. (417) *all the congregation*

לִרְגּוֹם אֹתָם prep.-Qal inf.cstr. (רָגַם 920)-dir. obj.-3 m.p. sf. *to stone them*

בָּאֲבָנִים prep.-def.art.-n.f.p. (6) *with stones*

וּכְבוֹד יְהוָה conj.-n.m.s. cstr. (458)-pr.n. (217) *then the glory of Yahweh*

נִרְאָה Ni. pf. 3 m.s. (רָאָה 906) *appeared*

בְּאֹהֶל מוֹעֵד prep.-n.m.s. cstr. (13)-n.m.s. (417) *at the tent of meeting*

אֶל־כָּל־בְּנֵי יִשְׂרָאֵל prep.-n.m.s. cstr. (481)-n.m.p. cstr. (119)-pr.n. (975) *to all the people of Israel*

14:11

וַיֹּאמֶר יְהוָה consec.-Qal impf. 3 m.s. (55)-pr.n. (217) *and Yahweh said*

אֶל־מֹשֶׁה prep.-pr.n. (602) *to Moses*

עַד־אָנָה prep. (III 723)-adv. (33) *how long*

יְנַאֲצֻנִי Pi. impf. 3 m.p.-1 c.s. sf. (נָאַץ 610) *will ... despise me*

הָעָם הַזֶּה def.art.-n.m.s. (I 766)-def.art.-demons.adj. m.s. (260) *this people*

וְעַד־אָנָה conj.-v.supra-v.supra *and how long*

לֹא־יַאֲמִינוּ בִי neg.-Hi. impf. 3 m.p. (אָמַן 52)-prep.-1 c.s. sf. *will they not believe me*

בְּכֹל הָאֹתוֹת prep.-n.m.s. cstr. (481)-def.art.-n.m.p. (16) *in spite of all the signs*

אֲשֶׁר עָשִׂיתִי rel. (81)-Qal pf. 1 c.s. (עָשָׂה I 793) *which I have wrought*

בְּקִרְבּוֹ prep.-n.m.s.-3 m.s. sf. (899) *among them*

14:12

אַכֶּנּוּ Hi. impf. 1 c.s.-3 m.s. sf. (נָכָה 645) *I will strike them*

בַדֶּבֶר prep.-def.art.-n.m.s. (184) *with the pestilence*

וְאוֹרִשֶׁנּוּ conj.-Hi. impf. 1 c.s.-3 m.s. sf. (יָרַשׁ 439) *and disinherit them*

וְאֶעֱשֶׂה אֹתְךָ conj.-Qal impf. 1 c.s. (עָשָׂה I 793)-dir.obj.-2 m.s. sf. *and I will make of you*

לְגוֹי־גָּדוֹל prep.-n.m.s. (156)-adj. m.s. (152) *a nation greater*

וְעָצוּם conj.-adj. m.s. (783) *and mightier*

מִמֶּנּוּ prep.-3 m.s. sf. *than they*

14:13

וַיֹּאמֶר מֹשֶׁה consec.-Qal impf. 3 m.s. (55)-pr.n. (602) *but Moses said*

אֶל־יהוה prep.-pr.n. (217) *to Yahweh*

וְשָׁמְעוּ מִצְרַיִם conj.-Qal pf. 3 c.p. (1033)-pr.n. (595) *then the Egyptians will hear of it*

כִּי־הֶעֱלִיתָ conj. (471)-Hi. pf. 2 m.s. (עָלָה 748) *for thou didst bring up*

בְּכֹחֲךָ prep.-n.m.s.-2 m.s. sf. (470) *in thy might*

אֶת־הָעָם הַזֶּה dir.obj.-def. art.-n.m.s. (I 766)-def.art.-demons.adj. m.s. (260) *this people*

מִקִּרְבּוֹ prep.-n.m.s.-3 m.s. sf. (899) *from among them*

14:14

וְאָמְרוּ conj.-Qal pf. 3 c.p. (55) *and they will tell*

אֶל־יוֹשֵׁב prep.-Qal act.ptc. m.s. cstr. (יָשַׁב 442) *the inhabitants of*

הָאָרֶץ הַזֹּאת def.art.-n.f.s. (75)-def.art.-demons.adj. f.s. (260) *this land*

שָׁמְעוּ Qal pf. 3 c.p. (1033) *they have heard*

כִּי־אַתָּה יהוה conj. (471)-pers.pr. 2 m.s. (61)-pr.n. (217) *that thou, O Yahweh*

בְּקֶרֶב prep.-n.m.s. cstr. (899) *in the midst of*

הָעָם הַזֶּה def.art.-n.m.s. (I 766)-def.art.-demons.adj. m.s. (260) *this people*

אֲשֶׁר־עַיִן בְּעַיִן rel. (81)-n.f.s. (744)-prep.-v.supra *for face to face (eye to eye)*

נִרְאָה אַתָּה Ni. pf. 3 m.s. (רָאָה 906)-v.supra *thou art seen*

יהוה v.supra *O Yahweh*

וַעֲנָנְךָ conj.-n.m.s.-2 m.s. sf. (777) *and thy cloud*

עֹמֵד עֲלֵהֶם Qal act.ptc. (763)-prep.-3 m.p. sf. *stands over them*

וּבְעַמֻּד עָנָן conj.-prep.-n.m.s. cstr. (765)-n.m.s. (777) *and in a pillar of cloud*

אַתָּה הֹלֵךְ v.supra-Qal act.ptc. (הָלַךְ 229) *thou goest*

לִפְנֵיהֶם prep.-n.m.p.-3 m.p. sf. (815) *before them*

יוֹמָם adv. (401) *by day*

וּבְעַמּוּד אֵשׁ conj.-prep.-n.m.s. cstr. (765)-n.f.s. (75) *and in a pillar of fire*

לָיְלָה adv. (538) *by night*

14:15

וְהֵמַתָּה conj.-Hi. pf. 2 m.s. (מוּת 559) *now if thou dost kill*

אֶת־הָעָם הַזֶּה dir.obj.-def.-n.m.s. (I 766)-def.art.-demons.adj. m.s. (260) *this people*

כְּאִישׁ אֶחָד prep.-n.m.s. (35)-num. m.s. (25) *as one man*

וְאָמְרוּ הַגּוֹיִם conj.-Qal pf. 3 c.p. (55)-def.art.-n.m.p. (156) *then the nations will say*

אֲשֶׁר־שָׁמְעוּ rel. (81)-Qal pf. 3 c.p. (1033) *who have heard*

אֶת־שִׁמְעֲךָ dir.obj.-n.m.s.-2 m.s. sf. (1034) *thy fame*

לֵאמֹר prep.-Qal inf.cstr. (55) *(saying)*

14:16

מִבִּלְתִּי יְכֹלֶת prep.-neg. (116; GK 114s)-Qal inf.cstr. (יָכֹל 407; GK 69n) *because ... was not able*

יהוה pr.n. (217) *Yahweh*

לְהָבִיא prep.-Hi. inf.cstr. (בּוֹא 97) *to bring*

אֶת־הָעָם הַזֶּה dir.obj.-def.-n.m.s. (I 766)-def.art.-demons.adj. m.s. (260) *this people*

אֶל־הָאָרֶץ prep.-def.art.-n.f.s. (75) *into the land*

אֲשֶׁר־נִשְׁבַּע לָהֶם rel. (81)-Ni. pf. 3 m.s. (שָׁבַע 989)-prep.-3 m.p. sf. *which he swore to them*

וַיִּשְׁחָטֵם consec.-Qal impf. 3 m.s.-3 m.p.sf. (שָׁחַט 1006) *therefore he has slain them*

בַּמִּדְבָּר prep.-def.art.-n.m.s. (184) *in the wilderness*

14:17

וְעַתָּה conj.-adv. (773) *and now*

יִגְדַּל־נָא Qal impf. 3 m.s. (גָּדַל 152)-part.of
entreaty (609) *I pray thee, let ... be great*

כֹּחַ אֲדֹנָי n.m.s. cstr. (470)-n.m.p.-1 c.s. sf. (10)
the power of the Lord

כַּאֲשֶׁר דִּבַּרְתָּ prep.-rel.(81)-Pi. pf. 2 m.s. (דָּבַר
180) *as thou hast promised*

לֵאמֹר prep.-Qal inf.cstr. (55) *saying*

14:18

יהוה pr.n. (217) *Yahweh (is)*

אֶרֶךְ אַפַּיִם adj. m.s. cstr. (74)-n.m. du. (I 60) *slow
to anger*

וְרַב־חֶסֶד conj.-adj. m.s. cstr. (I 912)-n.m.s. (338)
and abounding in steadfast love

נֹשֵׂא עָוֹן Qal act.ptc. (נָשָׂא 669)-n.m.s. (730)
forgiving iniquity

וָפָשַׁע conj.-n.m.s. paus. (833) *and transgression*

וְנַקֵּה לֹא יְנַקֶּה conj.-Pi. inf.abs. (נָקָה 667)-neg.
-Pi. impf. 3 m.s. (667) *but he will by no
means clear (the guilty)*

פֹּקֵד Qal act.ptc. (823) *visiting*

עֲוֹן אָבֹת n.m.s. cstr. (730)-n.m.p. (3) *the iniquity
of fathers*

עַל־בָּנִים prep.-n.m.p. (119) *upon children*

עַל־שִׁלֵּשִׁים prep.-adj. m.p. (II 1026) *upon the
third (generation)*

וְעַל־רִבֵּעִים conj.-v.supra-adj. m.p. (918) *and
upon the fourth generation*

14:19

סְלַח־נָא Qal impv. 2 m.s. (סָלַח 699)-part.of
entreaty (609) *pardon, I pray thee,*

לַעֲוֹן הָעָם הַזֶּה prep.-n.m.s. cstr. (730)-def.art.
-n.m.s. (I 766)-def.art.-demons.adj. m.s. (260)
the iniquity of this people

כְּגֹדֶל חַסְדֶּךָ prep.-n.m.s. cstr. (152)-n.m.s.-2 m.s.
sf. (338) *according to the greatness of thy
steadfast love*

וְכַאֲשֶׁר נָשָׂאתָה conj.-prep.-rel. (81)-Qal pf. 2
m.s. (נָשָׂא 669) *and according as thou hast
forgiven*

לָעָם הַזֶּה prep.-def.art.-v.supra-v.supra *this
people*

מִמִּצְרַיִם prep.-pr.n. (595) *from Egypt*

וְעַד־הֵנָּה conj.-prep. (III 723)-adv. (244) *even
until now*

14:20

וַיֹּאמֶר יהוה consec.-Qal impf. 3 m.s. (55)-pr.n.
(217) *then Yahweh said*

סָלַחְתִּי Qal pf. 1 c.s. (699) *I have pardoned*

כִּדְבָרֶךָ prep.-n.m.s.-2 m.s. sf. (182) *according to
your word*

14:21

וְאוּלָם חַי־אָנִי conj.-adv. (III 19; GK 167b)-adj.
m.s. (I 311)-pers.pr. 1 c.s. paus. (58) *but truly,
as I live*

וְיִמָּלֵא conj.-Ni. impf. 3 m.s. (מָלֵא 569) *and (as)
shall be filled*

כְבוֹד־יהוה n.m.s. cstr. (458)-pr.n. (217) *the glory
of Yahweh*

אֶת־כָּל־הָאָרֶץ dir.obj.-n.m.s. cstr. (481)-def.art.
-n.f.s. (75) *all the earth*

14:22

כִּי כָל־הָאֲנָשִׁים conj. (471)-n.m.s. cstr. (481)-def.
art.-n.m.p. (35) *for all of the men*

הָרֹאִים def.art.-Qal act.ptc. m.p. (רָאָה 906) *who
have seen*

אֶת־כְּבֹדִי dir.obj.-n.m.s.-1 c.s. sf. (458) *my glory*

וְאֶת־אֹתֹתַי conj.-dir.obj.-n.m.p.-1 c.s. sf. (16) *and
my signs*

אֲשֶׁר־עָשִׂיתִי rel. (81)-Qal pf. 1 c.s. (עָשָׂה I 793)
which I wrought

בְמִצְרַיִם prep.-pr.n. (595) *in Egypt*

וּבַמִּדְבָּר conj.-prep.-def.art.-n.m.s. (184) *and in
the wilderness*

וַיְנַסּוּ אֹתִי consec.-Pi. impf. 3 m.p. (נָסָה 650)
-dir.obj.-1 c.s. sf. *and yet have put me to the
proof*

זֶה עֶשֶׂר פְּעָמִים demons.adj. m.s. (260)-num.
(796)-n.f.p. (821) *these ten times*

וְלֹא שָׁמְעוּ conj.-neg.-Qal pf. 3 c.p. (1033) *and
have not hearkened*

בְּקוֹלִי prep.-n.m.s.-1 c.s. sf. (876) *to my voice*

14:23

אִם־יִרְאוּ hypoth.part. (49)-Qal impf. 3 m.p. (רָאָה
906) *shall (not) see*

אֶת־הָאָרֶץ dir.obj.-def.art.-n.f.s. (75) *the land*

אֲשֶׁר נִשְׁבַּעְתִּי rel. (81)-Ni. pf. 1 c.s. (שָׁבַע 989)
which I swore

לַאֲבֹתָם prep.-n.m.p.-3 m.p. sf. (3) *to their
fathers*

וְכָל־מְנַאֲצַי conj.-n.m.s. cstr. (481)-Pi. ptc. m.p.-1
c.s. sf. (נָאַץ 610) *and all of those who
despised me*

לֹא יִרְאוּהָ neg.-Qal impf. 3 m.p.-3 f.s. sf. (רָאָה
906) *they shall not see it*

14:24

וּלְעַבְדִּי conj.-n.m.s.-1 c.s. sf. (713) *but my servant*

כָלֵב pr.n. (477) *Caleb*

עֵקֶב הָיְתָה adv. (784)-Qal pf. 3 f.s. (הָיָה 224) *because ... is*

רוּחַ אַחֶרֶת n.f.s. (924)-adj. f.s. (29) *a different spirit*

עִמּוֹ prep.-3 m.s. sf. (767) *with him*

וַיְמַלֵּא consec.-Pi. impf. 3 m.s. (מָלֵא 569; GK 119gg) *and has followed fully*

אַחֲרָי prep.-1 c.s. sf. paus. (29) *after me*

וַהֲבִיאֹתִיו conj.-Hi. pf. 1 c.s.-3 m.s. sf. (בּוֹא 97) *and I will bring him*

אֶל־הָאָרֶץ prep.-def.art.-n.f.s. (75) *into the land*

אֲשֶׁר־בָּא שָׁמָּה rel. (81)-Qal pf. 3 m.s. (בּוֹא 97)-adv.-loc.he (1027) *into which he went*

וְזַרְעוֹ conj.-n.m.s.-3 m.s. sf. (282) *and his descendants*

יוֹרִשֶׁנָּה Hi. impf. 3 m.s.-3 f.s. sf. (יָרַשׁ 439) *shall possess it*

14:25

וְהָעֲמָלֵקִי conj.-def.art.-adj. gent. (766) *now, since the Amalekites*

וְהַכְּנַעֲנִי conj.-def.art.-adj. gent. (I 489) *and the Canaanites*

יוֹשֵׁב Qal act.ptc. (יָשַׁב 442) *dwell*

בָּעֵמֶק prep.-def.art.-n.m.s. (770) *in the valleys*

מָחָר פְּנוּ adv. (563)-Qal impv. 2 m.p. (פָּנָה 815) *turn tomorrow*

וּסְעוּ לָכֶם conj.-Qal impv. 2 m.p. (נָסַע 652)-prep.-2 m.p. sf. *and set out*

הַמִּדְבָּר def.art.-n.m.s. (184) *for the wilderness*

דֶּרֶךְ יַם־סוּף n.m.s. cstr. (202)-n.m.s. cstr. (410)-n.m.s. (I 693) *by the way to the Red Sea (sea of reeds; LXX-ἐρυθράν)*

14:26

וַיְדַבֵּר יהוה consec.-Pi. impf. 3 m.s. (180)-pr.n. (217) *and Yahweh said*

אֶל־מֹשֶׁה prep.-pr.n. (602) *to Moses*

וְאֶל־אַהֲרֹן conj.-prep.-pr.n. (14) *and Aaron*

לֵאמֹר prep.-Qal inf.cstr. (55) *(saying)*

14:27

עַד־מָתַי prep. (III 723)-adv. (607) *how long*

לָעֵדָה הָרָעָה הַזֹּאת prep.-def.art.-n.f.s. (417)-def.art.-adj. f.s. (948)-def.art.-demons.adj. f.s. (260) *this wicked congregation*

אֲשֶׁר הֵמָּה מַלִּינִים rel. (81)-pers.pr. 3 m.p. (241)-Hi. ptc. m.p. (לוּן II 534; GK 72ee) *shall (they) murmur*

14:28

עָלַי prep.-1 c.s. sf. paus. *against me*

אֶת־תְּלֻנּוֹת dir.obj.-n.f.p. cstr. (534) *the murmurings of*

בְּנֵי יִשְׂרָאֵל n.m.p. cstr. (119)-pr.n. (975) *the people of Israel*

אֲשֶׁר הֵמָּה מַלִּינִים rel. (81)-v.supra-v.supra *which they murmur*

עָלַי prep.-1 c.s. sf. *against me*

שָׁמָעְתִּי Qal pf. 1 c.s. paus. (1033) *I have heard*

14:28

אֱמֹר אֲלֵהֶם Qal impv. 2 m.s. (55)-prep.-3 m.p. sf. *say to them*

חַי־אָנִי adj. m.s. (311)-pers.pr. 1 c.s. (58) *as I live*

נְאֻם־יְהוָה n.m.s. cstr. (610)-pr.n. (217) *says Yahweh*

אִם־לֹא hypoth.part. (49)-neg. (emphatic affirmative)

כַּאֲשֶׁר דִּבַּרְתֶּם prep.-rel. (81)-Pi. pf. 2 m.p. (180) *what you have said*

בְּאָזְנָי prep.-n.f.p.-1 c.s. sf. paus. *in my hearing*

כֵּן אֶעֱשֶׂה adv. (485)-Qal impf. 1 c.s. (עָשָׂה 793) *thus will I do*

לָכֶם prep.-2 m.p. sf. *to you*

14:29

בַּמִּדְבָּר הַזֶּה prep.-prep.-def.art.-n.m.s. (184)-def.art.-demons.adj. m.s. (260) *in this wilderness*

יִפְּלוּ Qal impf. 3 m.p. (נָפַל 656) *shall fall*

פִגְרֵיכֶם n.m.p.-2 m.p. sf. (803) *your dead bodies*

וְכָל־פְּקֻדֵיכֶם conj.-n.m.s. cstr. (481)-Qal pass.ptc. m.p.-2 m.p. sf. (פָּקַד 823) *and all those being numbered of you*

לְכָל־מִסְפַּרְכֶם prep.-v.supra-n.m.s.-2 m.p. sf. (708) *of all your number*

מִבֶּן עֶשְׂרִים שָׁנָה prep.-n.m.s. cstr. (119)-num. p. (797)-n.f.s. (1040) *from twenty years old*

וָמָעְלָה conj.-adv.-loc.he (751) *and upward*

אֲשֶׁר הֲלִינֹתֶם rel. (81)-Hi. pf. 2 m.p. (לוּן II 534) *you who have murmured*

עָלָי prep.-1 c.s. sf. paus. *against me*

14:30

אִם־אַתֶּם hypoth.part. (49)-pers.pr. 2 m.p. (61) *not one of you*

תָּבֹאוּ Qal impf. 2 m.p. (בּוֹא 97) *shall come*

אֶל־הָאָרֶץ prep.-def.art.-n.f.s. (75) *into the land*

אֲשֶׁר נָשָׂאתִי rel. (81)-Qal pf. 1 c.s. (נָשָׂא 669) *where I lifted*

אֶת־יָדִי dir.obj.-n.f.s.-1 c.s. sf. (388) *my hand*

639

לִשְׁכֵּן אֶתְכֶם בָּהּ prep.-Pi. inf.cstr. (שָׁכֵן 1014) -dir.obj.-2 m.p. sf.-prep.-3 f.s. sf. *that I would make you dwell*

כִּי אִם־כָּלֵב conj. (471)-hypoth.part. (49)-pr.n. (477) *except Caleb*

בֶּן־יְפֻנֶּה n.m.s. cstr. (119)-pr.n. (819) *the son of Jephunneh*

וִיהוֹשֻׁעַ conj.-pr.n. (221) *and Joshua*

בֶּן־נוּן n.m.s. cstr. (119)-pr.n. (630) *the son of Nun*

14:31

וְטַפְּכֶם conj.-n.m.s.-2 m.p. sf. (381) *but your little ones*

אֲשֶׁר אֲמַרְתֶּם rel. (81)-Qal pf. 2 m.p. (55) *who you said*

לָבַז יִהְיֶה prep.-n.m.s. (103)-Qal impf. 3 m.s. (הָיָה 224) *would become a prey*

וְהֵבֵיאתִי אֹתָם conj.-Hi. pf. 1 c.s. (בּוֹא 97; GK 76h)-dir.obj.-3 m.p. sf. *I will bring (them) in*

וְיָדְעוּ conj.-Qal pf. 3 c.p. (יָדַע 393) *and they shall know*

אֶת־הָאָרֶץ dir.obj.-def.art.-n.f.s. (75) *the land*

אֲשֶׁר מְאַסְתֶּם בָּהּ rel. (81)-Qal pf. 2 m.p. (מָאַס 549)-prep.-3 f.s. sf. *which you have despised*

14:32

וּפִגְרֵיכֶם אַתֶּם conj.-n.m.p.-2 m.p. sf. (803) -pers.pr. 2 m.p. (61) *but as for you, your dead bodies*

יִפְּלוּ Qal impf. 3 m.p. (נָפַל 656) *shall fall*

בַּמִּדְבָּר הַזֶּה prep.-def.art.-n.m.s. (184)-def.art. -demons.adj. m.s. (260) *in this wilderness*

14:33

וּבְנֵיכֶם conj.-n.m.p.-2 m.p. sf. (119) *and your children*

יִהְיוּ רֹעִים Qal impf. 3 m.p. (הָיָה 224)-Qal act.ptc. m.p. (רָעָה I 914) *shall be shepherds*

בַּמִּדְבָּר prep.-def.art.-n.m.s. (184) *in the wilderness*

אַרְבָּעִים שָׁנָה num. p. (917)-n.f.s. (1040) *forty years*

וְנָשְׂאוּ conj.-Qal pf. 3 c.p. (נָשָׂא 669) *and shall suffer*

אֶת־זְנוּתֵיכֶם dir.obj.-n.f.p.-2 m.p. sf. (276; GK 91,l) *for your faithlessness*

עַד־תֹּם prep. (III 723)-Qal inf.cstr. (תָּמַם 1070) *until the last of*

פִּגְרֵיכֶם n.m.p.-2 m.p. sf. (803) *your dead bodies*

בַּמִּדְבָּר prep.-def.art.-n.m.s. (184) *in the wilderness*

14:34

בְּמִסְפַּר הַיָּמִים prep.-n.m.s. cstr. (708)-def.art. -n.m.p. (398) *according to the number of the days*

אֲשֶׁר־תַּרְתֶּם rel. (81)-Qal pf. 2 m.p. (תּוּר 1064) *in which you spied out*

אֶת־הָאָרֶץ dir.obj.-def.art.-n.f.s. (75) *the land*

אַרְבָּעִים יוֹם num. p. (917)-n.m.s. (398) *forty days*

יוֹם לַשָּׁנָה יוֹם לַשָּׁנָה n.m.s. (398)-prep.-def.art. -n.f.s. (1040; GK 123d)-v.supra-v.supra *for every day a year*

תִּשְׂאוּ Qal impf. 2 m.p. (נָשָׂא 669) *you shall bear*

אֶת־עֲוֹנֹתֵיכֶם dir.obj.-n.m.p.-2 m.p. sf. (730) *your iniquity*

אַרְבָּעִים שָׁנָה v.supra-v.supra *forty years*

וִידַעְתֶּם conj.-Qal pf. 2 m.p. (יָדַע 393) *and you shall know*

אֶת־תְּנוּאָתִי dir.obj.-n.f.s.-1 c.s. sf. (626) *my displeasure*

14:35

אֲנִי יהוה pers.pr. 1 c.s. (58)-pr.n. (217) *I Yahweh*

דִּבַּרְתִּי Pi. pf. 1 c.s. (180) *have spoken*

אִם־לֹא זֹאת hypoth.part. (49)-neg.-demons.adj. f.s. (260) *surely this*

אֶעֱשֶׂה Qal impf. 1 c.s. (עָשָׂה I 793) *will I do*

לְכָל־הָעֵדָה הָרָעָה הַזֹּאת prep.-n.m.s. cstr. (481) -def.art.-n.f.s. (417)-def.art.-adj. f.s. (948) -def.art.-demons.adj. f.s. (260) *to all this wicked congregation*

הַנּוֹעָדִים def.art.-Ni. ptc. m.p. (יָעַד 416) *that are gathered together*

עָלָי prep.-1 c.s. sf. paus. *against me*

בַּמִּדְבָּר הַזֶּה prep.-def.art.-n.m.s. (184)-def.art. -demons.adj. m.s. (260) *in this wilderness*

יִתַּמּוּ Qal impf. 3 m.p. (תָּמַם 1070; GK 67g) *they shall come to a full end*

וְשָׁם יָמֻתוּ conj.-adv. (1027)-Qal impf. 3 m.p. (מוּת 559) *and there they shall die*

14:36

וְהָאֲנָשִׁים conj.-def.art.-n.m.p. (35) *and the men*

אֲשֶׁר־שָׁלַח rel. (81)-Qal pf. 3 m.s. (1018) *whom ... sent*

מֹשֶׁה pr.n. (602) *Moses*

לָתוּר prep.-Qal inf.cstr. (תּוּר 1064) *to spy out*

אֶת־הָאָרֶץ dir.obj.-def.art.-n.f.s. (75) *the land*

וַיָּשֻׁבוּ consec.-Qal impf. 3 m.p. (שׁוּב 996) *and who returned*

וַיַּלִּינוּ consec.-Hi. impf. 3 m.p. (לוּן II 534) *and made to murmur*

עָלָיו prep.-3 m.s. sf. *against him*

אֶת־כָּל־הָעֵדָה dir.obj.-n.m.s. cstr. (481)-def.art. -n.f.s. (417) *all the congregation*

לְהוֹצִיא prep.-Hi. inf.cstr. (יָצָא 422) *by bringing up*

דִּבָּה n.f.s. (179) *an evil report*

עַל־הָאָרֶץ prep.-v.supra *against the land*

14:37

וַיָּמֻתוּ consec.-Qal impf. 3 m.p. (מוּת 559) *and died*

הָאֲנָשִׁים def.art.-n.m.p. (35) *the men*

מוֹצִאֵי Hi. ptc. m.p. cstr. (יָצָא 422) *who brought up*

דִּבַּת־הָאָרֶץ n.f.s. cstr. (179)-def.art.-n.f.s. (75) ... *report of the land*

רָעָה adj. f.s. (948) *an evil*

בַּמַּגֵּפָה prep.-def.art.-n.f.s. (620) *by plague*

לִפְנֵי יהוה prep.-n.m.p. cstr. (815)-pr.n. (217) *before Yahweh*

14:38

וִיהוֹשֻׁעַ conj.-pr.n. (221) *but Joshua*

בִּן־נוּן n.m.s. cstr. (119)-pr.n. (630) *the son of Nun*

וְכָלֵב conj.-pr.n. (477) *and Caleb*

בֶּן־יְפֻנֶּה n.m.s. cstr. (119)-pr.n. (819) *the son of Jephunneh*

חָיוּ Qal pf. 3 c.p. (חָיָה 310) *remained alive*

מִן־הָאֲנָשִׁים הָהֵם prep.-def.art.-n.m.p. (35)-def. art.-demons.adj. m.p. (241) *of those men*

הַהֹלְכִים def.art.-Qal act.ptc. m.p. (הָלַךְ 229) *who went*

לָתוּר prep.-Qal inf.cstr. (תּוּר 1064) *to spy out*

אֶת־הָאָרֶץ dir.obj.-def.art.-n.f.s. (75) *the land*

14:39

וַיְדַבֵּר מֹשֶׁה consec.-Pi. impf. 3 m.s. (180)-pr.n. (602) *and Moses told*

אֶת־הַדְּבָרִים הָאֵלֶּה dir.obj.-def.art.-n.m.p. (182) -def.art.-demons.adj. c.p. (41) *these words*

אֶל־כָּל־בְּנֵי יִשְׂרָאֵל prep.-n.m.s. cstr. (481)-n.m.p. cstr. (119)-pr.n. (975) *to all the people of Israel*

וַיִּתְאַבְּלוּ consec.-Hith. impf. 3 m.p. (אָבַל 5) *and mourned*

הָעָם def.art.-n.m.s. (I 766) *the people*

מְאֹד adv. (547) *greatly*

14:40

וַיַּשְׁכִּמוּ consec.-Hi. impf. 3 m.p. (שָׁכַם 1014) *and they rose early*

בַבֹּקֶר prep.-def.art.-n.m.s. (133) *in the morning*

וַיַּעֲלוּ consec.-Qal impf. 3 m.p. (עָלָה 748) *and went up*

אֶל־רֹאשׁ־הָהָר prep.-n.m.s. cstr. (910)-def.art. -n.m.s. (249) *to the heights of the hill country*

לֵאמֹר prep.-Qal inf.cstr. (55) *saying*

הִנֶּנּוּ demons.part.-1 c.p. sf. (243; GK 58k) *see, we are here,*

וְעָלִינוּ conj.-Qal pf. 1 c.p. (עָלָה 748) *we will go up*

אֶל־הַמָּקוֹם prep.-def.art.-n.m.s. (879) *to the place*

אֲשֶׁר־אָמַר יהוה rel. (81)-Qal pf. 3 m.s. (55)-pr.n. (217) *which Yahweh has promised*

כִּי חָטָאנוּ conj. (471)-Qal pf. 1 c.p. (חָטָא 306) *for we have sinned*

14:41

וַיֹּאמֶר מֹשֶׁה consec.-Qal impf. 3 m.s. (55)-pr.n. (602) *but Moses said*

לָמָּה זֶּה prep.-interr. (552)-demons.adj. m.s. (260) *why now*

אַתֶּם עֹבְרִים pers.pr. 2 m.p. (61)-Qal act.ptc. m.p. (עָבַר 716) *are you transgressing*

אֶת־פִּי יהוה dir.obj.-n.m.s. cstr. (804)-pr.n. (217) *the command of Yahweh*

וְהִוא לֹא תִצְלָח conj.-pers.pr. 3 f.s. (214; GK 135p)-neg.-Qal impf. 3 f.s. paus. (צָלַח II 852) *for that will not succeed*

14:42

אַל־תַּעֲלוּ neg.-Qal impf. 2 m.p. (עָלָה 748) *do not go up*

כִּי אֵין יהוה conj. (471)-neg. (II 34)-pr.n. (217) *for Yahweh is not*

בְּקִרְבְּכֶם prep.-n.m.s.-2 m.p. sf. (899) *among you*

וְלֹא תִּנָּגְפוּ conj.-neg.-Ni. impf. 2 m.p. (נָגַף 619) *lest you be struck down*

לִפְנֵי אֹיְבֵיכֶם prep.-n.m.p. cstr. (815)-Qal act.ptc. m.p.-2 m.p. sf. (אָיַב 33) *before your enemies*

14:43

כִּי הָעֲמָלֵקִי conj. (471)-def.art.-adj. gent. (766) *for the Amalekites*

וְהַכְּנַעֲנִי conj.-def.art.-adj. gent. (489) *and the Canaanites*

שָׁם adv. (1027) *there*

לִפְנֵיכֶם prep.-n.m.p.-2 m.p. sf. (815) *before you*

641

וּנְפַלְתֶּם conj.-Qal pf. 2 m.p. (נָפַל 656) *and you shall fall*

בֶּחָרֶב prep.-def.art.-n.f.s. paus. (352) *by the sword*

כִּי־עַל־כֵּן conj. (471)-prep.-adv. (485) *because*

שַׁבְתֶּם Qal pf. 2 m.p. (שׁוּב 996) *you have turned back*

מֵאַחֲרֵי יהוה prep.-prep. (29)-pr.n. (217) *from following Yahweh*

וְלֹא־יִהְיֶה יהוה conj.-neg.-Qal impf. 3 m.s. (224)-pr.n. (217) *Yahweh will not be*

עִמָּכֶם prep.-2 m.p. sf. (767) *with you*

14:44

וַיַּעְפִּלוּ consec.-Hi. impf. 3 m.p. (עָפַל II 779) *but they presumed*

לַעֲלוֹת prep.-Qal inf.cstr. (עָלָה 748) *to go up*

אֶל־רֹאשׁ הָהָר prep.-n.m.s. cstr. (910)-def.art.-n.m.s. (249) *to the heights of the hill country*

וַאֲרוֹן conj.-n.m.s. cstr. (75) *although the ark of*

בְּרִית־יהוה n.f.s. cstr. (136)-pr.n. (217) *the covenant of Yahweh*

וּמֹשֶׁה conj.-pr.n. (602) *and Moses*

לֹא־מָשׁוּ neg.-Qal pf. 3 c.p. (מוּשׁ 559) *had not departed*

מִקֶּרֶב הַמַּחֲנֶה prep.-n.m.s. cstr. (899)-def.art.-n.m.s. (334) *out of the camp*

14:45

וַיֵּרֶד consec.-Qal impf. 3 m.s. (יָרַד 432) *then came down*

הָעֲמָלֵקִי def.art.-adj. gent. (766) *the Amalekites*

וְהַכְּנַעֲנִי conj.-def.art.-adj. gent. (489) *and the Canaanites*

הַיֹּשֵׁב def.art.-Qal act.ptc. (יָשַׁב 442) *who dwelt*

בָּהָר הַהוּא prep.-def.art.-n.m.s. (249)-def.art.-demons.adj. m.s. (214) *in that hill country*

וַיַּכּוּם consec.-Hi. impf. 3 m.p.-3 m.p. sf. (נָכָה 645) *and defeated them*

וַיַּכְּתוּם consec.-Hi. impf. 3 m.p.-3 m.p. sf. (כָּתַת 510) *and crushed them*

עַד־הַחָרְמָה prep. (III 723)-def.art.-pr.n. (356) *even to Hormah*

15:1

וַיְדַבֵּר יהוה consec.-Pi. impf. 3 m.s. (180)-pr.n. (217) *Yahweh said*

אֶל־מֹשֶׁה prep.-pr.n. (602) *to Moses*

לֵּאמֹר prep.-Qal inf.cstr. (55) *(saying)*

15:2

דַּבֵּר Pi. impv. 2 m.s. (180) *say*

אֶל־בְּנֵי יִשְׂרָאֵל prep.-n.m.p. cstr. (119)-pr.n. (975) *to the people of Israel*

וְאָמַרְתָּ אֲלֵהֶם conj.-Qal pf. 2 m.s. (55)-prep.-3 m.p. sf. *(and you shall say to them)*

כִּי תָבֹאוּ conj. (471)-Qal impf. 2 m.p. (בּוֹא 97) *when you come*

אֶל־אֶרֶץ prep.-n.f.s. cstr. (75) *into the land of*

מוֹשְׁבֹתֵיכֶם n.m.p.-2 m.p. sf. (444) *your dwelling*

אֲשֶׁר אֲנִי rel. (81)-pers.pr. 1 c.s. (58) *which I*

נֹתֵן לָכֶם Qal act.ptc. (נָתַן 678)-prep.-2 m.p. sf. *give you*

15:3

וַעֲשִׂיתֶם conj.-Qal pf. 2 m.p. (עָשָׂה I 793) *and you offer*

אִשֶּׁה n.m.s. (77) *an offering by fire*

לַיהוה prep.-pr.n. (217) *to Yahweh*

עֹלָה n.f.s. (750) *a burnt offering*

אוֹ־זֶבַח conj. (14)-n.m.s. (257) *or a sacrifice*

לְפַלֵּא־נֶדֶר prep.-Pi. inf.cstr. (פָּלָא 810)-n.m.s. (623) *to make a special votive offering*

אוֹ בִנְדָבָה conj. (14)-prep.-n.f.s. (621) *or as a freewill offering*

אוֹ בְּמֹעֲדֵיכֶם v.supra-prep.-n.m.p.-2 m.p. sf. (417) *or at your appointed feasts*

לַעֲשׂוֹת prep.-Qal inf.cstr. (עָשָׂה I 793) *to make*

רֵיחַ נִיחֹחַ n.m.s. (926)-n.m.s. (629) *a pleasing odor*

לַיהוה prep.-pr.n. (217) *to Yahweh*

מִן־הַבָּקָר prep.-def.art.-n.m.s. (133) *from the herd*

אוֹ מִן־הַצֹּאן conj. (14)-prep.-def.art.-n.f.s. (838) *or from the flock*

15:4

וְהִקְרִיב conj.-Hi. pf. 3 m.s. (קָרַב 897) *then shall offer*

הַמַּקְרִיב def.art.-Hi. ptc. m.s. (קָרַב 897) *he who brings*

קָרְבָּנוֹ n.m.s.-3 m.s. sf. (898) *his offering*

לַיהוה prep.-pr.n. (217) *to Yahweh*

מִנְחָה n.f.s. (585) *an offering*

סֹלֶת n.f.s. (701) *fine flour*

עִשָּׂרוֹן n.m.s. (798) *a tenth part*

בָּלוּל Qal pass.ptc. (בָּלַל I 117) *mixed*

בִּרְבִעִית הַהִין prep.-n.f.s. cstr. (917)-def.art.-n.m.s. (228) *with a fourth of a hin*

שֶׁמֶן n.m.s. paus. (1032) *of oil*

15:5

וְיַיִן conj.-n.m.s. (406) *and wine*

לַנֶּסֶךְ prep.-def.art.-n.m.s. (651) *for the drink offering*

רְבִיעִית הַהִין n.f.s. cstr. (917)-def.art.-n.m.s. (228) *a fourth of a hin*

תַּעֲשֶׂה Qal impf. 2 m.s. (עָשָׂה I 793) *you shall prepare*

עַל־הָעֹלָה prep.-def.art.-n.f.s. (750) *with the burnt offering*

אוֹ לַזָּבַח conj. (14)-prep.-def.art.-n.m.s. paus. (257) *or for the sacrifice*

לַכֶּבֶשׂ הָאֶחָד prep.-def.art.-n.m.s. (461)-def.art.-num. m.s. (25) *for each lamb*

15:6

אוֹ לָאַיִל conj. (14)-prep.-def.art.-n.m.s. (I 17) *or for a ram*

תַּעֲשֶׂה Qal impf. 2 m.s. (עָשָׂה I 793) *you shall prepare*

מִנְחָה n.f.s. (585) *for an offering*

סֹלֶת n.f.s. (701) *fine flour*

שְׁנֵי עֶשְׂרֹנִים num. cstr. (1040)-n.m.p. (798) *two tenths (of an ephah)*

בְּלוּלָה Qal pass.ptc. f.s. (בָּלַל I 117) *mixed*

בַּשֶּׁמֶן prep.-def.art.-n.m.s. (1032) *with the oil*

שְׁלִשִׁית הַהִין num.adj. f.s. cstr. (1026)-def.art.-n.m.s. (228) *with a third of a hin*

15:7

וְיַיִן conj.-n.m.s. (406) *and wine*

לַנֶּסֶךְ prep.-def.art.-n.m.s. (651) *for the drink offering*

שְׁלִשִׁית הַהִין num.adj. f.s. cstr. (1026)-def.art.-n.m.s. (228) *a third of a hin*

תַּקְרִיב Hi. impf. 2 m.s. (קָרַב 897) *you shall offer*

רֵיחַ נִיחֹחַ n.m.s. (926)-n.m.s. (629) *a pleasing odor*

לַיהוה prep.-pr.n. (217) *to Yahweh*

15:8

וְכִי־תַעֲשֶׂה conj.-conj. (471)-Qal impf. 2 m.s. (עָשָׂה I 793) *and when you prepare*

בֶּן־בָּקָר n.m.s. cstr. (119)-n.m.s. (133) *a bull*

עֹלָה n.f.s. (750) *for a burnt offering*

אוֹ־זָבַח conj. (14)-n.m.s. paus. (257) *or for a sacrifice*

לְפַלֵּא־נֶדֶר prep.-Pi. inf.cstr. (פָּלָא 810) *to fulfil a vow*

אוֹ־שְׁלָמִים v.supra-n.m.p. (1023) *or for peace offerings*

15:9

לַיהוה prep.-pr.n. (217) *to Yahweh*

15:9

וְהִקְרִיב conj.-Hi. pf. 3 m.s. (קָרַב 897) *then one shall offer*

עַל־בֶּן־הַבָּקָר prep.-n.m.s. cstr. (119)-def.art.-n.m.s. (133) *with the bull*

מִנְחָה n.f.s. (585) *an offering*

סֹלֶת n.f.s. (701) *fine flour*

שְׁלֹשָׁה עֶשְׂרֹנִים num. f. (1025)-n.m.p. (798) *three tenths (of an ephah)*

בָּלוּל Qal pass.ptc. (בָּלַל I 117) *mixed*

בַּשֶּׁמֶן prep.-def.art.-n.m.s. (1032) *with the oil*

חֲצִי הַהִין n.m.s. cstr. (345)-def.art.-n.m.s. (228) *half a hin*

15:10

וְיַיִן conj.-n.m.s. (406) *and wine*

תַּקְרִיב Hi. impf. 2 m.s. (קָרַב 897) *you shall offer*

לַנֶּסֶךְ prep.-def.art.-n.m.s. (651) *for the drink offering*

חֲצִי הַהִין n.m.s. cstr. (345)-def.art.-n.m.s. (228) *half a hin*

אִשֵּׁה n.m.s. cstr. (77) *an offering by fire (of)*

רֵיחַ־נִיחֹחַ n.m.s. (926)-n.m.s. (629) *a pleasing odor*

לַיהוה prep.-pr.n. (217) *to Yahweh*

15:11

כָּכָה יֵעָשֶׂה adv. (462)-Ni. impf. 3 m.s. (עָשָׂה I 793) *thus it shall be done*

לַשּׁוֹר הָאֶחָד prep.-def.art.-n.m.s. (1004)-def.art.-num. m.s. (25) *for each bull*

אוֹ לָאַיִל הָאֶחָד conj. (14)-prep.-def.art.-n.m.s. (I 17)-v.supra *or ram*

אוֹ־לַשֶּׂה בַכְּבָשִׂים conj. (14)-prep.-def.art.-n.m.s. (961)-prep.-def.art.-n.m.p. (461) *for each of the male lambs*

אוֹ בָעִזִּים v.supra-prep.-def.art.-n.f.p. (777) *or the kids*

15:12

כַּמִּסְפָּר prep.-def.art.-n.m.s. (708) *according to the number*

אֲשֶׁר תַּעֲשׂוּ rel. (81)-Qal impf. 2 m.p. (עָשָׂה I 793) *that you prepare*

כָּכָה תַּעֲשׂוּ adv. (462)-v.supra *so shall you do*

לָאֶחָד prep.-def.art.-num. m.s. (25) *with every one*

כְּמִסְפָּרָם prep.-n.m.s.-3 m.p. sf. (708) *according to their number*

15:13

כָּל־הָאֶזְרָח n.m.s. cstr. (481)-def.art.-n.m.s. (280) *all who are native*

יַעֲשֶׂה־כָּכָה Qal impf. 3 m.s. (I 793)-adv. (462) *shall do in this way*

אֶת־אֵלֶּה dir.obj.-demons.adj. c.p. (41) *these things*

לְהַקְרִיב prep.-Hi. inf.cstr. (קרב 897) *in offering*

אִשֵּׁה n.m.s. cstr. (77) *an offering by fire (of)*

רֵיחַ־נִיחֹחַ n.m.s. (926)-n.m.s. (629) *a pleasing odor*

לַיהוָה prep.-pr.n. (217) *to Yahweh*

15:14

וְכִי־יָגוּר conj.-conj. (471)-Qal impf. 3 m.s. (גור 157) *and if ... is sojourning*

אִתְּכֶם prep.-2 m.p. sf. (85) *with you*

גֵּר n.m.s. (158) *a stranger*

אוֹ אֲשֶׁר־בְּתוֹכְכֶם conj. (14)-rel. (81)-prep.-n.m.s. -2 m.p. sf. (1063) *or any one is among you*

לְדֹרֹתֵיכֶם prep.-n.m.p.-2 m.p. sf. (189) *throughout your generations*

וְעָשָׂה conj.-Qal pf. 3 m.s. (I 793) *and makes*

אִשֵּׁה n.m.s. cstr. (77) *an offering by fire (of)*

רֵיחַ־נִיחֹחַ n.m.s. (926)-n.m.s. (629) *a pleasing odor*

לַיהוָה prep.-pr.n. (217) *to Yahweh*

כַּאֲשֶׁר תַּעֲשׂוּ prep.-rel. (81)-Qal impf. 2 m.p. (I 793 עשה) *as you do*

כֵּן יַעֲשֶׂה adv. (485)-Qal impf. 3 m.s. (I 793) *thus he shall do*

15:15

הַקָּהָל def.art.-n.m.s. (874) *for the assembly*

חֻקָּה אַחַת n.f.s. (349)-num. f.s. (25) *one statute*

לָכֶם prep.-2 m.p. sf. *for you*

וְלַגֵּר conj.-prep.-def.art.-n.m.s. (158) *and for the stranger*

הַגָּר def.art.-Qal act.ptc. (גור 157) *who sojourns*

חֻקַּת עוֹלָם n.f.s. cstr. (349)-n.m.s. (761) *a perpetual statute*

לְדֹרֹתֵיכֶם prep.-n.m.p.-2 m.p. sf. (189) *throughout your generations*

כָּכֶם prep.-2 m.p. sf. (453; GK 161c) *as you are*

כַּגֵּר prep.-def.art.-n.m.s. (158) *so the sojourner*

יִהְיֶה Qal impf. 3 m.s. (224) *shall be*

לִפְנֵי יְהוָה prep.-n.m.p. cstr. (815)-pr.n. (217) *before Yahweh*

15:16

תּוֹרָה אַחַת n.f.s. (435)-num. f.s. (25) *one law*

וּמִשְׁפָּט אֶחָד conj.-n.m.s. (1048)-num. m.s. (25) *and one ordinance*

יִהְיֶה לָכֶם Qal impf. 3 m.s. (224)-prep.-2 m.p. sf. *shall be for you*

וְלַגֵּר conj.-prep.-def.art.-n.m.s. (158) *and for the stranger*

הַגָּר אִתְּכֶם def.art.-Qal act.ptc. m.s. (גור 157) -prep.-2 m.p. sf. (85) *who sojourns with you*

15:17

וַיְדַבֵּר יְהוָה consec.-Pi. impf. 3 m.s. (180)-pr.n. (217) *Yahweh said*

אֶל־מֹשֶׁה prep.-pr.n. (602) *to Moses*

לֵּאמֹר prep.-Qal inf.cstr. (55) *(saying)*

15:18

דַּבֵּר Pi. impv. 2 m.s. (180) *say*

אֶל־בְּנֵי יִשְׂרָאֵל prep.-n.m.p. cstr. (119)-pr.n. (975) *to the people of Israel*

וְאָמַרְתָּ אֲלֵהֶם conj.-Qal pf. 2 m.s. (55) -prep.-3 m.p. sf. *(and you shall say to them)*

בְּבֹאֲכֶם prep.-Qal inf.cstr.-2 m.p. sf. (בוא 97) *when you come*

אֶל־הָאָרֶץ prep.-def.art.-n.f.s. (75) *into the land*

אֲשֶׁר אֲנִי מֵבִיא rel. (81)-pers.pr. 1 c.s. (58)-Hi. ptc. m.s. (בוא 97) *which I bring*

אֶתְכֶם שָׁמָּה dir.obj.-2 m.p. sf.-adv.-loc.he (1027) *you there*

15:19

וְהָיָה בַּאֲכָלְכֶם conj.-Qal pf. 3 m.s. (224)-prep. -Qal inf.cstr.-2 m.p. sf. (אכל 37) *and when you eat*

מִלֶּחֶם הָאָרֶץ prep.-n.m.s. cstr. (536)-def.art. -n.f.s. (75) *of the food of the land*

תָּרִימוּ Hi. impf. 2 m.p. (רום 926) *you shall present*

תְּרוּמָה n.f.s. (929) *an offering*

לַיהוָה prep.-pr.n. (217) *to Yahweh*

15:20

רֵאשִׁית עֲרִסֹתֵכֶם n.f.s. cstr. (912)-n.f.p.-2 m.p. sf. (791) *of the first of your coarse meal*

חַלָּה n.f.s. (319) *a cake*

תָּרִימוּ Hi. impf. 2 m.p. (רום 926) *you shall present*

תְּרוּמָה n.f.s. (929) *as an offering*

כִּתְרוּמַת גֹּרֶן prep.-n.f.s. cstr. (29)-n.m.s. (175) *as an offering from the threshing floor*

כֵּן תָּרִימוּ אֹתָהּ adv. (485)-v.supra-dir.obj.-3 f.s. sf. *so shall you present it*

15:21

מֵרֵאשִׁית עֲרֹסֹתֵיכֶם prep.-n.f.s. cstr. (912)-n.f.p.
-2 m.p. sf. (791) *of the first of your coarse meal*

תִּתְּנוּ Qal impf. 2 m.p. (נָתַן 678) *you shall give*

לַיהוָה prep.-pr.n. (217) *to Yahweh*

תְּרוּמָה n.f.s. (929) *an offering*

לְדֹרֹתֵיכֶם prep.-n.m.p.-2 m.p. sf. (189)
throughout your generations

15:22

וְכִי תִשְׁגּוּ conj.-conj. (471)-Qal impf. 2 m.p. (993
שָׁגָה) *but if you err*

וְלֹא תַעֲשׂוּ conj.-neg.-Qal impf. 2 m.p. (עָשָׂה I
793) *and do not observe*

אֵת כָּל־הַמִּצְוֹת הָאֵלֶּה dir.obj.-n.m.s. cstr. (481)
-def.art.-n.f.p. (846)-def.art.-demons.adj. c.p.
(41) *all these commandments*

אֲשֶׁר־דִּבֶּר יְהוָה rel. (81)-Pi. pf. 3 m.s. (180)-pr.n.
(217) *which Yahweh has spoken*

אֶל־מֹשֶׁה prep.-pr.n. (602) *to Moses*

15:23

אֵת כָּל־אֲשֶׁר dir.obj.-n.m.s. (481)-rel. (81) *all that*

צִוָּה יְהוָה Pi. pf. 3 m.s. (845)-pr.n. (217)
Yahweh has commanded

אֲלֵיכֶם prep.-2 m.p. sf. *you*

בְּיַד־מֹשֶׁה prep.-n.f.s. cstr. (388)-pr.n. (602) *by
(the hand of) Moses*

מִן־הַיּוֹם אֲשֶׁר prep.-def.art.-n.m.s. (398)-rel. (81)
from the day that

צִוָּה יְהוָה v.supra-v.supra *Yahweh gave
commandment*

וָהָלְאָה conj.-adv. (229) *and onward*

לְדֹרֹתֵיכֶם prep.-n.m.p.-2 m.p. sf. (189)
throughout your generations

15:24

וְהָיָה אִם conj.-Qal pf. 3 m.s. (224)-hypoth.part.
(49) *then if*

מֵעֵינֵי הָעֵדָה prep. (GK 119w)-n.f.p. cstr.
(744)-def.art.-n.f.s. (417) *without the
knowledge of the congregation*

נֶעֶשְׂתָה Ni. pf. 3 f.s. (עָשָׂה I 793) *it was done*

לִשְׁגָגָה prep.-n.f.s. (993) *unwittingly*

וְעָשׂוּ conj.-Qal pf. 3 c.p. (עָשָׂה I 793) *and shall
offer*

כָּל־הָעֵדָה n.m.s. cstr. (481)-v.supra *all the
congregation*

פַּר בֶּן־בָּקָר n.m.s. (830)-n.m.s. cstr. (119)-n.m.s.
(133) *young bull*

אֶחָד num. m.s. (25) *one*

15:25

וְכִפֶּר הַכֹּהֵן conj.-Pi. pf. 3 m.s. (497)-def.art.
-n.m.s. (463) *and the priest shall make
atonement*

עַל־כָּל־עֲדַת prep.-n.m.s. cstr. (481)-n.f.s. cstr.
(417) *for all the congregation of*

בְּנֵי יִשְׂרָאֵל n.m.p. cstr. (119)-pr.n. (975) *the
people of Israel*

וְנִסְלַח לָהֶם conj.-Ni. pf. 3 m.s. (סָלַח 699)-prep.
-3 m.p. sf. *and they shall be forgiven*

כִּי־שְׁגָגָה הִוא conj. (471)-n.f.s. (993)-demons.adj.
f.s. (214) *because it was an error*

וְהֵם הֵבִיאוּ conj.-pers.pr. 3 m.p. (241)-Hi. pf. 3
c.p. (בּוֹא 97) *and they have brought*

אֶת־קָרְבָּנָם dir.obj.-n.m.s.-3 m.p. sf. (898) *their
offering*

אִשֶּׁה n.m.s. (77) *an offering by fire*

לַיהוָה prep.-pr.n. (217) *to Yahweh*

וְחַטָּאתָם conj.-n.f.s.-3 m.p. sf. (308) *and their
sin offering*

לִפְנֵי יְהוָה prep.-n.m.p. cstr. (815)-v.supra *before
Yahweh*

עַל־שִׁגְגָתָם prep.-n.f.s.-3 m.p. sf. (993) *for their
error*

15:26

וְנִסְלַח conj.-Ni. pf. 3 m.s. (סָלַח 699) *and shall
be forgiven*

לְכָל־עֲדַת prep.-n.m.s. cstr. (481)-n.f.s. cstr. (417)
all the congregation of

בְּנֵי יִשְׂרָאֵל n.m.p. cstr. (119)-pr.n. (975) *the
people of Israel*

וְלַגֵּר conj.-prep.-def.art.-n.m.s. (158) *and the
stranger*

הַגָּר def.art.-Qal act.ptc. (גּוּר 157) *who sojourns*

בְּתוֹכָם prep.-n.m.s.-3 m.p. sf. (1063) *among them*

בִּי לְכָל־הָעָם conj. (471)-prep.-n.m.s. cstr. (481)
-def.art.-n.m.s. (I 766) *because the whole
population*

בִּשְׁגָגָה prep.-n.f.s. (993) *(was involved) in the
error*

15:27

וְאִם־נֶפֶשׁ אַחַת conj.-hypoth.part. (49)-n.f.s.
(659)-num. f.s. (25) *if one person*

תֶּחֱטָא Qal impf. 3 f.s. (חָטָא 306) *sins*

בִּשְׁגָגָה prep.-n.f.s. (993) *unwittingly*

וְהִקְרִיבָה conj.-Hi. pf. 3 f.s. (חָטָא 306) *he shall
offer*

עֵז n.f.s. (777) *a female goat*

בַּת־שְׁנָתָהּ n.f.s. cstr. (I 123)-n.f.s.-3 f.s. sf. (1040)
a year old

לְחַטָּאת prep.-n.f.s. (308) *for a sin offering*

15:28

וְכִפֶּר הַכֹּהֵן conj.-Pi. pf. 3 m.s. (497)-def.art.
-n.m.s. (463) *and the priest shall make
atonement*

עַל־הַנֶּפֶשׁ prep.-def.art.-n.f.s. (659) *for the
person*

הַשֹּׁגֶגֶת def.art.-Qal act.ptc. f.s. (שָׁגַג 992) *who
commits an error*

בְּחֶטְאָה prep.-Qal inf.cstr. (חָטָא 306) *when he
sins*

בִּשְׁגָגָה prep.-n.f.s. (993) *unwittingly*

לִפְנֵי יהוה prep.-n.m.p. cstr. (815)-pr.n. (217)
before Yahweh

לְכַפֵּר עָלָיו prep.-Pi. inf.cstr. (497)-prep.-3 m.s.
sf. *to make atonement for him*

וְנִסְלַח לוֹ conj.-Ni. pf. 3 m.s. (סָלַח 699)-prep.-3
m.s. sf. *and he shall be forgiven*

15:29

הָאֶזְרָח def.art.-n.m.s. (280; GK 143c) *for him
who is native*

בִּבְנֵי יִשְׂרָאֵל prep.-n.m.p. cstr. (119)-pr.n. (975)
among the people of Israel

וְלַגֵּר conj.-prep.-def.art.-n.m.s. (158) *and for the
stranger*

הַגָּר def.art.-Qal act.ptc. (גּוּר 157) *who sojourns*

בְּתוֹכָם prep.-n.m.s.-3 m.p. sf. (1063) *among them*

תּוֹרָה אַחַת n.f.s. (435)-num. f.s. (25) *one law*

יִהְיֶה לָכֶם Qal impf. 3 m.s. (224)-prep.-2 m.p.
sf. *you shall have*

לָעֹשֶׂה prep.-def.art.-Qal act.ptc. (עָשָׂה I 793)
who does anything

בִּשְׁגָגָה prep.-n.f.s. (993) *unwittingly*

15:30

וְהַנֶּפֶשׁ conj.-def.art.-n.f.s. (659) *but the person*

אֲשֶׁר־תַּעֲשֶׂה rel. (81)-Qal impf. 3 f.s. (עָשָׂה I
793) *who does anything*

בְּיָד רָמָה prep.-n.f.s. (388)-Qal act.ptc. f.s. as adj.
f.s. (רוּם 926) *with a high hand*

מִן־הָאֶזְרָח prep.-def.art.-n.m.s. (280) *whether he
is native*

וּמִן־הַגֵּר conj.-prep.-def.art.-n.m.s. (158) *or a
sojourner*

אֶת־יהוה dir.obj.-pr.n. (217) *Yahweh*

הוּא מְגַדֵּף pers.pr. 3 m.s. (214)-Pi. ptc. (גָּדַף
154) *he reviles*

וְנִכְרְתָה conj.-Ni. pf. 3 f.s. (כָּרַת 503) *and shall
be cut off*

הַנֶּפֶשׁ הַהִוא def.art.-n.f.s. (659)-def.art.
-demons.adj. f.s. (214) *that person*

מִקֶּרֶב עַמָּהּ prep.-n.m.s. cstr. (899)-n.m.s.-3 f.s.
sf. (I 766) *from among his people*

15:31

כִּי דְבַר־יהוה conj. (471)-n.m.s. cstr. (182)-pr.n.
(217) *because the word of Yahweh*

בָּזָה Qal pf. 3 m.s. (102) *he has despised*

וְאֶת־מִצְוָתוֹ conj.-dir.obj.-n.f.s.-3 m.s. sf. (846)
and his commandment

הֵפַר Hi. pf. 3 m.s. (פָּרַר 830) *he has broken*

הִכָּרֵת תִּכָּרֵת Ni. inf.abs. (כָּרַת 503; GK
51k)-v.supra *shall be utterly cut off*

הַנֶּפֶשׁ הַהִוא def.art.-n.f.s. (659)-def.art.
-demons.adj. f.s. (214) *that person*

עֲוֹנָה בָהּ n.m.s. (730; rd. עֲוֹנָה-3 f.s. sf.)-prep.-3
f.s. sf. *his iniquity upon him*

15:32

וַיִּהְיוּ consec.-Qal impf. 3 m.p. (הָיָה 224) *while
... were*

בְנֵי־יִשְׂרָאֵל n.m.p. cstr. (119)-pr.n. (975) *the
people of Israel*

בַּמִּדְבָּר prep.-def.art.-n.m.s. (184) *in the
wilderness*

וַיִּמְצְאוּ consec.-Qal impf. 3 m.p. (מָצָא 592) *they
found*

אִישׁ n.m.s. (35) *a man*

מְקֹשֵׁשׁ עֵצִים Po'el ptc. (קָשַׁשׁ 905)-n.m.p. (781)
gathering sticks

בְּיוֹם הַשַּׁבָּת prep.-n.m.s. cstr. (398)-def.art.-n.f.s.
(992) *on the sabbath day*

15:33

וַיַּקְרִיבוּ אֹתוֹ consec.-Hi. impf. 3 m.p. (קָרַב 897)
-dir.obj.-3 m.s. sf. *and brought him*

הַמֹּצְאִים אֹתוֹ def.art.-Qal act.ptc. m.p. (מָצָא
592)-v.supra *those who found him*

מְקֹשֵׁשׁ עֵצִים Po'el ptc. (קָשַׁשׁ 905)-n.m.p. (781)
gathering sticks

אֶל־מֹשֶׁה prep.-pr.n. (602) *to Moses*

וְאֶל־אַהֲרֹן conj.-prep.-pr.n. (14) *and Aaron*

וְאֶל כָּל־הָעֵדָה v.supra-n.m.s. cstr. (481)-def.art.
-n.f.s. (417) *and to all the congregation*

15:34

וַיַּנִּיחוּ אֹתוֹ consec.-Hi. impf. 3 m.p. (נוּחַ
628)-dir.obj.-3 m.s. sf. *and they put him*

בַּמִּשְׁמָר prep.-def.art.-n.m.s. (1038) *in custody*

כִּי לֹא פֹרַשׁ conj. (471)-neg.-Pu. pf. 3 m.s. (פָּרַשׁ
I 831) *because it had not been made plain*

מַה־יֵּעָשֶׂה לוֹ interr. (552)-Ni. impf. 3 m.s. (I
793)-prep.-3 m.s. sf. *what should be done to
him*

15:35

וַיֹּאמֶר יהוה consec.-Qal impf. 3 m.s. (55)-pr.n.
(217) *and Yahweh said*

אֶל־מֹשֶׁה prep.-pr.n. (602) *to Moses*

מוֹת יוּמַת Qal inf.abs. (מוּת 559)-Ho. impf. 3
m.s. (מוּת 559) *shall be put to death*

הָאִישׁ def.art.-n.m.s. (35) *the man*

רָגוֹם אֹתוֹ Qal inf.abs. (רָגַם 920; GK
113gg)-dir.obj.-3 m.s. sf. *stoning him*

בָּאֲבָנִים prep.-def.art.-n.f.p. (6) *with stones*

כָּל־הָעֵדָה n.m.s. cstr. (481)-def.art.-n.f.s. (417) *all
the congregation*

מִחוּץ לַמַּחֲנֶה prep.-n.m.s. (299)-prep.-def.art.
-n.m.s. (334) *outside the camp*

15:36

וַיֹּצִיאוּ אֹתוֹ consec.-Hi. impf. 3 m.p. (יָצָא
422)-dir.obj.-3 m.s. sf. *and brought him*

כָּל־הָעֵדָה n.m.s. cstr. (481)-def.art.-n.f.s. (417) *all
the congregation*

אֶל־מִחוּץ לַמַּחֲנֶה prep.-prep.-n.m.s. (299)-prep.
-def.art.-n.m.s. (334) *outside the camp*

וַיִּרְגְּמוּ אֹתוֹ consec.-Qal impf. 3 m.p. (רָגַם
920)-v.supra *and stoned him*

בָּאֲבָנִים prep.-def.art.-n.f.p. (6) *with stones*

וַיָּמֹת consec.-Qal impf. 3 m.s. (מוּת 559) *and he
died*

כַּאֲשֶׁר צִוָּה יהוה prep.-rel. (81)-Pi. pf. 3 m.s.
(צָוָה 845)-pr.n. (217) *as Yahweh commanded*

אֶת־מֹשֶׁה dir.obj.-pr.n. (602) *Moses*

15:37

וַיֹּאמֶר יהוה consec.-Qal impf. 3 m.s. (55)-pr.n.
(217) *Yahweh said*

אֶל־מֹשֶׁה prep.-pr.n. (602) *to Moses*

לֵּאמֹר prep.-Qal inf.cstr. (55) *(saying)*

15:38

דַּבֵּר Pi. impv. 2 m.s. (180) *speak*

אֶל־בְּנֵי יִשְׂרָאֵל prep.-n.m.p. cstr. (119)-pr.n. (975)
to the people of Israel

וְאָמַרְתָּ אֲלֵהֶם conj.-Qal pf. 2 m.s. (55)-prep.-3
m.p. sf. *and bid them*

וְעָשׂוּ לָהֶם conj.-Qal pf. 3 c.p. (עָשָׂה I 793)
-prep.-3 m.p. sf. *and they shall make*

צִיצִת n.f.s. (851) *tassels*

עַל־כַּנְפֵי בִגְדֵיהֶם prep.-n.f.p. cstr. (489)-n.m.p.-3
m.p. sf. (93) *on the corners of their
garments*

לְדֹרֹתָם prep.-n.m.p.-3 m.p. sf. (189) *throughout
their generations*

וְנָתְנוּ conj.-Qal pf. 3 c.p. (נָתַן 678) *and they
shall put*

עַל־צִיצִת הַכָּנָף prep.-n.f.s. cstr. (851)-def.art.
-n.f.s. (489) *upon the tassel of each corner*

פְּתִיל תְּכֵלֶת n.m.s. cstr. (836)-n.f.s. (1067) *a cord
of blue*

15:39

וְהָיָה לָכֶם conj.-Qal pf. 3 m.s. (224)-prep.-2 m.p.
sf. *and it shall be to you*

לְצִיצִת prep.-n.f.s. (851) *a tassel*

וּרְאִיתֶם אֹתוֹ conj.-Qal pf. 2 m.p. (רָאָה 906)-dir.
obj.-3 m.s. sf. *and you shall look upon it*

וּזְכַרְתֶּם conj.-Qal pf. 2 m.p. (זָכַר 269) *and
remember*

אֶת־כָּל־מִצְוֹת dir.obj.-n.m.s. cstr. (481)-n.f.p. cstr.
(846) *all the commandments of*

יהוה pr.n. (217) *Yahweh*

וַעֲשִׂיתֶם אֹתָם conj.-Qal pf. 2 m.p. (עָשָׂה I
793)-dir.obj.-3 m.p. sf. *and you shall do
them*

וְלֹא־תָתֻרוּ conj.-neg.-Qal impf. 2 m.p. (תּוּר
1064) *and you shall not follow*

אַחֲרֵי לְבַבְכֶם prep. (29)-n.m.s.-2 m.p. sf. (523)
after your own heart

וְאַחֲרֵי עֵינֵיכֶם conj.-v.supra-n.f.p.-2 m.p. sf.
(744) *and your own eyes*

אֲשֶׁר־אַתֶּם זֹנִים rel. (81)-pers.pr. 2 m.p. (61)-Qal
act.ptc. m.p. (זָנָה 275) *which you go
wantonly*

אַחֲרֵיהֶם prep.-3 m.p. sf. (29) *after them*

15:40

לְמַעַן תִּזְכְּרוּ prep.-prep. (775)-Qal impf. 2 m.p. (זָכַר 269) *so you shall remember*

וַעֲשִׂיתֶם conj.-Qal pf. 2 m.p. (עָשָׂה I 793) *and do*

אֶת־כָּל־מִצְוֹתָי dir.obj.-n.m.s. cstr. (481)-n.f.p.-1 c.s. sf. paus. *all my commandments*

וִהְיִיתֶם קְדֹשִׁים conj.-Qal pf. 2 m.p. (הָיָה 224) -adj. m.p. (872) *and you shall be holy*

לֵאלֹהֵיכֶם prep.-n.m.p.-2 m.p. sf. (43) *to your God*

15:41

אֲנִי יהוה pers.pr. 1 c.s. (58)-pr.n. (217) *I am Yahweh*

אֱלֹהֵיכֶם n.m.p.-2 m.p. sf. (43) *your God*

אֲשֶׁר הוֹצֵאתִי rel. (81)-Hi. pf. 1 c.s. (יָצָא 422) *who brought out*

אֶתְכֶם dir.obj.-2 m.p. sf. *you*

מֵאֶרֶץ מִצְרַיִם prep.-n.f.s. cstr. (75)-pr.n. (595) *of the land of Egypt*

לִהְיוֹת לָכֶם prep.-Qal inf.cstr. (הָיָה 224) -prep.-2 m.p. sf. *to be your*

לֵאלֹהִים prep.-n.m.p. (43) *God*

אֲנִי יהוה v.supra-v.supra *I am Yahweh*

אֱלֹהֵיכֶם v.supra *your God*

16:1

וַיִּקַּח consec.-Qal impf. 3 m.s. (לָקַח 542) *now ... took*

קֹרַח pr.n. (901) *Korah*

בֶּן־יִצְהָר n.m.s. cstr. (119)-pr.n. (II 844) *the son of Izhar*

בֶּן־קְהָת v.supra-pr.n. (875) *the son of Kohath*

בֶּן־לֵוִי v.supra-pr.n. (532) *the son of Levi*

וְדָתָן conj.-pr.n. (206) *and Dathan*

וַאֲבִירָם conj.-pr.n. (4) *and Abiram*

בְּנֵי אֱלִיאָב n.m.p. cstr. (119)-pr.n. (45) *the sons of Eliab*

וְאוֹן conj.-pr.n. (II 20) *and On*

בֶּן־פֶּלֶת v.supra-pr.n. (814) *the son of Peleth*

בְּנֵי רְאוּבֵן v.supra-pr.n. (910) *sons of Reuben*

16:2

וַיָּקֻמוּ consec.-Qal impf. 3 m.p. (קוּם 877) *and they rose up*

לִפְנֵי מֹשֶׁה prep.-n.m.p. cstr. (815)-pr.n. (602) *before Moses*

וַאֲנָשִׁים conj.-n.m.p. (35) *and men*

מִבְּנֵי־יִשְׂרָאֵל prep.-n.m.p. cstr. (119)-pr.n. (975) *of the people of Israel*

חֲמִשִּׁים וּמָאתַיִם num. p. (332)-conj.-n.f. du. paus. (547) *two hundred and fifty*

נְשִׂיאֵי עֵדָה n.m.p. cstr. (669)-n.f.s. (417) *leaders of the congregation*

קְרִאֵי מוֹעֵד adj. m.p. cstr. (896)-n.m.s. (417) *chosen from the assembly*

אַנְשֵׁי־שֵׁם n.m.p. cstr. (35)-n.m.s. (1027) *well-known men*

16:3

וַיִּקָּהֲלוּ consec.-Ni. impf. 3 m.p. (קָהַל 874) *and they assembled themselves together*

עַל־מֹשֶׁה prep.-pr.n. (602) *against Moses*

וְעַל־אַהֲרֹן conj.-v.supra-pr.n. (14) *and against Aaron*

וַיֹּאמְרוּ consec.-Qal impf. 3 m.p. (55) *and said*

אֲלֵהֶם prep.-3 m.p. sf. *to them*

רַב־לָכֶם adj. m.s. (912)-prep.-2 m.p. sf. *you have gone too far*

כִּי כָל־הָעֵדָה conj. (471)-n.m.s. cstr. (481)-def.art. -n.f.s. (417) *for all the congregation*

כֻּלָּם n.m.s.-3 m.p. sf. (481) *every one of them*

קְדֹשִׁים adj. m.p. (872) *are holy*

וּבְתוֹכָם conj.-prep.-n.m.s.-3 m.p. sf. (1063) *and among them*

יהוה pr.n. (217) *Yahweh*

וּמַדּוּעַ תִּתְנַשְּׂאוּ conj.-interr.adv. (396)-Hith. impf. 2 m.p. (נָשָׂא 669) *why then do you exalt yourselves*

עַל־קְהַל יהוה prep.-n.m.s. cstr. (874)-v.supra *above the assembly of Yahweh*

16:4

וַיִּשְׁמַע מֹשֶׁה consec.-Qal impf. 3 m.s. (1033)-pr.n. (602) *when Moses heard*

וַיִּפֹּל consec.-Qal impf. 3 m.s. (נָפַל 656) *he fell*

עַל־פָּנָיו prep.-n.m.p.-3 m.s. sf. (815) *on his face*

16:5

וַיְדַבֵּר consec.-Pi. impf. 3 m.s. (180) *he said*

אֶל־קֹרַח prep.-pr.n. (901) *to Korah*

וְאֶל־כָּל־עֲדָתוֹ conj.-prep.-n.m.s. cstr. (481)-n.f.s. -3 m.s. sf. (417) *and all his company*

לֵאמֹר prep.-Qal inf.cstr. (55) *(saying)*

בֹּקֶר n.m.s. (133) *in the morning*

וְיֹדַע יהוה conj.-Hi. impf. 3 m.s. (יָדַע 393)-pr.n. (217) *Yahweh will show*

אֶת־אֲשֶׁר־לוֹ dir.obj.-rel. (81)-prep.-3 m.s. sf. *who is his*

וְאֶת־הַקָּדוֹשׁ conj.-dir.obj.-def.art.-adj. m.s. (872) *and who is holy*

וְהִקְרִיב אֵלָיו conj.-Hi. pf. 3 m.s. (קָרַב 897)-prep.
-3 m.s. sf. *and will cause him to come near to him*

וְאֵת אֲשֶׁר יִבְחַר־בּוֹ conj.-dir.obj.-v.supra-Qal impf. 3 m.s. (בָּחַר 103)-prep.-3 m.s. sf. *him whom he will choose*

יַקְרִיב אֵלָיו Hi. impf. 3 m.s. (897)-prep.-3 m.s. sf. *he will cause to come near to him*

16:6

וְאֵת עֲשׂוּ demons.adj. f.s. (260)-Qal impv. 2 m.p. (עָשָׂה I 793) *do this*

קְחוּ־לָכֶם Qal impv. 2 m.p. (542)-prep.-2 m.p. sf. *take (for yourselves)*

מַחְתּוֹת n.f.p. (367) *censers*

קֹרַח pr.n. (901) *Korah*

וְכָל־עֲדָתוֹ conj.-n.m.s. cstr. (481)-n.f.s.-3 m.s. sf. (417) *and all his company*

16:7

וּתְנוּ בָהֵן conj.-Qal impv. 2 m.p (נָתַן 678)-prep.-3 f.p. sf. *and put in them*

אֵשׁ n.f.s. (77) *fire*

וְשִׂימוּ conj.-Qal impv. 2 m.p. (שִׂים 962) *and put*

עֲלֵיהֶן קְטֹרֶת prep.-3 f.p. sf.-n.f.s. (882) *incense upon them*

לִפְנֵי יהוה prep.-n.m.p. cstr. (815)-pr.n. (217) *before Yahweh*

מָחָר adv. (563) *tomorrow*

וְהָיָה conj.-Qal pf. 3 m.s. (224) *and (it shall be)*

הָאִישׁ def.art.-n.m.s. (35) *the man*

אֲשֶׁר־יִבְחַר יהוה rel. (81)-Qal impf. 3 m.s. (בָּחַר 103)-pr.n. (217) *whom Yahweh chooses*

הוּא הַקָּדוֹשׁ pers.pr. 3 m.s. (214)-def.art.-adj. m.s. (872) *he (shall be) the holy one*

רַב־לָכֶם adj. m.s. (912)-prep.-2 m.p. sf. *you have gone too far*

בְּנֵי לֵוִי n.m.p. cstr. (119)-pr.n. (532) *sons of Levi*

16:8

וַיֹּאמֶר מֹשֶׁה consec.-Qal impf. 3 m.s. (55)-pr.n. (602) *and Moses said*

אֶל־קֹרַח prep.-n.m.s. (901) *to Korah*

שִׁמְעוּ־נָא Qal impv. 2 m.p. (1033)-part.of entreaty (609) *hear now*

בְּנֵי לֵוִי n.m.p. cstr. (119)-pr.n. (532) *sons of Levi*

16:9

הַמְעַט מִכֶּם interr.part.-subst. (589)-prep.-2 m.p. sf. *is it too small a thing for you*

כִּי־הִבְדִּיל conj. (471)-Hi. pf. 3 m.s. (בָּדַל 95) *that ... has separated*

אֱלֹהֵי יִשְׂרָאֵל n.m.p. cstr. (43)-pr.n. (975) *the God of Israel*

אֶתְכֶם dir.obj.-2 m.p. sf. *you*

מֵעֲדַת יִשְׂרָאֵל prep.-n.f.s. cstr. (417)-v.supra *from the congregation of Israel*

לְהַקְרִיב prep.-Hi. inf.cstr. (קָרַב 897) *to bring near*

אֶתְכֶם v.supra *you*

אֵלָיו prep.-3 m.s. sf. *to himself*

לַעֲבֹד prep.-Qal inf.cstr. (עָבַד 712) *to do*

אֶת־עֲבֹדַת dir.obj.-n.f.s. cstr. (715) *service in*

מִשְׁכַּן יהוה n.m.s. cstr. (1015)-pr.n. (217) *the tabernacle of Yahweh*

וְלַעֲמֹד conj.-v.supra *and to stand*

לִפְנֵי הָעֵדָה prep.-n.m.p. cstr. (815)-def.art.-n.f.s. (417) *before the congregation*

לְשָׁרְתָם prep.-Pi. inf.cstr.-3 m.p. sf. (שָׁרַת 1058) *to minister to them*

16:10

וַיַּקְרֵב אֹתְךָ consec.-Hi. impf. 3 m.s. (קָרַב 897)-dir.obj.-2 m.s. sf. *and that he has brought you near*

וְאֶת־כָּל־אַחֶיךָ conj.-dir.obj.-n.m.s. cstr. (481)-n.m.p.-2 m.s. sf. *and all your brethren*

בְּנֵי לֵוִי n.m.p. cstr. (119)-pr.n. (532) *the sons of Levi*

אִתָּךְ prep.-2 m.s. sf. paus. *with you*

וּבִקַּשְׁתֶּם conj.-Pi. pf. 2 m.p. (בָּקַשׁ 134) *and would you seek*

גַּם־כְּהֻנָּה adv. (168)-n.f.s. (464) *the priesthood also*

16:11

לָכֵן אַתָּה prep.-adv. (485)-pers.pr. 2 m.s. (61) *therefore you*

וְכָל־עֲדָתְךָ conj.-n.m.s. cstr. (481)-n.f.s.-2 m.s. sf. (417) *and all your company*

הַנֹּעָדִים def.art.-Ni. ptc. m.p. (יָעַד 416) *have gathered together*

עַל־יְהוָה prep.-pr.n. (217) *against Yahweh*

וְאַהֲרֹן conj.-pr.n. (14) *and Aaron*

מַה־הוּא interr. (552)-pers.pr. 3 m.s. (214) *what is he*

כִּי תַלּוֹנוּ עָלָיו conj. (471)-Hi. impf. 3 m.p. (לוּן II 534)-prep.-3 m.s. sf. *that you murmur against him*

16:12

וַיִּשְׁלַח מֹשֶׁה consec.-Qal impf. 3 m.s. (שָׁלַח 1018)-pr.n. (602) *and Moses sent*

לִקְרֹא prep.-Qal inf.cstr. (894) *to call*

לְדָתָן prep.-pr.n. (206) *Dathan*

וְלַאֲבִירָם conj.-prep.-pr.n. (4) *and Abiram*

בְּנֵי אֱלִיאָב n.m.p. cstr. (119)-pr.n. (45) *the sons of Eliab*

וַיֹּאמְרוּ consec.-Qal impf. 3 m.p. (55) *and they said*

לֹא נַעֲלֶה neg.-Qal impf. 1 c.p. (עָלָה 748) *we will not come up*

16:13

הַמְעַט interr.part.-subst. (589) *is it a small thing*

כִּי הֶעֱלִיתָנוּ conj. (471)-Hi. pf. 2 m.s.-1 c.p. sf. (עָלָה 748) *that you have brought us up*

מֵאֶרֶץ זָבַת prep.-n.f.s. cstr. (75)-Qal act.ptc. f.s. cstr. (זוּב 264) *out of a land flowing with*

חָלָב וּדְבַשׁ n.m.s. (316)-conj.-n.m.s. (185) *milk and honey*

לַהֲמִיתֵנוּ prep.-Hi. inf.cstr.-1 c.p. sf. (מוּת 559) *to kill us*

בַּמִּדְבָּר prep.-def.art.-n.m.s. (184) *in the wilderness*

כִּי־תִשְׂתָּרֵר עָלֵינוּ conj. (471)-Hith. impf. 2 m.s. (שָׂרַר 979; GK 54e)-prep.-1 c.p. sf. *that you must ... make yourself a prince over us*

גַּם־הִשְׂתָּרֵר adv. (168)-Hith. inf.abs. (שָׂרַר 979) *also a prince*

16:14

אַף לֹא conj. (II 674)-neg. *moreover not*

אֶל־אֶרֶץ prep.-n.f.s. cstr. (75) *into a land*

זָבַת Qal act.ptc. f.s. cstr. (זוּב 264) *flowing with*

חָלָב וּדְבַשׁ n.m.s. (316)-conj.-n.m.s. (185) *milk and honey*

הֲבִיאֹתָנוּ Hi. pf. 2 m.s.-1 c.p. sf. (בּוֹא 97) *you have brought us*

וַתִּתֶּן־לָנוּ consec.-Qal impf. 2 m.s. (נָתַן 678)-prep.-1 c.p. sf. *now have given us*

נַחֲלַת n.f.s. cstr. (635) *inheritance of*

שָׂדֶה וָכָרֶם n.m.s. (961)-conj.-n.m.s. paus. (501) *fields and vineyards*

הַעֵינֵי interr.part.-n.f.p. cstr. (744) *the eyes of?*

הָאֲנָשִׁים הָהֵם def.art.-n.m.p. (35)-def.art.-demons.adj. m.p. (241) *these men*

תְּנַקֵּר Pi. impf. 2 m.s. (נָקַר 669) *will you put out?*

לֹא נַעֲלֶה neg.-Qal impf. 1 c.p. (עָלָה 748) *we will not come up*

16:15

וַיִּחַר לְמֹשֶׁה מְאֹד consec.-Qal impf. 3 m.s. (חָרָה 354)-prep.-pr.n. (602)-adv. (547) *and Moses was very angry*

וַיֹּאמֶר consec.-Qal impf. 3 m.s. (55) *and said*

אֶל־יהוה prep.-pr.n. (217) *to Yahweh*

אַל־תֵּפֶן neg. (39)-Qal impf. 2 m.s. (פָּנָה 815) *do not respect (turn)*

אֶל־מִנְחָתָם prep.-n.f.s.-3 m.p. sf. (585) *(to) their offering*

לֹא חֲמוֹר אֶחָד neg.-n.m.s. (331)-num. m.s. (25; GK 117d) *not one ass*

מֵהֶם prep.-3 m.p. sf. *from them*

נָשָׂאתִי Qal pf. 1 c.s. (נָשָׂא 669) *I have taken*

וְלֹא הֲרֵעֹתִי conj.-neg.-Hi. pf. 1 c.s. (רָעַע 949) *and I have not harmed*

אֶת־אַחַד מֵהֶם dir.obj.-num. m.s. cstr. (25)-prep.-3 m.p. sf. *one of them*

16:16

וַיֹּאמֶר מֹשֶׁה consec.-Qal impf. 3 m.s. (55)-pr.n. (602) *and Moses said*

אֶל־קֹרַח prep.-pr.n. (901) *to Korah*

אַתָּה pers.pr. 2 m.s. (61) *you*

וְכָל־עֲדָתְךָ conj.-n.m.s. cstr. (481)-n.f.s.-2 m.s. sf. (417) *and all your company*

הֱיוּ Qal impv. 2 m.p. (הָיָה 224) *be present*

לִפְנֵי יהוה prep.-n.m.p. cstr. (815)-pr.n. (217) *before Yahweh*

אַתָּה וָהֵם v.supra-conj.-pers.pr. 3 m.p. (241) *you and they*

וְאַהֲרֹן conj.-pr.n. (14) *and Aaron*

מָחָר adv. (563) *tomorrow*

16:17

וּקְחוּ אִישׁ conj.-Qal impv. 2 m.p. (לָקַח 542)-n.m.s. (35) *and take every one*

מַחְתָּתוֹ n.f.s.-3 m.s. sf. (367) *his censer*

וּנְתַתֶּם אֲלֵיהֶם conj.-Qal pf. 2 m.p. (נָתַן 678)-prep.-3 m.p. sf. *and put upon it*

קְטֹרֶת n.f.s. (882) *incense*

וְהִקְרַבְתֶּם conj.-Hi. pf. 2 m.p. (קָרַב 897) *and you shall bring*

לִפְנֵי יהוה prep.-n.m.p. cstr. (815)-pr.n. (217) *before Yahweh*

אִישׁ v.supra *every one*

מַחְתָּתוֹ v.supra *his censer*

חֲמִשִּׁים וּמָאתַיִם num. p. (332)-conj.-n.f. du. (547) *two hundred and fifty*

מַחְתֹּת n.f.p. (367) *censers*

וְאַתָּה וְאַהֲרֹן conj.-pers.pr. 2 m.s. (61)-conj.-pr.n. (14) *you also, and Aaron*

אִישׁ n.m.s. (35) *each*

מַחְתָּתוֹ v.supra *his censer*

16:18

וַיִּקְחוּ אִישׁ consec.-Qal impf. 3 m.p. (לָקַח 542)-n.m.s. (35) *so every man took*

מַחְתָּתוֹ n.f.s.-3 m.s. sf. (367) *his censer*

וַיִּתְּנוּ אֲלֵיהֶם consec.-Qal impf. 3 m.p. (נָתַן 678)-prep.-3 m.p. sf. *and they put in them*

אֵשׁ n.f.s. (77) *fire*

וַיָּשִׂימוּ אֲלֵיהֶם consec.-Qal impf. 3 m.p. (שִׂים 962)-v.supra *and laid upon them*

קְטֹרֶת n.f.s. (882) *incense*

וַיַּעַמְדוּ consec.-Qal impf. 3 m.p. (עָמַד 763) *and they stood*

פֶּתַח n.m.s. cstr. (835) *at the entrance of*

אֹהֶל מוֹעֵד n.m.s. cstr. (13)-n.m.s. (417) *the tent of meeting*

וּמֹשֶׁה conj.-pr.n. (602) *with Moses*

וְאַהֲרֹן conj.-pr.n. (14) *and Aaron*

16:19

וַיַּקְהֵל עֲלֵיהֶם consec.-Hi. impf. 3 m.s. (קָהַל 874)-prep.-3 m.p. sf. *then assembled against them*

קֹרַח pr.n. (901) *Korah*

אֶת־כָּל־הָעֵדָה dir.obj.-n.m.s. cstr. (481)-def.art.-n.f.s. (417) *all the congregation*

אֶל־פֶּתַח prep.-n.m.s. cstr. (835) *at the entrance of*

אֹהֶל מוֹעֵד n.m.s. cstr. (13)-n.m.s. (417) *the tent of meeting*

וַיֵּרָא consec.-Ni. impf. 3 m.s. (רָאָה 906) *and appeared*

כְבוֹד־יהוה n.m.s. cstr. (458)-pr.n. (217) *the glory of Yahweh*

אֶל־כָּל־הָעֵדָה prep.-n.m.s. cstr. (481)-def.art.-n.f.s. (417) *to all the congregation*

16:20

וַיְדַבֵּר יהוה consec.-Pi. impf. 3 m.s. (180)-pr.n. (217) *and Yahweh said*

אֶל־מֹשֶׁה prep.-pr.n. (602) *to Moses*

וְאֶל־אַהֲרֹן conj.-prep.-pr.n. (14) *and to Aaron*

לֵאמֹר prep.-Qal inf.cstr. (55) *(saying)*

16:21

הִבָּדְלוּ Ni. impv. 2 m.p. (בָּדַל 95) *separate yourselves*

מִתּוֹךְ הָעֵדָה הַזֹּאת prep.-n.m.s. cstr. (1063)-def.art.-n.f.s. (417)-def.art.-demons.adj. f.s. (260) *from among this congregation*

וַאֲכַלֶּה אֹתָם conj.-Pi. impf. 1 c.s. (כָּלָה I 477) -dir.obj.-3 m.p. sf. *that I may consume them*

כְּרָגַע prep.-n.m.s. paus. (921) *in a moment*

16:22

וַיִּפְּלוּ consec.-Qal impf. 3 m.p. (נָפַל 656) *and they fell*

עַל־פְּנֵיהֶם prep.-n.m.p.-3 m.p. sf. (815) *on their faces*

וַיֹּאמְרוּ consec.-Qal impf. 3 m.p. (55) *and said*

אֵל n.m.s. (42) *O God*

אֱלֹהֵי הָרוּחֹת n.m.p. cstr. (43)-def.art.-n.f.p. (924) *the God of the spirits*

לְכָל־בָּשָׂר prep.-n.m.s. cstr. (481)-n.m.s. (142) *of all flesh*

הָאִישׁ אֶחָד def.art.-n.m.s. (35; GK 100m, 150m)-num. (25) *one man*

יֶחֱטָא Qal impf. 3 m.s. (חָטָא 306) *shall he sin*

וְעַל כָּל־הָעֵדָה conj.-prep.-n.m.s. cstr. (481)-def.art.-n.f.s. (417) *and with all the congregation*

תִּקְצֹף Qal impf. 2 m.s. (קָצַף 893) *wilt thou be angry*

16:23

וַיְדַבֵּר יהוה consec.-Pi. impf. 3 m.s. (180)-pr.n. (217) *and Yahweh said*

אֶל־מֹשֶׁה prep.-pr.n. (602) *to Moses*

לֵאמֹר prep.-Qal inf.cstr. (55) *(saying)*

16:24

דַּבֵּר Pi. impv. 2 m.s. (180) *say*

אֶל־הָעֵדָה prep.-def.art.-n.f.s. (417) *to the congregation*

לֵאמֹר prep.-Qal inf.cstr. (55) *(saying)*

הֵעָלוּ Ni. impv. 2 m.p. (עָלָה 748) *get away*

מִסָּבִיב prep.-adv. (686) *from about*

לְמִשְׁכַּן־קֹרַח prep.-n.m.s. cstr. (1015)-pr.n. (901) *the dwelling of Korah*

דָּתָן pr.n. (206) *Dathan*

וַאֲבִירָם conj.-pr.n. (4) *and Abiram*

16:25

וַיָּקָם מֹשֶׁה consec.-Qal impf. 3 m.s. (קוּם 877)-pr.n. (602) *then Moses rose*

וַיֵּלֶךְ consec.-Qal impf. 3 m.s. (הָלַךְ 229) *and went*

אֶל־דָּתָן prep.-pr.n. (206) *to Dathan*

וַאֲבִירָם conj.-pr.n. (4) *and Abiram*

וַיֵּלְכוּ אַחֲרָיו consec.-Qal impf. 3 m.p. (הָלַךְ 229)-prep.-3 m.s. sf. (29) *and followed him*

זִקְנֵי יִשְׂרָאֵל adj. m.p. cstr. (278)-pr.n. (975) *the elders of Israel*

16:26

וַיְדַבֵּר consec.-Pi. impf. 3 m.s. (180) *and he said*

אֶל־הָעֵדָה prep.-def.art.-n.f.s. (417) *to the congregation*

לֵאמֹר prep.-Qal inf.cstr. (55) *(saying)*

סוּרוּ נָא Qal impv. 2 m.p. (סוּר 693)-part.of entreaty (609) *depart, I pray you,*

מֵעַל אָהֳלֵי prep.-prep.-n.m.p. cstr. (13) *from the tents of*

הָאֲנָשִׁים הָרְשָׁעִים הָאֵלֶּה def.art.-n.m.p. (35)-def.art.-adj. m.p. (957)-def.art.-demons.adj. c.p. (41) *these wicked men*

וְאַל־תִּגְּעוּ conj.-neg. (39)-Qal impf. 2 m.p. (נָגַע 619) *and touch not*

בְּכָל־אֲשֶׁר לָהֶם prep.-n.m.s. (481)-rel. (81)-prep.-3 m.p. sf. *anything that is theirs*

פֶּן־תִּסָּפוּ conj. (814)-Ni. impf. 2 m.p. (סָפָה 705) *lest you be swept away*

בְּכָל־חַטֹּאתָם prep.-n.m.s. cstr. (481)-n.f.p.-3 m.p. sf. (308) *with all their sins*

16:27

וַיֵּעָלוּ consec.-Ni. impf. 3 m.p. (עָלָה 748) *so they got (themselves) away*

מֵעַל מִשְׁכַּן־קֹרַח prep.-prep.-n.m.s. cstr. (1015)-pr.n. (901) *from the dwelling of Korah*

דָּתָן pr.n. (206) *Dathan*

וַאֲבִירָם conj.-pr.n. (4) *and Abiram*

מִסָּבִיב prep.-adv. (686) *about*

וְדָתָן conj.-pr.n. (206) *and Dathan*

וַאֲבִירָם v.supra *and Abiram*

יָצְאוּ Qal pf. 3 c.p. (יָצָא 422) *came out*

נִצָּבִים Ni. ptc. m.p. (נָצַב 662) *taking their stand*

פֶּתַח אָהֳלֵיהֶם n.m.s. cstr. (835)-n.m.p.-3 m.p. sf. (13) *at the door of their tents*

וּנְשֵׁיהֶם conj.-n.f.p.-3 m.p. sf. (61) *and their wives*

וּבְנֵיהֶם conj.-n.m.p.-3 m.p. sf. (119) *and their sons*

וְטַפָּם conj.-n.m.s.-3 m.p. sf. (381) *and their little ones*

16:28

וַיֹּאמֶר מֹשֶׁה consec.-Qal impf. 3 m.s. (55)-pr.n. (602) *and Moses said*

בְּזֹאת prep.-demons.adj. f.s. (260) *hereby*

תֵּדְעוּן Qal impf. 2 m.p. (יָדַע 393) *you shall know*

כִּי־יְהוָה conj. (471)-pr.n. (217) *that Yahweh*

שְׁלָחַנִי Qal pf. 3 m.s.-1 c.s. (1018) *has sent me*

לַעֲשׂוֹת prep.-Qal inf.cstr. (עָשָׂה I 793) *to do*

אֵת כָּל־ dir.obj.-n.m.s. cstr. (481) *all*

הַמַּעֲשִׂים הָאֵלֶּה def.art.-n.m.p. (795)-def.art.-demons.adj. c.p. (41) *these works*

כִּי־לֹא מִלִּבִּי conj. (471)-neg.-prep.-n.m.s.-1 c.s. sf. (524) *and that it has not been of my own accord*

16:29

אִם־כְּמוֹת hypoth.part. (49)-prep.-n.m.s. cstr. (560; GK 121b) *if ... the common death of*

כָּל־הָאָדָם n.m.s. cstr. (481)-def.art.-n.m.s. (9) *all men*

יְמֻתוּן אֵלֶּה Qal impf. 3 m.p. (מוּת 559; GK 159cN,q)-demons.adj. c.p. (41) *these men die*

וּפְקֻדַּת conj.-n.f.s. cstr. (824) *and the fate of*

כָּל־הָאָדָם v.supra-v.supra *all men*

יִפָּקֵד עֲלֵיהֶם Ni. impf. 3 m.s. (פָּקַד 823)-prep.-3 m.p. sf. *they are visited*

לֹא יְהוָה שְׁלָחָנִי neg.-pr.n. (217)-Qal pf. 3 m.s.-1 c.s. sf. paus. (שָׁלַח 1018) *then Yahweh has not sent me*

16:30

וְאִם־בְּרִיאָה conj.-hypoth.part. (49)-n.f.s. (135) *but if a creation*

יִבְרָא יְהוָה Qal impf. 3 m.s. (135)-pr.n. (217) *Yahweh creates*

וּפָצְתָה conj.-Qal pf. 3 f.s. (פָּצָה 822) *and opens*

הָאֲדָמָה def.art.-n.f.s. (9) *the ground*

אֶת־פִּיהָ dir.obj.-n.m.s.-3 f.s. sf. (804) *its mouth*

וּבָלְעָה אֹתָם conj.-Qal pf. 3 f.s. (בָּלַע 118)-dir.obj.-3 m.p. sf. *and swallows them up*

וְאֶת־כָּל־אֲשֶׁר לָהֶם conj.-dir.obj.-n.m.s. (481)-rel. (891)-prep.-3 m.p. sf. *with all that belongs to them*

וְיָרְדוּ conj.-Qal pf. 3 c.p. (יָרַד 432) *and they go down*

חַיִּים adj. m.p. (311) *alive*

שְׁאֹלָה n.f.s.-dir.he (982) *into Sheol*

וִידַעְתֶּם conj.-Qal pf. 2 m.p. (יָדַע 393) *then you shall know*

כִּי נִאֲצוּ conj. (471)-Pi. pf. 3 c.p. (נָאַץ 610) *that ... have despised*

הָאֲנָשִׁים הָאֵלֶּה def.art.-n.m.p. (35)-def.art.-demons.adj. c.p. (41) *these men*

אֶת־יְהוָה dir.obj.-pr.n. (217) *Yahweh*

16:31

וַיְהִי consec.-Qal impf. 3 m.s. (הָיָה 224) *and (it was)*

כְּכַלֹּתוֹ prep.-Pi. inf.cstr.-3 m.s. sf. (כָּלָה 477) *as he finished*

לְדַבֵּר prep.-Pi. inf.cstr. (180) *speaking*

אֵת כָּל־הַדְּבָרִים הָאֵלֶּה dir.obj.-n.m.s. cstr. (481) -def.art.-n.m.p. (182)-def.art.-demons.adj. c.p. (41) *all these words*

וַתִּבָּקַע consec.-Ni. impf. 3 f.s. (בָּקַע 131) *and ... split asunder*

הָאֲדָמָה def.art.-n.f.s. (9) *the ground*

אֲשֶׁר תַּחְתֵּיהֶם rel. (81)-prep.-3 m.p. sf. (1065) *which was under them*

16:32

וַתִּפְתַּח consec.-Qal impf. 3 f.s. (פָּתַח I 834) *and opened*

הָאָרֶץ def.art.-n.f.s. (75) *the earth*

אֶת־פִּיהָ dir.obj.-n.m.s.-3 f.s. sf. (804) *its mouth*

וַתִּבְלַע consec.-Qal impf. 3 f.s. (בָּלַע 118) *and swallowed up*

אֹתָם dir.obj.-3 m.p. sf. *them*

וְאֶת־בָּתֵּיהֶם conj.-dir.obj.-n.m.p.-3 m.p. sf. (108) *with their households*

וְאֵת כָּל־הָאָדָם conj.-dir.obj.-n.m.s. cstr. (481) -def.art.-n.m.s. (9) *and all the men*

אֲשֶׁר לְקֹרַח rel. (81)-prep.-pr.n. (901) *that belonged to Korah*

וְאֵת כָּל־הָרְכוּשׁ v.supra-v.supra-def.art.-n.m.s. (940) *and all their goods*

16:33

וַיֵּרְדוּ הֵם consec.-Qal impf. 3 m.p. (יָרַד 432) -pers.pr. 3 m.p. (241) *so they went down*

וְכָל־אֲשֶׁר לָהֶם conj.-n.m.s. (481)-rel. (81)-prep.-3 m.p. sf. *and all that belonged to them*

חַיִּים adj. m.p. (311) *alive*

שְׁאֹלָה n.f.s.-dir.he (982) *into Sheol*

וַתְּכַס עֲלֵיהֶם consec.-Pi. impf. 3 f.s. (כָּסָה 491) -prep.-3 m.p. sf. *and closed over them*

הָאָרֶץ def.art.-n.f.s. (75) *the earth*

וַיֹּאבְדוּ consec.-Qal impf. 3 m.p. (אָבַד 1) *and they perished*

מִתּוֹךְ הַקָּהָל prep.-n.m.s. cstr. (1063)-def.art. -n.m.s. (874) *from the midst of the assembly*

16:34

וְכָל־יִשְׂרָאֵל conj.-n.m.s. cstr. (481)-pr.n. (975) *and all Israel*

אֲשֶׁר סְבִיבֹתֵיהֶם rel. (81)-prep.-3 m.p. sf. (686) *that were round about them*

נָסוּ Qal pf. 3 c.p. (נוּס 630) *fled*

לְקֹלָם prep.-n.m.s.-3 m.p. sf. (876) *at their cry*

כִּי אָמְרוּ conj. (471)-Qal pf. 3 c.p. (55) *for they said*

פֶּן־תִּבְלָעֵנוּ conj. (814)-Qal impf. 3 f.s.-1 c.p. sf. (בָּלַע 118) *lest ... swallow us up*

הָאָרֶץ def.art.-n.f.s. (75) *the earth*

16:35

וְאֵשׁ יָצְאָה conj.-n.f.s. (77)-Qal pf. 3 f.s. (יָצָא 422) *and fire came forth*

מֵאֵת יהוה prep.-prep. (85)-pr.n. (217) *from Yahweh*

וַתֹּאכַל consec.-Qal impf. 3 f.s. (אָכַל 37) *and consumed*

אֵת הַחֲמִשִּׁים וּמָאתַיִם dir.obj.-def.art.-num. p. (332)-conj.-n.f. du. (547) *the two hundred and fifty*

אִישׁ n.m.s. (35) *men*

מַקְרִיבֵי Hi. ptc. m.p. cstr. (קָרַב 897) *offering*

הַקְּטֹרֶת def.art.-n.f.s. (882) *the incense*

17:1 (Eng.16:36)

וַיְדַבֵּר יהוה consec.-Pi. impf. 3 m.s. (180)-pr.n. (217) *then Yahweh said*

אֶל־מֹשֶׁה prep.-pr.n. (602) *to Moses*

לֵאמֹר prep.-Qal inf.cstr. (55) *(saying)*

17:2

אֱמֹר Qal impv. 2 m.s. (55) *tell*

אֶל־אֶלְעָזָר prep.-pr.n. (46) *Eleazar*

בֶּן־אַהֲרֹן n.m.p. cstr. (119)-pr.n. (14) *the son of Aaron*

הַכֹּהֵן def.art.-n.m.s. (463) *the priest*

וְיָרֵם conj.-Hi. impf. 3 m.s. apoc. (רוּם 926) *to take up*

אֶת־הַמַּחְתֹּת dir.obj.-def.art.-n.f.p. (367) *the censers*

מִבֵּין הַשְּׂרֵפָה prep.-prep. (107)-def.art.-n.f.s. (977) *out of the blaze*

וְאֶת־הָאֵשׁ conj.-dir.obj.-def.art.-n.f.s. (77) *and the fire*

זְרֵה־הָלְאָה Qal impv. 2 m.s. (זָרָה 279)-adv. (229) *scatter far and wide*

כִּי קָדֵשׁוּ conj. (471)-Qal pf. 3 c.p. paus. (קָדַשׁ 872) *for they are holy*

17:3

אֵת מַחְתּוֹת dir.obj.-n.f.p. cstr. (367) *the censers of*

הַחַטָּאִים הָאֵלֶּה def.art.-n.m.p. (308)-def.art.-demons.adj. c.p. (41) *these men who have sinned*

בְּנַפְשֹׁתָם prep.-n.f.p.-3 m.p. sf. (659) *at the cost of their lives*

וְעָשׂוּ אֹתָם conj.-Qal pf. 3 c.p. (עָשָׂה I 793) -dir.obj.-3 m.p. sf. *so let them be made*

רִקֻּעֵי פַחִים n.m.p. cstr. (956)-n.m.p. (II 808) *into hammered plates*

צִפּוּי n.m.p. (860) *as a covering*

לַמִּזְבֵּחַ prep.-def.art.-n.m.s. (258) *for the altar*

כִּי־הִקְרִיבֻם conj. (471)-Hi. pf. 3 c.p.-3 m.p. sf. (קָרַב 897) *for they offered them*

לִפְנֵי־יְהוָה prep.-n.m.p. cstr. (815)-pr.n. (217) *before Yahweh*

וַיִּקְדָּשׁוּ consec.-Qal impf. 3 m.p. paus. (קָדַשׁ 872) *therefore they are holy*

וְיִהְיוּ conj.-Qal impf. 3 m.p. (הָיָה 224) *thus they shall be*

לְאוֹת prep.-16) *a sign*

לִבְנֵי יִשְׂרָאֵל prep.-n.m.p. cstr. (119)-pr.n. (975) *to the people of Israel*

17:4

וַיִּקַּח consec.-Qal impf. 3 m.s. (לָקַח 542) *so took*

אֶלְעָזָר pr.n. (46) *Eleazar*

הַכֹּהֵן def.art.-n.m.s. (463) *the priest*

אֵת מַחְתּוֹת הַנְּחֹשֶׁת dir.obj.-n.f.p. cstr. (367) -def.art.-n.f.s. (638) *the bronze censers*

אֲשֶׁר הִקְרִיבוּ rel. (81)-Hi. pf. 3 m.p. (897) *which had offered*

הַשְּׂרֻפִים def.art.-Qal pass.ptc. m.p. (שָׂרַף 976) *those who were burned*

וַיְרַקְּעוּם consec.-Pi. impf. 3 m.p.-3 m.p. sf. (רָקַע 955) *and they were hammered out*

צִפּוּי n.m.s. (860) *as a covering*

לַמִּזְבֵּחַ prep.-def.art.-n.m.s. (258) *for the altar*

17:5

זִכָּרוֹן n.m.s. (272) *a reminder*

לִבְנֵי יִשְׂרָאֵל prep.-n.m.p. cstr. (119)-pr.n. (975) *to the people of Israel*

לְמַעַן אֲשֶׁר conj. (775)-rel. (81) *so that*

לֹא־יִקְרַב neg.-Qal impf. 3 m.s. (קָרַב 897) *so ... should draw near*

אִישׁ זָר n.m.s. (35)-Qal act.ptc. (זוּר I 266) *one who is a stranger*

לֹא מִזֶּרַע אַהֲרֹן neg.-prep.-n.m.s. cstr. (282) -pr.n. (14) *not of the seed of Aaron*

הוּא pers.pr. 3 m.s. (214) *he*

לְהַקְטִיר קְטֹרֶת prep.-Hi. inf.cstr. (קָטַר 882) -n.f.s. (882) *to burn incense*

לִפְנֵי יְהוָה prep.-n.m.p. cstr. (815)-pr.n. (217) *before Yahweh*

וְלֹא־יִהְיֶה conj.-neg.-Qal impf. 3 m.s. (הָיָה 224) *lest he become*

כְּקֹרַח prep.-pr.n. (901) *as Korah*

וְכַעֲדָתוֹ conj.-prep.-n.f.s.-3 m.s. sf. (417) *and as his company*

כַּאֲשֶׁר דִּבֶּר יְהוָה prep.-rel. (81)-Pi. pf. 3 m.s. (180)-pr.n. (217) *as Yahweh said*

בְּיַד־מֹשֶׁה לוֹ prep.-n.f.s. cstr. (388)-pr.n. (602) -prep.-3 m.s. sf. *through (the hand of) Moses (to him)*

17:6 (Eng. 16:41)

וַיִּלֹּנוּ consec.-Qal impf. 3 m.p. (לוּן II 534) *but ... murmured*

כָּל־עֲדַת n.m.s. cstr. (119)-n.f.s. cstr. (417) *all the congregation of*

בְּנֵי־יִשְׂרָאֵל n.m.p. cstr. (119)-pr.n. (975) *the people of Israel*

מִמָּחֳרָת prep.-n.f.s. (564) *on the morrow*

עַל־מֹשֶׁה prep.-pr.n. (602) *against Moses*

וְעַל־אַהֲרֹן conj.-prep.-pr.n. (14) *and against Aaron*

לֵאמֹר prep.-Qal inf.cstr. (55) *saying*

אַתֶּם הֲמִתֶּם pers.pr. 2 m.p. (61; GK 72w)-Hi. pf. 2 m.p. (מוּת 559) *you have killed*

אֶת־עַם יְהוָה dir.obj.-n.m.s. cstr. (I 766)-pr.n. (217) *the people of Yahweh*

17:7

וַיְהִי consec.-Qal impf. 3 m.s. (הָיָה 224) *and*

בְּהִקָּהֵל הָעֵדָה prep.-Ni. inf.cstr. (קָהַל 874)-def. art.-n.f.s. (417) *when the congregation had assembled*

עַל־מֹשֶׁה prep.-pr.n. (602) *against Moses*

וְעַל־אַהֲרֹן conj.-prep.-pr.n. (14) *and against Aaron*

וַיִּפְנוּ consec.-Qal impf. 3 m.p. (פָּנָה 815) *they turned*

אֶל־אֹהֶל מוֹעֵד prep.-n.m.s. cstr. (13)-n.m.s. (417) *toward the tent of meeting*

וְהִנֵּה conj.-demons.part. (243) *and behold*

כִּסָּהוּ הֶעָנָן Pi. pf. 3 m.s.-3 m.s. sf. (כָּסָה 491) -def.art.-n.m.s. (777) *the cloud covered it*

וַיֵּרָא consec.-Ni. impf. 3 m.s. (רָאָה 906) *and ... appeared*

כְּבוֹד יְהוָה n.m.s. cstr. (458)-pr.n. (217) *the glory of Yahweh*

17:8

וַיָּבֹא consec.-Qal impf. 3 m.s. (בּוֹא 97) *and came*

מֹשֶׁה וְאַהֲרֹן pr.n. (602)-conj.-pr.n. (14) *Moses and Aaron*

אֶל־פְּנֵי prep.-n.m.p. cstr. (815) *to the front of*

אֹהֶל מוֹעֵד n.m.s. cstr. (13)–n.m.s. (417) *the tent of meeting*

17:9 (Eng.16:44)

וַיְדַבֵּר יהוה consec.-Pi. impf. 3 m.s. (180)–pr.n. (217) *and Yahweh said*

אֶל־מֹשֶׁה prep.-pr.n. (602) *to Moses*

לֵאמֹר prep.-Qal inf.cstr. (55) *(saying)*

17:10

הֵרֹמּוּ Ni. impv. 2 m.p. (רמם 942; GK 67t, 72dd) *be exalted*

מִתּוֹךְ הָעֵדָה הַזֹּאת prep.-n.m.s. cstr. (1063)–def.art.-n.f.s. (417)–def.art.-demons.adj. f.s. (260) *from the midst of this congregation*

וַאֲכַלֶּה אֹתָם conj.-Pi. impf. 1 c.s. (כלה 477)–dir. obj.-3 m.p. sf. *that I may consume them*

כְּרָגַע prep.-n.m.s. paus. (921) *in a moment*

וַיִּפְּלוּ consec.-Qal impf. 3 m.p. (נפל 656) *and they fell*

עַל־פְּנֵיהֶם prep.-n.m.p.-3 m.p. sf. (815) *on their faces*

17:11

וַיֹּאמֶר מֹשֶׁה consec.-Qal impf. 3 m.s. (55)–pr.n. (602) *and Moses said*

אֶל־אַהֲרֹן prep.-pr.n. (14) *to Aaron*

קַח Qal impv. 2 m.s. (לקח 542) *take*

אֶת־הַמַּחְתָּה dir.obj.-def.art.-n.f.s. (367) *the censer*

וְתֶן־עָלֶיהָ conj.-Qal impv. 2 m.s. (נתן 678) -prep.-3 f.s. sf. *and put therein*

אֵשׁ n.f.s. (77) *fire*

מֵעַל הַמִּזְבֵּחַ prep.-prep.-def.art.-n.m.s. (258) *from off the altar*

וְשִׂים קְטֹרֶת conj.-Qal impv. 2 m.s. (שׂים 962)–n.f.s. (882) *and lay incense*

וְהוֹלֵךְ conj.-Hi. impv. 2 m.s. (הלך 229) *and carry*

מְהֵרָה n.f.s. (555) *quickly*

אֶל־הָעֵדָה prep.-def.art.-n.f.s. (417) *to the congregation*

וְכַפֵּר עֲלֵיהֶם conj.-Pi. impv. 2 m.s. (497) -prep.-3 m.p. sf. *and make atonement for them*

כִּי־יָצָא conj. (471)–Qal pf. 3 m.s. (יצא 422) *for has gone forth*

הַקֶּצֶף def.art.-n.m.s. (893) *wrath*

מִלִּפְנֵי יהוה prep.-prep.-n.m.p. cstr. (815)–pr.n. (217) *from Yahweh*

הֵחֵל הַנָּגֶף Hi. pf. 3 m.s. (חלל III 320)–def.art. -n.m.s. paus. (620) *the plague has begun*

17:12

וַיִּקַּח אַהֲרֹן consec.-Qal impf. 3 m.s. (לקח 542)–pr.n. (14) *so Aaron took*

כַּאֲשֶׁר דִּבֶּר מֹשֶׁה prep.-rel. (81)–Pi. pf. 3 m.s. (180)–pr.n. (602) *as Moses said*

וַיָּרָץ consec.-Qal impf. 3 m.s. (רוץ 930) *and ran*

אֶל־תּוֹךְ הַקָּהָל prep.-n.m.s. cstr. (1063)–def.art. -n.m.s. (874) *into the midst of the assembly*

וְהִנֵּה conj.-demons.part. (243) *and behold*

הֵחֵל הַנֶּגֶף Hi. pf. 3 m.s. (חלל III 320)–def.art. -n.m.s. (620) *the plague had already begun*

בָּעָם prep.-def.art.-n.m.s. (I 766) *among the people*

וַיִּתֵּן consec.-Qal impf. 3 m.s. (נתן 678) *and he put*

אֶת־הַקְּטֹרֶת dir.obj.-def.art.-n.f.s. (882) *on the incense*

וַיְכַפֵּר consec.-Pi. impf. 3 m.s. (כפר 497) *and made atonement*

עַל־הָעָם prep.-def.art.-n.m.s. (I 766) *for the people*

17:13

וַיַּעֲמֹד consec.-Qal impf. 3 m.s. (763) *and he stood*

בֵּין־הַמֵּתִים prep. (107)–def.art.-Qal act.ptc. m.p. (מות 559) *between the dead*

וּבֵין הַחַיִּים conj.-v.supra-def.art.-adj. m.p. (311) *and the living*

וַתֵּעָצַר consec.-Ni. impf. 3 f.s. (עצר 783) *and was stopped*

הַמַּגֵּפָה def.art.-n.f.s. (620) *the plague*

17:14

וַיִּהְיוּ consec.-Qal impf. 3 m.p. (היה 224) *and were*

הַמֵּתִים def.art.-Qal act.ptc. m.p. (מות 559) *those who died*

בַּמַּגֵּפָה prep.-def.art.-n.f.s. (620) *by the plague*

אַרְבָּעָה עָשָׂר אֶלֶף num. f.s. (916)–num. (797) -n.m.s. (48) *fourteen thousand*

וּשְׁבַע מֵאוֹת conj.-num. (I 987)–n.f.p. (547) *seven hundred*

מִלְּבַד הַמֵּתִים prep.-prep.-n.m.s. cstr. (II 94) -v.supra *besides those who died*

עַל־דְּבַר קֹרַח prep.-n.m.s. cstr. (182)–pr.n. (901) *in the affair of Korah*

17:15

וַיָּשָׁב אַהֲרֹן consec.-Qal impf. 3 m.s. (שׁוב 996)–pr.n. (14) *and Aaron returned*

אֶל־מֹשֶׁה prep.-pr.n. (602) *to Moses*

אֶל־פֶּתַח prep.-n.m.s. cstr. (835) *at the entrance of*

אֹהֶל מוֹעֵד n.m.s. cstr. (13)-n.m.s. (417) *the tent of meeting*

וְהַמַּגֵּפָה conj.-def.art.-n.f.s. (620) *when the plague*

נֶעֱצָרָה Ni. ptc. f.s. (עצר 783) *was stopped*

17:16 (Eng. 17:1)

וַיְדַבֵּר יהוה consec.-Pi. impf. 3 m.s. (180)-pr.n. (217) *Yahweh said*

אֶל־מֹשֶׁה prep.-pr.n. (602) *to Moses*

לֵאמֹר prep.-Qal inf.cstr. (55) *(saying)*

17:17

דַּבֵּר Pi. impv. 2 m.s. (180) *speak*

אֶל־בְּנֵי יִשְׂרָאֵל prep.-n.m.p. cstr. (119)-pr.n. (975) *to the people of Israel*

וְקַח מֵאִתָּם conj.-Qal impv. 2 m.s. (לקח 542)-prep.-prep.-3 m.p. sf. (85) *and get from them*

מַטֶּה מַטֶּה n.m.s. (641)-v.supra *rods, a rod*

לְבֵית אָב prep.-n.m.s. cstr. (108)-n.m.s. (3) *for each fathers' house*

מֵאֵת כָּל־נְשִׂיאֵהֶם prep.-prep. (85)-n.m.s. cstr. (481)-n.m.p.-3 m.p. sf. (672) *from all their leaders*

לְבֵית אֲבֹתָם prep.-v.supra-n.m.p.-3 m.p. sf. (3) *according to their fathers' houses*

שְׁנֵים עָשָׂר מַטּוֹת num. (1040)-num. (797)-n.m.p. (641) *twelve rods*

אִישׁ אֶת־שְׁמוֹ n.m.s. (35; GK 139c)-dir.obj.-n.m.s.-3 m.s. sf. (1027) *each man's name*

תִּכְתֹּב Qal impf. 2 m.s. (כתב 507) *write*

עַל־מַטֵּהוּ prep.-n.m.s.-3 m.s. sf. (641) *upon his rod*

17:18

וְאֵת שֵׁם אַהֲרֹן conj.-dir.obj.-n.m.s. cstr. (1027)-pr.n. (14) *and Aaron's name*

תִּכְתֹּב Qal impf. 2 m.s. (כתב 507) *write*

עַל־מַטֵּה לֵוִי prep.-n.m.s. cstr. (641)-pr.n. (532) *upon the rod of Levi*

כִּי מַטֶּה אֶחָד conj. (471)-n.m.s. (641)-num. m.s. (25) *for one rod*

לְרֹאשׁ prep.-n.m.s. cstr. (910) *for the head of*

בֵּית אֲבוֹתָם n.m.s. cstr. (108)-n.m.p.-3 m.p. sf. (3) *each fathers' house*

17:19

וְהִנַּחְתָּם conj.-Hi. pf. 2 m.s.-3 m.p. sf. (נוח 628 B) *then you shall deposit them*

בְּאֹהֶל מוֹעֵד prep.-n.m.s. cstr. (13)-n.m.s. (417) *in the tent of meeting*

לִפְנֵי הָעֵדוּת prep.-n.m.p. cstr. (815)-def.art.-n.f.s. (730) *before the testimony*

אֲשֶׁר אִוָּעֵד לָכֶם rel. (81)-Ni. impf. 1 c.s. (יעד 416)-prep.-2 m.p. sf. *I meet with you*

שָׁמָּה adv.-dir.he (1027) *there*

17:20

וְהָיָה conj.-Qal pf. 3 m.s. (224) *and (it shall be)*

הָאִישׁ def.art.-n.m.s. (35) *the man*

אֲשֶׁר אֶבְחַר־בּוֹ rel. (81)-Qal impf. 1 c.s. (103)-prep.-3 m.s. sf. *whom I choose*

מַטֵּהוּ יִפְרָח n.m.s.-3 m.s. sf. (641)-Qal impf. 3 m.s. paus. (פרח I 827) *his rod shall sprout*

וַהֲשִׁכֹּתִי מֵעָלַי conj.-Hi. pf. 1 c.s. (שכך 1013)-prep.-prep.-1 c.s. sf. *I will make to cease from me*

אֶת־תְּלֻנּוֹת dir.obj.-n.f.p. cstr. (534) *the murmurings of*

בְּנֵי יִשְׂרָאֵל n.m.p. cstr. (119)-pr.n. (975) *the people of Israel*

אֲשֶׁר הֵם מַלִּינִם rel. (81)-pers.pr. 3 m.p. (241)-Hi. ptc. m.p. (לון II 534; GK 72ee) *which they murmur*

עֲלֵיכֶם prep.-2 m.p. sf. *against you*

17:21

וַיְדַבֵּר מֹשֶׁה consec.-Pi. impf. 3 m.s. (180)-pr.n. (602) *Moses spoke*

אֶל־בְּנֵי יִשְׂרָאֵל prep.-n.m.p. cstr. (119)-pr.n. (975) *to the people of Israel*

וַיִּתְּנוּ אֵלָיו consec.-Qal impf. 3 m.p. (נתן 678)-prep.-3 m.s. sf. *and gave him*

כָּל־נְשִׂיאֵיהֶם n.m.s. cstr. (481)-n.m.p.-3 m.p. sf. (672) *all their leaders*

מַטֶּה n.m.s. (641) *rods*

לְנָשִׂיא אֶחָד prep.-n.m.s. (672)-num. (25) *for each leader*

מַטֶּה v.supra *a rod*

לְנָשִׂיא אֶחָד v.supra-v.supra *for each leader*

לְבֵית אֲבֹתָם prep.-n.m.s. cstr. (108)-n.m.p.-3 m.p. sf. (3) *according to their fathers' houses*

שְׁנֵים עָשָׂר מַטּוֹת num. (1040)-num. (797)-n.m.p. (641) *twelve rods*

וּמַטֵּה אַהֲרֹן conj.-n.m.s. cstr. (641)-pr.n. (14) *and the rod of Aaron*

בְּתוֹךְ מַטּוֹתָם prep.-n.m.s. cstr. (1063)-n.m.p.-3 m.p. sf. (641) *among their rods*

17:22

וַיַּנַּח מֹשֶׁה consec.-Hi. impf. 3 m.s. (נוח 628)
-pr.n. (602) *and Moses deposited*

אֶת־הַמַּטֹת dir.obj.-def.art.-n.m.p. (641) *the rods*

לִפְנֵי יהוה prep.-n.m.p. cstr. (815)-pr.n. (217)
before Yahweh

בְּאֹהֶל הָעֵדֻת prep.-n.m.s. cstr. (13)-def.art.-n.f.s.
(730) *in the tent of the testimony*

17:23

וַיְהִי מִמָּחֳרָת consec.-Qal impf. 3 m.s. (הָיָה
224)-prep.-n.f.s. (564) *and on the morrow*

וַיָּבֹא מֹשֶׁה consec.-Qal impf. 3 m.s. (בוֹא
97)-pr.n. (602) *Moses went*

אֶל־אֹהֶל הָעֵדוּת prep.-n.m.s. cstr. (13)-def.art.
-n.f.s. (730) *into the tent of the testimony*

וְהִנֵּה conj.-demons.part. (243) *and behold*

פָּרַח Qal pf. 3 m.s. (I 827) *had sprouted*

מַטֵּה־אַהֲרֹן n.m.s. cstr. (641)-pr.n. (14) *the rod of
Aaron*

לְבֵית לֵוִי prep.-n.m.s. cstr. (108)-pr.n. (532) *for
the house of Levi*

וַיֹּצֵא פֶרַח consec.-Hi. impf. 3 m.s. (יָצָא 422)
-n.m.s. (827) *and put forth buds*

וַיָּצֵץ צִיץ consec.-Hi. impf. 3 m.s. (צוּץ I
847)-n.m.s. (847) *and produced blossoms*

וַיִּגְמֹל שְׁקֵדִים consec.-Qal impf. 3 m.s. (גָּמַל
168)-n.m.p. (1052) *and it bore ripe almonds*

17:24

וַיֹּצֵא מֹשֶׁה consec.-Hi. impf. 3 m.s. (יָצָא
422)-pr.n. (602) *then Moses brought out*

אֶת־כָּל־הַמַּטֹת dir.obj.-n.m.s. cstr. (481)
-def.art.-n.m.p. (641) *all the rods*

מִלִּפְנֵי יהוה prep.-prep.-n.m.p. cstr. (815)-pr.n.
(217) *from before Yahweh*

אֶל־כָּל־בְּנֵי יִשְׂרָאֵל prep.-n.m.s. cstr. (481)-n.m.
cstr. (119)-pr.n. (975) *to all the people of
Israel*

וַיִּרְאוּ consec.-Qal impf. 3 m.p. (רָאָה 906) *and
they looked*

וַיִּקְחוּ consec.-Qal impf. 3 m.p. (לָקַח 542) *and
took*

אִישׁ n.m.s. (35) *each man*

מַטֵּהוּ n.m.s.-3 m.s. sf. (641) *his rod*

17:25 (Eng. 17:10)

וַיֹּאמֶר יהוה consec.-Qal impf. 3 m.s. (55)-pr.n.
(217) *and Yahweh said*

אֶל־מֹשֶׁה prep.-pr.n. (602) *to Moses*

הָשֵׁב Hi. impv. 2 m.s. (שׁוּב 996) *put back*

אֶת־מַטֵּה אַהֲרֹן dir.obj.-n.m.s. cstr. (641)-pr.n.
(14) *the rod of Aaron*

לִפְנֵי הָעֵדוּת prep.-n.m.p. cstr. (815)-def.art.-n.f.s.
(730) *before the testimony*

לְמִשְׁמֶרֶת prep.-n.f.s. (1038) *to be kept*

לְאוֹת prep.-n.m.s. (16) *as a sign*

לִבְנֵי־מֶרִי prep.-n.m.p. cstr. (119; GK 128v)-n.m.s.
paus. (598) *for the rebels*

וּתְכַל conj.-Pi. impf. 2 m.s. apoc. (כָּלָה 477) *that
you may make an end of*

תְּלוּנֹּתָם n.f.p.-3 m.p. sf. (534) *their murmurings*

מֵעָלַי prep.-prep.-1 c.s. sf. *against me*

וְלֹא יָמֻתוּ conj.-neg.-Qal impf. 3 m.p. (מוּת 559)
lest they die

17:26

וַיַּעַשׂ מֹשֶׁה consec.-Qal impf. 3 m.s. (עָשָׂה I
793)-pr.n. (602) *thus did Moses*

כַּאֲשֶׁר prep.-rel. (81) *as*

צִוָּה יהוה אֹתוֹ Pi. pf. 3 m.s. (צָוָה 845)-pr.n.
(217)-dir.obj.-3 m.s. sf. *Yahweh commanded
him*

כֵּן עָשָׂה adv. (I 485)-Qal pf. 3 m.s. (I 793) *so he
did*

17:27 (Eng. 17:12)

וַיֹּאמְרוּ consec.-Qal impf. 3 m.p. (55) *and said*

בְּנֵי יִשְׂרָאֵל n.m.p. cstr. (119)-pr.n. (975) *the
people of Israel*

אֶל־מֹשֶׁה prep.-pr.n. (602) *to Moses*

לֵאמֹר prep.-Qal inf.cstr. (55) *(saying)*

הֵן גָּוַעְנוּ demons.adv. (243)-Qal pf. 1 c.p. (גָּוַע
157) *behold, we perish*

אָבַדְנוּ Qal pf. 1 c.p. (אָבַד 1; GK 106n) *we are
undone (we die)*

כֻּלָּנוּ אָבַדְנוּ n.m.s.-1 c.p. sf. (481)-Qal pf. 1 c.p.
paus. (אָבַד 1) *we are all undone*

17:28

כֹּל n.m.s. (481) *every one*

הַקָּרֵב הַקָּרֵב dir.obj.-verbal adj.-v.supra *who
comes near*

אֶל־מִשְׁכַּן יהוה prep.-n.m.s. cstr. (1015)-pr.n.
(217) *to the tabernacle of Yahweh*

יָמוּת Qal impf. 3 m.s. (מוּת 559) *shall die*

הַאִם תַּמְנוּ לִגְוֹעַ interr.part.-hypoth.part. (49; GK
150gN)-Qal pf. 3 c.p. (תָּמַם 1070; GK 67dd,e,
106n)-prep.-Qal inf.cstr. (גָּוַע 157) *are we all
to perish?*

18:1

וַיֹּאמֶר יְהוָה consec.-Qal impf. 3 m.s. (55)-pr.n. (217) *so Yahweh said*

אֶל־אַהֲרֹן prep.-pr.n. (14) *to Aaron*

אַתָּה וּבָנֶיךָ pers.pr. 2 m.s. (61)-conj.-n.m.p.-2 m.s. sf. (119) *you and your sons*

וּבֵית־אָבִיךָ conj.-n.m.s. cstr. (108)-n.m.s.-2 m.s. sf. (3) *and your fathers' house*

אִתָּךְ prep.-2 m.s. sf. paus. (85) *with you*

תִּשְׂאוּ Qal impf. 2 m.p. (נָשָׂא 669) *shall bear*

אֶת־עֲוֹן dir.obj.-n.m.s. cstr. (730) *iniquity in connection with*

הַמִּקְדָּשׁ def.art.-n.m.s. (874) *the sanctuary*

וְאַתָּה וּבָנֶיךָ conj.-v.supra-conj.-v.supra *and you and your sons*

אִתָּךְ v.supra *with you*

תִּשְׂאוּ v.supra *shall bear*

אֶת־עֲוֹן v.supra-v.supra *iniquity in connection with*

כְּהֻנַּתְכֶם n.f.s.-2 m.p. sf. (464) *your priesthood*

18:2

וְגַם conj.-adv. (168) *and also*

אֶת־אַחֶיךָ dir.obj.-n.m.p.-2 m.s. sf. (26) *your brethren*

מַטֵּה לֵוִי n.m.s. cstr. (641)-pr.n. (532) *the tribe of Levi*

שֵׁבֶט אָבִיךָ n.m.s. cstr. (986)-n.m.s.-2 m.s. sf. (3) *the tribe of your father*

הַקְרֵב אִתָּךְ Hi. impv. 2 m.s. (קָרַב 897)-prep.-2 m.s. sf. paus. (85) *bring with you*

וְיִלָּווּ עָלֶיךָ conj.-Ni. impf. 3 m.p. (לָוָה I 530) -prep.-2 m.s. sf. *that they may join you*

וִישָׁרְתוּךָ conj.-Pi. impf. 3 m.p.-1 m.s. sf. (שָׁרַת 1058) *and minister to you*

וְאַתָּה וּבָנֶיךָ conj.-pers.pr. 2 m.s. (61)-conj. -n.m.p.-2 m.s. sf. (119) *while you and your sons*

אִתָּךְ prep.-2 m.s. sf. paus. (85) *with you*

לִפְנֵי prep.-n.m.p. cstr. (815) *before*

אֹהֶל הָעֵדֻת n.m.s. cstr. (13)-def.art.-n.f.s. (730) *the tent of the testimony*

18:3

וְשָׁמְרוּ מִשְׁמַרְתְּךָ conj.-Qal pf. 3 c.p. (1036) -n.f.s.-2 m.s. sf. (1038) *they shall attend you*

וּמִשְׁמֶרֶת כָּל־הָאֹהֶל conj.-n.f.s. cstr. (1038)-n.m.s. cstr. (481)-def.art.-n.m.s. (13) *and to all duties of the tent*

אַךְ אֶל־כְּלֵי הַקֹּדֶשׁ adv. (36)-prep.-n.m.p. (479) -def.art.-n.m.s. (871) *but to the vessels of the sanctuary*

וְאֶל־הַמִּזְבֵּחַ conj.-prep.-def.art.-n.m.s. (258) *or to the altar*

לֹא יִקְרָבוּ neg.-Qal impf. 3 m.p. paus. (897) *they shall not come near*

וְלֹא־יָמֻתוּ conj.-neg.-Qal impf. 3 m.p. (מוּת 559) *lest they die*

גַּם־הֵם גַּם־אַתֶּם adv. (168)-pers.pr. 3 m.p. (241) -v.supra-pers.pr. 2 m.p. (61) *both they and you*

18:4

וְנִלְווּ עָלֶיךָ conj.-Ni. pf. 3 c.p. (לָוָה 530)-prep.-2 m.s. sf. *they shall join you*

וְשָׁמְרוּ conj.-Qal pf. 3 c.p. (1036) *and attend*

אֶת־מִשְׁמֶרֶת אֹהֶל מוֹעֵד dir.obj.-n.f.s. cstr. (1038) -n.m.s. cstr. (13)-n.m.s. (417) *the guarding of the tent of meeting*

לְכֹל עֲבֹדַת prep.-n.m.s. cstr. (481)-n.f.s. cstr. (715) *for all the service of*

הָאֹהֶל def.art.-n.m.s. (13) *the tent*

וְזָר conj.-Qal act.ptc. (זוּר I 266) *and a stranger*

לֹא־יִקְרַב neg.-Qal impf. 3 m.s. (897) *shall not come near*

אֲלֵיכֶם prep.-2 m.p. sf. *you*

18:5

וּשְׁמַרְתֶּם conj.-Qal pf. 2 m.p. (1036) *and you shall attend*

אֵת מִשְׁמֶרֶת dir.obj.-n.f.s. cstr. (1038) *to the duties of*

הַקֹּדֶשׁ def.art.-n.m.s. (871) *the sanctuary*

וְאֵת מִשְׁמֶרֶת conj.-dir.obj.-v.supra *and the duties of*

הַמִּזְבֵּחַ def.art.-n.m.s. (258) *the altar*

וְלֹא־יִהְיֶה עוֹד conj.-neg.-Qal impf. 3 m.s. (224)-adv. (728) *that there be no more*

קֶצֶף n.m.s. (893) *wrath*

עַל־בְּנֵי יִשְׂרָאֵל prep.-n.m.p. cstr. (119)-pr.n. (975) *upon the people of Israel*

18:6

וַאֲנִי הִנֵּה לָקַחְתִּי conj.-pers.pr. 1 c.s. (58) -demons.part. (243)-Qal pf. 1 c.s. (לָקַח 542) *and behold, I have taken*

אֶת־אֲחֵיכֶם dir.obj.-n.m.p.-2 m.p. sf. (26) *your brethren*

הַלְוִיִּם def.art.-adj. gent. (532) *the Levites*

מִתּוֹךְ בְּנֵי יִשְׂרָאֵל prep.-n.m.s. cstr. (1063)-n.m.p. cstr. (119)-pr.n. (975) *from among the people of Israel*

לָכֶם מַתָּנָה prep.-2 m.p. sf.-n.f.s. (I 682) *to you a gift*

נְתֻנִים לַיהוה Qal pass.ptc. m.p. (נָתַן 678)
-prep.-pr.n. (217) *given to Yahweh*

לַעֲבֹד prep.-Qal inf.cstr. (712) *to do*

אֶת־עֲבֹדַת dir.obj.-n.f.s. cstr. (715) *the service of*

אֹהֶל מוֹעֵד n.m.s. cstr. (13)-n.m.s. (417) *the tent
of meeting*

18:7

וְאַתָּה וּבָנֶיךָ conj.-pers.pr. 2 m.s. (61)-conj.
-n.m.p.-2 m.s. sf. (119) *and you and your
sons*

אִתְּךָ prep.-2 m.s. sf. (85) *with you*

תִּשְׁמְרוּ Qal impf. 2 m.p. (שָׁמַר 1036) *shall
attend*

אֶת־כְּהֻנַּתְכֶם dir.obj.-n.f.s.-2 m.p. sf. (464) *to
your priesthood*

לְכָל־דְּבַר prep.-n.m.s. cstr. (481)-n.m.s. cstr. (182)
for all that concerns

הַמִּזְבֵּחַ def.art.-n.m.s. (258) *the altar*

וּלְמִבֵּית לַפָּרֹכֶת conj.-prep.-prep.-n.m.s. cstr.
(108)-prep.-def.art.-n.f.s. (827) *and that is
within the veil*

וַעֲבַדְתֶּם conj.-Qal pf. 2 m.p. (עָבַד 712) *and you
shall serve*

עֲבֹדַת מַתָּנָה n.f.s. cstr. (715)-n.f.s. (I 682) *service
of gift*

אֶתֵּן Qal impf. 1 c.s. (נָתַן 678) *I give*

אֶת־כְּהֻנַּתְכֶם dir.obj.-n.f.s.-2 m.p. sf. (464) *your
priesthood*

וְהַזָּר conj.-def.art.-Qal act.ptc. (זוּר I 266) *and
the stranger*

הַקָּרֵב def.art.-verbal adj. m.s. (898) *who comes
near*

יוּמָת Ho. impf. 3 m.s. (מוּת 559) *shall be put to
death*

18:8

וַיְדַבֵּר יהוה consec.-Pi. impf. 3 m.s. (180)-pr.n.
(217) *then Yahweh said*

אֶל־אַהֲרֹן prep.-pr.n. (14) *to Aaron*

וַאֲנִי הִנֵּה נָתַתִּי conj.-pers.pr. 1 c.s. (58)-demons.
part. (243)-Qal pf. 1 c.s. (נָתַן 678) *and
behold, I have given*

לְךָ prep.-2 m.s. sf. *you*

אֶת־מִשְׁמֶרֶת dir.obj.-n.f.s. cstr. (1038) *whatever
is kept of*

תְּרוּמֹתָי n.f.p.-1 c.s. sf. paus. (929) *the offerings
made to me*

לְכָל־קָדְשֵׁי prep. (GK 143c)-n.m.s. cstr. (481)
-n.m.p. cstr. (871) *all the consecrated things
of*

בְּנֵי־יִשְׂרָאֵל n.m.p. cstr. (119)-pr.n. (975) *the
people of Israel*

לְךָ נְתַתִּים prep.-2 m.s. sf.-Qal pf. 1 c.s.-3 m.p.
sf. (נָתַן 678) *I have given them to you*

לְמָשְׁחָה prep.-n.f.s. (603) *as a consecrated
portion*

וּלְבָנֶיךָ conj.-prep.-n.m.p.-2 m.s. sf. (119) *and to
your sons*

לְחָק־עוֹלָם prep.-n.m.s. (349)-n.m.s. (761) *as a
perpetual due*

18:9

זֶה־יִהְיֶה לְךָ demons.adj. m.s. (260)-Qal impf. 3
m.s. (224)-prep.-2 m.s. sf. *this shall be yours*

מִקֹּדֶשׁ הַקֳּדָשִׁים prep.-n.m.s. cstr. (871)-def.art.
-n.m.p. (871) *of the most holy things*

מִן־הָאֵשׁ prep.-def.art.-n.f.s. (77) *reserved from
the fire*

כָּל־קָרְבָּנָם n.m.s. cstr. (481)-n.m.s.-3 m.p. sf. (898)
every offering of theirs

לְכָל־מִנְחָתָם prep.-n.m.s. cstr. (481) -n.f.s.-3 m.p.
sf. (585) *every offering of theirs*

וּלְכָל־חַטָּאתָם conj.-prep.-n.m.s. cstr. (481)
-n.f.s.-3 m.p. sf. (308) *and every sin
offering of theirs*

וּלְכָל־אֲשָׁמָם v.supra-n.m.s.-3 m.p. sf. (79) *and
every guilt offering of theirs*

אֲשֶׁר יָשִׁיבוּ לִי rel. (81)-Hi. impf. 3 m.p. (שׁוּב
996)-prep.-1 c.s. sf. *which they render to me*

קֹדֶשׁ קָדָשִׁים לְךָ הוּא n.m.s. cstr. (871)-n.m.p.
(871)-prep.-2 m.s. sf.-pers.pr. 3 m.s. (214) *it
shall be most holy to you*

וּלְבָנֶיךָ conj.-prep.-n.m.p.-2 m.s. sf. (119) *and to
your sons*

18:10

בְּקֹדֶשׁ הַקֳּדָשִׁים prep.-n.m.s. cstr. (871)-def.art.
-n.m.p. (871) *in a most holy place*

תֹּאכְלֶנּוּ Qal impf. 2 m.s.-3 m.s. sf. (אָכַל 37) *you
shall eat of it*

כָּל־זָכָר n.m.s. cstr. (481)-adj. m.s. (271) *every
male*

יֹאכַל אֹתוֹ Qal impf. 3 m.s. (אָכַל 37)-dir.obj.-3
m.s. sf. *may eat of it*

קֹדֶשׁ יִהְיֶה־לָּךְ n.m.s. (871)-Qal impf. 3 m.s.
(224)-prep.-2 m.s. sf. paus. *it is holy to you*

18:11

וְזֶה־לְּךָ conj.-demons.adj. m.s. (260)-prep.-2 m.s.
sf. *this also is yours*

תְּרוּמַת מַתָּנָם n.f.s. cstr. (929)-n.f.s.-3 m.p. sf.
(682) *the offering of their gift*

לְכָל־תְּנוּפֹת prep.-n.m.s. cstr. (481)-n.f.p. cstr. (632) *all the wave offerings of*

בְּנֵי יִשְׂרָאֵל n.m.p. cstr. (481)-pr.n. (975) *the people of Israel*

לְךָ נְתַתִּים prep.-2 m.s. sf.-Qal pf. 1 c.s.-3 m.p. sf. (נָתַן 678) *I have given them to you*

וּלְבָנֶיךָ conj.-prep.-n.m.p.-2 m.s. sf. (119) *and to your sons*

וְלִבְנֹתֶיךָ conj.-prep.-n.f.p.-2 m.s. sf. (I 123) *and daughters*

אִתְּךָ prep.-2 m.s. sf. (85) *with you*

לְחָק־עוֹלָם prep.-n.m.s. cstr. (349)-n.m.s. (761) *as a perpetual due*

כָּל־טָהוֹר n.m.s. cstr. (481)-adj. m.s. (373) *every one who is clean*

בְּבֵיתְךָ prep.-n.m.s.-2 m.s. sf. (108) *in your house*

יֹאכַל אֹתוֹ Qal impf. 3 m.s. (אָכַל 37)-dir.obj.-3 m.s. sf. *may eat of it*

18:12

הֹל חֵלֶב יִצְהָר n.m.s. cstr. (481)-n.m.s. cstr. (316) -n.m.s. (850) *all the best of the oil*

וְכָל־חֵלֶב תִּירוֹשׁ conj.-n.m.s. cstr. (481)-v.supra -n.m.s. (440) *and all the best of the wine*

וְדָגָן conj.-n.m.s. (186) *and of the grain*

רֵאשִׁיתָם n.f.s.-3 m.p. sf. (912) *the first fruits of (them)*

אֲשֶׁר־יִתְּנוּ rel. (81)-Qal impf. 3 m.p. (נָתַן 678) *which they give*

לַיהוה prep.-pr.n. (217) *to Yahweh*

לְךָ נְתַתִּים prep.-2 m.s. sf.-Qal pf. 1 c.s.-3 m.p. sf. (נָתַן 678) *I give to you*

18:13

בִּכּוּרֵי n.m.p. cstr. (114) *the first ripe fruits of*

כָּל־אֲשֶׁר בְּאַרְצָם n.m.s. (481)-rel. (81)-prep. -n.f.s.-3 m.p. sf. (75) *all that is in their land*

אֲשֶׁר־יָבִיאוּ rel. (81)-Hi. impf. 3 m.p. (בּוֹא 97) *which they bring*

לַיהוה prep.-pr.n. (217) *to Yahweh*

לְךָ יִהְיֶה prep.-2 m.s. sf.-Qal impf. 3 m.s. (הָיָה 224) *shall be yours*

כָּל־טָהוֹר n.m.s. cstr. (481)-adj. m.s. (373) *every one who is clean*

בְּבֵיתְךָ prep.-n.m.s.-2 m.s. sf. (108) *in your house*

יֹאכְלֶנּוּ Qal impf. 3 m.s.-3 m.s. sf. (אָכַל 37) *may eat of it*

18:14

כָּל־חֵרֶם n.m.s. cstr. (481)-n.m.s. (I 356) *every devoted thing*

בְּיִשְׂרָאֵל prep.-pr.n. (975) *in Israel*

לְךָ יִהְיֶה prep.-2 m.s. sf.-Qal impf. 3 m.s. (הָיָה 224) *shall be yours*

18:15

כָּל־פֶּטֶר רֶחֶם n.m.s. cstr. (481)-n.m.s. cstr. (809) -n.m.s. (933) *everything that opens the womb*

לְכָל־בָּשָׂר prep.-v.supra-n.m.s. (142) *of all flesh*

אֲשֶׁר־יַקְרִיבוּ rel. (81)-Hi. impf. 3 m.p. (קָרַב 897) *which they offer*

לַיהוה prep.-pr.n. (217) *to Yahweh*

בָּאָדָם prep.-def.art.-n.m.s. (9) *whether man*

וּבַבְּהֵמָה conj.-prep.-def.art.-n.f.s. (96) *or beast*

יִהְיֶה־לָּךְ Qal impf. 3 m.s. (224)-prep.-2 m.s. sf. paus. *shall be yours*

אַךְ adv. (36) *nevertheless*

פָּדֹה תִפְדֶּה Qal inf.abs. (פָּדָה 804)-Qal impf. 2 m.s. (804) *you shall redeem*

אֵת בְּכוֹר הָאָדָם dir.obj.-n.m.s. cstr. (114)-def.art. -n.m.s. (9) *the firstborn of man*

וְאֵת בְּכוֹר־הַבְּהֵמָה conj.-dir.obj.-v.supra-def.art. n.f.s. (96) *and the firstling of ... beasts*

הַטְּמֵאָה def.art.-adj. f.s. (379) *unclean*

תִּפְדֶּה Qal impf. 2 m.s. (פָּדָה 804) *you shall redeem*

18:16

וּפְדוּיָו conj.-Qal pass.ptc.-3 m.s. sf. (פָּדָה 804) *and their redemption price*

מִבֶּן־חֹדֶשׁ prep.-n.m.s. cstr. (119)-n.m.s. (294) *at a month old*

תִּפְדֶּה Qal impf. 2 m.s. (פָּדָה 804) *you shall redeem*

בְּעֶרְכְּךָ prep.-n.m.s.-2 m.s. sf. (789) *in your estimate*

כֶּסֶף n.m.s. (494) *in silver*

חֲמֵשֶׁת שְׁקָלִים num. f.s. cstr. (331)-n.m.p. (1053) *at five shekels*

בְּשֶׁקֶל הַקֹּדֶשׁ prep.-n.m.s. cstr. (1053)-def.art. -n.m.s. (871) *according to the shekel of the sanctuary*

עֶשְׂרִים גֵּרָה הוּא num. p. (797)-n.f.s. (II 176) -pers.pr. 3 m.s. (214) *which is twenty gerahs*

18:17

אַךְ בְּכוֹר־שׁוֹר adv. (36)-n.m.s. cstr. (114)-n.m.s. (1004) *but the firstling of a cow*

אוֹ־בְכוֹר כֶּשֶׂב conj. (14)-v.supra-n.m.s. (461) *or the firstling of a sheep*

אוֹ־בְכוֹר עֵז v.supra-v.supra-n.f.s. (777) *or the firstling of a goat*

לֹא תִפְדֶּה neg.-Qal impf. 2 m.s. (פָּדָה 804) *you shall not redeem*

קֹרֶשׁ הֵם n.m.s. (871)-pers.pr. 3 m.p. (241) *they are holy*

אֶת־דָּמָם dir.obj.-n.m.s.-3 m.p. sf. (196) *their blood*

תִּזְרֹק Qal impf. 2 m.s. (זָרַק 284) *you shall sprinkle*

עַל־הַמִּזְבֵּחַ prep.-def.art.-n.m.s. (258) *upon the altar*

וְאֶת־חֶלְבָּם conj.-dir.obj.-n.m.s.-3 m.p. sf. (316) *and their fat*

תַּקְטִיר Hi. impf. 2 m.s. (קָטַר 882) *you shall burn*

אִשֶּׁה n.m.s. (88) *as an offering by fire*

לְרֵיחַ נִיחֹחַ prep.-n.m.s. (926)-n.m.s. (629) *a pleasing odor*

לַיהוה prep.-pr.n. (217) *to Yahweh*

18:18

וּבְשָׂרָם conj.-n.m.s.-3 m.p. sf. (142) *but their flesh*

יִחְיֶה־לָךְ Qal impf. 3 m.s. (224)-prep.-2 m.s. sf. paus. *shall be yours*

כַּחֲזֵה הַתְּנוּפָה prep.-prep.-n.m.s. cstr. (303)-def.art.-n.f.s. (632) *as the breast that is waved*

וּכְשׁוֹק הַיָּמִין conj.-prep.-n.f.s. cstr. (1003)-def.art.-n.f.s. (411) *and as the right thigh*

לְךָ יִהְיֶה prep.-2 m.s. sf.-v.supra *are yours*

18:19

כֹּל תְּרוּמֹת הַקֳּדָשִׁים n.m.s. cstr. (481)-n.f.p. cstr. (929)-def.art.-n.m.p. (871) *all the holy offerings*

אֲשֶׁר יָרִימוּ rel. (81)-Hi. impf. 3 m.p. (רוּם 926) *which ... present*

בְּנֵי־יִשְׂרָאֵל n.m.p. cstr. (119)-pr.n. (975) *the people of Israel*

לַיהוה prep.-pr.n. (217) *to Yahweh*

נָתַתִּי לְךָ Qal pf. 1 c.s. (נָתַן 678)-prep.-2 m.s. sf. *I give to you*

וּלְבָנֶיךָ conj.-prep.-n.m.p.-2 m.s. sf. (119) *and to your sons*

וְלִבְנֹתֶיךָ conj.-prep.-n.f.p.-2 m.s. sf. (I 123) *and daughters*

אִתְּךָ prep.-2 m.s. sf. (85) *with you*

לְחָק־עוֹלָם prep.-n.m.s. cstr. (349)-n.m.s. (761) *as a perpetual due*

בְּרִית מֶלַח n.f.s. cstr. (136)-n.m.s. (571) *a covenant of salt*

עוֹלָם n.m.s. (761) *for ever*

הוּא demons.adj. f.s. (214) *it is*

לִפְנֵי יהוה prep.-n.m.p. cstr. (815)-pr.n. (217) *before Yahweh*

לְךָ וּלְזַרְעֲךָ prep.-2 m.s. sf.-conj.-prep.-n.m.s.-2 m.s. sf. (282) *for you and for your offspring*

אִתָּךְ prep.-2 m.s. sf. paus. (85) *with you*

18:20

וַיֹּאמֶר יהוה consec.-Qal impf. 3 m.s. (55)-pr.n. (217) *and Yahweh said*

אֶל־אַהֲרֹן prep.-pr.n. (14) *to Aaron*

בְּאַרְצָם prep.-n.f.s.-3 m.p. sf. (75) *in their land*

לֹא תִנְחָל neg.-Qal impf. 2 m.s. (נָחַל 635) *you shall have no inheritance*

וְחֵלֶק conj.-n.m.s. (324) *and a portion*

לֹא־יִהְיֶה לְךָ neg.-Qal impf. 3 m.s. (224)-prep.-2 m.s. sf. *there shall not be to you*

בְּתוֹכָם prep.-n.m.s.-3 m.p. sf. (1063) *among them*

אֲנִי חֶלְקְךָ pers.pr. 1 c.s. (58)-n.m.s.-2 m.s. sf. (324) *I am your portion*

וְנַחֲלָתְךָ conj.-n.f.s.-2 m.s. sf. (635) *and your inheritance*

בְּתוֹךְ בְּנֵי יִשְׂרָאֵל prep.-n.m.s. cstr. (1063)-n.m.p. cstr. (119)-pr.n. (975) *among the people of Israel*

18:21

וְלִבְנֵי לֵוִי conj.-prep.-n.m.p. cstr. (119)-pr.n. (532) *to the Levites*

הִנֵּה נָתַתִּי demons.part. (243)-Qal pf. 1 c.s. (נָתַן 678) *behold I have given*

כָּל־מַעֲשֵׂר n.m.s. cstr. (481)-n.m.s. (798) *every tithe*

בְּיִשְׂרָאֵל prep.-pr.n. (975) *in Israel*

לְנַחֲלָה prep.-n.f.s. (635) *for an inheritance*

חֵלֶף עֲבֹדָתָם n.m.s. cstr. (322)-n.f.s.-3 m.p. sf. (715) *in return for their service*

אֲשֶׁר־הֵם עֹבְדִים rel. (81)-pers.pr. 3 m.p. (241)-Qal act.ptc. m.p. (712) *which they serve*

אֶת־עֲבֹדַת dir.obj.-n.f.s. cstr. (715) *their service in*

אֹהֶל מוֹעֵד n.m.s. cstr. (13)-n.m.s. (417) *the tent of meeting*

18:22

וְלֹא־יִקְרְבוּ עוֹד conj.-neg.-Qal impf. 3 m.p. (897)-adv. (728) *and henceforth shall not come near*

בְּנֵי יִשְׂרָאֵל n.m.p. cstr. (119)-pr.n. (975) *the people of Israel*

אֶל־אֹהֶל מוֹעֵד prep.-n.m.s. cstr. (13)-n.m.s. (417) *the tent of meeting*

לָשֵׂאת חֵטְא prep.-Qal inf.cstr. (נָשָׂא 669)-n.m.s. (307) *lest they bear sin*

לָמוּת prep.-Qal inf.cstr. (מוּת 559) *and die*

18:23

וְעָבַד conj.-Qal pf. 3 m.s. (712) *but shall do*

הַלֵּוִי הוּא def.art.-adj.gent. (532)-pers.pr. 3 m.s. (214) *the Levites*

אֶת־עֲבֹדַת dir.obj.-n.f.s. cstr. (715) *the service of*

אֹהֶל מוֹעֵד n.m.s. cstr. (13)-n.m.s. (417) *the tent of meeting*

וְהֵם יִשְׂאוּ עֲוֹנָם conj.-pers.pr. 3 m.p. (241)-Qal impf. 3 m.p. (נָשָׂא 669)-n.m.s.-3 m.p. sf. (730) *and they shall bear their iniquity*

חֻקַּת עוֹלָם n.f.s. cstr. (349)-n.m.s. (761) *a perpetual statute*

לְדֹרֹתֵיכֶם prep.-n.m.p.-2 m.p. sf. (189) *throughout your generations*

וּבְתוֹךְ בְּנֵי יִשְׂרָאֵל conj.-prep.-n.m.s. cstr. (1063)-n.m.p. cstr. (119)-pr.n. (975) *and among the people of Israel*

לֹא יִנְחֲלוּ נַחֲלָה neg.-Qal impf. 3 m.p. (נָחַל 635)-n.f.s. (635) *they shall have no inheritance*

18:24

כִּי אֶת־מַעְשַׂר conj. (471)-dir.obj.-n.m.s. cstr. (798) *for the tithe of*

בְּנֵי־יִשְׂרָאֵל n.m.p. cstr. (119)-pr.n. (975) *the people of Israel*

אֲשֶׁר יָרִימוּ rel. (81)-Hi. impf. 3 m.p. (רוּם 926) *which they present*

לַיהוָה prep.-pr.n. (217) *to Yahweh*

תְּרוּמָה n.f.s. (929) *as an offering*

נָתַתִּי Qal pf. 1 c.s. (נָתַן 678) *I have given*

לַלְוִיִּם prep.-def.art.-adj.gent. m.p. (532) *to the Levites*

לְנַחֲלָה prep.-n.f.s. (635) *for an inheritance*

עַל־כֵּן אָמַרְתִּי לָהֶם prep.-adv. (485)-Qal pf. 1 c.s. (55)-prep.-3 m.p. sf. *therefore I have said of them*

בְּתוֹךְ בְּנֵי יִשְׂרָאֵל prep.-n.m.s. cstr. (1063)-v.supra -v.supra *among the people of Israel*

לֹא יִנְחֲלוּ נַחֲלָה neg.-Qal impf. 3 m.p. (נָחַל 635)-n.f.s. (635) *they shall have no inheritance*

18:25

וַיְדַבֵּר יהוה consec.-Pi. impf. 3 m.s. (180)-pr.n. (217) *and Yahweh said*

אֶל־מֹשֶׁה prep.-pr.n. (602) *to Moses*

לֵּאמֹר prep.-Qal inf.cstr. (55) *(saying)*

18:26

וְאֶל־הַלְוִיִּם conj.-prep.-def.art.-adj.gent. m.p. (532) *moreover to the Levites*

תְּדַבֵּר Pi. impf. 2 m.s. (180) *you shall say*

וְאָמַרְתָּ אֲלֵהֶם conj.-Qal pf. 2 m.s. (55)-prep.-3 m.p. sf. *(and you shall say to them)*

כִּי־תִקְחוּ conj. (471)-Qal impf. 2 m.p. (לָקַח 542) *when you take*

מֵאֵת בְּנֵי־יִשְׂרָאֵל prep.-dir.obj.-n.m.s. cstr. (119) -pr.n. (975) *from the people of Israel*

אֶת־הַמַּעְשֵׂר dir.obj.-def.art.-n.m.s. (798) *the tithe*

אֲשֶׁר נָתַתִּי לָכֶם rel. (81)-Qal pf. 1 c.s. (נָתַן 678) -prep.-2 m.p. sf. *which I have given you*

מֵאִתָּם prep.-prep.-3 m.p. sf. (85) *from them*

בְּנַחֲלַתְכֶם prep.-n.f.s.-2 m.p. sf. (635) *for your inheritance*

וַהֲרֵמֹתֶם conj.-Hi. pf. 2 m.p. (רוּם 926; GK 72i) *then you shall present*

מִמֶּנּוּ prep.-3 m.s. sf. *from it*

תְּרוּמַת יהוה n.f.s. cstr. (929)-pr.n. (217) *an offering to Yahweh*

מַעְשֵׂר v.supra *a tithe*

מִן־הַמַּעְשֵׂר prep.-def.art.-v.supra *of the tithe*

18:27

וְנֶחְשַׁב לָכֶם conj.-Ni. pf. 3 m.s. (חָשַׁב 362)-prep. -2 m.p. sf. *and shall be reckoned to you*

תְּרוּמַתְכֶם n.f.s.-2 m.p. sf. (929) *your offering*

כַּדָּגָן prep.-def.art.-n.m.s. (186) *as though it were the grain*

מִן־הַגֹּרֶן prep.-def.art.-n.m.s. (175) *of the threshing floor*

וְכַמְלֵאָה conj.-prep.-n.f.s. (571) *and as the fulness*

מִן־הַיָּקֶב prep.-def.art.-n.m.s. paus. (428) *of the wine press*

18:28

כֵּן תָּרִימוּ גַם־אַתֶּם adv. (485)-Hi. impf. 2 m.p. (רוּם 926)-adv. (168)-pers.pr. 2 m.p. (61) *so shall you also present*

תְּרוּמַת יהוה n.f.s. cstr. (929)-pr.n. (217) *an offering to Yahweh*

מִכֹּל מַעְשְׂרֹתֵיכֶם prep.-n.m.s. cstr. (481)-n.m.p.-2 m.p. sf. (798) *from all your tithes*

אֲשֶׁר תִּקְחוּ rel. (81)-Qal impf. 2 m.p. (לָקַח 542) *which you receive*

מֵאֵת בְּנֵי יִשְׂרָאֵל prep.-dir.obj.-n.m.s. cstr. (119) -pr.n. (975) *from the people of Israel*

וּנְתַתֶּם conj.-Qal pf. 2 m.p. (נָתַן 678) *and you shall give*

מִמֶּנּוּ prep.-3 m.s. sf. *from it*

אֶת־תְּרוּמַת יהוה dir.obj.-n.f.s. cstr. (929)-pr.n. (217) *Yahweh's offering*

לְאַהֲרֹן prep.-pr.n. (14) *to Aaron*

הַכֹּהֵן prep.-def.art.-n.m.s. (463) *the priest*

18:29

מִכֹּל מַתְּנֹתֵיכֶם prep.-n.m.s. cstr. (481)-n.f.p.-2 m.p. sf. (I 682) *out of all the gifts to you*

תָּרִימוּ Hi. impf. 2 m.p. (רום 926) *you shall present*

אֵת כָּל־תְּרוּמַת dir.obj.-n.m.s. cstr. (481)-n.f.s. cstr. (929) *every offering due to*

יהוה pr.n. (217) *Yahweh*

מִכָּל־חֶלְבּוֹ prep.-n.m.s. cstr. (119)-n.m.s.-3 m.s. sf. (316) *from all the best of them*

אֶת־מִקְדְּשׁוֹ מִמֶּנּוּ dir.obj.-n.m.s.-3 m.s. sf. (874) -v.supra *the hallowed part from them*

18:30

וְאָמַרְתָּ אֲלֵהֶם conj.-Qal pf. 2 m.s. (55)-prep.-3 m.p. sf. *therefore you shall say to them*

בַּהֲרִימְכֶם prep.-Hi. inf.cstr.-2 m.p. sf. (רום 926) *when you have offered*

אֶת־חֶלְבּוֹ dir.obj.-n.m.s.-3 m.s. sf. (316) *the best of it*

מִמֶּנּוּ prep.-3 m.s. sf. *from it*

וְנֶחְשַׁב conj.-Ni. pf. 3 m.s. (חשׁב 362) *then shall be reckoned*

לַלְוִיִּם prep.-def.art.-adj.gent. m.p. (532) *to the Levites*

כִּתְבוּאַת גֹּרֶן prep.-n.f.s. cstr. (100)-n.m.s. (175) *as produce of the threshing floor*

וְכִתְבוּאַת יָקֶב conj.-v.supra-n.m.s. paus. (428) *and as produce of the wine press*

18:31

וַאֲכַלְתֶּם אֹתוֹ conj.-Qal pf. 2 m.p. (37) -dir.obj.-3 m.s. sf. *and you may eat it*

בְּכָל־מָקוֹם prep.-n.m.s. cstr. (481)-n.m.s. (879) *in any place*

אַתֶּם וּבֵיתְכֶם pers.pr. 2 m.p. (61)-conj.-n.m.p.-2 m.p. sf. (108) *you and your household*

כִּי־שָׂכָר הוּא לָכֶם conj. (471)-n.m.s. (I 969) -pers.pr. 3 m.s. (214)-prep.-2 m.p. sf. *for it is your reward*

חֵלֶף עֲבֹדַתְכֶם n.m.s. cstr. (I 322)-n.f.s.-2 m.p. sf. (715) *in return for your service*

בְּאֹהֶל מוֹעֵד prep.-n.m.s. cstr. (13)-n.m.s. (417) *in the tent of meeting*

18:32

וְלֹא־תִשְׂאוּ conj.-neg.-Qal impf. 2 m.p. (נשׂא 669) *and you shall not bear*

עָלָיו prep.-3 m.s. sf. *by reason of it*

חֵטְא n.m.s. (307) *sin*

בַּהֲרִימְכֶם prep.-Hi. inf.cstr.-2 m.p. sf. (רום 926) *when you have offered*

אֶת־חֶלְבּוֹ מִמֶּנּוּ dir.obj.-n.m.s.-3 m.s. sf. (316) -prep.-3 m.s. sf. *the best of it*

וְאֶת־קָדְשֵׁי conj.-dir.obj.-n.m.p. cstr. (871) *and the holy things of*

בְנֵי־יִשְׂרָאֵל n.m.p. cstr. (119)-pr.n. (975) *the people of Israel*

לֹא תְחַלְּלוּ neg.-Pi. impf. 2 m.p. (חלל III 320) *you shall not profane*

וְלֹא תָמוּתוּ conj.-neg.-Qal impf. 2 m.p. (מות 559) *lest you die*

19:1

וַיְדַבֵּר יהוה consec.-Pi. impf. 3 m.s. (180)-pr.n. (217) *now Yahweh said*

אֶל־מֹשֶׁה prep.-pr.n. (602) *to Moses*

וְאֶל־אַהֲרֹן conj.-prep.-pr.n. (14) *and to Aaron*

לֵאמֹר prep.-Qal inf.cstr. (55) *(saying)*

19:2

זֹאת demons.adj. f.s. (260) *this is*

חֻקַּת הַתּוֹרָה n.f.s. cstr. (349)-dir.obj.-n.f.s. (435) *the statute of the law*

אֲשֶׁר־צִוָּה יהוה rel. (81)-Pi. pf. 3 m.s. (צוה 845) -pr.n. (217) *which Yahweh has commanded*

לֵאמֹר prep.-Qal inf.cstr. (55) *(saying)*

דַּבֵּר Pi. impv. 2 m.s. (180) *tell*

אֶל־בְּנֵי יִשְׂרָאֵל prep.-n.m.p. cstr. (119)-pr.n. (975) *the people of Israel*

וְיִקְחוּ אֵלֶיךָ conj.-Qal impf. 3 m.p. (לקח 542) -prep.-2 m.s. sf. *to bring you*

פָרָה אֲדֻמָּה n.f.s. (831)-adj. f.s. (10) *a red heifer*

תְּמִימָה adj. f.s. (1071) *without defect*

אֲשֶׁר אֵין־בָּהּ מוּם rel. (81)-neg. cstr. (II 34) -prep.-3 f.s. sf.-n.m.s. (548) *in which there is no blemish*

אֲשֶׁר לֹא־עָלָה v.supra-neg.-Qal pf. 3 m.s. (748) *and has never come*

עָלֶיהָ prep.-3 f.s. sf. *upon which*

עֹל n.m.s. (760) *a yoke*

19:3

וּנְתַתֶּם אֹתָהּ conj.-Qal pf. 2 m.p. (נתן 678) -dir.obj.-3 f.s. sf. *and you shall give her*

אֶל־אֶלְעָזָר prep.-pr.n. (46) *to Eleazar*

הַכֹּהֵן def.art.-n.m.s. (463) *the priest*

וְהוֹצִיא אֹתָהּ conj.-Hi. pf. 3 m.s. (יָצָא 422)
-dir.obj.-3 f.s. sf. *and she shall be taken*

אֶל־מִחוּץ לַמַּחֲנֶה prep.-prep.-n.m.s. (299)-prep.
-def.art.-n.m.s. (334) *outside the camp*

וְשָׁחַט אֹתָהּ conj.-Qal pf. 3 m.s. (1006)-v.supra
and slaughtered

לְפָנָיו prep.-n.m.p.-3 m.s. sf. (815) *before him*

19:4

וְלָקַח conj.-Qal pf. 3 m.s. (542) *and shall take*

אֶלְעָזָר pr.n. (46) *Eleazar*

הַכֹּהֵן def.art.-n.m.s. (463) *the priest*

מִדָּמָהּ prep.-n.m.s.-3 f.s. sf. (196) *some of her
blood*

בְּאֶצְבָּעוֹ prep.-n.f.s.-3 m.s. sf. (840) *with his
finger*

וְהִזָּה conj.-Hi. pf. 3 m.s. (נָזָה I 633) *and
sprinkle*

אֶל־נֹכַח prep.-adj. m.s. cstr. (647) *toward the
front of*

פְּנֵי אֹהֶל מוֹעֵד n.m.p. cstr. (815)-n.m.s. cstr.
(13)-n.m.s. (417) *the tent of meeting*

מִדָּמָהּ v.supra *some of her blood*

שֶׁבַע פְּעָמִים num. (I 987)-n.f.p. (821) *seven times*

19:5

וְשָׂרַף conj.-Qal pf. 3 m.s. (976) *and shall be
burned*

אֶת־הַפָּרָה dir.obj.-def.art.-n.f.s. (831) *the heifer*

לְעֵינָיו prep.-n.f.p.-3 m.s. sf. (744) *in his sight*

אֶת־עֹרָהּ dir.obj.-n.m.s.-3 f.s. sf. (736) *her skin*

וְאֶת־בְּשָׂרָהּ conj.-dir.obj.-n.m.s.-3 f.s. sf. (142)
her flesh

וְאֶת־דָּמָהּ conj.-dir.obj.-n.m.s.-3 f.s. sf. (196) *and
her blood*

עַל־פִּרְשָׁהּ prep.-n.m.s.-3 f.s. sf. (I 831) *with her
dung*

יִשְׂרֹף Qal impf. 3 m.s. (שָׂרַף 976) *shall be
burned*

19:6

וְלָקַח הַכֹּהֵן conj.-Qal pf. 3 m.s. (542)-def.art.
-n.m.s. (463) *and the priest shall take*

עֵץ אֶרֶז n.m.s. cstr. (781)-n.m.s. (72) *cedarwood*

וְאֵזוֹב conj.-n.m.s. (23) *and hyssop*

וּשְׁנִי תוֹלַעַת conj.-n.m.s. cstr. (1040)-n.f.p. paus.
(1069) *and scarlet stuff*

וְהִשְׁלִיךְ conj.-Hi. pf. 3 m.s. (שָׁלַךְ 1020) *and cast
(them)*

אֶל־תּוֹךְ prep.-n.m.s. cstr. (1063) *into the midst
of*

שְׂרֵפַת הַפָּרָה n.f.s. cstr. (977)-def.art.-n.f.s. (831)
the burning of the heifer

19:7

וְכִבֶּס conj.-Pi. pf. 3 m.s. (כָּבַס 460) *then shall
wash*

בְּגָדָיו n.m.p.-3 m.s. sf. (93) *his garments*

הַכֹּהֵן def.art.-n.m.s. (463) *the priest*

וְרָחַץ conj.-Qal pf. 3 m.s. (934) *and bathe*

בְּשָׂרוֹ n.m.s.-3 m.s. sf. (142) *his body*

בַּמָּיִם prep.-def.art.-n.m.p. (565) *in water*

וְאַחַר יָבוֹא conj.-adv. (29)-Qal impf. 3 m.s. (בּוֹא
97) *and afterwards he shall come*

אֶל־הַמַּחֲנֶה prep.-def.art.-n.m.s. (334) *into the
camp*

וְטָמֵא conj.-Qal pf. 3 m.s. (379) *and shall be
unclean*

הַכֹּהֵן v.supra *the priest*

עַד־הָעֶרֶב prep. (III 723)-def.art.-n.m.s. paus.
(787) *until evening*

19:8

וְהַשֹּׂרֵף אֹתָהּ conj.-def.art.-Qal act.ptc. (שָׂרַף
976)-dir.obj.-3 f.s. sf. *he who burns it (the
heifer)*

יְכַבֵּס Pi. impf. 3 m.s. (כָּבַס 460) *shall wash*

בְּגָדָיו n.m.p.-3 m.s. sf. (93) *his clothes*

בַּמָּיִם prep.-def.art.-n.m.p. (565) *in water*

וְרָחַץ conj.-Qal pf. 3 m.s. (934) *and bathe*

בְּשָׂרוֹ n.m.s.-3 m.s. sf. (142) *his body*

בַּמָּיִם prep.-def.art.-n.m.p. paus. (565) *in water*

וְטָמֵא conj.-Qal pf. 3 m.s. (379) *and shall be
unclean*

עַד־הָעֶרֶב prep. (III 723)-def.art.-n.m.s. paus.
(787) *until evening*

19:9

וְאָסַף אִישׁ conj.-Qal pf. 3 m.s. (62)-n.m.s. (35)
and a man shall gather up

טָהוֹר adj. m.s. (373) *who is clean*

אֵת אֵפֶר הַפָּרָה dir.obj.-n.m.s. cstr. (68)-def.art.
-n.f.s. (831) *the ashes of the heifer*

וְהִנִּיחַ conj.-Hi. pf. 3 m.s. (נוּחַ 628) *and deposit
(them)*

מִחוּץ לַמַּחֲנֶה prep.-n.m.s. (299)-prep.-def.art.
-n.m.s. (334) *outside the camp*

בְּמָקוֹם טָהוֹר prep.-n.m.s. (879)-adj. m.s. (373) *in
a clean place*

וְהָיְתָה conj.-Qal pf. 3 f.s. (הָיָה 224) *and they
shall be*

לַעֲדַת prep.-n.f.s. cstr. (417) *for the congregation
of*

בְּנֵי־יִשְׂרָאֵל n.m.p. cstr. (119)-pr.n. (975) *the people of Israel*

לְמִשְׁמֶרֶת prep.-n.f.s. (1038) *kept*

לְמֵי נִדָּה prep.-n.m.p. cstr. (565)-n.f.s. (622) *for the water for impurity*

חַטָּאת הִוא n.f.s. (308)-pers.pr. 3 f.s. (214) *it is for the removal of sin*

19:10

וְכִבֶּס הָאֹסֵף conj.-Pi. pf. 3 m.s. (460)-def.art. -Qal act.ptc. (אסף 62) *and he who gathers ... shall wash*

אֶת־אֵפֶר הַפָּרָה dir.obj.-n.m.s. cstr. (68)-def.art. -n.f.s. (831) *the ashes of the heifer*

אֶת־בְּגָדָיו dir.obj.-n.m.p.-3 m.s. sf. *his clothes*

וְטָמֵא conj.-Qal pf. 3 m.s. (379) *and be unclean*

עַד־הָעֶרֶב prep. (III 723)-def.art.-n.m.s. paus. (787) *until evening*

וְהָיְתָה conj.-Qal pf. 3 f.s. (הָיָה 224) *and this shall be*

לִבְנֵי יִשְׂרָאֵל prep.-n.m.p. cstr. (119)-pr.n. (975) *to the people of Israel*

וְלַגֵּר conj.-prep.-def.art.-n.m.s. (158) *and to the stranger*

הַגָּר def.art.-Qal act.ptc. (גור I 157) *who sojourns*

בְּתוֹכָם prep.-n.m.s.-3 m.p. sf. (1063) *among them*

לְחֻקַּת עוֹלָם prep.-n.f.s. cstr. (349)-n.m.s. (761) *a perpetual statute*

19:11

הַנֹּגֵעַ def.art.-Qal act.ptc. (נגע 619) *he who touches*

בְּמֵת prep.-Qal act.ptc. (מות 559) *the dead body*

לְכָל־נֶפֶשׁ אָדָם prep.-n.m.s. cstr. (481)-n.f.s. (659)-n.m.s. (9) *of any person*

וְטָמֵא conj.-Qal pf. 3 m.s. (379) *shall be unclean*

שִׁבְעַת יָמִים num. f.s. cstr. (I 987)-n.m.p. (398) *seven days*

19:12

הוּא יִתְחַטָּא־בוֹ pers.pr. 3 m.s. (214)-Hith. impf. 3 m.s. (חטא 306; GK 74b)-prep.-3 m.s. sf. *he shall cleanse himself*

בַּיּוֹם הַשְּׁלִישִׁי prep.-def.art.-n.m.s. (398)-def.art. -num.adj. (1026) *on the third day*

וּבַיּוֹם הַשְּׁבִיעִי conj.-prep.-def.art.-v.supra-def. art.-num.adj. (988) *and on the seventh day*

יִטְהָר Qal impf. 3 m.s. (טהר 372) *and so be clean*

וְאִם־לֹא יִתְחַטָּא conj.-hypoth.part. (49)-neg. -Hith. impf. 3 m.s. (חטא 306) *but if he does not cleanse himself*

19:13

כָּל־הַנֹּגֵעַ n.m.s. cstr. (481)-def.art.-Qal act.ptc. (נגע 619) *whoever touches*

בְּמֵת prep.-Qal act.ptc. (מות 559) *a dead person*

בְּנֶפֶשׁ הָאָדָם prep.-n.f.s. cstr. (659)-def.art.-n.m.s. (9) *of any man*

אֲשֶׁר־יָמוּת rel. (81)-Qal impf. 3 m.s. (מות 559) *who has died*

וְלֹא יִתְחַטָּא conj.-neg.-Hith. impf. 3 m.s. (חטא 306) *and does not cleanse himself*

אֶת־מִשְׁכַּן יהוה dir.obj.-n.m.s. cstr. (1015)-pr.n. (217) *the tabernacle of Yahweh*

טִמֵּא Pi. pf. 3 m.s. (379) *defiles*

וְנִכְרְתָה conj.-Ni. pf. 3 f.s. (כרת 503) *and shall be cut off*

הַנֶּפֶשׁ הַהִוא def.art.-n.f.s. (659)-def.art. -demons.adj. f.s. (214) *that person*

מִיִּשְׂרָאֵל prep.-pr.n. (975) *from Israel*

כִּי מֵי נִדָּה conj. (471)-n.m.p. cstr. (565)-n.f.s. (622) *because the water for impurity*

לֹא־זֹרַק neg.-Pu. pf. 3 m.s. (זרק 284) *was not thrown*

עָלָיו prep.-3 m.s. sf. *upon him*

טָמֵא יִהְיֶה adj. m.s. (379)-Qal impf. 3 m.s. (היה 224) *he shall be unclean*

עוֹד טֻמְאָתוֹ בוֹ adv. (728)-n.f.s.-3 m.s. sf. (380) -prep.-3 m.s. sf. *his uncleanness is still on him*

19:14

זֹאת הַתּוֹרָה demons.adj. f.s. (260)-def.art.-n.f.s. (435) *this is the law*

אָדָם n.m.s. (9) *a man*

כִּי־יָמוּת conj. (471)-Qal impf. 3 m.s. (מות 559) *when ... dies*

בְּאֹהֶל prep.-n.m.s. (13) *in a tent*

כָּל־הַבָּא n.m.s. cstr. (481)-def.art.-Qal act.ptc. (97 בוא) *every one who comes*

אֶל־הָאֹהֶל prep.-def.art.-n.m.s. (13) *into the tent*

וְכָל־אֲשֶׁר conj.-n.m.s. (481)-rel. (81) *and every one who is*

בָּאֹהֶל prep.-def.art.-n.m.s. (13) *in the tent*

יִטְמָא Qal impf. 3 m.s. (379) *shall be unclean*

שִׁבְעַת יָמִים num. f.s. cstr. (I 987)-n.m.p. (398) *seven days*

19:15

וְכֹל כְּלִי פָתוּחַ conj.-n.m.s. cstr. (481)-n.m.s. cstr. (479)-Qal pass.ptc. (פָּתַח I 834) *and every open vessel*

אֲשֶׁר אֵין־צָמִיד rel. (81)-neg. cstr. (II 34)-n.m.s. (II 855) *which has no cover*

פָּתִיל עָלָיו n.m.s. (836; LXX-καταδέδεται)-prep.-3 m.s. sf. *fastened (a cord) upon it*

טָמֵא הוּא adj. m.s. (379)-pers.pr. 3 m.s. (214) *it is unclean*

19:16

וְכֹל אֲשֶׁר־יִגַּע conj.-n.m.s. (481)-rel. (81)-Qal impf. 3 m.s. (נָגַע 619) *and whoever touches*

עַל־פְּנֵי הַשָּׂדֶה prep.-n.m.p. cstr. (815)-def.art. -n.m.s. (961) *in the open field*

בַּחֲלַל־חֶרֶב prep.-n.m.s. cstr. (O 319)-n.f.s. (352) *one who is slain with a sword*

אוֹ בְמֵת conj. (14)-prep.-Qal act.ptc. (מוּת 559) *or a dead body*

אוֹ־בְעֶצֶם אָדָם v.supra-prep.-n.f.s. cstr. (782) -n.m.s. (9) *or a bone of a man*

אוֹ בְקָבֶר v.supra-prep.-n.m.s. paus. (868) *or a grave*

יִטְמָא Qal impf. 3 m.s. (379) *shall be unclean*

שִׁבְעַת יָמִים num. f.s. cstr. (I 987)-n.m.p. (398) *seven days*

19:17

וְלָקְחוּ conj.-Qal pf. 3 c.p. (לָקַח 542) *they shall take*

לַטָּמֵא prep.-def.art.-adj. m.s. (379) *for the unclean*

מֵעֲפַר שְׂרֵפַת prep.-n.m.s. cstr. (779)-n.f.s. cstr. (977) *some ashes of the burning of*

הַחַטָּאת def.art.-n.f.s. (308) *the sin offering*

וְנָתַן conj.-Qal pf. 3 m.s. (678) *and shall be added*

עָלָיו prep.-3 m.s. sf. *(to it)*

מַיִם חַיִּים n.m.p. (565)-adj. m.p. (311) *running water*

אֶל־כֶּלִי prep.-n.m.s. paus. (479) *in a vessel*

19:18

וְלָקַח conj.-Qal pf. 3 m.s. (542) *then he shall take*

אֵזוֹב n.m.s. (23) *hyssop*

וְטָבַל conj.-Qal pf. 3 m.s. (I 371) *and dip (it)*

בַּמַּיִם prep.-def.art.-n.m.p. (565) *in the water*

אִישׁ טָהוֹר n.m.s. (35)-adj. m.s. (373) *a clean person*

וְהִזָּה conj.-Hi. pf. 3 m.s.(נָזָה I 633) *and sprinkle (it)*

עַל־הָאֹהֶל prep.-def.art.-n.m.s. (13) *upon the tent*

וְעַל־כָּל־הַכֵּלִים conj.-prep.-n.m.s. cstr. (481)-def. art.-n.m.p. (479) *and upon all the furnishings*

וְעַל־הַנְּפָשׁוֹת conj.-prep.-def.art.-n.f.p. (659) *and upon the persons*

אֲשֶׁר הָיוּ־שָׁם rel. (81)-Qal pf. 3 c.p. (הָיָה 224)-adv. (1027) *who were there*

וְעַל־הַנֹּגֵעַ conj.-prep.-def.art.-Qal act.ptc. (619) *and upon him who touched*

בַּעֶצֶם prep.-def.art.-n.f.s. (782) *the bone*

אוֹ בֶחָלָל conj. (14)-prep.-def.art.-n.m.s. (I 319) *or the slain*

אוֹ בַמֵּת v.supra-prep.-def.art.-Qal act.ptc. (מוּת 559) *or the dead*

אוֹ בַקָּבֶר v.supra-prep.-def.art.-n.m.s. paus. (868) *or the grave*

19:19

וְהִזָּה conj.-Hi. pf. 3 m.s. (נָזָה I 633) *and shall sprinkle*

הַטָּהֹר def.art.-adj. m.s. (373) *the clean person*

עַל־הַטָּמֵא prep.-def.art.-adj. m.s. (379) *upon the unclean*

בַּיּוֹם הַשְּׁלִישִׁי prep.-def.art.-n.m.s. (398)-def.art. -num.adj. m.s. (1026) *on the third day*

וּבַיּוֹם הַשְּׁבִיעִי conj.-prep.-def.art.-n.m.s. (398) -def.art.-num.adj. m.s. (988) *and on the seventh day*

וְחִטְּאוֹ conj.-Pi. pf. 3 m.s.-3 m.s. sf. (חָטָא 306) *and he shall cleanse him*

בַּיּוֹם הַשְּׁבִיעִי v.supra-v.supra *on the seventh day*

וְכִבֶּס conj.-Pi. pf. 3 m.s. (460) *and he shall wash*

בְּגָדָיו n.m.p.-3 m.s. sf. (93) *his clothes*

וְרָחַץ conj.-Qal pf. 3 m.s. (934) *and bathe himself*

בַּמַּיִם prep.-def.art.-n.m.p. (565) *in water*

וְטָהֵר conj.-Qal pf. 3 m.s. (372) *and he shall be clean*

בָּעֶרֶב prep.-def.art.-n.m.s. (787) *at evening*

19:20

וְאִישׁ conj.-n.m.s. (35) *but the man*

אֲשֶׁר־יִטְמָא rel. (81)-Qal impf. 3 m.s. (379) *who is unclean*

וְלֹא יִתְחַטָּא conj.-neg.-Hith. impf. 3 m.s. (חָטָא 306) *and does not cleanse himself*

וְנִכְרְתָה conj.-Ni. pf. 3 f.s. (כָּרַת 503) *and shall be cut off*

הַנֶּפֶשׁ הַהִוא dir.obj.-n.f.s. (659)-def.art.-demons.adj. f.s. (214) *that person*

מִתּוֹךְ הַקָּהָל prep.-n.m.s. cstr. (1063)-def.art.-n.m.s. (874) *from the midst of the assembly*

כִּי אֶת־מִקְדַּשׁ יהוה conj. (471)-dir.obj.-n.m.s. cstr. (874)-pr.n. (217) *since ... the sanctuary of Yahweh*

טִמֵּא Pi. pf. 3 m.s. (379) *he has defiled*

מֵי נִדָּה n.m.p. cstr. (565)-n.f.s. (622) *the water for impurity*

לֹא־זֹרַק neg.-Pu. pf. 3 m.s. (זָרַק 284) *has not been thrown*

עָלָיו prep.-3 m.s. sf. *upon him*

טָמֵא הוּא adj. m.s. (379)-pers.pr. 3 m.s. (214) *he is unclean*

19:21

וְהָיְתָה לָהֶם conj.-Qal pf. 3 f.s. (הָיָה 224)-prep.-3 m.p. sf. *and it shall be for them*

לְחֻקַּת עוֹלָם prep.-n.f.s. cstr. (349)-n.m.s. (761) *a perpetual statute*

וּמַזֵּה conj.-Hi. ptc. m.s. (נָזָה I 633) *he who sprinkles*

מֵי־הַנִּדָּה n.m.p. cstr. (565)-def.art.-n.f.s. (622) *the water for impurity*

יְכַבֵּס Pi. impf. 3 m.s. (כָּבַס 460) *shall wash*

בְּגָדָיו n.m.p.-3 m.s. sf. (93) *his clothes*

וְהַנֹּגֵעַ conj.-def.art.-Qal act.ptc. (נָגַע 619) *and he who touches*

בְּמֵי הַנִּדָּה prep.-n.m.p. cstr. (565)-def.art.-n.f.s. (622) *the water for impurity*

יִטְמָא Qal impf. 3 m.s. (טָמֵא 379) *shall be unclean*

עַד־הָעֶרֶב prep. (III 723)-def.art.-n.m.s. paus. (787) *until evening*

19:22

וְכֹל אֲשֶׁר־יִגַּע־בּוֹ conj.-n.m.s. (481)-rel. (81)-Qal impf. 3 m.s. (נָגַע 619)-prep.-3 m.s. sf. *and whatever ... touches*

הַטָּמֵא def.art.-adj. m.s. (379) *the unclean person*

יִטְמָא Qal impf. 3 m.s. (טָמֵא 379) *shall be unclean*

וְהַנֶּפֶשׁ conj.-def.art.-n.f.s. (659) *and the person*

הַנֹּגַעַת def.art.-Qal act.ptc. f.s. (נָגַע 619) *who touches (it)*

תִּטְמָא Qal impf. 3 f.s. (טָמֵא 379) *shall be unclean*

עַד־הָעֶרֶב prep. (III 723)-def.art.-n.m.s. paus. (787) *until evening*

20:1

וַיָּבֹאוּ consec.-Qal impf. 3 m.p. (בּוֹא 97) *and came*

בְנֵי־יִשְׂרָאֵל n.m.p. cstr. (119)-pr.n. (975) *the people of Israel*

כָּל־הָעֵדָה n.m.s. cstr. (481)-def.art.-n.f.s. (417) *the whole congregation*

מִדְבַּר־צִן n.m.s. cstr. (184)-pr.n. (856) *into the wilderness of Zin*

בַּחֹדֶשׁ הָרִאשׁוֹן prep.-def.art.-n.m.s. (294)-def.art.-num.adj. m.s. (911) *in the first month*

וַיֵּשֶׁב הָעָם consec.-Qal impf. 3 m.s. (יָשַׁב 442)-def.art.-n.m.s. (I 766) *and the people stayed*

בְּקָדֵשׁ prep.-pr.n. (II 873) *in Kadesh*

וַתָּמָת שָׁם consec.-Qal impf. 3 f.s. (מוּת 559)-adv. (1027) *and died there*

מִרְיָם pr.n. (599) *Miriam*

וַתִּקָּבֵר שָׁם consec.-Ni. impf. 3 f.s. (קָבַר 868)-v.supra *and was buried there*

20:2

וְלֹא־הָיָה מַיִם conj.-neg.-Qal pf. 3 m.s. (224)-n.m.p. (565) *now there was no water*

לָעֵדָה prep.-def.art.-n.f.s. (417) *for the congregation*

וַיִּקָּהֲלוּ consec.-Ni. impf. 3 m.p. (קָהַל 874) *and they assembled themselves together*

עַל־מֹשֶׁה prep.-pr.n. (602) *against Moses*

וְעַל־אַהֲרֹן conj.-prep.-pr.n. (14) *and against Aaron*

20:3

וַיָּרֶב consec.-Qal impf. 3 m.s. (רִיב 936) *and contended*

הָעָם def.art.-n.m.s. (I 766) *the people*

עִם־מֹשֶׁה prep. (767)-pr.n. (602) *with Moses*

וַיֹּאמְרוּ consec.-Qal impf. 3 m.p. (55) *and said*

לֵאמֹר prep.-Qal inf.cstr. (55) *(saying)*

וְלוּ גָוַעְנוּ conj.-conj. (530; GK 154b)-Qal pf. 1 c.p. (גָּוַע 157) *would that we had died*

בִּגְוַע אַחֵינוּ prep.-Qal inf.cstr. (157; GK 65a)-n.m.p.-1 c.p. sf. (26) *when our brethren died*

לִפְנֵי יהוה prep.-n.m.p. cstr. (815)-pr.n. (217) *before Yahweh*

20:4

וְלָמָה הֲבֵאתֶם conj.-prep.-interr. (552)-Hi. pf. 2 m.p. (בּוֹא 97) *why have you brought*

אֶת־קְהַל יהוה dir.obj.-n.m.s. cstr. (874)-pr.n. (217) *the assembly of Yahweh*

667

אֶל־הַמִּדְבָּר הַזֶּה prep.-def.art.-n.m.s. (184)-def.art.-demons.adj. m.s. (260) *into this wilderness*

לָמוּת שָׁם prep.-Qal inf.cstr. (מות 559)-adv. (1027) *that we should die here*

אֲנַחְנוּ וּבְעִירֵנוּ pers.pr. 1 c.p. (59)-conj.-n.m.s.-1 c.p. sf. (129) *both we and our cattle*

20:5

וְלָמָה הֶעֱלִיתֻנוּ conj.-prep.-interr. (552)-Hi. pf. 2 m.p.-1 c.p. sf. (עלה I 748; GK 59a) *and why have you made us to come up*

מִמִּצְרַיִם prep.-pr.n. (595) *out of Egypt*

לְהָבִיא אֹתָנוּ prep.-Hi. inf.cstr. (בוא 97)-dir.obj.-1 c.p. sf. *to bring us*

אֶל־הַמָּקוֹם הָרָע הַזֶּה prep.-def.art.-n.m.s. (879)-def.art.-adj. m.s. (948)-def.art.-demons.adj. m.s. (260) *to this evil place*

לֹא מְקוֹם זֶרַע neg. (GK 152aN)-n.m.s. cstr. (879)-n.m.s. (282) *it is no place for grain*

וּתְאֵנָה conj.-n.f.s. (1061) *or figs*

וְגֶפֶן conj.-n.f.s. (172) *or vines*

וְרִמּוֹן conj.-n.m.s. (941) *or pomegranates*

וּמַיִם אַיִן conj.-n.m.p. (565)-neg. (II 34) *and there is no water*

לִשְׁתּוֹת prep.-Qal inf.cstr. (שתה 1059) *to drink*

20:6

וַיָּבֹא consec.-Qal impf. 3 m.s. (בוא 97) *then went*

מֹשֶׁה וְאַהֲרֹן pr.n. (602)-conj.-pr.n. (14) *Moses and Aaron*

מִפְּנֵי הַקָּהָל prep.-n.m.p. cstr. (815)-def.art.-n.m.s. (874) *from the presence of the assembly*

אֶל־פֶּתַח prep.-n.m.s. cstr. (835) *to the door of*

אֹהֶל מוֹעֵד n.m.s. cstr. (13)-n.m.s. (417) *the tent of meeting*

וַיִּפְּלוּ consec.-Qal impf. 3 m.p. (נפל 656) *and fell*

עַל־פְּנֵיהֶם prep.-n.m.p.-3 m.p. sf. (815) *on their faces*

וַיֵּרָא consec.-Ni. impf. 3 m.s. (ראה 906) *and appeared*

כְּבוֹד־יהוה n.m.s. cstr. (458)-pr.n. (217) *the glory of Yahweh*

אֲלֵיהֶם prep.-3 m.p. sf. *to them*

20:7

וַיְדַבֵּר יהוה consec.-Pi. impf. 3 m.s. (180)-pr.n. (217) *and Yahweh said*

אֶל־מֹשֶׁה prep.-pr.n. (602) *to Moses*

לֵאמֹר prep.-Qal inf.cstr. (55) *(saying)*

20:8

קַח Qal impv. 2 m.s. (לקח 542) *take*

אֶת־הַמַּטֶּה dir.obj.-def.art.-n.m.s. (641) *the rod*

וְהַקְהֵל conj.-Hi. impv. 2 m.s. (קהל 874) *and assemble*

אֶת־הָעֵדָה dir.obj.-def.art.-n.f.s. (417) *the congregation*

אַתָּה וְאַהֲרֹן pers.pr. 2 m.s. (61)-conj.-pr.n. (14) *you and Aaron*

אָחִיךָ n.m.s.-2 m.s. sf. (26) *your brother*

וְדִבַּרְתֶּם conj.-Pi. pf. 2 m.p. (180) *and tell*

אֶל־הַסֶּלַע prep.-def.art.-n.m.s. (700) *the rock*

לְעֵינֵיהֶם prep.-n.f.p.-3 m.p. sf. (744) *before their eyes*

וְנָתַן מֵימָיו conj.-Qal pf. 3 m.s. (678)-n.m.p.-3 m.s. sf. (565) *to yield its water*

וְהוֹצֵאתָ לָהֶם conj.-Hi. pf. 2 m.s. (יצא 422)-prep.-3 m.p. sf. *so you shall bring for them*

מַיִם n.m.p. (565) *water*

מִן־הַסֶּלַע prep.-v.supra *out of the rock*

וְהִשְׁקִיתָ conj.-Hi. pf. 2 m.s. (שתה 1059) *so you shall give drink*

אֶת־הָעֵדָה dir.obj.-def.art.-n.f.s. (417) *to the congregation*

וְאֶת־בְּעִירָם conj.-dir.obj.-n.m.s.-3 m.p. sf. (129) *and their cattle*

20:9

וַיִּקַּח מֹשֶׁה consec.-Qal impf. 3 m.s. (לקח 542)-pr.n. (602) *and Moses took*

אֶת־הַמַּטֶּה dir.obj.-def.art.-n.m.s. (641) *the rod*

מִלִּפְנֵי יהוה prep.-prep.-n.m.p. cstr. (815)-pr.n. (217) *from before Yahweh*

כַּאֲשֶׁר צִוָּהוּ prep.-rel. (81)-Pi. pf. 3 m.s.-3 m.s. sf. (צוה 845) *as he commanded him*

20:10

וַיַּקְהִלוּ consec.-Hi. impf. 3 m.p. (קהל 874) *and gathered*

מֹשֶׁה וְאַהֲרֹן pr.n. (602)-conj.-pr.n. (14) *Moses and Aaron*

אֶת־הַקָּהָל dir.obj.-def.art.-n.m.s. (874) *the aseembly*

אֶל־פְּנֵי הַסָּלַע prep.-n.m.p. cstr. (815)-def.art.-n.m.s. paus. (700) *before the rock*

וַיֹּאמֶר לָהֶם consec.-Qal impf. 3 m.s. (55)-prep.-3 m.p. sf. *and he said to them*

שִׁמְעוּ־נָא Qal impv. 2 m.p. (1033)-part.of entreaty (609) *hear now*

הַמֹּרִים def.art.-Qal act.ptc. m.p. (מרה 598) *you rebels*

668

הֲמִן־הַסֶּלַע הַזֶּה interr.part.-prep.-def.art.-n.m.s. (700)-def.art.-demons.adj. m.s. (260) *out of this rock?*

נוֹצִיא לָכֶם Hi. impf. 1 c.p. (יָצָא 422)-prep.-2 m.p. sf. *shall we bring forth for you*

מָיִם n.m.p. paus. (565) *water*

20:11

וַיָּרֶם מֹשֶׁה consec.-Hi. impf. 3 m.s. (רום 926)-pr.n. (602) *and Moses lifted up*

אֶת־יָדוֹ dir.obj.-n.m.s.-3 m.s. sf. (388) *his hand*

וַיַּךְ consec.-Hi. impf. 3 m.s. (נָכָה 645) *and struck*

אֶת־הַסֶּלַע dir.obj.-def.art.-n.m.s. (700) *the rock*

בְּמַטֵּהוּ prep.-n.m.s.-3 m.s. sf. (641) *with his rod*

פַּעֲמָיִם n.f. du. (821) *twice*

וַיֵּצְאוּ consec.-Qal impf. 3 m.p. (יָצָא 422) *and came forth*

מַיִם רַבִּים n.m.p. (565)-adj. m.p. (I 912) *water abundantly*

וַתֵּשְׁתְּ consec.-Qal impf. 3 f.s. (שָׁתָה 1059) *and drank*

הָעֵדָה def.art.-n.f.s. (417) *the congregation*

וּבְעִירָם conj.-n.m.s.-3 m.p. sf. (129) *and their cattle*

20:12

וַיֹּאמֶר יהוה consec.-Qal impf. 3 m.s. (55)-pr.n. (27) *and Yahweh said*

אֶל־מֹשֶׁה prep.-pr.n. (602) *to Moses*

וְאֶל־אַהֲרֹן conj.-prep.-pr.n. (14) *and Aaron*

יַעַן לֹא־הֶאֱמַנְתֶּם בִּי conj. (774)-neg.-Hi. pf. 2 m.p. (אָמַן 52)-prep.-1 c.s. sf. *because you did not believe in me*

לְהַקְדִּישֵׁנִי prep.-Hi. inf.cstr.-1 c.s. sf. (קָדַשׁ 872) *to sanctify me*

לְעֵינֵי prep.-n.f.p. cstr. (744) *in the eyes of*

בְּנֵי יִשְׂרָאֵל n.m.p. cstr. (119)-pr.n. (975) *the people of Israel*

לָכֵן prep.-adv. (485) *therefore*

לֹא תָבִיאוּ neg.-Hi. impf. 2 m.p. (בּוֹא 97) *you shall not bring*

אֶת־הַקָּהָל הַזֶּה dir.obj.-def.art.-n.m.s. (874)-def.art.-demons.adj. m.s. (260) *this assembly*

אֶל־הָאָרֶץ prep.-def.art.-n.f.s. (75) *into the land*

אֲשֶׁר־נָתַתִּי לָהֶם rel. (81)-Qal pf. 1 c.s. (נָתַן 678)-prep.-3 m.p. sf. *which I have given them*

20:13

הֵמָּה demons.adj. m.p. (241) *these are*

מֵי מְרִיבָה n.m.p. cstr. (565)-pr.n. (II 937) *the waters of Meribah*

אֲשֶׁר־רָבוּ rel. (81)-Qal pf. 3 c.p. (רִיב 936) *where ... contended*

בְּנֵי־יִשְׂרָאֵל n.m.p. cstr. (119)-pr.n. (975) *the people of Israel*

אֶת־יהוה prep. (85)-pr.n. (217) *with Yahweh*

וַיִּקָּדֵשׁ בָּם consec.-Ni. impf. 3 m.s. (קָדַשׁ 872)-prep.-3 m.p. sf. *and he showed himself holy among them*

20:14

וַיִּשְׁלַח מֹשֶׁה consec.-Qal impf. 3 m.s. (1018)-pr.n. (602) *Moses sent*

מַלְאָכִים n.m.p. (521) *messengers*

מִקָּדֵשׁ prep.-pr.n. (II 873) *from Kadesh*

אֶל־מֶלֶךְ אֱדוֹם prep.-n.m.s. cstr. (I 572)-pr.n. (10) *to the king of Edom*

כֹּה אָמַר adv. (462)-Qal pf. 3 m.s. (55) *thus says*

אָחִיךָ יִשְׂרָאֵל n.m.s.-2 m.s. sf. (26)-pr.n. (975) *your brother Israel*

אַתָּה יָדַעְתָּ pers.pr. 2 m.s. (61)-Qal pf. 2 m.s. (393 יָדַע) *you know*

אֵת כָּל־הַתְּלָאָה dir.obj.-n.m.s. cstr. (481)-def.art.-n.f.s. (521) *all the adversity*

אֲשֶׁר מְצָאַתְנוּ rel. (81)-Qal pf. 3 f.s. (מָצָא 592)-1 c.p. sf. *that has befallen us*

20:15

וַיֵּרְדוּ consec.-Qal impf. 3 m.p. (יָרַד 432) *how ... went down*

אֲבֹתֵינוּ n.m.p.-1 c.p. sf. (3) *our fathers*

מִצְרַיְמָה pr.n.-dir.he (595) *to Egypt*

וַנֵּשֶׁב consec.-Qal impf. 1 c.p. (יָשַׁב 442) *and we dwelt*

בְּמִצְרַיִם prep.-pr.n. (595) *in Egypt*

יָמִים רַבִּים n.m.p. (398)-adj. m.p. (I 912) *a long time*

וַיָּרֵעוּ לָנוּ consec.-Hi. impf. 3 m.p. (רָעַע 949)-prep.-1 c.p. sf. *and ... dealt harshly with us*

מִצְרַיִם pr.n. (595) *the Egyptians*

וְלַאֲבֹתֵינוּ conj.-prep.-n.m.p.-1 c.p. sf. (3) *and our fathers*

20:16

וַנִּצְעַק consec.-Qal impf. 1 c.p. (צָעַק 858) *and when we cried*

אֶל־יהוה prep.-pr.n. (217) *to Yahweh*

וַיִּשְׁמַע קֹלֵנוּ consec.-Qal impf. 3 m.s. (1033)-n.m.s.-1 c.p. sf. (876) *he heard our voice*

וַיִּשְׁלַח מַלְאָךְ consec.-Qal impf. 3 m.s. (1018)-n.m.s. (521) *and sent an angel*

וַיֹּצִאֵנוּ consec.-Hi. impf. 3 m.s.-1 c.p. sf. (יָצָא 422) *and brought us forth*

מִמִּצְרַיִם prep.-pr.n. paus. (595) *out of Egypt*

וְהִנֵּה אֲנַחְנוּ conj.-demons.part. (243)-pers.pr. 1 c.p. (59) *and here we are*

בְקָדֵשׁ prep.-pr.n. (873) *in Kadesh*

עִיר n.f.s. (746) *a city*

קְצֵה גְבוּלֶךָ n.m.s. cstr. (892)-n.m.s.-2 m.s. sf. (147) *on the edge of your territory*

20:17

נַעְבְּרָה־נָּא Qal impf. 1 c.s.-vol.he (עָבַר 716) -part.of entreaty (609) *now let us pass through*

בְאַרְצֶךָ prep.-n.f.s.-2 m.s. sf. (75) *your land*

לֹא נַעֲבֹר neg.-Qal impf. 1 c.p. (716) *we will not pass through*

בְשָׂדֶה prep.-n.m.s. (961) *field*

וּבְכֶרֶם conj.-prep.-n.m.s. (501) *or vineyard*

וְלֹא נִשְׁתֶּה conj.-neg.-Qal impf. 1 c.p. (שָׁתָה 1059) *neither will we drink*

מֵי בְאֵר n.m.p. cstr. (565)-n.f.s. (91) *water from a well*

דֶּרֶךְ הַמֶּלֶךְ n.m.s. cstr. (202)-def.art.-n.m.s. (I 572) *along the King's Highway*

נֵלֵךְ Qal impf. 1 c.p. (הָלַךְ 229) *we will go*

לֹא נִטֶּה neg.-Qal impf. 1 c.p. (נָטָה 639) *we will not turn aside*

יָמִין n.f.s. (411) *to the right hand*

וּשְׂמֹאול conj.-n.m.s. (969) *or to the left*

עַד אֲשֶׁר־נַעֲבֹר prep. (III 723)-rel. (81)-Qal impf. 1 c.p. (716) *until we have passed through*

גְּבוּלֶךָ n.m.s.-2 m.s. sf. (147) *your territory*

20:18

וַיֹּאמֶר אֵלָיו consec.-Qal impf. 3 m.s. (55)-prep.-3 m.s. sf. *but said to him*

אֱדֹום pr.n. (10) *Edom*

לֹא תַעֲבֹר בִּי neg.-Qal impf. 2 m.s. (716)-prep.-1 c.s. sf. *you shall not pass through*

פֶּן־בַּחֶרֶב conj. (814; GK 152w)-prep.-def.art. -n.f.s. (352) *lest with the sword*

אֵצֵא Qal impf. 1 c.s. (יָצָא 422) *I come out*

לִקְרָאתֶךָ prep.-Qal inf.cstr.-2 m.s. sf. (קָרָא II 896) *to meet you*

20:19

וַיֹּאמְרוּ אֵלָיו consec.-Qal impf. 3 m.p. (55) -prep.-3 m.s. sf. *and said to him*

בְנֵי־יִשְׂרָאֵל n.m.p. cstr. (119)-pr.n. (975) *the people of Israel*

בַּמְסִלָּה prep.-def.art.-n.f.s. (700) *by the highway*

נַעֲלֶה Qal impf. 1 c.p. sf. (עָלָה 748) *we will go up*

וְאִם־מֵימֶיךָ conj.-hypoth.part. (49)-n.m.p.-2 m.s. sf. (565) *and if of your water*

נִשְׁתֶּה Qal impf. 1 c.p. (שָׁתָה 1059) *we drink*

אֲנִי וּמִקְנַי pers.pr. 1 c.s. (58)-conj.-n.m.s.-1 c.s. sf. (889) *I and my cattle*

וְנָתַתִּי conj.-Qal pf. 1 c.s. (נָתַן 678) *then I will pay*

מִכְרָם n.m.s.-3 m.p. sf. (569) *their price*

רַק אֵין־דָּבָר adv. (956)-neg. cstr. (II 34)-n.m.s. (182) *only, it is nothing*

בְּרַגְלַי prep.-n.f.p.-1 c.s. sf. (919) *on foot*

אֶעֱבֹרָה Qal impf. 1 c.s.-vol.he (עָבַר 716) *let me pass through*

20:20

וַיֹּאמֶר consec.-Qal impf. 3 m.s. (55) *but he said*

לֹא תַעֲבֹר neg.-Qal impf. 2 m.s. (716) *you shall not pass through*

וַיֵּצֵא אֱדֹום consec.-Qal impf. 3 m.s. (יָצָא 422) -pr.n. (10) *and Edom came out*

לִקְרָאתֹו prep.-Qal inf.cstr.-3 m.s. sf. (II 896) *to meet them*

בְּעַם כָּבֵד prep.-n.m.s. cstr. (766)-adj. m.s. (458) *with many men*

וּבְיָד חֲזָקָה conj.-prep.-n.f.s. (388)-adj. f.s. (305) *and with a strong force*

20:21

וַיְמָאֵן אֱדֹום consec.-Pi. impf. 3 m.s. (מָאֵן 549)-pr.n. (10) *thus Edom refused*

נְתֹן Qal inf.cstr. (נָתַן 678; GK 66i) *to give*

אֶת־יִשְׂרָאֵל dir.obj.-pr.n. (975) *Israel*

עֲבֹר בִּגְבֻלֹו Qal inf.cstr. (716)-prep.-n.m.s.-3 m.s. sf. (147) *passage through his territory*

וַיֵּט consec.-Qal impf. 3 m.s. (נָטָה 639) *so turned away*

יִשְׂרָאֵל v.supra *Israel*

מֵעָלָיו prep.-prep.-3 m.s. sf. *from him*

20:22

וַיִּסְעוּ consec.-Qal impf. 3 m.p. (נָסַע 652) *and they journeyed*

מִקָּדֵשׁ prep.-pr.n. (II 873) *from Kadesh*

וַיָּבֹאוּ consec.-Qal impf. 3 m.p. (בֹּוא 97) *and came*

בְנֵי־יִשְׂרָאֵל n.m.p. cstr. (119)-pr.n. (975) *the people of Israel*

כָּל־הָעֵדָה n.m.s. cstr. (481)-def.art.-n.f.s. (417) *the whole congregation*

הֹר הָהָר pr.n. (246)-def.art.-n.m.s. (249) *to Mount Hor*

20:23

וַיֹּאמֶר יְהוָה consec.-Qal impf. 3 m.s. (55)-pr.n. (217) *and Yahweh said*

אֶל־מֹשֶׁה prep.-pr.n. (602) *to Moses*

וְאֶל־אַהֲרֹן conj.-prep.-pr.n. (14) *and Aaron*

בְּהֹר הָהָר prep.-pr.n. (246)-def.art.-n.m.s. (249) *at Mount Hor*

עַל־גְּבוּל prep.-n.m.s. cstr. (147) *on the border of*

אֶרֶץ־אֱדוֹם n.f.s. cstr. (75)-pr.n. (10) *the land of Edom*

לֵאמֹר prep.-Qal inf.cstr. (55) *(saying)*

20:24

יֵאָסֵף אַהֲרֹן Ni. impf. 3 m.s. (אָסַף 62)-pr.n. (14) *Aaron shall be gathered*

אֶל־עַמָּיו prep.-n.m.p.-3 m.s. sf. (766) *to his people*

כִּי לֹא יָבֹא conj. (471)-neg.-Qal impf. 3 m.s. (97 בּוֹא) *for he shall not enter*

אֶל־הָאָרֶץ prep.-def.art.-n.f.s. (75) *the land*

אֲשֶׁר נָתַתִּי rel. (81)-Qal pf. 1 c.s. (נָתַן 678) *which I have given*

לִבְנֵי יִשְׂרָאֵל prep.-n.m.p. cstr. (119)-pr.n. (975) *to the people of Israel*

עַל אֲשֶׁר־מְרִיתֶם prep.-rel. (81)-Qal pf. 2 m.p. (מָרָה 598) *because you rebelled*

אֶת־פִּי dir.obj.-n.m.s.-1 c.s. sf. (804) *against my command*

לְמֵי מְרִיבָה prep.-n.m.p. cstr. (565)-pr.n. (II 937) *at the waters of Meribah*

20:25

קַח Qal impv. 2 m.s. (לָקַח 542) *take*

אֶת־אַהֲרֹן dir.obj.-pr.n. (14) *Aaron*

וְאֶת־אֶלְעָזָר בְּנוֹ conj.-dir.obj.-pr.n. (46)-n.m.s.-3 m.s. sf. (119) *and Eleazar his son*

וְהַעַל אֹתָם conj.-Hi. impv. 2 m.s. (עָלָה 748)-dir.obj.-3 m.p. sf. *and bring them up*

הֹר הָהָר pr.n. (246)-def.art.-n.m.s. (249) *to Mount Hor*

20:26

וְהַפְשֵׁט conj.-Hi. impv. 2 m.s. (פָּשַׁט 832) *and strip*

אֶת־אַהֲרֹן dir.obj.-pr.n. (14) *Aaron*

אֶת־בְּגָדָיו dir.obj.-n.m.p.-3 m.s. sf. (93) *of his garments*

וְהִלְבַּשְׁתָּם conj.-Hi. pf. 2 m.s.-3 m.p. sf. (לָבַשׁ 527) *and put them*

אֶת־אֶלְעָזָר בְּנוֹ dir.obj.-pr.n. (46)-n.m.s.-3 m.s. sf. (119) *upon Eleazar his son*

וְאַהֲרֹן conj.-pr.n. (14) *and Aaron*

יֵאָסֵף Ni. impf. 3 m.s. (אָסַף 62) *shall be gathered*

וּמֵת שָׁם conj.-Qal pf. 3 m.s. (מוּת 559)-adv. (1027) *and shall die there*

20:27

וַיַּעַשׂ מֹשֶׁה consec.-Qal impf. 3 m.s. (עָשָׂה I 793)-pr.n. (602) *and Moses did*

כַּאֲשֶׁר צִוָּה יְהוָה prep.-rel. (81)-Pi. pf. 3 m.s. (צָוָה 845)-pr.n. (217) *as Yahweh commanded*

וַיַּעֲלוּ consec.-Qal impf. 3 m.p. (עָלָה 748) *and they went up*

אֶל־הֹר הָהָר prep.-pr.n. (246)-def.art.-n.m.s. (249) *Mount Hor*

לְעֵינֵי prep.-n.f.p. cstr. (744) *in the sight of*

כָּל־הָעֵדָה n.m.s. cstr. (481)-def.art.-n.f.s. (417) *all the congregation*

20:28

וַיַּפְשֵׁט מֹשֶׁה consec.-Hi. impf. 3 m.s. (פָּשַׁט 832)-pr.n. (602) *and Moses stripped*

אֶת־אַהֲרֹן dir.obj.-pr.n. (14) *Aaron*

אֶת־בְּגָדָיו dir.obj.-n.m.p.-3 m.s. sf. (93) *of his garments*

וַיַּלְבֵּשׁ אֹתָם consec.-Hi. impf. 3 m.s. (לָבַשׁ 527)-def.art.-3 m.p. sf. *and put them*

אֶת־אֶלְעָזָר dir.obj.-pr.n. (46) *upon Eleazar*

בְּנוֹ n.m.s.-3 m.s. sf. (119) *his son*

וַיָּמָת אַהֲרֹן consec.-Qal impf. 3 m.s. (מוּת 559)-pr.n. (14) *and Aaron died*

שָׁם adv. (1027) *there*

בְּרֹאשׁ הָהָר prep.-n.m.s. cstr. (910)-def.art.-n.m.s. (249) *on the top of the mountain*

וַיֵּרֶד consec.-Qal impf. 3 m.s. (יָרַד 432) *then came down*

מֹשֶׁה וְאֶלְעָזָר pr.n. (602)-conj.-pr.n. (46) *Moses and Eleazar*

מִן־הָהָר prep.-def.art.-n.m.s. (249) *from the mountain*

20:29

וַיִּרְאוּ consec.-Qal impf. 3 m.p. (רָאָה 906) *and when ... saw*

כָּל־הָעֵדָה n.m.s. cstr. (481)-def.art.-n.f.s. (417) *all the congregation*

כִּי גָוַע conj. (471)-Qal pf. 3 m.s. (157) *that ... was dead*

אַהֲרֹן pr.n. (14) *Aaron*

וַיִּבְכּוּ consec.-Qal impf. 3 m.p. (בָּכָה 113) *wept*

אֶת־אַהֲרֹן dir.obj.-pr.n. (14) *for Aaron*

שְׁלֹשִׁים יוֹם num. p. (1026)-n.m.s. (398) *thirty days*

כָּל בֵּית יִשְׂרָאֵל n.m.s. cstr. (481)-n.m.s. cstr. (108)-pr.n. (975) *all the house of Israel*

21:1

וַיִּשְׁמַע consec.-Qal impf. 3 m.s. (שָׁמַע 1033) *when ... heard*

הַכְּנַעֲנִי def.art.-adj.gent. (I 489) *the Canaanite*

מֶלֶךְ־עֲרָד n.m.s. cstr. (I 572)-pr.n. (I 788) *the king of Arad*

יֹשֵׁב הַנֶּגֶב Qal act.ptc. 442)-def.art.-n.m.s. (616) *who dwelt in the Negeb*

כִּי בָּא יִשְׂרָאֵל conj. (471)-Qal pf. 3 m.s. (בּוֹא 97)-pr.n. (975) *that Israel was coming*

דֶּרֶךְ הָאֲתָרִים n.m.s. cstr. (202)-def.art.-pr.n. (87) *by the way of Atharim*

וַיִּלָּחֶם consec.-Ni. impf. 3 m.s. (לָחַם 535) *and he fought*

בְּיִשְׂרָאֵל prep.-pr.n. (975) *against Israel*

וַיִּשְׁבְּ מִמֶּנּוּ שֶׁבִי consec.-Qal impf. 3 m.s. (שָׁבָה 985; GK 75q)-prep.-3 m.s. sf.-n.m.s. paus. (985) *and took some of them captive*

21:2

וַיִּדַּר יִשְׂרָאֵל consec.-Qal impf. 3 m.s. (נָדַר 623)-pr.n. (975) *and Israel vowed*

נֶדֶר n.m.s. (623) *a vow*

לַיהוה prep.-pr.n. (217) *to Yahweh*

וַיֹּאמַר consec.-Qal impf. 3 m.s. (55) *and said*

אִם־נָתֹן תִּתֵּן hypoth.part. (49)-Qal inf.abs. (678)-Qal impf. 2 m.s. (נָתַן 678) *if you will indeed give*

אֶת־הָעָם הַזֶּה dir.obj.-def.art.-n.m.s. (I 766)-def.art.-demons.adj. m.s. (260) *this people*

בְּיָדִי prep.-n.f.s.-1 c.s. sf. (388) *into my hand*

וְהַחֲרַמְתִּי conj.-Hi. pf. 1 c.s. (חָרַם I 355) *then I will utterly destroy*

אֶת־עָרֵיהֶם dir.obj.-n.f.p.-3 m.p. sf. (746) *their cities*

21:3

וַיִּשְׁמַע יהוה consec.-Qal impf. 3 m.s. (1033)-pr.n. (217) *and Yahweh hearkened*

בְּקוֹל יִשְׂרָאֵל prep.-n.m.s. cstr. (876)-pr.n. (975) *to the voice of Israel*

וַיִּתֵּן consec.-Qal impf. 3 m.s. (נָתַן 678) *and gave*

אֶת־הַכְּנַעֲנִי dir.obj.-def.art.-adj.gent. (I 489) *over the Canaanites*

וַיַּחֲרֵם אֶתְהֶם consec.-Hi. impf. 3 m.s. (חָרַם I 355)-dir.obj.-3 m.p. sf. *and they utterly destroyed them*

וְאֶת־עָרֵיהֶם dir.obj.-n.f.p.-3 m.p. sf. (746) *and their cities*

וַיִּקְרָא consec.-Qal impf. 3 m.s. (קָרָא 894) *so ... was called*

שֵׁם־הַמָּקוֹם n.m.s. cstr. (1027)-def.art.-n.m.s. (879) *the name of the place*

חָרְמָה pr.n. (356) *Hormah*

21:4

וַיִּסְעוּ consec.-Qal impf. 3 m.p. (נָסַע 652) *and they set out*

מֵהֹר הָהָר prep.-pr.n. (246)-def.art.-n.m.s. (249) *from Mount Hor*

דֶּרֶךְ יַם־סוּף n.m.s. cstr. (202)-n.m.s. cstr. (410)-n.m.s. (I 692) *by the way to the Red Sea (sea of reeds)*

לִסְבֹב prep.-Qal inf.cstr. (סָבַב 685) *to go around*

אֶת־אֶרֶץ אֱדוֹם dir.obj.-n.f.s. cstr. (75)-pr.n. (10) *the land of Edom*

וַתִּקְצַר consec.-Qal impf. 3 f.s. (קָצַר I 894) *and became impatient*

נֶפֶשׁ־הָעָם n.f.s. cstr. (659)-def.art.-n.m.s. (I 766) *the people*

בַּדָּרֶךְ prep.-def.art.-n.m.s. (202) *on the way*

21:5

וַיְדַבֵּר הָעָם consec.-Pi. impf. 3 m.s. (180)-def.art.-n.m.s. (I 766) *and the people spoke*

בֵּאלֹהִים prep.-n.m.p. (43) *against God*

וּבְמֹשֶׁה conj.-prep.-pr.n. (602) *and against Moses*

לָמָה הֶעֱלִיתֻנוּ prep.-interr. (552)-Hi. impf. 2 m.p.-1 c.p. sf. (עָלָה 748; GK 59a) *why have you brought us up*

מִמִּצְרַיִם prep.-pr.n. (595) *out of Egypt*

לָמוּת prep.-Qal inf.cstr. (מוּת 559) *to die*

בַּמִּדְבָּר prep.-def.art.-n.m.s. (184) *in the wilderness*

כִּי אֵין לֶחֶם conj. (471)-neg. cstr. (II 34)-n.m.s. (536) *for there is no food*

וְאֵין מַיִם conj.-v.supra-n.m.p. (565) *and no water*

וְנַפְשֵׁנוּ קָצָה conj.-n.f.s.-1 c.p. sf. (659)-Qal pf. 3 f.s. (קוּץ I 880) *and we loathe*

בַּלֶּחֶם הַקְּלֹקֵל prep.-def.art.-n.m.s. (536)-def.art.-adj. m.s. (887) *this worthless food*

21:6

וַיְשַׁלַּח יהוה consec.-Pi. impf. 3 m.s. (1018)-pr.n. (217) *then Yahweh sent*

בָּעָם prep.-def.art.-n.m.s. (I 766) *among the people*

אֵת הַנְּחָשִׁים הַשְּׂרָפִים dir.obj.-def.art.-n.m.p. (638)-def.art.-n.m.p. (I 977) *fiery serpents*

וַיְנַשְּׁכוּ consec.-Pi. impf. 3 m.p. (נָשַׁךְ 675) *and they bit*

אֶת־הָעָם dir.obj.-def.art.-n.m.s. (I 766) *the people*

וַיָּמָת consec.-Qal impf. 3 m.s. (מוּת 559) *so that died*

עָם־רָב n.m.s. (I 766)-adj. m.s. (I 912) *many people*

מִיִּשְׂרָאֵל prep.-pr.n. (975) *of Israel*

21:7

וַיָּבֹא הָעָם consec.-Qal impf. 3 m.s. (בּוֹא 97)-def.art.-n.m.s. (I 766) *and the people came*

אֶל־מֹשֶׁה prep.-pr.n. (602) *to Moses*

וַיֹּאמְרוּ consec.-Qal impf. 3 m.p. (55) *and said*

חָטָאנוּ Qal pf. 1 c.p. (חָטָא 306) *we have sinned*

כִּי־דִבַּרְנוּ conj. (471)-Pi. pf. 1 c.p. (180) *for we have spoken*

בַיהוה prep.-pr.n. (217) *against Yahweh*

וָבָךְ conj.-prep.-2 m.s. sf. paus. *and against you*

הִתְפַּלֵּל Hith. impv. 2 m.s. (פָּלַל 813) *pray*

אֶל־יְהוה prep.-pr.n. (217) *to Yahweh*

וְיָסֵר consec.-Hi. impf. 3 m.s. apoc. (סוּר 693) *that he take away*

מֵעָלֵינוּ prep.-prep.-1 c.p. sf. *from us*

אֶת־הַנָּחָשׁ dir.obj.-def.art.-n.m.s. (638) *the serpents*

וַיִּתְפַּלֵּל מֹשֶׁה consec.-Hith. impf. 3 m.s. (פָּלַל 813)-pr.n. (602) *so Moses prayed*

בְּעַד הָעָם prep. (126)-def.art.-n.m.s. (I 766) *for the people*

21:8

וַיֹּאמֶר יהוה consec.-Qal impf. 3 m.s. (55)-pr.n. (217) *and Yahweh said*

אֶל־מֹשֶׁה prep.-pr.n. (602) *to Moses*

עֲשֵׂה לְךָ Qal impv. 2 m.s. (I 793)-prep.-2 m.s. sf. *make (for yourself)*

שָׂרָף n.m.s. (I 977) *a fiery serpent*

וְשִׂים אֹתוֹ conj.-Qal impv. 2 m.s. (שִׂים I 962)-dir.obj.-3 m.s. sf. *and set it*

עַל־נֵס prep.-n.m.s. (651) *on a pole*

וְהָיָה conj.-Qal pf. 3 m.s. (224) *and (it shall be)*

כָּל־הַנָּשׁוּךְ n.m.s. cstr. (481)-def.art.-Qal pass.ptc. (נָשַׁךְ 675) *every one who is bitten*

וְרָאָה אֹתוֹ conj.-Qal pf. 3 m.s. (906)-dir.obj.-3 m.s. sf. *when he sees it*

וָחָי conj.-Qal pf. 3 m.s. paus. (חָיָה 310) *shall live*

21:9

וַיַּעַשׂ מֹשֶׁה consec.-Qal impf. 3 m.s. (עָשָׂה I 793)-pr.n. (602) *so Moses made*

נְחַשׁ נְחֹשֶׁת n.m.s. cstr. (638)-n.m.s. (I 638) *a bronze serpent*

וַיְשִׂמֵהוּ consec.-Hi. impf. 3 m.s.-3 m.s. sf. (שִׂים 962) *and set it*

עַל־הַנֵּס prep.-def.art.-n.m.s. (651) *on a pole*

וְהָיָה conj.-Qal pf. 3 m.s. (224) *and (it was)*

אִם־נָשַׁךְ הַנָּחָשׁ hypoth.part. (49)-Qal pf. 3 m.s. (675)-def.art.-n.m.s. (638) *if a serpent bit*

אֶת־אִישׁ dir.obj. (GK 117d)-n.m.s. (35) *any man*

וְהִבִּיט conj.-Hi. pf. 3 m.s. (נבט 613) *he would look*

אֶל־נְחַשׁ הַנְּחֹשֶׁת prep.-n.m.s. cstr. (638)-def.art.-n.m.s. (638) *at the bronze serpent*

וָחָי conj.-Qal pf. paus. (חָיָה 310) *and live*

21:10

וַיִּסְעוּ consec.-Qal impf. 3 m.p. (נָסַע 652) *and set out*

בְּנֵי יִשְׂרָאֵל n.m.p. cstr. (119)-pr.n. (975) *the people of Israel*

וַיַּחֲנוּ consec.-Qal impf. 3 m.p. (חָנָה 333) *and encamped*

בְּאֹבֹת prep.-pr.n. (15) *in Oboth*

21:11

וַיִּסְעוּ consec.-Qal impf. 3 m.p. (נָסַע 652) *and they set out*

מֵאֹבֹת prep.-pr.n. (15) *from Oboth*

וַיַּחֲנוּ consec.-Qal impf. 3 m.p. (חָנָה 333) *and encamped*

בְּעִיֵּי הָעֲבָרִים prep.-pr.n. (v. עִיִּים 743)-pr.n. (720) *at Iyeabarim*

בַּמִּדְבָּר prep.-def.art.-n.m.s. (184) *in the wilderness*

אֲשֶׁר עַל־פְּנֵי מוֹאָב rel. (81)-prep.-n.m.p. cstr. (815)-pr.n. (555) *which is opposite Moab*

מִמִּזְרַח הַשָּׁמֶשׁ prep.-n.m.s. cstr. (280)-def.art.-n.f.s. paus. (1039) *toward the sunrise*

21:12

מִשָּׁם נָסָעוּ prep.-adv. (1027)-Qal pf. 3 c.p. paus. (נָסַע 652) *from there they set out*

וַיַּחֲנוּ consec.-Qal impf. 3 m.p. (חָנָה 333) *and encamped*

בְּנַחַל זָרֶד prep.-n.m.s. cstr. (636)-pr.n. paus. (279) *in the Valley of Zered*

21:13

מִשָּׁם נָסָעוּ prep.-adv. (1027)-Qal pf. 3 c.p. paus. (נָסַע 652) *from there they set out*

וַיַּחֲנוּ consec.-Qal impf. 3 m.p. (חָנָה 333) *and encamped*

מֵעֵבֶר אַרְנֹן prep.-n.m.s. cstr. (I 719)-pr.n. (75) *on the other side of the Arnon*

אֲשֶׁר בַּמִּדְבָּר rel. (81)-prep.-def.art.-n.m.s. (184) *which is in the wilderness*

הַיֹּצֵא def.art.-Qal act.ptc. (יָצָא 422) *that extends*

מִגְּבוּל הָאֱמֹרִי prep.-n.m.s. cstr. (147)-def.art.-adj.gent. (57) *from the boundary of the Amorites*

כִּי אַרְנֹן conj. (471)-pr.n. (75) *for the Arnon*

גְּבוּל מוֹאָב n.m.s. cstr. (147)-pr.n. (555) *the boundary of Moab*

בֵּין מוֹאָב prep. (107)-v.supra *between Moab*

וּבֵין הָאֱמֹרִי conj.-v.supra-v.supra *and the Amorites*

21:14

עַל־כֵּן יֵאָמַר prep.-adv. (485)-Ni. impf. 3 m.s. (55) *wherefore it is said*

בְּסֵפֶר prep.-n.m.s. cstr. (706) *in the Book of*

מִלְחֲמֹת יהוה n.f.p. cstr. (536)-pr.n. (217) *the Wars of Yahweh*

אֶת־וָהֵב dir.obj.-pr.n. (255) *Waheb*

בְּסוּפָה prep.-pr.n. (II 693) *in Suphah*

וְאֶת־הַנְּחָלִים conj.-dir.obj.-def.art.-n.m.p. (636) *and the valleys*

אַרְנֹן pr.n. (75) *Arnon*

21:15

וְאֶשֶׁד הַנְּחָלִים conj.-n.m.s. cstr. (78)-def.art.-n.m.p. (636) *and the slope of the valleys*

אֲשֶׁר נָטָה rel. (81)-Qal pf. 3 m.s. (639) *that extends*

לְשֶׁבֶת עָר prep.-n.f.s. cstr. (I 443)-pr.n. (I 786) *to the seat of Ar*

וְנִשְׁעַן conj. (GK 112pp)-Ni. pf. 3 m.s. (שָׁעַן 1043) *and leans*

לִגְבוּל מוֹאָב prep.-n.m.s. cstr. (147)-pr.n. (555) *to the border of Moab*

21:16

וּמִשָּׁם בְּאֵרָה conj.-prep.-adv. (1027)-n.f.s.-dir.he (91) *and from there to Beer*

הוּא הַבְּאֵר demons.adj. f.s. (214)-def.art.-n.f.s. (91) *that is the well*

אֲשֶׁר אָמַר יהוה rel. (81)-Qal pf. 3 m.s. (55)-pr.n. (217) *of which Yahweh said*

לְמֹשֶׁה prep.-pr.n. (602) *to Moses*

אֱסֹף Qal impv. 2 m.s. (אָסַף 62) *gather*

אֶת־הָעָם dir.obj.-def.art.-n.m.s. (I 766) *the people*

וְאֶתְּנָה לָהֶם conj.-Qal impf. 1 c.s.-vol.he (נָתַן 678)-prep.-3 m.p. sf. *and I will give them*

מָיִם n.m.p. paus. (565) *water*

21:17

אָז יָשִׁיר adv. (23)-Qal impf. 3 m.s. (שִׁיר 1010) *then sang*

יִשְׂרָאֵל pr.n. (975) *Israel*

אֶת־הַשִּׁירָה הַזֹּאת dir.obj.-def.art.-n.f.s. (1010)-def.art.-demons.adj. f.s. (260) *this song*

עֲלִי בְאֵר Qal impv. 2 f.s. (עָלָה 748)-n.f.s. (91) *spring up, O well*

עֱנוּ־לָהּ Qal impv. 2 m.p. (עָנָה IV 777; GK 63,l)-prep.-3 f.s. sf. *sing to it*

21:18

בְּאֵר n.f.s. (91) *the well*

חֲפָרוּהָ שָׂרִים Qal pf. 3 c.p.-3 f.s. sf. (חָפַר I 343)-n.m.p. (978) *which the princes dug*

כָּרוּהָ Qal pf. 3 c.p.-3 f.s. sf. (כָּרָה I 500) *which delved*

נְדִיבֵי הָעָם n.m.p. cstr. (622)-def.art.-n.m.s. (I 766) *the nobles of the people*

בִּמְחֹקֵק prep.-Po'el ptc. (חָקַק 349) *with the scepter*

בְּמִשְׁעֲנֹתָם prep.-n.f.p.-3 m.p. sf. (1044) *and with their staves*

וּמִמִּדְבָּר conj.-prep.-n.m.s. (184) *and from the wilderness*

מַתָּנָה pr.n. (II 682) *to Mattanah*

21:19

וּמִמַּתָּנָה conj.-prep.-pr.n. (II 682) *and from Mattanah*

נַחֲלִיאֵל pr.n. (636) *to Nahaliel*

וּמִנַּחֲלִיאֵל conj.-prep.-v.supra *and from Nahaliel*

בָּמוֹת pr.n. (119) *to Bamoth*

21:20

וּמִבָּמוֹת conj.-prep.-pr.n. (119) *and from Bamoth*

הַגַּיְא def.art.-n.m.s. (161) *to the valley*

אֲשֶׁר בִּשְׂדֵה מוֹאָב rel. (81)-prep.-n.m.s. cstr. (961)-pr.n. (555) *lying in the region of Moab*

רֹאשׁ הַפִּסְגָּה n.m.s. cstr. (910)-def.art.-pr.n. (820) *by the top of Pisgah*

וְנִשְׁקָפָה conj.-Ni. pf. 3 f.s. (שָׁקַף I 1054; GK 112ss) *which looks down*

עַל־פְּנֵי הַיְשִׁימֹן prep.-n.m.p. cstr. (815)-def.art.-n.m.s. (445) *upon the desert*

21:21

וַיִּשְׁלַח יִשְׂרָאֵל consec.-Qal impf. 3 m.s. (1018)-pr.n. (975) *then Israel sent*

מַלְאָכִים n.m.p. (521) *messengers*

אֶל־סִיחֹן prep.-pr.n. (695) *to Sihon*

מֶלֶךְ הָאֱמֹרִי n.m.s. cstr. (I 572)-def.art.-adj.gent. (57) *king of the Amorites*

לֵאמֹר prep.-Qal inf.cstr. (55) *saying*

21:22

אֶעְבְּרָה Qal impf. 1 c.s.-vol.he (עָבַר 716) *let me pass through*

בְאַרְצֶךָ prep.-n.f.s.-2 m.s. sf. (75) *your land*

לֹא נִטֶּה neg.-Qal impf. 1 c.p. (נָטָה 639) *we will not turn aside*

בְּשָׂדֶה prep.-n.m.s (961) *into field*

וּבְכֶרֶם conj.-prep.-n.m.s. (501) *or vineyard*

לֹא נִשְׁתֶּה neg.-Qal impf. 1 c.p. (שָׁתָה 1059) *we will not drink*

מֵי בְאֵר n.m.p. cstr. (565)-n.f.s. (91) *the water of a well*

בְּדֶרֶךְ הַמֶּלֶךְ prep.-n.m.s. cstr. (202)-def.art.-n.m.s. (I 572) *by the King's Highway*

נֵלֵךְ Qal impf. 1 c.p. (הָלַךְ 229) *we will go*

עַד אֲשֶׁר־נַעֲבֹר prep. (III 723)-rel. (81)-Qal impf. 1 c.p. (עָבַר 716) *until we have passed through*

גְּבֻלֶךָ n.m.s.-2 m.s. sf. (147) *your territory*

21:23

וְלֹא־נָתַן סִיחֹן conj.-neg.-Qal pf. 3 m.s. (678)-pr.n. (695) *but Sihon would not allow*

אֶת־יִשְׂרָאֵל dir.obj.-pr.n. (975) *Israel*

עֲבֹר Qal inf.cstr. (716; GK 157bN) *to pass through*

בִּגְבֻלוֹ prep.-n.m.s.-3 m.s. sf. (147) *his territory*

וַיֶּאֱסֹף סִיחֹן consec.-Qal impf. 3 m.s. (אָסַף 62)-pr.n. (695) *Sihon gathered*

אֶת־כָּל־עַמּוֹ dir.obj.-n.m.s. cstr. (481)-n.m.s.-3 m.s. sf. (I 766) *all his people*

וַיֵּצֵא consec.-Qal impf. 3 m.s. (יָצָא 422) *and went out*

לִקְרַאת prep.-Qal inf.cstr. (קָרָא II 896) *to meet*

יִשְׂרָאֵל pr.n. (975) *Israel*

הַמִּדְבָּרָה def.art.-n.m.s.-dir.he (184) *to the wilderness*

וַיָּבֹא consec.-Qal impf. 3 m.s. (בּוֹא 97) *and came*

יָהְצָה pr.n.-loc.he (397) *to Jahaz*

וַיִּלָּחֶם consec.-Ni. impf. 3 m.s. (לָחַם 535) *and fought*

בְּיִשְׂרָאֵל prep.-v.supra *against Israel*

21:24

וַיַּכֵּהוּ יִשְׂרָאֵל consec.-Hi. impf. 3 m.s.-3 m.s. sf. (645)-pr.n. (975) *and Israel slew him*

לְפִי־חָרֶב prep.-n.m.s. cstr. (804)-n.f.s. paus. (352) *with the edge of the sword*

וַיִּירַשׁ consec.-Qal impf. 3 m.s. (יָרַשׁ 439) *and took possession*

אֶת־אַרְצוֹ dir.obj.-n.f.s.-3 m.s. sf. (75) *of his land*

מֵאַרְנֹן prep.-pr.n. (75) *from the Arnon*

עַד־יַבֹּק prep. (III 723)-pr.n. (132) *to the Jabbok*

עַד־בְּנֵי עַמּוֹן v.supra-n.m.p. cstr. (119)-pr.n. (769) *as far as to the Ammonites*

כִּי עַז conj. (471)-adj. m.s. (738; LXX-Ιαζηρ) *for Jazer was (was strong)*

גְּבוּל n.m.s. cstr. (147) *the boundary of*

בְּנֵי עַמּוֹן v.supra-v.supra *the Ammonites*

21:25

וַיִּקַּח יִשְׂרָאֵל consec.-Qal impf. 3 m.s. (לָקַח 542)-pr.n. (975) *and Israel took*

אֵת כָּל־הֶעָרִים הָאֵלֶּה dir.obj.-n.m.s. cstr. (481)-def.art.-n.f.p. (746)-def.art.-demons.adj. c.p. (41) *all these cities*

וַיֵּשֶׁב יִשְׂרָאֵל consec.-Qal impf. 3 m.s. (יָשַׁב 442)-v.supra *and Israel settled*

בְּכָל־עָרֵי prep.-n.m.s. cstr. (481)-n.f.p. cstr. (746) *in all the cities of*

הָאֱמֹרִי def.art.-adj.gent. (57) *the Amorites*

בְּחֶשְׁבּוֹן prep.-pr.n. (II 363) *in Heshbon*

וּבְכָל־בְּנֹתֶיהָ conj.-prep.-v.supra-n.f.p.-3 f.s. sf. (I 123) *and in all its villages*

21:26

כִּי חֶשְׁבּוֹן conj. (471)-pr.n. (II 363) *for Heshbon*

עִיר סִיחֹן n.f.s. cstr. (746)-pr.n. (695) *the city of Sihon*

מֶלֶךְ הָאֱמֹרִי n.m.s. cstr. (I 572)-def.art.-adj.gent. (57) *the king of the Amorites*

הִוא demons.adj. f.s. (214) *it was*

וְהוּא נִלְחַם conj.-pers.pr. 3 m.s. (214)-Ni. pf. 3 m.s. (לָחַם 535) *and he fought*

בְּמֶלֶךְ מוֹאָב הָרִאשׁוֹן prep.-n.m.s. cstr. (I 572)-pr.n. (555)-def.art.-adj. m.s. (911) *against the former king of Moab*

וַיִּקַּח consec.-Qal impf. 3 m.s. (לָקַח 542) *and he took*

אֶת־כָּל־אַרְצוֹ dir.obj.-n.m.s. cstr. (481)-n.f.s.-3 m.s. sf. (75) *all his land*

מִיָּדוֹ prep.-n.f.s.-3 m.s. sf. (388) *out of his hand*

עַד־אַרְנֹן prep. (III 723)-pr.n. (75) *as far as the Arnon*

21:27

עַל־כֵּן יֹאמְרוּ prep.-adv. (485)-Qal impf. 3 m.p. (55) *therefore ... say*

הַמֹּשְׁלִים def.art.-Qal act.ptc. m.p. (מָשַׁל II 605) *the ballad singers*

בֹּאוּ חֶשְׁבּוֹן Qal impv. 2 m.p. (בּוֹא 97)-pr.n. (363) *come to Heshbon*

תִּבָּנֶה Ni. impf. 3 f.s. (בָּנָה 124; GK 75hh) *let it be built*

וְתִכּוֹנֵן conj.-Hithpo'el impf. 3 f.s. (כּוּן I 465; GK 54c) *and let ... be established*

עִיר סִיחֹן n.f.s. cstr. (746)-pr.n. (695) *the city of Sihon*

21:28

כִּי־אֵשׁ conj. (471)-n.f.s. (77) *for fire*

יָצְאָה Qal pf. 3 f.s. (יָצָא 422) *went forth*

מֵחֶשְׁבּוֹן prep.-pr.n. (363) *from Heshbon*

לֶהָבָה n.f.s. (529) *flame*

מִקִּרְיַת סִיחֹן prep.-n.f.s. cstr. (900)-pr.n. (695) *from the city of Sihon*

אָכְלָה Qal pf. 3 f.s. (אָכַל 37) *it devoured*

עָר מוֹאָב pr.n. (I 786)-pr.n. (555) *Ar of Moab*

בַּעֲלֵי n.m.p. cstr. (127) *the lords of*

בָּמוֹת אַרְנֹן n.f.p. cstr. (119)-pr.n. (75) *the heights of the Arnon*

21:29

אוֹי־לְךָ מוֹאָב interj. (17)-prep.-2 m.s. sf.-pr.n. (555) *woe to you, O Moab*

אָבַדְתָּ Qal pf. 2 m.s. (אָבַד 1) *you are undone*

עַם־כְּמוֹשׁ n.m.s. cstr. (I 766)-pr.n. (484) *O people of Chemosh*

נָתַן בָּנָיו Qal pf. 3 m.s. (678)-n.m.p.-3 m.s. sf. (119) *he has made his sons*

פְּלֵיטִם n.m.p. (812) *fugitives*

וּבְנֹתָיו conj.-n.f.p.-3 m.s. sf. (I 123) *and his daughters*

בַּשְּׁבִית prep.-def.art.-n.f.s. (986) *captives*

לְמֶלֶךְ אֱמֹרִי prep.-n.m.s. cstr. (I 572)-pr.n. (57) *to an Amorite king*

סִיחוֹן pr.n. (695) *Sihon*

21:30

וַנִּירָם consec.-Qal impf. 1 c.p.-3 m.p. sf. (יָרָה 434; GK 69r, 76f; LXX-καὶ τὸ σπέρμα αὐτῶν=וְנִינָם conj.-n.m.s.-3 m.p. sf. (630) *and their posterity)*

אָבַד Qal pf. 3 m.s. (1) *perished*

חֶשְׁבּוֹן pr.n. (363) *Heshbon*

עַד־דִּיבוֹן prep. (III 723)-pr.n. (192) *as far as Dibon*

וַנַּשִּׁים consec.-Hi. impf. 1 c.p. (שָׁמֵם 1030; GK 67g; LXX-καὶ αἱ γυναῖκες=וְנָשִׁים) *and we laid waste*

עַד־נֹפַח prep. (III 723)-pr.n. (656; LXX-προσεξέκαυσαν) *to Nophah*

אֲשֶׁר עַד־מֵידְבָא rel. (81)-prep. (III 723)-pr.n. (567) *which to Medeba*

21:31

וַיֵּשֶׁב יִשְׂרָאֵל consec.-Qal impf. 3 m.s. (יָשַׁב 442)-pr.n. (975) *thus Israel dwelt*

בְּאֶרֶץ הָאֱמֹרִי prep.-n.f.s. cstr. (75)-def.art.-adj.gent. (57) *in the land of the Amorites*

21:32

וַיִּשְׁלַח מֹשֶׁה consec.-Qal impf. 3 m.s. (1018)-pr.n. (602) *and Moses sent*

לְרַגֵּל prep.-Pi. inf.cstr. (רָגַל 920) *to spy out*

אֶת־יַעְזֵר dir.obj.-pr.n. (741) *Jazer*

וַיִּלְכְּדוּ consec.-Qal impf. 3 m.p. (לָכַד 539) *and they took*

בְּנֹתֶיהָ n.f.p.-3 f.s. sf. (I 123) *its villages*

וַיּוֹרֶשׁ consec.-Hi. impf. 3 m.s. (יָרַשׁ 439) *and dispossessed*

אֶת־הָאֱמֹרִי dir.obj.-def.art.-adj.gent. (57) *the Amorites*

אֲשֶׁר־שָׁם rel. (81)-adv. (1027) *that were there*

21:33

וַיִּפְנוּ consec.-Qal impf. 3 m.p. (פָּנָה 815) *then they turned*

וַיַּעֲלוּ consec.-Qal impf. 3 m.p. (עָלָה 748) *and went up*

דֶּרֶךְ הַבָּשָׁן n.m.s. cstr. (202)-def.art.-pr.n. (143) *by the way to Bashan*

וַיֵּצֵא עוֹג consec.-Qal impf. 3 m.s. (יָצָא 422)-pr.n. (728) *and Og came out*

מֶלֶךְ־הַבָּשָׁן n.m.s. cstr. (I 572)-def.art.-pr.n. (143) *the king of Bashan*

לִקְרָאתָם prep.-Qal inf.cstr.-3 m.p. sf. (קָרָא II 896) *to meet them*

הוּא וְכָל־עַמּוֹ pers.pr. 3 m.s. (214)-conj.-n.m.s. cstr. (481)-n.m.s.-3 m.s. sf. (I 766) *he and all his people*

לַמִּלְחָמָה prep.-def.art.-n.f.s. (536) *to battle*

אֶדְרֶעִי pr.n. (204) *at Edrei*

21:34

וַיֹּאמֶר יהוה consec.-Qal impf. 3 m.s. (55)-pr.n. (217) *but Yahweh said*

אֶל־מֹשֶׁה prep.-pr.n. (602) *to Moses*

אַל־תִּירָא אֹתוֹ neg. (39)-Qal impf. 2 m.s. (יָרֵא
431)-dir.obj.-3 m.s. sf. *do not fear him*

כִּי בְיָדְךָ conj. (471)-prep.-n.f.s.-2 m.s. sf. (388)
for into your hand

נָתַתִּי אֹתוֹ Qal pf. 1 c.s. (נָתַן 678)-v.supra *I have
given him*

וְאֶת־כָּל־עַמּוֹ conj.-dir.obj.-n.m.s. cstr. (481)
-n.m.s.-3 m.s. sf. (I 766) *and all his people*

וְאֶת־אַרְצוֹ conj.-dir.obj.-n.f.s.-3 m.s. sf. (75) *and
his land*

וְעָשִׂיתָ לּוֹ conj.-Qal pf. 2 m.s. (עָשָׂה I 793)
-prep.-3 m.s. sf. *and you shall do to him*

כַּאֲשֶׁר עָשִׂיתָ prep.-rel. (81)-v.supra *as you did*

לְסִיחֹן prep.-pr.n. (695) *to Sihon*

מֶלֶךְ הָאֱמֹרִי n.m.s. cstr. (I 572)-def.art.-pr.n. (57)
king of the Amorites

אֲשֶׁר יוֹשֵׁב rel. (81)-Qal act.ptc. (יָשַׁב 442) *who
dwelt*

בְּחֶשְׁבּוֹן prep.-pr.n. (363) *at Heshbon*

21:35

וַיַּכּוּ אֹתוֹ consec.-Hi. impf. 3 m.p. (נָכָה 645)
-dir.obj.-3 m.s. sf. *so they slew him*

וְאֶת־בָּנָיו conj.-dir.obj.-n.m.p.-3 m.s. sf. (119) *and
his sons*

וְאֶת־כָּל־עַמּוֹ conj.-dir.obj.-n.m.s. cstr. (481)
-n.m.s.-3 m.s. sf. (I 766) *and all his people*

עַד־בִּלְתִּי הִשְׁאִיר־לוֹ prep. (III 723)-neg. (116)
-Hi. pf. 3 m.s. (שָׁאַר 983; GK 164d)-prep.-3
m.s. sf. *until there was not left to him*

שָׂרִיד n.m.s. (975) *a survivor*

וַיִּרְשׁוּ consec.-Qal impf. 3 m.p. (יָרַשׁ 439) *and
they possessed*

אֶת־אַרְצוֹ dir.obj.-n.f.s.-3 m.s. sf. (75) *his land*

22:1

וַיִּסְעוּ pr.n. Qal impf. 3 m.p. (נָסַע 652) *then set
out*

בְּנֵי יִשְׂרָאֵל n.m.p. cstr. (119)-pr.n. (975) *the
people of Israel*

וַיַּחֲנוּ consec.-Qal impf. 3 m.p. (חָנָה 333) *and
encamped*

בְּעַרְבוֹת מוֹאָב prep.-n.f.p. cstr. (I 787)-pr.n. (555)
in the plains of Moab

מֵעֵבֶר לְיַרְדֵּן prep.-n.m.s. cstr. (719)-prep.-pr.n.
(434) *beyond the Jordan*

יְרֵחוֹ pr.n. (437; GK 125h) *at Jericho*

22:2

וַיַּרְא בָּלָק consec.-Qal impf. 3 m.s. (רָאָה 906)
-pr.n. (118) *and Balak saw*

בֶּן־צִפּוֹר n.m.s. cstr. (119)-pr.n. (862) *the son of
Zippor*

אֵת כָּל־אֲשֶׁר־עָשָׂה dir.obj.-n.m.s. cstr. (481)-rel.
(81)-Qal pf. 3 m.s. (I 793) *all that ... had done*

יִשְׂרָאֵל pr.n. (975) *Israel*

לָאֱמֹרִי prep.-def.art.-pr.n. (57) *to the Amorites*

22:3

וַיָּגָר מוֹאָב consec.-Qal impf. 3 m.s. (גּוּר III
158)-pr.n. (555) *and Moab was in ... dread*

מִפְּנֵי הָעָם prep.-n.m.p. cstr. (815)-def.art.-n.m.s.
(I 766) *of the people*

מְאֹד adv. (547) *great*

כִּי רַב־הוּא conj. (481)-adj. m.s. (I 912)-pers.pr. 3
m.s. (214) *because they were many*

וַיָּקָץ מוֹאָב consec.-Qal impf. 3 m.s. (קוּץ I
880)-pr.n. (555) *and Moab was overcome
with fear*

מִפְּנֵי בְּנֵי יִשְׂרָאֵל prep.-n.m.p. cstr. (815)-n.m.p.
cstr. (119)-pr.n. (975) *of the people of Israel*

22:4

וַיֹּאמֶר מוֹאָב consec.-Qal impf. 3 m.s. (55)-pr.n.
(555) *and Moab said*

אֶל־זִקְנֵי מִדְיָן prep.-adj. m.p. cstr. (278)-pr.n.
(193) *to the elders of Midian*

עַתָּה יְלַחֲכוּ adv. (773)-Pi. impf. 3 m.p. (לָחַךְ
535) *now will lick up*

הַקָּהָל def.art.-n.m.s. (874; LXX+αὕτη) *this horde*

אֶת־כָּל־סְבִיבֹתֵינוּ dir.obj.-n.m.s. cstr. (481)-subst.
f.p.-1 c.p. sf. (686) *all that is round about us*

כִּלְחֹךְ הַשּׁוֹר prep.-Qal inf.cstr. (לָחַךְ 535)-def.
art.-n.m.s. (1004) *as the ox licks up*

אֵת יֶרֶק הַשָּׂדֶה dir.obj.-n.m.s. cstr. (438)-def.art.
-n.m.s. (961) *the grass of the field*

וּבָלָק conj.-pr.n. (118) *so Balak*

בֶּן־צִפּוֹר n.m.s. cstr. (119)-pr.n. (II 862) *the son
of Zippor*

מֶלֶךְ לְמוֹאָב n.m.s. (I 572)-prep.-pr.n. (555) *king
of Moab*

בָּעֵת הַהִוא prep.-def.art.-n.f.s. (773)-def.art.
-demons.adj. f.s. (214) *at that time*

22:5

וַיִּשְׁלַח consec.-Qal impf. 3 m.s. (1018) *sent*

מַלְאָכִים n.m.p. (521) *messengers*

אֶל־בִּלְעָם prep.-pr.n. (I 118) *to Balaam*

בֶּן־בְּעוֹר n.m.s. cstr. (119)-pr.n. (129) *the son of
Beor*

פְּתוֹרָה pr.n.-loc.he (834) *at Pethor*

אֲשֶׁר עַל־הַנָּהָר rel. (81)-prep.-def.art.-n.m.s.
(625) *which is near the River*

אֶרֶץ בְּנֵי־עַמּוֹ n.f.s. cstr. (75)-n.m.p. cstr. (119)
-n.m.s.-3 m.s. sf. (I 766) *in the land of his
people (Amaw)*

לִקְרֹא־לוֹ prep.-Qal inf.cstr. (קרא 894)-prep.-3
m.s. sf. *to call him*

לֵאמֹר prep.-Qal inf.cstr. (55) *saying*

הִנֵּה עַם demons.part. (243)-n.m.s. (I 766) *behold,
a people*

יָצָא Qal pf. 3 m.s. (422) *has come out*

מִמִּצְרַיִם prep.-pr.n. (595) *of Egypt*

הִנֵּה כִסָּה v.supra-Pi. pf. 3 m.s. (כסה 491) *they
cover*

אֶת־עֵין הָאָרֶץ dir.obj.-n.f.s. cstr. (744)-def.art.
-n.f.s. (75) *the face of the earth*

וְהוּא יֹשֵׁב conj.-pers.pr. 3 m.s. (214)-Qal act.ptc.
(ישׁב 442) *and they are dwelling*

מִמֻּלִי prep.-prep.-1 c.s. sf. (I 557) *opposite me*

22:6

וְעַתָּה לְכָה־נָּא conj.-adv. (773)-Qal impv. 2
m.s.-vol.he (הלך 229)-part.of entreaty (609;
GK 20c) *come now,*

אָרָה־לִי Qal impv. 2 m.s.-vol.he (ארר 76; GK
67o)-prep.-1 c.s. sf. *curse for me*

אֶת־הָעָם הַזֶּה dir.obj.-def.art.-n.m.s. (I 766)
-def.art.-demons.adj. m.s. (260) *this people*

כִּי־עָצוּם הוּא מִמֶּנִּי conj. (471)-adj. m.s. (783)
-pers.pr. 3 m.s. (214)-prep.-prep.-1 c.s. sf.
since they are too mighty for me

אוּלַי אוּכַל adv. (II 19)-Qal impf. 1 c.s. (יכל 407)
perhaps I shall be able

נַכֶּה־בּוֹ Hi. impf. 1 c.p. (נכה 645)-prep.-3 m.s.
sf. *to defeat them*

וַאֲגָרְשֶׁנּוּ conj.-Pi. impf. 1 c.s.-3 m.s. sf. (גרשׁ
176; GK 120c) *and drive them out*

מִן־הָאָרֶץ prep.-def.art.-n.f.s. (75) *from the land*

כִּי יָדַעְתִּי conj. (471)-Qal pf. 1 c.s. (ידע 393) *for
I know*

אֵת אֲשֶׁר־תְּבָרֵךְ dir.obj.-rel. (81)-Pi. impf. 2 m.s.
(ברך 138) *that he whom you bless*

מְבֹרָךְ Pu. ptc. (ברך 138) *is blessed*

וַאֲשֶׁר תָּאֹר conj.-rel. (81; GK 138e)-Qal impf. 2
m.s. (ארר 76) *and he whom you curse*

יוּאָר Ho. impf. 3 m.s. (ארר 76; GK 53u) *is
cursed*

22:7

וַיֵּלְכוּ consec.-Qal impf. 3 m.p. (הלך 229) *so
departed*

זִקְנֵי מוֹאָב adj. m.p. cstr. (278)-pr.n. (555) *the
elders of Moab*

וְזִקְנֵי מִדְיָן conj.-v.supra-pr.n. (193) *and the
elders of Midian*

וּקְסָמִים conj.-n.m.p. (890) *with divination*

בְּיָדָם prep.-n.f.s.-3 m.p. sf. (388) *in their hand*

וַיָּבֹאוּ consec.-Qal impf. 3 m.p. (בוא 97) *and
they came*

אֶל־בִּלְעָם prep.-pr.n. (I 118) *to Balaam*

וַיְדַבְּרוּ אֵלָיו consec.-Pi. impf. 3 m.p. (180)
-prep.-3 m.s. sf. *and spoke to him*

דִּבְרֵי בָלָק n.m.p. cstr. (182)-pr.n. (118) *Balak's
message*

22:8

וַיֹּאמֶר אֲלֵיהֶם consec.-Qal impf. 3 m.s. (55)
-prep.-3 m.p. sf. *and he said to them*

לִינוּ פֹה Qal impv. 2 m.p. (לין 533)-adv. (805)
lodge here

הַלַּיְלָה def.art.-n.m.s. (538) *this night*

וַהֲשִׁבֹתִי אֶתְכֶם conj.-Hi. pf. 1 c.s. (שׁוב 996)-dir.
obj.-2 m.p. sf. *and I will bring back to you*

דָּבָר n.m.s. (182) *a word*

כַּאֲשֶׁר יְדַבֵּר יְהוָה prep.-rel. (81)-Pi. impf. 3 m.s.
(180)-pr.n. (217) *as Yahweh speaks*

אֵלָי prep.-1 c.s. sf. paus. *to me*

וַיֵּשְׁבוּ consec.-Qal impf. 3 m.p. (ישׁב 442) *so
stayed*

שָׂרֵי־מוֹאָב n.m.p. cstr. (978)-pr.n. (555) *the
princes of Moab*

עִם־בִּלְעָם prep. (767)-pr.n. (I 118) *with Balaam*

22:9

וַיָּבֹא אֱלֹהִים consec.-Qal impf. 3 m.s. (בוא
97)-n.m.p. (43) *and God came*

אֶל־בִּלְעָם prep.-pr.n. (I 118) *to Balaam*

וַיֹּאמֶר consec.-Qal impf. 3 m.s. (55) *and said*

מִי interr. (566) *who are*

הָאֲנָשִׁים הָאֵלֶּה def.art.-n.m.p. (35)-def.art.
-demons.adj. c.p. (41) *these men*

עִמָּךְ prep.-2 m.s. sf. paus. (767) *with you*

22:10

וַיֹּאמֶר בִּלְעָם consec.-Qal impf. 3 m.s. (55)-pr.n.
(I 118) *and Balaam said*

אֶל־הָאֱלֹהִים prep.-def.art.-n.m.p. (43) *to God*

בָּלָק pr.n. (118) *Balak*

בֶּן־צִפֹּר n.m.s. cstr. (119)-pr.n. (II 862) *the son of
Zippor*

מֶלֶךְ מוֹאָב n.m.s. cstr. (I 572)-pr.n. (555) *king of
Moab*

שָׁלַח אֵלָי Qal pf. 3 m.s. (1018)-prep.-1 c.s. sf.
paus. *has sent me*

22:11

הִנֵּה demons.part. (243) *behold*

הָעָם הַיֹּצֵא def.art.-n.m.s. (I 766)-def.art.-Qal act.ptc. (יָצָא 422) *a people has come out*

מִמִּצְרַיִם prep.-pr.n. (595) *of Egypt*

וַיְכַס consec.-Pi. impf. 3 m.s. (כָּסָה 491) *and it covers*

אֶת־עֵין הָאָרֶץ dir.obj.-n.f.s. cstr. (744)-def.art. -n.f.s. (75) *the face of the earth*

עַתָּה לְכָה adv. (773)-Qal impv. 2 m.s.-vol.he (הָלַךְ 229) *now come*

קָבָה־לִּי אֹתוֹ II Qal impv. 2 m.s.-vol.he (קָבַב 866; GK 67o)-prep.-1 c.s. sf.-dir.obj.-3 m.s. sf. *curse them for me*

אוּלַי אוּכַל adv. (II 19)-Qal impf. 1 c.s. (407) יָכֹל *perhaps I shall be able*

לְהִלָּחֶם בּוֹ prep.-Ni. inf.cstr. (לָחַם 535)-prep.-3 m.s. sf. *to fight against them*

וְגֵרַשְׁתִּיו conj.-Pi. pf. 1 c.s.-3 m.s. sf. (גָּרַשׁ 176) *and drive them out*

22:12

וַיֹּאמֶר אֱלֹהִים consec.-Qal impf. 3 m.s. (55) -n.m.p. (43) *and God said*

אֶל־בִּלְעָם prep.-pr.n. (I 118) *to Balaam*

לֹא תֵלֵךְ neg.-Qal impf. 2 m.s. (הָלַךְ 229) *you shall not go*

עִמָּהֶם prep.-3 m.p. sf. (767; GK 103c) *with them*

לֹא תָאֹר neg.-Qal impf. 2 m.s. (אָרַר 76) *you shall not curse*

אֶת־הָעָם dir.obj.-def.art.-n.m.s. (I 766) *the people*

כִּי בָרוּךְ הוּא conj. (471)-Qal pass.ptc. (בָּרַךְ 138)-pers.pr. 3 m.s. (214) *for they are blessed*

22:13

וַיָּקָם בִּלְעָם consec.-Qal impf. 3 m.s. (קוּם 877)-pr.n. (I 118) *so Balaam rose*

בַּבֹּקֶר prep.-def.art.-n.m.s. (133) *in the morning*

וַיֹּאמֶר consec.-Qal impf. 3 m.s. (55) *and said*

אֶל־שָׂרֵי בָלָק prep.-n.m.p. cstr. (978)-pr.n. (118) *to the princes of Balak*

לְכוּ Qal impv. 2 m.p. (הָלַךְ 229; GK 69x) *go*

אֶל־אַרְצְכֶם prep.-n.f.s.-2 m.p. sf. (75) *to your own land*

כִּי מֵאֵן יהוה conj. (471)-Pi. pf. 3 m.s. (מָאֵן 549)-pr.n. (217) *for Yahweh has refused*

לְתִתִּי prep.-Qal inf.cstr.-1 c.s. sf. (נָתַן 678; GK 115c) *to let me*

לַהֲלֹךְ prep.-Qal inf.cstr. (הָלַךְ 229) *to go*

עִמָּכֶם prep.-2 m.p. sf. (767) *with you*

22:14

וַיָּקוּמוּ consec.-Qal impf. 3 m.p. (קוּם 877) *so rose*

שָׂרֵי מוֹאָב n.m.p. cstr. (978)-pr.n. (555) *the princes of Moab*

וַיָּבֹאוּ consec.-Qal impf. 3 m.p. (בּוֹא 97) *and went*

אֶל־בָּלָק prep.-pr.n. (118) *to Balak*

וַיֹּאמְרוּ consec.-Qal impf. 3 m.p. (55) *and said*

מֵאֵן בִּלְעָם Pi. pf. 3 m.s. (מָאֵן 549)-pr.n. (I 118) *Balaam refuses*

הֲלֹךְ עִמָּנוּ Qal inf.cstr. (הָלַךְ 229)-prep.-1 c.p. sf. (767) *to come with us*

22:15

וַיֹּסֶף עוֹד בָּלָק consec.-Hi. impf. 3 m.s. (יָסַף 414)-adv. (728)-pr.n. (118) *once again Balak*

שְׁלֹחַ שָׂרִים Qal inf.cstr. (שָׁלַח 1018)-n.m.p. (978) *sent princes*

רַבִּים adj. m.p. (I 912) *more in number*

וְנִכְבָּדִים conj.-Ni. ptc. m.p. (כָּבֵד 457) *and more honorable*

מֵאֵלֶּה prep.-demons.adj. c.p. (41) *than they*

22:16

וַיָּבֹאוּ consec.-Qal impf. 3 m.p. (בּוֹא 97) *and they came*

אֶל־בִּלְעָם prep.-pr.n. (I 118) *to Balaam*

וַיֹּאמְרוּ לוֹ consec.-Qal impf. 3 m.p. (55)-prep.-3 m.s. sf. *and said to him*

כֹּה אָמַר adv. (462)-Qal pf. 3 m.s. (55) *thus says*

בָּלָק pr.n. (118) *Balak*

בֶּן־צִפּוֹר n.m.s. cstr. (119)-pr.n. (II 862) *the son of Zippor*

אַל־נָא תִמָּנַע neg. (39)-part.of entreaty (609)-Ni. impf. 2 m.s. (מָנַע 586) *let nothing hinder you*

מֵהֲלֹךְ אֵלָי prep.-Qal inf.cstr. (הָלַךְ 229)-prep.-1 c.s. sf. paus. *from coming to me*

22:17

כִּי־כַבֵּד אֲכַבֶּדְךָ conj. (471)-Pi. inf.cstr. (457)-Pi. impf. 1 c.s.-2 m.s. sf. (457) *for I will surely do you ... honor*

מְאֹד adv. (547) *great*

וְכֹל אֲשֶׁר־תֹּאמַר conj.-n.m.s. (481)-rel. (81)-Qal impf. 2 m.s. (55) *and whatever you say*

אֵלַי prep.-1 c.s. sf. *to me*

אֶעֱשֶׂה Qal impf. 1 c.s. (עָשָׂה I 793) *I will do*

וּלְכָה־נָּא conj.-Qal impv. 2 m.s.-vol.he (הָלַךְ 229)-part.of entreaty (609) *come (please)*

קָבָה־לִּי Qal impv. 2 m.s.-vol.he (קָבַב II 866; GK 67o)-prep.-1 c.s. sf. *curse for me*

אֵת הָעָם הַזֶּה dir.obj.-def.art.-n.m.s. (I 766)-def. art.-demons.adj. m.s. (260) *this people*

22:18

וַיַּעַן בִּלְעָם consec.-Qal impf. 3 m.s. (עָנָה I 772)-pr.n. (I 118) *but Balaam answered*

וַיֹּאמֶר consec.-Qal impf. 3 m.s. (55) *and said*

אֶל־עַבְדֵי בָלָק prep.-n.m.p. cstr. (713)-pr.n. (118) *to the servants of Balak*

אִם־יִתֶּן־לִי בָלָק hypoth.part. (49)-Qal impf. 3 m.s. (נָתַן 678)-prep.-1 c.s. sf.-pr.n. (118) *though Balak were to give me*

מְלֹא בֵיתוֹ n.m.s. cstr. (571)-n.m.s.-3 m.s. sf. (108) *his house full of*

כֶּסֶף וְזָהָב n.m.s. (494)-conj.-n.m.s. (262) *silver and gold*

לֹא אוּכַל neg.-Qal impf. 1 c.s. (יָכֹל 407) *I could not*

לַעֲבֹר prep.-Qal inf.cstr. (עָבַר 716) *go beyond*

אֶת־פִּי יהוה dir.obj.-n.m.s. cstr. (804)-pr.n. (217) *the command of Yahweh*

אֱלֹהָי n.m.p.-1 c.s. sf. paus. (43) *my God*

לַעֲשׂוֹת prep.-Qal inf.cstr. (עָשָׂה I 793) *to do*

קְטַנָּה adj. f.s. (I 881) *less*

אוֹ גְדוֹלָה conj. (14)-adj. f.s. (152) *or more*

22:19

וְעַתָּה שְׁבוּ נָא conj.-adv. (773)-Qal impv. 2 m.p. (יָשַׁב 442)-part.of entreaty (609) *pray, now, tarry*

בָזֶה גַם־אַתֶּם prep.-demons.adj. m.s. (260)-adv. (168)-pers.pr. 2 m.p. (61) *here also you*

הַלָּיְלָה def.art.-n.m.s. (538) *this night*

וְאֵדְעָה conj.-Qal impf. 1 c.s.-vol.he (יָדַע 393) *that I may know*

מַה־יֹּסֵף יהוה interr. (552)-Hi. impf. 3 m.s. (יָסַף 414; GK 109d,i)-pr.n. (217) *what more Yahweh*

דַּבֵּר עִמִּי Pi. inf.cstr. (180)-prep.-1 c.s. sf. (767) *will say to me*

22:20

וַיָּבֹא אֱלֹהִים consec.-Qal impf. 3 m.s. (בּוֹא 97)-n.m.p. (43) *and God came*

אֶל־בִּלְעָם prep.-pr.n. (I 118) *to Balaam*

לַיְלָה n.m.s. (538) *at night*

וַיֹּאמֶר לוֹ consec.-Qal impf. 3 m.s. (55)-prep.-3 m.s. sf. *and said to him*

אִם־לִקְרֹא לְךָ hypoth.part. (49)-prep.-Qal inf.cstr. (894)-prep.-2 m.s. sf. *if to call you*

בָּאוּ הָאֲנָשִׁים Qal pf. 3 c.p. (בּוֹא 97)-def.art. -n.m.p. (35) *the men have come*

קוּם לֵךְ אִתָּם Qal impv. 2 m.s. (קוּם 877)-Qal impv. 2 m.s. (הָלַךְ 229)-prep.-3 m.p. sf. (85) *rise go with them*

וְאַךְ אֶת־הַדָּבָר conj.-adv. (36)-dir.obj.-def.art. -n.m.s. (182) *but only the word*

אֲשֶׁר־אֲדַבֵּר אֵלֶיךָ rel. (81)-Pi. impf. 1 c.s. (180)-prep.-2 m.s. sf. *which I bid you*

אֹתוֹ תַעֲשֶׂה dir.obj.-3 m.s. sf.-Qal impf. 2 m.s. (I 793 עָשָׂה) *that shall you do*

22:21

וַיָּקָם בִּלְעָם consec.-Qal impf. 3 m.s. (קוּם 877)-pr.n. (I 118) *so Balaam rose*

בַּבֹּקֶר prep.-def.art.-n.m.s. (133) *in the morning*

וַיַּחֲבֹשׁ consec.-Qal impf. 3 m.s. (חָבַשׁ 289) *and saddled*

אֶת־אֲתֹנוֹ dir.obj.-n.f.s.-3 m.s. sf. (87) *his ass*

וַיֵּלֶךְ consec.-Qal impf. 3 m.s. (הָלַךְ 229) *and went*

עִם שָׂרֵי מוֹאָב prep. (767)-n.m.p. cstr. (978) pr.n. (555) *with the princes of Moab*

22:22

וַיִּחַר־אַף אֱלֹהִים consec.-Qal impf. 3 m.s. (חָרָה 354)-n.m.s. cstr. (I 60)-n.m.p. (43) *but God's anger was kindled*

כִּי־הוֹלֵךְ הוּא conj. (471)-Qal act.ptc. (הָלַךְ 229)-pers.pr. 3 m.s. (214) *because he went*

וַיִּתְיַצֵּב consec.-Hith. impf. 3 m.s. (יָצַב 426) *and ... took his stand*

מַלְאַךְ יהוה n.m.s. cstr. (521)-pr.n. (217) *the angel of Yahweh*

בַּדֶּרֶךְ prep.-def.art.-n.m.s. (202) *in the way*

לְשָׂטָן לוֹ prep.-n.m.s. (966)-prep.-3 m.s. sf. *as his adversary*

וְהוּא רֹכֵב conj.-v.supra-Qal act.ptc. (938) *now he was riding*

עַל־אֲתֹנוֹ prep.-n.f.s.-3 m.s. sf. (87) *on his ass*

וּשְׁנֵי נְעָרָיו conj.-num. m.p. cstr. (1040)-n.m.p.-3 m.s. sf. (654) *and his two servants*

עִמּוֹ prep.-3 m.s. sf. (767) *with him*

22:23

וַתֵּרֶא הָאָתוֹן consec.-Qal impf. 3 f.s. (רָאָה 906)-def.art.-n.f.s. (87) *and the ass saw*

אֶת־מַלְאַךְ יהוה dir.obj.-n.m.s. cstr. (521)-pr.n. (217) *the angel of Yahweh*

נִצָּב Ni. ptc. (נָצַב 662) *standing*

בַּדֶּרֶךְ prep.-def.art.-n.m.s. (202) *in the road*

וְחַרְבּוֹ conj.-n.f.s.-3 m.s. sf. (352) *and his sword*

שְׁלוּפָה Qal pass.ptc. f.s. (1025) *drawn*

בְּיָדוֹ prep.-n.f.s.-3 m.s. sf. (388) *in his hand*

וַתֵּט הָאָתוֹן consec.-Qal impf. 3 f.s. (נָטָה 639) -def.art.-n.f.s. (87) *and the ass turned aside*

מִן־הַדֶּרֶךְ prep.-def.art.-n.m.s. (202) *out of the road*

וַתֵּלֶךְ consec.-Qal impf. 3 f.s. (הָלַךְ 229) *and went*

בַּשָּׂדֶה prep.-def.art.-n.m.s. (961) *into the field*

וַיַּךְ בִּלְעָם consec.-Hi. impf. 3 m.s. (נָכָה 645) -pr.n. (I 118) *and Balaam struck*

אֶת־הָאָתוֹן dir.obj.-v.supra *the ass*

לְהַטֹּתָהּ prep.-Hi. inf.cstr.-3 f.s. sf. (נָטָה 639) *to turn her*

הַדָּרֶךְ def.art.-n.m.s. paus. (202) *into the road*

22:24

וַיַּעֲמֹד consec.-Qal impf. 3 m.s. (עָמַד 763) *then stood*

מַלְאַךְ יהוה n.m.s. cstr. (521)-pr.n. (217) *the angel of Yahweh*

בְּמִשְׁעוֹל הַכְּרָמִים prep.-n.m.s. cstr. (1043)-def.art.-n.m.p. (501) *in a narrow path between the vineyards*

גָּדֵר מִזֶּה וְגָדֵר מִזֶּה n.m.s. (154)-prep.-demons. adj. m.s. (260)-conj.-v.supra-v.supra *with a wall on either side*

22:25

וַתֵּרֶא הָאָתוֹן consec.-Qal impf. 3 f.s. (רָאָה 906) -def.art.-n.f.s. (87) *and when the ass saw*

אֶת־מַלְאַךְ יהוה dir.obj.-n.m.s. cstr. (521)-pr.n. (217) *the angel of Yahweh*

וַתִּלָּחֵץ consec.-Ni. impf. 3 f.s. (לָחַץ 537) *she pushed herself*

אֶל־הַקִּיר prep.-def.art.-n.m.s. (885) *against the wall*

וַתִּלְחַץ consec.-Qal impf. 3 f.s. (לָחַץ 537) *and pressed*

אֶת־רֶגֶל בִּלְעָם dir.obj.-n.f.s. cstr. (919)-pr.n. (I 118) *Balaam's foot*

אֶל־הַקִּיר prep.-v.supra *against the wall*

וַיֹּסֶף לְהַכֹּתָהּ consec.-Hi. impf. 3 m.s. (יָסַף 414) -prep.-Hi. inf.cstr.-3 f.s. sf. (נָכָה 645; GK 115c) *so he struck her again*

22:26

וַיּוֹסֶף consec.-Hi. impf. 3 m.s. (יָסַף 414) *then again*

מַלְאַךְ־יהוה n.m.s. cstr. (521)-pr.n. (217) *the angel of Yahweh*

עֲבוֹר Qal inf.cstr. (716) *went*

וַיַּעֲמֹד consec.-Qal impf. 3 m.s. (763) *and stood*

בְּמָקוֹם צָר prep.-n.m.s. (879)-adj. m.s. paus. (865) *in a narrow place*

אֲשֶׁר אֵין־דֶּרֶךְ rel. (81)-neg. cstr. (II 34)-n.m.s. (202) *where there was no way*

לִנְטוֹת prep.-Qal inf.cstr. (נָטָה 639) *to turn*

יָמִין n.f.s. (411) *to the right*

וּשְׂמֹאול conj.-n.m.s. (969) *or to the left*

22:27

וַתֵּרֶא הָאָתוֹן consec.-Qal impf. 3 f.s. (רָאָה 906)-def.art.-n.f.s. (87) *when the ass saw*

אֶת־מַלְאַךְ יהוה dir.obj.-n.m.s. cstr. (521)-pr.n. (217) *the angel of Yahweh*

וַתִּרְבַּץ consec. Qal impf. 3 f.s. (רָבַץ 918) *she lay down*

תַּחַת בִּלְעָם prep. (1065)-pr.n. (I 118) *under Balaam*

וַיִּחַר־אַף בִּלְעָם consec.-Qal impf. 3 m.s. (חָרָה 354)-n.m.s. (I 60)-pr.n. (I 118) *and Balaam's anger was kindled*

וַיַּךְ consec.-Hi. impf. 3 m.s. (נָכָה 645) *and he struck*

אֶת־הָאָתוֹן dir.obj.-def.art.-n.f.s. (87) *the ass*

בַּמַּקֵּל prep.-def.art.-n.m.s. (596) *with his staff*

22:28

וַיִּפְתַּח יהוה consec.-Qal impf. 3 m.s. (I 834) -pr.n. (217) *then Yahweh opened*

אֶת־פִּי הָאָתוֹן dir.obj.-n.m.s. cstr. (804)-def.art. -n.f.s. (87) *the mouth of the ass*

וַתֹּאמֶר consec.-Qal impf. 3 f.s. (אָמַר 55) *and she said*

לְבִלְעָם prep.-pr.n. (I 118) *to Balaam*

מֶה־עָשִׂיתִי לְךָ interr. (552)-Qal pf. 1 c.s. I 793)-prep.-2 m.s. sf. *what have I done to you*

כִּי הִכִּיתַנִי conj. (471)-Hi. pf. 2 m.s.-1 c.s. sf. (נָכָה 645) *that you have struck me*

זֶה שָׁלֹשׁ רְגָלִים demons.adj. m.s. (260)-num. (1025)-n.f.p. (919) *these three times*

22:29

וַיֹּאמֶר בִּלְעָם consec.-Qal impf. 3 m.s. (55)-pr.n. (I 118) *and Balaam said*

לָאָתוֹן prep.-def.art.-n.f.s. (87) *to the ass*

כִּי הִתְעַלַּלְתְּ בִּי conj. (471)-Hith. pf. 2 f.s. (עָלַל I 759)-prep.-1 c.s. sf. *because you have made sport of me*

לוּ יֶשׁ־חֶרֶב conj. (530; GK 151eN)-subst. (441)-n.f.s. (352) *I wish I had a sword*

בְּיָדִי prep.-n.f.s.-3 m.s. sf. (388) *in my hand*

כִּי עַתָּה conj. (471)-adv. (773) *for then*

הֲרַגְתִּיךְ Qal pf. 1 c.s.-2 f.s. sf. (הָרַג 246) *I would kill you*

22:30

וַתֹּאמֶר הָאָתוֹן consec.-Qal impf. 3 f.s. (55) -def.art.-n.f.s. (87) *and the ass said*

אֶל־בִּלְעָם prep.-pr.n. (I 118) *to Balaam*

הֲלוֹא אָנֹכִי interr.part.-neg.-pers.pr. 1 c.s. (59) *am I not*

אֲתֹנְךָ n.f.s.-2 m.s. sf. (87) *your ass*

אֲשֶׁר־רָכַבְתָּ עָלַי rel. (81)-Qal pf. 2 m.s. (רָכַב 938)-prep.-1 c.s. sf. *upon which you have ridden*

מֵעוֹדְךָ prep.-adv. (728)-2 m.s. sf. *all your life long*

עַד־הַיּוֹם הַזֶּה prep. (III 723)-def.art.-n.m.s. (398) -def.art.-demons.adj. m.s. (260) *to this day*

הַהַסְכֵּן הִסְכַּנְתִּי interr.part.-Hi. inf.abs. (סָכַן I 698)-Hi. pf. 1 c.s. (סָכַן I 698) *was I ever accustomed*

לַעֲשׂוֹת לְךָ כֹּה prep.-Qal inf.cstr. (עָשָׂה I 793)-prep.-2 m.s. sf.-adv. (462) *to do so to you*

וַיֹּאמֶר לֹא consec.-Qal impf. 3 m.s. (55)-neg. *and he said, No*

22:31

וַיְגַל יהוה consec.-Pi. impf. 3 m.s. (גָּלָה 162) -pr.n. (217) *then Yahweh opened*

אֶת־עֵינֵי בִלְעָם dir.obj.-n.f.p. cstr. (744)-pr.n. (I 118) *the eyes of Balaam*

וַיַּרְא consec.-Hi. impf. 3 m.s. (רָאָה 906) *and he saw*

אֶת־מַלְאַךְ יהוה dir.obj.-n.m.s. cstr. (521)-v.supra *the angel of Yahweh*

נִצָּב Ni. ptc. (נָצַב 662) *standing*

בַּדֶּרֶךְ prep.-def.art.-n.m.s. (202) *in the way*

וְחַרְבּוֹ conj.-n.f.s.-3 m.s. sf. (352) *with his sword*

שְׁלֻפָה Qal pass.ptc. f.s. (שָׁלַף 1025) *drawn*

בְּיָדוֹ prep.-n.f.s.-3 m.s. sf. (388) *in his hand*

וַיִּקֹּד consec.-Qal impf. 3 m.s. (קָדַד 869) *and he bowed his head*

וַיִּשְׁתַּחוּ לְאַפָּיו consec.-Hith. impf. 3 m.s. (שָׁחָה 1005)-prep.-n.m. du.-3 m.s. sf. (I 60) *and fell on his face*

22:32

וַיֹּאמֶר אֵלָיו consec.-Qal impf. 3 m.s. (55)-prep.-3 m.s. sf. *and said to him*

מַלְאַךְ יהוה n.m.s. cstr. (521)-pr.n. (217) *the angel of Yahweh*

עַל־מָה הִכִּיתָ prep.-interr. (552)-Hi. pf. 2 m.s. (נָכָה 645) *why have you struck*

אֶת־אֲתֹנְךָ dir.obj.-n.f.s.-2 m.s. sf. (87) *your ass*

זֶה שָׁלוֹשׁ רְגָלִים demons.adj. m.s. (260)-num. (1025)-n.f.p. (919) *these three times*

הִנֵּה demons.part. (243) *behold*

אָנֹכִי יָצָאתִי pers.pr. 1 c.s. (59)-Qal pf. 1 c.s. (יָצָא 422) *I have come forth*

לְשָׂטָן prep.-n.m.s. (966) *to withstand you*

כִּי־יָרַט הַדֶּרֶךְ conj. (471)-Qal pf. 3 m.s. (יָרַט 437)-def.art.-n.m.s. (202) *because your way is perverse*

לְנֶגְדִּי prep.-prep.-1 c.s. sf. (617) *before me*

22:33

וַתִּרְאַנִי consec.-Qal impf. 3 f.s.-1 c.s. sf. (רָאָה 906) *and saw me*

הָאָתוֹן def.art.-n.f.s. (87) *the ass*

וַתֵּט לְפָנַי consec.-Qal impf. 3 f.s. (נָטָה 639) -prep.-n.m.p.-1 c.s. sf. (815) *and turned aside before me*

זֶה שָׁלֹשׁ רְגָלִים demons.adj. m.s. (260)-num. (1025)-n.f.p. (919) *these three times*

אוּלַי נָטְתָה adv. (II 19)-Qal pf. 3 f.s. (נָטָה 639) *if she had not turned aside*

מִפָּנַי prep.-n.m.p.-1 c.s. sf. (815) *from me*

כִּי עַתָּה גַּם־אֹתְכָה conj. (471)-adv. (773)-adv. (168)-dir.obj.-2 m.s. sf. (GK 103b, 117e) *surely just now ... you*

הָרַגְתִּי Qal pf. 1 c.s. (הָרַג 246) *I would have slain*

וְאוֹתָהּ הֶחֱיֵיתִי conj.-dir.obj.-3 f.s. sf.-Hi. pf. 1 c.s. (חָיָה 310) *and let her live*

22:34

וַיֹּאמֶר בִּלְעָם consec.-Qal impf. 3 m.s. (55)-pr.n. (I 118) *then Balaam said*

אֶל־מַלְאַךְ יהוה prep.-n.m.s. cstr. (521)-pr.n. (217) *to the angel of Yahweh*

חָטָאתִי Qal pf. 1 c.s. (חָטָא 306) *I have sinned*

כִּי לֹא יָדַעְתִּי conj. (471)-neg.-Qal pf. 1 c.s. (יָדַע 393) *for I did not know*

כִּי אַתָּה נִצָּב conj. (471)-pers.pr. 2 m.s. (61)-Ni. ptc. (נָצַב 662) *that you stood*

לִקְרָאתִי prep.-Qal inf.cstr.-1 c.s. sf. (קָרָא II 896) *against me*

בַּדָּרֶךְ prep.-def.art.-n.m.s. paus. (202) *in the road*

וְעַתָּה conj.-adv. (773) *now therefore*

אִם־רַע hypoth.part. (49)-adj. m.s. (948) *if it is evil*

בְּעֵינֶיךָ prep.-n.f.p.-2 m.s. sf. (744) *in your sight*

682

אָשׁוּבָה לִּי Qal impf. 1 c.s.-vol.he (שׁוּב 996)
-prep.-1 c.s. sf. *I will go back again*

22:35

וַיֹּאמֶר consec.-Qal impf. 3 m.s. (55) *and said*

מַלְאַךְ יְהוָה n.m.s. cstr. (521)-pr.n. (217) *the angel
of Yahweh*

אֶל־בִּלְעָם prep.-pr.n. (I 118) *to Balaam*

לֵךְ Qal impv. 2 m.s. (הָלַךְ 229) *go*

עִם־הָאֲנָשִׁים prep. (767)-def.art.-n.m.p. (35) *with
the men*

וְאֶפֶם conj.-adv. (67) *but only*

אֶת־הַדָּבָר dir.obj.-def.art.-n.m.s. (182) *the word*

אֲשֶׁר־אֲדַבֵּר אֵלֶיךָ rel. (81)-Pi. impf. 1 c.s. (180)
-prep.-2 m.s. sf. *which I bid you*

אֹתוֹ תְדַבֵּר dir.obj.-3 m.s. sf.-Pi. impf. 2 m.s.
(180) *that shall you speak*

וַיֵּלֶךְ בִּלְעָם consec.-Qal impf. 3 m.s. (הָלַךְ
229)-pr.n. (I 118) *so Balaam went on*

עִם־שָׂרֵי בָלָק prep. (767)-n.m.p. cstr. (978)-pr.n.
(118) *with the princes of Balak*

22:36

וַיִּשְׁמַע בָּלָק consec.-Qal impf. 3 m.s. (1033)-pr.n.
(118) *when Balak heard*

כִּי בָא בִלְעָם conj. (471)-Qal pf. 3 m.s. (בּוֹא
97)-pr.n. (I 118) *that Balaam had come*

וַיֵּצֵא consec.-Qal impf. 3 m.s. (יָצָא 422) *he
went out*

לִקְרָאתוֹ prep.-Qal inf.cstr.-3 m.s. sf. (קָרָא II 896)
to meet him

אֶל־עִיר מוֹאָב prep.-n.f.s. cstr. (746)-pr.n. (555)
at the city of Moab

אֲשֶׁר עַל־גְּבוּל rel. (81)-prep.-n.m.s. cstr. (147) *on
the boundary formed by*

אַרְנֹן pr.n. (75) *the Arnon*

אֲשֶׁר בִּקְצֵה הַגְּבוּל v.supra-prep.-n.m.s. cstr.
(892)-def.art.-n.m.s. (147) *at the extremity of
the boundary*

22:37

וַיֹּאמֶר בָּלָק consec.-Qal impf. 3 m.s. (55)-pr.n.
(118) *and Balak said*

אֶל־בִּלְעָם prep.-pr.n. (I 118) *to Balaam*

הֲלֹא שָׁלֹחַ שָׁלַחְתִּי interr.part.-neg.-Qal inf.abs.
(1018)-Qal pf. 1 c.s. (1018) *did I not send*

אֵלֶיךָ prep.-2 m.s. sf. *to you*

לִקְרֹא־לָךְ prep.-Qal inf.cstr. (894)-prep.-2 m.s.
sf. paus. *to call you*

לָמָּה prep.-interr. (552) *why*

לֹא־הָלַכְתָּ neg.-Qal pf. 2 m.s. (הָלַךְ 229) *did
you not come*

אֵלַי prep.-1 c.s. sf. paus. *to me*

הַאֻמְנָם interr.-adv. (53) *verily?*

לֹא אוּכַל neg.-Qal impf. 1 c.s. (יָכֹל 407) *am I
not able*

כַּבְּדֶךָ Pi. inf.cstr.-2 m.s. sf. (כָּבֵד 457) *to honor
you*

22:38

וַיֹּאמֶר בִּלְעָם consec.-Qal impf. 3 m.s. (55)-pr.n.
(I 118) *Balaam said*

אֶל־בָּלָק prep.-pr.n. (118) *to Balak*

הִנֵּה־בָאתִי demons.part. (243)-Qal pf. 1 c.s. (בּוֹא
97) *lo, I have come*

אֵלֶיךָ prep.-2 m.s. sf. *to you*

עַתָּה adv. (773) *now*

הֲיָכֹל אוּכַל interr.part.-Qal inf.abs. (407; GK
114m)-Qal impf. 1 c.s. (407) *have I any
power at all*

דַּבֵּר Pi. inf.cstr. (180) *to speak*

מְאוּמָה indef.pron. (548) *anything*

הַדָּבָר def.art.-n.m.s. (182) *the word*

אֲשֶׁר יָשִׂים אֱלֹהִים rel. (81)-Qal impf. 3 m.s.
(שִׂים 962)-n.m.p. (43) *that God puts*

בְּפִי prep.-n.m.s.-1 c.s. sf. (804) *in my mouth*

אֹתוֹ אֲדַבֵּר dir.obj.-3 m.s. sf.-Pi. impf. 1 c.s. (180)
that must I speak

22:39

וַיֵּלֶךְ בִּלְעָם consec.-Qal impf. 3 m.s. (הָלַךְ 229)
-pr.n. (I 118) *then Balaam went*

עִם־בָּלָק prep. (767)-pr.n. (118) *with Balak*

וַיָּבֹאוּ consec.-Qal impf. 3 m.p. (בּוֹא 97) *and
they came*

קִרְיַת חֻצוֹת pr.n. (900) *to Kiriath-huzoth*

22:40

וַיִּזְבַּח בָּלָק consec.-Qal impf. 3 m.s. (זָבַח
256)-pr.n. (118) *and Balak sacrificed*

בָּקָר n.m.s. (133) *oxen*

וָצֹאן conj.-n.f.s. (838) *and sheep*

וַיְשַׁלַּח consec.-Pi. impf. 3 m.s. (1018) *and sent*

לְבִלְעָם prep.-pr.n. (I 118) *to Balaam*

וְלַשָּׂרִים conj.-prep.-def.art.-n.m.p. (978) *and to
the princes*

אֲשֶׁר אִתּוֹ rel. (81)-prep.-3 m.s. sf. (85) *who were
with him*

22:41

וַיְהִי בַבֹּקֶר consec.-Qal impf. 3 m.s. (הָיָה 224)
-prep.-def.art.-n.m.s. (133) *and on the
morrow*

וַיִּקַּח בָּלָק consec.-Qal impf. 3 m.s. (לָקַח 542)-pr.n. (118) *Balak took*

אֶת־בִּלְעָם dir.obj.-pr.n. (I 118) *Balaam*

וַיַּעֲלֵהוּ consec.-Hi. impf. 3 m.s.-3 m.s. sf. (עָלָה 748) *and brought him up*

בָּמוֹת בַּעַל n.f.p. cstr. (119)-n.m.s. paus. (127) *to the high places of Baal (to Bamoth-ba'al)*

וַיַּרְא consec.-Qal impf. 3 m.s. (רָאָה 906) *and he saw*

מִשָּׁם prep.-adv. (1027) *from there*

קְצֵה הָעָם n.m.s. cstr. (892)-def.art.-n.m.s. (I 766) *the nearest of the people*

23:1

וַיֹּאמֶר בִּלְעָם consec.-Qal impf. 3 m.s. (55)-pr.n. (I 118) *and Balaam said*

אֶל־בָּלָק prep.-pr.n. (118) *to Balak*

בְּנֵה־לִי Qal impv. 2 m.s. (בָּנָה 124)-prep.-1 c.s. sf. *build for me*

בָזֶה prep.-demons.adj. m.s. (260) *here*

שִׁבְעָה מִזְבְּחֹת num. f.s. (I 987)-n.f.p. (258) *seven altars*

וְהָכֵן לִי conj.-Hi. impv. 2 m.s. (כּוּן I 465)-prep.-1 c.s. sf. *and provide for me*

בָזֶה v.supra *here*

שִׁבְעָה פָרִים num. f.s. (I 987)-n.m.p. (830) *seven bulls*

וְשִׁבְעָה אֵילִים conj.-v.supra-n.m.p. (I 17) *and seven rams*

23:2

וַיַּעַשׂ בָּלָק consec.-Qal impf. 3 m.s. (עָשָׂה I 793)-pr.n. (118) *and Balak did*

כַּאֲשֶׁר דִּבֶּר בִּלְעָם prep.-rel. (81)-Pi. pf. 3 m.s. (180)-pr.n. (I 118) *as Balaam had said*

וַיַּעַל בָּלָק consec.-Qal impf. 3 m.s. (עָלָה 748)-pr.n. (118) *and Balak offered*

וּבִלְעָם conj.-pr.n. (I 118) *and Balaam*

פָּר n.m.s. (830) *a bull*

וָאַיִל consec.-n.m.s. (I 17) *and a ram*

בַּמִּזְבֵּחַ prep.-def.art.-n.m.s. (258) *on each altar*

23:3

וַיֹּאמֶר בִּלְעָם consec.-Qal impf. 3 m.s. (55)-pr.n. (I 118) *and Balaam said*

לְבָלָק prep.-pr.n. (118) *to Balak*

הִתְיַצֵּב Hith. impv. 2 m.s. (יָצַב 426) *stand*

עַל־עֹלָתֶךָ prep.-n.f.s.-2 m.s. sf. (750) *beside your burnt offering*

וְאֵלְכָה conj.-Qal impf. 1 c.s.-vol.he (הָלַךְ 229) *and I will go*

אוּלַי adv. (II 19) *perhaps*

יִקָּרֶה Ni. impf. 3 m.s. paus. (קָרָה 899) *will come*

יְהוָה pr.n. (217) *Yahweh*

לִקְרָאתִי prep.-Qal inf.cstr.-1 c.s. sf. (קָרָא II 896) *to meet me*

וּדְבַר מַה־יַּרְאֵנִי conj.-n.m.s. cstr. (182; GK 130d, 137c)-interr. (552)-Hi. impf. 3 m.s.-1 c.s. sf. (רָאָה 906) *and whatever he shows me*

וְהִגַּדְתִּי לָךְ conj.-Hi. pf. 1 c.s. (נגד 616)-prep.-2 m.s. sf. paus. *I will tell you*

וַיֵּלֶךְ שֶׁפִי consec.-Qal impf. 3 m.s. (הָלַךְ 229)-n.m.s. (1046) *and he went to a bare height*

23:4

וַיִּקָּר אֱלֹהִים consec.-Ni. impf. 3 m.s. (קָרָה 899)-n.m.p. (43) *and God met*

אֶל־בִּלְעָם prep.-pr.n. (I 118) *Balaam*

וַיֹּאמֶר אֵלָיו consec.-Qal impf. 3 m.s. (55)-prep.-3 m.s. sf. *and said to him*

אֶת־שִׁבְעַת הַמִּזְבְּחֹת dir.obj.-n.m.p. cstr. (I 987)-def.art.-n.m.p. (258) *the seven altars*

עָרַכְתִּי Qal pf. 1 c.s. (עָרַךְ 789) *I have prepared*

וָאַעַל consec.-Qal impf. 1 c.s. (עָלָה 748) *and I have offered*

פָּר n.m.s. (830) *a bull*

וָאַיִל conj.-n.m.s. (I 17) *and a ram*

בַּמִּזְבֵּחַ prep.-def.art.-n.m.s. (258) *upon each altar*

23:5

וַיָּשֶׂם יְהוָה consec.-Qal impf. 3 m.s. (שׂים 962)-pr.n. (217) *and Yahweh put*

דָּבָר n.m.s. (182) *a word*

בְּפִי בִלְעָם prep.-n.m.s. cstr. (804)-pr.n. (I 118) *in Balaam's mouth*

וַיֹּאמֶר consec.-Qal impf. 3 m.s. (55) *and said*

שׁוּב Qal impv. 2 m.s. (שׁוּב 996) *return*

אֶל־בָּלָק prep.-pr.n. (118) *to Balak*

וְכֹה תְדַבֵּר conj.-adv. (462)-Pi. impf. 2 m.s. (180) *and thus you shall speak*

23:6

וַיָּשָׁב אֵלָיו consec.-Qal impf. 3 m.s. (שׁוּב 996)-prep.-3 m.s. sf. *and he returned to him*

וְהִנֵּה conj.-demons.part. (243) *and lo,*

נִצָּב Ni. ptc. (נָצַב 662) *were standing*

עַל־עֹלָתוֹ prep.-n.f.s.-3 m.s. sf. (750) *beside his burnt offering*

הוּא pers.pr. 3 m.s. (214) *he*

וְכָל־שָׂרֵי מוֹאָב conj.-n.m.s. cstr. (481)-n.m.p. cstr. (978)-pr.n. (555) *and all the princes of Moab*

23:7

וַיִּשָּׂא מְשָׁלוֹ consec.-Qal impf. 3 m.s. (נָשָׂא 669)-n.m.s.-3 m.s. sf. (II 605) *and he took up his discourse*

וַיֹּאמַר consec.-Qal impf. 3 m.s. (55) *and said*

מִן־אֲרָם prep.-pr.n. (74) *from Aram*

יַנְחֵנִי בָלָק Hi. impf. 3 m.s.-1 c.s. sf. (נָחָה 634)-pr.n. (118) *Balak has brought me*

מֶלֶךְ־מוֹאָב n.m.s. cstr. (I 572)-pr.n. (555) *the king of Moab*

מֵהַרְרֵי־קֶדֶם prep.-n.m.p. cstr. (249; GK 93aa)-n.m.s. (869) *from the eastern mountains*

לְכָה Qal impv. 2 m.s.-vol.he (הָלַךְ 229) *come*

אָרָה־לִּי Qal impv. 2 m.s.-vol.he (76) -prep.-1 c.s. sf. *curse for me*

יַעֲקֹב pr.n. (785) *Jacob*

וּלְכָה conj.-v.supra *and come*

זֹעֲמָה Qal impv. 2 m.s.-vol.he (זָעַם 276; GK 64c) *denounce*

יִשְׂרָאֵל pr.n. (975) *Israel*

23:8

מָה אֶקֹּב interr. (552)-Qal impf. 1 c.s. (קָבַב II 866) *how can I curse*

קַבֹּה neg.-Qal pf. 3 m.s.-3 m.s. sf. (לֹא קַבֹּה אֵל II 866; GK 58g)-n.m.s. (42) *whom God has not cursed*

וּמָה אֶזְעֹם conj.-v.supra-Qal impf. 1 c.s. (זָעַם 276) *how can I denounce*

לֹא זָעַם יהוה neg.-Qal pf. 3 m.s. (276)-pr.n. (217) *whom Yahweh has not denounced*

23:9

כִּי־מֵרֹאשׁ conj. (471)-prep.-n.m.s. cstr. (910) *for from the top of*

צֻרִים n.m.p. (I 849) *the mountains (cliffs)*

אֶרְאֶנּוּ Qal impf. 1 c.s.-3 m.s. sf. (רָאָה 906) *I see him*

וּמִגְּבָעוֹת conj.-prep.-n.f.p. (148) *from the hills*

אֲשׁוּרֶנּוּ Qal impf. 1 c.s.-3 m.s. sf. (שׁוּר II 1003) *I behold him*

הֶן־עָם demons.part. (243)-n.m.s. (I 766) *lo, a people*

לְבָדָד prep.-n.m.s. (94) *alone*

יִשְׁכֹּן Qal impf. 3 m.s. (שָׁכַן 1014) *dwelling*

וּבַגּוֹיִם conj.-prep.-def.art.-n.m.p. (156) *and among the nations*

לֹא יִתְחַשָּׁב neg.-Hith. impf. 3 m.s. (חָשַׁב 362) *not reckoning himself*

23:10

מִי מָנָה interr. (566)-Qal pf. 3 m.s. (584; GK 151a) *who can count*

עֲפַר יַעֲקֹב n.f.s. cstr. (779)-pr.n. (784) *the dust of Jacob*

וּמִסְפָּר conj.-n.m.s. (708; LXX-καὶ τίς ἐξαριθμήσεται rd. וּמִי סָפַר) *or number*

אֶת־רֹבַע dir.obj.-n.m.s. cstr. (917) *the fourth part of*

יִשְׂרָאֵל pr.n. (975) *Israel*

תָּמֹת נַפְשִׁי Qal impf. 2 m.s. (מוּת 559)-n.f.s.-1 c.s. sf. (659) *let me die*

מוֹת יְשָׁרִים n.m.s. cstr. (560)-adj. m.p. (449) *the death of the righteous*

וּתְהִי conj.-Qal impf. 2 m.s. (הָיָה 224) *and let be*

אַחֲרִיתִי n.f.s.-1 c.s. sf. (31) *my end*

כָּמֹהוּ subst.-3 m.s. sf. (453) *like his*

23:11

וַיֹּאמֶר בָּלָק consec.-Qal impf. 3 m.s. (55)-pr n (118) *and Balak said*

אֶל־בִּלְעָם prep.-pr.n. (I 118) *to Balaam*

מֶה עָשִׂיתָ לִי interr. (552)-Qal pf. 2 m.s. (עָשָׂה I 793)-prep.-1 c.s. sf. *what have you done to me*

לָקֹב אֹיְבַי prep.-Qal inf.cstr. (קָבַב II 866)-Qal act.ptc. m.p.-1 c.s. sf. (אָיַב 33) *to curse my enemies*

לְקַחְתִּיךָ Qal pf. 1 c.s.-2 m.s. sf. (לָקַח 542) *I took you*

וְהִנֵּה conj.-demons.part. (243) *and behold,*

בֵּרַכְתָּ בָרֵךְ Pi. pf. 2 m.s. (בָּרַךְ 138)-Pi. inf.abs. (133; GK 113r) *you have actually blessed them*

23:12

וַיַּעַן consec.-Qal impf. 3 m.s. (עָנָה I 772) *and he answered*

וַיֹּאמַר consec.-Qal impf. 3 m.s. (55) *(and said)*

הֲלֹא interr.part.-neg. *is it not*

אֵת אֲשֶׁר dir.obj.-rel. (81) *that which*

יָשִׂים יהוה Qal impf. 3 m.s. (שִׂים 962)-pr.n. (217) *Yahweh puts*

בְּפִי prep.-n.m.s.-1 c.s. sf. (804) *in my mouth*

אֹתוֹ אֶשְׁמֹר dir.obj.-3 m.s. sf.-Qal impf. 1 c.s. (שָׁמַר 1036) *that I must take heed*

לְדַבֵּר prep.-Pi. inf.cstr. (180) *to speak*

23:13

וַיֹּאמֶר אֵלָיו consec.-Qal impf. 3 m.s. (55)-prep.-3 m.s. sf. *and said to him*

685

בָּלָק pr.n. (118) *Balak*

לֶךְ־נָּא אִתִּי prep.-2 m.s. sf. (Q-לְכָה as Qal impv. 2 m.s.-vol.he הָלַךְ 229; GK 48i, 69x)-part.of entreaty (609)-prep.-1 c.s. sf. (85) *come with me*

אֶל־מָקוֹם אַחֵר prep.-n.m.s. (879)-adj. m.s. (29) *to another place*

אֲשֶׁר תִּרְאֶנּוּ מִשָּׁם rel. (81)-Qal impf. 2 m.s.-3 m.s. sf.-prep.-adv. (1027) *from which you may see them*

אֶפֶס קָצֵהוּ adv. (67)-n.m.s.-3 m.s. sf. (892) *only the nearest of them*

תִרְאֶה Qal impf. 2 m.s. (רָאָה 906) *you shall see*

וְכֻלּוֹ conj.-n.m.s.-3 m.s. sf. (481) *and all of them*

לֹא תִרְאֶה neg.-v.supra (GK 152b) *you shall not see*

וְקָבְנוֹ־לִי conj.-Qal impv. 2 m.s.-3 m.s. sf. (קָבַב 866; GK 20o, 67o, 100oN)-prep.-1 c.s. sf. *and curse them for me*

מִשָּׁם prep.-adv. (1027) *from there*

23:14

וַיִּקָּחֵהוּ consec.-Qal impf. 3 m.s.-3 m.s. sf. (לָקַח 542; GK 118f) *and he took him*

שְׂדֵה צֹפִים n.m.s. cstr. (961)-Qal act.ptc. m.p. (צָפָה 859) *to the field of Zophim (watchers)*

אֶל־רֹאשׁ prep.-n.m.s. cstr. (910) *to the top of*

הַפִּסְגָּה def.art.-pr.n. (820) *Pisgah*

וַיִּבֶן consec.-Qal impf. 3 m.s. (בָּנָה 124) *and built*

שִׁבְעָה מִזְבְּחֹת num. f.s. (I 987)-n.m.p. (258) *seven altars*

וַיַּעַל consec.-Qal impf. 3 m.s. (עָלָה 748) *and offered*

פָּר n.m.s. (830) *a bull*

וָאַיִל conj.-n.m.s. (I 17) *and a ram*

בַּמִּזְבֵּחַ prep.-def.art.-n.m.s. (258) *on each altar*

23:15

וַיֹּאמֶר consec.-Qal impf. 3 m.s. (55) *and he said*

אֶל־בָּלָק prep.-pr.n. (118) *to Balak*

הִתְיַצֵּב כֹּה Hith. impv. 2 m.s. (יָצַב 426)-adv. (462) *stand here*

עַל־עֹלָתֶךָ prep.-n.f.s.-2 m.s. sf. (750) *beside your burnt offering*

וְאָנֹכִי אִקָּרֶה כֹּה conj.-pers.pr. 1 c.s. (59)-Ni. impf. 1 c.s. (קָרָה 899; GK 51p; LXX-ἐγὼ δὲ πορεύσομαι ἐπερωτῆσαι τὸν θεόν)-v.supra *while I meet there*

23:16

וַיִּקָּר יהוה consec.-Ni. impf. 3 m.s. (קָרָה 899)-pr.n. (217) *and Yahweh met*

אֶל־בִּלְעָם prep.-pr.n. (I 118) *Balaam*

וַיָּשֶׂם consec.-Qal impf. 3 m.s. (שִׂים 962) *and put*

דָּבָר n.m.s. (182) *a word*

בְּפִיו prep.-n.m.s.-3 m.s. sf. (804) *in his mouth*

וַיֹּאמֶר consec.-Qal impf. 3 m.s. (55) *and said*

שׁוּב Qal impv. 2 m.s. (שׁוּב 996) *return*

אֶל־בָּלָק prep.-pr.n. (118) *to Balak*

וְכֹה תְדַבֵּר conj.-adv. (462)-Pi. impf. 2 m.s. (180) *and thus shall you speak*

23:17

וַיָּבֹא אֵלָיו consec.-Qal impf. 3 m.s. (בּוֹא 97)-prep.-3 m.s. sf. *and he came to him*

וְהִנּוֹ conj.-demons.part.-3 m.s. sf. (243) *and lo, he*

נִצָּב Ni. ptc. (נָצַב 662) *was standing*

עַל־עֹלָתוֹ prep.-n.f.s.-3 m.s. sf. (750) *beside his burnt offering*

וְשָׂרֵי מוֹאָב conj.-n.m.p. cstr. (978)-pr.n. (555) *and the princes of Moab*

אִתּוֹ prep.-1 c.s. sf. (85) *with him*

וַיֹּאמֶר לוֹ consec.-Qal impf. 3 m.s. (55)-prep.-3 m.s. sf. *and ... said to him*

בָּלָק pr.n. (118) *Balak*

מַה־דִּבֶּר יהוה interr. (552)-Pi. pf. 3 m.s. (180)-pr.n. (217) *what has Yahweh spoken*

23:18

וַיִּשָּׂא מְשָׁלוֹ consec.-Qal impf. 3 m.s. (נָשָׂא 669)-n.m.s.-3 m.s. sf. (605) *and he took up his discourse*

וַיֹּאמַר consec.-Qal impf. 3 m.s. (55) *and said*

קוּם בָּלָק Qal impv. 2 m.s. (קוּם 877)-pr.n. (118) *rise, Balak,*

וּשֲׁמָע conj.-Qal impv. 2 m.s. (שָׁמַע 1033) *and hear*

הַאֲזִינָה עָדַי Hi. impv. 2 m.s.-vol.he (אָזַן 24)-prep.-1 c.s sf. (III 723) *hearken to me*

בְּנוֹ צִפֹּר n.m.s.-3 m.s. sf. (119; GK 90o, 96)-pr.n. (II 862) *O son of Zippor*

23:19

לֹא אִישׁ אֵל neg.-n.m.s. (35)-n.m.s. (42) *God is not man*

וִיכַזֵּב conj.-Pi. impf. 3 m.s. (כָּזַב 469; GK 109i, 166a) *that he should lie*

וּבֶן־אָדָם conj.-n.m.s. cstr. (119)-n.m.s. (9) *or a son of man*

וְיִתְנֶחָם conj.-Hith. impf. 3 m.s. paus. (נָחַם 636; GK 27q, 64d) *that he should repent*

הַהוּא אָמַר interr.part.-pers.pr. 3 m.s. (214)-Qal pf. 3 m.s. (55) *has he said*

וְלֹא יַעֲשֶׂה conj.-neg.-Qal impf. 3 m.s. (עשׂה I 793) *and will he not do it*

וְדִבֶּר conj.-Pi. pf. 3 m.s. (180) *or has he spoken*

וְלֹא יְקִימֶנָּה conj.-neg.-Hi. impf. 3 m.s.-3 f.s. sf. (קוּם 877) *and will he not fulfil it*

23:20

הִנֵּה בָרֵךְ demons.part. (243)-Pi. inf.cstr. (בָּרַךְ 138) *behold, to bless*

לָקָחְתִּי Qal pf. 1 c.s. paus. (לָקַח 542) *I was taken*

וּבֵרֵךְ conj.-Pi. pf. 3 m.s. (138) *and he has blessed*

וְלֹא אֲשִׁיבֶנָּה conj. (GK 159g)-neg.-Hi. impf. 1 c.s.-3 f.s. sf. (שׁוּב 996) *and I cannot revoke it*

23:21

לֹא־הִבִּיט neg.-Hi. pf. 3 m.s. (נָבַט 613) *he has not beheld*

אָוֶן n.m.s. (19) *misfortune*

בְּיַעֲקֹב prep.-pr.n. (784) *in Jacob*

וְלֹא־רָאָה conj.-neg.-Qal pf. 3 m.s. (906) *nor has he seen*

עָמָל n.m.s. (765) *trouble*

בְּיִשְׂרָאֵל prep.-pr.n. (975) *in Israel*

יהוה אֱלֹהָיו pr.n. (217)-n.m.p.-3 m.s. sf. (43) *Yahweh their God*

עִמּוֹ prep.-3 m.s. sf. (767) *is with them*

וּתְרוּעַת מֶלֶךְ conj.-n.f.s. cstr. (929)-n.m.s. (I 572) *and the shout of a king*

בּוֹ prep.-3 m.s. sf. *is among them*

23:22

אֵל מוֹצִיאָם n.m.s. (42)-Hi. ptc. m.s.-3 m.p. sf. (יָצָא 422) *God brings them out*

מִמִּצְרָיִם prep.-pr.n. paus. (595) *of Egypt*

כְּתוֹעֲפֹת רְאֵם prep.-n.f.p. cstr. (419)-n.m.s. (910) *as it were the horns of the wild ox*

לוֹ prep.-3 m.s. sf. *they have*

23:23

כִּי לֹא־נַחַשׁ conj. (471)-neg.-n.m.s. (638) *for there is no enchantment*

בְּיַעֲקֹב prep.-pr.n. (784) *against Jacob*

וְלֹא־קֶסֶם conj.-neg.-n.m.s. (890) *no divination*

בְּיִשְׂרָאֵל prep.-pr.n. (975) *against Israel*

כָּעֵת prep.-def.art.-n.f.s. (773) *now*

יֵאָמֵר Ni. impf. 3 m.s. (55) *it shall be said*

לְיַעֲקֹב prep.-pr.n. (784) *of Jacob*

וּלְיִשְׂרָאֵל conj.-prep.-pr.n. (975) *and Israel*

מַה־פָּעַל interr. (552)-Qal pf. 3 m.s. (821) *what has wrought*

אֵל n.m.s. (42) *God*

23:24

הֶן־עָם demons.part. (243)-n.m.s. (I 766) *behold, a people*

כְּלָבִיא prep.-n.m.s. (522) *as a lioness*

יָקוּם Qal impf. 3 m.s. (קוּם 877) *it rises up*

וְכַאֲרִי conj.-prep.-n.m.s. (71) *and as a lion*

יִתְנַשָּׂא Hith. impf. 3 m.s. (נָשָׂא 669) *it lifts itself*

לֹא יִשְׁכַּב neg.-Qal impf. 3 m.s. (שָׁכַב 1011) *it does not lie down*

עַד־יֹאכַל prep. (III 723)-Qal impf. 3 m.s. (37) *till it devours*

טֶרֶף n.m.s. (383) *the prey*

וְדַם־חֲלָלִים conj.-n.m.s. cstr. (196)-n.m.p. (319; GK 124n) *and the blood of the slain*

יִשְׁתֶּה Qal impf. 3 m.s. (שָׁתָה 1059) *drinks*

23:25

וַיֹּאמֶר בָּלָק consec.-Qal impf. 3 m.s. (55)-pr.n. (118) *and Balak said*

אֶל־בִּלְעָם prep.-pr.n. (I 118) *to Balaam*

גַּם־קֹב לֹא תִקֳּבֶנּוּ adv. (168)-Qal inf.abs. (קבב 866)-neg.-Qal impf. 2 m.s.-3 m.s. sf. (קבב 866; GK 10h, 67g) *neither curse them at all*

גַּם־בָּרֵךְ לֹא תְבָרֲכֶנּוּ v.supra-Pi. inf.cstr. (בָּרַךְ 138)-Pi. impf. 2 m.s.-3 m.s. sf. (138) *nor bless them at all*

23:26

וַיַּעַן בִּלְעָם consec.-Qal impf. 3 m.s. (עָנָה I 772)-pr.n. (I 118) *but Balaam answered*

וַיֹּאמֶר consec.-Qal impf. 3 m.s. (55) *(and said)*

אֶל־בָּלָק prep.-pr.n. (118) *to Balak*

הֲלֹא דִּבַּרְתִּי interr.part.-neg.-Pi. pf. 1 c.s. (180) *did I not tell*

אֵלֶיךָ prep.-2 m.s. sf. *to you*

לֵאמֹר prep.-Qal inf.cstr. (55) *(saying)*

כֹּל אֲשֶׁר־ n.m.s. (481)-rel. (81) *all that*

יְדַבֵּר יהוה Pi. impf. 3 m.s. (180)-pr.n. (217) *Yahweh says*

אֹתוֹ אֶעֱשֶׂה dir.obj.-3 m.s. sf.-Qal impf. 1 c.s. (עשׂה I 793) *that I must do*

23:27

וַיֹּאמֶר בָּלָק consec.-Qal impf. 3 m.s. (55)-pr.n. (118) *and Balak said*

אֶל־בִּלְעָם prep.-pr.n. (I 118) *to Balaam*

לְכָה־נָּא Qal impv. 2 m.s.-vol.he 229)-part.of entreaty (609) *come now*

אֶקָּחֲךָ Qal impf. 1 c.s.-2 m.s. sf. (לָקַח 542) *I will take you*

אֶל־מָקוֹם אַחֵר prep.-n.m.s. (879)-adj. m.s. (29) *to another place*

אוּלַי adv. (II 19) *perhaps*

יִישַׁר Qal impf. 3 m.s. (יָשַׁר 448) *it will be pleasing*

בְּעֵינֵי הָאֱלֹהִים prep.-n.f.p. cstr. (744)-def.art. -n.m.p. (43) *in the eyes of God*

וְקַבֹּתוֹ conj.-Qal pf. 2 m.s.-3 m.s. sf. (קָבַב 866) *that you may curse them*

לִי מִשָּׁם prep.-1 c.s. sf.-prep.-adv. (1027) *for me from there*

23:28

וַיִּקַּח בָּלָק consec.-Qal impf. 3 m.s. (לָקַח 542) -pr.n. (118) *so Balak took*

אֶת־בִּלְעָם dir.obj.-pr.n. (I 118) *Balaam*

רֹאשׁ הַפְּעוֹר n.m.s. cstr. (910)-def.art.-pr.n. (822) *to the top of Peor*

הַנִּשְׁקָף def.art.-Ni. ptc. (שָׁקַף 1054) *that overlooks*

עַל־פְּנֵי הַיְשִׁימֹן prep.-n.m.p. cstr. (815)-def.art. -n.m.s. (445) *the desert*

23:29

וַיֹּאמֶר בִּלְעָם consec.-Qal impf. 3 m.s. (55)-pr.n. (I 118) *and Balaam said*

אֶל־בָּלָק prep.-pr.n. (118) *to Balak*

בְּנֵה־לִי Qal impv. 2 m.s. (בָּנָה 124)-prep.-1 c.s. sf. *build for me*

בָזֶה prep.-demons.adj. m.s. (260) *here*

שִׁבְעָה מִזְבְּחֹת num. f.s. (I 987)-n.m.p. (258) *seven altars*

וְהָכֵן לִי conj.-Hi. impv. 2 m.s. (כּוּן 465)-prep.-1 c.s. sf. *and provide for me*

בָּזֶה prep.-demons.adj. m.s. (260) *here*

שִׁבְעָה פָרִים v.supra-n.m.p. (830) *seven bulls*

וְשִׁבְעָה אֵילִים conj.-v.supra-n.m.p. (I 17) *and seven rams*

23:30

וַיַּעַשׂ בָּלָק consec.-Qal impf. 3 m.s. (עָשָׂה I 793)-pr.n. (118) *and Balak did*

כַּאֲשֶׁר prep.-rel. (81) *as*

אָמַר בִּלְעָם Qal pf. 3 m.s. (55)-pr.n. (I 118) *Balaam had said*

וַיַּעַל consec.-Hi. impf. 3 m.s. (עָלָה 748) *and offered*

פַּר וָאַיִל n.m.s. (830)-conj.-n.m.s. (I 17) *a bull and a ram*

בַּמִּזְבֵּחַ prep.-def.art.-n.m.s. (258) *on each altar*

24:1

וַיַּרְא בִּלְעָם consec.-Qal impf. 3 m.s. (רָאָה 906)-pr.n. (I 118) *when Balaam saw*

כִּי טוֹב conj. (471)-Qal pf. 3 m.s. (טוֹב I 373) *that it pleased*

בְּעֵינֵי יהוה prep.-n.f.p. cstr. (744)-pr.n. (217) *in the eyes of Yahweh*

לְבָרֵךְ prep.-Pi. inf.cstr. (138) *to bless*

אֶת־יִשְׂרָאֵל dir.obj.-pr.n. (975) *Israel*

וְלֹא־הָלַךְ conj.-neg.-Qal pf. 3 m.s. (229) *he did not go*

כְּפַעַם־בְּפַעַם prep.-n.f.s. (821; GK 123c)-prep. -v.supra *as at other times*

לִקְרַאת נְחָשִׁים prep.-Qal inf.cstr. (קָרָא II 896) -n.m.p. (638) *to look for omens*

וַיָּשֶׁת n.m.s.Qal impf. 3 m.s. (שִׁית 1011) *but set*

אֶל־הַמִּדְבָּר prep.-def.art.-n.m.s. (184) *toward the wilderness*

פָּנָיו n.m.p.-3 m.s. sf. (815) *his face*

24:2

וַיִּשָּׂא בִלְעָם consec.-Qal impf. 3 m.s. (נָשָׂא 669)-pr.n. (I 118) *and Balaam lifted up*

אֶת־עֵינָיו dir.obj.-n.f.p.-3 m.s. sf. (744) *his eyes*

וַיַּרְא consec.-Qal impf. 3 m.s. (רָאָה 906) *and saw*

אֶת־יִשְׂרָאֵל dir.obj.-pr.n. (975) *Israel*

שֹׁכֵן Qal act.ptc. (שָׁכֵן 1014) *dwelling*

לִשְׁבָטָיו prep.-n.m.p.-3 m.s. sf. (986) *tribe by tribe*

וַתְּהִי עָלָיו consec.-Qal impf. 3 f.s. (הָיָה 224) -prep.-3 m.s. sf. *and ... came upon him*

רוּחַ אֱלֹהִים n.f.s. cstr. (924)-n.m.p. (43) *the spirit of God*

24:3

וַיִּשָּׂא מְשָׁלוֹ consec.-Qal impf. 3 m.s. (נָשָׂא 669)-n.m.s.-3 m.s. sf. (II 605) *and he took up his discourse*

וַיֹּאמַר consec.-Qal impf. 3 m.s. (55) *and said*

נְאֻם בִּלְעָם n.m.s. cstr. (610)-pr.n. (I 118) *the oracle of Balaam*

בְּנוֹ בְעֹר n.m.s.-3 m.s. sf. (119; GK 90o, 96)-pr.n. (129) *the son of Beor*

וּנְאֻם הַגֶּבֶר conj.-v.supra-def.art.-n.m.s. (149) *the oracle of the man*

שְׁתֻם הָעָיִן Qal pass.ptc. m.s. cstr. שָׁתַם 1060)
-def.art.-n.f.s. paus. (744) *whose eye is
opened*

24:4

נְאֻם שֹׁמֵעַ n.m.s. cstr. (610)-Qal act.ptc. (שָׁמַע
1033) *the oracle of him who hears*

אִמְרֵי־אֵל n.m.p. cstr. (56)-n.m.s. (42) *the words
of God*

אֲשֶׁר מַחֲזֵה שַׁדַּי rel. (81)-n.m.s. cstr. (303)-n.m.s.
(994) *who the vision of the Almighty*

יֶחֱזֶה Qal impf. 3 m.s. חָזָה 302) *sees*

נֹפֵל Qal act.ptc. (נָפַל 656) *falling down*

וּגְלוּי עֵינָיִם conj.-Qal pass.ptc. cstr. (גָּלָה 162; GK
116k)-n.f. du. (744) *but having his eyes
uncovered*

24:5

מַה־טֹּבוּ interr. (552; GK 148b)-Qal pf. 3 c.p. (I
373 טוֹב) *how fair are*

אֹהָלֶיךָ n.m.p.-2 m.s. sf. (13) *your tents*

יַעֲקֹב pr.n. (784) *O Jacob*

מִשְׁכְּנֹתֶיךָ n.m.p.-2 m.s. sf. (1015) *your dwellings*

יִשְׂרָאֵל pr.n. (975) *O Israel*

24:6

כִּנְחָלִים prep.-n.m.p. (636) *like valleys*

נִטָּיוּ Ni. pf. 3 c.p. (נָטָה 639; GK 75x) *that
stretch afar*

כְּגַנֹּת prep.-n.f.p. (171) *like gardens*

עֲלֵי נָהָר prep. (752)-n.m.s. (625) *beside a river*

כַּאֲהָלִים prep.-n.m.p. (III 14) *like aloes*

נָטַע יהוה Qal pf. 3 m.s. (642)-pr.n. (217) *that
Yahweh has planted*

כַּאֲרָזִים prep.-n.f.p. (72) *like cedar trees*

עֲלֵי־מָיִם v.supra-n.m.p. paus. (565) *beside the
waters*

24:7

יִזַּל־מַיִם Qal impf. 3 m.s. (נָזַל 633)-n.m.p. (565)
water shall flow

מִדָּלְיָו prep.-n.m.p.-3 m.s. sf. (194; GK 93z) *from
his buckets*

וְזַרְעוֹ conj.-n.m.s.-3 m.s. sf. (282) *and his seed*

בְּמַיִם רַבִּים prep.-n.m.p. (565)-adj. m.p. (I 912) *in
many waters*

וְיָרֹם conj.-Qal impf. 3 m.s. juss. (רום 926) *and
shall be high(er)*

מֵאֲגַג prep.-pr.n. (8) *than Agag*

מַלְכֹּו n.m.s.-3 m.s. sf. (I 572) *his king*

וְתִנַּשֵּׂא conj.-Hith. impf. 3 f.s. (נָשָׂא 669; GK
54c) *and shall be exalted*

מַלְכֻתֹו n.f.s.-3 m.s. sf. (574) *his kingdom*

24:8

אֵל n.m.s. (42) *God*

מֹוצִיאֹו Hi. ptc.-3 m.s. sf. (יָצָא 422) *bring him
out*

מִמִּצְרַיִם prep.-pr.n. (595) *of Egypt*

כְּתֹועֲפֹת רְאֵם prep.-n.f.p. cstr. (419)-n.m.s. (910)
as it were the horns of the wild ox

לֹו prep.-3 m.s. sf. *he has*

יֹאכַל Qal impf. 3 m.s. (אָכַל 37) *he shall eat up*

גֹּויִם n.m.p. (156) *nations*

צָרָיו n.m.p.-3 m.s. sf. (III 865) *his adversaries*

וְעַצְמֹתֵיהֶם conj.-n.f.p.-3 m.p. sf. (782) *and their
bones*

יְגָרֵם Pi. impf. 3 m.s. (גָּרַם II 175) *he shall break
in pieces*

וְחִצָּיו conj.-n.m.p.-3 m.s. sf. (346) *and with his
arrows*

יִמְחָץ Qal impf. 3 m.s. (מָחַץ 563) *he shall
pierce through*

24:9

כָּרַע Qal pf. 3 m.s. (502) *he couched*

שָׁכַב Qal pf. 3 m.s. (1011) *he lay down*

כַּאֲרִי prep.-def.art.-n.m.s. (71) *like a lion*

וּכְלָבִיא conj.-prep.-n.f.s. (522) *and like a lioness*

מִי יְקִימֶנּוּ interr. (566)-Hi. impf. 3 m.s.-3 m.s. sf.
(קוּם 877) *who will rouse him up*

מְבָרְכֶיךָ Pi. ptc. m.p.-2 m.s. sf. (בָּרַךְ 138) *the
ones who bless you*

בָּרוּךְ Qal pass.ptc. (בָּרַךְ 138) *blessed be*

וְאֹרְרֶיךָ conj.-Qal act.ptc. m.p.-2 m.s. sf. (אָרַר
76) *and every one who curses you*

אָרוּר Qal pass.ptc. (אָרַר 76) *cursed be*

24:10

וַיִּחַר־אַף בָּלָק consec.-Qal impf. 3 m.s. (חָרָה
354)-n.m.s. cstr. (I 60)-pr.n. (118) *and Balak's
anger was kindled*

אֶל־בִּלְעָם prep.-pr.n. (I 118) *against Balaam*

וַיִּסְפֹּק consec.-Qal impf. 3 m.s. (סָפַק 706) *and
he struck together*

אֶת־כַּפָּיו dir.obj.-n.f.p.-3 m.s. sf. (496) *his hands*

וַיֹּאמֶר בָּלָק consec.-Qal impf. 3 m.s. (55)-pr.n.
(118) *and Balak said*

אֶל־בִּלְעָם prep.-pr.n. (I 118) *to Balaam*

לָקֹב אֹיְבַי prep.-Qal inf.cstr. (קָבַב II 866)-Qal
act.ptc. m.p.-1 c.s. sf. (אָיַב 33) *to curse my
enemies*

קְרָאתִיךָ Qal pf. 1 c.s.-2 m.s. sf. (קָרָא 894) *I
called you*

וְהִנֵּה conj.-demons.part. (243) *and behold*

בֵּרַכְתָּ בָרֵךְ Pi. pf. 2 m.s. (בָּרַךְ 138)-Pi. inf.abs. (138; GK 113r) *you have blessed them*

זֶה שָׁלֹשׁ פְּעָמִים demons.adj. m.s. (260)-num. (1025)-n.f.p. (821) *these three times*

24:11

וְעַתָּה conj.-adv. (773) *therefore now*

בְּרַח־לְךָ Qal impv. 2 m.s. (בָּרַח 137)-prep.-2 m.s. sf. *flee (for yourself)*

אֶל־מְקוֹמֶךָ prep.-n.m.s.-2 m.s. sf. (879) *to your place*

אָמַרְתִּי Qal pf. 1 c.s. (55) *I said*

כַּבֵּד אֲכַבֶּדְךָ Pi. inf.abs. (כָּבֵד 457)-Pi. impf. 1 c.s.-2 m.s. sf. (457) *I will certainly honor you*

וְהִנֵּה conj.-demons.part. (243) *but behold*

מְנָעֲךָ יהוה Qal pf. 3 m.s.-2 m.s. sf. (מָנַע 586)-pr.n. (217) *Yahweh has held you back*

מִכָּבוֹד prep.-n.m.s. (II 458) *from honor*

24:12

וַיֹּאמֶר בִּלְעָם consec.-Qal impf. 3 m.s. (55)-pr.n. (I 118) *and Balaam said*

אֶל־בָּלָק prep.-pr.n. (118) *to Balak*

הֲלֹא גַם interr.part.-neg.-adv. (168) *not also?*

אֶל־מַלְאָכֶיךָ prep.-n.m.p.-2 m.s. sf. (521) *your messengers*

אֲשֶׁר־שָׁלַחְתָּ אֵלַי rel. (81)-Qal pf. 2 m.s. (1018)-prep.-1 c.s. sf. *whom you sent to me*

דִּבַּרְתִּי Pi. pf. 1 c.s. (180) *I said*

לֵאמֹר prep.-Qal inf.cstr. (55) *(saying)*

24:13

אִם־יִתֶּן־לִי בָלָק hypoth.part. (49)-Qal impf. 3 m.s. (נָתַן 678)-prep.-1 c.s. sf.-pr.n. (118) *if Balak should give me*

מְלֹא בֵיתוֹ n.m.s. cstr. (571)-n.m.s.-3 m.s. sf. (108) *his house full of*

כֶּסֶף וְזָהָב n.m.s. (494)-conj.-n.m.s. (262) *silver and gold*

לֹא אוּכַל neg.-Qal impf. 1 c.s. (יָכֹל 407) *I would not be able*

לַעֲבֹר prep.-Qal inf.cstr. (716) *to go beyond*

אֶת־פִּי יהוה prep.-n.m.s. cstr. (804)-pr.n. (217) *the word of Yahweh*

לַעֲשׂוֹת prep.-Qal inf.cstr. (עָשָׂה I 793) *to do*

טוֹבָה אוֹ רָעָה n.f.s. (375)-conj. (14)-n.f.s. (949) *either good or bad*

מִלִּבִּי prep.-n.m.s.-1 c.s. sf. (524) *of my own will*

אֲשֶׁר־יְדַבֵּר יהוה rel. (81)-Pi. impf. 3 m.s. (180)-pr.n. (217) *what Yahweh speaks*

אֹתוֹ אֲדַבֵּר dir.obj.-3 m.s. sf.-Pi. impf. 1 c.s. (180) *that will I speak*

24:14

וְעַתָּה הִנְנִי conj.-adv. (773)-demons.part.-1 c.s. sf. (243) *and now, behold, I*

הוֹלֵךְ Qal act.ptc. (הָלַךְ 229) *am going*

לְעַמִּי prep.-n.m.s.-1 c.s. sf. (I 766) *to my people*

לְכָה Qal impv. 2 m.s.-vol.he (הָלַךְ 229) *come*

אִיעָצְךָ Qal impf. 1 c.s.-2 m.s. sf. (יָעַץ 419) *I will let you know*

אֲשֶׁר יַעֲשֶׂה rel. (81)-Qal impf. 3 m.s. (עָשָׂה I 793) *what will do*

הָעָם הַזֶּה def.art.-n.m.s. (I 766)-def.art.-demons.adj. m.s. (260) *this people*

לְעַמְּךָ prep.-n.m.s.-2 m.s. sf. (I 766) *to your people*

בְּאַחֲרִית הַיָּמִים prep.-n.f.s. cstr. (31)-def.art.-n.m.p. (398) *in the latter days*

24:15

וַיִּשָּׂא מְשָׁלוֹ consec.-Qal impf. 3 m.s. (נָשָׂא 669)-n.m.s.-3 m.s. sf. (605) *and he took up his discourse*

וַיֹּאמַר consec.-Qal impf. 3 m.s. (55) *and said*

נְאֻם בִּלְעָם n.m.s. cstr. (610)-pr.n. (I 118) *the oracle of Balaam*

בְּנוֹ בְעֹר n.m.s.-3 m.s. sf. (119)-pr.n. (129) *the son of Beor*

וּנְאֻם הַגֶּבֶר conj.-v.supra-def.art.-n.m.s. (149) *the oracle of the man*

שְׁתֻם הָעָיִן Qal pass.ptc. m.s. cstr.-def.art.-n.f.s. paus. (744) *whose eye is opened*

24:16

נְאֻם שֹׁמֵעַ n.m.s. cstr. (610)-Qal act.ptc. (1033) *the oracle of him who hears*

אִמְרֵי־אֵל n.m.p. cstr. (56)-n.m.s. (42) *the words of God*

וְיֹדֵעַ conj.-Qal act.ptc. (יָדַע 393) *and knows*

דַּעַת עֶלְיוֹן n.f.s. cstr. (395)-n.m.s. (II 751) *the knowledge of the Most High*

מַחֲזֵה שַׁדַּי n.m.s. cstr. (303)-n.m.s. (994) *the vision of the Almighty*

יֶחֱזֶה Qal impf. 3 m.s. (חָזָה 302) *who sees*

נֹפֵל Qal act.ptc. (נָפַל 656) *falling down*

וּגְלוּי עֵינָיִם conj.-Qal pass.ptc. cstr. (גָּלָה 162)-n.f.p. paus. (744) *but having his eyes uncovered*

24:17

אֶרְאֶנּוּ Qal impf. 1 c.s.-3 m.s. sf. (רָאָה 906) *I see him*

וְלֹא עַתָּה conj.-neg.-adv. (773) *but not now*

אֲשׁוּרֶנּוּ Qal impf. 1 c.s.-3 m.s. sf. (שׁוּר II 1003) *I behold him*

וְלֹא קָרוֹב v.supra-adj. m.s. (898) *but not nigh*

דָּרַךְ כּוֹכָב Qal pf. 3 m.s. (201)-n.m.s. (456) *a star shall come forth*

מִיַּעֲקֹב prep.-pr.n. (784) *out of Jacob*

וְקָם שֵׁבֶט conj.-Qal pf. 3 m.s. (קוּם 877)-n.m.s. (986) *and a scepter shall rise*

מִיִּשְׂרָאֵל prep.-pr.n. (975) *out of Israel*

וּמָחַץ conj.-Qal pf. 3 m.s. (563) *it shall crush*

פַּאֲתֵי מוֹאָב n.f.p. cstr. (802)-pr.n. (555) *the forehead (corners) of Moab*

וְקַרְקַר conj.-rd. n.m.s. cstr. (869; GK 55f) *and a head of*

כָּל־בְּנֵי־שֵׁת n.m.s. cstr. (481)-n.m.p. cstr. (119) -pr.n. (I 1011) *all the sons of Sheth*

24:18

וְהָיָה אֱדוֹם conj.-Qal pf. 3 m.s. (224)-pr.n. (10) *and Edom shall be*

יְרֵשָׁה n.f.s. (440) *a possession*

וְהָיָה יְרֵשָׁה v.supra-v.supra *and shall be a possession*

שֵׂעִיר pr.n. (973) *Seir*

אֹיְבָיו Qal act.ptc. m.p.-3 m.s. sf. (אָיַב 33) *his enemies*

וְיִשְׂרָאֵל conj.-pr.n. (975) *while Israel*

עֹשֶׂה חָיִל Qal act.ptc. (עָשָׂה I 793)-n.m.s. (298) *does valiantly*

24:19

וְיֵרְדְּ conj.-Qal impf. 3 m.s. juss. (רָדָה 921) *shall dominion be exercised*

מִיַּעֲקֹב prep.-pr.n. (784) *by Jacob*

וְהֶאֱבִיד conj.-Hi. pf. 3 m.s. (אָבַד 1) *and ... be destroyed*

שָׂרִיד מֵעִיר n.m.s. (I 975)-prep.-n.f.s. (746) *the survivors of cities*

24:20

וַיַּרְא consec.-Qal impf. 3 m.s. (רָאָה 906) *then he looked*

אֶת־עֲמָלֵק dir.obj.-pr.n. (766) *on Amalek*

וַיִּשָּׂא מְשָׁלוֹ consec.-Qal impf. 3 m.s. (נָשָׂא 669) -n.m.s.-3 m.s. sf. (605) *and took up his discourse*

וַיֹּאמַר consec.-Qal impf. 3 m.s. (55) *and said*

24:21

וַיַּרְא consec.-Qal impf. 3 m.s. (רָאָה 906) *and he looked*

אֶת־הַקֵּינִי dir.obj.-def.art.-adj. gent. (884) *on the Kenite*

וַיִּשָּׂא מְשָׁלוֹ consec.-Qal impf. 3 m.s. (נָשָׂא 669)-n.m.s.-3 m.s. sf. (605) *and took up his discourse*

וַיֹּאמַר consec.-Qal impf. 3 m.s. (אָמַר 55) *and said*

אֵיתָן adj. m.s. (I 450) *enduring*

מוֹשָׁבֶךָ n.m.s.-2 m.s. sf. (444) *your dwelling place*

וְשִׂים conj.-Qal pass.ptc. (שִׂים 962) *and is set*

בַּסֶּלַע prep.-def.art.-n.m.s. (700) *in the rock*

קִנֶּךָ n.m.s.-2 m.s. sf. paus. (890) *your nest*

24:22

כִּי אִם־יִהְיֶה conj. (471)-hypoth.part. (49)-Qal impf. 3 m.s. (הָיָה 224) *nevertheless shall be*

לְבָעֵר prep.-Pi. inf.cstr. (בָּעַר 128; GK 29f) *wasted*

קָיִן pr.n. (II 883) *Kain*

עַד־מָה prep. (III 723)-interr. (552) *how long*

אַשּׁוּר pr.n. (78) *Asshur*

תִּשְׁבֶּךָ Qal impf. 3 f.s.-2 m.s. sf. (שָׁבָה 985) *shall take you away captive*

24:23

וַיִּשָּׂא מְשָׁלוֹ consec.-Qal impf. 3 m.s. (נָשָׂא 669)-n.m.s.-3 m.s. sf. (605) *and he took up his discourse*

וַיֹּאמַר consec.-Qal impf. 3 m.s. (55) *and said*

אוֹי interj. (17) *alas*

מִי יִחְיֶה interr. (566)-Qal impf. 3 m.s. (הָיָה 310) *who shall live*

מִשֻּׂמוֹ אֵל prep.-Qal inf.cstr.-3 m.s. sf. (שִׂים 962; GK 115k) *when God does this*

24:24

וְצִים conj.-n.m.p. (850; GK 93y; LXX-καὶ ἐξελεύσεται) *but ships*

מִיַּד כִּתִּים prep.-n.f.s. cstr. (388)-adj.gent. m.p. (508) *from Kittim*

וְעִנּוּ conj.-Pi. pf. 3 c.p. (עָנָה III 776) *and shall afflict*

אַשּׁוּר pr.n. (78) *Asshur*

וְעִנּוּ־עֵבֶר v.supra-pr.n. (II 720) *and Eber*

וְגַם־הוּא conj.-adv. (168)-pers.pr. 3 m.s. (214) *and he also*

עֲדֵי אֹבֵד prep. (III 723)-n.m.s. (2) *shall come to destruction*

24:25

וַיָּקָם בִּלְעָם consec.-Qal impf. 3 m.s. (קום 877)-pr.n. (I 118) *then Balaam rose*

וַיֵּלֶךְ consec.-Qal impf. 3 m.s. (הָלַךְ 229) *and went*

וַיָּשָׁב consec.-Qal impf. 3 m.s. (שׁוּב 996) *back*

לִמְקֹמוֹ prep.-n.m.s.-3 m.s. sf. (879) *to his place*

וְגַם־בָּלָק conj.-adv. (168)-pr.n. (118) *and Balak also*

הָלַךְ Qal pf. 3 m.s. (229) *went*

לְדַרְכּוֹ prep.-n.m.s.-3 m.s. sf. (202) *his way*

25:1

וַיֵּשֶׁב יִשְׂרָאֵל consec.-Qal impf. 3 m.s. (יָשַׁב 442)-pr.n. (975) *while Israel dwelt*

בַּשִּׁטִּים prep.-def.art.-pr.n. (1008) *in Shittim*

וַיָּחֶל הָעָם consec.-Hi. impf. 3 m.s. (חָלַל III 320)-def.art.-n.m.s. (I 766) *the people began*

לִזְנוֹת prep.-Qal inf.cstr. (זָנָה 275) *to play the harlot*

אֶל־בְּנוֹת מוֹאָב prep.-n.f.p. cstr. (I 123)-pr.n. (555) *with the daughters of Moab*

25:2

וַתִּקְרֶאןָ consec.-Qal impf. 3 f.p. (קָרָא 894) *and these invited*

לָעָם prep.-def.art.-n.m.s. (I 766) *the people*

לְזִבְחֵי אֱלֹהֵיהֶן prep.-n.m.p. cstr. (257)-n.m.p.-3 f.p. sf. (43) *to the sacrifices of their gods*

וַיֹּאכַל הָעָם consec.-Qal impf. 3 m.s. (37)-def.art.-n.m.s. (I 766) *and the people ate*

וַיִּשְׁתַּחֲווּ consec.-Hith. impf. 3 m.p. (שָׁחָה 1005) *and bowed down*

לֵאלֹהֵיהֶן prep.-v.supra *to their gods*

25:3

וַיִּצָּמֶד יִשְׂרָאֵל consec.-Ni. impf. 3 m.s. (צָמַד 855)-pr.n. (975) *so Israel yoked himself*

לְבַעַל פְּעוֹר prep.-pr.n. (128) *to Baal of Peor*

וַיִּחַר־אַף יהוה consec.-Qal impf. 3 m.s. (חָרָה 354)-n.m.s. cstr. (I 60)-pr.n. (217) *and the anger of Yahweh was kindled*

בְּיִשְׂרָאֵל prep.-pr.n. (975) *against Israel*

25:4

וַיֹּאמֶר יהוה consec.-Qal impf. 3 m.s. (55)-pr.n. (217) *and Yahweh said*

אֶל־מֹשֶׁה prep.-pr.n. (602) *to Moses*

קַח Qal impv. 2 m.s. (לָקַח 542) *take*

אֶת־כָּל־רָאשֵׁי הָעָם dir.obj.-n.m.s. cstr. (481)-n.m.p. cstr. (910)-def.art.-n.m.s. (I 766) *all the chiefs of the people*

וְהוֹקַע אוֹתָם conj.-Hi. impv. 2 m.s. (יָקַע 429)-dir.obj.-3 m.p. sf. *and hang them*

לַיהוה prep.-pr.n. (217) *before Yahweh*

נֶגֶד הַשָּׁמֶשׁ prep. (617)-def.art.-n.f.s. paus. (1039) *in the sun*

וְיָשֹׁב conj.-Qal impf. 3 m.s. juss. (שׁוּב 996) *that may turn away*

חֲרוֹן אַף־יהוה n.m.s. cstr. (354)-n.m.s. cstr. (I 60)-v.supra *the fierce anger of Yahweh*

מִיִּשְׂרָאֵל prep.-pr.n. (975) *from Israel*

25:5

וַיֹּאמֶר מֹשֶׁה consec.-Qal impf. 3 m.s. (55)-pr.n. (602) *and Moses said*

אֶל־שֹׁפְטֵי prep.-Qal act.ptc. m.p. cstr. (שָׁפַט 1047) *to the judges of*

יִשְׂרָאֵל pr.n. (975) *Israel*

הִרְגוּ Qal impv. 2 m.p. (הָרַג 246) *kill*

אִישׁ אֲנָשָׁיו n.m.s. (35)-n.m.p.-3 m.s. sf. (35) *every one ... his men*

הַנִּצְמָדִים def.art.-Ni. ptc. m.p. (צָמַד 855) *who have yoked themselves*

לְבַעַל פְּעוֹר prep.-pr.n. (128) *to Baal of Peor*

25:6

וְהִנֵּה אִישׁ conj.-demons.part. (243)-n.m.s. (35) *and behold, one*

מִבְּנֵי יִשְׂרָאֵל prep.-n.m.p. cstr. (119)-pr.n. (975) *of the people of Israel*

בָּא Qal pf. 3 m.s. (בּוֹא 97) *came*

וַיַּקְרֵב consec.-Hi. impf. 3 m.s. (קָרַב 897) *and brought*

אֶל־אֶחָיו prep.-n.m.p.-3 m.s. sf. (26) *to his family*

אֶת־הַמִּדְיָנִית dir.obj.-def.art.-adj.gent. f.s. (193) *a Midianite woman*

לְעֵינֵי מֹשֶׁה prep.-n.f.p. cstr. (744)-pr.n. (602) *in the sight of Moses*

וּלְעֵינֵי conj.-prep.-v.supra *and in the sight of*

כָּל־עֲדַת n.m.s. cstr. (481)-n.f.s. cstr. (417) *the whole congregation of*

בְּנֵי־יִשְׂרָאֵל n.m.p. cstr. (119)-pr.n. (975) *the people of Israel*

וְהֵמָּה בֹּכִים conj.-pers.pr. 3 m.p. (241)-Qal act.ptc. m.p. (בָּכָה 113) *while they were weeping*

פֶּתַח n.m.s. cstr. (835) *at the door of*

אֹהֶל מוֹעֵד n.m.s. cstr. (13)-n.m.s. (417) *the tent of meeting*

25:7

וַיַּרְא פִּינְחָס consec.-Qal impf. 3 m.s. (רָאָה 906)-pr.n. (810) *when Phinehas saw*

בֶּן־אֶלְעָזָר n.m.s. cstr. (119)-pr.n. (46) *the son of Eleazar*

בֶּן־אַהֲרֹן v.supra-pr.n. (14) *son of Aaron*

הַכֹּהֵן def.art.-n.m.s. (463) *the priest*

וַיָּקָם consec.-Qal impf. 3 m.s. (קוּם 877) *he rose*

מִתּוֹךְ הָעֵדָה prep.-n.m.s. cstr. (1063)-def.art.-n.f.s. (417) *from the midst of the congregation*

וַיִּקַּח רֹמַח consec.-Qal impf. 3 m.s. (לָקַח 542)-n.m.s. (942) *and took a spear*

בְּיָדוֹ prep.-n.f.s.-3 m.s. sf. (388) *in his hand*

25:8

וַיָּבֹא consec.-Qal impf. 3 m.s. (בּוֹא 97) *and went*

אַחַר אִישׁ־יִשְׂרָאֵל prep. (29)-n.m.s. cstr. (35)-pr.n. (975) *after the man of Israel*

אֶל־הַקֻּבָּה prep.-def.art.-n.f.s. (866) *into the tent*

וַיִּדְקֹר consec.-Qal impf. 3 m.s. (דָּקַר 201) *and pierced*

אֶת־שְׁנֵיהֶם dir.obj.-num. m.p.-3 m.p. sf. (1040) *both of them*

אֵת אִישׁ יִשְׂרָאֵל dir.obj.-n.m.s. cstr. (35)-pr.n. (975) *the man of Israel*

וְאֶת־הָאִשָּׁה conj.-dir.obj.-def.art.-n.f.s. (61) *and the woman*

אֶל־קֳבָתָהּ prep.-n.f.s.-3 f.s. sf. (867; GK 10h) *through her body*

וַתֵּעָצַר consec.-Ni. impf. 3 f.s. (עָצַר 783) *thus was stayed*

הַמַּגֵּפָה def.art.-n.f.s. (620) *the plague*

מֵעַל בְּנֵי יִשְׂרָאֵל prep.-n.m.p. cstr. (119)-pr.n. (975) *from the people of Israel*

25:9

וַיִּהְיוּ consec.-Qal impf. 3 m.p. (הָיָה 224) *nevertheless ... were*

הַמֵּתִים def.art.-Qal act.ptc. m.p. (מוּת 559) *those that died*

בַּמַּגֵּפָה prep.-def.art.-n.f.s. (620) *by the plague*

אַרְבָּעָה num. f.s. (916) *four*

וְעֶשְׂרִים conj.-num. p. (797) *and twenty*

אָלֶף n.m.s. paus. (48) *thousand*

25:10

וַיְדַבֵּר יהוה consec.-Pi. impf. 3 m.s. (180)-pr.n. (217) *and Yahweh said*

אֶל־מֹשֶׁה prep.-pr.n. (602) *to Moses*

לֵּאמֹר prep.-Qal inf.cstr. (55) *(saying)*

25:11

פִּינְחָס pr.n. (810) *Phinehas*

בֶּן־אֶלְעָזָר n.m.s. cstr. (119)-pr.n. (46) *the son of Eleazar*

בֶּן־אַהֲרֹן v.supra-pr.n. (14) *son of Aaron*

הַכֹּהֵן def.art.-n.m.s. (463) *the priest*

הֵשִׁיב Hi. pf. 3 m.s. (שׁוּב 996) *has turned back*

אֶת־חֲמָתִי dir.obj.-n.f.s.-1 c.s. sf. (404) *my wrath*

מֵעַל בְּנֵי־יִשְׂרָאֵל prep.-n.m.p. cstr. (119)-pr.n. (975) *from the people of Israel*

בְּקַנְאוֹ prep.-Pi. inf.cstr.-3 m.s. sf. (קָנָא 888) *in that he was jealous*

אֶת־קִנְאָתִי dir.obj.-n.f.s.-1 c.s. sf. (888) *with my jealousy*

בְּתוֹכָם prep.-n.m.s.-3 m.p. sf. (1063) *among them*

וְלֹא־כִלִּיתִי conj.-neg.-Pi. pf. 1 c.s. (כָּלָה 477) *so that I did not consume*

אֶת־בְּנֵי־יִשְׂרָאֵל dir.obj.-v.supra-v.supra *the people of Israel*

בְּקִנְאָתִי prep.-n.f.s.-1 c.s. sf. (888) *in my jealousy*

25:12

לָכֵן אֱמֹר prep.-adv. (485)-Qal impv. 2 m.s. (55) *therefore say*

הִנְנִי נֹתֵן לוֹ demons.part.-1 c.s. sf. (243)-Qal act.ptc. (נָתַן 678)-prep.-3 m.s. sf. *behold I give to him*

אֶת־בְּרִיתִי dir.obj.-n.f.s.-1 c.s. sf. (136) *my covenant*

שָׁלוֹם n.m.s. (1022; GK 5n, 128d, 131rN) *peace*

25:13

וְהָיְתָה לּוֹ conj.-Qal pf. 3 f.s. (הָיָה 224)-prep.-3 m.s. sf. *and it shall be to him*

וּלְזַרְעוֹ conj.-prep.-n.m.s.-3 m.s. sf. (282) *and to his descendants*

אַחֲרָיו prep.-3 m.s. sf. (29) *after him*

בְּרִית כְּהֻנַּת n.f.s. cstr. (136)-n.f.s. cstr. (464) *the covenant of a priesthood of*

עוֹלָם n.m.s. (761) *perpetuity*

תַּחַת אֲשֶׁר prep. (1065)-rel. (81) *because*

קִנֵּא Pi. pf. 3 m.s. (קָנָא 888) *he was jealous*

לֵאלֹהָיו prep.-n.m.p.-3 m.s.sf. (43) *for his God*

וַיְכַפֵּר consec.-Pi. impf. 3 m.s. (כָּפַר 497) *and made atonement*

693

עַל־בְּנֵי יִשְׂרָאֵל prep.-n.m.p. cstr. (119)-pr.n. (975) *for the people of Israel*

25:14

וְשֵׁם conj.-n.m.s. cstr. (1027) *and the name of*

אִישׁ יִשְׂרָאֵל n.m.s. cstr. (35)-pr.n. (975) *the man of Israel*

הַמֻּכֶּה def.art.-Ho. ptc. m.s. (נָכָה 645) *slain*

אֲשֶׁר הֻכָּה rel. (81)-Ho. pf. 3 m.s. (נָכָה 645) *who was slain*

אֶת־הַמִּדְיָנִית prep. (85)-def.art.-adj.gent. f.s. (193) *with the Midianite woman*

זִמְרִי pr.n. (275) *was Zimri*

בֶּן־סָלוּא n.m.s. cstr. (119)-pr.n. (699) *the son of Salu*

נְשִׂיא בֵית־אָב n.m.s. cstr. (672)-n.m.s. cstr. (108) -n.m.s. (3) *head of a fathers' house*

לַשִּׁמְעֹנִי prep.-def.art.-adj.gent. (1035) *belonging to the Simeonites*

25:15

וְשֵׁם הָאִשָּׁה conj.-n.m.s. cstr. (1027)-def.art. -n.f.s. (61) *and the name of the woman*

הַמֻּכָּה def.art.-Ho. ptc. f.s. (נָכָה 645) *who was slain*

הַמִּדְיָנִית def.art.-adj.gent. f.s. (193) *the Midianite*

כָּזְבִּי pr.n. (469) *was Cozbi*

בַת־צוּר n.f.s. cstr. (I 123)-pr.n. (II 849) *the daughter of Zur*

רֹאשׁ אֻמּוֹת n.m.s. cstr. (910)-n.f.p. cstr. (52) *the head of the people of*

בֵית־אָב n.m.s. cstr. (108)-n.m.s. (3) *a fathers' house*

בְּמִדְיָן הוּא prep.-pr.n. (193)-pers.pr. 3 m.s. (214) *in Midian*

25:16

וַיְדַבֵּר יהוה consec.-Pi. impf. 3 m.s. (180)-pr.n. (217) *and Yahweh said*

אֶל־מֹשֶׁה prep.-pr.n. (602) *to Moses*

לֵאמֹר prep.-Qal inf.cstr. (55) *(scying)*

25:17

צָרוֹר Qal inf.abs. (צָרַר II 865) *harass*

אֶת־הַמִּדְיָנִים dir.obj.-def.art.-adj.gent. m.p. (193) *the Midianites*

וְהִכִּיתֶם אוֹתָם conj.-Hi. pf. 2 m.p. (נָכָה 645) -dir.obj.-3 m.p. sf. *and smite them*

25:18

כִּי צֹרְרִים הֵם conj. (471)-Qal act.ptc. m.p. (צָרַר II 865)-pers.pr. 3 m.p. (241) *for they have harassed*

לָכֶם prep.-2 m.p. sf. *you*

בְּנִכְלֵיהֶם prep.-n.m.p.-3 m.p. sf. (647) *with their wiles*

אֲשֶׁר־נִכְּלוּ לָכֶם rel. (81)-Pi. pf. 3 c.p. (נָכַל 647)-v.supra *with which they beguiled you*

עַל־דְּבַר־פְּעוֹר prep.-n.m.s. cstr. (182)-pr.n. (822) *in the matter of Peor*

וְעַל־דְּבַר כָּזְבִּי conj.-v.supra-pr.n. (469) *and in the matter of Cozbi*

בַת־נְשִׂיא מִדְיָן n.f.s. cstr. (I 123)-n.m.s. cstr. (672)-pr.n. (193) *the daughter of the prince of Midian*

אֲחֹתָם n.f.s.-3 m.p. sf. (27) *their sister*

הַמֻּכָּה def.art.-Ho. ptc. f.s. (נָכָה 645) *who was slain*

בְּיוֹם־הַמַּגֵּפָה prep.-n.m.s. cstr. (398)-def.art.-n.f.s. (620) *on the day of the plague*

עַל־דְּבַר־פְּעוֹר prep.-n.m.s. cstr. (182)-pr.n. (822) *on account of Peor*

25:19

וַיְהִי consec.-Qal impf. 3 m.s. (הָיָה 224) *and it was*

אַחֲרֵי הַמַּגֵּפָה prep. (29)-def.art.-n.f.s. (620) *after the plague*

26:1

וַיֹּאמֶר יהוה consec.-Qal impf. 3 m.s. (55)-pr.n. (217) *and Yahweh said*

אֶל־מֹשֶׁה prep.-pr.n. (602) *to Moses*

וְאֶל אֶלְעָזָר conj.-prep.-pr.n. (46) *and to Eleazar*

בֶּן־אַהֲרֹן n.m.s. cstr. (119)-pr.n. (14) *the son of Aaron*

הַכֹּהֵן def.art.-n.m.s. (463) *the priest*

לֵאמֹר prep.-Qal inf.cstr. (55) *(saying)*

26:2

שְׂאוּ Qal impv. 2 m.p. (נָשָׂא 669) *take*

אֶת־רֹאשׁ dir.obj.-n.m.s. cstr. (910) *a census of*

כָּל־עֲדַת n.m.s. cstr. (481)-n.f.s. cstr. (417) *all the congregation of*

בְּנֵי־יִשְׂרָאֵל n.m.p. cstr. (119)-pr.n. (975) *the people of Israel*

מִבֶּן עֶשְׂרִים שָׁנָה prep.-n.m.s. cstr. (119)-num. p. (797)-n.f.s. (1040) *from twenty years old*

וָמַעְלָה conj.-adv.-dir.he (751) *and upward*

לְבֵית אֲבֹתָם prep.-n.m.s. cstr. (108)-n.m.p.-3 m.p. sf. (3) *by their fathers' houses*

כָּל־יֹצֵא צָבָא n.m.s. cstr. (481)-Qal act.ptc. (יָצָא 422)-n.m.s. (838) *all who are able to go forth to war*

בְּיִשְׂרָאֵל prep.-v.supra *in Israel*

26:3

וַיְדַבֵּר מֹשֶׁה consec.-Pi. impf. 3 m.s. (180)-pr.n. (602) *and Moses spoke*

וְאֶלְעָזָר conj.-pr.n. (46) *and Eleazar*

הַכֹּהֵן def.art.-n.m.s. (463) *the priest*

אֹתָם dir.obj.-3 m.p. sf. *with them*

בְּעַרְבֹת מוֹאָב prep.-n.f.p. cstr. (I 787)-pr.n. (555) *in the plains of Moab*

עַל־יַרְדֵּן prep.-pr.n. (434) *by the Jordan*

יְרֵחוֹ pr.n. (437) *at Jericho*

לֵאמֹר prep.-Qal inf.cstr. (55) *saying*

26:4

מִבֶּן עֶשְׂרִים שָׁנָה prep.-n.m.s. cstr. (119)-num. p. (797)-n.f.s. (1040) *from twenty years old*

וָמַעְלָה conj.-adv.-dir.he paus. (751) *and upward*

כַּאֲשֶׁר צִוָּה יהוה prep.-rel. (81)-Pi. pf. 3 m.s. (צָוָה 845)-pr.n. (217) *as Yahweh commanded*

אֶת־מֹשֶׁה dir.obj.-pr.n. (602) *Moses*

וּבְנֵי יִשְׂרָאֵל conj.-n.m.p. cstr. (119)-pr.n. (975) *the people of Israel*

הַיֹּצְאִים def.art.-Qal act.ptc. m.p. (יָצָא 422) *who came forth*

מֵאֶרֶץ מִצְרַיִם prep.-n.f.s. cstr. (75)-pr.n. paus. (595) *out of the land of Egypt*

26:5

רְאוּבֵן pr.n. (910) *Reuben*

בְּכוֹר יִשְׂרָאֵל n.m.s. cstr. (114)-pr.n. (975) *the first-born of Israel*

בְּנֵי רְאוּבֵן n.m.p. cstr. (119)-v.supra *the sons of Reuben*

חֲנוֹךְ pr.n. (335) *Hanoch*

מִשְׁפַּחַת הַחֲנֹכִי n.f.s. cstr. (1046)-def.art.-adj.gent. (335) *the family of the Hanochites*

לְפַלּוּא prep.-pr.n. (811) *of Pallu*

מִשְׁפַּחַת הַפַּלֻּאִי v.supra-def.art.-adj.gent. (811) *the family of the Palluites*

26:6

לְחֶצְרֹן prep.-pr.n. (348) *of Hezron*

מִשְׁפַּחַת הַחֶצְרוֹנִי n.f.s. cstr. (1046)-def.art.-adj.gent. (348) *the family of the Hezronites*

לְכַרְמִי prep.-pr.n. (I 501) *of Carmi*

מִשְׁפַּחַת הַכַּרְמִי v.supra-def.art.-adj.gent. (502) *the family of the Carmites*

26:7

אֵלֶּה demons.adj. c.p. (41) *these are*

מִשְׁפְּחֹת הָראוּבֵנִי n.f.p. cstr. (1046)-def.art.-adj. gent. (910) *the families of the Reubenites*

וַיִּהְיוּ פְקֻדֵיהֶם consec.-Qal impf. 3 m.p. (הָיָה 224)-Qal pass.ptc. m.p.-3 m.p. sf. (פָּקַד 823) *and their number was*

שְׁלֹשָׁה וְאַרְבָּעִים num. f.s. (1025)-conj.-num. p. (917) *forty-three*

אֶלֶף n.m.s. (48) *thousand*

וּשְׁבַע מֵאוֹת conj.-num. m.s. cstr. (I 987)-n.f.p. (547) *seven hundred*

וּשְׁלֹשִׁים conj.-num. p. (1026) *and thirty*

26:8

וּבְנֵי פַלּוּא conj.-n.m.p. cstr. (119)-pr.n. (811) *and the sons of Pallu*

אֱלִיאָב pr.n. (45) *Eliab*

26:9

וּבְנֵי אֱלִיאָב conj.-n.m.p. cstr. (119)-pr.n. (45) *the sons of Eliab*

נְמוּאֵל pr.n. (649). *Nemuel*

וְדָתָן conj.-pr.n. (206) *and Dathan*

וַאֲבִירָם conj.-pr.n. (4) *and Abiram*

הוּא־דָתָן demons.adj. m.s. (214)-pr.n. (206) *these are the Dathan*

וַאֲבִירָם pr.n. pr.n. (4) *and Abiram*

קְרוּאֵי הָעֵדָה adj. m.p. cstr. (896)-def.art.-n.f.s. (417) *chosen from the congregation*

אֲשֶׁר הִצּוּ rel. (81)-Hi. pf. 3 c.p. (נָצָה 663) *who contended*

עַל־מֹשֶׁה prep.-pr.n. (602) *against Moses*

וְעַל־אַהֲרֹן conj.-prep.-pr.n. (14) *and Aaron*

בַּעֲדַת־קֹרַח prep.-n.f.s. cstr. (417)-pr.n. (901) *in the company of Korah*

בְּהַצֹּתָם prep.-Hi. inf.cstr.-3 m.p. sf. (נָצָה 663) *when they contended*

עַל־יהוה prep.-pr.n. (217) *against Yahweh*

26:10

וַתִּפְתַּח הָאָרֶץ consec.-Qal impf. 3 f.s. (פָּתַח I 834)-def.art.-n.f.s. (75) *and the earth opened*

אֶת־פִּיהָ dir.obj.-n.m.s.-3 f.s. sf. (804) *its mouth*

וַתִּבְלַע אֹתָם consec.-Qal impf. 3 f.s. (118)-dir.obj.-3 m.p. sf. *and swallowed them*

וְאֶת־קֹרַח conj.-dir.obj.-pr.n. (901) *with Korah*

בְּמוֹת הָעֵדָה prep.-Qal inf.cstr. (מוּת 559)-def.art.-n.f.s. (417) *when that company died*

בַּאֲכֹל הָאֵשׁ prep.-Qal inf.cstr. (אָכַל 37)-def.art.-n.f.s. (77) *when the fire devoured*

אֵת חֲמִשִּׁים dir.obj.-num. p. (332) *fifty*

וּמָאתַיִם אִישׁ conj.-n.f. du. (547)-n.m.s. (35) *and two hundred men*

וַיִּהְיוּ לְנֵס consec.-Qal impf. 3 m.p. (הָיָה 224) -prep.-n.m.s. (651) *and they became a warning*

26:11

וּבְנֵי־קֹרַח conj.-n.m.p. cstr. (119)-pr.n. (901) *the sons of Korah*

לֹא־מֵתוּ neg.-Qal pf. 3 c.p. (מות 559) *did not die*

26:12

בְּנֵי שִׁמְעוֹן n.m.p. cstr. (119)-pr.n. (1035) *the sons of Simeon*

לְמִשְׁפְּחֹתָם prep.-n.f.p.-3 m.p. sf. (1046) *according to their families*

לִנְמוּאֵל prep.-pr.n. (649) *of Nemuel*

מִשְׁפַּחַת הַנְּמוּאֵלִי n.f.s. cstr. (1046)-def.art.-adj. gent. (649) *the family of the Nemuelites*

לְיָמִין prep.-pr.n. (II 412) *of Jamin*

מִשְׁפַּחַת הַיָּמִינִי n.f.s. cstr. (1046)-def.art.-adj. gent. (412) *the family of the Jaminites*

לְיָכִין prep.-pr.n. (467) *of Jachin*

מִשְׁפַּחַת הַיָּכִינִי v.supra-def.art.-adj.gent. (467) *the family of the Jachinites*

26:13

לְזֶרַח prep.-pr.n. (280) *of Zerah*

מִשְׁפַּחַת הַזַּרְחִי n.f.s. cstr. (1046)-def.art. -adj.gent. (280) *the family of the Zerahites*

לְשָׁאוּל prep.-pr.n. (982) *of Shaul*

מִשְׁפַּחַת הַשָּׁאוּלִי v.supra-def.art.-adj.gent. (982) *the family of the Shaulites*

26:14

אֵלֶּה demons.adj. c.p. (41) *these are*

מִשְׁפְּחֹת הַשִּׁמְעֹנִי n.f.p. cstr. (1046)-def.art.-adj. gent. (1035) *the families of the Simeonites*

שְׁנַיִם וְעֶשְׂרִים num. du. (1040)-conj.-num. p. (797) *twenty-two*

אֶלֶף n.m.s. (48) *thousand*

וּמָאתָיִם conj.-n.f. du. paus. (547) *and two hundred*

26:15

בְּנֵי גָד n.m.p. cstr. (119)-pr.n. (III 151) *the sons of Gad*

לְמִשְׁפְּחֹתָם prep.-n.f.p.-3 m.p. sf. (1046) *according to their families*

לִצְפוֹן prep.-pr.n. (859) *of Zephon*

מִשְׁפַּחַת הַצְּפוֹנִי n.f.p. cstr. (1046)-def.art.-adj. gent. (I 859) *the family of the Zephonites*

לְחַגִּי prep.-pr.n. (291) *of Haggi*

מִשְׁפַּחַת הַחַגִּי n.f.s. cstr. (1046)-def.art.-adj.gent. (291) *the family of the Haggites*

לְשׁוּנִי prep.-pr.n. (1002) *of Shuni*

מִשְׁפַּחַת הַשּׁוּנִי n.f.s. cstr. (1046)-def.art.-adj. gent. (1002) *the family of the Shunites*

26:16

לְאָזְנִי prep.-pr.n. (24) *of Ozni*

מִשְׁפַּחַת הָאָזְנִי n.f.s. cstr. (1046)-def.art. -adj.gent. (24) *the family of the Oznites*

לְעֵרִי prep.-pr.n. (I 735) *of Eri*

מִשְׁפַּחַת הָעֵרִי n.f.s. cstr. (1046)-def.art.-adj.gent. (II 735) *the family of the Erites*

26:17

לַאֲרוֹד prep.-pr.n. (71) *of Arod*

מִשְׁפַּחַת הָאֲרוֹדִי n.f.s. cstr. (1046)-def.art. -adj.gent. (71) *the family of the Arodites*

לְאַרְאֵלִי prep.-pr.n. (72) *of Areli*

מִשְׁפַּחַת הָאַרְאֵלִי n.f.s. cstr. (1046)-def.art. -adj.gent. (72) *the family of the Arelites*

26:18

אֵלֶּה demons.adj. c.p. (41) *these are*

מִשְׁפְּחֹת בְּנֵי־גָד n.f.p. cstr. (1046)-n.m.p. cstr. (119)-pr.n. (III 151) *the families of the sons of Gad*

לִפְקֻדֵיהֶם prep.-Qal pass.ptc. m.p.-3 m.p. sf. (פקד 823) *according to their number*

אַרְבָּעִים אֶלֶף num. p. (917)-n.m.s. (48) *forty thousand*

וַחֲמֵשׁ מֵאוֹת conj.-num. cstr. (331)-n.f.p. (547) *five hundred*

26:19

בְּנֵי יְהוּדָה n.m.p. cstr. (119)-pr.n. (397) *the sons of Judah*

עֵר pr.n. (735) *Er*

וְאוֹנָן conj.-pr.n. (20) *and Onan*

וַיָּמָת consec.-Qal impf. 3 m.s. (מות 559) *and died*

עֵר וְאוֹנָן v.supra-conj.-v.supra *Er and Onan*

בְּאֶרֶץ כְּנַעַן prep.-n.f.s. cstr. (75)-pr.n. paus. (I 488) *in the land of Canaan*

26:20

וַיִּהְיוּ consec.-Qal impf. 3 m.p. (הָיָה 224) *and were*

בְּנֵי־יְהוּדָה n.m.p. cstr. (119)-pr.n. (397) *the sons of Judah*

לְמִשְׁפְּחֹתָם prep.-n.f.p.-3 m.p. sf. *according to their families*

לְשֵׁלָה prep.-pr.n. (1017) *of Shelah*

מִשְׁפַּחַת הַשֵּׁלָנִי n.f.s. cstr. (1046)-def.art.-adj.gen. (1017) *the family of the Shelanites*

לְפֶרֶץ prep.-pr.n. (829) *of Perez*

מִשְׁפַּחַת הַפַּרְצִי n.f.s. cstr. (1046)-adj.gen. (829) *the family of the Perezites*

לְזֶרַח prep.-pr.n. (II 280) *of Zerah*

מִשְׁפַּחַת הַזַּרְחִי n.f.s. cstr. (1046)-def.art.-adj.gen. (280) *the family of the Zerahites*

26:21

וַיִּהְיוּ בְנֵי־פֶרֶץ consec.-Qal impf. 3 m.p. (הָיָה 224)-n.m.p. cstr. (119)-pr.n. (829) *and the sons of Perez were*

לְחֶצְרֹן prep.-pr.n. (348) *of Hezron*

מִשְׁפַּחַת הַחֶצְרֹנִי n.f.s. cstr. (1046)-def.art.-adj.gen. (348) *the family of the Hezronites*

לְחָמוּל prep.-pr.n. (328) *of Hamul*

מִשְׁפַּחַת הֶחָמוּלִי n.f.s. cstr. (1046)-def.art.-adj.gen. (328) *the family of the Hamulites*

26:22

אֵלֶּה demons.adj. c.p. (41) *these are*

מִשְׁפְּחֹת יְהוּדָה n.f.p. cstr. (1046)-pr.n. (397) *the families of Judah*

לִפְקֻדֵיהֶם prep.-Qal pass.ptc. m.p.-3 m.p. sf. (פָּקַד 823) *according to their number*

שִׁשָּׁה וְשִׁבְעִים num. f. (995)-conj.-num. p. (988) *seventy-six*

אֶלֶף n.m.s. (48) *thousand*

וַחֲמֵשׁ מֵאוֹת conj.-num. cstr. (331)-n.f.p. (547) *and five hundred*

26:23

בְּנֵי יִשָּׂשכָר n.m.p. cstr. (119)-pr.n. (441) *the sons of Issachar*

לְמִשְׁפְּחֹתָם prep.-n.f.p.-3 m.p. sf. (1046) *according to their families*

תּוֹלָע pr.n. (II 1069) *of Tola*

מִשְׁפַּחַת הַתּוֹלָעִי n.f.s. cstr. (1046)-def.art.-adj.gen. (1069) *the family of the Tolaites*

לְפֻוָּה prep.-pr.n. (806) *of Puvah*

מִשְׁפַּחַת הַפּוּנִי n.f.s. cstr. (1046)-def.art.-adj.gen. (806) *the family of the Punites*

26:24

לְיָשׁוּב prep.-pr.n. (1000) *Of Jashub*

מִשְׁפַּחַת הַיָּשֻׁבִי n.f.s. cstr. (1046)-def.art.-adj. gen. (1000) *the family of the Jashubites*

לְשִׁמְרֹן prep.-pr.n. (1037) *of Shimron*

מִשְׁפַּחַת הַשִּׁמְרֹנִי n.f.s. cstr. (1046)-def.art.-adj. gen. (1038) *the family of the Shimronites*

26:25

אֵלֶּה demons.adj. c.p. (41) *these are*

מִשְׁפְּחֹת יִשָּׂשכָר n.f.p. cstr. (1046)-pr.n. (441) *the families of Issachar*

לִפְקֻדֵיהֶם prep.-Qal pass.ptc. m.p.-3 m.p. sf. (פָּקַד 823) *according to their number*

אַרְבָּעָה וְשִׁשִּׁים num. f. (916)-conj.-num. p. (995) *sixty-four*

אֶלֶף n.m.s. (48) *thousand*

וּשְׁלֹשׁ מֵאוֹת conj.-num. cstr. (1025)-n.f.p. (547) *and three hundred*

26:26

בְּנֵי זְבוּלֻן n.m.p. cstr. (119)-pr.n. (259) *the sons of Zebulun*

לְמִשְׁפְּחֹתָם prep.-n.f.p.-3 m.p. sf. (1046) *according to their families*

לְסֶרֶד prep.-pr.n. (710) *of Sered*

מִשְׁפַּחַת הַסַּרְדִּי n.f.s. cstr. (1046)-def.art.-adj.gen. (710) *the family of the Seredites*

לְאֵלוֹן prep.-pr.n. (II 19) *of Elon*

מִשְׁפַּחַת הָאֵלֹנִי n.f.s. cstr. (1046)-def.art.-adj.gen. (19) *the family of the Elonites*

לְיַחְלְאֵל prep.-pr.n. (404) *of Jahleel*

מִשְׁפַּחַת הַיַּחְלְאֵלִי n.f.s. cstr. (1046)-def.art.-adj.gen. (404) *the family of the Jahleelites*

26:27

אֵלֶּה demons.adj. c.p. (41) *these are*

מִשְׁפְּחֹת הַזְּבוּלֹנִי n.f.p. cstr. (1046)-def.art.-adj. gen. (259) *the families of the Zebulunites*

לִפְקֻדֵיהֶם prep.-Qal pass.ptc. m.p.-3 m.p. sf. (פָּקַד 823) *according to their number*

שִׁשִּׁים אֶלֶף num. p. (995)-n.m.s. (48) *sixty thousand*

וַחֲמֵשׁ מֵאוֹת conj.-num. cstr. (331)-n.f.p. (547) *five hundred*

26:28

בְּנֵי יוֹסֵף n.m.p. cstr. (119)-pr.n. (415) *the sons of Joseph*

לְמִשְׁפְּחֹתָם prep.-n.f.p.-3 m.p. sf. (1046) *according to their families*

מְנַשֶּׁה pr.n. (586) *Manasseh*

וְאֶפְרָיִם conj.-pr.n. paus. (68) *and Ephraim*

26:29

בְּנֵי מְנַשֶּׁה n.m.p. cstr. (119)-pr.n. (586) *the sons of Manasseh*

לְמָכִיר prep.-pr.n. (569) *of Machir*

מִשְׁפַּחַת הַמָּכִירִי n.f.s. cstr. (1046)-def.art.-adj. gent. (569) *the family of the Machirites*

וּמָכִיר conj.-pr.n. (569) *and Machir*

הוֹלִיד Hi. pf. 3 m.s. (יָלַד 408) *was the father*

אֶת־גִּלְעָד dir.obj.-pr.n. (166) *of Gilead*

לְגִלְעָד prep.-pr.n. (166) *of Gilead*

מִשְׁפַּחַת הַגִּלְעָדִי n.f.s. cstr. (1046)-def.art. -adj.gent. (167) *the family of the Gileadites*

26:30

אֵלֶּה demons.adj. c.p. (41) *these are*

בְּנֵי גִלְעָד n.m.p. cstr. (119)-pr.n. (166) *the sons of Gilead*

אִיעֶזֶר pr.n. (4; v. אֲבִיעֶזֶר) *of Iezer*

מִשְׁפַּחַת הָאִיעֶזְרִי n.f.s. cstr. (1046)-def.art. -adj.gent. (4; v. אֲבִי הָעֶזְרִי) *the family of the Iezerites*

לְחֵלֶק prep.-pr.n. (II 324) *of Helek*

מִשְׁפַּחַת הַחֶלְקִי n.f.s. cstr. (1046)-def.art.-adj. gent. (324) *the family of the Helekites*

26:31

וְאַשְׂרִיאֵל conj.-pr.n. (77) *and of Asriel*

מִשְׁפַּחַת הָאַשְׂרִאֵלִי n.f.s. cstr. (1046)-def.art. -adj.gent. (77) *the family of the Asrielites*

וְשֶׁכֶם conj.-pr.n. (1014) *and of Shechem*

מִשְׁפַּחַת הַשִּׁכְמִי n.f.s. cstr. (1046)-def.art.-adj. gent. (1014) *the family of the Shechemites*

26:32

וּשְׁמִידָע conj.-pr.n. (1029) *and of Shemida*

מִשְׁפַּחַת הַשְּׁמִידָעִי n.f.s. cstr. (1046)-def.art.-adj. gent. (1029) *the family of the Shemidaites*

וְחֵפֶר conj.-pr.n. (I 343) *and of Hepher*

מִשְׁפַּחַת הַחֶפְרִי n.f.s. cstr. (1046)-def.art.-adj. gent. (343) *the family of the Hepherites*

26:33

וּצְלָפְחָד conj.-pr.n. (854) *now Zelophehad*

בֶּן־חֵפֶר n.m.s. cstr. (119)-pr.n. (343) *the son of Hepher*

לֹא־הָיוּ לוֹ neg.-Qal pf. 3 c.p. (הָיָה 224)-prep.-3 m.s. sf. *had no*

בָּנִים n.m.p. (119) *sons*

כִּי אִם־בָּנוֹת conj. (471)-hypoth.part. (49)-n.f.p. (I 123) *but daughters*

וְשֵׁם בְּנוֹת conj.-n.m.s. cstr. (1027)-n.f.p. cstr. (I 123) *and the names of the daughters of*

צְלָפְחָד v.supra *Zelophehad*

מַחְלָה pr.n. (563) *Mahlah*

וְנֹעָה conj.-pr.n. (631) *Noah*

חָגְלָה pr.n. (291) *Hoglah*

מִלְכָּה pr.n. (574) *Milcah*

וְתִרְצָה conj.-pr.n. (953) *and Tirzah*

26:34

אֵלֶּה demons.adj. c.p. (41) *these are*

מִשְׁפְּחֹת מְנַשֶּׁה n.f.p. cstr. (1046)-pr.n. (586) *the families of Manasseh*

וּפְקֻדֵיהֶם conj.-Qal pass.ptc. m.p.-3 m.p. sf. (פקד 823) *and their number was*

שְׁנַיִם וַחֲמִשִּׁים num. du. (1040)-conj.-num. p. (332) *fifty-two*

אֶלֶף n.m.s. (48) *thousand*

וּשְׁבַע מֵאוֹת conj.-num. cstr. (I 987)-n.f.p. (547) *seven hundred*

26:35

אֵלֶּה demons.adj. c.p. (41) *these are*

בְּנֵי־אֶפְרַיִם n.m.p. cstr. (119)-pr.n. (68) *the sons of Ephraim*

לְמִשְׁפְּחֹתָם prep.-n.f.p.-3 m.p. sf. (1046) *according to their families*

לְשׁוּתֶלַח prep.-pr.n. (1004) *of Shuthelah*

מִשְׁפַּחַת הַשֻּׁתַלְחִי n.f.s. cstr. (1046)-def.art.-adj. gent. (1004) *the family of the Shuthelahites*

לְבֶכֶר prep.-pr.n. (114) *of Becher*

מִשְׁפַּחַת הַבַּכְרִי n.f.s. cstr. (1046)-def.art. -adj.gent. (114) *the family of the Becherites*

לְתַחַן prep.-pr.n. (334) *of Tahan*

מִשְׁפַּחַת הַתַּחֲנִי n.f.s. cstr. (1046)-def.art. -adj.gent. (114) *the family of the Tahanites*

26:36

וְאֵלֶּה conj.-demons.adj. c.p. (41) *and these are*

בְּנֵי שׁוּתָלַח n.m.p. cstr. (119)-pr.n. (1004) *the sons of Shuthelah*

לְעֵרָן prep.-pr.n. (735) *of Eran*

מִשְׁפַּחַת הָעֵרָנִי n.f.s. cstr. (1046)-def.art.-adj.gent. (735) *the family of the Eranites*

26:37

אֵלֶּה demons.adj. c.p. (41) *these are*

מִשְׁפְּחֹת n.f.p. cstr. (1046) *the families of*

בְּנֵי־אֶפְרַיִם n.m.p. cstr. (119)-pr.n. (68) *the sons of Ephraim*

לִפְקֻדֵיהֶם prep.-Qal pass.ptc. m.p.-3 m.p. sf. (פקד 823) *according to their number*

שְׁנַיִם וּשְׁלֹשִׁים num. du. (1040)-conj.-num. p. (1026) *thirty-two*

אֶלֶף n.m.s. (48) *thousand*

וַחֲמֵשׁ מֵאוֹת conj.-num. cstr. (331)-n.f.p. (547) *five hundred*

אֵלֶּה v.supra *these are*

בְּנֵי־יוֹסֵף n.m.p. cstr. (119)-pr.n. (415) *the sons of Joseph*

לְמִשְׁפְּחֹתָם prep.-n.f.p.-3 m.p. sf. (1046) *according to their families*

26:38

בְּנֵי בִנְיָמִן n.m.p. cstr. (119)-pr.n. (122) *the sons of Benjamin*

לְמִשְׁפְּחֹתָם prep.-n.f.p.-3 m.p. sf. (1046) *according to their families*

לְבֶלַע prep.-pr.n. (II 118) *of Bela*

מִשְׁפַּחַת הַבַּלְעִי n.f.s. cstr. (1046)-def.art.
-adj.gent. (118) *the family of the Belaites*

לְאַשְׁבֵּל prep.-pr.n. (78) *of Ashbel*

מִשְׁפַּחַת הָאַשְׁבֵּלִי n.f.s. cstr. (1046)-def.art.
-adj.gent. (78) *the family of the Ashbelites*

לַאֲחִירָם prep.-pr.n. (27) *of Ahiran*

מִשְׁפַּחַת הָאֲחִירָמִי n.f.s. cstr. (1046)-def.art.
-adj.gent. (78) *the family of the Ahiramites*

26:39

לִשְׁפוּפָם prep.-pr.n. (1051) *of Shephupham*

מִשְׁפַּחַת הַשּׁוּפָמִי n.f.s. cstr. (1046)-def.art.-adj.
gent. (1051) *the family of the Shuphamites*

לְחוּפָם prep.-pr.n. (299) *of Hupham*

מִשְׁפַּחַת הַחוּפָמִי n.f.s. cstr. (1046)-def.art.-adj.
gent. (299) *the family of the Huphamites*

26:40

וַיִּהְיוּ consec.-Qal impf. 3 m.p. (הָיָה 224) *and were*

בְנֵי־בֶלַע n.m.p. cstr. (119)-pr.n. (118) *the sons of Bela*

אַרְדְּ pr.n. (71) *Ard*

וְנַעֲמָן conj.-pr.n. (II 654) *and Naaman*

מִשְׁפַּחַת הָאַרְדִּי n.f.s. cstr. (1046)-def.art.
-adj.gent. (71) *the family of the Ardites*

לְנַעֲמָן prep.-v.supra *of Naaman*

מִשְׁפַּחַת הַנַּעֲמִי n.f.s. cstr. (1046)-def.art.
-adj.gent. (654) *the family of the Naamites*

26:41

אֵלֶּה demons.adj. c.p. (41) *these are*

בְּנֵי־בִנְיָמִן n.m.p. cstr. (119)-pr.n. (122) *the sons of Benjamin*

לְמִשְׁפְּחֹתָם prep.-n.f.p.-3 m.p. sf. (1046) *according to their families*

ופְקֻדֵיהֶם conj.-Qal pass.ptc. m.p.-3 m.p. sf. (פָּקַד 823) *and their number*

חֲמִשָּׁה וְאַרְבָּעִים num. f. (331)-conj.-num. p. (917) *forty-five*

אֶלֶף n.m.s. (48) *thousand*

וְשֵׁשׁ מֵאוֹת conj.-num. cstr. (995)-n.f.p. (547) *six hundred*

26:42

אֵלֶּה demons.adj. c.p. (41) *these are*

בְּנֵי־דָן n.m.p. cstr. (119)-pr.n. (192) *the sons of Dan*

לְמִשְׁפְּחֹתָם prep.-n.f.p.-3 m.p. sf. (1046) *according to their families*

לְשׁוּחָם prep.-pr.n. (1001) *of Shuham*

מִשְׁפַּחַת הַשּׁוּחָמִי n.f.s. cstr. (1046)-def.art.-adj.
gent. (1001) *the family of the Shuhamites*

אֵלֶּה demons.adj. c.p. (41) *these are*

מִשְׁפְּחֹת דָּן n.f.p. cstr. (1046)-pr.n. (192) *the families of Dan*

לְמִשְׁפְּחֹתָם prep.-n.f.p.-3 m.p. sf. (1046) *according to their families*

26:43

כָּל־מִשְׁפְּחֹת הַשּׁוּחָמִי n.m.s. cstr. (481)-n.f.p. cstr. (1046)-def.art.-adj.gent. (1001) *all the families of the Shuhamites*

לִפְקֻדֵיהֶם prep.-Qal pass.ptc. m.p.-3 m.p. sf. (פָּקַד 823) *according to their number*

אַרְבָּעָה וְשִׁשִּׁים num. f.s. (916)-conj.-num. p. (995) *sixty-four*

אֶלֶף n.m.s. (48) *thousand*

וְאַרְבַּע מֵאוֹת conj.-num. cstr. (916)-n.f.p. (547) *four hundred*

26:44

בְּנֵי אָשֵׁר n.m.p. cstr. (119)-pr.n. (81) *the sons of Asher*

לְמִשְׁפְּחֹתָם prep.-n.f.p.-3 m.p. sf. (1046) *according to their families*

לְיִמְנָה prep.-pr.n. (412) *of Imnah*

מִשְׁפַּחַת הַיִּמְנָה n.f.s. cstr. (1046)-def.art.-adj.
gent. (412) *the family of the Imnites*

לְיִשְׁוִי prep.-pr.n. (I 1001) *of Ishvi*

מִשְׁפַּחַת הַיִּשְׁוִי n.f.s. cstr. (1046)-def.art.-adj.
gent. (II 1001) *the family of the Ishvites*

לִבְרִיעָה prep.-pr.n. (140) *of Beriah*

מִשְׁפַּחַת הַבְּרִיעִי n.f.s. cstr. (1046)-def.art.-adj.
gent. (140) *the family of the Beriites*

26:45

לִבְנֵי בְרִיעָה prep.-n.m.p. cstr. (119)-pr.n. (140) *of the sons of Beriah*

לְחֶבֶר prep.-pr.n. (II 288) *of Heber*

מִשְׁפַּחַת הַחֶבְרִי n.f.s. cstr. (1046)-def.art.-adj. gent. (288) *the family of the Heberites*

לְמַלְכִּיאֵל prep.-pr.n. (575) *of Malchiel*

מִשְׁפַּחַת הַמַּלְכִּיאֵלִי n.f.s. cstr. (1046)-def.art.-adj. gent. (575) *the family of the Malchielites*

26:46

וְשֵׁם בַּת־אָשֵׁר conj.-n.m.s. cstr. (1027)-n.f.s. cstr. (I 123)-pr.n. (81) *and the name of the daughter of Asher*

שָׂרַח pr.n. (976) *Serah*

26:47

אֵלֶּה demons.adj. c.p. (41) *these are*

מִשְׁפְּחֹת בְּנֵי־אָשֵׁר n.f.p. cstr. (1046)-n.m.p. cstr. (119)-pr.n. (81) *the families of the sons of Asher*

לִפְקֻדֵיהֶם prep.-Qal pass.ptc. m.p.-3 m.p. sf. (פקד 823) *according to their number*

שְׁלֹשָׁה וַחֲמִשִּׁים num. f.s. (1025)-conj.-num. p. (332) *fifty-three*

אֶלֶף n.m.s. (48) *thousand*

וְאַרְבַּע מֵאוֹת conj.-num. cstr. (916)-n.f.p. (547) *four hundred*

26:48

בְּנֵי נַפְתָּלִי n.m.p. cstr. (119)-pr.n. (836) *the sons of Naphtali*

לְמִשְׁפְּחֹתָם prep.-n.f.p.-3 m.p. sf. (1046) *according to their families*

לְיַחְצְאֵל prep.-pr.n. (345) *of Jahzeel*

מִשְׁפַּחַת הַיַּחְצְאֵלִי n.f.s. cstr. (1046)-def.art.-adj. gent. (345) *the family of the Jahzeelites*

לְגוּנִי prep.-pr.n. (157) *of Guni*

מִשְׁפַּחַת הַגּוּנִי n.f.s. cstr. (1046)-def.art.-adj.gent. (157) *the family of the Gunites*

26:49

לְיֵצֶר prep.-pr.n. (II 428) *of Jezer*

מִשְׁפַּחַת הַיִּצְרִי n.f.s. cstr. (1046)-def.art.-adj. gent. (428) *the family of the Jezerites*

לְשִׁלֵּם prep.-pr.n. (II 1024) *of Shillem*

מִשְׁפַּחַת הַשִּׁלֵּמִי v.supra-def.art.-adj.gent. (1024) *the family of the Shillemites*

26:50

אֵלֶּה demons.adj. c.p. (41) *these are*

26:45

מִשְׁפְּחֹת נַפְתָּלִי n.f.p. cstr. (1046)-pr.n. (836) *the families of Naphtali*

לְמִשְׁפְּחֹתָם prep.-n.f.p.-3 m.p. sf. (1046) *according to their families*

וּפְקֻדֵיהֶם conj.-Qal pass.ptc. m.p.-3 m.p. sf. (823) *and their number was*

חֲמִשָּׁה וְאַרְבָּעִים num. f.s. (331)-conj.-num. p. (917) *forty-five*

אֶלֶף n.m.s. (48) *thousand*

וְאַרְבַּע מֵאוֹת conj.-num. cstr. (916)-n.f.p. (547) *four hundred*

26:51

אֵלֶּה demons.adj. c.p. (41) *this was*

פְּקוּדֵי Qal pass.ptc. m.p. cstr. (פקד 823) *the number of*

בְּנֵי יִשְׂרָאֵל n.m.p. cstr. (119)-pr.n. (975) *the people of Israel*

שֵׁשׁ־מֵאוֹת אֶלֶף num. cstr. (995)-n.f.p. (547)-n.m.s. (48) *six hundred thousand*

וָאָלֶף conj.-n.m.s. (48) *and one thousand*

שְׁבַע מֵאוֹת num. cstr. (I 987)-n.f.p. (547) *seven hundred*

וּשְׁלֹשִׁים conj.-num. p. (1026) *and thirty*

26:52

וַיְדַבֵּר יהוה consec.-Pi. impf. 3 m.s. (180)-pr.n. (217) *Yahweh said*

אֶל־מֹשֶׁה prep.-pr.n. (602) *to Moses*

לֵּאמֹר prep.-Qal inf.cstr. (55) *(saying)*

26:53

לָאֵלֶּה prep.-def.art.-demons.adj. c.p. (41) *to these*

תֵּחָלֵק Ni. impf. 3 f.s. (חלק 323) *shall be divided*

הָאָרֶץ def.art.-n.f.s. (75) *the land*

בְּנַחֲלָה prep.-n.f.s. (635) *for inheritance*

בְּמִסְפַּר שֵׁמוֹת prep.-n.m.s. cstr. (708)-n.m.p. (1027) *according to the number of names*

26:54

לָרַב prep.-def.art.-adj. m.s. (912) *to a large (tribe)*

תַּרְבֶּה Hi. impf. 2 m.s. (רבה I 915) *you shall increase*

נַחֲלָתוֹ n.f.s.-3 m.s. sf. (635) *his inheritance*

וְלַמְעַט conj.-prep.-def.art.-subst. (589) *and to a small (tribe)*

תַּמְעִיט Hi. impf. 2 m.s. (מעט 589) *you shall diminish*

נַחֲלָתוֹ v.supra *his inheritance*

אִישׁ n.m.s. (35) *every (tribe)*

לְפִי פְקֻדָיו prep.-n.m.s. cstr. (804)–Qal pass.ptc. m.p.-3 m.s. sf. (פָקַד 823) *according to its numbers*

יֻתַּן Ho. impf. 3 m.s. (נָתַן 678; GK 53a) *shall be given*

נַחֲלָתוֹ v.supra *its inheritance*

26:55

אַךְ־בְּגוֹרָל adv. (36)–prep.-n.m.s. (174) *but by lot*

יֵחָלֵק Ni. impf. 3 m.s. (חָלַק 323) *shall be divided*

אֶת־הָאָרֶץ dir.obj.-def.art.-n.f.s. (75) *the land*

לִשְׁמוֹת מַטּוֹת־אֲבֹתָם prep.-n.m.p. cstr. (1027) -n.m.p. cstr. (641)-n.m.p.-3 m.p. sf. (3) *according to the names of the tribes of their fathers*

יִנְחָלוּ Qal impf. 3 m.p. paus. (נָחַל 635) *they shall inherit*

26:56

עַל־פִּי הַגּוֹרָל prep.-n.m.s. cstr. (804)-def.art. -n.m.s. (174) *according to lot*

תֵּחָלֵק Ni. impf. 3 m.s. (חָלַק 323) *shall be divided*

נַחֲלָתוֹ n.f.s.-3 m.s. sf. (635) *their inheritance*

בֵּין רַב prep. (107)-adj. m.s. (I 912) *between the larger*

לִמְעָט prep.-subst. (589) *and the smaller*

26:57

וְאֵלֶּה conj.-demons.adj. c.p. (41) *and these are*

פְקוּדֵי הַלֵּוִי Qal pass.ptc. m.p. cstr. (פָקַד 823) -def.art.-pr.n. (532) *the Levites as numbered*

לְמִשְׁפְּחֹתָם prep.-n.f.p.-3 m.p. sf. (1046) *according to their families*

לְגֵרְשׁוֹן prep.-pr.n. (177) *of Gershon*

מִשְׁפַּחַת הַגֵּרְשֻׁנִּי n.f.s. cstr. (1046)-def.art.-adj. gent. (177) *the family of the Gershonites*

לִקְהָת prep.-pr.n. (875) *of Kohath*

מִשְׁפַּחַת הַקְּהָתִי n.f.s. cstr. (1046)-def.art.-adj. gent. (875) *the family of the Kohathites*

לִמְרָרִי prep.-pr.n. (I 601) *of Merari*

מִשְׁפַּחַת הַמְּרָרִי n.f.s. cstr. (1046)-def.art.-adj. gent. (II 601) *the family of the Merarites*

26:58

אֵלֶּה demons.adj. c.p. (41) *these are*

מִשְׁפְּחֹת לֵוִי n.f.p. cstr. (1046)-pr.n. (532) *the families of Levi*

מִשְׁפַּחַת הַלִּבְנִי n.f.s. cstr. (1046)-def.art.-adj.gent. (II 526) *the family of the Libnites*

מִשְׁפַּחַת הַחֶבְרֹנִי v.supra-def.art.-adj.gent. (289) *the family of the Hebronites*

מִשְׁפַּחַת הַמַּחְלִי v.supra-def.art.-adj.gent. (II 563) *the family of the Mahlites*

מִשְׁפַּחַת הַמּוּשִׁי v.supra-def.art.-adj.gent. (II 559) *the family of the Mushites*

מִשְׁפַּחַת הַקָּרְחִי v.supra-def.art.-adj.gent. (901) *the family of the Korahites*

וּקְהָת conj.-pr.n. (875) *and Kohath*

הוֹלִד Hi. pf. 3 m.s. (יָלַד 408) *was the father*

אֶת־עַמְרָם dir.obj.-pr.n. (771) *of Amram*

26:59

וְשֵׁם conj.-n.m.s. cstr. (1027) *the name of*

אֵשֶׁת עַמְרָם n.f.s. cstr. (61)-pr.n. (771) *Amram's wife*

יוֹכֶבֶד pr.n. (222) *Jochebed*

בַּת־לֵוִי n.f.s. cstr. (I 123)-pr.n. (532) *the daughter of Levi*

אֲשֶׁר יָלְדָה אֹתָהּ rel. (81)-Qal pf. 3 f.s. (יָלַד 408)-dir.obj.-3 f.s. sf. *who was born*

לְלֵוִי prep.-pr.n. (532) *to Levi*

בְּמִצְרָיִם prep.-pr.n. paus. (595) *in Egypt*

וַתֵּלֶד consec.-Qal impf. 3 f.s. (יָלַד 408) *and she bore*

לְעַמְרָם prep.-pr.n. (771) *to Amram*

אֶת־אַהֲרֹן dir.obj.-pr.n. (14) *Aaron*

וְאֶת־מֹשֶׁה conj.-dir.obj.-pr.n. (602) *and Moses*

וְאֵת מִרְיָם conj.-dir.obj.-pr.n. (599) *and Miriam*

אֲחֹתָם n.f.s.-3 m.p. sf. (27) *their sister*

26:60

וַיִּוָּלֵד consec.-Ni. impf. 3 m.s. (יָלַד 408) *and were born*

לְאַהֲרֹן prep.-pr.n. (14) *to Aaron*

אֶת־נָדָב dir.obj.-pr.n. (621) *Nadab*

וְאֶת־אֲבִיהוּא conj.-dir.obj.-pr.n. (4) *Abihu*

אֶת־אֶלְעָזָר dir.obj.-pr.n. (46) *Eleazar*

וְאֶת־אִיתָמָר conj.-dir.obj.-pr.n. (16) *and Ithamar*

26:61

וַיָּמָת consec.-Qal impf. 3 m.s. (מוּת 559) *but died*

נָדָב pr.n. (621) *Nadab*

וַאֲבִיהוּא conj.-pr.n. (4) *and Abihu*

בְּהַקְרִיבָם prep.-Hi. inf.cstr.-3 m.p. sf. (קָרַב 897) *when they offered*

אֵשׁ־זָרָה n.f.s. (77)-Qal act.ptc. f.s. (זוּר I 266) *unholy fire*

לִפְנֵי יהוה prep.-n.m.p. cstr. (815)-pr.n. (217) *before Yahweh*

26:62

וַיִּהְיוּ consec.-Qal impf. 3 m.p. (הָיָה 224) *and were*

פְקֻרֵיהֶם Qal pass.ptc. m.p.-3 m.p. sf. (פָּקַד 823) *those numbered of them*

שְׁלֹשָׁה וְעֶשְׂרִים num. f.s. (1025)-conj.-num. p. (797) *twenty-three*

אֶלֶף n.m.s. (48) *thousand*

כָּל־זָכָר n.m.s. cstr. (481)-adj. m.s. (271) *every male*

מִבֶּן־חֹדֶשׁ prep.-n.m.s. cstr. (119)-n.m.s. (294) *from a month old*

וָמָעְלָה conj.-adv.-dir.he (751) *and upward*

כִּי לֹא הָתְפָּקְדוּ conj. (471)-neg.-Hoth. pf. 3 c.p. (823; פָּקַד; GK 54,1) *for they were not numbered*

בְּתוֹךְ בְּנֵי יִשְׂרָאֵל prep.-n.m.s. cstr. (1063)-n.m.p. cstr. (119)-pr.n. (975) *among the people of Israel*

כִּי לֹא נִתַּן v.supra-neg.-Ni. pf. 3 m.s. (נָתַן 678) *because there was not given*

לָהֶם prep.-3 m.p. sf. *to them*

נַחֲלָה n.f.s. (635) *an inheritance*

בְּתוֹךְ בְּנֵי יִשְׂרָאֵל v.supra-v.supra-v.supra *among the people of Israel*

26:63

אֵלֶּה demons.adj. c.p. (41) *these were*

פְּקוּדֵי מֹשֶׁה Qal pass.ptc. m.p. cstr. (פָּקַד 823) -pr.n. (602) *those numbered by Moses*

וְאֶלְעָזָר conj.-pr.n. (46) *and Eleazar*

הַכֹּהֵן def.art.-n.m.s. (463) *the priest*

אֲשֶׁר פָּקְדוּ rel. (81)-Qal pf. 3 c.p. (823) *who numbered*

אֶת־בְּנֵי יִשְׂרָאֵל dir.obj.-n.m.p. cstr. (119)-pr.n. (975) *the people of Israel*

בְּעַרְבֹת prep.-n.f.p. cstr. (787) *in the plains of*

מוֹאָב pr.n. (555) *Moab*

עַל יַרְדֵּן prep.-pr.n. (434) *by the Jordan*

יְרֵחוֹ pr.n. (437) *at Jericho*

26:64

וּבְאֵלֶּה conj.-prep.-demons.adj. c.p. (41) *but among these*

לֹא הָיָה אִישׁ neg.-Qal pf. 3 m.s. (224)-n.m.s. (35) *there was not a man*

מִפְּקוּדֵי מֹשֶׁה prep.-Qal pass.ptc. m.p. cstr. (823)-pr.n. (602) *of those numbered by Moses*

וְאַהֲרֹן conj.-pr.n. (14) *and Aaron*

הַכֹּהֵן def.art.-n.m.s. (463) *the priest*

אֲשֶׁר פָּקְדוּ rel. (81)-Qal pf. 3 c.p. (823) *who had numbered*

אֶת־בְּנֵי יִשְׂרָאֵל dir.obj.-n.m.p. cstr. (119)-pr.n. (975) *the people of Israel*

בְּמִדְבַּר prep.-n.m.s. cstr. (184) *in the wilderness of*

סִינָי pr.n. paus. (696) *Sinai*

26:65

כִּי־אָמַר יהוה conj. (471)-Qal pf. 3 m.s. (55)-pr.n. (217) *for Yahweh had said*

לָהֶם prep.-3 m.p. sf. *of them*

מוֹת יָמֻתוּ Qal inf.abs. (מוּת 559)-Qal impf. 3 m.p. (559) *they shall surely die*

בַּמִּדְבָּר prep.-def.art.-n.m.s. (184) *in the wilderness*

וְלֹא־נוֹתַר conj.-neg.-Ni. pf. 3 m.s. (יָתַר 451) *there was not left*

מֵהֶם prep.-3 m.p. sf. *of them*

אִישׁ n.m.s. (35) *a man*

כִּי אִם־כָּלֵב conj. (471)-hypoth.part. (49)-pr.n. (477) *except Caleb*

בֶּן־יְפֻנֶּה n.m.s. cstr. (119)-pr.n. (819) *the son of Jephunneh*

וִיהוֹשֻׁעַ conj.-pr.n. (221) *and Joshua*

בֶּן־נוּן n.m.s. cstr. (119)-pr.n. (630) *the son of Nun*

27:1

וַתִּקְרַבְנָה consec.-Qal impf. 3 f.p. (קָרַב 897) *then drew near*

בְּנוֹת צְלָפְחָד n.f.p. cstr. (I 123)-pr.n. (854) *the daughters of Zelophehad*

בֶּן־חֵפֶר n.m.s. cstr. (119)-pr.n. (I 343) *the son of Hepher*

בֶּן־גִּלְעָד v.supra-pr.n. (166) *son of Gilead*

בֶּן־מָכִיר v.supra-pr.n. (569) *son of Machir*

בֶּן־מְנַשֶּׁה v.supra-pr.n. (586) *son of Manasseh*

לְמִשְׁפְּחֹת מְנַשֶּׁה prep.-n.f.p. cstr. (1046)-pr.n. (586) *from the families of Manasseh*

בֶּן־יוֹסֵף n.m.s. cstr. (119)-pr.n. (415) *the son of Joseph*

וְאֵלֶּה conj.-demons.adj. c.p. (41) *and these were*

שְׁמוֹת בְּנֹתָיו n.m.p. cstr. (1027)-n.f.p.-3 m.s. sf. (I 123) *the names of his daughters*

מַחְלָה pr.n. (563) *Mahlah*

נֹעָה pr.n. (631) *Noah*

וְחָגְלָה conj.-pr.n. (291) *Hoglah*

וּמִלְכָּה conj.-pr.n. (574) *Milcah*

וְתִרְצָה conj.-pr.n. (953) *and Tirzah*

27:2

וַתַּעֲמֹדְנָה consec.-Qal impf. 3 f.p. (עָמַד 763) *and they stood*

לִפְנֵי מֹשֶׁה prep.-n.m.p. cstr. (815)-pr.n. (602) *before Moses*

וְלִפְנֵי אֶלְעָזָר conj.-v.supra-pr.n. (46) *and before Eleazar*

הַכֹּהֵן def.art.-n.m.s. (463) *the priest*

וְלִפְנֵי הַנְּשִׂיאִם v.supra-def.art.-n.m.p. (672) *and before the leaders*

וְכָל־הָעֵדָה conj.-n.m.s. cstr. (481)-def.art.-n.f.s. (417) *and all the congregation*

פֶּתַח n.m.s. cstr. (835) *at the door of*

אֹהֶל־מוֹעֵד n.m.s. cstr. (13)-n.m.s. (417) *the tent of meeting*

לֵאמֹר prep.-Qal inf.cstr. (55) *saying*

27:3

אָבִינוּ n.m.s.-1 c.p. sf. (3) *our father*

מֵת Qal pf. 3 m.s. (מוּת 559) *died*

בַּמִּדְבָּר prep.-def.art.-n.m.s. (184) *in the wilderness*

וְהוּא לֹא־הָיָה conj.-pers.pr. 3 m.s. (214)-neg.-Qal pf. 3 m.s. (224) *and he was not*

בְּתוֹךְ הָעֵדָה prep.-n.m.s. cstr. (1063)-def.art.-n.f.s. (417) *among the company*

הַנּוֹעָדִים def.art.-Ni. ptc. m.p. (יָעַד 416) *who gathered themselves*

עַל־יְהוָה prep.-pr.n. (217) *against Yahweh*

בַּעֲדַת־קֹרַח prep.-n.f.s. cstr. (417)-pr.n. (901) *in the company of Korah*

כִּי־בְחֶטְאוֹ conj. (471)-prep.-n.m.s.-3 m.s. sf. (307) *but for his own sin*

מֵת Qal pf. 3 m.s. (מוּת 559) *died*

וּבָנִים conj.-n.m.p. (119) *and sons*

לֹא־הָיוּ לוֹ neg.-Qal pf. 3 c.p. (הָיָה 224)-prep.-3 m.s. sf. *he had no*

27:4

לָמָּה prep.-interr. (552) *why*

יִגָּרַע Ni. impf. 3 m.s. (גָּרַע 175) *should be taken away*

שֵׁם־אָבִינוּ n.m.s. cstr. (1027)-n.m.s.-1 c.p. sf. (3) *the name of our father*

מִתּוֹךְ מִשְׁפַּחְתּוֹ prep.-n.m.s. cstr. (1063)-n.f.s.-3 m.s. sf. (1046) *from his family*

כִּי אֵין לוֹ בֵּן conj. (471)-neg. cstr. (II 34)-prep.-3 m.s. sf.-n.m.s. (119) *because he had no son*

תְּנָה־לָּנוּ Qal impv. 2 m.s.-vol.he (נָתַן 678)-prep.-1 c.p. sf. *give to us*

אֲחֻזָּה n.f.s. (28) *a possession*

27:5

וַיַּקְרֵב מֹשֶׁה consec.-Hi. impf. 3 m.s. (קָרַב 897)-pr.n. (602) *Moses brought*

אֶת־מִשְׁפָּטָן dir.obj.-n.m.s.-3 f.p. sf. (1048) *their case*

לִפְנֵי יְהוָה prep.-n.m.p. cstr. (815)-pr.n. (217) *before Yahweh*

27:6

וַיֹּאמֶר יְהוָה consec.-Qal impf. 3 m.s. (55)-pr.n. (217) *and Yahweh said*

אֶל־מֹשֶׁה prep.-pr.n. (602) *to Moses*

לֵאמֹר prep.-Qal inf.cstr. (55) *(saying)*

27:7

כֵּן adj. m.s. (I 467) *right*

בְּנוֹת צְלָפְחָד n.f.p. cstr. (I 123)-pr.n. (854) *(what) the daughters of Zelophehad*

דֹּבְרֹת Qal act.ptc. f.p. (דָּבַר 180) *are saying*

נָתֹן תִּתֵּן לָהֶם Qal inf.abs. (נָתַן 678)-Qal impf. 2 m.s. (נָתַן 678)-prep.-3 m.p. sf. *you shall give them*

אֲחֻזַּת נַחֲלָה n.f.s. cstr. (28)-n.f.s. (635) *possession of an inheritance*

בְּתוֹךְ אֲחֵי אֲבִיהֶם prep.-n.m.s. cstr. (1063)-n.m.p. cstr. (26)-n.m.s.-3 m.p. sf. (3) *among their father's brethren*

וְהַעֲבַרְתָּ conj.-Hi. pf. 2 m.s. (עָבַר 716) *and cause to pass*

אֶת־נַחֲלַת אֲבִיהֶן dir.obj.-n.f.s. cstr. (635)-n.m.s.-3 f.p. sf. (3; GK 135o) *the inheritance of their father*

לָהֶן prep.-3 f.p. sf. *to them*

27:8

וְאֶל־בְּנֵי יִשְׂרָאֵל conj.-prep.-n.m.p. cstr. (119)-pr.n. (975) *and to the people of Israel*

תְּדַבֵּר לֵאמֹר Pi. impf. 2 m.s. (180)-prep.-Qal inf.cstr. (55) *you shall say*

אִישׁ כִּי־יָמוּת n.m.s. (35)-conj. (471)-Qal impf. 3 m.s. (מוּת 559) *if a man dies*

וּבֵן אֵין לוֹ conj.-n.m.s. (119)-neg. cstr. (II 34)-prep.-3 m.s. sf. *and has no son*

וְהַעֲבַרְתֶּם conj.-Hi. pf. 2 m.p. (עָבַר 716) *then you shall cause to pass*

אֶת־נַחֲלָתוֹ dir.obj.-n.f.s.-3 m.s. sf. (635) *his inheritance*

לְבִתּוֹ prep.-n.f.s.-3 m.s. sf. (I 123) *to his daughter*

27:9

וְאִם־אֵין לוֹ conj.-hypoth.part. (49)-neg. (II 34)-prep.-3 m.s. sf. *and if he has no*

בַּת n.f.s. (I 123) *daughter*

וּנְתַתֶּם conj.-Qal pf. 2 m.p. (נָתַן 678) *then you shall give*

אֶת־נַחֲלָתוֹ dir.obj.-n.f.s.-3 m.s. sf. (635) *his inheritance*

לְאֶחָיו prep.-n.m.p.-3 m.s. sf. (26) *to his brothers*

27:10

וְאִם־אֵין לוֹ conj.-hypoth.part. (49)-neg. (II 34)-prep.-3 m.s. sf. *and if he has no*

אַחִים n.m.p. (26) *brothers*

וּנְתַתֶּם conj.-Qal pf. 2 m.p. (נָתַן 678) *then you shall give*

אֶת־נַחֲלָתוֹ dir.obj.-n.f.s.-3 m.s. sf. (635) *his inheritance*

לַאֲחֵי אָבִיו prep.-n.m.p. cstr. (26)-n.m.s.-3 m.s. sf. (3) *to his father's brothers*

27:11

וְאִם־אֵין conj.-hypoth.part. (49)-neg. (II 34) *and if ... has no*

אַחִים n.m.p. (26) *brothers*

לְאָבִיו prep.-n.m.s.-3 m.s. sf. (3) *his father*

וּנְתַתֶּם conj.-Qal pf. 2 m.s. (נָתַן 678) *then you shall give*

אֶת־נַחֲלָתוֹ dir.obj.-n.f.s.-3 m.s. sf. (635) *his inheritance*

לִשְׁאֵרוֹ prep.-n.m.s.-3 m.s. sf. (984) *to his kinsman*

הַקָּרֹב אֵלָיו def.art.-adj. (898)-prep.-3 m.s. sf. *that is next to him*

מִמִּשְׁפַּחְתּוֹ prep.-n.f.s.-3 m.s. sf. (1046) *of his family*

וְיָרַשׁ אֹתָהּ conj.-Qal pf. 3 m.s. (439)-dir.obj.-3 f.s. sf. *and he shall possess it*

וְהָיְתָה conj.-Qal pf. 3 f.s. (הָיָה 224) *and it shall be*

לִבְנֵי יִשְׂרָאֵל prep.-n.m.p. cstr. (119)-pr.n. (975) *to the people of Israel*

לְחֻקַּת מִשְׁפָּט prep.-n.f.s. cstr. (349)-n.m.s. (1048) *a statute of an ordinance*

כַּאֲשֶׁר prep.-rel. (81) *as*

צִוָּה יְהוָה Pi. pf. 3 m.s. (צָוָה 845)-pr.n. (217) *Yahweh commanded*

אֶת־מֹשֶׁה dir.obj.-pr.n. (602) *Moses*

27:12

וַיֹּאמֶר יְהוָה consec.-Qal impf. 3 m.s. (55)-pr.n. (217) *and Yahweh said*

אֶל־מֹשֶׁה prep.-pr.n. (602) *to Moses*

עֲלֵה Qal impv. 2 m.s. (748) *go up*

אֶל־הַר prep.-n.m.s. cstr. (249) *into the mountain of*

הָעֲבָרִים הַזֶּה def.art.-pr.n. (720)-def.art.-demons.adj. m.s. (260) *this Abarim*

וּרְאֵה conj.-Qal impv. 2 m.s. (906) *and see*

אֶת־הָאָרֶץ dir.obj.-def.art.-n.f.s. (75) *the land*

אֲשֶׁר נָתַתִּי rel. (81)-Qal pf. 1 c.s. (נָתַן 678) *which I have given*

לִבְנֵי יִשְׂרָאֵל prep.-n.m.p. cstr. (119)-pr.n. (975) *to the people of Israel*

27:13

וְרָאִיתָה אֹתָהּ conj.-Qal pf. 2 m.s. (רָאָה 906)-dir.obj.-3 f.s. sf. *and when you have seen it*

וְנֶאֱסַפְתָּ conj.-Ni. pf. 2 m.s. (אָסַף 62) *you also shall be gathered*

אֶל־עַמֶּיךָ prep.-n.m.p.-2 m.s. sf. (I 766) *to your people*

גַּם־אָתָּה adv. (168)-pers.pr. 2 m.s. paus. (61) *you also*

כַּאֲשֶׁר prep.-rel. (81) *as*

נֶאֱסַף Ni. pf. 3 m.s. (אָסַף 62) *was gathered*

אַהֲרֹן אָחִיךָ pr.n. (14)-n.m.s.-2 m.s. sf. (26) *Aaron your brother*

27:14

כַּאֲשֶׁר מְרִיתֶם prep.-rel. (81)-Qal pf. 2 m.p. (מָרָה 598) *because you rebelled against*

פִּי n.m.s.-1 c.s. sf. (804) *my word*

בְּמִדְבַּר־צִן prep.-n.m.s. cstr. (184)-pr.n. (856) *in the wilderness of Zin*

בִּמְרִיבַת הָעֵדָה prep.-n.f.s. cstr. (II 937)-def.art.-n.f.s. (417) *during the strife of the congregation*

לְהַקְדִּישֵׁנִי prep.-Hi. inf.cstr.-1 c.s. sf. (קָדַשׁ 872) *to sanctify me*

בַּמַּיִם prep.-def.art.-n.m.p. (565) *at the waters*

לְעֵינֵיהֶם prep.-n.f.p.-3 m.p. sf. (744) *before their eyes*

הֵם מֵי־מְרִיבַת pers.pr. 3 m.p. (241)-n.m.p. cstr. (565)-v.supra *these are the waters of Meribah*

קָדֵשׁ pr.n. (II 873) *of Kadesh*

מִדְבַּר־צִן v.supra-v.supra *in the wilderness of Zin*

27:15

וַיְדַבֵּר מֹשֶׁה consec.-Pi. impf. 3 m.s. (180)-pr.n. (602) *and Moses said*

אֶל־יְהוָה prep.-pr.n. (217) *to Yahweh*

לֵאמֹר prep.-Qal inf.cstr. (55) *(saying)*

27:16

יִפְקֹד יְהוָה Qal impf. 3 m.s. (פָּקַד 823)-pr.n. (217) *let Yahweh appoint*

אֱלֹהֵי הָרוּחֹת n.m.p. cstr. (43)-def.art.-n.f.p. (924) *the God of the spirits*

לְכָל־בָּשָׂר prep.-n.m.s. cstr. (481)-n.m.s. (142) *of all flesh*

אִישׁ n.m.s. (35) *a man*

עַל־הָעֵדָה prep.-def.art.-n.f.s. (417) *over the congregation*

27:17

אֲשֶׁר־יֵצֵא rel. (81)-Qal impf. 3 m.s. (יָצָא 422) *who shall go out*

לִפְנֵיהֶם prep.-n.m.p.-3 m.p. sf. (815) *before them*

וַאֲשֶׁר יָבֹא conj.-v.supra-Qal impf. 3 m.s. (בּוֹא 97) *and come in*

לִפְנֵיהֶם v.supra *before them*

וַאֲשֶׁר יוֹצִיאֵם v.supra-Hi. impf. 3 m.s.-3 m.p. sf. (יָצָא 422) *and who shall lead them out*

וַאֲשֶׁר יְבִיאֵם v.supra-Hi. impf. 3 m.s.-3 m.p. sf. (בּוֹא 97) *and bring them in*

וְלֹא תִהְיֶה conj.-neg.-Qal impf. 3 f.s. (הָיָה 224) *that may not be*

עֲדַת יְהוָה n.f.s. cstr. (417)-pr.n. (217) *the congregation of Yahweh*

כַּצֹּאן prep.-def.art.-n.f.s. (838) *as sheep*

אֲשֶׁר אֵין־לָהֶם רֹעֶה rel. (81)-neg. (II 34)-prep.-3 m.p. sf.-Qal act.ptc. (רָעָה I 944) *which have no shepherd*

27:18

וַיֹּאמֶר יְהוָה consec.-Qal impf. 3 m.s. (55)-pr.n. (217) *and Yahweh said*

אֶל־מֹשֶׁה prep.-pr.n. (602) *to Moses*

קַח־לְךָ Qal impv. 2 m.s. (לָקַח 542)-prep.-2 m.s. sf. *take (to yourself)*

אֶת־יְהוֹשֻׁעַ dir.obj.-pr.n. (221) *Joshua*

בִּן־נוּן n.m.s. cstr. (119)-pr.n. (630) *the son of Nun*

אִישׁ n.m.s. (35) *a man*

אֲשֶׁר־רוּחַ בּוֹ rel. (81)-n.f.s. (924)-prep.-3 m.s. sf. *in which is the spirit*

וְסָמַכְתָּ conj.-Qal pf. 2 m.s. (סָמַךְ 701) *and lay*

אֶת־יָדְךָ dir.obj.-n.f.s.-2 m.s. sf. (388) *your hand*

עָלָיו prep.-3 m.s. sf. *upon him*

27:19

וְהַעֲמַדְתָּ אֹתוֹ conj.-Hi. pf. 2 m.s. (עָמַד 763) -dir.obj.-3 m.s. sf. *and cause him to stand*

לִפְנֵי אֶלְעָזָר prep.-n.m.p. cstr. (815)-pr.n. (46) *before Eleazar*

הַכֹּהֵן def.art.-n.m.s. (463) *the priest*

וְלִפְנֵי כָּל־הָעֵדָה conj.-v.supra-n.m.s. cstr. (481)-def.art.-n.f.s. (417) *and all the congregation*

וְצִוִּיתָה אֹתוֹ conj.-Pi. pf. 2 m.s. (צָוָה 845)-dir. obj.-3 m.s. sf. *and you shall commission him*

לְעֵינֵיהֶם prep.-n.f.p.-3 m.p. sf. (744) *in their sight*

27:20

וְנָתַתָּה conj.-Qal pf. 2 m.s. (נָתַן 678) *and you shall invest*

מֵהוֹדְךָ prep.-n.m.s.-2 m.s. sf. (217) *with some of your authority*

עָלָיו prep.-3 m.s. sf. *upon him*

לְמַעַן יִשְׁמְעוּ prep.-prep. (775)-Qal impf. 3 m.p. (שָׁמַע 1033) *that may obey*

כָּל־עֲדַת n.m.s. cstr. (481)-n.f.s. cstr. (417) *all the congregation of*

בְּנֵי יִשְׂרָאֵל n.m.p. cstr. (119)-pr.n. (975) *the people of Israel*

27:21

וְלִפְנֵי אֶלְעָזָר conj.-prep.-n.m.p. cstr. (815)-pr.n. (46) *and before Eleazar*

הַכֹּהֵן def.art.-n.m.s. (463) *the priest*

יַעֲמֹד Qal impf. 3 m.s. (עָמַד 763) *he shall stand*

וְשָׁאַל לוֹ conj.-Qal pf. 3 m.s. (981)-prep.-3 m.s. sf. *and he shall inquire for him*

בְּמִשְׁפַּט prep.-n.m.s. cstr. (1048) *by the judgment of*

הָאוּרִים def.art.-n.m.p. (22) *the Urim*

לִפְנֵי יְהוָה v.supra-pr.n. (217) *before Yahweh*

עַל־פִּיו prep.-n.m.s.-3 m.s. sf. (804) *at his word*

יֵצְאוּ Qal impf. 3 m.p. (יָצָא 422) *they shall go out*

וְעַל־פִּיו conj.-v.supra-v.supra *and at his word*

יָבֹאוּ Qal impf. 3 m.p. (בּוֹא 97) *they shall come in*

הוּא וְכָל־ pers.pr. 3 m.s. (214)-conj.-n.m.s. cstr. (481) *both he and all*

בְּנֵי־יִשְׂרָאֵל n.m.p. cstr. (119)-pr.n. (975) *the people of Israel*

אִתּוֹ prep.-3 m.s. sf. (85) *with him*

וְכָל־הָעֵדָה conj.-v.supra-def.art.-n.f.s. (417) *and the whole congregation*

27:22

וַיַּעַשׂ מֹשֶׁה consec.-Qal impf. 3 m.s. (עָשָׂה I 793)-pr.n. (602) *and Moses did*

כַּאֲשֶׁר צִוָּה יהוה prep.-rel. (81)-Pi. pf. 3 m.s.
(845 צָוָה)-pr.n. (217) *as Yahweh commanded*
אֹתוֹ dir.obj.-3 m.s. sf. *him*
וַיִּקַּח consec.-Qal impf. 3 m.s. (לָקַח 542) *he took*
אֶת־יְהוֹשֻׁעַ dir.obj.-pr.n. (221) *Joshua*
וַיַּעֲמִדֵהוּ consec.-Hi. impf. 3 m.s.-3 m.s. sf. (עָמַד 763) *and caused him to stand*
לִפְנֵי אֶלְעָזָר prep.-n.m.p. cstr. (815)-pr.n. (46) *before Eleazar*
הַכֹּהֵן def.art.-n.m.s. (463) *the priest*
וְלִפְנֵי conj.-v.supra *and before*
כָּל־הָעֵדָה n.m.s. cstr. (481)-def.art.-n.f.s. (417) *the whole congregation*

27:23

וַיִּסְמֹךְ consec.-Qal impf. 3 m.s. (סָמַךְ 701) *and he laid*
אֶת־יָדָיו dir.obj.-n.f.p.-3 m.s. sf. (388) *his hands*
עָלָיו prep.-3 m.s. sf. *upon him*
וַיְצַוֵּהוּ consec.-Pi. impf. 3 m.s.-3 m.s. sf. (צָוָה 845) *and commissioned him*
כַּאֲשֶׁר דִּבֶּר יהוה prep.-rel. (81)-Pi. pf. 3 m.s. (180)-pr.n. (217) *as Yahweh directed*
בְּיַד־מֹשֶׁה prep.-n.f.s. cstr. (388)-pr.n. (602) *through Moses*

28:1

וַיְדַבֵּר יהוה consec.-Pi. impf. 3 m.s. (180)-pr.n. (217) *and Yahweh said*
אֶל־מֹשֶׁה prep.-pr.n. (602) *to Moses*
לֵּאמֹר prep.-Qal inf.cstr. (55) *(saying)*

28:2

צַו Pi. impv. 2 m.s. (צָוָה 845) *command*
אֶת־בְּנֵי יִשְׂרָאֵל dir.obj.-n.m.p. cstr. (119)-pr.n. (975) *the people of Israel*
וְאָמַרְתָּ אֲלֵהֶם conj.-Qal pf. 2 m.s. (55)-prep.-3 m.p. sf. *and say to them*
אֶת־קָרְבָּנִי dir.obj.-n.m.s.-1 c.s. sf. (898) *my offering*
לַחְמִי n.m.s.-1 c.s. sf. (536) *my food*
לְאִשַּׁי prep.-n.m.p.-1 c.s. sf. (77) *for my offerings by fire*
רֵיחַ נִיחֹחִי n.m.s. cstr. (926)-n.m.s.-1 c.s. sf. (629) *my pleasing odor*
תִּשְׁמְרוּ Qal impf. 2 m.p. (שָׁמַר 1036) *you shall take heed*
לְהַקְרִיב prep.-Hi. inf.cstr. (קָרַב 897) *to offer*
לִי prep.-1 c.s. sf. *to me*
בְּמוֹעֲדוֹ prep.-n.m.s.-3 m.s. sf. (417) *in its due season*

28:3

וְאָמַרְתָּ לָהֶם conj.-Qal pf. 2 m.s. (55)-prep.-3 m.p. sf. *and you shall say to them*
זֶה הָאִשֶּׁה demons.adj. m.s. (260)-def.art.-n.f.s. (77) *this is the offering by fire*
אֲשֶׁר תַּקְרִיבוּ rel. (81)-Hi. impf. 2 m.p. (קָרַב 897) *which you shall offer*
לַיהוה prep.-pr.n. (217) *to Yahweh*
כְּבָשִׂים n.m.p. (461) *lambs*
בְּנֵי־שָׁנָה n.m.p. cstr. (119)-n.f.s. (1040) *a year old*
תְּמִימִם adj. m.p. (1071) *without blemish*
שְׁנַיִם num. (1040) *two*
לַיּוֹם prep.-def.art.-n.m.s. (398) *to the day*
עֹלָה n.f.s. (750) *an offering*
תָּמִיד n.m.s. (556) *continual*

28:4

אֶת־הַכֶּבֶשׂ אֶחָד dir.obj.-def.art.-n.m.s. (461)-num. (25) *the one lamb*
תַּעֲשֶׂה Qal impf. 2 m.s. (עָשָׂה I 793) *you shall offer*
בַבֹּקֶר prep.-def.art.-n.m.s. (133) *in the morning*
וְאֵת הַכֶּבֶשׂ הַשֵּׁנִי conj.-dir.obj.-v.supra-def.art.-adj.num. ord. (1041) *and the other lamb*
תַּעֲשֶׂה v.supra *you shall offer*
בֵּין הָעַרְבָּיִם prep. (107)-def.art.-n.m. du. (787) *in the evening*

28:5

וַעֲשִׂירִית הָאֵיפָה conj.-adj.num. ord. f. cstr. (798)-def.art.-n.f.s. (35) *also a tenth of an ephah*
סֹלֶת n.f.s. (701) *of fine flour*
לְמִנְחָה prep.-n.f.s. (585) *for an offering*
בְּלוּלָה Qal pass.ptc. f.s. (בָּלַל I 117) *mixed*
בְּשֶׁמֶן כָּתִית prep.-n.m.s. (1032)-adj. m.s. (510) *with beaten oil*
רְבִיעִת הַהִין num.ord. f.s. cstr. (917)-def.art.-n.m.s. (228) *a fourth of a hin*

28:6

עֹלַת תָּמִיד n.f.s. cstr. (750)-n.m.s. (556) *it is a continual burnt offering*
הָעֲשֻׂיָה def.art.-Qal pass.ptc. f.s. (עָשָׂה I 793) *which was ordained*
בְּהַר סִינַי prep.-n.m.s. cstr. (249)-pr.n. (696) *at Mount Sinai*
לְרֵיחַ נִיחֹחַ prep.-n.m.s. cstr. (926)-n.m.s. (629) *for a pleasing odor*
אִשֶּׁה לַיהוה n.m.s. (77)-prep.-pr.n. (217) *an offering by fire to Yahweh*

28:7

וְנִסְכּוֹ conj.-n.m.s.-3 m.s. sf. (651) *its drink offering*

רְבִיעִת הַהִין adj.num. ord. f.s. cstr. (917)-def.art.-n.m.s. (228) *a fourth of a hin*

לַכֶּבֶשׂ הָאֶחָד prep.-def.art.-n.m.s. (461)-def.art.-num. m.s. (25) *for each lamb*

בַּקֹּדֶשׁ prep.-def.art.-n.m.s. (871) *in the holy place*

הַסֵּךְ Hi. impv. 2 m.s. (נָסַךְ I 650) *pour out*

נֶסֶךְ שֵׁכָר n.m.s. cstr. (651)-n.m.s. (1016) *a drink offering of strong drink*

לַיהוָה prep.-pr.n. (217) *to Yahweh*

28:8

וְאֵת הַכֶּבֶשׂ הַשֵּׁנִי conj.-dir.obj.-def.art.-n.m.s. (461)-def.art.-adj.num. (1041) *the other lamb*

תַּעֲשֶׂה Qal impf. 2 m.s. (עָשָׂה I 793) *you shall offer*

הָעַרְבָּיִם def.art.-n.m. du. (787) *in the evening*

כְּמִנְחַת הַבֹּקֶר prep.-n.f.s. cstr. (585)-def.art.-n.m.s. (133) *like an offering of the morning*

וּכְנִסְכּוֹ conj.-prep.-n.m.s.-3 m.s. sf. (651) *and like its drink offering*

תַּעֲשֶׂה v.supra *you shall offer*

אִשֵּׁה רֵיחַ נִיחֹחַ n.m.s. cstr. (77)-n.m.s. cstr. (926)-n.m.s. (629) *as an offering by fire, a pleasing odor*

לַיהוָה prep.-pr.n. (217) *to Yahweh*

28:9

וּבְיוֹם הַשַּׁבָּת conj.-prep.-n.m.s. cstr. (398)-def.art.-n.f.s. (992) *and on the sabbath day*

שְׁנֵי־כְבָשִׂים num. cstr. (1040)-n.m.p. (461) *two male lambs*

בְּנֵי־שָׁנָה n.m.p. cstr. (119)-n.f.s. (1040) *a year old*

תְּמִימִם adj. m.p. (1071) *without blemish*

וּשְׁנֵי עֶשְׂרֹנִים conj.-v.supra-n.m.p. (798) *and two tenths*

סֹלֶת n.f.s. (701) *of fine flour*

מִנְחָה n.f.s. (585) *for an offering*

בְּלוּלָה Qal pass.ptc. f.s. (בָּלַל I 117) *mixed*

בַּשֶּׁמֶן prep.-def.art.-n.m.s. (1032) *with oil*

וְנִסְכּוֹ conj.-n.m.s.-3 m.s. sf. (651) *and its drink offering*

28:10

עֹלַת n.f.s. cstr. (750) *the burnt offering of*

שַׁבַּת בְּשַׁבַּתּוֹ n.f.s. cstr. (992)-prep.-n.f.s.-3 m.s. sf. (992) *every sabbath*

עַל־עֹלַת הַתָּמִיד prep.-n.f.s. cstr. (750)-def.art.-n.m.s. (556) *besides the continual burnt offering*

וְנִסְכָּהּ conj.-n.m.s.-3 f.s. sf. (651) *and its drink offering*

28:11

וּבְרָאשֵׁי conj.-prep.-n.m.p. cstr. (910) *and at the beginnings of*

חָדְשֵׁיכֶם n.m.p.-2 m.p. sf. (294) *your months*

תַּקְרִיבוּ Hi. impf. 2 m.p. (קָרַב 897) *you shall offer*

עֹלָה n.f.s. (750) *a burnt offering*

לַיהוָה prep.-pr.n. (217) *to Yahweh*

פָּרִים בְּנֵי־בָקָר n.m.p. (830)-n.m.p. cstr. (119)-n.m.s. (133) *young bulls*

שְׁנַיִם num. (1040) *two*

וְאַיִל אֶחָד conj.-n.m.s. (I 17)-num. (25) *and one ram*

כְּבָשִׂים n.m.p. (461) *male lambs*

בְּנֵי־שָׁנָה n.m.p. cstr. (119)-n.f.s. (1040) *a year old*

שִׁבְעָה num. f. (I 987) *seven*

תְּמִימִם adj. m.p. (1071) *without blemish*

28:12

וּשְׁלֹשָׁה עֶשְׂרֹנִים conj.-num. f.s. (1025)-n.m.p. (798) *also three tenths*

סֹלֶת n.f.s. (701) *of fine flour*

מִנְחָה n.f.s. (585) *an offering*

בְּלוּלָה Qal pass.ptc. f.s. (בָּלַל I 117) *mixed*

בַּשֶּׁמֶן prep.-def.art.-n.m.s. (1032) *with oil*

לַפָּר הָאֶחָד prep.-def.art.-n.m.s. (830)-def.art.-num. (25) *for each bull*

וּשְׁנֵי עֶשְׂרֹנִים conj.-num. cstr. (1040)-n.m.p. (798) *and two tenths*

סֹלֶת v.supra *of fine flour*

מִנְחָה v.supra *an offering*

בְּלוּלָה v.supra *mixed*

בַּשֶּׁמֶן v.supra *with oil*

לָאַיִל הָאֶחָד prep.-def.art.-n.m.s. (I 17)-v.supra *for the one ram*

28:13

וְעִשָּׂרֹן עִשָּׂרוֹן conj.-n.m.s. (798)-n.m.s. (798) *and a tenth*

סֹלֶת n.f.s. (701) *of fine flour*

מִנְחָה n.f.s. (585) *an offering*

בְּלוּלָה Qal pass.ptc. f.s. (בָּלַל I 117) *mixed*

בַּשֶּׁמֶן prep.-def.art.-n.m.s. (1032) *with oil*

לַכֶּבֶשׂ הָאֶחָד prep.-def.art.-n.m.s. (461)-def.art.-num. (25) *for every lamb*

עֹלָה n.f.s. (750) *for a burnt offering*

רֵיחַ נִיחֹחַ n.m.s. cstr. (926)-n.m.s. (629) *of pleasing odor*

אִשֶּׁה n.m.s. (77) *an offering by fire*

לַיהוָה prep.-pr.n. (217) *to Yahweh*

28:14

וְנִסְכֵּיהֶם conj.-n.m.p.-3 m.p. sf. (651) *their drink offerings*

חֲצִי הַהִין n.m.s. cstr. (345)-def.art.-n.m.s. (228) *half a hin*

יִהְיֶה Qal impf. 3 m.s. (הָיָה 224) *shall be*

לַפָּר prep.-def.art.-n.m.s. (830) *for a bull*

וּשְׁלִישִׁת הַהִין conj.-adj.num. ord. cstr. (1026) -v.supra *a third of a hin*

לָאַיִל prep.-def.art.-n.m.s. (I 17) *for a ram*

וּרְבִיעִת הַהִין conj.-adj.num. ord. cstr. (917) -v.supra *and a fourth of a hin*

לַכֶּבֶשׂ prep.-def.art.-n.m.s. (461) *for a lamb*

יָיִן n.m.s. paus. (406) *wine*

זֹאת עֹלַת demons.adj. f.s. (260)-n.f.s. cstr. (750) *this is the burnt offering of*

חֹדֶשׁ בְּחָדְשׁוֹ n.m.s. (294)-prep.-n.m.s.-3 m.s. sf. (294) *each month*

לְחָדְשֵׁי הַשָּׁנָה prep.-n.m.p. cstr. (294)-def.art. -n.f.s. (1040) *throughout the months of the year*

28:15

וּשְׂעִיר עִזִּים conj.-n.m.s. cstr. (972)-n.f.p. (777) *also ... male goat*

אֶחָד num. (25) *one*

לְחַטָּאת prep.-n.f.s. (308) *for a sin offering*

לַיהוָה prep.-pr.n. (217) *to Yahweh*

עַל־עֹלַת הַתָּמִיד prep.-n.f.s. cstr. (750)-def.art. -n.m.s. (556) *besides the continual burnt offering*

יֵעָשֶׂה Ni. impf. 3 m.s. (עָשָׂה I 793) *it shall be offered*

וְנִסְכּוֹ conj.-n.m.s.-3 m.s. sf. (651) *and its drink offering*

28:16

וּבַחֹדֶשׁ הָרִאשׁוֹן conj.-prep.-def.art.-n.m.s. (294) -def.art.-num.adj. (911) *and in the first month*

בְּאַרְבָּעָה עָשָׂר יוֹם prep.-num. f.s. (916)-num. (797)-n.m.s. (398) *on the fourteenth day*

לַחֹדֶשׁ prep.-def.art.-n.m.s. (294) *of the month*

פֶּסַח לַיהוָה n.m.s. (820)-prep.-pr.n. (217) *the Yahweh's passover*

28:17

וּבַחֲמִשָּׁה עָשָׂר יוֹם conj.-prep.-num. f.s. (331) -num. (797)-n.m.s. (398) *and on the fifteenth day*

לַחֹדֶשׁ הַזֶּה prep.-def.art.-n.m.s. (294)-def.art. -demons.adj. m.s. (260) *of this month*

חָג n.m.s. paus. (290) *a feast*

שִׁבְעַת יָמִים num. f.s. cstr. (I 987)-n.m.p. (398) *seven days*

מַצּוֹת n.f.p. (595) *unleavened bread*

יֵאָכֵל Ni. impf. 3 m.s. (אָכַל 37) *shall be eaten*

28:18

בַּיּוֹם הָרִאשׁוֹן prep.-def.art.-n.m.s. (398)-def. art.-adj. m.s. (911) *on the first day*

מִקְרָא־קֹדֶשׁ n.m.s. cstr. (896)-adj. m.s. (871) *a holy convocation*

כָּל־מְלֶאכֶת n.m.s. cstr. (481)-n.f.s. cstr. (521) *any laborious*

עֲבֹדָה n.f.s. (715) *work*

לֹא תַעֲשׂוּ neg.-Qal impf. 2 m.p. (עָשָׂה I 793) *you shall not do*

28:19

וְהִקְרַבְתֶּם conj.-Hi. pf. 2 m.p. (קָרַב 897) *but you shall offer*

אִשֶּׁה n.m.s. (77) *an offering by fire*

עֹלָה n.f.s. (750) *a burnt offering*

לַיהוָה prep.-pr.n. (217) *to Yahweh*

פָּרִים n.m.p. (830) *young bulls*

בְּנֵי־בָקָר n.m.p. cstr. (119)-n.m.s. (133) *(sons of cattle)*

שְׁנַיִם num. (1040) *two*

וְאַיִל אֶחָד conj.-n.m.s. (I 17)-num. (25) *and one ram*

וְשִׁבְעָה כְבָשִׂים conj.-num. f.s. (I 987)-n.m.p. (461) *and seven lambs*

בְּנֵי שָׁנָה v.supra-n.f.s. (1040) *a year old*

תְּמִימִם adj. m.p. (1071) *without blemish*

יִהְיוּ לָכֶם Qal impf. 3 m.p. (הָיָה 224)-prep.-2 m.p. sf. *they shall be to you*

28:20

וּמִנְחָתָם conj.-n.f.s.-3 m.p. sf. (585) *also their offering*

סֹלֶת n.f.s. (701) *of fine flour*

בְּלוּלָה Qal pass.ptc. f.s. (בָּלַל I 117) *mixed*

בַשָּׁמֶן prep.-def.art.-n.m.s. paus. (1032) *with oil*

שְׁלֹשָׁה עֶשְׂרֹנִים num. f.s. (1025)-n.m.p. (798) *three tenths*

לַפָּר prep.-def.art.-n.m.s. (830) *for a bull*

וּשְׁנֵי עֶשְׂרֹנִים conj.-num. cstr. (1040)-v.supra *and two tenths*

לָאַיִל prep.-def.art.-n.m.s. (I 17) *for a ram*

תַּעֲשׂוּ Qal impf. 2 m.p. (עשׂה I 793) *you shall offer*

28:21

עִשָּׂרוֹן עִשָּׂרוֹן n.m.s. (798)-v.supra *a tenth*

תַּעֲשֶׂה Qal impf. 2 m.s. (עשׂה I 793) *you shall offer*

לַכֶּבֶשׂ הָאֶחָד prep.-def.art.-n.m.s. (461)-def.art.-num. (25) *for each lamb*

לְשִׁבְעַת הַכְּבָשִׂים prep.-n.f.s. cstr. (I 987)-def.art.-n.m.p. (461) *of the seven lambs*

28:22

וּשְׂעִיר conj.-n.m.s. cstr. (972) *and ... male goat for*

חַטָּאת n.f.s. (308) *a sin offering*

אֶחָד num. (25) *one*

לְכַפֵּר עֲלֵיכֶם prep.-Pi. inf.cstr. (כפר 497)-prep.-2 m.p. sf. *to make atonement for you*

28:23

מִלְּבַד עֹלַת prep.-prep.-n.m.s. (II 94)-n.f.s. cstr. (750) *besides the burnt offering of*

הַבֹּקֶר def.art.-n.m.s. (133) *the morning*

אֲשֶׁר לְעֹלַת rel. (81)-prep.-n.f.s. cstr. (750) *which is for a ... burnt offering*

הַתָּמִיד def.art.-n.m.s. (556) *continual*

תַּעֲשׂוּ Qal impf. 2 m.p. (עשׂה I 793) *you shall offer*

אֶת־אֵלֶּה dir.obj.-demons.adj. c.p. (41) *these*

28:24

כָּאֵלֶּה prep.-def.art.-demons.adj. c.p. (41) *in the same way*

תַּעֲשׂוּ Qal impf. 2 m.p. (עשׂה I 793) *you shall offer*

לַיּוֹם prep.-def.art.-n.m.s. (398) *daily*

שִׁבְעַת יָמִים n.f.s. cstr. (I 987)-n.m.p. (398) *for seven days*

לֶחֶם אִשֵּׁה n.m.s. cstr. (536)-n.m.s. cstr. (77) *the food of an offering by fire*

רֵיחַ־נִיחֹחַ n.m.s. cstr. (926)-n.m.s. (629) *a pleasing odor*

לַיהוה prep.-pr.n. (217) *to Yahweh*

עַל־עוֹלַת הַתָּמִיד prep.-n.f.s. cstr. (750)-def.art.-n.m.s. (556) *besides the continual burnt offering*

יֵעָשֶׂה Ni. impf. 3 m.s. (I 793) *it shall be offered*

וְנִסְכּוֹ conj.-n.m.s.-3 m.s. sf. (651) *and its drink offering*

28:25

וּבַיּוֹם הַשְּׁבִיעִי conj.-prep.-def.art.-n.m.s. (398)-def.art.-num.adj. m.s. (988) *and on the seventh day*

מִקְרָא־קֹדֶשׁ n.m.s. cstr. (896)-n.m.s. (871) *a holy convocation*

יִהְיֶה לָכֶם Qal impf. 3 m.s. (224)-prep.-2 m.p. sf. *you shall have*

כָּל־מְלֶאכֶת עֲבֹדָה n.m.s. cstr. (481)-n.f.s. cstr. (521)-n.f.s. (715) *any laborious work*

לֹא תַעֲשׂוּ neg.-Qal impf. 2 m.p. (עשׂה I 793) *you shall not do*

28:26

וּבְיוֹם הַבִּכּוּרִים conj.-prep.-n.m.s. cstr. (398)-def.art.-n.m.p. (114) *on the day of the first fruits*

בְּהַקְרִיבְכֶם prep.-Hi. inf.cstr.-2 m.p. sf. (קרב 897) *when you offer*

מִנְחָה חֲדָשָׁה n.f.s. (585)-adj. f.s. (294) *an offering of new (grain)*

לַיהוה prep.-pr.n. (217) *to Yahweh*

בְּשָׁבֻעֹתֵיכֶם prep.-n.m.p.-2 m.p. sf. (988) *at your feast of weeks*

מִקְרָא־קֹדֶשׁ n.m.s. cstr. (896)-n.m.s. (871) *a holy convocation*

יִהְיֶה לָכֶם Qal impf. 3 m.s. (היה 224)-prep.-2 m.p. sf. *you shall have*

כָּל־מְלֶאכֶת עֲבֹדָה n.m.s. cstr. (481)-n.f.s. cstr. (521)-n.f.s. (715) *any laborious work*

לֹא תַעֲשׂוּ neg.-Qal impf. 2 m.p. (עשׂה I 793) *you shall not do*

28:27

וְהִקְרַבְתֶּם conj.-Hi. pf. 2 m.p. (קרב 897) *but you shall offer*

עוֹלָה n.f.s. (750) *a burnt offering*

לְרֵיחַ נִיחֹחַ prep.-n.m.s. cstr. (926)-n.m.s. (629) *a pleasing odor*

לַיהוה prep.-pr.n. (217) *to Yahweh*

פָּרִים בְּנֵי־בָקָר n.m.p. (830)-n.m.p. cstr. (119)-n.m.s. (133) *... young bulls*

שְׁנַיִם num. du. (1040) *two*

אַיִל אֶחָד n.m.s. (I 17)-num. (25) *one ram*

שִׁבְעָה כְבָשִׂים num. f.s. (I 987)-n.m.p. (461) *seven male lambs*

בְּנֵי שָׁנָה v.supra-n.f.s. (1040) *a year old*

28:28

וּמִנְחָתָם conj.-n.f.s.-3 m.p. sf. (585) *also their offering*

סֹלֶת n.f.s. (701) *of fine flour*

בְּלוּלָה Qal pass.ptc. f.s. (בָּלַל I 117) *mixed*

בַּשֶּׁמֶן prep.-def.art.-n.m.s. paus. (1032) *with oil*

שְׁלֹשָׁה עֶשְׂרֹנִים num. f.s. (1025)-n.m.p. (798) *three tenths*

לַפָּר הָאֶחָד prep.-def.art.-n.m.s. (830)-def.art.-num. (25) *for each bull*

שְׁנֵי עֶשְׂרֹנִים num. cstr. (1040)-v.supra *two tenths*

לָאַיִל הָאֶחָד prep.-def.art.-n.m.s. (I 17)-v.supra *for one ram*

28:29

עִשָּׂרוֹן עִשָּׂרוֹן n.m.s. (798)-v.supra *a tenth*

לַכֶּבֶשׂ הָאֶחָד prep.-def.art.-n.m.s. (461)-def.art.-num. m.s. (25) *for each lamb*

לְשִׁבְעַת הַכְּבָשִׂים prep.-n.f.s. cstr. (I 987)-def.art.-n.m.p. (461) *of the seven lambs*

28:30

שְׂעִיר עִזִּים אֶחָד n.m.s. cstr. (972)-n.f.p. (777)-num. m.s. (25) *with one male goat*

לְכַפֵּר עֲלֵיכֶם prep.-Pi. inf.cstr. (כָּפַר 497)-prep.-2 m.p. sf. *to make atonement for you*

28:31

מִלְּבַד עֹלַת הַתָּמִיד prep.-prep.-n.m.s. (94)-n.f.s. cstr. (750)-def.art.-n.m.s. (556) *besides the continual burnt offering*

וּמִנְחָתוֹ conj.-n.f.s.-3 m.s. sf. (585) *and its offering*

תַּעֲשׂוּ Qal impf. 2 m.p. (עָשָׂה I 793) *you shall offer*

תְּמִימִם adj. m.p. (1071) *without blemish*

יִהְיוּ־לָכֶם Qal impf. 3 m.p. (הָיָה 224)-prep.-2 m.p. sf. *they shall be to you*

וְנִסְכֵּיהֶם conj.-n.m.p.-3 m.p. sf. (651) *and their drink offering*

29:1

וּבַחֹדֶשׁ הַשְּׁבִיעִי conj.-prep.-def.art.-n.m.s. (294)-def.art.-num.adj. (988) *of the seventh month*

בְּאֶחָד לַחֹדֶשׁ prep.-num. (25)-prep.-def.art.-n.m.s. (294) *on the first (day) of the month*

מִקְרָא־קֹדֶשׁ n.m.s. cstr. (896)-n.m.s. (871) *a holy convocation*

יִהְיֶה לָכֶם Qal impf. 3 m.s. (224)-prep.-2 m.p. sf. *you shall have*

כָּל־מְלֶאכֶת עֲבֹדָה n.m.s. cstr. (481)-n.f.s. cstr. (521)-n.f.s. (715) *any laborious work*

לֹא תַעֲשׂוּ neg.-Qal impf. 2 m.p. (עָשָׂה I 793) *you shall not do*

יוֹם תְּרוּעָה n.m.s. cstr. (398)-n.f.s. (929) *a day to blow the trumpets*

יִהְיֶה לָכֶם Qal impf. 3 m.s. (224)-prep.-2 m.p. sf. *it is for you*

29:2

וַעֲשִׂיתֶם conj.-Qal pf. 2 m.p. (עָשָׂה I 792) *and you shall offer*

עֹלָה n.f.s. (750) *a burnt offering*

לְרֵיחַ נִיחֹחַ prep.-n.m.s. cstr. (926)-n.m.s. (629) *a pleasing odor*

לַיהוה prep.-pr.n. (217) *to Yahweh*

פַּר בֶּן־בָּקָר n.m.s. (830)-n.m.s. cstr. (119)-n.m.s. (133) *... young bull*

אֶחָד num. (25) *one*

אַיִל אֶחָד n.m.s. (I 17)-v.supra *one ram*

כְּבָשִׂים n.m.p. (461) *male lambs*

בְּנֵי שָׁנָה n.m.p. cstr. (119) n.f.s. (1040) *a year old*

שִׁבְעָה num. f.s. (I 987) *seven*

תְּמִימִם adj. m.p. (1071) *without blemish*

29:3

וּמִנְחָתָם conj.-n.f.s.-3 m.p. sf. (585) *also their offering*

סֹלֶת n.f.s. (701) *of fine flour*

בְּלוּלָה Qal pass.ptc. f.s. (בָּלַל I 117) *mixed*

בַּשֶּׁמֶן prep.-def.art.-n.m.s. paus. (1032) *with oil*

שְׁלֹשָׁה עֶשְׂרֹנִים num. f.s. (1025)-n.m.p. (798) *three tenths*

לַפָּר prep.-def.art.-n.m.s. paus. (830) *for the bull*

שְׁנֵי עֶשְׂרֹנִים num. cstr. (1040)-v.supra *two tenths*

לָאַיִל prep.-def.art.-n.m.s. paus. (I 17) *for the ram*

29:4

וְעִשָּׂרוֹן אֶחָד conj.-n.m.s. (798)-num. (25) *and one tenth*

לַכֶּבֶשׂ הָאֶחָד prep.-def.art.-n.m.s. (461)-def.art.-num. (25) *for each lamb*

לְשִׁבְעַת הַכְּבָשִׂים prep.-n.f.s. cstr. (I 987)-def.art.-n.m.p. (461) *of the seven lambs*

29:5

וּשְׂעִיר־עִזִּים אֶחָד conj.-n.m.s. cstr. (972)-n.f.p. (777)-num. (25) *with one male goat*

חַטָּאת n.f.s. (308) *for a sin offering*

לְכַפֵּר עֲלֵיכֶם prep.-Pi. inf.cstr. (כָּפַר 497)
-prep.-2 m.p. sf. *to make atonement for you*

29:6

מִלְּבַד עֹלַת הַחֹדֶשׁ prep.-prep.-n.m.s. (94)-n.f.s.
cstr. (750)-def.art.-n.m.s. (294) *besides the
burnt offering of the new moon*

וּמִנְחָתָהּ conj.-n.f.s.-3 f.s. sf. (585) *and its
offering*

וְעֹלַת הַתָּמִיד conj.-n.f.s. cstr. (750)-def.art.
-n.m.s. (556) *and the continual burnt
offering*

וּמִנְחָתָהּ conj.-v.supra *and its offering*

וְנִסְכֵּיהֶם conj.-n.m.p.-3 m.p. sf. (651) *and their
drink offering*

כְּמִשְׁפָּטָם prep.-n.m.s.-3 m.p. sf. (1048) *according
to the ordinance for them*

לְרֵיחַ נִיחֹחַ prep.-n.m.s. cstr. (926)-n.m.s. (629) *a
pleasing odor*

אִשֶּׁה n.m.s. (77) *an offering by fire*

לַיהוָה prep.-pr.n. (217) *to Yahweh*

29:7

וּבֶעָשׂוֹר conj.-prep.-def.art.-n.m.s. (797) *on the
tenth (day)*

לַחֹדֶשׁ הַשְּׁבִיעִי הַזֶּה prep.-def.art.-n.m.s. (294)
-def.art.-num.adj. (988)-def.art.-demons.adj.
m.s. (260) *of this seventh month*

מִקְרָא־קֹדֶשׁ n.m.s. cstr. (896)-n.m.s. (871) *a holy
convocation*

יִהְיֶה לָכֶם Qal impf. 3 m.s. (224)-prep.-2 m.p.
sf. *you shall have*

וְעִנִּיתֶם conj.-Pi. pf. 2 m.p. (עָנָה III 776) *and
afflict*

אֶת־נַפְשֹׁתֵיכֶם dir.obj.-n.f.p.-2 m.p. sf. (659)
yourselves

כָּל־מְלָאכָה n.m.s. cstr. (481)-n.f.s. (521) *any work*

לֹא תַעֲשׂוּ neg.-Qal impf. 2 m.p. (עָשָׂה I 793)
you shall not do

29:8

וְהִקְרַבְתֶּם conj.-Hi. pf. 2 m.p. (קָרַב 897) *but you
shall offer*

עֹלָה n.f.s. (750) *a burnt offering*

לַיהוָה prep.-pr.n. (217) *to Yahweh*

רֵיחַ נִיחֹחַ n.m.s. cstr. (926)-n.m.s. (629) *a
pleasing odor*

פַּר בֶּן־בָּקָר n.m.s. (830)-n.m.s. cstr. (119)-n.m.s.
(133) *... young bull*

אֶחָד num. (25) *one*

אַיִל אֶחָד n.m.s. (I 17)-num. (25) *one ram*

כְּבָשִׂים n.m.p. (461) *male lambs*

בְּנֵי־שָׁנָה n.m.p. cstr. (119)-n.f.s. (1040) *a year old*

שִׁבְעָה num. f.s. (I 987) *seven*

תְּמִימִם adj. m.p. (1071) *without blemish*

יִהְיוּ לָכֶם Qal impf. 3 m.p. (הָיָה 224)-prep.-2
m.p. sf. *they shall be to you*

29:9

וּמִנְחָתָם conj.-n.f.s.-3 m.p. sf. (585) *and their
offering*

סֹלֶת n.f.s. (701) *of fine flour*

בְּלוּלָה Qal pass.ptc. f.s. (בָּלַל I 117) *mixed*

בַּשֶּׁמֶן prep.-def.art.-n.f.s. paus. (1032) *with oil*

שְׁלֹשָׁה עֶשְׂרֹנִים num. f.s. (1025)-n.m.p. (798)
three tenths

לַפָּר prep.-def.art.-n.m.s. paus. (830) *for the bull*

שְׁנֵי עֶשְׂרֹנִים num. cstr. (1040)-v.supra *two
tenths*

לָאַיִל הָאֶחָד prep.-def.art.-n.m.s. (I 17)-def.art.
-num. (25) *for the one ram*

29:10

עִשָּׂרוֹן עִשָּׂרוֹן n.m.s. (798)-v.supra *a tenth*

לַכֶּבֶשׂ הָאֶחָד prep.-def.art.-n.m.s. (461)-def.art.
-num. (25) *for the one lamb*

לְשִׁבְעַת הַכְּבָשִׂים prep.-n.f.s. cstr. (I 987)-def.art.
-n.m.p. (461) *of the seven lambs*

29:11

שְׂעִיר־עִזִּים אֶחָד n.m.s. cstr. (972)-n.f.p. (777)
-num. (25) *also one male goat*

חַטָּאת n.f.s. (308) *for a sin offering*

מִלְּבַד חַטַּאת prep.-prep.-n.m.s. (94)-n.f.s. cstr.
(308) *besides the sin offering of*

הַכִּפֻּרִים def.art.-n.m.p. (498) *atonement*

וְעֹלַת הַתָּמִיד conj.-n.f.s. cstr. (750)-def.art.
-n.m.s. (556) *and the continual burnt
offering*

וּמִנְחָתָהּ conj.-n.f.s.-3 f.s. sf. (585) *and its
offering*

וְנִסְכֵּיהֶם conj.-n.m.p.-3 m.p. sf. (651) *and their
drink offering*

29:12

וּבַחֲמִשָּׁה עָשָׂר יוֹם conj.-prep.-num. f.s. (331)
-n.m.s. (797)-n.m.s. (398) *on the fifteenth
day*

לַחֹדֶשׁ הַשְּׁבִיעִי prep.-def.art.-n.m.s. (294)-def.
art.-num.adj. (988) *of the seventh month*

מִקְרָא־קֹדֶשׁ n.m.s. cstr. (896)-n.m.s. (871) *a holy
convocation*

יִהְיֶה לָכֶם Qal impf. 3 m.s. (224)-prep.-2 m.p.
sf. *you shall have*

כָּל־מְלָאכֶת n.m.s. cstr. (481)-n.f.s. cstr. (521) *any laborious*

עֲבֹדָה n.f.s. (715) *work*

לֹא תַעֲשׂוּ neg.-Qal impf. 2 m.p. (עָשָׂה I 793) *you shall not do*

וְחַגֹּתֶם חַג conj.-Qal pf. 2 m.p. (חָגַג 290)-n.m.s. (290) *you shall keep a feast*

לַיהוה prep.-pr.n. (217) *to Yahweh*

שִׁבְעַת יָמִים n.f.s. cstr. (I 897)-n.m.p. (398) *seven days*

29:13

וְהִקְרַבְתֶּם conj.-Hi. pf. 2 m.p. (קָרַב 897) *and you shall offer*

עֹלָה n.f.s. (750) *a burnt offering*

אִשֵּׁה n.m.s. cstr. (77) *an offering by fire*

רֵיחַ נִיחֹחַ n.m.s. cstr. (926)-n.m.s. (629) *a pleasing odor*

לַיהוה prep.-pr.n. (217) *to Yahweh*

פָּרִים בְּנֵי־בָקָר n.m.p. (830)-n.m.p. cstr. (119)-n.m.s. (133) *... young bulls*

שְׁלֹשָׁה עָשָׂר num. f.s. (1025)-n.m.s. (797) *thirteen*

אֵילִם שְׁנָיִם n.m.p. (I 17)-num. p. paus. (1040) *two rams*

כְּבָשִׂים n.m.p. (461) *male lambs*

בְּנֵי־שָׁנָה n.m.p. cstr. (119)-n.f.s. (1040) *a year old*

אַרְבָּעָה עָשָׂר num. f.s. (916)-n.m.s. (797) *fourteen*

תְּמִימִם adj. m.p. (1071) *without blemish*

יִהְיוּ Qal impf. 3 m.p. (הָיָה 224) *they shall be*

29:14

וּמִנְחָתָם conj.-n.f.s.-3 m.p. sf. (585) *and their offering*

סֹלֶת n.f.s. (701) *of fine flour*

בְּלוּלָה Qal pass.ptc. f.s. (בָּלַל I 117) *mixed*

בַּשֶּׁמֶן prep.-def.art.-n.m.s. paus. (1032) *with oil*

שְׁלֹשָׁה עֶשְׂרֹנִים num. f.s. (1025)-n.m.p. (798) *three tenths*

לַפָּר הָאֶחָד prep.-def.art.-n.m.s. (830)-def.art.-num. (25) *for each bull*

לִשְׁלֹשָׁה עָשָׂר פָּרִים prep.-num. f.s. (1025)-n.m.s. (797)-n.m.p. (830) *of the thirteen bulls*

שְׁנֵי עֶשְׂרֹנִים num. cstr. (1040)-n.m.p. (798) *two tenths*

לָאַיִל הָאֶחָד prep.-def.art.-n.m.s. (I 17)-v.supra *for each ram*

לִשְׁנֵי הָאֵילִם prep.-v.supra-def.art.-n.m.s. (I 17) *of the two rams*

29:15

וְעִשָּׂרוֹן עִשָּׂרוֹן conj.-n.m.s. (798)-v.supra *and a tenth*

לַכֶּבֶשׂ הָאֶחָד prep.-def.art.-n.m.s. (461)-def.art.-num. (25) *for each lamb*

לְאַרְבָּעָה עָשָׂר prep.-num. f.s. (916)-n.m.s. (797) *of the fourteen*

כְּבָשִׂים n.m.p. (461) *lambs*

29:16

וּשְׂעִיר־עִזִּים אֶחָד conj.-n.m.s. cstr. (972)-n.f.p. (777)-num. (25) *also one male goat*

חַטָּאת n.f.s. (308) *for a sin offering*

מִלְּבַד עֹלַת הַתָּמִיד prep.-prep.-n.m.s. (94)-n.f.s. cstr. (750)-def.art.-n.m.s. (556) *besides the continual burnt offering*

מִנְחָתָה n.f.s.-3 f.s. sf. (585) *its offering*

וְנִסְכָּהּ conj.-n.m.s.-3 f.s. sf. (651) *and its drink offering*

29:17

וּבַיּוֹם הַשֵּׁנִי conj.-prep.-def.art.-n.m.s. (398)-def.art.-num.adj. (1041) *on the second day*

פָּרִים בְּנֵי־בָקָר n.m.p. (830)-n.m.p. cstr. (119)-n.m.s. (133) *young bulls*

שְׁנֵים עָשָׂר num. m.s. (1040)-n.m.s. (797) *twelve*

אֵילִם שְׁנָיִם n.m.p. (I 17)-num. paus. (1040) *two rams*

כְּבָשִׂים n.m.p. (461) *... male lambs*

בְּנֵי־שָׁנָה n.m.p. cstr. (119)-n.f.s. (1040) *a year old*

אַרְבָּעָה עָשָׂר num. f. (916)-n.m.s. (797) *fourteen*

תְּמִימִם adj. m.p. (1071) *without blemish*

29:18

וּמִנְחָתָם conj.-n.f.s.-3 m.p. sf. (585) *with the offering*

וְנִסְכֵּיהֶם conj.-n.m.p.-3 m.p. sf. (651) *and their drink offerings*

לַפָּרִים prep.-def.art.-n.m.p. (830) *for the bulls*

לָאֵילִם prep.-def.art.-n.m.p. (I 17) *for the rams*

וְלַכְּבָשִׂים conj.-prep.-def.art.-n.m.p. (461) *and for the lambs*

בְּמִסְפָּרָם prep.-n.m.s.-3 m.p. sf. (708) *by number*

כַּמִּשְׁפָּט prep.-def.art.-n.m.s. (1048) *according to the ordinance*

29:19

וּשְׂעִיר־עִזִּים אֶחָד conj.-n.m.s. cstr. (972)-n.f.p. (777)-num. (25) *also one male goat*

חַטָּאת n.f.s. (308) *for a sin offering*

מִלְּבַד עֹלַת הַתָּמִיד prep.-prep.-n.m.s. (94)-n.f.s. cstr. (750)-def.art.-n.m.s. (556) *besides the continual burnt offering*

וּמִנְחָתָהּ conj.-n.f.s.-3 f.s. sf. (585) *and its offering*

וְנִסְכֵּיהֶם conj.-n.m.p.-3 m.p. sf. (651) *and their drink offerings*

29:20

וּבַיּוֹם הַשְּׁלִישִׁי conj.-prep.-def.art.-n.m.s. (398) -def.art.-num.adj. (1026) *and on the third day*

פָּרִים n.m.p. (830) *bulls*

עַשְׁתֵּי־עָשָׂר num. (799)-n.m.s. (797) *eleven*

אֵילִם שְׁנָיִם n.m.p. (I 17)-num. paus. (1040) *two rams*

כְּבָשִׂים n.m.p. (461) *male lambs*

בְּנֵי־שָׁנָה n.m.p. cstr. (119)-n.f.s. (1040) *a year old*

אַרְבָּעָה עָשָׂר num. f. (916)-n.m.s. (797) *fourteen*

תְּמִימִם adj. m.p. (1071) *without blemish*

29:21

וּמִנְחָתָם conj.-n.f.s.-3 m.p. sf. (585) *with their offering*

וְנִסְכֵּיהֶם conj.-n.m.p.-3 m.p. sf. (651) *and their drink offerings*

לַפָּרִים prep.-def.art.-n.m.p. (830) *for the bulls*

לָאֵילִם prep.-def.art.-n.m.p. (I 17) *for the rams*

וְלַכְּבָשִׂים conj.-prep.-n.m.p. (461) *and for the lambs*

בְּמִסְפָּרָם prep.-n.m.s.-3 m.p. sf. (708) *by number*

כַּמִּשְׁפָּט prep.-def.art.-n.m.s. (1048) *according to the ordinance*

29:22

וּשְׂעִיר חַטָּאת אֶחָד conj.-n.m.s. cstr. (972)-n.f.s. (308)-num. (25) *also one male goat for a sin offering*

מִלְּבַד עֹלַת הַתָּמִיד prep.-prep.-n.m.s. (94)-n.f.s. cstr. (750)-def.art.-n.m.s. (556) *besides the continual burnt offering*

וּמִנְחָתָהּ conj.-n.f.s.-3 f.s. sf. (585) *and its offering*

וְנִסְכָּהּ conj.-n.m.s.-3 f.s. sf. (651) *and its drink offering*

29:23

וּבַיּוֹם הָרְבִיעִי conj.-prep.-def.art.-n.m.s. (398) -def.art.-num.adj. (917) *on the fourth day*

פָּרִים עֲשָׂרָה n.m.p. (830)-num. f. (796) *ten bulls*

אֵילִם שְׁנָיִם n.m.p. (I 17)-num. paus. (1040) *two rams*

כְּבָשִׂים n.m.p. (461) *male lambs*

בְּנֵי־שָׁנָה n.m.p. cstr. (119)-n.f.s. (1040) *a year old*

אַרְבָּעָה עָשָׂר num. f. (916)-n.m.s. (797) *fourteen*

תְּמִימִם adj. m.p. (1071) *without blemish*

29:24

מִנְחָתָם n.f.s.-3 m.p. sf. (585) *with their offering*

וְנִסְכֵּיהֶם conj.-n.m.p.-3 m.p. sf. (651) *and their drink offerings*

לַפָּרִים prep.-def.art.-n.m.p. (830) *for the bulls*

לָאֵילִם prep.-def.art.-n.m.p. (I 17) *for the rams*

וְלַכְּבָשִׂים conj.-prep.-def.art.-n.m.p. (461) *and for the lambs*

בְּמִסְפָּרָם prep.-n.m.s.-3 m.p. sf. (708) *by number*

כַּמִּשְׁפָּט prep.-def.art.-n.m.s. (1048) *according to the ordinance*

29:25

וּשְׂעִיר־עִזִּים אֶחָד conj.-n.m.s. cstr. (972)-n.f.p. (777)-num. (25) *also one male goat*

חַטָּאת n.f.s. (308) *for a sin offering*

מִלְּבַד עֹלַת הַתָּמִיד prep.-prep.-n.m.s. (94)-n.f.s. cstr. (750)-def.art.-n.m.s. (556) *besides the continual burnt offering*

מִנְחָתָהּ n.f.s.-3 f.s. sf. (585) *its offering*

וְנִסְכָּהּ conj.-n.m.s.-3 f.s. sf. (651) *and its drink offering*

29:26

וּבַיּוֹם הַחֲמִישִׁי conj.-prep.-def.art.-n.m.s. (398) -def.art.-num.adj. (332) *on the fifth day*

פָּרִים תִּשְׁעָה n.m.p. (830)-num. f. (1077) *nine bulls*

אֵילִם שְׁנָיִם n.m.p. (I 17)-num. paus. (1040) *two rams*

כְּבָשִׂים n.m.p. (461) *male lambs*

בְּנֵי־שָׁנָה n.m.p. cstr. (119)-n.f.s. (1040) *a year old*

אַרְבָּעָה עָשָׂר num. f. (916)-n.m.s. (797) *fourteen*

תְּמִימִם adj. m.p. (1071) *without blemish*

29:27

וּמִנְחָתָם conj.-n.f.s.-3 m.p. sf. (585) *with their offering*

וְנִסְכֵּיהֶם conj.-n.m.p.-3 m.p. sf. (651) *and their drink offerings*

לַפָּרִים prep.-def.art.-n.m.p. (830) *for the bulls*

לָאֵילִם prep.-def.art.-n.m.p. (I 17) *for the rams*

וְלַכְּבָשִׂים conj.-prep.-def.art.-n.m.p. (461) *and for the lambs*

בְּמִסְפָּרָם prep.-n.m.s.-3 m.p. sf. (708) *by number*

כַּמִּשְׁפָּט prep.-def.art.-n.m.s. (1048) *according to the ordinance*

29:28

וּשְׂעִיר חַטָּאת אֶחָד conj.-n.m.s. cstr. (972)-n.f.s. (308)-num. (25) *also one male goat for a sin offering*

מִלְּבַד עֹלַת הַתָּמִיד prep.-prep.-n.m.s. (94)-n.f.s. cstr. (750)-def.art.-n.m.s. (556) *besides the continual burnt offering*

וּמִנְחָתָהּ conj.-n.f.s.-3 f.s. sf. (585) *and its offering*

וְנִסְכָּהּ conj.-n.m.s.-3 f.s. sf. (651) *and its drink offering*

29:29

וּבַיּוֹם הַשִּׁשִּׁי conj.-prep.-def.art.-n.m.s. (398)-def.art.-num.adj. (995) *on the sixth day*

פָּרִים שְׁמֹנָה n.m.p. (830)-num. f. (1032) *eight bulls*

אֵילִם שְׁנָיִם n.m.p. (I 17)-num. paus. (1040) *two rams*

כְּבָשִׂים n.m.p. (461) *male lambs*

בְּנֵי־שָׁנָה n.m.p. cstr. (119)-n.f.s. (1040) *a year old*

אַרְבָּעָה עָשָׂר num. f. (916)-n.m.s. (797) *fourteen*

תְּמִימִם adj. m.p. (1071) *without blemish*

29:30

וּמִנְחָתָם conj.-n.f.s.-3 m.p. sf. (585) *with their offering*

וְנִסְכֵּיהֶם conj.-n.m.p.-3 m.p. sf. (651) *and their drink offerings*

לַפָּרִים prep.-def.art.-n.m.p. (830) *for the bulls*

לָאֵילִם prep.-def.art.-n.m.p. (I 17) *for the rams*

וְלַכְּבָשִׂים conj.-prep.-def.art.-n.m.p. (461) *and for the lambs*

בְּמִסְפָּרָם prep.-n.m.s.-3 m.p. sf. (708) *by number*

כַּמִּשְׁפָּט prep.-def.art.-n.m.s. (1048) *according to the ordinance*

29:31

וּשְׂעִיר חַטָּאת אֶחָד conj.-n.m.s. cstr. (972)-n.f.s. (308)-num. (25) *also one male goat for a sin offering*

מִלְּבַד עֹלַת הַתָּמִיד prep.-prep.-n.m.s. (94)-n.f.s. cstr. (750)-def.art.-n.m.s. (556) *besides the continual burnt offering*

מִנְחָתָהּ n.f.s.-3 f.s. sf. (585) *its offering*

וּנְסָכֶיהָ conj.-n.m.p.-3 f.s. sf. *and its drink offerings*

29:32

וּבַיּוֹם הַשְּׁבִיעִי conj.-prep.-def.art.-n.m.s. (398)-def.art.-num.adj. (988) *on the seventh day*

פָּרִים שִׁבְעָה n.m.p. (830)-num. f. (I 987) *seven bulls*

אֵילִם שְׁנָיִם n.m.p. (I 17)-num. paus. (1040) *two rams*

כְּבָשִׂים n.m.p. (461) *male lambs*

בְּנֵי־שָׁנָה n.m.p. cstr. (119)-n.f.s. (1040) *a year old*

אַרְבָּעָה עָשָׂר num. f. (916)-n.m.s. (797) *fourteen*

תְּמִימִם adj. m.p. (1071) *without blemish*

29:33

וּמִנְחָתָם conj.-n.f.s.-3 m.p. sf. (585) *with their offering*

וְנִסְכֵּהֶם conj.-n.m.p.-3 m.p. sf. (651; GK 91k) *and their drink offerings*

לַפָּרִים prep.-def.art.-n.m.p. (830) *for the bulls*

לָאֵילִם prep.-def.art.-n.m.p. (I 17) *for the rams*

וְלַכְּבָשִׂים conj.-prep.-def.art.-n.m.p. (461) *and for the lambs*

בְּמִסְפָּרָם prep.-n.m.s.-3 m.p. sf. (708) *by number*

כְּמִשְׁפָּטָם prep.-n.m.s.-3 m.p. sf. (1048) *according to the ordinance*

29:34

וּשְׂעִיר חַטָּאת אֶחָד conj.-n.m.s. cstr. (972)-n.f.s. (308)-num. (25) *also one male goat for a sin offering*

מִלְּבַד עֹלַת הַתָּמִיד prep.-prep.-n.m.s. (94)-n.f.s. cstr. (750)-def.art.-n.m.s. (556) *besides the continual burnt offering*

מִנְחָתָהּ n.f.s.-3 f.s. sf. (585) *its offering*

וְנִסְכָּהּ conj.-n.m.s.-3 f.s. sf. (651) *and its drink offering*

29:35

בַּיּוֹם הַשְּׁמִינִי prep.-def.art.-n.m.s. (398)-def.art.-num.adj. (1033) *on the eighth day*

עֲצֶרֶת n.f.s. (783) *a solemn assembly*

תִּהְיֶה לָכֶם Qal impf. 3 f.s. (הָיָה 224)-prep.-2 m.p. sf. *you shall have*

כָּל־מְלֶאכֶת n.m.s. cstr. (481)-n.f.s. cstr. (521) *any laborious*

עֲבֹדָה n.f.s. (715) *work*

לֹא תַעֲשׂוּ neg.-Qal impf. 2 m.p. (עָשָׂה I 793) *you shall not do*

29:36

וְהִקְרַבְתֶּם conj.-Hi. pf. 2 m.p. (קָרַב 897) *but you shall offer*

עֹלָה n.f.s. (750) *a burnt offering*

אִשֶּׁה n.m.s. cstr. (77) *an offering by fire*

רֵיחַ נִיחֹחַ n.m.s. cstr. (926)-n.m.s. (629) *a pleasing odor*

לִיהוָה prep.-pr.n. (217) *to Yahweh*

פַּר אֶחָד n.m.s. (830)-num. (25) *one bull*

אַיִל אֶחָד n.m.s. (I 17)-v.supra *one ram*

כְּבָשִׂים n.m.p. (461) *male lambs*

בְּנֵי־שָׁנָה n.m.p. cstr. (119)-n.f.s. (1040) *a year old*

שִׁבְעָה num. f. (I 987) *seven*

תְּמִימִם adj. m.p. (1071) *without blemish*

29:37

מִנְחָתָם n.f.s.-3 m.p. sf. (585) *and their offering*

וְנִסְכֵּיהֶם conj.-n.m.p.-3 m.p. sf. (651) *and their drink offerings*

לַפָּר prep.-def.art.-n.m.s. (830) *for the bull*

לָאַיִל prep.-def.art.-n.m.s. (I 17) *for the ram*

וְלַכְּבָשִׂים conj.-prep.-def.art.-n.m.p. (461) *and for the lambs*

בְּמִסְפָּרָם prep.-n.m.s.-3 m.p. sf. (708) *by number*

כַּמִּשְׁפָּט prep.-def.art.-n.m.s. (1048) *according to the ordinance*

29:38

וּשְׂעִיר חַטָּאת אֶחָד conj.-n.m.s. cstr. (972)-n.f.s. (308)-num. (25) *also one male goat for a sin offering*

מִלְּבַד עֹלַת הַתָּמִיד prep.-prep.-n.m.s. (94)-n.f.s. cstr. (750)-def.art.-n.m.s. (556) *besides the continual burnt offering*

וּמִנְחָתָהּ conj.-n.f.s.-3 f.s. sf. (585) *and its offering*

וְנִסְכָּהּ conj.-n.m.s.-3 f.s. sf. (651) *and its drink offering*

29:39

אֵלֶּה demons.adj. c.p. (41) *these*

תַּעֲשׂוּ Qal impf. 2 m.p. (עשׂה I 793) *you shall offer*

לִיהוָה prep.-pr.n. (217) *to Yahweh*

בְּמוֹעֲדֵיכֶם prep.-n.m.p.-2 m.p. sf. (417) *at your appointed feasts*

לְבַד prep.-n.m.s. (94) *in addition to*

מִנִּדְרֵיכֶם prep.-n.m.p.-2 m.p. sf. (623) *your votive offerings*

וְנִדְבֹתֵיכֶם conj.-n.f.p.-2 m.p. sf. (621) *and your freewill offerings*

לְעֹלֹתֵיכֶם prep.-n.f.p.-2 m.p. sf. (750) *for your burnt offerings*

וּלְמִנְחֹתֵיכֶם conj.-prep.-n.f.p.-2 m.p. sf. (585) *and for your offerings*

וּלְנִסְכֵּיכֶם conj.-prep.-n.m.p.-2 m.p. sf. (651; GK 93m) *and for your drink offerings*

וּלְשַׁלְמֵיכֶם conj.-prep.-n.m.p.-2 m.p. sf. (1023) *and for your peace offerings*

30:1 (Eng. 29:40)

וַיֹּאמֶר מֹשֶׁה consec.-Qal impf. 3 m.s. (55)-pr.n. (602) *and Moses told*

אֶל־בְּנֵי יִשְׂרָאֵל prep.-n.m.p. cstr. (119)-pr.n. (975) *the people of Israel*

כְּכֹל prep.-n.m.s. (481) *everything*

אֲשֶׁר־צִוָּה יהוה rel. (81)-Pi. pf. 3 m.s. (צוה 845)-pr.n. (217) *just as Yahweh had commanded*

אֶת־מֹשֶׁה dir.obj.-pr.n. (602) *Moses*

30:2 (Eng. 30:1)

וַיְדַבֵּר מֹשֶׁה consec.-Pi. impf. 3 m.s. (180)-pr.n. (602) *and Moses said*

אֶל־רָאשֵׁי prep.-n.m.p. cstr. (910) *to the heads of*

הַמַּטּוֹת def.art.-n.m.p. (641) *the tribes*

לִבְנֵי יִשְׂרָאֵל prep.-n.m.p. cstr. (119)-pr.n. (975) *of the people of Israel*

לֵאמֹר prep.-Qal inf.cstr. (55) *(saying)*

זֶה הַדָּבָר demons.adj. m.s. (260)-def.art.-n.m.s. (182) *this is the word*

אֲשֶׁר צִוָּה יהוה rel. (81)-Pi. pf. 3 m.s. (צוה 845)-pr.n. (217) *that Yahweh has commanded*

30:3

אִישׁ n.m.s. (35) *a man*

כִּי־יִדֹּר נֶדֶר conj. (471)-Qal impf. 3 m.s. (נדר 623)-n.m.s. (623) *when he vows a vow*

לִיהוָה prep.-pr.n. (217) *to Yahweh*

אוֹ־הִשָּׁבַע שְׁבֻעָה conj. (14)-Ni. inf.abs. (989)-n.f.s. (989) *or swears an oath*

לֶאְסֹר אִסָּר prep.-Qal inf.cstr. (אסר 63)-n.m.s. (64) *to bind by a pledge*

עַל־נַפְשׁוֹ prep.-n.f.s.-3 m.s. sf. (659) *himself*

לֹא יַחֵל neg.-Hi. impf. 3 m.s. (חלל III 320) *he shall not violate*

דְּבָרוֹ n.m.s.-3 m.s. sf. (182) *his word*

כְּכָל־הַיֹּצֵא prep.-n.m.s. cstr. (481)-def.art.-Qal act.ptc. (יצא 422) *according to all that proceeds*

מִפִּיו prep.-n.m.s.-3 m.s. sf. (804) *out of his mouth*

יַעֲשֶׂה Qal impf. 3 m.s. (I 793) *he shall do*

30:4

וְאִשָּׁה conj.-n.f.s. (61) *or a woman*

כִּי־תִדֹּר נֶדֶר conj. (471)-Qal impf. 3 f.s. (נדר 623)-n.m.s. (623) *when she vows a vow*

לִיהוָה prep.-pr.n. (217) *to Yahweh*

וְאָסְרָה אִסָּר conj.-Qal pf. 3 f.s. (אסר 63)-n.m.s. (64) *and binds herself by a pledge*

715

בְּבֵית אָבִיהָ prep.-n.m.s. cstr. (108)-n.m.s.-3 f.s. sf. (3) *while within her father's house*

בִּנְעֻרֶיהָ prep.-n.m.p.-3 f.s. sf. (655) *in her youth*

30:5 (Eng. 30:4)

וְשָׁמַע conj.-Qal pf. 3 m.s. (1033) *and ... hears*

אָבִיהָ n.m.s.-3 f.s. sf. (3) *her father*

אֶת־נִדְרָהּ dir.obj.-n.m.s.-3 f.s. sf. (623) *of her vow*

וֶאֱסָרָהּ conj.-n.m.s.-3 f.s. sf. (64; GK 91k) *and of her pledge*

אֲשֶׁר אָסְרָה rel. (81)-Qal pf. 3 f.s. (אסר 63) *by which she bound*

עַל־נַפְשָׁהּ prep.-n.f.s.-3 f.s. sf. (659) *herself*

וְהֶחֱרִישׁ לָהּ אָבִיהָ conj.-Hi. pf. 3 m.s. (חרשׁ II 361)-prep.-3 f.s. sf.-n.m.s.-3 f.s. sf. (3) *and her father says nothing to her*

וְקָמוּ conj.-Qal pf. 3 c.p. (קום 877) *then shall stand*

כָּל־נְדָרֶיהָ n.m.s. cstr. (481)-n.m.p.-3 f.s. sf. (623) *all her vows*

וְכָל־אִסָּר conj.-n.m.s. cstr. (481)-n.m.s. (64) *and every pledge*

אֲשֶׁר־אָסְרָה rel. (81)-Qal pf. 3 f.s. (אסר 63) *by which she has bound*

עַל־נַפְשָׁהּ v.supra-v.supra *herself*

יָקוּם Qal impf. 3 m.s. (קום 877) *shall stand*

30:6

וְאִם־הֵנִיא conj.-hypoth.part. (49)-Hi. pf. 3 m.s. (נוא 626) *but if ... expresses disapproval*

אָבִיהָ n.m.s.-3 f.s. sf. (3) *her father*

אֹתָהּ dir.obj.-3 f.s. sf. *to her*

בְּיוֹם שָׁמְעוֹ prep.-n.m.s. cstr. (398)-Qal inf.cstr.-3 m.s. sf. (שׁמע 1033) *on the day that he hears of it*

כָּל־נְדָרֶיהָ n.m.s. cstr. (481)-n.m.p.-3 f.s. sf. (623) *every vow of hers*

וֶאֱסָרֶיהָ conj.-n.m.p.-3 f.s. sf. (64) *and pledge of hers*

אֲשֶׁר־אָסְרָה rel. (81)-Qal pf. 3 f.s. (אסר 63) *by which she has bound*

עַל־נַפְשָׁהּ prep.-n.f.s.-3 f.s. sf. (659) *herself*

לֹא יָקוּם neg.-Qal impf. 3 m.s. (קום 877) *shall not stand*

וַיהוה conj.-pr.n. (217) *and Yahweh*

יִסְלַח־לָהּ Qal impf. 3 m.s. (699)-prep.-3 f.s. sf. *will forgive her*

כִּי־הֵנִיא אָבִיהָ conj. (471)-Hi. pf. 3 m.s. (נוא 626)-n.m.s.-3 f.s. sf. (3) *because her father opposed*

אֹתָהּ dir.obj.-3 f.s. sf. *her*

30:7

וְאִם־הָיוֹ תִהְיֶה conj.-hypoth.part. (49)-Qal inf.abs. (היה 224)-Qal impf. 3 f.s. (היה 224) *and if she is (married)*

לְאִישׁ prep.-n.m.s. (35) *to a husband*

וּנְדָרֶיהָ conj.-n.m.p.-3 f.s. sf. (623) *and her vows*

עָלֶיהָ prep.-3 f.s. sf. *upon her*

אוֹ מִבְטָא שְׂפָתֶיהָ conj. (14)-n.m.s. cstr. (105)-n.f.p.-3 f.s. sf. (973) *or any thoughtless utterance of her lips*

אֲשֶׁר אָסְרָה rel. (81)-Qal pf. 3 f.s. (אסר 63) *by which she has bound*

עַל־נַפְשָׁהּ prep.-n.f.s.-3 f.s. sf. (659) *herself*

30:8 (Eng. 30:7)

וְשָׁמַע אִישָׁהּ conj.-Qal pf. 3 m.s. (1033)-n.m.s.-3 f.s. sf. (35) *and her husband hears*

בְּיוֹם שָׁמְעוֹ prep.-n.m.s. cstr. (398)-Qal inf.cstr.-3 m.s. sf. (1033) *on the day that he hears*

וְהֶחֱרִישׁ לָהּ conj.-Hi. pf. 3 m.s. (חרשׁ II 361)-prep.-3 f.s. sf. *and says nothing to her*

וְקָמוּ conj.-Qal pf. 3 c.p. (קום 877) *then shall stand*

נְדָרֶיהָ n.m.p.-3 f.s. sf. (623) *her vows*

וֶאֱסָרֶהָ conj.-n.m.p.-3 f.s. sf. (64; GK 91k) *and her pledges*

אֲשֶׁר־אָסְרָה rel. (81)-Qal pf. 3 f.s. (אסר 63) *by which she has bound*

עַל־נַפְשָׁהּ prep.-n.f.s.-3 f.s. sf. (659) *herself*

יָקֻמוּ Qal impf. 3 m.p. (קום 877) *shall stand*

30:9

וְאִם בְּיוֹם שְׁמֹעַ conj.-hypoth.part. (49)-prep.-n.m.s. cstr. (398)-Qal inf.cstr. (שׁמע 1033) *but if, on the day that ... comes to hear*

אִישָׁהּ n.m.s.-3 f.s. sf. (35) *her husband*

יָנִיא אוֹתָהּ Hi. impf. 3 m.s. (נוא 626)-dir.obj.-3 f.s. sf. *he expresses disapproval of her*

וְהֵפֵר conj.-Hi. pf. 3 m.s. (פרר I 830) *then he shall make void*

אֶת־נִדְרָהּ dir.obj.-n.m.s.-3 f.s. sf. (623) *her vow*

אֲשֶׁר עָלֶיהָ rel. (81)-prep.-3 f.s. sf. *which was on her*

וְאֵת מִבְטָא שְׂפָתֶיהָ conj.-dir.obj.-n.m.s. cstr. (105)-n.f.p.-3 f.s. sf. (973) *and the thoughtless utterance of her lips*

אֲשֶׁר אָסְרָה rel. (81)-Qal pf. 3 f.s. (אסר 63) *by which she bound*

עַל־נַפְשָׁהּ prep.-n.f.s.-3 f.s. sf. (659) *herself*

וַיהוה conj.-pr.n. (217) *and Yahweh*

יִסְלַח־לָהּ Qal impf. 3 m.s. (699)-prep.-3 f.s. sf. *will forgive her*

30:10

וְנֵדֶר אַלְמָנָה conj.-n.m.s. cstr. (623)-n.f.s. (48) *but any vow of a widow*

וּגְרוּשָׁה conj.-Qal pass.ptc. f.s. (גרשׁ 176) *or of a divorced woman*

כֹּל אֲשֶׁר־אָסְרָה n.m.s. (481)-rel. (81)-Qal pf. 3 f.s. (אסר 63) *anything by which she has bound*

עַל־נַפְשָׁהּ prep.-n.f.s.-3 f.s. sf. (659) *herself*

יָקוּם עָלֶיהָ Qal impf. 3 m.s. (קום 877)-prep.-3 f.s. sf. *shall stand against her*

30:11

וְאִם־בֵּית אִישָׁהּ conj.-hypoth.part. (49)-n.m.s. cstr. (108)-n.m.s.-3 f.s. sf. (35) *and if ... in her husband's house*

נָדָרָה Qal pf. 3 f.s. paus. (נדר 623) *she vowed*

אוֹ־אָסְרָה אִסָּר conj. (14)-Qal pf. 3 f.s. (אסר 63)-n.m.s. (64) *or bound ... by a pledge*

עַל־נַפְשָׁהּ prep.-n.f.s.-3 f.s. sf. (659) *herself*

בִּשְׁבֻעָה prep.-n.f.s. (989) *with an oath*

30:12

וְשָׁמַע אִישָׁהּ conj.-Qal pf. 3 m.s. (1033)-n.m.s.-3 f.s. sf. (35) *and her husband heard*

וְהֶחֱרִשׁ לָהּ conj.-Hi. pf. 3 m.s. (חרשׁ II 361)-prep.-3 f.s. sf. *and said nothing to her*

לֹא הֵנִיא אֹתָהּ neg.-Hi. pf. 3 m.s. (נוא 626)-dir.obj.-3 f.s. sf. *and did not oppose her*

וְקָמוּ conj.-Qal pf. 3 c.p. (קום 877) *then shall stand*

כָּל־נְדָרֶיהָ n.m.s. cstr. (481)-n.m.p.-3 f.s. sf. (623) *all her vows*

וְכָל־אִסָּר conj.-n.m.s. cstr. (481)-n.m.s. (64) *and every pledge*

אֲשֶׁר־אָסְרָה rel. (81)-Qal pf. 3 f.s. (אסר 63) *by which she bound*

עַל־נַפְשָׁהּ prep.-n.f.s.-3 f.s. sf. (659) *herself*

יָקוּם Qal impf. 3 m.s. (קום 877) *shall stand*

30:13

וְאִם־הָפֵר יָפֵר conj.-hypoth.part. (49)-Hi. inf.abs. (פרר I 830)-Hi. impf. 3 m.s. (I 830) *but if ... makes null and void*

אֹתָם dir.obj.-3 m.p. sf. *them*

אִישָׁהּ n.m.s.-3 f.s. sf. (35) *her husband*

בְּיוֹם שָׁמְעוֹ prep.-n.m.s. cstr. (398)-Qal inf.cstr.-3 m.s. sf. (1033) *on the day that he hears*

כָּל־מוֹצָא שְׂפָתֶיהָ n.m.s. cstr. (481)-n.m.s. cstr. (I 425)-n.f.p.-3 f.s. sf. (973) *then whatever proceeds out of her lips*

לִנְדָרֶיהָ prep.-n.m.p.-3 f.s. sf. (623) *concerning her vows*

וּלְאִסַּר נַפְשָׁהּ conj.-prep.-n.m.s. cstr. (64)-n.f.s.-3 f.s. sf. (659) *or concerning her pledge of herself*

לֹא יָקוּם neg.-Qal impf. 3 m.s. (קום 877) *shall not stand*

אִישָׁהּ הֲפֵרָם n.m.s.-3 f.s. sf. (35)-Hi. pf. 3 m.s.-3 m.p. sf. (פרר I 830) *her husband has made them void*

וַיהוה conj.-pr.n. (217) *and Yahweh*

יִסְלַח־לָהּ Qal impf. 3 m.s. (699)-prep.-3 f.s. sf. *will forgive her*

30:14

כָּל־נֵדֶר n.m.s. cstr. (481)-n.m.s. (623) *any vow*

וְכָל־שְׁבֻעַת אִסָּר conj.-n.m.s. cstr. (481)-n.f.s. cstr. (989)-n.m.s. (64) *and any binding oath*

לְעַנֹּת נָפֶשׁ prep.-Pi. inf.cstr. (ענה III 776)-n.f.s. paus. (659) *to afflict herself*

אִישָׁהּ יְקִימֶנּוּ n.m.s.-3 f.s. sf. (35)-Hi. impf. 3 m.s.-3 m.s. sf. (קום 877) *her husband may establish*

וְאִישָׁהּ יְפֵרֶנּוּ conj.-v.supra-Hi. impf. 3 m.s. sf.-3 m.s. sf. (פרר I 830) *or her husband may make void*

30:15 (Eng. 30:14)

וְאִם־הַחֲרֵשׁ יַחֲרִישׁ לָהּ conj.-hypoth.part. (49)-Hi. inf.abs. (II 361)-Hi. impf. 3 m.s. (חרשׁ II 361)-prep.-3 f.s. sf. *but if ... says nothing to her*

אִישָׁהּ n.m.s.-3 f.s. sf. (35) *her husband*

מִיּוֹם אֶל־יוֹם prep.-n.m.s. (398)-prep.-n.m.s. (398) *from day to day*

וְהֵקִים conj.-Hi. pf. 3 m.s. (קום 877) *then he establishes*

אֶת־כָּל־נְדָרֶיהָ dir.obj.-n.m.s. cstr. (481)-n.m.p.-3 f.s. sf. (623) *all her vows*

אוֹ אֶת־כָּל־אֱסָרֶיהָ conj. (14)-v.supra-n.m.p.-3 f.s. sf. (64) *or all her pledges*

אֲשֶׁר עָלֶיהָ rel. (81)-prep.-3 f.s. sf. *that are upon her*

הֵקִים אֹתָם Hi. pf. 3 m.s. (קום 877)-dir.obj.-3 m.p. sf. *he has established them*

כִּי־הֶחֱרִשׁ לָהּ conj. (471)-Hi. pf. 3 m.s. (חרשׁ II 361)-prep.-3 f.s. sf. *because he said nothing to her*

בְּיוֹם שָׁמְעוֹ prep.-n.m.s. cstr. (398)-Qal inf.cstr.-3 m.s. sf. (שמע 1033) *on the day that he heard*

717

30:16

וְאִם־הָפֵר יָפֵר אֹתָם conj.-hypoth.part. (49)–Hi. inf.abs. (פָּרַר I 830)–Hi. impf. 3 m.s. (פָּרַר I 830)–dir.obj.-3 m.p. sf. *but if he makes them null and void*

אַחֲרֵי שָׁמְעוֹ prep. (29)–Qal inf.cstr.-3 m.s. sf. (1033) *after he has heard*

וְנָשָׂא conj.-Qal pf. 3 m.s. (669) *then he shall bear*

אֶת־עֲוֹנָהּ dir.obj.-n.m.s.-3 f.s. sf. (730) *her iniquity*

30:17

אֵלֶּה הַחֻקִּים demons.adj. c.p. (41)–def.art.-n.m.p. (349) *these are the statutes*

אֲשֶׁר צִוָּה יהוה rel. (81)–Pi. pf. 3 m.s. (צָוָה 845)–pr.n. (217) *which Yahweh commanded*

אֶת־מֹשֶׁה dir.obj.-pr.n. (602) *Moses*

בֵּין אִישׁ לְאִשְׁתּוֹ prep. (107)–n.m.s. (35)–prep.-n.f.s.-3 m.s. sf. (61) *between a man and his wife*

בֵּין־אָב לְבִתּוֹ v.supra-n.m.s. (3)–prep.-n.f.s.-3 m.s. sf. (I 123) *and between a father and his daughter*

בִּנְעֻרֶיהָ prep.-n.m.p.-3 f.s. sf. (655) *while in her youth*

בֵּית אָבִיהָ n.m.s. cstr. (108)–n.m.s.-3 f.s. sf. (3) *within her father's house*

31:1

וַיְדַבֵּר יהוה consec.-Pi. impf. 3 m.s. (180)–pr.n. (217) *and Yahweh said*

אֶל־מֹשֶׁה prep.-pr.n. (602) *to Moses*

לֵאמֹר prep.-Qal inf.cstr. (55) *(saying)*

31:2

נְקֹם נִקְמַת Qal impv. 2 m.s. (נָקַם 667)–n.f.s. cstr. (668) *avenge (the vengeance of)*

בְּנֵי יִשְׂרָאֵל n.m.p. cstr. (119)–pr.n. (975) *the people of Israel*

מֵאֵת הַמִּדְיָנִים prep.-dir.obj.-def.art.-adj.gent. m.p. (193) *on the Midianites*

אַחַר תֵּאָסֵף adv. (29)–Ni. impf. 2 m.s. (אָסַף 62) *afterward you shall be gathered*

אֶל־עַמֶּיךָ prep.-n.m.p.-2 m.s. sf. (I 766) *to your people*

31:3

וַיְדַבֵּר מֹשֶׁה consec.-Pi. impf. 3 m.s. (180)–pr.n. (602) *and Moses said*

אֶל־הָעָם prep.-def.art.-n.m.s. (I 766) *to the people*

לֵאמֹר prep.-Qal inf.cstr. (55) *(saying)*

הֵחָלְצוּ Ni. impv. 2 m.p. (חָלַץ 323) *arm*

מֵאִתְּכֶם prep.-prep.-2 m.p. sf. (85) *from among you*

אֲנָשִׁים n.m.p. (35) *men*

לַצָּבָא prep.-def.art.-n.m.s. (838) *for the war*

וְיִהְיוּ conj.-Qal impf. 3 m.p. (הָיָה 224) *that they may go*

עַל־מִדְיָן prep.-pr.n. (193) *against Midian*

לָתֵת prep.-Qal inf.cstr. (נָתַן 678) *to execute*

נִקְמַת־יהוה n.f.s. cstr. (668)–pr.n. (217) *the vengeance of Yahweh*

בְּמִדְיָן prep.-v.supra *on Midian*

31:4

אֶלֶף לַמַּטֶּה n.m.s. (448)–prep.-def.art.-n.m.s. (641) *a thousand to the tribe*

אֶלֶף לַמַּטֶּה v.supra-v.supra *a thousand to the tribe*

לְכֹל מַטּוֹת prep.-n.m.s. cstr. (481)–n.m.p. cstr. (641) *from each tribe of*

יִשְׂרָאֵל pr.n. (975) *Israel*

תִּשְׁלְחוּ Qal impf. 2 m.p. (שָׁלַח 1018) *you shall send*

לַצָּבָא prep.-def.art.-n.m.s. (838) *to the war*

31:5

וַיִּמָּסְרוּ consec.-Ni. impf. 3 m.p. (מָסַר 588) *so there were provided*

מֵאַלְפֵי יִשְׂרָאֵל prep.-n.m.p. cstr. (48)–pr.n. (975) *out of the thousands of Israel*

אֶלֶף לַמַּטֶּה n.m.s. (48)–prep.-def.art.-n.m.s. (641) *a thousand from each tribe*

שְׁנֵים־עָשָׂר אֶלֶף num. (1040)–n.m.s. (797) -v.supra *twelve thousand*

חֲלוּצֵי צָבָא Qal pass.ptc. m.p. cstr. (חָלַץ II 323)–n.m.s. (838) *armed for war*

31:6

וַיִּשְׁלַח אֹתָם consec.-Qal impf. 3 m.s. (1018)–dir.obj.-3 m.p. sf. *and ... sent them*

מֹשֶׁה pr.n. (602) *Moses*

אֶלֶף לַמַּטֶּה n.m.s. (48)–prep.-def.art.-n.m.s. (641) *a thousand from each tribe*

לַצָּבָא prep.-def.art.-n.m.s. (838) *to the war*

אֹתָם dir.obj.-3 m.p. sf. *them*

וְאֶת־פִּינְחָס conj.-dir.obj.-pr.n. (810) *with Phinehas*

בֶּן־אֶלְעָזָר n.m.s. cstr. (119)–pr.n. (46) *the son of Eleazar*

הַכֹּהֵן dir.obj.-n.m.s. (463) *the priest*

לַצָּבָא prep.-def.art.-n.m.s. (838) *to the war*

וּכְלֵי הַקֹּדֶשׁ conj.-n.m.p. cstr. (479)-def.art.
-n.m.s. (871) *with the vessels of the
sanctuary*

וַחֲצֹצְרוֹת conj.-n.f.p. cstr. (348) *and the
trumpets for*

הַתְּרוּעָה def.art.-n.f.s. (929) *the alarm*

בְּיָדוֹ prep.-n.f.s.-3 m.s. sf. (388) *in his hand*

31:7

וַיִּצְבְּאוּ consec.-Qal impf. 3 m.p. (צָבָא 838) *they
warred*

עַל־מִדְיָן prep.-pr.n. (193) *against Midian*

כַּאֲשֶׁר prep.-rel. (81) *as*

צִוָּה יְהוָה Pi. pf. 3 m.s. (צָוָה 845)-pr.n. (217)
Yahweh commanded

אֶת־מֹשֶׁה dir.obj.-pr.n. (602) *Moses*

וַיַּהַרְגוּ consec.-Qal impf. 3 m.p. (הָרַג 246) *and
slew*

כָּל־זָכָר n.m.s. cstr. (481)-adj. m.s. (271) *every
male*

31:8

וְאֶת־מַלְכֵי מִדְיָן conj.-dir.obj.-n.m.p. cstr. (I
572)-pr.n. (193) *and the kings of Midian*

הָרְגוּ Qal pf. 3 c.p. (הָרַג 246) *they slew*

עַל־חַלְלֵיהֶם prep.-n.m.p.-3 m.p. sf. (I 319) *with
the rest of their slain*

אֶת־אֱוִי prep. (85)-pr.n. (16) *Evi*

וְאֶת־רֶקֶם conj.-v.supra-pr.n. (955) *and Rekem*

וְאֶת־צוּר v.supra-pr.n. (II 849) *and Zur*

וְאֶת־חוּר v.supra-pr.n. (II 301) *and Hur*

וְאֶת־רֶבַע v.supra-pr.n. (II 918) *and Reba*

חֲמֵשֶׁת מַלְכֵי num. f. cstr. (331)-n.m.p. cstr. (I
572) *the five kings of*

מִדְיָן pr.n. (193) *Midian*

וְאֶת־בִּלְעָם conj.-dir.obj.-pr.n. (I 118) *and Balaam*

בֶּן־בְּעוֹר n.m.s. cstr. (119)-pr.n. (129) *the son of
Beor*

הָרְגוּ Qal pf. 3 c.p. (הָרַג 246) *they slew*

בֶּחָרֶב prep.-def.art.-n.f.s. paus. (352) *with the
sword*

31:9

וַיִּשְׁבּוּ consec.-Qal impf. 3 m.p. (שָׁבָה 985) *and
... took captive*

בְּנֵי־יִשְׂרָאֵל n.m.p. cstr. (119)-pr.n. (975) *the
people of Israel*

אֶת־נְשֵׁי מִדְיָן dir.obj.-n.f.p. cstr. (61)-pr.n. (193)
the women of Midian

וְאֶת־טַפָּם conj.-dir.obj.-n.m.s.-3 m.p. sf. (381)
and their little ones

וְאֵת כָּל־בְּהֶמְתָּם conj.-dir.obj.-n.m.s. cstr. (481)
-n.f.s.-3 m.p. sf. (96) *and all their cattle*

וְאֶת־כָּל־מִקְנֵהֶם v.supra-v.supra-n.m.p.-3 m.p. sf.
(889) *all their flocks*

וְאֶת־כָּל־חֵילָם v.supra-v.supra-n.m.s.-3 m.p. sf.
(298) *and all their goods*

בָּזָזוּ Qal pf. 3 c.p. (בָּזַז 102) *they took as booty*

31:10

וְאֵת כָּל־עָרֵיהֶם conj.-dir.obj.-n.m.s. cstr. (119)
-n.f.p.-3 m.p. sf. (746) *and all their cities*

בְּמוֹשְׁבֹתָם prep.-n.m.p.-3 m.p. sf. (444) *in the
places where they dwelt*

וְאֵת כָּל־טִירֹתָם v.supra-v.supra-n.f.p.-3 m.p. sf.
(377) *and all their encampments*

שָׂרְפוּ Qal pf. 3 c.p. (שָׂרַף 976) *they burned*

בָּאֵשׁ prep.-def.art.-n.f.s. (77) *with fire*

31:11

וַיִּקְחוּ consec.-Qal impf. 3 m.p. (לָקַח 542) *and
they took*

אֶת־כָּל־הַשָּׁלָל dir.obj.-n.m.s. cstr. (119)-def.art.
-n.m.s. (1021) *all the spoil*

וְאֵת כָּל־הַמַּלְקוֹחַ conj.-dir.obj.-v.supra-def.
art.-n.m.s. (I 544) *and all the booty*

בָּאָדָם prep.-def.art.-n.m.s. (9) *both of man*

וּבַבְּהֵמָה conj.-prep.-def.art.-n.f.s. (96) *and of
beast*

31:12

וַיָּבִאוּ consec.-Hi. impf. 3 m.p. (בּוֹא 97) *then
they brought*

אֶל־מֹשֶׁה prep.-pr.n. (602) *to Moses*

וְאֶל־אֶלְעָזָר conj.-prep.-pr.n. (46) *and to Eleazar*

הַכֹּהֵן def.art.-n.m.s. (463) *the priest*

וְאֶל־עֲדַת conj.-prep.-n.f.s. cstr. (417) *and to the
congregation of*

בְּנֵי־יִשְׂרָאֵל n.m.p. cstr. (119)-pr.n. (975) *the
people of Israel*

אֶת־הַשְּׁבִי dir.obj.-def.art.-n.m.s. (985) *the
captives*

וְאֶת־הַמַּלְקוֹחַ conj.-dir.obj.-def.art.-n.m.s. (I 544)
and the booty

וְאֶת־הַשָּׁלָל v.supra-dir.obj.-n.m.s. (1021) *and the
spoil*

אֶל־הַמַּחֲנֶה prep.-def.art.-n.m.s. (334) *at the
camp*

אֶל־עַרְבֹת מוֹאָב prep.-n.f.p. cstr. (787)-pr.n.
(555) *on the plains of Moab*

אֲשֶׁר עַל־יַרְדֵּן rel. (81)-prep.-pr.n. (434) *by the
Jordan*

יְרֵחוֹ pr.n. (437) *at Jericho*

31:13

וַיֵּצְאוּ consec.-Qal impf. 3 m.p. (יָצָא 422) *then went forth*

מֹשֶׁה pr.n. (602) *Moses*

וְאֶלְעָזָר conj.-pr.n. (46) *and Eleazar*

הַכֹּהֵן def.art.-n.m.s. (463) *the priest*

וְכָל־נְשִׂיאֵי conj.-n.m.s. cstr. (119)-n.m.p. cstr. (672) *and all the leaders of*

הָעֵדָה def.art.-n.f.s. (417) *the congregation*

לִקְרָאתָם prep.-Qal inf.cstr.-3 m.p. sf. (קָרָא II 896) *to meet them*

אֶל־מִחוּץ prep.-prep.-n.m.s. (299) *outside*

לַמַּחֲנֶה prep.-def.art.-n.m.s. (334) *the camp*

31:14

וַיִּקְצֹף מֹשֶׁה consec.-Qal impf. 3 m.s. (קָצַף 893)-pr.n. (602) *and Moses was angry*

עַל פְּקוּדֵי prep.-Qal pass.ptc. m.p. cstr. (פָּקַד 823) *with the officers of*

הֶחָיִל def.art.-n.m.s. paus. (298) *the army*

שָׂרֵי הָאֲלָפִים n.m.p. cstr. (978)-def.art.-n.m. (48) *the commanders of thousands*

וְשָׂרֵי הַמֵּאוֹת conj.-v.supra-def.art.-n.f.p. (547) *and the commanders of hundreds*

הַבָּאִים def.art.-Qal act.ptc. m.p. (בּוֹא 97) *who had come*

מִצְּבָא הַמִּלְחָמָה prep.-n.m.s. cstr. (838)-def.art.-n.f.s. (536) *from service in the war*

31:15

וַיֹּאמֶר consec.-Qal impf. 3 m.s. (55) *and said*

אֲלֵיהֶם prep.-3 m.p. sf. *to them*

מֹשֶׁה pr.n. (602) *Moses*

הַחִיִּיתֶם interr.part.-Pi. pf. 2 m.p. (חָיָה 310) *have you let live*

כָּל־נְקֵבָה n.m.s. cstr. (481)-n.f.s. (666) *all the women*

31:16

הֵן הֵנָּה הָיוּ demons.part. (II 243)-demons.adj. f.p. (241)-Qal pf. 3 c.p. (הָיָה 224) *behold, these were*

לִבְנֵי יִשְׂרָאֵל prep.-n.m.p. cstr. (119)-pr.n. (975) *to the people of Israel*

בִּדְבַר בִּלְעָם prep.-n.m.s. cstr. (182)-pr.n. (I 118) *by the counsel of Balaam*

לִמְסָר־מַעַל בַּיהוָה prep.-Qal inf.cstr. (מָסַר 588)-n.m.s. (I 591)-prep.-pr.n. (217) *to offer (commit) a treacherous deed against Yahweh*

עַל־דְּבַר־פְּעוֹר prep.-n.m.s. cstr. (182)-pr.n. (822) *in the matter of Peor*

וַתְּהִי הַמַּגֵּפָה consec.-Qal impf. 3 f.s. (הָיָה 224) -def.art.-n.f.s. (620) *and so the plague came*

בַּעֲדַת יהוה prep.-n.f.s. cstr. (417)-pr.n. (217) *among the congregation of Yahweh*

31:17

וְעַתָּה conj.-adv. (773) *now therefore,*

הִרְגוּ Qal impv. 2 m.p. (הָרַג 246) *kill*

כָל־זָכָר n.m.s. cstr. (481)-adj. m.s. (271) *every male*

בַּטָּף prep.-def.art.-n.m.s. paus. (381) *among the little ones*

וְכָל־אִשָּׁה conj.-n.m.s. cstr. (481)-n.f.s. (61) *and every woman*

יֹדַעַת אִישׁ Qal act.ptc. f.s. cstr. (יָדַע 393)-n.m.s. (35) *who has known man*

לְמִשְׁכַּב זָכָר prep.-n.m.s. cstr. (1012)-v.supra *by lying with a male*

הֲרֹגוּ Qal impv. 2 m.p. (הָרַג 246) *kill*

31:18

וְכֹל הַטַּף conj. n.m.s. cstr. (481)-def.art.-n.m.s. (381) *but all the young girls*

בַּנָּשִׁים prep.-def.art.-n.f.p. (61) *among the women*

אֲשֶׁר לֹא־יָדְעוּ rel. (81)-neg.-Qal pf. 3 c.p. (יָדַע 393) *who have not known*

מִשְׁכַּב זָכָר n.m.s. cstr. (1012)-adj. m.s. (271) *by lying with a male*

הַחֲיוּ לָכֶם Hi. impv. 2 m.p. (חָיָה 310)-prep.-2 m.p. sf. *keep alive for yourselves*

31:19

וְאַתֶּם חֲנוּ conj.-pers.pr. 2 m.p. (61)-Qal impv. 2 m.p. (חָנָה 333) *but you encamp*

מִחוּץ prep.-n.m.s. (299) *outside*

לַמַּחֲנֶה prep.-def.art.-n.m.s. (334) *the camp*

שִׁבְעַת יָמִים num. f. cstr. (I 987)-n.m.p. (398) *seven days*

כֹּל הֹרֵג n.m.s. (481)-Qal act.ptc. (הָרַג 246) *whoever has killed*

נֶפֶשׁ n.f.s. (659) *any person*

וְכֹל נֹגֵעַ conj.-v.supra-Qal act.ptc. (נָגַע 619) *and whoever has touched*

בֶּחָלָל prep.-def.art.-n.m.s. (I 319) *any slain*

תִּתְחַטְּאוּ Hith. impf. 2 m.p. (חָטָא 306) *purify yourselves*

בַּיּוֹם הַשְּׁלִישִׁי prep.-def.art.-n.m.s. (398)-def.art.-num.adj. (1026) *on the third day*

וּבַיּוֹם הַשְּׁבִיעִי conj.-v.supra-def.art.-num.adj. (988) *and on the seventh day*

אַתֶּם pers.pr. 2 m.p. (61) *you*

וּשְׁבִיכֶם conj.-n.m.s.-2 m.p. sf. (985) *and your captives*

31:20

וְכָל־בֶּגֶד conj.-n.m.s. cstr. (481)-n.m.s. (93) *and every garment*

וְכָל־כְּלִי־עוֹר v.supra-n.m.s. cstr. (479)-n.m.s. (736) *and every article of skin*

וְכָל־מַעֲשֵׂה עִזִּים v.supra-n.m.s. cstr. (795)-n.f.p. (777) *and all work of goats' hair*

וְכָל־כְּלִי־עֵץ v.supra-v.supra-n.m.s. (781) *and every article of wood*

תִּתְחַטָּאוּ Hith. impf. 2 m.p. (חָטָא 306) *you shall purify*

31:21

וַיֹּאמֶר אֶלְעָזָר consec.-Qal impf. 3 m.s. (55)-pr.n. (46) *and Eleazar said*

הַכֹּהֵן def.art.-n.m.s. (463) *the priest*

אֶל־אַנְשֵׁי הַצָּבָא prep.-n.m.p. cstr. (35)-def.art.-n.m.s. (838) *to the men of war*

הַבָּאִים def.art.-Qal act.ptc. m.p. (בּוֹא 97) *who had gone*

לַמִּלְחָמָה prep.-def.art.-n.f.s. (536) *to battle*

זֹאת חֻקַּת demons.adj. f.s. (260)-n.f.s. cstr. (349) *this is the statute of*

הַתּוֹרָה def.art.-n.f.s. (435) *the law*

אֲשֶׁר־צִוָּה יהוה rel. (81)-Pi. pf. 3 m.s. (צָוָה 845)-pr.n. (217) *which Yahweh has commanded*

אֶת־מֹשֶׁה dir.obj.-pr.n. (602) *Moses*

31:22

אַךְ adv. (36) *only*

אֶת־הַזָּהָב dir.obj.-def.art.-n.m.s. (262) *the gold*

וְאֶת־הַכֶּסֶף conj.-dir.obj.-def.art.-n.m.s. paus. (494) *and the silver*

אֶת־הַנְּחֹשֶׁת dir.obj.-def.art.-n.f.s. (638) *the bronze*

אֶת־הַבַּרְזֶל dir.obj.-def.art.-n.m.s. (137) *the iron*

אֶת־הַבְּדִיל dir.obj.-def.art.-n.m.s. (95) *the tin*

וְאֶת־הָעֹפָרֶת conj.-dir.obj.-def.art.-n.f.s. paus. (780) *and the lead*

31:23

כָּל־דָּבָר n.m.s. cstr. (481)-n.m.s. (182) *everything*

אֲשֶׁר־יָבֹא בָאֵשׁ rel. (81)-Qal impf. 3 m.s. (בּוֹא 97)-prep.-def.art.-n.f.s. (77) *that can stand the fire*

תַּעֲבִירוּ Hi. impf. 2 m.p. (עָבַר 716) *you shall pass*

בָאֵשׁ v.supra *through the fire*

וְטָהֵר conj.-Qal pf. 3 m.s. (372) *and it shall be clean*

אַךְ adv. (36) *nevertheless*

בְּמֵי נִדָּה prep.-n.m.p. cstr. (565)-n.f.s. (622) *with the waters of impurity*

יִתְחַטָּא Hith. impf. 3 m.s. (חָטָא 306) *it shall be purified*

וְכֹל אֲשֶׁר conj.-n.m.s. (481)-rel. (81) *and whatever*

לֹא־יָבֹא neg.-Qal impf. 3 m.s. (בּוֹא 97) *cannot stand*

בָּאֵשׁ prep.-def.art.-n.f.s. (77) *the fire*

תַּעֲבִירוּ Hi. impf. 2 m.p. (עָבַר 716) *you shall pass through*

בַּמָּיִם prep.-def.art.-n.m.p. paus. (565) *the water*

31:24

וְכִבַּסְתֶּם conj.-Pi. pf. 2 m.p. (כָּבַס 460) *you must wash*

בִּגְדֵיכֶם n.m.p.-2 m.p. sf. (93) *your clothes*

בַּיּוֹם הַשְּׁבִיעִי prep.-def.art.-n.m.s. (398)-def.art.-num.adj. (988) *on the seventh day*

וּטְהַרְתֶּם conj.-Qal pf. 2 m.p. (טָהֵר 372) *and you shall be clean*

וְאַחַר conj.-adv. (29) *and afterward*

תָּבֹאוּ Qal impf. 2 m.p. (בּוֹא 97) *you shall come*

אֶל־הַמַּחֲנֶה prep.-def.art.-n.m.s. (334) *into the camp*

31:25

וַיֹּאמֶר יהוה consec.-Qal impf. 3 m.s. (55)-pr.n. (217) *and Yahweh said*

אֶל־מֹשֶׁה prep.-pr.n. (602) *to Moses*

לֵאמֹר prep.-Qal inf.cstr. (55) *(saying)*

31:26

שָׂא Qal impv. 2 m.s. (נָשָׂא 669) *take*

אֵת רֹאשׁ dir.obj.-n.m.s. cstr. (910) *the count of*

מַלְקוֹחַ הַשְּׁבִי n.m.s. cstr. (I 544)-def.art.-n.m.s. (985) *the booty that was taken*

בָּאָדָם prep.-def.art.-n.m.s. (9) *both of man*

וּבַבְּהֵמָה conj.-prep.-def.art.-n.f.s. (96) *and of beast*

אַתָּה וְאֶלְעָזָר pers.pr. 2 m.s. (61)-conj.-pr.n. (46) *you and Eleazar*

הַכֹּהֵן def.art.-n.m.s. (463) *the priest*

וְרָאשֵׁי conj.-n.m.p. cstr. (910) *and the heads of*

אֲבוֹת הָעֵדָה n.m.p. cstr. (3)-def.art.-n.f.s. (417) *the fathers of the congregation*

721

31:27

וְחָצִיתָ conj.-Qal pf. 2 m.s. (חָצָה 345) *and you shall divide*

אֶת־הַמַּלְקוֹחַ dir.obj.-def.art.-n.m.s. (544) *the booty*

בֵּין תֹּפְשֵׂי הַמִּלְחָמָה prep. (107)-Qal act.ptc. m.p. cstr. (תָּפַשׂ 1074)-def.art.-n.f.s. (536) *between the warriors*

הַיֹּצְאִים def.art.-Qal act.ptc. m.p. (יָצָא 422) *who went out*

לַצָּבָא prep.-def.art.-n.m.s. (838) *to battle*

וּבֵין כָּל־הָעֵדָה conj.-v.supra-n.m.s. cstr. (481)-def.art.-n.f.s. (417) *and all the congregation*

31:28

וַהֲרֵמֹת conj.-Hi. pf. 2 m.s. (רוּם 926) *and you shall levy*

מֶכֶם n.m.s. (493) *a tribute*

לַיהוָה prep.-pr.n. (217) *for Yahweh*

מֵאֵת אַנְשֵׁי הַמִּלְחָמָה prep.-dir.obj.-n.m.p. cstr. (35)-def.art.-n.f.s. (536) *from the men of war*

הַיֹּצְאִים def.art.-Qal act.ptc. m.p. (יָצָא 422) *who went out*

לַצָּבָא prep.-def.art.-n.m.s. (838) *to battle*

אֶחָד נֶפֶשׁ num. (25; GK 134d)-n.f.s. (659) *one person*

מֵחֲמֵשׁ הַמֵּאוֹת prep.-num. cstr. (331)-def.art.-n.f.p. (547) *out of five hundred*

מִן־הָאָדָם prep.-def.art.-n.m.s. (9) *of the persons*

וּמִן־הַבָּקָר conj.-prep.-def.art.-n.m.s. (133) *and of the oxen*

וּמִן־הַחֲמֹרִים v.supra-def.art.-n.m.p. (331) *and of the asses*

וּמִן־הַצֹּאן v.supra-def.art.-n.f.s. (838) *and of the flocks*

31:29

מִמַּחֲצִיתָם prep.-n.f.s.-3 m.p. sf. (345) *from their half*

תִּקָּחוּ Qal impf. 2 m.p. paus. (לָקַח 542) *you shall take*

וְנָתַתָּה conj.-Qal pf. 2 m.s. (נָתַן 678) *and give it*

לְאֶלְעָזָר prep.-pr.n. (46) *to Eleazar*

הַכֹּהֵן def.art.-n.m.s. (463) *the priest*

תְּרוּמַת יהוה n.f.s. cstr. (929)-pr.n. (217) *as an offering to Yahweh*

31:30

וּמִמַּחֲצִת conj.-prep.-n.f.s. (345) *and from the half of*

בְּנֵי־יִשְׂרָאֵל n.m.p. cstr. (119)-pr.n. (975) *the people of Israel*

תִּקַּח Qal impf. 2 m.s. (לָקַח 542) *you shall take*

אֶחָד אָחֻז num. (25)-Qal pass.ptc. (אָחַז 28) *one drawn out*

מִן־הַחֲמִשִּׁים prep.-def.art.-num. p. (332) *of every fifty*

מִן־הָאָדָם prep.-def.art.-n.m.s. (9) *of the persons*

מִן־הַבָּקָר prep.-def.art.-n.m.s. (133) *of the oxen*

מִן־הַחֲמֹרִים v.supra-def.art.-n.m.p. (331) *of the asses*

וּמִן־הַצֹּאן conj.-v.supra-def.art.-n.f.s. (838) *and of the flocks*

מִכָּל־הַבְּהֵמָה prep.-n.m.s. cstr. (481)-def.art.-n.f.s. (96) *of all the cattle*

וְנָתַתָּה אֹתָם conj.-Qal pf. 2 m.s. (נָתַן 678)-dir.obj.-3 m.p. sf. *and give them*

לַלְוִיִּם prep.-def.art.-adj.gent. p. (532) *to the Levites*

שֹׁמְרֵי מִשְׁמֶרֶת Qal act.ptc. m.p. cstr. (1036)-n.f.s. cstr. (1038) *who have charge of*

מִשְׁכַּן יהוה n.m.s. cstr. (1015)-pr.n. (217) *the tabernacle of Yahweh*

31:31

וַיַּעַשׂ מֹשֶׁה consec.-Qal impf. 3 m.s. (עָשָׂה I 793)-pr.n. (602) *and Moses did*

וְאֶלְעָזָר conj.-pr.n. (46) *and Eleazar*

הַכֹּהֵן def.art.-n.m.s. (463) *the priest*

כַּאֲשֶׁר צִוָּה יהוה prep.-rel. (81)-Pi. pf. 3 m.s. (צִוָּה 845)-pr.n. (217) *as Yahweh commanded*

אֶת־מֹשֶׁה dir.obj.-pr.n. (602) *Moses*

31:32

וַיְהִי הַמַּלְקוֹחַ consec.-Qal impf. 3 m.s. (הָיָה 224)-def.art.-n.m.s. (544) *now the booty was*

יֶתֶר הַבַּז n.m.s. cstr. (451)-def.art.-n.m.s. (103) *remaining of the spoil*

אֲשֶׁר בָּזְזוּ rel. (81)-Qal pf. 3 c.p. (בָּזַז 102) *that ... took*

עַם הַצָּבָא n.m.s. cstr. (I 766)-def.art.-n.m.s. (838) *the men of war*

שֵׁשׁ־מֵאוֹת אֶלֶף num. (995)-n.f.p. (547)-n.m.s. (48) *six hundred thousand*

וְשִׁבְעִים אֶלֶף conj.-num. p. (988)-v.supra *and seventy thousand*

וַחֲמֵשֶׁת אֲלָפִים conj.-num. f. cstr. (331)-n.m.p. (48) *and five thousand*

31:33

וּבָקָר conj.-n.m.s. (133) *cattle*

שְׁנַיִם וְשִׁבְעִים num. du. (1040)-conj.-num. p. (988) *seventy-two*
אָלֶף n.m.s. paus. (48) *thousand*

31:34

וַחֲמֹרִים conj.-n.m.p. (331) *and asses*
אֶחָד וְשִׁשִּׁים num. (25)-conj.-num. p. (995) *sixty-one*
אָלֶף n.m.s. paus. (48) *thousand*

31:35

וְנֶפֶשׁ אָדָם conj.-n.f.s. cstr. (659)-n.m.s. (9) *and persons*
מִן־הַנָּשִׁים prep.-def.art.-n.f.p. (61) *from the women*
אֲשֶׁר לֹא־יָדְעוּ rel. (81)-neg.-Qal pf. 3 c.p. (393) *who had not known*
מִשְׁכַּב זָכָר n.m.s. cstr. (1012)-adj. m.s. (271) *by lying with a male*
כָּל־נֶפֶשׁ n.m.s. cstr. (481)-v.supra *every person*
שְׁנַיִם וּשְׁלֹשִׁים num. du. (1040)--conj.-num. p. (1026) *thirty-two*
אָלֶף n.m.s. paus. (48) *thousand*

31:36

וַתְּהִי הַמֶּחֱצָה consec.-Qal impf. 3 f.s. (הָיָה 224)-def.art.-n.f.s. (345) *and the half was*
חֵלֶק הַיֹּצְאִים n.m.s. cstr. (324)-def.art.-Qal act.ptc. m.p. (יָצָא 422) *the portion of those who had gone out*
בַּצָּבָא prep.-def.art.-n.m.s. (838) *to war*
מִסְפַּר הַצֹּאן n.m.s. cstr. (708)-def.art.-n.f.s. (838) *the number of sheep*
שְׁלֹשׁ־מֵאוֹת אֶלֶף num. cstr. (1025)-n.f.p. (547)-n.m.s. (48) *three hundred thousand*
וּשְׁלֹשִׁים אֶלֶף conj.-num. p. (1026)-v.supra *and thirty thousand*
וְשִׁבְעַת אֲלָפִים conj.-n.f.s. cstr. (I 987)-n.m.p. (48) *and seven thousand*
וַחֲמֵשׁ מֵאוֹת conj.-num. cstr. (331)-n.f.p. (547) *and five hundred*

31:37

וַיְהִי הַמֶּכֶס consec.-Qal impf. 3 m.s. (הָיָה 224)-def.art.-n.m.s. (493) *and the tribute was*
לַיהוה prep.-pr.n. (217) *to Yahweh*
מִן־הַצֹּאן prep.-def.art.-n.f.s. (838) *of the sheep*
שֵׁשׁ מֵאוֹת num. cstr. (995)-n.f.p. (547) *six hundred*
חָמֵשׁ וְשִׁבְעִים num. (331)-conj.-num. p. (988) *and seventy-five*

31:38

וְהַבָּקָר conj.-def.art.-n.m.s. (133) *and the cattle*
שִׁשָּׁה וּשְׁלֹשִׁים אֶלֶף num. f. (995)-conj.-num. p. (1026)-n.m.s. paus. (48) *thirty-six thousand*
וּמִכְסָם conj.-n.m.s.-3 m.p. sf. (493) *and their tribute*
לַיהוה prep.-pr.n. (217) *to Yahweh*
שְׁנַיִם וְשִׁבְעִים num. du. (1040)-conj.-num. p. (988) *seventy-two*

31:39

וַחֲמֹרִים conj.-n.m.p. (331) *and the asses*
שְׁלֹשִׁים אֶלֶף num. p. (1026)-n.m.s. (48) *thirty thousand*
וַחֲמֵשׁ מֵאוֹת conj.-num. cstr. (331)-n.f.p. (547) *five hundred*
וּמִכְסָם conj.-n.m.s.-3 m.p. sf. (493) *and their tribute*
לַיהוה prep.-pr.n. (217) *to Yahweh*
אֶחָד וְשִׁשִּׁים num. (25)-conj.-num. p. (995) *sixty-one*

31:40

וְנֶפֶשׁ אָדָם conj.-n.f.s. cstr. (659)-n.m.s. (9) *the persons*
שִׁשָּׁה עָשָׂר num. f. (995)-num. (797) *sixteen*
אָלֶף n.m.s. paus. (48) *thousand*
וּמִכְסָם לַיהוה conj.-n.m.s.-3 m.p. sf. (493)-prep.-pr.n. (217) *and their tribute to Yahweh*
שְׁנַיִם וּשְׁלֹשִׁים num. du. (1040)-conj.-num. p. (1026) *thirty-two*
נָפֶשׁ n.f.s. paus. (659) *persons*

31:41

וַיִּתֵּן מֹשֶׁה consec.-Qal impf. 3 m.s. (נָתַן 678)-pr.n. (602) *and Moses gave*
אֶת־מֶכֶס dir.obj.-n.m.s. (493) *the tribute*
תְּרוּמַת יהוה n.f.s. cstr. (929)-pr.n. (217) *the offering for Yahweh*
לְאֶלְעָזָר prep.-pr.n. (46) *to Eleazar*
הַכֹּהֵן def.art.-n.m.s. (463) *the priest*
כַּאֲשֶׁר צִוָּה יהוה prep.-rel. (81)-Pi. pf. 3 m.s. (845)-v.supra *as Yahweh commanded*
אֶת־מֹשֶׁה dir.obj.-pr.n. (602) *Moses*

31:42

וּמִמַּחֲצִית conj.-prep.-n.f.s. (345) *and from the half of*
בְּנֵי יִשְׂרָאֵל n.m.p. cstr. (119)-pr.n. (975) *the people of Israel*
אֲשֶׁר חָצָה מֹשֶׁה rel. (81)-Qal pf. 3 m.s. (חָצָה 345)-pr.n. (602) *which Moses separated*

723

מִן־הָאֲנָשִׁים prep.-def.art.-n.m.p. (35) *from the men*

הַצֹּבְאִים def.art.-Qal act.ptc. m.p. (צָבָא 838) *who had gone to war*

31:43

וַתְּהִי consec.-Qal impf. 3 f.s. (הָיָה 224) *now was*

מֶחֱצַת הָעֵדָה n.f.s. cstr. (345)-def.art.-n.f.s. (417) *the half of the congregation*

מִן־הַצֹּאן *from the sheep*

שְׁלֹשׁ־מֵאוֹת אֶלֶף num. cstr. (1025)-n.f.p. (547) -n.m.s. (48) *three hundred thousand*

וּשְׁלֹשִׁים אֶלֶף conj.-num. p. (1026)-v.supra *and three thousand*

שִׁבְעַת אֲלָפִים n.f.s. cstr. (I 987)-n.m.p. (48) *seven thousand*

וַחֲמֵשׁ מֵאוֹת conj.-num. cstr. (331)-n.f.p. (547) *and five hundred*

31:44

וּבָקָר conj.-n.m.s. (133) *and cattle*

שִׁשָּׁה וּשְׁלֹשִׁים num. f. (995)-conj.-num. p. (1026) *thirty-six*

אָלֶף n.m.s. paus. (48) *thousand*

31:45

וַחֲמֹרִים conj.-n.m.p. (331) *and asses*

שְׁלֹשִׁים אֶלֶף num. p. (1026)-n.m.s. (48) *thirty thousand*

וַחֲמֵשׁ מֵאוֹת conj.-num. cstr. (331)-n.f.p. (547) *and five hundred*

31:46

וְנֶפֶשׁ אָדָם conj.-n.f.s. cstr. (659)-n.m.s. (9) *and persons*

שִׁשָּׁה עָשָׂר num. f. (995)-num. (797) *sixteen*

אָלֶף n.m.s. paus. (48) *thousand*

31:47

וַיִּקַּח מֹשֶׁה consec.-Qal impf. 3 m.s. (לָקַח 542) -pr.n. (602) *and Moses took*

מִמַּחֲצִת prep.-n.f.s. cstr. (345) *from the half of*

בְּנֵי־יִשְׂרָאֵל n.m.p. cstr. (119)-pr.n. (975) *the people of Israel*

אֶת־הָאָחֻז dir.obj.-def.art.-Qal pass.ptc. (אָחַז 28; LXX omits) *(the one taken)*

אֶחָד num. (25) *one*

מִן־הַחֲמִשִּׁים prep.-def.art.-num. p. (332) *of every fifty*

מִן־הָאָדָם prep.-def.art.-n.m.s. (9) *both of persons*

וּמִן־הַבְּהֵמָה conj.-prep.-def.art.-n.f.s. (96) *and of beasts*

וָאֶתֵּן אֹתָם consec.-Qal impf. 3 m.s. (נָתַן 678) -dir.obj.-3 m.p. sf. *and gave them*

לַלְוִיִּם prep.-def.art.-adj.gen. (532) *to the Levites*

שֹׁמְרֵי מִשְׁמֶרֶת Qal act.ptc. m.p. cstr. (שָׁמַר 1036)-n.f.s. cstr. (1038) *who had charge of*

מִשְׁכַּן יהוה n.m.s. cstr. (1015)-pr.n. (217) *the tabernacle of Yahweh*

כַּאֲשֶׁר צִוָּה prep.-rel. (81)-Pi. pf. 3 m.s. (צָוָה 845) *as ... commanded*

יהוה pr.n. (217) *Yahweh*

אֶת־מֹשֶׁה dir.obj.-pr.n. (602) *Moses*

31:48

וַיִּקְרְבוּ consec.-Qal impf. 3 m.p. (קָרַב 897) *then drew near*

אֶל־מֹשֶׁה prep.-pr.n. (602) *to Moses*

הַפְּקֻדִים def.art.-Qal pass.ptc. m.p. (פָּקַד 823) *the officers*

אֲשֶׁר לְאַלְפֵי rel. (81)-prep.-n.m.p. cstr. (48) *who were over the thousands of*

הַצָּבָא def.art.-n.m.s. (838) *the army*

שָׂרֵי הָאֲלָפִים n.m.p. cstr. (978)-def.art.-n.m.p. (48) *the captains of thousands*

וְשָׂרֵי הַמֵּאוֹת conj.-v.supra-def.art.-n.f.p. (547) *and the captains of hundreds*

31:49

וַיֹּאמְרוּ consec.-Qal impf. 3 m.p. (55) *and they said*

אֶל־מֹשֶׁה prep.-pr.n. (602) *to Moses*

עֲבָדֶיךָ n.m.p.-2 m.s. sf. (713) *your servants*

נָשְׂאוּ אֶת־רֹאשׁ Qal pf. 3 c.p. (נָשָׂא 669)-dir. obj.-n.m.s. cstr. (910) *have counted (taken the sum of)*

אַנְשֵׁי הַמִּלְחָמָה n.m.p. cstr. (35)-def.art.-n.f.s. (536) *the men of war*

אֲשֶׁר בְּיָדֵנוּ rel. (81)-prep.-n.f.s.-1 c.p. sf. (388) *who are under our command*

וְלֹא־נִפְקַד conj.-neg.-Ni. pf. 3 m.s. (פָּקַד 823) *and there is not missing*

מִמֶּנּוּ prep.-1 c.p. sf. *from us*

אִישׁ n.m.s. (35) *a man*

31:50

וַנַּקְרֵב consec.-Hi. impf. 1 c.p. (קָרַב 897) *and we have brought*

אֶת־קָרְבַּן יהוה dir.obj.-n.m.s. cstr. (898)-pr.n. (217) *the offering of Yahweh*

אִישׁ אֲשֶׁר מָצָא n.m.s. (35)-rel. (81)-Qal pf. 3 m.s. (592) *what each man found*

כְּלִי־זָהָב n.m.s. cstr. (479)-n.m.s. (262) *articles of gold*

אֶצְעָדָה n.f.s. (858) *armlets*

וְצָמִיד conj.-n.m.s. (I 855) *and bracelets*

טַבַּעַת n.f.s. (371) *signet rings*

עָגִיל n.m.s. (722) *earrings*

וְכוּמָז conj.-n.m.s. (484) *and beads*

לְכַפֵּר prep.-Pi. inf.cstr. (כָּפַר 497) *to make atonement*

עַל־נַפְשֹׁתֵינוּ prep.-n.f.p.-1 c.p. sf. (659) *for ourselves*

לִפְנֵי יהוה prep.-n.m.p. cstr. (815)-pr.n. (217) *before Yahweh*

31:51

וַיִּקַּח consec.-Qal impf. 3 m.s. (לָקַח 542) *and received*

מֹשֶׁה pr.n. (602) *Moses*

וְאֶלְעָזָר conj.-pr.n. (46) *and Eleazar*

הַכֹּהֵן def.art.-n.m.s. (463) *the priest*

אֶת־הַזָּהָב dir.obj.-def.art.-n.m.s. (262) *the gold*

מֵאִתָּם prep. prep.-3 m.p. sf. (85) *from them*

כֹּל כְּלִי מַעֲשֶׂה n.m.s. cstr. (481)-n.m.s. cstr. (479)-n.m.s. (795) *all wrought articles*

31:52

וַיְהִי consec.-Qal impf. 3 m.s. (הָיָה 224) *and was*

כָּל־זְהַב הַתְּרוּמָה n.m.s. cstr. (481)-n.m.s. cstr. (262)-def.art.-n.f.s. (929) *all the gold of the offering*

אֲשֶׁר הֵרִימוּ rel. (81)-Hi. pf. 3 c.p. (רוּם 926) *that they offered*

לַיהוה prep.-pr.n. (217) *to Yahweh*

שִׁשָּׁה עָשָׂר אֶלֶף num. f. (995)-n.m.s. (797)-n.m.s. (48) *sixteen thousand*

שְׁבַע־מֵאוֹת num. cstr. (I 987)-n.f.p. (547) *seven hundred*

וַחֲמִשִּׁים שָׁקֶל conj.-num. p. (332)-n.m.s. paus. (1053) *and fifty shekels*

מֵאֵת שָׂרֵי הָאֲלָפִים prep.-prep. (85)-n.m.p. cstr. (978)-def.art.-n.m.p. (48) *from the commanders of thousands*

וּמֵאֵת שָׂרֵי הַמֵּאוֹת conj.-v.supra-v.supra-def.art.-n.f.p. (547) *and from the commanders of hundreds*

31:53

אַנְשֵׁי הַצָּבָא n.m.p. cstr. (35)-def.art.-n.m.s. (838) *the men of war*

בָּזְזוּ Qal pf. 3 c.p. (בָּזַז 102) *had taken booty*

אִישׁ לוֹ n.m.s. (35)-prep.-3 m.s. sf. *every man for himself*

31:54

וַיִּקַּח מֹשֶׁה consec.-Qal impf. 3 m.s. (לָקַח 542)-pr.n. (602) *and Moses received*

וְאֶלְעָזָר conj.-pr.n. (46) *and Eleazar*

הַכֹּהֵן def.art.-n.m.s. (463) *the priest*

אֶת־הַזָּהָב dir.obj.-def.art.-n.m.s. (262) *the gold*

מֵאֵת שָׂרֵי הָאֲלָפִים prep.-prep. (85)-n.m.p. cstr. (978)-def.art.-n.m.p. (48) *from the commanders of thousands*

וְהַמֵּאוֹת conj.-def.art.-n.f.p. (547) *and of hundreds*

וַיָּבִאוּ אֹתוֹ 97) consec.-Hi. impf. 3 m.p. (בּוֹא 97)-dir.obj.-3 m.s. sf. *and brought it*

אֶל־אֹהֶל מוֹעֵד prep.-n.m.s. cstr. (13)-n.m.s. (417) *into the tent of meeting*

זִכָּרוֹן n.m.s. (272) *as a memorial*

לִבְנֵי־יִשְׂרָאֵל prep.-n.m.p. cstr. (119)-pr.n. (975) *for the people of Israel*

לִפְנֵי יהוה prep.-n.m.p. cstr. (815)-pr.n. (217) *before Yahweh*

32:1

וּמִקְנֶה רַב conj.-n.m.s. (889)-adj. m.s. (I 912) *now a multitude of cattle*

הָיָה Qal pf. 3 m.s. (224) *had*

לִבְנֵי רְאוּבֵן prep.-n.m.p. cstr. (119)-pr.n. (910) *the sons of Reuben*

וְלִבְנֵי־גָד conj.-v.supra-pr.n. (III 151) *and the sons of Gad*

עָצוּם מְאֹד adj. m.s. (783)-adv. (547) *very numerous*

וַיִּרְאוּ consec.-Qal impf. 3 m.p. (רָאָה 906) *and they saw*

אֶת־אֶרֶץ יַעְזֵר dir.obj.-n.f.s. cstr. (75)-pr.n. (741) *the land of Jazer*

וְאֶת־אֶרֶץ גִּלְעָד conj.-v.supra-v.supra-pr.n. (166) *and the land of Gilead*

וְהִנֵּה הַמָּקוֹם conj.-demons.part. (243)-def.art.-n.m.s. (879) *and behold, the place*

מְקוֹם מִקְנֶה n.m.s. cstr. (879)-n.m.s. (889) *a place for cattle*

32:2

וַיָּבֹאוּ 97) consec.-Qal impf. 3 m.p. (בּוֹא 97) *so came*

בְנֵי־גָד n.m.p. cstr. (119)-pr.n. (III 151) *the sons of Gad*

וּבְנֵי רְאוּבֵן conj.-v.supra-pr.n. (910) *and the sons of Reuben*

וַיֹּאמְרוּ consec.-Qal impf. 3 m.p. (55) *and said*

אֶל־מֹשֶׁה prep.-pr.n. (602) *to Moses*

וְאֶל־אֶלְעָזָר conj.-v.supra-pr.n. (46) *and to Eleazar*

הַכֹּהֵן def.art.-n.m.s. (463) *the priest*

וְאֶל־נְשִׂיאֵי conj.-v.supra-n.m.p. cstr. (672) *and to the leaders of*

הָעֵדָה def.art.-n.f.s. (417) *the congregation*

לֵאמֹר prep.-Qal inf.cstr. (55) *(saying)*

32:3

עֲטָרוֹת pr.n. (743) *Ataroth*

וְדִיבֹן conj.-pr.n. (192) *and Dibon*

וְיַעְזֵר conj.-pr.n. (741) *and Jazer*

וְנִמְרָה conj.-pr.n. (649) *and Nimrah*

וְחֶשְׁבּוֹן conj.-pr.n. (II 363) *and Heshbon*

וְאֶלְעָלֵה conj.-pr.n. (46) *and Elealeh*

וּשְׂבָם conj.-pr.n. (959) *and Sebam*

וּנְבוֹ conj.-pr.n. (612) *and Nebo*

(בֵּית מְעוֹן ;בֵּית בַּעַל מְעוֹן ;וּבְעֹן conj.-pr.n. (111) *and Beon*

32:4

הָאָרֶץ def.art.-n.f.s. (75) *the land*

אֲשֶׁר הִכָּה יהוה rel. (81)-Hi. pf. 3 m.s. (נָכָה 645)-pr.n. (217) *which Yahweh smote*

לִפְנֵי עֲדַת prep.-n.m.p. cstr. (815)-n.f.s. cstr. (417) *before the congregation of*

יִשְׂרָאֵל pr.n. (975) *Israel*

אֶרֶץ מִקְנֶה הִוא n.f.s. cstr. (75)-n.m.s. (889)-pers. pr. 3 f.s. (214) *it is a land for cattle*

וְלַעֲבָדֶיךָ conj.-prep.-n.m.p.-2 m.s. sf. (713) *and your servants have*

מִקְנֶה v.supra *cattle*

32:5

וַיֹּאמְרוּ consec.-Qal impf. 3 m.p. (55) *and they said*

אִם־מָצָאנוּ חֵן hypoth.part. (49)-Qal pf. 1 c.p. (מָצָא 592)-n.m.s. (336) *if we have found favor*

בְּעֵינֶיךָ prep.-n.f.p.-2 m.s. sf. (744) *in your sight*

יֻתַּן Ho. impf. 3 m.s. vol. (נָתַן 678) *let be given*

אֶת־הָאָרֶץ הַזֹּאת dir.obj.-def.art.-n.f.s. (75) -def.art.-demons.adj. f.s. (260) *this land*

לַעֲבָדֶיךָ prep.-n.m.p.-2 m.s. sf. (713) *to your servants*

לַאֲחֻזָּה prep.-n.f.s. (28) *for a possession*

אַל־תַּעֲבִרֵנוּ neg. (39)-Hi. impf. 2 m.s.-1 c.p. sf. (עָבַר 716) *do not take us across*

אֶת־הַיַּרְדֵּן dir.obj.-def.art.-pr.n. (434) *the Jordan*

32:6

וַיֹּאמֶר מֹשֶׁה consec.-Qal impf. 3 m.s. (55)-pr.n. (602) *but Moses said*

לִבְנֵי־גָד prep.-n.m.p. cstr. (119)-pr.n. (III 151) *to the sons of Gad*

וְלִבְנֵי רְאוּבֵן conj.-v.supra-pr.n. (910) *and to the sons of Reuben*

הַאַחֵיכֶם interr.part. (GK 150m)-n.m.p.-2 m.p. sf. (26) *shall your brothers?*

יָבֹאוּ Qal impf. 3 m.p. (בּוֹא 97) *go*

לַמִּלְחָמָה prep.-def.art.-n.f.s. (536) *to the war*

וְאַתֶּם conj.-pers.pr. 2 m.p. (61) *while you*

תֵּשְׁבוּ פֹה Qal impf. 2 m.p. (יָשַׁב 442)-adv. (805) *sit here?*

32:7

וְלָמָּה תְנוּאוּן conj.-prep.-interr. (552)-Qal impf. 2 m.p. (נוא 626; Q-תְנִיאוּן as Hi.) *why will you discourage*

אֶת־לֵב dir.obj.-n.m.s. cstr. (524) *the heart of*

בְּנֵי יִשְׂרָאֵל n.m.p. cstr. (119)-pr.n. (975) *the people of Israel*

מֵעֲבֹר prep.-Qal inf.cstr. (עָבַר 716) *from going over*

אֶל־הָאָרֶץ prep.-def.art.-n.f.s. (75) *into the land*

אֲשֶׁר־נָתַן rel. (81)-Qal pf. 3 m.s. (678) *which ... has given*

לָהֶם prep.-3 m.p. sf. *them*

יהוה pr.n. (217) *Yahweh*

32:8

כֹּה עָשׂוּ adv. (462)-Qal pf. 3 c.p. (עָשָׂה I 793) *thus did*

אֲבֹתֵיכֶם n.m.p.-2 m.p. sf. (3) *your fathers*

בְּשָׁלְחִי אֹתָם prep.-Qal inf.cstr.-1 c.s. sf. (שָׁלַח 1018)-dir.obj.-3 m.p. sf. *when I sent them*

מִקָּדֵשׁ בַּרְנֵעַ prep.-pr.n. (II 873) *from Kadesh-barnea*

לִרְאוֹת prep.-Qal inf.cstr. (רָאָה 906) *to see*

אֶת־הָאָרֶץ dir.obj.-def.art.-n.f.s. (75) *the land*

32:9

וַיַּעֲלוּ consec.-Qal impf. 3 m.p. (עָלָה 748) *for when they went up*

עַד־נַחַל אֶשְׁכּוֹל prep. (III 723)-n.m.s. cstr. (636)-pr.n. (79) *to the Valley of Eshcol*

וַיִּרְאוּ consec.-Qal impf. 3 m.p. (רָאָה 906) *and saw*

אֶת־הָאָרֶץ dir.obj.-def.art.-n.f.s. (75) *the land*

וַיָּנִיאוּ consec.-Hi. impf. 3 m.p. (נוא 626) *they discouraged*

אֶת־לֵב dir.obj.-n.m.s. cstr. (524) *the heart of*

בְּנֵי יִשְׂרָאֵל n.m.p. cstr. (119)-pr.n. (975) *the people of Israel*

לְבִלְתִּי־בֹא prep.-neg. (116)-Qal inf.cstr. (בּוֹא 97) *from going*

אֶל־הָאָרֶץ v.supra-v.supra *into the land*

אֲשֶׁר נָתַן rel. (81)-Qal pf. 3 m.s. (678) *which ... had given*

לָהֶם prep.-3 m.p. sf. *them*

יהוה pr.n. (217) *Yahweh*

32:10

וַיִּחַר־אַף יהוה consec.-Qal impf. 3 m.s. (חָרָה 354)-n.m.s. cstr. (I 60)-pr.n. (217) *and Yahweh's anger was kindled*

בַּיּוֹם הַהוּא prep.-def.art.-n.m.s. (398)-def.art.-demons.adj. m.s. (214) *on that day*

וַיִּשָּׁבַע conj.-Ni. impf. 3 m.s. (שָׁבַע 989) *and he swore*

לֵאמֹר prep.-Qal inf.cstr. (55) *saying*

32:11

אִם־יִרְאוּ hypoth.part. (49)-Qal impf. 3 m.p. (רָאָה 906) *surely shall see*

הָאֲנָשִׁים def.art.-n.m.p. (35) *the men*

הָעֹלִים def.art.-Qal act.ptc. m.p. (עָלָה 748) *who came up*

מִמִּצְרַיִם prep.-pr.n. (595) *out of Egypt*

מִבֶּן עֶשְׂרִים שָׁנָה prep.-n.m.s. cstr. (119)-num. p. (797)-n.f.s. (1040) *from twenty years old*

וָמַעְלָה consec.-adv.-dir.he (751) *and upward*

אֵת הָאֲדָמָה dir.obj.-def.art.-n.f.s. (9) *the land*

אֲשֶׁר נִשְׁבַּעְתִּי rel. (81)-Ni. pf. 1 c.s. (שָׁבַע 989) *which I swore*

לְאַבְרָהָם prep.-pr.n. (4) *to Abraham*

לְיִצְחָק prep.-pr.n. (850) *to Isaac*

וּלְיַעֲקֹב conj.-prep.-pr.n. (784) *and to Jacob*

כִּי לֹא־מִלְאוּ conj. (471)-neg.-Pi. pf. 3 c.p. (מָלֵא 569) *because they have not wholly*

אַחֲרָי prep.-1 c.s. sf. (29) *followed me*

32:12

בִּלְתִּי כָלֵב neg. (116)-pr.n. (477) *none except Caleb*

בֶּן־יְפֻנֶּה n.m.s. cstr. (119)-pr.n. (819) *the son of Jephunneh*

הַקְּנִזִּי def.art.-adj.gent. (889) *the Kenizzite*

וִיהוֹשֻׁעַ conj.-pr.n. (221) *and Joshua*

בִּן־נוּן n.m.s. cstr. (119)-pr.n. (630) *the son of Nun*

כִּי־מִלְאוּ conj. (471)-Pi. pf. 3 c.p. (מָלֵא 569) *for they have wholly*

אַחֲרֵי יהוה prep. cstr. (29)-pr.n. (217) *followed Yahweh*

32:13

וַיִּחַר־אַף יהוה consec.-Qal impf. 3 m.s. (חָרָה 354)-n.m.s. cstr. (I 60)-pr.n. (217) *and Yahweh's anger was kindled*

בְּיִשְׂרָאֵל prep.-pr.n. (975) *against Israel*

וַיְנִעֵם consec.-Hi. impf. 3 m.s.-3 m.p. sf. (נוּעַ 631) *and he made them wander*

בַּמִּדְבָּר prep.-def.art.-n.m.s. (184) *in the wilderness*

אַרְבָּעִים שָׁנָה num. p. (917)-n.f.s. (1040) *forty years*

עַד־תֹּם prep. (III 723)-Qal inf.cstr. (תָּמַם 1070) *until ... were consumed*

כָּל־הַדּוֹר n.m.s. cstr. (481)-def.art.-n.m.s. (189) *all the generation*

הָעֹשֶׂה def.art.-Qal act.ptc. (עָשָׂה I 793) *that had done*

הָרַע def.art.-adj. m.s. (948) *evil*

בְּעֵינֵי יהוה prep.-n.f.p. cstr. (744)-pr.n. (217) *in the sight of Yahweh*

32:14

וְהִנֵּה conj.-demons.part. (243) *and behold*

קַמְתֶּם Qal pf. 2 m.p. (קוּם 877) *you have risen*

תַּחַת אֲבֹתֵיכֶם prep. (1065)-n.m.p.-2 m.p. sf. (3) *in your fathers' stead*

תַּרְבּוּת n.f.s. cstr. (916) *a brood of*

אֲנָשִׁים חַטָּאִים n.m.p. (35)-adj. m.p. (308) *sinful men*

לִסְפּוֹת עוֹד prep.-Qal inf.cstr. (סָפָה 705; GK 69h)-adv. (728) *to increase (sweep away) still more*

עַל חֲרוֹן אַף־יהוה prep.-n.m.s. cstr. (354)-n.m.s. cstr. (I 60)-pr.n. (217) *the fierce anger of Yahweh*

אֶל־יִשְׂרָאֵל prep.-pr.n. (975) *against Israel*

32:15

כִּי תְשׁוּבֻן conj. (471)-Qal impf. 2 m.p. (שׁוּב 996) *for if you turn away*

מֵאַחֲרָיו prep.-prep.-3 m.s. sf. (29) *from following him*

וְיָסַף עוֹד conj.-Qal pf. 3 m.s. (414)-adv. (728) *he will again*

לְהַנִּיחוֹ prep.-Hi. inf.cstr.-3 m.s. sf. (נוּחַ 628) *abandon them*

בַּמִּדְבָּר prep.-def.art.-n.m.s. (184) *in the wilderness*

וְשִׁחַתֶּם conj.-Pi. pf. 2 m.p. (שָׁחַת 1007) *and you will utterly destroy*

לְכָל־הָעָם הַזֶּה prep.-n.m.s. cstr. (481)-def.art. -n.m.s. (I 766)-def.art.-demons.adj. m.s. (260) *all this people*

32:16

וַיִּגְּשׁוּ אֵלָיו consec.-Qal impf. 3 m.p. (נָגַשׁ 620)-prep.-3 m.s. sf. *then they came near to him*

וַיֹּאמְרוּ consec.-Qal impf. 3 m.p. (55) *and said*

גִּדְרֹת צֹאן n.f.p. cstr. (I 155)-n.f.s. (838) *sheepfolds*

נִבְנֶה Qal impf. 1 c.p. (בָּנָה 124) *we will build*

לְמִקְנֵנוּ prep.-n.m.s.-1 c.p. sf. *for our flocks*

פֹּה adv. (805) *here*

וְעָרִים conj.-n.f.p. (746) *and cities*

לְטַפֵּנוּ prep.-n.m.s.-1 c.p. sf. (381) *for our little ones*

32:17

וַאֲנַחְנוּ conj.-pers.pr. 1 c.p. (59) *but we*

נֵחָלֵץ Ni. impf. 1 c.p. (חָלַץ 323) *will take up arms*

חֻשִׁים Qal pass.ptc. m.p. (חוּשׁ I 301; GK 72p; LXX-προφυλακή) *ready*

לִפְנֵי בְּנֵי יִשְׂרָאֵל prep.-n.m.p. cstr. (815)-n.m.p. cstr. (119)-pr.n. (975) *before the people of Israel*

עַד אֲשֶׁר אִם־הֲבִיאֹנֻם prep. (III 723)-rel. (81)-hypoth.part. (49)-Hi. pf. 1 c.p.-3 m.p. sf. (בּוֹא 97) *until we have brought them*

אֶל־מְקוֹמָם prep.-n.m.s.-3 m.p. sf. (879) *to their place*

וְיָשַׁב טַפֵּנוּ conj.-Qal pf. 3 m.s. (442)-n.m.s.-1 c.p. sf. (381) *and our little ones shall live*

בְּעָרֵי הַמִּבְצָר prep.-n.f.p. cstr. (746)-def.art. -n.m.s. (131) *in the fortified cities*

מִפְּנֵי יֹשְׁבֵי prep.-n.m.p. cstr. (815)-Qal act.ptc. m.p. cstr. (יָשַׁב 442) *because of the inhabitants of*

הָאָרֶץ def.art.-n.f.s. (75) *the land*

32:18

לֹא נָשׁוּב neg.-Qal impf. 1 c.p. (שׁוּב 996) *we will not return*

אֶל־בָּתֵּינוּ prep.-n.m.p.-1 c.p. sf. (108) *to our homes*

עַד הִתְנַחֵל prep. (III 723)-Hith. pf. 3 m.s. (נָחַל 635) *until ... have inherited*

בְּנֵי יִשְׂרָאֵל n.m.p. cstr. (119)-pr.n. (975) *the people of Israel*

אִישׁ n.m.s. (35) *each*

נַחֲלָתוֹ n.f.s.-3 m.s. sf. (635) *his inheritance*

32:19

כִּי לֹא נִנְחַל conj. (471)-neg.-Qal impf. 1 c.p. (נָחַל 635) *for we will not inherit*

אִתָּם prep.-3 m.p. sf. (85) *with them*

מֵעֵבֶר לַיַּרְדֵּן prep.-n.m.s. (719)-prep.-def.art. -pr.n. (434) *on the other side of the Jordan*

וָהָלְאָה conj.-adv. (229) *and beyond*

כִּי בָאָה conj. (471)-Qal pf. 3 f.s. (בּוֹא 97) *for has come*

נַחֲלָתֵנוּ n.f.s.-1 c.p. sf. (635) *our inheritance*

אֵלֵינוּ prep.-1 c.p. sf. *to us*

מֵעֵבֶר הַיַּרְדֵּן prep.-n.m.s. cstr. (719)-def.art.-pr.n. (434) *on this side of the Jordan*

מִזְרָחָה n.m.s.-loc.he (280) *to the east*

32:20

וַיֹּאמֶר consec.-Qal impf. 3 m.s. (55) *so said*

אֲלֵיהֶם prep.-3 m.p. sf. *to them*

מֹשֶׁה pr.n. (602) *Moses*

אִם־תַּעֲשׂוּן hypoth.part. (49)-Qal impf. 2 m.p. (793 עָשָׂה; GK 159cN, 167b) *if you will do*

אֶת־הַדָּבָר הַזֶּה dir.obj.-def.art.-n.m.s. (182)-def. art.-demons.adj. m.s. (260) *this (thing)*

אִם־תֵּחָלְצוּ v.supra-Ni. impf. 2 m.p. (חָלַץ 323) *if you will take up arms*

לִפְנֵי יְהוָה prep.-n.m.p. cstr. (815)-pr.n. (217) *before Yahweh*

לַמִּלְחָמָה prep.-def.art.-n.f.s. (536) *for the war*

32:21

וְעָבַר conj.-Qal pf. 3 m.s. (716) *and will pass over*

לָכֶם כָּל־חָלוּץ prep.-2 m.p. sf.-n.m.p. cstr. (481)-Qal pass.ptc. m.s. (חָלַץ 323) *every armed man of you*

אֶת־הַיַּרְדֵּן dir.obj.-def.art.-pr.n. (434) *the Jordan*

לִפְנֵי יְהוָה prep.-n.m.p. cstr. (815)-pr.n. (217) *before Yahweh*

עַד הוֹרִישׁוֹ prep. (III 723)-Hi. inf.cstr.-3 m.s. sf. (יָרַשׁ 439) *until he has driven out*

אֶת־אֹיְבָיו dir.obj.-Qal act.ptc. m.p.-3 m.s. sf. (אָיַב 33) *his enemies*

מִפָּנָיו prep.-n.m.p.-3 m.s. sf. (815) *from before him*

32:22

וְנִכְבְּשָׁה הָאָרֶץ conj.-Ni. pf. 3 f.s. (כָּבַשׁ 461) -def.art.-n.f.s. (75) *and the land is subdued*

לִפְנֵי יהוה prep.-n.m.p. cstr. (815)-pr.n. (217) *before Yahweh*

וְאַחַר תָּשֻׁבוּ conj.-adv. (29)-Qal impf. 2 m.p. (שׁוּב 996) *then after that you shall return*

וִהְיִיתֶם conj.-Qal pf. 2 m.p. (הָיָה 224) *and you will be*

נְקִיִּם adj. m.p. (667) *free of obligation*

מֵיהוה prep.-pr.n. (217) *to Yahweh*

וּמִיִּשְׂרָאֵל conj.-prep.-pr.n. (975) *and to Israel*

וְהָיְתָה conj.-Qal pf. 3 f.s. (הָיָה 224) *and shall be*

הָאָרֶץ הַזֹּאת def.art.-n.f.s. (75)-def.art. -demons.adj. f.s. (260) *this land*

לָכֶם לַאֲחֻזָּה prep.-2 m.p. sf.-prep.-n.f.s. (28) *your possession*

לִפְנֵי יהוה prep.-n.m.p. cstr. (815)-pr.n. (217) *before Yahweh*

32:23

וְאִם־לֹא תַעֲשֻׂון conj.-hypoth.part. (49)-neg.-Qal impf. 2 m.p. (עָשָׂה I 793; GK 47m) *but if you will not do*

כֵּן adv. (485) *so*

הִנֵּה חֲטָאתֶם demons.part. (243)-Qal pf. 2 m.p. (306 חָטָא; GK 159q) *behold, you have sinned*

לַיהוה prep.-pr.n. (217) *against Yahweh*

וּדְעוּ חַטַּאתְכֶם conj.-Qal impv. 2 m.p. (יָדַע 393) -n.f.s.-2 m.p. sf. (308) *and be sure your sin*

אֲשֶׁר תִּמְצָא rel. (81)-Qal impf. 3 f.s. (מָצָא 592) *will find out*

אֶתְכֶם dir.obj.-2 m.p. sf. *you*

32:24

בְּנוּ־לָכֶם Qal impv. 2 m.p. (בָּנָה 124)-prep.-2 m.p. sf. *build (for yourselves)*

עָרִים n.f.p. (746) *cities*

לְטַפְּכֶם prep.-n.m.s.-2 m.p. sf. (381) *for your little ones*

וּגְדֵרֹת conj.-n.f.p. (I 155) *and folds*

לְצֹנַאֲכֶם) prep.-n.m.s.-2 m.p. sf. (856; rd. לְצֹאנְכֶם) *for your sheep*

וְהַיֹּצֵא מִפִּיכֶם conj.-def.art.-Qal act.ptc. 422)-prep.-n.m.s.-2 m.p. sf. (804) *and what you have promised*

תַּעֲשֹׂו Qal impf. 2 m.p. (עָשָׂה I 793) *you shall do*

32:25

וַיֹּאמֶר consec.-Qal impf. 3 m.s. (55) *and said*

בְּנֵי־גָד n.m.p. cstr. (119)-pr.n. (III 151) *the sons of Gad*

וּבְנֵי רְאוּבֵן conj.-v.supra-pr.n. (910) *and the sons of Reuben*

אֶל־מֹשֶׁה prep.-pr.n. (602) *to Moses*

לֵאמֹר prep.-Qal inf.cstr. (55) *(saying)*

עֲבָדֶיךָ n.m.p.-2 m.s. sf. (713) *your servants*

יַעֲשׂוּ Qal impf. 3 m.p. (עָשָׂה I 793) *will do*

כַּאֲשֶׁר אֲדֹנִי prep.-rel. (81)-n.m.s.-1 c.s. sf. (10) *as my lord*

מְצַוֶּה Pi. ptc. m.s. (צָוָה 845) *commands*

32:26

טַפֵּנוּ n.m.s.-1 c.p. sf. (381) *our little ones*

נָשֵׁינוּ n.f.p.-1 c.p. sf. (61) *our wives*

מִקְנֵנוּ n.m.s.-1 c.p. sf. (889) *our flocks*

וְכָל־בְּהֶמְתֵּנוּ conj.-n.m.s. cstr. (481)-n.f.s.-1 c.p. sf. (96) *and all our cattle*

יִהְיוּ־שָׁם Qal impf. 3 m.p. (הָיָה 224)-adv. (1027) *shall remain there*

בְּעָרֵי הַגִּלְעָד prep.-n.f.p. cstr. (746)-def.art.-pr.n. (166) *in the cities of Gilead*

32:27

וַעֲבָדֶיךָ conj.-n.m.p.-2 m.s. sf. (713) *but your servants*

יַעַבְרוּ Qal impf. 3 m.p. (עָבַר 716) *shall pass over*

כָּל־חֲלוּץ צָבָא n.m.s. cstr. (481)-Qal pass.ptc. m.s. cstr. (חָלַץ 323)-n.m.s. (838) *every man who is armed*

לִפְנֵי יהוה prep.-n.m.p. cstr. (815)-pr.n. (217) *before Yahweh*

לַמִּלְחָמָה prep.-def.art.-n.f.s. (536) *to battle*

כַּאֲשֶׁר אֲדֹנִי prep.-rel. (81)-n.m.s.-1 c.s. sf. (10) *as my lord*

דֹּבֵר Qal act.ptc. (180) *orders*

32:28

וַיְצַו לָהֶם consec.-Pi. impf. 3 m.s. (צָוָה 845) -prep.-3 m.p. sf. *so ... gave command concerning them*

מֹשֶׁה pr.n. (602) *Moses*

אֵת אֶלְעָזָר prep.-pr.n. (46) *to Eleazar*

הַכֹּהֵן def.art.-n.m.s. (463) *the priest*

וְאֵת יְהוֹשֻׁעַ conj.-dir.obj.-pr.n. (221) *and to Joshua*

בִּן־נוּן n.m.s. cstr. (119)-pr.n. (630) *the son of Nun*

וְאֶת־רָאשֵׁי conj.-dir.obj.-n.m.p. cstr. (910) *and to the heads of*

אֲבוֹת הַמַּטּוֹת n.m.p. cstr. (3)-def.art.-n.m.p. (641) *the fathers of the tribes*

לְבְנֵי יִשְׂרָאֵל prep.-n.m.p. cstr. (119)-pr.n. (975) *of the people of Israel*

32:29

וַיֹּאמֶר מֹשֶׁה consec.-Qal impf. 3 m.s. (55)-pr.n. (602) *and Moses said*

אֲלֵהֶם prep.-3 m.p. sf. *to them*

אִם־יַעַבְרוּ hypoth.part. (49)-Qal impf. 3 m.p. (716) *if ... will pass over*

בְנֵי־גָד n.m.p. cstr. (119)-pr.n. (III 151) *the sons of Gad*

וּבְנֵי־רְאוּבֵן conj.-v.supra-pr.n. (910) *and the sons of Reuben*

אִתְּכֶם prep.-2 m.p. sf. (85) *with you*

אֶת־הַיַּרְדֵּן dir.obj.-def.art.-pr.n. (434) *the Jordan*

כָּל־חָלוּץ n.m.s. cstr. (481)-Qal pass.ptc. (323) *every man who is armed*

לַמִּלְחָמָה prep.-def.art.-n.f.s. (536) *to battle*

לִפְנֵי יהוה prep.-n.m.p. cstr. (815)-pr.n. (217) *before Yahweh*

וְנִכְבְּשָׁה הָאָרֶץ conj.-Ni. pf. 3 f.s. (461)-def.art.-n.f.s. (75) *and the land shall be subdued*

לִפְנֵיכֶם prep.-n.m.p.-2 m.p. sf. (815) *before you*

וּנְתַתֶּם לָהֶם conj.-Qal pf. 2 m.p. (678)-prep.-3 m.p. sf. *then you shall give them*

אֶת־אֶרֶץ הַגִּלְעָד dir.obj.-n.f.s. cstr. (75)-def.art.-pr.n. (166) *the land of Gilead*

לַאֲחֻזָּה prep.-n.f.s. (28) *for a possession*

32:30

וְאִם־לֹא יַעַבְרוּ conj.-hypoth.part. (49)-neg.-Qal impf. 3 m.p. (716) *but if they will not pass over*

חֲלוּצִים Qal pass.ptc. m.p. (חָלַץ 323) *armed*

אִתְּכֶם prep.-2 m.p. sf. (85) *with you*

וְנֹאחֲזוּ conj.-Ni. pf. 3 c.p. (אָחַז 28; GK 68i) *they shall have possessions*

בְּתֹכְכֶם prep.-n.m.s.-2 m.p. sf. (1063) *among you*

בְּאֶרֶץ כְּנָעַן prep.-n.f.s. cstr. (75)-pr.n. paus. (I 488) *in the land of Canaan*

32:31

וַיַּעֲנוּ consec.-Qal impf. 3 m.p. (עָנָה I 772) *and answered*

בְנֵי־גָד n.m.p. cstr. (119)-pr.n. (III 151) *the sons of Gad*

וּבְנֵי רְאוּבֵן conj.-v.supra-pr.n. (910) *and the sons of Reuben*

לֵאמֹר prep.-Qal inf.cstr. (55) *(saying)*

אֵת אֲשֶׁר דִּבֶּר יהוה dir.obj.-rel. (81)-Pi. pf. 3 m.s. (180)-pr.n. (217) *as Yahweh has said*

אֶל־עֲבָדֶיךָ prep.-n.m.p.-2 m.s. sf. (713) *to your servants*

כֵּן נַעֲשֶׂה adv. (485)-Qal impf. 1 c.p. (עָשָׂה I 793) *so we will do*

32:32

נַחְנוּ נַעֲבֹר pers.pr. 1 c.p. (59; GK 32d)-Qal impf. 1 c.p. (עָבַר 716) *we will pass over*

חֲלוּצִים Qal pass.ptc. m.p. (חָלַץ 323) *armed*

לִפְנֵי יהוה prep.-n.m.p. cstr. (815)-pr.n. (217) *before Yahweh*

אֶרֶץ כְּנָעַן n.f.s. cstr. (75)-pr.n. paus. (I 488) *into the land of Canaan*

וְאִתָּנוּ conj.-prep.-1 c.p. sf. (85) *and with us*

אֲחֻזַּת נַחֲלָתֵנוּ n.f.s. cstr. (28)-n.f.s.-1 c.p. sf. (635) *the possession of our inheritance*

מֵעֵבֶר לַיַּרְדֵּן prep.-n.m.s. (719)-prep.-def.art.-pr.n. (434) *beyond the Jordan*

32:33

וַיִּתֵּן לָהֶם consec.-Qal impf. 3 m.s. (נָתַן 678) prep.-3 m.p. sf. *and ... gave to them*

מֹשֶׁה pr.n. (602) *Moses*

לִבְנֵי־גָד prep.-n.m.p. cstr. (119)-pr.n. (III 151) *to the sons of Gad*

וְלִבְנֵי רְאוּבֵן conj.-prep.-v.supra-pr.n. (910) *and to the sons of Reuben*

וְלַחֲצִי שֵׁבֶט conj.-prep.-n.m.s. cstr. (345)-n.m.s. cstr. (986) *and to the half-tribe of*

מְנַשֶּׁה pr.n. (586) *Manasseh*

בֶּן־יוֹסֵף n.m.s. cstr. (119)-pr.n. (415) *the son of Joseph*

אֶת־מַמְלֶכֶת dir.obj.-n.f.s. cstr. (575) *the kingdom of*

סִיחֹן pr.n. (695) *Sihon*

מֶלֶךְ הָאֱמֹרִי n.m.s. cstr. (I 572)-def.art.-adj.gent. (57) *the king of the Amorites*

וְאֶת־מַמְלֶכֶת conj.-dir.obj.-v.supra (575) *and the kingdom of*

עוֹג pr.n. (728) *Og*

מֶלֶךְ הַבָּשָׁן v.supra-def.art.-pr.n. (143) *king of Bashan*

הָאָרֶץ def.art.-n.f.s. (75) *the land*

לְעָרֶיהָ prep.-n.f.p.-3 f.s. sf. (746) *its cities*

בִּגְבֻלֹת prep.-n.f.p. (148) *with their territories*

עָרֵי הָאָרֶץ n.f.p. cstr. (746)-def.art.-n.f.s. (75) *the cities of the land*

סָבִיב adv. (686) *throughout*

32:34

וַיִּבְנוּ consec.-Qal impf. 3 m.p. (בָּנָה 124) *and ... built*

בְּנֵי־גָּד n.m.p. cstr. (119)-pr.n. (III 151) *the sons of Gad*

אֶת־דִּיבֹן dir.obj.-pr.n. (192) *Dibon*

וְאֶת־עֲטָרֹת conj.-dir.obj.-pr.n. (743) *and Ataroth*

וְאֶת עֲרֹעֵר conj.-dir.obj.-pr.n. (II 792) *and Aroer*

32:35

וְאֶת־עַטְרֹת שׁוֹפָן conj.-dir.obj.-pr.n. (743) *and Atroth-shophan*

וְאֶת־יַעְזֵר conj.-dir.obj.-pr.n. (741) *and Jazer*

וְיָגְבְּהָה conj.-pr.n. (147) *and Jogbehah*

32:36

וְאֶת־בֵּית נִמְרָה conj.-dir.obj.-pr.n. (112) *and Beth-nimrah*

וְאֶת־בֵּית הָרָן conj.-dir.obj.-pr.n. (111) *and Beth-haran*

עָרֵי מִבְצָר n.f.p. cstr. (746)-n.m.s. (131) *fortified cities*

וְגִדְרֹת צֹאן conj.-n.f.p. cstr. (I 155)-n.f.s. (838) *and folds for sheep*

32:37

וּבְנֵי רְאוּבֵן conj.-n.m.p. cstr. (119)-pr.n. (910) *and the sons of Reuben*

בָּנוּ Qal pf. 3 c.p. (בָּנָה 124) *built*

אֶת־חֶשְׁבּוֹן dir.obj.-pr.n. (II 363) *Heshbon*

וְאֶת־אֶלְעָלֵא conj.-v.supra-pr.n. (46) *and Elealeh*

וְאֵת קִרְיָתָיִם conj.-dir.obj.-pr.n. paus. (900) *and Kiriathaim*

32:38

וְאֶת־נְבוֹ conj.-dir.obj.-pr.n. (612) *and Nebo*

וְאֶת־בַּעַל מְעוֹן conj.-dir.obj.-pr.n. (128) *and Baal-meon*

מוּסַבֹּת שֵׁם Ho. ptc. f.p. cstr. (סָבַב 685)-n.m.s. (1027) *their names to be changed*

וְאֶת־שִׂבְמָה conj.-dir.obj.-pr.n. (959; v. שְׂבָם) *and Sibmah*

וַיִּקְרְאוּ consec.-Qal impf. 3 m.p. (קָרָא 894) *and they called*

בְּשֵׁמֹת prep.-n.m.p. (1027) *names*

אֶת־שְׁמוֹת הֶעָרִים dir.obj.-n.m.p. cstr. (1027)-def. art.-n.f.p. (746) *the names of the cities*

אֲשֶׁר בָּנוּ rel. (81)-Qal pf. 3 c.p. (בָּנָה 124) *which they built*

32:39

וַיֵּלְכוּ consec.-Qal impf. 3 m.p. (הָלַךְ 229) *and went*

בְּנֵי מָכִיר n.m.p. cstr. (119)-pr.n. (569) *the sons of Machir*

בֶּן־מְנַשֶּׁה n.m.s. cstr. (119)-pr.n. (586) *the son of Manasseh*

גִּלְעָדָה pr.n.-dir.he (166) *to Gilead*

וַיִּלְכְּדֻהָ consec.-Qal impf. 3 m.p.-3 f.s. sf. (לָכַד 539) *and took it*

וַיּוֹרֶשׁ consec.-Hi. impf. 3 m.s. (יָרַשׁ 439) *and dispossessed*

אֶת־הָאֱמֹרִי dir.obj.-def.art.-adj.gent. (57) *the Amorites*

אֲשֶׁר־בָּהּ rel. (81)-prep.-3 f.s. sf. *who were in it*

32:40

וַיִּתֵּן מֹשֶׁה conj.-Qal impf. 3 m.s. (נָתַן 678)-pr.n. (602) *and Moses gave*

אֶת־הַגִּלְעָד dir.obj.-def.art.-pr.n. (166) *Gilead*

לְמָכִיר prep.-pr.n. (569) *to Machir*

בֶּן־מְנַשֶּׁה n.m.s. cstr. (119)-pr.n. (586) *the son of Manasseh*

וַיֵּשֶׁב בָּהּ consec.-Qal impf. 3 m.s. (יָשַׁב 442) -prep.-3 f.s. sf. *and he settled in it*

32:41

וְיָאִיר conj.-pr.n. (22) *and Jair*

בֶּן־מְנַשֶּׁה n.m.s. cstr. (119)-pr.n. (586) *the son of Manasseh*

הָלַךְ Qal pf. 3 m.s. (229) *went*

וַיִּלְכֹּד consec.-Qal impf. 3 m.s. (539) *and took*

אֶת־חַוֹּתֵיהֶם dir.obj.-n.f.p.-3 m.p. sf. (II 295) *their villages*

וַיִּקְרָא אֶתְהֶן consec.-Qal impf. 3 m.s. (894) -dir.obj.-3 f.p. sf. *and called them*

חַוֹּת יָאִיר n.f.p. cstr. (II 295)-pr.n. (22) *Havvoth-jair (the villages of Jair)*

32:42

וְנֹבַח conj.-pr.n. (613) *and Nobah*

הָלַךְ Qal pf. 3 m.s. (229) *went*

וַיִּלְכֹּד consec.-Qal impf. 3 m.s. (539) *and took*

אֶת־קְנָת dir.obj.-pr.n. (890) *Kenath*

וְאֶת־בְּנֹתֶיהָ conj.-dir.obj.-n.f.p.-3 f.s. sf. (I 123) *and its villages (daughters)*

וַיִּקְרָא לָה consec.-Qal impf. 3 m.s. (894)-prep.-3 f.s. sf. (GK 103g; rd. לָהּ; LXX-αυτὰς=לָהֶן) *and called it*

נֹבַח pr.n. (613) *Nobah*

בִּשְׁמוֹ prep.-n.m.s.-3 m.s. sf. (1027) *after his own name*

33:1

אֵלֶּה demons.adj. c.p. (41) *these are*

מַסְעֵי n.m.p. cstr. (652) *the stages of*

בְּנֵי־יִשְׂרָאֵל n.m.p. cstr. (119)-pr.n. (975) *the people of Israel*

אֲשֶׁר יָצְאוּ rel. (81)-Qal pf. 3 c.p. (יָצָא 422) *when they went forth out*

מֵאֶרֶץ מִצְרַיִם prep.-n.f.s. cstr. (75)-pr.n. (595) *of the land of Egypt*

לְצִבְאֹתָם prep.-n.m.p.-3 m.p. sf. (838) *by their hosts*

בְּיַד־מֹשֶׁה prep.-n.f.s. cstr. (388)-pr.n. (602) *under the leadership of Moses*

וְאַהֲרֹן conj.-pr.n. (14) *and Aaron*

33:2

וַיִּכְתֹּב מֹשֶׁה consec.-Qal impf. 3 m.s. (כָּתַב 507)-pr.n. (602) *and Moses wrote down*

אֶת־מוֹצָאֵיהֶם dir.obj.-n.m.p.-3 m.p. sf. (425) *their starting places*

לְמַסְעֵיהֶם prep.-n.m.p.-3 m.p. sf. (652) *stage by stage*

עַל־פִּי יהוה prep.-n.m.s. cstr. (804)-pr.n. (217) *by command of Yahweh*

וְאֵלֶּה conj.-demons.adj. c.p. (41) *and these are*

מַסְעֵיהֶם v.supra *their stages*

לְמוֹצָאֵיהֶם prep.-v.supra *according to their starting places*

33:3

וַיִּסְעוּ consec.-Qal impf. 3 m.s. (נָסַע 652) *they set out*

מֵרַעְמְסֵס prep.-pr.n. (947) *from Rameses*

בַּחֹדֶשׁ הָרִאשׁוֹן prep.-def.art.-n.m.s. (294)-def.art.-num.adj. (911) *in the first month*

בַּחֲמִשָּׁה עָשָׂר יוֹם prep.-num. f. (331)-n.m.s. (797)-n.m.s. (398) *on the fifteenth day*

לַחֹדֶשׁ הָרִאשׁוֹן prep.-def.art.-v.supra-v.supra *of the first month*

מִמָּחֳרַת הַפֶּסַח prep.-n.f.s. cstr. (564)-def.art.-n.m.s. (820) *on the day after the passover*

יָצְאוּ Qal pf. 3 c.p. (יָצָא 422) *went out*

בְּנֵי־יִשְׂרָאֵל n.m.p. cstr. (119)-pr.n. (975) *the people of Israel*

בְּיַד רָמָה prep.-n.f.s. (388)-Qal act.ptc. f.s. (רום 926) *triumphantly*

לְעֵינֵי prep.-n.f.p. cstr. (744) *in the sight of*

כָּל־מִצְרַיִם n.m.s. cstr. (481)-pr.n. paus. (595) *all the Egyptians*

33:4

וּמִצְרַיִם conj.-pr.n. (595) *while the Egyptians*

מְקַבְּרִים Pi. ptc. m.p. (קבר 868) *were burying*

אֵת אֲשֶׁר הִכָּה dir.obj.-rel. (81)-Hi. pf. 3 m.s. (נָכָה 645) *whom ... had struck down*

יהוה pr.n. (217) *Yahweh*

בָּהֶם prep.-3 m.p. sf. *among them*

כָּל־בְּכוֹר n.m.s. cstr. (481)-n.m.s. (114) *all the first-born*

וּבֵאלֹהֵיהֶם conj.-prep.-n.m.p.-3 m.p. sf. (43) *upon their gods*

עָשָׂה יהוה Qal pf. 3 m.s. (I 793)-v.supra *Yahweh executed*

שְׁפָטִים n.m.p. (1048) *judgments*

33:5

וַיִּסְעוּ consec.-Qal impf. 3 m.p. (נָסַע 652) *so ... set out*

בְּנֵי־יִשְׂרָאֵל n.m.p. cstr. (119)-pr.n. (975) *the people of Israel*

מֵרַעְמְסֵס prep.-pr.n. (947) *from Rameses*

וַיַּחֲנוּ consec.-Qal impf. 3 m.p. (חָנָה 333) *and encamped*

בְּסֻכֹּת prep.-pr.n. (697) *at Succoth*

33:6

וַיִּסְעוּ consec.-Qal impf. 3 m.p. (נָסַע 652) *and they set out*

מִסֻּכֹּת prep.-pr.n. (697) *from Succoth*

וַיַּחֲנוּ consec.-Qal impf. 3 m.p. (חָנָה 333) *and encamped*

בְאֵתָם prep.-pr.n. (87) *at Etham*

אֲשֶׁר בִּקְצֵה rel. (81)-prep.-n.m.s. cstr. (892) *which is on the edge of*

הַמִּדְבָּר def.art.-n.m.s. (184) *the wilderness*

33:7

וַיִּסְעוּ consec.-Qal impf. 3 m.p. (נָסַע 652) *and they set out*

מֵאֵתָם prep.-pr.n. (87) *from Etham*

וַיָּשָׁב consec.-Qal impf. 3 m.s. (שׁוּב 996) *and turned back*

עַל־פִּי הַחִירֹת prep.-pr.n. (809) *to Pi-hahiroth*

אֲשֶׁר עַל־פְּנֵי rel. (81)-prep.-n.m.p. cstr. (815) *which is east of*

בַּעַל צְפוֹן pr.n. (128) *Baal-zephon*

וַיַּחֲנוּ consec.-Qal impf. 3 m.p. (חָנָה 333) *and encamped*

לִפְנֵי מִגְדֹּל prep.-n.m.p. cstr. (815)-pr.n. (154) *before Migdol*

33:8

וַיִּסְעוּ consec.-Qal impf. 3 m.p. (נָסַע 652) *and they set out*

מִפְּנֵי הַחִירֹת prep.-n.m.p. cstr. (815)-pr.n. (809) *before Hahiroth*

וַיַּעַבְרוּ consec.-Qal impf. 3 m.p. (עָבַר 716) *and passed through*

בְּתוֹךְ־הַיָּם prep.-n.m.s. cstr. (1063)-def.art.-n.m.s. (410) *the midst of the sea*

הַמִּדְבָּרָה def.art.-n.m.s.-dir.he (184) *into the wilderness*

וַיֵּלְכוּ consec.-Qal impf. 3 m.p. (הָלַךְ 229) *and they went*

דֶּרֶךְ שְׁלֹשָׁה יָמִים n.m.s. cstr. (202)-num. f. (1025)-n.m.p. (398) *a three days' journey*

בְּמִדְבַּר אֵתָם prep.-n.m.s. cstr. (184)-pr.n. (87) *in the wilderness of Etham*

וַיַּחֲנוּ consec.-Qal impf. 3 m.p. (חָנָה 333) *and encamped*

בְּמָרָה prep.-pr.n. (600) *at Marah*

33:9

וַיִּסְעוּ consec.-Qal impf. 3 m.p. (נָסַע 652) *and they set out*

מִמָּרָה prep.-pr.n. (600) *from Marah*

וַיָּבֹאוּ consec.-Qal impf. 3 m.p. (בּוֹא 97) *and came*

אֵילִמָה pr.n.-dir.he (18) *to Elim*

וּבְאֵילִם conj.-prep.-pr.n. (18) *and at Elim*

שְׁתֵּים עֶשְׂרֵה num. (1040)-num. (797) *twelve*

עֵינֹת מַיִם n.f.p. cstr. (745)-n.m.s. (565) *springs of water*

וְשִׁבְעִים conj.-num. p. (988) *and seventy*

תְּמָרִים n.m.p. (I 1071) *palm trees*

וַיַּחֲנוּ־שָׁם consec.-Qal impf. 3 m.p. (חָנָה 333) -adv. (1027) *and they encamped there*

33:10

וַיִּסְעוּ consec.-Qal impf. 3 m.p. (נָסַע 652) *and they set out*

מֵאֵילִם prep.-pr.n. (18) *from Elim*

וַיַּחֲנוּ consec.-Qal impf. 3 m.p. (חָנָה 333) *and encamped*

עַל־יַם־סוּף prep.-n.m.s. cstr. (410)-n.m.s. (I 693) *by the Red Sea (sea of rushes)*

33:11

וַיִּסְעוּ consec.-Qal impf. 3 m.p. (נָסַע 652) *and they set out*

מִיַּם־סוּף prep.-n.m.s. cstr. (410)-n.m.s. (I 693) *from the Red Sea*

וַיַּחֲנוּ consec.-Qal impf. 3 m.p. (חָנָה 333) *and encamped*

בְּמִדְבַּר־סִין prep.-n.m.s. cstr. (184)-pr.n. (II 695) *in the wilderness of Sin*

33:12

וַיִּסְעוּ v.supra-v.supra *and they set out*

מִמִּדְבַּר־סִין prep.-n.m.s. cstr. (184)-v.supra *from the wilderness of Sin*

וַיַּחֲנוּ v.supra-v.supra *and encamped*

בְּדָפְקָה prep.-pr.n. (200) *at Dophkah*

וַיִּסְעוּ v.supra-v.supra *and they set out*

מִדָּפְקָה prep.-v.supra *from Dophkah*

וַיַּחֲנוּ v.supra-v.supra *and encamped*

בְּאָלוּשׁ prep.-pr.n. (47) *at Alush*

33:13

וַיִּסְעוּ consec.-Qal impf. 3 m.p. (נָסַע 652) *and they set out*

מִדָּפְקָה prep.-pr.n. (200) *from Dophkah*

וַיַּחֲנוּ consec.-Qal impf. 3 m.p. (חָנָה 333) *and encamped*

בְּאָלוּשׁ prep.-pr.n. (47) *at Alush*

33:14

וַיִּסְעוּ consec.-Qal impf. 3 m.p. (נָסַע 652) *and they set out*

מֵאָלוּשׁ prep.-v.supra *from Alush*

וַיַּחֲנוּ consec.-Qal impf. 3 m.p. (חָנָה 333) *and encamped*

בִּרְפִידִם prep.-pr.n. (951) *at Rephidim*

וְלֹא־הָיָה שָׁם conj.-neg.-Qal pf. 3 m.s. (224) -adv. (1027) *where there was no*

מַיִם n.m.p. (565) *water*

לָעָם prep.-def.art.-n.m.s. (I 766) *for the people*

לִשְׁתּוֹת prep.-Qal inf.cstr. (שָׁתָה 1059) *to drink*

33:15

וַיִּסְעוּ v.supra-v.supra *and they set out*

מֵרְפִידִם prep.-pr.n. (951) *from Rephidim*

וַיַּחֲנוּ v.supra-v.supra *and encamped*

בְּמִדְבַּר סִינָי prep.-n.m.s. cstr. (184)-pr.n. paus. (696) *in the wilderness of Sinai*

33:16

וַיִּסְעוּ v.supra-v.supra *and they set out*

מִמִּדְבַּר סִינָי prep.-n.m.s. cstr. (184)-pr.n. paus. (696) *from the wilderness of Sinai*

וַיַּחֲנוּ v.supra-v.supra *and encamped*

בְּקִבְרֹת הַתַּאֲוָה prep.-pr.n. (869) *at Kibroth-hattavah*

33:17

וַיִּסְעוּ v.supra-v.supra *and they set out*

מִקִּבְרֹת הַתַּאֲוָה prep.-v.supra *from Kibroth-hattavah*

וַיַּחֲנוּ v.supra-v.supra *and encamped*

בַּחֲצֵרֹת prep.-pr.n. (348) *at Hazeroth*

33:18

וַיִּסְעוּ consec.-Qal impf. 3 m.p. (נָסַע 652) *and they set out*

מֵחֲצֵרֹת prep.-v.supra *from Hazeroth*

וַיַּחֲנוּ consec.-Qal impf. 3 m.p. (חָנָה 333) *and encamped*

בְּרִתְמָה prep.-pr.n. (958) *at Rithmah*

33:19

וַיִּסְעוּ v.supra-v.supra *and they set out*

מֵרִתְמָה prep.-v.supra *from Rithmah*

וַיַּחֲנוּ v.supra-v.supra *and encamped*

בְּרִמֹּן פָּרֶץ prep.-pr.n. paus. (942) *at Rimmon-perez*

33:20

וַיִּסְעוּ v.supra-v.supra *and they set out*

מֵרִמֹּן פָּרֶץ prep.-v.supra *from Rimmon-perez*

וַיַּחֲנוּ consec.-Qal impf. 3 m.p. (חָנָה 333) *and encamped*

בְּלִבְנָה prep.-pr.n. (526) *at Libnah*

33:21

וַיִּסְעוּ v.supra-v.supra *and they set out*

מִלִּבְנָה prep.-v.supra *from Libnah*

וַיַּחֲנוּ v.supra-v.supra *and encamped*

בְּרִסָּה prep.-pr.n. (943) *at Rissah*

33:22

וַיִּסְעוּ v.supra-v.supra *and they set out*

מֵרִסָּה prep.-v.supra *from Rissah*

וַיַּחֲנוּ v.supra-v.supra *and encamped*

בִּקְהֵלָתָה prep.-pr.n. (875) *at Kehelathah*

33:23

וַיִּסְעוּ v.supra-v.supra *and they set out*

מִקְּהֵלָתָה prep.-v.supra *from Kehelathah*

וַיַּחֲנוּ v.supra-v.supra *and encamped*

בְּהַר־שָׁפֶר prep.-n.m.s. cstr. (249)-pr.n. paus. (II 1051) *at Mount Shepher*

33:24

וַיִּסְעוּ consec.-Qal impf. 3 m.p. (נָסַע 652) *and they set out*

מֵהַר־שָׁפֶר prep.-n.m.s. cstr. (249)-pr.n. paus. (1051) *from Mount Shepher*

וַיַּחֲנוּ consec.-Qal impf. 3 m.p. (חָנָה 333) *and encamped*

בַּחֲרָדָה prep.-pr.n. (II 354) *at Haradah*

33:25

וַיִּסְעוּ v.supra-v.supra *and they set out*

מֵחֲרָדָה prep.-pr.n. (II 354) *from Haradah*

וַיַּחֲנוּ v.supra-v.supra *and encamped*

בְּמַקְהֵלֹת prep.-pr.n. (875) *at Makheloth*

33:26

וַיִּסְעוּ consec.-Qal impf. 3 m.p. (נָסַע 652) *and they set out*

מִמַּקְהֵלֹת prep.-pr.n. (875) *from Makheloth*

וַיַּחֲנוּ consec.-Qal impf. 3 m.p. (חָנָה 333) *and encamped*

בְּתָחַת prep.-pr.n. paus. (1066) *at Tahath*

33:27

וַיִּסְעוּ v.supra-v.supra *and they set out*

מִתָּחַת prep.-pr.n. paus. (1066) *from Tahath*

וַיַּחֲנוּ v.supra-v.supra *and encamped*

בְּתָרַח prep.-pr.n. paus. (1076) *at Terah*

33:28

וַיִּסְעוּ v.supra-v.supra *and they set out*

מִתָּרַח prep.-pr.n. paus. (1076) *from Terah*

וַיַּחֲנוּ v.supra-v.supra *and encamped*

בְּמִתְקָה prep.-pr.n. (609) *at Mithkah*

33:29

וַיִּסְעוּ v.supra-v.supra *and they set out*

מִמִּתְקָה prep.-pr.n. (609) *from Mithkah*

וַיַּחֲנוּ v.supra-v.supra *and encamped*

בְּחַשְׁמֹנָה prep.-pr.n. (365) *at Hashmonah*

33:30

וַיִּסְעוּ v.supra-v.supra *and they set out*

מֵהַשְׁמֹנָה prep.-pr.n. (365) *from Hashmonah*

וַיַּחֲנוּ v.supra-v.supra *and encamped*

בְּמֹסֵרוֹת prep.-pr.n. (64) *at Moseroth*

33:31

וַיִּסְעוּ consec.-Qal impf. 3 m.p. (נָסַע 652) *and they set out*

מִמֹּסֵרוֹת prep.-pr.n. (64) *from Moseroth*

וַיַּחֲנוּ consec.-Qal impf. 3 m.p. (חָנָה 333) *and encamped*

בִּבְנֵי יַעֲקָן prep.-pr.n. (122) *at Bene-jaakan*

33:32

וַיִּסְעוּ v.supra-v.supra *and they set out*

מִבְּנֵי יַעֲקָן prep.-pr.n. (122) *from Bene-jaakan*

וַיַּחֲנוּ v.supra-v.supra *and encamped*

בְּחֹר הַגִּדְגָּד prep.-pr.n. (I 301; 151) *at Hor-haggidgad*

734

33:33

וַיִּסְעוּ v.supra-v.supra *and they set out*

מֵחֹר הַגִּדְגָּד prep.-pr.n. (I 301; 151) *from Hor-haggidgad*

וַיַּחֲנוּ v.supra-v.supra *and encamped*

בְּיָטְבָתָה prep.-pr.n. (406) *at Jotbathah*

33:34

וַיִּסְעוּ v.supra-v.supra *and they set out*

מִיָּטְבָתָה prep.-pr.n. (406) *from Jotbathah*

וַיַּחֲנוּ v.supra-v.supra *and encamped*

בְּעַבְרֹנָה prep.-pr.n. (720) *at Abronah*

33:35

וַיִּסְעוּ consec.-Qal impf. 3 m.p. (נָסַע 652) *and they set out*

מֵעַבְרֹנָה prep.-v.supra *from Abronah*

וַיַּחֲנוּ consec.-Qal impf. 3 m.p. (חָנָה 333) *and encamped*

בְּעֶצְיֹון גָּבֶר prep.-pr.n. paus. (782) *at Ezion-geber*

33:36

וַיִּסְעוּ v.supra-v.supra *and they set out*

מֵעֶצְיֹון גָּבֶר prep.-pr.n. paus. (782) *from Ezion-geber*

וַיַּחֲנוּ v.supra-v.supra *and encamped*

בְמִדְבַּר־צִן prep.-n.m.s. cstr. (184)-pr.n. (856) *in the wilderness of Zin*

הוא קָדֵשׁ pers.pr. 3 f.s. (214)-pr.n. (II 873) *that is, Kadesh*

33:37

וַיִּסְעוּ v.supra-v.supra *and they set out*

מִקָּדֵשׁ prep.-pr.n. (II 873) *from Kadesh*

וַיַּחֲנוּ v.supra-v.supra *and encamped*

בְּהֹר prep.-pr.n. (246) *at Hor*

הָהָר def.art.-n.m.s. (249) *the mountain*

בִּקְצֵה prep.-n.m.s. cstr. (892) *on the edge of*

אֶרֶץ אֱדֹום n.f.s. cstr. (75)-pr.n. (10) *the land of Edom*

33:38

וַיַּעַל consec.-Qal impf. 3 m.s. (עָלָה 748) *and went up*

אַהֲרֹן הַכֹּהֵן pr.n. (14)-def.art.-n.m.s. (463) *Aaron the priest*

אֶל־הֹר הָהָר prep.-pr.n. (246)-def.art.-n.m.s. (249) *Mount Hor*

עַל־פִּי יהוה prep.-n.m.s. cstr. (804)-pr.n. (217) *at the command of Yahweh*

33:39

וַיָּמָת consec.-Qal impf. 3 m.s. (מוּת 559) *and he died*

שָׁם adv. (1027) *there*

בִּשְׁנַת הָאַרְבָּעִים prep.-n.f.s. cstr. (1040)-def.art. -num. p. (917) *in the fortieth year*

לְצֵאת prep.-Qal inf.cstr. (יָצָא 422) *after had come out*

בְּנֵי־יִשְׂרָאֵל n.m.p. cstr. (119)-pr.n. (975) *the people of Israel*

מֵאֶרֶץ מִצְרַיִם prep.-n.f.s. cstr. (75)-pr.n. (595) *of the land of Egypt*

בַּחֹרֶשׁ הַחֲמִישִׁי prep.-def.art.-n.m.s. (294)-def. art.-adj.num. (332) *of the fifth month*

בְּאֶחָד לַחֹדֶשׁ prep.-num. (25)-prep.-def.-art.-n.m.s. (294) *on the first day*

33:39

וְאַהֲרֹן conj.-pr.n. (14) *and Aaron*

בֶּן־שָׁלֹשׁ וְעֶשְׂרִים n.m.s. cstr. (119)-num. (1025) -conj.-num. p. (797) *was twenty-three ... old*

וּמְאַת שָׁנָה conj.-n.f.s. cstr. (547)-n.f.s. (1040) *and a hundred years*

בְּמֹתֹו prep.-Qal inf.cstr.-3 m.s. sf. (מוּת 559) *when he died*

בְּהֹר הָהָר prep.-pr.n. (246)-def.art.-n.m.s. (249) *on Mount Hor*

33:40

וַיִּשְׁמַע consec.-Qal impf. 3 m.s. (1033) *and heard*

הַכְּנַעֲנִי def.art.-agj.gent. (I 489) *the Canaanite*

מֶלֶךְ עֲרָד n.m.s. cstr. (I 572)-pr.n. (788) *the king of Arad*

וְהוּא־יֹשֵׁב conj.-pers.pr. 3 m.s. (214)-Qal act.ptc. (יָשַׁב 442) *who dwelt*

בַּנֶּגֶב prep.-def.art.-n.m.s. (616) *in the Negeb*

בְּאֶרֶץ כְּנַעַן prep.-n.f.s. cstr. (75)-pr.n. paus. (I 488) *in the land of Canaan*

בְּבֹא prep.-Qal inf.cstr. (בּוֹא 97) *of the coming of*

בְּנֵי יִשְׂרָאֵל n.m.p. cstr. (119)-pr.n. (975) *the people of Israel*

33:41

וַיִּסְעוּ consec.-Qal impf. 3 m.p. (נָסַע 652) *and they set out*

מֵהֹר הָהָר prep.-pr.n. (246)-def.art.-n.m.s. (249) *from Mount Hor*

וַיַּחֲנוּ consec.-Qal impf. 3 m.p. (חָנָה 333) *and encamped*

בְּצַלְמֹנָה prep.-pr.n. (854) *at Zalmonah*

33:42

וַיִּסְעוּ v.supra-v.supra *and they set out*

מִצַּלְמֹנָה prep.-pr.n. (854) *from Zalmonah*

וַיַּחֲנוּ v.supra-v.supra *and encamped*

בְּפוּנֹן prep.-pr.n. (806) *at Punon*

33:43

וַיִּסְעוּ v.supra-v.supra *and they set out*

מִפּוּנֹן prep.-pr.n. (806) *from Punon*

וַיַּחֲנוּ v.supra-v.supra *and encamped*

בְּאֹבֹת prep.-pr.n. (15) *at Oboth*

33:44

וַיִּסְעוּ v.supra-v.supra *and they set out*

מֵאֹבֹת prep.-pr.n. (15) *from Oboth*

וַיַּחֲנוּ v.supra-v.supra *and encamped*

בְּעִיֵּי הָעֲבָרִים prep.-pr.n. (743; 720) *at Iye-abarim*

בִּגְבוּל מוֹאָב prep.-n.m.s. cstr. (147)-pr.n. (555) *in the territory of Moab*

33:45

וַיִּסְעוּ v.supra-v.supra *and they set out*

מֵעִיִּים prep.-pr.n. (743) *from Iyim*

וַיַּחֲנוּ v.supra-v.supra *and encamped*

בְּדִיבֹן גָּד prep.-pr.n. (192; III 151) *at Dibon-gad*

33:46

וַיִּסְעוּ consec.-Qal impf. 3 m.p. (נָסַע 652) *and they set out*

מִדִּיבֹן גָּד prep.-pr.n. (192; III 151) *from Dibon-gad*

וַיַּחֲנוּ consec.-Qal impf. 3 m.p. (חָנָה 333) *and encamped*

בְּעַלְמֹן דִּבְלָתָיְמָה prep.-pr.n. (761) *at Almon-diblathaim*

33:47

וַיִּסְעוּ v.supra-v.supra *and they set out*

מֵעַלְמֹן דִּבְלָתָיְמָה prep.-pr.n. (761) *from Almon-diblathaim*

וַיַּחֲנוּ v.supra-v.supra *and encamped*

בְּהָרֵי prep.-n.m.p. cstr. (249) *in the mountains of*

הָעֲבָרִים def.art.-pr.n. (720) *Abarim*

לִפְנֵי נְבוֹ prep.-n.m.p. cstr. (815)-pr.n. (I 612) *before Nebo*

33:48

וַיִּסְעוּ v.supra-v.supra *and they set out*

מֵהָרֵי prep.-n.m.p. cstr. (249) *from the mountains of*

הָעֲבָרִים def.art.-pr.n. (720) *Abarim*

וַיַּחֲנוּ v.supra-v.supra *and encamped*

בְּעַרְבֹת מוֹאָב prep.-n.f.p. cstr. (I 787)-pr.n. (555) *in the plains of Moab*

עַל יַרְדֵּן prep.-pr.n. (434) *by the Jordan*

יְרֵחוֹ pr.n. (437) *at Jericho*

33:49

וַיַּחֲנוּ consec.-Qal impf. 3 m.p. (חָנָה 333) *and they encamped*

עַל־הַיַּרְדֵּן prep.-def.art.-pr.n. (434) *by the Jordan*

מִבֵּית הַיְשִׁמֹת prep.-pr.n. (111) *from Beth-jeshimoth*

עַד אָבֵל הַשִּׁטִּים prep. (III 723)-pr.n. (5; 1008) *as far as Abel-shittim*

בְּעַרְבֹת מוֹאָב prep.-n.f.p. cstr. (I 787)-pr.n. (555) *in the plains of Moab*

33:50

וַיְדַבֵּר יהוה consec.-Pi. impf. 3 m.s. (180)-pr.n. (217) *and Yahweh said*

אֶל־מֹשֶׁה prep.-pr.n. (602) *to Moses*

בְּעַרְבֹת מוֹאָב prep.-n.f.p. cstr. (I 787)-pr.n. (555) *in the plains of Moab*

עַל־יַרְדֵּן prep.-pr.n. (434) *by the Jordan*

יְרֵחוֹ pr.n. (437) *at Jericho*

לֵאמֹר prep.-Qal inf.cstr. (55) *(saying)*

33:51

דַּבֵּר Pi. impv. 2 m.s. (180) *say*

אֶל־בְּנֵי יִשְׂרָאֵל prep.-n.m.p. cstr. (119)-pr.n. (975) *to the people of Israel*

וְאָמַרְתָּ conj.-Qal pf. 2 m.s. (55) *(and you shall say)*

אֲלֵהֶם prep.-3 m.p. sf. *(to them)*

כִּי אַתֶּם עֹבְרִים conj. (471)-pers.pr. 2 m.p. (61)-Qal act.ptc. m.p. (עָבַר 716) *when you pass over*

אֶת־הַיַּרְדֵּן dir.obj.-def.art.-pr.n. (434) *the Jordan*

אֶל־אֶרֶץ כְּנָעַן prep.-n.f.s. cstr. (75)-pr.n. paus. (I 488) *into the land of Canaan*

33:52

וְהוֹרַשְׁתֶּם conj.-Hi. pf. 2 m.p. (יָרַשׁ 439) *then you shall drive out*

אֶת־כָּל־יֹשְׁבֵי dir.obj.-n.m.s. cstr. (481)-Qal act.ptc. m.p. cstr. (יָשַׁב 442) *all the inhabitants of*

הָאָרֶץ def.art.-n.f.s. (75) *the land*

מִפְּנֵיכֶם prep.-n.m.p.-2 m.p. sf. (815) *from before you*

וַאֲבַדְתֶּם conj.-Pi. pf. 2 m.p. (אבד 1) and destroy

אֵת כָּל־מַשְׂכִּיֹּתָם dir.obj.-n.m.s. cstr. (481)-n.f.p.-3 m.p. sf. (967) all their figured stones

וְאֵת כָּל־צַלְמֵי מַסֵּכֹתָם conj.-dir.obj.-v.supra-n.m.p. cstr. (853)-n.f.p.-3 m.p. sf. (I 651) and all their molten images

תְּאַבֵּדוּ Pi. impf. 2 m.p. paus. (אבד 1) you shall destroy

וְאֵת כָּל־בָּמֹתָם v.supra-v.supra-n.f.p.-3 m.p. sf. (119) and all their high places

תַּשְׁמִידוּ Hi. impf. 2 m.p. (שמד 1029) you shall demolish

33:53

וְהוֹרַשְׁתֶּם conj.-Hi. pf. 2 m.p. (ירש 439) and you shall take possession

אֶת־הָאָרֶץ dir.obj.-def.art.-n.f.s. (75) of the land

וִישַׁבְתֶּם־בָּהּ conj.-Qal pf. 2 m.p. (ישב 442)-prep.-3 f.s. sf. and settle in it

כִּי לָכֶם conj. (471)-prep.-2 m.p. sf. for to you

נָתַתִּי Qal pf. 1 c.s. (נתן 678) I have given

אֶת־הָאָרֶץ dir.obj.-def.art.-n.f.s. (75) the land

לָרֶשֶׁת אֹתָהּ prep.-Qal inf.cstr. (ירש 439)-dir.obj.-3 f.s. sf. to possess it

33:54

וְהִתְנַחַלְתֶּם conj.-Hith. pf. 2 m.p. (נחל 635) you shall inherit

אֶת־הָאָרֶץ dir.obj.-def.art.-n.f.s. (75) the land

בְּגוֹרָל prep.-n.m.s. (174) by lot

לְמִשְׁפְּחֹתֵיכֶם prep.-n.f.p.-2 m.p. sf. (1046) according to your families

לָרַב prep.-def.art.-adj. m.s. (912) to the large

תַּרְבּוּ Hi. impf. 2 m.p. (רבה I 915) you shall increase

אֶת־נַחֲלָתוֹ dir.obj.-n.f.s.-3 m.s. sf. (635) his inheritance

וְלַמְעַט conj.-prep.-def.art.-subst. m.s. (589) and to the small

תַּמְעִיט Hi. impf. 2 m.s. (מעט 589) you shall decrease

אֶת־נַחֲלָתוֹ v.supra-v.supra his inheritance

אֶל אֲשֶׁר־יֵצֵא prep.-rel. (81)-Qal impf. 3 m.s. (יצא 422) wherever falls

לוֹ שָׁמָּה prep.-3 m.s. sf.-adv.-dir.he (1027) to him there

הַגּוֹרָל def.art.-n.m.s. (174) the lot

לוֹ יִהְיֶה v.supra-Qal impf. 3 m.s. (היה 224) that shall be his

לְמַטּוֹת prep.-n.m.p. cstr. (641) according to the tribes of

אֲבֹתֵיכֶם n.m.p.-2 m.p. sf. (3) your fathers

תִּתְנֶחָלוּ Hith. impf. 2 m.p. paus. (נחל 635) you shall inherit

33:55

וְאִם־לֹא תוֹרִישׁוּ conj.-hypoth.part. (49)-neg.-Hi. impf. 2 m.p. (ירש 439) but if you do not drive out

אֶת־יֹשְׁבֵי dir.obj.-Qal act.ptc. m.p. cstr. (ישב 442) the inhabitants of

הָאָרֶץ def.art.-n.f.s. (75) the land

מִפְּנֵיכֶם prep.-n.m.p.-2 m.p. sf. (815) from before you

וְהָיָה conj.-Qal pf. 3 m.s. (224) and (it shall be)

אֲשֶׁר תּוֹתִירוּ rel. (81)-Hi. impf. 2 m.p. (יתר 451) then those whom you let remain

מֵהֶם prep.-3 m.p. sf. of them

לְשִׂכִּים prep.-n.m.p. (968) as pricks

בְּעֵינֵיכֶם prep.-n.f.p.-2 m.p. sf. (744) in your eyes

וְלִצְנִינִם conj.-prep.-n.m.p. (856) and thorns

בְּצִדֵּיכֶם prep.-n.m.p.-2 m.p. sf. (841) in your sides

וְצָרֲרוּ אֶתְכֶם conj.-Qal pf. 3 c.p. (צרר II 865)-prep.-2 m.p. sf. (85) and they shall trouble you

עַל־הָאָרֶץ prep.-def.art.-n.f.s. (75) in the land

אֲשֶׁר אַתֶּם rel. (81)-pers.pr. 2 m.p. (61) where you

יֹשְׁבִים בָּהּ Qal act.ptc. m.p. (ישב 442)-prep.-3 f.s. sf. dwell (in it)

33:56

וְהָיָה conj.-Qal pf. 3 m.s. (224) (and it shall be)

כַּאֲשֶׁר דִּמִּיתִי prep.-rel. (81)-Pi. pf. 1 c.s. (דמה I 197) as I thought

לַעֲשׂוֹת לָהֶם prep.-Qal inf.cstr. (עשה I 793)-prep.-3 m.p. sf. to do to them

אֶעֱשֶׂה לָכֶם Qal impf. 1 c.s. (עשה I 793)-prep.-2 m.p. sf. I will do to you

34:1

וַיְדַבֵּר יהוה consec.-Pi. impf. 3 m.s. (180)-pr.n. (217) and Yahweh said

אֶל־מֹשֶׁה prep.-pr.n. (602) to Moses

לֵּאמֹר prep.-Qal inf.cstr. (55) (saying)

34:2

צַו Pi. impv. 2 m.s. (צוה 845) command

אֶת־בְּנֵי יִשְׂרָאֵל dir.obj.-n.m.p. cstr. (119)-pr.n. (975) the people of Israel

וְאָמַרְתָּ conj.-Qal pf. 2 m.s. (55) and say

אֲלֵהֶם prep.-3 m.p. sf. to them

כִּי־אַתֶּם conj. (471)-pers.pr. 2 m.p. (61) when you

בָּאִים Qal act.ptc. m.p. (בּוֹא 97) *enter*

אֶל־הָאָרֶץ prep.-def.art.-n.f.s. (75) *the land*

כְּנַעַן pr.n. paus. (I 488; GK 131f) *Canaan*

זֹאת הָאָרֶץ demons.adj. f.s. (260)-def.art.-n.f.s. (75) *this is the land*

אֲשֶׁר תִּפֹּל לָכֶם rel. (81)-Qal impf. 3 f.s. (נָפַל 656)-prep.-2 m.p. sf. *that shall fall to you*

בְּנַחֲלָה prep.-n.f.s. (635) *for an inheritance*

אֶרֶץ כְּנַעַן n.f.s. cstr. (75)-pr.n. (I 488) *the land of Canaan*

לִגְבֻלֹתֶיהָ prep.-n.f.p.-3 f.s. sf. (148) *in its full extent*

34:3

וְהָיָה לָכֶם conj.-Qal pf. 3 m.s. (224)-prep.-2 m.p. sf. *and shall be to you*

פְּאַת־נֶגֶב n.f.s. cstr. (802)-n.m.s. (616) *the south side*

מִמִּדְבַּר־צִן prep.-n.m.s. cstr. (184)-pr.n. (856) *from the wilderness of Zin*

עַל־יְדֵי אֱדוֹם prep.-n.f.p. cstr. (388)-pr.n. (10) *along the side of Edom*

וְהָיָה לָכֶם v.supra-v.supra *and shall be of you*

גְּבוּל נֶגֶב n.m.s. cstr. (147)-v.supra *the southern boundary*

מִקְצֵה prep.-n.m.s. cstr. (892) *from the end of*

יָם־הַמֶּלַח n.m.s. cstr. (410)-def.art.-n.m.s. (571) *the Salt Sea*

קֵדְמָה sadv.-loc.he (870) *on the east*

34:4

וְנָסַב לָכֶם conj.-Ni. pf. 3 m.s. (סָבַב 685)-prep.-2 m.p. sf. *and shall turn for you*

הַגְּבוּל def.art.-n.m.s. (147) *the boundary*

מִנֶּגֶב prep.-n.m.s. (616) *south*

לְמַעֲלֵה prep.-n.m.s. cstr. (751) *of the ascent of*

עַקְרַבִּים n.m.p. (785) *Akrabbim*

וְעָבַר conj.-Qal pf. 3 m.s. (716) *and cross*

צִנָה pr.n.-dir.he (856) *to Zin*

וְהָיָה conj.-Qal pf. 3 c.p. (הָיָה 224) *and shall be*

תּוֹצְאֹתָיו n.f.p.-3 m.s. sf. (426) *its end*

מִנֶּגֶב prep.-n.m.s. (616) *south*

לְקָדֵשׁ בַּרְנֵעַ prep.-pr.n. (II 873) *of Kadesh-barnea*

וְיָצָא conj.-Qal pf. 3 m.s. ()224 *and shall go on*

חֲצַר־אַדָּר pr.n. (347) *to Hazar-addar*

וְעָבַר conj.-Qal pf. 3 m.s. (716) *and pass along*

עַצְמֹנָה pr.n.-dir.he (783) *to Azmon*

34:5

וְנָסַב conj.-Ni. pf. 3 m.s. (סָבַב 685) *and shall turn*

הַגְּבוּל dir.obj.-n.m.s. (147) *the boundary*

מֵעַצְמוֹן prep.-pr.n. (783) *from Azmon*

נַחְלָה מִצְרָיִם n.m.s.-dir.he (636)-pr.n. (595) *to the Brook of Egypt*

וְהָיוּ conj.-Qal pf. 3 c.p. (הָיָה 224) *and shall be*

תוֹצְאֹתָיו n.f.p.-3 m.s. sf. 426) *its termination*

הַיָּמָּה def.art.-n.m.s.-loc.he (410) *at the sea*

34:6

וּגְבוּל יָם conj.-n.m.s. cstr. 147)-n.m.s. (410) *for the western boundary*

וְהָיָה לָכֶם conj.-Qal pf. 3 m.s. (224)-prep.-2 m.p. sf. *you shall have*

הַיָּם הַגָּדוֹל def.art.-n.m.s. (410)-def.art.-adj. m.s. (152) *the Great Sea*

וּגְבוּל conj.-n.m.s. (147) *and (its) coast*

זֶה־יִהְיֶה לָכֶם demons.adj. m.s. (260)-Qal impf. 3 m.s. (224)-v.supra *this shall be your*

גְּבוּל יָם v.supra-v.supra *western boundary*

34:7

וְזֶה־יִהְיֶה לָכֶם conj.-demons.adj. m.s. (260)-Qal impf. 3 m.s. (224)-prep.-2 m.p. sf. *and this shall be your*

גְּבוּל צָפוֹן n.m.s. cstr. (147)-n.f.s. (860) *northern boundary*

מִן־הַיָּם הַגָּדֹל prep.-def.art.-n.m.s. (410)-def.art.-adj. m.s. (152) *from the Great Sea*

תְּתָאוּ לָכֶם Pi. impf. 2 m.p. (תָּאָה 1060; GK 75bbN)-prep.-2 m.p. sf. *you shall mark out your line*

הֹר הָהָר pr.n. (246)-def.art.-n.m.s. (249) *to Mount Hor*

34:8

מֵהֹר הָהָר prep.-pr.n. (246)-def.art.-n.m.s. (249) *from Mount Hor*

תְּתָאוּ Pi. impf. 2 m.p. (תָּאָה 1060; GK 75bbN) *you shall mark (it)*

לְבֹא חֲמָת prep.-Qal inf.cstr. (בּוֹא 97)-pr.n. (333) *to the entrance of Hamath*

וְהָיוּ conj.-Qal pf. 3 c.p. (הָיָה 224) *and shall be*

תּוֹצְאֹת הַגְּבֻל n.f.p. cstr. (426)-def.art.-n.m.s. (147) *the end of the boundary*

צְדָדָה pr.n.-loc.he (841) *at Zedad*

34:9

וְיָצָא הַגְּבֻל conj.-Qal pf. 3 m.s. (422)-def.art.-n.m.s. (147) *then the boundary shall extend*

זִפְרֹנָה pr.n.-loc.he (277) *to Ziphron*

וְהָיוּ תוֹצְאֹתָיו conj.-Qal pf. 3 c.p. (הָיָה 224)-n.f.p.-3 m.s. sf. (426) *and its end be*

חֲצַר עֵינָן pr.n. (347) *at Hazar-enan*

זֶה־יִהְיֶה לָכֶם demons.adj. m.s. (260)-Qal impf. 3 m.s. (224)-prep.-2 m.p. sf. *this shall be your*

גְּבוּל צָפוֹן n.m.s. cstr. (147)-n.f.s. (860) *northern boundary*

34:10

וְהִתְאַוִּיתֶם לָכֶם conj.-Hith. pf. 2 m.p. (אָוָה II 16)-prep.-2 m.p. sf. *you shall mark out your*

לִגְבוּל קֵדְמָה prep.-n.m.s. (147)-adv.-loc.he (870) *eastern boundary*

מֵחֲצַר עֵינָן prep.-pr.n. (347) *from Hazar-enan*

שְׁפָמָה pr.n.-loc.he (1050) *to Shepham*

34:11

וְיָרַד הַגְּבֻל conj.-Qal pf. 3 m.s. (432)-def.art. -n.m.s. (147) *and the boundary shall go down*

מִשְּׁפָם prep.-pr.n. (1050) *from Shepham*

הָרִבְלָה def.art.-pr.n. (916) *to Riblah*

מִקֶּדֶם prep.-n.m.s. (869) *on the east side*

לָעַיִן prep.-def.art.-pr.n. (III 745) *to Ain*

וְיָרַד הַגְּבוּל v.supra-v.supra *and the boundary shall go down*

וּמָחָה conj.-Qal pf. 3 m.s. (מָחָה II 562) *and reach (strike)*

עַל־כֶּתֶף prep.-n.f.s. cstr. (509) *to the shoulder of*

יָם־כִּנֶּרֶת n.m.s. cstr. (410)-pr.n. (490) *the sea of Chinnereth*

קֵדְמָה adv.-loc.he (870) *on the east*

34:12

וְיָרַד הַגְּבוּל conj.-Qal pf. 3 m.s. (432)-def.art. -n.m.s. (147) *and the boundary shall go down*

הַיַּרְדֵּנָה def.art.-pr.n.-dir.he (434) *to the Jordan*

וְהָיוּ תוֹצְאֹתָיו conj.-Qal pf. 3 c.p. (הָיָה 224) -n.f.p.-3 m.s. sf. (426) *and its end shall be*

יָם הַמֶּלַח n.m.s. cstr. (410)-def.art.-n.m.s. (571) *at the Salt Sea*

זֹאת תִּהְיֶה לָכֶם demons.adj. f.s. (260)-Qal impf. 3 f.s. (הָיָה 224)-prep.-2 m.p. sf. *this shall be your*

הָאָרֶץ def.art.-n.f.s. (75) *land*

לִגְבֻלֹתֶיהָ prep.-n.f.p.-3 f.s. sf. (148) *with its boundaries*

סָבִיב adv. (686) *all round*

34:13

וַיְצַו מֹשֶׁה consec.-Pi. impf. 3 m.s. (צָוָה 845)-pr.n. (602) *and Moses commanded*

אֶת־בְּנֵי יִשְׂרָאֵל dir.obj.-n.m.p. cstr. (119)-pr.n. (975) *the people of Israel*

לֵאמֹר prep.-Qal inf.cstr. (55) *saying*

זֹאת הָאָרֶץ demons.adj. f.s. (260)-def.art.-n.f.s. (75) *this is the land*

אֲשֶׁר תִּתְנַחֲלוּ אֹתָהּ rel. (81)-Hith. impf. 2 m.p. (נָחַל 635)-dir.obj.-3 f.s. sf. *which you shall inherit*

בְּגוֹרָל prep.-n.m.s. (174) *by lot*

אֲשֶׁר צִוָּה יהוה v.supra-Pi. pf. 3 m.s. (צָוָה 845)-pr.n. (217) *which Yahweh has commanded*

לָתֵת prep.-Qal inf.cstr. (נָתַן 678) *to give*

לְתִשְׁעַת הַמַּטּוֹת prep.-num. cstr. (1077)-def. art.-n.m.p. (641) *to the nine tribes*

וַחֲצִי הַמַּטֶּה conj.-n.m.s. cstr. (345)-def.art. -n.m.s. (641) *and to the half-tribe*

34:14

כִּי לָקְחוּ conj. (471)-Qal pf. 3 c.p. (לָקַח 542) *for have received*

מַטֵּה n.m.s. cstr. (641) *the tribe of*

בְּנֵי הָראוּבֵנִי n.m.p. cstr. (119)-def.art.-adj.gent. (910; GK 23c) *the sons of Reuben*

לְבֵית אֲבֹתָם prep.-n.m.s. cstr. (108)-n.m.p.-3 m.p. sf. (3) *by their fathers' houses*

וּמַטֵּה conj.-v.supra *and the tribe of*

בְּנֵי־הַגָּדִי v.supra-def.art.-adj.gent. (I 151) *the sons of Gad*

לְבֵית אֲבֹתָם v.supra-v.supra *by their fathers' houses*

וַחֲצִי מַטֵּה מְנַשֶּׁה conj.-n.m.s. cstr. (345)-n.m.s. cstr. (641)-pr.n. (586) *and also the half-tribe of Manasseh*

לָקָחוּ v.supra *have received*

נַחֲלָתָם n.f.s.-3 m.p. sf. (635) *their inheritance*

34:15

שְׁנֵי הַמַּטּוֹת num. cstr. (1040)-def.art.-n.m.p. (641) *the two tribes*

וַחֲצִי הַמַּטֶּה conj.-n.m.s. cstr. (345)-def.art. -n.m.s. (641) *and the half-tribe*

לָקְחוּ Qal pf. 3 c.p. (542) *have received*

נַחֲלָתָם n.f.s.-3 m.p. sf. (635) *their inheritance*

מֵעֵבֶר לְיַרְדֵּן prep.-n.m.s. (719)-prep.-pr.n. (434) *beyond the Jordan*

יְרֵחוֹ pr.n. (437) *at Jericho*

קֵדְמָה adv.-loc.he (870) *eastward*

מִזְרָחָה n.m.s.-loc.he (280) *toward the sunrise*

34:16

וַיְדַבֵּר יְהוָה consec.-Pi. impf. 3 m.s. (180)-pr.n. (217) *and Yahweh said*

אֶל־מֹשֶׁה prep.-pr.n. (602) *to Moses*

לֵאמֹר prep.-Qal inf.cstr. (55) *(saying)*

34:17

אֵלֶּה שְׁמוֹת demons.adj. c.p. (41)-n.m.p. (1027) *these are the names of*

הָאֲנָשִׁים def.art.-n.m.p. (35) *the men*

אֲשֶׁר־יִנְחֲלוּ לָכֶם rel. (81)-Qal impf. 3 m.p. (635)-prep.-2 m.p. sf. *who shall divide for inheritance to you*

אֶת־הָאָרֶץ dir.obj.-def.art.-n.f.s. (75) *the land*

אֶלְעָזָר pr.n. (46) *Eleazar*

הַכֹּהֵן def.art.-n.m.s. (463) *the priest*

וִיהוֹשֻׁעַ conj.-pr.n. (221) *and Joshua*

בִּן־נוּן n.m.s. cstr. (119)-pr.n. (630) *the son of Nun*

34:18

וְנָשִׂיא אֶחָד conj.-n.m.s. (672) num. (25) *one leader*

נָשִׂיא אֶחָד v.supra-v.supra *one leader*

מִמַּטֶּה prep.-n.m.s. (641) *from a tribe*

תִּקְחוּ Qal impf. 2 m.p. (לָקַח 542) *you shall take*

לִנְחֹל prep.-Qal inf.cstr. (נָחַל 635) *to divide for inheritance*

אֶת־הָאָרֶץ dir.obj.-def.art.-n.f.s. (75) *the land*

34:19

וְאֵלֶּה שְׁמוֹת conj.-demons.adj. c.p. (41)-n.m.p. cstr. (1027) *and these are the names of*

הָאֲנָשִׁים def.art.-n.m.p. (35) *the men*

לְמַטֵּה יְהוּדָה prep.-n.m.s. cstr. (641)-pr.n. (397) *of the tribe of Judah*

כָּלֵב pr.n. (477) *Caleb*

בֶּן־יְפֻנֶּה n.m.s. cstr. (119)-pr.n. (819) *the son of Jephunneh*

34:20

וּלְמַטֵּה בְּנֵי שִׁמְעוֹן conj.-prep.-n.m.s. cstr. (641)-n.m.p. cstr. (119)-pr.n. (1035) *and of the tribe of the sons of Simeon*

שְׁמוּאֵל pr.n. (1028) *Shemuel*

בֶּן־עַמִּיהוּד n.m.s. cstr. (119)-pr.n. (770) *the son of Ammihud*

34:21

לְמַטֵּה בִנְיָמִן prep.-n.m.s. cstr. (641)-pr.n. (122) *of the tribe of Benjamin*

אֱלִידָד pr.n. (44) *Elidad*

בֶּן־כִּסְלוֹן n.m.s. cstr. (119)-pr.n. (493) *the son of Chislon*

34:22

וּלְמַטֵּה בְנֵי־דָן conj.-prep.-n.m.s. cstr. (641)-n.m.p. cstr. (119)-pr.n. (192) *of the tribe of the sons of Dan*

נָשִׂיא n.m.s. (672) *a leader*

בֻּקִּי pr.n. (131) *Bukki*

בֶּן־יָגְלִי n.m.s. cstr. (119)-pr.n. (163) *the son of Jogli*

34:23

לִבְנֵי יוֹסֵף prep.-n.m.p. cstr. (119)-pr.n. (415) *of the sons of Joseph*

לְמַטֵּה בְנֵי־מְנַשֶּׁה prep.-n.m.s. cstr. (641)-n.m.p. cstr. (119)-pr.n. (586) *of the tribe of the sons of Manasseh*

נָשִׂיא n.m.s. (672) *a leader*

חַנִּיאֵל pr.n. (337) *Hanniel*

בֶּן־אֵפֹד n.m.s. cstr. (119)-pr.n. (65) *the son of Ephod*

34:24

וּלְמַטֵּה בְנֵי־אֶפְרַיִם conj.-prep.-n.m.s. cstr. (641)-n.m.p. cstr. (119)-pr.n. (68) *and of the tribe of the sons of Ephraim*

נָשִׂיא n.m.s. (672) *a leader*

קְמוּאֵל pr.n. (887) *Kemuel*

בֶּן־שִׁפְטָן n.m.s. cstr. (119)-pr.n. (1049) *the son of Shiphtan*

34:25

וּלְמַטֵּה בְנֵי־זְבוּלֻן conj.-prep.-n.m.s. cstr. (641)-n.m.p. cstr. (119)-pr.n. (259) *and of the tribe of the sons of Zebulun*

נָשִׂיא n.m.s. (672) *a leader*

אֱלִיצָפָן pr.n. (45) *Elizaphan*

בֶּן־פַּרְנָךְ n.m.s. cstr. (119)-pr.n. (828) *the son of Parnach*

34:26

וּלְמַטֵּה בְנֵי־יִשָּׂשכָר conj.-prep.-n.m.s. cstr. (641)-n.m.p. cstr. (119)-pr.n. (441) *of the tribe of the sons of Issachar*

נָשִׂיא n.m.s. (672) *a leader*

פַּלְטִיאֵל pr.n. (812) *Paltiel*

בֶּן־עַזָּן n.m.s. cstr. (119)-pr.n. (740) *the son of Azzan*

34:27

וּלְמַטֵּה בְנֵי־אָשֵׁר conj.-prep.-n.m.s. cstr. (641) -n.m.p. cstr. (119)-pr.n. (81) *and of the tribe of the sons of Asher*

נָשִׂיא n.m.s. (672) *a leader*

אֲחִיהוּד pr.n. (26) *Ahihud*

בֶּן־שְׁלֹמִי n.m.s. cstr. (119)-pr.n. (1025) *the son of Shelomi*

34:28

וּלְמַטֵּה בְנֵי־נַפְתָּלִי conj.-prep.-n.m.s. cstr. (641) -n.m.p. cstr. (119)-pr.n. (836) *and of the tribe of the sons of Naphtali*

נָשִׂיא n.m.s. (672) *a leader*

פְּדַהְאֵל pr.n. (804) *Pedahel*

בֶּן־עַמִּיהוּד n.m.s. cstr. (119)-pr.n. (770) *the son of Ammihud*

34:29

אֵלֶּה demons.adj. c.p. (41) *these*

אֲשֶׁר צִוָּה יהוה rel. (81)-Pi. pf. 3 m.s. (צוה 845)-pr.n. (217) *whom Yahweh commanded*

לְנַחֵל prep.-Pi. inf.cstr. (נחל 635) *to divide the inheritance*

אֶת־בְּנֵי־יִשְׂרָאֵל dir.obj.-n.m.p. cstr. (119)-pr.n. (975) *for the people of Israel*

בְּאֶרֶץ כְּנָעַן prep.-n.f.s. cstr. (75)-pr.n. paus. (I 488) *in the land of Canaan*

35:1

וַיְדַבֵּר יהוה consec.-Pi. impf. 3 m.s. (180)-pr.n. (217) *and Yahweh said*

אֶל־מֹשֶׁה prep.-pr.n. (602) *to Moses*

בְּעַרְבֹת מוֹאָב prep.-n.f.p. cstr. (787)-pr.n. (555) *in the plains of Moab*

עַל־יַרְדֵּן prep.-pr.n. (434) *by the Jordan*

יְרֵחוֹ pr.n. (437) *at Jericho*

לֵאמֹר prep.-Qal inf.cstr. (55) *(saying)*

35:2

צַו Pi. impv. 2 m.s. (צוה 845) *command*

אֶת־בְּנֵי יִשְׂרָאֵל dir.obj.-n.m.p. cstr. (119)-pr.n. (975) *the people of Israel*

וְנָתְנוּ conj.-Qal pf. 3 c.p. (נתן 678) *that they give*

לַלְוִיִּם prep.-def.art.-adj.gent. (532) *to the Levites*

מִנַּחֲלַת אֲחֻזָּתָם prep.-n.f.s. cstr. (635)-n.f.s.-3 m.p. sf. (28) *from the inheritance of their possession*

עָרִים n.f.p. (746) *cities*

לָשָׁבֶת prep.-Qal inf.cstr. (ישׁב 442) *to dwell in*

וּמִגְרָשׁ conj.-n.m.s. (177) *and pasture lands*

לֶעָרִים prep.-def.art.-n.f.p. (746) *to the cities*

סְבִיבֹתֵיהֶם subst. f.p.-3 m.p. sf. (686) *round about them*

תִּתְּנוּ Qal impf. 2 m.p. (נתן 678) *you shall give*

לַלְוִיִּם v.supra *to the Levites*

35:3

וְהָיוּ conj.-Qal pf. 3 c.p. (היה 224) *and shall be*

הֶעָרִים def.art.-n.f.p. (746) *the cities*

לָהֶם prep.-3 m.p. sf. *theirs*

לָשָׁבֶת prep.-Qal inf.cstr. (ישׁב 442) *to dwell in*

וּמִגְרְשֵׁיהֶם conj.-n.m.p.-3 m.p. sf. (177) *and their pasture lands*

יִהְיוּ Qal impf. 3 m.p. (היה 224) *shall be*

לִבְהֶמְתָּם prep.-n.f.s.-3 m.p. sf. (96) *for their cattle*

וְלִרְכֻשָׁם conj.-prep.-n.m.s.-3 m.p. sf. (940) *and for their livestock*

וּלְכֹל חַיָּתָם conj.-prep.-n.m.s. cstr. (481)-n.f.s.-3 m.p. sf. (I 312) *and for all their beasts*

35:4

וּמִגְרְשֵׁי הֶעָרִים conj.-n.m.p. cstr. (177)-def.art. -n.f.p. (746) *and the pasture lands of the cities*

אֲשֶׁר תִּתְּנוּ rel. (81)-Qal impf. 2 m.p. (נתן 678) *which you shall give*

לַלְוִיִּם prep.-def.art.-adj.gent. m.p. (532) *to the Levites*

מִקִּיר הָעִיר prep.-n.m.s. cstr. (885)-def.art.-n.f.s. (746) *from the wall of the city*

וָחוּצָה conj.-n.m.s.-loc.he (299) *outward*

אֶלֶף אַמָּה n.m.s. (48)-n.f.s. (52) *a thousand cubits*

סָבִיב adv. (686) *all round*

35:5

וּמַדֹּתֶם conj.-Qal pf. 2 m.p. (מדד 551) *and you shall measure*

מִחוּץ לָעִיר prep.-n.m.s. (299)-prep.-def.art.-n.f.s. (746) *outside the city*

אֶת־פְּאַת־קֵדְמָה dir.obj.-n.f.s. cstr. (802)-n.m.s. -loc.he (870) *for the east side*

אַלְפַּיִם n.m. du. (48) *two thousand*

בָּאַמָּה prep.-def.art.-n.f.s. (52) *cubits*

וְאֶת־פְּאַת־נֶגֶב v.supra-v.supra-n.m.s. (616) *and for the south side*

אַלְפַּיִם v.supra *two thousand*

בָּאַמָּה v.supra *cubits*

וְאֶת־פְּאַת־יָם v.supra-v.supra-n.m.s. (410) *and for the west side*

אַלְפַּיִם v.supra *two thousand*

בָּאַמָּה v.supra *cubits*

וְאֵת פְּאַת צָפוֹן conj.-dir.obj.-v.supra-n.f.s. (860) *and for the north side*

אַלְפַּיִם v.supra *two thousand*

בָּאַמָּה v.supra *cubits*

וְהָעִיר conj.-def.art.-n.f.s. (746) *and the city*

בַּתָּוֶךְ prep.-def.art.-n.m.s. (1063) *in the middle*

זֶה יִהְיֶה לָהֶם demons.adj. m.s. (260)-Qal impf. 3 m.s. (224)-prep.-3 m.p. sf. *this shall belong to them*

מִגְרְשֵׁי הֶעָרִים n.m.p. cstr. (177)-def.art.-n.f.p. (746) *as pasture land for their cities*

35:6

וְאֵת הֶעָרִים conj.-dir.obj.-def.art.-n.f.p. (746) *and the cities*

אֲשֶׁר תִּתְּנוּ rel. (81)-Qal impf. 2 m.p. (נָתַן 678) *which you give*

לַלְוִיִּם prep.-def.art.-adj.gent. m.p. (532) *to the Levites*

אֵת שֵׁשׁ־עָרֵי dir.obj.-num. (995)-n.f.p. cstr. (746) *the six cities of*

הַמִּקְלָט def.art.-n.m.s. (880) *refuge*

אֲשֶׁר תִּתְּנוּ rel. (81)-Qal impf. 2 m.p. (נָתַן 678) *where you shall permit*

לָנֻס prep.-Qal inf.cstr. (נום 630) *to flee*

שָׁמָּה adv.-loc.he (1027) *there*

הָרֹצֵחַ def.art.-Qal act.ptc. (רָצַח 953) *the manslayer*

וַעֲלֵיהֶם conj.-prep.-3 m.p. sf. *and in addition to them*

תִּתְּנוּ v.supra *you shall give*

אַרְבָּעִים num. p. (917) *forty*

וּשְׁתַּיִם conj.-num. f. du. (1040) *two*

עִיר n.f.s. (746) *cities*

35:7

כָּל־הֶעָרִים n.m.s. cstr. (481)-def.art.-n.f.p. (746) *and all the cities*

אֲשֶׁר תִּתְּנוּ rel. (81)-Qal impf. 2 m.p. (נָתַן 678) *which you give*

לַלְוִיִּם prep.-def.art.-adj.gent. m.p. (532) *to the Levites*

אַרְבָּעִים וּשְׁמֹנֶה num. p. (917)-conj.-num. (1032) *forty-eight*

עִיר n.f.s. (746) *cities*

אֶתְהֶן prep.-3 f.p. sf. (85) *with them*

וְאֶת־מִגְרְשֵׁיהֶן conj.-dir.obj.-n.m.p.-3 f.p. sf. (177) *and with their pasture lands*

35:8

וְהֶעָרִים conj.-def.art.-n.f.p. (746) *and as for the cities*

אֲשֶׁר תִּתְּנוּ rel. (81)-Qal impf. 2 m.p. (נָתַן 678) *which you shall give*

מֵאֲחֻזַּת prep.-n.f.s. cstr. (28) *from the possession of*

בְּנֵי־יִשְׂרָאֵל n.m.p. cstr. (119)-pr.n. (975) *the people of Israel*

מֵאֵת הָרַב prep.-prep. (85)-def.art.-adj. m.s. (912) *from the large(r tribes)*

תַּרְבּוּ Hi. impf. 2 m.p. (רָבָה I 915) *you shall take many*

וּמֵאֵת הַמְעַט conj.-v.supra-def.art.-subst. (589) *and from the small(er tribes)*

תַּמְעִיטוּ Hi. impf. 2 m.p. (מָעַט 589) *you shall take few*

אִישׁ n.m.s. (35) *each*

כְּפִי נַחֲלָתוֹ prep.-n.m.s. cstr. (804)-n.f.s.-3 m.s. sf. (635) *in proportion to the inheritance*

אֲשֶׁר יִנְחָלוּ rel. (81)-Qal impf. 3 m.p. (נָחַל 635) *which it inherits*

יִתֵּן Qal impf. 3 m.s. (נָתַן 678) *shall give*

מֵעָרָיו prep.-n.f.p.-3 m.s. sf. (746) *of its cities*

לַלְוִיִּם prep.-def.art.-adj.gent. m.p. (532) *to the Levites*

35:9

וַיְדַבֵּר יהוה consec.-Pi. impf. 3 m.s. (180)-pr.n. (217) *and Yahweh said*

אֶל־מֹשֶׁה prep.-pr.n. (602) *to Moses*

לֵּאמֹר prep.-Qal inf.cstr. (55) *(saying)*

35:10

דַּבֵּר Pi. impv. 2 m.s. (180) *say*

אֶל־בְּנֵי יִשְׂרָאֵל prep.-n.m.p. cstr. (119)-pr.n. (975) *to the people of Israel*

וְאָמַרְתָּ אֲלֵהֶם conj.-Qal pf. 2 m.s. (55)-prep.-3 m.p. sf. *(and you shall say to them)*

כִּי אַתֶּם עֹבְרִים conj. (471)-pers.pr. 2 m.p. (61)-Qal act.ptc. m.p. (עָבַר 716) *when you cross*

אֶת־הַיַּרְדֵּן dir.obj.-def.art.-pr.n. (434) *the Jordan*

אַרְצָה n.f.s.-dir.he (75) *in the land of*

כְּנָעַן pr.n. paus. (I 488) *Canaan*

35:11

וְהִקְרִיתֶם conj.-Hi. pf. 2 m.p. (קָרָה 899) *then you shall select*

לָכֶם prep.-2 m.p. sf. *for yourselves*

עָרִים n.f.p. (746) *cities*

עָרֵי מִקְלָט n.f.p. cstr. (746)-n.m.s. (886) *cities of refuge*

תִּהְיֶינָה לָכֶם Qal impf. 3 f.p. (הָיָה 224)-v.supra *they shall be for you*

וְנָס שָׁמָּה conj.-Qal pf. 3 m.s. (נום 630)-adv.
-dir.he (1027) *that may flee there*

רֹצֵחַ Qal act.ptc. m.s. (רצח 953) *the manslayer*

מַכֵּה־נֶפֶשׁ Hi. ptc. m.s. cstr. (נכה 645)-n.f.s.
(659) *who kills any person*

בִּשְׁגָגָה prep.-n.f.s. (993) *without intent*

35:12

וְהָיוּ לָכֶם conj.-Qal pf. 3 c.p. (היה 224)-prep.-2
m.p. sf. *shall be for you*

הֶעָרִים def.art.-n.f.p. (746) *the cities*

לְמִקְלָט prep.-n.m.s. (886) *a refuge*

מִגֹּאֵל prep.-Qal act.ptc. m.s. (גאל 145) *from the
avenger*

וְלֹא יָמוּת conj.-neg.-Qal impf. 3 m.s. (מות 559)
that may not die

הָרֹצֵחַ def.art.-Qal act.ptc. m.s. (953) *the
manslayer*

עַד־עָמְדוֹ prep. (III 723)-Qal inf.cstr.-3 m.s. sf.
(עמד 763) *until he stands*

לִפְנֵי הָעֵדָה prep.-n.m.p. cstr. (815)-def.art.-n.f.s.
(417) *before the congregation*

לַמִּשְׁפָּט prep.-def.art.-n.m.s. (1048) *for
judgment*

35:13

וְהֶעָרִים conj.-def.art.-n.f.p. (746) *and the cities*

אֲשֶׁר תִּתֵּנוּ rel. (81)-Qal impf. 2 m.p. paus. (נתן
678) *which you give*

שֵׁשׁ־עָרֵי מִקְלָט num. (995)-n.f.p. cstr.
(746)-n.m.s. (886) *six cities of refuge*

תִּהְיֶינָה לָכֶם Qal impf. 3 f.p. (היה 224)-prep.-2
m.p. sf. *shall be your*

35:14

אֵת שְׁלֹשׁ הֶעָרִים dir.obj.-num. cstr. 1025)
-def.art.-n.f.p. (746) *three cities*

תִּתְּנוּ Qal impf. 2 m.p. (נתן 678) *you shall give*

מֵעֵבֶר לַיַּרְדֵּן prep.-n.m.s. (719)-prep.-def.art.
-pr.n. (434) *beyond the Jordan*

וְאֵת שְׁלֹשׁ הֶעָרִים conj.-v.supra-v.supra-v.supra
and three cities

תִּתְּנוּ v.supra *you shall give*

בְּאֶרֶץ כְּנַעַן prep.-n.f.s. cstr. (75)-pr.n. paus. (I
488) *in the land of Canaan*

עָרֵי מִקְלָט n.f.p. cstr. (746)-n.m.s. (886) *cities of
refuge*

תִּהְיֶינָה Qal impf. 3 f.p. (היה 224) *they shall be*

35:15

לִבְנֵי יִשְׂרָאֵל prep.-n.m.p. cstr. (119)-pr.n. (975)
for the people of Israel

וְלַגֵּר conj.-prep.-def.art.-n.m.s. (158) *and for the
stranger*

וְלַתּוֹשָׁב conj.-prep.-def.art.-n.m.s. (444) *and for
the sojourner*

בְּתוֹכָם prep.-n.m.s.-3 m.p. sf. (1063) *among them*

תִּהְיֶינָה Qal impf. 3 f.p. (היה 224) *shall be*

שֵׁשׁ־הֶעָרִים הָאֵלֶּה num. (995)-def.art.-n.f.p.
(746)-def.art.-demons.adj. c.p. (41) *these six
cities*

לְמִקְלָט prep.-n.m.s. (886) *for refuge*

לָנוּס prep.-Qal inf.cstr. (נום 630) *may flee*

שָׁמָּה adv.-dir.he (1027) *there*

כָּל־מַכֵּה־נֶפֶשׁ n.m.s. cstr. (481)-Hi. ptc. m.s.
cstr. (נכה 645)-n.f.s. (659) *anyone who kills any
person*

בִּשְׁגָגָה prep.-n.f.s. (993) *without intent*

35:16

וְאִם־בִּכְלִי בַרְזֶל conj.-hypoth.part. (49)-prep.
-n.m.s. cstr. (479)-n.m.s. (137) *but if with an
instrument of iron*

הִכָּהוּ Hi. pf. 3 m.s.-3 m.s. sf. (נכה 645) *he
struck him down*

וַיָּמֹת consec.-Qal impf. 3 m.s. (מות 559) *so that
he died*

רֹצֵחַ הוּא Qal act.ptc. m.s. (רצח 953)-pers.pr. 3
m.s. (214) *he is a murderer*

מוֹת יוּמַת Qal inf.abs. (מות 559)-Ho. impf. 3
m.s. (מות 559; see Qal) *shall be put to death*

הָרֹצֵחַ def.art.-Qal act.ptc. m.s. (רצח 953) *the
murderer*

35:17

וְאִם בְּאֶבֶן יָד conj.-hypoth.part. (49)-prep.-n.f.s.
(6)-n.f.s. (388) *and if with a stone in the
hand*

אֲשֶׁר־יָמוּת בָּהּ rel. (81)-Qal impf. 3 m.s. (מות
559)-prep.-3 f.s. sf. *by which a man may die*

הִכָּהוּ Hi. pf. 3 m.s.-3 m.s. sf. (נכה 645) *he
struck him down*

וַיָּמֹת consec.-Qal impf. 3 m.s. (מות 559) *and he
died*

רֹצֵחַ הוּא Qal act.ptc. m.s. (רצח 953)-pers.pr. 3 m.s.
(214) *he is a murderer*

מוֹת יוּמַת Qal inf.abs. (559)-Ho. impf. 3 m.s.
(מות 559; see Qal) *shall be put to death*

הָרֹצֵחַ def.art.-Qal act.ptc. m.s. (רצח 953) *the
murderer*

35:18

אוֹ בִּכְלִי עֵץ־יָד conj. (14)-prep.-n.m.s. cstr. (479)-n.m.s. (781)-n.f.s. (388) *or with a weapon of wood in the hand*

אֲשֶׁר־יָמוּת בּוֹ rel. (81)-Qal impf. 3 m.s. (559) -prep.-3 m.s. sf. *by which a man may die*

הִכָּהוּ Hi. pf. 3 m.s.-3 m.s. sf. (נָכָה 645) *he struck him down*

וַיָּמֹת consec.-Qal impf. 3 m.s. (מוּת 559) *and he died*

רֹצֵחַ הוּא Qal act.ptc. m.s. (953)-pers.pr. 3 m.s. (214) *he is a murderer*

מוֹת יוּמַת Qal inf.abs. (559)-Ho. impf. 3 m.s. (מוּת 559) *shall be put to death*

הָרֹצֵחַ def.art.-Qal act.ptc. m.s. (953) *the murderer*

35:19

גֹּאֵל הַדָּם Qal act.ptc. m.s. cstr. (גָּאַל I 145) -def.art.-n.m.s. (196) *the avenger of blood*

הוּא יָמִית pers.pr. 3 m.s. (214)-Hi. impf. 3 m.s. (559) *himself shall put to death*

אֶת־הָרֹצֵחַ dir.obj.-def.art.-Qal act.ptc. m.s. (953) *the murderer*

בְּפִגְעוֹ־בוֹ prep.-Qal inf.cstr.-3 m.s. sf. (פָּגַע 803) *when he meets him*

הוּא יְמִיתֶנּוּ pers.pr. 3 m.s. (214)-Hi. impf. 3 m.s.-3 m.s. sf. (מוּת 559) *he shall put him to death*

35:20

וְאִם־בְּשִׂנְאָה conj.-hypoth.part. (49)-prep.-n.f.s. (971) *and if from hatred*

יֶהְדָּפֶנּוּ Qal impf. 3 m.s.-3 m.s. sf. (הָדַף 213) *he stabbed him*

אוֹ־הִשְׁלִיךְ עָלָיו conj. (14)-Hi. pf. 3 m.s. (שָׁלַךְ 1020)-prep.-3 m.s. sf. *or hurled at him*

בִּצְדִיָּה prep.-n.f.s. (841) *lying in wait*

וַיָּמֹת consec.-Qal impf. 3 m.s. (מוּת 559) *so that he died*

35:21

אוֹ בְאֵיבָה conj. (14)-prep.-n.f.s. (33) *or in enmity*

הִכָּהוּ Hi. pf. 3 m.s.-3 m.s. sf. (נָכָה 645) *he struck him down*

בְיָדוֹ prep.-n.f.s.-3 m.s. sf. (388) *with his hand*

וַיָּמֹת consec.-Qal impf. 3 m.s. (מוּת 559) *so that he died*

מוֹת יוּמַת Qal inf.abs. (559)-Ho. impf. 3 m.s. (מוּת 559) *shall be put to death*

הַמַּכֶּה def.art.-Hi. ptc. m.s. (נָכָה 645) *he who struck the blow*

רֹצֵחַ הוּא Qal act.ptc. m.s. (953)-pers.pr. 3 m.s. (214) *he is a murderer*

גֹּאֵל הַדָּם Qal act.ptc. cstr. (I 145)-def.art.-n.m.s. (196) *the avenger of blood*

יָמִית Hi. impf. 3 m.s. (מוּת 559) *shall put to death*

אֶת־הָרֹצֵחַ dir.obj.-def.art.-Qal act.ptc. m.s. (953) *the murderer*

בְּפִגְעוֹ־בוֹ prep.-Qal inf.cstr.-3 m.s. sf. (803)-prep.-3 m.s. sf. *when he meets him*

35:22

וְאִם־בְּפֶתַע conj.-hypoth.part. (49)-prep.-subst. (837) *but if suddenly*

בְּלֹא־אֵיבָה prep.-neg.-n.f.s. (33) *without enmity*

הֲדָפוֹ Qal pf. 3 m.s.-3 m.s. sf. (הָדַף 213) *he stabbed him*

אוֹ־הִשְׁלִיךְ עָלָיו conj. (14)-Hi. pf. 3 m.s. (שָׁלַךְ 1020)-prep.-3 m.s. sf. *or hurled on him*

כָּל־כְּלִי n.m.s. cstr. (481)-n.m.s. (479) *anything*

בְּלֹא צְדִיָּה prep.-neg.-n.f.s. (841) *without lying in wait*

35:23

אוֹ בְכָל־אֶבֶן conj. (14)-prep.-n.m.s. cstr. (481) -n.f.s. (6) *or used a stone*

אֲשֶׁר־יָמוּת בָּהּ rel. (81)-Qal impf. 3 m.s. (מוּת 559)-prep.-3 f.s. sf. *by which a man may die*

בְּלֹא רְאוֹת prep.-neg.-Qal inf.cstr. (רָאָה 906) *without seeing him*

וַיַּפֵּל עָלָיו consec.-Hi. impf. 3 m.s. (נָפַל 656) -prep.-3 m.s. sf. *he cast it upon him*

וַיָּמֹת consec.-Qal impf. 3 m.s. (מוּת 559) *so that he died*

וְהוּא לֹא־אוֹיֵב לוֹ conj.-pers.pr. 3 m.s. (214) -neg.-Qal act.ptc. (אָיַב 33)-prep.-3 m.s. sf. *though he was not his enemy*

וְלֹא מְבַקֵּשׁ conj.-neg.-Pi. ptc. (בָּקַשׁ 134) *and did not seek*

רָעָתוֹ n.f.s.-3 m.s. sf. (949) *his harm*

35:24

וְשָׁפְטוּ conj.-Qal pf. 3 c.p. (שָׁפַט 1047) *and shall judge*

הָעֵדָה def.art.-n.f.s. (417) *the congregation*

בֵּין הַמַּכֶּה prep. (107)-def.art.-Hi. ptc. (נָכָה 645) *between the manslayer*

וּבֵין גֹּאֵל הַדָּם conj.-v.supra-Qal act.ptc. cstr. (I 145)-def.art.-n.m.s. (196) *and the avenger of blood*

עַל הַמִּשְׁפָּטִים הָאֵלֶּה prep.-def.art.-n.m.p. (1048) -def.art.-demons.adj. c.p. (41) *in accordance with these ordinances*

35:25

וְהִצִּילוּ conj.-Hi. pf. 3 c.p. (נצל 664) *and shall rescue*

הָעֵדָה def.art.-n.f.s. (417) *the congregation*

אֶת־הָרֹצֵחַ dir.obj.-def.art.-Qal act.ptc. (953) *the manslayer*

מִיַּד גֹּאֵל הַדָּם prep.-n.f.s. cstr. (388)-Qal act.ptc. cstr. (I 145)-def.art.-n.m.s. (196) *from the hand of the avenger of blood*

וְהֵשִׁיבוּ אֹתוֹ conj.-Hi. pf. 3 c.p. (שוב 996)-dir. obj.-3 m.s. sf. *and shall restore him*

הָעֵדָה v.supra *the congregation*

אֶל־עִיר מִקְלָטוֹ prep.-n.f.s. cstr. (746)-n.m.s.-3 m.s. sf. (886) *to his city of refuge*

אֲשֶׁר־נָס שָׁמָּה rel. (81)-Qal pf. 3 m.s. (נוס 630) -adv.-dir.he (1027) *to which he had fled*

וְיָשַׁב בָּהּ conj.-Qal pf. 3 m.s. (442)-prep.-3 f.s. sf. *and he shall live in it*

עַד־מוֹת הַכֹּהֵן הַגָּדֹל prep. (III 723)-n.m.s. cstr. (560)-def.art.-n.m.s. (463)-def.art.-adj. m.s. (152) *until the death of the high priest*

אֲשֶׁר־מָשַׁח אֹתוֹ rel. (81)-Qal pf. 3 m.s. (602) -prep.-3 m.s. sf. (85) *who was anointed*

בְּשֶׁמֶן הַקֹּדֶשׁ prep.-n.m.s. cstr. (1032)-def.art. -n.m.s. (871) *with the holy oil*

35:26

וְאִם־יָצֹא יֵצֵא conj.-hypoth.part. (49)-Qal inf.abs. (יצא 422)-Qal impf. 3 m.s. (יצא 422) *but if shall at any time go beyond*

הָרֹצֵחַ def.art.-Qal act.ptc. m.s. (רצח 953) *the manslayer*

אֶת־גְּבוּל dir.obj.-n.m.s. cstr. (147) *the bounds of*

עִיר מִקְלָטוֹ n.f.s. cstr. (746)-n.m.s.-3 m.s. sf. (886) *his city of refuge*

אֲשֶׁר יָנוּס שָׁמָּה rel. (81)-Qal impf. 3 m.s. (נוס 630)-adv.-dir.he (1027) *to which he fled*

35:27

וּמָצָא אֹתוֹ conj.-Qal pf. 3 m.s. (592)-dir.obj.-3 m.s. sf. *and ... finds him*

גֹּאֵל הַדָּם Qal act.ptc. cstr. (I 145)-def.art.-n.m.s. (196) *the avenger of blood*

מִחוּץ לִגְבוּל prep.-n.m.s. (299)-prep.-n.m.s. cstr. (147) *outside the bounds of*

עִיר מִקְלָטוֹ n.m.s. cstr. (746)-n.m.s.-3 m.s. sf. (886) *his city of refuge*

וְרָצַח conj.-Qal pf. 3 m.s. (953) *and slays*

גֹּאֵל הַדָּם Qal act.ptc. cstr. (I 145)-def.art.-n.m.s. (196) *the avenger of blood*

אֶת־הָרֹצֵחַ dir.obj.-def.art.-Qal act.ptc. (953) *the manslayer*

אֵין לוֹ דָּם neg. (II 34)-prep.-3 m.s. sf.-n.m.s. (196) *he shall not be guilty of blood*

35:28

כִּי בְעִיר מִקְלָטוֹ conj. (471)-prep.-n.f.s. cstr. (746)-n.m.s.-3 m.s. sf. (886) *for in his city of refuge*

יֵשֵׁב Qal impf. 3 m.s. (ישב 442) *the man must remain*

עַד־מוֹת prep. (III 723)-n.m.s. cstr. (560) *until the death of*

הַכֹּהֵן הַגָּדֹל def.art.-n.m.s. (463)-def.art.-adj. m.s. (152) *the high priest*

וְאַחֲרֵי מוֹת conj.-prep. (29)-v.supra *but after the death of*

הַכֹּהֵן הַגָּדֹל v.supra-v.supra *the high priest*

יָשׁוּב הָרֹצֵחַ Qal impf. 3 m.s. (שוב 996)-def.art. -Qal act.ptc. (953) *the manslayer may return*

אֶל־אֶרֶץ אֲחֻזָּתוֹ prep.-n.f.s. cstr. (75)-n.f.s.-3 m.s. sf. (28) *to the land of his possession*

35:29

וְהָיוּ אֵלֶּה לָכֶם conj.-Qal pf. 3 c.p. (היה 224) -demons.adj. c.p. (41)-prep.-2 m.p. sf. *and these things shall be to you*

לְחֻקַּת מִשְׁפָּט prep.-n.f.s. cstr. (349)-n.m.s. (1048) *for a statute of an ordinance*

לְדֹרֹתֵיכֶם prep.-n.m.p.-2 m.p. sf. (189) *throughout your generations*

בְּכֹל מוֹשְׁבֹתֵיכֶם prep.-n.m.s. cstr. (481)-n.m.p.-2 m.p. sf. (444) *in all your dwelllings*

35:30

כָּל־מַכֵּה־נֶפֶשׁ n.m.s. cstr. (481)-Hi. ptc. m.s. cstr. (נכה 645)-n.f.s. (659) *if any one kills a person*

לְפִי עֵדִים prep.-n.m.s. cstr. (804)-n.m.p. (729) *on the evidence of witnesses*

יִרְצַח Qal impf. 3 m.s. (רצח 953) *shall be put to death*

אֶת־הָרֹצֵחַ dir.obj.-def.art.-Qal act.ptc. (953) *the murderer*

וְעֵד אֶחָד conj.-n.m.s. (729)-num. (25) *one witness*

לֹא־יַעֲנֶה neg.-Qal impf. 3 m.s. (ענה I 772) *will not testify*

בְּנֶפֶשׁ prep.-n.f.s. (659) *against a person*

לָמוּת prep.-Qal inf.cstr. (559) *to death*

35:31

וְלֹא־תִקְחוּ כֹפֶר conj.-neg.-Qal impf. 2 m.p. (542 לָקַח)-n.m.s. (I 497) *moreover you shall not accept ransom*

לְנֶפֶשׁ רֹצֵחַ prep.-n.f.s. cstr. (659)-Qal act.ptc. (953) *for the life of a murderer*

אֲשֶׁר־הוּא רָשָׁע rel. (81)-pers.pr. 3 m.s. (214)-adj. m.s. (957) *who is guilty*

לָמוּת prep.-Qal inf.cstr. (מוּת 559) *of death*

כִּי־מוֹת יוּמָת conj. (471)-Qal inf.abs. (מוּת 559) -Ho. impf. 3 m.s. (מוּת 559) *but he shall be put to death*

35:32

וְלֹא־תִקְחוּ כֹפֶר conj.-neg.-Qal impf. 2 m.p. (542 לָקַח)-n.m.s. (I 497) *and you shall accept no ransom*

לָנוּס prep.-Qal inf.cstr. (נוּס 630) *for him who has fled*

אֶל־עִיר מִקְלָטוֹ prep.-n.f.s. cstr. (746)-n.m.s.-3 m.s. sf. (886) *to his city of refuge*

לָשׁוּב prep.-Qal inf.cstr. (שׁוּב 996) *that he may return*

לָשֶׁבֶת prep.-Qal inf.cstr. (יָשַׁב 442) *to dwell*

בָּאָרֶץ prep.-def.art.-n.f.s. (75) *in the land*

עַד־מוֹת prep. (III 723)-n.m.s. cstr. (560) *before the death of*

הַכֹּהֵן def.art.-n.m.s. (463) *the priest*

35:33

וְלֹא־תַחֲנִיפוּ conj.-neg.-Hi. impf. 2 m.p. (חָנֵף 337) *you shall not thus pollute*

אֶת־הָאָרֶץ dir.obj.-def.art.-n.f.s. (75) *the land*

אֲשֶׁר אַתֶּם בָּהּ rel. (81)-pers.pr. 2 m.p. (61) -prep.-3 f.s. sf. (LXX+κατοικεῖτε) *in which you live*

כִּי הַדָּם conj. (471)-def.art.-n.m.s. (196) *for the blood*

הוּא יַחֲנִיף pers.pr. 3 m.s. (214)-Hi. impf. 3 m.s. (חָנֵף 337) *it pollutes*

אֶת־הָאָרֶץ dir.obj.-def.art.-n.f.s. (75) *the land*

וְלָאָרֶץ conj.-prep.-def.art.-n.f.s. (75) *and for the land*

לֹא־יְכֻפַּר neg.-Pu. impf. 3 m.s. (כָּפַר 497) *no expiation can be made*

לַדָּם prep.-def.art.-n.m.s. (196) *for the blood*

אֲשֶׁר שֻׁפַּךְ־בָּהּ rel. (81)-Pu. pf. 3 m.s. (שָׁפַךְ 1049)-prep.-3 f.s. sf. *that is shed in it*

כִּי־אִם בְּדַם conj. (471)-hypoth.part. (49)-prep. -n.m.s. cstr. (196) *except by the blood of*

שֹׁפְכוֹ Qal act.ptc.-3 m.s. sf. (שָׁפַךְ 1049) *of him who shed it*

35:34

וְלֹא תְטַמֵּא conj.-neg.-Pi. impf. 2 m.s. (טָמֵא 379) *you shall not defile*

אֶת־הָאָרֶץ dir.obj.-def.art.-n.f.s. (75) *the land*

אֲשֶׁר אַתֶּם יֹשְׁבִים בָּהּ rel. (81)-pers.pr. 2 m.p. (61)-Qal act.ptc. m.p. (יָשַׁב 442)-prep.-3 f.s. sf. *in which you live*

אֲשֶׁר אֲנִי שֹׁכֵן בְּתוֹכָהּ v.supra-pers.pr. 1 c.s. (58)-Qal act.ptc. (שָׁכֵן 1014)-prep.-n.m.s.-3 f.s. sf. (1063) *in the midst of which I dwell*

כִּי אֲנִי יהוה conj. (471)-v.supra-pr.n. (217) *for I Yahweh*

שֹׁכֵן Qal act.ptc. (1014) *dwell*

בְּתוֹךְ prep.-n.m.s. cstr. (1063) *in the midst of*

בְּנֵי יִשְׂרָאֵל n.m.p. cstr. (119)-pr.n. (975) *the people of Israel*

36:1

וַיִּקְרְבוּ consec.-Qal impf. 3 m.p. (קָרַב 897) *and came near*

רָאשֵׁי הָאָבוֹת n.m.p. cstr. (910)-def.art.-n.m.p. (3) *the heads of the fathers*

לְמִשְׁפַּחַת prep.-n.f.s. cstr. (1046) *of the families of*

בְּנֵי־גִלְעָד n.m.p. cstr. (119)-pr.n. (166) *the sons of Gilead*

בֶּן־מָכִיר n.m.s. cstr. (119)-pr.n. (569) *the son of Machir*

בֶּן־מְנַשֶּׁה v.supra-pr.n. (586) *the son of Manasseh*

מִמִּשְׁפְּחֹת prep.-n.f.p. cstr. (1046) *of the fathers' houses*

בְּנֵי יוֹסֵף v.supra-pr.n. (415) *of the sons of Joseph*

וַיְדַבְּרוּ consec.-Pi. impf. 3 m.p. (180) *and spoke*

לִפְנֵי מֹשֶׁה prep.-n.m.p. cstr. (815)-pr.n. (602) *before Moses*

וְלִפְנֵי הַנְּשִׂאִים conj.-v.supra-def.art.-n.m.p. (672) *and before the leaders*

רָאשֵׁי אָבוֹת n.m.p. cstr. (910)-n.m.p. (3) *the heads of the fathers*

לִבְנֵי יִשְׂרָאֵל prep.-n.m.p. cstr. (119)-pr.n. (975) *of the people of Israel*

36:2

וַיֹּאמְרוּ consec.-Qal impf. 3 m.p. (55) *and they said*

אֶת־אֲדֹנִי dir.obj.-n.m.s.-1 c.s. sf. (10) *my lord*

צִוָּה יהוה Pi. pf. 3 m.s. (צָוָה 845)-pr.n. (217) *Yahweh commanded*

לָתֵת prep.-Qal inf.cstr. (נָתַן 678) *to give*

אֶת־הָאָרֶץ dir.obj.-def.art.-n.f.s. (75) *the land*

בְּנַחֲלָה prep.-n.f.s. (635) *for inheritance*

בְּגוֹרָל prep.-n.m.s. (174) *by lot*

לִבְנֵי יִשְׂרָאֵל prep.-n.m.p. cstr. (119)-pr.n. (975) *to the people of Israel*

וַאדֹנִי conj.-n.m.s.-1 c.s. sf. (10) *and my lord*

צֻוָּה Pu. pf. 3 m.s. (צָוָה 845) *was commanded*

בַיהוה prep.-pr.n. (217) *by Yahweh*

לָתֵת prep.-Qal inf.cstr. (נָתַן 678) *to give*

אֶת־נַחֲלַת צְלָפְחָד dir.obj.-n.f.s. cstr. (635)-pr.n. (854) *the inheritance of Zelophehad*

אָחִינוּ n.m.s.-1 c.p. sf. (26) *our brother*

לִבְנֹתָיו prep.-n.f.p.-3 m.s. sf. (I 123) *to his daughters*

36:3

וְהָיוּ לְאֶחָד conj.-Qal pf. 3 c.p. (הָיָה 224)-prep.-num. (25) *but if they are to any*

מִבְּנֵי שִׁבְטֵי prep.-n.m.p. cstr. (119)-n.m.p. cstr. (986) *of the sons of the tribes of*

בְּנֵי־יִשְׂרָאֵל v.supra-pr.n. (975) *the people of Israel*

לְנָשִׁים prep.-n.f.p. (61) *for wives*

וְנִגְרְעָה conj.-Ni. pf. 3 f.s. (גָּרַע 175) *then will be taken away*

נַחֲלָתָן n.f.s.-3 f.p. sf. (635) *their inheritance*

מִנַּחֲלַת אֲבֹתֵינוּ prep.-n.f.s. cstr. (635)-n.m.p.-1 c.p. sf. (3) *from the inheritance of our fathers*

וְנוֹסַף conj.-Ni. pf. 3 m.s. (יָסַף 414) *and added*

עַל נַחֲלַת הַמַּטֶּה prep.-n.f.s. cstr. (635)-def.art.-n.m.s. (641) *to the inheritance of the tribe*

אֲשֶׁר תִּהְיֶינָה לָהֶם rel. (81)-Qal impf. 3 f.p. (הָיָה 224)-prep.-3 m.p. sf. *to which they belong*

וּמִגֹּרַל נַחֲלָתֵנוּ conj.-prep.-n.m.s. cstr. (174)-n.f.s.-1 c.p. sf. (635) *from the lot of our inheritance*

יִגָּרֵעַ Ni. impf. 3 m.s. (גָּרַע 175) *it will be taken away*

36:4

וְאִם־יִהְיֶה conj.-hypoth.part. (49)-Qal impf. 3 m.s. (הָיָה 224) *and when comes*

הַיֹּבֵל def.art.-n.m.s. (385) *the jubilee (ram's horn)*

לִבְנֵי יִשְׂרָאֵל prep.-n.m.p. cstr. (119)-pr.n. (975) *of the people of Israel*

וְנוֹסְפָה conj.-Ni. pf. 3 f.s. (יָסַף 414) *then will be added*

נַחֲלָתָן n.f.s.-3 f.p. sf. (635) *their inheritance*

עַל נַחֲלַת הַמַּטֶּה prep.-n.f.s. cstr. (635)-def.art.-n.m.s. (641) *to the inheritance of the tribe*

אֲשֶׁר תִּהְיֶינָה לָהֶם rel. (81)-Qal impf. 3 f.p. (הָיָה 224)-prep.-3 m.p. sf. *to which they belong*

וּמִנַּחֲלַת מַטֵּה conj.-prep.-n.f.s. cstr. (635)-n.m.s. cstr. (641) *and from the inheritance of the tribe of*

אֲבֹתֵינוּ n.m.p.-1 c.p. sf. (3) *our fathers*

יִגָּרַע Ni. impf. 3 m.s. (גָּרַע 175) *will be taken*

נַחֲלָתָן n.f.s.-3 f.p. sf. (635) *their inheritance*

36:5

וַיְצַו מֹשֶׁה consec.-Pi. impf. 3 m.s. (צָוָה 845)-pr.n. (602) *and Moses commanded*

אֶת־בְּנֵי יִשְׂרָאֵל dir.obj.-n.m.p. cstr. (119)-pr.n. (975) *the people of Israel*

עַל־פִּי יהוה prep.-n.m.s. cstr. (804)-pr.n. (217) *according to the word of Yahweh*

לֵאמֹר prep.-Qal inf.cstr. (55) *saying*

כֵּן adj. m.s. (I 467) *right*

מַטֵּה בְנֵי־יוֹסֵף n.m.s. cstr. (641)-v.supra-pr.n. (415) *the tribe of the sons of Joseph*

דֹּבְרִים Qal act.ptc. m.p. (180) *are saying*

36:6

זֶה הַדָּבָר demons.adj. m.s. (260)-def.art.-n.m.s. (182) *this is the thing*

אֲשֶׁר־צִוָּה יהוה rel. (81)-Pi. pf. 3 m.s. (צָוָה 845)-pr.n. (217) *which Yahweh commands*

לִבְנוֹת צְלָפְחָד prep.-n.f.p. cstr. (I 123)-pr.n. (854) *concerning the daughters of Zelophehad*

לֵאמֹר prep.-Qal inf.cstr. (55) *saying*

לַטּוֹב בְּעֵינֵיהֶם prep.-def.art.-adj. m.s. (II 373)-prep.-n.f.p.-3 m.p. sf. (744; GK 135o) *to the right in their eyes*

תִּהְיֶינָה לְנָשִׁים Qal impf. 3 f.p. (הָיָה 224)-prep.-n.f.p. (61) *they may be for wives*

אַךְ adv. (36) *only*

לְמִשְׁפַּחַת prep.-n.f.s. cstr. (1046) *within the family of*

מַטֵּה אֲבִיהֶם n.m.s. cstr. (641)-n.m.s.-3 m.p. sf. (3; GK 135o) *the tribe of their father*

תִּהְיֶינָה לְנָשִׁים v.supra-v.supra *they shall marry*

36:7

וְלֹא־תִסֹּב conj.-neg.-Qal impf. 3 f.s. (סָבַב 685) *and shall not be transferred*

נַחֲלָה n.f.s. (635) *the inheritance*

לִבְנֵי יִשְׂרָאֵל prep.-n.m.p. cstr. (119)-pr.n. (975) *of the people of Israel*

מִמַּטֶּה prep.-n.m.s. (641) *from (one) tribe*

אֶל־מַטֶּה prep.-n.m.s. (641) *to (another) tribe*

כִּי אִישׁ conj. (471)-n.m.s. (35) *for every one*

בְּנַחֲלַת prep.-n.f.s. cstr. (635) *the inheritance of*

מַטֵּה אֲבֹתָיו n.m.s. cstr. (641)-n.m.p.-3 m.s. sf. (3) *the tribe of his fathers*

יִדְבְּקוּ Qal impf. 3 m.p. (דָּבַק 179) *shall cleave to*

בְּנֵי יִשְׂרָאֵל n.m.p. cstr. (119)-pr.n. (975) *the people of Israel*

36:8

וְכָל־בַּת conj.-n.m.s. cstr. (481)-n.f.s. (I 123) *and every daughter*

יֹרֶשֶׁת Qal act.ptc. f.s. (יָרַשׁ 439) *who possesses*

נַחֲלָה n.f.s. (635) *an inheritance*

מִמַּטּוֹת prep.-def.art.-n.m.p. (641) *in any tribe of*

בְּנֵי יִשְׂרָאֵל n.m.p. cstr. (119)-pr.n. (975) *the people of Israel*

לְאֶחָד prep.-num. (25) *to one*

מִמִּשְׁפַּחַת prep.-n.f.s. cstr. (1046) *of the family of*

מַטֵּה אָבִיהָ n.m.s. cstr. (641)-n.m.s.-3 f.s. sf. (3) *the tribe of her father*

תִּהְיֶה לְאִשָּׁה Qal impf. 3 f.s. (הָיָה 224)-prep.-n.f.s. (61) *shall be wife*

לְמַעַן יִירְשׁוּ prep.-prep. (775)-Qal impf. 3 m.p. (יָרַשׁ 439) *so that may possess*

בְּנֵי יִשְׂרָאֵל n.m.p. cstr. (119)-pr.n. (975) *the people of Israel*

אִישׁ n.m.s. (35) *every one*

נַחֲלַת אֲבֹתָיו n.f.s. cstr. (635)-n.m.p.-3 m.s. sf. (3) *the inheritance of his fathers*

36:9

וְלֹא־תִסֹּב conj.-neg.-Qal impf. 3 f.s. (סָבַב 685) *so shall not be transferred*

נַחֲלָה n.f.s. (635) *an inheritance*

מִמַּטֶּה prep.-n.m.s. (641) *from (one) tribe*

לְמַטֶּה אַחֵר prep.-n.m.s. (641)-adj. m.s. (29) *to another (tribe)*

כִּי־אִישׁ conj. (471)-n.m.s. (35) *for each*

בְּנַחֲלָתוֹ prep.-n.f.s.-3 m.s. sf. (635) *to its own inheritance*

יִדְבְּקוּ Qal impf. 3 m.p. (דָּבַק 179) *shall cleave*

מַטּוֹת n.m.p. cstr. (641) *of the tribes of*

בְּנֵי יִשְׂרָאֵל n.m.p. cstr. (119)-pr.n. (975) *the people of Israel*

36:10

כַּאֲשֶׁר צִוָּה יהוה prep.-rel. (81)-Pi. pf. 3 m.s. (צָוָה 845)-pr.n. (217) *as Yahweh commanded*

אֶת־מֹשֶׁה dir.obj.-pr.n. (602) *Moses*

כֵּן עָשׂוּ adv. (485)-Qal pf. 3 c.p. (עָשָׂה I 793) *so did*

בְּנוֹת צְלָפְחָד n.f.p. cstr. (I 123)-pr.n. (854) *the daughters of Zelophehad*

36:11

וַתִּהְיֶינָה consec.-Qal impf. 3 f.p. (הָיָה 224) *for were*

מַחְלָה pr.n. (563) *Mahlah*

תִרְצָה pr.n. (953) *Tirzah*

וְחָגְלָה conj.-pr.n. (291) *and Hoglah*

וּמִלְכָּה conj.-pr.n. (574) *and Milcah*

וְנֹעָה conj.-pr.n. (631) *and Noah*

בְּנוֹת צְלָפְחָד n.f.p. cstr. (I 123)-pr.n. (854) *the daughters of Zelophehad*

לִבְנֵי דֹדֵיהֶן prep.-n.m.p. cstr. (119)-n.m.p.-3 f.p. sf. (187) *to sons of their uncles*

לְנָשִׁים prep.-n.f.p. (61) *for wives*

36:12

מִמִּשְׁפְּחֹת prep.-n.f.p. cstr. (1046) *into the families of*

בְּנֵי־מְנַשֶּׁה n.m.p. cstr. (119)-pr.n. (586) *the sons of Manasseh*

בֶּן־יוֹסֵף n.m.s. cstr. (119)-pr.n. (415) *the son of Joseph*

הָיוּ לְנָשִׁים Qal pf. 3 c.p. (הָיָה 224)-prep.-n.f.p. (61) *they were for wives*

וַתְּהִי נַחֲלָתָן consec.-Qal impf. 3 f.s. (הָיָה 224)-n.f.s.-3 f.p. sf. (635) *and their inheritance remained*

עַל־מַטֵּה prep.-n.m.s. cstr. (641) *in the tribe of*

מִשְׁפַּחַת אֲבִיהֶן n.f.s. cstr. (1046)-n.m.s.-3 f.p. sf. (3) *the family of their father*

36:13

אֵלֶּה demons.adj. c.p. (41) *these are*

הַמִּצְוֹת def.art.-n.f.p. (846) *the commandments*

וְהַמִּשְׁפָּטִים conj.-def.art.-n.m.p. (1048) *and the ordinances*

אֲשֶׁר צִוָּה יהוה rel. (81)-Pi. pf. 3 m.s. (צָוָה 845)-pr.n. (217) *which Yahweh commanded*

בְּיַד־מֹשֶׁה prep.-n.f.s. cstr. (388)-pr.n. (602) *by Moses*

אֶל־בְּנֵי יִשְׂרָאֵל prep.-n.m.p. cstr. (119)-pr.n. (975) *to the people of Israel*

בְּעַרְבֹת מוֹאָב prep.-n.f.p. cstr. (787)-pr.n. (555) *in the plains of Moab*

עַל יַרְדֵּן prep.-pr.n. (434) *by the Jordan*

יְרֵחוֹ pr.n. (437) *at Jericho*

Deuteronomy

1:1

אֵלֶּה demons.adj. c.p. (41) *these are*

הַדְּבָרִים def.art.-n.m.p. (182) *the words*

אֲשֶׁר דִּבֶּר rel. (81)-Pi. pf. 3 m.s. (180) *that ... spoke*

מֹשֶׁה pr.n. (602) *Moses*

אֶל־כָּל־יִשְׂרָאֵל prep.-n.m.s. cstr. (481)-pr.n. (975) *to all Israel*

בְּעֵבֶר הַיַּרְדֵּן prep.-n.m.s. cstr. (719)-def.art.-pr.n. (434) *beyond the Jordan*

בַּמִּדְבָּר prep.-def.art.-n.m.s. (184) *in the wilderness*

בָּעֲרָבָה prep.-def.art.-n.f.s. (787) *in the Arabah*

מוֹל סוּף prep. (I 557)-pr.n. (693) *over against Suph*

בֵּין־פָּארָן prep. (107)-pr.n. (803) *between Paran*

וּבֵין־תֹּפֶל conj.-v.supra-pr.n. (1074) *and Tophel*

וְלָבָן conj.-pr.n. (III 526) *and Laban*

וַחֲצֵרֹת conj.-pr.n. (348) *and Hazeroth*

וְדִי זָהָב conj.-pr.n. (191) *and Di-zahab*

1:2

אַחַד עָשָׂר num. (25)-num. (797) *eleven*

יוֹם n.m.s. (388) *days*

מֵחֹרֵב prep.-pr.n. (352) *from Horeb*

דֶּרֶךְ n.m.s. cstr. (202) *by the way of*

הַר־שֵׂעִיר n.m.s. cstr. (249)-pr.n. (973) *Mount Seir*

עַד קָדֵשׁ בַּרְנֵעַ n.m.s. (III 723)-pr.n. (II 873) *to Kadesh-barnea*

1:3

וַיְהִי בְּאַרְבָּעִים pr.n. Qal impf. 3 m.s. (הָיָה 224)-prep.-num. p. (917) *and in the fortieth*

שָׁנָה n.f.s. (1040) *year*

בְּעַשְׁתֵּי־עָשָׂר prep.-num. cstr. (799)-num. (797) *of the eleventh*

חֹדֶשׁ n.m.s. (II 294) *month*

בְּאֶחָד לַחֹדֶשׁ prep.-num. (25)-prep.-def.art.-n.m.s. (II 294) *on the first day of the month*

דִּבֶּר מֹשֶׁה Pi. pf. 3 m.s. (180)-pr.n. (602) *Moses spoke*

אֶל־בְּנֵי יִשְׂרָאֵל prep.-n.m.p. cstr. (119)-pr.n. (975) *to the people of Israel*

כְּכֹל אֲשֶׁר prep.-n.m.s. (481)-rel. (81) *according to all that*

צִוָּה יהוה Pi. pf. 3 m.s. (צָוָה 845)-pr.n. (217) *Yahweh had given in commandment*

אֹתוֹ dir.obj.-3 m.s. sf. *him*

אֲלֵהֶם prep.-3 m.p. sf. *to them*

749

1:4

אַחֲרֵי הַכֹּתוֹ prep. (29)-Hi. inf.cstr.-3 m.s. sf. (נָכָה 645) *after he had defeated*

אֵת סִיחֹן dir.obj.-pr.n. (695) *Sihon*

מֶלֶךְ הָאֱמֹרִי n.m.s. cstr. (I 572)-def.art.-adj.gent. (57) *the king of the Amorites*

אֲשֶׁר יוֹשֵׁב rel. (81)-Qal act.ptc. (יָשַׁב 442) *who lived*

בְּחֶשְׁבּוֹן prep.-pr.n. (III 363) *in Heshbon*

וְאֵת עוֹג conj.-dir.obj.-pr.n. (728) *and Og*

מֶלֶךְ הַבָּשָׁן v.supra-dir.obj.-pr.n. (143) *the king of Bashan*

אֲשֶׁר־יוֹשֵׁב v.supra-v.supra *who lived*

בְּעַשְׁתָּרֹת prep.-pr.n. (800) *in Ashtaroth*

בְּאֶדְרֶעִי prep.-pr.n. (204) *in Edrei*

1:5

בְּעֵבֶר הַיַּרְדֵּן prep.-n.m.s. cstr. (719)-def.art.-pr.n. (434) *beyond the Jordan*

בְּאֶרֶץ מוֹאָב prep.-n.f.s. cstr. (75)-pr.n. (555) *in the land of Moab*

הוֹאִיל מֹשֶׁה Hi. pf. 3 m.s. (יָאַל II 383)-pr.n. (602) *Moses undertook*

בֵּאֵר Pi. pf. 3 m.s. (בָּאַר 91) *to explain*

אֶת־הַתּוֹרָה הַזֹּאת dir.obj.-def.art.-n.f.s. (435)-def.art.-demons.adj. f.s. (260) *this law*

לֵאמֹר prep.-Qal inf.cstr. (55) *saying*

1:6

יהוה אֱלֹהֵינוּ pr.n. (217)-n.m.p.-1 c.p. sf. (43) *Yahweh our God*

דִּבֶּר אֵלֵינוּ Pi. pf. 3 m.s. (180)-prep.-1 c.p. sf. *said to us*

בְּחֹרֵב prep.-pr.n. (352) *in Horeb*

לֵאמֹר prep.-Qal inf.cstr. (55) *(saying)*

רַב־לָכֶם adj. (912)-prep.-2 m.p. sf. *long enough you*

שֶׁבֶת Qal inf.cstr. (יָשַׁב 442) *have stayed*

בָּהָר הַזֶּה prep.-def.art.-n.m.s. (249)-def.art.-demons.adj. m.s. (260) *at this mountain*

1:7

פְּנוּ וּסְעוּ לָכֶם Qal impv. 2 m.p. (פָּנָה 815)-conj.-Qal impv. 2 m.p. (נָסַע 652)-prep.-2 m.p. sf. *turn and take your journey*

וּבֹאוּ conj.-Qal impv. 2 m.p. (בּוֹא 97) *and go*

הַר הָאֱמֹרִי n.m.s. cstr. (249)-def.art.-adj.gent. (57) *to the hill country of the Amorites*

וְאֶל־כָּל־שְׁכֵנָיו conj.-prep.-n.m.s. cstr. (481)-adj. m.p.-3 m.s. sf. (1015) *and to all their neighbors*

בָּעֲרָבָה prep.-def.art.-pr.n. (787) *in the Arabah*

בָהָר prep.-def.art.-n.m.s. (249) *in the hill country*

וּבַשְּׁפֵלָה conj.-prep.-def.art.-n.f.s. (1050) *and in the lowland*

וּבַנֶּגֶב conj.-prep.-def.art.-n.m.s. (616) *and in the Negeb*

וּבְחוֹף הַיָּם conj.-prep.-n.m.s. cstr. (342)-def.art.-n.m.s. (410) *and by the seacoast*

אֶרֶץ הַכְּנַעֲנִי n.f.s. cstr. (75)-def.art.-adj.gent. (489) *the land of the Canaanites*

וְהַלְּבָנוֹן conj.-def.art.-pr.n. (526) *and Lebanon*

עַד־הַנָּהָר הַגָּדֹל prep. (III 723)-def.art.-n.m.s. (625)-def.art.-adj. (152) *as far as the great river*

נְהַר־פְּרָת n.m.s. cstr. (625)-pr.n. (832) *the river Euphrates*

1:8

רְאֵה Qal impv. 2 m.s. (רָאָה 906) *behold*

נָתַתִּי לִפְנֵיכֶם Qal pf. 1 c.s. (נָתַן 678)-prep.-n.m.p.-? m.p. sf. (815) *I have set before you*

אֶת־הָאָרֶץ dir.obj.-def.art.-n.f.s. (75) *the land*

בֹּאוּ Qal impv. 2 m.p. (בּוֹא 97) *go in*

וּרְשׁוּ conj.-Qal impv. 2 m.p. (יָרַשׁ 439) *and take possession*

אֶת־הָאָרֶץ dir.obj.-def.art.-n.f.s. (75) *of the land*

אֲשֶׁר נִשְׁבַּע יהוה rel. (81)-Ni. pf. 3 m.s. (שָׁבַע 989)-pr.n. (217) *which Yahweh swore*

לַאֲבֹתֵיכֶם prep.-n.m.p.-2 m.p. sf. (3) *to your fathers*

לְאַבְרָהָם prep.-pr.n. (4) *to Abraham*

לְיִצְחָק prep.-pr.n. (850) *to Isaac*

וּלְיַעֲקֹב conj.-prep.-pr.n. (784) *and to Jacob*

לָתֵת לָהֶם prep.-Qal inf.cstr. (נָתַן 678)-prep.-3 m.p. sf. *to give to them*

וּלְזַרְעָם conj.-prep.-n.m.s.-3 m.p. sf. (282) *and to their descendants*

אַחֲרֵיהֶם prep.-3 m.p. sf. (29) *after them*

1:9

וָאֹמַר אֲלֵכֶם consec.-Qal impf. 1 c.s. (אָמַר 55)-prep.-2 m.p. sf. *and I said to you*

בָּעֵת הַהִוא prep.-def.art.-n.f.s. (773)-def.art.-demons.adj. f.s. (214) *at that time*

לֵאמֹר prep.-Qal inf.cstr. (55) *(saying)*

לֹא־אוּכַל neg.-Qal impf. 1 c.s. (יָכֹל 407) *I am not able*

לְבַדִּי prep.-n.m.s.-1 c.s. sf. (94) *alone*

שְׂאֵת אֶתְכֶם Qal inf.cstr. (נָשָׂא 669)-dir.obj.-2 m.p. sf. *to bear you*

1:10

יהוה אֱלֹהֵיכֶם pr.n. (217)–n.m.p.–2 m.p. sf. (43) *Yahweh your God*

הִרְבָּה אֶתְכֶם Hi. pf. 3 m.s. (רָבָה I 915)–dir.obj.–2 m.p. sf. *has multiplied you*

וְהִנְּכֶם conj.–demons.part.–2 m.p. sf. (243) *and behold, you*

הַיּוֹם dir.obj.–n.m.s. (398) *this day*

כְּכוֹכְבֵי הַשָּׁמַיִם prep.–n.m.p. cstr. (456)–def.art. –n.m. du. (1029) *as the stars of heaven*

לָרֹב prep.–def.art.–n.m.s. (913) *for multitude*

1:11

יהוה pr.n. (217) *Yahweh*

אֱלֹהֵי אֲבוֹתֵיכֶם n.m.p. cstr. (43)–n.m.p.–2 m.p. sf. (3) *the God of your fathers*

יֹסֵף עֲלֵיכֶם Hi. impf. 3 m.s. apoc. (יָסַף 414) –prep.–2 m.p. sf. *may ... add to you*

כָּכֶם prep.–2 m.p. sf. *as you are*

אֶלֶף פְּעָמִים n.m.s. cstr. (48)–n.f.p. (821) *a thousand times*

וִיבָרֵךְ אֶתְכֶם conj.–Pi. impf. 3 m.s. (בָּרַךְ 138)–dir.obj.–2 m.p. sf. *and bless you*

כַּאֲשֶׁר prep.–rel. (81) *as*

דִּבֶּר לָכֶם Pi. pf. 3 m.s. (180)–prep.–2 m.p. sf. *he has promised you*

1:12

אֵיכָה אֶשָּׂא adv. (32)–Qal impf. 1 c.s. (נָשָׂא 669) *how can I bear*

לְבַדִּי prep.–n.m.s.–1 c.s. sf. (94) *alone*

טָרְחֲכֶם n.m.s.–2 m.p. sf. (382) *your weight*

וּמַשַּׂאֲכֶם conj.–n.m.s.–2 m.p. sf. (I 672) *your burden*

וְרִיבְכֶם conj.–n.m.s.–2 m.p. sf. (936) *and your strife*

1:13

הָבוּ Qal impv. 2 m.p. (יָהַב 396) *choose*

לָכֶם prep.–2 m.p. sf. *for yourselves*

אֲנָשִׁים n.m.p. (35) *men*

חֲכָמִים adj. m.p. (314) *wise*

וּנְבֹנִים conj.–Ni. ptc. m.p. (בִּין 106) *and understanding*

וִידֻעִים conj.–Qal pass.ptc. m.p. (יָדַע 393) *and experienced*

לְשִׁבְטֵיכֶם prep.–n.m.p.–2 m.p. sf. (986) *according to your tribes*

וַאֲשִׂימֵם conj.–Qal impf. 1 c.s.–3 m.p. sf. (שׂוּם 962) *and I will appoint them*

בְּרָאשֵׁיכֶם prep.–n.m.p.–2 m.p. sf. (910) *as your heads*

1:14

וַתַּעֲנוּ consec.–Qal impf. 2 m.p. (עָנָה I 772) *and you answered*

אֹתִי dir.obj.–1 c.s. sf. *me*

וַתֹּאמְרוּ consec.–Qal impf. 2 m.p. (אָמַר 55) *(and said)*

טוֹב־ adj. m.s. (373) *is good*

הַדָּבָר def.art.–n.m.s. (182) *the thing*

אֲשֶׁר־דִּבַּרְתָּ rel. (81)–Pi. impf. 2 m.s. (180) *that you have spoken*

לַעֲשׂוֹת prep.–Qal inf.cstr. (עָשָׂה I 793) *to do*

1:15

וָאֶקַּח consec.–Qal impf. 1 c.s. (לָקַח 542) *so I took*

אֶת־רָאשֵׁי dir.obj.–n.m.p. cstr. (910) *the heads of*

שִׁבְטֵיכֶם n.m.p.–2 m.p. sf. (986) *your tribes*

אֲנָשִׁים n.m.p. (35) *men*

חֲכָמִים adj. m.p. (314) *wise*

וִידֻעִים conj.–Qal pass.ptc. m.p. (יָדַע 393) *and experienced*

וָאֶתֵּן אֹתָם consec.–Qal impf. 1 c.s. (נָתַן 678) –dir.obj.–3 m.p. sf. *and set them*

רָאשִׁים n.m.p. (910) *as heads*

עֲלֵיכֶם prep.–2 m.p. sf. *over you*

שָׂרֵי אֲלָפִים n.m.p. cstr. (978)–n.m.p. (48) *commanders of thousands*

וְשָׂרֵי מֵאוֹת conj.–v.supra–n.f.p. (547) *commanders of hundreds*

וְשָׂרֵי חֲמִשִּׁים v.supra–num. p. (332) *commanders of fifties*

וְשָׂרֵי עֲשָׂרֹת v.supra–num. f.p. (796) *commanders of tens*

וְשֹׁטְרִים conj.–Qal act.ptc. m.p. (1009) *and officers*

לְשִׁבְטֵיכֶם prep.–n.m.p.–2 m.p. sf. (986) *throughout your tribes*

1:16

וָאֲצַוֶּה consec.–Pi. impf. 1 c.s. (צָוָה 845) *and I charged*

אֶת־שֹׁפְטֵיכֶם dir.obj.–Qal act.ptc. m.p.–2 m.p. sf. (1047) *your judges*

בָּעֵת הַהוּא prep.–def.art.–n.f.s. (773)–def.art. –demons.adj. f.s. (214) *at that time*

לֵאמֹר prep.–Qal inf.cstr. (55) *(saying)*

שָׁמֹעַ Qal inf.abs. (1033) *hear*

בֵּין־אֲחֵיכֶם prep. (107)–n.m.p.–2 m.p. sf. (26) *between your brethren*

וּשְׁפַטְתֶּם conj.–Qal pf. 2 m.p. (שָׁפַט 1047) *and judge*

צֶדֶק n.m.s. (841) *righteously*

בֵּין־אִישׁ v.supra–n.m.s. (35) *between a man*

וּבֵין־אָחִיו conj.-v.supra–n.m.s.-3 m.s. sf. (26) *and his brother*

וּבֵין גֵּרוֹ v.supra–n.m.s.-3 m.s. sf. (158) *or the alien that is with him*

1:17

לֹא־תַכִּירוּ פָנִים neg.-Hi. impf. 2 m.p. (נכר 647)–n.m.p. (815) *you shall not be partial*

בַּמִּשְׁפָּט prep.-def.art.-n.m.s. (1048) *in judgment*

כַּקָּטֹן prep.-def.art.-adj. (882) *the small*

כַּגָּדֹל prep.-def.art.-adj. (152) *and the great alike*

תִּשְׁמָעוּן Qal impf. 2 m.p. paus. (1033) *you shall hear*

לֹא תָגוּרוּ neg.-Qal impf. 2 m.p. (גור III 158) *you shall not be afraid*

מִפְּנֵי־אִישׁ prep.-n.m.p. cstr. (815)–n.m.s. (35) *of the face of man*

כִּי הַמִּשְׁפָּט conj.-def.art.-n.m.s. (1048) *for the judgment*

לֵאלֹהִים prep.-n.m.p. (43) *is God's*

הוּא pers.pr. 3 m.s. (214) *(himself)*

וְהַדָּבָר conj.-def.art.-n.m.s. (182) *and the case*

אֲשֶׁר יִקְשֶׁה rel. (81)–Qal impf. 3 m.s. (קשה 904) *that is too hard*

מִכֶּם prep.-2 m.p. sf. *for you*

תַּקְרִבוּן אֵלַי Hi. impf. 2 m.p. (קרב 897)–prep.-1 c.s. sf. *you shall bring to me*

וּשְׁמַעְתִּיו conj.-Qal pf. 1 c.s.-3 m.s. sf. (1033) *and I will hear it*

1:18

וָאֲצַוֶּה consec.-Pi. impf. 1 c.s. (צוה 845) *and I commanded*

אֶתְכֶם dir.obj.-2 m.p. sf. *you*

בָּעֵת הַהוּא prep.-def.art.-n.f.s. (773)–def.art.-demons.adj. f.s. (214) *at that time*

אֵת כָּל־הַדְּבָרִים dir.obj.-n.m.s. cstr. (481)–def.art.-n.m.p. (182) *all the things*

אֲשֶׁר תַּעֲשׂוּן rel. (81)–Qal impf. 2 m.p. (עשה I 793) *that you should do*

1:19

וַנִּסַּע consec.-Qal impf. 1 c.p. (נסע 652) *and we set out*

מֵחֹרֵב prep.-pr.n. (352) *from Horeb*

וַנֵּלֶךְ consec.-Qal impf. 1 c.p. (הלך 229) *and went through*

אֵת כָּל־ dir.obj.-n.m.s. cstr. (481) *all*

הַמִּדְבָּר הַגָּדוֹל def.art.-n.m.s. (184)–def.art.-adj. m.s. (152) *great wilderness*

וְהַנּוֹרָא הַהוּא conj.-def.art.-Ni. ptc. m.s. (ירא 431)–def.art.-demons.adj. m.s. (214) *that terrible*

אֲשֶׁר רְאִיתֶם rel. (81)–Qal pf. 2 m.p. (ראה 906) *which you saw*

דֶּרֶךְ n.m.s. cstr. (202) *on the way to*

הַר הָאֱמֹרִי n.m.s. cstr. (249)–def.art.-adj.gent. (57) *the hill country of the Amorites*

כַּאֲשֶׁר prep.-rel. (81) *as*

צִוָּה יהוה Pi. pf. 3 m.s. (צוה 845)–pr.n. (217) *Yahweh commanded*

אֱלֹהֵינוּ n.m.p.-1 c.p. sf. (43) *our God*

אֹתָנוּ dir.obj.-1 c.p. sf. *us*

וַנָּבֹא consec.-Qal impf. 1 c.p. (בוא 97) *and we came*

עַד קָדֵשׁ בַּרְנֵעַ prep. (III 723)–pr.n. (II 873) *to Kadesh-barnea*

1:20

וָאֹמַר consec.-Qal impf. 1 c.s. (אמר 55) *and I said*

אֲלֵכֶם prep.-2 m.p. sf. *to you*

בָּאתֶם Qal pf. 2 m.p. (בוא 97) *you have come*

עַד־הַר prep. (III 723)–n.m.s. cstr. (249) *to the hill country of*

הָאֱמֹרִי def.art.-pr.n. (57) *the Amorites*

אֲשֶׁר־יהוה rel. (81)–pr.n. (217) *which Yahweh*

אֱלֹהֵינוּ n.m.p.-1 c.p. sf. (43) *our God*

נֹתֵן לָנוּ Qal act.ptc. (678)–prep.-1 c.p. sf. *gives us*

1:21

רְאֵה Qal impv. 2 m.s. (ראה 906) *behold*

נָתַן יהוה Qal pf. 3 m.s. (678)–pr.n. (217) *Yahweh has set*

אֱלֹהֶיךָ n.m.p.-2 m.s. sf. (43) *your God*

לְפָנֶיךָ prep.-n.m.p.-2 m.s. sf. (815) *before you*

אֶת־הָאָרֶץ dir.obj.-def.art.-n.f.s. (75) *the land*

עֲלֵה רֵשׁ Qal impv. 2 m.s. (עלה 748)–Qal impv. 2 m.s. (ירש 439) *go up, take possession*

כַּאֲשֶׁר דִּבֶּר prep.-rel. (81)–Pi. pf. 3 m.s. (180) *as has told*

יהוה אֱלֹהֵי pr.n. (217)–n.m.p. cstr. (43) *Yahweh the God of*

אֲבֹתֶיךָ n.m.p.-2 m.s. sf. (3) *your fathers*

לָךְ prep.-2 m.s. sf. paus. *you*

אַל־תִּירָא neg.-Qal impf. 2 m.s. (ירא 431) *do not fear*

וְאַל־תֵּחָת conj.-neg.-Ni. impf. 2 m.s. paus. (חתת 369) *or be dismayed*

1:22

וַתִּקְרְבוּן consec.-Qal impf. 2 m.p. (897) *then came near*

אֵלַי prep.-1 c.s. sf. *me*

כֻּלְּכֶם n.m.s.-2 m.p. sf. (481) *all of you*

וַתֹּאמְרוּ consec.-Qal impf. 2 m.p. (55) *and said*

נִשְׁלְחָה Qal impf. 1 c.p.-vol.he (שָׁלַח 1018) *let us send*

אֲנָשִׁים n.m.p. (35) *men*

לְפָנֵינוּ prep.-n.m.p.-1 c.p. sf. (815) *before us*

וְיַחְפְּרוּ־לָנוּ conj.-Qal impf. 3 m.p. (חָפַר I 343) -prep.-1 c.p. sf. *that they may explore for us*

אֶת־הָאָרֶץ dir.obj.-def.art.-n.f.s. (75) *the land*

וְיָשִׁבוּ אֹתָנוּ conj.-Hi. impf. 3 m.p. (שׁוּב 996) -dir.obj.-1 c.p. sf. *and bring us again*

דָּבָר n.m.s. (182) *word*

אֶת־הַדֶּרֶךְ dir.obj.-def.art.-n.m.s. (202) *of the way*

אֲשֶׁר נַעֲלֶה־בָּהּ rel. (81)-Qal impf. 1 c.p. (עָלָה 748)-prep.-3 f.s. sf. *by which we must go up*

וְאֵת הֶעָרִים conj.-dir.obj.-def.art.-n.f.p. (746) *and the cities*

אֲשֶׁר נָבֹא אֲלֵיהֶן v.supra-Qal impf. 1 c.p. (בּוֹא 97)-prep.-3 f.p. sf. *into which we shall come*

1:23

וַיִּיטַב consec.-Qal impf. 3 m.s. (יָטַב 405) *and seemed good*

בְּעֵינָי prep.-n.f.p.-1 c.s. sf. (744) *to me*

הַדָּבָר def.art.-n.m.s. (182) *the thing*

וָאֶקַּח consec.-Qal impf. 1 c.s. (לָקַח 542) *and I took*

מִכֶּם prep.-2 m.p. sf. *of you*

שְׁנֵים עָשָׂר num. (1040)-num. (797) *twelve*

אֲנָשִׁים n.m.p. (35) *men*

אִישׁ אֶחָד n.m.s. (35)-num. adj. (25) *one man*

לַשָּׁבֶט prep.-def.art.-n.m.s. paus. (986) *for each tribe*

1:24

וַיִּפְנוּ consec.-Qal impf. 3 m.p. (פָּנָה 815) *and they turned*

וַיַּעֲלוּ consec.-Qal impf. 3 m.p. (עָלָה 748) *and went up*

הָהָרָה dir.obj.-n.m.s.-dir.he (249) *into the hill country*

וַיָּבֹאוּ consec.-Qal impf. 3 m.p. (בּוֹא 97) *and came*

עַד־נַחַל prep. (III 723)-n.m.s. cstr. (636) *to the Valley of*

אֶשְׁכֹּל pr.n. (79) *Eshcol*

וַיְרַגְּלוּ אֹתָהּ consec.-Pi. impf. 3 m.p. (רָגַל 920)-dir.obj.-3 f.s. sf. *and spied it out*

1:25

וַיִּקְחוּ consec.-Qal impf. 3 m.p. (לָקַח 542) *and they took*

בְיָדָם prep.-n.f.s.-3 m.p. sf. (388) *in their hands*

מִפְּרִי הָאָרֶץ prep.-n.m.s. cstr. (826)-def.art.-n.f.s. (75) *of the fruit of the land*

וַיּוֹרִדוּ consec.-Hi. impf. 3 m.p. (יָרַד 432) *and brought it down*

אֵלֵינוּ prep.-1 c.p. sf. *to us*

וַיָּשִׁבוּ אֹתָנוּ consec.-Hi. impf. 3 m.p. (שׁוּב 996) -dir.obj.-1 c.p. sf. *and brought us again*

דָּבָר n.m.s. (182) *word*

וַיֹּאמְרוּ consec.-Qal impf. 3 m.p. (55) *and said*

טוֹבָה הָאָרֶץ adj. f.s. (373)-def.art.-n.f.s. (75) *the land is good*

אֲשֶׁר־יְהוָה rel. (81)-pr.n. (217) *which Yahweh*

אֱלֹהֵינוּ n.m.p.-1 c.p. sf. (43) *our God*

נֹתֵן לָנוּ Qal act.ptc. (נָתַן 678)-prep.-1 c.p. sf. *gives us*

1:26

וְלֹא אֲבִיתֶם conj.-neg.-Qal pf. 2 m.p. (אָבָה 2) *yet you would not*

לַעֲלֹת prep.-Qal inf.cstr. (עָלָה 748) *go up*

וַתַּמְרוּ consec.-Hi. impf. 2 m.p. (מָרָה 598) *but rebelled*

אֶת־פִּי dir.obj.-n.m.s. cstr. (804) *against the command of*

יהוה אֱלֹהֵיכֶם pr.n. (217)-n.m.p.-2 m.p. sf. (43) *Yahweh our God*

1:27

וַתֵּרָגְנוּ consec.-Ni. impf. 2 m.p. (רָגַן 920) *and you murmured*

בְּאָהֳלֵיכֶם prep.-n.m.p.-2 m.p. sf. (13) *in your tents*

וַתֹּאמְרוּ consec.-Qal impf.1 2 m.p. (אָמַר 55) *and said*

בְּשִׂנְאַת prep.-n.f.s. cstr. (971) *because hated*

יהוה pr.n. (217) *Yahweh*

אֹתָנוּ dir.obj.-1 c.p. sf. *us*

הוֹצִיאָנוּ Hi. pf. 3 m.s.-1 c.p. sf. (יָצָא 422) *he has brought us forth*

מֵאֶרֶץ prep.-n.f.s. cstr. (75) *out of the land of*

מִצְרָיִם pr.n. paus. (595) *Egypt*

לָתֵת אֹתָנוּ prep.-Qal inf.cstr. (נָתַן 678)-dir.obj.-1 c.p. sf. *to give us*

בְּיַד הָאֱמֹרִי prep.-n.f.s. cstr. (388)-def.art.-pr.n. gent. (57) *into the hand of the Amorites*

לְהַשְׁמִידֵנוּ prep.-Hi. inf.cstr.-1 c.p. sf. (שָׁמַד 1029) *to destroy us*

1:28

אָנָה אֲנַחְנוּ adv. (33)-pers.pr. 1 c.p. (59) *whither we*

עֹלִים Qal act.ptc. m.p. (עָלָה 748) *are going up*

אַחֵינוּ n.m.p.-1 c.p. sf. (26) *our brethren*

הֵמַסּוּ Hi. pf. 3 c.p. (מָסַס 587) *have made melt*

אֶת־לְבָבֵנוּ dir.obj.-n.m.s.-1 c.p. sf. (523) *our hearts*

לֵאמֹר prep.-Qal inf.cstr. (אָמַר 55) *saying*

עַם n.m.s. (I 766) *the people*

גָּדוֹל adj. (152) *are greater*

וָרָם conj.-Qal act.ptc. (רוּם 926) *and taller*

מִמֶּנּוּ prep.-1 c.p. sf. *than we*

עָרִים n.f.p. (746) *the cities*

גְּדֹלֹת adj. f.p. *are great*

וּבְצוּרֹת conj.-Qal pass.ptc. f.p. (130) *and fortified up*

בַּשָּׁמָיִם prep.-def.art.-n.m. du. paus. (1029) *to heaven*

וְגַם־ conj.-adv. (168) *and moreover*

בְּנֵי עֲנָקִים n.m.p. cstr. (119)-pr.n. m.p. (I 778) *the sons of the Anakim*

רָאִינוּ שָׁם Qal pf. 3 c.p. (רָאָה 906)-adv. (1027) *we have seen there*

1:29

וָאֹמַר consec.-Qal impf. 1 c.s. (אָמַר 55) *then I said*

אֲלֵכֶם prep.-2 m.p. sf. *to you*

לֹא־תַעַרְצוּן neg.-Qal impf. 2 m.p. (עָרַץ 791) *do not be in dread*

וְלֹא־תִירְאוּן מֵהֶם conj.-neg.-Qal impf. 2 m.p. (יָרֵא 431)-prep.-3 m.p. sf. *or be afraid of them*

1:30

יְהוָה אֱלֹהֵיכֶם pr.n. (217)-n.m.p.-2 m.p. sf. (43) *Yahweh your God*

הַהֹלֵךְ def.art.-Qal act.ptc. (229) *who goes*

לִפְנֵיכֶם prep.-n.m.p.-2 m.p. sf. (815) *before you*

הוּא יִלָּחֵם pers.pr. 3 m.s. (214)-Ni. impf. 3 m.s. (לָחַם 535) *will himself fight*

לָכֶם prep.-2 m.p. sf. *for you*

כְּכֹל אֲשֶׁר prep.-n.m.s. (481)-rel. (81) *just as all*

עָשָׂה אִתְּכֶם Qal pf. 3 m.s. (I 793)-prep.-2 m.p. sf. (85) *he did for you*

בְּמִצְרַיִם prep.-pr.n. (595) *in Egypt*

לְעֵינֵיכֶם prep.-n.f. du.-2 m.p. sf. (744) *before your eyes*

1:31

וּבַמִּדְבָּר conj.-prep.-def.art.-n.m.s. (184) *and in the wilderness*

אֲשֶׁר רָאִיתָ rel. (81)-Qal pf. 2 m.s. (906) *where you have seen*

אֲשֶׁר נְשָׂאֲךָ rel. (81)-Qal pf. 2 m.s. sf. (669) *how bore you*

יְהוָה אֱלֹהֶיךָ pr.n. (217)-n.m.p.-2 m.s. sf. (43) *Yahweh your God*

כַּאֲשֶׁר יִשָּׂא־ prep.-rel. (81)-Qal impf. 3 m.s. (נָשָׂא 669) *as bears*

אִישׁ n.m.s. (35) *a man*

אֶת־בְּנוֹ dir.obj.-n.m.s.-3 m.s. sf. (119) *his son*

בְּכָל־ prep.-n.m.s. cstr. (481) *in all*

הַדֶּרֶךְ def.art.-n.m.s. (202) *the way*

אֲשֶׁר הֲלַכְתֶּם rel. (81)-Qal pf. 2 m.p. (229) *that you went*

עַד־בֹּאֲכֶם prep. (III 723)-Qal inf.cstr.-2 m.p. sf. (בּוֹא 97) *until you came*

עַד־הַמָּקוֹם הַזֶּה prep.-def.art.-n.m.s. (879)-def.art.-demons.adj. m.s. (260) *to this place*

1:32

וּבַדָּבָר הַזֶּה conj.-prep.-def.art.-n.m.s. (182)-def.art.-demons.adj. m.s. (260) *yet in spite of this word*

אֵינְכֶם מַאֲמִינִם subst.-2 m.p. sf. (II 34)-Hi. ptc. m.p. (אָמַן 52) *you did not believe*

בַּיהוָה אֱלֹהֵיכֶם prep.-pr.n. (217)-n.m.p.-2 m.p. sf. (43) *Yahweh your God*

1:33

הַהֹלֵךְ def.art.-Qal act.ptc. (229) *who went*

לִפְנֵיכֶם prep.-n.m.p.-2 m.p. sf. (815) *before you*

בַּדֶּרֶךְ prep.-def.art.-n.m.s. (202) *in the way*

לָתוּר לָכֶם prep.-Qal inf.cstr. (תּוּר 1064)-prep.-2 m.p. sf. *to seek you out*

מָקוֹם n.m.s. (879) *a place*

לַחֲנֹתְכֶם prep.-Qal inf.cstr.-2 m.p. sf. *to pitch your tents*

בָּאֵשׁ prep.-def.art.-n.f.s. (77) *in fire*

לַיְלָה n.m.s. (538) *by night*

לַרְאֹתְכֶם prep.-Hi. inf.cstr.-2 m.p. sf. (רָאָה 906) *to show you*

בַּדֶּרֶךְ prep.-def.art.-n.m.s. (202) *by what way*

אֲשֶׁר תֵּלְכוּ־בָהּ rel. (81)-Qal impf. 2 m.p. (הָלַךְ 229)-prep.-3 f.s. sf. *in which you should go*

וּבֶעָנָן conj.-prep.-def.art.-n.m.s. (777) *and in the cloud*

יוֹמָם adv. (401) *by day*

1:34

וַיִּשְׁמַע consec.-Qal impf. 3 m.s. (1033) *and heard*

יהוה pr.n. (217) *Yahweh*

אֶת־קוֹל דִּבְרֵיכֶם dir.obj.-n.m.s. cstr. (876) -n.m.p.-2 m.p. sf. (182) *your words*

וַיִּקְצֹף consec.-Qal impf. 3 m.s. (893) *and was angered*

וַיִּשָּׁבַע consec.-Ni. impf. 3 m.s. (שָׁבַע 989) *and he swore*

לֵאמֹר prep.-Qal inf.cstr. (55) *(saying)*

1:35

אִם־יִרְאֶה אִישׁ hypoth.part. (49)-Qal impf. 3 m.s. (906)-n.m.s. (35) *not shall see one*

בָּאֲנָשִׁים הָאֵלֶּה prep.-def.art.-n.m.p. (35)-def.art. -demons.adj. c.p. (41) *of these men*

הַדּוֹר הָרָע הַזֶּה def.art.-n.m.s. (189)-def.art.-adj. m.s. (948)-def.art.-demons.adj. (260) *of this evil generation*

אֵת הָאָרֶץ הַטּוֹבָה dir.obj.-def.art.-n.f.s. (75) -def.art.-adj. f.s. (373) *the good land*

אֲשֶׁר נִשְׁבַּעְתִּי rel. (81)-Ni. pf. 1 c.s. (שָׁבַע 989) *which I swore*

לָתֵת prep.-Qal inf.cstr. (נָתַן 678) *to give*

לַאֲבֹתֵיכֶם prep.-n.m.p.-2 m.p. sf. (3) *to your fathers*

1:36

זוּלָתִי כָּלֵב prep.-pr.n. (477) *except Caleb*

בֶּן־יְפֻנֶּה n.m.s. cstr. (119)-pr.n. (819) *the son of Jephunneh*

הוּא יִרְאֶנָּה pers.pr. 3 m.s. (214)-Qal impf. 3 m.s.-3 f.s. sf. (רָאָה 906) *he shall see it*

וְלוֹ־אֶתֵּן conj.-prep.-3 m.s. sf.-Qal impf. 1 c.s. (678) (נָתַן) *and to him I will give*

אֶת־הָאָרֶץ dir.obj.-def.art.-n.f.s. (75) *the land*

אֲשֶׁר דָּרַךְ־בָּהּ rel. (81)-Qal pf. 3 m.s. (201) -prep.-3 f.s. sf. *upon which he has trodden*

וּלְבָנָיו conj.-prep.-n.m.p.-3 m.s. sf. (119) *and to his children*

יַעַן אֲשֶׁר מִלֵּא prep.-rel. (81)-Pi. pf. 3 m.s. (569) *because he has wholly*

אַחֲרֵי יהוה prep. (29)-pr.n. (217) *followed Yahweh*

1:37

גַּם־בִּי adv. (168)-prep.-1 c.s. sf. *also with me*

הִתְאַנַּף Hith. pf. 3 m.s. (אָנֵף 60) *was angry*

יהוה pr.n. (217) *Yahweh*

בִּגְלַלְכֶם prep.-n.m.s.-2 m.s. sf. (I 164) *on your account*

1:38

יְהוֹשֻׁעַ pr.n. (221) *Joshua*

בִּן־נוּן n.m.s. cstr. (119)-pr.n. (630) *the son of Nun*

הָעֹמֵד def.art.-Qal act.ptc. (עָמַד 763) *who stands*

לְפָנֶיךָ prep.-n.m.p.-2 m.s. sf. (815) *before you*

הוּא יָבֹא שָׁמָּה pers.pr. 3 m.s. (214)-Qal impf. 3 m.s. (בּוֹא 97)-adv.-loc.he (1027) *he shall enter*

אֹתוֹ חַזֵּק dir.obj.-3 m.s. sf.-Pi. impv. 2 m.s. (304) *encourage him*

כִּי־הוּא יַנְחִלֶנָּה conj.-v.supra-Hi. impf. 3 m.s.-3 f.s. sf. (נָחַל 635) *for he shall cause to inherit it*

אֶת־יִשְׂרָאֵל dir.obj.-pr.n. (975) *Israel*

1:39

וְטַפְּכֶם conj.-n.m.s.-2 m.p. sf. (381) *moreover your little ones*

אֲשֶׁר אֲמַרְתֶּם rel. (81)-Qal pf. 2 m.p. (55) *who you said*

לָבַז יִהְיֶה prep.-n.m.s. (103)-Qal impf. 3 m.s. (224) (הָיָה) *would become a prey*

וּבְנֵיכֶם conj.-n.m.p.-2 m.p. sf. (119) *and your children*

אֲשֶׁר לֹא־יָדְעוּ rel. (81)-neg.-Qal pf. 3 c.p. (יָדַע 393) *who have no knowledge*

הַיּוֹם def.art.-n.m.s. (398) *this day*

טוֹב וָרָע adj. (373)-conj.-adj. (948) *good or evil*

הֵמָּה יָבֹאוּ pers.pr. 3 m.p. (241)-Qal impf. 3 m.p. (בּוֹא 97) *shall go in*

שָׁמָּה adv.-dir.he (1027) *there*

וְלָהֶם conj.-prep.-3 m.p. sf. *and to them*

אֶתְּנֶנָּה Qal impf. 1 c.s.-3 f.s. sf. (נָתַן 678) *I will give it*

וְהֵם יִירָשׁוּהָ conj.-pers.pr. 3 m.p. (241)-Qal impf. 3 m.p.-3 f.s. sf. (יָרַשׁ 439) *and they shall possess it*

1:40

וְאַתֶּם conj.-pers.pr. 2 m.p. (61) *but as for you*

פְּנוּ לָכֶם Qal impv. 2 m.p. (פָּנָה 815)-prep.-2 m.p. sf. *turn*

וּסְעוּ conj.-Qal impv. 2 m.p. (נָסַע 652) *and journey*

1:34 (right column top)

לֵאמֹר prep.-Qal inf.cstr. (55) *and said*

גַּם־אַתָּה v.supra-pers.pr. 2 m.s. (61) *you also*

לֹא־תָבֹא שָׁם neg.-Qal impf. 2 m.s. (בּוֹא 97)-adv. (1027) *shall not go in there*

הַמִּדְבָּרָה dir.obj.-n.m.s.-dir.he (184) *into the wilderness*

דֶּרֶךְ n.m.s. cstr. (202) *in the direction of*

יַם־סוּף n.m.s. cstr. (410)-n.m.s. (693) *the Red Sea (sea of reeds)*

1:41

וַתַּעֲנוּ consec.-Qal impf. 2 m.p. (עָנָה I 772) *then you answered*

וַתֹּאמְרוּ אֵלַי consec.-Qal impf. 2 m.p. (55) -prep.-1 c.s. sf. *(and said) me*

חָטָאנוּ Qal pf. 1 c.p. (306) *we have sinned*

לַיהוה prep.-pr.n. (217) *against Yahweh*

אֲנַחְנוּ נַעֲלֶה pers.pr. 1 c.p. (59)-Qal impf. 1 c.p. (עָלָה 748) *we will go up*

וְנִלְחַמְנוּ conj.-Ni. pf. 1 c.p. (לָחַם 535) *and fight*

כְּכֹל אֲשֶׁר־ prep.-n.m.s. (481)-rel. (81) *just as*

צִוָּנוּ יהוה Pi. pf. 3 m.s.-1 c.p. sf. (צָוָה 845)-pr.n. (217) *Yahweh commanded us*

אֱלֹהֵינוּ n.m.p.-1 c.p. sf. (43) *our God*

וַתַּחְגְּרוּ consec.-Qal impf. 2 m.p. (291) *and you girded on*

אִישׁ n.m.s. (35) *every man*

אֶת־כְּלֵי מִלְחַמְתּוֹ dir.obj.-n.m.p. cstr. (479) -n.f.s.-3 m.s. sf. (536) *his weapons of war*

וַתָּהִינוּ consec.-Hi. impf. 2 m.p. (הוּן 223) *and thought it easy*

לַעֲלֹת הָהָרָה prep.-Qal inf.cstr. (עָלָה 748)-def. art.-n.m.s.-dir.he (249) *into the hill country*

1:42

וַיֹּאמֶר יהוה consec.-Qal impf. 3 m.s. (55)-pr.n. (217) *and Yahweh said*

אֵלַי prep.-1 c.s. sf. *to me*

אֱמֹר לָהֶם Qal impv. 2 m.s. (55)-prep.-3 m.p. sf. *say to them*

לֹא תַעֲלוּ neg.-Qal impf. 2 m.p. (עָלָה 748) *do not go up*

וְלֹא־תִלָּחֲמוּ conj.-neg.-Ni. impf. 2 m.p. (לָחַם 535) *or fight*

כִּי אֵינֶנִּי conj. (471)-subst.-1 c.s. sf. (II 34) *for I am not*

בְּקִרְבְּכֶם prep.-n.m.s.-2 m.p. sf. (899) *in the midst of you*

וְלֹא תִּנָּגְפוּ conj.-neg.-Ni. impf. 2 m.p. (נָגַף 619) *lest you be defeated*

לִפְנֵי אֹיְבֵיכֶם prep.-n.m.p. cstr. (815)-Qal act.ptc. m.p.-2 m.p. sf. (אָיַב 33) *before your enemies*

1:43

וָאֲדַבֵּר consec.-Pi. impf. 1 c.s. (180) *so I spoke*

אֲלֵיכֶם prep.-2 m.p. sf. *to you*

וְלֹא שְׁמַעְתֶּם conj.-neg.-Qal pf. 2 m.p. (שָׁמַע 1033) *and you would not hearken*

וַתַּמְרוּ consec.-Hi. impf. 2 m.p. (מָרָה 598) *but you rebelled*

אֶת־פִּי dir.obj.-n.m.s. cstr. (804) *against the command of*

יהוה pr.n. (217) *Yahweh*

וַתָּזִדוּ consec.-Hi. impf. 2 m.p. (זִיד 267) *and were presumptuous*

וַתַּעֲלוּ consec.-Qal impf. 2 m.p. (עָלָה 748) *and went up*

הָהָרָה def.art.-n.m.s.-dir.he (249) *into the hill country*

1:44

וַיֵּצֵא consec.-Qal impf. 3 m.s. (יָצָא 422) *then came out*

הָאֱמֹרִי def.art.-adj.gent. (57) *the Amorites*

הַיֹּשֵׁב def.art.-Qal act.ptc. (יָשַׁב 442) *who lived*

בָּהָר הַהוּא prep.-def.art.-n.m.s. (249)-def.art. -demons.adj. m.s. (214) *in that hill country*

לִקְרַאתְכֶם prep.-Qal inf.cstr.-2 m.p. sf. (894) *against you*

וַיִּרְדְּפוּ אֶתְכֶם consec.-Qal impf. 3 m.p. (922) -dir.obj.-2 m.p. sf. *and chased you*

כַּאֲשֶׁר תַּעֲשֶׂינָה prep.-rel. (81)-Qal impf. 3 f.p. (I עָשָׂה 793) *as do*

הַדְּבֹרִים def.art.-n.f.p. (I 184) *bees*

וַיַּכְּתוּ אֶתְכֶם consec.-Hi. impf. 3 m.p. (כָּתַת 510)-dir.obj.-2 m.p. sf. *and beat you down*

בְּשֵׂעִיר prep.-pr.n. (973) *in Seir*

עַד־חָרְמָה prep. (III 723)-pr.n. (356) *as far as Hormah*

1:45

וַתָּשֻׁבוּ consec.-Qal impf. 2 m.p. (שׁוּב 996) *and you returned*

וַתִּבְכּוּ consec.-Qal impf. 2 m.p. (בָּכָה 113) *and wept*

לִפְנֵי יהוה prep.-n.m.p. cstr. (815)-pr.n. (217) *before Yahweh*

וְלֹא־שָׁמַע יהוה conj.-neg.-Qal pf. 3 m.s. (1033) -v.supra *but Yahweh did not hearken*

בְּקֹלְכֶם prep.-n.m.s.-2 m.p. sf. (876) *to your voice*

וְלֹא הֶאֱזִין conj.-neg.-Hi. pf. 3 m.s. (אָזַן 24) *or give ear*

אֲלֵיכֶם prep.-2 m.p. sf. *to you*

1:46

וַתֵּשְׁבוּ consec.-Qal impf. 2 m.p. (יָשַׁב 442) *so you remained*

בְקָדֵשׁ prep.-pr.n. (II 873) *at Kadesh*

יָמִים רַבִּים n.m.p. (398)-adj. m.p. (I 912) *many days*

בַּיָּמִים prep.-def.art.-v.supra *the days*

אֲשֶׁר יְשַׁבְתֶּם rel. (81)-Qal pf. 2 m.p. (יָשַׁב 442) *that you remained*

2:1

וַנֵּפֶן consec.-Qal impf. 1 c.p. (פָּנָה 815) *then we turned*

וַנִּסַּע consec.-Qal impf. 1 c.p. (נָסַע 652) *and journeyed*

הַמִּדְבָּרָה def.art.-n.m.s.-dir.he (184) *into the wilderness*

דֶּרֶךְ n.m.s. cstr. (202) *in the direction of*

יַם־סוּף n.m.s. cstr. (410)-n.m.s. (693) *the Red Sea (sea of reed)*

כַּאֲשֶׁר דִּבֶּר prep.-rel. (81)-Pi. pf. 3 m.s. (180) *as told*

יהוה אֵלָי pr.n. (217)-prep.-1 c.s. sf. *Yahweh me*

וַנָּסָב consec.-Qal impf. 1 c.p. (סָבַב 685) *and we went about*

אֶת־הַר־שֵׂעִיר dir.obj.-n.m.s. cstr. (249)-pr.n. (973) *Mount Seir*

יָמִים רַבִּים n.m.p. (398)-adj. m.p. (I 912) *for many days*

2:2

וַיֹּאמֶר consec.-Qal impf. 3 m.s. (55) *then said*

יהוה pr.n. (217) *Yahweh*

אֵלָי prep.-1 c.s. sf. *to me*

לֵאמֹר prep.-Qal inf.cstr. (55) *(saying)*

2:3

רַב־לָכֶם adj. m.s. (I 912)-prep.-2 m.p. sf. *long enough you*

סֹב Qal inf.cstr. (סָבַב 685) *have been going about*

אֶת־הָהָר הַזֶּה dir.obj.-def.art.-n.m.s. (249)-def.art.-demons.adj. m.s. (260) *this mountain country*

פְּנוּ לָכֶם Qal impv. 2 m.p. (פָּנָה 815)-prep.-2 m.p. sf. *turn*

צָפֹנָה n.f.s.-dir.he (860) *northward*

2:4

וְאֶת־הָעָם conj.-dir.obj.-def.art.-n.m.s. (I 766) *and the people*

צַו Pi. impv. 2 m.s. (צָוָה 845) *command*

לֵאמֹר prep.-Qal inf.cstr. (55) *(saying)*

אַתֶּם עֹבְרִים pers.pr. 2 m.p. (61)-Qal act.ptc. m.p. (עָבַר 716) *you are about to pass through*

בִּגְבוּל אֲחֵיכֶם prep.-n.m.s. cstr. (147)-n.m.p.-2 m.p. sf. (26) *the territory of your brethren*

בְּנֵי־עֵשָׂו n.m.p. cstr. (119)-pr.n. (796) *the sons of Esau*

הַיֹּשְׁבִים def.art.-Qal act.ptc. m.p. (יָשַׁב 442) *who live*

בְּשֵׂעִיר prep.-pr.n. (973) *in Seir*

וְיִירְאוּ מִכֶּם conj.-Qal impf. 3 m.p. (יָרֵא 431)-prep.-2 m.p. sf. *and they will be afraid of you*

וְנִשְׁמַרְתֶּם מְאֹד conj.-Ni. pf. 2 m.p. (שָׁמַר 1036)-adv. (547) *so take good heed*

2:5

אַל־תִּתְגָּרוּ בָם neg.-Hith. impf. 2 m.p. juss. (גָּרָה 173)-prep.-3 m.p. sf. *do not contend with them*

כִּי לֹא־אֶתֵּן לָכֶם conj. (471)-neg.-Qal impf. 1 c.s. (נָתַן 678)-prep.-2 m.p. sf. *for I will not give you*

מֵאַרְצָם prep.-n.f.s.-3 m.p. sf. (75) *any of their land*

עַד מִדְרַךְ prep. (III 723)-n.m.s. cstr. (204) *not so much as to tread on*

כַּף־רָגֶל n.f.s. cstr. (496)-n.f.s. paus. (919) *for the sole of the foot*

כִּי־יְרֻשָּׁה conj. (471)-n.f.s. (440) *because as a possession*

לְעֵשָׂו prep.-pr.n. (796) *to Esau*

נָתַתִּי Qal pf. 1 c.s. (נָתַן 678) *I have given*

אֶת־הַר שֵׂעִיר dir.obj.-n.m.s. cstr. (249)-pr.n. (973) *Mount Seir*

2:6

אֹכֶל תִּשְׁבְּרוּ n.m.s. (38)-Qal impf. 2 m.p. (990) *food you shall purchase*

מֵאִתָּם prep.-prep.-3 m.p. sf. (II 85) *from them*

בַּכֶּסֶף prep.-def.art.-n.m.s. (494) *for money*

וַאֲכַלְתֶּם conj.-Qal pf. 2 m.p. (אָכַל 37) *that you may eat*

וְגַם־מַיִם conj.-adv. (168)-n.m.p. (565) *and also water*

תִּכְרוּ מֵאִתָּם Qal impf. 2 m.p. (כָּרָה II 500)-v.supra *you shall buy of them*

בַּכֶּסֶף v.supra *for money*

וּשְׁתִיתֶם conj.-Qal pf. 2 m.p. (שָׁתָה 1059) *that you may drink*

2:7

כִּי יהוה אֱלֹהֶיךָ conj. (471)-pr.n. (217)-n.m.p.-2 m.s. sf. (43) *for Yahweh your God*

בֵּרַכְךָ Pi. pf. 3 m.s.-2 m.s. sf. (בָּרַךְ 138) *has blessed you*

בְּכֹל מַעֲשֵׂה prep.-n.m.s. cstr. (481)-n.m.s. cstr. (795) *in all the work of*

יָדֶךָ n.f.s.-2 m.s. sf. (388) *your hands*

יָדַע Qal pf. 3 m.s. (393) *he knows*

לֶכְתְּךָ Qal inf.cstr.-2 m.s. sf. (הָלַךְ 229) *your going through*

אֶת־הַמִּדְבָּר הַגָּדֹל הַזֶּה dir.obj.-def.art.-n.m.s. (184)-def.art.-adj. m.s. (152)-def.art.-demons. adj. m.s. (260) *this great wilderness*

זֶה אַרְבָּעִים שָׁנָה demons.adj. m.s. (260)-num. p. (917)-n.f.s. (1040) *these forty years*

יהוה אֱלֹהֶיךָ v.supra-v.supra *Yahweh your God*

עִמָּךְ prep.-2 m.s. sf. paus. *with you*

לֹא חָסַרְתָּ דָּבָר neg.-Qal pf. 2 m.s. (חָסֵר 341) -n.m.s. (182) *you have lacked nothing*

2:8

וַנַּעֲבֹר consec.-Qal impf. 1 c.p. (716) *so we went on*

מֵאֵת אַחֵינוּ prep.-prep. (II 85) n.m.p.-1 c.p. sf. (26) *away from our brethren*

בְּנֵי־עֵשָׂו n.m.p. cstr. (119)-pr.n. (796) *the sons of Esau*

הַיֹּשְׁבִים def.art.-Qal act.ptc. m.p. (יָשַׁב 442) *who live*

בְּשֵׂעִיר prep.-pr.n. (973) *in Seir*

מִדֶּרֶךְ prep.-n.m.s. cstr. (202) *away from the road to*

הָעֲרָבָה def.art.-pr.n. (787) *the Arabah*

מֵאֵילַת prep.-pr.n. (19) *from Elath*

וּמֵעֶצְיֹן גֶּבֶר conj.-prep.-pr.n. (782) *and Ezion-geber*

וַנֵּפֶן consec.-Qal impf. 1 c.p. (פָּנָה 815) *and we turned*

וַנַּעֲבֹר consec.-Qal impf. 1 c.p. (עָבַר 716) *and went*

דֶּרֶךְ n.m.s. cstr. (202) *in the direction of*

מִדְבַּר n.m.s. cstr. (184) *the wilderness of*

מוֹאָב pr.n. (555) *Moab*

2:9

וַיֹּאמֶר consec.-Qal impf. 3 m.s. (55) *and said*

יהוה pr.n. (217) *Yahweh*

אֵלַי prep.-1 c.s. sf. *to me*

אַל־תָּצַר prep. (prb.rd. אַל=neg.)-Hi. impf. 2 m.s. (צוּר III 849) *do not harass*

אֶת־מוֹאָב dir.obj.-pr.n. (555) *Moab*

וְאַל־תִּתְגָּר conj.-neg.-Hith. impf. 2 m.s. apoc. (גָּרָה 173) *or contend*

בָּם prep.-3 m.p. sf. *with them*

מִלְחָמָה n.f.s. (536) *in battle*

כִּי לֹא־אֶתֵּן conj. (471)-neg.-Qal impf. 1 c.s. (נָתַן 678) *for I will not give*

לְךָ prep.-2 m.s. sf. *you*

מֵאַרְצוֹ prep.-n.f.s.-3 m.s. sf. (75) *any of their land*

יְרֻשָּׁה n.f.s. (440) *for a possession*

כִּי לִבְנֵי־לוֹט conj. (471)-prep.-n.m.p. cstr. (119) -pr.n. (II 532) *because to the sons of Lot*

נְתַתִּי Qal pf. 1 c.s. (נָתַן 678) *I have given*

אֶת־עָר dir.obj.-pr.n. (786) *Ar*

יְרֻשָּׁה v.supra *for a possession*

2:10

הָאֵמִים def.art.-pr.n. (34) *the Emim*

לְפָנִים prep.-n.m.p. (815) *formerly*

יָשְׁבוּ בָהּ Qal pf. 3 c.p. (יָשַׁב 442)-prep.-3 f.s. sf. *lived there*

עַם גָּדוֹל n.m.s. (I 766)-adv. (152) *a people great*

וְרַב conj.-adj. (I 912) *and many*

וָרָם כָּעֲנָקִים conj.-Qal act.ptc. (I 912)-prep. -def.art.-pr.n. (778) *and tall as the Anakim*

2:11

רְפָאִים pr.n. (952) *Rephaim*

יֵחָשְׁבוּ Ni. impf. 3 m.p. (חָשַׁב 362) *they are known*

אַף־הֵם conj. (II 64)-pers.pr. 3 m.p. (241) *they also*

כָּעֲנָקִים prep.-def.art.-pr.n. (778) *like the Anakim*

וְהַמֹּאָבִים conj.-def.art.-pr.n. p. (555) *but the Moabites*

יִקְרְאוּ לָהֶם Qal impf. 3 m.p. (894)-prep.-3 m.p. sf. *call them*

אֵמִים pr.n. (34) *Emim*

2:12

וּבְשֵׂעִיר conj.-prep.-pr.n. (973) *also in Seir*

יָשְׁבוּ Qal pf. 3 c.p. (442) *lived*

הַחֹרִים def.art.-pr.n. p. (360) *the Horites*

לְפָנִים prep.-n.m.p. (815) *formerly*

וּבְנֵי עֵשָׂו conj.-n.m.p. cstr. (119)-pr.n. (796) *but the sons of Esau*

יִירָשׁוּם Qal impf. 3 m.p.-3 m.p. sf. (יָרַשׁ 439) *dispossessed them*

וַיַּשְׁמִידוּם consec.-Hi. impf. 3 m.p.-3 m.p. sf. (שָׁמַד 1029) *and destroyed them*

מִפְּנֵיהֶם prep.-n.m.p.-3 m.p. sf. (815) *from before them*

וַיֵּשְׁבוּ consec.-Qal impf. 3 m.p. (יָשַׁב 442) *and settled*

תַּחְתָּם prep.-3 m.p. sf. (1065) *in their stead*

כַּאֲשֶׁר עָשָׂה prep.-rel. (81)-Qal pf. 3 m.s. (I 793) *as did*

יִשְׂרָאֵל pr.n. (975) *Israel*

לְאֶרֶץ prep.-n.f.s. cstr. (75) *to the land of*

יְרֻשָּׁתוֹ n.f.s.-3 m.s. sf. (440) *their possession*

אֲשֶׁר־נָתַן rel. (81)-Qal pf. 3 m.s. (678) *which gave*

יהוה pr.n. (217) *Yahweh*

לָהֶם prep.-3 m.p. sf. *to them*

2:13

עַתָּה קֻמוּ adv. (773)-Qal impv. 2 m.p. (קום 877) *now rise up*

וְעִבְרוּ לָכֶם conj.-Qal impv. 2 m.p. (716)-prep.-2 m.p. sf. *and go over*

אֶת־נַחַל dir.obj.-n.m.s. cstr. (636) *the brook*

זֶרֶד pr.n. (279) *Zered*

וַנַּעֲבֹר consec.-Qal impf. 1 c.p. (716) *so we went over*

אֶת־נַחַל dir.obj.-v.supra *the brook*

זָרֶד v.supra paus. (279) *Zered*

2:14

וְהַיָּמִים conj.-def.art.-n.m.p. (398) *and the time*

אֲשֶׁר־הָלַכְנוּ rel. (81)-Qal pf. 1 c.p. (הלך 229) *from our leaving*

מִקָּדֵשׁ בַּרְנֵעַ prep.-pr.n. (II 873) *Kadesh-barnea*

עַד אֲשֶׁר־עָבַרְנוּ prep. (III 723)-rel. (81)-Qal pf. 1 c.p. (716) *until we crossed*

אֶת־נַחַל dir.obj.-n.m.s. cstr. (636) *the brook*

זֶרֶד pr.n. (279) *Zered*

שְׁלֹשִׁים num. p. (1026) *thirty*

וּשְׁמֹנֶה conj.-num. (1032) *eight*

שָׁנָה n.f.s. (1040) *years*

עַד־תֹּם prep. (III 723)-Qal inf.cstr. (תמם 1070) *until had perished*

כָּל־הַדּוֹר n.m.s. cstr. (481)-def.art.-n.m.s. (189) *the entire generation*

אַנְשֵׁי הַמִּלְחָמָה n.m.p. cstr. (35)-def.art.-n.f.s. (536) *the men of war*

מִקֶּרֶב הַמַּחֲנֶה prep.-n.m.s. cstr. (899)-def.art.-n.m.s. (334) *from the camp*

כַּאֲשֶׁר נִשְׁבַּע prep.-rel. (81)-Ni. pf. 3 m.s. (989) *as had sworn*

יהוה pr.n. (217) *Yahweh*

לָהֶם prep.-3 m.p. sf. *to them*

2:15

וְגַם conj.-adv. (168) *for indeed*

יַד־יְהוָה n.f.s. cstr. (388)-pr.n. (217) *the hand of Yahweh*

הָיְתָה בָּם Qal pf. 3 f.s. (היה 224)-prep.-3 m.p. sf. *was against them*

לְהֻמָּם prep.-Qal inf.cstr.-3 m.p. sf. (המם 243) *to destroy them*

מִקֶּרֶב prep.-n.m.s. cstr. (899) *from*

הַמַּחֲנֶה def.art.-n.m.s. (334) *the camp*

עַד תֻּמָּם prep. (III 723)-Qal inf.cstr.-3 m.p. sf. (תמם 1070) *until they had perished*

2:16

וַיְהִי כַּאֲשֶׁר־ consec.-Qal impf. 3 m.s. (היה 224)-prep.-rel. (81) *so when*

תַּמּוּ Qal pf. 3 c.p. (תמם 1070) *had perished*

כָּל־אַנְשֵׁי n.m.s. cstr. (481)-n.m.p. cstr. (35) *all the men of*

הַמִּלְחָמָה def.art.-n.f.s. (536) *war*

לָמוּת prep.-Qal inf.cstr. (מות 559) *and were dead*

מִקֶּרֶב הָעָם prep.-n.m.s. cstr. (899)-def.art.-n.m.s. (I 766) *from among the people*

2:17

וַיְדַבֵּר consec.-Pi. impf. 3 m.s. (180) *said*

יהוה pr.n. (217) *Yahweh*

אֵלַי prep.-1 c.s. sf. *to me*

לֵאמֹר prep.-Qal inf.cstr. (55) *(saying)*

2:18

אַתָּה עֹבֵר pers.pr. 2 m.s. (61)-Qal act.ptc. (716) *you are to pass over*

הַיּוֹם def.art.-n.m.s. (398) *this day*

אֶת־גְּבוּל dir.obj.-n.m.s. cstr. (147) *the boundary of*

מוֹאָב pr.n. (555) *Moab*

אֶת־עָר dir.obj.-pr.n. (786) *at Ar*

2:19

וְקָרַבְתָּ conj.-Qal pf. 2 m.s. (897) *and when you approach*

מוּל n.m.s. cstr. (557) *the frontier of*

בְּנֵי עַמּוֹן n.m.p. cstr. (119)-pr.n. (769) *the sons of Ammon*

אַל־תְּצֻרֵם neg.-Qal impf. 2 m.s.-3 m.p. sf. (צור III 849) *do not harass them*

וְאַל־תִּתְגָּר בָּם conj.-neg.-Hith. impf. 2 m.s. (גרה 173)-prep.-3 m.p. sf. *or contend with them*

כִּי לֹא־אֶתֵּן conj. (471)-neg.-Qal impf. 1 c.s. (נתן 678) *for I will not give*

מֵאֶרֶץ prep.-n.f.s. cstr. (75) *any of the land of*

בְּנֵי־עַמּוֹן n.m.p. cstr. (119)-v.supra *the sons of Ammon*

לְךָ prep.-2 m.s. sf. *you*

יְרֻשָּׁה n.f.s. (440) *as a possession*

כִּי לִבְנֵי־לוֹט conj. (471)-prep.-n.m.p. cstr. (119) -pr.n. (532) *because to the sons of Lot*

נְתַתִּיהָ Qal pf. 1 c.s.-3 f.s. sf. (נָתַן 678) *I have given it*

יְרֻשָּׁה v.supra *for a possession*

2:20

אֶרֶץ־רְפָאִים n.f.s. cstr. (75)-pr.n. (952) *a land of Rephaim*

תֵּחָשֵׁב Ni. impf. 3 f.s. (חָשַׁב 362) *is known*

אַף־הוּא conj. (II 64)-demons.adj. f.s. (214) *that also*

רְפָאִים v.supra *the Rephaim*

יָשְׁבוּ־בָהּ Qal pf. 3 c.p. (יָשַׁב 442)-prep.-3 f.s. sf. *lived there*

לְפָנִים prep.-n.m.p. (815) *formerly*

וְהָעַמֹּנִים conj.-def.art.-pr.n. p. (769) *but the Ammonites*

יִקְרְאוּ לָהֶם Qal impf. 3 m.p. (894)-prep.-3 m.p. sf. *call them*

זַמְזֻמִּים pr.n. (273) *Zamzummim*

2:21

עַם גָּדוֹל n.m.s. (I 766)-adj. m.s. (152) *a people great*

וְרָב conj.-adj. m.s. (I 912) *and many*

וָרָם conj.-Qal act.ptc. (926) *and tall*

כָּעֲנָקִים prep.-def.art.-pr.n. (778) *as the Anakim*

וַיַּשְׁמִידֵם consec.-Hi. impf. 3 m.s.-3 m.p. sf. (שָׁמַד 1029) *but destroyed them*

יהוה pr.n. (217) *Yahweh*

מִפְּנֵיהֶם prep.-n.m.p.-3 m.p. sf. (815) *before them*

וַיִּירָשֻׁם consec.-Qal impf. 3 m.p.-3 m.p. sf. (יָרַשׁ 439) *and they dispossessed them*

וַיֵּשְׁבוּ consec.-Qal impf. 3 m.p. (יָשַׁב 442) *and settled*

תַּחְתָּם prep.-3 m.p. sf. (1065) *in their stead*

2:22

כַּאֲשֶׁר עָשָׂה prep.-rel. (81)-Qal pf. 3 m.s. (I 793) *as he did*

לִבְנֵי עֵשָׂו prep.-n.m.p. cstr. (119)-pr.n. (796) *for the sons of Esau*

הַיֹּשְׁבִים def.art.-Qal act.ptc. m.p. (442) *who live*

בְּשֵׂעִיר prep.-pr.n. (973) *in Seir*

אֲשֶׁר הִשְׁמִיד rel. (81)-Hi. pf. 3 m.s. (שָׁמַד 1029) *when he destroyed*

אֶת־הַחֹרִי dir.obj.-def.art.-adj.gent. (360) *the Horites*

מִפְּנֵיהֶם prep.-n.m.p.-3 m.p. sf. (815) *before them*

וַיִּירָשֻׁם consec.-Qal impf. 3 m.p.-3 m.p. sf. (יָרַשׁ 439) *and they dispossessed them*

וַיֵּשְׁבוּ consec.-Qal impf. 3 m.p. (יָשַׁב 442) *and settled*

תַּחְתָּם prep.-3 m.p. sf. (1065) *in their stead*

עַד הַיּוֹם הַזֶּה prep. (III 723)-def.art.-n.m.s. (398) -def.art.-demons.adj. m.s. (260) *even to this day*

2:23

וְהָעַוִּים conj.-def.art.-adj.gent. (732) *as for the Avvim*

הַיֹּשְׁבִים def.art.-Qal act.ptc. m.p. (יָשַׁב 442) *who lived*

בַּחֲצֵרִים prep.-n.m.p. (II 347) *in villages*

עַד־עַזָּה prep. (III 723)-pr.n. (738) *as far as Gaza*

כַּפְתֹּרִים adj.gent. m.p. (499) *the Caphtorim*

הַיֹּצְאִים def.art.-Qal act.ptc. m.p. (יָצָא 422) *who came*

מִכַּפְתּוֹר prep.-pr.n. (499) *from Caphtor*

הִשְׁמִידֻם Hi. pf. 3 c.p.-3 m.p. sf. (שָׁמַד 1029) *destroyed them*

וַיֵּשְׁבוּ consec.-Qal impf. 3 m.p. (יָשַׁב 442) *and settled*

תַחְתָּם prep.-3 m.p. sf. (1065) *in their stead*

2:24

קוּמוּ סְעוּ Qal impv. 2 m.p. (877)-Qal impv. 2 m.p. (נָסַע 652) *rise up take your journey*

וְעִבְרוּ conj.-Qal impv. 2 m.p. (עָבַר 716) *and go over*

אֶת־נַחַל dir.obj.-n.m.s. cstr. (636) *the valley of*

אַרְנֹן pr.n. (75) *the Arnon*

רְאֵה Qal impv. 2 m.s. (רָאָה 906) *behold*

נָתַתִּי Qal pf. 1 c.s. (נָתַן 678) *I have given*

בְיָדְךָ prep.-n.f.s.-2 m.s. sf. (388) *into your hand*

אֶת־סִיחֹן dir.obj.-pr.n. (685) *Sihon*

מֶלֶךְ־חֶשְׁבּוֹן n.m.s. cstr. (I 572)-pr.n. (II 363) *king of Heshbon*

הָאֱמֹרִי def.art.-adj.gent. (57) *the Amorite*

וְאֶת־אַרְצוֹ conj.-dir.obj.-n.f.s.-3 m.s. sf. (75) *and his land*

הָחֵל Hi. impv. 2 m.s. (חָלַל III 320) *begin*

רָשׁ Qal impv. 2 m.s. (יָרַשׁ 439) *take possession*

וְהִתְגָּר בּוֹ conj.-Hith. impv. 2 m.s. (גָּרָה 173) -prep.-3 m.s. sf. *and contend with him*

מִלְחָמָה n.f.s. (536) *in battle*

2:25

הַיּוֹם הַזֶּה def.art.-n.m.s. (398)-def.art. -demons.adj. m.s. (260) *this day*

אָחֵל Hi. impf. 1 c.s. (חָלַל III 320) *I will begin*

תֵּת Qal inf.cstr. (נָתַן 678) *to put*

פַּחְדְּךָ n.m.s.-2 m.s. sf. (808) *the dread of you*

וְיִרְאָתְךָ conj.-n.f.s.-2 m.s. sf. (432) *and fear of you*

עַל־פְּנֵי הָעַמִּים prep.-n.m.p. cstr. (815)-def.art.-n.m.p. (I 766) *upon the peoples*

תַּחַת כָּל־הַשָּׁמַיִם prep. (1065)-n.m.s. cstr. (481)-def.art.-n.m. du. (1029) *under the whole heaven*

אֲשֶׁר יִשְׁמְעוּן rel. (81)-Qal impf. 3 m.p. (1033) *who shall hear*

שִׁמְעֲךָ n.m.s.-2 m.s. sf. (1034) *the report of you*

וְרָגְזוּ conj.-Qal pf. 3 c.p. (רָגַז 919) *and shall tremble*

וְחָלוּ conj.-Qal pf. 3 c.p. (חוּל 296) *and be in anguish*

מִפָּנֶיךָ prep.-n.m.p.-2 m.s. sf. paus. (815) *because of you*

2:26

וָאֶשְׁלַח consec.-Qal impf. 1 c.s. (1018) *so I sent*

מַלְאָכִים n.m.p. (521) *messengers*

מִמִּדְבַּר prep.-n.m.s. cstr. (184) *from the wilderness of*

קְדֵמוֹת pr.n. (870) *Kedemoth*

אֶל־סִיחוֹן prep.-pr.n. (695) *to Sihon*

מֶלֶךְ חֶשְׁבּוֹן n.m.s. cstr. (I 572)-pr.n. (II 363) *the king of Heshbon*

דִּבְרֵי שָׁלוֹם n.m.p. cstr. (182)-n.m.s. (1022) *with words of peace*

לֵאמֹר prep.-Qal inf.cstr. (55) *saying*

2:27

אֶעְבְּרָה Qal impf. 1 c.s.-vol.he (עָבַר 716) *let me pass through*

בְאַרְצֶךָ prep.-n.f.s.-2 m.s. sf. (75) *your land*

בַּדֶּרֶךְ בַּדֶּרֶךְ prep.-def.art.-n.m.s. (202)-v.supra *only by the road*

אֵלֵךְ Qal impf. 1 c.s. (הָלַךְ 229) *I will go*

לֹא אָסוּר neg.-Qal impf. 1 c.s. (סוּר 693) *I will not turn aside*

יָמִין n.f.s. (411) *to the right*

וּשְׂמֹאול conj.-n.f.s. (969) *or to the left*

2:28

אֹכֶל n.m.s. (38) *food*

בַּכֶּסֶף prep.-def.art.-n.m.s. (494) *for money*

תַּשְׁבִּרֵנִי Hi. impf. 2 m.s.-1 c.s. sf. (שָׁבַר 991) *you shall sell me*

וְאָכַלְתִּי conj.-Qal pf. 1 c.s. (אָכַל 37) *that I may eat*

2:29

כַּאֲשֶׁר עָשׂוּ prep.-rel. (81)-Qal pf. 3 c.p. (I 793) *as did*

לִי prep.-1 c.s. sf. *for me*

בְּנֵי עֵשָׂו n.m.p. cstr. (119)-pr.n. (796) *the sons of Esau*

הַיֹּשְׁבִים def.art.-Qal act.ptc. m.p. (יָשַׁב 442) *who live*

בְּשֵׂעִיר prep.-pr.n. (973) *in Seir*

וְהַמּוֹאָבִים conj.-def.art.-adj.gent. m.p. (555) *and the Moabites*

הַיֹּשְׁבִים v.supra *who live*

בְּעָר prep.-pr.n. (786) *in Ar*

עַד אֲשֶׁר־אֶעֱבֹר prep. (III 723)-rel. (81)-Qal impf. 1 c.s. (עָבַר 716) *until I go over*

אֶת־הַיַּרְדֵּן dir.obj.-def.art.-pr.n. (434) *the Jordan*

אֶל־הָאָרֶץ prep.-def.art.-n.f.s. (75) *into the land*

אֲשֶׁר־יְהוָה rel. (81)-pr.n. (217) *which Yahweh*

אֱלֹהֵינוּ n.m.p.-1 c.p. sf. (43) *our God*

נֹתֵן לָנוּ Qal act.ptc. (678)-prep.-1 c.p. sf. *gives to us*

2:30

וְלֹא אָבָה סִיחֹן conj.-neg.-Qal pf. 3 m.s. (אָבָה 2)-pr.n. (695) *but Sihon would not*

מֶלֶךְ חֶשְׁבּוֹן n.m.s. cstr. (I 572)-pr.n. (II 363) *the king of Heshbon*

הַעֲבִרֵנוּ בּוֹ Hi. inf.cstr.-1 c.p. sf. (עָבַר 716)-prep.-3 m.s. sf. *let us pass by him*

כִּי־הִקְשָׁה יהוה conj. (471)-Hi. pf. 3 m.s. (קָשָׁה 904)-pr.n. (217) *for Yahweh hardened*

אֱלֹהֶיךָ n.m.p.-2 m.s. sf. (43) *your God*

אֶת־רוּחוֹ dir.obj.-n.f.s.-3 m.s. sf. (924) *his spirit*

וְאִמֵּץ conj.-Pi. pf. 3 m.s. (אָמַץ 54) *and made obstinate*

אֶת־לְבָבוֹ dir.obj.-n.m.s.-3 m.s. sf. (523) *his heart*

לְמַעַן תִּתּוֹ adv. (775)-Qal inf.cstr.-3 m.s. sf. (נָתַן 678) *that he might give him*

בְּיָדְךָ prep.-n.f.s.-2 m.s. sf. (388) *into your hand*

כַּיּוֹם הַזֶּה prep.-def.art.-n.m.s. (398)-def.art.-demons.adj. m.s. (260) *as at this day*

2:31

וַיֹּאמֶר יהוה consec.-Qal impf. 3 m.s. (55)-pr.n. (217) *and Yahweh said*

אֵלַי prep.-1 c.s. sf. *to me*

רְאֵה Qal impv. 2 m.s. (55) *behold*

הַחִלֹּתִי Hi. pf. 1 c.s. (חָלַל III 320) *I have begun*

תֵּת Qal inf.cstr. (נָתַן 678) *to give*

לְפָנֶיךָ prep.-n.m.p.-2 m.s. sf. (815) *to you*

אֶת־סִיחֹן dir.obj.-pr.n. (695) *Sihon*

וְאֶת־אַרְצוֹ conj.-dir.obj.-n.f.s.-3 m.s. sf. (75) *and his land*

הָחֵל Hi. impv. 2 m.s. (חָלַל III 320) *begin*

רָשׁ Qal impv. 2 m.s. (יָרַשׁ 439) *to take possession*

לָרֶשֶׁת prep.-Qal inf.cstr. (יָרַשׁ 439) *that you may occupy*

אֶת־אַרְצוֹ v.supra-v.supra *his land*

2:32

וַיֵּצֵא סִיחֹן conj.-Qal impf. 3 m.s. (יָצָא 422) -pr.n. (695) *then Sihon came out*

לִקְרָאתֵנוּ prep. Qal inf.cstr.-1 c.p. sf. (קרא 896) *against us*

הוּא וְכָל־עַמּוֹ pers.pr. 3 m.s. (214)-conj.-n.m.s. cstr. (481)-n.m.s.-3 m.s. sf. (I 766) *he and all his people*

לַמִּלְחָמָה prep.-def.art.-n.f.s. (536) *to battle*

יָהְצָה pr.n.-loc.he (397) *at Jahaz*

2:33

וַיִּתְּנֵהוּ יהוה consec.-Qal impf. 3 m.s.-3 m.s. sf. (678) (נָתַן)-pr.n. (217) *and Yahweh gave him*

אֱלֹהֵינוּ n.m.p.-1 c.s. sf. (43) *our God*

לְפָנֵינוּ prep.-n.m.p.-1 c.p. sf. (815) *to us*

וַנַּךְ אֹתוֹ consec.-Hi. impf. 1 c.p. (נָכָה 645)-dir. obj.-3 m.s. sf. *and we defeated him*

וְאֶת־בָּנָיו conj.-dir.obj.-n.m.p.-3 m.s. sf. (119) *and his sons*

וְאֶת־כָּל־עַמּוֹ conj.-dir.obj.-n.m.s. cstr. (481) -n.m.s.-3 m.s. sf. (I 766) *and all his people*

2:34

וַנִּלְכֹּד consec.-Qal impf. 1 c.p. (לָכַד 539) *and we captured*

אֶת־כָּל־עָרָיו dir.obj.-n.m.s. cstr. (481)-n.f.p.-3 m.s. sf. (746) *all his cities*

בָּעֵת הַהִוא prep.-def.art.-n.f.s. (773)-def.art. -demons.adj. f.s. (214) *at that time*

וַנַּחֲרֵם consec.-Hi. impf. 1 c.p. (חָרַם I 355) *and utterly destroyed*

אֶת־כָּל־עִיר dir.obj.-n.m.s. cstr. (481)-n.f.s. (746) *every city*

מְתִם n.m.p. (607) *men*

וְהַנָּשִׁים conj.-dir.obj.-n.f.p. (61) *and women*

וְהַטָּף conj.-def.art.-n.m.s. (381) *and children*

לֹא הִשְׁאַרְנוּ neg.-Hi. pf. 1 c.p. (שָׁאַר 983) *and we left remaining*

שָׂרִיד n.m.s. (975) *none*

2:35

רַק הַבְּהֵמָה adv. (956)-def.art.-n.f.s. (96) *only the cattle*

בָּזַזְנוּ לָנוּ Qal pf. 1 c.p. (בָּזַז 102)-prep.-1 c.p. sf. *we took as spoil for ourselves*

וּשְׁלַל conj.-n.m.s. cstr. (1021) *with the booty of*

הֶעָרִים def.art.-n.f.p. (746) *the cities*

אֲשֶׁר לָכַדְנוּ rel. (81)-Qal pf. 1 c.p. (לָכַד 539) *which we captured*

2:36

מֵעֲרֹעֵר prep.-pr.n. (792) *from Aroer*

אֲשֶׁר rel. (81) *which is*

עַל־שְׂפַת־נַחַל prep.-n.f.s. cstr. ((973)-n.m.s. cstr. (636) *on the edge of the valley of*

אַרְנֹן pr.n. (75) *Arnon*

וְהָעִיר conj.-def.art.-n.f.s. (746) *and from the city*

אֲשֶׁר בַּנַּחַל rel. (81)-prep.-def.art.-n.m.s. (636) *that is in the valley*

וְעַד־הַגִּלְעָד conj.-prep. (III 723)-def.art.-pr.n. (166) *as far as Gilead*

לֹא הָיְתָה neg.-Qal pf. 3 f.s. (הָיָה 224) *there was not*

קִרְיָה n.f.s. (900) *a city*

אֲשֶׁר שָׂגְבָה rel. (81)-Qal pf. 3 f.s. (שָׂגַב 960) *too high*

מִמֶּנּוּ prep.-1 c.p. sf. *for us*

אֶת־הַכֹּל נָתַן dir.obj.-def.art.-n.m.s. (481)-Qal pf. 3 m.s. (678) *gave all*

יהוה אֱלֹהֵינוּ pr.n. (217)-n.m.p.-1 c.p. sf. (43) *Yahweh our God*

לְפָנֵינוּ prep.-n.m.p.-1 c.p. sf. (815) *into our hands*

2:37

רַק אֶל־אֶרֶץ adv. (956)-prep.-n.f.s. cstr. (75) *only to the land of*

בְּנֵי־עַמּוֹן n.m.p. cstr. (119)-pr.n. (769) *the sons of Ammon*

לֹא קָרַבְתָּ neg.-Qal pf. 2 m.s. paus. (קָרַב 897) *you did not draw near*

כָּל־יַד n.m.s. cstr. (481)-n.f.s. cstr. (388) *to all the banks of*

נַחַל יַבֹּק n.m.s. cstr. (636)-pr.n. (132) *the river Jabbok*

וְעָרֵי הָהָר conj.-n.f.s. cstr. (746)-def.art.-n.m.s. (249) *and the cities of the hill country*

וְכֹל אֲשֶׁר conj.-n.m.s. (481)-rel. (81) *and wherever*

צִוָּה Pi. pf. 3 m.s. (צוה 845) *forbade*

יְהוָה אֱלֹהֵינוּ pr.n. (217)-n.m.p.-1 c.p. sf. (43) *Yahweh our God*

3:1

וַנֵּפֶן consec.-Qal impf. 1 c.p. (פנה 815) *then we turned*

וַנַּעַל consec.-Qal impf. 1 c.p. (עלה 748) *and went up*

דֶּרֶךְ הַבָּשָׁן n.m.s. cstr. (202)-def.art.-pr.n. (143) *the way to Bashan*

וַיֵּצֵא pr.n. Qal impf. 3 m.s. (יצא 422) *and came out*

עוֹג pr.n. (728) *Og*

מֶלֶךְ־הַבָּשָׁן n.m.s. cstr. (I 572)-def.art.-pr.n. (143) *the king of Bashan*

לִקְרָאתֵנוּ prep.-Qal inf.cstr.-1 c.p. sf. (896) *against us*

הוּא וְכָל־עַמּוֹ pers.pr. 3 m.s. (214)-conj.-n.m.s. cstr. (481)-n.m.s.-3 m.s. sf. (I 766) *he and all his people*

לַמִּלְחָמָה prep.-def.art.-n.f.s. (536) *to battle*

אֶדְרֶעִי pr.n. (204) *at Edrei*

3:2

וַיֹּאמֶר יְהוָה consec.-Qal impf. 3 m.s. (55)-pr.n. (217) *but Yahweh said*

אֵלַי prep.-1 c.s. sf. *to me*

אַל־תִּירָא neg.-Qal impf. 2 m.s. (ירא 431) *do not fear*

אֹתוֹ dir.obj.-3 m.s. sf. *him*

כִּי בְיָדְךָ conj. (471)-prep.-n.f.s.-2 m.s. sf. (388) *for into your hand*

נָתַתִּי Qal pf. 1 c.s. (נתן 678) *I have given*

אֹתוֹ v.supra *him*

וְאֶת־כָּל־עַמּוֹ conj.-dir.obj.-n.m.s. cstr. (481)-n.m.s.-3 m.s. sf. (I 766) *and all his people*

וְאֶת־אַרְצוֹ conj.-dir.obj.-n.f.s.-3 m.s. sf. (75) *and his land*

וְעָשִׂיתָ לּוֹ conj.-Qal pf. 2 m.s. (עשה I 793)-prep.-3 m.s. sf. *and you shall do to him*

כַּאֲשֶׁר עָשִׂיתָ prep.-rel. (81)-v.supra *as you did*

לְסִיחֹן prep.-pr.n. (695) *to Sihon*

מֶלֶךְ הָאֱמֹרִי n.m.s. cstr. (I 572)-def.art.-pr.n. gent. (57) *the king of the Amorites*

אֲשֶׁר יוֹשֵׁב v.supra-Qal act.ptc. (ישב 442) *who dwelt*

בְּחֶשְׁבּוֹן prep.-pr.n. (II 363) *at Heshbon*

3:3

וַיִּתֵּן יְהוָה consec.-Qal impf. 3 m.s. (נתן 678)-pr.n. (217) *so Yahweh gave*

אֱלֹהֵינוּ n.m.p.-1 c.p. sf. (43) *our God*

בְּיָדֵנוּ prep.-n.f.s.-1 c.p. sf. (388) *into our hand*

גַּם אֶת־עוֹג adv. (168)-dir.obj.-pr.n. (728) *Og also*

מֶלֶךְ־הַבָּשָׁן n.m.s. cstr. (I 572)-def.art.-pr.n. (143) *the king of Bashan*

וְאֶת־כָּל־עַמּוֹ conj.-dir.obj.-n.m.s. cstr. (481)-n.m.s.-3 m.s. sf. (I 766) *and all his people*

וַנַּכֵּהוּ consec.-Hi. impf. 1 c.p.-3 m.s. sf. (נכה 645) *and we smote him*

עַד־בִּלְתִּי הִשְׁאִיר־ prep. (III 723)-neg. (116)-Hi. pf. 3 m.s. (שאר 983) *until there was not left*

לוֹ prep.-3 m.s. sf. *to him*

שָׂרִיד n.m.s. (975) *a survivor*

3:4

וַנִּלְכֹּד consec.-Qal impf. 1 c.p. (לכד 539) *and we took*

אֶת־כָּל־עָרָיו dir.obj.-n.m.s. cstr. (481)-n.f.p.-3 m.s. sf. (746) *all his cities*

בָּעֵת הַהִוא prep.-def.art.-n.f.s. (773)-def.art.-demons.adj. f.s. (214) *at that time*

לֹא הָיְתָה neg.-Qal pf. 3 f.s. (היה 224) *there was not*

קִרְיָה n.f.s. (900) *a city*

אֲשֶׁר לֹא־לָקַחְנוּ rel. (81)-neg.-Qal pf. 1 c.p. (לקח 542) *which we did not take*

מֵאִתָּם prep.-prep.-3 m.p. sf. (II 85) *from them*

שִׁשִּׁים עִיר num. p. (995)-n.f.s. (746) *sixty cities*

כָּל־חֶבֶל n.m.s. cstr. (481)-n.m.s. cstr. (286) *the whole region of*

אַרְגֹּב pr.n. (918) *Argob*

מַמְלֶכֶת עוֹג n.f.s. cstr. (575)-pr.n. (728) *the kingdom of Og*

בַּבָּשָׁן prep.-def.art.-pr.n. (143) *in Bashan*

3:5

כָּל־אֵלֶּה n.m.s. cstr. (481)-demons.adj. c.p. (41) *all these*

עָרִים n.f.p. (746) *cities*

בְּצֻרוֹת חוֹמָה Qal pass.ptc. f.p. cstr. (130)-n.f.s. (327) *fortified with walls*

גְּבֹהָה adj. f.s. (147) *high*

דְּלָתַיִם n.f. du. (195) *gates*

וּבְרִיחַ conj.-n.m.s. (138) *and bars*

לְבַד מֵעָרֵי adv. (94)-prep.-n.f.p. cstr. (746) *besides ... villages*

הַפְּרָזִי def.art.-adj. (826) *unwalled*

הַרְבֵּה מְאֹד Hi. inf.abs. as adv. (I 915)-adv. (547) *very many*

3:6

וַנַּחֲרֵם אוֹתָם consec.-Hi. impf. 1 c.p. (חָרַם I 355)-dir.obj.-3 m.p. sf. *and we utterly destroyed them*

כַּאֲשֶׁר עָשִׂינוּ prep.-rel. (81)-Qal pf. 1 c.p. (עָשָׂה I 793) *as we did*

לְסִיחֹן prep.-pr.n. (695) *to Sihon*

מֶלֶךְ חֶשְׁבּוֹן n.m.s. cstr. (I 572)-pr.n. (II 363) *the king of Heshbon*

הַחֲרֵם Hi. inf.abs. (חָרַם I 355) *destroying*

כָּל־עִיר n.m.s. cstr. (481)-n.f.s. (746) *every city*

מְתִם n.m.p. (607) *men*

הַנָּשִׁים def.art.-n.f.p. (61) *women*

וְהַטָּף conj.-def.art.-n.m.s. (381) *and children*

3:7

וְכָל־הַבְּהֵמָה conj.-n.m.s. cstr. (481)-def.art.-n.f.s. (96) *but all the cattle*

וּשְׁלַל הֶעָרִים conj.-n.m.s. cstr. (1021)-def.art.-n.f.p. (746) *and the spoil of the cities*

בָּזַזְנוּ Qal pf. 1 c.p. (בָּזַז 102) *we took as ... booty*

לָנוּ prep.-1 c.p. sf. *our*

3:8

וַנִּקַּח consec.-Qal impf. 1 c.p. (לָקַח 542) *so we took*

בָּעֵת הַהִוא prep.-def.art.-n.f.s. (773)-def.art.-demons.adj. f.s. (214) *at that time*

אֶת־הָאָרֶץ dir.obj.-def.art.-n.f.s. (75) *the land*

מִיַּד prep.-n.f.s. cstr. (388) *out of the hand of*

שְׁנֵי מַלְכֵי num. cstr. (1040)-n.m.p. cstr. (I 572) *the two kings of*

הָאֱמֹרִי def.art.-pr.n. gent. (57) *the Amorites*

אֲשֶׁר בְּעֵבֶר rel. (81)-prep.-n.m.s. cstr. (719) *who were beyond*

הַיַּרְדֵּן def.art.-pr.n. (434) *the Jordan*

מִנַּחַל prep.-n.m.s. cstr. (636) *from the valley of*

אַרְנֹן pr.n. (75) *Arnon*

עַד־הַר prep. (III 723)-n.m.s. cstr. (249) *to Mount*

חֶרְמוֹן pr.n. (356) *Hermon*

3:9

צִידֹנִים pr.n. p. (851) *the Sidonians*

יִקְרְאוּ Qal impf. 3 m.p. (894) *call*

לְחֶרְמוֹן prep.-pr.n. (356) *Hermon*

שִׂרְיֹן pr.n. (976) *Sirion*

וְהָאֱמֹרִי conj.-def.art.-pr.n. gent. (57) *while the Amorites*

יִקְרְאוּ־לוֹ v.supra-prep.-3 m.s. sf. *call it*

שְׂנִיר pr.n. (972) *Senir*

3:10

כֹּל עָרֵי n.m.s. cstr. (481)-n.f.p. cstr. (746) *all the cities of*

הַמִּישֹׁר def.art.-n.m.s. (449) *the tableland*

וְכָל־הַגִּלְעָד conj.-n.m.s. cstr. (481)-def.art.-pr.n. (166) *and all Gilead*

וְכָל־הַבָּשָׁן conj.-n.m.s. cstr. (481)-def.art.-pr.n. (143) *and all Bashan*

עַד־סַלְכָה prep. (III 723)-pr.n. (699) *as far as Salecah*

וְאֶדְרֶעִי conj.-pr.n. (204) *and Edrei*

עָרֵי מַמְלֶכֶת v.supra-n.f.s. cstr. (575) *cities of the kingdom of*

עוֹג בַּבָּשָׁן pr.n. (728)-prep.-def.art.-pr.n. (143) *Og in Bashan*

3:11

כִּי רַק־עוֹג conj. (471)-adv. (956)-pr.n. (728) *for only Og*

מֶלֶךְ הַבָּשָׁן n.m.s. cstr. (I 572)-def.art.-pr.n. (143) *the king of Bashan*

נִשְׁאַר N1. pf. 3 m.s. (שָׁאַר 983) *was left*

מִיֶּתֶר הָרְפָאִים prep.-n.m.s. cstr. (451)-def.art.-pr.n. (952) *of the remnant of the Rephaim*

הִנֵּה עַרְשׂוֹ demons.part. (243)-n.f.s.-3 m.s. sf. (793) *behold, his bedstead*

עֶרֶשׂ בַּרְזֶל n.f.s. cstr. (793)-n.m.s. (137) *was a bedstead of iron*

הֲלֹה הִוא interr.part.-neg.-pers.pr. 3 f.s. (214) *is it not?*

בְּרַבַּת prep.-pr.n. cstr. (913) *in Rabbah of*

בְּנֵי עַמּוֹן n.m.p. cstr. (119)-pr.n. (769) *the Ammonites*

תֵּשַׁע אַמּוֹת num. (1077)-n.f.p. (52) *nine cubits*

אָרְכָּהּ n.m.s.-3 f.s. sf. (73) *its length*

וְאַרְבַּע אַמּוֹת conj.-num. (916)-v.supra *and four cubits*

רָחְבָּהּ n.m.s.-3 f.s. sf. (931) *its breadth*

בְּאַמַּת־ prep.-n.f.s. cstr. (52) *according to the cubit of*

אִישׁ n.m.s. (35) *a man*

3:12

וְאֶת־הָאָרֶץ הַזֹּאת conj.-dir.obj.-def.art.-n.f.s. (75)-def.art.-demons.adj. f.s. (260) *when of this land*

יָרַשְׁנוּ Qal pf. 1 c.p. (יָרַשׁ 439) *we took possession*

בָּעֵת הַהִוא prep.-def.art.-n.f.s. (773)-def.art.-demons.adj. f.s. (214) *at that time*

מֵעֲרֹעֵר prep.-pr.n. (792) *beginning at Aroer*

אֲשֶׁר־עַל־נַחַל rel. (81)–prep.–n.m.s. cstr. (636) *which is on the valley of*

אַרְנֹן pr.n. (75) *Arnon*

וַחֲצִי conj.–n.m.s. cstr. (345) *and half*

הַר־הַגִּלְעָד n.m.s. cstr. (249)–def.art.–pr.n. (166) *the hill country of Gilead*

וְעָרָיו conj.–n.f.p.–3 m.s. sf. (746) *with its cities*

נָתַתִּי Qal pf. 1 c.s. (נָתַן 678) *I gave*

לָרֻאוּבֵנִי prep.–def.art.–pr.n. gent. (910) *to the Reubenites*

וְלַגָּדִי conj.–prep.–def.art.–pr.n. gent. (151) *and the Gadites*

3:13

וְיֶתֶר conj.–n.m.s. cstr. (451) *and the rest of*

הַגִּלְעָד def.art.–pr.n. (166) *Gilead*

וְכָל־הַבָּשָׁן conj.–n.m.s. cstr. (481)–def.art.–pr.n. (143) *and all Bashan*

מַמְלֶכֶת עוֹג n.f.s. cstr. (575)–pr.n. (728) *the kingdom of Og*

נָתַתִּי Qal pf. 1 c.s. (נָתַן 678) *I gave*

לַחֲצִי שֵׁבֶט prep.–n.m.s. cstr. (345)–n.m.s. cstr. (986) *to the half-tribe of*

הַמְנַשֶּׁה def.art.–pr.n. (586) *Manasseh*

כֹּל חֶבֶל n.m.s. cstr. (481)–n.m.s. cstr. (286) *all the region of*

הָאַרְגֹּב def.art.–pr.n. (918) *Argob*

לְכָל־הַבָּשָׁן הַהוּא prep.–v.supra–v.supra–def.art.–demons.adj. m.s. (214) *the whole of that Bashan*

יִקָּרֵא Ni. impf. 3 m.s. (894) *is called*

אֶרֶץ רְפָאִים n.f.s. cstr. (75)–pr.n. (952) *the land of Rephaim*

3:14

יָאִיר pr.n. (22) *Jair*

בֶּן־מְנַשֶּׁה n.m.s. cstr. (119)–pr.n. (586) *the Manassite*

לָקַח Qal pf. 3 m.s. (542) *took*

אֶת־כָּל־חֶבֶל dir.obj.–n.m.s. cstr. (481)–n.m.s. cstr. (286) *all the region of*

אַרְגֹּב pr.n. (918) *Argob*

עַד־גְּבוּל prep.–n.m.s. cstr. (147) *as far as the border of*

הַגְּשׁוּרִי def.art.–pr.n. gent. (178) *the Geshurites*

וְהַמַּעֲכָתִי conj.–def.art.–pr.n. gent. (591) *and the Maacathites*

וַיִּקְרָא אֹתָם consec.–Qal impf. 3 m.s. (894)–dir.obj.–3 m.p. sf. *and called*

עַל־שְׁמוֹ prep.–n.m.s.–3 m.s. sf. (1027) *after his own name*

אֶת־הַבָּשָׁן dir.obj.–def.art.–pr.n. (143) *that is Bashan*

חַוֹּת יָאִיר pr.n. (II 295) *Havvoth-jair*

עַד הַיּוֹם הַזֶּה prep. (III 723)–def.art.–n.m.s. (398)–def.art.–demons.adj. m.s. (260) *as it is to this day*

3:15

וּלְמָכִיר conj.–prep.–pr.n. (569) *to Machir*

נָתַתִּי Qal pf. 1 c.s. (נָתַן 678) *I gave*

אֶת־הַגִּלְעָד dir.obj.–def.art.–pr.n. (166) *Gilead*

3:16

וְלָרֻאוּבֵנִי conj.–prep.–def.art.–pr.n. gent. (910) *and to the Reubenites*

וְלַגָּדִי conj.–prep.–def.art.–pr.n. gent. (151) *and the Gadites*

נָתַתִּי Qal pf. 1 c.s. (נָתַן 678) *I gave*

מִן־הַגִּלְעָד prep.–def.art.–pr.n. (166) *from Gilead*

וְעַד־נַחַל conj.–prep.–n.m.s. cstr. (636) *as far as the valley of*

אַרְנֹן pr.n. (75) *Arnon*

תּוֹךְ הַנַּחַל n.m.s. cstr. (1063)–def.art.–v.supra *with the middle of the valley*

וּגְבֻל conj.–n.m.s. (147) *as a boundary*

וְעַד יַבֹּק v.supra–pf. (132) *as far over Jabbok*

הַנַּחַל v.supra *the river*

גְּבוּל בְּנֵי עַמּוֹן n.m.s. cstr. (147)–n.m.p. cstr. (119)–pr.n. (769) *the boundary of the Ammonites*

3:17

וְהָעֲרָבָה conj.–def.art.–pr.n. (787) *the Arabah also*

וְהַיַּרְדֵּן conj.–def.art.–pr.n. (434) *with the Jordan*

וּגְבֻל conj.–n.m.s. (147) *as the boundary*

מִכִּנֶּרֶת prep.–pr.n. (490) *from Chinnereth*

וְעַד יָם conj.–prep. (III 723)–n.m.s. cstr. (410) *as far as the sea of*

הָעֲרָבָה v.supra *the Arabah*

יָם הַמֶּלַח v.supra–def.art.–n.m.s. (571) *the Salt Sea*

תַּחַת אַשְׁדֹּת prep. (1065)–n.f.p. cstr. (78) *under the slopes of*

הַפִּסְגָּה def.art.–pr.n. (820) *Pisgah*

מִזְרָחָה n.m.s.–loc.he (280) *on the east*

3:18

וָאֲצַו consec.–Pi. impf. 1 c.s. (צָוָה 845) *and I commanded*

אֶתְכֶם dir.obj.–2 m.p. sf. *you*

בָּעֵת הַהוּא prep.–def.art.–n.f.s. (773)–def.art.–demons.adj. f.s. (214) *at that time*

לֵאמֹר prep.-Qal inf.cstr. (55) *saying*

יְהוָה אֱלֹהֵיכֶם pr.n. (217)-n.m.p.-2 m.p. sf. (43) *Yahweh your God*

נָתַן לָכֶם Qal pf. 3 m.s. (678)-prep.-2 m.p. sf. *has given you*

אֶת־הָאָרֶץ הַזֹּאת dir.obj.-def.art.-n.f.s. (75) -def.art.-demons.adj. f.s. (260) *this land*

לְרִשְׁתָּהּ prep.-Qal inf.cstr.-3 f.s. sf. (יָרֵשׁ 439) *to possess*

חֲלוּצִים Qal pass.ptc. m.p. (חָלַץ 323) *armed*

תַּעַבְרוּ Qal impf. 2 m.p. (עָבַר 716) *shall pass over*

לִפְנֵי אֲחֵיכֶם prep.-n.m.p. cstr. (815)-n.m.p.-2 m.p. sf. (26) *before your brethren*

בְּנֵי־יִשְׂרָאֵל n.m.p. cstr. (119)-pr.n. (975) *the people of Israel*

כָּל־בְּנֵי־חָיִל n.m.s. cstr. (481)-v.supra-n.m.s. paus. (298) *all your men of valor*

3:19

רַק נְשֵׁיכֶם adv. (956)-n.f.p.-2 m.p. sf. (61) *but your wives*

וְטַפְּכֶם conj.-n.m.s.-2 m.p. sf. (381) *and your little ones*

וּמִקְנֵכֶם conj.-n.m.s.-2 m.p. sf. (889) *and your cattle*

יָדַעְתִּי Qal pf. 1 c.s. (יָדַע 393) *I know*

כִּי־מִקְנֶה רַב conj. (471)-n.m.s. (889)-adj. m.s. (I 912) *that many cattle*

לָכֶם prep.-2 m.p. sf. *you have*

יֵשְׁבוּ Qal impf. 3 m.p. (יָשַׁב 442) *shall remain*

בְּעָרֵיכֶם prep.-n.f.p.-2 m.p. sf. (746) *in your cities*

אֲשֶׁר נָתַתִּי rel. (81)-Qal pf. 1 c.s. (נָתַן 678) *which I have given*

לָכֶם prep.-2 m.p. sf. *you*

3:20

עַד אֲשֶׁר־יָנִיחַ prep. (III 723)-rel. (81)-Hi. impf. 3 m.s. (נוּחַ 628) *until gives rest*

יְהוָה pr.n. (217) *Yahweh*

לַאֲחֵיכֶם prep.-n.m.p.-2 m.p. sf. (26) *to your brethren*

כָּכֶם prep.-2 m.p. sf. *as to you*

וְיָרְשׁוּ גַם־הֵם conj.-Qal pf. 3 c.p. (יָרֵשׁ 439)-adv. (168)-pers.pr. 3 m.p. (241) *and they also occupy*

אֶת־הָאָרֶץ dir.obj.-def.art.-n.f.s. (75) *the land*

אֲשֶׁר יְהוָה rel. (81)-pr.n. (217) *which Yahweh*

אֱלֹהֵיכֶם n.m.p.-2 m.p. sf. (43) *your God*

נֹתֵן לָהֶם Qal act.ptc. (678)-prep.-3 m.p. sf. *gives them*

בְּעֵבֶר הַיַּרְדֵּן prep.-n.m.s. cstr. (719)-def.art.-pr.n. (434) *beyond the Jordan*

וְשַׁבְתֶּם conj.-Qal pf. 2 m.p. (שׁוּב 996) *then you shall return*

אִישׁ לִירֻשָּׁתוֹ n.m.s. (35)-prep.-n.f.s.-3 m.s. sf. (440) *every man to his possession*

אֲשֶׁר נָתַתִּי לָכֶם rel. (81)-Qal pf. 1 c.s. (נָתַן 678) -prep.-2 m.p. sf. *which I have given you*

3:21

וְאֶת־יְהוֹשׁוּעַ conj.-dir.obj.-pr.n. (221) *and Joshua*

צִוֵּיתִי Pi. pf. 1 c.s. (צָוָה 845) *I commanded*

בָּעֵת הַהִוא prep.-def.art.-n.f.s. (773)-def.art. -demons.adj. f.s. (214) *at that time*

לֵאמֹר prep.-Qal inf.cstr. (55) *(saying)*

עֵינֶיךָ n.f. du.-2 m.s. sf. (744) *your eyes*

הָרֹאֹת def.art.-Qal act.ptc. f.p. (רָאָה 906) *have seen*

אֵת כָּל־אֲשֶׁר dir.obj.-n.m.s. cstr. (481)-rel. (81) *all that*

עָשָׂה יְהוָה Qal pf. 3 m.s. (I 793)-pr.n. (217) *Yahweh has done*

אֱלֹהֵיכֶם n.m.p.-2 m.p. sf. (43) *your God*

לִשְׁנֵי הַמְּלָכִים הָאֵלֶּה prep.-num. cstr. (1040)-def. art.-n.m.p. (I 572)-def.art.-demons.adj. c.p. (41) *to these two kings*

כֵּן יַעֲשֶׂה adv. (485)-Qal impf. 3 m.s. (I 793) *so will do*

יְהוָה pr.n. (217) *Yahweh*

לְכָל־הַמַּמְלָכוֹת prep.-n.m.s. cstr. (481)-def.art. -n.f.p. (575) *to all the kingdoms*

אֲשֶׁר אַתָּה rel. (81)-pers.pr. 2 m.s. (61) *which you*

עֹבֵר שָׁמָּה Qal act.ptc. (716)-adv.-dir.he (1027) *are going over there*

3:22

לֹא תִּירָאוּם neg.-Qal impf. 2 m.p.-3 m.p. sf. (יָרֵא 431) *you shall not fear them*

כִּי יְהוָה conj. (471)-pr.n. (217) *for it is Yahweh*

אֱלֹהֵיכֶם n.m.p.-2 m.p. sf. (43) *your God*

הוּא הַנִּלְחָם pers.pr. 3 m.s. (214)-def.art.-Ni. ptc. (לָחַם 535) *he fights*

לָכֶם prep.-2 m.p. sf. *for you*

3:23

וָאֶתְחַנַּן consec.-Hith. impf. 1 c.s. (חָנַן I 335) *and I besought*

אֶל־יְהוָה prep.-pr.n. (217) *Yahweh*

בָּעֵת הַהִוא prep.-def.art.-n.f.s. (773)-def.art. -demons.adj. f.s. (214) *at that time*

לֵאמֹר prep.-Qal inf.cstr. (55) *saying*

766

3:24

אֲדֹנָי יהוה n.m.p.-1 c.s. sf. (10)-pr.n. (217) *O Lord Yahweh*

אַתָּה הַחִלּוֹתָ pers.pr. 2 m.s. (61)-Hi. pf. 2 m.s. (III 320 חָלַל) *thou hast begun*

לְהַרְאוֹת prep.-Hi. inf.cstr. (רָאָה 906) *to show*

אֶת־עַבְדְּךָ dir.obj.-n.m.s.-2 m.s. sf. (712) *thy servant*

אֶת־גָּדְלְךָ dir.obj.-n.m.s.-2 m.s. sf. (152) *thy greatness*

וְאֶת־יָדְךָ הַחֲזָקָה conj.-v.supra-n.f.s.-2 m.s. sf. (388)-def.art.-adj. f.s. (305) *and thy mighty hand*

אֲשֶׁר מִי־אֵל rel. (81)-interr. (566)-n.m.s. (42) *for what god*

בַּשָּׁמַיִם prep.-def.art.-n.m. du. (1029) *in heaven*

וּבָאָרֶץ conj.-prep.-def.art.-n.f.s. (75) *or on earth*

אֲשֶׁר־יַעֲשֶׂה rel. (81)-Qal impf. 3 m.s. (I 793) *who can do*

כְּמַעֲשֶׂיךָ prep.-n.m.p.-2 m.s. sf. (795) *such works as thine*

וְכִגְבוּרֹתֶךָ conj.-prep.-n.f.p.-2 m.s. sf. (150) *and mighty acts as thine*

3:25

אֶעְבְּרָה־נָּא Qal impf. 1 c.s.-vol.he (עָבַר 716) -part.of entreaty (609) *let me go over, I pray*

וְאֶרְאֶה conj.-Qal impf. 1 c.s. (רָאָה 906) *and see*

אֶת־הָאָרֶץ הַטּוֹבָה dir.obj.-def.art.-n.f.s. (75) -def.art.-adj. f.s. (I 373) *the good land*

אֲשֶׁר בְּעֵבֶר rel. (81)-prep.-n.m.s. cstr. (719) *beyond*

הַיַּרְדֵּן def.art.-pr.n. (434) *the Jordan*

הָהָר הַטּוֹב הַזֶּה def.art.-n.m.s. (249)-def.art.-adj. m.s. (I 373)-def.art.-demons.adj. m.s. (260) *that goodly hill country*

וְהַלְּבָנֹן conj.-def.art.-pr.n. (526) *and Lebanon*

3:26

וַיִּתְעַבֵּר consec.-Hith. impf. 3 m.s. (עָבַר 720) *but was angry*

יהוה pr.n. (217) *Yahweh*

בִּי prep.-1 c.s. sf. *with me*

לְמַעַנְכֶם prep.-n.m.s.-2 m.p. sf. (775) *on your account*

וְלֹא שָׁמַע conj.-neg.-Qal pf. 3 m.s. (1033) *and would not hearken*

אֵלָי prep.-1 c.s. sf. paus. *to me*

וַיֹּאמֶר consec.-Qal impf. 3 m.s. (55) *and said*

יהוה pr.n. (217) *Yahweh*

אֵלָי prep.-1 c.s. sf. *to me*

רַב־לָךְ adv. (I 912)-prep.-2 m.s. sf. paus. *let it suffice you*

אַל־תּוֹסֶף דַּבֵּר neg.-Hi. impf. 2 m.s. (יָסַף 414)-Pi. inf.cstr. (180) *speak no more*

אֵלַי v.supra *to me*

עוֹד adv. (728) *(more)*

בַּדָּבָר הַזֶּה prep.-def.art.-n.m.s. (182)-def.art. -demons.adj. m.s. (260) *of this matter*

3:27

עֲלֵה Qal impv. 2 m.s. (עָלָה 748) *go up*

רֹאשׁ הַפִּסְגָּה n.m.s. cstr. (910)-def.art.-pr.n. (820) *to the top of Pisgah*

וְשָׂא conj.-Qal impv. 2 m.s. (נָשָׂא 669) *and lift up*

עֵינֶיךָ n.f. du.-2 m.s. sf. (744) *your eyes*

יָמָּה n.m.s.-loc.he (410) *westward*

וְצָפֹנָה conj.-n.f.s.-loc.he (860) *and northward*

וְתֵימָנָה conj.-n.m.s.-loc.he (412) *and southward*

וּמִזְרָחָה conj.-n.m.s.-loc.he (280) *and eastward*

וּרְאֵה conj.-Qal impv. 2 m.s. (רָאָה 906) *and behold*

בְעֵינֶיךָ prep.-v.supra *with your eyes*

כִּי־לֹא תַעֲבֹר conj. (471)-neg.-Qal impf. 2 m.s. (716) *for you shall not go over*

אֶת־הַיַּרְדֵּן הַזֶּה dir.obj.-def.art.-pr.n. (434)-def. art.-demons.adj. m.s. (260) *this Jordan*

3:28

וְצַו conj.-Pi. impv. 2 m.s. (צָוָה 845) *but charge*

אֶת־יְהוֹשֻׁעַ dir.obj.-pr.n. (221) *Joshua*

וְחַזְּקֵהוּ conj.-Pi. impv. 2 m.s.-3 m.s. sf. (חָזַק 304) *and encourage him*

וְאַמְּצֵהוּ conj.-Pi. impv. 2 m.s.-3 m.s. sf. (אָמַץ 54) *and strengthen him*

כִּי־הוּא יַעֲבֹר conj. (471)-pers.pr. 3 m.s. (214) -Qal impf. 3 m.s. (716) *for he shall go over*

לִפְנֵי הָעָם הַזֶּה prep.-n.m.p. cstr. (815)-def.art. -n.m.s. (I 766)-def.art.-demons.adj. m.s. (260) *at the head of this people*

וְהוּא יַנְחִיל conj.-v.supra-Hi. impf. 3 m.s. (נָחַל 635) *and he shall put in possession*

אוֹתָם dir.obj.-3 m.p. sf. *them*

אֶת־הָאָרֶץ dir.obj.-def.art.-n.f.s. (75) *of the land*

אֲשֶׁר תִּרְאֶה rel. (81)-Qal impf. 2 m.s. (רָאָה 906) *which you shall see*

3:29

וַנֵּשֶׁב consec.-Qal impf. 1 c.p. (יָשַׁב 442) *so we remained*

בַּגַּיְא prep.-def.art.-n.m.s. (161) *in the valley*

767

מוּל בֵּית פְּעוֹר prep. (557)-pr.n. (112) *opposite Beth-peor*

4:1

וְעַתָּה conj.-adv. (773) *and now*

יִשְׂרָאֵל pr.n. (975) *Israel*

שְׁמַע Qal impv. 2 m.s. (1033) *give heed*

אֶל־הַחֻקִּים prep.-def.art.-n.m.p. (349) *to the statutes*

וְאֶל־הַמִּשְׁפָּטִים conj.-prep.-def.art.-n.m.p. (1048) *and the ordinances*

אֲשֶׁר אָנֹכִי rel. (81)-pers.pr. 1 c.s. (59) *which I*

מְלַמֵּד אֶתְכֶם Pi. ptc. (לָמַד 540)-dir.obj.-2 m.p. sf. *teach you*

לַעֲשׂוֹת prep.-Qal inf.cstr. (עָשָׂה I 793) *and do them*

לְמַעַן תִּחְיוּ prep. (775)-Qal impf. 2 m.p. (חָיָה 310) *that you may live*

וּבָאתֶם conj.-Qal pf. 2 m.p. (בּוֹא 97) *and go in*

וִירִשְׁתֶּם conj.-Qal pf. 2 m.p. (יָרַשׁ 439) *and take possession*

אֶת־הָאָרֶץ dir.obj.-def.art.-n.f.s. (75) *of the land*

אֲשֶׁר יהוה rel. (81)-pr.n. (217) *which Yahweh*

אֱלֹהֵי n.m.p. cstr. (43) *the God of*

אֲבֹתֵיכֶם n.m.p.-2 m.p. sf. (3) *your fathers*

נֹתֵן לָכֶם Qal act.ptc. (678)-prep.-2 m.p. sf. *gives you*

4:2

לֹא תֹסִפוּ neg.-Hi. impf. 2 m.p. (יָסַף 414) *you shall not add*

עַל־הַדָּבָר prep.-def.art.-n.m.s. (182) *to the word*

אֲשֶׁר אָנֹכִי rel. (81)-pers.pr. 1 c.s. (59) *which I*

מְצַוֶּה אֶתְכֶם Pi. ptc. (צָוָה 845)-dir.obj.-2 m.p. sf. *command you*

וְלֹא תִגְרְעוּ conj.-neg.-Qal impf. 2 m.p. (גָּרַע 175) *nor take*

מִמֶּנּוּ prep.-3 m.s. sf. *from it*

לִשְׁמֹר prep.-Qal inf.cstr. (1036) *that you may keep*

אֶת־מִצְוֹת יהוה dir.obj.-n.f.p. cstr. (846)-pr.n. (217) *the commandments of Yahweh*

אֱלֹהֵיכֶם n.m.p.-2 m.p. sf. (43) *your God*

אֲשֶׁר אָנֹכִי v.supra-v.supra *which I*

מְצַוֶּה אֶתְכֶם v.supra-v.supra *command you*

4:3

עֵינֵיכֶם n.f. du.-2 m.p. sf. (744) *your eyes*

הָרֹאֹת def.art.-Qal act.ptc. f.p. (רָאָה 906) *have seen*

אֵת־אֲשֶׁר dir.obj.-rel. (81) *what*

עָשָׂה יהוה Qal pf. 3 m.s. (I 793)-pr.n. (217) *Yahweh did*

בְּבַעַל פְּעוֹר prep.-pr.n. (128) *at Baal-peor*

כִּי כָל־הָאִישׁ conj. (471)-n.m.s. cstr. (481)-def.art.-n.m.s. (35) *for all the men*

אֲשֶׁר הָלַךְ rel. (81)-Qal pf. 3 m.s. (229) *who followed*

אַחֲרֵי בַעַל־פְּעוֹר prep. (29)-pr.n. (127)-pr.n. (822) *the Baal of Peor*

הִשְׁמִידוֹ Hi. pf. 3 m.s.-3 m.s. sf. (1029) *destroyed (them)*

יהוה אֱלֹהֶיךָ pr.n. (217)-n.m.p.-2 m.s. sf. (43) *Yahweh your God*

מִקִּרְבֶּךָ prep.-n.m.s.-2 m.s. sf. (899) *from among you*

4:4

וְאַתֶּם conj.-pers.pr. 2 m.p. (61) *but you*

הַדְּבֵקִים def.art.-adj. m.p. (180) *who held fast*

בַּיהוה prep.-pr.n. (217) *to Yahweh*

אֱלֹהֵיכֶם n.m.p.-2 m.p. sf. (43) *your God*

חַיִּים adj. m.p. (311) *are alive*

כֻּלְּכֶם n.m.s.-2 m.p. sf. (481) *all of you*

הַיּוֹם def.art.-n.m.s. (398) *this day*

4:5

רְאֵה Qal impv. 2 m.s. (906) *behold*

לִמַּדְתִּי Pi. pf. 1 c.s. (540) *I have taught*

אֶתְכֶם dir.obj.-2 m.p. sf. *you*

חֻקִּים n.m.p. (349) *statutes*

וּמִשְׁפָּטִים conj.-n.m.p. (1048) *and ordinances*

כַּאֲשֶׁר צִוַּנִי prep.-rel. (81)-Pi. pf. 3 m.s.-1 c.s. sf. (צָוָה 845) *as commanded me*

יהוה אֱלֹהָי pr.n. (217)-n.m.p.-1 c.s. sf. (43) *Yahweh my God*

לַעֲשׂוֹת כֵּן prep.-Qal inf.cstr. (עָשָׂה I 793)-adv. (485) *that you should do them*

בְּקֶרֶב הָאָרֶץ prep.-n.m.s. cstr. (899)-def.art.-n.f.s. (75) *in the land*

אֲשֶׁר אַתֶּם בָּאִים rel. (81)-pers.pr. 2 m.p. (61)-Qal act.ptc. m.p. (בּוֹא 97) *which you are entering*

שָׁמָּה adv.-loc.he (1027) *(there)*

לְרִשְׁתָּהּ prep.-Qal inf.cstr.-3 f.s. sf. (יָרַשׁ 439) *to take possession of it*

4:6

וּשְׁמַרְתֶּם conj.-Qal pf. 2 m.p. (1036) *keep them*

וַעֲשִׂיתֶם conj.-Qal pf. 2 m.p. (עָשָׂה I 793) *and do them*

כִּי הוּא חָכְמַתְכֶם conj. (471)-demons.adj. f.s. (214)-n.f.s.-2 m.p. sf. (315) *for that will be your wisdom*

וּבִינַתְכֶם conj.-n.f.s.-2 m.p. sf. (108) *and your understanding*

לְעֵינֵי הָעַמִּים prep.-n.f. du. cstr. (744)-def.art. -n.m.p. (I 766) *in the sight of the peoples*

אֲשֶׁר יִשְׁמְעוּן rel. (81)-Qal impf. 3 m.p. (1033) *who when they hear*

אֵת כָּל־הַחֻקִּים dir.obj.-n.m.s. cstr. (481)-def. art.-n.m.p. (349) *all ... statutes*

הָאֵלֶּה def.art.-demons.adj. c.p. (41) *these*

וְאָמְרוּ conj.-Qal pf. 3 c.p. (55) *will say*

רַק עַם־חָכָם adv. (956)-n.m.s. (I 766)-adj. m.s. (314) *surely a wise people*

וְנָבוֹן conj.-Ni. ptc. (בין 106) *and understanding*

הַגּוֹי הַגָּדוֹל הַזֶּה def.art.-n.m.s. (156)-def.art.-adj. m.s. (152)-def.art.-demons.adj. m.s. (260) *this great nation*

4:7

כִּי מִי־ conj. (471)-interr. (566) *for what*

גּוֹי גָּדוֹל n.m.s. (156)-adj. m.s. (152) *great nation*

אֲשֶׁר־לוֹ rel. (81)-prep.-3 m.s. sf. *that has*

אֱלֹהִים n.m.p. (43) *a god*

קְרֹבִים adj. m.p. (898) *so near*

אֵלָיו prep.-3 m.s. sf. *to it*

כַּיהוָה prep.-pr.n. (217) *as Yahweh*

אֱלֹהֵינוּ n.m.p.-1 c.p. sf. (43) *our God*

בְּכָל־קָרְאֵנוּ prep.-n.m.s. cstr. (481)-Qal inf.cstr.-1 c.p. sf. (894) *whenever we call*

אֵלָיו prep.-3 m.s. sf. *upon him*

4:8

וּמִי conj.-interr. (566) *and what*

גּוֹי גָּדוֹל n.m.s. (156)-adj. m.s. (152) *great nation*

אֲשֶׁר־לוֹ rel. (81)-prep.-3 m.s. sf. *that has*

חֻקִּים n.m.p. (349) *statutes*

וּמִשְׁפָּטִים conj.-n.m.p. (1048) *and ordinances*

צַדִּיקִם adj. m.p. (843) *so righteous*

כְּכֹל prep.-n.m.s. cstr. (481) *as all*

הַתּוֹרָה הַזֹּאת def.art.-n.f.s. (435)-def.art. -demons.adj. f.s. (260) *this law*

אֲשֶׁר אָנֹכִי rel. (81)-pers.pr. 1 c.s. (59) *which I*

נֹתֵן לִפְנֵיכֶם Qal act.ptc. (נתן 678)-prep.-n.m.p.-2 m.p. sf. (815) *set before you*

הַיּוֹם def.art.-n.m.s. (398) *this day*

4:9

רַק הִשָּׁמֶר לְךָ adv. (956)-Ni. impv. 2 m.s. (שׁמר 1036)-prep.-2 m.s. sf. *only take heed*

וּשְׁמֹר נַפְשְׁךָ conj.-Qal impv. 2 m.s. (1036) -n.f.s.-2 m.s. sf. (659) *and keep your soul*

מְאֹד adv. (547) *diligently*

פֶּן־תִּשְׁכַּח conj. (814)-Qal impf. 2 m.s. (1013) *lest you forget*

אֶת־הַדְּבָרִים dir.obj.-def.art.-n.m.p. (182) *the things*

אֲשֶׁר־רָאוּ עֵינֶיךָ rel. (81)-Qal pf. 3 c.p. (ראה 906)-n.f. du.-2 m.s. sf. (744) *which your eyes have seen*

וּפֶן־יָסוּרוּ conj.-v.supra-Qal impf. 3 m.p. (סור 693) *and lest they depart*

מִלְּבָבְךָ prep.-n.m.s.-2 m.s. sf. (523) *from your heart*

כֹּל יְמֵי n.m.s. cstr. (481)-n.m.p. cstr. (398) *all the days of*

חַיֶּיךָ n.m.p.-2 m.s. sf. (313) *your life*

וְהוֹדַעְתָּם conj.-Hi. pf. 2 m.s.-3 m.p. sf. (393) *and make them known*

לְבָנֶיךָ prep.-n.m.p.-2 m.s. sf. (119) *to your children*

וְלִבְנֵי בָנֶיךָ conj.-prep.-n.m.p. cstr. (119)-n.m.p.-2 m.s. sf. (119) *and your children's children*

4:10

יוֹם אֲשֶׁר n.m.s. (398)-rel. (81) *how on the day that*

עָמַדְתָּ Qal pf. 2 m.s. (עמד 763) *you stood*

לִפְנֵי יהוה prep.-n.m.p. cstr. (815)-pr.n. (217) *before Yahweh*

אֱלֹהֶיךָ n.m.p.-2 m.s. sf. (43) *your God*

בְּחֹרֵב prep.-pr.n. (352) *at Horeb*

בֶּאֱמֹר יהוה prep.-Qal inf.cstr. (55)-v.supra *Yahweh said*

אֵלַי prep.-1 c.s. sf. *to me*

הַקְהֶל־לִי Hi. impv. 2 m.s. (קהל 874)-prep.-1 c.s. sf. *gather to me*

אֶת־הָעָם dir.obj.-def.art.-n.m.s. (I 766) *the people*

וְאַשְׁמִעֵם conj.-Hi. impf. 1 c.s.-3 m.p. sf. (1033) *that I may let them hear*

אֶת־דְּבָרָי dir.obj.-n.m.p.-1 c.s. sf. paus. (182) *my words*

אֲשֶׁר יִלְמְדוּן rel. (81)-Qal impf. 3 m.p. (540) *so that they may learn*

לְיִרְאָה prep.-Qal inf.cstr. (ירא 431) *to fear*

אֹתִי dir.obj.-1 c.s. sf. *me*

כָּל־הַיָּמִים n.m.s. cstr. (481)-def.art.-n.m.p. (398) *all the days*

אֲשֶׁר הֵם rel. (81)-pers.pr. 3 m.p. (241) *that they*

חַיִּים adj. m.p. (313) *live*

עַל־הָאֲדָמָה prep.-def.art.-n.f.s. (9) *upon the earth*

וְאֶת־בְּנֵיהֶם conj.-dir.obj.-n.m.p.-3 m.p. sf. (119) *and their children*

יְלַמֵּדוּן Pi. impf. 3 m.p. (540) *they may teach*

4:11

וַתִּקְרְבוּן consec.-Qal impf. 2 m.p. (897) *and you came near*

וַתַּעַמְדוּן consec.-Qal impf. 2 m.p. (763) *and stood*

תַּחַת הָהָר prep. (1065)-def.art.-n.m.s. (249) *at the foot of the mountain*

וְהָהָר בֹּעֵר conj.-def.art.-n.m.s. (249)-Qal act.ptc. (בָּעַר 128) *while the mountain burned*

בָּאֵשׁ prep.-def.art.-n.f.s. (77) *with fire*

עַד־לֵב הַשָּׁמַיִם prep. (III 723)-n.m.s. cstr. (524)-def.art.-n.m. du. (1029) *to the heart of heaven*

חֹשֶׁךְ n.m.s. (365) *wrapped in darkness*

עָנָן n.m.s. (777) *cloud*

וַעֲרָפֶל conj.-n.m.s. (791) *and gloom*

4:12

וַיְדַבֵּר יהוה consec. Pi. impf. 3 m.s. (180)-pr.n. (217) *then Yahweh spoke*

אֲלֵיכֶם prep.-2 m.p. sf. *to you*

מִתּוֹךְ הָאֵשׁ prep.-n.m.s. cstr. (1063)-def.art.-n.f.s. (77) *out of the midst of the fire*

קוֹל דְּבָרִים n.m.s. cstr. (876)-n.m.p. (182) *the sound of words*

אַתֶּם שֹׁמְעִים pers.pr. 2 m.p. (61)-Qal act.ptc. m.p. (1033) *you heard*

וּתְמוּנָה אֵינְכֶם conj.-n.f.s. (568)-subst.-2 m.p. sf. (II 34) *but no form you*

רֹאִים Qal act.ptc. m.p. (רָאָה 906) *saw*

זוּלָתִי קוֹל prep. (265)-n.m.s. (876) *there was only a voice*

4:13

וַיַּגֵּד consec.-Hi. impf. 3 m.s. (נָגַד 616) *and he declared*

לָכֶם prep.-2 m.p. sf. *to you*

אֶת־בְּרִיתוֹ dir.obj.-n.f.s.-3 m.s. sf. (136) *his covenant*

אֲשֶׁר צִוָּה rel. (81)-Pi. pf. 3 m.s. (צָוָה 845) *which he commanded*

אֶתְכֶם dir.obj.-2 m.p. sf. *you*

לַעֲשׂוֹת prep.-Qal inf.cstr. (עָשָׂה I 793) *to perform*

עֲשֶׂרֶת num. cstr. (797) *ten of*

הַדְּבָרִים def.art.-n.m.p. (182) *the words*

וַיִּכְתְּבֵם consec.-Qal impf. 3 m.s.-3 m.p. sf. (כָּתַב 507) *and he wrote them*

עַל־שְׁנֵי prep.-num. cstr. (1040) *upon two*

לֻחוֹת אֲבָנִים n.m.p. (531)-n.f.p. (6) *tables of stone*

4:14

וְאֹתִי conj.-dir.obj.-1 c.s. sf. *and me*

צִוָּה יהוה Pi. pf. 3 m.s. (צָוָה 845)-pr.n. (217) *Yahweh commanded*

בָּעֵת הַהִוא prep.-def.art.-n.f.s. (773)-def.art.-demons.adj. f.s. (214) *at that time*

לְלַמֵּד prep.-Pi. inf.cstr. (540) *to teach*

אֶתְכֶם dir.obj.-2 m.p. sf. *you*

חֻקִּים n.m.p. (349) *statutes*

וּמִשְׁפָּטִים conj.-n.m.p. (1048) *and ordinances*

לַעֲשֹׂתְכֶם prep.-Qal inf.cstr.-2 m.p. sf. (עָשָׂה I 793) *that you might do*

אֹתָם dir.obj.-3 m.p. sf. *them*

בָּאָרֶץ prep.-def.art.-n.f.s. (75) *in the land*

אֲשֶׁר אַתֶּם rel. (81)-pers.pr. 2 m.p. (61) *which you*

עֹבְרִים Qal act.ptc. m.p. (716) *are going over*

שָׁמָּה adv.-loc.he (1027) *there*

לְרִשְׁתָּהּ prep.-Qal inf.cstr.-3 f.s. sf. (יָרַשׁ 439) *to possess*

4:15

וְנִשְׁמַרְתֶּם conj.-Ni. pf. 2 m.p. (1036) *therefore take heed*

מְאֹד adv. (547) *good*

לְנַפְשֹׁתֵיכֶם prep.-n.f.p.-2 m.p. sf. (659) *to yourselves*

כִּי לֹא רְאִיתֶם conj. (481)-neg.-Qal pf. 2 m.p. (רָאָה 906) *since you saw no*

כָּל־תְּמוּנָה n.m.s. cstr. (481)-n.f.s. (568) *form*

בְּיוֹם prep.-n.m.s. (398) *in the day*

דִּבֶּר יהוה Pi. pf. 3 m.s. (180)-pr.n. (217) *that Yahweh spoke*

אֲלֵיכֶם prep.-2 m.p. sf. *to you*

בְּחֹרֵב prep.-pr.n. (352) *at Horeb*

מִתּוֹךְ הָאֵשׁ prep.-n.m.s. cstr. (1063)-def.art.-n.f.s. (77) *out of the midst of the fire*

4:16

פֶּן־תַּשְׁחִתוּן conj. (814)-Hi. impf. 2 m.p. (שָׁחַת 1007) *beware lest you act corruptly*

וַעֲשִׂיתֶם conj.-Qal pf. 2 m.p. (עָשָׂה I 793) *by making*

לָכֶם prep.-2 m.p. sf. *for yourselves*

פֶּסֶל n.m.s. (820) *a graven image*

תְּמוּנַת n.f.s. cstr. (568) *in the form of*

כָּל־סָמֶל n.m.s. cstr. (481)-n.m.s. paus. (702) *any figure*

תַּבְנִית זָכָר n.f.s. cstr. (125)-adj. m.s. (271) *the likeness of male*

אוֹ נְקֵבָה conj. (14)-adj. f.s. (666) *or female*

4:17

תַּבְנִית כָּל־בְּהֵמָה n.f.s. cstr. (702)-n.m.s. cstr. (481)-n.f.s. (96) *the likeness of any beast*

אֲשֶׁר בָּאָרֶץ rel. (81)-prep.-def.art.-n.f.s. (75) *that is on the earth*

תַּבְנִית כָּל־ v.supra-v.supra *the likeness of any*

צִפּוֹר כָּנָף n.f.s. (861)-n.f.s. (489) *winged bird*

אֲשֶׁר תָּעוּף rel. (81)-Qal impf. 3 f.s. (עוף 733) *that flies*

בַּשָּׁמָיִם prep.-def.art.-n.m. du. paus. (1029) *in the air*

4:18

תַּבְנִית כָּל־ n.f.s. cstr. (702)-n.m.s. cstr. (481) *the likeness of anything*

רֹמֵשׂ Qal act.ptc. (942) *that creeps*

בָּאֲדָמָה prep.-def.art.-n.f.s. (9) *on the ground*

תַּבְנִית כָּל־דָּנָה v.supra-v.supra-n.f.s. (185) *the likeness of any fish*

אֲשֶׁר־בַּמַּיִם rel. (81)-prep.-def.art.-n.m.p. (565) *that is in the water*

מִתַּחַת לָאָרֶץ prep.-prep. (1065)-prep.-def.art.-n.f.s. (75) *under the earth*

4:19

וּפֶן־תִּשָּׂא conj.-conj. (814)-Qal impf. 2 m.s. (נשא 669) *and beware lest you lift up*

עֵינֶיךָ n.f.p.-2 m.s. sf. (744) *your eyes*

הַשָּׁמַיְמָה def.art.-n.m. du.-loc.he (1029) *to heaven*

וְרָאִיתָ conj.-Qal pf. 2 m.s. (ראה 906) *and when you see*

אֶת־הַשֶּׁמֶשׁ dir.obj.-def.art.-n.f.s. (1039) *the sun*

וְאֶת־הַיָּרֵחַ conj.-dir.obj.-def.art.-n.m.s. (437) *and the moon*

וְאֶת־הַכּוֹכָבִים v.supra-def.art.-n.m.p. (456) *and the stars*

כֹּל צְבָא הַשָּׁמַיִם n.m.s. cstr. (481)-n.m.s. cstr. (838)-def.art.-n.m. du. (1029) *all the host of heaven*

וְנִדַּחְתָּ conj.-Ni. pf. 2 m.s. (נדח 623) *you be drawn away*

וְהִשְׁתַּחֲוִיתָ conj.-Hith. pf. 2 m.s. (שתה 1005) *and worship*

לָהֶם prep.-3 m.p. sf. *them*

וַעֲבַדְתָּם conj.-Qal pf. 2 m.s.-3 m.p. sf. (712) *and serve them*

אֲשֶׁר חָלַק rel. (81)-Qal pf. 3 m.s. (323) *which has allotted*

יהוה אֱלֹהֶיךָ pr.n. (217)-n.m.p.-2 m.s. sf. (43) *Yahweh your God*

אֹתָם dir.obj.-3 m.p. sf. *them*

לְכֹל הָעַמִּים prep.-n.m.s. cstr. (481)-def.art.-n.m.p. (I 766) *to all the peoples*

תַּחַת כָּל־הַשָּׁמָיִם prep. (1065)-v.supra-def.art.-n.m. du. (1029) *under the whole heaven*

4:20

וְאֶתְכֶם conj.-dir.obj.-2 m.p. sf. *but you*

לָקַח יהוה Qal pf. 3 m.s. (542)-pr.n. (217) *Yahweh has taken*

וַיּוֹצִא consec.-Hi. impf. 3 m.s. (יצא 422) *and brought forth*

אֶתְכֶם v.supra *you*

מִכּוּר prep.-n.m.s. cstr. (468) *out of the furnace of*

הַבַּרְזֶל def.art.-n.m.s. (137) *iron*

מִמִּצְרָיִם prep.-pr.n. paus. (595) *out of Egypt*

לִהְיוֹת לוֹ prep.-Qal inf.cstr. (היה 224)-prep.-3 m.s. sf. *to be for him*

לְעַם נַחֲלָה prep.-n.m.s. cstr. (I 766)-n.f.s. (635) *to be a people of his own possession*

כַּיּוֹם הַזֶּה prep.-def.art.-n.m.s. (398)-def.art.-demons.adj. m.s. (260) *as at this day*

4:21

וַיהוה conj.-pr.n. (217) *furthermore Yahweh*

הִתְאַנַּף־בִּי Hith. pf. 3 m.s. (אנף 60)-prep.-1 c.s. sf. *was angry with me*

עַל־דִּבְרֵיכֶם prep.-n.m.p.-2 m.p. sf. (182) *on your account*

וַיִּשָּׁבַע consec.-Ni. impf. 3 m.s. (989) *and he swore*

לְבִלְתִּי עָבְרִי prep.-neg. (116)-Qal inf.cstr.-1 c.s. sf. (עבר 716) *that I should not cross*

אֶת־הַיַּרְדֵּן dir.obj.-def.art.-pr.n. (434) *the Jordan*

וּלְבִלְתִּי־בֹא conj.-v.supra-Qal inf.cstr. (בוא 97) *and that I should not enter*

אֶל־הָאָרֶץ הַטּוֹבָה prep.-def.art.-n.f.s. (75)-def.art.-adj. f.s. (I 373) *the good land*

אֲשֶׁר יהוה אֱלֹהֶיךָ rel. (81)-pr.n. (217)-n.m.p.-2 m.s. sf. (43) *which Yahweh your God*

נֹתֵן לָךְ Qal act.ptc. (678)-prep.-2 m.s. sf. *gives you*

נַחֲלָה n.f.s. (635) *for an inheritance*

4:22

כִּי אָנֹכִי מֵת conj. (471)-pers.pr. 1 c.s. (59)-Qal act.ptc. (מות 559) *for I must die*

בָּאָרֶץ הַזֹּאת prep.-def.art.-n.f.s. (75)-def.art.-demons.adj. f.s. (260) *in this land*

אֵינֶנִּי עֹבֵר subst.-1 c.s. sf. (II 34)-Qal act.ptc. (716) *I must not go over*

אֶת־הַיַּרְדֵּן dir.obj.-def.art.-pr.n. (434) *the Jordan*

וְאַתֶּם עֹבְרִים conj.-pers.pr. 2 m.p. (61)-Qal act.ptc. m.p. (716) *but you shall go over*

וִירִשְׁתֶּם conj.-Qal pf. 2 m.p. (יָרַשׁ 439) *and take possession*

אֶת־הָאָרֶץ הַטּוֹבָה הַזֹּאת dir.obj.-def.art.-n.f.s. (75)-def.art.-adj. f.s. (I 373)-def.art.-demons.adj. f.s. (260) *of that good land*

4:23

הִשָּׁמְרוּ לָכֶם Ni. impv. 2 m.p. (1036)-prep.-2 m.p. sf. *take heed to yourselves*

פֶּן־תִּשְׁכְּחוּ conj. (814)-Qal impf. 2 m.p. (1013) *lest you forget*

אֶת־בְּרִית יהוה dir.obj.-n.f.s. cstr. (136)-pr.n. (217) *the covenant of Yahweh*

אֱלֹהֵיכֶם n.m.p.-2 m.p. sf. (43) *your God*

אֲשֶׁר כָּרַת rel. (81)-Qal pf. 3 m.s. (503) *which he made*

עִמָּכֶם prep.-2 m.p. sf. *with you*

וַעֲשִׂיתֶם conj.-Qal pf. 2 m.p. (עָשָׂה I 793) *and make*

לָכֶם prep.-2 m.p. sf. *(for yourselves)*

פֶּסֶל n.m.s. (820) *a graven image*

תְּמוּנַת כֹּל n.f.s. cstr. (568)-n.m.s. (481) *in the form of anything*

אֲשֶׁר צִוְּךָ rel. (81)-Pi. pf. 3 m.s.-2 m.s. sf. (צָוָה 845) *which has forbidden*

יהוה אֱלֹהֶיךָ pr.n. (217)-n.m.p.-2 m.s. sf. (43) *Yahweh your God*

4:24

כִּי יהוה אֱלֹהֶיךָ conj. (471)-pr.n. (217)-n.m.p.-2 m.s. sf. (43) *for Yahweh your God*

אֵשׁ אֹכְלָה n.f.s. (77)-Qal act.ptc. f.s. (אָכַל 37) *a devouring fire*

הוּא pers.pr. 3 m.s. (214) *he is*

אֵל קַנָּא n.m.s. (42)-adj. m.s. (888) *a jealous God*

4:25

כִּי־תוֹלִיד conj.-Hi. impf. 2 m.s. (יָלַד 408) *when you beget*

בָּנִים n.m.p. (119) *children*

וּבְנֵי בָנִים conj.-n.m.p. cstr. (119)-v.supra *and children's children*

וְנוֹשַׁנְתֶּם conj.-Ni. pf. 2 m.p. (יָשֵׁן 445) *and have grown old*

בָּאָרֶץ prep.-def.art.-n.f.s. (75) *in the land*

וְהִשְׁחַתֶּם conj.-Hi. pf. 2 m.p. (שָׁחַת 1007) *if you act corruptly*

וַעֲשִׂיתֶם conj.-Qal pf. 2 m.p. (עָשָׂה I 793) *by making*

פֶּסֶל n.m.s. (820) *a graven image*

תְּמוּנַת כֹּל n.f.s. cstr. (568)-n.m.s. (481) *in the form of anything*

וַעֲשִׂיתֶם conj.-v.supra *and by doing*

הָרַע def.art.-n.m.s. (948) *what is evil*

בְּעֵינֵי יהוה prep.-n.f.p. cstr. (744)-pr.n. (217) *in the sight of Yahweh*

אֱלֹהֶיךָ n.m.p.-2 m.s. sf. (43) *your God*

לְהַכְעִיסוֹ prep.-Hi. inf.cstr.-3 m.s. sf. (כָּעַס 494) *so as to provoke him to anger*

4:26

הַעִידֹתִי Hi. pf. 1 c.s. (עוּד 729) *I call to witness*

בָּכֶם prep.-2 m.p. sf. *against you*

הַיּוֹם def.art.-n.m.s. (398) *this day*

אֶת־הַשָּׁמַיִם dir.obj.-def.art.-n.m. du. (1029) *heaven*

וְאֶת־הָאָרֶץ conj.-dir.obj.-def.art.-n.f.s. (75) *and earth*

כִּי־אָבֹד תֹּאבֵדוּן conj.-Qal inf.abs. (1)-Qal impf. 2 m.p. (1) *and you will utterly perish*

מַהֵר Pi. inf.abs. as adv. (I 554) *soon*

מֵעַל הָאָרֶץ prep.-prep.-def.art.-n.f.s. (75) *from the land*

אֲשֶׁר אַתֶּם rel. (81)-pers.pr. 2 m.p. (61) *which you*

עֹבְרִים Qal act.ptc. m.p. (716) *are going over*

אֶת־הַיַּרְדֵּן dir.obj.-def.art.-pr.n. (434) *the Jordan*

שָׁמָּה adv.-loc.he (1027) *there*

לְרִשְׁתָּהּ prep.-Qal inf.cstr.-3 f.s. sf. (יָרַשׁ 439) *to possess*

לֹא־תַאֲרִיכֻן neg.-Hi. impf. 2 m.p. (אָרַךְ 73) *you will not lengthen*

יָמִים n.m.p. (398) *days*

עָלֶיהָ prep.-3 f.s. sf. *upon it*

כִּי הִשָּׁמֵד תִּשָּׁמֵדוּן conj. (471)-Ni. inf.abs. (1029)-Ni. impf. 2 m.p. (1029) *but will be utterly destroyed*

4:27

וְהֵפִיץ יהוה conj.-Hi. pf. 3 m.s. (פּוּץ 806)-pr.n. (217) *and Yahweh will scatter*

אֶתְכֶם dir.obj.-2 m.p. sf. *you*

בָּעַמִּים prep.-def.art.-n.m.p. (I 766) *among the peoples*

וְנִשְׁאַרְתֶּם conj.-Ni. pf. 2 m.p. (983) *and you will be left*

מְתֵי מִסְפָּר n.m.p. cstr. (607)-n.m.s. (708) *men of number*

בַּגּוֹיִם prep.-def.art.-n.m.p. (156) *among the nations*

אֲשֶׁר יַנְהֵג rel. (81)-Pi. impf. 3 m.s. (624) *where will drive*

יהוה pr.n. (217) *Yahweh*

אֶתְכֶם dir.obj.-2 m.p. sf. *you*

שָׁמָּה adv.-loc.he (1027) *(there)*

4:28

וַעֲבַדְתֶּם־שָׁם conj.-Qal pf. 2 m.p. (712)-adv. (1027) *and there you will serve*

אֱלֹהִים n.m.p. (43) *gods*

מַעֲשֵׂה יְדֵי אָדָם n.m.s. cstr. (795)-n.f. du. cstr. (388)-n.m.s. (9) *the work of men's hands*

עֵץ n.m.s. (781) *wood*

וָאֶבֶן conj.-n.f.s. (6) *and stone*

אֲשֶׁר לֹא־יִרְאוּן rel. (81)-neg.-Qal impf. 3 m.p. (906 רָאָה) *that neither see*

וְלֹא יִשְׁמְעוּן conj.-neg.-Qal impf. 3 m.p. (1033) *nor hear*

וְלֹא יֹאכְלוּן v.supra-Qal impf. 3 m.p. (37) *nor eat*

וְלֹא יְרִיחֻן v.supra-Hi. impf. 3 m.p. (926 רִיחַ) *nor smell*

4:29

וּבִקַּשְׁתֶּם conj.-Pi. pf. 2 m.p. (134) *but you will seek*

מִשָּׁם prep.-adv. (1027) *from there*

אֶת־יהוה אֱלֹהֶיךָ dir.obj.-pr.n. (217)-n.m.p.-2 m.p. sf. (43) *Yahweh your God*

וּמָצָאתָ conj.-Qal pf. 2 m.s. (592) *and you will find him*

כִּי תִדְרְשֶׁנּוּ conj. (471)-Qal impf. 2 m.s.-3 m.s. sf. (205 דָּרַשׁ) *if you search after him*

בְּכָל־לְבָבְךָ prep.-n.m.s. cstr. (481)-n.m.s.-2 m.s. sf. (523) *with all your heart*

וּבְכָל־נַפְשֶׁךָ conj.-v.supra-n.f.s.-2 m.s. sf. (659) *and with all your soul*

4:30

בַּצַּר לְךָ prep.-def.art.-n.m.s. (865)-prep.-2 m.s. sf. *when you are in tribulation*

וּמְצָאוּךָ conj.-Qal pf. 3 c.p.-2 m.s. sf. (592 מָצָא) *and come upon you*

כֹּל הַדְּבָרִים n.m.s. cstr. (481)-def.art.-n.m.p. (182) *all ... things*

הָאֵלֶּה def.art.-demons.adj. c.p. (41) *these*

בְּאַחֲרִית הַיָּמִים prep.-n.f.s. cstr. (31)-def.art. -n.m.p. (398) *in the latter days*

וְשַׁבְתָּ conj.-Qal pf. 2 m.p. (996 שׁוּב) *you will return*

עַד־יהוה prep. (III 723)-pr.n. (217) *to Yahweh*

אֱלֹהֶיךָ n.m.p.-2 m.s. sf. (43) *your God*

וְשָׁמַעְתָּ conj.-Qal pf. 2 m.s. (1033) *and obey*

בְּקֹלוֹ prep.-n.m.s.-3 m.s. sf. (876) *his voice*

4:31

כִּי אֵל רַחוּם conj. (481)-n.m.s. (42)-adj. m.s. (933) *for a merciful God*

יהוה אֱלֹהֶיךָ pr.n. (217)-n.m.p.-2 m.s. sf. (43) *is Yahweh your God*

לֹא יַרְפְּךָ neg.-Hi. impf. 3 m.s.-2 m.s. sf. (951 רָפָה) *he will not fail you*

וְלֹא יַשְׁחִיתֶךָ conj.-neg.-Hi. impf. 3 m.s.-2 m.s. sf. (1007 שָׁחַת) *or destroy you*

וְלֹא יִשְׁכַּח v.supra-Qal impf. 3 m.s. (1013) *or forget*

אֶת־בְּרִית dir.obj.-n.f.s. cstr. (136) *the covenant with*

אֲבֹתֶיךָ n.m.p.-2 m.s.sf. (3) *your fathers*

אֲשֶׁר נִשְׁבַּע לָהֶם rel. (81)-Ni. pf. 3 m.s. (989) -prep.-3 m.p. sf. *which he swore to them*

4:32

כִּי שְׁאַל־נָא conj. (471)-Qal impv. 2 m.s. (981)-part.of entreaty (609) *for ask now*

לְיָמִים prep.-n.m.p. (398) *of the days*

רִאשֹׁנִים adj. m.p. (911) *that are past*

אֲשֶׁר־הָיוּ לְפָנֶיךָ rel. (81)-Qal pf. 3 c.p. (הָיָה 224)-prep.-n.m.p.-2 m.s. sf. (815) *which were before you*

לְמִן־הַיּוֹם prep.-prep. (583)-def.art.-n.m.s. (398) *since the day*

אֲשֶׁר בָּרָא אֱלֹהִים v.supra-Qal pf. 3 m.s. (135)-n.m.p. (43) *that God created*

אָדָם n.m.s. (9) *man*

עַל־הָאָרֶץ prep.-def.art.-n.f.s. (75) *upon the earth*

וּלְמִקְצֵה הַשָּׁמַיִם conj.-prep.-n.m.s. cstr. (892) -def.art.-n.m. du. (1029) *and from one end of heaven*

וְעַד־קְצֵה הַשָּׁמַיִם conj.-prep. (III 723)-n.m.s. cstr. (892)-v.supra paus. *to the other*

הֲנִהְיָה interr.part.-Ni. pf. 3 m.s. (הָיָה 224) *has ever happened*

כַּדָּבָר הַגָּדוֹל הַזֶּה prep.-def.art.-n.m.s. (182)-def. art.-adj. m.s. (152)-def.art.-demons.adj. m.s. (260) *such a great thing*

אוֹ הֲנִשְׁמַע כָּמֹהוּ conj. (14)-interr.part.-Ni. pf. 3 m.s. (1033)-prep.-3 m.s. sf. *or was ever heard of*

4:33

הֲשָׁמַע עָם interr.part.-Qal pf. 3 m.s. (1033) -n.m.s. (I 766) *did any people ever hear*

קוֹל אֱלֹהִים n.m.s. cstr. (876)-n.m.p. (43) *the voice of a god*

מְדַבֵּר Pi. ptc. (180) *speaking*

מִתּוֹךְ־הָאֵשׁ prep.-n.m.s. cstr. (1063)-def.art.-n.f.s. (77) *out of the midst of the fire*

כַּאֲשֶׁר־שָׁמַעְתָּ prep.-rel. (81)-Qal pf. 2 m.s. (1033) *as you have heard*

אַתָּה pers.pr. 2 m.s. (61) *(you)*

וַיֶּחִי consec.-Qal impf. 3 m.s. (חָיָה 310) *and still live*

4:34

אוֹ הֲנִסָּה conj. (14)-interr.part.-Pi. pf. 3 m.s. (650) *or has ever attempted*

אֱלֹהִים n.m.p. (43) *any god*

לָבוֹא prep.-Qal inf.cstr. (בּוֹא 97) *to go*

לָקַחַת prep.-Qal inf.cstr. (לָקַח 542) *and take*

לוֹ prep.-3 m.s. sf. *for himself*

גוֹי n.m.s. (156) *a nation*

מִקֶּרֶב גּוֹי prep.-n.m.s. cstr. (899)-v.supra *from the midst of another nation*

בְּמַסֹּת prep.-n.f.p. (II 650) *by trials*

בְּאֹתֹת prep.-n.m.p. (16) *by signs*

וּבְמוֹפְתִים conj.-prep.-n.m.p. (68) *by wonders*

וּבְמִלְחָמָה conj.-prep.-n.f.s. (536) *and by war*

וּבְיָד חֲזָקָה conj.-prep.-n.f.s. (388)-adj. f.s. (305) *by a mighty hand*

וּבִזְרוֹעַ נְטוּיָה conj.-prep.-n.f.s. (283)-Qal pass. ptc. f.s. (נָטָה 639) *and an outstretched arm*

וּבְמוֹרָאִים גְּדֹלִים conj.-prep.-n.m.p. (432)-adj. m.p. (152) *and by great terrors*

כְּכֹל אֲשֶׁר־ prep.-n.m.s. (481)-rel. (81) *according to all that*

עָשָׂה לָכֶם Qal pf. 3 m.s. (I 793)-prep.-2 m.p. sf. *did for you*

יהוה אֱלֹהֵיכֶם pr.n. (217)-n.m.p.-2 m.p. sf. (43) *Yahweh your God*

בְּמִצְרַיִם prep.-pr.n. (595) *in Egypt*

לְעֵינֶיךָ prep.-n.f.p.-2 m.s. sf. (744) *before your eyes*

4:35

אַתָּה הָרְאֵתָ pers.pr. 2 m.s. (61)-Ho. pf. 2 m.s. (רָאָה 906) *to you it was shown*

לָדַעַת prep.-Qal inf.cstr. (יָדַע 393) *that you might know*

כִּי יהוה conj. (471)-pr.n. (217) *that Yahweh*

הוּא הָאֱלֹהִים pers.pr. 3 m.s. (214)-def.art.-n.m.p. (43) *he is God*

אֵין עוֹד מִלְבַדּוֹ subst. (II 34)-adv. (728)-prep.-prep.-n.m.s.-3 m.s. sf. (94) *there is no other besides him*

4:36

מִן־הַשָּׁמַיִם prep.-def.art.-n.m. du. (1029) *out of heaven*

הִשְׁמִיעֲךָ Hi. pf. 3 m.s.-2 m.s.sf. (1033) *he let you hear*

אֶת־קֹלוֹ dir.obj.-n.m.s.-3 m.s. sf. (876) *his voice*

לְיַסְּרֶךָּ prep.-Pi. inf.cstr.-2 m.s. sf. (יָסַר 415) *that he might discipline you*

וְעַל־הָאָרֶץ conj.-prep.-def.art.-n.f.s. (75) *and on earth*

הֶרְאֲךָ Hi. pf. 3 m.s.-2 m.s. sf. (רָאָה 906) *he let you see*

אֶת־אִשּׁוֹ הַגְּדוֹלָה dir.obj.-n.f.s.-3 m.s. sf. (77)-def.art.-adj. f.s. (152) *his great fire*

וּדְבָרָיו conj.-n.m.p.-3 m.s. sf. (182) *and his words*

שָׁמַעְתָּ Qal pf. 2 m.s. (1033) *you heard*

מִתּוֹךְ הָאֵשׁ prep.-n.m.s. cstr. (1063)-def.art.-n.f.s. (77) *out of the midst of the fire*

4:37

וְתַחַת כִּי conj.-adv. (1065)-conj. (471) *and because*

אָהֵב Qal pf. 3 m.s. (12) *he loved*

אֶת־אֲבֹתֶיךָ dir.obj.-n.m.p.-2 m.s. sf. (3) *your fathers*

וַיִּבְחַר consec.-Qal impf. 3 m.s. (103) *and chose*

בְּזַרְעוֹ prep.-n.m.s.-3 m.s. sf. (282) *their descendants*

אַחֲרָיו prep.-3 m.s. sf. (29) *after them*

וַיּוֹצִאֲךָ consec.-Hi. impf. 3 m.s.-2 m.s. sf. (יָצָא 422) *and brought you out*

בְּפָנָיו prep.-n.m.p.-3 m.s. sf. (815) *with his own presence*

בְּכֹחוֹ prep.-n.m.s.-3 m.s. sf. (470) *by his ... power*

הַגָּדֹל def.art.-adj. m.s. (152) *great*

מִמִּצְרָיִם prep.-pr.n. paus. (595) *of Egypt*

4:38

לְהוֹרִישׁ prep.-Hi. inf.cstr. (יָרַשׁ 439) *driving out*

גּוֹיִם גְּדֹלִים n.m.p. (156)-adj. m.p. (152) *nations greater*

וַעֲצֻמִים conj.-adj. m.p. (783) *and mightier*

מִמְּךָ prep.-2 m.s. sf. *than yourselves*

מִפָּנֶיךָ prep.-n.m.p.-2 m.s. sf. (815) *before you*

לַהֲבִיאֲךָ prep.-Hi. inf.cstr.-2 m.s. sf. (בּוֹא 97) *to bring you in*

לָתֶת־לְךָ prep.-Qal inf.cstr. (נָתַן 678)-prep.-2 m.s. sf. *to give you*

אֶת־אַרְצָם dir.obj.-n.f.s.-3 m.p. sf. (75) *their land*

נַחֲלָה n.f.s. (635) *for an inheritance*

כַּיּוֹם הַזֶּה prep.-def.art.-n.m.s. (398)-def.art.-demons.adj. m.s. (260) *as at this day*

4:39

וְיָדַעְתָּ conj.-Qal pf. 2 m.s. (יָדַע 393) *know therefore*

הַיּוֹם def.art.-n.m.s. (398) *this day*

וַהֲשֵׁבֹתָ אֶל־לְבָבֶךָ conj.-Hi. pf. 2 m.s. (שׁוב 996)-prep.-n.m.s.-2 m.s. sf. (523) *and lay it to your heart*

כִּי יהוה הוּא conj. (471)-pr.n. (217)-pers.pr. 3 m.s. (214) *that Yahweh is*

הָאֱלֹהִים def.art.-n.m.p. (43) *God*

בַּשָּׁמַיִם prep.-def.art.-n.m. du. (1029) *in heaven*

מִמַּעַל prep.-n.m.s. (751) *above*

וְעַל־הָאָרֶץ conj.-prep.-def.art.-n.f.s. (75) *and on the earth*

מִתָּחַת prep.-prep. (1065) *beneath*

אֵין עוֹד subst. (II 34)-adv. (728) *there is no other*

4:40

וְשָׁמַרְתָּ conj.-Qal pf. 2 m.s. (1036) *therefore you shall keep*

אֶת־חֻקָּיו dir.obj.-n.m.p.-3 m.s. sf. (349) *his statutes*

וְאֶת־מִצְוֺתָיו conj.-dir.obj.-n.f.p.-3 m.s. sf. (846) *and his commandments*

אֲשֶׁר אָנֹכִי מְצַוְּךָ rel. (81)-pers.pr. 1 c.s. (59)-Pi. ptc.-2 m.s. sf. (צָוָה 845) *which I command you*

הַיּוֹם def.art.-n.m.s. (398) *this day*

אֲשֶׁר יִיטַב rel. (81)-Qal impf. 3 m.s. (יָטַב 405) *that it may go well*

לְךָ prep.-2 m.s. sf. *with you*

וּלְבָנֶיךָ conj.-prep.-n.m.p.-2 m.s. sf. (119) *and with your children*

אַחֲרֶיךָ prep.-2 m.s. sf. (29) *after you*

וּלְמַעַן תַּאֲרִיךְ conj.-prep. (775)-Hi. impf. 2 m.s. (אָרַךְ 73) *and that you may prolong*

יָמִים n.m.p. (398) *your days*

עַל־הָאֲדָמָה prep.-def.art.-n.f.s. (9) *in the land*

אֲשֶׁר יהוה rel. (81)-pr.n. (217) *which Yahweh*

אֱלֹהֶיךָ n.m.p.-2 m.s. sf. (43) *your God*

נֹתֵן לְךָ Qal act.ptc. (678)-prep.-2 m.s. sf. *gives you*

כָּל־הַיָּמִים n.m.s. cstr. (481)-def.art.-n.m.p. (398) *for ever*

4:41

אָז יַבְדִּיל adv. (23)-Hi. impf. 3 m.s. (95) *then set apart*

מֹשֶׁה pr.n. (602) *Moses*

שָׁלֹשׁ עָרִים num. (1025)-n.f.p. (746) *three cities*

בְּעֵבֶר הַיַּרְדֵּן prep.-n.m.s. cstr. (719)-def.art.-pr.n. (434) *beyond the Jordan*

מִזְרָחָה n.m.s.-loc.he (280) *in the east*

שָׁמֶשׁ n.f.s. paus. *(the sun)*

4:42

לָנֻס שָׁמָּה prep.-Qal inf.cstr. (נום 630)-adv.-dir.he (1027) *that might flee there*

רוֹצֵחַ Qal act.ptc. (953) *the manslayer*

אֲשֶׁר יִרְצַח rel. (81)-Qal impf. 3 m.s. (953) *who kills*

אֶת־רֵעֵהוּ dir.obj.-n.m.s.-3 m.s. sf. (945) *his neighbor*

בִּבְלִי־דַעַת prep.-neg.-n.f.p. (395) *unintentionally*

וְהוּא לֹא־שֹׂנֵא conj.-pers.pr. 3 m.s. (214)-neg.-Qal act.ptc. (שָׂנֵא 971) *without being at enmity*

לוֹ prep.-3 m.s. sf. *with him*

מִתְּמוֹל שִׁלְשׁוֹם prep.-adv. (1069)-adv. (1026) *in time past*

וְנָס conj.-Qal pf. 3 m.s. (נום 630) *and that by fleeing*

אֶל־אַחַת prep.-num. (25) *to one*

מִן־הֶעָרִים הָאֵל prep.-def.art.-n.f.p. (746)-def.art.-demons.adj. c.p. (41; הָאֵלֶּה) *of these cities*

וָחָי conj.-Qal pf. 3 m.s. (310) *he might save his life*

4:43

אֶת־בֶּצֶר dir.obj.-pr.n. (131) *Bezer*

בַּמִּדְבָּר prep.-def.art.-n.m.s. (184) *in the wilderness*

בְּאֶרֶץ הַמִּישֹׁר prep.-n.f.s. cstr. (75)-def.art.-n.m.s. (449) *on the tableland*

לָרֵאוּבֵנִי prep.-def.art.-pr.n. (910) *for the Reubenites*

וְאֶת־רָאמֹת conj.-dir.obj.-pr.n. (II 928) *and Ramoth*

בַּגִּלְעָד prep.-def.art.-pr.n. (166) *in Gilead*

לַגָּדִי prep.-def.art.-pr.n. gent. (151) *for the Gadites*

וְאֶת־גּוֹלָן conj.-dir.obj.-pr.n. (157) *and Golan*

בַּבָּשָׁן prep.-def.art.-pr.n. (143) *in Bashan*

לַמְנַשִּׁי prep.-def.art.-pr.n. gent. (586) *for the Manassites*

4:44

וְזֹאת conj.-demons.adj. f.s. (260) *this is*

הַתּוֹרָה def.art.-n.f.s. (435) *the law*

אֲשֶׁר־שָׂם מֹשֶׁה rel. (81)-Qal pf. 3 m.s. (962)-pr.n. (602) *which Moses set*

לִפְנֵי prep.-n.m.p. cstr. (815) *before*

בְּנֵי יִשְׂרָאֵל n.m.p. cstr. (119)-pr.n. (975) *the children of Israel*

4:45

אֵלֶּה demons.adj. c.p. (41) *these are*

הָעֵדֹת def.art.-n.f.p. (I 729) *the testimonies*

וְהַחֻקִּים conj.-def.art.-n.m.p. (349) *and the statutes*

וְהַמִּשְׁפָּטִים conj.-def.art.-n.m.p. (1048) *and the ordinances*

אֲשֶׁר דִּבֶּר rel. (81)-Pi. pf. 3 m.s. (180) *which spoke*

מֹשֶׁה pr.n. (602) *Moses*

אֶל־בְּנֵי יִשְׂרָאֵל prep.-n.m.p. cstr. (119)-pr.n. (975) *to the children of Israel*

בְּצֵאתָם prep.-Qal inf.cstr.-3 m.p. sf. (יָצָא 422) *when they came out*

מִמִּצְרָיִם prep.-pr.n. paus. (595) *of Egypt*

4:46

בְּעֵבֶר הַיַּרְדֵּן prep.-n.m.s. cstr. (719)-def.art.-pr.n. (434) *beyond the Jordan*

בַּגַּיְא prep.-def.art.-n.m.s. (161) *in the valley*

מוּל בֵּית פְּעוֹר prep. (557)-pr.n. (112) *opposite Beth-peor*

בְּאֶרֶץ סִיחֹן prep.-n.f.s. cstr. (75)-pr.n. (695) *in the land of Sihon*

מֶלֶךְ הָאֱמֹרִי n.f.s. cstr. (I 572)-def.art.-pr.n. gent. (57) *the king of the Amorites*

אֲשֶׁר יוֹשֵׁב rel. (81)-Qal act.ptc. (442) *who lived*

בְּחֶשְׁבּוֹן prep.-pr.n. (II 363) *at Heshbon*

אֲשֶׁר הִכָּה rel. (81)-Hi. pf. 3 m.s. (נָכָה 645) *whom defeated*

מֹשֶׁה pr.n. (602) *Moses*

וּבְנֵי יִשְׂרָאֵל conj.-n.m.p. cstr. (119)-pr.n. (975) *and the children of Israel*

בְּצֵאתָם prep.-Qal inf.cstr.-3 m.p. sf. (יָצָא 422) *when they came out*

מִמִּצְרָיִם prep.-pr.n. paus. (595) *of Egypt*

4:47

וַיִּירְשׁוּ consec.-Qal impf. 3 m.p. (יָרַשׁ 439) *and they took possession*

אֶת־אַרְצוֹ dir.obj.-n.f.s.-3 m.s. sf. (75) *of his land*

וְאֶת־אֶרֶץ עוֹג conj.-dir.obj.-n.f.s. cstr. (75)-pr.n. (728) *and the land of Og*

מֶלֶךְ הַבָּשָׁן n.m.s. cstr. (I 572)-def.art.-pr.n. (143) *the king of Bashan*

שְׁנֵי מַלְכֵי num. cstr. (1040)-n.m.p. cstr. (I 572) *the two kings of*

הָאֱמֹרִי def.art.-pr.n. gent. (57) *the Amorites*

אֲשֶׁר בְּעֵבֶר הַיַּרְדֵּן rel. (81)-prep.-n.m.s. cstr. (719)-def.art.-pr.n. (434) *who beyond the Jordan*

מִזְרַח שָׁמֶשׁ n.m.s. cstr. (280)-n.f.s. paus. (1039) *to the east*

4:48

מֵעֲרֹעֵר prep.-pr.n. (792) *from Aroer*

אֲשֶׁר עַל־שְׂפַת rel. (81)-prep.-n.f.s. cstr. (973) *which is on the edge of*

נַחַל n.m.s. cstr. (636) *the valley of*

אַרְנֹן pr.n. (75) *the Arnon*

וְעַד־הַר שִׂיאֹן conj.-prep. (III 723)-n.m.s. cstr. (249)-pr.n. (673) *as far as Mount Sirion* (lit. *Sion*)

הוּא חֶרְמוֹן pers.pr. 3 m.s. (214)-pr.n. (356) *that is, Hermon*

4:49

וְכָל־הָעֲרָבָה conj.-n.m.s. cstr. (481)-def.art.-pr.n. (787) *together with all the Arabah*

עֵבֶר הַיַּרְדֵּן n.m.s. cstr. (719)-def.art.-pr.n. (434) *on the side of the Jordan*

מִזְרָחָה n.m.s.-loc.he (280) *east*

וְעַד יָם conj.-prep. (III 723)-n.m.s. cstr. (410) *as far as the Sea of*

הָעֲרָבָה v.supra *the Arabah*

תַּחַת אַשְׁדֹּת prep. (1065)-n.f.p. cstr. (78) *under the slopes of*

הַפִּסְגָּה def.art.-pr.n. (820) *Pisgah*

5:1

וַיִּקְרָא consec.-Qal impf. 3 m.s. (894) *and summoned*

מֹשֶׁה pr.n. (602) *Moses*

אֶל־כָּל־ prep. (39)-n.m.s. cstr. (481) *all*

יִשְׂרָאֵל pr.n. (975) *Israel*

וַיֹּאמֶר consec.-Qal impf. 3 m.s. (55) *and said*

אֲלֵהֶם prep.-3 m.p. sf. *to them*

שְׁמַע Qal impv. 2 m.s. (1033) *Hear*

יִשְׂרָאֵל v.supra *O Israel*

אֶת־הַחֻקִּים dir.obj.-def.art.-n.m.p. (349) *the statutes*

וְאֶת־הַמִּשְׁפָּטִים conj.-dir.obj.-def.art.-n.m.p. (1048) *and the ordinances*

אֲשֶׁר אָנֹכִי rel. (81)-pers.pr. 1 c.s. (59) *which I*

דֹּבֵר Qal act.ptc. (180) *speak*

בְּאָזְנֵיכֶם prep.-n.f.p.-2 m.p. sf. (23) *in your hearing*

הַיּוֹם def.art.-n.m.s. (398) *this day*

וּלְמַדְתֶּם conj.-Qal pf. 2 m.p. (540) *and you shall learn*

אֹתָם dir.obj.-3 m.p. sf. *them*

וּשְׁמַרְתֶּם conj.-Qal pf. 2 m.p. (1036) *and be careful*

לַעֲשֹׂתָם prep.-Qal inf.cstr.-3 m.p. sf. (עָשָׂה I 793) *to do them*

5:2

יהוה אֱלֹהֵינוּ pr.n. (217)-n.m.p.-1 c.p. sf. (43) *Yahweh our God*

כָּרַת Qal pf. 3 m.s. (503) *made*

עִמָּנוּ prep.-1 c.p. sf. (767) *with us*

בְּרִית n.f.s. (136) *a covenant*

בְּחֹרֵב prep.-pr.n. (352) *in Horeb*

5:3

לֹא אֶת־אֲבֹתֵינוּ neg.-prep. (II 85)-n.m.p.-1 c.p. sf. (3) *not with our fathers*

כָּרַת יהוה Qal pf. 3 m.s. (503)-pr.n. (217) *did Yahweh make*

אֶת־הַבְּרִית הַזֹּאת dir.obj.-def.art.-n.f.s. (136) -def.art.-demons.adj. f.s. (260) *this covenant*

כִּי אִתָּנוּ conj. (471)-prep.-1 c.p. sf. (II 85) *but with us*

אֲנַחְנוּ אֵלֶּה pers.pr. 1 c.p. (59)-demons.adj. c.p. (41) *we these*

פֹּה adv. (805) *here*

הַיּוֹם def.art.-n.m.s. (398) *this day*

כֻּלָּנוּ n.m.s.-1 c.p. sf. (481) *all of us*

חַיִּים adj. m.p. (311) *alive*

5:4

פָּנִים בְּפָנִים n.m.p. (815)-prep.-v.supra *face to face*

דִּבֶּר יהוה Pi. pf. 3 m.s. (180)-pr.n. (217) *Yahweh spoke*

עִמָּכֶם prep.-2 m.p. sf. (767) *with you*

בָּהָר prep.-def.art.-n.m.s. (249) *at the mountain*

מִתּוֹךְ prep.-n.m.s. cstr. (1063) *out of the midst of*

הָאֵשׁ def.art.-n.f.s. (77) *the fire*

5:5

אָנֹכִי עֹמֵד pers.pr. 1 c.s. (59)-Qal act.ptc. (763) *while I stood*

בֵּין־יהוה prep. (107)-pr.n. (217) *between Yahweh*

וּבֵינֵיכֶם conj.-prep.-2 m.p. sf. (107) *and you*

בָּעֵת הַהִוא prep.-def.art.-n.f.s. (773)-def.art. -demons.pron. f.s. (214) *at that time*

לְהַגִּיד prep.-Hi. inf.cstr. (נגד 616) *to declare*

לָכֶם prep.-2 m.p. sf. *to you*

אֶת־דְּבַר יהוה dir.obj.-n.m.s. cstr. (182)-v.supra *the word of Yahweh*

כִּי יְרֵאתֶם conj. (471)-Qal pf. 2 m.p. (יָרֵא 431) *for you were afraid*

מִפְּנֵי הָאֵשׁ prep.-n.m.p. cstr. (815)-def.art.-n.f.s. (77) *because of the fire*

וְלֹא־עֲלִיתֶם conj.-neg.-Qal pf. 2 m.p. (עָלָה 748) *and you did not go up*

בָּהָר prep.-def.art.-n.m.s. (249) *into the mountain*

לֵאמֹר prep.-Qal inf.cstr. (55) *He said*

5:6

אָנֹכִי יהוה pers.pr. 1 c.s. (59)-pr.n. (217) *I am Yahweh*

אֱלֹהֶיךָ n.m.p.-2 m.s. sf. (43) *your God*

אֲשֶׁר הוֹצֵאתִיךָ rel. (81)-Hi. pf. 1 c.s.-2 m.s. sf. (יָצָא 422) *who brought you*

מֵאֶרֶץ מִצְרַיִם prep.-n.f.s. cstr. (75)-pr.n. (595) *out of the land of Egypt*

מִבֵּית עֲבָדִים prep.-n.m.s. cstr. (108)-n.m.p. (712) *out of the house of bondage*

5:7

לֹא יִהְיֶה־לְךָ neg.-Qal impf. 3 m.s. (הָיָה 224)-prep.-2 m.s. sf. *you shall not have*

אֱלֹהִים אֲחֵרִים n.m.p. (43)-adj. m.p. (29) *other gods*

עַל־פָּנָי prep.-n.m.p.-1 c.s. sf. (815) *before me*

5:8

לֹא־תַעֲשֶׂה־לְךָ neg.-Qal impf. 2 m.s. (עָשָׂה I 793)-prep.-2 m.s. sf. *you shall not make for yourself*

פֶּסֶל n.m.s. (820) *a graven image*

כָּל־תְּמוּנָה n.m.s. cstr. (481)-n.f.s. (568) *or any likeness of anything*

אֲשֶׁר בַּשָּׁמַיִם rel. (81)-prep.-def.art.-n.m. du. (1029) *that is in the heavens*

מִמַּעַל prep.-subst. (751) *above*

וַאֲשֶׁר בָּאָרֶץ conj.-rel. (81)-prep.-def.art.-n.f.s. (75) *or that is in the earth*

מִתָּחַת prep.-n.m.s. (1065) *beneath*

וַאֲשֶׁר בַּמַּיִם conj.-rel. (81)-prep.-def.art.-n.m.p. (565) *or that is in the water*

מִתַּחַת לָאָרֶץ prep.-prep. (1065)-prep. -def.art.-n.f.s. (75) *under the earth*

5:9

לֹא־תִשְׁתַּחֲוֶה neg.-Hith. impf. 2 m.s. (שָׁחָה 1005) *you shall not bow down*

לָהֶם prep.-3 m.p. sf. *to them*

וְלֹא תָעָבְדֵם conj.-neg.-Ho. impf. 2 m.s.-3 m.p. sf. (712) *or be caused to serve them*

כִּי אָנֹכִי conj. (471)-pers.pr. 1 c.s. (59) *for I*

יהוה אֱלֹהֶיךָ pr.n. (217)-n.m.p.-2 m.s. sf. (43) *am Yahweh your God*

אֵל קַנָּא n.m.s. (42)-adj. m.s. (888) *a jealous God*

פֹּקֵד Qal act.ptc. (823) *visiting*

עֲוֹן אָבֹת n.m.s. cstr. (730)-n.m.p. (3) *the iniquity of the fathers*

עַל־בָּנִים prep.-n.m.p. (119) *upon children*

וְעַל־שִׁלֵּשִׁים conj.-prep.-num. adj. m.p. (II 1026) *to the third*

וְעַל־רִבֵּעִים v.supra-adj. m.p. (918) *and the fourth generation*

לְשֹׂנְאָי prep.-Qal act.ptc. m.p.-1 c.s. sf. (שׂנא 971) *of those who hate me*

5:10

וְעֹשֶׂה conj.-Qal act.ptc. (עשׂה I 793) *but showing*

חֶסֶד n.m.s. (338) *steadfast love*

לַאֲלָפִים prep.-n.m.p. (48) *to thousands*

לְאֹהֲבַי prep.-Qal act.ptc. m.p.-1 c.s. sf. (אהב 12) *of those who love me*

וּלְשֹׁמְרֵי conj.-prep.-Qal act.ptc. m.p. cstr. (1036) *and keep*

מִצְוֹתָי n.f.p.-3 m.s. sf. (846) *my (his) commandments*

5:11

לֹא תִשָּׂא neg.-Qal impf. 2 m.s. (נשׂא 669) *you shall not take*

אֶת־שֵׁם־יהוה dir.obj.-n.m.s. cstr. (1027)-pr.n. (217) *the name of Yahweh*

אֱלֹהֶיךָ n.m.p.-2 m.s. sf. (43) *your God*

לַשָּׁוְא prep.-def.art.-n.m.s. (996) *in vain*

כִּי לֹא יְנַקֶּה conj. (471)-neg.-Pi. impf. 3 m.s. (667) *for will not hold him guiltless*

יהוה pr.n. (217) *Yahweh*

אֵת אֲשֶׁר־יִשָּׂא dir.obj.-rel. (81)-Qal impf. 3 m.s. (נשׂא 669) *who takes*

אֶת־שְׁמוֹ dir.obj.-n.m.s.-3 m.s. sf. (1027) *his name*

לַשָּׁוְא v.supra *in vain*

5:12

שָׁמוֹר Qal inf.abs. (1036) *observing*

אֶת־יוֹם הַשַּׁבָּת dir.obj.-n.m.s. cstr. (398)-def.art. -n.f.s. (992) *the sabbath day*

לְקַדְּשׁוֹ prep.-Pi. inf.cstr.-3 m.s. sf. (872) *to keep it holy*

כַּאֲשֶׁר צִוְּךָ prep.-rel. (81)-Pi. pf. 3 m.s.-2 m.s. sf. (צוה 845) *as commanded you*

יהוה אֱלֹהֶיךָ pr.n. (217)-n.m.p.-2 m.s. sf. (43) *Yahweh your God*

5:13

שֵׁשֶׁת יָמִים n.f.s. cstr. (995)-n.m.p. (398) *six days*

תַּעֲבֹד Qal impf. 2 m.s. (712) *you shall labor*

וְעָשִׂיתָ conj.-Qal pf. 2 m.s. (עשׂה I 793) *and do*

כָּל־מְלַאכְתֶּךָ n.m.s. cstr. (481)-n.f.s.-2 m.s. sf. (521) *all your work*

5:14

וְיוֹם הַשְּׁבִיעִי conj.-n.m.s. cstr. (398)-def.art. -num.adj. ordinal (988) *but the seventh day*

שַׁבָּת n.f.s. (992) *a sabbath*

לַיהוה אֱלֹהֶיךָ prep.-pr.n. (217)-n.m.p.-2 m.s. sf. (43) *to Yahweh your God*

לֹא תַעֲשֶׂה neg.-Qal impf. 2 m.s. (עשׂה I 793) *in it you shall not do*

כָּל־מְלָאכָה n.m.s. cstr. (401) n.f.s. (521) *any work*

אַתָּה pers.pr. 2 m.s. (61) *you*

וּבִנְךָ־וּבִתֶּךָ conj.-n.m.s.-2 m.s. sf. (119)-conj. -n.f.s.-2 m.s. sf. (123) *or your son or your daughter*

וְעַבְדְּךָ־וַאֲמָתֶךָ conj.-n.m.s.-2 m.s. sf. (712)-conj. -n.f.s.-2 m.s. sf. (51) *or your manservant, or your maidservant*

וְשׁוֹרְךָ conj.-n.m.s.-2 m.s. sf. (1004) *or your ox*

וַחֲמֹרְךָ conj.-n.m.s.-2 m.s. sf. (331) *or your ass*

וְכָל־בְּהֶמְתֶּךָ conj.-n.m.s. cstr. (481)-n.f.s.-2 m.s. sf. (96) *or any of your cattle*

וְגֵרְךָ conj.-n.m.s.-2 m.s. sf. (158) *or the sojourner*

אֲשֶׁר rel. (81) *who is*

בִּשְׁעָרֶיךָ prep.-n.m.p.-2 m.s. sf. (1044) *within your gates*

לְמַעַן יָנוּחַ conj. (775)-Qal impf. 3 m.s. (628) *may rest*

עַבְדְּךָ v.supra *your manservant*

וַאֲמָתְךָ v.supra *and your maidservant*

כָּמוֹךָ adv.-2 m.s. sf. (455) *as well as you*

5:15

וְזָכַרְתָּ conj.-Qal pf. 2 m.s. (269) *you shall remember*

כִּי־עֶבֶד conj.-n.m.s. (712) *that a servant*

הָיִיתָ Qal pf. 2 m.s. (היה 224) *you were*

בְּאֶרֶץ מִצְרַיִם prep.-n.f.s. cstr. (75)-pr.n. (595) *in the land of Egypt*

וַיֹּצִאֲךָ consec.-Hi. impf. 3 m.s.-2 m.s. sf. (יצא 422) *and brought you out*

יהוה אֱלֹהֶיךָ pr.n. (217)-n.m.p.-2 m.s. sf. (43)
Yahweh your God

מִשָּׁם prep.-adv. (1027) *thence*

בְּיָד חֲזָקָה prep.-n.f.s. (388)-adj. f.s. (305) *with a mighty hand*

וּבִזְרֹעַ נְטוּיָה conj.-prep.-n.f.s. (283)-Qal pass.ptc. f.s. (נָטָה 639) *and an outstretched arm*

עַל־כֵּן prep.-adv. (485) *therefore*

צִוְּךָ Pi. pf. 3 m.s.-2 m.s. sf. (צָוָה 845) *commanded you*

יהוה אֱלֹהֶיךָ pr.n. (217)-n.m.p.-2 m.s. sf. (43) *Yahweh your God*

לַעֲשׂוֹת prep.-Qal inf.cstr. (עָשָׂה I 793) *to keep*

אֶת־יוֹם הַשַּׁבָּת dir.obj.-n.m.s. cstr. (398)-def.art. -n.f.s. (992) *the sabbath day*

5:16

כַּבֵּד Pi. inf.abs. (or inf.cstr. or impv. 2 m.s.; 457) *honoring*

אֶת־אָבִיךָ dir.obj.-n.m.s.-2 m.s. sf. (3) *your father*

וְאֶת־אִמֶּךָ conj.-dir.obj.-n.f.s.-2 m.s. sf. (51) *and your mother*

כַּאֲשֶׁר צִוְּךָ prep.-rel. (81)-Pi. pf. 3 m.s.-2 m.s. sf. (צָוָה 845) *as commanded you*

יהוה אֱלֹהֶיךָ pr.n. (217)-n.m.p.-2 m.s. sf. (43) *Yahweh your God*

לְמַעַן יַאֲרִיכֻן conj. (775)-Hi. impf. 3 m.p. (אָרַךְ 73) *that may be prolonged*

יָמֶיךָ n.m.p.-2 m.s. sf. (398) *your days*

וּלְמַעַן יִיטַב conj.-v.supra-Qal impf. 3 m.s. (405) *and that it may go well*

לָךְ prep.-2 m.s. sf. paus. *with you*

עַל הָאֲדָמָה prep.-def.art.-n.f.s. (9) *in the land*

אֲשֶׁר־יהוה rel. (81)-pr.n. (217) *which Yahweh*

אֱלֹהֶיךָ n.m.p.-2 m.s. sf. (43) *your God*

נֹתֵן לָךְ Qal act.ptc. (נָתַן 678)-prep.-2 m.s. sf. paus. *gives you*

5:17

לֹא תִּרְצָח neg.-Qal impf. 2 m.s. (רָצַח 953) *you shall not kill*

5:18

וְלֹא תִּנְאָף conj.-neg.-Qal impf. 2 m.s. (נָאַף 610) *neither shall you commit adultery*

5:19

וְלֹא תִּגְנֹב conj.-neg.-Qal impf. 2 m.s. (גָּנַב 170) *neither shall you steal*

5:20

וְלֹא־תַעֲנֶה conj.-neg.-Qal impf. 2 m.s. (עָנָה 772) *neither shall you bear*

בְרֵעֲךָ prep.-n.m.s.-2 m.s. sf. (945) *against your neighbor*

עֵד n.m.s. (729) *witness*

שָׁוְא n.m.s. (996) *false*

5:21

וְלֹא תַחְמֹד conj.-neg.-Qal impf. 2 m.s. (חָמַד 326) *neither shall you covet*

אֵשֶׁת רֵעֶךָ n.f.s. cstr. (61)-n.m.s.-2 m.s. sf. (945) *your neighbor's wife*

וְלֹא תִתְאַוֶּה conj.-neg.-Hith. impf. 2 m.s. (אָוָה 16) *and you shall not desire*

בֵּית רֵעֶךָ n.m.s. cstr. (108)-v.supra *your neighbor's house*

שָׂדֵהוּ n.m.s.-3 m.s. sf. (961) *his field*

וְעַבְדּוֹ conj.-n.m.s.-3 m.s. sf. (712) *or his manservant*

וַאֲמָתוֹ conj.-n.f.s.-3 m.s. sf. (51) *or his maidservant*

שׁוֹרוֹ n.m.s.-3 m.s. sf. (1004) *his ox*

וַחֲמֹרוֹ conj.-n.m.s.-3 m.s. sf. (331) *or his ass*

וְכֹל אֲשֶׁר conj.-n.m.s. (481)-rel. (81) *or anything that is*

לְרֵעֶךָ prep.-n.m.s.-2 m.s. sf. *(945)* *your neighbor's*

5:22

אֶת־הַדְּבָרִים הָאֵלֶּה dir.obj.-def.art.-n.m.p. (182) -demons.adj. c.p. (41) *these words*

דִּבֶּר יהוה Pi. pf. 3 m.s. (180)-pr.n. (217) *Yahweh spoke*

אֶל־כָּל־קְהַלְכֶם prep.-n.m.s. cstr. (481)-n.m.s.-2 m.p. sf. (874) *to all your assembly*

בָּהָר prep.-def.art.-n.m.s. (249) *at the mountain*

מִתּוֹךְ הָאֵשׁ prep.-n.m.s. cstr. (1063)-n.f.s. (77) *out of the midst of the fire*

הֶעָנָן def.art.-n.m.s. (777) *the cloud*

וְהָעֲרָפֶל conj.-def.art.-n.m.s. (791) *and the deep gloom*

קוֹל גָּדוֹל n.m.s. (876)-adj. m.s. (152) *with a loud voice*

וְלֹא יָסָף conj.-neg.-Qal pf. 3 m.s. (414) *and he added no more*

וַיִּכְתְּבֵם consec.-Qal impf. 3 m.s.-3 m.p. sf. (כָּתַב 507) *and he wrote them*

עַל־שְׁנֵי prep.-n.m. du. cstr. (1040) *upon two*

לֻחֹת n.m.p. cstr. (531) *tables of*

אֲבָנִים n.f.p. (6) *stone*

וַיִּתְּנֵם consec.-Qal impf. 3 m.s.-3 m.p. sf. (נָתַן 678) *and gave them*

אֵלָי prep.-1 c.s. sf. paus. *to me*

5:23

וַיְהִי consec.-Qal impf. 3 m.s. (הָיָה 224) *and when you*

כְּשָׁמְעֲכֶם prep.-Qal inf.cstr.-2 m.p. sf. (1033) *heard*

אֶת־הַקּוֹל dir.obj.-def.art.-n.m.s. (876) *the voice*

מִתּוֹךְ הַחֹשֶׁךְ prep.-n.m.s. cstr. (1063)-def.art.-n.m.s. (365) *out of the midst of the darkness*

וְהָהָר conj.-def.art.-n.m.s. (249) *while the mountain*

בֹּעֵר Qal act.ptc. (בָּעַר 128) *was burning*

בָּאֵשׁ prep.-def.art.-n.f.s. (77) *with fire*

וַתִּקְרְבוּן consec.-Qal impf. 2 m.p. (קָרַב 897) *you came near*

אֵלַי prep.-1 c.s. sf. *to me*

כָּל־רָאשֵׁי n.m.s. cstr. (481)-n.m.p. cstr. (910) *all the heads of*

שִׁבְטֵיכֶם n.m.p.-2 m.p. sf. (986) *your tribes*

וְזִקְנֵיכֶם conj.-n.m.p.-2 m.p. sf. (278) *and your elders*

5:24

וַתֹּאמְרוּ consec.-Qal impf. 2 m.p. (אָמַר 55) *and you said*

הֵן demons.part. (243) *behold*

הֶרְאָנוּ Hi. pf. 3 m.s.-1 c.p. sf. (רָאָה 906) *has shown us*

יהוה אֱלֹהֵינוּ pr.n. (217)-n.m.p.-1 c.p. sf. (43) *Yahweh our God*

אֶת־כְּבֹדוֹ dir.obj.-n.m.s.-3 m.s. sf. (458) *his glory*

וְאֶת־גָּדְלוֹ conj.-dir.obj.-n.m.s.-3 m.s. sf. (152) *and greatness*

וְאֶת־קֹלוֹ v.supra-n.m.s.-3 m.s. sf. (876) *and his voice*

שָׁמַעְנוּ Qal pf. 1 c.p. (1033) *we have heard*

מִתּוֹךְ הָאֵשׁ prep.-n.m.s. cstr. (1063)-def.art.-n.f.s. (77) *out of the midst of the fire*

הַיּוֹם הַזֶּה def.art.-n.m.s. (398)-def.art.-demons.adj. m.s. (260) *this day*

רָאִינוּ Qal pf. 1 c.p. (רָאָה 906) *we have seen*

כִּי־יְדַבֵּר אֱלֹהִים conj. (471)-Pi. impf. 3 m.s. (180)-n.m.p. (43) *God speak*

אֶת־הָאָדָם prep. (II 85)-def.art.-n.m.s. (9) *with man*

וָחָי conj.-Qal pf. 3 m.s. (חָיָה 310) *and still live*

5:25

וְעַתָּה conj.-adv. (773) *now therefore*

לָמָּה prep.-interr. (552) *why*

נָמוּת Qal impf. 1 c.p. (מוּת 559) *should we die?*

כִּי תֹאכְלֵנוּ conj.-Qal impf. 3 f.s.-1 c.p. sf. (37) *for will consume us*

הָאֵשׁ הַגְּדֹלָה הַזֹּאת def.art.-n.f.s. (77)-def.art.-adj. f.s. (152)-def.art.-demons.adj. f.s. (260) *this great fire*

אִם־יֹסְפִים hypoth.part. (49)-Qal act.ptc. m.p. (414) *if any more*

אֲנַחְנוּ לִשְׁמֹעַ pers.pr. 1 c.p. (59)-prep.-Qal inf.cstr. (1033) *we hear*

אֶת־קוֹל יהוה dir.obj.-n.m.s. cstr. (876)-pr.n. (217) *the voice of Yahweh*

אֱלֹהֵינוּ n.m.p.-1 c.p. sf. (43) *our God*

עוֹד adv. (728) *more*

וָמָתְנוּ conj.-Qal pf. 1 c.p. (מוּת 559) *we shall die*

5:26

כִּי מִי conj. (171) interr. (566) *for who is there of*

כָל־בָּשָׂר n.m.s. (481)-n.m.s. (142) *all flesh*

אֲשֶׁר שָׁמַע rel. (81)-Qal pf. 3 m.s. (1033) *that has heard*

קוֹל אֱלֹהִים n.m.s. cstr. (876)-n.m.p. (43) *the voice of God*

חַיִּים adj. m.p. (311) *living*

מְדַבֵּר Pi. ptc. (180) *speaking*

מִתּוֹךְ־הָאֵשׁ prep.-n.m.s. cstr. (1063)-def.art.-n.f.s. (77) *out of the midst of the fire*

כָּמֹנוּ prep.-1 c.p. sf. (455) *as we have*

וַיֶּחִי consec.-Qal impf. 3 m.s. (חָיָה 310) *and has still lived?*

5:27

קְרַב אַתָּה Qal impv. 2 m.s. (897)-pers.pr. 2 m.s. (61) *go near (you)*

וּשֲׁמָע conj.-Qal impv. 2 m.s. (1033) *and hear*

אֵת כָּל־אֲשֶׁר dir.obj.-n.m.s. (481)-rel. (81) *all that*

יֹאמַר Qal impf. 3 m.s. (55) *will say*

יהוה אֱלֹהֵינוּ pr.n. (217)-n.m.p.-1 c.p. sf. (43) *Yahweh our God*

וְאַתְּ תְּדַבֵּר conj.-pers.pr. 2 f.s. (61)-Pi. impf. 2 m.s. (180) *and speak*

אֵלֵינוּ prep.-1 c.p. sf. *to us*

אֵת כָּל־אֲשֶׁר dir.obj.-n.m.s. (481)-rel. (81) *all that*

יְדַבֵּר Pi. impf. 3 m.s. (180) *will speak*

יהוה אֱלֹהֵינוּ pr.n. (217)-n.m.p.-1 c.p. sf. (43) *Yahweh our God*

אֵלֶיךָ prep.-2 m.s. sf. *to you*

וְשָׁמַעְנוּ conj.-Qal pf. 1 c.p. (1033) *and we will hear*

וְעָשִׂינוּ conj.-Qal pf. 1 c.p. (עָשָׂה I 793) *and do it*

5:28

וַיִּשְׁמַע consec.-Qal impf. 3 m.s. (1033) *and heard*

יהוה pr.n. (217) *Yahweh*

אֶת־קוֹל דִּבְרֵיכֶם dir.obj.-n.m.s. cstr. (876)-n.m.p.-2 m.p. sf. (182) *the sound of your words*

בְּדַבֶּרְכֶם prep.-Pi. inf.cstr.-2 m.p. sf. (180) *when you spoke*

אֵלַי prep.-1 c.s. sf. paus. *to me*

וַיֹּאמֶר יהוה consec.-Qal impf. 3 m.s. (55)-pr.n. (217) *and Yahweh said*

אֵלַי prep.-1 c.s. sf. *to me*

שָׁמַעְתִּי Qal pf. 1 c.s. (1033) *I have heard*

אֶת־קוֹל דִּבְרֵי dir.obj.-n.m.s. cstr. (876)-n.m.p. cstr. (182) *the sound of the words of*

הָעָם הַזֶּה def.art.-n.m.s. (766)-def.art.-demons.adj. m.s. (260) *this people*

אֲשֶׁר דִּבְּרוּ rel. (81)-Pi. pf. 3 c.p. (180) *which they have spoken*

אֵלֶיךָ prep.-2 m.s. sf. *to you*

הֵיטִיבוּ Hi. pf. 3 m.p. (יָטַב 405) *they have rightly said*

כָּל־אֲשֶׁר n.m.s. (481)-rel. (81) *all that*

דִּבֵּרוּ Pi. pf. 3 c.p. (180) *they have spoken*

5:29

מִי־יִתֵּן interr. (566)-Qal impf. 3 m.s. (נָתַן 678) *oh that they had*

וְהָיָה conj.-Qal pf. 3 m.s. (224) *(and would be)*

לְבָבָם n.m.s.-3 m.p. sf. (523) *such a mind* (lit. *their heart*)

זֶה demons.adj. m.s. (260) *as this*

לָהֶם prep.-3 m.p. sf. *always* (lit. *to them*)

לְיִרְאָה prep.-Qal inf.cstr. f.s. (יָרֵא 431) *to fear*

אֹתִי dir.obj.-1 c.s. sf. *me*

וְלִשְׁמֹר conj.-prep.-Qal inf.cstr. (1033) *and to keep*

אֶת־כָּל־מִצְוֹתַי dir.obj.-n.m.s. cstr. (481)-n.f.p.-1 c.s. sf. (846) *all my commandments*

כָּל־הַיָּמִים v.supra-def.art.-n.m.p. (398) *(all the days)*

לְמַעַן יִיטַב Qal impf. 3 m.s. (יָטַב 405) *that it might go well*

לָהֶם prep.-3 m.p. sf. *with them*

וְלִבְנֵיהֶם conj.-prep.-n.m.p.-3 m.p. sf. (119) *and with their children*

לְעֹלָם prep.-n.m.s. (761) *for ever*

5:30

לֵךְ Qal impv. 2 m.s. (הָלַךְ 229) *go*

אֱמֹר לָהֶם Qal impv. 2 m.s. (55)-prep.-3 m.p. sf. *and say to them*

שׁוּבוּ לָכֶם Qal impv. 2 m.p. (שׁוּב 996)-prep.-2 m.p. sf. *return*

לְאָהֳלֵיכֶם prep.-n.m.p.-2 m.p. sf. (13) *to your tents*

5:31

וְאַתָּה conj.-pers.pr. 2 m.s. (61) *but you*

פֹּה עֲמֹד adv.loc. (805)-Qal impv. 2 m.s. (עָמַד 763) *stand here*

עִמָּדִי prep.-1 c.s. sf. (767) *by me*

וַאֲדַבְּרָה אֵלֶיךָ conj.-Pi. impf. 1 c.s.-vol.he (180)-prep.-2 m.s. sf. *and I will tell you*

אֵת כָּל־הַמִּצְוָה dir.obj.-n.m.s. cstr. (481)-def.art.-n.f.s. (846) *all the commandment*

וְהַחֻקִּים conj.-def.art.-n.m.p. (349) *and the statutes*

וְהַמִּשְׁפָּטִים conj.-def.art.-n.m.p. (1048) *and the ordinances*

אֲשֶׁר תְּלַמְּדֵם rel. (81)-Pi. impf. 2 m.s.-3 m.p. sf. (לָמַד 540) *which you shall teach them*

וְעָשׂוּ conj.-Qal pf. 3 c.p. (עָשָׂה I 793) *that they may do them*

בָאָרֶץ prep.-def.art.-n.f.s. (75) *in the land*

אֲשֶׁר אָנֹכִי rel. (81)-pers.pr. 1 c.s. (59) *which I*

נֹתֵן לָהֶם Qal act.ptc. (678)-prep.-3 m.p. sf. *shall give them*

לְרִשְׁתָּהּ prep.-Qal inf.cstr.-3 f.s. sf. (יָרַשׁ 439) *to possess (it)*

5:32

וּשְׁמַרְתֶּם conj.-Qal pf. 2 m.p. (1036) *and you shall be careful*

לַעֲשׂוֹת prep.-Qal inf.cstr. (עָשָׂה I 793) *to do*

כַּאֲשֶׁר צִוָּה prep.-rel. (81)-Pi. pf. 3 m.s. (צָוָה 845) *therefore as commanded*

יהוה אֱלֹהֵיכֶם pr.n. (217)-n.m.p.-2 m.p. sf. (43) *Yahweh your God*

אֶתְכֶם dir.obj.-2 m.p. sf. *you*

לֹא תָסֻרוּ neg.-Qal impf. 2 m.p. (סוּר 693) *you shall not turn aside*

יָמִין n.m.s. (412) *to the right hand*

וּשְׂמֹאל conj.-n.m.s. (969) *or to the left*

5:33

בְּכָל־הַדֶּרֶךְ prep.-n.m.s. cstr. (481)-def.art.-n.m.s. (202) *in all the way*

אֲשֶׁר צִוָּה rel. (81)-Pi. pf. 3 m.s. (צָוָה 845) *which has commanded*

יהוה אֱלֹהֵיכֶם pr.n. (217)-n.m.p.-2 m.p. sf. (43) *Yahweh your God*

אֶתְכֶם dir.obj.-2 m.p. sf. *you*

תֵּלְכוּ Qal impf. 2 m.p. paus. (הָלַךְ 229) *you shall walk*

לְמַעַן תִּחְיוּן conj. (775)-Qal impf. 2 m.p. (חָיָה 310) *that you may live*

וְטוֹב לָכֶם conj.-Qal pf. 3 m.s. (373)-prep.-2 m.p. sf. *well with you*

וְהַאֲרַכְתֶּם conj.-Hi. pf. 2 m.p. (אָרַךְ 73) *and that you may live long*

יָמִים n.m.p. (398) *(days)*

בָּאָרֶץ prep.-def.art.-n.f.s. (75) *in the land*

אֲשֶׁר תִּירָשׁוּן rel. (81)-Qal impf. 2 m.p. (יָרַשׁ 439) *which you shall possess*

6:1

וְזֹאת conj.-demons.adj. f.s. (260) *now this is*

הַמִּצְוָה def.art.-n.f.s. (846) *the commandment*

הַחֻקִּים def.art.-n.m.p. (349) *the statutes*

וְהַמִּשְׁפָּטִים conj.-def.art.-n.m.p. (1048) *and the ordinances*

אֲשֶׁר צִוָּה rel. (81)-Pi. pf. 3 m.s. (צָוָה 845) *which commanded*

יהוה אֱלֹהֵיכֶם pr.n. (217)-n.m.p.-2 m.p. sf. (43) *Yahweh your God*

לְלַמֵּד prep.-Pi. inf.cstr. (540) *to teach*

אֶתְכֶם dir.obj.-2 m.p. sf. *you*

לַעֲשׂוֹת prep.-Qal inf.cstr. (עָשָׂה I 793) *that you may do them*

בָּאָרֶץ prep.-def.art.-n.f.s. (75) *in the land*

אֲשֶׁר אַתֶּם v.supra-pers.pr. 2 m.p. (61) *to which you*

עֹבְרִים Qal act.ptc. m.p. (עָבַר 716) *are going over*

שָׁמָּה adv.-loc.he (1027) *there*

לְרִשְׁתָּהּ prep.-Qal inf.cstr.-3 f.s. sf. (יָרַשׁ 439) *to possess it*

6:2

לְמַעַן תִּירָא prep. (775)-Qal impf. 2 m.s. (יָרֵא 431) *that you may fear*

אֶת־יהוה dir.obj.-pr.n. (217) *Yahweh*

אֱלֹהֶיךָ n.m.p.-2 m.s. sf. (43) *your God*

לִשְׁמֹר prep.-Qal inf.cstr. (1036) *by keeping*

אֶת־כָּל־חֻקֹּתָיו dir.obj.-n.m.s. cstr. (481)-n.f.p.-3 m.s. sf. (349) *all his statutes*

וּמִצְוֹתָיו conj.-n.f.p.-1 c.s. sf. (846) *and his commandments*

אֲשֶׁר אָנֹכִי rel. (81)-pers.pr. 1 c.s. (59) *which I*

מְצַוֶּךָ Pi. ptc.-2 m.s. sf. (צָוָה 845) *commanded you*

אַתָּה pers.pr. 2 m.s. (61) *you*

וּבִנְךָ conj.-n.m.s.-2 m.s. sf. (119) *and your son*

וּבֶן־בִּנְךָ conj.-n.m.s. cstr. (119)-n.m.s.-2 m.s. sf. (119) *and your son's son*

כֹּל יְמֵי n.m.s. cstr. (481)-n.m.p. cstr. (398) *all the days of*

חַיֶּיךָ n.m.p.-2 m.s. sf. (311) *your life*

וּלְמַעַן יַאֲרִכֻן conj.-prep. (775)-Hi. impf. 3 m.p. (אָרַךְ 73) *and that may be prolonged*

יָמֶיךָ n.m.p.-2 m.s. sf. (398) *your days*

6:3

וְשָׁמַעְתָּ conj.-Qal pf. 2 m.s. (שָׁמַע 1033) *hear therefore*

יִשְׂרָאֵל pr.n. (975) *O Israel*

וְשָׁמַרְתָּ conj.-Qal pf. 2 m.s. (1036) *and be careful*

לַעֲשׂוֹת prep.-Qal inf.cstr. (עָשָׂה I 793) *to do them*

אֲשֶׁר יִיטַב rel. (81)-Qal impf. 3 m.s. (יָטַב 405) *that it may go well*

לְךָ prep. 2 m.s. sf. *with you*

וַאֲשֶׁר תִּרְבּוּן conj.-v.supra-Qal impf. 2 m.p. (רָבָה I 915) *and that you may multiply*

מְאֹד adv. (547) *greatly*

כַּאֲשֶׁר דִּבֶּר prep.-rel. (81)-Pi. pf. 3 m.s. (180) *as has promised*

יהוה pr.n. (217) *Yahweh*

אֱלֹהֵי אֲבֹתֶיךָ n.m.p. cstr. (43)-n.m.p.-2 m.s. sf. (3) *the God of your fathers*

לָךְ prep.-2 m.s. sf. paus. *to you*

אֶרֶץ n.f.s. (75) *a land*

זָבַת Qal act.ptc. f.s. cstr. (זוב 264) *flowing*

חָלָב n.m.s. (316) *with milk*

וּדְבָשׁ conj.-n.m.s. paus. (185) *and honey*

6:4

שְׁמַע יִשְׂרָאֵל Qal impv. 2 m.s. (1033)-pr.n. (975) *hear, O Israel*

יהוה אֱלֹהֵינוּ pr.n. (217)-n.m.p.-1 c.p. sf. (43) *Yahweh our God*

יהוה אֶחָד v.supra-num. (25) *one Yahweh*

6:5

וְאָהַבְתָּ conj.-Qal pf. 2 m.s. (אָהַב 12) *and you shall love*

אֵת יהוה dir.obj.-pr.n. (217) *Yahweh*

אֱלֹהֶיךָ n.m.p.-2 m.s. sf. (43) *your God*

בְּכָל־לְבָבְךָ prep.-n.m.s. cstr. (481)-n.m.s.-2 m.s. sf. (523) *with all your heart*

וּבְכָל־נַפְשְׁךָ conj.-prep.-n.m.s. cstr. (481)-n.f.s.-2 m.s. sf. (659) *and with all your soul*

וּבְכָל־מְאֹדֶךָ v.supra–n.m.s. (547) *and with all your might*

6:6

וְהָיוּ conj.-Qal pf. 3 c.p. (הָיָה 224) *and shall be*

הַדְּבָרִים הָאֵלֶּה def.art.-n.m.p. (182)-def.art. -demons.adj. c.p. (41) *these words*

אֲשֶׁר אָנֹכִי rel. (81)-pers.pr. 1 c.s. (59) *which I*

מְצַוְּךָ Pi. ptc.-2 m.s. sf. (צָוָה 845) *command you*

הַיּוֹם def.art.-n.m.s. (398) *this day*

עַל־לְבָבֶךָ prep.-n.m.s.-2 m.s. sf. (523) *upon your heart*

6:7

וְשִׁנַּנְתָּם conj.-Pi. pf. 2 m.s.-3 m.p. sf. (1041) *and you shall teach them diligently*

לְבָנֶיךָ prep.-n.m.p.-2 m.s. sf. (119) *to your children*

וְדִבַּרְתָּ conj.-Pi. pf. 2 m.s. (180) *and shall talk*

בָּם prep.-3 m.p. sf. *of them*

בְּשִׁבְתְּךָ prep.-Qal inf.cstr.-2 m.s. sf. (יָשַׁב 442) *when you sit*

בְּבֵיתֶךָ prep.-n.m.s.-2 m.s. sf. (108) *in your house*

וּבְלֶכְתְּךָ conj.-prep.-Qal inf.cstr.-2 m.s. sf. (הָלַךְ 229) *and when you walk*

בַדֶּרֶךְ prep.-def.art.-n.m.s. (202) *by the way*

וּבְשָׁכְבְּךָ conj.-prep.-Qal inf.cstr.-2 m.s. sf. (1011) *and when you lie down*

וּבְקוּמֶךָ conj.-prep.-Qal inf.cstr.-2 m.s. sf. (877) *and when you rise*

6:8

וּקְשַׁרְתָּם conj.-Qal pf. 2 m.s.-3 m.p. sf. (קָשַׁר 905) *and you shall bind them*

לְאוֹת prep.-n.m.s. (16) *as a sign*

עַל־יָדֶךָ prep.-n.f.s.-2 m.s. sf. (388) *upon your hand*

וְהָיוּ conj.-Qal pf. 3 c.p. (הָיָה 224) *and they shall be*

לְטֹטָפֹת prep.-n.f.p. (377) *as frontlets*

בֵּין עֵינֶיךָ prep. (107)-n.f.p.-2 m.s. sf. (744) *between your eyes*

6:9

וּכְתַבְתָּם conj.-Qal pf. 2 m.s.-3 m.p. sf. (כָּתַב 507) *and you shall write them*

עַל־מְזוּזֹת prep.-n.f.p. cstr. (265) *on the doorposts of*

בֵּיתֶךָ n.m.s.-2 m.s. sf. (108) *your house*

וּבִשְׁעָרֶיךָ conj.-prep.-n.m.p.-2 m.s. sf. (1044) *and on your gates*

6:10

וְהָיָה conj.-Qal pf. 3 m.s. (224) *and*

כִּי יְבִיאֲךָ conj. (471)-Hi. impf. 3 m.s.-2 m.s. sf. (בּוֹא 97) *when brings you*

יהוה אֱלֹהֶיךָ pr.n. (217)-n.m.p.-2 m.s. sf. (43) *Yahweh your God*

אֶל־הָאָרֶץ prep.-def.art.-n.f.s. (75) *into the land*

אֲשֶׁר נִשְׁבַּע rel. (81)-Ni. pf. 3 m.s. (989) *which he swore*

לַאֲבֹתֶיךָ prep.-n.m.p.-2 m.s. sf. (3) *to your fathers*

לְאַבְרָהָם prep.-pr.n. (4) *to Abraham*

לְיִצְחָק prep.-pr.n. (850) *to Isaac*

וּלְיַעֲקֹב conj.-prep.-pr.n. (784) *and to Jacob*

לָתֵת prep.-Qal inf.cstr. (נָתַן 678) *to give*

לָךְ prep.-2 m.s. sf. paus. *to you*

עָרִים n.f.p. (746) *with cities*

גְּדֹלֹת adj. f.p. (152) *great*

וְטֹבֹת conj.-adj. f.p. (373) *and goodly*

אֲשֶׁר rel. (81) *which*

לֹא־בָנִיתָ neg.-Qal pf. 2 m.s. (בָּנָה 124) *you did not build*

6:11

וּבָתִּים conj.-n.m.p. (108) *and houses*

מְלֵאִים Qal act.ptc. m.p. (569) *full of*

כָּל־טוּב prep.-n.m.s. (375) *all good things*

אֲשֶׁר לֹא־מִלֵּאתָ v.supra-neg.-Pi. pf. 2 m.s. (מָלֵא 569) *which you did not fill*

וּבֹרֹת conj.-n.m.p. (92) *and cisterns*

חֲצוּבִים Qal pass.ptc. m.p. (345) *hewn out*

אֲשֶׁר לֹא־חָצַבְתָּ v.supra-neg.-Qal pf. 2 m.s. (345 חָצַב) *which you did not hew*

כְּרָמִים n.m.p. (501) *and vineyards*

וְזֵיתִים conj.-n.m.p. (268) *and olive trees*

אֲשֶׁר לֹא־נָטַעְתָּ rel. (81)-neg.-Qal pf. 2 m.s. paus. (נָטַע 642) *which you did not plant*

וְאָכַלְתָּ conj.-Qal pf. 2 m.s. (אָכַל 37) *and when you eat*

וְשָׂבָעְתָּ conj.-Qal pf. 2 m.s. paus. (שָׂבַע 959) *and are full*

6:12

הִשָּׁמֶר Ni. impv. 2 m.s. (שָׁמַר 1036) *then take heed*

לְךָ prep.-2 m.s. sf. *(to yourself)*

פֶּן־תִּשְׁכַּח conj. (14)-Qal impf. 2 m.s. (1013) *lest you forget*

אֶת־יהוה dir.obj.-pr.n. (217) *Yahweh*

אֲשֶׁר הוֹצִיאֲךָ rel. (81)-Hi. pf. 3 m.s.-2 m.s. sf. (יָצָא 422) *who brought you out*

מֵאֶרֶץ prep.-n.f.s. cstr. (75) *of the land of*

מִצְרַיִם pr.n. (595) *Egypt*

מִבֵּית עֲבָדִים prep.-n.m.s. cstr. (108)-n.m.p. (712) *out of the house of bondage*

6:13

אֶת־יְהוָה אֱלֹהֶיךָ dir.obj.-pr.n. (217)-n.m.p.-2 m.s. sf. (43) *Yahweh your God*

תִּירָא Qal impf. 2 m.s. (יָרֵא 431) *you shall fear*

וְאֹתוֹ תַעֲבֹד conj.-dir.obj.-3 m.s. sf.-Qal impf. 2 m.s. (712) *and him you shall serve*

וּבִשְׁמוֹ conj.-prep.-n.m.s.-3 m.s. sf. (1027) *and by his name*

תִּשָּׁבֵעַ Ni. impf. 2 m.s. (989) *you shall swear*

6:14

לֹא תֵלְכוּן neg.-Qal impf. 2 m.p. (הָלַךְ 229) *you shall not go*

אַחֲרֵי prep. (29) *after*

אֱלֹהִים אֲחֵרִים n.m.p. (43)-adj. m.p. (29) *other gods*

מֵאֱלֹהֵי הָעַמִּים prep.-n.m.p. cstr. (43)-def.art. -n.m.p. (766) *of the gods of the peoples*

אֲשֶׁר סְבִיבוֹתֵיכֶם rel. (81)-subst. f.p.-2 m.p. sf. (686) *who are round about you*

6:15

כִּי אֵל קַנָּא conj. (471)-n.m.s. (42)-adj. m.s. (888) *for a jealous God*

יְהוָה אֱלֹהֶיךָ pr.n. (217)-n.m.p.-2 m.s. sf. (43) *Yahweh your God*

בְּקִרְבֶּךָ prep.-n.m.s.-2 m.s. sf. (899) *in the midst of you*

פֶּן־יֶחֱרֶה conj. (814)-Qal impf. 3 m.s. (354) *lest be kindled*

אַף־יְהוָה n.m.s. cstr. (I 60)-pr.n. (217) *the anger of Yahweh*

אֱלֹהֶיךָ n.m.p.-2 m.s. sf. (43) *your God*

בָּךְ prep.-2 m.s. sf. paus. *against you*

וְהִשְׁמִידְךָ conj.-Hi. pf. 3 m.s.-2 m.s. sf. (1029) *and he destroy you*

מֵעַל פְּנֵי הָאֲדָמָה prep.-prep. (752)-n.m.p. cstr. (815)-def.art.-n.f.s. (9) *from off the face of the earth*

6:16

לֹא תְנַסּוּ neg.-Pi. impf. 2 m.p. (נָסָה 650) *you shall not put to the test*

אֶת־יְהוָה אֱלֹהֵיכֶם dir.obj.-pr.n. (217)-n.m.p.-2 m.p. sf. (43) *Yahweh your God*

כַּאֲשֶׁר נִסִּיתֶם prep.-rel. (81)-Pi. pf. 2 m.p. (נָסָה 650) *as you tested him*

בַּמַּסָּה prep.-def.art.-pr.n. (650) *at Massah*

6:17

שָׁמוֹר תִּשְׁמְרוּן Qal inf.abs. (1036)-Qal impf. 2 m.p. (1036) *you shall diligently keep*

אֶת־מִצְוֹת dir.obj.-n.f.p. cstr. (846) *the commandments of*

יְהוָה אֱלֹהֵיכֶם pr.n. (217)-n.m.p.-2 m.p. sf. (43) *Yahweh your God*

וְעֵדֹתָיו conj.-n.f.p.-3 m.s. sf. (729) *and his testimonies*

וְחֻקָּיו conj.-n.m.p.-3 m.s. sf. (349) *and his statutes*

אֲשֶׁר צִוָּךְ rel. (81)-Pi. pf. 3 m.s.-2 m.s. sf. paus. (צָוָה 845) *which he has commanded you*

6:18

וְעָשִׂיתָ conj.-Qal pf. 2 m.s. (עָשָׂה I 793) *and you shall do*

הַיָּשָׁר def.art.-n.m.s. (449) *what is right*

וְהַטּוֹב conj.-def.art.-n.m.s. (373) *and good*

בְּעֵינֵי prep.-n.f.p. cstr. (744) *in the sight of*

יְהוָה pr.n. (217) *Yahweh*

לְמַעַן יִיטַב prep. (775)-Qal impf. 3 m.s. (יָטַב 405) *that it may go well*

לָךְ prep.-2 m.s. sf. *with you*

וּבָאתָ conj.-Qal pf. 2 m.s. (בּוֹא 97) *and that you may go in*

וְיָרַשְׁתָּ conj.-Qal pf. 2 m.s. (יָרַשׁ 439) *and take possession of*

אֶת־הָאָרֶץ dir.obj.-def.art.-n.f.s. (75) *the land*

הַטֹּבָה def.art.-adj. f.s. (373) *good*

אֲשֶׁר־נִשְׁבַּע rel. (81)-Ni. pf. 3 m.s. (שָׁבַע 989) *which swore*

יְהוָה pr.n. (217) *Yahweh*

לַאֲבֹתֶיךָ prep.-n.m.p.-2 m.s. sf. (3) *to your fathers*

6:19

לַהֲדֹף prep.-Qal inf.cstr. (הָדַף 213) *by thrusting out*

אֶת־כָּל־אֹיְבֶיךָ dir.obj.-n.m.s. cstr. (481)-Qal act.ptc. m.p.-2 m.s. sf. (אָיַב 33) *all your enemies*

מִפָּנֶיךָ prep.-n.m.p.-2 m.s. sf. (815) *from before you*

כַּאֲשֶׁר דִּבֶּר prep.-rel. (81)-Pi. pf. 3 m.s. (180) *as promised*

יְהוָה pr.n. (217) *Yahweh*

6:20

כִּי־יִשְׁאָלְךָ conj. (471)-Qal impf. 3 m.s.-2 m.s. sf. (981) *when asks you*

בִּנְךָ n.m.s.-2 m.s. sf. (119) *your son*

מָחָר adv. (563) *in time to come*

לֵאמֹר prep.-Qal inf.cstr. (55) *(saying)*

מָה interr. (552) *what is the meaning of*

הָעֵדֹת def.art.-n.f.p. (729) *the testimonies*

וְהַחֻקִּים conj.-def.art.-n.m.p. (349) *and the statutes*

וְהַמִּשְׁפָּטִים conj.-def.art.-n.m.p. (1048) *and the ordinances*

אֲשֶׁר צִוָּה rel. (81)-Pi. pf. 3 m.s. (צוה 845) *which has commanded*

יהוה אֱלֹהֵינוּ pr.n. (217)-n.m.p.-1 c.p. sf. (43) *Yahweh our God*

אֶתְכֶם dir.obj.-2 m.p. sf. *you*

6:21

וְאָמַרְתָּ conj.-Qal pf. 2 m.s. (אמר 55) *then you shall say*

לְבִנְךָ prep.-n.m.s.-2 m.s. sf. (119) *to your son*

עֲבָדִים n.m.p. (I 713) *slaves*

הָיִינוּ Qal pf. 1 c.p. (היה 224) *we were*

לְפַרְעֹה prep.-pr.n. (829) *to Pharaoh*

בְּמִצְרָיִם prep.-pr.n. paus. (595) *in Egypt*

וַיּוֹצִיאֵנוּ consec.-Hi. impf. 3 m.s.-1 c.p. sf. (יצא 422) *and brought us out*

יהוה pr.n. (217) *Yahweh*

מִמִּצְרָיִם prep.-pr.n. (595) *of Egypt*

בְּיָד חֲזָקָה prep.-n.f.s. (388)-adj. f.s. (305) *with a mighty hand*

6:22

וַיִּתֵּן יהוה consec.-Qal impf. 3 m.s. (נתן 678)-pr.n. (217) *and Yahweh showed*

אוֹתֹת n.m.p. (16) *signs*

וּמֹפְתִים conj.-n.m.p. (68) *and wonders*

גְּדֹלִים adj. m.p. (152) *great*

וְרָעִים conj.-adj. m.p. (948) *and grievous*

בְּמִצְרַיִם prep.-pr.n. (595) *against Egypt*

בְּפַרְעֹה prep.-pr.n. (829) *and against Pharaoh*

וּבְכָל־בֵּיתוֹ conj.-prep.-n.m.s. cstr. (481)-n.m.s.-3 m.s. sf. (108) *and against all his household*

לְעֵינֵינוּ prep.-n.f.p.-1 c.p. sf. (744) *before our eyes*

6:23

וְאוֹתָנוּ conj.-dir.obj.-1 c.p. sf. *and us*

הוֹצִיא Hi. pf. 3 m.s. (יצא 422) *he brought out*

מִשָּׁם prep.-adv. (1027) *from there*

לְמַעַן הָבִיא conj. (775)-Hi. pf. 3 m.s. (בוא 97) *that he might bring in*

אֹתָנוּ dir.obj.-1 c.p. sf. *us*

לָתֶת prep.-Qal inf.cstr. (נתן 678) *and give*

לָנוּ prep.-1 c.p. sf. *us*

אֶת־הָאָרֶץ dir.obj.-def.art.-n.f.s. (75) *the land*

אֲשֶׁר נִשְׁבַּע rel. (81)-Ni. pf. 3 m.s. (שבע 989) *which he swore*

לַאֲבֹתֵינוּ prep.-n.m.p.-1 c.p. sf. (3) *to our fathers*

6:24

וַיְצַוֵּנוּ consec.-Pi. impf. 3 m.s.-1 c.p. sf. (צוה 845) *and commanded us*

יהוה pr.n. (217) *Yahweh*

לַעֲשׂוֹת prep.-Qal inf.cstr. (עשה I 793) *to do*

אֶת־כָּל־הַחֻקִּים הָאֵלֶּה dir.obj.-n.m.s. cstr. (481)-def.art.-n.m.p. (349)-def.art.-demons.adj. c.p. (41) *all these statutes*

לְיִרְאָה prep.-Qal inf.cstr. (ירא 431) *to fear*

אֶת־יהוה אֱלֹהֵינוּ dir.obj.-pr.n. (217)-n.m.p.-1 c.p. sf. (43) *Yahweh our God*

לְטוֹב לָנוּ prep.-n.m.s. (III 375)-prep.-1 c.p. sf. *for our good*

כָּל־הַיָּמִים n.m.s. cstr. (481)-def.art.-n.m.p. (398) *always*

לְחַיֹּתֵנוּ prep.-Pi. inf.cstr.-1 c.p. sf. (חיה 310) *that he might preserve us alive*

כְּהַיּוֹם הַזֶּה prep.-def.art.-n.m.s. (398)-def.art.-demons.adj. m.s. (260) *as at this day*

6:25

וּצְדָקָה conj.-n.f.s. (842) *and righteousness*

תִּהְיֶה־לָּנוּ Qal impf. 3 f.s.-prep.-1 c.p. sf. (היה 224) *it will be for us*

כִּי־נִשְׁמֹר conj.-Qal impf. 1 c.p. (1036) *if we are careful*

לַעֲשׂוֹת prep.-Qal inf.cstr. (עשה I 793) *to do*

אֶת־כָּל־הַמִּצְוָה הַזֹּאת dir.obj.-n.m.s. cstr. (481)-def.art.-n.f.s. (846)-def.art.-demons.adj. f.s. (260) *all this commandment*

לִפְנֵי יהוה prep.-n.m.p. cstr. (815)-pr.n. (217) *before Yahweh*

אֱלֹהֵינוּ n.m.p.-1 c.p. sf. (43) *our God*

כַּאֲשֶׁר צִוָּנוּ prep.-rel. (81)-Pi. pf. 3 m.s.-1 c.p. sf. (צוה 845) *as he commanded us*

7:1

כִּי יְבִיאֲךָ conj. (471)-Hi. impf. 3 m.s.-2 m.s. sf. (בוא 97) *when brings you*

יהוה אֱלֹהֶיךָ pr.n. (217)-n.m.p.-2 m.s. sf. (43) *Yahweh your God*

אֶל־הָאָרֶץ prep.-def.art.-n.f.s. (75) *into the land*

אֲשֶׁר־אַתָּה בָא rel. (81)-pers.pr. 2 m.s. (61)-Qal act.ptc. (בוא 97) *which you are entering*

שָׁמָּה adv.-loc.he (1027) *(there)*

לְרִשְׁתָּהּ prep.-Qal inf.cstr.-3 f.s. sf. (ירש 439) *to take possession of it*

וְנָשַׁל conj.-Qal pf. 3 m.s. (675) *and clears away*

גּוֹיִם־רַבִּים n.m.p. (156)-adj. m.p. (I 912) *many nations*

מִפָּנֶיךָ prep.-n.m.p.-2 m.s. sf. (815) *before you*

הַחִתִּי def.art.-pr.n. gent. (366) *the Hittites*

וְהַגִּרְגָּשִׁי conj.-def.art.-pr.n. gent. (173) *the Girgashites*

וְהָאֱמֹרִי conj.-def.art.-pr.n. gent. (57) *the Amorites*

וְהַכְּנַעֲנִי conj.-def.art.-pr.n. gent. (489) *the Canaanites*

וְהַפְּרִזִּי conj.-def.art.-pr.n. gent. (827) *the Perizzites*

וְהַחִוִּי conj.-def.art.-pr.n. gent. (295) *the Hivites*

וְהַיְבוּסִי conj.-def.art.-pr.n. gent. (101) *and the Jebusites*

שִׁבְעָה גוֹיִם num. f. (988)-n.m.p. (156) *seven nations*

רַבִּים adj. m.p. (I 912) *greater*

וַעֲצוּמִים conj.-adj. m.p. (783) *and mightier*

מִמֶּךָ prep.-2 m.s. sf. *than yourselves*

7:2

וּנְתָנָם conj.-Qal pf. 3 m.s.-3 m.p. sf. (נָתַן 678) *and when gives them*

יהוה אֱלֹהֶיךָ pr.n. (217)-n.m.p.-2 m.s. sf. (43) *Yahweh your God*

לְפָנֶיךָ prep.-n.m.p.-2 m.s. sf. (815) *over to you* (lit. *before you*)

וְהִכִּיתָם conj.-Hi. pf. 2 m.s.-3 m.p. sf. (נָכָה 645) *and you defeat them*

הַחֲרֵם תַּחֲרִים Hi. inf.abs. (חָרַם I 355)-Hi. impf. 2 m.s. (I 355) *then you must utterly destroy*

אֹתָם dir.obj.-3 m.p. sf. *them*

לֹא־תִכְרֹת neg.-Qal impf. 2 m.s. (כָּרַת 503) *you shall make no*

לָהֶם prep.-3 m.p. sf. *with them*

בְּרִית n.f.s. (136) *covenant*

וְלֹא תְחָנֵּם conj.-neg.-Qal impf. 2 m.s.-3 m.p. sf. (חָנַן I 335) *and show no mercy to them*

7:3

וְלֹא תִתְחַתֵּן בָּם conj.-neg.-Hith. impf. 2 m.s. (חָתַן 368)-prep.-3 m.p. sf. *you shall not make marriages with them*

בִּתְּךָ n.f.s.-2 m.s. sf. (I 123) *your daughters*

לֹא־תִתֵּן neg.-Qal impf. 2 m.s. (נָתַן 678) *you shall not give*

לִבְנוֹ prep.-n.m.s.-3 m.s. sf. (119) *to their sons*

וּבִתּוֹ conj.-n.f.s.-3 m.s. sf. (I 123) *or their daughters*

לֹא־תִקַּח neg.-Qal impf. 2 m.s. (לָקַח 542) *you shall not take*

לִבְנֶךָ prep.-n.m.p.-2 m.s. sf. (119) *for your sons*

7:4

כִּי־יָסִיר conj. (471)-Hi. impf. 3 m.s. (סוּר 693) *for they would turn away*

אֶת־בִּנְךָ dir.obj.-n.m.s.-2 m.s. sf. (119) *your sons*

מֵאַחֲרַי prep.-prep.-1 c.s. sf. (29) *from following me*

וְעָבְדוּ conj.-Qal pf. 3 c.p. (עָבַד 712) *to serve*

אֱלֹהִים אֲחֵרִים n.m.p. (43)-adj. m.p. (29) *other gods*

וְחָרָה conj.-Qal pf. 3 m.s. (354) *then would be kindled*

אַף־יהוה n.m.s. cstr. (I 60)-pr.n. (217) *the anger of Yahweh*

בָּכֶם prep.-2 m.p. sf. *against you*

וְהִשְׁמִידְךָ conj.-Hi. pf. 3 m.s.-2 m.s. sf. (שָׁמַד 1029) *and he would destroy you*

מַהֵר Pi. inf.cstr. as adv. (I 554) *quickly*

7:5

כִּי־אִם־כֹּה conj.-hypoth.part. (49)-adv. (462) *but thus*

תַעֲשׂוּ Qal impf. 2 m.p. (עָשָׂה I 793) *shall you deal*

לָהֶם prep.-3 m.p. sf. *with them*

מִזְבְּחֹתֵיהֶם n.f.p.-3 m.p. sf. (258) *their altars*

תִּתֹּצוּ Qal impf. 2 m.s. (נָתַץ 683) *you shall break down*

וּמַצֵּבֹתָם conj.-n.f.p.-3 m.p. sf. (663) *and their pillars*

תְּשַׁבֵּרוּ Pi. impf. 2 m.p. paus. (990) *dash in pieces*

וַאֲשִׁירֵהֶם conj.-n.m.p.-3 m.p. sf. (81) *and their Asherim*

תְּגַדֵּעוּן Pi. impf. 2 m.p. (גָּרַע 154) *hew down*

וּפְסִילֵיהֶם conj.-n.m.p.-3 m.p. sf. (820) *and their graven images*

תִּשְׂרְפוּן Qal impf. 2 m.p. (976) *burn*

בָּאֵשׁ prep.-def.art.-n.f.s. (77) *with fire*

7:6

כִּי עַם קָדוֹשׁ conj.-n.m.s. (I 766)-adj. m.s. (872) *for a people holy*

אַתָּה pers.pr. 2 m.s. (61) *you are*

לַיהוה אֱלֹהֶיךָ prep.-pr.n. (217)-n.m.p.-2 m.s. sf. (43) *to Yahweh your God*

בְּךָ prep.-2 m.s. sf. *you*

בָּחַר Qal pf. 3 m.s. (103) *has chosen*

יהוה אֱלֹהֶיךָ v.supra-v.supra *Yahweh your God*

לִהְיוֹת לוֹ prep.-Qal inf.cstr. (הָיָה 224)-prep.-3 m.s. sf. *to be to him*

לְעַם סְגֻלָּה prep.-n.m.s. cstr. (I 766)-n.f.s. (688) *a people for possession*

מִכֹּל הָעַמִּים prep.-prep.-n.m.s. cstr. (481)-def.art. -n.m.p. (I 766) *out of all the peoples*

אֲשֶׁר עַל־פְּנֵי rel. (81)-prep.-n.m.p. cstr. (815) *that are on the face of*

הָאֲדָמָה def.art.-n.f.s. (9) *the earth*

7:7

לֹא מֵרֻבְּכֶם neg.-prep.-n.m.s.-2 m.p. sf. (913) *not because you were more in number*

מִכָּל־הָעַמִּים prep.-n.m.s. cstr. (481)-def.art. -n.m.p. (I 766) *than any other people*

חָשַׁק יהוה Qal pf. 3 m.s. (I 365)-pr.n. (217) *that Yahweh set his love*

בָּכֶם prep.-2 m.p. sf. *upon you*

וַיִּבְחַר consec.-Qal impf. 3 m.s. (103) *and chose*

בָּכֶם prep.-2 m.p. sf. *you*

כִּי־אַתֶּם conj. (471)-pers.pr. 2 m.p. (61) *for you were*

הַמְעַט def.art.-n.m.s. (589) *the fewest*

מִכָּל־הָעַמִּים prep.-n.m.s. cstr. (481)-def.art. -n.m.p. (I 766) *of all the peoples*

7:8

כִּי מֵאַהֲבַת יהוה conj. (471)-prep.-n.f.s. cstr. (13)-pr.n. (217) *but it is because Yahweh loves*

אֶתְכֶם dir.obj.-2 m.p. sf. *you*

וּמִשָּׁמְרוֹ conj.-prep.-Qal inf.cstr.-3 m.s. sf. (1036) *and is keeping*

אֶת־הַשְּׁבֻעָה dir.obj.-def.art.-n.f.s. (989) *the oath*

אֲשֶׁר נִשְׁבַּע rel. (81)-Ni. pf. 3 m.s. (989) *which he swore*

לַאֲבֹתֵיכֶם prep.-n.m.p.-2 m.p. sf. (3) *to your fathers*

הוֹצִיא יהוה Hi. pf. 3 m.s. (יָצָא 422)-pr.n. (217) *that Yahweh has brought out*

אֶתְכֶם dir.obj.-2 m.p. sf. *you*

בְּיָד חֲזָקָה prep.-n.f.s. (388)-adj. f.s. (305) *with a mighty hand*

וַיִּפְדְּךָ consec.-Qal impf. 3 m.s.-2 m.s. sf. (פָּדָה 804) *and redeemed you*

מִבֵּית עֲבָדִים prep.-n.m.s. cstr. (108)-n.m.p. (712) *from the house of bondage*

מִיַּד פַּרְעֹה prep.-n.f.s. cstr. (388)-pr.n. (829) *from the hand of Pharaoh*

מֶלֶךְ־מִצְרָיִם n.m.s. cstr. (I 572)-pr.n. paus. (595) *king of Egypt*

7:9

וְיָדַעְתָּ conj.-Qal pf. 2 m.s. (יָדַע 393) *know therefore*

כִּי־יהוה אֱלֹהֶיךָ conj. (471)-pr.n. (217)-n.m.p.-2 m.s. sf. (43) *that Yahweh your God*

הוּא הָאֱלֹהִים pers.pr. 3 m.s. (214)-def.art.-n.m.p. (43) *(he) is God*

הָאֵל הַנֶּאֱמָן def.art.-n.m.s. (42)-def.art.-Ni. ptc. as adj. (אָמַן 52) *the faithful God*

שֹׁמֵר Qal act.ptc. (שָׁמַר 1036) *who keeps*

הַבְּרִית def.art.-n.f.s. (136) *covenant*

וְהַחֶסֶד conj.-def.art.-n.m.s. (338) *and steadfast love*

לְאֹהֲבָיו prep.-Qal act.ptc. m.p.-3 m.s. sf. (12) *with those who love him*

וּלְשֹׁמְרֵי conj.-prep.-Qal act.ptc. m.p. cstr. (1036) *and keep*

מִצְוֹתָיו n.f.p.-3 m.s. sf. (846) *his commandments*

לְאֶלֶף דּוֹר prep.-n.m.s. cstr. (48)-n.m.s. (189) *to a thousand generations*

7:10

וּמְשַׁלֵּם conj.-Pi. ptc. (1022) *and requites*

לְשֹׂנְאָיו prep.-Qal act.ptc. m.p.-3 m.s. sf. (שָׂנֵא 971) *those who hate him*

אֶל־פָּנָיו prep.-n.m.p.-3 m.s. sf. (815) *to their face*

לְהַאֲבִידוֹ prep.-Hi. inf.cstr.-3 m.s. sf. (1) *by destroying them*

לֹא יְאַחֵר neg.-Pi. impf. 3 m.s. (אָחַר 29) *he will not be slack with*

לְשֹׂנְאוֹ prep.-Qal act.ptc.-3 m.s. sf. (שָׂנֵא 971) *him who hates him*

אֶל־פָּנָיו prep.-v.supra *to his face*

יְשַׁלֶּם־לוֹ Pi. impf. 3 m.s. (1022)-prep.-3 m.s. sf. *he will requite him*

7:11

וְשָׁמַרְתָּ conj.-Qal pf. 2 m.s. (1036) *you shall therefore be careful*

אֶת־הַמִּצְוָה dir.obj.-def.art.-n.f.s. (846) *the commandment*

וְאֶת־הַחֻקִּים conj.-dir.obj.-def.art.-n.m.p. (349) *and the statutes*

וְאֶת־הַמִּשְׁפָּטִים conj.-dir.obj.-def.art.-n.m.p. (1048) *and the ordinances*

אֲשֶׁר אָנֹכִי rel. (81)-pers.pr. 1 c.s. (59) *which I*

מְצַוְּךָ Pi. ptc.-2 m.s. sf. (צָוָה 845) *command you*

הַיּוֹם def.art.-n.m.s. (398) *this day*

לַעֲשׂוֹתָם prep.-Qal inf.cstr.-3 m.p. sf. (עָשָׂה I 793) *to do them*

7:12

וְהָיָה עֵקֶב conj.-Qal pf. 3 m.s. (224)-conj. (784) *and because*

תִּשְׁמְעוּן Qal impf. 2 m.p. (1033) *you hearken*

אֵת הַמִּשְׁפָּטִים dir.obj.-def.art.-n.m.p. (1048) *to ordinances*

הָאֵלֶּה def.art.-demons.adj. c.p. (41) *these*

וּשְׁמַרְתֶּם conj.-Qal pf. 2 m.p. (1036) *and keep*

וַעֲשִׂיתֶם conj.-Qal pf. 2 m.p. (עָשָׂה I 793) *and do*

אֹתָם dir.obj.-3 m.p. sf. *them*

וְשָׁמַר conj.-Qal pf. 3 m.s. (1036) *and will keep*

יהוה אֱלֹהֶיךָ pr.n. (217)-n.m.p.-2 m.s. sf. (43) *Yahweh your God*

לְךָ prep.-2 m.s. sf. *with you*

אֶת הַבְּרִית dir.obj.-def.art.-n.f.s. (136) *the covenant*

וְאֶת הַחֶסֶד conj.-dir.obj.-def.art.-n.m.s. (338) *and the steadfast love*

אֲשֶׁר נִשְׁבַּע rel. (81)-Ni. pf. 3 m.s. (989) *which he swore*

לַאֲבֹתֶיךָ prep.-n.m.p.-2 m.s. sf. (3) *to your fathers*

7:13

וַאֲהֵבְךָ conj.-Qal pf. 3 m.s.-2 m.s. sf. (אָהַב 12) *he will love you*

וּבֵרַכְךָ conj.-Pi. pf. 3 m.s.-2 m.s. sf. (בָּרַךְ 138) *bless you*

וְהִרְבֶּךָ conj.-Hi. pf. 3 m.s.-2 m.s. sf. (רָבָה I 915) *and multiply you*

וּבֵרַךְ conj.-Pi. pf. 3 m.s. (138) *he will also bless*

פְּרִי בִטְנְךָ n.m.s. cstr. (826)-n.f.s.-2 m.s. sf. (105) *the fruit of your body*

וּפְרִי אַדְמָתֶךָ conj.-v.supra-n.f.s.-2 m.s. sf. (9) *and the fruit of your ground*

דְּגָנֶךָ n.m.s.-2 m.s. sf. (186) *your grain*

וְתִירֹשְׁךָ conj.-n.m.s.-2 m.s. sf. (440) *and your wine*

וְיִצְהָרֶךָ conj.-n.m.s.-2 m.s. sf. (I 844) *and your oil*

שְׁגַר אֲלָפֶיךָ n.m.s. cstr. (993)-n.m.p. (I 48) *the increase of your cattle*

וְעַשְׁתְּרֹת צֹאנֶךָ conj.-n.f.p. cstr. (II 800)-n.f.s.-2 m.s. sf. (838) *and the young of your flock*

עַל הָאֲדָמָה prep.-def.art.-n.f.s. (9) *in the land*

אֲשֶׁר נִשְׁבַּע rel. (81)-Ni. pf. 3 m.s. (989) *which he swore*

לַאֲבֹתֶיךָ prep.-n.m.p.-2 m.s. (3) *to your fathers*

לָתֵת לָךְ prep.-Qal inf.cstr. (נָתַן 678)-prep.-2 m.s. sf. paus. *to give you*

7:14

בָּרוּךְ תִּהְיֶה Qal pass.ptc. (138)-Qal impf. 2 m.s. (הָיָה 224) *you shall be blessed*

מִכָּל הָעַמִּים prep.-n.m.s. cstr. (481)-def.art.-n.m.p. (I 766) *above all peoples*

לֹא יִהְיֶה neg.-Qal impf. 3 m.s. (הָיָה 224) *there shall not be*

בְךָ prep.-2 m.s. sf. *among you*

עָקָר adj. m.s. (785) *male barren*

וַעֲקָרָה conj.-adj. f.s. (785) *or female barren*

וּבִבְהֶמְתֶּךָ conj.-prep.-n.f.s.-2 m.s. sf. (96) *or among your cattle*

7:15

וְהֵסִיר יהוה conj.-Hi. pf. 3 m.s. (סוּר 693)-pr.n. (217) *and Yahweh will take away*

מִמְּךָ prep.-2 m.s. sf. *from you*

כָּל חֹלִי n.m.s. cstr. (481)-n.m.s. paus. (318) *all sickness*

וְכָל מַדְוֵי conj.-v.supra-n.m.p. cstr. (I 188) *and all diseases of*

מִצְרַיִם pr.n. (595) *Egypt*

הָרָעִים def.art.-adj. m.p. (948) *evil*

אֲשֶׁר יָדַעְתָּ rel. (81)-Qal pf. 2 m.s. (393) *which you knew*

לֹא יְשִׂימָם neg.-Qal impf. 3 m.s.-3 m.p. sf. (שׂוּם 962) *will he not inflict (them)*

בָּךְ prep.-2 m.s. sf. paus. *upon you*

וּנְתָנָם conj.-Qal pf. 3 m.s.-3 m.p. sf. (נָתַן 678) *but he will lay them*

בְּכָל שֹׂנְאֶיךָ prep.-n.m.s. cstr. (481)-Qal act.ptc. m.p.-2 m.s. sf. (שָׂנֵא 971) *upon all who hate you*

7:16

וְאָכַלְתָּ conj.-Qal pf. 2 m.s. (אָכַל 37) *and you shall destroy*

אֶת כָּל הָעַמִּים dir.obj.-n.m.s. cstr. (481)-def.art.-n.m.p. (I 766) *all the peoples*

אֲשֶׁר יהוה אֱלֹהֶיךָ rel. (81)-pr.n. (217)-n.m.p.-2 m.s. sf. (43) *that Yahweh your God*

נֹתֵן לָךְ Qal act.ptc. (678)-prep.-2 m.s. sf. paus. *will give over to you*

לֹא תָחֹס neg.-Qal impf. 3 f.s. (חוּס 299) *shall not pity*

עֵינְךָ n.f.s.-2 m.s. sf. (744) *your eye*

עֲלֵיהֶם prep.-3 m.p. sf. *them*

וְלֹא תַעֲבֹד conj.-neg.-Qal impf. 2 m.s. (עָבַד 712) *neither shall you serve*

אֶת אֱלֹהֵיהֶם dir.obj.-n.m.p.-3 m.p. sf. (43) *their gods*

כִּי מוֹקֵשׁ conj.-n.m.s. (430) *for a snare*

הוּא לָךְ pers.pr. 3 m.s. (214)-prep.-2 m.s. sf. paus. *to you*

7:17

כִּי תֹאמַר conj. (471)-Qal impf. 2 m.s. (55) *if you say*

בִּלְבָבְךָ prep.-n.m.s.-2 m.s. sf. (523) *in your heart*

רַבִּים adj. m.p. (I 912) *are greater*

הַגּוֹיִם הָאֵלֶּה def.art.-n.m.p. (156)-def.art.-demons.adj. c.p. (41) *these nations*

מִמֶּנִּי prep.-1 c.s. sf. *than I*

אֵיכָה אוּכַל adv. (32)-Qal impf. 1 c.s. (407) *how can I*

לְהוֹרִישָׁם prep.-Hi. inf.cstr.-3 m.p. sf. (יָרֵשׁ 439) *dispossess them*

7:18

לֹא תִירָא neg.-Qal impf. 2 m.s. (יָרֵא 431) *you shall not be afraid*

מֵהֶם prep.-3 m.p. sf. *of them*

זָכֹר תִּזְכֹּר Qal inf.abs. (269)-Qal impf. 2 m.s. (269) *but you shall remember*

אֵת אֲשֶׁר־עָשָׂה dir.obj.-rel. (81)-Qal pf. 3 m.s. (I 793) *what did*

יהוה אֱלֹהֶיךָ pr.n. (217)-n.m.p.-2 m.s. sf. (43) *Yahweh your God*

לְפַרְעֹה prep.-pr.n. (829) *to Pharaoh*

וּלְכָל־מִצְרַיִם conj.-prep.-n.m.s. cstr. (481)-pr.n. paus. (595) *and to all Egypt*

7:19

הַמַּסֹּת הַגְּדֹלֹת def.art.-n.f.p. (II 650)-def.art.-adj. f.p. (152) *the great trials*

אֲשֶׁר־רָאוּ rel. (81)-Qal pf. 3 c.p. (רָאָה 906) *which saw*

עֵינֶיךָ n.f. du.-2 m.s. sf. (744) *your eyes*

וְהָאֹתֹת conj.-def.art.-n.m.p. (16) *the signs*

וְהַמֹּפְתִים conj.-def.art.-n.m.p. (68) *the wonders*

וְהַיָּד הַחֲזָקָה conj.-def.art.-n.f.s. (388)-def.art.-adj. f.s. (305) *the mighty hand*

וְהַזְּרֹעַ הַנְּטוּיָה conj.-def.art.-n.f.s. (283)-def.art.-Qal pass.ptc. f.s. (639) *and the outstretched arm*

אֲשֶׁר הוֹצִאֲךָ rel. (81)-Hi. pf. 3 m.s.-2 m.s. sf. (יָצָא 422) *by which brought out*

יהוה אֱלֹהֶיךָ pr.n. (217)-n.m.p.-2 m.s. sf. (43) *Yahweh your God*

כֵּן־יַעֲשֶׂה adv. (485)-Qal impf. 3 m.s. (I 793) *so will do*

יהוה אֱלֹהֶיךָ v.supra-v.supra *Yahweh your God*

לְכָל־הָעַמִּים prep.-n.m.s. cstr. (481)-def.art.-n.m.p. (I 766) *to all the peoples*

אֲשֶׁר־אַתָּה rel. (81)-pers.pr. 2 m.s. (61) *of whom you*

יָרֵא Qal act.ptc. (יָרֵא 431) *are afraid*

מִפְּנֵיהֶם prep.-n.m.p.-3 m.p. sf. (815) *(before them)*

7:20

וְגַם conj.-adv. (168) *moreover*

אֶת־הַצִּרְעָה dir.obj.-def.art.-n.f.s. (864) *hornets*

יְשַׁלַּח Pi. impf. 3 m.s. (1018) *will send*

יהוה אֱלֹהֶיךָ pr.n. (217)-n.m.p.-2 m.p. sf. (434) *Yahweh your God*

בָּם prep.-3 m.p. sf. *among them*

עַד־אֲבֹד prep. (III 723)-Qal inf.cstr. (1) *until are destroyed*

הַנִּשְׁאָרִים def.art.-Ni. ptc. m.p. (שָׁאַר I 983) *those who are left*

וְהַנִּסְתָּרִים conj.-def.art.-Ni. ptc. m.p. (סָתַר 711) *and hide themselves*

מִפָּנֶיךָ prep.-n.m.s.-2 m.s. sf. (815) *(before you)*

7:21

לֹא תַעֲרֹץ neg.-Qal impf. 2 m.s. (791) *you shall not be in dread*

מִפְּנֵיהֶם prep.-n.m.p.-3 m.p. sf. (815) *of them*

כִּי־יהוה אֱלֹהֶיךָ conj. (471)-pr.n. (217)-n.m.p.-2 m.s. sf. (43) *for Yahweh your God*

בְּקִרְבֶּךָ prep.-n.m.s.-2 m.s. sf. (899) *is in the midst of you*

אֵל גָּדוֹל n.m.s. (42)-adj. m.s. (152) *a great God*

וְנוֹרָא conj.-Ni. ptc. (יָרֵא 431) *and terrible*

7:22

וְנָשַׁל conj.-Qal pf. 3 m.s. (675) *will clear away*

יהוה אֱלֹהֶיךָ pr.n. (217)-n.m.p.-2 m.s. sf. (43) *Yahweh your God*

אֶת־הַגּוֹיִם הָאֵל dir.obj.-def.art.-n.m.p. (156)-def.art.-demons.adj. c.p. (41) *these nations*

מִפָּנֶיךָ prep.-n.m.p.-2 m.s. sf. (815) *before you*

מְעַט מְעַט adv. (589)-v.supra paus. *little by little*

לֹא תוּכַל כַּלֹּתָם neg.-Qal impf. 2 m.s. (407)-Pi. inf.cstr.-3 m.p. sf. (כָּלָה 477) *you may not make an end of them*

מַהֵר adv. (I 554) *quickly*

פֶּן־תִּרְבֶּה conj. (814)-Qal impf. 3 f.s. (רָבָה I 915) *lest grow too numerous*

עָלֶיךָ prep.-2 m.s. sf. *for you*

חַיַּת הַשָּׂדֶה n.f.s. cstr. (312)-def.art.-n.m.s. (961) *the wild beasts*

7:23

וּנְתָנָם conj.-Qal pf. 3 m.s.-3 m.p. sf. (נָתַן 678) *but will give them*

יהוה אֱלֹהֶיךָ pr.n. (217)-n.m.p.-2 m.s. sf. (43) *Yahweh your God*

לְפָנֶיךָ prep.-n.m.p.-2 m.s. sf. (815) *to you*

וְהָמָם conj.-Qal pf. 3 m.s.-3 m.p. sf. (הום 223) *and throw them (confound)*

מְהוּמָה גְדֹלָה n.f.s. (223)-adj. f.s. (152) *into great confusion*

עַד הִשָּׁמְדָם prep. (III 723)-Ni. inf.cstr.-3 m.p. sf. (שׁמד 1029) *until they are destroyed*

7:24

וְנָתַן conj.-Qal pf. 3 m.s. (678) *and he will give*

מַלְכֵיהֶם n.m.p.-3 m.p. sf. (I 572) *their kings*

בְּיָדֶךָ prep.-n.f.s.-2 m.s. sf. (388) *into your hand*

וְהַאֲבַדְתָּ conj.-Hi. pf. 2 m.s. (אבד 1) *and you shall make perish*

אֶת־שְׁמָם dir.obj.-n.m.s.-3 m.p. sf. (1027) *their name*

מִתַּחַת הַשָּׁמַיִם prep.-prep. (1065)-def.art.-n.m. du. (1029) *from under heaven*

לֹא־יִתְיַצֵּב neg.-Hith. impf. 3 m.s. (יצב 426) *shall not be able to stand against*

אִישׁ n.m.s. (35) *a man*

בְּפָנֶיךָ prep.-n.m.p.-2 m.s. sf. (815) *you*

עַד הִשְׁמִדְךָ prep. (III 723)-Hi. pf. 3 m.s.-2 m.s. sf. (שׁמד 1029; prb.rd. as Hi. inf.cstr.) *until you have destroyed*

אֹתָם dir.obj.-3 m.p. sf. *them*

7:25

פְּסִילֵי אֱלֹהֵיהֶם n.m.p. cstr. (820)-n.m.p.-3 m.p. sf. (43) *the graven images of their gods*

תִּשְׂרְפוּן Qal impf. 2 m.p. (שׂרף 976) *you shall burn*

בָּאֵשׁ prep.-def.art.-n.f.s. (77) *with fire*

לֹא־תַחְמֹד neg.-Qal impf. 2 m.s. (326) *you shall not covet*

כֶּסֶף n.m.s. (494) *the silver*

וְזָהָב conj.-n.m.s. (262) *or the gold*

עֲלֵיהֶם prep.-3 m.p. sf. *that is on them*

וְלָקַחְתָּ conj.-Qal pf. 2 m.s. (לקח 542) *or take it*

לָךְ prep.-2 m.s. sf. paus. *for yourselves*

פֶּן תִּוָּקֵשׁ conj. (814)-Ni. impf. 2 m.s. (יקשׁ 430) *lest you be ensnared*

בּוֹ prep.-3 m.s. sf. *by it*

כִּי תוֹעֲבַת conj. (471)-n.f.s. cstr. (1072) *for an abomination to*

יהוה אֱלֹהֶיךָ pr.n. (217)-n.m.p.-2 m.s. sf. (43) *Yahweh your God*

הוּא pers.pr. 3 m.s. (214) *he is*

7:26

וְלֹא־תָבִיא conj.-neg.-Hi. impf. 2 m.s. (בוא 97) *and you shall not bring*

תוֹעֵבָה n.f.s. (1072) *an abominable thing*

אֶל־בֵּיתֶךָ prep.-n.m.s.-2 m.s. sf. (108) *into your house*

וְהָיִיתָ conj.-Qal pf. 2 m.s. (הָיָה 224) *and become*

חֵרֶם n.m.s. (356) *accursed*

כָּמֹהוּ prep.-3 m.s. sf. *like it*

שַׁקֵּץ תְּשַׁקְּצֶנּוּ Pi. inf.abs. (1055)-Pi. impf. 2 m.s.-3 m.s. sf. (1055) *you shall utterly detest*

וְתַעֵב תְּתַעֲבֶנּוּ conj.-Pi. inf.abs. (תעב 1073)-Pi. impf. 2 m.s.-3 m.s. sf. (1073) *and abhor it*

כִּי־חֵרֶם הוּא conj. (471)-n.m.s. (356)-pers.pr. 3 m.s. (214) *for it is an accursed thing*

8:1

כָּל־הַמִּצְוָה n.m.s. cstr. (481)-def.art.-n.f.s. (846) *all the commandment*

אֲשֶׁר אָנֹכִי rel. (81)-pers.pr. 1 c.s. (59) *which I*

מְצַוְּךָ Pi. ptc.-2 m.s. sf. (צוה 845) *command you*

הַיּוֹם def.art.-n.m.s. (398) *this day*

תִּשְׁמְרוּן Qal impf. 2 m.p. (1036) *you shall be careful*

לַעֲשׂוֹת prep.-Qal inf.cstr. (עשׂה I 793) *to do*

לְמַעַן תִּחְיוּן prep. (775)-Qal impf. 2 m.p. (חָיָה 310) *that you may live*

וּרְבִיתֶם conj.-Qal pf. 2 m.p. (רבה I 915) *and multiply*

וּבָאתֶם conj.-Qal pf. 2 m.p. (בוא 97) *and go in*

וִירִשְׁתֶּם conj.-Qal pf. 2 m.p. (ירשׁ 439) *and possess*

אֶת־הָאָרֶץ dir.obj.-def.art.-n.f.s. (75) *the land*

אֲשֶׁר־נִשְׁבַּע rel. (81)-Ni. pf. 3 m.s. (989) *which swore*

יהוה pr.n. (217) *Yahweh*

לַאֲבֹתֵיכֶם prep.-n.m.p.-2 m.p. sf. (3) *to your fathers*

8:2

וְזָכַרְתָּ conj.-Qal pf. 2 m.s. (269) *and you shall remember*

אֶת־כָּל־הַדֶּרֶךְ dir.obj.-n.m.s. cstr. (481)-def.art.-n.m.s. (202) *all the way*

אֲשֶׁר־הֹלִיכְךָ rel. (81)-Hi. pf. 3 m.s.-2 m.s. sf. (הלך 229) *which has led you*

יהוה אֱלֹהֶיךָ pr.n. (217)-n.m.p.-2 m.s. sf. (43) *Yahweh your God*

זֶה אַרְבָּעִים שָׁנָה demons.adj. m.s. (260)-num. p. (917)-n.f.s. (1040) *these forty years*

בַּמִּדְבָּר prep.-def.art.-n.m.s. (184) *in the wilderness*

לְמַעַן עַנֹּתְךָ prep. (775)-Pi. inf.cstr.-2 m.s. sf. (עָנָה 776) *that he might humble you*

לְנַסֹּתְךָ prep.-Pi. inf.cstr.-2 m.s. sf. (נָסָה 650) *testing you*

לָדַעַת prep.-Qal inf.cstr. (יָדַע 393) *to know*

אֶת־אֲשֶׁר בִּלְבָבְךָ dir.obj.-rel. (81)-n.m.s.-2 m.s. sf. (523) *what was in your heart*

הֲתִשְׁמֹר interr.-Qal impf. 2 m.s. (1036) *whether you would keep*

מִצְוֹתָיו n.f.p.-3 m.s. sf. (846) *his commandments*

אִם־לֹא hypoth.part. (49)-neg. *or not*

8:3

וַיְעַנְּךָ consec.-Pi. impf. 3 m.s.-2 m.s. sf. (עָנָה III 776) *and he humbled you*

וַיַּרְעִבֶךָ consec.-Hi. impf. 3 m.s.-2 m.s. sf. (רָעֵב 944) *and let you hunger*

וַיַּאֲכִלְךָ consec.-Hi. impf. 3 m.s.-2 m.s. sf. (אָכַל 37) *and fed you*

אֶת־הַמָּן dir.obj.-def.art.-n.m.s. (I 577) *with manna*

אֲשֶׁר לֹא־יָדַעְתָּ rel. (81)-neg.-Qal pf. 2 m.s. (393) *which you did not know*

וְלֹא יָדְעוּן conj.-neg.-Qal pf. 3 c.p. (יָדַע 393) *nor did know*

אֲבֹתֶיךָ n.m.p.-2 m.s. sf. (3) *your fathers*

לְמַעַן הוֹדִעֲךָ prep. (775)-Hi. inf.cstr.-2 m.s. sf. (יָדַע 393) *that he might make you know*

כִּי לֹא עַל־הַלֶּחֶם conj. (471)-neg.-def.art.-n.m.s. (536) *that not by bread*

לְבַדּוֹ prep.-n.m.s.-2 m.s. sf. (94) *alone*

יִחְיֶה Qal impf. 3 m.s. (חָיָה 310) *lives*

הָאָדָם def.art.-n.m.s. (9) *man*

כִּי עַל־כָּל־ conj. (471)-prep.-n.m.s. cstr. (481) *but by everything*

מוֹצָא n.m.s. cstr. (425) *that proceeds out of*

פִּי־יְהוָה n.m.s. cstr. (804)-pr.n. (217) *the mouth of Yahweh*

יִחְיֶה הָאָדָם Qal impf. 3 m.s. (חָיָה 310)-def.art.-n.m.s. (9) *man lives*

8:4

שִׂמְלָתְךָ n.f.s.-2 m.s. sf. (971) *your clothing*

לֹא בָלְתָה neg.-Qal pf. 3 f.s. (בָּלָה 115) *did not wear out*

מֵעָלֶיךָ prep.-prep.-2 m.s. sf. *upon you*

וְרַגְלְךָ conj.-n.f.s.-2 m.s. sf. (919) *and your foot*

לֹא בָצֵקָה neg.-Qal pf. 3 f.s. (בָּצֵק 130) *did not swell*

זֶה אַרְבָּעִים שָׁנָה demons.adj. m.s. (260)-num. p. (917)-n.f.s. (1040) *these forty years*

8:5

וְיָדַעְתָּ conj.-Qal pf. 2 m.s. (393) *know then*

עִם־לְבָבְךָ prep.-n.m.s.-2 m.s. sf. (523) *in your heart*

כִּי כַּאֲשֶׁר יְיַסֵּר conj. (471)-prep.-rel. (81)-Pi. impf. 3 m.s. (יָסַר 415) *as disciplines*

אִישׁ n.m.s. (35) *a man*

אֶת־בְּנוֹ dir.obj.-n.m.s.-3 m.s. sf. (119) *his son*

יְהוָה אֱלֹהֶיךָ pr.n. (217)-n.m.p.-2 m.s. sf. (43) *Yahweh your God*

מְיַסְּרֶךָּ Pi. ptc.-2 m.s. sf. (יָסַר 415) *disciplines you*

8:6

וְשָׁמַרְתָּ conj.-Qal pf. 2 m.s. (1036) *so you shall keep*

אֶת־מִצְוֹת יְהוָה dir.obj.-n.f.p. cstr. (846)-pr.n. (217) *the commandments of Yahweh*

אֱלֹהֶיךָ n.m.p.-2 m.s. sf. (43) *your God*

לָלֶכֶת prep.-Qal inf.cstr. (הָלַךְ 229) *by walking*

בִּדְרָכָיו prep.-n.m.p.-3 m.s. sf. (202) *in his ways*

וּלְיִרְאָה אֹתוֹ conj.-prep.-Qal inf.cstr. (יָרֵא 431)-dir.obj.-3 m.s. sf. *and by fearing him*

8:7

כִּי יְהוָה אֱלֹהֶיךָ conj. (471)-pr.n. (217)-n.m.p.-2 m.s. sf. (43) *for Yahweh your God*

מְבִיאֲךָ Hi. ptc.-2 m.s. sf. (בּוֹא 97) *is bringing you*

אֶל־אֶרֶץ טוֹבָה prep.-n.f.s. (75)-adj. f.s. (I 373) *into a good land*

אֶרֶץ נַחֲלֵי מָיִם n.f.s. cstr. (75)-n.m.p. cstr. (636)-n.m.p. (565) *a land of brooks of water*

עֲיָנֹת n.f.p. (II 745) *of fountains*

וּתְהֹמֹת conj.-n.f.p. (1062) *and springs*

יֹצְאִים Qal act.ptc. m.p. (יָצָא 422) *flowing forth*

בַּבִּקְעָה prep.-def.art.-n.f.s. (132) *in valleys*

וּבָהָר conj.-prep.-def.art.-n.m.s. (249) *and hills*

8:8

אֶרֶץ חִטָּה n.f.s. cstr. (75)-n.f.s. (334) *a land of wheat*

וּשְׂעֹרָה conj.-n.f.s. (972) *and barley*

וְגֶפֶן conj.-n.f.s. (172) *of vines*

וּתְאֵנָה conj.-n.f.s. (1061) *and fig trees*

וְרִמּוֹן conj.-n.m.s. (941) *and pomegranates*

אֶרֶץ־זֵית שֶׁמֶן n.f.s. cstr. (75)-n.m.s. cstr. (268)-n.m.s. (1032) *a land of olive trees*

וּדְבָשׁ conj.-n.m.s. (185) *and honey*

8:9

אֶרֶץ אֲשֶׁר n.f.s. (75)-rel. (81) *a land in which*

לֹא בְמִסְכֵּנֻת neg.-prep.-n.f.s. (587) *not with scarcity*

תֹּאכַל־בָּהּ Qal impf. 2 m.s. (37)-prep.-3 f.s. sf. *you will eat (in it)*

לֶחֶם n.m.s. (536) *bread*

לֹא־תֶחְסַר neg.-Qal impf. 2 m.s. (חָסֵר 341) *you will lack not*

כֹּל n.m.s. (481) *anything*

בָּהּ prep.-3 f.s. sf. *in it*

אֶרֶץ אֲשֶׁר v.supra-v.supra *a land which*

אֲבָנֶיהָ n.f.p.-3 f.s. sf. (6) *its stones*

בַרְזֶל n.m.s. (137) *are iron*

וּמֵהֲרָרֶיהָ conj.-n.m.p.-3 f.s. sf. (249) *and out of whose hills*

תַּחְצֹב Qal impf. 2 m.s. (חָצַב 345) *you can dig*

נְחֹשֶׁת n.f.s. (638) *copper*

8:10

וְאָכַלְתָּ conj.-Qal pf. 2 m.s. (אָכַל 37) *and you shall eat*

וְשָׂבָעְתָּ conj.-Qal pf. 2 m.s. paus. (959) *and be full*

וּבֵרַכְתָּ conj.-Pi. pf. 2 m.s. (138) *and you shall bless*

אֶת־יהוה אֱלֹהֶיךָ dir.obj.-pr.n. (217)-n.m.p.-2 m.s. sf. (43) *Yahweh your God*

עַל־הָאָרֶץ הַטֹּבָה prep.-def.art.-n.f.s. (75)-def.art.-adj. f.s. (I 373) *for the good land*

אֲשֶׁר נָתַן־לָךְ rel. (81)-Qal pf. 3 m.s. (678)-prep.-2 m.s. sf. paus. *he has given you*

8:11

הִשָּׁמֶר Ni. impv. 2 m.s. (1036) *take heed*

לְךָ prep.-2 m.s. sf. *(of yourselves)*

פֶּן־תִּשְׁכַּח conj. (814)-Qal impf. 2 m.s. (1013) *lest you forget*

אֶת־יהוה אֱלֹהֶיךָ dir.obj.-pr.n. (217)-n.m.p.-2 m.s. sf. (43) *Yahweh your God*

לְבִלְתִּי שְׁמֹר prep.-neg. (116)-Qal inf.cstr. (1036) *by not keeping*

מִצְוֹתָיו n.f.p.-3 m.s. sf. (846) *his commandments*

וּמִשְׁפָּטָיו conj.-n.m.p.-3 m.s. sf. (1048) *and his ordinances*

וְחֻקֹּתָיו conj.-n.f.p.-3 m.s. sf. (349) *and his statutes*

אֲשֶׁר אָנֹכִי rel. (81)-pers.pr. 1 c.s. (59) *which I*

מְצַוְּךָ Pi. ptc.-2 m.s. sf. (צָוָה 815) *command you*

הַיּוֹם def.art.-n.m.s. (398) *this day*

8:12

פֶּן־תֹּאכַל conj. (814)-Qal impf. 2 m.s. (37) *lest when you have eaten*

וְשָׂבָעְתָּ conj.-Qal pf. 2 m.s. paus. (959) *and are full*

וּבָתִּים טוֹבִים conj.-n.m.p. (108)-adj. m.p. (I 373) *and goodly houses*

תִּבְנֶה Qal impf. 2 m.s. (בָּנָה 124) *you have built*

וְיָשָׁבְתָּ conj.-Qal pf. 2 m.s. (יָשַׁב 442) *and live in them*

8:13

וּבְקָרְךָ conj.-n.m.s.-2 m.s. sf. (133) *and when your herds*

וְצֹאנְךָ conj.-n.f.s.-2 m.s. sf. (838) *and flocks*

יִרְבְּיֻן Qal impf. 3 m.p. (רָבָה I 915) *multiply*

וְכֶסֶף conj.-n.m.s. (494) *and silver*

וְזָהָב conj.-n.m.s. (262) *and gold*

יִרְבֶּה־ Qal impf. 3 m.s. (I 815) *is multiplied*

לָךְ prep.-2 m.s. sf. paus. *to you*

וְכֹל אֲשֶׁר־לְךָ conj.-n.m.s. (481)-rel. (81)-prep.-2 m.s. sf. *and all that you have*

יִרְבֶּה v.supra *is multiplied*

8:14

וְרָם לְבָבֶךָ conj.-Qal pf. 3 m.s. (רוּם 926)-n.m.s.-2 m.s. sf. (523) *then your heart be lifted up*

וְשָׁכַחְתָּ conj.-Qal pf. 2 m.s. (1013) *and you forget*

אֶת־יהוה אֱלֹהֶיךָ dir.obj.-pr.n. (217)-n.m.p.-2 m.s. sf. (43) *Yahweh your God*

הַמּוֹצִיאֲךָ def.art.-Hi. ptc.-2 m.s. sf. (יָצָא 422) *who brought you out*

מֵאֶרֶץ מִצְרַיִם prep.-n.f.s. cstr. (75)-pr.n. (595) *of the land of Egypt*

מִבֵּית עֲבָדִים prep.-n.m.s. cstr. (108)-n.m.p. (712) *out of the house of bondage*

8:15

הַמּוֹלִיכְךָ def.art.-Hi. ptc.-2 m.s. sf. (הָלַךְ 229) *who led you*

בַּמִּדְבָּר הַגָּדֹל prep.-def.art.-n.m.s. (184)-def.art.-adj. m.s. (152) *through the great wilderness*

וְהַנּוֹרָא conj.-def.art.-Ni. ptc. (יָרֵא 431) *and terrible*

נָחָשׁ שָׂרָף n.m.s. (638)-adj. m.s. (977) *with its fiery serpents*

וְעַקְרָב conj.-n.m.s. (785) *and scorpions*

וְצִמָּאוֹן conj.-n.m.s. (855) *and thirsty ground*

אֲשֶׁר אֵין־מַיִם rel. (81)-subst. (II 34)-n.m.p. (565) *where there was no water*

הַמּוֹצִיא לְךָ def.art.-Hi. ptc. (יָצָא 422)-prep.-2 m.s. sf. *who brought you*

מַיִם n.m.p. (565) *water*

מִצּוּר הַחַלָּמִישׁ prep.-n.m.s. cstr. (849)-def.art. -n.m.s. (321) *out of the flinty rock*

8:16

הַמַּאֲכִלְךָ def.art.-Hi. ptc.-2 m.s. sf. (אָכַל 37) *who fed you*

מָן n.m.s. (I 577) *with manna*

בַּמִּדְבָּר prep.-def.art.-n.m.s. (184) *in the wilderness*

אֲשֶׁר לֹא־יָדְעוּן rel. (81)-neg.-Qal pf. 3 c.p. (393) *which did not know*

אֲבֹתֶיךָ n.m.p.-2 m.s. sf. (3) *your fathers*

לְמַעַן עַנֹּתְךָ prep. (775)-Pi. inf.cstr.-2 m.s. sf. (III 776 עָנָה) *that he might humble you*

וּלְמַעַן נַסֹּתֶךָ conj.-prep. (775)-Pi. inf.cstr.-2 m.s. sf. (נָסָה 650) *and test you*

לְהֵיטִבְךָ prep.-Hi. inf.cstr.-2 m.s. sf. (יָטַב 405) *to do you good*

בְּאַחֲרִיתֶךָ prep.-n.f.s.-2 m.s. sf. (31) *in the end*

8:17

וְאָמַרְתָּ conj.-Qal pf. 2 m.s. (55) *beware lest you say*

בִּלְבָבֶךָ prep.-n.m.s.-2 m.s. sf. (523) *in your heart*

כֹּחִי n.m.s.-1 c.s. sf. (470) *my power*

וְעֹצֶם יָדִי conj.-n.m.s. cstr. (782)-n.f.s.-1 c.s. sf. (388) *and the might of my hand*

עָשָׂה לִי Qal pf. 3 m.s. (I 793)-prep.-1 c.s. sf. *have gotten me*

אֶת־הַחַיִל הַזֶּה dir.obj.-def.art.-n.m.s. (298)-def. art.-demons.adj. m.s. (260) *this wealth*

8:18

וְזָכַרְתָּ conj.-Qal pf. 2 m.s. (269) *you shall remember*

אֶת־יְהוָה dir.obj.-pr.n. (217) *Yahweh*

אֱלֹהֶיךָ n.m.p.-2 m.s. sf. (43) *your God*

כִּי הוּא הַנֹּתֵן conj. (471)-pers.pr. 3 m.s. (214) -def.art.-Qal act.ptc. (678) *for it is he who gives*

לְךָ prep.-2 m.s. sf. *you*

כֹּחַ n.m.s. (470) *power*

לַעֲשׂוֹת חָיִל prep.-Qal inf.cstr. (עָשָׂה I 793)-n.m.s. paus. (298) *to get wealth*

לְמַעַן הָקִים prep. (775)-Hi. inf.cstr. (קוּם 877) *that he may confirm*

אֶת־בְּרִיתוֹ dir.obj.-n.f.s.-3 m.s. sf. (136) *his covenant*

אֲשֶׁר־נִשְׁבַּע rel. (81)-Ni. pf. 3 m.s. (989) *which he swore*

לַאֲבֹתֶיךָ prep.-n.m.p.-2 m.s. sf. (3) *to your fathers*

כַּיּוֹם הַזֶּה prep.-def.art.-n.m.s. (398)-def.art. -demons.adj. m.s. (260) *as at this day*

8:19

וְהָיָה אִם־ conj.-Qal pf. 3 m.s. (224)-hypoth.part. (49) *and if*

שָׁכֹחַ תִּשְׁכַּח Qal inf.abs. (1013)-Qal impf. 2 m.s. (1013) *you forget*

אֶת־יְהוָה אֱלֹהֶיךָ dir.obj.-pr.n. (217)-n.m.p.-2 m.s. sf. (43) *Yahweh your God*

וְהָלַכְתָּ conj.-Qal pf. 2 m.s. (הָלַךְ 229) *and go*

אַחֲרֵי אֱלֹהִים אֲחֵרִים prep. (29)-n.m.p. (43)-adj. m.p. (29) *after other gods*

וַעֲבַדְתָּם conj.-Qal pf. 2 m.s.-3 m.p. sf. (עָבַד 712) *and serve them*

וְהִשְׁתַּחֲוִיתָ conj.-Hith. pf. 2 m.s. (1005) *and worship*

לָהֶם prep.-3 m.p. sf. *them*

הַעִדֹתִי Hi. pf. 1 c.s. (עוּד 729) *I solemnly warn*

בָכֶם prep.-2 m.p. sf. *you*

הַיּוֹם def.art.-n.m.s. (398) *this day*

כִּי אָבֹד תֹּאבֵדוּן conj.-Qal inf.abs. (1)-Qal impf. 2 m.p. (1) *that you shall surely perish*

8:20

כַּגּוֹיִם prep.-def.art.-n.m.p. (156) *like the nations*

אֲשֶׁר יְהוָה rel. (81)-pr.n. (217) *that Yahweh*

מַאֲבִיד Hi. ptc. (1) *makes to perish*

מִפְּנֵיכֶם prep.-n.m.p.-2 m.p. sf. *before you*

כֵּן תֹּאבֵדוּן adv. (485)-Qal impf. 2 m.p. (1) *so shall you perish*

עֵקֶב לֹא תִשְׁמְעוּן conj. (784)-neg.-Qal impf. 2 m.p. (1033) *because you would not obey*

בְּקוֹל יְהוָה prep.-n.m.s. cstr. (876)-v.supra *the voice of Yahweh*

אֱלֹהֵיכֶם n.m.p.-2 m.p. sf. (43) *your God*

9:1

שְׁמַע יִשְׂרָאֵל Qal impv. 2 m.s. (1033)-pr.n. (975) *hear O Israel*

אַתָּה עֹבֵר pers.pr. 2 m.s. (61)-Qal act.ptc. (716) *you are to pass over*

הַיּוֹם def.art.-n.m.s. (398) *this day*

אֶת־הַיַּרְדֵּן dir.obj.-def.art.-pr.n. (434) *the Jordan*

לָבֹא prep.-Qal inf.cstr. (בּוֹא 97) *to go in*

לָרֶשֶׁת prep.-Qal inf.cstr. (יָרַשׁ 439) *to dispossess*

גּוֹיִם גְּדֹלִים n.m.p. (156)-adj. m.p. (152) *greater nations*

וַעֲצֻמִים conj.-adj. m.p. (783) *and mightier*

מִמֶּךָּ prep.-2 m.s. sf. *than yourselves*

עָרִים גְּדֹלֹת n.f.p. (746)-adj. f.p. (152) *great cities*

וּבְצֻרֹת conj.-adj. f.p. from Qal pass.ptc. f.p. (130) *and fortified*

בַּשָּׁמָיִם prep.-def.art.-n.m. du. paus. (1029) *up to heaven*

9:2

עַם־גָּדוֹל n.m.s. (I 766)-adj. m.s. (152) *a great people*

וָרָם conj.-Qal act.ptc. (רום 926) *and tall*

בְּנֵי עֲנָקִים n.m.p. cstr. (119)-n.m.p. (I 778) *the sons of the Anakim*

אֲשֶׁר אַתָּה rel. (81)-pers.pr. 2 m.s. (61) *whom you*

יָדַעְתָּ Qal pf. 2 m.s. (יָדַע 393) *know*

וְאַתָּה conj.-pers.pr. 2 m.s. (61) *and of whom you*

שָׁמַעְתָּ Qal pf. 2 m.s. (1033) *have heard*

מִי יִתְיַצֵּב interr. (566)-Hith. impf. 3 m.s. (יָצַב 426) *who can stand*

לִפְנֵי בְּנֵי prep.-n.m.p. cstr. (815)-v.supra *before the sons of*

עֲנָק pr.n. (I 778) *Anak*

9:3

וְיָדַעְתָּ conj.-Qal pf. 2 m.s. (393) *know therefore*

הַיּוֹם def.art.-n.m.s. (398) *this day*

כִּי יהוה אֱלֹהֶיךָ conj. (471)-pr.n. (217)-n.m.p.-2 m.s. sf. (43) *that Yahweh your God*

הוּא־הָעֹבֵר pers.pr. 3 m.s. (214)-def.art.-Qal act.ptc. (716) *he is the one who goes*

לְפָנֶיךָ prep.-n.m.p.-2 m.s. sf. (815) *before you*

אֵשׁ אֹכְלָה n.f.s. (77)-Qal act.ptc. f.s. (37) *a devouring fire*

הוּא יַשְׁמִידֵם v.supra-Hi. impf. 3 m.s.-3 m.p. sf. (1029) *he will destroy them*

וְהוּא יַכְנִיעֵם conj.-v.supra-Hi. impf. 3 m.s.-3 m.p. sf. (כָּנַע 488) *and subdue them*

לְפָנֶיךָ v.supra *before you*

וְהוֹרַשְׁתָּם conj.-Hi. pf. 2 m.s.-3 m.p. sf. (יָרַשׁ 439) *so you shall drive them out*

וְהַאֲבַדְתָּם conj.-Hi. pf. 2 m.s.-3 m.p. sf. (אָבַד 1) *and make them perish*

מַהֵר adv. (II 555) *quickly*

כַּאֲשֶׁר דִּבֶּר prep.-rel. (81)-Pi. pf. 3 m.s. (182) *as has promised*

יהוה pr.n. (217) *Yahweh*

לָךְ prep.-2 m.s. sf. paus. *you*

9:4

אַל־תֹּאמַר neg.-Qal impf. 2 m.s. (55) *do not say*

בִּלְבָבְךָ prep.-n.m.s.-2 m.s. sf. (523) *in your heart*

בַּהֲדֹף prep.-Qal inf.cstr. (הָדַף 213) *after has thrust out*

יהוה אֱלֹהֶיךָ pr.n. (217)-n.m.p.-2 m.s. sf. (43) *Yahweh your God*

אֹתָם dir.obj.-3 m.p. sf. *them*

מִלְּפָנֶיךָ prep.-prep.-n.m.p.-2 m.s. sf. (815) *before you*

לֵאמֹר prep.-Qal inf.cstr. (55) *(saying)*

בְּצִדְקָתִי prep.-n.f.s.-1 c.s. sf. (842) *because of my righteousness*

הֱבִיאַנִי Hi. pf. 3 m.s.-1 c.s. sf. (בּוֹא 97) *has brought me in*

יהוה v.supra *Yahweh*

לָרֶשֶׁת prep.-Qal inf.cstr. (יָרַשׁ 439) *to possess*

אֶת־הָאָרֶץ הַזֹּאת dir.obj.-def.art.-n.f.s. (75)-def.art.-demons.adj. f.s. (260) *this land*

וּבְרִשְׁעַת conj.-prep.-n.f.s. cstr. (958) *whereas it is because of the wickedness of*

הַגּוֹיִם הָאֵלֶּה def.art.-n.m.p. (156)-def.art.-demons.adj. c.p. (41) *these nations*

יהוה v.supra *Yahweh*

מוֹרִישָׁם Hi. ptc.-3 m.p. sf. (יָרַשׁ 439) *is driving them out*

מִפָּנֶיךָ prep.-n.m.p.-2 m.s. sf. (815) *before you*

9:5

לֹא בְצִדְקָתְךָ neg.-prep.-n.f.s.-2 m.s. sf. (842) *not because of your righteousness*

וּבְיֹשֶׁר conj.-prep.-n.m.s. cstr. (449) *or the uprightness of*

לְבָבְךָ n.m.s.-2 m.s. sf. (523) *your heart*

אַתָּה בָא pers.pr. 2 m.s. (61)-Qal act.ptc. (בּוֹא 97) *are you going in*

לָרֶשֶׁת prep.-Qal inf.cstr. (יָרַשׁ 439) *to possess*

אֶת־אַרְצָם dir.obj.-n.f.s.-3 m.p. sf. (75) *their land*

כִּי בְּרִשְׁעַת conj. (471)-n.f.s. cstr. (958) *but because of the wickedness of*

הַגּוֹיִם הָאֵלֶּה def.art.-n.m.p. (156)-def.art.-demons.adj. c.p. (41) *these nations*

יהוה אֱלֹהֶיךָ pr.n. (217)-n.m.p.-2 m.s. sf. (43) *Yahweh your God*

מוֹרִישָׁם Hi. ptc.-3 m.p. sf. (יָרַשׁ 439) *is driving them out*

מִפָּנֶיךָ prep.-n.m.p.-2 m.s. sf. (815) *from before you*

וּלְמַעַן הָקִים conj.-prep. (775)-Hi. inf.cstr. (קוּם 877) *and that he may confirm*

אֶת־הַדָּבָר dir.obj.-def.art.-n.m.s. (182) *the word*

אֲשֶׁר נִשְׁבַּע יהוה rel. (81)-Ni. pf. 3 m.s. (989) -pr.n. (217) *which Yahweh swore*

לַאֲבֹתֶיךָ prep.-n.m.p.-2 m.s. sf. (3) *to your fathers*

לְאַבְרָהָם prep.-pr.n. (4) *to Abraham*

לְיִצְחָק prep.-pr.n. (850) *to Isaac*

וּלְיַעֲקֹב conj.-prep.-pr.n. (784) *and to Jacob*

9:6

וְיָדַעְתָּ conj.-Qal pf. 2 m.s. (393) *know therefore*

כִּי לֹא בְצִדְקָתְךָ conj. (471)-neg.-n.f.s.-2 m.s. sf. (842) *that not because of your righteousness*

יהוה אֱלֹהֶיךָ pr.n. (217)-n.m.p.-2 m.s. sf. (43) *Yahweh your God*

נֹתֵן לְךָ Qal act.ptc. (678)-prep.-2 m.s. sf. *is giving you*

אֶת־הָאָרֶץ הַטּוֹבָה הַזֹּאת dir.obj.-def.art.-n.f.s. (75)-def.art.-adj. f.s. (II 373)-def.art.-demons.adj. f.s. (260) *this good land*

לְרִשְׁתָּהּ prep.-Qal inf.cstr.-3 f.s. sf. (יָרַשׁ 439) *to possess it*

כִּי עַם־ conj. (471)-n.m.s. (I 766) *for a people*

קְשֵׁה־עֹרֶף adj. m.s. cstr. (904)-n.m.s. (791) *stubborn (stiff of neck)*

אָתָּה pers.pr. 2 m.s. paus. (61) *you are*

9:7

זְכֹר Qal impv. 2 m.s. (269) *remember*

אַל־תִּשְׁכַּח neg.-Qal impf. 2 m.s. (1013) *do not forget*

אֵת אֲשֶׁר הִקְצַפְתָּ dir.obj.-rel. (81)-Hi. pf. 2 m.s. (893 קָצַף) *how you provoked to wrath*

אֶת־יהוה אֱלֹהֶיךָ dir.obj.-pr.n. (217)-n.m.p.-2 m.s. sf. (43) *Yahweh your God*

בַּמִּדְבָּר prep.-def.art.-n.m.s. (II 184) *in the wilderness*

לְמִן־הַיּוֹם prep.-prep.-def.art.-n.m.s. (398) *from the day*

אֲשֶׁר־יָצָאתָ rel. (81)-Qal pf. 2 m.s. (יָצָא 422) *you came out*

מֵאֶרֶץ מִצְרַיִם prep.-n.f.s. cstr. (75)-pr.n. (595) *of the land of Egypt*

עַד־בֹּאֲכֶם prep. (III 723)-Qal inf.cstr.-2 m.p. sf. (בּוֹא 97) *until you came*

עַד־הַמָּקוֹם הַזֶּה v.supra-def.art.-n.m.s. (879)-def.art.-demons.adj. m.s. (260) *to this place*

מַמְרִים הֱיִיתֶם Hi. ptc. m.p. (מָרָה 598)-Qal pf. 2 m.p. (הָיָה 224) *you have been rebellious*

עִם־יהוה prep.-v.supra *against Yahweh*

9:8

וּבְחֹרֵב conj.-prep.-pr.n. (352) *even at Horeb*

הִקְצַפְתֶּם Hi. pf. 2 m.p. (קָצַף 893) *you provoked to wrath*

אֶת־יהוה dir.obj.-pr.n. (217) *Yahweh*

וַיִּתְאַנַּף consec.-Hith. impf. 3 m.s. (אָנַף 60) *and was so angry*

יהוה v.supra *Yahweh*

בָּכֶם prep.-2 m.p. sf. *with you*

לְהַשְׁמִיד prep.-Hi. inf.cstr. (שָׁמַד 1029) *that he was ready to destroy*

אֶתְכֶם dir.obj.-2 m.p. sf. *you*

9:9

בַּעֲלֹתִי prep.-Qal inf.cstr.-1 c.s. sf. (עָלָה 748) *when I went up*

הָהָרָה def.art.-n.m.s.-dir.he (249) *the mountain*

לָקַחַת prep.-Qal inf.cstr. (לָקַח 542) *to receive*

לוּחֹת n.m.p. cstr. (531) *the tables of*

הָאֲבָנִים def.art.-n.f.p. (6) *stone*

לוּחֹת הַבְּרִית v.supra-def.art.-n.f.s. (136) *the tables of the covenant*

אֲשֶׁר־כָּרַת יהוה rel. (81)-Qal pf. 3 m.s. (503)-pr.n. (217) *which Yahweh made*

עִמָּכֶם prep.-2 m.p. sf. *with you*

וָאֵשֵׁב consec.-Qal impf. 1 c.s. (442) *I remained*

בָּהָר prep.-def.art.-n.m.s. (249) *on the mountain*

אַרְבָּעִים יוֹם num. p. (917)-n.m.s. (398) *forty days*

וְאַרְבָּעִים לַיְלָה conj.-v.supra-n.m.s. (538) *and forty nights*

לֶחֶם n.m.s. (536) *bread*

לֹא אָכַלְתִּי neg.-Qal pf. 1 c.s. (37) *I did not eat*

וּמַיִם conj.-n.m.p. (565) *and water*

לֹא שָׁתִיתִי neg.-Qal pf. 1 c.s. (שָׁתָה 1059) *I did not drink*

9:10

וַיִּתֵּן יהוה consec.-Qal impf. 3 m.s. (נָתַן 678) -pr.n. (217) *and Yahweh gave*

אֵלַי prep.-1 c.s. sf. *me*

אֶת־שְׁנֵי לוּחֹת dir.obj.-num. cstr. (1040)-n.m.p. cstr. (531) *the two tables of*

הָאֲבָנִים def.art.-n.f.p. (6) *stone*

כְּתֻבִים Qal pass.ptc. m.p. (כָּתַב 507) *written*

בְּאֶצְבַּע prep.-n.f.s. cstr. (840) *with the finger of*

אֱלֹהִים n.m.p. (43) *God*

וַעֲלֵיהֶם conj.-prep.-3 m.p. sf. *and on them*

כְּכָל־הַדְּבָרִים prep.-n.m.s. cstr. (481)-def.art.-n.m.p. (182) *were all the words*

אֲשֶׁר דִּבֶּר rel. (81)-Pi. pf. 3 m.s. (180) *which had spoken*

795

יהוה v.supra *Yahweh*

עִמָּכֶם prep.-2 m.p. sf. *with you*

בָּהָר prep.-def.art.-n.m.s. (249) *on the mountain*

מִתּוֹךְ הָאֵשׁ prep.-n.m.s. cstr. (1063)-def.art.-n.f.s. (77) *out of the midst of the fire*

בְּיוֹם הַקָּהָל prep.-n.m.s. cstr. (398)-def.art.-n.m.s. (874) *on the day of the assembly*

9:11

וַיְהִי מִקֵּץ consec.-Qal impf. 3 m.s. (הָיָה 224) -prep.-n.m.s. cstr. (893) *and at the end of*

אַרְבָּעִים יוֹם num. p. (917)-n.m.s. (398) *forty days*

וְאַרְבָּעִים לָיְלָה conj.-v.supra-n.m.s. paus. (538) *and forty nights*

נָתַן יהוה Qal pf. 3 m.s. (678)-pr.n. (217) *Yahweh gave*

אֵלַי prep.-1 c.s. sf. *me*

אֶת־שְׁנֵי לֻחֹת dir.obj.-num. cstr. (1040)-n.m.p. cstr. (531) *the two tables of*

הָאֲבָנִים def.art.-n.f.p. (6) *stone*

לֻחוֹת הַבְּרִית v.supra def.art. n.f.s. (136) *the tables of the covenant*

9:12

וַיֹּאמֶר יהוה consec.-Qal impf. 3 m.s. (55)-pr.n. (217) *then Yahweh said*

אֵלַי prep.-1 c.s. sf. *to me*

קוּם Qal impv. 2 m.s. (877) *arise*

רֵד מַהֵר Qal impv. 2 m.s. (יָרַד 432)-adv. (II 555) *go down quickly*

מִזֶּה prep.-demons.adv. (260) *from here*

כִּי שִׁחֵת עַמְּךָ conj. (471)-Pi. pf. 3 m.s. (שָׁחַת 1007)-n.m.s.-2 m.s. sf. (I 766) *for your people have acted corruptly*

אֲשֶׁר הוֹצֵאתָ rel. (81)-Hi. pf. 2 m.s. (יָצָא 422) *whom you have brought*

מִמִּצְרָיִם prep.-pr.n. paus. (595) *from Egypt*

סָרוּ Qal pf. 3 c.p. (סוּר 693) *they have turned aside*

מַהֵר adv. (II 555) *quickly*

מִן־הַדֶּרֶךְ prep.-def.art.-n.m.s. (202) *out of the way*

אֲשֶׁר צִוִּיתִם rel. (81)-Pi. pf. 1 c.s.-3 m.p. sf. (צָוָה 845) *which I commanded them*

עָשׂוּ לָהֶם Qal pf. 3 c.p. (עָשָׂה I 793)-prep.-3 m.p. sf. *they have made themselves*

מַסֵּכָה n.f.s. (651) *a molten image*

9:13

וַיֹּאמֶר יהוה consec.-Qal impf. 3 m.s. (55)-pr.n. (217) *furthermore Yahweh said*

אֵלַי prep.-1 c.s. sf. *to me*

לֵאמֹר prep.-Qal inf.cstr. (55) *(saying)*

רָאִיתִי Qal pf. 1 c.s. (רָאָה 906) *I have seen*

אֶת־הָעָם הַזֶּה dir.obj.-def.art.-n.m.s. (I 766) -def.art.-demons.adj. m.s. (260) *this people*

וְהִנֵּה conj.-demons.part. (243) *and behold*

עַם־קְשֵׁה־עֹרֶף n.m.s. (I 766) adj. m.s. cstr. (904)-n.m.s. (791) *a stubborn people*

הוּא pers.pr. 3 m.s. (214) *it is*

9:14

הֶרֶף Hi. impv. 2 m.s. apoc. (רָפָה 951) *let alone*

מִמֶּנִּי prep.-1 c.s. sf. *me*

וְאַשְׁמִידֵם conj.-Hi. impf. 1 c.s.-3 m.p. sf. (שָׁמַד 1029) *that I may destroy them*

וְאֶמְחֶה conj.-Qal impf. 1 c.s. (מָחָה 562) *and blot out*

אֶת־שְׁמָם dir.obj.-n.m.s.-3 m.p. sf. (1027) *their name*

מִתַּחַת הַשָּׁמָיִם prep.-prep. (1065)-def.art.-n.m. du. paus. (1029) *from under heaven*

וְאֶעֱשֶׂה conj.-Qal impf. 1 c.s. (עָשָׂה I 793) *and I will make*

אוֹתְךָ dir.obj.-2 m.s. sf. *you*

לְגוֹי prep.-n.m.s. (156) *a nation*

עָצוּם וָרָב adj. m.s. (783)-conj.-adj. m.s. (I 912) *mightier and greater*

מִמֶּנּוּ prep.-3 m.s. sf. *than they*

9:15

וָאֵפֶן consec.-Qal impf. 1 c.s. (פָּנָה 815) *so I turned*

וָאֵרֵד consec.-Qal impf. 1 c.s. (יָרַד 432) *and came down*

מִן־הָהָר prep.-def.art.-n.m.s. (249) *from the mountain*

וְהָהָר conj.-def.art.-n.m.s. (249) *and the mountain*

בֹּעֵר Qal act.ptc. (128) *was burning*

בָּאֵשׁ prep.-def.art.-n.f.s. (77) *with fire*

וּשְׁנֵי לֻחֹת conj.-num. cstr. (1040)-n.m.p. cstr. (531) *and the two tables of*

הַבְּרִית def.art.-n.f.s. (136) *the covenant*

עַל שְׁתֵּי יָדָי prep.-num. f. cstr. (1040)-n.f. du.-1 c.s. sf. (388) *in my two hands*

9:16

וָאֵרֶא consec.-Qal impf. 1 c.s. (רָאָה 906) *and I looked*

וְהִנֵּה conj.-demons.part. (243) *and behold*

חֲטָאתֶם Qal pf. 2 m.p. (חָטָא 306) *you had sinned*

796

לַיהוה prep.-pr.n. (217) *against Yahweh*

אֱלֹהֵיכֶם n.m.p.-2 m.p. sf. (43) *your God*

עֲשִׂיתֶם Qal pf. 2 m.p. (עשׂה I 793) *you had made*

לָכֶם prep.-2 m.p. sf. *yourselves*

עֵגֶל מַסֵּכָה n.m.s. cstr. (722)-n.f.s. (651) *a molten calf*

סַרְתֶּם Qal pf. 2 m.p. (סור 693) *you had turned aside*

מַהֵר adv. (II 555) *quickly*

מִן־הַדֶּרֶךְ prep.-def.art.-n.m.s. (202) *from the way*

אֲשֶׁר־צִוָּה rel. (81)-Pi. pf. 3 m.s. (צוה 845) *which had commanded*

יהוה pr.n. (217) *Yahweh*

אֶתְכֶם dir.obj.-2 m.p. sf. *you*

9:17

וָאֶתְפֹּשׂ consec.-Qal impf. 1 c.s. (תפשׂ 1074) *so I took hold*

בִּשְׁנֵי הַלֻּחֹת prep.-num. cstr. (1040)-def.art. -n.m.p. (531) *of the two tables*

וָאַשְׁלִכֵם consec.-Hi. impf. 1 c.s.-3 m.p. sf. (שׁלך 1020) *and cast them*

מֵעַל שְׁתֵּי יָדָי prep.-prep.-num. f. cstr. (1040) -n.m. du.-1 c.s. sf. paus. (388) *out of my two hands*

וָאֲשַׁבְּרֵם consec.-Pi. impf. 1 c.s.-3 m.p. sf. (שׁבר 990) *and broke them*

לְעֵינֵיכֶם prep.-n.f. du.-2 m.p. sf. (744) *before your eyes*

9:18

וָאֶתְנַפַּל consec.-Hith. impf. 1 c.s. (נפל 656) *then I lay prostrate*

לִפְנֵי יהוה prep.-n.m.p. cstr. (815)-pr.n. (217) *before Yahweh*

כָּרִאשֹׁנָה prep.-def.art.-adj. f.s. (911) *as before*

אַרְבָּעִים יוֹם num. p. (917)-n.m.s. (398) *forty days*

וְאַרְבָּעִים לַיְלָה conj.-v.supra-n.m.s. (538) *and forty nights*

לֶחֶם n.m.s. (536) *bread*

לֹא אָכַלְתִּי neg.-Qal pf. 1 c.s. (37) *I did not eat*

וּמַיִם conj.-n.m.p. (565) *and water*

לֹא שָׁתִיתִי neg.-Qal pf. 1 c.s. (שׁתה 1059) *I did not drink*

עַל כָּל־חַטַּאתְכֶם prep.-n.m.s. cstr. (481)-n.f.s.-2 m.p. sf. (308) *because of all the sin*

אֲשֶׁר חֲטָאתֶם rel. (81)-Qal pf. 2 m.p. (306) *which you had committed*

לַעֲשׂוֹת prep.-Qal inf.cstr. (עשׂה I 793) *in doing*

הָרַע def.art.-n.m.s. (948) *what was evil*

בְּעֵינֵי יהוה prep.-n.f. du. cstr. (744)-v.supra *in the sight of Yahweh*

לְהַכְעִיסוֹ prep.-Hi. inf.cstr.-3 m.s. sf. (כעם 494) *to provoke him to anger*

9:19

כִּי יָגֹרְתִּי conj. (471)-Qal pf. 1 c.s. (יגר 388) *for I was afraid*

מִפְּנֵי הָאַף prep.-n.m.p. cstr. (815)-def.art.-n.m.s. (I 60) *of the anger*

וְהַחֵמָה conj.-def.art.-n.f.s. (404) *and hot displeasure*

אֲשֶׁר קָצַף יהוה rel. (81)-Qal pf. 3 m.s. (893)-pr.n. (217) *which Yahweh bore*

עֲלֵיכֶם prep.-2 m.p. sf. *against you*

לְהַשְׁמִיד אֶתְכֶם prep.-Hi. inf.cstr. (שׁמד 1029)-dir.obj.-2 m.p. sf. *to destroy you*

וַיִּשְׁמַע יהוה consec.-Qal impf. 3 m.s. (1033) -v.supra *but Yahweh hearkened*

אֵלַי prep.-1 c.s. sf. *to me*

גַּם בַּפַּעַם הַהִוא adv. (168)-prep.-def.art.-n.f.s. (821)-def.art.-demons.adj. f.s. (214) *that time also*

9:20

וּבְאַהֲרֹן conj.-prep.-pr.n. (14) *and with Aaron*

הִתְאַנַּף יהוה Hith. pf. 3 m.s. (אנף 60)-pr.n. (217) *Yahweh was angry*

מְאֹד adv. (547) *so (exceedingly)*

לְהַשְׁמִידוֹ prep.-Hi. inf.cstr.-3 m.s. sf. (שׁמד 1029) *to destroy him*

וָאֶתְפַּלֵּל consec.-Hith. impf. 1 c.s. (פלל 813) *and I prayed*

גַּם־בְּעַד אַהֲרֹן adv. (168)-prep. (126)-v.supra *for Aaron also*

בָּעֵת הַהִוא prep.-def.art.-n.f.s. (773)-def.art. -demons.adj. f.s. (214) *at the same time*

9:21

וְאֶת־חַטַּאתְכֶם conj.-dir.obj.-n.f.s.-2 m.p. sf. (308) *then your sinful thing*

אֲשֶׁר־עֲשִׂיתֶם rel. (81)-Qal pf. 2 m.p. (עשׂה I 793) *which you had made*

אֶת־הָעֵגֶל dir.obj.-def.art.-n.m.s. (722) *the calf*

לָקַחְתִּי Qal pf. 1 c.s. (לקח 542) *I took*

וָאֶשְׂרֹף consec.-Qal impf. 1 c.s. (שׂרף 976) *and burned*

אֹתוֹ dir.obj.-3 m.s. sf. *it*

בָּאֵשׁ prep.-def.art.-n.f.s. (77) *with fire*

וָאֶכֹּת אֹתוֹ consec.-Qal impf. 1 c.s. (כתת 510)-dir.obj.-3 m.s. sf. *and crushed it*

טָחוֹן הֵיטֵב Qal inf.abs. (טָחַן 377)–Hi. inf.abs. as adv. (יטב 405) *grinding it very small*

עַד אֲשֶׁר־דַּק prep. (III 723)–rel. (81)–Qal pf. 3 m.s. (דָּקַק 200) *until it was as fine*

לְעָפָר prep.-n.m.s. (779) *as dust*

וָאַשְׁלִךְ consec.-Hi. impf. 1 c.s. (שָׁלַךְ 1020) *and I threw*

אֶת־עֲפָרוֹ dir.obj.-n.m.s.-3 m.s. sf. (779) *the dust of it*

אֶל־הַנַּחַל prep.-def.art.-n.m.s. (636) *into the brook*

הַיֹּרֵד def.art.-Qal act.ptc. (יָרַד 432) *that descended*

מִן־הָהָר prep.-def.art.-n.m.s. (249) *out of the mountain*

9:22

וּבְתַבְעֵרָה conj.-prep.-pr.n. (129) *at Taberah also*

וּבְמַסָּה conj.-prep.-pr.n. (III 650) *and at Massah*

וּבְקִבְרֹת הַתַּאֲוָה conj.-prep.-pr.n. (869) *and at Kibroth-hattavah*

מַקְצִפִים הֱיִיתֶם Hi. ptc. m.p. (קָצַף 893)–Qal pf. 2 m.p. (הָיָה 224) *you provoked to wrath*

אֶת־יהוה dir.obj.-pr.n. (217) *Yahweh*

9:23

וּבִשְׁלֹחַ יהוה conj.-prep.-Qal inf.cstr. (1018) -pr.n. (217) *and when Yahweh sent*

אֶתְכֶם dir.obj.-2 m.p. sf. *you*

מִקָּדֵשׁ בַּרְנֵעַ prep.-pr.n. (II 873)–pr.n. (873) *from Kadesh-barnea*

לֵאמֹר prep.-Qal inf.cstr. (55) *saying*

עֲלוּ Qal impv. 2 m.p. (עָלָה 748) *go up*

וּרְשׁוּ conj.-Qal impv. 2 m.p. (יָרַשׁ 439) *and take possession*

אֶת־הָאָרֶץ dir.obj.-def.art.-n.f.s. (75) *of the land*

אֲשֶׁר נָתַתִּי rel. (81)–Qal pf. 1 c.s. (נָתַן 678) *which I have given*

לָכֶם prep.-2 m.p. sf. *you*

וַתַּמְרוּ consec.-Hi. impf. 2 m.p. (מָרָה 598) *then you rebelled*

אֶת־פִּי dir.obj.-n.m.s. cstr. (804) *against the commandment of*

יהוה אֱלֹהֵיכֶם pr.n. (217)–n.m.p.-2 m.p. sf. (43) *Yahweh your God*

וְלֹא הֶאֱמַנְתֶּם conj.-neg.-Hi. pf. 2 m.p. (אָמַן 52) *and did not believe*

לוֹ prep.-3 m.s. sf. *him*

וְלֹא שְׁמַעְתֶּם conj.-neg.-Qal pf. 2 m.p. (1033) *or obey*

בְּקֹלוֹ prep.-n.m.s.-3 m.s. sf. (876) *his voice*

9:24

מַמְרִים Hi. ptc. m.p. (מָרָה 598) *rebellious*

הֱיִיתֶם Qal pf. 2 m.p. (הָיָה 224) *you have been*

עִם־יהוה prep.-pr.n. (217) *against Yahweh*

מִיּוֹם prep.-n.m.s. cstr. (398) *from the day that*

דַּעְתִּי Qal inf.cstr.-1 c.s. sf. (יָדַע 393) *I knew*

אֶתְכֶם dir.obj.-2 m.p. sf. *you*

9:25

וָאֶתְנַפַּל consec.-Hith. impf. 1 c.s. (נָפַל 656) *so I lay prostrate*

לִפְנֵי יהוה prep.-n.m.p. cstr. (815)–pr.n. (217) *before Yahweh*

אֵת אַרְבָּעִים הַיּוֹם dir.obj.-num. p. (917)–def. art.-n.m.s. (398) *forty days*

וְאֶת־אַרְבָּעִים conj.-dir.obj.-v.supra *and forty*

הַלַּיְלָה dir.obj.-n.m.s. (538) *nights*

אֲשֶׁר הִתְנַפָּלְתִּי rel. (81)–Hith. pf. 1 c.s. paus. (נָפַל 656) *(which I lay prostrate)*

כִּי־אָמַר conj. (471)–Qal pf. 3 m.s. (55) *because had said*

יהוה pr.n. (217) *Yahweh*

לְהַשְׁמִיד אֶתְכֶם prep.-Hi. inf.cstr. (שָׁמַד 1029) -dir.obj.-2 m.p. sf. *he would destroy you*

9:26

וָאֶתְפַּלֵּל consec.-Hith. impf. 1 c.s. (פָּלַל 813) *and I prayed*

אֶל־יהוה prep.-pr.n. (217) *to Yahweh*

וָאֹמַר consec.-Qal impf. 1 c.s. (אָמַר 55) *(and I said)*

אֲדֹנָי יהוה n.m.p.-1 c.s. sf. (10)–pr.n. (217) *O Lord Yahweh*

אַל־תַּשְׁחֵת neg.-Hi. impf. 2 m.s. apoc. (שָׁחַת 1007) *destroy not*

עַמְּךָ n.m.s.-2 m.s. sf. (I 766) *thy people*

וְנַחֲלָתְךָ conj.-n.f.s.-2 m.s. sf. (635) *and thy heritage*

אֲשֶׁר פָּדִיתָ rel. (81)–Qal pf. 2 m.s. (פָּדָה 804) *whom thou hast redeemed*

בְּגָדְלֶךָ prep.-n.m.s.-2 m.s. sf. (152) *through thy greatness*

אֲשֶׁר־הוֹצֵאתָ rel. (81)–Hi. pf. 2 m.s. (יָצָא 422) *whom thou hast brought out*

מִמִּצְרַיִם prep.-pr.n. (595) *of Egypt*

בְּיָד חֲזָקָה prep.-n.f.s. (388)–adj. f.s. (305) *with a mighty hand*

9:27

זְכֹר Qal impv. 2 m.s. (269) *remember*

לַעֲבָדֶיךָ prep.-n.m.p.-2 m.s. sf. (713) *thy servants*

לְאַבְרָהָם prep.-pr.n. (4) *Abraham*

לְיִצְחָק prep.-pr.n. (850) *Isaac*

וּלְיַעֲקֹב conj.-prep.-pr.n. (784) *and Jacob*

אַל־תֵּפֶן neg.-Qal impf. 2 m.s. apoc. (פָּנָה 815) *do not regard*

אֶל־קְשִׁי prep.-n.m.s. cstr. (904) *the stubbornness of*

הָעָם הַזֶּה def.art.-n.m.s. (I 766)-def.art.-demons.adj. m.s. (260) *this people*

וְאֶל־רִשְׁעוֹ conj.-prep.-n.m.s.-3 m.s. sf. (957) *or their wickedness*

וְאֶל־חַטָּאתוֹ conj.-prep.-n.f.s.-3 m.s. sf. (308) *or their sin*

9:28

פֶּן־יֹאמְרוּ conj. (814)-Qal impf. 3 m.p. (55) *lest they say*

הָאָרֶץ def.art.-n.f.s. (75) *the land*

אֲשֶׁר הוֹצֵאתָנוּ rel. (81)-Hi. impf. 2 m.s.-1 c.p. sf. (יָצָא 422) *from which thou didst bring us*

מִשָּׁם prep.-adv. (1027) *(from there)*

מִבְּלִי יְכֹלֶת prep.-neg. (115)-Qal inf.cstr. (יָכֹל 407) *because was not able*

יהוה pr.n. (217) *Yahweh*

לַהֲבִיאָם prep.-Hi. inf.cstr.-3 m.p. sf. (בּוֹא 97) *to bring them*

אֶל־הָאָרֶץ prep.-def.art.-n.f.s. (75) *into the land*

אֲשֶׁר־דִּבֶּר rel. (81)-Pi. pf. 3 m.s. (180) *which he promised*

לָהֶם prep.-3 m.p. sf. *them*

וּמִשִּׂנְאָתוֹ conj.-prep.-n.f.s.-3 m.s. sf. (971) *and because he hated*

אֹתָם dir.obj.-3 m.p. sf. *them*

הוֹצִיאָם Hi. pf. 3 m.s.-3 m.p. sf. (יָצָא 422) *he has brought them out*

לַהֲמִתָם prep.-Hi. inf.cstr.-3 m.p. sf. (מוּת 559) *to slay them*

בַּמִּדְבָּר prep.-def.art.-n.m.s. (184) *in the wilderness*

9:29

וְהֵם conj.-pers.pr. 3 m.p. (241) *for they are*

עַמְּךָ n.m.s.-2 m.s. sf. (I 766) *thy people*

וְנַחֲלָתֶךָ conj.-n.f.s.-2 m.s. sf. (635) *and thy heritage*

אֲשֶׁר הוֹצֵאתָ rel. (81)-Hi. pf. 2 m.s. (יָצָא 422) *whom thou didst bring out*

בְּכֹחֲךָ הַגָּדֹל prep.-n.m.s.-2 m.s. sf. (470)-def.art.-adj. m.s. (152) *by thy great power*

וּבִזְרֹעֲךָ הַנְּטוּיָה conj.-prep.-n.f.s.-2 m.s. sf. (283)-def.art.-Qal pass.ptc. f.s. (נָטָה 639) *and by thy outstretched arm*

10:1

בָּעֵת הַהִוא prep.-def.art.-n.f.s. (773)-def.art.-demons.adj. f.s. (214) *at that time*

אָמַר יהוה Qal pf. 3 m.s. (55)-pr.n. (217) *Yahweh said*

אֵלַי prep.-1 c.s. sf. *to me*

פְּסָל־לְךָ Qal impv. 2 m.s. (820)-prep.-2 m.s. sf. *hew for yourself*

שְׁנֵי־לוּחֹת num. cstr. (1040)-n.m.p. cstr. (531) *two tables of*

אֲבָנִים n.f.p. (6) *stone*

כָּרִאשֹׁנִים prep.-def.art.-adj. m.p. (911) *like the first*

וַעֲלֵה conj.-Qal impv. 2 m.s. (עָלָה 748) *and come up*

אֵלַי prep.-1 c.s. sf. *to me*

הָהָרָה def.art.-n.m.s.-dir.he (249) *on the mountain*

וְעָשִׂיתָ conj.-Qal pf. 2 m.s. (עָשָׂה I 793) *and make*

לְךָ prep.-2 m.s. sf. *for yourself*

אֲרוֹן עֵץ n.m.s. cstr. (75)-n.m.s. (781) *an ark of wood*

10:2

וְאֶכְתֹּב conj.-Qal impf. 1 c.s. (507) *and I will write*

עַל־הַלֻּחֹת prep.-def.art.-n.m.p. (531) *on the tables*

אֶת־הַדְּבָרִים dir.obj.-def.art.-n.m.p. (182) *the words*

אֲשֶׁר הָיוּ rel. (81)-Qal pf. 3 c.p. (הָיָה 224) *that were*

עַל־הַלֻּחֹת הָרִאשֹׁנִים prep.-v.supra-def.art.-adj. m.p. (911) *on the first tables*

אֲשֶׁר שִׁבַּרְתָּ rel. (81)-Pi. pf. 2 m.s. (שָׁבַר 990) *which you broke*

וְשַׂמְתָּם conj.-Qal pf. 2 m.s.-3 m.p. sf. (שׂוּם 962) *and you shall put them*

בָּאָרוֹן prep.-def.art.-n.m.s. (75) *in the ark*

10:3

וָאַעַשׂ consec.-Qal impf. 1 c.s. (עָשָׂה I 793) *so I made*

אֲרוֹן n.m.s. cstr. (75) *an ark of*

עֲצֵי שִׁטִּים n.m.p. cstr. (781)-n.f.p. (1008) *acacia wood*

וָאֶפְסֹל consec.-Qal impf. 1 c.s. (820) *and hewed*

שְׁנֵי־לֻחֹת num. cstr. (1040)-n.m.p. cstr. (531) *two tables of*

אֲבָנִים n.f.p. (6) *stone*

כָּרִאשֹׁנִים prep.-def.art.-adj. m.p. (911) *like the first*

וָאַעַל consec.-Qal impf. 1 c.s. (עָלָה 748) *and went up*

הָהָרָה def.art.-n.m.s.-dir.he (249) *the mountain*

וּשְׁנֵי הַלֻּחֹת conj.-v.supra-def.art.-n.m.p. (531) *with the two tables*

בְּיָדִי prep.-n.f.s.-1 c.s. sf. (388) *in my hand*

10:4

וַיִּכְתֹּב consec.-Qal impf. 3 m.s. (507) *and he wrote*

עַל־הַלֻּחֹת prep.-def.art.-n.m.p. (531) *on the tables*

כַּמִּכְתָּב הָרִאשׁוֹן prep.-def.art.-n.m.p. (508)-def. art.-adj. m.s. (911) *as at the first writing*

אֵת עֲשֶׂרֶת הַדְּבָרִים dir.obj.-num. f. cstr. (796) -def.art.-n.m.p. (182) *the ten commandments* (lit. *words*)

אֲשֶׁר דִּבֶּר יהוה rel. (81)-Pi. pf. 3 m.s. (180)-pr.n. (217) *which Yahweh had spoken*

אֲלֵיכֶם prep.-2 m.p. sf. *to you*

בָּהָר prep.-def.art.-n.m.s. (249) *on the mountain*

מִתּוֹךְ הָאֵשׁ prep.-n.m.s. cstr. (1063)-def.art.-n.f.s. (77) *out of the midst of the fire*

בְּיוֹם הַקָּהָל prep.-n.m.s. cstr. (398)-def.art.-n.m.s. (874) *on the day of the assembly*

וַיִּתְּנֵם יהוה consec.-Qal impf. 3 m.s.-3 m.p. sf. (678) (נָתַן)-pr.n. (217) *and Yahweh gave them*

אֵלָי prep.-1 c.s. sf. paus. *to me*

10:5

וָאֵפֶן consec.-Qal impf. 1 c.s. (פָּנָה 815) *then I turned*

וָאֵרֵד consec.-Qal impf. 1 c.s. (יָרַד 432) *and came down*

מִן־הָהָר prep.-def.art.-n.m.s. (249) *from the mountain*

וָאָשִׂם consec.-Qal impf. 1 c.s. (שׂוּם 962) *and put*

אֶת־הַלֻּחֹת dir.obj.-def.art.-n.m.p. (531) *the tables*

בָּאָרוֹן prep.-def.art.-n.m.s. (75) *in the ark*

אֲשֶׁר עָשִׂיתִי rel. (81)-Qal pf. 1 c.s. (עָשָׂה I 793) *which I had made*

וַיִּהְיוּ consec.-Qal impf. 3 m.p. (הָיָה 224) *and they are*

שָׁם adv. (1027) *there*

כַּאֲשֶׁר צִוַּנִי prep.-rel. (81)-Pi. pf. 3 m.s.-1 c.s. sf. (צָוָה 845) *as commanded me*

יהוה pr.n. (217) *Yahweh*

10:6

וּבְנֵי יִשְׂרָאֵל conj.-n.m.p. cstr. (119)-pr.n. (975) *the people of Israel*

נָסְעוּ Qal pf. 3 c.p. (652) *journeyed*

מִבְּאֵרֹת prep.-n.f.p. cstr. (91) *from the wells of*

בְּנֵי־יַעֲקָן pr.n. (122) *Bene-jaakan*

מוֹסֵרָה pr.n. (64) *to Moserah*

שָׁם adv. (1027) *there*

מֵת אַהֲרֹן Qal pf. 3 m.s. (מוּת 559)-pr.n. (14) *Aaron died*

וַיִּקָּבֵר שָׁם consec.-Ni. impf. 3 m.s. (868)-v.supra *and there he was buried*

וַיְכַהֵן consec.-Pi. impf. 3 m.s. (כָּהַן 464) *and ministered as priest*

אֶלְעָזָר pr.n. (46) *Eleazar*

בְּנוֹ n.m.s.-3 m.s. sf. (119) *his son*

תַּחְתָּיו prep.-3 m.s. sf. (1065) *in his stead*

10:7

מִשָּׁם prep.-adv. (1027) *from there*

נָסְעוּ Qal pf. 3 c.p. (652) *they journeyed*

הַגֻּדְגֹּדָה def.art.-pr.n. (151) *to Gudgodah*

וּמִן־הַגֻּדְגֹּדָה conj.-prep.-v.supra *and from Gudgodah*

יָטְבָתָה pr.n. (406) *to Jotbathah*

אֶרֶץ n.f.s. cstr. (75) *a land with*

נַחֲלֵי מָיִם n.m.p. cstr. (636)-n.m.p. paus. (565) *brooks of water*

10:8

בָּעֵת הַהִוא prep.-def.art.-n.f.s. (773)-def.art. -demons.adj. f.s. (214) *at that time*

הִבְדִּיל יהוה Hi. pf. 3 m.s. (95)-pr.n. (217) *Yahweh set apart*

אֶת־שֵׁבֶט def.art.-n.m.s. cstr. (986) *the tribe of*

הַלֵּוִי def.art.-pr.n. (I 532) *Levi*

לָשֵׂאת prep.-Qal inf.cstr. (נָשָׂא 669) *to carry*

אֶת־אֲרוֹן dir.obj.-n.m.s. cstr. (75) *the ark of*

בְּרִית־יהוה n.f.s. cstr. (136)-pr.n. (217) *the covenant of Yahweh*

לַעֲמֹד prep.-Qal inf.cstr. (763) *to stand*

לִפְנֵי יהוה prep.-n.m.p. cstr. (815)-v.supra *before Yahweh*

לְשָׁרְתוֹ prep.-Qal inf.cstr.-3 m.s. sf. (שָׁרַת 1058) *to minister to him*

וּלְבָרֵךְ conj.-prep.-Pi. inf.cstr. (138) *and to bless*

בִּשְׁמוֹ prep.-n.m.s.-3 m.s. sf. (1027) *in his name*

עַד הַיּוֹם הַזֶּה prep. (III 723)-def.art.-n.m.s. (398) -def.art.-demons.adj. m.s. (260) *to this day*

10:9

עַל־כֵּן prep.-adv. (485) *therefore*

לֹא־הָיָה neg.-Qal pf. 3 m.s. (224) *there is not*

לְלֵוִי prep.-pr.n. (I 532) *for Levi*

חֵלֶק n.m.s. (324) *a portion*

וְנַחֲלָה conj.-n.f.s. (635) *or inheritance*

עִם־אֶחָיו prep.-n.m.p.-3 m.s. sf. (26) *with his brothers*

יְהוָה הוּא pr.n. (217)-pers.pr. 3 m.s. (214) *Yahweh is*

נַחֲלָתוֹ n.f.s.-3 m.s. sf. (635) *his inheritance*

כַּאֲשֶׁר דִּבֶּר prep.-rel. (81)-Pi. pf. 3 m.s. (180) *as said*

יְהוָה אֱלֹהֶיךָ v.supra-n.m.p.-2 m.s. sf. (43) *Yahweh your God*

לוֹ prep.-3 m.s. sf. *to him*

10:10

וְאָנֹכִי conj.-pers.pr. 1 c.s. (59) *and I*

עָמַדְתִּי Qal pf. 1 c.s. (763) *stayed*

בָּהָר prep.-def.art.-n.m.s. (249) *on the mountain*

כַּיָּמִים הָרִאשֹׁנִים prep.-def.art.-n.m.p. (398)-def.art.-adj. m.p. (911) *as at the first time*

אַרְבָּעִים יוֹם num. p. (917)-n.m.s. (398) *forty days*

וְאַרְבָּעִים לַיְלָה conj.-v.supra-n.m.s. (538) *and forty nights*

וַיִּשְׁמַע יְהוָה consec.-Qal impf. 3 m.s. (1033)-pr.n. (217) *and Yahweh hearkened*

אֵלַי prep.-1 c.s. sf. *to me*

גַּם adv. (168) *also*

בַּפַּעַם הַהִוא prep.-def.art.-n.f.s. (821)-def.art.-demons.adj. f.s. (214) *that time*

לֹא־אָבָה neg.-Qal pf. 3 m.s. (2) *was unwilling*

יְהוָה v.supra *Yahweh*

הַשְׁחִיתֶךָ Hi. inf.cstr.-2 m.s. sf. (שָׁחַת 1007) *to destroy you*

10:11

וַיֹּאמֶר יְהוָה consec.-Qal impf. 3 m.s. (55)-pr.n. (217) *and Yahweh said*

אֵלַי prep.-1 c.s. sf. *to me*

קוּם Qal impv. 2 m.s. (קוּם 877) *arise*

לֵךְ לְמַסַּע Qal impv. 2 m.s. (הָלַךְ 229)-prep.-n.m.s. (652) *go on your journey*

לִפְנֵי הָעָם prep.-n.m.p. cstr. (815)-def.art.-n.m.s. (I 766) *at the head of the people*

וְיָבֹאוּ conj.-Qal impf. 3 m.p. (בּוֹא 97) *that they may go in*

וְיִרְשׁוּ conj.-Qal impf. 3 m.p. (יָרַשׁ 439) *and possess*

אֶת־הָאָרֶץ dir.obj.-def.art.-n.f.s. (75) *the land*

אֲשֶׁר־נִשְׁבַּעְתִּי rel. (81)-Ni. pf. 1 c.s. (שָׁבַע 989) *which I swore*

לַאֲבֹתָם prep.-n.m.p.-3 m.p. sf. (3) *to their fathers*

לָתֵת לָהֶם prep.-Qal inf.cstr. (נָתַן 678)-prep.-3 m.p. sf. *to give them*

10:12

וְעַתָּה יִשְׂרָאֵל conj.-adv. (773)-pr.n. (975) *and now Israel*

מָה יְהוָה interr. (552)-pr.n. (217) *what does Yahweh*

אֱלֹהֶיךָ n.m.p.-2 m.s. sf. (43) *your God*

שֹׁאֵל Qal act.ptc. (981) *require*

מֵעִמָּךְ prep.-prep.-2 m.s. sf. paus. *of you*

כִּי אִם־לְיִרְאָה conj.-hypoth.part. (49)-prep.-Qal inf.cstr. (יָרֵא 431) *but to fear*

אֶת־יְהוָה אֱלֹהֶיךָ dir.obj.-v.supra-v.supra *Yahweh your God*

לָלֶכֶת prep.-Qal inf.cstr. (הָלַךְ 229) *to walk*

בְּכָל־דְּרָכָיו prep.-n.m.p. cstr. (481)-n.m.p.-3 m.s. sf. (202) *in all his ways*

וּלְאַהֲבָה conj.-prep.-Qal inf.cstr. (אָהֵב 12) *to love*

אֹתוֹ dir.obj.-3 m.s. sf. *him*

וְלַעֲבֹד conj.-prep.-Qal inf.cstr. (712) *to serve*

אֶת־יְהוָה אֱלֹהֶיךָ dir.obj.-v.supra-v.supra *Yahweh your God*

בְּכָל־לְבָבְךָ prep.-n.m.p. cstr. (481)-n.m.s.-2 m.s. sf. (523) *with all your heart*

וּבְכָל־נַפְשֶׁךָ conj.-v.supra-n.f.s.-2 m.s. sf. (659) *and with all your soul*

10:13

לִשְׁמֹר prep.-Qal inf.cstr. (1036) *to keep*

אֶת־מִצְוֺת יְהוָה dir.obj.-n.f.p. cstr. (846)-pr.n. (217) *the commandments of Yahweh*

וְאֶת־חֻקֹּתָיו conj.-dir.obj.-n.f.p.-3 m.s. sf. (349) *and his statutes*

אֲשֶׁר אָנֹכִי rel. (81)-pers.pr. 1 c.s. (59) *which I*

מְצַוְּךָ Pi. ptc.-2 m.s. sf. (צָוָה 845) *command you*

הַיּוֹם def.art.-n.m.s. (398) *this day*

לְטוֹב לָךְ prep.-adj. (II 373)-prep.-2 m.s. sf. paus. *for your good*

10:14

הֵן לַיהוָה demons.part. (243)-prep.-pr.n. (217) *behold, to Yahweh*

אֱלֹהֶיךָ n.m.p.-2 m.s. sf. (43) *your God*

הַשָּׁמַיִם def.art.-n.m. du. (1029) *the heavens*

וּשְׁמֵי הַשָּׁמַיִם conj.-n.m. du. cstr. (1029)-v.supra paus. *and the heaven of heavens*

הָאָרֶץ def.art.-n.f.s. (75) *the earth*

וְכָל־אֲשֶׁר־בָּהּ conj.-n.m.s. cstr. (481)-rel.
(81)-prep.-3 f.s. sf. *with all that is in it*

10:15

רַק בַּאֲבֹתֶיךָ adv. (956)-prep.-n.m.p.-2 m.s. sf. (3)
yet upon your fathers

חָשַׁק יהוה Qal pf. 3 m.s. (I 365)-pr.n. (217)
Yahweh set his heart

לְאַהֲבָה prep.-Qal inf.cstr. (אָהֵב 12) *in love*

אוֹתָם dir.obj.-3 m.p. sf. *(them)*

וַיִּבְחַר consec.-Qal impf. 3 m.s. (103) *and chose*

בְּזַרְעָם prep.-n.m.s.-3 m.p. sf. (282) *their
descendants*

אַחֲרֵיהֶם prep.-3 m.p. sf. (29) *after them*

בָּכֶם prep.-2 m.p. sf. *you*

מִכָּל־הָעַמִּים prep.-n.m.s. cstr. (481)-def.art.
-n.m.p. (I 766) *above all peoples*

כַּיּוֹם הַזֶּה prep.-def.art.-n.m.s. (398)-def.art.
-demons.adj. m.s. (260) *as at this day*

10:16

וּמַלְתֶּם conj. Qal pf. 2 m.p. (מול II 557)
circumcise therefore

אֵת עָרְלַת dir.obj.-n.f.s. cstr. (790) *the foreskin
of*

לְבַבְכֶם n.m.s.-2 m.p. sf. (523) *your heart*

וְעָרְפְּכֶם conj.-n.m.s.-2 m.s. sf. (791) *and your
neck*

לֹא תַקְשׁוּ עוֹד neg.-Hi. impf. 2 m.p. (קָשָׁה I
904)-adv. (728) *harden no more*

10:17

כִּי יהוה conj. (471)-pr.n. (217) *for Yahweh*

אֱלֹהֵיכֶם n.m.p.-2 m.p. sf. (43) *your God*

הוּא pers.pr. 3 m.s. (214) *is*

אֱלֹהֵי הָאֱלֹהִים n.m.p. cstr. (43)-def.art.-n.m.p.
(43) *God of gods*

וַאֲדֹנֵי הָאֲדֹנִים conj.-n.m.p. cstr. (10)-def.art.
-n.m.p. (10) *and Lord of lords*

הָאֵל הַגָּדֹל def.art.-n.m.s. (42)-def.art.-adj. m.s.
(152) *the great God*

הַגִּבֹּר def.art.-adj. m.s. (150) *the mighty*

וְהַנּוֹרָא conj.-def.art.-Ni. ptc. (יָרֵא 431) *and the
terrible*

אֲשֶׁר לֹא־יִשָּׂא rel. (81)-neg.-Qal impf. 3 m.s.
(669 נָשָׂא) *who does not lift up*

פָנִים n.m.p. (815) *faces (is not partial)*

וְלֹא יִקַּח שֹׁחַד conj.-neg.-Qal impf. 3 m.s. (לָקַח
542)-n.m.s. (1005) *and takes no bribe*

10:18

עֹשֶׂה Qal act.ptc. (I 793) *he executes*

מִשְׁפַּט n.m.s. (1048) *justice*

יָתוֹם n.m.s. (450) *for the fatherless*

וְאַלְמָנָה conj.-n.f.s. (48) *and the widow*

וְאֹהֵב conj.-Qal act.ptc. (12) *and loves*

גֵּר n.m.s. (158) *the sojourner*

לָתֶת prep.-Qal inf.cstr. (נָתַן 678) *giving*

לוֹ prep.-3 m.s. sf. *him*

לֶחֶם n.m.s. (536) *food*

וְשִׂמְלָה conj.-n.f.s. (971) *and clothing*

10:19

וַאֲהַבְתֶּם conj.-Qal pf. 2 m.p. (12) *love*

אֶת־הַגֵּר dir.obj.-def.art.-n.m.s. (158) *the
sojourner*

כִּי־גֵרִים conj. (471)-n.m.p. (158) *for sojourners*

הֱיִיתֶם Qal pf. 2 m.p. (הָיָה 224) *you were*

בְּאֶרֶץ מִצְרָיִם prep.-n.f.s. cstr. (75)-pr.n. paus.
(595) *in the land of Egypt*

10:20

אֶת־יהוה אֱלֹהֶיךָ dir.obj.-pr.n. (217)-n.m.p.-2
m.s. sf. (43) *Yahweh your God*

תִּירָא Qal impf. 2 m.s. (יָרֵא 431) *you shall fear*

אֹתוֹ dir.obj.-3 m.s. sf. *him*

תַעֲבֹד Qal impf. 2 m.s. (712) *you shall serve*

וּבוֹ conj.-prep.-3 m.s. sf. *and to him*

תִדְבָּק Qal impf. 2 m.s. (דָּבַק 179) *you shall
cleave*

וּבִשְׁמוֹ conj.-prep.-n.m.s.-3 m.s. sf. (1027) *and by
his name*

תִּשָּׁבֵעַ Ni. impf. 2 m.s. (989) *you shall swear*

10:21

הוּא תְהִלָּתְךָ pers.pr. 3 m.s. (214)-n.f.s.-2 m.s. sf.
(239) *he is your praise*

וְהוּא אֱלֹהֶיךָ conj.-v.supra-n.m.p.-2 m.s. sf. (43)
he is your God

אֲשֶׁר־עָשָׂה rel. (81)-Qal pf. 3 m.s. (I 793) *who
has done*

אִתְּךָ prep.-2 m.s. sf. (II 85) *for you*

אֶת־הַגְּדֹלֹת dir.obj.-def.art.-adj. f.p. (152) *great
things*

וְאֶת־הַנּוֹרָאֹת conj.-dir.obj.-def.art.-Ni. ptc. f.p.
(431 יָרֵא) *and terrible things*

הָאֵלֶּה def.art.-demons.adj. c.p. (41) *these*

אֲשֶׁר רָאוּ rel. (81)-Qal pf. 3 c.p. (רָאָה 906)
which have seen

עֵינֶיךָ n.f. du.-2 m.s. sf. (744) *your eyes*

10:22

בְּשִׁבְעִים prep.-num. p. (988) *seventy*

נֶפֶשׁ n.f.s. (659) *persons*

יָרְדוּ Qal pf. 3 c.p. (יָרַד 432) *went down*

אֲבֹתֶיךָ n.m.p.-2 m.s. sf. (3) *your fathers*

מִצְרָיְמָה pr.n.-dir.he paus. (595) *to Egypt*

וְעַתָּה שָׂמְךָ conj.-adv. (773)-Qal pf. 3 m.s.-2 m.s. sf. (שׂים 962) *and now has made you*

יהוה pr.n. (217) *Yahweh*

אֱלֹהֶיךָ n.m.p.-2 m.s. sf. (43) *your God*

כְּכוֹכְבֵי prep.-n.m.p. cstr. (456) *as the stars of*

הַשָּׁמַיִם def.art.-n.m. du. (1029) *heaven*

לָרֹב prep.-n.m.s. (913) *for multitude*

11:1

וְאָהַבְתָּ conj.-Qal pf. 2 m.s. (אָהַב 12) *you shall therefore love*

אֵת יהוה אֱלֹהֶיךָ dir.obj.-pr.n. (217)-n.m.p.-2 m.s. sf. (43) *Yahweh your God*

וְשָׁמַרְתָּ conj.-Qal pf. 2 m.s. (1036) *and keep*

מִשְׁמַרְתּוֹ n.f.s.-3 m.s. sf. (1038) *his charge*

וְחֻקֹּתָיו conj.-n.f.p.-3 m.s. sf. (349) *his statutes*

וּמִשְׁפָּטָיו conj.-n.m.p.-3 m.s. sf. (1048) *his ordinances*

וּמִצְוֹתָיו conj.-n.f.p.-3 m.s. sf. (846) *und his commandments*

כָּל־הַיָּמִים n.m.s. cstr. (481)-def.art.-n.m.p. (398) *always*

11:2

וִידַעְתֶּם conj.-Qal pf. 2 m.p. (יָדַע 393) *and consider*

הַיּוֹם def.art.-n.m.s. (398) *this day*

כִּי לֹא אֶת־בְּנֵיכֶם conj. (471)-neg.-prep. (II 85)-n.m.p.-2 m.p. sf. (119) *since not to your children*

אֲשֶׁר לֹא־יָדְעוּ rel. (81)-neg.-Qal pf. 3 c.p. (יָדַע 393) *who have not known*

וַאֲשֶׁר לֹא־רָאוּ conj.-rel. (81)-neg.-Qal pf. 3 c.p. (רָאָה 906) *or seen it*

אֶת־מוּסַר יהוה dir.obj.-n.m.s. cstr. (416)-pr.n. (217) *the discipline of Yahweh*

אֱלֹהֵיכֶם n.m.p.-2 m.p. sf. (43) *your God*

אֶת־גָּדְלוֹ dir.obj.-n.m.s.-3 m.s. sf. (152) *his greatness*

אֶת־יָדוֹ הַחֲזָקָה dir.obj.-n.f.s.-3 m.s. sf. (388)-def.art.-adj. f.s. (305) *his mighty hand*

וּזְרֹעוֹ הַנְּטוּיָה conj.-n.f.s.-3 m.s. sf. (283)-def.art.-Qal pass.ptc. f.s. (נָטָה 639) *and his outstretched arm*

11:3

וְאֶת־אֹתֹתָיו conj.-dir.obj.-n.m.p.-3 m.s. sf. (16) *his signs*

וְאֶת־מַעֲשָׂיו conj.-dir.obj.-n.m.p.-3 m.s. sf. (795) *and his deeds*

אֲשֶׁר עָשָׂה rel. (81)-Qal pf. 3 m.s. (I 793) *which he did*

בְּתוֹךְ מִצְרָיִם prep.-n.m.s. cstr. (1063)-pr.n. paus. (595) *in Egypt*

לְפַרְעֹה prep.-pr.n. (829) *to Pharaoh*

מֶלֶךְ־מִצְרַיִם n.m.s. cstr. (I 572)-pr.n. (595) *the king of Egypt*

וּלְכָל־אַרְצוֹ conj.-prep.-n.m.s. cstr. (481)-n.f.s.-3 m.s. sf. (75) *and to all his land*

11:4

וַאֲשֶׁר עָשָׂה conj.-rel. (81)-Qal pf. 3 m.s. (I 793) *and what he did*

לְחֵיל מִצְרַיִם prep.-n.m.s. cstr. (298)-pr.n. (595) *to the army of Egypt*

לְסוּסָיו prep.-n.m.p.-3 m.s. sf. (692) *to their horses*

וּלְרִכְבּוֹ conj.-prep.-n.m.s.-3 m.s. sf. (939) *and to their chariots*

אֲשֶׁר הֵצִיף rol. (81)-Hi. pf. 3 m.s. (צוּף 847) *how he made overflow*

אֶת־מֵי dir.obj.-n.m.p. cstr. (565) *the water of*

יַם־סוּף n.m.s. cstr. (410)-n.m.s. (I 693) *the Red Sea* (lit. *sea of reeds*)

עַל־פְּנֵיהֶם prep.-n.m.p.-3 m.p. sf. (815) *over them*

בְּרָדְפָם prep.-Qal inf.cstr.-3 m.p. sf. (רָדַף 922) *as they pursued*

אַחֲרֵיכֶם prep.-2 m.p. sf. (29) *after you*

וַיְאַבְּדֵם consec.-Pi. impf. 3 m.s.-3 m.p. sf. (אָבַד 1) *and how destroyed them*

יהוה pr.n. (217) *Yahweh*

עַד הַיּוֹם הַזֶּה prep. (III 723)-def.art.-n.m.s. (398)-def.art.-demons.adj. m.s. (260) *to this day*

11:5

וַאֲשֶׁר עָשָׂה conj.-rel. (81)-Qal pf. 3 m.s. (I 793) *and what he did*

לָכֶם prep.-2 m.p. sf. *to you*

בַּמִּדְבָּר prep.-def.art.-n.m.s. (II 184) *in the wilderness*

עַד־בֹּאֲכֶם prep. (III 723)-Qal inf.cstr.-2 m.p. sf. (בוֹא 97) *until you came*

עַד־הַמָּקוֹם הַזֶּה v.supra-def.art.-n.m.s. (879)-def.art.-demons.adj. m.s. (260) *to this place*

11:6

וַאֲשֶׁר עָשָׂה conj.-rel. (81)-Qal pf. 3 m.s. (I 793) *and what he did*

לְדָתָן prep.-pr.n. (206) *to Dathan*

וְלַאֲבִירָם conj.-prep.-pr.n. (4) *and Abiram*

בְּנֵי אֱלִיאָב n.m.p. cstr. (119)-pr.n. (45) *the sons of Eliab*

בֶּן־רְאוּבֵן n.m.s. cstr. (119)-pr.n. (910) *son of Reuben*

אֲשֶׁר פָּצְתָה הָאָרֶץ rel. (81)-Qal pf. 3 f.s. 822)-def.art.-n.f.s. (75) *how the earth opened*

אֶת־פִּיהָ dir.obj.-n.m.s.-3 f.s. sf. (804) *its mouth*

וַתִּבְלָעֵם consec.-Qal impf. 3 f.s.-3 m.p. sf. (בָּלַע 118) *and swallowed them*

וְאֶת־בָּתֵּיהֶם conj.-dir.obj.-n.m.p.-3 m.p. sf. (108) *with their households*

וְאֶת־אָהֳלֵיהֶם conj.-dir.obj.-n.m.p.-3 m.p. sf. (13) *their tents*

וְאֵת כָּל־הַיְקוּם conj.-dir.obj.-n.m.s. cstr. (481)-def.art.-n.m.s. (879) *and every living thing*

אֲשֶׁר בְּרַגְלֵיהֶם rel. (81)-prep.-n.f. du.-3 m.p. sf. (919) *that followed them*

בְּקֶרֶב כָּל־יִשְׂרָאֵל prep.-n.m.s. cstr. (899)-v.supra-pr.n. (975) *in the midst of all Israel*

11:7

כִּי עֵינֵיכֶם conj. (471)-n.f. du.-2 m.p. sf. (744) *for your eyes*

הָרֹאֹת def.art.-Qal act.ptc. f.p. (רָאָה 906) *have seen*

אֶת־כָּל־ dir.obj.-n.m.s. cstr. (481) *all*

מַעֲשֵׂה יהוה n.m.s. cstr. (795)-pr.n. (217) *the work of Yahweh*

הַגָּדֹל def.art.-adj. m.s. (152) *great*

אֲשֶׁר עָשָׂה rel. (81)-Qal pf. 3 m.s. (I 793) *which he did*

11:8

וּשְׁמַרְתֶּם conj.-Qal pf. 2 m.p. (1036) *you shall therefore keep*

אֶת־כָּל־ dir.obj.-n.m.s. cstr. (481) *all*

הַמִּצְוָה def.art.-n.f.s. (846) *the commandment*

אֲשֶׁר אָנֹכִי rel. (81)-pers.pr. 1 c.s. (59) *which I*

מְצַוְּךָ Pi. ptc.-2 m.s. sf. (צָוָה 845) *command you*

הַיּוֹם def.art.-n.m.s. (398) *this day*

לְמַעַן תֶּחֶזְקוּ prep. (775)-Qal impf. 2 m.p. (חָזַק 304) *that you may be strong*

וּבָאתֶם conj.-Qal pf. 2 m.p. (בּוֹא 97) *and go in*

וִירִשְׁתֶּם conj.-Qal pf. 2 m.p. (יָרַשׁ 439) *and take possession*

אֶת־הָאָרֶץ dir.obj.-def.art.-n.f.s. (75) *of the land*

אֲשֶׁר אַתֶּם rel. (81)-pers.pr. 2 m.p. (61) *which you*

עֹבְרִים שָׁמָּה Qal act.ptc. m.p. (716)-adv.-dir.he (1027) *going over there*

לְרִשְׁתָּהּ prep.-Qal inf.cstr.-3 f.s. sf. (יָרַשׁ 439) *to possess it*

11:9

וּלְמַעַן conj.-prep. (775) *and that*

תַּאֲרִיכוּ יָמִים Hi. impf. 2 m.p. (אָרַךְ 73)-n.m.p. (398) *you may live long*

עַל־הָאֲדָמָה prep.-def.art.-n.f.s. (9) *in the land*

אֲשֶׁר נִשְׁבַּע יהוה rel. (81)-Ni. pf. 3 m.s. (989)-pr.n. (217) *which Yahweh swore*

לַאֲבֹתֵיכֶם prep.-n.m.p.-2 m.p. sf. (3) *to your fathers*

לָתֵת לָהֶם prep.-Qal inf.cstr. (נָתַן 678)-prep.-3 m.p. sf. *to give to them*

וּלְזַרְעָם conj.-prep.-n.m.s.-3 m.p. sf. (282) *and to their descendants*

אֶרֶץ זָבַת n.f.s. (75)-Qal act.ptc. f.s. cstr. (זוּב 264) *a land flowing with*

חָלָב n.m.s. (316) *milk*

וּדְבָשׁ conj.-n.m.s. (185) *and honey*

11:10

כִּי הָאָרֶץ conj. (471)-def.art.-n.f.s. (75) *for the land*

אֲשֶׁר אַתָּה rel. (81)-pers.pr. 2 m.s. (61) *which you*

בָּא־שָׁמָּה Qal act.ptc. (בּוֹא 97)-adv.-dir.he (1027) *are entering (there)*

לְרִשְׁתָּהּ prep.-Qal inf.cstr.-3 f.s. sf. (יָרַשׁ 439) *to take possession of it*

לֹא כְאֶרֶץ neg.-prep.-n.f.s. cstr. (75) *not like the land of*

מִצְרַיִם pr.n. (595) *Egypt*

הִוא אֲשֶׁר pers.pr. 3 f.s. (214)-rel. (81) *from which*

יְצָאתֶם Qal pf. 2 m.p. (יָצָא 422) *you have come*

מִשָּׁם prep.-adv. (1027) *(from there)*

אֲשֶׁר תִּזְרַע rel. (81)-Qal impf. 2 m.s. (281) *where you sowed*

אֶת־זַרְעֲךָ dir.obj.-n.m.s.-2 m.s. sf. (282) *your seed*

וְהִשְׁקִיתָ conj.-Hi. pf. 2 m.s. (שָׁקָה 1052) *and watered it*

בְרַגְלְךָ prep.-n.f.s.-2 m.s. sf. (919) *with your feet*

כְּגַן prep.-n.m.s. cstr. (171) *like a garden of*

הַיָּרָק def.art.-n.m.s. (438) *vegetables*

11:11

וְהָאָרֶץ conj.-def.art.-n.f.s. (75) *but the land*

אֲשֶׁר אַתֶּם עֹבְרִים rel. (81)-pers.pr. 2 m.p. (61)-Qal act.ptc. m.p. (716) *which you are going over*

שָׁמָּה adv.-dir.he (1027) *(there)*

לְרִשְׁתָּהּ prep.-Qal inf.cstr.-3 f.s. sf. (יָרַשׁ 439) *to possess it*

אֶרֶץ n.f.s. cstr. (75) *a land of*

הָרִים n.m.p. (249) *hills*

וּבְקָעֹת conj.-n.f.p. (132) *and valleys*

לִמְטַר prep.-n.m.s. cstr. (564) *by the rain from*

הַשָּׁמַיִם def.art.-n.m. du. (1029) *heaven*

תִּשְׁתֶּה־ Qal impf. 3 f.s. (שׁתה 1059) *which drinks*

מָיִם n.m.p. paus. (565) *water*

11:12

אֶרֶץ n.f.s. (75) *a land*

אֲשֶׁר־יְהוָה rel. (81)-pr.n. (217) *which Yahweh*

אֱלֹהֶיךָ n.m.p.-2 m.s. sf. (43) *your God*

דֹּרֵשׁ אֹתָהּ Qal act.ptc. (205)-dir.obj.-3 f.s. sf. *cares for (it)*

תָּמִיד adv. (556) *always*

עֵינֵי יְהוָה n.f.p. cstr. (744)-v.supra *the eyes of Yahweh*

אֱלֹהֶיךָ n.m.p.-2 m.s. sf. (43) *your God*

בָּהּ prep.-3 f.s. sf. *upon it*

מֵרֵשִׁית הַשָּׁנָה prep.-n.f.s. cstr. (912)-def.art.-n.f.s. (1040) *from the beginning of the year*

וְעַד אַחֲרִית שָׁנָה conj.-prep. (III 723)-n.f.s. cstr. (31)-n.f.s. (1040) *to the end of the year*

11:13

וְהָיָה אִם־ conj.-Qal pf. 3 m.s. (224)-hypoth.part. (49) *and if*

שָׁמֹעַ תִּשְׁמְעוּ Qal inf.abs. (1033)-Qal impf. 2 m.p. (1033) *you will obey*

אֶל־מִצְוֹתַי prep.-n.f.p.-1 c.s. sf. (846) *my commandments*

אֲשֶׁר אָנֹכִי rel. (81)-pers.pr. 1 c.s. (59) *which I*

מְצַוֶּה אֶתְכֶם Pi. ptc. (845)-dir.obj.-2 m.p. sf. *command you*

הַיּוֹם def.art.-n.m.s. (398) *this day*

לְאַהֲבָה prep.-Qal inf.cstr. (אהב 12) *to love*

אֶת־יְהוָה dir.obj.-pr.n. (217) *Yahweh*

אֱלֹהֵיכֶם n.m.p.-2 m.p. sf. (43) *your God*

וּלְעָבְדוֹ conj.-prep.-Qal inf.cstr.-3 m.s. sf. (712) *and to serve him*

בְּכָל־לְבַבְכֶם prep.-n.m.s. cstr. (481)-n.m.s.-2 m.p. sf. (523) *with all your heart*

וּבְכָל־נַפְשְׁכֶם conj.-v.supra-n.f.s.-2 m.p. sf. (659) *and with all your soul*

11:14

וְנָתַתִּי conj.-Qal pf. 1 c.s. (נתן 678) *and I will give*

מְטַר־אַרְצְכֶם n.m.s. cstr. (564)-n.f.s.-2 m.p. sf. (75) *the rain for your land*

בְּעִתּוֹ prep.-n.f.s.-3 m.s. sf. (773) *in its season*

יוֹרֶה n.m.s. (435) *the early rain*

וּמַלְקוֹשׁ conj.-n.m.s. (545) *and the later rain*

וְאָסַפְתָּ conj.-Qal pf. 2 m.s. (אסף 62) *that you may gather in*

דְּגָנֶךָ n.m.s.-2 m.s. sf. (186) *your grain*

וְתִירֹשְׁךָ conj.-n.m.s.-2 m.s. sf. (440) *and your wine*

וְיִצְהָרֶךָ conj.-n.m.s.-2 m.s. sf. (844) *and your oil*

11:15

וְנָתַתִּי conj.-Qal pf. 1 c.s. (נתן 678) *and I will give*

עֵשֶׂב n.m.s. (793) *grass*

בְּשָׂדְךָ prep.-n.m.s.-2 m.s. sf. (961) *in your fields*

לִבְהֶמְתֶּךָ prep.-n.f.s.-2 m.s. sf. (96) *for your cattle*

וְאָכַלְתָּ conj.-Qal pf. 2 m.s. (37) *and you shall eat*

וְשָׂבָעְתָּ conj.-Qal pf. 2 m.s. paus. (959) *and be full*

11:16

הִשָּׁמְרוּ לָכֶם Ni. impv. 2 m.p. (1036)-prep.-2 m.p. sf. *take heed*

פֶּן conj. (814) *lest*

יִפְתֶּה לְבַבְכֶם Qal impf. 3 m.s. (פתה 834)-n.m.s.-2 m.p. sf. (523) *your heart be deceived*

וְסַרְתֶּם conj.-Qal pf. 2 m.p. (סור 693) *and you turn aside*

וַעֲבַדְתֶּם conj.-Qal pf. 2 m.p. (712) *and serve*

אֱלֹהִים אֲחֵרִים n.m.p. (43)-adj. m.p. (29) *other gods*

וְהִשְׁתַּחֲוִיתֶם conj.-Hith. pf. 2 m.p. (שׁחה 1005) *and worship*

לָהֶם prep.-3 m.p. sf. *them*

11:17

וְחָרָה conj.-Qal pf. 3 m.s. (354) *and be kindled*

אַף־יְהוָה n.m.s. cstr. (I 60)-pr.n. (217) *the anger of Yahweh*

בָּכֶם prep.-2 m.p. sf. *against you*

וְעָצַר conj.-Qal pf. 3 m.s. (783) *and he shut up*

אֶת־הַשָּׁמַיִם dir.obj.-def.art.-n.m.p. (1029) *the heavens*

וְלֹא־יִהְיֶה conj.-neg.-Qal impf. 3 m.s. (היה 224) *so that there be no*

מָטָר n.m.s. (564) *rain*

וְהָאֲדָמָה conj.-def.art.-n.f.s. (9) *and the land*

לֹא תִתֵּן neg.-Qal impf. 3 f.s. (נתן 678) *yield no*

אֶת־יְבוּלָהּ dir.obj.-n.m.s.-3 f.s. sf. (385) *fruit*

וַאֲבַדְתֶּם conj.-Qal pf. 2 m.p. (אבד 1) *and you perish*

מְהֵרָה adv. (555) *quickly*

מֵעַל הָאָרֶץ הַטֹּבָה prep.-prep.-def.art.-n.f.s. (75)-def.art.-adj. f.s. (II 373) *off the good land*

אֲשֶׁר יהוה rel. (81)-pr.n. (217) *which Yahweh*

נֹתֵן לָכֶם Qal act.ptc. (678)-prep.-2 m.p. sf. *gives you*

11:18

וְשַׂמְתֶּם conj.-Qal pf. 2 m.p. (שִׂים 962) *you shall therefore lay up*

אֶת־דְּבָרַי אֵלֶּה dir.obj.-n.m.p.-1 c.s. sf. (182)-demons.adj. c.p. (41) *these words of mine*

עַל־לְבַבְכֶם prep.-n.m.s.-2 m.p. sf. (523) *in your heart*

וְעַל־נַפְשְׁכֶם conj.-prep.-n.f.s.-2 m.p. sf. (659) *and in your soul*

וּקְשַׁרְתֶּם conj.-Qal pf. 2 m.p. (905) *and you shall bind*

אֹתָם dir.obj.-3 m.p. sf. *them*

לְאוֹת prep.-n.m.s. (16) *as a sign*

עַל־יֶדְכֶם prep.-n.f.s.-? m.p. sf. (388) *upon your hand*

וְהָיוּ conj.-Qal pf. 3 c.p. (הָיָה 224) *and they shall be*

לְטוֹטָפֹת prep.-n.f.p. (377) *as frontlets*

בֵּין עֵינֵיכֶם prep. (107)-n.f. du.-2 m.p. sf. (744) *between your eyes*

11:19

וְלִמַּדְתֶּם conj.-Pi. pf. 2 m.p. (לָמַד 540) *and you shall teach*

אֹתָם dir.obj.-3 m.p. sf. *them*

אֶת־בְּנֵיכֶם dir.obj.-n.m.p.-2 m.p. sf. (119) *to your children*

לְדַבֵּר בָּם prep.-Pi. inf.cstr. (180)-prep.-3 m.p. sf. *talking of them*

בְּשִׁבְתְּךָ prep.-Qal inf.cstr.-2 m.s. sf. (יָשַׁב 442) *when you are sitting*

בְּבֵיתֶךָ prep.-n.m.s.-2 m.s. sf. (108) *in your house*

וּבְלֶכְתְּךָ conj.-prep.-Qal inf.cstr.-2 m.s. sf. (הָלַךְ 229) *and when you are walking*

בַדֶּרֶךְ prep.-def.art.-n.m.s. (202) *by the way*

וּבְשָׁכְבְּךָ conj.-prep.-Qal inf.cstr.-2 m.s. sf. (שָׁכַב 1011) *and when you lie down*

וּבְקוּמֶךָ conj.-prep.-Qal inf.cstr.-2 m.s. sf. (קוּם 877) *and when you rise*

11:20

וּכְתַבְתָּם conj.-Qal pf. 2 m.s.-3 m.p. sf. (כָּתַב 507) *and you shall write them*

עַל־מְזוּזוֹת בֵּיתֶךָ prep.-n.f.p. cstr. (265)-n.m.s.-2 m.s. sf. (108) *upon the doorposts of your house*

וּבִשְׁעָרֶיךָ conj.-prep.-n.m.p.-2 m.s. sf. (1044) *and upon your gates*

11:21

לְמַעַן יִרְבּוּ prep. (775)-Qal impf. 3 m.p. (רָבָה I 915) *that may be multiplied*

יְמֵיכֶם n.m.p.-2 m.p. sf. (398) *your days*

וִימֵי בְנֵיכֶם conj.-n.m.p. cstr. (398)-n.m.p.-2 m.p. sf. (119) *and the days of your children*

עַל הָאֲדָמָה prep.-def.art.-n.f.s. (9) *in the land*

אֲשֶׁר נִשְׁבַּע rel. (81)-Ni. pf. 3 m.s. (989) *which swore*

יהוה pr.n. (217) *Yahweh*

לַאֲבֹתֵיכֶם prep.-n.m.p.-2 m.p. sf. (3) *to your fathers*

לָתֵת לָהֶם prep.-Qal inf.cstr. (נָתַן 678)-prep.-3 m.p. sf. *to give them*

כִּימֵי הַשָּׁמַיִם conj.-n.m.p. cstr. (398)-def.art.-n.m. du. (1029) *as long as the heavens*

עַל־הָאָרֶץ prep.-def.art.-n.f.s. (75) *above the earth*

11:22

כִּי אִם־ conj.-hypoth.part. (49) *for if*

שָׁמֹר תִּשְׁמְרוּן Qal inf.abs. (1036)-Qal impf. 2 m.p. (1036) *you will be careful to do*

אֶת־כָּל־הַמִּצְוָה הַזֹּאת dir.obj.-n.m.s. cstr. (481)-def.art.-n.f.s. (846)-def.art.-demons.adj. f.s. (260) *all this commandment*

אֲשֶׁר אָנֹכִי rel. (81)-pers.pr. 1 c.s. (59) *which I*

מְצַוֶּה אֶתְכֶם Pi. ptc. (צָוָה 845)-dir.obj.-2 m.p. sf. *command you*

לַעֲשֹׂתָהּ prep.-Qal inf.cstr.-3 f.s. sf. (עָשָׂה I 793) *to do (it)*

לְאַהֲבָה prep.-Qal inf.cstr. (אָהַב 12) *loving*

אֶת־יהוה dir.obj.-pr.n. (217) *Yahweh*

אֱלֹהֵיכֶם n.m.p.-2 m.p. sf. (43) *your God*

לָלֶכֶת prep.-Qal inf.cstr. (הָלַךְ 229) *walking*

בְּכָל־דְּרָכָיו prep.-n.m.s. cstr. (481)-n.m.p.-3 m.s. sf. (202) *in all his ways*

וּלְדָבְקָה־בוֹ conj.-prep.-Qal inf.cstr. (179)-prep.-3 m.s. sf. *and cleaving to him*

11:23

וְהוֹרִישׁ conj.-Hi. pf. 3 m.s. (יָרַשׁ 439) *then will drive out*

יהוה pr.n. (217) *Yahweh*

אֶת־כָּל־הַגּוֹיִם הָאֵלֶּה dir.obj.-n.m.s. cstr. (481) -def.art.-n.m.p. (156)-def.art.-demons.adj. c.p. (41) *all these nations*

מִלִּפְנֵיכֶם prep.-prep.-n.m.p.-2 m.p. sf. (815) *before you*

וִירִשְׁתֶּם conj.-Qal pf. 2 m.p. (יָרַשׁ 439) *and you will dispossess*

גּוֹיִם גְּדֹלִים n.m.p. (156)-adj. m.p. (152) *nations greater*

וַעֲצֻמִים conj.-adj. m.p. (783) *and mightier*

מִכֶּם prep.-2 m.p. sf. *than yourselves*

11:24

כָּל־הַמָּקוֹם n.m.s. cstr. (481)-def.art.-n.m.s. (879) *every place*

אֲשֶׁר תִּדְרֹךְ rel. (81)-Qal impf. 3 f.s. (201) *on which treads*

כַּף־רַגְלְכֶם n.f.s. cstr. (496)-n.f.s.-2 m.p. sf. (919) *the sole of your feet*

בּוֹ prep.-3 m.s. sf. *on it*

לָכֶם prep.-2 m.p. sf. *yours*

יִהְיֶה Qal impf. 3 m.s. (הָיָה 224) *shall be*

מִן־הַמִּדְבָּר prep.-def.art.-n.m.s. (II 184) *from the wilderness*

וְהַלְּבָנוֹן conj.-def.art.-pr.n. (526) *and Lebanon*

מִן־הַנָּהָר prep.-def.art.-n.m.s. (625) *from the River*

נְהַר־פְּרָת n.m.s. cstr. (625)-pr.n. (832) *the river Euphrates*

וְעַד הַיָּם conj.-prep. (III 723)-def.art.-n.m.s. (410) *to the sea*

הָאַחֲרוֹן def.art.-adj. m.s. (30) *western*

יִהְיֶה v.supra *shall be*

גְּבֻלְכֶם n.m.s.-2 m.p. sf. (147) *your territory*

11:25

לֹא־יִתְיַצֵּב אִישׁ neg.-Hith. impf. 3 m.s. (יָצַב 426)-n.m.s. (35) *no man shall be able to stand*

בִּפְנֵיכֶם prep.-n.m.p.-2 m.p. sf. (815) *against you*

פַּחְדְּכֶם n.m.s.-2 m.p. sf. (808) *the fear of you*

וּמוֹרַאֲכֶם conj.-n.m.s.-2 m.p. sf. (432) *and the dread of you*

יִתֵּן יְהוָה Qal impf. 3 m.s. (נָתַן 678)-pr.n. (217) *Yahweh will lay*

אֱלֹהֵיכֶם n.m.p.-2 m.p. sf. (43) *your God*

עַל־פְּנֵי כָל־הָאָרֶץ prep.-n.m.p. cstr. (815)-n.m.s. cstr. (481)-def.art.-n.f.s. (75) *upon all the land*

אֲשֶׁר תִּדְרְכוּ־בָהּ rel. (81)-Qal impf. 2 m.p. (201)-prep.-3 f.s. sf. *that you shall tread*

כַּאֲשֶׁר דִּבֶּר prep.-rel. (81)-Pi. pf. 3 m.s. (180) *as he promised*

לָכֶם prep.-2 m.p. sf. *you*

11:26

רְאֵה Qal impv. 2 m.s. (906) *behold*

אָנֹכִי נֹתֵן pers.pr. 1 c.s. (59)-Qal act.ptc. (נָתַן 678) *I set*

לִפְנֵיכֶם prep.-n.m.p.-2 m.p. sf. (815) *before you*

הַיּוֹם def.art.-n.m.s. (398) *this day*

בְּרָכָה n.f.s. (139) *a blessing*

וּקְלָלָה conj.-n.f.s. (887) *and a curse*

11:27

אֶת־הַבְּרָכָה dir.obj.-def.art.-n.f.s. (139) *the blessing*

אֲשֶׁר תִּשְׁמְעוּ rel. (81)-Qal impf. 2 m.p. (1033) *if you obey*

אֶל־מִצְוֹת prep.-n.f.p. cstr. (846) *the commandments of*

יְהוָה אֱלֹהֵיכֶם pr.n. (217)-n.m.p.-2 m.p. sf. (43) *Yahweh your God*

אֲשֶׁר אָנֹכִי rel. (81)-pers.pr. 1 c.s. (59) *which I*

מְצַוֶּה Pi. ptc. m.s. (צָוָה 845) *command*

אֶתְכֶם dir.obj.-2 m.p. sf. *you*

הַיּוֹם def.art.-n.m.s. (398) *this day*

11:28

וְהַקְּלָלָה conj.-def.art.-n.f.s. (887) *and the curse*

אִם־לֹא תִשְׁמְעוּ hypoth.part. (49)-neg.-Qal impf. 2 m.p. (1033) *if you do not obey*

אֶל־מִצְוֹת prep.-n.f.p. cstr. (846) *the commandments of*

יְהוָה pr.n. (217) *Yahweh*

אֱלֹהֵיכֶם n.m.p.-2 m.p. sf. (43) *your God*

וְסַרְתֶּם conj.-Qal pf. 2 m.p. (סוּר 693) *but turn aside*

מִן־הַדֶּרֶךְ prep.-def.art.-n.m.s. (202) *from the way*

אֲשֶׁר אָנֹכִי rel. (81)-pers.pr. 1 c.s. (59) *which I*

מְצַוֶּה אֶתְכֶם Pi. ptc. (צָוָה 845)-dir.obj.-2 m.p. sf. *command you*

הַיּוֹם def.art.-n.m.s. (398) *this day*

לָלֶכֶת prep.-Qal inf.cstr. (הָלַךְ 229) *to go*

אַחֲרֵי אֱלֹהִים אֲחֵרִים prep. (29)-n.m.p. (43)-adj. m.p. (29) *after other gods*

אֲשֶׁר לֹא־יְדַעְתֶּם rel. (81)-neg.-Qal pf. 2 m.p. (393) *which you have not known*

11:29

וְהָיָה כִּי conj.-Qal pf. 3 m.s. (224)-conj. (481) *and when*

יְבִיאֲךָ Hi. impf. 3 m.s.-2 m.s. sf. (בּוֹא 97) *brings you*

יהוה אֱלֹהֶיךָ pr.n. (217)-n.m.p.-2 m.s. sf. (43) *Yahweh your God*

אֶל־הָאָרֶץ prep.-def.art.-n.f.s. (75) *into the land*

אֲשֶׁר־אַתָּה rel. (81)-pers.pr. 2 m.s. (61) *which you*

בָא שָׁמָּה Qal act.ptc. (בּוֹא 97)-adv.-dir.he (1027) *entering (there)*

לְרִשְׁתָּהּ prep.-Qal inf.cstr.-3 f.s. sf. (יָרַשׁ 439) *to take possession of it*

וְנָתַתָּה conj.-Qal pf. 2 m.s. (נָתַן 678) *you shall set*

אֶת־הַבְּרָכָה dir.obj.-def.art.-n.f.s. (139) *the blessing*

עַל־הַר גְּרִזִים prep.-n.m.s. cstr. (249)-pr.n. (173) *on Mount Gerizim*

וְאֶת־הַקְּלָלָה conj.-dir.obj.-def.art.-n.f.s. (887) *and the curse*

עַל־הַר עֵיבָל prep.-v.supra-pr.n. (III 716) *on Mount Ebal*

11.30

הֲלֹא־הֵמָּה interr.-neg.-pers.pr. 3 m.p. (241) *are they not?*

בְּעֵבֶר prep.-n.m.s. cstr. (I 719) *beyond*

הַיַּרְדֵּן def.art.-pr.n. (434) *the Jordan*

אַחֲרֵי דֶּרֶךְ prep. (29)-n.m.s. cstr. (202) *west of the road toward*

מְבוֹא הַשֶּׁמֶשׁ n.m.s. cstr. (99)-def.art.-n.f.s. (1039) *the going down of the sun*

בְּאֶרֶץ prep.-n.f.s. cstr. (75) *in the land of*

הַכְּנַעֲנִי def.art.-pr.n. gent. (489) *the Canaanites*

הַיֹּשֵׁב def.art.-Qal act.ptc. (יָשַׁב 442) *who live*

בָּעֲרָבָה prep.-def.art.-n.f.s. (I 787) *in the Arabah*

מוּל הַגִּלְגָּל prep. (557)-def.art.-pr.n. (II 166) *over against Gilgal*

אֵצֶל אֵלוֹנֵי prep. (I 69)-n.f.p. cstr. (18) *beside the oaks of*

מֹרֶה pr.n. (II 435)-*Moreh (teacher)*

11:31

כִּי אַתֶּם conj. (481)-pers.pr. 2 m.p. (61) *for you*

עֹבְרִים Qal act.ptc. m.p. (716) *are to pass over*

אֶת־הַיַּרְדֵּן dir.obj.-def.art.-pr.n. (434) *the Jordan*

לָבֹא prep.-Qal inf.cstr. (בּוֹא 97) *to go in*

לָרֶשֶׁת prep.-Qal inf.cstr. (יָרַשׁ 439) *to take possession*

אֶת־הָאָרֶץ dir.obj.-def.art.-n.f.s. (75) *of the land*

אֲשֶׁר־יהוה rel. (81)-pr.n. (217) *which Yahweh*

אֱלֹהֵיכֶם n.m.p.-2 m.p. sf. (43) *your God*

נֹתֵן לָכֶם Qal act.ptc. (678)-prep.-2 m.p. sf. *gives you*

וִירִשְׁתֶּם אֹתָהּ conj.-Qal pf. 2 m.p. (יָרַשׁ 439)-dir.obj.-3 f.s. sf. *and when you possess it*

וִישַׁבְתֶּם־בָּהּ conj.-Qal pf. 2 m.p. (יָשַׁב 442)-prep.-3 f.s. sf. *and live in it*

11:32

וּשְׁמַרְתֶּם conj.-Qal pf. 2 m.p. (1036) *you shall be careful*

לַעֲשׂוֹת prep.-Qal inf.cstr. (עָשָׂה I 793) *to do*

אֵת כָּל־הַחֻקִּים dir.obj.-n.m.s. cstr. (481)-def.art.-n.m.p. (349) *all the statutes*

וְאֶת־הַמִּשְׁפָּטִים conj.-dir.obj.-def.art.-n.m.p. (1048) *and the ordinances*

אֲשֶׁר אָנֹכִי rel. (81)-pers.pr. 1 c.s. (59) *which I*

נֹתֵן לִפְנֵיכֶם Qal act.ptc. (678)-prep.-n.m.p.-2 m.p. sf. (815) *set before you*

הַיּוֹם def.art.-n.m.s. (398) *this day*

12:1

אֵלֶּה demons.adj. c.p. (41) *these are*

הַחֻקִּים def.art.-n.m.p. (349) *the statutes*

וְהַמִּשְׁפָּטִים conj.-def.art.-n.m.p. (1048) *and ordinances*

אֲשֶׁר תִּשְׁמְרוּן rel. (81)-Qal impf. 2 m.p. (1036) *which you shall be careful*

לַעֲשׂוֹת prep.-Qal inf.cstr. (עָשָׂה I 793) *to do*

בָּאָרֶץ prep.-def.art.-n.f.s. (75) *in the land*

אֲשֶׁר נָתַן יהוה rel. (81)-Qal pf. 3 m.s. (678)-pr.n. (217) *Yahweh has given*

אֱלֹהֵי אֲבֹתֶיךָ n.m.p. cstr. (43)-n.m.p.-2 m.s. sf. (3) *the God of your fathers*

לְךָ prep.-2 m.s. sf. *you*

לְרִשְׁתָּהּ prep.-Qal inf.cstr.-3 f.s. sf. (יָרַשׁ 439) *to possess it*

כָּל־הַיָּמִים n.m.s. cstr. (481)-def.art.-n.m.p. (398) *all the days*

אֲשֶׁר־אַתֶּם rel. (81)-pers.pr. 2 m.p. (61) *that you*

חַיִּים adj. m.p. (I 311) *live*

עַל־הָאֲדָמָה prep.-def.art.-n.f.s. (9) *upon the earth*

12:2

אַבֵּד תְּאַבְּדוּן Pi. inf.abs. (1 אָבַד)-Pi. impf. 2 m.p. (1) *you shall surely destroy*

אֶת־כָּל־הַמְּקֹמוֹת dir.obj.-n.m.s. cstr. (481)-def.art.-n.m.p. (879) *all the places*

אֲשֶׁר עָבְדוּ rel. (81)-Qal pf. 3 c.p. (712) *where served*

שָׁם adv. (1027) *there*

הַגּוֹיִם def.art.-n.m.p. (156) *the nations*

אֲשֶׁר אַתֶּם rel. (81)-pers.pr. 2 m.p. (61) *whom you*

יֹרְשִׁים Qal act.ptc. m.p. (439) *shall dispossess*

אֹתָם dir.obj.-3 m.p. sf. *them*

אֶת־אֱלֹהֵיהֶם dir.obj.-n.m.p.-3 m.p. sf. (43) *their gods*

עַל־הֶהָרִים הָרָמִים prep.-def.art.-n.m.p. (249) -def.art.-adj. m.p. (רום 926) *upon the high mountains*

וְעַל־הַגְּבָעוֹת conj.-prep.-def.art.-n.f.p. (148) *and upon the hills*

וְתַחַת כָּל־עֵץ conj.-prep. (1065)-n.m.s. cstr. (481)-n.m.s. (781) *and under every ... tree*

רַעֲנָן adj. m.s. (947) *green*

12:3

וְנִתַּצְתֶּם conj.-Pi. pf. 2 m.p. (נתץ 683) *and you shall tear down*

אֶת־מִזְבְּחֹתָם dir.obj.-n.m.p.-3 m.p. sf. (258) *their altars*

וְשִׁבַּרְתֶּם conj.-Pi. pf. 2 m.p. (990) *and dash in pieces*

אֶת־מַצֵּבֹתָם dir.obj.-n.f.p.-3 m.p. sf. (663) *their pillars*

וַאֲשֵׁרֵיהֶם oonj.-pr.n. f.p.-3 m.p. sf. (81) *and their Asherim*

תִּשְׂרְפוּן Qal impf. 2 m.p. (976) *you shall burn*

בָּאֵשׁ prep.-def.art.-n.f.s. (77) *with fire*

וּפְסִילֵי אֱלֹהֵיהֶם conj.-n.m.p. cstr. (820)-n.m.p.-3 m.p. sf. (43) *and the images of their gods*

תְּגַדֵּעוּן Pi. impf. 2 m.p. (גדע 154) *you shall hew down*

וְאִבַּדְתֶּם conj.-Pi. pf. 2 m.p. (אבד 1) *and destroy*

אֶת־שְׁמָם dir.obj.-n.m.s.-3 m.p. sf. (1027) *their name*

מִן־הַמָּקוֹם הַהוּא prep.-def.art.-n.m.s. (879)-def. art.-demons.adj. m.s. (214) *out of that place*

12:4

לֹא־תַעֲשׂוּן neg.-Qal impf. 2 m.p. (עשה I 793) *you shall not do*

כֵּן adv. (485) *so*

לַיהוָה prep.-pr.n. (217) *to Yahweh*

אֱלֹהֵיכֶם n.m.p.-2 m.p. sf. (43) *your God*

12:5

כִּי אִם־אֶל־הַמָּקוֹם conj.-conj. (49)-prep.-def.art. -n.m.s. (879) *but the place*

אֲשֶׁר־יִבְחַר rel. (81)-Qal impf. 3 m.s. (103) *which will choose*

יהוה אֱלֹהֵיכֶם pr.n. (217)-n.m.p.-2 m.p. sf. (43) *Yahweh your God*

מִכָּל־שִׁבְטֵיכֶם prep.-n.m.s. cstr. (481)-n.m.p.-2 m.p. sf. (986) *out of all your tribes*

לָשׂוּם prep.-Qal inf.cstr. (962) *to put*

אֶת־שְׁמוֹ dir.obj.-n.m.s.-3 m.s. sf. (1027) *his name*

שָׁם adv. (1027) *there*

לְשִׁכְנוֹ prep.-n.m.s.-3 m.s. sf. (1015) *for his habitation*

תִּדְרְשׁוּ Qal impf. 2 m.p. (205) *you shall seek*

וּבָאתָ conj.-Qal pf. 2 m.s. (בוא 97) *you shall go*

שָׁמָּה adv.-dir.he (1027) *thither*

12:6

וַהֲבֵאתֶם conj.-Hi. pf. 2 m.p. (בוא 97) *and you shall bring*

שָׁמָּה adv.-dir.he (1027) *thither*

עֹלֹתֵיכֶם n.f.p.-2 m.p. sf. (II 750) *your burnt offerings*

וְזִבְחֵיכֶם conj.-n.m.p.-2 m.p. sf. (257) *and your sacrifices*

וְאֵת מַעְשְׂרֹתֵיכֶם conj.-dir.obj.-n.m.p.-2 m.p. sf. (798) *your tithes*

וְאֵת תְּרוּמַת v.supra-n.f.s. cstr. (929) *and the offering of*

יֶדְכֶם n.f.s.-2 m.p. sf. (388) *your hand*

וְנִדְרֵיכֶם conj.-n.m.p.-2 m.p. sf. (623) *and your votive offerings*

וְנִדְבֹתֵיכֶם conj.-n.f.p.-2 m.p. sf. (621) *your freewill offerings*

וּבְכֹרֹת conj.-n.m.p. cstr. (114) *and the firstlings of*

בְּקַרְכֶם n.m.s.-2 m.p. sf. (133) *your herd*

וְצֹאנְכֶם conj.-n.f.s.-2 m.p. sf. (838) *and your flock*

12:7

וַאֲכַלְתֶּם־שָׁם conj.-Qal pf. 2 m.p. (37)-adv. (1027) *and there you shall eat*

לִפְנֵי יהוה prep.-n.m.p. cstr. (815)-pr.n. (217) *before Yahweh*

אֱלֹהֵיכֶם n.m.p.-2 m.p. sf. (43) *your God*

וּשְׂמַחְתֶּם conj.-Qal pf. 2 m.p. (שמח 970) *and you shall rejoice*

בְּכֹל מִשְׁלַח יֶדְכֶם prep.-n.m.s. cstr. (481)-n.m.s. cstr. (1020)-n.f.s.-2 m.p. sf. (388) *in all that you undertake*

אַתֶּם וּבָתֵּיכֶם pers.pr. 2 m.p. (61)-conj.-n.m.p.-2 m.p. sf. (108) *you and your household*

אֲשֶׁר בֵּרַכְךָ rel. (81)-Pi. pf. 3 m.s.-2 m.s. sf. (138) *in which has blessed you*

יהוה אֱלֹהֶיךָ pr.n. (217)-n.m.p.-2 m.s. sf. (43) *Yahweh your God*

12:8

לֹא תַעֲשׂוּן neg.-Qal impf. 2 m.p. (עָשָׂה I 793) *you shall not do*

כְּכֹל אֲשֶׁר prep.-n.m.s. (481)-rel. (81) *according to all that*

אֲנַחְנוּ עֹשִׂים pers.pr. 1 c.p. (59)-Qal act.ptc. m.p. (עָשָׂה I 793) *we are doing*

פֹּה adv. (805) *here*

הַיּוֹם def.art.-n.m.s. (398) *this day*

אִישׁ n.m.s. (35) *every man*

כָּל־הַיָּשָׁר n.m.s. cstr. (481)-def.art.-adj. m.s. (449) *whatever is right*

בְּעֵינָיו prep.-n.f.p.-3 m.s. sf. (744) *in his own eyes*

12:9

כִּי לֹא־בָאתֶם conj. (471)-neg.-Qal pf. 2 m.p. (בּוֹא 97) *for you have not come*

עַד־עָתָּה prep. (III 723)-adv. (773) *as yet*

אֶל־הַמְּנוּחָה prep.-def.art.-n.f.s. (629) *to the rest*

וְאֶל־הַנַּחֲלָה conj.-prep.-def.art.-n.f.s. (635) *and to the inheritance*

אֲשֶׁר־יְהוָה rel. (81)-pr.n. (217) *which Yahweh*

אֱלֹהֶיךָ n.m.p.-2 m.s. sf. (43) *your God*

נֹתֵן לָךְ Qal act.ptc. (678)-prep.-2 m.s. sf. paus. *gives you*

12:10

וַעֲבַרְתֶּם conj.-Qal pf. 2 m.p. (716) *but when you go over*

אֶת־הַיַּרְדֵּן dir.obj.-def.art.-pr.n. (434) *the Jordan*

וִישַׁבְתֶּם conj.-Qal pf. 2 m.p. (יָשַׁב 442) *and live*

בָּאָרֶץ prep.-def.art.-n.f.s. (75) *in the land*

אֲשֶׁר־יְהוָה rel. (81)-pr.n. (217) *which Yahweh*

אֱלֹהֶיכֶם n.m.p.-2 m.p. sf. (43) *your God*

מַנְחִיל אֶתְכֶם Hi. ptc. (נָחַל 635)-dir.obj.-2 m.p. sf. *gives you to inherit*

וְהֵנִיחַ לָכֶם conj.-Hi. pf. 3 m.s. (נוּחַ 628)-prep.-2 m.p. sf. *and when he gives you rest*

מִכָּל־אֹיְבֵיכֶם prep.-n.m.s. cstr. (481)-Qal act.ptc. m.p.-2 m.p. sf. (אָיַב 33) *from all your enemies*

מִסָּבִיב prep.-adv. (686) *round about*

וִישַׁבְתֶּם־בֶּטַח conj.-Qal pf. 2 m.p. (יָשַׁב 442) -n.m.s. as adv. (I 105) *so that you live in safety*

12:11

וְהָיָה הַמָּקוֹם conj.-Qal pf. 3 m.s. (224)-def.art. -n.m.s. (879) *then to the place*

אֲשֶׁר־יִבְחַר rel. (81)-Qal impf. 3 m.s. (103) *which ... will choose*

יְהוָה אֱלֹהֵיכֶם pr.n. (217)-n.m.p.-2 m.p. sf. (43) *Yahweh your God*

בּוֹ prep.-3 m.s. sf. *(for himself)*

לְשַׁכֵּן prep.-Pi. inf.cstr. (1014) *to make dwell*

שְׁמוֹ n.m.s.-3 m.s. sf. (1027) *his name*

שָׁם adv. (1027) *there*

שָׁמָּה adv.-dir.he (1027) *thither*

תָּבִיאוּ Hi. impf. 2 m.p. (בּוֹא 97) *you shall bring*

אֵת כָּל־אֲשֶׁר dir.obj.-n.m.s. (481)-rel. (81) *all that*

אָנֹכִי מְצַוֶּה pers.pr. 1 c.s. (59)-Pi. ptc. (צָוָה 845) *I command*

אֶתְכֶם dir.obj.-2 m.p. sf. *you*

עוֹלֹתֵיכֶם n.f.p.-2 m.p. sf. (II 750) *your burnt offerings*

וְזִבְחֵיכֶם conj.-n.m.p.-2 m.p. sf. (257) *and your sacrifices*

מַעְשְׂרֹתֵיכֶם n.m.p.-2 m.p. sf. (798) *your tithes*

וּתְרֻמַת יֶדְכֶם conj.-n.f.s. cstr. (929)-n.f.s.-2 m.p. sf. (388) *and the offering that you present*

וְכֹל מִבְחַר conj.-n.m.s. cstr. (481)-n.m.s. cstr. (I 104) *and all the best of*

נִדְרֵיכֶם n.m.p.-2 m.p. sf. (623) *your votive offerings*

אֲשֶׁר תִּדְּרוּ rel. (81)-Qal impf. 2 m.p. (נָדַר 623) *which you vow*

לַיהוָה prep.-pr.n. (217) *to Yahweh*

12:12

וּשְׂמַחְתֶּם conj.-Qal pf. 2 m.p. (970) *and you shall rejoice*

לִפְנֵי יְהוָה prep.-n.m.p. cstr. (815)-pr.n. (217) *before Yahweh*

אֱלֹהֵיכֶם n.m.p.-2 m.p. sf. (43) *your God*

אַתֶּם pers.pr. 2 m.p. (61) *you*

וּבְנֵיכֶם conj.-n.m.p.-2 m.p. sf. (119) *and your sons*

וּבְנֹתֵיכֶם conj.-n.f.p.-2 m.p. sf. (I 123) *and your daughters*

וְעַבְדֵיכֶם conj.-n.m.p.-2 m.p. sf. (713) *your menservants*

וְאַמְהֹתֵיכֶם conj.-n.f.p.-2 m.p. sf. (51) *and your maidservants*

וְהַלֵּוִי conj.-def.art.-adj. (II 532) *and the Levite*

אֲשֶׁר בְּשַׁעֲרֵיכֶם rel. (81)-prep.-n.m.p.-2 m.p. sf. (1044) *that is within your towns*

כִּי אֵין לוֹ conj. (471)-subst. (II 34)-prep.-3 m.s. sf. *since he has no*

חֵלֶק n.m.s. (324) *portion*

וְנַחֲלָה conj.-n.f.s. (635) *or inheritance*

אִתְּכֶם prep.-2 m.p. sf. (II 85) *with you*

12:13

הִשָּׁמֶר לְךָ Ni. impv. 2 m.s. (שָׁמַר 1036)-prep.-2 m.s. sf. *take heed*

פֶּן־תַּעֲלֶה conj. (814)-Qal impf. 2 m.s. (748) *that you do not offer*

עֹלֹתֶיךָ n.f.p.-2 m.s. sf. (II 750) *your burnt offerings*

בְּכָל־מָקוֹם prep.-n.m.s. cstr. (481)-n.m.s. (879) *at every place*

אֲשֶׁר תִּרְאֶה rel. (81)-Qal impf. 2 m.s. (רָאָה 906) *that you see*

12:14

כִּי אִם־בַּמָּקוֹם conj. (481)-conj. (49)-prep.-def.art.-n.m.s. (879) *but at the place*

אֲשֶׁר־יִבְחַר rel. (81)-Qal impf. 3 m.s. (103) *which will choose*

יהוה (217) *Yahweh*

בְּאַחַד שְׁבָטֶיךָ prep.-num. m.s. cstr. (25)-n.m.p.-2 m.s. sf. (986) *in one of your tribes*

שָׁם adv. (1027) *there*

תַּעֲלֶה Qal impf. 2 m.s. (748) *you shall offer*

עֹלֹתֶיךָ n.f.p.-2 m.s. sf. (II 750) *your burnt offerings*

וְשָׁם תַּעֲשֶׂה conj.-v.supra-Qal impf. 2 m.s. (I 793) *and there you shall do*

כֹּל אֲשֶׁר אָנֹכִי n.m.s. (481)-rel. (81)-pers.pr. 1 c.s. (59) *all that I*

מְצַוֶּךָ Pi. ptc.-2 m.s. sf. (צָוָה 845) *am commanding you*

12:15

רַק adv. (956) *however*

בְּכָל־אַוַּת נַפְשְׁךָ prep.-n.m.s. cstr. (481)-n.f.s. cstr. (16)-n.f.s.-2 m.s. sf. (659) *as much as you desire*

תִּזְבַּח Qal impf. 2 m.s. (256) *you may slaughter*

וְאָכַלְתָּ conj.-Qal pf. 2 m.s. (37) *and eat*

בָּשָׂר n.m.s. (142) *flesh*

כְּבִרְכַּת prep.-n.f.s. cstr. (139) *according to the blessing of*

יהוה אֱלֹהֶיךָ pr.n. (217)-n.m.p.-2 m.s. sf. (43) *Yahweh your God*

אֲשֶׁר נָתַן־לְךָ rel. (81)-Qal pf. 3 m.s. (678)-prep.-2 m.s. sf. *which he has given you*

בְּכָל־שְׁעָרֶיךָ prep.-n.m.s. cstr. (481)-n.m.p.-2 m.s. sf. (1044) *within any of your towns*

הַטָּמֵא def.art.-adj. m.s. (II 379) *the unclean*

וְהַטָּהוֹר conj.-def.art.-adj. m.s. (373) *and the clean*

יֹאכְלֶנּוּ Qal impf. 3 m.s.-3 m.s. sf. (37) *may eat of it*

בַּצְּבִי prep.-def.art.-n.m.s. (II 840) *as of the gazelle*

וְכָאַיָּל conj.-prep.-def.art.-n.m.s. (19) *and as of the hart*

12:16

רַק הַדָּם adv. (956)-def.art.-n.m.s. (196) *only the blood*

לֹא תֹאכֵלוּ (37) neg.-Qal impf. 2 m.p. paus. *you shall not eat*

עַל־הָאָרֶץ prep.-def.art.-n.f.s. (75) *upon the earth*

תִּשְׁפְּכֶנּוּ Qal impf. 2 m.s.-3 m.s. sf. (שָׁפַךְ 1049) *you shall pour it out*

כַּמָּיִם prep.-def.art.-n.m.p. (565) *like water*

12:17

לֹא־תוּכַל לֶאֱכֹל neg.-Qal impf. 2 m.s. (יָכֹל 407)-prep.-Qal inf.cstr. (37) *you may not eat*

בִּשְׁעָרֶיךָ prep.-n.m.p.-2 m.s. sf. (1044) *within your towns*

מַעְשַׂר n.m.s. cstr. (798) *the tithe of*

דְּגָנְךָ n.m.s.-2 m.s. sf. (186) *your grain*

וְתִירֹשְׁךָ conj.-n.m.s.-2 m.s. sf. (440) *or of your wine*

וְיִצְהָרֶךָ conj.-n.m.s.-2 m.s. sf. (850) *or of your oil*

וּבְכֹרֹת conj.-n.m.p. cstr. (114) *or the firstlings of*

בְּקָרְךָ n.m.s.-2 m.s. sf. (133) *your herd*

וְצֹאנֶךָ conj.-n.f.s.-2 m.s. sf. (838) *or of your flock*

וְכָל־נְדָרֶיךָ conj.-n.m.s. cstr. (481)-n.m.p.-2 m.s. sf. (623) *or any of your votive offerings*

אֲשֶׁר תִּדֹּר rel. (81)-Qal impf. 2 m.s. (נָדַר 623) *which you vow*

וְנִדְבֹתֶיךָ conj.-n.f.p.-2 m.s. sf. (621) *or your freewill offerings*

וּתְרוּמַת יָדֶךָ conj.-n.f.s. cstr. (929)-n.f.s.-2 m.s. sf. (388) *or the offering that you present*

12:18

כִּי אִם־לִפְנֵי conj. (471)-conj. (49)-prep.-n.m.p. cstr. (815) *but before*

יהוה אֱלֹהֶיךָ pr.n. (217)-n.m.p.-2 m.s. sf. (43) *Yahweh your God*

תֹּאכְלֶנּוּ Qal impf. 2 m.s.-3 m.s. sf. (37) *you shall eat them*

בַּמָּקוֹם prep.-def.art.-n.m.s. (879) *in the place*

אֲשֶׁר יִבְחַר rel. (81)-Qal impf. 3 m.s. (103) *which ... will choose*

יהוה אֱלֹהֶיךָ v.supra-v.supra *Yahweh your God*

בּוֹ prep.-3 m.s. sf. *(in it)*

אַתָּה וּבִנְךָ pers.pr. 2 m.s. (61)-conj.-n.m.s.-2 m.s. sf. (119) *you and your son*

וּבִתֶּךָ conj.-n.f.s.-2 m.s. sf. (I 123) *and your daughter*

וְעַבְדְּךָ conj.-n.m.s.-2 m.s. sf. (713) *your manservant*

וַאֲמָתֶךָ conj.-n.f.s.-2 m.s. sf. (51) *and your maidservant*

וְהַלֵּוִי conj.-def.art.-pr.n. (II 532) *and the Levite*

אֲשֶׁר בִּשְׁעָרֶיךָ rel. (81)-prep.-n.m.p.-2 m.s. sf. (1044) *who is within your towns*

וְשָׂמַחְתָּ conj.-Qal pf. 2 m.s. (970) *and you shall rejoice*

לִפְנֵי prep.-n.m.p. cstr. (815) *before*

יהוה אֱלֹהֶיךָ pr.n. (217)-n.m.p.-2 m.s. sf. (43) *Yahweh your God*

בְּכֹל מִשְׁלַח יָדֶךָ prep.-n.m.s. cstr. (481)-n.m.s. cstr. (1020)-n.f.s.-2 m.s. sf. (388) *in all that you undertake*

12:19

הִשָּׁמֶר לְךָ Ni. impv. 2 m.s. (1036)-prep.-2 m.s. sf. *take heed*

פֶּן־תַּעֲזֹב conj. (814)-Qal impf. 2 m.s. (I 736) *that you do not forsake*

אֶת־הַלֵּוִי dir.obj.-def.art.-pr.n. (532) *the Levite*

כָּל־יָמֶיךָ n.m.s. cstr. (481)-n.m.p.-2 m.s. sf. (398) *as long as you live*

עַל־אַדְמָתֶךָ prep.-n.f.s.-2 m.s. sf. (9) *in your land*

12:20

כִּי־יַרְחִיב conj.-Hi. impf. 3 m.s. (רחב 931) *when enlarges*

יהוה אֱלֹהֶיךָ pr.n. (217)-n.m.p.-2 m.s. sf. (43) *Yahweh your God*

אֶת־גְּבוּלְךָ dir.obj.-n.m.s.-2 m.s. sf. (147) *your territory*

כַּאֲשֶׁר דִּבֶּר־לָךְ prep.-rel. (81)-Pi. pf. 3 m.s. (180)-prep.-2 m.s. sf. paus. *as he has promised you*

וְאָמַרְתָּ conj.-Qal pf. 2 m.s. (55) *and you say*

אֹכְלָה אָכַל Qal impf. 1 c.s.-vol.he (37) *I will eat*

בָשָׂר n.m.s. (142) *flesh*

כִּי־תְאַוֶּה נַפְשְׁךָ conj. (471)-Pi. impf. 3 f.s. (I 16)-n.f.s.-2 m.s. sf. (659) *because you crave*

לֶאֱכֹל בָּשָׂר prep.-Qal inf.cstr. (37)-n.m.s. (142) *to eat flesh*

בְּכָל־אַוַּת נַפְשְׁךָ prep.-n.m.s. cstr. (481)-n.f.s. cstr. (16)-n.f.s.-2 m.s. sf. (659) *as much as you desire*

תֹּאכַל בָּשָׂר Qal impf. 2 m.s. (37)-v.supra *you may eat flesh*

12:21

כִּי־יִרְחַק conj.-Qal impf. 3 m.s. (934) *if is far*

מִמְּךָ prep.-2 m.s. sf. *from you*

הַמָּקוֹם def.art.-n.m.s. (879) *the place*

אֲשֶׁר יִבְחַר rel. (81)-Qal impf. 3 m.s. (103) *which will choose*

יהוה אֱלֹהֶיךָ pr.n. (217)-n.m.p.-2 m.s. sf. (43) *Yahweh your God*

לָשׂוּם שְׁמוֹ prep.-Qal inf.cstr. (962)-n.m.s.-3 m.s. sf. (1027) *to put his name*

שָׁם adv. (1027) *there*

וְזָבַחְתָּ conj.-Qal pf. 2 m.s. (256) *then you may kill*

מִבְּקָרְךָ prep.-n.m.s.-2 m.s. sf. (133) *any of your herd*

וּמִצֹּאנְךָ conj.-prep.-n.f.s.-2 m.s. sf. (838) *or your flock*

אֲשֶׁר נָתַן יהוה לְךָ rel. (81)-Qal pf. 3 m.s. (678) -v.supra-prep.-2 m.s. sf. *which Yahweh has given you*

כַּאֲשֶׁר צִוִּיתִךָ prep.-rel. (81)-Pi. pf. 1 c.s.-2 m.s. sf. (צוה 845) *as I have commanded you*

וְאָכַלְתָּ conj.-Qal pf. 2 m.s. (37) *and you may eat*

בִּשְׁעָרֶיךָ prep.-n.m.p.-2 m.s. sf. (1044) *within your towns*

בְּכֹל אַוַּת נַפְשֶׁךָ prep.-n.m.s. cstr. (481)-n.f.s. cstr. (16)-n.f.s.-2 m.s. sf. (659) *as much as you desire*

12:22

אַךְ כַּאֲשֶׁר adv. (36)-prep.-rel. (81) *just as*

יֵאָכֵל Ni. impf. 3 m.s. (37) *is eaten*

אֶת־הַצְּבִי dir.obj.-def.art.-n.m.s. (II 840) *the gazelle*

וְאֶת־הָאַיָּל conj.-dir.obj.-def.art.-n.m.s. (19) *or the hart*

כֵּן תֹּאכְלֶנּוּ adv. (485)-Qal impf. 2 m.s.-3 m.s. sf. (37) *so you may eat of it*

הַטָּמֵא def.art.-adj. m.s. (II 379) *the unclean*

וְהַטָּהוֹר conj.-def.art.-adj. m.s. (373) *and the clean*

יַחְדָּו adv. (403) *alike*

יֹאכְלֶנּוּ Qal impf. 3 m.s.-3 m.s. sf. (37) *may eat of it*

12:23

רַק חֲזַק adv. (956)-Qal impv. 2 m.s. (304) *only be sure*

לְבִלְתִּי אֲכֹל prep.-neg. (116)-Qal inf.cstr. (37) *that you do not eat*

הַדָּם def.art.-n.m.s. (196) *the blood*

כִּי הַדָּם הוּא conj. (471)-v.supra-pers.pr. 3 m.s. (214) *for the blood is*

הַנֶּפֶשׁ def.art.-n.f.s. paus. (659) *the life*

וְלֹא־תֹאכַל conj.-neg.-Qal impf. 2 m.s. (37) *and you shall not eat*

הַנֶּפֶשׁ def.art.-n.f.s. (659) *the life*

עִם־הַבָּשָׂר prep.-def.art.-n.m.s. (142) *with the flesh*

12:24

לֹא תֹאכְלֶנּוּ neg.-Qal impf. 2 m.s.-3 m.s. sf. (37) *you shall not eat it*

עַל־הָאָרֶץ prep.-def.art.-n.f.s. (75) *upon the earth*

תִּשְׁפְּכֶנּוּ Qal impf. 2 m.s.-3 m.s. sf. (שָׁפַך 1049) *you shall pour it out*

כַּמָּיִם prep.-def.art.-n.m.p. (565) *like water*

12:25

לֹא תֹאכְלֶנּוּ neg.-Qal impf. 2 m.s.-3 m.s. sf. (אָכַל 37) *you shall not eat it*

לְמַעַן יִיטַב לְךָ prep. (775)-Qal impf. 3 m.s. (405)-prep.-2 m.s. sf. *that all may go well with you*

וּלְבָנֶיךָ conj.-prep.-n.m.p.-2 m.s. sf. (119) *and with your children*

אַחֲרֶיךָ prep.-2 m.s. sf. (29) *after you*

כִּי־תַעֲשֶׂה conj. (471)-Qal impf. 2 m.s. (I 793) *when you do*

הַיָּשָׁר def.art.-adj. m.s. (449) *what is right*

בְּעֵינֵי יהוה prep.-n.f.p. cstr. (744)-pr.n. (217) *in the sight of Yahweh*

12:26

רַק קָדָשֶׁיךָ adv. (956)-adj. m.p.-2 m.s. sf. (872) *but the holy things*

אֲשֶׁר־יִהְיוּ לְךָ rel. (81)-Qal impf. 3 m.p. (הָיָה 224)-prep.-2 m.s. sf. *which are due from you*

וּנְדָרֶיךָ conj.-n.m.p.-2 m.s. sf. (623) *and your votive offering*

תִּשָּׂא Qal impf. 2 m.s. (נָשָׂא 669) *you shall take*

וּבָאתָ conj.-Qal pf. 2 m.s. (בּוֹא 97) *and you shall go*

אֶל־הַמָּקוֹם prep.-def.art.-n.m.s. (879) *to the place*

אֲשֶׁר־יִבְחַר יהוה rel. (81)-Qal impf. 3 m.s. (103)-pr.n. (217) *which Yahweh will choose*

12:27

וְעָשִׂיתָ conj.-Qal impf. 2 m.s. (עָשָׂה I 793) *and offer*

עֹלֹתֶיךָ n.f.p.-2 m.s. sf. (II 750) *your burnt offerings*

הַבָּשָׂר def.art.-n.m.s. (142) *the flesh*

וְהַדָּם conj.-def.art.-n.m.s. (196) *and the blood*

עַל־מִזְבַּח prep.-n.m.s. cstr. (258) *on the altar of*

יהוה אֱלֹהֶיךָ pr.n. (217)-n.m.p.-2 m.s. sf. (43) *Yahweh your God*

וְדַם־זְבָחֶיךָ conj.-n.m.s. cstr. (196)-n.m.p.-2 m.s. sf. (157) *the blood of your sacrifices*

יִשָּׁפֵךְ Ni. impf. 3 m.s. (שָׁפַך 1049) *shall be poured out*

עַל־מִזְבַּח prep.-v.supra *on the altar of*

יהוה אֱלֹהֶיךָ v.supra-v.supra *Yahweh your God*

וְהַבָּשָׂר conj.-def.art.-n.m.s. (142) *but the flesh*

תֹּאכֵל Qal impf. 2 m.s. (אָכַל 37) *you may eat*

12:28

שְׁמֹר Qal impv. 2 m.s. (1036) *be careful*

וְשָׁמַעְתָּ conj.-Qal pf. 2 m.s. (1033) *to heed*

אֵת כָּל־ dir.obj.-n.m.s. cstr. (481) *all*

הַדְּבָרִים הָאֵלֶּה def.art.-n.m.p. (182)-def.art.-demons.adj. c.p. (41) *these words*

אֲשֶׁר אָנֹכִי rel. (81)-pers.pr. 1 c.s. (59) *which I*

מְצַוֶּךָּ Pi. ptc.-2 m.s. sf. (צָוָה 845) *command you*

לְמַעַן יִיטַב לְךָ prep. (775)-Qal impf. 3 m.s. (405)-prep.-2 m.s. sf. *that it may go well with you*

וּלְבָנֶיךָ conj.-prep.-n.m.p.-2 m.s. sf. (119) *and with your children*

אַחֲרֶיךָ prep.-2 m.s. sf. (29) *after you*

עַד־עוֹלָם prep. (III 723)-n.m.s. (761) *for ever*

כִּי תַעֲשֶׂה conj. (471)-Qal impf. 2 m.s. (עָשָׂה I 793) *when you do*

הַטּוֹב def.art.-adj. m.s. (II 373) *what is good*

וְהַיָּשָׁר conj.-def.art.-adj. m.s. (449) *and right*

בְּעֵינֵי יהוה prep.-n.f.p. cstr. (744)-pr.n. (217) *in the sight of Yahweh*

אֱלֹהֶיךָ n.m.p.-2 m.s. sf. (43) *your God*

12:29

כִּי־יַכְרִית conj. (471)-Hi. impf. 3 m.s. (כָּרַת 503) *when cuts off*

יהוה אֱלֹהֶיךָ pr.n. (217)-n.m.p.-2 m.p. sf. (43) *Yahweh your God*

אֶת־הַגּוֹיִם dir.obj.-def.art.-n.m.p. (156) *the nations*

אֲשֶׁר אַתָּה rel. (81)-pers.pr. 2 m.s. (61) *whom you*

בָּא שָׁמָּה Qal act.ptc. (בּוֹא 97)-adv.-dir.he (1027) *go in thither*

לָרֶשֶׁת prep.-Qal inf.cstr. (יָרֵשׁ 439) *to dispossess*

אוֹתָם dir.obj.-3 m.p. sf. *them*

מִפָּנֶיךָ prep.-n.m.p.-2 m.s. sf. (815) *before you*

וְיָרַשְׁתָּ conj.-Qal pf. 2 m.s. (439) *and you dispossess*

אֹתָם dir.obj.-3 m.p. sf. *them*

וְיָשַׁבְתָּ conj.-Qal pf. 2 m.s. (יָשַׁב 442) *and dwell*

בְּאַרְצָם prep.-n.f.s.-3 m.p. sf. (75) *in their land*

12:30

הִשָּׁמֶר לְךָ Ni. impv. 2 m.s. (שָׁמַר 1036)-prep.-2 m.s. sf. *take heed that you*

פֶּן־תִּנָּקֵשׁ conj. (814)-Ni. impf. 2 m.s. (נָקַשׁ 669) *be not ensnared*

אַחֲרֵיהֶם prep.-3 m.p. sf. (29) *to follow them*

אַחֲרֵי הִשָּׁמְדָם prep. (29)-Ni. inf.cstr.-3 m.p. sf. (שָׁמַד 1029) *after they have been destroyed*

מִפָּנֶיךָ prep.-n.m.p.-2 m.s. sf. (815) *before you*

וּפֶן־תִּדְרֹשׁ conj.-v.supra-Qal impf. 2 m.s. (דָּרַשׁ 205) *and that you do not inquire*

לֵאלֹהֵיהֶם prep.-n.m.p.-3 m.p. sf. (43) *about their gods*

לֵאמֹר prep.-Qal inf.cstr. (55) *saying*

אֵיכָה יַעַבְדוּ interr. (32)-Qal impf. 3 m.p. (עָבַד 712) *how did serve*

הַגּוֹיִם הָאֵלֶּה def.art.-n.m.p. (156)-def.art.-demons.adj. c.p. (41) *these nations*

אֶת־אֱלֹהֵיהֶם dir.obj.-n.m.p.-3 m.p. sf. (43) *their gods*

וְאֶעֱשֶׂה־כֵּן conj.-Qal impf. 1 c.s. (עָשָׂה I 793)-adv. (485) *that I may do likewise*

גַּם־אָנִי adv. (168)-pers.pr. 1 c.s. paus. (58) *also I*

12:31

לֹא־תַעֲשֶׂה כֵן neg.-Qal impf. 2 m.s. (עָשָׂה I 793)-adv. (485) *you shall not do so*

לַיהוָה prep.-pr.n. (217) *to Yahweh*

אֱלֹהֶיךָ n.m.p.-2 m.s. sf. (43) *your God*

כִּי כָל־ conj. (471)-n.m.s. cstr. (481) *for every*

תּוֹעֲבַת יהוה n.f.s. cstr. (1072)-pr.n. (217) *abominable thing to Yahweh*

אֲשֶׁר שָׂנֵא rel. (81)-Qal pf. 3 m.s. (971) *which he hates*

עָשׂוּ Qal pf. 3 c.p. (עָשָׂה I 793) *they have done*

לֵאלֹהֵיהֶם prep.-n.m.p.-3 m.p. sf. (43) *for their gods*

כִּי גַם conj. (471)-adv. (168) *for even*

אֶת־בְּנֵיהֶם dir.obj.-n.m.p.-3 m.p. sf. (119) *their sons*

וְאֶת־בְּנֹתֵיהֶם conj.-dir.obj.-n.f.p.-3 m.p. sf. (I 123) *and their daughters*

יִשְׂרְפוּ Qal impf. 3 m.p. (שָׂרַף 976) *they burn*

בָאֵשׁ prep.-def.art.-n.f.s. (77) *in the fire*

לֵאלֹהֵיהֶם v.supra *to their gods*

13:1 (Eng.12:32)

אֵת כָּל־הַדָּבָר dir.obj.-n.m.s. cstr. (481)-def.art.-n.m.s. (182) *everything*

אֲשֶׁר אָנֹכִי rel. (81)-pers.pr. 1 c.s. (59) *that I*

מְצַוֶּה אֶתְכֶם Pi. ptc. (צָוָה 845)-dir.obj.-2 m.p. sf. *command you*

אֹתוֹ תִשְׁמְרוּ לַעֲשׂוֹת dir.obj.-3 m.s. sf.-Qal impf. 2 m.p. (1036)-prep.-Qal inf.cstr. (עָשָׂה I 793) *you shall be careful to do it*

לֹא־תֹסֵף עָלָיו neg.-Hi. impf. 2 m.s. (יָסַף 414)-prep.-3 m.s. sf. *you shall not add to it*

וְלֹא תִגְרַע מִמֶּנּוּ conj.-neg.-Qal impf. 2 m.s. (גָּרַע 175)-prep.-3 m.s. sf. *or take from it*

13:2 (Eng.13:1)

כִּי־יָקוּם conj. (471)-Qal impf. 3 m.s. (קוּם 877) *if arises*

בְּקִרְבְּךָ prep.-n.m.s.-2 m.s. sf. (899) *among you*

נָבִיא n.m.s. (611) *a prophet*

אוֹ חֹלֵם conj. (14)-Qal act.ptc. cstr. (חָלַם 321) *or a dreamer of*

חֲלוֹם n.m.s. (321) *dreams*

וְנָתַן conj.-Qal pf. 3 m.s. (678) *and gives*

אֵלֶיךָ prep.-2 m.s. sf. *you*

אוֹת n.m.s. (16) *a sign*

אוֹ מוֹפֵת conj. (14)-n.m.s. (68) *or a wonder*

13:3

וּבָא הָאוֹת conj.-Qal pf. 3 m.s. (בּוֹא 97)-def.art.-n.m.s. (16) *and the sign comes to pass*

וְהַמּוֹפֵת conj.-def.art.-n.m.s. (68) *or wonder*

אֲשֶׁר־דִּבֶּר rel. (81)-Pi. pf. 3 m.s. (180) *which he tells*

אֵלֶיךָ prep.-2 m.s. sf. *you*

לֵאמֹר prep.-Qal inf.cstr. (55) *and if he says*

נֵלְכָה Qal impf. 1 c.p.-vol.he (הָלַךְ 229) *let us go*

אַחֲרֵי prep. (29) *after*

אֱלֹהִים אֲחֵרִים n.m.p. (43)-adj. m.p. (29) *other gods*

אֲשֶׁר לֹא־יְדַעְתָּם rel. (81)-neg.-Qal pf. 2 m.s.-3 m.p. sf. (יָדַע 393) *which you have not known*

וְנָעָבְדֵם conj.-Ho. impf. 1 c.p.-3 m.p. sf. (עָבַד 712; GK 60b) *and let us serve them*

13:4

לֹא תִשְׁמַע neg.-Qal impf. 2 m.s. (1033) *you shall not listen*

אֶל־דִּבְרֵי prep.-n.m.p. cstr. (182) *to the words of*

הַנָּבִיא הַהוּא def.art.-n.m.s. (611)-def.art.
-demons.adj. m.s. (214) *that prophet*

אוֹ אֶל־חוֹלֵם conj. (14)-prep.-Qal act.ptc. cstr.
(321) *or to ... dreamer of*

הַחֲלוֹם הַהוּא def.art.-n.m.s. (321)-v.supra *that ...
dreams*

כִּי מְנַסֶּה conj.-Pi. ptc. (נָסָה 650) *for is testing*

יהוה אֱלֹהֵיכֶם pr.n. (217)-n.m.p.-2 m.p. sf. (43)
Yahweh your God

אֶתְכֶם dir.obj.-2 m.p. sf. *you*

לָדַעַת prep.-Qal inf.cstr. (יָדַע 393) *to know*

הֲיִשְׁכֶם אֹהֲבִים interr.-subst.-2 m.p. sf. (441)-Qal
act.ptc. m.p. (אָהַב 12) *whether you love*

אֶת־יהוה אֱלֹהֵיכֶם dir.obj.-pr.n. (217)-n.m.p.-2
m.p. sf. (43) *Yahweh your God*

בְּכָל־לְבַבְכֶם prep.-n.m.s. cstr. (481)-n.m.s.-2 m.p.
sf. (523) *with all your heart*

וּבְכָל־נַפְשְׁכֶם conj.-v.supra-n.f.s.-2 m.p. sf. (659)
and with all your soul

13:5

אַחֲרֵי יהוה prep. (29)-pr.n. (217) *after Yahweh*

אֱלֹהֵיכֶם n.m.p.-2 m.p. sf. (43) *your God*

תֵּלֵכוּ Qal impf. 2 m.p. (הָלַךְ 229) *you shall walk*

וְאֹתוֹ תִירָאוּ conj.-dir.obj.-3 m.s. sf.-Qal impf. 2
m.p. paus. (יָרֵא 431) *and fear him*

וְאֶת־מִצְוֹתָיו conj.-dir.obj.-n.f.p.-3 m.s. sf. (846)
and his commandments

תִּשְׁמֹרוּ Qal impf. 2 m.p. (שָׁמַר 1036) *you shall
keep*

וּבְקֹלוֹ conj.-prep.-n.m.s.-3 m.s. sf. (876) *and his
voice*

תִשְׁמָעוּ Qal impf. 2 m.p. paus. (שָׁמַע 1033) *obey*

וְאֹתוֹ תַעֲבֹדוּ conj.-dir.obj.-3 m.s. sf.-Qal impf. 2
m.p. (עָבַד 712) *and you shall serve him*

וּבוֹ תִדְבָּקוּן conj.-prep.-3 m.s. sf.-Qal impf. 2
m.p. (דָּבַק 179) *and cleave to him*

13:6

וְהַנָּבִיא הַהוּא conj.-def.art.-n.m.s. (611)-def.art.
-demons.adj. m.s. (214) *but that prophet*

אוֹ חֹלֵם הַחֲלוֹם הַהוּא conj. (14)-Qal act.ptc. cstr.
(321)-def.art.-n.m.s. (321)-def.art.-demons.adj.
m.s. (214) *or that dreamer of dreams*

יוּמָת Ho. impf. 3 m.s. (מוּת 559) *shall be put to
death*

כִּי דִבֶּר־ conj.-Pi. pf. 3 m.s. (180) *because he has
taught*

סָרָה n.f.s. (694) *rebellion*

עַל־יהוה prep.-pr.n. (217) *against Yahweh*

אֱלֹהֵיכֶם n.m.p.-2 m.p. sf. (43) *your God*

הַמּוֹצִיא אֶתְכֶם def.art.-Hi. ptc. (יָצָא 422)-dir.
obj.-2 m.p. sf. *who brought you out*

מֵאֶרֶץ prep.-n.f.s. cstr. (75) *of the land of*

מִצְרַיִם pr.n. (595) *Egypt*

וְהַפֹּדְךָ conj.-def.art.-Qal act.ptc.-2 m.s. sf. (פָּדָה
804; GK 116f) *and redeemed you*

מִבֵּית עֲבָדִים prep.-n.m.s. cstr. (108)-n.m.p. (713)
out of the house of bondage

לְהַדִּיחֲךָ prep.-Hi. inf.cstr.-2 m.s. sf. (נָדַח 623)
to make you leave

מִן־הַדֶּרֶךְ prep.-def.art.-n.m.s. (202) *the way*

אֲשֶׁר צִוְּךָ rel. (81)-Pi. pf. 3 m.s.-2 m.s. sf. (צָוָה
845) *in which commanded you*

יהוה אֱלֹהֶיךָ pr.n. (217)-n.m.p.-2 m.s. sf. (43)
Yahweh your God

לָלֶכֶת prep.-Qal inf.cstr. (הָלַךְ 229) *to walk*

בָּהּ prep.-3 f.s. sf. *in it*

וּבִעַרְתָּ conj.-Pi. pf. 2 m.s. (128) *so you shall
purge*

הָרָע def.art.-n.m.s. (948) *the evil*

מִקִּרְבֶּךָ prep.-n.m.s.-2 m.s. sf. (899) *from the
midst of you*

13:7

כִּי יְסִיתְךָ conj. (471)-Hi. impf. 3 m.s.-2 m.s. sf.
(סוּת 694) *if entices you*

אָחִיךָ n.m.s.-2 m.s. sf. (26) *your brother*

בֶן־אִמֶּךָ n.m.s. cstr. (119)-n.f.s.-2 m.s. sf. (51) *the
son of your mother*

אוֹ־בִנְךָ conj. (14)-n.m.s.-2 m.s. sf. (119) *or your
son*

אוֹ־בִתְּךָ v.supra-n.f.s.-2 m.s. sf. (I 123) *or your
daughter*

אוֹ אֵשֶׁת חֵיקֶךָ v.supra-n.f.s. cstr. (61)-n.m.s.-2
m.s. sf. (300) *or the wife of your bosom*

אוֹ רֵעֲךָ v.supra-n.m.s.-2 m.s. sf. (945) *or your
friend*

אֲשֶׁר כְּנַפְשְׁךָ rel. (81)-prep.-n.f.s.-2 m.s. sf. (659)
who is as your own soul

בַּסֵּתֶר prep.-def.art.-n.m.s. (712) *secretly*

לֵאמֹר prep.-Qal inf.cstr. (55) *saying*

נֵלְכָה Qal impf. 1 c.p.-vol.he (הָלַךְ 229) *let us go*

וְנַעַבְדָה conj.-Qal impf. 1 c.p.-vol.he (עָבַד 712)
and serve

אֱלֹהִים אֲחֵרִים n.m.p. (43)-adj. m.p. (29) *other
gods*

אֲשֶׁר לֹא יָדַעְתָּ rel. (81)-neg.-Qal pf. 2 m.s. (393)
which you have not known

אַתָּה וַאֲבֹתֶיךָ pers.pr. 2 m.s. (61)-conj.-n.m.p.-2
m.s. sf. (3) *you or your fathers*

13:8

מֵאֱלֹהֵי prep.-n.m.p. cstr. (43) *some of the gods of*

הָעַמִּים def.art.-n.m.p. (I 766) *the peoples*

אֲשֶׁר סְבִיבֹתֵיכֶם rel. (81)-prep.-2 m.p. sf. (686) *round about you*

הַקְּרֹבִים def.art.-adj. m.p. (898) *whether near*

אֵלֶיךָ prep.-2 m.s. sf. *you*

אוֹ הָרְחֹקִים conj. (14)-def.art.-adj. m.p. (935) *or far off*

מִמְּךָ prep.-2 m.s. sf. *from you*

מִקְצֵה prep.-n.m.s. cstr. (892) *from one end of*

הָאָרֶץ def.art.-n.f.s. (75) *the earth*

וְעַד־קְצֵה הָאָרֶץ conj.-prep. (III 723)-v.supra -v.supra *to the other*

13:9

(2) לֹא־תֹאבֶה לוֹ neg.-Qal impf. 2 m.s. (אָבָה 2) -prep.-3 m.s. sf. *you shall not yield to him*

וְלֹא תִשְׁמַע אֵלָיו conj.-neg.-Qal impf. 2 m.s. (1033)-prep.-3 m.s. sf. *or listen to him*

וְלֹא־תָחוֹס conj.-neg.-Qal impf. 3 f.s. (חוס 299; GK 109d) *nor shall pity*

עֵינְךָ n.f.s.-2 m.s. sf. (744) *your eye*

עָלָיו prep.-3 m.s. sf. *him*

וְלֹא־תַחְמֹל conj.-neg.-Qal impf. 2 m.s. (חָמַל 328) *nor shall you spare him*

וְלֹא־תְכַסֶּה conj.-neg.-Pi. impf. 2 m.s. (כָּסָה 491) *nor shall you conceal*

עָלָיו v.supra *him*

13:10

כִּי הָרֹג תַּהַרְגֶנּוּ conj. (471)-Qal inf.abs. (הָרַג 246)-Qal impf. 2 m.s.-3 m.s. sf. (246) *but you shall kill him*

יָדְךָ n.f.s.-2 m.s. sf. (388) *your hand*

תִּהְיֶה־בּוֹ Qal impf. 3 f.s. (הָיָה 224)-prep.-3 m.s. sf. *shall be against him*

בָּרִאשׁוֹנָה prep.-def.art.-adj. f.s. (911) *first*

לַהֲמִיתוֹ prep.-Hi. inf.cstr.-3 m.s. sf. (מות 559) *to put him to death*

וְיַד conj.-n.f.s. cstr. (388) *and the hand of*

כָּל־הָעָם n.m.s. cstr. (481)-def.art.-n.m.s. (I 766) *all the people*

בָּאַחֲרֹנָה prep.-def.art.-adj. f.s. (30) *afterwards*

13:11

וּסְקַלְתּוֹ conj.-Qal pf. 2 m.s.-3 m.s. sf. (סָקַל 709) *you shall stone him*

בָּאֲבָנִים prep.-def.art.-n.f.p. (6) *with stones*

וָמֵת conj.-Qal pf. 3 m.s. (מות 559) *to death*

כִּי בִקֵּשׁ conj.-Pi. pf. 3 m.s. (134) *because he sought*

לְהַדִּיחֲךָ prep.-Hi. inf.cstr.-2 m.s. sf. (נָדַח 623) *to draw you away*

מֵעַל יְהוָה prep.-prep.-pr.n. (217) *from Yahweh*

אֱלֹהֶיךָ n.m.p.-2 m.s. sf. (43) *your God*

הַמּוֹצִיאֲךָ def.art.-Hi. ptc.-2 m.s. sf. (יָצָא 422; GK 116f) *who brought you out*

מֵאֶרֶץ prep.-n.f.s. cstr. (75) *of the land of*

מִצְרָיִם pr.n. (595) *Egypt*

מִבֵּית עֲבָדִים prep.-n.m.s. cstr. (108)-n.m.p. (713) *out of the house of bondage*

13:12

וְכָל־יִשְׂרָאֵל conj.-n.m.s. cstr. (481)-pr.n. (975) *and all Israel*

יִשְׁמְעוּ Qal impf. 3 m.p. (1033) *shall hear*

וְיִרָאוּן conj.-Qal impf. 3 m.p. (יָרֵא 431) *and fear*

וְלֹא־יוֹסִפוּ לַעֲשׂוֹת conj.-neg.-Hi. impf. 3 m.p. (יָסַף 414)-prep.-Qal inf.cstr. (עָשָׂה I 793) *and never again do*

כַּדָּבָר הָרָע הַזֶּה prep.-def.art.-n.m.s. (182)-def.art.-adj. m.s. (948)-def.art.-demons.adj. m.s. (260) *any such wickedness as this*

בְּקִרְבֶּךָ prep.-n.m.s.-2 m.s. sf. (899) *among you*

13:13

כִּי־תִשְׁמַע conj. (471)-Qal impf. 2 m.s. (1033) *if you hear*

בְּאַחַת עָרֶיךָ prep.-num. cstr. (25)-n.f.p.-2 m.s. sf. (746) *in one of your cities*

אֲשֶׁר יְהוָה rel. (81)-pr.n. (217) *which Yahweh*

אֱלֹהֶיךָ n.m.p.-2 m.s. sf. (43) *your God*

נֹתֵן לְךָ Qal act.ptc. (678)-prep.-2 m.s. sf. *gives you*

לָשֶׁבֶת שָׁם prep.-Qal inf.cstr. (יָשַׁב 442)-adv. (1027) *to dwell there*

לֵאמֹר prep.-Qal inf.cstr. (55) *(saying)*

13:14

יָצְאוּ Qal pf. 3 c.p. (יָצָא 422) *have gone out*

אֲנָשִׁים n.m.p. (35) *certain men*

בְּנֵי־בְלִיַּעַל n.m.p. cstr. (119)-n.m.s. (116) *sons of worthlessness*

מִקִּרְבֶּךָ prep.-n.m.s.-2 m.s. sf. (899) *among you*

וַיַּדִּיחוּ consec.-Hi. impf. 3 m.p. (נָדַח 623) *and have drawn away*

אֶת־יֹשְׁבֵי dir.obj.-Qal act.ptc. m.p. cstr. (יָשַׁב 442) *the inhabitants of*

עִירָם dn.f.s.-3 m.p. sf. (746) *their city*

לֵאמֹר prep.-Qal inf.cstr. (55) *saying*

נֵלְכָה Qal impf. 1 c.p.-vol.he (הָלַךְ 229) *let us go*

וְנַעֲבְדָה conj.-Qal impf. 1 c.p.-vol.he (עָבַד 712) *and serve*

אֱלֹהִים אֲחֵרִים n.m.p. (43)-adj. m.p. (29) *other gods*

אֲשֶׁר לֹא־יְדַעְתֶּם rel. (81)-neg.-Qal pf. 2 m.p. (393) *which you have not known*

13:15

וְדָרַשְׁתָּ conj.-Qal pf. 2 m.s. (205) *then you shall inquire*

וְחָקַרְתָּ conj.-Qal pf. 2 m.s. (חָקַר 350) *and make search*

וְשָׁאַלְתָּ הֵיטֵב conj.-Qal pf. 2 m.s. (שָׁאַל 981)-Hi. inf.abs. as adv. (יָטַב 405) *and ask diligently*

וְהִנֵּה conj.-demons.part. (243) *and behold*

אֱמֶת נָכוֹן n.f.s. (54)-Ni. ptc. as adv. (כּוּן 465) *is certainly true*

הַדָּבָר def.art.-n.m.s. (182) *the thing*

נֶעֶשְׂתָה Ni. pf. 3 f.s. (עָשָׂה I 793) *has been done*

הַתּוֹעֵבָה הַזֹּאת def.art.-n.f.s. (1072)-def.art. -demons.adj. f.s. (260) *this abominable thing*

בְּקִרְבֶּךָ prep.-n.m.s.-2 m.s. sf. (899) *among you*

13:16

הַכֵּה תַכֶּה Hi. inf.abs. (נָכָה 645)-Hi. impf. 2 m.s. (645) *you shall surely put*

אֶת־יֹשְׁבֵי dir.obj.-Qal act.ptc. m.p. cstr. (יָשַׁב 442) *the inhabitants of*

הָעִיר הַהִוא def.art.-n.f.s. (746)-def.art.-demons. adj. f.s. (214) *that city*

לְפִי־חָרֶב prep.-n.m.s. cstr. (804)-n.f.s. paus. (352) *to the sword*

הַחֲרֵם Hi. inf.abs. (חָרַם 355) *destroying utterly*

אֹתָהּ dir.obj.-3 f.s. sf. *it*

וְאֶת־כָּל־אֲשֶׁר־בָּהּ conj.-dir.obj.-n.m.s. (481)-rel. (81)-prep.-3 f.s. sf. *all who are in it*

וְאֶת־בְּהֶמְתָּהּ conj.-dir.obj.-n.f.s.-3 f.s. sf. (96) *and its cattle*

לְפִי־חָרֶב v.supra-v.supra *with the edge of the sword*

13:17

וְאֶת־כָּל־שְׁלָלָהּ conj.-dir.obj.-n.m.s. cstr. (481) -n.m.s.-3 f.s. sf. (1021) *and all its spoil*

תִּקְבֹּץ Qal impf. 2 m.s. (867) *you shall gather*

אֶל־תּוֹךְ רְחֹבָהּ prep.-n.m.s. cstr. (1063)-n.f.s.-3 f.s. sf. (I 932) *into the midst of its open square*

וְשָׂרַפְתָּ conj.-Qal pf. 2 m.s. (976) *and burn*

בָאֵשׁ prep.-def.art.-n.f.s. (77) *with fire*

אֶת־הָעִיר dir.obj.-def.art.-n.f.s. (746) *the city*

וְאֶת־כָּל־שְׁלָלָהּ v.supra-v.supra-v.supra *and all its spoil*

כָּלִיל adj. m.s. (483) *as a whole burnt offering*

לַיהוָה prep.-pr.n. (217) *to Yahweh*

אֱלֹהֶיךָ n.m.p.-2 m.s. sf. (43) *your God*

וְהָיְתָה conj.-Qal pf. 3 f.s. (הָיָה 224) *it shall be*

תֵּל עוֹלָם n.m.s. cstr. (1068)-n.m.s. (761) *a heap for ever*

לֹא תִבָּנֶה neg.-Ni. impf. 3 f.s. (בָּנָה 124) *it shall not be built*

עוֹד adv. (728) *again*

13:18

וְלֹא־יִדְבַּק conj.-neg.-Qal impf. 3 m.s. (דָּבַק 179) *shall not cleave*

בְּיָדְךָ prep.-n.f.s.-2 m.s. sf. (388) *to your hand*

מְאוּמָה indef.pr. (548) *anything*

מִן־הַחֵרֶם prep.-def.art.-n.m.s. (356) *of the devoted things*

לְמַעַן יָשׁוּב prep. (775)-Qal impf. 3 m.s. (996) *that may turn*

יהוה pr.n. (217) *Yahweh*

מֵחֲרוֹן אַפּוֹ prep.-n.m.s. cstr. (354)-n.m.s.-3 m.s. sf. (I 60) *from the fierceness of his anger*

וְנָתַן־לְךָ conj.-Qal pf. 3 m.s. (678)-prep.-2 m.s. sf. *and show you*

רַחֲמִים adj. m.p. (933) *mercy*

וְרִחַמְךָ conj.-Pi. pf. 3 m.s.-2 m.s. sf. (רָחַם 933) *and have compassion on you*

וְהִרְבֶּךָ conj.-Hi. pf. 3 m.s.-2 m.s. sf. (רָבָה I 915) *and multiply you*

כַּאֲשֶׁר נִשְׁבַּע prep.-rel. (81)-Ni. pf. 3 m.s. (989) *as he swore*

לַאֲבֹתֶיךָ prep.-n.m.p.-2 m.s. sf. (3) *to your fathers*

13:19 (Eng.13:18)

כִּי תִשְׁמַע conj. (471)-Qal impf. 2 m.s. (1033) *if you obey*

בְּקוֹל יהוה prep.-n.m.s. cstr. (876)-pr.n. (217) *the voice of Yahweh*

אֱלֹהֶיךָ n.m.p.-2 m.s. sf. (43) *your God*

לִשְׁמֹר prep.-Qal inf.cstr. (1036) *keeping*

אֶת־כָּל־מִצְוֹתָיו dir.obj.-n.m.s. cstr. (481)-n.f.p.-3 m.s. sf. (846) *all his commandments*

אֲשֶׁר אָנֹכִי rel. (81)-pers.pr. 1 c.s. (59) *which I*

מְצַוְּךָ Pi. ptc.-2 m.s. sf. (צָוָה 845) *command you*

הַיּוֹם def.art.-n.m.s. (398) *this day*

לַעֲשׂוֹת prep.-Qal inf.cstr. (עָשָׂה I 793) *doing*

הַיָּשָׁר def.art.-adj. m.s. (449) *what is right*

בְּעֵינֵי prep.-n.f.p. cstr. (744) *in the sight of*

יְהוָה אֱלֹהֶיךָ pr.n. (217)-n.m.p.-2 m.s. sf. (43) *Yahweh your God*

14:1

בָּנִים אַתֶּם n.m.p. (119)-pers.pr. 2 m.p. (61) *you are sons*

לַיהוָה prep.-pr.n. (217) *of Yahweh*

אֱלֹהֵיכֶם n.m.p.-2 m.p. sf. (43) *your God*

לֹא תִתְגֹּדְדוּ neg.-Hithpo'el impf. 2 m.p. (גרד 151) *you shall not cut yourselves*

וְלֹא־תָשִׂימוּ conj.-neg.-Qal impf. 2 m.p. (שׂום 962) *or make*

קָרְחָה n.f.s. (901) *any baldness*

בֵּין עֵינֵיכֶם prep. (107)-n.f.p.-2 m.p. sf. (744) *between your eyes*

לָמֵת prep.-Qal act.ptc. (מות 559) *for the dead*

14:2

כִּי עַם קָדוֹשׁ conj. (471)-n.m.s. (I 766)-adj. m.s. (872) *for a people holy*

אַתָּה pers.pr. 2 m.s. (61) *you are*

לַיהוָה prep.-pr.n. (217) *to Yahweh*

אֱלֹהֶיךָ n.m.p.-2 m.s. sf. (43) *your God*

וּבְךָ בָּחַר conj.-prep.-2 m.s. sf.-Qal pf. 3 m.s. (103) *and has chosen you*

יְהוָה v.supra *Yahweh*

לִהְיוֹת prep.-Qal inf.cstr. (היה 224) *to be*

לוֹ לְעַם prep.-3 m.s. sf.-prep.-n.m.s. cstr. (I 766) *to him for a people of*

סְגֻלָּה n.f.s. (688) *possession*

מִכֹּל הָעַמִּים prep.-n.m.s. cstr. (481)-def.art. -n.m.p. (I 766) *out of all the peoples*

אֲשֶׁר עַל־פְּנֵי הָאֲדָמָה rel. (81)-prep.-n.m.p. cstr. (815)-def.art.-n.f.s. (9) *that are on the face of the earth*

14:3

לֹא תֹאכַל neg.-Qal impf. 2 m.s. (37) *you shall not eat*

כָּל־תּוֹעֵבָה n.m.s. cstr. (481)-n.f.s. (1072) *any abominable thing*

14:4

זֹאת הַבְּהֵמָה demons.adj. f.s. (260)-def.art.-n.f.s. (96) *these are the animals*

אֲשֶׁר תֹּאכֵלוּ rel. (81)-Qal impf. 2 m.p. paus. (37) *you may eat*

שׁוֹר n.m.s. (1004) *the ox*

שֵׂה כְשָׂבִים n.m.s. cstr. (961)-n.m.p. (461) *the sheep*

וְשֵׂה עִזִּים conj.-v.supra-n.f.p. (777) *and goats*

14:5

אַיָּל n.m.s. (19) *the hart*

וּצְבִי conj.-n.m.s. (II 840) *the gazelle*

וְיַחְמוּר conj.-n.m.s. (331) *the roebuck*

וְאַקּוֹ conj.-n.m.s. (70) *the wild goat*

וְדִישֹׁן conj.-n.m.s. (I 190) *the ibex*

וּתְאוֹ conj.-n.m.s. (1060) *the antelope*

וָזָמֶר conj.-n.m.s. paus. (275) *and the mountain-sheep*

14:6

וְכָל־בְּהֵמָה conj.-n.m.s. cstr. (481)-n.f.s. (96) *every animal*

מַפְרֶסֶת פַּרְסָה Hi. ptc. f.s. cstr. (פרס 828)-n.f.s. (828) *that parts the hoof*

וְשֹׁסַעַת שֶׁסַע conj.-Qal act.ptc. f.s. cstr. (שׁסע 1042)-n.m.s. cstr. (1043) *has cloven the cleft of*

שְׁתֵּי פְרָסוֹת num. cstr. (1040)-n.f.p. (828) *the two hoofs*

מַעֲלַת גֵּרָה Hi. ptc. f.s. cstr. (עלה 748)-n.f.s. (I 176) *and chews the cud*

בַּבְּהֵמָה prep.-def.art.-n.f.s. (96) *among the animals*

אֹתָהּ dir.obj.-3 f.s. sf. *(it)*

תֹּאכֵלוּ Qal impf. 2 m.p. paus. (37) *you may eat*

14:7

אַךְ אֶת־זֶה adv. (36)-dir.obj.-demons.adj. m.s. (260) *yet these*

לֹא תֹאכְלוּ neg.-Qal impf. 2 m.p. (37) *you shall not eat*

מִמַּעֲלֵי הַגֵּרָה prep.-Hi. ptc. m.p. cstr. (748)-def. art.-n.f.s. (I 176) *of those that chew the cud*

וּמִמַּפְרִיסֵי הַפַּרְסָה הַשְּׁסוּעָה conj.-prep.-Hi. ptc. m.p. cstr. (פרס 828)-def.art.-n.f.s. (828)-def. art.-Qal pass.ptc. f.s. (1042) *or have the hoof cloven*

אֶת־הַגָּמָל dir.obj.-def.art.-n.m.s. (168) *the camel*

וְאֶת־הָאַרְנֶבֶת conj.-dir.obj.-def.art.-n.f.s. (58) *the hare*

וְאֶת־הַשָּׁפָן v.supra-def.art.-n.m.s. (I 1050) *and the rock badger*

כִּי־מַעֲלֵה גֵרָה conj. (471)-Hi. ptc. m.s. cstr. (748)-n.f.s. (I 176) *because chew the cud*

הֵמָּה pers.pr. 3 m.p. (241) *they*

וּפַרְסָה לֹא הִפְרִיסוּ conj.-n.f.s. (828)-neg.-Hi. pf. 3 c.p. (828) *but do not part the hoof*

טְמֵאִים הֵם adj. m.p. (379)-pers.pr. 3 m.p. (241) *they are unclean*

לָכֶם prep.-2 m.p. sf. *for you*

14:8

וְאֶת־הַחֲזִיר conj.-dir.obj.-def.art.-n.m.s. (306) *and the swine*

כִּי־מַפְרִיס conj. (471)-Hi. ptc. (828) *because parts*

פַּרְסָה n.f.s. (828) *the hoof*

הוּא pers.pr. 3 m.s. (214) *it*

וְלֹא גֵרָה conj.-neg.-n.f.s. (I 176) *but does not chew the cud*

טָמֵא הוּא adj. m.s. (379)-v.supra *it is unclean*

לָכֶם prep.-2 m.p. sf. *for you*

מִבְּשָׂרָם prep.-n.m.s.-3 m.p. sf. (142) *their flesh*

לֹא תֹאכֵלוּ neg.-Qal impf. 2 m.p. paus. (37) *you shall not eat*

וּבְנִבְלָתָם conj.-n.f.s.-3 m.p. sf. (615) *and their carcasses*

לֹא תִגָּעוּ neg.-Qal impf. 2 m.p. paus. (נגע 619) *you shall not touch*

14:9

אֶת־זֶה dir.obj.-demons.adj. m.s. (260) *these*

תֹּאכֵלוּ Qal impf. 2 m.p. (37) *you may eat*

מִכֹּל אֲשֶׁר prep.-n.m.s. (481)-rel. (81) *of all that are*

בַּמָּיִם prep.-def.art.-n.m.p. (565) *in the waters*

כֹּל אֲשֶׁר־לוֹ v.supra-v.supra-prep.-3 m.s. sf. *whatever has*

סְנַפִּיר n.m.s. (703) *fins*

וְקַשְׂקֶשֶׂת conj.-n.f.s. (903) *and scales*

תֹּאכֵלוּ Qal impf. 2 m.p. paus. (37) *you may eat*

14:10

וְכֹל אֲשֶׁר conj.-n.m.s. (481)-rel. (81) *and whatever*

אֵין־לוֹ subst. (II 34)-prep.-3 m.s. sf. *does not have*

סְנַפִּיר n.m.s. (703) *fins*

וְקַשְׂקֶשֶׂת conj.-n.f.s. (903) *and scales*

לֹא תֹאכֵלוּ neg.-Qal impf. 2 m.p. paus. (37) *you shall not eat*

טָמֵא הוּא adj. m.s. (379)-pers.pr. 3 m.s. (214) *it is unclean*

לָכֶם prep.-2 m.p. sf. *for you*

14:11

כָּל־צִפּוֹר טְהֹרָה n.m.s. cstr. (481)-n.f.s. (861)-adj. f.s. (373) *all clean birds*

תֹּאכֵלוּ Qal impf. 2 m.p. paus. (37) *you may eat*

14:12

וְזֶה conj.-demons.adj. m.s. (260) *but these*

14:18

אֲשֶׁר לֹא־תֹאכֵלוּ rel. (81)-neg.-Qal impf. 2 m.p. (37) *which you shall not eat*

מֵהֶם prep.-3 m.p. sf. *from them*

הַנֶּשֶׁר def.art.-n.m.s. (676) *the eagle*

וְהַפֶּרֶס conj.-def.art.-n.m.s. (828) *the vulture*

וְהָעָזְנִיָּה conj.-def.art.-n.f.s. (740) *and the osprey*

14:13

וְהָרָאָה conj.-def.art.-n.f.s. (prb.rd. וְהַדָּאָה 178) *the buzzard*

וְאֶת־הָאַיָּה conj.-dir.obj.-def.art.-n.f.s. (I 17) *the kite*

וְהַדַּיָּה conj.-def.art.-n.f.s. (prb.rd. וְהַדָּאָה 178) *(the buzzard)*

לְמִינָהּ prep.-n.m.s.-3 f.s. sf. (568) *after their kinds*

14:14

וְאֵת כָּל־עֹרֵב conj.-dir.obj.-n.m.s. cstr. (481) -n.m.s. (788) *every raven*

לְמִינוֹ prep.-n.m.s.-3 m.s. sf. (568) *after its kind*

14:15

וְאֶת בַּת הַיַּעֲנָה conj.-dir.obj.-n.f.s. cstr. (I 123)-def.art.-n.f.s. (419) *the ostrich*

וְאֶת־הַתַּחְמָס conj.-dir.obj.-def.art.-n.m.s. (329) *the nighthawk*

וְאֶת־הַשָּׁחַף conj.-dir.obj.-def.art.-n.m.s. paus. (1006) *the sea gull*

וְאֶת־הַנֵּץ v.supra-def.art.-n.m.s. (II 665) *the hawk*

לְמִינֵהוּ prep.-n.m.s.-3 m.s. sf. (568) *after their kinds*

14:16

אֶת־הַכּוֹס dir.obj.-def.art.-n.m.s. (II 468) *the little owl*

וְאֶת־הַיַּנְשׁוּף conj.-v.supra-def.art.-n.m.s. (676) *and the great owl*

וְהַתִּנְשָׁמֶת conj.-def.art.-n.f.s. paus. (675) *the water hen*

14:17

וְהַקָּאָת conj.-def.art.-n.f.s. (866) *and the pelican*

וְאֶת־הָרָחָמָה conj.-dir.obj.-def.art.-n.m.s. (934; GK 80k) *the carrion vulture*

וְאֶת־הַשָּׁלָךְ v.supra-def.art.-n.m.s. (1021) *and the cormorant*

14:18

וְהַחֲסִידָה conj.-def.art.-n.f.s. (339) *and the stork*

וְהָאֲנָפָה conj.-def.art.-n.f.s. (60) *the heron*

לְמִינָהּ prep.-n.m.s.-3 f.s. sf. (568) *after their kinds*

וְהַדּוּכִיפַת conj.-def.art.-n.f.s. (189) *the hoopoe*

וְהָעֲטַלֵּף conj.-def.art.-n.m.s. (742) *and the bat*

14:19

וְכֹל שֶׁרֶץ הָעוֹף conj.-n.m.s. cstr. (481)-n.m.s. cstr. (1056)-def.art.-n.m.s. (733) *and all winged insects*

טָמֵא הוּא adj. m.s. (379)-pers.pr. 3 m.s. (214) *are unclean*

לָכֶם prep.-2 m.p. sf. *for you*

לֹא יֵאָכֵלוּ neg.-Ni. impf. 3 m.p. (37) *they shall not be eaten*

14:20

כָּל־עוֹף טָהוֹר n.m.s. cstr. (481)-n.m.s. (733)-adj. m.s. (373) *all clean winged things*

תֹּאכֵלוּ Qal impf. 2 m.p. paus. (37) *you may eat*

14:21

לֹא תֹאכְלוּ neg.-Qal impf. 2 m.p. (37) *you shall not eat*

כָל־נְבֵלָה n.m.s. cstr. (481)-n.f.s. (615) *anything that dies of itself*

לַגֵּר prep.-def.art.-n.m.s. (158) *to the alien*

אֲשֶׁר־בִּשְׁעָרֶיךָ rel. (81)-prep.-n.m.p.-2 m.s. sf. (1044) *who is within your towns*

תִּתְּנֶנָּה Qal impf. 2 m.s.-3 f.s. sf. (נָתַן 678) *you may give it*

וַאֲכָלָהּ conj.-Qal pf. 3 m.s.-3 f.s. sf. (37) *that he may eat it*

אוֹ מָכֹר conj. (14)-Qal inf.abs. (מָכַר 569) *or you may sell it*

לְנָכְרִי prep.-adj. m.s. (648) *to a foreigner*

כִּי עַם קָדוֹשׁ conj.-n.m.s. (I 766)-adj. m.s. (872) *for a people holy*

אַתָּה pers.pr. 2 m.s. (61) *you are*

לַיהוה אֱלֹהֶיךָ prep.-pr.n. (217)-n.m.p.-2 m.s. sf. (43) *to Yahweh your God*

לֹא־תְבַשֵּׁל neg.-Pi. impf. 2 m.s. (143) *you shall not boil*

גְּדִי n.m.s. (152) *a kid*

בַּחֲלֵב אִמּוֹ prep.-n.m.s. cstr. (316)-n.f.s.-3 m.s. sf. (51) *in its mother's milk*

14:22

עַשֵּׂר תְּעַשֵּׂר Pi. inf.abs. (797)-Pi. impf. 2 m.s. (797) *you shall tithe*

אֵת כָּל־תְּבוּאַת dir.obj.-n.m.s. cstr. (481)-n.f.s. cstr. (100) *all the yield of*

זַרְעֶךָ n.m.s.-2 m.s. sf. (282) *your seed*

הַיֹּצֵא def.art.-Qal act.ptc. (יָצָא 422) *which comes forth*

הַשָּׂדֶה def.art.-n.m.s. (961) *from the field*

שָׁנָה שָׁנָה n.f.s. (1040)-v.supra *year by year*

14:23

וְאָכַלְתָּ conj.-Qal pf. 2 m.s. (37) *and you shall eat*

לִפְנֵי יהוה prep.-n.m.p. cstr. (815)-pr.n. (217) *before Yahweh*

אֱלֹהֶיךָ n.m.p.-2 m.s. sf. (43) *your God*

בַּמָּקוֹם prep.-def.art.-n.m.s. (879) *in the place*

אֲשֶׁר־יִבְחַר rel. (81)-Qal impf. 3 m.s. (103) *which he will choose*

לְשַׁכֵּן prep.-Pi. inf.cstr. (1014) *to make dwell*

שְׁמוֹ n.m.s.-3 m.s. sf. (1027) *his name*

שָׁם adv. (1027) *there*

מַעְשַׂר n.m.s. cstr. (798) *the tithe of*

דְּגָנְךָ n.m.s.-2 m.s. sf. (186) *your grain*

תִּירֹשְׁךָ n.m.s.-2 m.s. sf. (440) *of your wine*

וְיִצְהָרֶךָ conj.-n.m.s.-2 m.s. sf. (850) *and of your oil*

וּבְכֹרֹת conj.-n.m.p. cstr. (114) *and the firstlings of*

בְּקָרְךָ n.m.s.-2 m.s. sf. (133) *your herd*

וְצֹאנֶךָ conj.-n.f.s.-2 m.s. sf. (838) *and your flock*

לְמַעַן תִּלְמַד prep. (775)-Qal impf. 2 m.s. (540) *that you may learn*

לְיִרְאָה prep.-Qal inf.cstr. (יָרֵא 431) *to fear*

אֶת־יהוה dir.obj.-pr.n. (217) *Yahweh*

אֱלֹהֶיךָ n.m.p.-2 m.s. sf. (43) *your God*

כָּל־הַיָּמִים n.m.s. cstr. (481)-def.art.-n.m.p. (398) *always*

14:24

וְכִי־יִרְבֶּה conj.-conj. (471)-Qal impf. 3 m.s. (רָבָה I 915) *and if it is too far*

מִמְּךָ prep.-2 m.s. sf. *for you*

הַדֶּרֶךְ def.art.-n.m.s. (202) *the way*

כִּי לֹא תוּכַל conj. (471)-neg.-Qal impf. 2 m.s. (יָכֹל 407) *so that you are not able*

שְׂאֵתוֹ Qal inf.cstr.-3 m.s. sf. (נָשָׂא 669) *to bring it*

כִּי־יִרְחַק conj. (471)-Qal impf. 3 m.s. (רָחַק 934) *because is too far*

מִמְּךָ prep.-2 m.s. sf. *from you*

הַמָּקוֹם def.art.-n.m.s. (879) *the place*

אֲשֶׁר יִבְחַר rel. (81)-Qal impf. 3 m.s. (103) *which chooses*

יהוה אֱלֹהֶיךָ pr.n. (217)-n.m.p.-2 m.s. sf. (43) *Yahweh your God*

לָשׂוּם שְׁמוֹ prep.-Qal inf.cstr. (962)-n.m.s.-3 m.s. sf. (1027) *to set his name*

שָׁם adv. (1027) *there*

כִּי יְבָרֶכְךָ conj. (471)-Pi. impf. 3 m.s.-2 m.s. sf. (בָּרַךְ 138) *when blesses you*

יהוה אֱלֹהֶיךָ v.supra-v.supra *Yahweh your God*

14:25

וְנָתַתָּה conj.-Qal pf. 2 m.s. (נָתַן 678) *then you shall turn it*

בַּכֶּסֶף prep.-def.art.-n.m.s. (494) paus. *into money*

וְצַרְתָּ conj.-Qal pf. 2 m.s. (צוּר II 848) *and bind up*

הַכֶּסֶף def.art.-n.m.s. (494) *the money*

בְּיָדְךָ prep.-n.f.s.-2 m.s. sf. (388) *in your hand*

וְהָלַכְתָּ conj.-Qal pf. 2 m.s. (הָלַךְ 229) *and go*

אֶל־הַמָּקוֹם prep.-def.art.-n.m.s. (879) *to the place*

אֲשֶׁר יִבְחַר rel. (81)-Qal impf. 3 m.s. (103) *which chooses*

יהוה אֱלֹהֶיךָ pr.n. (217)-n.m.p.-2 m.s. sf. (43) *Yahweh your God*

בּוֹ prep.-3 m.s. sf. *(in it)*

14:26

וְנָתַתָּה conj.-Qal pf. 2 m.s. (נָתַן 678) *and spend*

הַכֶּסֶף def.art.-n.m.s. (494) *the money*

בְּכֹל אֲשֶׁר־ prep.-n.m.s. (481)-rel. (81) *for whatever*

תְּאַוֶּה נַפְשְׁךָ Pi. impf. 3 f.s. (אָוָה 16)-n.f.s.-2 m.s. sf. (659) *you desire*

בַּבָּקָר prep.-def.art.-n.m.s. (133) *oxen*

וּבַצֹּאן conj.-prep.-def.art.-n.f.s. (838) *or sheep*

וּבַיַּיִן conj.-prep.-def.art.-n.m.s. (406) *or wine*

וּבַשֵּׁכָר conj.-prep.-def.art.-n.m.s. (1016) *or strong drink*

וּבְכֹל אֲשֶׁר conj.-v.supra-v.supra *whatever*

תִּשְׁאָלְךָ נַפְשֶׁךָ Qal impf. 3 f.s.-2 m.s. sf. (981) -n.f.s.-2 m.s. sf. (659) *your appetite craves*

וְאָכַלְתָּ שָׁם conj.-Qal pf. 2 m.s. (37)-adv. (1027) *and you shall eat there*

לִפְנֵי יהוה prep.-n.m.p. cstr. (815)-pr.n. (217) *before Yahweh*

אֱלֹהֶיךָ n.m.p.-2 m.s. sf. (43) *your God*

וְשָׂמַחְתָּ conj.-Qal pf. 2 m.s. (שָׂמַח 970) *and rejoice*

אַתָּה וּבֵיתֶךָ pers.pr. 2 m.s. (61)-conj.-n.m.s.-2 m.s. sf. (108) *you and your household*

14:27

וְהַלֵּוִי conj.-def.art.-pr.n. (II 532) *and the Levite*

אֲשֶׁר־בִּשְׁעָרֶיךָ rel. (81)-prep.-n.m.p.-2 m.s. sf. (1044) *who is within your towns*

לֹא תַעַזְבֶנּוּ neg.-Qal impf. 2 m.s.-3 m.s. sf. (עָזַב I 736) *you shall not forsake*

כִּי אֵין לוֹ conj. (471)-subst. (II 34)-prep.-3 m.s. sf. *for he has no*

חֵלֶק n.m.s. (324) *portion*

וְנַחֲלָה conj.-n.f.s. (635) *or inheritance*

עִמָּךְ prep.-2 m.s. sf. paus. *with you*

14:28

מִקְצֵה prep.-n.m.s. cstr. (892) *at the end of*

שָׁלֹשׁ שָׁנִים num. (1025)-n.f.p. (1040) *every three years*

תּוֹצִיא Hi. impf. 2 m.s. (יָצָא 422) *you shall bring forth*

אֶת־כָּל־מַעְשַׂר dir.obj.-n.m.s. cstr. (481)-n.m.s. cstr. (798) *all the tithe of*

תְּבוּאָתְךָ n.f.s.-2 m.s. sf. (100) *your produce*

בַּשָּׁנָה הַהִוא prep.-def.art.-n.f.s. (1040)-def.art. -demons.adj. f.s. (214) *in the same year*

וְהִנַּחְתָּ conj.-Hi. pf. 2 m.s. (628) *and lay it up*

בִּשְׁעָרֶיךָ prep.-n.m.p.-2 m.s. sf. (1044) *within your towns*

14:29

וּבָא conj.-Qal pf. 3 m.s. (בּוֹא 97) *and shall come*

הַלֵּוִי def.art.-pr.n. (II 532) *the Levite*

כִּי אֵין־לוֹ conj. (471)-subst. (II 34)-prep.-3 m.s. sf. *because he has no*

חֵלֶק n.m.s. (324) *portion*

וְנַחֲלָה conj.-n.f.s. (635) *or inheritance*

עִמָּךְ prep.-2 m.s. sf. paus. *with you*

וְהַגֵּר conj.-def.art.-n.m.s. (158) *and the sojourner*

וְהַיָּתוֹם conj.-def.art.-n.m.s. (450) *and the fatherless*

וְהָאַלְמָנָה conj.-def.art.-n.f.s. (48) *and the widow*

אֲשֶׁר בִּשְׁעָרֶיךָ rel. (81)-prep.-n.m.p.-2 m.s. sf. (1044) *who are within your towns*

וְאָכְלוּ conj.-Qal pf. 3 c.p. (37) *and they shall eat*

וְשָׂבֵעוּ conj.-Qal pf. 3 c.p. paus. (שָׂבַע 959) *and be filled*

לְמַעַן יְבָרֶכְךָ prep. (775)-Pi. impf. 3 m.s.-2 m.s. sf. (בָּרַךְ 138) *that ... may bless you*

יהוה אֱלֹהֶיךָ pr.n. (217)-n.m.p.-2 m.s. sf. (43) *Yahweh your God*

בְּכָל־מַעֲשֵׂה prep.-n.m.s. cstr. (481)-n.m.s. cstr. (795) *in all the work of*

יָדֶךָ n.f.s.-2 m.s. sf. (388) *your hands*

אֲשֶׁר תַּעֲשֶׂה rel. (81)-Qal impf. 2 m.s. (עָשָׂה I 793) *that you do*

821

15:1

מִקֵּץ prep.-n.m.s. cstr. (893) *at the end of*

שֶׁבַע־שָׁנִים num. (988)-n.f.p. (1040) *every seven years*

תַּעֲשֶׂה Qal impf. 2 m.s. (עָשָׂה I 793) *you shall grant*

שְׁמִטָּה n.f.s. (1030) *a release*

15:2

וְזֶה conj.-demons.adj. m.s. (260) *and this is*

דְּבַר הַשְּׁמִטָּה n.m.s. cstr. (182)-def.art.-n.f.s. (1030) *the manner of the release*

שָׁמוֹט Qal inf.abs. (1030; GK 113gg) *shall release*

כָּל־בַּעַל מַשֵּׁה n.m.s. cstr. (481)-n.m.s. cstr. (127) -n.m.s. cstr. (674) *every possessor of a loan of*

יָדוֹ n.f.s.-3 m.s. sf. (388) *his hand*

אֲשֶׁר יַשֶּׁה rel. (81)-Hi. impf. 3 m.s. (נָשָׁה I 674) *what he has lent*

בְּרֵעֵהוּ prep.-n.m.s.-3 m.s. sf. (945) *to his neighbor*

לֹא־יִגֹּשׂ neg.-Qal impf. 3 m.s. (נָגַשׂ 620) *he shall not exact it*

אֶת־רֵעֵהוּ dir.obj.-n.m.s.-3 m.s. sf. (945) *of his neighbor*

וְאֶת־אָחִיו conj.-dir.obj.-n.m.s.-3 m.s. sf. (26) *of his brother*

כִּי־קָרָא conj. (471)-Qal pf. 3 m.s. (894) *because one has proclaimed*

שְׁמִטָּה n.f.s. (1030) *the release*

לַיהוָה prep.-pr.n. (217) *of Yahweh*

15:3

אֶת־הַנָּכְרִי dir.obj.-def.art.-adj. m.s. (648) *of a foreigner*

תִּגֹּשׂ Qal impf. 2 m.s. (נָגַשׂ 620) *you may exact it*

וַאֲשֶׁר יִהְיֶה לְךָ conj.-rel. (81)-Qal impf. 3 m.s. (הָיָה 224)-prep.-2 m.s. sf. *but whatever of yours*

אֶת־אָחִיךָ prep. (II 85)-n.m.s.-2 m.s. sf. (26) *is with your brother*

תַּשְׁמֵט יָדֶךָ Hi. impf. 3 f.s. (שָׁמַט 1030)-n.f.s.-2 m.s. sf. (388) *your hand shall release*

15:4

אֶפֶס כִּי adv. (67)-conj. (471) *save that*

לֹא יִהְיֶה־בְּךָ neg.-Qal impf. 3 m.s. (הָיָה 224) -prep.-2 m.s. sf. *there will be no ... among you*

אֶבְיוֹן n.m.s. (2) *poor*

כִּי־בָרֵךְ יְבָרֶכְךָ conj. (471)-Pi. inf.abs. (138)-Pi. impf. 3 m.s.-2 m.s. sf. (138) *for ... will bless you*

יְהוָה pr.n. (217) *Yahweh*

בָּאָרֶץ prep.-def.art.-n.f.s. (75) *in the land*

אֲשֶׁר יְהוָה rel. (81)-v.supra *which Yahweh*

אֱלֹהֶיךָ n.m.p.-2 m.s. sf. (43) *your God*

נֹתֵן־לְךָ Qal act.ptc. (678)-prep.-2 m.s. sf. *gives you*

נַחֲלָה n.f.s. (635) *for an inheritance*

לְרִשְׁתָּהּ prep.-Qal inf.cstr.-3 f.s. sf. (יָרַשׁ 439) *to possess*

15:5

רַק אִם־ adv. (956)-hypoth.part. (49) *if only*

שָׁמוֹעַ תִּשְׁמַע Qal inf.abs. (1033)-Qal impf. 2 m.s. (1033) *you will obey*

בְּקוֹל prep.-n.m.s. cstr. (876) *the voice of*

יְהוָה pr.n. (217) *Yahweh*

אֱלֹהֶיךָ n.m.p.-2 m.s. sf. (43) *your God*

לִשְׁמֹר prep.-Qal inf.cstr. (1036) *being careful*

לַעֲשׂוֹת prep.-Qal inf.cstr. (עָשָׂה I 793) *to do*

אֶת־כָּל־ dir.obj.-n.m.s. cstr. (481) *all*

הַמִּצְוָה הַזֹּאת def.art.-n.f.s. (846)-def.art. -demons.adj. f.s. (260) *this commandment*

אֲשֶׁר אָנֹכִי rel. (81)-pers.pr. 1 c.s. (59) *which I*

מְצַוְּךָ Pi. ptc.-2 m.s. sf. (צָוָה 845) *command you*

הַיּוֹם def.art.-n.m.s. (398) *this day*

15:6

כִּי־יְהוָה conj. (471)-pr.n. (217) *for Yahweh*

אֱלֹהֶיךָ n.m.p.-2 m.s. sf. (43) *your God*

בֵּרַכְךָ Pi. pf. 3 m.s.-2 m.s. sf. (138) *will bless you*

כַּאֲשֶׁר דִּבֶּר־לָךְ prep.-rel. (81)-Pi. pf. 3 m.s. (180) -prep.-2 m.s. sf. paus. *as he promised you*

וְהַעֲבַטְתָּ conj.-Hi. pf. 2 m.s. (עָבַט 716) *and you shall lend*

גּוֹיִם רַבִּים n.m.p. (156)-adj. m.p. (I 912) *to many nations*

וְאַתָּה לֹא תַעֲבֹט conj.-pers.pr. 2 m.s. (61)-neg. -Qal impf. 2 m.s. (עָבַט 716) *but you shall not borrow*

וּמָשַׁלְתָּ conj.-Qal pf. 2 m.s. (605) *and you shall rule*

בְּגוֹיִם רַבִּים prep.-v.supra-v.supra *over many nations*

וּבְךָ conj.-prep.-2 m.s. sf. *but over you*

לֹא יִמְשֹׁלוּ neg.-Qal impf. 3 m.p. (605) *they shall not rule*

15:7

כִּי־יִהְיֶה בְךָ conj. (471)-Qal impf. 3 m.s. (הָיָה 224)-prep.-2 m.s. sf. *if there is among you*

אֶבְיוֹן n.m.s. (2) *a poor man*

מֵאַחַד אַחֶיךָ prep.-num. cstr. (25)-n.m.p.-2 m.s. sf. (26; GK 119wN,139d) *one of your brethren*

בְּאַחַד שְׁעָרֶיךָ prep.-v.supra-n.m.p.-2 m.s. sf. (1044) *in any of your towns*

בְּאַרְצֶךָ prep.-n.f.s.-2 m.s. sf. (75) *within your land*

אֲשֶׁר־יְהוָה rel. (81)-pr.n. (217) *which Yahweh*

אֱלֹהֶיךָ n.m.p.-2 m.s. sf. (43) *your God*

נֹתֵן לָךְ Qal act.ptc. (678)-prep.-2 m.s. sf. paus. *gives you*

לֹא תְאַמֵּץ neg.-Pi. impf. 2 m.s. (אָמַץ 54) *you shall not harden*

אֶת־לְבָבְךָ dir.obj.-n.m.s.-2 m.s. sf. (523) *your heart*

וְלֹא תִקְפֹּץ conj.-neg.-Qal impf. 2 m.s. (קָפַץ 891) *or shut*

אֶת־יָדְךָ dir.obj.-n.f.s.-2 m.s. sf. (388) *your hand*

מֵאָחִיךָ prep.-n.m.s.-2 m.s. sf. (26) *against your brother*

הָאֶבְיוֹן def.art.-adj. m.s. (2) *poor*

15:8

כִּי־פָתֹחַ תִּפְתַּח conj. (471)-Qal inf.abs. (I 834)-Qal impf. 2 m.s. (I 834) *but you shall open*

אֶת־יָדְךָ dir.obj.-n.f.s.-2 m.s. sf. (388) *your hand*

לוֹ prep.-3 m.s. sf. *to him*

וְהַעֲבֵט תַּעֲבִיטֶנּוּ conj.-Hi. inf.abs. (עָבַט 716)-Hi. impf. 2 m.s.-3 m.s. sf. (716) *and lend him*

דֵּי מַחְסֹרוֹ subst. cstr. (191)-n.m.s.-3 m.s. sf. (341) *sufficient for his need*

אֲשֶׁר יֶחְסַר לוֹ rel. (81)-Qal impf. 3 m.s. (חָסַר 341)-prep.-3 m.s. sf. *whatever it may be*

15:9

הִשָּׁמֶר לְךָ Ni. impv. 2 m.s. (1036)-prep.-2 m.s. sf. *take heed*

פֶּן־יִהְיֶה conj. (815)-Qal impf. 3 m.s. (224) *lest there be*

דָבָר עִם־לְבָבְךָ n.m.s. (182)-prep.-n.m.s.-2 m.s. sf. (523) *a thought in your heart*

בְלִיַּעַל n.m.s. (116) *base*

לֵאמֹר prep.-Qal inf.cstr. (55) *and you say*

קָרְבָה Qal pf. 3 f.s. (I 897) *is near*

שְׁנַת־הַשֶּׁבַע n.f.s. cstr. (1040)-def.art.-num. (988) *the seventh year*

שְׁנַת הַשְּׁמִטָּה v.supra-def.art.-n.f.s. (1030) *the year of release*

15:10

נָתוֹן תִּתֵּן לוֹ Qal inf.abs. (678)-Qal impf. 2 m.s. (נָתַן 678)-prep.-3 m.s. sf. *you shall give to him freely*

וְלֹא־יֵרַע conj.-neg.-Qal impf. 3 m.s. (רָעַע 949) *and shall not be grudging*

לְבָבְךָ n.m.s.-2 m.s. sf. (523) *your heart*

בְּתִתְּךָ לוֹ prep.-Qal inf.cstr. (נָתַן 678)-v.supra *when you give to him*

כִּי בִּגְלַל הַדָּבָר הַזֶּה conj. (471)-prep.-n.m.s. cstr. (I 164)-def.art.-n.m.s. (182)-def.art.-demons. adj. m.s. (260) *because for this*

יְבָרֶכְךָ Pi. impf. 3 m.s.-2 m.s. sf. (בָּרַךְ 138) *will bless you*

יהוה אֱלֹהֶיךָ pr.n. (217)-n.m.p.-2 m.s. sf. (43) *Yahweh your God*

בְּכָל־מַעֲשֶׂךָ prep.-n.m.s. cstr. (481)-n.m.s.-2 m.s. sf. (795) *in all your work*

וּבְכֹל מִשְׁלַח יָדֶךָ conj.-prep.-n.m.s. cstr. (481)-n.m.s. cstr. (1020)-n.f.s.-2 m.s. sf. (388) *and in all that you undertake*

15:11

כִּי לֹא־יֶחְדַּל conj. (471)-neg.-Qal impf. 3 m.s. (292) *for will never cease*

אֶבְיוֹן adj. m.s. (2) *the poor*

מִקֶּרֶב הָאָרֶץ prep.-n.m.s. cstr. (899)-def.art.-n.f.s. (75) *out of the land*

עַל־כֵּן אָנֹכִי prep.-adv. (485)-pers.pr. 1 c.s. (59) *therefore I*

מְצַוְּךָ Pi. ptc.-2 m.s. sf. (צָוָה 845) *command you*

לֵאמֹר prep.-Qal inf.cstr. (55) *(saying)*

פָתֹחַ תִּפְתַּח Qal inf.abs. (I 834)-Qal impf. 2 m.s. (I 834) *you shall open wide*

אֶת־יָדְךָ dir.obj.-n.f.s.-2 m.s. sf. (388) *your hand*

וְרָעָה conj.-Qal pf. 3 f.s. (רָעַע 949) *and be hostile*

עֵינְךָ n.f.s.-2 m.s. sf. (744) *your eye*

בְּאָחִיךָ prep.-n.m.s.-2 m.s. sf. (26) *to your brother*

הָאֶבְיוֹן def.art.-adj. m.s. (2) *poor*

וְלֹא תִתֵּן לוֹ conj.-neg.-Qal impf. 2 m.s. (נָתַן 678)-prep.-3 m.s. sf. *and you give him nothing*

וְקָרָא עָלֶיךָ conj.-Qal pf. 3 m.s. (894)-prep.-2 m.s. sf. *and he cry against you*

אֶל־יהוה prep.-pr.n. (217) *to Yahweh*

וְהָיָה בְךָ conj.-Qal pf. 3 m.s. (224)-prep.-2 m.s. sf. *and it be in you*

חֵטְא n.m.s. (307) *sin*

לְאָחִיךָ prep.-n.m.s.-2 m.s. sf. (26) *to your brother*

לַעֲנִיֶּךָ prep.-adj. m.s.-2 m.s. sf. (776) *to your needy*

וּלְאֶבְיֹנְךָ conj.-prep.-adj. m.s.-2 m.s. sf. (2) *and to your poor*

בְּאַרְצֶךָ prep.-n.f.s.-2 m.s. sf. (75) *in the land*

15:12

כִּי־יִמָּכֵר לְךָ conj. (471)-Ni. impf. 3 m.s. (569)-prep.-2 m.s. sf. *if is sold to you*

אָחִיךָ n.m.s.-2 m.s. sf. (26) *your brother*

הָעִבְרִי def.art.-adj. m.s. (I 720) *a Hebrew man*

אוֹ הָעִבְרִיָּה conj. (14)-def.art.-adj. f.s. (I 720) *or a Hebrew woman*

וַעֲבָדְךָ conj.-Qal pf. 3 m.s.-2 m.s. sf. (עבד 712) *he shall serve you*

שֵׁשׁ שָׁנִים num. (995)-n.f.p. (1040) *six years*

וּבַשָּׁנָה הַשְּׁבִיעִת conj.-prep.-def.art.-n.f.s. (1040)-def.art.-num. f. (988) *and in the seventh year*

תְּשַׁלְּחֶנּוּ Pi. impf. 2 m.s.-3 m.s. sf. (שלח 1018) *you shall let him go*

חָפְשִׁי adj. m.s. (344) *free*

מֵעִמָּךְ prep.-prep.-2 m.s. sf. paus. *from you*

15:13

וְכִי־תְשַׁלְּחֶנּוּ conj.-conj. (471)-Pi. impf. 2 m.s.-3 m.s. sf. (1018) *and when you let him go*

חָפְשִׁי adj. m.s. (344) *free*

מֵעִמָּךְ prep.-prep.-2 m.s. sf. paus. *from you*

לֹא תְשַׁלְּחֶנּוּ neg.-v.supra *you shall not let him go*

רֵיקָם adv. (938) *empty-handed*

15:14

הַעֲנֵיק תַּעֲנִיק Hi. inf.abs. (ענק 778)-Hi. impf. 2 m.s. (778) *you shall furnish liberally*

לוֹ prep.-3 m.s. sf. *him*

מִצֹּאנְךָ prep.-n.f.s.-2 m.s. sf. (838) *out of your flock*

וּמִגָּרְנְךָ conj.-prep.-n.m.s.-2 m.s. sf. (175) *out of your threshing floor*

וּמִיִּקְבֶךָ conj.-prep.-n.m.s.-2 m.s. sf. (428; GK 93kk) *and out of your wine press*

אֲשֶׁר בֵּרַכְךָ rel. (81)-Pi. pf. 3 m.s.-2 m.s. sf. (ברך 138) *as has blessed you*

יהוה אֱלֹהֶיךָ pr.n. (217)-n.m.p.-2 m.s. sf. (43) *Yahweh your God*

תִּתֶּן־לוֹ Qal impf. 2 m.s. (נתן 678)-prep.-3 m.s. sf. *you shall give to him*

15:15

וְזָכַרְתָּ conj.-Qal pf. 2 m.s. (269) *you shall remember*

כִּי עֶבֶד conj. (471)-n.m.s. (713) *that a slave*

הָיִיתָ Qal pf. 2 m.s. (היה 224) *you were*

בְּאֶרֶץ prep.-n.f.s. cstr. (75) *in the land of*

מִצְרַיִם pr.n. (595) *Egypt*

וַיִּפְדְּךָ consec.-Qal impf. 3 m.s.-2 m.s. sf. (פדה 804) *and redeemed you*

יהוה אֱלֹהֶיךָ pr.n. (217)-n.m.p.-2 m.s. sf. (43) *Yahweh your God*

עַל־כֵּן אָנֹכִי prep.-adv. (485)-pers.pr. 1 c.s. (59) *therefore I*

מְצַוְּךָ Pi. ptc.-2 m.s. sf. (צוה 845) *command you*

אֶת־הַדָּבָר הַזֶּה dir.obj.-def.art.-n.m.s. (182)-def.art.-demons.adj. m.s. (260) *this word*

הַיּוֹם def.art.-n.m.s. (398) *today*

15:16

וְהָיָה כִּי־ conj.-Qal pf. 3 m.s. (224)-conj. (471) *but if*

יֹאמַר Qal impf. 3 m.s. (אמר 55) *he says*

אֵלֶיךָ prep.-2 m.s. sf. *to you*

לֹא אֵצֵא neg.-Qal impf. 1 c.s. (יצא 422) *I will not go out*

מֵעִמָּךְ prep.-prep.-2 m.s. sf. paus. *from you*

כִּי אֲהֵבְךָ conj.-Qal pf. 3 m.s.-2 m.s. sf. (אהב 12) *because he loves you*

וְאֶת־בֵּיתֶךָ conj.-dir.obj.-n.m.s.-2 m.s. sf. (108) *and your household*

כִּי־טוֹב לוֹ עִמָּךְ conj. (471)-adj. m.s. (II 373)-prep.-3 m.s. sf.-prep.-2 m.s. sf. paus. *since he fares well with you*

15:17

וְלָקַחְתָּ conj.-Qal pf. 2 m.s. (לקח 542) *then you shall take*

אֶת־הַמַּרְצֵעַ dir.obj.-def.art.-n.m.s. (954) *an awl*

וְנָתַתָּה conj.-Qal pf. 2 m.s. (נתן 678) *and thrust*

בְאָזְנוֹ prep.-n.f.s.-3 m.s. sf. (23) *through his ear*

וּבַדֶּלֶת conj.-prep.-def.art.-n.f.s. (195) *and into the door*

וְהָיָה לְךָ conj.-Qal pf. 3 m.s. (224)-prep.-2 m.s. sf. *and he shall be your*

עֶבֶד n.m.s. (713) *bondman*

עוֹלָם n.m.s. (761) *for ever*

וְאַף לַאֲמָתְךָ conj.-adv. (II 64)-prep.-n.f.s.-2 m.s. sf. (51) *and likewise to your bondwoman*

תַּעֲשֶׂה־כֵּן Qal impf. 2 m.s. (I 793)-adv. (485) *you shall do thus*

15:18

לֹא־יִקְשֶׁה בְעֵינֶךָ neg.-Qal impf. 3 m.s. (קשה 904)-prep.-n.f.s.-2 m.s. sf. (744) *it shall not seem hard to you*

בְּשַׁלֵּחֲךָ אֹתוֹ prep.-Pi. inf.cstr.-2 m.s. sf. (1018) -dir.obj.-3 m.s. sf. *when you let him go*

חָפְשִׁי adj. m.s. (344) *free*

מֵעִמָּךְ prep.-prep.-2 m.s. sf. paus. *from you*

כִּי מִשְׁנֶה שְׂכַר conj.-n.m.s. cstr. (1041)-n.m.s. cstr. (I 969; GK 128c,133k) *for at half the cost of*

שָׂכִיר adj. m.s. (969) *a hired servant*

עֲבָדְךָ Qal pf. 3 m.s.-2 m.s. sf. (712) *he has served you*

שֵׁשׁ שָׁנִים num. (995)-n.f.p. (1040) *six years*

וּבֵרַכְךָ conj.-Pi. pf. 3 m.s.-2 m.s. sf. (138) *so will bless you*

יהוה אֱלֹהֶיךָ pr.n. (217)-n.m.p.-2 m.s. sf. (43) *Yahweh your God*

בְּכֹל אֲשֶׁר תַּעֲשֶׂה prep.-n.m.s. (481)-rel. (81)-Qal impf. 2 m.s. (I 793) *in all that you do*

15:19

כָּל־הַבְּכוֹר n.m.s. cstr. (481)-def.art.-n.m.s. (114) *all the firstling*

אֲשֶׁר יִוָּלֵד rel. (81)-Ni. impf 3 m.s. (ילד 408) *that are born*

בִּבְקָרְךָ prep.-n.m.s.-2 m.s. sf. (133) *of your herd*

וּבְצֹאנְךָ conj.-prep.-n.f.s.-2 m.s. sf. (838) *and your flock*

הַזָּכָר def.art.-adj. m.s. (271) *males*

תַּקְדִּישׁ Hi. impf. 2 m.s. (872) *you shall consecrate*

לַיהוה אֱלֹהֶיךָ prep.-pr.n. (217)-n.m.p.-2 m.s. sf. (43) *to Yahweh your God*

לֹא תַעֲבֹד neg.-Qal impf. 2 m.s. (עבד 712) *you shall do no work*

בִּבְכֹר שׁוֹרֶךָ prep.-n.m.s. cstr. (114)-n.m.s.-2 m.s. sf. (1004) *with the firstling of your herd*

וְלֹא תָגֹז conj.-neg.-Qal impf. 2 m.s. (גזז 159) *nor shear*

בְּכוֹר צֹאנֶךָ v.supra-n.f.s.-2 m.s. sf. (838) *the firstling of your flock*

15:20

לִפְנֵי יהוה prep.-n.m.p. cstr. (815)-pr.n. (217) *before Yahweh*

אֱלֹהֶיךָ n.m.p.-2 m.s. sf. (43) *your God*

תֹאכֲלֶנּוּ Qal impf. 2 m.s.-3 m.s. sf. (אכל 37) *you shall eat it*

שָׁנָה בְשָׁנָה n.f.s. (1040)-prep.-v.supra *year by year*

15:21

וְכִי־יִהְיֶה בוֹ conj.-conj. (471)-Qal impf. 3 m.s. (224)-prep.-3 m.s. sf. *but if it has*

מוּם n.m.s. (548) *any blemish*

פִּסֵּחַ adj. m.s. (820) *lame*

אוֹ עִוֵּר conj. (14)-adj. m.s. (734) *or blind*

כֹּל מוּם רָע n.m.s. cstr. (481)-n.m.s. (548)-adj. m.s. (948) *any serious blemish*

לֹא תִזְבָּחֶנּוּ neg.-Qal impf. 2 m.s.-3 m.s. sf. (זבח 256) *you shall not sacrifice it*

לַיהוה אֱלֹהֶיךָ prep.-pr.n. (217)-n.m.p.-2 m.s. sf. (43) *to Yahweh your God*

15:22

בִּשְׁעָרֶיךָ prep.-n.m.p.-2 m.s. sf. (1044) *within your towns*

תֹּאכֲלֶנּוּ Qal impf. 2 m.s.-3 m.s. sf. (אכל 37) *you shall eat it*

הַטָּמֵא def.art.-adj. m.s. (II 379) *the unclean*

וְהַטָּהוֹר conj.-def.art.-adj. m.s. (373) *and the clean*

יַחְדָּו adv. (403) *alike*

כַּצְּבִי prep.-def.art.-n.m.s. (II 840) *as though it were a gazelle*

וְכָאַיָּל conj.-prep.-def.art.-n.m.s. (19) *or a hart*

15:23

רַק אֶת־דָּמוֹ adv. (956)-dir.obj.-n.m.s.-3 m.s. sf. (196) *only its blood*

לֹא תֹאכֵל neg.-Qal impf. 2 m.s. (37) *you shall not eat*

עַל־הָאָרֶץ prep.-def.art.-n.f.s. (75) *on the ground*

תִּשְׁפְּכֶנּוּ Qal impf. 2 m.s.-3 m.s. sf. (שפך 1049) *you shall pour it out*

כַּמָּיִם prep.-def.art.-n.m.p. (565) *like water*

16:1

שָׁמוֹר Qal inf.abs. (1036) *observe*

אֶת־חֹדֶשׁ dir.obj.-n.m.s. cstr. (II 294) *the month of*

הָאָבִיב def.art.-n.m. coll. (1) *Abib*

וְעָשִׂיתָ conj.-Qal pf. 2 m.s. (עשה I 793) *and keep*

פֶּסַח n.m.s. (820) *the passover*

בַּמָּקוֹם prep.-def.art.-n.m.s. (879) *at the place*

אֲשֶׁר־יִבְחַר rel. (81)-Qal impf. 3 m.s. (103) *which will choose*

יהוה pr.n. (217) *Yahweh*

אַתָּה וּבֵיתֶךָ pers.pr. 2 m.s. (61)-conj.-n.m.s.-2 m.s. sf. (108) *you and your household*

לַיהוה אֱלֹהֶיךָ prep.-pr.n. (217)-n.m.p.-2 m.s. sf. (43) *to Yahweh your God*

כִּי בְּחֹדֶשׁ conj.-prep.-v.supra *for in the month of*

הָאָבִיב v.supra *Abib*

הוֹצִיאֲךָ Hi. pf. 3 m.s.-2 m.s. sf. (יָצָא 422) *brought you out*

יהוה אֱלֹהֶיךָ v.supra-v.supra *Yahweh your God*

מִמִּצְרַיִם prep.-pr.n. (595) *of Egypt*

לָיְלָה n.m.s. (538) *by night*

16:2

וְזָבַחְתָּ conj.-Qal pf. 2 m.s. (256) *and you shall offer*

פֶּסַח n.m.s. (820) *the passover sacrifice*

לַיהוה prep.-pr.n. (217) *to Yahweh*

אֱלֹהֶיךָ n.m.p.-2 m.s. sf. (43) *your God*

צֹאן n.f.s. (838) *from the flock*

וּבָקָר conj.-n.m.s. (133) *or the herd*

בַּמָּקוֹם prep.-def.art.-n.m.s. (879) *at the place*

אֲשֶׁר־יִבְחַר rel. (81)-Qal impf. 3 m.s. (103) *which will choose*

יהוה pr.n. (217) *Yahweh*

לְשַׁכֵּן prep.-Pi. inf.cstr. (1014) *to make dwell*

שְׁמוֹ n.m.s.-3 m.s. sf. (1027) *his name*

שָׁם adv. (1027) *there*

16:3

לֹא־תֹאכַל neg.-Qal impf. 2 m.s. (אָכַל 37) *you shall not eat*

עָלָיו prep.-3 m.s. sf. *with it*

חָמֵץ n.m.s. (329) *leavened bread*

שִׁבְעַת יָמִים num. f.s. cstr. (988)-n.m.p. (398) *seven days*

תֹּאכַל־עָלָיו v.supra-v.supra *you shall eat with it*

מַצּוֹת n.f.p. (595) *unleavened bread*

לֶחֶם עֹנִי n.m.s. cstr. (536)-n.m.s. paus. (777) *the bread of affliction*

כִּי בְחִפָּזוֹן conj. (471)-prep.-n.m.s. (342) *for in hurried flight*

יָצָאתָ Qal pf. 2 m.s. (יָצָא 422) *you came out*

מֵאֶרֶץ prep.-n.f.s. cstr. (75) *of the land of*

מִצְרַיִם pr.n. (595) *Egypt*

לְמַעַן תִּזְכֹּר prep. (775)-Qal impf. 2 m.s. (זָכַר 269) *that you may remember*

אֶת־יוֹם dir.obj.-n.m.s. cstr. (398) *the day when*

צֵאתְךָ Qal inf.cstr.-2 m.s. sf. (יָצָא 422) *you came out*

מֵאֶרֶץ מִצְרַיִם v.supra-v.supra *of the land of Egypt*

כֹּל יְמֵי n.m.s. cstr. (481)-n.m.p. cstr. (398) *all the days of*

חַיֶּיךָ n.m.p.-2 m.s. sf. (313) *your life*

16:4

וְלֹא־יֵרָאֶה conj.-neg.-Ni. impf. 3 m.s. (רָאָה 906) *shall not be seen*

לְךָ prep.-2 m.s. sf. *with you*

שְׂאֹר n.m.s. (959) *leaven*

בְּכָל־גְּבֻלְךָ prep.-n.m.s. cstr. (481)-n.m.s.-2 m.s. sf. (147) *in all your territory*

שִׁבְעַת יָמִים num. f.s. cstr. (988)-n.m.p. (398) *for seven days*

וְלֹא־יָלִין conj.-neg.-Qal impf. 3 m.s. (לוּן I 533) *and shall not remain*

מִן־הַבָּשָׂר prep.-def.art.-n.m.s. (142) *any of the flesh*

אֲשֶׁר תִּזְבַּח rel. (81)-Qal impf. 2 m.s. (256) *which you sacrifice*

בָּעֶרֶב prep.-def.art.-n.m.s. (787) *on the evening*

בַּיּוֹם הָרִאשׁוֹן prep.-def.art.-n.m.s. (398)-def. art.-adj. m.s. (911) *of the first day*

לַבֹּקֶר prep.-def.art.-n.m.s. (133) *until morning*

16:5

לֹא תוּכַל neg.-Qal impf. 2 m.s. (יָכֹל 407) *you may not*

לִזְבֹּחַ prep.-Qal inf.cstr. (256) *offer sacrifice*

אֶת־הַפֶּסַח dir.obj.-def.art.-n.m.s. paus. (820) *the passover*

בְּאַחַד prep.-num. cstr. (25) *within any of*

שְׁעָרֶיךָ n.m.p.-2 m.s. sf. (1044) *your towns*

אֲשֶׁר־יהוה rel. (81)-pr.n. (217) *which Yahweh*

אֱלֹהֶיךָ n.m.p.-2 m.s. sf. (43) *your God*

נֹתֵן לָךְ Qal act.ptc. (678)-prep.-2 m.s. sf. paus. *gives you*

16:6

כִּי אִם־אֶל־הַמָּקוֹם conj. (471)-conj. (49)-prep. (GK 119g)-def.art.-n.m.s. (879) *but at the place*

אֲשֶׁר־יִבְחַר rel. (81)-Qal impf. 3 m.s. (103) *which will choose*

יהוה אֱלֹהֶיךָ pr.n. (217)-n.m.p.-2 m.s. sf. (43) *Yahweh your God*

לְשַׁכֵּן prep.-Pi. inf.cstr. (1014) *to make dwell*

שְׁמוֹ n.m.s.-3 m.s. sf. (1027) *his name*

שָׁם adv. (1027) *there*

תִּזְבַּח Qal impf. 2 m.s. (256) *you shall offer sacrifice*

אֶת־הַפֶּסַח dir.obj.-def.art.-n.m.s. (820) *the passover*

בָּעֶרֶב prep.-def.art.-n.m.s. paus. (787) *in the evening*

כְּבוֹא הַשֶּׁמֶשׁ prep.-Qal inf.cstr. (בּוֹא 97)-def. art.-n.f.s. (1039) *at the going down of the sun*

מוֹעֵד צֵאתְךָ n.m.s. cstr. (417)-Qal inf.cstr.-2 m.s. sf. (יָצָא 422) *at the time you came out*

מִמִּצְרָיִם prep.-pr.n. paus. (595) *of Egypt*

16:7

וּבִשַּׁלְתָּ conj.-Pi. pf. 2 m.s. (143) *and you shall boil it*

וְאָכַלְתָּ conj.-Qal pf. 2 m.s. (37) *and eat*

בַּמָּקוֹם prep.-def.art.-n.m.s. (879) *at the place*

אֲשֶׁר יִבְחַר rel. (81)-Qal impf. 3 m.s. (103) *which will choose*

יהוה אֱלֹהֶיךָ pr.n. (217)-n.m.p.-2 m.s. sf. (43) *Yahweh your God*

בּוֹ prep.-3 m.s. sf. *(in it)*

וּפָנִיתָ conj.-Qal pf. 2 m.s. (פָּנָה 815) *and you shall turn*

בַבֹּקֶר prep.-def.art.-n.m.s. (133) *in the morning*

וְהָלַכְתָּ conj.-Qal pf. 2 m.s. (229) *and go*

לְאֹהָלֶיךָ prep.-n.m.p.-2 m.s. sf. (13) *to your tents*

16:8

שֵׁשֶׁת יָמִים num. f. cstr. (995)-n.m.p. (398) *six days*

תֹּאכַל מַצּוֹת Qal impf. 2 m.s. (37)-n.f.p. (I 595) *you shall eat unleavened bread*

וּבַיּוֹם הַשְּׁבִיעִי conj.-prep.-def.art.-n.m.s. (398) -def.art.-num. ord. (988) *and on the seventh day*

עֲצֶרֶת n.f.s. (783) *a solemn assembly*

לַיהוה אֱלֹהֶיךָ prep.-pr.n. (217)-n.m.p.-2 m.s. sf. (43) *to Yahweh your God*

לֹא תַעֲשֶׂה neg.-Qal impf. 2 m.s. (I 793) *you shall do no*

מְלָאכָה n.f.s. (521) *work*

16:9

שִׁבְעָה שָׁבֻעֹת num. f. (988)-n.m.p. (988) *seven weeks*

תִּסְפָּר־ Qal impf. 2 m.s. (סָפַר 707) *you shall count*

לָךְ prep.-2 m.s. sf. paus. *(for youself)*

מֵהָחֵל prep.-Hi. inf.cstr. (חָלַל III 320) *from the time you first*

חֶרְמֵשׁ n.m.s. (357) *put the sickle*

בַּקָּמָה prep.-def.art.-n.f.s. (879) *to the standing grain*

תָּחֵל לִסְפֹּר Hi. impf. 2 m.s. (חָלַל III 320)-prep. -Qal inf.cstr. (707) *you begin to count*

שִׁבְעָה שָׁבֻעוֹת v.supra-v.supra *seven weeks*

16:10

וְעָשִׂיתָ conj.-Qal pf. 2 m.s. (עָשָׂה I 793) *then you shall keep*

חַג שָׁבֻעוֹת n.m.s. cstr. (290)-n.m.p. (988) *the feast of weeks*

לַיהוה אֱלֹהֶיךָ prep.-pr.n. (217)-n.m.p.-2 m.s. sf. (43) *to Yahweh your God*

מִסַּת n.f.s. cstr. (588) *according to the sufficiency of*

נִדְבַת n.f.s. cstr. (620) *a freewill offering from*

יָדְךָ n.f.s.-2 m.s. sf. (388) *your hand*

אֲשֶׁר תִּתֵּן rel. (81)-Qal impf. 2 m.s. (נָתַן 678) *which you shall give*

כַּאֲשֶׁר יְבָרֶכְךָ prep.-rel. (81)-Pi. impf. 3 m.s.-2 m.s. sf. (בָּרַךְ 138) *as blesses you*

יהוה אֱלֹהֶיךָ v.supra-v.supra *Yahweh your God*

16:11

וְשָׂמַחְתָּ conj.-Qal pf. 2 m.s. (970) *and you shall rejoice*

לִפְנֵי יהוה prep.-n.m.p. cstr. (815)-pr.n. (217) *before Yahweh*

אֱלֹהֶיךָ n.m.p.-2 m.s. sf. (43) *your God*

אַתָּה וּבִנְךָ pers.pr. 2 m.s. (61)-conj.-n.m.s.-2 m.s. sf. (119) *you and your son*

וּבִתֶּךָ conj.-n.f.s.-2 m.s. sf. (I 123) *and your daughter*

וְעַבְדְּךָ conj.-n.m.s.-2 m.s. sf. (713) *your manservant*

וַאֲמָתֶךָ conj.-n.f.s.-2 m.s. sf. (51) *and your maidservant*

וְהַלֵּוִי conj.-def.art.-pr.n. (II 532) *and the Levite*

אֲשֶׁר בִּשְׁעָרֶיךָ rel. (81)-prep.-n.m.p.-2 m.s. sf. (1044) *who is within your towns*

וְהַגֵּר conj.-def.art.-n.m.s. (158) *the sojourner*

וְהַיָּתוֹם conj.-def.art.-n.m.s. (450) *the fatherless*

וְהָאַלְמָנָה conj.-def.art.-n.f.s. (48) *and the widow*

אֲשֶׁר בְּקִרְבֶּךָ v.supra-prep.-n.m.s.-2 m.s. sf. (895) *who are among you*

בַּמָּקוֹם prep.-def.art.-n.m.s. (879) *at the place*

אֲשֶׁר יִבְחַר rel. (81)-Qal impf. 3 m.s. (103) *which will choose*

יהוה אֱלֹהֶיךָ pr.n. (217)-n.m.p.-2 m.s. sf. (43) *Yahweh your God*

לְשַׁכֵּן prep.-Pi. inf.cstr. (1014) *to make dwell*

שְׁמוֹ n.m.s.-3 m.s. sf. (1027) *his name*

שָׁם adv. (1027) *there*

16:12

וְזָכַרְתָּ conj.-Qal pf. 2 m.s. (269) *you shall remember*

כִּי־עֶבֶד conj. (471)-n.m.s. (713) *that a slave*

827

הָיִיתָ Qal pf. 2 m.s. (הָיָה 224) *you were*

בְּמִצְרָיִם prep.-pr.n. paus. (595) *in Egypt*

וְשָׁמַרְתָּ conj.-Qal pf. 2 m.s. (1036) *and you shall be careful*

וְעָשִׂיתָ conj.-Qal pf. 2 m.s. (עָשָׂה I 793) *to observe*

אֶת־הַחֻקִּים הָאֵלֶּה dir.obj.-def.art.-n.m.p. (349) -def.art.-demons.adj. c.p. (41) *these statutes*

16:13

חַג הַסֻּכֹּת n.m.s. cstr. (290)-def.art.-n.f.p. (697) *the feast of booths*

תַּעֲשֶׂה לְךָ Qal impf. 2 m.s. (עָשָׂה I 793)-prep.-2 m.s. sf. *you shall keep*

שִׁבְעַת יָמִים num. f. cstr. (988)-n.m.p. (398) *seven days*

בְּאָסְפְּךָ prep.-Qal inf.cstr.-2 m.s. sf. (אָסַף 62) *when you make your ingathering*

מִגָּרְנְךָ prep.-n.m.s.-2 m.s. sf. (175) *from your threshing floor*

וּמִיִּקְבֶךָ conj.-prep.-n.m.s.-2 m.s. sf. (428; GK 93k) *and from your wine press*

16:14

וְשָׂמַחְתָּ conj.-Qal pf. 2 m.s. (970) *you shall rejoice*

בְּחַגֶּךָ prep.-n.m.s.-2 m.s. sf. (290) *in your feast*

אַתָּה וּבִנְךָ pers.pr. 2 m.s. (61)-conj.-n.m.s.-2 m.s. sf. (119) *you and your son*

וּבִתֶּךָ conj.-n.f.s.-2 m.s. sf. (I 123) *and your daughter*

וְעַבְדְּךָ conj.-n.m.s.-2 m.s. sf. (713) *your manservant*

וַאֲמָתֶךָ conj.-n.f.s.-2 m.s. sf. (51) *and your maidservant*

וְהַלֵּוִי conj.-def.art.-pr.n. (II 532) *and the Levite*

וְהַגֵּר conj.-def.art.-n.m.s. (158) *the sojourner*

וְהַיָּתוֹם conj.-def.art.-n.m.s. (450) *the fatherless*

וְהָאַלְמָנָה conj.-def.art.-n.f.s. (48) *and the widow*

אֲשֶׁר בִּשְׁעָרֶיךָ rel. (81)-prep.-n.m.p.-2 m.s. sf. (1044) *who are within your towns*

16:15

שִׁבְעַת יָמִים num. f. cstr. (988)-n.m.p. (398) *seven days*

תָּחֹג Qal impf. 2 m.s. (חָגַג 290) *you shall keep the feast*

לַיהוה אֱלֹהֶיךָ prep.-pr.n. (217)-n.m.p.-2 m.s. sf. (43) *to Yahweh your God*

בַּמָּקוֹם prep.-def.art.-n.m.s. (879) *at the place*

אֲשֶׁר־יִבְחַר rel. (81)-Qal impf. 3 m.s. (103) *which will choose*

יהוה v.supra *Yahweh*

כִּי יְבָרֶכְךָ conj. (471)-Pi. impf. 3 m.s.-2 m.s. sf. (בָּרֵךְ 138) *because will bless you*

יהוה אֱלֹהֶיךָ v.supra-v.supra *Yahweh your God*

בְּכֹל תְּבוּאָתְךָ prep.-n.m.s. cstr. (481)-n.f.s.-2 m.s. sf. (100) *in all your produce*

וּבְכֹל מַעֲשֵׂה conj.-v.supra-n.m.s. cstr. (795) *and in all the work of*

יָדֶיךָ n.f.p.-2 m.s. sf. (388) *your hands*

וְהָיִיתָ conj.-Qal pf. 2 m.s. (הָיָה 224) *so that you will be*

אַךְ adv. (36) *altogether*

שָׂמֵחַ adj. m.s. (970) *joyful*

16:16

שָׁלוֹשׁ פְּעָמִים num. (1025)-n.f.p. (821) *three times*

בַּשָּׁנָה prep.-def.art.-n.f.s. (1040) *a year*

יֵרָאֶה Ni. impf. 3 m.s. (רָאָה 906) *shall appear*

כָּל־זְכוּרְךָ n.m.s. cstr. (481)-n.m.s.-2 m.s. sf. (271) *all your males*

אֶת־פְּנֵי יהוה dir.obj.-n.m.p. cstr. (815)-pr.n. (217) *before Yahweh*

אֱלֹהֶיךָ n.m.p.-2 m.s. sf. (43) *your God*

בַּמָּקוֹם prep.-def.art.-n.m.s. (879) *at the place*

אֲשֶׁר יִבְחַר rel. (81)-Qal impf. 3 m.s. (בָּחַר 103) *which he will choose*

בְּחַג הַמַּצּוֹת prep.-n.m.s. cstr. (290)-def.art.-n.f.p. (I 595) *at the feast of unleavened bread*

וּבְחַג הַשָּׁבֻעוֹת conj.-prep.-v.supra-def.art.-n.m.p. (988) *at the feast of weeks*

וּבְחַג הַסֻּכּוֹת v.supra-def.art.-n.f.p. (697) *and at the feast of booths*

וְלֹא יֵרָאֶה conj.-neg.-Ni. impf. 3 m.s. (רָאָה 906) *they shall not appear*

אֶת־פְּנֵי יהוה dir.obj.-n.m.p. cstr. (815)-pr.n. (217) *before Yahweh*

רֵיקָם adv. (938) *empty-handed*

16:17

אִישׁ n.m.s. (35) *every man*

כְּמַתְּנַת יָדוֹ prep.-n.f.s. cstr. (682)-n.f.s.-3 m.s. sf. (388) *shall give as he is able* (lit. *according to the gift of his hand*)

כְּבִרְכַּת prep.-n.f.s. cstr. (139) *according to the blessing of*

יהוה אֱלֹהֶיךָ pr.n. (217)-n.m.p.-2 m.s. sf. (43) *Yahweh your God*

אֲשֶׁר נָתַן־לָךְ rel. (81)-Qal pf. 3 m.s. (678)-prep. -2 m.s. sf. paus. *which he has given you*

16:18

שֹׁפְטִים Qal act.ptc. m.p. (1047) *judges*

וְשֹׁטְרִים inf.cstr.Qal act.ptc. m.p. (n.m.p. 1009) *and officers*

תִּתֶּן־לְךָ Qal impf. 2 m.s. (נָתַן 678)-prep.-2 m.s. sf. *you shall appoint*

בְּכָל־שְׁעָרֶיךָ prep.-n.m.s. cstr. (481)-n.m.p.-2 m.s. sf. (1044) *in all your towns*

אֲשֶׁר יהוה rel. (81)-pr.n. (217) *which Yahweh*

אֱלֹהֶיךָ n.m.p.-2 m.s. sf. (43) *your God*

נֹתֵן לְךָ Qal act.ptc. (678)-v.supra *gives you*

לִשְׁבָטֶיךָ prep.-n.m.p.-2 m.s. sf. (986) *according to your tribes*

וְשָׁפְטוּ conj.-Qal pf. 3 c.p. (1047) *and they shall judge*

אֶת־הָעָם dir.obj.-def.art.-n.m.s. (I 766) *the people*

מִשְׁפַּט־צֶדֶק n.m.s. cstr. (1048)-n.m.s. (841) *with righteous judgment*

16:19

לֹא־תַטֶּה neg.-Hi. impf. 2 m.s. (נָטָה 639) *you shall not pervert*

מִשְׁפָּט n.m.s. (1048) *justice*

לֹא תַכִּיר פָּנִים neg.-Hi. impf. 2 m.s. (נָכַר I 647)-n.m.p. (815) *you shall not show partiality*

וְלֹא־תִקַּח שֹׁחַד conj.-neg.-Qal impf. 2 m.s. (לָקַח 542)-n.m.s. (1005) *you shall not take a bribe*

כִּי שֹׁחַד conj.-def.art.-n.m.s. (1005) *for a bribe*

יְעַוֵּר Pi. impf. 3 m.s. (עָוַר 734) *blinds*

עֵינֵי חֲכָמִים n.f.p. cstr. (744)-adj. m.p. (314) *the eyes of the wise*

וִיסַלֵּף conj.-Pi. impf. 3 m.s. (701) *and subverts*

דִּבְרֵי צַדִּיקִם n.m.p. cstr. (182)-adj. m.p. (843) *the cause of the righteous*

16:20

צֶדֶק n.m.s. (841; GK 133k) *justice*

צֶדֶק v.supra *and only justice*

תִּרְדֹּף Qal impf. 2 m.s. (922) *you shall follow*

לְמַעַן תִּחְיֶה prep. (775)-Qal impf. 2 m.s. (חָיָה 310) *that you may live*

וְיָרַשְׁתָּ conj.-Qal pf. 2 m.s. (יָרֵשׁ 439) *and inherit*

אֶת־הָאָרֶץ dir.obj.-def.art.-n.f.s. (75) *the land*

אֲשֶׁר־יהוה rel. (81)-pr.n. (217) *which Yahweh*

אֱלֹהֶיךָ n.m.p.-2 m.s. sf. (43) *your God*

נֹתֵן לָךְ Qal act.ptc. (נָתַן 678)-prep.-2 m.s. sf. paus. *gives you*

16:21

לֹא־תִטַּע neg.-Qal impf. 2 m.s. (נָטַע 642) *you shall not plant*

לְךָ prep.-2 m.s. sf. *(for yourself)*

אֲשֵׁרָה n.f.s. (81) *an Asherah*

כָּל־עֵץ n.m.s. cstr. (481)-n.m.s. (781) *any tree*

אֵצֶל מִזְבַּח prep. (I 69)-n.m.s. cstr. (258) *beside the altar of*

יהוה אֱלֹהֶיךָ pr.n. (217)-n.m.p.-2 m.s. sf. (43) *Yahweh your God*

אֲשֶׁר תַּעֲשֶׂה־לָּךְ rel. (81)-Qal impf. 2 m.s. (עָשָׂה I 793)-prep.-2 m.s. sf. paus. *which you shall make*

16:22

וְלֹא־תָקִים לְךָ conj.-neg.-Hi. impf. 2 m.s. (קוּם 877)-prep.-2 m.s. sf. *and you shall not set up*

מַצֵּבָה n.f.s. (663) *a pillar*

אֲשֶׁר שָׂנֵא rel. (81)-Qal pf. 3 m.s. (971) *which hates*

יהוה אֱלֹהֶיךָ pr.n. (217)-n.m.p.-2 m.s. sf. (43) *Yahweh your God*

17:1

לֹא־תִזְבַּח neg.-Qal impf. 2 m.s. (256) *you shall not sacrifice*

לַיהוה אֱלֹהֶיךָ prep.-pr.n. (217)-n.m.p.-2 m.s. sf. (43) *to Yahweh your God*

שׁוֹר n.m.s. (1004) *an ox*

וָשֶׂה conj.-n.m.s. (961) *or a sheep*

אֲשֶׁר יִהְיֶה בוֹ rel. (81)-Qal impf. 3 m.s. (224)-prep.-3 m.s. sf. *in which is*

מוּם n.m.s. (548) *a blemish*

כֹּל דָּבָר רָע n.m.s. cstr. (481)-n.m.s. (182)-adj. m.s. (948) *any defect whatever*

כִּי תוֹעֲבַת conj. (471)-n.f.s. cstr. (1072) *for an abomination to*

יהוה אֱלֹהֶיךָ pr.n. (217)-n.m.p.-2 m.s. sf. (43) *Yahweh your God*

הוּא pers.pr. 3 m.s. (214) *that is*

17:2

כִּי־יִמָּצֵא conj.-Ni. impf. 3 m.s. (592) *if there is found*

בְּקִרְבְּךָ prep.-n.m.s.-2 m.s. sf. (899; GK 167b) *among you*

בְּאַחַד prep.-num. cstr. (25) *within any of*

שְׁעָרֶיךָ n.m.p.-2 m.s. sf. (1044) *your towns*

אֲשֶׁר־יהוה אֱלֹהֶיךָ rel. (81)-pr.n. (217)-n.m.p.-2 m.s. sf. (43) *which Yahweh your God*

נֹתֵן לָךְ Qal act.ptc. (678)-prep.-2 m.s. sf. paus. *gives you*

אִישׁ n.m.s. (35) *a man*

אוֹ־אִשָּׁה conj. (14)-n.f.s. (61) *or woman*

אֲשֶׁר יַעֲשֶׂה rel. (81)-Qal impf. 3 m.s. (עָשָׂה I 793) *who does*

אֶת־הָרַע dir.obj.-def.art.-adj. m.s. (948) *what is evil*

בְּעֵינֵי יהוה־ prep.-n.f.p. cstr. (744)-pr.n. (217) *in the sight of Yahweh*

אֱלֹהֶיךָ n.m.p.-2 m.s. sf. (43) *your God*

לַעֲבֹר prep.-Qal inf.cstr. (716) *transgressing*

בְּרִיתוֹ n.f.s.-3 m.s. sf. (136) *his covenant*

17:3

וַיֵּלֶךְ consec.-Qal impf. 3 m.s. (הָלַךְ 229) *and he has gone*

וַיַּעֲבֹד consec.-Qal impf. 3 m.s. (עָבַד 712) *and served*

אֱלֹהִים אֲחֵרִים n.m.p. (43)-adj. m.p. (29) *other gods*

וַיִּשְׁתַּחוּ לָהֶם consec.-Hith. impf. 3 m.s. (שָׁחָה 1005)-prep.-3 m.p. sf. *and worshiped them*

וְלַשֶּׁמֶשׁ conj.-prep.-def.art.-n.f.s. (1039) *or the sun*

אוֹ לַיָּרֵחַ conj. (14)-prep.-def.art.-n.m.s. (437) *or the moon*

אוֹ לְכָל־צְבָא conj. (14)-prep.-n.m.s. cstr. (481) -n.m.s. cstr. (838) *or any of the host of*

הַשָּׁמַיִם def.art.-n.m. du. (1029) *heaven*

אֲשֶׁר לֹא־צִוִּיתִי rel. (81)-neg.-Pi. pf. 1 c.s. (צָוָה 845) *which I have forbidden*

17:4

וְהֻגַּד־לָךְ conj.-Ho. pf. 3 m.s. (נָגַד 616)-prep.-2 m.s. sf. *and it is told you*

וְשָׁמָעְתָּ conj.-Qal pf. 2 m.s. paus. (1033) *and you hear of it*

וְדָרַשְׁתָּ conj.-Qal pf. 2 m.s. (205) *then you shall inquire*

הֵיטֵב Hi. inf.abs. as adv. (405) *diligently*

וְהִנֵּה conj.-hypoth.part. (243d) *and if*

אֱמֶת n.f.s. (54) *it is true*

נָכוֹן הַדָּבָר Ni. ptc. (כּוּן I 465)-def.art.-n.m.s. (182) *the thing is certain*

נֶעֶשְׂתָה Ni. pf. 3 f.s. (עָשָׂה I 793) *has been done*

הַתּוֹעֵבָה הַזֹּאת def.art.-n.f.s. (1072)-def.art. -demons.adj. f.s. (260) *such an abominable thing*

בְּיִשְׂרָאֵל prep.-pr.n. (975) *in Israel*

17:5

וְהוֹצֵאתָ conj.-Hi. pf. 2 m.s. (יָצָא 422) *then you shall bring forth*

אֶת־הָאִישׁ הַהוּא dir.obj.-def.art.-n.m.s. (35)-def. art.-demons.adj. m.s. (214) *that man*

אוֹ אֶת־הָאִשָּׁה הַהִוא conj. (14)-dir.obj.-def.art. -n.f.s. (61)-def.art.-demons.adj. f.s. (214) *or that woman*

אֲשֶׁר עָשׂוּ rel. (81)-Qal pf. 3 c.p. (עָשָׂה I 793) *who has done*

אֶת־הַדָּבָר הָרָע הַזֶּה dir.obj.-def.art.-n.m.s. (182) -def.art.-adj. m.s. (948)-def.art.-demons.adj. m.s. (260) *this evil thing*

אֶל־שְׁעָרֶיךָ prep.-n.m.p.-2 m.s. sf. (1044; GK 124o) *to your gates*

אֶת־הָאִישׁ dir.obj.-def.art.-n.m.s. (35) *that man*

אוֹ אֶת־הָאִשָּׁה conj. (14)-dir.obj.-def.art.-n.f.s. (61) *or that woman*

וּסְקַלְתָּם conj.-Qal pf. 2 m.s.-3 m.p. sf. (סָקַל 709) *and you shall stone them*

בָּאֲבָנִים prep.-def.art.-n.f.p. (6) *with stones*

וָמֵתוּ conj.-Qal pf. 3 c.p. (מוּת 559) *to death*

17:6

עַל־פִּי prep.-n.m.s. cstr. (804) *on the evidence of*

שְׁנַיִם עֵדִים num. (1040)-n.m.p. (729) *two witnesses*

אוֹ שְׁלֹשָׁה עֵדִים conj. (14)-num. (1025)-v.supra *or of three witnesses*

יוּמַת הַמֵּת Ho. pf. 3 m.s. (מוּת 559)-def.art.-Qal act.ptc. (מוּת 559; GK 144e) *he that is to die shall be put to death*

לֹא יוּמַת neg.-Ho. impf. 3 m.s. (מוּת 559) *shall not be put to death*

עַל־פִּי v.supra-v.supra *on the evidence of*

עֵד אֶחָד n.m.s. (729)-num. (25) *one witness*

17:7

יַד הָעֵדִים n.f.s. cstr. (388)-def.art.-n.m.p. (729) *the hand of the witnesses*

תִּהְיֶה־בּוֹ Qal impf. 3 f.s. (224)-prep.-3 m.s. sf. *shall be against him*

בָּרִאשֹׁנָה prep.-def.art.-adj. f.s. (911) *first*

לַהֲמִיתוֹ prep.-Hi. inf.cstr.-3 m.s. sf. (מוּת 559) *to put him to death*

וְיַד כָּל־הָעָם conj.-v.supra-n.m.s. cstr. (481)-def. art.-n.m.s. (I 766) *and the hand of all the people*

בָּאַחֲרֹנָה prep.-def.art.-adj. f.s. (30) *afterward*

וּבִעַרְתָּ conj.-Pi. pf. 2 m.s. (128) *so you shall purge*

הָרָע prep.-n.m.s. (948) *the evil*

מִקִּרְבֶּךָ prep.-n.m.s.-2 m.s. sf. (899) *from the midst of you*

17:8

כִּי יִפָּלֵא conj.-Ni. impf. 3 m.s. (פלא 810) *if arises*

מִמְּךָ prep.-2 m.s. sf. *from you*

דָבָר n.m.s. (182) *any case*

לַמִּשְׁפָּט prep.-def.art.-n.m.s. (1048) *requiring decision*

בֵּין־דָּם לְדָם prep. (107)-n.m.s. (196)-prep.-v.supra *between one kind of homicide and another*

בֵּין־דִּין לְדִין v.supra-n.m.s. (192)-prep.-v.supra *one kind of legal right and another*

וּבֵין נֶגַע לָנֶגַע conj.-v.supra-n.m.s. (619; GK 102h)-prep.-v.supra *or one kind of assault and another*

דִּבְרֵי רִיבֹת n.m.p. cstr. (182)-n.m.p. (936) *any case*

בִּשְׁעָרֶיךָ prep.-n.m.s.-2 m.s. sf. (1044) *within your towns*

וְקַמְתָּ conj.-Qal pf. 2 m.s. (קום 877) *then you shall arise*

וְעָלִיתָ conj.-Qal pf. 2 m.s. (עלה 748) *and go up*

אֶל־הַמָּקוֹם prep.-def.art.-n.m.s. (879) *to the place*

אֲשֶׁר יִבְחַר rel. (81)-Qal impf. 3 m.s. (103) *which will choose*

יהוה אֱלֹהֶיךָ pr.n. (217)-n.m.p.-2 m.s. sf. (43) *Yahweh your God*

בּוֹ prep.-3 m.s. sf. *(upon it)*

17:9

וּבָאתָ conj.-Qal pf. 2 m.s. (בוא 97) *and coming*

אֶל־הַכֹּהֲנִים prep.-def.art.-n.m.p. (463) *to the ... priests*

הַלְוִיִּם def.art.-n.m.p. (II 532) *Levitical*

וְאֶל־הַשֹּׁפֵט conj.-prep.-def.art.-Qal act.ptc. (1047) *and to the judge*

אֲשֶׁר יִהְיֶה rel. (81)-Qal impf. 3 m.s. (224) *who is in office*

בַּיָּמִים הָהֵם prep.-def.art.-n.m.p. (398)-def.art.-demons.adj. m.p. (241) *in those days*

וְדָרַשְׁתָּ conj.-Qal pf. 2 m.s. (205) *you shall consult*

וְהִגִּידוּ לְךָ conj.-Hi. pf. 3 c.p. (נגד 616)-prep.-2 m.s. sf. *and they shall declare to you*

אֵת דְּבַר הַמִּשְׁפָּט dir.obj.-n.m.s. cstr. (192)-def.art.-n.m.s. (1048) *the decision*

17:10

וְעָשִׂיתָ conj.-Qal pf. 2 m.s. (עשה I 793) *then you shall do*

עַל־פִּי הַדָּבָר prep.-n.m.s. cstr. (804)-def.art.-n.m.s. (182) *according to what*

אֲשֶׁר יַגִּידוּ לְךָ rel. (81)-Hi. impf. 3 m.p. (נגד 616)-prep.-2 m.s. sf. *they declare to you*

מִן־הַמָּקוֹם הַהוּא prep.-def.art.-n.m.s. (879)-def.art.-demons.adj. m.s. (214) *from that place*

אֲשֶׁר יִבְחַר rel. (81)-Qal impf. 3 m.s. (103) *which will choose*

יהוה pr.n. (217) *Yahweh*

וְשָׁמַרְתָּ conj.-Qal pf. 2 m.s. (1036) *and you shall be careful*

לַעֲשׂוֹת prep.-Qal inf.cstr. (עשה I 793) *to do*

כְּכֹל אֲשֶׁר prep.-n.m.s. (481)-rel. (81) *according to all that*

יוֹרוּךָ Hi. impf. 3 m.p.-2 m.s. sf. (ירה 434) *they direct you*

17:11

עַל־פִּי הַתּוֹרָה prep.-n.m.s. cstr. (804)-def.art.-n.f.s. (435) *according to the instruction*

אֲשֶׁר יוֹרוּךָ rel. (81)-Hi. impf. 3 m.p.-2 m.s. sf. (434) *which they give you*

וְעַל־הַמִּשְׁפָּט conj.-prep.-def.art.-n.m.s. (1048) *and according to the decision*

אֲשֶׁר־יֹאמְרוּ לְךָ rel. (81)-Qal impf. 3 m.p. (55)-prep.-2 m.s. sf. *which they pronounce to you*

תַּעֲשֶׂה Qal impf. 2 m.s. (עשה I 793) *you shall do*

לֹא תָסוּר neg.-Qal impf. 2 m.s. (סור 693) *you shall not turn aside*

מִן־הַדָּבָר prep.-def.art.-n.m.s. (182) *from the verdict*

אֲשֶׁר־יַגִּידוּ rel. (81)-Hi. impf. 3 m.p. (נגד 616) *which they declare*

לְךָ prep.-2 m.s. sf. *to you*

יָמִין n.f.s. (411) *either to the right hand*

וּשְׂמֹאל conj.-n.m.s. (969) *or to the left*

17:12

וְהָאִישׁ conj.-def.art.-n.m.s. (35) *the man*

אֲשֶׁר־יַעֲשֶׂה rel. (81)-Qal impf. 3 m.s. (I 793) *who acts*

בְזָדוֹן prep.-n.m.s. (268) *presumptuously*

לְבִלְתִּי שְׁמֹעַ prep.-neg. (116)-Qal inf.cstr. (1033) *by not obeying*

אֶל־הַכֹּהֵן prep.-def.art.-n.m.s. (463) *the priest*

הָעֹמֵד def.art.-Qal act.ptc. (763) *who stands*

לְשָׁרֶת שָׁם prep.-Pi. inf.cstr. (שרת 1058)-adv. (1027) *to minister there*

אֶת־יהוה אֱלֹהֶיךָ dir.obj.-pr.n. (217)-n.m.p.-2 m.s. sf. (43) *before Yahweh your God*

אוֹ אֶל־הַשֹּׁפֵט conj. (14)-prep.-def.art.-Qal act.ptc. (1047) *or the judge*

וּמֵת conj.-Qal pf. 3 m.s. (מות 559) ... *shall die*

הָאִישׁ הַהוּא def.art.-n.m.s. (35)-def.art. -demons.adj. m.s. (214) *that man*

וּבִעַרְתָּ conj.-Pi. pf. 2 m.s. (128) *so you shall purge*

הָרָע def.art.-n.m.s. (948) *the evil*

מִיִּשְׂרָאֵל prep.-pr.n. (975) *from Israel*

17:13

וְכָל־הָעָם conj.-n.m.s. cstr. (481)-def.art.-n.m.s. (I 766) *and all the people*

יִשְׁמְעוּ Qal impf. 3 m.p. (1033) *shall hear*

וְיִרָאוּ conj.-Qal impf. 3 m.p. (ירא 431) *and fear*

וְלֹא יְזִידוּן conj.-neg.-Hi. impf. 3 m.p. (זיד 267) *and not act presumptuously*

עוֹד adv. (728) *again*

17:14

כִּי־תָבֹא conj.-Qal impf. 2 m.s. (בוא 97) *when you come*

אֶל־הָאָרֶץ prep.-def.art.-n.f.s. (75) *to the land*

אֲשֶׁר יהוה rel. (81)-pr.n. (217) *which Yahweh*

אֱלֹהֶיךָ n.m.p.-2 m.s. sf. (43) *your God*

נֹתֵן לָךְ Qal act.ptc. (678)-prep.-2 m.s. sf. paus. *gives you*

וִירִשְׁתָּהּ conj.-Qal pf. 2 m.s.-3 f.s. sf. (ירש 439; GK 44d) *and you possess it*

וְיָשַׁבְתָּ בָּהּ conj.-Qal pf. 2 m.s. (ישב 442; GK 49m)-prep.-3 f.s. sf. *and dwell in it*

וְאָמַרְתָּ conj.-Qal pf. 2 m.s. (55) *and then say*

אָשִׂימָה Qal impf. 1 c.s.-vol.he (שום 962) *I will set*

עָלַי מֶלֶךְ prep.-1 c.s. sf.-n.m.s. (I 572) *a king over me*

כְּכָל־הַגּוֹיִם prep.-n.m.s. cstr. (481)-def.art.-n.m.p. (156) *like all the nations*

אֲשֶׁר סְבִיבֹתַי rel. (81)-subst.-1 c.s. sf. as prep. (686) *that are round about me*

17:15

שׂוֹם תָּשִׂים Qal inf.abs. (שום 962)-Qal impf. 2 m.s. (962) *you may indeed set*

עָלֶיךָ prep.-2 m.s. sf. *over you*

מֶלֶךְ n.m.s. (I 572) *a king*

אֲשֶׁר יִבְחַר rel. (81)-Qal impf. 3 m.s. (103) *whom will choose*

יהוה אֱלֹהֶיךָ pr.n. (217)-n.m.p.-2 m.s. sf. (43) *Yahweh your God*

בּוֹ prep.-3 m.s. sf. *him*

מִקֶּרֶב אַחֶיךָ prep.-n.m.s. cstr. (899)-n.m.p.-2 m.s. sf. (26) *one from among your brethren*

תָּשִׂים Qal impf. 2 m.s. (שום 962) *you shall set*

עָלֶיךָ v.supra *over you*

מֶלֶךְ v.supra *as king*

לֹא תוּכַל לָתֵת neg.-Qal impf. 2 m.s. (יכל 407) -prep.-Qal inf.cstr. (נתן 678) *you may not put*

עָלֶיךָ v.supra *over you*

אִישׁ נָכְרִי n.m.s. (35)-adj. m.s. (648) *a foreigner*

אֲשֶׁר לֹא־אָחִיךָ הוּא neg.-n.m.s.-2 m.s. sf. (26) -pers.pr. 3 m.s. (214) *who is not your brother*

17:16

רַק לֹא־יַרְבֶּה־ adv. (956)-neg.-Hi. impf. 3 m.s. (רבה 915) *only he must not multiply*

לוֹ prep.-3 m.s. sf. *for himself*

סוּסִים n.m.p. (692) *horses*

וְלֹא־יָשִׁיב conj.-neg.-Hi. impf. 3 m.s. (שוב 996) *or cause to return*

אֶת־הָעָם dir.obj.-def.art.-n.m.s. (I 766) *the people*

מִצְרַיְמָה pr.n.-dir.he (595) *to Egypt*

לְמַעַן הַרְבּוֹת prep. (775)-Hi. inf.cstr. (רבה I 915) *in order to multiply*

סוּס n.m.s. (692) *horses*

וַיהוה conj.-pr.n. (217) *since Yahweh*

אָמַר לָכֶם Qal impf. 3 m.s. (55)-prep.-2 m.p. sf. *has said to you*

לֹא תֹסִפוּן לָשׁוּב neg.-Hi. impf. 2 m.p. (יסף 414)-prep.-Qal inf.cstr. (996) *you shall never return*

בַּדֶּרֶךְ הַזֶּה prep.-def.art.-n.m.s. (202)-def.art. -demons.adj. m.s. (260) *that way*

עוֹד adv. (728) *again*

17:17

וְלֹא יַרְבֶּה־לוֹ conj.-neg.-Hi. impf. 3 m.s. (רבה I 915)-prep.-3 m.s. sf. *and he shall not multiply for himself*

נָשִׁים n.f.p. (61) *wives*

וְלֹא יָסוּר conj.-neg.-Qal impf. 3 m.s. (סור 693; GK 109g) *lest ... turn away*

לְבָבוֹ n.m.s.-3 m.s. sf. (523) *his heart*

וְכֶסֶף conj.-n.m.s. (494) *nor silver*

וְזָהָב conj.-n.m.s. (262) *and gold*

לֹא יַרְבֶּה־לוֹ v.supra-v.supra-v.supra *shall he multiply for himself*

מְאֹד adv. (547) *greatly*

17:18

וְהָיָה כְשִׁבְתּוֹ conj.-Qal pf. 3 m.s. (224)-prep.-Qal inf.cstr.-3 m.s. sf. (יָשַׁב 442) *and when he sits*

עַל כִּסֵּא מַמְלַכְתּוֹ prep.-n.m.s. cstr. (490)-n.f.s.-3 m.s. sf. (575) *on the throne of his kingdom*

וְכָתַב לוֹ conj.-Qal pf. 3 m.s. (507)-prep.-3 m.s. sf. *he shall write for himself*

אֶת־מִשְׁנֵה dir.obj.-n.m.s. cstr. (1041) *a copy of*

הַתּוֹרָה הַזֹּאת def.art.-n.f.s. (435)-def.art. -demons.adj. f.s. (260) *this law*

עַל־סֵפֶר prep.-n.m.s. (706) *in a book*

מִלִּפְנֵי prep.-prep.-n.m.p. cstr. (815) *from that which is in charge of*

הַכֹּהֲנִים def.art.-n.m.p. (463) *the ... priests*

הַלְוִיִּם def.art.-n.m.p. (II 532) *Levitical*

17:19

וְהָיְתָה עִמּוֹ conj.-Qal pf. 3 f.s. (הָיָה 224) -prep.-3 m.s. sf. *and it shall be with him*

וְקָרָא בוֹ conj.-Qal pf. 3 m.s.-prep.-3 m.s. sf. *and he shall read in it*

כָּל־יְמֵי n.m.s. cstr. (481)-n.m.p. cstr. (398) *all the days of*

חַיָּיו n.m.p.-3 m.s. sf. (313) *his life*

לְמַעַן יִלְמַד prep. (775)-Qal impf. 3 m.s. (540) *that he may learn*

לְיִרְאָה prep.-Qal inf.cstr. (יָרֵא 431) *to fear*

אֶת־יהוה אֱלֹהָיו dir.obj.-pr.n. (217)-n.m.p.-3 m.s. sf. (43) *Yahweh his God*

לִשְׁמֹר prep.-Qal inf.cstr. (1036) *by keeping*

אֶת־כָּל־דִּבְרֵי dir.obj.-n.m.s. cstr. (481)-n.m.p. cstr. (182) *all the words of*

הַתּוֹרָה הַזֹּאת def.art.-n.f.s. (435)-def.art. -demons.adj. f.s. (260) *this law*

וְאֶת־הַחֻקִּים הָאֵלֶּה conj.-dir.obj.-def.art.-n.m.p. (349)-def.art.-demons.adj. c.p. (41) *and these statutes*

לַעֲשֹׂתָם prep.-Qal inf.cstr.-3 m.p. sf. (עָשָׂה I 793) *and doing them*

17:20

לְבִלְתִּי רוּם־ prep.-neg. (116)-Qal inf.cstr. (926) *that may not be lifted up*

לְבָבוֹ n.m.s.-3 m.s. sf. (523) *his heart*

מֵאֶחָיו prep.-n.m.p.-3 m.s. (26) *above his brethren*

וּלְבִלְתִּי סוּר conj.-v.supra-Qal inf.cstr. (693) *and that he may not turn aside*

מִן־הַמִּצְוָה prep.-def.art.-n.f.s. (846) *from the commandment*

יָמִין n.f.s. (411) *either to the right hand*

וּשְׂמֹאול conj.-n.m.s. (969) *or to the left*

לְמַעַן יַאֲרִיךְ prep. (775)-Hi. impf. 3 m.s. (אָרַךְ 73) *so that he may continue*

יָמִים n.m.p. (398) *long*

עַל־מַמְלַכְתּוֹ prep.-n.f.s.-3 m.s. sf. (575) *in his kingdom*

הוּא וּבָנָיו pers.pr. 3 m.s. (214)-conj.-n.m.p.-3 m.s. sf. (119) *he and his children*

בְּקֶרֶב יִשְׂרָאֵל prep.-n.m.s. cstr. (899)-pr.n. (975) *in Israel*

18:1

לֹא־יִהְיֶה neg.-Qal impf. 3 m.s. (224) *shall have no*

לַכֹּהֲנִים prep.-def.art.-n.m.p. (463) *the ... priests*

הַלְוִיִּם def.art.-n.m.p. (II 532) *Levitical*

כָּל־שֵׁבֶט n.m.s. cstr. (481; GK 131h)-n.m.s. cstr. (986) *all the tribe of*

לֵוִי pr.n. (II 532) *Levi*

חֵלֶק n.m.s. (324) *portion*

וְנַחֲלָה conj.-n.f.s. (635) *or inheritance*

עִם־יִשְׂרָאֵל prep. pr.n. (975) *with Israel*

אִשֵּׁי n.m.p. cstr. (77) *the offerings by fire to*

יהוה pr.n. (217) *Yahweh*

וְנַחֲלָתוֹ conj.-n.f.s.-3 m.s. sf. (635) *and his rightful dues*

יֹאכֵלוּן Qal impf. 3 m.p. (אָכַל 37; GK 68c) *they shall eat*

18:2

וְנַחֲלָה conj.-n.f.s. (635) *and an inheritance*

לֹא־יִהְיֶה־לּוֹ neg.-Qal impf. 3 m.s. (224)-prep.-3 m.s. sf. *they shall not have*

בְּקֶרֶב אֶחָיו prep.-n.m.s. cstr. (899)-n.m.p.-3 m.s. sf. (26) *among their brethren*

יהוה הוּא pr.n. (217)-pers.pr. 3 m.s. (214) *Yahweh is*

נַחֲלָתוֹ n.f.s.-3 m.s. sf. (635) *their inheritance*

כַּאֲשֶׁר דִּבֶּר־ prep.-rel. (81)-Pi. pf. 3 m.s. (180) *as he promised*

לוֹ prep.-3 m.s. sf. *them*

18:3

וְזֶה יִהְיֶה conj.-demons.adj. m.s. (260)-Qal impf. 3 m.s. (224) *and this shall be*

מִשְׁפַּט הַכֹּהֲנִים n.m.s. cstr. (1048)-def.art.-n.m.p. (463) *the priests' due*

מֵאֵת הָעָם prep.-prep. (II 85)-def.art.-n.m.s. (I 766) *from the people*

מֵאֵת זֹבְחֵי v.supra-Qal act.ptc. m.p. cstr. (זָבַח 256) *from those offering*

הַזֶּבַח def.art.-n.m.s. (257) *a sacrifice*

אִם־שׁוֹר conj. (49)-n.m.s. (1004) *whether it be ox*

אִם־שֶׂה v.supra-n.m.s. (961) *or sheep*

וְנָתַן conj.-Qal pf. 3 m.s. (678) *they shall give*

לַכֹּהֵן prep.-def.art.-n.m.s. (463) *to the priest*

הַזְּרֹעַ def.art.-n.f.s. (283) *the shoulder*

וְהַלְּחָיַיִם conj.-def.art.-n.m. du. (I 534) *and the two cheeks*

וְהַקֵּבָה conj.-def.art.-n.f.s. (867) *and the stomach*

18:4

רֵאשִׁית n.f.s. cstr. (912) *the first fruits of*

דְּגָנְךָ n.m.s.-2 m.s. sf. (186) *your grain*

תִּירֹשְׁךָ n.m.s.-2 m.s. sf. (440) *of your wine*

וְיִצְהָרֶךָ conj.-n.m.s.-2 m.s. sf. (850) *and of your oil*

וְרֵאשִׁית גֵּז conj.-v.supra-n.m.s. cstr. (159) *and the first of the fleece of*

צֹאנְךָ n.f.s.-2 m.s. sf. (838) *your sheep*

תִּתֶּן־לוֹ Qal impf. 2 m.s. (נָתַן 678)-prep.-3 m.s. sf. *you shall give him*

18:5

כִּי בוֹ conj. (471)-prep.-3 m.s. sf. *for him*

בָּחַר Qal pf. 3 m.s. (103) *has chosen*

יהוה אֱלֹהֶיךָ pr.n. (217)-n.m.p.-2 m.s. sf. (43) *Yahweh your God*

מִכָּל־שְׁבָטֶיךָ prep.-n.m.s. cstr. (481)-n.m.p.-2 m.s. sf. (986) *out of all your tribes*

לַעֲמֹד prep.-Qal inf.cstr. (763) *to stand*

לְשָׁרֵת prep.-Pi. inf.cstr. (שָׁרַת 1058) *and minister*

בְּשֵׁם־יהוה prep.-n.m.s. cstr. (1027)-pr.n. (217) *in the name of Yahweh*

הוּא וּבָנָיו pers.pr. 3 m.s. (214)-conj.-n.m.p.-3 m.s. sf. (119) *him and his sons*

כָּל־הַיָּמִים n.m.s. cstr. (481)-def.art.-n.m.p. (398) *for ever*

18:6

וְכִי־יָבֹא conj.-conj. (471)-Qal impf. 3 m.s. (בּוֹא 97) *and if comes*

הַלֵּוִי def.art.-pr.n. (II 532) *a Levite*

מֵאַחַד שְׁעָרֶיךָ prep.-num. cstr. (25)-n.m.p.-2 m.s. sf. (1044) *from any of your towns*

מִכָּל־יִשְׂרָאֵל prep.-n.m.s. cstr. (481)-pr.n. (975) *of all Israel*

אֲשֶׁר־הוּא גָּר שָׁם rel. (81)-pers.pr. 3 m.s. (214)-Qal pf. 3 m.s. (גּוּר 157)-adv. (1027) *where he lives*

וּבָא conj.-Qal pf. 3 m.s. (בּוֹא 97) *and he may come*

בְּכָל־אַוַּת נַפְשׁוֹ prep.-v.supra-n.f.s. cstr. (16)-n.f.s.-3 m.s. sf. (659) *when he desires*

אֶל־הַמָּקוֹם prep.-def.art.-n.m.s. (879) *to the place*

אֲשֶׁר־יִבְחַר יהוה rel. (81)-Qal impf. 3 m.s. (103)-pr.n. (217) *which Yahweh will choose*

18:7

וְשֵׁרֵת conj.-Pi. pf. 3 m.s. (שָׁרַת 1058) *then he may minister*

בְּשֵׁם יהוה prep.-n.m.s. cstr. (1027)-v.supra *in the name of Yahweh*

אֱלֹהָיו n.m.p.-3 m.s. sf. (43) *his God*

כְּכָל־אֶחָיו prep.-n.m.s. cstr. (481)-n.m.p.-3 m.p. sf. (26) *like all his fellows*

הַלְוִיִּם def.art.-n.m.p. (II 532) *Levites*

הָעֹמְדִים def.art.-Qal act.ptc. m.p. (763) *who stand*

שָׁם adv. (1027) *there*

לִפְנֵי יהוה prep.-n.m.p. cstr. (815)-pr.n. (217) *before Yahweh*

18:8

חֵלֶק כְּחֵלֶק n.m.s. (324)-prep.-v.supra *equal portions*

יֹאכֵלוּ Qal impf. 3 m.p. (37) *they shall have ... to eat*

לְבַד מִמְכָּרָיו prep.-n.m.s. (II 94)-prep.-n.m.p.-3 m.s. sf. (569) *besides what he receives from the sale*

עַל־הָאָבוֹת prep.-def.art.-n.m.p. (3) *of his patrimony*

18:9

כִּי אַתָּה בָּא conj. (471)-pers.pr. 2 m.s. (61)-Qal act.ptc. (בּוֹא 97) *when you come*

אֶל־הָאָרֶץ prep.-def.art.-n.f.s. (75) *into the land*

אֲשֶׁר־יהוה rel. (81)-pr.n. (217) *which Yahweh*

אֱלֹהֶיךָ n.m.p.-3 m.s. sf. (43) *your God*

נֹתֵן לָךְ Qal act.ptc. (נָתַן 678)-prep.-2 m.s. sf. paus. *gives you*

לֹא־תִלְמַד neg.-Qal impf. 2 m.s. (540) *you shall not learn*

לַעֲשׂוֹת prep.-Qal inf.cstr. (עָשָׂה I 793) *to follow*

כְּתוֹעֲבֹת prep.-n.f.p. cstr. (1072) *the abominable practices of*

הַגּוֹיִם הָהֵם def.art.-n.m.p. (156)-def.art.-demons.adj. m.p. (241) *those nations*

18:10

לֹא־יִמָּצֵא בְךָ neg.-Ni. impf. 3 m.s. (מָצָא 592)-prep.-2 m.s. sf. *there shall not be found among you*

מַעֲבִיר Hi. ptc. (עָבַר 716) *any one who burns (makes pass through)*

בְּנוֹ וּבִתּוֹ n.m.s.-3 m.s. sf. (119)-conj.-n.f.s.-3 m.s. sf. (I 123) *his son or his daughter*

בָּאֵשׁ prep.-def.art.-n.f.s. (77) *through the fire*

קֹסֵם קְסָמִים Qal act.ptc. (890)-n.m.p. (890) *any one who practices divination*

מְעוֹנֵן Poʻel ptc. as subst. (II 778) *a soothsayer*

וּמְנַחֵשׁ conj.-Pi. ptc. (II 638) *or an augur*

וּמְכַשֵּׁף conj.-Pi. ptc. (506) *or a sorcerer*

18:11

וְחֹבֵר חָבֶר conj.-Qal act.ptc. (287)-n.m.s. paus. (I 288) *or a charmer*

וְשֹׁאֵל אוֹב conj.-Qal act.ptc. (981)-n.m.s. (15) *or a medium*

וְיִדְּעֹנִי conj.-n.m.s. (396) *or a wizard*

וְדֹרֵשׁ אֶל־הַמֵּתִים conj.-Qal act.ptc. (205)-prep.-def.art.-Qal act.ptc. m.p. (מוּת 559) *or a necromancer*

18:12

כִּי־תוֹעֲבַת conj. (471)-n.f.s. cstr. (1072) *for an abomination to*

יהוה pr.n. (217) *Yahweh*

כָּל־עֹשֵׂה אֵלֶּה n.m.s. cstr. (481)-Qal act.ptc. cstr. (עָשָׂה I 793)-demons.adj. c.p. (41) *whoever does these things*

וּבִגְלַל conj.-n.m.s. cstr. (164) *and because of*

הַתּוֹעֵבֹת הָאֵלֶּה def.art.-n.f.p. (1072)-def.art.-demons.adj. c.p. (41) *these abominable practices*

יהוה v.supra *Yahweh*

אֱלֹהֶיךָ n.m.p.-2 m.s. sf. (43) *your God*

מוֹרִישׁ אוֹתָם Hi. ptc. (יָרַשׁ 439)-dir.obj.-3 m.p. sf. *is driving them out*

מִפָּנֶיךָ prep.-n.m.p.-2 m.s. sf. (815) *before you*

18:13

תָּמִים תִּהְיֶה adj. (1071)-Qal impf. 2 m.s. (224) *you shall be blameless*

עִם יהוה אֱלֹהֶיךָ prep.-pr.n. (217)-n.m.p.-2 m.s. sf. (43) *before Yahweh your God*

18:14

כִּי הַגּוֹיִם הָאֵלֶּה conj. (471)-def.art.-n.m.p. (156)-def.art.-demons.adj. c.p. (41) *for these nations*

אֲשֶׁר אַתָּה יוֹרֵשׁ אוֹתָם rel. (81)-pers.pr. 2 m.s. (61)-Qal act.ptc. (יָרַשׁ 439)-dir.obj.-3 m.p. sf. *which you are about to dispossess*

אֶל־מְעֹנְנִים prep.-Poʻel ptc. m.p. (עָנַן II 778) *to soothsayers*

וְאֶל־קֹסְמִים conj.-prep.-Qal act.ptc. m.p. (890) *and to diviners*

יִשְׁמָעוּ Qal impf. 3 m.p. paus. (1033) *they give heed*

וְאַתָּה לֹא כֵן conj.-v.supra-neg.-adv. (485) *but as for you, not so*

נָתַן לְךָ Qal pf. 3 m.s. (678)-prep.-2 m.s. sf. *has allowed you*

יהוה אֱלֹהֶיךָ pr.n. (217)-n.m.p.-2 m.s. sf. (43) *Yahweh your God*

18:15

נָבִיא n.m.s. (611) *a prophet*

מִקִּרְבְּךָ prep.-n.m.s.-2 m.s. sf. (899) *from among you*

מֵאַחֶיךָ prep.-n.m.p.-2 m.s. sf. (26) *from your brethren*

כָּמֹנִי prep.-1 c.s. sf. *like me*

יָקִים לְךָ Hi. impf. 3 m.s. (קוּם 877)-prep.-2 m.s. sf. *will raise up for you*

יהוה אֱלֹהֶיךָ pr.n. (217)-n.m.p.-2 m.s. sf. (43) *Yahweh your God*

אֵלָיו prep.-3 m.s. sf. *him*

תִּשְׁמָעוּן Qal impf. 2 m.p. paus. (1033) *you shall heed*

18:16

כְּכֹל אֲשֶׁר־ prep.-n.m.s. (481)-rel. (81) *just as*

שָׁאַלְתָּ Qal pf. 2 m.s. (981) *you desired*

מֵעִם יהוה אֱלֹהֶיךָ prep.-prep.-v.supra-v.supra *of Yahweh your God*

בְּחֹרֵב prep.-pr.n. (352) *at Horeb*

בְּיוֹם הַקָּהָל prep.-n.m.s. cstr. (398)-def.art.-n.m.s. (874) *on the day of the assembly*

לֵאמֹר prep.-Qal inf.cstr. (55) *when you said*

לֹא אֹסֵף לִשְׁמֹעַ neg.-Hi. impf. 1 c.s. apoc. (יָסַף 414; GK 109d)-prep.-Qal inf.cstr. (1033) *let me not hear again*

אֶת־קוֹל יהוה dir.obj.-n.m.s. cstr. (876)-v.supra *the voice of Yahweh*

אֱלֹהָי n.m.p.-1 c.s. sf. (43) *my God*

וְאֶת־הָאֵשׁ conj.-dir.obj.-def.art.-n.f.s. (77) *or ... fire*

הַגְּדֹלָה הַזֹּאת def.art.-adj. f.s. (152)-def.art.-demons.adj. f.s. (260) *this great*

לֹא־אֶרְאֶה עוֹד neg.-Qal impf. 1 c.s. (רָאָה 906)-adv. (728) *let me not see any more*

וְלֹא אָמוּת conj.-neg.-Qal impf. 1 c.s. (מוּת 559) *lest I die*

18:17

וַיֹּאמֶר יְהוָה consec.-Qal impf. 3 m.s. (55)-pr.n. (217) *and Yahweh said*

אֵלַי prep.-1 c.s. sf. paus. *to me*

הֵיטִיבוּ Hi. pf. 3 c.p. (יָטַב 405) *they have rightly (said)*

אֲשֶׁר דִּבֵּרוּ rel. (81)-Pi. pf. 3 c.p. paus. (180) *all that they have spoken*

18:18

נָבִיא n.m.s. (611) *a prophet*

אָקִים Hi. impf. 1 c.s. (קוּם 877) *I will raise up*

לָהֶם prep.-3 m.p. sf. *for them*

מִקֶּרֶב אֲחֵיהֶם prep.-n.m.s. cstr. (899)-n.m.p.-3 m.p. sf. (26) *from among their brethren*

כָּמוֹךָ prep.-2 m.s. sf. *like you*

וְנָתַתִּי conj.-Qal pf. 1 c.s. (נָתַן 678) *and I will put*

דְּבָרַי n.m.p.-1 c.s. sf. (182) *my words*

בְּפִיו prep.-n.m.s.-3 m.s. sf. (804) *in his mouth*

וְדִבֶּר conj.-Pi. pf. 3 m.s. (180) *and he shall speak*

אֲלֵיהֶם prep.-3 m.p. sf. *to them*

אֵת כָּל־אֲשֶׁר dir.obj.-n.m.s. (481)-rel. (81) *all that*

אֲצַוֶּנּוּ Pi. impf. 1 c.s.-3 m.s. sf. (צָוָה 845) *I command him*

18:19

וְהָיָה הָאִישׁ אֲשֶׁר conj.-Qal pf. 3 m.s. (224)-def. art.-n.m.s. (35) *and whoever*

לֹא־יִשְׁמַע neg.-Qal impf. 3 m.s. (1033) *will not give heed*

אֶל־דְּבָרַי prep.-n.m.p.-1 c.s. sf. (182) *to my words*

אֲשֶׁר יְדַבֵּר rel. (81)-Pi. impf. 3 m.s. (180) *which he shall speak*

בִּשְׁמִי prep.-n.m.s.-1 c.s. sf. (1027) *in my name*

אָנֹכִי אֶדְרֹשׁ pers.pr. 1 c.s. (59)-Qal impf. 1 c.s. (205) *I myself will require*

מֵעִמּוֹ prep.-prep.-3 m.s. sf. *of him*

18:20

אַךְ הַנָּבִיא adv. (956)-def.art.-n.m.s. (611) *but the prophet*

אֲשֶׁר יָזִיד rel. (81)-Hi. impf. 3 m.s. (זִיד 267) *who presumes*

לְדַבֵּר prep.-Pi. inf.cstr. (180) *to speak*

דָּבָר n.m.s. (182) *a word*

בִּשְׁמִי prep.-n.m.s.-1 c.s. sf. (1027) *in my name*

אֵת אֲשֶׁר לֹא־צִוִּיתִיו dir.obj.-rel. (81)-neg.-Pi. pf. 1 c.s.-3 m.s. sf. (צָוָה 845) *which I have not commanded him*

לְדַבֵּר prep.-Pi. inf.cstr. (180) *to speak*

וַאֲשֶׁר יְדַבֵּר conj.-rel. (81)-Pi. impf. 3 m.s. (180) *or who speaks*

בְּשֵׁם prep.-n.m.s. cstr. (1027) *in the name of*

אֱלֹהִים אֲחֵרִים n.m.p. (43)-adj. m.p. (29) *other gods*

וּמֵת conj.-Qal pf. 3 m.s. (מוּת 559) *shall die*

הַנָּבִיא הַהוּא def.art.-n.m.s. (611)-def.art. -demons.adj. m.s. (214) *that prophet*

18:21

וְכִי תֹאמַר conj.-conj. (471)-Qal impf. 2 m.s. (55) *and if you say*

בִּלְבָבֶךָ prep.-n.m.s.-2 m.s. sf. (523) *in your heart*

אֵיכָה נֵדַע interr. (32)-Qal impf. 1 c.s. (יָדַע 393) *how may we know*

אֶת־הַדָּבָר dir.obj.-def.art.-n.m.s. (182) *the word*

אֲשֶׁר לֹא־דִבְּרוֹ rel. (81)-neg.-Pi. pf. 3 m.s.-3 m.s. sf. (180) *which has not spoken*

יְהוָה pr.n. (217) *Yahweh*

18:22

אֲשֶׁר יְדַבֵּר rel. (81)-Pi. impf. 3 m.s. (180) *when speaks*

הַנָּבִיא def.art.-n.m.s. (611) *a prophet*

בְּשֵׁם יְהוָה prep.-n.m.s. cstr. (1027)-pr.n. (217) *in the name of Yahweh*

וְלֹא־יִהְיֶה הַדָּבָר conj.-neg.-Qal impf. 3 m.s. (224)-def.art.-n.m.s. (182) *if the word does not come to pass*

וְלֹא יָבוֹא conj.-neg.-Qal impf. 3 m.s. (97) *or come true*

הוּא הַדָּבָר demons.adj. m.s. (214)-def.art.-n.m.s. (182) *that is a word*

אֲשֶׁר לֹא־דִבְּרוֹ יְהוָה rel. (81)-neg.-Pi. pf. 3 m.s.-3 m.s. sf. (180)-pr.n. (217) *which Yahweh has not spoken*

בְּזָדוֹן prep.-n.m.s. (268) *presumptuously*

דִּבְּרוֹ הַנָּבִיא v.supra-v.supra *the prophet has spoken it*

לֹא תָגוּר neg.-Qal impf. 2 m.s. (גוּר III 158) *you need not be afraid*

מִמֶּנּוּ prep.-3 m.s. sf. *of him*

19:1

כִּי־יַכְרִית conj. (471)-Hi. impf. 3 m.s. (כָּרַת 503) *when cuts off*

יְהוָה אֱלֹהֶיךָ pr.n. (217)-n.m.p.-2 m.s. sf. (43) *Yahweh your God*

אֶת־הַגּוֹיִם dir.obj.-def.art.-n.m.p. (156) *the nations*

אֲשֶׁר יְהוָה אֱלֹהֶיךָ rel. (81)-v.supra-v.supra *which Yahweh your God*

נֹתֵן לָךְ Qal act.ptc. (678)-prep.-2 m.s. sf. *gives you*

אֶת־אַרְצָם dir.obj.-n.f.s.-3 m.p. sf. (75) *their land*

וִירִשְׁתָּם conj.-Qal pf. 2 m.s.-3 m.p. sf. (יָרַשׁ 439) *and you dispossess them*

וְיָשַׁבְתָּ conj.-Qal pf. 2 m.s. (יָשַׁב 442) *and dwell*

בְּעָרֵיהֶם prep.-n.f.p.-3 m.p. sf. (746) *in their cities*

וּבְבָתֵּיהֶם conj.-prep.-n.m.p.-3 m.p. sf. (108) *and in their houses*

19:2

שָׁלוֹשׁ עָרִים num. (1025)-n.f.p. (746) *three cities*

תַּבְדִּיל לָךְ Hi. impf. 2 m.s. (בָּדַל 95)-prep.-2 m.s. sf. paus. *you shall set apart for you*

בְּתוֹךְ אַרְצְךָ prep.-n.m.s. cstr. (1063)-n.f.s.-2 m.s. sf. (75) *in your land*

אֲשֶׁר יהוה אֱלֹהֶיךָ rel. (81)-pr.n. (217)-n.m.p.-2 m.s. sf. (43) *which Yahweh your God*

נֹתֵן לָךְ Qal act.ptc. (678)-prep.-2 m.s. sf. *gives you*

לְרִשְׁתָּהּ prep.-Qal inf.cstr.-3 f.s. sf. (יָרַשׁ 439) *to possess (it)*

19:3

תָּכִין לָךְ Hi. impf. 2 m.s. (כּוּן I 465)-prep.-2 m.s. sf. *you shall prepare*

הַדֶּרֶךְ def.art.-n.m.s. (202) *the roads*

וְשִׁלַּשְׁתָּ conj.-Pi. pf. 2 m.s. (שָׁלַשׁ I 1026) *and divide into three parts*

אֶת־גְּבוּל אַרְצְךָ dir.obj.-n.m.s. cstr. (147)-n.f.s.-2 m.s. sf. (75) *the area of your land*

אֲשֶׁר יַנְחִילְךָ rel. (81)-Hi. impf. 3 m.s.-2 m.s. sf. (נָחַל 635) *which ... gives you as a possession*

יהוה אֱלֹהֶיךָ pr.n. (217)-n.m.p.-2 m.s. sf. (43) *Yahweh your God*

וְהָיָה לָנוּס conj.-Qal pf. 3 m.s. (224)-prep.-Qal inf.cstr. (630) *so that can flee*

שָׁמָּה adv.-dir.he (1027) *to them*

כָּל־רֹצֵחַ n.m.s. cstr. (481)-Qal act.ptc. (953) *any manslayer*

19:4

וְזֶה conj.-demons.adj. m.s. (260) *and this is*

דְּבַר הָרֹצֵחַ n.m.s. cstr. (182)-def.art.-Qal act.ptc. (953) *the provision for the manslayer*

אֲשֶׁר־יָנוּס rel. (81)-Qal impf. 3 m.s. (נוּס 630) *who by fleeing*

שָׁמָּה adv.-dir.he (1027) *there*

וָחָי conj.-Qal pf. 3 m.s. (חָיָה 310) *may save his life*

19:5

וַאֲשֶׁר יָבֹא conj.-rel. (81)-Qal impf. 3 m.s. (בּוֹא 97) *as when a man goes*

אֶת־רֵעֵהוּ prep. (II 85)-n.m.s.-3 m.s. sf. (945) *with his neighbor*

בַיַּעַר prep.-def.art.-n.m.s. (420; GK 126r) *into the forest*

לַחְטֹב עֵצִים prep.-Qal inf.cstr. (I 310)-n.m.p. (781) *to cut wood*

וְנִדְּחָה conj.-Ni. pf. 3 f.s. (נָדַח 623) *and swings*

יָדוֹ n.f.s.-3 m.s. sf. (388) *his hand*

בַּגַּרְזֶן prep.-def.art.-n.m.s. (173) *the axe*

לִכְרֹת prep.-Qal inf.cstr. (503) *to cut down*

הָעֵץ def.art.-n.m.s. (781) *a tree*

וְנָשַׁל conj.-Qal pf. 3 m.s. (675) *and slips*

הַבַּרְזֶל def.art.-n.m.s. (137) *the (axe) head*

מִן־הָעֵץ prep.-def.art.-n.m.s. (781) *from the handle*

וּמָצָא conj.-Qal pf. 3 m.s. (592) *and strikes*

אֶת־רֵעֵהוּ dir.obj.-v.supra *his neighbor*

וָמֵת conj.-Qal pf. 3 m.s. (מוּת 559) *so that he dies*

הוּא יָנוּס pers.pr. 3 m.s. (214)-Qal impf. 3 m.s. (נוּס 630) *he may flee*

אֶל־אַחַת הֶעָרִים הָאֵלֶּה prep.-num. cstr. (25)-def.art.-n.f.p. (746)-def.art.-demons.adj. c.p. (41) *to one of these cities*

וָחָי conj.-Qal pf. 3 m.s. paus. (חָיָה 310) *and save his life*

19:6

פֶּן־יִרְדֹּף conj. (814)-Qal impf. 3 m.s. (רָדַף 922) *lest pursue*

גֹּאֵל הַדָּם Qal act.ptc. cstr. (I 145)-def.art.-n.m.s. (196) *the avenger of blood*

אַחֲרֵי הָרֹצֵחַ prep. (29)-def.art.-Qal act.ptc. (953) *the manslayer*

כִּי־יֵחַם לְבָבוֹ conj. (471)-Qal impf. 3 m.s. (חָמַם 328)-n.m.s.-3 m.s. sf. (523) *in hot anger*

19:5

אֲשֶׁר יַכֶּה rel. (81)-Hi. impf. 3 m.s. (נָכָה 645) *if any one kills*

אֶת־רֵעֵהוּ dir.obj.-n.m.s.-3 m.s. sf. (945) *his neighbor*

בִּבְלִי־דַעַת prep.-neg. (115)-n.f.s. (395) *unintentionally*

וְהוּא לֹא־שֹׂנֵא לוֹ conj.-pers.pr. 3 m.s. (214)-neg.-Qal act.ptc. (971)-prep.-3 m.s. sf. *without having been at enmity with him*

מִתְּמֹל שִׁלְשֹׁם prep.-adv.acc. (1069)-adv. (1026) *in time past*

וְהִשִּׂיגוֹ conj.-Hi. pf. 3 m.s.-3 m.s. sf. (נָשַׂג 673) *and overtake him*

כִּי־יִרְבֶּה הַדֶּרֶךְ conj. (471)-Qal impf. 3 m.s. (I 915)-def.art.-n.m.s. (202) *because the way is long*

וְהִכָּהוּ נָפֶשׁ conj.-Hi. pf. 3 m.s.-3 m.s. sf. (נָכָה 645)-n.f.s. paus. (659) *and wound him mortally*

וְלוֹ אֵין conj.-prep.-3 m.s. sf.-subst. cstr. (II 34) *though the man did not have*

מִשְׁפַּט־מָוֶת n.m.s. cstr. (1048)-n.m.s. (560) *a sentence of death*

כִּי לֹא שֹׂנֵא הוּא conj.-neg.-Qal act.ptc. (971)-pers.pr. 3 m.s. (214) *since he was not at enmity*

לוֹ prep.-3 m.s. sf. *with his neighbor*

מִתְּמוֹל שִׁלְשׁוֹם prep.-adv. (1069)-adv. (1026) *in time past*

19:7

עַל־כֵּן אָנֹכִי prep.-adv. (485)-pers.pr. 1 c.s. (59) *therefore I*

מְצַוְּךָ Pi. ptc.-2 m.s. sf. (צָוָה 845) *command you*

לֵאמֹר prep.-Qal inf.cstr. (55) *(saying)*

שָׁלֹשׁ עָרִים num. (1025)-n.f.p. (746) *three cities*

תַּבְדִּיל לָךְ Hi. impf. 2 m.s. (בָּדַל 95)-prep.-2 m.s. sf. paus. *you shall set apart*

19:8

וְאִם־יַרְחִיב conj.-hypoth.part. (49)-Hi. impf. 3 m.s. (רָחַב 931) *and if enlarges*

יהוה אֱלֹהֶיךָ pr.n. (217)-n.m.p.-2 m.s. sf. (43) *Yahweh your God*

אֶת־גְּבֻלְךָ dir.obj.-n.m.s.-2 m.s. sf. (147) *your border*

כַּאֲשֶׁר נִשְׁבַּע prep.-rel. (81)-Ni. pf. 3 m.s. (989) *as he has sworn*

לַאֲבֹתֶיךָ prep.-n.m.p.-2 m.s. sf. (3) *to your fathers*

וְנָתַן לָךְ conj.-Qal pf. 3 m.s. (678)-prep.-2 m.s. sf. *and gives you*

אֶת־כָּל־הָאָרֶץ dir.obj.-n.m.s. cstr. (481)-def.art. -n.f.s. (75) *all the land*

אֲשֶׁר דִּבֶּר rel. (81)-Pi. pf. 3 m.s. (180) *which he promised*

לָתֵת לַאֲבֹתֶיךָ prep.-Qal inf.cstr. (נָתַן 678)-v.supra *to give to your fathers*

19:9

כִּי־תִשְׁמֹר conj. (471)-Qal impf. 2 m.s. (1036) *provided you are careful*

אֶת־כָּל־הַמִּצְוָה הַזֹּאת dir.obj.-n.m.s. cstr. (481) -def.art.-n.f.s. (846)-def.art.-demons.adj. f.s. (260) *all this commandment*

לַעֲשֹׂתָהּ prep.-Qal inf.cstr.-3 f.s. sf. (עָשָׂה I 793) *to keep (it)*

אֲשֶׁר אָנֹכִי rel. (81)-pers.pr. 1 c.s. (59) *which I*

מְצַוְּךָ Pi. ptc.-2 m.s. sf. (צָוָה 845) *command you*

הַיּוֹם def.art.-n.m.s. (398) *this day*

לְאַהֲבָה prep.-Qal inf.cstr. (אָהֵב 12) *by loving*

אֶת־יהוה אֱלֹהֶיךָ dir.obj.-pr.n. (217)-n.m.p.-2 m.s. sf. *Yahweh your God*

וְלָלֶכֶת conj.-prep.-Qal inf.cstr. (הָלַךְ 229) *and by walking*

בִּדְרָכָיו prep.-n.m.p.-3 m.s. sf. (202) *in his ways*

כָּל־הַיָּמִים n.m.s. cstr. (481)-def.art.-n.m.p. (398) *ever*

וְיָסַפְתָּ conj.-Qal pf. 2 m.s. (יָסַף 414) *then you shall add*

לָךְ prep.-2 m.s. sf. *(to yourself)*

עוֹד adv. (728) *other*

שָׁלֹשׁ עָרִים num. (1025)-n.f.p. (746) *three cities*

עַל הַשָּׁלֹשׁ הָאֵלֶּה prep. def.art. num. (1035) -def.art.-demons.adj. c.p. (41) *to these three*

19:10

וְלֹא יִשָּׁפֵךְ conj.-neg.-Ni. impf. 3 m.s. (שָׁפַךְ 1049) *lest be shed*

דָּם נָקִי n.m.s. (196)-adj. m.s. (667) *innocent blood*

בְּקֶרֶב אַרְצֶךָ prep.-n.f.s. cstr. (899)-n.f.s.-2 m.s. sf. (75) *in your land*

אֲשֶׁר יהוה אֱלֹהֶיךָ rel. (81)-pr.n. (217)-n.m.p.-2 m.s. sf. (43) *which Yahweh your God*

נֹתֵן לָךְ Qal act.ptc. (678)-prep.-2 m.s. sf. *gives you*

נַחֲלָה n.f.s. (635) *for an inheritance*

וְהָיָה עָלֶיךָ conj.-Qal pf. 3 m.s. (224)-prep.-2 m.s. sf. *and so ... be upon you*

דָּמִים n.m.p. (196) *the guilt of bloodshed*

19:11

וְכִי־יִהְיֶה אִישׁ conj.-conj. (471)-Qal impf. 3 m.s. (הָיָה 224)-n.m.s. (35) *but if any man*

שֹׂנֵא Qal act.ptc. (971) *hates*

לְרֵעֵהוּ prep.-n.m.s.-3 m.s. sf. (945) *his neighbor*

וְאָרַב לוֹ conj.-Qal pf. 3 m.s. (70)-prep.-3 m.s. sf. *and lies in wait for him*

וְקָם עָלָיו conj.-Qal pf. 3 m.s. (קוּם 877)-prep.-3 m.s. sf. *and attacks him*

וְהִכָּהוּ נֶפֶשׁ conj.-Hi. pf. 3 m.s.-3 m.s. sf. (נָכָה 645)-n.f.s. (659) *and wounds him mortally*

וָמֵת conj.-Qal pf. 3 m.s. (מוּת 559) *so that he dies*

וְנָס conj.-Qal pf. 3 m.s. (נוס 630) *and the man flees*

אֶל־אַחַת prep.-num. cstr. (25) *into one of*

הֶעָרִים הָאֵל def.art.-n.f.p. (746)-def.art. -demons.adj. c.p. (41) *these cities*

19:12

וְשָׁלְחוּ conj.-Qal pf. 3 c.p. (1018) *then shall send*

וְזִקְנֵי עִירוֹ adj.m.p. cstr. (278)-n.f.s.-3 m.s. sf. (746) *the elders of his city*

וְלָקְחוּ אֹתוֹ conj.-Qal pf. 3 c.p. (542)-dir.obj.-3 m.s. sf. *and fetch him*

מִשָּׁם prep.-adv. (1027) *from there*

וְנָתְנוּ אֹתוֹ conj.-Qal pf. 3 c.p. (נתן 678)-v.supra *and hand him over*

בְּיַד prep.-n.f.s. cstr. (388) *to (the hand of)*

גֹּאֵל הַדָּם Qal act.ptc. cstr. (I 145)-def.art.-n.m.s. (196) *the avenger of blood*

וָמֵת conj.-Qal pf. 3 m.s. (מות 559) *so that he may die*

19:13

לֹא־תָחוֹס neg.-Qal impf. 3 f.s. (חום 299) *shall not pity*

עֵינְךָ n.f.s.-2 m.s. sf. (744) *your eye*

עָלָיו prep.-3 m.s. sf. *him*

וּבִעַרְתָּ conj.-Pi. pf. 2 m.s. (128) *but you shall purge*

דַם־הַנָּקִי n.m.s. cstr. (196)-def.art.-adj. m.s. (667) *the guilt of innocent blood* (lit. *the blood of the innocent*)

מִיִּשְׂרָאֵל prep.-pr.n. (975) *from Israel*

וְטוֹב לָךְ conj.-adj. m.s. (II 373)-prep.-2 m.s. sf. paus. *so that it may be well with you*

19:14

לֹא תַסִּיג neg.-Hi. impf. 2 m.s. (סוג I 690) *you shall not remove*

גְּבוּל רֵעֲךָ n.m.s. cstr. (147)-n.m.s.-2 m.s. sf. (945) *your neighbor's landmark*

אֲשֶׁר גָּבְלוּ rel. (81)-Qal pf. 3 c.p. (גבל 148) *which have set*

רִאשֹׁנִים adj. m.p. (9i1) *the men of old*

בְּנַחֲלָתְךָ prep.-n.f.s.-2 m.s. sf. (635) *in the inheritance (your)*

אֲשֶׁר תִּנְחַל v.supra-Qal impf. 2 m.s. (נחל 635) *which you will hold*

בָּאָרֶץ prep.-def.art.-n.f.s. (75) *in the land*

אֲשֶׁר יהוה אֱלֹהֶיךָ v.supra-pr.n. (217)-n.m.p.-2 m.s. sf. (43) *which Yahweh your God*

נֹתֵן לָךְ Qal act.ptc. (678)-prep.-2 m.s. sf. *gives you*

לְרִשְׁתָּהּ prep.-Qal inf.cstr.-3 f.s. sf. (ירש 439) *to possess (it)*

19:15

לֹא־יָקוּם neg.-Qal impf. 3 m.s. (קום 877) *shall not prevail*

עֵד אֶחָד n.m.s. (729)-num. (25) *a single witness*

בְּאִישׁ prep.-n.m.s. (35) *against a man*

לְכָל־עָוֹן prep.-n.m.s. cstr. (481)-n.m.s. (730) *for any crime*

וּלְכָל־חַטָּאת conj.-prep.-v.supra-n.f.s. (308) *or for any wrong*

בְּכָל־חֵטְא prep.-v.supra-n.m.s. (307) *in connection with any offense*

אֲשֶׁר יֶחֱטָא rel. (81)-Qal impf. 3 m.s. (חטא 306) *that he has committed*

עַל־פִּי prep.-n.m.s. cstr. (804) *on the evidence of*

שְׁנֵי עֵדִים num. cstr. (1040)-n.m.p. (729) *two witnesses*

אוֹ עַל־פִּי conj. (14)-v.supra *or (on the evidence of)*

שְׁלֹשָׁה עֵדִים num. f.s. (1025)-v.supra *three witnesses*

יָקוּם דָּבָר Qal impf. 3 m.s. (קום 877)-n.m.s. (182) *shall a charge be sustained*

19:16

כִּי־יָקוּם conj. (471)-Qal impf. 3 m.s. (קום 877) *if rises*

עֵד־חָמָס n.m.s. (729)-n.m.s. (329) *a malicious witness*

בְּאִישׁ prep.-n.m.s. (35) *against any man*

לַעֲנוֹת בּוֹ prep.-Qal inf.cstr. (ענה I 772)-prep.-3 m.s. sf. *to accuse him*

סָרָה n.f.s. (694) *of wrongdoing*

19:17

וְעָמְדוּ conj.-Qal pf. 3 c.p. (763) *then shall appear*

שְׁנֵי־הָאֲנָשִׁים num. cstr. (1040)-def.art.-n.m.p. (35) *both parties*

אֲשֶׁר־לָהֶם הָרִיב rel. (81)-prep.-3 m.p. sf.-def. art.-n.m.s. (936) *to the dispute*

לִפְנֵי יהוה prep.-n.m.p. cstr. (815)-pr.n. (217) *before Yahweh*

לִפְנֵי הַכֹּהֲנִים v.supra-def.art.-n.m.p. (463) *before the priests*

וְהַשֹּׁפְטִים conj.-def.art.-Qal act.ptc. m.p. (שפט 1047) *and the judges*

אֲשֶׁר יִהְיוּ rel. (81)-Qal impf. 3 m.p. (היה 224) *who are in office*

בַּיָּמִים הָהֵם prep.-def.art.-n.m.p. (398)-def.art.
-demons.adj. m.p. (241) *in those days*

19:18

וְדָרְשׁוּ conj.-Qal pf. 3 c.p. (205) *and shall
inquire*

הַשֹּׁפְטִים def.art.-Qal act.ptc. m.p. (1047) *the
judges*

הֵיטֵב Hi. inf.abs. as adv. (יטב 405) *diligently*

וְהִנֵּה conj.-interj. (243) *and if*

עֵד־שֶׁקֶר n.m.s. (729)-n.m.s. (1055) *is a false
witness*

הָעֵד def.art.-n.m.s. (729) *the witness*

שֶׁקֶר עָנָה v.supra (1055)-Qal pf. 3 m.s. (I 772)
and has accused falsely

בְאָחִיו prep.-n.m.s.-3 m.s. sf. (26) *his brother*

19:19

וַעֲשִׂיתֶם conj.-Qal pf. 2 m.p. (עשה I 793) *then
you shall do*

לוֹ prep.-3 m.s. sf. *to him*

כַּאֲשֶׁר זָמַם prep.-rel.-Qal pf. 3 m.s. (273) *as he
had meant*

לַעֲשׂוֹת prep.-Qal inf.cstr. (עשה I 793) *to do*

לְאָחִיו prep.-n.m.s.-3 m.s. sf. (26) *to his brother*

וּבִעַרְתָּ conj.-Pi. pf. 2 m.s. (128) *so you shall
purge*

הָרָע def.art.-n.m.s. (948) *the evil*

מִקִּרְבֶּךָ prep.-n.m.s.-2 m.s. sf. (899) *from the
midst of you*

19:20

וְהַנִּשְׁאָרִים conj.-def.art.-Ni. ptc. m.p. (שאר 983)
and the rest

יִשְׁמְעוּ Qal impf. 3 m.p. (1033) *shall hear*

וְיִרָאוּ conj.-Qal impf. 3 m.p. (ירא 431) *and fear*

וְלֹא־יֹסִפוּ לַעֲשׂוֹת conj.-neg.-Hi. impf. 3 m.p.
(414)(יסף)-prep.-Qal inf.cstr. (עשה I 793)
and shall never commit

עוֹד adv. (728) *again*

כַּדָּבָר הָרָע הַזֶּה prep.-def.art.-n.m.s. (182)-def.
art.-adj. m.s. (948)-def.art.-demons.adj. m.s.
(260) *any such evil*

בְּקִרְבֶּךָ prep.-n.m.s.-2 m.s. sf. (899) *among you*

19:21

וְלֹא תָחוֹס conj.-neg.-Qal impf. 3 f.s. (חוס 299)
shall not pity

עֵינֶךָ n.f.p.-2 m.s. sf. (744) *your eye*

נֶפֶשׁ בְּנֶפֶשׁ n.f.s. (659)-prep.-v.supra *life for
life*

עַיִן בְּעַיִן n.f.s. (744)-prep.-v.supra *eye for eye*

שֵׁן בְּשֵׁן n.f.s. (1042)-prep.-v.supra *tooth for
tooth*

יָד בְּיָד n.f.s. (388)-prep.-v.supra *hand for hand*

רֶגֶל בְּרָגֶל n.f.s. (919)-prep.-n.f.s. paus. (919) *foot
for foot*

20:1

כִּי־תֵצֵא conj. (471)-Qal impf. 2 m.s. (יצא 422)
when you go forth

לַמִּלְחָמָה prep.-def.art.-n.f.s. (536) *to war*

עַל־אֹיְבֶיךָ prep.-Qal act.ptc. m.p.-2 m.s. sf. (איב
33) *against your enemies*

וְרָאִיתָ conj.-Qal pf. 2 m.s. (ראה 906) *and see*

סוּס n.m.s. (692) *horses*

וָרֶכֶב conj.-n.m.s. (939) *and chariots*

עַם רַב n.m.s. (I 766)-adj. m.s. (I 912) *and an
army larger*

מִמְּךָ prep.-2 m.s. sf. *than your own*

לֹא תִירָא neg.-Qal impf. 2 m.s. (ירא 431) *you
shall not be afraid*

מֵהֶם prep.-3 m.p. sf. *of them*

כִּי־יהוה אֱלֹהֶיךָ conj. (471)-pr.n. (217)-n.m.p.-2
m.s. sf. (43) *for Yahweh your God*

עִמָּךְ prep.-2 m.s. sf. paus. *with you*

הַמַּעַלְךָ def.art.-Hi. ptc.-2 m.s. sf. (עלה 748) *who
brought you up*

מֵאֶרֶץ מִצְרָיִם prep.-n.f.s. cstr. (75)-pr.n. paus.
(595) *out of the land of Egypt*

20:2

וְהָיָה בְּקָרָבְכֶם conj.-Qal pf. 3 m.s. (224)-prep.
-Qal inf.cstr.-2 m.p. sf. (897; GK 61d) *and
when you draw near*

אֶל־הַמִּלְחָמָה prep.-def.art.-n.f.s. (536) *to the
battle*

וְנִגַּשׁ conj.-Ni. pf. 3 m.s. (נגש 620) *and shall
come forward*

הַכֹּהֵן def.art.-n.m.s. (463) *the priest*

וְדִבֶּר conj.-Pi. pf. 3 m.s. (180) *and speak*

אֶל־הָעָם prep.-def.art.-n.m.s. (766) *to the people*

20:3

וְאָמַר אֲלֵהֶם conj.-Qal pf. 3 m.s. (55)-prep.-3
m.p. sf. *and shall say to them*

שְׁמַע יִשְׂרָאֵל Qal impv. 2 m.s. (1033)-pr.n. (975)
hear, O Israel

אַתֶּם קְרֵבִים pers.pr. 2 m.p. (61)-adj. m.p. (898)
you draw near

הַיּוֹם def.art.-n.m.s. (398) *this day*

לַמִּלְחָמָה prep.-def.art.-n.f.s. (536) *to battle*

עַל־אֹיְבֵיכֶם prep.-Qal act.ptc. m.p.-2 m.p. sf. (33 אֹיֵב) *against your enemies*

אַל־יֵרַךְ neg.-Qal impf. 3 m.s. (רָכַךְ 939) *let not faint*

לְבַבְכֶם n.m.s.-2 m.p. sf. (523) *your heart*

אַל־תִּירְאוּ neg.-Qal impf. 2 m.p. (יָרֵא 431) *do not fear*

וְאַל־תַּחְפְּזוּ conj.-neg.-Qal impf. 2 m.p. (חָפַז 342) *or tremble*

וְאַל־תַּעַרְצוּ v.supra-Qal impf. 2 m.p. (עָרַץ 791) *or be in dread*

מִפְּנֵיהֶם prep.-n.m.p.-3 m.p. sf. (815) *of them*

20:4

כִּי יהוה אֱלֹהֵיכֶם conj. (471)-pr.n. (217)-n.m.p.-2 m.p. sf. (43) *for Yahweh your God*

הַהֹלֵךְ def.art.-Qal act.ptc. (הָלַךְ 229) *is he that goes*

עִמָּכֶם prep.-2 m.p. sf. *with you*

לְהִלָּחֵם prep.-Ni. inf.cstr. (לָחַם 535) *to fight*

לָכֶם prep.-2 m.p. sf. *for you*

עִם־אֹיְבֵיכֶם prep.-Qal act.ptc. m.p.-2 m.p. sf. (33 אֹיֵב) *against your enemies*

לְהוֹשִׁיעַ prep.-Hi. inf.cstr. (יָשַׁע 446) *to give victory*

אֶתְכֶם dir.obj.-2 m.p. sf. *you*

20:5

וְדִבְּרוּ conj.-Pi. pf. 3 c.p. (180) *then shall speak*

הַשֹּׁטְרִים def.art.-n.m.p. (1009) *the officers*

אֶל־הָעָם prep.-def.art.-n.m.s. (I 766) *to the people*

לֵאמֹר prep.-Qal inf.cstr. (55) *saying*

מִי־הָאִישׁ interr. (566)-def.art.-n.m.s. (35; GK 137c) *what man is there*

אֲשֶׁר בָּנָה rel. (81)-Qal pf. 3 m.s. (124) *that has built*

בַּיִת־חָדָשׁ n.m.s. (108)-adj. m.s. (I 294) *a new house*

וְלֹא חֲנָכוֹ conj.-neg.-Qal pf. 3 m.s.-3 m.s. sf. (II חָנַךְ 335) *and has not dedicated it*

יֵלֵךְ Qal impf. 3 m.s. (הָלַךְ 229) *let him go*

וְיָשֹׁב conj.-Qal impf. 3 m.s. juss. (שׁוּב 996) *back*

לְבֵיתוֹ prep.-n.m.s.-3 m.s. sf. *to his house*

פֶּן־יָמוּת conj. (814)-Qal impf. 3 m.s. (מוּת 559) *lest he die*

בַּמִּלְחָמָה prep.-def.art.-n.f.s. (536) *in the battle*

וְאִישׁ אַחֵר conj.-n.m.s. (35)-adj. m.s. (29) *and another man*

יַחְנְכֶנּוּ Qal impf. 3 m.s.-3 m.s. sf. (חָנַךְ II 335) *dedicate it*

20:6

וּמִי־הָאִישׁ conj.-interr. (566)-def.art.-n.m.s. (35; GK 137c) *and what man is there*

אֲשֶׁר־נָטַע rel. (81)-Qal pf. 3 m.s. (642) *that has planted*

כֶּרֶם n.m.s. (501) *a vineyard*

וְלֹא חִלְּלוֹ conj.-neg.-Pi. pf. 3 m.s.-3 m.s. sf. (III חָלַל 320) *and has not enjoyed its fruit*

יֵלֵךְ Qal impf. 3 m.s. (הָלַךְ 229) *let him go*

וְיָשֹׁב conj.-Qal impf. 3 m.s. juss. (שׁוּב 996) *back*

לְבֵיתוֹ prep.-n.m.s.-3 m.s. sf. (108) *to his house*

פֶּן־יָמוּת conj. (814)-Qal impf. 3 m.s. (מוּת 559) *lest he die*

בַּמִּלְחָמָה prep.-def.art.-n.f.s. (536) *in the battle*

וְאִישׁ אַחֵר conj.-n.m.s. (35)-adj. m.s. (29) *and another man*

יְחַלְּלֶנּוּ Pi. impf. 3 m.s.-3 m.s. sf. (III 320) *enjoy its fruit*

20:7

וּמִי־הָאִישׁ conj.-interr. (566)-def.art.-n.m.s. (35; GK 137c) *and what man is there*

אֲשֶׁר־אֵרַשׂ rel. (81)-Pi. pf. 3 m.s. (אָרַשׂ 76) *that has betrothed*

אִשָּׁה n.f.s. (61) *a wife*

וְלֹא לְקָחָהּ conj.-neg.-Qal pf. 3 m.s.-3 f.s. sf. (542) *and has not taken her*

יֵלֵךְ Qal impf. 3 m.s. (הָלַךְ 229) *let him go*

וְיָשֹׁב conj.-Qal impf. 3 m.s. juss. (שׁוּב 996) *back*

לְבֵיתוֹ prep.-n.m.s.-3 m.s. sf. (108) *to his house*

פֶּן־יָמוּת conj. (814)-Qal impf. 3 m.s. (מוּת 559) *lest he die*

בַּמִּלְחָמָה prep.-def.art.-n.f.s. (536) *in the battle*

וְאִישׁ אַחֵר conj.-n.m.s. (35)-adj. m.s. (29) *and another man*

יִקָּחֶנָּה Qal impf. 3 m.s.-3 f.s. sf. (לָקַח 542) *take her*

20:8

וְיָסְפוּ conj.-Qal pf. 3 c.p. (יָסַף 414) *and further*

הַשֹּׁטְרִים def.art.-n.m.p. (1009) *the officers*

לְדַבֵּר prep.-Pi. inf.cstr. (180) *shall speak*

אֶל־הָעָם prep.-def.art.-n.m.s. (I 766) *to the people*

וְאָמְרוּ conj.-Qal pf. 3 c.p. (55) *and say*

מִי־הָאִישׁ interr. (566)-def.art.-n.m.s. (35; GK 137c) *what man is there*

הַיָּרֵא def.art.-Qal act.ptc. (431) *that is fearful*

וְרַךְ הַלֵּבָב conj.-adj. cstr. (940)-def.art.-n.m.s. (523) *and fainthearted*

יֵלֵךְ Qal impf. 3 m.s. (הָלַךְ 229) *let him go*

וְיָשֹׁב conj.-Qal impf. 3 m.s. juss. (שׁוּב 996) *back*

לְבֵיתוֹ prep.-n.m.s.-3 m.s. sf. (108) *to his house*

וְלֹא יִמַּס conj.-neg.-Ni. impf. 3 m.s. (מָסַס 587; GK 121b-יִמַּס) *lest melt*

אֶת־לְבַב אֶחָיו dir.obj.-n.m.s. cstr. (523)-n.m.p.-3 m.s. sf. (26) *the heart of his fellows*

כִּלְבָבוֹ prep.-n.m.s.-3 m.s. sf. (523) *as his heart*

20:9

וְהָיָה כְּכַלֹּת conj.-Qal pf. 3 m.s. (224)-prep.-Pi. inf.cstr. (כָּלָה 477) *and when have made an end*

הַשֹּׁטְרִים def.art.-n.m.p. (1009) *the officers*

לְדַבֵּר prep.-Pi. inf.cstr. (180) *of speaking*

אֶל־הָעָם prep.-def.art.-n.m.s. (I 766) *to the people*

וּפָקְדוּ conj.-Qal pf. 3 c.p. (823) *then shall be appointed*

שָׂרֵי צְבָאוֹת n.m.p. cstr. (978)-n.f.p. (838) *commanders*

בְּרֹאשׁ הָעָם prep.-n.m.s. cstr. (910)-v.supra *at the head of the people*

20:10

כִּי־תִקְרַב conj. (471)-Qal impf. 2 m.s. (897) *when you draw near*

אֶל־עִיר prep.-n.f.s. (746) *to a city*

לְהִלָּחֵם prep.-Ni. inf.cstr. (לָחַם 535) *to fight*

עָלֶיהָ prep.-3 f.s. sf. *against it*

וְקָרָאתָ conj.-Qal pf. 2 m.s. (894) *offer*

אֵלֶיהָ prep.-3 f.s. sf. *to it*

לְשָׁלוֹם prep.-n.m.s. (1022) *terms of peace*

20:11

וְהָיָה אִם־ conj.-Qal pf. 3 m.s. (224)-hypoth.part. (49) *and if*

שָׁלוֹם n.m.s. (1022) *peace*

תַּעַנְךָ Qal impf. 3 f.s.-2 m.s. sf. (עָנָה I 772) *it answers to you*

וּפָתְחָה לָךְ conj.-Qal pf. 3 f.s. (פָּתַח I 834)-prep.-2 m.s. sf. paus. *and it opens to you*

וְהָיָה conj.-Qal pf. 3 m.s. (224) *then*

כָּל־הָעָם n.m.s. cstr. (481)-def.art.-n.m.s. (I 766) *all the people*

הַנִּמְצָא־בָהּ def.art.-Ni. ptc. (מָצָא 592)-prep.-3 f.s. sf. *who are found in it*

יִהְיוּ לְךָ Qal impf. 3 m.p. (הָיָה 224)-prep.-2 m.s. sf. *shall be for you*

לָמַס prep.-n.m.s. (I 586) *a body of forced laborers*

וַעֲבָדוּךָ conj.-Qal pf. 3 c.p.-2 m.s. sf. (עָבַד 712) *and shall serve you*

20:12

וְאִם־לֹא תַשְׁלִים conj.-hypoth.part. (49)-neg.-Hi. impf. 3 f.s. (שָׁלַם 1022) *but if it makes no peace*

עִמָּךְ prep.-2 m.s. sf. paus. *with you*

וְעָשְׂתָה conj.-Qal pf. 3 f.s. (עָשָׂה I 793) *but makes*

עִמְּךָ prep.-2 m.s. sf. *with you*

מִלְחָמָה n.f.s. (536) *war*

וְצַרְתָּ עָלֶיהָ conj.-Qal pf. 2 m.s. (צוּר II 848)-prep.-3 f.s. sf. *then you shall besiege it*

20:13

וּנְתָנָהּ conj.-Qal pf. 3 m.s.-3 f.s. sf. (נָתַן 678) *and when gives it*

יהוה אֱלֹהֶיךָ pr.n. (217)-n.m.p.-2 m.s. sf. (43) *Yahweh your God*

בְּיָדֶךָ prep.-n.f.s.-2 m.s. sf. (388) *into your hand*

וְהִכִּיתָ conj.-Hi. pf. 2 m.s. (נָכָה 645) *you shall smite*

אֶת־כָּל־זְכוּרָהּ dir.obj.-n.m.s. cstr. (481)-n.m.s.-3 m.s. sf. (271) *all its males*

לְפִי־חָרֶב prep.-n.m.s. cstr. (804)-n.f.s. paus. (352) *to the sword*

20:14

רַק הַנָּשִׁים adv. (956)-def.art.-n.f.p. (61) *but the women*

וְהַטַּף conj.-def.art.-n.m.s. (381) *and the little ones*

וְהַבְּהֵמָה conj.-def.art.-n.f.s. (96) *the cattle*

וְכֹל אֲשֶׁר יִהְיֶה conj.-n.m.s. (481)-rel. (81)-Qal impf. 3 m.s. (224) *and everything else*

בָּעִיר prep.-def.art.-n.f.s. (746) *in the city*

כָּל־שְׁלָלָהּ n.m.s. cstr. (481)-n.m.s.-3 f.s. sf. (1021) *all its spoil*

תָּבֹז לָךְ Qal impf. 2 m.s. (בָּזַז 102)-prep.-2 m.s. sf. paus. *you shall take as booty for yourselves*

וְאָכַלְתָּ conj.-Qal pf. 2 m.s. (אָכַל 37) *and you shall devour*

אֶת־שְׁלַל dir.obj.-n.m.s. cstr. (1021; GK 128h) *the spoil of*

אֹיְבֶיךָ Qal act.ptc. m.p.-2 m.s. sf. (אָיַב 33) *your enemies*

אֲשֶׁר נָתַן rel. (81)-Qal pf. 3 m.s. (678) *which has given*

יהוה אֱלֹהֶיךָ pr.n. (217)-n.m.p.-2 m.s. sf. (43) *Yahweh your God*

לָךְ prep.-2 m.s. sf. paus. *you*

20:15

בֵּן תַּעֲשֶׂה adv. (485)-Qal impf. 2 m.s. (I 793) *thus you shall do*

לְכָל־הֶעָרִים prep.-n.m.s. cstr. (481)-def.art.-n.f.p. (746) *to all the cities*

הָרְחֹקֹת def.art.-adj. f.p. (935) *which are ... far*

מִמְּךָ prep.-2 m.s. sf. *from you*

מְאֹד adv. (547) *very*

אֲשֶׁר לֹא־מֵעָרֵי rel. (81)-neg.-prep.-n.f.p. cstr. (746) *which are not cities of*

הַגּוֹיִם הָאֵלֶּה def.art.-n.m.p. (156)-def.art.-demons.adj. c.p. (41) *these nations*

הֵנָּה adv. (I 244) *here*

20:16

רַק מֵעָרֵי adv. (956)-prep.-n.f.p. cstr. (746) *but in the cities of*

הָעַמִּים הָאֵלֶּה def.art.-n.m.p. (I 766)-def.art.-demons.adj. c.p. (41) *these peoples*

אֲשֶׁר יהוה אֱלֹהֶיךָ rel. (81)-pr.n. (217)-n.m.p.-2 m.s. sf. (43) *that Yahweh your God*

נֹתֵן לְךָ Qal act.ptc. (678)-prep.-2 m.s. sf. *gives you*

נַחֲלָה n.f.s. (635) *for an inheritance*

לֹא תְחַיֶּה neg.-Pi. impf. 2 m.s. (חָיָה 310) *you shall save alive nothing*

כָּל־נְשָׁמָה n.m.s. cstr. (481)-n.f.s. (675) *that breathes*

20:17

כִּי־הַחֲרֵם תַּחֲרִימֵם conj. (471)-Hi. inf.abs. (חָרַם I 355)-Hi. impf. 2 m.s.-3 m.p. sf. (I 355) *but you shall utterly destroy them*

הַחִתִּי def.art.-pr.n. gent. (366) *the Hittites*

וְהָאֱמֹרִי conj.-def.art.-pr.n. gent. (57) *and the Amorites*

הַכְּנַעֲנִי def.art.-pr.n. gent. (489) *the Canaanites*

וְהַפְּרִזִּי conj.-def.art.-pr.n. gent. (827) *and the Perizzites*

הַחִוִּי def.art.-pr.n. gent. (295) *the Hivites*

וְהַיְבוּסִי conj.-def.art.-pr.n. gent. (101) *and the Jebusites*

כַּאֲשֶׁר צִוְּךָ prep.-rel. (81)-Pi. pf. 3 m.s.-2 m.s. sf. (צָוָה 845) *as has commanded you*

יהוה אֱלֹהֶיךָ pr.n. (217)-n.m.p.-2 m.s. sf. (43) *Yahweh your God*

20:18

לְמַעַן אֲשֶׁר לֹא־יְלַמְּדוּ prep. (775)-rel. (81)-neg.-Pi. impf. 3 m.p. (540) *that they may not teach*

אֶתְכֶם dir.obj.-2 m.p. sf. *you*

לַעֲשׂוֹת prep.-Qal inf.cstr. (עָשָׂה I 793) *to do*

כְּכֹל תּוֹעֲבֹתָם prep.-n.m.s. cstr. (481)-n.f.p.-3 m.p. sf. (1072) *according to all their abominable practices*

אֲשֶׁר עָשׂוּ rel. (81)-Qal pf. 3 c.p. (עָשָׂה I 793) *which they have done*

לֵאלֹהֵיהֶם prep.-n.m.p.-3 m.p. sf. (43) *to their gods*

וַחֲטָאתֶם conj.-Qal pf. 2 m.p. (חָטָא 306) *and so to sin*

לַיהוה אֱלֹהֵיכֶם prep.-pr.n. (217)-n.m.p.-2 m.p. sf. (43) *against Yahweh your God*

20:19

כִּי־תָצוּר conj. (471)-Qal impf. 2 m.s. (צוּר II 848) *when you besiege*

אֶל־עִיר prep.-n.f.s. (746) *a city*

יָמִים רַבִּים n.m.p. (398)-adj. m.p. (I 912) *for a long time*

לְהִלָּחֵם prep.-Ni. inf.cstr. (לָחַם 535) *making war*

עָלֶיהָ prep.-3 f.s. sf. *against it*

לְתָפְשָׂהּ prep.-Qal inf.cstr.-3 f.s. sf. (תָּפַשׂ 1074) *in order to take it*

לֹא־תַשְׁחִית neg.-Hi. impf. 2 m.s. (שָׁחַת 1007) *you shall not destroy*

אֶת־עֵצָהּ dir.obj.-n.m.s.-3 f.s. sf. (781) *its trees*

לִנְדֹּחַ עָלָיו prep.-Qal inf.cstr. (623)-prep.-3 m.s. sf. *by wielding against them*

גַּרְזֶן n.m.s. (173) *an axe*

כִּי מִמֶּנּוּ conj.-prep.-3 m.s. sf. *for of them*

תֹאכֵל Qal impf. 2 m.s. (אָכַל 37) *you may eat*

וְאֹתוֹ conj.-dir.obj.-3 m.s. sf. *but them*

לֹא תִכְרֹת neg.-Qal impf. 2 m.s. (503) *you shall not cut down*

כִּי הָאָדָם conj. (471)-def.art.-n.m.s. (9) *for are men?*

עֵץ הַשָּׂדֶה n.m.s. cstr. (781)-def.art.-n.m.s. (961) *trees in the field*

לָבֹא מִפָּנֶיךָ prep.-Qal inf.cstr. (בּוֹא 97)-prep.-n.m.p.-2 m.s. sf. (815) *to come to you*

בַּמָּצוֹר prep.-def.art.-n.m.s. (I 848) *in the siege*

20:20

רַק עֵץ adv. (956)-n.m.s. (781) *only the trees*

אֲשֶׁר־תֵּדַע rel. (81)-Qal impf. 2 m.s. (יָדַע 393) *which you know*

כִּי־לֹא־עֵץ מַאֲכָל conj. (471)-neg.-v.supra cstr.-n.m.s. (38) *not trees for food*

הוּא pers.pr. 3 m.s. (214) *(are)*

אֹתוֹ תַשְׁחִית dir.obj.-3 m.s. sf.-Hi. impf. 2 m.s. (שָׁחַת 1007) *you may destroy them*

וְכָרַתָּ conj.-Qal pf. 2 m.s. paus. (בָּרַת 503) *and cut down*

וּבָנִיתָ מָצוֹר conj.-Qal pf. 2 m.s. (בָּנָה 124)-n.m.s. (I 848) *that you may build siegeworks*

עַל־הָעִיר prep.-def.art.-n.f.s. (746) *against the city*

אֲשֶׁר־הִוא עֹשֶׂה rel. (81)-pers.pr. 3 f.s. (214)-Qal act.ptc. f.s. (עָשָׂה I 793) *that makes*

עִמְּךָ prep.-2 m.s. sf. *with you*

מִלְחָמָה n.f.s. (536) *war*

עַד רִדְתָּהּ prep. (III 723)-Qal inf.cstr.-3 f.s. sf. (יָרַד 432) *until it falls*

21:1

כִּי־יִמָּצֵא conj. (471)-Ni. impf. 3 m.s. (מָצָא 592) *if is found*

חָלָל n.m.s. (I 319) *any one slain*

בָּאֲדָמָה prep.-def.art.-n.f.s. (9) *in the land*

אֲשֶׁר יהוה אֱלֹהֶיךָ rel. (81)-pr.n. (217)-n.m.p.-2 m.s. sf. (43) *which Yahweh your God*

נֹתֵן לְךָ Qal act.ptc. (678)-prep.-2 m.s. sf. *gives you*

לְרִשְׁתָּהּ prep.-Qal inf.cstr.-3 f.s. sf. (יָרַשׁ 439) *to possess (it)*

נֹפֵל Qal act.ptc. (656) *lying*

בַּשָּׂדֶה prep.-def.art.-n.m.s. (961) *in the open country*

לֹא נוֹדַע neg.-Ni. pf. 3 m.s. (יָדַע 393) *and it is not known*

מִי הִכָּהוּ interr. (566)-Hi. pf. 3 m.s.-3 m.s. sf. (נָכָה 645) *who killed him*

21:2

וְיָצְאוּ conj.-Qal pf. 3 c.p. (422) *then shall come forth*

זְקֵנֶיךָ adj. m.p.-2 m.s. sf. (278) *your elders*

וְשֹׁפְטֶיךָ conj.-Qal act.ptc. m.p.-2 m.s. sf. (1047) *and your judges*

וּמָדְדוּ conj.-Qal pf. 3 c.p. (מָדַד 551) *and they shall measure*

אֶל־הֶעָרִים prep.-def.art.-n.f.p. (746) *to the cities*

אֲשֶׁר סְבִיבֹת rel. (81)-subst. cstr. (686) *which are around*

הֶחָלָל def.art.-n.m.s. (I 319) *him that is slain*

21:3

וְהָיָה conj.-Qal pf. 3 m.s. (224; GK 145q) *and (it shall be)*

הָעִיר def.art.-n.f.s. (746) *the city*

הַקְּרֹבָה def.art.-adj. f.s. (898) *which is nearest*

אֶל־הֶחָלָל prep.-def.art.-n.m.s. (I 319) *to the slain man*

וְלָקְחוּ conj.-Qal pf. 3 c.p. (542) *shall take*

זִקְנֵי adj. m.p. cstr. (278) *the elders of*

הָעִיר הַהִוא def.art.-n.f.s. (746)-def.art. -demons.adj. f.s. (214) *that city*

עֶגְלַת בָּקָר n.f.s. cstr. (I 722)-n.m.s. (133) *a heifer*

אֲשֶׁר לֹא־עֻבַּד בָּהּ rel. (81)-neg.-Pu. pf. 3 m.s. (712; GK 121a)-prep.-3 f.s. sf. *which has never been worked*

אֲשֶׁר לֹא־מָשְׁכָה בְּעֹל v.supra-neg.-Qal pf. 3 f.s. (604)-prep.-n.m.s. (760) *and which has not pulled in the yoke*

21:4

וְהוֹרִדוּ conj.-Hi. pf. 3 c.p. (יָרַד 432) *and shall bring down*

זִקְנֵי adj. m.p. cstr. (278) *the elders of*

הָעִיר הַהִוא def.art.-n.f.s. (746)-def.art. -demons.adj. f.s. (214) *that city*

אֶת־הָעֶגְלָה dir.obj.-def.art.-n.f.s. (I 722) *the heifer*

אֶל־נַחַל אֵיתָן prep.-n.m.s. (636)-adj. m.s. (450) *to a valley with running water*

אֲשֶׁר לֹא־יֵעָבֵד בּוֹ rel. (81)-neg.-Ni. impf. 3 m.s. (712; GK 121a)-prep.-3 m.s. sf. *which is neither plowed*

וְלֹא יִזָּרֵעַ conj.-neg.-Ni. impf. 3 m.s. (281; GK 121a) *nor sown*

וְעָרְפוּ־שָׁם conj.-Qal pf. 3 c.p. (791)-adv. (1027) *and they shall break the neck there*

אֶת־הָעֶגְלָה dir.obj.-def.art.-n.f.s. (722) *of the heifer*

בַּנָּחַל prep.-def.art.-n.m.s. paus. (636) *in the valley*

21:5

וְנִגְּשׁוּ conj.-Ni. pf. 3 c.p. (נָגַשׁ 620) *and shall come forward*

הַכֹּהֲנִים def.art.-n.m.p. (463) *the priests*

בְּנֵי לֵוִי n.m.p. cstr. (119)-pr.n. (II 532) *the sons of Levi*

כִּי בָם conj.-prep.-3 m.p. sf. *for them*

בָּחַר Qal pf. 3 m.s. (103) *has chosen*

יהוה אֱלֹהֶיךָ pr.n. (217)-n.m.p.-2 m.s. sf. (43) *Yahweh your God*

לְשָׁרְתוֹ prep.-Pi. inf.cstr.-3 m.s. sf. (שָׁרַת 1058) *to minister to him*

וּלְבָרֵךְ conj.-prep.-Pi. inf.cstr. (בָּרַךְ 138) *and to bless*

בְּשֵׁם יהוה prep.-n.m.s. cstr. (1027)-v.supra *in the name of Yahweh*

וְעַל־פִּיהֶם conj.-prep.-n.m.s.-3 m.p. sf. (804) *and by their word*

יִהְיֶה Qal impf. 3 m.s. (הָיָה 224) *shall be settled*

כָּל־רִיב n.m.s. cstr. (481)-n.m.s. (936) *every dispute*

וְכָל־נֶגַע conj.-v.supra-n.m.s. paus. (619) *and every assault*

21:6

וְכֹל זִקְנֵי conj.-n.m.s. cstr. (481)-adj. m.p. cstr. (278) *and all the elders of*

הָעִיר הַהִוא def.art.-n.f.s. (746)-def.art.-demons.adj. f.s. (214) *that city*

הַקְּרֹבִים def.art.-adj. m.p. (898) *nearest*

אֶל־הֶחָלָל prep.-def.art.-n.m.s. (I 319) *to the slain man*

יִרְחֲצוּ Qal impf. 3 m.p. (934) *shall wash*

אֶת־יְדֵיהֶם dir.obj.-n.f. du.-3 m.p. sf. (388) *their hands*

עַל־הָעֶגְלָה prep.-def.art.-n.f.s. (722) *over the heifer*

הָעֲרוּפָה def.art.-Qal pass.ptc. f.s. (791) *whose neck was broken*

בַנָּחַל prep.-def.art.-n.m.s. paus. (636) *in the valley*

21:7

וְעָנוּ conj.-Qal pf. 3 c.p. (עָנָה I 772) *and they shall testify*

וְאָמְרוּ conj.-Qal pf. 3 c.p. (55) *(and say)*

יָדֵינוּ n.f. du.-1 c.p. sf. (388; GK 145) *our hands*

לֹא שָׁפְכֻה neg.-Qal pf. 3 c.p. (שָׁפַךְ 1049; GK 44m) *did not shed*

אֶת־הַדָּם הַזֶּה dir.obj.-def.art.-n.m.s. (196)-def.art.-demons.adj. m.s. (260) *this blood*

וְעֵינֵינוּ conj.-n.f. du.-1 c.p. sf. (744) *neither our eyes*

לֹא רָאוּ neg.-Qal pf. 3 c.p. (רָאָה 906) *did see (not)*

21:8

כַּפֵּר Pi. impv. 2 m.s. (497) *forgive*

לְעַמְּךָ prep.-n.m.s.-2 m.s. sf. (I 766) *thy people*

יִשְׂרָאֵל pr.n. (975) *Israel*

אֲשֶׁר־פָּדִיתָ rel. (81)-Qal pf. 2 m.s. (פָּדָה 804) *whom thou hast redeemed*

יְהוָה pr.n. (217) *O Yahweh*

וְאַל־תִּתֵּן conj.-neg.-Qal impf. 2 m.s. (נָתַן 678) *and set not*

דָּם נָקִי n.m.s. (196)-adj. m.s. (667) *innocent blood*

בְּקֶרֶב עַמְּךָ prep.-n.m.s. cstr. (899)-n.m.s.-2 m.s. sf. (I 766) *in the midst of thy people*

יִשְׂרָאֵל pr.n. (975) *Israel*

וְנִכַּפֵּר conj.-Nithpa'el pf. 3 m.s. (כָּפַר 497; GK 55k) *but let be forgiven*

לָהֶם prep.-3 m.p. sf. *them*

הַדָּם def.art.-n.m.s. (196) *the blood*

21:9

וְאַתָּה תְבַעֵר conj.-pers.pr. 2 m.s. (61)-Pi. impf. 2 m.s. (128) *so you shall purge*

הַדָּם הַנָּקִי def.art.-n.m.s. (196)-def.art.-adj. m.s. (667) *the innocent blood*

מִקִּרְבֶּךָ prep.-n.m.s.-2 m.s. sf. (899) *from your midst*

כִּי־תַעֲשֶׂה conj.-Qal impf. 2 m.s. (עָשָׂה I 793) *when you do*

הַיָּשָׁר def.art.-adj. m.s. (449) *what is right*

בְּעֵינֵי יהוה prep.-n.f. du. cstr. (744)-pr.n. (217) *in the sight of Yahweh*

21:10

כִּי־תֵצֵא conj. (471)-Qal impf. 2 m.s. (יָצָא 422) *when you go forth*

לַמִּלְחָמָה prep.-def.art.-n.f.s. (536) *to war*

עַל־אֹיְבֶיךָ prep.-Qal act.ptc. m.p.-2 m.s. sf. (אֹיֵב 33) *against your enemies*

וּנְתָנוֹ conj.-Qal pf. 3 m.s.-3 m.s. sf. (נָתַן 678; GK 135p,145m) *and gives them*

יהוה pr.n. (217) *Yahweh*

אֱלֹהֶיךָ n.m.p.-2 m.s. sf. (43) *your God*

בְּיָדֶךָ prep.-n.f.s.-2 m.s. sf. (388) *into your hands*

וְשָׁבִיתָ שִׁבְיוֹ conj.-Qal pf. 2 m.s. (שָׁבָה 985)-n.m.s.-3 m.s. sf. (985) *and you take them captive*

21:11

וְרָאִיתָ conj.-Qal pf. 2 m.s. (רָאָה 906) *and see*

בַּשִּׁבְיָה prep.-def.art.-n.f.s. (986) *among the captives*

אֵשֶׁת יְפַת־תֹּאַר n.f.s. cstr. (61; GK 96,130e)-n.f.s. cstr. (421)-n.m.s. (1061) *a beautiful woman*

וְחָשַׁקְתָּ בָהּ conj.-Qal pf. 2 m.s. (I 365; GK 49m)-prep.-3 f.s. sf. *and you have desire for her*

וְלָקַחְתָּ conj.-Qal pf. 2 m.s. (542) *and would take (her)*

לְךָ prep.-2 m.s. sf. *for yourself*

לְאִשָּׁה prep.-n.f.s. (61) *as wife*

21:12

וַהֲבֵאתָהּ conj.-Hi. pf. 2 m.s.-3 f.s. sf. (בּוֹא 97) *then you shall bring her*

אֶל־תּוֹךְ בֵּיתֶךָ prep.-n.m.s. cstr. (1063)-n.m.s.-2 m.s. sf. (108) *to your house*

וְגִלְּחָה conj.-Pi. pf. 3 f.s. (גָּלַח 164) *and she shall shave*

אֶת־רֹאשָׁהּ dir.obj.-n.m.s.-3 f.s. sf. (910) *her head*

וְעָשְׂתָה conj.-Qal pf. 3 f.s. (עָשָׂה I 793) *and pare*

אֶת־צִפָּרְנֶיהָ dir.obj.-n.m.p.-3 f.s. sf. (862) *her nails*

21:13

וְהֵסִירָה conj.-Hi. pf. 3 f.s. (סוּר 693) *and she shall put off*

אֶת־שִׂמְלַת שִׁבְיָהּ dir.obj.-n.f.s. cstr. (971) -n.m.s.-3 f.s. sf. (985) *her captive's garb*

מֵעָלֶיהָ prep.-prep.-3 f.s. sf. *(from her)*

וְיָשְׁבָה conj.-Qal pf. 3 f.s. (יָשַׁב 442) *and shall remain*

בְּבֵיתֶךָ prep.-n.m.s.-2 m.s. sf. (108) *in your house*

וּבָכְתָה conj.-Qal pf. 3 f.s. (בָּכָה 113) *and bewail*

אֶת־אָבִיהָ dir.obj.-n.m.s.-3 f.s. sf. (3) *her father*

וְאֶת־אִמָּהּ conj.-dir.obj.-n.f.s.-3 f.s. sf. (51) *and her mother*

יֶרַח יָמִים n.m.s. cstr. (I 437)-n.m.p. (398) *a full month*

וְאַחַר כֵּן conj.-prep. (29; GK 101a)-adv. (485) *after that*

תָּבוֹא Qal impf. 2 m.s. (בּוֹא 97) *you may go in*

אֵלֶיהָ prep.-3 f.s. sf. *to her*

וּבְעַלְתָּהּ conj.-Qal pf. 2 m.s.-3 f.s. sf. (127) *and be her husband*

וְהָיְתָה conj.-Qal pf. 3 f.s. (הָיָה 224) *and she shall be*

לְךָ לְאִשָּׁה prep.-2 m.s. sf.-prep.-n.f.s. (61) *your wife*

21:14

וְהָיָה אִם־ conj.-Qal pf. 3 m.s. (224)-hypoth.part. (49) *then if*

לֹא חָפַצְתָּ בָּהּ neg.-Qal pf. 2 m.s. (342)-prep.-3 f.s. sf. *you have no delight in her*

וְשִׁלַּחְתָּהּ conj.-Pi. pf. 2 m.s.-3 f.s. sf. (1018) *you shall let her go*

לְנַפְשָׁהּ prep.-n.f.s.-3 f.s. sf. (659) *where she will*

וּמָכֹר לֹא־תִמְכְּרֶנָּה conj.-Qal inf.abs. (569)-neg. -Qal impf. 2 m.s.-3 f.s. sf. (מָכַר 569) *but you shall not sell her*

בַּכָּסֶף prep.-def.art.-n.m.s. paus. (494) *for money*

לֹא־תִתְעַמֵּר בָּהּ neg.-Hith. impf. 2 m.s. (עָמַר II 771)-prep.-3 f.s. sf. *you shall not treat her as a slave*

תַּחַת אֲשֶׁר עִנִּיתָהּ prep. (1065)-rel. (81)-Pi. pf. 2 m.s.-3 f.s. sf. (עָנָה III 776) *since you have humiliated her*

21:15

כִּי־תִהְיֶיןָ לְאִישׁ conj. (471)-Qal impf. 3 f.p. (הָיָה)-prep.-n.m.s. (35) *if a man has*

שְׁתֵּי נָשִׁים num. cstr. (1040)-n.f.p. (61) *two wives*

הָאַחַת אֲהוּבָה def.art.-adj. f.s. (25)-Qal pass.ptc. f.s. (אָהֵב 12) *the one loved*

וְהָאַחַת שְׂנוּאָה conj.-v.supra-Qal pass.ptc. f.s. (שָׂנֵא 971) *and the other disliked*

וְיָלְדוּ־לוֹ conj.-Qal pf. 3 c.p. (יָלַד 408)-prep.-3 m.s. sf. *and they have borne him*

בָנִים n.m.p. (119) *children*

הָאֲהוּבָה def.art.-v.supra *both the loved*

וְהַשְּׂנוּאָה conj.-def.art.-v.supra *and the disliked*

וְהָיָה הַבֵּן הַבְּכוֹר conj.-Qal pf. 3 m.s. (224)-def. art.-n.m.s. (119)-def.art.-n.m.s. (114) *and if the first-born son is*

לַשְּׂנִיאָה prep.-def.art.-adj. f.s. (971) *hers that is disliked*

21:16

וְהָיָה בְּיוֹם הַנְחִילוֹ conj.-Qal pf. 3 m.s. (224) -prep.-n.m.s. cstr. (398)-Hi. inf.cstr.-3 m.s. sf. (נָחַל 635) *then on the day when he assigns as an inheritance*

אֶת־בָּנָיו dir.obj.-n.m.p.-3 m.s. sf. (119) *to his sons*

אֵת אֲשֶׁר־יִהְיֶה לוֹ dir.obj.-rel. (81)-Qal impf. 3 m.s. (224)-prep.-3 m.s. sf. *his possessions*

לֹא יוּכַל לְבַכֵּר neg.-Qal impf. 3 m.s. (407) -prep.-Pi. inf.cstr. (בָּכַר 114) *he may not treat as the first-born*

אֶת־בֶּן־הָאֲהוּבָה dir.obj.-n.m.s. cstr. (119)-def. art.-Qal pass.ptc. f.s. (אָהֵב 12) *the son of the loved*

עַל־פְּנֵי בֶן־ prep.-n.m.p. cstr. (815)-v.supra *in preference to the son of*

הַשְּׂנוּאָה def.art.-Qal pass.ptc. f.s. (שָׂנֵא 971) *the disliked*

הַבְּכֹר def.art.-n.m.s. (114) *who is the first-born*

21:17

כִּי אֶת־הַבְּכֹר conj. (471)-dir.obj.-def.art.-n.m.s. (114) *but the first-born*

בֶּן־הַשְּׂנוּאָה n.m.s. cstr. (119)-def.art.-Qal pass.ptc. f.s. (שָׂנֵא 971) *the son of the disliked*

יַכִּיר Hi. impf. 3 m.s. (נָכַר 647) *he shall acknowledge*

לָתֶת לוֹ prep.-Qal inf.cstr. (נָתַן 678)-prep.-3 f.s. sf. *by giving him*

פִּי שְׁנַיִם n.m.s. cstr. (804)-num. du. (1040) *a double portion*

בְּכֹל אֲשֶׁר־יִמָּצֵא לוֹ prep.-n.m.s. (481)-rel. (81)
-Ni. impf. 3 m.s. (מָצָא 592)-prep.-3 m.s. sf.
of all that he has

כִּי־הוּא רֵאשִׁית אֹנוֹ conj. (471)-pers.pr. 3 m.s.
(214)-n.f.s. cstr. (912)-n.m.s.-3 m.s. sf. (I 20)
for he is the first issue of his strength

לוֹ מִשְׁפַּט prep.-3 m.s. sf.-n.m.s. cstr. (1048) *he is
the right of*

הַבְּכֹרָה def.art.-n.f.s. (114) *the first-born*

21:18

כִּי־יִהְיֶה לְאִישׁ conj. (471)-Qal impf. 3 m.s. (הָיָה
224)-prep.-n.m.s. (35) *if a man has*

בֵּן סוֹרֵר n.m.s. (119)-Qal act.ptc. (סָרַר 710) *a
stubborn son*

וּמוֹרֶה conj.-Qal act.ptc. (מָרָה 598) *and
rebellious*

אֵינֶנּוּ שֹׁמֵעַ subst.-3 m.s. sf. (II 34)-Qal act.ptc.
(1033) *who will not obey*

בְּקוֹל אָבִיו prep.-n.m.s. cstr. (876)-n.m.s.-3 m.s. sf.
(3) *the voice of his father*

וּבְקוֹל אִמּוֹ conj.-v.supra-n.f.s.-3 m.s. sf. (51) *or
the voice of his mother*

וְיִסְּרוּ אֹתוֹ conj.-Qal impf. 3 m.p. (יָסַר 415)-dir.
obj.-3 m.s.sf. *and though they chastise him*

וְלֹא יִשְׁמַע אֲלֵיהֶם conj.-neg.-Qal impf. 3 m.s.
(1033)-prep.-3 m.p. sf. *will not give heed to
them*

21:19

וְתָפְשׂוּ בוֹ conj.-Qal pf. 3 c.p. (תָּפַשׂ 1074)-prep.
-3 m.s. sf. *then shall take hold of him*

אָבִיו n.m.s.-3 m.s. sf. (3) *his father*

וְאִמּוֹ conj.-n.f.s.-3 m.s. sf. (51) *and his mother*

וְהוֹצִיאוּ אֹתוֹ conj.-Hi. pf. 3 c.p. (יָצָא 422)
-dir.obj.-3 m.s. sf. *and bring him out*

אֶל־זִקְנֵי עִירוֹ prep.-adj. m.p. cstr. (278)-n.f.s.-3
m.s. sf. (746) *to the elders of his city*

וְאֶל־שַׁעַר מְקֹמוֹ conj.-prep.-n.m.s. cstr. (1044)
-n.m.s.-3 m.s. sf. (879) *at the gate of the
place where he lives*

21:20

וְאָמְרוּ conj.-Qal pf. 3 c.p. (55) *and they shall
say*

אֶל־זִקְנֵי עִירוֹ prep.-adj. m.p. cstr. (278)-n.f.s.-3
m.s. sf. (746) *to the elders of his city*

בְּנֵנוּ זֶה n.m.s.-1 c.p. sf. (119)-demons.adj. m.s.
(260) *this our son*

סוֹרֵר Qal act.ptc. (סָרַר 710) *is stubborn*

וּמֹרֶה conj.-Qal act.ptc. (מָרָה 598) *and
rebellious*

אֵינֶנּוּ שֹׁמֵעַ subst.-3 m.s. sf. (II34)-Qal act.ptc.
(1033) *he will not obey*

בְּקֹלֵנוּ prep.-n.m.s.-1 c.p. sf. (876) *our voice*

זוֹלֵל Qal act.ptc. (זָלַל II 272) *a glutton (a
squanderer)*

וְסֹבֵא conj.-Qal act.ptc. (סָבָא 684) *and a
drunkard*

21:21

וּרְגָמֻהוּ conj.-Qal pf. 3 c.p.-3 m.s. sf. (רָגַם 920)
then shall stone him

כָּל־אַנְשֵׁי עִירוֹ n.m.s. cstr. (481)-n.m.p. cstr. (31)
-n.f.s.-3 m.s. sf. (746) *all the men of his city*

בָּאֲבָנִים prep.-def.art.-n.f.p. (6) *with stones*

וָמֵת conj.-Qal pf. 3 m.s. (מוּת 559) *to death*

וּבִעַרְתָּ conj.-Pi. pf. 2 m.s. (בָּעַי 128) *so you shall
purge*

הָרָע def.art.-n.m.s. (948) *the evil*

מִקִּרְבֶּךָ prep.-n.m.s.-2 m.s. sf. (899) *from your
midst*

וְכָל־יִשְׂרָאֵל conj.-n.m.s. cstr. (481)-pr.n. (975)
and all Israel

יִשְׁמְעוּ Qal impf. 3 m.p. (1033) *shall hear*

וְיִרָאוּ conj.-Qal impf. 3 m.p. (יָרֵא 431) *and fear*

21:22

וְכִי־יִהְיֶה בְאִישׁ conj.-conj. (471)-Qal impf. 3
m.s. (הָיָה 224)-prep.-n.m.s. (35) *and if a
man has committed*

חֵטְא מִשְׁפָּט n.m.s. cstr. (307)-n.m.s. cstr. (1048)
a crime punishable by

מָוֶת n.m.s. (560) *death*

וְהוּמָת conj.-Ho. pf. 3 m.s. paus. (מוּת 559) *and
he is put to death*

וְתָלִיתָ אֹתוֹ conj.-Qal pf. 2 m.s. (תָּלָה 1067)
-dir.obj.-3 m.s. sf. *and you hang him*

עַל־עֵץ prep.-n.m.s. (781) *on a tree*

21:23

לֹא־תָלִין neg.-Qal impf. 3 f.s. (לוּן I 533) *shall
not remain all night*

נִבְלָתוֹ n.f.s.-3 m.s. sf. (615) *his body*

עַל־הָעֵץ prep.-def.art.-n.m.s. (781) *upon the tree*

כִּי־קָבוֹר תִּקְבְּרֶנּוּ conj. (471)-Qal inf.abs. (868)
-Qal impf. 2 m.s.-3 m.s. sf. (קָבַר 868) *but
you shall bury him*

בַּיּוֹם הַהוּא prep.-def.art.-n.m.s. (398)-def.art.
-demons.adj. m.s. (214) *the same day*

כִּי־קִלְלַת אֱלֹהִים conj. (471)-n.f.s. cstr. (887)
-n.m.p. (43) *for accursed by God*

תָּלוּי Qal pass.ptc. (תָּלָה 1067) *a hanged man*

847

וְלֹא תְטַמֵּא conj.-neg.-Pi. impf. 2 m.s. (טָמֵא 379) *you shall not defile*

אֶת־אַדְמָתְךָ dir.obj.-n.f.s.-2 m.s. sf. (9) *your land*

אֲשֶׁר יהוה אֱלֹהֶיךָ rel. (81)-pr.n. (217)-n.m.p.-2 m.s. sf. (43) *which Yahweh your God*

נֹתֵן לָךְ Qal act.ptc. (678)-prep.-2 m.s. sf. *gives you*

נַחֲלָה n.f.s. (635) *for an inheritance*

22:1

לֹא־תִרְאֶה neg.-Qal impf. 2 m.s. (906; GK 159gg) *you shall not see*

אֶת־שׁוֹר אָחִיךָ dir.obj.-n.m.s. cstr. (1004)-n.m.s.-2 m.s. sf. (26) *your brother's ox*

אוֹ אֶת־שֵׂיוֹ conj. (14)-dir.obj.-n.m.s.-3 m.s. sf. (961) *or his sheep*

נִדָּחִים Ni. ptc. m.p. (נָדַח 623) *go astray*

וְהִתְעַלַּמְתָּ conj.-Hith. pf. 2 m.s. (עָלַם I 761) *and hide yourself*

מֵהֶם prep.-3 m.p. sf. *from them*

הָשֵׁב תְּשִׁיבֵם Hi. inf.abs. (שׁוּב 996)-Hi. impf. 2 m.s.-3 m.p. sf. (996) *you shall take them back*

לְאָחִיךָ prep.-n.m.s.-2 m.s. sf. (26) *to your brother*

22:2

וְאִם־לֹא קָרוֹב conj.-hypoth.part. (49)-neg.-adj. (898) *and if not near*

אָחִיךָ n.m.s.-2 m.s. sf. (26) *your brother*

אֵלֶיךָ prep.-2 m.s. sf. *you*

וְלֹא יְדַעְתּוֹ conj.-neg.-Qal pf. 2 m.s.-3 m.s. sf. (יָדַע 393) *or if you do not know him*

וַאֲסַפְתּוֹ conj.-Qal pf. 2 m.s.-3 m.s. sf. (אָסַף 62) *you shall bring it*

אֶל־תּוֹךְ בֵּיתֶךָ prep.-n.m.s. cstr. (1063)-n.m.s.-2 m.s. sf. (108) *home to your house*

וְהָיָה עִמְּךָ conj.-Qal pf. 3 m.s. (224)-prep.-2 m.s. sf. *with you*

עַד דְּרֹשׁ אָחִיךָ prep. (III 723)-Qal inf.cstr. (205)-n.m.s.-2 m.s. sf. (26) *until your brother seeks*

אֹתוֹ dir.obj.-3 m.s. sf. *it*

וַהֲשֵׁבֹתוֹ לוֹ conj.-Hi. pf. 2 m.s.-3 m.s. sf. (שׁוּב 996)-prep.-3 m.s. sf. *then you shall restore it to him*

22:3

וְכֵן תַּעֲשֶׂה conj.-adv. (485)-Qal impf. 2 m.s. (עָשָׂה I 793) *and so you shall do*

לַחֲמֹרוֹ prep.-n.m.s.-3 m.s. sf. (331) *with his ass*

וְכֵן תַּעֲשֶׂה v.supra-v.supra *so you shall do*

לְשִׂמְלָתוֹ prep.-n.f.s.-3 m.s. sf. (971) *with his garment*

וְכֵן תַּעֲשֶׂה v.supra-v.supra *so you shall do*

לְכָל־אֲבֵדַת prep.-n.m.s. cstr. (481)-n.f.s. cstr. (2) *with any lost thing of*

אָחִיךָ n.m.s.-2 m.s. sf. (26) *your brother*

אֲשֶׁר־תֹּאבַד מִמֶּנּוּ rel. (81)-Qal impf. 3 f.s. (אָבַד 1)-prep.-3 m.s. sf. *which he loses*

וּמְצָאתָהּ conj.-Qal pf. 2 m.s.-3 f.s. sf. (מָצָא 592) *and you find it*

לֹא תוּכַל לְהִתְעַלֵּם neg.-Qal impf. 2 m.s. (407)-prep.-Hith. inf.cstr. (I 761) *you may not hide yourself*

22:4

לֹא־תִרְאֶה neg.-Qal impf. 2 m.s. (906; GK 159gg) *you shall not see*

אֶת־חֲמוֹר אָחִיךָ dir.obj.-n.m.s. cstr. (331)-n.m.s.-2 m.s. sf. (26) *your brother's ass*

אוֹ שׁוֹרוֹ conj.(14)-n.m.s.-3 m.s. sf. (1004) *or his ox*

נֹפְלִים Qal act.ptc. m.p. (656) *fallen down*

בַּדֶּרֶךְ prep.-def.art.-n.m.s. (202) *by the way*

וְהִתְעַלַּמְתָּ conj.-Hith. pf. 2 m.s. (I 761) *and you hide yourself*

מֵהֶם prep.-3 m.p. sf. *from them*

הָקֵם תָּקִים Hi. inf.abs. (קוּם 877)-Hi. impf. 2 m.s. (877) *you shall definitely lift them*

עִמּוֹ prep.-3 m.s. sf. *with him*

22:5

לֹא־יִהְיֶה כְלִי־גֶבֶר neg.-Qal impf. 3 m.s. (הָיָה 224)-n.m.s. cstr. (479)-n.m.s. (149) *anything that pertains to a man shall not be*

עַל־אִשָּׁה prep.-n.f.s. (61) *upon a woman*

וְלֹא־יִלְבַּשׁ conj.-neg.-Qal impf. 3 m.s. (527) *nor shall put on*

גֶּבֶר n.m.s. (149) *a man*

שִׂמְלַת אִשָּׁה n.f.s. cstr. (971)-n.f.s. (61) *a woman's garment*

כִּי תוֹעֲבַת conj. (471)-n.f.s. cstr. (1072) *for an abomination to*

יהוה אֱלֹהֶיךָ pr.n. (217)-n.m.p.-2 m.s. sf. (43) *Yahweh your God*

כָּל־עֹשֵׂה אֵלֶּה n.m.s. cstr. (481)-Qal act.ptc. m.s. cstr. (I 793)-demons.adj. c.p. (41) *whoever does these things*

22:6

כִּי יִקָּרֵא conj. (471)-Ni. impf. 3 m.s. (קָרָא II 896) *if you chance to come upon*

קַן־צִפּוֹר n.m.s. cstr. (890)-n.f.s. (861) *a bird's nest*

לְפָנֶיךָ prep.-n.m.p.-2 m.s. sf. (815) *(before you)*

בַּדֶּרֶךְ prep.-def.art.-n.m.s. (202) *in the way*

בְּכָל־עֵץ prep.-n.m.s. cstr. (481)-n.m.s. (781) *in any tree*

אוֹ עַל־הָאָרֶץ conj. (14)-prep.-def.art.-n.f.s. (75) *or on the ground*

אֶפְרֹחִים n.m.p. (827) *with young ones*

אוֹ בֵיצִים v.supra-n.f.p. (101) *or eggs*

וְהָאֵם conj.-def.art.-n.f.s. (51) *and the mother*

רֹבֶצֶת Qal act.ptc. f.s. (רבץ 918) *sitting*

עַל־הָאֶפְרֹחִים prep.-def.art.-v.supra *upon the young*

אוֹ עַל־הַבֵּיצִים v.supra-prep.-def.art.-v.supra *or upon the eggs*

לֹא־תִקַּח neg.-Qal impf. 2 m.s. (לקח 542) *you shall not take*

הָאֵם v.supra *the mother*

עַל־הַבָּנִים prep.-def.art.-n.m.p. (119) *with the young*

22:7

שַׁלֵּחַ תְּשַׁלַּח Pi. inf.abs. (1018)-Pi. impf. 2 m.s. (1018) *you shall let go*

אֶת־הָאֵם dir.obj.-def.art.-n.f.s. (51) *the mother*

וְאֶת־הַבָּנִים conj.-dir.obj.-def.art.-n.m.p. (119) *but the young*

תִּקַּח־לָךְ Qal impf. 2 m.s. (לקח 542)-prep.-2 m.s. sf. paus. *you may take to yourself*

לְמַעַן יִיטַב לָךְ prep. (775)-Qal impf. 3 m.s. (יטב 405)-prep.-2 m.s. sf. paus. *that it may go well with you*

וְהַאֲרַכְתָּ יָמִים conj.-Hi. pf. 2 m.s. (ארך 73)-n.m.p. (398) *and that you may live long*

22:8

כִּי תִבְנֶה conj. (471)-Qal impf. 2 m.s. (בנה 124) *when you build*

בַּיִת חָדָשׁ n.m.s. (108)-adj. m.s. (I 294) *a new house*

וְעָשִׂיתָ conj.-Qal pf. 2 m.s. (עשה I 793) *you shall make*

מַעֲקֶה n.m.s. (785) *a parapet*

לְגַגֶּךָ prep.-n.m.s.s-2 m.s. sf. (150) *for your roof*

וְלֹא־תָשִׂים conj.-neg.-Qal impf. 2 m.s. (שׂום 962) *that you may not bring*

דָּמִים n.m.p. (196) *the guilt of blood*

בְּבֵיתֶךָ prep.-n.m.s.-2 m.s. sf. (108) *upon your house*

כִּי־יִפֹּל conj. (471)-Qal impf. 3 m.s. (נפל 656) *if fall*

הַנֹּפֵל def.art.-Qal act.ptc. (נפל 656) *any one (falling)*

מִמֶּנּוּ prep.-3 m.s. sf. *from it*

22:9

לֹא־תִזְרַע neg.-Qal impf. 2 m.s. (281) *you shall not sow*

כַּרְמְךָ n.m.s.-2 m.s. sf. (501) *your vineyard*

כִּלְאָיִם n.m. du. paus. (476) *with two kinds of seed*

פֶּן־תִּקְדַּשׁ conj. (814)-Qal impf. 3 f.s. (קדש 872) *lest be forfeited to the sanctuary (become holy)*

הַמְלֵאָה def.art.-n.f.s. (571) *the whole yield*

הַזֶּרַע def.art.-n.m.s. (282) *the crop*

אֲשֶׁר תִּזְרָע rel. (81)-Qal impf. 2 m.s. (281) *which you have sown*

וּתְבוּאַת הַכָּרֶם conj.-n.f.s. cstr. (100)-def.art.-n.m.s. paus. (501) *and the yield of the vineyard*

22:10

לֹא־תַחֲרֹשׁ neg.-Qal impf. 2 m.s. (I 360) *you shall not plow*

בְּשׁוֹר־ prep.-n.m.s. (1004) *with an ox*

וּבַחֲמֹר conj.-prep.-n.m.s. (331) *and an ass*

יַחְדָּו adv. (403) *together*

22:11

לֹא תִלְבַּשׁ neg.-Qal impf. 2 m.s. (527) *you shall not wear*

שַׁעַטְנֵז n.m.s. (1043) *a mingled stuff*

צֶמֶר n.m.s. (856) *wool*

וּפִשְׁתִּים conj.-n.f.p. (833) *and linen*

יַחְדָּו adv. (403) *together*

22:12

גְּדִלִים n.m.p. (152) *tassels*

תַּעֲשֶׂה־לָּךְ Qal impf. 2 m.s. (I 793)-prep.-2 m.s. sf. paus. *you shall make yourself*

עַל־אַרְבַּע כַּנְפוֹת prep.-num. cstr. (916)-n.f.p. cstr. (489) *on the four corners of*

כְּסוּתְךָ n.f.s.-2 m.s. sf. (492) *your cloak*

אֲשֶׁר תְּכַסֶּה־בָּהּ rel. (81)-Pi. impf. 2 m.s. (כסה 491)-prep.-3 f.s. sf. *with which you cover yourself*

22:13

כִּי־יִקַּח אִישׁ conj. (471)-Qal impf. 3 m.s. (לקח 542)-n.m.s. (35) *if any man takes*

אִשָּׁה n.f.s. (61) *a wife*

849

וּבָא אֵלֶיהָ conj.-Qal pf. 3 m.s. (בוֹא 97)-prep.-3 f.s. sf. *and goes in to her*

וּשְׂנֵאָהּ conj.-Qal pf. 3 m.s.-3 f.s. sf. (שָׂנֵא 971) *and then spurns her*

22:14

וְשָׂם לָהּ conj.-Qal pf. 3 m.s. (שׂוֹם 962)-prep.-3 f.s. sf. *and charges her*

עֲלִילֹת דְּבָרִים n.f.p. cstr. (760)-n.m.p. (182) *with baseless charges*

וְהוֹצִיא עָלֶיהָ conj.-Hi. pf. 3 m.s. (יָצָא 422) -prep.-3 f.s. sf. *and brings upon her*

שֵׁם רָע n.m.s. (1027)-adj. m.s. (948) *an evil name*

וְאָמַר conj.-Qal pf. 3 m.s. (55) *and saying*

אֶת־הָאִשָּׁה הַזֹּאת dir.obj.-def.art.-n.f.s. (61)-def.art.-demons.adj. f.s. (260) *this woman*

לָקַחְתִּי Qal pf. 1 c.s. (542) *I took*

וָאֶקְרַב אֵלֶיהָ consec.-Qal impf. 1 c.s. (897) -prep.-3 f.s. sf. *and when I came near her*

וְלֹא־מָצָאתִי conj.-neg.-Qal pf. 1 c.s. (592) *I did not find*

לָהּ prep. 3 f.s. sf. *in her*

בְּתוּלִים n.f.p. (144) *the tokens of virginity*

22:15

וְלָקַח conj.-Qal impf. 3 m.s. (542) *then shall take*

אֲבִי הַנַּעַר n.m.s. cstr. (3)-def.art.-n.f.s. (655) *the father of the young woman*

וְאִמָּהּ conj.-n.f.s.-3 f.s. sf. (51) *and her mother*

וְהוֹצִיאוּ conj.-Hi. pf. 3 c.p. (יָצָא 422) *and bring out*

אֶת־בְּתוּלֵי הַנַּעַר dir.obj.-n.f.p. cstr. (144)-v.supra *the tokens of the virginity of the young woman*

אֶל־זִקְנֵי prep.-adj. m.p. cstr. (278) *to the elders of*

הָעִיר def.art.-n.f.s. (746) *the city*

הַשָּׁעְרָה def.art.-n.m.s.-dir.he (1044) *in the gate*

22:16

וְאָמַר conj.-Qal pf. 3 m.s. (55) *and shall say*

אֲבִי הַנַּעַר n.m.s. cstr. (3)-def.art.-n.f.s. (655) *the father of the young woman*

אֶל־הַזְּקֵנִים prep.-def.art.-adj. m.p. (278) *to the elders*

אֶת־בִּתִּי dir.obj.-n.f.s.-1 c.s. sf. (I 123) *my daughter*

נָתַתִּי Qal pf. 1 c.s. (נָתַן 678) *I gave*

לָאִישׁ הַזֶּה prep.-def.art.-n.m.s. (35)-def.art.-demons.adj. m.s. (260) *to this man*

לְאִשָּׁה prep.-n.f.s. (61) *to wife*

וַיִּשְׂנָאֶהָ consec.-Qal impf. 3 m.s.-3 f.s. sf. (שָׂנֵא 971) *and he spurns her*

22:17

וְהִנֵּה־הוּא conj.-interj. (243)-pers.pr. 3 m.s. (214) *and lo, he*

שָׂם Qal pf. 3 m.s. (שׂוֹם 962) *has made*

עֲלִילֹת דְּבָרִים n.f.p. cstr. (760)-n.m.p. (182) *baseless charges*

לֵאמֹר prep.-Qal inf.cstr. (55) *saying*

לֹא־מָצָאתִי neg.-Qal pf. 1 c.s. (מָצָא 592) *I did not find*

לְבִתְּךָ prep.-n.f.s.-2 m.s. sf. (I 123) *in your daughter*

בְּתוּלִים n.f.p. (144) *the tokens of virginity*

וְאֵלֶּה conj.-demons.adj. c.p. (41) *and yet these are*

בְּתוּלֵי בִתִּי n.f.p. cstr. (144)-n.f.s.-1 c.s. sf. (I 123) *the tokens of my daughter's virginity*

וּפָרְשׂוּ conj.-Qal pf. 3 c.p. (831) *and they shall spread*

הַשִּׂמְלָה def.art.-n.f.p. (971) *the garment*

לִפְנֵי זִקְנֵי prep.-n.m.p. cstr. (815)-n.m.p. cstr. (278) *before the elders of*

הָעִיר def.art.-n.f.s. (746) *the city*

22:18

וְלָקְחוּ conj.-Qal pf. 3 c.p. (542) *then shall take*

זִקְנֵי adj. m.p. cstr. (278) *the elders of*

הָעִיר־הַהִוא def.art.-n.f.s. (746)-def.art.-demons.adj. f.s. (214) *that city*

אֶת־הָאִישׁ dir.obj.-def.art.-n.m.s. (35) *the man*

וְיִסְּרוּ אֹתוֹ conj.-Pi. pf. 3 c.p. (יָסַר 415)-dir.obj.-3 m.s. sf. *and whip him*

22:19

וְעָנְשׁוּ conj.-Qal pf. 3 c.p. (עָנַשׁ 778) *and they shall fine*

אֹתוֹ dir.obj.-3 m.s. sf. *him*

מֵאָה כֶסֶף num. (547)-n.m.s. (494) *a hundred shekels of silver*

וְנָתְנוּ conj.-Qal pf. 3 c.p. (נָתַן 678) *and give them*

לַאֲבִי הַנַּעֲרָה prep.-n.m.s. cstr. (3)-def.art.-n.f.s. (655; GK 17c) *to the father of the young woman*

כִּי הוֹצִיא conj. (471)-Hi. pf. 3 m.s. (יָצָא 422) *because he has brought*

שֵׁם רָע n.m.s. (1027)-adj. m.s. (948) *an evil name*

עַל בְּתוּלַת יִשְׂרָאֵל prep.-n.f.s. cstr. (143; GK 127e)-pr.n. (975) *upon a virgin of Israel*

וְלוֹ־תִהְיֶה conj.-prep.-3 m.s. sf.-Qal impf. 3 f.s. (הָיָה 224) *and she shall be his*

לְאִשָּׁה prep.-n.f.s. (61) *wife*

לֹא־יוּכַל neg.-Qal impf. 3 m.s. (יָכֹל 407) *he may not*

לְשַׁלְּחָהּ prep.-Pi. inf.cstr.-3 f.s. sf. (1018) *put her away*

כָּל־יָמָיו n.m.s. cstr. (481)-n.m.p.-3 m.s. sf. (398) *all his days*

22:20

וְאִם־אֱמֶת conj.-hypoth.part. (49)-n.f.s. (54) *but if true*

הָיָה 224) *is*

הַדָּבָר הַזֶּה def.art.-n.m.s. (182)-def.art.-demons.adj. m.s. (260) *this thing*

לֹא־נִמְצְאוּ neg.-Ni. pf. 3 c.p. (מָצָא 592) *that were not found*

בְּתוּלִים n.f.p. (144) *the tokens of virginity*

לַנַּעֲרָ prep.-def.art.-n.f.s. (655) *in the young woman*

22:21

וְהוֹצִיאוּ conj.-Hi. pf. 3 c.p. (יָצָא 422) *then they shall bring out*

אֶת־הַנַּעֲרָ dir.obj.-def.art.-n.f.s. (655) *the young woman*

אֶל־פֶּתַח prep.-n.m.s. cstr. (835) *to the door of*

בֵּית־אָבִיהָ n.m.s. cstr. (108)-n.m.s.-3 f.s. sf. (3) *her father's house*

וּסְקָלוּהָ conj.-Qal pf. 3 c.p.-3 f.s. sf. (סָקַל 709) *and shall stone her*

אַנְשֵׁי עִירָהּ n.m.p. cstr. (35)-n.f.s.-3 f.s. (746) *the men of her city*

בָּאֲבָנִים prep.-def.art.-n.f.p. (6) *with stones*

וָמֵתָה conj.-Qal pf. 3 f.s. (מוּת 559) *to death*

כִּי־עָשְׂתָה conj. (471)-Qal pf. 3 f.s. (עָשָׂה I 793) *because she has wrought*

נְבָלָה n.f.s. (615) *folly*

בְּיִשְׂרָאֵל prep.-pr.n. (975) *in Israel*

לִזְנוֹת prep.-Qal inf.cstr. (זָנָה 275) *by playing the harlot*

בֵּית אָבִיהָ n.m.s. cstr. (108)-n.m.s.-3 f.s. sf. (3) *in her father's house*

וּבִעַרְתָּ conj.-Pi. pf. 2 m.s. (128) *so you shall purge*

הָרָע def.art.-n.m.s. (948) *the evil*

מִקִּרְבֶּךָ prep.-n.m.s.-2 m.s. sf. (899) *from the midst of you*

22:22

כִּי־יִמָּצֵא conj. (471)-Ni. impf. 3 m.s. (592) *if is found*

אִישׁ n.m.s. (35) *a man*

שֹׁכֵב Qal act.ptc. (1011) *lying*

עִם־אִשָּׁה prep.-n.f.s. (61) *with a woman*

בְּעֻלַת־בַּעַל n.f.s. cstr. (Qal pass.ptc. 127)-n.m.s. (I 127) *the wife of another man*

וּמֵתוּ conj.-Qal pf. 3 c.p. (מוּת 559) *they shall die*

גַּם־שְׁנֵיהֶם adv. (168)-num.-3 m.p. sf. (1040) *both of them*

הָאִישׁ def.art.-n.m.s. (35) *the man*

הַשֹּׁכֵב def.art.-Qal act.ptc. (1011) *who lay*

עִם־הָאִשָּׁה prep.-def.art.-n.f.s. (61) *with the woman*

וְהָאִשָּׁה conj.-def.art.-n.f.s. (61) *and the woman*

וּבִעַרְתָּ conj.-Pi. pf. 2 m.s. (128) *so you shall purge*

הָרָע def.art.-n.m.s. (948) *the evil*

מִיִּשְׂרָאֵל prep.-pr.n. (975) *from Israel*

22:23

כִּי יִהְיֶה conj. (471)-Qal impf. 3 m.s. (הָיָה 224) *if there is*

נַעֲרָ בְתוּלָה n.f.s. (655)-n.f.s. (143; GK 131b) *a virgin*

מְאֹרָשָׂה Pu. ptc. f.s. (אָרַשׂ 76) *betrothed*

לְאִישׁ prep.-n.m.s. (35) *to a man*

וּמְצָאָהּ אִישׁ conj.-Qal pf. 3 m.s.-3 f.s. sf. (592)-n.m.s. (35) *and a man meets her*

בָּעִיר prep.-def.art.-n.f.s. (746) *in the city*

וְשָׁכַב עִמָּהּ conj.-Qal pf. 3 m.s. (1011)-prep.-3 f.s. sf. *and lies with her*

22:24

וְהוֹצֵאתֶם conj.-Hi. pf. 2 m.p. (יָצָא 422) *then you shall bring out*

אֶת־שְׁנֵיהֶם dir.obj.-num.-3 m.p. sf. (1040) *both of them*

אֶל־שַׁעַר prep.-n.m.s. cstr. (1044) *to the gate of*

הָעִיר הַהִוא def.art.-n.f.s. (746)-def.art.-demons.adj. f.s. (214) *that city*

וּסְקַלְתֶּם אֹתָם conj.-Qal pf. 2 m.p. (709)-dir.obj.-3 m.p. sf. *and you shall stone them*

בָּאֲבָנִים prep.-def.art.-n.f.p. (6) *with stones*

וָמֵתוּ conj.-Qal pf. 3 c.p. (מוּת 559) *to death*

אֶת־הַנַּעֲרָ dir.obj.-def.art.-n.f.s. (655) *the young woman*

עַל־דְּבַר אֲשֶׁר prep.-n.m.s. cstr. (182)-rel. (81) *because*

לֹא־צָעֲקָה neg.-Qal pf. 3 f.s. (858) *she did not cry for help*

בָעִיר prep.-def.art.-n.f.s. (746) *in the city*

וְאֶת־הָאִישׁ conj.-dir.obj.-def.art.-n.m.s. (35) *and the man*

עַל־דְּבַר אֲשֶׁר־ v.supra-v.supra *because*

עִנָּה Pi. pf. 3 m.s. (עָנָה III 776) *he violated*

אֶת־אֵשֶׁת רֵעֵהוּ dir.obj.-n.f.s. cstr. (61)-n.m.s.-3 m.s. sf. (945) *his neighbor's wife*

וּבִעַרְתָּ conj.-Pi. pf. 2 m.s. (128) *so you shall purge*

הָרָע def.art.-n.m.s. (948) *the evil*

מִקִּרְבֶּךָ prep.-n.m.s.-2 m.s. sf. (899) *from the midst of you*

22:25

וְאִם־בַּשָּׂדֶה conj.-hypoth.part. (49)-prep.-def. art.-n.m.s. (961) *but if in the open country*

יִמְצָא הָאִישׁ Qal impf. 3 m.s. (592)-def.art. -n.m.s. (35) *a man meets*

אֶת־הַנַּעֲרָ dir.obj.-def.art.-n.f.s. (655) *a young woman*

הַמְאֹרָשָׂה def.art.-Pu. ptc. f.s. (76) *who is betrothed*

וְהֶחֱזִיק־בָּה conj.-Hi. pf. 3 m.s. (304)-prep.-3 f.s. sf. *and seizes her*

הָאִישׁ def.art.-n.m.s. (35) *the man*

וְשָׁכַב עִמָּהּ conj.-Qal pf. 3 m.s. (1011)-prep.-3 f.s. sf. *and lies with her*

וּמֵת הָאִישׁ conj.-Qal pf. 3 m.s. (מוּת 559) -v.supra *then the man shall die*

אֲשֶׁר־שָׁכַב עִמָּהּ rel. (81)-Qal pf. 3 m.s. (1011) -prep.-3 f.s. sf. *who lay with her*

לְבַדּוֹ prep.-n.m.s.-3 m.s. sf. (94) *only*

22:26

וְלַנַּעֲרָ conj.-prep.-def.art.-n.f.s. (655) *but to the young woman*

לֹא־תַעֲשֶׂה דָבָר neg.-Qal impf. 2 m.s. (עָשָׂה I 793)-n.m.s. *you shall do nothing*

אֵין לַנַּעֲרָ subst. (II 34)-prep.-def.art.-n.f.s. (655) *in the young woman there is no*

חֵטְא מָוֶת n.m.s. cstr. (307)-n.m.s. (560) *offense punishable by death*

כִּי כַּאֲשֶׁר יָקוּם conj. (471)-prep.-rel. (81)-Qal impf. 3 m.s. (קוּם 877) *for like that of ... attacking*

אִישׁ n.m.s. (35) *a man*

עַל־רֵעֵהוּ prep.-n.m.s.-3 m.s. sf. (945) *his neighbor*

וּרְצָחוֹ conj.-Qal pf. 3 m.s.-3 m.s. sf. (רָצַח 953) *and murdering him*

נֶפֶשׁ n.f.s. (659) *(to death)*

כֵּן הַדָּבָר הַזֶּה adv. (485)-def.art.-n.m.s. (182)-def. art.-demons.adj. m.s. (260) *so this case*

22:27

כִּי בַשָּׂדֶה conj. (471)-prep.-def.art.-n.m.s. (961) *because in the open country*

מְצָאָהּ Qal pf. 3 m.s.-3 f.s. sf. (592) *he came upon her*

צָעֲקָה Qal pf. 3 f.s. (צָעַק 858) *cried for help*

הַנַּעֲרָ הַמְאֹרָשָׂה def.art.-n.f.s. (655)-def.art.-Pu. ptc. f.s. (76) *the betrothed young woman*

וְאֵין מוֹשִׁיעַ לָהּ conj.-subst. (II 34)-Hi. ptc. (יָשַׁע 446)-prep.-3 f.s. sf. *there was no one to rescue her*

22:28

כִּי־יִמְצָא אִישׁ conj. (471)-Qal impf. 3 m.s. (592)-n.m.s. (35) *if a man meets*

נַעֲרָ בְתוּלָה n.f.s. (655)-n.f.s. (143; GK 131b) *a virgin*

אֲשֶׁר לֹא־אֹרָשָׂה rel. (81)-neg.-Pu. pf. 3 f.s. (76 אָרַשׂ) *who is not betrothed*

וּתְפָשָׂהּ conj.-Qal pf. 3 m.s.-3 f.s. sf. (תָּפַשׂ 1074) *and seizes her*

וְשָׁכַב עִמָּהּ conj.-Qal pf. 3 m.s. (1011)-prep.-3 f.s. sf. *and lies with her*

וְנִמְצָאוּ conj.-Ni. pf. 3 c.p. paus. (מָצָא 592) *and they are found*

22:29

וְנָתַן הָאִישׁ conj.-Qal pf. 3 m.s. (678)-def.art. -n.m.s. (35) *then the man shall give*

הַשֹּׁכֵב עִמָּהּ def.art.-Qal act.ptc. (1011)-prep.-3 f.s. sf. *who lay with her*

לַאֲבִי הַנַּעֲרָ prep.-n.m.s. cstr. (3)-def.art.-n.f.s. (655) *to the father of the young woman*

חֲמִשִּׁים כָּסֶף num. p. (332)-n.m.s. paus. (494) *fifty shekels of silver*

וְלוֹ־תִהְיֶה conj.-prep.-3 m.s. sf.-Qal impf. 3 f.s. (הָיָה 224) *and she shall be his*

לְאִשָּׁה prep.-n.f.s. (61) *wife*

תַּחַת אֲשֶׁר prep. (1065)-rel.(81) *because*

עִנָּהּ Pi. pf. 3 m.s.-3 f.s. sf. (עָנָה III 776) *he has violated her*

לֹא־יוּכַל שַׁלְּחָהּ neg.-Qal impf. 3 m.s. 407)-Pi. inf.cstr.-3 f.s. sf. (1018) *he may not put her away*

כָּל־יָמָיו n.m.s. cstr. (481)-n.m.p.-3 m.s. sf. (398) *all his days*

23:1

לֹא־יִקַּח אִישׁ neg.-Qal impf. 3 m.s. (לָקַח 542)-n.m.s. (35) *a man shall not take*

אֶת־אֵשֶׁת אָבִיו dir.obj.-n.f.s. cstr. (61)-n.m.s.-3 m.s. sf. (3) *his father's wife*

וְלֹא יְגַלֶּה conj.-neg.-Pi. impf. 3 m.s. (גָּלָה 162) nor shall he uncover

כְּנַף אָבִיו n.f.s. cstr. (489)-n.m.s.-3 m.s. sf. (3) his father's skirt

23:2

לֹא־יָבֹא neg.-Qal impf. 3 m.s. (בּוֹא 97) shall not enter

פְּצוּעַ־דַּכָּא Qal pass.ptc. cstr. (פָּצַע 822)-n.f.s. (194) one wounded by crushing

וּכְרוּת שָׁפְכָה conj.-Qal pass.ptc. cstr. (כָּרַת 503)-n.f.s. (1050) or whose male member is cut off

בִּקְהַל יהוה prep.-n.m.s. cstr. (874)-pr.n. (217) the assembly of Yahweh

23:3

לֹא־יָבֹא neg.-Qal impf. 3 m.s. (בּוֹא 97) shall not enter

מַמְזֵר n.m.s. (561) a bastard

בִּקְהַל יהוה prep.-n.m.s. cstr. (874)-pr.n. (217) the assembly of Yahweh

גַּם דּוֹר עֲשִׂירִי adv. (168)-n.m.s. (189)-num. ord. (798) even to the tenth generation

לֹא־יָבֹא לוֹ neg.-v.supra-prep.-3 m.s. sf. none of his descendants shall enter

בִּקְהַל יהוה prep.-v.supra-v.supra the assembly of Yahweh

23:4

לֹא־יָבֹא neg.-Qal impf. 3 m.s. (בּוֹא 97) shall not enter

עַמּוֹנִי pr.n. gent. (770) an Ammonite

וּמוֹאָבִי conj.-pr.n. gent. (555) or Moabite

בִּקְהַל יהוה prep.-n.m.s. cstr. (874)-pr.n. (217) the assembly of Yahweh

גַּם דּוֹר עֲשִׂירִי adv. (168)-n.m.s. (189)-num. ord. (798) even to the tenth generation

לֹא־יָבֹא לָהֶם v.supra-v.supra-prep.-3 m.p. sf. none belonging to them shall enter

בִּקְהַל יהוה v.supra-v.supra the assembly of Yahweh

עַד־עוֹלָם prep. (III 723)-n.m.s. (761) for ever

23:5

עַל־דְּבַר אֲשֶׁר prep.-n.m.s. cstr. (182; GK 130cN)-rel. (81) because

לֹא־קִדְּמוּ neg.-Pi. pf. 3 c.p. (קָדַם 869) they did not meet

אֶתְכֶם dir.obj.-2 m.p. sf. you

בַּלֶּחֶם prep.-def.art.-n.m.s. (536) with bread

וּבַמַּיִם conj.-prep.-def.art.-n.m.p. (565) and with water

בַּדֶּרֶךְ prep.-def.art.-n.m.s. (202) on the way

בְּצֵאתְכֶם prep.-Qal inf.cstr.-2 m.p. sf. (יָצָא 422) when you came forth

מִמִּצְרָיִם prep.-pr.n. (595) out of Egypt

וַאֲשֶׁר conj.-rel. (81) and because

שָׂכַר Qal pf. 3 m.s. (968) they hired

עָלֶיךָ prep.-2 m.s. sf. against you

אֶת־בִּלְעָם dir.obj.-pr.n. (118) Balaam

בֶּן־בְּעוֹר n.m.s. cstr. (119)-pr.n. (129) the son of Beor

מִפְּתוֹר prep.-pr.n. (834) from Pethor

אֲרַם נַהֲרַיִם pr.n. cstr. (74)-n.m.p. (625) of Mesopotamia

לְקַלְלֶךָ prep.-Pi. inf.cstr.-2 m.s. sf. (קָלַל 886; GK 61d) to curse you

23:6

וְלֹא־אָבָה conj.-neg.-Qal pf. 3 m.s. (2) nevertheless would not

יהוה אֱלֹהֶיךָ pr.n. (217)-n.m.p.-2 m.s. sf. (43) Yahweh your God

לִשְׁמֹעַ prep.-Qal inf.cstr. (1033) hearken

אֶל־בִּלְעָם prep.-pr.n. (118) to Balaam

וַיַּהֲפֹךְ consec.-Qal impf. 3 m.s. (הָפַךְ 245) but turned

יהוה אֱלֹהֶיךָ v.supra-v.supra Yahweh your God

לְךָ prep.-2 m.s. sf. for you

אֶת־הַקְּלָלָה dir.obj.-def.art.-n.f.s. (887) the curse

לִבְרָכָה prep.-n.f.s. (139) into a blessing

כִּי אֲהֵבְךָ conj.-Qal pf. 3 m.s.-2 m.s. sf. (אָהֵב 12) because loved you

יהוה אֱלֹהֶיךָ v.supra-v.supra Yahweh your God

23:7

לֹא־תִדְרֹשׁ neg.-Qal impf. 2 m.s. (205) you shall not seek

שְׁלֹמָם n.m.s.-3 m.p. sf. (1022) their peace

וְטֹבָתָם conj.-n.f.s.-3 m.p. sf. (375) or their prosperity

כָּל־יָמֶיךָ n.m.s. cstr. (481)-n.m.p.-2 m.s. sf. (398) all your days

לְעוֹלָם prep.-n.m.s. (761) for ever

23:8

לֹא־תְתַעֵב neg.-Pi. impf. 2 m.s. (תָּעַב 1073) you shall not abhor

אֲדֹמִי pr.n. gent. (10) an Edomite

כִּי אָחִיךָ הוּא conj. (471)-n.m.s.-2 m.s. sf. (26)-pers.pr. 3 m.s. (214) for he is your brother

לֹא־תְתַעֵב v.supra *you shall not abhor*

מִצְרִי pr.n. gent. (596) *an Egyptian*

כִּי־גֵר הָיִיתָ conj. (471)-n.m.s. (158)-Qal pf. 2 m.s. (הָיָה 224) *because you were a sojourner*

בְּאַרְצוֹ prep.-n.f.s.-3 m.s. sf. (75) *in his land*

23:9

בָּנִים n.m.p. (119) *children*

אֲשֶׁר־יִוָּלְדוּ rel. (81)-Ni. impf. 3 m.p. (יָלַד 408) *that are born*

לָהֶם prep.-3 m.p. sf. *to them*

דּוֹר שְׁלִישִׁי n.m.s. (189)-num. ord. (1026) *of the third generation*

יָבֹא לָהֶם Qal impf. 3 m.s. (בּוֹא 97)-v.supra *may enter of them*

בִּקְהַל יהוה prep.-n.m.s. cstr. (874)-pr.n. (217) *the assembly of Yahweh*

23:10

כִּי־תֵצֵא conj. (471)-Qal impf. 2 m.s. (יָצָא 422) *when you go forth*

מַחֲנֶה n.m.s. (334) *In camp*

עַל־אֹיְבֶיךָ prep.-Qal act.ptc. m.p.-2 m.s. sf. (אֹיֵב 33) *against your enemies*

וְנִשְׁמַרְתָּ conj.-Ni. pf. 2 m.s. (שָׁמַר 1036) *then you shall keep yourself*

מִכֹּל דָּבָר רָע prep.-n.m.s. cstr. (481)-n.m.s. (182)-adj. m.s. (948) *from every evil thing*

23:11

כִּי־יִהְיֶה בְךָ conj. (471)-Qal impf. 3 m.s. (224) -prep.-2 m.s. sf. *if there is among you*

אִישׁ אֲשֶׁר n.m.s. (35)-rel. (81) *any man who is*

לֹא־יִהְיֶה טָהוֹר neg.-Qal impf. 3 m.s. (224)-adj. m.s. (373) *not clean*

מִקְּרֵה־לָיְלָה prep.-n.m.s. cstr. (899; GK 20h) -n.m.s. (538) *by reason of what chances to him by night*

וְיָצָא conj.-Qal pf. 3 m.s. (422) *then he shall go out*

אֶל־מִחוּץ prep.-prep.-n.m.s. (299) *outside*

לַמַּחֲנֶה prep.-def.art.-n.m.s. (334) *the camp*

לֹא יָבֹא neg.-Qal impf. 3 m.s. (בּוֹא 97) *he shall not come*

אֶל־תּוֹךְ הַמַּחֲנֶה prep.-n.m.s. cstr. (1063)-def.art. -v.supra *within the camp*

23:12

וְהָיָה לִפְנוֹת־עֶרֶב conj.-Qal pf. 3 m.s. (224) -prep.-Qal inf.cstr. (פָּנָה 815)-n.m.s. (787) *but when evening comes on*

יִרְחַץ Qal impf. 3 m.s. (934) *he shall bathe himself*

בַּמָּיִם prep.-def.art.-n.m.p. paus. (565) *in water*

וּכְבֹא הַשֶּׁמֶשׁ conj.-prep.-Qal inf.cstr. (בּוֹא 97) -def.art.-n.f.s. (1039) *and when the sun is down*

יָבֹא Qal impf. 3 m.s. (בּוֹא 97) *he may come*

אֶל־תּוֹךְ prep.-n.m.s. cstr. (1063) *within*

הַמַּחֲנֶה def.art.-n.m.s. (334) *the camp*

23:13

וְיָד תִּהְיֶה לְךָ conj.-n.f.s. (388)-Qal impf. 3 f.s. (הָיָה 224)-prep.-2 m.s. sf. *you shall have a hand*

מִחוּץ prep.-n.m.s. (299) *outside*

לַמַּחֲנֶה prep.-def.art.-n.m.s. (334) *the camp*

וְיָצָאתָ conj.-Qal pf. 2 m.s. (יָצָא 422) *and you shall go out*

שָׁמָּה adv.-dir.he (1027) *to it*

חוּץ n.m.s. (299) *out*

23:14

וְיָתֵד conj.-n.f.s. (450) *and a stick*

תִּהְיֶה לְךָ Qal impf. 2 m.s. (224)-prep.-2 m.s. sf. *you shall have*

עַל־אֲזֵנֶךָ prep.-n.m.s.-2 m.s. sf. (24) *with your weapons*

וְהָיָה conj.-Qal pf. 3 m.s. (224) *and*

בְּשִׁבְתְּךָ prep.-Qal inf.cstr.-2 m.s. sf. (יָשַׁב 442) *when you sit down*

חוּץ n.m.s. (299) *outside*

וְחָפַרְתָּה בָהּ conj.-Qal pf. 2 m.s. (חָפַר I 343) -prep.-3 f.s. sf. *you shall dig a hole with it*

וְשַׁבְתָּ conj.-Qal pf. 2 m.s. (שׁוּב 996) *and turn back*

וְכִסִּיתָ conj.-Pi. pf. 2 m.s. (כָּסָה 491) *and cover up*

אֶת־צֵאָתֶךָ dir.obj.-n.f.s.-2 m.s. sf. (844) *your excrement*

23:15

כִּי יהוה אֱלֹהֶיךָ conj.-pr.n. (217)-n.m.p.-2 m.s. sf. (43) *because Yahweh your God*

מִתְהַלֵּךְ Hith. ptc. (הָלַךְ 229) *walks*

בְּקֶרֶב prep.-n.m.s. cstr. (899) *in the midst of*

מַחֲנֶךָ sn.m.s.-2 m.s. sf. (334; GK 93ss) *your camp*

לְהַצִּילְךָ prep.-Hi. inf.cstr.-2 m.s. sf. paus. (נָצַל 664) *to save you*

וְלָתֵת conj.-prep.-Qal inf.cstr. (נָתַן 678) *and to give up*

אֹיְבֶיךָ Qal act.ptc. m.p.–2 m.s. sf. (אֹיֵב 33) *your enemies*

לְפָנֶיךָ prep.–n.m.p.–2 m.s. sf. (815) *before you*

וְהָיָה מַחֲנֶיךָ conj.–Qal pf. 3 m.s. (224)–n.m.s.–2 m.s. sf. (334; GK 128p) *therefore your camp must be*

קָדוֹשׁ adj. m.s. (872) *holy*

וְלֹא־יִרְאֶה בְךָ conj.–neg.–Qal impf. 3 m.s. (906)–prep.–2 m.s. sf. *that he may not see among you*

עֶרְוַת דָּבָר n.f.s. cstr. (788)–n.m.s. (182) *anything indecent*

וְשָׁב conj.–Qal pf. 3 m.s. (שׁוּב 996) *and turn away*

מֵאַחֲרֶיךָ prep.–prep.–2 m.s. sf. (29) *from you*

23:16

לֹא־תַסְגִּיר neg.–Hi. impf. 2 m.s. (סָגַר 688) *you shall not give up*

עֶבֶד n.m.s. (713) *a slave*

אֶל־אֲדֹנָיו prep.–n.m.p.–3 m.s. sf. (10) *to his master*

אֲשֶׁר־יִנָּצֵל rel. (81)–Ni. impf. 3 m.s. (נָצַל 664) *who has escaped*

אֵלֶיךָ prep.–2 m.s. sf. *to you*

מֵעִם אֲדֹנָיו prep.–prep.–v.supra *from his master*

23:17

עִמְּךָ prep.–2 m.s. sf. *with you*

יֵשֵׁב Qal impf. 3 m.s. (יָשַׁב 442) *he shall dwell*

בְּקִרְבְּךָ prep.–n.m.s.–2 m.s. sf. (899) *in your midst*

בַּמָּקוֹם prep.–def.art.–n.m.s. (879) *in the place*

אֲשֶׁר־יִבְחַר rel. (81)–Qal impf. 3 m.s. (103) *which he shall choose*

בְּאַחַד שְׁעָרֶיךָ prep.–num. cstr. (25)–n.m.p.–2 m.s. sf. (1044) *within one of your towns*

בַּטּוֹב לוֹ prep.–def.art.–adj. m.s. (II 373)–prep.–3 m.s. sf. *where it pleases him best*

לֹא תּוֹנֶנּוּ neg.–Hi. impf. 2 m.s.–3 m.s. sf. (יָנָה 413) *you shall not oppress him*

23:18

לֹא־תִהְיֶה neg.–Qal impf. 3 f.s. (הָיָה 224) *there shall not be*

קְדֵשָׁה n.f.s. (I 873) *a cult prostitute*

מִבְּנוֹת יִשְׂרָאֵל prep.–n.f.p. cstr. (I 123)–pr.n. (975) *of the daughters of Israel*

וְלֹא־יִהְיֶה conj.–neg.–Qal impf. 3 m.s. (224) *neither shall there be*

קָדֵשׁ n.m.s. (I 873) *a cult prostitute*

מִבְּנֵי יִשְׂרָאֵל prep.–n.m.p. cstr. (119)–v.supra *of the sons of Israel*

23:19

לֹא־תָבִיא neg.–Hi. impf. 2 m.s. (בּוֹא 97) *you shall not bring*

אֶתְנַן זוֹנָה n.m.s. cstr. (1072)–Qal act.ptc. f.s. (זָנָה 285) *the hire of a harlot*

וּמְחִיר כֶּלֶב conj.–n.m.s. cstr. (I 564)–n.m.s. (476) *or the wages of a dog*

בֵּית יהוה n.m.s. cstr. (108)–pr.n. (217) *into the house of Yahweh*

אֱלֹהֶיךָ n.m.p.–2 m.s. sf. (43) *your God*

לְכָל־נֶדֶר prep.–n.m.s. cstr. (481)–n.m.s. (623) *in payment for any vow*

כִּי תוֹעֲבַת conj. (471)–n.f.s. cstr. (1072) *for an abomination to*

יהוה אֱלֹהֶיךָ v.supra–v.supra *Yahweh your God*

גַּם־שְׁנֵיהֶם adv. (168)–num.–3 m.p. sf. (1040) *indeed both of them*

23:20

לֹא־תַשִּׁיךְ neg.–Hi. impf. 2 m.s. (675) *you shall not lend upon interest*

לְאָחִיךָ prep.–n.m.s.–2 m.s. sf. (26) *to your brother*

נֶשֶׁךְ כֶּסֶף n.m.s. cstr. (675)–n.m.s. (494) *interest on money*

נֶשֶׁךְ אֹכֶל v.supra–n.m.s. (38) *interest on victuals*

נֶשֶׁךְ כָּל־דָּבָר v.supra–n.m.s. cstr. (481)–n.m.s. (182) *interest on anything*

אֲשֶׁר יִשָּׁךְ srel. (81)–Qal impf. 3 m.s. (נָשַׁךְ 675) *that is lent for interest*

23:21

לַנָּכְרִי prep.–def.art.–adj. m.s. (648) *to a foreigner*

תַשִּׁיךְ Hi. impf. 2 m.s. (675) *you may lend upon interest*

וּלְאָחִיךָ conj.–prep.–n.m.s.–2 m.s. sf. (26) *but to your brother*

לֹא תַשִּׁיךְ neg.–v.supra *you shall not lend upon interest*

לְמַעַן יְבָרֶכְךָ prep. (775)–Pi. impf. 3 m.s.–2 m.s. sf. (בָּרַךְ 138) *that may bless you*

יהוה אֱלֹהֶיךָ pr.n. (217)–n.m.p.–2 m.s. sf. (43) *Yahweh your God*

בְּכֹל מִשְׁלַח יָדֶךָ prep.–n.m.s. cstr. (481)–n.m.s. cstr. (1020)–n.f.s.–2 m.s. sf. (388) *in all that you undertake*

עַל־הָאָרֶץ prep.–def.art.–n.f.s. (75) *in the land*

אֲשֶׁר־אַתָּה rel. (81)–pers.pr. 2 m.s. (61) *which you*

בָּא־שָׁמָּה Qal act.ptc. (בּוֹא 97)–adv.–dir.he (1027) *are entering (there)*

לְרִשְׁתָּהּ prep.–Qal inf.cstr.–3 f.s. sf. (יָרַשׁ 439) *to take possession of it*

23:22

כִּי־תִדֹּר נֶדֶר (623 נָדַר)-conj.-Qal impf. 2 m.s. -n.m.s. (623) *when you make a vow*

לַיהוה אֱלֹהֶיךָ prep.-pr.n. (217)-n.m.p.-2 m.s. sf. (43) *to Yahweh your God*

לֹא תְאַחֵר (29 אָחַר) neg.-Pi. impf. 2 m.s. *you shall not be slack*

לְשַׁלְּמוֹ prep.-Pi. inf.cstr.-3 m.s. sf. (1022 שָׁלֵם) *to pay it*

כִּי־דָרֹשׁ יִדְרְשֶׁנּוּ conj. (471)-Qal inf.abs. (205) -Qal impf. 3 m.s.-3 m.s. sf. (205) *for will surely require it*

יהוה אֱלֹהֶיךָ v.supra-v.supra *Yahweh your God*

מֵעִמָּךְ prep.-prep.-2 m.s. sf. paus. *of you*

וְהָיָה בְךָ conj.-Qal pf. 3 m.s. (224)-prep.-2 m.s. sf. *and it would be in you*

חֵטְא n.m.s. (307) *sin*

23:23

וְכִי תֶחְדַּל conj.-conj. (471)-Qal impf. 2 m.s. (292 חָדַל) *but if you refrain*

לִנְדֹּר prep. Qal inf.cstr. (623) *from vowing*

לֹא־יִהְיֶה בְךָ neg.-Qal impf. 3 m.s. (224)-prep. -2 m.s. sf. *it shall not be in you*

חֵטְא n.m.s. (307) *sin*

23:24

מוֹצָא שְׂפָתֶיךָ n.m.s. cstr. (I 425)-n.f. du.-2 m.s. sf. (973) *what has passed your lips*

תִּשְׁמֹר Qal impf. 2 m.s. (1036) *you shall be careful*

וְעָשִׂיתָ conj.-Qal pf. 2 m.s. (עָשָׂה I 793) *to perform*

כַּאֲשֶׁר נָדַרְתָּ prep.-rel. (81)-Qal pf. 2 m.s. (623) *for you have vowed*

לַיהוה אֱלֹהֶיךָ prep.-pr.n. (217)-n.m.p.-2 m.s. sf. (43) *to Yahweh your God*

נְדָבָה n.f.s. (621) *voluntarily*

אֲשֶׁר דִּבַּרְתָּ rel. (81)-Pi. pf. 2 m.s. (180) *what you have promised*

בְּפִיךָ prep.-n.m.s.-2 m.s. sf. (804) *with your mouth*

23:25

כִּי תָבֹא conj. (471)-Qal impf. 2 m.s. (97 בּוֹא) *when you go*

בְּכֶרֶם prep.-n.m.s. cstr. (501) *into the vineyard of*

רֵעֶךָ n.m.s.-2 m.s. sf. (945) *your neighbor*

וְאָכַלְתָּ conj.-Qal pf. 2 m.s. (37) *you may eat*

עֲנָבִים n.m.p. (772) *grapes*

כְּנַפְשְׁךָ prep.-n.f.s.-2 m.s. sf. (659) *according to your desire*

שָׂבְעֶךָ n.m.s.-2 m.s. sf. (959) *your fill*

וְאֶל־כֶּלְיְךָ conj.-prep.-n.m.s.-2 m.s. sf. (479; GK 96) *but in your vessel*

לֹא תִתֵּן neg.-Qal impf. 2 m.s. (678 נָתַן) *you shall not put*

23:26

כִּי תָבֹא conj.-Qal impf. 2 m.s. (97 בּוֹא) *when you go*

בְּקָמַת רֵעֶךָ prep.-n.f.s. cstr. (879)-n.m.s.-2 m.s. sf. (945) *into your neighbor's standing grain*

וְקָטַפְתָּ conj.-Qal pf. 2 m.s. (882) *you may pluck*

מְלִילֹת בְּיָדֶךָ n.f.p. (576)-prep.-n.f.s.-2 m.s. sf. (388) *the ears with your hand*

וְחֶרְמֵשׁ conj.-n.m.s. (357) *but a sickle*

לֹא תָנִיף neg.-Hi. impf. 2 m.s. (631 נוּף) *you shall not put (wield)*

עַל קָמַת רֵעֶךָ prep.-n.f.s. cstr. (879)-v.supra *to your neighbor's standing grain*

24:1

כִּי־יִקַּח אִישׁ conj. (471)-Qal impf. 3 m.s. (לָקַח 542; GK 167b)-n.m.s. (35) *when a man takes*

אִשָּׁה n.f.s. (61) *a wife*

וּבְעָלָהּ conj.-Qal pf. 3 m.s.-3 f.s. sf. (127 בָּעַל) *and marries her*

וְהָיָה אִם־ conj.-Qal pf. 3 m.s. (224)-hypoth.part. (49) *if then*

לֹא תִמְצָא־חֵן neg.-Qal impf. 3 f.s. (592 מָצָא) -n.m.s. (336) *she finds no favor*

בְּעֵינָיו prep.-n.f. du.-3 m.s. sf. (744) *in his eyes*

כִּי־מָצָא בָהּ conj. (471)-Qal pf. 3 m.s. (592) -prep.-3 f.s. sf. *because he has found in her*

עֶרְוַת דָּבָר n.f.s. cstr. (788)-n.m.s. (182) *indecency*

וְכָתַב conj.-Qal pf. 3 m.s. (507) *and he writes*

לָהּ prep.-3 f.s. sf. *her*

סֵפֶר כְּרִיתֻת n.m.s. cstr. (706)-n.f.s. (504) *a bill of divorce*

וְנָתַן conj.-Qal pf. 3 m.s. (678) *and puts*

בְּיָדָהּ prep.-n.f.s.-3 f.s. sf. (388) *in her hand*

וְשִׁלְּחָהּ conj.-Pi. pf. 3 m.s.-3 f.s. sf. (1018) *and sends her*

מִבֵּיתוֹ prep.-n.m.s.-3 m.s. sf. (108) *out of his house*

24:2

וְיָצְאָה conj.-Qal pf. 3 f.s. (422) *and if she goes out*

מִבֵּיתוֹ prep.-n.m.s.-3 m.s. sf. (108) *of his house*

וְהָלְכָה conj.-Qal pf. 3 f.s. (הָלַךְ 229) *and she goes*

וְהָיְתָה conj.-Qal pf. 3 f.s. (הָיָה 224) *and becomes*

לְאִישׁ־אַחֵר prep.-n.m.s. (35)-adj. m.s. (29) *another man's wife*

24:3

וּשְׂנֵאָהּ conj.-Qal pf. 3 m.s.-3 f.s. sf. (שָׂנֵא 971) *and dislikes her*

הָאִישׁ הָאַחֲרוֹן def.art.-n.m.s. (35)-def.art.-adj. m.s. (30) *the latter husband*

וְכָתַב לָהּ conj.-Qal pf. 3 m.s. (507)-prep.-3 f.s. sf. *and writes her*

סֵפֶר כְּרִיתֻת n.m.s. cstr. (706)-n.f.s. (504) *a bill of divorce*

וְנָתַן בְּיָדָהּ conj.-Qal pf. 3 m.s. (678)-prep.-n.f.s.-3 f.s. sf. (388) *and puts it in her hand*

וְשִׁלְּחָהּ conj.-Pi. pf. 3 m.s.-3 f.s. sf. (1018) *and sends her out*

מִבֵּיתוֹ prep.-n.m.s.-3 m.s. sf. (108) *of his house*

אוֹ כִי יָמוּת conj. (14)-conj.-Qal impf. 3 m.s. (559 מוּת; GK 167b) *or if dies*

הָאִישׁ הָאַחֲרוֹן def.art.-n.m.s. (35)-v.supra *the latter husband*

אֲשֶׁר־לְקָחָהּ לוֹ rel. (81)-Qal pf. 3 m.s.-3 f.s. sf. (542) *who took her to be his*

לְאִשָּׁה prep.-n.f.s. (61) *wife*

24:4

לֹא־יוּכַל neg.-Qal impf. 3 m.s. (יָכֹל 407) *then may not*

בַּעְלָהּ הָרִאשׁוֹן n.m.s.-3 f.s. sf. (127)-def.art.-adj. m.s. (911) *her former husband*

אֲשֶׁר־שִׁלְּחָהּ rel. (81)-Pi. pf. 3 m.s.-3 f.s. sf. (1018) *who sent her away*

לָשׁוּב prep.-Qal inf.cstr. (שׁוּב 996) *again*

לְקַחְתָּהּ prep.-Qal inf.cstr.-3 f.s. sf. (לָקַח 542) *take her*

לִהְיוֹת לוֹ prep.-Qal inf.cstr. (הָיָה 224)-prep.-3 m.s. sf. *to be his*

לְאִשָּׁה prep.-n.f.s. (61) *wife*

אַחֲרֵי אֲשֶׁר הֻטַּמָּאָה prep. (29)-rel. (81)-Hothpa'al 3 f.s. (טָמֵא I 379; GK 54h) *after she has been defiled*

כִּי־תוֹעֵבָה הִוא conj. (471)-n.f.s. (1072)-demons. adj. f.s. (214) *for that is an abomination*

לִפְנֵי יהוה prep.-n.m.p. cstr. (815)-pr.n. (217) *before Yahweh*

וְלֹא תַחֲטִיא conj.-neg.-Hi. impf. 2 m.s. (חָטָא 306) *and you shall not bring guilt*

אֶת־הָאָרֶץ dir.obj.-def.art.-n.f.s. (75) *upon the land*

אֲשֶׁר יהוה אֱלֹהֶיךָ rel. (81)-v.supra-n.m.p.-2 m.s. sf. (43) *which Yahweh your God*

נֹתֵן לָךְ Qal act.ptc. (678)-prep.-2 m.s. sf. *gives you*

נַחֲלָה n.f.s. (635) *for an inheritance*

24:5

כִּי־יִקַּח אִישׁ conj. (471)-Qal impf. 3 m.s. (לָקַח 542)-n.m.s. (35) *when a man takes*

אִשָּׁה חֲדָשָׁה n.f.s. (61)-adj. f.s. (294) *a new wife*

לֹא יֵצֵא neg.-Qal impf. 3 m.s. (יָצָא 422) *he shall not go out*

בַּצָּבָא prep.-def.art.-n.m.s. (838) *with the army*

וְלֹא־יַעֲבֹר עָלָיו conj.-neg.-Qal impf. 3 m.s. (716)-prep.-3 m.s. sf. *or be charged*

לְכָל־דָּבָר prep.-n.m.s. cstr. (481)-n.m.s. (182) *with any business*

נָקִי יִהְיֶה adj. m.s. (667)-Qal impf. 3 m.s. (224) *he shall be free*

לְבֵיתוֹ prep.-n.m.s.-3 m.s. sf. (108) *at home*

שָׁנָה אֶחָת n.f.s. (1040)-num. (25) *one year*

וְשִׂמַּח conj.-Pi. pf. 3 m.s. (970) *to be happy*

אֶת־אִשְׁתּוֹ dir.obj.-n.f.s.-3 m.s. sf. (61) *with his wife*

אֲשֶׁר־לָקָח rel. (81)-Qal impf. 3 m.s. paus. (542) *whom he has taken*

24:6

לֹא־יַחֲבֹל neg.-Qal impf. 3 m.s. (I 286) *no man shall take in pledge*

רֵחַיִם n.m. du. (932) *a mill*

וָרָכֶב conj.-n.m.s. paus. (939) *or an upper millstone*

כִּי־נֶפֶשׁ conj.-n.f.s. (659) *for a life*

הוּא חֹבֵל pers.pr. 3 m.s. (214)-Qal act.ptc. (I 286) *he would be taking in pledge*

24:7

כִּי־יִמָּצֵא אִישׁ conj. (471)-Ni. impf. 3 m.s. (592)-n.m.s. (35) *if a man is found*

גֹּנֵב Qal act.ptc. (170) *stealing*

נֶפֶשׁ מֵאֶחָיו n.f.s. (659)-prep.-n.m.p.-3 m.s. sf. (26) *one of his brethren*

מִבְּנֵי יִשְׂרָאֵל prep.-n.m.p. cstr. (119)-pr.n. (975) *the people of Israel*

וְהִתְעַמֶּר־בּוֹ conj.-Hith. pf. 3 m.s. (עָמַר II 771)-prep.-3 m.s. sf. *and if he treats him as a slave*

וּמְכָרוֹ conj.-Qal pf. 3 m.s.-3 m.s. sf. (569) *or sells him*

וּמֵת הַגַּנָּב הַהוּא 559) conj.-Qal pf. 3 m.s. (מוּת 559)
-def.art.-n.m.s. (170)-def.art.-demons.adj. m.s.
(214) *then that thief shall die*

וּבִעַרְתָּ conj.-Pi. pf. 2 m.s. (128) *so you shall
purge*

הָרָע def.art.-n.m.s. (948) *the evil*

מִקִּרְבֶּךָ prep.-n.m.s.-2 m.s. sf. (899) *from the
midst of you*

24:8

הִשָּׁמֶר Ni. impv. 2 m.s. (1036; GK 51n) *take heed*

בְּנֶגַע־הַצָּרַעַת prep.-n.m.s. cstr. (619)-def.art.
-n.f.s. (863) *in an attack of leprosy*

לִשְׁמֹר prep.-Qal inf.cstr. (1036) *to be careful*

מְאֹד adv. (547) *very*

וְלַעֲשׂוֹת conj.-prep.-Qal inf.cstr. (עָשָׂה I 793) *to
do*

כְּכֹל אֲשֶׁר־ prep.-n.m.s. (481)-rel. (81) *according
to all that*

יוֹרוּ אֶתְכֶם Hi. impf. 3 m.p. (יָרָה 434)-dir.obj.-2
m.p. sf. *shall direct you*

הַכֹּהֲנִים הַלְוִיִּם def.art.-n.m.p. (463)-def.art.-adj.
gent. p. (II 532) *the Levitical priests*

כַּאֲשֶׁר צִוִּיתִם prep.-rel. (81)-Pi. pf. 1 c.s.-3 m.p.
sf. (צָוָה 845) *as I commanded them*

תִּשְׁמְרוּ Qal impf. 2 m.p. (1036) *you shall be
careful*

לַעֲשׂוֹת prep.-Qal inf.cstr. (עָשָׂה I 793) *to do*

24:9

זָכוֹר Qal inf.abs. (269) *remember*

אֵת אֲשֶׁר־עָשָׂה dir.obj.-rel. (81)-Qal pf. 3 m.s. (I
793) *what did*

יהוה אֱלֹהֶיךָ pr.n. (217)-n.m.p.-2 m.s. sf. (43)
Yahweh your God

לְמִרְיָם prep.-pr.n. (599) *to Miriam*

בַּדֶּרֶךְ prep.-def.art.-n.m.s. (202) *on the way*

בְּצֵאתְכֶם prep.-Qal inf.cstr.-2 m.p. sf. (יָצָא 422)
as you came forth

מִמִּצְרָיִם prep.-pr.n. paus. (595) *out of Egypt*

24:10

כִּי־תַשֶּׁה conj. (471)-Hi. impf. 2 m.s. (נָשָׁה I
674) *when you make a loan*

בְרֵעֲךָ prep.-n.m.s.-2 m.s. sf. (945) *to your
neighbor*

מַשַּׁאת מְאוּמָה n.f.s. cstr. (673; GK 23d)
-indef.pron. (548) *a loan of anything*

לֹא־תָבֹא neg.-Qal impf. 2 m.s. (בּוֹא 97) *you
shall not go*

אֶל־בֵּיתוֹ prep.-n.m.s.-3 m.s. sf. (108) *into his
house*

לַעֲבֹט עֲבֹטוֹ prep.-Qal inf.cstr. (716)-n.m.s.-3
m.s. sf. (716) *to fetch his pledge*

24:11

בַּחוּץ prep.-def.art.-n.m.s. (299) *outside*

תַּעֲמֹד Qal impf. 2 m.s. (763) *you shall stand*

וְהָאִישׁ conj.-def.art.-n.m.s. (35) *and the man*

אֲשֶׁר אַתָּה נֹשֶׁה בוֹ rel. (81)-pers.pr. 2 m.s.
(61)-Qal act.ptc. (I 674; v. נָשָׁה)-prep.-3 m.s.
sf. *to whom you make the loan*

יוֹצִיא אֵלֶיךָ Hi. impf. 3 m.s. (יָצָא 422)-prep.-2
m.s. sf. *shall bring out to you*

אֶת־הָעֲבוֹט dir.obj.-def.art.-n.m.s. (716) *the
pledge*

הַחוּצָה dir.obj.-n.m.s.-dir.he (299) *outside*

24:12

וְאִם־אִישׁ conj.-hypoth.part. (49)-n.m.s. (35) *and
if the man*

עָנִי הוּא adj. m.s. (776)-pers.pr. 3 m.s. (214) *is
poor*

לֹא תִשְׁכַּב neg.-Qal impf. 2 m.s. (1011) *you shall
not sleep*

בַּעֲבֹטוֹ prep.-n.m.s.-3 m.s. sf. (716) *in his pledge*

24:13

הָשֵׁב תָּשִׁיב לוֹ Hi. inf.abs. (שׁוּב 996)-Hi. impf.
2 m.s. (996)-prep.-3 m.s. sf. *you shall restore
to him*

אֶת־הָעֲבוֹט dir.obj.-def.art.-n.m.s. (716) *the
pledge*

כְּבֹא הַשֶּׁמֶשׁ prep.-Qal inf.cstr. (97)-def.art.
-n.f.s. (1039) *when the sun goes down*

וְשָׁכַב conj.-Qal pf. 3 m.s. (1011) *that he may
sleep*

בְּשַׂלְמָתוֹ prep.-n.f.s.-3 m.s. sf. (971) *in his cloak*

וּבֵרֲכֶךָּ conj.-Pi. pf. 3 m.s.-2 m.s. sf. (138; GK 58i)
and bless you

וּלְךָ תִּהְיֶה conj.-prep.-2 m.s. sf.-Qal impf. 3 f.s.
(224) *and it shall be to you*

צְדָקָה n.f.s. (842) *righteousness*

לִפְנֵי יהוה prep.-n.m.p. cstr. (815)-pr.n. (217)
before Yahweh

אֱלֹהֶיךָ n.m.p.-2 m.s. sf. (43) *your God*

24:14

לֹא־תַעֲשֹׁק neg.-Qal impf. 2 m.s. (798) *you shall
not oppress*

שָׂכִיר adj. m.s. (969) *a hired servant*

עָנִי adj. m.s. (776) *who is poor*

וְאֶבְיוֹן conj.-adj. m.s. (2) *and needy*

מֵאַחֶיךָ prep.-n.m.p.-2 m.s. sf. (26) *one of your brethren*

אוֹ מִגֵּרְךָ conj. (14)-prep.-n.m.s.-2 m.s. sf. (158) *or one of the sojourners*

אֲשֶׁר בְּאַרְצְךָ rel. (81)-prep.-n.f.s.-2 m.s. sf. (75) *who are in your land*

בִּשְׁעָרֶיךָ prep.-n.m.p.-2 m.s. sf. (1044) *within your towns*

24:15

בְּיוֹמוֹ prep.-n.m.s.-3 m.s. sf. (398) *on his day*

תִתֵּן Qal impf. 2 m.s. (נָתַן 678) *you shall give*

שְׂכָרוֹ n.m.s.-3 m.s. sf. (I 969) *his hire*

וְלֹא־תָבוֹא עָלָיו conj.-neg.-Qal impf. 3 f.s. (בּוֹא 97)-prep.-3 m.s. sf. *and shall not go down upon him*

הַשֶּׁמֶשׁ def.art.-n.f.s. (1039) *the sun*

כִּי עָנִי הוּא conj. (471)-adj. m.s. (776)-pers.pr. 3 m.s. (214) *for he is poor*

וְאֵלָיו conj.-prep.-3 m.s. sf. *and upon it*

הוּא נֹשֵׂא v.supra-Qal act.ptc. (669) *he sets*

אֶת־נַפְשׁוֹ dir.obj.-n.f.s.-3 m.s. sf. (659) *his heart*

וְלֹא־יִקְרָא conj.-neg.-Qal impf. 3 m.s. (894) *lest he cry*

עָלֶיךָ prep.-2 m.s. sf. *against you*

אֶל־יהוה prep.-pr.n. (217) *to Yahweh*

וְהָיָה בְךָ conj.-Qal pf. 3 m.s. (224)-prep.-2 m.s. sf. *and it be in you*

חֵטְא n.m.s. (307) *sin*

24:16

לֹא־יוּמְתוּ אָבוֹת neg.-Ho. impf. 3 m.p. (מוּת 559)-n.m.p. (3) *the fathers shall not be put to death*

עַל־בָּנִים prep.-n.m.p. (119) *for the children*

וּבָנִים conj.-v.supra *and the children*

לֹא־יוּמְתוּ neg.-v.supra *shall not be put to death*

עַל־אָבוֹת prep.-v.supra *for the fathers*

אִישׁ בְּחֶטְאוֹ n.m.s. (35)-prep.-n.m.s.-3 m.s. sf. (307) *every man for his own sin*

יוּמָתוּ Ho. impf. 3 m.p. paus. (מוּת 559) *shall be put to death*

24:17

לֹא תַטֶּה neg.-Hi. impf. 2 m.s. (נָטָה 639) *you shall not pervert*

מִשְׁפַּט n.m.s. cstr. (1048) *the justice due to*

גֵּר n.m.s. (158) *the sojourner*

יָתוֹם n.m.s. (450) *the fatherless*

וְלֹא תַחֲבֹל conj.-neg.-Qal impf. 2 m.s. (חָבַל I 286) *or take in pledge*

בֶּגֶד אַלְמָנָה n.m.s. cstr. (93)-n.f.s. (48) *a widow's garment*

24:18

וְזָכַרְתָּ conj.-Qal pf. 2 m.s. (269) *but you shall remember*

כִּי עֶבֶד conj. (471)-n.m.s. (713) *that a slave*

הָיִיתָ Qal pf. 2 m.s. (הָיָה 224) *you were*

בְּמִצְרַיִם prep.-pr.n. (595) *in Egypt*

וַיִּפְדְּךָ consec.-Qal impf. 3 m.s.-2 m.s. sf. (פָּדָה 804) *and redeemed you*

יהוה אֱלֹהֶיךָ pr.n. (217)-n.m.p.-2 m.s. sf. (43) *Yahweh your God*

מִשָּׁם prep.-adv. (1027) *from there*

עַל־כֵּן אָנֹכִי prep.-adv. (485)-pers.pr. 1 c.s. (59) *therefore I*

מְצַוְּךָ Pi. ptc.-2 m.s. sf. (צָוָה 845) *command you*

לַעֲשׂוֹת prep.-Qal inf.cstr. (עָשָׂה I 793) *to do*

אֶת־הַדָּבָר הַזֶּה dir.obj.-def.art.-n.m.s. (182)-def.art.-demons.adj. m.s. (260) *this*

24:19

כִּי תִקְצֹר קְצִירְךָ conj. (471)-Qal impf. 2 m.s. (II 894)-n.m.s.-2 m.s. sf. (I 894) *when you reap your harvest*

בְּשָׂדֶךָ prep.-n.m.s.-2 m.s. sf. (961) *in your field*

וְשָׁכַחְתָּ conj.-Qal pf. 2 m.s. (1013) *and have forgotten*

עֹמֶר n.m.s. (I 771) *a sheaf*

בַּשָּׂדֶה prep.-def.art.-n.m.s. (961) *in the field*

לֹא תָשׁוּב לְקַחְתּוֹ neg.-Qal impf. 2 m.s. (996)-prep.-Qal inf.cstr.-3 m.s. sf. (לָקַח 542) *you shall not go back to get it*

לַגֵּר prep.-def.art.-n.m.s. (158) *for the sojourner*

לַיָּתוֹם prep.-def.art.-n.m.s. (450) *the fatherless*

וְלָאַלְמָנָה conj.-prep.-def.art.-n.f.s. (48) *and the widow*

יִהְיֶה Qal impf. 3 m.s. (224) *it shall be*

לְמַעַן יְבָרֶכְךָ prep. (775)-Pi. impf. 3 m.s.-2 m.s. sf. (138) *that may bless you*

יהוה אֱלֹהֶיךָ pr.n. (217)-n.m.p.-2 m.s. sf. (43) *Yahweh your God*

בְּכֹל מַעֲשֵׂה prep.-n.m.s. cstr. (481)-n.m.s. cstr. (795) *in all the work of*

יָדֶיךָ n.f. du.-2 m.s. sf. (388) *your hands*

24:20

כִּי תַחְבֹּט conj. (471)-Qal impf. 2 m.s. (286) *when you beat*

זֵיתְךָ n.m.s.-2 m.s. sf. (268) *your olive trees*

לֹא תְפַאֵר neg.-Pi. impf. 2 m.s. (פָּאַר 802) *you shall not go over the boughs*

אַחֲרֶיךָ prep.-2 m.s. sf. (29) *after you*

לַגֵּר prep.-def.art.-n.m.s. (158) *for the sojourner*

לַיָּתוֹם prep.-def.art.-n.m.s. (450) *the fatherless*

וְלָאַלְמָנָה conj.-prep.-def.art.-n.f.s. (48) *and the widow*

יִהְיֶה Qal impf. 3 m.s. (224) *it shall be*

24:21

כִּי תִבְצֹר conj.-Qal impf. 2 m.s. (130) *when you gather*

כַּרְמְךָ n.m.s.-2 m.s. sf. (501) *your vineyard*

לֹא תְעוֹלֵל neg.-Po'el impf. 2 m.s. (760 עָלַל) *you shall not glean it*

אַחֲרֶיךָ prep.-2 m.s. sf. (29) *afterward*

לַגֵּר prep.-def.art.-n.m.s. (158) *for the sojourner*

לַיָּתוֹם prep.-def.art.-n.m.s. (450) *the fatherless*

וְלָאַלְמָנָה conj.-prep.-def.art.-n.f.s. (48) *and the widow*

יִהְיֶה Qal impf. 3 m.s. (224) *it shall be*

24:22

וְזָכַרְתָּ conj.-Qal pf. 2 m.s. (269) *you shall remember*

כִּי־עֶבֶד conj. (471)-n.m.s. (713) *that a slave*

הָיִיתָ Qal pf. 2 m.s. (הָיָה 224) *you were*

בְּאֶרֶץ prep.-n.f.s. cstr. (75) *in the land of*

מִצְרַיִם pr.n. paus. (595) *Egypt*

עַל־כֵּן prep.-adv. (485) *therefore*

אָנֹכִי מְצַוְּךָ pers.pr. 1 c.s. (59)-Pi. ptc.-2 m.s. sf. (845 צָוָה) *I command you*

לַעֲשׂוֹת prep.-Qal inf.cstr. (עָשָׂה I 793) *to do*

אֶת־הַדָּבָר הַזֶּה dir.obj.-def.art.-n.m.s. (182) -def.art.-demons.adj. m.s. (260) *this*

25:1

כִּי־יִהְיֶה conj. (471)-Qal impf. 3 m.s. (224) *if there is*

רִיב n.m.s. (936) *a dispute*

בֵּין אֲנָשִׁים prep. (107)-n.m.p. (35) *between men*

וְנִגְּשׁוּ conj.-Ni. pf. 3 c.p. (נָגַשׁ 620) *and they come*

אֶל־הַמִּשְׁפָּט prep.-def.art.-n.m.s. (1048) *into court*

וּשְׁפָטוּם conj.-Qal pf. 3 c.p.-3 m.p. sf. (שָׁפַט 1047) *and the judges decide between them*

וְהִצְדִּיקוּ אֶת־הַצַּדִּיק conj.-Hi. pf. 3 c.p. (צָדֵק 842)-dir.obj.-def.art.-adj. m.s. (843) *acquitting the innocent*

וְהִרְשִׁיעוּ אֶת־הָרָשָׁע conj.-Hi. pf. 3 c.p. (רָשַׁע 957)-dir.obj.-def.art.-adj. m.s. (957) *and condemning the guilty*

25:2

וְהָיָה אִם־ conj.-Qal pf. 3 m.s. (224)-hypoth.part. (49) *then if*

בִּן הַכּוֹת n.m.s. cstr. (119; GK 96,128v)-Hi. inf.cstr. (נָכָה 645) *deserves to be beaten*

הָרָשָׁע def.art.-adj. m.s. (957) *the guilty man*

וְהִפִּילוֹ conj.-Hi. pf. 3 m.s.-3 m.s. sf. (נָפַל 656) *shall cause him to lie down*

הַשֹּׁפֵט def.art.-Qal act.ptc. (1047) *the judge*

וְהִכָּהוּ conj.-Hi. pf. 3 m.s.-3 m.s. sf. (נָכָה 645) *and be beaten*

לְפָנָיו prep.-n.m.p.-3 m.s. sf. (815) *in his presence*

כְּדֵי רִשְׁעָתוֹ prep.-subst. cstr. (191)-n.f.s.-3 m.s. sf. (958) *in proportion to his offense*

בְּמִסְפָּר prep.-n.m.s. (708) *with a number (of stripes)*

25:3

אַרְבָּעִים num. p. (917) *forty*

יַכֶּנּוּ Hi. impf. 3 m.s.-3 m.s. sf. (נָכָה 645) *stripes may be given him*

לֹא יֹסִיף neg.-Hi. impf. 3 m.s. (יָסַף 414) *but not more*

פֶּן־יֹסִיף conj. (814)-v.supra *lest one add*

לְהַכֹּתוֹ prep.-Hi. inf.cstr.-3 m.s. sf. (נָכָה 645) *to beat him*

עַל־אֵלֶּה prep.-demons.adj. c.p. (41) *than these*

מַכָּה רַבָּה n.f.s. (646)-adj. f.s. (I 912) *with more stripes*

וְנִקְלָה conj.-Ni. pf. 3 m.s. (II 885) *be degraded*

אָחִיךָ n.m.s.-2 m.s. sf. (26) *your brother*

לְעֵינֶיךָ prep.-n.f. du.-2 m.s. sf. (744) *in your sight*

25:4

לֹא־תַחְסֹם neg.-Qal impf. 2 m.s. (חָסַם 340) *you shall not muzzle*

שׁוֹר n.m.s. (1004) *an ox*

בְּדִישׁוֹ prep.-Qal inf.cstr.-3 m.s. sf. (דּוּשׁ 190) *when it treads*

25:5

כִּי־יֵשְׁבוּ אַחִים conj.-Qal impf. 3 m.p. (442)-n.m.p. (26) *if brothers dwell*

יַחְדָּו adv. (403) *together*

וּמֵת conj.-Qal pf. 3 m.s. (מוּת 559) *and dies*

אַחַד מֵהֶם num. (25)-prep.-3 m.p. sf. *one of them*

וּבֵן אֵין־לוֹ conj.-n.m.s. (119)-subst. (II 34) -prep.-3 m.s. sf. *and has no son*

לֹא־תִהְיֶה neg.-Qal impf. 3 f.s. (הָיָה 224) *shall not be*

אֵשֶׁת־הַמֵּת n.f.s. cstr. (61)-def.art.-Qal act.ptc. (מוּת 559) *the wife of the dead*

הַחוּצָה def.art.-n.m.s.-dir.he (299) *outside (the family)*

לְאִישׁ זָר prep.-n.m.s. (35)-adj. m.s. (266) *to a stranger*

יְבָמָהּ n.m.s.-3 f.s. sf. (386) *her husband's brother*

יָבֹא עָלֶיהָ Qal impf. 3 m.s. (בּוֹא 97)-prep.-3 f.s. sf. *shall go in to her*

וּלְקָחָהּ לוֹ conj.-Qal pf. 3 m.s.-3 f.s. sf. (לקח 542)-prep.-3 m.s. sf. *and take her as his*

לְאִשָּׁה prep.-n.f.s. (61) *wife*

וְיִבְּמָהּ conj.-Pi. pf. 3 m.s.-3 f.s. sf. (יבם 386) *and perform the duty of a husband's brother to her*

25:6

וְהָיָה הַבְּכוֹר conj.-Qal pf. 3 m.s. (224)-def.art. -n.m.s. (114) *and the first son*

אֲשֶׁר תֵּלֵד rel. (81)-Qal impf. 3 f.s. (ילד 408) *whom she bears*

יָקוּם Qal impf. 3 m.s. (קוּם 877) *shall succeed*

עַל־שֵׁם אָחִיו prep.-n.m.s. cstr. (1027)-n.m.s.-3 m.s. sf. (26) *to the name of his brother*

הַמֵּת def.art.-Qal act.ptc. (מוּת 559) *who is dead*

וְלֹא־יִמָּחֶה שְׁמוֹ conj.-neg.-Ni. impf. 3 m.s. (562 מחה)-n.m.s.-3 m.s. sf. (1027) *that his name may not be blotted out*

מִיִּשְׂרָאֵל prep.-pr.n. (975) *of Israel*

25:7

וְאִם־לֹא יַחְפֹּץ conj.-hypoth.part. (49)-neg.-Qal impf. 3 m.s. (342) *and if does not wish*

הָאִישׁ def.art.-n.m.s. (35) *the man*

לָקַחַת prep.-Qal inf.cstr. (לקח 542) *to take*

אֶת־יְבִמְתּוֹ dir.obj.-n.f.s.-3 m.s. sf. (386) *his brother's wife*

וְעָלְתָה conj.-Qal pf. 3 f.s. (עלה 748) *then shall go up*

יְבִמְתּוֹ v.supra *his brother's wife*

הַשַּׁעְרָה def.art.-n.m.s.-dir.he (1044) *to the gate*

אֶל־הַזְּקֵנִים prep.-def.art.-adj. m.p. (278) *to the elders*

וְאָמְרָה conj.-Qal pf. 3 f.s. (55) *and say*

מֵאֵין Pi. pf. 3 m.s. (מאן 549; rd.prb. מָאַן) *refuses*

יְבָמִי n.m.s.-1 c.s. sf. (386) *my husband's brother*

לְהָקִים prep.-Hi. inf.cstr. (קוּם 877) *to perpetuate*

לְאָחִיו prep.-n.m.s.-3 m.s. sf. (26) *his brother's*

שֵׁם n.m.s. (1027) *name*

בְּיִשְׂרָאֵל prep.-pr.n. (975) *in Israel*

לֹא אָבָה neg.-Qal pf. 3 m.s. (2) *he will not*

יַבְּמִי Pi. inf.cstr.-1 c.s. sf. (יבם 386) *perform the duty of a husband's brother to me*

25:8

וְקָרְאוּ־לוֹ conj.-Qal pf. 3 c.p. (894)-prep.-3 m.s. sf. *then shall call him*

זִקְנֵי־עִירוֹ adj. m.p. cstr. (278)-n.f.s.-3 m.s. sf. (746) *the elders of his city*

וְדִבְּרוּ אֵלָיו conj.-Pi. pf. 3 c.p. (180)-prep.-3 m.s. sf. *and speak to him*

וְעָמַד וְאָמַר conj.-Qal pf. 3 m.s. (763)-conj.-Qal pf. 3 m.s. (55) *and if he persists, saying*

לֹא חָפַצְתִּי neg.-Qal pf. 1 c.s. (342) *I do not wish*

לְקַחְתָּהּ prep.-Qal inf.cstr.-3 f.s. sf. (לקח 542) *to take her*

25:9

וְנִגְּשָׁה יְבִמְתּוֹ conj.-Ni. pf. 3 f.s. (נגשׁ 620)-n.f.s. -3 m.s. sf. (386) *then his brother's wife shall go up*

אֵלָיו prep.-3 m.s. sf. *to him*

לְעֵינֵי הַזְּקֵנִים prep.-n.f. du. cstr. (744)-def.art. -adj. m.p. (278) *in the presence of the elders*

וְחָלְצָה conj.-Qal pf. 3 f.s. (I 322) *and pull off*

נַעֲלוֹ n.f.s.-3 m.s. sf. (653) *his sandal*

מֵעַל רַגְלוֹ prep.-prep.-n.f.s.-3 m.s. sf. (919) *off his foot*

וְיָרְקָה conj.-Qal pf. 3 f.s. (II 359) *and spit*

בְּפָנָיו prep.-n.m.p.-3 m.s. sf. (815) *in his face*

וְעָנְתָה conj.-Qal pf. 3 f.s. (ענה I 772) *and she shall answer*

וְאָמְרָה conj.-Qal pf. 3 f.s. (אמר 55) *and say*

כָּכָה יֵעָשֶׂה adv. (462)-Ni. impf. 3 m.s. (I 793) *so shall it be done*

לָאִישׁ prep.-def.art.-n.m.s. (35) *to the man*

אֲשֶׁר לֹא־יִבְנֶה rel. (81)-neg.-Qal impf. 3 m.s. (בנה 124) *who does not build up*

אֶת־בֵּית אָחִיו dir.obj.-n.m.s. cstr. (108)-n.m.s.-3 m.s. sf. (26) *his brother's house*

25:10

וְנִקְרָא conj.-Ni. pf. 3 m.s. (894) *and shall be called*

שְׁמוֹ n.m.s.-3 m.s. sf. (1027) *its name*

בְּיִשְׂרָאֵל prep.-pr.n. (975) *in Israel*

בֵּית חֲלוּץ הַנָּעַל n.m.s. cstr. (108)-Qal pass.ptc. cstr. (חלץ 322)-def.art.-n.f.s. paus. (653) *the house of him that had his sandal pulled off*

861

25:11

כִּי־יִנָּצוּ conj. (471)-Ni. impf. 3 m.p. (נָצָה II 663) when fight

אֲנָשִׁים n.m.p. (35) men

יַחְדָּו adv. (403) with one another

אִישׁ וְאָחִיו n.m.s. (35)-conj.-n.m.s.-3 m.s. sf. (26) a man and his brother

וְקָרְבָה conj.-Qal pf. 3 f.s. (קָרַב 897) and draws near

אֵשֶׁת הָאֶחָד n.f.s. cstr. (61)-def.art.-num. (25) the wife of the one

לְהַצִּיל prep.-Hi. inf.cstr. (נָצַל 664) to rescue

אֶת־אִישָׁהּ dir.obj.-n.m.s.-3 f.s. sf. (35) her husband

מִיַּד מַכֵּהוּ prep.-n.f.s. cstr. (388)-Hi. ptc.-3 m.s. sf. (נָכָה 645) from the hand of him who is beating him

וְשָׁלְחָה יָדָהּ conj.-Qal pf. 3 f.s. (1018)-n.f.s.-3 f.s. sf. (388) and puts out her hand

וְהֶחֱזִיקָה conj.-Hi. pf. 3 f.s. (חָזַק 304) and seizes

בִּמְבֻשָׁיו prep.-n.m.p.-3 m.s. sf. (102) by his private parts

25:12

וְקַצֹּתָה conj.-Qal pf. 2 m.s. (קָצַץ 893; GK 67ee) then you shall cut off

אֶת־כַּפָּהּ dir.obj.-n.f.s.-3 f.s. sf. (496) her hand

לֹא תָחוֹס neg.-Qal impf. 3 f.s. (299) shall have no pity

עֵינֶךָ n.f.s.-2 m.s. sf. (744) your eye

25:13

לֹא־יִהְיֶה לְךָ neg.-Qal impf. 3 m.s. (224) -prep.-2 m.s. sf. you shall not have

בְּכִיסְךָ prep.-n.m.s.-2 m.s. sf. (476) in your bag

אֶבֶן וָאָבֶן n.f.s. (6)-conj.-n.f.s. paus. (6; GK 123f) two kinds of weights

גְּדוֹלָה וּקְטַנָּה adj. f.s. (152)-conj.-adj. f.s. (I 881) a large and a small

25:14

לֹא־יִהְיֶה לְךָ neg.-Qal impf. 3 m.s. (224) -prep.-2 m.s. sf. you shall not have

בְּבֵיתְךָ prep.-n.m.s.-2 m.s. sf. (108) in your house

אֵיפָה וְאֵיפָה n.f.s. (35)-conj.-v.supra two kinds of measure

גְּדוֹלָה וּקְטַנָּה adj. f.s. (152)-conj.-adj. f.s. (I 881) a large and a small

25:15

אֶבֶן שְׁלֵמָה n.f.s. (6)-adj. f.s. (I 1023) a full weight

וָצֶדֶק conj.-adj. m.s. (841) and just

יִהְיֶה־לָּךְ Qal impf. 3 m.s. (224)-prep.-2 m.s. sf. paus. you shall have

אֵיפָה שְׁלֵמָה n.f.s. (35)-v.supra a full measure

וָצֶדֶק v.supra and just

יִהְיֶה־לָּךְ v.supra-v.supra you shall have

לְמַעַן יַאֲרִיכוּ prep. (775)-Hi. impf. 3 m.p. (אָרַךְ 73) that may be prolonged

יָמֶיךָ n.m.p.-2 m.s. sf. (398) your days

עַל הָאֲדָמָה prep.-def.art.-n.f.s. (9) in the land

אֲשֶׁר־יהוה אֱלֹהֶיךָ rel. (81)-pr.n. (217)-n.m.p.-2 m.s. sf. (43) which Yahweh your God

נֹתֵן לָךְ Qal act.ptc. (678)-prep.-2 m.s. sf. paus. gives you

25:16

כִּי תוֹעֲבַת conj. (471)-n.f.s. cstr. (1072) for an abomination to

יהוה אֱלֹהֶיךָ pr.n. (217)-n.m.p.-2 m.s. sf. (43) Yahweh your God

כָּל־עֹשֵׂה n.m.s. cstr. (481)-Qal act.ptc. (I 793) all who do

אֵלֶּה demons.adj. c.p. (41) such things

כֹּל עֹשֵׂה v.supra-v.supra all who act

עָוֶל n.m.s. (732) dishonestly

25:17

זָכוֹר Qal inf.abs. (269) remember

אֵת אֲשֶׁר־עָשָׂה dir.obj.-rel. (81)-Qal pf. 3 m.s. (I 793) what did

לְךָ prep.-2 m.s. sf. to you

עֲמָלֵק pr.n. (766) Amalek

בַּדֶּרֶךְ prep.-def.art.-n.m.s. (202) on the way

בְּצֵאתְכֶם prep.-Qal inf.cstr.-2 m.p. sf. (יָצָא 422) as you came out

מִמִּצְרָיִם prep.-pr.n. paus. (595) of Egypt

25:18

אֲשֶׁר קָרְךָ rel. (81)-Qal pf. 3 m.s.-2 m.s. sf. (קָרָה 899) how he attacked you

בַּדֶּרֶךְ prep.-def.art.-n.m.s. (202) on the way

וַיְזַנֵּב בְּךָ consec.-Pi. impf. 3 m.s. (275)-prep.-2 m.s. sf. and cut off at your rear

כָּל־הַנֶּחֱשָׁלִים n.m.s. cstr. (481)-def.art.-Ni. ptc. m.p. (חָשַׁל 365) all who lagged

אַחֲרֶיךָ prep.-2 m.s. sf. (29) behind you

וְאַתָּה עָיֵף conj.-pers.pr. 2 m.s. (61)-adj. m.s. (746) when you were faint

וְיָגֵעַ conj.-adj. m.s. (388) and weary

וְלֹא יָרֵא conj.-neg.-Qal pf. 3 m.s. (431) and he did not fear

אֱלֹהִים n.m.p. (43) God

25:19

וְהָיָה conj.-Qal pf. 3 m.s. (224) *therefore*

בְּהָנִיחַ prep.-Hi. inf.cstr. (נוח 628) *when has given rest*

יהוה אֱלֹהֶיךָ pr.n. (217)-n.m.p.-2 m.s. sf. (43) *Yahweh your God*

לְךָ prep.-2 m.s. sf. *you*

מִכָּל־אֹיְבֶיךָ prep.-n.m.s. cstr. (481)-Qal act.ptc. m.p.-2 m.s. sf. (אֹיֵב 33) *from all your enemies*

מִסָּבִיב prep.-adv. (686) *round about*

בָּאָרֶץ prep.-def.art.-n.f.s. (75) *in the land*

אֲשֶׁר יהוה אֱלֹהֶיךָ rel. (81)-v.supra-v.supra *which Yahweh your God*

נֹתֵן לְךָ Qal act.ptc. (678)-prep.-2 m.s. sf. *gives you*

נַחֲלָה n.f.s. (635) *for an inheritance*

לְרִשְׁתָּהּ prep.-Qal inf.cstr.-3 f.s. sf. (יָרַשׁ 439) *to possess (it)*

תִּמְחֶה Qal impf. 2 m.s. (מָחָה 562) *you shall blot out*

אֶת־זֵכֶר dir.obj.-n.m.s. cstr. (271) *the remembrance of*

עֲמָלֵק pr.n. (766) *Amalek*

מִתַּחַת הַשָּׁמַיִם prep.-prep. (1065)-def.art.-n.m. du. paus. (1029) *from under heaven*

לֹא תִשְׁכָּח neg.-Qal impf. 2 m.s. paus. (1013) *you shall not forget*

26:1

וְהָיָה כִּי־ conj.-Qal pf. 3 m.s. (224)-conj. (471) *when*

תָבוֹא Qal impf. 2 m.s. (בּוֹא 97) *you come*

אֶל־הָאָרֶץ prep.-def.art.-n.f.s. (75) *into the land*

אֲשֶׁר יהוה אֱלֹהֶיךָ rel. (81)-pr.n. (217)-n.m.p.-2 m.s. sf. (43) *which Yahweh your God*

נֹתֵן לְךָ Qal act.ptc. (678)-prep.-2 m.s. sf. *gives you*

נַחֲלָה n.f.s. (635) *for an inheritance*

וִירִשְׁתָּהּ conj.-Qal pf. 2 m.s.-3 f.s. sf. (יָרַשׁ 439) *and have taken possession of it*

וְיָשַׁבְתָּ בָּהּ conj.-Qal pf. 2 m.s. (יָשַׁב 442) -prep.-3 f.s. sf. *and live in it*

26:2

וְלָקַחְתָּ conj.-Qal pf. 2 m.s. (542) *you shall take*

מֵרֵאשִׁית prep.-n.f.s. cstr. (912) *some of the first of*

כָּל־פְּרִי n.m.s. cstr. (481)-n.m.s. cstr. (826) *all the fruit of*

הָאֲדָמָה def.art.-n.f.s. (9) *the ground*

אֲשֶׁר תָּבִיא rel. (81)-Hi. impf. 2 m.s. (בּוֹא 97) *which you harvest*

מֵאַרְצְךָ prep.-n.f.s.-2 m.s. sf. (75) *from your land*

אֲשֶׁר יהוה אֱלֹהֶיךָ rel. (81)-pr.n. (217)-n.m.p.-2 m.s. sf. *that Yahweh your God*

נֹתֵן לָךְ Qal act.ptc. (678)-prep.-2 m.s. paus. *gives you*

וְשַׂמְתָּ conj.-Qal pf. 2 m.s. (שׂוּם 962) *and you shall put it*

בַּטֶּנֶא prep.-def.art.-n.m.s. (380) *in a basket*

וְהָלַכְתָּ conj.-Qal pf. 2 m.s. (הָלַךְ 229) *and you shall go*

אֶל־הַמָּקוֹם prep.-def.art.-n.m.s. (879) *to the place*

אֲשֶׁר יִבְחַר rel. (81)-Qal impf. 3 m.s. (103) *which will choose*

יהוה אֱלֹהֶיךָ pr.n. (217)-n.m.p.-2 m.s. sf. *Yahweh your God*

לְשַׁכֵּן prep.-Pi. inf.cstr. (שָׁכַן 1014) *to make dwell*

שְׁמוֹ n.m.s.-3 m.s. sf. (1027) *his name*

שָׁם adv. (1027) *there*

26:3

וּבָאתָ conj.-Qal pf. 2 m.s. (בּוֹא 97) *and you shall go*

אֶל־הַכֹּהֵן prep.-def.art.-n.m.s. (463) *to the priest*

אֲשֶׁר יִהְיֶה rel. (81)-Qal impf. 3 m.s. (הָיָה 224) *who is (in office)*

בַּיָּמִים הָהֵם prep.-def.art.-n.m.p. (398)-def.art. -demons.adj. m.p. (241) *at that time*

וְאָמַרְתָּ conj.-Qal pf. 2 m.s. (55) *and say*

אֵלָיו prep.-3 m.s. sf. *to him*

הִגַּדְתִּי Hi. pf. 1 c.s. (נָגַד 616) *I declare*

הַיּוֹם def.art.-n.m.s. (398) *this day*

לַיהוה אֱלֹהֶיךָ prep.-pr.n. (217)-n.m.p.-2 m.s. sf. (43) *to Yahweh your God*

כִּי־בָאתִי conj. (471)-Qal pf. 1 c.s. (בּוֹא 97) *that I have come*

אֶל־הָאָרֶץ prep.-def.art.-n.f.s. (75) *into the land*

אֲשֶׁר נִשְׁבַּע יהוה rel. (81)-Ni. pf. 3 m.s. (989) -v.supra *which Yahweh swore*

לַאֲבֹתֵינוּ prep.-n.m.p.-1 c.p. sf. (3) *to our fathers*

לָתֶת לָנוּ prep.-Qal inf.cstr. (נָתַן 678)-prep.-1 c.p. sf. *to give us*

26:4

וְלָקַח conj.-Qal pf. 3 m.s. (542) *then shall take*

הַכֹּהֵן def.art.-n.m.s. (463) *the priest*

הַטֶּנֶא def.art.-n.m.s. (380) *the basket*

מִיָּדֶךָ prep.-n.f.s.-2 m.s. sf. (388) *from your hand*

וְהִנִּחוֹ conj.-Hi. pf. 3 m.s.-3 m.s. sf. (נוּחַ 628) *and set it down*

לִפְנֵי מִזְבַּח prep.-n.m.p. cstr. (815)-n.m.s. cstr. (258) *before the altar of*

יהוה אֱלֹהֶיךָ pr.n. (217)-n.m.p.-2 m.s. sf. (43) *Yahweh your God*

26:5

וְעָנִיתָ וְאָמַרְתָּ conj.-Qal pf. 2 m.s. (עָנָה I 772) -conj.-Qal pf. 2 m.s. (55) *and you shall make response*

לִפְנֵי יהוה prep.-n.m.p. cstr. (815)-pr.n. (217) *before Yahweh*

אֱלֹהֶיךָ n.m.p.-2 m.s. sf. (43) *your God*

אֲרַמִּי אֹבֵד adj. gent. (74)-Qal act.ptc. (אָבַד 1) *a wandering Aramean*

אָבִי n.m.s.-1 c.s. sf. (3) *my father*

וַיֵּרֶד consec.-Qal impf. 3 m.s. (יָרַד 432) *and he went down*

מִצְרַיְמָה pr.n.-dir.he (595) *into Egypt*

וַיָּגָר consec.-Qal impf. 3 m.s. (גּוּר 157) *and sojourned*

שָׁם adv. (1027) *there*

בִּמְתֵי מְעָט prep.-n.m.p. cstr. (607; GK 119i) -subst. (589) *few in number*

וַיְהִי־שָׁם consec.-Qal impf. 3 m.s. (הָיָה 224) -adv. (1027) *and there he became*

לְגוֹי גָּדוֹל prep.-n.m.s. (156)-adj. m.s. (152) *a great nation*

עָצוּם וָרָב adj. m.s. (783)-conj.-adj. m.s. (912) *mighty and populous*

26:6

וַיָּרֵעוּ אֹתָנוּ consec.-Hi. impf. 3 m.p. (רָעַע 949) -dir.obj.-1 c.p. sf. *and treated us harshly*

הַמִּצְרִים def.art.-pr.n. (595) *the Egyptians*

וַיְעַנּוּנוּ consec.-Pi. impf. 3 m.p.-1 c.p. sf. (עָנָה III 776) *and afflicted us*

וַיִּתְּנוּ עָלֵינוּ consec.-Qal impf. 3 m.p. (נָתַן 678) -prep.-1 c.p. sf. *and laid upon us*

עֲבֹדָה קָשָׁה n.f.s. (715)-adj. f.s. (904) *hard bondage*

26:7

וַנִּצְעַק consec.-Qal impf. 1 c.p. (צָעַק 858) *then we cried*

אֶל־יהוה prep.-pr.n. (217) *to Yahweh*

אֱלֹהֵי אֲבֹתֵינוּ n.m.p. cstr. (43)-n.m.p.-1 c.p. sf. (3) *the God of our fathers*

וַיִּשְׁמַע יהוה consec.-Qal impf. 3 m.s. (1033) -v.supra *and Yahweh heard*

אֶת־קֹלֵנוּ dir.obj.-n.m.s.-1 c.p. sf. (876) *our voice*

וַיַּרְא consec.-Qal impf. 3 m.s. (רָאָה 906) *and saw*

אֶת־עָנְיֵנוּ dir.obj.-n.m.s.-1 c.p. sf. (777) *our affliction*

וְאֶת־עֲמָלֵנוּ conj.-v.supra-n.m.s.-1 c.p. sf. (765) *our toil*

וְאֶת־לַחֲצֵנוּ v.supra-n.m.s.-1 c.p. sf. (537) *and our oppression*

26:8

וַיּוֹצִאֵנוּ consec.-Hi. impf. 3 m.s.-1 c.p. sf. (יָצָא 422) *and brought us out*

יהוה pr.n. (217) *Yahweh*

מִמִּצְרַיִם prep.-pr.n. (595) *of Egypt*

בְּיָד חֲזָקָה prep.-n.f.s. (388)-adj. f.s. (305) *with a mighty hand*

וּבִזְרֹעַ נְטוּיָה conj.-prep.-n.f.s. (283)-Qal pass.ptc. f.s. (נָטָה 639) *and an outstretched arm*

וּבְמֹרָא גָּדֹל conj.-prep.-n.m.s. (432)-adj. m.s. (152) *with great terror*

וּבְאֹתוֹת conj.-prep.-n.m.p. (16) *with signs*

וּבְמֹפְתִים conj.-prep.-n.m.p. (68) *and wonders*

26:9

וַיְבִאֵנוּ consec.-Hi. impf. 3 m.s.-1 c.p. sf. (בּוֹא 97) *and he brought us*

אֶל־הַמָּקוֹם הַזֶּה prep.-def.art.-n.m.s. (879)-def. art.-demons.adj. m.s. (260) *into this place*

וַיִּתֶּן־לָנוּ consec.-Qal impf. 3 m.s. (נָתַן 678) -prep.-1 c.p. sf. *and gave us*

אֶת־הָאָרֶץ הַזֹּאת dir.obj.-def.art.-n.f.s. (75) -def.art.-demons.adj. f.s. (260) *this land*

אֶרֶץ n.f.s. (75) *a land*

זָבַת Qal act.ptc. f.s. cstr. (זוּב 264) *flowing with*

חָלָב n.m.s. (316) *milk*

וּדְבָשׁ conj.-n.m.s. (185) *and honey*

26:10

וְעַתָּה הִנֵּה conj.-adv. (773)-interj. (243) *and behold, now*

הֵבֵאתִי Hi. pf. 1 c.s. (בּוֹא 97) *I bring*

אֶת־רֵאשִׁית dir.obj.-n.f.s. cstr. (912) *the first of*

פְּרִי הָאֲדָמָה n.m.s. cstr. (836)-def.art.-n.f.s. (9) *the fruit of the ground*

אֲשֶׁר־נָתַתָּה לִּי rel. (81)-Qal pf. 2 m.s. (נָתַן 678) -prep.-1 c.s. sf. *which thou hast given me*

יהוה pr.n. (217) *O Yahweh*

וְהִנַּחְתּוֹ conj.-Hi. pf. 2 m.s.-3 m.s. sf. (נוּחַ 628) *and you shall set it down*

לִפְנֵי יהוה prep.-n.m.p. cstr. (815)-pr.n. (217) *before Yahweh*

אֱלֹהֶיךָ n.m.p.-2 m.s. sf. (43) *your God*

וְהִשְׁתַּחֲוִיתָ conj.-Hith. pf. 2 m.s. (שָׁחָה 1005) *and worship*

לִפְנֵי יהוה אֱלֹהֶיךָ v.supra-v.supra-v.supra *before Yahweh your God*

26:11

וְשָׂמַחְתָּ conj.-Qal pf. 2 m.s. (שָׂמַח 970) *and you shall rejoice*

בְּכָל־הַטּוֹב prep.-n.m.s. cstr. (481)-def.art.-n.m.s. (373) *in all the good*

אֲשֶׁר נָתַן־לְךָ rel. (81)-Qal pf. 3 m.s. (678) -prep.-2 m.s. sf. *which has given to you*

יהוה אֱלֹהֶיךָ pr.n. (217)-n.m.p.-2 m.s. sf. (43) *Yahweh your God*

וּלְבֵיתֶךָ conj.-prep.-n.m.s.-2 m.s. sf. (108) *and to your house*

אַתָּה וְהַלֵּוִי pers.pr. 2 m.s. (61)-conj.-def.art.-pr.n. (II 532) *you and the Levite*

וְהַגֵּר conj.-def.art.-n.m.s. (158) *and the sojourner*

אֲשֶׁר בְּקִרְבֶּךָ rel. (81)-prep.-n.m.s.-2 m.s. sf. (899) *who is among you*

26:12

כִּי תְכַלֶּה conj. (471)-Pi. impf. 2 m.s. (כָּלָה 477) *when you have finished*

לַעְשֵׂר prep.-Hi. inf.cstr. (עָשַׂר 797; GK 53k) *paying*

אֶת־כָּל־מַעְשַׂר dir.obj.-n.m.s. cstr. (481)-n.m.s. cstr. (798) *all the tithe of*

תְּבוּאָתְךָ n.f.s.-2 m.s. sf. (100) *your produce*

בַּשָּׁנָה הַשְּׁלִישִׁת prep.-def.art.-n.f.s. (1040) -def.art.-num. ord. (1026) *in the third year*

שְׁנַת הַמַּעֲשֵׂר n.f.s. cstr. (1040)-def.art.-n.m.s. (798) *which is the year of tithing*

וְנָתַתָּה conj.-Qal pf. 2 m.s. (נָתַן 678) *giving it*

לַלֵּוִי prep.-def.art.-pr.n. (II 532) *to the Levite*

לַגֵּר prep.-def.art.-n.m.s. (158) *the sojourner*

לַיָּתוֹם prep.-def.art.-n.m.s. (450) *the fatherless*

וְלָאַלְמָנָה conj.-prep.-def.art.-n.f.s. (48) *and the widow*

וְאָכְלוּ conj.-Qal pf. 3 c.p. (אָכַל 37) *that they may eat*

בִּשְׁעָרֶיךָ prep.-n.m.p.-2 m.s. sf. (1044) *within your towns*

וְשָׂבֵעוּ conj.-Qal pf. 3 c.p. (959) *and be filled*

26:13

וְאָמַרְתָּ conj.-Qal pf. 2 m.s. (55) *then you shall say*

לִפְנֵי יהוה אֱלֹהֶיךָ prep.-n.m.p. cstr. (815)-pr.n. (217)-n.m.p.-2 m.s. sf. (43) *before Yahweh your God*

בִּעַרְתִּי Pi. pf. 1 c.s. (בָּעַר 128) *I have removed*

הַקֹּדֶשׁ def.art.-n.m.s. (871) *the sacred portion*

מִן־הַבַּיִת prep.-def.art.-n.m.s. (108) *out of my house*

וְגַם נְתַתִּיו conj.-adv. (168)-Qal pf. 1 c.s.-3 m.s. sf. (נָתַן 678) *and moreover I have given it*

לַלֵּוִי prep.-def.art.-pr.n. (II 532) *to the Levite*

וְלַגֵּר conj.-prep.-def.art.-n.m.s. (158) *the sojourner*

לַיָּתוֹם prep.-def.art.-n.m.s. (450) *the fatherless*

וְלָאַלְמָנָה conj.-prep.-def.art.-n.f.s. (48) *and the widow*

כְּכָל־מִצְוָתְךָ prep.-n.m.s. cstr. (481)-n.f.s.-2 m.s. sf. (846) *according to all thy commandment*

אֲשֶׁר צִוִּיתָנִי rel. (81)-Pi. pf. 2 m.s.-1 c.s. sf. (צָוָה 845) *which thou hast commanded me*

לֹא־עָבַרְתִּי neg.-Qal pf. 1 c.s. (716) *I have not transgressed*

מִמִּצְוֺתֶיךָ prep.-n.f.p.-2 m.s. sf. (846) *any of thy commandments*

וְלֹא שָׁכָחְתִּי conj.-neg.-Qal pf. 1 c.s. paus. (שָׁכַח 1013) *neither have I forgotten them*

26:14

לֹא־אָכַלְתִּי neg.-Qal pf. 1 c.s. (37) *I have not eaten*

בְאֹנִי prep.-n.m.s.-1 c.s. sf. (19) *while I was mourning*

מִמֶּנּוּ prep.-3 m.s. sf. *of it (the tithe)*

וְלֹא־בִעַרְתִּי conj.-neg.-Pi. pf. 1 c.s. (בָּעַר 128) *or removed*

מִמֶּנּוּ v.supra *any of it*

בְּטָמֵא prep.-adj. (379; GK 119i) *while I was unclean*

וְלֹא־נָתַתִּי מִמֶּנּוּ conj.-neg.-Qal pf. 1 c.s. (נָתַן 678)-v.supra *or offered any of it*

לְמֵת prep.-Qal act.ptc. (מוּת 559) *to the dead*

שָׁמַעְתִּי Qal pf. 1 c.s. (1033) *I have obeyed*

בְּקוֹל prep.-n.m.s. cstr. (876) *the voice of*

יהוה אֱלֹהָי pr.n. (217)-n.m.p.-1 c.s. sf. paus. (43) *Yahweh my God*

עָשִׂיתִי Qal pf. 1 c.s. (עָשָׂה I 793) *I have done*

כְּכֹל אֲשֶׁר prep.-n.m.s. (481)-rel. (81) *according to all that*

צִוִּיתָנִי Pi. pf. 2 m.s.-1 c.s. sf. (צָוָה 845) *thou hast commanded me*

26:15

הַשְׁקִיפָה Hi. impv. 2 m.s.-vol.he (שָׁקַף 1054) *look down*

מִמְּעוֹן prep.-n.m.s. cstr. (I 732) *from ... habitation*

קָדְשְׁךָ n.m.s.-2 m.s. sf. (871) *thy holy*

מִן־הַשָּׁמַיִם prep.-def.art.-n.m. du. (1029) *from heaven*

וּבָרֵךְ conj.-Pi. impv. 2 m.s. (138) *and bless*

אֶת־עַמְּךָ dir.obj.-n.m.s.-2 m.s. sf. (I 766) *thy people*

אֶת־יִשְׂרָאֵל dir.obj.-pr.n. (975) *Israel*

וְאֵת הָאֲדָמָה conj.-v.supra-def.art.-n.f.s. (9) *and the ground*

אֲשֶׁר נָתַתָּה לָנוּ rel. (81)-Qal pf. 2 m.s. (נתן 678)-prep.-1 c.p. sf. *which thou hast given us*

כַּאֲשֶׁר נִשְׁבַּעְתָּ prep.-rel. (81)-Ni. pf. 2 m.s. (שבע 989) *as thou didst swear*

לַאֲבֹתֵינוּ prep.-n.m.p.-1 c.p. sf. (3) *to our fathers*

אֶרֶץ n.f.s. cstr. (75) *a land*

זָבַת Qal act.ptc. f.s. cstr. (זוב 264) *flowing with*

חָלָב n.m.s. (316) *milk*

וּדְבָשׁ conj.-n.m.s. (185) *and honey*

26:16

הַיּוֹם הַזֶּה def.art.-n.m.s. (398)-def.art.-demons.adj. m.s. (260) *this day*

יהוה אֱלֹהֶיךָ pr.n. (217)-n.m.p.-2 m.s. sf. (43) *Yahweh your God*

מְצַוְּךָ Pi. ptc.-2 m.s. sf. (צוה 845) *commands you*

לַעֲשׂוֹת prep.-Qal inf.cstr. (עשה I 793) *to do*

אֶת־הַחֻקִּים הָאֵלֶּה dir.obj.-def.art.-n.m.p. (349)-def.art.-demons.adj. c.p. (41) *these statutes*

וְאֶת־הַמִּשְׁפָּטִים conj.-dir.obj.-def.art.-n.m.p. (1048) *and ordinances*

וְשָׁמַרְתָּ conj.-Qal pf. 2 m.s. (1036) *you shall be careful*

וְעָשִׂיתָ conj.-Qal pf. 2 m.s. (עשה I 793) *to do*

אוֹתָם dir.obj.-3 m.p. sf. *them*

בְּכָל־לְבָבְךָ prep.-n.m.s. cstr. (481)-n.m.s.-2 m.s. sf. (523) *with all your heart*

וּבְכָל־נַפְשֶׁךָ conj.-v.supra-n.f.s.-2 m.s. sf. (659) *and with all your soul*

26:17

אֶת־יהוה dir.obj.-pr.n. (217) *concerning Yahweh*

הֶאֱמַרְתָּ Hi. pf. 2 m.s. (אמר 55) *you have declared*

הַיּוֹם def.art.-n.m.s. (398) *this day*

לִהְיוֹת prep.-Qal inf.cstr. (היה 224) *that he is*

לְךָ לֵאלֹהִים prep.-2 m.s. sf.-prep.-n.m.p. (43) *your God*

וְלָלֶכֶת conj.-prep.-Qal inf.cstr. (הלך 229) *and that you will walk*

בִּדְרָכָיו prep.-n.m.p.-3 m.s. sf. (202) *in his ways*

וְלִשְׁמֹר conj.-prep.-Qal inf.cstr. (1036) *and keep*

חֻקָּיו n.m.p.-3 m.s. sf. (349) *his statutes*

וּמִצְוֹתָיו conj.-n.f.p.-3 m.s. sf. (846) *and his commandments*

וּמִשְׁפָּטָיו conj.-n.m.p.-3 m.s. sf. (1048) *and his ordinances*

וְלִשְׁמֹעַ conj.-prep.-Qal inf.cstr. (1033) *and will obey*

בְּקֹלוֹ prep.-n.m.s.-3 m.s. sf. (876) *his voice*

26:18

וַיהוה conj.-pr.n. (217) *and Yahweh*

הֶאֱמִירְךָ Hi. pf. 3 m.s.-2 m.s. sf. (אמר 55) *has declared concerning you*

הַיּוֹם def.art.-n.m.s. (398) *this day*

לִהְיוֹת לוֹ prep.-Qal inf.cstr. (היה 224)-prep.-3 m.s. sf. *that you are to him*

לְעַם סְגֻלָּה prep.-n.m.s. cstr. (I 766)-n.f.s. (688) *a people for ... own possession*

כַּאֲשֶׁר דִּבֶּר־ prep.-rel. (81)-Pi. pf. 3 m.s. (180) *as he has promised*

לָךְ prep.-2 m.s. sf. paus. *you*

וְלִשְׁמֹר conj.-prep.-Qal inf.cstr. (1036) *and that you are to keep*

כָּל־מִצְוֹתָיו n.m.s. cstr. (481)-n.f.p.-3 m.s. sf. (846) *all his commandments*

26:19

וּלְתִתְּךָ conj.-prep.-Qal inf.cstr.-2 m.s. sf. (נתן 678) *that he will set you*

עֶלְיוֹן adj. m.s. (I 751) *high*

עַל כָּל־הַגּוֹיִם prep.-n.m.s. cstr. (481)-def.art.-n.m.p. (156) *above all nations*

אֲשֶׁר עָשָׂה rel. (81)-Qal pf. 3 m.s. (I 793) *that he has made*

לִתְהִלָּה prep.-n.f.s. (239) *in praise*

וּלְשֵׁם conj.-prep.-n.m.s. (1027) *and in fame*

וּלְתִפְאָרֶת conj.-prep.-n.f.s. (802) *and in honor*

וְלִהְיֹתְךָ conj.-prep.-Qal inf.cstr.-2 m.s. sf. (היה 224) *and that you shall be*

עַם־קָדֹשׁ n.m.s. (I 766)-adj. m.s. (872) *a people holy*

לַיהוה אֱלֹהֶיךָ prep.-pr.n. (217)-n.m.p.-2 m.s. sf. (43) *to Yahweh your God*

כַּאֲשֶׁר דִּבֵּר prep.-rel. (81)-Pi. pf. 3 m.s. (180) *as he has spoken*

27:1

וַיְצַו מֹשֶׁה consec.-Pi. impf. 3 m.s. (צוה 845)-pr.n. (602) *now Moses commanded*

וְזִקְנֵי יִשְׂרָאֵל conj.-adj. m.p. cstr. (278)-pr.n. (975) *and the elders of Israel*

אֶת־הָעָם dir.obj.-def.art.-n.m.s. (I 766) *the people*

לֵאמֹר prep.-Qal inf.cstr. (55) *saying*

שָׁמֹר Qal inf.abs. (1036) *keep*

אֶת־כָּל־הַמִּצְוָה dir.obj.-n.m.s. cstr. (481)-def.art. -n.f.s. (846) *all the commandment*

אֲשֶׁר אָנֹכִי rel. (81)-pers.pr. 1 c.s. (59) *which I*

מְצַוֶּה Pi. ptc. (צוה 845) *command*

אֶתְכֶם dir.obj.-2 m.p. sf. *you*

הַיּוֹם def.art.-n.m.s. (398) *this day*

27:2

וְהָיָה בַיּוֹם conj.-Qal pf. 3 m.s. (224)-prep. -def.art.-n.m.s. (398) *and on the day*

אֲשֶׁר תַּעַבְרוּ rel. (81)-Qal impf. 2 m.p. (716) *you pass over*

אֶת־הַיַּרְדֵּן dir.obj.-def.art.-pr.n. (434) *the Jordan*

אֶל־הָאָרֶץ prep.-def.art.-n.f.s. (75) *to the land*

אֲשֶׁר־יהוה אֱלֹהֶיךָ rel. (81)-pr.n. (217)-n.m.p.-2 m.s. sf. (43) *which Yahweh your God*

נֹתֵן לָךְ Qal act.ptc. (678)-prep.-2 m.s. sf. paus. *gives you*

וַהֲקֵמֹתָ לְךָ conj.-Hi. pf. 2 m.s. (קום 877; GK 72w)-prep.-2 m.s. sf. *you shall set up*

אֲבָנִים גְּדֹלוֹת n.f.p. (6)-adj. f.p. (152) *large stones*

וְשַׂדְתָּ conj.-Qal pf. 2 m.s. (שׂיד 966) *and plaster*

אֹתָם dir.obj.-3 m.p. sf. *them*

בַּשִּׂיד prep.-def.art.-n.m.s. (966) *with plaster*

27:3

וְכָתַבְתָּ conj.-Qal pf. 2 m.s. (507) *and you shall write*

עֲלֵיהֶן prep.-3 f.p. sf. *upon them*

אֶת־כָּל־דִּבְרֵי dir.obj.-n.m.s. cstr. (481)-n.m.p. cstr. (182) *all the words of*

הַתּוֹרָה הַזֹּאת def.art.-n.f.s. (435)-def.art. -demons.adj. f.s. (260) *this law*

בְּעָבְרֶךָ prep.-Qal inf.cstr.-2 m.s. sf. (עבר 716) *when you pass over*

לְמַעַן אֲשֶׁר תָּבֹא prep. (775)-rel. (81)-Qal impf. 2 m.s. (בוא 97) *to enter*

אֶל־הָאָרֶץ prep.-def.art.-n.f.s. (75) *the land*

אֲשֶׁר־יהוה אֱלֹהֶיךָ rel. (81)-pr.n. (217)-n.m.p.-2 m.s. sf. (43) *which Yahweh your God*

נֹתֵן לְךָ Qal act.ptc. (678)-prep.-2 m.s. sf. *gives you*

אֶרֶץ n.f.s. (75) *a land*

זָבַת Qal act.ptc. f.s. cstr. (זוב 264) *flowing with*

חָלָב n.m.s. (316) *milk*

וּדְבַשׁ conj.-n.m.s. (185) *and honey*

כַּאֲשֶׁר דִּבֶּר יהוה prep.-rel. (81)-Pi. pf. 3 m.s. (180)-v.supra *as Yahweh has promised*

אֱלֹהֵי־אֲבֹתֶיךָ n.m.p. cstr. (43)-n.m.p.-2 m.s. sf. (3) *the God of your fathers*

לָךְ prep.-2 m.s. sf. paus. *you*

27:4

וְהָיָה בְּעָבְרְכֶם conj.-Qal pf. 3 m.s. (224)-prep. -Qal inf.cstr.-2 m.p. sf. (716) *and when you have passed over*

אֶת־הַיַּרְדֵּן dir.obj.-def.art.-pr.n. (434) *the Jordan*

תָּקִימוּ Hi. impf. 2 m.p. (קום 877) *you shall set up*

אֶת־הָאֲבָנִים הָאֵלֶּה dir.obj.-def.art.-n.f.p. (6)-def. art.-demons.adj. c.p. (41) *these stones*

אֲשֶׁר אָנֹכִי rel. (81)-pers.pr. 1 c.s. (59) *which I*

מְצַוֶּה אֶתְכֶם Pi. ptc. (צוה 845)-dir.obj.-2 m.p. sf. *command you*

הַיּוֹם def.art.-n.m.s. (398) *this day*

בְּהַר עֵיבָל prep.-n.m.s. cstr. (249)-pr.n. (III 716) *on Mount Ebal*

וְשַׂדְתָּ conj.-Qal pf. 2 m.s. (שׂיד 966) *and you shall plaster*

אוֹתָם dir.obj.-3 m.p. sf. *them*

בַּשִּׂיד prep.-def.art.-n.m.s. (966) *with plaster*

27:5

וּבָנִיתָ שָּׁם conj.-Qal pf. 2 m.s. (בנה 124)-adv. (1027) *and there you shall build*

מִזְבֵּחַ n.m.s. (258) *an altar*

לַיהוה אֱלֹהֶיךָ prep.-pr.n. (217)-n.m.p.-2 m.s. sf. (43) *to Yahweh your God*

מִזְבַּח אֲבָנִים n.m.s. cstr. (258)-n.f.p. (6) *an altar of stones*

לֹא־תָנִיף neg.-Hi. impf. 2 m.s. (נוף I 631) *you shall not lift up*

עֲלֵיהֶם prep.-3 m.p. sf. *upon them*

בַּרְזֶל n.m.s. (137) *an iron tool*

27:6

אֲבָנִים שְׁלֵמוֹת n.f.p. (6)-adj. f.p. (I 1023) *whole stones*

תִּבְנֶה Qal impf. 2 m.s. (בנה 124; GK 117hh) *you shall build*

אֶת־מִזְבַּח dir.obj.-n.m.s. cstr. (258) *an altar to*

יהוה אֱלֹהֶיךָ pr.n. (217)-n.m.p.-2 m.s. sf. (43) *Yahweh your God*

וְהַעֲלִיתָ conj.-Hi. pf. 2 m.s. (עלה 748) *and you shall offer*

עָלָיו prep.-3 m.s. sf. *upon it*

עוֹלֹת n.f.p. (II 750) *burnt offerings*

לִיהוָה אֱלֹהֶיךָ prep.-v.supra-v.supra *to Yahweh your God*

27:7

וְזָבַחְתָּ conj.-Qal pf. 2 m.s. (256) *and you shall sacrifice*

שְׁלָמִים n.m.p. (1023) *peace offerings*

וְאָכַלְתָּ conj.-Qal pf. 2 m.s. (אָכַל 37) *and shall eat*

שָׁם adv. (1027) *there*

וְשָׂמַחְתָּ conj.-Qal pf. 2 m.s. (שָׂמַח 970) *and you shall rejoice*

לִפְנֵי יהוה אֱלֹהֶיךָ prep.-n.m.p. cstr. (815)-pr.n. (217)-n.m.p.-2 m.s. sf. (43) *before Yahweh your God*

27:8

וְכָתַבְתָּ conj.-Qal pf. 2 m.s. (507) *and you shall write*

עַל־הָאֲבָנִים prep.-def.art.-n.f.p. (6) *upon the stones*

אֶת־כָּל־דִּבְרֵי dir.obj.-n.m.s. cstr. (481)-n.m.p. cstr. (182) *all the words of*

הַתּוֹרָה הַזֹּאת def.art.-n.f.s. (435)-def.art.-demons.adj. f.s. (260) *this law*

בַּאֵר הֵיטֵב Pi. inf.abs. (בָּאַר 91)-Hi. inf.abs. (יָטַב 405) *very plainly*

27:9

וַיְדַבֵּר מֹשֶׁה consec.-Pi. impf. 3 m.s. (180)-pr.n. (602) *and Moses said*

וְהַכֹּהֲנִים conj.-def.art.-n.m.p. (463) *and the priests*

הַלְוִיִּם def.art.-pr.n. (II 532) *the Levites*

אֶל כָּל־יִשְׂרָאֵל prep.-n.m.s. cstr. (481)-pr.n. (975) *to all Israel*

לֵאמֹר prep.-Qal inf.cstr. (55) *(saying)*

הַסְכֵּת Hi. impv. 2 m.s. (סָכַת 698) *keep silence*

וּשְׁמַע conj.-Qal impv. 2 m.s. (1033) *and hear*

יִשְׂרָאֵל pr.n. (975) *Israel*

הַיּוֹם הַזֶּה def.art.-n.m.s. (398)-def.art.-demons.adj. m.s. (260) *this day*

נִהְיֵיתָ Ni. pf. 2 m.s. (הָיָה 224) *you have become*

לְעָם prep.-n.m.s. (I 766) *the people*

לַיהוָה אֱלֹהֶיךָ prep.-pr.n. (217)-n.m.p.-2 m.s. sf. (43) *of Yahweh your God*

27:10

וְשָׁמַעְתָּ conj.-Qal pf. 2 m.s. (1033) *you shall obey*

בְּקוֹל יהוה prep.-n.m.s. cstr. (876)-pr.n. (217) *the voice of Yahweh*

אֱלֹהֶיךָ n.m.p.-2 m.s. sf. (43) *your God*

וְעָשִׂיתָ conj.-Qal pf. 2 m.s. (עָשָׂה I 793) *keeping*

אֶת־מִצְוֹתוֹ dir.obj.-n.f.p.-3 m.s. sf. (846) *his commandments*

וְאֶת־חֻקָּיו conj.-dir.obj.-n.m.p.-3 m.s. sf. (349) *and his statutes*

אֲשֶׁר אָנֹכִי rel. (81)-pers.pr. 1 c.s. (59) *which I*

מְצַוְּךָ Pi. ptc.-2 m.s. sf. (צָוָה 845) *command you*

הַיּוֹם def.art.-n.m.s. (398) *this day*

27:11

וַיְצַו מֹשֶׁה consec.-Pi. impf. 3 m.s. (צָוָה 845)-pr.n. (602) *and Moses charged*

אֶת־הָעָם dir.obj.-def.art.-n.m.s. (I 766) *the people*

בַּיּוֹם הַהוּא prep.-def.art.-n.m.s. (398)-def.art.-demons.adj. m.s. (214) *the same day*

לֵאמֹר prep.-Qal inf.cstr. (55) *saying*

27:12

אֵלֶּה יַעַמְדוּ demons.adj. c.p. (41)-Qal impf. 3 m.p. (763) *these shall stand*

לְבָרֵךְ אֶת־הָעָם prep.-Pi. inf.cstr. (138)-dir.obj.-def.art.-n.m.s. (I 766) *to bless the people*

עַל־הַר גְּרִזִים prep.-n.m.s. cstr. (249)-pr.n. (173) *upon Mount Gerizim*

בְּעָבְרְכֶם prep.-Qal inf.cstr.-2 m.p. sf. (עָבַר 716) *when you have passed over*

אֶת־הַיַּרְדֵּן dir.obj.-def.art.-pr.n. (434) *the Jordan*

שִׁמְעוֹן pr.n. (1035) *Simeon*

וְלֵוִי conj.-pr.n. (II 532) *and Levi*

וִיהוּדָה conj.-pr.n. (397) *and Judah*

וְיִשָּׂשכָר conj.-pr.n. (441) *and Issachar*

וְיוֹסֵף conj.-pr.n. (415) *and Joseph*

וּבִנְיָמִן conj.-pr.n. (122) *and Benjamin*

27:13

וְאֵלֶּה יַעַמְדוּ conj.-demons.adj. c.p. (41)-Qal impf. 3 m.p. (763) *and these shall stand*

עַל־הַקְּלָלָה prep.-def.art.-n.f.s. (887) *for the curse*

בְּהַר עֵיבָל prep.-n.m.s. cstr. (249)-pr.n. (716) *upon Mount Ebal*

רְאוּבֵן pr.n. (910) *Reuben*

גָּד pr.n. (III 151) *Gad*

וְאָשֵׁר conj.-pr.n. (81) *and Asher*

וּזְבוּלֻן conj.-pr.n. (259) *and Zebulun*

דָּן pr.n. (192) *and Dan*

וְנַפְתָּלִי conj.-pr.n. (836) *and Naphtali*

27:14

וְעָנוּ conj.-Qal pf. 3 c.p. (עָנָה I 772) *and shall answer*

הַלְוִיִּם def.art.-pr.n. p. (II 532) *the Levites*

וְאָמְרוּ conj.-Qal pf. 3 c.p. (55) *and declare*

אֶל־כָּל־ prep.-n.m.s. cstr. (481) *to all*

אִישׁ יִשְׂרָאֵל n.m.s. cstr. (35)-pr.n. (975) *the men of Israel*

קוֹל רָם n.m.s. (876)-adj. m.s. (Qal act.ptc. of רוּם 926) *with a loud voice*

27:15

אָרוּר הָאִישׁ Qal pass.ptc. (אָרַר 76)-def.art.-n.m.s. (35) *cursed be the man*

אֲשֶׁר יַעֲשֶׂה rel. (81)-Qal impf. 3 m.s. (עָשָׂה I 793) *who makes*

פֶּסֶל n.m.s. (820) *a graven image*

וּמַסֵּכָה conj.-n.f.s. (651) *or molten image*

תּוֹעֲבַת n.f.s. cstr. (1072) *an abomination to*

יהוה pr.n. (217) *Yahweh*

מַעֲשֵׂה n.m.s. cstr. (795) *a thing made by*

יְדֵי חָרָשׁ n.f. du. cstr. (388)-n.m.s. (360) *the hands of a craftsman*

וְשָׂם conj.-Qal pf. 3 m.s. (שׂוּם 962) *and sets it up*

בַּסָּתֶר prep.-def.art.-n.m.s. paus. (712) *in secret*

וְעָנוּ conj.-Qal pf. 3 c.p. (I 772) *and shall answer*

כָל־הָעָם n.m.s. cstr. (481)-def.art.-n.m.s. (I 766) *all the people*

וְאָמְרוּ conj.-Qal pf. 3 c.p. (55) *and say*

אָמֵן adv. (53) *Amen*

27:16

אָרוּר Qal pass.ptc. (אָרַר 76) *cursed be*

מַקְלֶה Hi. ptc. (קָלָה II 885) *he who dishonors*

אָבִיו n.m.s.-3 m.s. sf. (3) *his father*

וְאִמּוֹ conj.-n.f.s.-3 m.s. sf. (51) *or his mother*

וְאָמַר conj.-Qal pf. 3 m.s. (55) *and shall say*

כָּל־הָעָם n.m.s. cstr. (481)-def.art.-n.m.s. (I 766) *all the people*

אָמֵן adv. (53) *Amen*

27:17

אָרוּר Qal pass.ptc. (אָרַר 76) *cursed be*

מַסִּיג Hi. ptc. (סוּג I 690) *he who removes*

גְּבוּל רֵעֵהוּ n.m.s. cstr. (147)-n.m.s.-3 m.s. sf. (945) *his neighbor's landmark*

וְאָמַר conj.-Qal pf. 3 m.s. (55) *and shall say*

כָּל־הָעָם n.m.s. cstr. (481)-def.art.-n.m.s. (I 766) *all the people*

אָמֵן adv. (53) *Amen*

27:18

אָרוּר Qal pass.ptc. (אָרַר 76) *Cursed be*

מַשְׁגֶּה Hi. ptc. (שָׁנָה 993) *he who misleads*

עִוֵּר n.m.s. (734) *a blind man*

בַּדָּרֶךְ prep.-def.art.-n.m.s. paus. (202) *on the road*

וְאָמַר conj.-Qal pf. 3 m.s. (55) *and shall say*

כָּל־הָעָם n.m.s. cstr. (481)-def.art.-n.m.s. (I 766) *all the people*

אָמֵן adv. (53) *Amen*

27:19

אָרוּר Qal pass.ptc. (אָרַר 76) *cursed be*

מַטֶּה Hi. ptc. (נָטָה 639) *he who perverts*

מִשְׁפַּט n.m.s. cstr. (1048) *the justice due to*

גֵּר־ n.m.s. (158) *the sojourner*

יָתוֹם n.m.s. (450) *the fatherless*

וְאַלְמָנָה conj.-n.f.s. (48) *and the widow*

וְאָמַר conj.-Qal pf. 3 m.s. (55) *and shall say*

כָּל־הָעָם n.m.s. cstr. (481)-def.art.-n.m.s. (I 766) *all the people*

אָמֵן adv. (53) *Amen*

27:20

אָרוּר Qal pass.ptc. (אָרַר 76) *cursed be*

שֹׁכֵב Qal act.ptc. (1011) *he who lies*

עִם־אֵשֶׁת prep.-n.f.s. cstr. (61) *with the wife of*

אָבִיו n.m.s.-3 m.s. sf. (3) *his father*

כִּי גִלָּה conj. (471)-Pi. pf. 3 m.s. (גָּלָה 162) *because he has uncovered*

כְּנַף אָבִיו n.f.s. cstr. (489)-v.supra *his father's skirt*

וְאָמַר conj.-Qal pf. 3 m.s. (55) *and shall say*

כָּל־הָעָם n.m.s. cstr. (481)-def.art.-n.m.s. (I 766) *all the people*

אָמֵן adv. (53) *Amen*

27:21

אָרוּר v.supra *cursed be*

שֹׁכֵב Qal act.ptc. (1011) *he who lies*

עִם־כָּל־בְּהֵמָה prep.-n.m.s. cstr. (481)-n.f.s. (96) *with any kind of beast*

וְאָמַר conj.-Qal pf. 3 m.s. (55) *and shall say*

כָּל־הָעָם n.m.s. cstr. (481)-def.art.-n.m.s. (I 766) *all the people*

אָמֵן adv. (53) *Amen*

27:22

אָרוּר v.supra *cursed be*

שֹׁכֵב v.supra *he who lies*

עִם־אֲחֹתוֹ prep.-n.f.s.-3 m.s. sf. (27) *with his sister*

בַּת־אָבִיו n.f.s. cstr. (I 123)-n.m.s.-3 m.s. sf. (3) *the daughter of his father*

אוֹ בַת־אִמּוֹ conj. (14)-v.supra-n.f.s.-3 m.s. sf. (51) *or the daughter of his mother*

וְאָמַר v.supra *and shall say*

כָּל־הָעָם v.supra-v.supra *all the people*

אָמֵן v.supra *Amen*

27:23

אָרוּר v.supra *cursed be*

שֹׁכֵב v.supra *he who lies*

עִם־חֹתַנְתּוֹ prep.-n.f.s.-3 m.s. sf. (368) *with his mother-in-law*

וְאָמַר v.supra *and shall say*

כָּל־הָעָם v.supra-v.supra *all the people*

אָמֵן v.supra *Amen*

27:24

אָרוּר v.supra *cursed be*

מַכֵּה Hi. ptc. cstr. (נָכָה 645) *he who slays*

רֵעֵהוּ n.m.s.-3 m.s. sf. (945) *his neighbor*

בַּסָּתֶר prep.-def.art.-n.m.s. paus. (712) *in secret*

וְאָמַר v.supra *and shall say*

כָּל־הָעָם v.supra-v.supra *all the people*

אָמֵן v.supra *Amen*

27:25

אָרוּר v.supra *cursed be*

לֹקֵחַ Qal act.ptc. (לָקַח 542) *he who takes*

שֹׁחַד n.m.s. (1005) *a bribe*

לְהַכּוֹת prep.-Hi. inf.cstr. (נָכָה 645) *to slay*

נֶפֶשׁ n.f.s. cstr. (659) *a person of*

דָּם נָקִי n.m.s. (196)-adj. m.s. (667) *innocent blood*

וְאָמַר v.supra *and shall say*

כָּל־הָעָם v.supra-v.supra *all the people*

אָמֵן v.supra *Amen*

27:26

אָרוּר Qal pass.ptc. (אָרַר 76) *cursed be*

אֲשֶׁר לֹא־יָקִים rel. (81)-neg.-Hi. impf. 3 m.s. (קוּם 877) *he who does not confirm*

אֶת־דִּבְרֵי dir.obj.-n.m.p. cstr. (182) *the words of*

הַתּוֹרָה־הַזֹּאת def.art.-n.f.s. (435)-def.art.-demons.adj. f.s. (260) *this law*

לַעֲשׂוֹת prep.-Qal inf.cstr. (עָשָׂה I 793) *by doing*

אוֹתָם dir.obj.-3 m.p. sf. *them*

וְאָמַר v.supra *and shall say*

כָּל־הָעָם v.supra-v.supra *all the people*

אָמֵן v.supra *Amen*

28:1

וְהָיָה אִם־ conj.-Qal pf. 3 m.s. (224)-hypoth.part. (49) *and if*

שָׁמוֹעַ תִּשְׁמַע Qal inf.abs. (1033)-Qal impf. 2 m.s. (1033) *you obey*

בְּקוֹל prep.-n.m.s. cstr. (876) *the voice of*

יהוה אֱלֹהֶיךָ pr.n. (217)-n.m.p.-2 m.s. sf. (43) *Yahweh your God*

לִשְׁמֹר prep.-Qal inf.cstr. (1036) *being careful*

לַעֲשׂוֹת prep.-Qal inf.cstr. (עָשָׂה I 793) *to do*

אֶת־כָּל־מִצְוֹתָיו dir.obj.-n.m.s. cstr. (481)-n.f.p.-3 m.s. sf. (846) *all his commandments*

אֲשֶׁר אָנֹכִי rel. (81)-pers.pr. 1 c.s. (59) *which I*

מְצַוְּךָ Pi. ptc.-2 m.s. sf. (צָוָה 845) *command you*

הַיּוֹם def.art.-n.m.s. (398) *this day*

וּנְתָנְךָ conj.-Qal pf. 3 m.s.-2 m.s. sf. (נָתַן 678) *will set you*

יהוה אֱלֹהֶיךָ v.supra-v.supra *Yahweh your God*

עֶלְיוֹן adj. m.s. (I 751) *high*

עַל כָּל־גּוֹיֵי prep.-n.m.s. cstr. (481)-n.m.p. cstr. (156) *above all the nations of*

הָאָרֶץ def.art.-n.f.s. (75) *the earth*

28:2

וּבָאוּ conj.-Qal pf. 3 c.p. (בּוֹא 97) *and shall come*

עָלֶיךָ prep.-2 m.s. sf. *upon you*

כָּל־הַבְּרָכוֹת הָאֵלֶּה n.m.s. cstr. (481)-def.art.-n.f.p. (139)-def.art.-demons.adj. c.p. (41) *all these blessings*

וְהִשִּׂיגֻךָ conj.-Hi. pf. 3 c.p.-2 m.s. sf. (נָשַׂג 673) *and overtake you*

כִּי תִשְׁמַע conj. (471)-Qal impf. 2 m.s. (1033) *if you obey*

בְּקוֹל prep.-n.m.s. cstr. (876) *the voice of*

יהוה אֱלֹהֶיךָ pr.n. (217)-n.m.p.-2 m.s. sf. (43) *Yahweh your God*

28:3

בָּרוּךְ אַתָּה Qal pass.ptc. (בָּרַךְ 138)-pers.pr. 2 m.s. (61) *blessed shall you be*

בָּעִיר prep.-def.art.-n.f.s. (746) *in the city*

וּבָרוּךְ אַתָּה conj.-v.supra-v.supra *and blessed shall you be*

בַּשָּׂדֶה prep.-def.art.-n.m.s. (961) *in the field*

28:4

בָּרוּךְ v.supra *blessed shall be*

פְּרִי־בִטְנְךָ n.m.s. cstr. (826)-n.f.s.-2 m.s. sf. (105) *the fruit of your body*

וּפְרִי conj.-v.supra *and the fruit of*

אַדְמָתְךָ n.f.s.-2 m.s. sf. (9) *your ground*

וּפְרִי v.supra *and the fruit of*

בְהֶמְתֶּךָ n.f.s.-2 m.s. sf. (96) *your beasts*

שְׁגַר אֲלָפֶיךָ n.f.s. cstr. (993)-n.m.p.-2 m.s. sf. (I 48) *the increase of your cattle*

וְעַשְׁתְּרוֹת conj.-n.f.p. cstr. (II 800) *and the young of*

צֹאנֶךָ n.f.s.-2 m.s. sf. (838) *your flock*

28:5

בָּרוּךְ v.supra *blessed shall be*

טַנְאֲךָ n.m.s.-2 m.s. sf. (380) *your basket*

וּמִשְׁאַרְתֶּךָ conj.-n.f.s.-2 m.s. sf. (602) *and your kneading-trough*

28:6

בָּרוּךְ אַתָּה Qal pass.ptc. (138)-pers.pr. 2 m.s. (61) *blessed shall you be*

בְּבֹאֶךָ prep.-Qal inf.cstr.-2 m.s. sf. (בוא 97) *when you come in*

וּבָרוּךְ אַתָּה conj.-v.supra-v.supra *and blessed shall you be*

בְּצֵאתֶךָ prep.-Qal inf.cstr.-2 m.s. sf. (יצא 422) *when you go out*

28:7

יִתֵּן יהוה Qal impf. 3 m.s. (נתן 678)-pr.n. (217) *Yahweh will cause*

אֶת־אֹיְבֶיךָ dir.obj.-Qal act.ptc. m.p.-2 m.s. sf. (33 איב) *your enemies*

הַקָּמִים def.art.-Qal act.ptc. m.p. (קום 877) *who rise*

עָלֶיךָ prep.-2 m.s. sf. *against you*

נִגָּפִים Ni. ptc. m.p. (נגף 619) *to be defeated*

לְפָנֶיךָ prep.-n.m.p.-2 m.s. sf. (815) *before you*

בְּדֶרֶךְ אֶחָד prep.-n.m.s. (202)-num. (25) *in one way*

יֵצְאוּ Qal impf. 3 m.p. (יצא 422) *they shall come out*

אֵלֶיךָ prep.-2 m.s. sf. *against you*

וּבְשִׁבְעָה דְרָכִים conj.-prep.-num. (988)-n.m.p. (202) *and in seven ways*

יָנוּסוּ Qal impf. 3 m.p. (נום 630) *they shall flee*

לְפָנֶיךָ prep.-n.m.p.-2 m.s. sf. (815) *before you*

28:8

יְצַו יהוה Pi. impf. 3 m.s. apoc. (צוה 845)-pr.n. (217) *Yahweh will command*

אִתְּךָ prep.-2 m.s. sf. (II 85) *upon you*

אֶת־הַבְּרָכָה dir.obj.-def.art.-n.f.s. (139) *the blessing*

בַּאֲסָמֶיךָ prep.-n.m.p.-2 m.s. sf. (62) *in your barns*

וּבְכֹל מִשְׁלַח יָדֶךָ conj.-prep.-n.m.p. cstr. (481) -n.m.s. cstr. (1020)-n.f.s.-2 m.s. sf. (388) *and in that you undertake*

וּבֵרַכְךָ conj.-Pi. pf. 3 m.s.-2 m.s. sf. (ברך 138) *and he will bless you*

בָּאָרֶץ prep.-def.art.-n.f.s. (75) *in the land*

אֲשֶׁר־יהוה אֱלֹהֶיךָ rel. (81)-pr.n. (217)-n.m.p.-2 m.s. sf. (43) *which Yahweh your God*

נֹתֵן לָךְ Qal act.ptc. (678)-prep.-2 m.s. sf. paus. *gives you*

28:9

יְקִימְךָ Hi. impf. 3 m.s.-2 m.s. sf. (קום 877) *will establish you*

יהוה pr.n. (217) *Yahweh*

לוֹ prep.-3 m.s. sf. *to himself*

לְעַם קָדוֹשׁ prep.-n.m.s. (I 766)-adj. m.s. (872) *as a people holy*

כַּאֲשֶׁר נִשְׁבַּע־ prep.-rel. (81)-Ni. pf. 3 m.s. (שבע 989) *as he has sworn*

לָךְ prep.-2 m.s. sf. paus. *to you*

כִּי תִשְׁמֹר conj.-Qal impf. 2 m.s. (1036) *if you keep*

אֶת־מִצְוֹת dir.obj.-n.f.p. cstr. (846) *the commandments of*

יהוה אֱלֹהֶיךָ pr.n. (217)-n.m.p.-2 m.s. sf. (43) *Yahweh your God*

וְהָלַכְתָּ conj.-Qal pf. 2 m.s. (הלך 229) *and walk*

בִּדְרָכָיו prep.-n.m.p.-3 m.s. sf. (202) *in his ways*

28:10

וְרָאוּ conj.-Qal pf. 3 c.p. (ראה 906) *and shall see*

כָּל־עַמֵּי n.m.s. cstr. (481)-n.m.p. cstr. (I 766) *all the peoples of*

הָאָרֶץ def.art.-n.f.s. (75) *the earth*

כִּי שֵׁם conj. (471)-n.m.s. cstr. (1027) *that the name of*

יהוה v.supra *Yahweh*

נִקְרָא עָלֶיךָ Ni. pf. 3 m.s. (קרא 894)-prep.-2 m.s. sf. *shall be called upon you*

וְיָרְאוּ מִמֶּךָּ conj.-Qal pf. 3 c.p. (ירא 431)-prep.-2 m.s. sf. *and they shall be afraid of you*

28:11

וְהוֹתִרְךָ יהוה conj.-Hi. pf. 3 m.s.-2 m.s. sf. (יתר 451)-pr.n. (217) *and Yahweh will make you abound*

לְטוֹבָה prep.-n.f.s. (375) *in prosperity*

בִּפְרִי בִטְנֶךָ prep.-n.m.s. cstr. (826)-n.f.s.-2 m.s. sf. (105) *in the fruit of your body*

וּבִפְרִי בְהֶמְתְּךָ conj.-v.supra-n.f.s.-2 m.s. sf. (96) *and in the fruit of your cattle*

וּבִפְרִי אַדְמָתֶךָ v.supra-n.f.s.-2 m.s. sf. (9) *and in the fruit of your ground*

עַל הָאֲדָמָה prep.-def.art.-n.f.s. (9) *within the land*

אֲשֶׁר נִשְׁבַּע יהוה rel. (81)-Ni. pf. 3 m.s. (989)-v.supra *which Yahweh swore*

לַאֲבֹתֶיךָ prep.-n.m.p.-2 m.s. sf. (3) *to your fathers*

לָתֶת לָךְ prep.-Qal inf.cstr. (נָתַן 678)-prep.-2 m.s. sf. paus. *to give you*

28:12

יִפְתַּח יהוה Qal impf. 3 m.s. (I 834)-pr.n. (217) *Yahweh will open*

לְךָ prep.-2 m.s. sf. *to you*

אֶת־אוֹצָרוֹ הַטּוֹב dir.obj.-n.m.s.-3 m.s. sf. (69)-def.art.-adj. m.s. (II 373) *his good treasury*

אֶת־הַשָּׁמַיִם dir.obj.-def.art.-n.m. du. (1029) *the heavens*

לָתֶת prep.-Qal inf.cstr. (נָתַן 678) *to give*

מְטַר־אַרְצְךָ n.m.s. cstr. (569)-n.f.s.-2 m.s. sf. (564)-n.f.s.-2 m.s. sf. (75) *the rain of your land*

בְּעִתּוֹ prep.-n.f.s.-3 m.s. sf. (773) *in its season*

וּלְבָרֵךְ conj.-prep.-Pi. inf.cstr. (138) *and to bless*

אֵת כָּל־מַעֲשֵׂה prep.-n.m.s. cstr. (481)-n.m.s. cstr. (795) *all the work of*

יָדֶךָ n.f.s.-2 m.s. sf. (388) *your hands*

וְהִלְוִיתָ conj.-Hi. pf. 2 m.s. (לָוָה II 531) *and you shall lend to*

גוֹיִם רַבִּים n.m.p. (156)-adj. m.p. (I 912) *many nations*

וְאַתָּה לֹא תִלְוֶה conj.-pers.pr. 2 m.s. (61)-neg.-Qal impf. 2 m.s. (II 531) *but you shall not borrow*

28:13

וּנְתָנְךָ יהוה conj.-Qal pf. 3 m.s.-2 m.s. sf. (נָתַן 678)-pr.n. (217) *and Yahweh will make you*

לְרֹאשׁ prep.-n.m.s. (910) *the head*

וְלֹא לְזָנָב conj.-neg.-prep.-n.m.s. (275) *and not the tail*

וְהָיִיתָ conj.-Qal pf. 2 m.s. (הָיָה 224) *and you shall tend*

רַק adv. (956) *only*

לְמַעְלָה prep.-prep.-loc.he (751) *upward*

וְלֹא תִהְיֶה conj.-neg.-Qal impf. 2 m.s. (הָיָה 224) *and not*

לְמַטָּה prep.-adv. (641) *downward*

כִּי־תִשְׁמַע conj. (471)-Qal impf. 2 m.s. (1033) *if you obey*

אֶל־מִצְוֹת prep.-n.f.p. cstr. (846) *the commandments of*

יהוה אֱלֹהֶיךָ pr.n. (217)-n.m.p.-2 m.s. sf. (43) *Yahweh your God*

אֲשֶׁר אָנֹכִי rel. (81)-pers.pr. 1 c.s. (59) *which I*

מְצַוְּךָ Pi. ptc.-2 m.s. sf. (צָוָה 845) *command you*

הַיּוֹם def.art.-n.m.s. (398) *this day*

לִשְׁמֹר prep.-Qal inf.cstr. (1036) *being careful*

וְלַעֲשׂוֹת conj.-prep.-Qal inf.cstr. (עָשָׂה I 793) *to do them*

28:14

וְלֹא תָסוּר conj.-neg.-Qal impf. 2 m.s. (סוּר 693) *and if you do not turn aside*

מִכָּל־הַדְּבָרִים prep.-n.m.s. cstr. (481)-def.art.-n.m.p. (182) *from any of the words*

אֲשֶׁר אָנֹכִי rel. (81)-pers.pr. 1 c.s. (59) *which I*

מְצַוֶּה אֶתְכֶם Pi. ptc. (צָוָה 845)-dir.obj.-2 m.p. sf. *command you*

הַיּוֹם def.art.-n.m.s. (398) *this day*

יָמִין n.f.s. (411) *to the right hand*

וּשְׂמֹאול conj.-n.m.s. (969) *or to the left*

לָלֶכֶת prep.-Qal inf.cstr. (הָלַךְ 229) *to go*

אַחֲרֵי אֱלֹהִים אֲחֵרִים prep. (29)-n.m.p. (43)-adj. m.p. (29) *after other gods*

לְעָבְדָם prep.-Qal inf.cstr.-3 m.p. sf. (712) *to serve them*

28:15

וְהָיָה אִם־ conj.-Qal pf. 3 m.s. (224)-hypoth.part. (49) *but if*

לֹא תִשְׁמַע neg.-Qal impf. 2 m.s. (1033) *you will not obey*

בְּקוֹל prep.-n.m.s. cstr. (876) *the voice of*

יהוה אֱלֹהֶיךָ pr.n. (217)-n.m.p.-2 m.s. sf. (43) *Yahweh your God*

לִשְׁמֹר prep.-Qal inf.cstr. (1036) *or be careful*

לַעֲשׂוֹת prep.-Qal inf.cstr. (עָשָׂה I 793) *to do*

אֶת־כָּל־מִצְוֹתָיו dir.obj.-n.m.s. cstr. (481)-n.f.p.-3 m.s. sf. (846) *all his commandments*

וְחֻקֹּתָיו conj.-n.f.p.-3 m.s. sf. (349) *and his statutes*

אֲשֶׁר אָנֹכִי rel. (81)-pers.pr. 1 c.s. (59) *which I*

מְצַוְּךָ Pi. ptc.-2 m.s. sf. (צָוָה 845) *command you*

הַיּוֹם def.art.-n.m.s. (398) *this day*

וּבָאוּ conj.-Qal pf. 3 c.p. (בּוֹא 97) *then shall come*

עָלֶיךָ prep.-2 m.s. sf. *upon you*

כָּל־הַקְּלָלוֹת הָאֵלֶּה n.m.s. cstr. (481)-def.art.-n.f.p. (887)-def.art.-demons.adj. c.p. (41) *all these curses*

וְהִשִּׂיגוּךְ conj.-Hi. pf. 3 m.p.-2 m.s. sf. (673) *and overtake you*

28:16

אָרוּר אַתָּה Qal pass.ptc. (אָרַר 76)-pers.pr. 2 m.s. (61) *cursed shall you be*

בָּעִיר prep.-def.art.-n.f.s. (746) *in the city*

וְאָרוּר אַתָּה conj.-v.supra-v.supra *and cursed shall you be*

בַּשָּׂדֶה prep.-def.art.-n.m.s. (961) *in the field*

28:17

אָרוּר טַנְאֲךָ v.supra-n.m.s.-2 m.s. sf. (380) *cursed shall be your basket*

וּמִשְׁאַרְתֶּךָ conj.-n.f.s.-2 m.s. sf. (602) *and your kneading-trough*

28:18

אָרוּר פְּרִי־ v.supra-n.m.s. cstr. (826) *cursed shall be the fruit of*

בִטְנְךָ n.f.s.-2 m.s. sf. (105) *your body*

וּפְרִי אַדְמָתֶךָ conj.-v.supra-n.f.s.-2 m.s. sf. (9) *and the fruit of your ground*

שְׁגַר אֲלָפֶיךָ n.f.s. cstr. (993)-n.m.p.-2 m.s. sf. (I 48) *the increase of your cattle*

וְעַשְׁתְּרוֹת צֹאנֶךָ conj.-n.f.p. cstr. (800)-n.f.s.-2 m.s. sf. (838) *and the young of your flock*

28:19

אָרוּר אַתָּה v.supra-v.supra *cursed shall you be*

בְּבֹאֶךָ prep.-Qal inf.cstr.-2 m.s. sf. (בּוֹא 97) *when you come in*

וְאָרוּר אַתָּה consec.-Qal pass.ptc. (אָרַר 76) *and cursed shall you be*

בְּצֵאתֶךָ prep.-Qal inf.cstr.-2 m.s. sf. (יָצָא 422) *when you go out*

28:20

יְשַׁלַּח Pi. impf. 3 m.s. (1018) *will send*

יהוה pr.n. (217) *Yahweh*

בְּךָ prep.-2 m.s. sf. *upon you*

אֶת־הַמְּאֵרָה dir.obj.-def.art.-n.f.s. (76) *curses*

אֶת־הַמְּהוּמָה dir.obj.-def.art.-n.f.s. (223) *confusion*

וְאֶת־הַמִּגְעֶרֶת conj.-dir.obj.-def.art.-n.f.s. (172) *and frustration*

בְּכָל־מִשְׁלַח יָדְךָ prep.-n.m.s. cstr. (481)-n.m.s. cstr. (1020)-n.f.s.-2 m.s. sf. (388) *in all that you undertake*

אֲשֶׁר תַּעֲשֶׂה rel. (81)-Qal impf. 2 m.s. (עָשָׂה I 793) *to do*

וַד הִשָּׁמֶדְךָ prep. (III 723)-Ni. inf.cstr.-2 m.s. sf. (1029) *until you are destroyed*

וְעַד־אֲבָדְךָ conj.-v.supra-Qal inf.cstr.-2 m.s. sf. (אָבַד 1) *and perish*

מַהֵר adv. (II 555) *quickly*

מִפְּנֵי רֹעַ prep.-n.m.p. cstr. (815)-n.m.s. cstr. (947) *on account of the evil of*

מַעֲלָלֶיךָ n.m.p.-2 m.s. sf. (760) *your doings*

אֲשֶׁר עֲזַבְתָּנִי rel. (81)-Qal pf. 2 m.s.-1 c.s. sf. (עָזַב I 736) *because you have forsaken me*

28:21

יַדְבֵּק Hi. impf. 3 m.s. apoc. (דָּבַק 179) *will make cleave*

יהוה pr.n. (217) *Yahweh*

בְּךָ prep.-2 m.s. sf. *to you*

אֶת־הַדָּבֶר dir.obj.-def.art.-n.m.s. (184) *the pestilence*

עַד־כַּלֹּתוֹ prep. (III 723)-Pi. inf.cstr.-3 m.s. sf. (כָּלָה 477) *until he has consumed*

אֹתְךָ dir.obj.-2 m.s. sf. *you*

מֵעַל הָאֲדָמָה prep.-prep.-def.art.-n.f.s. (9) *off the land*

אֲשֶׁר־אַתָּה rel. (81)-pers.pr. 2 m.s. (61) *which you*

בָא־שָׁמָּה Qal act.ptc. (בּוֹא 97)-adv.-dir.he (1027) *entering (there)*

לְרִשְׁתָּהּ prep.-Qal inf.cstr.-3 f.s. sf. (יָרַשׁ 439) *to take possession of it*

28:22

יַכְּכָה יהוה Hi. impf. 3 m.s.-2 m.s. sf. (נָכָה 645)-pr.n. (217) *Yahweh will smite you*

בַּשַּׁחֶפֶת prep.-def.art.-n.f.s. (1006) *with consumption*

וּבַקַּדַּחַת conj.-prep.-def.art.-n.f.s. (869) *and with fever*

וּבַדַּלֶּקֶת conj.-prep.-def.art.-n.f.s. (196) *inflammation*

וּבַחַרְחֻר conj.-prep.-def.art.-n.m.s. (359) *and fiery heat*

וּבַחֶרֶב conj.-prep.-def.art.-n.f.s. (352) *and with a sword*

וּבַשִּׁדָּפוֹן conj.-prep.-def.art.-n.m.s. (995) *and with blasting*

וּבַיֵּרָקוֹן conj.-prep.-def.art.-n.m.s. (439) *and with mildew*

וּרְדָפוּךָ conj.-Qal pf. 3 c.p.-2 m.s. sf. (רָדַף 922) *they shall pursue you*

עַד אָבְדֶךָ prep. (III 723)-Qal inf.cstr.-2 m.s. sf. (אָבַד 1) *until you perish*

28:23

וְהָיוּ conj.-Qal pf. 3 c.p. (הָיָה 224) *and shall be*

שָׁמֶיךָ n.m. du.-2 m.s. sf. (1029) *the heavens*

אֲשֶׁר עַל־רֹאשְׁךָ rel. (81)-prep.-n.m.s.-2 m.s. sf. (910) *over your head*

נְחֹשֶׁת n.f.s. (I 638) *brass*

וְהָאָרֶץ conj.-def.art.-n.f.s. (75) *and the earth*

אֲשֶׁר־תַּחְתֶּיךָ rel. (81)-prep.-2 m.s. sf. (1065) *under you*

בַּרְזֶל n.m.s. (137) *iron*

28:24

יִתֵּן יהוה Qal impf. 3 m.s. (נָתַן 678)-pr.n. (217) *Yahweh will make*

אֶת־מְטַר dir.obj.-n.m.s. cstr. (564) *the rain of*

אַרְצְךָ n.f.s.-2 m.s. sf. (75) *your land*

אָבָק n.m.s. (7) *powder*

וְעָפָר conj.-n.m.s. (779) *and dust*

מִן־הַשָּׁמַיִם prep.-def.art.-n.m. du. (1029) *from heaven*

יֵרֵד Qal impf. 3 m.s. (יָרַד 432) *it shall come down*

עָלֶיךָ prep.-2 m.s. sf. *upon you*

עַד הִשָּׁמְדָךְ prep. (III 723)-Ni. inf.cstr.-2 m.s. sf. paus. (שָׁמַד 1029) *until you are destroyed*

28:25

יִתֶּנְךָ יהוה Qal impf. 3 m.s.-2 m.s. sf. (נָתַן 678)-pr.n. (217) *Yahweh will cause you*

נִגָּף Ni. ptc. (נָגַף 619) *to be defeated*

לִפְנֵי אֹיְבֶיךָ prep.-n.m.p. cstr. (815)-Qal act.ptc. m.p.-2 m.s. sf. (אֹיֵב 33) *before your enemies*

בְּדֶרֶךְ אֶחָד prep.-n.m.s. (202)-num. (25) *one way*

תֵּצֵא Qal impf. 2 m.s. (יָצָא 422) *you shall go out*

אֵלָיו prep.-3 m.s. sf. *against them*

וּבְשִׁבְעָה דְרָכִים conj.-prep.-num. f. (988)-n.m.p. (202) *and seven ways*

תָּנוּס Qal impf. 2 m.s. (נוּס 630) *you shall flee*

לְפָנָיו prep.-n.m.p.-3 m.s. sf. (815) *before them*

וְהָיִיתָ conj.-Qal pf. 2 m.s. (הָיָה 224) *and you shall be*

לְזַעֲוָה prep.-n.f.s. (266) *a horror*

לְכֹל prep.-n.m.s. cstr. (481) *to all*

מַמְלְכוֹת הָאָרֶץ n.f.p. cstr. (575)-def.art.-n.f.s. (75) *the kingdoms of the earth*

28:26

וְהָיְתָה conj.-Qal pf. 3 f.s. (הָיָה 224) *and shall be*

נִבְלָתְךָ n.f.s.-2 m.s. sf. (615) *your dead bodies*

לְמַאֲכָל prep.-n.m.s. (38) *food*

לְכָל־עוֹף prep.-n.m.s. cstr. (481)-n.m.s. cstr. (733) *for all birds of*

הַשָּׁמַיִם def.art.-n.m. du. (1029) *the air*

וּלְבֶהֱמַת conj.-prep.-n.f.s. cstr. (96) *and for the beasts of*

הָאָרֶץ def.art.-n.f.s. (75) *the earth*

וְאֵין מַחֲרִיד conj.-subst. cstr. (II 34)-Hi. ptc. (353 חָרַד) *and there shall be no one to frighten them away*

28:27

יַכְּכָה יהוה Hi. impf. 3 m.s.-2 m.s. sf. (נָכָה 645)-pr.n. (217) *Yahweh will smite you*

בִּשְׁחִין מִצְרַיִם prep.-n.m.s. cstr. (1006)-pr.n. (595) *with the boils of Egypt*

וּבַעֲפֹלִים conj.-prep.-def.art.-n.m.p. (II 779) *and with the tumors*

וּבַגָּרָב conj.-prep.-def.art.-n.m.s. (173) *and the scurvy*

וּבֶחָרֶס conj.-prep.-def.art.-n.m.s. (III 360) *and the itch*

אֲשֶׁר לֹא־תוּכַל rel. (81)-neg.-Qal impf. 2 m.s. (יָכֹל 407) *of which you cannot*

לְהֵרָפֵא prep.-Ni. inf.cstr. (רָפָא 950) *be healed*

28:28

יַכְּכָה יהוה Hi. impf. 3 m.s.-2 m.s. sf. (נָכָה 645)-pr.n. (217) *Yahweh will smite you*

בְּשִׁגָּעוֹן prep.-n.m.s. (993) *with madness*

וּבְעִוָּרוֹן conj.-prep.-n.m.s. (734) *and blindness*

וּבְתִמְהוֹן conj.-prep.-n.m.s. cstr. (1069) *and confusion of*

לֵבָב n.m.s. (523) *heart*

28:29

וְהָיִיתָ conj.-Qal pf. 2 m.s. (הָיָה 224) *and you shall be*

מְמַשֵּׁשׁ Pi. ptc. (מָשַׁשׁ 606) *groping*

בַּצָּהֳרַיִם prep.-def.art.-n.m.p. (I 843) *at noonday*

כַּאֲשֶׁר יְמַשֵּׁשׁ prep.-rel. (81)-Pi. impf. 3 m.s. (מָשַׁשׁ 606) *as grope*

הָעִוֵּר def.art.-n.m.s. (734) *the blind*

בָּאֲפֵלָה prep.-def.art.-n.f.s. (66) *in darkness*

וְלֹא תַצְלִיחַ conj.-neg.-Hi. impf. 2 m.s. (צָלַח II 852) *and you shall not prosper*

אֶת־דְּרָכֶיךָ dir.obj.-n.m.p.-2 m.s. sf. (202) *in your ways*

וְהָיִיתָ אַךְ v.supra-adv. (35) *and you shall be only*

עָשׁוּק Qal pass.ptc. (798) *oppressed*

וְגָזוּל conj.-Qal pass.ptc. (159) *and robbed*

כָּל־הַיָּמִים n.m.s. cstr. (481)-def.art.-n.m.p. (398) *continually*

וְאֵין מוֹשִׁיעַ conj.-subst. cstr. (II 34)-Hi. ptc. (446 יָשַׁע) *and there shall be no one to help you*

28:30

אִשָּׁה תְאָרֵשׂ n.f.s. (61)-Pi. impf. 2 m.s. (אָרַשׂ 76) *you shall betroth a wife*

וְאִישׁ אַחֵר conj.-n.m.s. (35)-adj. m.s. (29) *and another man*

יִשְׁגָּלֶנָּה Qal impf. 3 m.s.-3 f.s. sf. (993) *shall lie with her*

בַּיִת תִּבְנֶה n.m.s. (108)-Qal impf. 2 m.s. (בָּנָה 124) *you shall build a house*

וְלֹא־תֵשֵׁב בּוֹ conj.-neg.-Qal impf. 2 m.s. (442)-prep.-3 m.s. sf. *and you shall not dwell in it*

כֶּרֶם תִּטַּע n.m.s. (501)-Qal impf. 2 m.s. (נָטַע 642) *you shall plant a vineyard*

וְלֹא תְחַלְּלֶנּוּ conj.-neg.-Pi. impf. 2 m.s.-3 m.s. sf. (חָלַל III 320) *and you shall not use the fruit of it*

28:31

שׁוֹרְךָ n.m.s.-2 m.s. sf. (1004) *your ox*

טָבוּחַ Qal pass.ptc. (טָבַח 370) *shall be slain*

לְעֵינֶיךָ prep.-n.f. du.-2 m.s. sf. (744) *before your eyes*

וְלֹא תֹאכַל מִמֶּנּוּ conj.-neg.-Qal impf. 2 m.s. (37 אָכַל)-prep.-3 m.s. sf. *and you shall not eat of it*

חֲמֹרְךָ n.m.s.-2 m.s. sf. (331) *your ass*

גָּזוּל Qal pass.ptc. (גָּזַל 159) *shall be taken violently away*

מִלְּפָנֶיךָ prep.-prep.-n.m.p.-2 m.s. sf. (815) *before your face*

וְלֹא יָשׁוּב לָךְ conj.-neg.-Qal impf. 3 m.s. (שׁוּב 996)-prep.-2 m.s. sf. paus. *and shall not be restored to you*

צֹאנְךָ n.f.s.-2 m.s. sf. (838) *your sheep*

נְתֻנוֹת Qal pass.ptc. f.p. (נָתַן 678) *shall be given*

לְאֹיְבֶיךָ prep.-Qal act.ptc. m.p.-2 m.s. sf. (33 אָיַב) *to your enemies*

וְאֵין לְךָ conj.-subst. (II 34)-prep.-2 m.s. sf. *and there shall be no one ... you*

מוֹשִׁיעַ Hi. ptc. (יָשַׁע 446) *to help*

28:32

בָּנֶיךָ n.m.p.-2 m.s. sf. (119) *your sons*

וּבְנֹתֶיךָ conj.-n.f.p.-2 m.s. sf. (I 123) *and your daughters*

נְתֻנִים Qal pass.ptc. f.p. (נָתַן 678) *shall be given*

לְעַם אַחֵר prep.-n.m.s. (I 766)-adj. m.s. (29) *to another people*

וְעֵינֶיךָ conj.-n.f. du.-2 m.s. sf. (744) *while your eyes*

רֹאוֹת Qal act.ptc. f.p. (רָאָה 906) *look on*

וְכָלוֹת conj.-adj. f.p. (479) *and fail with longing*

אֲלֵיהֶם prep.-3 m.p. sf. *for them*

כָּל־הַיּוֹם n.m.s. cstr. (481)-def.art.-n.m.s. (398) *all the day*

וְאֵין לְאֵל conj.-subst. (II 34)-prep.-n.m.s. cstr. (43) *and it shall not be in the power of*

יָדֶךָ n.f.s.-2 m.s. sf. (388) *your hand*

28:33

פְּרִי n.m.s. cstr. (826) *the fruit of*

אַדְמָתְךָ n.f.s.-2 m.s. sf. (9) *your ground*

וְכָל־יְגִיעֲךָ conj.-n.m.s. cstr. (481)-n.m.s.-2 m.s. sf. (388) *and of all your labors*

יֹאכַל Qal impf. 3 m.s. (37) *shall eat*

עַם אֲשֶׁר n.m.s. (I 766)-rel. (81) *a nation which*

לֹא־יָדָעְתָּ neg.-Qal pf. 2 m.s. (393) *you have not known*

וְהָיִיתָ רַק conj.-Qal pf. 2 m.s. (הָיָה 224)-adv. (956) *and you shall be only*

עָשׁוּק Qal pass.ptc. (798) *oppressed*

וְרָצוּץ conj.-Qal pass.ptc. (954) *and crushed*

כָּל־הַיָּמִים n.m.s. cstr. (481)-def.art.-n.m.p. (398) *continually*

28:34

וְהָיִיתָ מְשֻׁגָּע conj.-v.supra-Pu. ptc. (שָׁגַע 993) *so that you shall be driven mad*

מִמַּרְאֵה prep.-n.m.s. cstr. (909) *by the sight of*

עֵינֶיךָ n.f. du.-2 m.s. sf. (744) *your eyes*

אֲשֶׁר תִּרְאֶה rel. (81)-Qal impf. 2 m.s. (רָאָה 906) *which you see*

28:35

יַכְּכָה יהוה Hi. impf. 3 m.s.-2 m.s. sf. (נָכָה 645)-pr.n. (217) *Yahweh will smite you*

בִּשְׁחִין רָע prep.-n.m.s. (1006)-adj. m.s. (948) *with grievous boils*

עַל־הַבִּרְכַּיִם prep.-def.art.-n.f. du. (139) *on the knees*

וְעַל־הַשֹּׁקַיִם conj.-prep.-def.art.-n.f. du. (1003) *and on the legs*

אֲשֶׁר לֹא־תוּכַל rel. (81)-neg.-Qal impf. 2 m.s. (יָכֹל 407) *of which you cannot*

לְהֵרָפֵא prep.-Ni. inf.cstr. (רָפָא 950) *be healed*

מִכַּף רַגְלְךָ prep.-n.f.s. cstr. (496)-n.f.s.-2 m.s. sf. (919) *from the sole of your foot*

וְעַד קָדְקֳדֶךָ conj.-prep. (III 723)-n.m.s.-2 m.s. sf. (869) *to the crown of your head*

28:36

יוֹלֵךְ יהוה Hi. impf. 3 m.s. apoc. (הָלַךְ 229)-pr.n. (217) *Yahweh will bring*

אֹתְךָ dir.obj.-2 m.s. sf. *you*

וְאֶת־מַלְכְּךָ conj.-dir.obj.-n.m.s.-2 m.s. sf. (I 572) *and your king*

אֲשֶׁר תָּקִים rel. (81)-Hi. impf. 2 m.s. (קוּם 877; GK 131d) *whom you set*

עָלֶיךָ prep.-2 m.s. sf. *over you*

אֶל־גּוֹי prep.-n.m.s. (156) *to a nation*

אֲשֶׁר לֹא־יָדַעְתָּ rel. (81)-neg.-Qal pf. 2 m.s. (393) *that you have not known*

אַתָּה pers.pr. 2 m.s. (61) *you*

וַאֲבֹתֶיךָ conj.-n.m.p.-2 m.s. sf. (3) *or your fathers*

וְעָבַדְתָּ conj.-Qal pf. 2 m.s. (712) *and you shall serve*

שָׁם adv. (1027) *there*

אֱלֹהִים אֲחֵרִים n.m.p. (43)-adj. m.p. (29) *other gods*

עֵץ n.m.s. (781) *of wood*

וָאָבֶן conj.-n.f.s. (6) *and stone*

28:37

וְהָיִיתָ conj.-Qal pf. 2 m.s. (הָיָה 224) *and you shall become*

לְשַׁמָּה prep.-n.f.s. (I 1031) *a horror*

לְמָשָׁל prep.-n.m.s. (605) *a proverb*

וְלִשְׁנִינָה conj.-prep.-n.f.s. (1042) *and a byword*

בְּכֹל הָעַמִּים prep.-n.m.s. cstr. (481)-def.art. -n.m.p. (I 766) *among all the peoples*

אֲשֶׁר־יְנַהֶגְךָ rel. (81)-Pi. impf. 3 m.s.-2 m.s. sf. (I 624 נָהַג) *where will lead you*

יהוה pr.n. (217) *Yahweh*

שָׁמָּה adv.-dir.he (1027) *there*

28:38

זֶרַע רַב n.m.s. (282)-adj. m.s. (I 912) *much seed*

תּוֹצִיא Hi. impf. 2 m.s. (יָצָא 422) *you shall carry*

הַשָּׂדֶה def.art.-n.m.s. (961) *into the field*

וּמְעַט conj.-adv. (589) *and little*

תֶּאֱסֹף Qal impf. 2 m.s. (אָסַף 62) *you shall gather in*

כִּי יַחְסְלֶנּוּ conj. (471)-Qal impf. 3 m.s.-3 m.s. sf. (חָסַל 340) *for shall consume it*

הָאַרְבֶּה def.art.-n.m.s. (916) *the locust*

28:39

כְּרָמִים n.m.p. (501) *vineyards*

תִּטַּע Qal impf. 2 m.s. (נָטַע 642) *you shall plant*

וְעָבָדְתָּ conj.-Qal pf. 2 m.s. paus. (712) *and dress them*

וְיַיִן conj.-n.m.s. (406) *but the wine*

לֹא־תִשְׁתֶּה neg.-Qal impf. 2 m.s. (שָׁתָה 1059) *you shall not drink*

וְלֹא תֶאֱגֹר conj.-neg.-Qal impf. 2 m.s. (אָגַר I 8) *nor gather*

כִּי תֹאכְלֶנּוּ conj. (471)-Qal impf. 3 f.s.-3 m.s. sf. (אָכַל 37) *for shall eat them*

הַתֹּלָעַת def.art.-n.f.s. (1069) *the worm*

28:40

זֵיתִים n.m.p. (268) *olive trees*

יִהְיוּ לְךָ Qal impf. 3 m.p. (הָיָה 224)-prep.-2 m.s. sf. *you shall have*

בְּכָל־גְּבוּלֶךָ prep.-n.m.s. cstr. (481)-n.m.s.-2 m.s. sf. (147) *throughout all your territory*

וְשֶׁמֶן conj.-n.m.s. (1032) *but with the oil*

לֹא תָסוּךְ neg. Qal impf. 2 m.s. (סוּךְ I 691) *you shall not anoint yourself*

כִּי יִשַּׁל conj. (471)-Qal impf. 3 m.s. (נָשַׁל 675) *for shall drop off*

זֵיתֶךָ n.m.s.-2 m.s. sf. (268) *your olives*

28:41

בָּנִים וּבָנוֹת n.m.p. (119)-conj.-n.f.p. (I 123) *sons and daughters*

תּוֹלִיד Hi. impf. 2 m.s. (יָלַד 408) *you shall beget*

וְלֹא־יִהְיוּ לָךְ conj.-neg.-Qal impf. 3 m.p. (הָיָה 224)-prep.-2 m.s. sf. paus. *but they shall not be yours*

כִּי יֵלְכוּ conj. (471)-Qal impf. 3 m.p. (הָלַךְ 229) *for they shall go*

בַּשֶּׁבִי prep.-def.art.-n.m.s. paus. (985) *into captivity*

28:42

כָּל־עֵצְךָ n.m.s. cstr. (481)-n.m.s.-2 m.s. sf. (781) *all your trees*

וּפְרִי אַדְמָתֶךָ conj.-n.m.s. cstr. (826)-n.f.s.-2 m.s. sf. (9) *and the fruit of your ground*

יְיָרֵשׁ Pi. impf. 3 m.s. (יָרֵשׁ 439) *shall possess*

הַצְּלָצַל def.art.-n.m.s. (852) *the locust*

28:43

הַגֵּר def.art.-n.m.s. (158) *the sojourner*

אֲשֶׁר בְּקִרְבְּךָ rel. (81)-prep.-n.m.s.-2 m.s. sf. (899) *who is among you*

יַעֲלֶה עָלֶיךָ Qal impf. 3 m.s. (עָלָה 748)-prep.-2 m.s. sf. *shall mount above you*

מַעְלָה מָּעְלָה adv. (751)-adv. paus. (751; GK 133k) *higher and higher*

וְאַתָּה תֵרֵד conj.-pers.pr. 2 m.s. (61)-Qal impf. 2 m.s. (יָרַד 432) *and you shall come down*

מַטָּה מָּטָּה adv. (641)-adv. paus. (641) *lower and lower*

28:44

הוּא יַלְוְךָ pers.pr. 3 m.s. (214)-Hi. impf. 3 m.s.-2 m.s. sf. (לָוָה II 531) *he shall lend to you*

וְאַתָּה לֹא תַלְוֶנּוּ conj.-pers.pr. 2 m.s. (61)-neg.-Hi. impf. 2 m.s.-3 m.s. sf. (לָוָה II 531) *and you shall not lend to him*

הוּא יִהְיֶה v.supra-Qal impf. 3 m.s. (224) *he shall be*

לְרֹאשׁ prep.-n.m.s. (910) *the head*

וְאַתָּה תִּהְיֶה conj.-v.supra-Qal impf. 2 m.s. (224) *and you shall be*

לְזָנָב prep.-n.m.s. (275) *the tail*

28:45

וּבָאוּ conj.-Qal pf. 3 c.p. (בּוֹא 97) *shall come*

עָלֶיךָ prep.-2 m.s. sf. *upon you*

כָּל־הַקְּלָלוֹת הָאֵלֶּה n.m.s. cstr. (481)-def.art.-n.f.p. (887)-def.art.-demons.adj. c.p. (41) *all these curses*

וּרְדָפוּךָ conj.-Qal pf. 3 c.p.-2 m.s. sf. (רָדַף 922) *and pursue you*

וְהִשִּׂיגוּךָ conj.-Hi. pf. 3 m.p.-2 m.s. sf. (נָשַׂג 673) *and overtake you*

עַד הִשָּׁמְדָךְ prep. (III 723)-Ni. inf.cstr.-2 m.s. sf. paus. (שָׁמַד 1029; GK 58g) *till you are destroyed*

כִּי־לֹא שָׁמַעְתָּ conj. (471)-neg.-Qal pf. 2 m.s. (1033) *because you did not obey*

בְּקוֹל prep.-n.m.s. cstr. (876) *the voice of*

יהוה אֱלֹהֶיךָ pr.n. (217)-n.m.p.-2 m.s. sf. (43) *Yahweh your God*

לִשְׁמֹר prep.-Qal inf.cstr. (1036) *to keep*

מִצְוֹתָיו n.f.p.-3 m.s. sf. (846) *his commandments*

וְחֻקֹּתָיו conj.-n.f.p.-3 m.s. sf. (349) *and his statutes*

אֲשֶׁר צִוָּךְ rel. (81)-Pi. pf. 3 m.s.-2 m.s. sf. paus. (צָוָה 845) *which he commanded you*

28:46

וְהָיוּ בְךָ conj.-Qal pf. 3 c.p. (הָיָה 224)-prep.-2 m.s. sf. *they shall be upon you*

לְאוֹת prep.-n.m.s. (16) *as a sign*

וּלְמוֹפֵת conj.-prep.-n.m.s. (68) *and a wonder*

וּבְזַרְעֲךָ conj.-prep.-n.m.s.-2 m.s. sf. (282) *and upon your descendants*

עַד־עוֹלָם prep. (III 723)-n.m.s. (761) *for ever*

28:47

תַּחַת אֲשֶׁר prep. (1065)-rel. (81) *because*

לֹא־עָבַדְתָּ neg.-Qal pf. 2 m.s. (712) *you did not serve*

אֶת־יהוה אֱלֹהֶיךָ dir.obj.-pr.n. (217)-n.m.p.-2 m.s. sf. (43) *Yahweh your God*

בְּשִׂמְחָה prep.-n.f.s. (970) *with joyfulness*

וּבְטוּב לֵבָב conj.-prep.-n.m.s. cstr. (375)-n.m.s. (523) *and gladness of heart*

מֵרֹב כֹּל prep.-n.m.s. cstr. (913)-n.m.s. (481) *by reason of the abundance of all things*

28:48

וְעָבַדְתָּ conj.-Qal pf. 2 m.s. (712) *therefore you shall serve*

אֶת־אֹיְבֶיךָ dir.obj.-Qal act.ptc. m.p.-2 m.s. sf. (33 אָיַב) *your enemies*

אֲשֶׁר יְשַׁלְּחֶנּוּ rel. (81)-Pi. impf. 3 m.s.-3 m.s. sf. (1018 שָׁלַח; GK 145m) *whom will send*

יהוה pr.n. (217) *Yahweh*

בָּךְ prep.-2 m.s. sf. paus. *against you*

בְּרָעָב prep.-n.m.s. (944) *in hunger*

וּבְצָמָא conj.-prep.-n.m.s. (854) *and thirst*

וּבְעֵירֹם conj.-prep.-n.m.s. (735) *and in nakedness*

וּבְחֹסֶר כֹּל conj.-prep.-n.m.s. cstr. (341)-n.m.s. (481) *and in want of all things*

וְנָתַן conj.-Qal pf. 3 m.s. (678) *and he will put*

עֹל בַּרְזֶל n.m.s. cstr. (760)-n.m.s. (137) *a yoke of iron*

עַל־צַוָּארֶךָ prep.-n.m.s.-2 m.s. sf. (848) *upon your neck*

עַד הִשְׁמִידוֹ אֹתָךְ prep. (III 723)-Hi. pf. 3 m.s.-3 m.s. sf. (שָׁמַד 1029; GK 53,l)-dir.obj.-2 m.s. sf. paus. *until he has destroyed you*

28:49

יִשָּׂא יהוה Qal impf. 3 m.s. (נָשָׂא 669)-pr.n. (217) *Yahweh will bring*

עָלֶיךָ prep.-2 m.s. sf. *against you*

גּוֹי n.m.s. (156) *a nation*

מֵרָחוֹק prep.-n.m.s. (935) *from afar*

מִקְצֵה הָאָרֶץ prep.-n.m.s. cstr. (892)-def.art.-n.f.s. (75) *from the end of the earth*

כַּאֲשֶׁר יִדְאֶה prep.-rel. (81)-Qal impf. 3 m.s. (178 דָּאָה) *as swift as ... flies*

הַנָּשֶׁר def.art.-n.m.s. (676) *the eagle*

גּוֹי אֲשֶׁר n.m.s. (156)-rel. (81; GK 155d) *whose ...*

לֹא־תִשְׁמַע neg.-Qal impf. 2 m.s. (1033) *you do not understand*

לְשֹׁנוֹ n.f.s.-3 m.s. sf. (546) *(his) language*

28:50

גּוֹי n.m.s. (156) *a nation*

עַז פָּנִים adj. m.s. cstr. (738)-n.m.p. (815) *stern of countenance*

אֲשֶׁר לֹא־יִשָּׂא פָנִים rel. (81)-neg.-Qal impf. 3 m.s. (נָשָׂא 669)-v.supra *who shall not regard the person*

לְזָקֵן prep.-adj. m.s. (278) *the old*

וְנַעַר conj.-n.m.s. (654) *or to the young*

לֹא יָחֹן neg.-Qal impf. 3 m.s. (חָנַן I 335) *he will not show favor*

28:51

וְאָכַל conj.-Qal pf. 3 m.s. (37) *and he shall eat*

פְּרִי בְהֶמְתְּךָ n.m.s. cstr. (826)-n.f.s.-2 m.s. sf. (96) *the offspring of your cattle*

וּפְרִי־אַדְמָתְךָ conj.-v.supra-n.f.s.-2 m.s. sf. (9) *and the fruit of your ground*

עַד הִשָּׁמְדָךְ prep. (III 723)-Ni. inf.cstr.-2 m.s. sf. paus. (שָׁמַד 1029) *until you are destroyed*

אֲשֶׁר לֹא־יַשְׁאִיר rel. (81)-neg.-Hi. impf. 3 m.s. (שָׁאַר 983) *who also shall not leave*

לְךָ prep.-2 m.s. sf. *you*

דָּגָן n.m.s. (186) *grain*

תִּירוֹשׁ n.m.s. (440) *wine*

וְיִצְהָר conj.-n.m.s. (850) *or oil*

שְׁגַר אֲלָפֶיךָ n.f.s. cstr. (993)-n.m.p.-2 m.s. sf. (I 48) *the increase of your cattle*

וְעַשְׁתְּרֹת צֹאנֶךָ conj.-n.f.p. cstr. (800)-n.f.s.-2 m.s. sf. (838) *or the young of your flock*

עַד הַאֲבִידוֹ prep. (III 723)-Hi. inf.cstr.-3 m.s. sf. (אָבַד 1) *until they have caused to perish*

אֹתָךְ dir.obj.-2 m.s. sf. paus. *you*

28:52

וְהֵצַר conj.-Hi. pf. 3 m.s. (צָרַר I 864; GK 67v) *they shall besiege*

לְךָ prep.-2 m.s. sf. *you*

בְּכָל־שְׁעָרֶיךָ prep.-n.m.s. cstr. (481)-n.m.p.-2 m.s. sf. (1044) *in all your towns*

עַד רֶדֶת prep. (III 723)-Qal inf.cstr. (יָרַד 432) *until come down*

חֹמֹתֶיךָ הַגְּבֹהוֹת n.f.p.-2 m.s. sf. (327)-def.art.-adj. f.p. (147) *your high walls*

וְהַבְּצֻרוֹת conj.-def.art.-adj. f.p. (Qal pass.ptc. f.p. בָּצַר 130) *and fortified*

אֲשֶׁר אַתָּה בֹּטֵחַ rel. (81)-pers.pr. 2 m.s. (61)-Qal act.ptc. (105) *which you trusted*

בָּהֵן prep.-3 f.p. sf. *in them*

בְּכָל־אַרְצֶךָ prep.-n.m.s. cstr. (481)-n.f.s.-2 m.s. sf. (75) *throughout all your land*

וְהֵצַר לְךָ conj.-v.supra-prep.-2 m.s. sf. *and they shall besiege you*

בְּכָל־שְׁעָרֶיךָ v.supra-v.supra *in all your towns*

בְּכָל־אַרְצֶךָ v.supra-n.f.s.-2 m.s. sf. (75) *throughout all your land*

אֲשֶׁר נָתַן rel. (81)-Qal pf. 3 m.s. (678) *which has given*

יהוה אֱלֹהֶיךָ pr.n. (217)-n.m.p.-2 m.s. sf. (43) *Yahweh your God*

לָךְ prep.-2 m.s. sf. paus. *you*

28:53

וְאָכַלְתָּ conj.-Qal pf. 2 m.s. (אָכַל 37) *and you shall eat*

פְּרִי־בִטְנְךָ n.m.s. cstr. (826)-n.f.s.-2 m.s. sf. (105) *the offspring of your own body*

בְּשַׂר בָּנֶיךָ n.m.s. cstr. (142)-n.m.p.-2 m.p. sf. (119) *the flesh of your sons*

וּבְנֹתֶיךָ conj.-n.f.p.-2 m.s. sf. (I 123) *and daughters*

אֲשֶׁר נָתַן־לְךָ rel. (81)-Qal pf. 3 m.s. (678)-prep.-2 m.s. sf. *whom has given you*

יהוה אֱלֹהֶיךָ pr.n. (217)-n.m.p.-2 m.s. sf. (43) *Yahweh your God*

בְּמָצוֹר prep.-n.m.s. (I 848) *in the siege*

וּבְמָצוֹק conj.-prep.-n.m.s. (848) *and in the distress*

אֲשֶׁר־יָצִיק לְךָ rel. (81)-Hi. impf. 3 m.s. (צוק I 847)-prep.-2 m.s. sf. *with which shall distress you*

אֹיְבֶךָ Qal act.ptc.-2 m.s. sf. (אָיַב 33) *your enemies*

28:54

הָאִישׁ def.art.-n.m.s. (35) *the man*

הָרַךְ בְּךָ def.art.-adj. m.s. (940)-prep.-2 m.s. sf. *who is the ... tender among you*

וְהֶעָנֹג conj.-def.art.-adj. m.s. (772) *and delicately bred*

מְאֹד adv. (547) *most*

תֵּרַע עֵינוֹ Qal impf. 3 f.s. (רָעַע 949)-n.f.s.-3 m.s. sf. (I 744) *his eyes will grudge (food)*

בְאָחִיו prep.-n.m.s.-3 m.s. sf. (26) *to his brother*

וּבְאֵשֶׁת conj.-prep.-n.f.s. cstr. (61) *and to the wife of*

חֵיקוֹ n.m.s.-3 m.s. sf. (300) *his bosom*

וּבְיֶתֶר conj.-prep.-n.m.s. cstr. (451) *and to the last of*

בָּנָיו n.m.p.-3 m.s. sf. (119) *his children*

אֲשֶׁר יוֹתִיר rel. (81)-Hi. impf. 3 m.s. (יָתַר 451) *who remain*

28:55

מִתֵּת prep.-Qal inf.cstr. (נָתַן 678) *so that he will not give*

לְאַחַד מֵהֶם prep.-num. (25)-prep.-3 m.p. sf. *to any of them*

מִבְּשַׂר בָּנָיו prep.-n.m.s. cstr. (142)-n.m.p.-3 m.s. sf. (119) *any of the flesh of his children*

אֲשֶׁר יֹאכֵל rel. (81)-Qal impf. 3 m.s. (37) *whom he is eating*

מִבְּלִי הִשְׁאִיר-לוֹ prep.-neg. (115)-Hi. pf. 3 m.s. (שָׁאַר 983)-prep.-3 m.s. sf. *because he has not left him*

כֹּל n.m.s. (481) *anything*

בְּמָצוֹר prep.-n.m.s. (I 848) *in the siege*

וּבְמָצוֹק conj.-prep.-n.m.s. (848) *and in the distress*

אֲשֶׁר יָצִיק לְךָ rel. (81)-Hi. impf. 3 m.s. (צוּק I 847)-prep.-2 m.s. sf. *which shall distress you*

אֹיִבְךָ Qal act.ptc.-2 m.s. sf. (אָיַב 33) *your enemy*

בְּכָל-שְׁעָרֶיךָ prep.-n.m.s. cstr. (481)-n.m.p.-2 m.s. sf. (1044) *in all your towns*

28:56

הָרַכָּה def.art.-adj. f.s. (940) *the most tender woman*

בְּךָ prep.-2 m.s. sf. *among you*

וְהָעֲנֻגָּה conj.-def.art.-adj. f.s. (772) *and delicately bred woman*

אֲשֶׁר לֹא-נִסְּתָה rel. (81)-neg.-Pi. pf. 3 f.s. (נָסָה 650) *who would not venture*

כַּף-רַגְלָהּ n.f.s. cstr. (496)-n.f.s.-3 f.s. sf. (919) *the sole of her foot*

הַצֵּג Hi. inf.cstr. (יָצַג 426; GK 53k,113d,142fN) *to set*

עַל-הָאָרֶץ prep.-def.art.-n.f.s. (75) *upon the ground*

מֵהִתְעַנֵּג prep.-Hith. inf.cstr. (עָנַג 772) *because she is so delicate*

וּמֵרֹךְ conj.-prep.-n.m.s. (940) *and tender*

תֵּרַע עֵינָהּ Qal impf. 3 f.s. (רָעַע 949)-n.f.s.-3 f.s. sf. (744) *her eye will grudge*

בְּאִישׁ חֵיקָהּ prep.-n.m.s. cstr. (35)-n.m.s.-3 f.s. sf. (300) *to the husband of her bosom*

וּבִבְנָהּ conj.-prep.-n.m.s.-3 f.s. sf. (119) *to her son*

וּבְבִתָּהּ conj.-prep.-n.f.s.-3 f.s. sf. (I 123) *and her daughter*

28:57

וּבְשִׁלְיָתָהּ conj.-prep.-n.f.s.-3 f.s. sf. (1017) *her afterbirth*

הַיּוֹצֵת def.art.-Qal act.ptc. f.s. (יָצָא 422; GK 74i) *that comes out*

מִבֵּין רַגְלֶיהָ prep.-prep. (107)-n.f. du.-3 f.s. sf. (919) *from between her feet*

וּבְבָנֶיהָ conj.-prep.-n.m.p.-3 f.s. sf. (119) *and her children*

אֲשֶׁר תֵּלֵד rel. (81)-Qal impf. 3 f.s. (יָלַד 408) *whom she bears*

כִּי-תֹאכְלֵם conj. (471)-Qal impf. 3 f.s.-3 m.p. sf. (אָכַל 37) *because she will eat them*

בְּחֹסֶר-כֹּל prep.-n.m.s. cstr. (341)-n.m.s. (481) *for want of all things*

בַּסָּתֶר prep.-def.art.-n.m.s. (712) *secretly*

בְּמָצוֹר prep.-n.m.s. (I 848) *in the siege*

וּבְמָצוֹק conj.-prep.-n.m.s. (848) *and in the distress*

אֲשֶׁר יָצִיק לְךָ rel. (81)-Hi. impf. 3 m.s. (צוּק I 847)-prep.-2 m.s. sf. *with which shall distress you*

אֹיִבְךָ Qal act.ptc.-2 m.s. sf. (אָיַב 33) *your enemy*

בִּשְׁעָרֶיךָ prep.-n.m.p.-2 m.s. sf. (1044) *in your towns*

28:58

אִם-לֹא תִשְׁמֹר hypoth.part. (49)-neg.-Qal impf. 2 m.s. (1036) *if you are not careful*

לַעֲשׂוֹת prep.-Qal inf.cstr. (עָשָׂה I 793) *to do*

אֶת-כָּל-דִּבְרֵי dir.obj.-n.m.s. cstr. (481)-n.m.p. cstr. (182) *all the words of*

הַתּוֹרָה הַזֹּאת def.art.-n.f.s. (435)-def.art.-demons.adj. f.s. (260) *this law*

הַכְּתוּבִים def.art.-Qal pass.ptc. m.p. (כָּתַב 507) *which are written*

בַּסֵּפֶר הַזֶּה prep.-def.art.-n.m.s. (706)-def.art.-demons.adj. m.s. (260) *in this book*

לְיִרְאָה prep.-Qal inf.cstr. (יָרֵא 431) *that you may fear*

אֶת-הַשֵּׁם dir.obj.-def.art.-n.m.s. (1027) *the name*

הַנִּכְבָּד def.art.-Ni. ptc. (כָּבֵד 457) *glorious*

וְהַנּוֹרָא conj.-def.art.-Ni. ptc. (יָרֵא 431) *and awful*

הַזֶּה def.art.-demons.adj. m.s. (260) *this*

אֵת יהוה אֱלֹהֶיךָ dir.obj.-pr.n. (217)-n.m.p.-2 m.s. sf. (43) *Yahweh your God*

28:59

וְהִפְלָא יהוה conj.-Hi. pf. 3 m.s. (פָּלָא 810; GK 75oo)-pr.n. (217) *then Yahweh will bring ... extraordinary*

אֶת־מַכֹּתְךָ dir.obj.-n.f.p.-2 m.s. sf. (646; GK 91n)
your afflictions

וְאֵת מַכּוֹת זַרְעֶךָ conj.-dir.obj.-n.f.p. cstr. (646)
-n.m.s.-2 m.s. sf. (282) *and afflictions of
your descendants*

מַכּוֹת n.f.p. (646) *afflictions*

גְּדֹלוֹת adj. f.p. (152) *severe*

וְנֶאֱמָנוֹת conj.-Ni. ptc. f.p. אָמַן I 52) *and lasting*

וָחֳלָיִם conj.-n.m.p. (318) *and sicknesses*

רָעִים adj. m.p. (948) *grievous*

וְנֶאֱמָנִים conj.-Ni. ptc. m.p. (אָמַן I 52) *and
lasting*

28:60

וְהֵשִׁיב בְּךָ conj.-Hi. pf. 3 m.s. (שׁוּב 996)-prep.-2
m.s. sf. *and he will bring upon you again*

אֵת כָּל־מַדְוֵה dir.obj.-n.m.s. cstr. (481)-n.m.s. cstr.
(188) *all the diseases of*

מִצְרַיִם pr.n. (595) *Egypt*

אֲשֶׁר יָגֹרְתָּ rel. (81)-Qal pf. 2 m.s. (יָגֹר 388)
which you were afraid

מִפְּנֵיהֶם prep.-n.m.p.-3 m.p. sf. (815) *of them*

וְדָבְקוּ בָּךְ conj.-Qal pf. 3 c.p. (179)-prep.-2 m.s.
sf. paus. *and they shall cleave to you*

28:61

גַּם adv. (168) *also*

כָּל־חֳלִי n.m.s. cstr. (481)-n.m.s. (318) *every
sickness*

וְכָל־מַכָּה conj.-n.m.s. cstr. (481)-n.f.s. (646) *and
every affliction*

אֲשֶׁר לֹא כָתוּב rel. (81)-Qal pass.ptc. (507) *which
is not recorded*

בְּסֵפֶר prep.-n.m.s. cstr. (706) *in the book of*

הַתּוֹרָה הַזֹּאת def.art.-n.f.s. (435)-def.art.
-demons.adj. f.s. (260) *this law*

יַעְלֵם יהוה Hi. impf. 3 m.s.-3 m.p. sf. (עָלָה
748)-pr.n. (217) *Yahweh will bring them*

עָלֶיךָ prep.-2 m.s. sf. *upon you*

עַד הִשָּׁמְדָךְ prep. (III 723)-Ni. inf.cstr.-2 m.s. sf.
paus. (שָׁמַד 1029) *until you are destroyed*

28:62

וְנִשְׁאַרְתֶּם conj.-Ni. pf. 2 m.p. (שָׁאַר 983) *you
shall be left*

בִּמְתֵי מְעָט prep.-n.m.p. cstr. (607; GK 119i)
-subst. (589) *few in number*

תַּחַת אֲשֶׁר הֱיִיתֶם prep. (1065)-rel. (81)-Qal pf. 2
m.p. (הָיָה 224) *whereas you were*

כְּכוֹכְבֵי prep.-n.m.p. cstr. (456) *as the stars of*

הַשָּׁמַיִם def.art.-n.m. du. (1029) *heaven*

לָרֹב prep.-n.m.s. (913) *for multitude*

כִּי־לֹא שָׁמַעְתָּ conj. (471)-neg.-Qal pf. 2 m.s.
(1033) *because you did not obey*

בְּקוֹל prep.-n.m.s. cstr. (876) *the voice of*

יהוה אֱלֹהֶיךָ pr.n. (217)-n.m.p.-2 m.s. sf. (43)
Yahweh your God

28:63

וְהָיָה כַּאֲשֶׁר־ conj.-Qal pf. 3 m.s.
(224)-prep.-rel. (81) *and as*

שָׂשׂ יהוה Qal pf. 3 m.s. (שׂוּשׂ 965)-pr.n. (217)
Yahweh took delight

עֲלֵיכֶם prep.-2 m.p. sf. *in you*

לְהֵיטִיב אֶתְכֶם prep.-Hi. inf.cstr. (יָטַב 405)
-dir.obj.-2 m.p. sf. *in doing you good*

וּלְהַרְבּוֹת אֶתְכֶם conj.-prep.-Hi. inf.cstr. (רָבָה I
915)-v.supra *and multiplying you*

כֵּן יָשִׂישׂ יהוה adv. (485)-Qal impf. 3 m.s. (שׂוּשׂ
965)-v.supra *so Yahweh will take delight*

עֲלֵיכֶם v.supra *in you*

לְהַאֲבִיד prep.-Hi. inf.cstr. (אָבַד 1) *in bringing
ruin*

אֶתְכֶם dir.obj.-2 m.p. sf. *upon you*

וּלְהַשְׁמִיד אֶתְכֶם conj.-prep.-Hi. inf.cstr. (שָׁמַד
1029)-v.supra *and destroying you*

וְנִסַּחְתֶּם conj.-Ni. pf. 2 m.p. (נָסַח 650) *and you
shall be plucked off*

מֵעַל הָאֲדָמָה prep.-prep.-def.art.-n.f.s. (9) *the
land*

אֲשֶׁר־אַתָּה בָא־ rel. (81)-pers.pr. 2 m.s. (61)-Qal
act.ptc. (בּוֹא 97) *which you are entering*

שָׁמָּה adv.-dir.he (1027) *there*

לְרִשְׁתָּהּ prep.-Qal inf.cstr.-3 f.s. sf. (יָרַשׁ 439) *to
take possession of it*

28:64

וֶהֱפִיצְךָ יהוה conj.-Hi. pf. 3 m.s.-2 m.s. sf. (פּוּץ
I 806)-pr.n. (217) *and Yahweh will scatter
you*

בְּכָל־הָעַמִּים prep.-n.m.s. cstr. (481)-def.art.
-n.m.p. (I 766) *among all peoples*

מִקְצֵה הָאָרֶץ prep.-n.m.s. cstr. (892)-def.art.
-n.f.s. (75) *from the end of the earth*

וְעַד־קְצֵה הָאָרֶץ conj.-prep. (III 723)-v.supra
-v.supra *to the other*

וְעָבַדְתָּ conj.-Qal pf. 2 m.s. (712) *and you shall
serve*

שָׁם adv. (1027) *there*

אֱלֹהִים אֲחֵרִים n.m.p. (43)-adj. m.p. (29) *other
gods*

אֲשֶׁר לֹא־יָדַעְתָּ rel. (81)-neg.-Qal pf. 2 m.s. (393)
which you have not known

אַתָּה וַאֲבֹתֶיךָ pers.pr. 2 m.s. (61)-conj.-n.m.p.-2 m.s. sf. (3) *you or your fathers*

עֵץ וָאָבֶן n.m.s. (781)-conj.-n.f.s. (6) *of wood and stone*

28:65

וּבַגּוֹיִם conj.-prep.-def.art.-n.m.p. (156) *and among ... nations*

הָהֵם def.art.-demons.adj. m.p. (241) *these*

לֹא תַרְגִּיעַ neg.-Hi. impf. 2 m.s. (רגע II 921) *you shall find no ease*

וְלֹא־יִהְיֶה מָנוֹחַ conj.-neg.-Qal impf. 3 m.s. (224)-n.m.s. (I 629) *and there shall be no rest*

לְכַף־רַגְלֶךָ prep.-n.f.s. cstr. (496)-n.f.s.-2 m.s. sf. (919) *for the sole of your foot*

וְנָתַן יהוה conj.-Qal pf. 3 m.s. (678)-pr.n. (217) *but Yahweh will give*

לְךָ prep.-2 m.s. sf. *you*

שָׁם adv. (1027) *there*

לֵב רַגָּז n.m.s. (524)-adj. m.s. (919) *a trembling heart*

וְכִלְיוֹן עֵינַיִם conj.-n.m.s. cstr. (479)-n.f. du. (744) *and failing eyes*

וְדַאֲבוֹן נָפֶשׁ conj.-n.m.s. cstr. (178)-n.f.s. paus. (659) *and a languishing soul*

28:66

וְהָיוּ חַיֶּיךָ conj.-Qal pf. 3 c.p. (היה 224)-n.m.p.-2 m.s. sf. (313) *and your life shall be*

תְּלֻאִים Qal pass.ptc. m.p. (תלא 1067; GK 75rr) *hung up*

לְךָ מִנֶּגֶד prep.-2 m.s. sf.-prep.-subst. (617) *before you*

וּפָחַדְתָּ conj.-Qal pf. k2 m.s. (פחד 808) *and you shall be in dread*

לַיְלָה וְיוֹמָם n.m.s. (538)-conj.-subst. (401) *night and day*

וְלֹא תַאֲמִין conj.-neg.-Hi. impf. 2 m.s. (אמן 52) *and you shall have no assurance*

בְּחַיֶּיךָ prep.-n.m.p.-2 m.s. sf. (313) *of your life*

28:67

בַּבֹּקֶר prep.-def.art.-n.m.s. (133) *in the morning*

תֹּאמַר Qal impf. 2 m.s. (אמר 55) *you shall say*

מִי־יִתֵּן interr. (566)-Qal impf. 3 m.s. (נתן 678: GK 151b) *would it were*

עֶרֶב n.m.s. (787) *evening*

וּבָעֶרֶב conj.-prep.-def.art.-n.m.s. (787) *and at evening*

תֹּאמַר v.supra *you shall say*

מִי־יִתֵּן v.supra-v.supra *would it were*

בֹּקֶר n.m.s. (133) *morning*

מִפַּחַד לְבָבְךָ prep.-n.m.s. cstr. (808)-n.m.s.-2 m.s. sf. (523) *because of the dread of your heart*

אֲשֶׁר תִּפְחָד rel. (81)-Qal impf. 2 m.s. (808) *which you dread*

וּמִמַּרְאֵה conj.-prep.-n.m.s. cstr. (909) *and the sights of*

עֵינֶיךָ n.f. du.-2 m.s. sf. (744) *your eyes*

אֲשֶׁר תִּרְאֶה rel. (81)-Qal impf. 2 m.s. (ראה 906) *which you see*

28:68

וֶהֱשִׁיבְךָ יהוה conj.-Hi. impf. 3 m.s.-2 m.s. sf. (שוב 996)-pr.n. (217) *and Yahweh will bring you back*

מִצְרַיִם pr.n. (595) *to Egypt*

בָּאֳנִיּוֹת prep.-n.f.p. (58) *in ships*

בַּדֶּרֶךְ prep.-def.art.-n.m.s. (202) *in a journey*

אֲשֶׁר אָמַרְתִּי לְךָ rel. (81)-Qal pf. 1 c.s. (55)-prep.-2 m.s. sf. *which I promised you*

לֹא־תֹסִיף עוֹד neg.-Hi. impf. 2 m.s. (יסף 414)-adv. (728) *you should never again*

לִרְאֹתָהּ prep.-Qal inf.cstr.-3 f.s. sf. (ראה 906) *see it*

וְהִתְמַכַּרְתֶּם conj.-Hith. pf. 2 m.p. (מכר 569) *and you shall offer yourselves for sale*

שָׁם adv. (1027) *there*

לְאֹיְבֶיךָ prep.-Qal act.ptc. m.p.-2 m.s. sf. (איב 33) *to your enemies*

לַעֲבָדִים prep.-n.m.p. (713) *as male slaves*

וְלִשְׁפָחוֹת conj.-prep.-n.f.p. (1046) *and female slaves*

וְאֵין קֹנֶה conj.-subst. cstr. (II 34)-Qal act.ptc. (קנה 888) *but no man will buy you*

28:69

אֵלֶּה demons.adj. c.p. (41) *these are*

דִּבְרֵי הַבְּרִית n.m.p. cstr. (182)-def.art.-n.f.s. (136) *the words of the covenant*

אֲשֶׁר־צִוָּה יהוה rel. (81)-Pi. pf. 3 m.s. (צוה 845)-pr.n. (217) *which Yahweh commanded*

אֶת־מֹשֶׁה dir.obj.-pr.n. (602) *Moses*

לִכְרֹת prep.-Qal inf.cstr. (כרת 503) *to make*

אֶת־בְּנֵי prep. (II 85)-n.m.p. cstr. (119) *with the people of*

יִשְׂרָאֵל pr.n. (975) *Israel*

בְּאֶרֶץ prep.-n.f.s. cstr. (75) *in the land of*

מוֹאָב pr.n. (555) *Moab*

מִלְּבַד prep.-prep.-n.m.s. as prep. (94) *besides*

הַבְּרִית v.supra *the covenant*

אֲשֶׁר־כָּרַת rel. (81)-Qal pf. 3 m.s. (503) *which he had made*

אָתָּם prep.-3 m.p. sf. (II 85) *with them*

בְּחֹרֵב prep.-pr.n. (352) *at Horeb*

29:1

וַיִּקְרָא מֹשֶׁה consec.-Qal impf. 3 m.s. (קָרָא 894)-pr.n. (602) *and Moses summoned*

אֶל־כָּל־יִשְׂרָאֵל prep.-n.m.s. cstr. (481)-pr.n. (975) *all Israel*

וַיֹּאמֶר consec.-Qal impf. 3 m.s. (55) *and said*

אֲלֵהֶם prep.-3 m.p. sf. *to them*

אַתֶּם רְאִיתֶם pers.pr. 2 m.p. (61)-Qal pf. 2 m.p. (906) (רָאָה) *you have seen*

אֵת כָּל־אֲשֶׁר dir.obj.-n.m.s. (481)-rel. (81) *all that*

עָשָׂה יהוה Qal pf. 3 m.s. (I 793)-pr.n. (217) *Yahweh did*

לְעֵינֵיכֶם prep.-n.f. du.-2 m.p. sf. (744) *before your eyes*

בְּאֶרֶץ prep.-n.f.s. cstr. (75) *in the land of*

מִצְרַיִם pr.n. (595) *Egypt*

לְפַרְעֹה prep.-pr.n. (829) *to Pharaoh*

וּלְכָל־עֲבָדָיו conj.-n.m.s. cstr. (481)-n.m.p.-3 m.s. sf. (713) *and to all his servants*

וּלְכָל־אַרְצוֹ conj.-prep.-v.supra-n.f.s.-3 m.s. sf. (75) *and to all his land*

29:2

הַמַּסּוֹת הַגְּדֹלֹת def.art.-n.f.p. (II 650)-def.art.-adj. f.p. (152) *the great trials*

אֲשֶׁר רָאוּ עֵינֶיךָ rel. (81)-Qal pf. 3 c.p. (רָאָה 906)-n.f. du.-2 m.s. sf. (744) *which your eyes saw*

הָאֹתֹת def.art.-n.m.p. (16) *the signs*

וְהַמֹּפְתִים conj.-def.art.-n.m.p. (68) *and ... wonders*

הַגְּדֹלִים הָהֵם def.art.-adj. m.p. (152)-def.art.-demons.adj. m.p. (214) *those great*

29:3

וְלֹא־נָתַן יהוה conj.-neg.-Qal pf. 3 m.s. (678)-pr.n. (217) *but Yahweh has not given*

לָכֶם prep.-2 m.p. sf. *you*

לֵב n.m.s. (524) *a mind*

לָדַעַת prep.-Qal inf.cstr. (יָדַע 393) *to understand*

וְעֵינַיִם conj.-n.f. du. (744) *or eyes*

לִרְאוֹת prep.-Qal inf.cstr. (רָאָה 906) *to see*

וְאָזְנַיִם conj.-n.f. du. (23) *or ears*

לִשְׁמֹעַ prep.-Qal inf.cstr. (1033) *to hear*

עַד הַיּוֹם הַזֶּה prep. (III 723)-def.art.-n.m.s. (398)-def.art.-demons.adj. m.s. (260) *to this day*

29:4

וָאוֹלֵךְ consec.-Hi. impf. 1 c.s. (הָלַךְ 229) *I have led*

אֶתְכֶם dir.obj.-2 m.p. sf. *you*

אַרְבָּעִים שָׁנָה num. p. (917)-n.f.s. (1040) *forty years*

בַּמִּדְבָּר prep.-def.art.-n.m.s. (II 184) *in the wilderness*

לֹא־בָלוּ neg.-Qal pf. 3 c.p. (בָּלָה 115) *have not worn out*

שַׂלְמֹתֵיכֶם n.f.p.-2 m.p. sf. (II 971) *your clothes*

מֵעֲלֵיכֶם prep.-prep.-2 m.p. sf. *upon you*

וְנַעַלְךָ conj.-n.f.s.-2 m.s. sf. (653) *and your sandals*

לֹא־בָלְתָה neg.-Qal pf. 3 f.s. (בָּלָה 115) *have not worn*

מֵעַל רַגְלֶךָ prep.-prep.-n.f.s.-2 m.s. sf. (919) *off your feet*

29:5

לֶחֶם n.m.s. (536) *bread*

לֹא אֲכַלְתֶּם neg.-Qal pf. 2 m.p. (37) *you have not eaten*

וְיַיִן conj.-n.m.s. (406) *and wine*

וְשֵׁכָר conj.-n.m.s. (1016) *or strong drink*

לֹא שְׁתִיתֶם neg.-Qal pf. 2 m.p. (שָׁתָה 1059) *you have not drunk*

לְמַעַן תֵּדְעוּ prep. (775)-Qal impf. 2 m.p. (יָדַע 393) *that you may know*

כִּי אֲנִי conj. (471)-pers.pr. 1 c.s. (58) *that I am*

יהוה אֱלֹהֵיכֶם pr.n. (217)-n.m.p.-2 m.p. sf. (43) *Yahweh your God*

29:6

וַתָּבֹאוּ consec.-Qal impf. 2 m.p. (בּוֹא 97) *and when you came*

אֶל־הַמָּקוֹם הַזֶּה prep.-def.art.-n.m.s. (879)-def.art.-demons.adj. m.s. (260) *to this place*

וַיֵּצֵא consec.-Qal impf. 3 m.s. (יָצָא 422) *came out*

סִיחֹן מֶלֶךְ־חֶשְׁבּוֹן pr.n. (695)-n.m.s. cstr. (I 572)-pr.n. (II 363) *Sihon the king of Heshbon*

וְעוֹג מֶלֶךְ־הַבָּשָׁן conj.-pr.n. (728)-v.supra-def.art.-pr.n. (143) *and Og the king of Bashan*

לִקְרָאתֵנוּ prep.-Qal inf.cstr.-1 c.p. sf. (קָרָא II 896) *against us*

לַמִּלְחָמָה prep.-def.art.-n.f.s. (536) *to battle*

וַנַּכֵּם consec.-Hi. impf. 1 c.p.-3 m.p. sf. (נָכָה 645) *but we defeated them*

29:7

וַנִּקַּח consec.-Qal impf. 1 c.p. (לָקַח 542) *we took*

אֶת־אַרְצָם dir.obj.-n.f.s.-3 m.p. sf. (75) *their land*

וַנִּתְּנָהּ consec.-Qal impf. 1 c.p.-3 f.s. sf. (נָתַן 678) *and gave it*

לְנַחֲלָה prep.-n.f.s. (635) *for an inheritance*

לָרֻאוּבֵנִי prep.-pr.n. gent. (910) *to the Reubenites*

וְלַגָּדִי conj.-prep.-pr.n. gent. (151) *the Gadites*

וְלַחֲצִי שֵׁבֶט conj.-prep.-n.m.s. cstr. (345)-n.m.s. cstr. (986) *and the half-tribe of*

הַמְנַשִּׁי def.art.-pr.n. gent. (586) *the Manassites*

29:8

וּשְׁמַרְתֶּם conj.-Qal pf. 2 m.p. (1036) *therefore be careful*

אֶת־דִּבְרֵי dir.obj.-n.m.s. cstr. (182) *the words of*

הַבְּרִית הַזֹּאת def.art.-n.f.s. (136)-def.art. -demons.adj. f.s. (260) *this covenant*

וַעֲשִׂיתֶם conj.-Qal pf. 2 m.p. (עָשָׂה I 793) *to do*

אֹתָם dir.obj.-3 m.p. sf. *them*

לְמַעַן תַּשְׂכִּילוּ prep. (775)-Hi. impf. 2 m.p. (שָׂכַל 968) *that you may prosper (deal wisely)*

אֵת כָּל־אֲשֶׁר dir.obj.-n.m.s. (481)-rel. (81) *in all that*

תַּעֲשׂוּן Qal impf. 2 m.p. (עָשָׂה I 793) *you do*

29:9

אַתֶּם נִצָּבִים pers.pr. 2 m.p. (61)-Ni. ptc. m.p. (נָצַב 662) *you stand*

הַיּוֹם def.art.-n.m.s. (398) *this day*

כֻּלְּכֶם n.m.s.-2 m.p. sf. (481) *all of you*

לִפְנֵי יהוה prep.-n.m.p. cstr. (815)-pr.n. (217) *before Yahweh*

אֱלֹהֵיכֶם n.m.p.-2 m.p. sf. (43) *your God*

רָאשֵׁיכֶם n.m.p.-2 m.p. sf. (910) *your heads*

שִׁבְטֵיכֶם n.m.p.-2 m.p. sf. (986) *your tribes*

זִקְנֵיכֶם adj. m.p.-2 m.p. sf. (278) *your elders*

וְשֹׁטְרֵיכֶם conj.-Qal act.ptc. m.p.-2 m.p. sf. (n.m.p. 1009) *and your officers*

כֹּל אִישׁ יִשְׂרָאֵל n.m.s. cstr. (481)-n.m.s. cstr. (35)-pr.n. (975) *all the men of Israel*

29:10

טַפְּכֶם n.m.s.-2 m.p. sf. (381) *your little ones*

נְשֵׁיכֶם n.f.p.-2 m.p. sf. (61) *your wives*

וְגֵרְךָ conj.-n.m.s.-2 m.s. sf. (158) *and your sojourner*

אֲשֶׁר בְּקֶרֶב rel. (81)-prep.-n.m.s. cstr. (899) *who is in*

מַחֲנֶיךָ n.m.s.-2 m.s. sf. (334) *your camp*

מֵחֹטֵב prep.-Qal act.ptc. (I 310) *both he who hews*

עֵצֶיךָ n.m.p.-2 m.s. sf. (781) *your wood*

עַד שֹׁאֵב prep. (III 723)-Qal act.ptc. (שָׁאַב 980) *and he who draws*

מֵימֶיךָ n.m.p.-2 m.s. sf. (565) *your water*

29:11

לְעָבְרְךָ prep.-Qal inf.cstr.-2 m.s. sf. (עָבַר 716) *that you may enter*

בִּבְרִית prep.-n.f.s. cstr. (136) *into the covenant of*

יהוה אֱלֹהֶיךָ pr.n. (217)-n.m.p.-2 m.s. sf. (43) *Yahweh your God*

וּבְאָלָתוֹ conj.-prep.-n.f.s.-3 m.s. sf. (46) *and into his oath*

אֲשֶׁר יהוה אֱלֹהֶיךָ rel. (81)-v.supra-v.supra *which Yahweh your God*

כֹּרֵת עִמְּךָ Qal act.ptc. (503)-prep.-2 m.s. sf. *makes with you*

הַיּוֹם def.art.-n.m.s. (398) *this day*

29:12

לְמַעַן הָקִים־אֹתְךָ prep. (775)-Hi. inf.cstr. (קוּם 877)-dir.obj.-2 m.s. sf. *that he may establish you*

הַיּוֹם def.art.-n.m.s. (398) *this day*

לוֹ לְעָם prep.-3 m.s. sf.-prep.-n.m.s. (I 766) *as his people*

וְהוּא יִהְיֶה־ conj.-pers.pr. 3 m.s. (214)-Qal impf. 3 m.s. (הָיָה 224) *and that he may be*

לְךָ לֵאלֹהִים prep.-2 m.s. sf.-prep.-n.m.p. (43) *your God*

כַּאֲשֶׁר דִּבֶּר־ prep.-rel. (81)-Pi. pf. 3 m.s. (180) *as he promised*

לָךְ prep.-2 m.s. sf. paus. *you*

וְכַאֲשֶׁר נִשְׁבַּע conj.-v.supra-Ni. pf. 3 m.s. (989) *and as he swore*

לַאֲבֹתֶיךָ prep.-n.m.p.-2 m.s. sf. (3) *to your fathers*

לְאַבְרָהָם prep.-pr.n. (4) *to Abraham*

לְיִצְחָק prep.-pr.n. (850) *to Isaac*

וּלְיַעֲקֹב conj.-prep.-pr.n. (784) *and to Jacob*

29:13

וְלֹא אִתְּכֶם conj.-neg.-prep.-2 m.p. sf. (II 85) *nor is it with you*

לְבַדְּכֶם prep.-n.m.s.-2 m.p. sf. (94) *only*

אָנֹכִי כֹּרֵת pers.pr. 1 c.s. (59)-Qal act.ptc. (503) *that I make*

אֶת־הַבְּרִית הַזֹּאת dir.obj.-def.art.-n.f.s. (136)-def.art.-demons.adj. f.s. (260) *this covenant*

וְאֶת־הָאָלָה הַזֹּאת conj.-dir.obj.-def.art.-n.f.s. (46)-def.art.-demons.adj. f.s. (260) *and this oath*

29:14

כִּי אֶת־אֲשֶׁר conj. (471)-dir.obj.-rel. (81) *but with*

יֶשְׁנוֹ פֹּה subst.-3 m.s. sf. (441; GK 100oN)-adv. (805) *who is not here*

עִמָּנוּ prep.-1 c.p. sf. *with us*

עֹמֵד Qal act.ptc. (763) *standing*

הַיּוֹם def.art.-n.m.s. (398) *this day*

לִפְנֵי יהוה prep.-n.m.p. cstr. (815)-pr.n. (217) *before Yahweh*

אֱלֹהֵינוּ n.m.p.-1 c.p. sf. (43) *our God*

וְאֵת אֲשֶׁר conj.-dir.obj.-rel. (81) *as well as with*

אֵינֶנּוּ פֹּה subst.-3 m.s. sf. (II 34)-v.supra *him who stands here*

עִמָּנוּ v.supra *with us*

הַיּוֹם v.supra *this day*

29:15

כִּי־אַתֶּם יְדַעְתֶּם conj. (471)-pers.pr. 2 m.p. (61)-Qal pf. 2 m.p. (יָדַע 393) *you know*

אֵת אֲשֶׁר־יָשַׁבְנוּ dir.obj.-rel. (81)-Qal pf. 1 c.p. (יָשַׁב 442; GK 157c) *how we dwelt*

בְּאֶרֶץ prep.-n.f.s. cstr. (75) *in the land of*

מִצְרָיִם pr.n. paus. (595) *Egypt*

וְאֵת אֲשֶׁר־עָבַרְנוּ conj.-v.supra-rel. (81)-Qal pf. 1 c.p. (716) *and how we came through*

בְּקֶרֶב הַגּוֹיִם prep.-n.m.s. cstr. (899)-def.art.-n.m.p. (156) *the midst of the nations*

אֲשֶׁר עֲבַרְתֶּם rel. (81)-Qal pf. 2 m.p. (716) *through which we passed*

29:16

וַתִּרְאוּ consec.-Qal impf. 2 m.p. (רָאָה 906) *and you have seen*

אֶת־שִׁקּוּצֵיהֶם dir.obj.-n.m.p.-3 m.p. sf. (1055) *their detestable things*

וְאֵת גִּלֻּלֵיהֶם conj.-dir.obj.-n.m.p.-3 m.p. sf. (165) *their idols*

עֵץ וָאֶבֶן n.m.s. (781)-conj.-n.f.s. (6) *of wood and stone*

כֶּסֶף וְזָהָב n.m.s. (494)-conj.-n.m.s. (262) *of silver and gold*

אֲשֶׁר עִמָּהֶם rel. (81)-prep.-3 m.p. sf. *which were among them*

29:17

פֶּן־יֵשׁ בָּכֶם conj. (814)-subst. (441)-prep.-2 m.p. sf. *lest there be among you*

אִישׁ n.m.s. (35) *a man*

אוֹ־אִשָּׁה conj. (14)-n.f.s. (61) *or woman*

אוֹ מִשְׁפָּחָה v.supra-n.f.s. (1046) *or family*

אוֹ שֵׁבֶט v.supra-n.m.s. (986) *or tribe*

אֲשֶׁר לְבָבוֹ rel. (81)-n.m.s.-3 m.s. sf. (523) *whose heart*

פֹנֶה Qal act.ptc. (815) *turns away*

הַיּוֹם def.art.-n.m.s. (398) *this day*

מֵעִם יהוה prep.-prep.-pr.n. (217) *from Yahweh*

אֱלֹהֵינוּ n.m.p.-1 c.p. sf. (43) *our God*

לָלֶכֶת prep.-Qal inf.cstr. (הָלַךְ 229) *to go*

לַעֲבֹד prep.-Qal inf.cstr. (712) *and serve*

אֶת־אֱלֹהֵי dir.obj.-n.m.p. cstr. (43) *the gods of*

הַגּוֹיִם הָהֵם def.art.-n.m.p. (156)-def.art.-demons.adj. m.p. (241) *those nations*

פֶּן־יֵשׁ בָּכֶם conj. (814)-subst. (441)-prep.-2 m.p. sf. *lest there be among you*

שֹׁרֶשׁ n.m.s. (1057) *a root*

פֹּרֶה Qal act.ptc. (פָּרָה 826) *bearing fruit*

רֹאשׁ n.m.s. (II 912) *poisonous*

וְלַעֲנָה conj.-n.f.s. (542) *and bitter*

29:18

וְהָיָה בְּשָׁמְעוֹ conj.-Qal pf. 3 m.s. (224)-prep.-Qal inf.cstr.-3 m.s. sf. (1033) *when he hears*

אֶת־דִּבְרֵי dir.obj.-n.m.p. cstr. (182) *the words of*

הָאָלָה הַזֹּאת def.art.-n.f.s. (46)-def.art.-demons.adj. f.s. (260) *this oath*

וְהִתְבָּרֵךְ conj.-Hith. pf. 3 m.s. (בָּרַךְ 138) *blesses himself*

בִּלְבָבוֹ prep.-n.m.s.-3 m.s. sf. (523) *in his heart*

לֵאמֹר prep.-Qal inf.cstr. (55) *saying*

שָׁלוֹם n.m.s. (1022) *safe*

יִהְיֶה־לִּי Qal impf. 3 m.s. (224)-prep.-1 c.s. sf. *I shall be*

כִּי בִּשְׁרִרוּת conj. (471)-prep.-n.f.s. cstr. (1057) *though in the stubbornness of*

לִבִּי n.m.s.-1 c.s. sf. (524) *my heart*

אֵלֵךְ Qal impf. 1 c.s. (הָלַךְ 229) *I walk*

לְמַעַן סְפוֹת prep. (775)-Qal inf.cstr. (סָפָה 705; GK 69hN) *this would lead to the sweeping away*

הָרָוָה def.art.-adj. f.s. (924) *of moist*

אֶת־הַצְּמֵאָה dir.obj.-def.art.-adj. f.s. (854) *and dry alike*

29:19

לֹא־יֹאבֶה neg.-Qal impf. 3 m.s. (אָבָה I 2) *would not*

יהוה pr.n. (217) *Yahweh*

סְלֹחַ Qal inf.cstr. (699) *pardon*

לוֹ prep.-3 m.s. sf. *him*

כִּי אָז יֶעְשַׁן conj. (471)-adv. (23)-Qal impf. 3 m.s. (עָשַׁן 798) *but rather would smoke*

אַף־יהוה n.m.s. cstr. (60)-v.supra *the anger of Yahweh*

וְקִנְאָתוֹ conj.-n.f.s.-3 m.s. sf. (888) *and his jealousy*

בָּאִישׁ הַהוּא prep.-def.art.-n.m.s. (35)-def.art.-demons.adj. m.s. (214) *against that man*

וְרָבְצָה בּוֹ conj.-Qal pf. 3 f.s. (918)-prep.-3 m.s. sf. *and would settle upon him*

כָּל־הָאָלָה n.m.s. cstr. (481)-def.art.-n.f.s. (46) *all the curses*

הַכְּתוּבָה def.art.-Qal pass.ptc. f.s. (כָּתַב 507) *written*

בַּסֵּפֶר הַזֶּה prep.-def.art.-n.m.s. (706)-def.art.-demons.adj. m.s. (260) *in this book*

וּמָחָה יהוה conj.-Qal pf. 3 m.s. (562)-pr.n. (217) *and Yahweh would blot out*

אֶת־שְׁמוֹ dir.obj.-n.m.s.-3 m.s. sf. (1027) *his name*

מִתַּחַת הַשָּׁמָיִם prep.-prep. (1065)-def.art.-n.m. du. (1029) *from under heaven*

29:20

וְהִבְדִּילוֹ conj.-Hi. pf. 3 m.s.-3 m.s. sf. (95) *and would single him out*

יהוה pr.n. (217) *Yahweh*

לְרָעָה prep.-n.f.s. (949) *for calamity*

מִכֹּל prep.-n.m.s. cstr. (481) *from all*

שִׁבְטֵי n.m.p. cstr. (986) *the tribes of*

יִשְׂרָאֵל pr.n. (975) *Israel*

כְּכֹל prep.-v.supra *in accordance with all*

אָלוֹת n.f.p. cstr. (46) *the curses of*

הַבְּרִית def.art.-n.f.s. (136) *the covenant*

הַכְּתוּבָה def.art.-Qal pass.ptc. f.s. (כָּתַב 507) *written*

בְּסֵפֶר prep.-n.m.s. cstr. (706) *in the book of*

הַתּוֹרָה הַזֶּה def.art.-n.f.s. (435)-def.art.-demons.adj. m.s. (260) *this law*

29:21

וְאָמַר conj.-Qal pf. 3 m.s. (55) *and would say*

הַדּוֹר def.art.-n.m.s. (189) *the generation*

הָאַחֲרוֹן def.art.-adj. m.s. (30) *to come*

בְּנֵיכֶם n.m.p.-2 m.p. sf. (119; GK 167b) *your children*

אֲשֶׁר יָקוּמוּ rel. (81)-Qal impf. 3 m.p. (קוּם 877) *who rise up*

מֵאַחֲרֵיכֶם prep.-n.m.s.-2 m.p. sf. (29) *after you*

וְהַנָּכְרִי conj.-def.art.-adj. m.s. (648) *and the foreigner*

אֲשֶׁר יָבֹא rel. (81)-Qal impf. 3 m.s. (בּוֹא 97) *who comes*

מֵאֶרֶץ רְחוֹקָה prep.-n.f.s. (75)-adj. f.s. (935) *from a far land*

וְרָאוּ conj.-Qal pf. 3 c.p. (רָאָה 906) *when they see*

אֶת־מַכּוֹת dir.obj.-n.f.p. cstr. (64) *the afflictions of*

הָאָרֶץ הַהִוא def.art.-n.f.s. (75)-def.art.-demons.adj. f.s. (214) *that land*

וְאֶת־תַּחֲלֻאֶיהָ conj.-dir.obj.-n.m.p.-3 f.s. sf. (316) *and her sicknesses*

אֲשֶׁר־חִלָּה בָהּ rel. (81)-Pi. pf. 3 m.s. (חָלָה I 317)-pr.n. (217)-prep.-3 f.s. sf. *with which Yahweh has made it sick*

29:22

גָּפְרִית n.f.s. (172) *brimstone*

וָמֶלַח conj.-n.m.s. (571) *and salt*

שְׂרֵפָה n.f.s. (977) *a burnt-out waste*

כָּל־אַרְצָהּ n.m.s. cstr. (481)-n.f.s.-3 f.s. sf. (75) *the whole land*

לֹא תִזָּרַע neg.-Ni. impf. 3 f.s. (281) *unsown*

וְלֹא תַצְמִחַ conj.-neg.-Hi. impf. 3 f.s. (855) *and growing nothing*

וְלֹא־יַעֲלֶה בָהּ conj.-neg.-Qal impf. 3 m.s. (עָלָה 748)-prep.-3 f.s. sf. *and cannot sprout in it*

כָּל־עֵשֶׂב n.m.s. cstr. (481)-n.m.s. (793) *and grass*

כְּמַהְפֵּכַת prep.-n.f.s. cstr. (246) *like the overthrow of*

סְדֹם pr.n. (690) *Sodom*

וַעֲמֹרָה conj.-pr.n. (771) *and Gomorrah*

אַדְמָה pr.n. (10) *Admah*

וּצְבֹיִּים conj.-pr.n. (840) *and Zeboiim*

אֲשֶׁר הָפַךְ rel. (81)-Qal pf. 3 m.s. (245) *which ... overthrew*

יהוה pr.n. (217) *Yahweh*

בְּאַפּוֹ prep.-n.m.s.-3 m.s. sf. (I 60) *in his anger*

וּבַחֲמָתוֹ conj.-prep.-n.f.s.-3 m.s. sf. (404) *and his wrath*

29:23

וְאָמְרוּ conj.-Qal pf. 3 c.p. (55) *yea, would say*

כָּל־הַגּוֹיִם n.m.s. cstr. (481)-def.art.-n.m.p. (156) *all the nations*

עַל־מֶה prep.-interr. (552) *why*

עָשָׂה יהוה Qal pf. 3 m.s. (I 793)-pr.n. (217) *has Yahweh done*

כָּכָה adv. (462) *thus*

לָאָרֶץ הַזֹּאת prep.-def.art.-n.f.s. (75)-def.art.-demons.adj. f.s. (260) *to this land*

מֶה חֳרִי v.supra (552)-n.m.s. cstr. (354) *what means the heat of*

הָאַף הַגָּדֹל הַזֶּה def.art.-n.m.s. (I 60)-def.art.-adj. m.s. (152)-def.art.-demons.adj. m.s. (260) *this great anger*

29:24

וְאָמְרוּ conj.-Qal pf. 3 c.p. (55) *then men would say* '

עַל אֲשֶׁר עָזְבוּ prep.-rel. (81)-Qal pf. 3 c.p. (I 736) *because they forsook*

אֶת־בְּרִית dir.obj.-n.f.s. cstr. (136) *the covenant of*

יהוה אֱלֹהֵי pr.n. (217)-n.m.p. cstr. (43) *Yahweh, the God of*

אֲבֹתָם n.m.p.-3 m.p. sf. (3) *their fathers*

אֲשֶׁר כָּרַת rel. (81)-Qal pf. 3 m.s. (503) *which he made*

עִמָּם prep.-3 m.p. sf. *with them*

בְּהוֹצִיאוֹ prep.-Hi. inf.cstr.-3 m.s. sf. (יָצָא 422) *when he brought out*

אֹתָם dir.obj.-3 m.p. sf. *(them)*

מֵאֶרֶץ מִצְרָיִם prep.-n.f.s. cstr. (75)-pr.n. paus. (595) *of the land of Egypt*

29:25

וַיֵּלְכוּ consec.-Qal impf. 3 m.p. (הָלַךְ 229) *and went*

וַיַּעַבְדוּ consec.-Qal impf. 3 m.p. (712) *and served*

אֱלֹהִים אֲחֵרִים n.m.p. (43)-adj. m.p. (29) *other gods*

וַיִּשְׁתַּחֲווּ consec.-Hith. impf. 3 m.p. (שָׁחָה 1005) *and worshiped*

לָהֶם prep.-3 m.p. sf. *them*

אֱלֹהִים n.m.p. (43) *gods*

אֲשֶׁר לֹא־יְדָעוּם rel. (81)-Qal pf. 3 c.p.-3 m.p. sf. (יָדַע 393) *whom they had not known*

וְלֹא חָלַק לָהֶם conj.-neg.-Qal pf. 3 m.s. (323) -prep.-2 m.p. sf. *and whom he had not allotted to them*

29:26

וַיִּחַר־ consec.-Qal impf. 3 m.s. (חָרָה 354) *therefore was kindled*

אַף יהוה n.m.s. cstr. (I 60)-pr.n. (217) *the anger of Yahweh*

בָּאָרֶץ הַהִוא prep.-def.art.-n.f.s. (75)-def.art. -demons.adj. f.s. (214) *against this land*

לְהָבִיא prep.-Hi. inf.cstr. (בּוֹא 97) *bringing*

עָלֶיהָ prep.-3 f.s. sf. *upon it*

אֶת־כָּל־הַקְּלָלָה dir.obj.-n.m.s. cstr. (481)-def. art.-n.f.s. (887) *all the curses*

הַכְּתוּבָה def.art.-Qal pass.ptc. f.s. (507) *written*

בַּסֵּפֶר הַזֶּה prep.-def.art.-n.m.s. (706)-def.art. -demons.adj. m.s. (260) *in this book*

29:27

וַיִּתְּשֵׁם יהוה consec.-Qal impf. 3 m.s.-3 m.p. sf. (נָתַשׁ 684)-pr.n. (217) *and Yahweh uprooted them*

מֵעַל אַדְמָתָם prep.-prep.-n.f.s.-3 m.p. sf. (9) *from their land*

בְּאַף prep.-n.m.s. (I 60) *in anger*

וּבְחֵמָה conj.-prep.-n.f.s. (404) *and fury*

וּבְקֶצֶף גָּדוֹל conj.-prep.-n.m.s. (893)-adj. m.s. (152) *and great wrath*

וַיַּשְׁלִכֵם consec.-Hi. impf. 3 m.s.-3 m.p. sf. (שָׁלַךְ 1020) *and cast them*

אֶל־אֶרֶץ אַחֶרֶת prep.-n.f.s. (75)-adj. f.s. (I 29) *into another land*

כַּיּוֹם הַזֶּה prep.-def.art.-n.m.s. (398)-def.art. -demons.adj. m.s. (260) *as at this day*

29:28

הַנִּסְתָּרֹת def.art.-Ni. ptc. f.p. (סָתַר 711) *the secret things*

לַיהוה prep.-pr.n. (217) *belong to Yahweh*

אֱלֹהֵינוּ n.m.p.-1 c.p. sf. (43) *our God*

וְהַנִּגְלֹת conj.-def.art.-Ni. ptc. f.p. (גָּלָה 162) *but the things that are revealed*

לָנוּ וּלְבָנֵינוּ prep.-1 c.p. sf.-conj.-prep.-n.m.p.-1 c.p. sf. (119; GK 5n) *belong to us and to our children*

עַד־עוֹלָם prep. (III 723)-n.m.s. (761) *for ever*

לַעֲשׂוֹת prep.-Qal inf.cstr. (עָשָׂה I 793) *that we may do*

אֶת־כָּל־דִּבְרֵי dir.obj.-n.m.s. cstr. (481)-n.m.p. cstr. (182) *all the words of*

הַתּוֹרָה הַזֹּאת def.art.-n.f.s. (435)-def.art. -demons.adj. f.s. (260) *this law*

30:1

וְהָיָה כִי־ conj.-Qal pf. 3 m.s. (224)-conj. (471) *and when*

יָבֹאוּ עָלֶיךָ Qal impf. 3 m.p. (בּוֹא 97)-prep.-2 m.s. sf. *come upon you*

כָּל־הַדְּבָרִים הָאֵלֶּה n.m.s. cstr. (481)-def.art. -n.m.p. (182)-def.art.-demons.adj. c.p. (41) *all these things*

הַבְּרָכָה def.art.-n.f.s. (139) *the blessing*

וְהַקְּלָלָה conj.-def.art.-n.f.s. (887) *and the curse*

אֲשֶׁר נָתַתִּי rel. (81)-Qal pf. 1 c.s. (נָתַן 678) *which I have set*

לְפָנֶיךָ prep.-n.m.p.-2 m.s. sf. (815) *before you*

וַהֲשֵׁבֹתָ אֶל־לְבָבֶךָ conj.-Hi. pf. 2 m.s. (שׁוּב 996)-prep.-n.m.s.-2 m.s. sf. (523) *and you call them to mind*

בְּכָל־הַגּוֹיִם prep.-n.m.s. cstr. (481)-def.art.-n.m.p. (156) *among all the nations*

אֲשֶׁר הִדִּיחֲךָ rel. (81)-Hi. pf. 3 m.s.-2 m.s. sf. (נָדַח 623) *where has driven you*

יהוה אֱלֹהֶיךָ pr.n. (217)-n.m.p.-2 m.s. sf. (43) *Yahweh your God*

שָׁמָּה adv.-dir.he (1027) *(there)*

30:2

וְשַׁבְתָּ conj.-Qal pf. 2 m.s. (שׁוּב 996) *and return*

עַד־יהוה אֱלֹהֶיךָ prep. (III 723)-pr.n. (217) -n.m.p.-2 m.s. sf. (43) *to Yahweh your God*

וְשָׁמַעְתָּ conj.-Qal pf. 2 m.s. (1033) *and obey*

בְּקֹלוֹ prep.-n.m.s.-3 m.s. sf. (876) *his voice*

כְּכֹל אֲשֶׁר־ prep.-n.m.s. (481)-rel. (81) *in all that*

אָנֹכִי מְצַוְּךָ pers.pr. 1 c.s. (59)-Pi. ptc.-2 m.s. sf. (845 צָוָה) *I command you*

הַיּוֹם def.art.-n.m.s. (398) *this day*

אַתָּה וּבָנֶיךָ pers.pr. 2 m.s. (61)-conj.-n.m.p.-2 m.s. sf. (119) *you and your children*

בְּכָל־לְבָבְךָ prep.-n.m.s. cstr. (481)-n.m.s.-2 m.s. sf. (523) *with all your heart*

וּבְכָל־נַפְשֶׁךָ conj.-prep.-v.supra-n.f.s.-2 m.s. sf. (659) *and with all your soul*

30:3

וְשָׁב conj.-Qal pf. 3 m.s. (שׁוּב 996) *then will return*

יהוה אֱלֹהֶיךָ pr.n. (217)-n.m.p.-2 m.s. sf. (43) *Yahweh your God*

אֶת־שְׁבוּתְךָ dir.obj.-n.f.s.-2 m.s. sf. (986) *your fortunes (captivity)*

וְרִחֲמֶךָ conj.-Pi. pf. 3 m.s.-2 m.s. sf. (רָחַם 933) *and have compassion upon you*

וְשָׁב v.supra *and again*

וְקִבֶּצְךָ conj.-Pi. pf. 3 m.s.-2 m.s. sf. (קָבַץ 867) *he will gather you*

מִכָּל־הָעַמִּים prep.-n.m.s. cstr. (481)-def.art. -n.m.p. (I 766) *from all the peoples*

אֲשֶׁר הֱפִיצְךָ rel. (81)-Hi. pf. 3 m.s.-2 m.s. sf. (806 פּוּץ) *where ... has scattered you*

יהוה אֱלֹהֶיךָ pr.n. (217)-n.m.p.-2 m.s. sf. (43) *Yahweh your God*

שָׁמָּה adv.-dir.he (1027) *there*

30:4

אִם־יִהְיֶה hypoth.part. (49)-Qal impf. 3 m.s. (הָיָה 224) *if ... are*

נִדַּחֲךָ Ni. ptc. m.s.-2 m.s. sf. (נָדַח 623; GK 92bN) *your outcasts*

בִּקְצֵה prep.-n.m.s. cstr. (892) *in the uttermost parts of*

מִשָּׁם prep.-adv. (1027) *from there*

יְקַבֶּצְךָ יהוה Pi. impf. 3 m.s.-2 m.s. sf. (קָבַץ 867)-pr.n. 217) *Yahweh will gather you*

אֱלֹהֶיךָ n.m.p.-2 m.s. sf. (43) *your God*

וּמִשָּׁם conj.-prep.-adv. (1027) *and from there*

יִקָּחֶךָ Qal impf. 3 m.s.-2 m.s. sf. (לָקַח 542) *he will fetch you*

30:5

וֶהֱבִיאֲךָ conj.-Hi. pf. 3 m.s.-2 m.s. sf. (בּוֹא 97) *and will bring you*

יהוה אֱלֹהֶיךָ pr.n. (217)-v.supra *Yahweh your God*

אֶל־הָאָרֶץ prep.-def.art.-n.f.s. (75) *into the land*

אֲשֶׁר־יָרְשׁוּ rel. (81)-Qal pf. 3 c.p. (יָרַשׁ 439) *which possessed*

אֲבֹתֶיךָ n.m.p.-2 m.s. sf. (3) *your fathers*

וִירִשְׁתָּהּ conj.-Qal pf. 2 m.s.-3 f.s. sf. (יָרַשׁ 439) *that you may possess it*

וְהֵיטִבְךָ conj.-Hi. pf. 3 m.s.-2 m.s. sf. (יָטַב 405) *and he will make you more prosperous*

וְהִרְבְּךָ conj.-Hi. pf. 3 m.s.-2 m.s. sf. (רָבָה I 915) *and numerous*

מֵאֲבֹתֶיךָ prep.-n.m.p.-2 m.s. sf. (3) *than your fathers*

30:6

וּמָל conj.-Qal pf. 3 m.s. (מוּל II 557) *and will circumcise*

יהוה אֱלֹהֶיךָ pr.n. (217)-n.m.p.-2 m.s. sf. (43) *Yahweh your God*

אֶת־לְבָבְךָ dir.obj.-n.m.s.-2 m.s. sf. (523) *your heart*

וְאֶת־לְבַב זַרְעֶךָ conj.-dir.obj.-n.m.s. cstr. (523) -n.m.s.-2 m.s. sf. (282) *and the heart of your offspring*

לְאַהֲבָה prep.-Qal inf.cstr. (אָהַב 12) *so that you will love*

אֶת־יהוה אֱלֹהֶיךָ dir.obj.-pr.n. (217)-n.m.p.-2 m.s. sf. (43) *Yahweh your God*

בְּכָל־לְבָבְךָ prep.-n.m.s. cstr. (481)-n.m.s.-2 m.s. sf. (523) *with all your heart*

וּבְכָל־נַפְשֶׁךָ conj.-prep.-n.m.s. cstr. (481)-n.f.s.-2 m.s. sf. (659) *and with all your soul*

לְמַעַן חַיֶּיךָ prep. (775)-n.m.p.-2 m.s. sf. (313) *that you may live*

30:7

וְנָתַן conj.-Qal pf. 3 m.s. (678) *and will put*

יהוה אֱלֹהֶיךָ v.supra-v.supra *Yahweh your God*

אֵת כָּל־הָאָלוֹת הָאֵלֶּה dir.obj.-n.m.s. cstr. (481)-def.art.-n.f.p. (46)-def. art.-demons.adj. c.p. (41) *all these curses*

עַל־אֹיְבֶיךָ prep.-Qal act.ptc. m.p.-2 m.s. sf. (אֹיֵב 33) *upon your foes*

וְעַל־שֹׂנְאֶיךָ conj.-prep.-Qal act.ptc. m.p.-2 m.s. sf. (שָׂנֵא 971) *and enemies*

אֲשֶׁר רְדָפוּךָ rel. (81)-Qal pf. 3 c.p.-2 m.s. sf. (רָדַף 922) *who persecuted you*

30:8

וְאַתָּה תָשׁוּב conj.-pers.pr. 2 m.s. (61)-Qal impf. 2 m.s. (שׁוּב 996) *and you shall again*

וְשָׁמַעְתָּ conj.-Qal pf. 2 m.s. (1033) *obey*

בְּקוֹל יהוה prep.-n.m.s. cstr. (876)-pr.n. (217) *the voice of Yahweh*

וְעָשִׂיתָ conj.-Qal pf. 2 m.s. (עָשָׂה I 793) *and keep*

אֶת־כָּל־מִצְוֹתָיו dir.obj.-n.m.s. cstr. (481)-n.f.p.-3 m.s. sf. (846) *all his commandments*

אֲשֶׁר אָנֹכִי מְצַוְּךָ rel. (81)-pers.pr. 1 c.s. (59)-Pi. ptc.-2 m.s. sf. (צָוָה 845) *which I command you*

הַיּוֹם def.art.-n.m.s. (398) *this day*

30:9

וְהוֹתִירְךָ conj.-Hi. pf. 3 m.s.-2 m.s. sf. (יָתַר 451) *and will make you abundantly prosperous*

יהוה אֱלֹהֶיךָ v.supra-v.supra *Yahweh your God*

בְּכֹל מַעֲשֵׂה prep.-n.m.s. cstr. (481)-n.m.s. cstr. (795) *in all the work of*

יָדֶךָ n.f.s.-2 m.s. sf. (388) *your hand*

בִּפְרִי prep.-n.m.s. cstr. (826) *in the fruit of*

בִטְנְךָ n.f.s.-2 m.s. sf. (105) *your body*

וּבִפְרִי conj.-v.supra *and in the fruit of*

בְהֶמְתְּךָ n.f.s.-2 m.s. sf. (96) *your cattle*

וּבִפְרִי אַדְמָתְךָ v.supra-n.f.s.-2 m.s. sf. (9) *and in the fruit of your ground*

לְטוֹבָה prep.-n.f.s. (375) *for prosperity*

כִּי יָשׁוּב conj. (471)-Qal impf. 3 m.s. (שׁוּב 996) *for will again*

יהוה pr.n. (217) *Yahweh*

לָשׂוּשׂ prep.-Qal inf.cstr. (שׂוּשׂ 965) *take delight*

עָלֶיךָ prep.-2 m.s. sf. *in you*

לְטוֹב prep.-n.m.s. (III 375) *in prospering*

כַּאֲשֶׁר־שָׂשׂ prep.-rel. (81)-Qal pf. 3 m.s. (שׂוּשׂ 965) *as he took delight*

עַל־אֲבֹתֶיךָ prep.-n.m.p.-2 m.s. sf. (3) *in your fathers*

30:10

כִּי תִשְׁמַע conj. (471)-Qal impf. 2 m.s. (1033) *if you obey*

בְּקוֹל prep.-n.m.s. cstr. (876) *the voice of*

יהוה אֱלֹהֶיךָ v.supra-v.supra *Yahweh your God*

לִשְׁמֹר prep.-Qal inf.cstr. (1036) *to keep*

מִצְוֹתָיו n.f.p.-3 m.s. sf. (846) *his commandments*

וְחֻקֹּתָיו conj.-n.f.p.-3 m.s. sf. (349) *and his statutes*

הַכְּתוּבָה def.art.-Qal pass.ptc. f.s. (כָּתַב 507) *which are written*

בְּסֵפֶר prep.-n.m.s. cstr. (706) *in ... book of*

הַתּוֹרָה def.art.-n.f.s. (435) *the law*

הַזֶּה def.art.-demons.adj. m.s. (260) *this*

כִּי תָשׁוּב conj. (471)-Qal impf. 3 m.s. (996) *if you turn*

אֶל־יהוה אֱלֹהֶיךָ prep.-v.supra-v.supra *to Yahweh your God*

בְּכָל־לְבָבְךָ prep.-n.m.s. cstr. (481)-n.m.s.-2 m.s. sf. (523) *with all your heart*

וּבְכָל־נַפְשֶׁךָ conj.-v.supra-n.f.s.-2 m.s. sf. (659) *and with all your soul*

30:11

כִּי הַמִּצְוָה הַזֹּאת conj. (471)-def.art.-n.f.s. (846) -def.art.-demons.adj. f.s. (260) *for this commandment*

אֲשֶׁר אָנֹכִי מְצַוְּךָ rel. (81)-pers.pr. 1 c.s. (59)-Pi. ptc.-2 m.s. sf. (צָוָה 845) *which I command you*

הַיּוֹם def.art.-n.m.s. (398) *this day*

לֹא־נִפְלֵאת הִוא neg.-Ni. pf. 3 f.s. (פָּלָא 810) -pers.pr. 3 f.s. (214) *it is not too hard*

מִמְּךָ prep.-2 m.s. sf. *for you*

וְלֹא רְחֹקָה הִוא conj.-neg.-adj. f.s. (935)-v.supra *neither is it far off*

30:12

לֹא בַשָּׁמַיִם neg.-prep.-def.art.-n.m. du. (1029) *not in heaven*

הִוא pers.pr. 2 f.s. (214) *it is*

לֵאמֹר prep.-Qal inf.cstr. (55) *that you should say*

מִי יַעֲלֶה־לָּנוּ interr. (566)-Qal impf. 3 m.s. (עָלָה 748)-prep.-1 c.p. sf. *who will go up for us*

הַשָּׁמַיְמָה def.art.-n.m. du.-dir.he (1029) *to heaven*

וְיִקָּחֶהָ conj.-Qal impf. 3 m.s.-3 f.s. sf. (לָקַח 542) *and bring it*

לָנוּ prep.-1 c.p. sf. *to us*

וְיַשְׁמִעֵנוּ conj.-Hi. impf. 3 m.s.-1 c.p. sf. (1033) *that we may hear*

אֹתָהּ dir.obj.-3 f.s. sf. *it*

וְעֲשִׂיתֶ֫נָּה conj.-Qal impf. 1 c.p.-3 f.s. sf. (עָשָׂה I 793) *and do it*

30:13

וְלֹא־מֵעֵ֫בֶר conj.-neg.-prep.-n.m.s. (719) *neither is beyond*

לַיָּם prep.-def.art.-n.m.s. (410) *the sea*

הִוא pers.pr. 3 f.s. (214) *it*

לֵאמֹר prep.-Qal inf.cstr. (55) *that you should say*

מִי יַעֲבָר־לָ֫נוּ interr. (566)-Qal impf. 3 m.s. (עָבַר 716)-prep.-1 c.p. sf. *who will go over for us*

אֶל־עֵ֫בֶר הַיָּם prep.-n.m.s. cstr. (719)-def.art. -n.m.s. (410) *over the sea*

וְיִקָּחֶ֫הָ conj.-Qal impf. 3 m.s.-3 f.s. sf. (לָקַח 542) *and bring it*

לָ֫נוּ prep.-1 c.p. sf. *to us*

וְיַשְׁמִעֵ֫נוּ conj.-Hi. impf. 3 m.s.-1 c.p. sf. (1033) *that we may hear*

אֹתָהּ dir.obj.-3 f.s. sf. *it*

וְעֲשִׂיתֶ֫נָּה conj.-Qal impf. 1 c.p.-3 f.s. sf. (עָשָׂה I 793) *and do it*

30:14

כִּי־קָרוֹב conj. (471)-adj. (898) *but is near*

אֵלֶ֫יךָ prep.-2 m.s. sf. *unto you*

הַדָּבָר def.art.-n.m.s. (182) *the word*

מְאֹד adv. (547) *very*

בְּפִ֫יךָ prep.-n.m.s.-2 m.s. sf. (804) *in your mouth*

וּבִלְבָבְךָ conj.-prep.-n.m.s.-2 m.s. sf. (523) *and in your heart*

לַעֲשֹׂתוֹ prep.-Qal impf.-3 m.s. sf. (עָשָׂה I 793) *so that you can do it*

30:15

רְאֵה Qal impv. 2 m.s. (906) *see*

נָתַ֫תִּי Qal pf. 1 c.s. (נָתַן 678) *I have set*

לְפָנֶ֫יךָ prep.-n.m.p.-2 m.s. sf. (815) *before you*

הַיּוֹם dir.obj.-n.m.s. (398) *this day*

אֶת־הַחַיִּים dir.obj.-def.art.-n.m.p. (313) *life*

וְאֶת־הַטּוֹב conj.-dir.obj.-def.art.-n.m.s. (375) *and good*

וְאֶת־הַמָּ֫וֶת v.supra-def.art.-n.m.s. (560) *death*

וְאֶת־הָרָע v.supra-def.art.-n.m.s. (948) *and evil*

30:16

אֲשֶׁר אָנֹכִי rel. (81)-pers.pr. 1 c.s. (59) *which I*

מְצַוְּךָ Pi. ptc.-2 m.s. sf. (צָוָה 845) *command you*

הַיּוֹם def.art.-n.m.s. (398) *this day*

לְאַהֲבָה prep.-Qal inf.cstr. (אָהַב 12) *by loving*

אֶת־יהוה dir.obj.-pr.n. (217) *Yahweh*

אֱלֹהֶ֫יךָ n.m.p.-2 m.s. sf. (43) *your God*

לָלֶ֫כֶת prep.-Qal inf.cstr. (הָלַךְ 229) *by walking*

בִּדְרָכָיו prep.-n.m.p.-3 m.s. sf. (202) *in his ways*

וְלִשְׁמֹר conj.-prep.-Qal inf.cstr. (1036) *and by keeping*

מִצְוֹתָיו n.f.p.-3 m.s. sf. (846) *his commandments*

וְחֻקֹּתָיו conj.-n.f.p.-3 m.s. sf. (349) *and his statutes*

וּמִשְׁפָּטָיו conj.-n.m.p.-3 m.s. sf. (1048) *and his ordinances*

וְחָיִ֫יתָ conj.-Qal pf. 2 m.s. (חָיָה 310) *then you shall live*

וְרָבִ֫יתָ conj.-Qal pf. 2 m.s. (רָבָה I 915) *and multiply*

וּבֵרַכְךָ conj.-Pi. pf. 3 m.s.-2 m.s. sf. (בָּרַךְ 138) *and will bless you*

יהוה אֱלֹהֶ֫יךָ pr.n. (217)-n.m.p.-2 m.s. sf. (43) *Yahweh your God*

בָּאָ֫רֶץ prep.-def.art.-n.f.s. (75) *in the land*

אֲשֶׁר־אַתָּה בָא־ rel. (81)-pers.pr. 2 m.s. (61)-Qal act.ptc. (בּוֹא 97) *which you are entering*

שָׁ֫מָּה adv.-dir.he (1027) *(there)*

לְרִשְׁתָּהּ prep.-Qal inf.cstr.-3 f.s. sf. (יָרַשׁ 439) *to take possession of it*

30:17

וְאִם־יִפְנֶה conj.-hypoth.part. (49)-Qal impf. 3 m.s. (פָּנָה 815) *but if turn away*

לְבָבְךָ n.m.s.-2 m.s. sf. (523) *your heart*

וְלֹא תִשְׁמָע conj.-neg.-Qal impf. 2 m.s. paus. (1033) *and you will not hear*

וְנִדַּחְתָּ conj.-Ni. pf. 2 m.s. (נָדַח 623) *but you are drawn away*

וְהִשְׁתַּחֲוִ֫יתָ conj.-Hith. pf. 2 m.s. (שָׁחָה 1005) *to worship*

לֵאלֹהִים אֲחֵרִים prep.-n.m.p. (43)-adj. m.p. (29) *other gods*

וַעֲבַדְתָּם conj.-Qal pf. 2 m.s.-3 m.p. sf. (עָבַד 712) *and serve them*

30:18

הִגַּ֫דְתִּי Hi. pf. 1 c.s. (נָגַד 616) *I declare*

לָכֶם prep.-2 m.p. sf. *to you*

הַיּוֹם def.art.-n.m.s. (398) *this day*

כִּי אָבֹד תֹּאבֵדוּן conj. (471)-Qal inf.abs. (1)-Qal impf. 2 m.p. (1) *that you shall perish*

לֹא־תַאֲרִיכֻן neg.-Hi. impf. 2 m.p. (אָרַךְ 73) *you shall not live long*

יָמִים n.m.p. (398) *(days)*

עַל־הָאֲדָמָה prep.-def.art.-n.f.s. (9) *in the land*

אֲשֶׁר אַתָּה עֹבֵר rel. (81)-pers.pr. 2 m.s. (61)-Qal act.ptc. (716) *which you are going over*

אֶת־הַיַּרְדֵּן dir.obj.-def.art.-pr.n. (434) *the Jordan*

לָבֹא שָׁמָּה prep.-Qal inf.cstr. (97)-adv.-dir.he (1027) *to enter (there)*

לְרִשְׁתָּהּ prep.-Qal inf.cstr.-3 f.s. sf. (יָרַשׁ 439) *and possess*

30:19

הַעִידֹתִי בָכֶם Hi. pf. 1 c.s. (עוּד 729)-prep.-2 m.p. sf. *I call to witness against you*

הַיּוֹם def.art.-n.m.s. (398) *this day*

אֶת־הַשָּׁמַיִם dir.obj.-def.art.-n.m. du. (1029) *heaven*

וְאֶת־הָאָרֶץ conj.-dir.obj.-def.art.-n.f.s. (75) *and earth*

הַחַיִּים def.art.-n.m.p. (313) *life*

וְהַמָּוֶת conj.-def.art.-n.m.s. (560) *and death*

נָתַתִּי לְפָנֶיךָ Qal pf. 1 c.s. (נָתַן 678)-prep.-n.m.p.-2 m.s. sf. (815) *I have set before you*

הַבְּרָכָה def.art.-n.f.s. (139) *blessing*

וְהַקְּלָלָה conj.-def.art.-n.f.s. (887) *and curse*

וּבָחַרְתָּ conj.-Qal pf. 2 m.s. (103) *therefore choose*

בַּחַיִּים prep.-def.art.-n.m.p. (313) *life*

לְמַעַן תִּחְיֶה prep. (775)-Qal impf. 2 m.s. (חָיָה 310) *that you may live*

אַתָּה וְזַרְעֶךָ pers.pr. 2 m.s. (61)-conj.-n.m.s.-2 m.s. sf. (282) *you and your descendants*

30:20

לְאַהֲבָה prep.-Qal inf.cstr. (אָהַב 12) *loving*

אֶת־יהוה אֱלֹהֶיךָ dir.obj.-pr.n. (217)-n.m.p.-2 m.s. sf. (43) *Yahweh your God*

לִשְׁמֹעַ prep.-Qal inf.cstr. (1033) *obeying*

בְּקֹלוֹ prep.-n.m.s.-3 m.s. sf. (876) *his voice*

וּלְדָבְקָה־בוֹ conj.-prep.-Qal inf.cstr. (דָּבַק 179)-prep.-3 m.s. sf. *and cleaving to him*

כִּי הוּא conj. (471)-demons.adj. m.s. (214) *for that means*

חַיֶּיךָ n.m.p.-2 m.s. sf. (313) *life to you*

וְאֹרֶךְ יָמֶיךָ conj.-n.m.s. cstr. (73)-n.m.p.-2 m.s. sf. (398) *and length of (your) days*

לָשֶׁבֶת prep.-Qal inf.cstr. (יָשַׁב 442) *that you may dwell*

עַל־הָאֲדָמָה prep.-def.art.-n.f.s. (9) *in the land*

אֲשֶׁר נִשְׁבַּע rel. (81)-Ni. pf. 3 m.s. (989) *which swore*

יהוה pr.n. (217) *Yahweh*

לַאֲבֹתֶיךָ prep.-n.m.p.-2 m.s. sf. (3) *to your fathers*

לְאַבְרָהָם prep.-pr.n. (4) *to Abraham*

לְיִצְחָק prep.-pr.n. (850) *to Isaac*

וּלְיַעֲקֹב conj.-prep.-pr.n. (784) *and to Jacob*

לָתֵת לָהֶם prep.-Qal inf.cstr. (נָתַן 678)-prep.-3 m.p. sf. *to give them*

31:1

וַיֵּלֶךְ מֹשֶׁה consec.-Qal impf. 3 m.s. (הָלַךְ 229)-pr.n. (602) *so Moses continued*

וַיְדַבֵּר consec.-Pi. impf. 3 m.s. (דָּבַר 180) *to speak*

אֶת־הַדְּבָרִים הָאֵלֶּה dir.obj.-def.art.-n.m.p. (182)-def.art.-demons.adj. c.p. (41) *these words*

אֶל־כָּל־יִשְׂרָאֵל prep.-n.m.s. cstr. (481)-pr.n. (975) *to all Israel*

31:2

וַיֹּאמֶר אֲלֵהֶם consec.-Qal impf. 3 m.s. (55)-prep.-3 m.p. sf. *and he said to them*

בֶּן־מֵאָה וְעֶשְׂרִים n.m.s. cstr. (119)-num. (547)-conj.-num. p. (797) *a hundred and twenty ... old*

שָׁנָה n.f.s. (1040) *years*

אָנֹכִי pers.pr. 1 c.s. (59) *I am*

הַיּוֹם def.art.-n.m.s. (398) *this day*

לֹא־אוּכַל עוֹד neg.-Qal impf. 1 c.s. (יָכֹל 407)-adv. (728) *I am no longer able*

לָצֵאת prep.-Qal inf.cstr. (יָצָא 422) *to go out*

וְלָבוֹא conj.-prep.-Qal inf.cstr. (97) *and come in*

וַיהוה אָמַר conj.-pr.n. (217)-Qal pf. 3 m.s. (55) *Yahweh has said*

אֵלַי prep.-1 c.s. sf. *to me*

לֹא תַעֲבֹר neg.-Qal impf. 2 m.s. (716) *you shall not go over*

אֶת־הַיַּרְדֵּן הַזֶּה dir.obj.-def.art.-pr.n. (434)-def.art.-demons.adj. m.s. (260) *this Jordan*

31:3

יהוה אֱלֹהֶיךָ pr.n. (217)-n.m.p.-2 m.s. sf. (43) *Yahweh your God*

הוּא עֹבֵר pers.pr. 3 m.s. (214)-Qal act.ptc. (716) *himself will go over*

לְפָנֶיךָ prep.-n.m.p.-2 m.s. sf. (815) *before you*

הוּא־יַשְׁמִיד v.supra-Hi. impf. 3 m.s. (1029) *he will destroy*

אֶת־הַגּוֹיִם הָאֵלֶּה dir.obj.-def.art.-n.m.p. (156)-def.art.-demons.adj. c.p. (41) *these nations*

מִלְּפָנֶיךָ prep.-prep.-n.m.p.-2 m.s. sf. (815) *before you*

וִירִשְׁתָּם conj.-Qal pf. 2 m.s.-3 m.p. sf. (יָרַשׁ 439) *so that you shall dispossess them*

יְהוֹשֻׁעַ pr.n. (221) *Joshua*

הוּא עֹבֵר v.supra-v.supra *he will go over*

לְפָנֶיךָ v.supra *before you*

כַּאֲשֶׁר דִּבֶּר prep.-rel. (81)-Pi. pf. 3 m.s. (180) *as has spoken*

יהוה pr.n. (217) *Yahweh*

31:4

וְעָשָׂה יהוה conj.-Qal pf. 3 m.s. (I 793)-pr.n. (217) *and Yahweh will do*

לָהֶם prep.-3 m.p. sf. *to them*

כַּאֲשֶׁר עָשָׂה prep.-rel. (81)-Qal pf. 3 m.s. (I 793) *as he did*

לְסִיחוֹן prep.-pr.n. (695) *to Sihon*

וּלְעוֹג conj.-prep.-pr.n. (728) *and Og*

מַלְכֵי הָאֱמֹרִי n.m.p. cstr. (I 572)-def.art.-pr.n. gent. (57) *the kings of the Amorites*

וּלְאַרְצָם conj.-prep.-n.f.p.-3 m.p. sf. (75) *and to their land*

אֲשֶׁר הִשְׁמִיד rel. (81)-Hi. pf. 3 m.s. (שׁמד 1029) *when he destroyed*

אֹתָם dir.obj.-3 m.p. sf. *them*

31:5

וּנְתָנָם conj.-Qal pf. 3 m.s.-3 m.p. sf. (נתן 678) *and will give them*

יהוה pr.n. (217) *Yahweh*

לִפְנֵיכֶם prep.-n.m.p.-2 m.p. sf. (815) *over to you*

וַעֲשִׂיתֶם conj.-Qal pf. 2 m.p. (עשׂה I 793) *and you shall do*

לָהֶם prep.-3 m.p. sf. *to them*

כְּכָל־הַמִּצְוָה prep.-n.m.s. cstr. (481)-def.art.-n.f.s. (846) *according to all the commandment*

אֲשֶׁר צִוִּיתִי rel. (81)-Pi. pf. 1 c.s. (צוה 845) *which I have commanded*

אֶתְכֶם dir.obj.-2 m.p. sf. *you*

31:6

חִזְקוּ Qal impv. 2 m.p. (חזק 304) *be strong*

וְאִמְצוּ conj.-Qal impv. 2 m.p. (אמץ 54) *and of good courage*

אַל־תִּירְאוּ neg.-Qal impf. 2 m.p. (ירא 431) *do not fear*

וְאַל־תַּעַרְצוּ conj.-neg.-Qal impf. 2 m.p. (ערץ 791) *or be in dread*

מִפְּנֵיהֶם prep.-n.m.p.-3 m.p. sf. *of them*

כִּי יהוה אֱלֹהֶיךָ conj. (471)-pr.n. (217)-n.m.p.-2 m.s. sf. (43) *for Yahweh your God*

הוּא pers.pr. 3 m.s. (214) *it is*

הַהֹלֵךְ def.art.-Qal act.ptc. (הלך 229) *who goes*

עִמָּךְ prep.-2 m.s. sf. paus. *with you*

לֹא יַרְפְּךָ neg.-Hi. impf. 3 m.s.-2 m.s. sf. (רפה 951) *he will not fail you*

וְלֹא יַעַזְבֶךָּ conj.-neg.-Qal impf. 3 m.s.-2 m.s. sf. paus. (עזב I 736) *or forsake you*

31:7

וַיִּקְרָא מֹשֶׁה consec.-Qal impf. 3 m.s. (894)-pr.n. (602) *then Moses summoned*

לִיהוֹשֻׁעַ prep.-pr.n. (221) *Joshua*

וַיֹּאמֶר אֵלָיו consec.-Qal impf. 3 m.s. (55)-prep.-3 m.s. sf. *and said to him*

לְעֵינֵי prep.-n.f. du. cstr. (744) *in the sight of*

כָּל־יִשְׂרָאֵל n.m.s. cstr. (481)-pr.n. (975) *all Israel*

חֲזַק Qal impv. 2 m.s. (304) *be strong*

וֶאֱמָץ conj.-Qal impv. 2 m.s. (אמץ 54) *and of good courage*

כִּי אַתָּה conj. (471)-pers.pr. 2 m.s. (61) *for you*

תָּבוֹא Qal impf. 2 m.s. (בוא 97) *shall go*

אֶת־הָעָם הַזֶּה prep. (II 85)-def.art.-n.m.s. (I 766)-def.art.-demons.adj. m.s. (260) *with this people*

אֶל־הָאָרֶץ prep.-def.art.-n.f.s. (75) *into the land*

אֲשֶׁר נִשְׁבַּע rel. (81)-Ni. pf. 3 m.s. (989) *which has sworn*

יהוה pr.n. (217) *Yahweh*

לַאֲבֹתָם prep.-n.m.p.-3 m.p. sf. (3) *to their fathers*

לָתֵת לָהֶם prep.-Qal inf.cstr. (נתן 678)-prep.-3 m.p. sf. *to give them*

וְאַתָּה תַּנְחִילֶנָּה conj.-v.supra-Hi. impf. 2 m.s.-3 f.s. sf. *and you shall put in possession of it*

אוֹתָם dir.obj.-3 m.p. sf. *them*

31:8

ויהוה הוּא conj.-pr.n. (217)-pers.pr. 3 m.s. (214) *it is Yahweh*

הַהֹלֵךְ def.art.-Qal act.ptc. (229) *who goes*

לְפָנֶיךָ prep.-n.m.p.-2 m.s. sf. (815) *before you*

הוּא יִהְיֶה v.supra-Qal impf. 3 m.s. (היה 224) *he will be*

עִמָּךְ prep.-2 m.s. sf. paus. *with you*

לֹא יַרְפְּךָ neg.-Hi. impf. 3 m.s.-2 m.s. sf. (רפה 951) *he will not fail you*

וְלֹא יַעַזְבֶךָּ conj.-neg.-Qal impf. 3 m.s.-2 m.s. sf. paus. (עזב I 736) *or forsake you*

לֹא תִירָא neg.-Qal impf. 2 m.s. (ירא 431) *do not fear*

וְלֹא תֵחָת conj.-neg.-Qal impf. 2 m.s. (חתת 369) *or be dismayed*

31:9

וַיִּכְתֹּב מֹשֶׁה consec.-Qal impf. 3 m.s. (כתב 507)-pr.n. (602) *and Moses wrote*

אֶת־הַתּוֹרָה הַזֹּאת dir.obj.-def.art.-n.f.s. (435)-def.art.-demons.adj. f.s. (260) *this law*

וַיִּתְּנָהּ consec.-Qal impf. 3 m.s.-3 f.s. sf. (נתן 678) *and gave it*

אֶל־הַכֹּהֲנִים prep.-def.art.-n.m.p. (463) *to the priests*

בְּנֵי לֵוִי n.m.p. cstr. (119)-pr.n. (II 532) *the sons of Levi*

הַנֹּשְׂאִים def.art.-Qal act.ptc. m.p. (נָשָׂא 669) *who carried*

אֶת־אֲרוֹן dir.obj.-n.m.s. cstr. (75) *the ark of*

בְּרִית יהוה n.f.s. cstr. (136)-pr.n. (217) *the covenant of Yahweh*

וְאֶל־כָּל־זִקְנֵי conj.-prep.-n.m.s. cstr. (481)-adj. m.p. cstr. (278) *and to all the elders of*

יִשְׂרָאֵל pr.n. (975) *Israel*

31:10

וַיְצַו מֹשֶׁה consec.-Pi. impf. 3 m.s. (צָוָה 845)-pr.n. (602) *and Moses commanded*

אוֹתָם dir.obj.-3 m.p. sf. *them*

לֵאמֹר prep.-Qal inf.cstr. (55) *(saying)*

מִקֵּץ prep.-n.m.s. cstr. (893) *at the end of*

שֶׁבַע שָׁנִים num. cstr. (988)-n.f.p. (1040) *seven years*

בְּמֹעֵד prep.-n.m.s. cstr. (417) *at the set time of*

שְׁנַת n.f.s. cstr. (1040) *the year of*

הַשְּׁמִטָּה def.art.-n.f.s. (1030) *release*

בְּחַג הַסֻּכּוֹת prep.-n.m.s. cstr. (290)-def.art.-n.f.p. (697) *at the feast of booths*

31:11

בְּבוֹא prep.-Qal inf.cstr. (97) *when comes*

כָל־יִשְׂרָאֵל n.m.s. cstr. (481)-pr.n. (975) *all Israel*

לֵרָאוֹת prep.-Ni. inf.cstr. (רָאָה 906) *to appear*

אֶת־פְּנֵי dir.obj.-n.m.p. cstr. (815) *before*

יהוה אֱלֹהֶיךָ pr.n. (217)-n.m.p.-2 m.s. sf. (43) *Yahweh your God*

בַּמָּקוֹם prep.-def.art.-n.m.s. (879) *at the place*

אֲשֶׁר יִבְחָר rel. (81)-Qal impf. 3 m.s. paus. (103) *which he will choose*

תִּקְרָא Qal impf. 2 m.s. (קָרָא 894) *you shall read*

אֶת־הַתּוֹרָה הַזֹּאת dir.obj.-def.art.-n.f.s. (435)-dir.obj.-demons.adj. f.s. (260) *this law*

נֶגֶד כָּל־ prep. (616)-n.m.s. cstr. (481) *before all*

יִשְׂרָאֵל pr.n. (975) *Israel*

בְּאָזְנֵיהֶם prep.-n.f. du.-3 m.p. sf. (23) *in their hearing*

31:12

הַקְהֵל Hi. impv. 2 m.s. (קָהַל 874) *assemble*

אֶת־הָעָם dir.obj.-def.art.-n.m.s. (I 766) *the people*

הָאֲנָשִׁים dir.obj.-n.m.p. (35) *the men*

וְהַנָּשִׁים conj.-def.art.-n.f.p. (61) *women*

וְהַטַּף conj.-def.art.-n.m.s. (381) *and little ones*

וְגֵרְךָ conj.-n.m.s.-2 m.s. sf. (158) *and the sojourner (your)*

אֲשֶׁר בִּשְׁעָרֶיךָ rel. (81)-prep.-n.m.p.-2 m.s. sf. (1044) *within your towns*

לְמַעַן יִשְׁמְעוּ prep. (775)-Qal impf. 3 m.p. (1033) *that they may hear*

וּלְמַעַן יִלְמְדוּ conj.-v.supra-Qal impf. 3 m.p. (540 לָמַד; GK 120e) *and learn*

וְיָרְאוּ conj.-Qal pf. 3 c.p. (יָרֵא 431) *to fear*

אֶת־יהוה אֱלֹהֵיכֶם dir.obj.-pr.n. (217)-n.m.p.-2 m.p. sf. (43) *Yahweh your God*

וְשָׁמְרוּ conj.-Qal pf. 3 c.p. (1036) *and be careful*

לַעֲשׂוֹת prep.-Qal inf.cstr. (עָשָׂה I 793) *to do*

אֶת־כָּל־דִּבְרֵי dir.obj.-n.m.s. cstr. (481)-n.m.p. cstr. (182) *all the words of*

הַתּוֹרָה הַזֹּאת def.art.-n.f.s. (435)-def.art.-demons.adj. f.s. (260) *this law*

31:13

וּבְנֵיהֶם conj.-n.m.p.-3 m.p. sf. (119) *and that their children*

אֲשֶׁר לֹא־יָדְעוּ rel. (81)-neg.-Qal pf. 3 c.p. (393) *who have not known it*

יִשְׁמְעוּ Qal impf. 3 m.p. (1033) *may hear*

וְלָמְדוּ conj.-Qal pf. 3 c.p. (540) *and learn*

לְיִרְאָה prep.-Qal inf.cstr. (יָרֵא 431) *to fear*

אֶת־יהוה אֱלֹהֵיכֶם dir.obj.-pr.n. (217)-n.m.p.-2 m.p. sf. (43) *Yahweh your God*

כָּל־הַיָּמִים אֲשֶׁר n.m.s. cstr. (481)-def.art.-n.m.p. (398)-rel. (81) *as long as*

אַתֶּם חַיִּים pers.pr. 2 m.p. (61)-n.m.p. (313) *you live*

עַל־הָאֲדָמָה prep.-def.art.-n.f.s. (9) *in the land*

אֲשֶׁר אַתֶּם rel. (81)-v.supra *which you*

עֹבְרִים Qal act.ptc. m.p. (716) *are going over*

אֶת־הַיַּרְדֵּן dir.obj.-def.art.-pr.n. (434) *the Jordan*

שָׁמָּה adv.-dir.he (1027) *(there)*

לְרִשְׁתָּהּ prep.-Qal inf.cstr.-3 f.s. sf. (יָרַשׁ 439) *to possess (it)*

31:14

וַיֹּאמֶר יהוה consec.-Qal impf. 3 m.s. (55)-pr.n. (217) *and Yahweh said*

אֶל־מֹשֶׁה prep.-pr.n. (602) *to Moses*

הֵן קָרְבוּ interj. (243)-Qal pf. 3 c.p. (קָרַב 897) *behold, approach*

יָמֶיךָ n.m.p.-2 m.s. sf. (398) *your days*

לָמוּת prep.-Qal inf.cstr. (559) *when you must die*

קְרָא Qal impv. 2 m.s. (894) *call*

אֶת־יְהוֹשֻׁעַ dir.obj.-pr.n. (221) *Joshua*

וְהִתְיַצְּבוּ conj.-Hith. impv. 2 m.p. (יָצַב 426) *and present yourselves*

בְּאֹהֶל מוֹעֵד prep.-n.m.s. cstr. (13)-n.m.s. (417) *in the tent of meeting*

וַאֲצַוֶּנּוּ conj.-Pi. impf. 1 c.s.-3 m.s. sf. (צָוָה 845) *that I may commission him*

וַיֵּלֶךְ consec.-Qal impf. 3 m.s. (הָלַךְ 229) *and went*

מֹשֶׁה וִיהוֹשֻׁעַ pr.n. (602)-conj.-pr.n. (221) *Moses and Joshua*

וַיִּתְיַצְּבוּ consec.-Hith. impf. 3 m.p. (יָצַב 426) *and presented themselves*

בְּאֹהֶל מוֹעֵד prep.-n.m.s. cstr. (13)-n.m.s. (417) *in the tent of meeting*

31:15

וַיֵּרָא יהוה consec.-Ni. impf. 3 m.s. (רָאָה 906)-pr.n. (217) *and Yahweh appeared*

בָּאֹהֶל prep.-def.art.-n.m.s. (13) *in the tent*

בְּעַמּוּד עָנָן prep.-n.m.s. cstr. (765)-n.m.s. (777) *in a pillar of cloud*

וַיַּעֲמֹד consec.-Qal impf. 3 m.s. (עָמַד 763) *and stood*

עַמּוּד הֶעָנָן v.supra-def.art.-v.supra *the pillar of cloud*

עַל־פֶּתַח הָאֹהֶל prep.-n.m.s. cstr. (835)-def.art. -n.m.s. (13) *by the door of the tent*

31:16

וַיֹּאמֶר יהוה consec.-Qal impf. 3 m.s. (55)-pr.n. (217) *and Yahweh said*

אֶל־מֹשֶׁה prep.-pr.n. (602) *to Moses*

הִנְּךָ interj.-2 m.s. sf. (243) *behold you*

שֹׁכֵב Qal act.ptc. (1011) *are about to sleep*

עִם־אֲבֹתֶיךָ prep.-n.m.p.-2 m.s. sf. (3) *with your fathers*

וְקָם conj.-Qal pf. 3 m.s. (קוּם 877) *then will rise*

הָעָם הַזֶּה def.art.-n.m.s. (I 766)-def.art. -demons.adj. m.s. (260) *this people*

וְזָנָה conj.-Qal pf. 3 m.s. (275) *and play the harlot*

אַחֲרֵי אֱלֹהֵי prep. (29)-n.m.p. cstr. (43) *after the gods of*

נֵכַר־ n.m.s. cstr. (648; GK 93gg) *strange (foreignness of)*

הָאָרֶץ def.art.-n.f.s. (75) *the land*

אֲשֶׁר הוּא rel. (81)-pers.pr. 3 m.s. (214) *where they*

בָא־שָׁמָּה Qal act.ptc. (בּוֹא 97)-adv.-dir.he (1027) *go (there)*

בְּקִרְבּוֹ prep.-n.m.s.-3 m.s. sf. (899) *among them*

וַעֲזָבַנִי conj.-Qal pf. 3 m.s.-1 c.s. sf. (עָזַב I 736) *and they will forsake me*

וְהֵפֵר conj.-Hi. pf. 3 m.s. (פָּרַר I 830) *and break*

אֶת־בְּרִיתִי dir.obj.-n.f.s.-1 c.s. sf. (136) *my covenant*

אֲשֶׁר כָּרַתִּי rel. (81)-Qal pf. 1 c.s. (כָּרַת 503) *which I have made*

אִתּוֹ prep.-3 m.s. sf. (II 85) *with them*

31:17

וְחָרָה אַפִּי conj.-Qal pf. k3 m.s. (354)-n.m.s.-1 c.s. sf. (I 60) *then my anger was kindled*

בוֹ prep.-3 m.s. sf. *against them*

בַּיּוֹם־הַהוּא prep.-def.art.-n.m.s. (398)-def.art. -demons.adj. m.s. (214) *in that day*

וַעֲזַבְתִּים conj.-Qal pf. 1 c.s.-3 m.p. sf. (עָזַב I 736) *and I will forsake them*

וְהִסְתַּרְתִּי conj.-Hi. pf. 1 c.s. (סָתַר 711) *and hide*

פָּנַי n.m.p.-1 c.s. sf. (815) *my face*

מֵהֶם prep.-3 m.p. sf. *from them*

וְהָיָה לֶאֱכֹל conj.-Qal pf. 3 m.s. (224)-prep.-Qal inf.cstr. (37) *and they will be devoured*

וּמְצָאֻהוּ conj.-Qal pf. 3 c.p.-3 m.s. sf. (מָצָא 592) *and will come upon them*

רָעוֹת רַבּוֹת n.f.p. (949)-adj. f.p. (I 912) *many evils*

וְצָרוֹת conj.-n.f.p. (I 865) *and troubles*

וְאָמַר conj.-Qal pf. 3 m.s. (55) *so that they will say*

בַּיּוֹם הַהוּא prep.-def.art.-n.m.s. (398)-def.art. -demons.adj. m.s. (214) *in that day*

הֲלֹא עַל כִּי interr.-neg.-prep. (752; III,b)-conj. (471) *not because that?*

אֵין אֱלֹהַי subst. cstr. (II 34)-n.m.p.-1 c.s. sf. (43) *my God is not*

בְּקִרְבִּי prep.-n.m.s.-1 c.s.sf. (899) *in my midst*

מְצָאוּנִי Qal pf. 3 c.p.-1 c.s. sf. (מָצָא 592) *have come upon me*

הָרָעוֹת הָאֵלֶּה def.art.-n.f.p. (949)-def.art. -demons.adj. c.p. (41) *these evils*

31:18

וְאָנֹכִי הַסְתֵּר אַסְתִּיר conj.-pers.pr. 1 c.s. (59)-Hi. inf.abs. (711)-Hi. impf. 1 c.s. (סָתַר 711) *and I will surely hide*

פָּנַי n.m.p.-1 c.s. sf. (815) *my face*

בַּיּוֹם הַהוּא prep.-def.art.-n.m.s. (398)-def.art. -demons.adj. m.s. (214) *in that day*

עַל כָּל־הָרָעָה prep.-n.m.s. cstr. (481)-def.art. -n.f.s. (949) *on account of all the evil*

אֲשֶׁר עָשָׂה rel. (81)-Qal pf. 3 m.s. (I 793) *which they had done*

כִּי פָנָה conj. (471)-Qal pf. 3 m.s. (815) *because they have turned*

אֶל־אֱלֹהִים prep.-n.m.p. (43) *to ... gods*

אֲחֵרִים adj. m.p. (29) *other*

31:19

וְעַתָּה כִּתְבוּ conj.-adv. (773)-Qal impv. 2 m.p. (507) *now therefore write*

לָכֶם prep.-2 m.p. sf. *(for yourselves)*

אֶת־הַשִּׁירָה הַזֹּאת dir.obj.-def.art.-n.f.s. (1010) -def.art.-demons.adj. f.s. (260) *this song*

וְלַמְּדָהּ conj.-Pi. impv. 2 m.s.-3 f.s. sf. (540) *and teach it*

אֶת־בְּנֵי־יִשְׂרָאֵל dir.obj.-n.m.p. cstr. (119)-pr.n. (975) *to the people of Israel*

שִׂימָהּ Qal impv. 2 m.s.-3 f.s. sf. (שׂום 962) *put it*

בְּפִיהֶם prep.-n.m.s.-3 m.p. sf. (804) *in their mouths*

לְמַעַן תִּהְיֶה־לִּי prep. (775)-Qal impf. 3 f.s. (הָיָה 224)-prep.-1 c.s. sf. *that may be for me*

הַשִּׁירָה הַזֹּאת v.supra-v.supra *this song*

לְעֵד prep.-n.m.s. (729) *a witness*

בִּבְנֵי יִשְׂרָאֵל prep.-n.m.p. cstr. (119)-pr.n. (975) *against the people of Israel*

31:20

כִּי־אֲבִיאֶנּוּ conj. (471)-Hi. impf. 1 c.s.-3 m.s. sf. (בּוֹא 97) *for when I have brought them*

אֶל־הָאֲדָמָה prep.-def.art.-n.f.s. (9) *into the land*

אֲשֶׁר־נִשְׁבַּעְתִּי rel. (81)-Ni. pf. 1 c.s. (989) *which I swore*

לַאֲבֹתָיו prep.-n.m.p.-3 m.s. sf. (3) *to their fathers*

זָבַת Qal act.ptc. f.s. cstr. (זוּב 264) *flowing with*

חָלָב וּדְבַשׁ n.m.s. (316)-conj.-n.m.s. (185) *milk and honey*

וְאָכַל conj.-Qal pf. 3 m.s. (37) *and they have eaten*

וְשָׂבַע conj.-Qal pf. 3 m.s. (959) *and are full*

וְדָשֵׁן conj.-Qal pf. 3 m.s. (206) *and grown fat*

וּפָנָה conj.-Qal pf. 3 m.s. (815) *they will turn*

אֶל־אֱלֹהִים אֲחֵרִים prep.-n.m.p. (43)-adj. m.p. (29) *to other gods*

וַעֲבָדוּם conj.-Qal pf. 3 c.p.-3 m.p. sf. (712) *and serve them*

וְנִאֲצוּנִי conj.-Pi. pf. 3 c.p.-1 c.s. sf. (נָאַץ 610) *and despise me*

וְהֵפֵר conj.-Hi. pf. 3 m.s. (פָּרַר I 830) *and break*

אֶת־בְּרִיתִי dir.obj.-n.f.s.-1 c.s. sf. (136) *my covenant*

31:21

וְהָיָה כִּי־ conj.-Qal pf. 3 m.s. (224)-conj. (471) *and when*

תִמְצֶאןָ אֹתוֹ Qal impf. 3 f.p. (מָצָא 592; GK 164d)-dir.obj.-3 m.s. sf. *have come upon them*

רָעוֹת רַבּוֹת n.f.p. (949)-adj. f.p. (I 912) *many evils*

וְצָרוֹת conj.-n.f.p. (I 865) *and troubles*

וְעָנְתָה conj.-Qal pf. 3 f.s. (עָנָה I 772) *and shall confront*

הַשִּׁירָה הַזֹּאת def.art.-n.f.s. (1010)-def.art. -demons.adj. f.s. (260) *this song*

לְפָנָיו prep.-n.m.p.-3 m.s. sf. (815) *them*

לְעֵד prep.-n.m.s. (729) *as a witness*

כִּי לֹא תִשָּׁכַח conj. (471)-neg.-Ni. impf. 3 f.s. (1013) (שָׁכַח) *for it will live unforgotten*

מִפִּי זַרְעוֹ prep.-n.m.s. cstr. (804)-n.m.s.-3 m.s. sf. (282) *in the mouths of their descendants*

כִּי יָדַעְתִּי conj. (471)-Qal pf. 1 c.s. (יָדַע 393) *for I know*

אֶת־יִצְרוֹ dir.obj.-n.m.s.-3 m.s. sf. (I 428) *the purposes*

אֲשֶׁר הוּא עֹשֶׂה rel. (81)-pers.pr. 3 m.s. (214)-Qal act.ptc. (I 793) *which they are forming*

הַיּוֹם def.art.-n.m.s. (398) *already*

בְּטֶרֶם prep.-adv. (382) *before*

אֲבִיאֶנּוּ Hi. impf. 1 c.s.-3 m.s. sf. (בּוֹא 97) *I have brought them*

אֶל־הָאָרֶץ prep.-def.art.-n.f.s. (75) *into the land*

אֲשֶׁר נִשְׁבַּעְתִּי rel. (81)-Ni. pf. 1 c.s. (989) *that I swore*

31:22

וַיִּכְתֹּב consec.-Qal impf. 3 m.s. (507) *so wrote*

מֹשֶׁה pr.n. (602) *Moses*

אֶת־הַשִּׁירָה הַזֹּאת dir.obj.-def.art.-n.f.s. (1010) -def.art.-demons.adj. f.s. (260) *this song*

בַּיּוֹם הַהוּא prep.-def.art.-n.m.s. (398)-def.art. -demons.adj. m.s. (214) *the same day*

וַיְלַמְּדָהּ consec.-Pi. impf. 3 m.s.-3 f.s. sf. (540) *and taught it*

אֶת־בְּנֵי יִשְׂרָאֵל dir.obj.-n.m.p. cstr. (119)-pr.n. (975) *to the people of Israel*

31:23

וַיְצַו consec.-Pi. impf. 3 m.s. (צָוָה 845) *and he commissioned*

אֶת־יְהוֹשֻׁעַ dir.obj.-pr.n. (221) *Joshua*

בִּן־נוּן n.m.s. cstr. (119)-pr.n. (630) *the son of Nun*

וַיֹּאמֶר consec.-Qal impf. 3 m.s. (55) *and said*

חֲזַק Qal impv. 2 m.s. (304) *be strong*

וֶאֱמָץ conj.-Qal impv. 2 m.s. (אָמַץ 54) *and of good courage*

כִּי אַתָּה תָּבִיא conj. (471)-pers.pr. 2 m.s. (61)-Hi. impf. 2 m.s. (בּוֹא 97) *for you shall bring*

אֶת־בְּנֵי יִשְׂרָאֵל dir.obj.-n.m.p. cstr. (119)-pr.n. (975) *the children of Israel*

אֶל־הָאָרֶץ prep.-def.art.-n.f.s. (75) *into the land*

אֲשֶׁר־נִשְׁבַּעְתִּי rel. (81)-Ni. pf. 1 c.s. (989) *which I swore*

לָהֶם prep.-3 m.p. sf. *to them*

וְאָנֹכִי אֶהְיֶה conj.-pers.pr. 1 c.s. (59)-Qal impf. 1 c.s. (הָיָה 224) *I will be*

עִמָּךְ prep.-2 m.s. sf. paus. *with you*

31:24

וַיְהִי כְּכַלּוֹת consec.-Qal impf. 3 m.s. (224)-prep. -Pi. inf.cstr. (כָּלָה 477) *when had finished*

מֹשֶׁה pr.n. (602) *Moses*

לִכְתֹּב prep.-Qal inf.cstr. (507) *writing*

אֶת־דִּבְרֵי dir.obj.-n.m.p. cstr. (182) *the words of*

הַתּוֹרָה־הַזֹּאת def.art.-n.f.s. (435)-def.art. -demons.adj. f.s. (260) *this law*

עַל־סֵפֶר prep.-n.m.s. (706) *in a book*

עַד תֻּמָּם prep. (III 723)-n.m.s.-3 m.p. sf. (1070) *to the very end*

31:25

וַיְצַו consec.-Pi. impf. 3 m.s. (צָוָה 845) *commanded*

מֹשֶׁה pr.n. (602) *Moses*

אֶת־הַלְוִיִּם dir.obj.-def.art.-pr.n. p. (II 532) *the Levites*

נֹשְׂאֵי אֲרוֹן Qal act.ptc. m.p. cstr. (669)-n.m.s. cstr. (75) *who carried the ark of*

בְּרִית־יְהוָה n.f.s. cstr. (136)-pr.n. (217) *the covenant of Yahweh*

לֵאמֹר prep.-Qal inf.cstr. (55) *(saying)*

31:26

לָקֹחַ Qal inf.abs. (542) *take*

אֵת סֵפֶר dir.obj.-n.m.s. cstr. (706) *... book of*

הַתּוֹרָה def.art.-n.f.s. (435) *the law*

הַזֶּה def.art.-demons.adj. m.s. (260) *this*

וְשַׂמְתֶּם אֹתוֹ conj.-Qal pf. 2 m.p. (שׂוּם 962)-dir.obj.-3 m.s. sf. *and put it*

מִצַּד prep.-n.m.s. cstr. (841) *by the side of*

אֲרוֹן n.m.s. cstr. (75) *the ark of*

בְּרִית־יְהוָה n.f.s. cstr. (136)-pr.n. (217) *the covenant of Yahweh*

אֱלֹהֵיכֶם n.m.p.-2 m.p. sf. (43) *your God*

וְהָיָה־שָׁם conj.-Qal pf. 3 m.s. (224)-adv. (1027) *that it may be there*

בְּךָ prep.-2 m.s. sf. *against you*

לְעֵד prep.-n.m.s. (729) *for a witness*

31:27

כִּי אָנֹכִי יָדַעְתִּי conj. (471)-pers.pr. 1 c.s. (59)-Qal pf. 1 c.s. (393) *for I know*

אֶת־מֶרְיְךָ dir.obj.-n.m.s.-2 m.s. sf. (598) *how rebellious you are*

וְאֶת־עָרְפְּךָ הַקָּשֶׁה conj.-dir.obj.-n.m.s.-2 m.s. sf. (791)-def.art.-adj. m.s. (904) *and how stubborn you are (hard of neck)*

הֵן בְּעוֹדֶנִּי interj. (243)-prep.-adv.-1 c.s. sf. (728) *behold, while I am yet*

חַי adj. m.s. (I 311) *alive*

עִמָּכֶם prep.-2 m.p. sf. *with you*

הַיּוֹם def.art.-n.m.s. (398) *today*

מַמְרִים הֱיִתֶם Hi. ptc. m.p. (מָרָה 598)-Qal pf. 2 m.p. (הָיָה 224) *you have been rebellious*

עִם־יְהוָה prep.-pr.n. (217) *against Yahweh*

וְאַף כִּי־אַחֲרֵי conj.-conj. (64)-conj. (471)-prep. (29) *how much more after*

מוֹתִי n.m.s.-1 c.s. sf. (560) *my death*

31:28

הַקְהִילוּ אֵלַי Hi. impv. 2 m.p. (קָהַל 874)-prep.-1 c.s. sf. *assemble to me*

אֶת־כָּל־זִקְנֵי dir.obj.-n.m.s. cstr. (481)-adj. m.p. cstr. (278) *all the elders of*

שִׁבְטֵיכֶם n.m.p.-2 m.p. sf. (986) *your tribes*

וְשֹׁטְרֵיכֶם conj.-n.m.p.-2 m.p. sf. (1009) *and your officers*

וַאֲדַבְּרָה conj.-Pi. impf. 1 c.s.-vol.he (דָּבַר 180) *that I may speak*

בְּאָזְנֵיהֶם prep.-n.f. du.-3 m.p. sf. (23) *in their ears*

אֵת הַדְּבָרִים הָאֵלֶּה dir.obj.-def.art.-n.m.p. (182) -def.art.-demons.adj. c.p. (41) *these words*

וְאָעִידָה conj.-Hi. impf. 1 c.s.-vol.he (עוּד 729) *and call to witness*

בָּם prep.-3 m.p. sf. *against them*

אֶת־הַשָּׁמַיִם dir.obj.-def.art.-n.m. du. (1029) *heaven*

וְאֶת־הָאָרֶץ conj.-dir.obj.-def.art.-n.f.s. (75) *and earth*

31:29

כִּי יָדַעְתִּי conj.-Qal pf. 1 c.s. (393) *for I know*

אַחֲרֵי מוֹתִי prep. (29)-n.m.s.-1 c.s. sf. (560) *that after my death*

כִּי־הַשְׁחֵת תַּשְׁחִתוּן conj. (471)-Hi. inf.abs. (שָׁחַת 1007)-Hi. impf. 2 m.p. (1007) *you will surely act corruptly*

וְסַרְתֶּם conj.-Qal pf. 2 m.p. (סור 693) *and turn aside*

מִן־הַדֶּרֶךְ prep.-def.art.-n.m.s. (202) *from the way*

אֲשֶׁר צִוִּיתִי rel. (81)-Pi. pf. 1 c.s. (צוה 845) *which I have commanded*

אֶתְכֶם dir.obj.-2 m.p. sf. *you*

וְקָרֵאת conj.-Qal pf. 3 f.s. (קרא II 896; GK 74g) *and will befall*

אֶתְכֶם dir.obj.-2 m.p. sf. *you*

הָרָעָה def.art.-n.f.s. (949) *evil*

בְּאַחֲרִית הַיָּמִים prep.-n.f.s. cstr. (31)-def.art.-n.m.p. (398) *in the days to come*

כִּי־תַעֲשׂוּ conj. (471)-Qal impf. 2 m.p. (עשה I 793) *because you will do*

אֶת־הָרַע dir.obj.-def.art.-n.m.s. (II 948) *what is evil*

בְּעֵינֵי יהוה prep.-n.f. du. cstr. (744)-pr.n. (217) *in the sight of Yahweh*

לְהַכְעִיסוֹ prep.-Hi. inf.cstr.-3 m.s. sf. (כעס 494) *provoking him to anger*

בְּמַעֲשֵׂה prep.-n.m.s. cstr. (795) *through the work of*

יְדֵיכֶם n.f. du.-2 m.p. sf. (388) *your hands*

31:30

וַיְדַבֵּר מֹשֶׁה consec.-Pi. impf. 3 m.s. (180)-pr.n. (602) *then Moses spoke*

בְּאָזְנֵי prep.-n.f. du. cstr. (23) *in the ears of*

כָּל־קְהַל n.m.s. cstr. (481)-n.m.s. cstr. (874) *all the assembly of*

יִשְׂרָאֵל pr.n. (975) *Israel*

אֶת־דִּבְרֵי dir.obj.-n.m.p. cstr. (182) *the words of*

הַשִּׁירָה הַזֹּאת def.art.-n.f.s. (1010)-def.art.-demons.adj. f.s. (260) *this song*

עַד תֻּמָּם prep. (III 723)-n.m.s.-3 m.p. sf. (1070) *until they were finished*

32:1

הַאֲזִינוּ Hi. impv. 2 m.p. (אזן 24; GK 2r,117b) *give ear*

הַשָּׁמַיִם def.art.-n.m. du. (1029) *O heavens*

וַאֲדַבֵּרָה conj.-Pi. impf. 1 c.s.-vol.he (דבר 180) *and I will speak*

וְתִשְׁמַע הָאָרֶץ conj.-Qal impf. 2 m.s. (1033)-def.art.-n.f.s. (75) *and let the earth hear*

אִמְרֵי־פִי n.m.p. cstr. (56)-n.m.s.-1 c.s. sf. (804) *the words of my mouth*

32:2

יַעֲרֹף Qal impf. 3 m.s. (ערף II 791) *may drop*

כַּמָּטָר prep.-def.art.-n.m.s. (564) *as the rain*

לִקְחִי n.m.s.-1 c.s. sf. (544) *my teaching*

תִּזַּל Qal impf. 3 f.s. (נזל 633) *may distil*

כַּטַּל prep.-def.art.-n.m.s. (378) *as the dew*

אִמְרָתִי n.f.s.-1 c.s. sf. (57) *my speech*

כִּשְׂעִירִם prep.-n.m.p. (973) *as the gentle rain*

עֲלֵי־דֶשֶׁא prep.-n.m.s. (206) *upon the tender grass*

וְכִרְבִיבִים conj.-prep.-n.m.p. (914) *and as the showers*

עֲלֵי־עֵשֶׂב prep.-n.m.s. (793) *upon the herb*

32:3

כִּי שֵׁם יהוה conj. (471)-n.m.s. cstr. (1027)-pr.n. (217) *for the name of Yahweh*

אֶקְרָא Qal impf. 1 c.s. (894) *I will proclaim*

הָבוּ Qal impv. 2 m.p. (יהב 396; GK 69o) *ascribe*

גֹּדֶל n.m.s. (152) *greatness*

לֵאלֹהֵינוּ prep.-n.m.p.-1 c.p. sf. (43) *to our God*

32:4

הַצּוּר def.art.-n.m.s. (849; GK 126e) *the rock*

תָּמִים adj. (1071) *is perfect*

פָּעֳלוֹ n.m.s.-3 m.s. sf. (821) *his work*

כִּי כָל־דְּרָכָיו conj. (471)-n.m.s. cstr. (481)-n.m.p.-3 m.s. sf. (202) *for all his ways*

מִשְׁפָּט n.m.s. (1048) *are justice*

אֵל אֱמוּנָה n.m.s. cstr. (42)-n.f.s. (53) *a God of faithfulness*

וְאֵין עָוֶל conj.-subst. cstr. (II 34)-n.m.s. (732) *and without iniquity*

צַדִּיק adj. (843) *just*

וְיָשָׁר conj.-adj. (449) *and right*

הוּא pers.pr. 3 m.s. (214) *is he*

32:5

שִׁחֵת Pi. pf. 3 m.s. (שחת 1007) *they have dealt corruptly*

לוֹ prep.-3 m.s. sf. *with him*

לֹא בָּנָיו neg.-n.m.p.-3 m.s. sf. (119; GK 13c,152e) *they are no longer his children*

מוּמָם n.m.s.-3 m.p. sf. (548) *because of their blemish*

דּוֹר n.m.s. (189) *a generation*

עִקֵּשׁ adj. (I 786) *perverse*

וּפְתַלְתֹּל conj.-adj. (836) *and crooked*

32:6

הֲ־לַיהוה interr.-prep. (GK 100i)-pr.n. (217) *Yahweh?*

תִּגְמְלוּ־זֹאת Qal impf. 2 m.p. (גמל 168)-demons. adj. f.s. (260) *do you thus require*

עַם n.m.s. (I 766) *a people*

נָבָל adj. (I 614) *foolish*

וְלֹא חָכָם conj.-neg. (GK 152aN)-adj. (314) *and senseless*

הֲלוֹא־הוּא interr.-neg.-pers.pr. 3 m.s. (214) *is not he*

אָבִיךָ n.m.s.-2 m.s. sf. (3) *your father*

קָנֶךָ Qal pf. 3 m.s.-2 m.s. sf. (קָנָה I 888; GK 20g,75,ll) *who created you*

הוּא עָשְׂךָ v.supra-Qal pf. 3 m.s.-2 m.s. sf. (עָשָׂה I 793) *who made you*

וַיְכֹנְנֶךָ consec.-Polel impf. 3 m.s.-2 m.s. sf. (כּוּן 465) *and established you*

32:7

זְכֹר Qal impv. 2 m.s. (269) *remember*

יְמוֹת עוֹלָם n.m.s. cstr. (398; GK 87n)-n.m.s. (761) *the days of old*

בִּינוּ Qal impv. 2 m.p. (בִּין 106) *consider*

שְׁנוֹת n.f.p. cstr. (1040) *the years of*

דֹּר־וָדוֹר n.m.s. (189)-conj.-v.supra (GK 123c) *many generations*

שְׁאַל Qal impv. 2 m.s. (981) *ask*

אָבִיךָ n.m.s.-2 m.s. sf. (3) *your father*

וְיַגֵּדְךָ conj.-Hi. impf. 3 m.s. apoc.-2 m.s. sf. (נגד 616; GK 60f) *and he will show you*

זְקֵנֶיךָ adj. m.p.-2 m.s. sf. (278) *your elders*

וְיֹאמְרוּ לָךְ conj.-Qal impf. 3 m.p. (55)-prep.-2 m.s. sf. paus. *and they will tell you*

32:8

בְּהַנְחֵל עֶלְיוֹן prep.-Hi. inf.cstr. (נחל 635; GK 53k)-n.m.s. (751) *when the Most High gave as a possession*

גּוֹיִם n.m.p. (156) *to the nations*

בְּהַפְרִידוֹ prep.-Hi. inf.cstr.-3 m.s. sf. (פרד 825) *when he separated*

בְּנֵי אָדָם n.m.p. cstr. (119)-n.m.s. (9) *the sons of men*

יַצֵּב Hi. impf. 3 m.s. (נצב 662; GK 109k) *he fixed*

גְּבֻלֹת n.f.p. cstr. (148) *the bounds of*

עַמִּים n.m.p. (I 766) *the peoples*

לְמִסְפַּר prep.-n.m.s. cstr. (708) *according to the number of*

בְּנֵי יִשְׂרָאֵל n.m.p. cstr. (119)-pr.n. (975) *the sons of Israel* (LXX rds. *sons of God*)

32:9

כִּי חֵלֶק יהוה conj. (471)-n.m.s. cstr. (324)-pr.n. (217) *for Yahweh's portion*

עַמּוֹ n.m.s.-3 m.s. sf. (I 766) *is his people*

יַעֲקֹב pr.n. (784) *Jacob*

חֶבֶל נַחֲלָתוֹ n.m.s. cstr. (286)-n.f.s.-3 m.s. sf. (635) *his allotted heritage*

32:10

יִמְצָאֵהוּ Qal impf. 3 m.s.-3 m.s. sf. (מצא 592) *he found him*

בְּאֶרֶץ מִדְבָּר prep.-n.f.s. cstr. (75)-n.m.s. (II 184) *in a desert land*

וּבְתֹהוּ conj.-prep.-n.m.s. cstr. (1062) *and in a waste of*

יְלֵל יְשִׁמֹן n.m.s. (410)-n.m.s. (445) *the howling of the wilderness*

יְסֹבְבֶנְהוּ Po. impf. 3 m.s.-3 m.s. sf. (סבב 685; GK 58i,k) *he encircled him*

יְבוֹנְנֵהוּ Polel impf. 3 m.s.-3 m.s. sf. (בִּין 106) *he cared for him*

יִצְּרֶנְהוּ Qal impf. 3 m.s.-3 m.s. sf. (נצר I 665; GK 58i,k) *he kept him*

כְּאִישׁוֹן עֵינוֹ prep.-n.m.s. cstr. (36)-n.f.s.-3 m.s. sf. (744) *as the pupil of his eye*

32:11

כְּנֶשֶׁר prep.-n.m.s. (676; GK 155g) *like an eagle*

יָעִיר Hi. impf. 3 m.s. (עור I 734) *stirs up*

קִנּוֹ n.m.s.-3 m.s. sf. (890) *its nest*

עַל־גּוֹזָלָיו prep.-n.m.p.-3 m.s. sf. (160) *over its young*

יְרַחֵף Pi. impf. 3 m.s. (רָחַף II 934; GK 52n) *that flutters*

יִפְרֹשׂ Qal impf. 3 m.s. (פָּרַשׂ 831) *spreading out*

כְּנָפָיו n.f. du.-3 m.s. sf. (489) *its wings*

יִקָּחֵהוּ Qal impf. 3 m.s.-3 m.s. sf. (לָקַח 542) *catching them*

יִשָּׂאֵהוּ Qal impf. 3 m.s.-3 m.s. sf. (נָשָׂא 669) *bearing them*

עַל־אֶבְרָתוֹ prep.-n.f.s.-3 m.s. sf. (7) *on its pinions*

32:12

יהוה pr.n. (217) *Yahweh*

בָּדָד n.m.s. as adv.accus. (94) *alone*

יַנְחֶנּוּ Hi. impf. 3 m.s.-3 m.s. sf. (נָחָה 634) *did lead him*

וְאֵין עִמּוֹ conj.-subst. cstr. (II 34)-prep.-3 m.s. sf. *and there was not with him*

אֵל נֵכָר n.m.s. cstr. (42)-n.m.s. (648) *a foreign god*

32:13

יַרְכִּבֵהוּ Hi. impf. 3 m.s.-3 m.s. sf. (רָכַב 938) *he made him ride*

עַל־בָּמֳתֵי אָרֶץ prep.-n.f.p. cstr. (119)-n.f.s. (75) *on the high places of the earth*

וַיֹּאכַל consec.-Qal impf. 3 m.s. (אָכַל 37) *and he ate*

תְּנוּבֹת n.f.p. cstr. (626) *the produce of*

שָׂדָי n.m.s. paus. (961) *the field*

וַיֵּנִקֵהוּ consec.-Hi. impf. 3 m.s.-3 m.s. sf. (יָנַק 413) *and he made him suck*

דְּבַשׁ n.m.s. (185) *honey*

מִסֶּלַע prep.-n.m.s. (700) *out of the rock*

וְשֶׁמֶן conj.-n.m.s. (1032) *and oil*

מֵחַלְמִישׁ צוּר prep.-n.m.s. cstr. (321)-n.m.s. (849) *out of the flinty rock*

32:14

חֶמְאַת בָּקָר n.f.s. cstr. (326)-n.m.s. (133) *curds from the herd*

וַחֲלֵב צֹאן conj.-n.m.s. cstr. (316)-n.f.s. (838) *and milk from the flock*

עִם־חֵלֶב כָּרִים prep.-n.m.s. cstr. (316)-n.m.p. (III 503) *with fat of lambs*

וְאֵילִים conj.-n.m.p. (17) *and rams*

בְּנֵי־בָשָׁן n.m.p. cstr. (119)-pr.n. (143) *herds of Bashan*

וְעַתּוּדִים conj.-n.m.p. (800) *and goats*

עִם־חֵלֶב כִּלְיוֹת v.supra-v.supra-n.f.p. cstr. (480) *with the finest of*

חִטָּה n.f.s. (334) *wheat*

וְדַם־עֵנָב conj.-n.m.s. cstr. (196)-n.m.s. (772) *and of the blood of the grape*

תִּשְׁתֶּה־ Qal impf. 2 m.s. (שָׁתָה 1059) *you drank*

חָמֶר n.m.s. paus. (330) *wine*

32:15

וַיִּשְׁמַן consec.-Qal impf. 3 m.s. (I 1031) *but waxed fat*

יְשֻׁרוּן pr.n. (449) *Jeshurun*

וַיִּבְעָט consec.-Qal impf. 3 m.s. (בָּעַט 127) *and kicked*

שָׁמַנְתָּ Qal pf. 2 m.s. (I 1031; GK 144p,154N) *waxed fat*

עָבִיתָ Qal pf. 2 m.s. (עָבָה 716; GK 154N) *you grew thick*

כָּשִׂיתָ Qal pf. 2 m.s. (כָּשָׂה 505; GK 20g,154N) *you became sleek (gorged)*

וַיִּטֹּשׁ consec.-Qal impf. 3 m.s. (נָטַשׁ 643) *then he forsook*

אֱלוֹהַּ n.m.s. (43) *God*

עָשָׂהוּ Qal pf. 3 m.s.-3 m.s. sf. (I 793) *who made him*

וַיְנַבֵּל consec.-Pi. impf. 3 m.s. (נָבַל II 614) *and scoffed*

צוּר n.m.s. cstr. (849) *at the rock of*

יְשֻׁעָתוֹ n.f.s.-3 m.s. sf. (447) *his salvation*

32:16

יַקְנִאֻהוּ Hi. impf. 3 m.p.-3 m.s. sf. (קָנָא 888) *they stirred him to jealousy*

בְּזָרִים prep.-Qal act.ptc. m.p. (זוּר I 266) *with strange (gods)*

בְּתוֹעֵבֹת prep.-n.f.p. (1072) *with abominable practices*

יַכְעִיסֻהוּ Hi. impf. 3 m.p.-3 m.s. sf. (כָּעַס 494) *they provoked him to anger*

32:17

יִזְבְּחוּ Qal impf. 3 m.p. (256) *they sacrificed*

לַשֵּׁדִים prep.-def.art.-n.m.p. (993) *to demons*

לֹא אֱלֹהַ neg.-n.m.s. (43; GK 152aN,155e) *which were no gods*

אֱלֹהִים n.m.p. (43) *to gods*

לֹא יְדָעוּם neg.-Qal pf. 3 c.p.-3 m.p. sf. (393; GK 155h) *they had never known*

חֲדָשִׁים adj. m.p. (I 294) *to new (gods)*

מִקָּרֹב prep.-adj. (898) *of late (recently)*

בָּאוּ Qal pf. 3 c.p. (בּוֹא 97; GK 144p) *that had come in*

לֹא שְׂעָרוּם neg.-Qal pf. 3 c.p.-3 m.p. sf. (שָׂעַר III 973; GK 155f) *with whom had no acquaintance*

אֲבֹתֵיכֶם n.m.p.-2 m.p. sf. (3) *your fathers*

32:18

צוּר n.m.s. (849) *the rock*

יְלָדְךָ Qal pf. 3 m.s.-2 m.s. sf. (יָלַד 408) *that begot you*

תֶּשִׁי Qal impf. 2 m.s. apoc. (שָׁיָה 1009; GK 75s,109k,144p) *you were unmindful of*

וַתִּשְׁכַּח consec.-Qal impf. 2 m.s. (שָׁכַח 1013) *and you forgot*

אֵל n.m.s. (42) *the God*

מְחֹלְלֶךָ Polel ptc.-2 m.s. sf. (חוּל I 296) *who gave you birth*

32:19

וַיַּרְא יהוה consec.-Qal impf. 3 m.s. (רָאָה 906)-pr.n. (217) *Yahweh saw it*

וַיִּנְאָץ consec.-Qal impf. 3 m.s. (נָאַץ 610) *and spurned them*

מִכַּעַס prep.-n.m.s. cstr. (495) *because of the provocation of*

בָּנָיו n.m.p.-3 m.s. sf. (119) *his sons*

וּבְנֹתָיו conj.-n.f.p.-3 m.s. sf. (I 123) *and his daughters*

32:20

וַיֹּאמֶר consec.-Qal impf. 3 m.s. (55) *and he said*

אַסְתִּירָה Hi. impf. 1 c.s.-vol.he (סָתַר 711; GK 108a) *I will hide*

פָּנַי n.m.p.-1 c.s. sf. (815) *my face*

מֵהֶם prep.-3 m.p. sf. *from them*

אֶרְאֶה Qal impf. 1 c.s. (?apoc.-vol.he) (רָאָה 906; GK 108a) *I will see*

מָה אַחֲרִיתָם interr. (552)-n.f.s.-3 m.p. sf. (31) *what their end will be*

כִּי דוֹר תַּהְפֻּכֹת conj. (471)-n.m.s. cstr. (189)-n.f.p. (246) *a perverse generation*

הֵמָּה pers.pr. 3 m.p. (241) *they are*

בָּנִים n.m.p. (119) *children*

לֹא־אֵמֻן בָּם neg.-n.m.s. (53)-prep.-3 m.p. sf. *in whom is no faithfulness*

32:21

הֵם קִנְאוּנִי pers.pr. 3 m.p. (241)-Pi. pf. 3 c.p.-1 c.s. sf. (קָנָא 888) *they have stirred me to jealousy*

בְּלֹא־אֵל prep.-neg.-n.m.s. (42; GK 152aN) *with what is no god*

כִּעֲסוּנִי Pi. pf. 3 c.p.-1 c.s. sf. (כָּעַס 494) *they have provoked me*

בְּהַבְלֵיהֶם prep.-n.m.p.-3 m.p. sf. (I 210) *with their idols*

וַאֲנִי אַקְנִיאֵם conj.-pers.pr. 1 c.s. (58)-Hi. impf. 1 c.s.-3 m.p. sf. (קָנָא 888) *so I will stir them to jealousy*

בְּלֹא־עָם prep.-neg.-n.m.s. (I 766; GK 152aN) *who are no people*

בְּגוֹי נָבָל prep.-n.m.s. (156)-adj. m.s. (I 614) *with a foolish nation*

אַכְעִיסֵם Hi. impf. 1 c.s.-3 m.p. sf. (כָּעַס 494) *I will provoke them*

32:22

כִּי־אֵשׁ conj. (471)-n.f.s. (77) *for a fire*

קָדְחָה Qal pf. 3 f.s. (869) *is kindled*

בְאַפִּי prep.-n.m.s.-1 c.s. sf. (I 60) *by my anger*

וַתִּיקַד consec.-Qal impf. 3 f.s. (יָקַד 428; GK 69f) *and it burns*

עַד־שְׁאוֹל תַּחְתִּית prep. (III 723)-n.f.s. (982)-adj. f.s. (1066) *to the depths of Sheol*

וַתֹּאכַל consec.-Qal impf. 3 f.s. (37) *and devours*

אֶרֶץ n.f.s. (75) *the earth*

וִיבֻלָהּ conj.-n.m.s.-3 f.s. sf. (385) *and its increase*

וַתְּלַהֵט consec.-Pi. impf. 3 f.s. (לָהַט 529) *and sets on fire*

32:23

מוֹסְדֵי הָרִים n.m.p. cstr. (414)-n.m.p. (249) *the foundations of the mountains*

32:23

אַסְפֶּה Hi. impf. 1 c.s. (סָפָה 705) *I will catch up*

עָלֵימוֹ prep.-3 m.p. sf. (GK 91,l) *against them*

רָעוֹת n.f.p. (949) *evils*

חִצַּי n.m.p.-1 c.s. sf. (346) *my arrows*

אֲכַלֶּה־ Pi. impf. 1 c.s. (כָּלָה 477) *I will spend*

בָּם prep.-3 m.p. sf. *upon them*

32:24

מְזֵי רָעָב adj. m.p. cstr. (561)-n.m.s. (944) *empty from hunger*

וּלְחֻמֵי רֶשֶׁף conj.-Qal pass.ptc. m.p. cstr. (לָחַם II 536)-n.m.s. (I 958; GK 116h,l) *and devoured with burning heat*

וְקֶטֶב מְרִירִי conj.-n.m.s. (881)-adj. m.s. (601) *and poisonous pestilence*

וְשֶׁן־בְּהֵמוֹת conj.-n.f.s. cstr. (1042)-n.f.p. (96) *and the teeth of beasts*

אֲשַׁלַּח־בָּם Pi. impf. 1 c.s. (1018)-prep.-3 m.p. sf. *I will send against them*

עִם־חֲמַת prep.-n.f.s. cstr. (404) *with venom of*

זֹחֲלֵי Qal act.ptc. m.p. cstr. (I 267) *crawling things of*

עָפָר n.m.s. (779) *dust*

32:25

מִחוּץ prep.-n.m.s. (299) *in the open*

תְּשַׁכֶּל־ Pi. impf. 3 f.s. (שָׁכַל 1013) *shall bereave*

חֶרֶב n.f.s. (352) *the sword*

וּמֵחֲדָרִים conj.-prep.-n.m.p. (293) *and in the chambers*

אֵימָה n.f.s. (33) *shall be terror*

גַּם־בָּחוּר adv. (168)-n.m.s. (104) *both young man*

גַּם־בְּתוּלָה v.supra-n.f.s. (143) *and virgin*

יוֹנֵק Qal act.ptc. (413) *the sucking child*

עִם־אִישׁ שֵׂיבָה prep.-n.m.s. cstr. (35)-n.f.s. (966) *with the man of gray hairs*

32:26

אָמַרְתִּי Qal pf. 1 c.s. (55) *I would have said*

אַפְאֵיהֶם Hi. impf. 1 c.s.-3 m.p. sf. (פָּאָה 802; GK 58aN,75mm) *I will cleave them in pieces*

אַשְׁבִּיתָה Hi. impf. 1 c.s.-vol.he (שָׁבַת 991) *I will make cease*

מֵאֱנוֹשׁ prep.-n.m.s. (60) *from among men*

זִכְרָם n.m.s.-3 m.p. sf. (271) *the remembrance of them*

32:27

לוּלֵי conj. (530; GK 159y) *had not*

כַּעַס אוֹיֵב n.m.s. cstr. (495)-Qal act.ptc. (אָיַב 33) *provocation by the enemy*

אָגוּר Qal impf. 1 c.s. (גור III 158; GK 159y) *I feared*

פֶּן־יְנַכְּרוּ conj. (814)-Pi. impf. 3 m.p. (נכר 649) *lest should judge amiss*

צָרֵימוֹ n.m.p.-3 m.p. sf. (III 865) *their adversaries*

פֶּן־יֹאמְרוּ v.supra-Qal impf. 3 m.p. (55) *lest they should say*

יָדֵינוּ n.f. du.-1 c.p. sf. (388) *our hand*

רָמָה Qal act.ptc. f.s. (רום 926) *is triumphant*

וְלֹא יְהוָה conj.-neg.-pr.n. (217) *Yahweh has not*

פָּעַל Qal pf. 3 m.s. (821) *wrought*

כָּל־זֹאת n.m.s. cstr. (481)-demons.adj. f.s. (260) *all this*

32:28

כִּי־גוֹי conj. (471)-n.m.s. (156) *for a nation*

אֹבַד עֵצוֹת Qal act.ptc. m.s. cstr. (I, GK 50a,93qq,124e)-n.f.p. (420) *void of counsel*

הֵמָּה pers.pr. 3 m.p. (241) *they are*

וְאֵין בָּהֶם conj.-subst. (II 34)-prep.-3 m.p. sf. *and there is not in them*

תְּבוּנָה n.f.s. (108) *understanding*

32:29

לוּ חָכְמוּ conj. (530; GK 159x)-Qal pf. 3 c.p. (חכם 314) *if they were wise*

יַשְׂכִּילוּ זֹאת Hi. impf. 3 m.p. (שׂכל 968)-demons. adj. f.s. (260) *they would understand this*

יָבִינוּ Qal impf. 3 m.p. (בין 106) *they would discern*

לְאַחֲרִיתָם prep.-n.f.s.-3 m.p. sf. (31) *their latter end*

32:30

אֵיכָה יִרְדֹּף interr. (32)-Qal impf. 3 m.s. (922) *how should one chase*

אֶחָד אֶלֶף num. (25)-n.m.s. (48) *a thousand*

וּשְׁנַיִם conj.-num. du. (1040; GK 134s) *and two*

יָנִיסוּ Hi. impf. 3 m.p. (נוס 630) *put to flight*

רְבָבָה n.f.s. (914) *ten thousand*

אִם־לֹא כִּי־צוּרָם hypoth.part. (49)-neg.-conj. -n.m.s.-3 m.p. sf. (849) *unless their rock*

מְכָרָם Qal pf. 3 m.s.-3 m.p. sf. (569) *had sold them*

וַיהוָה conj.-pr.n. (217) *and Yahweh*

הִסְגִּירָם Hi. pf. 3 m.s.-3 m.p. sf. (סגר 688) *had given them up*

32:31

כִּי לֹא כְצוּרֵנוּ conj. (471)-neg.-prep.-n.m.s.-1 c.p. sf. (849) *for not as our rock*

צוּרָם n.m.s.-3 m.p. sf. (849) *their rock*

וְאֹיְבֵינוּ conj.-Qal act.ptc. m.p.-1 c.p. sf. (אָיַב 33; GK 156bN) *even our enemies*

פְּלִילִים n.m.p. (813) *judges*

32:32

כִּי־מִגֶּפֶן conj. (471)-prep.-n.f.s. cstr. (172) *for from the vine of*

סְדֹם pr.n. (690) *Sodom*

גַּפְנָם n.f.s.-3 m.p. sf. (172) *their vine*

וּמִשַּׁדְמֹת conj.-prep.-n.f.p. cstr. (995) *and from the fields of*

עֲמֹרָה pr.n. (771) *Gomorrah*

עֲנָבֵמוֹ n.m.s.-3 m.p. sf. (772; GK 91,l) *their grapes*

עִנְּבֵי־רוֹשׁ n.m.p. cstr. (772; GK 20h)-n.m.s. (II 912) *grapes of poison*

אַשְׁכְּלֹת n.m.p. cstr. (79) *clusters of*

מְרֹרֹת n.f.p. (601) *bitterness*

לָמוֹ prep.-3 m.p. sf. *their*

32:33

חֲמַת תַּנִּינִם n.f.s. cstr. (404)-n.m.p. (1072) *the poison of serpents*

יֵינָם n.m.s.-3 m.p. sf. (406) *their wine*

וְרֹאשׁ פְּתָנִים conj.-n.m.s. cstr. (II 912)-n.m.p. (837) *the venom of asps*

אַכְזָר adj. m.s. (470) *cruel*

32:34

הֲלֹא־הוּא interr.-neg.-demons.adj. m.s. (214) *is not this?*

כָּמֻס Qal pass.ptc. (כמס 485) *laid up in store*

עִמָּדִי prep.-1 c.s. sf. (767) *with me*

חָתֻם Qal pass.ptc. (חתם 367) *sealed up*

בְּאוֹצְרֹתָי prep.-n.f.p.-1 c.s. sf. paus. (69) *in my treasuries*

32:35

לִי נָקָם prep.-1 c.s. sf.-n.m.s. (668) *vengeance is mine*

וְשִׁלֵּם conj.-n.m.s. (1024; GK 52o) *and recompense*

לְעֵת prep.-n.f.s. (773; GK 155,l) *for the time*

תָּמוּט Qal impf. 3 f.s. (מוט 556) *when shall slip*

רַגְלָם n.f.s.-3 m.p. sf. (919) *their foot*

כִּי קָרוֹב conj. (471)-adj. m.s. (898) *for is at hand*

יוֹם אֵידָם n.m.s. cstr. (398)-n.m.s.-3 m.p. sf. (15) *the day of their calamity*

וְחָשׁ conj.-Qal act.ptc. (חוּשׁ I 301) *and swiftly comes*

עֲתִדֹת adj. f.p. (800; GK 145o) *doom*

לָמוֹ prep.-3 m.p. sf. *their*

32:36

כִּי־יָדִין יהוה conj. (471)-Qal impf. 3 m.s. (דִּין 192)-pr.n. (217) *for Yahweh will vindicate*

עַמּוֹ n.m.s.-3 m.s. sf. (I 766) *his people*

וְעַל־עֲבָדָיו conj.-prep.-n.m.p.-3 m.s. sf. (713) *and on his servants*

יִתְנֶחָם Hith. impf. 3 m.s. (נָחַם 636; GK 29v) *he will have compassion*

כִּי יִרְאֶה conj. (471)-Qal impf. 3 m.s. (רָאָה 906) *when he sees*

כִּי־אָזְלַת conj. (471)-Qal pf. 3 f.s. (אָזַל 23; GK 44f) *that is gone*

יָד n.f.s. (388) *their power*

וְאֶפֶס conj.-n.m.s. (67; GK 152s) *and there is none remaining*

עָצוּר Qal pass.ptc. (783) *bond*

וְעָזוּב conj.-Qal pass.ptc. (I 736) *or free*

32:37

וְאָמַר conj.-Qal pf. 3 m.s. (55) *then he will say*

אֵי אֱלֹהֵימוֹ interr. (32)-n.m.p.-3 m.p. sf. (43; GK 91,1) *where are their gods?*

צוּר n.m.s. (849) *the rock*

חָסָיוּ בוֹ Qal pf. 3 c.p. (חָסָה 340; GK 29t,75u)-prep.-3 m.s. sf. *in which they took refuge*

32:38

אֲשֶׁר חֵלֶב rel. (81)-n.m.s. cstr. (316) *the fat of*

זְבָחֵימוֹ n.m.p.-3 m.p. sf. (257; GK 91,1) *their sacrifices*

יֹאכֵלוּ Qal impf. 3 m.p. (אָכַל 37) *they ate*

יִשְׁתּוּ Qal impf. 3 m.p. (שָׁתָה 1059) *and drank*

יֵין n.m.s. cstr. (406) *the wine of*

נְסִיכָם n.m.s.-3 m.p. sf. (651) *their drink offering*

יָקוּמוּ Qal impf. 3 m.p. (קוּם 877) *let them rise up*

וְיַעְזְרֻכֶם conj.-Qal impf. 3 m.p.-2 m.p. sf. (עָזַר 740) *and help you*

יְהִי Qal impf. 3 m.s. apoc. (הָיָה 224) *let be*

עֲלֵיכֶם prep.-2 m.p. sf. *your*

סִתְרָה n.f.p. (712) *protection*

32:39

רְאוּ עַתָּה Qal impv. 2 m.p. (רָאָה 906)-adv. (773) *see now*

כִּי אֲנִי אָנִי conj. (471)-pers.pr. 1 c.s. (58; GK 141hN)-v.supra *that I, even I*

הוּא pers.pr. 3 m.s. (214) *am he*

וְאֵין אֱלֹהִים conj.-subst. cstr. (II 34)-n.m.p. (43) *and there is no god*

עִמָּדִי prep.-1 c.s. sf. (767,2d) *beside me*

אֲנִי אָמִית pers.pr. 1 c.s. (58)-Hi. impf. 1 c.s. (מוּת 559) *I kill*

וַאֲחַיֶּה conj.-Pi. impf. 1 c.s. (חָיָה 310) *and I make alive*

מָחַצְתִּי Qal pf. 1 c.s. (מָחַץ 563) *I wound*

וַאֲנִי אֶרְפָּא conj.-v.supra-Qal impf. 1 c.s. (רָפָא 950) *and I heal*

וְאֵין conj.-subst. (II 34) *and there is none*

מִיָּדִי prep.-n.f.s.-1 c.s. sf. (388) *out of my hand*

מַצִּיל Hi. ptc. (נָצַל 664) *that can deliver*

32:40

כִּי־אֶשָּׂא conj. (471)-Qal impf. 1 c.s. (נָשָׂא 669) *for I lift up*

אֶל־שָׁמַיִם prep.-n.m. du. (1029) *to heaven*

יָדִי n.f.s.-1 c.s. sf. (388) *my hand*

וְאָמַרְתִּי conj.-Qal pf. 1 c.s. (55) *and swear*

חַי אָנֹכִי adj. (I 311)-pers.pr. 1 c.s. (59; GK 93aaN) *as I live*

לְעֹלָם prep.-n.m.s. (761) *for ever*

32:41

אִם־שַׁנּוֹתִי hypoth.part. (49)-Qal pf. 1 c.s. (שָׁנַן 1041; GK 67ee,159n) *if I whet*

בְּרַק חַרְבִּי n.m.s. cstr. (140)-n.f.s.-1 c.s. sf. (352) *the lightning of my sword*

וְתֹאחֵז conj.-Qal impf. 3 f.s. (אָחַז 28) *and takes hold*

בְּמִשְׁפָּט prep.-n.m.s. (1048) *on judgment*

יָדִי n.f.s.-1 c.s. sf. (388) *my hand*

אָשִׁיב נָקָם Hi. impf. 1 c.s. (שׁוּב 996)-n.m.s. (668) *I will take vengeance*

לְצָרַי prep.-n.m.p.-1 c.s. sf. (III 865) *on my adversaries*

וְלִמְשַׂנְאַי conj.-prep.-Pi. ptc. m.p.-1 c.s. sf. (שָׂנֵא 971) *and those who hate me*

אֲשַׁלֵּם Pi. impf. 1 c.s. (שָׁלַם 1022) *I will requite*

32:42

אַשְׁכִּיר Hi. impf. 1 c.s. (שָׁכַר I 1016) *I will make drunk*

חִצַּי n.m.p.-1 c.s. sf. (346) *my arrows*

מִדָּם prep.-n.m.s. (196) *with blood*

וְחַרְבִּי conj.-n.f.s.-1 c.s. sf. (352) *and my sword*

תֹּאכַל Qal impf. 3 f.s. (37) *shall devour*

בָּשָׂר n.m.s. (142) *flesh*

מִדַּם prep.-n.m.s. cstr. (196) *with the blood of*

חָלָל n.m.s. (I 319) *the slain*

וְשִׁבְיָה conj.-n.f.s. (986) *and the captives*

מֵרֹאשׁ פַּרְעוֹת prep.-n.m.s. cstr. (910)-n.m.p. cstr.
(II 828) *from the long-haired heads of*

אוֹיֵב Qal act.ptc. (אָיַב 33) *the enemy*

32:43

הַרְנִינוּ Hi. impv. 2 m.p. (רָנַן 943) *praise*

גוֹיִם n.m.p. (156) *O you nations*

עַמּוֹ n.m.s.-3 m.s. sf. (I 766) *his people*

כִּי דַם־ conj. (471)-n.m.s. cstr. (196) *for the
blood of*

עֲבָדָיו n.m.p.-3 m.s. sf. (713) *his servants*

יִקּוֹם Qal impf. 3 m.s. (נָקַם 667) *he avenges*

וְנָקָם יָשִׁיב conj.-n.m.s. (668)-Hi. impf. 3 m.s.
(שׁוּב 996) *and takes vengeance*

לְצָרָיו prep.-n.m.p.-3 m.s. sf. (III 865) *on his
adversaries*

וְכִפֶּר conj.-Pi. pf. 3 m.s. (497) *and makes
expiation*

אַדְמָתוֹ n.f.s.-3 m.s. sf. (9) *his land*

עַמּוֹ n.m.s.-3 m.s. sf. (I 766) *his people*

32:44

וַיָּבֹא מֹשֶׁה consec.-Qal impf. 3 m.s. (בּוֹא
97)-pr.n. (602) *Moses came*

וַיְדַבֵּר consec.-Pi. impf. 3 m.s. (180) *and recited*

אֶת־כָּל־דִּבְרֵי dir.obj.-n.m.s. cstr. (481)-n.m.p. cstr.
(182) *all the words of*

הַשִּׁירָה־הַזֹּאת def.art.-n.m.s. (1010)-def.art.
-demons.adj. f.s. (260) *this song*

בְּאָזְנֵי הָעָם prep.-n.f. du. cstr. (23)-def.art.-n.m.s.
(I 766) *in the hearing of the people*

הוּא וְהוֹשֵׁעַ pers.pr. 3 m.s. (214)-conj.-pr.n. (448)
and Hoshea

בִּן־נוּן n.m.s. cstr. (119)-pr.n. (630) *the son of
Nun*

32:45

וַיְכַל מֹשֶׁה consec.-Pi. impf. 3 m.s. (כָּלָה 477)
-pr.n. (602) *and when Moses had finished*

לְדַבֵּר prep.-Pi. inf.cstr. (180) *speaking*

אֶת־כָּל־ dir.obj.-n.m.s. cstr. (481) *all*

הַדְּבָרִים הָאֵלֶּה def.art.-n.m.p. (182)-def.art.
-demons.adj. c.p. (41) *these words*

אֶל־כָּל־יִשְׂרָאֵל prep.-v.supra-pr.n. (975) *to all
Israel*

32:46

וַיֹּאמֶר consec.-Qal impf. 3 m.s. (55) *he said*

אֲלֵהֶם prep.-3 m.p. sf. *to them*

שִׂימוּ לְבַבְכֶם Qal impv. 2 m.p. (שׂוּם 962)
-n.m.s.-2 m.p. sf. (523) *lay to heart*

לְכָל־הַדְּבָרִים prep.-n.m.s. cstr. (481)-def.art.
-n.m.p. (182) *all the words*

אֲשֶׁר אָנֹכִי rel. (81)-pers.pr. 1 c.s. (59) *which I*

מֵעִיד בָּכֶם Hi. ptc. (עוּד 729)-prep.-2 m.p. sf.
enjoin upon you

הַיּוֹם def.art.-n.m.s. (398) *this day*

אֲשֶׁר תְּצַוֻּם rel. (81)-Pi. impf. 2 m.s.-3 m.p. sf.
(צָוָה 845; GK 117gg,165b) *that you may
command them*

אֶת־בְּנֵיכֶם dir.obj.-n.m.p.-2 m.p. sf. (119) *to your
children*

לִשְׁמֹר prep.-Qal inf.cstr. (1036) *that they may be
careful*

לַעֲשׂוֹת prep.-Qal inf.cstr. (עָשָׂה I 793) *to do*

אֶת־כָּל־דִּבְרֵי dir.obj.-n.m.s. cstr. (481)-n.m.p. cstr.
(182) *all the words of*

הַתּוֹרָה הַזֹּאת def.art.-n.f.s. (435)-def.art.
-demons.adj. f.s. (260) *this law*

32:47

כִּי לֹא־דָבָר רֵק conj. (471)-neg.-n.m.s. (182)-adj.
(938) *for not trifle*

הוּא demons.adj. m.s. (214) *it is*

מִכֶּם prep.-2 m.p. sf. *for you*

כִּי־הוּא חַיֵּיכֶם conj. (471)-v.supra-n.m.s.-2 m.p.
sf. (313) *but it is your life*

וּבַדָּבָר הַזֶּה conj.-prep.-def.art.-n.m.s. (182)-def.
art.-demons.adj. m.s. (260) *and thereby (in
this thing)*

תַּאֲרִיכוּ יָמִים Hi. impf. 2 m.p. (אָרַךְ 73)-n.m.p.
(398) *you shall live long*

עַל־הָאֲדָמָה prep.-def.art.-n.f.s. (9) *in the land*

אֲשֶׁר אַתֶּם rel. (81)-pers.pr. 2 m.p. (61) *which you*

עֹבְרִים Qal act.ptc. m.p. (716) *are going over*

אֶת־הַיַּרְדֵּן dir.obj.-def.art.-pr.n. (434) *over the
Jordan*

שָׁמָּה adv.-dir.he (1027) *(there)*

לְרִשְׁתָּהּ prep.-Qal inf.cstr.-3 f.s. sf. (יָרַשׁ 439) *to
possess (it)*

32:48

וַיְדַבֵּר יהוה consec.-Pi. impf. 3 m.s. (180)-pr.n.
(217) *and Yahweh said*

אֶל־מֹשֶׁה prep.-pr.n. (602) *to Moses*

בְּעֶצֶם הַיּוֹם הַזֶּה prep.-n.f.s. cstr. (782)-def.art.
-n.m.s. (398)-def.art.-demons.adj. m.s. (260)
that very day

לֵאמֹר prep.-Qal inf.cstr. (55) *(saying)*

32:49

עֲלֵה Qal impv. 2 m.s. (עָלָה 748) *ascend*

אֶל־הַר prep.-n.m.s. cstr. (249) *... mountain of*

הָעֲבָרִים def.art.-pr.n. (720) *the Abarim*

הַזֶּה def.art.-demons.adj. m.s. (260) *this*

הַר־נְבוֹ v.supra-pr.n. (I 612) *Mount Nebo*

אֲשֶׁר בְּאֶרֶץ rel. (81)-prep.-n.f.s. cstr. (75) *which is in the land of*

מוֹאָב pr.n. (555) *Moab*

אֲשֶׁר עַל־פְּנֵי rel. (81)-prep.-n.m.p. cstr. (815) *opposite*

יְרֵחוֹ pr.n. (437) *Jericho*

וּרְאֵה conj.-Qal impv. 2 m.s. (רָאָה 906) *and view*

אֶת־אֶרֶץ dir.obj.-n.f.s. cstr. (75) *the land of*

כְּנַעַן pr.n. (488) *Canaan*

אֲשֶׁר אֲנִי rel. (81)-pers.pr. 1 c.s. (58) *which I*

נֹתֵן Qal act.ptc. (נָתַן 678) *give*

לִבְנֵי יִשְׂרָאֵל prep.-n.m.p. cstr. (119)-pr.n. (975) *to the people of Israel*

לַאֲחֻזָּה prep.-n.f.s. (28) *for a possession*

32:50

וּמֻת conj.-Qal impv. 2 m.s. (מוּת 559) *and die*

בָּהָר prep.-def.art.-n.m.s. (249) *on the mountain*

אֲשֶׁר אַתָּה rel. (81)-pers.pr. 2 m.s. (61) *which you*

עֹלֶה שָׁמָּה Qal act.ptc. (748)-adv.-dir.he (1027) *ascend*

וְהֵאָסֵף conj.-Ni. impv. 2 m.s. (אָסַף 62; GK 110c) *and be gathered*

אֶל־עַמֶּיךָ prep.-n.m.p.-2 m.s. sf. (I 766) *to your people*

כַּאֲשֶׁר־מֵת prep.-rel. (81)-Qal pf. 3 m.s. (מוּת 559) *as died*

אַהֲרֹן pr.n. (14) *Aaron*

אָחִיךָ n.m.s.-2 m.s. sf. (26) *your brother*

בְּהֹר prep.-pr.n. (246) *on Hor*

הָהָר def.art.-n.m.s. (249) *the mountain*

וַיֵּאָסֶף consec.-Ni. impf. 3 m.s. (אָסַף 62) *and was gathered*

אֶל־עַמָּיו prep.-n.m.p.-3 m.s. sf. (I 766) *to his people*

32:51

עַל אֲשֶׁר מְעַלְתֶּם prep.-rel. (81)-Qal pf. 2 m.p. (מָעַל 591) *because you broke faith*

בִּי prep.-1 c.s. sf. *with me*

בְּתוֹךְ prep.-n.m.s. cstr. (1063) *in the midst of*

בְּנֵי יִשְׂרָאֵל n.m.p. cstr. (119)-pr.n. (975) *the people of Israel*

בְּמֵי prep.-n.m.p. cstr. (565) *at the waters of*

מְרִיבַת קָדֵשׁ pr.n. cstr. (II 937)-pr.n. (II 873) *Meribath-kadesh*

מִדְבַּר־צִן n.m.s. cstr. (II 184)-pr.n. (856) *in the wilderness of Zin*

עַל אֲשֶׁר לֹא־קִדַּשְׁתֶּם prep.-rel. (81)-neg.-Pi. pf. 2 m.p. (קָדַשׁ 872) *because you did not revere as holy*

אוֹתִי dir.obj.-1 c.s. sf. *me*

בְּתוֹךְ בְּנֵי v.supra-v.supra *in the midst of the people of*

יִשְׂרָאֵל pr.n. (975) *Israel*

32:52

כִּי מִנֶּגֶד conj. (471)-prep.-prep. (616) *for before*

תִּרְאֶה Qal impf. 2 m.s. (רָאָה 906) *you shall see*

אֶת־הָאָרֶץ dir.obj.-def.art.-n.f.s. (75) *the land*

וְשָׁמָּה conj.-adv.-dir.he (1027) *but there*

לֹא תָבוֹא neg.-Qal impf. 2 m.s. (בּוֹא 97) *you shall not go*

אֶל־הָאָרֶץ prep.-n.f.s. (75) *into the land*

אֲשֶׁר־אֲנִי נֹתֵן rel. (81)-pers.pr. 1 c.s. (58)-Qal act.ptc. (678) *which I give*

לִבְנֵי יִשְׂרָאֵל prep.-n.m.p. cstr. (119)-pr.n. (975) *to the people of Israel*

33:1

וְזֹאת conj.-demons.adj. f.s. (260) *this is*

הַבְּרָכָה def.art.-n.f.s. (139) *the blessing*

אֲשֶׁר בֵּרַךְ rel. (81)-Pi. pf. 3 m.s. (138) *with which blessed*

מֹשֶׁה pr.n. (602) *Moses*

אִישׁ הָאֱלֹהִים n.m.s. cstr. (35)-def.art.-n.m.p. (43) *the man of God*

אֶת־בְּנֵי יִשְׂרָאֵל dir.obj.-n.m.p. cstr. (119)-pr.n. (975) *the children of Israel*

לִפְנֵי מוֹתוֹ prep.-n.m.p. cstr. (815)-n.m.s.-3 m.s. sf. (560) *before his death*

33:2

וַיֹּאמַר consec.-Qal impf. 3 m.s. (55) *he said*

יהוה pr.n. (217) *Yahweh*

מִסִּינַי prep.-pr.n. (696) *from Sinai*

בָּא Qal pf. 3 m.s. (בּוֹא 97) *came*

וְזָרַח conj.-Qal pf. 3 m.s. (280; GK 112pp) *and dawned*

מִשֵּׂעִיר prep.-pr.n. (973) *from Seir*

לָמוֹ prep.-3 m.p. sf. *upon them*

הוֹפִיעַ Hi. pf. 3 m.s. (יָפַע 422) *he shone forth*

מֵהַר פָּארָן prep.-n.m.s. cstr. (249)-pr.n. (803) *from Mount Paran*

וְאָתָה conj.-Qal pf. 3 m.s. (87) *he came*

מֵרִבְבֹת קֹדֶשׁ prep.-n.f.p. cstr. (914)-n.m.s. (871) *from the ten thousands of holy ones*

מִימִינוֹ prep.-n.f.s.-3 m.s. sf. (411) *at his right hand*

אֵשׁדָּת prb.rd. אֵשׁ דָּת n.f.s. (77)-n.f.s. (206) *fire was a law*; possible reading אֵשׁ דֹּלֶקֶת *a burning fire*

לָמוֹ prep.-3 m.p. sf. *for them*

33:3

אַף חֹבֵב conj. (II 64)-Qal act.ptc. (חבב 285; GK 116s) *yea, he loved*

עַמִּים n.m.p. (I 766) *peoples*

כָּל־קְדֹשָׁיו n.m.s. cstr. (481)-adj. m.p.-3 m.s. sf. (872) *all those consecrated to him*

בְּיָדֶךָ prep.-n.f.s.-2 m.s. sf. (388) *in thy hand*

וְהֵם תֻּכּוּ conj.-pers.pr. 3 m.p. (241)-Pu. pf. 3 c.p. (תכה 1067) *so they followed*

לְרַגְלֶךָ prep.-n.f.s.-2 m.s. sf. (919) *in thy steps*

יִשָּׂא Qal impf. 3 m.s. (נשא 669) *receiving*

מִדַּבְּרֹתֶיךָ prep.-n.f.p.-2 m.s. sf. (184) *direction from thee*

33:4

תּוֹרָה n.f.s. (435) *a law*

צִוָּה־לָנוּ Pi. pf. 3 m.s. (צוה 845)-prep.-1 c.p. sf. *commanded us*

מֹשֶׁה pr.n. (602) *Moses*

מוֹרָשָׁה n.f.s. (440; GK 131s) *as a possession*

קְהִלַּת יַעֲקֹב n.f.s. cstr. (875)-pr.n. (784) *for the assembly of Jacob*

32:5

וַיְהִי בִישֻׁרוּן consec.-Qal impf. 3 m.s. (היה 224)-prep.-pr.n. (449) *thus he became in Jeshurun*

מֶלֶךְ n.m.s. (I 572) *king*

בְּהִתְאַסֵּף prep.-Hith. inf.cstr. (אסף 62) *when were gathered*

רָאשֵׁי עָם n.m.p. cstr. (910)-n.m.s. (I 766) *the heads of the people*

יַחַד adv. (403) *together*

שִׁבְטֵי יִשְׂרָאֵל n.m.p. cstr. (986)-pr.n. (975) *the tribes of Israel*

33:6

יְחִי רְאוּבֵן Qal impf. 3 m.s. apoc. (חיה 310)-pr.n. (910) *let Reuben live*

וְאַל־יָמֹת conj.-neg.-Qal impf. 3 m.s. (מות 559) *and not die*

וִיהִי מְתָיו conj.-Qal impf. 3 m.s. apoc. (היה 224)-n.m.p.-3 m.s. sf. (607) *nor let his men be*

מִסְפָּר n.m.s. (708) *few*

33:7

וְזֹאת conj.-demons.adj. f.s. (260) *and this*

לִיהוּדָה prep.-pr.n. (397) *of Judah*

וַיֹּאמַר consec.-Qal impf. 3 m.s. (55) *he said*

שְׁמַע יְהוָה Qal impv. 2 m.s. (1033)-pr.n. (217) *hear, O Yahweh*

קוֹל יְהוּדָה n.m.s. cstr. (876)-pr.n. (397) *the voice of Judah*

וְאֶל־עַמּוֹ conj.-prep.-n.m.s.-3 m.s. sf. (I 766) *and to his people*

תְּבִיאֶנּוּ Hi. impf. 2 m.s.-3 m.s. sf. (בוא 97) *bring him*

יָדָיו n.f. du.-3 m.s. sf. (388) *with his hands*

רָב לוֹ Qal pf. 3 m.s. (ריב 936)-prep.-3 m.s. sf. *he contended for him*

וְעֵזֶר conj.-n.m.s. (I 740) *and a help*

מִצָּרָיו prep.-n.m.p.-3 m.s. sf. (III 865) *against his adversaries*

תִּהְיֶה Qal impf. 2 m.s. (היה 224) *be*

33:8

וּלְלֵוִי conj.-prep.-pr.n. (II 532) *and of Levi*

אָמַר Qal pf. 3 m.s. (55) *he said*

תֻּמֶּיךָ n.m.p.-2 m.s. sf. (1070) *thy Thummim (completeness)*

וְאוּרֶיךָ conj.-n.m.p.-2 m.s. sf. (22) *and thy Urim*

לְאִישׁ חֲסִידֶךָ prep.-n.m.s. cstr. (35)-adj. m.s.-2 m.s. sf. (339) *to thy godly one*

אֲשֶׁר נִסִּיתוֹ rel. (81)-Pi. pf. 2 m.s.-3 m.s. sf. (נסה 650) *whom thou didst test*

בְּמַסָּה prep.-pr.n. (III 650) *at Massah*

תְּרִיבֵהוּ Qal impf. 2 m.s.-3 m.s. sf. (ריב 936) *with whom thou didst strive*

עַל־מֵי מְרִיבָה prep.-n.m.p. cstr. (565)-pr.n. (II 937) *at the waters of Meribah*

33:9

הָאֹמֵר def.art.-Qal act.ptc. (55) *who said*

לְאָבִיו prep.-n.m.s.-3 m.s. sf. (3) *of his father*

וּלְאִמּוֹ conj.-prep.-n.f.s.-3 m.s. sf. (51) *and mother*

לֹא רְאִיתִיו neg.-Qal pf. 1 c.s.-3 m.s. sf. (ראה 906) *I regard them not*

וְאֶת־אֶחָיו conj.-dir.obj.-n.m.p.-3 m.s. sf. (26; GK 117bN) *and his brothers*

לֹא הִכִּיר neg.-Hi. pf. 3 m.s. (נכר I 647) *he disowned*

וְאֶת־בָּנָו conj.-dir.obj.-n.m.p.-3 m.s. sf. (119; GK 117bN) *and his children*

לֹא יָדָע neg.-Qal pf. 3 m.s. paus. (393) *ignored*

904

כִּי שָׁמְרוּ conj. (471)-Qal pf. 3 c.p. (1036) *for they observed*

אִמְרָתֶךָ n.f.s.-2 m.s. sf. (57) *thy word*

וּבְרִיתְךָ conj.-n.f.s.-2 m.s. sf. (136) *and thy covenant*

יִנְצֹרוּ Qal impf. 3 m.p. paus. (נָצַר 665; GK 19c) *they kept*

33:10

יוֹרוּ Hi. impf. 3 m.p. (יָרָה 434) *they shall teach*

מִשְׁפָּטֶיךָ n.m.p.-2 m.s. sf. (1048) *thy ordinances*

לְיַעֲקֹב prep.-pr.n. (784) *to Jacob*

וְתוֹרָתְךָ conj.-n.f.s.-2 m.s. sf. (435) *and thy law*

לְיִשְׂרָאֵל prep.-pr.n. (975) *to Israel*

יָשִׂימוּ Qal impf. 3 m.p. (שׂוּם 962) *they shall put*

קְטוֹרָה n.f.s. (882) *incense*

בְּאַפֶּךָ prep.-n.m.s.-2 m.s. sf. (I 60) *before thee (in thy nostril)*

וְכָלִיל conj.-adj. (483) *and whole burnt offering*

עַל־מִזְבְּחֶךָ prep.-n.m.s.-2 m.s. sf. (258) *upon thy altar*

33:11

בָּרֵךְ יהוה Pi. impv. 2 m.s. (138)-pr.n. (217) *bless, O Yahweh*

חֵילוֹ n.m.s.-3 m.s. sf. (298) *his substance*

וּפֹעַל יָדָיו conj.-n.m.s. cstr. (821)-n.f. du.-3 m.s. sf. (388) *and the work of his hands*

תִּרְצֶה Qal impf. 2 m.s. (רָצָה 953) *accept*

מְחַץ Qal impv. 2 m.s. (563; GK 117,ll) *crush*

מָתְנַיִם n.m. du. (608) *the loins*

קָמָיו Qal act.ptc. m.p.-3 m.s. sf. (קוּם 877; GK 116i) *of his adversaries*

וּמְשַׂנְאָיו conj.-Pi. ptc. m.p.-3 m.s. sf. (שָׂנֵא 971) *of those that hate him*

מִן־יְקוּמוּן prep.-Qal impf. 3 m.p. (קוּם 877; GK 165b) *that they rise not again*

33:12

לְבִנְיָמִן prep.-pr.n. (122) *of Benjamin*

אָמַר Qal pf. 3 m.s. (55) *he said*

יְדִיד יהוה adj. m.s. cstr. (391)-pr.n. (217) *the beloved of Yahweh*

יִשְׁכֹּן Qal impf. 3 m.s. (1014) *he dwells*

לָבֶטַח prep.-n.m.s. as adv. (105) *in safety*

עָלָיו prep.-3 m.s. sf. *by him*

חֹפֵף עָלָיו Qal act.ptc. (חָפַף I 342)-prep.-3 m.s. sf. *he encompasses him*

כָּל־הַיּוֹם n.m.s. cstr. (481)-def.art.-n.m.s. (398) *all the day long*

וּבֵין כְּתֵפָיו conj.-prep. (107)-n.f.p.-3 m.s. sf. (509) *and between his shoulders*

שָׁכֵן Qal pf. 3 m.s. (1014; GK 44c) *he makes his dwelling*

33:13

וּלְיוֹסֵף conj.-prep.-pr.n. (415) *and of Joseph*

אָמַר Qal pf. 3 m.s. (55) *he said*

מְבֹרֶכֶת יהוה Pu. ptc. f.s. (בָּרַךְ 138)-pr.n. (217) *blessed by Yahweh be*

אַרְצוֹ n.f.s.-3 m.s. sf. (75) *his land*

מִמֶּגֶד שָׁמַיִם prep.-n.m.s. cstr. (550)-n.m. du. (1029) *with the choicest gifts of heaven*

מִטָּל prep.-n.m.s. (378) *with the dew*

וּמִתְּהוֹם conj.-prep.-n.f.s. (1062) *and of the deep*

רֹבֶצֶת Qal act.ptc. f.s. (רָבַץ 918) *that couches*

תָּחַת adv. paus. (1065) *beneath*

33:14

וּמִמֶּגֶד conj.-prep.-n.m.s. cstr. (550) *with the choicest*

תְּבוּאֹת n.f.p. (100) *fruits of*

שָׁמֶשׁ n.f.s. (1039) *the sun*

וּמִמֶּגֶד v.supra *and the rich*

גֶּרֶשׁ n.m.s. cstr. (177) *yield of*

יְרָחִים n.m.p. (437) *the months*

33:15

וּמֵרֹאשׁ conj.-prep.-n.m.s. cstr. (910) *with the finest produce of*

הַרְרֵי־קֶדֶם n.m.p. cstr. (249)-n.m.s. (869) *the ancient mountains*

וּמִמֶּגֶד v.supra *and the abundance of*

גִּבְעוֹת עוֹלָם n.f.p. cstr. (148)-n.m.s. (761) *the everlasting hills*

33:16

וּמִמֶּגֶד v.supra *with the best gifts of*

אֶרֶץ n.f.s. (75) *the earth*

וּמְלֹאָהּ conj.-n.m.s.-3 f.s. sf. (571) *and its fulness*

וּרְצוֹן שֹׁכְנִי conj.-n.m.s. cstr. (953)-Qal act.ptc. (1014 שָׁכֵן; GK 90,l,m) *and the favor of him that dwelt*

סְנֶה n.m.s. (702) *in the bush*

תָּבוֹאתָה Qal impf. 3 f.s.-vol.he (בּוֹא 97; GK 48d) *let these come*

לְרֹאשׁ יוֹסֵף prep.-n.m.s. cstr. (910)-pr.n. (415) *upon the head of Joseph*

וּלְקָדְקֹד conj.-prep.-n.m.s. cstr. (869) *and upon the crown of the head of*

נְזִיר n.m.s. cstr. (634) *him that is prince among*

אֶחָיו n.m.p.-3 m.s. sf. (26) *his brothers*

33:17

בְּכוֹר שׁוֹרוֹ n.m.s. cstr. (114)–n.m.s.–3 m.s. sf. (1004) *his firstling bull*

הָדָר לוֹ n.m.s. (214)–prep.–3 m.s. sf. *has majesty*

וְקַרְנֵי רְאֵם conj.–n.f.p. cstr. (901)–n.m.s. (910) *the horns of a wild ox*

קַרְנָיו n.f.p.–3 m.s. sf. (901) *his horns*

בָּהֶם prep.–3 m.p. sf. *with them*

עַמִּים n.m.p. (I 766) *the peoples*

יְנַגַּח Pi. impf. 3 m.s. (נגח 618) *he shall push*

יַחְדָּו adv. (403) *all of them*

אַפְסֵי־אָרֶץ n.m.p. cstr. (67)–n.f.s. paus. (75) *to the ends of the earth*

וְהֵם conj.–pers.pr. 3 m.p. (241) *and such are*

רִבְבוֹת אֶפְרַיִם n.f.p. cstr. (914)–pr.n. (68) *the ten thousands of Ephraim*

וְהֵם אַלְפֵי v.supra–n.m.p. cstr. (48) *and such are the thousands of*

מְנַשֶּׁה pr.n. (586) *Manasseh*

33:18

וְלִזְבוּלֻן conj.–prep.–pr.n. (259) *and of Zebulun*

אָמַר Qal pf. 3 m.s. (55) *he said*

שְׂמַח Qal impv. 2 m.s. (970) *rejoice*

זְבוּלֻן v.supra (259) *Zebulun*

בְּצֵאתֶךָ prep.–Qal inf.cstr.–2 m.s. sf. (יצא 422) *in your going out*

וְיִשָּׂשכָר conj.–pr.n. (441) *and Issachar*

בְּאֹהָלֶיךָ prep.–n.m.p.–2 m.s. sf. (13) *in your tents*

33:19

עַמִּים n.m.p. (I 766) *peoples*

הַר־ n.m.s. (249) *to the mountain*

יִקְרָאוּ Qal impf. 3 m.p. paus. 894) *they shall call*

שָׁם adv. (1027) *there*

יִזְבְּחוּ Qal impf. 3 m.p. (256) *they offer*

זִבְחֵי־צֶדֶק n.m.p. cstr. (257)–n.m.s. (841) *right sacrifices*

כִּי שֶׁפַע conj. (471)–n.m.s. cstr. (1051) *for the affluence of*

יַמִּים n.m.p. (410) *the seas*

יִינָקוּ Qal impf. 3 m.p. paus. (ינק 413) *they suck*

וּשְׂפוּנֵי טְמוּנֵי conj.–Qal pass.ptc. m.p. cstr. (שׂפן 706)–Qal pass.ptc. m.p. cstr. (טמן 380; GK 130f,133h) *and the hidden treasures of*

חוֹל n.m.s. (297) *the sand*

33:20

וּלְגָד conj.–prep.–pr.n. (III 151) *and of Gad*

אָמַר Qal pf. 3 m.s. (55) *he said*

בָּרוּךְ Qal pass.ptc. (138) *blessed be*

מַרְחִיב גָּד Hi. ptc. רחב 931)–v.supra (III 151) *he who enlarges Gad*

כְּלָבִיא prep.–n.m.s. (522) *like a lion*

שָׁכֵן conj.–Qal pf. 3 m.s. (382) *he couches*

וְטָרַף conj.–Qal pf. 3 m.s. (382) *and he tears*

זְרוֹעַ n.f.s. (283) *the arm*

אַף־קָדְקֹד conj. (II 64)–n.m.s. (869) *and the crown of the head*

33:21

וַיַּרְא consec.–Qal impf. 3 m.s. (ראה 906) *he chose*

רֵאשִׁית לוֹ n.f.s. (912)–prep.–3 m.s. sf. *the best for himself*

כִּי־שָׁם conj. (471)–adv. (1027) *for there*

חֶלְקַת מְחֹקֵק n.f.s. cstr. (324)–Po'el ptc. (חקק 349) *a commander's portion*

סָפוּן Qal pass.ptc. (ספן 706) *was reserved*

וַיֵּתֵא consec.–Qal impf. 3 m.s. (אתה 87; GK 68h,76d) *and he came*

רָאשֵׁי עָם n.m.p. cstr. (910)–n.m.s. (I 766) *to the heads of the people*

צִדְקַת יהוה n.f.s. cstr. (842)–pr.n. (217) *just decrees of Yahweh*

עָשָׂה Qal pf. 3 m.s. (I 793) *he executed*

וּמִשְׁפָּטָיו conj.–n.m.s.–3 m.s. sf. (1048) *and his commands*

עִם־יִשְׂרָאֵל prep.–pr.n. (975) *with Israel*

33:22

וּלְדָן conj.–prep.–pr.n. (192) *and of Dan*

אָמַר Qal pf. 3 m.s. (55) *he said*

דָּן גּוּר אַרְיֵה v.supra–n.m.s. cstr. (II 158)–n.m.s. (71) *Dan is a lion's whelp*

יְזַנֵּק Pi. impf. 3 m.s. (זנק 276) *that leaps forth*

מִן־הַבָּשָׁן prep.–def.art.–pr.n. (143) *from Bashan*

33:23

וּלְנַפְתָּלִי conj.–prep.–pr.n. (836) *and of Naphtali*

אָמַר Qal pf. 3 m.s. (55) *he said*

נַפְתָּלִי v.supra *O Naphtali*

שְׂבַע רָצוֹן adj. m.s. cstr. (960)–n.m.s. (953) *satisfied with favor*

וּמָלֵא conj.–adj. m.s. (570) *and full of*

בִּרְכַּת יהוה n.f.s. cstr. (139)–pr.n. (217) *the blessing of Yahweh*

יָם n.m.s. (410) *the lake*

וְדָרוֹם conj.–n.m.s. (204) *and the south*

יְרָשָׁה Qal impv. 2 m.s.–vol.he (ירשׁ 439; GK 48i,69f) *possess*

33:24

וּלְאָשֵׁר conj.-prep.-pr.n. (81) *and of Asher*

אָמַר Qal pf. 3 m.s. (55) *he said*

בָּרוּךְ Qal pass.ptc. (138) *blessed be*

מִבָּנִים prep.-n.m.p. (119; GK 119w,126m) *above sons*

אָשֵׁר v.supra (81) *Asher*

יְהִי Qal impf. 3 m.s. apoc. (הָיָה 224) *let him be*

רְצוּי אֶחָיו Qal pass.ptc. m.s. cstr. (רָצָה 953) -n.m.p.-3 m.s. sf. (26) *the favorite of his brothers*

וְטֹבֵל conj.-Qal act.ptc. (I 371) *and let him dip*

בַּשֶּׁמֶן prep.-def.art.-n.m.s. (1032) *in oil*

רַגְלוֹ n.f.s.-3 m.s. sf. (919) *his foot*

33:25

בַּרְזֶל n.m.s. (137) *iron*

וּנְחֹשֶׁת conj.-n.f.s. (I 638) *and bronze*

מִנְעָלֶיךָ n.m.p.-2 m.s. sf. (653) *your bars*

וּכְיָמֶיךָ conj.-prep.-n.m.p.-2 m.s. sf. (398) *and as your days*

דָּבְאֶךָ n.m.s.-2 m.s. sf. (179) *so shall your strength be*

33:26

אֵין כָּאֵל subst. (II 34)-prep.-def.art.-n.m.s. (42) *there is none like God*

יְשֻׁרוּן pr.n. (449) *O Jeshurun*

רֹכֵב Qal act.ptc. (938) *who rides*

שָׁמַיִם n.m. du. (1029) *through the heavens*

בְּעֶזְרֶךָ prep.-n.m.s.-2 m.s. sf. (740) *to your help*

וּבְגַאֲוָתוֹ conj.-prep.-n.f.s.-3 m.s. sf. (144) *and in his majesty*

שְׁחָקִים n.m.p. (1007) *through the skies*

33:27

מְעֹנָה n.f.s. (733; GK 131s) *dwelling place*

אֱלֹהֵי קֶדֶם n.m.p. cstr. (43)-n.m.s. (869) *the eternal God*

וּמִתַּחַת conj.-prep.-prep. (1065) *and underneath*

זְרֹעֹת עוֹלָם n.f.p. cstr. (283)-n.m.s. (761) *the everlasting arms*

וַיְגָרֶשׁ consec.-Pi. impf. 3 m.s. (גָּרַשׁ 176) *and he thrust out*

מִפָּנֶיךָ prep.-n.m.p.-2 m.s. sf. (815) *before you*

אוֹיֵב Qal act.ptc. (אָיַב 33) *the enemy*

וַיֹּאמֶר consec.-Qal impf. 3 m.s. (55) *and he said*

הַשְׁמֵד Hi. impv. 2 m.s. (שָׁמַד 1029) *destroy*

33:28

וַיִּשְׁכֹּן consec.-Qal impf. 3 m.s. (שָׁכַן 1014) *so dwelt*

יִשְׂרָאֵל pr.n. (975) *Israel*

בֶּטַח adv. (105) *in safety*

בָּדָד n.m.s. (94) *alone*

עֵין יַעֲקֹב n.f.s. cstr. (II 745)-pr.n. (784) *the fountain of Jacob*

אֶל־אֶרֶץ דָּגָן prep.-n.f.s. cstr. (75)-n.m.s. (186) *in a land of grain*

וְתִירוֹשׁ conj.-n.m.s. (440) *and wine*

אַף־שָׁמָיו conj. (II 64)-n.m. du.-3 m.s. sf. (1029) *yea, his heavens*

יַעַרְפוּ־ Qal impf. 3 m.p. (עָרַף II 791) *drop down*

טָל n.m.s. (378) *dew*

33:29

אַשְׁרֶיךָ n.m.p.-2 m.s. sf. (80) *happy are you*

יִשְׂרָאֵל pr.n. (975) *O Israel*

מִי כָמוֹךָ interr. (566)-prep.-2 m.s. sf. *who is like you*

עַם נוֹשַׁע n.m.s. (I 766)-Ni. pf 3 m.s. (יָשַׁע 446) *a people saved*

בַּיהוה prep.-pr.n. (217) *by Yahweh*

מָגֵן עֶזְרֶךָ n.m.s. cstr. (171)-n.m.s.-2 m.s. sf. (740) *the shield of your help*

וַאֲשֶׁר־חֶרֶב conj.-rel. (81)-n.f.s. cstr. (352) *and the sword of*

גַּאֲוָתֶךָ n.f.s.-2 m.s. sf. (144) *your majesty*

וְיִכָּחֲשׁוּ conj.-Ni. impf. 3 m.p. (כָּחַשׁ 471) *shall come fawning*

אֹיְבֶיךָ Qal act.ptc. m.p.-2 m.s. sf. (אָיַב 33) *your enemies*

לָךְ prep.-2 m.s. sf. paus. *to you*

וְאַתָּה conj.-pers.pr. 2 m.s. (61) *and you*

עַל־בָּמוֹתֵימוֹ prep.-n.f.p.-3 m.p. sf. (119) *upon their high places*

תִדְרֹךְ Qal impf. 2 m.s. (דָּרַךְ 201) *shall tread*

34:1

וַיַּעַל מֹשֶׁה consec.-Qal impf. 3 m.s. (עָלָה 748)-pr.n. (602) *and Moses went up*

מֵעַרְבֹת מוֹאָב prep.-n.f.p. cstr. (I 787)-pr.n. (555) *from the plains of Moab*

אֶל־הַר נְבוֹ prep.-n.m.s. cstr. (249)-pr.n. (I 612) *to Mount Nebo*

רֹאשׁ הַפִּסְגָּה n.m.s. cstr. (910)-def.art.-pr.n. (820) *to the top of Pisgah*

אֲשֶׁר עַל־פְּנֵי יְרֵחוֹ rel. (81)-prep.-n.m.p. cstr. (815)-pr.n. (437) *which is opposite Jericho*

וַיַּרְאֵהוּ consec.-Hi. impf. 3 m.s.-3 m.s. sf. (רָאָה 906) *and showed him*

יהוה pr.n. (217) *Yahweh*

אֶת־כָּל־הָאָרֶץ dir.obj.-n.m.s. cstr. (481)-def.art.-n.f.s. (75) *all the land*

אֶת־הַגִּלְעָד dir.obj.-def.art.-pr.n. (166) *Gilead*

עַד־דָּן prep. (III 723)-pr.n. (192) *as far as Dan*

34:2

וְאֵת כָּל־נַפְתָּלִי conj.-dir.obj.-n.m.s. cstr. (481) -pr.n. (836) *all Naphtali*

וְאֶת־אֶרֶץ אֶפְרַיִם conj.-dir.obj.-n.f.s. cstr. (75) -pr.n. (68) *the land of Ephraim*

וּמְנַשֶּׁה conj.-pr.n. (586) *and Manasseh*

וְאֵת כָּל־אֶרֶץ conj.-dir.obj.-v.supra-v.supra *all the land of*

יְהוּדָה pr.n. (397) *Judah*

עַד הַיָּם prep. (III 723)-def.art.-n.m.s. (410) *as far as the sea*

הָאַחֲרוֹן def.art.-adj. m.s. (30) *western*

34:3

וְאֶת־הַנֶּגֶב conj.-dir.obj.-def.art.-pr.n. (616) *the Negeb*

וְאֶת־הַכִּכָּר v.supra-def.art.-n.f.s. (503) *and the plain*

בִּקְעַת יְרֵחוֹ n.f.s. cstr. (132)-pr.n. (437) *the valley of Jericho*

עִיר הַתְּמָרִים n.f.s. cstr. (746)-def.art.-n.m.p. (I 1071) *the city of palm trees*

עַד־צֹעַר prep. (III 723)-pr.n. 858) *as far as Zoar*

34:4

וַיֹּאמֶר consec.-Qal impf. 3 m.s. (55) *and said*

יְהוָה pr.n. (217) *Yahweh*

אֵלָיו prep.-3 m.s. sf. *to him*

זֹאת הָאָרֶץ demons.adj. f.s. (260)-def.art.-n.f.s. (75) *this is the land*

אֲשֶׁר נִשְׁבַּעְתִּי rel. (81)-Ni. pf. 1 c.s. (שׁבע 989) *of which I swore*

לְאַבְרָהָם prep.-pr.n. (4) *to Abraham*

לְיִצְחָק prep.-pr.n. (850) *to Isaac*

וּלְיַעֲקֹב conj.-prep.-pr.n. (784) *and to Jacob*

לֵאמֹר prep.-Qal inf.cstr. (55) *(saying)*

לְזַרְעֲךָ prep.-n.m.s.-2 m.s. sf. (282) *to your descendants*

אֶתְּנֶנָּה Qal impf. 1 c.s.-3 f.s. sf. (נתן 678) *I will give it*

הֶרְאִיתִיךָ Hi. pf. 1 c.s.-2 m.s. sf. (ראה 906) *I have let you see it*

בְּעֵינֶיךָ prep.-n.f. du.-2 m.s. sf. (744) *with your eyes*

וְשָׁמָּה conj.-adv.-dir.he (1027) *but there*

לֹא תַעֲבֹר neg.-Qal impf. 2 m.s. (716) *you shall not go over*

34:5

וַיָּמָת שָׁם consec.-Qal impf. 3 m.s. (מות 559) -adv. (1027) *so died there*

מֹשֶׁה pr.n. (602) *Moses*

עֶבֶד־יְהוָה n.m.s. cstr. (713)-pr.n. (217) *the servant of Yahweh*

בְּאֶרֶץ מוֹאָב prep.-n.f.s. cstr. (75)-pr.n. (555) *in the land of Moab*

עַל־פִּי יְהוָה prep.-n.m.s. cstr. (804)-v.supra *according to the word of Yahweh*

34:6

וַיִּקְבֹּר אֹתוֹ consec.-Qal impf. 3 m.s. (קבר 868) -dir.obj.-3 m.s. sf. *and he buried him*

בַּגַּי prep.-def.art.-n.m.s. (161) *in the valley*

בְּאֶרֶץ מוֹאָב prep.-n.f.s. cstr. (75)-pr.n. (555) *in the land of Moab*

מוּל בֵּית פְּעוֹר prep. (I 557)-pr.n. (112) *opposite Beth-peor*

וְלֹא־יָדַע אִישׁ conj.-neg.-Qal pf. 3 m.s. (393) -n.m.s. (35) *but no man knows*

אֶת־קְבֻרָתוֹ dir.obj.-n.f.s.-3 m.s. sf. (869) *the place of his burial*

עַד הַיּוֹם הַזֶּה prep. (III 723)-dir.obj.-n.m.s. (398) -def.art.-demons.adj. m.s. (260) *to this day*

34:7

וּמֹשֶׁה conj.-pr.n. (602) *Moses was*

בֶּן־מֵאָה וְעֶשְׂרִים n.m.s. cstr. (119)-num. f. (547) -conj.-num. p. (797) *a hundred and twenty*

שָׁנָה n.f.s. (1040) *years old*

בְּמֹתוֹ prep.-n.m.s.-3 m.s. sf. (560) *when he died*

לֹא־כָהֲתָה neg.-Qal pf. 3 f.s. (כהה I 462) *was not dim*

עֵינוֹ n.f.s.-3 m.s. sf. (744) *his eye*

וְלֹא־נָס conj.-neg.-Qal pf. 3 m.s. (נוס 630) *and had not abated*

לֵחֹה n.m.s.-3 m.s. sf. (535) *his natural force*

34:8

וַיִּבְכּוּ consec.-Qal impf. 3 m.p. (בכה 113) *and wept*

בְּנֵי יִשְׂרָאֵל n.m.p. cstr. (119)-pr.n. (975) *the people of Israel*

אֶת־מֹשֶׁה dir.obj.-pr.n. (602) *for Moses*

בְּעַרְבֹת prep.-n.f.p. cstr. (I 787) *in the plains of*

מוֹאָב pr.n. (555) *Moab*

שְׁלֹשִׁים יוֹם num. p. (1026)-n.m.s. (398) *thirty days*

וַיִּתְּמוּ consec.-Qal impf. 3 m.p. (תמם 1070; GK 67g) *then were ended*

יְמֵי n.m.p. cstr. (398) *the days of*

בְּכִי n.m.s. (113) *weeping*

אֵבֶל n.m.s. cstr. (5) *mourning for*

מֹשֶׁה pr.n. (602) *Moses*

34:9

וִיהוֹשֻׁעַ conj.-pr.n. (221) *and Joshua*

בִּן־נוּן n.m.s. cstr. (119)-pr.n. (630) *the son of Nun*

מָלֵא Qal pf. 3 m.s. (569; GK 116f) *was full of*

רוּחַ חָכְמָה n.f.s. cstr. (924)-n.f.s. (315) *the spirit of wisdom*

כִּי־סָמַךְ מֹשֶׁה conj. (471)-Qal pf. 3 m.s. (701) -pr.n. (602) *for Moses had laid*

אֶת־יָדָיו dir.obj.-n.f.p.-3 m.s. sf. (388) *his hands*

עָלָיו prep.-3 m.s. sf. *upon him*

וַיִּשְׁמְעוּ consec.-Qal impf. 3 m.p. (1033) *so obeyed*

אֵלָיו prep.-3 m.s. sf. *him*

בְּנֵי־יִשְׂרָאֵל n.m.p. cstr. (119)-pr.n. (975) *the people of Israel*

וַיַּעֲשׂוּ consec.-Qal impf. 3 m.p. (עָשָׂה I 793) *and did*

כַּאֲשֶׁר צִוָּה prep.-rel. (81)-Pi. pf. 3 m.s. (צָוָה 845) *as had commanded*

יהוה pr.n. (217) *Yahweh*

אֶת־מֹשֶׁה dir.obj.-pr.n. (602) *Moses*

34:10

וְלֹא־קָם conj.-neg.-Qal pf. 3 m.s. (קוּם 877) *and there has not arisen*

נָבִיא n.m.s. (611) *a prophet*

עוֹד adv. (728) *since*

בְּיִשְׂרָאֵל prep.-pr.n. (975) *in Israel*

כְּמֹשֶׁה prep.-pr.n. (602) *like Moses*

אֲשֶׁר יְדָעוֹ יהוה rel. (81)-Qal pf. 3 m.s.-3 m.s. sf. (393)-pr.n. (217) *whom Yahweh knew*

פָּנִים אֶל־פָּנִים n.m.p. (815)-prep.-v.supra *face to face*

34:11

לְכָל־הָאֹתוֹת prep.-n.m.s. cstr. (481)-def.art. -n.m.p. (16) *for all the signs*

וְהַמּוֹפְתִים conj.-def.art.-n.m.p. (68) *and the wonders*

אֲשֶׁר שְׁלָחוֹ rel. (81)-Qal pf. 3 m.s.-3 m.s. sf. (1018) *which sent him*

יהוה pr.n. (217) *Yahweh*

לַעֲשׂוֹת prep.-Qal inf.cstr. (עָשָׂה I 793) *to do*

בְּאֶרֶץ prep.-n.f.s. cstr. (75) *in the land of*

מִצְרָיִם pr.n. paus. (595) *Egypt*

לְפַרְעֹה prep.-pr.n. (829) *to Pharaoh*

וּלְכָל־עֲבָדָיו conj.-prep.-n.m.s. cstr. (481)-n.m.p.-3 m.s. sf. (713) *and to all his servants*

וּלְכָל־אַרְצוֹ conj.-prep.-v.supra-n.f.s.-3 m.s. sf. (75) *and to all his land*

34:12

וּלְכֹל conj.-prep.-n.m.s. cstr. (481) *and for all*

הַיָּד הַחֲזָקָה def.art.-n.f.s. (388)-def.art.-adj. f.s. (305) *the mighty power*

וּלְכֹל v.supra *and for all*

הַמּוֹרָא הַגָּדוֹל def.art.-n.m.s. (432)-def.art.-adj. m.s. (152) *the great and terrible deeds*

אֲשֶׁר עָשָׂה rel. (81)-Qal pf. 3 m.s. (I 793) *which wrought*

מֹשֶׁה pr.n. (602) *Moses*

לְעֵינֵי prep.-n.f. du. cstr. (744) *in the sight of*

כָּל־יִשְׂרָאֵל n.m.s. cstr. (481)-pr.n. (975) *all Israel*

Joshua

1:1

וַיְהִי consec. (GK 49bN)-Qal impf. 3 m.s. (הָיָה 224) *and it was*

אַחֲרֵי מוֹת prep. (29)-n.m.s. cstr. (560) *after the death of*

מֹשֶׁה pr.n. (602) *Moses*

עֶבֶד יהוה n.m.s. cstr. (713)-pr.n. (217) *the servant of Yahweh*

וַיֹּאמֶר consec.-Qal impf. 3 m.s. (55) *said*

יהוה pr.n. (217) *Yahweh*

אֶל־יְהוֹשֻׁעַ prep. (39)-pr.n. (221) *to Joshua*

בִּן־נוּן n.m.s. cstr. (119)-pr.n. (630) *the son of Nun*

מְשָׁרֵת Pi. ptc. m.s. cstr. (שָׁרַת 1058) *minister of*

מֹשֶׁה pr.n. (602) *Moses*

לֵאמֹר prep.-Qal inf.cstr. (55) *(saying)*

1:2

מֹשֶׁה pr.n. (602) *Moses*

עַבְדִּי n.m.s.-1 c.s. sf. (713) *my servant*

מֵת Qal pf. 3 m.s. (מוּת 559) *is dead*

וְעַתָּה conj.-adv. (773) *now therefore*

קוּם Qal impv. 2 m.s. (קוּם 877) *arise*

עֲבֹר Qal impv. 2 m.s. (716) *go over*

אֶת־הַיַּרְדֵּן הַזֶּה dir.obj.-def.art.-pr.n. (434) -def.art.-demons.adj. m.s. (260) *this Jordan*

אַתָּה pers.pr. 2 m.s. (61) *you*

וְכָל־הָעָם הַזֶּה conj.-n.m.s. cstr. (481)-def.art. -n.m.s. (766)-v.supra *and all this people*

אֶל־הָאָרֶץ prep. (39)-def.art.-n.f.s. (75) *into the land*

אֲשֶׁר אָנֹכִי rel. (81)-pers.pr. 1 c.s. (59) *which I*

נֹתֵן Qal act.ptc. (נָתַן 678) *am giving*

לָהֶם prep.-3 m.p. sf. (GK 131n) *to them*

לִבְנֵי יִשְׂרָאֵל prep.-n.m.p. cstr. (119)-pr.n. (975) *to the people of Israel*

1:3

כָּל־מָקוֹם n.m.s. cstr. (481)-n.m.s. (879) *every place*

אֲשֶׁר תִּדְרֹךְ rel. (81)-Qal impf. 3 f.s. (דָּרַךְ 201) *that ... will tread*

כַּף־רַגְלְכֶם n.f.s. cstr. (496)-n.f.s.-2 m.p. sf. (919) *the sole of your foot*

בּוֹ prep.-3 m.s. sf. *upon it*

לָכֶם prep.-2 m.p. sf. *to you*

נְתַתִּיו Qal pf. 1 c.s.-3 m.s. sf. (נָתַן 678) *I have given it*

כַּאֲשֶׁר דִּבַּרְתִּי prep.-rel. (81)-Pi. pf. 1 c.s. (דָּבַר 180) *as I promised*

אֶל־מֹשֶׁה prep. (39)-pr.n. (602) *to Moses*

1:4

מֵהַמִּדְבָּר prep.-def.art.-n.m.s. (184) *from the wilderness*

וְהַלְּבָנוֹן הַזֶּה conj.-def.art.-pr.n. (526)-def.art.-demons.adj. m.s. (260) *and this Lebanon*

וְעַד־הַנָּהָר הַגָּדוֹל conj.-prep. (III 723)-def.art.-n.m.s. (625)-def.art.-adj. m.s. (152) *as far as the great river*

נְהַר־פְּרָת n.m.s. cstr. (625)-pr.n. (832) *the river Euphrates*

כֹּל אֶרֶץ n.m.s. cstr. (481)-n.f.s. cstr. (75) *all the land of*

הַחִתִּים def.art.-pr.n. gent. p. (366) *the Hittites*

וְעַד־הַיָּם הַגָּדוֹל conj.-prep. (III 723)-def.art.-n.m.s. (410)-v.supra *to the Great Sea*

מְבוֹא הַשֶּׁמֶשׁ n.m.s. cstr. (99)-def.art.-n.f.s. (1039) *toward the going down of the sun*

יִהְיֶה Qal impf. 3 m.s. (הָיָה 224) *shall be*

גְּבוּלְכֶם n.m.s.-2 m.p. sf. (147) *your territory*

1:5

לֹא־יִתְיַצֵּב neg.-Hith. impf. 3 m.s. (יצב 426) *shall not be able to stand*

אִישׁ n.m.s. (35) *a man*

לְפָנֶיךָ prep.-n.m.p.-2 m.s. sf. (815) *before you*

כֹּל יְמֵי n.m.s. cstr. (481)-n.m.p. cstr. (398) *all the days of*

חַיֶּיךָ n.m.p.-2 m.s. sf. (313) *your life*

כַּאֲשֶׁר הָיִיתִי prep.-rel. (81)-Qal pf. 1 c.s. (הָיָה 224; GK 106c) *as I was*

עִם־מֹשֶׁה prep. (767)-pr.n. (602) *with Moses*

אֶהְיֶה Qal impf. 1 c.s. (הָיָה 224) *so I will be*

עִמָּךְ prep.-2 m.s. sf. paus. (767) *with you*

לֹא אַרְפְּךָ neg.-Hi. impf. 1 c.s.-2 m.s. sf. (רָפָה 951) *I will not fail you*

וְלֹא אֶעֶזְבֶךָּ conj.-neg.-Qal impf. 1 c.s.-2 m.s. sf. (עזב 736) *or forsake you*

1:6

חֲזַק Qal impv. 2 m.s. (304) *be strong*

וֶאֱמָץ conj.-Qal impv. 2 m.s. paus. (אמץ 54) *and be of good courage*

כִּי אַתָּה conj. (471)-pers.pr. 2 m.s. (61) *for you*

תַּנְחִיל Hi. impf. 2 m.s. (נָחַל 635) *shall cause ... to inherit*

אֶת־הָעָם הַזֶּה dir.obj.-def.art.-n.m.s. (766)-def.art.-demons.adj. m.s. (260) *this people*

אֶת־הָאָרֶץ dir.obj.-def.art.-n.f.s. (75) *the land*

אֲשֶׁר־נִשְׁבַּעְתִּי rel. (81)-Ni. pf. 1 c.s. (שָׁבַע 989) *which I swore*

לַאֲבוֹתָם prep.-n.m.p.-3 m.p. sf. (3) *to their fathers*

לָתֵת לָהֶם prep.-Qal inf.cstr. (נָתַן 678)-prep.-3 m.p. sf. *to give them*

1:7

רַק חֲזַק adv. (956)-Qal impv. 2 m.s. (304) *only be strong*

וֶאֱמָץ conj.-Qal impv. 2 m.s. (54) *and courageous*

מְאֹד adv. (547) *very*

לִשְׁמֹר prep.-Qal inf.cstr. (1036) *being careful*

לַעֲשׂוֹת prep.-Qal inf.cstr. (עָשָׂה I 793) *to do*

כְּכָל־ prep.-n.m.s. cstr. (481) *according to all*

הַתּוֹרָה def.art.-n.f.s. (435) *the law*

אֲשֶׁר צִוְּךָ rel. (81)-Pi. pf. 3 m.s. (צָוָה 845)-2 m.s. sf. *which commanded you*

מֹשֶׁה pr.n. (602) *Moses*

עַבְדִּי n.m.s.-1 c.s. sf. (713) *my servant*

אַל־תָּסוּר neg. (39)-Qal impf. 2 m.s. (סור 693; GK 107p) *turn not*

מִמֶּנּוּ prep.-3 m.s. sf. (GK 135oN) *from it*

יָמִין n.f.s. (411) *to the right hand*

וּשְׂמֹאול conj.-n.m.s. (969) *or to the left*

לְמַעַן תַּשְׂכִּיל conj. (775)-Hi. impf. 2 m.s. (שָׂכַל 968) *that you may have good success*

בְּכֹל אֲשֶׁר prep.-n.m.s. (481)-rel. (81) *wherever*

תֵּלֵךְ Qal impf. 2 m.s. (הָלַךְ 229) *you go*

1:8

לֹא־יָמוּשׁ neg.-Qal impf. 3 m.s. (מוש 559) *shall not depart*

סֵפֶר הַתּוֹרָה n.m.s. cstr. (706)-def.art.-n.f.s. (435) *... book of the law*

הַזֶּה def.art.-demons.adj. m.s. (260) *this*

מִפִּיךָ prep.-n.m.s.-2 m.s. sf. (804) *out of your mouth*

וְהָגִיתָ conj.-Qal pf. 1 c.s. (הָגָה 211) *but you shall meditate*

בּוֹ prep.-3 m.s. sf. *on it*

יוֹמָם adv. (401) *by day*

וָלַיְלָה conj.-n.m.s. (538) *and night*

לְמַעַן תִּשְׁמֹר conj. (775)-Qal impf. 2 m.s. (1036) *that you may be careful*

לַעֲשׂוֹת prep.-Qal inf.cstr. (עָשָׂה I 793) *to do*

כְּכָל־ prep.-n.m.s. cstr. (481) *according to all*

הַכָּתוּב def.art.-Qal pass.ptc. (כָּתַב 507) *that is written*

בּוֹ v.supra *in it*

כִּי־אָז conj. (471)-adv. (23) *for then*

תַּצְלִיחַ Hi. impf. 2 m.s. (צָלַח 852) *you shall make prosperous*

אֶת־דְּרָכֶךָ dir.obj.-n.m.s.-2 m.s. sf. (202; GK 91k) *your way*

וְאָז תַּשְׂכִּיל conj.-v.supra-Hi. impf. 2 m.s. (968) *and then you shall have good success*

1:9

הֲלוֹא צִוִּיתִיךָ interr.-neg.-Pi. pf. 1 c.s.-2 m.s. sf. (845 צָוָה) *have I not commanded you?*

חֲזַק Qal impv. 2 m.s. (304) *be strong*

וֶאֱמָץ conj.-Qal impv. 2 m.s. (54) *and of good courage*

אַל־תַּעֲרֹץ ncg. (39)-Qal impf. 2 m.s. (עָרַץ 791) *be not frightened*

וְאַל־תֵּחָת conj.-neg. (39)-Qal impf. 2 m.s. (חָתַת 369) *neither be dismayed*

כִּי עִמְּךָ conj. (471)-prep.-2 m.s. sf. (767) *for ... with you*

יהוה pr.n. (217) *Yahweh*

אֱלֹהֶיךָ n.m.p.-2 m.s. sf. (43) *your God*

בְּכֹל אֲשֶׁר prep.-n.m.s. (481)-rel. (81) *wherever*

תֵּלֵךְ Qal impf. 2 m.s. (הָלַךְ 229) *you go*

1:10

וַיְצַו consec.-Pi. impf. 3 m.s. (צָוָה 845) *then commanded*

יְהוֹשֻׁעַ pr.n. (221) *Joshua*

אֶת־שֹׁטְרֵי dir.obj.-Qal act.ptc. m.p. cstr. (as n.m.p. cstr. 1009) *the officers of*

הָעָם def.art.-n.m.s. (766) *the people*

לֵאמֹר prep.-Qal inf.cstr. (55) *(saying)*

1:11

עִבְרוּ Qal impv. 2 m.p. (716) *pass*

בְּקֶרֶב prep.-n.m.s. cstr. (899) *through*

הַמַּחֲנֶה def.art.-n.m.s. (334) *the camp*

וְצַוּוּ conj.-Pi. impv. 2 m.p. (צָוָה 845) *and command*

אֶת־הָעָם dir.obj.-def.art.-n.m.s. (766) *the people*

לֵאמֹר prep.-Qal inf.cstr. (55) *(saying)*

הָכִינוּ Hi. impv. 2 m.p. (כּוּן 465) *prepare*

לָכֶם prep.-2 m.p. sf. *for yourselves*

צֵידָה n.f.s. (845) *provisions*

כִּי בְעוֹד conj. (471)-prep.-adv. (728) *for within*

שְׁלֹשֶׁת num. f. (1025) *three*

יָמִים n.m.p. (398) *days*

אַתֶּם pers.pr. 2 m.p. (61) *you*

עֹבְרִים Qal act.ptc. m.p. (716) *are to pass over*

אֶת־הַיַּרְדֵּן הַזֶּה dir.obj.-def.art.-pr.n. (434)-def.art.-demons.adj. m.s. (260) *this Jordan*

לָבוֹא prep.-Qal inf.cstr. (בּוֹא 97) *to go in*

לָרֶשֶׁת prep.-Qal inf.cstr. (יָרַשׁ 439) *to take possession of*

אֶת־הָאָרֶץ dir.obj.-def.art.-n.f.s. (75) *the land*

אֲשֶׁר יהוה rel. (81)-pr.n. (217) *which Yahweh*

אֱלֹהֵיכֶם n.m.p.-2 m.p. sf. (43) *your God*

נֹתֵן Qal act.ptc. (678) *gives*

לָכֶם prep.-2 m.p. sf. *you*

לְרִשְׁתָּהּ prep.-Qal inf.cstr.-3 f.s. sf. (יָרַשׁ 439) *to possess it*

1:12

וְלָראוּבֵנִי conj.-prep.-def.art.-gent.adj. (910) *and to the Reubenites*

וְלַגָּדִי conj.-prep.-def.art.-gent.adj. (151) *the Gadites*

וְלַחֲצִי שֵׁבֶט conj.-prep.-n.m.s. cstr. (345)-n.m.s. cstr. (986) *and the half-tribe of*

הַמְנַשֶּׁה def.art.-pr.n. (586; GK 125dN) *Manasseh*

אָמַר Qal pf. 3 m.s. (55) *said*

יְהוֹשֻׁעַ pr.n. (221) *Joshua*

לֵאמֹר prep.-Qal inf.cstr. (55) *(saying)*

1:13

זָכוֹר Qal inf.abs. (269) *remember*

אֶת־הַדָּבָר dir.obj.-def.art.-n.m.s. (182) *the word*

אֲשֶׁר צִוָּה rel. (81)-Pi. pf. 3 m.s. (צָוָה 845) *which commanded*

אֶתְכֶם dir.obj.-2 m.p. sf. *you*

מֹשֶׁה pr.n. (602) *Moses*

עֶבֶד־יהוה n.m.s. cstr. (713)-pr.n. (217) *the servant of Yahweh*

לֵאמֹר prep.-Qal inf.cstr. (55) *saying*

יהוה אֱלֹהֵיכֶם pr.n. (217)-n.m.p.-2 m.p. sf. (43) *Yahweh your God*

מֵנִיחַ לָכֶם Hi. ptc. (נוּחַ 628)-prep.-2 m.p. sf. *is providing a place of rest for you*

וְנָתַן לָכֶם conj.-Qal pf. 3 m.s. (678)-v.supra *and will give you*

אֶת־הָאָרֶץ הַזֹּאת dir.obj.-def.art.-n.f.s. (75)-def.art.-demons.adj. f.s. (260) *this land*

1:14

נְשֵׁיכֶם n.f.p.-2 m.p. sf. (61) *your wives*

טַפְּכֶם n.m. coll.-2 m.p. sf. (381) *your little ones*

וּמִקְנֵיכֶם conj.-n.m.p.-2 m.p. sf. (889) *and your cattle*

יֵשְׁבוּ Qal impf. 3 m.p. (יָשַׁב 442) *shall remain*

בָּאָרֶץ prep.-def.art.-n.f.s. (75) *in the land*

אֲשֶׁר נָתַן rel. (81)-Qal pf. 3 m.s. (678) *which gave*

לָכֶם prep.-2 m.p. sf. *you*

מֹשֶׁה pr.n. (602) *Moses*

בְּעֵבֶר הַיַּרְדֵּן prep.-n.m.s. cstr. (719)-def.art.-pr.n. (434) *beyond the Jordan*

וְאַתֶּם conj.-pers.pr. 2 m.p. (61) *but you*

תַּעַבְרוּ Qal impf. 2 m.p. (716) *shall pass over*

חֲמֻשִׁים adj. m.p. (332) *in battle array*

913

לִפְנֵי אֲחֵיכֶם prep.-n.m.p. cstr. (815)-n.m.p.-2 m.p. sf. (26) *before your brethren*

כֹּל גִּבּוֹרֵי n.m.s. cstr. (481)-n.m.p. cstr. (150) *all the men of*

הַחַיִל def.art.-n.m.s. (298) *valor*

וַעֲזַרְתֶּם conj.-Qal pf. 2 m.p. (740) *and shall help*

אוֹתָם dir.obj.-3 m.p. sf. *them*

1:15

עַד־אֲשֶׁר prep. (III 723)-rel. (81) *until*

יָנִיחַ Hi. impf. 3 m.s. (נוח 628) *gives rest*

יהוה pr.n. (217) *Yahweh*

לַאֲחֵיכֶם prep.-n.m.p.-2 m.p. sf. (26) *to your brethren*

כָּכֶם prep.-2 m.p. sf. *as well as to you*

וְיָרְשׁוּ conj.-Qal pf. 3 c.p. (יָרַשׁ 439) *and they take possession*

גַּם־הֵמָּה adv. (168)-pers.pr. 3 m.p. (241) *they also*

אֶת־הָאָרֶץ dir.obj.-def.art.-n.f.s. (75) *of the land*

אֲשֶׁר־יהוה rel. (81)-pr.n. (217) *which Yahweh*

אֱלֹהֵיכֶם n.m.p.-2 m.p. sf. (43) *your God*

נֹתֵן Qal act.ptc. (678) *is giving*

לָהֶם prep.-3 m.p. sf. *them*

וְשַׁבְתֶּם conj.-Qal pf. 2 m.p. (שוב 996) *then you shall return*

לְאֶרֶץ prep.-n.f.s. cstr. (75) *to the land of*

יְרֻשַּׁתְכֶם n.f.s.-2 m.p. sf. (440) *your possession*

וִירִשְׁתֶּם conj.-Qal pf. 2 m.p. (יָרַשׁ 439) *and shall possess*

אוֹתָהּ dir.obj.-3 f.s. sf. *it*

אֲשֶׁר נָתַן rel. (81)-Qal pf. 3 m.s. (678) *which gave*

לָכֶם prep.-2 m.p. sf. *you*

מֹשֶׁה pr.n. (602) *Moses*

עֶבֶד יהוה n.m.s. cstr. (713)-pr.n. (217) *the servant of Yahweh*

בְּעֵבֶר הַיַּרְדֵּן prep.-n.m.s. cstr. (719)-def.art.-pr.n. (434) *beyond the Jordan*

מִזְרַח הַשָּׁמֶשׁ n.m.s. cstr. (280)-def.art.-n.f.s. (1039) *toward the sunrise*

1:16

וַיַּעֲנוּ consec.-Qal impf. 3 m.p. (עָנָה 772) *and they answered*

אֶת־יְהוֹשֻׁעַ dir.obj.-pr.n. (221) *Joshua*

לֵאמֹר prep.-Qal inf.cstr. (55) *(saying)*

כֹּל אֲשֶׁר־ n.m.s. (481)-rel. (81) *all that*

צִוִּיתָנוּ Pi. pf. 2 m.s.-1 c.p. sf. (צָוָה 845) *you have commanded us*

נַעֲשֶׂה Qal impf. 1 c.p. (עָשָׂה I 793) *we will do*

וְאֶל־כָּל־אֲשֶׁר conj.-prep. (39)-n.m.s. (481)-rel. (81) *and wherever*

תִּשְׁלָחֵנוּ Qal impf. 2 m.s.-1 c.p. sf. (שָׁלַח 1018) *you send us*

נֵלֵךְ Qal impf. 1 c.p. (הָלַךְ 229) *we will go*

1:17

כְּכֹל אֲשֶׁר־ prep.-n.m.s. (481)-rel. (81) *just as*

שָׁמַעְנוּ Qal pf. 1 c.p. (1033) *we obeyed*

אֶל־מֹשֶׁה prep.-pr.n. (602) *Moses*

כֵּן נִשְׁמַע adv. (485)-Qal impf. 1 c.p. (1033) *so we will obey*

אֵלֶיךָ prep.-2 m.s. sf. *you*

רַק יִהְיֶה adv. (956)-Qal impf. 3 m.s. (הָיָה 224) *only may be*

יהוה pr.n. (217) *Yahweh*

אֱלֹהֶיךָ n.m.p.-2 m.s. sf. (43) *your God*

עִמָּךְ prep.-2 m.s. sf. paus. (767) *with you*

כַּאֲשֶׁר הָיָה prep.-rel. (81)-Qal pf. 3 m.s. (224) *as he was*

עִם־מֹשֶׁה prep. (767)-pr.n. (602) *with Moses*

1:18

כָּל־אִישׁ אֲשֶׁר־ n.m.s. (481)-n.m.s. (35)-rel. (81) *whoever*

יַמְרֶה Hi. impf. 3 m.s. (מָרָה 598) *rebels*

אֶת־פִּיךָ dir.obj.-n.m.s.-2 m.s. sf. (804) *against your commandment*

וְלֹא־יִשְׁמַע conj.-neg.-Qal impf. 3 m.s. (1033) *and disobeys*

אֶת־דְּבָרֶיךָ dir.obj.-n.m.p.-2 m.s. sf. (182) *your words*

לְכֹל אֲשֶׁר־ prep.-n.m.s. (481)-rel. (81) *whatever*

תְּצַוֶּנּוּ Pi. impf. 2 m.s.-3 m.s. sf. (צָוָה 845) *you command him*

יוּמָת Ho. impf. 3 m.s. (מוּת 559) *shall be put to death*

רַק חֲזַק adv. (956)-Qal impv. 2 m.s. (304) *only be strong*

וֶאֱמָץ conj.-Qal impv. 2 m.s. (54) *and of good courage*

2:1

וַיִּשְׁלַח consec.-Qal impf. 3 m.s. (1018) *and sent*

יְהוֹשֻׁעַ־בִּן־נוּן pr.n. (221)-n.m.s. cstr. (119)-pr.n. (630) *Joshua the son of Nun*

מִן־הַשִּׁטִּים prep.-def.art.-pr.n. (1008) *from Shittim*

שְׁנַיִם־אֲנָשִׁים num. (1040)-n.m.p. (35) *two men*

מְרַגְּלִים Pi. ptc. m.p. (920) *as spies*

חֶרֶשׁ adv. (361) *secretly*

לֵאמֹר prep.-Qal inf.cstr. (55) *saying*

לְכוּ Qal impv. 2 m.p. (הָלַךְ 229) *go*

רְאוּ Qal impv. 2 m.p. (רָאָה 906) *view*

אֶת־הָאָרֶץ dir.obj.-def.art.-n.f.s. (75) *the land*

וְאֶת־יְרִיחוֹ conj.-dir.obj.-pr.n. (437) *especially Jericho*

וַיֵּלְכוּ consec.-Qal impf. 3 m.p. (הָלַךְ 229) *and they went*

וַיָּבֹאוּ consec.-Qal impf. 3 m.p. (בּוֹא 97) *and came*

בֵּית־אִשָּׁה זוֹנָה n.m.s. cstr. (108)-n.f.s. (61)-Qal act.ptc. f.s. (275) *into the house of a harlot*

וּשְׁמָהּ conj.-n.m.s.-3 f.s. sf. (1027) *and her name*

רָחָב pr.n. (932) *Rahab*

וַיִּשְׁכְּבוּ־ consec.-Qal impf. 3 m.p. (שָׁכַב 1011) *and lodged*

שָׁמָּה adv.-loc.he (1027) *there*

2:2

וַיֵּאָמַר consec.-Ni. impf. 3 m.s. (55) *and it was told*

לְמֶלֶךְ prep.-n.m.s. cstr. (572) *to the king of*

יְרִיחוֹ pr.n. (437) *Jericho*

לֵאמֹר prep.-Qal inf.cstr. (55) *(saying)*

הִנֵּה demons.part. (243) *behold*

אֲנָשִׁים n.m.p. (35) *certain men*

בָּאוּ Qal pf. 3 c.p. (בּוֹא 97) *have come*

הֵנָּה adv. (244) *here*

הַלַּיְלָה def.art.-n.m.s. (538) *tonight*

מִבְּנֵי יִשְׂרָאֵל prep.-n.m.p. cstr. (119)-pr.n. (975) *of Israel*

לַחְפֹּר prep.-Qal inf.cstr. (343; GK 63i) *to search out*

אֶת־הָאָרֶץ dir.obj.-def.art.-n.f.s. (75) *the land*

2:3

וַיִּשְׁלַח consec.-Qal impf. 3 m.s. (1018) *then sent*

מֶלֶךְ יְרִיחוֹ n.m.s. cstr. (571)-pr.n. (437) *the king of Jericho*

אֶל־רָחָב prep. (39)-pr.n. (932) *to Rahab*

לֵאמֹר prep.-Qal inf.cstr. (55) *saying*

הוֹצִיאִי Hi. impv. 2 f.s. (יָצָא 422) *bring forth*

הָאֲנָשִׁים def.art.-n.m.p. (35) *the men*

הַבָּאִים def.art.-Qal act.ptc. m.p. (בּוֹא 97) *that have come*

אֵלַיִךְ prep.-2 f.s. sf. (39) *to you*

אֲשֶׁר־בָּאוּ rel. (81)-Qal pf. 3 c.p. (בּוֹא 97) *who entered*

לְבֵיתֵךְ prep.-n.m.s.-2 f.s. sf. (108) *your house*

כִּי לַחְפֹּר conj. (471)-prep.-Qal inf.cstr. (343) *for to search out*

אֶת־כָּל־הָאָרֶץ dir.obj.-n.m.s. cstr. (481)-def. art.-n.f.s. (75) *all the land*

בָּאוּ Qal pf. 3 c.p. (בּוֹא 97) *they have come*

2:4

וַתִּקַּח consec.-Qal impf. 3 f.s. (לָקַח 542) *but had taken*

הָאִשָּׁה def.art.-n.f.s. (61) *the woman*

אֶת־שְׁנֵי הָאֲנָשִׁים dir.obj.-num. cstr. (1040)-def. art.-n.m.p. (35) *the two men*

וַתִּצְפְּנוֹ consec.-Qal impf. 3 f.s.-3 m.s. sf. (צָפַן 860; GK 60d,135p) *and hidden them*

וַתֹּאמֶר consec.-Qal impf. 3 f.s. (55) *and she said*

כֵּן adv. (485) *True*

בָּאוּ Qal pf. 3 c.p. (בּוֹא 97) *came*

אֵלַי prep.-1 c.s. sf. (39) *to me*

הָאֲנָשִׁים def.art.-n.m.p. (35) *men*

וְלֹא יָדַעְתִּי conj.-neg.-Qal pf. 1 c.s. (יָדַע 393) *but I did not know*

מֵאַיִן prep.-adv. (32) *from where*

הֵמָּה pers.pr. 3 m.p. (241) *they came*

2:5

וַיְהִי consec.-Qal impf. 3 m.s. (הָיָה 224) *and when*

הַשַּׁעַר def.art.-n.m.s. (1044) *the gate*

לִסְגּוֹר prep.-Qal inf.cstr. (סָגַר 688; GK 114k) *to be closed*

בַּחֹשֶׁךְ prep.-def.art.-n.m.s. (365) *at dark*

וְהָאֲנָשִׁים conj.-def.art.-n.m.p. (35) *the men*

יָצָאוּ Qal pf. 3 c.p. paus. (יָצָא 422) *went out*

לֹא יָדַעְתִּי neg.-Qal pf. 1 c.s. (393) *I do not know*

אָנָה הָלְכוּ adv.-loc.he (33)-Qal pf. 3 c.p. (הָלַךְ 229) *where went*

הָאֲנָשִׁים v.supra *the men*

רִדְפוּ Qal impv. 2 m.p. (רָדַף 922) *pursue*

מַהֵר Pi. inf.abs. as adv. (מָהַר 554) *quickly*

אַחֲרֵיהֶם prep.-3 m.p. sf. *after them*

כִּי תַשִּׂיגוּם conj. (471)-Hi. impf. 2 m.p.-3 m.p. sf. (נָשַׂג 673) *for you will overtake them*

2:6

וְהִיא conj.-pers.pr. 3 f.s. (214) *but she*

הֶעֱלָתַם Hi. pf. 3 f.s.-3 m.p. sf. (עָלָה 748; GK 59g) *had brought them up*

הַגָּגָה def.art.-n.m.s.-loc.he (150) *to the roof*

וַתִּטְמְנֵם consec.-Qal impf. 3 f.s.-3 m.p. sf. (טָמַן 380) *and hid them*

בְּפִשְׁתֵּי הָעֵץ prep.-n.m.p. cstr. (833)-def.art. -n.m.s. (781) *with the stalks of flax*

הָעֲרֻכוֹת לָהּ def.art.-Qal pass.ptc. f.p. (עָרַךְ 789) -prep.-3 f.s. sf. *which she had laid in order*

עַל־הַגָּג prep. (752)-def.art.-n.m.s. (150) *on the roof*

2:7

וְהָאֲנָשִׁים conj.-def.art.-n.m.p. (35) *so the men*

רָדְפוּ Qal pf. 3 c.p. (רדף 922) *pursued*

אַחֲרֵיהֶם prep.-3 m.p. sf. (29) *after them*

דֶּרֶךְ הַיַּרְדֵּן n.m.s. cstr. (202)-def.art.-pr.n. (434) *on the way to the Jordan*

עַל הַמַּעְבְּרוֹת prep. (752)-def.art.-n.f.p. (721) *as far as the fords*

וְהַשַּׁעַר conj.-def.art.-n.m.s. (1044) *the gate*

סָגָרוּ Qal pf. 3 c.p. paus. (סגר 688) *was shut*

אַחֲרֵי כַּאֲשֶׁר prep. (29)-prep.-rel. (81) *as soon as*

יָצְאוּ Qal pf. 3 c.p. (422) *had gone out*

הָרֹדְפִים def.art.-Qal act.ptc. m.p. (רדף 922) *the pursuers*

אַחֲרֵיהֶם prep.-3 m.p. sf. (29) *after them*

2:8

וְהֵמָּה conj.-pers.pr. 3 m.p. (241) *and they*

טֶרֶם adv. (382) *before*

יִשְׁכָּבוּן Qal impf. 3 m.p. paus. (שכב 1011) *they lay down*

וְהִיא conj.-pers.pr. 3 f.s. (214) *even she*

עָלְתָה Qal pf. 3 f.s. (עלה 748) *came up*

עֲלֵיהֶם prep.-3 m.p. sf. *to them*

עַל הַגָּג prep. (752)-def.art.-n.m.s. (150) *on the roof*

2:9

וַתֹּאמֶר consec.-Qal impf. 3 f.s. (55) *and she said*

אֶל הָאֲנָשִׁים prep. (39)-def.art.-n.m.p. (35) *to the men*

יָדַעְתִּי Qal pf. 1 c.s. (ידע 393) *I know*

כִּי נָתַן conj. (471)-Qal pf. 3 m.s. (678) *that ... has given*

יהוה pr.n. (217) *Yahweh*

לָכֶם prep.-2 m.p. sf. *to you*

אֶת הָאָרֶץ dir.obj.-def.art.-n.f.s. (75) *the land*

וְכִי נָפְלָה conj.-conj. (471)-Qal pf. 3 f.s. (נפל 656) *and that has fallen*

אֵימַתְכֶם n.f.s.-2 m.p. sf. (33) *the fear of you*

עָלֵינוּ prep.-1 c.p. sf. *upon us*

וְכִי נָמֹגוּ v.supra-v.supra-Ni. pf. 3 c.p. (מוג 556) *and that ... melt away*

כָּל יֹשְׁבֵי n.m.s. cstr. (481)-Qal act.ptc. m.p. cstr. (ישב 442) *all the inhabitants of*

הָאָרֶץ def.art.-n.f.s. (75) *the land*

מִפְּנֵיכֶם prep.-n.m.p.-2 m.p. sf. (815) *before you*

2:10

כִּי שָׁמַעְנוּ conj. (471)-Qal pf. 1 c.p. (שמע 1033) *for we have heard*

אֵת אֲשֶׁר dir.obj.-rel. (81; GK 117c,157c) *how*

הוֹבִישׁ Hi. pf. 3 m.s. (יבש 386) *dried up*

יהוה pr.n. (217) *Yahweh*

אֶת מֵי dir.obj.-n.m.p. cstr. (565) *the water of*

יַם סוּף n.m.s. cstr. (410)-n.m.s. (693) *the Red Sea* (lit. *sea of reeds*)

מִפְּנֵיכֶם prep.-n.m.p.-2 m.p. sf. (815) *before you*

בְּצֵאתְכֶם prep.-Qal inf.cstr.-2 m.p. sf. (יצא 422) *when you came out*

מִמִּצְרָיִם prep.-pr.n. paus. (595) *of Egypt*

וַאֲשֶׁר conj.-rel. (81) *and what*

עֲשִׂיתֶם Qal pf. 2 m.p. (עשה I 793) *you did*

לִשְׁנֵי מַלְכֵי prep.-num. cstr. (1040)-n.m.p. cstr. (572) *to the two kings of*

הָאֱמֹרִי def.art.-adj.gent. (57) *the Amorites*

אֲשֶׁר בְּעֵבֶר rel. (81)-prep.-n.m.s. cstr. (719) *that were beyond*

הַיַּרְדֵּן def.art.-pr.n. (434) *the Jordan*

לְסִיחֹן prep.-pr.n. (695) *to Sihon*

וּלְעוֹג conj.-prep.-pr.n. (728) *and Og*

אֲשֶׁר הֶחֱרַמְתֶּם rel. (81)-Hi. pf. 2 m.p. (חרם 351) *which you utterly destroyed*

אוֹתָם dir.obj.-3 m.p. sf. *them*

2:11

וַנִּשְׁמַע consec.-Qal impf. 1 c.p. (1033) *and as soon as we heard it*

וַיִּמַּס consec.-Ni. impf. 3 m.s. (מוג 587) *melted*

לְבָבֵנוּ n.m.s.-1 c.p. sf. (523) *our hearts*

וְלֹא קָמָה conj.-neg.-Qal pf. 3 f.s. (קום 877) *and there was not left*

עוֹד רוּחַ adv. (728)-n.f.s. (924) *any courage still*

בְּאִישׁ prep.-n.m.s. (35) *in any man*

מִפְּנֵיכֶם prep.-n.m.p.-2 m.p. sf. (815) *because of you*

כִּי יהוה אֱלֹהֵיכֶם conj. (471)-pr.n. (217)-n.m.p.-2 m.p. sf. (43) *for Yahweh your God*

הוּא אֱלֹהִים pers.pr. 3 m.s. (214)-n.m.p. (43) *he is God*

בַּשָּׁמַיִם prep.-def.art.-n.m. du. (1029) *in heaven*

מִמַּעַל prep.-adv. (751) *above*

וְעַל הָאָרֶץ conj.-prep.-def.art.-n.f.s. (75) *and on earth*

מִתָּחַת prep.-adv. (1065) *beneath*

2:12

וְעַתָּה conj.-adv. (773) *now then*

הִשָּׁבְעוּ נָא לִי Ni. impv. 2 m.p. (שבע 989) -part.of entreaty (609)-prep.-1 c.s. sf. *swear (I pray thee) to me*

בַּיהוה prep.-pr.n. (217) *by Yahweh*

כִּי עָשִׂיתִי conj. (471)-Qal pf. 1 c.s. (עשה I 793) *that as I have dealt*

עִמָּכֶם prep.-2 m.p. sf. (767) *with you*

חָסֶד n.m.s. paus. (338) *kindly*

וַעֲשִׂיתֶם conj.-Qal pf. 2 m.p. (עָשָׂה 793) *will deal*

גַּם־אַתֶּם adv. (168)-pers.pr. 2 m.p. (61) *you also*

עִם־בֵּית אָבִי prep. (767)-n.m.s. cstr. (108)-n.m.s. -1 c.s. sf. (3) *with my father's house*

חָסֶד n.m.s. (338) *kindly*

וּנְתַתֶּם לִי conj.-Qal pf. 2 m.s. (נָתַן 678)-prep.-1 c.s. sf. *and give me*

אוֹת אֱמֶת n.m.s. cstr. (16)-n.f.s. (54) *a sure sign*

2:13

וְהַחֲיִתֶם conj.-Hi. pf. 2 m.p. (חָיָה 310; GK 63q) *and you will save alive*

אֶת־אָבִי dir.obj.-n.m.s.-1 c.s. sf. (3) *my father*

וְאֶת־אִמִּי conj.-dir.obj.-n.f.s.-1 c.s. sf. (51) *and my mother*

וְאֶת־אַחַי v.supra-n.m.p.-1 c.s. sf. (26) *and my brothers*

וְאֶת־אַחְוֹתַי v.supra-n.f.p.-1 c.s. sf. (27; GK 96) *and sisters*

וְאֵת כָּל־אֲשֶׁר לָהֶם v.supra-n.m.s. cstr. (481)-rel. (81)-prep.-3 m.p. sf. *and all who belong to them*

וְהִצַּלְתֶּם conj.-Hi. pf. 2 m.p. (נָצַל 664) *and deliver*

אֶת־נַפְשֹׁתֵינוּ dir.obj.-n.f.p.-1 c.p. sf. (659) *our lives*

מִמָּוֶת prep.-n.m.s. (560) *from death*

2:14

וַיֹּאמְרוּ לָהּ consec.-Qal impf. 3 m.p. (55)-prep.-3 f.s. sf. *and said to her*

הָאֲנָשִׁים def.art.-n.m.p. (35) *the men*

נַפְשֵׁנוּ n.f.s.-1 c.p. sf. (659) *our life*

תַחְתֵּיכֶם prep.-2 m.p. sf. (1065) *for yours*

לָמוּת prep.-Qal inf.cstr. (מוּת 559) *to die*

אִם לֹא תַגִּידוּ hypoth.part. (49)-neg.-Hi. impf. 2 m.p. (נָגַד 616) *if you do not tell*

אֶת־דְּבָרֵנוּ זֶה dir.obj.-n.m.s.-1 c.p. sf. (182) -demons.adj. m.s. (260) *this business of ours*

וְהָיָה conj.-Qal pf. 3 m.s. (224) *so it will be*

בְּתֵת־יְהוָה prep.-Qal inf.cstr. (נָתַן 678)-pr.n. (217) *when Yahweh gives*

לָנוּ prep.-1 c.p. sf. *us*

אֶת־הָאָרֶץ dir.obj.-def.art.-n.f.s. (75) *the land*

וְעָשִׂינוּ עִמָּךְ conj.-Qal pf. 1 c.p. (עָשָׂה 793) -prep.-2 f.s. sf. (767) *then we will deal with you*

חָסֶד n.m.s. (338) *kindly*

וֶאֱמֶת conj.-n.f.s. (54) *and faithfully*

2:15

וַתּוֹרִדֵם consec.-Hi. impf. 3 f.s.-3 m.p. sf. (יָרַד 432) *then she let them down*

בַּחֶבֶל prep.-def.art.-n.m.s. (286) *by a rope*

בְּעַד הַחַלּוֹן prep. cstr. (126)-def.art.-n.m.s. (319) *through the window*

כִּי בֵיתָהּ conj. (471)-n.m.s.-3 f.s. sf. (108) *for her house*

בְּקִיר הַחוֹמָה prep.-n.m.s. cstr. (885)-def.art.-n.f.s. (327) *into the city wall*

וּבַחוֹמָה conj.-prep.-def.art.-n.f.s. (327; GK 126r) *so that in the wall*

הִיא יוֹשָׁבֶת pers.pr. 3 f.s. (214)-Qal act.ptc. f.s. paus. (יָשַׁב 442) *she dwelt*

2:16

וַתֹּאמֶר לָהֶם consec.-Qal impf. 3 f.s. (55)-prep.-3 m.p. sf. *and she said to them*

הָהָרָה def.art.-n.m.s.-dir.he (249) *into the hills*

לֵכוּ Qal impv. 2 m.p. paus. (הָלַךְ 229) *go*

פֶּן־יִפְגְּעוּ conj. (814)-Qal impf. 3 m.p. (פָּגַע 803) *lest ... meet*

בָכֶם prep.-2 m.p. sf. *you*

הָרֹדְפִים def.art.-Qal act.ptc. m.p. (רָדַף 922) *the pursuers*

וְנַחְבֵּתֶם conj.-Ni. pf. 2 m.p. (חָבָא 285; GK 63c,74k) *and hide yourselves*

שָׁמָּה adv.-loc.he (1027) *there*

שְׁלֹשֶׁת יָמִים num. (1025)-n.m.p. (398) *three days*

עַד שׁוֹב prep. (723)-Qal inf.cstr. (שׁוּב 996; GK 72q) *until have returned*

הָרֹדְפִים v.supra *the pursuers*

וְאַחַר תֵּלְכוּ conj.-adv. (29)-Qal impf. 2 m.p. (229 הָלַךְ) *then afterward you may go*

לְדַרְכְּכֶם prep.-n.m.s.-2 m.p. sf. (202) *your way*

2:17

וַיֹּאמְרוּ consec.-Qal impf. 3 m.p. (55) *and said*

אֵלֶיהָ prep.-3 f.s. sf. (39) *to her*

הָאֲנָשִׁים def.art.-n.m.p. (35) *the men*

נְקִיִּם אֲנַחְנוּ adj. m.p. (667)-pers.pr. 1 c.p. (59) *we will be guiltless*

מִשְּׁבֻעָתֵךְ הַזֶּה prep.-n.f.s.-2 f.s. sf. (989)-def. art.-demons.adj. m.s. (260; GK 34aN) *with respect to this oath of yours*

אֲשֶׁר הִשְׁבַּעְתָּנוּ rel. (81)-Hi. pf. 2 m.s.-1 c.p. sf. (989) שָׁבַע; GK 59h) *which you have made us swear*

2:18

הִנֵּה אֲנַחְנוּ demons.part. (243)-pers.pr. 1 c.p. (59) *behold, when we*

בָאִים Qal act.ptc. m.p. (בוֹא 97) *come*

בָּאָרֶץ prep.-def.art.-n.f.s. (75) *into the land*

אֶת־תִּקְוַת חוּט dir.obj.-n.f.s. cstr. (876)-n.m.s. cstr. (296) *cord thread of*

הַשָּׁנִי def.art.-n.m.s. (1040) *scarlet*

הַזֶּה def.art.-demons.adj. m.s. (260) *this*

תִּקְשְׁרִי Qal impf. 2 f.s. (קשׁר 905) *you shall bind*

בַּחַלּוֹן prep.-def.art.-n.m.s. (319) *in the window*

אֲשֶׁר הוֹרַדְתֵּנוּ rel. (81)-Hi. pf. 2 f.s.-1 c.p. sf. (432 ירד; GK 59h) *which you let us down*

בוֹ prep.-3 m.s. sf. *through it*

וְאֶת־אָבִיךְ conj.-dir.obj.-n.m.s.-2 f.s. sf. (3) *and your father*

וְאֶת־אִמֵּךְ v.supra-n.f.s.-2 f.s. sf. (51) *and your mother*

וְאֶת־אַחַיִךְ v.supra-n.m.p.-2 f.s. sf. (26) *and your brothers*

וְאֵת כָּל־בֵּית אָבִיךְ conj.-dir.obj.-n.m.s. cstr. (481)-n.m.s. cstr. (108)-v.supra *and all your father's household*

תַּאַסְפִי Qal impf. 2 f.s. (אסף 62) *you shall gather*

אֵלַיִךְ prep.-2 f.s. sf. (39) *to yourself*

הַבָּיְתָה def.art.-n.m.s.-loc.he (108) *into the house*

2:19

וְהָיָה conj.-Qal pf. 3 m.s. (224) *and it shall be*

כֹּל אֲשֶׁר־יֵצֵא n.m.s. (481)-rel. (81)-Qal impf. 3 m.s. (יצא 422) *any one who goes out*

מִדַּלְתֵי prep.-n.f.p. cstr. (195) *of the doors of*

בֵּיתֵךְ n.m.s.-2 f.s. sf. (108) *your house*

הַחוּצָה def.art.-n.m.s.-loc.he (299) *into the street*

דָּמוֹ n.m.s.-3 m.s. sf. (196) *his blood*

בְרֹאשׁוֹ prep.-n.m.s.-3 m.s. sf. (910) *shall be upon his head*

וַאֲנַחְנוּ נְקִים conj.-pers.pr. 1 c.p. (59)-adj. m.p. (667) *and we shall be guiltless*

וְכֹל אֲשֶׁר conj.-n.m.s. (481)-rel. (81) *and any one who*

יִהְיֶה אִתָּךְ Qal impf. 3 m.s. (224)-prep.-2 f.s. sf. (85) *shall be with you*

בַּבָּיִת prep.-def.art.-n.m.s. (108) *in the house*

דָּמוֹ v.supra *his blood*

בְרֹאשֵׁנוּ prep.-n.m.s.-1 c.p. sf. (910) *on our head*

אִם־יָד hypoth.part. (49)-n.f.s. (388) *if a hand*

תִּהְיֶה־בּוֹ Qal impf. 3 f.s. (224)-prep.-3 m.s. sf. *is laid on him*

2:20

וְאִם־תַּגִּידִי conj.-hypoth.part. (49)-Hi. impf. 2 f.s. (נגד 616) *but if you tell*

אֶת־דְּבָרֵנוּ זֶה dir.obj.-n.m.s.-1 c.p. sf. (182; GK 126y)-demons.adj. m.s. (260) *this business of ours*

וְהָיִינוּ conj.-Qal pf. 1 c.p. (היה 224) *then we shall be*

נְקִים adj. m.p. (667) *guiltless*

מִשְּׁבֻעָתֵךְ prep.-n.f.s.-2 f.s. sf. (989) *with respect to your oath*

אֲשֶׁר הִשְׁבַּעְתָּנוּ rel. (81)-Hi. pf. 2 f.s.-1 c.p. sf. (989 שׁבע; GK 59h) *which you have made us swear*

2:21

וַתֹּאמֶר consec.-Qal impf. 3 f.s. (55) *and she said*

כְּדִבְרֵיכֶם prep.-n.m.p.-2 m.p. sf. (182) *according to your words*

כֶּן־הוּא adv. (485)-pers.pr. 3 m.s. (214) *so be it*

וַתְּשַׁלְּחֵם consec.-Pi. impf. 3 f.s.-3 m.p. sf. (שׁלח 1018) *then she sent them away*

וַיֵּלֵכוּ consec. Qal impf. 3 m.p. paus (הלך 229) *and they departed*

וַתִּקְשֹׁר consec.-Qal impf. 3 f.s. (קשׁר 905) *and she bound*

אֶת־תִּקְוַת dir.obj.-n.f.s. cstr. (876) *the cord of*

הַשָּׁנִי def.art.-n.m.s. (1040) *scarlet*

בַּחַלּוֹן prep.-def.art.-n.m.s. (319) *in the window*

2:22

וַיֵּלְכוּ consec.-Qal impf. 3 m.p. (הלך 229) *they departed*

וַיָּבֹאוּ consec.-Qal impf. 3 m.p. (בוֹא 97) *and went*

הָהָרָה def.art.-n.m.s.-loc.he (249) *into the hills*

וַיֵּשְׁבוּ consec.-Qal impf. 3 m.p. (ישׁב 442) *and remained*

שָׁם adv. (1027) *there*

שְׁלֹשֶׁת יָמִים num. (1025)-n.m.p. (398) *three days*

עַד־שָׁבוּ prep. (723)-Qal pf. 3 c.p. (שׁוב 996) *until ... returned*

הָרֹדְפִים def.art.-Qal act.ptc. m.p. (רדף 922) *the pursuers*

וַיְבַקְשׁוּ consec.-Pi. impf. 3 m.p. (134) *for had made search*

הָרֹדְפִים v.supra *the pursuers*

בְּכָל־הַדֶּרֶךְ prep.-n.m.s. cstr. (481)-def.art.-n.m.s. (202) *all along the way*

וְלֹא מָצָאוּ conj.-neg.-Qal pf. 3 c.p. paus. (מצא 592; GK 107c) *and found nothing*

918

2:23

וַיָּשֻׁבוּ consec.-Qal impf. 3 m.p. (שׁוּב 996) *then returned (again)*

שְׁנֵי הָאֲנָשִׁים num. cstr. (1040)-def.art.-n.m.p. (35) *the two men*

וַיֵּרְדוּ consec.-Qal impf. 3 c.p. (יָרַד 432) *and they came down*

מֵהָהָר prep.-def.art.-n.m.s. (249) *from the hills*

וַיַּעַבְרוּ consec.-Qal impf. 3 m.p. (716) *and passed over*

וַיָּבֹאוּ consec.-Qal impf. 3 m.p. (בּוֹא 97) *and came*

אֶל־יְהוֹשֻׁעַ prep. (39)-pr.n. (221) *to Joshua*

בִּן־נוּן n.m.s. cstr. (119)-pr.n. (630) *the son of Nun*

וַיְסַפְּרוּ־לוֹ consec.-Pi. impf. 3 m.p. (סָפַר 707) -prep.-3 m.s. sf. *and they told him*

אֵת כָּל־הַמֹּצְאוֹת dir.obj.-n.m.s. cstr. (481)-def. art.-Qal act.ptc. f.p. (מָצָא 592) *all that had befallen*

אוֹתָם dir.obj.-3 m.p. sf. *them*

2:24

וַיֹּאמְרוּ consec.-Qal impf. 3 m.p. (55) *and they said*

אֶל־יְהוֹשֻׁעַ prep. (39)-pr.n. (221) *to Joshua*

כִּי־נָתַן conj. (471)-Qal pf. 3 m.s. (678) *truly has given*

יהוה pr.n. (217) *Yahweh*

בְּיָדֵנוּ prep.-n.f.s.-1 c.p. sf. (388) *in our hands*

אֶת־כָּל־הָאָרֶץ dir.obj.-n.m.s. cstr. (481)-def. art.-n.f.s. (75) *all the land*

וְגַם־נָמֹגוּ conj.-adv. (168)-Ni. pf. 3 c.p. (מוּג 556) *and moreover are fainthearted*

כָּל־יֹשְׁבֵי n.m.s. cstr. (481)-Qal act.ptc. m.p. cstr. (יָשַׁב 442) *all the inhabitants of*

הָאָרֶץ def.art.-n.f.s. (75) *the land*

מִפָּנֵינוּ prep.-n.m.p.-1 c.p. sf. (815) *because of us*

3:1

וַיַּשְׁכֵּם consec.-Hi. impf. 3 m.s. (שָׁכַם 1014) *rose early*

יְהוֹשֻׁעַ pr.n. (221) *Joshua*

בַּבֹּקֶר prep.-def.art.-n.m.s. (133) *in the morning*

וַיִּסְעוּ consec.-Qal impf. 3 m.p. (652) *and they set out*

מֵהַשִּׁטִּים prep.-def.art.-pr.n. (1008) *from Shittim*

וַיָּבֹאוּ consec.-Qal impf. 3 m.p. (בּוֹא 97) *and they came*

עַד־הַיַּרְדֵּן prep. (723)-def.art.-pr.n. (434) *to the Jordan*

הוּא וְכָל־ pers.pr. 3 m.s. (214)-conj.-n.m.s. cstr. (481) *he and all*

בְּנֵי יִשְׂרָאֵל n.m.p. cstr. (119)-pr.n. (975) *the people of Israel*

וַיָּלִנוּ consec.-Qal impf. 3 m.p. (לוּן 533) *and lodged*

שָׁם adv. (1027) *there*

טֶרֶם יַעֲבֹרוּ adv. (382)-Qal impf. 3 m.p. (716; GK 107c) *before they passed over*

3:2

וַיְהִי consec.-Qal impf. 3 m.s. (הָיָה 224) *and it was*

מִקְצֵה prep.-n.m.s. cstr. (892) *at the end of*

שְׁלֹשֶׁת יָמִים num. (1025)-n.m.p. (398) *three days*

וַיַּעַבְרוּ consec.-Qal impf. 3 m.p. (716) *went*

הַשֹּׁטְרִים def.art.-n.m.p. (1009) *the officers*

בְּקֶרֶב הַמַּחֲנֶה prep.-n.m.s. cstr. (899)-def.art. -n.m.s. (334) *through the camp*

3:3

וַיְצַוּוּ consec.-Pi. impf. 3 m.p. (צָוָה 845) *and they commanded*

אֶת־הָעָם dir.obj.-def.art.-n.m.s. (766) *the people*

לֵאמֹר prep.-Qal inf.cstr. (55) *(saying)*

כִּרְאוֹתְכֶם prep.-Qal inf.cstr.-2 m.p. sf. (רָאָה 906) *when you see*

אֵת אֲרוֹן dir.obj.-n.m.s. cstr. (75) *the ark of*

בְּרִית־יְהוָה n.f.s. cstr. (136)-pr.n. (217) *the covenant of Yahweh*

אֱלֹהֵיכֶם n.m.p.-2 m.p. sf. (43) *your God*

וְהַכֹּהֲנִים conj.-def.art.-n.m.p. (463) *with the priests*

הַלְוִיִּם def.art.-adj.gent. p. (532) *the Levites*

נֹשְׂאִים אֹתוֹ Qal act.ptc. m.p. (נָשָׂא 669) -dir.obj.-3 m.s. sf. *carrying it*

וְאַתֶּם תִּסְעוּ conj.-pers.pr. 2 m.p. (61)-Qal impf. 2 m.p. (נָסַע 652) *then you shall set out*

מִמְּקוֹמְכֶם prep.-n.m.s.-2 m.p. sf. (879) *from your place*

וַהֲלַכְתֶּם אַחֲרָיו conj.-Qal pf. 2 m.p. (הָלַךְ 229)-prep.-3 m.s. sf. (29) *and follow it*

3:4

אַךְ רָחוֹק adv. (36)-adj. (935) *yet, a space*

יִהְיֶה Qal impf. 3 m.s. (הָיָה 224) *there shall be*

בֵּינֵיכֶם וּבֵינוֹ prep.-2 m.p. sf. (107)-conj.-prep.-3 m.s. sf. (107) *between you and it*

כְּאַלְפַּיִם prep.-n.m. du. (48) *about two thousand*

אַמָּה n.f.s. (52) *cubits*

בַּמִּדָּה prep.-def.art.-n.f.s. (551) *in the measure*

אַל־תִּקְרְבוּ neg. (39)-Qal impf. 2 m.p. (קָרַב 897)
do not come near

אֵלָיו prep.-3 m.s. sf. (39) *to it*

לְמַעַן אֲשֶׁר־ conj. (775)-rel. (81) *in order that*

תֵּדְעוּ Qal impf. 2 m.p. (יָדַע 393) *you may know*

אֶת־הַדֶּרֶךְ dir.obj.-def.art.-n.m.s. (202) *the way*

אֲשֶׁר תֵּלְכוּ־בָהּ rel. (810)-Qal impf. 2 m.p. (הָלַךְ 229)-prep.-3 f.s. sf. *you shall go in it*

כִּי לֹא עֲבַרְתֶּם conj. (471)-neg.-Qal pf. 2 m.p. (עָבַר 716) *for you have not passed*

בַּדֶּרֶךְ prep.-def.art.-n.m.s. (202) *this way*

מִתְּמוֹל שִׁלְשׁוֹם prep.-adv. (1069)-adv. (1026) *before*

3:5

וַיֹּאמֶר יְהוֹשֻׁעַ consec.-Qal impf. 3 m.s. (55)-pr.n. (221) *and Joshua said*

אֶל־הָעָם prep. (39)-def.art.-n.m.s. (766) *to the people*

הִתְקַדָּשׁוּ Hith. impv. 2 m.p. paus. (קָדַשׁ 872; GK 54k) *sanctify yourselves*

כִּי מָחָר conj. (471)-adv. (563) *for tomorrow*

יַעֲשֶׂה יהוה Qal impf. 3 m.s. (עָשָׂה I 793)-pr.n. (217) *Yahweh will do*

בְּקִרְבְּכֶם prep.-n.m.s.-2 m.p. sf. (899) *among you*

נִפְלָאוֹת n.f.p. (Ni. ptc. f.p. פָּלָא 810) *wonders*

3:6

וַיֹּאמֶר יְהוֹשֻׁעַ consec.-Qal impf. 3 m.s. (55)-pr.n. (221) *and Joshua said*

אֶל־הַכֹּהֲנִים prep. (39)-def.art.-n.m.p. (463) *to the priests*

לֵאמֹר prep.-Qal inf.cstr. (55) *(saying)*

שְׂאוּ Qal impv. 2 m.p. (נָשָׂא 669) *take up*

אֶת־אֲרוֹן הַבְּרִית dir.obj.-n.m.s. cstr. (75)-def.art.-n.f.s. (136) *the ark of the covenant*

וְעִבְרוּ conj.-Qal impv. 2 m.p. (עָבַר 716) *and pass on*

לִפְנֵי הָעָם prep.-n.m.p. cstr. (815)-def.art.-n.m.s. (766) *before the people*

וַיִּשְׂאוּ consec.-Qal impf. 3 m.p. (נָשָׂא 669) *and they took up*

אֶת־אֲרוֹן הַבְּרִית dir.obj.-v.supra-v.supra *the ark of the covenant*

וַיֵּלְכוּ consec.-Qal impf. 3 m.p. (הָלַךְ 229) *and went*

לִפְנֵי־הָעָם v.supra-v.supra *before the people*

3:7

וַיֹּאמֶר יהוה consec.-Qal impf. 3 m.s. (55)-pr.n. (217) *and Yahweh said*

אֶל־יְהוֹשֻׁעַ prep. (39)-pr.n. (221) *to Joshua*

הַיּוֹם הַזֶּה def.art.-n.m.s. (398)-def.art.-demons.adj. m.s. (260) *this day*

אָחֵל Hi. impf. 1 c.s. (חָלַל 320) *I will begin*

גַּדֶּלְךָ Pi. inf.cstr.-2 m.s. sf. (גָּדַל 152; GK 115c) *to exalt you*

בְּעֵינֵי prep.-n.f.p. cstr. (744) *in the sight of*

כָּל־יִשְׂרָאֵל n.m.s. cstr. (481)-pr.n. (975) *all Israel*

אֲשֶׁר יֵדְעוּן rel. (81)-Qal impf. 3 m.p. (יָדַע 393) *that they may know*

כִּי כַּאֲשֶׁר conj. (471)-prep.-rel. (81) *that as*

הָיִיתִי Qal pf. 1 c.s. (הָיָה 224) *I was*

עִם־מֹשֶׁה prep. (767)-pr.n. (602) *with Moses*

אֶהְיֶה עִמָּךְ Qal impf. 1 c.s. (הָיָה 224)-prep.-2 m.s. sf. paus. (767) *so I will be with you*

3:8

וְאַתָּה conj.-pers.pr. 2 m.s. (61) *and you*

תְּצַוֶּה Pi. impf. 2 m.s. (צָוָה 845) *shall command*

אֶת־הַכֹּהֲנִים dir.obj.-def.art.-n.m.p. (463) *the priests*

נֹשְׂאֵי Qal act.ptc. m.p. cstr. (נָשָׂא 669) *who bear*

אֲרוֹן־הַבְּרִית n.m.s. cstr. (75)-def.art.-n.f.s. (136) *the ark of the covenant*

לֵאמֹר prep.-Qal inf.cstr. (55) *(saying)*

כְּבֹאֲכֶם prep.-Qal inf.cstr.-2 m.p. sf. (בּוֹא 97) *when you come*

עַד־קְצֵה prep. (723)-n.m.s. cstr. (892) *to the brink of*

מֵי הַיַּרְדֵּן n.m.p. cstr. (565)-def.art.-pr.n. (434) *the waters of the Jordan*

בַּיַּרְדֵּן prep.-def.art.-pr.n. (434) *in the Jordan*

תַּעֲמֹדוּ Qal impf. 2 m.p. (עָמַד 763) *you shall stand still*

3:9

וַיֹּאמֶר יְהוֹשֻׁעַ consec.-Qal impf. 3 m.s. (55)-pr.n. (221) *and Joshua said*

אֶל־בְּנֵי יִשְׂרָאֵל prep. (39)-n.m.p. cstr. (119)-pr.n. (975) *to the people of Israel*

גֹּשׁוּ Qal impv. 2 m.p. (נָגַשׁ 620; GK 66c) *come*

הֵנָּה adv. (244) *hither*

וְשִׁמְעוּ conj.-Qal impv. 2 m.p. (1033) *and hear*

אֶת־דִּבְרֵי dir.obj.-n.m.p. cstr. (182) *the words of*

יהוה אֱלֹהֵיכֶם pr.n. (217)-n.m.p.-2 m.p. sf. (43) *Yahweh your God*

3:10

וַיֹּאמֶר יְהוֹשֻׁעַ consec.-Qal impf. 3 m.s. (55)-pr.n. (221) *and Joshua said*

בְּזֹאת prep.-demons.adj. f.s. (260) *hereby*

תֵּדְעוּן Qal impf. 2 m.p. (יָדַע 393) *you shall know*

כִּי אֵל חַי conj. (471)-n.m.s. (42)-adj. m.s. (311) *that the living God*

בְּקִרְבְּכֶם prep.-n.m.s.-2 m.p. sf. (899) *is among you*

וְהוֹרֵשׁ יוֹרִישׁ conj.-Hi. inf.abs. (יָרַשׁ 439)-Hi. impf. 3 m.s. (יָרַשׁ 439) *and that he will without fail drive out*

מִפְּנֵיכֶם prep.-n.m.p.-2 m.p. sf. (815) *from before you*

אֶת־הַכְּנַעֲנִי dir.obj.-def.art.-pr.n. gent. (489) *the Canaanites*

וְאֶת־הַחִתִּי conj.-dir.obj.-def.art.-pr.n. gent. (366) *the Hittites*

וְאֶת־הַחִוִּי conj.-dir.obj.-def.art.-pr.n. gent. (295) *the Hivites*

וְאֶת־הַפְּרִזִּי v.supra-def.art.-pr.n. gent. (827) *the Perizzites*

וְאֶת־הַגִּרְגָּשִׁי v.supra-def.art.-pr.n. gent. (173) *the Girgashites*

וְהָאֱמֹרִי conj.-def.art.-pr.n. gent. (57) *the Amorites*

וְהַיְבוּסִי conj.-def.art.-pr.n. gent. (101) *and the Jebusites*

3:11

הִנֵּה demons.part. (243) *behold*

אֲרוֹן הַבְּרִית n.m.s. cstr. (75)-def.art.-n.f.s. (136) *the ark of the covenant*

אֲרוֹן כָּל־הָאָרֶץ n.m.s. cstr. (10)-n.m.s. cstr. (481) -def.art.-n.f.s. (75) *the lord of all the land*

עֹבֵר Qal act.ptc. (716) *is to pass over*

לִפְנֵיכֶם prep.-n.m.p.-2 m.p. sf. (815) *before you*

בַּיַּרְדֵּן prep.-def.art.-pr.n. (434) *into the Jordan*

3:12

וְעַתָּה conj.-adv. (773) *now therefore*

קְחוּ לָכֶם Qal impv. 2 m.p. (לָקַח 542)-prep.-2 m.p. sf. *take for yourselves*

שְׁנֵי עָשָׂר אִישׁ num. cstr. (1040)-num. (797) -n.m.s. (35) *twelve men*

מִשִּׁבְטֵי יִשְׂרָאֵל prep.-n.m.p. cstr. (986)-pr.n. (975) *from the tribes of Israel*

אִישׁ־אֶחָד n.m.s. (35)-num. (25) *one man*

אִישׁ־אֶחָד v.supra-v.supra (GK 134q) *one man*

לַשָּׁבֶט prep.-def.art.-n.m.s. paus. (986) *from each tribe*

3:13

וְהָיָה conj.-Qal pf. 3 m.s. (224) *and (it shall be)*

כְּנוֹחַ prep.-Qal inf.cstr. (נוּחַ 628) *when ... shall rest*

כַּפּוֹת n.f.p. cstr. (496) *the soles of*

רַגְלֵי n.f.p. cstr. (919) *the feet of*

הַכֹּהֲנִים def.art.-n.m.p. (463) *the priests*

נֹשְׂאֵי Qal act.ptc. m.p. cstr. (נָשָׂא 669) *who bear*

אֲרוֹן יְהוָה n.m.s. cstr. (75)-pr.n. (217) *the ark of Yahweh*

אֲרוֹן כָּל־הָאָרֶץ n.m.s. cstr. (10)-n.m.s. cstr. (481) -def.art.-n.f.s. (75) *the lord of all the earth*

בְּמֵי הַיַּרְדֵּן prep.-n.m.p. cstr. (565)-def.art.-pr.n. (434) *in the waters of the Jordan*

מֵי הַיַּרְדֵּן n.m.p. cstr. (565)-v.supra *the waters of the Jordan*

יִכָּרֵתוּן Ni. impf. 3 m.p. (כָּרַת 503) *shall be stopped*

הַמַּיִם def.art.-n.m.p. (565) *the waters*

הַיֹּרְדִים def.art.-Qal act.ptc. m.p. (יָרַד 432) *coming down*

מִלְמַעְלָה prep.-prep.-adv.-loc.he (751) *from above*

וְיַעַמְדוּ conj.-Qal impf. 3 m.p. (עָמַד 763) *shall stand*

נֵד אֶחָד n.m.s. (622)-num. (25) *in one heap*

3:14

וַיְהִי conj.-Qal impf. 3 m.s. (הָיָה 224) *so (it shall be)*

בִּנְסֹעַ הָעָם prep.-Qal inf.cstr. (נָסַע 652)-def.art. -n.m.s. (766) *when the people set out*

מֵאָהֳלֵיהֶם prep.-n.m.p.-3 m.p. sf. (13) *from their tents*

לַעֲבֹר prep.-Qal inf.cstr. (עָבַר 716) *to pass over*

אֶת־הַיַּרְדֵּן dir.obj.-def.art.-pr.n. (434) *the Jordan*

וְהַכֹּהֲנִים conj.-def.art.-n.m.p. (463) *with the priests*

נֹשְׂאֵי Qal act.ptc. m.p. cstr. (נָשָׂא 669) *bearing*

הָאָרוֹן def.art.-n.m.s. (75) *the ark*

הַבְּרִית def.art.-n.f.s. (136; GK 127g) *the covenant*

לִפְנֵי הָעָם prep.-n.m.p. cstr. (815)-def.art.-n.m.s. (766) *before the people*

3:15

וּכְבוֹא conj.-prep.-Qal inf.cstr. (בּוֹא 97) *and when ... had come*

נֹשְׂאֵי Qal act.ptc. m.p. cstr. (נָשָׂא 669) *those who bore*

הָאָרוֹן def.art.-n.m.s. (75) *the ark*

עַד־הַיַּרְדֵּן prep. (723)-def.art.-pr.n. (434) *to the Jordan*

וְרַגְלֵי conj.-n.f.p. cstr. (919) *and the feet of*

הַכֹּהֲנִים def.art.-n.m.p. (463) *the priests*

נֹשְׂאֵי הָאָרוֹן v.supra-v.supra *bearing the ark*

נִטְבְּלוּ Ni. pf. 3 c.p. (טָבַל 371) *were dipped*

בִּקְצֵה prep.-n.m.s. cstr. (892) *in the brink of*

הַמַּיִם def.art.-n.m.p. paus. (565) *the water*

וְהַיַּרְדֵּן conj.-def.art.-pr.n. (434) *now the Jordan*

מָלֵא Qal pf. 3 m.s or Qal act.ptc. (מָלֵא 569) *overflows*

עַל־כָּל־גְּדוֹתָיו prep. (752)-n.m.s. cstr. (481) -n.f.p.-3 m.s. sf. (152) *all its banks*

כֹּל יְמֵי n.m.s. cstr. (481)-n.m.p. cstr. (398) *throughout the time of*

קָצִיר n.m.s. (894) *harvest*

3:16

וַיַּעַמְדוּ consec.-Qal impf. 3 m.p. (עָמַד 763) *and stood*

הַמַּיִם def.art.-n.m.p. (365) *the waters*

הַיֹּרְדִים def.art.-Qal act.ptc. m.p. (יָרַד 432) *coming down*

מִלְמַעְלָה prep.-prep.-adv.-loc.he (751) *from above*

קָמוּ Qal pf. 3 c.p. (קוּם 877) *they rose*

נֵד־אֶחָד n.m.s. (622)-num. (25) *in a heap*

הַרְחֵק Hi. inf.abs. (רָחַק 934) *far off*

מְאֹד adv. (547) *very*

בְּאָדָם prep.-pr.n. (9; Qere rd. מֵאָדָם) *at Adam*

הָעִיר def.art.-n.f.s. (746) *the city*

אֲשֶׁר מִצַּד rel. (81)-prep.-n.m.s. cstr. (841) *that is beside*

צָרְתָן pr.n. (866) *Zarethan*

וְהַיֹּרְדִים conj.-def.art.-Qal act.ptc. m.p. (יָרַד 432) *and those flowing down*

עַל יָם prep. (752)-n.m.s. cstr. (410) *toward the sea of*

הָעֲרָבָה def.art.-pr.n. (787) *the Arabah*

יָם־הַמֶּלַח v.supra-def.art.-n.m.s. (571) *the Salt Sea*

תַּמּוּ Qal pf. 3 c.p. (תָּמַם 1070; GK 120g) *they were wholly*

נִכְרָתוּ Ni. pf. 3 c.p. paus. (כָּרַת 503) *cut off*

וְהָעָם conj.-def.art.-n.m.s. (766) *and the people*

עָבְרוּ Qal pf. 3 c.p. (עָבַר 716) *passed over*

נֶגֶד יְרִיחוֹ prep. (617)-pr.n. (437) *opposite Jericho*

3:17

וַיַּעַמְדוּ consec.-Qal impf. 3 m.p. (עָמַד 763) *and stood*

הַכֹּהֲנִים def.art.-n.m.p. (463) *the priests*

נֹשְׂאֵי Qal act.ptc. m.p. cstr. (נָשָׂא 669) *who bore*

הָאָרוֹן def.art.-n.m.s. (75) *the ark*

בְּרִית־יְהוָה n.f.s. cstr. (136)-pr.n. (217) *the covenant of Yahweh*

בֶּחָרָבָה prep.-def.art.-n.f.s. (351) *on dry ground*

בְּתוֹךְ prep.-n.m.s. cstr. (1063) *in the midst of*

הַיַּרְדֵּן def.art.-pr.n. (434) *the Jordan*

הָכֵן Hi. inf.abs. (כּוּן 465) *firmly*

וְכָל־יִשְׂרָאֵל conj.-n.m.s. cstr. (481)-pr.n. (975) *and while all Israel*

עֹבְרִים Qal act.ptc. m.p. (עָבַר 716) *were passing over*

בֶּחָרָבָה prep.-def.art.-n.f.s. (351) *on dry ground*

עַד־אֲשֶׁר תַּמּוּ prep. (723)-rel. (81)-Qal pf. 3 c.p. (תָּמַם 1070) *until ... finished*

כָּל־הַגּוֹי n.m.s. cstr. (481)-def.art.-n.m.s. (156) *all the nation*

לַעֲבֹר prep.-Qal inf.cstr. (עָבַר 716) *passing over*

אֶת־הַיַּרְדֵּן dir.obj.-def.art.-pr.n. (434) *the Jordan*

4:1

וַיְהִי consec.-Qal impf. 3 m.s. (הָיָה 224) *it shall be or it was*

כַּאֲשֶׁר־תַּמּוּ prep.-rel. (81)-Qal pf. 3 c.p. (תָּמַם 1070) *when ... had finished*

כָּל־הַגּוֹי n.m.s. cstr. (481)-def.art.-n.m.s. (156) *all the nation*

לַעֲבֹר prep.-Qal inf.cstr. (עָבַר 716) *passing over*

אֶת־הַיַּרְדֵּן dir.obj.-def.art.-pr.n. (434) *the Jordan*

וַיֹּאמֶר יְהוָה consec.-Qal impf. 3 m.s. (55)-pr.n. (217) *and Yahweh said*

אֶל־יְהוֹשֻׁעַ prep.-pr.n. (221) *to Joshua*

לֵאמֹר prep.-Qal inf.cstr. (55) *(saying)*

4:2

קְחוּ לָכֶם Qal impv. 2 m.p. (לָקַח 542)-prep.-2 m.p. sf. *take (for yourselves)*

מִן־הָעָם prep.-def.art.-n.m.s. (766) *from the people*

שְׁנֵים עָשָׂר אֲנָשִׁים num. (1040)-num. (797) -n.m.p. (35) *twelve men*

אִישׁ־אֶחָד n.m.s. (35)-num. (25) *one man*

אִישׁ־אֶחָד v.supra-v.supra *one man*

מִשָּׁבֶט prep.-n.m.s. paus. (986) *from a tribe*

4:3

וְצַוּוּ אוֹתָם conj.-Pi. impv. 2 m.p. (צָוָה 845) -dir.obj.-3 m.p. sf. *and command them*

לֵאמֹר prep.-Qal inf.cstr. (55) *(saying)*

שְׂאוּ־לָכֶם Qal impv. 2 m.p. (נָשָׂא 669)-prep.-2 m.p. sf. *take*

מִזֶּה prep.-demons.adj. m.s. (260) *from here*

מִתּוֹךְ הַיַּרְדֵּן prep.-n.m.s. cstr. (1063)-def.art. -pr.n. (434) *out of the midst of the Jordan*

מִמַּצָּב prep.-n.m.s. cstr. (662) *from the standing-place of*

רַגְלֵי הַכֹּהֲנִים n.f.p. cstr. (919)-def.art.-n.m.p. (463) *the feet of the priests*

הָכֵין Hi. inf.abs. (כון 465; GK 72z) *very (firmly)*

שְׁתֵּים־עֶשְׂרֵה num. (1040)-num. (797) *twelve*

אֲבָנִים n.f.p. (6) *stones*

וְהַעֲבַרְתֶּם conj.-Hi. pf. 2 m.p. (עבר 716) *and carry*

אוֹתָם dir.obj.-3 m.p. sf. *them*

עִמָּכֶם prep.-2 m.p. sf. (767) *with you*

וְהִנַּחְתֶּם conj.-Hi. pf. 2 m.p. (נוח 628) *and lay ... down*

אוֹתָם v.supra *them*

בַּמָּלוֹן prep.-def.art.-n.m.s. (533) *in the place*

אֲשֶׁר־תָּלִינוּ בוֹ rel. (81)-Qal impf. 3 m.p. (לון 533)-prep.-3 m.s. sf. *where you lodge*

הַלָּיְלָה def.art.-n.m.s.-loc.he (538) *tonight*

4:4

וַיִּקְרָא יְהוֹשֻׁעַ consec.-Qal impf. 3 m.s. (קרא 894)-pr.n. (221) *and Joshua called*

אֶל־שְׁנֵים הֶעָשָׂר אִישׁ prep. (39)-num. (1040)-def.art.-num. (797; GK 134k)-n.m.s. (35) *the twelve men*

אֲשֶׁר הֵכִין rel. (81)-Hi. pf. 3 m.s. (כון 465) *whom he had appointed*

מִבְּנֵי יִשְׂרָאֵל prep.-n.m.p. cstr. (119)-pr.n. (975) *from the people of Israel*

אִישׁ־אֶחָד n.m.s. (35)-num. (25) *one man*

אִישׁ־אֶחָד v.supra-v.supra *one man*

מִשָּׁבֶט prep.-n.m.s. paus. (986) *from each tribe*

4:5

וַיֹּאמֶר לָהֶם consec.-Qal impf. 3 m.s. (55)-prep.-3 m.p. sf. *and said to them*

יְהוֹשֻׁעַ pr.n. (221) *Joshua*

עִבְרוּ Qal impv. 2 m.p. (עבר 716) *pass on*

לִפְנֵי prep.-n.m.p. cstr. (815) *before*

אֲרוֹן יְהוָה n.m.s. cstr. (75)-pr.n. (217) *the ark of Yahweh*

אֱלֹהֵיכֶם n.m.p.-2 m.p. sf. (43) *your God*

אֶל־תּוֹךְ prep. (39)-n.m.s. cstr. (1063) *into the midst of*

הַיַּרְדֵּן def.art.-pr.n. (434) *the Jordan*

וְהָרִימוּ לָכֶם conj.-Hi. impv. 2 m.p. (רום 926)-prep.-2 m.p. sf. *and take up for yourselves*

אִישׁ n.m.s. (35) *each*

אֶבֶן אַחַת n.f.s. (6)-num. f. (25) *one stone*

עַל־שִׁכְמוֹ prep. (752)-n.m.s.-3 m.s. sf. (1014) *upon his shoulder*

לְמִסְפַּר prep.-n.m.s. cstr. (708) *according to the number of*

שִׁבְטֵי n.m.p. cstr. (986) *the tribes of*

בְּנֵי־יִשְׂרָאֵל n.m.p. cstr. (119)-pr.n. (975) *the people of Israel*

4:6

לְמַעַן תִּהְיֶה prep.-conj. (775)-Qal impf. 3 f.s. (היה 224) *that ... may be*

זֹאת demons.adj. f.s. (260) *this*

אוֹת n.m.s. (16) *a sign*

בְּקִרְבְּכֶם prep.-n.m.s.-2 m.p. sf. (899) *among you*

כִּי־יִשְׁאָלוּן conj. (471)-Qal impf. 3 m.p. (שאל 981; GK 47m) *when ... ask*

בְּנֵיכֶם n.m.p.-2 m.p. sf. (119) *your children*

מָחָר adv. (563) *in time to come*

לֵאמֹר prep.-Qal inf.cstr. (55) *(saying)*

מָה interr.part. (552) *what*

הָאֲבָנִים הָאֵלֶּה def.art.-n.f.p. (6)-def.art.-demons.adj. c.p. (41) *these stones*

לָכֶם prep.-2 m.p. sf. *to you*

4:7

וַאֲמַרְתֶּם conj.-Qal pf. 2 m.p. (55) *then you shall tell*

לָהֶם prep.-3 m.p. sf. *them*

אֲשֶׁר נִכְרְתוּ rel. (81)-Ni. pf. 3 c.p. (כרת 503) *that were cut off*

מֵימֵי הַיַּרְדֵּן n.m.p. cstr. (565)-def.art.-pr.n. (434) *the waters of the Jordan*

מִפְּנֵי אֲרוֹן prep.-n.m.p. cstr. (815)-n.m.s. cstr. (75) *before the ark of*

בְּרִית־יְהוָה n.f.s. cstr. (136)-pr.n. (217) *the covenant of Yahweh*

בְּעָבְרוֹ prep.-Qal inf.cstr.-3 m.s. sf. (עבר 716; GK 9v) *when it passed over*

בַּיַּרְדֵּן prep.-def.art.-pr.n. (434) *the Jordan*

נִכְרְתוּ v.supra *were cut off*

מֵי הַיַּרְדֵּן n.m.p. cstr. (565)-v.supra *the waters of the Jordan*

וְהָיוּ conj.-Qal pf. 3 c.p. (היה 224) *so shall be*

הָאֲבָנִים הָאֵלֶּה def.art.-n.f.p. (6)-def.art.-demons.adj. c.p. (41) *these stones*

לְזִכָּרוֹן prep.-n.m.s. (272) *a memorial*

לִבְנֵי יִשְׂרָאֵל prep.-n.m.p. cstr. (119)-pr.n. (975) *to the people of Israel*

עַד־עוֹלָם prep. (723)-n.m.s. (761) *for ever*

4:8

וַיַּעֲשׂוּ־כֵן consec.-Qal impf. 3 m.p. (עשה I 793)-adv. (485) *and did so*

בְּנֵי יִשְׂרָאֵל n.m.p. cstr. (119)-pr.n. (975) *the men of Israel*

כַּאֲשֶׁר צִוָּה prep.-rel. (81)-Pi. pf. 3 m.s. (צוה 845) *as commanded*

יְהוֹשֻׁעַ pr.n. (221) *Joshua*

וַיִּשְׂאוּ consec.-Qal impf. 3 m.p. (נָשָׂא 669) *and took up*

שְׁתֵּי־עֶשְׂרֵה num. (1040)-num. (797) *twelve*

אֲבָנִים n.f.p. (6) *stones*

מִתּוֹךְ הַיַּרְדֵּן prep.-n.m.s. cstr. (1063)-def.art.-pr.n. (434) *out of the midst of the Jordan*

כַּאֲשֶׁר דִּבֶּר prep.-rel. (81)-Pi. pf. 3 m.s. (דָּבַר 180) *as told*

יהוה pr.n. (217) *Yahweh*

אֶל־יְהוֹשֻׁעַ prep. (39)-pr.n. (221) *to Joshua*

לְמִסְפַּר prep.-n.m.s. cstr. (708) *according to the number of*

שִׁבְטֵי n.m.p. cstr. (986) *the tribes of*

בְּנֵי־יִשְׂרָאֵל n.m.p. cstr. (119)-pr.n. (975) *the people of Israel*

וַיַּעֲבִרוּם consec.-Hi. impf. 3 m.p.-3 m.p. sf. (עָבַר 716) *and they carried them over*

עִמָּם prep.-3 m.p. sf. (767) *with them*

אֶל־הַמָּלוֹן prep. (39)-def.art.-n.m.s. (533) *to the place where they lodged*

וַיַּנִּחוּם consec.-Hi. impf. 3 m.p.-3 m.p. sf. (נוּחַ 628) *and laid them down*

שָׁם adv. (1027) *there*

4:9

וּשְׁתֵּים עֶשְׂרֵה conj.-num. (1040)-num. (797) *and twelve*

אֲבָנִים n.f.p. (6) *stones*

הֵקִים יְהוֹשֻׁעַ Hi. pf. 3 m.s. (קוּם 877)-pr.n. (221) *Joshua set up*

בְּתוֹךְ prep.-n.m.s. cstr. (1063) *in the midst of*

הַיַּרְדֵּן def.art.-pr.n. (434) *the Jordan*

תַּחַת מַצַּב prep. (1065)-n.m.s. cstr. (662) *in the place where ... had stood*

רַגְלֵי הַכֹּהֲנִים n.f.p. cstr. (919)-def.art.-n.m.p. (463) *the feet of the priests*

נֹשְׂאֵי Qal act.ptc. m.p. cstr. (נָשָׂא 669) *bearing*

אֲרוֹן הַבְּרִית n.m.s. cstr. (75)-def.art.-n.f.s. (136) *the ark of the covenant*

וַיִּהְיוּ שָׁם consec.-Qal impf. 3 m.p. (הָיָה 224)-adv. (1027) *and they are there*

עַד הַיּוֹם הַזֶּה prep. (723)-def.art.-n.m.s. (398)-def.art.-demons.adj. m.s. (260) *to this day*

4:10

וְהַכֹּהֲנִים conj.-def.art.-n.m.p. (463) *for the priests*

נֹשְׂאֵי Qal act.ptc. m.p. cstr. (נָשָׂא 669) *who bore*

הָאָרוֹן def.art.-n.m.s. (75) *the ark*

עֹמְדִים Qal act.ptc. m.p. (עָמַד 763) *stood*

בְּתוֹךְ prep.-n.m.s. cstr. (1063) *in the midst of*

הַיַּרְדֵּן def.art.-pr.n. (434) *the Jordan*

עַד תֹּם prep. (723)-Qal inf.cstr. (תָּמַם 1070) *until was finished*

כָּל־הַדָּבָר n.m.s. cstr. (481)-def.art.-n.m.s. (182) *everything*

אֲשֶׁר־צִוָּה rel. (81)-Pi. pf. 3 m.s. (צָוָה 845) *that commanded*

יהוה pr.n. (217) *Yahweh*

אֶת־יְהוֹשֻׁעַ dir.obj.-pr.n. (221) *Joshua*

לְדַבֵּר prep.-Pi. inf.cstr. (180) *to tell*

אֶל־הָעָם prep.-def.art.-n.m.s. (766) *the people*

כְּכֹל אֲשֶׁר־ prep.-n.m.s. cstr. (481)-rel. (81) *according to all that*

צִוָּה מֹשֶׁה Pi. pf. 3 m.s. (צָוָה 845)-pr.n. (602) *Moses had commanded*

אֶת־יְהוֹשֻׁעַ dir.obj.-v.supra *Joshua*

וַיְמַהֲרוּ consec.-Pi. impf. 3 m.p. (מָהַר 554) *and in haste*

הָעָם def.art.-n.m.s. (766) *the people*

וַיַּעֲבֹרוּ consec.-Qal impf. 3 m.p. (עָבַר 716) *passed over*

4:11

וַיְהִי כַּאֲשֶׁר־ consec.-Qal impf. 3 m.s. (הָיָה 224)-prep.-rel. (81) *and when*

תַּם Qal pf. 3 m.s. (תָּמַם 1070) *had finished*

כָּל־הָעָם n.m.s. cstr. (481)-def.art.-n.m.s. (766) *all the people*

לַעֲבוֹר prep.-Qal inf.cstr. (716) *passing over*

וַיַּעֲבֹר consec.-Qal impf. 3 m.s. (716) *passed over*

אֲרוֹן־יהוה n.m.s. cstr. (75)-pr.n. (217) *the ark of Yahweh*

וְהַכֹּהֲנִים conj.-def.art.-n.m.p. (463) *and the priests*

לִפְנֵי הָעָם prep.-n.m.p. cstr. (815)-def.art.-n.m.s. (766) *before the people*

4:12

וַיַּעַבְרוּ consec.-Qal impf. 3 m.p. (עָבַר 716) *passed over*

בְּנֵי־רְאוּבֵן n.m.p. cstr. (119)-pr.n. (910) *the sons of Reuben*

וּבְנֵי־גָד conj.-v.supra-pr.n. (151) *and the sons of Gad*

וַחֲצִי conj.-n.m.s. cstr. (345) *and the half (of)*

שֵׁבֶט הַמְנַשֶּׁה n.m.s. cstr. (986)-def.art.-pr.n. (586) *tribe of Manasseh*

חֲמֻשִׁים adj. m.p. (332) *armed*

לִפְנֵי prep.-n.m.p. cstr. (815) *before*

בְּנֵי יִשְׂרָאֵל n.m.p. cstr. (119)-pr.n. (975) *the people of Israel*

כַּאֲשֶׁר דִּבֶּר prep.-rel. (81)-Pi. pf. 3 m.s. (180) *as had bidden*

אֲלֵיהֶם prep.-3 m.p. sf. (39) *them*

מֹשֶׁה pr.n. (602) *Moses*

4:13

כְּאַרְבָּעִים prep.-num. p. (917) *about forty*

אֶלֶף n.m.s. (48) *thousand*

חֲלוּצֵי Qal pass.ptc. m.p. cstr. (323) *ready armed for*

הַצָּבָא def.art.-n.m.s. (838) *war*

עָבְרוּ Qal pf. 3 c.p. (716) *passed over*

לִפְנֵי יהוה prep.-n.m.p. cstr. (815)-pr.n. (217) *before Yahweh*

לַמִּלְחָמָה prep.-def.art.-n.f.s. (536) *for battle*

אֶל עַרְבוֹת prep.-n.f.p. cstr. (787) *to the plains of*

יְרִיחוֹ pr.n. (437) *Jericho*

4:14

בַּיּוֹם הַהוּא prep.-def.art.-n.m.s. (398)-def.art.-demons.adj. m.s. (214) *on that day*

גִּדַּל Pi. pf. 3 m.s. (גָּדַל 152; GK 52,l) *exalted*

יהוה pr.n. (217) *Yahweh*

אֶת־יְהוֹשֻׁעַ dir.obj.-pr.n. (221) *Joshua*

בְּעֵינֵי prep.-n.f.p. cstr. (744) *in the sight of*

כָּל־יִשְׂרָאֵל n.m.s. cstr. (481)-pr.n. (975) *all Israel*

וַיִּרְאוּ consec.-Qal impf. 3 m.p. (יָרֵא 431) *and they stood in awe*

אֹתוֹ dir.obj.-3 m.s. sf. *of him*

כַּאֲשֶׁר יָרְאוּ prep.-rel. (81)-Qal pf. 3 c.p. (431) *as they had stood in awe*

אֶת־מֹשֶׁה dir.obj.-pr.n. (602) *of Moses*

כָּל־יְמֵי n.m.s. cstr. (481)-n.m.p. cstr. (398) *all the days of*

חַיָּיו n.m.p.-3 m.s. sf. (313) *his life*

4:15

וַיֹּאמֶר יהוה consec.-Qal impf. 3 m.s. (55)-pr.n. (217) *and Yahweh said*

אֶל־יְהוֹשֻׁעַ prep. (39)-pr.n. (221) *to Joshua*

לֵאמֹר prep.-Qal inf.cstr. (55) *(saying)*

4:16

צַוֵּה Pi. impv. 2 m.s. (צָוָה 845) *command*

אֶת־הַכֹּהֲנִים dir.obj.-def.art.-n.m.p. (463) *the priests*

נֹשְׂאֵי Qal act.ptc. m.p. cstr. (נָשָׂא 669) *who bear*

אֲרוֹן הָעֵדוּת n.m.s. cstr. (75)-def.art.-n.f.s. (730) *the ark of the testimony*

וְיַעֲלוּ conj.-Qal impf. 3 m.p. (עָלָה 748) *to come up*

מִן־הַיַּרְדֵּן prep. (577)-def.art.-pr.n. (434) *out of the Jordan*

4:17

וַיְצַו consec.-Pi. impf. 3 m.s. (צָוָה 845) *therefore commanded*

יְהוֹשֻׁעַ pr.n. (221) *Joshua*

אֶת־הַכֹּהֲנִים dir.obj.-def.art.-n.m.p. (463) *the priests*

לֵאמֹר prep.-Qal inf.cstr. (55) *(saying)*

עֲלוּ Qal impv. 2 m.p. (עָלָה 748) *come up*

מִן־הַיַּרְדֵּן prep.-def.art.-pr.n. (434) *out of the Jordan*

4:18

וַיְהִי consec.-Qal impf. 3 m.s. (הָיָה 224) *and when*

בַּעֲלוֹת prep.-Qal inf.cstr. (עָלָה 748) *came up*

הַכֹּהֲנִים def.art.-n.m.p. (463) *the priests*

נֹשְׂאֵי Qal act.ptc. m.p. cstr. (נָשָׂא 669) *bearing*

אֲרוֹן n.m.s. cstr. (75) *the ark of*

בְּרִית־יהוה n.f.s. cstr. (136)-pr.n. (217) *the covenant of Yahweh*

מִתּוֹךְ prep.-n.m.s. cstr. (1063) *from the midst of*

הַיַּרְדֵּן def.art.-pr.n. (434) *the Jordan*

נִתְּקוּ Ni. pf. 3 c.p. (נָתַק 683) *were lifted up*

כַּפּוֹת n.f.p. cstr. (496) *the soles of*

רַגְלֵי n.f.p. cstr. (919) *the feet of*

הַכֹּהֲנִים v.supra *the priests*

אֶל הֶחָרָבָה prep. (39)-def.art.-n.f.s. (351) *on dry ground*

וַיָּשֻׁבוּ consec.-Qal impf. 3 m.p. (שׁוּב 996) *returned*

מֵי־הַיַּרְדֵּן n.m.p. cstr. (565)-def.art.-pr.n. (434) *the waters of the Jordan*

לִמְקוֹמָם prep.-n.m.s.-3 m.p. sf. (879) *to their place*

וַיֵּלְכוּ consec.-Qal impf. 3 m.p. (הָלַךְ 229) *and overflowed*

כִּתְמוֹל־שִׁלְשׁוֹם prep.-adv. (1069)-adv. (1026) *as before*

עַל־כָּל־גְּדוֹתָיו prep. (752)-n.m.s. cstr. (481)-n.f.p.-3 m.s. sf. (152) *over all its banks*

4:19

וְהָעָם conj.-def.art.-n.m.s. (766) *the people*

עָלוּ Qal pf. 3 c.p. (עָלָה 748) *came up*

מִן־הַיַּרְדֵּן prep.-def.art.-pr.n. (434) *out of the Jordan*

בֶּעָשׂוֹר prep.-def.art.-num. (797) *on the tenth day*

לַחֹדֶשׁ הָרִאשׁוֹן prep.-def.art.-n.m.s. (294)-def.
art.-adj. m.s. (911) *of the first month*

וַיַּחֲנוּ consec.-Qal impf. 3 m.p. (חָנָה 333) *and
they encamped*

בַּגִּלְגָּל prep.-def.art.-pr.n. (166) *in Gilgal*

בִּקְצֵה מִזְרַח prep.-n.m.s. cstr. (892)-n.m.s. cstr.
(280) *on the east border of*

יְרִיחוֹ pr.n. (437) *Jericho*

4:20

וְאֵת שְׁתֵּים עֶשְׂרֵה conj.-dir.obj.-num.
(1040)-num. (797) *and twelve*

הָאֲבָנִים הָאֵלֶּה def.art.-n.f.p. (6)-def.art.
-demons.adj. c.p. (41) *these ... stones*

אֲשֶׁר לָקְחוּ rel. (81)-Qal pf. 3 c.p. (542) *which
they took*

מִן־הַיַּרְדֵּן prep.-def.art.-pr.n. (434) *out of the
Jordan*

הֵקִים Hi. pf. 3 m.s. (קום 877) *set up*

יְהוֹשֻׁעַ pr.n. (221) *Joshua*

בַּגִּלְגָּל prep.-def.art.-pr.n. (166) *in Gilgal*

4:21

וַיֹּאמֶר consec.-Qal impf. 3 m.s. (55) *and he said*

אֶל־בְּנֵי יִשְׂרָאֵל prep. (39)-n.m.p. cstr. (119)-pr.n.
(975) *to the people of Israel*

לֵאמֹר prep.-Qal inf.cstr. (55) *(saying)*

אֲשֶׁר יִשְׁאָלוּן rel. (81)-Qal impf. 3 m.p. (שָׁאַל
981) *when ... ask*

בְּנֵיכֶם n.m.p.-2 m.p. sf. (119) *your children*

מָחָר adv. (563) *in time to come*

אֶת־אֲבוֹתָם dir.obj.-n.m.p.-3 m.p. sf. (3) *their
fathers*

לֵאמֹר v.supra *(saying)*

מָה interr. (552) *what do ... mean?*

הָאֲבָנִים הָאֵלֶּה def.art.-n.f.p. (6)-def.art.
-demons.adj. c.p. (41) *these stones*

4:22

וְהוֹדַעְתֶּם conj.-Hi. pf. 2 m.p. (יָדַע 393) *then you
shall let ... know*

אֶת־בְּנֵיכֶם dir.obj.-n.m.p.-2 m.p. sf. (119) *your
children*

לֵאמֹר prep.-Qal inf.cstr. (55) *(saying)*

בַּיַּבָּשָׁה prep.-def.art.-n.f.s. (387) *on dry ground*

עָבַר Qal pf. 3 m.s. (716) *passed over*

יִשְׂרָאֵל pr.n. (975) *Israel*

אֶת־הַיַּרְדֵּן הַזֶּה dir.obj.-def.art.-pr.n. (434)-def.
art.-demons.adj. m.s. (260) *this Jordan*

4:23

אֲשֶׁר־הוֹבִישׁ rel. (81)-Hi. pf. 3 m.s. (יָבֵשׁ 386)
for dried up

יהוה אֱלֹהֵיכֶם pr.n. (217)-n.m.p.-2 m.p. sf. (43)
Yahweh your God

אֶת־מֵי הַיַּרְדֵּן dir.obj.-n.m.p. cstr. (565)-def.art.
-pr.n. (434) *the waters of the Jordan*

מִפְּנֵיכֶם prep.-n.m.p.-2 m.p. sf. (815) *before you*

עַד־עָבְרְכֶם prep. (723)-Qal inf.cstr.-2 m.p. sf.
(716 עָבַר) *until you passed over*

כַּאֲשֶׁר עָשָׂה prep.-rel. (81)-Qal pf. 3 m.s. (793)
as ... did

יהוה אֱלֹהֵיכֶם v.supra-v.supra *Yahweh your God*

לְיַם־סוּף prep.-n.m.s. cstr. (410)-n.m.s. (693) *to
the Red Sea*

אֲשֶׁר־הוֹבִישׁ rel. (81)-Hi. pf. 3 m.s. (יָבֵשׁ 386)
which he dried up

מִפָּנֵינוּ prep.-n.m.p.-1 c.p. sf. (815) *for us*

עַד־עָבְרֵנוּ prep. (723)-Qal inf.cstr.-1 c.p. sf. (עָבַר
716) *until we passed over*

4:24

לְמַעַן דַּעַת conj. (775)-Qal inf.cstr. (יָדַע 393) *so
that ... may know*

כָּל־עַמֵּי n.m.s. cstr. (481)-n.m.p. cstr. (766) *all the
peoples of*

הָאָרֶץ def.art.-n.f.s. (75) *the earth*

אֶת־יַד יהוה dir.obj.-n.f.s. cstr. (388)-pr.n. (217)
that the hand of Yahweh

כִּי חֲזָקָה הִיא conj. (471)-adj. f.s. (305)-demons.
adj. f.s. (214) *that it is mighty*

לְמַעַן יְרָאתֶם conj. (775)-Qal pf. 2 m.p. (יָרֵא 431;
GK 74g) *that you may fear*

אֶת־יהוה אֱלֹהֵיכֶם dir.obj.-pr.n. (217)-n.m.p.-2
m.p. sf. (43) *Yahweh your God*

כָּל־הַיָּמִים n.m.s. cstr. (481)-def.art.-n.m.p. (398)
for ever

5:1

וַיְהִי כִשְׁמֹעַ consec.-Qal impf. 3 m.s. (הָיָה
224)-prep.-Qal inf.cstr. (שָׁמַע 1033) *when ...
heard*

כָּל־מַלְכֵי n.m.s. cstr. (481)-n.m.p. cstr. (572) *all
the kings of*

הָאֱמֹרִי def.art.-pr.n. gent. (57) *the Amorites*

אֲשֶׁר בְּעֵבֶר rel. (81)-prep.-n.m.s. cstr. (719) *that
were beyond*

הַיַּרְדֵּן def.art.-pr.n. (434) *the Jordan*

יָמָּה n.m.s.-dir.he (410) *to the west*

וְכָל־מַלְכֵי conj.-n.m.s. cstr. (481)-v.supra *and all
the kings of*

הַכְּנַעֲנִי def.art.-pr.n. gent. (489) *the Canaanites*

אֲשֶׁר עַל־הַיָּם rel. (81)–prep. (752)–def.art.–n.m.s. (410) *that were by the sea*

אֶת־אֲשֶׁר־ dir.obj.–rel. (81) *that*

הוֹבִישׁ Hi. pf. 3 m.s. (יבשׁ 386) *had dried up*

יְהוָה pr.n. (217) *Yahweh*

אֶת־מֵי הַיַּרְדֵּן dir.obj.–n.m.p. cstr. (565)–def.art.–pr.n. (434) *the waters of the Jordan*

מִפְּנֵי prep.–n.m.p. cstr. (815) *for (from before)*

בְּנֵי־יִשְׂרָאֵל n.m.p. cstr. (119)–pr.n. (975) *the people of Israel*

עַד־עָבְרֵנוּ prep. (723)–Qal inf.cstr.–1 c.p. sf. (עבר 716; Qere rds. עָבְרָם as 3 m.p. sf.) *until we had crossed over*

וַיִּמַּס consec.–Ni. impf. 3 m.s. (מסס 587) *melted*

לְבָבָם n.m.s.–3 m.p. sf. (523) *their heart*

וְלֹא־הָיָה conj.–neg.–Qal pf. 3 m.s. (224) *and there was not*

בָּם prep.–3 m.p. sf. *in them*

עוֹד adv. (728) *any longer*

רוּחַ n.f.s. (924) *any spirit*

מִפְּנֵי prep.–n.m.p. cstr. (815) *because of (from before)*

בְּנֵי־יִשְׂרָאֵל n.m.p. cstr. (119)–pr.n. (975) *the people of Israel*

5:2

בָּעֵת הַהִיא prep.–def.art.–n.f.s. (773)–def.art.–demons.adj. f.s. (214) *at that time*

אָמַר יְהוָה Qal pf. 3 m.s. (55)–pr.n. (217) *Yahweh said*

אֶל־יְהוֹשֻׁעַ prep. (39)–pr.n. (221) *to Joshua*

עֲשֵׂה לְךָ Qal impv. 2 m.s. (793)–prep.–2 m.s. sf. *make (for yourselves)*

חַרְבוֹת צֻרִים n.f.p. cstr. (352)–n.m.p. (849; GK 124q) *flint knives*

וְשׁוּב מֹל conj.–Qal impv. 2 m.s. (שׁוב 996; GK 120g)–Qal impv. 2 m.s. (מול 557 or מָלַל IV 576) *and circumcise again*

אֶת־בְּנֵי־יִשְׂרָאֵל dir.obj.–n.m.p. cstr. (119)–pr.n. (975) *the people of Israel*

שֵׁנִית num. f. ord. (1041) *a second time*

5:3

וַיַּעַשׂ־לוֹ consec.–Qal impf. 3 m.s. (עשׂה I 793)–prep.–3 m.s. sf. *so ... made*

יְהוֹשֻׁעַ pr.n. (221) *Joshua*

חַרְבוֹת צֻרִים n.f.p. cstr. (352)–n.m.p. (866) *flint knives*

וַיָּמָל consec.–Qal impf. 3 m.s. (מול 557) *and circumcised*

אֶת־בְּנֵי יִשְׂרָאֵל dir.obj.–n.m.p. cstr. (119)–pr.n. (975) *the people of Israel*

אֶל־גִּבְעַת prep. (39)–n.f.s. cstr. (149) *at the hill of*

הָעֲרָלוֹת def.art.–n.f.p. (790) *the foreskins*

5:4

וְזֶה conj.–demons.adj. m.s. (260) *and this is*

הַדָּבָר def.art.–n.m.s. (182) *the reason*

אֲשֶׁר־מָל rel. (81)–Qal pf. 3 m.s. (מול 557) *why ... circumcised*

יְהוֹשֻׁעַ pr.n. (221) *Joshua*

כָּל־הָעָם n.m.s. cstr. (481)–def.art.–n.m.s. (766) *all the people*

הַיֹּצֵא def.art.–Qal act.ptc. (יצא 422) *who came out*

מִמִּצְרַיִם prep.–pr.n. (595) *of Egypt*

הַזְּכָרִים def.art.–adj. m.p. (271) *the males*

כֹּל אַנְשֵׁי n.m.s. cstr. (119)–n.m.p. cstr. (35) *all the men of*

הַמִּלְחָמָה def.art.–n.f.s. (536) *war*

מֵתוּ Qal pf. 3 c.p. (מות 559) *had died*

בַּמִּדְבָּר prep.–def.art.–n.m.s. (184) *in the wilderness*

בַּדֶּרֶךְ prep.–def.art.–n.m.s. (202) *on the way*

בְּצֵאתָם prep.–Qal inf.cstr.–3 m.p. sf. (יצא 422) *after they had come out*

מִמִּצְרָיִם prep.–pr.n. paus. (595) *of Egypt*

5:5

כִּי־מֻלִים הָיוּ conj. (471)–Qal pass.ptc. m.p. (מול 557)–Qal pf. 3 c.p. (היה 224) *though ... had been circumcised*

כָּל־הָעָם n.m.s. cstr. (481)–def.art.–n.m.s. (766) *all the people*

הַיֹּצְאִים def.art.–Qal act.ptc. m.p. (יצא 422) *who came out*

וְכָל־הָעָם conj.–n.m.s. cstr. (481)–v.supra *yet all the people*

הַיִּלֹּדִים def.art.–adj. m.p. (409) *that were born*

בַּמִּדְבָּר prep.–def.art.–n.m.s. (184) *in the wilderness*

בַּדֶּרֶךְ prep.–def.art.–n.m.s. (202) *on the way*

בְּצֵאתָם prep.–Qal inf.cstr.–3 m.p. sf. (יצא 422) *after they had come out*

מִמִּצְרַיִם prep.–pr.n. (595) *of Egypt*

לֹא־מָלוּ neg.–Qal pf. 3 c.p. (מול 557) *had not been circumcised*

5:6

כִּי אַרְבָּעִים conj. (471)–num. p. (917) *for ... forty*

שָׁנָה n.f.s. (1040) *years*

הָלְכוּ Qal pf. 3 c.p. (הלך 229) *walked*

בְּנֵי־יִשְׂרָאֵל n.m.p. cstr. (119)-pr.n. (975) *the people of Israel*

בַּמִּדְבָּר prep.-def.art.-n.m.s. (184) *in the wilderness*

עַד־תֹּם prep. (723)-Qal inf.cstr. (תָּמַם 1070) *till ... perished (were finished)*

כָּל־הַגּוֹי n.m.s. cstr. (481)-def.art.-n.m.s. (156) *all the nation*

אַנְשֵׁי n.m.p. cstr. (35) *the men of*

הַמִּלְחָמָה def.art.-n.f.s. (536) *war*

הַיֹּצְאִים def.art.-Qal act.ptc. m.p. (יָצָא 422) *that came forth*

מִמִּצְרַיִם prep.-pr.n. (595) *out of Egypt*

אֲשֶׁר לֹא־שָׁמְעוּ rel. (81)-neg.-Qal pf. 3 c.p. (1033) *because they did not hearken*

בְּקוֹל יהוה prep.-n.m.s. cstr. (876)-pr.n. (217) *to the voice of Yahweh*

אֲשֶׁר נִשְׁבַּע rel. (81)-Ni. pf. 3 m.s. (989) *which swore*

יהוה pr.n. (217) *Yahweh*

לָהֶם prep.-3 m.p. sf. *to them*

לְבִלְתִּי prep.-neg. (116) *that not*

הַרְאוֹתָם Hi. inf.cstr.-3 m.p. sf. (רָאָה 906) *he would let them see*

אֶת־הָאָרֶץ dir.obj.-def.art.-n.f.s. (75) *the land*

אֲשֶׁר נִשְׁבַּע v.supra-v.supra *which swore*

יהוה pr.n. (217) *Yahweh*

לַאֲבוֹתָם prep.-n.m.p.-3 m.p. sf. (3) *to their fathers*

לָתֵת prep.-Qal inf.cstr. (נָתַן 678) *to give*

לָנוּ prep.-1 c.p. sf. *to us*

אֶרֶץ n.f.s. (75) *a land*

זָבַת Qal act.ptc. f.s. cstr. (זוב 264) *flowing with*

חָלָב וּדְבָשׁ n.m.s. (316)-conj.-n.m.s. (185) *milk and honey*

5:7

וְאֶת־בְּנֵיהֶם conj.-dir.obj.-n.m.p.-3 m.p. sf. (119) *so their children*

הֵקִים Hi. pf. 3 m.s. (קוּם 877) *he raised up*

תַּחְתָּם prep.-3 m.p. sf. (1065) *in their stead*

אֹתָם dir.obj.-3 m.p. sf. *them*

מָל יְהוֹשֻׁעַ Qal pf. 3 m.s. (מוּל 557)-pr.n. (221) *Joshua circumcised*

כִּי־עֲרֵלִים conj. (471)-adj. m.p. (790) *for uncircumcised*

הָיוּ Qal pf. 3 c.p. (הָיָה 224) *they were*

כִּי לֹא־מָלוּ conj. (471)-neg.-Qal pf. 3 c.p. (מוּל 557) *for they had not circumcised*

אוֹתָם dir.obj.-3 m.p. sf. *them*

בַּדָּרֶךְ prep.-def.art.-n.m.s. paus. (202) *on the way*

5:8

וַיְהִי כַּאֲשֶׁר־ consec.-Qal impf. 3 m.s. (הָיָה 224)-prep.-rel. (81) *so when*

תַּמּוּ Qal pf. 3 c.p. (תָּמַם 1070) *had finished*

כָּל־הַגּוֹי n.m.s. cstr. (481)-def.art.-n.m.s. (156) *all the nation*

לְהִמּוֹל prep.-Ni. inf.cstr. (מוּל 557) *being circumcised*

וַיֵּשְׁבוּ consec.-Qal impf. 3 m.p. (יָשַׁב 442) *they remained*

תַחְתָּם prep.-3 m.p. sf. (1065) *in their places*

בַּמַּחֲנֶה prep.-def.art.-n.m.s. (334) *in the camp*

עַד חֲיוֹתָם prep. (723)-Qal inf.cstr.-3 m.p. sf. (חָיָה 310; GK 63q) *till they were healed*

5:9

וַיֹּאמֶר יהוה consec.-Qal impf. 3 m.s. (55)-pr.n. (217) *and Yahweh said*

אֶל־יְהוֹשֻׁעַ prep. (39)-pr.n. (221) *to Joshua*

הַיּוֹם def.art.-n.m.s. (398) *this day*

גַּלּוֹתִי Qal inf.cstr.-1 c.s. sf. (גָּלַל II 164) *I have rolled away*

אֶת־חֶרְפַּת dir.obj.-n.f.s. cstr. (357) *the reproach of*

מִצְרַיִם pr.n. (595) *Egypt*

מֵעֲלֵיכֶם prep.-prep.-2 m.p. sf. *from you*

וַיִּקְרָא consec.-Qal impf. 3 m.s. (894) *so they call*

שֵׁם n.m.s. cstr. (1027) *the name of*

הַמָּקוֹם הַהוּא def.art.-n.m.s. (879)-def.art.-demons.adj. m.s. (214) *that place*

גִּלְגָּל pr.n. (166) *Gilgal*

עַד הַיּוֹם הַזֶּה prep. (723)-def.art.-n.m.s. (398)-def.art.-demons.adj. m.s. (260) *to this day*

5:10

וַיַּחֲנוּ consec.-Qal impf. 3 m.p. (חָנָה 333) *while ... were encamped*

בְּנֵי־יִשְׂרָאֵל n.m.p. cstr. (119)-pr.n. (975) *the people of Israel*

בַּגִּלְגָּל prep.-def.art.-pr.n. (166) *in Gilgal*

וַיַּעֲשׂוּ consec.-Qal impf. 3 m.p. (עָשָׂה 793) *they kept*

אֶת־הַפֶּסַח dir.obj.-def.art.-n.m.s. (820) *the passover*

בְּאַרְבָּעָה עָשָׂר prep.-num. f.s. (916)-num. (797) *on the fourteenth*

יוֹם n.m.s. (398) *day*

לַחֹדֶשׁ prep.-def.art.-n.m.s. (294) *of the month*

בָּעֶרֶב prep.-def.art.-n.m.s. (787) *at evening*

בְּעַרְבוֹת prep.-n.f.p. cstr. (787) *in the plains of*

יְרִיחוֹ pr.n. (437) *Jericho*

5:11

וַיֹּאכְלוּ consec.-Qal impf. 3 m.p. (אָכַל 37) *and they ate*

מֵעֲבוּר prep.-n.m.s. cstr. (721) *of the produce of*

הָאָרֶץ def.art.-n.f.s. (75) *the land*

מִמָּחֳרַת prep.-n.f.s. cstr. (564) *on the morrow after*

הַפֶּסַח def.art.-n.m.s. (820) *the passover*

מַצּוֹת n.f.p. (595) *unleavened cakes*

וְקָלוּי conj.-Qal pass.ptc. (885) *and parched grain*

בְּעֶצֶם prep.-n.f.s. cstr. (782) *on ... very*

הַיּוֹם הַזֶּה def.art.-n.m.s. (398)-def.art.-demons.adj. m.s. (260) *that ... day*

5:12

וַיִּשְׁבֹּת consec.-Qal impf. 3 m.s. (שָׁבַת 991) *and ceased*

הַמָּן def.art.-n.m.s. (577) *the manna*

מִמָּחֳרַת prep.-n.f.s. (564) *on the morrow*

בְּאָכְלָם prep.-Qal inf.cstr.-3 m.p. sf. (אָכַל 37) *when they ate*

מֵעֲבוּר prep.-n.m.s. cstr. (721) *of the produce of*

הָאָרֶץ def.art.-n.f.s. (75) *the land*

וְלֹא־הָיָה עוֹד conj.-neg.-Qal pf. 3 m.s. (224)-adv. (728) *and there was not any more*

לִבְנֵי יִשְׂרָאֵל prep.-n.m.p. cstr. (119)-pr.n. (975) *for the people of Israel*

מָן n.m.s. (577) *manna*

וַיֹּאכְלוּ consec.-Qal impf. 3 m.p. (אָכַל 37) *but they ate*

מִתְּבוּאַת prep.-n.f.s. cstr. (100) *of the fruit of*

אֶרֶץ n.f.s. cstr. (75) *the land of*

כְּנַעַן pr.n. (488) *Canaan*

בַּשָּׁנָה הַהִיא prep.-def.art.-n.f.s. (1040)-def.art.-demons.adj. f.s. (214) *that year*

5:13

וַיְהִי בִּהְיוֹת consec.-Qal impf. 3 m.s. (הָיָה 224)-prep.-Qal inf.cstr. (224) *when ... was*

יְהוֹשֻׁעַ pr.n. (221) *Joshua*

בִּירִיחוֹ prep.-pr.n. (437) *Jericho*

וַיִּשָּׂא consec.-Qal impf. 3 m.s. (נָשָׂא 669) *he lifted up*

עֵינָיו n.f. du.-3 m.s. sf. (744) *his eyes*

וַיַּרְא consec.-Qal impf. 3 m.s. (רָאָה 906) *and looked*

וְהִנֵּה־אִישׁ conj.-demons.part. (243)-n.m.s. (35) *and behold, a man*

עֹמֵד Qal act.ptc. (763) *stood*

לְנֶגְדּוֹ prep.-prep.-3 m.s. sf. (617) *before him*

וְחַרְבּוֹ conj.-n.f.s.-3 m.s. sf. (352) *with his sword*

שְׁלוּפָה Qal pass.ptc. f.s. (שָׁלַף 1025) *drawn*

בְּיָדוֹ prep.-n.f.s.-3 m.s. sf. (388) *in his hand*

וַיֵּלֶךְ consec.-Qal impf. 3 m.s. (הָלַךְ 229) *and went*

יְהוֹשֻׁעַ pr.n. (221) *Joshua*

אֵלָיו prep.-3 m.s. sf. (39) *to him*

וַיֹּאמֶר לוֹ consec.-Qal impf. 3 m.s. (55)-prep.-3 m.s. sf. *and said to him*

הֲלָנוּ אַתָּה interr.part.-prep.-1 c.p. sf.-pers.pr. 2 m.s. (61) *are you for us*

אִם־לְצָרֵינוּ conj. (49)-prep.-n.m.p.-1 c.p. sf. (865) *or for our adversaries*

5:14

וַיֹּאמֶר consec.-Qal impf. 3 m.s. (55) *and he said*

לֹא neg. (518) *No*

כִּי אֲנִי conj. (471)-pers.pr. 1 c.s. (58) *but I*

שַׂר־צְבָא־יהוה n.m.s. cstr. (978)-n.m.s. cstr. (838)-pr.n. (217) *a commander of the army of Yahweh*

עַתָּה בָאתִי adv. (773)-Qal pf. 1 c.s. (בּוֹא 97) *I have now come*

וַיִּפֹּל יְהוֹשֻׁעַ consec.-Qal impf. 3 m.s. (נָפַל 656)-pr.n. (221) *and Joshua fell*

אֶל־פָּנָיו prep. (39)-n.m.p.-3 m.s. sf. (815) *on his face*

אַרְצָה n.f.s.-dir.he (75) *to the earth*

וַיִּשְׁתָּחוּ consec.-Hith. impf. 3 m.s. (שָׁחָה 1005) *and worshiped*

וַיֹּאמֶר לוֹ consec.-Qal impf. 3 m.s. (55)-prep.-3 m.s. sf. *and said to him*

מָה אֲדֹנִי interr. (552)-n.m.s.-1 c.s. sf. (10) *what ... my lord*

מְדַבֵּר Pi. ptc. (180) *does bid*

אֶל־עַבְדּוֹ prep. (39)-n.m.s.-3 m.s. sf. (713) *his servant*

5:15

וַיֹּאמֶר consec.-Qal impf. 3 m.s. (55) *and said*

שַׂר־צְבָא n.m.s. cstr. (978)-n.m.s. cstr. (838) *the commander of the army of*

יהוה pr.n. (217) *Yahweh*

אֶל־יְהוֹשֻׁעַ prep. (39)-pr.n. (221) *to Joshua*

שַׁל־נַעַלְךָ Qal impv. 2 m.s. (נָשַׁל 675)-n.f.s.-2 m.s. sf. (653) *put off your shoes*

מֵעַל רַגְלֶךָ prep.-prep.-n.f.s.-2 m.s. sf. (919) *from your feet*

כִּי הַמָּקוֹם conj. (471)-def.art.-n.m.s. (879) *for the place*

אֲשֶׁר אַתָּה עֹמֵד rel. (81)-pers.pr. 2 m.s. (61)-Qal act.ptc. (763) *where you stand*

עָלָיו prep.-3 m.s. sf. *on it*

929

קֹדֶשׁ הוּא n.m.s. (871)-pers.pr. 3 m.s. (214) *it is holy*

וַיַּעַשׂ יְהוֹשֻׁעַ consec.-Qal impf. 3 m.s. (עָשָׂה 793)-pr.n. (221) *and Joshua did*

כֵּן adv. (485) *so*

6:1

וִירִיחוֹ conj.-pr.n. (437) *now Jericho*

סֹגֶרֶת Qal act.ptc. f.s. (סָגַר 688) *was shut up*

וּמְסֻגֶּרֶת conj.-Pu. ptc. f.s. (סָגַר 688) *and having been shut up*

מִפְּנֵי prep.-n.m.p. cstr. (815) *because of*

בְּנֵי יִשְׂרָאֵל n.m.p. cstr. (119)-pr.n. (975) *the people of Israel*

אֵין יוֹצֵא neg. (34)-Qal act.ptc. (יָצָא 422) *none went out*

וְאֵין בָּא conj.-v.supra-Qal act.ptc. (בּוֹא 97) *and none came in*

6:2

וַיֹּאמֶר יהוה consec.-Qal impf. 3 m.s. (55)-pr.n. (217) *and Yahweh said*

אֶל־יְהוֹשֻׁעַ prep.-pr.n. (221) *to Joshua*

רְאֵה Qal impv. 2 m.s. (רָאָה 906) *see*

נָתַתִּי Qal pf. 1 c.s. (נָתַן 678) *I have given*

בְּיָדְךָ prep.-n.f.s.-2 m.s. sf. (388) *into your hand*

אֶת־יְרִיחוֹ dir.obj.-pr.n. (437) *Jericho*

וְאֶת־מַלְכָּהּ conj.-dir.obj.-n.m.s.-3 f.s. sf. (572) *with its king*

גִּבּוֹרֵי הֶחָיִל adj. m.p. cstr. (150)-def.art.-n.m.s. paus. (298) *mighty men of valor*

6:3

וְסַבֹּתֶם conj.-Qal pf. 2 m.p. (סָבַב 685) *you shall march round*

אֶת־הָעִיר dir.obj.-def.art.-n.f.s. (746) *the city*

כֹּל־אַנְשֵׁי n.m.s. cstr. (481)-n.m.p. cstr. (35) *all the men of*

הַמִּלְחָמָה def.art.-n.f.s. (536) *war*

הַקֵּיף Hi. inf.abs. (נָקַף II 668) *going around*

אֶת־הָעִיר dir.obj.-def.art.-n.f.s. (746) *the city*

פַּעַם אֶחָת n.f.s. (821)-num. f.s. (25) *once*

כֹּה תַעֲשֶׂה adv. (462)-Qal impf. 2 m.s. (עָשָׂה I 793) *thus shall you do*

שֵׁשֶׁת יָמִים num. f. cstr. (995)-n.m.p. (398) *for six days*

6:4

וְשִׁבְעָה conj.-num. f. (988) *and seven*

כֹּהֲנִים n.m.p. (463) *priests*

יִשְׂאוּ Qal impf. 3 m.p. (נָשָׂא 669) *shall bear*

שִׁבְעָה v.supra *seven*

שׁוֹפְרוֹת n.m.p. (1051) *horns of*

הַיּוֹבְלִים def.art.-n.m.p. (385) *the rams*

לִפְנֵי הָאָרוֹן prep.-n.m.p. cstr. (815)-def.art.-n.m.s. (75) *before the ark*

וּבַיּוֹם הַשְּׁבִיעִי conj.-prep.-def.art.-n.m.s. (398) -def.art.-num. ord. (988) *and on the seventh day*

תָּסֹבּוּ Qal impf. 2 m.p. (סָבַב 685) *you shall march around*

אֶת־הָעִיר dir.obj.-def.art.-n.f.s. (746) *the city*

שֶׁבַע פְּעָמִים num. (988)-n.f.p. (821) *seven times*

וְהַכֹּהֲנִים conj.-def.art.-n.m.p. (463) *and the priests*

יִתְקְעוּ Qal impf. 3 m.p. (תָּקַע 1075) *blowing*

בַּשּׁוֹפָרוֹת prep.-def.art.-n.m.p. (1051) *the trumpets*

6:5

וְהָיָה בִּמְשֹׁךְ conj.-Qal pf. 3 m.s. (224)-prep.-Qal inf.cstr. (מָשַׁךְ 604) *and when they make a long blast*

בְּקֶרֶן הַיּוֹבֵל prep.-n.f.s. cstr. (901)-def.art.-n.m.s. (385) *with the ram's horn*

בְּשָׁמְעֲכֶם prep.-Qal inf.cstr.-2 m.p. sf. (שָׁמַע 1033) *as you hear*

אֶת־קוֹל הַשּׁוֹפָר dir.obj.-n.m.s. cstr. (876)-def.art. -n.m.s. (1051) *the sound of the trumpet*

יָרִיעוּ Hi. impf. 3 m.p. (רוּעַ 929) *then shall shout*

כָל־הָעָם n.m.s. cstr. (481)-def.art.-n.m.s. (766) *all the people*

תְּרוּעָה גְדוֹלָה n.f.s. (929)-adj. f.s. (152) *with a great shout*

וְנָפְלָה conj.-Qal pf. 3 f.s. (נָפַל 656) *and shall fall down*

חוֹמַת הָעִיר n.f.s. cstr. (327)-def.art.-n.f.s. (746) *the wall of the city*

תַּחְתֶּיהָ prep.-3 f.s. sf. (1065) *where it stands*

וְעָלוּ הָעָם conj.-Qal pf. 3 c.p. (עָלָה 748)-def. art.-n.m.s. (766) *and the people shall go up*

אִישׁ n.m.s. (35) *every man*

נֶגְדּוֹ prep.-3 m.s. sf. (617) *straight before him*

6:6

וַיִּקְרָא יְהוֹשֻׁעַ consec.-Qal impf. 3 m.s. (894)-pr.n. (221) *so Joshua called*

בִּן־נוּן n.m.s. cstr. (119)-pr.n. (630) *the son of Nun*

אֶל־הַכֹּהֲנִים prep.-def.art.-n.m.p. (463) *to the priests*

וַיֹּאמֶר אֲלֵהֶם consec.-Qal impf. 3 m.s. (55) -prep.-3 m.p. sf. *and said to them*

שְׂאוּ Qal impv. 2 m.p. (נָשָׂא 669) *take up*

אֶת־אֲרוֹן הַבְּרִית dir.obj.-n.m.s. cstr. (75)-def. art.-n.f.s. (136) *the ark of the covenant*

וְשִׁבְעָה conj.-num. f.s. (988) *and seven*

כֹּהֲנִים n.m.p. (463) *priests*

יִשְׂאוּ Qal impf. 3 m.p. (נָשָׂא 669) *let them bear*

שִׁבְעָה v.supra *seven*

שׁוֹפְרוֹת n.m.p. cstr. (1051) *trumpets of*

יוֹבְלִים n.m.p. (385) *rams*

לִפְנֵי prep.-n.m.p. cstr. (815) *before*

אֲרוֹן יְהוָה n.m.s. cstr. (75)-pr.n. (217) *the ark of Yahweh*

6:7

וַיֹּאמְרוּ consec.-Qal impf. 3 m.p. (55; Q-) *and they said*

אֶל־הָעָם prep. (39)-def.art.-n.m.s. (766) *to the people*

עִבְרוּ Qal impv. 2 m.p. (עָבַר 716) *go forward*

וְסֹבּוּ conj.-Qal impv. 2 m.p. (סָבַב 685) *march round*

אֶת־הָעִיר dir.obj.-def.art.-n.f.s. (746) *the city*

וְהֶחָלוּץ conj.-def.art.-Qal pass.ptc. (323) *and the armed men*

יַעֲבֹר Qal impf. 3 m.s. (716) *let them pass on*

לִפְנֵי prep.-n.m.p. cstr. (815) *before*

אֲרוֹן יְהוָה n.m.s. cstr. (75)-pr.n. (217) *the ark of Yahweh*

6:8

וַיְהִי consec.-Qal impf. 3 m.s. (הָיָה 224) *and*

כֶּאֱמֹר prep.-Qal inf.cstr. (55) *as had commanded*

יְהוֹשֻׁעַ pr.n. (221) *Joshua*

אֶל־הָעָם prep. (39)-def.art.-n.m.s. (766) *the people*

וְשִׁבְעָה conj.-num. f. (988; GK 134,1) *the seven*

הַכֹּהֲנִים def.art.-n.m.p. (463) *priests*

נֹשְׂאִים Qal act.ptc. m.p. (669) *bearing*

שִׁבְעָה v.supra *seven*

שׁוֹפְרוֹת n.m.p. cstr. (1051) *trumpets of*

הַיּוֹבְלִים def.art.-n.m.p. (385) *rams' horns*

לִפְנֵי יְהוָה prep.-n.m.p. cstr. (815)-pr.n. (217) *before Yahweh*

עָבְרוּ Qal pf. 3 c.p. (716) *they went forward*

וְתָקְעוּ conj.-Qal pf. 3 c.p. (תָּקַע 1075) *blowing*

בַּשּׁוֹפָרוֹת prep.-def.art.-n.m.p. (1051) *the trumpets*

וַאֲרוֹן conj.-n.m.s. cstr. (75) *with the ark of*

בְּרִית יְהוָה n.f.s. cstr. (136)-pr.n. (217) *the covenant of Yahweh*

הֹלֵךְ אַחֲרֵיהֶם Qal act.ptc. (הָלַךְ 229)-prep.-3 m.p. sf. (29) *following them*

6:9

וְהֶחָלוּץ conj.-def.art.-Qal pass.ptc. (323) *and the armed men*

הֹלֵךְ Qal act.ptc. (229; GK 113u) *went*

לִפְנֵי הַכֹּהֲנִים prep.-n.m.p. cstr. (815)-def.art. -n.m.p. (463) *before the priests*

תֹּקְעֵי Qal act.ptc. m.p. cstr. (rd. as תֹּרְעֵי; 1075) *who blew*

הַשּׁוֹפָרוֹת def.art.-n.m.p. (1051) *the trumpets*

וְהַמְאַסֵּף conj.-def.art.-Pi. ptc. (אָסַף 62) *and the rear guard*

הֹלֵךְ Qal act.ptc. (הָלַךְ 229; GK 113u) *came*

אַחֲרֵי הָאָרוֹן prep. (29)-def.art.-n.m.s. (75) *after the ark*

הָלוֹךְ וְתָקוֹעַ Qal inf.abs. (229)-conj.-Qal inf.abs. (1075) *walking and blowing*

בַּשּׁוֹפָרוֹת prep.-def.art.-n.m.p. (1051) *the trumpets*

6:10

וְאֶת־הָעָם conj.-dir.obj.-def.art.-n.m.s. (766) *but the people*

צִוָּה יְהוֹשֻׁעַ Pi. pf. 3 m.s. (צָוָה 845)-pr.n. (221) *Joshua commanded*

לֵאמֹר prep.-Qal inf.cstr. (55) *(saying)*

לֹא תָרִיעוּ neg.-Hi. impf. 2 m.p. (רוּעַ 929) *you shall not shout*

וְלֹא־תַשְׁמִיעוּ conj.-neg.-Hi. impf. 2 m.p. (1033) *or cause to be heard*

אֶת־קוֹלְכֶם dir.obj.-n.m.s.-2 m.p. sf. (876) *your voice*

וְלֹא־יֵצֵא conj.-neg.-Qal impf. 3 m.s. (יָצָא 422) *neither shall go out*

מִפִּיכֶם prep.-n.m.s.-2 m.p. sf. (804) *of your mouth*

דָּבָר n.m.s. (182) *any word*

עַד יוֹם prep. (723)-n.m.s. cstr. (398) *until the day*

אָמְרִי Qal inf.cstr.-1 c.s. sf. (55) *I bid*

אֲלֵיכֶם prep.-2 m.p. sf. (39) *you*

הָרִיעוּ Hi. impv. 2 m.p. (רוּעַ 929) *shout*

וַהֲרִיעֹתֶם conj.-Hi. pf. 2 m.p. (רוּעַ 929) *then you shall shout*

6:11

וַיַּסֵּב consec.-Hi. impf. 3 m.s. (סָבַב 685) *so he caused to compass*

אֲרוֹן־יְהוָה n.m.s. cstr. (75)-pr.n. (217) *the ark of Yahweh*

אֶת־הָעִיר dir.obj.-def.art.-n.f.s. (746) *the city*

הַקֵּף Hi. inf.abs. (נָקַף 668) *going about it*

פַּעַם אֶחָת n.f.s. (821)-num. (25) *once*

וַיָּבֹאוּ consec.-Qal impf. 3 m.p. (בּוֹא 97) *and they came*

הַמַּחֲנֶה def.art.-n.m.s. (334) *into the camp*

וַיָּלִינוּ consec.-Qal impf. 3 m.p. (לוּן 533) *and spent the night*

בַּמַּחֲנֶה prep.-def.art.-v.supra *in the camp*

6:12

וַיַּשְׁכֵּם consec.-Hi. impf. 3 m.s. (שָׁכַם 1014) *then ... rose early*

יְהוֹשֻׁעַ pr.n. (221) *Joshua*

בַּבֹּקֶר prep.-def.art.-n.m.s. (133) *in the morning*

וַיִּשְׂאוּ consec.-Qal impf. 3 m.p. (נָשָׂא 669) *and ... took up*

הַכֹּהֲנִים def.art.-n.m.p. (463) *the priests*

אֶת־אֲרוֹן יהוה dir.obj.-n.m.s. cstr. (75)-pr.n. (217) *the ark of Yahweh*

6:13

וְשִׁבְעָה conj.-num. f. (988) *and seven*

הַכֹּהֲנִים def.art.-n.m.p. (463) *priests*

נֹשְׂאִים Qal act.ptc. m.p. (נָשָׂא 669) *bearing*

שִׁבְעָה v.supra *seven*

שׁוֹפְרוֹת n.m.p. cstr. (1051) *trumpets of*

הַיֹּבְלִים def.art.-n.m.p. (385) *ram's horns*

לִפְנֵי prep.-n.m.p. cstr. (815) *before*

אֲרוֹן יהוה n.m.s. cstr. (75)-pr.n. (217) *the ark of Yahweh*

הֹלְכִים הָלוֹךְ Qal act.ptc. m.p. (הָלַךְ 229; GK 113u)-Qal inf.abs. (229) *passed on*

וְתָקְעוּ conj. (GK 112i,113t)-Qal pf. 3 c.p. (תָּקַע 1075) *blowing*

בַּשּׁוֹפָרוֹת prep.-def.art.-n.m.p. (1051) *the trumpets*

וְהֶחָלוּץ conj.-def.art.-Qal pass.ptc. (323) *and the armed men*

הֹלֵךְ Qal act.ptc. (229) *went*

לִפְנֵיהֶם prep.-n.m.p.-3 m.p. sf. (815) *before them*

וְהַמְאַסֵּף conj.-def.art.-Pi. ptc. (62) *and the rear guard*

הֹלֵךְ v.supra *came*

אַחֲרֵי אֲרוֹן יהוה prep. (29)-n.m.s. cstr. (75)-pr.n. (217) *after the ark of Yahweh*

הָלוֹךְ וְתָקוֹעַ (הָלַךְ)-Qal Qal inf.abs. (229; Q הָלֹךְ)-Qal inf.abs. (1075) *while blowing continually*

בַּשּׁוֹפָרוֹת v.supra *the trumpets*

6:14

וַיָּסֹבּוּ consec.-Qal impf. 3 m.p. (סָבַב 685) *and they marched around*

אֶת־הָעִיר dir.obj.-def.art.-n.f.s. (746) *the city*

בַּיּוֹם הַשֵּׁנִי prep.-def.art.-n.m.s. (398)-def.art.-num. adj.ord. (1041) *on the second day*

פַּעַם אֶחָת n.f.s. (821)-num. (25) *once*

וַיָּשֻׁבוּ consec.-Qal impf. 3 m.p. (שׁוּב 996) *and returned*

הַמַּחֲנֶה def.art.-n.m.s. (334) *into the camp*

כֹּה עָשׂוּ adv. (462)-Qal pf. 3 c.p. (עָשָׂה I 793) *so they did*

שֵׁשֶׁת יָמִים num. f. cstr. (995)-n.m.p. (398) *for six days*

6:15

וַיְהִי consec.-Qal impf. 3 m.s. (הָיָה 224) *and*

בַּיּוֹם הַשְּׁבִיעִי prep.-def.art.-n.m.s. (398)-def.art.-num. ord. (988) *on the seventh day*

וַיַּשְׁכִּמוּ consec.-Hi. impf. 3 m.p. (שָׁכַם 1014) *they rose early*

כַּעֲלוֹת prep.-Qal inf.cstr. (עָלָה 748) *at the going up of*

הַשַּׁחַר def.art.-n.m.s. (1007) *the day (dawn)*

וַיָּסֹבּוּ consec.-Qal impf. 3 m.p. (סָבַב 685) *and marched around*

אֶת־הָעִיר dir.obj.-def.art.-n.f.s. (746) *the city*

כַּמִּשְׁפָּט הַזֶּה prep.-def.art.-n.m.s. (1048)-def.art.-demons.adj. m.s. (260) *in the same manner*

שֶׁבַע פְּעָמִים num. (988)-n.f.p. (821) *seven times*

רַק adv. (956) *only*

בַּיּוֹם הַהוּא prep.-def.art.-n.m.s. (398)-def.art.-demons.adj. m.s. (214) *on that day*

סָבְבוּ Qal pf. 3 c.p. (סָבַב 685) *they marched around*

אֶת־הָעִיר v.supra-v.supra *the city*

שֶׁבַע פְּעָמִים num. (988)-n.f.p. (821) *seven times*

6:16

וַיְהִי consec.-Qal impf. 3 m.s. (הָיָה 224) *and*

בַּפַּעַם הַשְּׁבִיעִית prep.-def.art.-n.f.s. (821)-def.art.-num. ord. f. (988) *on the seventh time*

תָּקְעוּ Qal pf. 3 c.p. (תָּקַע 1075) *had blown*

הַכֹּהֲנִים def.art.-n.m.p. (463) *the priests*

בַּשּׁוֹפָרוֹת prep.-def.art.-n.m.p. (1051) *the trumpets*

וַיֹּאמֶר יְהוֹשֻׁעַ consec.-Qal impf. 3 m.s. (55)-pr.n. (221) *and Joshua said*

אֶל־הָעָם prep.-def.art.-n.m.s. (766) *to the people*

הָרִיעוּ Hi. impv. 2 m.p. (רוּעַ 929) *shout*

כִּי־נָתַן conj. (471)-Qal pf. 3 m.s. (678) *for ... has given*

יהוה pr.n. (217) *Yahweh*

לָכֶם prep.-2 m.p. sf. *you*

אֶת־הָעִיר dir.obj.-def.art.-n.f.s. (746) *the city*

932

6:17

וְהָיְתָה conj.-Qal pf. 3 f.s. (הָיָה 224) *and shall be*

הָעִיר def.art.-n.f.s. (746) *the city*

חֵרֶם הִיא n.m.s. (356)-pers.pr. 3 f.s. (214) *it shall be devoted*

וְכָל־אֲשֶׁר־בָּהּ conj.-n.m.s. (481)-rel. (81)-prep.-3 f.s. sf. *and all that is within it*

לַיהוה prep.-pr.n. (217) *to Yahweh*

רַק רָחָב adv. (956)-pr.n. (932) *only Rahab*

הַזּוֹנָה def.art.-Qal act.ptc. f.s. (זנה 275) *the harlot*

תִּחְיֶה Qal impf. 3 f.s. (חיה 310) *shall live*

הִיא וְכָל־אֲשֶׁר אִתָּהּ pers.pr. 3 f.s. (214)-conj.-n.m.s. (481)-rel. (81)-prep.-3 f.s. sf. (85) *she and all who are with her*

בַּבָּיִת prep.-def.art.-n.m.s. (108) *in the house*

כִּי הֶחְבְּאַתָה conj. (471)-Hi. pf. 3 f.s. (חבא 285; GK 75oo) *because she hid*

אֶת־הַמַּלְאָכִים dir.obj.-def.art.-n.m.p. (521) *the messengers*

אֲשֶׁר שָׁלָחְנוּ rel. (81)-Qal pf. 1 c.p. (1018) *that we sent*

6:18

וְרַק־אַתֶּם conj.-adv. (956)-pers.pr. 2 m.p. (61) *but you,*

שִׁמְרוּ Qal impv. 2 m.p. (שמר 1036) *keep yourselves*

מִן־הַחֵרֶם prep.-def.art.-n.m.s. (356) *from the things devoted to destruction*

פֶּן־תַּחֲרִימוּ conj. (814)-Hi. impf. 2 m.p. (חרם 355) *lest when you have devoted them*

וּלְקַחְתֶּם conj.-Qal pf. 2 m.p. (לקח 542) *you take*

מִן־הַחֵרֶם v.supra-v.supra *any of the devoted things*

וְשַׂמְתֶּם conj.-Qal pf. 2 m.p. (שום 962) *and make*

אֶת־מַחֲנֵה dir.obj.-n.m.s. cstr. (334) *the camp of*

יִשְׂרָאֵל pr.n. (975) *Israel*

לְחֵרֶם prep.-n.m.s. (356) *a thing for destruction*

וַעֲכַרְתֶּם אוֹתוֹ conj.-Qal pf. 2 m.p. (עכר 747)-dir.obj.-3 m.s. sf. *and bring trouble upon it*

6:19

וְכֹל כֶּסֶף conj.-n.m.s. (481)-n.m.s. (481) *but all silver*

וְזָהָב conj.-n.m.s. (262) *and gold*

וּכְלֵי נְחֹשֶׁת conj.-n.m.p. cstr. (479)-n.m.s. (638) *and vessels of bronze*

וּבַרְזֶל conj.-n.m.s. (137) *and iron*

קֹדֶשׁ הוּא n.m.s. (871)-pers.pr. 3 m.s. (214) *are sacred*

לַיהוה prep.-pr.n. (217) *to Yahweh*

אוֹצַר יהוה n.m.s. cstr. (69)-pr.n. (217) *into the treasury of Yahweh*

יָבוֹא Qal impf. 3 m.s. (בוא 97) *they shall go*

6:20

וַיָּרַע consec.-Hi. impf. 3 m.s. (רוע 929) *so shouted*

הָעָם def.art.-n.m.s. (766) *the people*

וַיִּתְקְעוּ consec.-Qal impf. 3 m.p. (1075) *and they blew*

בַּשֹּׁפָרוֹת prep.-def.art.-n.m.p. (1051) *on the trumpets*

וַיְהִי consec.-Qal impf. 3 m.s. (הָיָה 224) *and it was*

כִּשְׁמֹעַ הָעָם prep.-Qal inf.cstr. (1033)-v.supra *as soon as the people heard*

אֶת־קוֹל הַשּׁוֹפָר dir.obj.-n.m.s. cstr. (876)-def.art.-n.m.s. (1051) *the sound of the trumpet*

וַיָּרִיעוּ consec.-Hi. impf. 3 m.p. (רוע 929) *raised*

הָעָם def.art.-n.m.s. (766) *the people*

תְּרוּעָה גְדוֹלָה n.f.s. (929)-adj. f.s. (152) *a great shout*

וַתִּפֹּל consec.-Qal impf. 3 f.s. (נפל 656) *and fell down*

הַחוֹמָה def.art.-n.f.s. (327) *the wall*

תַּחְתֶּיהָ prep.-3 f.s. sf. (1065) *flat (under it)*

וַיַּעַל הָעָם consec.-Qal impf. 3 m.s. (עלה 748)-v.supra *so that the people went up*

הָעִירָה def.art.-n.f.s.-dir.he (746) *into the city*

אִישׁ נֶגְדּוֹ n.m.s. (35)-prep.-3 m.s. sf. (617) *every man straight before him*

וַיִּלְכְּדוּ consec.-Qal impf. 3 m.p. (לכד 539) *and they took*

אֶת־הָעִיר dir.obj.-def.art.-n.f.s. (746) *the city*

6:21

וַיַּחֲרִימוּ consec.-Hi. impf. 3 m.p. (חרם 355) *then they utterly destroyed*

אֶת־כָּל־אֲשֶׁר dir.obj.-n.m.s. (481)-rel. (81) *all*

בָּעִיר prep.-def.art.-n.f.s. (746) *in the city*

מֵאִישׁ prep.-n.m.s. (35) *from man*

וְעַד־אִשָּׁה conj.-prep. (723)-n.f.s. (61) *until women*

מִנַּעַר prep.-n.m.s. (645) *young*

וְעַד־זָקֵן v.supra-adj. m.s. (278) *and old*

וְעַד־שׁוֹר v.supra-n.m.s. (1004) *oxen*

וָשֶׂה conj.-n.m.s. (961) *sheep*

וַחֲמוֹר conj.-n.m.s. (331) *and asses*

לְפִי־חָרֶב prep.-n.m.s. cstr. (804)-n.f.s. paus. (352) *with the edge of the sword*

6:22

וְלִשְׁנַיִם conj.-prep.-num. (1040; GK 134,l) *and to the two*

הָאֲנָשִׁים def.art.-n.m.p. (35) *men*

הַמְרַגְּלִים def.art.-Pi. ptc. m.p. (רָגַל 920) *who had spied out*

אֶת־הָאָרֶץ dir.obj.-def.art.-n.f.s. (75) *the land*

אָמַר יְהוֹשֻׁעַ Qal pf. 3 m.s. (55)-pr.n. (221) *Joshua*

בֹּאוּ Qal impv. 2 m.p. (בּוֹא 97) *go into*

בֵּית־הָאִשָּׁה n.m.s. cstr. (108)-def.art.-n.f.s. (61) *the house of the woman*

הַזּוֹנָה def.art.-Qal act.ptc. f.s. (זָנָה 275) *the harlot*

וְהוֹצִיאוּ מִשָּׁם conj.-Hi. impv. 2 m.p. (יָצָא 422) -prep.-adv. (1027) *and bring out from it*

אֶת־הָאִשָּׁה dir.obj.-def.art.-n.f.s. (61) *the woman*

וְאֶת־כָּל־אֲשֶׁר־לָהּ conj.-dir.obj.-n.m.s. (481)-rel. (81)-prep.-3 f.s. sf. *and all who belong to her*

כַּאֲשֶׁר נִשְׁבַּעְתֶּם לָהּ prep.-rel. (81)-Ni. pf. 2 m.p. (שָׁבַע 989)-prep.-3 f.s. sf. *as you swore to her*

6:23

וַיָּבֹאוּ consec.-Qal impf. 3 m.p. (בּוֹא 97) *so went in*

הַנְּעָרִים def.art.-n.m.p. (654) *the young men*

הַמְרַגְּלִים def.art.-Pi. ptc. m.p. (רָגַל 920) *who had been spies*

וַיֹּצִיאוּ consec.-Hi. impf. 3 m.p. (יָצָא 422) *and brought out*

אֶת־רָחָב dir.obj.-pr.n. (932) *Rahab*

וְאֶת־אָבִיהָ conj.-dir.obj.-n.m.s.-3 f.s. sf. (3) *and her father*

וְאֶת־אִמָּהּ v.supra-n.f.s.-3 f.s. sf. (51) *and her mother*

וְאֶת־אַחֶיהָ v.supra-n.m.p.-3 f.s. sf. (26) *and her brothers*

וְאֶת־כָּל־אֲשֶׁר־לָהּ v.supra-n.m.s. (481)-rel. (81) -prep.-3 f.s. sf. *and all who belong to her*

וְאֵת כָּל־מִשְׁפְּחוֹתֶיהָ v.supra-v.supra-n.f.p.-3 f.s. sf. (1046) *and all her kindred*

הוֹצִיאוּ Hi. pf. 3 c.p. (יָצָא 422) *they brought out*

וַיַּנִּיחוּם consec.-Hi. impf. 3 m.p.-3 m.p. sf. (נוּחַ 628) *and set them*

מִחוּץ prep.-n.m.s. (299) *outside*

לְמַחֲנֵה prep.-n.m.s. cstr. (334) *the camp of*

יִשְׂרָאֵל pr.n. (975) *Israel*

6:24

וְהָעִיר conj.-def.art.-n.f.s. (746) *and the city*

שָׂרְפוּ Qal pf. 3 c.p. (976) *they burned*

בָאֵשׁ prep.-def.art.-n.f.s. (77) *with fire*

וְכָל־אֲשֶׁר־בָּהּ conj.-n.m.s. (481)-rel. (81)-prep.-3 f.s. sf. *and all within it*

רַק הַכֶּסֶף adv. (956)-def.art.-n.m.s. (494) *only the silver*

וְהַזָּהָב conj.-def.art.-n.m.s. (262) *and gold*

וּכְלֵי conj.-n.m.p. cstr. (479) *and the vessels of*

הַנְּחֹשֶׁת def.art.-n.m.s. (638) *bronze*

וְהַבַּרְזֶל conj.-def.art.-n.m.s. (137) *and iron*

נָתְנוּ Qal pf. 3 c.p. (נָתַן 678) *they put*

אוֹצַר n.m.s. cstr. (69) *into the treasury of*

בֵּית־יְהוָה n.m.s. cstr. (108)-pr.n. (217) *the house of Yahweh*

6:25

וְאֶת־רָחָב conj.-dir.obj.-pr.n. (932) *but Rahab*

הַזּוֹנָה def.art.-Qal act.ptc. f.s. (זָנָה 275) *the harlot*

וְאֶת־בֵּית אָבִיהָ v.supra-n.m.s. cstr. (108)-n.m.s.-3 f.s. sf. (3) *and her father's household*

וְאֶת־כָּל־אֲשֶׁר־לָהּ v.supra-n.m.s. (481)-rel. (81) -prep.-3 f.s. sf. *and all who belonged to her*

הֶחֱיָה יְהוֹשֻׁעַ Hi. pf. 3 m.s. (חָיָה 310)-pr.n. (221) *Joshua saved alive*

וַתֵּשֶׁב consec.-Qal impf. 3 f.s. (יָשַׁב 442) *and she dwelt*

בְּקֶרֶב יִשְׂרָאֵל prep.-n.m.s. cstr. (899)-pr.n. (975) *in Israel*

עַד הַיּוֹם הַזֶּה prep. (723)-def.art.-n.m.s. (398) -def.art.-demons.adj. m.s. (260) *to this day*

כִּי הֶחְבִּיאָה conj. (471)-Hi. pf. 3 f.s. (חָבָא 285) *because she hid*

אֶת־הַמַּלְאָכִים dir.obj.-def.art.-n.m.p. (521) *the messengers*

אֲשֶׁר־שָׁלַח rel. (81)-Qal pf. 3 m.s. (1018) *whom ... sent*

יְהוֹשֻׁעַ pr.n. (221) *Joshua*

לְרַגֵּל prep.-Pi. inf.cstr. (920) *to spy out*

אֶת־יְרִיחוֹ dir.obj.-pr.n. (437) *Jericho*

6:26

וַיַּשְׁבַּע consec.-Hi. impf. 3 m.s. (989) *laid an oath*

יְהוֹשֻׁעַ pr.n. (221) *Joshua*

בָּעֵת הַהִיא prep.-def.art.-n.f.s. (773)-def.art. -demons.adj. f.s. (214) *at that time*

לֵאמֹר prep.-Qal inf.cstr. (55) *saying*

אָרוּר Qal pass.ptc. (אָרַר 76) *cursed be*

הָאִישׁ def.art.-n.m.s. (35) *the man*

934

לִפְנֵי יהוה prep.-n.m.p. cstr. (815)-pr.n. (217) *before Yahweh*

אֲשֶׁר יָקוּם rel. (81)-Qal impf. 3 m.s. (קום 877) *that rises up*

וּבָנָה conj.-Qal pf. 3 m.s. (124) *and builds*

אֶת־הָעִיר הַזֹּאת dir.obj.-def.art.-n.f.s. (746)-def. art.-demons.adj. f.s. (260) *this city*

אֶת־יְרִיחוֹ dir.obj.-pr.n. (437) *Jericho*

בִּבְכֹרוֹ prep.-n.m.s.-3 m.s. sf. (114) *at the cost of his first-born*

יְיַסְּדֶנָּה Pi. impf. 3 m.s.-3 f.s. sf. (יסד 413) *shall he lay its foundation*

וּבִצְעִירוֹ conj.-prep.-adj. m.s.-3 m.s. sf. (859) *and at the cost of his youngest son*

יַצִּיב Hi. impf. 3 m.s. (נצב 662) *shall he set up*

דְּלָתֶיהָ n.f.p.-3 f.s. sf. (195) *its gates*

6:27

וַיְהִי consec.-Qal impf. 3 m.s. (היה 224) *so was*

יהוה pr.n. (217) *Yahweh*

אֶת־יְהוֹשֻׁעַ prep. (85)-pr.n. (221) *with Joshua*

וַיְהִי v.supra *and was*

שָׁמְעוֹ n.m.s.-3 m.s. sf. (1035) *his fame*

בְּכָל־הָאָרֶץ prep.-n.m.s. cstr. (481)-def.art.-n.f.s. (75) *in all the land*

7:1

וַיִּמְעֲלוּ consec.-Qal impf. 3 m.p. (מעל 591) *but acted unfaithfully*

בְּנֵי־יִשְׂרָאֵל n.m.p. cstr. (119)-pr.n. (975) *the people of Israel*

מַעַל n.m.s. (591) *unfaithfully (exceedingly)*

בַּחֵרֶם prep.-def.art.-n.m.s. (356) *in regard to the devoted things*

וַיִּקַּח consec.-Qal impf. 3 m.s. (לקח 542) *for took*

עָכָן pr.n. (747) *Achan*

בֶּן־כַּרְמִי n.m.s. cstr. (119)-pr.n. (501) *the son of Carmi*

בֶּן־זַבְדִּי v.supra-pr.n. (256) *the son of Zabdi*

בֶּן־זֶרַח v.supra-pr.n. (280) *son of Zerah*

לְמַטֵּה prep.-n.m.s. cstr. (641) *of the tribe of*

יְהוּדָה pr.n. (397) *Judah*

מִן־הַחֵרֶם prep.-def.art.-n.m.s. (356) *some of the devoted things*

וַיִּחַר־ consec.-Qal impf. 3 m.s. (חרה 354) *and burned*

אַף יהוה n.m.s. cstr. (60)-pr.n. (217) *the anger of Yahweh*

בִּבְנֵי יִשְׂרָאֵל prep.-n.m.p. cstr. (481)-pr.n. (975) *against the people of Israel*

7:2

וַיִּשְׁלַח consec.-Qal impf. 3 m.s. (1018) *then sent*

יְהוֹשֻׁעַ pr.n. (221) *Joshua*

אֲנָשִׁים n.m.p. (35) *men*

מִירִיחוֹ prep.-pr.n. (437) *from Jericho*

הָעַי def.art.-pr.n. (743) *to Ai*

אֲשֶׁר עִם־בֵּית אָוֶן rel. (81)-prep. (767)-pr.n. (110) *which is near Beth-aven*

מִקֶּדֶם prep.-n.m.s. (869) *east*

לְבֵית־אֵל prep.-pr.n. (110) *of Bethel*

וַיֹּאמֶר consec.-Qal impf. 3 m.s. (55) *and said*

אֲלֵיהֶם prep.-3 m.p. sf. *to them*

לֵאמֹר prep.-Qal inf.cstr. (55) *(saying)*

עֲלוּ Qal impv. 2 m.p. (עלה 748) *go up*

וְרַגְּלוּ conj.-Pi. impv. 2 m.p. (רגל 920) *and spy out*

אֶת־הָאָרֶץ dir.obj.-def.art.-n.f.s. (75) *the land*

וַיַּעֲלוּ הָאֲנָשִׁים consec.-Qal impf. 3 m.p. (עלה 748)-def.art.-n.m.p. (35) *and the men went up*

וַיְרַגְּלוּ consec.-Pi. impf. 3 m.p. (רגל 920) *and spied out*

אֶת־הָעַי dir.obj.-def.art.-pr.n. (743) *Ai*

7:3

וַיָּשֻׁבוּ consec.-Qal impf. 3 m.p. (שוב 996) *and they returned*

אֶל־יְהוֹשֻׁעַ prep. (39)-pr.n. (221) *to Joshua*

וַיֹּאמְרוּ consec.-Qal impf. 3 m.p. (55) *and said*

אֵלָיו prep.-3 m.s. sf. *to him*

אַל־יַעַל neg. (39)-Qal impf. 3 m.s. apoc. (עלה 748) *let not go up*

כָּל־הָעָם n.m.s. cstr. (481)-def.art.-n.m.s. (766) *all the people*

כְּאַלְפַּיִם prep.-n.m. du. (48) *about two thousand*

אִישׁ n.m.s. (35) *men*

אוֹ כִּשְׁלֹשֶׁת conj. (14)-prep.-num. (1025) *or three*

אֲלָפִים n.m.p. (48) *thousand*

אִישׁ v.supra *men*

יַעֲלוּ Qal impf. 3 m.p. (עלה 748) *let go up*

וְיַכּוּ conj.-Hi. impf. 3 m.p. (נכה 645) *and attack*

אֶת־הָעַי dir.obj.-def.art.-pr.n. (743) *Ai*

אַל־תְּיַגַּע־שָׁמָּה neg.-Pi. impf. 2 m.s. (יגע 388) -adv.-dir.he (1027) *do not make ... toil up there*

אֶת־כָּל־הָעָם dir.obj.-n.m.s. cstr. (481)-def. art.-n.m.s. (766) *all the people*

כִּי מְעַט הֵמָּה conj. (471)-adv. (589)-pers.pr. 3 m.p. (241) *for they are but few*

7:4

וַיַּעֲלוּ consec.-Qal impf. 3 m.p. (עָלָה 748) *so went up*

מִן־הָעָם prep.-def.art.-n.m.s. (766) *from the people*

שָׁמָּה adv.-dir.he (1027) *there*

בִּשְׁלֹשֶׁת prep.-num. (1025) *about three*

אֲלָפִים n.m.p. (48) *thousand*

אִישׁ n.m.s. (35) *men*

וַיָּנֻסוּ consec.-Qal impf. 3 m.p. (נוּס 630) *and they fled*

לִפְנֵי אַנְשֵׁי הָעַי prep.-n.m.p. cstr. (815)-n.m.p. cstr. (35)-def.art.-pr.n. (743) *before the men of Ai*

7:5

וַיַּכּוּ מֵהֶם consec.-Hi. impf. 3 m.p. (נָכָה 645) -prep.-3 m.p. sf. *and killed of them*

אַנְשֵׁי הָעַי n.m.p. cstr. (35)-def.art.-pr.n. (743) *the men of Ai*

כִּשְׁלֹשִׁים prep.-num. p. (1026) *about thirty*

וְשִׁשָּׁה אִישׁ conj.-num. f. (995)-n.m.s (35) *and six men*

וַיִּרְדְּפוּם consec.-Qal impf. 3 m.p.-3 m.p. sf. (רָדַף 922) *and chased them*

לִפְנֵי הַשַּׁעַר prep.-n.m.p. cstr. (815)-def.art.-n.m.s. (1044) *before the gate*

עַד־הַשְּׁבָרִים prep. (723)-def.art.-pr.n. (991) *as far as Shebarim (the quarries?)*

וַיַּכּוּם consec.-Hi. impf. 3 m.p.-3 m.p. sf. (נָכָה 645) *and slew them*

בַּמּוֹרָד prep.-def.art.-n.m.s. (434) *at the descent*

וַיִּמַּס consec.-Ni. impf. 3 m.s. (מָסַס 587) *and melted*

לְבַב־הָעָם n.m.s. cstr. (523)-def.art.-n.m.s. (766) *the hearts of the people*

וַיְהִי consec.-Qal impf. 3 m.s. (הָיָה 224) *and became*

לְמָיִם prep.-n.m.p. paus. (565) *as water*

7:6

וַיִּקְרַע יְהוֹשֻׁעַ consec.-Qal impf. 3 m.s. (902) -pr.n. (221) *then Joshua rent*

שִׂמְלֹתָיו n.f.p.-3 m.s. sf. (971) *his clothes*

וַיִּפֹּל consec.-Qal impf. 3 m.s. (נָפַל 656) *and fell*

עַל־פָּנָיו prep. (752)-n.m.p.-3 m.s. sf. (815) *upon his face*

אַרְצָה n.f.s.-dir.he (75) *to the earth*

לִפְנֵי אֲרוֹן prep.-n.m.p. cstr. (815)-n.m.s. cstr. (75) *before the ark of*

יְהוָה pr.n. (217) *Yahweh*

עַד־הָעֶרֶב prep. (723)-def.art.-n.m.s. (787) *until the evening*

הוּא וְזִקְנֵי pers.pr. 3 m.s. (214)-conj.-adj. m.p. cstr. (278) *he and the elders of*

יִשְׂרָאֵל pr.n. (975) *Israel*

וַיַּעֲלוּ consec.-Qal impf. 3 m.p. (עָלָה 748) *and they put*

עָפָר n.m.s. (779) *dust*

עַל־רֹאשָׁם prep. (752)-n.m.s.-3 m.p. sf. (910) *upon their heads*

7:7

וַיֹּאמֶר יְהוֹשֻׁעַ consec.-Qal impf. 3 m.s. (55)-pr.n. (221) *and Joshua said*

אֲהָהּ interj. (13) *alas*

אֲדֹנָי יְהוִה n.m.p.-1 c.s. sf. (10)-pr.n. (217) *O Lord Yahweh*

לָמָה prep.-interr. (552) *why*

הֵעֲבַרְתָּ Hi. pf. 2 m.s. (עָבַר 716; GK 63p) *hast thou brought*

הַעֲבִיר Hi. inf.abs. (716; GK 113x) *at all*

אֶת־הָעָם הַזֶּה dir.obj.-def.art.-n.m.s. (766)-def. art.-demons.adj. m.s. (260) *this people*

אֶת־הַיַּרְדֵּן dir.obj.-def.art.-pr.n. (434) *over the Jordan*

לָתֵת אֹתָנוּ prep.-Qal inf.cstr. (נָתַן 678)-dir.obj.-1 c.p. sf. *to give us*

בְּיַד הָאֱמֹרִי prep.-n.f.s. cstr. (388)-def.art.-pr.n. gent. (57) *into the hands of the Amorites*

לְהַאֲבִידֵנוּ prep.-Hi. inf.cstr.-1 c.p. sf. (אָבַד 1) *to destroy us*

וְלוּ conj.-conj. (530; GK 154b) *would that*

הוֹאַלְנוּ Hi. pf. 1 c.p. (יָאַל 383) *we had been content*

וַנֵּשֶׁב consec. (GK 120e)-Qal impf. 1 c.p. (יָשַׁב 442) *to dwell*

בְּעֵבֶר prep.-n.m.s. cstr. (719) *beyond*

הַיַּרְדֵּן v.supra *the Jordan*

7:8

בִּי אֲדֹנָי part.of entreaty (106)-n.m.p.-1 c.s. sf. (10) *O Lord*

מָה אֹמַר interr. (552)-Qal impf. 1 c.s. (55) *what can I say*

אַחֲרֵי אֲשֶׁר prep. (29)-rel. (81) *when*

הָפַךְ Qal pf. 3 m.s. (245) *has turned*

יִשְׂרָאֵל pr.n. (975) *Israel*

עֹרֶף n.m.s. (791) *their backs*

לִפְנֵי אֹיְבָיו prep.-n.m.p. cstr. (815)-Qal act.ptc. m.p.-3 m.s. sf. (אָיַב 33) *before their enemies*

7:9

וְיִשְׁמְעוּ conj.-Qal impf. 3 m.p. (שָׁמַע 1033) *for will hear*

הַכְּנַעֲנִי def.art.-pr.n. gent. (489) *the Canaanites*

וְכֹל יֹשְׁבֵי conj.-n.m.s. cstr. (481)-Qal act.ptc. m.p. cstr. (יָשַׁב 442) *and all the inhabitants of*

הָאָרֶץ def.art.-n.f.s. (75) *the land*

וְנָסַבּוּ conj.-Ni. pf. 3 c.p. (סָבַב 685) *and will surround*

עָלֵינוּ prep.-1 c.p. sf. (752) *us*

וְהִכְרִיתוּ conj.-Hi. pf. 3 c.p. (כָּרַת 503) *and cut off*

אֶת־שְׁמֵנוּ dir.obj.-n.m.s.-1 c.p. sf. (1027) *our name*

מִן־הָאָרֶץ prep.-def.art.-n.f.s. (75) *from the earth*

וּמַה־תַּעֲשֵׂה conj.-interr. (552)-Qal impf. 2 m.s. (793 עָשָׂה; GK 75hh) *and what wilt thou do*

לְשִׁמְךָ prep.-n.m.s.-2 m.s. sf. (1027) *for thy ... name*

הַגָּדוֹל def.art.-adj. m.s. (152) *great*

7:10

וַיֹּאמֶר יהוה consec.-Qal impf. 3 m.s. (55)-pr.n. (217) *and Yahweh said*

אֶל־יְהוֹשֻׁעַ prep.-pr.n. (221) *to Joshua*

קֻם Qal impv. 2 m.s. (קוּם 877) *arise*

לָךְ prep.-2 m.s. sf. paus. *(yourself)*

לָמָּה זֶּה prep.-interr. (552)-demons.adj. m.s. (260) *why thus*

אַתָּה נֹפֵל pers.pr. 2 m.s. (61)-Qal act.ptc. (נָפַל 656) *have you fallen*

עַל־פָּנֶיךָ prep. (752)-n.m.p.-2 m.s. sf. (815) *upon your face*

7:11

חָטָא יִשְׂרָאֵל Qal pf. 3 m.s. (306)-pr.n. (975) *Israel has sinned*

וְגַם עָבְרוּ conj.-adv. (168)-Qal pf. 3 c.p. (עָבַר 716) *they have transgressed*

אֶת־בְּרִיתִי dir.obj.-n.f.s.-1 c.s. sf. (136) *my covenant*

אֲשֶׁר צִוִּיתִי rel. (81)-Pi. pf. 1 c.s. (צָוָה 845) *which I commanded*

אוֹתָם dir.obj.-3 m.p. sf. *them*

וְגַם לָקְחוּ v.supra-Qal pf. 3 c.p. (542) *they have taken*

מִן־הַחֵרֶם prep.-def.art.-n.m.s. (356) *some of the devoted things*

וְגַם גָּנְבוּ v.supra-Qal pf. 3 c.p. (גָּנַב 170) *they have stolen*

וְגַם כִּחֲשׁוּ v.supra-Pi. pf. 3 c.p. (כָּחַשׁ 471) *and lied*

וְגַם שָׂמוּ v.supra-Qal pf. 3 c.p. (שׂוּם 962) *and put (them)*

בִּכְלֵיהֶם prep.-n.m.p.-3 m.p. sf. (479) *among their own stuff*

7:12

וְלֹא יֻכְלוּ conj.-neg.-Qal impf. 3 m.p. (יָכֹל 407) *therefore cannot*

בְּנֵי יִשְׂרָאֵל n.m.p. cstr. (119)-pr.n. (975) *the people of Israel*

לָקוּם prep.-Qal inf.cstr. (877) *stand*

לִפְנֵי אֹיְבֵיהֶם prep.-n.m.p. cstr. (815)-Qal act.ptc. m.p.-3 m.p. sf. (אָיַב 33) *before their enemies*

עֹרֶף n.m.s. (791) *their backs*

יִפְנוּ Qal impf. 3 m.p. (נָפַל 815) *they turn*

לִפְנֵי אֹיְבֵיהֶם v.supra-v.supra *before their enemies*

כִּי הָיוּ conj. (471)-Qal pf. 3 c.p. (הָיָה 224) *because they have become*

לְחֵרֶם prep.-n.m.s. (356) *a thing for destruction*

לֹא אוֹסִיף לִהְיוֹת neg.-Hi. impf. 1 c.s. (יָסַף 414) -prep.-Qal inf.cstr. (הָיָה 224) *I will be no more*

עִמָּכֶם prep.-2 m.p. sf. (767) *with you*

אִם־לֹא תַשְׁמִידוּ hypoth.part. (49)-neg.-Hi. impf. 2 m.p. (שָׁמַד 1029) *unless you destroy*

הַחֵרֶם def.art.-n.m.s. (356) *the devoted things*

מִקִּרְבְּכֶם prep.-n.m.s.-2 m.p. sf. (899) *from among you*

7:13

קֻם Qal impv. 2 m.s. (קוּם 877) *up*

קַדֵּשׁ Pi. impv. 2 m.s. (872) *sanctify*

אֶת־הָעָם dir.obj.-def.art.-n.m.s. (766) *the people*

וְאָמַרְתָּ conj.-Qal pf. 2 m.s. (55) *and say*

הִתְקַדְּשׁוּ Hith. impv. 2 m.p. (קָדַשׁ 872) *sanctify yourselves*

לְמָחָר prep.-n.m.s. (563) *for tomorrow*

כִּי כֹה אָמַר conj. (471)-adv. (462)-Qal pf. 3 m.s. (55) *for thus says*

יהוה pr.n. (217) *Yahweh*

אֱלֹהֵי יִשְׂרָאֵל n.m.p. cstr. (43)-pr.n. (975) *the God of Israel*

חֵרֶם n.m.s. (356) *there are devoted things*

בְּקִרְבְּךָ prep.-n.m.s.-2 m.s. sf. (899) *in the midst of you*

יִשְׂרָאֵל pr.n. (975) *O Israel*

לֹא תוּכַל neg.-Qal impf. 2 m.s. (יָכֹל 407) *you cannot*

לָקוּם prep.-Qal inf.cstr. (877) *stand*

לִפְנֵי prep.-n.m.p. cstr. (815) *before*

אֹיְבֶיךָ Qal act.ptc. m.p.-2 m.s. sf. (אָיַב 33) *your enemies*

עַד־הֲסִירְכֶם prep. (723)-Hi. inf.cstr.-2 m.p. sf. (סוּר 693) *until you take away*

הַחֵרֶם def.art.-n.m.s. (356) *the devoted things*

מִקִּרְבְּכֶם prep.-n.m.s.-2 m.p. sf. (899) *from among you*

7:14

וְנִקְרַבְתֶּם conj.-Ni. pf. 2 m.p. (קָרַב 897) *and you shall be brought near*

בַּבֹּקֶר prep.-def.art.-n.m.s. (133) *in the morning*

לְשִׁבְטֵיכֶם prep.-n.m.p.-2 m.p. sf. (986) *by your tribes*

וְהָיָה conj.-Qal pf. 3 m.s. (224) *and it shall be*

הַשֵּׁבֶט def.art.-n.m.s. (986) *the family*

אֲשֶׁר־יִלְכְּדֶנּוּ rel. (81)-Qal impf. 3 m.s.-3 m.s. sf. (לָכַד 539) *which takes (it)*

יְהוָה pr.n. (217) *Yahweh*

יִקְרַב Qal impf. 3 m.s. (897) *shall come near*

לַמִּשְׁפָּחוֹת prep.-def.art.-n.f.p. (1046) *by families*

וְהַמִּשְׁפָּחָה conj.-def.art.-n.f.s. (1046) *and the family*

אֲשֶׁר־יִלְכְּדֶנָּה rel. (81)-Qal impf. 3 m.s.-3 f.s. sf. (לָכַד 539) *which ... takes (it)*

יְהוָה pr.n. (217) *Yahweh*

תִּקְרַב Qal impf. 3 f.s. (קָרַב 897) *shall come near*

לַבָּתִּים prep.-def.art.-n.m.p. (108) *by households*

וְהַבַּיִת conj.-def.art.-n.m.s. (108) *and the household*

אֲשֶׁר יִלְכְּדֶנָּה rel. (81)-Qal impf. 3 m.s.-3 f.s. sf. (לָכַד 539) *which ... takes*

יְהוָה pr.n. (217) *Yahweh*

יִקְרַב Qal impf. 3 m.s. (897) *shall come near*

לַגְּבָרִים prep.-def.art.-n.m.p. (149) *man by man*

7:15

וְהָיָה conj.-Qal pf. 3 m.s. (224) *and (it shall be)*

הַנִּלְכָּד def.art.-Ni. ptc. (לָכַד 539; GK 121b) *he who is taken*

בַּחֵרֶם prep.-def.art.-n.m.s. (356) *with the devoted things*

יִשָּׂרֵף Ni. impf. 3 m.s. (שָׂרַף 976) *shall be burned*

בָּאֵשׁ prep.-def.art.-n.f.s. (77) *with fire*

אֹתוֹ dir.obj.-3 m.s. sf. *he*

וְאֶת־כָּל־אֲשֶׁר־לוֹ conj.-dir.obj.-n.m.s. (481)-rel. (81)-prep.-3 m.s. sf. *and all that he has*

כִּי עָבַר conj. (471)-Qal pf. 3 m.s. (716) *because he has transgressed*

אֶת־בְּרִית dir.obj.-n.f.s. cstr. (136) *the covenant of*

יְהוָה pr.n. (217) *Yahweh*

וְכִי־עָשָׂה conj.-conj. (471)-Qal pf. 3 m.s. (I 793) *and because he has done*

נְבָלָה n.f.s. (615) *a shameful thing*

בְּיִשְׂרָאֵל prep.-pr.n. (975) *in Israel*

7:16

וַיַּשְׁכֵּם consec.-Hi. impf. 3 m.s. (שָׁכַם 1014) *so rose early*

יְהוֹשֻׁעַ pr.n. (221) *Joshua*

בַּבֹּקֶר prep.-def.art.-n.m.s. (133) *in the morning*

וַיַּקְרֵב consec.-Hi. impf. 3 m.s. (קָרַב 897) *and brought near*

אֶת־יִשְׂרָאֵל dir.obj.-pr.n. (975) *Israel*

לִשְׁבָטָיו prep.-n.m.p.-3 m.s. sf. (986) *tribe by tribe*

וַיִּלָּכֵד consec.-Ni. impf. 3 m.s. (לָכַד 539) *and was taken*

שֵׁבֶט יְהוּדָה n.m.s. cstr. (986)-pr.n. (397) *the tribe of Judah*

7:17

וַיַּקְרֵב consec.-Hi. impf. 3 m.s. (קָרַב 897) *and he brought near*

אֶת־מִשְׁפַּחַת dir.obj.-n.f.s. cstr. (1046) *the families of*

יְהוּדָה pr.n. (397) *Judah*

וַיִּלְכֹּד consec.-Qal impf. 3 m.s. (539) *and he took*

אֵת מִשְׁפַּחַת dir.obj.-v.supra *the family of*

הַזַּרְחִי def.art.-pr.n. gent. (280) *the Zerahites*

וַיַּקְרֵב v.supra *and he brought near*

אֶת־מִשְׁפַּחַת v.supra-v.supra *the family of*

הַזַּרְחִי v.supra *the Zerahites*

לַגְּבָרִים prep.-def.art.-n.m.p. (149) *man by man*

וַיִּלָּכֵד consec.-Ni. impf. 3 m.s. (לָכַד 539) *and was taken*

זַבְדִּי pr.n. (256) *Zabdi*

7:18

וַיַּקְרֵב consec.-Hi. impf. 3 m.s. (קָרַב 897) *and he brought near*

אֶת־בֵּיתוֹ dir.obj.-n.m.s.-3 m.s. sf. (108) *his household*

לַגְּבָרִים prep.-def.art.-n.m.p. (149) *man by man*

וַיִּלָּכֵד consec.-Ni. impf. 3 m.s. (לָכַד 539) *and was taken*

עָכָן pr.n. (747) *Achan*

בֶּן־כַּרְמִי n.m.s. cstr. (119)-pr.n. (501) *the son of Carmi*

בֶּן־זַבְדִּי v.supra-pr.n. (256) *the son of Zabdi*

בֶּן־זֶרַח v.supra-pr.n. (280) *the son of Zerah*

לְמַטֵּה יְהוּדָה prep.-n.m.s. cstr. (641)-pr.n. (397) *of the tribe of Judah*

7:19

וַיֹּאמֶר יְהוֹשֻׁעַ consec.-Qal impf. 3 m.s. (55)-pr.n. (221) *then Joshua said*

אֶל־עָכָן prep. (39)-pr.n. (747) *to Achan*

בְּנִי n.m.s.-1 c.s. sf. (119) *my son*

שִׂים־נָא Qal impv. 2 m.s. (962)-part.of entreaty (609) *give (I pray thee)*

כָבוֹד n.m.s. (458) *glory*

לַיהוָה prep.-pr.n. (217) *to Yahweh*

אֱלֹהֵי יִשְׂרָאֵל n.m.p. cstr. (43)-pr.n. (975) *the God of Israel*

וְתֶן־לוֹ conj.-Qal impv. 2 m.s. (נתן 678)-prep.-3 m.s. sf. *and render to him*

תוֹדָה n.f.s. (392) *praise*

וְהַגֶּד־נָא conj.-Hi. impv. 2 m.s. (נגד 616)-v.supra *and tell now*

לִי prep.-1 c.s. sf. *me*

מֶה עָשִׂיתָ interr. (552)-Qal pf. 2 m.s. (עשׂה I 793) *what you have done*

אַל־תְּכַחֵד neg. (39)-Pi. impf. 2 m.s. (כחד 470) *do not hide*

מִמֶּנִּי prep.-1 c.s. sf. *from me*

7:20

וַיַּעַן consec.-Qal impf. 3 m.s. (ענה 772) *and answered*

עָכָן pr.n. (747) *Achan*

אֶת־יְהוֹשֻׁעַ dir.obj.-pr.n. (221) *Joshua*

וַיֹּאמַר consec.-Qal impf. 3 m.s. (55) *and said*

אָמְנָה adv, (53) *of a truth*

אָנֹכִי חָטָאתִי pers.pr. 1 c.s. (59)-Qal pf. 1 c.s. (306 חטא) *I have sinned*

לַיהוָה prep.-pr.n. (217) *against Yahweh*

אֱלֹהֵי יִשְׂרָאֵל n.m.p. cstr. (43)-pr.n. (975) *God of Israel*

וְכָזֹאת וְכָזֹאת conj.-prep.-demons.adv. (260)-v.supra *and this is what*

עָשִׂיתִי Qal pf. 1 c.s. (עשׂה I 793) *I did*

7:21

וָאֶרְאֶה consec.-Qal impf. 1 c.s. (ראה 906) *when I saw*

בַּשָּׁלָל prep.-def.art.-n.m.s. (1021) *among the spoil*

אַדֶּרֶת n.f.s. (12) *a mantle*

שִׁנְעָר pr.n. (1042) *from Shinar*

אַחַת טוֹבָה num. f.s. (25)-adj. f.s. (373) *a beautiful*

וּמָאתַיִם conj.-num. du. (547) *and two hundred*

שְׁקָלִים n.m.p. (1053; GK 134g) *shekels*

כֶּסֶף n.m.s. (494) *silver*

וּלְשׁוֹן conj.-n.f.s. cstr. (546) *and a bar of*

זָהָב n.m.s. (262) *gold*

אֶחָד num. m.s. (25) *one*

חֲמִשִּׁים num. p. (332) *fifty*

שְׁקָלִים v.supra *shekels*

מִשְׁקָלוֹ n.m.s.-3 m.s. sf. (1054) *its weight*

וָאֶחְמְדֵם consec.-Qal impf. 1 c.s.-3 m.p. sf. (חמד 326) *then I coveted them*

וָאֶקָּחֵם consec.-Qal impf. 1 c.s.-3 m.p. sf. (לקח 542) *and took them*

וְהִנָּם conj.-demons.part.-3 m.p. sf. (243) *and behold, they*

טְמוּנִים Qal pass.ptc. m.p. (טמן 380) *are hidden*

בָאָרֶץ prep.-def.art.-n.f.s. (75) *in the earth*

בְּתוֹךְ הָאָהֳלִי prep.-n.m.s. cstr. (1063)-def.art.-n.m.s.-1 c.s. sf. (13; GK 127i) *inside my tent*

וְהַכֶּסֶף conj.-def.art.-n.m.s. (494) *with the silver*

תַּחְתֶּיהָ prep.-3 f.s. sf. (1065) *underneath*

7:22

וַיִּשְׁלַח יְהוֹשֻׁעַ consec.-Qal impf. 3 m.s. (1018)-pr.n. (221) *so Joshua sent*

מַלְאָכִים n.m.p. (521) *messengers*

וַיָּרֻצוּ consec.-Qal impf. 3 m.p. (רוץ 930) *and they ran*

הָאֹהֱלָה def.art.-n.m.s.-dir.he (13) *to the tent*

וְהִנֵּה conj.-demons.part. (243) *and behold*

טְמוּנָה Qal pass.ptc. f.s. (טמן 380) *it was hidden*

בְּאָהֳלוֹ prep.-n.m.s.-3 m.s. sf. (13) *in his tent*

וְהַכֶּסֶף conj.-def.art.-n.m.s. (494) *with the silver*

תַּחְתֶּיהָ prep.-3 f.s. sf. (1065) *underneath*

7:23

וַיִּקָּחוּם consec.-Qal impf. 3 m.p.-3 m.p. sf. (לקח 542) *and they took them*

מִתּוֹךְ הָאֹהֶל prep.-n.m.s. cstr. (1063)-def.art.-n.m.s. (13) *out of the tent*

וַיְבִאוּם consec.-Hi. impf. 3 m.p.-3 m.p. sf. (בוא 97) *and brought them*

אֶל־יְהוֹשֻׁעַ prep. (39)-pr.n. (221) *to Joshua*

וְאֶל כָּל־ conj.-prep. (39)-n.m.s. cstr. (481) *and to all*

בְּנֵי יִשְׂרָאֵל n.m.p. cstr. (119)-pr.n. (975) *the people of Israel*

וַיַּצִּקֻם consec.-Hi. impf. 3 m.p.-3 m.p. sf. (יצק 427) *and laid them down*

לִפְנֵי יהוה prep.-n.m.p. cstr. (815)-pr.n. (217) *before Yahweh*

7:24

וַיִּקַּח יְהוֹשֻׁעַ consec.-Qal impf. 3 m.s. (לָקַח 542)-pr.n. (221) *and Joshua took*

אֶת־עָכָן dir.obj.-pr.n. (747) *Achan*

בֶּן־זֶרַח n.m.s. cstr. (119)-pr.n. (280) *the son of Zerah*

וְאֶת־הַכֶּסֶף conj. (GK 154aN(a))-dir.obj.-def.art.-n.m.s. (494) *and the silver*

וְאֶת־הָאַדֶּרֶת v.supra-def.art.-n.f.s. (12) *and the mantle*

וְאֶת־לְשׁוֹן הַזָּהָב v.supra-n.f.s. cstr. (546)-def.art.-n.m.s. (262) *and the bar of gold*

וְאֶת־בָּנָיו v.supra-n.m.p.-3 m.s. sf. (119) *and his sons*

וְאֶת־בְּנֹתָיו v.supra-n.f.p.-3 m.s. sf. (I 123) *and his daughters*

וְאֶת־שׁוֹרוֹ v.supra-n.m.s.-3 m.s. sf. (1004) *and his oxen*

וְאֶת־חֲמֹרוֹ v.supra-n.m.s.-3 m.s. sf. (331) *and his asses*

וְאֶת־צֹאנוֹ v.supra-n.f.s.-3 m.s. sf. (838) *and his sheep*

וְאֶת־אָהֳלוֹ v.supra-n.m.s.-3 m.s. sf. (13) *and his tent*

וְאֶת־כָּל־אֲשֶׁר־לוֹ v.supra-n.m.s. (481)-rel. (81)-prep.-3 m.s. sf. *and all that he had*

וְכָל־יִשְׂרָאֵל conj.-n.m.s. cstr. (481)-pr.n. (975) *and all Israel*

עִמּוֹ prep.-3 m.s. sf. (767) *with him*

וַיַּעֲלוּ consec.-Hi. impf. 3 m.p. (עָלָה 748) *and they brought up*

אֹתָם dir.obj.-3 m.p. sf. *them*

עֵמֶק עָכוֹר n.m.s. cstr. (770)-n.m.s. (747) *to the Valley of Achor (disturbance)*

7:25

וַיֹּאמֶר יְהוֹשֻׁעַ consec.-Qal impf. 3 m.s. (55)-pr.n. (221) *and Joshua said*

מֶה interr. (552) *why*

עֲכַרְתָּנוּ Qal pf. 2 m.s.-1 c.p. sf. (עָכַר 747) *did you bring trouble on us*

יַעְכָּרְךָ Qal impf. 3 m.s.-2 m.s. sf. (עָכַר 747) *brings trouble on you*

יְהוָה pr.n. (217) *Yahweh*

בַּיּוֹם הַזֶּה prep.-def.art.-n.m.s. (398)-def.art.-demons.adj. m.s. (262) *today*

וַיִּרְגְּמוּ consec.-Qal impf. 3 m.p. (רָגַם 920; GK 117ee) *and stoned*

אֹתוֹ dir.obj.-3 m.s. sf. *him*

כָּל־יִשְׂרָאֵל n.m.s. cstr. (481)-pr.n. (975) *all Israel*

אֶבֶן n.f.s. (6) *with stones*

וַיִּשְׂרְפוּ consec.-Qal impf. 3 m.p. (שָׂרַף 976) *they burned*

אֹתָם dir.obj.-3 m.p. sf. *them*

בָּאֵשׁ prep.-def.art.-n.f.s. (77) *with fire*

וַיִּסְקְלוּ consec.-Qal impf. 3 m.p. (סָקַל 709) *and stoned*

אֹתָם v.supra *them*

בָּאֲבָנִים prep.-def.art.-n.f.p. (6) *with stones*

7:26

וַיָּקִימוּ consec.-Hi. impf. 3 m.p. (קוּם 877) *and they raised*

עָלָיו prep.-3 m.s. sf. (752) *over him*

גַּל־אֲבָנִים n.m.s. cstr. (164)-n.f.p. (6) *a ... heap of stones*

גָּדוֹל adj. m.s. (152) *great*

עַד הַיּוֹם הַזֶּה prep. (723)-def.art.-n.m.s. (398)-def.art.-demons.adj. m.s. (260) *to this day*

וַיָּשָׁב יְהוָה consec.-Qal impf. 3 m.s. (שׁוּב 996)-pr.n. (217) *then Yahweh turned*

מֵחֲרוֹן אַפּוֹ prep.-n.m.s. cstr. (354)-n.m.s.-3 m.s. sf. (60) *from his burning anger*

עַל־כֵּן קָרָא prep.-adv. (485)-Qal pf. 3 m.s. (894) *therefore is called*

שֵׁם n.m.s. cstr. (1027) *the name of*

הַמָּקוֹם הַהוּא dir.obj.-n.m.s. (879)-def.art.-demons.adj. m.s. (214) *that place*

עֵמֶק עָכוֹר n.m.s. cstr. (770)-n.m.s. (747) *the Valley of Achor (disturbance or trouble)*

עַד הַיּוֹם הַזֶּה prep. (723)-def.art.-n.m.s. (398)-def.art.-demons.adj. m.s. (260) *to this day*

8:1

וַיֹּאמֶר יְהוָה consec.-Qal impf. 3 m.s. (55)-pr.n. (217) *and Yahweh said*

אֶל־יְהוֹשֻׁעַ prep. (39)-pr.n. (221) *to Joshua*

אַל־תִּירָא neg. (39)-Qal impf. 2 m.s. (יָרֵא 431) *do not fear*

וְאַל־תֵּחָת conj.-neg. (39)-Qal impf. 2 m.s. (חָתַת 369) *or be dismayed*

קַח Qal impv. 2 m.s. (לָקַח 542) *take*

עִמְּךָ prep.-2 m.s. sf. (767) *with you*

אֵת כָּל־עַם dir.obj.-n.m.s. cstr. (481)-n.m.s. cstr. (766) *all the ... men*

הַמִּלְחָמָה def.art.-n.f.s. (536) *fighting*

וְקוּם conj.-Qal impv. 2 m.s. (877) *and arise*

עֲלֵה Qal impv. 2 m.s. (עָלָה 748) *go up*

הָעָי def.art.-pr.n. (743) *to Ai*

רְאֵה Qal impv. 2 m.s. (רָאָה 906) *see*

נָתַתִּי Qal pf. 1 c.s. (נָתַן 678) *I have given*

בְּיָדְךָ prep.-n.f.s.-2 m.s. sf. (388) *into your hand*

אֶת־מֶלֶךְ הָעִי dir.obj.-n.m.s. cstr. (I 572)-def. art.-pr.n. (743) *the king of Ai*

וְאֶת־עַמּוֹ conj.-dir.obj.-n.m.s.-3 m.s. sf. (766) *and his people*

וְאֶת־עִירוֹ v.supra-n.f.s.-3 m.s. sf. (746) *his city*

וְאֶת־אַרְצוֹ v.supra-n.f.s.-3 m.s. sf. (75) *and his land*

8:2

וְעָשִׂיתָ conj.-Qal pf. 2 m.s. (עשׂה 793) *and you shall do*

לָעַי prep.-pr.n. (743) *to Ai*

וּלְמַלְכָּהּ conj.-prep.-n.m.s.-3 f.s. sf. (572) *and its king*

כַּאֲשֶׁר עָשִׂיתָ prep.-rel. (81)-v.supra *as you did*

לִירִיחוֹ prep.-pr.n. (437) *to Jericho*

וּלְמַלְכָּהּ v.supra *and its king*

רַק־שְׁלָלָהּ adv. (956)-n.m.s.-3 f.s. sf. (1021) *only its spoil*

וּבְהֶמְתָּהּ conj.-prep.-n.f.s.-3 f.s. sf. (96) *and its cattle*

תָּבֹזּוּ Qal impf. 2 m.p. (בזז 102) *you shall take as booty*

לָכֶם prep.-2 m.p. sf. *for yourselves*

שִׂים־לְךָ Qal impv. 2 m.s. (שׂים 962)-prep.-2 m.s. sf. *lay (for yourself)*

אֹרֵב Qal act.ptc. (70) *an ambush*

לָעִיר prep.-def.art.-n.f.s. (746) *against the city*

מֵאַחֲרֶיהָ prep.-prep.-3 f.s. sf. (29) *behind it*

8:3

וַיָּקָם יְהוֹשֻׁעַ consec.-Qal impf. 3 m.s. (קום 877)-pr.n. (221) *so Joshua arose*

וְכָל־עַם הַמִּלְחָמָה conj.-n.m.s. cstr. (481)-n.m.s. cstr. (766)-def.art.-n.f.s. (536) *and all the fighting men*

לַעֲלוֹת הָעַי prep.-Qal inf.cstr. (עלה 748)-def. art.-pr.n. (743) *to go up to Ai*

וַיִּבְחַר יְהוֹשֻׁעַ consec.-Qal impf. 3 m.s. (103) -v.supra *and Joshua chose*

שְׁלֹשִׁים אֶלֶף num. p. (1026)-n.m.s. (48) *thirty thousand*

אִישׁ n.m.s. (35) *men*

גִּבּוֹרֵי הַחַיִל adj. m.p. cstr. (150)-def.art.-n.m.s. (298) *mighty of valor*

וַיִּשְׁלָחֵם consec.-Qal impf. 3 m.s.-3 m.p. sf. (1018 שׁלח; GK 60c) *and sent them forth*

לָיְלָה n.m.s. (538) *by night*

8:4

וַיְצַו אֹתָם consec.-Pi. impf. 3 m.s. (צוה 845)-dir. obj.-3 m.p. sf. *and he commanded them*

לֵאמֹר prep.-Qal inf.cstr. (55) *(saying)*

רְאוּ Qal impv. 2 m.p. (ראה 906) *behold*

אַתֶּם אֹרְבִים pers.pr. 2 m.p. (61)-Qal act.ptc. m.p. (ארב 70) *you shall lie in ambush*

לָעִיר prep.-def.art.-n.f.s. (746) *against the city*

מֵאַחֲרֵי הָעִיר prep.-prep. (29)-def.art.-n.f.s. (746) *behind the city*

אַל־תַּרְחִיקוּ neg. (39)-Hi. impf. 2 m.p. (רחק 934) *do not go far*

מִן־הָעִיר prep.-def.art.-n.f.s. (746) *from the city*

מְאֹד adv. (547) *very*

וִהְיִיתֶם conj.-Qal pf. 2 m.p. (היה 224) *but be*

כֻּלְּכֶם n.m.s.-2 m.p. sf. (481) *all of you*

נְכֹנִים Ni. ptc. m.p. (כון 465) *in readiness*

8:5

וַאֲנִי conj.-pers.pr. 1 c.s. (58) *and I*

וְכָל־הָעָם conj.-n.m.s. cstr. (481)-def.art.-n.m.s. (766) *and all the people*

אֲשֶׁר אִתִּי rel. (81)-prep.-1 c.s. sf. (85) *who are with me*

נִקְרַב Qal impf. 1 c.p. (קרב 897) *we will approach*

אֶל־הָעִיר prep. (39)-def.art.-n.f.s. (746) *the city*

וְהָיָה conj.-Qal pf. 3 m.s. (224) *and (it shall be)*

כִּי־יֵצְאוּ conj. (471)-Qal impf. 3 m.p. (יצא 422) *when they come out*

לִקְרָאתֵנוּ prep.-Qal inf.cstr.-1 c.p. sf. (קרא 896) *to meet us*

כַּאֲשֶׁר בָּרִאשֹׁנָה prep.-rel. (81)-prep.-def.art.-adj. f.s. (911) *as before*

וְנַסְנוּ conj.-Qal pf. 1 c.p. (נוס 630) *we shall flee*

לִפְנֵיהֶם prep.-n.m.p.-3 m.p. sf. (815) *before them*

8:6

וְיָצְאוּ conj.-Qal pf. 3 c.p. (422) *and they will come out*

אַחֲרֵינוּ prep.-1 c.p. sf. (29) *against us*

עַד הַתִּיקֵנוּ prep. (723)-Hi. inf.cstr.-1 c.p. sf. (נתק 683) *till we have drawn ... away*

אוֹתָם dir.obj.-3 m.p. sf. *them*

מִן־הָעִיר prep.-def.art.-n.f.s. (746) *from the city*

כִּי יֹאמְרוּ conj. (471)-Qal impf. 3 m.p. (אמר 55) *for they will say*

נָסִים Qal act.ptc. m.p. (נוס 630) *they are fleeing*

לְפָנֵינוּ prep.-n.m.p.-1 c.p. sf. (815) *from us*

כַּאֲשֶׁר בָּרִאשֹׁנָה prep.-rel. (81)-prep.-def.art.-adj. f.s. (911) *as before*

וְנַסְנוּ conj.-Qal pf. 1 c.p. (נוס 630) *so we will flee*

לִפְנֵיהֶם prep.-n.m.p.-3 m.p. sf. (815) *from them*

8:7

וְאַתֶּם תָּקֻמוּ conj.-pers.pr. 2 m.p. (61)-Qal impf. 3 m.p. קוּם 877) *then you shall rise up*

מֵהָאוֹרֵב prep.-def.art.-Qal act.ptc. אָרַב 70) *from the ambush*

וְהוֹרַשְׁתֶּם conj.-Hi. pf. 2 m.p. יָרַשׁ 439) *and seize*

אֶת־הָעִיר dir.obj.-def.art.-n.f.s. (746) *the city*

וּנְתָנָהּ conj.-Qal pf. 3 m.s.-3 f.s. sf. נָתַן 678) *for ... will give it*

יהוה אֱלֹהֵיכֶם pr.n. (217)-n.m.p.-2 m.p. sf. (43) *Yahweh your God*

בְּיֶדְכֶם prep.-n.f.s.-2 m.p. sf. (388) *in your hand*

8:8

וְהָיָה conj.-Qal pf. 3 m.s. (224) *and (it shall be)*

כְּתָפְשְׂכֶם prep.-Qal inf.cstr.-2 m.p. sf. תָּפַשׂ 1074) *when you have taken*

אֶת־הָעִיר dir.obj.-def.art.-n.f.s. (746) *the city*

תַּצִּיתוּ Hi. impf. 2 m.p. יָצַת 428) *you shall set (on fire)*

אֶת־הָעִיר v.supra *the city*

בָּאֵשׁ prep.-def.art.-n.f.s. (77) *with fire*

כִּדְבַר יהוה prep.-n.m.s. cstr. (182)-pr.n. (217) *according to the word of Yahweh*

תַּעֲשׂוּ Qal impf. 2 m.p. עָשָׂה 793) *you shall do*

רְאוּ Qal impv. 2 m.p. רָאָה 906) *see*

צִוִּיתִי Pi. pf. 1 c.s. צָוָה 845) *I have commanded*

אֶתְכֶם dir.obj.-2 m.p. sf. *you*

8:9

וַיִּשְׁלָחֵם consec.-Qal impf. 3 m.s.-3 m.p. sf. (1018 שָׁלַח) *so sent them forth*

יְהוֹשֻׁעַ pr.n. (221) *Joshua*

וַיֵּלְכוּ consec.-Qal impf. 3 m.p. הָלַךְ 229) *and they went*

אֶל־הַמַּאְרָב prep. (39)-def.art.-n.m.s. (70) *to the place of ambush*

וַיֵּשְׁבוּ consec.-Qal impf. 3 m.p. יָשַׁב 442) *and lay*

בֵּין בֵּית־אֵל prep. (107)-pr.n. (110) *between Bethel*

וּבֵין הָעַי conj.-v.supra-def.art.-pr.n. (743) *and Ai*

מִיָּם prep.-n.m.s. (410) *to the west*

לָעָי prep.-def.art.-pr.n. (743) *of Ai*

וַיָּלֶן consec.-Qal impf. 3 m.s. לוּן 533) *but spent*

יְהוֹשֻׁעַ pr.n. (221) *Joshua*

בַּלַּיְלָה הַהוּא prep.-def.art.-n.m.s. (538)-def.art.-demons.adj. m.s. (214) *that night*

בְּתוֹךְ הָעָם prep.-n.m.s. cstr. (1063)-def.art.-n.m.s. (766) *among the people*

8:10

וַיַּשְׁכֵּם consec.-Hi. impf. 3 m.s. שָׁכַם 1014) *and arose early*

יְהוֹשֻׁעַ pr.n. (221) *Joshua*

בַּבֹּקֶר prep.-def.art.-n.m.s. (133) *in the morning*

וַיִּפְקֹד consec.-Qal impf. 3 m.s. פָּקַד 823) *and mustered*

אֶת־הָעָם dir.obj.-def.art.-n.m.s. (766) *the people*

וַיַּעַל consec.-Qal impf. 3 m.s. עָלָה 748) *and went up*

הוּא וְזִקְנֵי יִשְׂרָאֵל pers.pr. 3 m.s. (214)-conj.-adj. m.p. cstr. (278)-pr.n. (975) *he and the elders of Israel*

לִפְנֵי הָעָם prep.-n.m.p. cstr. (815)-v.supra *before the people*

הָעָי def.art.-pr.n. (743) *to Ai*

8:11

וְכָל־הָעָם conj.-n.m.s. cstr. (481)-def.art. (GK 127g)-n.m.s. (766) *and all the people (men)*

הַמִּלְחָמָה def.art.-n.f.s. (536) *fighting*

אֲשֶׁר אִתּוֹ rel. (81)-prep.-3 m.s. sf. (85) *who were with him*

עָלוּ Qal pf. 3 c.p. עָלָה 748) *went up*

וַיִּגְּשׁוּ consec.-Qal impf. 3 m.p. נָגַשׁ 620) *and drew near*

וַיָּבֹאוּ consec.-Qal impf. 3 m.p. בּוֹא 97) *and came*

נֶגֶד הָעִיר prep. (617)-def.art.-n.f.s. (746) *before the city*

וַיַּחֲנוּ consec.-Qal impf. 3 m.p. חָנָה 333) *and encamped*

מִצָּפוֹן prep.-n.f.s. cstr. (860) *on the north side*

לָעַי prep.-def.art.-pr.n. (743) *of Ai*

וְהַגַּי conj.-def.art.-n.m.s. (161) *with the valley (ravine)*

בֵּינוֹ prep.-3 m.s. sf. (107) *between him*

וּבֵין־הָעָי conj.-v.supra-def.art.-pr.n. (743) *and Ai*

8:12

וַיִּקַּח consec.-Qal impf. 3 m.s. לָקַח 542) *and he took*

כַּחֲמֵשֶׁת אֲלָפִים prep.-num. f. cstr. (331)-n.m.p. (48) *about five thousand*

אִישׁ n.m.s. (35) *men*

וַיָּשֶׂם אוֹתָם consec.-Qal impf. 3 m.s. שׂוּם 962) -dir.obj.-3 m.p. sf. *and set them*

אֹרֵב Qal act.ptc. אָרַב 70) *in ambush*

בֵּין בֵּית־אֵל prep. (107)-pr.n. (110) *between Bethel*

וּבֵין הָעָי conj.-prep. (107)-def.art.-pr.n. (743) *and Ai*

מִיָּם לָעִיר prep.-n.m.s. (410)-prep.-def.art.-n.f.s. (746) *to the west of the city*

מֵאַחֲרֵי הָעִיר prep.-prep. (29)-def.art.-n.f.s. (746) *behind the city*

8:13

וַיָּשִׂימוּ consec.-Qal impf. 3 m.p. (שׂום 962) *so they stationed*

הָעָם def.art.-n.m.s. (766) *the (people) forces*

אֶת־כָּל־הַמַּחֲנֶה dir.obj.-n.m.s. cstr. (481)-def.art.-n.m.s. (334) *all the encampment*

אֲשֶׁר מִצָּפוֹן rel. (81)-prep.-n.f.s. cstr. (860) *which was north of*

לָעִיר prep.-def.art.-n.f.s. (746) *the city*

וְאֶת־עֲקֵבוֹ conj.-dir.obj.-n.m.s.-3 m.s. sf. (784) *and its rear guard*

מִיָּם לָעִיר prep.-n.m.s. (410)-prep.-def.art.-n.f.s. (746) *west of the city*

וַיֵּלֶךְ יְהוֹשֻׁעַ consec.-Qal impf. 3 m.s. (הָלַךְ 229)-pr.n. (221) *but Joshua spent*

בַּלַּיְלָה הַהוּא prep.-def.art.-n.m.s. (538)-def.art.-demons.adj. m.s. (214) *that night*

בְּתוֹךְ הָעֵמֶק prep.-n.m.s. cstr. (1063)-def.art.-n.m.s. (770) *in the valley*

8:14

וַיְהִי consec.-Qal impf. 3 m.s. (הָיָה 224) *and*

כִּרְאוֹת prep.-Qal inf.cstr. (רָאָה 906) *when ... saw*

מֶלֶךְ־הָעַי n.m.s. cstr. (572)-def.art.-pr.n. (743) *the king of Ai*

וַיְמַהֲרוּ consec.-Pi. impf. 3 m.p. (מָהַר 554) *made haste*

וַיַּשְׁכִּימוּ consec.-Hi. impf. 3 m.p. (שָׁכַם 1014) *and rose early*

וַיֵּצְאוּ consec.-Qal impf. 3 m.p. (יָצָא 422) *and went out*

אַנְשֵׁי־הָעִיר n.m.p. cstr. (35)-def.art.-n.f.s. (746) *the men of the city*

לִקְרַאת־יִשְׂרָאֵל prep.-Qal inf.cstr. (קָרָא 896)-pr.n. (975) *to meet Israel*

לַמִּלְחָמָה prep.-def.art.-n.f.s. (536) *in battle*

הוּא וְכָל־עַמּוֹ pers.pr. 3 m.s. (214)-conj.-n.m.s. cstr. (481)-n.m.s.-3 m.s. sf. (766) *he and all his people*

לַמּוֹעֵד prep.-def.art.-n.m.s. (417) *to the appointed time*

לִפְנֵי prep.-n.m.p. cstr. (815) *toward*

הָעֲרָבָה def.art.-n.f.s. (787) *the Arabah (desert-plain)*

וְהוּא לֹא יָדַע conj.-pers.pr. 3 m.s. (214)-neg.-Qal pf. 3 m.s. (393) *but he did not know*

כִּי־אֹרֵב conj. (471)-Qal act.ptc. (אָרַב 70) *that there was an ambush*

לוֹ prep.-3 m.s. sf. *against him*

8:15

וַיִּנָּגְעוּ consec.-Ni. impf. 3 m.p. (נָגַע 619) *and made a pretense of being beaten*

יְהוֹשֻׁעַ pr.n. (221) *Joshua*

וְכָל־יִשְׂרָאֵל conj.-n.m.s. cstr. (481)-pr.n. (975) *and all Israel*

לִפְנֵיהֶם prep.-n.m.p.-3 m.p. sf. (815) *before them*

וַיָּנֻסוּ consec.-Qal impf. 3 m.p. (נוּס 630) *and fled*

דֶּרֶךְ הַמִּדְבָּר n.m.s. cstr. (202)-def.art.-n.m.s. (184) *in the direction of the wilderness*

8:16

וַיִּזָּעֲקוּ consec.-Ni. impf. 3 m.p. (זָעַק 277) *so were called together*

כָּל־הָעָם n.m.s. cstr. (481)-def.art.-n.m.s. (766) *all the people*

אֲשֶׁר בָּעִיר rel. (81)-prep.-def.art.-n.f.s. (746; Qere rds. בָּעִיר) *who were in the city*

לִרְדֹּף prep.-Qal inf.cstr. (רָדַף 922) *to pursue*

אַחֲרֵיהֶם prep.-3 m.p. sf. (29) *them*

וַיִּרְדְּפוּ consec.-Qal impf. 3 m.p. (922) *and as they pursued*

אַחֲרֵי יְהוֹשֻׁעַ prep. (29)-pr.n. (221) *after Joshua*

וַיִּנָּתְקוּ consec.-Ni. impf. 3 m.p. (נָתַק 683) *they were drawn away*

מִן־הָעִיר prep.-def.art.-n.f.s. (746) *from the city*

8:17

וְלֹא־נִשְׁאַר conj.-neg.-Ni. pf. 3 m.s. (שָׁאַר 983) *there was not left*

אִישׁ בָּעַי n.m.s. (35)-prep.-def.art.-pr.n. (743) *a man in Ai*

וּבֵית אֵל conj.-pr.n. (110) *or Bethel*

אֲשֶׁר לֹא־יָצְאוּ rel. (81)-neg.-Qal pf. 3 c.p. (יָצָא 422) *who did not go out*

אַחֲרֵי יִשְׂרָאֵל prep. (29)-pr.n. (975) *after Israel*

וַיַּעַזְבוּ consec.-Qal impf. 3 m.p. (עָזַב 736) *they left*

אֶת־הָעִיר dir.obj.-def.art.-n.f.s. (746) *the city*

פְּתוּחָה Qal pass.ptc. f.s. (פָּתַח 834) *open*

וַיִּרְדְּפוּ consec.-Qal impf. 3 m.p. (רָדַף 92) *and pursued*

אַחֲרֵי יִשְׂרָאֵל v.supra-v.supra *after Israel*

8:18

וַיֹּאמֶר יְהוָה consec.-Qal impf. 3 m.s. (55)-pr.n. (217) *then Yahweh said*

אֶל־יְהוֹשֻׁעַ prep. (39)-pr.n. (221) *to Joshua*

נְטֵה Qal impv. 2 m.s. (נָטָה 639) *stretch out*
בַּכִּידוֹן prep.-def.art.-n.m.s. (475) *the javelin*
אֲשֶׁר־בְּיָדְךָ rel. (81)-prep.-n.f.s.-2 m.s. sf. (388) *that is in your hand*
אֶל־הָעַי prep. (39)-def.art.-pr.n. (743) *toward Ai*
כִּי בְיָדְךָ conj. (471)-v.supra *for into your hand*
אֶתְּנֶנָּה Qal impf. 1 c.s.-3 f.s. sf. (נָתַן 678) *I will give it*
וַיֵּט consec.-Qal impf. 3 m.s. (נָטָה 639) *and stretched out*
יְהוֹשֻׁעַ pr.n. (221) *Joshua*
בַּכִּידוֹן prep.-def.art.-n.m.s. (475) *the javelin*
אֲשֶׁר־בְּיָדוֹ rel. (81)-prep.-n.f.s.-3 m.s. sf. (388) *that was in his hand*
אֶל־הָעִיר prep. (39)-def.art.-n.f.s. (746) *toward the city*

8:19

וְהָאוֹרֵב conj.-def.art.-Qal act.ptc. (אָרַב 70) *and the ambush*
קָם Qal pf. 3 m.s. (קוּם 877) *rose*
מְהֵרָה n.f.s. as adv. (555) *quickly*
מִמְּקוֹמוֹ prep.-n.m.s.-3 m.s. sf. (879) *out of their place*
וַיָּרוּצוּ consec.-Qal impf. 3 m.p. (רוּץ 930) *and they ran*
כִּנְטוֹת יָדוֹ prep.-Qal inf.cstr. (נָטָה 639)-n.f.s.-3 m.s. sf. (388) *as soon as he stretched out his hand*
וַיָּבֹאוּ consec.-Qal impf. 3 m.p. (בוֹא 97) *and entered*
הָעִיר def.art.-n.f.s. (746) *the city*
וַיִּלְכְּדוּהָ consec.-Qal impf. 3 m.p.-3 f.s. sf. (לָכַד 539) *and took it*
וַיְמַהֲרוּ consec.-Pi. impf. 3 m.p. (מָהַר 554) *and they made haste*
וַיַּצִּיתוּ consec.-Hi. impf. 3 m.p. (יָצַת 428) *to set (on fire)*
אֶת־הָעִיר dir.obj.-def.art.-n.f.s. (746) *the city*
בָּאֵשׁ prep.-def.art.-n.f.s. (77) *with fire*

8:20

וַיִּפְנוּ consec.-Qal impf. 3 m.p. (פָּנָה 815) *so when turned*
אַנְשֵׁי הָעַי n.m.p. cstr. (35)-def.art.-pr.n. (743) *the men of Ai*
אַחֲרֵיהֶם prep.-3 m.p. sf. (29) *behind them*
וַיִּרְאוּ consec.-Qal impf. 3 m.p. (רָאָה 906) *and looked*
וְהִנֵּה conj.-demons.part. (243) *and behold*
עָלָה Qal pf. 3 m.s. (748) *went up*

עֲשַׁן הָעִיר n.m.s. cstr. (798)-def.art.-n.f.s. (746) *the smoke of the city*
הַשָּׁמַיְמָה def.art.-n.m.p.-dir.he (1029) *to heaven*
וְלֹא־הָיָה בָהֶם conj.-neg.-Qal pf. 3 m.s. (224) -prep.-3 m.p. sf. *and they had no*
יָדַיִם n.f. du. (388) *power (hands)*
לָנוּס prep.-Qal inf.cstr. (נוּס 630) *to flee*
הֵנָּה וָהֵנָּה adv. (244)-conj.-adv. (244) *this way or that*
וְהָעָם conj.-def.art.-n.m.s. (766) *the people*
הַנָּס def.art.-Qal act.ptc. (נוּס 630) *that fled*
הַמִּדְבָּר def.art.-n.m.s. (184) *to the wilderness*
נֶהְפַּךְ Ni. pf. 3 m.s. (הָפַךְ 245) *turned back*
אֶל־הָרוֹדֵף prep. (39)-def.art.-Qal act.ptc. (922) *upon the pursuers*

8:21

וִיהוֹשֻׁעַ conj.-pr.n. (221) *and when Joshua*
וְכָל־יִשְׂרָאֵל conj.-n.m.s. cstr. (481)-pr.n. (975) *and all Israel*
רָאוּ Qal pf. 3 c.p. (רָאָה 906) *saw*
כִּי־לָכַד conj. (481)-Qal pf. 3 m.s. (539) *that had taken*
הָאֹרֵב def.art.-Qal act.ptc. (אָרַב 70) *the ambush*
אֶת־הָעִיר dir.obj.-def.art.-n.f.s. (746) *the city*
וְכִי עָלָה conj.-conj. (471)-Qal pf. 3 m.s. (748) *and that went up*
עֲשַׁן הָעִיר n.m.s. cstr. (798)-v.supra *the smoke of the city*
וַיָּשֻׁבוּ consec.-Qal impf. 3 m.p. (שׁוּב 996) *then they turned back*
וַיַּכּוּ consec.-Hi. impf. 3 m.p. (נָכָה 645) *and smote*
אֶת־אַנְשֵׁי הָעָי dir.obj.-n.m.p. cstr. (35)-def.art. -pr.n. paus. (743) *the men of Ai*

8:22

וְאֵלֶּה conj.-demons.adj. c.p. (41) *and the others*
יָצְאוּ Qal pf. 3 c.p. (יָצָא 422) *came forth*
מִן־הָעִיר prep.-def.art.-n.f.s. (746) *from the city*
לִקְרָאתָם prep.-Qal inf.cstr.-3 m.p. sf. (קָרָא 896) *to meet them*
וַיִּהְיוּ consec.-Qal impf. 3 m.p. (הָיָה 224) *so they were*
לְיִשְׂרָאֵל prep.-pr.n. (975) *of Israel*
בַּתָּוֶךְ prep.-def.art.-n.m.s. (1063) *in the midst*
אֵלֶּה מִזֶּה demons.adj. c.p. (41)-prep.-demons.adj. m.s. (260) *some on this side*
וְאֵלֶּה מִזֶּה conj.-v.supra-v.supra *and some on that side*
וַיַּכּוּ consec.-Hi. impf. 3 m.p. (נָכָה 645) *and they smote*

אוֹתָם dir.obj.-3 m.p. sf. *them*

עַד־בִּלְתִּי הִשְׁאִיר־לוֹ prep. (723)-neg. (116)-Hi. pf. 3 m.s. (שָׁאַר 983)-prep.-3 m.s. sf. *until there was left none*

שָׂרִיד n.m.s. (975) *the survived*

וּפָלִיט conj.-n.m.s. (812) *or escaped*

8:23

וְאֶת־מֶלֶךְ הָעַי conj.-dir.obj.-n.m.s. cstr. (572) -def.art.-pr.n. (743) *but the king of Ai*

תָּפְשׂוּ Qal pf. 3 c.p. (תָּפַשׂ 1074) *they took*

חָי adj. m.s. paus. (311) *alive*

וַיַּקְרִבוּ אֹתוֹ consec.-Hi. impf. 3 m.p. (קָרַב 897) -dir.obj.-3 m.s. sf. *and brought him near*

אֶל־יְהוֹשֻׁעַ prep. (39)-pr.n. (221) *to Joshua*

8:24

וַיְהִי consec.-Qal impf. 3 m.s. (הָיָה 224) *(and it was)*

כְּכַלּוֹת prep.-Pi. inf.cstr. (כָּלָה 477) *when had finished*

יִשְׂרָאֵל pr.n. (975) *Israel*

לַהֲרֹג prep.-Qal inf.cstr. (הָרַג 246) *slaughtering*

אֶת־כָּל־יֹשְׁבֵי dir.obj.-n.m.s. cstr. (481)-Qal act.ptc. m.p. cstr. (יָשַׁב 442) *all the inhabitants of*

הָעַי def.art.-pr.n. (743) *Ai*

בַּשָּׂדֶה prep.-def.art.-n.m.s. (961) *in the field*

בַּמִּדְבָּר prep.-def.art.-n.m.s. (184) *in the wilderness*

אֲשֶׁר רְדָפוּם בּוֹ rel. (81)-Qal pf. 3 c.p.-3 m.p. sf. (922) (רָדַף)-prep.-3 m.s. sf. *where they pursued them*

וַיִּפְּלוּ consec.-Qal impf. 3 m.p. (נָפַל 656) *and had fallen*

כֻלָּם n.m.s.-3 m.p. sf. (481) *all of them*

לְפִי־חֶרֶב prep.-n.m.s. cstr. (804)-n.f.s. (352) *by the edge of the sword*

עַד־תֻּמָּם prep. (723)-Qal inf.cstr.-3 m.p. sf. (תָּמַם 1070) *to the very last of them*

וַיָּשֻׁבוּ consec.-Qal impf. 3 m.p. (שׁוּב 996) *and returned*

כָּל־יִשְׂרָאֵל n.m.s. cstr. (481)-pr.n. (975) *all Israel*

הָעַי def.art.-pr.n. (743) *to Ai*

וַיַּכּוּ consec.-Hi. impf. 3 m.p. (נָכָה 645) *and smote*

אֹתָהּ dir.obj.-3 f.s. sf. *it*

לְפִי־חֶרֶב v.supra-v.supra paus. *with the edge of the sword*

8:25

וַיְהִי consec.-Qal impf. 3 m.s. (הָיָה 224) *and*

כָּל־הַנֹּפְלִים n.m.s. cstr. (481; GK 146c)-def. art.-Qal act.ptc. m.p. (נָפַל 656) *all who fell*

בַּיּוֹם הַהוּא prep.-def.art.-n.m.s. (398)-def.art. -demons.adj. m.s. (214) *that day*

מֵאִישׁ prep.-n.m.s. (35) *both men*

וְעַד־אִשָּׁה conj.-prep. (723)-n.f.s. (61) *and women*

שְׁנֵים עָשָׂר num. (1040)-num. (797) *twelve*

אָלֶף n.m.s. paus. (48) *thousand*

כֹּל אַנְשֵׁי הָעַי n.m.s. cstr. (481)-n.m.p. cstr. (35) -def.art.-pr.n. (743) *all the people of Ai*

8:26

וִיהוֹשֻׁעַ conj.-pr.n. (221) *and Joshua*

לֹא־הֵשִׁיב neg.-Hi. pf. 3 m.s. (שׁוּב 996) *did not draw back*

יָדוֹ n.f.s.-3 m.s. sf. (388) *his hand*

אֲשֶׁר נָטָה rel. (81)-Qal pf. 3 m.s. (639) *with which he stretched out*

בַּכִּידוֹן prep.-def.art.-n.m.s. (475) *the javelin*

עַד אֲשֶׁר הֶחֱרִים prep. (723)-rel. (81)-Hi. pf. 3 m.s. (חָרַם 355) *until he had utterly destroyed*

אֵת כָּל־יֹשְׁבֵי dir.obj.-n.m.s. cstr. (481)-Qal act.ptc. m.p. cstr. (יָשַׁב 442) *all the inhabitants of*

הָעַי def.art.-pr.n. paus. (743) *Ai*

8:27

רַק הַבְּהֵמָה adv. (956)-def.art.-n.f.s. (96) *only the cattle*

וּשְׁלַל הָעִיר הַהִיא conj.-n.m.s. cstr. (1021)-def. art.-demons.adj. f.s. (214) *and the spoil of that city*

בָּזְזוּ לָהֶם Qal pf. 3 c.p. (בָּזַז 102)-prep.-3 m.p. sf. *they took as booty for themselves*

יִשְׂרָאֵל pr.n. (975) *Israel*

כִּדְבַר יהוה prep.-n.m.s. cstr. (182)-pr.n. (217) *according to the word of Yahweh*

אֲשֶׁר צִוָּה rel. (81)-Pi. pf. 3 m.s. (צָוָה 845) *which he commanded*

אֶת־יְהוֹשֻׁעַ dir.obj.-pr.n. (221) *Joshua*

8:28

וַיִּשְׂרֹף consec.-Qal impf. 3 m.s. (שָׂרַף 976) *so burned*

יְהוֹשֻׁעַ pr.n. (221) *Joshua*

אֶת־הָעָי dir.obj.-def.art.-pr.n. (743) *Ai*

וַיְשִׂימֶהָ consec.-Qal impf. 3 m.s.-3 f.s. sf. (שׂוּם 962; GK 117ii) *and made it*

תֵּל־עוֹלָם n.m.s. cstr. (1068; GK 20g)-n.m.s. (761) *a mound of forever*

שְׁמָמָה n.f.s. (1031) *ruins*

עַד הַיּוֹם הַזֶּה prep. (723)-def.art.-n.m.s. (398)
-def.art.-demons.adj. m.s. (260) *to this day*

8:29

וְאֶת־מֶלֶךְ conj.-dir.obj.-n.m.s. cstr. (572) *and the king of*

הָעַי def.art.-pr.n. (743) *Ai*

תָּלָה Qal pf. 3 m.s. (1067) *he hanged*

עַל־הָעֵץ prep.-def.art.-n.m.s. (781) *on a tree*

עַד־עֵת הָעֶרֶב prep. (723)-n.f.s. cstr. (773)
-def.art.-n.m.s. (787) *until evening*

וּכְבוֹא הַשֶּׁמֶשׁ conj.-prep.-Qal inf.cstr. (97)-def.
art.-n.f.s. (1039) *and at the going down of the sun*

צִוָּה Pi. pf. 3 m.s. (845) *commanded*

יְהוֹשֻׁעַ pr.n. (221) *Joshua*

וַיֹּרִידוּ consec.-Hi. impf. 3 m.p. (יָרַד 432) *and they took down*

אֶת־נִבְלָתוֹ dir.obj.-n.f.s.-3 m.s. sf. (615) *his body*

מִן־הָעֵץ prep.-def.art.-n.m.s. (781) *from the tree*

וַיַּשְׁלִיכוּ consec.-Hi. impf. 3 m.p. (שָׁלַךְ 1020)
and cast

אוֹתָהּ dir.obj.-3 f.s. sf. *it*

אֶל־פֶּתַח שַׁעַר prep. (39)-n.m.s. cstr. (835)-n.m.s.
cstr. (1044) *at the entrance of the gate of*

הָעִיר def.art.-n.f.s. (746) *the city*

וַיָּקִימוּ עָלָיו consec.-Hi. impf. 3 m.p. (קוּם 877)
-prep.-3 m.s. sf. *and raised over it*

גַּל־אֲבָנִים גָּדוֹל n.m.s. cstr. (164)-n.f.p. (6)-adj.
m.s. (152) *a great heap of stones*

עַד הַיּוֹם הַזֶּה prep. (723)-def.art.-n.m.s. (398)
-def.art.-demons.adj. m.s. (260) *to this day*

8:30

אָז יִבְנֶה adv. (23)-Qal impf. 3 m.s. (בָּנָה 124)
then built

יְהוֹשֻׁעַ pr.n. (221) *Joshua*

מִזְבֵּחַ n.m.s. (258) *an altar*

לַיהוָה prep.-pr.n. (217) *to Yahweh*

אֱלֹהֵי יִשְׂרָאֵל n.m.p. cstr. (43)-pr.n. (975) *the God of Israel*

בְּהַר עֵיבָל prep.-n.m.s. cstr. (249)-pr.n. (716) *in Mount Ebal*

8:31

כַּאֲשֶׁר צִוָּה prep.-rel. (81)-Pi. pf. 3 m.s. (צִוָּה
845) *as had commanded*

מֹשֶׁה עֶבֶד־יְהוָה pr.n. (602)-n.m.s. cstr. (713)
-pr.n. (217) *Moses the servant of Yahweh*

אֶת־בְּנֵי יִשְׂרָאֵל dir.obj.-n.m.p. cstr. (119)-pr.n.
(975) *the people of Israel*

כַּכָּתוּב prep.-def.art.-Qal pass.ptc. (כָּתַב 507) *as it is written*

בְּסֵפֶר prep.-n.m.s. cstr. (706) *in the book of*

תּוֹרַת מֹשֶׁה n.f.s. cstr. (433)-v.supra *the law of Moses*

מִזְבֵּחַ n.m.s. cstr. (258) *an altar of*

אֲבָנִים שְׁלֵמוֹת n.f.p. (6)-adj. f.p. (1023) *unhewn stones*

אֲשֶׁר לֹא־הֵנִיף rel. (81)-neg.-Hi. pf. 3 m.s. (נוּף
631) *which (no man) has lifted*

עֲלֵיהֶן prep.-3 f.p. sf. *(over them)*

בַּרְזֶל n.m.s. (137) *an iron tool*

וַיַּעֲלוּ consec.-Qal impf. 3 m.p. (עָלָה 748) *and they offered*

עָלָיו prep.-3 m.s. sf. *on it*

עֹלוֹת n.f.p. (750) *burnt offerings*

לַיהוָה prep.-pr.n. (217) *to Yahweh*

וַיִּזְבְּחוּ consec.-Qal impf. 3 m.p. (256) *and sacrificed*

שְׁלָמִים n.m.p. (1023) *peace offerings*

8:32

וַיִּכְתָּב־שָׁם consec.-Qal impf. 3 m.s. (כָּתַב
507)-adv. (1027) *and he wrote there*

עַל־הָאֲבָנִים prep.-def.art.-n.f.p. (6) *upon the stones*

אֵת מִשְׁנֵה dir.obj.-n.m.s. cstr. (1041) *a copy of*

תּוֹרַת מֹשֶׁה n.f.s. cstr. (435)-pr.n. (602) *the law of Moses*

אֲשֶׁר כָּתַב rel. (81)-Qal pf. 3 m.s. (507) *which he had written*

לִפְנֵי בְּנֵי יִשְׂרָאֵל prep.-n.m.p. cstr. (815)-n.m.p.
cstr. (119)-pr.n. (975) *in the presence of the people of Israel*

8:33

וְכָל־יִשְׂרָאֵל conj.-n.m.s. cstr. (481)-pr.n. (975)
and all Israel

וּזְקֵנָיו conj.-adj. m.p.-3 m.s. sf. (278) *with their elders*

וְשֹׁטְרִים conj.-n.m.p. (1009) *and officers*

וְשֹׁפְטָיו conj.-Qal act.ptc. m.p.-3 m.s. sf. (1047)
and their judges

עֹמְדִים Qal act.ptc. m.p. (עָמַד 763) *stood*

מִזֶּה וּמִזֶּה prep.-demons.adj. m.s. (260)-conj.
-v.supra *on opposite sides*

לָאָרוֹן prep.-def.art.-n.m.s. (75) *of the ark*

נֶגֶד הַכֹּהֲנִים prep. (617)-def.art.-n.m.p. (463)
before the priests

הַלְוִיִּם def.art.-pr.n. p. (532) *Levitical*

נֹשְׂאֵי אֲרוֹן Qal act.ptc. m.p. cstr. (נָשָׂא 669)
-n.m.s. cstr. (75) *who carried the ark of*

בְּרִית־יְהוָה n.f.s. cstr. (136)-pr.n. (217) *the covenant of Yahweh*

כַּגֵּר prep.-def.art.-n.m.s. (158) *as the sojourner*

כָּאֶזְרָח prep.-def.art.-n.m.s. (280) *as the homeborn*

חֶצְיוֹ n.m.s.-3 m.s. sf. (345) *half of them*

אֶל־מוּל prep. (39)-prep. (557) *in front of*

הַר־גְּרִזִים n.m.s. cstr. (249)-pr.n. (173) *Mount Gerizim*

וְהַחֶצְיוֹ conj.-def.art.-n.m.s.-3 m.s. sf. (345; GK 127i) *and half of them*

אֶל־מוּל v.supra-v.supra *in front of*

הַר־עֵיבָל v.supra-pr.n. (III 716) *Mount Ebal*

כַּאֲשֶׁר צִוָּה prep.-rel. (81)-Pi. pf. 3 m.s. (צוה 845) *as had commanded*

מֹשֶׁה עֶבֶד־יְהוָה pr.n. (602)-n.m.s. cstr. (713)-pr.n. (217) *Moses the servant of Yahweh*

לְבָרֵךְ prep.-Pi. inf.cstr. (ברך 138) *that they should bless*

אֶת־הָעָם dir.obj.-def.art.-n.m.s. (766) *the people*

יִשְׂרָאֵל pr.n. (975; GK 127f) *Israel*

בָּרִאשֹׁנָה prep.-def.art.-adj. f.s. (911) *at the first*

8:34

וְאַחֲרֵי־כֵן conj.-prep. (29)-adv. (485) *and afterward*

קָרָא Qal pf. 3 m.s. (894) *he read*

אֶת־כָּל־דִּבְרֵי dir.obj.-n.m.s. cstr. (481)-n.m.p. cstr. (182) *all the words of*

הַתּוֹרָה def.art.-n.f.s. (435) *the law*

הַבְּרָכָה def.art.-n.f.s. (139) *the blessing*

וְהַקְּלָלָה conj.-def.art.-n.f.s. (887) *and the curse*

כְּכָל־הַכָּתוּב prep.-n.m.s. cstr. (481)-def.art.-Qal pass.ptc. (כתב 507) *according to all that is written*

בְּסֵפֶר הַתּוֹרָה prep.-n.m.s. cstr. (706)-def.art.-n.f.s. (435) *in the book of the law*

8:35

לֹא־הָיָה דָבָר neg.-Qal pf. 3 m.s. (224)-n.m.s. (182) *there was not a word*

מִכֹּל אֲשֶׁר־צִוָּה prep.-n.m.s. (481)-rel. (81)-Pi. pf. 3 m.s. (צוה 845) *of all that ... commanded*

מֹשֶׁה pr.n. (602) *Moses*

אֲשֶׁר לֹא־קָרָא rel. (81)-neg.-Qal pf. 3 m.s. (894) *which ... did not read*

יְהוֹשֻׁעַ pr.n. (221) *Joshua*

נֶגֶד כָּל־קְהַל prep. (617)-n.m.s. cstr. (481)-n.m.s. cstr. (874) *before all the assembly of*

יִשְׂרָאֵל pr.n. (975) *Israel*

וְהַנָּשִׁים conj.-def.art.-n.f.p. (61) *and the women*

וְהַטַּף conj.-def.art.-n.m.s. (381) *and the little ones*

וְהַגֵּר conj.-def.art.-n.m.s. (158) *and the sojourners*

הַהֹלֵךְ def.art.-Qal act.ptc. (הלך 229) *who lived*

בְּקִרְבָּם prep.-n.m.s.-3 m.p. sf. (899) *among them*

9:1

וַיְהִי כִשְׁמֹעַ consec.-Qal impf. 3 m.s. (היה 224)-prep.-Qal inf.cstr. (1033) *when ... heard*

כָּל־הַמְּלָכִים n.m.s. cstr. (481)-def.art.-n.m.p. (572) *all the kings*

אֲשֶׁר בְּעֵבֶר הַיַּרְדֵּן rel. (81)-prep.-n.m.s. cstr. (719)-def.art.-pr.n. (434) *who were beyond the Jordan*

בָּהָר prep.-def.art.-n.m.s. (249) *in the hill country*

וּבַשְּׁפֵלָה conj.-prep.-def.art.-n.f.s. (1050) *and in the lowland*

וּבְכֹל חוֹף conj.-prep.-n.m.s. cstr. (481)-n.m.s. cstr. (342) *all along the coast of*

הַיָּם הַגָּדוֹל def.art.-n.m.s. (410)-def.art.-adj. m.s. (152) *the Great Sea*

אֶל־מוּל prep. (39)-prep. (557) *toward*

הַלְּבָנוֹן def.art.-pr.n. (526) *Lebanon*

הַחִתִּי def.art.-pr.n. gent. (366) *the Hittites*

וְהָאֱמֹרִי conj.-def.art.-pr.n. gent. (57) *the Amorites*

הַכְּנַעֲנִי def.art.-pr.n. gent. (489) *the Canaanites*

הַפְּרִזִּי def.art.-pr.n. gent. (827) *the Perizzites*

הַחִוִּי def.art.-pr.n. gent. (295) *the Hivites*

וְהַיְבוּסִי conj.-def.art.-pr.n. gent. (101) *and the Jebusites*

9:2

וַיִּתְקַבְּצוּ consec.-Hith. impf. 3 m.p. (קבץ 867) *they gathered*

יַחְדָּו adv. (403) *together*

לְהִלָּחֵם prep.-Ni. inf.cstr. (לחם 535) *to fight*

עִם־יְהוֹשֻׁעַ prep. (767)-pr.n. (221) *Joshua*

וְעִם־יִשְׂרָאֵל conj.-v.supra-pr.n. (975) *and Israel*

פֶּה אֶחָד n.m.s. (804; GK 118q)-num. (25) *with one accord*

9:3

וְיֹשְׁבֵי גִבְעוֹן conj.-Qal act.ptc. m.p. cstr. (442)-pr.n. (149) *but when the inhabitants of Gibeon*

שָׁמְעוּ Qal pf. 3 c.p. (1033) *heard*

אֵת אֲשֶׁר עָשָׂה dir.obj.-rel. (81)-Qal pf. 3 m.s. (793) *what ... had done*

יְהוֹשֻׁעַ pr.n. (221) *Joshua*

לִירִיחוֹ prep.-pr.n. (437) *to Jericho*

וְלָעַי conj.-prep.-def.art.-pr.n. (743) *and to Ai*

9:4

וַיַּעֲשׂוּ גַם־הֵמָּה consec.-Qal impf. 3 m.p. (עשׂה 793)-adv. (168)-pers.pr. 3 m.p. (241) *they on their part acted*

בְּעָרְמָה prep.-n.f.s. (791) *with cunning*

וַיֵּלְכוּ consec.-Qal impf. 3 m.p. (הלך 229) *and went*

וַיִּצְטַיָּרוּ consec.-Hith. impf. 3 m.p. (ציד 845) *and made ready provisions*

וַיִּקְחוּ consec.-Qal impf. 3 m.p. (לקח 542) *and took*

שַׂקִּים בָּלִים n.m.p. (974)-adj. m.p. (115) *worn-out sacks*

לַחֲמוֹרֵיהֶם prep.-n.m.p.-3 m.p. sf. (331) *upon their asses*

וְנֹאדוֹת יַיִן conj.-n.m.p. cstr. (609)-n.m.s. (406) *and wineskins*

בָּלִים v.supra *worn-out*

וּמְבֻקָּעִים conj.-Pu. ptc. m.p (בקע 131) *and torn*

וּמְצֹרָרִים conj.-Pu. ptc. m.p. (צרר I 864) *and mended*

9:5

וּנְעָלוֹת conj.-n.f.p. (653) *with sandals*

בָּלוֹת adj. f.p. (115) *worn-out*

וּמְטֻלָּאוֹת conj.-Pu. ptc. f.p. (טלא 378) *and patched*

בְּרַגְלֵיהֶם prep.-n.f.p.-3 m.p. sf. (919) *on their feet*

וּשְׂלָמוֹת conj.-n.f.p. (971) *and clothes*

בָּלוֹת adj. f.p. (115) *worn-out*

עֲלֵיהֶם prep.-3 m.p. sf. *upon them*

וְכֹל לֶחֶם conj.-n.m.s. cstr. (481)-n.m.s. cstr. (536) *and all the bread of*

צֵידָם n.m.s.-3 m.p. sf. (II 845) *their provisions*

יָבֵשׁ Qal pf. 3 m.s. (386) *were dry*

הָיָה נִקֻּדִים Qal pf. 3 m.s. (224)-n.m.p. (666) *and moldy (crumbled)*

9:6

וַיֵּלְכוּ consec.-Qal impf. 3 m.p. (הלך 229) *and they went*

אֶל־יְהוֹשֻׁעַ prep. (39)-pr.n. (221) *to Joshua*

אֶל־הַמַּחֲנֶה prep. (39)-def.art.-n.m.s. (334) *in the camp*

הַגִּלְגָּל def.art.-pr.n. (II 166) *at Gilgal*

וַיֹּאמְרוּ אֵלָיו consec.-Qal impf. 3 m.p. (55)-prep.-3 m.s. sf. (39) *and said to him*

9:7 (right column)

וַיֹּאמְרוּ consec.-Qal impf. 3 m.p. (55) *but ... said*

וְאֶל־אִישׁ יִשְׂרָאֵל conj.-prep.-n.m.s. cstr. (35)-pr.n. (975) *and to the men of Israel*

מֵאֶרֶץ רְחוֹקָה prep.-n.f.s. (75)-adj. f.s. (935) *from a far country*

בָּאנוּ Qal pf. 1 c.p. (בוא 97) *we have come*

וְעַתָּה conj.-conj. (773) *so now*

כִּרְתוּ־לָנוּ Qal impv. 2 m.p. (כרת 503)-prep.-1 c.p. sf. *make with us*

בְּרִית n.f.s. (136) *a covenant*

9:7

וַיֹּאמְרוּ consec.-Qal impf. 3 m.p. (55) *but ... said*

אִישׁ־יִשְׂרָאֵל n.m.s. cstr. (35)-pr.n. (975) *the men of Israel*

אֶל־הַחִוִּי prep. (39)-def.art.-adj. gent. (295) *to the Hivites*

אוּלַי adv. (II 19) *perhaps*

בְּקִרְבִּי prep.-n.m.s.-1 c.s. sf. (899) *among us (me)*

אַתָּה יוֹשֵׁב pers.pr. 2 m.s. (61)-Qal act.ptc. (ישׁב 442) *you live*

וְאֵיךְ conj.-adv.interr. (32) *then how*

אֶכְרוֹת־לָךְ Qal impf 1 c.s. (כרת 503) prep. 2 m.s. sf. *can we (I) make ... with you*

בְרִית n.f.s. (136) *a covenant*

9:8

וַיֹּאמְרוּ consec.-Qal impf. 3 m.p. (55) *they said*

אֶל־יְהוֹשֻׁעַ prep. (39)-pr.n. (221) *to Joshua*

עֲבָדֶיךָ אֲנַחְנוּ n.m.p.-2 m.s. sf. (713)-pers.pr. 1 c.p. paus. (59) *we are your servants*

וַיֹּאמֶר consec.-Qal impf. 3 m.s. (55) *and ... said*

אֲלֵהֶם prep.-3 m.p. sf. (39) *to them*

יְהוֹשֻׁעַ pr.n. (221) *Joshua*

מִי אַתֶּם interr. (566; GK 137a)-pers.pr. 2 m.p. (61) *who are you?*

וּמֵאַיִן תָּבֹאוּ conj.-prep.-adv. (32)-Qal impf. 2 m.p. (בוא 97) *and where do you come from?*

9:9

וַיֹּאמְרוּ אֵלָיו consec.-Qal impf. 3 m.p. (55)-prep.-3 m.s. sf. (39) *they said to him*

מֵאֶרֶץ רְחוֹקָה מְאֹד prep.-n.f.s. (75)-adj. f.s. (935)-adv. (547) *from a very far country*

בָּאוּ עֲבָדֶיךָ Qal pf. 3 c.p. (בוא 97)-n.m.p.-2 m.s. sf. (713) *your servants have come*

לְשֵׁם prep.-n.m.s. cstr. (1027) *because of the name of*

יהוה אֱלֹהֶיךָ pr.n. (217)-n.m.p.-2 m.s. sf. (43) *Yahweh your God*

כִּי־שָׁמַעְנוּ conj. (471)-Qal pf. 1 c.p. (שׁמע 1033) *for we have heard*

שָׁמְעוֹ n.m.s.-3 m.s. sf. (1035) *a report of him*

וְאֵת כָּל־אֲשֶׁר conj.-dir.obj.-n.m.s. (481)-rel. (81) *and all that*

עָשָׂה Qal pf. 3 m.s. (793) *he did*

בְּמִצְרָיִם prep.-pr.n. paus. (595) *in Egypt*

9:10

וְאֵת כָּל־אֲשֶׁר conj.-dir.obj.-n.m.s. (481)-rel. (81) *and all that*

עָשָׂה Qal pf. 3 m.s. (793) *he did*

לִשְׁנֵי מַלְכֵי prep.-num. cstr. (1040)-n.m.p. cstr. (572) *to the two kings of*

הָאֱמֹרִי def.art.-adj.gent. (57) *the Amorites*

אֲשֶׁר בְּעֵבֶר rel. (81)-prep.-n.m.s. cstr. (719) *who were beyond*

הַיַּרְדֵּן def.art.-pr.n. (434) *the Jordan*

לְסִיחוֹן prep.-pr.n. (695) *Sihon*

מֶלֶךְ חֶשְׁבּוֹן n.m.s. cstr. (572)-pr.n. (II 363) *the king of Heshbon*

וּלְעוֹג conj.-prep.-pr.n. (728) *and Og*

מֶלֶךְ־הַבָּשָׁן n.m.s. cstr. (572)-def.art.-pr.n. (143) *king of Bashan*

אֲשֶׁר בְּעַשְׁתָּרוֹת rel. (81)-prep.-pr.n. (800) *who (dwelt) in Ashtaroth*

9:11

וַיֹּאמְרוּ אֵלֵינוּ consec.-Qal impf. 3 m.p. (55) -prep.-1 c.p. sf. (39) *and ... said to us*

זְקֵנֵינוּ adj. m.p.-1 c.p. sf. (278) *our elders*

וְכָל־יֹשְׁבֵי conj.-n.m.s. cstr. (481)-Qal act.ptc. m.p. cstr. (יָשַׁב 442) *and all the inhabitants of*

אַרְצֵנוּ n.f.s.-1 c.p. sf. (75) *our country*

לֵאמֹר prep.-Qal inf.cstr. (55) *(saying)*

קְחוּ Qal impv. 2 m.p. (לָקַח 542) *take*

בְּיֶדְכֶם prep.-n.f.s.-2 m.p. sf. (388) *in your hand*

צֵידָה n.f.s. (845) *provisions*

לַדֶּרֶךְ prep.-def.art.-n.m.s. (202) *for the journey*

וּלְכוּ conj.-Qal impv. 2 m.p. (הָלַךְ 229) *and go*

לִקְרָאתָם prep.-Qal inf.cstr. (קָרָא II 896)-3 m.p. sf. *to meet them*

וַאֲמַרְתֶּם אֲלֵיהֶם conj.-Qal pf. 2 m.p. (55; GK 112ss)-prep.-3 m.p. sf. (39) *and say to them*

עַבְדֵיכֶם אֲנַחְנוּ n.m.p.-2 m.p. sf. (713)-pers.pr. 1 c.p. (59) *we are your servants*

וְעַתָּה conj.-adv. (773) *come now*

כִּרְתוּ־לָנוּ Qal impv. 2 m.p. (כָּרַת 503)-prep.-1 c.p. sf. *make with us*

בְרִית n.f.s. (136) *a covenant*

9:12

זֶה לַחְמֵנוּ demons.adj. m.s. (260)-n.m.s.-1 c.p. sf. (536; GK 126aa) *here is our bread*

חָם adj. m.s. (III 328) *warm*

הִצְטַיַּדְנוּ Hith. pf. 1 c.p. (צִיד 845; GK 54f,72m) *when we took as our food*

אֹתוֹ dir.obj.-3 m.s. sf. *it*

מִבָּתֵּינוּ prep.-n.m.p.-1 c.p. sf. (108) *from our houses*

בְּיוֹם צֵאתֵנוּ prep.-n.m.s. cstr. (398)-Qal inf.cstr.-1 c.p. sf. (יָצָא 422) *on the day we set forth*

לָלֶכֶת prep.-Qal inf.cstr. (הָלַךְ 229) *to come*

אֲלֵיכֶם prep.-2 m.p. sf. (39) *to you*

וְעַתָּה conj.-adv. (773) *but now*

הִנֵּה demons.part. (243) *behold*

יָבֵשׁ Qal pf. 3 m.s. (יָבֵשׁ 386) *it is dry*

וְהָיָה נִקֻּדִים conj.-Qal pf. 3 m.s. (224)-n.m.p. (666) *and (it is) moldy (crumbled)*

9:13

וְאֵלֶּה נֹאדוֹת conj.-demons.adj. c.p. (41)-n.m.p. cstr. (609) *and these skins of*

הַיַּיִן def.art.-n.m.s. (406) *wine*

אֲשֶׁר מִלֵּאנוּ rel. (81)-Pi. pf. 1 c.p. (מָלֵא 569) *when we filled (them)*

חֲדָשִׁים adj. m.p. (294) *(were) new*

וְהִנֵּה conj.-demons.part. (243) *and behold*

הִתְבַּקָּעוּ Hith. pf. 3 c.p. (בָּקַע 131) *they are burst*

וְאֵלֶּה שַׂלְמוֹתֵינוּ v.supra-n.f.p.-1 c.p. sf. (971) *and these garments (of ours)*

וּנְעָלֵינוּ conj.-n.f.p.-1 c.p. sf. (653) *and our shoes*

בָּלוּ Qal pf. 3 c.p. (בָּלָה 115) *are worn out*

מֵרֹב הַדֶּרֶךְ prep.-adj. m.s. cstr. (913)-def.art. -n.m.s. (202) *from the long journey*

מְאֹד adv. (547) *very*

9:14

וַיִּקְחוּ consec.-Qal impf. 3 m.p. (לָקַח 542) *so partook*

הָאֲנָשִׁים def.art.-n.m.p. (35) *the men*

מִצֵּידָם prep.-n.m.s.-3 m.p. sf. (II 845) *of their provisions*

וְאֶת־פִּי יהוה conj.-dir.obj.-n.m.s. cstr. (804)-pr.n. (217) *and from Yahweh*

לֹא שָׁאָלוּ neg.-Qal pf. 3 c.p. (שָׁאַל 981) *they did not ask (direction)*

9:15

וַיַּעַשׂ consec.-Qal impf. 3 m.s. (עָשָׂה 793) *and made*

לָהֶם prep.-3 m.p. sf. *with them*

יְהוֹשֻׁעַ pr.n. (221) *Joshua*

שָׁלוֹם n.m.s. (1022) *peace*

וַיִּכְרֹת consec.-Qal impf. 3 m.s. (כָּרַת 503) *and made*

לָהֶם v.supra *with them*

בְּרִית n.f.s. (136) *a covenant*

לְחַיּוֹתָם prep.-Pi. inf.cstr.-3 m.p. sf. (חָיָה 310) *to let them live*

וַיִּשָּׁבְעוּ consec.-Ni. impf. 3 m.p. (שָׁבַע 989) *and swore*

לָהֶם v.supra *to them*

נְשִׂיאֵי הָעֵדָה n.m.p. cstr. (672)-def.art.-n.f.s. (417) *the leaders of the congregation*

9:16

וַיְהִי consec.-Qal impf. 3 m.s. (הָיָה 224) *(and it proceeded to be)*

מִקְצֵה prep.-n.m.s. cstr. (892) *at the end of*

שְׁלֹשֶׁת יָמִים num. f. cstr. (1025)-n.m.p. (398) *three days*

אַחֲרֵי prep. (29) *after*

אֲשֶׁר־כָּרְתוּ rel. (81)-Qal pf. 3 c.p. (כָּרַת 503) *(that) they had made*

לָהֶם prep.-3 m.p. sf. *with them*

בְּרִית n.f.s. (136) *a covenant*

וַיִּשְׁמְעוּ consec.-Qal impf. 3 m.p. (1033) *they heard*

כִּי־קְרֹבִים הֵם conj. (471)-adj. m.p. (898)-pers.pr. 3 m.p. (241) *that they were neighbors*

אֵלָיו prep.-3 m.s. sf. (39) *to them*

וּבְקִרְבּוֹ conj.-prep.-n.m.s.-3 m.s. sf. (899) *and among them*

הֵם יֹשְׁבִים v.supra-Qal act.ptc. m.p. (יָשַׁב 442) *they dwelt*

9:17

וַיִּסְעוּ consec.-Qal impf. 3 m.p. (נָסַע 652) *and set out*

בְּנֵי־יִשְׂרָאֵל n.m.p. cstr. (119)-pr.n. (975) *the people of Israel*

וַיָּבֹאוּ consec.-Qal impf. 3 m.p. (בּוֹא 97) *and reached*

אֶל־עָרֵיהֶם prep. (39)-n.f.p.-3 m.p. sf. (746) *their cities*

בַּיּוֹם הַשְּׁלִישִׁי prep.-def.art.-n.m.s. (398)-def.art. -num. ord. (1026) *on the third day*

וְעָרֵיהֶם conj.-v.supra *now their cities (were)*

גִּבְעוֹן pr.n. (149) *Gibeon*

וְהַכְּפִירָה conj.-def.art.-pr.n. (499) *Chephirah*

וּבְאֵרוֹת conj.-pr.n. (92) *Beeroth*

וְקִרְיַת יְעָרִים conj.-pr.n. (900) *Kiriath-jearim*

9:18

וְלֹא הִכּוּם conj.-neg.-Hi. pf. 3 c.p.-3 m.p. sf. (נָכָה 645) *but did not kill them*

בְּנֵי יִשְׂרָאֵל n.m.p. cstr. (119)-pr.n. (975) *the people of Israel*

כִּי־נִשְׁבְּעוּ conj. (471)-Ni. pf. 3 c.p. (שָׁבַע 989) *because had sworn*

לָהֶם prep.-3 m.p. sf. *to them*

נְשִׂיאֵי הָעֵדָה n.m.p. cstr. (672)-def.art.-n.f.s. (417) *the leaders of the congregation*

בַּיהוָה prep.-pr.n. (217) *by Yahweh*

אֱלֹהֵי יִשְׂרָאֵל n.m.p. cstr. (43)-pr.n. (975) *the God of Israel*

וַיִּלֹּנוּ consec.-Qal impf. 3 m.p. (II 534) *then murmured*

כָּל־הָעֵדָה n.m.s. cstr. (481)-v.supra *all the congregation*

עַל־הַנְּשִׂיאִים prep.-def.art.-n.m.p. (672) *against the leaders*

9:19

וַיֹּאמְרוּ consec.-Qal impf. 3 m.p. (55) *but said*

כָּל־הַנְּשִׂיאִים n.m.s. cstr. (481)-def.art.-n.m.p. (672) *all the leaders*

אֶל־כָּל־הָעֵדָה prep. (39)-n.m.s. cstr. (481)-def.art. -n.f.s. (417) *to all the congregation*

אֲנַחְנוּ נִשְׁבַּעְנוּ pers.pr. 1 c.p. (59)-Ni. pf. 1 c.p. (שָׁבַע 989) *we have sworn*

לָהֶם prep.-3 m.p. sf. *to them*

בַּיהוָה prep.-pr.n. (217) *by Yahweh*

אֱלֹהֵי יִשְׂרָאֵל n.m.p. cstr. (43)-pr.n. (975) *the God of Israel*

וְעַתָּה conj.-adv. (773) *and now*

לֹא נוּכַל לִנְגֹּעַ neg.-Qal impf. 1 c.p. (407) -prep.-Qal inf.cstr. (619) *we may not touch*

בָּהֶם prep.-3 m.p. sf. *them*

9:20

זֹאת demons.adj. f.s. (260) *this*

נַעֲשֶׂה Qal impf. 1 c.p. (עָשָׂה 793) *we will do*

לָהֶם prep.-3 m.p. sf. *to them*

וְהַחֲיֵה אֹתָם conj.-Hi. inf.abs. (חָיָה 310; GK 113z)-dir.obj.-3 m.p. sf. *and let them live*

וְלֹא־יִהְיֶה עָלֵינוּ conj.-neg.-Qal impf. 3 m.s. (הָיָה 224)-prep.-1 c.p. sf. *lest ... be upon us*

קֶצֶף n.m.s. (893) *wrath*

עַל־הַשְּׁבוּעָה prep.-def.art.-n.f.s. (989) *because of the oath*

אֲשֶׁר־נִשְׁבַּעְנוּ rel. (81)-Ni. pf. 1 c.p. (שָׁבַע 989) *which we swore*

לָהֶם v.supra *to them*

9:21

וַיֹּאמְרוּ consec.-Qal impf. 3 m.p. (55) *and said*

אֲלֵיהֶם prep.-3 m.p. sf. (39) *to them*

הַנְּשִׂיאִים def.art.-n.m.p. (672) *the leaders*

יִחְיוּ Qal impf. 3 m.p. (חָיָה 310) *let them live*

וַיִּהְיוּ consec.-Qal impf. 3 m.p. (הָיָה 224) *so they became*

חֹטְבֵי עֵצִים Qal act.ptc. m.p. cstr. (חָטַב I 310) -n.m.p. (781) *hewers of wood*

וְשֹׁאֲבֵי־מַיִם conj.-Qal act.ptc. m.p. cstr. (שָׁאַב 980)-n.m.p. (565) *and drawers of water*

לְכָל־הָעֵדָה prep.-n.m.s. cstr. (481)-def.art.-n.f.s. (417) *for all the congregation*

כַּאֲשֶׁר דִּבְּרוּ prep.-rel. (81)-Pi. pf. 3 c.p. 180) *as had said*

לָהֶם prep.-3 m.p. sf. *of them*

הַנְּשִׂיאִים def.art.-n.m.p. (672) *the leaders*

9:22

וַיִּקְרָא לָהֶם consec.-Qal impf. 3 m.s. (894) -prep.-3 m.p. sf. *and summoned them*

יְהוֹשֻׁעַ pr.n. (221) *Joshua*

וַיְדַבֵּר אֲלֵיהֶם consec.-Pi. impf. 3 m.s. (180) -prep.-3 m.p. (39) *and he said to them*

לֵאמֹר prep.-Qal inf.cstr. (55) *(saying)*

לָמָּה prep.-interr. (552) *why*

רִמִּיתֶם אֹתָנוּ Pi. pf. 2 m.p. (רָמָה II 941) -dir.obj.-1 c.p. sf. *did you deceive us*

לֵאמֹר v.supra *saying*

רְחוֹקִים אֲנַחְנוּ adj. m.p. (935)-pers.pr. 1 c.p. (59) *we are far*

מִכֶּם prep.-2 m.p. sf. *from you*

מְאֹד adv. (547) *very*

וְאַתֶּם conj.-pers.pr. 2 m.p. (61) *when you*

בְּקִרְבֵּנוּ prep.-n.m.s.-1 c.p. sf. (899) *among us*

יֹשְׁבִים Qal act.ptc. m.p. (יָשַׁב 442) *dwell*

9:23

וְעַתָּה conj.-adv. (773) *now therefore*

אֲרוּרִים אַתֶּם Qal pass.ptc. m.p. (אָרַר 76)-pers.pr. 2 m.p. (61) *you are cursed*

וְלֹא־יִכָּרֵת conj.-neg.-Ni. impf. 3 m.s. (כָּרַת 503) *and shall always be*

מִכֶּם prep.-2 m.p. sf. *some of you*

עֶבֶד n.m.s. (713) *slaves*

וְחֹטְבֵי עֵצִים conj.-Qal act.ptc. m.p. cstr. 310)-n.m.p. (781) *hewers of wood*

וְשֹׁאֲבֵי־מַיִם conj.-Qal act.ptc. m.p. cstr. 980)-n.m.p. (565) *and drawers of water*

לְבֵית אֱלֹהָי prep.-n.m.s. cstr. (108)-n.m.p.-1 c.s. sf. paus. (43) *for the house of my God*

9:24

וַיַּעֲנוּ consec.-Qal impf. 3 c.p. (עָנָה I 772) *and they answered*

אֶת־יְהוֹשֻׁעַ dir.obj.-pr.n. (221) *Joshua*

וַיֹּאמְרוּ consec.-Qal impf. 3 m.p. (55) *(and said)*

כִּי הֻגֵּד הֻגַּד conj. (471)-Ho. inf.abs. (נָגַד 616) -Ho. pf. 3 m.s. (נָגַד 616) *because it was told for a certainty*

לַעֲבָדֶיךָ prep.-n.m.p.-2 m.s. sf. (713) *to your servants*

אֵת אֲשֶׁר צִוָּה dir.obj.-rel. (81)-Pi. pf. 3 m.s. (845) *that had commanded*

יהוה אֱלֹהֶיךָ pr.n. (217)-n.m.p.-2 m.s. sf. (43) *Yahweh your God*

אֶת־מֹשֶׁה dir.obj.-pr.n. (602) *Moses*

עַבְדּוֹ n.m.s.-3 m.s. sf. (713) *his servant*

לָתֵת לָכֶם prep.-Qal inf.cstr. (נָתַן 678)-prep.-2 m.p. sf. *to give you*

אֶת־כָּל־הָאָרֶץ dir.obj.-n.m.s cstr. (481)-def.art. -n.f.s. (75) *all the land*

וּלְהַשְׁמִיד conj.-prep.-Hi. inf.cstr. (שָׁמַד 1029) *and to destroy*

אֶת־כָּל־יֹשְׁבֵי dir.obj.-n.m.s. cstr. (481)-Qal act.ptc. m.p. cstr. (יָשַׁב 442) *all the inhabitants of*

הָאָרֶץ v.supra *the land*

מִפְּנֵיכֶם prep.-n.m.p.-2 m.p. sf. (815) *from before you*

וַנִּירָא consec.-Qal impf. 1 c.p. (יָרֵא 431) *so we feared*

מְאֹד adv. (547) *greatly*

לְנַפְשֹׁתֵינוּ prep.-n.f.p.-1 c.p. sf. (659) *for our lives*

מִפְּנֵיכֶם v.supra *because of you*

וַנַּעֲשֶׂה consec.-Qal impf. 1 c.p. (עָשָׂה 793; GK 75hh) *and did*

אֶת־הַדָּבָר הַזֶּה dir.obj.-def.art.-n.m.s. (182)-def. art.-demons.adj. m.s. (260) *this thing*

9:25

וְעַתָּה conj.-adv. (773) *and now*

הִנְנוּ demons.part.-1 c.p. sf. (243) *behold we*

בְיָדְךָ prep.-n.f.s.-2 m.s. sf. (388) *in your hand*

כַּטּוֹב prep.-def.art.-adj. m.s. (II 373) *as it seems good*

וְכַיָּשָׁר conj.-prep.-def.art.-adj. m.s. (449) *and right*

בְּעֵינֶיךָ prep.-n.f.p.-2 m.s. sf. (744) *in your sight*

לַעֲשׂוֹת לָנוּ prep.-Qal inf.cstr. (עָשָׂה 793) -prep.-1 c.p. sf. *to do to us*

עֲשֵׂה Qal impv. 2 m.s. (עָשָׂה 793) *do*

9:26

וַיַּעַשׂ לָהֶם consec.-Qal impf. 3 m.s. (עָשָׂה 793)-prep.-3 m.p. sf. *he did to them*

כֵּן adv. (485) *so*

וַיַּצֵּל אוֹתָם consec.-Hi. impf. 3 m.s. (נָצַל 664)-dir.obj.-3 m.p. sf. *and delivered them*

מִיַּד prep.-n.f.s. cstr. (388) *out of the hand of*

בְּנֵי־יִשְׂרָאֵל n.m.p. cstr. (119)-pr.n. (975) *the people of Israel*

וְלֹא הֲרָגוּן conj.-neg.-Qal pf. 3 c.p.-3 m.p. sf. (הָרַג 246) *and they did not kill them*

9:27

וַיִּתְּנֵם consec.-Qal impf. 3 m.s.-3 m.p. sf. (נָתַן 678) *but made them*

יְהוֹשֻׁעַ pr.n. (221) *Joshua*

בַּיּוֹם הַהוּא prep.-def.art.-n.m.s. (398)-def.art.-demons.adj. m.s. (214) *that day*

חֹטְבֵי עֵצִים Qal act.ptc. m.p. cstr. (חָטַב 310)-n.m.p. (781) *hewers of wood*

וְשֹׁאֲבֵי מַיִם conj.-Qal act.ptc. m.p. cstr. (שָׁאַב 980)-n.m.p. (565) *and drawers of water*

לָעֵדָה prep.-def.art.-n.f.s. (417) *for the congregation*

וּלְמִזְבַּח יהוה conj.-prep.-n.m.s. cstr. (258)-pr.n. (217) *and for the altar of Yahweh*

עַד־הַיּוֹם הַזֶּה prep. (723)-def.art.-n.m.s. (398)-def.art.-demons.adj. m.s. (260) *to this day*

אֶל־הַמָּקוֹם prep. (39)-def.art.-n.m.s. (879) *in the place*

אֲשֶׁר יִבְחָר rel. (81)-Qal impf. 3 m.s. paus. (בָּחַר 103) *which he should choose*

10:1

וַיְהִי consec.-Qal impf. 3 m.s. (הָיָה 224) *(and)*

כִשְׁמֹעַ prep.-Qal inf.cstr. (1033) *when heard*

אֲדֹנִי־צֶדֶק pr.n. (11) *Adoni-zedek*

מֶלֶךְ יְרוּשָׁלַםִ n.m.s. cstr. (572)-pr.n. (436) *king of Jerusalem*

כִּי־לָכַד conj. (471)-Qal pf. 3 m.s. (539) *how had taken*

יְהוֹשֻׁעַ pr.n. (221) *Joshua*

אֶת־הָעַי dir.obj.-def.art.-pr.n. (743) *Ai*

וַיַּחֲרִימָהּ consec.-Hi. impf. 3 m.s.-3 f.s. sf. (חָרַם 355) *and had utterly destroyed it*

כַּאֲשֶׁר עָשָׂה prep.-rel. (81)-Qal pf. 3 m.s. (793) *as he had done*

לִירִיחוֹ prep.-pr.n. (437) *to Jericho*

וּלְמַלְכָּהּ conj.-prep.-n.m.s.-3 f.s. sf. (572) *and its king*

כֵּן־עָשָׂה לָעַי adv. (485)-Qal pf. 3 m.s. (793)-prep.-def.art.-pr.n. (743) *thus he did to Ai*

וּלְמַלְכָּהּ v.supra *and its king*

וְכִי הִשְׁלִימוּ conj.-conj. (471)-Hi. pf. 3 m.s.-3 m.s. sf. (שָׁלֵם 1022) *and how had made peace*

יֹשְׁבֵי גִבְעוֹן Qal act.ptc. m.p. cstr. (יָשַׁב 442)-pr.n. (149) *the inhabitants of Gibeon*

אֶת־יִשְׂרָאֵל prep. (85)-pr.n. (975) *with Israel*

וַיִּהְיוּ בְּקִרְבָּם consec.-Qal impf. 3 m.p. (הָיָה 224)-prep.-n.m.s.-3 m.p. sf. (899) *and were among them*

10:2

וַיִּירְאוּ consec.-Qal impf. 3 m.p. (יָרֵא 431) *and they feared*

מְאֹד adv. (547) *greatly*

כִּי עִיר גְּדוֹלָה conj. (471)-n.f.s. (746)-adj. f.s. (152) *because was a great city*

גִּבְעוֹן pr.n. (149) *Gibeon*

כְּאַחַת prep.-num. f.s. cstr. (25) *like one of*

עָרֵי הַמַּמְלָכָה n.f.p. cstr. (746)-def.art.-n.f.s. (575) *the royal cities*

וְכִי הִיא conj.-conj. (471)-pers.pr. 3 f.s. (214) *and because it was*

גְדוֹלָה adj. f.s. (152) *great(er)*

מִן־הָעַי prep.-def.art.-pr.n. (743) *than Ai*

וְכָל־אֲנָשֶׁיהָ conj.-n.m.s. cstr. (481)-n.m.p.-3 f.s. sf. (35) *and all its men*

גִּבֹּרִים adj. m.p. (150) *mighty*

10:3

וַיִּשְׁלַח consec.-Qal impf. 3 m.s. (1018) *so sent*

אֲדֹנִי־צֶדֶק pr.n. (11) *Adoni-zedek*

מֶלֶךְ יְרוּשָׁלַםִ n.m.s. cstr. (572)-pr.n. (436) *king of Jerusalem*

אֶל־הוֹהָם prep. (39)-pr.n. (222) *to Hoham*

מֶלֶךְ־חֶבְרוֹן n.m.s. cstr. (572)-pr.n. (289) *king of Hebron*

וְאֶל־פִּרְאָם conj.-v.supra-pr.n. (825) *and to Piram*

מֶלֶךְ יַרְמוּת v.supra-pr.n. (438) *king of Jarmuth*

וְאֶל־יָפִיעַ v.supra-pr.n. (422) *and to Japhia*

מֶלֶךְ־לָכִישׁ v.supra-pr.n. (540) *king of Lachish*

וְאֶל־דְּבִיר v.supra-pr.n. (184) *and to Debir*

מֶלֶךְ־עֶגְלוֹן v.supra-pr.n. (722) *king of Eglon*

לֵאמֹר prep.-Qal inf.cstr. (55) *saying*

10:4

עֲלוּ־אֵלַי Qal impv. 2 m.p. (עָלָה 748)-prep.-1 c.s. sf. (39) *come up to me*

וְעִזְרֻנִי conj.-Qal impv. 2 m.p. (עָזַר 740)-1 c.s. sf. *and help me*

וְנַכֶּה conj.-Hi. impf. 1 c.p. (נָכָה 645) *and let us smite*

אֶת־גִּבְעוֹן dir.obj.-pr.n. (149) *Gibeon*

כִּי־הִשְׁלִימָה conj. (471)-Hi. pf. 3 f.s. (שָׁלֵם 1022) *for it has made peace*

אֶת־יְהוֹשֻׁעַ prep. (85)-pr.n. (221) *with Joshua*

וְאֵת־בְּנֵי יִשְׂרָאֵל conj.-v.supra-n.m.p. cstr. (119)
-pr.n. (975) *and with the people of Israel*

10:5

וַיֵּאָסְפוּ consec.-Ni. impf. 3 m.p. (אָסַף 62) *then
gathered*

וַיַּעֲלוּ consec.-Qal impf. 3 m.p. (עָלָה 748) *and
went up*

חֲמֵשֶׁת num. f. cstr. (331) *five of*

מַלְכֵי הָאֱמֹרִי n.m.p. cstr. (572)-def.art.-pr.n. gent.
(57) *kings of the Amorites*

מֶלֶךְ יְרוּשָׁלַם n.m.s. cstr. (572)-pr.n. (436) *the
king of Jerusalem*

מֶלֶךְ־חֶבְרוֹן v.supra-pr.n. (289) *the king of
Hebron*

מֶלֶךְ־יַרְמוּת v.supra-pr.n. (438) *the king of
Jarmuth*

מֶלֶךְ־לָכִישׁ v.supra-pr.n. (540) *the king of
Lachish*

מֶלֶךְ־עֶגְלוֹן v.supra-pr.n. (722) *the king of Eglon*

הֵם וְכָל־מַחֲנֵיהֶם pers.pr. 3 m.p. (241)-conj.-n.m.s.
cstr. (481)-n.m.p.-3 m.p. sf. (334) *they and all
their armies*

וַיַּחֲנוּ consec.-Qal impf. 3 m.p. (חָנָה 333) *and
encamped*

עַל־גִּבְעוֹן prep.-pr.n. (149) *against Gibeon*

וַיִּלָּחֲמוּ consec.-Ni. impf. 3 m.p. (לָחַם 535) *and
made war*

עָלֶיהָ prep.-3 f.s. sf. *against it*

10:6

וַיִּשְׁלְחוּ consec.-Qal impf. 3 m.p. (שָׁלַח 1018) *and
sent*

אַנְשֵׁי גִבְעוֹן n.m.p. cstr. (35)-pr.n. (149) *the men
of Gibeon*

אֶל־יְהוֹשֻׁעַ prep. (39)-pr.n. (221) *to Joshua*

אֶל־הַמַּחֲנֶה prep.-def.art.-n.m.s. (334) *at the
camp*

הַגִּלְגָּלָה def.art.-pr.n.-loc.he (166) *in Gilgal*

לֵאמֹר prep.-Qal inf.cstr. (55) *saying*

אַל־תֶּרֶף neg.-Qal impf. 2 m.s. (רָפָה 951) *do not
relax*

יָדֶיךָ n.f.p.-2 m.s. sf. (388) *your hand*

מֵעֲבָדֶיךָ prep.-n.m.p.-2 m.s. sf. (713) *from your
servants*

עֲלֵה אֵלֵינוּ Qal impv. 2 m.s. (עָלָה 748)-prep.-1
c.p. sf. *come up to us*

מְהֵרָה n.f.s. as adv. (555) *quickly*

וְהוֹשִׁיעָה לָּנוּ conj.-Hi. impv. 2 m.s.-vol.he (יָשַׁע
446)-prep.-1 c.p. sf. *and save us*

וְעָזְרֵנוּ conj.-Qal impv. 2 m.s.-1 c.p. sf. (עָזַר 740)
and help us

כִּי נִקְבְּצוּ conj. (471)-Ni. pf. 3 c.p. (קָבַץ 867) *for
are gathered*

אֵלֵינוּ prep.-1 c.p. sf. *against us*

כָּל־מַלְכֵי n.m.s. cstr. (481)-n.m.p. cstr. (572) *all
the kings of*

הָאֱמֹרִי def.art.-pr.n. gent. (57) *the Amorites*

יֹשְׁבֵי הָהָר Qal act.ptc. m.p. cstr. (יָשַׁב 442)-def.
art.-n.m.s. (249) *that dwell in the hill
country*

10:7

וַיַּעַל consec.-Qal impf. 3 m.s. (עָלָה 748) *so went
up*

יְהוֹשֻׁעַ pr.n. (221) *Joshua*

מִן־הַגִּלְגָּל prep.-def.art.-pr.n. (166) *from Gilgal*

הוּא וְכָל־עַם pers.pr. 3 m.s. (214)-conj.-n.m.s.
cstr. (481)-n.m.s. cstr. (766) *he and all the
people of*

הַמִּלְחָמָה def.art.-n.f.s. (536) *war*

עִמּוֹ prep.-3 m.s. sf. (767) *with him*

וְכֹל גִּבּוֹרֵי conj.-n.m.s. cstr. (481)-adj. m.p. cstr.
(150) *and all the mighty men of*

הֶחָיִל def.art.-n.m.s. paus. (298) *valor*

10:8

וַיֹּאמֶר יְהוָה consec.-Qal impf. 3 m.s. (55)-pr.n.
(217) *and Yahweh said*

אֶל־יְהוֹשֻׁעַ prep. (39)-pr.n. (221) *to Joshua*

אַל־תִּירָא מֵהֶם neg.-Qal impf. 2 m.s. (יָרֵא
431)-prep.-3 m.p. sf. *do not fear them*

כִּי בְיָדְךָ conj. (471)-prep.-n.f.s.-2 m.s. sf. (388)
for into your hands

נְתַתִּים Qal pf. 1 c.s.-3 m.p. sf. (נָתַן 678) *I have
given them*

לֹא־יַעֲמֹד neg.-Qal impf. 3 m.s. (עָמַד 763) *for
there shall not stand*

אִישׁ n.m.s. (35) *a man*

מֵהֶם prep.-3 m.p. sf. *of them*

בְּפָנֶיךָ prep.-n.m.p.-2 m.s. sf. (815) *before you*

10:9

וַיָּבֹא אֲלֵיהֶם consec.-Qal impf. 3 m.s. (בּוֹא 97)
-prep.-3 m.p. sf. (39) *so came upon them*

יְהוֹשֻׁעַ pr.n. (221) *Joshua*

פִּתְאֹם adv. (837) *suddenly*

כָּל־הַלַּיְלָה n.m.s. cstr. (481)-def.art.-n.m.s. (538)
all night

עָלָה Qal pf. 3 m.s. (748) *having marched*

מִן־הַגִּלְגָּל prep.-def.art.-pr.n. (166) *from Gilgal*

10:10

וַיְהֻמֵּם יהוה consec.-Qal impf. 3 m.s.-3 m.p. sf. (הָמַם 243)-pr.n. (217) *and Yahweh threw them into a panic*

לִפְנֵי יִשְׂרָאֵל prep.-n.m.p. cstr. (815)-pr.n. (975) *before Israel*

וַיַּכֵּם consec.-Hi. impf. 3 m.s.-3 m.p. sf. (נָכָה 645) *who slew them*

מַכָּה־גְדוֹלָה n.f.s. (646)-adj. f.s. (152) *with a great slaughter*

בְּגִבְעוֹן prep.-pr.n. (149) *at Gibeon*

וַיִּרְדְּפֵם consec.-Qal impf. 3 m.s.-3 m.p. sf. (רָדַף 922) *and chased them*

דֶּרֶךְ מַעֲלֵה n.m.s. cstr. (202)-n.m.s. cstr. (751) *by the way of the ascent of*

בֵּית־חוֹרֹן pr.n. (111) *Beth-horon*

וַיַּכֵּם consec.-Hi. impf. 3 m.s.-3 m.p. sf. (נָכָה 645) *and smote them*

עַד־עֲזֵקָה prep. (723)-pr.n. (740) *as far as Azekah*

וְעַד־מַקֵּדָה conj.-v.supra-pr.n. (596) *and Makkedah*

10:11

וַיְהִי בְּנֻסָם consec.-Qal impf. 3 m.s. (הָיָה 224)-prep.-Qal inf.cstr.-3 m.p. sf. (נוּס 630) *and as they fled*

מִפְּנֵי יִשְׂרָאֵל prep.-n.m.p. cstr. (815)-pr.n. (975) *before Israel*

הֵם pers.pr. 3 m.p. (241) *they*

בְּמוֹרַד prep.-n.m.s. cstr. (434) *were going down the ascent of*

בֵּית־חוֹרֹן pr.n. (111) *Beth-horon*

וַיהוָה הִשְׁלִיךְ conj.-pr.n. (217)-Hi. pf. 3 m.s. (שָׁלַךְ 1020) *and Yahweh threw down*

עֲלֵיהֶם prep.-3 m.p. sf. *upon them*

אֲבָנִים גְּדֹלוֹת n.f.p. (6)-adj. f.p. (152) *great stones*

מִן־הַשָּׁמַיִם prep.-def.art.-n.m. du. (1029) *from heaven*

עַד־עֲזֵקָה prep. (723)-pr.n. (740) *as far as Azekah*

וַיָּמֻתוּ consec.-Qal impf. 3 m.p. (מוּת 559) *and they died*

רַבִּים אֲשֶׁר־מֵתוּ adj. m.p. (912)-rel. (81)-Qal pf. 3 c.p. (מוּת 559) *more who died*

בְּאַבְנֵי הַבָּרָד prep.-n.f.p. cstr. (6)-def.art.-n.m.s. (135) *because of the hailstones*

מֵאֲשֶׁר הָרְגוּ prep.-rel. (81)-Qal pf. 3 c.p. (הָרַג 246) *than ... killed*

בְּנֵי יִשְׂרָאֵל n.m.p. cstr. (119)-pr.n. (975) *the men of Israel*

בֶּחָרֶב prep.-def.art.-n.f.s. paus. (352) *with the sword*

10:12

אָז יְדַבֵּר adv. (23)-Pi. impf. 3 m.s. (180; GK 107c) *then spoke*

יְהוֹשֻׁעַ pr.n. (221) *Joshua*

לַיהוָה prep.-pr.n. (217) *to Yahweh*

בְּיוֹם prep.-n.m.s. cstr. (398) *in the day*

תֵּת יהוה Qal inf.cstr. (נָתַן 678)-pr.n. (217) *when Yahweh gave*

אֶת־הָאֱמֹרִי dir.obj.-def.art.-pr.n. gent. (57) *the Amorites*

לִפְנֵי בְּנֵי יִשְׂרָאֵל prep.-n.m.p. cstr. (815)-n.m.p. cstr. (119)-pr.n. (975) *over to the men of Israel*

וַיֹּאמֶר consec.-Qal impf. 3 m.s. (55) *and he said*

לְעֵינֵי יִשְׂרָאֵל prep.-n.f.p. cstr. (744)-v.supra *in the sight of Israel*

שֶׁמֶשׁ n.f.s. (1039) *sun*

בְּגִבְעוֹן prep.-pr.n. (149) *in Gibeon*

דּוֹם Qal impv. 2 m.s. (דָּמַם I 198) *stand thou still*

וְיָרֵחַ conj.-n.m.s. (437) *and moon*

בְּעֵמֶק אַיָּלוֹן prep.-n.m.s. cstr. (770)-pr.n. (19) *in the valley of Aijalon*

10:13

וַיִּדֹּם הַשֶּׁמֶשׁ consec.-Qal impf. 3 m.s. (דָּמַם I 198)-def.art.-n.m.s. (1039) *and the sun stood still*

וְיָרֵחַ עָמָד conj.-n.m.s. (437)-Qal pf. 3 m.s. paus. (763) *and the moon stayed*

עַד־יִקֹּם גּוֹי prep. (723)-Qal impf. 3 m.s. (נָקַם 667; GK 107c)-n.m.s. (156) *until the nation took vengeance*

אֹיְבָיו Qal act.ptc. m.p.-3 m.s. sf. (אָיַב 33) *on their enemies*

הֲלֹא־הִיא interr.part. (GK 150e)-neg.-pers.pr. 3 f.s. (214; GK 135p) *is this not*

כְתוּבָה Qal pass.ptc. f.s. (כָּתַב 507) *written*

עַל־סֵפֶר prep.-n.m.s. cstr. (706) *in the book of*

הַיָּשָׁר def.art.-adj. m.s. (449) *Jashar (the upright)*

וַיַּעֲמֹד הַשֶּׁמֶשׁ consec.-Qal impf. 3 m.s. (763)-def.art.-n.m.s. (1039) *the sun stayed*

בַּחֲצִי הַשָּׁמַיִם prep.-n.m.s. cstr. (345)-def.art.-n.m. du. (1029) *in the midst of heaven*

וְלֹא־אָץ conj.-neg.-Qal pf. 3 m.s. (אוּץ 21) *and did not hasten*

לָבוֹא prep.-Qal inf.cstr. (בּוֹא 97) *to go down*

כְּיוֹם תָּמִים prep.-n.m.s. (398)-adj. m.s. (1071) *about a whole day*

10:14

וְלֹא הָיָה conj.-neg.-Qal pf. 3 m.s. (224) *there has not been*

כַּיּוֹם הַהוּא prep.-def.art.-n.m.s. (398)-def.art.-demons.adj. m.s. (214) *like that day*

לְפָנָיו prep.-n.m.p.-3 m.s. sf. (815) *before it*

וְאַחֲרָיו conj.-prep.-3 m.s. sf. (29) *or after it*

לִשְׁמֹעַ יְהוָה prep.-Qal inf.cstr. (1033)-pr.n. (217) *when Yahweh hearkened*

בְּקוֹל אִישׁ prep.-n.m.s. cstr. (876)-n.m.s. (35) *to the voice of a man*

כִּי יְהוָה conj. (471)-pr.n. (217) *for Yahweh*

נִלְחָם Ni. ptc. (לָחַם I 535) *fought*

לְיִשְׂרָאֵל prep.-pr.n. (975) *for Israel*

10:15

וַיָּשָׁב יְהוֹשֻׁעַ consec.-Qal impf. 3 m.s. (שׁוּב 996)-pr.n. (221) *then Joshua returned*

וְכָל־יִשְׂרָאֵל conj.-n.m.s. cstr. (481)-pr.n. (975) *and all Israel*

עִמּוֹ prep.-3 m.s. sf. (767) *with him*

אֶל־הַמַּחֲנֶה prep. (39)-def.art.-n.m.s. (334) *to the camp*

הַגִּלְגָּלָה def.art.-pr.n.-loc.he (166) *at Gilgal*

10:16

וַיָּנֻסוּ consec.-Qal impf. 3 m.p. (נוּס 630) *and fled*

חֲמֵשֶׁת num. cstr. (331) *five (of)*

הַמְּלָכִים הָאֵלֶּה def.art.-n.m.p. (572)-def.art.-demons.adj. c.p. (41) *these kings*

וַיֵּחָבְאוּ consec.-Ni. impf. 3 m.p. (חָבָא 285) *and hid themselves*

בַּמְּעָרָה prep.-def.art.-n.f.s. (792) *in the cave*

בְּמַקֵּדָה prep.-pr.n. (596) *at Makkedah*

10:17

וַיֻּגַּד consec.-Ho. impf. 3 m.p. (נָגַד 616) *and it was told*

לִיהוֹשֻׁעַ prep.-pr.n. (221) *Joshua*

לֵאמֹר prep.-Qal inf.cstr. (55) *(saying)*

נִמְצְאוּ Ni. pf. 3 c.p. (מָצָא 592) *have been found*

חֲמֵשֶׁת הַמְּלָכִים num. f. cstr. (331)-def.art.-n.m.p. (572) *the five kings*

נֶחְבָּאִים Ni. ptc. m.p. (חָבָא 285; GK 93oo) *hidden*

בַּמְּעָרָה prep.-def.art.-n.f.s. (792) *in the cave*

בְּמַקֵּדָה prep.-pr.n. (596) *at Makkedah*

10:18

וַיֹּאמֶר יְהוֹשֻׁעַ consec.-Qal impf. 3 m.s. (55)-pr.n. (221) *and Joshua said*

גֹּלּוּ Qal impv. 2 m.p. (גָּלַל II 164) *roll*

אֲבָנִים גְּדֹלוֹת n.f.p. (6)-adj. f.p. (152) *great stones*

אֶל־פִּי prep. (39)-n.m.s. cstr. (804) *against the mouth of*

הַמְּעָרָה def.art.-n.f.s. (792) *the cave*

וְהַפְקִידוּ conj.-Hi. impv. 2 m.p. (פָּקַד 823) *and set*

עָלֶיהָ prep.-3 f.s. sf. *by it*

אֲנָשִׁים n.m.p. (35) *men*

לְשָׁמְרָם prep.-Qal inf.cstr.-3 m.p. sf. (שָׁמַר 1036) *to guard them*

10:19

וְאַתֶּם conj.-pers.pr. 2 m.p. (61) *but ... yourselves*

אַל־תַּעֲמֹדוּ neg. (39)-Qal impf. 2 m.p. (עָמַד 763) *do not stay there*

רִדְפוּ Qal impv. 2 m.p. (922) *pursue*

אַחֲרֵי אֹיְבֵיכֶם prep. (29)-Qal act.ptc. m.p.-2 m.p. sf. (אָיַב 33) *your enemies*

וְזִנַּבְתֶּם אוֹתָם conj.-Pi. pf. 2 m.p. (זָנַב 275)-dir.obj.-3 m.p. sf. *and fall upon their rear*

אַל־תִּתְּנוּם neg. (39)-Qal impf. 2 m.p.-3 m.p. sf. (נָתַן 678) *do not let them*

לָבוֹא prep.-Qal inf.cstr. (בּוֹא 97) *enter*

אֶל־עָרֵיהֶם prep. (39)-n.f.p.-3 m.p. sf. (746) *their cities*

כִּי נְתָנָם conj. (471)-Qal pf. 3 m.s.-3 m.p. sf. (נָתַן 678) *for ... has given them*

יְהוָה אֱלֹהֵיכֶם pr.n. (217)-n.m.p.-2 m.p. sf. (43) *Yahweh your God*

בְּיֶדְכֶם prep.-n.f.s.-2 m.p. sf. (388) *into your hand*

10:20

וַיְהִי כְּכַלּוֹת consec.-Qal impf. 3 m.s. (הָיָה 224)-prep.-Pi. inf.cstr. (כָּלָה 477) *when had finished*

יְהוֹשֻׁעַ pr.n. (221) *Joshua*

וּבְנֵי יִשְׂרָאֵל conj.-n.m.p. cstr. (119)-pr.n. (975) *and the men of Israel*

לְהַכּוֹתָם prep.-Hi. inf.cstr.-3 m.p. sf. (נָכָה 645) *slaying them*

מַכָּה גְדוֹלָה־מְאֹד n.f.s. (646)-adj. f.s. (152)-adv. (547) *with a very great slaughter*

עַד־תֻּמָּם prep. (723)-n.m.s.-3 m.p. sf. (1070) *until they were wiped out*

וְהַשְּׂרִידִים consec.-def.art.-n.m.p. (975) *and when the remnant*

955

שָׂרְדוּ מֵהֶם Qal pf. 3 c.p. (שָׂרַד I 974)-prep.-3 m.p. sf. *which remained of them*

וַיָּבֹאוּ consec.-Qal impf. 3 m.p. (בּוֹא 97) *had entered*

אֶל־עָרֵי הַמִּבְצָר prep. (39)-n.f.p. cstr. (746)-def.art.-n.m.s. (131) *into the fortified cities*

10:21

וַיָּשֻׁבוּ consec.-Qal impf. 3 m.p. (שׁוּב 996) *and returned*

כָל־הָעָם n.m.s. cstr. (481)-def.art.-n.m.s. (766) *all the people*

אֶל־הַמַּחֲנֶה prep. (39)-def.art.-n.m.s. (334) *in the camp*

אֶל־יְהוֹשֻׁעַ prep. (39)-pr.n. (221) *to Joshua*

מַקֵּדָה pr.n. (596) *at Makkedah*

בְּשָׁלוֹם prep.-n.m.s. (1022) *safe*

לֹא־חָרַץ neg.-Qal pf. 3 m.s. (I 358) *not ... moved*

לִבְנֵי יִשְׂרָאֵל prep.-n.m.p. cstr. (119)-pr.n. (975) *against any of the people of Israel*

לְאִישׁ prep.-n.m.s. (35) *a man*

אֶת־לְשֹׁנוֹ dir.obj.-n.m.s.-3 f.s. sf. (546) *his tongue*

10:22

וַיֹּאמֶר יְהוֹשֻׁעַ consec.-Qal impf. 3 m.s. (55)-pr.n. (221) *then Joshua said*

פִּתְחוּ Qal impv. 2 m.p. (פָּתַח I 834) *open*

אֶת־פִּי הַמְּעָרָה dir.obj.-n.m.s. cstr. (804)-def.art.-n.f.s. (792) *the mouth of the cave*

וְהוֹצִיאוּ conj.-Hi. impv. 2 m.p. (יָצָא 422) *and bring out*

אֵלַי prep.-1 c.s. sf. (39) *to me*

אֶת־חֲמֵשֶׁת dir.obj.-num. f. cstr. (331) *five (of)*

הַמְּלָכִים הָאֵלֶּה def.art.-n.m.p. (572)-def.art.-demons.adj. c.p. (41) *those kings*

מִן־הַמְּעָרָה prep.-def.art.-n.f.s. (792) *from the cave*

10:23

וַיַּעֲשׂוּ כֵן consec.-Qal impf. 3 m.p. (עָשָׂה 793)-adv. (485) *and they did so*

וַיֹּצִיאוּ consec.-Hi. impf. 3 m.p. (יָצָא 422) *and brought out*

אֵלָיו prep.-3 m.s. sf. (39) *to him*

אֶת־חֲמֵשֶׁת dir.obj.-num. f. cstr. (331) *five (of)*

הַמְּלָכִים הָאֵלֶּה def.art.-n.m.p. (572)-def.art.-demons.adj. c.p. (41) *those kings*

מִן־הַמְּעָרָה prep.-def.art.-n.f.s. (792) *from the cave*

אֵת מֶלֶךְ יְרוּשָׁלַ͏ִם dir.obj.-n.m.s. cstr. (572)-pr.n. (436) *the king of Jerusalem*

אֶת־מֶלֶךְ חֶבְרוֹן dir.obj.-v.supra-pr.n. (I 289) *the king of Hebron*

אֶת־מֶלֶךְ יַרְמוּת v.supra-v.supra-pr.n. (438) *the king of Jarmuth*

אֶת־מֶלֶךְ לָכִישׁ v.supra-v.supra-pr.n. (540) *the king of Lachish*

אֶת־מֶלֶךְ עֶגְלוֹן v.supra-v.supra-pr.n. (722) *the king of Eglon*

10:24

וַיְהִי כְּהוֹצִיאָם consec.-Qal impf. 3 m.s. (הָיָה 224)-prep.-Hi. inf.cstr.-3 m.p. sf. (יָצָא 422) *and when they brought out*

אֶת־הַמְּלָכִים הָאֵלֶּה dir.obj.-def.art.-n.m.p. (572)-def.art.-demons.adj. c.p. (41) *those kings*

אֶל־יְהוֹשֻׁעַ prep. (39)-pr.n. (221) *to Joshua*

וַיִּקְרָא consec.-Qal impf. 3 m.s. (894) *and summoned*

יְהוֹשֻׁעַ pr.n. (221) *Joshua*

אֶל־כָּל־אִישׁ prep. (39)-n.m.s. cstr. (481)-n.m.s. cstr. (35) *all the men of*

יִשְׂרָאֵל pr.n. (975) *Israel*

וַיֹּאמֶר consec.-Qal impf. 3 m.s. (55) *and said*

אֶל־קְצִינֵי prep. (39)-n.m.p. cstr. (892) *to the chiefs of*

אַנְשֵׁי הַמִּלְחָמָה n.m.p. cstr. (35)-def.art.-n.f.s. (536) *the men of war*

הֶהָלְכוּא אִתּוֹ def.art.-Qal pf. 3 c.p. (הָלַךְ 229; GK 23i)-prep.-3 m.s. sf. (GK 138i) *who had gone with him*

קִרְבוּ Qal impv. 2 m.p. (897) *come near*

שִׂימוּ Qal impv. 2 m.p. (שִׂים 962) *put*

אֶת־רַגְלֵיכֶם dir.obj.-n.f.p.-2 m.p. sf. (919) *your feet*

עַל־צַוְּארֵי prep. (752)-n.m.p. cstr. (848) *upon the necks of*

הַמְּלָכִים הָאֵלֶּה def.art.-n.m.p. (572)-def.art.-demons.adj. c.p. (41) *these kings*

וַיִּקְרְבוּ consec.-Qal impf. 3 m.p. (897) *then they came near*

וַיָּשִׂימוּ consec.-Qal impf. 3 m.p. (שִׂים 962) *and put*

אֶת־רַגְלֵיהֶם dir.obj.-n.f.p.-3 m.p. sf. (919) *their feet*

עַל־צַוְּארֵיהֶם prep.-n.m.p.-3 m.p. sf. (848) *on their necks*

10:25

וַיֹּאמֶר אֲלֵיהֶם consec.-Qal impf. 3 m.s. (55)-prep.-3 m.p. sf. (39) *and said to them*

יְהוֹשֻׁעַ pr.n. (221) *Joshua*

אַל־תִּירְאוּ neg. (39)-Qal impf. 2 m.p. (יָרֵא 431)
do not be afraid

וְאַל־תֵּחַתּוּ conj.-v.supra-Qal impf. 2 m.p. paus.
(369 חָתַת) *or dismayed*

חִזְקוּ Qal impv. 2 m.p. (304) *be strong*

וְאִמְצוּ conj.-Qal impv. 2 m.p. (אָמֵץ 54) *and of
good courage*

כִּי כָכָה יַעֲשֶׂה conj. (471)-adv. (462)-Qal impf. 3
m.s. (793) *for thus ... will do*

יְהוָה pr.n. (217) *Yahweh*

לְכָל־אֹיְבֵיכֶם prep.-n.m.s. cstr. (481)-Qal act.ptc.
m.p.-2 m.p. sf. (אֹיֵב 33) *to all your enemies*

אֲשֶׁר אַתֶּם rel. (81)-pers.pr. 2 m.p. (61) *against ...
you*

נִלְחָמִים Ni. ptc. m.p. (לָחַם 535) *fight*

אוֹתָם dir.obj.-3 m.p. sf. *them*

10:26

וַיַּכֵּם יְהוֹשֻׁעַ consec.-Hi. impf. 3 m.s.-3 m.p. sf.
(נָכָה 645)-pr.n. (221) *and Joshua smote them*

אַחֲרֵי־כֵן prep. (29)-adv. (485) *afterward*

וַיְמִיתֵם consec.-Hi. impf. 3 m.s.-3 m.p. sf. (מוּת
559) *and put them to death*

וַיִּתְלֵם pr.n.Qal impf. 3 m.s.-3 m.p. sf. (תָּלָה
1067) *and he hung them*

עַל חֲמִשָּׁה עֵצִים prep. (752)-num. f. (331)-n.m.p.
(781) *on five trees*

וַיִּהְיוּ תְּלוּיִם consec.-Qal impf. 3 m.p. (הָיָה 224)
-Qal pass.ptc. m.p. (תָּלָה 1067) *and they
hung*

עַל־הָעֵצִים prep.-def.art.-n.m.p. (781) *upon the
trees*

עַד־הָעֶרֶב prep. (723)-def.art.-n.m.s. (787) *until
evening*

10:27

וַיְהִי לְעֵת consec.-Qal impf. 3 m.s. (הָיָה 224)
-prep.-n.f.s. (773) *but at the time of*

בּוֹא הַשֶּׁמֶשׁ Qal inf.cstr. (בּוֹא 97)-def.art.-n.f.s.
(1039) *the going down of the sun*

צִוָּה יְהוֹשֻׁעַ Pi. pf. 3 m.s. (צָוָה 845)-pr.n. (221)
Joshua commanded

וַיֹּרִידוּם consec.-Hi. impf. 3 m.p.-3 m.p. sf. (יָרַד
432) *and they took them down*

מֵעַל הָעֵצִים prep.-prep.-def.art.-n.m.p. (781)
from the trees

וַיַּשְׁלִכֻם consec.-Hi. impf. 3 m.p.-3 m.p. sf. (שָׁלַךְ
1020) *and threw them*

אֶל־הַמְּעָרָה prep. (39)-def.art.-n.f.s. (792) *into
the cave*

אֲשֶׁר נֶחְבְּאוּ־שָׁם rel. (81)-Ni. pf. 3 c.p. (חָבָא
285)-adv. (1027) *where they had hidden
themselves*

וַיָּשִׂמוּ consec.-Qal impf. 3 m.p. (שִׂים 962) *and
they set*

אֲבָנִים גְּדֹלוֹת n.f.p. (6)-adj. f.p. (152) *great stones*

עַל־פִּי הַמְּעָרָה prep. (752)-n.m.s. cstr. (804)-def.
art.-n.f.s. (792) *against the mouth of the
cave*

עַד־עֶצֶם prep. (723)-n.f.s. cstr. (782) *which
remain to ... very*

הַיּוֹם הַזֶּה def.art.-n.m.s. (398)-def.art.
-demons.adj. m.s. (260) *this day*

10:28

וְאֶת־מַקֵּדָה conj.-dir.obj.-pr.n. (596) *and
Makkedah*

לָכַד יְהוֹשֻׁעַ Qal pf. 3 m.s. (539)-pr.n. (221)
Joshua took

בַּיּוֹם הַהוּא prep.-def.art.-n.m.s. (398)-def.art.
-demons.adj. m.s. (214) *on that day*

וַיַּכֶּהָ consec.-Hi. impf. 3 m.s.-3 f.s. sf. (נָכָה 645)
and smote it

לְפִי־חֶרֶב prep.-n.m.s. cstr. (804)-n.f.s. (352) *with
the edge of the sword*

וְאֶת־מַלְכָּהּ conj.-dir.obj.-n.m.s.-3 f.s. sf. (572)
with its king

הֶחֱרִם אוֹתָם Hi. pf. 3 m.s. (חָרַם 355)-dir.obj.-3
m.p. sf. *he utterly destroyed them*

וְאֶת־כָּל־הַנֶּפֶשׁ conj.-dir.obj.-n.m.s. cstr. (481)
-def.art.-n.f.s. (659) *every person*

אֲשֶׁר־בָּהּ rel. (81)-prep.-3 f.s. sf. *in it*

לֹא הִשְׁאִיר neg.-Hi. pf. 3 m.s. (שָׁאַר 983) *he
left none*

שָׂרִיד n.m.s. (975) *remaining*

וַיַּעַשׂ consec.-Qal impf. 3 m.s. (עָשָׂה 793) *and
he did*

לְמֶלֶךְ מַקֵּדָה prep.-n.m.s. cstr. (572)-pr.n. (596) *to
the king of Makkedah*

כַּאֲשֶׁר עָשָׂה prep.-rel. (81)-Qal pf. 3 m.s. (793)
as he had done

לְמֶלֶךְ יְרִיחוֹ prep.-n.m.s. cstr. (572)-pr.n. (437) *to
the king of Jericho*

10:29

וַיַּעֲבֹר יְהוֹשֻׁעַ consec.-Qal impf. 3 m.s. (716)
-pr.n. (221) *then Joshua passed on*

וְכָל־יִשְׂרָאֵל עִמּוֹ conj.-n.m.s. cstr. (481)-pr.n.
(975)-prep.-3 m.s. sf. (767) *and all Israel
with him*

מִמַּקֵּדָה prep.-pr.n. (596) *from Makkedah*

לִבְנָה pr.n. (526) *to Libnah*

וַיִּלָּחֶם consec.-Ni. impf. 3 m.s. (לָחַם 535) *and fought*

עִם־לִבְנָה prep. (767)-pr.n. (526) *against Libnah*

10:30

וַיִּתֵּן יהוה consec.-Qal impf. 3 m.s. (נָתַן 678) -pr.n. (217) *and Yahweh gave*

גַּם־אוֹתָהּ adv. (168)-dir.obj.-3 f.s. sf. *it also*

בְּיַד יִשְׂרָאֵל prep.-n.f.s. cstr. (388)-pr.n. (975) *into the hand of Israel*

וְאֶת־מַלְכָּהּ conj.-dir.obj.-n.m.s.-3 f.s. sf. (572) *and its king*

וַיַּכֶּהָ consec.-Hi. impf. 3 m.s.-3 f.s. sf. (נָכָה 645) *and he smote it*

לְפִי־חֶרֶב prep.-n.m.s. cstr. (804)-n.f.s. (352) *with the edge of the sword*

וְאֶת־כָּל־הַנֶּפֶשׁ conj.-dir.obj.-n.m.s. cstr. (481) -def.art.-n.f.s. (659) *and every person*

אֲשֶׁר־בָּהּ rel. (81)-prep.-3 f.s. sf. *in it*

לֹא־הִשְׁאִיר בָּהּ neg.-Hi. pf. 3 m.s. (שָׁאַר 983)-v.supra *and he left none in it*

שָׂרִיד n.m.s. (975) *remaining (survivor)*

וַיַּעַשׂ consec.-Qal impf. 3 m.s. (עָשָׂה 793) *and he did*

לְמַלְכָּהּ prep.-n.m.s.-3 f.s. sf. (572) *to its king*

כַּאֲשֶׁר עָשָׂה prep.-rel. (81)-Qal pf. 3 m.s. (793) *as he had done*

לְמֶלֶךְ יְרִיחוֹ prep.-n.m.s. cstr. (572)-pr.n. (437) *to the king of Jericho*

10:31

וַיַּעֲבֹר יְהוֹשֻׁעַ consec.-Qal impf. 3 m.s. (716) -pr.n. (221) *and Joshua passed on*

וְכָל־יִשְׂרָאֵל conj.-n.m.s. cstr. (481)-pr.n. (975) *and all Israel*

עִמּוֹ prep.-3 m.s. sf. (767) *with him*

מִלִּבְנָה prep.-pr.n. (526) *from Libnah*

לָכִישָׁה pr.n.-loc.he (540) *to Lachish*

וַיִּחַן עָלֶיהָ consec.-Qal impf. 3 m.s. (חָנָה 333)-prep.-3 f.s. sf. *and laid siege to it*

וַיִּלָּחֶם בָּהּ consec.-Ni. impf. 3 m.s. (לָחַם 535)-prep.-3 f.s. sf. *and assaulted it*

10:32

וַיִּתֵּן יהוה consec.-Qal impf. 3 m.s. (נָתַן 678) -pr.n. (217) *and Yahweh gave*

אֶת־לָכִישׁ dir.obj.-pr.n. (540) *Lachish*

בְּיַד יִשְׂרָאֵל prep.-n.f.s. cstr. (388)-pr.n. (975) *into the hand of Israel*

וַיִּלְכְּדָהּ consec.-Qal impf. 3 m.s.-3 f.s. sf. (539) *and he took it*

בַּיּוֹם הַשֵּׁנִי prep.-def.art.-n.m.s. (398)-def.art. -num. ord. (1041) *on the second day*

וַיַּכֶּהָ consec.-Hi. impf. 3 m.s.-3 f.s. sf. (נָכָה 645) *and smote it*

לְפִי־חֶרֶב prep.-n.m.s. cstr. (804)-n.f.s. (352) *with the edge of the sword*

וְאֶת־כָּל־הַנֶּפֶשׁ conj.-dir.obj.-n.m.s. cstr. (481) -def.art.-n.f.s. (659) *and every person*

אֲשֶׁר־בָּהּ rel. (81)-prep.-3 f.s. sf. *in it*

כְּכֹל אֲשֶׁר־עָשָׂה prep.-n.m.s. (481)-rel. (81)-Qal pf. 3 m.s. (793) *as he had done*

לְלִבְנָה prep.-pr.n. (526) *to Libnah*

10:33

אָז עָלָה adv. (23)-Qal pf. 3 m.s. (748) *then came up*

הֹרָם pr.n. (248) *Horam*

מֶלֶךְ גֶּזֶר n.m.s. cstr. (572)-pr.n. (160) *king of Gezer*

לַעְזֹר prep.-Qal inf.cstr. (עָזַר 740) *to help*

אֶת־לָכִישׁ dir.obj.-pr.n. (540) *Lachish*

וַיַּכֵּהוּ prep.-Hi. impf. 3 m.s.-3 m.s. sf. (נָכָה 645) *and smote him*

יְהוֹשֻׁעַ pr.n. (221) *Joshua*

וְאֶת־עַמּוֹ conj.-dir.obj.-n.m.s.-3 m.s. sf. (766) *and his people*

עַד־בִּלְתִּי prep. (723)-neg. (116) *until ... none*

הִשְׁאִיר־לוֹ Hi. pf. 3 m.s. (שָׁאַר 983)-prep.-3 m.s. sf. *he left*

שָׂרִיד n.m.s. (975) *remaining (a survivor)*

10:34

וַיַּעֲבֹר יְהוֹשֻׁעַ consec.-Qal impf. 3 m.s. (716) -pr.n. (221) *and Joshua passed on*

וְכָל־יִשְׂרָאֵל עִמּוֹ conj.-n.m.s. cstr. (481)-pr.n. (975)-prep.-3 m.s. sf. (767) *and all Israel with him*

מִלָּכִישׁ prep.-pr.n. (540) *from Lachish*

עֶגְלֹנָה pr.n.-dir.he (722) *to Eglon*

וַיַּחֲנוּ עָלֶיהָ consec.-Qal impf. 3 m.p. (חָנָה 333)-prep.-3 f.s. sf. *and laid siege to it*

וַיִּלָּחֲמוּ עָלֶיהָ consec.-Ni. impf. 3 m.p. (לָחַם 535)-v.supra *and assaulted it*

10:35

וַיִּלְכְּדוּהָ consec.-Qal impf. 3 m.p.-3 f.s. sf. (לָכַד 539) *and they took it*

בַּיּוֹם הַהוּא prep.-def.art.-n.m.s. (398)-def.art. -demons.adj. m.s. (214) *on that day*

וַיַּכּוּהָ consec.-Hi. impf. 3 m.p.-3 f.s. sf. (נָכָה 645) *and smote it*

לְפִי־חֶרֶב prep.-n.m.s. cstr. (804)-n.f.s. (352) *with the edge of the sword*

וְאֵת כָּל־הַנֶּפֶשׁ conj.-dir.obj.-n.m.s. cstr. (481)-def.art.-n.f.s. (659) *and every person*

אֲשֶׁר־בָּהּ rel. (81)-prep.-3 f.s. sf. *in it*

בַּיּוֹם הַהוּא v.supra-v.supra *that day*

הֶחֱרִים Hi. pf. 3 m.s. (חרם 355) *he utterly destroyed*

כְּכֹל אֲשֶׁר־עָשָׂה prep.-n.m.s. (481)-rel. (81)-Qal pf. 3 m.s. (793) *as he had done*

לְלָכִישׁ prep.-pr.n. (540) *to Lachish*

10:36

וַיַּעַל יְהוֹשֻׁעַ consec.-Qal impf. 3 m.s. (עלה 748)-pr.n. (221) *then Joshua went up*

וְכָל־יִשְׂרָאֵל conj.-n.m.s. cstr. (481)-pr.n. (975) *with all Israel*

עִמּוֹ prep.-3 m.s. sf. (767) *with him*

מֵעֶגְלוֹנָה prep.-pr.n.-loc.he (722; GK 90e) *from Eglon*

חֶבְרוֹנָה pr.n.-dir.he (289) *to Hebron*

וַיִּלָּחֲמוּ עָלֶיהָ consec.-Ni. impf. 3 m.p. (לחם 535)-prep.-3 f.s. sf. *and they assaulted it*

10:37

וַיִּלְכְּדוּהָ consec.-Qal impf. 3 m.p.-3 f.s. sf. (לכד 539) *and took it*

וַיַּכּוּהָ לְפִי־חֶרֶב consec.-Hi. impf. 3 m.p.-3 f.s. sf. (נכה 645)-prep.-n.m.s. cstr. (804)-n.f.s. (352) *and smote it with the edge of the sword*

וְאֶת־מַלְכָּהּ conj.-dir.obj.-n.m.s.-3 f.s. sf. (572) *and its king*

וְאֶת־כָּל־עָרֶיהָ conj.-dir.obj.-n.m.s. cstr. (481)-n.f.p.-3 f.s. sf. (746) *and its towns*

וְאֶת־כָּל־הַנֶּפֶשׁ v.supra-v.supra-def.art.-n.f.s. (659) *and every person*

אֲשֶׁר־בָּהּ rel. (81)-prep.-3 f.s. sf. *in it*

לֹא הִשְׁאִיר neg.-Hi. pf. 3 m.s. (שאר 983) *he left none*

שָׂרִיד n.m.s. (975) *remaining (a survivor)*

כְּכֹל אֲשֶׁר־עָשָׂה prep.-n.m.s. (481)-rel. (81)-Qal pf. 3 m.s. (793) *as he had done*

לְעֶגְלוֹן prep.-pr.n. (722) *to Eglon*

וַיַּחֲרֵם consec.-Hi. impf. 3 m.s. (חרם 355) *and utterly destroyed*

אוֹתָהּ dir.obj.-3 f.s. sf. *it*

וְאֶת־כָּל־הַנֶּפֶשׁ v.supra-v.supra-v.supra *and every person*

אֲשֶׁר־בָּהּ v.supra-v.supra *in it*

10:38

וַיָּשָׁב יְהוֹשֻׁעַ consec.-Qal impf. 3 m.s. (שוב 996)-pr.n. (221) *then Joshua turned back*

וְכָל־יִשְׂרָאֵל conj.-n.m.s. cstr. (481)-pr.n. (975) *and all Israel*

עִמּוֹ prep.-3 m.s. sf. (767) *with him*

דְּבִרָה pr.n.-dir.he (184) *to Debir*

וַיִּלָּחֶם עָלֶיהָ consec.-Ni. impf. 3 m.s. (לחם 535)-prep.-3 f.s. sf. *and assaulted it*

10:39

וַיִּלְכְּדָהּ consec.-Qal impf. 3 m.s.-3 f.s. sf. (לכד 539) *and he took it*

וְאֶת־מַלְכָּהּ conj.-dir.obj.-n.m.s.-3 f.s. sf. (572) *with its king*

וְאֶת־כָּל־עָרֶיהָ v.supra-n.m.s. cstr. (481)-n.f.p.-3 f.s. sf. (746) *and its towns*

וַיַּכּוּם consec.-Hi. impf. 3 m.p.-3 m.p. sf. (נכה 645) *and they smote them*

לְפִי־חֶרֶב prep.-n.m.s. cstr. (804)-n.f.s. (352) *with the edge of the sword*

וַיַּחֲרִימוּ consec.-Hi. impf. 3 m.p. (חרם 355) *and utterly destroyed*

אֶת־כָּל־נֶפֶשׁ dir.obj.-n.m.s. cstr. (481)-n.f.s. (659) *every person*

אֲשֶׁר־בָּהּ rel. (81)-prep.-3 f.s. sf. *in it*

לֹא הִשְׁאִיר neg.-Hi. pf. 3 m.s. (שאר 983) *he left none*

שָׂרִיד n.m.s. (975) *remaining (a survivor)*

כַּאֲשֶׁר עָשָׂה prep.-rel. (81)-Qal pf. 3 m.s. (793) *as he had done*

לְחֶבְרוֹן prep.-pr.n. (289) *to Hebron*

כֵּן עָשָׂה adv. (485)-Qal pf. 3 m.s. (793) *so he did*

לִדְבִרָה prep.-pr.n.-loc.he (184) *to Debir*

וּלְמַלְכָּהּ conj.-prep.-n.m.s.-3 f.s. sf. (572) *and to its king*

וְכַאֲשֶׁר עָשָׂה conj.-prep.-rel. (81)-Qal pf. 3 m.s. (793) *as he had done*

לְלִבְנָה prep.-pr.n. (526) *to Libnah*

וּלְמַלְכָּהּ v.supra *and to its king*

10:40

וַיַּכֶּה יְהוֹשֻׁעַ consec.-Hi. impf. 3 m.s. (נכה 645)-pr.n. (221) *so Joshua defeated*

אֶת־כָּל־הָאָרֶץ dir.obj.-n.m.s. cstr. (481)-def.art.-n.f.s. (75) *the whole land*

הָהָר def.art.-n.m.s. (249) *the hill country*

וְהַנֶּגֶב conj.-def.art.-n.m.s. (616) *and the Negeb*

וְהַשְּׁפֵלָה conj.-def.art.-n.f.s. (1050) *and the lowland*

וְהָאֲשֵׁדוֹת conj.-def.art.-n.f.p. (78) *and the slopes*

וְאֵת כָּל־מַלְכֵיהֶם conj.-dir.obj.-n.m.s. cstr. (481)-n.m.p.-3 m.p. sf. (572) *and all their kings*

לֹא הִשְׁאִיר neg.-Hi. pf. 3 m.s. (שָׁאַר 983) *he left none*

שָׂרִיד n.m.s. (975) *remaining (a survivor)*

וְאֵת כָּל־הַנְּשָׁמָה conj.-dir.obj.-v.supra -def.art.-n.f.s. (675) *all that breathed*

הֶחֱרִים Hi. pf. 3 m.s. (חָרַם 355) *he utterly destroyed*

כַּאֲשֶׁר צִוָּה יהוה prep.-rel. (81)-Pi. pf. 3 m.s. (צָוָה 845)-pr.n. (217) *as Yahweh commanded*

אֱלֹהֵי יִשְׂרָאֵל n.m.p. cstr. (43)-pr.n. (975) *the God of Israel*

10:41

וַיַּכֵּם יְהוֹשֻׁעַ consec.-Hi. impf. 3 m.s.-3 m.p. sf. (נָכָה 645)-pr.n. (221) *and Joshua defeated them*

מִקָּדֵשׁ בַּרְנֵעַ prep.-pr.n. (II 873) *from Kadesh-barnea*

וְעַד־עַזָּה conj.-prep. (723)-pr.n. (738) *to Gaza*

וְאֵת כָּל־אֶרֶץ conj.-dir.obj.-n.m.s. cstr. (481)-n.f.s. cstr. (75) *and all the country of*

גֹּשֶׁן pr.n. (177) *Goshen*

וְעַד־גִּבְעוֹן v.supra-pr.n. (149) *as far as Gibeon*

10:42

וְאֵת כָּל־ conj.-dir.obj.-n.m.s. cstr. (481) *and all (of)*

הַמְּלָכִים הָאֵלֶּה def.art.-n.m.p. (572)-def.art. -demons.adj. c.p. (41) *these kings*

וְאֵת־אַרְצָם conj.-dir.obj.-n.f.s.-3 m.p. sf. (75) *and their land*

לָכַד יְהוֹשֻׁעַ Qal pf. 3 m.s. (539)-pr.n. (221) *Joshua took*

פַּעַם אֶחָת n.f.s. (821)-num. f.s. (25) *at one time*

כִּי יהוה conj. (471)-pr.n. (217) *because Yahweh*

אֱלֹהֵי יִשְׂרָאֵל n.m.p. cstr. (43)-pr.n. (975) *the God of Israel*

נִלְחָם Ni. pf. 3 m.s. (לָחַם 535) *fought*

לְיִשְׂרָאֵל prep.-pr.n. (975) *for Israel*

10:43

וַיָּשָׁב יְהוֹשֻׁעַ consec.-Qal impf. 3 m.s. (שׁוּב 996)-pr.n. (221) *then Joshua returned*

וְכָל־יִשְׂרָאֵל conj.-n.m.s. cstr. (481)-pr.n. (975) *and all Israel*

עִמּוֹ prep.-3 m.s. sf. (767) *with him*

אֶל־הַמַּחֲנֶה prep. (39)-def.art.-n.m.s. (334) *to the camp*

הַגִּלְגָּלָה def.art.-pr.n.-loc.he (166) *at Gilgal*

11:1

וַיְהִי כִּשְׁמֹעַ consec.-Qal impf. 3 m.s. (הָיָה 224)-prep.-Qal inf.cstr. (1033) *and when ... heard*

יָבִין pr.n. (108) *Jabin*

מֶלֶךְ־חָצוֹר n.m.s. cstr. (572)-pr.n. (347) *the king of Hazor*

וַיִּשְׁלַח consec.-Qal impf. 3 m.s. (1018) *he sent*

אֶל־יוֹבָב prep.-pr.n. (384) *to Jobab*

מֶלֶךְ מָדוֹן v.supra-pr.n. (193) *the king of Madon*

וְאֶל־מֶלֶךְ שִׁמְרוֹן conj.-prep. (39)-v.supra-pr.n. (1038) *and to the king of Shimron*

וְאֶל־מֶלֶךְ אַכְשָׁף v.supra-v.supra-pr.n. (506) *and to the king of Achshaph*

11:2

וְאֶל־הַמְּלָכִים conj.-prep. (39)-def.art.-n.m.p. (572) *and to the kings*

אֲשֶׁר מִצָּפוֹן rel. (81)-prep.-n.f.s. cstr. (860) *who were in the north of*

בָּהָר prep.-def.art.-n.m.s. (249) *the hill country*

וּבָעֲרָבָה conj.-prep.-def.art.-n.f.s. (I 787) *and in the Arabah*

נֶגֶב כִּנְרוֹת n.m.s. cstr. (616)-pr.n. (490; GK 10g) *south of Chinneroth*

וּבַשְּׁפֵלָה conj.-prep.-def.art.-n.f.s. (1050) *and in the lowland*

וּבְנָפוֹת דּוֹר conj.-prep.-n.f.p. cstr. (632)-pr.n. (190) *and in Naphoth-dor*

מִיָּם prep.-n.m.s. (410) *on the west*

11:3

הַכְּנַעֲנִי def.art.-pr.n. gent. (489) *to the Canaanites*

מִמִּזְרָח prep.-n.m.s. (280) *in the east*

וּמִיָּם conj.-prep.-n.m.s. (410) *and the west*

וְהָאֱמֹרִי conj.-def.art.-pr.n. gent. (57) *the Amorites*

וְהַחִתִּי conj.-def.art.-pr.n. gent. (366) *the Hittites*

וְהַפְּרִזִּי conj.-def.art.-pr.n. gent. (827) *the Perizzites*

וְהַיְבוּסִי conj.-def.art.-pr.n. gent. (101) *and the Jebusites*

בָּהָר prep.-def.art.-n.m.s. (249) *in the hill country*

וְהַחִוִּי conj.-def.art.-pr.n. gent. (295) *and the Hivites*

תַּחַת חֶרְמוֹן prep. (1065)-pr.n. (356) *under Hermon*

בְּאֶרֶץ הַמִּצְפָּה prep.-n.f.s. cstr. (75)-def.art.-pr.n. (859) *in the land of Mizpah*

11:4

וַיֵּצְאוּ הֵם consec.-Qal impf. 3 m.p. (יָצָא 422)
-pers.pr. 3 m.p. (241) *and they came out*

וְכָל־מַחֲנֵיהֶם עִמָּם conj.-n.m.s. cstr. (481)
-n.m.p.-3 m.p. sf. (334)-prep.-3 m.p. sf. (767)
with all their troops with them

עַם־רָב n.m.s. (766)-adj. m.s. (I 912) *a great host*

כַּחוֹל prep.-def.art.-n.m.s. (297) *as the sand*

אֲשֶׁר עַל־שְׂפַת־הַיָּם rel. (81)-prep.-n.f.s. cstr.
(973)-def.art.-n.m.s. (410) *that is upon the
seashore*

לָרֹב prep.-def.art.-n.m.s. (913) *in number*

וְסוּס conj.-n.m.s. (692) *and horses*

וָרֶכֶב conj.-n.m.s. (939) *and chariots*

רַב־מְאֹד adj. m.s. (I 912)-adv. (547) *very many*

11:5

וַיִּוָּעֲדוּ consec.-Ni. impf. 3 m.p. (יָעַד 416) *and
joined*

כֹּל הַמְּלָכִים הָאֵלֶּה n.m.s. cstr. (481)-def.art.
-n.m.p. (572)-def.art.-demons.adj. c.p. (41) *all
these kings*

וַיָּבֹאוּ consec.-Qal impf. 3 m.p. (בּוֹא 97) *and
came*

וַיַּחֲנוּ יַחְדָּו consec.-Qal impf. 3 m.p. (חָנָה
333)-adv. (403) *and encamped together*

אֶל־מֵי מֵרוֹם prep. (39)-n.m.p. cstr. (565)-pr.n.
(598) *at the waters of Merom*

לְהִלָּחֵם prep.-Ni. inf.cstr. (לָחַם 535) *to fight*

עִם־יִשְׂרָאֵל prep. (767)-pr.n. (975) *with Israel*

11:6

וַיֹּאמֶר יְהוָה consec.-Qal impf. 3 m.s. (55)-pr.n.
(217) *and Yahweh said*

אֶל־יְהוֹשֻׁעַ prep. (39)-pr.n. (221) *to Joshua*

אַל־תִּירָא neg.-Qal impf. 2 m.s. (יָרֵא 431) *do not
be afraid*

מִפְּנֵיהֶם prep.-n.m.p.-3 m.p. sf. (815) *of them*

כִּי־מָחָר conj. (471)-adv. (563) *for tomorrow*

כָּעֵת הַזֹּאת prep.-def.art.-n.f.s. (773)-def.art.
-demons.adj. f.s. (260) *at this time*

אָנֹכִי נֹתֵן pers.pr. 1 c.s. (59)-Qal act.ptc. (נָתַן 678)
I will give over

אֶת־כֻּלָּם dir.obj.-n.m.s.-3 m.p. sf. (481) *all of
them*

חֲלָלִים n.m.p. (I 319) *slain*

לִפְנֵי יִשְׂרָאֵל prep.-n.m.p. cstr. (815)-pr.n. (975) *to
Israel*

אֶת־סוּסֵיהֶם dir.obj.-n.m.p.-3 m.p. sf. (692) *their
horses*

תְּעַקֵּר Pi. impf. 2 m.s. (עָקַר 785) *you shall
hamstring*

וְאֶת־מַרְכְּבֹתֵיהֶם conj.-dir.obj.-n.f.p.-3 m.p. sf.
(939) *and their chariots*

תִּשְׂרֹף בָּאֵשׁ Qal impf. 2 m.s. (שָׂרַף 976)-prep.
-def.art.-n.f.s. (77) *you shall burn with fire*

11:7

וַיָּבֹא יְהוֹשֻׁעַ consec.-Qal impf. 3 m.s. (בּוֹא 97)
-pr.n. (221) *so Joshua came*

וְכָל־עַם הַמִּלְחָמָה conj.-n.m.s. cstr. (481)-n.m.s.
cstr. (766)-def.art.-n.f.s. (536) *all his people
of war*

עִמּוֹ prep.-3 m.s. sf. (767) *with him*

עֲלֵיהֶם prep.-3 m.p. sf. *upon them*

עַל־מֵי מֵרוֹם prep.-n.m.p. cstr. (565)-pr.n. (598)
by the waters of Merom

פִּתְאֹם adv. (837) *suddenly*

וַיִּפְּלוּ בָּהֶם consec.-Qal impf. 3 m.p. (נָפַל 656)
-prep.-3 m.p. sf. *and fell upon them*

11:8

וַיִּתְּנֵם יְהוָה consec.-Qal impf. 3 m.s.-3 m.p. sf.
(678)-pr.n. (217) *and Yahweh gave them*

בְּיַד־יִשְׂרָאֵל prep.-n.f.s. cstr. (388)-pr.n. (975) *into
the hand of Israel*

וַיַּכּוּם consec.-Hi. impf. 3 m.p.-3 m.p. sf. (נָכָה
645) *who smote them*

וַיִּרְדְּפוּם consec.-Qal impf. 3 m.p.-3 m.p. sf. (רָדַף
922) *and chased them*

עַד־צִידוֹן רַבָּה prep. (723)-pr.n. (850; GK
126y)-adj. f.s. (912) *as far as Great Sidon*

וְעַד מִשְׂרְפוֹת מַיִם conj.-prep. (723)-pr.n. (977)
and Misrephoth-maim

וְעַד בִּקְעַת מִצְפֶּה v.supra-n.f.s. cstr. (132)-pr.n.
(II 859) *and as far as the valley of Mizpeh*

מִזְרָחָה n.m.s.-dir.he (280) *eastward*

וַיַּכֻּם consec.-Hi. impf. 3 m.p.-3 m.p. sf. (נָכָה
645) *and they smote them*

עַד־בִּלְתִּי הִשְׁאִיר־לָהֶם v.supra-neg. (116)-Hi. pf.
3 m.s. (שָׁאַר 983)-prep.-3 m.p. sf. *until they
left none*

שָׂרִיד n.m.s. (975) *remaining (a survivor)*

11:9

וַיַּעַשׂ לָהֶם consec.-Qal impf. 3 m.s. (עָשָׂה
793)-prep.-3 m.p. sf. *and ... did to them*

יְהוֹשֻׁעַ pr.n. (221) *Joshua*

כַּאֲשֶׁר אָמַר־לוֹ יְהוָה prep.-rel. (81)-Qal pf. 3 m.s.
(55)-prep.-3 m.s. sf.-pr.n. (217) *as Yahweh
bade him*

אֶת־סוּסֵיהֶם dir.obj.-n.m.p.-3 m.p. sf. (692) *their
horses*

עִקֵּר Pi. pf. 3 m.s. (עָקַר 785) *he hamstrung*

וְאֶת־מַרְכְּבֹתֵיהֶם v.supra-n.f.p.-3 m.p. sf. (939) *and their chariots*

שָׂרַף Qal pf. 3 m.s. (976) *he burned*

בָּאֵשׁ prep.-def.art.-n.f.s. (77) *with fire*

11:10

וַיָּשָׁב יְהוֹשֻׁעַ consec.-Qal impf. 3 m.s. (שׁוּב 996)-pr.n. (221) *and Joshua turned back*

בָּעֵת הַהִיא prep.-def.art.-n.f.s. (773)-def.art.-demons.adj. f.s. (214) *at that time*

וַיִּלְכֹּד consec.-Qal impf. 3 m.s. (לָכַד 539) *and took*

אֶת־חָצוֹר dir.obj.-pr.n. (347) *Hazor*

וְאֶת־מַלְכָּהּ conj.-dir.obj.-n.m.s.-3 m.s.-3 f.s. sf. (572) *and its king*

הִכָּה Hi. pf. 3 m.s. (נָכָה 645) *he smote*

בֶחָרֶב prep.-def.art.-n.f.s. (352) *with the sword*

כִּי־חָצוֹר conj. (471)-v.supra *for Hazor*

לְפָנִים prep.-n.m.p. (815) *formerly*

הִיא רֹאשׁ pers.pr. 3 f.s. (214)-n.m.s. cstr. (910) *it was the head of*

כָּל־הַמַּמְלָכוֹת הָאֵלֶּה n.m.s. cstr. (481)-def.art.-n.f.p. (575)-def.art.-demons.adj. c.p. (41) *all those kingdoms*

11:11

וַיַּכּוּ consec.-Hi. impf. 3 m.p. (נָכָה 645) *and they put (smote)*

אֶת־כָּל־הַנֶּפֶשׁ dir.obj.-n.m.s. cstr. (481)-def.art.-n.f.s. (659) *all persons*

אֲשֶׁר־בָּהּ rel. (81)-prep.-3 f.s. sf. *who were in it*

לְפִי־חֶרֶב prep.-n.m.s. cstr. (804)-n.f.s. (352) *to the sword*

הַחֲרֵם Hi. inf.abs. (חָרַם 355) *utterly destroying*

לֹא נוֹתַר neg.-Ni. pf. 3 m.s. (יָתַר 451) *there was not left*

כָּל־נְשָׁמָה n.m.s. cstr. (481)-n.f.s. (675) *any breathing*

וְאֶת־חָצוֹר conj.-v.supra-pr.n. (347) *and Hazor*

שָׂרַף בָּאֵשׁ Qal pf. 3 m.s. (976)-prep.-def.art.-n.f.s. (77) *he burned with fire*

11:12

וְאֶת־כָּל־עָרֵי conj.-dir.obj.-n.m.s. cstr. (481)-n.f.p. cstr. (746) *and all the cities of*

הַמְּלָכִים־הָאֵלֶּה def.art.-n.m.p. (572)-def.art.-demons.adj. c.p. (41) *those kings*

וְאֶת־כָּל־מַלְכֵיהֶם v.supra-v.supra-n.m.p.-3 m.p. sf. (572) *and all their kings*

לָכַד יְהוֹשֻׁעַ Qal pf. 3 m.s. (539)-pr.n. (221) *Joshua took*

וַיַּכֵּם consec.-Hi. impf. 3 m.s.-3 m.p. sf. (נָכָה 645) *and smote them*

לְפִי־חֶרֶב prep.-n.m.s. cstr. (804)-n.f.s. (352) *with the edge of the sword*

הֶחֱרִים אוֹתָם Hi. pf. 3 m.s. (חָרַם 355)-dir.obj.-3 m.p. sf. *utterly destroying them*

כַּאֲשֶׁר צִוָּה prep.-rel. (81)-Pi. pf. 3 m.s. (צָוָה 845) *as ... had commanded*

מֹשֶׁה pr.n. (602) *Moses*

עֶבֶד יְהוָה n.m.s. cstr. (713)-pr.n. (217) *the servant of Yahweh*

11:13

רַק כָּל־הֶעָרִים adv. (956)-n.m.s. cstr. (481)-def.art.-n.f.p. (746) *but all of the cities*

הָעֹמְדוֹת def.art.-Qal act.ptc. f.p. (עָמַד 763) *that stood*

עַל־תִּלָּם prep. (752)-n.m.s.-3 m.p. sf. (1068) *on their mounds*

לֹא שְׂרָפָם יִשְׂרָאֵל neg.-Qal pf. 3 m.s.-3 m.p. sf. (976)-pr.n. (975) *Israel did not burn them*

זוּלָתִי conj. (265) *except*

אֶת־חָצוֹר dir.obj.-pr.n. (347) *Hazor*

לְבַדָּהּ prep.-n.m.s.-3 f.s. sf. (94) *only*

שָׂרַף יְהוֹשֻׁעַ Qal pf. 3 m.s. (976)-pr.n. (221) *that Joshua burned*

11:14

וְכֹל שְׁלַל conj.-n.m.s. cstr. (481)-n.m.s. cstr. (1021) *and all the spoil of*

הֶעָרִים הָאֵלֶּה def.art.-n.f.p. (746)-def.art.-demons.adj. c.p. (41) *these cities*

וְהַבְּהֵמָה conj.-def.art.-n.f.s. (96) *and the cattle*

בָּזְזוּ לָהֶם Qal pf. 3 c.p. (בָּזַז 102)-prep.-3 m.p. sf. *took for their booty*

בְּנֵי יִשְׂרָאֵל n.m.p. cstr. (119)-pr.n. (975) *the people of Israel*

רַק אֶת־כָּל־הָאָדָם adv. (956)-dir.obj.-n.m.s. cstr. (481)-def.art.-n.m.s. (9) *but every man*

הִכּוּ Hi. pf. 3 c.p. (נָכָה 645) *they smote*

לְפִי־חֶרֶב prep.-n.m.s. cstr. (804)-n.f.s. (352) *with the edge of the sword*

עַד־הִשְׁמִדָם אוֹתָם prep. (723)-Hi. pf. 3 m.s.-3 m.p. sf. (שָׁמַד 1029; GK 53,l; LXX-ἀπώλεσεν)-dir.obj.-3 m.p. sf. *until they had destroyed them*

לֹא הִשְׁאִירוּ neg.-Hi. pf. 3 c.p. (שָׁאַר 983) *and they did not leave*

כָּל־נְשָׁמָה n.m.s. cstr. (481)-n.f.s. (675) *any that breathed*

11:15

בַּאֲשֶׁר צִוָּה יהוה prep.-rel. (81)-Pi. pf. 3 m.s. (צָוָה 845)-pr.n. (217) *as Yahweh had commanded*

אֶת־מֹשֶׁה dir.obj.-pr.n. (602) *Moses*

עַבְדּוֹ n.m.s.-3 m.s. sf. (713) *his servant*

כֵּן צִוָּה מֹשֶׁה conj. (485)-Pi. pf. 3 m.s. (צָוָה 845)-pr.n. (602) *so Moses commanded*

אֶת־יְהוֹשֻׁעַ dir.obj.-pr.n. (221) *Joshua*

וְכֵן עָשָׂה יְהוֹשֻׁעַ conj.-v.supra-Qal pf. 3 m.s. (793)-v.supra *so Joshua did*

לֹא הֵסִיר דָּבָר neg.-Hi. pf. 3 m.s. (סוּר 693) -n.m.s. (182) *he did not take away a thing*

מִכֹּל אֲשֶׁר־ prep.-n.m.s. (481)-rel. (81) *of all that*

צִוָּה יהוה Pi. pf. 3 m.s. (צָוָה 845)-pr.n. (217) *Yahweh had commanded*

אֶת־מֹשֶׁה dir.obj.-pr.n. (602) *Moses*

11:16

וַיִּקַּח יְהוֹשֻׁעַ consec.-Qal impf. 3 m.s. (לָקַח 542)-pr.n. (221) *so Joshua took*

אֶת־כָּל־הָאָרֶץ הַזֹּאת dir.obj.-n.m.s. cstr. (481) -def.art.-n.f.s. (75)-def.art.-demons.adj. f.s. (260) *all that land*

הָהָר def.art.-n.m.s. (249) *the hill country*

וְאֶת־כָּל־הַנֶּגֶב conj.-v.supra-v.supra-def. art.-n.m.s. (616) *and all the Negeb*

וְאֵת כָּל־אֶרֶץ הַגֹּשֶׁן conj.-dir.obj.-v.supra-n.f.s. cstr. (75)-def.art.-pr.n. (177) *and all the land of Goshen*

וְאֶת־הַשְּׁפֵלָה conj.-v.supra-def.art.-n.f.s. (1050) *and the lowland*

וְאֶת־הָעֲרָבָה v.supra-def.art.-n.f.s. (787) *and the Arabah*

וְאֶת־הַר יִשְׂרָאֵל v.supra-n.m.s. cstr. (249)-pr.n. (975) *and the hill country of Israel*

וּשְׁפֵלָתֹה conj.-n.f.p.-3 m.s. sf. (1050) *and its lowland*

11:17

מִן־הָהָר הֶחָלָק prep.-def.art.-n.m.s. (249)-def. art.-adj. m.s. (325) *from Mount Halak (the bald mountain)*

הָעוֹלֶה שֵׂעִיר def.art.-Qal act.ptc. (עָלָה 748)-pr.n. (973) *that rises toward Seir*

וְעַד־בַּעַל־גָּד conj.-prep. (723)-pr.n. (128) *as far as Baal-gad*

בְּבִקְעַת הַלְּבָנוֹן prep.-n.f.s. cstr. (132)-def. art.-pr.n. (526) *in the valley of Lebanon*

תַּחַת הַר־חֶרְמוֹן prep. (1065)-n.m.s. cstr. (249) -pr.n. (356) *below Mount Hermon*

וְאֵת כָּל־מַלְכֵיהֶם conj.-dir.obj.-n.m.s. cstr. (481) -n.m.p.-3 m.p. sf. (572) *and all their kings*

לָכַד Qal pf. 3 m.s. (539) *he took*

וַיַּכֵּם consec.-Hi. impf. 3 m.s.-3 m.p. sf. (נָכָה 645) *and smote them*

וַיְמִיתֵם consec.-Hi. impf. 3 m.s.-3 m.p. sf. (מוּת 559) *and put them to death*

11:18

יָמִים רַבִּים n.m.p. (398)-adj. m.p. (912) *a long time (many days)*

עָשָׂה Qal pf. 3 m.s. (793) *made*

יְהוֹשֻׁעַ pr.n. (221) *Joshua*

אֶת־כָּל־ dir.obj.-n.m.s. cstr. (481) *with all*

הַמְּלָכִים הָאֵלֶּה def.art.-n.m.p. (572)-def.art. -demons.adj. c.p. (41) *those kings*

מִלְחָמָה n.f.s. (536) *war*

11:19

לֹא־הָיְתָה neg.-Qal pf. 3 f.s. (הָיָה 224) *there was not*

עִיר n.f.s. (746) *a city*

אֲשֶׁר הִשְׁלִימָה rel. (81)-Hi. pf. 3 f.s. (שָׁלַם 1022) *that made peace*

אֶל־בְּנֵי יִשְׂרָאֵל prep.-n.m.p. cstr. (119)-pr.n. (975) *with the people of Israel*

בִּלְתִּי הַחִוִּי neg. (116)-def.art.-pr.n. gent. (295) *except the Hivites*

יֹשְׁבֵי גִבְעוֹן Qal act.ptc. m.p. cstr. (יָשַׁב 442) -pr.n. (149) *the inhabitants of Gibeon*

אֶת־הַכֹּל dir.obj.-def.art.-n.m.s. (481) *all*

לָקָחוּ Qal pf. 3 c.p. (לָקַח 542) *they took*

בַּמִּלְחָמָה prep.-def.art.-n.f.s. (536) *in battle*

11:20

כִּי מֵאֵת יהוה conj. (471)-prep.-dir.obj.-pr.n. (217) *for from Yahweh*

הָיְתָה Qal pf. 3 f.s. (הָיָה 224) *it was*

לְחַזֵּק prep.-Pi. inf.cstr. (חָזַק 304) *to harden*

אֶת־לִבָּם dir.obj.-n.m.s.-3 m.p. sf. (524) *their hearts*

לִקְרַאת prep.-Qal inf.cstr. (קָרָא 896) *to encounter*

הַמִּלְחָמָה def.art.-n.f.s. (536) *the war*

אֶת־יִשְׂרָאֵל dir.obj.-pr.n. (975) *Israel*

לְמַעַן הַחֲרִימָם prep. (775)-Hi. inf.cstr.-3 m.p. sf. (חָרַם 355) *in order that they should be utterly destroyed*

לְבִלְתִּי הֱיוֹת־לָהֶם prep.-neg. (116)-Qal inf.cstr. (הָיָה 224)-prep.-3 m.p. sf. *and should receive no*

תְּחִנָּה n.f.s. (337) *mercy*

כִּי לְמַעַן הַשְׁמִידָם conj. (471)-v.supra-Hi. inf. cstr.-3 m.p. sf. (שָׁמַד 1029) *but that they should be exterminated*

כַּאֲשֶׁר צִוָּה יהוה prep.-rel. (81)-Pi. pf. 3 m.s. (צָוָה 845)-pr.n. (217) *as Yahweh had commanded*

אֶת־מֹשֶׁה dir.obj.-pr.n. (602) *Moses*

11:21

וַיָּבֹא יְהוֹשֻׁעַ consec.-Qal impf. 3 m.s. (בּוֹא 97)-pr.n. (221) *and Joshua came*

בָּעֵת הַהִיא prep.-def.art.-n.f.s. (773)-def.art.-demons.adj. f.s. (214) *at that time*

וַיַּכְרֵת consec.-Hi. impf. 3 m.s. (כָּרַת 503) *and wiped out (cut off)*

אֶת־עֲנָקִים dir.obj.-n.m.p. (778) *the Anakim (long-necks)*

מִן־הָהָר prep.-def.art.-n.m.s. (249) *from the hill country*

מִן־חֶבְרוֹן v.supra-pr.n. (289) *from Hebron*

מִן־דְּבִר prep.-pr.n. (184) *from Debir*

מִן־עֲנָב prep.-pr.n. (772) *from Anab*

וּמִכֹּל הַר יְהוּדָה conj.-prep.-n.m.s. cstr. (481)-n.m.s. cstr. (249)-pr.n. (397) *and from all the hill country of Judah*

וּמִכֹּל הַר יִשְׂרָאֵל v.supra-v.supra-pr.n. (975) *and from all the hill country of Israel*

עִם־עָרֵיהֶם prep. (767)-n.f.p.-3 m.p. sf. (746) *with their cities*

הֶחֱרִימָם Hi. pf. 3 m.s.-3 m.p. sf. (חָרַם 355) *utterly destroyed them*

יְהוֹשֻׁעַ pr.n. (221) *Joshua*

11:22

לֹא־נוֹתַר neg.-Ni. pf. 3 m.s. (יָתַר 451) *there was not left*

עֲנָקִים n.m.p. (778) *Anakim*

בְּאֶרֶץ prep.-n.f.s. cstr. (75) *in the land of*

בְּנֵי יִשְׂרָאֵל n.m.p. cstr. (119)-pr.n. (975) *the people of Israel*

רַק בְּעַזָּה adv. (956)-prep.-pr.n. (738) *only in Gaza*

בְּגַת prep.-pr.n. (II 387) *in Gath*

וּבְאַשְׁדּוֹד conj.-prep.-pr.n. (78) *and in Ashdod*

נִשְׁאָרוּ Ni. pf. 3 c.p. (שָׁאַר 983) *did remain*

11:23

וַיִּקַּח יְהוֹשֻׁעַ consec.-Qal impf. 3 m.s. (לָקַח 542)-pr.n. (221) *so Joshua took*

אֶת־כָּל־הָאָרֶץ dir.obj.-n.m.s. cstr. (481)-def.art.-n.f.s. (75) *the whole land*

בְּכֹל אֲשֶׁר prep.-n.m.s. (481)-rel. (81) *according to all that*

דִּבֶּר יהוה Pi. pf. 3 m.s. (180)-pr.n. (217) *Yahweh had spoken*

אֶל־מֹשֶׁה prep. (39)-pr.n. (602) *to Moses*

וַיִּתְּנָהּ יְהוֹשֻׁעַ consec.-Qal impf. 3 m.s.-3 f.s. sf. (נָתַן 678)-pr.n. (221) *and Joshua gave it*

לְנַחֲלָה prep.-n.f.s. (635) *for an inheritance*

לְיִשְׂרָאֵל prep.-pr.n. (975) *to Israel*

כְּמַחְלְקֹתָם prep.-n.f.p.-3 m.p. sf. (324) *according to their allotments*

לְשִׁבְטֵיהֶם prep.-n.m.p.-3 m.p. sf. (986) *to their tribes*

וְהָאָרֶץ conj.-def.art.-n.f.s. (75) *and the land*

שָׁקְטָה Qal pf. 3 f.s. (1052) *had rest*

מִמִּלְחָמָה prep.-n.f.s. (536) *from war*

12:1

וְאֵלֶּה conj.-demons.adj. c.p. (41) *now these are*

מַלְכֵי הָאָרֶץ n.m.p. cstr. (572)-def.art.-n.f.s. (75) *the kings of the land*

אֲשֶׁר הִכּוּ rel. (81)-Hi. pf. 3 c.p. (נָכָה 645) *whom defeated*

בְּנֵי־יִשְׂרָאֵל n.m.p. cstr. (119)-pr.n. (975) *the people of Israel*

וַיִּרְשׁוּ consec.-Qal impf. 3 m.p. (יָרַשׁ 439) *and took possession*

אֶת־אַרְצָם dir.obj.-n.f.s.-3 m.p. sf. (75) *of their land*

בְּעֵבֶר הַיַּרְדֵּן prep.-n.m.s. cstr. (719)-def.art.-pr.n. (434) *beyond the Jordan*

מִזְרְחָה הַשָּׁמֶשׁ n.m.s.-dir.he (280)-def.art.-n.f.s. (1039) *toward the sunrising*

מִנַּחַל אַרְנוֹן prep.-n.m.s. cstr. (636)-pr.n. (75) *from the valley of the Arnon*

עַד־הַר חֶרְמוֹן prep. (723)-n.m.s. cstr. (249)-pr.n. (356) *to Mount Hermon*

וְכָל־הָעֲרָבָה conj.-n.m.s. cstr. (481)-def.art.-pr.n. (787) *with all the Arabah*

מִזְרָחָה n.m.s.-dir.he (280) *eastward*

12:2

סִיחוֹן pr.n. (695) *Sihon*

מֶלֶךְ הָאֱמֹרִי n.m.s. cstr. (572)-def.art.-pr.n. gent. (57) *king of the Amorites*

הַיּוֹשֵׁב def.art.-Qal act.ptc. (יָשַׁב 442) *who dwelt*

בְּחֶשְׁבּוֹן prep.-pr.n. (363) *at Heshbon*

מֹשֵׁל Qal act.ptc. (605) *and ruled*

מֵעֲרוֹעֵר prep.-pr.n. (II 792) *from Aroer*

אֲשֶׁר עַל־שְׂפַת rel. (81)-prep.-n.f.s. cstr. (973) *which is on the edge of*

נַחַל אַרְנוֹן n.m.s. cstr. (636)-pr.n. (75) *the valley of the Arnon*

וְתוֹךְ הַנַּחַל conj.-n.m.s. cstr. (1063)-def.art. -v.supra *and from the middle of the valley*

וַחֲצִי הַגִּלְעָד conj.-n.m.s. cstr. (345)-def.art.-pr.n. (166) *that is, half of Gilead*

וְעַד יַבֹּק conj.-prep. (723)-pr.n. (132) *as far as Jabbok*

הַנַּחַל v.supra *the river*

גְּבוּל בְּנֵי עַמּוֹן n.m.s. cstr. (147)-n.m.p. cstr. (119) -pr.n. (769) *the boundary of the Ammonites*

12:3

וְהָעֲרָבָה conj.-def.art.-n.f.s. (787) *and the Arabah*

עַד־יָם כִּנְרוֹת prep.-n.m.s. cstr. (410)-pr.n. (490) *to the Sea of Chinneroth*

מִזְרָחָה n.m.s.-dir.he (280) *eastward*

וְעַד יָם הָעֲרָבָה conj.-prep. (723)-n.m.s. cstr. (410)-def.art.-n.f.s. (787) *to the sea of the Arabah*

יָם־הַמֶּלַח n.m.s. cstr. (410)-def.art.-n.m.s. (571) *the Salt Sea*

מִזְרָחָה v.supra *eastward*

דֶּרֶךְ בֵּית הַיְשִׁמוֹת n.m.s. cstr. (202)-n.m.s. cstr. (108)-def.art.-pr.n. (111) *and in the direction of Beth-jeshimoth*

וּמִתֵּימָן conj.-prep.-pr.n. (II 412) *southward*

תַּחַת אַשְׁדּוֹת prep. (1065)-n.f.p. cstr. (78) *to the foot of the slopes of*

הַפִּסְגָּה def.art.-pr.n. (820) *Pisgah*

12:4

וּגְבוּל עוֹג conj.-n.m.s. cstr. (147)-pr.n. (728) *and the boundary of Og*

מֶלֶךְ הַבָּשָׁן n.m.s. cstr. (572)-def.art.-pr.n. (143) *king of Bashan*

מִיֶּתֶר הָרְפָאִים prep.-n.m.s. cstr. (451)-def.art. -pr.n. gent. (II 952) *one of the remnant of the Rephaim*

הַיּוֹשֵׁב def.art.-Qal act.ptc. (יָשַׁב 442) *who dwelt*

בְּעַשְׁתָּרוֹת prep.-pr.n. (800) *at Ashtaroth*

וּבְאֶדְרֶעִי conj.-prep.-pr.n. (204) *and at Edrei*

12:5

וּמֹשֵׁל conj.-Qal act.ptc. (605) *and ruled*

בְּהַר חֶרְמוֹן prep.-n.m.s. cstr. (249)-pr.n. (356) *over Mount Hermon*

וּבְסַלְכָה conj.-prep.-pr.n. (699) *and Salecah*

וּבְכָל־הַבָּשָׁן conj.-prep.-n.m.s. cstr. (481)-def. art.-pr.n. (143) *and all Bashan*

עַד־גְּבוּל הַגְּשׁוּרִי prep. (723)-n.m.s. cstr. (147) -def.art.-pr.n. gent. (178) *to the boundary of the Geshurites*

וְהַמַּעֲכָתִי conj.-def.art.-pr.n. gent. (591) *and the Maacathites*

וַחֲצִי הַגִּלְעָד conj.-n.m.s. cstr. (345)-def.art.-pr.n. (166) *and over half of Gilead*

גְּבוּל סִיחוֹן n.m.s. cstr. (147)-pr.n. (695) *to the boundary of Sihon*

מֶלֶךְ־חֶשְׁבּוֹן n.m.s. cstr. (572)-pr.n. (363) *king of Heshbon*

12:6

מֹשֶׁה pr.n. (602) *Moses*

עֶבֶד־יְהוָה n.m.s. cstr. (713)-pr.n. (217) *the servant of Yahweh*

וּבְנֵי יִשְׂרָאֵל conj.-n.m.p. cstr. (119)-pr.n. (975) *and the people of Israel*

הִכּוּם Hi. pf. 3 m.p.-3 m.p. sf. (נָכָה 645) *defeated them*

וַיִּתְּנָהּ consec.-Qal impf. 3 m.s.-3 f.s. sf. (נָתַן 678) *and gave it*

מֹשֶׁה v.supra *Moses*

עֶבֶד־יְהוָה v.supra-v.supra *the servant of Yahweh*

יְרֻשָּׁה n.f.s. (440) *for a possession*

לָרֻאוּבֵנִי prep.-def.art.-pr.n. gent. (910) *to the Reubenites*

וְלַגָּדִי conj.-prep.-def.art.-pr.n. gent. (151) *and the Gadites*

וְלַחֲצִי שֵׁבֶט conj.-prep.-n.m.s. cstr. (345)-n.m.s. cstr. (986) *and the half-tribe of*

הַמְנַשֶּׁה def.art.-pr.n. (586) *Manasseh*

12:7

וְאֵלֶּה conj.-demons.adj. c.p. (41) *and these are*

מַלְכֵי הָאָרֶץ n.m.p. cstr. (572)-def.art.-n.f.s. (75) *the kings of the land*

אֲשֶׁר הִכָּה יְהוֹשֻׁעַ rel. (81)-Hi. pf. 3 m.s. (נָכָה 645)-pr.n. (221) *whom Joshua defeated*

וּבְנֵי יִשְׂרָאֵל conj.-n.m.p. cstr. (119)-pr.n. (975) *and the people of Israel*

בְּעֵבֶר הַיַּרְדֵּן prep.-n.m.s. cstr. (719)-def.art.-pr.n. (434) *on the ... side of the Jordan*

יָמָּה n.m.s.-loc.he (410) *westward*

מִבַּעַל גָּד prep.-pr.n. (128) *from Baal-gad*

בְּבִקְעַת הַלְּבָנוֹן prep.-n.f.s. cstr. (132)-def.art. -pr.n. (526) *in the valley of Lebanon*

וְעַד־הָהָר הֶחָלָק conj.-prep. (723)-def.art.-n.m.s. (249)-def.art.-pr.n. (325) *to Mount Halak*

הָעֹלֶה def.art.-Qal act.ptc. (עָלָה 748) *that rises*

שֵׂעִירָה pr.n.-dir.he (973) *toward Seir*

וַיִּתְּנָהּ יְהוֹשֻׁעַ consec.-Qal impf. 3 m.s.-3 f.s. sf. (678 נָתַן)-pr.n. (221) *and Joshua gave it*

לְשִׁבְטֵי יִשְׂרָאֵל prep.-n.m.p. cstr. (986)-pr.n. (975) *to the tribes of Israel*

יְרֻשָּׁה n.f.s. (440) *as a possession*

בְּמַחְלְקֹתָם prep.-n.f.p.-3 m.p. sf. (324) *according to their allotments*

12:8

בָּהָר prep.-def.art.-n.m.s. (249) *in the hill country*

וּבַשְּׁפֵלָה conj.-prep.-def.art.-n.f.s. (1050) *in the lowland*

וּבָעֲרָבָה conj.-prep.-def.art.-n.f.s. (787) *in the Arabah*

וּבָאֲשֵׁדוֹת conj.-prep.-def.art.-n.f.p. (78) *in the slopes*

וּבַמִּדְבָּר conj.-prep.-def.art.-n.m.s. (184) *in the wilderness*

וּבַנֶּגֶב conj.-prep.-def.art.-n.m.s. (616) *and in the Negeb*

הַחִתִּי def.art.-pr.n. gent. (366) *(the land of) the Hittites*

הָאֱמֹרִי def.art.-pr.n. gent. (57) *the Amorites*

וְהַכְּנַעֲנִי conj.-def.art.-pr.n. gent. (489) *the Canaanites*

הַפְּרִזִּי def.art.-pr.n. gent. (827) *the Perizzites*

הַחִוִּי def.art.-pr.n. gent. (295) *the Hivites*

וְהַיְבוּסִי conj.-def.art.-pr.n. gent. (101) *and the Jebusites*

12:9

מֶלֶךְ יְרִיחוֹ n.m.s. cstr. (572)-pr.n. (437) *the king of Jericho*

אֶחָד num. (25) *one*

מֶלֶךְ הָעַי v.supra-def.art.-pr.n. (743) *the king of Ai*

אֲשֶׁר־מִצַּד rel. (81)-prep.-n.m.s. cstr. (841) *which is beside*

בֵּית־אֵל pr.n. (110; GK 2r) *Bethel*

אֶחָד v.supra *one*

12:10

מֶלֶךְ יְרוּשָׁלַ͏ִם n.m.s. cstr. (572)-pr.n. (436) *the king of Jerusalem*

אֶחָד num. (25) *one*

מֶלֶךְ הֶבְרוֹן v.supra-pr.n. (I 289) *the king of Hebron*

אֶחָד v.supra *one*

12:11

מֶלֶךְ יַרְמוּת n.m.s. cstr. (572)-pr.n. (438) *the king of Jarmuth*

אֶחָד v.supra *one*

מֶלֶךְ לָכִישׁ v.supra-pr.n. (540) *the king of Lachish*

אֶחָד v.supra *one*

12:12

מֶלֶךְ עֶגְלוֹן n.m.s. cstr. (572)-pr.n. (722) *the king of Eglon*

אֶחָד v.supra *one*

מֶלֶךְ גֶּזֶר v.supra-pr.n. (160) *the king of Gezer*

אֶחָד v.supra *one*

12:13

מֶלֶךְ דְּבִר n.m.s. cstr. (572)-pr.n. (184) *the king of Debir*

אֶחָד v.supra *one*

מֶלֶךְ גֶּדֶר v.supra-pr.n. (155) *the king of Geder*

אֶחָד v.supra *one*

12:14

מֶלֶךְ חָרְמָה n.m.s. cstr. (572)-pr.n. (356) *the king of Hormah*

אֶחָד v.supra *one*

מֶלֶךְ עֲרָד v.supra-pr.n. (788) *the king of Arad*

אֶחָד v.supra *one*

12:15

מֶלֶךְ לִבְנָה v.supra-pr.n. (526) *the king of Libnah*

אֶחָד v.supra *one*

מֶלֶךְ עֲדֻלָּם v.supra-pr.n. (726) *the king of Adullam*

אֶחָד v.supra *one*

12:16

מֶלֶךְ מַקֵּדָה v.supra-pr.n. (596) *the king of Makkedah*

אֶחָד v.supra *one*

מֶלֶךְ בֵּית־אֵל v.supra-pr.n. (110) *the king of Bethel*

אֶחָד v.supra *one*

12:17

מֶלֶךְ תַּפּוּחַ n.m.s. cstr. (572)-pr.n. (III 656) *the king of Tappuah*

אֶחָד num. (25) *one*

מֶלֶךְ חֵפֶר v.supra-pr.n. (II 343) *the king of Hepher*

אֶחָד v.supra *one*

12:18

מֶלֶךְ אֲפֵק v.supra-pr.n. (67) *the king of Aphek*

אֶחָד v.supra *one*

מֶלֶךְ לַשָּׁרוֹן v.supra-pr.n. (prep.-def.art.-pr.n. 450) *the king of Lasharon*

אֶחָד v.supra *one*

12:19

מֶלֶךְ מָדוֹן v.supra-pr.n. (193) *the king of Madon*

אֶחָד v.supra *one*

מֶלֶךְ חָצוֹר v.supra-pr.n. (347) *the king of Hazor*

אֶחָד v.supra *one*

12:20

מֶלֶךְ שִׁמְרוֹן מְראוֹן n.m.s. cstr. (572)-pr.n. (I 1038; 597) *the king of Shimron-meron*

אֶחָד v.supra *one*

מֶלֶךְ אַכְשָׁף v.supra-pr.n. (506) *the king of Achshaph*

אֶחָד v.supra *one*

12:21

מֶלֶךְ תַּעְנַךְ v.supra-pr.n. (1073) *the king of Taanach*

אֶחָד v.supra *one*

מֶלֶךְ מְגִדּוֹ v.supra-pr.n. (151) *the king of Megiddo*

אֶחָד v.supra *one*

12:22

מֶלֶךְ קֶדֶשׁ n.m.s. cstr. (572)-pr.n. (873) *the king of Kedesh*

אֶחָד num. (25) *one*

מֶלֶךְ־יָקְנְעָם לַכַּרְמֶל v.supra-pr.n. (429)-prep. -def.art.-pr.n. (II 502) *the king of Jokneam in Carmel*

אֶחָד v.supra *one*

12:23

מֶלֶךְ דּוֹר v.supra-pr.n. (II 190) *the king of Dor*

לְנָפַת דּוֹר prep.-pr.n. (n.f.s. cstr. II 632)-pr.n. (II 190) *in Naphath-dor*

אֶחָד v.supra *one*

מֶלֶךְ־גּוֹיִם v.supra-n.m.p. (156) *the king of Goiim (nations)*

לְגִלְגָּל prep.-pr.n. (166) *belonging to Gilgal*

אֶחָד v.supra *one*

12:24

מֶלֶךְ תִּרְצָה v.supra-pr.n. (953) *the king of Tirzah*

אֶחָד v.supra *one*

כָּל־מְלָכִים n.m.s. cstr. (481)-n.m.p. (572) *all kings*

שְׁלֹשִׁים וְאֶחָד num. p. (1026)-conj.-num. (25) *thirty-one*

13:1

וִיהוֹשֻׁעַ consec.-pr.n. (221) *now Joshua*

זָקֵן Qal pf. 3 m.s. (278) *was old*

בָּא בַיָּמִים Qal pf. 3 m.s. (בּוֹא 97)-prep. -def.art.-n.m.p. (398) *advanced in years*

וַיֹּאמֶר יְהוָה consec.-Qal impf. 3 m.s. (55)-pr.n. (217) *and Yahweh said*

אֵלָיו prep.-3 m.s. sf. (39) *to him*

אַתָּה זָקַנְתָּה pers.pr. 2 m.s. (61)-Qal pf. 2 m.s. (278 זָקֵן) *you are old*

בָּאתָ בַיָּמִים Qal pf. 2 m.s. (בּוֹא 97)-prep. -def.art.-n.m.p. (398) *and advanced in years*

וְהָאָרֶץ conj.-def.art.-n.f.s. (75) *and the land*

נִשְׁאֲרָה Ni. pf. 3 f.s. (שָׁאַר 983) *remains*

הַרְבֵּה־מְאֹד Hi. inf.abs. (רָבָה 915)-adv. (547) *very much*

לְרִשְׁתָּהּ prep.-Qal inf.cstr.-3 f.s. sf. (יָרֵשׁ 439) *to possess it*

13:2

זֹאת הָאָרֶץ demons.adj. f.s. (260)-def.art.-n.f.s. (75) *this is the land*

הַנִּשְׁאָרֶת def.art.-Ni. ptc. f.s. (שָׁאַר 983) *that yet remains*

כָּל־גְּלִילוֹת n.m.s. cstr. (481)-n.f.p. cstr. (165) *all the regions of*

הַפְּלִשְׁתִּים def.art.-pr.n. gent. p. (814) *the Philistines*

וְכָל־הַגְּשׁוּרִי conj.-v.supra-def.art.-pr.n. gent. (178) *and all of the Geshurites*

13:3

מִן־הַשִּׁיחוֹר prep.-def.art.-pr.n. (1009) *from the Shihor*

אֲשֶׁר עַל־פְּנֵי מִצְרַיִם rel. (81)-prep.-n.m.p. cstr. (815)-pr.n. (595) *which is east of Egypt*

וְעַד גְּבוּל עֶקְרוֹן conj.-prep. (723)-n.m.s. cstr. (147)-pr.n. (785) *to the boundary of Ekron*

צָפוֹנָה n.f.s.-dir.he (860) *northward*

לַכְּנַעֲנִי prep.-def.art.-pr.n. gent. (489) *as Canaanite*

תֵּחָשֵׁב Ni. impf. 3 f.s. (חָשַׁב 362) *it is reckoned*

חֲמֵשֶׁת סַרְנֵי num. f. cstr. (331)-n.m.p. cstr. (I 710) *five lords of*

פְּלִשְׁתִּים pr.n. p. (814) *the Philistines*

הָעַזָּתִי def.art.-adj. gent. (738) *those of Gaza*

וְהָאַשְׁדּוֹדִי conj.-def.art.-adj. gent. (78) *and those of Ashdod*

הָאֶשְׁקְלוֹנִי def.art.-adj. gent. (80) *of Ashkelon*

הַגִּתִּי def.art.-adj. gent. (388) *of Gath*

וְהָעֶקְרוֹנִי conj.-def.art.-adj. gent. (785) *and of Ekron*

וְהָעַוִּים conj.-def.art.-adj. gent. p. (732) *and those of the Avvim*

13:4

מִתֵּימָן prep.-n.f.s. (I 412) *in the south*

כָּל־אֶרֶץ n.m.s. cstr. (481)-n.f.s. cstr. (75) *all the land of*

הַכְּנַעֲנִי def.art.-adj. gent. (489) *the Canaanites*

וּמְעָרָה conj.-n.f.s. (792) *and Mearah (cave)*

אֲשֶׁר לַצִּידֹנִים rel. (81)-prep.-def.art.-adj. gent. p. (851) *which belongs to the Sidonians*

עַד־אֲפֵקָה prep. (723)-pr.n. (67) *to Aphek*

עַד גְּבוּל v.supra-n.m.s. cstr. (147) *to the boundary of*

הָאֱמֹרִי def.art.-adj. gent. (57) *the Amorites*

13:5

וְהָאָרֶץ conj.-def.art.-n.f.s. (75) *and the land*

הַגִּבְלִי def.art.-adj. gent. (148; GK 127f) *the Gebalites*

וְכָל־הַלְּבָנוֹן conj.-n.m.s. cstr. (481)-def.art.-pr.n. (526) *and all Lebanon*

מִזְרַח הַשֶּׁמֶשׁ n.m.s. cstr. (280)-def.art.-n.f.s. (1039) *toward the sunrising*

מִבַּעַל גָּד prep.-pr.n. (128) *from Baal-gad*

תַּחַת הַר־חֶרְמוֹן prep. (1065)-n.m.s. cstr. (249) -pr.n. (356) *below Mount Hermon*

עַד לְבוֹא חֲמָת prep. (723)-prep.-Qal inf.cstr. (97 בּוֹא)-pr.n. (333) *to the entrance of Hamath*

13:6

כָּל־יֹשְׁבֵי n.m.s. cstr. (481)-Qal act.ptc. m.p. cstr. (442 יָשַׁב) *all the inhabitants of*

הָהָר def.art.-n.m.s. (249) *the hill country*

מִן־הַלְּבָנוֹן prep.-def.art.-pr.n. (526) *from Lebanon*

עַד־מִשְׂרְפֹת מַיִם prep. (723)-pr.n. (977) *to Misrephoth-maim*

כָּל־צִידֹנִים n.m.s. cstr. (481)-adj. gent. p. (851) *all the Sidonians*

אָנֹכִי אוֹרִישֵׁם pers.pr. 1 c.s. (59)-Hi. impf. 1 c.s.-3 m.p. sf. (יָרַשׁ 439) *I myself will drive them out*

מִפְּנֵי בְּנֵי יִשְׂרָאֵל prep.-n.m.p. cstr. (815)-n.m.p. cstr. (119)-pr.n. (975) *from before the people of Israel*

רַק הַפִּלֶהָ adv. (956)-Hi. impv. 2 m.s.-3 f.s. sf. (נָפַל 656) *only allot it*

לְיִשְׂרָאֵל prep.-pr.n. (975) *to Israel*

בְּנַחֲלָה prep.-n.f.s. (635) *for an inheritance*

כַּאֲשֶׁר צִוִּיתִיךָ prep.-rel. (81)-Pi. pf. 1 c.s.-2 m.s. sf. (צָוָה 845) *as I have commanded you*

13:7

וְעַתָּה חַלֵּק conj.-adv. (773)-Pi. impv. 2 m.s. (חָלַק 323) *now therefore divide*

אֶת־הָאָרֶץ הַזֹּאת dir.obj.-def.art.-n.f.s. (75)-def. art.-demons.adj. f.s. (260) *this land*

בְּנַחֲלָה prep.-n.f.s. (635) *for an inheritance*

לְתִשְׁעַת הַשְּׁבָטִים prep.-num. f. cstr. (1077)-def. art.-n.m.p. (986) *to the nine tribes*

וַחֲצִי הַשָּׁבֶט conj.-n.m.s. cstr. (345)-def.art. -n.m.s. (986) *and half the tribe of*

הַמְנַשֶּׁה def.art.-pr.n. (586; GK 125dN) *Manasseh*

13:8

עִמּוֹ prep.-3 m.s. sf. *with it*

הָרְאוּבֵנִי def.art.-adj. gent. (910) *the Reubenites*

וְהַגָּדִי conj.-def.art.-adj. gent. (I 151) *and the Gadites*

לָקְחוּ Qal pf. 3 c.p. (542) *received*

נַחֲלָתָם n.f.s.-3 m.p. sf. (635) *their inheritance*

אֲשֶׁר נָתַן לָהֶם rel. (81)-Qal pf. 3 m.s. (678) -prep.-3 m.p. sf. *which ... gave them*

מֹשֶׁה pr.n. (602) *Moses*

בְּעֵבֶר הַיַּרְדֵּן prep.-n.m.s. cstr. (719)-def.art.-pr.n. (434) *beyond the Jordan*

מִזְרָחָה n.m.s.-dir.he (280) *eastward*

כַּאֲשֶׁר נָתַן לָהֶם prep.-v.supra-v.supra-v.supra *as ... gave them*

מֹשֶׁה v.supra *Moses*

עֶבֶד יהוה n.m.s. cstr. (713)-pr.n. (217) *the servant of Yahweh*

13:9

מֵעֲרוֹעֵר prep.-pr.n. (I 792) *from Aroer*

אֲשֶׁר עַל־שְׂפַת־ rel. (81)-prep.-n.f.s. cstr. (973) *which is on the edge of*

נַחַל אַרְנוֹן n.m.s. cstr. (636)-pr.n. (75) *the valley of the Arnon*

וְהָעִיר conj.-def.art.-n.f.s. (746) *and the city*

אֲשֶׁר בְּתוֹךְ־הַנַּחַל rel. (81)-prep.-n.m.s. cstr. (1063)-def.art.-n.m.s. (636) *that is in the middle of the valley*

וְכָל־הַמִּישֹׁר conj.-n.m.s. cstr. (481)-def.art.-n.m.s. (449) *and all the tableland*

מֵידְבָא pr.n. (567) *of Medeba*

עַד־דִּיבוֹן prep. (723)-pr.n. (192) *as far as Dibon*

13:10

וְכֹל עָרֵי conj.-n.m.s. cstr. (481)-n.f.p. cstr. (746) *and all the cities of*

סִיחוֹן pr.n. (695) *Sihon*

מֶלֶךְ הָאֱמֹרִי n.m.s. cstr. (572)-def.art.-adj. gent. (57) *king of the Amorites*

אֲשֶׁר מָלַךְ rel. (81)-Qal pf. 3 m.s. (573) *who reigned*

בְּחֶשְׁבּוֹן prep.-pr.n. (II 363) *in Heshbon*

עַד־גְּבוּל prep. (723)-n.m.s. cstr. (147) *as far as the boundary of*

בְּנֵי עַמּוֹן n.m.p. cstr. (119)-pr.n. (769) *the Ammonites*

13:11

וְהַגִּלְעָד conj.-def.art.-pr.n. (166) *and Gilead*

וּגְבוּל הַגְּשׁוּרִי conj.-n.m.s. cstr. (147)-def.art.-adj. gent. (178) *and the region of the Geshurites*

וְהַמַּעֲכָתִי conj.-def.art.-adj. gent. (591) *and Maacathites*

וְכֹל הַר חֶרְמוֹן conj.-n.m.s. cstr. (481)-n.m.s. cstr. (249)-pr.n. (356) *and all Mount Hermon*

וְכָל־הַבָּשָׁן conj.-v.supra-def.art.-pr.n. (143) *and all Bashan*

עַד־סַלְכָה prep. (723)-pr.n. (699) *to Salecah*

13:12

כָּל־מַמְלְכוּת n.m.s. cstr. (481)-n.f.s. cstr. (575) *all the kingdom of*

עוֹג pr.n. (728) *Og*

בַּבָּשָׁן prep.-def.art.-pr.n. (143) *in Bashan*

אֲשֶׁר מָלַךְ rel. (81)-Qal pf. 3 m.s. (573) *who reigned*

בְּעַשְׁתָּרוֹת prep.-pr.n. (III 800) *in Ashtaroth*

וּבְאֶדְרֶעִי conj.-prep.-pr.n. (204) *and in Edrei*

הוּא נִשְׁאַר pers.pr. 3 m.s. (214)-Ni. pf. 3 m.s. (983 שָׁאַר) *he was left*

מִיֶּתֶר הָרְפָאִים prep.-n.m.s. cstr. (451)-def.art.-pr.n. (952) *of the remnant of the Rephaim*

וַיַּכֵּם מֹשֶׁה consec.-Hi. impf. 3 m.s.-3 m.p. sf. (645 נָכָה)-pr.n. (602) *and Moses had defeated them*

וַיֹּרִשֵׁם consec.-Hi. impf. 3 m.s.-3 m.p. sf. (יָרַשׁ 439) *and driven them out*

13:13

וְלֹא הוֹרִישׁוּ conj.-neg.-Hi. impf. 3 m.p. (יָרַשׁ 439) *yet did not drive out*

בְּנֵי יִשְׂרָאֵל n.m.p. cstr. (119)-pr.n. (975) *the people of Israel*

אֶת־הַגְּשׁוּרִי dir.obj.-def.art.-adj. gent. (178) *the Geshurites*

וְאֶת־הַמַּעֲכָתִי conj.-dir.obj.-def.art.-adj. gent. (591) *or the Maacathites*

וַיֵּשֶׁב consec.-Qal impf. 3 m.s. (יָשַׁב 442) *but dwell*

גְּשׁוּר pr.n. (178) *Geshur*

וּמַעֲכָת conj.-pr.n. (590) *and Maacath*

בְּקֶרֶב יִשְׂרָאֵל prep.-n.m.s. cstr. (899)-pr.n. (975) *in the midst of Israel*

עַד הַיּוֹם הַזֶּה prep. (723)-def.art.-n.m.s. (398)-def.art.-demons.adj. m.s. (260) *to this day*

13:14

רַק לְשֵׁבֶט הַלֵּוִי adv. (956)-prep.-n.m.s. cstr. (986)-def.art.-pr.n. (532) *to the tribe of Levi alone*

לֹא נָתַן neg.-Qal pf. 3 m.s. (678) *(Moses) gave no*

נַחֲלָה n.f.s. (635) *inheritance*

אִשֵּׁי יְהוָה n.m.p. cstr. (77)-pr.n. (217) *the offerings by fire to Yahweh*

אֱלֹהֵי יִשְׂרָאֵל n.m.p. cstr. (43)-pr.n. (975) *God of Israel*

הוּא נַחֲלָתוֹ pers.pr. 3 m.s. (214)-n.f.s.-3 m.s. sf. (635; GK 145uN) *are their inheritance*

כַּאֲשֶׁר דִּבֶּר־לוֹ prep.-rel. (81)-Pi. pf. 3 m.s. (180)-prep.-3 m.s. sf. *as he said to him*

13:15

וַיִּתֵּן מֹשֶׁה consec.-Qal impf. 3 m.s. (נָתַן 678)-pr.n. (602) *and Moses gave*

לְמַטֵּה prep.-n.m.s. cstr. (641) *to the tribe of*

בְּנֵי־רְאוּבֵן n.m.p. cstr. (119)-pr.n. (910) *the Reubenites*

לְמִשְׁפְּחֹתָם prep.-n.f.p.-3 m.p. sf. (1046) *according to their families*

13:16

וַיְהִי לָהֶם consec.-Qal impf. 3 m.s. (הָיָה 224)-prep.-3 m.p. sf. *so was their*

הַגְּבוּל def.art.-n.m.s. (147) *territory*

מֵעֲרוֹעֵר prep.-pr.n. (792) *from Aroer*

אֲשֶׁר עַל־שְׂפַת rel. (81)-prep.-n.f.s. cstr. (973) *which is on the edge of*

נַחַל אַרְנוֹן n.m.s. cstr. (636)-pr.n. (75) *the valley of the Arnon*

וְהָעִיר conj.-def.art.-n.f.s. (746) *and the city*

אֲשֶׁר בְּתוֹךְ־הַנַּחַל rel. (81)-prep.-n.m.s. cstr. (1063)-def.art.-v.supra *that is in the middle of the valley*

וְכָל־הַמִּישֹׁר conj.-n.m.s. cstr. (481)-def.art.-n.m.s. (449) *and all the tableland*

עַל־מֵידְבָא prep.-pr.n. (567) *by Medeba*

13:17

חֶשְׁבּוֹן pr.n. (II 363) *with Heshbon*

וְכָל־עָרֶיהָ conj.-n.m.s. cstr. (481)-n.f.p.-3 f.s. sf. (746) *and all its cities*

אֲשֶׁר בַּמִּישֹׁר rel. (81)-prep.-def.art.-n.m.s. (449) *that are in the tableland*

דִּיבוֹן pr.n. (192) *Dibon*

וּבָמוֹת בַּעַל conj.-pr.n. (119; 111; 127) *and Bamoth-ba'al*

וּבֵית בַּעַל מְעוֹן conj.-pr.n. (111) *and Beth-ba'al-me'on*

13:18

וְיַהְצָה conj.-pr.n. (397) *and Jahaz*

וּקְדֵמֹת conj.-pr.n. (870) *and Kedemoth*

וּמֵפָעַת conj.-pr.n. paus. (422) *and Mepha'ath*

13:19

וְקִרְיָתַיִם conj.-pr.n. (900) *and Kiriathaim*

וְשִׂבְמָה conj.-pr.n. (959) *and Sibmah*

וְצֶרֶת הַשַּׁחַר conj.-pr.n. (866) *and Zereth-shahar*

בְּהַר הָעֵמֶק prep.-n.m.s. cstr. (249)-def.art.-n.m.s. (770) *on the hill of the valley*

13:20

וּבֵית פְּעוֹר conj.-pr.n. (112) *and Beth-peor*

וְאַשְׁדּוֹת הַפִּסְגָּה conj.-n.f.p. cstr. (78)-def.art.-pr.n. (820) *and the slopes of Pisgah*

וּבֵית הַיְשִׁמוֹת conj.-pr.n. (111) *and Beth-jeshimoth*

13:21

וְכֹל עָרֵי הַמִּישֹׁר conj.-n.m.s. cstr. (481)-n.f.p. cstr. (746)-def.art.-n.m.s. (449) *and all the cities of the tableland*

וְכָל־מַמְלְכוּת conj.-n.m.s. cstr. (481)-n.f.s. cstr. (575) *and all the kingdom of*

סִיחוֹן pr.n. (695) *Sihon*

מֶלֶךְ הָאֱמֹרִי n.m.s. cstr. (572)-def.art.-adj. gent. (57) *king of the Amorites*

אֲשֶׁר מָלַךְ rel. (81)-Qal pf. 3 m.s. (573) *who reigned*

בְּחֶשְׁבּוֹן prep.-pr.n. (363) *in Heshbon*

אֲשֶׁר הִכָּה מֹשֶׁה v.supra-Hi. pf. 3 m.s. (נכה 645)-pr.n. (602) *whom Moses defeated*

אֹתוֹ וְאֶת־נְשִׂיאֵי dir.obj.-3 m.s. sf.-conj.-dir. obj.-n.m.p. cstr. (672) *(him) with the leaders of*

מִדְיָן pr.n. (193) *Midian*

אֶת־אֱוִי dir.obj.-pr.n. (16) *Evi*

וְאֶת־רֶקֶם conj.-dir.obj.-pr.n. (955) *and Rekem*

וְאֶת־צוּר v.supra-pr.n. (II 849) *and Zur*

וְאֶת־חוּר v.supra-pr.n. (II 301) *and Hur*

וְאֶת־רֶבַע v.supra-pr.n. (II 918) *and Reba*

נְסִיכֵי סִיחוֹן n.m.p. cstr. (II 651)-pr.n. (695) *the princes of Sihon*

יֹשְׁבֵי הָאָרֶץ Qal act.ptc. m.p. cstr. (ישב 442)-def.art.-n.f.s. (75) *who dwelt in the land*

13:22

וְאֶת־בִּלְעָם conj.-dir.obj.-pr.n. (I 118) *Balaam also*

בֶּן־בְּעוֹר n.m.s. cstr. (119)-pr.n. (129) *the son of Beor*

הַקּוֹסֵם def.art.-Qal act.ptc. (קסם 890) *the soothsayer*

הָרְגוּ Qal pf. 3 c.p. (הרג 246) *killed*

בְּנֵי־יִשְׂרָאֵל n.m.p. cstr. (119)-pr.n. (975) *the people of Israel*

בֶּחָרֶב prep.-def.art.-n.f.s. (352) *with the sword*

אֶל־חַלְלֵיהֶם prep. (39)-n.m.p.-3 m.p. sf. (I 319) *among (the rest of) their slain*

13:23

וַיְהִי consec.-Qal impf. 3 m.s. (היה 224) *and was*

גְּבוּל n.m.s. cstr. (147) *the border of*

בְּנֵי רְאוּבֵן n.m.p. cstr. (119)-pr.n. (910) *the people of Reuben*

הַיַּרְדֵּן def.art.-pr.n. (434) *the Jordan*

וּגְבוּל conj.-n.m.s. (147) *as a boundary*

זֹאת נַחֲלַת demons.adj. f.s. (260)-n.f.s. cstr. (635) *this was the inheritance of*

בְּנֵי־רְאוּבֵן v.supra-v.supra *the Reubenites*

לְמִשְׁפְּחֹתָם prep.-n.f.p.-3 m.p. sf. (1046) *according to their families*

הֶעָרִים def.art.-n.f.p. (746) *the cities*

וְחַצְרֵיהֶן conj.-n.m.p.-3 f.p. sf. (II 347) *and their villages*

13:24

וַיִּתֵּן מֹשֶׁה consec.-Qal impf. 3 m.s. (נתן 678)-pr.n. (602) *and Moses gave*

לְמַטֵּה־גָד prep.-n.m.s. cstr. (641)-pr.n. (III 151) *to the tribe of Gad*

לִבְנֵי־גָד prep.-n.m.p. cstr. (119)-v.supra *of the people of Gad*

לְמִשְׁפְּחֹתָם prep.-n.f.p.-3 m.p. sf. (1046) *according to their families*

13:25

וַיְהִי לָהֶם הַגְּבוּל consec.-Qal impf. 3 m.s. (היה 224)-prep.-3 m.p. sf.-def.art.-n.m.s. (147) *their territory was*

יַעְזֵר pr.n. (741) *Jazer*

וְכָל־עָרֵי הַגִּלְעָד conj.-n.m.s. cstr. (481)-n.f.p. cstr. (746)-def.art.-pr.n. (166) *and all the cities of Gilead*

וַחֲצִי אֶרֶץ conj.-n.m.s. cstr. (345)-n.f.s. cstr. (75) *and half the land of*

בְּנֵי עַמּוֹן n.m.p. cstr. (119)-pr.n. (769) *the Ammonites*

עַד־עֲרוֹעֵר prep. (723)-pr.n. (II 792) *to Aroer*

אֲשֶׁר עַל־פְּנֵי רַבָּה rel. (81)-prep. (752)-n.m.p. cstr. (815)-pr.n. (913) *which is east of Rabbah*

13:26

וּמֵחֶשְׁבּוֹן conj.-prep.-pr.n. (363) *and from Heshbon*

עַד־רָמַת הַמִּצְפֶּה prep. (723)-pr.n. (928; II 859) *to Ramath-mizpeh*

וּבְטֹנִים conj.-pr.n. (106) *and Betonim*

וּמִמַּחֲנַיִם conj.-prep.-pr.n. (334) *and from Mahanaim*

עַד־גְּבוּל לִדְבִר prep. (723)-n.m.s. (147)-prep. -pr.n. (184) *to the territory of Debir*

13:27

וּבָעֵמֶק conj.-prep.-def.art.-n.m.s. (770) *and in the valley*

בֵּית הָרָם pr.n. (111) *Beth-haram*

וּבֵית נִמְרָה conj.-pr.n. (112) *and Beth-nimrah*

וְסֻכּוֹת conj.-pr.n. (697) *and Succoth*

וְצָפוֹן conj.-pr.n. (II 861) *and Zaphon*

יֶתֶר מַמְלְכוּת n.m.s. cstr. (451)-n.f.s. cstr. (575) *the rest of the kingdom of*

סִיחוֹן pr.n. (695) *Sihon*

מֶלֶךְ חֶשְׁבּוֹן n.m.s. cstr. (572)-pr.n. (363) *king of Heshbon*

הַיַּרְדֵּן def.art.-pr.n. (434) *the Jordan*

וּגְבֻל conj.-n.m.s. (147) *as a boundary*

עַד־קְצֵה prep. (723)-n.m.s. cstr. (892) *to the lower end of*

יָם־כִּנֶּרֶת n.m.s. (410)-pr.n. (490) *the Sea of Chinnereth*

עֵבֶר הַיַּרְדֵּן n.m.s. cstr. (719)-def.art.-pr.n. (434) *beyond the Jordan*

מִזְרָחָה n.m.s.-dir.he (280) *eastward*

13:28

זֹאת נַחֲלַת demons.adj. f.s. (260)-n.f.s. cstr. (635) *this is the inheritance of*

בְּנֵי־גָד n.m.p. cstr. (119)-pr.n. (III 151) *the Gadites*

לְמִשְׁפְּחֹתָם prep.-n.f.p.-3 m.p. sf. (1046) *according to their families*

הֶעָרִים def.art.-n.f.p. (746) *the cities*

וְחַצְרֵיהֶם conj.-n.m.p.-3 m.p. sf. (II 347) *and their villages*

13:29

וַיִּתֵּן מֹשֶׁה consec.-Qal impf. 3 m.s. (נָתַן 678) -pr.n. (602) *and Moses gave*

לַחֲצִי שֵׁבֶט מְנַשֶּׁה prep.-n.m.s. cstr. (345)-n.m.s. cstr. (986)-pr.n. (586) *to the half-tribe of Manasseh*

וַיְהִי consec.-Qal impf. 3 m.s. (הָיָה 224) *and it was (allotted)*

לַחֲצִי מַטֵּה בְנֵי־מְנַשֶּׁה v.supra-n.m.s. cstr. (641)-n.m.p. cstr. (119)-v.supra *to the half-tribe of the Manassites*

לְמִשְׁפְּחוֹתָם prep.-n.f.p.-3 m.p. sf. (1046) *according to their families*

13:30

וַיְהִי גְבוּלָם consec.-Qal impf. 3 m.s. (הָיָה 224)-n.m.s.-3 m.p. sf. (147) *their region extended*

מִמַּחֲנַיִם prep.-pr.n. (334) *from Mahanaim*

כָּל־הַבָּשָׁן n.m.s. cstr. (481)-def.art.-pr.n. (143) *through all Bashan*

כָּל־מַמְלְכוּת עוֹג v.supra-n.f.s. cstr. (575)-pr.n. (728) *the whole kingdom of Og*

מֶלֶךְ־הַבָּשָׁן n.m.s. cstr. (572)-v.supra *king of Bashan*

וְכָל־חַוֹּת יָאִיר conj.-n.m.s. cstr. (481)-n.f.p. cstr. (II 295)-pr.n. (22) *and all the towns of Jair*

אֲשֶׁר בַּבָּשָׁן rel. (81)-prep.-def.art.-pr.n. (143) *which are in Bashan*

שִׁשִּׁים עִיר num. p. (995)-n.f.s. (746) *sixty cities*

13:31

וַחֲצִי הַגִּלְעָד conj.-n.m.s. cstr. (345)-def.art.-pr.n. (166) *and half Gilead*

וְעַשְׁתָּרוֹת conj.-pr.n. (800) *and Ashtaroth*

וְאֶדְרֶעִי conj.-pr.n. (204) *and Edrei*

עָרֵי מַמְלְכוּת עוֹג n.f.p. cstr. (746)-n.f.s. cstr. (575)-pr.n. (728) *the cities of the kingdom of Og*

בַּבָּשָׁן prep.-def.art.-pr.n. (143) *in Bashan*

לִבְנֵי מָכִיר prep.-n.m.p. cstr. (119)-pr.n. (569) *to the people of Machir*

בֶּן־מְנַשֶּׁה n.m.s. cstr. (119)-pr.n. (586) *the son of Manasseh*

לַחֲצִי בְנֵי־מָכִיר prep.-n.m.s. cstr. (345)-n.m.p. cstr. (119)-pr.n. (569) *for the half of the Machirites*

לְמִשְׁפְּחוֹתָם prep.-n.f.p.-3 m.p. sf. (1046) *according to their families*

13:32

אֵלֶּה demons.adj. c.p. (41) *these are*

אֲשֶׁר־נָחַל מֹשֶׁה rel. (81)-Pi. pf. 3 m.s. (נָחַל 635)-pr.n. (602) *which Moses distributed as an inheritance*

בְּעַרְבוֹת מוֹאָב prep.-n.f.p. cstr. (787)-pr.n. (555) *in the plains of Moab*

מֵעֵבֶר לְיַרְדֵּן prep.-n.m.s. (719)-prep.-pr.n. (434) *beyond the Jordan*

יְרִיחוֹ pr.n. (437) *of Jericho*

מִזְרָחָה n.m.s.-dir.he (280) *east*

13:33

וּלְשֵׁבֶט הַלֵּוִי conj.-prep.-n.m.s. cstr. (986)-def. art.-pr.n. (532) *but to the tribe of Levi*

לֹא־נָתַן מֹשֶׁה neg.-Qal pf. 3 m.s. (678)-pr.n. (602) *Moses did not give*

נַחֲלָה n.f.s. (635) *an inheritance*

יְהוָה pr.n. (217) *Yahweh*

אֱלֹהֵי יִשְׂרָאֵל n.m.p. cstr. (43)-pr.n. (975) *God of Israel*

הוּא נַחֲלָתָם pers.pr. 3 m.s. (214)-n.f.s.-3 m.p. sf. (635) *(he) is their inheritance*

כַּאֲשֶׁר דִּבֶּר לָהֶם prep.-rel. (81)-Pi. pf. 3 m.s. (180)-prep.-3 m.p. sf. *as he said to them*

14:1

וְאֵלֶּה conj.-demons.adj. c.p. (41) *and these are*

אֲשֶׁר־נָחֲלוּ rel. (81)-Qal pf. 3 c.p. (נָחַל 635) *which ... inherited*

בְּנֵי־יִשְׂרָאֵל n.m.p. cstr. (119)-pr.n. (975) *the people of Israel*

בְּאֶרֶץ כְּנַעַן prep.-n.f.s. cstr. (75)-pr.n. paus. (I 488) *in the land of Canaan*

אֲשֶׁר נִחֲלוּ אוֹתָם rel. (81)-Pi. pf. 3 c.p. (נָחַל 635; GK 64d)-dir.obj.-3 m.p. sf. *which ... distributed to them*

אֶלְעָזָר pr.n. (46) *Eleazar*

הַכֹּהֵן def.art.-n.m.s. (463) *the priest*

וִיהוֹשֻׁעַ conj.-pr.n. (221) *and Joshua*

בֶּן־נוּן n.m.s. cstr. (119)-pr.n. (630) *the son of Nun*

וְרָאשֵׁי אֲבוֹת conj.-n.m.p. cstr. (910)-n.m.p. cstr. (3) *and the heads of the fathers of*

הַמַּטּוֹת def.art.-n.m.p. (641) *the tribes*

לִבְנֵי יִשְׂרָאֵל prep.-n.m.p. cstr. (119)-pr.n. (975) *of the people of Israel*

14:2

בְּגוֹרַל נַחֲלָתָם prep.-n.m.s. cstr. (174)-n.f.s.-3 m.p. sf. (635) *their inheritance (was) by lot*

כַּאֲשֶׁר צִוָּה יְהוָה prep.-rel. (81)-Pi. pf. 3 m.s. (צָוָה 845)-pr.n. (217) *as Yahweh had commanded*

בְּיַד־מֹשֶׁה prep.-n.f.s. cstr. (388)-pr.n. (602) *(by the hand of) Moses*

לְתִשְׁעַת הַמַּטּוֹת prep.-num. f. cstr. (1077)-def. art.-n.m.p. (641) *for the nine tribes*

וַחֲצִי הַמַּטֶּה conj.-n.m.s. cstr. (345)-def.art. -n.m.s. (641) *and half tribe*

14:3

כִּי־נָתַן מֹשֶׁה conj. (471)-Qal pf. 3 m.s. (678)-pr.n. (602) *for Moses had given*

נַחֲלַת n.f.s. cstr. (635) *an inheritance to*

שְׁנֵי הַמַּטּוֹת num. cstr. (1040)-def.art.-n.m.p. (641) *the two tribes*

וַחֲצִי הַמַּטֶּה conj.-n.m.s. cstr. (345)-def.art. -n.m.s. (641) *and half tribe*

מֵעֵבֶר prep.-n.m.s. (719) *beyond*

לַיַּרְדֵּן prep.-def.art.-pr.n. (434) *the Jordan*

וְלַלְוִיִּם conj.-prep.-def.art.-adj. gent. p. (532) *but to the Levites*

לֹא־נָתַן neg.-Qal pf. 3 m.s. (678) *he did not give*

נַחֲלָה n.f.s. (635) *an inheritance*

בְּתוֹכָם prep.-n.m.s.-3 m.p. sf. (1063) *among them*

14:4

כִּי־הָיוּ conj. (471)-Qal pf. 3 c.p. (הָיָה 224) *for were*

בְנֵי־יוֹסֵף n.m.p. cstr. (119)-pr.n. (415) *the people of Joseph*

שְׁנֵי מַטּוֹת num. cstr. (1040)-n.m.p. (641) *two tribes*

מְנַשֶּׁה pr.n. (586) *Manasseh*

וְאֶפְרָיִם conj.-pr.n. paus. (68) *and Ephraim*

וְלֹא־נָתְנוּ conj.-neg.-Qal pf. 3 c.p. (נָתַן 678) *and they did not give*

חֵלֶק n.m.s. (324) *a portion*

לַלְוִיִּם prep.-def.art.-adj. gent. (532) *to the Levites*

בָּאָרֶץ prep.-def.art.-n.f.s. (75) *in the land*

כִּי אִם־עָרִים conj. (471)-hypoth.part. (49)-n.f.p. (746) *but only cities*

לָשֶׁבֶת prep.-Qal inf.cstr. (יָשַׁב 442) *to dwell in*

וּמִגְרְשֵׁיהֶם conj.-n.m.p.-3 m.p. sf. (177) *with their pasture lands*

לְמִקְנֵיהֶם prep.-n.m.p.-3 m.p. sf. (889) *for their cattle*

וּלְקִנְיָנָם conj.-prep.-n.m.s.-3 m.p. sf. (889) *and their substance*

14:5

כַּאֲשֶׁר צִוָּה יְהוָה prep.-rel. (81)-Pi. pf. 3 m.s. (צָוָה 845)-pr.n. (217) *as Yahweh commanded*

אֶת־מֹשֶׁה dir.obj.-pr.n. (602) *Moses*

כֵּן עָשׂוּ adv. (485)-Qal pf. 3 c.p. (עָשָׂה 793) *so ... did*

בְּנֵי יִשְׂרָאֵל n.m.p. cstr. (119)-pr.n. (975) *the people of Israel*

וַיַּחְלְקוּ consec.-Qal impf. 3 m.p. (חָלַק 323) *they allotted*

אֶת־הָאָרֶץ dir.obj.-def.art.-n.f.s. (75) *the land*

14:6

וַיִּגְּשׁוּ consec.-Qal impf. 3 m.p. (נָגַשׁ 620) *then came*

בְּנֵי־יְהוּדָה n.m.p. cstr. (119)-pr.n. (397) *the people of Judah*

אֶל־יְהוֹשֻׁעַ prep. (39)-pr.n. (221) *to Joshua*

בַּגִּלְגָּל prep.-def.art.-pr.n. (166) *at Gilgal*

וַיֹּאמֶר אֵלָיו consec.-Qal impf. 3 m.s. (55)-prep.-3 m.s. sf. *and said to him*

כָּלֵב pr.n. (477) *Caleb*

בֶּן־יְפֻנֶּה n.m.s. cstr. (119)-pr.n. (819) *the son of Jephunneh*

הַקְּנִזִּי def.art.-adj. gent. (889) *the Kenizzite*

אַתָּה יָדַעְתָּ pers.pr. 2 m.s. (61)-Qal pf. 2 m.s. (393 יָדַע) *you know*

אֶת־הַדָּבָר אֲשֶׁר dir.obj.-def.art.-n.m.s. (182)-rel. (81) *what (the word that)*

דִּבֶּר יְהוָה Pi. pf. 3 m.s. (180)-pr.n. (217) *Yahweh said*

אֶל־מֹשֶׁה prep. (39)-pr.n. (602) *to Moses*

אִישׁ־הָאֱלֹהִים n.m.s. cstr. (35)-def.art.-n.m.p. (43) *the man of God*

עַל אֹדוֹתַי prep.-n.f.p.-1 c.s. sf. (15) *concerning me*

וְעַל אֹדוֹתֶיךָ conj.-prep.-n.f.p.-2 m.s. sf. (15) *and concerning you*

בְּקָדֵשׁ בַּרְנֵעַ prep.-pr.n. (II 873) *in Kadesh-barnea*

14:7

בֶּן־אַרְבָּעִים שָׁנָה n.m.s. cstr. (119)-num. p. (917)-n.f.s. (1040) *forty years old*

אָנֹכִי pers.pr. 1 c.s. (59) *I (am)*

בִּשְׁלֹחַ מֹשֶׁה prep.-Qal inf.cstr. (שָׁלַח 1018)-pr.n. (602) *when Moses ... sent*

עֶבֶד־יְהוָה n.m.s. cstr. (713)-pr.n. (217) *the servant of Yahweh*

אֹתִי dir.obj.-1 c.s. sf. *me*

מִקָּדֵשׁ בַּרְנֵעַ prep.-pr.n. (873) *from Kadesh-barnea*

לְרַגֵּל prep.-Pi. inf.cstr. (רָגַל 920) *to spy out*

אֶת־הָאָרֶץ dir.obj.-def.art.-n.f.s. (75) *the land*

וָאָשֵׁב אֹתוֹ consec.-Hi. impf. 1 c.s. (שׁוּב 996; GK 72aa)-dir.obj.-3 m.s sf. *and I brought again to him*

דָּבָר n.m.s. (182) *word*

כַּאֲשֶׁר עִם־לְבָבִי prep.-rel. (81)-prep. (767)-n.m.s.-1 c.s. sf. (523; GK 115i) *as it was in my heart*

14:8

וְאַחַי conj.-n.m.p.-1 c.s. sf. (26) *but my brethren*

אֲשֶׁר עָלוּ עִמִּי rel. (81)-Qal pf. 3 c.p. (748) -prep.-1 c.s. sf. (767) *who went up with me*

הִמְסִיו Hi. pf. 3 m.p. (מָסָה 587; GK 75ii) *made melt*

אֶת־לֵב הָעָם dir.obj.-n.m.s. cstr. (524)-def.art. -n.m.s. (766) *the heart of the people*

וְאָנֹכִי מִלֵּאתִי conj.-pers.pr. 1 c.s. (59)-Pi. pf. 1 c.s. (מָלֵא 569) *yet I wholly followed*

אַחֲרֵי יְהוָה prep. (29)-pr.n. (217) *after Yahweh*

אֱלֹהָי n.m.p.-1 c.s. sf. paus. (43) *my God*

14:9

וַיִּשָּׁבַע מֹשֶׁה consec.-Ni. impf. 3 m.s. (שָׁבַע 989)-pr.n. (602) *and Moses swore*

בַּיּוֹם הַהוּא prep.-def.art.-n.m.s. (398)-def.art. -demons.adj. m.s. (214) *on that day*

לֵאמֹר prep.-Qal inf.cstr. (55) *saying*

אִם־לֹא הָאָרֶץ hypoth.part. (49)-neg.-def. art.-n.f.s. (75) *surely the land*

אֲשֶׁר דָּרְכָה rel. (81)-Qal pf. 3 f.s. (דָּרַךְ 201) *which has trodden*

רַגְלְךָ n.f.s.-2 m.s. sf. (919) *your foot*

בָּהּ prep.-3 f.s. sf. *on it*

לְךָ תִהְיֶה prep.-2 m.s. sf.-Qal impf. 3 f.s. (הָיָה 224) *shall be for you*

לְנַחֲלָה prep.-n.f.s. (635) *an inheritance*

וּלְבָנֶיךָ conj.-prep.-n.m.p.-2 m.s. sf. (119) *and for your children*

עַד־עוֹלָם prep. (723)-n.m.s. (761) *for ever*

כִּי מִלֵּאתָ אַחֲרֵי conj. (471)-Pi. pf. 2 m.s. (מָלֵא 569)-prep. (29) *because you have wholly followed*

יְהוָה אֱלֹהָי pr.n. (217)-n.m.p.-1 c.s. sf. paus. (43) *Yahweh my God*

14:10

וְעַתָּה הִנֵּה conj.-adv. (773)-demons.part. (243) *and now, behold,*

הֶחֱיָה יהוה Hi. pf. 3 m.s. (חָיָה 310)-pr.n. (217) *Yahweh has kept ... alive*

אוֹתִי dir.obj.-1 c.s. sf. *me*

כַּאֲשֶׁר דִּבֶּר prep.-rel. (81)-Pi. pf. 3 m.s. (180) *as he said*

זֶה אַרְבָּעִים demons.adj. m.s. (260)-num. p. (917) *these forty*

וְחָמֵשׁ שָׁנָה conj.-num. (331)-n.f.s. (1040) *and five years*

מֵאָז דִּבֶּר יהוה adv. (23)-Pi. pf. 3 m.s. (180)-pr.n. (217) *since the time that Yahweh spoke*

אֶת־הַדָּבָר הַזֶּה dir.obj.-def.art.-n.m.s. (182)-def.art.-demons.adj. m.s. (260) *this word*

אֶל־מֹשֶׁה prep. (39)-pr.n. (602) *to Moses*

אֲשֶׁר־הָלַךְ יִשְׂרָאֵל rel. (81)-Qal pf. 3 m.s. (229)-pr.n. (975) *while Israel walked*

בַּמִּדְבָּר prep.-def.art.-n.m.s. paus. (184) *in the wilderness*

וְעַתָּה הִנֵּה v.supra-v.supra *and now, lo*

אָנֹכִי pers.pr. 1 c.s. (59) *I (am)*

הַיּוֹם def.art.-n.m.s. (398) *this day*

בֶּן־חָמֵשׁ n.m.s. cstr. (119)-num. (331) *(son of) five*

וּשְׁמוֹנִים שָׁנָה conj.-num. p. (1033)-n.f.s. (1040) *and eighty years (old)*

14:11

עוֹדֶנִּי adv.-1 c.s. sf. (728) *I am still*

הַיּוֹם def.art.-n.m.s. (398) *this day*

חָזָק adj. m.s. (305) *strong*

כַּאֲשֶׁר בְּיוֹם prep.-rel. (81)-prep.-n.m.s. cstr. (398) *as in the day that*

שְׁלֹחַ אוֹתִי מֹשֶׁה Qal inf.cstr. (1018; GK 115k)-dir.obj.-1 c.s. sf.-pr.n. (602) *Moses sent me*

כְּכֹחִי אָז prep. (GK 161c)-n.m.s.-1 c.s. sf. (470)-adv. (23) *as my strength was then*

וּכְכֹחִי עַתָּה conj.-v.supra-adv. paus. (773) *so my strength now*

לַמִּלְחָמָה prep.-def.art.-n.f.s. (536) *for war*

וְלָצֵאת conj.-prep.-Qal inf.cstr. (יָצָא 422) *and for going*

וְלָבוֹא conj.-prep.-Qal inf.cstr. (בּוֹא 97) *and coming*

14:12

וְעַתָּה תְּנָה־לִּי conj.-adv. (773)-Qal impv. 2 m.s.-coh.he (נָתַן 678)-prep.-1 c.s. sf. *so now give me*

אֶת־הָהָר הַזֶּה dir.obj.-def.art.-n.m.s. (249)-def.art.-demons.adj. m.s. (260) *this hill country*

אֲשֶׁר־דִּבֶּר יהוה rel. (81)-Pi. pf. 3 m.s. (180)-pr.n. (217) *of which Yahweh spoke*

בַּיּוֹם הַהוּא prep.-def.art.-n.m.s. (398)-def.art.-demons.adj. m.s. (214) *on that day*

כִּי אַתָּה־שָׁמַעְתָּ conj. (471)-pers.pr. 2 m.s. (61)-Qal pf. 2 m.s. (שָׁמַע 1033) *for you heard*

בַּיּוֹם הַהוּא v.supra-v.supra *on that day*

כִּי־עֲנָקִים conj. (471)-n.m.p. (778) *how the Anakim*

שָׁם adv. (1027) *(were) there*

וְעָרִים גְּדֹלוֹת conj.-n.f.p. (746)-adj. f.p. (152) *with great ... cities*

בְּצֻרוֹת Qal pass.ptc. f.p. (בָּצַר 130) *fortified*

אוּלַי יהוה אוֹתִי adv. (II 19)-pr.n. (217)-prep.-1 c.s. (85) *it may be that Yahweh (will be) with me*

וְהוֹרַשְׁתִּים conj.-Hi. pf. 1 c.s.-3 m.p. sf. (יָרַשׁ 439) *and I shall drive them out*

כַּאֲשֶׁר דִּבֶּר יהוה prep.-rel. (81)-Pi. pf. 3 m.s. (180)-pr.n. (217) *as Yahweh said*

14:13

וַיְבָרְכֵהוּ יְהוֹשֻׁעַ consec.-Pi. impf. 3 m.s.-3 m.s. sf. (בָּרַךְ 138)-pr.n. (221) *then Joshua blessed him*

וַיִּתֵּן consec.-Qal impf. 3 m.s. (נָתַן 678) *and he gave*

אֶת־חֶבְרוֹן dir.obj.-pr.n. (289) *Hebron*

לְכָלֵב prep.-pr.n. (477) *to Caleb*

בֶּן־יְפֻנֶּה n.m.s. cstr. (119)-pr.n. (819) *the son of Jephunneh*

לְנַחֲלָה prep.-n.f.s. (635) *for an inheritance*

14:14

עַל־כֵּן prep.-adv. (485) *so*

הָיְתָה־חֶבְרוֹן Qal pf. 3 f.s. (הָיָה 224)-pr.n. (289) *Hebron became*

לְכָלֵב prep.-pr.n. (477) *of Caleb*

בֶּן־יְפֻנֶּה n.m.s. cstr. (119)-pr.n. (819) *the son of Jephunneh*

הַקְּנִזִּי def.art.-adj. gent. (889) *the Kenizzite*

לְנַחֲלָה prep.-n.f.s. (635) *for an inheritance*

עַד הַיּוֹם הַזֶּה prep. (723)-def.art.-n.m.s. (398)-def.art.-demons.adj. m.s. (260) *to this day*

יַעַן אֲשֶׁר conj. (774)-rel. (81) *because*

מִלֵּא אַחֲרֵי Pi. pf. 3 m.s. (מָלֵא 569)-prep. (29) *he wholly followed*

יהוה אֱלֹהֵי יִשְׂרָאֵל pr.n. (217)-n.m.p. cstr. (43)-pr.n. (975) *Yahweh the God of Israel*

14:15

וְשֵׁם חֶבְרוֹן conj.-n.m.s. cstr. (1027)-pr.n. (289) *now the name of Hebron*

לְפָנִים prep.-n.m.p. (815) *formerly*

קִרְיַת אַרְבַּע pr.n. (900) *Kiriath-arba*

הָאָדָם הַגָּדוֹל def.art.-n.m.s. (9)-def.art.-adj. m.s. (152) *the great(est) man*

בָּעֲנָקִים prep.-def.art.-n.m.p. (778) *among the Anakim*

הוּא pers.pr. 3 m.s. (214) *he (was)*

וְהָאָרֶץ conj.-def.art.-n.f.s. (75) *and the land*

שָׁקְטָה Qal pf. 3 f.s. (שָׁקַט 1052) *had rest*

מִמִּלְחָמָה prep.-n.f.s. (536) *from war*

15:1

וַיְהִי הַגּוֹרָל consec.-Qal impf. 3 m.s. (הָיָה 224)-def.art.-n.m.s. (174) *and the lot was*

לְמַטֵּה prep.-n.m.s. cstr. (641) *for the tribe of*

בְּנֵי יְהוּדָה n.m.p. cstr. (119)-pr.n. (397) *the people of Judah*

לְמִשְׁפְּחֹתָם prep.-n.f.p.-3 m.p. sf. (1046) *according to their families*

אֶל־גְּבוּל אֱדוֹם prep. (39)-n.m.s. cstr. (147)-pr.n. (10) *to the boundary of Edom*

מִדְבַּר־צִן n.m.s. cstr. (184)-pr.n. (856) *to the wilderness of Zin*

נֶגְבָּה n.m.s.-dir.he (616) *southward*

מִקְצֵה תֵימָן prep.-n.m.s. cstr. (892)-n.f.s. (412) *at the farthest south*

15:2

וַיְהִי לָהֶם consec.-Qal impf. 3 m.s. (הָיָה 224)-prep.-3 m.p. sf. *and their*

גְּבוּל נֶגֶב n.m.s. cstr. (147)-n.m.s. (616) *south boundary*

מִקְצֵה יָם הַמֶּלַח prep.-n.m.s. cstr. (892)-n.m.s. cstr. (410)-def.art.-n.m.s. (571) *from the end of the Salt Sea*

מִן־הַלָּשֹׁן prep.-def.art.-n.m.s. (546) *from the bay*

הַפֹּנֶה def.art.-Qal act.ptc. (פָּנָה 815) *that faces*

נֶגְבָּה n.m.s.-dir.he (616) *southward*

15:3

וְיָצָא conj. (GK 112ss)-Qal pf. 3 m.s. (422) *and it goes out*

אֶל־מִנֶּגֶב prep. (39)-prep.-n.m.s. (616) *southward*

לְמַעֲלֵה עַקְרַבִּים prep.-n.m.s. cstr. (751)-n.m.p. (785; 751) *of the ascent of Akrabbim*

וְעָבַר conj.-Qal pf. 3 m.s. (716) *and passes along*

צִנָה pr.n.-dir.he (856) *to Zin*

וְעָלָה conj.-Qal pf. 3 m.s. (748) *and goes up*

מִנֶּגֶב prep.-n.m.s. (616) *south*

לְקָדֵשׁ בַּרְנֵעַ prep.-pr.n. (II 873) *of Kadesh-barnea*

וְעָבַר v.supra *and passes along*

חֶצְרוֹן pr.n. (348) *by Hezron*

וְעָלָה v.supra *and goes up*

אַדָּרָה pr.n.-dir.he (12) *to Addar*

וְנָסַב conj.-Ni. pf. 3 m.s. (סָבַב 685) *and turns about*

הַקַּרְקָעָה def.art.-pr.n.-dir.he (II 903) *to Karka*

15:4

וְעָבַר conj.-Qal pf. 3 m.s. (716) *and passes along*

עַצְמוֹנָה pr.n.-loc.he (783) *to Azmon*

וְיָצָא conj.-Qal pf. 3 m.s. (422) *and goes out*

נַחַל מִצְרַיִם n.m.s. cstr. (636)-pr.n. (595) *by the Brook of Egypt*

וְהָיָה תֹצְאוֹת הַגְּבוּל conj.-Qal pf. 3 c.p. (224)-n.f.p. cstr. (426)-def.art.-n.m.s. (147) *and comes to the end (of the boundary)*

יָמָּה n.m.s.-dir.he (410) *at the sea*

זֶה־יִהְיֶה לָכֶם demons.adj. m.s. (260)-Qal impf. 3 m.s. (הָיָה 224)-prep.-2 m.p. sf. *this shall be your*

גְּבוּל נֶגֶב n.m.s. cstr. (147)-n.m.s. (616) *south boundary*

15:5

וּגְבוּל קֵדְמָה conj.-n.m.s. (147)-adv. (870) *and the east boundary*

יָם הַמֶּלַח n.m.s. cstr. (410)-def.art.-n.m.s. (571) *the Salt Sea*

עַד־קְצֵה הַיַּרְדֵּן prep. (723)-n.m.s. cstr. (892)-def.art.-pr.n. (434) *to the mouth of the Jordan*

וּגְבוּל conj.-n.m.s. (147) *and the boundary*

לִפְאַת צָפוֹנָה prep.-n.f.s. cstr. (802; GK 90d)-n.f.s. (I 860) *on the north side*

מִלְּשׁוֹן הַיָּם prep.-n.f.s. cstr. (546)-def.art.-n.m.s. (410) *from the bay of the sea*

מִקְצֵה הַיַּרְדֵּן prep.-n.m.s. cstr. (892)-pr.n. (434) *at the mouth of the Jordan*

15:6

וְעָלָה הַגְּבוּל conj.-Qal pf. 3 m.s. (748)-def.art.-n.m.s. (147) *and the boundary goes up*

בֵּית חָגְלָה pr.n. (111) *to Beth-hoglah*

וְעָבַר conj.-Qal pf. 3 m.s. (716) *and passes along*

מִצְּפוֹן prep.-n.f.s. (860) *north*

לְבֵית הָעֲרָבָה prep.-pr.n. (112) *of Beth-arabah*

וְעָלָה v.supra *and goes up*

הַגְּבוּל v.supra *the boundary*

אֶבֶן בֹּהַן n.f.s. cstr. (6)-pr.n. (97) *to the stone of Bohan*

בֶּן־רְאוּבֵן n.m.s. cstr. (119)-pr.n. (910) *the son of Reuben*

15:7

וְעָלָה הַגְּבוּל conj.-Qal pf. 3 m.s. (748)-def.art. -n.m.s. (147) *and the boundary goes up*

דְּבִרָה pr.n.-loc.he (II 184) *to Debir*

מֵעֵמֶק עָכוֹר prep.-n.m.s. cstr. (770)-pr.n. (747) *from the Valley of Achor*

וְצָפוֹנָה conj.-n.f.s.-dir.he (860) *and so northward*

פֹּנֶה Qal act.ptc. (פָּנָה 815) *turning*

אֶל־הַגִּלְגָּל prep. (39)-def.art.-pr.n. (166) *toward Gilgal*

אֲשֶׁר־נֹכַח rel. (81)-adv. (647) *which is opposite*

לְמַעֲלֵה אֲדֻמִּים prep.-n.m.s. cstr. (751)-pr.n. (751; 10) *the ascent of Adummim*

אֲשֶׁר מִנֶּגֶב rel. (81)-prep.-n.m.s. (616) *which is on the south side*

לַנַּחַל prep.-def.art.-n.m.s. paus. (636) *of the valley*

וְעָבַר הַגְּבוּל conj.-Qal pf. 3 m.s. (716)-v.supra *and the boundary passes along*

אֶל־מֵי־עֵין שֶׁמֶשׁ prep. (39)-n.m.p. cstr. (565) -pr.n. (745) *to the waters of En-shemesh*

וְהָיוּ תֹצְאֹתָיו conj.-Qal pf. 3 c.p. (הָיָה 224) -n.f.p.-3 m.s. sf. (426) *and ends*

אֶל־עֵין רֹגֵל prep. (39)-pr.n. (745; II עֵין) *at En-rogel*

15:8

וְעָלָה הַגְּבוּל conj.-Qal pf. 3 m.s. (748)-def.art. -n.m.s. (147) *then the boundary goes up*

גֵּי בֶן־הִנֹּם n.m.s. cstr. 161)-n.m.s. cstr. (119)-pr.n. (244) *by the valley of the son of Hinnom*

אֶל־כֶּתֶף הַיְבוּסִי prep. (39)-n.f.s. cstr. (509)-def. art.-adj. gent. (101) *at the ... shoulder of the Jebusite*

מִנֶּגֶב prep.-n.m.s. (616) *southern*

הִיא יְרוּשָׁלַ͏ִם pers.pr. 3 f.s. (214)-pr.n. (436) *that is, Jerusalem*

וְעָלָה הַגְּבוּל v.supra-v.supra *and the boundary goes up*

אֶל־רֹאשׁ הָהָר prep. (39)-n.m.s. cstr. (910)-def. art.-n.m.s. (249) *to the top of the mountain*

אֲשֶׁר עַל־פְּנֵי־הִנֹּם rel. (81)-prep.-n.m.s. cstr. (161)-pr.n. (244) *that lies over against the valley of Hinnom*

יָמָּה n.m.s.-loc.he (410) *on the west*

אֲשֶׁר בִּקְצֵה עֵמֶק־רְפָאִים rel. (81)-prep.-n.m.s. cstr. (892)-n.m.s. cstr. (770)-n.m.p. (952) *at the ... end of the valley of Rephaim*

צָפֹנָה n.f.s.-dir.he (860) *northern*

15:9

וְתָאַר הַגְּבוּל conj.-Qal pf. 3 m.s. (1061)-def. art.-n.m.s. (147) *then the boundary extends*

מֵרֹאשׁ הָהָר prep.-n.m.s. cstr. (910)-def.art.-n.m.s. (249) *from the top of the mountain*

אֶל־מַעְיַן prep. (39)-n.m.s. cstr. (745) *to the spring of*

מֵי נֶפְתּוֹחַ n.m.p. cstr. (565)-pr.n. (836) *the Waters of Nephtoah*

וְיָצָא conj.-Qal pf. 3 m.s. (422) *and went out*

אֶל־עָרֵי הַר־עֶפְרוֹן prep. (39)-n.f.p. cstr. (746) -n.m.s. cstr. (249)-pr.n. (780) *to the cities of Mount Ephron*

וְתָאַר הַגְּבוּל v.supra-v.supra *then the boundary bends round*

בַּעֲלָה pr.n. (II 128) *to Baalah*

הִיא קִרְיַת יְעָרִים pers.pr. 3 f.s. (214)-pr.n. (900) *that is, Kiriath-jearim*

15:10

וְנָסַב conj.-Ni. pf. 3 m.s. (סָבַב 685) *and circles*

הַגְּבוּל def.art.-n.m.s. (147) *the boundary*

מִבַּעֲלָה prep.-pr.n. (II 128) *of Baalah*

יָמָּה n.m.s.-dir.he (410) *west*

אֶל־הַר שֵׂעִיר prep. (39)-n.m.s. cstr. (249)-pr.n. (973) *to Mount Seir*

וְעָבַר conj.-Qal pf. 3 m.s. (716) *and passes along*

אֶל־כֶּתֶף prep. (39)-n.f.s. cstr. (509) *to the ... shoulder of*

הַר־יְעָרִים n.m.s. cstr. (249)-pr.n. (421; 900) *Mount Jearim*

מִצָּפוֹנָה prep.-n.f.s.-dir.he (860) *northern*

הִיא כְסָלוֹן pers.pr. 3 f.s. (214)-pr.n. (493) *that is, Chesalon*

וְיָרַד conj.-Qal pf. 3 m.s. (432) *and passes along*

בֵּית־שֶׁמֶשׁ pr.n. (112) *to Beth-shemesh*

וְעָבַר v.supra *and passes along*

תִּמְנָה pr.n. (584) *by Timnah*

15:11

וְיָצָא הַגְּבוּל conj.-Qal pf. 3 m.s. (422)-def.art. -n.m.s. (147) *and the boundary goes out*

אֶל־כֶּתֶף prep. (39)-n.f.s. cstr. (509) *to the shoulder of*

עֶקְרוֹן pr.n. (785) *Ekron*

צָפוֹנָה n.f.s.-dir.he (860) *north*

וְתָאַר הַגְּבוּל conj.-Qal pf. 3 m.s. (1061)-def.art.
-n.m.s. (147) *then the boundary bends round*

שִׁכְּרוֹנָה pr.n.-dir.he (1016) *to Shikkeron*

וְעָבַר conj.-Qal pf. 3 m.s. (716) *and passes along*

הַר־בַּעֲלָה n.m.s. cstr. (249)-pr.n. (128) *to Mount Baalah*

וְיָצָא conj.-Qal pf. 3 m.s. (422) *and goes out*

יַבְנְאֵל pr.n. (125) *to Jabneel*

וְהָיוּ תֹצְאוֹת הַגְּבוּל conj.-Qal pf. 3 c.p. (הָיָה 224)
-n.f.p. cstr. (426)-def.art.-n.m.s. (147) *then the boundary comes to an end*

יָמָּה n.m.s.-loc.he (410) *at the sea*

15:12

וּגְבוּל יָם conj.-n.m.s. (147)-n.m.s. (410) *and the west boundary*

הַיָּמָּה הַגָּדוֹל def.art.-n.m.s. (410; GK 90f)-def.art.-adj. m.s. (152) *the Great Sea*

וּגְבוּל conj.-n.m.s. (147) *with its coast-line*

זֶה גְּבוּל demons.adj. m.s. (260)-n.m.s. (147) *this is the boundary*

בְּנֵי־יְהוּדָה n.m.p. cstr. (119)-pr.n. (397) *the people of Judah*

סָבִיב adv. (686) *round about*

לְמִשְׁפְּחֹתָם prep.-n.f.p.-3 m.p. sf. (1046) *according to their families*

15:13

וּלְכָלֵב conj.-prep.-pr.n. (477) *and to Caleb*

בֶּן־יְפֻנֶּה n.m.s. cstr. (119)-pr.n. (819) *the son of Jephunneh*

נָתַן Qal pf. 3 m.s. (678) *he gave*

חֵלֶק n.m.s. (324) *a portion*

בְּתוֹךְ בְּנֵי־יְהוּדָה prep.-n.m.s. cstr. (1063)-n.m.p. cstr. (119)-pr.n. (397) *among the people of Judah*

אֶל־פִּי יהוה prep. (39)-n.m.s. cstr. (804)-pr.n. (217) *according to the commandment of Yahweh*

לִיהוֹשֻׁעַ prep.-pr.n. (221) *to Joshua*

אֶת־קִרְיַת אַרְבַּע dir.obj.-pr.n. (900) *Kiriath-arba*

אֲבִי הָעֲנָק n.m.s. cstr. (3)-def.art.-n.m.s. (778) *the father of Anak*

הִיא חֶבְרוֹן pers.pr. 3 f.s. (214)-pr.n. (289) *that is, Hebron*

15:14

וַיֹּרֶשׁ מִשָּׁם consec.-Hi. impf. 3 m.s. (יָרַשׁ 439)
-prep.-adv. (1027) *and ... drove out from there*

כָּלֵב pr.n. (477) *Caleb*

אֶת־שְׁלוֹשָׁה dir.obj.-num. f. (1025; GK 134,l) *the three*

בְּנֵי הָעֲנָק n.m.p. cstr. (119)-def.art.-n.m.s. (778) *sons of Anak*

אֶת־שֵׁשַׁי dir.obj.-pr.n. (1058) *Sheshai*

וְאֶת־אֲחִימַן conj.-dir.obj.-pr.n. (27) *and Ahiman*

וְאֶת־תַּלְמַי v.supra-pr.n. (1068) *and Talmai*

יְלִידֵי הָעֲנָק adj. m.p. cstr. (409)-v.supra *the descendants of Anak*

15:15

וַיַּעַל מִשָּׁם consec.-Qal impf. 3 m.s. (עָלָה 748)
-prep.-adv. (1027) *and he went up from there*

אֶל־יֹשְׁבֵי דְּבִר prep. (39)-Qal act.ptc. m.p. cstr. (יָשַׁב 442)-pr.n. (184) *against the inhabitants of Debir*

וְשֵׁם־דְּבִר conj.-n.m.s. cstr. (1027)-pr.n. (184) *now the name of Debir*

לְפָנִים prep.-n.m.p. (815) *formerly*

קִרְיַת־סֵפֶר pr.n. (900) *Kiriath-sepher*

15:16

וַיֹּאמֶר כָּלֵב consec.-Qal impf. 3 m.s. (55)-pr.n. (477) *and Caleb said*

אֲשֶׁר־יַכֶּה rel. (81)-Hi. impf. 3 m.s. (נָכָה 645) *whoever smites*

אֶת־קִרְיַת־סֵפֶר dir.obj.-pr.n. (900) *Kiriath-sepher*

וּלְכָדָהּ conj.-Qal pf. 3 m.s.-3 f.s. sf. (539) *and takes it*

וְנָתַתִּי לוֹ conj.-Qal pf. 1 c.s. (נָתַן 678)-prep.-3 m.s. sf. *I will give to him*

אֶת־עַכְסָה בִתִּי dir.obj.-pr.n. (747)-n.f.s.-1 c.s. sf. (I 123) *Achsah my daughter*

לְאִשָּׁה prep.-n.f.s. (61) *as wife*

15:17

וַיִּלְכְּדָהּ consec.-Qal impf. 3 m.s.-3 f.s. sf. (לָכַד 539) *and took it*

עָתְנִיאֵל pr.n. (801) *Othniel*

בֶּן־קְנַז n.m.s. cstr. (119)-pr.n. (889) *the son of Kenaz*

אֲחִי כָלֵב n.m.s. cstr. (26)-pr.n. (477) *the brother of Caleb*

וַיִּתֶּן־לוֹ consec.-Qal impf. 3 m.s. (נָתַן 678)-prep.-3 m.s. sf. *and he gave him*

אֶת־עַכְסָה בִתּוֹ dir.obj.-pr.n. (747)-n.f.s.-1 c.s. sf. (I 123) *Achsah his daughter*

לְאִשָּׁה prep.-n.f.s. (61) *as wife*

15:18

וַיְהִי בְּבוֹאָהּ consec.-Qal impf. 3 m.s. (הָיָה 224) -prep.-Qal inf.cstr.-3 f.s. sf. (בּוֹא 97) *when she came (to him)*

וַתְּסִיתֵהוּ consec.-Hi. impf. 3 f.s.-3 m.s. sf. (סוּת 694) *she urged him (incited)*

לִשְׁאוֹל prep.-Qal inf.cstr. (שָׁאַל 981) *to ask*

מֵאֵת־אָבִיהָ prep.-prep. (GK 16f)-n.m.s.-3 f.s. sf. (35) *from her father*

שָׂדֶה n.m.s. (961) *a field*

וַתִּצְנַח consec.-Qal impf. 3 f.s. (צָנַח 856) *and she alighted*

מֵעַל הַחֲמוֹר prep.-prep.-def.art.-n.m.s. (331) *from her ass*

וַיֹּאמֶר־לָהּ consec.-Qal impf. 3 m.s. (55)-prep.-3 f.s. sf. *and said to her*

כָּלֵב pr.n. (477) *Caleb*

מַה־לָּךְ interr. (552)-prep.-2 m.s. sf. paus. *what do you wish?*

15:19

וַתֹּאמֶר consec.-Qal impf. 3 f.s. (55) *she said*

תְּנָה־לִּי Qal impv. 2 m.s.-coh.he (נָתַן 678) -prep.-1 c.s. sf. *give me*

בְרָכָה n.f.s. (139) *a present*

כִּי אֶרֶץ הַנֶּגֶב conj. (471)-n.f.s. cstr. (75)-def.art. -n.m.s. (616; GK 117x) *since in the land of the Negeb*

נְתַתָּנִי Qal pf. 2 m.s.-1 c.s. sf. (נָתַן 678; GK 117ff) *you have set me*

וְנָתַתָּה לִי conj.-Qal pf. 2 m.s. (נָתַן 678)-prep.-1 c.s. sf. *give me*

גֻּלֹּת מָיִם n.f.p. cstr. (165)-n.m.p. paus. (565) *springs (basins) of water*

וַיִּתֶּן־לָהּ consec.-Qal impf. 3 m.s. (נָתַן 678) -prep.-3 f.s. sf. *and he gave her*

אֵת גֻּלֹּת עִלִּיּוֹת dir.obj.-v.supra-adj. f.p. (751; GK 126y) *the upper springs*

וְאֵת גֻּלֹּת תַּחְתִּיּוֹת conj.-dir.obj.-v.supra-adj. f.p. (1066) *and the lower springs*

15:20

זֹאת נַחֲלַת demons.adj. f.s. (260)-n.f.s. cstr. (635) *this is the inheritance of*

מַטֵּה בְנֵי־יְהוּדָה n.m.s. cstr. (641)-n.m.p. cstr. (119)-pr.n. (397) *the tribe of the people of Judah*

לְמִשְׁפְּחֹתָם prep.-n.f.p.-3 m.p. sf. (1046) *according to their families*

15:21

וַיִּהְיוּ הֶעָרִים consec.-Qal impf. 3 m.p. (הָיָה 224)-def.art.-n.f.p. (746) *and the cities were*

מִקְצֵה prep.-n.m.s. cstr. (892) *in the extreme*

לְמַטֵּה בְנֵי־יְהוּדָה prep.-n.m.s. cstr. (641)-n.m.p. cstr. (119)-pr.n. (397) *to the tribe of the people of Judah*

אֶל־גְּבוּל אֱדוֹם prep. (39)-n.m.s. cstr. (147)-pr.n. (10) *toward the boundary of Edom*

בַּנֶּגְבָּה prep.-def.art.-n.m.s.-dir.he (616; GK 90e) *in the south*

קַבְצְאֵל pr.n. (868) *Kabzeel*

וְעֵדֶר conj.-pr.n. (727) *Eder*

וְיָגוּר conj.-pr.n. (158) *Jagur*

15:22

וְקִינָה conj.-pr.n. (884) *Kinah*

וְדִימוֹנָה conj.-pr.n. (192) *Dimonah*

וְעַדְעָדָה conj.-pr.n. (II 792; LXX(B)-Αρουηλ) *Adadah*

15:23

וְקֶדֶשׁ conj.-pr.n. (873) *Kedesh*

וְחָצוֹר n.m.p.-pr.n. (347) *Hazor*

וְיִתְנָן conj.-pr.n. (451) *Ithnan*

15:24

זִיף pr.n. (268) *Ziph*

וָטֶלֶם conj.-pr.n. (378) *Telem*

וּבְעָלוֹת conj.-pr.n. (128) *Bealoth*

15:25

וְחָצוֹר חֲדַתָּה conj.-pr.n. (347) *Hazor-hadattah*

וּקְרִיּוֹת חֶצְרוֹן conj.-pr.n. (901; 348) *Kerioth-hezron*

הִיא חָצוֹר pers.pr. 3 f.s. (214)-pr.n. (347) *that is Hazor*

15:26

אֲמָם pr.n. (52) *Amam*

וּשְׁמַע conj.-pr.n. (1035) *Shema*

וּמוֹלָדָה conj.-pr.n. (409) *Moladah*

15:27

וַחֲצַר גַּדָּה conj.-pr.n. (347) *Hazar-gaddah*

וְחֶשְׁמוֹן conj.-pr.n. (365) *Heshmon*

וּבֵית פָּלֶט conj.-pr.n. paus. (112) *Beth-pelet*

15:28

וַחֲצַר שׁוּעָל conj.-pr.n. (347) *Hazar-shual*

וּבְאֵר שֶׁבַע conj.-pr.n. (92) *Beer-sheba*

וּבִזְיוֹתְיָה conj.-pr.n. (103) *Biziothiah*

15:29

בַּעֲלָה pr.n. (II 128) *Baalah*

וְעִיִּים conj.-pr.n. (743) *Iyim*

וָעָצֶם conj.-pr.n. paus. (II 783) *Ezem*

15:30

וְאֶלְתּוֹלַד conj.-pr.n. (39) *Eltolad*

וּכְסִיל conj.-pr.n. (III 493) *Chesil*

וְחָרְמָה conj.-pr.n. (356) *Hormah*

15:31

וְצִקְלַג conj.-pr.n. (862) *Ziklag*

וּמַדְמַנָּה conj.-pr.n. (199) *Madmannah*

וְסַנְסַנָּה conj.-pr.n. (703) *Sansannah*

15:32

וּלְבָאוֹת conj.-pr.n. (522) *Lebaoth*

וְשִׁלְחִים conj.-pr.n. (1019) *Shilhim*

וְעַיִן conj.-pr.n. (III 745) *Ain*

וְרִמּוֹן conj.-pr.n. (IV 942) *and Rimmon*

כָּל-עָרִים n.m.s. cstr. (481)-n.f.p. (746) *all of the cities*

עֶשְׂרִים וָתֵשַׁע num. p. (797)-conj.-num. (1077) *twenty-nine*

וְחַצְרֵיהֶן conj.-n.m.p.-3 f.p. sf. (II 347) *with their villages*

15:33

בַּשְּׁפֵלָה prep.-def.art.-n.f.s. (1050) *in the lowland*

אֶשְׁתָּאוֹל pr.n. (84) *Eshtaol*

וְצָרְעָה conj.-pr.n. (864) *Zorah*

וְאַשְׁנָה conj.-pr.n. (80) *Ashnah*

15:34

וְזָנוֹחַ conj.-pr.n. (276) *Zanoah*

וְעֵין גַּנִּים conj.-pr.n. (745) *En-gannim*

תַּפּוּחַ pr.n. (III 656; LXX(B)-Ιλουθωθ; LXX(A)-Αδιαθαιμ) *Tappuah*

וְהָעֵינָם conj.-def.art.-pr.n. (745) *Enam*

15:35

יַרְמוּת pr.n. (438) *Jarmuth*

וַעֲדֻלָּם conj.-pr.n. (726) *Adullam*

שׂוֹכֹה pr.n. (962) *Socoh*

וַעֲזֵקָה conj.-pr.n. (740) *Azekah*

15:36

וְשַׁעֲרַיִם conj.-pr.n. (1045) *Shaaraim*

וַעֲדִיתַיִם conj.-pr.n. (726) *Adithaim*

וְהַגְּדֵרָה conj.-def.art.-pr.n. (II 155) *Gederah*

וּגְדֵרֹתָיִם conj.-pr.n. (155; LXX-καὶ αἱ ἐπαύλεις αὐτῆς) *Gederothaim*

עָרִים n.f.p. (746) *cities*

אַרְבַּע-עֶשְׂרֵה num. (916)-num. (797) *fourteen*

וְחַצְרֵיהֶן conj.-n.m.p.-3 f.p. sf. (II 347) *with their villages*

15:37

צְנָן pr.n. (838) *Zenan*

וַחֲדָשָׁה conj.-pr.n. (295) *Hadashah*

וּמִגְדַּל-גָּד conj.-pr.n. paus. (154) *Migdal-gad*

15:38

וְדִלְעָן conj.-pr.n. (196) *Dilean*

וְהַמִּצְפֶּה conj.-def.art.-pr.n. (II 859) *Mizpeh*

וְיָקְתְאֵל conj.-pr.n. (430; GK 21eN) *Joktheel*

15:39

לָכִישׁ pr.n. (540) *Lachish*

וּבָצְקַת conj.-pr.n. (130) *Bozkath*

וְעֶגְלוֹן conj.-pr.n. (722) *Eglon*

15:40

וְכַבּוֹן conj.-pr.n. (460) *Cabbon*

וְלַחְמָם conj.-pr.n. (537) *Lahmam*

וְכִתְלִישׁ conj.-pr.n. (508) *Chitlish*

15:41

וּגְדֵרוֹת conj.-pr.n. (155) *Gederoth*

בֵּית-דָּגוֹן pr.n. (111) *Beth-dagon*

וְנַעֲמָה conj.-pr.n. (II 654) *Naamah*

וּמַקֵּדָה conj.-pr.n. (596) *and Makkedah*

עָרִים n.f.p. (746) *cities*

שֵׁשׁ-עֶשְׂרֵה num. (995)-num. (797) *sixteen*

וְחַצְרֵיהֶן conj.-n.m.p.-3 f.p. sf. (II 347) *with their villages*

15:42

לִבְנָה pr.n. (526) *Libnah*

וָעֶתֶר conj.-pr.n. (801) *Ether*

וְעָשָׁן conj.-pr.n. (II 798) *Ashan*

15:43

וְיִפְתָּח conj.-pr.n. (836) *Iphtah*

וְאַשְׁנָה conj.-pr.n. (80) *Ashnah*

וּנְצִיב conj.-pr.n. (II 662) *Nezib*

15:44

וּקְעִילָה conj.-pr.n. (890) *Keilah*

וְאַכְזִיב conj.-pr.n. (469) *Achzib*

וּמָרֵאשָׁה conj.-pr.n. (601) *and Mareshah*

עָרִים תֵּשַׁע n.f.p. (746)-num. (1077) *nine cities*

וְחַצְרֵיהֶן conj.-n.m.p.-3 f.p. sf. (II 347) *with their villages*

15:45

עֶקְרוֹן pr.n. (785) *Ekron*

וּבְנֹתֶיהָ conj.-n.f.p.-3 f.s.sf. (I 123) *with its towns (daughters)*

וַחֲצֵרֶיהָ conj.-n.m.p.-3 f.s. sf. (II 347) *and its villages*

15:46

מֵעֶקְרוֹן prep.-pr.n. (785) *from Ekron*

וָיָמָּה conj.-n.m.s.-dir.he (410) *to the sea*

כֹּל אֲשֶׁר־עַל־יַד n.m.s. (481)-rel. (81)-prep.-n.f.s. cstr. (388) *all that were by the side of*

אַשְׁדּוֹד pr.n. (78) *Ashdod*

וְחַצְרֵיהֶן conj.-n.m.p.-3 f.p. sf. (II 347) *with their villages*

15:47

אַשְׁדּוֹד pr.n. (78) *Ashdod*

בְּנוֹתֶיהָ n.f.p.-3 f.s. sf. (I 123) *its towns*

וַחֲצֵרֶיהָ conj.-n.m.p.-3 f.s. sf. (II 347) *and its villages*

עַזָּה pr.n. (738) *Gaza*

בְּנוֹתֶיהָ v.supra *its towns*

וַחֲצֵרֶיהָ v.supra *and its villages*

עַד־נַחַל מִצְרָיִם prep. (723)-n.m.s. cstr. (636)-pr.n. paus. (595) *to the Brook of Egypt*

וְהַיָּם הַגָּבוֹל conj.-def.art.-n.m.s. (410)-def. art.-adj. m.s. (152) *and the Great Sea*

וּגְבוּל conj.-n.m.s. (147) *with its coast-line*

15:48

וּבָהָר conj.-prep.-def.art.-n.m.s. (249) *and in the hill country*

שָׁמִיר pr.n. (II 1039) *Shamir*

וְיַתִּיר conj.-pr.n. (452) *Jattir*

וְשׂוֹכֹה conj.-pr.n. (962) *Socoh*

15:49

וְדַנָּה conj.-pr.n. (200) *Dannah*

וְקִרְיַת־סַנָּה conj.-pr.n. (900; LXX-Πόλις γραμμάτων) *Kiriath-sannah*

הִיא דְבִר pers.pr. 3 f.s. (214)-pr.n. (184) *that is, Debir*

15:50

וַעֲנָב conj.-pr.n. (772) *Anab*

וְאֶשְׁתְּמֹה conj.-pr.n. (84) *Eshtemoh*

וְעָנִים conj.-pr.n. (745) *Anim*

15:51

וְגֹשֶׁן conj.-pr.n. (177) *Goshen*

וְחֹלֹן conj.-pr.n. (298) *Holon*

וְגִלֹה conj.-pr.n. (162) *and Giloh*

עָרִים n.f.p. (746) *cities*

אַחַת־עֶשְׂרֵה num. f. (25)-num. (797) *eleven*

וְחַצְרֵיהֶן conj.-n.m.p.-3 f.p. sf. (II 347) *with their villages*

15:52

אֲרַב pr.n. (70) *Arab*

וְרוּמָה conj.-pr.n. (II 189) *Dumah*

וְאֶשְׁעָן conj.-pr.n. (1043) *Eshan*

15:53

וְיָנִים conj.-pr.n. (630) *Janim*

וּבֵית־תַּפּוּחַ conj.-pr.n. (113) *Beth-tappuah*

וַאֲפֵקָה conj.-pr.n. (68) *Aphekah*

15:54

וְחֻמְטָה conj.-pr.n. (328) *Humtah*

וְקִרְיַת אַרְבַּע conj.-pr.n. (900) *Kiriath-arba*

הִיא חֶבְרוֹן pers.pr. 3 f.s. (214)-pr.n. (I 289) *that is, Hebron*

וְצִיעֹר conj.-pr.n. (859) *and Zior*

עָרִים תֵּשַׁע n.f.p. (746)-num. (1077) *nine cities*

וְחַצְרֵיהֶן conj.-n.m.p.-3 f.p. sf. (II 347) *with their villages*

15:55

מָעוֹן pr.n. (II 733) *Maon*

כַּרְמֶל pr.n. (II 502) *Carmel*

וָזִיף conj.-pr.n. (268) *Ziph*

וְיוּטָּה conj.-pr.n. (641) *Juttah*

15:56

וְיִזְרְעֶאל conj.-pr.n. (283) *Jezreel*

וְיָקְדְעָם conj.-pr.n. (429; GK 21eN) *Jokdeam*

וְזָנוֹחַ conj.-pr.n. (276) *Zanoah*

15:57

הַקַּיִן def.art.-pr.n. (II 884) *Kain*

גִּבְעָה pr.n. (II 149) *Gibeah*

וְתִמְנָה conj.-pr.n. (584) *and Timnah*

עָרִים עֶשֶׂר n.f.p. (746)-num. (796) *ten cities*

וְחַצְרֵיהֶן conj.-n.m.p.-3 f.p. sf. (II 347) *with their villages*

15:58

חַלְחוּל pr.n. (319) *Halhul*

בֵּית־צוּר pr.n. (112) *Beth-zur*

וּגְדוֹר conj.-pr.n. (155) *Gedor*

15:59

וּמַעֲרָת conj.-pr.n. (789) *Maarath*

וּבֵית־עֲנוֹת conj.-pr.n. (112) *Beth-anoth*

וְאֶלְתְּקֹן conj.-pr.n. (49) *and Eltekon*

עָרִים שֵׁשׁ n.f.p. (746)-num. (995) *six cities*

וְחַצְרֵיהֶן conj.-n.m.p.-3 f.p. sf. (II 347) *with their villages*

15:60

קִרְיַת־בַּעַל pr.n. (900) *Kiriath-ba'al*

הִיא קִרְיַת יְעָרִים pers.pr. 3 f.s. (214)-pr.n. (900) *that is, Kiriath-jearim*

וְהָרַבָּה conj.-def.art.-pr.n. (913) *and Rabbah*

עָרִים שְׁתַּיִם n.f.p. (746)-num. (1040) *two cities*

וְחַצְרֵיהֶן conj.-n.m.p.-3 f.p. sf. (II 347) *with their villages*

15:61

בַּמִּדְבָּר prep.-def.art.-n.m.s. (184) *in the wilderness*

בֵּית הָעֲרָבָה pr.n. (112) *Beth-arabah*

מִדִּין pr.n. (551) *Middin*

וּסְכָכָה conj.-pr.n. (698) *Secacah*

15:62

וְהַנִּבְשָׁן conj.-def.art.-pr.n. (143) *Nibshan*

וְעִיר־הַמֶּלַח conj.-n.f.s. cstr. (746)-def.art.-n.m.s. (571) *the City of Salt*

וְעֵין גֶּדִי conj.-pr.n. (745) *and En-gedi*

עָרִים שֵׁשׁ n.f.p. (746)-num. (995) *six cities*

וְחַצְרֵיהֶן conj.-n.m.p.-3 f.p. sf. (II 347) *with their villages*

15:63

וְאֶת־הַיְבוּסִי conj.-dir.obj.-def.art.-adj. gent. (101) *but the Jebusites*

יוֹשְׁבֵי יְרוּשָׁלַם Qal act.ptc. m.p. cstr. (442)-pr.n. (436) *the inhabitants of Jerusalem*

לֹא־יָכְלוּ neg.-Qal impf. 3 m.p. (407) *could not*

בְּנֵי־יְהוּדָה n.m.p. cstr. (119)-pr.n. (397) *the people of Judah*

לְהוֹרִישָׁם prep.-Hi. inf.cstr. (439)-3 m.p. sf. *drive (them) out*

וַיֵּשֶׁב consec.-Qal impf. 3 m.s. (442) *so dwell*

הַיְבוּסִי v.supra *the Jebusites*

אֶת־בְּנֵי יְהוּדָה prep. (85)-n.m.p. cstr. (119)-pr.n. (397) *with the people of Judah*

בִּירוּשָׁלַם prep.-pr.n. (436) *at Jerusalem*

עַד הַיּוֹם הַזֶּה prep. (723)-def.art.-n.m.s. (398)-def.art.-demons.adj. m.s. (260) *to this day*

16:1

וַיֵּצֵא consec.-Qal impf. 3 m.s. (יצא 422) *went*

הַגּוֹרָל def.art.-n.m.s. (174) *the allotment*

לִבְנֵי יוֹסֵף prep.-n.m.p. cstr. (119)-pr.n. (415) *of the descendants of Joseph*

מִיַּרְדֵּן prep.-pr.n. (434) *from Jordan*

יְרִיחוֹ pr.n. (437) *by Jericho*

לְמֵי יְרִיחוֹ prep.-n.m.p. cstr. (565)-pr.n. (437) *of the waters of Jericho*

מִזְרָחָה n.m.s.-dir.he (280) *east*

הַמִּדְבָּר def.art.-n.m.s. (184) *into the wilderness*

עֹלֶה Qal act.ptc. (עלה 748) *going up*

מִירִיחוֹ prep.-pr.n. (437) *from Jericho*

בָּהָר prep.-def.art.-n.m.s. (249) *into the hill country*

בֵּית־אֵל pr.n. (110) *to Bethel*

16:2

וְיָצָא conj.-Qal pf. 3 m.s. (422; GK 112ss) *then going*

מִבֵּית־אֵל prep.-pr.n. (110) *from Bethel*

לוּזָה pr.n.-dir.he (II 531) *to Luz*

וְעָבַר conj.-Qal pf. 3 m.s. (716) *it passes along*

אֶל־גְּבוּל הָאַרְכִּי prep. (39)-n.m.s. cstr. (147)-def.art.-adj.gent. (74) *the territory of the Archites*

עֲטָרוֹת pr.n. (743) *to Ataroth*

16:3

וְיָרַד־יָמָּה conj.-Qal pf. 3 m.s. (432)-n.m.s.-dir.he (410) *then it goes down westward*

אֶל־גְּבוּל הַיַּפְלֵטִי prep. (39)-n.m.s. cstr. (147)-def.art.-adj.gent. (812) *to the territory of Japhletites*

עַד גְּבוּל prep. (39)-n.m.s. cstr. (147) *as far as the territory of*

בֵּית־חוֹרֹן pr.n. (111) *Beth-horon*

תַּחְתּוֹן adj. m.s. (1066) *Lower*

וְעַד־גָּזֶר conj.-v.supra-pr.n. paus. (II 160; GK 126y) *then to Gezer*

וְהָיוּ תֹצְאֹתָו conj.-Qal pf. 3 c.p. (היה 224)-n.f.p.-3 m.s. sf. (426) *and its ends were*

יָמָּה v.supra *at the sea*

16:4

וַיִּנְחֲלוּ consec.-Qal impf. 3 m.p. (נחל 635) *received their inheritance*

בְּנֵי־יוֹסֵף n.m.p. cstr. (119)-pr.n. (415) *the people of Joseph*

מְנַשֶּׁה pr.n. (586) *Manasseh*

וְאֶפְרָיִם pr.n. paus. (68) *and Ephraim*

16:5

וַיְהִי cstr. Qal impf. 3 m.s. (הָיָה 224) *and was*

גְּבוּל בְּנֵי־אֶפְרַיִם n.m.s. cstr. (147)-n.m.p. cstr. (119)-pr.n. (68; GK 126y) *the territory of the Ephraimites*

לְמִשְׁפְּחֹתָם prep.-n.f.p.-3 m.p. sf. (1046) *by their families*

וַיְהִי v.supra *and was*

גְּבוּל נַחֲלָתָם v.supra-n.f.s.-3 m.p. sf. (635) *the boundary of their inheritance*

מִזְרָחָה n.m.s.-loc.he (280) *on the east*

עַטְרוֹת אַדָּר pr.n. (743; 12) *Ataroth-addar*

עַד־בֵּית חוֹרֹן prep. (723)-pr.n. (111) *as far as ... Beth-horon*

עֶלְיוֹן adj. m.s. (751) *Upper*

16:6

וְיָצָא הַגְּבוּל conj.-Qal pf. 3 m.s. (422)-def.art. -n.m.s. (147) *and the boundary goes*

הַיָּמָּה def.art.-n.m.s.-dir.he (410) *to the sea*

הַמִּכְמְתָת def.art.-pr.n. (485) *Michmethath*

מִצָּפוֹן prep.-n.f.s. (860) *on the north*

וְנָסַב הַגְּבוּל conj.-Ni. pf. 3 m.s. (סָבַב 685) -v.supra *then the boundary turns around*

מִזְרָחָה n.m.s.-loc.he (280) *on the east*

תַּאֲנַת שִׁלֹה pr.n. (1061) *toward Taanath-shiloh*

וְעָבַר אוֹתוֹ conj.-Qal pf. 3 m.s. (716)-dir.obj.-3 m.s. sf. *and passes along beyond it*

מִמִּזְרָח prep.-n.m.s. (280) *on the east*

יָנוֹחָה pr.n. (629) *to Janoah*

16:7

וְיָרַד conj.-Qal pf. 3 m.s. (432) *then it goes down*

מִיָּנוֹחָה prep.-pr.n. (629) *from Janoah*

עֲטָרוֹת pr.n. (743) *to Ataroth*

וְנַעֲרָתָה consec.-pr.n.-loc.he (655) *to Naarah*

וּפָגַע conj.-Qal pf. 3 m.s. (803) *and touches*

בִּירִיחוֹ prep.-pr.n. (437) *Jericho*

וְיָצָא הַיַּרְדֵּן conj.-Qal pf. 3 m.s. (422)-def. art.-pr.n. (434) *ending at the Jordan*

16:8

מִתַּפּוּחַ prep.-pr.n. (III 656) *from Tappuah*

יֵלֵךְ הַגְּבוּל Qal impf. 3 m.s. (הָלַךְ 229)-def.art. -n.m.s. (147) *the boundary goes*

יָמָּה n.m.s.-dir.he (410) *westward*

נַחַל קָנָה n.m.s. cstr. (636)-pr.n. (889) *to the brook Kanah*

וְהָיוּ תֹצְאֹתָיו conj.-Qal pf. 3 c.p. (הָיָה 224) -n.f.p.-3 m.s. sf. (426) *and their end is*

הַיָּמָּה def.art.-n.m.s.-loc.he (410) *at the sea*

זֹאת demons.adj. f.s. (260) *such is*

נַחֲלַת מַטֵּה n.f.s. cstr. (635)-n.m.s. cstr. (641) *the inheritance of the tribe of*

בְּנֵי־אֶפְרַיִם n.m.p. cstr. (119)-pr.n. (68) *the Ephraimites*

לְמִשְׁפְּחֹתָם prep.-n.f.p.-3 m.p. sf. (1046) *by their families*

16:9

וְהֶעָרִים conj.-def.art.-n.f.p. (746) *together with the towns*

הַמֻּבְדָּלוֹת def.art.-n.f.p. (95) *which were set apart*

לִבְנֵי אֶפְרַיִם prep.-n.m.p. cstr. (119)-pr.n. (68) *for the Ephraimites*

בְּתוֹךְ נַחֲלַת prep.-n.m.s. cstr. (1063)-n.f.s. cstr. (635) *within the inheritance of*

בְּנֵי־מְנַשֶּׁה v.supra-pr.n. (586) *the Manassites*

כָּל־הֶעָרִים n.m.s. cstr. (481)-def.art.-n.f.p. (746) *all those towns*

וְחַצְרֵיהֶן conj.-n.m.p.-3 f.p. sf. (II 347) *with their villages*

16:10

וְלֹא הוֹרִישׁוּ conj.-neg.-Hi. pf. 3 c.p. (יָרַשׁ 439) *however they did not drive out*

אֶת־הַכְּנַעֲנִי dir.obj.-def.art.-adj.gent. (489) *the Canaanites*

הַיּוֹשֵׁב def.art.-Qal act.ptc. (442) *that dwelt*

בְּגָזֶר prep.-pr.n. paus. (160) *in Gezer*

וַיֵּשֶׁב הַכְּנַעֲנִי consec.-Qal impf. 3 m.s. (יָשַׁב 442)-v.supra *so the Canaanites have dwelt*

בְּקֶרֶב אֶפְרַיִם prep.-n.m.s. cstr. (899)-pr.n. (68) *in the midst of Ephraim*

עַד־הַיּוֹם הַזֶּה prep. (723)-def.art.-n.m.s. (398) -def.art.-demons.adj. m.s. (260) *to this day*

וַיְהִי consec.-Qal impf. 3 m.s. (הָיָה 224) *but have become*

לְמַס־עֹבֵד prep.-n.m.s. cstr. (586)-Qal act.ptc. (עָבַד 712) *slaves to do forced labor*

17:1

וַיְהִי הַגּוֹרָל consec.-Qal impf. 3 m.s. (הָיָה 224) -def.art.-n.m.s. (174) *then allotment was made*

לְמַטֵּה מְנַשֶּׁה prep.-n.m.s. cstr. (641)-pr.n. (586) *to the tribe of Manasseh*

כִּי־הוּא conj. (471)-pers.pr. 3 m.s. 214) *for he was*

בְּכוֹר יוֹסֵף n.m.s. cstr. (114)-pr.n. (415) *the first-born of Joseph*

לְמָכִיר prep.-pr.n. (569) *to Machir*

בְּכוֹר מְנַשֶּׁה n.m.s. cstr. (114)-pr.n. (586) *the first-born of Manasseh*

אֲבִי הַגִּלְעָד n.m.s. cstr. (3)-def.art.-pr.n. (166) *the father of Gilead*

כִּי הוּא הָיָה conj. (471)-pers.pr. 3 m.s. (214)-Qal pf. 3 m.s. (224) *for he was*

אִישׁ מִלְחָמָה n.m.s. cstr. (35)-n.f.s. (536) *a man of war*

וַיְהִי־לוֹ consec.-Qal impf. 3 m.s. (הָיָה 224) -prep.-3 m.s. sf. *and ... were to him*

הַגִּלְעָד v.supra *Gilead*

וְהַבָּשָׁן conj.-def.art.-pr.n. (143) *and Bashan*

17:2

וַיְהִי consec.-Qal impf. 3 m.s. (הָיָה 224) *and (allotments) were made*

לִבְנֵי מְנַשֶּׁה prep.-n.m.p. cstr. (119)-pr.n. (586) *to the sons of Manasseh*

הַנּוֹתָרִים def.art.-Ni. ptc. m.p. (יָתַר 451) *of those remaining*

לְמִשְׁפְּחֹתָם prep.-n.f.p.-3 m.p. sf. (1046) *by their families*

לִבְנֵי אֲבִיעֶזֶר v.supra-pr.n. (4) *Abiezer*

וְלִבְנֵי־חֵלֶק conj.-v.supra-pr.n. (II 324) *Helek*

וְלִבְנֵי אַשְׂרִיאֵל v.supra-pr.n. (77) *Asriel*

וְלִבְנֵי־שֶׁכֶם v.supra-pr.n. (1014) *Shechem*

וְלִבְנֵי־חֵפֶר v.supra-pr.n. (I 343) *Hepher*

וְלִבְנֵי שְׁמִידָע v.supra-pr.n. (1029) *Shemida*

אֵלֶּה demons.adj. c.p. (41) *these were*

בְּנֵי מְנַשֶּׁה n.m.p. cstr. (119)-pr.n. (586) *the ... descendants of Manasseh*

בֶּן־יוֹסֵף n.m.s. cstr. (119)-pr.n. (415) *the son of Joseph*

הַזְּכָרִים def.art.-adj. m.p. (271) *the male*

לְמִשְׁפְּחֹתָם v.supra *by their families*

17:3

וְלִצְלָפְחָד conj.-prep.-pr.n. (854) *now to Zelophehad*

בֶּן־חֵפֶר n.m.s. cstr. (119)-pr.n. (343) *the son of Hepher*

בֶּן־גִּלְעָד v.supra-pr.n. (166) *son of Gilead*

בֶּן־מָכִיר v.supra-pr.n. (569) *son of Machir*

בֶּן־מְנַשֶּׁה v.supra-pr.n. (586) *son of Manasseh*

לֹא־הָיוּ לוֹ בָּנִים neg.-Qal pf. 3 c.p. (224)-prep. -3 m.s. sf.-n.m.p. (119) *there were no sons*

כִּי אִם־בָּנוֹת conj. (471)-hypoth.part. (49)-n.f.p. (I 123) *but only daughters*

וְאֵלֶּה שְׁמוֹת conj.-demons.adj. c.p. (41)-n.m.p. cstr. (1027) *and these are the names of*

בְּנֹתָיו n.f.p.-3 m.s. sf. (I 123) *his daughters*

מַחְלָה pr.n. (563) *Mahlah*

וְנֹעָה conj.-pr.n. (631) *Noah*

חָגְלָה pr.n. (291) *Hoglah*

מִלְכָּה pr.n. (574) *Milcah*

וְתִרְצָה conj.-pr.n. (953) *and Tirzah*

17:4

וַתִּקְרַבְנָה consec.-Qal impf. 3 f.p. (קָרַב 897) *and they came*

לִפְנֵי אֶלְעָזָר prep.-n.m.p. cstr. (815)-pr.n. (46) *before Eleazar*

הַכֹּהֵן def.art.-n.m.s. (463) *the priest*

וְלִפְנֵי יְהוֹשֻׁעַ conj.-v.supra-pr.n. (221) *and Joshua*

בֶּן־נוּן n.m.s. cstr. (119)-pr.n. (630) *the son of Nun*

וְלִפְנֵי הַנְּשִׂיאִים v.supra-def.art.-n.m.p. (672) *and the leaders*

לֵאמֹר prep.-Qal inf.cstr. (55) *saying*

יְהוָה צִוָּה pr.n. (217)-Pi. pf. 3 m.s. (צָוָה 845) *Yahweh commanded*

אֶת־מֹשֶׁה dir.obj.-pr.n. (602) *Moses*

לָתֶת־לָנוּ prep.-Qal inf.cstr. (נָתַן 678)-prep.-1 c.p. sf. *to give us*

נַחֲלָה n.f.s. (635) *an inheritance*

בְּתוֹךְ אַחֵינוּ prep.-n.m.s. cstr. (1063)-n.m.p.-1 c.p. sf. (26) *along with our brethren*

וַיִּתֵּן לָהֶם consec.-Qal impf. 3 m.s. (נָתַן 678) -prep.-3 m.p. sf. *so he gave them*

אֶל־פִּי יְהוָה prep. (39)-n.m.s. cstr. (804)-pr.n. (217) *according to the commandment of Yahweh*

נַחֲלָה v.supra *an inheritance*

בְּתוֹךְ אֲחֵי אֲבִיהֶן v.supra-n.m.p. cstr. (26)-n.m.s. -3 f.p. sf. (3) *among the brethren of their father*

17:5

וַיִּפְּלוּ consec.-Qal impf. 3 m.p. (נָפַל 656) *thus there fell*

חַבְלֵי־מְנַשֶּׁה n.m.p. cstr. (286)-pr.n. (586) *portions to Manasseh*

עֲשָׂרָה num. f. (796) *ten*

לְבַד מֵאֶרֶץ prep.-n.m.s. (II 94)-prep.-n.f.s. cstr. (75) *besides the land of*

הַגִּלְעָד def.art.-pr.n. (166) *Gilead*

וְהַבָּשָׁן conj.-def.art.-pr.n. (143) *and Bashan*

אֲשֶׁר מֵעֵבֶר rel. (81)-prep.-n.m.s. (719) *which is on the other side*

לַיַּרְדֵּן prep.-def.art.-pr.n. (434) *of the Jordan*

17:6

כִּי בְּנוֹת מְנַשֶּׁה conj. (471)-n.f.p. cstr. (I 123)-pr.n. (586) *because the daughters of Manasseh*

נָחֲלוּ נַחֲלָה Qal pf. 3 c.p. (635)-n.f.s. (635) *received an inheritance*

בְּתוֹךְ בָּנָיו prep.-n.m.s. cstr. (1063)-n.m.p.-3 m.s. sf. (119) *along with his sons*

וְאֶרֶץ הַגִּלְעָד conj.-n.f.s. cstr. (75)-def.art.-pr.n. (166) *and the land of Gilead*

הָיְתָה Qal pf. 3 f.s. (הָיָה 224) *was (allotted)*

לִבְנֵי־מְנַשֶּׁה prep.-n.m.p. cstr. (119)-pr.n. (586) *to the ... descendants of Manasseh*

הַנּוֹתָרִים def.art.-Ni. ptc. m.p. (יָתַר 451) *rest (remaining)*

17:7

וַיְהִי גְבוּל־מְנַשֶּׁה consec.-Qal impf. 3 m.s. (הָיָה 224)-n.m.s. cstr. (147)-pr.n. 586) *the territory of Manasseh reached*

מֵאָשֵׁר prep.-pr.n. (81) *from Asher*

הַמִּכְמְתָת def.art.-pr.n. (485) *to Michmethath*

אֲשֶׁר עַל־פְּנֵי שְׁכֶם rel. (81)-prep.-n.m.p. cstr. (815)-pr.n. (II 1014) *which is east of Shechem*

וְהָלַךְ הַגְּבוּל conj.-Qal pf. 3 m.s. (229)-def.art.-n.m.s. (147) *then the boundary goes along*

אֶל־הַיָּמִין prep. (39)-def.art.-n.f.s. (I 411) *southward*

אֶל־יֹשְׁבֵי prep. (39)-Qal act.ptc. m.p. cstr. (יָשַׁב 442) *to the inhabitants of*

עֵין תַּפּוּחַ pr.n. (III 656) *En-tappuah*

17:8

לִמְנַשֶּׁה prep.-pr.n. (586) *to Manasseh*

הָיְתָה Qal pf. 3 f.s. (הָיָה 224) *belonged*

אֶרֶץ תַּפּוּחַ n.f.s. cstr. (75)-pr.n. (III 656) *the land of Tappuah*

וְתַפּוּחַ conj.-pr.n. (III 656) *but Tappuah*

אֶל־גְּבוּל מְנַשֶּׁה prep. (39)-n.m.s. cstr. (147)-v.supra *on the boundary of Manasseh*

לִבְנֵי אֶפְרָיִם prep.-n.m.p. cstr. (119)-pr.n. paus. (68) *(belonged) to the sons of Ephraim*

17:9

וְיָרַד הַגְּבוּל conj.-Qal pf. 3 m.s. (432)-def.art.-n.m.s. (147) *then the boundary went down*

נַחַל קָנָה n.m.s. cstr. (636)-pr.n. (889) *to the brook Kanah*

נֶגְבָּה n.m.s.-dir.he (616) *to the south*

לַנַּחַל prep.-def.art.-n.m.s. (636) *of the brook*

עָרִים הָאֵלֶּה n.f.p. (746; rd.prb. הֶעָרִים)-def.art.-demons.adj. c.p. (41) *the cities here (these)*

לְאֶפְרַיִם prep.-pr.n. (68) *to Ephraim*

בְּתוֹךְ עָרֵי מְנַשֶּׁה prep.-n.m.s. cstr. (1063)-n.f.p. cstr. (746)-pr.n. (586) *among the cities of Manasseh*

וּגְבוּל מְנַשֶּׁה conj.-n.m.s. cstr. (147)-v.supra *then the boundary of Manasseh*

מִצָּפוֹן prep.-n.f.s. (860) *on the north side*

לַנַּחַל prep.-def.art.-n.m.s. (636) *of the brook*

וַיְהִי תֹצְאֹתָיו consec.-Qal impf. 3 m.s. (הָיָה 224)-n.f.p.-3 m.s. sf. (426) *and its end was*

הַיָּמָּה def.art.-n.m.s.-loc.he (410) *at the sea*

17:10

נֶגְבָּה n.m.s.-loc.he (616) *(the land to) the south*

לְאֶפְרַיִם prep.-pr.n. (68) *to Ephraim*

וְצָפוֹנָה conj.-n.f.s.-loc.he (860) *and to the north*

לִמְנַשֶּׁה prep.-pr.n. (586) *to Manasseh*

וַיְהִי הַיָּם consec.-Qal impf. 3 m.s. (הָיָה 224)-def.art.-n.m.s. (410) *with the sea forming*

גְּבוּלוֹ n.m.s.-3 m.s. sf. (147) *its boundary*

וּבְאָשֵׁר conj.-prep.-pr.n. (81) *and unto Asher*

יִפְגְּעוּן Qal impf. 3 m.p. (פָּגַע 803) *they reached*

מִצָּפוֹן prep.-n.f.s. (860) *on the north*

וּבְיִשָּׂשכָר conj.-prep.-pr.n. (441) *and Issachar*

מִמִּזְרָח prep.-n.m.s. (280) *on the east*

17:11

וַיְהִי לִמְנַשֶּׁה consec.-Qal impf. 3 m.s. (הָיָה 224)-prep. (GK 117,l)-pr.n. (586) *and to Manasseh*

בְּיִשָּׂשכָר prep.-pr.n. (441) *in Issachar*

וּבְאָשֵׁר conj.-prep.-pr.n. (81) *and in Asher*

בֵּית־שְׁאָן pr.n. (112) *Beth-shean*

וּבְנוֹתֶיהָ conj.-n.f.p.-3 f.s. sf. (I 123) *and its villages*

וְיִבְלְעָם conj.-pr.n. (385) *and Ibleam*

וּבְנוֹתֶיהָ v.supra *and its villages*

וְאֶת־יֹשְׁבֵי conj.-dir.obj.-Qal act.ptc. m.p. cstr. (יָשַׁב 442) *and the inhabitants of*

דֹּאר pr.n. (II 190) *Dor*

וּבְנוֹתֶיהָ v.supra *and its villages*

וְיֹשְׁבֵי conj.-v.supra *and the inhabitants of*

עֵין־דֹּר pr.n. (745) *En-dor*

וּבְנֹתֶיהָ v.supra *and its villages*

וְיֹשְׁבֵי conj.-v.supra *and the inhabitants of*

תַעְנַךְ pr.n. (1073) *Taanach*

וּבְנֹתֶיהָ v.supra *and its villages*

וְיֹשְׁבֵי v.supra *and the inhabitants of*

מְגִדּוֹ pr.n. (151) *Megiddo*

וּבְנוֹתֶיהָ v.supra *and its villages*

שְׁלֹשֶׁת num. (1025; GK 97c) *the third*

הַנָּפֶת def.art.-pr.n. paus. (632) *Naphath*

17:12

וְלֹא יָכְלוּ conj.-neg.-Qal pf. 3 c.p. (יָכֹל 407) *yet ... could not*

בְּנֵי מְנַשֶּׁה n.m.p. cstr. (119)-pr.n. (586) *the sons of Manasseh*

לְהוֹרִישׁ prep.-Hi. inf.cstr. (יָרֵשׁ 439) *take possession of*

אֶת־הֶעָרִים הָאֵלֶּה dir.obj.-def.art.-n.f.p. (746) -def.art.-demons.adj. c.p. (41) *those cities*

וַיּוֹאֶל הַכְּנַעֲנִי consec.-Hi. impf. 3 m.s. (II 383)-def.art.-adj.gent. (I 489) *but the Canaanites persisted*

לָשֶׁבֶת prep.-Qal inf.cstr. (יָשַׁב 442) *in dwelling*

בָּאָרֶץ הַזֹּאת prep.-def.art.-n.f.s. (75)-def.art. -demons.adj. f.s. (260) *in that land*

17:13

וַיְהִי כִּי consec.-Qal impf. 3 m.s. (הָיָה 224) -prep. (471) *but when*

חָזְקוּ Qal pf. 3 c.p. (חָזַק 304) *grew strong*

בְּנֵי יִשְׂרָאֵל n.m.p. cstr. (119)-pr.n. (975) *the people of Israel*

וַיִּתְּנוּ consec.-Qal impf. 3 m.p. (נָתַן 678) *they put*

אֶת־הַכְּנַעֲנִי dir.obj.-def.art.-adj.gent. (489) *the Canaanites*

לָמַס prep.-n.m.s. (I 586) *to forced labor*

וְהוֹרֵשׁ לֹא הוֹרִישׁוֹ conj.-Hi. inf.abs. (יָרֵשׁ 439) -neg.-Hi. pf. 3 m.s.-3 m.s. sf. (יָרֵשׁ 439) *and did not utterly drive them out*

17:14

וַיְדַבְּרוּ consec.-Pi. impf. 3 m.p. (דָּבַר 180) *and spoke*

בְּנֵי יוֹסֵף n.m.p. cstr. (119)-pr.n. (415) *the tribe of Joseph*

אֶת־יְהוֹשֻׁעַ dir.obj.-pr.n. (221) *to Joshua*

לֵאמֹר prep.-Qal inf.cstr. (55) *saying*

מַדּוּעַ adv. (396) *why*

נָתַתָּה לִּי Qal pf. 2 m.s. (נָתַן 678)-prep.-1 c.s. sf. *have you given me*

נַחֲלָה n.f.s. (635) *an inheritance*

גּוֹרָל אֶחָד n.m.s. (174)-num. (25) *one lot*

וְחֶבֶל אֶחָד conj.-n.m.s. (286)-v.supra *and one portion*

וַאֲנִי עַם־רָב conj.-pers.pr. 1 c.s. (58)-n.m.s. (I 766)-adj. m.s. (I 912) *although I am a numerous people*

עַד אֲשֶׁר־עַד־כֹּה prep. (723)-rel. (81)-v.supra -adv. (462) *since hitherto*

בֵּרֲכַנִי יהוה Pi. pf. 3 m.s.-1 c.s. sf. (בָּרַךְ 138)-pr.n. (217) *Yahweh has blessed me*

17:15

וַיֹּאמֶר אֲלֵיהֶם consec.-Qal impf. 3 m.s. (אָמַר 55)-prep.-3 m.p. sf. *and ... said to them*

יְהוֹשֻׁעַ pr.n. (221) *Joshua*

אִם־עַם־רַב hypoth.part. (49)-n.m.s. (I 766)-adj. m.s. (I 912) *if a numerous people*

אַתָּה pers.pr. 2 m.s. (61) *you are*

עֲלֵה לְךָ Qal impv. 2 m.s. (עָלָה 748)-prep.-2 m.s. sf. *go up*

הַיַּעְרָה def.art.-n.m.s.-dir.he (420; GK 90i) *to the forest*

וּבֵרֵאתָ לְךָ conj.-Pi. pf. 2 m.s. (בָּרָא I 135)-prep. -2 m.s. sf. *and clear (ground) for yourselves*

שָׁם adv. (1027) *there*

בְּאֶרֶץ הַפְּרִזִּי prep.-n.f.s. cstr. (75)-def.art. -adj.gent. (827) *in the land of the Perizzites*

וְהָרְפָאִים conj.-def.art.-pr.n.gent. (II 952) *and the Rephaim*

כִּי־אָץ לְךָ conj. (471)-Qal pf. 3 m.s. (אוּץ 21) -prep.-2 m.s. sf. *since ... is too narrow for you*

הַר־אֶפְרָיִם n.m.s. cstr. (249)-pr.n. paus. (68) *the hill country of Ephraim*

17:16

וַיֹּאמְרוּ consec.-Qal impf. 3 m.p. (אָמַר 55) *said*

בְּנֵי יוֹסֵף n.m.p. cstr. (119)-pr.n. (415) *the tribe of Joseph*

לֹא־יִמָּצֵא לָנוּ neg.-Ni. impf. 3 m.s. (מָצָא 592) -prep.-1 c.p. sf. *is not enough for us*

הָהָר def.art.-n.m.s. (249) *the hill country*

וְרֶכֶב בַּרְזֶל conj.-n.m.s. cstr. (939)-n.m.s. (137) *yet chariots of iron*

בְּכָל־הַכְּנַעֲנִי prep.-n.m.s. cstr. (481)-def.art. -adj.gent. (489) *with all the Canaanites*

הַיֹּשֵׁב def.art.-Qal act.ptc. (יָשַׁב 442) *who dwell*

בְּאֶרֶץ־הָעֵמֶק prep.-n.f.s. cstr. (75)-def.art.-n.m.s. (770) *in the plain*

לַאֲשֶׁר prep.-rel. (81) *(which)*

בְּבֵית־שְׁאָן prep.-pr.n. (112) *both in Beth-shean*

וּבְנוֹתֶיהָ conj.-n.f.p.-3 f.s. sf. (I 123) *and its villages*

וְלַאֲשֶׁר בְּעֵמֶק יִזְרְעֶאל conj.-prep.-rel. (81) -v.supra-pr.n. (283) *and those in the Valley of Jezreel*

17:17

וַיֹּאמֶר יְהוֹשֻׁעַ consec.-Qal impf. 3 m.s. (55)-pr.n. (221) *then Joshua said*

אֶל־בֵּית יוֹסֵף prep. (39)-n.m.s. cstr. (108)-pr.n. (415) *to the house of Joseph*

לְאֶפְרַיִם prep.-pr.n. (68) *to Ephraim*

וְלִמְנַשֶּׁה conj.-prep.-pr.n. (586) *and Manasseh*

לֵאמֹר prep.-Qal inf.cstr. (55) *(saying)*

עַם־רַב אַתָּה n.m.s. (I 766)-adj. m.s. (I 912)
-pers.pr. 2 m.s. (61) *you are a numerous
people*

וְכֹחַ גָּדוֹל לָךְ conj.-n.m.s. (470)-adj. m.s. (152)
-prep.-2 m.s. sf. paus. *and have great power*

לֹא־יִהְיֶה לְךָ neg.-Qal impf. 3 m.s. (224)
-prep.-2 m.s. sf. *there shall not be for you*

גּוֹרָל אֶחָד n.m.s. (174)-num. (25) *one lot (only)*

17:18

כִּי הַר יִהְיֶה־לָּךְ conj. (471)-n.m.s. (249)-Qal
impf. 3 m.s. (224)-prep.-2 m.s. sf. paus. *but
the hill country shall be yours*

כִּי־יַעַר הוּא conj. (471)-n.m.s. (420)-pers.pr. 3
m.s. (214) *for though it is a forest*

וּבֵרֵאתוֹ conj.-Pi. pf. 2 m.s.-3 m.s. sf. (בָּרָא 135)
you shall clear it

וְהָיָה לְךָ conj.-Qal pf. 3 m.s. (224)-prep.-2 m.s.
sf. *and it shall belong to you*

תֹּצְאֹתָיו n.f.p.-3 m.s. sf. (426) *to its end*

כִּי־תוֹרִישׁ conj. (471)-Hi. impf. 2 m.s. (יָרַשׁ 439)
for you shall drive out

אֶת־הַכְּנַעֲנִי dir.obj.-def.art.-adj.gent. (489) *the
Canaanites*

כִּי רֶכֶב בַּרְזֶל לוֹ conj. (471)-n.m.s. cstr. (939)
-n.m.s. (137)-prep.-3 m.s. sf. *though they
have chariots of iron*

כִּי חָזָק הוּא v.supra-adj. m.s. (305)-pers.pr. 3 m.s.
(214) *and though they are strong*

18:1

וַיִּקָּהֲלוּ consec.-Ni. impf. 3 m.p. (קָהַל 874) *then
assembled*

כָּל־עֲדַת n.m.s. cstr. (481)-n.f.s. cstr. (417) *the
whole congregation of*

בְּנֵי־יִשְׂרָאֵל n.m.p. cstr. (119)-pr.n. (975) *the
people of Israel*

שִׁלֹה pr.n. (1017) *at Shiloh*

וַיַּשְׁכִּינוּ שָׁם consec.-Hi. impf. 3 m.p. (שָׁכַן
1014)-adv. (1027) *and set up there*

אֶת־אֹהֶל מוֹעֵד dir.obj.-n.m.s. cstr. (13)-n.m.s.
(417) *the tent of meeting*

וְהָאָרֶץ conj.-def.art.-n.f.s. (75) *and the land*

נִכְבְּשָׁה Ni. pf. 3 f.s. (כָּבַשׁ 461) *lay subdued*

לִפְנֵיהֶם prep.-n.m.p.-3 m.p. sf. (815) *before them*

18:2

וַיִּוָּתְרוּ consec.-Ni. impf. 3 m.p. (יָתַר 451) *there
remained*

בִּבְנֵי יִשְׂרָאֵל prep.-n.m.p. cstr. (119)-pr.n. (975)
among the people of Israel

אֲשֶׁר לֹא־חָלְקוּ rel. (81)-neg.-Qal pf. 3 c.p. (חָלַק
323) *which they had not apportioned*

אֶת־נַחֲלָתָם dir.obj.-n.f.s.-3 m.p. sf. (635) *their
inheritance*

שִׁבְעָה שְׁבָטִים num. f. (I 987)-n.m.p. (986) *seven
tribes*

18:3

וַיֹּאמֶר יְהוֹשֻׁעַ consec.-Qal impf. 3 m.s. (55)-pr.n.
(221) *so Joshua said*

אֶל־בְּנֵי יִשְׂרָאֵל prep. (39)-n.m.p. cstr. (119)-pr.n.
(975) *to the people of Israel*

עַד־אָנָה prep. (723)-adv.-loc.he (33) *how long*

אַתֶּם מִתְרַפִּים pers.pr. 2 m.p. (61)-Hith. ptc. m.p.
(רָפָה 951) *will you be slack*

לָבוֹא prep.-Qal inf.cstr. (בּוֹא 97) *to go in*

לָרֶשֶׁת prep.-Qal inf.cstr. (יָרַשׁ 439) *and take
possession*

אֶת־הָאָרֶץ dir.obj.-def.art.-n.f.s. (75) *of the land*

אֲשֶׁר נָתַן לָכֶם rel. (81)-Qal pt. 3 m.s. (678)
-prep.-2 m.p. sf. *which ... has given you*

יְהוָה pr.n. (217) *Yahweh*

אֱלֹהֵי אֲבוֹתֵיכֶם n.m.p. cstr. (43)-n.m.p.-2 m.p. sf.
(3) *the God of your fathers*

18:4

הָבוּ לָכֶם Qal impv. 2 m.p. (יָהַב 396)-prep.-2
m.p. sf. *provide (for yourselves)*

שְׁלֹשָׁה אֲנָשִׁים num. f. (1025)-n.m.p. (35) *three
men*

לַשָּׁבֶט prep.-def.art.-n.m.s. paus. (986) *from each
tribe*

וְאֶשְׁלָחֵם conj.-Qal impf. 1 c.s.-3 m.p. sf. (שָׁלַח
1018) *and I will send them*

וְיָקֻמוּ conj.-Qal impf. 3 m.p. (קוּם 877) *that they
may set out*

וְיִתְהַלְּכוּ conj.-Hith. impf. 3 m.p. (הָלַךְ 229) *and
go up and down*

בָאָרֶץ prep.-def.art.-n.f.s. (75) *the land*

וְיִכְתְּבוּ אוֹתָהּ conj.-Qal impf. 3 m.p. (כָּתַב 507)
-dir.obj.-3 f.s. sf. *writing a description of it*

לְפִי נַחֲלָתָם prep.-n.m.s. cstr. (804)-n.f.s.-3 m.p.
sf. (635) *with a view to their inheritances*

וְיָבֹאוּ אֵלַי conj.-Qal impf. 3 m.p. (בּוֹא 97)
-prep.-1 c.s. sf. paus. *then come to me*

18:5

וְהִתְחַלְּקוּ אֹתָהּ conj.-Hith. pf. 3 c.p. (חָלַק 323)
-dir.obj.-3 f.s. sf. *and they shall divide it*

לְשִׁבְעָה חֲלָקִים prep.-num. f. (I 987)-n.m.p. (324)
into seven portions

יְהוּדָה יַעֲמֹד pr.n. (397)-Qal impf. 3 m.s. (עָמַד
763) *Judah continuing*

עַל־גְּבוּלוֹ prep.-n.m.s.-3 m.s. sf. (147) *in his
territory*

מִנֶּגֶב prep.-n.m.s. (616) *on the south*

וּבֵית יוֹסֵף conj.-n.m.s. cstr. (108)-pr.n. (415) *and
the house of Joseph*

יַעַמְדוּ Qal impf. 3 m.p. (עָמַד 763) *will continue*

עַל־גְּבוּלָם prep.-n.m.s.-3 m.p. sf. (147) *in their
territory*

מִצָּפוֹן prep.-n.f.s. (860) *on the north*

18:6

וְאַתֶּם תִּכְתְּבוּ conj.-pers.pr. 2 m.p. (61)-Qal impf.
2 m.p. (כָּתַב 507) *and you shall describe*

אֶת־הָאָרֶץ dir.obj.-def.art.-n.f.s. (75) *the land*

שִׁבְעָה חֲלָקִים num. f. (I 987)-n.m.p. (324) *in
seven divisions*

וַהֲבֵאתֶם אֵלַי conj.-Hi. pf. 2 m.p. (בּוֹא 97)
-prep.-1 c.s. sf. *and bring to me*

הֵנָּה adv. (I 244) *here*

וְיָרִיתִי לָכֶם conj.-Qal pf. 1 c.s. (יָרָה 434)-prep.-2
m.p. sf. *and I will cast for you*

גּוֹרָל n.m.s. (174) *lots*

פֹּה adv. (805) *here*

לִפְנֵי יהוה prep.-n.m.p. cstr. (815)-pr.n. (217)
before Yahweh

אֶל־הֵינוּ n.m.p.-1 c.p. sf. (43) *our God*

18:7

כִּי אֵין־חֵלֶק conj. (471)-neg. (II 34)-n.m.s. (324)
for there is no portion

לַלְוִיִּם prep.-def.art.-adj.gent. (532) *to the Levites*

בְּקִרְבְּכֶם prep.-n.m.s.-2 m.p. sf. (899) *among you*

כִּי־כְהֻנַּת יהוה conj. (471)-n.f.s. cstr. (464)-pr.n.
(217) *for the priesthood of Yahweh*

נַחֲלָתוֹ n.f.s.-3 m.s. sf. (635) *their heritage*

וְגָד וּרְאוּבֵן conj.-pr.n. (III 151)-conj.-pr.n. (910)
and Gad and Reuben

וַחֲצִי שֵׁבֶט הַמְנַשֶּׁה conj.-n.m.s. cstr. (345)-n.m.s.
cstr. (986)-def.art.-pr.n. (586) *and half the
tribe of Manasseh*

לָקְחוּ Qal pf. 3 c.p. (לָקַח 542) *have received*

נַחֲלָתָם n.f.s.-3 m.p. sf. (635) *their inheritance*

מֵעֵבֶר לַיַּרְדֵּן prep.-n.m.s. (719)-prep.-def.
art.-pr.n. (434) *beyond the Jordan*

מִזְרָחָה n.m.s.-dir.he (280) *eastward*

אֲשֶׁר נָתַן לָהֶם rel. (81)-Qal pf. 3 m.s. (678)
-prep.-3 m.p. sf. *which ... gave them*

מֹשֶׁה pr.n. (602) *Moses*

עֶבֶד יהוה n.m.s. cstr. (713)-pr.n. (217) *the
servant of Yahweh*

18:8

וַיָּקֻמוּ הָאֲנָשִׁים consec.-Qal impf. 3 m.p. (קוּם
877)-def.art.-n.m.p. (35) *so the men arose*

וַיֵּלֵכוּ consec.-Qal impf. 3 m.p. (הָלַךְ 229) *and
went*

וַיְצַו יְהוֹשֻׁעַ consec.-Pi. impf. 3 m.s. (צָוָה 845)
-pr.n. (221) *and Joshua charged*

אֶת־הַהֹלְכִים dir.obj.-def.art.-Qal act.ptc. m.p.
(הָלַךְ 229) *who went*

לִכְתֹּב prep.-Qal inf.cstr. (כָּתַב 507) *to write (the
description of)*

אֶת־הָאָרֶץ dir.obj.-def.art.-n.f.s. (75) *the land*

לֵאמֹר prep.-Qal inf.cstr. (55) *saying*

לְכוּ וְהִתְהַלְּכוּ בָאָרֶץ Qal impv. 2 m.p. (הָלַךְ
229)-conj.-Hith. impv. 2 m.p. (הָלַךְ 229)
-prep.-def.art.-n.f.s. (75) *go up and down in
the land*

וְכִתְבוּ אוֹתָהּ conj.-Qal impv. 2 m.p. (כָּתַב
507)-dir.obj.-3 f.s. sf. *and write it*

וְשׁוּבוּ אֵלַי conj.-Qal impv. 2 m.p. (שׁוּב 996)
-prep.-1 c.s. sf. *and come again to me*

וּפֹה conj.-adv. (805) *and here*

אַשְׁלִיךְ לָכֶם Hi. impf. 1 c.s. (שָׁלַךְ 1020)-prep.-2
m.p. sf. *I will cast for you*

גּוֹרָל n.m.s. (174) *lots*

לִפְנֵי יהוה prep.-n.m.p. cstr. (815)-pr.n. (217)
before Yahweh

בְּשִׁלֹה prep.-pr.n. (1017) *in Shiloh*

18:9

וַיֵּלְכוּ הָאֲנָשִׁים consec.-Qal impf. 3 m.p. (הָלַךְ
229)-def.art.-n.m.p. (35) *so the men went*

וַיַּעַבְרוּ consec.-Qal impf. 3 m.p. (עָבַר 716) *and
passed up and down*

בָאָרֶץ prep.-def.art.-n.f.s. (75) *in the land*

וַיִּכְתְּבוּהָ consec.-Qal impf. 3 m.p.-3 f.s. sf. (כָּתַב
507) *and wrote it*

לֶעָרִים prep.-def.art.-n.f.p. (746) *by towns*

לְשִׁבְעָה חֲלָקִים prep.-num. f. (I 987)-n.m.p. (324)
in seven divisions

עַל־סֵפֶר prep.-n.m.s. (706) *in a book*

וַיָּבֹאוּ consec.-Qal impf. 3 m.p. (בּוֹא 97) *then
they came*

אֶל־יְהוֹשֻׁעַ prep. (39)-pr.n. (221) *to Joshua*

אֶל־הַמַּחֲנֶה prep.-def.art.-n.m.s. (334) *in the
camp*

שִׁלֹה pr.n. (1017) *in Shiloh*

18:10

וַיַּשְׁלֵךְ לָהֶם consec.-Hi. impf. 3 m.s. (שָׁלַךְ 1020)-prep.-3 m.p. sf. *and ... cast ... for them*

יְהוֹשֻׁעַ pr.n. (221) *Joshua*

גּוֹרָל n.m.s. (174) *lots*

בְּשִׁלֹה prep.-pr.n. (1017) *in Shiloh*

לִפְנֵי יהוה prep.-n.m.p. cstr. (815)-pr.n. (217) *before Yahweh*

וַיְחַלֶּק־שָׁם consec.-Pi. impf. 3 m.s. (חָלַק 323)-adv. (1027) *and there ... apportioned*

יְהוֹשֻׁעַ pr.n. (221) *Joshua*

אֶת־הָאָרֶץ dir.obj.-def.art.-n.f.s. (75) *the land*

לִבְנֵי יִשְׂרָאֵל prep.-n.m.p. cstr. (119)-pr.n. (975) *to the people of Israel*

כְּמַחְלְקֹתָם prep.-n.f.p.-3 m.p. sf. (324) *to each his portion*

18:11

וַיַּעַל consec.-Qal impf. 3 m.s. (עָלָה 748) *then came up*

גּוֹרָל מַטֵּה n.m.s. cstr. (174)-n.m.s. cstr. (641) *the lot of the tribe of*

בְּנֵי־בִנְיָמִן n.m.p. cstr. (119)-pr.n. (122) *the sons of Benjamin*

לְמִשְׁפְּחֹתָם prep.-n.f.p.-3 m.p. sf. (1046) *according to its families*

וַיֵּצֵא consec.-Qal impf. 3 m.s. (יָצָא 422) *and went out*

גְּבוּל גּוֹרָלָם n.m.s. cstr. (147)-n.m.s.-3 m.p. sf. (174) *the territory allotted to it*

בֵּין בְּנֵי יְהוּדָה prep. (107)-n.m.p. cstr. (119)-pr.n. (397) *between the tribe of Judah*

וּבֵין בְּנֵי יוֹסֵף conj.-v.supra-v.supra-pr.n. (415) *and the tribe of Joseph*

18:12

וַיְהִי consec.-Qal impf. 3 m.s. (הָיָה 224) *and was*

לָהֶם הַגְּבוּל prep.-3 m.p. sf.-def.art.-n.m.s. (147) *their boundary*

לִפְאַת צָפוֹנָה prep.-n.f.s. cstr. (802)-n.f.s.-loc.he (860) *on the north side*

מִן־הַיַּרְדֵּן prep.-def.art.-pr.n. (434) *at the Jordan*

וְעָלָה conj.-Qal pf. 3 m.s. (748; GK 112ss) *then goes up*

הַגְּבוּל def.art.-n.m.s. (147) *the boundary*

אֶל־כֶּתֶף יְרִיחוֹ prep. (39)-n.f.s. cstr. (509)-pr.n. (437) *to the shoulder of Jericho*

מִצָּפוֹן prep.-n.f.s. (860) *north*

וְעָלָה v.supra *then goes up*

בָּהָר prep.-def.art.-n.m.s. (249) *through the hill country*

יָמָּה n.m.s.-dir.he (410) *westward*

וְהָיָה תֹצְאֹתָיו conj.-Qal pf. 3 c.p. (הָיָה 224)-n.f.p.-3 m.s. sf. (426) *and its extremities were*

מִדְבָּרָה n.m.s.-loc.he (184; GK 90i) *at the wilderness*

בֵּית אָוֶן pr.n. (110) *Beth-aven*

18:13

וְעָבַר conj.-Qal pf. 3 m.s. (716) *and ... passes*

מִשָּׁם prep.-adv. (1027) *from there*

הַגְּבוּל def.art.-n.m.s. (147) *the boundary*

לוּזָה pr.n.-dir.he (531) *in the direction of Luz*

אֶל־כֶּתֶף לוּזָה prep. (39)-n.f.s. cstr. (509)-v.supra (GK 112ss) *to the shoulder of Luz*

נֶגְבָּה n.m.s.-dir.he (616) *southward*

הִיא בֵּית־אֵל pers.pr. 3 f.s. (214)-pr.n. (110) *the same is Bethel*

וְיָרַד הַגְּבוּל conj.-Qal pf. 3 m.s. (432)-det.art.-n.m.s. (147) *then the boundary goes down*

עַטְרוֹת אַדָּר pr.n. (743; 12) *to Ataroth-addar*

עַל־הָהָר prep.-def.art.-n.m.s. (249) *upon the mountain*

אֲשֶׁר מִנֶּגֶב rel. (81)-prep.-n.m.s. (616) *that lies south*

לְבֵית־חֹרוֹן prep.-pr.n. (111) *of ... Beth-horon*

תַּחְתּוֹן adj. m.s. (1066) *Lower*

18:14

וְתָאַר הַגְּבוּל conj.-Qal pf. 3 m.s. (1061)-def.art.-n.m.s. (147) *then the boundary goes in another direction*

וְנָסַב conj.-Ni. pf. 3 m.s. (סָבַב 685) *turning*

לִפְאַת־יָם prep.-n.f.s. cstr. (802)-n.m.s. (410) *on the western side*

נֶגְבָּה n.m.s.-dir.he (616) *southward*

מִן־הָהָר prep.-def.art.-n.m.s. (249) *from the mountain*

אֲשֶׁר עַל־פְּנֵי rel. (81)-prep.-n.m.p. cstr. (815) *that lies opposite*

בֵּית־חֹרוֹן pr.n. (111) *Beth-horon*

נֶגְבָּה v.supra *to the south*

וְהָיָה תֹצְאֹתָיו conj.-Qal pf. 3 c.p. (הָיָה 224)-n.f.p.-3 m.s. sf. (426) *and its extremities were*

אֶל־קִרְיַת־בַּעַל prep. (39)-pr.n. (900) *at Kiriath-ba'al*

הִיא קִרְיַת יְעָרִים pers.pr. 3 f.s. (214)-pr.n. (900) *that is, Kiriath-jearim*

עִיר בְּנֵי יְהוּדָה n.f.s. (746)-n.m.p. cstr. (119)-pr.n. (397) *a city belonging to the tribe of Judah*

זֹאת פְּאַת־יָם demons.adj. f.s. (260)-n.f.s. cstr. (802)-n.m.s. (410) *this forms the western side*

18:15

וּפְאַת־נֶגְבָּה conj.-n.f.s. cstr. (802)-n.m.s.-loc.he (616) *and the southern side*

מִקְצֵה prep.-n.m.s. cstr. (892) *at the outskirts of*

קִרְיַת יְעָרִים pr.n. (900) *Kiriath-jearim*

וְיָצָא הַגְּבוּל conj.-Qal pf. 3 m.s. (422)-def.art. -n.m.s. (147) *and the boundary goes*

יָמָּה n.m.s.-dir.he (410; LXX-εἰς Γασιν) *westward*

וְיָצָא v.supra *and goes*

אֶל־מַעְיַן prep. (39)-n.m.s. cstr. (745) *to the spring of*

מֵי נֶפְתּוֹחַ n.m.p. cstr. (565)-pr.n. (836) *the Waters of Nephtoah*

18:16

וְיָרַד הַגְּבוּל conj.-Qal pf. 3 m.s. (432)-def.art. -n.m.s. (147) *then the boundary goes down*

אֶל־קְצֵה הָהָר prep. (39)-n.m.s. cstr. (892)-def.art. -n.m.s. (249) *to the border of the mountain*

אֲשֶׁר עַל־פְּנֵי rel. (81)-prep.-n.m.p. cstr. (815) *that overlooks*

גֵּי בֶן־הִנֹּם n.m.s. cstr. 161)-n.m.p. cstr. (119)-pr.n. (244) *the valley of the son of Hinnom*

אֲשֶׁר בְּעֵמֶק v.supra-prep.-n.m.s. cstr. (770) *which is in the valley of*

רְפָאִים pr.n. (952) *Rephaim*

צָפוֹנָה n.f.s.-loc.he (860) *at the north end*

וְיָרַד conj.-Qal pf. 3 m.s. (432) *and it goes down*

גֵּי הִנֹּם n.m.s. cstr. (161)-pr.n. (244) *the valley of Hinnom*

אֶל־כֶּתֶף הַיְבוּסִי prep. (39)-n.f.s. cstr. (509)-def. art.-adj.gent. (101) *of the shoulder of the Jebusites*

נֶגְבָּה n.m.s.-dir.he (616) *south*

וְיָרַד v.supra *and goes down*

עֵין רֹגֵל pr.n. (II 745) *to En-rogel*

18:17

וְתָאַר conj.-Qal pf. 3 m.s. (1061) *then it bends*

מִצָּפוֹן prep.-n.f.s. (860) *in a northerly direction*

וְיָצָא conj.-Qal pf. 3 m.s. (יָצָא 422) *going on*

עֵין שֶׁמֶשׁ pr.n. (745) *En-shemesh*

וְיָצָא v.supra *and goes*

אֶל־גְּלִילוֹת prep. (39)-pr.n. (165) *to Geliloth*

אֲשֶׁר־נֹכַח rel. (81)-adv. (647) *which is opposite*

מַעֲלֵה n.m.s. cstr. (751) *the ascent of*

אֲדֻמִּים pr.n. (751) *Adummim*

וְיָרַד conj.-Qal pf. 3 m.s. (432) *then it goes down*

אֶבֶן בֹּהַן n.f.s. cstr. (6)-pr.n. (97) *to the Stone of Bohan*

בֶּן־רְאוּבֵן n.m.s. cstr. (119)-pr.n. (910) *the son of Reuben*

18:18

וְעָבַר conj.-Qal pf. 3 m.s. (716) *and passing on*

אֶל־כֶּתֶף prep. (39)-n.f.s. cstr. (509) *to the shoulder of*

מוּל־הָעֲרָבָה prep.-def.art.-n.f.s. (787; 112) *over against the Arabah*

צָפוֹנָה n.f.s.-dir.he (860) *to the north*

וְיָרַד conj.-Qal pf. 3 m.s. (432) *it goes down*

הָעֲרָבָתָה def.art.-n.f.s.-dir.he (787) *to the Arabah*

18:19

וְעָבַר הַגְּבוּל conj.-Qal pf. 3 m.s. (716)-def. -n.m.s. (147) *then the boundary passes on*

אֶל־כֶּתֶף prep. (39)-n.f.s. cstr. (509) *to the shoulder of*

בֵּית־חָגְלָה pr.n. (111) *Beth-hoglah*

צָפוֹנָה n.f.s.-dir.he (860) *to the north*

וְהָיָה תֹצְאוֹתָיו conj.-Qal pf. 3 c.p. (הָיָה 224) -n.f.p. (426) *and the ends were*

הַגְּבוּל def.art.-n.m.s. (147) *the boundary*

אֶל־לְשׁוֹן prep. (39)-n.f.s. cstr. (546) *at the bay of*

יָם־הַמֶּלַח n.m.s. cstr. (410)-def.art.-n.m.s. (571) *the Salt Sea*

צָפוֹנָה n.f.s.-dir.he (860) *at the north*

אֶל־קְצֵה הַיַּרְדֵּן prep. (39)-n.m.s. cstr. (892)-def. art.-pr.n. (434) *at the end of the Jordan*

נֶגְבָּה n.m.s.-loc.he (616) *at the south*

זֶה גְּבוּל נֶגֶב demons.adj. m.s. (260)-n.m.s. (147)-adj. m.s. (616) *this is the southern border*

18:20

וְהַיַּרְדֵּן conj.-def.art.-pr.n. (434) *and the Jordan*

יִגְבֹּל־אֹתוֹ Qal impf. 3 m.s. (גָּבַל 148; GK 47f) -dir.obj.-3 m.s. sf. *forms its boundary*

לִפְאַת־קֵדְמָה prep.-n.f.s. cstr. (802)-n.m.s.-loc.he (870) *on the eastern side*

זֹאת נַחֲלַת demons.adj. f.s. (260)-n.f.s. cstr. (635) *this is the inheritance of*

בְּנֵי בִנְיָמִן n.m.p. cstr. (119)-pr.n. (122) *the tribe of Benjamin*

לִגְבוּלֹתֶיהָ prep.-n.f.p.-3 f.s. sf. (148) *boundary by boundary*

סָבִיב adv. (686) *round about*

לְמִשְׁפְּחֹתָם prep.-n.f.p.-3 m.p. sf. (1046) *according to its families*

18:21

וְהָיוּ הֶעָרִים conj.-Qal pf. 3 c.p. (הָיָה 224)-def. art.-n.f.p. (746) *now the cities were*

לְמַטֵּה prep.-n.m.s. cstr. (641) *of the tribe of*

בְּנֵי בִנְיָמִן n.m.p. cstr. (119)-pr.n. (122) *Benjamin*

לְמִשְׁפְּחֹתֵיהֶם prep.-n.f.p.-3 m.p. sf. (1046) *according to their families*

יְרִיחוֹ pr.n. (437) *Jericho*

וּבֵית־חָגְלָה conj.-pr.n. (111) *Beth-hoglah*

וְעֵמֶק קְצִיץ conj.-pr.n. (770; 894) *Emek-keziz*

18:22

וּבֵית הָעֲרָבָה conj.-112) *Beth-arabah*

וּצְמָרַיִם conj.-pr.n. (856) *Zemaraim*

וּבֵית־אֵל conj.-pr.n. (110) *Bethel*

18:23

וְהָעַוִּים conj.-def.art.-pr.n. (732) *Avvim*

וְהַפָּרָה conj.-def.art.-pr.n. (II 831) *Parah*

וְעָפְרָה conj.-pr.n. (780) *Ophrah*

18:24

וּכְפַר הָעַמֹּנִי conj.-pr.n. (499; 770) *Chephar-ammoni*

וְהָעָפְנִי conj.-def.art.-pr.n. (779) *Ophni*

וָגָבַע conj.-pr.n. paus. (148) *and Geba*

עָרִים n.f.p. (746) *cities*

שְׁתֵּים־עֶשְׂרֵה num. f. (1041)-num. (797) *twelve*

וְחַצְרֵיהֶן conj.-n.m.p.-3 f.p. sf. (II347) *with their villages*

18:25

גִּבְעוֹן pr.n. (149) *Gibeon*

וְהָרָמָה conj.-def.art.-pr.n. (928) *Ramah*

וּבְאֵרוֹת conj.-pr.n. (92) *Beeroth*

18:26

וְהַמִּצְפֶּה conj.-def.art.-pr.n. (II 859) *Mizpeh*

וְהַכְּפִירָה conj.-def.art.-pr.n. (499) *Chephirah*

וְהַמֹּצָה conj.-def.art.-pr.n. (594) *Mozah*

18:27

וְרֶקֶם conj.-pr.n. (955) *Rekem*

וְיִרְפְּאֵל conj.-pr.n. (951) *Irpeel*

וְתַרְאֲלָה conj.-pr.n. (1076) *Taralah*

18:28

וְצֵלַע conj.-pr.n. (854) *Zela*

הָאֶלֶף def.art.-pr.n. (49) *Haeleph*

וְהַיְבוּסִי conj.-def.art.-adj.gent. (101) *the Jebusite*

הִיא יְרוּשָׁלַ͏ִם pers.pr. 3 f.s. (214)-pr.n. (436) *that is, Jerusalem*

גִּבְעַת pr.n. (149) *Gibeath*

קִרְיַת pr.n. (900) *Kiriath-jearim*

עָרִים n.f.p. (746) *cities*

אַרְבַּע־עֶשְׂרֵה num. (916)-num. (797) *fourteen*

וְחַצְרֵיהֶן conj.-n.m.p.-3 f.p. sf. (II 347) *with their villages*

זֹאת נַחֲלַת demons.adj. f.s. (260)-n.f.s. cstr. (635) *this is the inheritance of*

בְּנֵי־בִנְיָמִן n.m.p. cstr. (119)-pr.n. (122) *the tribe of Benjamin*

לְמִשְׁפְּחֹתָם prep.-n.f.p.-3 m.p. sf. (1046) *according to its families*

19:1

וַיֵּצֵא הַגּוֹרָל הַשֵּׁנִי consec.-Qal impf. 3 m.s. (יָצָא 422)-def.art.-n.m.s. (174)-def.art.-num.adj. ord. (1041) *the second lot came out*

לְשִׁמְעוֹן prep.-pr.n. (1035) *for Simeon*

לְמַטֵּה prep.-n.m.s. cstr. (641) *for the tribe of*

בְּנֵי־שִׁמְעוֹן n.m.p. cstr. (119)-pr.n. (1035) *(the sons of) Simeon*

לְמִשְׁפְּחוֹתָם prep.-n.f.p.-3 m.p. sf. (1046) *according to its families*

וַיְהִי נַחֲלָתָם conj.-Qal impf. 3 m.s. (הָיָה 224) -n.f.s.-3 m.p. sf. (635) *its inheritance was*

בְּתוֹךְ נַחֲלַת prep.-n.m.s. cstr. (1063)-n.f.s. cstr. (635) *in the midst of the inheritance of*

בְּנֵי־יְהוּדָה n.m.p. cstr. (119)-pr.n. (397) *the tribe of Judah*

19:2

וַיְהִי לָהֶם consec.-Qal impf. 3 m.s. (הָיָה 224) -prep.-3 m.p. sf. *and it had*

בְּנַחֲלָתָם prep.-n.f.s.-3 m.p. sf. (635) *for its inheritance*

בְּאֵר־שֶׁבַע pr.n. (92) *Beer-sheba*

וְשֶׁבַע conj.-pr.n. (III 989) *Sheba*

וּמוֹלָדָה conj.-pr.n. (409) *Moladah*

19:3

וַחֲצַר שׁוּעָל conj.-pr.n. (347) *Hazar-shual*

וּבָלָה conj.-pr.n. (115) *Balah*

וָעָצֶם conj.-pr.n. paus. (II 783) *Ezem*

19:4

וְאֶלְתּוֹלַד conj.-pr.n. (39) *Eltolad*

וּבְתוּל conj.-pr.n. (II 143) *Bethul*

וְחָרְמָה conj.-pr.n. (356) *Hormah*

19:5

וְצִקְלַג conj.-pr.n. (862) *Ziklag*

וּבֵית־הַמַּרְכָּבוֹת conj.-pr.n. (112) *Beth-marcaboth*

וַחֲצַר סוּסָה conj.-pr.n. (347) *Hazar-susah*

19:6

וּבֵית לְבָאוֹת conj.-pr.n. (111) *Beth-lebaoth*

וְשָׁרוּחֶן conj.-pr.n. (1056) *and Sharuhen*

עָרִים n.f.p. (746) *cities*

שְׁלֹשׁ־עֶשְׂרֵה num. (1025)-num. (797) *thirteen*

וְחַצְרֵיהֶן conj.-n.m.p.-3 f.p. sf. (II 347) *with their villages*

19:7

עַיִן רִמּוֹן pr.n. (745; IV 942) *En-rimmon*

וָעֶתֶר conj.-pr.n. (801) *Ether*

וְעָשָׁן conj.-pr.n. (II 798) *and Ashan*

עָרִים אַרְבַּע n.f.p. (746)-num. (916) *four cities*

וְחַצְרֵיהֶן conj.-n.m.p.-3 f.p. sf. (II 347) *with their villages*

19:8

וְכָל־הַחֲצֵרִים conj.-n.m.s. cstr. (481)-def.art.-n.m.p. (II 347) *together with all the villages*

אֲשֶׁר סְבִיבוֹת rel. (81)-adv. (686) *round about*

הֶעָרִים הָאֵלֶּה def.art.-n.f.p. (746)-def.art.-demons.adj. c.p. (41) *these cities*

עַד־בַּעֲלַת בְּאֵר prep. (723)-pr.n. (128) *as far as Baalath-beer*

רָאמַת נֶגֶב pr.n. cstr. (928)-n.m.s. (616) *Ramah of the Negeb (Ramath-negeb)*

זֹאת נַחֲלַת demons.adj. f.s. (260)-n.f.s. cstr. (635) *this was the inheritance of*

מַטֵּה בְנֵי־שִׁמְעוֹן n.m.s. cstr. (641)-n.m.p. cstr. (119)-pr.n. (1035) *the tribe of Simeon*

לְמִשְׁפְּחֹתָם prep.-n.f.p.-3 m.p. sf. (1046) *according to its families*

19:9

מֵחֶבֶל prep.-n.m.s. cstr. (286) *part of the territory of*

בְּנֵי יְהוּדָה n.m.p. cstr. (119)-pr.n. (397) *Judah*

נַחֲלַת n.f.s. cstr. (635) *the inheritance of*

בְּנֵי שִׁמְעוֹן n.m.p. cstr. (119)-pr.n. (1035) *the tribe of Simeon*

כִּי־הָיָה conj. (471)-Qal pf. 3 m.s. (224) *because was*

חֵלֶק n.m.s. cstr. (324) *the portion of*

בְּנֵי־יְהוּדָה n.m.p. cstr. (119)-pr.n. (397) *the tribe of Judah*

רַב מֵהֶם adj. m.s. (912)-prep.-3 m.p. sf. *too large for them*

וַיִּנְחֲלוּ consec.-Qal impf. 3 m.p. (נָחַל 635) *obtained an inheritance*

בְנֵי־שִׁמְעוֹן n.m.p. cstr. (119)-pr.n. (1035) *the tribe of Simeon*

בְּתוֹךְ נַחֲלָתָם prep.-n.m.s. cstr. (1063)-n.f.s.-3 m.p. sf. (635) *in the midst of their inheritance*

19:10

וַיַּעַל consec.-Qal impf. 3 m.s. (עָלָה 748) *came up*

הַגּוֹרָל הַשְּׁלִישִׁי def.art.-n.m.s. (174)-def.art.-num.ord. (1026) *the third lot*

לִבְנֵי זְבוּלֻן prep.-n.m.p. cstr. (119)-pr.n. (259) *the tribe of Zebulun*

לְמִשְׁפְּחֹתָם prep.-n.f.p.-3 m.p. sf. (1046) *according to its families*

וַיְהִי consec.-Qal impf. 3 m.s. (הָיָה 224) *and reached*

גְּבוּל נַחֲלָתָם n.m.s. cstr. (147)-n.f.s.-3 m.p. sf. (635) *the territory of its inheritance*

עַד־שָׂרִיד prep. (723)-pr.n. (II 975) *as far as Sarid*

19:11

וְעָלָה conj.-Qal pf. 3 m.s. (748) *then goes up*

גְּבוּלָם n.m.s.-3 m.p. sf. (147) *its boundary*

לַיָּמָּה prep.-def.art.-n.m.s.-dir.he (410) *westward*

וּמַרְעֲלָה conj.-pr.n. (599) *and on to Mareal*

וּפָגַע conj.-Qal pf. 3 m.s. (803) *and touches*

בְּדַבָּשֶׁת prep.-pr.n. (185) *Dabbesheth*

וּפָגַע v.supra *then (touches)*

אֶל־הַנַּחַל prep. (39)-def.art.-n.m.s. (636) *to the brook*

אֲשֶׁר עַל־פְּנֵי rel. (81)-prep.-n.m.p. cstr. (815) *which is east of*

יָקְנְעָם pr.n. (429) *Jokneam*

19:12

וְשָׁב מִשָּׂרִיד conj.-Qal pf. 3 m.s. (שׁוּב 996; GK 112ss)-prep.-pr.n. (II 975) *it goes in the other direction from Sarid*

קֵדְמָה adv.-loc.he (870) *eastward*

מִזְרַח הַשֶּׁמֶשׁ n.m.s. cstr. (280)-def.art.-n.f.s. (1039) *toward the sunrise*

עַל־גְּבוּל prep.-n.m.s. cstr. (147) *to the boundary of*

כִּסְלֹת תָּבֹר pr.n. (493; 1061) *Chisloth-tabor*

וְיָצָא conj.-Qal pf. 3 m.s. (422) *thence it goes*

אֶל־הַדָּבְרַת prep. (39)-def.art.-pr.n. (184) *to Daberath*

וְעָלָה conj.-Qal pf. 3 m.s. (748) *then it goes up*
יָפִיעַ pr.n. (422) *to Japhia*

19:13

וּמִשָּׁם conj.-prep.-adv. (1027) *and from there*
עָבַר Qal pf. 3 m.s. (716) *it passes along*
קֵדְמָה adv.-loc.he (870) *on the east*
מִזְרָחָה n.m.s.-dir.he (280) *toward the sunrise*
גִּתָּה חֵפֶר pr.n.-loc.he (387) *to Gath-hepher*
עִתָּה קָצִין pr.n.-loc.he (773; GK 90i) *to Eth-kazin*
וְיָצָא conj.-Qal pf. 3 m.s. (422) *and go on*
רִמּוֹן pr.n. (IV 942) *to Rimmon*
הַמְּתֹאָר (rd.prb. רִמּוֹנָה וְתָאַר 1061) *and it bends*
הַנֵּעָה def.art.-pr.n. (631) *toward Neah*

19:14

וְנָסַב אֹתוֹ conj.-Ni. pf. 3 m.s. (סבב 685)-dir. obj.-3 m.s. sf. *then ... turns about*
הַגְּבוּל def.art.-n.m.s. (147) *the boundary*
מִצְּפוֹן חַנָּתֹן prep.-n.f.s. cstr. (860)-pr.n. (337) *on the north to Hannathon*
וְהָיוּ תֹּצְאֹתָיו conj.-Qal pf. 3 c.p. (הָיָה 224)-n.f.p.-3 m.s. sf. (426) *and its ends were*
גֵּי יִפְתַּח־אֵל n.m.s. cstr. (161)-pr.n. (836) *at the valley of Iphtahel*

19:15

וְקַטָּת conj.-pr.n. (883) *and Kattath*
וְנַהֲלָל conj.-pr.n. (II 625) *Nahalal*
וְשִׁמְרוֹן conj.-pr.n. (I 1038) *Shimron*
וְיִדְאֲלָה conj.-pr.n. (391) *Idalah*
וּבֵית לָחֶם conj.-pr.n. (111) *and Bethlehem*
עָרִים n.f.p. (746) *cities*
שְׁתֵּים־עֶשְׂרֵה num. (1040)-num. (797) *twelve*
וְחַצְרֵיהֶן conj.-n.m.p.-3 f.p. sf. (II 347) *with their villages*

19:16

זֹאת נַחֲלַת demons.adj. f.s. (260)-n.f.s. cstr. (635) *this is the inheritance of*
בְּנֵי־זְבוּלֻן n.m.p. cstr. (119)-pr.n. (259) *the tribe of Zebulun*
לְמִשְׁפְּחוֹתָם prep.-n.f.p.-3 m.p. sf. (1046) *according to its families*
הֶעָרִים הָאֵלֶּה def.art.-n.f.p. (746)-def.art.-demons.adj. c.p. (41) *these cities*
וְחַצְרֵיהֶן conj.-n.m.p.-3 f.p. sf. (II 347) *with their villages*

19:17

לְיִשָּׂשכָר prep.-pr.n. (441) *for Issachar*

יָצָא Qal pf. 3 m.s. (422) *came out*
הַגּוֹרָל הָרְבִיעִי def.art.-n.m.s. (174)-def.art.-num.ord. (917) *the fourth lot*
לִבְנֵי יִשָּׂשכָר prep.-n.m.p. cstr. (119)-v.supra *for the tribe of Issachar*
לְמִשְׁפְּחוֹתָם prep.-n.f.p.-3 m.p. sf. (1046) *according to its families*

19:18

וַיְהִי גְבוּלָם consec.-Qal impf. 3 m.s. (הָיָה 224)-n.m.s.-3 m.p. sf. (147) *its territory included*
יִזְרְעֶאלָה pr.n. (283) *Jezreel*
וְהַכְּסוּלֹת conj.-def.art.-pr.n. (493) *Chesulloth*
וְשׁוּנֵם conj.-pr.n. (1002) *Shunem*

19:19

וַחֲפָרַיִם conj.-pr.n. (343) *Hapharaim*
וְשִׁיאֹן conj.-pr.n. (1009) *Shion*
וַאֲנָחֲרַת conj.-pr.n. (58) *Anaharath*

19:20

וְהָרַבִּית conj.-def.art.-pr.n. (914) *Rabbith*
וְקִשְׁיוֹן conj.-pr.n. (904) *Kishion*
וָאָבֶץ conj.-pr.n. paus. (7) *Ebez*

19:21

וְרֶמֶת conj.-pr.n. (928) *Remeth*
וְעֵין־גַּנִּים conj.-pr.n. (745) *En-gannim*
וְעֵין חַדָּה conj.-pr.n. (745) *En-haddah*
וּבֵית פַּצֵּץ conj.-pr.n. (112) *Beth-pazzez*

19:22

וּפָגַע הַגְּבוּל conj.-Qal pf. 3 m.s. (803)-def.art.-n.m.s. (147) *the boundary also touches*
בְּתָבוֹר prep.-pr.n. (1061) *Tabor*
וְשַׁחֲצוּמָה conj.-pr.n. (1006) *Shahazumah*
וּבֵית שֶׁמֶשׁ conj.-pr.n. (112) *and Beth-shemesh*
וְהָיוּ conj.-Qal pf. 3 c.p. (הָיָה 224) *and will be*
תֹּצְאוֹת גְּבוּלָם n.f.p. cstr. (426)-n.m.s.-3 m.p. sf. (147) *the ends of their boundary*
הַיַּרְדֵּן def.art.-pr.n. (434) *at the Jordan*
עָרִים n.f.p. (746) *cities*
שֵׁשׁ־עֶשְׂרֵה num. (995)-num. (797) *sixteen*
וְחַצְרֵיהֶן conj.-n.m.p.-3 f.p. sf. (II 347) *with their villages*

19:23

זֹאת נַחֲלַת demons.adj. f.s. (260)-n.f.s. cstr. (635) *this is the inheritance of*
מַטֵּה בְנֵי־יִשָּׂשכָר n.m.s. cstr. (641)-n.m.p. cstr. (119)-pr.n. (441) *the tribe of Issachar*

לְמִשְׁפְּחֹתָם prep.-n.f.p.-3 m.p. sf. (1046) *according to its families*

הֶעָרִים def.art.-n.f.p. (746) *the cities*

וְחַצְרֵיהֶן conj.-n.m.p.-3 f.p. sf. (II 347) *with their villages*

19:24

וַיֵּצֵא consec.-Qal impf. 3 m.s. (יָצָא 422) *and came out*

הַגּוֹרָל הַחֲמִישִׁי def.art.-n.m.s. (174)-def.art.-num.ord. (332) *the fifth lot*

לְמַטֵּה בְנֵי־אָשֵׁר prep.-n.m.s. cstr. (641)-n.m.p. cstr. (119)-pr.n. (81) *for the tribe of Asher*

לְמִשְׁפְּחוֹתָם prep.-n.f.p.-3 m.p. sf. (1046) *according to its families*

19:25

וַיְהִי גְבוּלָם consec.-Qal impf. 3 m.s. (הָיָה 224)-n.m.s.-3 m.p. sf. (147) *its territory included*

חֶלְקַת pr.n. (324) *Helkath*

וַחֲלִי conj.-pr.n. (II 318) *Hali*

וָבֶטֶן conj.-pr.n. (II 106) *Beten*

וְאַכְשָׁף conj.-pr.n. (506) *Achshaph*

19:26

וְאַלַּמֶּלֶךְ conj.-pr.n. (47) *Allammelech*

וְעַמְעָד conj.-pr.n. (770) *Amad*

וּמִשְׁאָל conj.-pr.n. (602) *and Mishal*

וּפָגַע conj.-Qal pf. 3 m.s. (803) *and it touches*

בְּכַרְמֶל prep.-pr.n. (II 502) *Carmel*

הַיָּמָּה def.art.-n.m.s.-dir.he (410) *on the west*

וּבְשִׁיחוֹר לִבְנָת conj.-prep.-pr.n. (1009) *and Shihor-libnath*

19:27

וְשָׁב conj.-Qal pf. 3 m.s. (שׁוּב 996) *then it turns*

מִזְרַח הַשֶּׁמֶשׁ n.m.s. cstr. (280)-def.art.-n.f.s. (1039) *eastward*

בֵּית דָּגֹן pr.n. (111) *to Beth-dagon*

וּפָגַע conj.-Qal pf. 3 m.s. (803) *and touches*

בִּזְבֻלוּן prep.-pr.n. (259) *Zebulun*

וּבְגֵי conj.-prep.-n.m.s. cstr. (161) *and the valley of*

יִפְתַּח־אֵל pr.n. (836) *Iphtahel*

צָפוֹנָה n.f.s.-dir.he (860) *northward*

בֵּית הָעֵמֶק pr.n. (112) *to Beth-emek*

וּנְעִיאֵל conj.-pr.n. (653) *and Neiel*

וְיָצָא conj.-Qal pf. 3 m.s. (422) *then it continues*

אֶל־כָּבוּל prep.-pr.n. (459) *to Cabul*

מִשְּׂמֹאל prep.-n.m.s. (969) *in the north*

19:28

וְעֶבְרֹן conj.-pr.n. (720) *Ebron*

וּרְחֹב conj.-pr.n. (932) *Rehob*

וְחַמּוֹן conj.-pr.n. (329) *Hammon*

וְקָנָה conj.-pr.n. (889) *Kanah*

עַד צִידוֹן prep. (723)-pr.n. (850) *as far as Sidon*

רַבָּה adj. f.s. (912) *the Great*

19:29

וְשָׁב הַגְּבוּל conj.-Qal pf. 3 m.s. (שׁוּב 996)-def.art.-n.m.s. (147) *then the boundary turns*

הָרָמָה def.art.-pr.n. (II 928) *to Ramah*

וְעַד־עִיר conj.-prep. (723)-n.f.s. (746) *reaching to the ... city*

מִבְצַר־צֹר n.m.s. cstr. (131)-pr.n. (I 862) *fortified ... of Tyre*

וְשָׁב הַגְּבוּל conj.-Qal pf. 3 m.s. (שׁוּב 996)-def.art.-n.m.s. (147) *then the boundary turns*

חֹסָה pr.n. (340) *to Hosah*

וְהָיוּ תֹצְאֹתָיו (וְהָיָה־Q) conj.-Qal pf. 3 c.p. (הָיָה)-n.f.p.-3 m.s. sf. (426) *and it ends*

הַיָּמָּה def.art.-n.m.s.-dir.he (410) *at the sea*

מֵחֶבֶל prep.-n.m.s. (286; LXX(B)-καὶ ἀπὸ Λεβ) *Mahalab*

אַכְזִיבָה pr.n.-loc.he (469) *Achzib*

19:30

וְעֻמָה conj.-pr.n. (II 769) *Ummah*

וַאֲפֵק conj.-pr.n. (67) *Aphek*

וּרְחֹב conj.-pr.n. (II 932) *and Rehob*

עָרִים n.f.p. (746) *cities*

עֶשְׂרִים וּשְׁתַּיִם num. p. (797)-conj.-num. f. (1040) *twenty-two*

וְחַצְרֵיהֶן conj.-n.m.p.-3 f.p. sf. (II 347) *with their villages*

19:31

זֹאת נַחֲלַת demons.adj. f.s. (260)-n.f.s. cstr. (635) *this is the inheritance of*

מַטֵּה בְנֵי־אָשֵׁר n.m.s. cstr. (641)-n.m.p. cstr. (119)-pr.n. (81) *the tribe of Asher*

לְמִשְׁפְּחֹתָם prep.-n.f.p.-3 m.p. sf. (1046) *according to its families*

הֶעָרִים הָאֵלֶּה def.art.-n.f.p. (746)-def.art.-demons.adj. c.p. (41) *these cities*

וְחַצְרֵיהֶן conj.-n.m.p.-3 f.p. sf. (II 347) *with their villages*

19:32

לִבְנֵי נַפְתָּלִי prep.-n.m.p. cstr. (119)-pr.n. (836) *for the tribe of Naphtali*

יָצָא Qal pf. 3 m.s. (422) *came out*

הַגּוֹרָל הַשִּׁשִׁי def.art.-n.m.s. (174)-def.art.-num. ord. (996) *the sixth lot*

לִבְנֵי נַפְתָּלִי v.supra-v.supra *for the tribe of Naphtali*

לְמִשְׁפְּחֹתָם prep.-n.f.p.-3 m.p. sf. (1046) *according to its families*

19:33

וַיְהִי גְבוּלָם consec.-Qal impf. 3 m.s. (הָיָה 224) -n.m.s.-3 m.p. sf. (147) *and its boundary ran*

מֵחֵלֶף prep.-pr.n. (II 322) *from Heleph*

מֵאֵלוֹן prep.-n.f.s. (18) *from the oak*

בְּצַעֲנַנִּים pr.n. (130) *in Zaanannim*

וַאֲדָמִי הַנֶּקֶב conj.-pr.n. (10) *and Adami-nekeb*

וְיַבְנְאֵל conj.-pr.n. (125) *and Jabneel*

עַד-לַקּוּם prep. (723)-pr.n. (542) *as far as Lakkum*

וַיְהִי תֹצְאֹתָיו consec.-Qal impf. 3 m.s. (הָיָה 224)-n.f.p.-3 m.s. sf. (426) *and it ended*

הַיַּרְדֵּן def.art.-pr.n. (434) *at the Jordan*

19:34

וְשָׁב הַגְּבוּל conj.-Qal pf. 3 m.s. (שׁוּב 996) -def.art.-n.m.s. (147) *then the boundary turns*

יָמָּה n.m.s.-dir.he (410) *westward*

אַזְנוֹת תָּבוֹר pr.n. (24) *to Aznoth-tabor*

וְיָצָא conj.-Qal pf. 3 m.s. (422) *and goes*

מִשָּׁם prep.-adv. (1027) *from there*

חוּקֹקָה pr.n.-loc.he (350) *to Hukkok*

וּפָגַע conj.-Qal pf. 3 m.s. (803) *touching*

בִּזְבֻלוּן prep.-pr.n. (259) *Zebulun*

מִנֶּגֶב prep.-n.m.s. (616) *at the south*

וּבְאָשֵׁר conj.-prep.-pr.n. (81) *and Asher*

פָּגַע מִיָּם v.supra-prep.-n.m.s. (410) *(touching) on the west*

וּבִיהוּדָה conj.-prep.-pr.n. (397) *and Judah*

הַיַּרְדֵּן def.art.-pr.n. (434) *at the Jordan*

מִזְרַח הַשָּׁמֶשׁ n.m.s. cstr. (280)-def.art.-n.f.s. paus. (1039) *on the east*

19:35

וְעָרֵי מִבְצָר conj.-n.f.p. cstr. (746)-n.m.s. (131) *the fortified cities*

הַצִּדִּים def.art.-pr.n. (841) *Ziddim*

צֵר pr.n. (862) *Zer*

וְחַמַּת conj.-pr.n. (I 329) *Hammath*

רַקַּת pr.n. (957) *Rakkath*

וְכִנָּרֶת conj.-pr.n. paus. (490) *Chinnereth*

19:36

וַאֲדָמָה conj.-pr.n. (10) *Adamah*

וְהָרָמָה conj.-def.art.-pr.n. (II 928) *Ramah*

וְחָצוֹר conj.-pr.n. (347) *and Hazor*

19:37

וְקֶדֶשׁ conj.-pr.n. (873) *Kedesh*

וְאֶדְרֶעִי conj.-pr.n. (204) *Edrei*

וְעֵין חָצוֹר conj.-pr.n. (745) *and En-hazor*

19:38

וְיִרְאוֹן conj.-pr.n. (432) *Yiron*

וּמִגְדַּל-אֵל conj.-pr.n. (154) *Migdal-el*

חֲרֵם pr.n. (356) *Horem*

וּבֵית-עֲנָת conj.-pr.n. (112) *Beth-anath*

וּבֵית שָׁמֶשׁ conj.-pr.n. paus. (112) *and Beth-shemesh*

עָרִים n.f.p. (746) *cities*

תִּשְׁעַ-עֶשְׂרֵה num. (1077)-num. (797) *nineteen*

וְחַצְרֵיהֶן conj.-n.m.p.-3 f.p. sf. (II 347) *with their villages*

19:39

זֹאת נַחֲלַת demons.adj. f s (260)-n.f.s. cstr. (635) *this is the inheritance of*

מַטֵּה בְנֵי-נַפְתָּלִי n.m.s. cstr. (641)-n.m.p. cstr. (119)-pr.n. (836) *the tribe of Naphtali*

לְמִשְׁפְּחֹתָם prep.-n.f.p.-3 m.p. sf. (1046) *according to its families*

הֶעָרִים def.art.-n.f.p. (746) *the cities*

וְחַצְרֵיהֶן conj.-n.m.p.-3 f.p. sf. (II 347) *with their villages*

19:40

לְמַטֵּה בְנֵי-דָן prep.-n.m.s. cstr. (641)-n.m.p. cstr. (119)-pr.n. (192) *for the tribe of Dan*

לְמִשְׁפְּחֹתָם prep.-n.f.p.-3 m.p. sf. (1046) *according to its families*

יָצָא Qal pf. 3 m.s. (422) *came out*

הַגּוֹרָל הַשְּׁבִיעִי def.art.-n.m.s. (174)-def.art. -num.ord. (988) *the seventh lot*

19:41

וַיְהִי consec.-Qal impf. 3 m.s. (הָיָה 224) *and included*

גְּבוּל נַחֲלָתָם n.m.s. cstr. (147)-n.f.s.-3 m.p. sf. (635) *the territory of its inheritance*

צָרְעָה pr.n. (864) *Zorah*

וְאֶשְׁתָּאוֹל conj.-pr.n. (84) *Eshtaol*

וְעִיר שָׁמֶשׁ conj.-pr.n. paus. (746) *and Ir-shemesh*

19:42

וְשַׁעֲלַבִּין (1043) *Shaalabbin*

וְאַיָּלוֹן conj.-pr.n. (19) *Aijalon*

וְיִתְלָה conj.-pr.n. (1068) *and Ithlah*

19:43

וְאֵילוֹן conj.-pr.n. (19) *Elon*

וְתִמְנָתָה conj.-pr.n. (584) *Timnah*

וְעֶקְרוֹן conj.-pr.n. (785) *Ekron*

19:44

וְאֶלְתְּקֵה conj.-pr.n. (49) *Eltekeh*

וְגִבְּתוֹן conj.-pr.n. (146) *Gibbethon*

וּבַעֲלָת conj.-pr.n. (128) *and Baalath*

19:45

וִיהֻד conj.-pr.n. (397) *Jehud*

וּבְנֵי־בְרַק conj.-pr.n. (122) *Bene-berak*

וְגַת־רִמּוֹן conj.-pr.n. (387) *Gath-rimmon*

19:46

וּמֵי הַיַּרְקוֹן conj.-pr.n. (566) *and Me-jarkon*

וְהָרַקּוֹן conj.-def.art.-pr.n. (956) *and Rakkon*

עִם־הַגְּבוּל prep. (767)-def.art.-n.m.s. (147) *with the territory*

מוּל יָפוֹ prep. (557)-pr.n. (421) *over against Joppa*

19:47

וַיֵּצֵא consec.-Qal impf. 3 m.s. (יָצָא 422) *when was lost (went out)*

גְּבוּל־בְּנֵי־דָן n.m.s. cstr. (147)-n.m.p. cstr. (119) -pr.n. (192) *the territory of the Danites*

מֵהֶם prep.-3 m.p. sf. *to them*

וַיַּעֲלוּ consec.-Qal impf. 3 m.p. (עָלָה 748) *then went up*

בְּנֵי־דָן v.supra-v.supra *the Danites*

וַיִּלָּחֲמוּ consec.-Ni. impf. 3 m.p. (לָחַם 535) *and fought*

עִם־לֶשֶׁם prep. (767)-pr.n. (II 546) *against Leshem*

וַיִּלְכְּדוּ אוֹתָהּ consec.-Qal impf. 3 m.p. (539) -dir.obj.-3 f.s. sf. *and after capturing it*

וַיַּכּוּ אוֹתָהּ consec.-Hi. impf. 3 m.p. (נָכָה 645) -v.supra *and putting it*

לְפִי־חֶרֶב prep.-n.m.s. cstr. (804)-n.f.s. (352) *to the sword*

וַיִּרְשׁוּ אוֹתָהּ consec.-Qal impf. 3 m.p. (יָרַשׁ 439)-v.supra *they took possession of it*

וַיֵּשְׁבוּ בָהּ consec.-Qal impf. 3 m.p. (יָשַׁב 442)-prep.-3 f.s. sf. *and settled in it*

וַיִּקְרְאוּ consec.-Qal impf. 3 m.p. (קָרָא 894) *calling*

לְלֶשֶׁם prep.-pr.n. (546) *Leshem*

דָּן pr.n. (192) *Dan*

כְּשֵׁם דָּן prep.-n.m.s. cstr. (1027)-pr.n. (192) *after the name of Dan*

אֲבִיהֶם n.m.s.-3 m.p. sf. (3) *their ancestor*

19:48

זֹאת נַחֲלַת demons.adj. f.s. (260)-n.f.s. cstr. (635) *this is the inheritance of*

מַטֵּה בְנֵי־דָן n.m.s. cstr. (641)-n.m.p. cstr. (119) -pr.n. (192) *the tribe of Dan*

לְמִשְׁפְּחֹתָם prep.-n.f.p.-3 m.p. sf. (1046) *according to their families*

הֶעָרִים הָאֵלֶּה def.art.-n.f.p. (746)-def.art. -demons.adj. c.p. (41) *these cities*

וְחַצְרֵיהֶן conj.-n.m.p.-3 f.p. sf. (II 347) *with their villages*

19:49

וַיְכַלּוּ consec.-Pi. impf. 3 m.p. (כָּלָה I 477) *when they had finished*

לִנְחֹל־אֶת־הָאָרֶץ prep.-Qal inf.cstr. (נָחַל 635) -dir.obj.-def.art.-n.f.s. (75) *distributing the land*

לִגְבוּלֹתֶיהָ prep.-n.f.p.-3 f.s. sf. (148) *to their boundaries*

וַיִּתְּנוּ consec.-Qal impf. 3 m.p. (נָתַן 678) *gave*

בְנֵי־יִשְׂרָאֵל n.m.p. cstr. (119)-pr.n. (975) *the people of Israel*

נַחֲלָה n.f.s. (635) *an inheritance*

לִיהוֹשֻׁעַ prep.-pr.n. (221) *to Joshua*

בִּן־נוּן n.m.s. cstr. (119)-pr.n. (630) *the son of Nun*

בְּתוֹכָם prep.-n.m.s.-3 m.p. sf. (1063) *among them*

19:50

עַל־פִּי יהוה prep. (II 752)-n.m.s. cstr. (804)-pr.n. (217) *by command of Yahweh*

נָתְנוּ לוֹ Qal pf. 3 c.p. (נָתַן 678)-prep.-3 m.s. sf. *gave him*

אֶת־הָעִיר dir.obj.-def.art.-n.f.s. (746) *the city*

אֲשֶׁר שָׁאָל rel. (81)-Qal pf. 3 m.s. paus. (981) *which he asked*

אֶת־תִּמְנַת־סֶרַח dir.obj.-pr.n. (584) *Timnath-serah*

בְּהַר אֶפְרָיִם prep.-n.m.s. cstr. (249)-pr.n. paus. (68) *in the hill country of Ephraim*

וַיִּבְנֶה consec.-Qal impf. 3 m.s. (בָּנָה 124) *and he rebuilt*

אֶת־הָעִיר dir.obj.-def.art.-n.f.s. (746) *the city*

וַיֵּשֶׁב בָּהּ consec.-Qal impf. 3 m.s. (יָשַׁב 442) -prep.-3 f.s. sf. *and settled in it*

19:51

אֵלֶּה הַנְּחָלֹת demons.adj. c.p. (41)-def.art.-n.f.p. (635) *these are the inheritances*

אֲשֶׁר נִחֲלוּ rel. (81)-Pi. pf. 3 c.p. (נָחַל 635) *which distributed*

אֶלְעָזָר pr.n. (46) *Eleazar*

הַכֹּהֵן def.art.-n.m.s. (463) *the priest*

וִיהוֹשֻׁעַ conj.-pr.n. (221) *and Joshua*

בֶּן־נוּן n.m.s. cstr. (119)-pr.n. (630) *the son of Nun*

וְרָאשֵׁי הָאָבוֹת conj.-n.m.p. cstr. (910)-def.art. -n.m.p. (3) *and the heads of the fathers*

לְמַטּוֹת prep.-n.m.p. (641) *of the tribes of*

בְּנֵי־יִשְׂרָאֵל n.m.p. cstr. (119)-pr.n. (975) *the people of Israel*

בְּגוֹרָל prep.-n.m.s. (174) *by lot*

בְּשִׁלֹה prep.-pr.n. (1017) *at Shiloh*

לִפְנֵי יהוה prep.-n.m.p. cstr. (815)-pr.n. (217) *before Yahweh*

פֶּתַח n.m.s. cstr. (835) *at the door of*

אֹהֶל מוֹעֵד n.m.s. cstr. (13)-n.m.s. (417) *the tent of meeting*

וַיְכַלּוּ consec.-Pi. impf. 3 m.p. (כָּלָה I 477) *so they finished*

מֵחַלֵּק prep.-Pi. inf.cstr. (חָלַק I 323) *dividing*

אֶת־הָאָרֶץ dir.obj.-def.art.-n.f.s. (75) *the land*

20:1

וַיְדַבֵּר יהוה consec.-Pi. impf. 3 m.s. (180)-pr.n. (217) *then Yahweh said*

אֶל־יְהוֹשֻׁעַ prep.-pr.n. (221) *to Joshua*

לֵאמֹר prep.-Qal inf.cstr. (55) *(saying)*

20:2

דַּבֵּר Pi. impv. 2 m.s. (180) *say*

אֶל־בְּנֵי יִשְׂרָאֵל prep.-n.m.p. cstr. (119)-pr.n. (975) *to the people of Israel*

לֵאמֹר prep.-Qal inf.cstr. (55) *(saying)*

תְּנוּ לָכֶם Qal impv. 2 m.p. (נָתַן 678)-prep.-2 m.p. sf. *appoint (for yourselves)*

אֶת־עָרֵי הַמִּקְלָט dir.obj.-n.f.p. cstr. (746)-def.art. -n.m.s. (886) *the cities of refuge*

אֲשֶׁר־דִּבַּרְתִּי rel. (81)-Pi. pf. 1 c.s. (180) *of which I spoke*

אֲלֵיכֶם prep.-2 m.p. sf. *to you*

בְּיַד־מֹשֶׁה prep.-n.f.s. cstr. (388)-pr.n. (602) *through Moses*

20:3

לָנוּס שָׁמָּה prep.-Qal inf.cstr. (נוּס 630)-adv. -dir.he (1027) *that may flee there*

רוֹצֵחַ Qal act.ptc. (רָצַח 953) *the manslayer*

מַכֵּה־נֶפֶשׁ Hi. ptc. m.s. cstr. (נָכָה 645)-n.f.s. (659) *who kills any person*

בִּשְׁגָגָה prep.-n.f.s. (993) *without intent*

בִּבְלִי־דָעַת prep.-neg. (115)-n.f.s. paus. (395) *or unwittingly*

וְהָיוּ לָכֶם conj.-Qal pf. 3 c.p. (הָיָה 224)-prep.-2 m.p. sf. *and they shall be for you*

לְמִקְלָט prep.-n.m.s. (886) *a refuge*

מִגֹּאֵל הַדָּם prep.-Qal act.ptc. (גָּאַל I 145)-def.art. -n.m.s. (196) *from the avenger of blood*

20:4

וְנָס conj.-Qal pf. 3 m.s. (נוּס 630) *and he shall flee*

אֶל־אַחַת prep.-num. f. (25) *to one*

מֵהֶעָרִים הָאֵלֶּה prep.-def.art.-n.f.p. (746)-def. art.-demons.adj. c.p. (41) *of these cities*

וְעָמַד conj.-Qal pf. 3 m.s. (763) *and shall stand*

פֶּתַח n.m.s. cstr. (835) *at the entrance of*

שַׁעַר הָעִיר n.m.s. cstr. (1044)-def.art.-n.f.s. (746) *the gate of the city*

וְדִבֶּר conj.-Pi. pf. 3 m.s. (180) *and explain*

בְּאָזְנֵי זִקְנֵי prep.-n.f.p. cstr. (23)-adj. m.p. cstr. (278) *in the ears of the elders of*

הָעִיר־הַהִיא def.art.-n.f.s. (746)-def.art. -demons.adj. f.s. (214) *that city*

אֶת־דְּבָרָיו dir.obj.-n.m.p.-3 m.s. sf. (182) *his case*

וְאָסְפוּ אֹתוֹ conj.-Qal pf. 3 c.p. (אָסַף 62)-dir. obj.-3 m.s. sf. *then they shall take him*

הָעִירָה def.art.-n.f.s.-dir.he (746) *into the city*

אֲלֵיהֶם prep.-3 m.p. sf. *(to them)*

וְנָתְנוּ־לוֹ conj.-Qal pf. 3 c.p. (נָתַן 678)-prep.-3 m.s. sf. *and give him*

מָקוֹם n.m.s. (879) *a place*

וְיָשַׁב עִמָּם conj.-Qal pf. 3 m.s. (442)-prep.-3 m.p. sf. (767) *and he shall remain with them*

20:5

וְכִי יִרְדֹּף conj.-conj. (471)-Qal impf. 3 m.s. (רָדַף 922) *and if ... pursues*

גֹּאֵל הַדָּם Qal act.ptc. cstr. (גָּאַל 145)-def.art. -n.m.s. (196) *the avenger of blood*

אַחֲרָיו prep.-3 m.s. sf. (29) *him*

וְלֹא־יַסְגִּרוּ conj.-neg.-Hi. impf. 3 m.p. (סָגַר 688) *they shall not give up*

אֶת־הָרֹצֵחַ dir.obj.-def.art.-Qal act.ptc. (רָצַח 953) *the slayer*

בְּיָדוֹ prep.-n.f.s.-3 m.s. sf. (388) *into his hand*

כִּי בִבְלִי־דַעַת conj. (471)-prep.-neg.-n.f.s. (39) *because unwittingly*

הִכָּה Hi. pf. 3 m.s. (נָכָה 645) *he killed*

996

אֶת־רֵעֵהוּ dir.obj.-n.m.s.-3 m.s. sf. (945) *his neighbor*

וְלֹא־שֹׂנֵא הוּא conj.-neg.-Qal act.ptc. (971) -pers.pr. 3 m.s. (214) *having had no enmity*

לוֹ prep.-3 m.s. sf. *against him*

מִתְּמוֹל שִׁלְשׁוֹם prep.-adv. (1069)-adv. (1026) *in times past (yesterday three days ago)*

20:6

וְיָשַׁב conj.-Qal pf. 3 m.s. (442) *and he shall remain*

בָּעִיר הַהִיא prep.-def.art.-n.f.s. (746)-def.art. -demons.adj. f.s. (214) *in that city*

עַד־עָמְדוֹ prep. (723)-Qal inf.cstr.-3 m.s. sf. (763 עָמַד) *until he has stood*

לִפְנֵי הָעֵדָה prep.-n.m.p. cstr. (815)-def.art.-n.f.s. (417) *before the congregation*

לַמִּשְׁפָּט prep.-def.art.-n.m.s. (1048) *for judgment*

עַד־מוֹת prep. (723)-Qal inf.cstr. (מות 559) *until the death of*

הַכֹּהֵן הַגָּדוֹל def.art.-n.m.s. (463)-def.art.-adj. m.s. (152) *him who is high priest*

אֲשֶׁר יִהְיֶה rel. (81)-Qal impf. 3 m.s. (224) *who is*

בַּיָּמִים הָהֵם prep.-def.art.-n.m.p. (398)-def.art. -demons.adj. m.p. (241) *in those days*

אָז יָשׁוּב adv. (23)-Qal impf. 3 m.s. (שוב 996) *then may ... again*

הָרֹצֵחַ def.art.-Qal act.ptc. (953) *the slayer*

וּבָא conj.-Qal pf. 3 m.s. (בוא 97) *and go*

אֶל־עִירוֹ prep.-n.f.s.-3 m.s. sf. (746) *to his own town*

וְאֶל־בֵּיתוֹ conj.-prep.-n.m.s.-3 m.s. sf. (108) *and his own home*

אֶל־הָעִיר prep.-def.art.-n.f.s. (746) *to the town*

אֲשֶׁר־נָס מִשָּׁם rel. (81)-Qal pf. 3 m.s. (נוס 630) -prep.-adv. (1027) *from which he fled*

20:7

וַיַּקְדִּשׁוּ consec.-Hi. impf. 3 m.p. (קדש 872) *so they set apart*

אֶת־קֶדֶשׁ dir.obj.-pr.n. (873) *Kedesh*

בַּגָּלִיל prep.-def.art.-pr.n. (II 165) *in Galilee*

בְּהַר נַפְתָּלִי prep.-n.m.s. cstr. (249)-pr.n. (836) *in the hill country of Naphtali*

וְאֶת־שְׁכֶם conj.-dir.obj.-pr.n. (II 1014) *and Shechem*

בְּהַר אֶפְרָיִם v.supra-pr.n. paus. (68) *in the hill country of Ephraim*

וְאֶת־קִרְיַת אַרְבַּע conj.-dir.obj.-pr.n. (900) *and Kiriath-arba*

הִיא חֶבְרוֹן demons.adj. f.s. (214)-pr.n. (I 289) *that is, Hebron*

בְּהַר יְהוּדָה v.supra-pr.n. (397) *in the hill country of Judah*

20:8

וּמֵעֵבֶר לַיַּרְדֵּן conj.-prep.-n.m.s. cstr. (719)-prep. -pr.n. (434) *and beyond the Jordan*

יְרִיחוֹ pr.n. (437) *Jericho*

מִזְרָחָה n.m.s.-dir.he (280) *east*

נָתְנוּ Qal pf. 3 c.p. (נתן 678) *they appointed*

אֶת־בֶּצֶר dir.obj.-pr.n. (II 131) *Bezer*

בַּמִּדְבָּר prep.-def.art.-n.m.s. (184) *in the wilderness*

בַּמִּישֹׁר prep.-def.art.-n.m.s. (449) *on the tableland*

מִמַּטֵּה רְאוּבֵן prep.-n.m.s. cstr. (641)-pr.n. (910) *from the tribe of Reuben*

וְאֶת־רָאמֹת conj.-dir.obj.-pr.n. (928) *and Ramoth*

בַּגִּלְעָד prep.-def.art.-pr.n. (166) *in Gilead*

מִמַּטֵּה־גָד v.supra-pr.n. (III 151) *from the tribe of Gad*

וְאֶת־גּוֹלָן v.supra-pr.n. (157) *and Golan*

בַּבָּשָׁן prep.-def.art.-pr.n. (143) *in Bashan*

מִמַּטֵּה מְנַשֶּׁה v.supra-pr.n. (586) *from the tribe of Manasseh*

20:9

אֵלֶּה הָיוּ demons.adj. c.p. (41)-Qal pf. 3 c.p. (224) *these were*

עָרֵי הַמּוּעָדָה n.f.p. cstr. (746)-def.art.-n.f.s. (418) *the cities designated*

לְכֹל בְּנֵי יִשְׂרָאֵל prep.-n.m.s. cstr. (481)-n.m.p. cstr. (119)-pr.n. (975) *for all the people of Israel*

וְלַגֵּר conj.-prep.-def.art.-n.m.s. (158) *and for the stranger*

הַגָּר בְּתוֹכָם def.art.-Qal act.ptc. (גור 157)-prep. -n.m.s.-3 m.p. sf. (1063) *sojourning among them*

לָנוּס שָׁמָּה prep.-Qal inf.cstr. (נוס 630)-adv. -dir.he (1027) *could flee there*

כָּל־מַכֵּה־נֶפֶשׁ n.m.s. cstr. (481)-Hi. ptc. m.s. cstr. (נכה 645)-n.f.s. (659) *that any one who killed a person*

בִּשְׁגָגָה prep.-n.f.s. (993) *without intent*

וְלֹא יָמוּת conj.-neg.-Qal impf. 3 m.s. (מות 559) *so that he might not die*

בְּיַד גֹּאֵל הַדָּם prep.-n.f.s. cstr. (388)-Qal act.ptc. (גאל I 145)-def.art.-n.m.s. (196) *by the hand of the avenger of blood*

עַד־עָמְדוֹ prep. (723)-Qal inf.cstr.-3 m.s. sf. (763 עָמַד) *till he stood*

לִפְנֵי הָעֵדָה prep.-n.m.p. cstr. (815)-def.art.-n.f.s. (417) *before the congregation*

21:1

וַיִּגְּשׁוּ consec.-Qal impf. 3 m.p. (נָגַשׁ 620) *then came*

רָאשֵׁי אָבוֹת n.m.p. cstr. (910)-n.m.p. cstr. (3) *the heads of the fathers' houses of*

הַלְוִיִּם def.art.-pr.n. p. (532) *the Levites*

אֶל־אֶלְעָזָר prep.-pr.n. (46) *to Eleazar*

הַכֹּהֵן def.art.-n.m.s. (463) *the priest*

וְאֶל־יְהוֹשֻׁעַ conj.-v.supra-pr.n. (221) *and to Joshua*

בֶּן־נוּן n.m.s. cstr. (119)-pr.n. (630) *the son of Nun*

וְאֶל־רָאשֵׁי אָבוֹת v.supra-v.supra-v.supra *and to the heads of the fathers' houses of*

הַמַּטּוֹת def.art.-n.m.p. (641) *the tribes*

לִבְנֵי יִשְׂרָאֵל prep.-n.m.p. cstr. (119)-pr.n. (975) *of the people of Israel*

21:2

וַיְדַבְּרוּ אֲלֵיהֶם consec.-Pi. impf. 3 m.p. (180) -prep.-3 m.p. sf. *and they said to them*

בְּשִׁלֹה prep.-pr.n. (1017) *at Shiloh*

בְּאֶרֶץ כְּנַעַן prep.-n.f.s. cstr. (75)-pr.n. (I 488) *in the land of Canaan*

לֵאמֹר prep.-Qal inf.cstr. (55) *(saying)*

יהוה צִוָּה pr.n. (217)-Pi. pf. 3 m.s. (צָוָה 845) *Yahweh commanded*

בְּיַד־מֹשֶׁה prep.-n.f.s. cstr. (388)-pr.n. (602) *through Moses*

לָתֶת־לָנוּ prep.-Qal inf.cstr. (נָתַן 678)-prep.-1 c.p. sf. *that we be given*

עָרִים n.f.p. (746) *cities*

לָשָׁבֶת prep.-Qal inf.cstr. (יָשַׁב 442) *to dwell in*

וּמִגְרְשֵׁיהֶן conj.-n.m.p.-3 f.p. sf. (177) *with their pasture lands*

לִבְהֶמְתֵּנוּ prep.-n.f.s.-1 c.p. sf. (96) *for our cattle*

21:3

וַיִּתְּנוּ בְנֵי־יִשְׂרָאֵל consec.-Qal impf. 3 m.p. (נָתַן 678)-n.m.p. cstr. (119)-pr.n. (975) *so the people of Israel gave*

לַלְוִיִּם prep.-def.art.-pr.n. p. (532) *to the Levites*

מִנַּחֲלָתָם prep.-n.f.s.-3 m.p. sf. (635) *out of their inheritance*

אֶל־פִּי יהוה prep.-n.m.s. cstr. (804)-pr.n. (217) *by command of Yahweh*

אֶת־הֶעָרִים הָאֵלֶּה dir.obj.-def.art.-n.f.p. (746) -def.art.-demons.adj. c.p. (41) *the following cities*

וְאֶת־מִגְרְשֵׁיהֶן conj.-dir.obj.-n.m.p.-3 f.p. sf. (177) *and their pasture lands*

21:4

וַיֵּצֵא הַגּוֹרָל consec.-Qal impf. 3 m.s. (יָצָא 422)-def.art.-n.m.s. (174) *and the lot came out*

לְמִשְׁפְּחֹת הַקְּהָתִי prep.-n.f.p. cstr. (1046) -def.art.-adj.gent. (875) *for the families of the Kohathites*

וַיְהִי consec.-Qal impf. 3 m.s. (הָיָה 224) *so those who were*

לִבְנֵי אַהֲרֹן prep.-n.m.p. cstr. (119)-pr.n. (14) *descendants of Aaron*

הַכֹּהֵן def.art.-n.m.s. (463) *the priest*

מִן־הַלְוִיִּם prep.-def.art.-pr.n. p. (532) *from the Levites*

מִמַּטֵּה יְהוּדָה prep.-n.m.s. cstr. (641)-pr.n. (397) *from the tribes of Judah*

וּמִמַּטֵּה הַשִּׁמְעֹנִי conj.-v.supra-def.art.-adj.gent. (1035) *and from the tribes of Simeon*

וּמִמַּטֵּה בִנְיָמִן v.supra-pr.n. (122) *and Benjamin*

בַּגּוֹרָל prep.-def.art.-n.m.s. (174) *by lot*

עָרִים n.f.p. (746) *cities*

שְׁלֹשׁ עֶשְׂרֵה num. (1025)-num. (797) *thirteen*

21:5

וְלִבְנֵי קְהָת conj.-prep.-n.m.p. cstr. (119)-pr.n. (875) *and of the Kohathites*

הַנּוֹתָרִים def.art.-Ni. ptc. m.p. (יָתַר 451) *the rest*

מִמִּשְׁפְּחֹת prep.-n.f.p. cstr. (1046) *from the families of*

מַטֵּה־אֶפְרַיִם n.m.s. cstr. (641)-pr.n. (68) *of the tribe of Ephraim*

וּמִמַּטֵּה־דָן conj.-prep.-n.m.s. cstr. (641)-pr.n. (192) *and from the tribe of Dan*

וּמֵחֲצִי מַטֵּה מְנַשֶּׁה conj.-prep.-n.m.s. cstr. (345)-n.m.s. cstr. (641)-pr.n. (586) *and the half-tribe of Manasseh*

בַּגּוֹרָל prep.-def.art.-n.m.s. (174) *by lot*

עָרִים עָשֶׂר n.f.p. (746)-num. paus. (796) *ten cities*

21:6

וְלִבְנֵי גֵרְשׁוֹן conj.-prep.-n.m.p. cstr. (119)-pr.n. (177) *the Gershonites*

מִמִּשְׁפְּחוֹת prep.-n.f.p. cstr. (1046) *from the families of*

מַטֵּה־יִשָּׂשכָר n.m.s. cstr. (641)-pr.n. (441) *of the tribe of Issachar*

וּמִמַּטֵּה־אָשֵׁר conj.-prep.-n.m.s. cstr. (641)-pr.n. (81) *from the tribe of Asher*

וּמִמַּטֵּה נַפְתָּלִי v.supra-pr.n. (836) *from the tribe of Naphtali*

וּמֵחֲצִי מַטֵּה מְנַשֶּׁה conj.-prep.-n.m.s. cstr. (345)-pr.n. (586) *and from the half-tribe of Manasseh*

בַּבָּשָׁן prep.-def.art.-pr.n. (143) *in Bashan*

בַּגּוֹרָל prep.-def.art.-n.m.s. (174) *by lot*

עָרִים n.f.p. (746) *cities*

שְׁלֹשׁ עֶשְׂרֵה num. (1025)-num. (797) *thirteen*

21:7

לִבְנֵי מְרָרִי prep.-n.m.p. cstr. (119)-pr.n. (I 601) *the Merarites*

לְמִשְׁפְּחֹתָם prep.-n.f.p.-3 m.p. sf. (1046) *according to their families*

מִמַּטֵּה רְאוּבֵן prep.-n.m.s. cstr. (641)-pr.n. (910) *from the tribe of Reuben*

וּמִמַּטֵּה־גָד conj.-v.supra-pr.n. (III 151) *and from the tribe of Gad*

וּמִמַּטֵּה זְבוּלֻן v.supra-pr.n. (259) *and the tribe of Zebulun*

עָרִים n.f.p. (746) *cities*

שְׁתֵּים עֶשְׂרֵה num. (1040)-num. (797) *twelve*

21:8

וַיִּתְּנוּ consec.-Qal impf. 3 m.p. (נָתַן 678) *and gave*

בְנֵי־יִשְׂרָאֵל n.m.p. cstr. (119)-pr.n. (975) *the people of Israel*

לַלְוִיִּם prep.-def.art.-pr.n. (532) *to the Levites*

אֶת־הֶעָרִים הָאֵלֶּה dir.obj.-def.art.-n.f.p. (746) -def.art.-demons.adj. c.p. (41) *these cities*

וְאֶת־מִגְרְשֵׁיהֶן conj.-v.supra-n.m.p.-3 f.p. sf. (177) *and their pasture lands*

כַּאֲשֶׁר prep.-rel. (81) *as*

צִוָּה יהוה Pi. pf. 3 m.s. (צוה 845)-pr.n. (217) *Yahweh had commanded*

בְּיַד־מֹשֶׁה prep.-n.f.s. cstr. (388)-pr.n. (602) *through Moses*

בַּגּוֹרָל prep.-def.art.-n.m.s. (174) *by lot*

21:9

וַיִּתְּנוּ consec.-Qal impf. 3 m.p. (נָתַן 678) *and they gave*

מִמַּטֵּה בְּנֵי יְהוּדָה prep.-n.m.s. cstr. (641)-n.m.p. cstr. (119)-pr.n. (397) *out of the tribe of Judah*

וּמִמַּטֵּה בְּנֵי שִׁמְעוֹן conj.-v.supra-v.supra-pr.n. (1035) *and the tribe of Simeon*

אֵת הֶעָרִים הָאֵלֶּה dir.obj.-def.art.-n.f.p. (746) -def.art.-demons.adj. c.p. (41) *the following cities*

אֲשֶׁר־יִקְרָא אֶתְהֶן rel. (81)-Qal impf. 3 m.s. (894)-dir.obj.-3 f.p. sf. *mentioned*

בְּשֵׁם prep.-n.m.s. (1027) *by name*

21:10

וַיְהִי consec.-Qal impf. 3 m.s. (הָיָה 224) *which went*

לִבְנֵי אַהֲרֹן prep.-n.m.p. cstr. (119)-pr.n. (14) *to the descendants of Aaron*

מִמִּשְׁפְּחוֹת prep.-n.f.p. cstr. (1046) *one of the families of*

הַקְּהָתִי def.art.-adj.gent. (875) *the Kohathites*

מִבְּנֵי לֵוִי prep.-v.supra-pr.n. (532) *who belonged to the Levites*

כִּי לָהֶם הָיָה conj. (471)-prep.-3 m.p. sf.-Qal pf. 3 m.s. (224) *since fell to them*

הַגּוֹרָל def.art.-n.m.s. (174) *the lot*

רִיאשֹׁנָה adv. (911) *first*

21:11

וַיִּתְּנוּ לָהֶם consec.-Qal impf. 3 m.p. (נָתַן 678) -prep.-3 m.p. sf. *they gave them*

אֶת־קִרְיַת אַרְבַּע dir.obj.-pr.n. (900) *Kiriath-arba*

אֲבִי הָעֲנוֹק n.m.s. cstr. (3)-def.art.-pr.n. (I 778) *the father of Anak*

הִיא חֶבְרוֹן demons.adj. f.s. (214)-pr.n. (I 289) *that is Hebron*

בְּהַר יְהוּדָה prep.-n.m.s. cstr. (249)-pr.n. (397) *in the hill country of Judah*

וְאֶת־מִגְרָשֶׁהָ conj.-dir.obj.-n.m.s.-3 f.s. sf. (177; GK 91k) *along with the pasture lands*

סְבִיבֹתֶיהָ adv.-3 f.s. sf. (686) *round about it*

21:12

וְאֶת־שְׂדֵה הָעִיר conj.-dir.obj.-n.m.s. cstr. (961) -def.art.-n.f.s. (746) *but the fields of the city*

וְאֶת־חֲצֵרֶיהָ v.supra-n.m.p.-3 f.s. sf. (II 347) *and its villages*

נָתְנוּ Qal pf. 3 c.p. (נָתַן 678) *had been given*

לְכָלֵב prep.-pr.n. (477) *to Caleb*

בֶּן־יְפֻנֶּה n.m.s. cstr. (119)-pr.n. (819) *the son of Jephunneh*

בַּאֲחֻזָּתוֹ prep.-n.f.s.-3 m.s. sf. (28) *as his possession*

21:13

וְלִבְנֵי אַהֲרֹן conj.-prep.-n.m.p. cstr. (119)-pr.n. (14) '*and to the descendants of Aaron*

הַכֹּהֵן def.art.-n.m.s. (463) *the priest*

נָתְנוּ Qal pf. 3 c.p. (נָתַן 678) *they gave*

אֶת־עִיר מִקְלַט dir.obj.-n.f.s. cstr. (746)-n.m.s. cstr. (886) *the city of refuge for*

הָרֹצֵחַ def.art.-Qal act.ptc. (953) *the slayer*

אֶת־חֶבְרוֹן dir.obj.-pr.n. (289) *Hebron*

וְאֶת־מִגְרָשֶׁהָ conj.-v.supra-n.m.p.-3 f.s. sf. (177) *with its pasture lands*

וְאֶת־לִבְנָה v.supra-pr.n. (526) *Libnah*

וְאֶת־מִגְרָשֶׁהָ v.supra-v.supra *with its pasture lands*

21:14

וְאֶת־יַתִּר conj.-dir.obj.-pr.n. (452) *Jattir*

וְאֶת־מִגְרָשֶׁהָ conj.-dir.obj.-n.m.p.-3 f.s. sf. (177) *with its pasture lands*

וְאֶת־אֶשְׁתְּמֹעַ v.supra-pr.n. (84) *Eshtemoa*

וְאֶת־מִגְרָשֶׁהָ v.supra-v.supra *with its pasture lands*

21:15

וְאֶת־חֹלֹן conj.-dir.obj.-pr.n. (298) *Holon*

וְאֶת־מִגְרָשֶׁהָ v.supra-n.m.p.-3 f.s. sf. (177) *with its pasture lands*

וְאֶת־דְּבִר v.supra-pr.n. (184) *Debir*

וְאֶת־מִגְרָשֶׁהָ v.supra-v.supra *with its pasture lands*

21:16

וְאֶת־עַיִן conj.-dir.obj.-pr.n. (III 745) *Ain*

וְאֶת־מִגְרָשֶׁהָ v.supra-n.m.s.-3 f.s. sf. (177) *with its pasture lands*

וְאֶת־יֻטָּה v.supra-pr.n. (641) *Juttah*

וְאֶת־מִגְרָשֶׁהָ v.supra-v.supra *with its pasture lands*

אֶת־בֵּית שֶׁמֶשׁ dir.obj.-pr.n. (112) *Beth-shemesh*

וְאֶת־מִגְרָשֶׁהָ v.supra-v.supra *with its pasture lands*

עָרִים תֵּשַׁע n.f.p. (746)-num. (1077) *nine cities*

מֵאֵת שְׁנֵי prep.-prep. (85)-num. cstr. (1040) *from two of*

הַשְּׁבָטִים הָאֵלֶּה def.art.-n.m.p. (986)-def.art. -demons.adj. c.p. (41) *these tribes*

21:17

וּמִמַּטֵּה בִנְיָמִן conj.-prep.-n.m.s. cstr. (641)-pr.n. (122) *then out of the tribe of Benjamin*

אֶת־גִּבְעוֹן dir.obj.-pr.n. (149) *Gibeon*

וְאֶת־מִגְרָשֶׁהָ conj.-dir.obj.-n.m.s.-3 f.s. sf. (177) *with its pasture lands*

אֶת־גֶּבַע dir.obj.-pr.n. (148) *Geba*

וְאֶת־מִגְרָשֶׁהָ v.supra-v.supra *with its pasture lands*

21:18

אֶת־עֲנָתוֹת dir.obj.-pr.n. (779) *Anathoth*

וְאֶת־מִגְרָשֶׁהָ v.supra *with its pasture lands*

וְאֶת־עַלְמוֹן v.supra-pr.n. (761) *and Almon*

וְאֶת־מִגְרָשֶׁהָ v.supra-v.supra *with its pasture lands*

עָרִים אַרְבַּע n.f.p. (746)-num. (916) *four cities*

21:19

כָּל־עָרֵי n.m.s. cstr. (481)-n.f.p. cstr. (746) *all the cities of*

בְּנֵי־אַהֲרֹן n.m.p. cstr. (119)-pr.n. (14) *the descendants of Aaron*

הַכֹּהֲנִים def.art.-n.m.p. (463) *the priests*

שְׁלֹשׁ־עֶשְׂרֵה num. (1025)-num. (797) *thirteen*

עָרִים n.f.p. (746) *cities*

וּמִגְרְשֵׁיהֶן conj.-n.m.p.-3 f.p. sf. (177) *with their pasture lands*

21:20

וּלְמִשְׁפְּחוֹת conj.-prep.-n.f.p. cstr. (1046) *and belonging to the families of*

בְּנֵי־קְהָת n.m.p. cstr. (119)-pr.n. (875) *the Kohathites*

הַלְוִיִּם def.art.-adj.gent. p. (532) *the Levites*

הַנּוֹתָרִים def.art.-Ni. ptc. m.p. (יָתַר 451) *the remaining*

מִבְּנֵי קְהָת prep.-v.supra-v.supra *of the Kohathites*

וַיְהִי consec.-Qal impf. 3 m.s. (הָיָה 224) *and were*

עָרֵי גוֹרָלָם n.f.p. cstr. (746)-n.m.s.-3 m.p. sf. (174) *the cities alloted to them*

מִמַּטֵּה אֶפְרָיִם prep.-n.m.s. cstr. (641)-pr.n. paus. (68) *out of the tribe of Ephraim*

21:21

וַיִּתְּנוּ לָהֶם consec.-Qal impf. 3 m.p. (נָתַן 678) -prep.-3 m.p. sf. *to them were given*

אֶת־עִיר מִקְלַט dir.obj.-n.f.s. cstr. (746)-n.m.s. cstr. (886) *the city of refuge for*

הָרֹצֵחַ def.art.-Qal act.ptc. (953) *the slayer*

אֶת־שְׁכֶם dir.obj.-pr.n. (II 1014) *Shechem*

וְאֶת־מִגְרָשֶׁהָ conj.-dir.obj.-n.m.s.-3 f.s. sf. (177) *with its pasture lands*

בְּהַר אֶפְרַיִם prep.-n.m.s. cstr. (249)-pr.n. paus. (68) *in the hill country of Ephraim*

וְאֶת־גֶּזֶר v.supra-pr.n. (160) *Gezer*

וְאֶת־מִגְרָשֶׁהָ v.supra-v.supra *with its pasture lands*

21:22

וְאֶת־קִבְצַיִם conj.-dir.obj.-pr.n. (868) *Kibzaim*

וְאֶת־מִגְרָשֶׁהָ v.supra-n.m.s.-3 f.s. sf. (177) *with its pasture lands*

וְאֶת־בֵּית חֹרֹן v.supra-pr.n. (111) *Beth-horon*

וְאֶת־מִגְרָשֶׁהָ v.supra-v.supra *with its pasture lands*

עָרִים אַרְבַּע n.f.p. (746)-num. (916) *four cities*

21:23

וּמִמַּטֵּה־דָן conj.-prep.-n.m.s. cstr. (641)-pr.n. (192) *and out of the tribe of Dan*

אֶת־אֶלְתְּקֵא dir.obj.-pr.n. (49) *Elteke*

וְאֶת־מִגְרָשֶׁהָ v.supra-n.m.s.-3 f.s. sf. (177) *with its pasture lands*

אֶת־גִּבְּתוֹן dir.obj.-pr.n. (146) *Gibbethon*

וְאֶת־מִגְרָשֶׁהָ v.supra-v.supra *with its pasture lands*

21:24

אֶת־אַיָּלוֹן dir.obj.-pr.n. (19) *Aijalon*

וְאֶת־מִגְרָשֶׁהָ conj.-dir.obj.-n.m.s.-3 f.s. sf. (177) *with its pasture lands*

אֶת־גַּת־רִמּוֹן dir.obj.-pr.n. (387) *Gath-rimmon*

וְאֶת־מִגְרָשֶׁהָ v.supra-v.supra *with its pasture lands*

עָרִים אַרְבַּע n.f.p. (746)-num. (916) *four cities*

21:25

וּמִמַּחֲצִית conj.-prep.-n.f.s. cstr. (345) *and out of the half (of)*

מַטֵּה מְנַשֶּׁה n.m.s. cstr. (641)-pr.n. (586) *tribe of Manasseh*

אֶת־תַּעֲנַךְ dir.obj.-pr.n. (1073) *Taanach*

וְאֶת־מִגְרָשֶׁהָ v.supra-v.supra *with its pasture lands*

וְאֶת־גַּת־רִמּוֹן conj.-dir.obj.-pr.n. (387) *and Gath-rimmon*

וְאֶת־מִגְרָשֶׁהָ v.supra-v.supra *with its pasture lands*

עָרִים שְׁתָּיִם n.f.p. (746)-num. paus. (1040) *two cities*

21:26

כָּל־עָרִים n.m.s. cstr. (481)-n.f.p. (746) *all the cities*

עֶשֶׂר num. (796) *were ten*

וּמִגְרְשֵׁיהֶן conj.-n.m.p.-3 f.p. sf. (177) *with their pasture lands*

לְמִשְׁפְּחוֹת prep.-n.f.p. cstr. (1046) *of the families of*

בְּנֵי־קְהָת n.m.p. cstr. (119)-pr.n. (875) *the Kohathites*

הַנּוֹתָרִים def.art.-Ni. ptc. m.p. (יתר 451) *the remaining*

21:27

וְלִבְנֵי גֵרְשׁוֹן conj.-prep.-n.m.p. cstr. (119)-pr.n. (177) *and to the Gershonites*

מִמִּשְׁפַּחֹת prep.-n.f.p. cstr. (1046) *one of the families of*

הַלְוִיִּם def.art.-adj.gent. p. (532) *the Levites*

מֵחֲצִי prep.-n.m.s. cstr. (345) *out of the half*

מַטֵּה מְנַשֶּׁה n.m.s. cstr. (641)-pr.n. (586) *tribe of Manasseh*

אֶת־עִיר מִקְלַט dir.obj.-n.f.s. cstr. (746)-n.m.s. cstr. (886) *the city of refuge for*

הָרֹצֵחַ def.art.-Qal act.ptc. (953) *the slayer*

אֶת־גּוֹלָן dir.obj.-pr.n. (157) *Golan*

בַּבָּשָׁן prep.-def.art.-pr.n. (143) *in Bashan*

וְאֶת־מִגְרָשֶׁהָ conj.-dir.obj.-n.m.s.-3 f.s. sf. (177) *with its pasture lands*

וְאֶת־בְּעֶשְׁתְּרָה conj.-dir.obj.-pr.n. (129) *and Beeshterah*

וְאֶת־מִגְרָשֶׁהָ v.supra-v.supra *with its pasture lands*

עָרִים שְׁתָּיִם n.f.p. (746)-num. paus. (1040) *two cities*

21:28

וּמִמַּטֵּה יִשָּׂשכָר conj.-prep.-n.m.s. cstr. (641) -pr.n. (441) *and out of the tribe of Issachar*

אֶת־קִשְׁיוֹן dir.obj.-pr.n. (904) *Kishion*

וְאֶת־מִגְרָשֶׁהָ conj.-dir.obj.-n.m.s.-3 f.s. sf. (177) *with its pasture lands*

אֶת־דָּבְרַת dir.obj.-pr.n. (184) *Daberath*

וְאֶת־מִגְרָשֶׁהָ v.supra-v.supra *with its pasture lands*

21:29

אֶת־יַרְמוּת dir.obj.-pr.n. (438) *Jarmuth*

וְאֶת־מִגְרָשֶׁהָ conj.-dir.obj.-n.m.s.-3 f.s. sf. (177) *with its pasture lands*

אֶת־עֵין גַּנִּים dir.obj.-pr.n. (745) *En-gannim*

וְאֶת־מִגְרָשֶׁהָ v.supra-v.supra *with its pasture lands*

עָרִים אַרְבַּע n.f.p. (746)-num. (916) *four cities*

21:30

וּמִמַּטֵּה אָשֵׁר conj.-prep.-n.m.s. cstr. (641)-pr.n. (81) *and out of the tribe of Asher*

אֶת־מִשְׁאָל dir.obj.-pr.n. (602) *Mishal*

וְאֶת־מִגְרָשֶׁהָ conj.-dir.obj.-n.m.s.-3 f.s. sf. (177) *with its pasture lands*

אֶת־עַבְדּוֹן dir.obj.-pr.n. (715) *Abdon*

וְאֶת־מִגְרָשֶׁהָ v.supra-v.supra *with its pasture lands*

21:31

אֶת־חֶלְקָת dir.obj.-pr.n. (324) *Helkath*

וְאֶת־מִגְרָשֶׁהָ conj.-dir.obj.-n.m.s.-3 f.s. sf. (177) *with its pasture lands*

וְאֶת־רְחֹב conj.-dir.obj.-pr.n. (II 932) *and Rehob*

וְאֶת־מִגְרָשֶׁהָ v.supra-v.supra *with its pasture lands*

עָרִים אַרְבַּע n.f.p. (746)-num. (916) *four cities*

21:32

וּמִמַּטֵּה נַפְתָּלִי conj.-prep.-n.m.s. cstr. (641)-pr.n. (836) *and out of the tribe of Naphtali*

אֶת־עִיר מִקְלַט dir.obj.-n.f.s. cstr. (746)-n.m.s. cstr. (886) *the city of refuge for*

הָרֹצֵחַ def.art.-Qal act.ptc. (953) *the slayer*

אֶת־קֶדֶשׁ dir.obj.-pr.n. (873) *Kedesh*

בַּגָּלִיל prep.-def.art.-pr.n. (165) *in Galilee*

וְאֶת־מִגְרָשֶׁהָ conj.-dir.obj.-n.m.s.-3 f.s. sf. (177) *with its pasture lands*

וְאֶת־חַמֹּת דֹּאר conj.-dir.obj.-pr.n. (329) *Hammoth-dor*

וְאֶת־מִגְרָשֶׁהָ v.supra-v.supra *with its pasture lands*

וְאֶת־קַרְתָּן conj.-dir.obj.-pr.n. (900) *and Kartan*

וְאֶת־מִגְרָשֶׁהָ v.supra-v.supra *with its pasture lands*

עָרִים שָׁלֹשׁ n.f.p. (746)-num. (1025) *three cities*

21:33

כָּל־עָרֵי n.m.s. cstr. (481)-n.f.p. cstr. (746) *all the cities of*

הַגֵּרְשֻׁנִּי def.art.-adj.gent. (177) *the Gershonites*

לְמִשְׁפְּחֹתָם prep.-n.f.p.-3 m.p. sf. (1046) *of their families*

שְׁלֹשׁ־עֶשְׂרֵה עִיר num. (1025)-num. (797)-n.f.s. (746) *thirteen cities*

וּמִגְרְשֵׁיהֶן conj.-n.m.p.-3 f.p. sf. (177) *with their pasture lands*

21:34

וּלְמִשְׁפְּחוֹת conj.-prep.-n.f.p. cstr. (1046) *and of the families of*

בְּנֵי־מְרָרִי n.m.p. cstr. (119)-pr.n. (I 601) *the Merarites*

הַלְוִיִּם def.art.-pr.n. p. (532) *the Levites*

הַנּוֹתָרִים def.art.-Ni. ptc. m.p. (יתר 451) *the remaining*

מֵאֵת מַטֵּה זְבוּלֻן prep.-prep. (85)-n.m.s. cstr. (641)-pr.n. (259) *out of the tribe of Zebulun*

אֶת־יָקְנְעָם dir.obj.-pr.n. (429) *Jokneam*

וְאֶת־מִגְרָשֶׁהָ conj.-dir.obj.-n.m.s.-3 f.s. sf. (177) *with its pasture lands*

אֶת־קַרְתָּה dir.obj.-pr.n. (900) *Kartah*

וְאֶת־מִגְרָשֶׁהָ v.supra-v.supra *with its pasture lands*

21:35

אֶת־דִּמְנָה dir.obj.-pr.n. (199) *Dimnah*

וְאֶת־מִגְרָשֶׁהָ conj.-dir.obj.-n.m.s.-3 f.s. sf. (177) *with its pasture lands*

אֶת־נַהֲלָל dir.obj.-pr.n. (II 625) *Nahalal*

וְאֶת־מִגְרָשֶׁהָ v.supra-v.supra *with its pasture lands*

עָרִים אַרְבַּע n.f.p. (746)-num. (916) *four cities*

21:36

וּמִמַּטֵּה רְאוּבֵן conj.-prep.-n.m.s. cstr. (641)-pr.n. (910) *and out of the tribe of Reuben*

אֶת־בֶּצֶר dir.obj.-pr.n. (II 131) *Bezer*

וְאֶת־מִגְרָשֶׁהָ conj.-dir.obj.-n.m.s.-3 f.s. sf. (177) *with its pasture lands*

וְאֶת־יַהְצָה conj.-dir.obj.-pr.n. (397) *Jahaz*

וְאֶת־מִגְרָשֶׁהָ v.supra-v.supra *with its pasture lands*

21:37

אֶת־קְדֵמוֹת dir.obj.-pr.n. (870) *Kedemoth*

וְאֶת־מִגְרָשֶׁהָ conj.-dir.obj.-n.m.s.-3 f.s. sf. (177) *with its pasture lands*

וְאֶת־מֵיפָעַת conj.-dir.obj.-pr.n. (422) *Mephaath*

וְאֶת־מִגְרָשֶׁהָ v.supra-v.supra *with its pasture lands*

עָרִים אַרְבַּע n.f.p. (746)-num. (916) *four cities*

21:38

וּמִמַּטֵּה־גָד conj.-prep.-n.m.s. cstr. (641)-pr.n. (III 151) *and out of the tribe of Gad*

אֶת־עִיר מִקְלַט dir.obj.-n.f.s. cstr. (746)-n.m.s. cstr. (886) *the city of refuge for*

הָרֹצֵחַ def.art.-Qal act.ptc. (953) *the slayer*

אֶת־רָמֹת dir.obj.-pr.n. (928) *Ramoth*

בַּגִּלְעָד prep.-def.art.-pr.n. (166) *in Gilead*

וְאֶת־מִגְרָשֶׁהָ conj.-dir.obj.-n.m.s.-3 f.s. sf. (177) *with its pasture lands*

וְאֶת־מַחֲנַיִם conj.-dir.obj.-pr.n. (334) *Mahanaim*

וְאֶת־מִגְרָשֶׁהָ v.supra-v.supra *with its pasture lands*

21:39

אֶת־חֶשְׁבּוֹן dir.obj.-pr.n. (II 363) *Heshbon*

וְאֶת־מִגְרָשֶׁהָ conj.-dir.obj.-n.m.s.-3 f.s. sf. (177) *with its pasture lands*

אֶת־יַעְזֵר dir.obj.-pr.n. (741) *Jazer*

וְאֶת־מִגְרָשֶׁהָ v.supra-v.supra *with its pasture lands*

כָּל־עָרִים n.m.s. cstr. (481)-n.f.p. (746) *all cities were*

אַרְבַּע num. (916) *four*

21:40

כָּל־הֶעָרִים n.m.s. cstr. (481)-def.art.-n.f.p. (746) *all the cities*

לִבְנֵי מְרָרִי prep.-n.m.p. cstr. (119)-pr.n. (I 601) *of the Merarites*

לְמִשְׁפְּחֹתָם prep.-n.f.p.-3 m.p. sf. (1046) *of their families*

הַנּוֹתָרִים def.art.-Ni. ptc. m.p. (יָתַר 451) *the remaining*

מִמִּשְׁפְּחוֹת הַלְוִיִּם prep.-n.f.p. cstr. (1046)-def.art.-adj.gent. p. (532) *of the families of the Levites*

וַיְהִי גוֹרָלָם consec.-Qal impf. 3 m.s. (הָיָה 224)-n.m.s.-3 m.p. sf. (174) *those allotted to them*

עָרִים שְׁתֵּים עֶשְׂרֵה n.f.p. (746)-num. (1040)-num. (797) *twelve cities*

21:41

כֹּל עָרֵי הַלְוִיִּם n.m.s. cstr. (481)-n.f.p. cstr. (746)-def.art.-adj.gent. p. (532) *all the cities of the Levites*

בְּתוֹךְ אֲחֻזַּת prep.-n.m.s. cstr. (1063)-n.f.s. cstr. (28) *in the midst of the possession of*

בְּנֵי־יִשְׂרָאֵל n.m.p. cstr. (119)-pr.n. (975) *the people of Israel*

עָרִים אַרְבָּעִים n.f.p. (746)-num. p. (917) *forty cities*

וּשְׁמֹנֶה conj.-num. (1032) *and eight*

וּמִגְרְשֵׁיהֶן conj.-n.m.p.-3 f.p. sf. (177) *with their pasture lands*

21:42

תִּהְיֶינָה Qal impf. 3 f.p. (הָיָה 224) *had*

הֶעָרִים הָאֵלֶּה def.art.-n.f.p. (746)-def.art.-demons.adj. c.p. (41) *these cities*

עִיר עִיר n.f.s. (746)-v.supra *each city*

וּמִגְרָשֶׁיהָ conj.-n.m.p.-3 f.s. sf. (177) *with its pasture lands*

סְבִיבֹתֶיהָ adv.-3 f.s. sf. (686) *round about it*

כֵּן adv. (485) *so*

לְכָל־הֶעָרִים הָאֵלֶּה prep.-n.m.s. cstr. (481)-def.art.-n.f.p. (746)-def.art.-demons.adj. c.p. (41) *with all these cities*

21:43

וַיִּתֵּן יהוה consec.-Qal impf. 3 m.s. (נָתַן 678)-pr.n. (217) *thus Yahweh gave*

לְיִשְׂרָאֵל prep.-pr.n. (975) *to Israel*

אֶת־כָּל־הָאָרֶץ dir.obj.-n.m.s. cstr. (481)-def.art.-n.f.s. (75) *all the land*

אֲשֶׁר נִשְׁבַּע rel. (81)-Ni. pf. 3 m.s. (שָׁבַע 989) *which he swore*

לָתֵת prep.-Qal inf.cstr. (נָתַן 678) *to give*

לַאֲבוֹתָם prep.-n.m.p.-3 m.p. sf. (3) *to their fathers*

וַיִּרָשׁוּהָ consec.-Qal impf. 3 m.p.-3 f.s. sf. (יָרַשׁ 439) *and having taken possession of it*

וַיֵּשְׁבוּ בָהּ consec.-Qal impf. 3 m.p. (יָשַׁב 442)-prep.-3 f.s. sf. *they settled in it*

21:44

וַיָּנַח יהוה consec.-Hi. impf. 3 m.s. (נוּחַ 628)-pr.n. (217) *and Yahweh gave rest*

לָהֶם prep.-3 m.p. sf. *them*

מִסָּבִיב prep.-prep. (686) *on every side*

כְּכֹל prep.-n.m.s. (481) *according to everything*

אֲשֶׁר־נִשְׁבַּע rel. (81)-Ni. pf. 3 m.s. (שָׁבַע 989) *which he had sworn*

לַאֲבוֹתָם prep.-n.m.p.-3 m.p. sf. (3) *to their fathers*

וְלֹא־עָמַד conj.-neg.-Qal pf. 3 m.s. (763) *not ... had withstood*

אִישׁ בִּפְנֵיהֶם n.m.s. (35)-prep.-n.m.p.-3 m.p. sf. (815) *each to their face*

מִכָּל־אֹיְבֵיהֶם prep.-n.m.s. cstr. (481)-Qal act.ptc. m.p.-3 m.p. sf. (אָיַב 33) *of all their enemies*

אֵת כָּל־אֹיְבֵיהֶם dir.obj.-v.supra-v.supra *all their enemies*

נָתַן יהוה Qal pf. 3 m.s. (678)-pr.n. (217) *Yahweh had given*

בְּיָדָם prep.-n.f.s.-3 m.p. sf. (388) *into their hands*

21:45

לֹא־נָפַל neg.-Qal pf. 3 m.s. (656) *not failed*

דָּבָר n.m.s. (182) *a promise*

מִכֹּל הַדָּבָר הַטּוֹב prep.-n.m.s. cstr. (481)-def.art.
-n.m.s. (182)-def.art.-adj. m.s. (II 373) *of all
the good promises*

אֲשֶׁר־דִּבֶּר יהוה rel. (81)-Pi. pf. 3 m.s. (180)-pr.n.
(217) *which Yahweh had made*

אֶל־בֵּית יִשְׂרָאֵל prep.-n.m.s. cstr. (108)-pr.n. (975)
to the house of Israel

הַכֹּל בָּא def.art.-n.m.s. (481)-Qal pf. 3 m.s. (בוא
97) *all came to pass*

22:1

אָז יִקְרָא יְהוֹשֻׁעַ adv. (23)-Qal impf. 3 m.s.
(894)-pr.n. (221) *then Joshua summoned*

לָרְאוּבֵנִי prep.-def.art.-adj.gent. (910) *the
Reubenites*

וְלַגָּדִי conj.-prep.-def.art.-adj.gent. (I 151) *and the
Gadites*

וְלַחֲצִי conj.-prep.-n.m.s. cstr. (345) *and the
half-*

מַטֵּה מְנַשֶּׁה n.m.s. cstr. (641)-pr.n. (586) *tribe of
Manasseh*

22:2

וַיֹּאמֶר אֲלֵיהֶם consec.-Qal impf. 3 m.s. (55)
-prep.-3 m.p. sf. *and said to them*

אַתֶּם שְׁמַרְתֶּם pers.pr. 2 m.p. (61)-Qal pf. 2 m.p.
(שמר 1036) *you have kept*

אֵת כָּל־אֲשֶׁר dir.obj.-n.m.s. (481)-rel. (81) *all that*

צִוָּה אֶתְכֶם מֹשֶׁה Pi. pf. 3 m.s. (צוה 845)-dir.
obj.-2 m.p. sf.-pr.n. (602) *Moses commanded
you*

עֶבֶד יהוה n.m.s. cstr. (713)-pr.n. (217) *the
servant of Yahweh*

וַתִּשְׁמְעוּ consec.-Qal impf. 2 m.p. (שמע 1033)
and have obeyed

בְּקוֹלִי prep.-n.m.s.-1 c.s. sf. (876) *my voice*

לְכֹל prep.-n.m.s. (481) *in all*

אֲשֶׁר־צִוִּיתִי rel. (81)-Pi. pf. 1 c.s. (צוה 845) *that
I have commanded*

אֶתְכֶם dir.obj.-2 m.p. sf. *you*

22:3

לֹא־עֲזַבְתֶּם neg.-Qal pf. 2 m.p. (עזב I 736) *you
have not forsaken*

אֶת־אֲחֵיכֶם dir.obj.-n.m.p.-2 m.p. sf. (26) *your
brethren*

זֶה יָמִים רַבִּים demons.adj. m.s. (260)-n.m.p.
(398)-adj. m.p. (I 912) *these many days*

עַד הַיּוֹם הַזֶּה prep. (723)-def.art.-n.m.s. (398)
-def.art.-demons.adj. m.s. (260) *to this day*

וּשְׁמַרְתֶּם conj.-Qal pf. 2 m.p. (שמר 1036; GK
112ss) *but have been careful to keep*

אֶת־מִשְׁמֶרֶת dir.obj.-n.f.s. cstr. (1038) *the charge
of*

מִצְוַת n.f.s. cstr. (846) *the commandment of*

יהוה אֱלֹהֵיכֶם pr.n. (217)-n.m.p.-2 m.p. sf. (43)
Yahweh your God

22:4

וְעַתָּה conj.-adv. (773) *and now*

הֵנִיחַ Hi. pf. 3 m.s. (נוח 628) *has given rest*

יהוה אֱלֹהֵיכֶם pr.n. (217)-n.m.p.-2 m.p. sf. (43)
Yahweh your God

לַאֲחֵיכֶם prep.-n.m.p.-2 m.p. sf. (26) *to your
brethren*

כַּאֲשֶׁר דִּבֶּר prep.-rel. (81)-Pi. pf. 3 m.s. (180) *as
he promised*

לָהֶם prep.-3 m.p. sf. *them*

וְעַתָּה v.supra *therefore*

פְּנוּ וּלְכוּ Qal impv. 2 m.p. (פנה 815)-conj.-Qal
impv. 2 m.p. (הלך 229) *turn and go*

לָכֶם לְאָהֳלֵיכֶם prep.-2 m.p. sf.-prep.-n.m.p.-2
m.p. sf. (13) *to your home*

אֶל־אֶרֶץ אֲחֻזַּתְכֶם prep.-n.f.s. cstr (75)-n f s -2
m.p. sf. (28) *in the land where your
possession lies*

אֲשֶׁר נָתַן לָכֶם rel. (81)-Qal pf. 3 m.s. (678)
-prep.-2 m.p. sf. *which ... gave you*

מֹשֶׁה pr.n. (602) *Moses*

עֶבֶד יהוה n.m.s. cstr. (713)-pr.n. (217) *the
servant of Yahweh*

בְּעֵבֶר הַיַּרְדֵּן prep.-n.m.s. cstr. (719)-def.art.-pr.n.
(434) *on the other side of the Jordan*

22:5

רַק שִׁמְרוּ מְאֹד adv. (956)-Qal impv. 2 m.p.
(1036)-adv. (547) *only take good care*

לַעֲשׂוֹת prep.-Qal inf.cstr. (עשה I 793) *to
observe*

אֶת־הַמִּצְוָה dir.obj.-def.art.-n.f.s. (846) *the
commandment*

וְאֶת־הַתּוֹרָה conj.-dir.obj.-def.art.-n.f.s. (435) *and
the law*

אֲשֶׁר צִוָּה אֶתְכֶם rel. (81)-Pi. pf. 3 m.s. (צוה
845)-dir.obj.-2 m.p. sf. *which ... commanded
you*

מֹשֶׁה pr.n. (602) *Moses*

עֶבֶד־יהוה n.m.s. cstr. (713)-pr.n. (217) *the
servant of Yahweh*

לְאַהֲבָה prep.-Qal inf.cstr. (אהב 12) *to love*

אֶת־יהוה אֱלֹהֵיכֶם dir.obj.-pr.n. (217)-n.m.p.-2
m.p. sf. (43) *Yahweh your God*

וְלָלֶכֶת conj.-prep.-Qal inf.cstr. (הלך 229) *and to
walk*

בְּכָל־דְּרָכָיו prep.-n.m.s. cstr. (481)-n.m.p.-3 m.s. sf. (202) *in all his ways*

וְלִשְׁמֹר conj.-prep.-Qal inf.cstr. (1036) *and to keep*

מִצְוֹתָיו n.f.p.-3 m.s. sf. (846) *his commandments*

וּלְדָבְקָה־בוֹ conj.-prep.-Qal inf.cstr. (179) -prep.-3 m.s. sf. *and to cleave to him*

וּלְעָבְדוֹ conj.-prep.-Qal inf.cstr.-3 m.s. sf. (עָבַד 712) *and to serve him*

בְּכָל־לְבַבְכֶם prep.-n.m.s. cstr. (481)-n.m.s.-2 m.p. sf. (523) *with all your heart*

וּבְכָל־נַפְשְׁכֶם conj.-v.supra-n.f.s.-2 m.p. sf. (659) *and with all your soul*

22:6

וַיְבָרְכֵם consec.-Pi. impf. 3 m.s.-3 m.p. sf. (בָּרַךְ 138) *so blessed them*

יְהוֹשֻׁעַ pr.n. (221) *Joshua*

וַיְשַׁלְּחֵם consec.-Pi. impf. 3 m.s.-3 m.p. sf. (שָׁלַח 1018) *and sent them away*

וַיֵּלְכוּ consec.-Qal impf. 3 m.p. (הָלַךְ 229) *and they went*

אֶל־אָהֳלֵיהֶם prep. (39)-n.m.p.-3 m.p. sf. (13) *to their homes*

22:7

וְלַחֲצִי שֵׁבֶט conj.-prep.-n.m.s. cstr. (345)-n.m.s. cstr. (986) *now to the one half of the tribe of*

הַמְנַשֶּׁה def.art.-pr.n. (586) *Manasseh*

נָתַן מֹשֶׁה Qal pf. 3 m.s. (678)-pr.n. (602) *Moses had given*

בַּבָּשָׁן prep.-def.art.-pr.n. (143) *in Bashan*

וּלְחֶצְיוֹ conj.-prep.-n.m.s.-3 m.s. sf. (345) *but to the other half*

נָתַן יְהוֹשֻׁעַ Qal pf. 3 m.s. (678)-pr.n. (221) *Joshua had given*

עִם־אֲחֵיהֶם prep. (767)-n.m.p.-3 m.p. sf. (26) *beside their brethren*

מֵעֵבֶר הַיַּרְדֵּן prep.-n.m.s. cstr. (719)-def.art.-pr.n. (434) *on the other side of the Jordan*

יָמָּה n.m.s.-dir.he (410) *west*

וְגַם כִּי שִׁלְּחָם conj.-adv. (168)-conj. (471)-Pi. pf. 3 m.s.-3 m.p. sf. (שָׁלַח 1018) *and also when ... sent them away*

יְהוֹשֻׁעַ pr.n. (221) *Joshua*

אֶל־אָהֳלֵיהֶם prep. (39)-n.m.p.-3 m.p. sf. (13) *to their homes*

וַיְבָרְכֵם consec.-Pi. impf. 3 m.s.-3 m.p. sf. (בָּרַךְ 138) *and blessed them*

22:8

וַיֹּאמֶר אֲלֵיהֶם consec.-Qal impf. 3 m.s. (55) -prep.-3 m.p. sf. *and he said to them*

לֵאמֹר prep.-Qal inf.cstr. (55) *(saying)*

בִּנְכָסִים רַבִּים prep.-n.m.p. (647)-adj. m.p. (I 912) *with much wealth*

שׁוּבוּ Qal impv. 2 m.p. (שׁוּב 996) *go back*

אֶל־אָהֳלֵיכֶם prep. (39)-n.m.p.-2 m.p. sf. (13) *to your homes*

וּבְמִקְנֶה רַב־מְאֹד conj.-prep.-n.m.s. (889)-adj. m.s. (I 912)-adv. (547) *and with very much cattle*

בְּכֶסֶף prep.-n.m.s. (494) *with silver*

וּבְזָהָב conj.-prep.-n.m.s. (262) *gold*

וּבִנְחֹשֶׁת conj.-prep.-n.f.s. (638) *bronze*

וּבְבַרְזֶל conj.-prep.-n.m.s. (137) *iron*

וּבִשְׂלָמוֹת הַרְבֵּה מְאֹד conj.-prep.-n.f.p. (971)-Hi. inf.abs. (רָבָה I 915)-adv. (547) *and with much clothing*

חַלְּקוּ Qal impv. 2 m.p. (חָלַק 323) *divide*

שְׁלַל־אֹיְבֵיכֶם n.m.s. cstr. (1021)-Qal act.ptc. m.p. 2 m.p. sf. (אֹיֵב 33) *the spoil of your enemies*

עִם־אֲחֵיכֶם prep. (767)-n.m.p.-2 m.p. sf. (26) *with your brethren*

22:9

וַיָּשֻׁבוּ consec.-Qal impf. 3 m.p. (שׁוּב 996) *so returned*

וַיֵּלְכוּ consec.-Qal impf. 3 m.p. (הָלַךְ 229) *and went*

בְּנֵי־רְאוּבֵן n.m.p. cstr. (119)-pr.n. (910) *the Reubenites*

וּבְנֵי־גָד conj.-v.supra-pr.n. (III 151) *and the Gadites*

וַחֲצִי שֵׁבֶט conj.-n.m.s. cstr. (345)-n.m.s. cstr. (986) *and the half-tribe of*

הַמְנַשֶּׁה def.art.-pr.n. (586) *Manasseh*

מֵאֵת בְּנֵי יִשְׂרָאֵל prep.-prep. (85)-v.supra-pr.n. (975) *from the people of Israel*

מִשִּׁלֹה prep.-pr.n. (1017) *at Shiloh*

אֲשֶׁר בְּאֶרֶץ־כְּנַעַן rel. (81)-prep.-n.f.s. cstr. (75) -pr.n. paus. (I 488) *which is in the land of Canaan*

לָלֶכֶת prep.-Qal inf.cstr. (הָלַךְ 229) *to go*

אֶל־אֶרֶץ הַגִּלְעָד prep. (39)-n.f.s. cstr. (75)-def. art.-pr.n. (166) *to the land of Gilead*

אֶל־אֶרֶץ אֲחֻזָּתָם v.supra-v.supra-n.f.s.-3 m.p. sf. (28) *to the land of their possession*

אֲשֶׁר נֹאחֲזוּ־בָהּ rel. (81)-Ni. pf. 3 c.p. (אָחַז 28; GK 68i)-prep.-3 f.s. sf. *which they had possessed themselves*

עַל־פִּי יְהוָה prep. (II 752)-n.m.s. cstr. (804)-pr.n. (217) *by command of Yahweh*

בְּיַד־מֹשֶׁה prep.-n.f.s. cstr. (388)-pr.n. (602) *through Moses*

22:10

וַיָּבֹאוּ consec.-Qal impf. 3 m.p. (בּוֹא 97) *and when they came*

אֶל־גְּלִילוֹת prep. (39)-n.f.p. cstr. (165) *to the region about*

הַיַּרְדֵּן def.art.-pr.n. (434) *the Jordan*

אֲשֶׁר בְּאֶרֶץ כְּנַעַן rel. (81)-prep.-n.f.s. cstr. (75) -pr.n. paus. (I 488) *that lies in the land of Canaan*

וַיִּבְנוּ consec.-Qal impf. 3 m.p. (בָּנָה 124) *then built*

בְּנֵי־רְאוּבֵן n.m.p. cstr. (119)-pr.n. (910) *the Reubenites*

וּבְנֵי־גָד conj.-v.supra-pr.n. (III 151) *and the Gadites*

וַחֲצִי שֵׁבֶט conj.-n.m.s. cstr. (345)-n.m.s. cstr. (986) *and the half-tribe of*

הַמְנַשֶּׁה def.art.-pr.n. (586) *Manasseh*

שָׁם adv. (1027) *there*

מִזְבֵּחַ pr.n. (258) *an altar*

עַל־הַיַּרְדֵּן prep. (II 752)-def.art.-pr.n. (434) *by the Jordan*

מִזְבֵּחַ גָּדוֹל v.supra-adj. m.s. (152) *an altar of great size*

לְמַרְאֶה prep.-n.m.s. (909) *(in appearance)*

22:11

וַיִּשְׁמְעוּ consec.-Qal impf. 3 m.p. (1033) *and heard*

בְּנֵי־יִשְׂרָאֵל n.m.p. cstr. (119)-pr.n. (975) *the people of Israel*

לֵאמֹר prep.-Qal inf.cstr. (55) *say*

הִנֵּה בָנוּ demons.part. (243)-Qal pf. 3 c.p. (בָּנָה 124) *behold, have built*

בְּנֵי־רְאוּבֵן n.m.p. cstr. (119)-pr.n. (910) *the Reubenites*

וּבְנֵי־גָד conj.-v.supra-pr.n. (III 151) *and the Gadites*

וַחֲצִי שֵׁבֶט conj.-n.m.s. cstr. (345)-n.m.s. cstr. (986) *and the half-tribe of*

הַמְנַשֶּׁה def.art.-pr.n. (586) *Manasseh*

אֶת־הַמִּזְבֵּחַ dir.obj.-def.art.-n.m.s. (258) *an altar*

אֶל־מוּל prep. (39)-prep. (557) *at the frontier of*

אֶרֶץ כְּנַעַן n.f.s. cstr. (75)-pr.n. (I 488) *the land of Canaan*

אֶל־גְּלִילוֹת prep. (39)-n.f.p. cstr. (165) *in the region about*

הַיַּרְדֵּן def.art.-pr.n. (434) *the Jordan*

אֶל־עֵבֶר v.supra-n.m.s. cstr. (719) *on the side that belongs to*

בְּנֵי יִשְׂרָאֵל n.m.p. cstr. (119)-pr.n. (975) *the people of Israel*

22:12

וַיִּשְׁמְעוּ consec.-Qal impf. 3 m.p. (1033) *and when heard*

בְּנֵי יִשְׂרָאֵל n.m.p. cstr. (119)-pr.n. (975) *the people of Israel*

וַיִּקָּהֲלוּ consec.-Ni. impf. 3 m.p. (קָהַל 874) *then gathered*

כָּל־עֲדַת n.m.s. cstr. (481)-n.f.s. cstr. (417) *the whole assembly of*

בְּנֵי־יִשְׂרָאֵל v.supra-v.supra *the people of Israel*

שִׁלֹה pr.n. (1017) *at Shiloh*

לַעֲלוֹת עֲלֵיהֶם prep.-Qal inf.cstr. (עָלָה 748) -prep.-3 m.p. sf. *to make against them*

לַצָּבָא prep.-def.art.-n.m.s. (838) *war*

2:13

וַיִּשְׁלְחוּ consec.-Qal impf. 3 m.p. (שָׁלַח 1018) *then sent*

בְּנֵי־יִשְׂרָאֵל n.m.p. cstr. (119)-pr.n. (975) *the people of Israel*

אֶל־בְּנֵי־רְאוּבֵן prep. (39)-v.supra-pr.n. (910) *to the Reubenites*

וְאֶל־בְּנֵי־גָד conj.-v.supra-v.supra-pr.n. (III 151) *and the Gadites*

וְאֶל־חֲצִי שֵׁבֶט־ conj.-v.supra-n.m.s. cstr. (345) -n.m.s. cstr. (986) *and the half-tribe of*

מְנַשֶּׁה pr.n. (586) *Manasseh*

אֶל־אֶרֶץ הַגִּלְעָד prep.-n.f.s. cstr. (75)-def.art. -pr.n. (166) *in the land of Gilead*

אֶת־פִּינְחָם dir.obj.-pr.n. (810) *Phinehas*

בֶּן־אֶלְעָזָר n.m.s. cstr. (119)-pr.n. (46) *the son of Eleazar*

הַכֹּהֵן def.art.-n.m.s. (463) *the priest*

22:14

וַעֲשָׂרָה נְשִׂאִים conj.-num. (796)-n.m.p. (672) *and ten chiefs*

עִמּוֹ prep.-3 m.s. sf. (767) *with him*

נָשִׂיא אֶחָד נָשִׂיא אֶחָד n.m.s. (672)-num. (25) -v.supra-v.supra *one chief*

לְבֵית אָב prep.-n.m.s. cstr. (108)-n.m.s. (3) *of the house of the father*

לְכֹל מַטּוֹת יִשְׂרָאֵל prep.-n.m.s. cstr. (481)-n.m.p. cstr. (641)-pr.n. (975) *of all the tribes of Israel*

וְאִישׁ רֹאשׁ conj.-n.m.s. (35)-n.m.s. cstr. (910) *and each the head of*

בֵּית־אֲבוֹתָם n.m.s. cstr. (108)-def.art.-n.m.p.-3 m.p. sf. (3) *their family*

הֵמָּה pers.pr. 3 m.p. (241) *they*

לְאַלְפֵי יִשְׂרָאֵל prep.-n.m.p. cstr. (48)-pr.n. (975) *among the clans of Israel*

22:15

וַיָּבֹאוּ consec.-Qal impf. 3 m.p. (בּוֹא 97) *and they came*

אֶל־בְּנֵי־רְאוּבֵן prep. (39)-n.m.p. cstr. (119)-pr.n. (910) *to the Reubenites*

וְאֶל־בְּנֵי־גָד conj.-v.supra-v.supra-pr.n. (III 151) *the Gadites*

וְאֶל־חֲצִי שֵׁבֶט v.supra-n.m.s. cstr. (345)-n.m.s. cstr. (986) *and the half-tribe of*

מְנַשֶּׁה pr.n. (586) *Manasseh*

אֶל־אֶרֶץ הַגִּלְעָד prep.-n.f.s. cstr. (75)-def.art.-pr.n. (166) *in the land of Gilead*

וַיְדַבְּרוּ אִתָּם consec.-Pi. impf. 3 m.p. (דָּבַר 180)-prep.-3 m.p. sf. *and they said to them*

לֵאמֹר prep.-Qal inf.cstr. (55) *(saying)*

22:16

כֹּה אָמְרוּ adv. (462)-Qal pf. 3 c.p. (55) *thus says*

כֹּל עֲדַת יהוה n.m.s. cstr. (481)-n.f.s. cstr. (417)-pr.n. (217) *the whole congregation of Yahweh*

מָה־הַמַּעַל הַזֶּה interr. (552)-def.art.-n.m.s. (I 591)-def.art.-demons.adj. m.s. (260) *what is this treachery*

אֲשֶׁר מְעַלְתֶּם rel. (81)-Qal pf. 2 m.p. (מָעַל 591) *which you have committed*

בֵּאלֹהֵי יִשְׂרָאֵל prep.-n.m.p. cstr. (43)-pr.n. (975) *against the God of Israel*

לָשׁוּב הַיּוֹם prep.-Qal inf.cstr. (שׁוּב 996)-def.art.-n.m.s. (398) *in turning away this day*

מֵאַחֲרֵי יהוה prep.-prep. (29)-pr.n. (217) *from following Yahweh*

בִּבְנוֹתְכֶם prep.-Qal inf.cstr.-2 m.p. sf. (בָּנָה 124) *by building*

לָכֶם prep.-2 m.p. sf. *yourselves*

מִזְבֵּחַ n.m.s. (258) *an altar*

לְמָרְדְכֶם prep.-Qal inf.cstr.-2 m.p. sf. (מָרַד 597) *in (your) rebellion*

הַיּוֹם def.art.-n.m.s. (398) *this day*

בַּיהוה prep.-pr.n. (217) *against Yahweh*

22:17

הַמְעַט־לָנוּ interr.part.-adv. (589; GK 117aa)-prep.-1 c.p. sf. *have we not had enough*

אֶת־עֲוֹן פְּעוֹר dir.obj.-n.m.s. cstr. (730)-pr.n. (822) *of the sin at Peor*

אֲשֶׁר לֹא־הִטַּהַרְנוּ מִמֶּנּוּ rel. (81)-neg.-Hith. pf. 1 c.p. (טָהַר 372)-prep.-3 m.s. sf. *which we have not cleansed ourselves*

עַד־הַיּוֹם הַזֶּה prep. (723)-def.art.-n.m.s. (398)-def.art.-demons.adj. m.s. (260) *even yet (to this day)*

וַיְהִי הַנֶּגֶף consec.-Qal impf. 3 m.s. (הָיָה 224)-def.art.-n.m.s. (620) *and (for which) there came a plague*

בַּעֲדַת יהוה prep.-n.f.s. cstr. (417)-pr.n. (217) *upon the congregation of Yahweh*

22:18

וְאַתֶּם תָּשֻׁבוּ conj.-pers.pr. 2 m.p. (61)-Qal impf. 2 m.p. (שׁוּב 996) *that you must turn away*

הַיּוֹם def.art.-n.m.s. (398) *this day*

מֵאַחֲרֵי יהוה prep.-prep. (29)-pr.n. (217) *from following Yahweh*

וְהָיָה conj.-Qal pf. 3 m.s. (224) *and (it will be)*

וְאַתֶּם תִּמְרְדוּ conj.-pers.pr. 2 m.p. (61)-Qal impf. 2 m.p. (מָרַד 597) *and if you rebel*

הַיּוֹם v.supra *today*

בַּיהוה prep.-pr.n. (217) *against Yahweh*

וּמָחָר conj.-adv. (563) *and tomorrow*

אֶל־כָּל־עֲדַת prep. (39)-n.m.s. cstr. (481)-n.f.s. cstr. (417) *with the whole congregation of*

יִשְׂרָאֵל pr.n. (975) *Israel*

יִקְצֹף Qal impf. 3 m.s. (קָצַף 893) *he will be angry*

22:19

וְאַךְ conj.-adv. (36) *but now*

אִם־טְמֵאָה hypoth.part. (49)-adj. f.s. (II 379) *if is unclean*

אֶרֶץ אֲחֻזַּתְכֶם n.f.s. cstr. (75)-n.f.s.-2 m.p. sf. (28) *the land of your possession*

עִבְרוּ לָכֶם Qal impv. 2 m.p. (עָבַר 716)-prep.-2 m.p. sf. *pass over*

אֶל־אֶרֶץ prep. (39)-n.f.s. cstr. (75) *into the land of*

אֲחֻזַּת יהוה n.f.s. cstr. (28)-pr.n. (217) *the possession of Yahweh*

אֲשֶׁר שָׁכַן־שָׁם rel. (81)-Qal pf. 3 m.s. (1014)-adv. (1027) *where stands (there)*

מִשְׁכַּן יהוה n.m.s. cstr. (1015)-v.supra *Yahweh's tabernacle*

וְהֵאָחֲזוּ conj.-Ni. impv. 2 m.p. (אָחַז 28) *and take possession*

בְּתוֹכֵנוּ prep.-n.m.s.-1 c.p. sf. (1063) *among us*

וּבַיהוה conj.-prep.-pr.n. (217) *only against Yahweh*

אַל־תִּמְרֹדוּ neg.-Qal impf. 2 m.p. (מָרַד 597) *do not rebel*

וְאֹתָנוּ conj.-dir.obj.-1 c.p. sf. *or us*

אַל־תִּמְרֹדוּ prep. (39; rd. אַל neg.)-v.supra *do not make as rebels*

בִּבְנֹתְכֶם לָכֶם prep.-Qal inf.cstr.-2 m.p. sf. (בָּנָה 124)-prep.-2 m.p. sf. *by building yourselves*

מִזְבֵּחַ n.m.s. (258) *an altar*

מִבַּלְעֲדֵי prep.-prep. (116) *other than*

מִזְבַּח n.m.s. cstr. (258) *the altar of*

יהוה אֱלֹהֵינוּ pr.n. (217)-n.m.p.-1 c.p. sf. (43) *Yahweh our God*

22:20

הֲלֹא עָכָן interr.part.-neg. (GK 150m)-pr.n. (747) *did not Achan*

בֶּן־זֶרַח n.m.s. cstr. (119)-pr.n. (II 280) *the son of Zerah*

מָעַל מַעַל Qal pf. 3 m.s. (591)-n.m.s. (I 591) *break faith*

בַּחֵרֶם prep.-def.art.-n.m.s. (356) *in the matter of the devoted things*

וְעַל־כָּל־עֲדַת conj.-prep. (II 752)-n.m.s. cstr. (481)-n.f.s. cstr. (417) *and upon all the congregation of*

יִשְׂרָאֵל pr.n. (975) *Israel*

הָיָה קָצֶף Qal pf. 3 m.s. (224)-n.m.s. paus. (893) *wrath fell*

וְהוּא אִישׁ אֶחָד conj.-pers.pr. 3 m.s. (214)-n.m.s. (35)-num. (25) *and he was one person (alone)*

לֹא נָוַע neg.-Qal pf. 3 m.s. (157) *he did not perish*

בַּעֲוֹנוֹ prep.-n.m.s.-3 m.s. sf. (730) *for his iniquity*

22:21

וַיַּעֲנוּ consec.-Qal impf. 3 m.p. (עָנָה I 772) *then said in answer*

בְּנֵי־רְאוּבֵן n.m.p. cstr. (119)-pr.n. (910) *the Reubenites*

וּבְנֵי־גָד conj.-v.supra-pr.n. (III 151) *the Gadites*

וַחֲצִי שֵׁבֶט conj.-n.m.s. cstr. (345)-n.m.s. cstr. (986) *and the half-tribe of*

הַמְנַשֶּׁה def.art.-pr.n. (586) *Manasseh*

וַיְדַבְּרוּ consec.-Pi. impf. 3 m.p. (180) *(and said)*

אֶת־רָאשֵׁי dir.obj.-n.m.p. cstr. (910) *to the heads of*

אַלְפֵי יִשְׂרָאֵל n.m.p. cstr. (48)-pr.n. (975) *the families of Israel*

22:22

אֵל אֱלֹהִים n.m.s. (42)-n.m.p. (43) *The Mighty One, God,*

יהוה pr.n. (217) *Yahweh*

אֵל אֱלֹהִים v.supra-v.supra *The Mighty One, God,*

יהוה v.supra *Yahweh*

הוּא יֹדֵעַ pers.pr. 3 m.s. (214)-Qal act.ptc. (יָדַע 393) *he knows*

וְיִשְׂרָאֵל conj.-pr.n. (975) *and Israel*

הוּא יֵדָע v.supra-Qal impf. 3 m.s. paus. (יָדַע 393) *let ... itself know*

אִם־בְּמֶרֶד hypoth.part. (49)-prep.-n.m.s. (I 597) *if in rebellion*

וְאִם־בְּמַעַל conj.-v.supra-prep.-n.m.s. (591) *or in breach of faith*

בַּיהוה prep.-pr.n. (217) *toward Yahweh*

אַל־תּוֹשִׁיעֵנוּ neg.-Hi. impf. 2 m.s.-1 c.p. sf. (יָשַׁע 446) *spare us not*

הַיּוֹם הַזֶּה def.art.-n.m.s. (398)-def.art.-demons.adj. m.s. (260) *today*

22:23

לִבְנוֹת לָנוּ prep.-Qal inf.cstr. (בָּנָה 124)-prep.-1 c.p. sf. *for building (for ourselves)*

מִזְבֵּחַ n.m.s. (258) *an altar*

לָשׁוּב prep.-Qal inf.cstr. (שׁוּב 996) *to turn away*

מֵאַחֲרֵי יהוה prep.-prep. (29)-pr.n. (217) *from following Yahweh*

וְאִם־לְהַעֲלוֹת עָלָיו conj.-v.supra-prep.-Hi. inf.cstr. (עָלָה 748)-prep.-3 m.s. sf. *or if we did so to offer (on it)*

עוֹלָה n.f.s. (750) *burnt offerings*

וּמִנְחָה conj.-n.f.s. (585) *or offerings*

וְאִם־לַעֲשׂוֹת עָלָיו v.supra-prep.-Qal inf.cstr. (I עָשָׂה 793)-v.supra *or if to offer on it*

זִבְחֵי שְׁלָמִים n.m.p. cstr. (257)-n.m.p. (1023) *peace offerings*

יהוה הוּא יְבַקֵּשׁ pr.n. (217)-pers.pr. 3 m.s. (214)-Pi. impf. 3 m.s. (בָּקַשׁ 134) *may Yahweh himself take vengeance*

22:24

וְאִם־לֹא מִדְּאָנָה conj.-hypoth.part. (49)-neg.-prep.-n.f.s. (178) *nay, but from fear*

מִדָּבָר prep.-n.m.s. (182) *of a word*

עָשִׂינוּ אֶת־זֹאת Qal pf. 1 c.p. (עָשָׂה I 793)-dir.obj.-demons.adj. f.s. (260) *we might do this*

לֵאמֹר prep.-Qal inf.cstr. (55) *(saying)*

מָחָר adv. (563) *in time to come*

יֹאמְרוּ בְנֵיכֶם Qal impf. 3 m.p. (55)-n.m.p.-2 m.p. sf. (119) *your children might say*

לְבָנֵינוּ prep.-n.m.p.-1 c.p. sf. (119) *to our children*

לֵאמֹר v.supra *(saying)*

מַה־לָכֶם interr. (552)-prep.-2 m.p. sf. *what have you to do*

וְלַיהוה conj.-prep.-pr.n. (217) *with Yahweh*

אֱלֹהֵי יִשְׂרָאֵל n.m.p. cstr. (43)-pr.n. (975) *the God of Israel*

22:25

וּגְבוּל conj.-n.m.s. (147) *for a boundary*

נָתַן־יהוה Qal pf. 3 m.s. (678)-pr.n. (217) *Yahweh has made*

בֵּינֵנוּ וּבֵינֵיכֶם prep.-1 c.p. sf. (107)-conj.-prep.-2 m.p. sf. (107) *between us and you*

בְּנֵי־רְאוּבֵן n.m.p. cstr. (119)-pr.n. (910) *Reubenites*

וּבְנֵי־גָד conj.-v.supra-pr.n. (III 151) *and Gadites*

אֶת־הַיַּרְדֵּן dir.obj.-def.art.-pr.n. (434) *the Jordan*

אֵין־לָכֶם חֵלֶק neg. (II 34)-prep.-2 m.p. sf.-n.m.s. (324) *you have no portion*

בַּיהוה prep.-pr.n. (217) *in Yahweh*

וְהִשְׁבִּיתוּ בְנֵיכֶם conj.-Hi. pf. 3 c.p. (שבת 991)-n.m.p.-2 m.p. sf. (119) *so your children might make ... cease*

אֶת־בָּנֵינוּ dir.obj.-n.m.p.-1 c.p. sf. (119) *our children*

לְבִלְתִּי יְרֹא prep.-neg. (1116)-Qal inf.cstr. (ירא 431; GK 69n) *to worship (to not fear)*

אֶת־יהוה dir.obj.-pr.n. (217) *Yahweh*

22:26

וַנֹּאמֶר consec.-Qal impf. 1 c.p. (55) *therefore we said*

נַעֲשֶׂה־נָּא לָנוּ Qal impf. 1 c.p. (עשה I 793)-part.of entreaty (609)-prep.-1 c.p. sf. *let us now build*

לִבְנוֹת prep.-Qal inf.cstr. (בנה 124) *to build*

אֶת־הַמִּזְבֵּחַ dir.obj.-def.art.-n.m.s. (258) *an altar*

לֹא לְעוֹלָה neg.-prep.-n.f.s. (750) *not for burnt offering*

וְלֹא לְזָבַח conj.-neg.-prep.-n.m.s. paus. (257) *nor for sacrifice*

22:27

כִּי עֵד הוּא conj. (471)-n.m.s. (729)-pers.pr. 3 m.s. (214) *but to be a witness*

בֵּינֵנוּ וּבֵינֵיכֶם prep.-1 c.p. sf. (107)-conj.-prep.-2 m.p. sf. (107) *between us and you*

וּבֵין דֹּרוֹתֵינוּ conj.-prep. (107)-n.m.p.-1 c.p. sf. (189) *and between our generations*

אַחֲרֵינוּ prep.-1 c.p. sf. (29) *after us*

לַעֲבֹד אֶת־עֲבֹדַת prep.-Qal inf.cstr. (עבד 712)-def.art.-n.f.s. cstr. (715) *that we do perform the service of*

יהוה pr.n. (217) *Yahweh*

לְפָנָיו prep.-n.m.p.-3 m.s. sf. (815) *in his presence*

בְּעֹלוֹתֵינוּ prep.-n.f.p.-1 c.p. sf. (750) *with our burnt offerings*

וּבִזְבָחֵינוּ conj.-prep.-n.m.p.-1 c.p. sf. (257) *and sacrifices*

וּבִשְׁלָמֵינוּ conj.-prep.-n.m.p.-1 c.p. sf. (1023) *and peace offerings*

וְלֹא־יֹאמְרוּ conj.-neg.-Qal impf. 3 m.p. (אמר 55) *lest ... say*

בְנֵיכֶם n.m.p.-2 m.p. sf. (119) *your children*

מָחָר adv. (563) *in time to come*

לְבָנֵינוּ prep.-n.m.p.-1 c.p. sf. (119) *to our children*

אֵין־לָכֶם חֵלֶק neg. (II 34)-prep.-2 m.p. sf.-n.m.s. (324) *you have no portion*

בַּיהוה prep.-pr.n. (217) *in Yahweh*

22:28

וַנֹּאמֶר consec.-Qal impf. 1 c.p. (אמר 55) *and we thought*

וְהָיָה conj.-Qal pf. 3 m.s. (224) *that it is*

כִּי־יֹאמְרוּ אֵלֵינוּ conj. (471)-Qal impf. 3 m.p. (55)-prep.-1 c.p. sf. *if this should be said to us*

וְאֶל־דֹּרֹתֵינוּ conj.-prep. (39)-n.m.p.-1 c.p. sf. (189) *or to our descendants*

מָחָר adv. (563) *in time to come*

וְאָמַרְנוּ conj.-Qal pf. 1 c.p. (אמר 55) *we should say*

רְאוּ Qal impv. 2 m.p. (ראה 906) *behold*

אֶת־תַּבְנִית dir.obj.-n.f.s. cstr. (125) *the copy of*

מִזְבַּח יהוה n.m.s. cstr. (258)-pr.n. (217) *the altar of Yahweh*

אֲשֶׁר־עָשׂוּ אֲבוֹתֵינוּ rel. (81)-Qal pf. 3 c.p. (עשה I 793)-n.m.p.-1 c.p. sf. (3) *which our fathers made*

לֹא לְעוֹלָה neg.-prep.-n.f.s. (750) *not for burnt offerings*

וְלֹא לְזֶבַח conj.-neg.-prep.-n.m.s. (257) *nor for sacrifice*

כִּי־עֵד הוּא conj. (471)-n.m.s. (729)-pers.pr. 3 m.s. (214) *but to be a witness*

בֵּינֵינוּ וּבֵינֵיכֶם prep.-1 c.p. sf. (107)-conj.-prep.-2 m.p. sf. (107) *between us and you*

22:29

חָלִילָה לָּנוּ subst.-loc.he (321)-prep.-1 c.p. sf. *far be it from us*

מִמֶּנּוּ לִמְרֹד prep.-1 c.p. sf.-prep.-Qal inf.cstr. (מרד 597) *that we should rebel*

בַּיהוָה prep.-pr.n. (217) *against Yahweh*

וְלָשׁוּב conj.-prep.-Qal inf.cstr. (שׁוב 996) *and turn away*

הַיּוֹם def.art.-n.m.s. (398) *this day*

מֵאַחֲרֵי יְהוָה prep.-prep. (29)-pr.n. (217) *from following Yahweh*

לִבְנוֹת מִזְבֵּחַ prep.-Qal inf.cstr. (בָּנָה 124)-n.m.s. (257) *by building an altar*

לְעֹלָה prep.-n.f.s. (750) *for burnt offering*

לְמִנְחָה prep.-n.f.s. (585) *offering*

וּלְזָבַח conj.-prep.-n.m.s. paus. (257) *or sacrifice*

מִלְּבַד מִזְבַּח יְהוָה prep.-prep.-n.m.s. (94)-n.m.s. cstr. (257)-pr.n. (217) *other than the altar of Yahweh*

אֱלֹהֵינוּ n.m.p.-1 c.p. sf. (43) *our God*

אֲשֶׁר rel. (81) *that*

לִפְנֵי מִשְׁכָּנוֹ prep.-n.m.p. cstr. (815)-n.m.s.-3 m.s. sf. (1015) *before his tabernacle*

22:30

וַיִּשְׁמַע consec.-Qal impf. 3 m.s. (1033) *when heard*

פִּינְחָם pr.n. (810) *Phinehas*

הַכֹּהֵן def.art.-n.m.s. (463) *the priest*

וּנְשִׂיאֵי הָעֵדָה conj.-n.m.p. cstr. (672)-def.art. -n.f.s. (417) *and the chiefs of the congregation*

וְרָאשֵׁי אַלְפֵי יִשְׂרָאֵל conj.-n.m.p. cstr. (910) -n.m.p. cstr. (48)-pr.n. (975) *the heads of the families of Israel*

אֲשֶׁר אִתּוֹ rel. (81)-prep.-3 m.s. sf. (85) *who were with him*

אֶת־הַדְּבָרִים dir.obj.-def.art.-n.m.p. (182) *the words*

אֲשֶׁר דִּבְּרוּ rel. (81)-Pi. pf. 3 c.p. (180) *that ... spoke*

בְּנֵי־רְאוּבֵן n.m.p. cstr. (119)-pr.n. (910) *the Reubenites*

וּבְנֵי־גָד conj.-v.supra-pr.n. (III 151) *and the Gadites*

וּבְנֵי מְנַשֶּׁה conj.-v.supra-pr.n. (586) *and the Manassites*

וַיִּיטַב consec.-Qal impf. 3 m.s. (יָטַב 405) *and it pleased ... well*

בְּעֵינֵיהֶם prep.-n.f.p.-3 m.p. sf. (744) *them (in their eyes)*

22:31

וַיֹּאמֶר פִּינְחָם consec.-Qal impf. 3 m.s. (55)-pr.n. (810) *and Phinehas ... said*

בֶּן־אֶלְעָזָר n.m.s. cstr. (119)-pr.n. (46) *the son of Eleazar*

הַכֹּהֵן def.art.-n.m.s. (463) *the priest*

אֶל־בְּנֵי־רְאוּבֵן prep. (39)-n.m.p. cstr. (119)-pr.n. (910) *to the Reubenites*

וְאֶל־בְּנֵי־גָד conj.-v.supra-v.supra-pr.n. (III 151) *and the Gadites*

וְאֶל־בְּנֵי מְנַשֶּׁה v.supra-v.supra-pr.n. (586) *and the Manassites*

הַיּוֹם def.art.-n.m.s. (398) *today*

יָדַעְנוּ Qal pf. 1 c.p. (יָדַע 393) *we know*

כִּי־בְתוֹכֵנוּ conj. (471)-prep.-n.m.s.-1 c.p. sf. (1063) *that in the midst of us*

יְהוָה pr.n. (217) *Yahweh*

אֲשֶׁר לֹא־מְעַלְתֶּם rel. (81)-neg.-Qal pf. 2 m.p. (מָעַל 591) *because we have not committed*

בַּיהוָה prep.-pr.n. (217) *against Yahweh*

הַמַּעַל הַזֶּה def.art.-n.m.s. (591)-def.art. -demons.adj. m.s. (260) *this treachery*

אָז הִצַּלְתֶּם adv. (23)-Hi. pf. 2 m.p. (נָצַל 664; GK 107c) *now you have saved*

אֶת־בְּנֵי יִשְׂרָאֵל dir.obj.-n.m.p. cstr. (119)-pr.n. (975) *the people of Israel*

מִיַּד יְהוָה prep. n.f.s. cstr. (388) pr.n. (217) *from the hand of Yahweh*

22:32

וַיָּשָׁב פִּינְחָם consec.-Qal impf. 3 m.s. (שׁוב 996)-pr.n. (810) *then Phinehas returned*

בֶּן־אֶלְעָזָר n.m.s. cstr. (119)-pr.n. (46) *the son of Eleazar*

הַכֹּהֵן def.art.-n.m.s. (463) *the priest*

וְהַנְּשִׂיאִים conj.-def.art.-n.m.p. (672) *and the chiefs*

מֵאֵת בְּנֵי־רְאוּבֵן prep.-prep. (85)-n.m.p. cstr. (119)-pr.n. (910) *from the Reubenites*

וּמֵאֵת בְּנֵי־גָד conj.-v.supra-v.supra-pr.n. (III 151) *and the Gadites*

מֵאֶרֶץ הַגִּלְעָד prep.-n.f.s. cstr. (75)-def.art.-pr.n. (166) *in the land of Gilead*

אֶל־אֶרֶץ כְּנַעַן prep. (39)-v.supra-pr.n. (I 488) *to the land of Canaan*

אֶל־בְּנֵי יִשְׂרָאֵל v.supra-v.supra-pr.n. (975) *to the people of Israel*

וַיָּשִׁבוּ אוֹתָם consec.-Hi. impf. 3 m.p. (שׁוב 996) -dir.obj.-3 m.p. sf. *and brought back to them*

דָּבָר n.m.s. (182) *word*

22:33

וַיִּיטַב הַדָּבָר consec.-Qal impf. 3 m.s. (יָטַב 405) -def.art.-n.m.s. (182) *and the report pleased*

בְּעֵינֵי בְּנֵי יִשְׂרָאֵל prep.-n.f.p. cstr. (744)-n.m.p. cstr. (119)-pr.n. (975) *(in the eyes of) the people of Israel*

וַיְבָרֲכוּ אֱלֹהִים consec.-Pi. impf. 3 m.p. (בָּרַךְ 138)-n.m.p. (43) *and they blessed God*

בְּנֵי יִשְׂרָאֵל n.m.p. cstr. (119)-pr.n. (975) *the people of Israel*

וְלֹא אָמְרוּ conj.-neg.-Qal pf. 3 c.p. (55) *and spoke no more*

לַעֲלוֹת עֲלֵיהֶם prep.-Qal inf.cstr. (עָלָה 748)-prep.-3 m.p. sf. *of making against them*

לַצָּבָא prep.-def.art.-n.m.s. (838) *war*

לְשַׁחֵת prep.-Pi. inf.cstr. (שָׁחַת 1007) *to destroy*

אֶת־הָאָרֶץ dir.obj.-def.art.-n.f.s. (75) *the land*

אֲשֶׁר בְּנֵי־רְאוּבֵן rel. (81)-n.m.p. cstr. (119)-pr.n. (910) *where the Reubenites*

וּבְנֵי־גָד conj.-v.supra-pr.n. (III 151) *and the Gadites*

יֹשְׁבִים בָּהּ Qal act.ptc. m.p. (יָשַׁב 442)-prep.-3 f.s. sf. *were settled (in it)*

22:34

וַיִּקְרְאוּ consec.-Qal impf. 3 m.p. (קָרָא 894) *and called*

בְּנֵי־רְאוּבֵן n.m.p. cstr. (119)-pr.n. (910) *the Reubenites*

וּבְנֵי־גָד conj.-v.supra-pr.n. (III 151) *and the Gadites*

לַמִּזְבֵּחַ prep.-def.art.-n.m.s. (258) *the altar*

כִּי עֵד הוּא conj. (471)-n.m.s. (729)-pers.pr. 3 m.s. (214) *for it is a witness*

בֵּינֹתֵינוּ prep.-1 c.p. sf. (107) *between us*

כִּי יהוה conj. (471)-pr.n. (217) *that Yahweh*

הָאֱלֹהִים def.art.-n.m.p. (43) *is God*

23:1

וַיְהִי consec.-Qal impf. 3 m.s. (הָיָה 224) *(and it was)*

מִיָּמִים רַבִּים prep.-n.m.p. (398)-adj. m.p. (I 912) *many days*

אַחֲרֵי prep. (29) *afterward*

אֲשֶׁר־הֵנִיחַ יהוה rel. (81)-Hi. pf. 3 m.s. (נוּחַ 628)-pr.n. (217) *when Yahweh had given rest*

לְיִשְׂרָאֵל prep.-pr.n. (975) *to Israel*

מִכָּל־אֹיְבֵיהֶם prep.-n.m.s. cstr. (481)-Qal act.ptc. m.p.-3 m.p. sf. (אָיַב 33) *from all their enemies*

מִסָּבִיב prep.-adv. (686) *round about*

וִיהוֹשֻׁעַ זָקֵן conj.-pr.n. (221)-adj. m.s. (278) *and Joshua was old*

בָּא בַּיָּמִים Qal pf. 3 m.s. (בּוֹא 97)-prep.-def.art.-n.m.p. (398) *and well advanced in years*

23:2

וַיִּקְרָא יְהוֹשֻׁעַ consec.-Qal impf. 3 m.s. (894)-pr.n. (221) *Joshua summoned*

לְכָל־יִשְׂרָאֵל prep.-n.m.s. cstr. (481)-pr.n. (975) *all Israel*

לִזְקֵנָיו prep.-adj. m.p.-3 m.s. sf. (278) *their elders*

וּלְרָאשָׁיו conj.-prep.-n.m.p.-3 m.s. sf. (910) *and their heads*

וּלְשֹׁפְטָיו conj.-prep.-Qal act.ptc. m.p.-3 m.s. sf. (שָׁפַט 1047) *their judges*

וּלְשֹׁטְרָיו conj.-prep.-n.m.p.-3 m.s. sf. (1009) *and their officers*

וַיֹּאמֶר אֲלֵהֶם consec.-Qal impf. 3 m.s. (55)-prep.-3 m.p. sf. *and said to them*

אֲנִי זָקַנְתִּי pers.pr. 1 c.s. (58)-Qal pf. 1 c.s. (זָקֵן 278) *I am now old*

בָּאתִי בַיָּמִים Qal pf. 1 c.s. (בּוֹא 97)-prep.-def.art.-n.m.p. (398) *and well advanced in years*

23:3

וְאַתֶּם רְאִיתֶם conj.-pers.pr. 2 m.p. (61)-Qal pf. 2 m.p. (רָאָה 906) *and you have seen*

אֵת כָּל־אֲשֶׁר dir.obj.-n.m.s. (481)-rel. (81) *all that*

עָשָׂה Qal pf. 3 m.s. (I 793) *has done*

יהוה אֱלֹהֵיכֶם pr.n. (217)-n.m.p.-2 m.p. sf. (43) *Yahweh your God*

לְכָל־הַגּוֹיִם הָאֵלֶּה prep.-n.m.s. cstr. (481)-def.art.-n.m.p. (156)-def.art.-demons.adj. c.p. (41) *to all these nations*

מִפְּנֵיכֶם prep.-n.m.p.-2 m.p. sf. (815) *for your sake*

כִּי יהוה אֱלֹהֵיכֶם conj. (471)-v.supra-v.supra *for Yahweh your God*

הוּא הַנִּלְחָם לָכֶם pers.pr. 3 m.s. (214)-def.art.-Ni. ptc. m.s. (לָחַם 535)-prep.-2 m.p. sf. *he is the one who fought for you*

23:4

רְאוּ Qal impv. 2 m.p. (רָאָה 906) *behold*

הִפַּלְתִּי לָכֶם Hi. pf. 1 c.s. (נָפַל 656)-prep.-2 m.p. sf. *I have allotted to you*

אֶת־הַגּוֹיִם dir.obj.-def.art.-n.m.p. (156) *the nations*

הַנִּשְׁאָרִים def.art.-Ni. ptc. m.p. (שָׁאַר 983) *that remain*

הָאֵלֶּה def.art.-demons.adj. c.p. (41) *those*

בְּנַחֲלָה prep.-n.f.s. (635) *as an inheritance*

לְשִׁבְטֵיכֶם prep.-n.m.p.-2 m.p. sf. (986) *for your tribes*

מִן־הַיַּרְדֵּן prep.-def.art.-pr.n. (434) *from the Jordan*

וְכָל־הַגּוֹיִם conj.-n.m.s. cstr. (481)-def.art.-n.m.p. (156) *with all the nations*

אֲשֶׁר הִכְרַתִּי rel. (81)-Hi. pf. 1 c.s. (כָּרַת 503) *that I have already cut off*

וְהַיָּם הַגָּדוֹל conj.-def.art.-n.m.s. (410)-def.art. -adj. m.s. (152) *to the Great Sea*

מְבוֹא הַשֶּׁמֶשׁ n.m.s. cstr. (99)-def.art.-n.f.s. paus. (1039) *in the west*

23:5

וַיהוה אֱלֹהֵיכֶם conj.-pr.n. (217)-n.m.p.-2 m.p. sf. (43) *and Yahweh your God*

הוּא יֶהְדְּפֵם pers.pr. 3 m.s. (214)-Qal impf. 3 m.s.-3 m.p. sf. (הָדַף 213; GK 60a) *he will push them back*

מִפְּנֵיכֶם prep.-n.m.p.-2 m.p. sf. (815) *before you*

וְהוֹרִישׁ אֹתָם conj.-Hi. pf. 3 m.s. (יָרַשׁ 439) -dir.obj.-3 m.p. sf. *and drive them out*

מִלִּפְנֵיכֶם prep.-prep.-n.m.p.-2 m.p. sf. (815) *of your sight*

וִירִשְׁתֶּם conj.-Qal pf. 2 m.p. (יָרַשׁ 439) *and you shall possess*

אֶת־אַרְצָם dir.obj.-n.f.s.-3 m.p. sf. (75) *their land*

כַּאֲשֶׁר דִּבֶּר prep.-rel. (81)-Pi. pf. 3 m.s. (180) *as ... promised*

יהוה אֱלֹהֵיכֶם v.supra-v.supra *Yahweh your God*

לָכֶם prep.-2 m.p. sf. *you*

23:6

וַחֲזַקְתֶּם מְאֹד conj.-Qal pf. 2 m.p. (חָזַק 304)-adv. (547) *therefore be very steadfast*

לִשְׁמֹר prep.-Qal inf.cstr. (1036) *to keep*

וְלַעֲשׂוֹת conj.-prep.-Qal inf.cstr. (עָשָׂה I 793) *and do*

אֵת כָּל־הַכָּתוּב dir.obj.-n.m.s. cstr. (481)-def.art. -Qal pass.ptc. (כָּתַב 507) *all that is written*

בְּסֵפֶר prep.-n.m.s. (706) *in the book of*

תּוֹרַת מֹשֶׁה n.f.s. cstr. (435)-pr.n. (602) *the law of Moses*

לְבִלְתִּי סוּר־מִמֶּנּוּ prep.-neg. (116)-Qal inf.cstr. (סוּר 693)-prep.-3 m.s. sf. *turning side from it*

יָמִין n.f.s. (411) *to the right hand*

וּשְׂמֹאול conj.-n.m.s. (969) *or to the left*

23:7

לְבִלְתִּי־בוֹא prep.-neg. (116)-Qal inf.cstr. (בּוֹא 97) *that you may not be mixed*

בַּגּוֹיִם הָאֵלֶּה prep.-def.art.-n.m.p. (156)-def.art. -demons.adj. c.p. (41) *with these nations*

הַנִּשְׁאָרִים הָאֵלֶּה def.art.-Ni. ptc. m.p. (שָׁאַר 983)-def.art.-demons.adj. c.p. (41) *these left*

אִתְּכֶם prep.-2 m.p. sf. (85) *among you*

וּבְשֵׁם אֱלֹהֵיהֶם conj.-prep.-n.m.s. cstr. (1027) -n.m.p.-3 m.p. sf. (43) *of the names of their gods*

לֹא־תַזְכִּירוּ neg.-Hi. impf. 2 m.p. (זָכַר 269) *you shall not make mention*

וְלֹא תַשְׁבִּיעוּ conj.-neg.-Hi. impf. 2 m.p. (שָׁבַע 989) *or swear (by them)*

וְלֹא תַעַבְדוּם v.supra-Qal impf. 2 m.p.-3 m.p. sf. (עָבַד 712) *or serve them*

וְלֹא תִשְׁתַּחֲווּ לָהֶם v.supra-Hith. impf. 2 m.p. (שָׁחָה 1005)-prep.-3 m.p. sf. *or bow down yourselves to them*

23:8

כִּי אִם־בַּיהוה אֱלֹהֵיכֶם conj. (471)-hypoth.part. (49)-prep.-pr.n. (217)-n.m.p.-2 m.p. sf. (43) *but to Yahweh your God*

תִּדְבָּקוּ Qal impf. 2 m.p. paus. (דָּבַק 179) *you shall cleave*

כַּאֲשֶׁר עֲשִׂיתֶם prep.-rel. (81)-Qal pf. 2 m.p. (עָשָׂה *193*) *as you have done*

עַד הַיּוֹם הַזֶּה prep. (723)-def.art.-n.m.s. (398) -def.art.-demons.adj. m.s. (260) *to this day*

23:9

וַיּוֹרֶשׁ יהוה consec.-Hi. impf. 3 m.s. (יָרַשׁ 439) -pr.n. (217) *for Yahweh has driven out*

מִפְּנֵיכֶם prep.-n.m.p.-2 m.p. sf. (815) *before you*

גּוֹיִם n.m.p. (156) *nations*

גְּדֹלִים וַעֲצוּמִים adj. m.p. (152)-conj.-adj. m.p. (783) *great and strong*

וְאַתֶּם conj.-pers.pr. 2 m.p. (61) *and as for you*

לֹא־עָמַד אִישׁ neg.-Qal pf. 3 m.s. (763)-n.m.s. (35) *no man has been able to withstand*

בִּפְנֵיכֶם prep.-n.m.p.-2 m.p. sf. (815) *you*

עַד הַיּוֹם הַזֶּה prep. (723)-def.art.-n.m.s. (398) -def.art.-demons.adj. m.s. (260) *to this day*

23:10

אִישׁ־אֶחָד מִכֶּם n.m.s. (35)-num. (25)-prep.-2 m.p. sf. *one man of you*

יִרְדָּף־אֶלֶף Qal impf. 3 m.s. (רָדַף 922)-n.m.s. paus. (48) *puts to flight a thousand*

כִּי יהוה אֱלֹהֵיכֶם conj. (471)-pr.n. (217)-n.m.p.-2 m.p. sf. (43) *since it is Yahweh your God*

הוּא הַנִּלְחָם לָכֶם pers.pr. 3 m.s. (214)-def.art.-Ni. ptc. m.s. (לָחַם 535)-prep.-2 m.p. sf. *who fights for you*

כַּאֲשֶׁר דִּבֶּר לָכֶם prep.-rel. (81)-Pi. pf. 3 m.s. (180)-prep.-2 m.p. sf. *as he promised you*

23:11

וְנִשְׁמַרְתֶּם מְאֹד conj.-Ni. pf. 2 m.p. (שָׁמַר 1036)-adv. (547) *take good heed*

לְנַפְשֹׁתֵיכֶם prep.-n.f.p.-2 m.p. sf. (659) *to yourselves*

לְאַהֲבָה prep.-Qal inf.cstr. (אָהַב 12) *to love*

אֶת־יהוה אֱלֹהֵיכֶם dir.obj.-pr.n. (217)-n.m.p.-2 m.p. sf. (43) *Yahweh your God*

23:12

כִּי אִם־שׁוֹב תָּשׁוּבוּ conj. (471)-hypoth.part. (49) -Qal inf.abs. (שׁוּב 996)-Qal impf. 2 m.p. (שׁוּב 996) *for if you turn back*

וּדְבַקְתֶּם conj.-Qal pf. 2 m.p. (דָּבַק 179) *and join*

בְּיֶתֶר prep.-n.m.s. cstr. (451) *the remnant of*

הַגּוֹיִם הָאֵלֶּה def.art.-n.m.p. (156)-def.art. -demons.adj. c.p. (41) *these nations*

הַנִּשְׁאָרִים הָאֵלֶּה def.art.-Ni. ptc. m.p. (שָׁאַר 983)-v.supra *these left here*

אִתְּכֶם prep.-2 m.p. sf. (85) *among you*

וְהִתְחַתַּנְתֶּם בָּהֶם conj.-Hith. pf. 2 m.p. (חָתַן II 368)-prep.-3 m.p. sf. *and make marriages with them*

וּבָאתֶם בָּהֶם conj.-Qal pf. 2 m.p. (בּוֹא 97) -v.supra *so that you come unto them*

וְהֵם בָּכֶם conj.-pers.pr. 3 m.p. (241)-prep.-2 m.p. sf. *and they unto you*

23:13

יָדוֹעַ תֵּדְעוּ Qal inf.abs. (יָדַע 393)-Qal impf. 2 m.p. (יָדַע 393) *know assuredly*

כִּי לֹא יוֹסִיף conj. (471)-neg.-Hi. impf. 3 m.s. (יָסַף 414) *that will not continue*

יהוה אֱלֹהֵיכֶם pr.n. (217)-n.m.p.-2 m.p. sf. (43) *Yahweh your God*

לְהוֹרִישׁ prep.-Hi. inf.cstr. (יָרֵשׁ 439) *to drive out*

אֶת־הַגּוֹיִם הָאֵלֶּה dir.obj.-def.art.-n.m.p. (156) -def.art.-demons.adj. c.p. (41) *these nations*

מִלִּפְנֵיכֶם prep.-prep.-n.m.p.-2 m.p. sf. (815) *before you*

וְהָיוּ לָכֶם conj.-Qal pf. 3 c.p. (הָיָה 224)-prep.-2 m.p. sf. *but they shall be for you*

לְפַח prep.-n.m.s. (I 809) *a snare*

וּלְמוֹקֵשׁ conj.-prep.-n.m.s. (430) *and a trap*

וּלְשֹׁטֵט conj.-prep.-n.m.s. (1002) *and a scourge*

בְּצִדֵּיכֶם prep.-n.m.p.-2 m.p. sf. (841) *on your sides*

וְלִצְנִנִים conj.-prep.-n.m.p. (856) *and thorns*

בְּעֵינֵיכֶם prep.-n.f.p.-2 m.p. sf. (744) *in your eyes*

עַד־אָבְדְכֶם prep. (723)-Qal inf.cstr.-2 m.p. sf. (1 אָבַד) *till you perish*

מֵעַל הָאֲדָמָה הַטּוֹבָה הַזֹּאת prep.-prep.-def.art. -n.f.s. (9)-def.art.-adj. f.s. (II 373)-def.art. -demons.adj. f.s. (260) *from off this good land*

אֲשֶׁר נָתַן לָכֶם rel. (81)-Qal pf. 3 m.s. (678) -prep.-2 m.p. sf. *which has given you*

יהוה אֱלֹהֵיכֶם pr.n. (217)-n.m.p.-2 m.p. sf. (43) *Yahweh your God*

23:14

וְהִנֵּה conj.-demons.part. (243) *and*

אָנֹכִי הוֹלֵךְ pers.pr. 1 c.s. (59)-Qal act.ptc. (הָלַךְ 229) *I am about to go*

הַיּוֹם def.art.-n.m.s. (398) *now (this day)*

בְּדֶרֶךְ כָּל־הָאָרֶץ prep.-n.m.s. cstr. (202)-n.m.s. cstr. (481)-def.art.-n.f.s. (75) *the way of all the earth*

וִידַעְתֶּם conj.-Qal pf. 2 m.p. (יָדַע 393) *and you know*

בְּכָל־לְבַבְכֶם prep.-n.m.s. cstr. (481)-n.m.s.-2 m.p. sf. (523) *in all your hearts*

וּבְכָל־נַפְשְׁכֶם conj.-v.supra-n.f.s.-2 m.p. sf. (659) *and in all your souls*

כִּי לֹא־נָפַל conj. (471)-neg.-Qal pf. 3 m.s. (656) *that has not failed*

דָּבָר אֶחָד n.m.s. (182)-num. (25) *one thing*

מִכֹּל הַדְּבָרִים הַטּוֹבִים prep.-n.m.s. cstr. (481) -def.art.-n.m.p. (182)-def.art.-adj. m.p. (II 373) *of all the good things*

אֲשֶׁר דִּבֶּר rel. (81)-Pi. pf. 3 m.s. (180) *which promised*

יהוה אֱלֹהֵיכֶם pr.n. (217)-n.m.p.-2 m.p. sf. (43) *Yahweh your God*

עֲלֵיכֶם prep.-2 m.p. sf. *concerning you*

הַכֹּל בָּאוּ לָכֶם def.art.-n.m.s. (481)-Qal pf. 3 c.p. (בּוֹא 97)-prep.-2 m.p. sf. *all have come to pass for you*

לֹא־נָפַל מִמֶּנּוּ v.supra-v.supra-prep.-3 m.s. sf. *not of them has failed*

דָּבָר אֶחָד v.supra-v.supra *one thing*

23:15

וְהָיָה כַּאֲשֶׁר־בָּא conj.-Qal pf. 3 m.s. (224)-prep. -rel. (81)-Qal pf. 3 m.s. (בּוֹא 97) *but just as has been fulfilled*

עֲלֵיכֶם prep.-2 m.p. sf. *concerning you*

כָּל־הַדָּבָר הַטּוֹב n.m.s. cstr. (481)-def.art.-n.m.s. (182)-def.art.-adj. m.s. (II 373) *all the good things*

אֲשֶׁר דִּבֶּר rel. (81)-Pi. pf. 3 m.s. (180) *which promised*

יהוה אֱלֹהֵיכֶם pr.n. (217)-n.m.p.-2 m.p. sf. (43) *Yahweh your God*

אֲלֵיכֶם prep.-2 m.p. sf. (39) *for you*

כֵּן יָבִיא adv. (485)-Hi. impf. 3 m.s. (בוֹא 97) *so will bring*

יהוה pr.n. (217) *Yahweh*

עֲלֵיכֶם v.supra *upon you*

אֵת כָּל־הַדָּבָר הָרָע dir.obj.-n.m.s. cstr. (481) -v.supra-def.art.-adj. m.s. (948) *all the evil things*

עַד־הַשְׁמִידוֹ prep. (723)-Hi. inf.cstr.-3 m.s. sf. (1029 שָׁמַד) *until he have destroyed*

אוֹתְכֶם dir.obj.-2 m.p. sf. (GK 103b) *you*

מֵעַל הָאֲדָמָה הַטּוֹבָה הַזֹּאת prep.-prep.-def.art. -n.f.s. (9)-def.art.-adj. f.s. (II 373)-def.art. -demons.adj. f.s. (260) *from off this good land*

אֲשֶׁר נָתַן לָכֶם rel. (81)-Qal pf. 3 m.s. (678) -prep.-2 m.p. sf. *which has given you*

יהוה אֱלֹהֵיכֶם pr.n. (217)-n.m.p.-2 m.p. sf. (43) *Yahweh your God*

23:16

בְּעָבְרְכֶם prep.-Qal inf.cstr.-2 m.p. sf. (עָבַר 716) *if you transgress*

אֶת־בְּרִית dir.obj.-n.f.s. cstr. (136) *the covenant of*

יהוה אֱלֹהֵיכֶם pr.n. (217)-n.m.p.-2 m.p. sf. (43) *Yahweh your God*

אֲשֶׁר צִוָּה אֶתְכֶם rel. (81)-Pi. pf. 3 m.s. 845)-dir.obj.-2 m.p. sf. *which he commanded you*

וַהֲלַכְתֶּם conj.-Qal pf. 2 m.p. (הָלַךְ 229) *and go*

וַעֲבַדְתֶּם conj.-Qal pf. 2 m.p. (עָבַד 712) *and serve*

אֱלֹהִים אֲחֵרִים n.m.p. (43)-adj. m.p. (29) *other gods*

וְהִשְׁתַּחֲוִיתֶם לָהֶם conj.-Hith. pf. 2 m.p. (שָׁחָה 1005)-prep.-3 m.p. sf. *and bow down to them*

וְחָרָה conj.-Qal pf. 3 m.s. (354) *then will be kindled*

אַף־יהוה n.m.s. cstr. (I 60)-pr.n. (217) *the anger of Yahweh*

בָּכֶם prep.-2 m.p. sf. *against you*

וַאֲבַדְתֶּם conj.-Qal pf. 2 m.p. (אָבַד 1) *and you shall perish*

מְהֵרָה n.f.s. as adv. (555) *quickly*

מֵעַל הָאָרֶץ הַטּוֹבָה prep.-prep.-def.art.-n.f.s. (75)-def.art.-adj. f.s. (II 373) *from off the good land*

אֲשֶׁר נָתַן לָכֶם rel. (81)-Qal pf. 3 m.s. (678) -prep.-2 m.p. sf. *which he has given to you*

24:1

וַיֶּאֱסֹף יְהוֹשֻׁעַ consec.-Qal impf. 3 m.s. (אָסַף 62)-pr.n. (221) *then Joshua gathered*

אֶת־כָּל־שִׁבְטֵי dir.obj.-n.m.s. cstr. (481)-n.m.p. cstr. (986) *all the tribes of*

יִשְׂרָאֵל pr.n. (975) *Israel*

שְׁכֶמָה pr.n.-loc.he (II 1014) *to Shechem*

וַיִּקְרָא consec.-Qal impf. 3 m.s. (894) *and summoned*

לְזִקְנֵי יִשְׂרָאֵל prep.-adj. m.p. cstr. (278)-pr.n. (975) *the elders of Israel*

וּלְרָאשָׁיו conj.-prep.-n.m.p.-3 m.s. sf. (910) *their heads*

וּלְשֹׁפְטָיו conj.-prep.-Qal act.ptc. m.p.-3 m.s. sf. (1047 שָׁפַט) *their judges*

וּלְשֹׁטְרָיו conj.-prep.-n.m.p.-3 m.s. sf. (1009) *and their officers*

וַיִּתְיַצְּבוּ consec.-Hith. impf. 3 m.p. (יָצַב 426) *and they presented themselves*

לִפְנֵי הָאֱלֹהִים prep.-n.m.p. cstr. (815)-def.art. -n.m.p. (43) *before God*

24:2

וַיֹּאמֶר יְהוֹשֻׁעַ consec.-Qal impf. 3 m.s. (55)-pr.n. (221) *and Joshua said*

אֶל־כָּל־הָעָם prep. (39)-n.m.s. cstr. (481)-def.art. -n.m.s. (I 766) *to all the people*

כֹּה־אָמַר יהוה adv. (462)-Qal pf. 3 m.s. (55) -pr.n. (217) *thus says Yahweh*

אֱלֹהֵי יִשְׂרָאֵל n.m.p. cstr. (43)-pr.n. (975) *the God of Israel*

בְּעֵבֶר הַנָּהָר prep.-n.m.s. cstr. (719)-def.art.-n.m.s. (625) *beyond the Euphrates (the river)*

יָשְׁבוּ Qal pf. 3 c.p. (יָשַׁב 442) *lived*

אֲבוֹתֵיכֶם n.m.p.-2 m.p. sf. (3) *your fathers*

מֵעוֹלָם prep.-n.m.s. (761) *of old*

תֶּרַח pr.n. (1076) *Terah*

אֲבִי אַבְרָהָם n.m.s. cstr. (3)-pr.n. (4) *the father of Abraham*

וַאֲבִי נָחוֹר conj.-v.supra-pr.n. (637) *and of Nahor*

וַיַּעַבְדוּ consec.-Qal impf. 3 m.p. (עָבַד 712) *and they served*

אֱלֹהִים אֲחֵרִים n.m.p. (43)-adj. m.p. (29) *other gods*

24:3

וָאֶקַּח consec.-Qal impf. 1 c.s. (לָקַח 542) *then I took*

אֶת־אֲבִיכֶם dir.obj.-n.m.s.-2 m.p. sf. (3) *your father*

אֶת־אַבְרָהָם dir.obj.-pr.n. (4) *Abraham*

מֵעֵבֶר הַנָּהָר prep.-n.m.s. cstr. (719)-def.art.-n.m.s. (625) *from beyond the River*

וָאוֹלֵךְ אוֹתוֹ consec.-Qal impf. 1 c.s. (הָלַךְ 229)-dir.obj.-3 m.s. sf. *and led him*

בְּכָל־אֶרֶץ כְּנַעַן prep.-n.m.s. cstr. (481)-n.f.s. cstr. (75)-pr.n. paus. (I 488) *through all the land of Canaan*

וָאַרְבֶּ consec.-Hi. impf. 1 c.s. (רָבָה I 915; Qere-וָאַרְבֶּה) *and made ... many*

אֶת־זַרְעוֹ dir.obj.-n.m.s.-3 m.s. sf. (282) *his offspring*

וָאֶתֶּן־לוֹ consec.-Qal impf. 1 c.s. (נָתַן 678)-prep.-3 m.s. sf. *and I gave him*

אֶת־יִצְחָק dir.obj.-pr.n. (850) *Isaac*

24:4

וָאֶתֵּן consec.-Qal impf. 1 c.s. (נָתַן 678) *and I gave*

לְיִצְחָק prep.-pr.n. (850) *to Isaac*

אֶת־יַעֲקֹב dir.obj.-pr.n. (784) *Jacob*

וְאֶת־עֵשָׂו conj.-dir.obj.-pr.n. (796) *and Esau*

וָאֶתֵּן v.supra-v.supra *and I gave*

לְעֵשָׂו prep.-pr.n. (796) *Esau*

אֶת־הַר שֵׂעִיר dir.obj.-n.m.s. cstr. (249)-pr.n. (973) *the hill country of Seir*

לָרֶשֶׁת אוֹתוֹ prep.-Qal inf.cstr. (יָרַשׁ 439)-dir.obj.-3 m.s. sf. *to possess it*

וְיַעֲקֹב conj.-pr.n. (784) *but Jacob*

וּבָנָיו conj.-n.m.p.-3 m.s. sf. (119) *and his children*

יָרְדוּ Qal pf. 3 c.p. (יָרַד 432) *went down*

מִצְרָיִם pr.n. paus. (595) *to Egypt*

24:5

וָאֶשְׁלַח consec.-Qal impf. 1 c.s. (שָׁלַח 1018) *and I sent*

אֶת־מֹשֶׁה dir.obj.-pr.n. (602) *Moses*

וְאֶת־אַהֲרֹן conj.-dir.obj.-pr.n. (14) *and Aaron*

וָאֶגֹּף consec.-Qal impf. 1 c.s. (נָגַף 619) *and I plagued*

אֶת־מִצְרַיִם dir.obj.-pr.n. (595) *Egypt*

כַּאֲשֶׁר עָשִׂיתִי prep.-rel. (81)-Qal pf. 1 c.s. (I 793) *with what I did*

בְּקִרְבּוֹ prep.-n.m.s.-3 m.s. sf. (899) *in the midst of it*

וְאַחַר conj.-adv. (29) *and afterwards*

הוֹצֵאתִי אֶתְכֶם Hi. pf. 1 c.s. (יָצָא 422)-dir.obj.-2 m.p. sf. *I brought you out*

24:6

וָאוֹצִיא consec.-Hi. impf. 1 c.s. (יָצָא 422) *then I brought out*

אֶת־אֲבוֹתֵיכֶם dir.obj.-n.m.p.-2 m.p. sf. (3) *your fathers*

מִמִּצְרַיִם prep.-pr.n. (595) *out of Egypt*

וַתָּבֹאוּ consec.-Qal impf. 2 m.p. (בּוֹא 97) *and you came*

הַיָּמָּה def.art.-n.m.s.-loc.he (410) *to the sea*

וַיִּרְדְּפוּ מִצְרַיִם consec.-Qal impf. 3 m.p. (רָדַף 922)-pr.n. (595) *and the Egyptians pursued*

אַחֲרֵי אֲבוֹתֵיכֶם prep. (29)-n.m.p.-2 m.p. sf. (3) *your fathers*

בְּרֶכֶב prep.-n.m.s. (939) *with chariots*

וּבְפָרָשִׁים conj.-prep.-n.m.p. (832) *and horsemen*

יַם־סוּף n.m.s. cstr. (410)-n.m.s. (I 693) *to the Red Sea (sea of reeds)*

24:7

וַיִּצְעֲקוּ consec.-Qal impf. 3 m.p. (צָעַק 858) *and when they cried*

אֶל־יְהוָה prep. (39)-pr.n. (217) *to Yahweh*

וַיָּשֶׂם consec.-Qal impf. 3 m.s. (שׂוּם 962) *he put* מַאֲפֵל n.m.s. (66) *darkness*

בֵּינֵיכֶם וּבֵין הַמִּצְרִים prep.-2 m.p. sf. (107)-conj.-prep. (107)-def.art.-adj.gent. p. (596) *between you and the Egyptians*

וַיָּבֵא עָלָיו consec.-Hi. impf. 3 m.s. (בּוֹא 97)-prep.-3 m.s. sf. (II 752; GK 145m) *and made ... come upon them*

אֶת־הַיָּם dir.obj.-def.art.-n.m.s. (410) *the sea*

וַיְכַסֵּהוּ consec.-Pi. impf. 3 m.s.-3 m.s. sf. (בָּסָה 491; GK 145m) *and cover them*

וַתִּרְאֶינָה עֵינֵיכֶם consec.-Qal impf. 3 f.p. (רָאָה 906)-n.f.p.-2 m.p. sf. (744) *and your eyes saw*

אֵת אֲשֶׁר־עָשִׂיתִי dir.obj.-rel. (81)-Qal pf. 1 c.s. (I 793) *what I did*

בְּמִצְרָיִם prep.-pr.n. paus. (595) *to Egypt*

וַתֵּשְׁבוּ consec.-Qal impf. 2 m.p. (יָשַׁב 442) *and you lived*

בַּמִּדְבָּר prep.-def.art.-n.m.s. (184) *in the wilderness*

יָמִים רַבִּים n.m.p. (398)-adj. m.p. (I 912) *a long time*

24:8

וָאָבִאה אֶתְכֶם consec.-Hi. impf. 1 c.s. (בּוֹא 97; Qere-וָאָבִיא)-dir.obj.-2 m.p. sf. *then I brought you*

אֶל־אֶרֶץ הָאֱמֹרִי prep. (39)-n.f.s. cstr. (75)-def. art.-adj.gent. (57) *to the land of the Amorites*

הַיּוֹשֵׁב def.art.-Qal act.ptc. (442) *who lived*

בְּעֵבֶר הַיַּרְדֵּן prep.-n.m.s. cstr. (719)-def.art.-pr.n. (434) *on the other side of the Jordan*

וַיִּלָּחֲמוּ אִתְּכֶם consec.-Ni. impf. 3 m.p. (לחם 535)-prep.-2 m.p. sf. (85) *they fought with you*

וָאֶתֵּן אוֹתָם consec.-Qal impf. 1 c.s. (נתן 678)-dir.obj.-3 m.p. sf. *and I gave them*

בְּיֶדְכֶם prep.-n.f.s.-2 m.p. sf. (388) *into your hand*

וַתִּירְשׁוּ consec.-Qal impf. 2 m.p. (ירש 439) *and you took possession*

אֶת־אַרְצָם dir.obj.-n.f.s.-3 m.p. sf. (75) *of their land*

וָאַשְׁמִידֵם consec.-Hi. impf. 1 c.s. (שמד 1029) *and I destroyed them*

מִפְּנֵיכֶם prep.-n.m.p.-2 m.p. sf. (815) *before you*

24:9

וַיָּקָם בָּלָק consec.-Qal impf. 3 m.s. (קום 877)-pr.n. (118) *then Balak arose*

בֶּן־צִפּוֹר n.m.s. cstr. (119)-pr.n. (II 862) *the son of Zippor*

מֶלֶךְ מוֹאָב n.m.s. cstr. (I 572)-pr.n. (555) *the king of Moab*

וַיִּלָּחֶם consec.-Ni. impf. 3 m.s. (לחם 535) *and fought*

בְּיִשְׂרָאֵל prep.-pr.n. (975) *against Israel*

וַיִּשְׁלַח consec.-Qal impf. 3 m.s. (שלח 1018) *and sent*

וַיִּקְרָא consec.-Qal impf. 3 m.s. (קרא 894) *and invited*

לְבִלְעָם prep.-pr.n. (I 118) *Balaam*

בֶּן־בְּעוֹר n.m.s. cstr. (119)-pr.n. (129) *the son of Beor*

לְקַלֵּל אֶתְכֶם prep.-Pi. inf.cstr. (קלל 886)-dir.obj.-2 m.p. sf. *to curse you*

24:10

וְלֹא אָבִיתִי לִשְׁמֹעַ conj.-neg.-Qal pf. 1 c.s. (אבה 2)-prep.-Qal inf.cstr. (1033) *but I would not listen*

לְבִלְעָם prep.-pr.n. (I 118) *to Balaam*

וַיְבָרֶךְ בָּרוֹךְ consec.-Pi. impf. 3 m.s. (ברך 138)-Qal inf.abs. (138; GK 113r) *therefore he blessed*

אֶתְכֶם dir.obj.-2 m.p. sf. *you*

וָאַצִּל אֶתְכֶם consec.-Hi. impf. 1 c.s. (נצל 664)-v.supra *so I delivered you*

מִיָּדוֹ prep.-n.f.s.-3 m.s. sf. (388) *out of his hand*

24:11

וַתַּעַבְרוּ consec.-Qal impf. 2 m.p. (עבר 716) *and you went over*

אֶת־הַיַּרְדֵּן dir.obj.-def.art.-pr.n. (434) *the Jordan*

וַתָּבֹאוּ consec.-Qal impf. 2 m.p. (בוא 97) *and came*

אֶל־יְרִיחוֹ prep. (39)-pr.n. (437) *to Jericho*

וַיִּלָּחֲמוּ בָכֶם consec.-Ni. impf. 3 m.p. (לחם 535)-prep.-2 m.p. sf. *and ... fought against you*

בַּעֲלֵי־יְרִיחוֹ n.m.p. cstr. (I 127)-pr.n. (437) *the men of Jericho*

הָאֱמֹרִי def.art.-adj.gent. (57) *the Amorites*

וְהַפְּרִזִּי conj.-def.art.-adj.gent. (827) *the Perizzites*

וְהַכְּנַעֲנִי conj.-def.art.-adj.gent. (I 489) *the Canaanites*

וְהַחִתִּי conj.-def.art.-adj.gent. (366) *the Hittites*

וְהַגִּרְגָּשִׁי conj.-def.art.-adj.gent. (173) *the Girgashites*

הַחִוִּי def.art.-adj.gent. (295) *the Hivites*

וְהַיְבוּסִי conj.-def.art.-adj.gent. (101) *and the Jebusites*

וָאֶתֵּן אוֹתָם consec.-Qal impf. 1 c.s. (נתן 678)-dir.obj.-3 m.p. sf. *and I gave them*

בְּיֶדְכֶם prep.-n.f.s.-2 m.p. sf. (388) *into your hand*

24:12

וָאֶשְׁלַח consec.-Qal impf. 1 c.s. (שלח 1018) *and I sent*

לִפְנֵיכֶם prep.-n.m.p.-2 m.p. sf. (815) *before you*

אֶת־הַצִּרְעָה dir.obj.-def.art.-n.f.s. (864) *the hornet*

וַתְּגָרֶשׁ אוֹתָם consec.-Pi. impf. 3 f.s. (גרש 176)-dir.obj.-3 m.p. sf. *which drove them out*

מִפְּנֵיכֶם prep.-n.m.p.-2 m.p. sf. (815) *before you*

שְׁנֵי מַלְכֵי num. cstr. (1040)-n.m.p. cstr. (I 572) *the two kings of*

הָאֱמֹרִי def.art.-adj.gent. (57) *the Amorites*

לֹא בְחַרְבְּךָ neg.-prep.-n.f.s.-2 m.s. sf. (352) *not by your sword*

וְלֹא בְקַשְׁתֶּךָ conj.-v.supra-prep.-n.f.s.-2 m.s. sf. (905) *or by your bow*

24:13

וָאֶתֵּן לָכֶם consec.-Qal impf. 1 c.s. (נתן 678)-prep.-2 m.p. sf. *I gave you*

אֶרֶץ n.f.s. (75) *a land*

אֲשֶׁר לֹא־יָגַעְתָּ בָּהּ rel. (81)-neg.-Qal pf. 2 m.s. (388 יָגַע)-prep.-3 f.s. sf. *on which you had not labored*

וְעָרִים conj.-n.f.p. (746) *and cities*

אֲשֶׁר לֹא־בְנִיתֶם rel. (81)-neg.-Qal pf. 2 m.p. (124 בָּנָה) *which you had not built*

וַתֵּשְׁבוּ בָהֶם consec.-Qal impf. 2 m.p. (442 יָשַׁב)-prep.-3 m.p. sf. *and you dwell therein*

כְּרָמִים n.m.p. (501) *vineyards*

וְזֵיתִים conj.-n.m.p. (268) *and oliveyards*

אֲשֶׁר לֹא־נְטַעְתֶּם v.supra-neg.-Qal pf. 2 m.p. (642 נָטַע) *which you did not plant*

אַתֶּם אֹכְלִים pers.pr. 2 m.p. (61)-Qal act.ptc. m.p. (37 אָכַל) *you eat*

24:14

וְעַתָּה conj.-adv. (773) *now therefore*

יְראוּ Qal impv. 2 m.p. (יָרֵא 431; GK 75oo) *fear*

אֶת־יהוה dir.obj.-pr.n. (217) *Yahweh*

וְעִבְדוּ אֹתוֹ conj.-Qal impv. 2 m.p. (712)-dir.obj.-3 m.s. sf. *and serve him*

בְּתָמִים prep.-adj. m.s. (1071) *in sincerity*

וּבֶאֱמֶת conj.-prep.-n.f.s. (54) *and in faithfulness*

וְהָסִירוּ conj.-Hi. impv. 2 m.p. (693 סוּר) *put away*

אֶת־אֱלֹהִים dir.obj.-n.m.p. (43) *the gods*

אֲשֶׁר עָבְדוּ rel. (81)-Qal pf. 3 c.p. (712 עָבַד) *which ... served*

אֲבוֹתֵיכֶם n.m.p.-2 m.p. sf. (3) *your fathers*

בְּעֵבֶר הַנָּהָר prep.-n.m.s. cstr. (719)-def.art.-n.m.s. (625) *beyond the River*

וּבְמִצְרַיִם conj.-prep.-pr.n. (595) *and in Egypt*

וְעִבְדוּ אֶת־יהוה conj.-Qal impv. 2 m.p. (712 עָבַד)-dir.obj.-pr.n. (217) *and serve Yahweh*

24:15

וְאִם conj.-hypoth.part. (49) *and if*

רַע בְּעֵינֵיכֶם Qal pf. 3 m.s. (949 רָעַע)-prep.-n.f.p.-2 m.p. sf. (744) *it is displeasing in your eyes*

לַעֲבֹד אֶת־יהוה prep.-Qal inf.cstr. (712 עָבַד)-dir.obj.-pr.n. (217) *to serve Yahweh*

בַּחֲרוּ לָכֶם Qal impv. 2 m.p. (103 בָּחַר)-prep.-2 m.p. sf. *choose (for yourselves)*

הַיּוֹם def.art.-n.m.s. (398) *this day*

אֶת־מִי dir.obj.-interr. (566) *whom*

תַעֲבֹדוּן Qal impf. 2 m.p. (712 עָבַד) *you will serve*

אִם אֶת־אֱלֹהִים hypoth.part. (49)-dir.obj.-n.m.p. (43) *whether the gods*

אֲשֶׁר־עָבְדוּ rel. (81)-Qal pf. 3 c.p. (712) *which served*

אֲבוֹתֵיכֶם n.m.p.-2 m.p. sf. (3) *your fathers*

אֲשֶׁר בְּעֵבֶר הַנָּהָר rel. (81)-prep.-n.m.s. cstr. (719)-def.art.-n.m.s. (625) *in the region beyond the River*

וְאִם אֶת־אֱלֹהֵי הָאֱמֹרִי conj.-v.supra-def.art.-n.m.p. cstr. (43)-def.art.-adj.gent. (57) *or the gods of the Amorites*

אֲשֶׁר אַתֶּם יֹשְׁבִים rel. (81)-pers.pr. 2 m.p. (61)-Qal act.ptc. m.p. (442 יָשַׁב) *you dwell*

בְּאַרְצָם prep.-n.f.s.-3 m.p. sf. (75) *in whose land*

וְאָנֹכִי וּבֵיתִי conj.-pers.pr. 1 c.s. (59)-conj.-n.m.s.-1 c.s. sf. (108) *but as for me and my house*

נַעֲבֹד Qal impf. 1 c.p. (712 עָמַד) *we will serve*

אֶת־יהוה dir.obj.-pr.n. (217) *Yahweh*

24:16

וַיַּעַן הָעָם consec.-Qal impf. 3 m.s. (772 עָנָה I)-def.art.-n.m.s. (766 I) *then the people answered*

וַיֹּאמֶר consec.-Qal impf. 3 m.s. (55) *and said*

חָלִילָה לָּנוּ subst.-loc.he (321)-prep.-1 c.p. sf. *far be it from us*

מֵעֲזֹב prep.-Qal inf.cstr. (736 עָזַב I) *that we should forsake*

אֶת־יהוה dir.obj.-pr.n. (217) *Yahweh*

לַעֲבֹד prep.-Qal inf.cstr. (712) *to serve*

אֱלֹהִים אֲחֵרִים n.m.p. (43)-adj. m.p. (29) *other gods*

24:17

כִּי יהוה אֱלֹהֵינוּ conj. (471)-pr.n. (217)-n.m.p.-1 c.p. sf. *for it is Yahweh our God*

הוּא הַמַּעֲלֶה אֹתָנוּ pers.pr. 3 m.s. (214)-def.art.-Hi. ptc. (748 עָלָה)-dir.obj.-1 c.p. sf. *who brought us*

וְאֶת־אֲבוֹתֵינוּ conj.-dir.obj.-n.m.p.-1 c.p. sf. (3) *and our fathers*

מֵאֶרֶץ מִצְרַיִם prep.-n.f.s. cstr. (75)-pr.n. (595) *from the land of Egypt*

מִבֵּית עֲבָדִים prep.-n.m.s. cstr. (108)-n.m.p. (713) *out of the house of bondage*

וַאֲשֶׁר עָשָׂה conj.-rel. (81)-Qal pf. 3 m.s. (793 I) *and who did*

לְעֵינֵינוּ prep.-n.f.p.-1 c.p. sf. (744) *in our sight*

אֶת־הָאֹתוֹת הַגְּדֹלוֹת הָאֵלֶּה dir.obj.-def.art.-n.f.p. (16)-def.art.-adj. f.p. (152)-def.art.-demons.adj. c.p. (41) *those great signs*

וַיִּשְׁמְרֵנוּ consec.-Qal impf. 3 m.s.-1 c.p. sf. (1036 שָׁמַר) *and preserved us*

בְּכָל־הַדֶּרֶךְ prep.-n.m.s. cstr. (481)-def.art.-n.m.s. (202) *in all the way*

אֲשֶׁר הָלַכְנוּ בָהּ rel. (81)-Qal pf. 1 c.p. (הָלַךְ 229)-prep.-3 f.s. sf. *that we went*

וּבְכֹל הָעַמִּים conj.-prep.-n.m.s. cstr. (481)-def.art.-n.m.p. (I 766) *and among all the peoples*

אֲשֶׁר עָבַרְנוּ rel. (81)-Qal pf. 1 c.p. (עָבַר 716) *which we passed*

בְּקִרְבָּם prep.-n.m.s.-3 m.p. sf. (899) *through whom*

24:18

וַיְגָרֶשׁ יהוה consec.-Pi. impf. 3 m.s. (גָּרַשׁ 176)-pr.n. (217) *and Yahweh drove out*

אֶת־כָּל־הָעַמִּים dir.obj.-n.m.s. cstr. (481)-def.art.-n.m.p. (766) *all the peoples*

וְאֶת־הָאֱמֹרִי conj.-dir.obj.-def.art.-adj.gent. (57) *the Amorites*

יֹשֵׁב הָאָרֶץ Qal act.ptc. (יָשַׁב 442)-def.art.-n.f.s. (75) *who lived in the land*

מִפָּנֵינוּ prep.-n.m.p.-1 c.p. sf. (815) *before us*

גַּם־אֲנַחְנוּ נַעֲבֹד adv. (168)-pers. pr. 1 c.p. (59) Qal impf. 1 c.p. (עָבַד 712) *therefore we also will serve*

אֶת־יהוה dir.obj.-pr.n. (217) *Yahweh*

כִּי־הוּא אֱלֹהֵינוּ conj. (471)-pers.pr. 3 m.s. (214)-n.m.p.-1 c.p. sf. (43) *for he is our God*

24:19

וַיֹּאמֶר יְהוֹשֻׁעַ consec.-Qal impf. 3 m.s. (55)-pr.n. (221) *but Joshua said*

אֶל־הָעָם prep.-def.art.-n.m.s. (I 766) *to the people*

לֹא תוּכְלוּ לַעֲבֹד neg.-Qal impf. 2 m.p. (יָכֹל 407)-prep.-Qal inf.cstr. (עָבַד 712) *you cannot serve*

אֶת־יהוה dir.obj.-pr.n. (217) *Yahweh*

כִּי־אֱלֹהִים קְדֹשִׁים הוּא conj. (471)-n.m.p. (43)-adj. m.p. (872; GK 124h,145i)-pers.pr. 3 m.s. (214) *for he is a holy God*

אֵל־קַנּוֹא הוּא n.m.s. (42)-adj. m.s. (888)-v.supra *he is a jealous God*

לֹא־יִשָּׂא neg.-Qal impf. 3 m.s. (נָשָׂא 669) *he will not forgive*

לְפִשְׁעֲכֶם prep.-n.m.s.-2 m.p. sf. (733) *your transgressions*

וּלְחַטֹּאותֵיכֶם prep.-n.f.p.-2 m.p. sf. (308) *or your sins*

24:20

כִּי תַעַזְבוּ conj. (471)-Qal impf. 2 m.p. (עָזַב I 736) *if you forsake*

אֶת־יהוה dir.obj.-pr.n. (217) *Yahweh*

וַעֲבַדְתֶּם conj.-Qal pf. 2 m.p. (עָבַד 712) *and serve*

אֱלֹהֵי נֵכָר n.m.p. cstr. (43)-n.m.s. (648) *foreign gods*

וְשָׁב conj.-Qal pf. 3 m.s. (שׁוּב 996) *then he will turn*

וְהֵרַע לָכֶם conj.-Hi. pf. 3 m.s. (רָעַע 949)-prep.-2 m.p. sf. *and do you harm*

וְכִלָּה אֶתְכֶם conj.-Pi. pf. 3 m.s. (כָּלָה 477)-dir.obj.-2 m.p. sf. *and consume you*

אַחֲרֵי אֲשֶׁר־הֵיטִיב לָכֶם prep. (29)-rel. (81)-Hi. pf. 3 m.s. (יָטַב 405)-prep.-2 m.p. sf. *after having done you good*

24:21

וַיֹּאמֶר הָעָם consec.-Qal impf. 3 m.s. (55)-def.art.-n.m.s. (I 766) *and the people said*

אֶל־יְהוֹשֻׁעַ prep. (39)-pr.n. (221) *to Joshua*

לֹא כִּי אֶת־יהוה neg.-conj. (471)-dir.obj.-pr.n. (217) *nay, but ... Yahweh*

נַעֲבֹד Qal impf. 1 c.p. (עָבַד 712) *we will serve*

24:22

וַיֹּאמֶר יְהוֹשֻׁעַ consec.-Qal impf. 3 m.s. (55)-pr.n. (221) *then Joshua said*

אֶל־הָעָם prep. (39)-def.art.-n.m.s. (I 766) *to the people*

עֵדִים אַתֶּם בָּכֶם n.m.p. (729)-pers.pr. 2 m.p. (61)-prep.-2 m.p. sf. *you are witnesses against yourselves*

כִּי־אַתֶּם conj. (471)-v.supra *that you*

בְּחַרְתֶּם לָכֶם Qal pf. 2 m.p. (בָּחַר 103)-prep.-2 m.p. sf. *you have chosen (for yourselves)*

אֶת־יהוה dir.obj.-pr.n. (217) *Yahweh*

לַעֲבֹד אוֹתוֹ prep.-Qal inf.cstr. (712)-dir.obj.-3 m.s. sf. *to serve him*

וַיֹּאמְרוּ consec.-Qal impf. 3 m.p. (55) *and they said*

עֵדִים n.m.p. (729) *we are witnesses*

24:23

וְעַתָּה הָסִירוּ conj.-adv. (773)-Hi. impv. 2 m.p. (סוּר 693) *then put away*

אֶת־אֱלֹהֵי הַנֵּכָר dir.obj.-n.m.p. cstr. (43)-def.art.-n.m.s. (648) *the foreign gods*

אֲשֶׁר בְּקִרְבְּכֶם rel. (81)-prep.-n.m.s.-2 m.p. sf. (899) *which are among you*

וְהַטּוּ אֶת־לְבַבְכֶם conj.-Hi. impv. 2 m.p. (נָטָה 639)-dir.obj.-n.m.s.-2 m.p. sf. (523) *and incline your heart*

אֶל־יהוה prep. (39)-pr.n. (217) *to Yahweh*

אֱלֹהֵי יִשְׂרָאֵל n.m.p. cstr. (43)-pr.n. (975) *the God of Israel*

24:24

וַיֹּאמְרוּ הָעָם consec.-Qal impf. 3 m.p. (55)-def. art.-n.m.s. (I 766) *and the people said*

אֶל־יְהוֹשֻׁעַ prep. (39)-pr.n. (221) *to Joshua*

אֶת־יהוה אֱלֹהֵינוּ dir.obj.-pr.n. (217)-n.m.p.-1 c.p. sf. (43) *Yahweh our God*

נַעֲבֹד Qal impf. 1 c.p. (עבד 712) *we will serve*

וּבְקוֹלוֹ conj.-prep.-n.m.s.-3 m.s. sf. (876) *and his voice*

נִשְׁמָע Qal impf. 1 c.p. paus. (שׁמע 1033) *we will obey*

24:25

וַיִּכְרֹת יְהוֹשֻׁעַ consec.-Qal impf. 3 m.s. (כרת 503)-pr.n. (221) *so Joshua made*

בְּרִית n.f.s. (136) *a covenant*

לָעָם prep.-def.art.-n.m.s. (I 766) *with the people*

בַּיּוֹם הַהוּא prep.-def.art.-n.m.s. (398)-def.art. -demons.adj. m.s. (214) *that day*

וַיָּשֶׂם לוֹ consec.-Qal impf. 3 m.s. (שׂים 962) -prep.-3 m.s. sf. *and made for them*

חֹק n.m.s. (349) *statutes*

וּמִשְׁפָּט conj.-n.m.s. (1048) *and ordinances*

בִּשְׁכֶם prep.-pr.n. (II 1014) *at Shechem*

24:26

וַיִּכְתֹּב יְהוֹשֻׁעַ consec.-Qal impf. 3 m.s. (כתב 507)-pr.n. (221) *and Joshua wrote*

אֶת־הַדְּבָרִים הָאֵלֶּה dir.obj.-def.art.-n.m.p. (182) -def.art.-demons.adj. c.p. (41) *these words*

בְּסֵפֶר prep.-n.m.s. cstr. (706) *in the book of*

תּוֹרַת אֱלֹהִים n.f.s. cstr. (435)-n.m.p. (43) *the law of God*

וַיִּקַּח consec.-Qal impf. 3 m.s. (לקח 542) *and he took*

אֶבֶן גְּדוֹלָה n.f.s. (6)-adj. f.s. (152) *a great stone*

וַיְקִימֶהָ שָׁם consec.-Hi. impf. 3 m.s.-3 f.s. sf. (קום 877)-adv. (1027) *and set it up there*

תַּחַת הָאַלָּה prep. (1065)-def.art.-n.f.s. (47) *under the oak*

אֲשֶׁר בְּמִקְדַּשׁ יהוה rel. (81)-prep.-n.m.s. cstr. (874)-pr.n. (217) *in the sanctuary of Yahweh*

24:27

וַיֹּאמֶר יְהוֹשֻׁעַ consec.-Qal impf. 3 m.s. (55)-pr.n. (221) *and Joshua said*

אֶל־כָּל־הָעָם prep.-n.m.s. cstr. (481)-def.art. -n.m.s. (I 766) *to all the people*

הִנֵּה demons.part. (243) *behold*

הָאֶבֶן הַזֹּאת def.art.-n.f.s. (6)-def.art.-demons.adj. f.s. (260) *this stone*

תִּהְיֶה־בָּנוּ Qal impf. 3 f.s. (היה 224)-prep.-1 c.p. sf. *shall be against us*

לְעֵדָה prep.-n.f.s. (729) *a witness*

כִּי־הִיא שָׁמְעָה conj. (471)-pers.pr. 3 f.s. (214) -Qal pf. 3 f.s. (שׁמע 1033) *for it has heard*

אֵת כָּל־אִמְרֵי יהוה dir.obj.-n.m.s. cstr. (481) -n.m.p. cstr. (56)-pr.n. (217) *all the words of Yahweh*

אֲשֶׁר דִּבֶּר עִמָּנוּ rel. (81)-Pi. pf. 3 m.s. (180) -prep.-1 c.p. sf. (767) *which he spoke to us*

וְהָיְתָה בָכֶם conj.-Qal pf. 3 f.s. (היה 224)-prep. -2 m.p. sf. *therefore it shall be against you*

לְעֵדָה prep.-n.f.s. (729) *a witness*

פֶּן־תְּכַחֲשׁוּן conj. (814)-Pi. impf. 2 m.p. (כחשׁ 471) *lest you deal falsely*

בֵּאלֹהֵיכֶם prep.-n.m.p.-2 m.p. sf. (43) *with your God*

24:28

וַיְשַׁלַּח יְהוֹשֻׁעַ consec.-Pi. impf. 3 m.s. (שׁלח 1018)-pr.n. (221) *so Joshua sent*

אֶת־הָעָם dir.obj.-def.art.-n.m.s. (I 766) *the people*

אִישׁ לְנַחֲלָתוֹ n.m.s. (35)-prep.-n.f.s.-3 m.s. sf. (635) *each to his inheritance*

24:29

וַיְהִי אַחֲרֵי consec.-Qal impf. 3 m.s. (היה 224)-prep. (29) *after*

הַדְּבָרִים הָאֵלֶּה def.art.-n.m.p. (182)-def.art. -demons.adj. c.p. (41) *these things*

וַיָּמָת יְהוֹשֻׁעַ consec.-Qal impf. 3 m.s. (מות 559)-pr.n. (221) *Joshua died*

בִּן־נוּן n.m.s. cstr. (119)-pr.n. (630) *the son of Nun*

עֶבֶד יהוה n.m.s. cstr. (713)-pr.n. (217) *the servant of Yahweh*

בֶּן־מֵאָה וָעֶשֶׂר n.m.s. cstr. (119)-n.f.s. (547)-conj. -num. (796) *being a hundred and ten*

שָׁנִים n.f.p. (1040) *years old*

24:30

וַיִּקְבְּרוּ אֹתוֹ consec.-Qal impf. 3 m.p. (קבר 868)-dir.obj.-3 m.s. sf. *and they buried him*

בִּגְבוּל נַחֲלָתוֹ prep.-n.m.s. cstr. (147)-n.f.s.-3 m.s. sf. (635) *in his own inheritance*

בְּתִמְנַת־סֶרַח prep.-pr.n. (584) *at Timnath-serah*

אֲשֶׁר בְּהַר־אֶפְרַיִם rel. (81)-prep.-n.m.s. cstr. (249)-pr.n. paus. (68) *in the hill country of Ephraim*

מִצָּפוֹן prep.-n.f.s. (860) *north*

לְהַר־גָּעַשׁ prep.-n.m.s. cstr. (249)-pr.n. paus. (172) *of the mountain of Gaash*

24:31

וַיַּעֲבֹד יִשְׂרָאֵל consec.-Qal impf. 3 m.s. (עָבַד 712)-pr.n. (975) *and Israel served*

אֶת־יהוה dir.obj.-pr.n. (217) *Yahweh*

כֹּל יְמֵי יְהוֹשֻׁעַ n.m.s. cstr. (481)-n.m.p. cstr. (398)-pr.n. (221) *all the days of Joshua*

וְכֹל יְמֵי הַזְּקֵנִים conj.-v.supra-v.supra-def.art. -adj. m.p. (278) *and all the day of the elders*

אֲשֶׁר הֶאֱרִיכוּ יָמִים rel. (81)-Hi. pf. 3 c.p. (אָרַךְ 73)-n.m.p. (398) *who outlived*

אַחֲרֵי יְהוֹשֻׁעַ prep. (29)-pr.n. (221) *Joshua*

וַאֲשֶׁר יָדְעוּ conj.-rel. (81)-Qal pf. 3 c.p. (יָדַע 393) *and had known*

אֵת כָּל־מַעֲשֵׂה יהוה dir.obj.-n.m.s. cstr. (481) -n.m.s. cstr. (795)-pr.n. (217) *all the work which Yahweh*

אֲשֶׁר עָשָׂה rel. (81)-Qal pf. 3 m.s. (I 793) *which (Yahweh) did*

לְיִשְׂרָאֵל prep.-pr.n. (975) *for Israel*

24:32

וְאֶת־עַצְמוֹת יוֹסֵף conj.-dir.obj.-n.f.p. cstr. (782)-pr.n. (415) *the bones of Joseph*

אֲשֶׁר־הֶעֱלוּ rel. (81)-Hi. pf. 3 c.p. (עָלָה 748) *which ... brought up*

בְנֵי־יִשְׂרָאֵל n.m.p. cstr. (119)-pr.n. (975) *the people of Israel*

מִמִּצְרַיִם prep.-pr.n. (595) *from Egypt*

קָבְרוּ Qal pf. 3 c.p. (868) *they buried*

בִּשְׁכֶם prep.-pr.n. (II 1014) *at Shechem*

בְּחֶלְקַת הַשָּׂדֶה prep.-n.f.s. cstr. (324)-def.art. -n.m.s. (961) *in the portion of ground*

אֲשֶׁר קָנָה יַעֲקֹב rel. (81)-Qal pf. 3 m.s. (888)-pr.n. (784) *which Jacob bought*

מֵאֵת בְּנֵי־חֲמוֹר prep.-prep. (85)-n.m.p. cstr. (119)-pr.n. (III 331) *from the sons of Hamor*

אֲבִי־שְׁכֶם n.m.s. cstr. (3)-pr.n. (1014) *the father of Shechem*

בְּמֵאָה קְשִׂיטָה prep.-n.f.s. (547)-n.f.s. (903) *for a hundred pieces of money*

וַיִּהְיוּ consec.-Qal impf. 3 m.p. (הָיָה 224) *and it became*

לִבְנֵי־יוֹסֵף prep.-n.m.p. cstr. (119)-pr.n. (415) *to the descendants of Joseph*

לְנַחֲלָה prep.-n.f.s. (635) *an inheritance*

24:33

וְאֶלְעָזָר conj.-pr.n. (46) *and Eleazar*

בֶּן־אַהֲרֹן n.m.s. cstr. (119)-pr.n. (14) *the son of Aaron*

מֵת Qal pf. 3 m.s. (מוּת 559) *died*

וַיִּקְבְּרוּ אֹתוֹ consec.-Qal impf. 3 m.p. (868)-dir. obj.-3 m.s. sf. *and they buried him*

בְּגִבְעַת פִּינְחָס prep.-pr.n. cstr. (149)-pr.n. (810) *at Gibeah of Phinehas*

בְּנוֹ n.m.s.-3 m.s. sf. (119) *his son*

אֲשֶׁר נִתַּן־לוֹ rel. (81)-Pi. pf. 3 m.s. (נָתַן 678) -prep.-3 m.s. sf. *which had been given him*

בְּהַר אֶפְרָיִם prep.-n.m.s. cstr. (249)-pr.n. paus. (68) *in the hill country of Ephraim*